Wichtige Gesetze für Wirtschaftsverwaltung
und die Öffentliche Wirtschaft

Wichtige Gesetze für Wirtschaftsverwaltung und die Öffentliche Wirtschaft

Herausgegeben von Prof. Dr. Dr. h. c. mult. Rolf Stober
em. Direktor des Instituts für Recht der Wirtschaft
der Universität Hamburg

31. Auflage

Stand: 1.3.2019

Bearbeitet von der NWB Gesetzesredaktion

nwb TEXTAUSGABE

ISBN 978-3–482-**67581**-2 – 31. Auflage 2019

Satz: Griebsch & Rochol Druck GmbH, Hamm
Druck: CPI books, Leck

Vorwort

Das vorliegende Textbuch zum Wirtschaftsverwaltungsrecht wendet sich in erster Linie an Studierende der rechtswissenschaftlichen und wirtschaftswissenschaftlichen Fakultäten, der Fachhochschulen und Verwaltungsakademien, soweit sie sich mit dem öffentlich-rechtlichen Teil des Wirtschaftsrechts befassen. Die Sammlung gibt aber auch dem Praktiker, dem Kaufmann, dem Gastwirt und dem Handwerker einen groben Überblick über dieses Rechtsgebiet, weil sie die wichtigsten Bestimmungen des Wirtschaftsverwaltungsrechts enthält. Sie berücksichtigt – soweit erforderlich – auch das einschlägige Verfahrens- und Prozessrecht, da Rechtsanwendung und Rechtsdurchsetzung nicht getrennt voneinander betrachtet werden können.

Die Zusammenstellung und Auswahl der Texte hat die Redaktion des Verlages in Zusammenarbeit mit Prof. Dr. Dr. h. c. mult. Rolf Stober, em. Direktor des Instituts für Recht der Wirtschaft der Universität Hamburg, vorgenommen. Um den Umfang dieser Textausgabe in Grenzen zu halten, wurden nur diejenigen Vorschriften aufgenommen, die in der täglichen Praxis eine Rolle spielen. So sind zahlreiche Gesetze nur in Auszügen abgedruckt, was die Arbeit mit der Textausgabe aber nicht beeinträchtigen sollte. Die redaktionelle Verantwortung liegt beim Verlag. Die Textausgabe „Wichtige Gesetze für Wirtschaftsverwaltung und die Öffentliche Wirtschaft" entspricht in der 31. Auflage dem Stand vom 1. März 2019.

Im Rahmen der „NWB-Textausgaben" sind u. a. erschienen:

1. Deutsche Steuergesetze (Verlags-Nr. 6340);
2. Wichtige Steuergesetze (Verlags-Nr. 6045);
3. Wichtige Steuerrichtlinien (Verlags-Nr. 6514);
4. Wichtige Steuererlasse und Steuerrichtlinien – Kanzlei-Edition (Verlags-Nr. 6331);
5. Wichtige Wirtschaftsgesetze (Verlags-Nr. 6725);
6. Wichtige Wirtschaftsgesetze für Bachelor/Master, Band 1 – Grundlagen (Verlags-Nr. 5959);
7. Wichtige Wirtschaftsgesetze für Bachelor/Master, Band 2 – Neben- und Verfahrensrecht (Verlags-Nr. 5960);
8. Wichtige Wirtschaftsgesetze für Bachelor/Master, Band 3 – Compliance und Datenschutz (Verlags-Nr. 6735);
9. Wirtschaftsgesetze für Wirtschaftsschulen und die kaufmännische Ausbildung (Verlags-Nr. 6509);
10. Wichtige Datenschutzbestimmungen (Verlags-Nr. 6754);
11. Wichtige Arbeitsgesetze (Verlags-Nr. 6523);
12. Wichtige Gesetze des Wirtschaftsprivatrecht (Verlags-Nr. 6046);
13. IAS/IFRS-Texte (Verlags-Nr. 6730);
14. Textausgabe Umsatzsteuer (Verlags-Nr. 6468).

Zum leichteren Auffinden der Gesetze enthält die Sammlung auf der vorderen Umschlagseite eine Griffleiste mit den Abkürzungen der abgedruckten Texte in fortlaufender Reihenfolge; durch einfaches Aufblättern des Buchblocks ergibt sich mittels der schwarzen Randmarkierungen ein direkter Zugriff auf das gewünschte Gesetz. Durch die Kennzeichnung der zur Vorjahresauflage geänderten Textpassagen durch einen seitlichen Strich sind alle erfolgten Gesetzesänderungen noch schneller aufzufinden.

Wir hoffen, dass die Sammlung den Wünschen der Praxis entspricht. Für Anregungen und Hinweise sind wir dankbar.

Herne, im März 2019 — Redaktion und Verlag

Inhaltsverzeichnis

Alphabetisches Verzeichnis

Einführung

von Professor Dr. Dr. h. c. mult. Rolf Stober,
Universität Hamburg

I. Begriff und Ausstrahlung des Wirtschaftsverwaltungsrechts

Das Recht der Wirtschaftsverwaltung ist ein bedeutsamer **Bestandteil der Rechts- und Wirtschaftsordnung** der Bundesrepublik Deutschland. Die Existenz dieses Rechtsgebietes beruht auf der Erkenntnis, dass kein moderner Sozialstaat auf eine Beeinflussung der Wirtschaft durch Rechtsetzung und Verwaltung verzichten kann. Das Wirtschaftsverwaltungsrecht regelt primär die **Rechtsverhältnisse der am Wirtschaftsleben Teilnehmenden zum Staat und zur öffentlichen Verwaltung**. Es befasst sich aber auch mit der **eigenwirtschaftlichen Betätigung der öffentlichen Hand**, die sich ebenso wie eine Privatperson verhalten kann. Da Bund, Länder, Kommunen und andere Verwaltungsträger zu den Hauptauftraggebern der Privatwirtschaft gehören, unterfällt insbesondere das **Beschaffungswesen** einem speziellen Vergaberechtsregime (s. dazu §§ 97 ff. GWB, die Vergabeverordnung und §299 StGB).

Zwar hat sich das Wirtschaftsverwaltungsrecht in der jüngeren Vergangenheit zu einem **eigenständigen Rechtsgebiet** entwickelt. Es ist aber bislang nicht gelungen, diese Rechtsdisziplin überzeugend von anderen abzugrenzen und zu systematisieren. Sie beruht nicht auf einem einheitlichen Konzept, sondern spiegelt die Vielfalt und Dynamik des Wirtschaftslebens, die in Differenzierungen nach Waren-, Dienstleistungs-, Kapital- und Zahlungsverkehr (§1 AWG), Wirtschaftszweigen (Art. 74 Abs. 1 Nr. 11 GG), Betriebsgrößen, Wirtschaftsgebieten und Politikbereichen zum Ausdruck kommt. Das Wirtschaftsverwaltungsrecht setzt sich aus zwei Disziplinen zusammen, die sich teilweise überschneiden: dem Wirtschaftsrecht und dem Verwaltungsrecht. Deshalb wird das Wirtschaftsverwaltungsrecht teilweise auch als **öffentliches Wirtschaftsrecht** bezeichnet. Diese Besonderheit hat ihren Niederschlag in dem Titel dieser Textsammlung gefunden, die wichtige Gesetze für Wirtschaftsverwaltung und Öffentliche Wirtschaft enthält.

Das Wirtschaftsverwaltungsrecht ist die sachliche Entsprechung zum **Wirtschaftsprivatrecht** (s. dazu NWB-Textausgabe Wichtige Gesetze des Wirtschaftsprivatrechts), das sich mit den Rechtsverhältnissen der am Wirtschaftsleben Beteiligten auf der Basis der **Privatautonomie** befasst. Es wird teilweise vom Wirtschaftsverwaltungsrecht überlagert (s. etwa §15 AWG). Ferner bedient sich das Wirtschaftsverwaltungsrecht des Verfahrensrechts, des Prozessrechts, des Straf- und Ordnungswidrigkeitenrechts, wenn es um die Durchsetzung, Ahndung oder die Erzielung bestimmter Wirkungen geht. Es greift aber auch in Gebiete ein, die nur beiläufig auch die wirtschaftliche Betätigung betreffen (Steuerrecht, Aufenthaltsrecht, Straßenverkehrs- und Straßenrecht). Vor diesem Hintergrund kann man von einem disziplinär offenen **Wirtschaftsverwaltungsrecht im weiteren Sinne** sprechen, das Gegenstand dieser Textsammlung ist.

II. Wirtschaftsverwaltungsrecht als konkretisiertes Verfassungs-, Unions- und Weltwirtschaftsrecht

Die konkrete Ausgestaltung des Wirtschaftsverwaltungsrechts hängt von der Verfassung ab, die den Rahmen und die Grenzen für jede Verwaltung setzt. Insofern ist Wirtschaftsverwaltungsrecht konkretisiertes Wirtschaftsverfassungsrecht. Man kann das Wirtschaftsverwaltungsrecht also nicht ohne das spezifische Wirtschaftsverfassungsrecht oder bei Fehlen einer besonderen Wirtschaftsverfassung nicht unter Ausschluss verfassungsrechtlicher Grundprinzipien beschreiben und würdigen. Die einschlägigen Maßstäbe setzt das Grundgesetz, das jedoch keine bestimmte Wirtschaftsordnung kennt, weil bei den Beratungen des Parlamentarischen Rates keine Einigkeit innerhalb der politischen Machtfaktoren über die Ausgestaltung des Wirtschaftssystems bestand, die einer Gesamtverfassung vorbehalten bleiben sollte. Die Gemeinsame Verfassungskommission hat ausweislich ihres Berichtes (BT-Drs. 12/6000 v. 5.11.1993) die Festschreibung eines bestimmten Wirtschaftssystems abgelehnt, obwohl Art. 1 Abs. 3 des Vertrages über die Währungs-, Wirtschafts- und Sozialunion (s. u. Ziff.VIII) die „Soziale Marktwirtschaft" für beide Vertragsparteien als gemeinsame Wirtschaftsgrundlage vorsah. Deshalb ist die gegenwärtige Wirtschaftsordnung lediglich **eine nach dem Grundgesetz mögliche**, aber nicht die allein mögliche. Das bedeutet, dass der Gesetzgeber einen weiten **Regelungsspielraum** hat und unterschiedliche Konzepte verwirklichen kann. Er muss jedoch die Grundrechte (z. B. Berufsfreiheit) und die Leitprinzipien der Verfassung (z. B. Rechtsstaatlichkeit, Sozialstaatlichkeit und Umweltschutz) beachten.

Die Regelung und Ausführung des Wirtschaftsverwaltungsrechts ist im Wesentlichen auf Bund, Länder, Gemeinden und Selbstverwaltungskörperschaften der Wirtschaft, die Kammern, verteilt. Der Schwerpunkt der **Gesetzgebung** liegt beim Bund, der im Interesse der Einheitlichkeit der Lebensverhältnisse vornehmlich im Bereich der Wirtschaft zahlreiche Kompetenzen besitzt (s. z. B. Art. 72 Abs. 2 GG i.V. mit Art. 74 Abs. 1 Nr. 11 GG). Zur Stärkung der Rechtsetzungskompetenz der Bundesländer hat der Bund im Rahmen der sog. **Föderalismusreform** auf die Regelung einzelner Wirtschaftszweige zu Gunsten der Länder verzichtet (Ges. v. 28. 8. 2006, BGBl I S. 2034 ff.). Dementsprechend wurde Art. 74 Abs. 1 Nr. 11 GG geändert, und die Materien Ladenschluss, Gaststätten, Spielhallen, Schaustellung von Personen, Messen, Ausstellungen und Märkte wurden auf die Länder übertragen. Bislang wurden vornehmlich Ladenöffnungsgesetze erlassen, da insoweit offensichtlich besonderer Liberalisierungsdruck bestand (s. dazu exemplarisch **Ladenöffnungsgesetz Nordrhein-Westfalen**, s. u. Ziff. XIX). Ferner traten in mehreren Bundesländern Spielhallen- und Gaststättengesetze in Kraft. Im Übrigen gilt das bisherige Recht nach Art. 125a Abs. 1 GG fort, bis es durch Landesrecht ersetzt wird. Deshalb verbleiben das Gaststättengesetz und die entsprechenden Passagen der Gewerbeordnung zunächst weiterhin in dieser Textsammlung. Hingegen liegt der Schwerpunkt der **Verwaltung** bei den Ländern und bei den Selbstverwaltungskörperschaften, die entweder im Rahmen der örtlichen Gemeinschaft (Art. 28 Abs. 2 GG), als untere Verwaltungsbehörde oder als beruflich organisierte Einrichtung tätig werden (s. etwa **Gesetz über Industrie- und Handelskammern, Handwerksordnung**).

Das nationale Wirtschaftsverwaltungsrecht wird zunehmend durch EU-Recht beeinflusst, dessen Grundlage früher der **EWG-Vertrag** war, der seit dem Inkrafttreten des in Maastricht beschlossenen Vertrages über die Europäische Union **EG-Vertrag** hieß. Sein Hauptziel war die Errichtung eines **Binnenmarktes**, in dem der freie Verkehr von Waren, Personen, Dienstleistungen und Kapital gewährleistet ist. Er erfasste ebenso wie die inzwischen in Kraft getretenen Lissabonner Verträge (**EU-Vertrag**, Vertrag über die Arbeitsweise der EU – **AEUV**) auch den sog. „Zweiten Markt", das öffentliche Beschaffungswesen. Zu sämtlichen Vertragsnormen wurden Verordnungen und Richtlinien erlassen, die in nationales Recht umgesetzt wurden (s. u. Ziff. XXXIII). Der Vertrag über die **Europäische Union** schrieb den EG-Vertrag durch die Schaffung einer inzwischen weitgehend realisierten **Wirtschafts- und Währungsunion** fort und ging in den Lissabonner Verträgen auf. Im Gegensatz zum früheren EG-Vertrag spricht der neue EU-Vertrag nicht mehr von einer **„offenen Marktwirtschaft"** (Art. 4 Abs. 1 EG), sondern von einer „sozialen Marktwirtschaft" (Art. 3 Abs. 3 EU). Da das Unionsrecht Anwendungsvorrang beansprucht, ist es gerechtfertigt, das deutsche Wirtschaftsverwaltungsrecht als **konkretisiertes Unionsrecht** zu kennzeichnen.

Die **Charta der Grundrechte der Europäischen Union** ist ein weiterer Meilenstein in der Entwicklung der gemeinschaftsrechtlichen Ordnung. Abgesehen von der Gleichrangigkeit der Charta mit den EU-Verträgen ist ihre Verbindlichkeit allerdings sachlich begrenzt, weil sie nur für die Organe und Einrichtungen der Union bei der Durchführung des Unionsrechts gilt (Art. 51 EU-Charta).

Angesichts der globalen Vernetzung und Digitalisierung der Wirtschaftstätigkeit sowie der grenzüberschreitenden Wirkungen zahlreicher Wirtschaftssektoren wie der Medienwirtschaft gewinnt das grundsätzlich weltweit akzeptierte, wenn auch unterschiedlich akzentuierte Wirtschaftsverwaltungsrecht für die Erleichterung des Wirtschaftsverkehrs und die Beherrschung von durch Wirtschaftsaktivitäten entstehenden Gefahren zunehmend an Bedeutung. Ein Quantensprung in diese Richtung einer Globalisierung des Wirtschaftsverwaltungsrechts ist zunächst das **Seerechtsübereinkommen der Vereinten Nationen**, das unter Berücksichtigung der Souveränität aller Staaten ein verbindliches Rechtsregime für die Meere und Ozeane schafft und u. a.

den Rechtsstatus der Küstenmeere, Anschlusszonen und des Festlandsockels normiert. Im Gegensatz dazu bildet das **Übereinkommen zur Errichtung der Welthandelsorganisation** (WTO) den institutionellen Rahmen für die Wahrnehmung der Handelsbeziehungen zwischen ihren Mitgliedern. Die dazu abgeschlossenen, im Anhang zum WTO-Übereinkommen abgedruckten sog. **Multilateralen Abkommen** sind für alle Mitglieder verbindlich (Art. I Abs. 2, Art. XVI Abs. 4 WTO) und unterfallen im Interesse einer effizienten Durchsetzung einem Streitbeilegungssystem. Die WTO-Vereinbarungen sollen schrittweise auf den gesamten Dienstleistungssektor ausgedehnt werden, der bereits ansatzweise für den Handel mit Dienstleistungen eine Regelung erfahren hat.

III. Aufgaben des Wirtschaftsverwaltungsrechts

Im Wesentlichen soll die Wirtschaftsverwaltung folgende **Aufgaben** erfüllen: Planung, Überwachung, Lenkung und Förderung der Wirtschaft. Daneben ist eine **wirtschaftsbezogene Infrastruktur** vorzuhalten (z. B. Schienenwege, Kommunikation, Entsorgung), die auch durch Kooperation mit Privaten (Public-Private-Partnership) zur Verfügung gestellt werden kann (s. § 2 Abs. 1 FStrPrivFinG, s. u. Ziff. LIII). Diese Aufzählung ist nicht abschließend, weil technische, wirtschaftliche und gesellschaftliche Veränderungen dazu führen können, dass der Staat weitere Aufgaben übernehmen muss. In diesem Zusammenhang spielt auch der einfache Zugang zu staatlichen und kommunalen Onlineangeboten eine große Rolle, der durch das **Onlinezugangsgesetz** sichergestellt werden soll (s. NWB Gesetze-App).

Die **Wirtschaftsplanung** erfolgt durch gebietsbezogene Gesamtplanungen (Art. 75 Nr. 4 GG), projektbezogene Fachplanungen (z. B. § 28 PBefG), Rahmenplanungen (Gesetz zur Verbesserung der regionalen Wirtschaftsstruktur) und durch die Finanzplanung (Art. 109, 110 GG).

Das **Umweltrecht** hat sich inzwischen zwar als eigenständiges Rechtsgebiet etabliert. Es ist aber noch kein Umweltgesetzbuch in Sicht. Historisch betrachtet wurde das Umweltrecht mindestens teilweise aus dem Gewerberecht entwickelt (s. §§ 16 ff. GewO a. F.). Sachlich und systematisch lassen sich Wirtschaftsverwaltungs- und Umweltrecht schon wegen des Querschnittcharakters der Aufgabenstellung nicht trennen. Außerdem wirkt sich kein Lebensbereich so tief greifend auf die Umwelt aus wie die Wirtschaft. Sie wird deshalb von der Gesetzgebung zunehmend in die Pflicht genommen. Erinnert sei nur an das **BImSchG** sowie an das **Kreislaufwirtschaftsgesetz,** das die Gewerbetreibenden auf das ökologische Produkt verpflichtet. Ähnlich verhält es sich mit dem **Chemikaliengesetz**, das zahlreiche umweltrechtliche Anforderungen aufstellt.

Klassische Aufgabe der Wirtschaftsverwaltung ist die gewerbepolizeiliche Gefahrenabwehr in Gestalt der **Wirtschaftsüberwachung**. Sie ist ein Korrektiv der Unternehmerfreiheit und als Unternehmerkontrolle ausgeformt. Gleichzeitig verfolgt die Wirtschaftsüberwachung umweltrechtliche Ziele. Sie findet ihren Niederschlag in der Gewerbeordnung und im Gewerbenebenrecht, zu dem beispielsweise das Gaststättenrecht zählt. Dieser Aufgabenbereich entwickelt sich zur Vorsorge und damit zur Gefahrvermeidung weiter (§ 5 BImSchG, s. u. Ziff. XVI). Ferner werden die prinzipiell unverzichtbaren ordnungsrechtlichen durch **marktwirtschaftliche Instrumente** ergänzt. So werden etwa Verfahrenserleichterungen gewährt, wenn Unternehmen an freiwilligen Umweltprüfungen teilnehmen (§ 58e BImSchG, § 61 KrWG). Innerhalb des Wirtschaftsüberwachungsrechts verselbständigt sich zusehends das **Verbraucherschutzrecht**, das unbeschadet seiner privatrechtlichen Wurzeln (s. § 13 BGB, § 1 UWG) immer mehr wirtschaftsverwaltungsrechtliche Bedeutung gewinnt (s. etwa das **ProdSG** und das **Verbraucherinformationsgesetz**). In jüngerer Zeit wird die Schutzrichtung der Wirtschaftsüberwachung durch die **Gewährleistungs- und Regulierungsüberwachung** erweitert. Sie ist Folge der Privatisierung von Staatsaufgaben (Telekommunikation, Energie, Verkehr) und verfolgt einen dreifachen Auftrag: Herstellung eines wirksamen, unverfälschten Wettbewerbs, Gewährleistung einer Grundversorgung mit bestimmten öffentlichen Gütern und Dienstleistungen sowie Sicherstellung gewerberechtlicher Erfordernisse.

Wirtschaftslenkende Maßnahmen ermöglichen es dem Staat, in den Wirtschaftsprozess einzugreifen, um ein bestimmtes wirtschaftliches Ziel zu erreichen. Man unterscheidet die globale und die partielle **Wirtschaftslenkung**. Ein typisches Beispiel für eine Globalsteuerung ist das Instrumentarium der **Europäischen Zentralbank**, die nach Schaffung der Währungsunion und der Einführung des Euro die vorrangige Aufgabe hat, die Preisstabilität zu gewährleisten (Art. 282 Abs. 2 AEUV). Hierzu bedient sie sich der in Art. 127 ff. AEUV vorgesehenen Instrumente. Eine partielle Lenkung liegt vor, wenn ein bestimmter Wirtschaftsmarkt – wie etwa die Personenbeförderung oder der Warenverkehr mit ausländischen Partnern – vom Staat reglementiert und das Gesetz von Angebot und Nachfrage weitgehend aufgehoben wird. Das gilt auch für präventiv angelegte Gesetze, die in Krisenzeiten die Grundversorgung der Bevölkerung mit Wirtschaftsgütern gewährleisten sollen (s. u. Ziff. XXIX, **Ernährungssicherstellungs- und Vorsorgegesetz**).

Die vom EU-Recht (Art. 107f AEUV und u. Ziff. VI) dominierte **Wirtschaftsförderung** hat zahlreiche Ziele, die vornehmlich durch Leistungsgewährungen und Leistungsverschonungen erreicht werden sollen. Häufig erfolgt sie durch haushaltsrechtliche Vorschriften (s. HGrG und BHO) und über besondere Einrichtungen (s. dazu das Gesetz über die Kreditanstalt für Wiederaufbau). Nur gelegentlich existieren besondere Gesetze, die sich ausschließlich mit einem sektoralen Subventionsaspekt befassen (s. etwa das **FilmförderungsG** u. Ziff. XXXVII).

IV. Verwaltungsverfahren und Sanktionen

Subventionsbewilligungen, Rückforderungen, Gewerbeuntersagungen und Kontingentierungsgenehmigungen richten sich im Allgemeinen nach Spezialgesetzen. Das **Verwaltungsverfahren** ist meistens identisch in den Verwaltungsverfahrensgesetzen von Bund und Ländern geregelt. Gelegentlich findet die **Abgabenordnung** oder die **Bundeshaushaltsordnung** Anwendung. In jüngerer Zeit ist angesichts der wachsenden europäischen Integration eine Zunahme **unionsrechtlicher Verfahrensvorschriften** zu beobachten, die das nationale Recht steuern. Erinnert sei nur an die **Subventions-Verfahrens-Verordnung** (s. u. Ziff. VI). Bei den Wirtschaftsverwaltungsbehörden steht nach wie vor das Handeln durch **Verwaltungsakt** im Mittelpunkt, während der **öffentlich-rechtliche Vertrag** immer noch eine untergeordnete Rolle spielt, obwohl das konsensuale Verwaltungshandeln an Bedeutung gewinnt. Teilweise existieren besondere Genehmigungsverfahren, die etwa ein gestuftes Vorgehen bis zur Erlaubniserteilung regeln (z. B. BImSchG und die dazu erlassene GenehmigungsVO). In diesem Zusammenhang steht der Zugang zu wirtschaftsrelevanten **Onlineangeboten** der Verwaltung (OZG) sowie die **Beschleunigung von Genehmigungsverfahren** im Vordergrund (s. etwa §§ 71a ff. VwVfG zum Verfahren über eine **einheitliche Stelle** bei der Verfahrensabwicklung). Das Verwaltungsverfahrensgesetz regelt die verwaltungsrechtlichen Beziehungen zwischen Wirtschaftsverwaltungsbehörden und Wirtschaftsbürgern nicht abschließend. Es wird komplettiert durch das **Verwaltungszustellungsgesetz** und das **Verwaltungsvollstreckungsgesetz**. Während das Verwaltungsverfahrensrecht nach § 9 VwVfG insbesondere auf den Erlass von Verwaltungsakten oder den Abschluss von öffentlich-rechtlichen Verträgen gerichtet ist, verfolgen **Informationsfreiheitsgesetze** einen anderen Ansatz. Sie zielen auf die transparente Verwaltung und räumen deshalb jedermann einen voraussetzungslosen Anspruch auf Zugang zu amtlichen Informationen ein.

Der Zwang zur Befolgung in die wirtschaftliche Freiheit des Einzelnen eingreifender Vorschriften verführt bekanntlich dazu, diese Bestimmungen zu ignorieren oder zu umgehen. Deshalb sind Normen des Wirtschaftsverwaltungsrechts häufig **bußgeld- oder strafbewehrt**. Die entsprechenden Kataloge befinden sich meistens in den Schlusskapiteln der jeweiligen Gesetze (z. B. §§ 143 ff. GewO). Das Verfahren richtet sich dann nach dem **Ordnungswidrigkeitengesetz** (OWiG) oder dem **Strafrecht** (StGB). So ist der **Subventionsbetrug** in § 264 StGB und der **Ausschreibungsbetrug** in § 299 StGB geregelt. Hinzu tritt das wirtschaftsrelevante Nebenstrafrecht, das etwa im **Schwarzarbeitsbekämpfungsgesetz** seinen Niederschlag gefunden hat. Aber auch unabhängig davon hat der Gesetzgeber im Bereich des Wirtschaftsverwaltungsrechts vielfältig Vorsorge getroffen, um die Wirtschaftsordnung, einzelne Wirtschaftszweige und Wirtschaftsbürger vor Gefährdungen und Störungen zu bewahren. Das geschieht vornehmlich durch **verwaltungsrechtliche Beschränkungen** bei der Aufnahme und Ausübung wirtschaftlicher Tätigkeit. Will sich der Betroffene dagegen wehren, dann muss er – meist nach einem Verwaltungsverfahren – den **Verwaltungsrechtsweg** beschreiten (VwGO). Eine Grundrechtsverletzung kann er mit der **Verfassungsbeschwerde** geltend machen (BVerfGG). Im Rahmen der **öffentlichen Auftragsvergabe** erfolgt der subjektive Rechtsschutz von Mitbewerbern nach §§ 97 Abs. 6, 155 ff. GWB.

V. Einzelne Zweige des Wirtschaftsverwaltungsrechts

Das Wirtschaftsverwaltungsrecht besteht aus zahlreichen **Wirtschaftszweigen und Einzelgesetzen**, die hier nur exemplarisch gestreift werden können. Das Gewerberecht ist grundlegend in der Gewerbeordnung geregelt, die in ihrer Kernfassung aus dem Jahre 1869 stammt. In der Zwischenzeit wurden jedoch mehrere Gewerbezweige aus dem Gesetz herausgenommen und spezialgesetzlich normiert (HwO, BImSchG). Außerdem wurden einige gewerberechtliche Materien auf die Bundesländer übertragen (s. o. II.). Gleichwohl ist die Gewerbeordnung das **Grundgesetz des Gewerberechts**. Sie verfolgt primär ordnungs- bzw. polizeirechtliche Ziele. Versuche, das Gewerberecht wieder zu vereinheitlichen und ein **Gewerberecht aus einem Guss**, ein Gewerbegesetzbuch, zu schaffen, sind bislang gescheitert. Die Zersplitterung wird durch die Föderalismusreform zementiert. Eine erstrebenswerte Kodifikation des Gewerberechts müsste aber sorgfältig mit dem Projekt **Umweltgesetzbuch** abgestimmt werden, dessen Entwürfe ökonomische Interessen vernachlässigen. Im Gegensatz zu anderen wirtschaftsrechtlichen Materien ist auch eine unionsrechtliche Harmonisierung des Gewerberechts nicht in Sicht. Da es sich bei dem Gewerberecht um Ordnungsrecht handelt, das unter mitgliedstaatlichem Vorbehalt steht (s. etwa Art. 62 i. V. m. Art. 52 AEUV), fehlt es an einer Regelungskompetenz der EU, die allerdings durch Vorgaben der **Dienstleistungsrichtlinie** partiell in Anspruch genommen wurde.

Auch das **Gaststättenrecht** ist Bestandteil des Gewerberechts. Das im Jahre 1970 in Kraft getretene Gesetz dient der Bekämpfung des Alkoholmissbrauchs und will die Gäste, die im Betrieb Beschäftigten sowie die Nachbarschaft gegen Gefahren für Leben, Gesundheit und Sittlichkeit schützen. Seit der Föderalismusreform besitzen die **Bundesländer** die Regelungskompetenz.

Die **Handwerksordnung** bezweckte bislang den Schutz und die Förderung dieses für den gewerblichen Mittelstand unentbehrlichen Gewerbezweigs. So wurde das Handwerksmonopol in Gestalt des großen Befähigungsnachweises (**Meisterprüfung**) mit der besonderen Qualität der Ausbildung im Handwerk und der Sicherung des Nachwuchses für die gesamte gewerbliche Wirtschaft begründet. Die Handwerksreform 2003 hat zu einem Paradigmenwechsel geführt. Nunmehr stehen die Gefahrenabwehr und die Ausbildungsquote als Zielsetzungen im Vordergrund. Dementsprechend wurde die Zahl der sog. zulassungspflichtigen Handwerksbetriebe auf 41 Gewerke reduziert, die in der **Anlage A** aufgeführt sind.

Das **Kreislaufwirtschaftsrecht** bezweckt die Schonung der natürlichen Ressourcen und die umweltverträgliche Bewirtschaftung von Abfällen. Zur Erreichung dieses Zieles wird die Wirtschaft auf die Herstellung ökologischer Produkte und stärker auf Abfallvermeidung und Recycling verpflichtet. Ergänzend zum KrWG will das **Verpackungsgesetz** (s. NWB Gesetze-App) die zunehmende Flut von Getränke-, Transport- und Umverpackungen eindämmen. Die Kreislaufidee liegt auch dem **Lebensmittel- und Futtermittelgesetzbuch** zugrunde, das mit der erstmaligen Einbeziehung des Futtermittelrechts im Interesse des Verbraucher- und Tierschutzes eine Konzeption „from farm to fork" verwirklicht. Es wird durch das **Verbraucherinformationsgesetz** flankiert, das Verbrauchern unter anderem Zugang zu allen Daten im Zusammenhang mit dem Lebens- und Futtermittelrecht geben soll.

Das **Bundes-Immissionsschutzgesetz** will Menschen sowie Tiere, Pflanzen, den Boden, das Wasser, die Atmosphäre sowie Kultur- und sonstige Sachgüter vor schädlichen Umwelteinwirkungen und vor Gefahren, erheblichen Nachteilen und erheblichen Belästigungen schützen sowie dem Entstehen schädlicher Umwelteinwirkungen vorbeugen. Es bezieht sich insbesondere auf Industrieanlagen, die teilweise genehmigungsbedürftig sind (s. Verordnung über genehmigungsbedürftige Anlagen und Verordnung über das Genehmigungsverfahren). Ein ähnliches Ziel verfolgt das **Chemikaliengesetz**. Es bezweckt, Menschen und die Umwelt vor schädlichen Einwirkungen gefährlicher Stoffe und Zubereitungen zu schützen, insbesondere sie erkennbar zu machen, sie abzuwenden und ihrem Entstehen vorzubeugen.

Das Recht der überwachungsbedürftigen Anlagen ist Gegenstand des **Produktsicherheitsgesetzes (ProdSG)**. Es dient dem Verbraucherschutz und soll zur Entbürokratisierung beitragen. Die Anlagenprüfung erfolgt durch zugelassene Überwachungsstellen, die ein Akkreditierungsverfahren durchlaufen haben.

Das ursprünglich als Lenkungsrecht ausgestaltete **Verkehrsgewerberecht** ist inzwischen wegen unionsrechtlicher Vorgaben stark liberalisiert worden. Das gilt vor allem für den Güterverkehr und den Luftverkehr. Lediglich das PBefG hat noch lenkungsrechtliche Züge, da es in großem Umfang öffentliche Verkehrsinteressen (öffentlichen Personenverkehr und Ergänzungsverkehr mit Taxen) regelt.

Das **Kreditwirtschaftsrecht** setzt einen allgemeinen Ordnungsrahmen zur Kontrolle des Banken- und Kreditgewerbes, um Gefahren abzuwehren, die durch die Ausübung dieser Tätigkeiten für die Allgemeinheit und die Kunden entstehen können. Die Überwachung dieses Wirtschaftszweigs obliegt neben der Deutschen Bundesbank einer Sonderbehörde, deren Rechtsstellung sich aus dem **Finanzdienstleistungsaufsichtsgesetz** ergibt.

Ziel des **Medienwirtschaftsrechts** ist es, einen angemessenen Ausgleich zwischen dem publizistischen und dem ökonomischen Wettbewerb einerseits und den schutzwürdigen Interessen der von den Medien Betroffenen andererseits zu finden. Seine modernen Erscheinungsformen werden insbesondere im **Telemedien- und im Telekommunikationsgesetz** angesprochen, die zugleich typischer Ausdruck des **Regulierungswirtschaftsrechts** sind.

Medienwirtschaftsrechtliche Bedeutung kommt auch dem **Gesetz gegen den unlauteren Wettbewerb (UWG)** zu. Es verbietet zum Einen unzumutbare Belästigungen durch Telekommunikation und schützt damit das Recht auf Privatheit. Zum Anderen stellt es **Complianceanforderungen** für Unternehmen auf, die **Verhaltenskodizes** als verbindlich erklären.

Das **Energiewirtschaftsrecht** bezweckt eine sichere, preisgünstige, verbraucherfreundliche, effiziente und umweltverträgliche leitungsgebundene Versorgung der Allgemeinheit mit Elektrizität und Gas. Es ist wettbewerblich strukturiert, weil der Zugang zum Elektrizitätsversorgungsnetz für jedermann diskriminierungsfrei zu erfolgen hat. Nach dem Erdbeben in Fukushima wurde in Deutschland mit dem Ausstieg aus der Atomenergie eine „Energiewende" eingeleitet. Die Regulierungsaufgaben obliegen der **Bundesnetzagentur** für Elektrizität, Gas, Telekommunikation, Post und Eisenbahnen, die als selbständige Bundesoberbehörde fungiert.

Der **Wirtschaftsverkehr mit fremden Wirtschaftsgebieten** ist zwar grundsätzlich frei. Bestimmte Rechtsgeschäfte und Handlungen können jedoch zwischenstaatlichen Vereinbarungen entgegenstehen oder nationalen volkswirtschaftlichen bzw. wirtschaftspolitischen Interessen widersprechen. Deshalb erlaubt das stark vom EU-Recht dominierte **Außenwirtschaftsrecht** Einschränkungen, um von der Gesamtwirtschaft Schaden abzuwenden. Die Konkretisierung der im AWG festgelegten Genehmigungspflichten, Verboten und sonstigen Beschränkungen erfolgt über die **Außenwirtschaftsverordnung**.

Aus der Perspektive des öffentlichen Wirtschaftsrechts normiert das **Aufenthaltsrecht** die Erwerbstätigkeit von Ausländern im Bundesgebiet. Es dient der Steuerung und Begrenzung des Zuzugs von Ausländern, während § 61 Asylgesetz zur Erwerbstätigkeit von Asylsuchenden Stellung nimmt. **EU-Ausländer** sind wie Inländer zu behandeln (Art. 21 ff. und 49 ff. AEUV).

Weiterführende Literatur:

Stober/Korte, Öffentliches Wirtschaftsrecht, Allgemeiner Teil, 19. Aufl. 2019; Stober/Eisenmenger, Öffentliches Wirtschaftsrecht, Besonderer Teil, 17. Aufl. 2019; Stober/Paschke (Hg.), Deutsches und Internationales Wirtschaftsrecht, 3. Aufl. 2017.

Rechtsprechung:

Rolf Stober (Hg.), Entscheidungssammlung zum Gewerberecht, Loseblattwerk.

I. Übereinkommen zur Errichtung der Welthandelsorganisation (WTO)

v. 15.4.1994 (BGBl II S. 1625)

Amtliche Fassung

Die Vertragsparteien dieses Übereinkommens –

in der Erkenntnis, dass ihre Handels- und Wirtschaftsbeziehungen auf die Erhöhung des Lebensstandards, auf die Sicherung der Vollbeschäftigung und eines hohen und ständig steigenden Umfangs des Realeinkommens und der wirksamen Nachfrage sowie auf die Ausweitung der Produktion und des Handels mit Waren und Dienstleistungen gerichtet sein, gleichzeitig aber die optimale Nutzung der Hilfsquellen der Welt im Einklang mit dem Ziel einer nachhaltigen Entwicklung gestatten sollen, in dem Bestreben, den Schutz und die Erhaltung der Umwelt und gleichzeitig die Steigerung der dafür erforderlichen Mittel zu erreichen, und zwar in einer Weise, die mit den ihrem jeweiligen wirtschaftlichen Entwicklungsstand entsprechenden Bedürfnissen und Anliegen vereinbar ist,

in der Erkenntnis, dass es positiver Bemühungen bedarf, damit sich die Entwicklungsländer, insbesondere die am wenigsten entwickelten unter ihnen, einen Anteil am Wachstum des internationalen Handels sichern, der den Erfordernissen ihrer wirtschaftlichen Entwicklung entspricht,

in dem Wunsch, zur Verwirklichung dieser Ziele durch den Abschluss von Übereinkünften beizutragen, die auf der Grundlage der Gegenseitigkeit und zum gemeinsamen Nutzen auf einen wesentlichen Abbau der Zölle und anderer Handelsschranken sowie auf die Beseitigung der Diskriminierung in den internationalen Handelsbeziehungen abzielen,

daher entschlossen, ein integriertes, funktionsfähigeres und dauerhafteres multilaterales Handelssystem zu entwickeln, welches das Allgemeine Zoll- und Handelsabkommen, die Ergebnisse früherer Handelsliberalisierungsbemühungen und sämtliche Ergebnisse der Multilateralen Handelsverhandlungen der Uruguay-Runde umfasst,

entschlossen, die fundamentalen Grundsätze dieses multilateralen Handelssystems zu wahren und die Verwirklichung seiner Ziele zu fördern –

kommen wie folgt überein:

Artikel I Errichtung der Organisation

Die Welthandelsorganisation (im Folgenden als „WTO“ bezeichnet) wird hiermit errichtet.

Artikel II Wirkungsbereich der WTO

(1) Die WTO bildet den gemeinsamen institutionellen Rahmen für die Wahrnehmung der Handelsbeziehungen zwischen ihren Mitgliedern in Angelegenheiten im Zusammenhang mit den in den Anlagen dieses Übereinkommens enthaltenen Übereinkommen und dazugehörigen Rechtsinstrumenten.

(2) Die Übereinkommen und die dazugehörigen Rechtsinstrumente, die in den Anlagen 1, 2 und 3 enthalten sind (im Folgenden als „Multilaterale Handelsübereinkommen“ bezeichnet), sind Bestandteil dieses Übereinkommens und für alle Mitglieder verbindlich.

(3) Die Übereinkommen und die dazugehörigen Rechtsinstrumente, die in Anlage 4 enthalten sind (im Folgenden als „Plurilaterale Handelsübereinkommen“ bezeichnet), sind ebenfalls Bestandteil dieses Übereinkommens für diejenigen Mitglieder, die sie angenommen haben, und sind für diese Mitglieder verbindlich. Die Plurilateralen Handelsübereinkommen begründen für die Mitglieder, die sie nicht angenommen haben, weder Pflichten noch Rechte.

(4) Das in Anlage 1A enthaltene Allgemeine Zoll- und Handelsübereinkommen von 1994 (im Folgenden als „GATT 1994“ bezeichnet) unterscheidet sich rechtlich von dem Allgemeinen Zoll-

und Handelsabkommen vom 30. Oktober 1947, das der Schlussakte der Zweiten Tagung des Vorbereitenden Ausschusses der Konferenz der Vereinten Nationen für Handel und Beschäftigung als Anlage beigefügt war, in seiner später berichtigten, ergänzten oder geänderten Fassung (im Folgenden als „GATT 1947" bezeichnet).

Artikel III Aufgaben der WTO

(1) Die WTO erleichtert die Durchführung, die Verwaltung und die Wirkungsweise dieses Übereinkommens und der Multilateralen Handelsübereinkommen sowie die Verwirklichung ihrer Ziele; sie bildet auch den Rahmen für die Durchführung, die Verwaltung und die Wirkungsweise der Plurilateralen Handelsübereinkommen.

(2) Die WTO dient als Forum für Verhandlungen zwischen ihren Mitgliedern über deren multilaterale Handelsbeziehungen in den Bereichen, die im Rahmen der in den Anlagen dieses Übereinkommens enthaltenen Übereinkünfte behandelt werden. Die WTO kann auch als Forum für weitere Verhandlungen zwischen ihren Mitgliedern über deren multilaterale Handelsbeziehungen sowie als Rahmen für die Durchführung der Ergebnisse solcher Verhandlungen dienen, wie dies von der Ministerkonferenz beschlossen wird.

(3) Die WTO verwaltet die in Anlage 2 dieses Übereinkommens enthaltene Vereinbarung über Regeln und Verfahren zur Beilegung von Streitigkeiten (im Folgenden als „Vereinbarung über Streitbeilegung" oder „DSU" bezeichnet).

(4) Die WTO verwaltet das in Anlage 3 dieses Übereinkommens enthaltene Verfahren zur Überprüfung der Handelspolitiken (im Folgenden als „TPRM" bezeichnet).

(5) Im Interesse einer kohärenteren Gestaltung der weltweiten wirtschaftspolitischen Entscheidungen arbeitet die WTO gegebenenfalls mit dem Internationalen Währungsfonds und mit der Internationalen Bank für Wiederaufbau und Entwicklung und den mit ihr verbundenen Institutionen zusammen.

Artikel IV Aufbau der WTO

(1) Eine Ministerkonferenz, die sich aus Vertretern aller Mitglieder zusammensetzt, tritt mindestens einmal alle zwei Jahre zusammen. Die Ministerkonferenz nimmt die Aufgaben der WTO wahr und trifft die dafür erforderlichen Maßnahmen. Die Ministerkonferenz ist befugt, in allen unter eines der Multilateralen Handelsübereinkommen fallenden Angelegenheiten auf Antrag eines Mitglieds in Übereinstimmung mit den besonderen Erfordernissen für die Beschlussfassung in diesem Übereinkommen und dem einschlägigen Multilateralen Handelsübereinkommen Beschlüsse zu fassen.

(2) Ein Allgemeiner Rat, der sich aus Vertretern aller Mitglieder zusammensetzt, tritt zusammen, wann immer dies zweckdienlich ist. Zwischen den Tagungen der Ministerkonferenz nimmt der Allgemeine Rat deren Aufgaben wahr. Der Allgemeine Rat nimmt auch die Aufgaben wahr, die ihm durch dieses Übereinkommen übertragen sind. Der Allgemeine Rat gibt sich eine Geschäftsordnung und genehmigt die Geschäftsordnungen der in Absatz 7 vorgesehenen Ausschüsse.

(3) Der Allgemeine Rat tritt gegebenenfalls zusammen, um die Aufgaben des in der Vereinbarung über Streitbeilegung vorgesehenen Streitbeilegungsgremiums wahrzunehmen. Das Streitbeilegungsgremium kann einen eigenen Vorsitzenden haben und legt die Verfahrensregeln fest, die es zur Erfüllung dieser Aufgaben für notwendig erachtet.

(4) Der Allgemeine Rat tritt gegebenenfalls zusammen, um die Aufgaben des im TPRM vorgesehenen Organs zur Überprüfung der Handelspolitiken wahrzunehmen. Das Organ zur Überprüfung der Handelspolitiken kann einen eigenen Vorsitzenden haben und legt die Verfahrensregeln fest, die es zur Erfüllung dieser Aufgaben für notwendig erachtet.

(5) Ein Rat für den Handel mit Waren, ein Rat für den Handel mit Dienstleistungen und ein Rat für handelsbezogene Aspekte der Rechte des geistigen Eigentums (im Folgenden als „Rat für TRIPS" bezeichnet) sind unter der allgemeinen Leitung des Allgemeinen Rates tätig. Der Rat für

den Handel mit Waren überwacht die Wirkungsweise der Multilateralen Handelsübereinkommen in Anlage 1A. Der Rat für den Handel mit Dienstleistungen überwacht die Wirkungsweise des Allgemeinen Übereinkommens über den Handel mit Dienstleistungen (im Folgenden als „GATS" bezeichnet). Der Rat für TRIPS überwacht die Wirkungsweise des Übereinkommens über handelsbezogene Aspekte der Rechte des geistigen Eigentums (im Folgenden als „Übereinkommen über TRIPS" bezeichnet). Diese Räte erfüllen die ihnen in den betreffenden Übereinkommen und vom Allgemeinen Rat übertragenen Aufgaben. Sie geben sich Geschäftsordnungen, die der Genehmigung durch den Allgemeinen Rat bedürfen. Die Mitgliedschaft in diesen Räten steht den Vertretern aller Mitglieder offen. Diese Räte treten zur Ausübung ihrer Aufgaben je nach Notwendigkeit zusammen.

(6) Der Rat für den Handel mit Waren, der Rat für den Handel mit Dienstleistungen und der Rat für TRIPS setzen nach Bedarf nachgeordnete Gremien ein. Diese nachgeordneten Gremien geben sich Geschäftsordnungen, die der Genehmigung durch ihre jeweiligen Räte bedürfen.

(7) Die Ministerkonferenz setzt einen Ausschuss für Handel und Entwicklung, einen Ausschuss für Zahlungsbilanzbeschränkungen sowie einen Ausschuss für Haushalt, Finanzen und Verwaltung ein, welche die Aufgaben, die ihnen in diesem Übereinkommen und in den Multilateralen Handelsübereinkommen übertragen werden sowie alle zusätzlichen Aufgaben wahrnehmen, die ihnen vom Allgemeinen Rat übertragen werden; sie kann zusätzliche Ausschüsse für die Aufgaben einsetzen, die sie für zweckdienlich erachtet. Im Rahmen seiner Aufgaben überprüft der Ausschuss für Handel und Entwicklung in regelmäßigen Zeitabständen die besonderen Bestimmungen in den Multilateralen Handelsübereinkommen zugunsten der am wenigsten entwickelten Länder, die Mitglieder sind, und erstattet dem Allgemeinen Rat Bericht, damit dieser geeignete Maßnahmen trifft. Die Mitgliedschaft in diesen Ausschüssen steht den Vertretern aller Mitglieder offen.

(8) Die nach den Plurilateralen Handelsübereinkommen vorgesehenen Organe nehmen die ihnen nach jenen Übereinkommen übertragenen Aufgaben wahr und wirken innerhalb des institutionellen Rahmens der WTO. Diese Organe unterrichten den Allgemeinen Rat regelmäßig über ihre Tätigkeit.

Artikel V Beziehungen zu anderen Organisationen

(1) Der Allgemeine Rat trifft geeignete Vorkehrungen zur wirksamen Zusammenarbeit mit anderen zwischenstaatlichen Organisationen, deren Aufgaben mit denen der WTO im Zusammenhang stehen.

(2) Der Allgemeine Rat kann geeignete Vorkehrungen für Konsultationen und Zusammenarbeit mit nichtstaatlichen Organisationen treffen, die sich mit Angelegenheiten befassen, die mit denen der WTO im Zusammenhang stehen.

Artikel VI Sekretariat

(1) Ein Sekretariat der WTO (im Folgenden als „Sekretariat" bezeichnet) steht unter der Leitung eines Generaldirektors.

(2) Die Ministerkonferenz ernennt den Generaldirektor und nimmt Bestimmungen über die Befugnisse, die Aufgaben, die Dienstbedingungen und die Amtszeit des Generaldirektors an.

(3) Der Generaldirektor ernennt die Mitglieder des Personals des Sekretariats und legt deren Aufgaben und Dienstbedingungen in Übereinstimmung mit den von der Ministerkonferenz angenommenen Bestimmungen fest.

(4) Die Aufgaben des Generaldirektors und des Sekretariatspersonals haben ausschließlich internationalen Charakter. Bei der Wahrnehmung ihrer Pflichten dürfen der Generaldirektor und das Sekretariatspersonal Weisungen von irgendeiner Regierung oder anderen Stellen außerhalb der WTO weder einholen noch entgegennehmen. Sie haben sich jeglicher Tätigkeit zu enthalten, die sich auf ihre Stellung als internationale Beamte abträglich auswirken könnte. Die Mitglieder der WTO achten den internationalen Charakter der Aufgaben des Generaldirektors und des Sekretariatspersonals und versuchen nicht, sie in der Ausübung ihrer Pflichten zu beeinflussen.

Artikel VII Haushalt und Beiträge

(1) Der Generaldirektor legt dem Ausschuss für Haushalt, Finanzen und Verwaltung den jährlichen Haushaltsvoranschlag und Rechnungsabschluss der WTO vor. Der Ausschuss für Haushalt, Finanzen und Verwaltung prüft den vom Generaldirektor vorgelegten jährlichen Haushaltsvoranschlag und Rechnungsabschluss und richtet Empfehlungen hierüber an den Allgemeinen Rat. Der jährliche Haushaltsvoranschlag bedarf der Genehmigung durch den Allgemeinen Rat.

(2) Der Ausschuss für Haushalt, Finanzen und Verwaltung schlägt dem Allgemeinen Rat Finanzregelungen vor, die Bestimmungen über Folgendes enthalten:

a) den Beitragsschlüssel, der die Ausgaben der WTO zwischen ihren Mitgliedern aufteilt,

b) die erforderlichen Maßnahmen gegenüber Mitgliedern mit Zahlungsrückständen.

Die Finanzregelungen beruhen, soweit durchführbar, auf den Regelungen und Praktiken des GATT 1947.

(3) Der Allgemeine Rat nimmt die Finanzregelungen und den jährlichen Haushaltsvoranschlag mit Zweidrittelmehrheit an, die mehr als die Hälfte de WTO-Mitglieder umfasst.

(4) Jedes Mitglied leistet umgehend seinen Beitrag an die WTO entsprechend seinem Anteil an den Ausgaben der WTO und im Einklang mit den vom Allgemeinen Rat angenommenen Finanzregelungen.

Artikel VIII Rechtsstellung der WTO

(1) Die WTO besitzt Rechtspersönlichkeit; von jedem ihrer Mitglieder wird ihr die Rechtsfähigkeit eingeräumt, die zur Wahrnehmung ihrer Aufgaben erforderlich ist.

(2) Der WTO werden von jedem ihrer Mitglieder diejenigen Vorrechte und Immunitäten eingeräumt, die zur Wahrnehmung ihrer Aufgaben erforderlich sind.

(3) Den Bediensteten der WTO und den Vertretern der Mitglieder werden in ähnlicher Weise von jedem ihrer Mitglieder diejenigen Vorrechte und Immunitäten eingeräumt, die zur unabhängigen Wahrnehmung ihrer Aufgaben im Zusammenhang mit der WTO erforderlich sind.

(4) Die der WTO, ihren Bediensteten und den Vertretern ihrer Mitglieder von einem Mitglied einzuräumenden Vorrechte und Immunitäten entsprechen den Vorrechten und Immunitäten, die in dem am 21. November 1947 von der Generalversammlung der Vereinten Nationen angenommenen Abkommen über die Vorrechte und Befreiungen der Sonderorganisationen vorgesehen sind.

(5) Die WTO kann ein Sitzabkommen schließen.

Artikel IX Beschlussfassung

(1) Die WTO setzt die nach dem GATT 1947[1)] übliche Praxis der Beschlussfassung durch Konsens fort. Falls ein Beschluss nicht durch Konsens gefasst werden kann, wird über die strittige Angelegenheit durch Abstimmung beschlossen, sofern nichts anderes vorgesehen ist. Auf den Tagungen der Ministerkonferenz und des Allgemeinen Rates verfügt jedes Mitglied der WTO über eine Stimme. Wenn die Europäischen Gemeinschaften ihr Stimmrecht ausüben, verfügen sie über eine Anzahl von Stimmen, die der Anzahl ihrer Mitgliedstaaten[2)], die Mitglieder der WTO sind, entspricht. Beschlüsse der Ministerkonferenz und des Allgemeinen Rates werden mit

1) Ein Beschluss des betreffenden Organs über eine ihm zur Prüfung vorgelegte Angelegenheit gilt als durch Konsens gefasst, wenn kein auf der Beschluss fassenden Tagung anwesendes Mitglied gegen den vorgeschlagenen Beschluss förmlich Einspruch erhebt.

2) Die Anzahl der Stimmen der Europäischen Gemeinschaften und ihrer Mitgliedstaaten darf die Anzahl der Mitgliedstaaten der Europäischen Gemeinschaften in keinem Fall übersteigen.

der Mehrheit der abgegebenen Stimmen gefasst, sofern in diesem Übereinkommen oder in dem einschlägigen Multilateralen Handelsübereinkommen nichts anderes vorgesehen ist[1)].

(2) Die Ministerkonferenz und der Allgemeine Rat sind ausschließlich befugt, dieses Übereinkommen und die Multilateralen Handelsübereinkommen auszulegen. Im Fall einer Auslegung eines Multilateralen Handelsübereinkommens der Anlage 1 üben sie ihre Befugnis auf der Grundlage einer Empfehlung desjenigen Rates aus, der die Wirkungsweise des betreffenden Übereinkommens überwacht. Der Beschluss zur Annahme einer Auslegung wird mit Dreiviertelmehrheit der Mitglieder gefasst. Dieser Absatz wird nicht in einer Weise angewendet, welche die Änderungsbestimmungen in Artikel X unterlaufen würde.

(3) Unter außergewöhnlichen Umständen kann die Ministerkonferenz beschließen, ein Mitglied von einer Verpflichtung aus diesem Übereinkommen oder einem der Multilateralen Handelsübereinkommen zu entbinden; jedoch muss ein derartiger Beschluss von drei Vierteln[2)] der Mitglieder gefasst werden, sofern in diesem Absatz nichts anderes vorgesehen ist.

a) Ein Antrag auf Ausnahmegenehmigung betreffend dieses Übereinkommen wird der Ministerkonferenz zur Prüfung gemäß der Praxis der Beschlussfassung durch Konsens vorgelegt. Die Ministerkonferenz setzt für die Prüfung des Antrags eine Frist von längstens 90 Tagen. Wird ein Konsens während dieser Frist nicht erzielt, so wird ein Beschluss zur Gewährung einer Ausnahmegenehmigung von drei Vierteln der Mitglieder gefasst.
b) Ein Antrag auf Ausnahmegenehmigung betreffend die Multilateralen Handelsübereinkommen der Anlagen 1A, 1B oder 1C und deren Anlagen wird zunächst dem Rat für den Handel mit Waren, dem Rat für den Handel mit Dienstleistungen beziehungsweise dem Rat für TRIPS zur Prüfung innerhalb einer Frist von längstens 90 Tagen vorgelegt. Mit Ablauf dieser Frist legt der zuständige Rat der Ministerkonferenz einen Bericht vor.

(4) Ein Beschluss der Ministerkonferenz zur Gewährung einer Ausnahmegenehmigung nennt die den Beschluss rechtfertigenden außergewöhnlichen Umstände, die Bedingungen für die Anwendung der Ausnahmegenehmigung sowie das Ablaufdatum der Ausnahmegenehmigung. Jede Ausnahmegenehmigung, die für einen längeren Zeitraum als ein Jahr gewährt wird, wird von der Ministerkonferenz spätestens ein Jahr nach der Gewährung und in der Folge alljährlich bis zum Ablauf der Ausnahmegenehmigung überprüft. Bei jeder Überprüfung untersucht die Ministerkonferenz, ob die die Ausnahmegenehmigung rechtfertigenden außergewöhnlichen Umstände weiterhin bestehen und ob die mit der Ausnahmegenehmigung verbundenen Bedingungen eingehalten wurden. Auf der Grundlage der jährlichen Überprüfung kann die Ministerkonferenz die Ausnahmegenehmigung verlängern, abändern oder aufheben.

(5) Für Beschlüsse nach einem Plurilateralen Handelsübereinkommen, einschließlich der Beschlüsse über Auslegungen und Ausnahmegenehmigungen, sind die Bestimmungen des betreffenden Übereinkommens maßgebend.

Artikel X Änderungen

(1) Jedes Mitglied der WTO kann in der Ministerkonferenz Vorschläge zur Änderung dieses Übereinkommens oder der Multilateralen Handelsübereinkommen der Anlage 1 einbringen. Die in Artikel IV Absatz 5 aufgeführten Räte können ebenfalls der Ministerkonferenz Vorschläge zur Änderung der einschlägigen Multilateralen Handelsübereinkommen der Anlage 1 unterbreiten, deren Wirkungsweise sie überwachen. Innerhalb einer Frist von 90 Tagen nach förmlicher Einbringung auf der Ministerkonferenz wird, sofern die Ministerkonferenz nicht eine längere Frist beschließt, jeder Beschluss, die vorgeschlagene Änderung den Mitgliedern zur Annahme vorzulegen, von der Ministerkonferenz durch Konsens gefasst. Sofern nicht Absatz 2, 5 oder 6 An-

---

1) Wenn der Allgemeine Rat in seiner Eigenschaft als Streitbeilegungsgremium zusammentritt, werden seine Beschlüsse nur in Übereinstimmung mit Artikel 2 Absatz 4 der Vereinbarung über Streitbeilegung gefasst.

2) Ein Beschluss zur Gewährung einer Ausnahmegenehmigung hinsichtlich einer Verpflichtung, für die ein Übergangszeitraum oder ein Zeitraum für eine stufenweise Durchführung gilt und die das Antrag stellende Mitglied zum Ende des maßgebenden Zeitraums nicht eingehalten hat, wird nur durch Konsens gefasst.

wendung findet, wird im Beschluss angegeben, ob Absatz 3 oder Absatz 4 anzuwenden ist. Wird ein Konsens erreicht, so legt die Ministerkonferenz die vorgeschlagene Änderung unverzüglich den Mitgliedern zur Annahme vor. Wird ein Konsens auf einer Tagung der Ministerkonferenz nicht innerhalb des festgelegten Zeitraums erreicht, so entscheidet die Ministerkonferenz mit Zweidrittelmehrheit der Mitglieder, ob die vorgeschlagene Änderung den Mitgliedern zur Annahme vorzulegen ist. Soweit nicht in den Absätzen 2, 5 und 6 etwas anderes vorgesehen ist, wird Absatz 3 auf die vorgeschlagene Änderung angewendet, sofern nicht die Ministerkonferenz mit Dreiviertelmehrheit der Mitglieder beschließt, Absatz 4 anzuwenden.

(2) Änderungen dieses Artikels und der folgenden Artikel treten nur nach Annahme durch alle Mitglieder in Kraft:

Artikel IX dieses Übereinkommens;

Artikel I und II des GATT 1994;

Artikel II Absatz 1 des GATS;

Artikel 4 des Übereinkommens über TRIPS.

(3) Änderungen dieses Übereinkommens oder der Multilateralen Handelsübereinkommen der Anlagen 1A und 1C, ausgenommen die in den Absätzen 2 und 6 genannten, die so beschaffen sind, dass sie die Rechte und Pflichten der Mitglieder ändern würden, treten für diejenigen Mitglieder, die sie angenommen haben, nach Annahme durch zwei Drittel der Mitglieder und in der Folge für jedes andere Mitglied nach der Annahme durch dieses Mitglied in Kraft. Die Ministerkonferenz kann mit Dreiviertelmehrheit der Mitglieder beschließen, dass eine gemäß diesem Absatz in Kraft getretene Änderung so beschaffen ist, dass es jedem Mitglied, das die Änderung innerhalb der von der Ministerkonferenz festgesetzten Frist nicht angenommen hat, in jedem Einzelfall frei steht, aus der WTO auszutreten oder mit Zustimmung der Ministerkonferenz Mitglied zu bleiben.

(4) Änderungen dieses Übereinkommens oder der Multilateralen Handelsübereinkommen der Anlagen 1A und 1C, ausgenommen die in den Absätzen 2 und 6 genannten, die so beschaffen sind, dass sie die Rechte und Pflichten der Mitglieder nicht ändern würden, treten nach Annahme durch zwei Drittel der Mitglieder für alle Mitglieder in Kraft.

(5) Soweit nicht Absatz 2 Anwendung findet, treten Änderungen der Teile I, II und III des GATS und der einschlägigen Anlagen für diejenigen Mitglieder, die sie angenommen haben, nach Annahme durch zwei Drittel der Mitglieder und in der Folge für jedes andere Mitglied nach der Annahme durch dieses Mitglied in Kraft. Die Ministerkonferenz kann mit Dreiviertelmehrheit der Mitglieder beschließen, dass eine nach der vorstehenden Bestimmung in Kraft getretene Änderung so beschaffen ist, dass es jedem Mitglied, das die Änderung innerhalb der von der Ministerkonferenz festgesetzten Frist nicht angenommen hat, in jedem Einzelfall freisteht, aus der WTO auszutreten oder mit Zustimmung der Ministerkonferenz Mitglied zu bleiben. Änderungen der Teile IV, V und VI des GATS und der einschlägigen Anlagen treten nach Annahme durch zwei Drittel der Mitglieder für alle Mitglieder in Kraft.

(6) Unbeschadet der anderen Bestimmungen dieses Artikels können Änderungen des Übereinkommens über TRIPS, welche die Erfordernisse des Artikels 71 Absatz 2 jenes Übereinkommens erfüllen, von der Ministerkonferenz ohne weiteres förmliches Annahmeverfahren angenommen werden.

(7) Jedes Mitglied, das eine Änderung dieses Übereinkommens oder eines Multilateralen Handelsübereinkommens der Anlage 1 annimmt, hinterlegt innerhalb der von der Ministerkonferenz festgesetzten Annahmefrist eine Annahmeurkunde beim Generaldirektor der WTO.

(8) Jedes Mitglied der WTO kann der Ministerkonferenz einen Vorschlag zur Änderung der Multilateralen Handelsübereinkommen der Anlagen 2 und 3 vorlegen. Der Beschluss zur Genehmigung von Änderungen des Multilateralen Handelsübereinkommens der Anlage 2 wird durch Konsens gefasst; diese Änderungen treten nach Genehmigung durch die Ministerkonferenz für alle Mitglieder in Kraft. Beschlüsse zur Genehmigung von Änderungen des Multilateralen Han-

delsübereinkommens der Anlage 3 treten nach Genehmigung durch die Ministerkonferenz für alle Mitglieder in Kraft.

(9) Die Ministerkonferenz kann auf Antrag der Mitglieder, die Vertragsparteien eines Handelsübereinkommens sind, ausschließlich durch Konsens beschließen, das betreffende Übereinkommen in Anlage 4 aufzunehmen. Die Ministerkonferenz kann auf Antrag der Mitglieder, die Vertragsparteien eines Plurilateralen Handelsübereinkommens sind, beschließen, das betreffende Übereinkommen aus Anlage 4 zu streichen.

(10) Für Änderungen eines Plurilateralen Handelsübereinkommens gelten die Bestimmungen des betreffenden Übereinkommens.

Artikel XI Ursprüngliche Mitgliedschaft

(1) Die Vertragsparteien des GATT 1947, die zum Zeitpunkt des Inkrafttretens dieses Übereinkommens solche sind, und die Europäischen Gemeinschaften, die dieses Übereinkommen und die Multilateralen Handelsübereinkommen annehmen und für welche Listen von Zugeständnissen und Verpflichtungen dem GATT 1994 sowie Listen spezifischer Verpflichtungen dem GATS beigefügt sind, werden ursprüngliche Mitglieder der WTO.

(2) Die am wenigsten entwickelten Länder, die von den Vereinten Nationen als solche anerkannt sind, brauchen Verpflichtungen und Zugeständnisse nur insoweit zu übernehmen, als diese mit ihren jeweiligen Entwicklungs-, Finanz- und Handelserfordernissen oder ihrer administrativen und institutionellen Leistungsfähigkeit vereinbar sind.

Artikel XII Beitritt

(1) Jeder Staat oder jedes gesonderte Zollgebiet, der/das in der Wahrnehmung seiner Außenhandelsbeziehungen und hinsichtlich der übrigen in diesem Übereinkommen und in den Multilateralen Handelsübereinkommen behandelten Angelegenheiten volle Handlungsfreiheit besitzt, kann diesem Übereinkommen unter Bedingungen beitreten, die zwischen ihm und der WTO vereinbart werden. Ein solcher Beitritt gilt für dieses Übereinkommen und für die in dessen Anlagen enthaltenen Multilateralen Handelsübereinkommen.

(2) Beitrittsbeschlüsse werden von der Ministerkonferenz gefasst. Die Ministerkonferenz genehmigt die Einigung über die Beitrittsbedingungen mit Zweidrittelmehrheit der Mitglieder der WTO.

(3) Für den Beitritt zu einem Plurilateralen Handelsübereinkommen gelten die Bestimmungen des betreffenden Übereinkommens.

Artikel XIII Nichtanwendung Multilateraler Handelsübereinkommen zwischen bestimmten Mitgliedern

(1) Dieses Übereinkommen und die Multilateralen Handelsübereinkommen der Anlagen 1 und 2 finden zwischen zwei Mitgliedern keine Anwendung, wenn eines der beiden Mitglieder zu dem Zeitpunkt, zu dem eines von ihnen Mitglied wird, der Anwendung seine Zustimmung versagt.

(2) Ursprüngliche Mitglieder der WTO, die Vertragsparteien des GATT 1947 waren, können sich im Verhältnis untereinander auf Absatz 1 nur berufen, wenn sie sich zuvor auf Artikel XXXV jenes Abkommens berufen hatten und wenn jener Artikel zwischen diesen Vertragsparteien zu dem Zeitpunkt in Kraft war, zu dem dieses Übereinkommen für sie in Kraft trat.

(3) Absatz 1 findet zwischen einem Mitglied und einem anderen Mitglied, das nach Artikel XII beigetreten ist, nur Anwendung, wenn das Mitglied, das der Anwendung nicht zustimmt, dies der Ministerkonferenz vor Genehmigung der Einigung über die Beitrittsbedingungen durch die Ministerkonferenz notifiziert hat.

(4) Die Ministerkonferenz kann die Wirkungsweise dieses Artikels in besonderen Fällen auf Antrag eines Mitglieds überprüfen und geeignete Empfehlungen aussprechen.

(5) Für die Nichtanwendung eines Plurilateralen Handelsübereinkommens zwischen Vertragsparteien des betreffenden Übereinkommens gelten die Bestimmungen des betreffenden Übereinkommens.

Artikel XIV Annahme, Inkrafttreten und Hinterlegung

(1) Dieses Übereinkommen steht den Vertragsparteien des GATT 1947 sowie den Europäischen Gemeinschaften, die nach Artikel XI dieses Übereinkommens ursprüngliche Mitglieder der WTO werden können, zur Annahme offen, die durch Unterzeichnung oder auf andere Weise erfolgen kann. Eine solche Annahme gilt für dieses Übereinkommen und für die in dessen Anlagen enthaltenen Multilateralen Handelsübereinkommen. Dieses Übereinkommen und die in dessen Anlagen enthaltenen Multilateralen Handelsübereinkommen treten zu dem von den Ministern nach Absatz 3 der Schlussakte über die Ergebnisse der Multilateralen Handelsverhandlungen der Uruguay-Runde festgesetzten Zeitpunkt in Kraft und stehen während eines Zeitraums von zwei Jahren ab diesem Zeitpunkt zur Annahme offen, sofern die Minister nichts anderes beschließen. Eine nach dem Inkrafttreten dieses Übereinkommens erfolgende Annahme wird am dreißigsten Tag nach dem Zeitpunkt der Annahme wirksam.

(2) Ein Mitglied, das dieses Übereinkommen nach seinem Inkrafttreten annimmt, erfüllt die Zugeständnisse und Verpflichtungen nach den Multilateralen Handelsübereinkommen, die im Verlauf eines Zeitraums, der mit dem Inkrafttreten dieses Übereinkommens beginnt, erfüllt werden müssen, so, als ob es dieses Übereinkommen zum Zeitpunkt seines Inkrafttretens angenommen hätte.

(3) Bis zum Inkrafttreten dieses Übereinkommens wird der Wortlaut dieses Übereinkommens und der Multilateralen Handelsübereinkommen beim Generaldirektor der VERTRAGSPARTEIEN des GATT 1947 hinterlegt. Der Generaldirektor übermittelt jeder Regierung und den Europäischen Gemeinschaften, die dieses Übereinkommen angenommen haben, unverzüglich eine beglaubigte Abschrift dieses Übereinkommens und der Multilateralen Handelsübereinkommen sowie eine Notifikation jeder diesbezüglichen Annahme. Dieses Übereinkommen und die Multilateralen Handelsübereinkommen sowie alle Änderungen derselben werden zum Zeitpunkt des Inkrafttretens dieses Übereinkommens beim Generaldirektor der WTO hinterlegt.

(4) Für die Annahme und das Inkrafttreten eines Plurilateralen Handelsübereinkommens gelten die Bestimmungen des betreffenden Übereinkommens. Die Übereinkommen werden beim Generaldirektor der VERTRAGSPARTEIEN des GATT 1947 hinterlegt. Zum Zeitpunkt des Inkrafttretens dieses Übereinkommens werden die betreffenden Übereinkommen beim Generaldirektor der WTO hinterlegt.

Artikel XV Rücktritt

(1) Jedes Mitglied kann von diesem Übereinkommen zurücktreten. Der Rücktritt gilt sowohl für dieses Übereinkommen als auch für die Multilateralen Handelsübereinkommen und wird mit Ablauf von sechs Monaten nach Eingang der schriftlichen Rücktrittsanzeige beim Generaldirektor der WTO wirksam.

(2) Für den Rücktritt von einem Plurilateralen Handelsübereinkommen gelten die Bestimmungen des betreffenden Übereinkommens.

Artikel XVI Verschiedene Bestimmungen

(1) Sofern in diesem Übereinkommen oder in den Multilateralen Handelsübereinkommen nichts anderes vorgesehen ist, lässt sich die WTO von den Beschlüssen, Verfahren und üblichen Praktiken der VERTRAGSPARTEIEN des GATT 1947 sowie der im Rahmen des GATT 1947 eingesetzten Organe leiten.

(2) Soweit praktisch möglich, wird das Sekretariat des GATT 1947 zum Sekretariat der WTO, und der Generaldirektor der VERTRAGSPARTEIEN des GATT 1947 übernimmt bis zu dem Zeitpunkt, zu dem die Ministerkonferenz nach Artikel VI Absatz 2 dieses Übereinkommens einen Generaldirektor ernannt hat, die Aufgaben des Generaldirektors der WTO.

(3) Bei Vorliegen einer Normenkollision zwischen einer Bestimmung dieses Übereinkommens und einer Bestimmung eines der Multilateralen Handelsübereinkommen hat die Bestimmung dieses Übereinkommens im Ausmaß der Normenkollision Vorrang.

(4) Jedes Mitglied stellt sicher, dass seine Gesetze, sonstigen Vorschriften und Verwaltungsverfahren mit seinen Verpflichtungen aufgrund der als Anlage beigefügten Übereinkommen in Einklang stehen.

(5) Vorbehalte zu diesem Übereinkommen sind nicht zulässig. Vorbehalte zu den Multilateralen Handelsübereinkommen können nur angebracht werden, soweit dies in den betreffenden Übereinkommen vorgesehen ist. Vorbehalte zu einem Plurilateralen Handelsübereinkommen unterliegen den Bestimmungen des betreffenden Übereinkommens.

(6) Dieses Übereinkommen wird nach Artikel 102 der Charta der Vereinten Nationen registriert.

Geschehen zu Marrakesch am 15. April 1994 in einer Urschrift in englischer, französischer und spanischer Sprache, wobei jeder Wortlaut verbindlich ist.

Erläuternde Bemerkungen:

Die Begriffe „Land“ oder „Länder“ im Sinne dieses Übereinkommens und der Multilateralen Handelsübereinkommen gelten auch für alle gesonderten Zollgebiete, die Mitglieder der WTO sind.

Wird im Fall eines gesonderten Zollgebiets, das Mitglied der WTO ist, ein Ausdruck in diesem Übereinkommen und in den Multilateralen Handelsübereinkommen in Verbindung mit dem Wort „national“ verwendet, so ist dieser Ausdruck so zu verstehen, dass er sich auf das Zollgebiet bezieht, sofern nichts anderes vorgesehen ist.

Liste der Anhänge (ABl EG Nr. L 336 v. 23.12.1994 S. 10)

Anhang 1	
Anhang 1A:	Multilaterale Handelsübereinkünfte Allgemeines Zoll- und Handelsabkommen 1994 (GATT 1994) Übereinkommen über die Landwirtschaft Übereinkommen über die Anwendung gesundheitspolizeilicher und pflanzenschutzrechtlicher Maßnahmen Übereinkommen über Textilwaren und Bekleidung Übereinkommen über technische Handelshemmnisse Übereinkommen über handelsbezogene Investitionsmaßnahmen Übereinkommen zur Durchführung des Artikels VI des Allgemeinen Zoll- und Handelsabkommens 1994 Übereinkommen zur Durchführung des Artikels VII des Allgemeinen Zoll- und Handelsabkommens 1994 Übereinkommen über Kontrollen vor dem Versand Übereinkommen über Ursprungsregeln Übereinkommen über Einfuhrlizenzverfahren Übereinkommen über Subventionen und Ausgleichsmaßnahmen Übereinkommen über Schutzmaßnahmen
Anhang 1B:	Allgemeines Übereinkommen über den Handel mit Dienstleistungen (GATS)
Anhang 1C:	Übereinkommen über handelsbezogene Aspekte der Rechte des geistigen Eigentums (TRIPS)
Anhang 2:	Vereinbarung über Regeln und Verfahren zur Beilegung von Streitigkeiten
Anhang 3:	Mechanismus zur Überprüfung der Handelspolitik
Anhang 4:	Übereinkommen über den Handel mit Zivilluftfahrzeugen Übereinkommen über das öffentliche Beschaffungswesen Internationale Übereinkunft über Milcherzeugnisse Internationale Übereinkunft über Rindfleisch

II. Seerechtsübereinkommen der Vereinten Nationen (SeeRÜb)

v. 10.12.1982 (BGBl II 1994 S. 1799)[1)]

Auszug

Die Vertragsstaaten dieses Übereinkommens –

von dem Bestreben geleitet, alle das Seerecht betreffenden Fragen im Geiste gegenseitiger Verständigung und Zusammenarbeit zu regeln, und eingedenk der historischen Bedeutung dieses Übereinkommens als eines wichtigen Beitrags zur Erhaltung von Frieden, Gerechtigkeit und Fortschritt für alle Völker der Welt;

im Hinblick darauf, dass die Entwicklungen seit den 1958 und 1960 in Genf abgehaltenen Seerechtskonferenzen der Vereinten Nationen die Notwendigkeit eines neuen allgemein annehmbaren Seerechtsübereinkommens verstärkt haben;

in dem Bewusstsein, dass die Probleme des Meeresraums eng miteinander verbunden sind und als Ganzes betrachtet werden müssen;

in der Erkenntnis, dass es wünschenswert ist, durch dieses Übereinkommen unter gebührender Berücksichtigung der Souveränität aller Staaten eine Rechtsordnung für die Meere und Ozeane zu schaffen, die den internationalen Verkehr erleichtern sowie die Nutzung der Meere und Ozeane zu friedlichen Zwecken, die ausgewogene und wirkungsvolle Nutzung ihrer Ressourcen, die Erhaltung ihrer lebenden Ressourcen und die Untersuchung, den Schutz und die Bewahrung der Meeresumwelt fördern wird;

in dem Bewusstsein, dass die Erreichung dieser Ziele zur Verwirklichung einer gerechten und ausgewogenen internationalen Wirtschaftsordnung beitragen wird, welche die Interessen und Bedürfnisse der gesamten Menschheit und vor allem die besonderen Interessen und Bedürfnisse der Entwicklungsländer, ob Küsten- oder Binnenländer, berücksichtigt;

in dem Wunsch, durch dieses Übereinkommen die in der Resolution 2749 (XXV) vom 17. Dezember 1970 enthaltenen Grundsätze weiterzuentwickeln, in der die Generalversammlung der Vereinten Nationen feierlich unter anderem erklärte, dass das Gebiet des Meeresbodens und des Meeresuntergrunds jenseits der Grenzen des Bereichs nationaler Hoheitsbefugnisse sowie seine Ressourcen gemeinsames Erbe der Menschheit sind, deren Erforschung und Ausbeutung zum Nutzen der gesamten Menschheit ungeachtet der geographischen Lage der Staaten durchgeführt werden;

überzeugt, dass die in diesem Übereinkommen verwirklichte Kodifizierung und fortschreitende Entwicklung des Seerechts zur Festigung des Friedens, der Sicherheit, der Zusammenarbeit und der freundschaftlichen Beziehungen zwischen allen Nationen in Übereinstimmung mit den Grundsätzen der Gerechtigkeit und Gleichberechtigung beitragen und den wirtschaftlichen und sozialen Fortschritt aller Völker der Welt in Übereinstimmung mit den Zielen und Grundsätzen der Vereinten Nationen fördern werden, wie sie in deren Charta verkündet sind;

in Bekräftigung des Grundsatzes, dass für Fragen, die in diesem Übereinkommen nicht geregelt sind, weiterhin die Regeln und Grundsätze des allgemeinen Völkerrechts gelten – haben Folgendes vereinbart:

1) **Anm. d. Red.:** Vgl. dazu das Ausführungsgesetz Seerechtsübereinkommen 1982/1994 v. 6.6.1995 (BGBl I S. 778).

Teil I: Einleitung

Artikel 1 Begriffsbestimmungen und Geltungsbereich

(1) Im Sinne dieses Übereinkommens

1. bedeutet „Gebiet" den Meeresboden und den Meeresuntergrund jenseits der Grenzen des Bereichs nationaler Hoheitsbefugnisse;
2. bedeutet „Behörde" die Internationale Meeresbodenbehörde;
3. bedeutet „Tätigkeiten im Gebiet" alle Tätigkeiten zur Erforschung und Ausbeutung der Ressourcen des Gebiets;
4. bedeutet „Verschmutzung der Meeresumwelt" die unmittelbare oder mittelbare Zuführung von Stoffen oder Energie durch den Menschen in die Meeresumwelt einschließlich der Flussmündungen, aus der sich abträgliche Wirkungen wie eine Schädigung der lebenden Ressourcen sowie der Tier- und Pflanzenwelt des Meeres, eine Gefährdung der menschlichen Gesundheit, eine Behinderung der maritimen Tätigkeiten einschließlich der Fischerei und der sonstigen rechtmäßigen Nutzung des Meeres, eine Beeinträchtigung des Gebrauchswerts des Meerwassers und eine Verringerung der Annehmlichkeiten der Umwelt ergeben oder ergeben können;
5. a) bedeutet „Einbringen" (dumping)
   i. jede vorsätzliche Beseitigung von Abfällen oder sonstigen Stoffen von Schiffen, Luftfahrzeugen, Plattformen oder sonstigen auf See errichteten Bauwerken aus,
   ii. jede vorsätzliche Beseitigung von Schiffen, Luftfahrzeugen, Plattformen oder sonstigen auf See errichteten Bauwerken;

   b) umfasst „Einbringen" nicht
   i. die Beseitigung von Abfällen oder sonstigen Stoffen, die mit dem normalen Betrieb von Schiffen, Luftfahrzeugen, Plattformen oder sonstigen auf See errichteten Bauwerken sowie mit ihrer Ausrüstung zusammenhängen oder davon herrühren, mit Ausnahme von Abfällen oder sonstigen Stoffen, die durch zur Beseitigung dieser Stoffe betriebene Schiffe, Luftfahrzeuge, Plattformen oder sonstige auf See errichtete Bauwerke befördert oder auf sie verladen werden, sowie von Abfällen oder sonstigen Stoffen, die aus der Behandlung solcher Abfälle oder sonstigen Stoffe auf solchen Schiffen, Luftfahrzeugen, Plattformen oder Bauwerken herrühren,
   ii. das Absetzen von Stoffen zu einem anderen Zweck als dem der bloßen Beseitigung, sofern es nicht den Zielen dieses Übereinkommens widerspricht.

(2) 1. „Vertragsstaaten" bedeutet Staaten, die zugestimmt haben, durch dieses Übereinkommen gebunden zu sein, und für die es in Kraft ist.

2. Dieses Übereinkommen gilt sinngemäß für die in Artikel 305 Absatz 1 Buchstaben b, c, d, e und f bezeichneten Rechtsträger, die zu den jeweils für sie geltenden Bedingungen Vertragsparteien des Übereinkommens wurden, und insoweit bezieht sich der Begriff „Vertragsstaaten" auf diese Rechtsträger.

Teil II: Küstenmeer und Anschlusszone

Abschnitt 1: Allgemeine Bestimmungen

Artikel 2 Rechtsstatus des Küstenmeers, des Luftraums über dem Küstenmeer und des Meeresbodens und Meeresuntergrunds des Küstenmeers

(1) Die Souveränität eines Küstenstaats erstreckt sich jenseits seines Landgebiets und seiner inneren Gewässer sowie im Fall eines Archipelstaats jenseits seiner Archipelgewässer auf einen angrenzenden Meeresstreifen, der als Küstenmeer bezeichnet wird.

(2) Diese Souveränität erstreckt sich sowohl auf den Luftraum über dem Küstenmeer als auch auf den Meeresboden und Meeresuntergrund des Küstenmeers.

(3) Die Souveränität über das Küstenmeer wird nach Maßgabe dieses Übereinkommens und der sonstigen Regeln des Völkerrechts ausgeübt.

Abschnitt 2: Grenzen des Küstenmeers

Artikel 3 Breite des Küstenmeers

Jeder Staat hat das Recht, die Breite seines Küstenmeers bis zu einer Grenze festzulegen, die höchstens 12 Seemeilen von den in Übereinstimmung mit diesem Übereinkommen festgelegten Basislinien entfernt sein darf.

Artikel 4 Seewärtige Grenze des Küstenmeers

Die seewärtige Grenze des Küstenmeers ist die Linie, auf der jeder Punkt vom nächstgelegenen Punkt der Basislinie um die Breite des Küstenmeers entfernt ist.

Artikel 5 Normale Basislinie

Soweit in diesem Übereinkommen nichts anderes bestimmt wird, ist die normale Basislinie für die Messung der Breite des Küstenmeers die Niedrigwasserlinie entlang der Küste, wie sie in den vom Küstenstaat amtlich anerkannten Seekarten großen Maßstabs eingetragen ist.

Abschnitt 4: Anschlusszone

Artikel 33 Anschlusszone

(1) In einer an sein Küstenmeer angrenzenden Zone, die als Anschlusszone bezeichnet wird, kann der Küstenstaat die erforderliche Kontrolle ausüben, um

a) Verstöße gegen seine Zoll- und sonstigen Finanzgesetze, Einreise- oder Gesundheitsgesetze und diesbezüglichen sonstigen Vorschriften in seinem Hoheitsgebiet oder in seinem Küstenmeer zu verhindern;

b) Verstöße gegen diese Gesetze und sonstigen Vorschriften, die in seinem Hoheitsgebiet oder in seinem Küstenmeer begangen worden sind, zu ahnden.

(2) Die Anschlusszone darf sich nicht weiter als 24 Seemeilen über die Basislinien hinaus erstrecken, von denen aus die Breite des Küstenmeers gemessen wird.

Teil V: Ausschließliche Wirtschaftszone

Artikel 55 Besondere Rechtsordnung der ausschließlichen Wirtschaftszone

Die ausschließliche Wirtschaftszone ist ein jenseits des Küstenmeers gelegenes und an dieses angrenzendes Gebiet, das der in diesem Teil festgelegten besonderen Rechtsordnung unterliegt, nach der die Rechte und Hoheitsbefugnisse des Küstenstaats und die Rechte und Freiheiten anderer Staaten durch die diesbezüglichen Bestimmungen dieses Übereinkommens geregelt werden.

Artikel 56 Rechte, Hoheitsbefugnisse und Pflichten des Küstenstaats in der ausschließlichen Wirtschaftszone

(1) In der ausschließlichen Wirtschaftszone hat der Küstenstaat

a) souveräne Rechte zum Zweck der Erforschung und Ausbeutung, Erhaltung und Bewirtschaftung der lebenden und nicht lebenden natürlichen Ressourcen der Gewässer über dem Meeresboden, des Meeresbodens und seines Untergrunds sowie hinsichtlich anderer Tätigkeiten zur wirtschaftlichen Erforschung und Ausbeutung der Zone wie der Energieerzeugung aus Wasser, Strömung und Wind;

b) Hoheitsbefugnisse, wie in den diesbezüglichen Bestimmungen dieses Übereinkommens vorgesehen, in Bezug auf

i. die Errichtung und Nutzung von künstlichen Inseln, von Anlagen und Bauwerken;
ii. die wissenschaftliche Meeresforschung;
iii. den Schutz und die Bewahrung der Meeresumwelt;

c) andere in diesem Übereinkommen vorgesehene Rechte und Pflichten.

(2) Der Küstenstaat berücksichtigt bei der Ausübung seiner Rechte und der Erfüllung seiner Pflichten aus diesem Übereinkommen in der ausschließlichen Wirtschaftszone gebührend die Rechte und Pflichten anderer Staaten und handelt in einer Weise, die mit dem Übereinkommen vereinbar ist.

(3) Die in diesem Artikel niedergelegten Rechte hinsichtlich des Meeresbodens und seines Untergrunds werden in Übereinstimmung mit Teil VI ausgeübt.

Artikel 57 Breite der ausschließlichen Wirtschaftszone

Die ausschließliche Wirtschaftszone darf sich nicht weiter als 200 Seemeilen von den Basislinien erstrecken, von denen aus die Breite des Küstenmeers gemessen wird.

Artikel 58 Rechte und Pflichten anderer Staaten in der ausschließlichen Wirtschaftszone

(1) Alle Staaten, ob Küsten- oder Binnenstaaten, genießen in der ausschließlichen Wirtschaftszone vorbehaltlich der diesbezüglichen Bestimmungen dieses Übereinkommens die in Artikel 87 genannten Freiheiten der Schifffahrt, des Überflugs und der Verlegung unterseeischer Kabel und Rohrleitungen sowie andere völkerrechtlich zulässige, mit den Freiheiten zusammenhängende Nutzungen des Meeres, insbesondere im Rahmen des Einsatzes von Schiffen und Luftfahrzeugen sowie des Betriebs unterseeischer Kabel und Rohrleitungen, die mit den anderen Bestimmungen des Übereinkommens vereinbar sind.

(2) Die Artikel 88 bis 115 und sonstige diesbezügliche Regeln des Völkerrechts gelten für die ausschließliche Wirtschaftszone, soweit sie mit diesem Teil nicht unvereinbar sind.

(3) Die Staaten berücksichtigen bei der Ausübung ihrer Rechte und der Erfüllung ihrer Pflichten aus diesem Übereinkommen in der ausschließlichen Wirtschaftszone gebührend die Rechte und Pflichten des Küstenstaats und halten die von ihm in Übereinstimmung mit dem Übereinkommen und den sonstigen Regeln des Völkerrechts erlassenen Gesetze und sonstigen Vorschriften ein, soweit sie mit diesem Teil nicht unvereinbar sind.

Artikel 59 Grundlage für die Lösung von Konflikten über die Zuweisung von Rechten und Hoheitsbefugnissen in der ausschließlichen Wirtschaftszone

In Fällen, in denen dieses Übereinkommen weder dem Küstenstaat noch anderen Staaten Rechte oder Hoheitsbefugnisse innerhalb der ausschließlichen Wirtschaftszone zuweist und ein Konflikt zwischen den Interessen des Küstenstaats und denen eines oder mehrerer anderer Staaten entsteht, soll dieser Konflikt auf der Grundlage der Billigkeit und unter Berücksichtigung aller maßgeblichen Umstände gelöst werden, wobei der Bedeutung dieser Interessen für die einzelnen Parteien sowie für die internationale Gemeinschaft als Ganzes Rechnung zu tragen ist.

Artikel 60 Künstliche Inseln, Anlagen und Bauwerke in der ausschließlichen Wirtschaftszone

(1) In der ausschließlichen Wirtschaftszone hat der Küstenstaat das ausschließliche Recht zur Errichtung sowie zur Genehmigung und Regelung der Errichtung, des Betriebs und der Nutzung von

a) künstlichen Inseln;
b) Anlagen und Bauwerken für die in Artikel 56 vorgesehenen und für andere wirtschaftliche Zwecke;

c) Anlagen und Bauwerken, welche die Ausübung der Rechte des Küstenstaats in der Zone beeinträchtigen könnten.

(2) Der Küstenstaat hat über diese künstlichen Inseln, Anlagen und Bauwerke ausschließliche Hoheitsbefugnisse, einschließlich derjenigen in Bezug auf Zoll- und sonstige Finanzgesetze, Gesundheits-, Sicherheits- und Einreisegesetze und diesbezügliche sonstige Vorschriften.

(3) Die Errichtung solcher künstlichen Inseln, Anlagen oder Bauwerke ist ordnungsgemäß bekannt zu machen, und es sind ständige Warneinrichtungen zu unterhalten. Alle aufgegebenen oder nicht mehr benutzten Anlagen oder Bauwerke sind zu beseitigen, um die Sicherheit der Schifffahrt zu gewährleisten; dabei sind die allgemein anerkannten internationalen Normen zu berücksichtigen, die in dieser Hinsicht von der zuständigen internationalen Organisation festgelegt sind. Bei der Beseitigung ist auch auf die Fischerei, den Schutz der Meeresumwelt sowie auf die Rechte und Pflichten anderer Staaten gebührend Rücksicht zu nehmen. Tiefe, Lage und Ausdehnungen nicht vollständig beseitigter Anlagen oder Bauwerke sind in geeigneter Weise bekannt zu machen.

(4) Der Küstenstaat kann, wo es notwendig ist, um diese künstlichen Inseln, Anlagen und Bauwerke angemessene Sicherheitszonen errichten, in denen er geeignete Maßnahmen ergreifen kann, um die Sicherheit der Schifffahrt sowie der künstlichen Inseln, Anlagen und Bauwerke zu gewährleisten.

(5) Die Breite der Sicherheitszonen wird vom Küstenstaat unter Berücksichtigung der geltenden internationalen Normen festgelegt. Diese Zonen sind so anzulegen, dass sie in sinnvoller Weise der Art und Aufgabe der künstlichen Inseln, Anlagen oder Bauwerke entsprechen; sie dürfen sich nicht über eine Entfernung von 500 Metern hinaus erstrecken, gemessen von jedem Punkt des äußeren Randes der künstlichen Inseln, Anlagen oder Bauwerke, sofern nicht allgemein anerkannte internationale Normen etwas anderes gestatten oder die zuständige internationale Organisation etwas anderes empfiehlt. Die Ausdehnung der Sicherheitszonen ist ordnungsgemäß bekannt zu machen.

(6) Alle Schiffe müssen diese Sicherheitszonen beachten und die allgemein anerkannten internationalen Normen über die Schifffahrt in der Nähe von künstlichen Inseln, Anlagen, Bauwerken und Sicherheitszonen einhalten.

(7) Künstliche Inseln, Anlagen und Bauwerke und die sie umgebenden Sicherheitszonen dürfen dort nicht errichtet werden, wo dies die Benutzung anerkannter und für die internationale Schifffahrt wichtiger Schifffahrtswege behindern kann.

(8) Künstliche Inseln, Anlagen und Bauwerke haben nicht den Status von Inseln. Sie haben kein eigenes Küstenmeer, und ihr Vorhandensein berührt nicht die Abgrenzung des Küstenmeers, der ausschließlichen Wirtschaftszone oder des Festlandsockels.

Teil VI: Festlandsockel

Artikel 76 Definition des Festlandsockels

(1) Der Festlandsockel eines Küstenstaats umfasst den jenseits seines Küstenmeers gelegenen Meeresboden und Meeresuntergrund der Unterwassergebiete, die sich über die gesamte natürliche Verlängerung seines Landgebiets bis zur äußeren Kante des Festlandrands erstrecken oder bis zu einer Entfernung von 200 Seemeilen von den Basislinien, von denen aus die Breite des Küstenmeers gemessen wird, wo die äußere Kante des Festlandrands in einer geringeren Entfernung verläuft.

(2) Der Festlandsockel eines Küstenstaats erstreckt sich nicht über die in den Absätzen 4 bis 6 vorgesehenen Grenzen hinaus.

(3) Der Festlandrand umfasst die unter Wasser gelegene Verlängerung der Landmasse des Küstenstaats und besteht aus dem Meeresboden und dem Meeresuntergrund des Sockels, des Abhangs und des Anstiegs. Er umfasst weder den Tiefseeboden mit seinen unterseeischen Bergrücken noch dessen Untergrund.

(4) a) Wenn sich der Festlandrand über 200 Seemeilen von den Basislinien, von denen aus die Breite des Küstenmeers gemessen wird, hinaus erstreckt, legt der Küstenstaat die äußere Kante des Festlandrands für die Zwecke dieses Übereinkommens fest, und zwar entweder

i. durch eine Linie, die nach Absatz 7 über die äußersten Festpunkte gezogen wird, an denen die Dicke des Sedimentgesteins jeweils mindestens 1 Prozent der kürzesten Entfernung von diesem Punkt bis zum Fuß des Festlandabhangs beträgt, oder

ii. durch eine Linie, die nach Absatz 7 über Festpunkte gezogen wird, die nicht weiter als 60 Seemeilen vom Fuß des Festlandabhangs entfernt sind.

b) Solange das Gegenteil nicht bewiesen ist, wird der Fuß des Festlandabhangs als der Punkt des stärksten Gefällwechsels an seiner Basis festgelegt.

(5) Die Festpunkte auf der nach Absatz 4 Buchstabe a Ziffern i und ii gezogenen und auf dem Meeresboden verlaufenden Linie der äußeren Grenzen des Festlandsockels dürfen entweder nicht weiter als 350 Seemeilen von den Basislinien, von denen aus die Breite des Küstenmeers gemessen wird, oder nicht weiter als 100 Seemeilen von der 2 500-Meter-Wassertiefenlinie, einer die Tiefenpunkte von 2 500 Metern verbindenden Linie, entfernt sein.

(6) Ungeachtet des Absatzes 5 darf auf unterseeischen Bergrücken die äußere Grenze des Festlandsockels 350 Seemeilen von den Basislinien, von denen aus die Breite des Küstenmeers gemessen wird, nicht überschreiten. Dieser Absatz bezieht sich nicht auf unterseeische Erhebungen, die natürliche Bestandteile des Festlandrands sind, wie seine Plateaus, Anstiege, Gipfel, Bänke und Ausläufer.

(7) Wo sich der Festlandsockel über 200 Seemeilen von den Basislinien hinaus erstreckt, von denen aus die Breite des Küstenmeers gemessen wird, legt der Küstenstaat die äußeren Grenzen seines Festlandsockels durch gerade Linien fest, die nicht länger als 60 Seemeilen sind und die Festpunkte verbinden, welche durch Koordinaten der Breite und Länge angegeben werden.

(8) Der Küstenstaat übermittelt der Kommission zur Begrenzung des Festlandsockels, die nach Anlage II auf der Grundlage einer gerechten geographischen Vertretung gebildet wird, Angaben über die Grenzen seines Festlandsockels, sofern sich dieser über 200 Seemeilen von den Basislinien hinaus erstreckt, von denen aus die Breite des Küstenmeers gemessen wird. Die Kommission richtet an die Küstenstaaten Empfehlungen in Fragen, die sich auf die Festlegung der äußeren Grenzen ihrer Festlandsockel beziehen. Die von einem Küstenstaat auf der Grundlage dieser Empfehlungen festgelegten Grenzen des Festlandsockels sind endgültig und verbindlich.

(9) Der Küstenstaat hinterlegt beim Generalsekretär der Vereinten Nationen Seekarten und sachbezogene Unterlagen, einschließlich geodätischer Daten, welche die äußeren Grenzen seines Festlandsockels dauerhaft beschreiben. Der Generalsekretär veröffentlicht diese ordnungsgemäß.

(10) Dieser Artikel berührt nicht die Frage der Abgrenzung des Festlandsockels zwischen Staaten mit gegenüberliegenden oder aneinander angrenzenden Küsten.

Artikel 77 Rechte des Küstenstaats am Festlandsockel

(1) Der Küstenstaat übt über den Festlandsockel souveräne Rechte zum Zweck seiner Erforschung und der Ausbeutung seiner natürlichen Ressourcen aus.

(2) Die in Absatz 1 genannten Rechte sind insoweit ausschließlich, als niemand ohne ausdrückliche Zustimmung des Küstenstaats den Festlandsockel erforschen oder seine natürlichen Ressourcen ausbeuten darf, selbst wenn der Küstenstaat diese Tätigkeiten unterlässt.

(3) Die Rechte des Küstenstaats am Festlandsockel sind weder von einer tatsächlichen oder nominellen Besitzergreifung noch von einer ausdrücklichen Erklärung abhängig.

(4) Die in diesem Teil genannten natürlichen Ressourcen umfassen die mineralischen und sonstigen nicht lebenden Ressourcen des Meeresbodens und seines Untergrunds sowie die zu den sesshaften Arten gehörenden Lebewesen, das heißt solche, die im nutzbaren Stadium ent-

weder unbeweglich auf oder unter dem Meeresboden verbleiben oder sich nur in ständigem körperlichen Kontakt mit dem Meeresboden oder seinem Untergrund fortbewegen können.

Artikel 78 und 79 (hier nicht wiedergegeben)

Teil VII: Hohe See

Abschnitt 1: Allgemeine Bestimmungen

Artikel 86 Anwendung dieses Teiles

Dieser Teil gilt für alle Teile des Meeres, die nicht zur ausschließlichen Wirtschaftszone, zum Küstenmeer oder zu den inneren Gewässern eines Staates oder zu den Archipelgewässern eines Archipelstaats gehören. Dieser Artikel hat keinesfalls Beschränkungen der Freiheiten zur Folge, die alle Staaten in Übereinstimmung mit Artikel 58 in der ausschließlichen Wirtschaftszone genießen.

Artikel 87 Freiheit der Hohen See

(1) Die Hohe See steht allen Staaten, ob Küsten- oder Binnenstaaten, offen. Die Freiheit der Hohen See wird gemäß den Bedingungen dieses Übereinkommens und den sonstigen Regeln des Völkerrechts ausgeübt. Sie umfasst für Küsten- und Binnenstaaten unter anderem

a) die Freiheit der Schifffahrt,
b) die Freiheit des Überflugs,
c) die Freiheit, vorbehaltlich des Teiles VI, unterseeische Kabel und Rohrleitungen zu legen,
d) die Freiheit, vorbehaltlich des Teiles VI, künstliche Inseln und andere nach dem Völkerrecht zulässige Anlagen zu errichten,
e) die Freiheit der Fischerei unter den Bedingungen des Abschnitts 2,
f) die Freiheit der wissenschaftlichen Forschung vorbehaltlich der Teile VI und XIII.

(2) Diese Freiheiten werden von jedem Staat unter gebührender Berücksichtigung der Interessen anderer Staaten an der Ausübung der Freiheit der Hohen See sowie der Rechte ausgeübt, die dieses Übereinkommen im Hinblick auf die Tätigkeiten im Gebiet vorsieht.

Artikel 88 Bestimmung der Hohen See für friedliche Zwecke

Die Hohe See ist friedlichen Zwecken vorbehalten.

Artikel 89 Ungültigkeit von Souveränitätsansprüchen über die Hohe See

Kein Staat darf den Anspruch erheben, irgendeinen Teil der Hohen See seiner Souveränität zu unterstellen.

Artikel 90 Recht der Schifffahrt

Jeder Staat, ob Küsten- oder Binnenstaat, hat das Recht, Schiffe, die seine Flagge führen, auf der Hohen See fahren zu lassen.

Artikel 91 Staatszugehörigkeit der Schiffe

(1) Jeder Staat legt die Bedingungen fest, zu denen er Schiffen seine Staatszugehörigkeit gewährt, sie in seinem Hoheitsgebiet in das Schiffsregister einträgt und ihnen das Recht einräumt, seine Flagge zu führen. Schiffe besitzen die Staatszugehörigkeit des Staates, dessen Flagge zu führen sie berechtigt sind. Zwischen dem Staat und dem Schiff muss eine echte Verbindung bestehen.

(2) Jeder Staat stellt den Schiffen, denen er das Recht einräumt, seine Flagge zu führen, entsprechende Dokumente aus.

Artikel 92 Rechtsstellung der Schiffe

(1) Schiffe fahren unter der Flagge eines einzigen Staates und unterstehen auf Hoher See seiner ausschließlichen Hoheitsgewalt, mit Ausnahme der besonderen Fälle, die ausdrücklich in internationalen Verträgen oder in diesem Übereinkommen vorgegeben sind. Ein Schiff darf seine Flagge während einer Fahrt oder in einem angelaufenen Hafen nicht wechseln, außer im Fall eines tatsächlichen Eigentumsübergangs oder eines Wechsels des Registers.

(2) Ein Schiff, das unter den Flaggen von zwei oder mehr Staaten fährt, von denen es nach Belieben Gebrauch macht, kann keine dieser Staatszugehörigkeiten gegenüber dritten Staaten geltend machen; es kann einem Schiff ohne Staatszugehörigkeit gleichgestellt werden.

Artikel 93 Schiffe, welche die Flagge der Vereinten Nationen, ihrer Sonderorganisationen oder der Internationalen Atomenergie-Organisation führen

Durch die vorstehenden Artikel wird die Frage der Schiffe, die im Dienst der Vereinten Nationen, ihrer Sonderorganisationen oder der Internationalen Atomenergie-Organisation stehen und deren Flagge führen, nicht berührt.

Artikel 94 Pflichten des Flaggenstaats

(1) Jeder Staat übt seine Hoheitsgewalt und Kontrolle in verwaltungsmäßigen, technischen und sozialen Angelegenheiten über die seine Flagge führenden Schiffe wirksam aus.

(2) Insbesondere hat jeder Staat

a) ein Schiffsregister zu führen, das die Namen und Einzelheiten der seine Flagge führenden Schiffe enthält, mit Ausnahme derjenigen Schiffe, die wegen ihrer geringen Größe nicht unter die allgemein anerkannten internationalen Vorschriften fallen;

b) die Hoheitsgewalt nach seinem innerstaatlichen Recht über jedes seine Flagge führende Schiff sowie dessen Kapitän, Offiziere und Besatzung in Bezug auf die das Schiff betreffenden verwaltungsmäßigen, technischen und sozialen Angelegenheiten auszuüben.

(3) Jeder Staat ergreift für die seine Flagge führenden Schiffe die Maßnahmen, die zur Gewährleistung der Sicherheit auf See erforderlich sind, unter anderem in Bezug auf

a) den Bau, die Ausrüstung und die Seetüchtigkeit der Schiffe;

b) die Bemannung der Schiffe, die Arbeitsbedingungen und die Ausbildung der Besatzungen, unter Berücksichtigung der anwendbaren internationalen Übereinkünfte;

c) die Verwendung von Signalen, die Aufrechterhaltung von Nachrichtenverbindungen und die Verhütung von Zusammenstößen.

(4) Diese Maßnahmen umfassen solche, die notwendig sind, um sicherzustellen,

a) dass jedes Schiff vor der Eintragung in das Schiffsregister und danach in angemessenen Abständen von einem befähigten Schiffsbesichtiger besichtigt wird und diejenigen Seekarten, nautischen Veröffentlichungen sowie Navigationsausrüstungen und -instrumente an Bord hat, die für die sichere Fahrt des Schiffes erforderlich sind;

b) dass jedes Schiff einem Kapitän und Offizieren mit geeigneter Befähigung, insbesondere im Hinblick auf Seemannschaft, Navigation, Nachrichtenwesen und Schiffsmaschinentechnik, unterstellt ist und dass die Besatzung nach Befähigung und Anzahl dem Typ, der Größe, der Maschinenanlage und der Ausrüstung des Schiffes entspricht;

c) dass der Kapitän, die Offiziere und, soweit erforderlich, die Besatzung mit den anwendbaren internationalen Vorschriften zum Schutz des menschlichen Lebens auf See, zur Verhütung von Zusammenstößen, zur Verhütung, Verringerung und Überwachung der Meeresverschmutzung sowie zur Unterhaltung von Funkverbindungen vollständig vertraut und verpflichtet sind, sie zu beachten.

(5) Wenn ein Staat Maßnahmen nach den Absätzen 3 und 4 ergreift, ist er verpflichtet, sich an die allgemein anerkannten internationalen Vorschriften, Verfahren und Gebräuche zu halten und alle erforderlichen Vorkehrungen zu treffen, um ihre Beachtung sicherzustellen.

(6) Ein Staat, der eindeutige Gründe zu der Annahme hat, dass keine ordnungsgemäße Hoheitsgewalt und Kontrolle über Schiff ausgeübt worden sind, kann dem Flaggenstaat die Tatsachen mitteilen. Nach Empfang einer solchen Mitteilung untersucht der Flaggenstaat die Angelegenheit und ergreift gegebenenfalls die notwendigen Abhilfemaßnahmen.

(7) Jeder Staat lässt über jeden Seeunfall oder jedes andere mit der Führung eines Schiffes zusammenhängende Ereignis auf Hoher See, an dem ein seine Flagge führendes Schiff beteiligt war und wodurch der Tod oder schwere Verletzungen von Angehörigen eines anderen Staates oder schwere Schäden an Schiffen oder Anlagen eines anderen Staates oder an der Meeresumwelt verursacht wurden, von oder vor einer entsprechend befähigten Person oder Personen eine Untersuchung durchführen. Der Flaggenstaat und der andere Staat arbeiten bei der Durchführung jeder vom Letzteren vorgenommenen Untersuchung über einen solchen Seeunfall oder ein solches mit der Führung eines Schiffes zusammenhängende Ereignis zusammen.

III. Vertrag über die Arbeitsweise der Europäischen Union (AEUV)

in der konsolidierten Fassung v. 7.6.2016 (ABl EU Nr. C 202 S. 47, S. 329, S. 361)

Der Vertrag von Lissabon ist am 1.12.2009 für die Bundesrepublik Deutschland in Kraft getreten (BGBl II S. 1223) und löst damit den EG-Vertrag in der konsolidierten Fassung des Vertrags von Nizza ab.

Inhaltsübersicht

PRÄAMBEL

SEINE MAJESTÄT DER KÖNIG DER BELGIER, DER PRÄSIDENT DER BUNDESREPUBLIK DEUTSCHLAND, DER PRÄSIDENT DER FRANZÖSISCHEN REPUBLIK, DER PRÄSIDENT DER ITALIENISCHEN REPUBLIK, IHRE KÖNIGLICHE HOHEIT DIE GROSSHERZOGIN VON LUXEMBURG, IHRE MAJESTÄT DIE KÖNIGIN DER NIEDERLANDE,*)

IN DEM FESTEN WILLEN, die Grundlagen für einen immer engeren Zusammenschluss der europäischen Völker zu schaffen,

ENTSCHLOSSEN, durch gemeinsames Handeln den wirtschaftlichen und sozialen Fortschritt ihrer Staaten zu sichern, indem sie die Europa trennenden Schranken beseitigen,

IN DEM VORSATZ, die stetige Besserung der Lebens- und Beschäftigungsbedingungen ihrer Völker als wesentliches Ziel anzustreben,

IN DER ERKENNTNIS, dass zur Beseitigung der bestehenden Hindernisse ein einverständliches Vorgehen erforderlich ist, um eine beständige Wirtschaftsausweitung, einen ausgewogenen Handelsverkehr und einen redlichen Wettbewerb zu gewährleisten,

IN DEM BESTREBEN, ihre Volkswirtschaften zu einigen und deren harmonische Entwicklung zu fördern, indem sie den Abstand zwischen einzelnen Gebieten und den Rückstand weniger begünstigter Gebiete verringern,

IN DEM WUNSCH, durch eine gemeinsame Handelspolitik zur fortschreitenden Beseitigung der Beschränkungen im zwischenstaatlichen Wirtschaftsverkehr beizutragen,

IN DER ABSICHT, die Verbundenheit Europas mit den überseeischen Ländern zu bekräftigen, und in dem Wunsch, entsprechend den Grundsätzen der Satzung der Vereinten Nationen den Wohlstand der überseeischen Länder zu fördern,

ENTSCHLOSSEN, durch diesen Zusammenschluss ihrer Wirtschaftskräfte Frieden und Freiheit zu wahren und zu festigen, und mit der Aufforderung an die anderen Völker Europas, die sich zu dem gleichen hohen Ziel bekennen, sich diesen Bestrebungen anzuschließen,

ENTSCHLOSSEN, durch umfassenden Zugang zur Bildung und durch ständige Weiterbildung auf einen möglichst hohen Wissensstand ihrer Völker hinzuwirken,

HABEN zu diesem Zweck zu ihren Bevollmächtigten ERNANNT

(Aufzählung der Bevollmächtigten nicht wiedergegeben)

*) **Amtl. Anm.:** Seit dem ursprünglichen Vertragsschluss sind Mitgliedstaaten der Europäischen Union geworden: die Republik Bulgarien, die Tschechische Republik, das Königreich Dänemark, die Republik Estland, Irland, die Hellenische Republik, das Königreich Spanien, die Republik Kroatien, die Republik Zypern, die Republik Lettland, die Republik Litauen, Ungarn, die Republik Malta, die Republik Österreich, die Republik Polen, die Portugiesische Republik, Rumänien, die Republik Slowenien, die Slowakische Republik, die Republik Finnland, das Königreich Schweden und das Vereinigte Königreich Großbritannien und Nordirland.

DIESE SIND nach Austausch ihrer als gut und gehörig befundenen Vollmachten wie folgt übereingekommen:

Erster Teil: Grundsätze

Artikel 1

(1) Dieser Vertrag regelt die Arbeitsweise der Union und legt die Bereiche, die Abgrenzung und die Einzelheiten der Ausübung ihrer Zuständigkeiten fest.

(2) Dieser Vertrag und der Vertrag über die Europäische Union bilden die Verträge, auf die sich die Union gründet. Diese beiden Verträge, die rechtlich gleichrangig sind, werden als „die Verträge" bezeichnet.

Titel I: Arten und Bereiche der Zuständigkeit der Union

Artikel 2

(1) Übertragen die Verträge der Union für einen bestimmten Bereich eine ausschließliche Zuständigkeit, so kann nur die Union gesetzgeberisch tätig werden und verbindliche Rechtsakte erlassen; die Mitgliedstaaten dürfen in einem solchen Fall nur tätig werden, wenn sie von der Union hierzu ermächtigt werden, oder um Rechtsakte der Union durchzuführen.

(2) Übertragen die Verträge der Union für einen bestimmten Bereich eine mit den Mitgliedstaaten geteilte Zuständigkeit, so können die Union und die Mitgliedstaaten in diesem Bereich gesetzgeberisch tätig werden und verbindliche Rechtsakte erlassen. Die Mitgliedstaaten nehmen ihre Zuständigkeit wahr, sofern und soweit die Union ihre Zuständigkeit nicht ausgeübt hat. Die Mitgliedstaaten nehmen ihre Zuständigkeit erneut wahr, sofern und soweit die Union entschieden hat, ihre Zuständigkeit nicht mehr auszuüben.

(3) Die Mitgliedstaaten koordinieren ihre Wirtschafts- und Beschäftigungspolitik im Rahmen von Regelungen nach Maßgabe dieses Vertrags, für deren Festlegung die Union zuständig ist.

(4) Die Union ist nach Maßgabe des Vertrags über die Europäische Union dafür zuständig, eine gemeinsame Außen- und Sicherheitspolitik einschließlich der schrittweisen Festlegung einer gemeinsamen Verteidigungspolitik zu erarbeiten und zu verwirklichen.

(5) In bestimmten Bereichen ist die Union nach Maßgabe der Verträge dafür zuständig, Maßnahmen zur Unterstützung, Koordinierung oder Ergänzung der Maßnahmen der Mitgliedstaaten durchzuführen, ohne dass dadurch die Zuständigkeit der Union für diese Bereiche an die Stelle der Zuständigkeit der Mitgliedstaaten tritt.

Die verbindlichen Rechtsakte der Union, die aufgrund der diese Bereiche betreffenden Bestimmungen der Verträge erlassen werden, dürfen keine Harmonisierung der Rechtsvorschriften der Mitgliedstaaten beinhalten.

(6) Der Umfang der Zuständigkeiten der Union und die Einzelheiten ihrer Ausübung ergeben sich aus den Bestimmungen der Verträge zu den einzelnen Bereichen.

Artikel 3

(1) Die Union hat ausschließliche Zuständigkeit in folgenden Bereichen:

a) Zollunion,

b) Festlegung der für das Funktionieren des Binnenmarkts erforderlichen Wettbewerbsregeln,

c) Währungspolitik für die Mitgliedstaaten, deren Währung der Euro ist,

d) Erhaltung der biologischen Meeresschätze im Rahmen der gemeinsamen Fischereipolitik,

e) gemeinsame Handelspolitik.

(2) Die Union hat ferner die ausschließliche Zuständigkeit für den Abschluss internationaler Übereinkünfte, wenn der Abschluss einer solchen Übereinkunft in einem Gesetzgebungsakt der Union vorgesehen ist, wenn er notwendig ist, damit sie ihre interne Zuständigkeit ausüben

kann, oder soweit er gemeinsame Regeln beeinträchtigen oder deren Tragweite verändern könnte.

Artikel 4

(1) Die Union teilt ihre Zuständigkeit mit den Mitgliedstaaten, wenn ihr die Verträge außerhalb der in den Artikeln 3 und 6 genannten Bereiche eine Zuständigkeit übertragen.

(2) Die von der Union mit den Mitgliedstaaten geteilte Zuständigkeit erstreckt sich auf die folgenden Hauptbereiche:

a) Binnenmarkt,

b) Sozialpolitik hinsichtlich der in diesem Vertrag genannten Aspekte,

c) wirtschaftlicher, sozialer und territorialer Zusammenhalt,

d) Landwirtschaft und Fischerei, ausgenommen die Erhaltung der biologischen Meeresschätze,

e) Umwelt,

f) Verbraucherschutz,

g) Verkehr,

h) transeuropäische Netze,

i) Energie,

j) Raum der Freiheit, der Sicherheit und des Rechts,

k) gemeinsame Sicherheitsanliegen im Bereich der öffentlichen Gesundheit hinsichtlich der in diesem Vertrag genannten Aspekte.

(3) In den Bereichen Forschung, technologische Entwicklung und Raumfahrt erstreckt sich die Zuständigkeit der Union darauf, Maßnahmen zu treffen, insbesondere Programme zu erstellen und durchzuführen, ohne dass die Ausübung dieser Zuständigkeit die Mitgliedstaaten hindert, ihre Zuständigkeit auszuüben.

(4) In den Bereichen Entwicklungszusammenarbeit und humanitäre Hilfe erstreckt sich die Zuständigkeit der Union darauf, Maßnahmen zu treffen und eine gemeinsame Politik zu verfolgen, ohne dass die Ausübung dieser Zuständigkeit die Mitgliedstaaten hindert, ihre Zuständigkeit auszuüben.

Artikel 5

(1) Die Mitgliedstaaten koordinieren ihre Wirtschaftspolitik innerhalb der Union. Zu diesem Zweck erlässt der Rat Maßnahmen; insbesondere beschließt er die Grundzüge dieser Politik.

Für die Mitgliedstaaten, deren Währung der Euro ist, gelten besondere Regelungen.

(2) Die Union trifft Maßnahmen zur Koordinierung der Beschäftigungspolitik der Mitgliedstaaten, insbesondere durch die Festlegung von Leitlinien für diese Politik.

(3) Die Union kann Initiativen zur Koordinierung der Sozialpolitik der Mitgliedstaaten ergreifen.

Artikel 6

Die Union ist für die Durchführung von Maßnahmen zur Unterstützung, Koordinierung oder Ergänzung der Maßnahmen der Mitgliedstaaten zuständig. Diese Maßnahmen mit europäischer Zielsetzung können in folgenden Bereichen getroffen werden:

a) Schutz und Verbesserung der menschlichen Gesundheit,

b) Industrie,

c) Kultur,

d) Tourismus,

e) allgemeine und berufliche Bildung, Jugend und Sport,

f) Katastrophenschutz,
g) Verwaltungszusammenarbeit.

Titel II: Allgemein geltende Bestimmungen

Artikel 7

Die Union achtet auf die Kohärenz zwischen ihrer Politik und ihren Maßnahmen in den verschiedenen Bereichen und trägt dabei unter Einhaltung des Grundsatzes der begrenzten Einzelermächtigung ihren Zielen in ihrer Gesamtheit Rechnung.

Artikel 8 (ex-Artikel 3 Absatz 2 EGV)*)

Bei allen ihren Tätigkeiten wirkt die Union darauf hin, Ungleichheiten zu beseitigen und die Gleichstellung von Männern und Frauen zu fördern.

Artikel 9

Bei der Festlegung und Durchführung ihrer Politik und ihrer Maßnahmen trägt die Union den Erfordernissen im Zusammenhang mit der Förderung eines hohen Beschäftigungsniveaus, mit der Gewährleistung eines angemessenen sozialen Schutzes, mit der Bekämpfung der sozialen Ausgrenzung sowie mit einem hohen Niveau der allgemeinen und beruflichen Bildung und des Gesundheitsschutzes Rechnung.

Artikel 10

Bei der Festlegung und Durchführung ihrer Politik und ihrer Maßnahmen zielt die Union darauf ab, Diskriminierungen aus Gründen des Geschlechts, der Rasse, der ethnischen Herkunft, der Religion oder der Weltanschauung, einer Behinderung, des Alters oder der sexuellen Ausrichtung zu bekämpfen.

Artikel 11 (ex-Artikel 6 EGV)

Die Erfordernisse des Umweltschutzes müssen bei der Festlegung und Durchführung der Unionspolitiken und -maßnahmen insbesondere zur Förderung einer nachhaltigen Entwicklung einbezogen werden.

Artikel 12 (ex-Artikel 153 Absatz 2 EGV)

Den Erfordernissen des Verbraucherschutzes wird bei der Festlegung und Durchführung der anderen Unionspolitiken und -maßnahmen Rechnung getragen.

Artikel 13

Bei der Festlegung und Durchführung der Politik der Union in den Bereichen Landwirtschaft, Fischerei, Verkehr, Binnenmarkt, Forschung, technologische Entwicklung und Raumfahrt tragen die Union und die Mitgliedstaaten den Erfordernissen des Wohlergehens der Tiere als fühlende Wesen in vollem Umfang Rechnung; sie berücksichtigen hierbei die Rechts- und Verwaltungsvorschriften und die Gepflogenheiten der Mitgliedstaaten insbesondere in Bezug auf religiöse Riten, kulturelle Traditionen und das regionale Erbe.

Artikel 14 (ex-Artikel 16 EGV)

Unbeschadet des Artikels 4 des Vertrags über die Europäische Union und der Artikel 93, 106 und 107 dieses Vertrags und in Anbetracht des Stellenwerts, den Dienste von allgemeinem wirtschaftlichem Interesse innerhalb der gemeinsamen Werte der Union einnehmen, sowie ihrer

*) **Amtl. Anm.:** Dieser Verweis hat lediglich hinweisenden Charakter. Zur Vertiefung vgl. die Übereinstimmungstabellen für die Entsprechung zwischen bisheriger und neuer Nummerierung der Verträge.

Bedeutung bei der Förderung des sozialen und territorialen Zusammenhalts tragen die Union und die Mitgliedstaaten im Rahmen ihrer jeweiligen Befugnisse im Anwendungsbereich der Verträge dafür Sorge, dass die Grundsätze und Bedingungen, insbesondere jene wirtschaftlicher und finanzieller Art, für das Funktionieren dieser Dienste so gestaltet sind, dass diese ihren Aufgaben nachkommen können. Diese Grundsätze und Bedingungen werden vom Europäischen Parlament und vom Rat durch Verordnungen gemäß dem ordentlichen Gesetzgebungsverfahren festgelegt, unbeschadet der Zuständigkeit der Mitgliedstaaten, diese Dienste im Einklang mit den Verträgen zur Verfügung zu stellen, in Auftrag zu geben und zu finanzieren.

Artikel 15 (ex-Artikel 255 EGV)

(1) Um eine verantwortungsvolle Verwaltung zu fördern und die Beteiligung der Zivilgesellschaft sicherzustellen, handeln die Organe, Einrichtungen und sonstigen Stellen der Union unter weitestgehender Beachtung des Grundsatzes der Offenheit.

(2) Das Europäische Parlament tagt öffentlich; dies gilt auch für den Rat, wenn er über Entwürfe zu Gesetzgebungsakten berät oder abstimmt.

(3) Jeder Unionsbürger sowie jede natürliche oder juristische Person mit Wohnsitz oder satzungsgemäßem Sitz in einem Mitgliedstaat hat das Recht auf Zugang zu Dokumenten der Organe, Einrichtungen und sonstigen Stellen der Union, unabhängig von der Form der für diese Dokumente verwendeten Träger, vorbehaltlich der Grundsätze und Bedingungen, die nach diesem Absatz festzulegen sind.

Die allgemeinen Grundsätze und die aufgrund öffentlicher oder privater Interessen geltenden Einschränkungen für die Ausübung dieses Rechts auf Zugang zu Dokumenten werden vom Europäischen Parlament und vom Rat durch Verordnungen gemäß dem ordentlichen Gesetzgebungsverfahren festgelegt.

Die Organe, Einrichtungen und sonstigen Stellen gewährleisten die Transparenz ihrer Tätigkeit und legen im Einklang mit den in Unterabsatz 2 genannten Verordnungen in ihrer Geschäftsordnung Sonderbestimmungen hinsichtlich des Zugangs zu ihren Dokumenten fest.

(4) Dieser Absatz gilt für den Gerichtshof der Europäischen Union, die Europäische Zentralbank und die Europäische Investitionsbank nur dann, wenn sie Verwaltungsaufgaben wahrnehmen.

(5) Das Europäische Parlament und der Rat sorgen dafür, dass die Dokumente, die die Gesetzgebungsverfahren betreffen, nach Maßgabe der in Unterabsatz 2 genannten Verordnungen öffentlich zugänglich gemacht werden.

Artikel 16 (ex-Artikel 286 EGV)

(1) Jede Person hat das Recht auf Schutz der sie betreffenden personenbezogenen Daten.

(2) Das Europäische Parlament und der Rat erlassen gemäß dem ordentlichen Gesetzgebungsverfahren Vorschriften über den Schutz natürlicher Personen bei der Verarbeitung personenbezogener Daten durch die Organe, Einrichtungen und sonstigen Stellen der Union sowie durch die Mitgliedstaaten im Rahmen der Ausübung von Tätigkeiten, die in den Anwendungsbereich des Unionsrechts fallen, und über den freien Datenverkehr. Die Einhaltung dieser Vorschriften wird von unabhängigen Behörden überwacht.

Die auf der Grundlage dieses Artikels erlassenen Vorschriften lassen die spezifischen Bestimmungen des Artikels 39 des Vertrags über die Europäische Union unberührt.

Artikel 17

(1) Die Union achtet den Status, den Kirchen und religiöse Vereinigungen oder Gemeinschaften in den Mitgliedstaaten nach deren Rechtsvorschriften genießen, und beeinträchtigt ihn nicht.

(2) Die Union achtet in gleicher Weise den Status, den weltanschauliche Gemeinschaften nach den einzelstaatlichen Rechtsvorschriften genießen.

(3) Die Union pflegt mit diesen Kirchen und Gemeinschaften in Anerkennung ihrer Identität und ihres besonderen Beitrags einen offenen, transparenten und regelmäßigen Dialog.

Zweiter Teil: Nichtdiskriminierung und Unionsbürgerschaft

Artikel 18 (ex-Artikel 12 EGV)

Unbeschadet besonderer Bestimmungen der Verträge ist in ihrem Anwendungsbereich jede Diskriminierung aus Gründen der Staatsangehörigkeit verboten.

Das Europäische Parlament und der Rat können gemäß dem ordentlichen Gesetzgebungsverfahren Regelungen für das Verbot solcher Diskriminierungen treffen.

Artikel 19 (ex-Artikel 13 EGV)

(1) Unbeschadet der sonstigen Bestimmungen der Verträge kann der Rat im Rahmen der durch die Verträge auf die Union übertragenen Zuständigkeiten gemäß einem besonderen Gesetzgebungsverfahren und nach Zustimmung des Europäischen Parlaments einstimmig geeignete Vorkehrungen treffen, um Diskriminierungen aus Gründen des Geschlechts, der Rasse, der ethnischen Herkunft, der Religion oder der Weltanschauung, einer Behinderung, des Alters oder der sexuellen Ausrichtung zu bekämpfen.

(2) Abweichend von Absatz 1 können das Europäische Parlament und der Rat gemäß dem ordentlichen Gesetzgebungsverfahren die Grundprinzipien für Fördermaßnahmen der Union unter Ausschluss jeglicher Harmonisierung der Rechts- und Verwaltungsvorschriften der Mitgliedstaaten zur Unterstützung der Maßnahmen festlegen, die die Mitgliedstaaten treffen, um zur Verwirklichung der in Absatz 1 genannten Ziele beizutragen.

Artikel 20 (ex-Artikel 17 EGV)

(1) Es wird eine Unionsbürgerschaft eingeführt. Unionsbürger ist, wer die Staatsangehörigkeit eines Mitgliedstaats besitzt. Die Unionsbürgerschaft tritt zur nationalen Staatsbürgerschaft hinzu, ersetzt diese aber nicht.

(2) Die Unionsbürgerinnen und Unionsbürger haben die in den Verträgen vorgesehenen Rechte und Pflichten. Sie haben unter anderem

a) das Recht, sich im Hoheitsgebiet der Mitgliedstaaten frei zu bewegen und aufzuhalten;
b) in dem Mitgliedstaat, in dem sie ihren Wohnsitz haben, das aktive und passive Wahlrecht bei den Wahlen zum Europäischen Parlament und bei den Kommunalwahlen, wobei für sie dieselben Bedingungen gelten wie für die Angehörigen des betreffenden Mitgliedstaats;
c) im Hoheitsgebiet eines Drittlands, in dem der Mitgliedstaat, dessen Staatsangehörigkeit sie besitzen, nicht vertreten ist, Recht auf Schutz durch die diplomatischen und konsularischen Behörden eines jeden Mitgliedstaats unter denselben Bedingungen wie Staatsangehörige dieses Staates;
d) das Recht, Petitionen an das Europäische Parlament zu richten und sich an den Europäischen Bürgerbeauftragten zu wenden, sowie das Recht, sich in einer der Sprachen der Verträge an die Organe und die beratenden Einrichtungen der Union zu wenden und eine Antwort in derselben Sprache zu erhalten.

Diese Rechte werden unter den Bedingungen und innerhalb der Grenzen ausgeübt, die in den Verträgen und durch die in Anwendung der Verträge erlassenen Maßnahmen festgelegt sind.

Artikel 21 (ex-Artikel 18 EGV)

(1) Jeder Unionsbürger hat das Recht, sich im Hoheitsgebiet der Mitgliedstaaten vorbehaltlich der in den Verträgen und in den Durchführungsvorschriften vorgesehenen Beschränkungen und Bedingungen frei zu bewegen und aufzuhalten.

(2) Erscheint zur Erreichung dieses Ziels ein Tätigwerden der Union erforderlich und sehen die Verträge hierfür keine Befugnisse vor, so können das Europäische Parlament und der Rat gemäß

dem ordentlichen Gesetzgebungsverfahren Vorschriften erlassen, mit denen die Ausübung der Rechte nach Absatz 1 erleichtert wird.

(3) Zu den gleichen wie den in Absatz 1 genannten Zwecken kann der Rat, sofern die Verträge hierfür keine Befugnisse vorsehen, gemäß einem besonderen Gesetzgebungsverfahren Maßnahmen erlassen, die die soziale Sicherheit oder den sozialen Schutz betreffen. Der Rat beschließt einstimmig nach Anhörung des Europäischen Parlaments.

Artikel 22 (ex-Artikel 19 EGV)

(1) Jeder Unionsbürger mit Wohnsitz in einem Mitgliedstaat, dessen Staatsangehörigkeit er nicht besitzt, hat in dem Mitgliedstaat, in dem er seinen Wohnsitz hat, das aktive und passive Wahlrecht bei Kommunalwahlen, wobei für ihn dieselben Bedingungen gelten wie für die Angehörigen des betreffenden Mitgliedstaats. Dieses Recht wird vorbehaltlich der Einzelheiten ausgeübt, die vom Rat einstimmig gemäß einem besonderen Gesetzgebungsverfahren und nach Anhörung des Europäischen Parlaments festgelegt werden; in diesen können Ausnahmeregelungen vorgesehen werden, wenn dies aufgrund besonderer Probleme eines Mitgliedstaats gerechtfertigt ist.

(2) Unbeschadet des Artikels 223 Absatz 1 und der Bestimmungen zu dessen Durchführung besitzt jeder Unionsbürger mit Wohnsitz in einem Mitgliedstaat, dessen Staatsangehörigkeit er nicht besitzt, in dem Mitgliedstaat, in dem er seinen Wohnsitz hat, das aktive und passive Wahlrecht bei den Wahlen zum Europäischen Parlament, wobei für ihn dieselben Bedingungen gelten wie für die Angehörigen des betreffenden Mitgliedstaats. Dieses Recht wird vorbehaltlich der Einzelheiten ausgeübt, die vom Rat einstimmig gemäß einem besonderen Gesetzgebungsverfahren und nach Anhörung des Europäischen Parlaments festgelegt werden; in diesen können Ausnahmeregelungen vorgesehen werden, wenn dies aufgrund besonderer Probleme eines Mitgliedstaats gerechtfertigt ist.

Artikel 23 (ex-Artikel 20 EGV)

Jeder Unionsbürger genießt im Hoheitsgebiet eines dritten Landes, in dem der Mitgliedstaat, dessen Staatsangehörigkeit er besitzt, nicht vertreten ist, den diplomatischen und konsularischen Schutz eines jeden Mitgliedstaats unter denselben Bedingungen wie Staatsangehörige dieses Staates. Die Mitgliedstaaten treffen die notwendigen Vorkehrungen und leiten die für diesen Schutz erforderlichen internationalen Verhandlungen ein.

Der Rat kann gemäß einem besonderen Gesetzgebungsverfahren und nach Anhörung des Europäischen Parlaments Richtlinien zur Festlegung der notwendigen Koordinierungs- und Kooperationsmaßnahmen zur Erleichterung dieses Schutzes erlassen.

Artikel 24 (ex-Artikel 21 EGV)

Die Bestimmungen über die Verfahren und Bedingungen, die für eine Bürgerinitiative im Sinne des Artikels 11 des Vertrags über die Europäische Union gelten, einschließlich der Mindestzahl der Mitgliedstaaten, aus denen die Bürgerinnen und Bürger, die diese Initiative ergreifen, kommen müssen, werden vom Europäischen Parlament und vom Rat gemäß dem ordentlichen Gesetzgebungsverfahren durch Verordnungen festgelegt.

Jeder Unionsbürger besitzt das Petitionsrecht beim Europäischen Parlament nach Artikel 227.

Jeder Unionsbürger kann sich an den nach Artikel 228 eingesetzten Bürgerbeauftragten wenden.

Jeder Unionsbürger kann sich schriftlich in einer der in Artikel 55 Absatz 1 des Vertrags über die Europäische Union genannten Sprachen an jedes Organ oder an jede Einrichtung wenden, die in dem vorliegenden Artikel oder in Artikel 13 des genannten Vertrags genannt sind, und eine Antwort in derselben Sprache erhalten.

Artikel 25 (ex-Artikel 22 EGV)

Die Kommission erstattet dem Europäischen Parlament, dem Rat und dem Wirtschafts- und Sozialausschuss alle drei Jahre über die Anwendung dieses Teils Bericht. In dem Bericht wird der Fortentwicklung der Union Rechnung getragen.

Auf dieser Grundlage kann der Rat unbeschadet der anderen Bestimmungen der Verträge zur Ergänzung der in Artikel 20 Absatz 2 aufgeführten Rechte einstimmig gemäß einem besonderen Gesetzgebungsverfahren nach Zustimmung des Europäischen Parlaments Bestimmungen erlassen. Diese Bestimmungen treten nach Zustimmung der Mitgliedstaaten im Einklang mit ihren jeweiligen verfassungsrechtlichen Vorschriften in Kraft.

Dritter Teil: Die internen Politiken und Maßnahmen der Union

Titel I: Der Binnenmarkt

Artikel 26 (ex-Artikel 14 EGV)

(1) Die Union erlässt die erforderlichen Maßnahmen, um nach Maßgabe der einschlägigen Bestimmungen der Verträge den Binnenmarkt zu verwirklichen beziehungsweise dessen Funktionieren zu gewährleisten.

(2) Der Binnenmarkt umfasst einen Raum ohne Binnengrenzen, in dem der freie Verkehr von Waren, Personen, Dienstleistungen und Kapital gemäß den Bestimmungen der Verträge gewährleistet ist.

(3) Der Rat legt auf Vorschlag der Kommission die Leitlinien und Bedingungen fest, die erforderlich sind, um in allen betroffenen Sektoren einen ausgewogenen Fortschritt zu gewährleisten.

Artikel 27 (ex-Artikel 15 EGV)

Bei der Formulierung ihrer Vorschläge zur Verwirklichung der Ziele des Artikels 26 berücksichtigt die Kommission den Umfang der Anstrengungen, die einigen Volkswirtschaften mit unterschiedlichem Entwicklungsstand für die Errichtung des Binnenmarkts abverlangt werden, und kann geeignete Bestimmungen vorschlagen.

Erhalten diese Bestimmungen die Form von Ausnahmeregelungen, so müssen sie vorübergehender Art sein und dürfen das Funktionieren des Binnenmarkts so wenig wie möglich stören.

Titel II: Der freie Warenverkehr

Artikel 28 (ex-Artikel 23 EGV)

(1) Die Union umfasst eine Zollunion, die sich auf den gesamten Warenaustausch erstreckt; sie umfasst das Verbot, zwischen den Mitgliedstaaten Ein- und Ausfuhrzölle und Abgaben gleicher Wirkung zu erheben, sowie die Einführung eines Gemeinsamen Zolltarifs gegenüber dritten Ländern.

(2) Artikel 30 und Kapitel 3 dieses Titels gelten für die aus den Mitgliedstaaten stammenden Waren sowie für diejenigen Waren aus dritten Ländern, die sich in den Mitgliedstaaten im freien Verkehr befinden.

Artikel 29 (ex-Artikel 24 EGV)

Als im freien Verkehr eines Mitgliedstaats befindlich gelten diejenigen Waren aus dritten Ländern, für die in dem betreffenden Mitgliedstaat die Einfuhrförmlichkeiten erfüllt sowie die vorgeschriebenen Zölle und Abgaben gleicher Wirkung erhoben und nicht ganz oder teilweise rückvergütet worden sind.

Kapitel 1: Die Zollunion

Artikel 30 (ex-Artikel 25 EGV)

Ein- und Ausfuhrzölle oder Abgaben gleicher Wirkung sind zwischen den Mitgliedstaaten verboten. Dieses Verbot gilt auch für Finanzzölle.

Artikel 31 (ex-Artikel 26 EGV)

Der Rat legt die Sätze des Gemeinsamen Zolltarifs auf Vorschlag der Kommission fest.

Artikel 32 (ex-Artikel 27 EGV)

Bei der Ausübung der ihr aufgrund dieses Kapitels übertragenen Aufgaben geht die Kommission von folgenden Gesichtspunkten aus:

a) der Notwendigkeit, den Handelsverkehr zwischen den Mitgliedstaaten und dritten Ländern zu fördern;

b) der Entwicklung der Wettbewerbsbedingungen innerhalb der Union, soweit diese Entwicklung zu einer Zunahme der Wettbewerbsfähigkeit der Unternehmen führt;

c) dem Versorgungsbedarf der Union an Rohstoffen und Halbfertigwaren; hierbei achtet die Kommission darauf, zwischen den Mitgliedstaaten die Wettbewerbsbedingungen für Fertigwaren nicht zu verfälschen;

d) der Notwendigkeit, ernsthafte Störungen im Wirtschaftsleben der Mitgliedstaaten zu vermeiden und eine rationelle Entwicklung der Erzeugung sowie eine Ausweitung des Verbrauchs innerhalb der Union zu gewährleisten.

Kapitel 2: Die Zusammenarbeit im Zollwesen

Artikel 33 (ex-Artikel 135 EGV)

Das Europäische Parlament und der Rat treffen im Rahmen des Geltungsbereichs der Verträge gemäß dem ordentlichen Gesetzgebungsverfahren Maßnahmen zum Ausbau der Zusammenarbeit im Zollwesen zwischen den Mitgliedstaaten sowie zwischen den Mitgliedstaaten und der Kommission.

Kapitel 3: Verbot von mengenmäßigen Beschränkungen zwischen den Mitgliedstaaten

Artikel 34 (ex-Artikel 28 EGV)

Mengenmäßige Einfuhrbeschränkungen sowie alle Maßnahmen gleicher Wirkung sind zwischen den Mitgliedstaaten verboten.

Artikel 35 (ex-Artikel 29 EGV)

Mengenmäßige Ausfuhrbeschränkungen sowie alle Maßnahmen gleicher Wirkung sind zwischen den Mitgliedstaaten verboten.

Artikel 36 (ex-Artikel 30 EGV)

Die Bestimmungen der Artikel 34 und 35 stehen Einfuhr-, Ausfuhr- und Durchfuhrverboten oder -beschränkungen nicht entgegen, die aus Gründen der öffentlichen Sittlichkeit, Ordnung und Sicherheit, zum Schutze der Gesundheit und des Lebens von Menschen, Tieren oder Pflanzen, des nationalen Kulturguts von künstlerischem, geschichtlichem oder archäologischem Wert oder des gewerblichen und kommerziellen Eigentums gerechtfertigt sind. Diese Verbote oder Beschränkungen dürfen jedoch weder ein Mittel zur willkürlichen Diskriminierung noch eine verschleierte Beschränkung des Handels zwischen den Mitgliedstaaten darstellen.

Artikel 37 (ex-Artikel 31 EGV)

(1) Die Mitgliedstaaten formen ihre staatlichen Handelsmonopole derart um, dass jede Diskriminierung in den Versorgungs- und Absatzbedingungen zwischen den Angehörigen der Mitgliedstaaten ausgeschlossen ist.

Dieser Artikel gilt für alle Einrichtungen, durch die ein Mitgliedstaat unmittelbar oder mittelbar die Einfuhr oder die Ausfuhr zwischen den Mitgliedstaaten rechtlich oder tatsächlich kontrolliert, lenkt oder merklich beeinflusst. Er gilt auch für die von einem Staat auf andere Rechtsträger übertragenen Monopole.

(2) Die Mitgliedstaaten unterlassen jede neue Maßnahme, die den in Absatz 1 genannten Grundsätzen widerspricht oder die Tragweite der Artikel über das Verbot von Zöllen und mengenmäßigen Beschränkungen zwischen den Mitgliedstaaten einengt.

(3) Ist mit einem staatlichen Handelsmonopol eine Regelung zur Erleichterung des Absatzes oder der Verwertung landwirtschaftlicher Erzeugnisse verbunden, so sollen bei der Anwendung dieses Artikels gleichwertige Sicherheiten für die Beschäftigung und Lebenshaltung der betreffenden Erzeuger gewährleistet werden.

Titel III: Die Landwirtschaft und die Fischerei

Artikel 38 (ex-Artikel 32 EGV)

(1) Die Union legt eine gemeinsame Agrar- und Fischereipolitik fest und führt sie durch.

Der Binnenmarkt umfasst auch die Landwirtschaft, die Fischerei und den Handel mit landwirtschaftlichen Erzeugnissen. Unter landwirtschaftlichen Erzeugnissen sind die Erzeugnisse des Bodens, der Viehzucht und der Fischerei sowie die mit diesen in unmittelbarem Zusammenhang stehenden Erzeugnisse der ersten Verarbeitungsstufe zu verstehen. Die Bezugnahmen auf die gemeinsame Agrarpolitik oder auf die Landwirtschaft und die Verwendung des Wortes „landwirtschaftlich“ sind in dem Sinne zu verstehen, dass damit unter Berücksichtigung der besonderen Merkmale des Fischereisektors auch die Fischerei gemeint ist.

(2) Die Vorschriften für die Errichtung oder das Funktionieren des Binnenmarkts finden auf die landwirtschaftlichen Erzeugnisse Anwendung, soweit in den Artikeln 39 bis 44 nicht etwas anderes bestimmt ist.

(3) Die Erzeugnisse, für welche die Artikel 39 bis 44 gelten, sind in Anhang I aufgeführt.

(4) Mit dem Funktionieren und der Entwicklung des Binnenmarkts für landwirtschaftliche Erzeugnisse muss die Gestaltung einer gemeinsamen Agrarpolitik Hand in Hand gehen.

Artikel 39 (ex-Artikel 33 EGV)

(1) Ziel der gemeinsamen Agrarpolitik ist es,

a) die Produktivität der Landwirtschaft durch Förderung des technischen Fortschritts, Rationalisierung der landwirtschaftlichen Erzeugung und den bestmöglichen Einsatz der Produktionsfaktoren, insbesondere der Arbeitskräfte, zu steigern;

b) auf diese Weise der landwirtschaftlichen Bevölkerung, insbesondere durch Erhöhung des Pro-Kopf-Einkommens der in der Landwirtschaft tätigen Personen, eine angemessene Lebenshaltung zu gewährleisten;

c) die Märkte zu stabilisieren;

d) die Versorgung sicherzustellen;

e) für die Belieferung der Verbraucher zu angemessenen Preisen Sorge zu tragen.

(2) Bei der Gestaltung der gemeinsamen Agrarpolitik und der hierfür anzuwendenden besonderen Methoden ist Folgendes zu berücksichtigen:

a) die besondere Eigenart der landwirtschaftlichen Tätigkeit, die sich aus dem sozialen Aufbau der Landwirtschaft und den strukturellen und naturbedingten Unterschieden der verschiedenen landwirtschaftlichen Gebiete ergibt;

b) die Notwendigkeit, die geeigneten Anpassungen stufenweise durchzuführen;
c) die Tatsache, dass die Landwirtschaft in den Mitgliedstaaten einen mit der gesamten Volkswirtschaft eng verflochtenen Wirtschaftsbereich darstellt.

Artikel 40 (ex-Artikel 34 EGV)

(1) Um die Ziele des Artikels 39 zu erreichen, wird eine gemeinsame Organisation der Agrarmärkte geschaffen.

Diese besteht je nach Erzeugnis aus einer der folgenden Organisationsformen:

a) gemeinsame Wettbewerbsregeln,
b) bindende Koordinierung der verschiedenen einzelstaatlichen Marktordnungen,
c) eine europäische Marktordnung.

(2) Die nach Absatz 1 gestaltete gemeinsame Organisation kann alle zur Durchführung des Artikels 39 erforderlichen Maßnahmen einschließen, insbesondere Preisregelungen, Beihilfen für die Erzeugung und die Verteilung der verschiedenen Erzeugnisse, Einlagerungs- und Ausgleichsmaßnahmen, gemeinsame Einrichtungen zur Stabilisierung der Ein- oder Ausfuhr.

Die gemeinsame Organisation hat sich auf die Verfolgung der Ziele des Artikels 39 zu beschränken und jede Diskriminierung zwischen Erzeugern oder Verbrauchern innerhalb der Union auszuschließen.

Eine etwaige gemeinsame Preispolitik muss auf gemeinsamen Grundsätzen und einheitlichen Berechnungsmethoden beruhen.

(3) Um der in Absatz 1 genannten gemeinsamen Organisation die Erreichung ihrer Ziele zu ermöglichen, können ein oder mehrere Ausrichtungs- oder Garantiefonds für die Landwirtschaft geschaffen werden.

Artikel 41 (ex-Artikel 35 EGV)

Um die Ziele des Artikels 39 zu erreichen, können im Rahmen der gemeinsamen Agrarpolitik folgende Maßnahmen vorgesehen werden:

a) eine wirksame Koordinierung der Bestrebungen auf dem Gebiet der Berufsausbildung, der Forschung und der Verbreitung landwirtschaftlicher Fachkenntnisse; hierbei können Vorhaben oder Einrichtungen gemeinsam finanziert werden;
b) gemeinsame Maßnahmen zur Förderung des Verbrauchs bestimmter Erzeugnisse.

Artikel 42 (ex-Artikel 36 EGV)

Das Kapitel über die Wettbewerbsregeln findet auf die Produktion landwirtschaftlicher Erzeugnisse und den Handel mit diesen nur insoweit Anwendung, als das Europäische Parlament und der Rat dies unter Berücksichtigung der Ziele des Artikels 39 im Rahmen des Artikels 43 Absatz 2 und gemäß dem dort vorgesehenen Verfahren bestimmt.

Der Rat kann auf Vorschlag der Kommission genehmigen, dass Beihilfen gewährt werden

a) zum Schutz von Betrieben, die durch strukturelle oder naturgegebene Bedingungen benachteiligt sind, oder
b) im Rahmen wirtschaftlicher Entwicklungsprogramme.

Artikel 43 (ex-Artikel 37 EGV)

(1) Die Kommission legt zur Gestaltung und Durchführung der gemeinsamen Agrarpolitik Vorschläge vor, welche unter anderem die Ablösung der einzelstaatlichen Marktordnungen durch eine der in Artikel 40 Absatz 1 vorgesehenen gemeinsamen Organisationsformen sowie die Durchführung der in diesem Titel bezeichneten Maßnahmen vorsehen.

Diese Vorschläge müssen dem inneren Zusammenhang der in diesem Titel aufgeführten landwirtschaftlichen Fragen Rechnung tragen.

(2) Das Europäische Parlament und der Rat legen gemäß dem ordentlichen Gesetzgebungsverfahren und nach Anhörung des Wirtschafts- und Sozialausschusses die gemeinsame Organisation der Agrarmärkte nach Artikel 40 Absatz 1 sowie die anderen Bestimmungen fest, die für die Verwirklichung der Ziele der gemeinsamen Agrar- und Fischereipolitik notwendig sind.

(3) Der Rat erlässt auf Vorschlag der Kommission die Maßnahmen zur Festsetzung der Preise, der Abschöpfungen, der Beihilfen und der mengenmäßigen Beschränkungen sowie zur Festsetzung und Aufteilung der Fangmöglichkeiten in der Fischerei.

(4) Die einzelstaatlichen Marktordnungen können nach Maßgabe des Absatzes 1 durch die in Artikel 40 Absatz 2 vorgesehene gemeinsame Organisation ersetzt werden,

a) wenn sie den Mitgliedstaaten, die sich gegen diese Maßnahme ausgesprochen haben und eine eigene Marktordnung für die in Betracht kommende Erzeugung besitzen, gleichwertige Sicherheiten für die Beschäftigung und Lebenshaltung der betreffenden Erzeuger bietet; hierbei sind die im Zeitablauf möglichen Anpassungen und erforderlichen Spezialisierungen zu berücksichtigen, und

b) wenn die gemeinsame Organisation für den Handelsverkehr innerhalb der Union Bedingungen sicherstellt, die denen eines Binnenmarkts entsprechen.

(5) Wird eine gemeinsame Organisation für bestimmte Rohstoffe geschaffen, bevor eine gemeinsame Organisation für die entsprechenden weiterverarbeiteten Erzeugnisse besteht, so können die betreffenden Rohstoffe aus Ländern außerhalb der Union eingeführt werden, wenn sie für weiterverarbeitete Erzeugnisse verwendet werden, die zur Ausfuhr nach dritten Ländern bestimmt sind.

Artikel 44 (ex-Artikel 38 EGV)

Besteht in einem Mitgliedstaat für ein Erzeugnis eine innerstaatliche Marktordnung oder Regelung gleicher Wirkung und wird dadurch eine gleichartige Erzeugung in einem anderen Mitgliedstaat in ihrer Wettbewerbslage beeinträchtigt, so erheben die Mitgliedstaaten bei der Einfuhr des betreffenden Erzeugnisses aus dem Mitgliedstaat, in dem die genannte Marktordnung oder Regelung besteht, eine Ausgleichsabgabe, es sei denn, dass dieser Mitgliedstaat eine Ausgleichsabgabe bei der Ausfuhr erhebt.

Die Kommission setzt diese Abgaben in der zur Wiederherstellung des Gleichgewichts erforderlichen Höhe fest; sie kann auch andere Maßnahmen genehmigen, deren Bedingungen und Einzelheiten sie festlegt.

Titel IV: Die Freizügigkeit, der freie Dienstleistungs- und Kapitalverkehr

Kapitel 1: Die Arbeitskräfte

Artikel 45 (ex-Artikel 39 EGV)

(1) Innerhalb der Union ist die Freizügigkeit der Arbeitnehmer gewährleistet.

(2) Sie umfasst die Abschaffung jeder auf der Staatsangehörigkeit beruhenden unterschiedlichen Behandlung der Arbeitnehmer der Mitgliedstaaten in Bezug auf Beschäftigung, Entlohnung und sonstige Arbeitsbedingungen.

(3) Sie gibt – vorbehaltlich der aus Gründen der öffentlichen Ordnung, Sicherheit und Gesundheit gerechtfertigten Beschränkungen – den Arbeitnehmern das Recht,

a) sich um tatsächlich angebotene Stellen zu bewerben;

b) sich zu diesem Zweck im Hoheitsgebiet der Mitgliedstaaten frei zu bewegen;

c) sich in einem Mitgliedstaat aufzuhalten, um dort nach den für die Arbeitnehmer dieses Staates geltenden Rechts- und Verwaltungsvorschriften eine Beschäftigung auszuüben;

d) nach Beendigung einer Beschäftigung im Hoheitsgebiet eines Mitgliedstaats unter Bedingungen zu verbleiben, welche die Kommission durch Verordnungen festlegt.

(4) Dieser Artikel findet keine Anwendung auf die Beschäftigung in der öffentlichen Verwaltung.

Artikel 46 (ex-Artikel 40 EGV)

Das Europäische Parlament und der Rat treffen gemäß dem ordentlichen Gesetzgebungsverfahren und nach Anhörung des Wirtschafts- und Sozialausschusses durch Richtlinien oder Verordnungen alle erforderlichen Maßnahmen, um die Freizügigkeit der Arbeitnehmer im Sinne des Artikels 45 herzustellen, insbesondere

a) durch Sicherstellung einer engen Zusammenarbeit zwischen den einzelstaatlichen Arbeitsverwaltungen;

b) durch die Beseitigung der Verwaltungsverfahren und -praktiken sowie der für den Zugang zu verfügbaren Arbeitsplätzen vorgeschriebenen Fristen, die sich aus innerstaatlichen Rechtsvorschriften oder vorher zwischen den Mitgliedstaaten geschlossenen Übereinkünften ergeben und deren Beibehaltung die Herstellung der Freizügigkeit der Arbeitnehmer hindert;

c) durch die Beseitigung aller Fristen und sonstigen Beschränkungen, die in innerstaatlichen Rechtsvorschriften oder vorher zwischen den Mitgliedstaaten geschlossenen Übereinkünften vorgesehen sind und die den Arbeitnehmern der anderen Mitgliedstaaten für die freie Wahl des Arbeitsplatzes andere Bedingungen als den inländischen Arbeitnehmern auferlegen;

d) durch die Schaffung geeigneter Verfahren für die Zusammenführung und den Ausgleich von Angebot und Nachfrage auf dem Arbeitsmarkt zu Bedingungen, die eine ernstliche Gefährdung der Lebenshaltung und des Beschäftigungsstands in einzelnen Gebieten und Industrien ausschließen.

Artikel 47 (ex-Artikel 41 EGV)

Die Mitgliedstaaten fördern den Austausch junger Arbeitskräfte im Rahmen eines gemeinsamen Programms.

Artikel 48 (ex-Artikel 42 EGV)

Das Europäische Parlament und der Rat beschließen gemäß dem ordentlichen Gesetzgebungsverfahren die auf dem Gebiet der sozialen Sicherheit für die Herstellung der Freizügigkeit der Arbeitnehmer notwendigen Maßnahmen; zu diesem Zweck führen sie insbesondere ein System ein, das zu- und abwandernden Arbeitnehmern und Selbstständigen sowie deren anspruchsberechtigten Angehörigen Folgendes sichert:

a) die Zusammenrechnung aller nach den verschiedenen innerstaatlichen Rechtsvorschriften berücksichtigten Zeiten für den Erwerb und die Aufrechterhaltung des Leistungsanspruchs sowie für die Berechnung der Leistungen;

b) die Zahlung der Leistungen an Personen, die in den Hoheitsgebieten der Mitgliedstaaten wohnen.

Erklärt ein Mitglied des Rates, dass ein Entwurf eines Gesetzgebungsakts nach Absatz 1 wichtige Aspekte seines Systems der sozialen Sicherheit, insbesondere dessen Geltungsbereich, Kosten oder Finanzstruktur, verletzen oder dessen finanzielles Gleichgewicht beeinträchtigen würde, so kann es beantragen, dass der Europäische Rat befasst wird. In diesem Fall wird das ordentliche Gesetzgebungsverfahren ausgesetzt. Nach einer Aussprache geht der Europäische Rat binnen vier Monaten nach Aussetzung des Verfahrens wie folgt vor:

a) er verweist den Entwurf an den Rat zurück, wodurch die Aussetzung des ordentlichen Gesetzgebungsverfahrens beendet wird, oder

b) er sieht von einem Tätigwerden ab, oder aber er ersucht die Kommission um Vorlage eines neuen Vorschlags; in diesem Fall gilt der ursprünglich vorgeschlagene Rechtsakt als nicht erlassen.

Kapitel 2: Das Niederlassungsrecht

Artikel 49 (ex-Artikel 43 EGV)

Die Beschränkungen der freien Niederlassung von Staatsangehörigen eines Mitgliedstaats im Hoheitsgebiet eines anderen Mitgliedstaats sind nach Maßgabe der folgenden Bestimmungen verboten. Das Gleiche gilt für Beschränkungen der Gründung von Agenturen, Zweigniederlassungen oder Tochtergesellschaften durch Angehörige eines Mitgliedstaats, die im Hoheitsgebiet eines Mitgliedstaats ansässig sind.

Vorbehaltlich des Kapitels über den Kapitalverkehr umfasst die Niederlassungsfreiheit die Aufnahme und Ausübung selbstständiger Erwerbstätigkeiten sowie die Gründung und Leitung von Unternehmen, insbesondere von Gesellschaften im Sinne des Artikels 54 Absatz 2, nach den Bestimmungen des Aufnahmestaats für seine eigenen Angehörigen.

Artikel 50 (ex-Artikel 44 EGV)

(1) Das Europäische Parlament und der Rat erlassen gemäß dem ordentlichen Gesetzgebungsverfahren und nach Anhörung des Wirtschafts- und Sozialausschusses Richtlinien zur Verwirklichung der Niederlassungsfreiheit für eine bestimmte Tätigkeit.

(2) Das Europäische Parlament, der Rat und die Kommission erfüllen die Aufgaben, die ihnen aufgrund der obigen Bestimmungen übertragen sind, indem sie insbesondere

a) im Allgemeinen diejenigen Tätigkeiten mit Vorrang behandeln, bei denen die Niederlassungsfreiheit die Entwicklung der Produktion und des Handels in besonderer Weise fördert;
b) eine enge Zusammenarbeit zwischen den zuständigen Verwaltungen der Mitgliedstaaten sicherstellen, um sich über die besondere Lage auf den verschiedenen Tätigkeitsgebieten innerhalb der Union zu unterrichten;
c) die aus innerstaatlichen Rechtsvorschriften oder vorher zwischen den Mitgliedstaaten geschlossenen Übereinkünften abgeleiteten Verwaltungsverfahren und -praktiken ausschalten, deren Beibehaltung der Niederlassungsfreiheit entgegensteht;
d) dafür Sorge tragen, dass Arbeitnehmer eines Mitgliedstaats, die im Hoheitsgebiet eines anderen Mitgliedstaats beschäftigt sind, dort verbleiben und eine selbstständige Tätigkeit unter denselben Voraussetzungen ausüben können, die sie erfüllen müssten, wenn sie in diesen Staat erst zu dem Zeitpunkt einreisen würden, in dem sie diese Tätigkeit aufzunehmen beabsichtigen;
e) den Erwerb und die Nutzung von Grundbesitz im Hoheitsgebiet eines Mitgliedstaats durch Angehörige eines anderen Mitgliedstaats ermöglichen, soweit hierdurch die Grundsätze des Artikels 39 Absatz 2 nicht beeinträchtigt werden;
f) veranlassen, dass bei jedem in Betracht kommenden Wirtschaftszweig die Beschränkungen der Niederlassungsfreiheit in Bezug auf die Voraussetzungen für die Errichtung von Agenturen, Zweigniederlassungen und Tochtergesellschaften im Hoheitsgebiet eines Mitgliedstaats sowie für den Eintritt des Personals der Hauptniederlassung in ihre Leitungs- oder Überwachungsorgane schrittweise aufgehoben werden;
g) soweit erforderlich, die Schutzbestimmungen koordinieren, die in den Mitgliedstaaten den Gesellschaften im Sinne des Artikels 54 Absatz 2 im Interesse der Gesellschafter sowie Dritter vorgeschrieben sind, um diese Bestimmungen gleichwertig zu gestalten;
h) sicherstellen, dass die Bedingungen für die Niederlassung nicht durch Beihilfen der Mitgliedstaaten verfälscht werden.

Artikel 51 (ex-Artikel 45 EGV)

Auf Tätigkeiten, die in einem Mitgliedstaat dauernd oder zeitweise mit der Ausübung öffentlicher Gewalt verbunden sind, findet dieses Kapitel in dem betreffenden Mitgliedstaat keine Anwendung.

Das Europäische Parlament und der Rat können gemäß dem ordentlichen Gesetzgebungsverfahren beschließen, dass dieses Kapitel auf bestimmte Tätigkeiten keine Anwendung findet.

Artikel 52 (ex-Artikel 46 EGV)

(1) Dieses Kapitel und die aufgrund desselben getroffenen Maßnahmen beeinträchtigen nicht die Anwendbarkeit der Rechts- und Verwaltungsvorschriften, die eine Sonderregelung für Ausländer vorsehen und aus Gründen der öffentlichen Ordnung, Sicherheit oder Gesundheit gerechtfertigt sind.

(2) Das Europäische Parlament und der Rat erlassen gemäß dem ordentlichen Gesetzgebungsverfahren Richtlinien für die Koordinierung der genannten Vorschriften.

Artikel 53 (ex-Artikel 47 EGV)

(1) Um die Aufnahme und Ausübung selbstständiger Tätigkeiten zu erleichtern, erlassen das Europäische Parlament und der Rat gemäß dem ordentlichen Gesetzgebungsverfahren Richtlinien für die gegenseitige Anerkennung der Diplome, Prüfungszeugnisse und sonstigen Befähigungsnachweise sowie für die Koordinierung der Rechts- und Verwaltungsvorschriften der Mitgliedstaaten über die Aufnahme und Ausübung selbstständiger Tätigkeiten.

(2) Die schrittweise Aufhebung der Beschränkungen für die ärztlichen, arztähnlichen und pharmazeutischen Berufe setzt die Koordinierung der Bedingungen für die Ausübung dieser Berufe in den einzelnen Mitgliedstaaten voraus.

Artikel 54 (ex-Artikel 48 EGV)

Für die Anwendung dieses Kapitels stehen die nach den Rechtsvorschriften eines Mitgliedstaats gegründeten Gesellschaften, die ihren satzungsmäßigen Sitz, ihre Hauptverwaltung oder ihre Hauptniederlassung innerhalb der Union haben, den natürlichen Personen gleich, die Angehörige der Mitgliedstaaten sind.

Als Gesellschaften gelten die Gesellschaften des bürgerlichen Rechts und des Handelsrechts einschließlich der Genossenschaften und die sonstigen juristischen Personen des öffentlichen und privaten Rechts mit Ausnahme derjenigen, die keinen Erwerbszweck verfolgen.

Artikel 55 (ex-Artikel 294 EGV)

Unbeschadet der sonstigen Bestimmungen der Verträge stellen die Mitgliedstaaten die Staatsangehörigen der anderen Mitgliedstaaten hinsichtlich ihrer Beteiligung am Kapital von Gesellschaften im Sinne des Artikels 54 den eigenen Staatsangehörigen gleich.

Kapitel 3: Dienstleistungen

Artikel 56 (ex-Artikel 49 EGV)

Die Beschränkungen des freien Dienstleistungsverkehrs innerhalb der Union für Angehörige der Mitgliedstaaten, die in einem anderen Mitgliedstaat als demjenigen des Leistungsempfängers ansässig sind, sind nach Maßgabe der folgenden Bestimmungen verboten.

Das Europäische Parlament und der Rat können gemäß dem ordentlichen Gesetzgebungsverfahren beschließen, dass dieses Kapitel auch auf Erbringer von Dienstleistungen Anwendung findet, welche die Staatsangehörigkeit eines dritten Landes besitzen und innerhalb der Union ansässig sind.

Artikel 57 (ex-Artikel 50 EGV)

Dienstleistungen im Sinne der Verträge sind Leistungen, die in der Regel gegen Entgelt erbracht werden, soweit sie nicht den Vorschriften über den freien Waren- und Kapitalverkehr und über die Freizügigkeit der Personen unterliegen.

Als Dienstleistungen gelten insbesondere:

a) gewerbliche Tätigkeiten,

b) kaufmännische Tätigkeiten,

c) handwerkliche Tätigkeiten,

d) freiberufliche Tätigkeiten.

Unbeschadet des Kapitels über die Niederlassungsfreiheit kann der Leistende zwecks Erbringung seiner Leistungen seine Tätigkeit vorübergehend in dem Mitgliedstaat ausüben, in dem die Leistung erbracht wird, und zwar unter den Voraussetzungen, welche dieser Mitgliedstaat für seine eigenen Angehörigen vorschreibt.

Artikel 58 (ex-Artikel 51 EGV)

(1) Für den freien Dienstleistungsverkehr auf dem Gebiet des Verkehrs gelten die Bestimmungen des Titels über den Verkehr.

(2) Die Liberalisierung der mit dem Kapitalverkehr verbundenen Dienstleistungen der Banken und Versicherungen wird im Einklang mit der Liberalisierung des Kapitalverkehrs durchgeführt.

Artikel 59 (ex-Artikel 52 EGV)

(1) Das Europäische Parlament und der Rat erlassen gemäß dem ordentlichen Gesetzgebungsverfahren und nach Anhörung des Wirtschafts- und Sozialausschusses Richtlinien zur Liberalisierung einer bestimmten Dienstleistung.

(2) Bei den in Absatz 1 genannten Richtlinien sind im Allgemeinen mit Vorrang diejenigen Dienstleistungen zu berücksichtigen, welche die Produktionskosten unmittelbar beeinflussen oder deren Liberalisierung zur Förderung des Warenverkehrs beiträgt.

Artikel 60 (ex-Artikel 53 EGV)

Die Mitgliedstaaten bemühen sich, über das Ausmaß der Liberalisierung der Dienstleistungen, zu dem sie aufgrund der Richtlinien gemäß Artikel 59 Absatz 1 verpflichtet sind, hinauszugehen, falls ihre wirtschaftliche Gesamtlage und die Lage des betreffenden Wirtschaftszweigs dies zulassen.

Die Kommission richtet entsprechende Empfehlungen an die betreffenden Staaten.

Artikel 61 (ex-Artikel 54 EGV)

Solange die Beschränkungen des freien Dienstleistungsverkehrs nicht aufgehoben sind, wendet sie jeder Mitgliedstaat ohne Unterscheidung nach Staatsangehörigkeit oder Aufenthaltsort auf alle in Artikel 56 Absatz 1 bezeichneten Erbringer von Dienstleistungen an.

Artikel 62 (ex-Artikel 55 EGV)

Die Bestimmungen der Artikel 51 bis 54 finden auf das in diesem Kapitel geregelte Sachgebiet Anwendung.

Kapitel 4: Der Kapital- und Zahlungsverkehr

Artikel 63 (ex-Artikel 56 EGV)

(1) Im Rahmen der Bestimmungen dieses Kapitels sind alle Beschränkungen des Kapitalverkehrs zwischen den Mitgliedstaaten sowie zwischen den Mitgliedstaaten und dritten Ländern verboten.

(2) Im Rahmen der Bestimmungen dieses Kapitels sind alle Beschränkungen des Zahlungsverkehrs zwischen den Mitgliedstaaten sowie zwischen den Mitgliedstaaten und dritten Ländern verboten.

Artikel 64 (ex-Artikel 57 EGV)

(1) Artikel 63 berührt nicht die Anwendung derjenigen Beschränkungen auf dritte Länder, die am 31. Dezember 1993 aufgrund einzelstaatlicher Rechtsvorschriften oder aufgrund von Rechtsvorschriften der Union für den Kapitalverkehr mit dritten Ländern im Zusammenhang mit Direktinvestitionen einschließlich Anlagen in Immobilien, mit der Niederlassung, der Erbringung von Finanzdienstleistungen oder der Zulassung von Wertpapieren zu den Kapitalmärkten bestehen. Für in Bulgarien, Estland und Ungarn bestehende Beschränkungen nach innerstaatlichem Recht ist der maßgebliche Zeitpunkt der 31. Dezember 1999. Für in Kroatien nach innerstaatlichem Recht bestehende Beschränkungen ist der maßgebliche Zeitpunkt der 31. Dezember 2002.

(2) Unbeschadet der anderen Kapitel der Verträge sowie ihrer Bemühungen um eine möglichst weit gehende Verwirklichung des Zieles eines freien Kapitalverkehrs zwischen den Mitgliedstaaten und dritten Ländern beschließen das Europäische Parlament und der Rat gemäß dem ordentlichen Gesetzgebungsverfahren Maßnahmen für den Kapitalverkehr mit dritten Ländern im Zusammenhang mit Direktinvestitionen einschließlich Anlagen in Immobilien, mit der Niederlassung, der Erbringung von Finanzdienstleistungen oder der Zulassung von Wertpapieren zu den Kapitalmärkten.

(3) Abweichend von Absatz 2 kann nur der Rat gemäß einem besonderen Gesetzgebungsverfahren und nach Anhörung des Europäischen Parlaments Maßnahmen einstimmig beschließen, die im Rahmen des Unionsrechts für die Liberalisierung des Kapitalverkehrs mit Drittländern einen Rückschritt darstellen.

Artikel 65 (ex-Artikel 58 EGV)

(1) Artikel 63 berührt nicht das Recht der Mitgliedstaaten,

a) die einschlägigen Vorschriften ihres Steuerrechts anzuwenden, die Steuerpflichtige mit unterschiedlichem Wohnort oder Kapitalanlageort unterschiedlich behandeln,

b) die unerlässlichen Maßnahmen zu treffen, um Zuwiderhandlungen gegen innerstaatliche Rechts- und Verwaltungsvorschriften, insbesondere auf dem Gebiet des Steuerrechts und der Aufsicht über Finanzinstitute, zu verhindern, sowie Meldeverfahren für den Kapitalverkehr zwecks administrativer oder statistischer Information vorzusehen oder Maßnahmen zu ergreifen, die aus Gründen der öffentlichen Ordnung oder Sicherheit gerechtfertigt sind.

(2) Dieses Kapitel berührt nicht die Anwendbarkeit von Beschränkungen des Niederlassungsrechts, die mit den Verträgen vereinbar sind.

(3) Die in den Absätzen 1 und 2 genannten Maßnahmen und Verfahren dürfen weder ein Mittel zur willkürlichen Diskriminierung noch eine verschleierte Beschränkung des freien Kapital- und Zahlungsverkehrs im Sinne des Artikels 63 darstellen.

(4) Sind keine Maßnahmen nach Artikel 64 Absatz 3 erlassen worden, so kann die Kommission oder, wenn diese binnen drei Monaten nach der Vorlage eines entsprechenden Antrags des betreffenden Mitgliedstaats keinen Beschluss erlassen hat, der Rat einen Beschluss erlassen, mit dem festgelegt wird, dass die von einem Mitgliedstaat in Bezug auf ein oder mehrere Drittländer getroffenen restriktiven steuerlichen Maßnahmen insofern als mit den Verträgen vereinbar anzusehen sind, als sie durch eines der Ziele der Union gerechtfertigt und mit dem ordnungsgemäßen Funktionieren des Binnenmarkts vereinbar sind. Der Rat beschließt einstimmig auf Antrag eines Mitgliedstaats.

Artikel 66 (ex-Artikel 59 EGV)

Falls Kapitalbewegungen nach oder aus dritten Ländern unter außergewöhnlichen Umständen das Funktionieren der Wirtschafts- und Währungsunion schwerwiegend stören oder zu stören drohen, kann der Rat auf Vorschlag der Kommission und nach Anhörung der Europäischen Zentralbank gegenüber dritten Ländern Schutzmaßnahmen mit einer Geltungsdauer von höchstens sechs Monaten treffen, wenn diese unbedingt erforderlich sind.

Titel V: Der Raum der Freiheit, der Sicherheit und des Rechts

Kapitel 1: Allgemeine Bestimmungen

Artikel 67 (ex-Artikel 61 EGV und ex-Artikel 29 EUV)

(1) Die Union bildet einen Raum der Freiheit, der Sicherheit und des Rechts, in dem die Grundrechte und die verschiedenen Rechtsordnungen und -traditionen der Mitgliedstaaten geachtet werden.

(2) Sie stellt sicher, dass Personen an den Binnengrenzen nicht kontrolliert werden, und entwickelt eine gemeinsame Politik in den Bereichen Asyl, Einwanderung und Kontrollen an den Außengrenzen, die sich auf die Solidarität der Mitgliedstaaten gründet und gegenüber Drittstaatsangehörigen angemessen ist. Für die Zwecke dieses Titels werden Staatenlose den Drittstaatsangehörigen gleichgestellt.

(3) Die Union wirkt darauf hin, durch Maßnahmen zur Verhütung und Bekämpfung von Kriminalität sowie von Rassismus und Fremdenfeindlichkeit, zur Koordinierung und Zusammenarbeit von Polizeibehörden und Organen der Strafrechtspflege und den anderen zuständigen Behörden sowie durch die gegenseitige Anerkennung strafrechtlicher Entscheidungen und erforderlichenfalls durch die Angleichung der strafrechtlichen Rechtsvorschriften ein hohes Maß an Sicherheit zu gewährleisten.

(4) Die Union erleichtert den Zugang zum Recht, insbesondere durch den Grundsatz der gegenseitigen Anerkennung gerichtlicher und außergerichtlicher Entscheidungen in Zivilsachen.

Artikel 68

Der Europäische Rat legt die strategischen Leitlinien für die gesetzgeberische und operative Programmplanung im Raum der Freiheit, der Sicherheit und des Rechts fest.

Artikel 69

Die nationalen Parlamente tragen bei Gesetzgebungsvorschlägen und -initiativen, die im Rahmen der Kapitel 4 und 5 vorgelegt werden, Sorge für die Achtung des Subsidiaritätsprinzips nach Maßgabe des Protokolls über die Anwendung der Grundsätze der Subsidiarität und der Verhältnismäßigkeit.

Artikel 70

Unbeschadet der Artikel 258, 259 und 260 kann der Rat auf Vorschlag der Kommission Maßnahmen erlassen, mit denen Einzelheiten festgelegt werden, nach denen die Mitgliedstaaten in Zusammenarbeit mit der Kommission eine objektive und unparteiische Bewertung der Durchführung der unter diesen Titel fallenden Unionspolitik durch die Behörden der Mitgliedstaaten vornehmen, insbesondere um die umfassende Anwendung des Grundsatzes der gegenseitigen Anerkennung zu fördern. Das Europäische Parlament und die nationalen Parlamente werden vom Inhalt und den Ergebnissen dieser Bewertung unterrichtet.

Artikel 71 (ex-Artikel 36 EUV)

Im Rat wird ein ständiger Ausschuss eingesetzt, um sicherzustellen, dass innerhalb der Union die operative Zusammenarbeit im Bereich der inneren Sicherheit gefördert und verstärkt wird. Er fördert unbeschadet des Artikels 240 die Koordinierung der Maßnahmen der zuständigen Behörden der Mitgliedstaaten. Die Vertreter der betroffenen Einrichtungen und sonstigen Stellen der Union können an den Arbeiten des Ausschusses beteiligt werden. Das Europäische Parlament und die nationalen Parlamente werden über die Arbeiten des Ausschusses auf dem Laufenden gehalten.

Artikel 72 (ex-Artikel 64 Absatz 1 EGV und ex-Artikel 33 EUV)

Dieser Titel berührt nicht die Wahrnehmung der Zuständigkeiten der Mitgliedstaaten für die Aufrechterhaltung der öffentlichen Ordnung und den Schutz der inneren Sicherheit.

Artikel 73

Es steht den Mitgliedstaaten frei, untereinander und in eigener Verantwortung Formen der Zusammenarbeit und Koordinierung zwischen den zuständigen Dienststellen ihrer für den Schutz der nationalen Sicherheit verantwortlichen Verwaltungen einzurichten, die sie für geeignet halten.

Artikel 74 (ex-Artikel 66 EGV)

Der Rat erlässt Maßnahmen, um die Verwaltungszusammenarbeit zwischen den zuständigen Dienststellen der Mitgliedstaaten in den Bereichen dieses Titels sowie die Zusammenarbeit zwischen diesen Dienststellen und der Kommission zu gewährleisten. Dabei beschließt er auf Vorschlag der Kommission vorbehaltlich des Artikels 76 und nach Anhörung des Europäischen Parlaments.

Artikel 75 (ex-Artikel 60 EGV)

Sofern dies notwendig ist, um die Ziele des Artikels 67 in Bezug auf die Verhütung und Bekämpfung von Terrorismus und damit verbundener Aktivitäten zu verwirklichen, schaffen das Europäische Parlament und der Rat gemäß dem ordentlichen Gesetzgebungsverfahren durch Verordnungen einen Rahmen für Verwaltungsmaßnahmen in Bezug auf Kapitalbewegungen und Zahlungen, wozu das Einfrieren von Geldern, finanziellen Vermögenswerten oder wirtschaftlichen Erträgen gehören kann, deren Eigentümer oder Besitzer natürliche oder juristische Personen, Gruppierungen oder nichtstaatliche Einheiten sind.

Der Rat erlässt auf Vorschlag der Kommission Maßnahmen zur Umsetzung des in Absatz 1 genannten Rahmens.

In den Rechtsakten nach diesem Artikel müssen die erforderlichen Bestimmungen über den Rechtsschutz vorgesehen sein.

Artikel 76

Die in den Kapiteln 4 und 5 genannten Rechtsakte sowie die in Artikel 74 genannten Maßnahmen, mit denen die Verwaltungszusammenarbeit in den Bereichen der genannten Kapitel gewährleistet wird, werden wie folgt erlassen:

a) auf Vorschlag der Kommission oder
b) auf Initiative eines Viertels der Mitgliedstaaten.

Kapitel 2: Politik im Bereich Grenzkontrollen, Asyl und Einwanderung

Artikel 77 (ex-Artikel 62 EGV)

(1) Die Union entwickelt eine Politik, mit der

a) sichergestellt werden soll, dass Personen unabhängig von ihrer Staatsangehörigkeit beim Überschreiten der Binnengrenzen nicht kontrolliert werden;
b) die Personenkontrolle und die wirksame Überwachung des Grenzübertritts an den Außengrenzen sichergestellt werden soll;
c) schrittweise ein integriertes Grenzschutzsystem an den Außengrenzen eingeführt werden soll.

(2) Für die Zwecke des Absatzes 1 erlassen das Europäische Parlament und der Rat gemäß dem ordentlichen Gesetzgebungsverfahren Maßnahmen, die folgende Bereiche betreffen:

a) die gemeinsame Politik in Bezug auf Visa und andere kurzfristige Aufenthaltstitel;

b) die Kontrollen, denen Personen beim Überschreiten der Außengrenzen unterzogen werden;
c) die Voraussetzungen, unter denen sich Drittstaatsangehörige innerhalb der Union während eines kurzen Zeitraums frei bewegen können;
d) alle Maßnahmen, die für die schrittweise Einführung eines integrierten Grenzschutzsystems an den Außengrenzen erforderlich sind;
e) die Abschaffung der Kontrolle von Personen gleich welcher Staatsangehörigkeit beim Überschreiten der Binnengrenzen.

(3) Erscheint zur Erleichterung der Ausübung des in Artikel 20 Absatz 2 Buchstabe a genannten Rechts ein Tätigwerden der Union erforderlich, so kann der Rat gemäß einem besonderen Gesetzgebungsverfahren Bestimmungen betreffend Pässe, Personalausweise, Aufenthaltstitel oder diesen gleichgestellte Dokumente erlassen, sofern die Verträge hierfür anderweitig keine Befugnisse vorsehen. Der Rat beschließt einstimmig nach Anhörung des Europäischen Parlaments.

(4) Dieser Artikel berührt nicht die Zuständigkeit der Mitgliedstaaten für die geografische Festlegung ihrer Grenzen nach dem Völkerrecht.

Artikel 78 (ex-Artikel 63 Nummern 1 und 2 und ex-Artikel 64 Absatz 2 EGV)

(1) Die Union entwickelt eine gemeinsame Politik im Bereich Asyl, subsidiärer Schutz und vorübergehender Schutz, mit der jedem Drittstaatsangehörigen, der internationalen Schutz benötigt, ein angemessener Status angeboten und die Einhaltung des Grundsatzes der Nicht-Zurückweisung gewährleistet werden soll. Diese Politik muss mit dem Genfer Abkommen vom 28. Juli 1951 und dem Protokoll vom 31. Januar 1967 über die Rechtsstellung der Flüchtlinge sowie den anderen einschlägigen Verträgen im Einklang stehen.

(2) Für die Zwecke des Absatzes 1 erlassen das Europäische Parlament und der Rat gemäß dem ordentlichen Gesetzgebungsverfahren Maßnahmen in Bezug auf ein gemeinsames europäisches Asylsystem, das Folgendes umfasst:
a) einen in der ganzen Union gültigen einheitlichen Asylstatus für Drittstaatsangehörige;
b) einen einheitlichen subsidiären Schutzstatus für Drittstaatsangehörige, die keinen europäischen Asylstatus erhalten, aber internationalen Schutz benötigen;
c) eine gemeinsame Regelung für den vorübergehenden Schutz von Vertriebenen im Falle eines Massenzustroms;
d) gemeinsame Verfahren für die Gewährung und den Entzug des einheitlichen Asylstatus beziehungsweise des subsidiären Schutzstatus;
e) Kriterien und Verfahren zur Bestimmung des Mitgliedstaats, der für die Prüfung eines Antrags auf Asyl oder subsidiären Schutz zuständig ist;
f) Normen über die Aufnahmebedingungen von Personen, die Asyl oder subsidiären Schutz beantragen;
g) Partnerschaft und Zusammenarbeit mit Drittländern zur Steuerung des Zustroms von Personen, die Asyl oder subsidiären beziehungsweise vorübergehenden Schutz beantragen.

(3) Befinden sich ein oder mehrere Mitgliedstaaten aufgrund eines plötzlichen Zustroms von Drittstaatsangehörigen in einer Notlage, so kann der Rat auf Vorschlag der Kommission vorläufige Maßnahmen zugunsten der betreffenden Mitgliedstaaten erlassen. Er beschließt nach Anhörung des Europäischen Parlaments.

Artikel 79 (ex-Artikel 63 Nummern 3 und 4 EGV)

(1) Die Union entwickelt eine gemeinsame Einwanderungspolitik, die in allen Phasen eine wirksame Steuerung der Migrationsströme, eine angemessene Behandlung von Drittstaatsangehörigen, die sich rechtmäßig in einem Mitgliedstaat aufhalten, sowie die Verhütung und verstärkte Bekämpfung von illegaler Einwanderung und Menschenhandel gewährleisten soll.

(2) Für die Zwecke des Absatzes 1 erlassen das Europäische Parlament und der Rat gemäß dem ordentlichen Gesetzgebungsverfahren Maßnahmen in folgenden Bereichen:

a) Einreise- und Aufenthaltsvoraussetzungen sowie Normen für die Erteilung von Visa und Aufenthaltstiteln für einen langfristigen Aufenthalt, einschließlich solcher zur Familienzusammenführung, durch die Mitgliedstaaten;

b) Festlegung der Rechte von Drittstaatsangehörigen, die sich rechtmäßig in einem Mitgliedstaat aufhalten, einschließlich der Bedingungen, unter denen sie sich in den anderen Mitgliedstaaten frei bewegen und aufhalten dürfen;

c) illegale Einwanderung und illegaler Aufenthalt, einschließlich Abschiebung und Rückführung solcher Personen, die sich illegal in einem Mitgliedstaat aufhalten;

d) Bekämpfung des Menschenhandels, insbesondere des Handels mit Frauen und Kindern.

(3) Die Union kann mit Drittländern Übereinkünfte über eine Rückübernahme von Drittstaatsangehörigen in ihr Ursprungs- oder Herkunftsland schließen, die die Voraussetzungen für die Einreise in das Hoheitsgebiet eines der Mitgliedstaaten oder die Anwesenheit oder den Aufenthalt in diesem Gebiet nicht oder nicht mehr erfüllen.

(4) Das Europäische Parlament und der Rat können gemäß dem ordentlichen Gesetzgebungsverfahren unter Ausschluss jeglicher Harmonisierung der Rechtsvorschriften der Mitgliedstaaten Maßnahmen festlegen, mit denen die Bemühungen der Mitgliedstaaten um die Integration der sich rechtmäßig in ihrem Hoheitsgebiet aufhaltenden Drittstaatsangehörigen gefördert und unterstützt werden.

(5) Dieser Artikel berührt nicht das Recht der Mitgliedstaaten, festzulegen, wie viele Drittstaatsangehörige aus Drittländern in ihr Hoheitsgebiet einreisen dürfen, um dort als Arbeitnehmer oder Selbstständige Arbeit zu suchen.

Artikel 80

Für die unter dieses Kapitel fallende Politik der Union und ihre Umsetzung gilt der Grundsatz der Solidarität und der gerechten Aufteilung der Verantwortlichkeiten unter den Mitgliedstaaten, einschließlich in finanzieller Hinsicht. Die aufgrund dieses Kapitels erlassenen Rechtsakte der Union enthalten, immer wenn dies erforderlich ist, entsprechende Maßnahmen für die Anwendung dieses Grundsatzes.

Kapitel 3: Justizielle Zusammenarbeit in Zivilsachen

Artikel 81 (ex-Artikel 65 EGV)

(1) Die Union entwickelt eine justizielle Zusammenarbeit in Zivilsachen mit grenzüberschreitendem Bezug, die auf dem Grundsatz der gegenseitigen Anerkennung gerichtlicher und außergerichtlicher Entscheidungen beruht. Diese Zusammenarbeit kann den Erlass von Maßnahmen zur Angleichung der Rechtsvorschriften der Mitgliedstaaten umfassen.

(2) Für die Zwecke des Absatzes 1 erlassen das Europäische Parlament und der Rat, insbesondere wenn dies für das reibungslose Funktionieren des Binnenmarkts erforderlich ist, gemäß dem ordentlichen Gesetzgebungsverfahren Maßnahmen, die Folgendes sicherstellen sollen:

a) die gegenseitige Anerkennung und die Vollstreckung gerichtlicher und außergerichtlicher Entscheidungen zwischen den Mitgliedstaaten;

b) die grenzüberschreitende Zustellung gerichtlicher und außergerichtlicher Schriftstücke;

c) die Vereinbarkeit der in den Mitgliedstaaten geltenden Kollisionsnormen und Vorschriften zur Vermeidung von Kompetenzkonflikten;

d) die Zusammenarbeit bei der Erhebung von Beweismitteln;

e) einen effektiven Zugang zum Recht;

f) die Beseitigung von Hindernissen für die reibungslose Abwicklung von Zivilverfahren, erforderlichenfalls durch Förderung der Vereinbarkeit der in den Mitgliedstaaten geltenden zivilrechtlichen Verfahrensvorschriften;

g) die Entwicklung von alternativen Methoden für die Beilegung von Streitigkeiten;

h) die Förderung der Weiterbildung von Richtern und Justizbediensteten.

(3) Abweichend von Absatz 2 werden Maßnahmen zum Familienrecht mit grenzüberschreitendem Bezug vom Rat gemäß einem besonderen Gesetzgebungsverfahren festgelegt. Dieser beschließt einstimmig nach Anhörung des Europäischen Parlaments.

Der Rat kann auf Vorschlag der Kommission einen Beschluss erlassen, durch den die Aspekte des Familienrechts mit grenzüberschreitendem Bezug bestimmt werden, die Gegenstand von Rechtsakten sein können, die gemäß dem ordentlichen Gesetzgebungsverfahren erlassen werden. Der Rat beschließt einstimmig nach Anhörung des Europäischen Parlaments.

Der in Unterabsatz 2 genannte Vorschlag wird den nationalen Parlamenten übermittelt. Wird dieser Vorschlag innerhalb von sechs Monaten nach der Übermittlung von einem nationalen Parlament abgelehnt, so wird der Beschluss nicht erlassen. Wird der Vorschlag nicht abgelehnt, so kann der Rat den Beschluss erlassen.

Kapitel 4: Justizielle Zusammenarbeit in Strafsachen

Artikel 82 (ex-Artikel 31 EUV)

(1) Die justizielle Zusammenarbeit in Strafsachen in der Union beruht auf dem Grundsatz der gegenseitigen Anerkennung gerichtlicher Urteile und Entscheidungen und umfasst die Angleichung der Rechtsvorschriften der Mitgliedstaaten in den in Absatz 2 und in Artikel 83 genannten Bereichen.

Das Europäische Parlament und der Rat erlassen gemäß dem ordentlichen Gesetzgebungsverfahren Maßnahmen, um

a) Regeln und Verfahren festzulegen, mit denen die Anerkennung aller Arten von Urteilen und gerichtlichen Entscheidungen in der gesamten Union sichergestellt wird;

b) Kompetenzkonflikte zwischen den Mitgliedstaaten zu verhindern und beizulegen;

c) die Weiterbildung von Richtern und Staatsanwälten sowie Justizbediensteten zu fördern;

d) die Zusammenarbeit zwischen den Justizbehörden oder entsprechenden Behörden der Mitgliedstaaten im Rahmen der Strafverfolgung sowie des Vollzugs und der Vollstreckung von Entscheidungen zu erleichtern.

(2) Soweit dies zur Erleichterung der gegenseitigen Anerkennung gerichtlicher Urteile und Entscheidungen und der polizeilichen und justiziellen Zusammenarbeit in Strafsachen mit grenzüberschreitender Dimension erforderlich ist, können das Europäische Parlament und der Rat gemäß dem ordentlichen Gesetzgebungsverfahren durch Richtlinien Mindestvorschriften festlegen. Bei diesen Mindestvorschriften werden die Unterschiede zwischen den Rechtsordnungen und -traditionen der Mitgliedstaaten berücksichtigt.

Die Vorschriften betreffen Folgendes:

a) die Zulässigkeit von Beweismitteln auf gegenseitiger Basis zwischen den Mitgliedstaaten;

b) die Rechte des Einzelnen im Strafverfahren;

c) die Rechte der Opfer von Straftaten;

d) sonstige spezifische Aspekte des Strafverfahrens, die zuvor vom Rat durch Beschluss bestimmt worden sind; dieser Beschluss wird vom Rat einstimmig nach Zustimmung des Europäischen Parlaments erlassen.

Der Erlass von Mindestvorschriften nach diesem Absatz hindert die Mitgliedstaaten nicht daran, ein höheres Schutzniveau für den Einzelnen beizubehalten oder einzuführen.

(3) Ist ein Mitglied des Rates der Auffassung, dass ein Entwurf einer Richtlinie nach Absatz 2 grundlegende Aspekte seiner Strafrechtsordnung berühren würde, so kann es beantragen, dass der Europäische Rat befasst wird. In diesem Fall wird das ordentliche Gesetzgebungsverfahren ausgesetzt. Nach einer Aussprache verweist der Europäische Rat im Falle eines Einvernehmens den Entwurf binnen vier Monaten nach Aussetzung des Verfahrens an den Rat zurück, wodurch die Aussetzung des ordentlichen Gesetzgebungsverfahrens beendet wird.

Sofern kein Einvernehmen erzielt wird, mindestens neun Mitgliedstaaten aber eine Verstärkte Zusammenarbeit auf der Grundlage des betreffenden Entwurfs einer Richtlinie begründen möchten, teilen diese Mitgliedstaaten dies binnen derselben Frist dem Europäischen Parlament, dem Rat und der Kommission mit. In diesem Fall gilt die Ermächtigung zu einer Verstärkten Zusammenarbeit nach Artikel 20 Absatz 2 des Vertrags über die Europäische Union und Artikel 329 Absatz 1 dieses Vertrags als erteilt, und die Bestimmungen über die Verstärkte Zusammenarbeit finden Anwendung.

Artikel 83 (ex-Artikel 31 EUV)

(1) Das Europäische Parlament und der Rat können gemäß dem ordentlichen Gesetzgebungsverfahren durch Richtlinien Mindestvorschriften zur Festlegung von Straftaten und Strafen in Bereichen besonders schwerer Kriminalität festlegen, die aufgrund der Art oder der Auswirkungen der Straftaten oder aufgrund einer besonderen Notwendigkeit, sie auf einer gemeinsamen Grundlage zu bekämpfen, eine grenzüberschreitende Dimension haben.

Derartige Kriminalitätsbereiche sind: Terrorismus, Menschenhandel und sexuelle Ausbeutung von Frauen und Kindern, illegaler Drogenhandel, illegaler Waffenhandel, Geldwäsche, Korruption, Fälschung von Zahlungsmitteln, Computerkriminalität und organisierte Kriminalität.

Je nach Entwicklung der Kriminalität kann der Rat einen Beschluss erlassen, in dem andere Kriminalitätsbereiche bestimmt werden, die die Kriterien dieses Absatzes erfüllen. Er beschließt einstimmig nach Zustimmung des Europäischen Parlaments.

(2) Erweist sich die Angleichung der strafrechtlichen Rechtsvorschriften der Mitgliedstaaten als unerlässlich für die wirksame Durchführung der Politik der Union auf einem Gebiet, auf dem Harmonisierungsmaßnahmen erfolgt sind, so können durch Richtlinien Mindestvorschriften für die Festlegung von Straftaten und Strafen auf dem betreffenden Gebiet festgelegt werden. Diese Richtlinien werden unbeschadet des Artikels 76 gemäß dem gleichen ordentlichen oder besonderen Gesetzgebungsverfahren wie die betreffenden Harmonisierungsmaßnahmen erlassen.

(3) Ist ein Mitglied des Rates der Auffassung, dass der Entwurf einer Richtlinie nach den Absätzen 1 oder 2 grundlegende Aspekte seiner Strafrechtsordnung berühren würde, so kann es beantragen, dass der Europäische Rat befasst wird. In diesem Fall wird das ordentliche Gesetzgebungsverfahren ausgesetzt. Nach einer Aussprache verweist der Europäische Rat im Falle eines Einvernehmens den Entwurf binnen vier Monaten nach Aussetzung des Verfahrens an den Rat zurück, wodurch die Aussetzung des ordentlichen Gesetzgebungsverfahrens beendet wird.

Sofern kein Einvernehmen erzielt wird, mindestens neun Mitgliedstaaten aber eine Verstärkte Zusammenarbeit auf der Grundlage des betreffenden Entwurfs einer Richtlinie begründen möchten, teilen diese Mitgliedstaaten dies binnen derselben Frist dem Europäischen Parlament, dem Rat und der Kommission mit. In diesem Fall gilt die Ermächtigung zu einer Verstärkten Zusammenarbeit nach Artikel 20 Absatz 2 des Vertrags über die Europäische Union und Artikel 329 Absatz 1 dieses Vertrags als erteilt, und die Bestimmungen über die Verstärkte Zusammenarbeit finden Anwendung.

Artikel 84

Das Europäische Parlament und der Rat können gemäß dem ordentlichen Gesetzgebungsverfahren unter Ausschluss jeglicher Harmonisierung der Rechtsvorschriften der Mitgliedstaaten Maßnahmen festlegen, um das Vorgehen der Mitgliedstaaten im Bereich der Kriminalprävention zu fördern und zu unterstützen.

Artikel 85 (ex-Artikel 31 EUV)

(1) Eurojust hat den Auftrag, die Koordinierung und Zusammenarbeit zwischen den nationalen Behörden zu unterstützen und zu verstärken, die für die Ermittlung und Verfolgung von schwerer Kriminalität zuständig sind, wenn zwei oder mehr Mitgliedstaaten betroffen sind oder eine Verfolgung auf gemeinsamer Grundlage erforderlich ist; Eurojust stützt sich dabei auf die von den Behörden der Mitgliedstaaten und von Europol durchgeführten Operationen und gelieferten Informationen.

Zu diesem Zweck legen das Europäische Parlament und der Rat gemäß dem ordentlichen Gesetzgebungsverfahren durch Verordnungen den Aufbau, die Arbeitsweise, den Tätigkeitsbereich und die Aufgaben von Eurojust fest. Zu diesen Aufgaben kann Folgendes gehören:

a) Einleitung von strafrechtlichen Ermittlungsmaßnahmen sowie Vorschläge zur Einleitung von strafrechtlichen Verfolgungsmaßnahmen, die von den zuständigen nationalen Behörden durchgeführt werden, insbesondere bei Straftaten zum Nachteil der finanziellen Interessen der Union;

b) Koordinierung der unter Buchstabe a genannten Ermittlungs- und Verfolgungsmaßnahmen;

c) Verstärkung der justiziellen Zusammenarbeit, unter anderem auch durch die Beilegung von Kompetenzkonflikten und eine enge Zusammenarbeit mit dem Europäischen Justiziellen Netz.

Durch diese Verordnungen werden ferner die Einzelheiten für die Beteiligung des Europäischen Parlaments und der nationalen Parlamente an der Bewertung der Tätigkeit von Eurojust festgelegt.

(2) Im Rahmen der Strafverfolgungsmaßnahmen nach Absatz 1 werden die förmlichen Prozesshandlungen unbeschadet des Artikels 86 durch die zuständigen einzelstaatlichen Bediensteten vorgenommen.

Artikel 86

(1) Zur Bekämpfung von Straftaten zum Nachteil der finanziellen Interessen der Union kann der Rat gemäß einem besonderen Gesetzgebungsverfahren durch Verordnungen ausgehend von Eurojust eine Europäische Staatsanwaltschaft einsetzen. Der Rat beschließt einstimmig nach Zustimmung des Europäischen Parlaments.

Sofern keine Einstimmigkeit besteht, kann eine Gruppe von mindestens neun Mitgliedstaaten beantragen, dass der Europäische Rat mit dem Entwurf einer Verordnung befasst wird. In diesem Fall wird das Verfahren im Rat ausgesetzt. Nach einer Aussprache verweist der Europäische Rat im Falle eines Einvernehmens den Entwurf binnen vier Monaten nach Aussetzung des Verfahrens an den Rat zur Annahme zurück.

Sofern kein Einvernehmen erzielt wird, mindestens neun Mitgliedstaaten aber eine Verstärkte Zusammenarbeit auf der Grundlage des betreffenden Entwurfs einer Verordnung begründen möchten, teilen diese Mitgliedstaaten dies binnen derselben Frist dem Europäischen Parlament, dem Rat und der Kommission mit. In diesem Fall gilt die Ermächtigung zu einer Verstärkten Zusammenarbeit nach Artikel 20 Absatz 2 des Vertrags über die Europäische Union und Artikel 329 Absatz 1 dieses Vertrags als erteilt, und die Bestimmungen über die Verstärkte Zusammenarbeit finden Anwendung.

(2) Die Europäische Staatsanwaltschaft ist, gegebenenfalls in Verbindung mit Europol, zuständig für die strafrechtliche Untersuchung und Verfolgung sowie die Anklageerhebung in Bezug auf Personen, die als Täter oder Teilnehmer Straftaten zum Nachteil der finanziellen Interessen der Union begangen haben, die in der Verordnung nach Absatz 1 festgelegt sind. Die Europäische Staatsanwaltschaft nimmt bei diesen Straftaten vor den zuständigen Gerichten der Mitgliedstaaten die Aufgaben der Staatsanwaltschaft wahr.

(3) Die in Absatz 1 genannte Verordnung legt die Satzung der Europäischen Staatsanwaltschaft, die Einzelheiten für die Erfüllung ihrer Aufgaben, die für ihre Tätigkeit geltenden Verfah-

rensvorschriften sowie die Regeln für die Zulässigkeit von Beweismitteln und für die gerichtliche Kontrolle der von der Europäischen Staatsanwaltschaft bei der Erfüllung ihrer Aufgaben vorgenommenen Prozesshandlungen fest.

(4) Der Europäische Rat kann gleichzeitig mit der Annahme der Verordnung oder im Anschluss daran einen Beschluss zur Änderung des Absatzes 1 mit dem Ziel einer Ausdehnung der Befugnisse der Europäischen Staatsanwaltschaft auf die Bekämpfung der schweren Kriminalität mit grenzüberschreitender Dimension und zur entsprechenden Änderung des Absatzes 2 hinsichtlich Personen, die als Täter oder Teilnehmer schwere, mehr als einen Mitgliedstaat betreffende Straftaten begangen haben, erlassen. Der Europäische Rat beschließt einstimmig nach Zustimmung des Europäischen Parlaments und nach Anhörung der Kommission.

Kapitel 5: Polizeiliche Zusammenarbeit

Artikel 87 (ex-Artikel 30 EUV)

(1) Die Union entwickelt eine polizeiliche Zusammenarbeit zwischen allen zuständigen Behörden der Mitgliedstaaten, einschließlich der Polizei, des Zolls und anderer auf die Verhütung oder die Aufdeckung von Straftaten sowie entsprechende Ermittlungen spezialisierter Strafverfolgungsbehörden.

(2) Für die Zwecke des Absatzes 1 können das Europäische Parlament und der Rat gemäß dem ordentlichen Gesetzgebungsverfahren Maßnahmen erlassen, die Folgendes betreffen:

a) Einholen, Speichern, Verarbeiten, Analysieren und Austauschen sachdienlicher Informationen;
b) Unterstützung bei der Aus- und Weiterbildung von Personal sowie Zusammenarbeit in Bezug auf den Austausch von Personal, die Ausrüstungsgegenstände und die kriminaltechnische Forschung;
c) gemeinsame Ermittlungstechniken zur Aufdeckung schwerwiegender Formen der organisierten Kriminalität.

(3) Der Rat kann gemäß einem besonderen Gesetzgebungsverfahren Maßnahmen erlassen, die die operative Zusammenarbeit zwischen den in diesem Artikel genannten Behörden betreffen. Der Rat beschließt einstimmig nach Anhörung des Europäischen Parlaments.

Sofern keine Einstimmigkeit besteht, kann eine Gruppe von mindestens neun Mitgliedstaaten beantragen, dass der Europäische Rat mit dem Entwurf von Maßnahmen befasst wird. In diesem Fall wird das Verfahren im Rat ausgesetzt. Nach einer Aussprache verweist der Europäische Rat im Falle eines Einvernehmens den Entwurf binnen vier Monaten nach Aussetzung des Verfahrens an den Rat zur Annahme zurück.

Sofern kein Einvernehmen erzielt wird, mindestens neun Mitgliedstaaten aber eine Verstärkte Zusammenarbeit auf der Grundlage des betreffenden Entwurfs von Maßnahmen begründen möchten, teilen diese Mitgliedstaaten dies binnen derselben Frist dem Europäischen Parlament, dem Rat und der Kommission mit. In diesem Fall gilt die Ermächtigung zu einer Verstärkten Zusammenarbeit nach Artikel 20 Absatz 2 des Vertrags über die Europäische Union und Artikel 329 Absatz 1 dieses Vertrags als erteilt, und die Bestimmungen über die Verstärkte Zusammenarbeit finden Anwendung.

Das besondere Verfahren nach den Unterabsätzen 2 und 3 gilt nicht für Rechtsakte, die eine Weiterentwicklung des Schengen-Besitzstands darstellen.

Artikel 88 (ex-Artikel 30 EUV)

(1) Europol hat den Auftrag, die Tätigkeit der Polizeibehörden und der anderen Strafverfolgungsbehörden der Mitgliedstaaten sowie deren gegenseitige Zusammenarbeit bei der Verhütung und Bekämpfung der zwei oder mehr Mitgliedstaaten betreffenden schweren Kriminalität, des Terrorismus und der Kriminalitätsformen, die ein gemeinsames Interesse verletzen, das Gegenstand einer Politik der Union ist, zu unterstützen und zu verstärken.

(2) Das Europäische Parlament und der Rat legen gemäß dem ordentlichen Gesetzgebungsverfahren durch Verordnungen den Aufbau, die Arbeitsweise, den Tätigkeitsbereich und die Aufgaben von Europol fest. Zu diesen Aufgaben kann Folgendes gehören:

a) Einholen, Speichern, Verarbeiten, Analysieren und Austauschen von Informationen, die insbesondere von den Behörden der Mitgliedstaaten oder Drittländern beziehungsweise Stellen außerhalb der Union übermittelt werden;

b) Koordinierung, Organisation und Durchführung von Ermittlungen und von operativen Maßnahmen, die gemeinsam mit den zuständigen Behörden der Mitgliedstaaten oder im Rahmen gemeinsamer Ermittlungsgruppen durchgeführt werden, gegebenenfalls in Verbindung mit Eurojust.

Durch diese Verordnungen werden ferner die Einzelheiten für die Kontrolle der Tätigkeiten von Europol durch das Europäische Parlament festgelegt; an dieser Kontrolle werden die nationalen Parlamente beteiligt.

(3) Europol darf operative Maßnahmen nur in Verbindung und in Absprache mit den Behörden des Mitgliedstaats oder der Mitgliedstaaten ergreifen, deren Hoheitsgebiet betroffen ist. Die Anwendung von Zwangsmaßnahmen bleibt ausschließlich den zuständigen einzelstaatlichen Behörden vorbehalten.

Artikel 89 (ex-Artikel 32 EUV)

Der Rat legt gemäß einem besonderen Gesetzgebungsverfahren fest, unter welchen Bedingungen und innerhalb welcher Grenzen die in den Artikeln 82 und 87 genannten zuständigen Behörden der Mitgliedstaaten im Hoheitsgebiet eines anderen Mitgliedstaats in Verbindung und in Absprache mit dessen Behörden tätig werden dürfen. Der Rat beschließt einstimmig nach Anhörung des Europäischen Parlaments.

Titel VI: Der Verkehr

Artikel 90 (ex-Artikel 70 EGV)

Auf dem in diesem Titel geregelten Sachgebiet werden die Ziele der Verträge im Rahmen einer gemeinsamen Verkehrspolitik verfolgt.

Artikel 91 (ex-Artikel 71 EGV)

(1) Zur Durchführung des Artikels 90 werden das Europäische Parlament und der Rat unter Berücksichtigung der Besonderheiten des Verkehrs gemäß dem ordentlichen Gesetzgebungsverfahren und nach Anhörung des Wirtschafts- und Sozialausschusses sowie des Ausschusses der Regionen

a) für den internationalen Verkehr aus oder nach dem Hoheitsgebiet eines Mitgliedstaats oder für den Durchgangsverkehr durch das Hoheitsgebiet eines oder mehrerer Mitgliedstaaten gemeinsame Regeln aufstellen;

b) für die Zulassung von Verkehrsunternehmern zum Verkehr innerhalb eines Mitgliedstaats, in dem sie nicht ansässig sind, die Bedingungen festlegen;

c) Maßnahmen zur Verbesserung der Verkehrssicherheit erlassen;

d) alle sonstigen zweckdienlichen Vorschriften erlassen.

(2) Beim Erlass von Maßnahmen nach Absatz 1 wird den Fällen Rechnung getragen, in denen die Anwendung den Lebensstandard und die Beschäftigungslage in bestimmten Regionen sowie den Betrieb der Verkehrseinrichtungen ernstlich beeinträchtigen könnte.

Artikel 92 (ex-Artikel 72 EGV)

Bis zum Erlass der in Artikel 91 Absatz 1 genannten Vorschriften darf ein Mitgliedstaat die verschiedenen, am 1. Januar 1958 oder, im Falle später beigetretener Staaten, zum Zeitpunkt ihres Beitritts auf diesem Gebiet geltenden Vorschriften in ihren unmittelbaren oder mittelbaren Auswirkungen auf die Verkehrsunternehmer anderer Mitgliedstaaten im Vergleich zu den inländischen Verkehrsunternehmern nicht ungünstiger gestalten, es sei denn, dass der Rat einstimmig eine Maßnahme billigt, die eine Ausnahmeregelung gewährt.

Artikel 93 (ex-Artikel 73 EGV)

Mit den Verträgen vereinbar sind Beihilfen, die den Erfordernissen der Koordinierung des Verkehrs oder der Abgeltung bestimmter, mit dem Begriff des öffentlichen Dienstes zusammenhängender Leistungen entsprechen.

Artikel 94 (ex-Artikel 74 EGV)

Jede Maßnahme auf dem Gebiet der Beförderungsentgelte und -bedingungen, die im Rahmen der Verträge getroffen wird, hat der wirtschaftlichen Lage der Verkehrsunternehmer Rechnung zu tragen.

Artikel 95 (ex-Artikel 75 EGV)

(1) Im Verkehr innerhalb der Union sind Diskriminierungen verboten, die darin bestehen, dass ein Verkehrsunternehmer in denselben Verkehrsverbindungen für die gleichen Güter je nach ihrem Herkunfts- oder Bestimmungsland unterschiedliche Frachten und Beförderungsbedingungen anwendet.

(2) Absatz 1 schließt sonstige Maßnahmen nicht aus, die das Europäische Parlament und der Rat gemäß Artikel 91 Absatz 1 treffen können.

(3) Der Rat trifft auf Vorschlag der Kommission und nach Anhörung des Europäischen Parlaments und des Wirtschafts- und Sozialausschusses eine Regelung zur Durchführung des Absatzes 1.

Er kann insbesondere die erforderlichen Vorschriften erlassen, um es den Organen der Union zu ermöglichen, für die Beachtung des Absatzes 1 Sorge zu tragen, und um den Verkehrsnutzern die Vorteile dieser Bestimmung voll zukommen zu lassen.

(4) Die Kommission prüft von sich aus oder auf Antrag eines Mitgliedstaats die Diskriminierungsfälle des Absatzes 1 und erlässt nach Beratung mit jedem in Betracht kommenden Mitgliedstaat die erforderlichen Beschlüsse im Rahmen der gemäß Absatz 3 getroffenen Regelung.

Artikel 96 (ex-Artikel 76 EGV)

(1) Im Verkehr innerhalb der Union sind die von einem Mitgliedstaat auferlegten Frachten und Beförderungsbedingungen verboten, die in irgendeiner Weise der Unterstützung oder dem Schutz eines oder mehrerer bestimmter Unternehmen oder Industrien dienen, es sei denn, dass die Kommission die Genehmigung hierzu erteilt.

(2) Die Kommission prüft von sich aus oder auf Antrag eines Mitgliedstaats die in Absatz 1 bezeichneten Frachten und Beförderungsbedingungen; hierbei berücksichtigt sie insbesondere sowohl die Erfordernisse einer angemessenen Standortpolitik, die Bedürfnisse der unterentwickelten Gebiete und die Probleme der durch politische Umstände schwer betroffenen Gebiete als auch die Auswirkungen dieser Frachten und Beförderungsbedingungen auf den Wettbewerb zwischen den Verkehrsarten.

Die Kommission erlässt die erforderlichen Beschlüsse nach Beratung mit jedem in Betracht kommenden Mitgliedstaat.

(3) Das in Absatz 1 genannte Verbot trifft nicht die Wettbewerbstarife.

Artikel 97 (ex-Artikel 77 EGV)

Die Abgaben oder Gebühren, die ein Verkehrsunternehmer neben den Frachten beim Grenzübergang in Rechnung stellt, dürfen unter Berücksichtigung der hierdurch tatsächlich verursachten Kosten eine angemessene Höhe nicht übersteigen.

Die Mitgliedstaaten werden bemüht sein, diese Kosten schrittweise zu verringern.

Die Kommission kann zur Durchführung dieses Artikels Empfehlungen an die Mitgliedstaaten richten.

Artikel 98 (ex-Artikel 78 EGV)

Die Bestimmungen dieses Titels stehen Maßnahmen in der Bundesrepublik Deutschland nicht entgegen, soweit sie erforderlich sind, um die wirtschaftlichen Nachteile auszugleichen, die der Wirtschaft bestimmter, von der Teilung Deutschlands betroffener Gebiete der Bundesrepublik aus dieser Teilung entstehen. Der Rat kann fünf Jahre nach dem Inkrafttreten des Vertrags von Lissabon auf Vorschlag der Kommission einen Beschluss erlassen, mit dem dieser Artikel aufgehoben wird.

Artikel 99 (ex-Artikel 79 EGV)

Bei der Kommission wird ein beratender Ausschuss gebildet; er besteht aus Sachverständigen, die von den Regierungen der Mitgliedstaaten ernannt werden. Die Kommission hört den Ausschuss je nach Bedarf in Verkehrsfragen an.

Artikel 100 (ex-Artikel 80 EGV)

(1) Dieser Titel gilt für die Beförderungen im Eisenbahn-, Straßen- und Binnenschiffsverkehr.

(2) Das Europäische Parlament und der Rat können gemäß dem ordentlichen Gesetzgebungsverfahren geeignete Vorschriften für die Seeschifffahrt und die Luftfahrt erlassen. Sie beschließen nach Anhörung des Wirtschafts- und Sozialausschusses und des Ausschusses der Regionen.

Titel VII: Gemeinsame Regeln betreffend Wettbewerb, Steuerfragen und Angleichung der Rechtsvorschriften

Kapitel 1: Wettbewerbsregeln

Abschnitt 1: Vorschriften für Unternehmen

Artikel 101 (ex-Artikel 81 EGV)

(1) Mit dem Binnenmarkt unvereinbar und verboten sind alle Vereinbarungen zwischen Unternehmen, Beschlüsse von Unternehmensvereinigungen und aufeinander abgestimmte Verhaltensweisen, welche den Handel zwischen Mitgliedstaaten zu beeinträchtigen geeignet sind und eine Verhinderung, Einschränkung oder Verfälschung des Wettbewerbs innerhalb des Binnenmarkts bezwecken oder bewirken, insbesondere

a) die unmittelbare oder mittelbare Festsetzung der An- oder Verkaufspreise oder sonstiger Geschäftsbedingungen;
b) die Einschränkung oder Kontrolle der Erzeugung, des Absatzes, der technischen Entwicklung oder der Investitionen;
c) die Aufteilung der Märkte oder Versorgungsquellen;
d) die Anwendung unterschiedlicher Bedingungen bei gleichwertigen Leistungen gegenüber Handelspartnern, wodurch diese im Wettbewerb benachteiligt werden;
e) die an den Abschluss von Verträgen geknüpfte Bedingung, dass die Vertragspartner zusätzliche Leistungen annehmen, die weder sachlich noch nach Handelsbrauch in Beziehung zum Vertragsgegenstand stehen.

(2) Die nach diesem Artikel verbotenen Vereinbarungen oder Beschlüsse sind nichtig.

(3) Die Bestimmungen des Absatzes 1 können für nicht anwendbar erklärt werden auf
- Vereinbarungen oder Gruppen von Vereinbarungen zwischen Unternehmen,
- Beschlüsse oder Gruppen von Beschlüssen von Unternehmensvereinigungen,
- aufeinander abgestimmte Verhaltensweisen oder Gruppen von solchen,

die unter angemessener Beteiligung der Verbraucher an dem entstehenden Gewinn zur Verbesserung der Warenerzeugung oder -verteilung oder zur Förderung des technischen oder wirtschaftlichen Fortschritts beitragen, ohne dass den beteiligten Unternehmen

a) Beschränkungen auferlegt werden, die für die Verwirklichung dieser Ziele nicht unerlässlich sind, oder
b) Möglichkeiten eröffnet werden, für einen wesentlichen Teil der betreffenden Waren den Wettbewerb auszuschalten.

Artikel 102 (ex-Artikel 82 EGV)

Mit dem Binnenmarkt unvereinbar und verboten ist die missbräuchliche Ausnutzung einer beherrschenden Stellung auf dem Binnenmarkt oder auf einem wesentlichen Teil desselben durch ein oder mehrere Unternehmen, soweit dies dazu führen kann, den Handel zwischen Mitgliedstaaten zu beeinträchtigen.

Dieser Missbrauch kann insbesondere in Folgendem bestehen:

a) der unmittelbaren oder mittelbaren Erzwingung von unangemessenen Einkaufs- oder Verkaufspreisen oder sonstigen Geschäftsbedingungen;
b) der Einschränkung der Erzeugung, des Absatzes oder der technischen Entwicklung zum Schaden der Verbraucher;
c) der Anwendung unterschiedlicher Bedingungen bei gleichwertigen Leistungen gegenüber Handelspartnern, wodurch diese im Wettbewerb benachteiligt werden;
d) der an den Abschluss von Verträgen geknüpften Bedingung, dass die Vertragspartner zusätzliche Leistungen annehmen, die weder sachlich noch nach Handelsbrauch in Beziehung zum Vertragsgegenstand stehen.

Artikel 103 (ex-Artikel 83 EGV)

(1) Die zweckdienlichen Verordnungen oder Richtlinien zur Verwirklichung der in den Artikeln 101 und 102 niedergelegten Grundsätze werden vom Rat auf Vorschlag der Kommission und nach Anhörung des Europäischen Parlaments beschlossen.

(2) Die in Absatz 1 vorgesehenen Vorschriften bezwecken insbesondere,

a) die Beachtung der in Artikel 101 Absatz 1 und Artikel 102 genannten Verbote durch die Einführung von Geldbußen und Zwangsgeldern zu gewährleisten;
b) die Einzelheiten der Anwendung des Artikels 101 Absatz 3 festzulegen; dabei ist dem Erfordernis einer wirksamen Überwachung bei möglichst einfacher Verwaltungskontrolle Rechnung zu tragen;
c) gegebenenfalls den Anwendungsbereich der Artikel 101 und 102 für die einzelnen Wirtschaftszweige näher zu bestimmen;
d) die Aufgaben der Kommission und des Gerichtshofs der Europäischen Union bei der Anwendung der in diesem Absatz vorgesehenen Vorschriften gegeneinander abzugrenzen;
e) das Verhältnis zwischen den innerstaatlichen Rechtsvorschriften einerseits und den in diesem Abschnitt enthaltenen oder aufgrund dieses Artikels getroffenen Bestimmungen andererseits festzulegen.

Artikel 104 (ex-Artikel 84 EGV)

Bis zum Inkrafttreten der gemäß Artikel 103 erlassenen Vorschriften entscheiden die Behörden der Mitgliedstaaten im Einklang mit ihren eigenen Rechtsvorschriften und den Bestimmungen der Artikel 101, insbesondere Absatz 3, und 102 über die Zulässigkeit von Vereinbarungen, Beschlüssen und aufeinander abgestimmten Verhaltensweisen sowie über die missbräuchliche Ausnutzung einer beherrschenden Stellung auf dem Binnenmarkt.

Artikel 105 (ex-Artikel 85 EGV)

(1) Unbeschadet des Artikels 104 achtet die Kommission auf die Verwirklichung der in den Artikeln 101 und 102 niedergelegten Grundsätze. Sie untersucht auf Antrag eines Mitgliedstaats oder von Amts wegen in Verbindung mit den zuständigen Behörden der Mitgliedstaaten, die ihr Amtshilfe zu leisten haben, die Fälle, in denen Zuwiderhandlungen gegen diese Grundsätze vermutet werden. Stellt sie eine Zuwiderhandlung fest, so schlägt sie geeignete Mittel vor, um diese abzustellen.

(2) Wird die Zuwiderhandlung nicht abgestellt, so trifft die Kommission in einem mit Gründen versehenen Beschluss die Feststellung, dass eine derartige Zuwiderhandlung vorliegt. Sie kann den Beschluss veröffentlichen und die Mitgliedstaaten ermächtigen, die erforderlichen Abhilfemaßnahmen zu treffen, deren Bedingungen und Einzelheiten sie festlegt.

(3) Die Kommission kann Verordnungen zu den Gruppen von Vereinbarungen erlassen, zu denen der Rat nach Artikel 103 Absatz 2 Buchstabe b eine Verordnung oder Richtlinie erlassen hat.

Artikel 106 (ex-Artikel 86 EGV)

(1) Die Mitgliedstaaten werden in Bezug auf öffentliche Unternehmen und auf Unternehmen, denen sie besondere oder ausschließliche Rechte gewähren, keine den Verträgen und insbesondere den Artikeln 18 und 101 bis 109 widersprechende Maßnahmen treffen oder beibehalten.

(2) Für Unternehmen, die mit Dienstleistungen von allgemeinem wirtschaftlichem Interesse betraut sind oder den Charakter eines Finanzmonopols haben, gelten die Vorschriften der Verträge, insbesondere die Wettbewerbsregeln, soweit die Anwendung dieser Vorschriften nicht die Erfüllung der ihnen übertragenen besonderen Aufgabe rechtlich oder tatsächlich verhindert. Die Entwicklung des Handelsverkehrs darf nicht in einem Ausmaß beeinträchtigt werden, das dem Interesse der Union zuwiderläuft.

(3) Die Kommission achtet auf die Anwendung dieses Artikels und richtet erforderlichenfalls geeignete Richtlinien oder Beschlüsse an die Mitgliedstaaten.

Abschnitt 2: Staatliche Beihilfen

Artikel 107 (ex-Artikel 87 EGV)

(1) Soweit in den Verträgen nicht etwas anderes bestimmt ist, sind staatliche oder aus staatlichen Mitteln gewährte Beihilfen gleich welcher Art, die durch die Begünstigung bestimmter Unternehmen oder Produktionszweige den Wettbewerb verfälschen oder zu verfälschen drohen, mit dem Binnenmarkt unvereinbar, soweit sie den Handel zwischen Mitgliedstaaten beeinträchtigen.

(2) Mit dem Binnenmarkt vereinbar sind:

a) Beihilfen sozialer Art an einzelne Verbraucher, wenn sie ohne Diskriminierung nach der Herkunft der Waren gewährt werden;

b) Beihilfen zur Beseitigung von Schäden, die durch Naturkatastrophen oder sonstige außergewöhnliche Ereignisse entstanden sind;

c) Beihilfen für die Wirtschaft bestimmter, durch die Teilung Deutschlands betroffener Gebiete der Bundesrepublik Deutschland, soweit sie zum Ausgleich der durch die Teilung verursachten wirtschaftlichen Nachteile erforderlich sind. Der Rat kann fünf Jahre nach dem Inkrafttreten des Vertrags von Lissabon auf Vorschlag der Kommission einen Beschluss erlassen, mit dem dieser Buchstabe aufgehoben wird.

(3) Als mit dem Binnenmarkt vereinbar können angesehen werden:

a) Beihilfen zur Förderung der wirtschaftlichen Entwicklung von Gebieten, in denen die Lebenshaltung außergewöhnlich niedrig ist oder eine erhebliche Unterbeschäftigung herrscht, sowie der in Artikel 349 genannten Gebiete unter Berücksichtigung ihrer strukturellen, wirtschaftlichen und sozialen Lage;

b) Beihilfen zur Förderung wichtiger Vorhaben von gemeinsamem europäischem Interesse oder zur Behebung einer beträchtlichen Störung im Wirtschaftsleben eines Mitgliedstaats;

c) Beihilfen zur Förderung der Entwicklung gewisser Wirtschaftszweige oder Wirtschaftsgebiete, soweit sie die Handelsbedingungen nicht in einer Weise verändern, die dem gemeinsamen Interesse zuwiderläuft;

d) Beihilfen zur Förderung der Kultur und der Erhaltung des kulturellen Erbes, soweit sie die Handels- und Wettbewerbsbedingungen in der Union nicht in einem Maß beeinträchtigen, das dem gemeinsamen Interesse zuwiderläuft;

e) sonstige Arten von Beihilfen, die der Rat durch einen Beschluss auf Vorschlag der Kommission bestimmt.

Artikel 108 (ex-Artikel 88 EGV)

(1) Die Kommission überprüft fortlaufend in Zusammenarbeit mit den Mitgliedstaaten die in diesen bestehenden Beihilferegelungen. Sie schlägt ihnen die zweckdienlichen Maßnahmen vor, welche die fortschreitende Entwicklung und das Funktionieren des Binnenmarkts erfordern.

(2) Stellt die Kommission fest, nachdem sie den Beteiligten eine Frist zur Äußerung gesetzt hat, dass eine von einem Staat oder aus staatlichen Mitteln gewährte Beihilfe mit dem Binnenmarkt nach Artikel 107 unvereinbar ist oder dass sie missbräuchlich angewandt wird, so beschließt sie, dass der betreffende Staat sie binnen einer von ihr bestimmten Frist aufzuheben oder umzugestalten hat.

Kommt der betreffende Staat diesem Beschluss innerhalb der festgesetzten Frist nicht nach, so kann die Kommission oder jeder betroffene Staat in Abweichung von den Artikeln 258 und 259 den Gerichtshof der Europäischen Union unmittelbar anrufen.

Der Rat kann einstimmig auf Antrag eines Mitgliedstaats beschließen, dass eine von diesem Staat gewährte oder geplante Beihilfe in Abweichung von Artikel 107 oder von den nach Artikel 109 erlassenen Verordnungen als mit dem Binnenmarkt vereinbar gilt, wenn außergewöhnliche Umstände einen solchen Beschluss rechtfertigen. Hat die Kommission bezüglich dieser Beihilfe das in Unterabsatz 1 dieses Absatzes vorgesehene Verfahren bereits eingeleitet, so bewirkt der Antrag des betreffenden Staates an den Rat die Aussetzung dieses Verfahrens, bis der Rat sich geäußert hat.

Äußert sich der Rat nicht binnen drei Monaten nach Antragstellung, so beschließt die Kommission.

(3) Die Kommission wird von jeder beabsichtigten Einführung oder Umgestaltung von Beihilfen so rechtzeitig unterrichtet, dass sie sich dazu äußern kann. Ist sie der Auffassung, dass ein derartiges Vorhaben nach Artikel 107 mit dem Binnenmarkt unvereinbar ist, so leitet sie unverzüglich das in Absatz 2 vorgesehene Verfahren ein. Der betreffende Mitgliedstaat darf die beabsichtigte Maßnahme nicht durchführen, bevor die Kommission einen abschließenden Beschluss erlassen hat.

(4) Die Kommission kann Verordnungen zu den Arten von staatlichen Beihilfen erlassen, für die der Rat nach Artikel 109 festgelegt hat, dass sie von dem Verfahren nach Absatz 3 ausgenommen werden können.

Artikel 109 (ex-Artikel 89 EGV)

Der Rat kann auf Vorschlag der Kommission und nach Anhörung des Europäischen Parlaments alle zweckdienlichen Durchführungsverordnungen zu den Artikeln 107 und 108 erlassen und insbesondere die Bedingungen für die Anwendung des Artikels 108 Absatz 3 sowie diejenigen Arten von Beihilfen festlegen, die von diesem Verfahren ausgenommen sind.

Kapitel 2: Steuerliche Vorschriften

Artikel 110 (ex-Artikel 90 EGV)

Die Mitgliedstaaten erheben auf Waren aus anderen Mitgliedstaaten weder unmittelbar noch mittelbar höhere inländische Abgaben gleich welcher Art, als gleichartige inländische Waren unmittelbar oder mittelbar zu tragen haben.

Die Mitgliedstaaten erheben auf Waren aus anderen Mitgliedstaaten keine inländischen Abgaben, die geeignet sind, andere Produktionen mittelbar zu schützen.

Artikel 111 (ex-Artikel 91 EGV)

Werden Waren in das Hoheitsgebiet eines Mitgliedstaats ausgeführt, so darf die Rückvergütung für inländische Abgaben nicht höher sein als die auf die ausgeführten Waren mittelbar oder unmittelbar erhobenen inländischen Abgaben.

Artikel 112 (ex-Artikel 92 EGV)

Für Abgaben außer Umsatzsteuern, Verbrauchsabgaben und sonstigen indirekten Steuern sind Entlastungen und Rückvergütungen bei der Ausfuhr nach anderen Mitgliedstaaten sowie Ausgleichsabgaben bei der Einfuhr aus den Mitgliedstaaten nur zulässig, soweit der Rat sie vorher auf Vorschlag der Kommission für eine begrenzte Frist genehmigt hat.

Artikel 113 (ex-Artikel 93 EGV)

Der Rat erlässt gemäß einem besonderen Gesetzgebungsverfahren und nach Anhörung des Europäischen Parlaments und des Wirtschafts- und Sozialausschusses einstimmig die Bestimmungen zur Harmonisierung der Rechtsvorschriften über die Umsatzsteuern, die Verbrauchsabgaben und sonstige indirekte Steuern, soweit diese Harmonisierung für die Errichtung und das Funktionieren des Binnenmarkts und die Vermeidung von Wettbewerbsverzerrungen notwendig ist.

Kapitel 3: Angleichung der Rechtsvorschriften

Artikel 114 (ex-Artikel 95 EGV)

(1) Soweit in den Verträgen nichts anderes bestimmt ist, gilt für die Verwirklichung der Ziele des Artikels 26 die nachstehende Regelung. Das Europäische Parlament und der Rat erlassen gemäß dem ordentlichen Gesetzgebungsverfahren und nach Anhörung des Wirtschafts- und Sozialausschusses die Maßnahmen zur Angleichung der Rechts- und Verwaltungsvorschriften der Mitgliedstaaten, welche die Errichtung und das Funktionieren des Binnenmarkts zum Gegenstand haben.

(2) Absatz 1 gilt nicht für die Bestimmungen über die Steuern, die Bestimmungen über die Freizügigkeit und die Bestimmungen über die Rechte und Interessen der Arbeitnehmer.

(3) Die Kommission geht in ihren Vorschlägen nach Absatz 1 in den Bereichen Gesundheit, Sicherheit, Umweltschutz und Verbraucherschutz von einem hohen Schutzniveau aus und berücksichtigt dabei insbesondere alle auf wissenschaftliche Ergebnisse gestützten neuen Entwicklungen. Im Rahmen ihrer jeweiligen Befugnisse streben das Europäische Parlament und der Rat dieses Ziel ebenfalls an.

(4) Hält es ein Mitgliedstaat nach dem Erlass einer Harmonisierungsmaßnahme durch das Europäische Parlament und den Rat beziehungsweise durch den Rat oder die Kommission für erforderlich, einzelstaatliche Bestimmungen beizubehalten, die durch wichtige Erfordernisse im Sinne des Artikels 36 oder in Bezug auf den Schutz der Arbeitsumwelt oder den Umweltschutz

gerechtfertigt sind, so teilt er diese Bestimmungen sowie die Gründe für ihre Beibehaltung der Kommission mit.

(5) Unbeschadet des Absatzes 4 teilt ferner ein Mitgliedstaat, der es nach dem Erlass einer Harmonisierungsmaßnahme durch das Europäische Parlament und den Rat beziehungsweise durch den Rat oder die Kommission für erforderlich hält, auf neue wissenschaftliche Erkenntnisse gestützte einzelstaatliche Bestimmungen zum Schutz der Umwelt oder der Arbeitsumwelt aufgrund eines spezifischen Problems für diesen Mitgliedstaat, das sich nach dem Erlass der Harmonisierungsmaßnahme ergibt, einzuführen, die in Aussicht genommenen Bestimmungen sowie die Gründe für ihre Einführung der Kommission mit.

(6) Die Kommission beschließt binnen sechs Monaten nach den Mitteilungen nach den Absätzen 4 und 5, die betreffenden einzelstaatlichen Bestimmungen zu billigen oder abzulehnen, nachdem sie geprüft hat, ob sie ein Mittel zur willkürlichen Diskriminierung und eine verschleierte Beschränkung des Handels zwischen den Mitgliedstaaten darstellen und ob sie das Funktionieren des Binnenmarkts behindern.

Erlässt die Kommission innerhalb dieses Zeitraums keinen Beschluss, so gelten die in den Absätzen 4 und 5 genannten einzelstaatlichen Bestimmungen als gebilligt.

Die Kommission kann, sofern dies aufgrund des schwierigen Sachverhalts gerechtfertigt ist und keine Gefahr für die menschliche Gesundheit besteht, dem betreffenden Mitgliedstaat mitteilen, dass der in diesem Absatz genannte Zeitraum gegebenenfalls um einen weiteren Zeitraum von bis zu sechs Monaten verlängert wird.

(7) Wird es einem Mitgliedstaat nach Absatz 6 gestattet, von der Harmonisierungsmaßnahme abweichende einzelstaatliche Bestimmungen beizubehalten oder einzuführen, so prüft die Kommission unverzüglich, ob sie eine Anpassung dieser Maßnahme vorschlägt.

(8) Wirft ein Mitgliedstaat in einem Bereich, der zuvor bereits Gegenstand von Harmonisierungsmaßnahmen war, ein spezielles Gesundheitsproblem auf, so teilt er dies der Kommission mit, die dann umgehend prüft, ob sie dem Rat entsprechende Maßnahmen vorschlägt.

(9) In Abweichung von dem Verfahren der Artikel 258 und 259 kann die Kommission oder ein Mitgliedstaat den Gerichtshof der Europäischen Union unmittelbar anrufen, wenn die Kommission oder der Staat der Auffassung ist, dass ein anderer Mitgliedstaat die in diesem Artikel vorgesehenen Befugnisse missbraucht.

(10) Die vorgenannten Harmonisierungsmaßnahmen sind in geeigneten Fällen mit einer Schutzklausel verbunden, welche die Mitgliedstaaten ermächtigt, aus einem oder mehreren der in Artikel 36 genannten nicht wirtschaftlichen Gründe vorläufige Maßnahmen zu treffen, die einem Kontrollverfahren der Union unterliegen.

Artikel 115 (ex-Artikel 94 EGV)

Unbeschadet des Artikels 114 erlässt der Rat gemäß einem besonderen Gesetzgebungsverfahren einstimmig und nach Anhörung des Europäischen Parlaments und des Wirtschafts- und Sozialausschusses Richtlinien für die Angleichung derjenigen Rechts- und Verwaltungsvorschriften der Mitgliedstaaten, die sich unmittelbar auf die Errichtung oder das Funktionieren des Binnenmarkts auswirken.

Artikel 116 (ex-Artikel 96 EGV)

Stellt die Kommission fest, dass vorhandene Unterschiede in den Rechts- und Verwaltungsvorschriften der Mitgliedstaaten die Wettbewerbsbedingungen auf dem Binnenmarkt verfälschen und dadurch eine Verzerrung hervorrufen, die zu beseitigen ist, so tritt sie mit den betreffenden Mitgliedstaaten in Beratungen ein.

Führen diese Beratungen nicht zur Beseitigung dieser Verzerrung, so erlassen das Europäische Parlament und der Rat gemäß dem ordentlichen Gesetzgebungsverfahren die erforderlichen Richtlinien. Es können alle sonstigen in den Verträgen vorgesehenen zweckdienlichen Maßnahmen erlassen werden.

Artikel 117 (ex-Artikel 97 EGV)

(1) Ist zu befürchten, dass der Erlass oder die Änderung einer Rechts- oder Verwaltungsvorschrift eine Verzerrung im Sinne des Artikels 116 verursacht, so setzt sich der Mitgliedstaat, der diese Maßnahme beabsichtigt, mit der Kommission ins Benehmen. Diese empfiehlt nach Beratung mit den Mitgliedstaaten den beteiligten Staaten die zur Vermeidung dieser Verzerrung geeigneten Maßnahmen.

(2) Kommt der Staat, der innerstaatliche Vorschriften erlassen oder ändern will, der an ihn gerichteten Empfehlung der Kommission nicht nach, so kann nicht gemäß Artikel 116 verlangt werden, dass die anderen Mitgliedstaaten ihre innerstaatlichen Vorschriften ändern, um die Verzerrung zu beseitigen. Verursacht ein Mitgliedstaat, der die Empfehlung der Kommission außer Acht lässt, eine Verzerrung lediglich zu seinem eigenen Nachteil, so findet Artikel 116 keine Anwendung.

Artikel 118

Im Rahmen der Verwirklichung oder des Funktionierens des Binnenmarkts erlassen das Europäische Parlament und der Rat gemäß dem ordentlichen Gesetzgebungsverfahren Maßnahmen zur Schaffung europäischer Rechtstitel über einen einheitlichen Schutz der Rechte des geistigen Eigentums in der Union sowie zur Einführung von zentralisierten Zulassungs-, Koordinierungs- und Kontrollregelungen auf Unionsebene.

Der Rat legt gemäß einem besonderen Gesetzgebungsverfahren durch Verordnungen die Sprachenregelungen für die europäischen Rechtstitel fest. Der Rat beschließt einstimmig nach Anhörung des Europäischen Parlaments.

Titel VIII: Die Wirtschafts- und Währungspolitik

Artikel 119 (ex-Artikel 4 EGV)

(1) Die Tätigkeit der Mitgliedstaaten und der Union im Sinne des Artikels 3 des Vertrags über die Europäische Union umfasst nach Maßgabe der Verträge die Einführung einer Wirtschaftspolitik, die auf einer engen Koordinierung der Wirtschaftspolitik der Mitgliedstaaten, dem Binnenmarkt und der Festlegung gemeinsamer Ziele beruht und dem Grundsatz einer offenen Marktwirtschaft mit freiem Wettbewerb verpflichtet ist.

(2) Parallel dazu umfasst diese Tätigkeit nach Maßgabe der Verträge und der darin vorgesehenen Verfahren eine einheitliche Währung, den Euro, sowie die Festlegung und Durchführung einer einheitlichen Geld- sowie Wechselkurspolitik, die beide vorrangig das Ziel der Preisstabilität verfolgen und unbeschadet dieses Zieles die allgemeine Wirtschaftspolitik in der Union unter Beachtung des Grundsatzes einer offenen Marktwirtschaft mit freiem Wettbewerb unterstützen sollen.

(3) Diese Tätigkeit der Mitgliedstaaten und der Union setzt die Einhaltung der folgenden richtungweisenden Grundsätze voraus: stabile Preise, gesunde öffentliche Finanzen und monetäre Rahmenbedingungen sowie eine tragfähige Zahlungsbilanz.

Kapitel 1: Die Wirtschaftspolitik

Artikel 120 (ex-Artikel 98 EGV)

Die Mitgliedstaaten richten ihre Wirtschaftspolitik so aus, dass sie im Rahmen der in Artikel 121 Absatz 2 genannten Grundzüge zur Verwirklichung der Ziele der Union im Sinne des Artikels 3 des Vertrags über die Europäische Union beitragen. Die Mitgliedstaaten und die Union handeln im Einklang mit dem Grundsatz einer offenen Marktwirtschaft mit freiem Wettbewerb, wodurch ein effizienter Einsatz der Ressourcen gefördert wird, und halten sich dabei an die in Artikel 119 genannten Grundsätze.

Artikel 121 (ex-Artikel 99 EGV)

(1) Die Mitgliedstaaten betrachten ihre Wirtschaftspolitik als eine Angelegenheit von gemeinsamem Interesse und koordinieren sie im Rat nach Maßgabe des Artikels 120.

(2) Der Rat erstellt auf Empfehlung der Kommission einen Entwurf für die Grundzüge der Wirtschaftspolitik der Mitgliedstaaten und der Union und erstattet dem Europäischen Rat hierüber Bericht.

Der Europäische Rat erörtert auf der Grundlage dieses Berichtes des Rates eine Schlussfolgerung zu den Grundzügen der Wirtschaftspolitik der Mitgliedstaaten und der Union.

Auf der Grundlage dieser Schlussfolgerung verabschiedet der Rat eine Empfehlung, in der diese Grundzüge dargelegt werden. Der Rat unterrichtet das Europäische Parlament über seine Empfehlung.

(3) Um eine engere Koordinierung der Wirtschaftspolitik und eine dauerhafte Konvergenz der Wirtschaftsleistungen der Mitgliedstaaten zu gewährleisten, überwacht der Rat anhand von Berichten der Kommission die wirtschaftliche Entwicklung in jedem Mitgliedstaat und in der Union sowie die Vereinbarkeit der Wirtschaftspolitik mit den in Absatz 2 genannten Grundzügen und nimmt in regelmäßigen Abständen eine Gesamtbewertung vor.

Zum Zwecke dieser multilateralen Überwachung übermitteln die Mitgliedstaaten der Kommission Angaben zu wichtigen einzelstaatlichen Maßnahmen auf dem Gebiet ihrer Wirtschaftspolitik sowie weitere von ihnen für erforderlich erachtete Angaben.

(4) Wird im Rahmen des Verfahrens nach Absatz 3 festgestellt, dass die Wirtschaftspolitik eines Mitgliedstaats nicht mit den in Absatz 2 genannten Grundzügen vereinbar ist oder das ordnungsgemäße Funktionieren der Wirtschafts- und Währungsunion zu gefährden droht, so kann die Kommission eine Verwarnung an den betreffenden Mitgliedstaat richten. Der Rat kann auf Empfehlung der Kommission die erforderlichen Empfehlungen an den betreffenden Mitgliedstaat richten. Der Rat kann auf Vorschlag der Kommission beschließen, seine Empfehlungen zu veröffentlichen.

Der Rat beschließt im Rahmen dieses Absatzes ohne Berücksichtigung der Stimme des den betreffenden Mitgliedstaat vertretenden Mitglieds des Rates.

Die qualifizierte Mehrheit der übrigen Mitglieder des Rates bestimmt sich nach Artikel 238 Absatz 3 Buchstabe a.

(5) Der Präsident des Rates und die Kommission erstatten dem Europäischen Parlament über die Ergebnisse der multilateralen Überwachung Bericht. Der Präsident des Rates kann ersucht werden, vor dem zuständigen Ausschuss des Europäischen Parlaments zu erscheinen, wenn der Rat seine Empfehlungen veröffentlicht hat.

(6) Das Europäische Parlament und der Rat können gemäß dem ordentlichen Gesetzgebungsverfahren durch Verordnungen die Einzelheiten des Verfahrens der multilateralen Überwachung im Sinne der Absätze 3 und 4 festlegen.

Artikel 122 (ex-Artikel 100 EGV)

(1) Der Rat kann auf Vorschlag der Kommission unbeschadet der sonstigen in den Verträgen vorgesehenen Verfahren im Geiste der Solidarität zwischen den Mitgliedstaaten über die der Wirtschaftslage angemessenen Maßnahmen beschließen, insbesondere falls gravierende Schwierigkeiten in der Versorgung mit bestimmten Waren, vor allem im Energiebereich, auftreten.

(2) Ist ein Mitgliedstaat aufgrund von Naturkatastrophen oder außergewöhnlichen Ereignissen, die sich seiner Kontrolle entziehen, von Schwierigkeiten betroffen oder von gravierenden Schwierigkeiten ernstlich bedroht, so kann der Rat auf Vorschlag der Kommission beschließen, dem betreffenden Mitgliedstaat unter bestimmten Bedingungen einen finanziellen Beistand der Union zu gewähren. Der Präsident des Rates unterrichtet das Europäische Parlament über den Beschluss.

Artikel 123 (ex-Artikel 101 EGV)

(1) Überziehungs- oder andere Kreditfazilitäten bei der Europäischen Zentralbank oder den Zentralbanken der Mitgliedstaaten (im Folgenden als „nationale Zentralbanken" bezeichnet) für Organe, Einrichtungen oder sonstige Stellen der Union, Zentralregierungen, regionale oder lokale Gebietskörperschaften oder andere öffentlich-rechtliche Körperschaften, sonstige Einrichtungen des öffentlichen Rechts oder öffentliche Unternehmen der Mitgliedstaaten sind ebenso verboten wie der unmittelbare Erwerb von Schuldtiteln von diesen durch die Europäische Zentralbank oder die nationalen Zentralbanken.

(2) Die Bestimmungen des Absatzes 1 gelten nicht für Kreditinstitute in öffentlichem Eigentum; diese werden von der jeweiligen nationalen Zentralbank und der Europäischen Zentralbank, was die Bereitstellung von Zentralbankgeld betrifft, wie private Kreditinstitute behandelt.

Artikel 124 (ex-Artikel 102 EGV)

Maßnahmen, die nicht aus aufsichtsrechtlichen Gründen getroffen werden und einen bevorrechtigten Zugang der Organe, Einrichtungen oder sonstigen Stellen der Union, der Zentralregierungen, der regionalen oder lokalen Gebietskörperschaften oder anderen öffentlich-rechtlichen Körperschaften, sonstiger Einrichtungen des öffentlichen Rechts oder öffentlicher Unternehmen der Mitgliedstaaten zu den Finanzinstituten schaffen, sind verboten.

Artikel 125 (ex-Artikel 103 EGV)

(1) Die Union haftet nicht für die Verbindlichkeiten der Zentralregierungen, der regionalen oder lokalen Gebietskörperschaften oder anderen öffentlich-rechtlichen Körperschaften, sonstiger Einrichtungen des öffentlichen Rechts oder öffentlicher Unternehmen von Mitgliedstaaten und tritt nicht für derartige Verbindlichkeiten ein; dies gilt unbeschadet der gegenseitigen finanziellen Garantien für die gemeinsame Durchführung eines bestimmten Vorhabens. Ein Mitgliedstaat haftet nicht für die Verbindlichkeiten der Zentralregierungen, der regionalen oder lokalen Gebietskörperschaften oder anderen öffentlich-rechtlichen Körperschaften, sonstiger Einrichtungen des öffentlichen Rechts oder öffentlicher Unternehmen eines anderen Mitgliedstaats und tritt nicht für derartige Verbindlichkeiten ein; dies gilt unbeschadet der gegenseitigen finanziellen Garantien für die gemeinsame Durchführung eines bestimmten Vorhabens.

(2) Der Rat kann erforderlichenfalls auf Vorschlag der Kommission und nach Anhörung des Europäischen Parlaments die Definitionen für die Anwendung der in den Artikeln 123 und 124 sowie in diesem Artikel vorgesehenen Verbote näher bestimmen.

Artikel 126 (ex-Artikel 104 EGV)

(1) Die Mitgliedstaaten vermeiden übermäßige öffentliche Defizite.

(2) Die Kommission überwacht die Entwicklung der Haushaltslage und der Höhe des öffentlichen Schuldenstands in den Mitgliedstaaten im Hinblick auf die Feststellung schwerwiegender Fehler. Insbesondere prüft sie die Einhaltung der Haushaltsdisziplin anhand von zwei Kriterien, nämlich daran,

a) ob das Verhältnis des geplanten oder tatsächlichen öffentlichen Defizits zum Bruttoinlandsprodukt einen bestimmten Referenzwert überschreitet, es sei denn, dass
   - entweder das Verhältnis erheblich und laufend zurückgegangen ist und einen Wert in der Nähe des Referenzwerts erreicht hat
   - oder der Referenzwert nur ausnahmsweise und vorübergehend überschritten wird und das Verhältnis in der Nähe des Referenzwerts bleibt,

b) ob das Verhältnis des öffentlichen Schuldenstands zum Bruttoinlandsprodukt einen bestimmten Referenzwert überschreitet, es sei denn, dass das Verhältnis hinreichend rückläufig ist und sich rasch genug dem Referenzwert nähert.

Die Referenzwerte werden in einem den Verträgen beigefügten Protokoll über das Verfahren bei einem übermäßigen Defizit im Einzelnen festgelegt.

(3) Erfüllt ein Mitgliedstaat keines oder nur eines dieser Kriterien, so erstellt die Kommission einen Bericht. In diesem Bericht wird berücksichtigt, ob das öffentliche Defizit die öffentlichen Ausgaben für Investitionen übertrifft; berücksichtigt werden ferner alle sonstigen einschlägigen Faktoren, einschließlich der mittelfristigen Wirtschafts- und Haushaltslage des Mitgliedstaats.

Die Kommission kann ferner einen Bericht erstellen, wenn sie ungeachtet der Erfüllung der Kriterien der Auffassung ist, dass in einem Mitgliedstaat die Gefahr eines übermäßigen Defizits besteht.

(4) Der Wirtschafts- und Finanzausschuss gibt eine Stellungnahme zu dem Bericht der Kommission ab.

(5) Ist die Kommission der Auffassung, dass in einem Mitgliedstaat ein übermäßiges Defizit besteht oder sich ergeben könnte, so legt sie dem betreffenden Mitgliedstaat eine Stellungnahme vor und unterrichtet den Rat.

(6) Der Rat beschließt auf Vorschlag der Kommission und unter Berücksichtigung der Bemerkungen, die der betreffende Mitgliedstaat gegebenenfalls abzugeben wünscht, nach Prüfung der Gesamtlage, ob ein übermäßiges Defizit besteht.

(7) Stellt der Rat nach Absatz 6 ein übermäßiges Defizit fest, so richtet er auf Empfehlung der Kommission unverzüglich Empfehlungen an den betreffenden Mitgliedstaat mit dem Ziel, dieser Lage innerhalb einer bestimmten Frist abzuhelfen. Vorbehaltlich des Absatzes 8 werden diese Empfehlungen nicht veröffentlicht.

(8) Stellt der Rat fest, dass seine Empfehlungen innerhalb der gesetzten Frist keine wirksamen Maßnahmen ausgelöst haben, so kann er seine Empfehlungen veröffentlichen.

(9) Falls ein Mitgliedstaat den Empfehlungen des Rates weiterhin nicht Folge leistet, kann der Rat beschließen, den Mitgliedstaat mit der Maßgabe in Verzug zu setzen, innerhalb einer bestimmten Frist Maßnahmen für den nach Auffassung des Rates zur Sanierung erforderlichen Defizitabbau zu treffen.

Der Rat kann in diesem Fall den betreffenden Mitgliedstaat ersuchen, nach einem konkreten Zeitplan Berichte vorzulegen, um die Anpassungsbemühungen des Mitgliedstaats überprüfen zu können.

(10) Das Recht auf Klageerhebung nach den Artikeln 258 und 259 kann im Rahmen der Absätze 1 bis 9 dieses Artikels nicht ausgeübt werden.

(11) Solange ein Mitgliedstaat einen Beschluss nach Absatz 9 nicht befolgt, kann der Rat beschließen, eine oder mehrere der nachstehenden Maßnahmen anzuwenden oder gegebenenfalls zu verschärfen, nämlich

- von dem betreffenden Mitgliedstaat verlangen, vor der Emission von Schuldverschreibungen und sonstigen Wertpapieren vom Rat näher zu bezeichnende zusätzliche Angaben zu veröffentlichen,
- die Europäische Investitionsbank ersuchen, ihre Darlehenspolitik gegenüber dem Mitgliedstaat zu überprüfen,
- von dem Mitgliedstaat verlangen, eine unverzinsliche Einlage in angemessener Höhe bei der Union zu hinterlegen, bis das übermäßige Defizit nach Ansicht des Rates korrigiert worden ist,
- Geldbußen in angemessener Höhe verhängen.

Der Präsident des Rates unterrichtet das Europäische Parlament von den Beschlüssen.

(12) Der Rat hebt einige oder sämtliche Beschlüsse oder Empfehlungen nach den Absätzen 6 bis 9 und 11 so weit auf, wie das übermäßige Defizit in dem betreffenden Mitgliedstaat nach Ansicht des Rates korrigiert worden ist. Hat der Rat zuvor Empfehlungen veröffentlicht, so stellt er, sobald der Beschluss nach Absatz 8 aufgehoben worden ist, in einer öffentlichen Erklärung fest, dass in dem betreffenden Mitgliedstaat kein übermäßiges Defizit mehr besteht.

(13) Die Beschlussfassung und die Empfehlungen des Rates nach den Absätzen 8, 9, 11 und 12 erfolgen auf Empfehlung der Kommission.

Erlässt der Rat Maßnahmen nach den Absätzen 6 bis 9 sowie den Absätzen 11 und 12, so beschließt er ohne Berücksichtigung der Stimme des den betreffenden Mitgliedstaat vertretenden Mitglieds des Rates.

Die qualifizierte Mehrheit der übrigen Mitglieder des Rates bestimmt sich nach Artikel 238 Absatz 3 Buchstabe a.

(14) Weitere Bestimmungen über die Durchführung des in diesem Artikel beschriebenen Verfahrens sind in dem den Verträgen beigefügten Protokoll über das Verfahren bei einem übermäßigen Defizit enthalten.

Der Rat verabschiedet gemäß einem besonderen Gesetzgebungsverfahren einstimmig und nach Anhörung des Europäischen Parlaments sowie der Europäischen Zentralbank die geeigneten Bestimmungen, die sodann das genannte Protokoll ablösen.

Der Rat beschließt vorbehaltlich der sonstigen Bestimmungen dieses Absatzes auf Vorschlag der Kommission und nach Anhörung des Europäischen Parlaments nähere Einzelheiten und Begriffsbestimmungen für die Durchführung des genannten Protokolls.

Kapitel 2: Die Währungspolitik

Artikel 127 (ex-Artikel 105 EGV)

(1) Das vorrangige Ziel des Europäischen Systems der Zentralbanken (im Folgenden „ESZB") ist es, die Preisstabilität zu gewährleisten. Soweit dies ohne Beeinträchtigung des Zieles der Preisstabilität möglich ist, unterstützt das ESZB die allgemeine Wirtschaftspolitik in der Union, um zur Verwirklichung der in Artikel 3 des Vertrags über die Europäische Union festgelegten Ziele der Union beizutragen. Das ESZB handelt im Einklang mit dem Grundsatz einer offenen Marktwirtschaft mit freiem Wettbewerb, wodurch ein effizienter Einsatz der Ressourcen gefördert wird, und hält sich dabei an die in Artikel 119 genannten Grundsätze.

(2) Die grundlegenden Aufgaben des ESZB bestehen darin,

- die Geldpolitik der Union festzulegen und auszuführen,
- Devisengeschäfte im Einklang mit Artikel 219 durchzuführen,
- die offiziellen Währungsreserven der Mitgliedstaaten zu halten und zu verwalten,
- das reibungslose Funktionieren der Zahlungssysteme zu fördern.

(3) Absatz 2 dritter Gedankenstrich berührt nicht die Haltung und Verwaltung von Arbeitsguthaben in Fremdwährungen durch die Regierungen der Mitgliedstaaten.

(4) Die Europäische Zentralbank wird gehört

- zu allen Vorschlägen für Rechtsakte der Union im Zuständigkeitsbereich der Europäischen Zentralbank,
- von den nationalen Behörden zu allen Entwürfen für Rechtsvorschriften im Zuständigkeitsbereich der Europäischen Zentralbank, und zwar innerhalb der Grenzen und unter den Bedingungen, die der Rat nach dem Verfahren des Artikels 129 Absatz 4 festlegt.

Die Europäische Zentralbank kann gegenüber den zuständigen Organen, Einrichtungen oder sonstigen Stellen der Union und gegenüber den nationalen Behörden Stellungnahmen zu in ihren Zuständigkeitsbereich fallenden Fragen abgeben.

(5) Das ESZB trägt zur reibungslosen Durchführung der von den zuständigen Behörden auf dem Gebiet der Aufsicht über die Kreditinstitute und der Stabilität des Finanzsystems ergriffenen Maßnahmen bei.

(6) Der Rat kann einstimmig durch Verordnungen gemäß einem besonderen Gesetzgebungsverfahren und nach Anhörung des Europäischen Parlaments und der Europäischen Zentralbank besondere Aufgaben im Zusammenhang mit der Aufsicht über Kreditinstitute und sonstige Finanzinstitute mit Ausnahme von Versicherungsunternehmen der Europäischen Zentralbank übertragen.

Artikel 128 (ex-Artikel 106 EGV)

(1) Die Europäische Zentralbank hat das ausschließliche Recht, die Ausgabe von Euro-Banknoten innerhalb der Union zu genehmigen. Die Europäische Zentralbank und die nationalen Zentralbanken sind zur Ausgabe dieser Banknoten berechtigt. Die von der Europäischen Zentralbank und den nationalen Zentralbanken ausgegebenen Banknoten sind die einzigen Banknoten, die in der Union als gesetzliches Zahlungsmittel gelten.

(2) Die Mitgliedstaaten haben das Recht zur Ausgabe von Euro-Münzen, wobei der Umfang dieser Ausgabe der Genehmigung durch die Europäische Zentralbank bedarf. Der Rat kann auf Vorschlag der Kommission und nach Anhörung des Europäischen Parlaments und der Europäischen Zentralbank Maßnahmen erlassen, um die Stückelung und die technischen Merkmale aller für den Umlauf bestimmten Münzen so weit zu harmonisieren, wie dies für deren reibungslosen Umlauf innerhalb der Union erforderlich ist.

Artikel 129 (ex-Artikel 107 EGV)

(1) Das ESZB wird von den Beschlussorganen der Europäischen Zentralbank, nämlich dem Rat der Europäischen Zentralbank und dem Direktorium, geleitet.

(2) Die Satzung des Europäischen Systems der Zentralbanken und der Europäischen Zentralbank (im Folgenden „Satzung des ESZB und der EZB") ist in einem den Verträgen beigefügten Protokoll festgelegt.

(3) Das Europäische Parlament und der Rat können die Artikel 5.1, 5.2, 5.3, 17, 18, 19.1, 22, 23, 24, 26, 32.2, 32.3, 32.4, 32.6, 33.1 Buchstabe a und 36 der Satzung des ESZB und der EZB gemäß dem ordentlichen Gesetzgebungsverfahren ändern. Sie beschließen entweder auf Empfehlung der Europäischen Zentralbank nach Anhörung der Kommission oder auf Empfehlung der Kommission nach Anhörung der Europäischen Zentralbank.

(4) Der Rat erlässt entweder auf Vorschlag der Kommission und nach Anhörung des Europäischen Parlaments und der Europäischen Zentralbank oder auf Empfehlung der Europäischen Zentralbank und nach Anhörung des Europäischen Parlaments und der Kommission die in den Artikeln 4, 5.4, 19.2, 20, 28.1, 29.2, 30.4 und 34.3 der Satzung des ESZB und der EZB genannten Bestimmungen.

Artikel 130 (ex-Artikel 108 EGV)

Bei der Wahrnehmung der ihnen durch die Verträge und die Satzung des ESZB und der EZB übertragenen Befugnisse, Aufgaben und Pflichten darf weder die Europäische Zentralbank noch eine nationale Zentralbank noch ein Mitglied ihrer Beschlussorgane Weisungen von Organen, Einrichtungen oder sonstigen Stellen der Union, Regierungen der Mitgliedstaaten oder anderen Stellen einholen oder entgegennehmen. Die Organe, Einrichtungen oder sonstigen Stellen der Union sowie die Regierungen der Mitgliedstaaten verpflichten sich, diesen Grundsatz zu beachten und nicht zu versuchen, die Mitglieder der Beschlussorgane der Europäischen Zentralbank oder der nationalen Zentralbanken bei der Wahrnehmung ihrer Aufgaben zu beeinflussen.

Artikel 131 (ex-Artikel 109 EGV)

Jeder Mitgliedstaat stellt sicher, dass seine innerstaatlichen Rechtsvorschriften einschließlich der Satzung seiner nationalen Zentralbank mit den Verträgen sowie mit der Satzung des ESZB und der EZB im Einklang stehen.

Artikel 132 (ex-Artikel 110 EGV)

(1) Zur Erfüllung der dem ESZB übertragenen Aufgaben werden von der Europäischen Zentralbank gemäß den Verträgen und unter den in der Satzung des ESZB und der EZB vorgesehenen Bedingungen

– Verordnungen erlassen, insoweit dies für die Erfüllung der in Artikel 3.1 erster Gedankenstrich, Artikel 19.1, Artikel 22 oder Artikel 25.2 der Satzung des ESZB und der EZB festgelegten

Aufgaben erforderlich ist; sie erlässt Verordnungen ferner in den Fällen, die in den Rechtsakten des Rates nach Artikel 129 Absatz 4 vorgesehen werden,
- Beschlüsse erlassen, die zur Erfüllung der dem ESZB nach den Verträgen und der Satzung des ESZB und der EZB übertragenen Aufgaben erforderlich sind,
- Empfehlungen und Stellungnahmen abgegeben.

(2) Die Europäische Zentralbank kann die Veröffentlichung ihrer Beschlüsse, Empfehlungen und Stellungnahmen beschließen.

(3) Innerhalb der Grenzen und unter den Bedingungen, die der Rat nach dem Verfahren des Artikels 129 Absatz 4 festlegt, ist die Europäische Zentralbank befugt, Unternehmen bei Nichteinhaltung der Verpflichtungen, die sich aus ihren Verordnungen und Beschlüssen ergeben, mit Geldbußen oder in regelmäßigen Abständen zu zahlenden Zwangsgeldern zu belegen.

Artikel 133

Unbeschadet der Befugnisse der Europäischen Zentralbank erlassen das Europäische Parlament und der Rat gemäß dem ordentlichen Gesetzgebungsverfahren die Maßnahmen, die für die Verwendung des Euro als einheitliche Währung erforderlich sind. Diese Maßnahmen werden nach Anhörung der Europäischen Zentralbank erlassen.

Kapitel 3: Institutionelle Bestimmungen

Artikel 134 (ex-Artikel 114 EGV)

(1) Um die Koordinierung der Politiken der Mitgliedstaaten in dem für das Funktionieren des Binnenmarkts erforderlichen Umfang zu fördern, wird ein Wirtschafts- und Finanzausschuss eingesetzt.

(2) Der Wirtschafts- und Finanzausschuss hat die Aufgabe,
- auf Ersuchen des Rates oder der Kommission oder von sich aus Stellungnahmen an diese Organe abzugeben;
- die Wirtschafts- und Finanzlage der Mitgliedstaaten und der Union zu beobachten und dem Rat und der Kommission regelmäßig darüber Bericht zu erstatten, insbesondere über die finanziellen Beziehungen zu dritten Ländern und internationalen Einrichtungen;
- unbeschadet des Artikels 240 an der Vorbereitung der in Artikel 66, Artikel 75, Artikel 121 Absätze 2, 3, 4 und 6, Artikel 122, Artikel 124, Artikel 125, Artikel 126, Artikel 127 Absatz 6, Artikel 128 Absatz 2, Artikel 129 Absätze 3 und 4, Artikel 138, Artikel 140 Absätze 2 und 3, Artikel 143, Artikel 144 Absätze 2 und 3 und Artikel 219 genannten Arbeiten des Rates mitzuwirken und die sonstigen ihm vom Rat übertragenen Beratungsaufgaben und vorbereitenden Arbeiten auszuführen;
- mindestens einmal jährlich die Lage hinsichtlich des Kapitalverkehrs und der Freiheit des Zahlungsverkehrs, wie sie sich aus der Anwendung der Verträge und der Maßnahmen des Rates ergeben, zu prüfen; die Prüfung erstreckt sich auf alle Maßnahmen im Zusammenhang mit dem Kapital- und Zahlungsverkehr; der Ausschuss erstattet der Kommission und dem Rat Bericht über das Ergebnis dieser Prüfung.

Jeder Mitgliedstaat sowie die Kommission und die Europäische Zentralbank ernennen jeweils höchstens zwei Mitglieder des Ausschusses.

(3) Der Rat legt auf Vorschlag der Kommission und nach Anhörung der Europäischen Zentralbank und des in diesem Artikel genannten Ausschusses im Einzelnen fest, wie sich der Wirtschafts- und Finanzausschuss zusammensetzt. Der Präsident des Rates unterrichtet das Europäische Parlament über diesen Beschluss.

(4) Sofern und solange es Mitgliedstaaten gibt, für die eine Ausnahmeregelung nach Artikel 139 gilt, hat der Ausschuss zusätzlich zu den in Absatz 2 beschriebenen Aufgaben die Wäh-

rungs- und Finanzlage sowie den allgemeinen Zahlungsverkehr der betreffenden Mitgliedstaaten zu beobachten und dem Rat und der Kommission regelmäßig darüber Bericht zu erstatten.

Artikel 135 (ex-Artikel 115 EGV)

Bei Fragen, die in den Geltungsbereich von Artikel 121 Absatz 4, Artikel 126 mit Ausnahme von Absatz 14, Artikel 138, Artikel 140 Absatz 1, Artikel 140 Absatz 2 Unterabsatz 1, Artikel 140 Absatz 3 und Artikel 219 fallen, kann der Rat oder ein Mitgliedstaat die Kommission ersuchen, je nach Zweckmäßigkeit eine Empfehlung oder einen Vorschlag zu unterbreiten. Die Kommission prüft dieses Ersuchen und unterbreitet dem Rat umgehend ihre Schlussfolgerungen.

Kapitel 4: Besondere Bestimmungen für die Mitgliedstaaten, deren Währung der Euro ist

Artikel 136

(1) Im Hinblick auf das reibungslose Funktionieren der Wirtschafts- und Währungsunion erlässt der Rat für die Mitgliedstaaten, deren Währung der Euro ist, Maßnahmen nach den einschlägigen Bestimmungen der Verträge und dem entsprechenden Verfahren unter den in den Artikeln 121 und 126 genannten Verfahren, mit Ausnahme des in Artikel 126 Absatz 14 genannten Verfahrens, um

a) die Koordinierung und Überwachung ihrer Haushaltsdisziplin zu verstärken,

b) für diese Staaten Grundzüge der Wirtschaftspolitik auszuarbeiten, wobei darauf zu achten ist, dass diese mit den für die gesamte Union angenommenen Grundzügen der Wirtschaftspolitik vereinbar sind, und ihre Einhaltung zu überwachen.

(2) Bei den in Absatz 1 genannten Maßnahmen sind nur die Mitglieder des Rates stimmberechtigt, die die Mitgliedstaaten vertreten, deren Währung der Euro ist.

Die qualifizierte Mehrheit dieser Mitglieder bestimmt sich nach Artikel 238 Absatz 3 Buchstabe a.

(3) Die Mitgliedstaaten, deren Währung der Euro ist, können einen Stabilitätsmechanismus einrichten, der aktiviert wird, wenn dies unabdingbar ist, um die Stabilität des Euro-Währungsgebiets insgesamt zu wahren. Die Gewährung aller erforderlichen Finanzhilfen im Rahmen des Mechanismus wird strengen Auflagen unterliegen.

Artikel 137

Die Einzelheiten für die Tagungen der Minister der Mitgliedstaaten, deren Währung der Euro ist, sind in dem Protokoll betreffend die Euro-Gruppe festgelegt.

Artikel 138 (ex-Artikel 111 Absatz 4 EGV)

(1) Zur Gewährleistung der Stellung des Euro im internationalen Währungssystem erlässt der Rat auf Vorschlag der Kommission einen Beschluss zur Festlegung der innerhalb der zuständigen internationalen Einrichtungen und Konferenzen im Finanzbereich einzunehmenden gemeinsamen Standpunkte zu den Fragen, die von besonderer Bedeutung für die Wirtschafts- und Währungsunion sind. Der Rat beschließt nach Anhörung der Europäischen Zentralbank.

(2) Der Rat kann auf Vorschlag der Kommission geeignete Maßnahmen mit dem Ziel erlassen, eine einheitliche Vertretung bei den internationalen Einrichtungen und Konferenzen im Finanzbereich sicherzustellen. Der Rat beschließt nach Anhörung der Europäischen Zentralbank.

(3) Bei den in den Absätzen 1 und 2 genannten Maßnahmen sind nur die Mitglieder des Rates stimmberechtigt, die die Mitgliedstaaten vertreten, deren Währung der Euro ist.

Die qualifizierte Mehrheit dieser Mitglieder bestimmt sich nach Artikel 238 Absatz 3 Buchstabe a.

Kapitel 5: Übergangsbestimmungen

Artikel 139

(1) Die Mitgliedstaaten, für die der Rat nicht beschlossen hat, dass sie die erforderlichen Voraussetzungen für die Einführung des Euro erfüllen, werden im Folgenden als „Mitgliedstaaten, für die eine Ausnahmeregelung gilt" oder „Mitgliedstaaten mit Ausnahmeregelung" bezeichnet.

(2) Auf die Mitgliedstaaten, für die eine Ausnahmeregelung gilt, finden die im Folgenden aufgeführten Bestimmungen der Verträge keine Anwendung:

a) Annahme der das Euro-Währungsgebiet generell betreffenden Teile der Grundzüge der Wirtschaftspolitik (Artikel 121 Absatz 2);
b) Zwangsmittel zum Abbau eines übermäßigen Defizits (Artikel 126 Absätze 9 und 11);
c) Ziele und Aufgaben des ESZB (Artikel 127 Absätze 1, 2, 3 und 5);
d) Ausgabe des Euro (Artikel 128);
e) Rechtsakte der Europäischen Zentralbank (Artikel 132);
f) Maßnahmen bezüglich der Verwendung des Euro (Artikel 133);
g) Währungsvereinbarungen und andere Maßnahmen bezüglich der Wechselkurspolitik (Artikel 219);
h) Ernennung der Mitglieder des Direktoriums der Europäischen Zentralbank (Artikel 283 Absatz 2);
i) Beschlüsse zur Festlegung der innerhalb der zuständigen internationalen Einrichtungen und Konferenzen im Finanzbereich einzunehmenden gemeinsamen Standpunkte zu den Fragen, die von besonderer Bedeutung für die Wirtschafts- und Währungsunion sind (Artikel 138 Absatz 1);
j) Maßnahmen zur Sicherstellung einer einheitlichen Vertretung bei den internationalen Einrichtungen und Konferenzen im Finanzbereich (Artikel 138 Absatz 2).

Somit sind „Mitgliedstaaten" im Sinne der in den Buchstaben a bis j genannten Artikel die Mitgliedstaaten, deren Währung der Euro ist.

(3) Die Mitgliedstaaten, für die eine Ausnahmeregelung gilt, und deren nationale Zentralbanken sind nach Kapitel IX der Satzung des ESZB und der EZB von den Rechten und Pflichten im Rahmen des ESZB ausgeschlossen.

(4) Das Stimmrecht der Mitglieder des Rates, die Mitgliedstaaten mit Ausnahmeregelung vertreten, ruht beim Erlass von Maßnahmen nach den in Absatz 2 genannten Artikeln durch den Rat sowie bei

a) Empfehlungen an die Mitgliedstaaten, deren Währung der Euro ist, im Rahmen der multilateralen Überwachung, einschließlich Empfehlungen zu den Stabilitätsprogrammen und Verwarnungen (Artikel 121 Absatz 4);
b) Maßnahmen bei übermäßigem Defizit von Mitgliedstaaten, deren Währung der Euro ist (Artikel 126 Absätze 6, 7, 8, 12 und 13).

Die qualifizierte Mehrheit der übrigen Mitglieder des Rates bestimmt sich nach Artikel 238 Absatz 3 Buchstabe a.

Artikel 140 (ex-Artikel 121 Absatz 1, ex-Artikel 122 Absatz 2 Satz 2 und ex-Artikel 123 Absatz 5 EGV)

(1) Mindestens einmal alle zwei Jahre oder auf Antrag eines Mitgliedstaats, für den eine Ausnahmeregelung gilt, berichten die Kommission und die Europäische Zentralbank dem Rat, inwieweit die Mitgliedstaaten, für die eine Ausnahmeregelung gilt, bei der Verwirklichung der Wirtschafts- und Währungsunion ihren Verpflichtungen bereits nachgekommen sind. In ihren Berichten wird auch die Frage geprüft, inwieweit die innerstaatlichen Rechtsvorschriften jedes

einzelnen dieser Mitgliedstaaten einschließlich der Satzung der jeweiligen nationalen Zentralbank mit Artikel 130 und Artikel 131 sowie der Satzung des ESZB und der EZB vereinbar sind. Ferner wird darin geprüft, ob ein hoher Grad an dauerhafter Konvergenz erreicht ist; Maßstab hierfür ist, ob die einzelnen Mitgliedstaaten folgende Kriterien erfüllen:

- Erreichung eines hohen Grades an Preisstabilität, ersichtlich aus einer Inflationsrate, die der Inflationsrate jener – höchstens drei – Mitgliedstaaten nahe kommt, die auf dem Gebiet der Preisstabilität das beste Ergebnis erzielt haben;
- eine auf Dauer tragbare Finanzlage der öffentlichen Hand, ersichtlich aus einer öffentlichen Haushaltslage ohne übermäßiges Defizit im Sinne des Artikels 126 Absatz 6;
- Einhaltung der normalen Bandbreiten des Wechselkursmechanismus des Europäischen Währungssystems seit mindestens zwei Jahren ohne Abwertung gegenüber dem Euro;
- Dauerhaftigkeit der von dem Mitgliedstaat mit Ausnahmeregelung erreichten Konvergenz und seiner Teilnahme am Wechselkursmechanismus, die im Niveau der langfristigen Zinssätze zum Ausdruck kommt.

Die vier Kriterien in diesem Absatz sowie die jeweils erforderliche Dauer ihrer Einhaltung sind in einem den Verträgen beigefügten Protokoll näher festgelegt. Die Berichte der Kommission und der Europäischen Zentralbank berücksichtigen auch die Ergebnisse bei der Integration der Märkte, den Stand und die Entwicklung der Leistungsbilanzen, die Entwicklung bei den Lohnstückkosten und andere Preisindizes.

(2) Der Rat beschließt nach Anhörung des Europäischen Parlaments und nach Aussprache im Europäischen Rat auf Vorschlag der Kommission, welche der Mitgliedstaaten, für die eine Ausnahmeregelung gilt, die auf den Kriterien des Absatzes 1 beruhenden Voraussetzungen erfüllen, und hebt die Ausnahmeregelungen der betreffenden Mitgliedstaaten auf.

Der Rat beschließt auf Empfehlung einer qualifizierten Mehrheit derjenigen seiner Mitglieder, die Mitgliedstaaten vertreten, deren Währung der Euro ist. Diese Mitglieder beschließen innerhalb von sechs Monaten nach Eingang des Vorschlags der Kommission beim Rat.

Die in Unterabsatz 2 genannte qualifizierte Mehrheit dieser Mitglieder bestimmt sich nach Artikel 238 Absatz 3 Buchstabe a.

(3) Wird nach dem Verfahren des Absatzes 2 beschlossen, eine Ausnahmeregelung aufzuheben, so legt der Rat aufgrund eines einstimmigen Beschlusses der Mitgliedstaaten, deren Währung der Euro ist, und des betreffenden Mitgliedstaats auf Vorschlag der Kommission und nach Anhörung der Europäischen Zentralbank den Kurs, zu dem dessen Währung durch den Euro ersetzt wird, unwiderruflich fest und ergreift die sonstigen erforderlichen Maßnahmen zur Einführung des Euro als einheitliche Währung in dem betreffenden Mitgliedstaat.

Artikel 141 (ex-Artikel 123 Absatz 3 und ex-Artikel 117 Absatz 2 erster bis fünfter Gedankenstrich EGV)

(1) Sofern und solange es Mitgliedstaaten gibt, für die eine Ausnahmeregelung gilt, wird unbeschadet des Artikels 129 Absatz 1 der in Artikel 44 der Satzung des ESZB und der EZB bezeichnete Erweiterte Rat der Europäischen Zentralbank als drittes Beschlussorgan der Europäischen Zentralbank errichtet.

(2) Sofern und solange es Mitgliedstaaten gibt, für die eine Ausnahmeregelung gilt, ist es die Aufgabe der Europäischen Zentralbank, in Bezug auf diese Mitgliedstaaten

- die Zusammenarbeit zwischen den nationalen Zentralbanken zu verstärken;
- die Koordinierung der Geldpolitiken der Mitgliedstaaten mit dem Ziel zu verstärken, die Preisstabilität aufrechtzuerhalten;
- das Funktionieren des Wechselkursmechanismus zu überwachen;
- Konsultationen zu Fragen durchzuführen, die in die Zuständigkeit der nationalen Zentralbanken fallen und die Stabilität der Finanzinstitute und -märkte berühren;

– die seinerzeitigen Aufgaben des Europäischen Fonds für währungspolitische Zusammenarbeit, die zuvor vom Europäischen Währungsinstitut übernommen worden waren, wahrzunehmen.

Artikel 142 (ex-Artikel 124 Absatz 1 EGV)

Jeder Mitgliedstaat, für den eine Ausnahmeregelung gilt, behandelt seine Wechselkurspolitik als eine Angelegenheit von gemeinsamem Interesse. Er berücksichtigt dabei die Erfahrungen, die bei der Zusammenarbeit im Rahmen des Wechselkursmechanismus gesammelt worden sind.

Artikel 143 (ex-Artikel 119 EGV)

(1) Ist ein Mitgliedstaat, für den eine Ausnahmeregelung gilt, hinsichtlich seiner Zahlungsbilanz von Schwierigkeiten betroffen oder ernstlich bedroht, die sich entweder aus einem Ungleichgewicht seiner Gesamtzahlungsbilanz oder aus der Art der ihm zur Verfügung stehenden Devisen ergeben, und sind diese Schwierigkeiten geeignet, insbesondere das Funktionieren des Binnenmarkts oder die Verwirklichung der gemeinsamen Handelspolitik zu gefährden, so prüft die Kommission unverzüglich die Lage dieses Staates sowie die Maßnahmen, die er getroffen hat oder unter Einsatz aller ihm zur Verfügung stehenden Mittel nach den Verträgen treffen kann. Die Kommission gibt die Maßnahmen an, die sie dem betreffenden Mitgliedstaat empfiehlt.

Erweisen sich die von einem Mitgliedstaat mit Ausnahmeregelung ergriffenen und die von der Kommission angeregten Maßnahmen als unzureichend, die aufgetretenen oder drohenden Schwierigkeiten zu beheben, so empfiehlt die Kommission dem Rat nach Anhörung des Wirtschafts- und Finanzausschusses einen gegenseitigen Beistand und die dafür geeigneten Methoden.

Die Kommission unterrichtet den Rat regelmäßig über die Lage und ihre Entwicklung.

(2) Der Rat gewährt den gegenseitigen Beistand; er erlässt Richtlinien oder Beschlüsse, welche die Bedingungen und Einzelheiten hierfür festlegen. Der gegenseitige Beistand kann insbesondere erfolgen

a) durch ein abgestimmtes Vorgehen bei anderen internationalen Organisationen, an die sich die Mitgliedstaaten, für die eine Ausnahmeregelung gilt, wenden können;

b) durch Maßnahmen, die notwendig sind, um Verlagerungen von Handelsströmen zu vermeiden, falls der in Schwierigkeiten befindliche Mitgliedstaat mit Ausnahmeregelung mengenmäßige Beschränkungen gegenüber dritten Ländern beibehält oder wieder einführt;

c) durch Bereitstellung von Krediten in begrenzter Höhe seitens anderer Mitgliedstaaten; hierzu ist ihr Einverständnis erforderlich.

(3) Stimmt der Rat dem von der Kommission empfohlenen gegenseitigen Beistand nicht zu oder sind der gewährte Beistand und die getroffenen Maßnahmen unzureichend, so ermächtigt die Kommission den in Schwierigkeiten befindlichen Mitgliedstaat mit Ausnahmeregelung, Schutzmaßnahmen zu treffen, deren Bedingungen und Einzelheiten sie festlegt.

Der Rat kann diese Ermächtigung aufheben und die Bedingungen und Einzelheiten ändern.

Artikel 144 (ex-Artikel 120 EGV)

(1) Gerät ein Mitgliedstaat, für den eine Ausnahmeregelung gilt, in eine plötzliche Zahlungsbilanzkrise und wird ein Beschluss im Sinne des Artikels 143 Absatz 2 nicht unverzüglich getroffen, so kann der betreffende Staat vorsorglich die erforderlichen Schutzmaßnahmen ergreifen. Sie dürfen nur ein Mindestmaß an Störungen im Funktionieren des Binnenmarkts hervorrufen und nicht über das zur Behebung der plötzlich aufgetretenen Schwierigkeiten unbedingt erforderliche Ausmaß hinausgehen.

(2) Die Kommission und die anderen Mitgliedstaaten werden über die Schutzmaßnahmen spätestens bei deren Inkrafttreten unterrichtet. Die Kommission kann dem Rat den gegenseitigen Beistand nach Artikel 143 empfehlen.

(3) Auf Empfehlung der Kommission und nach Anhörung des Wirtschafts- und Finanzausschusses kann der Rat beschließen, dass der betreffende Mitgliedstaat diese Schutzmaßnahmen zu ändern, auszusetzen oder aufzuheben hat.

Titel IX: Beschäftigung

Artikel 145 (ex-Artikel 125 EGV)

Die Mitgliedstaaten und die Union arbeiten nach diesem Titel auf die Entwicklung einer koordinierten Beschäftigungsstrategie und insbesondere auf die Förderung der Qualifizierung, Ausbildung und Anpassungsfähigkeit der Arbeitnehmer sowie der Fähigkeit der Arbeitsmärkte hin, auf die Erfordernisse des wirtschaftlichen Wandels zu reagieren, um die Ziele des Artikels 3 des Vertrags über die Europäische Union zu erreichen.

Artikel 146 (ex-Artikel 126 EGV)

(1) Die Mitgliedstaaten tragen durch ihre Beschäftigungspolitik im Einklang mit den nach Artikel 121 Absatz 2 verabschiedeten Grundzügen der Wirtschaftspolitik der Mitgliedstaaten und der Union zur Erreichung der in Artikel 145 genannten Ziele bei.

(2) Die Mitgliedstaaten betrachten die Förderung der Beschäftigung als Angelegenheit von gemeinsamem Interesse und stimmen ihre diesbezüglichen Tätigkeiten nach Maßgabe des Artikels 148 im Rat aufeinander ab, wobei die einzelstaatlichen Gepflogenheiten in Bezug auf die Verantwortung der Sozialpartner berücksichtigt werden.

Artikel 147 (ex-Artikel 127 EGV)

(1) Die Union trägt zu einem hohen Beschäftigungsniveau bei, indem sie die Zusammenarbeit zwischen den Mitgliedstaaten fördert und deren Maßnahmen in diesem Bereich unterstützt und erforderlichenfalls ergänzt. Hierbei wird die Zuständigkeit der Mitgliedstaaten beachtet.

(2) Das Ziel eines hohen Beschäftigungsniveaus wird bei der Festlegung und Durchführung der Unionspolitiken und -maßnahmen berücksichtigt.

Artikel 148 (ex-Artikel 128 EGV)

(1) Anhand eines gemeinsamen Jahresberichts des Rates und der Kommission prüft der Europäische Rat jährlich die Beschäftigungslage in der Union und nimmt hierzu Schlussfolgerungen an.

(2) Anhand der Schlussfolgerungen des Europäischen Rates legt der Rat auf Vorschlag der Kommission und nach Anhörung des Europäischen Parlaments, des Wirtschafts- und Sozialausschusses, des Ausschusses der Regionen und des in Artikel 150 genannten Beschäftigungsausschusses jährlich Leitlinien fest, welche die Mitgliedstaaten in ihrer Beschäftigungspolitik berücksichtigen. Diese Leitlinien müssen mit den nach Artikel 121 Absatz 2 verabschiedeten Grundzügen in Einklang stehen.

(3) Jeder Mitgliedstaat übermittelt dem Rat und der Kommission jährlich einen Bericht über die wichtigsten Maßnahmen, die er zur Durchführung seiner Beschäftigungspolitik im Lichte der beschäftigungspolitischen Leitlinien nach Absatz 2 getroffen hat.

(4) Anhand der in Absatz 3 genannten Berichte und nach Stellungnahme des Beschäftigungsausschusses unterzieht der Rat die Durchführung der Beschäftigungspolitik der Mitgliedstaaten im Lichte der beschäftigungspolitischen Leitlinien jährlich einer Prüfung. Der Rat kann dabei auf Empfehlung der Kommission Empfehlungen an die Mitgliedstaaten richten, wenn er dies aufgrund der Ergebnisse dieser Prüfung für angebracht hält.

(5) Auf der Grundlage der Ergebnisse der genannten Prüfung erstellen der Rat und die Kommission einen gemeinsamen Jahresbericht für den Europäischen Rat über die Beschäftigungslage in der Union und über die Umsetzung der beschäftigungspolitischen Leitlinien.

Artikel 149 (ex-Artikel 129 EGV)

Das Europäische Parlament und der Rat können gemäß dem ordentlichen Gesetzgebungsverfahren und nach Anhörung des Wirtschafts- und Sozialausschusses sowie des Ausschusses der Regionen Anreizmaßnahmen zur Förderung der Zusammenarbeit zwischen den Mitgliedstaaten und zur Unterstützung ihrer Beschäftigungsmaßnahmen durch Initiativen beschließen, die darauf abzielen, den Austausch von Informationen und bewährten Verfahren zu entwickeln, vergleichende Analysen und Gutachten bereitzustellen sowie innovative Ansätze zu fördern und Erfahrungen zu bewerten, und zwar insbesondere durch den Rückgriff auf Pilotvorhaben.

Diese Maßnahmen schließen keinerlei Harmonisierung der Rechts- und Verwaltungsvorschriften der Mitgliedstaaten ein.

Artikel 150 (ex-Artikel 130 EGV)

Der Rat, der mit einfacher Mehrheit beschließt, setzt nach Anhörung des Europäischen Parlaments einen Beschäftigungsausschuss mit beratender Funktion zur Förderung der Koordinierung der Beschäftigungs- und Arbeitsmarktpolitik der Mitgliedstaaten ein. Der Ausschuss hat folgende Aufgaben:

– Er verfolgt die Beschäftigungslage und die Beschäftigungspolitik in den Mitgliedstaaten und der Union;
– er gibt unbeschadet des Artikels 240 auf Ersuchen des Rates oder der Kommission oder von sich aus Stellungnahmen ab und trägt zur Vorbereitung der in Artikel 148 genannten Beratungen des Rates bei.

Bei der Erfüllung seines Auftrags hört der Ausschuss die Sozialpartner.

Jeder Mitgliedstaat und die Kommission entsenden zwei Mitglieder in den Ausschuss.

Titel X: Sozialpolitik

Artikel 151 (ex-Artikel 136 EGV)

Die Union und die Mitgliedstaaten verfolgen eingedenk der sozialen Grundrechte, wie sie in der am 18. Oktober 1961 in Turin unterzeichneten Europäischen Sozialcharta und in der Gemeinschaftscharta der sozialen Grundrechte der Arbeitnehmer von 1989 festgelegt sind, folgende Ziele: die Förderung der Beschäftigung, die Verbesserung der Lebens- und Arbeitsbedingungen, um dadurch auf dem Wege des Fortschritts ihre Angleichung zu ermöglichen, einen angemessenen sozialen Schutz, den sozialen Dialog, die Entwicklung des Arbeitskräftepotenzials im Hinblick auf ein dauerhaft hohes Beschäftigungsniveau und die Bekämpfung von Ausgrenzungen.

Zu diesem Zweck führen die Union und die Mitgliedstaaten Maßnahmen durch, die der Vielfalt der einzelstaatlichen Gepflogenheiten, insbesondere in den vertraglichen Beziehungen, sowie der Notwendigkeit, die Wettbewerbsfähigkeit der Wirtschaft der Union zu erhalten, Rechnung tragen.

Sie sind der Auffassung, dass sich eine solche Entwicklung sowohl aus dem eine Abstimmung der Sozialordnungen begünstigenden Wirken des Binnenmarkts als auch aus den in den Verträgen vorgesehenen Verfahren sowie aus der Angleichung ihrer Rechts- und Verwaltungsvorschriften ergeben wird.

Artikel 152

Die Union anerkennt und fördert die Rolle der Sozialpartner auf Ebene der Union unter Berücksichtigung der Unterschiedlichkeit der nationalen Systeme. Sie fördert den sozialen Dialog und achtet dabei die Autonomie der Sozialpartner.

Der Dreigliedrige Sozialgipfel für Wachstum und Beschäftigung trägt zum sozialen Dialog bei.

Artikel 153 (ex-Artikel 137 EGV)

(1) Zur Verwirklichung der Ziele des Artikels 151 unterstützt und ergänzt die Union die Tätigkeit der Mitgliedstaaten auf folgenden Gebieten:

a) Verbesserung insbesondere der Arbeitsumwelt zum Schutz der Gesundheit und der Sicherheit der Arbeitnehmer,
b) Arbeitsbedingungen,
c) soziale Sicherheit und sozialer Schutz der Arbeitnehmer,
d) Schutz der Arbeitnehmer bei Beendigung des Arbeitsvertrags,
e) Unterrichtung und Anhörung der Arbeitnehmer,
f) Vertretung und kollektive Wahrnehmung der Arbeitnehmer- und Arbeitgeberinteressen, einschließlich der Mitbestimmung, vorbehaltlich des Absatzes 5,
g) Beschäftigungsbedingungen der Staatsangehörigen dritter Länder, die sich rechtmäßig im Gebiet der Union aufhalten,
h) berufliche Eingliederung der aus dem Arbeitsmarkt ausgegrenzten Personen, unbeschadet des Artikels 166,
i) Chancengleichheit von Männern und Frauen auf dem Arbeitsmarkt und Gleichbehandlung am Arbeitsplatz,
j) Bekämpfung der sozialen Ausgrenzung,
k) Modernisierung der Systeme des sozialen Schutzes, unbeschadet des Buchstabens c.

(2) Zu diesem Zweck können das Europäische Parlament und der Rat

a) unter Ausschluss jeglicher Harmonisierung der Rechts- und Verwaltungsvorschriften der Mitgliedstaaten Maßnahmen annehmen, die dazu bestimmt sind, die Zusammenarbeit zwischen den Mitgliedstaaten durch Initiativen zu fördern, die die Verbesserung des Wissensstands, die Entwicklung des Austauschs von Informationen und bewährten Verfahren, die Förderung innovativer Ansätze und die Bewertung von Erfahrungen zum Ziel haben;
b) in den in Absatz 1 Buchstaben a bis i genannten Bereichen unter Berücksichtigung der in den einzelnen Mitgliedstaaten bestehenden Bedingungen und technischen Regelungen durch Richtlinien Mindestvorschriften erlassen, die schrittweise anzuwenden sind. Diese Richtlinien sollen keine verwaltungsmäßigen, finanziellen oder rechtlichen Auflagen vorschreiben, die der Gründung und Entwicklung von kleinen und mittleren Unternehmen entgegenstehen.

Das Europäische Parlament und der Rat beschließen gemäß dem ordentlichen Gesetzgebungsverfahren nach Anhörung des Wirtschafts- und Sozialausschusses und des Ausschusses der Regionen.

In den in Absatz 1 Buchstaben c, d, f und g genannten Bereichen beschließt der Rat einstimmig gemäß einem besonderen Gesetzgebungsverfahren nach Anhörung des Europäischen Parlaments und der genannten Ausschüsse.

Der Rat kann einstimmig auf Vorschlag der Kommission nach Anhörung des Europäischen Parlaments beschließen, dass das ordentliche Gesetzgebungsverfahren auf Absatz 1 Buchstaben d, f und g angewandt wird.

(3) Ein Mitgliedstaat kann den Sozialpartnern auf deren gemeinsamen Antrag die Durchführung von aufgrund des Absatzes 2 angenommenen Richtlinien oder gegebenenfalls die Durchführung eines nach Artikel 155 erlassenen Beschlusses des Rates übertragen.

In diesem Fall vergewissert sich der Mitgliedstaat, dass die Sozialpartner spätestens zu dem Zeitpunkt, zu dem eine Richtlinie umgesetzt oder ein Beschluss durchgeführt sein muss, im Wege einer Vereinbarung die erforderlichen Vorkehrungen getroffen haben; dabei hat der Mitgliedstaat alle erforderlichen Maßnahmen zu treffen, um jederzeit gewährleisten zu können, dass die durch diese Richtlinie oder diesen Beschluss vorgeschriebenen Ergebnisse erzielt werden.

(4) Die aufgrund dieses Artikels erlassenen Bestimmungen

– berühren nicht die anerkannte Befugnis der Mitgliedstaaten, die Grundprinzipien ihres Systems der sozialen Sicherheit festzulegen, und dürfen das finanzielle Gleichgewicht dieser Systeme nicht erheblich beeinträchtigen;
– hindern die Mitgliedstaaten nicht daran, strengere Schutzmaßnahmen beizubehalten oder zu treffen, die mit den Verträgen vereinbar sind.

(5) Dieser Artikel gilt nicht für das Arbeitsentgelt, das Koalitionsrecht, das Streikrecht sowie das Aussperrungsrecht.

Artikel 154 (ex-Artikel 138 EGV)

(1) Die Kommission hat die Aufgabe, die Anhörung der Sozialpartner auf Unionsebene zu fördern, und erlässt alle zweckdienlichen Maßnahmen, um den Dialog zwischen den Sozialpartnern zu erleichtern, wobei sie für Ausgewogenheit bei der Unterstützung der Parteien sorgt.

(2) Zu diesem Zweck hört die Kommission vor Unterbreitung von Vorschlägen im Bereich der Sozialpolitik die Sozialpartner zu der Frage, wie eine Unionsaktion gegebenenfalls ausgerichtet werden sollte.

(3) Hält die Kommission nach dieser Anhörung eine Unionsmaßnahme für zweckmäßig, so hört sie die Sozialpartner zum Inhalt des in Aussicht genommenen Vorschlags. Die Sozialpartner übermitteln der Kommission eine Stellungnahme oder gegebenenfalls eine Empfehlung.

(4) Bei den Anhörungen nach den Absätzen 2 und 3 können die Sozialpartner der Kommission mitteilen, dass sie den Prozess nach Artikel 155 in Gang setzen wollen. Die Dauer dieses Prozesses darf höchstens neun Monate betragen, sofern die betroffenen Sozialpartner und die Kommission nicht gemeinsam eine Verlängerung beschließen.

Artikel 155 (ex-Artikel 139 EGV)

(1) Der Dialog zwischen den Sozialpartnern auf Unionsebene kann, falls sie es wünschen, zur Herstellung vertraglicher Beziehungen einschließlich des Abschlusses von Vereinbarungen führen.

(2) Die Durchführung der auf Unionsebene geschlossenen Vereinbarungen erfolgt entweder nach den jeweiligen Verfahren und Gepflogenheiten der Sozialpartner und der Mitgliedstaaten oder – in den durch Artikel 153 erfassten Bereichen – auf gemeinsamen Antrag der Unterzeichnerparteien durch einen Beschluss des Rates auf Vorschlag der Kommission. Das Europäische Parlament wird unterrichtet.

Der Rat beschließt einstimmig, sofern die betreffende Vereinbarung eine oder mehrere Bestimmungen betreffend einen der Bereiche enthält, für die nach Artikel 153 Absatz 2 Einstimmigkeit erforderlich ist.

Artikel 156 (ex-Artikel 140 EGV)

Unbeschadet der sonstigen Bestimmungen der Verträge fördert die Kommission im Hinblick auf die Erreichung der Ziele des Artikels 151 die Zusammenarbeit zwischen den Mitgliedstaaten und erleichtert die Abstimmung ihres Vorgehens in allen unter dieses Kapitel fallenden Bereichen der Sozialpolitik, insbesondere auf dem Gebiet

– der Beschäftigung,
– des Arbeitsrechts und der Arbeitsbedingungen,

- der beruflichen Ausbildung und Fortbildung,
- der sozialen Sicherheit,
- der Verhütung von Berufsunfällen und Berufskrankheiten,
- des Gesundheitsschutzes bei der Arbeit,
- des Koalitionsrechts und der Kollektivverhandlungen zwischen Arbeitgebern und Arbeitnehmern.

Zu diesem Zweck wird die Kommission in enger Verbindung mit den Mitgliedstaaten durch Untersuchungen, Stellungnahmen und die Durchführung von Konsultationen in Bezug auf innerstaatlich oder in den internationalen Organisationen zu behandelnde Fragen tätig, und zwar insbesondere im Wege von Initiativen, die darauf abzielen, Leitlinien und Indikatoren festzulegen, den Austausch bewährter Verfahren durchzuführen und die erforderlichen Elemente für eine regelmäßige Überwachung und Bewertung auszuarbeiten. Das Europäische Parlament wird in vollem Umfang unterrichtet.

Vor Abgabe der in diesem Artikel vorgesehenen Stellungnahmen hört die Kommission den Wirtschafts- und Sozialausschuss.

Artikel 157 (ex-Artikel 141 EGV)

(1) Jeder Mitgliedstaat stellt die Anwendung des Grundsatzes des gleichen Entgelts für Männer und Frauen bei gleicher oder gleichwertiger Arbeit sicher.

(2) Unter „Entgelt" im Sinne dieses Artikels sind die üblichen Grund- oder Mindestlöhne und -gehälter sowie alle sonstigen Vergütungen zu verstehen, die der Arbeitgeber aufgrund des Dienstverhältnisses dem Arbeitnehmer unmittelbar oder mittelbar in bar oder in Sachleistungen zahlt.

Gleichheit des Arbeitsentgelts ohne Diskriminierung aufgrund des Geschlechts bedeutet,

a) dass das Entgelt für eine gleiche nach Akkord bezahlte Arbeit aufgrund der gleichen Maßeinheit festgesetzt wird,

b) dass für eine nach Zeit bezahlte Arbeit das Entgelt bei gleichem Arbeitsplatz gleich ist.

(3) Das Europäische Parlament und der Rat beschließen gemäß dem ordentlichen Gesetzgebungsverfahren und nach Anhörung des Wirtschafts- und Sozialausschusses Maßnahmen zur Gewährleistung der Anwendung des Grundsatzes der Chancengleichheit und der Gleichbehandlung von Männern und Frauen in Arbeits- und Beschäftigungsfragen, einschließlich des Grundsatzes des gleichen Entgelts bei gleicher oder gleichwertiger Arbeit.

(4) Im Hinblick auf die effektive Gewährleistung der vollen Gleichstellung von Männern und Frauen im Arbeitsleben hindert der Grundsatz der Gleichbehandlung die Mitgliedstaaten nicht daran, zur Erleichterung der Berufstätigkeit des unterrepräsentierten Geschlechts oder zur Verhinderung bzw. zum Ausgleich von Benachteiligungen in der beruflichen Laufbahn spezifische Vergünstigungen beizubehalten oder zu beschließen.

Artikel 158 (ex-Artikel 142 EGV)

Die Mitgliedstaaten sind bestrebt, die bestehende Gleichwertigkeit der Ordnungen über die bezahlte Freizeit beizubehalten.

Artikel 159 (ex-Artikel 143 EGV)

Die Kommission erstellt jährlich einen Bericht über den Stand der Verwirklichung der in Artikel 151 genannten Ziele sowie über die demografische Lage in der Union. Sie übermittelt diesen Bericht dem Europäischen Parlament, dem Rat und dem Wirtschafts- und Sozialausschuss.

Artikel 160 (ex-Artikel 144 EGV)

Der Rat, der mit einfacher Mehrheit beschließt, setzt nach Anhörung des Europäischen Parlaments einen Ausschuss für Sozialschutz mit beratender Aufgabe ein, um die Zusammenarbeit im Bereich des sozialen Schutzes zwischen den Mitgliedstaaten und mit der Kommission zu fördern. Der Ausschuss hat folgende Aufgaben:

- Er verfolgt die soziale Lage und die Entwicklung der Politiken im Bereich des sozialen Schutzes in den Mitgliedstaaten und der Union;
- er fördert den Austausch von Informationen, Erfahrungen und bewährten Verfahren zwischen den Mitgliedstaaten und mit der Kommission;
- unbeschadet des Artikels 240 arbeitet er auf Ersuchen des Rates oder der Kommission oder von sich aus in seinem Zuständigkeitsbereich Berichte aus, gibt Stellungnahmen ab oder wird auf andere Weise tätig.

Bei der Erfüllung seines Auftrags stellt der Ausschuss geeignete Kontakte zu den Sozialpartnern her.

Jeder Mitgliedstaat und die Kommission ernennen zwei Mitglieder des Ausschusses.

Artikel 161 (ex-Artikel 145 EGV)

Der Jahresbericht der Kommission an das Europäische Parlament hat stets ein besonderes Kapitel über die Entwicklung der sozialen Lage in der Union zu enthalten.

Das Europäische Parlament kann die Kommission auffordern, Berichte über besondere, die soziale Lage betreffende Fragen auszuarbeiten.

Titel XI: Der Europäische Sozialfonds

Artikel 162 (ex-Artikel 146 EGV)

Um die Beschäftigungsmöglichkeiten der Arbeitskräfte im Binnenmarkt zu verbessern und damit zur Hebung der Lebenshaltung beizutragen, wird nach Maßgabe der folgenden Bestimmungen ein Europäischer Sozialfonds errichtet, dessen Ziel es ist, innerhalb der Union die berufliche Verwendbarkeit und die örtliche und berufliche Mobilität der Arbeitskräfte zu fördern sowie die Anpassung an die industriellen Wandlungsprozesse und an Veränderungen der Produktionssysteme insbesondere durch berufliche Bildung und Umschulung zu erleichtern.

Artikel 163 (ex-Artikel 147 EGV)

Die Verwaltung des Fonds obliegt der Kommission.

Die Kommission wird hierbei von einem Ausschuss unterstützt, der aus Vertretern der Regierungen sowie der Arbeitgeber- und der Arbeitnehmerverbände besteht; den Vorsitz führt ein Mitglied der Kommission.

Artikel 164 (ex-Artikel 148 EGV)

Das Europäische Parlament und der Rat erlassen gemäß dem ordentlichen Gesetzgebungsverfahren und nach Anhörung des Wirtschafts- und Sozialausschusses sowie des Ausschusses der Regionen die den Europäischen Sozialfonds betreffenden Durchführungsverordnungen.

Titel XII: Allgemeine und berufliche Bildung, Jugend und Sport

Artikel 165 (ex-Artikel 149 EGV)

(1) Die Union trägt zur Entwicklung einer qualitativ hoch stehenden Bildung dadurch bei, dass sie die Zusammenarbeit zwischen den Mitgliedstaaten fördert und die Tätigkeit der Mitgliedstaaten unter strikter Beachtung der Verantwortung der Mitgliedstaaten für die Lehrinhalte und die Gestaltung des Bildungssystems sowie der Vielfalt ihrer Kulturen und Sprachen erforderlichenfalls unterstützt und ergänzt.

Die Union trägt zur Förderung der europäischen Dimension des Sports bei und berücksichtigt dabei dessen besondere Merkmale, dessen auf freiwilligem Engagement basierende Strukturen sowie dessen soziale und pädagogische Funktion.

(2) Die Tätigkeit der Union hat folgende Ziele:

- Entwicklung der europäischen Dimension im Bildungswesen, insbesondere durch Erlernen und Verbreitung der Sprachen der Mitgliedstaaten;
- Förderung der Mobilität von Lernenden und Lehrenden, auch durch die Förderung der akademischen Anerkennung der Diplome und Studienzeiten;
- Förderung der Zusammenarbeit zwischen den Bildungseinrichtungen;
- Ausbau des Informations- und Erfahrungsaustauschs über gemeinsame Probleme im Rahmen der Bildungssysteme der Mitgliedstaaten;
- Förderung des Ausbaus des Jugendaustauschs und des Austauschs sozialpädagogischer Betreuer und verstärkte Beteiligung der Jugendlichen am demokratischen Leben in Europa;
- Förderung der Entwicklung der Fernlehre;
- Entwicklung der europäischen Dimension des Sports durch Förderung der Fairness und der Offenheit von Sportwettkämpfen und der Zusammenarbeit zwischen den für den Sport verantwortlichen Organisationen sowie durch den Schutz der körperlichen und seelischen Unversehrtheit der Sportler, insbesondere der jüngeren Sportler.

(3) Die Union und die Mitgliedstaaten fördern die Zusammenarbeit mit dritten Ländern und den für den Bildungsbereich und den Sport zuständigen internationalen Organisationen, insbesondere dem Europarat.

(4) Als Beitrag zur Verwirklichung der Ziele dieses Artikels

- erlassen das Europäische Parlament und der Rat gemäß dem ordentlichen Gesetzgebungsverfahren und nach Anhörung des Wirtschafts- und Sozialausschusses und des Ausschusses der Regionen Fördermaßnahmen unter Ausschluss jeglicher Harmonisierung der Rechts- und Verwaltungsvorschriften der Mitgliedstaaten;
- erlässt der Rat auf Vorschlag der Kommission Empfehlungen.

Artikel 166 (ex-Artikel 150 EGV)

(1) Die Union führt eine Politik der beruflichen Bildung, welche die Maßnahmen der Mitgliedstaaten unter strikter Beachtung der Verantwortung der Mitgliedstaaten für Inhalt und Gestaltung der beruflichen Bildung unterstützt und ergänzt.

(2) Die Tätigkeit der Union hat folgende Ziele:

- Erleichterung der Anpassung an die industriellen Wandlungsprozesse, insbesondere durch berufliche Bildung und Umschulung;
- Verbesserung der beruflichen Erstausbildung und Weiterbildung zur Erleichterung der beruflichen Eingliederung und Wiedereingliederung in den Arbeitsmarkt;
- Erleichterung der Aufnahme einer beruflichen Bildung sowie Förderung der Mobilität der Ausbilder und der in beruflicher Bildung befindlichen Personen, insbesondere der Jugendlichen;
- Förderung der Zusammenarbeit in Fragen der beruflichen Bildung zwischen Unterrichtsanstalten und Unternehmen;
- Ausbau des Informations- und Erfahrungsaustauschs über gemeinsame Probleme im Rahmen der Berufsbildungssysteme der Mitgliedstaaten.

(3) Die Union und die Mitgliedstaaten fördern die Zusammenarbeit mit dritten Ländern und den für die berufliche Bildung zuständigen internationalen Organisationen.

(4) Das Europäische Parlament und der Rat erlassen gemäß dem ordentlichen Gesetzgebungsverfahren und nach Anhörung des Wirtschafts- und Sozialausschusses sowie des Ausschusses der Regionen Maßnahmen, die zur Verwirklichung der Ziele dieses Artikels beitragen,

unter Ausschluss jeglicher Harmonisierung der Rechts- und Verwaltungsvorschriften der Mitgliedstaaten, und der Rat erlässt auf Vorschlag der Kommission Empfehlungen.

Titel XIII: Kultur

Artikel 167 (ex-Artikel 151 EGV)

(1) Die Union leistet einen Beitrag zur Entfaltung der Kulturen der Mitgliedstaaten unter Wahrung ihrer nationalen und regionalen Vielfalt sowie gleichzeitiger Hervorhebung des gemeinsamen kulturellen Erbes.

(2) Die Union fördert durch ihre Tätigkeit die Zusammenarbeit zwischen den Mitgliedstaaten und unterstützt und ergänzt erforderlichenfalls deren Tätigkeit in folgenden Bereichen:
- Verbesserung der Kenntnis und Verbreitung der Kultur und Geschichte der europäischen Völker,
- Erhaltung und Schutz des kulturellen Erbes von europäischer Bedeutung,
- nichtkommerzieller Kulturaustausch,
- künstlerisches und literarisches Schaffen, einschließlich im audiovisuellen Bereich.

(3) Die Union und die Mitgliedstaaten fördern die Zusammenarbeit mit dritten Ländern und den für den Kulturbereich zuständigen internationalen Organisationen, insbesondere mit dem Europarat.

(4) Die Union trägt bei ihrer Tätigkeit aufgrund anderer Bestimmungen der Verträge den kulturellen Aspekten Rechnung, insbesondere zur Wahrung und Förderung der Vielfalt ihrer Kulturen.

(5) Als Beitrag zur Verwirklichung der Ziele dieses Artikels
- erlassen das Europäische Parlament und der Rat gemäß dem ordentlichen Gesetzgebungsverfahren und nach Anhörung des Ausschusses der Regionen Fördermaßnahmen unter Ausschluss jeglicher Harmonisierung der Rechts- und Verwaltungsvorschriften der Mitgliedstaaten.
- erlässt der Rat auf Vorschlag der Kommission Empfehlungen.

Titel XIV: Gesundheitswesen

Artikel 168 (ex-Artikel 152 EGV)

(1) Bei der Festlegung und Durchführung aller Unionspolitiken und -maßnahmen wird ein hohes Gesundheitsschutzniveau sichergestellt.

Die Tätigkeit der Union ergänzt die Politik der Mitgliedstaaten und ist auf die Verbesserung der Gesundheit der Bevölkerung, die Verhütung von Humankrankheiten und die Beseitigung von Ursachen für die Gefährdung der körperlichen und geistigen Gesundheit gerichtet. Sie umfasst die Bekämpfung der weit verbreiteten schweren Krankheiten, wobei die Erforschung der Ursachen, der Übertragung und der Verhütung dieser Krankheiten sowie Gesundheitsinformation und -erziehung gefördert werden; außerdem umfasst sie die Beobachtung, frühzeitige Meldung und Bekämpfung schwerwiegender grenzüberschreitender Gesundheitsgefahren.

Die Union ergänzt die Maßnahmen der Mitgliedstaaten zur Verringerung drogenkonsumbedingter Gesundheitsschäden einschließlich der Informations- und Vorbeugungsmaßnahmen.

(2) Die Union fördert die Zusammenarbeit zwischen den Mitgliedstaaten in den in diesem Artikel genannten Bereichen und unterstützt erforderlichenfalls deren Tätigkeit. Sie fördert insbesondere die Zusammenarbeit zwischen den Mitgliedstaaten, die darauf abzielt, die Komplementarität ihrer Gesundheitsdienste in den Grenzgebieten zu verbessern.

Die Mitgliedstaaten koordinieren untereinander im Benehmen mit der Kommission ihre Politiken und Programme in den in Absatz 1 genannten Bereichen. Die Kommission kann in enger Verbindung mit den Mitgliedstaaten alle Initiativen ergreifen, die dieser Koordinierung förderlich sind, insbesondere Initiativen, die darauf abzielen, Leitlinien und Indikatoren festzulegen, den Austausch bewährter Verfahren durchzuführen und die erforderlichen Elemente für eine regelmäßige Überwachung und Bewertung auszuarbeiten. Das Europäische Parlament wird in vollem Umfang unterrichtet.

(3) Die Union und die Mitgliedstaaten fördern die Zusammenarbeit mit dritten Ländern und den für das Gesundheitswesen zuständigen internationalen Organisationen.

(4) Abweichend von Artikel 2 Absatz 5 und Artikel 6 Buchstabe a tragen das Europäische Parlament und der Rat nach Artikel 4 Absatz 2 Buchstabe k gemäß dem ordentlichen Gesetzgebungsverfahren und nach Anhörung des Wirtschafts- und Sozialausschusses sowie des Ausschusses der Regionen mit folgenden Maßnahmen zur Verwirklichung der Ziele dieses Artikels bei, um den gemeinsamen Sicherheitsanliegen Rechnung zu tragen:

a) Maßnahmen zur Festlegung hoher Qualitäts- und Sicherheitsstandards für Organe und Substanzen menschlichen Ursprungs sowie für Blut und Blutderivate; diese Maßnahmen hindern die Mitgliedstaaten nicht daran, strengere Schutzmaßnahmen beizubehalten oder einzuführen;
b) Maßnahmen in den Bereichen Veterinärwesen und Pflanzenschutz, die unmittelbar den Schutz der Gesundheit der Bevölkerung zum Ziel haben;
c) Maßnahmen zur Festlegung hoher Qualitäts- und Sicherheitsstandards für Arzneimittel und Medizinprodukte.

(5) Das Europäische Parlament und der Rat können unter Ausschluss jeglicher Harmonisierung der Rechtsvorschriften der Mitgliedstaaten gemäß dem ordentlichen Gesetzgebungsverfahren und nach Anhörung des Wirtschafts- und Sozialausschusses und des Ausschusses der Regionen auch Fördermaßnahmen zum Schutz und zur Verbesserung der menschlichen Gesundheit sowie insbesondere zur Bekämpfung der weit verbreiteten schweren grenzüberschreitenden Krankheiten, Maßnahmen zur Beobachtung, frühzeitigen Meldung und Bekämpfung schwerwiegender grenzüberschreitender Gesundheitsgefahren sowie Maßnahmen, die unmittelbar den Schutz der Gesundheit der Bevölkerung vor Tabakkonsum und Alkoholmissbrauch zum Ziel haben, erlassen.

(6) Der Rat kann ferner auf Vorschlag der Kommission für die in diesem Artikel genannten Zwecke Empfehlungen erlassen.

(7) Bei der Tätigkeit der Union wird die Verantwortung der Mitgliedstaaten für die Festlegung ihrer Gesundheitspolitik sowie für die Organisation des Gesundheitswesens und die medizinische Versorgung gewahrt. Die Verantwortung der Mitgliedstaaten umfasst die Verwaltung des Gesundheitswesens und der medizinischen Versorgung sowie die Zuweisung der dafür bereitgestellten Mittel. Die Maßnahmen nach Absatz 4 Buchstabe a lassen die einzelstaatlichen Regelungen über die Spende oder die medizinische Verwendung von Organen und Blut unberührt.

Titel XV: Verbraucherschutz

Artikel 169 (ex-Artikel 153 EGV)

(1) Zur Förderung der Interessen der Verbraucher und zur Gewährleistung eines hohen Verbraucherschutzniveaus leistet die Union einen Beitrag zum Schutz der Gesundheit, der Sicherheit und der wirtschaftlichen Interessen der Verbraucher sowie zur Förderung ihres Rechtes auf Information, Erziehung und Bildung von Vereinigungen zur Wahrung ihrer Interessen.

(2) Die Union leistet einen Beitrag zur Erreichung der in Absatz 1 genannten Ziele durch

a) Maßnahmen, die sie im Rahmen der Verwirklichung des Binnenmarkts nach Artikel 114 erlässt;
b) Maßnahmen zur Unterstützung, Ergänzung und Überwachung der Politik der Mitgliedstaaten.

(3) Das Europäische Parlament und der Rat beschließen gemäß dem ordentlichen Gesetzgebungsverfahren und nach Anhörung des Wirtschafts- und Sozialausschusses die Maßnahmen nach Absatz 2 Buchstabe b.

(4) Die nach Absatz 3 beschlossenen Maßnahmen hindern die einzelnen Mitgliedstaaten nicht daran, strengere Schutzmaßnahmen beizubehalten oder zu ergreifen. Diese Maßnahmen müssen mit den Verträgen vereinbar sein. Sie werden der Kommission mitgeteilt.

Titel XVI: Transeuropäische Netze

Artikel 170 (ex-Artikel 154 EGV)

(1) Um einen Beitrag zur Verwirklichung der Ziele der Artikel 26 und 174 zu leisten und den Bürgern der Union, den Wirtschaftsbeteiligten sowie den regionalen und lokalen Gebietskörperschaften in vollem Umfang die Vorteile zugute kommen zu lassen, die sich aus der Schaffung eines Raumes ohne Binnengrenzen ergeben, trägt die Union zum Auf- und Ausbau transeuropäischer Netze in den Bereichen der Verkehrs-, Telekommunikations- und Energieinfrastruktur bei.

(2) Die Tätigkeit der Union zielt im Rahmen eines Systems offener und wettbewerbsorientierter Märkte auf die Förderung des Verbunds und der Interoperabilität der einzelstaatlichen Netze sowie des Zugangs zu diesen Netzen ab. Sie trägt insbesondere der Notwendigkeit Rechnung, insulare, eingeschlossene und am Rande gelegene Gebiete mit den zentralen Gebieten der Union zu verbinden.

Artikel 171 (ex-Artikel 155 EGV)

(1) Zur Erreichung der Ziele des Artikels 170 geht die Union wie folgt vor:

– Sie stellt eine Reihe von Leitlinien auf, in denen die Ziele, die Prioritäten und die Grundzüge der im Bereich der transeuropäischen Netze in Betracht gezogenen Aktionen erfasst werden; in diesen Leitlinien werden Vorhaben von gemeinsamem Interesse ausgewiesen;
– sie führt jede Aktion durch, die sich gegebenenfalls als notwendig erweist, um die Interoperabilität der Netze zu gewährleisten, insbesondere im Bereich der Harmonisierung der technischen Normen;
– sie kann von den Mitgliedstaaten unterstützte Vorhaben von gemeinsamem Interesse, die im Rahmen der Leitlinien gemäß dem ersten Gedankenstrich ausgewiesen sind, insbesondere in Form von Durchführbarkeitsstudien, Anleihebürgschaften oder Zinszuschüssen unterstützen; die Union kann auch über den nach Artikel 177 errichteten Kohäsionsfonds zu spezifischen Verkehrsinfrastrukturvorhaben in den Mitgliedstaaten finanziell beitragen.

Die Union berücksichtigt bei ihren Maßnahmen die potenzielle wirtschaftliche Lebensfähigkeit der Vorhaben.

(2) Die Mitgliedstaaten koordinieren untereinander in Verbindung mit der Kommission die einzelstaatlichen Politiken, die sich erheblich auf die Verwirklichung der Ziele des Artikels 170 auswirken können. Die Kommission kann in enger Zusammenarbeit mit den Mitgliedstaaten alle Initiativen ergreifen, die dieser Koordinierung förderlich sind.

(3) Die Union kann beschließen, mit dritten Ländern zur Förderung von Vorhaben von gemeinsamem Interesse sowie zur Sicherstellung der Interoperabilität der Netze zusammenzuarbeiten.

Artikel 172 (ex-Artikel 156 EGV)

Die Leitlinien und die übrigen Maßnahmen nach Artikel 171 Absatz 1 werden vom Europäischen Parlament und vom Rat gemäß dem ordentlichen Gesetzgebungsverfahren und nach Anhörung des Wirtschafts- und Sozialausschusses und des Ausschusses der Regionen festgelegt.

Leitlinien und Vorhaben von gemeinsamem Interesse, die das Hoheitsgebiet eines Mitgliedstaats betreffen, bedürfen der Billigung des betroffenen Mitgliedstaats.

Titel XVII: Industrie

Artikel 173 (ex-Artikel 157 EGV)

(1) Die Union und die Mitgliedstaaten sorgen dafür, dass die notwendigen Voraussetzungen für die Wettbewerbsfähigkeit der Industrie der Union gewährleistet sind.

Zu diesem Zweck zielt ihre Tätigkeit entsprechend einem System offener und wettbewerbsorientierter Märkte auf Folgendes ab:

- Erleichterung der Anpassung der Industrie an die strukturellen Veränderungen;
- Förderung eines für die Initiative und Weiterentwicklung der Unternehmen in der gesamten Union, insbesondere der kleinen und mittleren Unternehmen, günstigen Umfelds;
- Förderung eines für die Zusammenarbeit zwischen Unternehmen günstigen Umfelds;
- Förderung einer besseren Nutzung des industriellen Potenzials der Politik in den Bereichen Innovation, Forschung und technologische Entwicklung.

(2) Die Mitgliedstaaten konsultieren einander in Verbindung mit der Kommission und koordinieren, soweit erforderlich, ihre Maßnahmen. Die Kommission kann alle Initiativen ergreifen, die dieser Koordinierung förderlich sind, insbesondere Initiativen, die darauf abzielen, Leitlinien und Indikatoren festzulegen, den Austausch bewährter Verfahren durchzuführen und die erforderlichen Elemente für eine regelmäßige Überwachung und Bewertung auszuarbeiten. Das Europäische Parlament wird in vollem Umfang unterrichtet.

(3) Die Union trägt durch die Politik und die Maßnahmen, die sie aufgrund anderer Bestimmungen der Verträge durchführt, zur Erreichung der Ziele des Absatzes 1 bei. Das Europäische Parlament und der Rat können unter Ausschluss jeglicher Harmonisierung der Rechtsvorschriften der Mitgliedstaaten gemäß dem ordentlichen Gesetzgebungsverfahren und nach Anhörung des Wirtschafts- und Sozialausschusses spezifische Maßnahmen zur Unterstützung der in den Mitgliedstaaten durchgeführten Maßnahmen im Hinblick auf die Verwirklichung der Ziele des Absatzes 1 beschließen.

Dieser Titel bietet keine Grundlage dafür, dass die Union irgendeine Maßnahme einführt, die zu Wettbewerbsverzerrungen führen könnte oder steuerliche Vorschriften oder Bestimmungen betreffend die Rechte und Interessen der Arbeitnehmer enthält.

Titel XVIII: Wirtschaftlicher, sozialer und territorialer Zusammenhalt

Artikel 174 (ex-Artikel 158 EGV)

Die Union entwickelt und verfolgt weiterhin ihre Politik zur Stärkung ihres wirtschaftlichen, sozialen und territorialen Zusammenhalts, um eine harmonische Entwicklung der Union als Ganzes zu fördern.

Die Union setzt sich insbesondere zum Ziel, die Unterschiede im Entwicklungsstand der verschiedenen Regionen und den Rückstand der am stärksten benachteiligten Gebiete zu verringern.

Unter den betreffenden Gebieten gilt besondere Aufmerksamkeit den ländlichen Gebieten, den vom industriellen Wandel betroffenen Gebieten und den Gebieten mit schweren und dauerhaften natürlichen oder demografischen Nachteilen, wie den nördlichsten Regionen mit sehr geringer Bevölkerungsdichte sowie den Insel-, Grenz- und Bergregionen.

Artikel 175 (ex-Artikel 159 EGV)

Die Mitgliedstaaten führen und koordinieren ihre Wirtschaftspolitik in der Weise, dass auch die in Artikel 174 genannten Ziele erreicht werden. Die Festlegung und Durchführung der Politiken und Aktionen der Union sowie die Errichtung des Binnenmarkts berücksichtigen die Ziele des Artikels 174 und tragen zu deren Verwirklichung bei. Die Union unterstützt auch diese Bemühungen durch die Politik, die sie mit Hilfe der Strukturfonds (Europäischer Ausrichtungs- und Garantiefonds für die Landwirtschaft – Abteilung Ausrichtung, Europäischer Sozialfonds, Europäischer Fonds für regionale Entwicklung), der Europäischen Investitionsbank und der sonstigen vorhandenen Finanzierungsinstrumente führt.

Die Kommission erstattet dem Europäischen Parlament, dem Rat, dem Wirtschafts- und Sozialausschuss und dem Ausschuss der Regionen alle drei Jahre Bericht über die Fortschritte bei der Verwirklichung des wirtschaftlichen, sozialen und territorialen Zusammenhalts und über die Art und Weise, in der die in diesem Artikel vorgesehenen Mittel hierzu beigetragen haben. Diesem Bericht werden erforderlichenfalls entsprechende Vorschläge beigefügt.

Falls sich spezifische Aktionen außerhalb der Fonds und unbeschadet der im Rahmen der anderen Politiken der Union beschlossenen Maßnahmen als erforderlich erweisen, so können sie vom Europäischen Parlament und vom Rat gemäß dem ordentlichen Gesetzgebungsverfahren nach Anhörung des Wirtschafts- und Sozialausschusses und des Ausschusses der Regionen beschlossen werden.

Artikel 176 (ex-Artikel 160 EGV)

Aufgabe des Europäischen Fonds für regionale Entwicklung ist es, durch Beteiligung an der Entwicklung und an der strukturellen Anpassung der rückständigen Gebiete und an der Umstellung der Industriegebiete mit rückläufiger Entwicklung zum Ausgleich der wichtigsten regionalen Ungleichgewichte in der Union beizutragen.

Artikel 177 (ex-Artikel 161 EGV)

Unbeschadet des Artikels 178 legen das Europäische Parlament und der Rat durch Verordnungen gemäß dem ordentlichen Gesetzgebungsverfahren und nach Anhörung des Wirtschafts- und Sozialausschusses und des Ausschusses der Regionen die Aufgaben, die vorrangigen Ziele und die Organisation der Strukturfonds fest, was ihre Neuordnung einschließen kann. Nach demselben Verfahren werden ferner die für die Fonds geltenden allgemeinen Regeln sowie die Bestimmungen festgelegt, die zur Gewährleistung einer wirksamen Arbeitsweise und zur Koordinierung der Fonds sowohl untereinander als auch mit den anderen vorhandenen Finanzierungsinstrumenten erforderlich sind.

Ein nach demselben Verfahren errichteter Kohäsionsfonds trägt zu Vorhaben in den Bereichen Umwelt und transeuropäische Netze auf dem Gebiet der Verkehrsinfrastruktur finanziell bei.

Artikel 178 (ex-Artikel 162 EGV)

Die den Europäischen Fonds für regionale Entwicklung betreffenden Durchführungsverordnungen werden vom Europäischen Parlament und vom Rat gemäß dem ordentlichen Gesetzgebungsverfahren und nach Anhörung des Wirtschafts- und Sozialausschusses sowie des Ausschusses der Regionen gefasst.

Für den Europäischen Ausrichtungs- und Garantiefonds für die Landwirtschaft, Abteilung Ausrichtung, und den Europäischen Sozialfonds sind die Artikel 43 bzw. 164 weiterhin anwendbar.

Titel XIX: Forschung, technologische Entwicklung und Raumfahrt

Artikel 179 (ex-Artikel 163 EGV)

(1) Die Union hat zum Ziel, ihre wissenschaftlichen und technologischen Grundlagen dadurch zu stärken, dass ein europäischer Raum der Forschung geschaffen wird, in dem Freizügigkeit für Forscher herrscht und wissenschaftliche Erkenntnisse und Technologien frei ausgetauscht werden, die Entwicklung ihrer Wettbewerbsfähigkeit einschließlich der ihrer Industrie zu fördern sowie alle Forschungsmaßnahmen zu unterstützen, die aufgrund anderer Kapitel der Verträge für erforderlich gehalten werden.

(2) In diesem Sinne unterstützt sie in der gesamten Union die Unternehmen – einschließlich der kleinen und mittleren Unternehmen –, die Forschungszentren und die Hochschulen bei ihren Bemühungen auf dem Gebiet der Forschung und technologischen Entwicklung von hoher

Qualität; sie fördert ihre Zusammenarbeitsbestrebungen, damit vor allem die Forscher ungehindert über die Grenzen hinweg zusammenarbeiten und die Unternehmen die Möglichkeiten des Binnenmarkts in vollem Umfang nutzen können, und zwar insbesondere durch Öffnen des einzelstaatlichen öffentlichen Auftragswesens, Festlegung gemeinsamer Normen und Beseitigung der dieser Zusammenarbeit entgegenstehenden rechtlichen und steuerlichen Hindernisse.

(3) Alle Maßnahmen der Union aufgrund der Verträge auf dem Gebiet der Forschung und der technologischen Entwicklung einschließlich der Demonstrationsvorhaben werden nach Maßgabe dieses Titels beschlossen und durchgeführt.

Artikel 180 (ex-Artikel 164 EGV)

Zur Erreichung dieser Ziele trifft die Union folgende Maßnahmen, welche die in den Mitgliedstaaten durchgeführten Aktionen ergänzen:

a) Durchführung von Programmen für Forschung, technologische Entwicklung und Demonstration unter Förderung der Zusammenarbeit mit und zwischen Unternehmen, Forschungszentren und Hochschulen;

b) Förderung der Zusammenarbeit mit dritten Ländern und internationalen Organisationen auf dem Gebiet der Forschung, technologischen Entwicklung und Demonstration der Union;

c) Verbreitung und Auswertung der Ergebnisse der Tätigkeiten auf dem Gebiet der Forschung, technologischen Entwicklung und Demonstration der Union;

d) Förderung der Ausbildung und der Mobilität der Forscher aus der Union.

Artikel 181 (ex-Artikel 165 EGV)

(1) Die Union und die Mitgliedstaaten koordinieren ihre Tätigkeiten auf dem Gebiet der Forschung und der technologischen Entwicklung, um die Kohärenz der einzelstaatlichen Politiken und der Politik der Union sicherzustellen.

(2) Die Kommission kann in enger Zusammenarbeit mit den Mitgliedstaaten alle Initiativen ergreifen, die der Koordinierung nach Absatz 1 förderlich sind, insbesondere Initiativen, die darauf abzielen, Leitlinien und Indikatoren festzulegen, den Austausch bewährter Verfahren durchzuführen und die erforderlichen Elemente für eine regelmäßige Überwachung und Bewertung auszuarbeiten. Das Europäische Parlament wird in vollem Umfang unterrichtet.

Artikel 182 (ex-Artikel 166 EGV)

(1) Das Europäische Parlament und der Rat stellen gemäß dem ordentlichen Gesetzgebungsverfahren und nach Anhörung des Wirtschafts- und Sozialausschusses ein mehrjähriges Rahmenprogramm auf, in dem alle Aktionen der Union zusammengefasst werden.

In dem Rahmenprogramm werden

- die wissenschaftlichen und technologischen Ziele, die mit den Maßnahmen nach Artikel 180 erreicht werden sollen, sowie die jeweiligen Prioritäten festgelegt;
- die Grundzüge dieser Maßnahmen angegeben;
- der Gesamthöchstbetrag und die Einzelheiten der finanziellen Beteiligung der Union am Rahmenprogramm sowie die jeweiligen Anteile der vorgesehenen Maßnahmen festgelegt.

(2) Das Rahmenprogramm wird je nach Entwicklung der Lage angepasst oder ergänzt.

(3) Die Durchführung des Rahmenprogramms erfolgt durch spezifische Programme, die innerhalb einer jeden Aktion entwickelt werden. In jedem spezifischen Programm werden die Einzelheiten seiner Durchführung, seine Laufzeit und die für notwendig erachteten Mittel festgelegt. Die Summe der in den spezifischen Programmen für notwendig erachteten Beträge darf den für das Rahmenprogramm und für jede Aktion festgesetzten Gesamthöchstbetrag nicht überschreiten.

(4) Die spezifischen Programme werden vom Rat gemäß einem besonderen Gesetzgebungsverfahren nach Anhörung des Europäischen Parlaments und des Wirtschafts- und Sozialausschusses beschlossen.

(5) Ergänzend zu den in dem mehrjährigen Rahmenprogramm vorgesehenen Aktionen erlassen das Europäische Parlament und der Rat gemäß dem ordentlichen Gesetzgebungsverfahren und nach Anhörung des Wirtschafts- und Sozialausschusses die Maßnahmen, die für die Verwirklichung des Europäischen Raums der Forschung notwendig sind.

Artikel 183 (ex-Artikel 167 EGV)

Zur Durchführung des mehrjährigen Rahmenprogramms legt die Union Folgendes fest:

– die Regeln für die Beteiligung der Unternehmen, der Forschungszentren und der Hochschulen;
– die Regeln für die Verbreitung der Forschungsergebnisse.

Artikel 184 (ex-Artikel 168 EGV)

Bei der Durchführung des mehrjährigen Rahmenprogramms können Zusatzprogramme beschlossen werden, an denen nur bestimmte Mitgliedstaaten teilnehmen, die sie vorbehaltlich einer etwaigen Beteiligung der Union auch finanzieren.

Die Union legt die Regeln für die Zusatzprogramme fest, insbesondere hinsichtlich der Verbreitung der Kenntnisse und des Zugangs anderer Mitgliedstaaten.

Artikel 185 (ex-Artikel 169 EGV)

Die Union kann im Einvernehmen mit den betreffenden Mitgliedstaaten bei der Durchführung des mehrjährigen Rahmenprogramms eine Beteiligung an Forschungs- und Entwicklungsprogrammen mehrerer Mitgliedstaaten, einschließlich der Beteiligung an den zu ihrer Durchführung geschaffenen Strukturen, vorsehen.

Artikel 186 (ex-Artikel 170 EGV)

Die Union kann bei der Durchführung des mehrjährigen Rahmenprogramms eine Zusammenarbeit auf dem Gebiet der Forschung, technologischen Entwicklung und Demonstration der Union mit dritten Ländern oder internationalen Organisationen vorsehen.

Die Einzelheiten dieser Zusammenarbeit können Gegenstand von Abkommen zwischen der Union und den betreffenden dritten Parteien sein.

Artikel 187 (ex-Artikel 171 EGV)

Die Union kann gemeinsame Unternehmen gründen oder andere Strukturen schaffen, die für die ordnungsgemäße Durchführung der Programme für Forschung, technologische Entwicklung und Demonstration der Union erforderlich sind.

Artikel 188 (ex-Artikel 172)

Der Rat legt auf Vorschlag der Kommission und nach Anhörung des Europäischen Parlaments und des Wirtschafts- und Sozialausschusses die in Artikel 187 vorgesehenen Bestimmungen fest.

Das Europäische Parlament und der Rat legen gemäß dem ordentlichen Gesetzgebungsverfahren und nach Anhörung des Wirtschafts- und Sozialausschusses die in den Artikeln 183, 184 und 185 vorgesehenen Bestimmungen fest. Für die Verabschiedung der Zusatzprogramme ist die Zustimmung der daran beteiligten Mitgliedstaaten erforderlich.

Artikel 189

(1) Zur Förderung des wissenschaftlichen und technischen Fortschritts, der Wettbewerbsfähigkeit der Industrie und der Durchführung ihrer Politik arbeitet die Union eine europäische Raumfahrtpolitik aus. Sie kann zu diesem Zweck gemeinsame Initiativen fördern, die Forschung und technologische Entwicklung unterstützen und die Anstrengungen zur Erforschung und Nutzung des Weltraums koordinieren.

(2) Als Beitrag zur Erreichung der Ziele des Absatzes 1 werden vom Europäischen Parlament und vom Rat unter Ausschluss jeglicher Harmonisierung der Rechtsvorschriften der Mitgliedstaaten gemäß dem ordentlichen Gesetzgebungsverfahren die notwendigen Maßnahmen erlassen, was in Form eines europäischen Raumfahrtprogramms geschehen kann.

(3) Die Union stellt die zweckdienlichen Verbindungen zur Europäischen Weltraumorganisation her.

(4) Dieser Artikel gilt unbeschadet der sonstigen Bestimmungen dieses Titels.

Artikel 190 (ex-Artikel 173 EGV)

Zu Beginn jedes Jahres unterbreitet die Kommission dem Europäischen Parlament und dem Rat einen Bericht. Dieser Bericht erstreckt sich insbesondere auf die Tätigkeiten auf dem Gebiet der Forschung und technologischen Entwicklung und der Verbreitung der Ergebnisse dieser Tätigkeiten während des Vorjahres sowie auf das Arbeitsprogramm des laufenden Jahres.

Titel XX: Umwelt

Artikel 191 (ex-Artikel 174 EGV)

(1) Die Umweltpolitik der Union trägt zur Verfolgung der nachstehenden Ziele bei:

- Erhaltung und Schutz der Umwelt sowie Verbesserung ihrer Qualität;
- Schutz der menschlichen Gesundheit;
- umsichtige und rationelle Verwendung der natürlichen Ressourcen;
- Förderung von Maßnahmen auf internationaler Ebene zur Bewältigung regionaler oder globaler Umweltprobleme und insbesondere zur Bekämpfung des Klimawandels.

(2) Die Umweltpolitik der Union zielt unter Berücksichtigung der unterschiedlichen Gegebenheiten in den einzelnen Regionen der Union auf ein hohes Schutzniveau ab. Sie beruht auf den Grundsätzen der Vorsorge und Vorbeugung, auf dem Grundsatz, Umweltbeeinträchtigungen mit Vorrang an ihrem Ursprung zu bekämpfen, sowie auf dem Verursacherprinzip.

Im Hinblick hierauf umfassen die den Erfordernissen des Umweltschutzes entsprechenden Harmonisierungsmaßnahmen gegebenenfalls eine Schutzklausel, mit der die Mitgliedstaaten ermächtigt werden, aus nicht wirtschaftlich bedingten umweltpolitischen Gründen vorläufige Maßnahmen zu treffen, die einem Kontrollverfahren der Union unterliegen.

(3) Bei der Erarbeitung ihrer Umweltpolitik berücksichtigt die Union

- die verfügbaren wissenschaftlichen und technischen Daten;
- die Umweltbedingungen in den einzelnen Regionen der Union;
- die Vorteile und die Belastung aufgrund des Tätigwerdens bzw. eines Nichttätigwerdens;
- die wirtschaftliche und soziale Entwicklung der Union insgesamt sowie die ausgewogene Entwicklung ihrer Regionen.

(4) Die Union und die Mitgliedstaaten arbeiten im Rahmen ihrer jeweiligen Befugnisse mit dritten Ländern und den zuständigen internationalen Organisationen zusammen. Die Einzelheiten der Zusammenarbeit der Union können Gegenstand von Abkommen zwischen dieser und den betreffenden dritten Parteien sein.

Unterabsatz 1 berührt nicht die Zuständigkeit der Mitgliedstaaten, in internationalen Gremien zu verhandeln und internationale Abkommen zu schließen.

Artikel 192 (ex-Artikel 175 EGV)

(1) Das Europäische Parlament und der Rat beschließen gemäß dem ordentlichen Gesetzgebungsverfahren und nach Anhörung des Wirtschafts- und Sozialausschusses sowie des Ausschusses der Regionen über das Tätigwerden der Union zur Erreichung der in Artikel 191 genannten Ziele.

(2) Abweichend von dem Beschlussverfahren des Absatzes 1 und unbeschadet des Artikels 114 erlässt der Rat gemäß einem besonderen Gesetzgebungsverfahren nach Anhörung des Europäischen Parlaments, des Wirtschafts- und Sozialausschusses sowie des Ausschusses der Regionen einstimmig

a) Vorschriften überwiegend steuerlicher Art;
b) Maßnahmen, die
   – die Raumordnung berühren,
   – die mengenmäßige Bewirtschaftung der Wasserressourcen berühren oder die Verfügbarkeit dieser Ressourcen mittelbar oder unmittelbar betreffen,
   – die Bodennutzung mit Ausnahme der Abfallbewirtschaftung berühren;
c) Maßnahmen, welche die Wahl eines Mitgliedstaats zwischen verschiedenen Energiequellen und die allgemeine Struktur seiner Energieversorgung erheblich berühren.

Der Rat kann auf Vorschlag der Kommission und nach Anhörung des Europäischen Parlaments, des Wirtschafts- und Sozialausschusses und des Ausschusses der Regionen einstimmig festlegen, dass für die in Unterabsatz 1 genannten Bereiche das ordentliche Gesetzgebungsverfahren gilt.

(3) Das Europäische Parlament und der Rat beschließen gemäß dem ordentlichen Gesetzgebungsverfahren und nach Anhörung des Wirtschafts- und Sozialausschusses sowie des Ausschusses der Regionen allgemeine Aktionsprogramme, in denen die vorrangigen Ziele festgelegt werden.

Die zur Durchführung dieser Programme erforderlichen Maßnahmen werden, je nach Fall, nach dem in Absatz 1 beziehungsweise Absatz 2 vorgesehenen Verfahren erlassen.

(4) Unbeschadet bestimmter Maßnahmen der Union tragen die Mitgliedstaaten für die Finanzierung und Durchführung der Umweltpolitik Sorge.

(5) Sofern eine Maßnahme nach Absatz 1 mit unverhältnismäßig hohen Kosten für die Behörden eines Mitgliedstaats verbunden ist, werden darin unbeschadet des Verursacherprinzips geeignete Bestimmungen in folgender Form vorgesehen:

– vorübergehende Ausnahmeregelungen und/oder
– eine finanzielle Unterstützung aus dem nach Artikel 177 errichteten Kohäsionsfonds.

Artikel 193 (ex-Artikel 176 EGV)

Die Schutzmaßnahmen, die aufgrund des Artikels 192 getroffen werden, hindern die einzelnen Mitgliedstaaten nicht daran, verstärkte Schutzmaßnahmen beizubehalten oder zu ergreifen. Die betreffenden Maßnahmen müssen mit den Verträgen vereinbar sein. Sie werden der Kommission notifiziert.

Titel XXI: Energie

Artikel 194

(1) Die Energiepolitik der Union verfolgt im Geiste der Solidarität zwischen den Mitgliedstaaten im Rahmen der Verwirklichung oder des Funktionierens des Binnenmarkts und unter Berücksichtigung der Notwendigkeit der Erhaltung und Verbesserung der Umwelt folgende Ziele:

a) Sicherstellung des Funktionierens des Energiemarkts;
b) Gewährleistung der Energieversorgungssicherheit in der Union;

c) Förderung der Energieeffizienz und von Energieeinsparungen sowie Entwicklung neuer und erneuerbarer Energiequellen und

d) Förderung der Interkonnektion der Energienetze.

(2) Unbeschadet der Anwendung anderer Bestimmungen der Verträge erlassen das Europäische Parlament und der Rat gemäß dem ordentlichen Gesetzgebungsverfahren die Maßnahmen, die erforderlich sind, um die Ziele nach Absatz 1 zu verwirklichen. Der Erlass dieser Maßnahmen erfolgt nach Anhörung des Wirtschafts- und Sozialausschusses und des Ausschusses der Regionen.

Diese Maßnahmen berühren unbeschadet des Artikels 192 Absatz 2 Buchstabe c nicht das Recht eines Mitgliedstaats, die Bedingungen für die Nutzung seiner Energieressourcen, seine Wahl zwischen verschiedenen Energiequellen und die allgemeine Struktur seiner Energieversorgung zu bestimmen.

(3) Abweichend von Absatz 2 erlässt der Rat die darin genannten Maßnahmen gemäß einem besonderen Gesetzgebungsverfahren einstimmig nach Anhörung des Europäischen Parlaments, wenn sie überwiegend steuerlicher Art sind.

Titel XXII: Tourismus

Artikel 195

(1) Die Union ergänzt die Maßnahmen der Mitgliedstaaten im Tourismussektor, insbesondere durch die Förderung der Wettbewerbsfähigkeit der Unternehmen der Union in diesem Sektor.

Die Union verfolgt zu diesem Zweck mit ihrer Tätigkeit das Ziel,

a) die Schaffung eines günstigen Umfelds für die Entwicklung der Unternehmen in diesem Sektor anzuregen;

b) die Zusammenarbeit zwischen den Mitgliedstaaten insbesondere durch den Austausch bewährter Praktiken zu unterstützen.

(2) Das Europäische Parlament und der Rat erlassen unter Ausschluss jeglicher Harmonisierung der Rechtsvorschriften der Mitgliedstaaten gemäß dem ordentlichen Gesetzgebungsverfahren die spezifischen Maßnahmen zur Ergänzung der Maßnahmen, die die Mitgliedstaaten zur Verwirklichung der in diesem Artikel genannten Ziele durchführen.

Titel XXIII: Katastrophenschutz

Artikel 196

(1) Die Union fördert die Zusammenarbeit zwischen den Mitgliedstaaten, um die Systeme zur Verhütung von Naturkatastrophen oder von vom Menschen verursachten Katastrophen und zum Schutz vor solchen Katastrophen wirksamer zu gestalten.

Die Tätigkeit der Union hat folgende Ziele:

a) Unterstützung und Ergänzung der Tätigkeit der Mitgliedstaaten auf nationaler, regionaler und kommunaler Ebene im Hinblick auf die Risikoprävention, auf die Ausbildung der in den Mitgliedstaaten am Katastrophenschutz Beteiligten und auf Einsätze im Falle von Naturkatastrophen oder von vom Menschen verursachten Katastrophen in der Union;

b) Förderung einer schnellen und effizienten Zusammenarbeit in der Union zwischen den einzelstaatlichen Katastrophenschutzstellen;

c) Verbesserung der Kohärenz der Katastrophenschutzmaßnahmen auf internationaler Ebene.

(2) Das Europäische Parlament und der Rat erlassen unter Ausschluss jeglicher Harmonisierung der Rechtsvorschriften der Mitgliedstaaten gemäß dem ordentlichen Gesetzgebungsverfahren die erforderlichen Maßnahmen zur Verfolgung der Ziele des Absatzes 1.

Titel XXIV: Verwaltungszusammenarbeit

Artikel 197

(1) Die für das ordnungsgemäße Funktionieren der Union entscheidende effektive Durchführung des Unionsrechts durch die Mitgliedstaaten ist als Frage von gemeinsamem Interesse anzusehen.

(2) Die Union kann die Mitgliedstaaten in ihren Bemühungen um eine Verbesserung der Fähigkeit ihrer Verwaltung zur Durchführung des Unionsrechts unterstützen. Dies kann insbesondere die Erleichterung des Austauschs von Informationen und von Beamten sowie die Unterstützung von Aus- und Weiterbildungsprogrammen beinhalten. Die Mitgliedstaaten müssen diese Unterstützung nicht in Anspruch nehmen. Das Europäische Parlament und der Rat erlassen die erforderlichen Maßnahmen unter Ausschluss jeglicher Harmonisierung der Rechtsvorschriften der Mitgliedstaaten durch Verordnungen gemäß dem ordentlichen Gesetzgebungsverfahren.

(3) Dieser Artikel berührt weder die Verpflichtung der Mitgliedstaaten, das Unionsrecht durchzuführen, noch die Befugnisse und Pflichten der Kommission. Er berührt auch nicht die übrigen Bestimmungen der Verträge, in denen eine Verwaltungszusammenarbeit unter den Mitgliedstaaten sowie zwischen diesen und der Union vorgesehen ist.

Vierter Teil: Die Assoziierung der überseeischen Länder und Hoheitsgebiete

Artikel 198 (ex-Artikel 182 EGV)

Die Mitgliedstaaten kommen überein, die außereuropäischen Länder und Hoheitsgebiete, die mit Dänemark, Frankreich, den Niederlanden und dem Vereinigten Königreich besondere Beziehungen unterhalten, der Union zu assoziieren. Diese Länder und Hoheitsgebiete, im Folgenden als „Länder und Hoheitsgebiete" bezeichnet, sind in Anhang II aufgeführt.

Ziel der Assoziierung ist die Förderung der wirtschaftlichen und sozialen Entwicklung der Länder und Hoheitsgebiete und die Herstellung enger Wirtschaftsbeziehungen zwischen ihnen und der gesamten Union.

Entsprechend den in der Präambel dieses Vertrags aufgestellten Grundsätzen soll die Assoziierung in erster Linie den Interessen der Einwohner dieser Länder und Hoheitsgebiete dienen und ihren Wohlstand fördern, um sie der von ihnen erstrebten wirtschaftlichen, sozialen und kulturellen Entwicklung entgegenzuführen.

Artikel 199 (ex-Artikel 183 EGV)

Mit der Assoziierung werden folgende Zwecke verfolgt:

1. Die Mitgliedstaaten wenden auf ihren Handelsverkehr mit den Ländern und Hoheitsgebieten das System an, das sie aufgrund der Verträge untereinander anwenden.
2. Jedes Land oder Hoheitsgebiet wendet auf seinen Handelsverkehr mit den Mitgliedstaaten und den anderen Ländern und Hoheitsgebieten das System an, das es auf den europäischen Staat anwendet, mit dem es besondere Beziehungen unterhält.
3. Die Mitgliedstaaten beteiligen sich an den Investitionen, welche die fortschreitende Entwicklung dieser Länder und Hoheitsgebiete erfordert.
4. Bei Ausschreibungen und Lieferungen für Investitionen, die von der Union finanziert werden, steht die Beteiligung zu gleichen Bedingungen allen natürlichen und juristischen Personen offen, welche die Staatsangehörigkeit der Mitgliedstaaten oder der Länder oder Hoheitsgebiete besitzen.
5. Soweit aufgrund des Artikels 203 nicht Sonderregelungen getroffen werden, gelten zwischen den Mitgliedstaaten und den Ländern und Hoheitsgebieten für das Niederlassungs-

recht ihrer Staatsangehörigen und Gesellschaften die Bestimmungen und Verfahrensregeln des Kapitels Niederlassungsfreiheit, und zwar unter Ausschluss jeder Diskriminierung.

Artikel 200 (ex-Artikel 184 EGV)

(1) Zölle bei der Einfuhr von Waren aus den Ländern und Hoheitsgebieten in die Mitgliedstaaten sind verboten; dies geschieht nach Maßgabe des in den Verträgen vorgesehenen Verbots von Zöllen zwischen den Mitgliedstaaten.

(2) In jedem Land und Hoheitsgebiet sind Zölle bei der Einfuhr von Waren aus den Mitgliedstaaten und den anderen Ländern und Hoheitsgebieten nach Maßgabe des Artikels 30 verboten.

(3) Die Länder und Hoheitsgebiete können jedoch Zölle erheben, die den Erfordernissen ihrer Entwicklung und Industrialisierung entsprechen oder als Finanzzölle der Finanzierung ihres Haushalts dienen.

Die in Unterabsatz 1 genannten Zölle dürfen nicht höher sein als diejenigen, die für die Einfuhr von Waren aus dem Mitgliedstaat gelten, mit dem das entsprechende Land oder Hoheitsgebiet besondere Beziehungen unterhält.

(4) Absatz 2 gilt nicht für die Länder und Hoheitsgebiete, die aufgrund besonderer internationaler Verpflichtungen bereits einen nichtdiskriminierenden Zolltarif anwenden.

(5) Die Festlegung oder Änderung der Zollsätze für Waren, die in die Länder und Hoheitsgebiete eingeführt werden, darf weder rechtlich noch tatsächlich zu einer mittelbaren oder unmittelbaren Diskriminierung zwischen den Einfuhren aus den einzelnen Mitgliedstaaten führen.

Artikel 201 (ex-Artikel 185 EGV)

Ist die Höhe der Zollsätze, die bei der Einfuhr in ein Land oder Hoheitsgebiet für Waren aus einem dritten Land gelten, bei Anwendung des Artikels 200 Absatz 1 geeignet, Verkehrsverlagerungen zum Nachteil eines Mitgliedstaats hervorzurufen, so kann dieser die Kommission ersuchen, den anderen Mitgliedstaaten die erforderlichen Abhilfemaßnahmen vorzuschlagen.

Artikel 202 (ex-Artikel 186 EGV)

Vorbehaltlich der Bestimmungen über die Volksgesundheit und die öffentliche Sicherheit und Ordnung werden für die Freizügigkeit der Arbeitskräfte aus den Ländern und Hoheitsgebieten in den Mitgliedstaaten und der Arbeitskräfte aus den Mitgliedstaaten in den Ländern und Hoheitsgebieten Rechtsakte nach Artikel 203 erlassen.

Artikel 203 (ex-Artikel 187 EGV)

Der Rat erlässt einstimmig auf Vorschlag der Kommission und aufgrund der im Rahmen der Assoziierung der Länder und Hoheitsgebiete an die Union erzielten Ergebnisse und der Grundsätze der Verträge die Bestimmungen über die Einzelheiten und das Verfahren für die Assoziierung der Länder und Hoheitsgebiete an die Union. Werden diese Bestimmungen vom Rat gemäß einem besonderen Gesetzgebungsverfahren angenommen, so beschließt er einstimmig auf Vorschlag der Kommission nach Anhörung des Europäischen Parlaments.

Artikel 204 (ex-Artikel 188 EGV)

Die Artikel 198 bis 203 sind auf Grönland anwendbar, vorbehaltlich der spezifischen Bestimmungen für Grönland in dem Protokoll über die Sonderregelung für Grönland im Anhang zu den Verträgen.

Fünfter Teil: Das auswärtige Handeln der Union

Titel I: Allgemeine Bestimmungen über das auswärtige Handeln der Union

Artikel 205

Das Handeln der Union auf internationaler Ebene im Rahmen dieses Teils wird von den Grundsätzen bestimmt, von den Zielen geleitet und an den allgemeinen Bestimmungen ausgerichtet, die in Titel V Kapitel 1 des Vertrags über die Europäische Union niedergelegt sind.

Titel II: Gemeinsame Handelspolitik

Artikel 206 (ex-Artikel 131 EGV)

Durch die Schaffung einer Zollunion nach den Artikeln 28 bis 32 trägt die Union im gemeinsamen Interesse zur harmonischen Entwicklung des Welthandels, zur schrittweisen Beseitigung der Beschränkungen im internationalen Handelsverkehr und bei den ausländischen Direktinvestitionen sowie zum Abbau der Zollschranken und anderer Schranken bei.

Artikel 207 (ex-Artikel 133 EGV)

(1) Die gemeinsame Handelspolitik wird nach einheitlichen Grundsätzen gestaltet; dies gilt insbesondere für die Änderung von Zollsätzen, für den Abschluss von Zoll- und Handelsabkommen, die den Handel mit Waren und Dienstleistungen betreffen, und für die Handelsaspekte des geistigen Eigentums, die ausländischen Direktinvestitionen, die Vereinheitlichung der Liberalisierungsmaßnahmen, die Ausfuhrpolitik sowie die handelspolitischen Schutzmaßnahmen, zum Beispiel im Fall von Dumping und Subventionen. Die gemeinsame Handelspolitik wird im Rahmen der Grundsätze und Ziele des auswärtigen Handelns der Union gestaltet.

(2) Das Europäische Parlament und der Rat erlassen durch Verordnungen gemäß dem ordentlichen Gesetzgebungsverfahren die Maßnahmen, mit denen der Rahmen für die Umsetzung der gemeinsamen Handelspolitik bestimmt wird.

(3) Sind mit einem oder mehreren Drittländern oder internationalen Organisationen Abkommen auszuhandeln und zu schließen, so findet Artikel 218 vorbehaltlich der besonderen Bestimmungen dieses Artikels Anwendung.

Die Kommission legt dem Rat Empfehlungen vor; dieser ermächtigt die Kommission zur Aufnahme der erforderlichen Verhandlungen. Der Rat und die Kommission haben dafür Sorge zu tragen, dass die ausgehandelten Abkommen mit der internen Politik und den internen Vorschriften der Union vereinbar sind.

Die Kommission führt diese Verhandlungen im Benehmen mit einem zu ihrer Unterstützung vom Rat bestellten Sonderausschuss und nach Maßgabe der Richtlinien, die ihr der Rat erteilen kann. Die Kommission erstattet dem Sonderausschuss sowie dem Europäischen Parlament regelmäßig Bericht über den Stand der Verhandlungen.

(4) Über die Aushandlung und den Abschluss der in Absatz 3 genannten Abkommen beschließt der Rat mit qualifizierter Mehrheit.

Über die Aushandlung und den Abschluss eines Abkommens über den Dienstleistungsverkehr, über Handelsaspekte des geistigen Eigentums oder über ausländische Direktinvestitionen beschließt der Rat einstimmig, wenn das betreffende Abkommen Bestimmungen enthält, bei denen für die Annahme interner Vorschriften Einstimmigkeit erforderlich ist.

Der Rat beschließt ebenfalls einstimmig über die Aushandlung und den Abschluss von Abkommen in den folgenden Bereichen:

a) Handel mit kulturellen und audiovisuellen Dienstleistungen, wenn diese Abkommen die kulturelle und sprachliche Vielfalt in der Union beeinträchtigen könnten;

b) Handel mit Dienstleistungen des Sozial-, des Bildungs- und des Gesundheitssektors, wenn diese Abkommen die einzelstaatliche Organisation dieser Dienstleistungen ernsthaft stören und die Verantwortlichkeit der Mitgliedstaaten für ihre Erbringung beinträchtigen könnten.

(5) Für die Aushandlung und den Abschluss von internationalen Abkommen im Bereich des Verkehrs gelten der Dritte Teil Titel VI sowie Artikel 218.

(6) Die Ausübung der durch diesen Artikel übertragenen Zuständigkeiten im Bereich der gemeinsamen Handelspolitik hat keine Auswirkungen auf die Abgrenzung der Zuständigkeiten zwischen der Union und den Mitgliedstaaten und führt nicht zu einer Harmonisierung der Rechtsvorschriften der Mitgliedstaaten, soweit eine solche Harmonisierung in den Verträgen ausgeschlossen wird.

Titel III: Zusammenarbeit mit Drittländern und humanitäre Hilfe

Kapitel 1: Entwicklungszusammenarbeit

Artikel 208 (ex-Artikel 177 EGV)

(1) Die Politik der Union auf dem Gebiet der Entwicklungszusammenarbeit wird im Rahmen der Grundsätze und Ziele des auswärtigen Handelns der Union durchgeführt. Die Politik der Union und die Politik der Mitgliedstaaten auf dem Gebiet der Entwicklungszusammenarbeit ergänzen und verstärken sich gegenseitig.

Hauptziel der Unionspolitik in diesem Bereich ist die Bekämpfung und auf längere Sicht die Beseitigung der Armut. Bei der Durchführung politischer Maßnahmen, die sich auf die Entwicklungsländer auswirken können, trägt die Union den Zielen der Entwicklungszusammenarbeit Rechnung.

(2) Die Union und die Mitgliedstaaten kommen den im Rahmen der Vereinten Nationen und anderer zuständiger internationaler Organisationen gegebenen Zusagen nach und berücksichtigen die in diesem Rahmen gebilligten Zielsetzungen.

Artikel 209 (ex-Artikel 179 EGV)

(1) Das Europäische Parlament und der Rat erlassen gemäß dem ordentlichen Gesetzgebungsverfahren die zur Durchführung der Politik im Bereich der Entwicklungszusammenarbeit erforderlichen Maßnahmen; diese Maßnahmen können Mehrjahresprogramme für die Zusammenarbeit mit Entwicklungsländern oder thematische Programme betreffen.

(2) Die Union kann mit Drittländern und den zuständigen internationalen Organisationen alle Übereinkünfte schließen, die zur Verwirklichung der Ziele des Artikels 21 des Vertrags über die Europäische Union und des Artikels 208 dieses Vertrags beitragen.

Unterabsatz 1 berührt nicht die Zuständigkeit der Mitgliedstaaten, in internationalen Gremien zu verhandeln und Übereinkünfte zu schließen.

(3) Die Europäische Investitionsbank trägt nach Maßgabe ihrer Satzung zur Durchführung der Maßnahmen im Sinne des Absatzes 1 bei.

Artikel 210 (ex-Artikel 180 EGV)

(1) Die Union und die Mitgliedstaaten koordinieren ihre Politik auf dem Gebiet der Entwicklungszusammenarbeit und stimmen ihre Hilfsprogramme aufeinander ab, auch in internationalen Organisationen und auf internationalen Konferenzen, damit ihre Maßnahmen einander besser ergänzen und wirksamer sind. Sie können gemeinsame Maßnahmen ergreifen. Die Mitgliedstaaten tragen erforderlichenfalls zur Durchführung der Hilfsprogramme der Union bei.

(2) Die Kommission kann alle Initiativen ergreifen, die der in Absatz 1 genannten Koordinierung förderlich sind.

Artikel 211 (ex-Artikel 181 EGV)

Die Union und die Mitgliedstaaten arbeiten im Rahmen ihrer jeweiligen Befugnisse mit dritten Ländern und den zuständigen internationalen Organisationen zusammen.

Kapitel 2: Wirtschaftliche, finanzielle und technische Zusammenarbeit mit Drittländern

Artikel 212 (ex-Artikel 181a EGV)

(1) Unbeschadet der übrigen Bestimmungen der Verträge, insbesondere der Artikel 208 bis 211, führt die Union mit Drittländern, die keine Entwicklungsländer sind, Maßnahmen der wirtschaftlichen, finanziellen und technischen Zusammenarbeit durch, die auch Unterstützung, insbesondere im finanziellen Bereich, einschließen. Diese Maßnahmen stehen mit der Entwicklungspolitik der Union im Einklang und werden im Rahmen der Grundsätze und Ziele ihres auswärtigen Handelns durchgeführt. Die Maßnahmen der Union und die Maßnahmen der Mitgliedstaaten ergänzen und verstärken sich gegenseitig.

(2) Das Europäische Parlament und der Rat erlassen gemäß dem ordentlichen Gesetzgebungsverfahren die zur Durchführung des Absatzes 1 erforderlichen Maßnahmen.

(3) Die Union und die Mitgliedstaaten arbeiten im Rahmen ihrer jeweiligen Zuständigkeiten mit Drittländern und den zuständigen internationalen Organisationen zusammen. Die Einzelheiten der Zusammenarbeit der Union können in Abkommen zwischen dieser und den betreffenden dritten Parteien geregelt werden.

Unterabsatz 1 berührt nicht die Zuständigkeit der Mitgliedstaaten, in internationalen Gremien zu verhandeln und internationale Abkommen zu schließen.

Artikel 213

Ist es aufgrund der Lage in einem Drittland notwendig, dass die Union umgehend finanzielle Hilfe leistet, so erlässt der Rat auf Vorschlag der Kommission die erforderlichen Beschlüsse.

Kapitel 3: Humanitäre Hilfe

Artikel 214

(1) Den Rahmen für die Maßnahmen der Union im Bereich der humanitären Hilfe bilden die Grundsätze und Ziele des auswärtigen Handelns der Union. Die Maßnahmen dienen dazu, Einwohnern von Drittländern, die von Naturkatastrophen oder von vom Menschen verursachten Katastrophen betroffen sind, gezielt Hilfe, Rettung und Schutz zu bringen, damit die aus diesen Notständen resultierenden humanitären Bedürfnisse gedeckt werden können. Die Maßnahmen der Union und die Maßnahmen der Mitgliedstaaten ergänzen und verstärken sich gegenseitig.

(2) Die Maßnahmen der humanitären Hilfe werden im Einklang mit den Grundsätzen des Völkerrechts sowie den Grundsätzen der Unparteilichkeit, der Neutralität und der Nichtdiskriminierung durchgeführt.

(3) Das Europäische Parlament und der Rat legen gemäß dem ordentlichen Gesetzgebungsverfahren die Maßnahmen zur Festlegung des Rahmens fest, innerhalb dessen die Maßnahmen der humanitären Hilfe der Union durchgeführt werden.

(4) Die Union kann mit Drittländern und den zuständigen internationalen Organisationen alle Übereinkünfte schließen, die zur Verwirklichung der Ziele des Absatzes 1 und des Artikels 21 des Vertrags über die Europäische Union beitragen.

Unterabsatz 1 berührt nicht die Zuständigkeit der Mitgliedstaaten, in internationalen Gremien zu verhandeln und Übereinkünfte zu schließen.

(5) Als Rahmen für gemeinsame Beiträge der jungen Europäer zu den Maßnahmen der humanitären Hilfe der Union wird ein Europäisches Freiwilligenkorps für humanitäre Hilfe geschaffen.

Das Europäische Parlament und der Rat legen gemäß dem ordentlichen Gesetzgebungsverfahren durch Verordnungen die Rechtsstellung und die Einzelheiten der Arbeitsweise des Korps fest.

(6) Die Kommission kann alle Initiativen ergreifen, die der Koordinierung zwischen den Maßnahmen der Union und denen der Mitgliedstaaten förderlich sind, damit die Programme der Union und der Mitgliedstaaten im Bereich der humanitären Hilfe wirksamer sind und einander besser ergänzen.

(7) Die Union trägt dafür Sorge, dass ihre Maßnahmen der humanitären Hilfe mit den Maßnahmen der internationalen Organisationen und Einrichtungen, insbesondere derer, die zum System der Vereinten Nationen gehören, abgestimmt werden und im Einklang mit ihnen stehen.

Titel IV: Restriktive Maßnahmen

Artikel 215 (ex-Artikel 301 EGV)

(1) Sieht ein nach Titel V Kapitel 2 des Vertrags über die Europäische Union erlassener Beschluss die Aussetzung, Einschränkung oder vollständige Einstellung der Wirtschafts- und Finanzbeziehungen zu einem oder mehreren Drittländern vor, so erlässt der Rat die erforderlichen Maßnahmen mit qualifizierter Mehrheit auf gemeinsamen Vorschlag des Hohen Vertreters der Union für Außen- und Sicherheitspolitik und der Kommission. Er unterrichtet hierüber das Europäische Parlament.

(2) Sieht ein nach Titel V Kapitel 2 des Vertrags über die Europäische Union erlassener Beschluss dies vor, so kann der Rat nach dem Verfahren des Absatzes 1 restriktive Maßnahmen gegen natürliche oder juristische Personen sowie Gruppierungen oder nichtstaatliche Einheiten erlassen.

(3) In den Rechtsakten nach diesem Artikel müssen die erforderlichen Bestimmungen über den Rechtsschutz vorgesehen sein.

Titel V: Internationale Übereinkünfte

Artikel 216

(1) Die Union kann mit einem oder mehreren Drittländern oder einer oder mehreren internationalen Organisationen eine Übereinkunft schließen, wenn dies in den Verträgen vorgesehen ist oder wenn der Abschluss einer Übereinkunft im Rahmen der Politik der Union entweder zur Verwirklichung eines der in den Verträgen festgesetzten Ziele erforderlich oder in einem verbindlichen Rechtsakt der Union vorgesehen ist oder aber gemeinsame Vorschriften beeinträchtigen oder deren Anwendungsbereich ändern könnte.

(2) Die von der Union geschlossenen Übereinkünfte binden die Organe der Union und die Mitgliedstaaten.

Artikel 217 (ex-Artikel 310 EGV)

Die Union kann mit einem oder mehreren Drittländern oder einer oder mehreren internationalen Organisationen Abkommen schließen, die eine Assoziierung mit gegenseitigen Rechten und Pflichten, gemeinsamem Vorgehen und besonderen Verfahren herstellen.

Artikel 218 (ex-Artikel 300 EGV)

(1) Unbeschadet der besonderen Bestimmungen des Artikels 207 werden Übereinkünfte zwischen der Union und Drittländern oder internationalen Organisationen nach dem im Folgenden beschriebenen Verfahren ausgehandelt und geschlossen.

(2) Der Rat erteilt eine Ermächtigung zur Aufnahme von Verhandlungen, legt Verhandlungsrichtlinien fest, genehmigt die Unterzeichnung und schließt die Übereinkünfte.

(3) Die Kommission oder, wenn sich die geplante Übereinkunft ausschließlich oder hauptsächlich auf die Gemeinsame Außen- und Sicherheitspolitik bezieht, der Hohe Vertreter der Union für Außen- und Sicherheitspolitik legt dem Rat Empfehlungen vor; dieser erlässt einen Beschluss über die Ermächtigung zur Aufnahme von Verhandlungen und über die Benennung, je nach dem Gegenstand der geplanten Übereinkunft, des Verhandlungsführers oder des Leiters des Verhandlungsteams der Union.

(4) Der Rat kann dem Verhandlungsführer Richtlinien erteilen und einen Sonderausschuss bestellen; die Verhandlungen sind im Benehmen mit diesem Ausschuss zu führen.

(5) Der Rat erlässt auf Vorschlag des Verhandlungsführers einen Beschluss, mit dem die Unterzeichnung der Übereinkunft und gegebenenfalls deren vorläufige Anwendung vor dem Inkrafttreten genehmigt werden.

(6) Der Rat erlässt auf Vorschlag des Verhandlungsführers einen Beschluss über den Abschluss der Übereinkunft.

Mit Ausnahme der Übereinkünfte, die ausschließlich die Gemeinsame Außen- und Sicherheitspolitik betreffen, erlässt der Rat den Beschluss über den Abschluss der Übereinkunft

a) nach Zustimmung des Europäischen Parlaments in folgenden Fällen:
   i. Assoziierungsabkommen;
   ii. Übereinkunft über den Beitritt der Union zur Europäischen Konvention zum Schutz der Menschenrechte und Grundfreiheiten;
   iii. Übereinkünfte, die durch die Einführung von Zusammenarbeitsverfahren einen besonderen institutionellen Rahmen schaffen;
   iv. Übereinkünfte mit erheblichen finanziellen Folgen für die Union;
   v. Übereinkünfte in Bereichen, für die entweder das ordentliche Gesetzgebungsverfahren oder, wenn die Zustimmung des Europäischen Parlaments erforderlich ist, das besondere Gesetzgebungsverfahren gilt.

   Das Europäische Parlament und der Rat können in dringenden Fällen eine Frist für die Zustimmung vereinbaren.

b) nach Anhörung des Europäischen Parlaments in den übrigen Fällen. Das Europäische Parlament gibt seine Stellungnahme innerhalb einer Frist ab, die der Rat entsprechend der Dringlichkeit festlegen kann. Ergeht innerhalb dieser Frist keine Stellungnahme, so kann der Rat einen Beschluss fassen.

(7) Abweichend von den Absätzen 5, 6 und 9 kann der Rat den Verhandlungsführer bei Abschluss einer Übereinkunft ermächtigen, im Namen der Union Änderungen der Übereinkunft zu billigen, wenn die Übereinkunft vorsieht, dass diese Änderungen im Wege eines vereinfachten Verfahrens oder durch ein durch die Übereinkunft eingesetztes Gremium anzunehmen sind. Der Rat kann diese Ermächtigung gegebenenfalls mit besonderen Bedingungen verbinden.

(8) Der Rat beschließt während des gesamten Verfahrens mit qualifizierter Mehrheit.

Er beschließt jedoch einstimmig, wenn die Übereinkunft einen Bereich betrifft, in dem für den Erlass eines Rechtsakts der Union Einstimmigkeit erforderlich ist, sowie bei Assoziierungsabkommen und Übereinkünften nach Artikel 212 mit beitrittswilligen Staaten. Auch über die Übereinkunft über den Beitritt der Union zur Europäischen Konvention zum Schutz der Menschenrechte und Grundfreiheiten beschließt der Rat einstimmig; der Beschluss zum Abschluss dieser Übereinkunft tritt in Kraft, nachdem die Mitgliedstaaten im Einklang mit ihren jeweiligen verfassungsrechtlichen Vorschriften zugestimmt haben.

(9) Der Rat erlässt auf Vorschlag der Kommission oder des Hohen Vertreters der Union für Außen- und Sicherheitspolitik einen Beschluss über die Aussetzung der Anwendung einer Übereinkunft und zur Festlegung der Standpunkte, die im Namen der Union in einem durch eine Übereinkunft eingesetzten Gremium zu vertreten sind, sofern dieses Gremium rechtswirksame Akte, mit Ausnahme von Rechtsakten zur Ergänzung oder Änderung des institutionellen Rahmens der betreffenden Übereinkunft, zu erlassen hat.

(10) Das Europäische Parlament wird in allen Phasen des Verfahrens unverzüglich und umfassend unterrichtet.

(11) Ein Mitgliedstaat, das Europäische Parlament, der Rat oder die Kommission können ein Gutachten des Gerichtshofs über die Vereinbarkeit einer geplanten Übereinkunft mit den Verträgen einholen. Ist das Gutachten des Gerichtshofs ablehnend, so kann die geplante Übereinkunft nur in Kraft treten, wenn sie oder die Verträge geändert werden.

Artikel 219 (ex-Artikel 111 Absätze 1 bis 3 und Absatz 5 EGV)

(1) Abweichend von Artikel 218 kann der Rat entweder auf Empfehlung der Europäischen Zentralbank oder auf Empfehlung der Kommission und nach Anhörung der Europäischen Zentralbank in dem Bemühen, zu einem mit dem Ziel der Preisstabilität im Einklang stehenden Konsens zu gelangen, förmliche Vereinbarungen über ein Wechselkurssystem für den Euro gegenüber den Währungen von Drittstaaten treffen. Der Rat beschließt nach dem Verfahren des Absatzes 3 einstimmig nach Anhörung des Europäischen Parlaments.

Der Rat kann entweder auf Empfehlung der Europäischen Zentralbank oder auf Empfehlung der Kommission und nach Anhörung der Europäischen Zentralbank in dem Bemühen, zu einem mit dem Ziel der Preisstabilität im Einklang stehenden Konsens zu gelangen, die Euro-Leitkurse innerhalb des Wechselkurssystems festlegen, ändern oder aufgeben. Der Präsident des Rates unterrichtet das Europäische Parlament von der Festlegung, Änderung oder Aufgabe der Euro-Leitkurse.

(2) Besteht gegenüber einer oder mehreren Währungen von Drittstaaten kein Wechselkurssystem nach Absatz 1, so kann der Rat entweder auf Empfehlung der Kommission und nach Anhörung der Europäischen Zentralbank oder auf Empfehlung der Europäischen Zentralbank allgemeine Orientierungen für die Wechselkurspolitik gegenüber diesen Währungen aufstellen. Diese allgemeinen Orientierungen dürfen das vorrangige Ziel des ESZB, die Preisstabilität zu gewährleisten, nicht beeinträchtigen.

(3) Wenn von der Union mit einem oder mehreren Drittstaaten oder internationalen Organisationen Vereinbarungen im Zusammenhang mit Währungsfragen oder Devisenregelungen auszuhandeln sind, beschließt der Rat abweichend von Artikel 218 auf Empfehlung der Kommission und nach Anhörung der Europäischen Zentralbank die Modalitäten für die Aushandlung und den Abschluss solcher Vereinbarungen. Mit diesen Modalitäten wird gewährleistet, dass die Union einen einheitlichen Standpunkt vertritt. Die Kommission wird an den Verhandlungen in vollem Umfang beteiligt.

(4) Die Mitgliedstaaten haben das Recht, unbeschadet der Unionszuständigkeit und der Unionsvereinbarungen über die Wirtschafts- und Währungsunion in internationalen Gremien Verhandlungen zu führen und internationale Vereinbarungen zu treffen.

Titel VI: Beziehungen der Union zu internationalen Organisationen und Drittländern sowie Delegationen der Union

Artikel 220 (ex-Artikel 302 bis 304 EGV)

(1) Die Union betreibt jede zweckdienliche Zusammenarbeit mit den Organen der Vereinten Nationen und ihrer Sonderorganisationen, dem Europarat, der Organisation für Sicherheit und Zusammenarbeit in Europa und der Organisation für wirtschaftliche Zusammenarbeit und Entwicklung.

Die Union unterhält ferner, soweit zweckdienlich, Beziehungen zu anderen internationalen Organisationen.

(2) Die Durchführung dieses Artikels obliegt dem Hohen Vertreter der Union für Außen- und Sicherheitspolitik und der Kommission.

Artikel 221

(1) Die Delegationen der Union in Drittländern und bei internationalen Organisationen sorgen für die Vertretung der Union.

(2) Die Delegationen der Union unterstehen der Leitung des Hohen Vertreters der Union für Außen- und Sicherheitspolitik. Sie werden in enger Zusammenarbeit mit den diplomatischen und konsularischen Vertretungen der Mitgliedstaaten tätig.

Titel VII: Solidaritätsklausel

Artikel 222

(1) Die Union und ihre Mitgliedstaaten handeln gemeinsam im Geiste der Solidarität, wenn ein Mitgliedstaat von einem Terroranschlag, einer Naturkatastrophe oder einer vom Menschen verursachten Katastrophe betroffen ist. Die Union mobilisiert alle ihr zur Verfügung stehenden Mittel, einschließlich der ihr von den Mitgliedstaaten bereitgestellten militärischen Mittel, um

a) – terroristische Bedrohungen im Hoheitsgebiet von Mitgliedstaaten abzuwenden;
   – die demokratischen Institutionen und die Zivilbevölkerung vor etwaigen Terroranschlägen zu schützen;
   – im Falle eines Terroranschlags einen Mitgliedstaat auf Ersuchen seiner politischen Organe innerhalb seines Hoheitsgebiets zu unterstützen;

b) im Falle einer Naturkatastrophe oder einer vom Menschen verursachten Katastrophe einen Mitgliedstaat auf Ersuchen seiner politischen Organe innerhalb seines Hoheitsgebiets zu unterstützen.

(2) Ist ein Mitgliedstaat von einem Terroranschlag, einer Naturkatastrophe oder einer vom Menschen verursachten Katastrophe betroffen, so leisten die anderen Mitgliedstaaten ihm auf Ersuchen seiner politischen Organe Unterstützung. Zu diesem Zweck sprechen die Mitgliedstaaten sich im Rat ab.

(3) Die Einzelheiten für die Anwendung dieser Solidaritätsklausel durch die Union werden durch einen Beschluss festgelegt, den der Rat aufgrund eines gemeinsamen Vorschlags der Kommission und des Hohen Vertreters der Union für Außen- und Sicherheitspolitik erlässt. Hat dieser Beschluss Auswirkungen im Bereich der Verteidigung, so beschließt der Rat nach Artikel 31 Absatz 1 des Vertrags über die Europäische Union. Das Europäische Parlament wird darüber unterrichtet.

Für die Zwecke dieses Absatzes unterstützen den Rat unbeschadet des Artikels 240 das Politische und Sicherheitspolitische Komitee, das sich hierbei auf die im Rahmen der Gemeinsamen Sicherheits- und Verteidigungspolitik entwickelten Strukturen stützt, sowie der Ausschuss nach Artikel 71, die dem Rat gegebenenfalls gemeinsame Stellungnahmen vorlegen.

(4) Damit die Union und ihre Mitgliedstaaten auf effiziente Weise tätig werden können, nimmt der Europäische Rat regelmäßig eine Einschätzung der Bedrohungen vor, denen die Union ausgesetzt ist.

Sechster Teil: Institutionelle Bestimmungen und Finanzvorschriften

Titel I: Vorschriften über die Organe

Kapitel 1: Die Organe

Abschnitt 1: Das Europäische Parlament

Artikel 223 (ex-Artikel 190 Absätze 4 und 5 EGV)

(1) Das Europäische Parlament erstellt einen Entwurf der erforderlichen Bestimmungen für die allgemeine unmittelbare Wahl seiner Mitglieder nach einem einheitlichen Verfahren in allen Mitgliedstaaten oder im Einklang mit den allen Mitgliedstaaten gemeinsamen Grundsätzen.

Der Rat erlässt die erforderlichen Bestimmungen einstimmig gemäß einem besonderen Gesetzgebungsverfahren und nach Zustimmung des Europäischen Parlaments, die mit der Mehrheit seiner Mitglieder erteilt wird. Diese Bestimmungen treten nach Zustimmung der Mitgliedstaaten im Einklang mit ihren jeweiligen verfassungsrechtlichen Vorschriften in Kraft.

(2) Das Europäische Parlament legt aus eigener Initiative gemäß einem besonderen Gesetzgebungsverfahren durch Verordnungen nach Anhörung der Kommission und mit Zustimmung des Rates die Regelungen und allgemeinen Bedingungen für die Wahrnehmung der Aufgaben seiner Mitglieder fest. Alle Vorschriften und Bedingungen, die die Steuerregelung für die Mitglieder oder ehemaligen Mitglieder betreffen, sind vom Rat einstimmig festzulegen.

Artikel 224 (ex-Artikel 191 Absatz 2 EGV)

Das Europäische Parlament und der Rat legen gemäß dem ordentlichen Gesetzgebungsverfahren durch Verordnungen die Regelungen für die politischen Parteien auf europäischer Ebene nach Artikel 10 Absatz 4 des Vertrags über die Europäische Union und insbesondere die Vorschriften über ihre Finanzierung fest.

Artikel 225 (ex-Artikel 192 Absatz 2 EGV)

Das Europäische Parlament kann mit der Mehrheit seiner Mitglieder die Kommission auffordern, geeignete Vorschläge zu Fragen zu unterbreiten, die nach seiner Auffassung die Ausarbeitung eines Unionsakts zur Durchführung der Verträge erfordern. Legt die Kommission keinen Vorschlag vor, so teilt sie dem Europäischen Parlament die Gründe dafür mit.

Artikel 226 (ex-Artikel 193 EGV)

Das Europäische Parlament kann bei der Erfüllung seiner Aufgaben auf Antrag eines Viertels seiner Mitglieder die Einsetzung eines nichtständigen Untersuchungsausschusses beschließen, der unbeschadet der Befugnisse, die anderen Organen oder Einrichtungen durch die Verträge übertragen sind, behauptete Verstöße gegen das Unionsrecht oder Missstände bei der Anwendung desselben prüft; dies gilt nicht, wenn ein Gericht mit den behaupteten Sachverhalten befasst ist, solange das Gerichtsverfahren nicht abgeschlossen ist.

Mit der Vorlage seines Berichts hört der nichtständige Untersuchungsausschuss auf zu bestehen.

Die Einzelheiten der Ausübung des Untersuchungsrechts werden vom Europäischen Parlament festgelegt, das aus eigener Initiative gemäß einem besonderen Gesetzgebungsverfahren durch Verordnungen nach Zustimmung des Rates und der Kommission beschließt.

Artikel 227 (ex-Artikel 194 EGV)

Jeder Bürger der Union sowie jede natürliche oder juristische Person mit Wohnort oder satzungsmäßigem Sitz in einem Mitgliedstaat kann allein oder zusammen mit anderen Bürgern oder Personen in Angelegenheiten, die in die Tätigkeitsbereiche der Union fallen und die ihn oder sie unmittelbar betreffen, eine Petition an das Europäische Parlament richten.

Artikel 228 (ex-Artikel 195 EGV)

(1) Ein vom Europäischen Parlament gewählter Europäischer Bürgerbeauftragter ist befugt, Beschwerden von jedem Bürger der Union oder von jeder natürlichen oder juristischen Person mit Wohnort oder satzungsmäßigem Sitz in einem Mitgliedstaat über Missstände bei der Tätigkeit der Organe, Einrichtungen oder sonstigen Stellen der Union, mit Ausnahme des Gerichtshofs der Europäischen Union in Ausübung seiner Rechtsprechungsbefugnisse, entgegenzunehmen. Er untersucht diese Beschwerden und erstattet darüber Bericht.

Der Bürgerbeauftragte führt im Rahmen seines Auftrags von sich aus oder aufgrund von Beschwerden, die ihm unmittelbar oder über ein Mitglied des Europäischen Parlaments zugehen, Untersuchungen durch, die er für gerechtfertigt hält; dies gilt nicht, wenn die behaupteten

Sachverhalte Gegenstand eines Gerichtsverfahrens sind oder waren. Hat der Bürgerbeauftragte einen Missstand festgestellt, so befasst er das betreffende Organ, die betreffende Einrichtung oder sonstige Stelle, das bzw. die über eine Frist von drei Monaten verfügt, um ihm seine bzw. ihre Stellungnahme zu übermitteln. Der Bürgerbeauftragte legt anschließend dem Europäischen Parlament und dem betreffenden Organ, der betreffenden Einrichtung oder sonstigen Stelle einen Bericht vor. Der Beschwerdeführer wird über das Ergebnis dieser Untersuchungen unterrichtet.

Der Bürgerbeauftragte legt dem Europäischen Parlament jährlich einen Bericht über die Ergebnisse seiner Untersuchungen vor.

(2) Der Bürgerbeauftragte wird nach jeder Wahl des Europäischen Parlaments für die Dauer der Wahlperiode gewählt. Wiederwahl ist zulässig.

Der Bürgerbeauftragte kann auf Antrag des Europäischen Parlaments vom Gerichtshof seines Amtes enthoben werden, wenn er die Voraussetzungen für die Ausübung seines Amtes nicht mehr erfüllt oder eine schwere Verfehlung begangen hat.

(3) Der Bürgerbeauftragte übt sein Amt in völliger Unabhängigkeit aus. Er darf bei der Erfüllung seiner Pflichten von keiner Regierung, keinem Organ, keiner Einrichtung oder sonstigen Stelle Weisungen einholen oder entgegennehmen. Der Bürgerbeauftragte darf während seiner Amtszeit keine andere entgeltliche oder unentgeltliche Berufstätigkeit ausüben.

(4) Das Europäische Parlament legt aus eigener Initiative gemäß einem besonderen Gesetzgebungsverfahren durch Verordnungen nach Stellungnahme der Kommission und nach Zustimmung des Rates die Regelungen und allgemeinen Bedingungen für die Ausübung der Aufgaben des Bürgerbeauftragten fest.

Artikel 229 (ex-Artikel 196 EGV)

Das Europäische Parlament hält jährlich eine Sitzungsperiode ab. Es tritt, ohne dass es einer Einberufung bedarf, am zweiten Dienstag des Monats März zusammen.

Das Europäische Parlament kann auf Antrag der Mehrheit seiner Mitglieder sowie auf Antrag des Rates oder der Kommission zu einer außerordentlichen Sitzungsperiode zusammentreten.

Artikel 230 (ex-Artikel 197 Absätze 2, 3 und 4 EGV)

Die Kommission kann an allen Sitzungen des Europäischen Parlaments teilnehmen und wird auf ihren Antrag gehört.

Die Kommission antwortet mündlich oder schriftlich auf die ihr vom Europäischen Parlament oder von dessen Mitgliedern gestellten Fragen.

Der Europäische Rat und der Rat werden vom Europäischen Parlament nach Maßgabe der Geschäftsordnung des Europäischen Rates und der Geschäftsordnung des Rates gehört.

Artikel 231 (ex-Artikel 198 EGV)

Soweit die Verträge nicht etwas anderes bestimmen, beschließt das Europäische Parlament mit der Mehrheit der abgegebenen Stimmen.

Die Geschäftsordnung legt die Beschlussfähigkeit fest.

Artikel 232 (ex-Artikel 199 EGV)

Das Europäische Parlament gibt sich seine Geschäftsordnung; hierzu sind die Stimmen der Mehrheit seiner Mitglieder erforderlich.

Die Verhandlungsniederschriften des Europäischen Parlaments werden nach Maßgabe der Verträge und seiner Geschäftsordnung veröffentlicht.

Artikel 233 (ex-Artikel 200 EGV)

Das Europäische Parlament erörtert in öffentlicher Sitzung den jährlichen Gesamtbericht, der ihm von der Kommission vorgelegt wird.

Artikel 234 (ex-Artikel 201 EGV)

Wird wegen der Tätigkeit der Kommission ein Misstrauensantrag eingebracht, so darf das Europäische Parlament nicht vor Ablauf von drei Tagen nach seiner Einbringung und nur in offener Abstimmung darüber entscheiden.

Wird der Misstrauensantrag mit der Mehrheit von zwei Dritteln der abgegebenen Stimmen und mit der Mehrheit der Mitglieder des Europäischen Parlaments angenommen, so legen die Mitglieder der Kommission geschlossen ihr Amt nieder, und der Hohe Vertreter der Union für Außen- und Sicherheitspolitik legt sein im Rahmen der Kommission ausgeübtes Amt nieder. Sie bleiben im Amt und führen die laufenden Geschäfte bis zu ihrer Ersetzung nach Artikel 17 des Vertrags über die Europäische Union weiter. In diesem Fall endet die Amtszeit der zu ihrer Ersetzung ernannten Mitglieder der Kommission zu dem Zeitpunkt, zu dem die Amtszeit der Mitglieder der Kommission, die ihr Amt geschlossen niederlegen mussten, geendet hätte.

Abschnitt 2: Der Europäische Rat

Artikel 235

(1) Jedes Mitglied des Europäischen Rates kann sich das Stimmrecht höchstens eines anderen Mitglieds übertragen lassen.

Beschließt der Europäische Rat mit qualifizierter Mehrheit, so gelten für ihn Artikel 16 Absatz 4 des Vertrags über die Europäische Union und Artikel 238 Absatz 2 dieses Vertrags. An Abstimmungen im Europäischen Rat nehmen dessen Präsident und der Präsident der Kommission nicht teil.

Die Stimmenthaltung von anwesenden oder vertretenen Mitgliedern steht dem Zustandekommen von Beschlüssen des Europäischen Rates, zu denen Einstimmigkeit erforderlich ist, nicht entgegen.

(2) Der Präsident des Europäischen Parlaments kann vom Europäischen Rat gehört werden.

(3) Der Europäische Rat beschließt mit einfacher Mehrheit über Verfahrensfragen sowie über den Erlass seiner Geschäftsordnung.

(4) Der Europäische Rat wird vom Generalsekretariat des Rates unterstützt.

Artikel 236

Der Europäische Rat erlässt mit qualifizierter Mehrheit

a) einen Beschluss zur Festlegung der Zusammensetzungen des Rates, mit Ausnahme des Rates „Allgemeine Angelegenheiten“ und des Rates „Auswärtige Angelegenheiten“ nach Artikel 16 Absatz 6 des Vertrags über die Europäische Union;

b) einen Beschluss nach Artikel 16 Absatz 9 des Vertrags über die Europäische Union zur Festlegung des Vorsitzes im Rat in allen seinen Zusammensetzungen mit Ausnahme des Rates „Auswärtige Angelegenheiten“.

Abschnitt 3: Der Rat

Artikel 237 (ex-Artikel 204 EGV)

Der Rat wird von seinem Präsidenten aus eigenem Entschluss oder auf Antrag eines seiner Mitglieder oder der Kommission einberufen.

Artikel 238 (ex-Artikel 205 Absätze 1 und 2 EGV)

(1) Ist zu einem Beschluss des Rates die einfache Mehrheit erforderlich, so beschließt der Rat mit der Mehrheit seiner Mitglieder.

(2) Beschließt der Rat nicht auf Vorschlag der Kommission oder des Hohen Vertreters der Union für Außen- und Sicherheitspolitik, so gilt ab dem 1. November 2014 abweichend von Artikel 16 Absatz 4 des Vertrags über die Europäische Union und vorbehaltlich der Vorschriften des Protokolls über die Übergangsbestimmungen als qualifizierte Mehrheit eine Mehrheit von mindestens 72 % der Mitglieder des Rates, sofern die von ihnen vertretenen Mitgliedstaaten zusammen mindestens 65 % der Bevölkerung der Union ausmachen.

(3) In den Fällen, in denen in Anwendung der Verträge nicht alle Mitglieder des Rates stimmberechtigt sind, gilt ab dem 1. November 2014 vorbehaltlich der Vorschriften des Protokolls über die Übergangsbestimmungen für die qualifizierte Mehrheit Folgendes:

a) Als qualifizierte Mehrheit gilt eine Mehrheit von mindestens 55 % derjenigen Mitglieder des Rates, die die beteiligten Mitgliedstaaten vertreten, sofern die von ihnen vertretenen Mitgliedstaaten zusammen mindestens 65 % der Bevölkerung der beteiligten Mitgliedstaaten ausmachen.

   Für eine Sperrminorität bedarf es mindestens der Mindestzahl von Mitgliedern des Rates, die zusammen mehr als 35 % der Bevölkerung der beteiligten Mitgliedstaaten vertreten, zuzüglich eines Mitglieds; andernfalls gilt die qualifizierte Mehrheit als erreicht.

b) Beschließt der Rat nicht auf Vorschlag der Kommission oder des Hohen Vertreters der Union für Außen- und Sicherheitspolitik, so gilt abweichend von Buchstabe a als qualifizierte Mehrheit eine Mehrheit von mindestens 72 % derjenigen Mitglieder des Rates, die die beteiligten Mitgliedstaaten vertreten, sofern die von ihnen vertretenen Mitgliedstaaten zusammen mindestens 65 % der Bevölkerung der beteiligten Mitgliedstaaten ausmachen.

(4) Die Stimmenthaltung von anwesenden oder vertretenen Mitgliedern steht dem Zustandekommen von Beschlüssen des Rates, zu denen Einstimmigkeit erforderlich ist, nicht entgegen.

Artikel 239 (ex-Artikel 206 EGV)

Jedes Mitglied kann sich das Stimmrecht höchstens eines anderen Mitglieds übertragen lassen.

Artikel 240 (ex-Artikel 207 EGV)

(1) Ein Ausschuss, der sich aus den Ständigen Vertretern der Regierungen der Mitgliedstaaten zusammensetzt, trägt die Verantwortung, die Arbeiten des Rates vorzubereiten und die ihm vom Rat übertragenen Aufträge auszuführen. Der Ausschuss kann in Fällen, die in der Geschäftsordnung des Rates vorgesehen sind, Verfahrensbeschlüsse fassen.

(2) Der Rat wird von einem Generalsekretariat unterstützt, das einem vom Rat ernannten Generalsekretär untersteht.

Der Rat beschließt mit einfacher Mehrheit über die Organisation des Generalsekretariats.

(3) Der Rat beschließt mit einfacher Mehrheit über Verfahrensfragen sowie über den Erlass seiner Geschäftsordnung.

Artikel 241 (ex-Artikel 208 EGV)

Der Rat, der mit einfacher Mehrheit beschließt, kann die Kommission auffordern, die nach seiner Ansicht zur Verwirklichung der gemeinsamen Ziele geeigneten Untersuchungen vorzunehmen und ihm entsprechende Vorschläge zu unterbreiten. Legt die Kommission keinen Vorschlag vor, so teilt sie dem Rat die Gründe dafür mit.

Artikel 242 (ex-Artikel 209 EGV)

Der Rat, der mit einfacher Mehrheit beschließt, regelt nach Anhörung der Kommission die rechtliche Stellung der in den Verträgen vorgesehenen Ausschüsse.

Artikel 243 (ex-Artikel 210 EGV)

Der Rat setzt die Gehälter, Vergütungen und Ruhegehälter für den Präsidenten des Europäischen Rates, den Präsidenten der Kommission, den Hohen Vertreter der Union für Außen- und Sicherheitspolitik, die Mitglieder der Kommission, die Präsidenten, die Mitglieder und die Kanzler des Gerichtshofs der Europäischen Union sowie den Generalsekretär des Rates fest. Er setzt ebenfalls alle als Entgelt gezahlten Vergütungen fest.

Abschnitt 4: Die Kommission

Artikel 244

Gemäß Artikel 17 Absatz 5 des Vertrags über die Europäische Union werden die Kommissionsmitglieder in einem vom Europäischen Rat einstimmig festgelegten System der Rotation ausgewählt, das auf folgenden Grundsätzen beruht:

a) Die Mitgliedstaaten werden bei der Festlegung der Reihenfolge und der Dauer der Amtszeiten ihrer Staatsangehörigen in der Kommission vollkommen gleich behandelt; demzufolge kann die Gesamtzahl der Mandate, welche Staatsangehörige zweier beliebiger Mitgliedstaaten innehaben, niemals um mehr als eines voneinander abweichen.

b) Vorbehaltlich des Buchstabens a ist jede der aufeinander folgenden Kommissionen so zusammengesetzt, dass das demografische und geografische Spektrum der Gesamtheit der Mitgliedstaaten auf zufrieden stellende Weise zum Ausdruck kommt.

Artikel 245 (ex-Artikel 213 EGV)

Die Mitglieder der Kommission haben jede Handlung zu unterlassen, die mit ihren Aufgaben unvereinbar ist. Die Mitgliedstaaten achten ihre Unabhängigkeit und versuchen nicht, sie bei der Erfüllung ihrer Aufgaben zu beeinflussen.

Die Mitglieder der Kommission dürfen während ihrer Amtszeit keine andere entgeltliche oder unentgeltliche Berufstätigkeit ausüben. Bei der Aufnahme ihrer Tätigkeit übernehmen sie die feierliche Verpflichtung, während der Ausübung und nach Ablauf ihrer Amtstätigkeit die sich aus ihrem Amt ergebenden Pflichten zu erfüllen, insbesondere die Pflicht, bei der Annahme gewisser Tätigkeiten oder Vorteile nach Ablauf dieser Tätigkeit ehrenhaft und zurückhaltend zu sein. Werden diese Pflichten verletzt, so kann der Gerichtshof auf Antrag des Rates, der mit einfacher Mehrheit beschließt, oder der Kommission das Mitglied je nach Lage des Falles gemäß Artikel 247 seines Amtes entheben oder ihm seine Ruhegehaltsansprüche oder andere an ihrer Stelle gewährte Vergünstigungen aberkennen.

Artikel 246 (ex-Artikel 215 EGV)

Abgesehen von den regelmäßigen Neubesetzungen und von Todesfällen endet das Amt eines Mitglieds der Kommission durch Rücktritt oder Amtsenthebung.

Für ein zurückgetretenes, seines Amtes enthobenes oder verstorbenes Mitglied wird für die verbleibende Amtszeit vom Rat mit Zustimmung des Präsidenten der Kommission nach Anhörung des Europäischen Parlaments und nach den Anforderungen des Artikels 17 Absatz 3 Unterabsatz 2 des Vertrags über die Europäische Union ein neues Mitglied derselben Staatsangehörigkeit ernannt.

Der Rat kann auf Vorschlag des Präsidenten der Kommission einstimmig beschließen, dass ein ausscheidendes Mitglied der Kommission für die verbleibende Amtszeit nicht ersetzt werden muss, insbesondere wenn es sich um eine kurze Zeitspanne handelt.

Bei Rücktritt, Amtsenthebung oder Tod des Präsidenten wird für die verbleibende Amtszeit ein Nachfolger ernannt. Für die Ersetzung findet das Verfahren des Artikels 17 Absatz 7 Unterabsatz 1 des Vertrags über die Europäische Union Anwendung.

Bei Rücktritt, Amtsenthebung oder Tod des Hohen Vertreters der Union für die Außen- und Sicherheitspolitik wird für die verbleibende Amtszeit nach Artikel 18 Absatz 1 des Vertrags über die Europäische Union ein Nachfolger ernannt.

Bei Rücktritt aller Mitglieder der Kommission bleiben diese bis zur Neubesetzung ihres Sitzes nach Artikel 17 des Vertrags über die Europäische Union für die verbleibende Amtszeit im Amt und führen die laufenden Geschäfte weiter.

Artikel 247 (ex-Artikel 216 EGV)

Jedes Mitglied der Kommission, das die Voraussetzungen für die Ausübung seines Amtes nicht mehr erfüllt oder eine schwere Verfehlung begangen hat, kann auf Antrag des Rates, der mit einfacher Mehrheit beschließt, oder der Kommission durch den Gerichtshof seines Amtes enthoben werden.

Artikel 248 (ex-Artikel 217 Absatz 2 EGV)

Die Zuständigkeiten der Kommission werden unbeschadet des Artikels 18 Absatz 4 des Vertrags über die Europäische Union von ihrem Präsidenten nach Artikel 17 Absatz 6 des genannten Vertrags gegliedert und zwischen ihren Mitgliedern aufgeteilt. Der Präsident kann diese Zuständigkeitsverteilung im Laufe der Amtszeit ändern. Die Mitglieder der Kommission üben die ihnen vom Präsidenten übertragenen Aufgaben unter dessen Leitung aus.

Artikel 249 (ex-Artikel 218 Absatz 2 und ex-Artikel 212 EGV)

(1) Die Kommission gibt sich eine Geschäftsordnung, um ihr ordnungsgemäßes Arbeiten und das ihrer Dienststellen zu gewährleisten. Sie sorgt für die Veröffentlichung dieser Geschäftsordnung.

(2) Die Kommission veröffentlicht jährlich, und zwar spätestens einen Monat vor Beginn der Sitzungsperiode des Europäischen Parlaments, einen Gesamtbericht über die Tätigkeit der Union.

Artikel 250 (ex-Artikel 219 EGV)

Die Beschlüsse der Kommission werden mit der Mehrheit ihrer Mitglieder gefasst.

Die Beschlussfähigkeit wird in ihrer Geschäftsordnung festgelegt.

Abschnitt 5: Der Gerichtshof der Europäischen Union

Artikel 251 (ex-Artikel 221 EGV)

Der Gerichtshof tagt in Kammern oder als Große Kammer entsprechend den hierfür in der Satzung des Gerichtshofs der Europäischen Union vorgesehenen Regeln.

Wenn die Satzung es vorsieht, kann der Gerichtshof auch als Plenum tagen.

Artikel 252 (ex-Artikel 222 EGV)

Der Gerichtshof wird von acht Generalanwälten unterstützt. Auf Antrag des Gerichtshofs kann der Rat einstimmig die Zahl der Generalanwälte erhöhen.

Der Generalanwalt hat öffentlich in völliger Unparteilichkeit und Unabhängigkeit begründete Schlussanträge zu den Rechtssachen zu stellen, in denen nach der Satzung des Gerichtshofs der Europäischen Union seine Mitwirkung erforderlich ist.

Artikel 253 (ex-Artikel 223 EGV)

Zu Richtern und Generalanwälten des Gerichtshofs sind Persönlichkeiten auszuwählen, die jede Gewähr für Unabhängigkeit bieten und in ihrem Staat die für die höchsten richterlichen Ämter erforderlichen Voraussetzungen erfüllen oder Juristen von anerkannt hervorragender Befähigung sind; sie werden von den Regierungen der Mitgliedstaaten im gegenseitigen Einvernehmen nach Anhörung des in Artikel 255 vorgesehenen Ausschusses auf sechs Jahre ernannt.

Alle drei Jahre findet nach Maßgabe der Satzung des Gerichtshofs der Europäischen Union eine teilweise Neubesetzung der Stellen der Richter und Generalanwälte statt.

Die Richter wählen aus ihrer Mitte den Präsidenten des Gerichtshofs für die Dauer von drei Jahren. Wiederwahl ist zulässig.

Die Wiederernennung ausscheidender Richter und Generalanwälte ist zulässig.

Der Gerichtshof ernennt seinen Kanzler und bestimmt dessen Stellung.

Der Gerichtshof erlässt seine Verfahrensordnung. Sie bedarf der Genehmigung des Rates.

Artikel 254 (ex-Artikel 224 EGV)

Die Zahl der Richter des Gerichts wird in der Satzung des Gerichtshofs der Europäischen Union festgelegt. In der Satzung kann vorgesehen werden, dass das Gericht von Generalanwälten unterstützt wird.

Zu Mitgliedern des Gerichts sind Personen auszuwählen, die jede Gewähr für Unabhängigkeit bieten und über die Befähigung zur Ausübung hoher richterlicher Tätigkeiten verfügen. Sie werden von den Regierungen der Mitgliedstaaten im gegenseitigen Einvernehmen nach Anhörung des in Artikel 255 vorgesehenen Ausschusses für sechs Jahre ernannt. Alle drei Jahre wird das Gericht teilweise neu besetzt. Die Wiederernennung ausscheidender Mitglieder ist zulässig.

Die Richter wählen aus ihrer Mitte den Präsidenten des Gerichts für die Dauer von drei Jahren. Wiederwahl ist zulässig.

Das Gericht ernennt seinen Kanzler und bestimmt dessen Stellung.

Das Gericht erlässt seine Verfahrensordnung im Einvernehmen mit dem Gerichtshof. Sie bedarf der Genehmigung des Rates.

Soweit die Satzung des Gerichtshofs der Europäischen Union nichts anderes vorsieht, finden die den Gerichtshof betreffenden Bestimmungen der Verträge auf das Gericht Anwendung.

Artikel 255

Es wird ein Ausschuss eingerichtet, der die Aufgabe hat, vor einer Ernennung durch die Regierungen der Mitgliedstaaten nach den Artikeln 253 und 254 eine Stellungnahme zur Eignung der Bewerber für die Ausübung des Amts eines Richters oder Generalanwalts beim Gerichtshof oder beim Gericht abzugeben.

Der Ausschuss setzt sich aus sieben Persönlichkeiten zusammen, die aus dem Kreis ehemaliger Mitglieder des Gerichtshofs und des Gerichts, der Mitglieder der höchsten einzelstaatlichen Gerichte und der Juristen von anerkannt hervorragender Befähigung ausgewählt werden, von denen einer vom Europäischen Parlament vorgeschlagen wird. Der Rat erlässt einen Beschluss zur Festlegung der Vorschriften für die Arbeitsweise und einen Beschluss zur Ernennung der Mitglieder dieses Ausschusses. Er beschließt auf Initiative des Präsidenten des Gerichtshofs.

Artikel 256 (ex-Artikel 225 EGV)

(1) Das Gericht ist für Entscheidungen im ersten Rechtszug über die in den Artikeln 263, 265, 268, 270 und 272 genannten Klagen zuständig, mit Ausnahme derjenigen Klagen, die einem nach Artikel 257 gebildeten Fachgericht übertragen werden, und der Klagen, die gemäß der Satzung dem Gerichtshof vorbehalten sind. In der Satzung kann vorgesehen werden, dass das Gericht für andere Kategorien von Klagen zuständig ist.

Gegen die Entscheidungen des Gerichts aufgrund dieses Absatzes kann nach Maßgabe der Bedingungen und innerhalb der Grenzen, die in der Satzung vorgesehen sind, beim Gerichtshof ein auf Rechtsfragen beschränktes Rechtsmittel eingelegt werden.

(2) Das Gericht ist für Entscheidungen über Rechtsmittel gegen die Entscheidungen der Fachgerichte zuständig.

Die Entscheidungen des Gerichts aufgrund dieses Absatzes können nach Maßgabe der Bedingungen und innerhalb der Grenzen, die in der Satzung vorgesehen sind, in Ausnahmefällen vom Gerichtshof überprüft werden, wenn die ernste Gefahr besteht, dass die Einheit oder Kohärenz des Unionsrechts berührt wird.

(3) Das Gericht ist in besonderen in der Satzung festgelegten Sachgebieten für Vorabentscheidungen nach Artikel 267 zuständig.

Wenn das Gericht der Auffassung ist, dass eine Rechtssache eine Grundsatzentscheidung erfordert, die die Einheit oder die Kohärenz des Unionsrechts berühren könnte, kann es die Rechtssache zur Entscheidung an den Gerichtshof verweisen.

Die Entscheidungen des Gerichts über Anträge auf Vorabentscheidung können nach Maßgabe der Bedingungen und innerhalb der Grenzen, die in der Satzung vorgesehen sind, in Ausnahmefällen vom Gerichtshof überprüft werden, wenn die ernste Gefahr besteht, dass die Einheit oder die Kohärenz des Unionsrechts berührt wird.

Artikel 257 (ex-Artikel 225a EGV)

Das Europäische Parlament und der Rat können gemäß dem ordentlichen Gesetzgebungsverfahren dem Gericht beigeordnete Fachgerichte bilden, die für Entscheidungen im ersten Rechtszug über bestimmte Kategorien von Klagen zuständig sind, die auf besonderen Sachgebieten erhoben werden. Das Europäische Parlament und der Rat beschließen durch Verordnungen entweder auf Vorschlag der Kommission nach Anhörung des Gerichtshofs oder auf Antrag des Gerichtshofs nach Anhörung der Kommission.

In der Verordnung über die Bildung eines Fachgerichts werden die Regeln für die Zusammensetzung dieses Gerichts und der ihm übertragene Zuständigkeitsbereich festgelegt.

Gegen die Entscheidungen der Fachgerichte kann vor dem Gericht ein auf Rechtsfragen beschränktes Rechtsmittel oder, wenn die Verordnung über die Bildung des Fachgerichts dies vorsieht, ein auch Sachfragen betreffendes Rechtsmittel eingelegt werden.

Zu Mitgliedern der Fachgerichte sind Personen auszuwählen, die jede Gewähr für Unabhängigkeit bieten und über die Befähigung zur Ausübung richterlicher Tätigkeiten verfügen. Sie werden einstimmig vom Rat ernannt.

Die Fachgerichte erlassen ihre Verfahrensordnung im Einvernehmen mit dem Gerichtshof. Diese Verfahrensordnung bedarf der Genehmigung des Rates.

Soweit die Verordnung über die Bildung der Fachgerichte nichts anderes vorsieht, finden die den Gerichtshof der Europäischen Union betreffenden Bestimmungen der Verträge und die Satzung des Gerichtshofs der Europäischen Union auf die Fachgerichte Anwendung. Titel I und Artikel 64 der Satzung gelten auf jeden Fall für die Fachgerichte.

Artikel 258 (ex-Artikel 226 EGV)

Hat nach Auffassung der Kommission ein Mitgliedstaat gegen eine Verpflichtung aus den Verträgen verstoßen, so gibt sie eine mit Gründen versehene Stellungnahme hierzu ab; sie hat dem Staat zuvor Gelegenheit zur Äußerung zu geben.

Kommt der Staat dieser Stellungnahme innerhalb der von der Kommission gesetzten Frist nicht nach, so kann die Kommission den Gerichtshof der Europäischen Union anrufen.

Artikel 259 (ex-Artikel 227 EGV)

Jeder Mitgliedstaat kann den Gerichtshof der Europäischen Union anrufen, wenn er der Auffassung ist, dass ein anderer Mitgliedstaat gegen eine Verpflichtung aus den Verträgen verstoßen hat.

Bevor ein Mitgliedstaat wegen einer angeblichen Verletzung der Verpflichtungen aus den Verträgen gegen einen anderen Staat Klage erhebt, muss er die Kommission damit befassen.

Die Kommission erlässt eine mit Gründen versehene Stellungnahme; sie gibt den beteiligten Staaten zuvor Gelegenheit zu schriftlicher und mündlicher Äußerung in einem kontradiktorischen Verfahren.

Gibt die Kommission binnen drei Monaten nach dem Zeitpunkt, in dem ein entsprechender Antrag gestellt wurde, keine Stellungnahme ab, so kann ungeachtet des Fehlens der Stellungnahme vor dem Gerichtshof geklagt werden.

Artikel 260 (ex-Artikel 228 EGV)

(1) Stellt der Gerichtshof der Europäischen Union fest, dass ein Mitgliedstaat gegen eine Verpflichtung aus den Verträgen verstoßen hat, so hat dieser Staat die Maßnahmen zu ergreifen, die sich aus dem Urteil des Gerichtshofs ergeben.

(2) Hat der betreffende Mitgliedstaat die Maßnahmen, die sich aus dem Urteil des Gerichtshofs ergeben, nach Auffassung der Kommission nicht getroffen, so kann die Kommission den Gerichtshof anrufen, nachdem sie diesem Staat zuvor Gelegenheit zur Äußerung gegeben hat. Hierbei benennt sie die Höhe des von dem betreffenden Mitgliedstaat zu zahlenden Pauschalbetrags oder Zwangsgelds, die sie den Umständen nach für angemessen hält.

Stellt der Gerichtshof fest, dass der betreffende Mitgliedstaat seinem Urteil nicht nachgekommen ist, so kann er die Zahlung eines Pauschalbetrags oder Zwangsgelds verhängen.

Dieses Verfahren lässt den Artikel 259 unberührt.

(3) Erhebt die Kommission beim Gerichtshof Klage nach Artikel 258, weil sie der Auffassung ist, dass der betreffende Mitgliedstaat gegen seine Verpflichtung verstoßen hat, Maßnahmen zur Umsetzung einer gemäß einem Gesetzgebungsverfahren erlassenen Richtlinie mitzuteilen, so kann sie, wenn sie dies für zweckmäßig hält, die Höhe des von dem betreffenden Mitgliedstaat zu zahlenden Pauschalbetrags oder Zwangsgelds benennen, die sie den Umständen nach für angemessen hält.

Stellt der Gerichtshof einen Verstoß fest, so kann er gegen den betreffenden Mitgliedstaat die Zahlung eines Pauschalbetrags oder eines Zwangsgelds bis zur Höhe des von der Kommission genannten Betrags verhängen. Die Zahlungsverpflichtung gilt ab dem vom Gerichtshof in seinem Urteil festgelegten Zeitpunkt.

Artikel 261 (ex-Artikel 229 EGV)

Aufgrund der Verträge vom Europäischen Parlament und vom Rat gemeinsam sowie vom Rat erlassene Verordnungen können hinsichtlich der darin vorgesehenen Zwangsmaßnahmen dem Gerichtshof der Europäischen Union eine Zuständigkeit übertragen, welche die Befugnis zu unbeschränkter Ermessensnachprüfung und zur Änderung oder Verhängung solcher Maßnahmen umfasst.

Artikel 262 (ex-Artikel 229a EGV)

Unbeschadet der sonstigen Bestimmungen der Verträge kann der Rat gemäß einem besonderen Gesetzgebungsverfahren nach Anhörung des Europäischen Parlaments einstimmig Bestimmungen erlassen, mit denen dem Gerichtshof der Europäischen Union in dem vom Rat festgelegten Umfang die Zuständigkeit übertragen wird, über Rechtsstreitigkeiten im Zusammenhang mit der Anwendung von aufgrund der Verträge erlassenen Rechtsakten, mit denen europäische Rechtstitel für das geistige Eigentum geschaffen werden, zu entscheiden. Diese Bestimmungen treten nach Zustimmung der Mitgliedstaaten im Einklang mit ihren jeweiligen verfassungsrechtlichen Vorschriften in Kraft.

Artikel 263 (ex-Artikel 230 EGV)

Der Gerichtshof der Europäischen Union überwacht die Rechtmäßigkeit der Gesetzgebungsakte sowie der Handlungen des Rates, der Kommission und der Europäischen Zentralbank, soweit es sich nicht um Empfehlungen oder Stellungnahmen handelt, und der Handlungen des Europäischen Parlaments und des Europäischen Rates mit Rechtswirkung gegenüber Dritten. Er überwacht ebenfalls die Rechtmäßigkeit der Handlungen der Einrichtungen oder sonstigen Stellen der Union mit Rechtswirkung gegenüber Dritten.

Zu diesem Zweck ist der Gerichtshof der Europäischen Union für Klagen zuständig, die ein Mitgliedstaat, das Europäische Parlament, der Rat oder die Kommission wegen Unzuständigkeit, Verletzung wesentlicher Formvorschriften, Verletzung der Verträge oder einer bei ihrer Durchführung anzuwendenden Rechtsnorm oder wegen Ermessensmissbrauchs erhebt.

Der Gerichtshof der Europäischen Union ist unter den gleichen Voraussetzungen zuständig für Klagen des Rechnungshofs, der Europäischen Zentralbank und des Ausschusses der Regionen, die auf die Wahrung ihrer Rechte abzielen.

Jede natürliche oder juristische Person kann unter den Bedingungen nach den Absätzen 1 und 2 gegen die an sie gerichteten oder sie unmittelbar und individuell betreffenden Handlungen sowie gegen Rechtsakte mit Verordnungscharakter, die sie unmittelbar betreffen und keine Durchführungsmaßnahmen nach sich ziehen, Klage erheben.

In den Rechtsakten zur Gründung von Einrichtungen und sonstigen Stellen der Union können besondere Bedingungen und Einzelheiten für die Erhebung von Klagen von natürlichen oder juristischen Personen gegen Handlungen dieser Einrichtungen und sonstigen Stellen vorgesehen werden, die eine Rechtswirkung gegenüber diesen Personen haben.

Die in diesem Artikel vorgesehenen Klagen sind binnen zwei Monaten zu erheben; diese Frist läuft je nach Lage des Falles von der Bekanntgabe der betreffenden Handlung, ihrer Mitteilung an den Kläger oder in Ermangelung dessen von dem Zeitpunkt an, zu dem der Kläger von dieser Handlung Kenntnis erlangt hat.

Artikel 264 (ex-Artikel 231 EGV)

Ist die Klage begründet, so erklärt der Gerichtshof der Europäischen Union die angefochtene Handlung für nichtig.

Erklärt der Gerichtshof eine Handlung für nichtig, so bezeichnet er, falls er dies für notwendig hält, diejenigen ihrer Wirkungen, die als fortgeltend zu betrachten sind.

Artikel 265 (ex-Artikel 232 EGV)

Unterlässt es das Europäische Parlament, der Europäische Rat, der Rat, die Kommission oder die Europäische Zentralbank unter Verletzung der Verträge, einen Beschluss zu fassen, so können die Mitgliedstaaten und die anderen Organe der Union beim Gerichtshof der Europäischen Union Klage auf Feststellung dieser Vertragsverletzung erheben. Dieser Artikel gilt entsprechend für die Einrichtungen und sonstigen Stellen der Union, die es unterlassen, tätig zu werden.

Diese Klage ist nur zulässig, wenn das in Frage stehende Organ, die in Frage stehende Einrichtung oder sonstige Stelle zuvor aufgefordert worden ist, tätig zu werden. Hat es bzw. sie binnen zwei Monaten nach dieser Aufforderung nicht Stellung genommen, so kann die Klage innerhalb einer weiteren Frist von zwei Monaten erhoben werden.

Jede natürliche oder juristische Person kann nach Maßgabe der Absätze 1 und 2 vor dem Gerichtshof Beschwerde darüber führen, dass ein Organ oder eine Einrichtung oder sonstige Stelle der Union es unterlassen hat, einen anderen Akt als eine Empfehlung oder eine Stellungnahme an sie zu richten.

Artikel 266 (ex-Artikel 233 EGV)

Die Organe, Einrichtungen oder sonstigen Stellen, denen das für nichtig erklärte Handeln zur Last fällt oder deren Untätigkeit als vertragswidrig erklärt worden ist, haben die sich aus dem Urteil des Gerichtshofs der Europäischen Union ergebenden Maßnahmen zu ergreifen.

Diese Verpflichtung besteht unbeschadet der Verpflichtungen, die sich aus der Anwendung des Artikels 340 Absatz 2 ergeben.

Artikel 267 (ex-Artikel 234 EGV)

Der Gerichtshof der Europäischen Union entscheidet im Wege der Vorabentscheidung

a) über die Auslegung der Verträge,

b) über die Gültigkeit und die Auslegung der Handlungen der Organe, Einrichtungen oder sonstigen Stellen der Union.

Wird eine derartige Frage einem Gericht eines Mitgliedstaats gestellt und hält dieses Gericht eine Entscheidung darüber zum Erlass seines Urteils für erforderlich, so kann es diese Frage dem Gerichtshof zur Entscheidung vorlegen.

Wird eine derartige Frage in einem schwebenden Verfahren bei einem einzelstaatlichen Gericht gestellt, dessen Entscheidungen selbst nicht mehr mit Rechtsmitteln des innerstaatlichen Rechts angefochten werden können, so ist dieses Gericht zur Anrufung des Gerichtshofs verpflichtet.

Wird eine derartige Frage in einem schwebenden Verfahren, das eine inhaftierte Person betrifft, bei einem einzelstaatlichen Gericht gestellt, so entscheidet der Gerichtshof innerhalb kürzester Zeit.

Artikel 268 (ex-Artikel 235 EGV)

Der Gerichtshof der Europäischen Union ist für Streitsachen über den in Artikel 340 Absätze 2 und 3 vorgesehenen Schadensersatz zuständig.

Artikel 269

Der Gerichtshof ist für Entscheidungen über die Rechtmäßigkeit eines nach Artikel 7 des Vertrags über die Europäische Union erlassenen Rechtsakts des Europäischen Rates oder des Rates nur auf Antrag des von einer Feststellung des Europäischen Rates oder des Rates betroffenen Mitgliedstaats und lediglich im Hinblick auf die Einhaltung der in dem genannten Artikel vorgesehenen Verfahrensbestimmungen zuständig.

Der Antrag muss binnen eines Monats nach der jeweiligen Feststellung gestellt werden. Der Gerichtshof entscheidet binnen eines Monats nach Antragstellung.

Artikel 270 (ex-Artikel 236 EGV)

Der Gerichtshof der Europäischen Union ist für alle Streitsachen zwischen der Union und deren Bediensteten innerhalb der Grenzen und nach Maßgabe der Bedingungen zuständig, die im Statut der Beamten der Union und in den Beschäftigungsbedingungen für die sonstigen Bediensteten der Union festgelegt sind.

Artikel 271 (ex-Artikel 237 EGV)

Der Gerichtshof der Europäischen Union ist nach Maßgabe der folgenden Bestimmungen zuständig in Streitsachen über

a) die Erfüllung der Verpflichtungen der Mitgliedstaaten aus der Satzung der Europäischen Investitionsbank. Der Verwaltungsrat der Bank besitzt hierbei die der Kommission in Artikel 258 übertragenen Befugnisse;

b) die Beschlüsse des Rates der Gouverneure der Europäischen Investitionsbank. Jeder Mitgliedstaat, die Kommission und der Verwaltungsrat der Bank können hierzu nach Maßgabe des Artikels 263 Klage erheben;
c) die Beschlüsse des Verwaltungsrats der Europäischen Investitionsbank. Diese können nach Maßgabe des Artikels 263 nur von Mitgliedstaaten oder der Kommission und lediglich wegen Verletzung der Formvorschriften des Artikels 19 Absatz 2 und Absätze 5 bis 7 der Satzung der Investitionsbank angefochten werden;
d) die Erfüllung der sich aus den Verträgen und der Satzung des ESZB und der EZB ergebenden Verpflichtungen durch die nationalen Zentralbanken. Der Rat der Gouverneure der Europäischen Zentralbank besitzt hierbei gegenüber den nationalen Zentralbanken die Befugnisse, die der Kommission in Artikel 258 gegenüber den Mitgliedstaaten eingeräumt werden. Stellt der Gerichtshof der Europäischen Union fest, dass eine nationale Zentralbank gegen eine Verpflichtung aus den Verträgen verstoßen hat, so hat diese Bank die Maßnahmen zu ergreifen, die sich aus dem Urteil des Gerichtshofs ergeben.

Artikel 272 (ex-Artikel 238 EGV)

Der Gerichtshof der Europäischen Union ist für Entscheidungen aufgrund einer Schiedsklausel zuständig, die in einem von der Union oder für ihre Rechnung abgeschlossenen öffentlich-rechtlichen oder privatrechtlichen Vertrag enthalten ist.

Artikel 273 (ex-Artikel 239 EGV)

Der Gerichtshof ist für jede mit dem Gegenstand der Verträge in Zusammenhang stehende Streitigkeit zwischen Mitgliedstaaten zuständig, wenn diese bei ihm aufgrund eines Schiedsvertrags anhängig gemacht wird.

Artikel 274 (ex-Artikel 240 EGV)

Soweit keine Zuständigkeit des Gerichtshofs der Europäischen Union aufgrund der Verträge besteht, sind Streitsachen, bei denen die Union Partei ist, der Zuständigkeit der einzelstaatlichen Gerichte nicht entzogen.

Artikel 275

Der Gerichtshof der Europäischen Union ist nicht zuständig für die Bestimmungen hinsichtlich der Gemeinsamen Außen- und Sicherheitspolitik und für die auf der Grundlage dieser Bestimmungen erlassenen Rechtsakte.

Der Gerichtshof ist jedoch zuständig für die Kontrolle der Einhaltung von Artikel 40 des Vertrags über die Europäische Union und für die unter den Voraussetzungen des Artikels 263 Absatz 4 dieses Vertrags erhobenen Klagen im Zusammenhang mit der Überwachung der Rechtmäßigkeit von Beschlüssen über restriktive Maßnahmen gegenüber natürlichen oder juristischen Personen, die der Rat auf der Grundlage von Titel V Kapitel 2 des Vertrags über die Europäische Union erlassen hat.

Artikel 276

Bei der Ausübung seiner Befugnisse im Rahmen der Bestimmungen des Dritten Teils Titel V Kapitel 4 und 5 über den Raum der Freiheit, der Sicherheit und des Rechts ist der Gerichtshof der Europäischen Union nicht zuständig für die Überprüfung der Gültigkeit oder Verhältnismäßigkeit von Maßnahmen der Polizei oder anderer Strafverfolgungsbehörden eines Mitgliedstaats oder der Wahrnehmung der Zuständigkeiten der Mitgliedstaaten für die Aufrechterhaltung der öffentlichen Ordnung und den Schutz der inneren Sicherheit.

Artikel 277 (ex-Artikel 241 EGV)

Ungeachtet des Ablaufs der in Artikel 263 Absatz 6 genannten Frist kann jede Partei in einem Rechtsstreit, bei dem die Rechtmäßigkeit eines von einem Organ, einer Einrichtung oder einer sonstigen Stelle der Union erlassenen Rechtsakts mit allgemeiner Geltung angefochten wird, vor dem Gerichtshof der Europäischen Union die Unanwendbarkeit dieses Rechtsakts aus den in Artikel 263 Absatz 2 genannten Gründen geltend machen.

Artikel 278 (ex-Artikel 242 EGV)

Klagen bei dem Gerichtshof der Europäischen Union haben keine aufschiebende Wirkung. Der Gerichtshof kann jedoch, wenn er dies den Umständen nach für nötig hält, die Durchführung der angefochtenen Handlung aussetzen.

Artikel 279 (ex-Artikel 243 EGV)

Der Gerichtshof der Europäischen Union kann in den bei ihm anhängigen Sachen die erforderlichen einstweiligen Anordnungen treffen.

Artikel 280 (ex-Artikel 244 EGV)

Die Urteile des Gerichtshofs der Europäischen Union sind gemäß Artikel 299 vollstreckbar.

Artikel 281 (ex-Artikel 245 EGV)

Die Satzung des Gerichtshofs der Europäischen Union wird in einem besonderen Protokoll festgelegt.

Das Europäische Parlament und der Rat können gemäß dem ordentlichen Gesetzgebungsverfahren die Satzung mit Ausnahme ihres Titels I und ihres Artikels 64 ändern. Das Europäische Parlament und der Rat beschließen entweder auf Antrag des Gerichtshofs nach Anhörung der Kommission oder auf Vorschlag der Kommission nach Anhörung des Gerichtshofs.

Abschnitt 6: Die Europäische Zentralbank

Artikel 282

(1) Die Europäische Zentralbank und die nationalen Zentralbanken bilden das Europäische System der Zentralbanken (ESZB). Die Europäische Zentralbank und die nationalen Zentralbanken der Mitgliedstaaten, deren Währung der Euro ist, bilden das Eurosystem und betreiben die Währungspolitik der Union.

(2) Das ESZB wird von den Beschlussorganen der Europäischen Zentralbank geleitet. Sein vorrangiges Ziel ist es, die Preisstabilität zu gewährleisten. Unbeschadet dieses Zieles unterstützt es die allgemeine Wirtschaftspolitik in der Union, um zur Verwirklichung ihrer Ziele beizutragen.

(3) Die Europäische Zentralbank besitzt Rechtspersönlichkeit. Sie allein ist befugt, die Ausgabe des Euro zu genehmigen. Sie ist in der Ausübung ihrer Befugnisse und der Verwaltung ihrer Mittel unabhängig. Die Organe, Einrichtungen und sonstigen Stellen der Union sowie die Regierungen der Mitgliedstaaten achten diese Unabhängigkeit.

(4) Die Europäische Zentralbank erlässt die für die Erfüllung ihrer Aufgaben erforderlichen Maßnahmen nach den Artikeln 127 bis 133 und Artikel 138 und nach Maßgabe der Satzung des ESZB und der EZB. Nach diesen Artikeln behalten die Mitgliedstaaten, deren Währung nicht der Euro ist, sowie deren Zentralbanken ihre Zuständigkeiten im Währungsbereich.

(5) Die Europäische Zentralbank wird in den Bereichen, auf die sich ihre Befugnisse erstrecken, zu allen Entwürfen für Rechtsakte der Union sowie zu allen Entwürfen für Rechtsvorschriften auf einzelstaatlicher Ebene gehört und kann Stellungnahmen abgeben.

Artikel 283 (ex-Artikel 112 EGV)

(1) Der Rat der Europäischen Zentralbank besteht aus den Mitgliedern des Direktoriums der Europäischen Zentralbank und den Präsidenten der nationalen Zentralbanken der Mitgliedstaaten, deren Währung der Euro ist.

(2) Das Direktorium besteht aus dem Präsidenten, dem Vizepräsidenten und vier weiteren Mitgliedern.

Der Präsident, der Vizepräsident und die weiteren Mitglieder des Direktoriums werden vom Europäischen Rat auf Empfehlung des Rates, der hierzu das Europäische Parlament und den Rat der Europäischen Zentralbank anhört, aus dem Kreis der in Währungs- oder Bankfragen anerkannten und erfahrenen Persönlichkeiten mit qualifizierter Mehrheit ausgewählt und ernannt.

Ihre Amtszeit beträgt acht Jahre; Wiederernennung ist nicht zulässig.

Nur Staatsangehörige der Mitgliedstaaten können Mitglieder des Direktoriums werden.

Artikel 284 (ex-Artikel 113 EGV)

(1) Der Präsident des Rates und ein Mitglied der Kommission können ohne Stimmrecht an den Sitzungen des Rates der Europäischen Zentralbank teilnehmen.

Der Präsident des Rates kann dem Rat der Europäischen Zentralbank einen Antrag zur Beratung vorlegen.

(2) Der Präsident der Europäischen Zentralbank wird zur Teilnahme an den Tagungen des Rates eingeladen, wenn dieser Fragen im Zusammenhang mit den Zielen und Aufgaben des ESZB erörtert.

(3) Die Europäische Zentralbank unterbreitet dem Europäischen Parlament, dem Rat und der Kommission sowie auch dem Europäischen Rat einen Jahresbericht über die Tätigkeit des ESZB und die Geld- und Währungspolitik im vergangenen und im laufenden Jahr. Der Präsident der Europäischen Zentralbank legt den Bericht dem Rat und dem Europäischen Parlament vor, das auf dieser Grundlage eine allgemeine Aussprache durchführen kann.

Der Präsident der Europäischen Zentralbank und die anderen Mitglieder des Direktoriums können auf Ersuchen des Europäischen Parlaments oder auf ihre Initiative hin von den zuständigen Ausschüssen des Europäischen Parlaments gehört werden.

Abschnitt 7: Der Rechnungshof

Artikel 285 (ex-Artikel 246 EGV)

Der Rechnungshof nimmt die Rechnungsprüfung der Union wahr.

Der Rechnungshof besteht aus einem Staatsangehörigen je Mitgliedstaat. Seine Mitglieder üben ihre Aufgaben in voller Unabhängigkeit zum allgemeinen Wohl der Union aus.

Artikel 286 (ex-Artikel 247 EGV)

(1) Zu Mitgliedern des Rechnungshofs sind Persönlichkeiten auszuwählen, die in ihren Staaten Rechnungsprüfungsorganen angehören oder angehört haben oder die für dieses Amt besonders geeignet sind. Sie müssen jede Gewähr für Unabhängigkeit bieten.

(2) Die Mitglieder des Rechnungshofs werden auf sechs Jahre ernannt. Der Rat nimmt die gemäß den Vorschlägen der einzelnen Mitgliedstaaten erstellte Liste der Mitglieder nach Anhörung des Europäischen Parlaments an. Die Wiederernennung der Mitglieder des Rechnungshofs ist zulässig.

Sie wählen aus ihrer Mitte den Präsidenten des Rechnungshofs für drei Jahre. Wiederwahl ist zulässig.

(3) Die Mitglieder des Rechnungshofs dürfen bei der Erfüllung ihrer Pflichten Anweisungen von einer Regierung oder einer anderen Stelle weder anfordern noch entgegennehmen. Sie haben jede Handlung zu unterlassen, die mit ihren Aufgaben unvereinbar ist.

(4) Die Mitglieder des Rechnungshofs dürfen während ihrer Amtszeit keine andere entgeltliche oder unentgeltliche Berufstätigkeit ausüben. Bei der Aufnahme ihrer Tätigkeit übernehmen sie die feierliche Verpflichtung, während der Ausübung und nach Ablauf ihrer Amtstätigkeit die sich aus ihrem Amt ergebenden Pflichten zu erfüllen, insbesondere die Pflicht, bei der Annahme gewisser Tätigkeiten oder Vorteile nach Ablauf dieser Tätigkeit ehrenhaft und zurückhaltend zu sein.

(5) Abgesehen von regelmäßigen Neubesetzungen und von Todesfällen endet das Amt eines Mitglieds des Rechnungshofs durch Rücktritt oder durch Amtsenthebung durch den Gerichtshof gemäß Absatz 6.

Für das ausscheidende Mitglied wird für die verbleibende Amtszeit ein Nachfolger ernannt.

Außer im Fall der Amtsenthebung bleiben die Mitglieder des Rechnungshofs bis zur Neubesetzung ihres Sitzes im Amt.

(6) Ein Mitglied des Rechnungshofs kann nur dann seines Amtes enthoben oder seiner Ruhegehaltsansprüche oder anderer an ihrer Stelle gewährter Vergünstigungen für verlustig erklärt werden, wenn der Gerichtshof auf Antrag des Rechnungshofs feststellt, dass es nicht mehr die erforderlichen Voraussetzungen erfüllt oder den sich aus seinem Amt ergebenden Verpflichtungen nicht mehr nachkommt.

(7) Der Rat setzt die Beschäftigungsbedingungen für den Präsidenten und die Mitglieder des Rechnungshofs fest, insbesondere die Gehälter, Vergütungen und Ruhegehälter. Er setzt alle sonstigen als Entgelt gezahlten Vergütungen fest.

(8) Die für die Richter des Gerichtshofs der Europäischen Union geltenden Bestimmungen des Protokolls über die Vorrechte und Befreiungen der Europäischen Union gelten auch für die Mitglieder des Rechnungshofs.

Artikel 287 (ex-Artikel 248 EGV)

(1) Der Rechnungshof prüft die Rechnung über alle Einnahmen und Ausgaben der Union. Er prüft ebenfalls die Rechnung über alle Einnahmen und Ausgaben jeder von der Union geschaffenen Einrichtung oder sonstigen Stelle, soweit der Gründungsakt dies nicht ausschließt.

Der Rechnungshof legt dem Europäischen Parlament und dem Rat eine Erklärung über die Zuverlässigkeit der Rechnungsführung sowie die Rechtmäßigkeit und Ordnungsmäßigkeit der zugrunde liegenden Vorgänge vor, die im Amtsblatt der Europäischen Union veröffentlicht wird. Diese Erklärung kann durch spezifische Beurteilungen zu allen größeren Tätigkeitsbereichen der Union ergänzt werden.

(2) Der Rechnungshof prüft die Rechtmäßigkeit und Ordnungsmäßigkeit der Einnahmen und Ausgaben und überzeugt sich von der Wirtschaftlichkeit der Haushaltsführung. Dabei berichtet er insbesondere über alle Fälle von Unregelmäßigkeiten.

Die Prüfung der Einnahmen erfolgt anhand der Feststellungen und der Zahlungen der Einnahmen an die Union.

Die Prüfung der Ausgaben erfolgt anhand der Mittelbindungen und der Zahlungen.

Diese Prüfungen können vor Abschluss der Rechnung des betreffenden Haushaltsjahrs durchgeführt werden.

(3) Die Prüfung wird anhand der Rechnungsunterlagen und erforderlichenfalls an Ort und Stelle bei den anderen Organen der Union, in den Räumlichkeiten der Einrichtungen oder sonstigen Stellen, die Einnahmen oder Ausgaben für Rechnung der Union verwalten, sowie der natürlichen und juristischen Personen, die Zahlungen aus dem Haushalt erhalten, und in den Mitgliedstaaten durchgeführt. Die Prüfung in den Mitgliedstaaten erfolgt in Verbindung mit den einzelstaatlichen Rechnungsprüfungsorganen oder, wenn diese nicht über die erforderliche Zuständigkeit verfügen, mit den zuständigen einzelstaatlichen Dienststellen. Der Rechnungshof und die einzelstaatlichen Rechnungsprüfungsorgane arbeiten unter Wahrung ihrer Unabhängigkeit vertrauensvoll zusammen. Diese Organe oder Dienststellen teilen dem Rechnungshof mit, ob sie an der Prüfung teilzunehmen beabsichtigen.

Die anderen Organe der Union, die Einrichtungen oder sonstigen Stellen, die Einnahmen oder Ausgaben für Rechnung der Union verwalten, die natürlichen oder juristischen Personen, die Zahlungen aus dem Haushalt erhalten, und die einzelstaatlichen Rechnungsprüfungsorgane oder, wenn diese nicht über die erforderliche Zuständigkeit verfügen, die zuständigen einzelstaatlichen Dienststellen übermitteln dem Rechnungshof auf dessen Antrag die für die Erfüllung seiner Aufgabe erforderlichen Unterlagen oder Informationen.

Die Rechte des Rechnungshofs auf Zugang zu Informationen der Europäischen Investitionsbank im Zusammenhang mit deren Tätigkeit bei der Verwaltung von Einnahmen und Ausgaben der Union werden in einer Vereinbarung zwischen dem Rechnungshof, der Bank und der Kommission geregelt. Der Rechnungshof hat auch dann Recht auf Zugang zu den Informationen, die für die Prüfung der von der Bank verwalteten Einnahmen und Ausgaben der Union erforderlich sind, wenn eine entsprechende Vereinbarung nicht besteht.

(4) Der Rechnungshof erstattet nach Abschluss eines jeden Haushaltsjahrs einen Jahresbericht. Dieser Bericht wird den anderen Organen der Union vorgelegt und im Amtsblatt der Europäischen Union zusammen mit den Antworten dieser Organe auf die Bemerkungen des Rechnungshofs veröffentlicht.

Der Rechnungshof kann ferner jederzeit seine Bemerkungen zu besonderen Fragen vorlegen, insbesondere in Form von Sonderberichten, und auf Antrag eines der anderen Organe der Union Stellungnahmen abgeben.

Er nimmt seine jährlichen Berichte, Sonderberichte oder Stellungnahmen mit der Mehrheit seiner Mitglieder an. Er kann jedoch für die Annahme bestimmter Arten von Berichten oder Stellungnahmen nach Maßgabe seiner Geschäftsordnung Kammern bilden.

Er unterstützt das Europäische Parlament und den Rat bei der Kontrolle der Ausführung des Haushaltsplans.

Der Rechnungshof gibt sich eine Geschäftsordnung. Diese bedarf der Genehmigung des Rates.

Kapitel 2: Rechtsakte der Union, Annahmeverfahren und sonstige Vorschriften

Abschnitt 1: Die Rechtsakte der Union

Artikel 288 (ex-Artikel 249 EGV)

Für die Ausübung der Zuständigkeiten der Union nehmen die Organe Verordnungen, Richtlinien, Beschlüsse, Empfehlungen und Stellungnahmen an.

Die Verordnung hat allgemeine Geltung. Sie ist in allen ihren Teilen verbindlich und gilt unmittelbar in jedem Mitgliedstaat.

Die Richtlinie ist für jeden Mitgliedstaat, an den sie gerichtet wird, hinsichtlich des zu erreichenden Ziels verbindlich, überlässt jedoch den innerstaatlichen Stellen die Wahl der Form und der Mittel.

Beschlüsse sind in allen ihren Teilen verbindlich. Sind sie an bestimmte Adressaten gerichtet, so sind sie nur für diese verbindlich.

Die Empfehlungen und Stellungnahmen sind nicht verbindlich.

Artikel 289

(1) Das ordentliche Gesetzgebungsverfahren besteht in der gemeinsamen Annahme einer Verordnung, einer Richtlinie oder eines Beschlusses durch das Europäische Parlament und den Rat auf Vorschlag der Kommission. Dieses Verfahren ist in Artikel 294 festgelegt.

(2) In bestimmten, in den Verträgen vorgesehenen Fällen erfolgt als besonderes Gesetzgebungsverfahren die Annahme einer Verordnung, einer Richtlinie oder eines Beschlusses durch das Europäische Parlament mit Beteiligung des Rates oder durch den Rat mit Beteiligung des Europäischen Parlaments.

(3) Rechtsakte, die gemäß einem Gesetzgebungsverfahren angenommen werden, sind Gesetzgebungsakte.

(4) In bestimmten, in den Verträgen vorgesehenen Fällen können Gesetzgebungsakte auf Initiative einer Gruppe von Mitgliedstaaten oder des Europäischen Parlaments, auf Empfehlung der Europäischen Zentralbank oder auf Antrag des Gerichtshofs oder der Europäischen Investitionsbank erlassen werden.

Artikel 290

(1) In Gesetzgebungsakten kann der Kommission die Befugnis übertragen werden, Rechtsakte ohne Gesetzescharakter mit allgemeiner Geltung zur Ergänzung oder Änderung bestimmter nicht wesentlicher Vorschriften des betreffenden Gesetzgebungsaktes zu erlassen.

In den betreffenden Gesetzgebungsakten werden Ziele, Inhalt, Geltungsbereich und Dauer der Befugnisübertragung ausdrücklich festgelegt. Die wesentlichen Aspekte eines Bereichs sind dem Gesetzgebungsakt vorbehalten und eine Befugnisübertragung ist für sie deshalb ausgeschlossen.

(2) Die Bedingungen, unter denen die Übertragung erfolgt, werden in Gesetzgebungsakten ausdrücklich festgelegt, wobei folgende Möglichkeiten bestehen:

a) Das Europäische Parlament oder der Rat kann beschließen, die Übertragung zu widerrufen.

b) Der delegierte Rechtsakt kann nur in Kraft treten, wenn das Europäische Parlament oder der Rat innerhalb der im Gesetzgebungsakt festgelegten Frist keine Einwände erhebt.

Für die Zwecke der Buchstaben a und b beschließt das Europäische Parlament mit der Mehrheit seiner Mitglieder und der Rat mit qualifizierter Mehrheit.

(3) In den Titel der delegierten Rechtsakte wird das Wort „delegiert" eingefügt.

Artikel 291

(1) Die Mitgliedstaaten ergreifen alle zur Durchführung der verbindlichen Rechtsakte der Union erforderlichen Maßnahmen nach innerstaatlichem Recht.

(2) Bedarf es einheitlicher Bedingungen für die Durchführung der verbindlichen Rechtsakte der Union, so werden mit diesen Rechtsakten der Kommission oder, in entsprechend begründeten Sonderfällen und in den in den Artikeln 24 und 26 des Vertrags über die Europäische Union vorgesehenen Fällen, dem Rat Durchführungsbefugnisse übertragen.

(3) Für die Zwecke des Absatzes 2 legen das Europäische Parlament und der Rat gemäß dem ordentlichen Gesetzgebungsverfahren durch Verordnungen im Voraus allgemeine Regeln und Grundsätze fest, nach denen die Mitgliedstaaten die Wahrnehmung der Durchführungsbefugnisse durch die Kommission kontrollieren.

(4) In den Titel der Durchführungsrechtsakte wird der Wortteil „Durchführungs-" eingefügt.

Artikel 292

Der Rat gibt Empfehlungen ab. Er beschließt auf Vorschlag der Kommission in allen Fällen, in denen er nach Maßgabe der Verträge Rechtsakte auf Vorschlag der Kommission erlässt. In den Bereichen, in denen für den Erlass eines Rechtsakts der Union Einstimmigkeit vorgesehen ist, beschließt er einstimmig. Die Kommission und, in bestimmten in den Verträgen vorgesehenen Fällen, die Europäische Zentralbank geben Empfehlungen ab.

Abschnitt 2: Annahmeverfahren und sonstige Vorschriften

Artikel 293 (ex-Artikel 250 EGV)

(1) Wird der Rat aufgrund der Verträge auf Vorschlag der Kommission tätig, so kann er diesen Vorschlag nur einstimmig abändern; dies gilt nicht in den Fällen nach Artikel 294 Absätze 10 und 13, nach Artikel 310, Artikel 312, Artikel 314 und nach Artikel 315 Absatz 2.

(2) Solange ein Beschluss des Rates nicht ergangen ist, kann die Kommission ihren Vorschlag jederzeit im Verlauf der Verfahren zur Annahme eines Rechtsakts der Union ändern.

Artikel 294 (ex-Artikel 251 EGV)

(1) Wird in den Verträgen hinsichtlich der Annahme eines Rechtsakts auf das ordentliche Gesetzgebungsverfahren Bezug genommen, so gilt das nachstehende Verfahren.

(2) Die Kommission unterbreitet dem Europäischen Parlament und dem Rat einen Vorschlag.

Erste Lesung

(3) Das Europäische Parlament legt seinen Standpunkt in erster Lesung fest und übermittelt ihn dem Rat.

(4) Billigt der Rat den Standpunkt des Europäischen Parlaments, so ist der betreffende Rechtsakt in der Fassung des Standpunkts des Europäischen Parlaments erlassen.

(5) Billigt der Rat den Standpunkt des Europäischen Parlaments nicht, so legt er seinen Standpunkt in erster Lesung fest und übermittelt ihn dem Europäischen Parlament.

(6) Der Rat unterrichtet das Europäische Parlament in allen Einzelheiten über die Gründe, aus denen er seinen Standpunkt in erster Lesung festgelegt hat. Die Kommission unterrichtet das Europäische Parlament in vollem Umfang über ihren Standpunkt.

Zweite Lesung

(7) Hat das Europäische Parlament binnen drei Monaten nach der Übermittlung

a) den Standpunkt des Rates in erster Lesung gebilligt oder sich nicht geäußert, so gilt der betreffende Rechtsakt als in der Fassung des Standpunkts des Rates erlassen;

b) den Standpunkt des Rates in erster Lesung mit der Mehrheit seiner Mitglieder abgelehnt, so gilt der vorgeschlagene Rechtsakt als nicht erlassen;

c) mit der Mehrheit seiner Mitglieder Abänderungen an dem Standpunkt des Rates in erster Lesung vorgeschlagen, so wird die abgeänderte Fassung dem Rat und der Kommission zugeleitet; die Kommission gibt eine Stellungnahme zu diesen Abänderungen ab.

(8) Hat der Rat binnen drei Monaten nach Eingang der Abänderungen des Europäischen Parlaments mit qualifizierter Mehrheit

a) alle diese Abänderungen gebilligt, so gilt der betreffende Rechtsakt als erlassen;

b) nicht alle Abänderungen gebilligt, so beruft der Präsident des Rates im Einvernehmen mit dem Präsidenten des Europäischen Parlaments binnen sechs Wochen den Vermittlungsausschuss ein.

(9) Über Abänderungen, zu denen die Kommission eine ablehnende Stellungnahme abgegeben hat, beschließt der Rat einstimmig.

Vermittlung

(10) Der Vermittlungsausschuss, der aus den Mitgliedern des Rates oder deren Vertretern und ebenso vielen das Europäische Parlament vertretenden Mitgliedern besteht, hat die Aufgabe, mit der qualifizierten Mehrheit der Mitglieder des Rates oder deren Vertretern und der Mehrheit der das Europäische Parlament vertretenden Mitglieder binnen sechs Wochen nach seiner Einberufung eine Einigung auf der Grundlage der Standpunkte des Europäischen Parlaments und des Rates in zweiter Lesung zu erzielen.

(11) Die Kommission nimmt an den Arbeiten des Vermittlungsausschusses teil und ergreift alle erforderlichen Initiativen, um auf eine Annäherung der Standpunkte des Europäischen Parlaments und des Rates hinzuwirken.

(12) Billigt der Vermittlungsausschuss binnen sechs Wochen nach seiner Einberufung keinen gemeinsamen Entwurf, so gilt der vorgeschlagene Rechtsakt als nicht erlassen.

Dritte Lesung

(13) Billigt der Vermittlungsausschuss innerhalb dieser Frist einen gemeinsamen Entwurf, so verfügen das Europäische Parlament und der Rat ab dieser Billigung über eine Frist von sechs

Wochen, um den betreffenden Rechtsakt entsprechend diesem Entwurf zu erlassen, wobei im Europäischen Parlament die Mehrheit der abgegebenen Stimmen und im Rat die qualifizierte Mehrheit erforderlich ist. Andernfalls gilt der vorgeschlagene Rechtsakt als nicht erlassen.

(14) Die in diesem Artikel genannten Fristen von drei Monaten beziehungsweise sechs Wochen werden auf Initiative des Europäischen Parlaments oder des Rates um höchstens einen Monat beziehungsweise zwei Wochen verlängert.

Besondere Bestimmungen

(15) Wird in den in den Verträgen vorgesehenen Fällen ein Gesetzgebungsakt auf Initiative einer Gruppe von Mitgliedstaaten, auf Empfehlung der Europäischen Zentralbank oder auf Antrag des Gerichtshofs im ordentlichen Gesetzgebungsverfahren erlassen, so finden Absatz 2, Absatz 6 Satz 2 und Absatz 9 keine Anwendung.

In diesen Fällen übermitteln das Europäische Parlament und der Rat der Kommission den Entwurf des Rechtsakts sowie ihre jeweiligen Standpunkte in erster und zweiter Lesung. Das Europäische Parlament oder der Rat kann die Kommission während des gesamten Verfahrens um eine Stellungnahme bitten, die die Kommission auch von sich aus abgeben kann. Sie kann auch nach Maßgabe des Absatzes 11 an dem Vermittlungsausschuss teilnehmen, sofern sie dies für erforderlich hält.

Artikel 295

Das Europäische Parlament, der Rat und die Kommission beraten sich und regeln einvernehmlich die Einzelheiten ihrer Zusammenarbeit. Dazu können sie unter Wahrung der Verträge interinstitutionelle Vereinbarungen schließen, die auch bindenden Charakter haben können.

Artikel 296 (ex-Artikel 253 EGV)

Wird die Art des zu erlassenden Rechtsakts von den Verträgen nicht vorgegeben, so entscheiden die Organe darüber von Fall zu Fall unter Einhaltung der geltenden Verfahren und des Grundsatzes der Verhältnismäßigkeit.

Die Rechtsakte sind mit einer Begründung zu versehen und nehmen auf die in den Verträgen vorgesehenen Vorschläge, Initiativen, Empfehlungen, Anträge oder Stellungnahmen Bezug.

Werden das Europäische Parlament und der Rat mit dem Entwurf eines Gesetzgebungsakts befasst, so nehmen sie keine Rechtsakte an, die gemäß dem für den betreffenden Bereich geltenden Gesetzgebungsverfahren nicht vorgesehen sind.

Artikel 297 (ex-Artikel 254 EGV)

(1) Gesetzgebungsakte, die gemäß dem ordentlichen Gesetzgebungsverfahren erlassen wurden, werden vom Präsidenten des Europäischen Parlaments und vom Präsidenten des Rates unterzeichnet.

Gesetzgebungsakte, die gemäß einem besonderen Gesetzgebungsverfahren erlassen wurden, werden vom Präsidenten des Organs unterzeichnet, das sie erlassen hat.

Die Gesetzgebungsakte werden im Amtsblatt der Europäischen Union veröffentlicht. Sie treten zu dem durch sie festgelegten Zeitpunkt oder anderenfalls am zwanzigsten Tag nach ihrer Veröffentlichung in Kraft.

(2) Rechtsakte ohne Gesetzescharakter, die als Verordnung, Richtlinie oder Beschluss, der an keinen bestimmten Adressaten gerichtet ist, erlassen wurden, werden vom Präsidenten des Organs unterzeichnet, das sie erlassen hat.

Verordnungen, Richtlinien, die an alle Mitgliedstaaten gerichtet sind, sowie Beschlüsse, die an keinen bestimmten Adressaten gerichtet sind, werden im Amtsblatt der Europäischen Union veröffentlicht. Sie treten zu dem durch sie festgelegten Zeitpunkt oder anderenfalls am zwanzigsten Tag nach ihrer Veröffentlichung in Kraft.

Die anderen Richtlinien sowie die Beschlüsse, die an einen bestimmten Adressaten gerichtet sind, werden denjenigen, für die sie bestimmt sind, bekannt gegeben und durch diese Bekanntgabe wirksam.

Artikel 298

(1) Zur Ausübung ihrer Aufgaben stützen sich die Organe, Einrichtungen und sonstigen Stellen der Union auf eine offene, effiziente und unabhängige europäische Verwaltung.

(2) Die Bestimmungen zu diesem Zweck werden unter Beachtung des Statuts und der Beschäftigungsbedingungen nach Artikel 336 vom Europäischen Parlament und vom Rat gemäß dem ordentlichen Gesetzgebungsverfahren durch Verordnungen erlassen.

Artikel 299 (ex-Artikel 256 EGV)

Die Rechtsakte des Rates, der Kommission oder der Europäischen Zentralbank, die eine Zahlung auferlegen, sind vollstreckbare Titel; dies gilt nicht gegenüber Staaten.

Die Zwangsvollstreckung erfolgt nach den Vorschriften des Zivilprozessrechts des Staates, in dessen Hoheitsgebiet sie stattfindet. Die Vollstreckungsklausel wird nach einer Prüfung, die sich lediglich auf die Echtheit des Titels erstrecken darf, von der staatlichen Behörde erteilt, welche die Regierung jedes Mitgliedstaats zu diesem Zweck bestimmt und der Kommission und dem Gerichtshof der Europäischen Union benennt.

Sind diese Formvorschriften auf Antrag der die Vollstreckung betreibenden Partei erfüllt, so kann diese die Zwangsvollstreckung nach innerstaatlichem Recht betreiben, indem sie die zuständige Stelle unmittelbar anruft.

Die Zwangsvollstreckung kann nur durch eine Entscheidung des Gerichtshofs der Europäischen Union ausgesetzt werden. Für die Prüfung der Ordnungsmäßigkeit der Vollstreckungsmaßnahmen sind jedoch die einzelstaatlichen Rechtsprechungsorgane zuständig.

Kapitel 3: Die Beratenden Einrichtungen der Union

Artikel 300

(1) Das Europäische Parlament, der Rat und die Kommission werden von einem Wirtschafts- und Sozialausschuss sowie einem Ausschuss der Regionen unterstützt, die beratende Aufgaben wahrnehmen.

(2) Der Wirtschafts- und Sozialausschuss setzt sich zusammen aus Vertretern der Organisationen der Arbeitgeber und der Arbeitnehmer sowie anderen Vertretern der Zivilgesellschaft, insbesondere aus dem sozialen und wirtschaftlichen, dem staatsbürgerlichen, dem beruflichen und dem kulturellen Bereich.

(3) Der Ausschuss der Regionen setzt sich zusammen aus Vertretern der regionalen und lokalen Gebietskörperschaften, die entweder ein auf Wahlen beruhendes Mandat in einer regionalen oder lokalen Gebietskörperschaft innehaben oder gegenüber einer gewählten Versammlung politisch verantwortlich sind.

(4) Die Mitglieder des Wirtschafts- und Sozialausschusses und des Ausschusses der Regionen sind an keine Weisungen gebunden. Sie üben ihre Tätigkeit in voller Unabhängigkeit zum allgemeinen Wohl der Union aus.

(5) Die Vorschriften der Absätze 2 und 3 über die Art der Zusammensetzung dieser Ausschüsse werden in regelmäßigen Abständen vom Rat überprüft, um der wirtschaftlichen, sozialen und demografischen Entwicklung in der Union Rechnung zu tragen. Der Rat erlässt auf Vorschlag der Kommission Beschlüsse zu diesem Zweck.

Abschnitt 1: Der Wirtschafts- und Sozialausschuss

Artikel 301 (ex-Artikel 258 EGV)

Der Wirtschafts- und Sozialausschuss hat höchstens dreihundertfünfzig Mitglieder.

Der Rat erlässt einstimmig auf Vorschlag der Kommission einen Beschluss über die Zusammensetzung des Ausschusses.

Der Rat setzt die Vergütungen für die Mitglieder des Ausschusses fest.

Artikel 302 (ex-Artikel 259 EGV)

(1) Die Mitglieder des Ausschusses werden für fünf Jahre ernannt. Der Rat nimmt die gemäß den Vorschlägen der einzelnen Mitgliedstaaten erstellte Liste der Mitglieder an. Die Wiederernennung der Mitglieder des Ausschusses ist zulässig.

(2) Der Rat beschließt nach Anhörung der Kommission. Er kann die Meinung der maßgeblichen europäischen Organisationen der verschiedenen Zweige des Wirtschafts- und Soziallebens und der Zivilgesellschaft einholen, die von der Tätigkeit der Union betroffen sind.

Artikel 303 (ex-Artikel 260 EGV)

Der Ausschuss wählt aus seiner Mitte seinen Präsidenten und sein Präsidium auf zweieinhalb Jahre.

Er gibt sich eine Geschäftsordnung.

Der Ausschuss wird von seinem Präsidenten auf Antrag des Europäischen Parlaments, des Rates oder der Kommission einberufen. Er kann auch von sich aus zusammentreten.

Artikel 304 (ex-Artikel 262 EGV)

Der Ausschuss wird vom Europäischen Parlament, vom Rat oder der Kommission in den in den Verträgen vorgesehenen Fällen gehört. Er kann von diesen Organen in allen Fällen gehört werden, in denen diese es für zweckmäßig erachten. Er kann von sich aus eine Stellungnahme in den Fällen abgeben, in denen er dies für zweckmäßig erachtet.

Wenn das Europäische Parlament, der Rat oder die Kommission es für notwendig erachten, setzen sie dem Ausschuss für die Vorlage seiner Stellungnahme eine Frist; diese beträgt mindestens einen Monat, vom Eingang der Mitteilung beim Präsidenten des Ausschusses an gerechnet. Nach Ablauf der Frist kann das Fehlen einer Stellungnahme unberücksichtigt bleiben.

Die Stellungnahmen des Ausschusses sowie ein Bericht über die Beratungen werden dem Europäischen Parlament, dem Rat und der Kommission übermittelt.

Abschnitt 2: Der Ausschuss der Regionen

Artikel 305 (ex-Artikel 263 Absätze 2, 3 und 4 EGV)

Der Ausschuss der Regionen hat höchstens dreihundertfünfzig Mitglieder.

Der Rat erlässt einstimmig auf Vorschlag der Kommission einen Beschluss über die Zusammensetzung des Ausschusses.

Die Mitglieder des Ausschusses sowie eine gleiche Anzahl von Stellvertretern werden auf fünf Jahre ernannt. Wiederernennung ist zulässig. Der Rat nimmt die gemäß den Vorschlägen der einzelnen Mitgliedstaaten erstellte Liste der Mitglieder und Stellvertreter an. Die Amtszeit der Mitglieder des Ausschusses endet automatisch bei Ablauf des in Artikel 300 Absatz 3 genannten Mandats, aufgrund dessen sie vorgeschlagen wurden; für die verbleibende Amtszeit wird nach demselben Verfahren ein Nachfolger ernannt. Ein Mitglied des Ausschusses darf nicht gleichzeitig Mitglied des Europäischen Parlaments sein.

Artikel 306 (ex-Artikel 264 EGV)

Der Ausschuss der Regionen wählt aus seiner Mitte seinen Präsidenten und sein Präsidium auf zweieinhalb Jahre.

Er gibt sich eine Geschäftsordnung.

Der Ausschuss wird von seinem Präsidenten auf Antrag des Europäischen Parlaments, des Rates oder der Kommission einberufen. Er kann auch von sich aus zusammentreten.

Artikel 307 (ex-Artikel 265 EGV)

Der Ausschuss der Regionen wird vom Europäischen Parlament, vom Rat oder von der Kommission in den in den Verträgen vorgesehenen Fällen und in allen anderen Fällen gehört, in denen eines dieser Organe dies für zweckmäßig erachtet, insbesondere in Fällen, welche die grenzüberschreitende Zusammenarbeit betreffen.

Wenn das Europäische Parlament, der Rat oder die Kommission es für notwendig erachten, setzen sie dem Ausschuss für die Vorlage seiner Stellungnahme eine Frist; diese beträgt mindestens einen Monat, vom Eingang der diesbezüglichen Mitteilung beim Präsidenten des Ausschusses an gerechnet. Nach Ablauf der Frist kann das Fehlen einer Stellungnahme unberücksichtigt bleiben.

Wird der Wirtschafts- und Sozialausschuss nach Artikel 304 gehört, so wird der Ausschuss der Regionen vom Europäischen Parlament, vom Rat oder von der Kommission über dieses Ersuchen um Stellungnahme unterrichtet. Der Ausschuss der Regionen kann, wenn er der Auffassung ist, dass spezifische regionale Interessen berührt werden, eine entsprechende Stellungnahme abgeben.

Er kann, wenn er dies für zweckdienlich erachtet, von sich aus eine Stellungnahme abgeben.

Die Stellungnahme des Ausschusses sowie ein Bericht über die Beratungen werden dem Europäischen Parlament, dem Rat und der Kommission übermittelt.

Kapitel 4: Die Europäische Investitionsbank

Artikel 308 (ex-Artikel 266 EGV)

Die Europäische Investitionsbank besitzt Rechtspersönlichkeit.

Mitglieder der Europäischen Investitionsbank sind die Mitgliedstaaten.

Die Satzung der Europäischen Investitionsbank ist den Verträgen als Protokoll beigefügt. Der Rat kann auf Antrag der Europäischen Investitionsbank und nach Anhörung des Europäischen Parlaments und der Kommission oder auf Vorschlag der Kommission und nach Anhörung des Europäischen Parlaments und der Europäischen Investitionsbank die Satzung der Bank einstimmig gemäß einem besonderen Gesetzgebungsverfahren ändern.

Artikel 309 (ex-Artikel 267 EGV)

Aufgabe der Europäischen Investitionsbank ist es, zu einer ausgewogenen und reibungslosen Entwicklung des Binnenmarkts im Interesse der Union beizutragen; hierbei bedient sie sich des Kapitalmarkts sowie ihrer eigenen Mittel. In diesem Sinne erleichtert sie ohne Verfolgung eines Erwerbszwecks durch Gewährung von Darlehen und Bürgschaften die Finanzierung der nachstehend bezeichneten Vorhaben in allen Wirtschaftszweigen:

a) Vorhaben zur Erschließung der weniger entwickelten Gebiete;

b) Vorhaben zur Modernisierung oder Umstellung von Unternehmen oder zur Schaffung neuer Arbeitsmöglichkeiten, die sich aus der Errichtung oder dem Funktionieren des Binnenmarkts ergeben und wegen ihres Umfangs oder ihrer Art mit den in den einzelnen Mitgliedstaaten vorhandenen Mitteln nicht vollständig finanziert werden können;

c) Vorhaben von gemeinsamem Interesse für mehrere Mitgliedstaaten, die wegen ihres Umfangs oder ihrer Art mit den in den einzelnen Mitgliedstaaten vorhandenen Mitteln nicht vollständig finanziert werden können.

In Erfüllung ihrer Aufgabe erleichtert die Bank die Finanzierung von Investitionsprogrammen in Verbindung mit der Unterstützung aus den Strukturfonds und anderen Finanzierungsinstrumenten der Union.

Titel II: Finanzvorschriften

Artikel 310 (ex-Artikel 268 EGV)

(1) Alle Einnahmen und Ausgaben der Union werden für jedes Haushaltsjahr veranschlagt und in den Haushaltsplan eingesetzt.

Der jährliche Haushaltsplan der Union wird vom Europäischen Parlament und vom Rat nach Maßgabe des Artikels 314 aufgestellt.

Der Haushaltsplan ist in Einnahmen und Ausgaben auszugleichen.

(2) Die in den Haushaltsplan eingesetzten Ausgaben werden für ein Haushaltsjahr entsprechend der Verordnung nach Artikel 322 bewilligt.

(3) Die Ausführung der in den Haushaltsplan eingesetzten Ausgaben setzt den Erlass eines verbindlichen Rechtsakts der Union voraus, mit dem die Maßnahme der Union und die Ausführung der entsprechenden Ausgabe entsprechend der Verordnung nach Artikel 322 eine Rechtsgrundlage erhalten, soweit nicht diese Verordnung Ausnahmen vorsieht.

(4) Um die Haushaltsdisziplin sicherzustellen, erlässt die Union keine Rechtsakte, die erhebliche Auswirkungen auf den Haushaltsplan haben könnten, ohne die Gewähr zu bieten, dass die mit diesen Rechtsakten verbundenen Ausgaben im Rahmen der Eigenmittel der Union und unter Einhaltung des mehrjährigen Finanzrahmens nach Artikel 312 finanziert werden können.

(5) Der Haushaltsplan wird entsprechend dem Grundsatz der Wirtschaftlichkeit der Haushaltsführung ausgeführt. Die Mitgliedstaaten arbeiten mit der Union zusammen, um sicherzustellen, dass die in den Haushaltsplan eingesetzten Mittel nach diesem Grundsatz verwendet werden.

(6) Die Union und die Mitgliedstaaten bekämpfen nach Artikel 325 Betrügereien und sonstige gegen die finanziellen Interessen der Union gerichtete rechtswidrige Handlungen.

Kapitel 1: Die Eigenmittel der Union

Artikel 311 (ex-Artikel 269 EGV)

Die Union stattet sich mit den erforderlichen Mitteln aus, um ihre Ziele erreichen und ihre Politik durchführen zu können.

Der Haushalt wird unbeschadet der sonstigen Einnahmen vollständig aus Eigenmitteln finanziert.

Der Rat erlässt gemäß einem besonderen Gesetzgebungsverfahren einstimmig und nach Anhörung des Europäischen Parlaments einen Beschluss, mit dem die Bestimmungen über das System der Eigenmittel der Union festgelegt werden. Darin können neue Kategorien von Eigenmitteln eingeführt oder bestehende Kategorien abgeschafft werden. Dieser Beschluss tritt erst nach Zustimmung der Mitgliedstaaten im Einklang mit ihren jeweiligen verfassungsrechtlichen Vorschriften in Kraft.

Der Rat legt gemäß einem besonderen Gesetzgebungsverfahren durch Verordnungen Durchführungsmaßnahmen zu dem System der Eigenmittel der Union fest, sofern dies in dem nach Absatz 3 erlassenen Beschluss vorgesehen ist. Der Rat beschließt nach Zustimmung des Europäischen Parlaments.

Kapitel 2: Der mehrjährige Finanzrahmen

Artikel 312

(1) Mit dem mehrjährigen Finanzrahmen soll sichergestellt werden, dass die Ausgaben der Union innerhalb der Grenzen ihrer Eigenmittel eine geordnete Entwicklung nehmen.

Er wird für einen Zeitraum von mindestens fünf Jahren aufgestellt.

Bei der Aufstellung des jährlichen Haushaltsplans der Union ist der mehrjährige Finanzrahmen einzuhalten.

(2) Der Rat erlässt gemäß einem besonderen Gesetzgebungsverfahren eine Verordnung zur Festlegung des mehrjährigen Finanzrahmens. Er beschließt einstimmig nach Zustimmung des Europäischen Parlaments, die mit der Mehrheit seiner Mitglieder erteilt wird.

Der Europäische Rat kann einstimmig einen Beschluss fassen, wonach der Rat mit qualifizierter Mehrheit beschließen kann, wenn er die in Unterabsatz 1 genannte Verordnung erlässt.

(3) In dem Finanzrahmen werden die jährlichen Obergrenzen der Mittel für Verpflichtungen je Ausgabenkategorie und die jährliche Obergrenze der Mittel für Zahlungen festgelegt. Die Ausgabenkategorien, von denen es nur wenige geben darf, entsprechen den Haupttätigkeitsbereichen der Union.

Der Finanzrahmen enthält auch alle sonstigen für den reibungslosen Ablauf des jährlichen Haushaltsverfahrens sachdienlichen Bestimmungen.

(4) Hat der Rat bis zum Ablauf des vorangegangenen Finanzrahmens keine Verordnung zur Aufstellung eines neuen Finanzrahmens erlassen, so werden die Obergrenzen und sonstigen Bestimmungen des letzten Jahres des vorangegangenen Finanzrahmens bis zum Erlass dieses Rechtsakts fortgeschrieben.

(5) Das Europäische Parlament, der Rat und die Kommission treffen während des gesamten Verfahrens zur Annahme des Finanzrahmens alle erforderlichen Maßnahmen, um den Erlass des Rechtsakts zu erleichtern.

Kapitel 3: Der Jahreshaushaltsplan der Union

Artikel 313 (ex-Artikel 272 Absatz 1 EGV)

Das Haushaltsjahr beginnt am 1. Januar und endet am 31. Dezember.

Artikel 314 (ex-Artikel 272 Absätze 2 bis 10 EGV)

Das Europäische Parlament und der Rat legen den Jahreshaushaltsplan der Union im Rahmen eines besonderen Gesetzgebungsverfahrens nach den folgenden Bestimmungen fest:

(1) Jedes Organ, mit Ausnahme der Europäischen Zentralbank, stellt vor dem 1. Juli einen Haushaltsvoranschlag für seine Ausgaben für das folgende Haushaltsjahr auf. Die Kommission fasst diese Voranschläge in einem Entwurf für den Haushaltsplan zusammen, der abweichende Voranschläge enthalten kann.

Dieser Entwurf umfasst den Ansatz der Einnahmen und den Ansatz der Ausgaben.

(2) Die Kommission legt dem Europäischen Parlament und dem Rat spätestens am 1. September des Jahres, das dem entsprechenden Haushaltsjahr vorausgeht, einen Vorschlag mit dem Entwurf des Haushaltsplans vor.

Die Kommission kann den Entwurf des Haushaltsplans während des laufenden Verfahrens bis zur Einberufung des in Absatz 5 genannten Vermittlungsausschusses ändern.

(3) Der Rat legt seinen Standpunkt zu dem Entwurf des Haushaltsplans fest und leitet ihn spätestens am 1. Oktober des Jahres, das dem entsprechenden Haushaltsjahr vorausgeht, dem Europäischen Parlament zu. Er unterrichtet das Europäische Parlament in vollem Umfang über die Gründe, aus denen er seinen Standpunkt festgelegt hat.

(4) Hat das Europäische Parlament binnen 42 Tagen nach der Übermittlung

a) den Standpunkt des Rates gebilligt, so ist der Haushaltsplan erlassen;

b) keinen Beschluss gefasst, so gilt der Haushaltsplan als erlassen;

c) mit der Mehrheit seiner Mitglieder Abänderungen angenommen, so wird die abgeänderte Fassung des Entwurfs dem Rat und der Kommission zugeleitet. Der Präsident des Europäischen Parlaments beruft im Einvernehmen mit dem Präsidenten des Rates umgehend den Vermittlungsausschuss ein. Der Vermittlungsausschuss tritt jedoch nicht zusammen, wenn der Rat dem Europäischen Parlament binnen zehn Tagen nach der Übermittlung des geänderten Entwurfs mitteilt, dass er alle seine Abänderungen billigt.

(5) Der Vermittlungsausschuss, der aus den Mitgliedern des Rates oder deren Vertretern und ebenso vielen das Europäische Parlament vertretenden Mitgliedern besteht, hat die Aufgabe, binnen 21 Tagen nach seiner Einberufung auf der Grundlage der Standpunkte des Europäischen Parlaments und des Rates mit der qualifizierten Mehrheit der Mitglieder des Rates oder deren Vertretern und der Mehrheit der das Europäische Parlament vertretenden Mitglieder eine Einigung über einen gemeinsamen Entwurf zu erzielen.

Die Kommission nimmt an den Arbeiten des Vermittlungsausschusses teil und ergreift alle erforderlichen Initiativen, um eine Annäherung der Standpunkte des Europäischen Parlaments und des Rates zu bewirken.

(6) Einigt sich der Vermittlungsausschuss innerhalb der in Absatz 5 genannten Frist von 21 Tagen auf einen gemeinsamen Entwurf, so verfügen das Europäische Parlament und der Rat ab dieser Einigung über eine Frist von 14 Tagen, um den gemeinsamen Entwurf zu billigen.

(7) Wenn innerhalb der in Absatz 6 genannten Frist von 14 Tagen

a) der gemeinsame Entwurf sowohl vom Europäischen Parlament als auch vom Rat gebilligt wird oder beide keinen Beschluss fassen oder eines dieser Organe den gemeinsamen Entwurf billigt, während das andere Organ keinen Beschluss fasst, so gilt der Haushaltsplan als entsprechend dem gemeinsamen Entwurf endgültig erlassen, oder

b) der gemeinsame Entwurf sowohl vom Europäischen Parlament mit der Mehrheit seiner Mitglieder als auch vom Rat abgelehnt wird oder eines dieser Organe den gemeinsamen Entwurf ablehnt, während das andere Organ keinen Beschluss fasst, so legt die Kommission einen neuen Entwurf für den Haushaltsplan vor, oder

c) der gemeinsame Entwurf vom Europäischen Parlament mit der Mehrheit seiner Mitglieder abgelehnt wird, während er vom Rat gebilligt wird, so legt die Kommission einen neuen Entwurf für den Haushaltsplan vor, oder

d) der gemeinsame Entwurf vom Europäischen Parlament gebilligt wird, während er vom Rat abgelehnt wird, so kann das Europäische Parlament binnen 14 Tagen ab dem Tag der Ablehnung durch den Rat mit der Mehrheit seiner Mitglieder und drei Fünfteln der abgegebenen Stimmen beschließen, alle oder einige der in Absatz 4 Buchstabe c genannten Abänderungen zu bestätigen. Wird eine Abänderung des Europäischen Parlaments nicht bestätigt, so wird der im Vermittlungsausschuss vereinbarte Standpunkt zu dem Haushaltsposten, der Gegenstand der Abänderung ist, übernommen. Der Haushaltsplan gilt als auf dieser Grundlage endgültig erlassen.

(8) Einigt sich der Vermittlungsausschuss nicht binnen der in Absatz 5 genannten Frist von 21 Tagen auf einen gemeinsamen Entwurf, so legt die Kommission einen neuen Entwurf für den Haushaltsplan vor.

(9) Nach Abschluss des Verfahrens dieses Artikels stellt der Präsident des Europäischen Parlaments fest, dass der Haushaltsplan endgültig erlassen ist.

(10) Jedes Organ übt die ihm aufgrund dieses Artikels zufallenden Befugnisse unter Wahrung der Verträge und der Rechtsakte aus, die auf der Grundlage der Verträge insbesondere im Bereich der Eigenmittel der Union und des Gleichgewichts von Einnahmen und Ausgaben erlassen wurden.

Artikel 315 (ex-Artikel 273 EGV)

Ist zu Beginn eines Haushaltsjahres der Haushaltsplan noch nicht endgültig erlassen, so können nach der gemäß Artikel 322 festgelegten Haushaltsordnung für jedes Kapitel monatliche Ausgaben bis zur Höhe eines Zwölftels der im betreffenden Kapitel des Haushaltsplans des vorangegangenen Haushaltsjahres eingesetzten Mittel vorgenommen werden, die jedoch ein Zwölftel der Mittelansätze des gleichen Kapitels des Haushaltsplanentwurfs nicht überschreiten dürfen.

Der Rat kann auf Vorschlag der Kommission unter Beachtung der sonstigen Bestimmungen des Absatzes 1 entsprechend der nach Artikel 322 erlassenen Verordnung Ausgaben genehmigen, die über dieses Zwölftel hinausgehen. Er leitet seinen Beschluss unverzüglich dem Europäischen Parlament zu.

In dem Beschluss nach Absatz 2 werden unter Beachtung der in Artikel 311 genannten Rechtsakte die zur Durchführung dieses Artikels erforderlichen Maßnahmen betreffend die Mittel vorgesehen.

Der Beschluss tritt 30 Tage nach seinem Erlass in Kraft, sofern das Europäische Parlament nicht innerhalb dieser Frist mit der Mehrheit seiner Mitglieder beschließt, diese Ausgaben zu kürzen.

Artikel 316 (ex-Artikel 271 EGV)

Nach Maßgabe der aufgrund des Artikels 322 erlassenen Vorschriften dürfen die nicht für Personalausgaben vorgesehenen Mittel, die bis zum Ende der Durchführungszeit eines Haushaltsplans nicht verbraucht worden sind, lediglich auf das nächste Haushaltsjahr übertragen werden.

Die vorgesehenen Mittel werden nach Kapiteln gegliedert, in denen die Ausgaben nach Art oder Bestimmung zusammengefasst sind; die Kapitel werden nach der gemäß Artikel 322 festgelegten Haushaltsordnung unterteilt.

Die Ausgaben des Europäischen Parlaments, des Europäischen Rates und des Rates, der Kommission sowie des Gerichtshofs der Europäischen Union werden unbeschadet einer besonderen Regelung für bestimmte gemeinsame Ausgaben in gesonderten Teilen des Haushaltsplans aufgeführt.

Kapitel 4: Ausführung des Haushaltsplans und Entlastung

Artikel 317 (ex-Artikel 274 EGV)

Die Kommission führt den Haushaltsplan zusammen mit den Mitgliedstaaten gemäß der nach Artikel 322 festgelegten Haushaltsordnung in eigener Verantwortung und im Rahmen der zugewiesenen Mittel entsprechend dem Grundsatz der Wirtschaftlichkeit der Haushaltsführung aus. Die Mitgliedstaaten arbeiten mit der Kommission zusammen, um sicherzustellen, dass die Mittel nach dem Grundsatz der Wirtschaftlichkeit der Haushaltsführung verwendet werden.

In der Haushaltsordnung sind die Kontroll- und Wirtschaftsprüfungspflichten der Mitgliedstaaten bei der Ausführung des Haushaltsplans sowie die damit verbundenen Verantwortlichkeiten geregelt. Darin sind ferner die Verantwortlichkeiten und die besonderen Einzelheiten geregelt, nach denen jedes Organ an der Vornahme seiner Ausgaben beteiligt ist.

Die Kommission kann nach der gemäß Artikel 322 festgelegten Haushaltsordnung Mittel von Kapitel zu Kapitel oder von Untergliederung zu Untergliederung übertragen.

Artikel 318 (ex-Artikel 275 EGV)

Die Kommission legt dem Europäischen Parlament und dem Rat jährlich die Rechnung des abgelaufenen Haushaltsjahres für die Rechnungsvorgänge des Haushaltsplans vor. Sie übermittelt ihnen ferner eine Übersicht über das Vermögen und die Schulden der Union.

Die Kommission legt dem Europäischen Parlament und dem Rat ferner einen Evaluierungsbericht zu den Finanzen der Union vor, der sich auf die Ergebnisse stützt, die insbesondere in

Bezug auf die Vorgaben erzielt wurden, die vom Europäischen Parlament und vom Rat nach Artikel 319 erteilt wurden.

Artikel 319 (ex-Artikel 276 EGV)

(1) Auf Empfehlung des Rates erteilt das Europäische Parlament der Kommission Entlastung zur Ausführung des Haushaltsplans. Zu diesem Zweck prüft es nach dem Rat die Rechnung, die Übersicht und den Evaluierungsbericht nach Artikel 318 sowie den Jahresbericht des Rechnungshofs zusammen mit den Antworten der kontrollierten Organe auf dessen Bemerkungen, die in Artikel 287 Absatz 1 Unterabsatz 2 genannte Zuverlässigkeitserklärung und die einschlägigen Sonderberichte des Rechnungshofs.

(2) Das Europäische Parlament kann vor der Entlastung der Kommission sowie auch zu anderen Zwecken im Zusammenhang mit der Ausübung ihrer Haushaltsbefugnisse die Kommission auffordern, Auskunft über die Vornahme der Ausgaben oder die Arbeitsweise der Finanzkontrollsysteme zu erteilen. Die Kommission legt dem Europäischen Parlament auf dessen Ersuchen alle notwendigen Informationen vor.

(3) Die Kommission trifft alle zweckdienlichen Maßnahmen, um den Bemerkungen in den Entlastungsbeschlüssen und anderen Bemerkungen des Europäischen Parlaments zur Vornahme der Ausgaben sowie den Erläuterungen, die den Entlastungsempfehlungen des Rates beigefügt sind, nachzukommen.

Auf Ersuchen des Europäischen Parlaments oder des Rates erstattet die Kommission Bericht über die Maßnahmen, die aufgrund dieser Bemerkungen und Erläuterungen getroffen wurden, insbesondere über die Weisungen, die den für die Ausführung des Haushaltsplans zuständigen Dienststellen erteilt worden sind. Diese Berichte sind auch dem Rechnungshof zuzuleiten.

Kapitel 5: Gemeinsame Bestimmungen

Artikel 320 (ex-Artikel 277 EGV)

Der mehrjährige Finanzrahmen und der Jahreshaushaltsplan werden in Euro aufgestellt.

Artikel 321 (ex-Artikel 278 EGV)

Die Kommission kann vorbehaltlich der Unterrichtung der zuständigen Behörden der betreffenden Mitgliedstaaten ihre Guthaben in der Währung eines dieser Staaten in die Währung eines anderen Mitgliedstaats transferieren, soweit dies erforderlich ist, um diese Guthaben für die in den Verträgen vorgesehenen Zwecke zu verwenden. Besitzt die Kommission verfügbare oder flüssige Guthaben in der benötigten Währung, so vermeidet sie soweit möglich derartige Transferierungen.

Die Kommission verkehrt mit jedem Mitgliedstaat über die von diesem bezeichnete Behörde. Bei der Durchführung ihrer Finanzgeschäfte nimmt sie die Notenbank des betreffenden Mitgliedstaats oder ein anderes von diesem genehmigtes Finanzinstitut in Anspruch.

Artikel 322 (ex-Artikel 279 EGV)

(1) Das Europäische Parlament und der Rat erlassen gemäß dem ordentlichen Gesetzgebungsverfahren durch Verordnungen nach Anhörung des Rechnungshofs

a) die Haushaltsvorschriften, in denen insbesondere die Aufstellung und Ausführung des Haushaltsplans sowie die Rechnungslegung und Rechnungsprüfung im Einzelnen geregelt werden;

b) die Vorschriften, die die Kontrolle der Verantwortung der Finanzakteure und insbesondere der Anweisungsbefugten und der Rechnungsführer regeln.

(2) Der Rat legt auf Vorschlag der Kommission und nach Anhörung des Europäischen Parlaments und des Rechnungshofs die Einzelheiten und das Verfahren fest, nach denen die Haushaltseinnahmen, die in der Regelung über die Eigenmittel der Union vorgesehen sind, der Kom-

mission zur Verfügung gestellt werden, sowie die Maßnahmen, die zu treffen sind, um gegebenenfalls die erforderlichen Kassenmittel bereitzustellen.

Artikel 323

Das Europäische Parlament, der Rat und die Kommission stellen sicher, dass der Union die Finanzmittel zur Verfügung stehen, die es ihr ermöglichen, ihren rechtlichen Verpflichtungen gegenüber Dritten nachzukommen.

Artikel 324

Auf Initiative der Kommission werden im Rahmen der nach diesem Titel vorgesehenen Haushaltsverfahren regelmäßige Treffen der Präsidenten des Europäischen Parlaments, des Rates und der Kommission einberufen. Diese treffen alle erforderlichen Maßnahmen, um die Abstimmung und Annäherung der Standpunkte der Organe, denen sie vorstehen, zu fördern und so die Durchführung dieses Titels zu erleichtern.

Kapitel 6: Betrugsbekämpfung

Artikel 325 (ex-Artikel 280 EGV)

(1) Die Union und die Mitgliedstaaten bekämpfen Betrügereien und sonstige gegen die finanziellen Interessen der Union gerichtete rechtswidrige Handlungen mit Maßnahmen nach diesem Artikel, die abschreckend sind und in den Mitgliedstaaten sowie in den Organen, Einrichtungen und sonstigen Stellen der Union einen effektiven Schutz bewirken.

(2) Zur Bekämpfung von Betrügereien, die sich gegen die finanziellen Interessen der Union richten, ergreifen die Mitgliedstaaten die gleichen Maßnahmen, die sie auch zur Bekämpfung von Betrügereien ergreifen, die sich gegen ihre eigenen finanziellen Interessen richten.

(3) Die Mitgliedstaaten koordinieren unbeschadet der sonstigen Bestimmungen der Verträge ihre Tätigkeit zum Schutz der finanziellen Interessen der Union vor Betrügereien. Sie sorgen zu diesem Zweck zusammen mit der Kommission für eine enge, regelmäßige Zusammenarbeit zwischen den zuständigen Behörden.

(4) Zur Gewährleistung eines effektiven und gleichwertigen Schutzes in den Mitgliedstaaten sowie in den Organen, Einrichtungen und sonstigen Stellen der Union beschließen das Europäische Parlament und der Rat gemäß dem ordentlichen Gesetzgebungsverfahren nach Anhörung des Rechnungshofs die erforderlichen Maßnahmen zur Verhütung und Bekämpfung von Betrügereien, die sich gegen die finanziellen Interessen der Union richten.

(5) Die Kommission legt in Zusammenarbeit mit den Mitgliedstaaten dem Europäischen Parlament und dem Rat jährlich einen Bericht über die Maßnahmen vor, die zur Durchführung dieses Artikels getroffen wurden.

Titel III: Verstärkte Zusammenarbeit

Artikel 326 (ex-Artikel 27a bis 27e, 40 bis 40b und 43 bis 45 EUV sowie ex-Artikel 11 und 11a EGV)

Eine Verstärkte Zusammenarbeit achtet die Verträge und das Recht der Union.

Sie darf weder den Binnenmarkt noch den wirtschaftlichen, sozialen und territorialen Zusammenhalt beeinträchtigen. Sie darf für den Handel zwischen den Mitgliedstaaten weder ein Hindernis noch eine Diskriminierung darstellen noch darf sie zu Verzerrungen des Wettbewerbs zwischen den Mitgliedstaaten führen.

Artikel 327 (ex-Artikel 27a bis 27e, 40 bis 40b und 43 bis 45 EUV sowie ex-Artikel 11 und 11a EGV)

Eine Verstärkte Zusammenarbeit achtet die Zuständigkeiten, Rechte und Pflichten der nicht an der Zusammenarbeit beteiligten Mitgliedstaaten. Diese stehen der Durchführung der Verstärkten Zusammenarbeit durch die daran beteiligten Mitgliedstaaten nicht im Wege.

Artikel 328 (ex-Artikel 27a bis 27e, 40 bis 40b und 43 bis 45 EUV sowie ex-Artikel 11 und 11a EGV)

(1) Bei ihrer Begründung steht eine Verstärkte Zusammenarbeit allen Mitgliedstaaten offen, sofern sie die in dem hierzu ermächtigenden Beschluss gegebenenfalls festgelegten Teilnahmevoraussetzungen erfüllen. Dies gilt auch zu jedem anderen Zeitpunkt, sofern sie neben den genannten Voraussetzungen auch die in diesem Rahmen bereits erlassenen Rechtsakte beachten.

Die Kommission und die an einer Verstärkten Zusammenarbeit teilnehmenden Mitgliedstaaten tragen dafür Sorge, dass die Teilnahme möglichst vieler Mitgliedstaaten gefördert wird.

(2) Die Kommission und gegebenenfalls der Hohe Vertreter der Union für die Außen- und Sicherheitspolitik unterrichten das Europäische Parlament und den Rat regelmäßig über die Entwicklung einer Verstärkten Zusammenarbeit.

Artikel 329 (ex-Artikel 27a bis 27e, 40 bis 40b und 43 bis 45 EUV sowie ex-Artikel 11 und 11a EGV)

(1) Die Mitgliedstaaten, die in einem der Bereiche der Verträge – mit Ausnahme der Bereiche, für die die Union die ausschließliche Zuständigkeit besitzt, und der Gemeinsamen Außen- und Sicherheitspolitik – untereinander eine Verstärkte Zusammenarbeit begründen möchten, richten einen Antrag an die Kommission, in dem der Anwendungsbereich und die Ziele aufgeführt werden, die mit der beabsichtigten Verstärkten Zusammenarbeit angestrebt werden. Die Kommission kann dem Rat einen entsprechenden Vorschlag vorlegen. Legt die Kommission keinen Vorschlag vor, so teilt sie den betroffenen Mitgliedstaaten ihre Gründe dafür mit.

Die Ermächtigung zur Einleitung einer Verstärkten Zusammenarbeit nach Unterabsatz 1 wird vom Rat auf Vorschlag der Kommission und nach Zustimmung des Europäischen Parlaments erteilt.

(2) Der Antrag der Mitgliedstaaten, die untereinander im Rahmen der Gemeinsamen Außen- und Sicherheitspolitik eine Verstärkte Zusammenarbeit begründen möchten, wird an den Rat gerichtet. Er wird dem Hohen Vertreter der Union für die Außen- und Sicherheitspolitik, der zur Kohärenz der beabsichtigten Verstärkten Zusammenarbeit mit der Gemeinsamen Außen- und Sicherheitspolitik der Union Stellung nimmt, sowie der Kommission übermittelt, die insbesondere zur Kohärenz der beabsichtigten Verstärkten Zusammenarbeit mit der Politik der Union in anderen Bereichen Stellung nimmt. Der Antrag wird ferner dem Europäischen Parlament zur Unterrichtung übermittelt.

Die Ermächtigung zur Einleitung einer Verstärkten Zusammenarbeit wird mit einem Beschluss des Rates erteilt, der einstimmig beschließt.

Artikel 330 (ex-Artikel 27a bis 27e, 40 bis 40b und 43 bis 45 EUV sowie ex-Artikel 11 und 11a EGV)

Alle Mitglieder des Rates können an dessen Beratungen teilnehmen, aber nur die Mitglieder des Rates, die die an der Verstärkten Zusammenarbeit beteiligten Mitgliedstaaten vertreten, sind stimmberechtigt.

Die Einstimmigkeit bezieht sich allein auf die Stimmen der Vertreter der an der Verstärkten Zusammenarbeit beteiligten Mitgliedstaaten.

Die qualifizierte Mehrheit bestimmt sich nach Artikel 238 Absatz 3.

Artikel 331 (ex-Artikel 27a bis 27e, 40 bis 40b und 43 bis 45 EUV sowie ex-Artikel 11 und 11a EGV)

(1) Jeder Mitgliedstaat, der sich einer bestehenden Verstärkten Zusammenarbeit in einem der in Artikel 329 Absatz 1 genannten Bereiche anschließen will, teilt dem Rat und der Kommission seine Absicht mit.

Die Kommission bestätigt binnen vier Monaten nach Eingang der Mitteilung die Beteiligung des betreffenden Mitgliedstaats. Dabei stellt sie gegebenenfalls fest, dass die Beteiligungsvoraussetzungen erfüllt sind, und erlässt die notwendigen Übergangsmaßnahmen zur Anwendung der im Rahmen der Verstärkten Zusammenarbeit bereits erlassenen Rechtsakte.

Ist die Kommission jedoch der Auffassung, dass die Beteiligungsvoraussetzungen nicht erfüllt sind, so gibt sie an, welche Bestimmungen zur Erfüllung dieser Voraussetzungen erlassen werden müssen, und legt eine Frist für die erneute Prüfung des Antrags fest. Nach Ablauf dieser Frist prüft sie den Antrag erneut nach dem in Unterabsatz 2 vorgesehenen Verfahren. Ist die Kommission der Auffassung, dass die Beteiligungsvoraussetzungen weiterhin nicht erfüllt sind, so kann der betreffende Mitgliedstaat mit dieser Frage den Rat befassen, der über den Antrag befindet. Der Rat beschließt nach Artikel 330. Er kann außerdem auf Vorschlag der Kommission die in Unterabsatz 2 genannten Übergangsmaßnahmen erlassen.

(2) Jeder Mitgliedstaat, der an einer bestehenden Verstärkten Zusammenarbeit im Rahmen der Gemeinsamen Außen- und Sicherheitspolitik teilnehmen möchte, teilt dem Rat, dem Hohen Vertreter der Union für die Außen- und Sicherheitspolitik und der Kommission seine Absicht mit.

Der Rat bestätigt die Teilnahme des betreffenden Mitgliedstaats nach Anhörung des Hohen Vertreters der Union für die Außen- und Sicherheitspolitik und gegebenenfalls nach der Feststellung, dass die Teilnahmevoraussetzungen erfüllt sind. Der Rat kann auf Vorschlag des Hohen Vertreters ferner die notwendigen Übergangsmaßnahmen zur Anwendung der im Rahmen der Verstärkten Zusammenarbeit bereits erlassenen Rechtsakte treffen. Ist der Rat jedoch der Auffassung, dass die Teilnahmevoraussetzungen nicht erfüllt sind, so gibt er an, welche Schritte zur Erfüllung dieser Voraussetzungen notwendig sind, und legt eine Frist für die erneute Prüfung des Antrags auf Teilnahme fest.

Für die Zwecke dieses Absatzes beschließt der Rat einstimmig nach Artikel 330.

Artikel 332 (ex-Artikel 27a bis 27e, 40 bis 40b und 43 bis 45 EUV sowie ex-Artikel 11 und 11a EGV)

Die sich aus der Durchführung einer Verstärkten Zusammenarbeit ergebenden Ausgaben, mit Ausnahme der Verwaltungskosten der Organe, werden von den beteiligten Mitgliedstaaten getragen, sofern der Rat nicht nach Anhörung des Europäischen Parlaments durch einstimmigen Beschluss sämtlicher Mitglieder des Rates etwas anderes beschließt.

Artikel 333 (ex-Artikel 27a bis 27e, 40 bis 40b und 43 bis 45 EUV sowie ex-Artikel 11 und 11a EGV)

(1) Wenn nach einer Bestimmung der Verträge, die im Rahmen einer Verstärkten Zusammenarbeit angewendet werden könnte, der Rat einstimmig beschließen muss, kann der Rat nach Artikel 330 einstimmig einen Beschluss dahin gehend erlassen, dass er mit qualifizierter Mehrheit beschließt.

(2) Wenn nach einer Bestimmung der Verträge, die im Rahmen einer Verstärkten Zusammenarbeit angewendet werden könnte, Rechtsakte vom Rat gemäß einem besonderen Gesetzgebungsverfahren erlassen werden müssen, kann der Rat nach Artikel 330 einstimmig einen Beschluss dahin gehend erlassen, dass er gemäß dem ordentlichen Gesetzgebungsverfahren beschließt. Der Rat beschließt nach Anhörung des Europäischen Parlaments.

(3) Die Absätze 1 und 2 gelten nicht für Beschlüsse mit militärischen oder verteidigungspolitischen Bezügen.

Artikel 334 (ex-Artikel 27a bis 27e, 40 bis 40b und 43 bis 45 EUV sowie ex-Artikel 11 und 11a EGV)

Der Rat und die Kommission stellen sicher, dass die im Rahmen einer Verstärkten Zusammenarbeit durchgeführten Maßnahmen untereinander und mit der Politik der Union im Einklang stehen, und arbeiten entsprechend zusammen.

Siebter Teil: Allgemeine und Schlussbestimmungen

Artikel 335 (ex-Artikel 282 EGV)

Die Union besitzt in jedem Mitgliedstaat die weitestgehende Rechts- und Geschäftsfähigkeit, die juristischen Personen nach dessen Rechtsvorschriften zuerkannt ist; sie kann insbesondere bewegliches und unbewegliches Vermögen erwerben und veräußern sowie vor Gericht stehen. Zu diesem Zweck wird sie von der Kommission vertreten. In Fragen, die das Funktionieren der einzelnen Organe betreffen, wird die Union hingegen aufgrund von deren Verwaltungsautonomie von dem betreffenden Organ vertreten.

Artikel 336 (ex-Artikel 283 EGV)

Das Europäische Parlament und der Rat erlassen gemäß dem ordentlichen Gesetzgebungsverfahren durch Verordnungen nach Anhörung der anderen betroffenen Organe das Statut der Beamten der Europäischen Union und die Beschäftigungsbedingungen für die sonstigen Bediensteten der Union.

Artikel 337 (ex-Artikel 284 EGV)

Zur Erfüllung der ihr übertragenen Aufgaben kann die Kommission alle erforderlichen Auskünfte einholen und alle erforderlichen Nachprüfungen vornehmen; der Rahmen und die nähere Maßgabe hierfür werden vom Rat, der mit einfacher Mehrheit beschließt, gemäß den Bestimmungen der Verträge festgelegt.

Artikel 338 (ex-Artikel 285 EGV)

(1) Unbeschadet des Artikels 5 des Protokolls über die Satzung des Europäischen Systems der Zentralbanken und der Europäischen Zentralbank beschließen das Europäische Parlament und der Rat gemäß dem ordentlichen Gesetzgebungsverfahren Maßnahmen für die Erstellung von Statistiken, wenn dies für die Durchführung der Tätigkeiten der Union erforderlich ist.

(2) Die Erstellung der Unionsstatistiken erfolgt unter Wahrung der Unparteilichkeit, der Zuverlässigkeit, der Objektivität, der wissenschaftlichen Unabhängigkeit, der Kostenwirksamkeit und der statistischen Geheimhaltung; der Wirtschaft dürfen dadurch keine übermäßigen Belastungen entstehen.

Artikel 339 (ex-Artikel 287 EGV)

Die Mitglieder der Organe der Union, die Mitglieder der Ausschüsse sowie die Beamten und sonstigen Bediensteten der Union sind verpflichtet, auch nach Beendigung ihrer Amtstätigkeit Auskünfte, die ihrem Wesen nach unter das Berufsgeheimnis fallen, nicht preiszugeben; dies gilt insbesondere für Auskünfte über Unternehmen sowie deren Geschäftsbeziehungen oder Kostenelemente.

Artikel 340 (ex-Artikel 288 EGV)

Die vertragliche Haftung der Union bestimmt sich nach dem Recht, das auf den betreffenden Vertrag anzuwenden ist.

Im Bereich der außervertraglichen Haftung ersetzt die Union den durch ihre Organe oder Bediensteten in Ausübung ihrer Amtstätigkeit verursachten Schaden nach den allgemeinen Rechtsgrundsätzen, die den Rechtsordnungen der Mitgliedstaaten gemeinsam sind.

Abweichend von Absatz 2 ersetzt die Europäische Zentralbank den durch sie oder ihre Bediensteten in Ausübung ihrer Amtstätigkeit verursachten Schaden nach den allgemeinen Rechtsgrundsätzen, die den Rechtsordnungen der Mitgliedstaaten gemeinsam sind.

Die persönliche Haftung der Bediensteten gegenüber der Union bestimmt sich nach den Vorschriften ihres Statuts oder der für sie geltenden Beschäftigungsbedingungen.

Artikel 341 (ex-Artikel 289 EGV)

Der Sitz der Organe der Union wird im Einvernehmen zwischen den Regierungen der Mitgliedstaaten bestimmt.

Artikel 342 (ex-Artikel 290 EGV)

Die Regelung der Sprachenfrage für die Organe der Union wird unbeschadet der Satzung des Gerichtshofs der Europäischen Union vom Rat einstimmig durch Verordnungen getroffen.

Artikel 343 (ex-Artikel 291 EGV)

Die Union genießt im Hoheitsgebiet der Mitgliedstaaten die zur Erfüllung ihrer Aufgabe erforderlichen Vorrechte und Befreiungen nach Maßgabe des Protokolls vom 8. April 1965 über die Vorrechte und Befreiungen der Europäischen Union. Dasselbe gilt für die Europäische Zentralbank und die Europäische Investitionsbank.

Artikel 344 (ex-Artikel 292 EGV)

Die Mitgliedstaaten verpflichten sich, Streitigkeiten über die Auslegung oder Anwendung der Verträge nicht anders als hierin vorgesehen zu regeln.

Artikel 345 (ex-Artikel 295 EGV)

Die Verträge lassen die Eigentumsordnung in den verschiedenen Mitgliedstaaten unberührt.

Artikel 346 (ex-Artikel 296 EGV)

(1) Die Vorschriften der Verträge stehen folgenden Bestimmungen nicht entgegen:

a) Ein Mitgliedstaat ist nicht verpflichtet, Auskünfte zu erteilen, deren Preisgabe seines Erachtens seinen wesentlichen Sicherheitsinteressen widerspricht;

b) jeder Mitgliedstaat kann die Maßnahmen ergreifen, die seines Erachtens für die Wahrung seiner wesentlichen Sicherheitsinteressen erforderlich sind, soweit sie die Erzeugung von Waffen, Munition und Kriegsmaterial oder den Handel damit betreffen; diese Maßnahmen dürfen auf dem Binnenmarkt die Wettbewerbsbedingungen hinsichtlich der nicht eigens für militärische Zwecke bestimmten Waren nicht beeinträchtigen.

(2) Der Rat kann die von ihm am 15. April 1958 festgelegte Liste der Waren, auf die Absatz 1 Buchstabe b Anwendung findet, einstimmig auf Vorschlag der Kommission ändern.

Artikel 347 (ex-Artikel 297 EGV)

Die Mitgliedstaaten setzen sich miteinander ins Benehmen, um durch gemeinsames Vorgehen zu verhindern, dass das Funktionieren des Binnenmarkts durch Maßnahmen beeinträchtigt wird, die ein Mitgliedstaat bei einer schwerwiegenden innerstaatlichen Störung der öffentlichen Ordnung, im Kriegsfall, bei einer ernsten, eine Kriegsgefahr darstellenden internationalen Spannung oder in Erfüllung der Verpflichtungen trifft, die er im Hinblick auf die Aufrechterhaltung des Friedens und der internationalen Sicherheit übernommen hat.

Artikel 348 (ex-Artikel 298 EGV)

Werden auf dem Binnenmarkt die Wettbewerbsbedingungen durch Maßnahmen aufgrund der Artikel 346 und 347 verfälscht, so prüft die Kommission gemeinsam mit dem beteiligten Staat, wie diese Maßnahmen den Vorschriften der Verträge angepasst werden können.

In Abweichung von dem in den Artikeln 258 und 259 vorgesehenen Verfahren kann die Kommission oder ein Mitgliedstaat den Gerichtshof unmittelbar anrufen, wenn die Kommission oder der Staat der Auffassung ist, dass ein anderer Mitgliedstaat die in den Artikeln 346 und 347 vorgesehenen Befugnisse missbraucht. Der Gerichtshof entscheidet unter Ausschluss der Öffentlichkeit.

Artikel 349 (ex-Artikel 299 Absatz 2 Unterabsätze 2, 3 und 4 EGV)

Unter Berücksichtigung der strukturbedingten sozialen und wirtschaftlichen Lage von Guadeloupe, Französisch-Guayana, Martinique, Mayotte, Réunion und Saint-Martin, der Azoren, Madeiras und der Kanarischen Inseln, die durch die Faktoren Abgelegenheit, Insellage, geringe Größe, schwierige Relief- und Klimabedingungen und wirtschaftliche Abhängigkeit von einigen wenigen Erzeugnissen erschwert wird, die als ständige Gegebenheiten und durch ihr Zusammenwirken die Entwicklung schwer beeinträchtigen, beschließt der Rat auf Vorschlag der Kommission nach Anhörung des Europäischen Parlaments spezifische Maßnahmen, die insbesondere darauf abzielen, die Bedingungen für die Anwendung der Verträge auf die genannten Gebiete, einschließlich gemeinsamer Politiken, festzulegen. Werden die betreffenden spezifischen Maßnahmen vom Rat gemäß einem besonderen Gesetzgebungsverfahren erlassen, so beschließt er ebenfalls auf Vorschlag der Kommission und nach Anhörung des Europäischen Parlaments.

Die Maßnahmen nach Absatz 1 betreffen insbesondere die Zoll- und Handelspolitik, Steuerpolitik, Freizonen, Agrar- und Fischereipolitik, die Bedingungen für die Versorgung mit Rohstoffen und grundlegenden Verbrauchsgütern, staatliche Beihilfen sowie die Bedingungen für den Zugang zu den Strukturfonds und zu den horizontalen Unionsprogrammen.

Der Rat beschließt die in Absatz 1 genannten Maßnahmen unter Berücksichtigung der besonderen Merkmale und Zwänge der Gebiete in äußerster Randlage, ohne dabei die Integrität und Kohärenz der Rechtsordnung der Union, die auch den Binnenmarkt und die gemeinsamen Politiken umfasst, auszuhöhlen.

Artikel 350 (ex-Artikel 306 EGV)

Die Verträge stehen dem Bestehen und der Durchführung der regionalen Zusammenschlüsse zwischen Belgien und Luxemburg sowie zwischen Belgien, Luxemburg und den Niederlanden nicht entgegen, soweit die Ziele dieser Zusammenschlüsse durch Anwendung der Verträge nicht erreicht sind.

Artikel 351 (ex-Artikel 307 EGV)

Die Rechte und Pflichten aus Übereinkünften, die vor dem 1. Januar 1958 oder, im Falle später beigetretener Staaten, vor dem Zeitpunkt ihres Beitritts zwischen einem oder mehreren Mitgliedstaaten einerseits und einem oder mehreren dritten Ländern andererseits geschlossen wurden, werden durch die Verträge nicht berührt.

Soweit diese Übereinkünfte mit den Verträgen nicht vereinbar sind, wenden der oder die betreffenden Mitgliedstaaten alle geeigneten Mittel an, um die festgestellten Unvereinbarkeiten zu beheben. Erforderlichenfalls leisten die Mitgliedstaaten zu diesem Zweck einander Hilfe; sie nehmen gegebenenfalls eine gemeinsame Haltung ein.

Bei Anwendung der in Absatz 1 bezeichneten Übereinkünfte tragen die Mitgliedstaaten dem Umstand Rechnung, dass die in den Verträgen von jedem Mitgliedstaat gewährten Vorteile Bestandteil der Errichtung der Union sind und daher in untrennbarem Zusammenhang stehen mit der Schaffung gemeinsamer Organe, der Übertragung von Zuständigkeiten auf diese und der Gewährung der gleichen Vorteile durch alle anderen Mitgliedstaaten.

Artikel 352 (ex-Artikel 308 EGV)

(1) Erscheint ein Tätigwerden der Union im Rahmen der in den Verträgen festgelegten Politikbereiche erforderlich, um eines der Ziele der Verträge zu verwirklichen, und sind in den Verträgen die hierfür erforderlichen Befugnisse nicht vorgesehen, so erlässt der Rat einstimmig auf

Vorschlag der Kommission und nach Zustimmung des Europäischen Parlaments die geeigneten Vorschriften. Werden diese Vorschriften vom Rat gemäß einem besonderen Gesetzgebungsverfahren erlassen, so beschließt er ebenfalls einstimmig auf Vorschlag der Kommission und nach Zustimmung des Europäischen Parlaments.

(2) Die Kommission macht die nationalen Parlamente im Rahmen des Verfahrens zur Kontrolle der Einhaltung des Subsidiaritätsprinzips nach Artikel 5 Absatz 3 des Vertrags über die Europäische Union auf die Vorschläge aufmerksam, die sich auf diesen Artikel stützen.

(3) Die auf diesem Artikel beruhenden Maßnahmen dürfen keine Harmonisierung der Rechtsvorschriften der Mitgliedstaaten in den Fällen beinhalten, in denen die Verträge eine solche Harmonisierung ausschließen.

(4) Dieser Artikel kann nicht als Grundlage für die Verwirklichung von Zielen der Gemeinsamen Außen- und Sicherheitspolitik dienen, und Rechtsakte, die nach diesem Artikel erlassen werden, müssen innerhalb der in Artikel 40 Absatz 2 des Vertrags über die Europäische Union festgelegten Grenzen bleiben.

Artikel 353

Artikel 48 Absatz 7 des Vertrags über die Europäische Union findet keine Anwendung auf die folgenden Artikel:

- Artikel 311 Absätze 3 und 4,
- Artikel 312 Absatz 2 Unterabsatz 1,
- Artikel 352 und
- Artikel 354.

Artikel 354 (ex-Artikel 309 EGV)

Für die Zwecke des Artikels 7 des Vertrags über die Europäische Union über die Aussetzung bestimmter mit der Zugehörigkeit zur Union verbundener Rechte ist das Mitglied des Europäischen Rates oder des Rates, das den betroffenen Mitgliedstaat vertritt, nicht stimmberechtigt und der betreffende Mitgliedstaat wird bei der Berechnung des Drittels oder der vier Fünftel der Mitgliedstaaten nach den Absätzen 1 und 2 des genannten Artikels nicht berücksichtigt. Die Stimmenthaltung von anwesenden oder vertretenen Mitgliedern steht dem Erlass von Beschlüssen nach Absatz 2 des genannten Artikels nicht entgegen.

Für den Erlass von Beschlüssen nach Artikel 7 Absätze 3 und 4 des Vertrags über die Europäische Union bestimmt sich die qualifizierte Mehrheit nach Artikel 238 Absatz 3 Buchstabe b dieses Vertrags.

Beschließt der Rat nach dem Erlass eines Beschlusses über die Aussetzung der Stimmrechte nach Artikel 7 Absatz 3 des Vertrags über die Europäische Union auf der Grundlage einer Bestimmung der Verträge mit qualifizierter Mehrheit, so bestimmt sich die qualifizierte Mehrheit hierfür nach Artikel 238 Absatz 3 Buchstabe b dieses Vertrags oder, wenn der Rat auf Vorschlag der Kommission oder des Hohen Vertreters der Union für die Außen- und Sicherheitspolitik handelt, nach Artikel 238 Absatz 3 Buchstabe a.

Für die Zwecke des Artikels 7 des Vertrags über die Europäische Union beschließt das Europäische Parlament mit der Mehrheit von zwei Dritteln der abgegebenen Stimmen und mit der Mehrheit seiner Mitglieder.

Artikel 355 (ex-Artikel 299 Absatz 2 Unterabsatz 1 und Absätze 3 bis 6 EGV)

Zusätzlich zu den Bestimmungen des Artikels 52 des Vertrags über die Europäische Union über den räumlichen Geltungsbereich der Verträge gelten folgende Bestimmungen:

(1) Die Verträge gelten nach Artikel 349 für Guadeloupe, Französisch-Guayana, Martinique, Mayotte, Réunion, Saint Martin, die Azoren, Madeira und die Kanarischen Inseln.

(2) Für die in Anhang II aufgeführten überseeischen Länder und Hoheitsgebiete gilt das besondere Assoziierungssystem, das im Vierten Teil festgelegt ist.

Die Verträge finden keine Anwendung auf die überseeischen Länder und Hoheitsgebiete, die besondere Beziehungen zum Vereinigten Königreich Großbritannien und Nordirland unterhalten und die in dem genannten Anhang nicht aufgeführt sind.

(3) Die Verträge finden auf die europäischen Hoheitsgebiete Anwendung, deren auswärtige Beziehungen ein Mitgliedstaat wahrnimmt.

(4) Die Verträge finden entsprechend den Bestimmungen des Protokolls Nr. 2 zur Akte über die Bedingungen des Beitritts der Republik Österreich, der Republik Finnland und des Königreichs Schweden auf die Ålandinseln Anwendung.

(5) Abweichend von Artikel 52 des Vertrags über die Europäische Union und von den Absätzen 1 bis 4 dieses Artikels gilt:

a) Die Verträge finden auf die Färöer keine Anwendung.

b) Die Verträge finden auf die Hoheitszonen des Vereinigten Königreichs auf Zypern, Akrotiri und Dhekelia, nur insoweit Anwendung, als dies erforderlich ist, um die Anwendung der Regelungen des Protokolls über die Hoheitszonen des Vereinigten Königreichs Großbritannien und Nordirland in Zypern, das der Akte über die Bedingungen des Beitritts der Tschechischen Republik, der Republik Estland, der Republik Zypern, der Republik Lettland, der Republik Litauen, der Republik Ungarn, der Republik Malta, der Republik Polen, der Republik Slowenien und der Slowakischen Republik zur Europäischen Union beigefügt ist, nach Maßgabe jenes Protokolls sicherzustellen.

c) Die Verträge finden auf die Kanalinseln und die Insel Man nur insoweit Anwendung, als dies erforderlich ist, um die Anwendung der Regelung sicherzustellen, die in dem am 22. Januar 1972 unterzeichneten Vertrag über den Beitritt neuer Mitgliedstaaten zur Europäischen Wirtschaftsgemeinschaft und zur Europäischen Atomgemeinschaft für diese Inseln vorgesehen ist.

(6) Der Europäische Rat kann auf Initiative des betroffenen Mitgliedstaats einen Beschluss zur Änderung des Status eines in den Absätzen 1 und 2 genannten dänischen, französischen oder niederländischen Landes oder Hoheitsgebiets gegenüber der Union erlassen. Der Europäische Rat beschließt einstimmig nach Anhörung der Kommission.

Artikel 356 (ex-Artikel 312 EGV)

Dieser Vertrag gilt auf unbegrenzte Zeit.

Artikel 357 (ex-Artikel 313 EGV)

Dieser Vertrag bedarf der Ratifizierung durch die Hohen Vertragsparteien gemäß ihren verfassungsrechtlichen Vorschriften. Die Ratifikationsurkunden werden bei der Regierung der Italienischen Republik hinterlegt.

Dieser Vertrag tritt am ersten Tag des auf die Hinterlegung der letzten Ratifikationsurkunde folgenden Monats in Kraft. Findet diese Hinterlegung weniger als fünfzehn Tage vor Beginn des folgenden Monats statt, so tritt der Vertrag am ersten Tag des zweiten Monats nach dieser Hinterlegung in Kraft.

Artikel 358

Die Bestimmungen des Artikels 55 des Vertrags über die Europäische Union sind auf diesen Vertrag anwendbar.

ZU URKUND DESSEN haben die unterzeichneten Bevollmächtigten ihre Unterschriften unter diesen Vertrag gesetzt.

Geschehen zu Rom am fünfundzwanzigsten März neunzehnhundertsiebenundfünfzig.

(Aufzählung der Unterzeichner nicht wiedergegeben)

Protokolle

Protokoll (Nr. 1) über die Rolle der nationalen Parlamente in der europäischen Union

DIE HOHEN VERTRAGSPARTEIEN —

EINGEDENK dessen, dass die Art der Kontrolle der Regierungen durch die nationalen Parlamente hinsichtlich der Tätigkeiten der Europäischen Union Sache der besonderen verfassungsrechtlichen Gestaltung und Praxis jedes Mitgliedstaats ist,

IN DEM WUNSCH, eine stärkere Beteiligung der nationalen Parlamente an den Tätigkeiten der Europäischen Union zu fördern und ihnen bessere Möglichkeiten zu geben, sich zu den Entwürfen von Gesetzgebungsakten der Europäischen Union sowie zu anderen Fragen, die für sie von besonderem Interesse sein können, zu äußern —

SIND über folgende Bestimmungen ÜBEREINGEKOMMEN, die dem Vertrag über die Europäische Union, dem Vertrag über die Arbeitsweise der Europäischen Union und dem Vertrag zur Gründung der Europäischen Atomgemeinschaft beigefügt sind:

Titel I: Unterrichtung der nationalen Parlamente

Artikel 1

Die Konsultationsdokumente der Kommission (Grün- und Weißbücher sowie Mitteilungen) werden bei ihrer Veröffentlichung von der Kommission direkt den nationalen Parlamenten zugeleitet. Ferner leitet die Kommission den nationalen Parlamenten gleichzeitig mit der Übermittlung an das Europäische Parlament und den Rat das jährliche Rechtsetzungsprogramm sowie alle weiteren Dokumente für die Ausarbeitung der Rechtsetzungsprogramme oder politischen Strategien zu.

Artikel 2

Die an das Europäische Parlament und den Rat gerichteten Entwürfe von Gesetzgebungsakten werden den nationalen Parlamenten zugeleitet.

Im Sinne dieses Protokolls bezeichnet „Entwurf eines Gesetzgebungsakts" die Vorschläge der Kommission, die Initiativen einer Gruppe von Mitgliedstaaten, die Initiativen des Europäischen Parlaments, die Anträge des Gerichtshofs, die Empfehlungen der Europäischen Zentralbank und die Anträge der Europäischen Investitionsbank, die den Erlass eines Gesetzgebungsaktes zum Ziel haben.

Die von der Kommission vorgelegten Entwürfe von Gesetzgebungsakten werden von der Kommission gleichzeitig mit der Übermittlung an das Europäische Parlament und den Rat direkt den nationalen Parlamenten zugeleitet.

Die vom Europäischen Parlament vorgelegten Entwürfe von Gesetzgebungsakten werden vom Europäischen Parlament direkt den nationalen Parlamenten zugeleitet.

Die von einer Gruppe von Mitgliedstaaten, vom Gerichtshof, von der Europäischen Zentralbank oder von der Europäischen Investitionsbank vorgelegten Entwürfe von Gesetzgebungsakten werden vom Rat den nationalen Parlamenten zugeleitet.

Artikel 3

Die nationalen Parlamente können nach dem im Protokoll über die Anwendung der Grundsätze der Subsidiarität und der Verhältnismäßigkeit vorgesehenen Verfahren eine begründete Stellungnahme zur Übereinstimmung eines Entwurfs eines Gesetzgebungsakts mit dem Subsidiaritätsprinzip an die Präsidenten des Europäischen Parlaments, des Rates und der Kommission richten.

Wird der Entwurf eines Gesetzgebungsakts von einer Gruppe von Mitgliedstaaten vorgelegt, so übermittelt der Präsident des Rates die begründete Stellungnahme oder die begründeten Stellungnahmen den Regierungen dieser Mitgliedstaaten.

Wird der Entwurf eines Gesetzgebungsakts vom Gerichtshof, von der Europäischen Zentralbank oder von der Europäischen Investitionsbank vorgelegt, so übermittelt der Präsident des Rates die begründete Stellungnahme oder die begründeten Stellungnahmen dem betreffenden Organ oder der betreffenden Einrichtung.

Artikel 4

Zwischen dem Zeitpunkt, zu dem ein Entwurf eines Gesetzgebungsakts den nationalen Parlamenten in den Amtssprachen der Union zugeleitet wird, und dem Zeitpunkt, zu dem er zwecks Erlass oder zur Festlegung eines Standpunkts im Rahmen eines Gesetzgebungsverfahrens auf die vorläufige Tagesordnung des Rates gesetzt wird, müssen acht Wochen liegen. In dringenden Fällen, die in dem Rechtsakt oder dem Standpunkt des Rates begründet werden, sind Ausnahmen möglich. Außer in ordnungsgemäß begründeten dringenden Fällen darf in diesen acht Wochen keine Einigung über den Entwurf eines Gesetzgebungsakts festgestellt werden. Außer in ordnungsgemäß begründeten dringenden Fällen müssen zwischen der Aufnahme des Entwurfs eines Gesetzgebungsakts in die vorläufige Tagesordnung für die Tagung des Rates und der Festlegung eines Standpunkts zehn Tage liegen.

Artikel 5

Den nationalen Parlamenten werden die Tagesordnungen für die Tagungen des Rates und die Ergebnisse dieser Tagungen, einschließlich der Protokolle der Tagungen, auf denen der Rat über Entwürfe von Gesetzgebungsakten berät, gleichzeitig mit der Übermittlung an die Regierungen der Mitgliedstaaten direkt zugeleitet.

Artikel 6

Beabsichtigt der Europäische Rat, Artikel 48 Absatz 7 Unterabsatz 1 oder Unterabsatz 2 des Vertrags über die Europäische Union in Anspruch zu nehmen, so werden die nationalen Parlamente mindestens sechs Monate vor dem Erlass eines Beschlusses von der Initiative des Europäischen Rates unterrichtet.

Artikel 7

Der Rechnungshof übermittelt den nationalen Parlamenten gleichzeitig mit der Übermittlung an das Europäische Parlament und den Rat seinen Jahresbericht zur Unterrichtung.

Artikel 8

Handelt es sich bei dem System des nationalen Parlaments nicht um ein Einkammersystem, so gelten die Artikel 1 bis 7 für jede der Kammern des Parlaments.

Titel II: Zusammenarbeit zwischen den Parlamenten

Artikel 9

Das Europäische Parlament und die nationalen Parlamente legen gemeinsam fest, wie eine effiziente und regelmäßige Zusammenarbeit zwischen den Parlamenten innerhalb der Union gestaltet und gefördert werden kann.

Artikel 10

Eine Konferenz der Europa-Ausschüsse der Parlamente kann jeden ihr zweckmäßig erscheinenden Beitrag dem Europäischen Parlament, dem Rat und der Kommission zur Kenntnis bringen. Diese Konferenz fördert ferner den Austausch von Informationen und bewährten Praktiken zwischen den nationalen Parlamenten und dem Europäischen Parlament, einschließlich ihrer

Fachausschüsse. Sie kann auch interparlamentarische Konferenzen zu Einzelthemen organisieren, insbesondere zur Erörterung von Fragen der Gemeinsamen Außen- und Sicherheitspolitik, einschließlich der Gemeinsamen Sicherheits- und Verteidigungspolitik. Die Beiträge der Konferenz binden nicht die nationalen Parlamente und greifen ihrem Standpunkt nicht vor.

Protokoll (Nr. 2) über die Anwendung der Grundsätze der Subsidiarität und der Verhältnismäßigkeit

DIE HOHEN VERTRAGSPARTEIEN —

IN DEM WUNSCH sicherzustellen, dass die Entscheidungen in der Union so bürgernah wie möglich getroffen werden,

ENTSCHLOSSEN, die Bedingungen für die Anwendung der in Artikel 5 des Vertrags über die Europäische Union verankerten Grundsätze der Subsidiarität und der Verhältnismäßigkeit festzulegen und ein System zur Kontrolle der Anwendung dieser Grundsätze zu schaffen —

SIND über folgende Bestimmungen ÜBEREINGEKOMMEN, die dem Vertrag über die Europäische Union und dem Vertrag über die Arbeitsweise der Europäischen Union beigefügt sind:

Artikel 1

Jedes Organ trägt stets für die Einhaltung der in Artikel 5 des Vertrags über die Europäische Union niedergelegten Grundsätze der Subsidiarität und der Verhältnismäßigkeit Sorge.

Artikel 2

Die Kommission führt umfangreiche Anhörungen durch, bevor sie einen Gesetzgebungsakt vorschlägt. Dabei ist gegebenenfalls der regionalen und lokalen Bedeutung der in Betracht gezogenen Maßnahmen Rechnung zu tragen. In außergewöhnlich dringenden Fällen führt die Kommission keine Konsultationen durch. Sie begründet dies in ihrem Vorschlag.

Artikel 3

Im Sinne dieses Protokolls bezeichnet „Entwurf eines Gesetzgebungsakts" die Vorschläge der Kommission, die Initiativen einer Gruppe von Mitgliedstaaten, die Initiativen des Europäischen Parlaments, die Anträge des Gerichtshofs, die Empfehlungen der Europäischen Zentralbank und die Anträge der Europäischen Investitionsbank, die den Erlass eines Gesetzgebungsakts zum Ziel haben.

Artikel 4

Die Kommission leitet ihre Entwürfe für Gesetzgebungsakte und ihre geänderten Entwürfe den nationalen Parlamenten und dem Unionsgesetzgeber gleichzeitig zu.

Das Europäische Parlament leitet seine Entwürfe von Gesetzgebungsakten sowie seine geänderten Entwürfe den nationalen Parlamenten zu.

Der Rat leitet die von einer Gruppe von Mitgliedstaaten, vom Gerichtshof, von der Europäischen Zentralbank oder von der Europäischen Investitionsbank vorgelegten Entwürfe von Gesetzgebungsakten sowie die geänderten Entwürfe den nationalen Parlamenten zu.

Sobald das Europäische Parlament seine legislativen Entschließungen angenommen und der Rat seine Standpunkte festgelegt hat, leiten sie diese den nationalen Parlamenten zu.

Artikel 5

Die Entwürfe von Gesetzgebungsakten werden im Hinblick auf die Grundsätze der Subsidiarität und der Verhältnismäßigkeit begründet. Jeder Entwurf eines Gesetzgebungsakts sollte einen Vermerk mit detaillierten Angaben enthalten, die es ermöglichen zu beurteilen, ob die Grundsätze der Subsidiarität und der Verhältnismäßigkeit eingehalten wurden. Dieser Vermerk sollte Angaben zu den voraussichtlichen finanziellen Auswirkungen sowie im Fall einer Richtlinie zu den Auswirkungen auf die von den Mitgliedstaaten zu erlassenden Rechtsvorschriften, einschließlich gegebenenfalls der regionalen Rechtsvorschriften, enthalten. Die Feststellung, dass ein Ziel der Union besser auf Unionsebene erreicht werden kann, beruht auf qualitativen und, soweit möglich, quantitativen Kriterien. Die Entwürfe von Gesetzgebungsakten berücksichtigen dabei, dass die finanzielle Belastung und der Verwaltungsaufwand der Union, der nationalen Regierungen, der regionalen und lokalen Behörden, der Wirtschaftsteilnehmer und der Bürgerinnen und Bürger so gering wie möglich gehalten werden und in einem angemessenen Verhältnis zu dem angestrebten Ziel stehen müssen.

Artikel 6

Die nationalen Parlamente oder die Kammern eines dieser Parlamente können binnen acht Wochen nach dem Zeitpunkt der Übermittlung eines Entwurfs eines Gesetzgebungsakts in den Amtssprachen der Union in einer begründeten Stellungnahme an die Präsidenten des Europäischen Parlaments, des Rates und der Kommission darlegen, weshalb der Entwurf ihres Erachtens nicht mit dem Subsidiaritätsprinzip vereinbar ist. Dabei obliegt es dem jeweiligen nationalen Parlament oder der jeweiligen Kammer eines nationalen Parlaments, gegebenenfalls die regionalen Parlamente mit Gesetzgebungsbefugnissen zu konsultieren.

Wird der Entwurf eines Gesetzgebungsakts von einer Gruppe von Mitgliedstaaten vorgelegt, so übermittelt der Präsident des Rates die Stellungnahme den Regierungen dieser Mitgliedstaaten.

Wird der Entwurf eines Gesetzgebungsakts vom Gerichtshof, von der Europäischen Zentralbank oder von der Europäischen Investitionsbank vorgelegt, so übermittelt der Präsident des Rates die Stellungnahme dem betreffenden Organ oder der betreffenden Einrichtung.

Artikel 7

(1) Das Europäische Parlament, der Rat und die Kommission sowie gegebenenfalls die Gruppe von Mitgliedstaaten, der Gerichtshof, die Europäische Zentralbank oder die Europäische Investitionsbank, sofern der Entwurf eines Gesetzgebungsakts von ihnen vorgelegt wurde, berücksichtigen die begründeten Stellungnahmen der nationalen Parlamente oder einer der Kammern eines dieser Parlamente.

Jedes nationale Parlament hat zwei Stimmen, die entsprechend dem einzelstaatlichen parlamentarischen System verteilt werden. In einem Zweikammersystem hat jede der beiden Kammern eine Stimme.

(2) Erreicht die Anzahl begründeter Stellungnahmen, wonach der Entwurf eines Gesetzgebungsakts nicht mit dem Subsidiaritätsprinzip im Einklang steht, mindestens ein Drittel der Gesamtzahl der den nationalen Parlamenten nach Absatz 1 Unterabsatz 2 zugewiesenen Stimmen, so muss der Entwurf überprüft werden. Die Schwelle beträgt ein Viertel der Stimmen, wenn es sich um den Entwurf eines Gesetzgebungsakts auf der Grundlage des Artikels 76 des Vertrags über die Arbeitsweise der Europäischen Union betreffend den Raum der Freiheit, der Sicherheit und des Rechts handelt.

Nach Abschluss der Überprüfung kann die Kommission oder gegebenenfalls die Gruppe von Mitgliedstaaten, das Europäische Parlament, der Gerichtshof, die Europäische Zentralbank oder die Europäische Investitionsbank, sofern der Entwurf eines Gesetzgebungsakts von ihr beziehungsweise ihm vorgelegt wurde, beschließen, an dem Entwurf festzuhalten, ihn zu ändern oder ihn zurückzuziehen. Dieser Beschluss muss begründet werden.

(3) Außerdem gilt im Rahmen des ordentlichen Gesetzgebungsverfahrens Folgendes: Erreicht die Anzahl begründeter Stellungnahmen, wonach der Vorschlag für einen Gesetzgebungsakt nicht mit dem Subsidiaritätsprinzip im Einklang steht, mindestens die einfache Mehrheit der Gesamtzahl der den nationalen Parlamenten nach Absatz 1 Unterabsatz 2 zugewiesenen Stimmen, so muss der Vorschlag überprüft werden. Nach Abschluss dieser Überprüfung kann die Kommission beschließen, an dem Vorschlag festzuhalten, ihn zu ändern oder ihn zurückzuziehen.

Beschließt die Kommission, an dem Vorschlag festzuhalten, so hat sie in einer begründeten Stellungnahme darzulegen, weshalb der Vorschlag ihres Erachtens mit dem Subsidiaritätsprinzip im Einklang steht. Die begründete Stellungnahme der Kommission wird zusammen mit den begründeten Stellungnahmen der nationalen Parlamente dem Unionsgesetzgeber vorgelegt, damit dieser sie im Rahmen des Verfahrens berücksichtigt:

a) Vor Abschluss der ersten Lesung prüft der Gesetzgeber (das Europäische Parlament und der Rat), ob der Gesetzgebungsvorschlag mit dem Subsidiaritätsprinzip im Einklang steht; hierbei berücksichtigt er insbesondere die angeführten Begründungen, die von einer Mehrheit der nationalen Parlamente unterstützt werden, sowie die begründete Stellungnahme der Kommission.

b) Ist der Gesetzgeber mit der Mehrheit von 55 % der Mitglieder des Rates oder einer Mehrheit der abgegebenen Stimmen im Europäischen Parlament der Ansicht, dass der Vorschlag nicht mit dem Subsidiaritätsprinzip im Einklang steht, wird der Gesetzgebungsvorschlag nicht weiter geprüft.

Artikel 8

Der Gerichtshof der Europäischen Union ist für Klagen wegen Verstoßes eines Gesetzgebungsakts gegen das Subsidiaritätsprinzip zuständig, die nach Maßgabe des Artikels 263 des Vertrags über die Arbeitsweise der Europäischen Union von einem Mitgliedstaat erhoben oder entsprechend der jeweiligen innerstaatlichen Rechtsordnung von einem Mitgliedstaat im Namen seines nationalen Parlaments oder einer Kammer dieses Parlaments übermittelt werden.

Nach Maßgabe des genannten Artikels können entsprechende Klagen in Bezug auf Gesetzgebungsakte, für deren Erlass die Anhörung des Ausschusses der Regionen nach dem Vertrag über die Arbeitsweise der Europäischen Union vorgeschrieben ist, auch vom Ausschuss der Regionen erhoben werden.

Artikel 9

Die Kommission legt dem Europäischen Rat, dem Europäischen Parlament, dem Rat und den nationalen Parlamenten jährlich einen Bericht über die Anwendung des Artikels 5 des Vertrags über die Europäische Union vor. Dieser Jahresbericht wird auch dem Wirtschafts- und Sozialausschuss und dem Ausschuss der Regionen zugeleitet.

Protokoll (Nr. 6) über die Festlegung der Sitze der Organe und bestimmter Einrichtungen, sonstiger Stellen und Dienststellen der europäischen Union

DIE VERTRETER DER REGIERUNGEN DER MITGLIEDSTAATEN —

GESTÜTZT auf Artikel 341 des Vertrags über die Arbeitsweise der Europäischen Union, und Artikel 189 des Vertrags zur Gründung der Europäischen Atomgemeinschaft,

EINGEDENK UND IN BESTÄTIGUNG des Beschlusses vom 8. April 1965, jedoch unbeschadet der Beschlüsse über den Sitz künftiger Organe, Einrichtungen, sonstiger Stellen und Dienststellen —

SIND über folgende Bestimmungen ÜBEREINGEKOMMEN, die dem Vertrag über die Europäische Union, dem Vertrag über die Arbeitsweise der Europäischen Union und dem Vertrag zur Gründung der Europäischen Atomgemeinschaft beigefügt sind:

Einziger Artikel

a) Das Europäische Parlament hat seinen Sitz in Straßburg; dort finden die 12 monatlichen Plenartagungen einschließlich der Haushaltstagung statt. Zusätzliche Plenartagungen finden in Brüssel statt. Die Ausschüsse des Europäischen Parlaments treten in Brüssel zusammen. Das Generalsekretariat des Europäischen Parlaments und dessen Dienststellen verbleiben in Luxemburg.

b) Der Rat hat seinen Sitz in Brüssel. In den Monaten April, Juni und Oktober hält der Rat seine Tagungen in Luxemburg ab.

c) Die Kommission hat ihren Sitz in Brüssel. Die in den Artikeln 7, 8 und 9 des Beschlusses vom 8. April 1965 aufgeführten Dienststellen sind in Luxemburg untergebracht.

d) Der Gerichtshof der Europäischen Union hat seinen Sitz in Luxemburg.

e) Der Rechnungshof hat seinen Sitz in Luxemburg.

f) Der Wirtschafts- und Sozialausschuss hat seinen Sitz in Brüssel.

g) Der Ausschuss der Regionen hat seinen Sitz in Brüssel.

h) Die Europäische Investitionsbank hat ihren Sitz in Luxemburg.

i) Die Europäische Zentralbank hat ihren Sitz in Frankfurt.

j) Das Europäische Polizeiamt (Europol) hat seinen Sitz in Den Haag.

Protokoll (Nr. 12) über das Verfahren bei einem übermäßigen Defizit

DIE HOHEN VERTRAGSPARTEIEN —

IN DEM WUNSCH, die Einzelheiten des in Artikel 126 des Vertrags über die Arbeitsweise der Europäischen Union genannten Verfahrens bei einem übermäßigen Defizit festzulegen —

SIND über folgende Bestimmungen ÜBEREINGEKOMMEN, die dem Vertrag über die Europäische Union und dem Vertrag über die Arbeitsweise der Europäischen Union beigefügt sind:

Artikel 1

Die in Artikel 126 Absatz 2 des Vertrags über die Arbeitsweise der Europäischen Union genannten Referenzwerte sind:

– 3 % für das Verhältnis zwischen dem geplanten oder tatsächlichen öffentlichen Defizit und dem Bruttoinlandsprodukt zu Marktpreisen,

– 60 % für das Verhältnis zwischen dem öffentlichen Schuldenstand und dem Bruttoinlandsprodukt zu Marktpreisen.

Artikel 2

In Artikel 126 des genannten Vertrags und in diesem Protokoll bedeutet

– „öffentlich" zum Staat, d. h. zum Zentralstaat (Zentralregierung), zu regionalen oder lokalen Gebietskörperschaften oder Sozialversicherungseinrichtungen gehörig, mit Ausnahme von kommerziellen Transaktionen, im Sinne des Europäischen Systems volkswirtschaftlicher Gesamtrechnungen;

– „Defizit" das Finanzierungsdefizit im Sinne des Europäischen Systems volkswirtschaftlicher Gesamtrechnungen;

– „Investitionen" die Brutto-Anlageinvestitionen im Sinne des Europäischen Systems volkswirtschaftlicher Gesamtrechnungen;

– „Schuldenstand" den Brutto-Gesamtschuldenstand zum Nominalwert am Jahresende nach Konsolidierung innerhalb und zwischen den einzelnen Bereichen des Staatssektors im Sinne des ersten Gedankenstrichs.

Artikel 3

Um die Wirksamkeit des Verfahrens bei einem übermäßigen Defizit zu gewährleisten, sind die Regierungen der Mitgliedstaaten im Rahmen dieses Verfahrens für die Defizite des Staatssektors im Sinne von Artikel 2 erster Gedankenstrich verantwortlich. Die Mitgliedstaaten gewährleisten, dass die innerstaatlichen Verfahren im Haushaltsbereich sie in die Lage versetzen, ihre sich aus den Verträgen ergebenden Verpflichtungen in diesem Bereich zu erfüllen. Die Mitgliedstaaten müssen ihre geplanten und tatsächlichen Defizite und die Höhe ihres Schuldenstands der Kommission unverzüglich und regelmäßig mitteilen.

Artikel 4

Die zur Anwendung dieses Protokolls erforderlichen statistischen Daten werden von der Kommission zur Verfügung gestellt.

Protokoll (Nr. 13) über die Konvergenzkriterien

DIE HOHEN VERTRAGSPARTEIEN —

IN DEM WUNSCH, die Konvergenzkriterien, welche die Union bei den Beschlüssen nach Artikel 140 des Vertrags über die Arbeitsweise der Europäischen Union über die Aufhebung der Ausnahmeregelungen für die Mitgliedstaaten, für die eine Ausnahmeregelung gilt, leiten sollen, näher festzulegen —

SIND über folgende Bestimmungen ÜBEREINGEKOMMEN, die dem Vertrag über die Europäische Union und dem Vertrag über die Arbeitsweise der Europäischen Union beigefügt sind:

Artikel 1

Das in Artikel 140 Absatz 1 erster Gedankenstrich des Vertrags über die Arbeitsweise der Europäischen Union genannte Kriterium der Preisstabilität bedeutet, dass ein Mitgliedstaat eine anhaltende Preisstabilität und eine während des letzten Jahres vor der Prüfung gemessene durchschnittliche Inflationsrate aufweisen muss, die um nicht mehr als 1 ½ Prozentpunkte über der Inflationsrate jener – höchstens drei – Mitgliedstaaten liegt, die auf dem Gebiet der Preisstabilität das beste Ergebnis erzielt haben. Die Inflation wird anhand des Verbraucherpreisindexes auf vergleichbarer Grundlage unter Berücksichtigung der unterschiedlichen Definitionen in den einzelnen Mitgliedstaaten gemessen.

Artikel 2

Das in Artikel 140 Absatz 1 zweiter Gedankenstrich des genannten Vertrags genannte Kriterium der Finanzlage der öffentlichen Hand bedeutet, dass zum Zeitpunkt der Prüfung kein Beschluss des Rates nach Artikel 126 Absatz 6 des genannten Vertrags vorliegt, wonach in dem betreffenden Mitgliedstaat ein übermäßiges Defizit besteht.

Artikel 3

Das in Artikel 140 Absatz 1 dritter Gedankenstrich des genannten Vertrags genannte Kriterium der Teilnahme am Wechselkursmechanismus des Europäischen Währungssystems bedeutet, dass ein Mitgliedstaat die im Rahmen des Wechselkursmechanismus des Europäischen Währungssystems vorgesehenen normalen Bandbreiten zumindest in den letzten zwei Jahren vor der Prüfung ohne starke Spannungen eingehalten haben muss. Insbesondere darf er den bilateralen Leitkurs seiner Währung innerhalb des gleichen Zeitraums gegenüber dem Euro nicht von sich aus abgewertet haben.

Artikel 4

Das in Artikel 140 Absatz 1 vierter Gedankenstrich des genannten Vertrags genannte Kriterium der Konvergenz der Zinssätze bedeutet, dass im Verlauf von einem Jahr vor der Prüfung in einem Mitgliedstaat der durchschnittliche langfristige Nominalzinssatz um nicht mehr als 2 Prozentpunkte über dem entsprechenden Satz in jenen – höchstens drei – Mitgliedstaaten liegt, die auf dem Gebiet der Preisstabilität das beste Ergebnis erzielt haben. Die Zinssätze werden anhand langfristiger Staatsschuldverschreibungen oder vergleichbarer Wertpapiere unter Berücksichtigung der unterschiedlichen Definitionen in den einzelnen Mitgliedstaaten gemessen.

Artikel 5

Die zur Anwendung dieses Protokolls erforderlichen statistischen Daten werden von der Kommission zur Verfügung gestellt.

Artikel 6

Der Rat erlässt auf Vorschlag der Kommission und nach Anhörung des Europäischen Parlaments und der EZB sowie des Wirtschafts- und Finanzausschusses einstimmig geeignete Vorschriften zur Festlegung der Einzelheiten der in Artikel 140 des genannten Vertrags genannten Konvergenzkriterien, die dann an die Stelle dieses Protokolls treten.

Protokoll (Nr. 19) über den in den Rahmen der europäischen Union einbezogenen Schengen-Besitzstand

DIE HOHEN VERTRAGSPARTEIEN —

ANGESICHTS dessen, dass die von einigen Mitgliedstaaten der Europäischen Union am 14. Juni 1985 und am 19. Juni 1990 in Schengen unterzeichneten Übereinkommen betreffend den schrittweisen Abbau der Kontrollen an den gemeinsamen Grenzen sowie damit zusammenhängende Übereinkommen und die auf deren Grundlage erlassenen Regelungen durch den Vertrag von Amsterdam vom 2. Oktober 1997 in den Rahmen der Europäischen Union einbezogen wurden,

IN DEM WUNSCH, den seit Inkrafttreten des Vertrags von Amsterdam weiterentwickelten Schengen-Besitzstand zu wahren und diesen Besitzstand fortzuentwickeln, um zur Verwirklichung des Ziels beizutragen, den Unionsbürgerinnen und Unionsbürgern einen Raum der Freiheit, der Sicherheit und des Rechts ohne Binnengrenzen zu bieten,

MIT RÜCKSICHT auf die besondere Position Dänemarks,

MIT RÜCKSICHT darauf, dass Irland und das Vereinigte Königreich Großbritannien und Nordirland sich nicht an sämtlichen Bestimmungen des Schengen-Besitzstands beteiligen, dass es diesen Mitgliedstaaten jedoch ermöglicht werden sollte, andere Bestimmungen dieses Besitzstands ganz oder teilweise anzunehmen,

IN DER ERKENNTNIS, dass es infolgedessen erforderlich ist, auf die in den Verträgen enthaltenen Bestimmungen über eine Verstärkte Zusammenarbeit zwischen einigen Mitgliedstaaten zurückzugreifen,

MIT RÜCKSICHT darauf, dass es notwendig ist, ein besonderes Verhältnis zur Republik Island und zum Königreich Norwegen aufrechtzuerhalten, da diese beiden Staaten sowie diejenigen nordischen Staaten, die Mitglieder der Europäischen Union sind, durch die Bestimmungen der Nordischen Passunion gebunden sind —

SIND über folgende Bestimmungen ÜBEREINGEKOMMEN, die dem Vertrag über die Europäische Union und dem Vertrag über die Arbeitsweise der Europäischen Union beigefügt sind:

Artikel 1

Das Königreich Belgien, die Republik Bulgarien, die Tschechische Republik, das Königreich Dänemark, die Bundesrepublik Deutschland, die Republik Estland, die Hellenische Republik, das Königreich Spanien, die Französische Republik, die Italienische Republik, die Republik Zypern, die Republik Lettland, die Republik Litauen, das Großherzogtum Luxemburg, die Republik Ungarn, die Republik Malta, das Königreich der Niederlande, die Republik Österreich, die Republik Polen, die Portugiesische Republik, Rumänien, die Republik Slowenien, die Slowakische Republik, die Republik Finnland und das Königreich Schweden werden ermächtigt, untereinander eine Verstärkte Zusammenarbeit in den Bereichen der vom Rat festgelegten Bestimmungen, die den

Schengen-Besitzstand bilden, zu begründen.*) Diese Zusammenarbeit erfolgt innerhalb des institutionellen und rechtlichen Rahmens der Europäischen Union und unter Beachtung der einschlägigen Bestimmungen der Verträge.

Artikel 2

Der Schengen-Besitzstand ist unbeschadet des Artikels 3 der Beitrittsakte vom 16. April 2003 und des Artikels 4 der Beitrittsakte vom 25. April 2005 für die in Artikel 1 aufgeführten Mitgliedstaaten anwendbar.**) Der Rat tritt an die Stelle des durch die Schengener Übereinkommen eingesetzten Exekutivausschusses.

Artikel 3

Die Beteiligung Dänemarks am Erlass der Maßnahmen, die eine Weiterentwicklung des Schengen- Besitzstands darstellen, sowie die Umsetzung und Anwendung dieser Maßnahmen in Dänemark unterliegt den einschlägigen Bestimmungen des Protokolls über die Position Dänemarks.

Artikel 4

Irland und das Vereinigte Königreich Großbritannien und Nordirland können jederzeit beantragen, dass einzelne oder alle Bestimmungen des Schengen-Besitzstands auch auf sie Anwendung finden sollen.

Der Rat beschließt einstimmig über einen solchen Antrag, wobei die Einstimmigkeit mit den Stimmen seiner in Artikel 1 genannten Mitglieder und der Stimme des Vertreters der Regierung des betreffenden Staates zustande kommt.

Artikel 5

(1) Vorschläge und Initiativen auf der Grundlage des Schengen-Besitzstands unterliegen den einschlägigen Bestimmungen der Verträge.

In diesem Zusammenhang gilt, sofern Irland oder das Vereinigte Königreich dem Rat nicht innerhalb eines vertretbaren Zeitraums schriftlich mitgeteilt hat, dass es sich beteiligen möchte, die Ermächtigung nach Artikel 329 des Vertrags über die Arbeitsweise der Europäischen Union gegenüber den in Artikel 1 genannten Mitgliedstaaten sowie gegenüber Irland oder dem Vereinigten Königreich als erteilt, sofern einer dieser beiden Mitgliedstaaten sich in den betreffenden Bereichen der Zusammenarbeit beteiligen möchte.

(2) Gilt eine Mitteilung durch Irland oder das Vereinigte Königreich nach einem Beschluss gemäß Artikel 4 als erfolgt, so kann Irland oder das Vereinigte Königreich dennoch dem Rat innerhalb von drei Monaten schriftlich mitteilen, dass es sich an dem Vorschlag oder der Initiative nicht beteiligen möchte. In diesem Fall beteiligt sich Irland bzw. das Vereinigte Königreich nicht an der Annahme des Vorschlags oder der Initiative. Ab der letzteren Mitteilung wird das Verfahren zur Annahme der Maßnahme auf der Grundlage des Schengen-Besitzstands bis zum Ende des Verfahrens nach Absatz 3 oder Absatz 4 oder bis zu dem Zeitpunkt, zu dem die genannte Mitteilung während des Verfahrens zurückgenommen wird, ausgesetzt.

(3) In Bezug auf den Mitgliedstaat, der eine Mitteilung nach Absatz 2 vorgenommen hat, gilt ein Beschluss des Rates nach Artikel 4 ab dem Inkrafttreten der vorgeschlagenen Maßnahme nicht mehr, und zwar in dem vom Rat für erforderlich gehaltenen Ausmaß und unter den vom Rat mit qualifizierter Mehrheit auf Vorschlag der Kommission in einem Beschluss festzulegenden Bedingungen. Dieser Beschluss wird nach den folgenden Kriterien gefasst: Der Rat bemüht

*) **Amtl. Anm.:** Gemäß der Beitrittsakte vom 9. Dezember 2011 ist die Republik Kroatien inzwischen Mitglied der Europäischen Union geworden.

) **Amtl. Anm.: Diese Bestimmung ist auch unbeschadet des Artikels 4 der Beitrittsakte vom 9. Dezember 2011 anwendbar.

sich, das größtmögliche Maß an Beteiligung des betreffenden Mitgliedstaats aufrechtzuerhalten, ohne dass dabei die praktische Durchführbarkeit der verschiedenen Teile des Schengen-Besitzstands ernsthaft beeinträchtigt wird und unter Wahrung ihrer Kohärenz. Die Kommission unterbreitet ihren Vorschlag so bald wie möglich nach der Mitteilung nach Absatz 2. Der Rat beschließt innerhalb von vier Monaten nach dem Vorschlag der Kommission erforderlichenfalls nach Einberufung von zwei aufeinander folgenden Tagungen.

(4) Hat der Rat nach Ablauf von vier Monaten keinen Beschluss gefasst, so kann ein Mitgliedstaat unverzüglich beantragen, dass der Europäische Rat befasst wird. In diesem Fall fasst der Europäische Rat auf seiner nächsten Tagung mit qualifizierter Mehrheit auf der Grundlage des Vorschlags der Kommission einen Beschluss nach den in Absatz 3 genannten Kriterien.

(5) Hat der Rat oder gegebenenfalls der Europäische Rat bis zum Ende des Verfahrens nach Absatz 3 oder Absatz 4 keinen Beschluss gefasst, so ist die Aussetzung des Verfahrens für die Annahme der Maßnahme auf der Grundlage des Schengen-Besitzstands beendet. Wird die Maßnahme im Anschluss daran angenommen, so gilt ein Beschluss des Rates nach Artikel 4 für den betreffenden Mitgliedstaat ab dem Inkrafttreten der Maßnahme in dem Ausmaß und unter den Bedingungen, die von der Kommission beschlossen wurden, nicht mehr, es sei denn, der betreffende Mitgliedstaat hat seine Mitteilung nach Absatz 2 vor Annahme der Maßnahme zurückgezogen. Die Kommission beschließt bis zum Tag dieser Annahme. Die Kommission beachtet bei ihrem Beschluss die Kriterien nach Absatz 3.

Artikel 6

Die Republik Island und das Königreich Norwegen werden bei der Durchführung des Schengen-Besitzstands und bei seiner weiteren Entwicklung assoziiert. Die entsprechenden Verfahren hierfür werden in einem Übereinkommen mit diesen Staaten festgelegt, das vom Rat mit einstimmigem Beschluss seiner in Artikel 1 genannten Mitglieder geschlossen wird. Das Übereinkommen enthält auch Bestimmungen über den Beitrag Islands und Norwegens zu etwaigen finanziellen Folgen der Durchführung dieses Protokolls.

Mit Island und Norwegen schließt der Rat mit einstimmigem Beschluss ein gesondertes Übereinkommen zur Festlegung der Rechte und Pflichten zwischen Irland und dem Vereinigten Königreich Großbritannien und Nordirland einerseits und Island und Norwegen andererseits in den für diese Staaten geltenden Bereichen des Schengen-Besitzstands.

Artikel 7

Bei den Verhandlungen über die Aufnahme neuer Mitgliedstaaten in die Europäische Union gelten der Schengen-Besitzstand und weitere Maßnahmen, welche die Organe im Rahmen seines Anwendungsbereichs getroffen haben, als ein Besitzstand, der von allen Staaten, die Beitrittskandidaten sind, vollständig zu übernehmen ist.

IV. Vertrag über die Europäische Union (EUV)

in der konsolidierten Fassung
v. 7.6.2016 (ABl EG Nr. C 202 S. 13, S. 361)

Der Vertrag von Lissabon ist am 1.12.2009 für die Bundesrepublik Deutschland in Kraft getreten (BGBl II S. 1223) und löst damit den EG-Vertrag in der konsolidierten Fassung des Vertrags von Nizza ab.

PRÄAMBEL

SEINE MAJESTÄT DER KÖNIG DER BELGIER, IHRE MAJESTÄT DIE KÖNIGIN VON DÄNEMARK, DER PRÄSIDENT DER BUNDESREPUBLIK DEUTSCHLAND, DER PRÄSIDENT DER GRIECHISCHEN REPUBLIK, SEINE MAJESTÄT DER KÖNIG VON SPANIEN, DER PRÄSIDENT DER FRANZÖSISCHEN REPUBLIK, DER PRÄSIDENT IRLANDS, DER PRÄSIDENT DER ITALIENISCHEN REPUBLIK, SEINE KÖNIGLICHE HOHEIT DER GROSSHERZOG VON LUXEMBURG, IHRE MAJESTÄT DIE KÖNIGIN DER NIEDERLANDE, DER PRÄSIDENT DER PORTUGIESISCHEN REPUBLIK, IHRE MAJESTÄT DIE KÖNIGIN DES VEREINIGTEN KÖNIGREICHS GROSSBRITANNIEN UND NORDIRLAND*)

ENTSCHLOSSEN, den mit der Gründung der Europäischen Gemeinschaften eingeleiteten Prozess der europäischen Integration auf eine neue Stufe zu heben,

SCHÖPFEND aus dem kulturellen, religiösen und humanistischen Erbe Europas, aus dem sich die unverletzlichen und unveräußerlichen Rechte des Menschen sowie Freiheit, Demokratie, Gleichheit und Rechtsstaatlichkeit als universelle Werte entwickelt haben,

EINGEDENK der historischen Bedeutung der Überwindung der Teilung des europäischen Kontinents und der Notwendigkeit, feste Grundlagen für die Gestalt des zukünftigen Europas zu schaffen,

IN BESTÄTIGUNG ihres Bekenntnisses zu den Grundsätzen der Freiheit, der Demokratie und der Achtung der Menschenrechte und Grundfreiheiten und der Rechtsstaatlichkeit,

IN BESTÄTIGUNG der Bedeutung, die sie den sozialen Grundrechten beimessen, wie sie in der am 18. Oktober 1961 in Turin unterzeichneten Europäischen Sozialcharta und in der Gemeinschaftscharta der sozialen Grundrechte der Arbeitnehmer von 1989 festgelegt sind,

IN DEM WUNSCH, die Solidarität zwischen ihren Völkern unter Achtung ihrer Geschichte, ihrer Kultur und ihrer Traditionen zu stärken,

IN DEM WUNSCH, Demokratie und Effizienz in der Arbeit der Organe weiter zu stärken, damit diese in die Lage versetzt werden, die ihnen übertragenen Aufgaben in einem einheitlichen institutionellen Rahmen besser wahrzunehmen,

ENTSCHLOSSEN, die Stärkung und die Konvergenz ihrer Volkswirtschaften herbeizuführen und eine Wirtschafts- und Währungsunion zu errichten, die im Einklang mit diesem Vertrag und dem Vertrag über die Arbeitsweise der Europäischen Union eine einheitliche, stabile Währung einschließt,

IN DEM FESTEN WILLEN, im Rahmen der Verwirklichung des Binnenmarkts sowie der Stärkung des Zusammenhalts und des Umweltschutzes den wirtschaftlichen und sozialen Fortschritt ihrer Völker unter Berücksichtigung des Grundsatzes der nachhaltigen Entwicklung zu fördern und Politiken zu verfolgen, die gewährleisten, dass Fortschritte bei der wirtschaftlichen Integration mit parallelen Fortschritten auf anderen Gebieten einhergehen,

ENTSCHLOSSEN, eine gemeinsame Unionsbürgerschaft für die Staatsangehörigen ihrer Länder einzuführen,

---

*) **Amtl. Anm.** Seit dem ursprünglichen Vertragsschluss sind Mitgliedstaaten der Europäischen Union geworden: die Republik Bulgarien, die Tschechische Republik, die Republik Estland, die Republik Kroatien, die Republik Zypern, die Republik Lettland, die Republik Litauen, Ungarn, die Republik Malta, die Republik Österreich, die Republik Polen, Rumänien, die Republik Slowenien, die Slowakische Republik, die Republik Finnland und das Königreich Schweden.

ENTSCHLOSSEN, eine Gemeinsame Außen- und Sicherheitspolitik zu verfolgen, wozu nach Maßgabe des Artikels 42 auch die schrittweise Festlegung einer gemeinsamen Verteidigungspolitik gehört, die zu einer gemeinsamen Verteidigung führen könnte, und so die Identität und Unabhängigkeit Europas zu stärken, um Frieden, Sicherheit und Fortschritt in Europa und in der Welt zu fördern,

ENTSCHLOSSEN, die Freizügigkeit unter gleichzeitiger Gewährleistung der Sicherheit ihrer Bürger durch den Aufbau eines Raums der Freiheit, der Sicherheit und des Rechts nach Maßgabe der Bestimmungen dieses Vertrags und des Vertrags über die Arbeitsweise der Europäischen Union zu fördern,

ENTSCHLOSSEN, den Prozess der Schaffung einer immer engeren Union der Völker Europas, in der die Entscheidungen entsprechend dem Subsidiaritätsprinzip möglichst bürgernah getroffen werden, weiterzuführen,

IM HINBLICK auf weitere Schritte, die getan werden müssen, um die europäische Integration voranzutreiben,

HABEN BESCHLOSSEN, eine Europäische Union zu gründen; sie haben zu diesem Zweck zu ihren Bevollmächtigten ernannt:

(Aufzählung der Bevollmächtigten nicht wiedergegeben)

DIESE SIND nach Austausch ihrer als gut und gehörig befundenen Vollmachten wie folgt übereingekommen:

Titel I: Gemeinsame Bestimmungen

Artikel 1 (ex-Artikel 1 EUV)[1)]

Durch diesen Vertrag gründen die HOHEN VERTRAGSPARTEIEN untereinander eine EUROPÄISCHE UNION (im Folgenden „Union"), der die Mitgliedstaaten Zuständigkeiten zur Verwirklichung ihrer gemeinsamen Ziele übertragen.

Dieser Vertrag stellt eine neue Stufe bei der Verwirklichung einer immer engeren Union der Völker Europas dar, in der die Entscheidungen möglichst offen und möglichst bürgernah getroffen werden.

Grundlage der Union sind dieser Vertrag und der Vertrag über die Arbeitsweise der Europäischen Union (im Folgenden „Verträge"). Beide Verträge sind rechtlich gleichrangig. Die Union tritt an die Stelle der Europäischen Gemeinschaft, deren Rechtsnachfolgerin sie ist.

Artikel 2

Die Werte, auf die sich die Union gründet, sind die Achtung der Menschenwürde, Freiheit, Demokratie, Gleichheit, Rechtsstaatlichkeit und die Wahrung der Menschenrechte einschließlich der Rechte der Personen, die Minderheiten angehören. Diese Werte sind allen Mitgliedstaaten in einer Gesellschaft gemeinsam, die sich durch Pluralismus, Nichtdiskriminierung, Toleranz, Gerechtigkeit, Solidarität und die Gleichheit von Frauen und Männern auszeichnet.

Artikel 3 (ex-Artikel 2 EUV)

(1) Ziel der Union ist es, den Frieden, ihre Werte und das Wohlergehen ihrer Volker zu fördern.

(2) Die Union bietet ihren Bürgerinnen und Bürgern einen Raum der Freiheit, der Sicherheit und des Rechts ohne Binnengrenzen, in dem – in Verbindung mit geeigneten Maßnahmen in Bezug auf die Kontrollen an den Außengrenzen, das Asyl, die Einwanderung sowie die Verhütung und Bekämpfung der Kriminalität – der freie Personenverkehr gewährleistet ist.

---

1) **Anm. d. Red.:** Dieser Verweis hat lediglich hinweisenden Charakter. Zur Vertiefung vgl. die Übereinstimmungstabellen für die Entsprechung zwischen bisheriger und neuer Nummerierung der Verträge.

(3) Die Union errichtet einen Binnenmarkt. Sie wirkt auf die nachhaltige Entwicklung Europas auf der Grundlage eines ausgewogenen Wirtschaftswachstums und von Preisstabilität, eine in hohem Maße wettbewerbsfähige soziale Marktwirtschaft, die auf Vollbeschäftigung und sozialen Fortschritt abzielt, sowie ein hohes Maß an Umweltschutz und Verbesserung der Umweltqualität hin. Sie fördert den wissenschaftlichen und technischen Fortschritt.

Sie bekämpft soziale Ausgrenzung und Diskriminierungen und fördert soziale Gerechtigkeit und sozialen Schutz, die Gleichstellung von Frauen und Männern, die Solidarität zwischen den Generationen und den Schutz der Rechte des Kindes.

Sie fördert den wirtschaftlichen, sozialen und territorialen Zusammenhalt und die Solidarität zwischen den Mitgliedstaaten.

Sie wahrt den Reichtum ihrer kulturellen und sprachlichen Vielfalt und sorgt für den Schutz und die Entwicklung des kulturellen Erbes Europas.

(4) Die Union errichtet eine Wirtschafts- und Währungsunion, deren Währung der Euro ist.

(5) In ihren Beziehungen zur übrigen Welt schützt und fördert die Union ihre Werte und Interessen und trägt zum Schutz ihrer Bürgerinnen und Bürger bei. Sie leistet einen Beitrag zu Frieden, Sicherheit, globaler nachhaltiger Entwicklung, Solidarität und gegenseitiger Achtung unter den Völkern, zu freiem und gerechtem Handel, zur Beseitigung der Armut und zum Schutz der Menschenrechte, insbesondere der Rechte des Kindes, sowie zur strikten Einhaltung und Weiterentwicklung des Völkerrechts, insbesondere zur Wahrung der Grundsätze der Charta der Vereinten Nationen.

(6) Die Union verfolgt ihre Ziele mit geeigneten Mitteln entsprechend den Zuständigkeiten, die ihr in den Verträgen übertragen sind.

Artikel 4

(1) Alle der Union nicht in den Verträgen übertragenen Zuständigkeiten verbleiben gemäß Artikel 5 bei den Mitgliedstaaten.

(2) Die Union achtet die Gleichheit der Mitgliedstaaten vor den Verträgen und ihre jeweilige nationale Identität, die in ihren grundlegenden politischen und verfassungsmäßigen Strukturen einschließlich der regionalen und lokalen Selbstverwaltung zum Ausdruck kommt. Sie achtet die grundlegenden Funktionen des Staates, insbesondere die Wahrung der territorialen Unversehrtheit, die Aufrechterhaltung der öffentlichen Ordnung und den Schutz der nationalen Sicherheit. Insbesondere die nationale Sicherheit fällt weiterhin in die alleinige Verantwortung der einzelnen Mitgliedstaaten.

(3) Nach dem Grundsatz der loyalen Zusammenarbeit achten und unterstützen sich die Union und die Mitgliedstaaten gegenseitig bei der Erfüllung der Aufgaben, die sich aus den Verträgen ergeben.

Die Mitgliedstaaten ergreifen alle geeigneten Maßnahmen allgemeiner oder besonderer Art zur Erfüllung der Verpflichtungen, die sich aus den Verträgen oder den Handlungen der Organe der Union ergeben.

Die Mitgliedstaaten unterstützen die Union bei der Erfüllung ihrer Aufgabe und unterlassen alle Maßnahmen, die die Verwirklichung der Ziele der Union gefährden könnten.

Artikel 5 (ex-Artikel 5 EGV)

(1) Für die Abgrenzung der Zuständigkeiten der Union gilt der Grundsatz der begrenzten Einzelermächtigung. Für die Ausübung der Zuständigkeiten der Union gelten die Grundsätze der Subsidiarität und der Verhältnismäßigkeit.

(2) Nach dem Grundsatz der begrenzten Einzelermächtigung wird die Union nur innerhalb der Grenzen der Zuständigkeiten tätig, die die Mitgliedstaaten ihr in den Verträgen zur Verwirklichung der darin niedergelegten Ziele übertragen haben. Alle der Union nicht in den Verträgen übertragenen Zuständigkeiten verbleiben bei den Mitgliedstaaten.

(3) Nach dem Subsidiaritätsprinzip wird die Union in den Bereichen, die nicht in ihre ausschließliche Zuständigkeit fallen, nur tätig, sofern und soweit die Ziele der in Betracht gezogenen Maßnahmen von den Mitgliedstaaten weder auf zentraler noch auf regionaler oder lokaler Ebene ausreichend verwirklicht werden können, sondern vielmehr wegen ihres Umfangs oder ihrer Wirkungen auf Unionsebene besser zu verwirklichen sind.

Die Organe der Union wenden das Subsidiaritätsprinzip nach dem Protokoll über die Anwendung der Grundsätze der Subsidiarität und der Verhältnismäßigkeit an. Die nationalen Parlamente achten auf die Einhaltung des Subsidiaritätsprinzips nach dem in jenem Protokoll vorgesehenen Verfahren.

(4) Nach dem Grundsatz der Verhältnismäßigkeit gehen die Maßnahmen der Union inhaltlich wie formal nicht über das zur Erreichung der Ziele der Verträge erforderliche Maß hinaus.

Die Organe der Union wenden den Grundsatz der Verhältnismäßigkeit nach dem Protokoll über die Anwendung der Grundsätze der Subsidiarität und der Verhältnismäßigkeit an.

Artikel 6 (ex-Artikel 6 EUV)

(1) Die Union erkennt die Rechte, Freiheiten und Grundsätze an, die in der Charta der Grundrechte der Europäischen Union vom 7. Dezember 2000 in der am 12. Dezember 2007 in Straßburg angepassten Fassung niedergelegt sind; die Charta der Grundrechte und die Verträge sind rechtlich gleichrangig.

Durch die Bestimmungen der Charta werden die in den Verträgen festgelegten Zuständigkeiten der Union in keiner Weise erweitert.

Die in der Charta niedergelegten Rechte, Freiheiten und Grundsätze werden gemäß den allgemeinen Bestimmungen des Titels VII der Charta, der ihre Auslegung und Anwendung regelt, und unter gebührender Berücksichtigung der in der Charta angeführten Erläuterungen, in denen die Quellen dieser Bestimmungen angegeben sind, ausgelegt.

(2) Die Union tritt der Europäischen Konvention zum Schutz der Menschenrechte und Grundfreiheiten bei. Dieser Beitritt ändert nicht die in den Verträgen festgelegten Zuständigkeiten der Union.

(3) Die Grundrechte, wie sie in der Europäischen Konvention zum Schutz der Menschenrechte und Grundfreiheiten gewährleistet sind und wie sie sich aus den gemeinsamen Verfassungsüberlieferungen der Mitgliedstaaten ergeben, sind als allgemeine Grundsätze Teil des Unionsrechts.

Artikel 7 (ex-Artikel 7 EUV)

(1) Auf begründeten Vorschlag eines Drittels der Mitgliedstaaten, des Europäischen Parlaments oder der Europäischen Kommission kann der Rat mit der Mehrheit von vier Fünfteln seiner Mitglieder nach Zustimmung des Europäischen Parlaments feststellen, dass die eindeutige Gefahr einer schwerwiegenden Verletzung der in Artikel 2 genannten Werte durch einen Mitgliedstaat besteht. Der Rat hört, bevor er eine solche Feststellung trifft, den betroffenen Mitgliedstaat und kann Empfehlungen an ihn richten, die er nach demselben Verfahren beschließt.

Der Rat überprüft regelmäßig, ob die Gründe, die zu dieser Feststellung geführt haben, noch zutreffen.

(2) Auf Vorschlag eines Drittels der Mitgliedstaaten oder der Europäischen Kommission und nach Zustimmung des Europäischen Parlaments kann der Europäische Rat einstimmig feststellen, dass eine schwerwiegende und anhaltende Verletzung der in Artikel 2 genannten Werte durch einen Mitgliedstaat vorliegt, nachdem er den betroffenen Mitgliedstaat zu einer Stellungnahme aufgefordert hat.

(3) Wurde die Feststellung nach Absatz 2 getroffen, so kann der Rat mit qualifizierter Mehrheit beschließen, bestimmte Rechte auszusetzen, die sich aus der Anwendung der Verträge auf den betroffenen Mitgliedstaat herleiten, einschließlich der Stimmrechte des Vertreters der Re-

gierung dieses Mitgliedstaats im Rat. Dabei berücksichtigt er die möglichen Auswirkungen einer solchen Aussetzung auf die Rechte und Pflichten natürlicher und juristischer Personen.

Die sich aus den Verträgen ergebenden Verpflichtungen des betroffenen Mitgliedstaats sind für diesen auf jeden Fall weiterhin verbindlich.

(4) Der Rat kann zu einem späteren Zeitpunkt mit qualifizierter Mehrheit beschließen, nach Absatz 3 getroffene Maßnahmen abzuändern oder aufzuheben, wenn in der Lage, die zur Verhängung dieser Maßnahmen geführt hat, Änderungen eingetreten sind.

(5) Die Abstimmungsmodalitäten, die für die Zwecke dieses Artikels für das Europäische Parlament, den Europäischen Rat und den Rat gelten, sind in Artikel 354 des Vertrags über die Arbeitsweise der Europäischen Union festgelegt.

Artikel 8

(1) Die Union entwickelt besondere Beziehungen zu den Ländern in ihrer Nachbarschaft, um einen Raum des Wohlstands und der guten Nachbarschaft zu schaffen, der auf den Werten der Union aufbaut und sich durch enge, friedliche Beziehungen auf der Grundlage der Zusammenarbeit auszeichnet.

(2) Für die Zwecke des Absatzes 1 kann die Union spezielle Übereinkünfte mit den betreffenden Ländern schließen. Diese Übereinkünfte können gegenseitige Rechte und Pflichten umfassen und die Möglichkeit zu gemeinsamem Vorgehen eröffnen. Zur Durchführung der Übereinkünfte finden regelmäßige Konsultationen statt.

Titel II: Bestimmungen über die demokratischen Grundsätze

Artikel 9

Die Union achtet in ihrem gesamten Handeln den Grundsatz der Gleichheit ihrer Bürgerinnen und Bürger, denen ein gleiches Maß an Aufmerksamkeit seitens der Organe, Einrichtungen und sonstigen Stellen der Union zuteil wird. Unionsbürger ist, wer die Staatsangehörigkeit eines Mitgliedstaats besitzt. Die Unionsbürgerschaft tritt zur nationalen Staatsbürgerschaft hinzu, ersetzt sie aber nicht.

Artikel 10

(1) Die Arbeitsweise der Union beruht auf der repräsentativen Demokratie.

(2) Die Bürgerinnen und Bürger sind auf Unionsebene unmittelbar im Europäischen Parlament vertreten.

Die Mitgliedstaaten werden im Europäischen Rat von ihrem jeweiligen Staats- oder Regierungschef und im Rat von ihrer jeweiligen Regierung vertreten, die ihrerseits in demokratischer Weise gegenüber ihrem nationalen Parlament oder gegenüber ihren Bürgerinnen und Bürgern Rechenschaft ablegen müssen.

(3) Alle Bürgerinnen und Bürger haben das Recht, am demokratischen Leben der Union teilzunehmen. Die Entscheidungen werden so offen und bürgernah wie möglich getroffen.

(4) Politische Parteien auf europäischer Ebene tragen zur Herausbildung eines europäischen politischen Bewusstseins und zum Ausdruck des Willens der Bürgerinnen und Bürger der Union bei.

Artikel 11

(1) Die Organe geben den Bürgerinnen und Bürgern und den repräsentativen Verbänden in geeigneter Weise die Möglichkeit, ihre Ansichten in allen Bereichen des Handelns der Union öffentlich bekannt zu geben und auszutauschen.

(2) Die Organe pflegen einen offenen, transparenten und regelmäßigen Dialog mit den repräsentativen Verbänden und der Zivilgesellschaft.

(3) Um die Kohärenz und die Transparenz des Handelns der Union zu gewährleisten, führt die Europäische Kommission umfangreiche Anhörungen der Betroffenen durch.

(4) Unionsbürgerinnen und Unionsbürger, deren Anzahl mindestens eine Million betragen und bei denen es sich um Staatsangehörige einer erheblichen Anzahl von Mitgliedstaaten handeln muss, können die Initiative ergreifen und die Europäische Kommission auffordern, im Rahmen ihrer Befugnisse geeignete Vorschläge zu Themen zu unterbreiten, zu denen es nach Ansicht jener Bürgerinnen und Bürger eines Rechtsakts der Union bedarf, um die Verträge umzusetzen.

Die Verfahren und Bedingungen, die für eine solche Bürgerinitiative gelten, werden nach Artikel 24 Absatz 1 des Vertrags über die Arbeitsweise der Europäischen Union festgelegt.

Artikel 12

Die nationalen Parlamente tragen aktiv zur guten Arbeitsweise der Union bei, indem sie

a) von den Organen der Union unterrichtet werden und ihnen die Entwürfe von Gesetzgebungsakten der Union gemäß dem Protokoll über die Rolle der nationalen Parlamente in der Europäischen Union zugeleitet werden;

b) dafür sorgen, dass der Grundsatz der Subsidiarität gemäß den in dem Protokoll über die Anwendung der Grundsätze der Subsidiarität und der Verhältnismäßigkeit vorgesehenen Verfahren beachtet wird;

c) sich im Rahmen des Raums der Freiheit, der Sicherheit und des Rechts an den Mechanismen zur Bewertung der Durchführung der Unionspolitiken in diesem Bereich nach Artikel 70 des Vertrags über die Arbeitsweise der Europäischen Union beteiligen und in die politische Kontrolle von Europol und die Bewertung der Tätigkeit von Eurojust nach den Artikeln 88 und 85 des genannten Vertrags einbezogen werden;

d) sich an den Verfahren zur Änderung der Verträge nach Artikel 48 dieses Vertrags beteiligen;

e) über Anträge auf Beitritt zur Union nach Artikel 49 dieses Vertrags unterrichtet werden;

f) sich an der interparlamentarischen Zusammenarbeit zwischen den nationalen Parlamenten und mit dem Europäischen Parlament gemäß dem Protokoll über die Rolle der nationalen Parlamente in der Europäischen Union beteiligen.

Titel III: Bestimmungen über die Organe

Artikel 13

(1) Die Union verfügt über einen institutionellen Rahmen, der zum Zweck hat, ihren Werten Geltung zu verschaffen, ihre Ziele zu verfolgen, ihren Interessen, denen ihrer Bürgerinnen und Bürger und denen der Mitgliedstaaten zu dienen sowie die Kohärenz, Effizienz und Kontinuität ihrer Politik und ihrer Maßnahmen sicherzustellen.

Die Organe der Union sind

- das Europäische Parlament,
- der Europäische Rat,
- der Rat,
- die Europäische Kommission (im Folgenden „Kommission“),
- der Gerichtshof der Europäischen Union,
- die Europäische Zentralbank,
- der Rechnungshof.

(2) Jedes Organ handelt nach Maßgabe der ihm in den Verträgen zugewiesenen Befugnisse nach den Verfahren, Bedingungen und Zielen, die in den Verträgen festgelegt sind. Die Organe arbeiten loyal zusammen.

(3) Die Bestimmungen über die Europäische Zentralbank und den Rechnungshof sowie die detaillierten Bestimmungen über die übrigen Organe sind im Vertrag über die Arbeitsweise der Europäischen Union enthalten.

(4) Das Europäische Parlament, der Rat und die Kommission werden von einem Wirtschafts- und Sozialausschuss sowie einem Ausschuss der Regionen unterstützt, die beratende Aufgaben wahrnehmen.

Artikel 14

(1) Das Europäische Parlament wird gemeinsam mit dem Rat als Gesetzgeber tätig und übt gemeinsam mit ihm die Haushaltsbefugnisse aus. Es erfüllt Aufgaben der politischen Kontrolle und Beratungsfunktionen nach Maßgabe der Verträge. Es wählt den Präsidenten der Kommission.

(2) Das Europäische Parlament setzt sich aus Vertretern der Unionsbürgerinnen und Unionsbürger zusammen. Ihre Anzahl darf 750 nicht überschreiten, zuzüglich des Präsidenten. Die Bürgerinnen und Bürger sind im Europäischen Parlament degressiv proportional, mindestens jedoch mit sechs Mitgliedern je Mitgliedstaat vertreten. Kein Mitgliedstaat erhält mehr als 96 Sitze.

Der Europäische Rat erlässt einstimmig auf Initiative des Europäischen Parlaments und mit dessen Zustimmung einen Beschluss über die Zusammensetzung des Europäischen Parlaments, in dem die in Unterabsatz 1 genannten Grundsätze gewahrt sind.

(3) Die Mitglieder des Europäischen Parlaments werden in allgemeiner, unmittelbarer, freier und geheimer Wahl für eine Amtszeit von fünf Jahren gewählt.

(4) Das Europäische Parlament wählt aus seiner Mitte seinen Präsidenten und sein Präsidium.

Artikel 15

(1) Der Europäische Rat gibt der Union die für ihre Entwicklung erforderlichen Impulse und legt die allgemeinen politischen Zielvorstellungen und Prioritäten hierfür fest. Er wird nicht gesetzgeberisch tätig.

(2) Der Europäische Rat setzt sich zusammen aus den Staats- und Regierungschefs der Mitgliedstaaten sowie dem Präsidenten des Europäischen Rates und dem Präsidenten der Kommission. Der Hohe Vertreter der Union für Außen- und Sicherheitspolitik nimmt an seinen Arbeiten teil.

(3) Der Europäische Rat tritt zweimal pro Halbjahr zusammen; er wird von seinem Präsidenten einberufen. Wenn es die Tagesordnung erfordert, können die Mitglieder des Europäischen Rates beschließen, sich jeweils von einem Minister oder – im Fall des Präsidenten der Kommission – von einem Mitglied der Kommission unterstützen zu lassen. Wenn es die Lage erfordert, beruft der Präsident eine außerordentliche Tagung des Europäischen Rates ein.

(4) Soweit in den Verträgen nichts anderes festgelegt ist, entscheidet der Europäische Rat im Konsens.

(5) Der Europäische Rat wählt seinen Präsidenten mit qualifizierter Mehrheit für eine Amtszeit von zweieinhalb Jahren; der Präsident kann einmal wiedergewählt werden. Im Falle einer Verhinderung oder einer schweren Verfehlung kann der Europäische Rat ihn im Wege des gleichen Verfahrens von seinem Amt entbinden.

(6) Der Präsident des Europäischen Rates

a) führt den Vorsitz bei den Arbeiten des Europäischen Rates und gibt ihnen Impulse,

b) sorgt in Zusammenarbeit mit dem Präsidenten der Kommission auf der Grundlage der Arbeiten des Rates „Allgemeine Angelegenheiten" für die Vorbereitung und Kontinuität der Arbeiten des Europäischen Rates,

c) wirkt darauf hin, dass Zusammenhalt und Konsens im Europäischen Rat gefördert werden,

d) legt dem Europäischen Parlament im Anschluss an jede Tagung des Europäischen Rates einen Bericht vor.

Der Präsident des Europäischen Rates nimmt auf seiner Ebene und in seiner Eigenschaft, unbeschadet der Befugnisse des Hohen Vertreters der Union für Außen- und Sicherheitspolitik, die Außenvertretung der Union in Angelegenheiten der Gemeinsamen Außen- und Sicherheitspolitik wahr.

Der Präsident des Europäischen Rates darf kein einzelstaatliches Amt ausüben.

Artikel 16

(1) Der Rat wird gemeinsam mit dem Europäischen Parlament als Gesetzgeber tätig und übt gemeinsam mit ihm die Haushaltsbefugnisse aus. Zu seinen Aufgaben gehört die Festlegung der Politik und die Koordinierung nach Maßgabe der Verträge.

(2) Der Rat besteht aus je einem Vertreter jedes Mitgliedstaats auf Ministerebene, der befugt ist, für die Regierung des von ihm vertretenen Mitgliedstaats verbindlich zu handeln und das Stimmrecht auszuüben.

(3) Soweit in den Verträgen nichts anderes festgelegt ist, beschließt der Rat mit qualifizierter Mehrheit.

(4) Ab dem 1. November 2014 gilt als qualifizierte Mehrheit eine Mehrheit von mindestens 55 % der Mitglieder des Rates, gebildet aus mindestens 15 Mitgliedern, sofern die von diesen vertretenen Mitgliedstaaten zusammen mindestens 65 % der Bevölkerung der Union ausmachen.

Für eine Sperrminorität sind mindestens vier Mitglieder des Rates erforderlich, andernfalls gilt die qualifizierte Mehrheit als erreicht.

Die übrigen Modalitäten für die Abstimmung mit qualifizierter Mehrheit sind in Artikel 238 Absatz 2 des Vertrags über die Arbeitsweise der Europäischen Union festgelegt.

(5) Die Übergangsbestimmungen für die Definition der qualifizierten Mehrheit, die bis zum 31. Oktober 2014 gelten, sowie die Übergangsbestimmungen, die zwischen dem 1. November 2014 und dem 31. März 2017 gelten, sind im Protokoll über die Übergangsbestimmungen festgelegt.

(6) Der Rat tagt in verschiedenen Zusammensetzungen; die Liste dieser Zusammensetzungen wird nach Artikel 236 des Vertrags über die Arbeitsweise der Europäischen Union angenommen.

Als Rat „Allgemeine Angelegenheiten" sorgt er für die Kohärenz der Arbeiten des Rates in seinen verschiedenen Zusammensetzungen. In Verbindung mit dem Präsidenten des Europäischen Rates und mit der Kommission bereitet er die Tagungen des Europäischen Rates vor und sorgt für das weitere Vorgehen.

Als Rat „Auswärtige Angelegenheiten" gestaltet er das auswärtige Handeln der Union entsprechend den strategischen Vorgaben des Europäischen Rates und sorgt für die Kohärenz des Handelns der Union.

(7) Ein Ausschuss der Ständigen Vertreter der Regierungen der Mitgliedstaaten ist für die Vorbereitung der Arbeiten des Rates verantwortlich.

(8) Der Rat tagt öffentlich, wenn er über Entwürfe zu Gesetzgebungsakten berät und abstimmt. Zu diesem Zweck wird jede Ratstagung in zwei Teile unterteilt, von denen der eine den Beratungen über die Gesetzgebungsakte der Union und der andere den nicht die Gesetzgebung betreffenden Tätigkeiten gewidmet ist.

(9) Der Vorsitz im Rat in allen seinen Zusammensetzungen mit Ausnahme des Rates „Auswärtige Angelegenheiten" wird von den Vertretern der Mitgliedstaaten im Rat unter Bedingungen, die gemäß Artikel 236 des Vertrags über die Arbeitsweise der Europäischen Union festgelegt werden, nach einem System der gleichberechtigten Rotation wahrgenommen.

Artikel 17

(1) Die Kommission fördert die allgemeinen Interessen der Union und ergreift geeignete Initiativen zu diesem Zweck. Sie sorgt für die Anwendung der Verträge sowie der von den Organen kraft der Verträge erlassenen Maßnahmen. Sie überwacht die Anwendung des Unionsrechts unter der Kontrolle des Gerichtshofs der Europäischen Union. Sie führt den Haushaltsplan aus und verwaltet die Programme. Sie übt nach Maßgabe der Verträge Koordinierungs-, Exekutiv- und Verwaltungsfunktionen aus. Außer in der Gemeinsamen Außen- und Sicherheitspolitik und den übrigen in den Verträgen vorgesehenen Fällen nimmt sie die Vertretung der Union nach außen wahr. Sie leitet die jährliche und die mehrjährige Programmplanung der Union mit dem Ziel ein, interinstitutionelle Vereinbarungen zu erreichen.

(2) Soweit in den Verträgen nichts anderes festgelegt ist, darf ein Gesetzgebungsakt der Union nur auf Vorschlag der Kommission erlassen werden. Andere Rechtsakte werden auf der Grundlage eines Kommissionsvorschlags erlassen, wenn dies in den Verträgen vorgesehen ist.

(3) Die Amtszeit der Kommission beträgt fünf Jahre.

Die Mitglieder der Kommission werden aufgrund ihrer allgemeinen Befähigung und ihres Einsatzes für Europa unter Persönlichkeiten ausgewählt, die volle Gewähr für ihre Unabhängigkeit bieten.

Die Kommission übt ihre Tätigkeit in voller Unabhängigkeit aus. Die Mitglieder der Kommission dürfen unbeschadet des Artikels 18 Absatz 2 Weisungen von einer Regierung, einem Organ, einer Einrichtung oder jeder anderen Stelle weder einholen noch entgegennehmen. Sie enthalten sich jeder Handlung, die mit ihrem Amt oder der Erfüllung ihrer Aufgaben unvereinbar ist.

(4) Die Kommission, die zwischen dem Zeitpunkt des Inkrafttretens des Vertrags von Lissabon und dem 31. Oktober 2014 ernannt wird, besteht einschließlich ihres Präsidenten und des Hohen Vertreters der Union für Außen- und Sicherheitspolitik, der einer der Vizepräsidenten der Kommission ist, aus je einem Staatsangehörigen jedes Mitgliedstaats.

(5) Ab dem 1. November 2014 besteht die Kommission, einschließlich ihres Präsidenten und des Hohen Vertreters der Union für Außen- und Sicherheitspolitik, aus einer Anzahl von Mitgliedern, die zwei Dritteln der Zahl der Mitgliedstaaten entspricht, sofern der Europäische Rat nicht einstimmig eine Änderung dieser Anzahl beschließt.

Die Mitglieder der Kommission werden unter den Staatsangehörigen der Mitgliedstaaten in einem System der strikt gleichberechtigten Rotation zwischen den Mitgliedstaaten so ausgewählt, dass das demografische und geografische Spektrum der Gesamtheit der Mitgliedstaaten zum Ausdruck kommt. Dieses System wird vom Europäischen Rat nach Artikel 244 des Vertrags über die Arbeitsweise der Europäischen Union einstimmig festgelegt.

(6) Der Präsident der Kommission

a) legt die Leitlinien fest, nach denen die Kommission ihre Aufgaben ausübt,
b) beschließt über die interne Organisation der Kommission, um die Kohärenz, die Effizienz und das Kollegialitätsprinzip im Rahmen ihrer Tätigkeit sicherzustellen,
c) ernennt, mit Ausnahme des Hohen Vertreters der Union für Außen- und Sicherheitspolitik, die Vizepräsidenten aus dem Kreis der Mitglieder der Kommission.

Ein Mitglied der Kommission legt sein Amt nieder, wenn es vom Präsidenten dazu aufgefordert wird. Der Hohe Vertreter der Union für Außen- und Sicherheitspolitik legt sein Amt nach dem Verfahren des Artikels 18 Absatz 1 nieder, wenn er vom Präsidenten dazu aufgefordert wird.

(7) Der Europäische Rat schlägt dem Europäischen Parlament nach entsprechenden Konsultationen mit qualifizierter Mehrheit einen Kandidaten für das Amt des Präsidenten der Kommission vor; dabei berücksichtigt er das Ergebnis der Wahlen zum Europäischen Parlament. Das Europäische Parlament wählt diesen Kandidaten mit der Mehrheit seiner Mitglieder. Erhält dieser Kandidat nicht die Mehrheit, so schlägt der Europäische Rat dem Europäischen Parlament innerhalb eines Monats mit qualifizierter Mehrheit einen neuen Kandidaten vor, für dessen Wahl das Europäische Parlament dasselbe Verfahren anwendet.

Der Rat nimmt, im Einvernehmen mit dem gewählten Präsidenten, die Liste der anderen Persönlichkeiten an, die er als Mitglieder der Kommission vorschlägt. Diese werden auf der Grundlage der Vorschläge der Mitgliedstaaten entsprechend den Kriterien nach Absatz 3 Unterabsatz 2 und Absatz 5 Unterabsatz 2 ausgewählt.

Der Präsident, der Hohe Vertreter der Union für Außen- und Sicherheitspolitik und die übrigen Mitglieder der Kommission stellen sich als Kollegium einem Zustimmungsvotum des Europäischen Parlaments. Auf der Grundlage dieser Zustimmung wird die Kommission vom Europäischen Rat mit qualifizierter Mehrheit ernannt.

(8) Die Kommission ist als Kollegium dem Europäischen Parlament verantwortlich. Das Europäische Parlament kann nach Artikel 234 des Vertrags über die Arbeitsweise der Europäischen Union einen Misstrauensantrag gegen die Kommission annehmen. Wird ein solcher Antrag angenommen, so müssen die Mitglieder der Kommission geschlossen ihr Amt niederlegen, und der Hohe Vertreter der Union für Außen- und Sicherheitspolitik muss sein im Rahmen der Kommission ausgeübtes Amt niederlegen.

Artikel 18

(1) Der Europäische Rat ernennt mit qualifizierter Mehrheit und mit Zustimmung des Präsidenten der Kommission den Hohen Vertreter der Union für Außen- und Sicherheitspolitik. Der Europäische Rat kann die Amtszeit des Hohen Vertreters nach dem gleichen Verfahren beenden.

(2) Der Hohe Vertreter leitet die Gemeinsame Außen- und Sicherheitspolitik der Union. Er trägt durch seine Vorschläge zur Festlegung dieser Politik bei und führt sie im Auftrag des Rates durch. Er handelt ebenso im Bereich der Gemeinsamen Sicherheits- und Verteidigungspolitik.

(3) Der Hohe Vertreter führt den Vorsitz im Rat „Auswärtige Angelegenheiten".

(4) Der Hohe Vertreter ist einer der Vizepräsidenten der Kommission. Er sorgt für die Kohärenz des auswärtigen Handelns der Union. Er ist innerhalb der Kommission mit deren Zuständigkeiten im Bereich der Außenbeziehungen und mit der Koordinierung der übrigen Aspekte des auswärtigen Handelns der Union betraut. Bei der Wahrnehmung dieser Zuständigkeiten in der Kommission und ausschließlich im Hinblick auf diese Zuständigkeiten unterliegt der Hohe Vertreter den Verfahren, die für die Arbeitsweise der Kommission gelten, soweit dies mit den Absätzen 2 und 3 vereinbar ist.

Artikel 19

(1) Der Gerichtshof der Europäischen Union umfasst den Gerichtshof, das Gericht und Fachgerichte. Er sichert die Wahrung des Rechts bei der Auslegung und Anwendung der Verträge.

Die Mitgliedstaaten schaffen die erforderlichen Rechtsbehelfe, damit ein wirksamer Rechtsschutz in den vom Unionsrecht erfassten Bereichen gewährleistet ist.

(2) Der Gerichtshof besteht aus einem Richter je Mitgliedstaat. Er wird von Generalanwälten unterstützt.

Das Gericht besteht aus mindestens einem Richter je Mitgliedstaat.

Als Richter und Generalanwälte des Gerichtshofs und als Richter des Gerichts sind Persönlichkeiten auszuwählen, die jede Gewähr für Unabhängigkeit bieten und die Voraussetzungen der Artikel 253 und 254 des Vertrags über die Arbeitsweise der Europäischen Union erfüllen. Sie werden von den Regierungen der Mitgliedstaaten im gegenseitigen Einvernehmen für eine Amtszeit von sechs Jahren ernannt. Die Wiederernennung ausscheidender Richter und Generalanwälte ist zulässig.

(3) Der Gerichtshof der Europäischen Union entscheidet nach Maßgabe der Verträge

a) über Klagen eines Mitgliedstaats, eines Organs oder natürlicher oder juristischer Personen;
b) im Wege der Vorabentscheidung auf Antrag der einzelstaatlichen Gerichte über die Auslegung des Unionsrechts oder über die Gültigkeit der Handlungen der Organe;
c) in allen anderen in den Verträgen vorgesehenen Fällen.

Titel IV: Bestimmungen über eine Verstärkte Zusammenarbeit

Artikel 20 (ex-Artikel 27a bis 27e, 40 bis 40b und 43 bis 45 EUV und ex-Artikel 11 und 11a EGV)

(1) Die Mitgliedstaaten, die untereinander eine Verstärkte Zusammenarbeit im Rahmen der nicht ausschließlichen Zuständigkeiten der Union begründen wollen, können, in den Grenzen und nach Maßgabe dieses Artikels und der Artikel 326 bis 334 des Vertrags über die Arbeitsweise der Europäischen Union, die Organe der Union in Anspruch nehmen und diese Zuständigkeiten unter Anwendung der einschlägigen Bestimmungen der Verträge ausüben.

Eine Verstärkte Zusammenarbeit ist darauf ausgerichtet, die Verwirklichung der Ziele der Union zu fördern, ihre Interessen zu schützen und ihren Integrationsprozess zu stärken. Sie steht allen Mitgliedstaaten nach Artikel 328 des Vertrags über die Arbeitsweise der Europäischen Union jederzeit offen.

(2) Der Beschluss über die Ermächtigung zu einer Verstärkten Zusammenarbeit wird vom Rat als letztes Mittel erlassen, wenn dieser feststellt, dass die mit dieser Zusammenarbeit angestrebten Ziele von der Union in ihrer Gesamtheit nicht innerhalb eines vertretbaren Zeitraums verwirklicht werden können, und sofern an der Zusammenarbeit mindestens neun Mitgliedstaaten beteiligt sind. Der Rat beschließt nach dem in Artikel 329 des Vertrags über die Arbeitsweise der Europäischen Union vorgesehenen Verfahren.

(3) Alle Mitglieder des Rates können an dessen Beratungen teilnehmen, aber nur die Mitglieder des Rates, die die an der Verstärkten Zusammenarbeit beteiligten Mitgliedstaaten vertreten, nehmen an der Abstimmung teil. Die Abstimmungsmodalitäten sind in Artikel 330 des Vertrags über die Arbeitsweise der Europäischen Union vorgesehen.

(4) An die im Rahmen einer Verstärkten Zusammenarbeit erlassenen Rechtsakte sind nur die an dieser Zusammenarbeit beteiligten Mitgliedstaaten gebunden. Sie gelten nicht als Besitzstand, der von beitrittswilligen Staaten angenommen werden muss.

Titel V: Allgemeine Bestimmungen über das auswärtige Handeln der Union und besondere Bestimmungen über die gemeinsame Außen- und Sicherheitspolitik

Kapitel 1: Allgemeine Bestimmungen über das auswärtige Handeln der Union

Artikel 21

(1) Die Union lässt sich bei ihrem Handeln auf internationaler Ebene von den Grundsätzen leiten, die für ihre eigene Entstehung, Entwicklung und Erweiterung maßgebend waren und denen sie auch weltweit zu stärkerer Geltung verhelfen will: Demokratie, Rechtsstaatlichkeit, die universelle Gültigkeit und Unteilbarkeit der Menschenrechte und Grundfreiheiten, die Achtung der Menschenwürde, der Grundsatz der Gleichheit und der Grundsatz der Solidarität sowie die Achtung der Grundsätze der Charta der Vereinten Nationen und des Völkerrechts.

Die Union strebt an, die Beziehungen zu Drittländern und zu regionalen oder weltweiten internationalen Organisationen, die die in Unterabsatz 1 aufgeführten Grundsätze teilen, auszubauen und Partnerschaften mit ihnen aufzubauen. Sie setzt sich insbesondere im Rahmen der Vereinten Nationen für multilaterale Lösungen bei gemeinsamen Problemen ein.

(2) Die Union legt die gemeinsame Politik sowie Maßnahmen fest, führt diese durch und setzt sich für ein hohes Maß an Zusammenarbeit auf allen Gebieten der internationalen Beziehungen ein, um

a) ihre Werte, ihre grundlegenden Interessen, ihre Sicherheit, ihre Unabhängigkeit und ihre Unversehrtheit zu wahren;

b) Demokratie, Rechtsstaatlichkeit, die Menschenrechte und die Grundsätze des Völkerrechts zu festigen und zu fördern;

c) nach Maßgabe der Ziele und Grundsätze der Charta der Vereinten Nationen sowie der Prinzipien der Schlussakte von Helsinki und der Ziele der Charta von Paris, einschließlich derjenigen, die die Außengrenzen betreffen, den Frieden zu erhalten, Konflikte zu verhüten und die internationale Sicherheit zu stärken;

d) die nachhaltige Entwicklung in Bezug auf Wirtschaft, Gesellschaft und Umwelt in den Entwicklungsländern zu fördern mit dem vorrangigen Ziel, die Armut zu beseitigen;

e) die Integration aller Länder in die Weltwirtschaft zu fördern, unter anderem auch durch den schrittweisen Abbau internationaler Handelshemmnisse;

f) zur Entwicklung von internationalen Maßnahmen zur Erhaltung und Verbesserung der Qualität der Umwelt und der nachhaltigen Bewirtschaftung der weltweiten natürlichen Ressourcen beizutragen, um eine nachhaltige Entwicklung sicherzustellen;

g) den Völkern, Ländern und Regionen, die von Naturkatastrophen oder von vom Menschen verursachten Katastrophen betroffen sind, zu helfen; und

h) eine Weltordnung zu fördern, die auf einer verstärkten multilateralen Zusammenarbeit und einer verantwortungsvollen Weltordnungspolitik beruht.

(3) Die Union wahrt bei der Ausarbeitung und Umsetzung ihres auswärtigen Handelns in den verschiedenen unter diesen Titel und den Fünften Teil des Vertrags über die Arbeitsweise der Europäischen Union fallenden Bereichen sowie der externen Aspekte der übrigen Politikbereiche die in den Absätzen 1 und 2 genannten Grundsätze und Ziele.

Die Union achtet auf die Kohärenz zwischen den einzelnen Bereichen ihres auswärtigen Handelns sowie zwischen diesen und ihren übrigen Politikbereichen. Der Rat und die Kommission, die vom Hohen Vertreter der Union für Außen- und Sicherheitspolitik unterstützt werden, stellen diese Kohärenz sicher und arbeiten zu diesem Zweck zusammen.

Artikel 22

(1) Auf der Grundlage der in Artikel 21 aufgeführten Grundsätze und Ziele legt der Europäische Rat die strategischen Interessen und Ziele der Union fest.

Die Beschlüsse des Europäischen Rates über die strategischen Interessen und Ziele der Union erstrecken sich auf die Gemeinsame Außen- und Sicherheitspolitik sowie auf andere Bereiche des auswärtigen Handelns der Union. Sie können die Beziehungen der Union zu einem Land oder einer Region betreffen oder aber ein bestimmtes Thema zum Gegenstand haben. Sie enthalten Bestimmungen zu ihrer Geltungsdauer und zu den von der Union und den Mitgliedstaaten bereitzustellenden Mitteln.

Der Europäische Rat beschließt einstimmig auf Empfehlung des Rates, die dieser nach den für den jeweiligen Bereich vorgesehenen Regelungen abgibt. Die Beschlüsse des Europäischen Rates werden nach Maßgabe der in den Verträgen vorgesehenen Verfahren durchgeführt.

(2) Der Hohe Vertreter der Union für Außen- und Sicherheitspolitik und die Kommission können dem Rat gemeinsame Vorschläge vorlegen, wobei der Hohe Vertreter für den Bereich der Gemeinsamen Außen- und Sicherheitspolitik und die Kommission für die anderen Bereiche des auswärtigen Handelns zuständig ist.

Kapitel 2: Besondere Bestimmungen über die Gemeinsame Außen- und Sicherheitspolitik

Abschnitt 1: Gemeinsame Bestimmungen.

Artikel 23

Das Handeln der Union auf internationaler Ebene im Rahmen dieses Kapitels beruht auf den Grundsätzen des Kapitels 1, verfolgt die darin genannten Ziele und steht mit den allgemeinen Bestimmungen jenes Kapitels im Einklang.

Artikel 24 (ex-Artikel 11 EUV)

(1) Die Zuständigkeit der Union in der Gemeinsamen Außen- und Sicherheitspolitik erstreckt sich auf alle Bereiche der Außenpolitik sowie auf sämtliche Fragen im Zusammenhang mit der Sicherheit der Union, einschließlich der schrittweisen Festlegung einer gemeinsamen Verteidigungspolitik, die zu einer gemeinsamen Verteidigung führen kann.

Für die Gemeinsame Außen- und Sicherheitspolitik gelten besondere Bestimmungen und Verfahren. Sie wird vom Europäischen Rat und vom Rat einstimmig festgelegt und durchgeführt, soweit in den Verträgen nichts anderes vorgesehen ist. Der Erlass von Gesetzgebungsakten ist ausgeschlossen. Die Gemeinsame Außen- und Sicherheitspolitik wird vom Hohen Vertreter der Union für Außen- und Sicherheitspolitik und von den Mitgliedstaaten gemäß den Verträgen durchgeführt. Die spezifische Rolle des Europäischen Parlaments und der Kommission in diesem Bereich ist in den Verträgen festgelegt. Der Gerichtshof der Europäischen Union ist in Bezug auf diese Bestimmungen nicht zuständig; hiervon ausgenommen ist die Kontrolle der Einhaltung des Artikels 40 dieses Vertrags und die Überwachung der Rechtmäßigkeit bestimmter Beschlüsse nach Artikel 275 Absatz 2 des Vertrags über die Arbeitsweise der Europäischen Union.

(2) Die Union verfolgt, bestimmt und verwirklicht im Rahmen der Grundsätze und Ziele ihres auswärtigen Handelns eine Gemeinsame Außen- und Sicherheitspolitik, die auf einer Entwicklung der gegenseitigen politischen Solidarität der Mitgliedstaaten, der Ermittlung der Fragen von allgemeiner Bedeutung und der Erreichung einer immer stärkeren Konvergenz des Handelns der Mitgliedstaaten beruht.

(3) Die Mitgliedstaaten unterstützen die Außen- und Sicherheitspolitik der Union aktiv und vorbehaltlos im Geiste der Loyalität und der gegenseitigen Solidarität und achten das Handeln der Union in diesem Bereich.

Die Mitgliedstaaten arbeiten zusammen, um ihre gegenseitige politische Solidarität zu stärken und weiterzuentwickeln. Sie enthalten sich jeder Handlung, die den Interessen der Union zuwiderläuft oder ihrer Wirksamkeit als kohärente Kraft in den internationalen Beziehungen schaden könnte.

Der Rat und der Hohe Vertreter tragen für die Einhaltung dieser Grundsätze Sorge.

Artikel 25 (ex-Artikel 12 EUV)

Die Union verfolgt ihre Gemeinsame Außen- und Sicherheitspolitik, indem sie

a) die allgemeinen Leitlinien bestimmt,

b) Beschlüsse erlässt zur Festlegung

   i. der von der Union durchzuführenden Aktionen,

   ii. der von der Union einzunehmenden Standpunkte,

   iii. der Einzelheiten der Durchführung der unter den Ziffern i und ii genannten Beschlüsse,

   und

c) die systematische Zusammenarbeit der Mitgliedstaaten bei der Führung ihrer Politik ausbaut.

Artikel 26 (ex-Artikel 13 EUV)

(1) Der Europäische Rat bestimmt die strategischen Interessen der Union und legt die Ziele und die allgemeinen Leitlinien der Gemeinsamen Außen- und Sicherheitspolitik fest, und zwar auch bei Fragen mit verteidigungspolitischen Bezügen. Er erlässt die erforderlichen Beschlüsse.

Wenn eine internationale Entwicklung es erfordert, beruft der Präsident des Europäischen Rates eine außerordentliche Tagung des Europäischen Rates ein, um die strategischen Vorgaben für die Politik der Union angesichts dieser Entwicklung festzulegen.

(2) Der Rat gestaltet die Gemeinsame Außen- und Sicherheitspolitik und fasst die für die Festlegung und Durchführung dieser Politik erforderlichen Beschlüsse auf der Grundlage der vom Europäischen Rat festgelegten allgemeinen Leitlinien und strategischen Vorgaben.

Der Rat und der Hohe Vertreter der Union für Außen- und Sicherheitspolitik tragen für ein einheitliches, kohärentes und wirksames Vorgehen der Union Sorge.

(3) Die Gemeinsame Außen- und Sicherheitspolitik wird vom Hohen Vertreter und von den Mitgliedstaaten mit einzelstaatlichen Mitteln und den Mitteln der Union durchgeführt.

Artikel 27

(1) Der Hohe Vertreter der Union für Außen- und Sicherheitspolitik, der im Rat „Auswärtige Angelegenheiten" den Vorsitz führt, trägt durch seine Vorschläge zur Festlegung der Gemeinsamen Außen- und Sicherheitspolitik bei und stellt sicher, dass die vom Europäischen Rat und vom Rat erlassenen Beschlüsse durchgeführt werden.

(2) Der Hohe Vertreter vertritt die Union in den Bereichen der Gemeinsamen Außen- und Sicherheitspolitik. Er führt im Namen der Union den politischen Dialog mit Dritten und vertritt den Standpunkt der Union in internationalen Organisationen und auf internationalen Konferenzen.

(3) Bei der Erfüllung seines Auftrags stützt sich der Hohe Vertreter auf einen Europäischen Auswärtigen Dienst. Dieser Dienst arbeitet mit den diplomatischen Diensten der Mitgliedstaaten zusammen und umfasst Beamte aus den einschlägigen Abteilungen des Generalsekretariats des Rates und der Kommission sowie abgeordnetes Personal der nationalen diplomatischen Dienste. Die Organisation und die Arbeitsweise des Europäischen Auswärtigen Dienstes werden durch einen Beschluss des Rates festgelegt. Der Rat beschließt auf Vorschlag des Hohen Vertreters nach Anhörung des Europäischen Parlaments und nach Zustimmung der Kommission.

Artikel 28 (ex-Artikel 14 EUV)

(1) Verlangt eine internationale Situation ein operatives Vorgehen der Union, so erlässt der Rat die erforderlichen Beschlüsse. In den Beschlüssen sind ihre Ziele, ihr Umfang, die der Union zur Verfügung zu stellenden Mittel sowie die Bedingungen und erforderlichenfalls der Zeitraum für ihre Durchführung festgelegt.

Tritt eine Änderung der Umstände mit erheblichen Auswirkungen auf eine Angelegenheit ein, die Gegenstand eines solchen Beschlusses ist, so überprüft der Rat die Grundsätze und Ziele dieses Beschlusses und erlässt die erforderlichen Beschlüsse.

(2) Die Beschlüsse nach Absatz 1 sind für die Mitgliedstaaten bei ihren Stellungnahmen und ihrem Vorgehen bindend.

(3) Jede einzelstaatliche Stellungnahme oder Maßnahme, die im Rahmen eines Beschlusses nach Absatz 1 geplant ist, wird von dem betreffenden Mitgliedstaat so rechtzeitig mitgeteilt, dass erforderlichenfalls eine vorherige Abstimmung im Rat stattfinden kann. Die Pflicht zur vorherigen Unterrichtung gilt nicht für Maßnahmen, die eine bloße praktische Umsetzung der Beschlüsse des Rates auf einzelstaatlicher Ebene darstellen.

(4) Bei zwingender Notwendigkeit aufgrund der Entwicklung der Lage und falls eine Überprüfung des Beschlusses des Rates nach Absatz 1 nicht stattfindet, können die Mitgliedstaaten unter Berücksichtigung der allgemeinen Ziele des genannten Beschlusses die erforderlichen Sofort-

maßnahmen ergreifen. Der betreffende Mitgliedstaat unterrichtet den Rat sofort über derartige Maßnahmen.

(5) Ein Mitgliedstaat befasst den Rat, wenn sich bei der Durchführung eines Beschlusses nach diesem Artikel größere Schwierigkeiten ergeben; der Rat berät darüber und sucht nach angemessenen Lösungen. Diese dürfen nicht im Widerspruch zu den Zielen des Beschlusses nach Absatz 1 stehen oder seiner Wirksamkeit schaden.

Artikel 29 (ex-Artikel 15 EUV)

Der Rat erlässt Beschlüsse, in denen der Standpunkt der Union zu einer bestimmten Frage geografischer oder thematischer Art bestimmt wird. Die Mitgliedstaaten tragen dafür Sorge, dass ihre einzelstaatliche Politik mit den Standpunkten der Union in Einklang steht.

Artikel 30 (ex-Artikel 22 EUV)

(1) Jeder Mitgliedstaat, der Hohe Vertreter der Union für Außen- und Sicherheitspolitik oder der Hohe Vertreter mit Unterstützung der Kommission kann den Rat mit einer Frage der Gemeinsamen Außen- und Sicherheitspolitik befassen und ihm Initiativen beziehungsweise Vorschläge unterbreiten.

(2) In den Fällen, in denen eine rasche Entscheidung notwendig ist, beruft der Hohe Vertreter von sich aus oder auf Antrag eines Mitgliedstaats innerhalb von 48 Stunden, bei absoluter Notwendigkeit in kürzerer Zeit, eine außerordentliche Tagung des Rates ein.

Artikel 31 (ex-Artikel 23 EUV)

(1) Beschlüsse nach diesem Kapitel werden vom Europäischen Rat und vom Rat einstimmig gefasst, soweit in diesem Kapitel nichts anderes festgelegt ist. Der Erlass von Gesetzgebungsakten ist ausgeschlossen.

Bei einer Stimmenthaltung kann jedes Ratsmitglied zu seiner Enthaltung eine förmliche Erklärung im Sinne dieses Unterabsatzes abgeben. In diesem Fall ist es nicht verpflichtet, den Beschluss durchzuführen, akzeptiert jedoch, dass der Beschluss für die Union bindend ist. Im Geiste gegenseitiger Solidarität unterlässt der betreffende Mitgliedstaat alles, was dem auf diesem Beschluss beruhenden Vorgehen der Union zuwiderlaufen oder es behindern könnte, und die anderen Mitgliedstaaten respektieren seinen Standpunkt. Vertreten die Mitglieder des Rates, die bei ihrer Stimmenthaltung eine solche Erklärung abgeben, mindestens ein Drittel der Mitgliedstaaten, die mindestens ein Drittel der Unionsbevölkerung ausmachen, so wird der Beschluss nicht erlassen.

(2) Abweichend von Absatz 1 beschließt der Rat mit qualifizierter Mehrheit, wenn er

- auf der Grundlage eines Beschlusses des Europäischen Rates über die strategischen Interessen und Ziele der Union nach Artikel 22 Absatz 1 einen Beschluss erlässt, mit dem eine Aktion oder ein Standpunkt der Union festgelegt wird;
- auf einen Vorschlag hin, den ihm der Hohe Vertreter der Union für Außen- und Sicherheitspolitik auf spezielles Ersuchen des Europäischen Rates unterbreitet hat, das auf dessen eigene Initiative oder auf eine Initiative des Hohen Vertreters zurückgeht, einen Beschluss erlässt, mit dem eine Aktion oder ein Standpunkt der Union festgelegt wird;
- einen Beschluss zur Durchführung eines Beschlusses, mit dem eine Aktion oder ein Standpunkt der Union festgelegt wird, erlässt,
- nach Artikel 33 einen Sonderbeauftragten ernennt.

Erklärt ein Mitglied des Rates, dass es aus wesentlichen Gründen der nationalen Politik, die es auch nennen muss, die Absicht hat, einen mit qualifizierter Mehrheit zu fassenden Beschluss abzulehnen, so erfolgt keine Abstimmung. Der Hohe Vertreter bemüht sich in engem Benehmen mit dem betroffenen Mitgliedstaat um eine für diesen Mitgliedstaat annehmbare Lösung. Gelingt dies nicht, so kann der Rat mit qualifizierter Mehrheit veranlassen, dass die Frage im Hinblick auf einen einstimmigen Beschluss an den Europäischen Rat verwiesen wird.

(3) Der Europäische Rat kann einstimmig einen Beschluss erlassen, in dem vorgesehen ist, dass der Rat in anderen als den in Absatz 2 genannten Fällen mit qualifizierter Mehrheit beschließt.

(4) Die Absätze 2 und 3 gelten nicht für Beschlüsse mit militärischen oder verteidigungspolitischen Bezügen.

(5) In Verfahrensfragen beschließt der Rat mit der Mehrheit seiner Mitglieder.

Artikel 32 (ex-Artikel 16 EUV)

Die Mitgliedstaaten stimmen sich im Europäischen Rat und im Rat zu jeder außen- und sicherheitspolitischen Frage von allgemeiner Bedeutung ab, um ein gemeinsames Vorgehen festzulegen. Bevor ein Mitgliedstaat in einer Weise, die die Interessen der Union berühren könnte, auf internationaler Ebene tätig wird oder eine Verpflichtung eingeht, konsultiert er die anderen Mitgliedstaaten im Europäischen Rat oder im Rat. Die Mitgliedstaaten gewährleisten durch konvergentes Handeln, dass die Union ihre Interessen und ihre Werte auf internationaler Ebene geltend machen kann. Die Mitgliedstaaten sind untereinander solidarisch.

Hat der Europäische Rat oder der Rat ein gemeinsames Vorgehen der Union im Sinne des Absatzes 1 festgelegt, so koordinieren der Hohe Vertreter der Union für Außen- und Sicherheitspolitik und die Minister für auswärtige Angelegenheiten der Mitgliedstaaten ihre Tätigkeiten im Rat.

Die diplomatischen Vertretungen der Mitgliedstaaten und die Delegationen der Union in Drittländern und bei internationalen Organisationen arbeiten zusammen und tragen zur Festlegung und Durchführung des gemeinsamen Vorgehens bei.

Artikel 33 (ex-Artikel 18 EUV)

Der Rat kann auf Vorschlag des Hohen Vertreters der Union für Außen- und Sicherheitspolitik einen Sonderbeauftragten für besondere politische Fragen ernennen. Der Sonderbeauftragte übt sein Mandat unter der Verantwortung des Hohen Vertreters aus.

Artikel 34 (ex-Artikel 19 EUV)

(1) Die Mitgliedstaaten koordinieren ihr Handeln in internationalen Organisationen und auf internationalen Konferenzen. Sie treten dort für die Standpunkte der Union ein. Der Hohe Vertreter der Union für Außen- und Sicherheitspolitik trägt für die Organisation dieser Koordinierung Sorge.

In den internationalen Organisationen und auf internationalen Konferenzen, bei denen nicht alle Mitgliedstaaten vertreten sind, setzen sich die dort vertretenen Mitgliedstaaten für die Standpunkte der Union ein.

(2) Nach Artikel 24 Absatz 3 unterrichten die Mitgliedstaaten, die in internationalen Organisationen oder auf internationalen Konferenzen vertreten sind, die dort nicht vertretenen Mitgliedstaaten und den Hohen Vertreter laufend über alle Fragen von gemeinsamem Interesse.

Die Mitgliedstaaten, die auch Mitglieder des Sicherheitsrats der Vereinten Nationen sind, stimmen sich ab und unterrichten die übrigen Mitgliedstaaten sowie den Hohen Vertreter in vollem Umfang. Die Mitgliedstaaten, die Mitglieder des Sicherheitsrats sind, setzen sich bei der Wahrnehmung ihrer Aufgaben unbeschadet ihrer Verantwortlichkeiten aufgrund der Charta der Vereinten Nationen für die Standpunkte und Interessen der Union ein.

Wenn die Union einen Standpunkt zu einem Thema festgelegt hat, das auf der Tagesordnung des Sicherheitsrats der Vereinten Nationen steht, beantragen die dort vertretenen Mitgliedstaaten, dass der Hohe Vertreter gebeten wird, den Standpunkt der Union vorzutragen.

Artikel 35 (ex-Artikel 20 EUV)

Die diplomatischen und konsularischen Vertretungen der Mitgliedstaaten und die Delegationen der Union in dritten Ländern und auf internationalen Konferenzen sowie ihre Vertretungen bei internationalen Organisationen stimmen sich ab, um die Einhaltung und Durchführung der nach diesem Kapitel erlassenen Beschlüsse, mit denen Standpunkte und Aktionen der Union festgelegt werden, zu gewährleisten.

Sie intensivieren ihre Zusammenarbeit durch Informationsaustausch und gemeinsame Bewertungen.

Sie tragen zur Verwirklichung des in Artikel 20 Absatz 2 Buchstabe c des Vertrags über die Arbeitsweise der Europäischen Union genannten Rechts der Unionsbürgerinnen und Unionsbürger auf Schutz im Hoheitsgebiet von Drittländern und zur Durchführung der nach Artikel 23 des genannten Vertrags erlassenen Maßnahmen bei.

Artikel 36 (ex-Artikel 21 EUV)

Der Hohe Vertreter der Union für Außen- und Sicherheitspolitik hört das Europäische Parlament regelmäßig zu den wichtigsten Aspekten und den grundlegenden Weichenstellungen der Gemeinsamen Außen- und Sicherheitspolitik und der Gemeinsamen Sicherheits- und Verteidigungspolitik und unterrichtet es über die Entwicklung der Politik in diesen Bereichen. Er achtet darauf, dass die Auffassungen des Europäischen Parlaments gebührend berücksichtigt werden. Die Sonderbeauftragten können zur Unterrichtung des Europäischen Parlaments mit herangezogen werden.

Das Europäische Parlament kann Anfragen oder Empfehlungen an den Rat und den Hohen Vertreter richten. Zweimal jährlich führt es eine Aussprache über die Fortschritte bei der Durchführung der Gemeinsamen Außen- und Sicherheitspolitik, einschließlich der Gemeinsamen Sicherheits- und Verteidigungspolitik.

Artikel 37 (ex-Artikel 24 EUV)

Die Union kann in den unter dieses Kapitel fallenden Bereichen Übereinkünfte mit einem oder mehreren Staaten oder internationalen Organisationen schließen.

Artikel 38 (ex-Artikel 25 EUV)

Unbeschadet des Artikels 240 des Vertrags über die Arbeitsweise der Europäischen Union verfolgt ein Politisches und Sicherheitspolitisches Komitee die internationale Lage in den Bereichen der Gemeinsamen Außen- und Sicherheitspolitik und trägt auf Ersuchen des Rates, des Hohen Vertreters der Union für Außen- und Sicherheitspolitik oder von sich aus durch an den Rat gerichtete Stellungnahmen zur Festlegung der Politiken bei. Ferner überwacht es die Durchführung vereinbarter Politiken; dies gilt unbeschadet der Zuständigkeiten des Hohen Vertreters.

Im Rahmen dieses Kapitels nimmt das Politische und Sicherheitspolitische Komitee unter der Verantwortung des Rates und des Hohen Vertreters die politische Kontrolle und strategische Leitung von Krisenbewältigungsoperationen im Sinne des Artikels 43 wahr.

Der Rat kann das Komitee für den Zweck und die Dauer einer Operation zur Krisenbewältigung, die vom Rat festgelegt werden, ermächtigen, geeignete Beschlüsse hinsichtlich der politischen Kontrolle und strategischen Leitung der Operation zu fassen.

Artikel 39

Gemäß Artikel 16 des Vertrags über die Arbeitsweise der Europäischen Union und abweichend von Absatz 2 des genannten Artikels erlässt der Rat einen Beschluss zur Festlegung von Vorschriften über den Schutz natürlicher Personen bei der Verarbeitung personenbezogener Daten durch die Mitgliedstaaten im Rahmen der Ausübung von Tätigkeiten, die in den Anwendungsbereich dieses Kapitels fallen, und über den freien Datenverkehr. Die Einhaltung dieser Vorschriften wird von unabhängigen Behörden überwacht.

Artikel 40 (ex-Artikel 47 EUV)

Die Durchführung der Gemeinsamen Außen- und Sicherheitspolitik lässt die Anwendung der Verfahren und den jeweiligen Umfang der Befugnisse der Organe, die in den Verträgen für die

Ausübung der in den Artikeln 3 bis 6 des Vertrags über die Arbeitsweise der Europäischen Union aufgeführten Zuständigkeiten der Union vorgesehen sind, unberührt.

Ebenso lässt die Durchführung der Politik nach den genannten Artikeln die Anwendung der Verfahren und den jeweiligen Umfang der Befugnisse der Organe, die in den Verträgen für die Ausübung der Zuständigkeiten der Union nach diesem Kapitel vorgesehen sind, unberührt.

Artikel 41 (ex-Artikel 28 EUV)

(1) Die Verwaltungsausgaben, die den Organen aus der Durchführung dieses Kapitels entstehen, gehen zulasten des Haushalts der Union.

(2) Die operativen Ausgaben im Zusammenhang mit der Durchführung dieses Kapitels gehen ebenfalls zulasten des Haushalts der Union, mit Ausnahme der Ausgaben aufgrund von Maßnahmen mit militärischen oder verteidigungspolitischen Bezügen und von Fällen, in denen der Rat einstimmig etwas anderes beschließt.

In Fällen, in denen die Ausgaben nicht zulasten des Haushalts der Union gehen, gehen sie nach dem Bruttosozialprodukt-Schlüssel zulasten der Mitgliedstaaten, sofern der Rat nicht einstimmig etwas anderes beschließt. Die Mitgliedstaaten, deren Vertreter im Rat eine förmliche Erklärung nach Artikel 31 Absatz 1 Unterabsatz 2 abgegeben haben, sind nicht verpflichtet, zur Finanzierung von Ausgaben für Maßnahmen mit militärischen oder verteidigungspolitischen Bezügen beizutragen.

(3) Der Rat erlässt einen Beschluss zur Festlegung besonderer Verfahren, um den schnellen Zugriff auf die Haushaltsmittel der Union zu gewährleisten, die für die Sofortfinanzierung von Initiativen im Rahmen der Gemeinsamen Außen- und Sicherheitspolitik, insbesondere von Tätigkeiten zur Vorbereitung einer Mission nach Artikel 42 Absatz 1 und Artikel 43 bestimmt sind. Er beschließt nach Anhörung des Europäischen Parlaments.

Die Tätigkeiten zur Vorbereitung der in Artikel 42 Absatz 1 und in Artikel 43 genannten Missionen, die nicht zulasten des Haushalts der Union gehen, werden aus einem aus Beiträgen der Mitgliedstaaten gebildeten Anschubfonds finanziert.

Der Rat erlässt mit qualifizierter Mehrheit auf Vorschlag des Hohen Vertreters der Union für Außen- und Sicherheitspolitik die Beschlüsse über

a) die Einzelheiten für die Bildung und die Finanzierung des Anschubfonds, insbesondere die Höhe der Mittelzuweisungen für den Fonds;
b) die Einzelheiten für die Verwaltung des Anschubfonds;
c) die Einzelheiten für die Finanzkontrolle.

Kann die geplante Mission nach Artikel 42 Absatz 1 und Artikel 43 nicht aus dem Haushalt der Union finanziert werden, so ermächtigt der Rat den Hohen Vertreter zur Inanspruchnahme dieses Fonds. Der Hohe Vertreter erstattet dem Rat Bericht über die Erfüllung dieses Mandats.

Abschnitt 2: Bestimmungen über die Gemeinsame Sicherheits- und Verteidigungspolitik

Artikel 42 (ex-Artikel 17 EUV)

(1) Die Gemeinsame Sicherheits- und Verteidigungspolitik ist integraler Bestandteil der Gemeinsamen Außen- und Sicherheitspolitik. Sie sichert der Union eine auf zivile und militärische Mittel gestützte Operationsfähigkeit. Auf diese kann die Union bei Missionen außerhalb der Union zur Friedenssicherung, Konfliktverhütung und Stärkung der internationalen Sicherheit in Übereinstimmung mit den Grundsätzen der Charta der Vereinten Nationen zurückgreifen. Sie erfüllt diese Aufgaben mit Hilfe der Fähigkeiten, die von den Mitgliedstaaten bereitgestellt werden.

(2) Die Gemeinsame Sicherheits- und Verteidigungspolitik umfasst die schrittweise Festlegung einer gemeinsamen Verteidigungspolitik der Union. Diese führt zu einer gemeinsamen

Verteidigung, sobald der Europäische Rat dies einstimmig beschlossen hat. Er empfiehlt in diesem Fall den Mitgliedstaaten, einen Beschluss in diesem Sinne im Einklang mit ihren verfassungsrechtlichen Vorschriften zu erlassen.

Die Politik der Union nach diesem Abschnitt berührt nicht den besonderen Charakter der Sicherheits- und Verteidigungspolitik bestimmter Mitgliedstaaten; sie achtet die Verpflichtungen einiger Mitgliedstaaten, die ihre gemeinsame Verteidigung in der Nordatlantikvertrags-Organisation (NATO) verwirklicht sehen, aus dem Nordatlantikvertrag und ist vereinbar mit der in jenem Rahmen festgelegten gemeinsamen Sicherheits- und Verteidigungspolitik.

(3) Die Mitgliedstaaten stellen der Union für die Umsetzung der Gemeinsamen Sicherheits- und Verteidigungspolitik zivile und militärische Fähigkeiten als Beitrag zur Verwirklichung der vom Rat festgelegten Ziele zur Verfügung. Die Mitgliedstaaten, die zusammen multinationale Streitkräfte aufstellen, können diese auch für die Gemeinsame Sicherheits- und Verteidigungspolitik zur Verfügung stellen.

Die Mitgliedstaaten verpflichten sich, ihre militärischen Fähigkeiten schrittweise zu verbessern. Die Agentur für die Bereiche Entwicklung der Verteidigungsfähigkeiten, Forschung, Beschaffung und Rüstung (im Folgenden „Europäische Verteidigungsagentur") ermittelt den operativen Bedarf und fördert Maßnahmen zur Bedarfsdeckung, trägt zur Ermittlung von Maßnahmen zur Stärkung der industriellen und technologischen Basis des Verteidigungssektors bei und führt diese Maßnahmen gegebenenfalls durch, beteiligt sich an der Festlegung einer europäischen Politik im Bereich der Fähigkeiten und der Rüstung und unterstützt den Rat bei der Beurteilung der Verbesserung der militärischen Fähigkeiten.

(4) Beschlüsse zur Gemeinsamen Sicherheits- und Verteidigungspolitik, einschließlich der Beschlüsse über die Einleitung einer Mission nach diesem Artikel, werden vom Rat einstimmig auf Vorschlag des Hohen Vertreters der Union für Außen- und Sicherheitspolitik oder auf Initiative eines Mitgliedstaats erlassen. Der Hohe Vertreter kann gegebenenfalls gemeinsam mit der Kommission den Rückgriff auf einzelstaatliche Mittel sowie auf Instrumente der Union vorschlagen.

(5) Der Rat kann zur Wahrung der Werte der Union und im Dienste ihrer Interessen eine Gruppe von Mitgliedstaaten mit der Durchführung einer Mission im Rahmen der Union beauftragen. Die Durchführung einer solchen Mission fällt unter Artikel 44.

(6) Die Mitgliedstaaten, die anspruchsvollere Kriterien in Bezug auf die militärischen Fähigkeiten erfüllen und die im Hinblick auf Missionen mit höchsten Anforderungen untereinander weiter gehende Verpflichtungen eingegangen sind, begründen eine Ständige Strukturierte Zusammenarbeit im Rahmen der Union. Diese Zusammenarbeit erfolgt nach Maßgabe von Artikel 46. Sie berührt nicht die Bestimmungen des Artikels 43.

(7) Im Falle eines bewaffneten Angriffs auf das Hoheitsgebiet eines Mitgliedstaats schulden die anderen Mitgliedstaaten ihm alle in ihrer Macht stehende Hilfe und Unterstützung, im Einklang mit Artikel 51 der Charta der Vereinten Nationen. Dies lässt den besonderen Charakter der Sicherheits- und Verteidigungspolitik bestimmter Mitgliedstaaten unberührt.

Die Verpflichtungen und die Zusammenarbeit in diesem Bereich bleiben im Einklang mit den im Rahmen der Nordatlantikvertrags-Organisation eingegangenen Verpflichtungen, die für die ihr angehörenden Staaten weiterhin das Fundament ihrer kollektiven Verteidigung und das Instrument für deren Verwirklichung ist.

Artikel 43

(1) Die in Artikel 42 Absatz 1 vorgesehenen Missionen, bei deren Durchführung die Union auf zivile und militärische Mittel zurückgreifen kann, umfassen gemeinsame Abrüstungsmaßnahmen, humanitäre Aufgaben und Rettungseinsätze, Aufgaben der militärischen Beratung und Unterstützung, Aufgaben der Konfliktverhütung und der Erhaltung des Friedens sowie Kampfeinsätze im Rahmen der Krisenbewältigung einschließlich Frieden schaffender Maßnahmen und Operationen zur Stabilisierung der Lage nach Konflikten. Mit allen diesen Missionen kann

zur Bekämpfung des Terrorismus beigetragen werden, unter anderem auch durch die Unterstützung für Drittländer bei der Bekämpfung des Terrorismus in ihrem Hoheitsgebiet.

(2) Der Rat erlässt die Beschlüsse über Missionen nach Absatz 1; in den Beschlüssen sind Ziel und Umfang der Missionen sowie die für sie geltenden allgemeinen Durchführungsbestimmungen festgelegt. Der Hohe Vertreter der Union für Außen- und Sicherheitspolitik sorgt unter Aufsicht des Rates und in engem und ständigem Benehmen mit dem Politischen und Sicherheitspolitischen Komitee für die Koordinierung der zivilen und militärischen Aspekte dieser Missionen.

Artikel 44

(1) Im Rahmen der nach Artikel 43 erlassenen Beschlüsse kann der Rat die Durchführung einer Mission einer Gruppe von Mitgliedstaaten übertragen, die dies wünschen und über die für eine derartige Mission erforderlichen Fähigkeiten verfügen. Die betreffenden Mitgliedstaaten vereinbaren in Absprache mit dem Hohen Vertreter der Union für Außen- und Sicherheitspolitik untereinander die Ausführung der Mission.

(2) Die an der Durchführung der Mission teilnehmenden Mitgliedstaaten unterrichten den Rat von sich aus oder auf Antrag eines anderen Mitgliedstaats regelmäßig über den Stand der Mission. Die teilnehmenden Mitgliedstaaten befassen den Rat sofort, wenn sich aus der Durchführung der Mission schwerwiegende Konsequenzen ergeben oder das Ziel der Mission, ihr Umfang oder die für sie geltenden Regelungen, wie sie in den in Absatz 1 genannten Beschlüssen festgelegt sind, geändert werden müssen. Der Rat erlässt in diesen Fällen die erforderlichen Beschlüsse.

Artikel 45

(1) Aufgabe der in Artikel 42 Absatz 3 genannten, dem Rat unterstellten Europäischen Verteidigungsagentur ist es,

a) bei der Ermittlung der Ziele im Bereich der militärischen Fähigkeiten der Mitgliedstaaten und der Beurteilung, ob die von den Mitgliedstaaten in Bezug auf diese Fähigkeiten eingegangenen Verpflichtungen erfüllt wurden, mitzuwirken;
b) auf eine Harmonisierung des operativen Bedarfs sowie die Festlegung effizienter und kompatibler Beschaffungsverfahren hinzuwirken;
c) multilaterale Projekte zur Erfüllung der Ziele im Bereich der militärischen Fähigkeiten vorzuschlagen und für die Koordinierung der von den Mitgliedstaaten durchgeführten Programme sowie die Verwaltung spezifischer Kooperationsprogramme zu sorgen;
d) die Forschung auf dem Gebiet der Verteidigungstechnologie zu unterstützen, gemeinsame Forschungsaktivitäten sowie Studien zu technischen Lösungen, die dem künftigen operativen Bedarf gerecht werden, zu koordinieren und zu planen;
e) dazu beizutragen, dass zweckdienliche Maßnahmen zur Stärkung der industriellen und technologischen Basis des Verteidigungssektors und für einen wirkungsvolleren Einsatz der Verteidigungsausgaben ermittelt werden, und diese Maßnahmen gegebenenfalls durchzuführen.

(2) Alle Mitgliedstaaten können auf Wunsch an der Arbeit der Europäischen Verteidigungsagentur teilnehmen. Der Rat erlässt mit qualifizierter Mehrheit einen Beschluss, in dem die Rechtsstellung, der Sitz und die Funktionsweise der Agentur festgelegt werden. Dieser Beschluss trägt dem Umfang der effektiven Beteiligung an den Tätigkeiten der Agentur Rechnung. Innerhalb der Agentur werden spezielle Gruppen gebildet, in denen Mitgliedstaaten zusammenkommen, die gemeinsame Projekte durchführen. Die Agentur versieht ihre Aufgaben erforderlichenfalls in Verbindung mit der Kommission.

Artikel 46

(1) Die Mitgliedstaaten, die sich an der Ständigen Strukturierten Zusammenarbeit im Sinne des Artikels 42 Absatz 6 beteiligen möchten und hinsichtlich der militärischen Fähigkeiten die Kriterien erfüllen und die Verpflichtungen eingehen, die in dem Protokoll über die Ständige Strukturierte Zusammenarbeit enthalten sind, teilen dem Rat und dem Hohen Vertreter der Union für Außen- und Sicherheitspolitik ihre Absicht mit.

(2) Der Rat erlässt binnen drei Monaten nach der in Absatz 1 genannten Mitteilung einen Beschluss über die Begründung der Ständigen Strukturierten Zusammenarbeit und über die Liste der daran teilnehmenden Mitgliedstaaten. Der Rat beschließt nach Anhörung des Hohen Vertreters mit qualifizierter Mehrheit.

(3) Jeder Mitgliedstaat, der sich zu einem späteren Zeitpunkt an der Ständigen Strukturierten Zusammenarbeit beteiligen möchte, teilt dem Rat und dem Hohen Vertreter seine Absicht mit.

Der Rat erlässt einen Beschluss, in dem die Teilnahme des betreffenden Mitgliedstaats, der die Kriterien und Verpflichtungen nach den Artikeln 1 und 2 des Protokolls über die Ständige Strukturierte Zusammenarbeit erfüllt beziehungsweise eingeht, bestätigt wird. Der Rat beschließt mit qualifizierter Mehrheit nach Anhörung des Hohen Vertreters. Nur die Mitglieder des Rates, die die teilnehmenden Mitgliedstaaten vertreten, sind stimmberechtigt.

Die qualifizierte Mehrheit bestimmt sich nach Artikel 238 Absatz 3 Buchstabe a des Vertrags über die Arbeitsweise der Europäischen Union.

(4) Erfüllt ein teilnehmender Mitgliedstaat die Kriterien nach den Artikeln 1 und 2 des Protokolls über die Ständige Strukturierte Zusammenarbeit nicht mehr oder kann er den darin genannten Verpflichtungen nicht mehr nachkommen, so kann der Rat einen Beschluss erlassen, durch den die Teilnahme dieses Staates ausgesetzt wird.

Der Rat beschließt mit qualifizierter Mehrheit. Nur die Mitglieder des Rates, die die teilnehmenden Mitgliedstaaten mit Ausnahme des betroffenen Mitgliedstaats vertreten, sind stimmberechtigt.

Die qualifizierte Mehrheit bestimmt sich nach Artikel 238 Absatz 3 Buchstabe a des Vertrags über die Arbeitsweise der Europäischen Union.

(5) Wünscht ein teilnehmender Mitgliedstaat, von der Ständigen Strukturierten Zusammenarbeit Abstand zu nehmen, so teilt er seine Entscheidung dem Rat mit, der zur Kenntnis nimmt, dass die Teilnahme des betreffenden Mitgliedstaats beendet ist.

(6) Mit Ausnahme der Beschlüsse nach den Absätzen 2 bis 5 erlässt der Rat die Beschlüsse und Empfehlungen im Rahmen der Ständigen Strukturierten Zusammenarbeit einstimmig. Für die Zwecke dieses Absatzes bezieht sich die Einstimmigkeit allein auf die Stimmen der Vertreter der an der Zusammenarbeit teilnehmenden Mitgliedstaaten.

Titel VI: Schlussbestimmungen

Artikel 47

Die Union besitzt Rechtspersönlichkeit.

Artikel 48 (ex-Artikel 48 EUV)

(1) Die Verträge können gemäß dem ordentlichen Änderungsverfahren geändert werden. Sie können ebenfalls nach vereinfachten Änderungsverfahren geändert werden.

Ordentliches Änderungsverfahren

(2) Die Regierung jedes Mitgliedstaats, das Europäische Parlament oder die Kommission kann dem Rat Entwürfe zur Änderung der Verträge vorlegen. Diese Entwürfe können unter anderem eine Ausdehnung oder Verringerung der der Union in den Verträgen übertragenen Zuständigkeiten zum Ziel haben. Diese Entwürfe werden vom Rat dem Europäischen Rat übermittelt und den nationalen Parlamenten zur Kenntnis gebracht.

(3) Beschließt der Europäische Rat nach Anhörung des Europäischen Parlaments und der Kommission mit einfacher Mehrheit die Prüfung der vorgeschlagenen Änderungen, so beruft der Präsident des Europäischen Rates einen Konvent von Vertretern der nationalen Parlamente, der Staats- und Regierungschefs der Mitgliedstaaten, des Europäischen Parlaments und der Kommission ein. Bei institutionellen Änderungen im Währungsbereich wird auch die Europäische Zentralbank gehört. Der Konvent prüft die Änderungsentwürfe und nimmt im Konsensverfahren eine Empfehlung an, die an eine Konferenz der Vertreter der Regierungen der Mitgliedstaaten nach Absatz 4 gerichtet ist.

Der Europäische Rat kann mit einfacher Mehrheit nach Zustimmung des Europäischen Parlaments beschließen, keinen Konvent einzuberufen, wenn seine Einberufung aufgrund des Umfangs der geplanten Änderungen nicht gerechtfertigt ist. In diesem Fall legt der Europäische Rat das Mandat für eine Konferenz der Vertreter der Regierungen der Mitgliedstaaten fest.

(4) Eine Konferenz der Vertreter der Regierungen der Mitgliedstaaten wird vom Präsidenten des Rates einberufen, um die an den Verträgen vorzunehmenden Änderungen zu vereinbaren.

Die Änderungen treten in Kraft, nachdem sie von allen Mitgliedstaaten nach Maßgabe ihrer verfassungsrechtlichen Vorschriften ratifiziert worden sind.

(5) Haben nach Ablauf von zwei Jahren nach der Unterzeichnung eines Vertrags zur Änderung der Verträge vier Fünftel der Mitgliedstaaten den genannten Vertrag ratifiziert und sind in einem Mitgliedstaat oder mehreren Mitgliedstaaten Schwierigkeiten bei der Ratifikation aufgetreten, so befasst sich der Europäische Rat mit der Frage.

Vereinfachte Änderungsverfahren

(6) Die Regierung jedes Mitgliedstaats, das Europäische Parlament oder die Kommission kann dem Europäischen Rat Entwürfe zur Änderung aller oder eines Teils der Bestimmungen des Dritten Teils des Vertrags über die Arbeitsweise der Europäischen Union über die internen Politikbereiche der Union vorlegen.

Der Europäische Rat kann einen Beschluss zur Änderung aller oder eines Teils der Bestimmungen des Dritten Teils des Vertrags über die Arbeitsweise der Europäischen Union erlassen. Der Europäische Rat beschließt einstimmig nach Anhörung des Europäischen Parlaments und der Kommission sowie, bei institutionellen Änderungen im Währungsbereich, der Europäischen Zentralbank. Dieser Beschluss tritt erst nach Zustimmung der Mitgliedstaaten im Einklang mit ihren jeweiligen verfassungsrechtlichen Vorschriften in Kraft.

Der Beschluss nach Unterabsatz 2 darf nicht zu einer Ausdehnung der der Union im Rahmen der Verträge übertragenen Zuständigkeiten führen.

(7) In Fällen, in denen der Rat nach Maßgabe des Vertrags über die Arbeitsweise der Europäischen Union oder des Titels V dieses Vertrags in einem Bereich oder in einem bestimmten Fall einstimmig beschließt, kann der Europäische Rat einen Beschluss erlassen, wonach der Rat in diesem Bereich oder in diesem Fall mit qualifizierter Mehrheit beschließen kann. Dieser Unterabsatz gilt nicht für Beschlüsse mit militärischen oder verteidigungspolitischen Bezügen.

In Fällen, in denen nach Maßgabe des Vertrags über die Arbeitsweise der Europäischen Union Gesetzgebungsakte vom Rat gemäß einem besonderen Gesetzgebungsverfahren erlassen werden müssen, kann der Europäische Rat einen Beschluss erlassen, wonach die Gesetzgebungsakte gemäß dem ordentlichen Gesetzgebungsverfahren erlassen werden können.

Jede vom Europäischen Rat auf der Grundlage von Unterabsatz 1 oder Unterabsatz 2 ergriffene Initiative wird den nationalen Parlamenten übermittelt. Wird dieser Vorschlag innerhalb von sechs Monaten nach der Übermittlung von einem nationalen Parlament abgelehnt, so wird der Beschluss nach Unterabsatz 1 oder Unterabsatz 2 nicht erlassen. Wird die Initiative nicht abgelehnt, so kann der Europäische Rat den Beschluss erlassen.

Der Europäische Rat erlässt die Beschlüsse nach den Unterabsätzen 1 oder 2 einstimmig nach Zustimmung des Europäischen Parlaments, das mit der Mehrheit seiner Mitglieder beschließt.

Artikel 49 (ex-Artikel 49 EUV)

Jeder europäische Staat, der die in Artikel 2 genannten Werte achtet und sich für ihre Förderung einsetzt, kann beantragen, Mitglied der Union zu werden. Das Europäische Parlament und die nationalen Parlamente werden über diesen Antrag unterrichtet. Der antragstellende Staat richtet seinen Antrag an den Rat; dieser beschließt einstimmig nach Anhörung der Kommission und nach Zustimmung des Europäischen Parlaments, das mit der Mehrheit seiner Mitglieder beschließt. Die vom Europäischen Rat vereinbarten Kriterien werden berücksichtigt.

Die Aufnahmebedingungen und die durch eine Aufnahme erforderlich werdenden Anpassungen der Verträge, auf denen die Union beruht, werden durch ein Abkommen zwischen den Mitgliedstaaten und dem antragstellenden Staat geregelt. Das Abkommen bedarf der Ratifikation durch alle Vertragsstaaten gemäß ihren verfassungsrechtlichen Vorschriften.

Artikel 50

(1) Jeder Mitgliedstaat kann im Einklang mit seinen verfassungsrechtlichen Vorschriften beschließen, aus der Union auszutreten.

(2) Ein Mitgliedstaat, der auszutreten beschließt, teilt dem Europäischen Rat seine Absicht mit. Auf der Grundlage der Leitlinien des Europäischen Rates handelt die Union mit diesem Staat ein Abkommen über die Einzelheiten des Austritts aus und schließt das Abkommen, wobei der Rahmen für die künftigen Beziehungen dieses Staates zur Union berücksichtigt wird. Das Abkommen wird nach Artikel 218 Absatz 3 des Vertrags über die Arbeitsweise der Europäischen Union ausgehandelt. Es wird vom Rat im Namen der Union geschlossen; der Rat beschließt mit qualifizierter Mehrheit nach Zustimmung des Europäischen Parlaments.

(3) Die Verträge finden auf den betroffenen Staat ab dem Tag des Inkrafttretens des Austrittsabkommens oder andernfalls zwei Jahre nach der in Absatz 2 genannten Mitteilung keine Anwendung mehr, es sei denn, der Europäische Rat beschließt im Einvernehmen mit dem betroffenen Mitgliedstaat einstimmig, diese Frist zu verlängern.

(4) Für die Zwecke der Absätze 2 und 3 nimmt das Mitglied des Europäischen Rates und des Rates, das den austretenden Mitgliedstaat vertritt, weder an den diesen Mitgliedstaat betreffenden Beratungen noch an der entsprechenden Beschlussfassung des Europäischen Rates oder des Rates teil.

Die qualifizierte Mehrheit bestimmt sich nach Artikel 238 Absatz 3 Buchstabe b des Vertrags über die Arbeitsweise der Europäischen Union.

(5) Ein Staat, der aus der Union ausgetreten ist und erneut Mitglied werden möchte, muss dies nach dem Verfahren des Artikels 49 beantragen.

Artikel 51

Die Protokolle und Anhänge der Verträge sind Bestandteil der Verträge.

Artikel 52

(1) Die Verträge gelten für das Königreich Belgien, die Republik Bulgarien, die Tschechische Republik, das Königreich Dänemark, die Bundesrepublik Deutschland, die Republik Estland, Irland, die Hellenische Republik, das Königreich Spanien, die Französische Republik, die Republik Kroatien, die Italienische Republik, die Republik Zypern, die Republik Lettland, die Republik Litauen, das Großherzogtum Luxemburg, die Republik Ungarn, die Republik Malta, das Königreich der Niederlande, die Republik Österreich, die Republik Polen, die Portugiesische Republik, Rumänien, die Republik Slowenien, die Slowakische Republik, die Republik Finnland, das Königreich Schweden und das Vereinigte Königreich Großbritannien und Nordirland.

(2) Der räumliche Geltungsbereich der Verträge wird in Artikel 355 des Vertrags über die Arbeitsweise der Europäischen Union im Einzelnen angegeben.

Artikel 53 (ex-Artikel 51 EUV)

Dieser Vertrag gilt auf unbegrenzte Zeit.

Artikel 54 (ex-Artikel 52 EUV)

(1) Dieser Vertrag bedarf der Ratifikation durch die Hohen Vertragsparteien gemäß ihren verfassungsrechtlichen Vorschriften. Die Ratifikationsurkunden werden bei der Regierung der Italienischen Republik hinterlegt.

(2) Dieser Vertrag tritt am 1. Januar 1993 in Kraft, sofern alle Ratifikationsurkunden hinterlegt worden sind, oder andernfalls am ersten Tag des auf die Hinterlegung der letzten Ratifikationsurkunde folgenden Monats.

Artikel 55 (ex-Artikel 53 EUV)

(1) Dieser Vertrag ist in einer Urschrift in bulgarischer, dänischer, deutscher, englischer, estnischer, finnischer, französischer, griechischer, irischer, italienischer, kroatischer, lettischer, litauischer, maltesischer, niederländischer, polnischer, portugiesischer, rumänischer, schwedischer, slowakischer, slowenischer, spanischer, tschechischer und ungarischer Sprache abgefasst, wobei jeder Wortlaut gleichermaßen verbindlich ist; er wird im Archiv der Regierung der Italienischen Republik hinterlegt; diese übermittelt der Regierung jedes anderen Unterzeichnerstaats eine beglaubigte Abschrift.

(2) Dieser Vertrag kann ferner in jede andere von den Mitgliedstaaten bestimmte Sprache übersetzt werden, sofern diese Sprache nach der Verfassungsordnung des jeweiligen Mitgliedstaats in dessen gesamtem Hoheitsgebiet oder in Teilen davon Amtssprache ist. Die betreffenden Mitgliedstaaten stellen eine beglaubigte Abschrift dieser Übersetzungen zur Verfügung, die in den Archiven des Rates hinterlegt wird.

ZU URKUND DESSEN haben die unterzeichneten Bevollmächtigten ihre Unterschriften unter diesen Vertrag gesetzt.

Geschehen zu Maastricht am siebten Februar neunzehnhundertzweiundneunzig.

(Aufzählung der Unterzeichner nicht wiedergegeben)

V. Charta der Grundrechte der Europäischen Union (EU-Charta)

v. 7.6.2016 (ABl EU Nr. C 202 S. 389)

Präambel

Die Völker Europas sind entschlossen, auf der Grundlage gemeinsamer Werte eine friedliche Zukunft zu teilen, indem sie sich zu einer immer engeren Union verbinden.

In dem Bewusstsein ihres geistig-religiösen und sittlichen Erbes gründet sich die Union auf die unteilbaren und universellen Werte der Würde des Menschen, der Freiheit, der Gleichheit und der Solidarität. Sie beruht auf den Grundsätzen der Demokratie und der Rechtsstaatlichkeit. Sie stellt den Menschen in den Mittelpunkt ihres Handelns, indem sie die Unionsbürgerschaft und einen Raum der Freiheit, der Sicherheit und des Rechts begründet.

Die Union trägt zur Erhaltung und zur Entwicklung dieser gemeinsamen Werte unter Achtung der Vielfalt der Kulturen und Traditionen der Völker Europas sowie der nationalen Identität der Mitgliedstaaten und der Organisation ihrer staatlichen Gewalt auf nationaler, regionaler und lokaler Ebene bei. Sie ist bestrebt, eine ausgewogene und nachhaltige Entwicklung zu fördern und stellt den freien Personen-, Dienstleistungs-, Waren- und Kapitalverkehr sowie die Niederlassungsfreiheit sicher.

Zu diesem Zweck ist es notwendig, angesichts der Weiterentwicklung der Gesellschaft, des sozialen Fortschritts und der wissenschaftlichen und technologischen Entwicklungen den Schutz der Grundrechte zu stärken, indem sie in einer Charta sichtbarer gemacht werden.

Diese Charta bekräftigt unter Achtung der Zuständigkeiten und Aufgaben der Union und des Subsidiaritätsprinzips die Rechte, die sich vor allem aus den gemeinsamen Verfassungstraditionen und den gemeinsamen internationalen Verpflichtungen der Mitgliedstaaten, aus der Europäischen Konvention zum Schutz der Menschenrechte und Grundfreiheiten, aus den von der Union und dem Europarat beschlossenen Sozialchartas sowie aus der Rechtsprechung des Gerichtshofs der Europäischen Union und des Europäischen Gerichtshofs für Menschenrechte ergeben. In diesem Zusammenhang erfolgt die Auslegung der Charta durch die Gerichte der Union und der Mitgliedstaaten unter gebührender Berücksichtigung der Erläuterungen, die unter der Leitung des Präsidiums des Konvents zur Ausarbeitung der Charta formuliert und unter der Verantwortung des Präsidiums des Europäischen Konvents aktualisiert wurden.

Die Ausübung dieser Rechte ist mit Verantwortung und mit Pflichten sowohl gegenüber den Mitmenschen als auch gegenüber der menschlichen Gemeinschaft und den künftigen Generationen verbunden.

Daher erkennt die Union die nachstehend aufgeführten Rechte, Freiheiten und Grundsätze an.

Titel I: Würde des Menschen

Artikel 1 Würde des Menschen

Die Würde des Menschen ist unantastbar. Sie ist zu achten und zu schützen.

Artikel 2 Recht auf Leben

(1) Jeder Mensch hat das Recht auf Leben.

(2) Niemand darf zur Todesstrafe verurteilt oder hingerichtet werden.

Artikel 3 Recht auf Unversehrtheit

(1) Jeder Mensch hat das Recht auf körperliche und geistige Unversehrtheit.

(2) Im Rahmen der Medizin und der Biologie muss insbesondere Folgendes beachtet werden:

a) die freie Einwilligung des Betroffenen nach vorheriger Aufklärung entsprechend den gesetzlich festgelegten Einzelheiten,

b) das Verbot eugenischer Praktiken, insbesondere derjenigen, welche die Selektion von Menschen zum Ziel haben,

c) das Verbot, den menschlichen Körper und Teile davon als solche zur Erzielung von Gewinnen zu nutzen,

d) das Verbot des reproduktiven Klonens von Menschen.

Artikel 4 Verbot der Folter und unmenschlicher oder erniedrigender Strafe oder Behandlung

Niemand darf der Folter oder unmenschlicher oder erniedrigender Strafe oder Behandlung unterworfen werden.

Artikel 5 Verbot der Sklaverei und der Zwangsarbeit

(1) Niemand darf in Sklaverei oder Leibeigenschaft gehalten werden.

(2) Niemand darf gezwungen werden, Zwangs- oder Pflichtarbeit zu verrichten.

(3) Menschenhandel ist verboten.

Titel II: Freiheiten

Artikel 6 Recht auf Freiheit und Sicherheit

Jeder Mensch hat das Recht auf Freiheit und Sicherheit.

Artikel 7 Achtung des Privat- und Familienlebens

Jede Person hat das Recht auf Achtung ihres Privat- und Familienlebens, ihrer Wohnung sowie ihrer Kommunikation.

Artikel 8 Schutz personenbezogener Daten

(1) Jede Person hat das Recht auf Schutz der sie betreffenden personenbezogenen Daten.

(2) Diese Daten dürfen nur nach Treu und Glauben für festgelegte Zwecke und mit Einwilligung der betroffenen Person oder auf einer sonstigen gesetzlich geregelten legitimen Grundlage verarbeitet werden. Jede Person hat das Recht, Auskunft über die sie betreffenden erhobenen Daten zu erhalten und die Berichtigung der Daten zu erwirken.

(3) Die Einhaltung dieser Vorschriften wird von einer unabhängigen Stelle überwacht.

Artikel 9 Recht, eine Ehe einzugehen und eine Familie zu gründen

Das Recht, eine Ehe einzugehen, und das Recht, eine Familie zu gründen, werden nach den einzelstaatlichen Gesetzen gewährleistet, welche die Ausübung dieser Rechte regeln.

Artikel 10 Gedanken-, Gewissens- und Religionsfreiheit

(1) Jede Person hat das Recht auf Gedanken-, Gewissens- und Religionsfreiheit. Dieses Recht umfasst die Freiheit, seine Religion oder Weltanschauung zu wechseln, und die Freiheit, die Religion oder Weltanschauung einzeln oder gemeinsam mit anderen öffentlich oder privat durch Gottesdienst, Unterricht, Bräuche und Riten zu bekennen.

(2) Das Recht auf Wehrdienstverweigerung aus Gewissensgründen wird nach den einzelstaatlichen Gesetzen anerkannt, welche die Ausübung dieses Rechts regeln.

Artikel 11 Freiheit der Meinungsäußerung und Informationsfreiheit

(1) Jede Person hat das Recht auf freie Meinungsäußerung. Dieses Recht schließt die Meinungsfreiheit und die Freiheit ein, Informationen und Ideen ohne behördliche Eingriffe und ohne Rücksicht auf Staatsgrenzen zu empfangen und weiterzugeben.

(2) Die Freiheit der Medien und ihre Pluralität werden geachtet.

Artikel 12 Versammlungs- und Vereinigungsfreiheit

(1) Jede Person hat das Recht, sich insbesondere im politischen, gewerkschaftlichen und zivilgesellschaftlichen Bereich auf allen Ebenen frei und friedlich mit anderen zu versammeln und frei mit anderen zusammenzuschließen, was das Recht jeder Person umfasst, zum Schutz ihrer Interessen Gewerkschaften zu gründen und Gewerkschaften beizutreten.

(2) Politische Parteien auf der Ebene der Union tragen dazu bei, den politischen Willen der Unionsbürgerinnen und Unionsbürger zum Ausdruck zu bringen.

Artikel 13 Freiheit der Kunst und der Wissenschaft

Kunst und Forschung sind frei. Die akademische Freiheit wird geachtet.

Artikel 14 Recht auf Bildung

(1) Jede Person hat das Recht auf Bildung sowie auf Zugang zur beruflichen Ausbildung und Weiterbildung.

(2) Dieses Recht umfasst die Möglichkeit, unentgeltlich am Pflichtschulunterricht teilzunehmen.

(3) Die Freiheit zur Gründung von Lehranstalten unter Achtung der demokratischen Grundsätze sowie das Recht der Eltern, die Erziehung und den Unterricht ihrer Kinder entsprechend ihren eigenen religiösen, weltanschaulichen und erzieherischen Überzeugungen sicherzustellen, werden nach den einzelstaatlichen Gesetzen geachtet, welche ihre Ausübung regeln.

Artikel 15 Berufsfreiheit und Recht zu arbeiten

(1) Jede Person hat das Recht zu arbeiten und einen frei gewählten oder angenommenen Beruf auszuüben.

(2) Alle Unionsbürgerinnen und Unionsbürger haben die Freiheit, in jedem Mitgliedstaat Arbeit zu suchen, zu arbeiten, sich niederzulassen oder Dienstleistungen zu erbringen.

(3) Die Staatsangehörigen dritter Länder, die im Hoheitsgebiet der Mitgliedstaaten arbeiten dürfen, haben Anspruch auf Arbeitsbedingungen, die denen der Unionsbürgerinnen und Unionsbürger entsprechen.

Artikel 16 Unternehmerische Freiheit

Die unternehmerische Freiheit wird nach dem Unionsrecht und den einzelstaatlichen Rechtsvorschriften und Gepflogenheiten anerkannt.

Artikel 17 Eigentumsrecht

(1) Jede Person hat das Recht, ihr rechtmäßig erworbenes Eigentum zu besitzen, zu nutzen, darüber zu verfügen und es zu vererben. Niemandem darf sein Eigentum entzogen werden, es sei denn aus Gründen des öffentlichen Interesses in den Fällen und unter den Bedingungen, die in einem Gesetz vorgesehen sind, sowie gegen eine rechtzeitige angemessene Entschädigung für den Verlust des Eigentums. Die Nutzung des Eigentums kann gesetzlich geregelt werden, soweit dies für das Wohl der Allgemeinheit erforderlich ist.

(2) Geistiges Eigentum wird geschützt.

Artikel 18 Asylrecht

Das Recht auf Asyl wird nach Maßgabe des Genfer Abkommens vom 28. Juli 1951 und des Protokolls vom 31. Januar 1967 über die Rechtsstellung der Flüchtlinge sowie nach Maßgabe des Vertrags über die Europäische Union und des Vertrags über die Arbeitsweise der Europäischen Union (im Folgenden „die Verträge") gewährleistet.

Artikel 19 Schutz bei Abschiebung, Ausweisung und Auslieferung

(1) Kollektivausweisungen sind nicht zulässig.

(2) Niemand darf in einen Staat abgeschoben oder ausgewiesen oder an einen Staat ausgeliefert werden, in dem für sie oder ihn das ernsthafte Risiko der Todesstrafe, der Folter oder einer anderen unmenschlichen oder erniedrigenden Strafe oder Behandlung besteht.

Titel III: Gleichheit

Artikel 20 Gleichheit vor dem Gesetz

Alle Personen sind vor dem Gesetz gleich.

Artikel 21 Nichtdiskriminierung

(1) Diskriminierungen, insbesondere wegen des Geschlechts, der Rasse, der Hautfarbe, der ethnischen oder sozialen Herkunft, der genetischen Merkmale, der Sprache, der Religion oder der Weltanschauung, der politischen oder sonstigen Anschauung, der Zugehörigkeit zu einer nationalen Minderheit, des Vermögens, der Geburt, einer Behinderung, des Alters oder der sexuellen Ausrichtung, sind verboten.

(2) Unbeschadet besonderer Bestimmungen der Verträge ist in ihrem Anwendungsbereich jede Diskriminierung aus Gründen der Staatsangehörigkeit verboten.

Artikel 22 Vielfalt der Kulturen, Religionen und Sprachen

Die Union achtet die Vielfalt der Kulturen, Religionen und Sprachen.

Artikel 23 Gleichheit von Frauen und Männern

Die Gleichheit von Frauen und Männern ist in allen Bereichen, einschließlich der Beschäftigung, der Arbeit und des Arbeitsentgelts, sicherzustellen.

Der Grundsatz der Gleichheit steht der Beibehaltung oder der Einführung spezifischer Vergünstigungen für das unterrepräsentierte Geschlecht nicht entgegen.

Artikel 24 Rechte des Kindes

(1) Kinder haben Anspruch auf den Schutz und die Fürsorge, die für ihr Wohlergehen notwendig sind. Sie können ihre Meinung frei äußern. Ihre Meinung wird in den Angelegenheiten, die sie betreffen, in einer ihrem Alter und ihrem Reifegrad entsprechenden Weise berücksichtigt.

(2) Bei allen Kinder betreffenden Maßnahmen öffentlicher Stellen oder privater Einrichtungen muss das Wohl des Kindes eine vorrangige Erwägung sein.

(3) Jedes Kind hat Anspruch auf regelmäßige persönliche Beziehungen und direkte Kontakte zu beiden Elternteilen, es sei denn, dies steht seinem Wohl entgegen.

Artikel 25 Rechte älterer Menschen

Die Union anerkennt und achtet das Recht älterer Menschen auf ein würdiges und unabhängiges Leben und auf Teilnahme am sozialen und kulturellen Leben.

Artikel 26 Integration von Menschen mit Behinderung

Die Union anerkennt und achtet den Anspruch von Menschen mit Behinderung auf Maßnahmen zur Gewährleistung ihrer Eigenständigkeit, ihrer sozialen und beruflichen Eingliederung und ihrer Teilnahme am Leben der Gemeinschaft.

Titel IV: Solidarität

Artikel 27 Recht auf Unterrichtung und Anhörung der Arbeitnehmerinnen und Arbeitnehmer im Unternehmen

Für die Arbeitnehmerinnen und Arbeitnehmer oder ihre Vertreter muss auf den geeigneten Ebenen eine rechtzeitige Unterrichtung und Anhörung in den Fällen und unter den Voraussetzungen gewährleistet sein, die nach dem Unionsrecht und den einzelstaatlichen Rechtsvorschriften und Gepflogenheiten vorgesehen sind.

Artikel 28 Recht auf Kollektivverhandlungen und Kollektivmaßnahmen

Die Arbeitnehmerinnen und Arbeitnehmer sowie die Arbeitgeberinnen und Arbeitgeber oder ihre jeweiligen Organisationen haben nach dem Unionsrecht und den einzelstaatlichen Rechtsvorschriften und Gepflogenheiten das Recht, Tarifverträge auf den geeigneten Ebenen auszuhandeln und zu schließen sowie bei Interessenkonflikten kollektive Maßnahmen zur Verteidigung ihrer Interessen, einschließlich Streiks, zu ergreifen.

Artikel 29 Recht auf Zugang zu einem Arbeitsvermittlungsdienst

Jeder Mensch hat das Recht auf Zugang zu einem unentgeltlichen Arbeitsvermittlungsdienst.

Artikel 30 Schutz bei ungerechtfertigter Entlassung

Jede Arbeitnehmerin und jeder Arbeitnehmer hat nach dem Unionsrecht und den einzelstaatlichen Rechtsvorschriften und Gepflogenheiten Anspruch auf Schutz vor ungerechtfertigter Entlassung.

Artikel 31 Gerechte und angemessene Arbeitsbedingungen

(1) Jede Arbeitnehmerin und jeder Arbeitnehmer hat das Recht auf gesunde, sichere und würdige Arbeitsbedingungen.

(2) Jede Arbeitnehmerin und jeder Arbeitnehmer hat das Recht auf eine Begrenzung der Höchstarbeitszeit, auf tägliche und wöchentliche Ruhezeiten sowie auf bezahlten Jahresurlaub.

Artikel 32 Verbot der Kinderarbeit und Schutz der Jugendlichen am Arbeitsplatz

Kinderarbeit ist verboten. Unbeschadet günstigerer Vorschriften für Jugendliche und abgesehen von begrenzten Ausnahmen darf das Mindestalter für den Eintritt in das Arbeitsleben das Alter, in dem die Schulpflicht endet, nicht unterschreiten.

Zur Arbeit zugelassene Jugendliche müssen ihrem Alter angepasste Arbeitsbedingungen erhalten und vor wirtschaftlicher Ausbeutung und vor jeder Arbeit geschützt werden, die ihre Sicherheit, ihre Gesundheit, ihre körperliche, geistige, sittliche oder soziale Entwicklung beeinträchtigen oder ihre Erziehung gefährden könnte.

Artikel 33 Familien- und Berufsleben

(1) Der rechtliche, wirtschaftliche und soziale Schutz der Familie wird gewährleistet.

(2) Um Familien- und Berufsleben miteinander in Einklang bringen zu können, hat jeder Mensch das Recht auf Schutz vor Entlassung aus einem mit der Mutterschaft zusammenhängenden Grund sowie den Anspruch auf einen bezahlten Mutterschaftsurlaub und auf einen Elternurlaub nach der Geburt oder Adoption eines Kindes.

Artikel 34 Soziale Sicherheit und soziale Unterstützung

(1) Die Union anerkennt und achtet das Recht auf Zugang zu den Leistungen der sozialen Sicherheit und zu den sozialen Diensten, die in Fällen wie Mutterschaft, Krankheit, Arbeitsunfall, Pflegebedürftigkeit oder im Alter sowie bei Verlust des Arbeitsplatzes Schutz gewährleisten, nach Maßgabe des Unionsrechts und der einzelstaatlichen Rechtsvorschriften und Gepflogenheiten.

(2) Jeder Mensch, der in der Union seinen rechtmäßigen Wohnsitz hat und seinen Aufenthalt rechtmäßig wechselt, hat Anspruch auf die Leistungen der sozialen Sicherheit und die sozialen Vergünstigungen nach dem Unionsrecht und den einzelstaatlichen Rechtsvorschriften und Gepflogenheiten.

(3) Um die soziale Ausgrenzung und die Armut zu bekämpfen, anerkennt und achtet die Union das Recht auf eine soziale Unterstützung und eine Unterstützung für die Wohnung, die allen, die nicht über ausreichende Mittel verfügen, ein menschenwürdiges Dasein sicherstellen sollen, nach Maßgabe des Unionsrechts und der einzelstaatlichen Rechtsvorschriften und Gepflogenheiten.

Artikel 35 Gesundheitsschutz

Jeder Mensch hat das Recht auf Zugang zur Gesundheitsvorsorge und auf ärztliche Versorgung nach Maßgabe der einzelstaatlichen Rechtsvorschriften und Gepflogenheiten. Bei der Festlegung und Durchführung der Politik und Maßnahmen der Union in allen Bereichen wird ein hohes Gesundheitsschutzniveau sichergestellt.

Artikel 36 Zugang zu Dienstleistungen von allgemeinem wirtschaftlichen Interesse

Die Union anerkennt und achtet den Zugang zu Dienstleistungen von allgemeinem wirtschaftlichen Interesse, wie er durch die einzelstaatlichen Rechtsvorschriften und Gepflogenheiten im Einklang mit den Verträgen geregelt ist, um den sozialen und territorialen Zusammenhalt der Union zu fördern.

Artikel 37 Umweltschutz

Ein hohes Umweltschutzniveau und die Verbesserung der Umweltqualität müssen in die Politik der Union einbezogen und nach dem Grundsatz der nachhaltigen Entwicklung sichergestellt werden.

Artikel 38 Verbraucherschutz

Die Politik der Union stellt ein hohes Verbraucherschutzniveau sicher.

Titel V: Bürgerrechte

Artikel 39 Aktives und passives Wahlrecht bei den Wahlen zum Europäischen Parlament

(1) Die Unionsbürgerinnen und Unionsbürger besitzen in dem Mitgliedstaat, in dem sie ihren Wohnsitz haben, das aktive und passive Wahlrecht bei den Wahlen zum Europäischen Parlament unter denselben Bedingungen wie die Angehörigen des betreffenden Mitgliedstaats.

(2) Die Mitglieder des Europäischen Parlaments werden in allgemeiner, unmittelbarer, freier und geheimer Wahl gewählt.

Artikel 40 Aktives und passives Wahlrecht bei den Kommunalwahlen

Die Unionsbürgerinnen und Unionsbürger besitzen in dem Mitgliedstaat, in dem sie ihren Wohnsitz haben, das aktive und passive Wahlrecht bei Kommunalwahlen unter denselben Bedingungen wie die Angehörigen des betreffenden Mitgliedstaats.

Artikel 41 Recht auf eine gute Verwaltung

(1) Jede Person hat ein Recht darauf, dass ihre Angelegenheiten von den Organen, Einrichtungen und sonstigen Stellen der Union unparteiisch, gerecht und innerhalb einer angemessenen Frist behandelt werden.

(2) Dieses Recht umfasst insbesondere

a) das Recht jeder Person, gehört zu werden, bevor ihr gegenüber eine für sie nachteilige individuelle Maßnahme getroffen wird,

b) das Recht jeder Person auf Zugang zu den sie betreffenden Akten unter Wahrung des berechtigten Interesses der Vertraulichkeit sowie des Berufs- und Geschäftsgeheimnisses,

c) die Verpflichtung der Verwaltung, ihre Entscheidungen zu begründen.

(3) Jede Person hat Anspruch darauf, dass die Union den durch ihre Organe oder Bediensteten in Ausübung ihrer Amtstätigkeit verursachten Schaden nach den allgemeinen Rechtsgrundsätzen ersetzt, die den Rechtsordnungen der Mitgliedstaaten gemeinsam sind.

(4) Jede Person kann sich in einer der Sprachen der Verträge an die Organe der Union wenden und muss eine Antwort in derselben Sprache erhalten.

Artikel 42 Recht auf Zugang zu Dokumenten

Die Unionsbürgerinnen und Unionsbürger sowie jede natürliche oder juristische Person mit Wohnsitz oder satzungsmäßigem Sitz in einem Mitgliedstaat haben das Recht auf Zugang zu den Dokumenten der Organe, Einrichtungen und sonstigen Stellen der Union, unabhängig von der Form der für diese Dokumente verwendeten Träger.

Artikel 43 Der Europäische Bürgerbeauftragte

Die Unionsbürgerinnen und Unionsbürger sowie jede natürliche oder juristische Person mit Wohnsitz oder satzungsmäßigem Sitz in einem Mitgliedstaat haben das Recht, den Europäischen Bürgerbeauftragten im Falle von Missständen bei der Tätigkeit der Organe, Einrichtungen und sonstigen Stellen der Union, mit Ausnahme des Gerichtshofs der Europäischen Union in Ausübung seiner Rechtsprechungsbefugnisse, zu befassen.

Artikel 44 Petitionsrecht

Die Unionsbürgerinnen und Unionsbürger sowie jede natürliche oder juristische Person mit Wohnsitz oder satzungsmäßigem Sitz in einem Mitgliedstaat haben das Recht, eine Petition an das Europäische Parlament zu richten.

Artikel 45 Freizügigkeit und Aufenthaltsfreiheit

(1) Die Unionsbürgerinnen und Unionsbürger haben das Recht, sich im Hoheitsgebiet der Mitgliedstaaten frei zu bewegen und aufzuhalten.

(2) Staatsangehörigen von Drittländern, die sich rechtmäßig im Hoheitsgebiet eines Mitgliedstaats aufhalten, kann nach Maßgabe der Verträge Freizügigkeit und Aufenthaltsfreiheit gewährt werden.

Artikel 46 Diplomatischer und konsularischer Schutz

Die Unionsbürgerinnen und Unionsbürger genießen im Hoheitsgebiet eines Drittlands, in dem der Mitgliedstaat, dessen Staatsangehörigkeit sie besitzen, nicht vertreten ist, den Schutz durch die diplomatischen und konsularischen Behörden eines jeden Mitgliedstaats unter denselben Bedingungen wie Staatsangehörige dieses Staates.

Titel VI: Justizielle Rechte

Artikel 47 Recht auf einen wirksamen Rechtsbehelf und ein unparteiisches Gericht

Jede Person, deren durch das Recht der Union garantierte Rechte oder Freiheiten verletzt worden sind, hat das Recht, nach Maßgabe der in diesem Artikel vorgesehenen Bedingungen bei einem Gericht einen wirksamen Rechtsbehelf einzulegen.

Jede Person hat ein Recht darauf, dass ihre Sache von einem unabhängigen, unparteiischen und zuvor durch Gesetz errichteten Gericht in einem fairen Verfahren, öffentlich und innerhalb angemessener Frist verhandelt wird. Jede Person kann sich beraten, verteidigen und vertreten lassen.

Personen, die nicht über ausreichende Mittel verfügen, wird Prozesskostenhilfe bewilligt, soweit diese Hilfe erforderlich ist, um den Zugang zu den Gerichten wirksam zu gewährleisten.

Artikel 48 Unschuldsvermutung und Verteidigungsrechte

(1) Jeder Angeklagte gilt bis zum rechtsförmlich erbrachten Beweis seiner Schuld als unschuldig.

(2) Jedem Angeklagten wird die Achtung der Verteidigungsrechte gewährleistet.

Artikel 49 Grundsätze der Gesetzmäßigkeit und der Verhältnismäßigkeit im Zusammenhang mit Straftaten und Strafen

(1) Niemand darf wegen einer Handlung oder Unterlassung verurteilt werden, die zur Zeit ihrer Begehung nach innerstaatlichem oder internationalem Recht nicht strafbar war. Es darf auch keine schwerere Strafe als die zur Zeit der Begehung angedrohte Strafe verhängt werden. Wird nach Begehung einer Straftat durch Gesetz eine mildere Strafe eingeführt, so ist diese zu verhängen.

(2) Dieser Artikel schließt nicht aus, dass eine Person wegen einer Handlung oder Unterlassung verurteilt oder bestraft wird, die zur Zeit ihrer Begehung nach den allgemeinen, von der Gesamtheit der Nationen anerkannten Grundsätzen strafbar war.

(3) Das Strafmaß darf zur Straftat nicht unverhältnismäßig sein.

Artikel 50 Recht, wegen derselben Straftat nicht zweimal strafrechtlich verfolgt oder bestraft zu werden

Niemand darf wegen einer Straftat, derentwegen er bereits in der Union nach dem Gesetz rechtskräftig verurteilt oder freigesprochen worden ist, in einem Strafverfahren erneut verfolgt oder bestraft werden.

Titel VII: Allgemeine Bestimmungen über die Auslegung und Anwendung der Charta

Artikel 51 Anwendungsbereich

(1) Diese Charta gilt für die Organe, Einrichtungen und sonstigen Stellen der Union unter Wahrung des Subsidiaritätsprinzips und für die Mitgliedstaaten ausschließlich bei der Durchführung des Rechts der Union. Dementsprechend achten sie die Rechte, halten sie sich an die Grundsätze und fördern sie deren Anwendung entsprechend ihren jeweiligen Zuständigkeiten und unter Achtung der Grenzen der Zuständigkeiten, die der Union in den Verträgen übertragen werden.

(2) Diese Charta dehnt den Geltungsbereich des Unionsrechts nicht über die Zuständigkeiten der Union hinaus aus und begründet weder neue Zuständigkeiten noch neue Aufgaben für die Union, noch ändert sie die in den Verträgen festgelegten Zuständigkeiten und Aufgaben.

Artikel 52 Tragweite und Auslegung der Rechte und Grundsätze

(1) Jede Einschränkung der Ausübung der in dieser Charta anerkannten Rechte und Freiheiten muss gesetzlich vorgesehen sein und den Wesensgehalt dieser Rechte und Freiheiten achten. Unter Wahrung des Grundsatzes der Verhältnismäßigkeit dürfen Einschränkungen nur vorgenommen werden, wenn sie erforderlich sind und den von der Union anerkannten dem Gemeinwohl dienenden Zielsetzungen oder den Erfordernissen des Schutzes der Rechte und Freiheiten anderer tatsächlich entsprechen.

(2) Die Ausübung der durch diese Charta anerkannten Rechte, die in den Verträgen geregelt sind, erfolgt im Rahmen der in den Verträgen festgelegten Bedingungen und Grenzen.

(3) Soweit diese Charta Rechte enthält, die den durch die Europäische Konvention zum Schutz der Menschenrechte und Grundfreiheiten garantierten Rechten entsprechen, haben sie die gleiche Bedeutung und Tragweite, wie sie ihnen in der genannten Konvention verliehen wird. Diese Bestimmung steht dem nicht entgegen, dass das Recht der Union einen weiter gehenden Schutz gewährt.

(4) Soweit in dieser Charta Grundrechte anerkannt werden, wie sie sich aus den gemeinsamen Verfassungsüberlieferungen der Mitgliedstaaten ergeben, werden sie im Einklang mit diesen Überlieferungen ausgelegt.

(5) Die Bestimmungen dieser Charta, in denen Grundsätze festgelegt sind, können durch Akte der Gesetzgebung und der Ausführung der Organe, Einrichtungen und sonstigen Stellen der Union sowie durch Akte der Mitgliedstaaten zur Durchführung des Rechts der Union in Ausübung ihrer jeweiligen Zuständigkeiten umgesetzt werden. Sie können vor Gericht nur bei der Auslegung dieser Akte und bei Entscheidungen über deren Rechtmäßigkeit herangezogen werden.

(6) Den einzelstaatlichen Rechtsvorschriften und Gepflogenheiten ist, wie es in dieser Charta bestimmt ist, in vollem Umfang Rechnung zu tragen.

(7) Die Erläuterungen, die als Anleitung für die Auslegung dieser Charta verfasst wurden, sind von den Gerichten der Union und der Mitgliedstaaten gebührend zu berücksichtigen.

Artikel 53 Schutzniveau

Keine Bestimmung dieser Charta ist als eine Einschränkung oder Verletzung der Menschenrechte und Grundfreiheiten auszulegen, die in dem jeweiligen Anwendungsbereich durch das Recht der Union und das Völkerrecht sowie durch die internationalen Übereinkünfte, bei denen die Union oder alle Mitgliedstaaten Vertragsparteien sind, darunter insbesondere die Europäische Konvention zum Schutz der Menschenrechte und Grundfreiheiten, sowie durch die Verfassungen der Mitgliedstaaten anerkannt werden.

Artikel 54 Verbot des Missbrauchs der Rechte

Keine Bestimmung dieser Charta ist so auszulegen, als begründe sie das Recht, eine Tätigkeit auszuüben oder eine Handlung vorzunehmen, die darauf abzielt, die in der Charta anerkannten Rechte und Freiheiten abzuschaffen oder sie stärker einzuschränken, als dies in der Charta vorgesehen ist.

VI. Verordnung (EU) 2015/1589 des Rates über besondere Vorschriften für die Anwendung von Artikel 108 des Vertrags über die Arbeitsweise der Europäischen Union

v. 13.7.2015 (ABl EU Nr. L 248 S. 9)

Die Verordnung (EU) 2015/1589 des Rates über besondere Vorschriften für die Anwendung von Artikel 108 des Vertrags über die Arbeitsweise der Europäischen Union (kodifizierter Text) v. 13.7.2015 (ABl EU Nr. L 248 S. 9) wurde im Amtsblatt v. 24.9.2015 (a. a. O.) veröffentlicht und ist am 14.10.2015 in Kraft getreten.

Amtliche Fassung

DER RAT DER EUROPÄISCHEN UNION —

gestützt auf den Vertrag über die Arbeitsweise der Europäischen Union, insbesondere auf Artikel 109,

auf Vorschlag der Europäischen Kommission,

nach Stellungnahme des Europäischen Parlaments*),

in Erwägung nachstehender Gründe:

(1) Die Verordnung (EG) Nr. 659/1999 des Rates**) wurde mehrfach und erheblich geändert***). Aus Gründen der Klarheit und der Übersichtlichkeit empfiehlt es sich, sie zu kodifizieren.

(2) Unbeschadet der besonderen Verfahrensregeln in Verordnungen für bestimmte Sektoren, sollte diese Verordnung für Beihilfen in allen Sektoren gelten. Im Hinblick auf die Anwendung der Artikel 93 und 107 des Vertrags über die Arbeitsweise der Europäischen Union (AEUV) ist die Kommission nach Artikel 108 AEUV insbesondere für Beschlüsse über die Vereinbarkeit staatlicher Beihilfen mit dem Binnenmarkt zuständig; dies gilt für die Überprüfung bestehender Beihilferegelungen, die Einführung oder Umgestaltung von Beihilfen und die Nichtbefolgung ihrer Beschlüsse oder der Anmeldungspflicht.

(3) Im Rahmen eines modernisierten Systems der Vorschriften für staatliche Beihilfen, mit der sowohl ein Beitrag zur Umsetzung der Wachstumsstrategie „Europa 2020“ als auch zur Haushaltskonsolidierung geleistet werden soll, sollte für eine wirksame und einheitliche Anwendung des Artikels 107 AEUV in der Union gesorgt werden. Mit der Verordnung (EG) Nr. 659/1999 wurde die bis dato gängige Praxis der Kommission konsolidiert und verstärkt, um mehr Rechtssicherheit zu schaffen und die Beihilfepolitik in einem transparenten Umfeld weiterzuentwickeln.

(4) Zur Gewährleistung von Rechtssicherheit sollte festgelegt werden, unter welchen Umständen staatliche Beihilfen als bestehende Beihilfen zu betrachten sind. Die Vollendung und Vertiefung des Binnenmarkts ist ein schrittweiser Prozess, der sich in der ständigen Entwicklung der Politik im Bereich der staatlichen Beihilfen widerspiegelt. In der Folge dieser Entwicklungen können bestimmte Maßnahmen, die zum Zeitpunkt ihrer Einführung keine staatlichen Beihilfen darstellten, zu Beihilfen geworden sein.

(5) Nach Artikel 108 Absatz 3 AEUV müssen alle Vorhaben zur Gewährung neuer Beihilfen bei der Kommission angemeldet werden und dürfen nicht durchgeführt werden, bevor die Kommission einen abschließenden Beschluss erlassen hat.

---

*) **Amtl. Anm.:** Stellungnahme vom 29. April 2015 (noch nicht im Amtsblatt veröffentlicht).

) **Amtl. Anm.: Verordnung (EG) Nr. 659/1999 des Rates vom 22. März 1999 über besondere Vorschriften für die Anwendung von Artikel 108 des Vertrags über die Arbeitsweise der Europäischen Union (ABl L 83 vom 27.3.1999, S. 1).

***) **Amtl. Anm.:** Siehe Anhang I.

(6) Nach Artikel 4 Absatz 3 des Vertrags über die Europäische Union (EUV) sind die Mitgliedstaaten verpflichtet, mit der Kommission zusammenzuarbeiten und ihr alle zur Erfüllung ihrer Verpflichtungen aus dieser Verordnung erforderlichen Informationen bereitzustellen.

(7) Die Frist, innerhalb derer die Kommission die vorläufige Prüfung angemeldeter Beihilfen beendet haben muss, sollte festgesetzt werden auf zwei Monate nach Erhalt einer vollständigen Anmeldung oder nach Erhalt einer gebührend begründeten Erklärung des betreffenden Mitgliedstaats, wonach dieser die Anmeldung als vollständig erachtet, da die von der Kommission erbetenen zusätzlichen Auskünfte nicht verfügbar sind oder bereits erteilt wurden. Diese Prüfung sollte aus Gründen der Rechtssicherheit durch einen Beschluss abgeschlossen werden.

(8) In allen Fällen, in denen die Kommission nach der vorläufigen Prüfung nicht auf die Vereinbarkeit der Beihilfe mit dem Binnenmarkt schließen kann, sollte das förmliche Prüfverfahren eröffnet werden, damit die Kommission alle zur Beurteilung der Vereinbarkeit der Beihilfe zweckdienlichen Auskünfte einholen kann und die Beteiligten ihre Stellungnahmen abgeben können. Die Rechte der Beteiligten können im Rahmen des förmlichen Prüfverfahrens nach Artikel 108 Absatz 2 AEUV am besten gewährleistet werden.

(9) Da nach Artikel 108 AEUV ausschließlich die Kommission dafür zuständig ist zu prüfen, ob eine angemeldete oder rechtswidrige staatliche Beihilfe mit dem Binnenmarkt vereinbar ist, sollte dafür Sorge getragen werden, dass die Kommission über die Befugnis verfügt, für die Zwecke der Durchsetzung der Vorschriften über staatliche Beihilfen Mitgliedstaaten, Unternehmen oder Unternehmensvereinigungen um die erforderlichen Marktauskünfte zu ersuchen, wenn sie aufgrund von Zweifeln an der Vereinbarkeit einer Maßnahme ein förmliches Prüfverfahren eingeleitet hat. Die Kommission sollte diese Befugnis insbesondere in den Fällen ausüben, in denen sich eine umfassende inhaltliche Würdigung als erforderlich erweist. Bei ihrer Entscheidung darüber, ob sie diese Befugnis ausüben wird, sollte sie die Dauer der vorläufigen Prüfung gebührend berücksichtigen.

(10) Nach Einleitung des förmlichen Prüfverfahrens sollte die Kommission die Möglichkeit haben, für die Zwecke der beihilferechtlichen Würdigung der Vereinbarkeit einer Beihilfemaßnahme — insbesondere wenn es um technisch komplexe Fälle geht, die einer inhaltlichen Würdigung bedürfen — einen Mitgliedstaat, ein Unternehmen oder eine Unternehmensvereinigung oder im Wege eines einfachen Auskunftsersuchens oder eines Beschlusses um die für eine vollumfängliche Würdigung erforderlichen Marktauskünfte zu ersuchen, wenn die Angaben, die ihr der betreffende Mitgliedstaat im Verlauf der vorläufigen Prüfung übermittelt hat, dafür nicht ausreichen; dabei muss insbesondere bei kleinen und mittleren Unternehmen dem Grundsatz der Verhältnismäßigkeit gebührend Rechnung getragen werden.

(11) In Anbetracht der besonderen Beziehungen zwischen den Beihilfeempfängern und dem betreffenden Mitgliedstaat sollte die Kommission mit Einverständnis des betreffenden Mitgliedstaats Auskünfte von einem Beihilfeempfänger einholen dürfen. Die Tatsache, dass der Empfänger der fraglichen Beihilfe Auskünfte erteilt hat, schafft keine Rechtsgrundlage für bilaterale Verhandlungen zwischen dem Empfänger und der Kommission.

(12) Die Kommission sollte die Adressaten der Auskunftsersuchen von Fall zu Fall nach geeigneten objektiven Kriterien auswählen, wobei sie gewährleistet, dass in den Fällen, in denen das Ersuchen an stichprobenartig ausgewählte Unternehmen oder Unternehmensvereinigungen gerichtet wird, die Stichprobe für jede Kategorie repräsentativ ist. Die angeforderten Auskünfte sollten insbesondere aus Unternehmens- und Marktdaten und einer faktengestützten Analyse der Funktionsweise des Marktes bestehen.

(13) Da die Kommission das Verfahren einleitet, sollte sie auch dafür verantwortlich sein, die Auskunftserteilung durch Mitgliedstaaten, Unternehmen oder Unternehmensvereinigungen sowie die angebliche Vertraulichkeit der übermittelten Auskünfte zu überprüfen.

(14) Die Kommission sollte über Möglichkeiten verfügen, dafür zu sorgen, dass die Unternehmen oder Unternehmensvereinigungen den an sie gerichteten Auskunftsersuchen auch wirklich nachkommen, und zu diesem Zweck bei Bedarf auch angemessene Geldbußen oder Zwangsgelder verhängen können. Bei der Festsetzung der Geldbußen und Zwangsgelder sollte die Kom-

mission — insbesondere bei kleinen und mittleren Unternehmen — dem Grundsatz der Verhältnismäßigkeit und der Angemessenheit gebührend Rechnung tragen. Die Rechte derer, die um Auskünfte ersucht werden, sollten gewahrt werden, indem ihnen die Gelegenheit gegeben wird, vor dem etwaigen Erlass eines Beschlusses zur Festlegung von Geldbußen oder Zwangsgeldern ihren Standpunkt darzulegen. Der Gerichtshof der Europäischen Union sollte in Bezug auf Geldbußen und Zwangsgelder über unbeschränkte Ermessensnachprüfungsbefugnisse im Sinne des Artikels 261 AEUV verfügen.

(15) Die Kommission sollt die Zwangsgelder unter gebührender Berücksichtigung des Grundsatzes der Verhältnismäßigkeit und der Angemessenheit senken oder ganz erlassen können, wenn Adressaten von Auskunftsersuchen die angeforderten Auskünfte, wenn auch nach Ablauf der Frist, übermittelt haben.

(16) Geldbußen und Zwangsgelder sind nicht anwendbar auf Mitgliedstaaten, da sie gemäß Artikel 4 Absatz 3 EUV verpflichtet sind, loyal mit der Kommission zusammenzuarbeiten und der Kommission alle Informationen bereitzustellen, die sie benötigt, um ihre aus dieser Verordnung erwachsenden Verpflichtungen zu erfüllen.

(17) Nachdem die Kommission die Stellungnahmen der Beteiligten gewürdigt hat, sollte sie ihre Prüfung durch einen abschließenden Beschluss beenden, sobald alle Bedenken ausgeräumt sind. Sollte diese Prüfung nach einem Zeitraum von 18 Monaten nach Eröffnung des Verfahrens nicht beendet sein, so empfiehlt es sich, dass der betreffende Mitgliedstaat die Möglichkeit hat, einen Beschluss zu beantragen, den die Kommission innerhalb von zwei Monaten erlassen muss.

(18) Um die Verteidigungsrechte des betreffenden Mitgliedstaats zu wahren, sollte dieser Kopien der Auskunftsersuchen, die an andere Mitgliedstaaten, Unternehmen oder Unternehmensvereinigungen gerichtet wurden, erhalten und die Möglichkeit haben, seinen Standpunkt zu den Stellungnahmen darzulegen. Zudem sollten ihm die Namen der Unternehmen und der Unternehmensvereinigungen mitgeteilt werden, die um Auskunft ersucht werden, sofern diese Stellen nicht nachweislich ein berechtigtes Interesse am Schutz ihrer Identität haben.

(19) Die Kommission sollte das berechtigte Interesse der Unternehmen am Schutz ihrer Geschäftsgeheimnisse gebührend berücksichtigen. Wenn vertrauliche Auskünfte aus Antworten weder durch Aggregation noch auf andere Weise anonymisiert werden können, sollte sie diese Auskünfte nicht in Beschlüssen verwenden dürfen, es sei denn, die Auskunftgeber haben vorab einer Offenlegung der Auskünfte gegenüber dem betreffenden Mitgliedstaat zugestimmt.

(20) Für Fälle, in denen die als vertraulich gekennzeichneten Informationen nicht unter das Berufsgeheimnis zu fallen scheinen, sollte ein Verfahren bestehen, mit dem die Kommission entscheiden kann, inwieweit solche Informationen offengelegt werden können. Wenn die Kommission einem Antrag auf vertrauliche Behandlung zurückweist, sollte sie eine Frist angeben, nach der die Information offengelegt wird, sodass der Auskunftgeber jeden ihm zur Verfügung stehenden gerichtlichen Schutz einschließlich einer einstweiligen Anordnung in Anspruch nehmen kann.

(21) Um eine korrekte und wirksame Anwendung der Vorschriften über staatliche Beihilfen zu gewährleisten, sollte die Kommission die Möglichkeit haben, einen Beschluss, der auf unrichtigen Auskünften beruht, zu widerrufen.

(22) Um die Einhaltung von Artikel 108 AEUV, insbesondere der Anmeldepflicht und des Durchführungsverbots in dessen Absatz 3, zu gewährleisten, sollte die Kommission alle rechtswidrigen Beihilfen überprüfen. Im Interesse der Transparenz und Rechtssicherheit sollten die in diesen Fällen zu befolgenden Verfahren festgelegt werden. Ist ein Mitgliedstaat der Anmeldepflicht oder dem Durchführungsverbot nicht nachgekommen, so sollte die Kommission an keine Fristen gebunden sein.

(23) Die Kommission sollte von Amts wegen Informationen über rechtswidrige Beihilfen ungeachtet der Herkunft dieser Informationen prüfen können, um die Einhaltung von Artikel 108 AEUV und insbesondere der Anmeldungsverpflichtung und des Durchführungsverbots nach Ar-

tikel 108 Absatz 3 AEUV sicherzustellen und die Vereinbarkeit der Beihilfen mit dem Binnenmarkt zu würdigen.

(24) Bei rechtswidrigen Beihilfen sollte die Kommission das Recht haben, alle für ihren Beschluss sachdienlichen Auskünfte einzuholen und gegebenenfalls sofort den unverfälschten Wettbewerb wiederherzustellen. Daher ist es angezeigt, dass sie gegenüber dem betreffenden Mitgliedstaat einstweilige Maßnahmen erlassen kann. Bei diesen einstweiligen Maßnahmen kann es sich um Anordnungen zur Auskunftserteilung sowie zur Aussetzung oder Rückforderung einer Beihilfe handeln. Die Kommission sollte bei Nichtbefolgung einer Anordnung zur Auskunftserteilung ihren Beschluss auf die ihr vorliegenden Informationen stützen und bei Nichtbefolgung einer Aussetzungs- oder Rückforderungsanordnung den Gerichtshof nach Artikel 108 Absatz 2 Unterabsatz 2 AEUV unmittelbar anrufen können.

(25) Bei rechtswidrigen Beihilfen, die mit dem Binnenmarkt nicht vereinbar sind, sollte wirksamer Wettbewerb wiederhergestellt werden. Dazu ist es notwendig, die betreffende Beihilfe einschließlich Zinsen unverzüglich zurückzufordern. Die Rückforderung hat nach den Verfahrensvorschriften des nationalen Rechts zu erfolgen. Die Anwendung dieser Verfahren sollte jedoch die Wiederherstellung eines wirksamen Wettbewerbs durch Verhinderung der sofortigen und tatsächlichen Vollstreckung des Beschlusses der Kommission nicht erschweren. Um zu diesem Ergebnis zu gelangen, sollten die Mitgliedstaaten alle erforderlichen Maßnahmen zur Gewährleistung der Wirksamkeit des Beschlusses der Kommission treffen.

(26) Aus Gründen der Rechtssicherheit sollte in Bezug auf rechtswidrige Beihilfen eine Frist von zehn Jahren vorgesehen werden, nach deren Ablauf keine Rückforderung mehr angeordnet werden kann.

(27) Aus Gründen der Rechtssicherheit sollten Verjährungsfristen für die Verhängung und die Vollstreckung von Geldbußen und Zwangsgeldern vorgesehen werden.

(28) Die missbräuchliche Anwendung von Beihilfen kann sich auf die Funktionsweise des Binnenmarkts in ähnlicher Weise wie eine rechtswidrige Beihilfe auswirken und sollte demnach in ähnlicher Weise behandelt werden. Im Gegensatz zu rechtswidrigen Beihilfen handelt es sich bei Beihilfen, die gegebenenfalls in missbräuchlicher Weise angewandt worden sind, um Beihilfen, die die Kommission zu einem früheren Zeitpunkt genehmigt hat. Deswegen sollte die Kommission bei der missbräuchlichen Anwendung von Beihilfen keine Rückforderungsanordnung erlassen können.

(29) Die Kommission ist nach Artikel 108 Absatz 1 AEUV verpflichtet, fortlaufend in Zusammenarbeit mit den Mitgliedstaaten alle bestehenden Beihilferegelungen zu überprüfen. Im Interesse der Transparenz und Rechtssicherheit ist es angezeigt, den Rahmen dieser Zusammenarbeit festzulegen.

(30) Die Kommission sollte zur Gewährleistung der Vereinbarkeit der bestehenden Beihilferegelungen mit dem Binnenmarkt nach Artikel 108 Absatz 1 AEUV zweckdienliche Maßnahmen vorschlagen, wenn eine solche Regelung nicht oder nicht mehr mit dem Binnenmarkt vereinbar ist, und das Verfahren nach Artikel 108 Absatz 2 AEUV eröffnen, wenn der betreffende Mitgliedstaat die vorgeschlagenen Maßnahmen nicht durchführen will.

(31) Es ist zweckmäßig alle Möglichkeiten vorzusehen, über die Dritte verfügen, um ihre Interessen bei Verfahren für staatliche Beihilfen zu vertreten.

(32) Beschwerden sind eine wichtige Informationsquelle für die Aufdeckung von Verstößen gegen die Unionsvorschriften über staatliche Beihilfen. Um die Qualität der bei der Kommission eingehenden Beschwerden und gleichzeitig mehr Transparenz und Rechtssicherheit zu gewährleisten, sollte vorgesehen werden, welche Voraussetzungen eine Beschwerde erfüllen muss, damit die Kommission durch sie in den Besitz von Informationen über eine mutmaßliche rechtswidrige Beihilfe gelangen und eine vorläufige Prüfung eingeleitet werden kann. Eingaben, die diese Voraussetzungen nicht erfüllen, sollten als allgemeine Marktauskünfte behandelt werden und nicht zwangsläufig zu Untersuchungen von Amts wegen führen.

(33) Beschwerdeführer sollten nachweisen müssen, dass sie Beteiligte im Sinne von Artikel 108 Absatz 2 AEUV und Artikel 1 Buchstabe h der vorliegenden Verordnung sind. Ferner sollten sie ein Mindestmaß an Angaben in einem bestimmten Formular liefern müssen, und die Kommission sollte ermächtigt werden, dieses Formular im Rahmen einer Durchführungsbestimmung zu regeln. Um nicht von Beschwerden abzuschrecken, sollte bei dieser Durchführungsbestimmung darauf geachtet werden, dass die an die Beteiligten gestellten Anforderungen für die Einlegung einer Beschwerde nicht allzu hoch sein sollten.

(34) Mit Blick auf eine kohärente Behandlung ähnlicher Sachverhalte im gesamten Binnenmarkt sollte eine Rechtsgrundlage für die Einleitung von Untersuchungen einzelner Wirtschaftszweige oder Beihilfeinstrumente in mehreren Mitgliedstaaten vorgesehen werden. Aus Gründen der Verhältnismäßigkeit sollten Untersuchungen einzelner Wirtschaftszweige angesichts des hohen Verwaltungsaufwands, den sie verursachen, nur dann durchgeführt werden, wenn aufgrund der vorliegenden Informationen ein hinreichender Verdacht besteht, dass in mehreren Mitgliedstaaten staatliche Beihilfen in einem bestimmten Wirtschaftszweig den Wettbewerb im Binnenmarkt wesentlich einschränken oder verzerren könnten oder dass bestehende Beihilfen in einem bestimmten Wirtschaftszweig in mehreren Mitgliedstaaten nicht oder nicht mehr mit dem Binnenmarkt vereinbar sind. Solche Untersuchungen würden es der Kommission ermöglichen, horizontale Beihilfen effizient und transparent zu behandeln und bereits ex ante einen Überblick über den betreffenden Wirtschaftszweig zu erhalten.

(35) Damit die Kommission die Befolgung ihrer Beschlüsse wirksam überwachen kann und ihre Zusammenarbeit mit den Mitgliedstaaten bei der fortlaufenden Überprüfung aller bestehenden Beihilferegelungen nach Artikel 108 Absatz 1 AEUV erleichtert wird, ist es notwendig, dass für alle bestehenden Beihilferegelungen eine allgemeine Berichterstattungspflicht vorgesehen wird.

(36) Hat die Kommission ernsthafte Bedenken, ob ihre Beschlüsse befolgt werden, sollte sie über zusätzliche Instrumente verfügen, um die Informationen einholen zu können, die für die Nachprüfung der tatsächlichen Befolgung ihrer Beschlüsse erforderlich sind. In dieser Hinsicht stellen Nachprüfungen vor Ort ein geeignetes und nützliches Instrument dar, und zwar insbesondere in Fällen, in denen Beihilfen missbräuchlich angewandt worden sein könnten. Deshalb sollte die Kommission dazu ermächtigt werden, Nachprüfungen vor Ort durchzuführen, und die zuständigen Behörden der Mitgliedstaaten sollten mit ihr zusammenarbeiten, wenn ein Unternehmen sich einer solchen Nachprüfung vor Ort widersetzt.

(37) Eine kohärente Anwendung der Vorschriften über staatliche Beihilfen erfordert Festlegungen bezüglich der Zusammenarbeit zwischen den mitgliedstaatlichen Gerichten und der Kommission. Diese Zusammenarbeit ist für alle mitgliedstaatlichen Gerichte relevant, die Artikel 107 Absatz 1 und Artikel 108 AEUV anwenden. Die Gerichte der Mitgliedstaaten sollten insbesondere die Möglichkeit haben, die Kommission um Auskünfte oder um Stellungnahmen zu Fragen der Anwendung Vorschriften über staatliche Beihilfen zu ersuchen. Der Kommission wiederum sollte die Möglichkeit gegeben werden, sich mündlich oder schriftlich vor Gerichten der Mitgliedstaaten zu äußern, wenn Artikel 107 Absatz 1 oder Artikel 108 AEUV zur Anwendung kommt. Wenn die Kommission die mitgliedstaatlichen Gerichte in dieser Weise unterstützt, so sollte sie entsprechend ihrer Aufgabe handeln, das öffentliche Interesse zu schützen.

(38) Diese Stellungnahmen der Kommission sollten nicht Artikel 267 AEUV berühren und sollten für die Gerichte der Mitgliedstaaten rechtlich nicht bindend sein. Sie sollten im Einklang mit den einzelstaatlichen Verfahrensregeln und Gepflogenheiten, einschließlich derjenigen, die die Wahrung der Rechte der Parteien betreffen, erfolgen, wobei die Unabhängigkeit der mitgliedstaatlichen Gerichte in vollem Umfang zu achten ist. Die Kommission sollte sich nur dann aus eigener Initiative äußern, wenn dies für die kohärente Anwendung des Artikels 107 Absatz 1 oder des Artikels 108 AEUV erforderlich ist, insbesondere in Fällen, die für die Vollstreckung oder Weiterentwicklung der Rechtsprechung der Union zum Beihilferecht von Bedeutung sind.

(39) Im Interesse der Transparenz und Rechtssicherheit sollten die Beschlüsse der Kommission der Öffentlichkeit zugänglich gemacht werden; gleichzeitig gilt weiterhin der Grundsatz, dass

Beschlüsse über staatliche Beihilfen an den betreffenden Mitgliedstaat gerichtet werden. Deswegen ist es zweckmäßig, alle Beschlüsse, die die Interessen der Beteiligten beeinträchtigen könnten, in vollständiger oder zusammengefasster Form zu veröffentlichen oder für die Beteiligten Kopien derjenigen Beschlüsse bereitzuhalten, die nicht veröffentlicht oder nicht in vollständiger Form veröffentlicht wurden.

(40) Die Kommission sollte bei der Veröffentlichung ihrer Beschlüsse die Vorschriften über das Berufsgeheimnis nach Artikel 339 AEUV befolgen und insbesondere alle vertraulichen Informationen und personenbezogenen Daten schützen.

(41) Die Kommission sollte in enger Zusammenarbeit mit dem Beratenden Ausschuss für staatliche Beihilfen Durchführungsbestimmungen für die Verfahren nach dieser Verordnung erlassen können —

HAT FOLGENDE VERORDNUNG ERLASSEN:

Kapitel I: Allgemeines

Artikel 1 Definitionen

Im Sinne dieser Verordnung bezeichnet der Ausdruck

a) „Beihilfen" alle Maßnahmen, die die Voraussetzungen des Artikels 107 Absatz 1 AEUV erfüllen;

b) „bestehende Beihilfen"

i. unbeschadet der Artikel 144 und 172 der Akte über den Beitritt Österreichs, Finnlands und Schwedens, des Anhangs IV Nummer 3 und der Anlage zu diesem Anhang der Akte über den Beitritt der Tschechischen Republik, Estlands, Zyperns, Lettlands, Litauens, Ungarns, Maltas, Polens, Sloweniens und der Slowakei, des Anhangs V Nummer 2 und Nummer 3 Buchstabe b und der Anlage zu diesem Anhang der Akte über den Beitritt Bulgariens und Rumäniens und des Anhangs IV Nummer 2 und Nummer 3 Buchstabe b und der Anlage zu diesem Anhang der Akte über den Beitritt Kroatiens alle Beihilfen, die vor Inkrafttreten des AEUV in dem entsprechenden Mitgliedstaat bestanden, also Beihilferegelungen und Einzelbeihilfen, die vor Inkrafttreten des AEUV in dem entsprechenden Mitgliedstaat eingeführt worden sind und auch nach dessen Inkrafttreten noch anwendbar sind;

ii. genehmigte Beihilfen, also Beihilferegelungen und Einzelbeihilfen, die von der Kommission oder vom Rat genehmigt wurden;

iii. Beihilfen, die gemäß Artikel 4 Absatz 6 der Verordnung (EG) Nr. 659/1999 oder Artikel 4 Absatz 6 der vorliegenden Verordnung oder vor Erlass der Verordnung (EG) Nr. 659/1999, aber gemäß diesem Verfahren als genehmigt gelten;

iv. Beihilfen, die gemäß Artikel 17 der vorliegenden Verordnung als bereits bestehende Beihilfen gelten;

v. Beihilfen, die als bestehende Beihilfen gelten, weil nachgewiesen werden kann, dass sie zu dem Zeitpunkt, zu dem sie eingeführt wurden, keine Beihilfe waren und später aufgrund der Entwicklung des Binnenmarktes zu Beihilfen wurden, ohne dass sie eine Änderung durch den betreffenden Mitgliedstaat erfahren haben. Werden bestimmte Maßnahmen im Anschluss an die Liberalisierung einer Tätigkeit durch Rechtsvorschriften der Union zu Beihilfen, so gelten derartige Maßnahmen nach dem für die Liberalisierung festgelegten Termin nicht als bestehende Beihilfen;

c) „neue Beihilfen" alle Beihilfen, also Beihilferegelungen und Einzelbeihilfen, die keine bestehenden Beihilfen sind, einschließlich Änderungen bestehender Beihilfen;

d) „Beihilferegelung" eine Regelung, wonach Unternehmen, die in der Regelung in einer allgemeinen und abstrakten Weise definiert werden, ohne nähere Durchführungsmaßnahmen Einzelbeihilfen gewährt werden können, beziehungsweise eine Regelung, wonach einem oder mehreren Unternehmen nicht an ein bestimmtes Vorhaben gebundene Beihilfen für unbestimmte Zeit und/oder in unbestimmter Höhe gewährt werden können;

e) „Einzelbeihilfen" Beihilfen, die nicht aufgrund einer Beihilferegelung gewährt werden, und einzelne anmeldungspflichtige Zuwendungen aufgrund einer Beihilferegelung;

f) „rechtswidrige Beihilfen" neue Beihilfen, die unter Verstoß gegen Artikel 108 Absatz 3 AEUV eingeführt werden;

g) „missbräuchliche Anwendung von Beihilfen" Beihilfen, die der Empfänger unter Verstoß gegen einen Beschluss nach Artikel 4 Absatz 3 oder Artikel 7 Absätze 3 oder 4 der Verordnung (EG) Nr. 659/1999 oder Artikel 4 Absatz 3 oder Artikel 9 Absätze 3 oder 4 der vorliegenden Verordnung verwendet;

h) „Beteiligte" Mitgliedstaaten, Personen, Unternehmen oder Unternehmensvereinigungen, deren Interessen aufgrund der Gewährung einer Beihilfe beeinträchtigt sein können, insbesondere der Beihilfeempfänger, Wettbewerber und Berufsverbände.

Kapitel II: Verfahren bei angemeldeten Beihilfen

Artikel 2 Anmeldung neuer Beihilfen

(1) Soweit die Verordnungen nach Artikel 109 AEUV oder nach anderen einschlägigen Vorschriften des AEUV nichts anderes vorsehen, teilen die Mitgliedstaaten der Kommission ihre Vorhaben zur Gewährung neuer Beihilfen rechtzeitig mit. Die Kommission unterrichtet den betreffenden Mitgliedstaat unverzüglich vom Eingang einer Anmeldung.

(2) Der betreffende Mitgliedstaat übermittelt der Kommission in seiner Anmeldung alle sachdienlichen Auskünfte, damit diese einen Beschluss nach den Artikeln 4 und 9 erlassen kann (im Folgenden „vollständige Anmeldung").

Artikel 3 Durchführungsverbot

Anmeldungspflichtige Beihilfen nach Artikel 2 Absatz 1 dürfen nicht eingeführt werden, bevor die Kommission einen diesbezüglichen Genehmigungsbeschluss erlassen hat oder die Beihilfe als genehmigt gilt.

Artikel 4 Vorläufige Prüfung der Anmeldung und Beschlüsse der Kommission

(1) Die Kommission prüft die Anmeldung unmittelbar nach deren Eingang. Unbeschadet des Artikels 10 erlässt die Kommission einen Beschluss nach den Absätzen 2, 3 oder 4 des vorliegenden Artikels.

(2) Gelangt die Kommission nach einer vorläufigen Prüfung zu dem Schluss, dass die angemeldete Maßnahme keine Beihilfe darstellt, so stellt sie dies durch Beschluss fest.

(3) Stellt die Kommission nach einer vorläufigen Prüfung fest, dass die angemeldete Maßnahme, insoweit sie in den Anwendungsbereich des Artikels 107 Absatz 1 AEUV fällt, keinen Anlass zu Bedenken hinsichtlich ihrer Vereinbarkeit mit dem Binnenmarkt gibt, so beschließt sie, dass die Maßnahme mit dem Binnenmarkt vereinbar ist (im Folgenden „Beschluss, keine Einwände zu erheben"). In dem Beschluss wird angeführt, welche Ausnahmevorschrift des AEUV zur Anwendung gelangt ist.

(4) Stellt die Kommission nach einer vorläufigen Prüfung fest, dass die angemeldete Maßnahme Anlass zu Bedenken hinsichtlich ihrer Vereinbarkeit mit dem Binnenmarkt gibt, so beschließt sie, das Verfahren nach Artikel 108 Absatz 2 AEUV zu eröffnen (im Folgenden „Beschluss über die Eröffnung des förmlichen Prüfverfahrens").

(5) Die Beschlüsse nach den Absätzen 2, 3 und 4 dieses Artikels werden innerhalb von zwei Monaten erlassen. Diese Frist beginnt am Tag nach dem Eingang der vollständigen Anmeldung. Die Anmeldung gilt als vollständig, wenn die Kommission innerhalb von zwei Monaten nach Eingang der Anmeldung oder nach Eingang der von ihr — gegebenenfalls — angeforderten zusätzlichen Informationen keine weiteren Informationen anfordert. Die Frist kann mit Zustim-

mung der Kommission und des betreffenden Mitgliedstaats verlängert werden. Die Kommission kann bei Bedarf kürzere Fristen setzen.

(6) Hat die Kommission innerhalb der in Absatz 5 genannten Frist keinen Beschluss nach den Absätzen 2, 3 oder 4 erlassen, so gilt die Beihilfe als von der Kommission genehmigt. Der betreffende Mitgliedstaat kann daraufhin die betreffenden Maßnahmen durchführen, nachdem er die Kommission hiervon in Kenntnis gesetzt hat, es sei denn, dass diese innerhalb einer Frist von 15 Arbeitstagen nach Erhalt der Benachrichtigung einen Beschluss nach diesem Artikel erlässt.

Artikel 5 Auskunftsersuchen an den anmeldenden Mitgliedstaat

(1) Vertritt die Kommission die Auffassung, dass die von dem betreffenden Mitgliedstaat vorgelegten Informationen über eine Maßnahme, die nach Artikel 2 angemeldet wurde, unvollständig sind, so fordert sie alle sachdienlichen ergänzenden Auskünfte an. Hat ein Mitgliedstaat auf ein derartiges Ersuchen geantwortet, so unterrichtet die Kommission den Mitgliedstaat vom Eingang der Antwort.

(2) Wird eine von dem betreffenden Mitgliedstaat verlangte Auskunft innerhalb der von der Kommission festgesetzten Frist nicht oder nicht vollständig erteilt, so übermittelt die Kommission ein Erinnerungsschreiben, in dem sie eine zusätzliche Frist für die Auskunftserteilung festsetzt.

(3) Die Anmeldung gilt als zurückgezogen, wenn die angeforderten Auskünfte nicht innerhalb der festgesetzten Frist vorgelegt werden, es sei denn, dass entweder diese Frist mit Zustimmung der Kommission und des betreffenden Mitgliedstaats vor ihrem Ablauf verlängert worden ist oder dass der betreffende Mitgliedstaat der Kommission vor Ablauf der festgesetzten Frist in einer ordnungsgemäß begründeten Erklärung mitteilt, dass er die Anmeldung als vollständig betrachtet, weil die angeforderten ergänzenden Informationen nicht verfügbar oder bereits übermittelt worden sind. In diesem Fall beginnt die in Artikel 4 Absatz 5 genannte Frist am Tag nach dem Eingang der Erklärung. Gilt die Anmeldung als zurückgezogen, so teilt die Kommission dies dem Mitgliedstaat mit.

Artikel 6 Förmliches Prüfverfahren

(1) Der Beschluss über die Eröffnung des förmlichen Prüfverfahrens enthält eine Zusammenfassung der wesentlichen Sach- und Rechtsfragen, eine vorläufige Würdigung des Beihilfecharakters der geplanten Maßnahme durch die Kommission und Ausführungen über ihre Bedenken hinsichtlich der Vereinbarkeit mit dem Binnenmarkt. Der betreffende Mitgliedstaat und die anderen Beteiligten werden in diesem Beschluss zu einer Stellungnahme innerhalb einer Frist von normalerweise höchstens einem Monat aufgefordert. In ordnungsgemäß begründeten Fällen kann die Kommission diese Frist verlängern.

(2) Die von der Kommission erhaltenen Stellungnahmen werden dem betreffenden Mitgliedstaat mitgeteilt. Ersucht ein Beteiligter um Nichtbekanntgabe seiner Identität mit der Begründung, dass ihm daraus ein Schaden entstehen könnte, so wird die Identität des Beteiligten dem betreffenden Mitgliedstaat nicht bekannt gegeben. Der betreffende Mitgliedstaat kann sich innerhalb einer Frist von normalerweise höchstens einem Monat zu den Stellungnahmen äußern. In ordnungsgemäß begründeten Fällen kann die Kommission diese Frist verlängern.

Artikel 7 Auskunftsersuchen an andere Auskunftgeber

(1) Nach Einleitung des in Artikel 6 vorgesehenen förmlichen Prüfverfahrens, insbesondere in technisch komplexen Fällen, die einer inhaltlichen Würdigung bedürfen, kann die Kommission, wenn die Angaben, die ihr der betreffende Mitgliedstaat im Verlauf der vorläufigen Prüfung übermittelt hat, nicht für die vollumfängliche Würdigung der in Rede stehenden Maßnahme ausreichen, einen anderen Mitgliedstaat, ein Unternehmen oder eine Unternehmensvereinigung auffordern, ihr alle für die vollumfängliche Würdigung der in Rede stehenden Maßnahme erforderlichen Marktauskünfte zu übermitteln, wobei insbesondere bei kleinen und mittleren Unternehmen dem Grundsatz der Verhältnismäßigkeit gebührend Rechnung zu tragen ist.

(2) Die Kommission darf nur unter folgenden Bedingungen Auskunftsersuchen stellen:

i. im Rahmen eines förmlichen Prüfverfahren, das sich ihrer Einschätzung nach bisher als wirkungslos erwiesen hat, und

ii. sofern die Ersuchen an Beihilfeempfänger gerichtet sind, wenn der betreffende Mitgliedstaat sein Einverständnis erklärt.

(3) Wenn Unternehmen oder Unternehmensvereinigungen auf ein Marktauskunftsersuchen der Kommission nach den Absätzen 6 und 7 hin Auskünfte erteilen, so übermitteln sie ihre Antwort gleichzeitig der Kommission und dem betreffenden Mitgliedstaat, sofern die übermittelten Dokumente keine Auskünfte enthalten, die der Geheimhaltung gegenüber diesem Mitgliedstaat unterliegen.

Die Kommission lenkt und überwacht den Austausch von Auskünften zwischen den betreffenden Mitgliedstaaten, Unternehmen oder Unternehmensvereinigungen und überprüft die angebliche Vertraulichkeit der erteilten Auskünfte.

(4) Die Kommission fordert nur Auskünfte an, die den betreffenden Mitgliedstaaten, Unternehmen oder Unternehmensvereinigungen zur Verfügung stehen.

(5) Die Mitgliedstaaten erteilen die Auskunft auf der Grundlage eines einfachen Auskunftsersuchens innerhalb einer von der Kommission gesetzten Frist, die unter normalen Umständen nicht mehr als einen Monat betragen sollte. Erteilt ein Mitgliedstaat die angeforderte Auskunft nicht innerhalb dieser Frist oder nur unvollständig, so übermittelt die Kommission ein Erinnerungsschreiben.

(6) Die Kommission kann ein Unternehmen oder eine Unternehmensvereinigung im Wege eines einfachen Auskunftsersuchens zur Erteilung von Auskünften auffordern. In solchen einfachen Auskunftsersuchen an Unternehmen oder Unternehmensvereinigungen gibt die Kommission die Rechtsgrundlage und den Zweck des Auskunftsersuchens sowie die benötigten Auskünfte an und setzt eine angemessene Frist für die Übermittlung dieser Informationen. Ferner weist sie auf die Geldbußen nach Artikel 8 Absatz 1 im Falle unrichtiger oder irreführender Angaben hin.

(7) Die Kommission kann ein Unternehmen oder eine Unternehmensvereinigung durch Beschluss zur Übermittlung von Auskünften auffordern. Wenn die Kommission ein Unternehmen oder eine Unternehmensvereinigung durch Beschluss zur Erteilung von Auskünften auffordert, gibt sie die Rechtsgrundlage und den Zweck des Auskunftsersuchens sowie die benötigten Auskünfte an und setzt eine angemessene Frist für die Übermittlung dieser Informationen. Ferner verweist sie auf die nach Artikel 8 Absatz 1 vorgesehenen Geldbußen und führt die Zwangsgelder nach Artikel 8 Absatz 2 auf oder verhängt sie gegebenenfalls. Außerdem weist sie auf das Recht des Unternehmens oder der Unternehmensvereinigung hin, vor dem Gerichtshof gegen den Beschluss Einspruch zu erheben.

(8) Wenn die Kommission ein Auskunftsersuchen nach Absatz 1 oder 6 dieses Artikels stellt oder einen Beschluss nach Absatz 7 erlässt, so übermittelt sie gleichzeitig dem betreffenden Mitgliedstaat eine Kopie davon. Die Kommission gibt dabei auch an, nach welchen Kriterien sie die Adressaten des Auskunftsersuchens oder des Beschlusses ausgewählt hat.

(9) Die Inhaber der Unternehmen oder deren Vertreter oder — im Fall von juristischen Personen, Gesellschaften, Betrieben oder Vereinigungen ohne Rechtspersönlichkeit — die nach Gesetz oder Satzung zur Vertretung berufenen Personen erteilen die verlangten oder benötigten Auskünfte im Namen des betreffenden Unternehmens. Ordnungsgemäß bevollmächtigte Personen können die Auskünfte im Namen ihrer Mandanten erteilen. Letztere tragen jedoch die volle Verantwortung dafür, dass die erteilten Auskünfte sachlich richtig, vollständig und nicht irreführend sind.

Artikel 8 Geldbußen und Zwangsgelder

(1) Die Kommission kann, sofern sie dies als notwendig und angemessen erachtet, gegen Unternehmen und Unternehmensvereinigungen durch Beschluss Geldbußen von bis zu 1 % ihres

im vorausgegangenen Geschäftsjahr erzielten Gesamtumsatzes festsetzen, wenn sie vorsätzlich oder grob fahrlässig

a) bei der Erteilung einer nach Artikel 7 Absatz 6 verlangten Auskunft unrichtige oder irreführende Angaben machen,

b) bei der Erteilung einer im Wege eines Beschlusses nach Artikel 7 Absatz 7 verlangten Auskunft unrichtige, unvollständige oder irreführende Angaben machen oder die Angaben nicht innerhalb der gesetzten Frist übermitteln.

(2) Die Kommission kann gegen Unternehmen oder Unternehmensvereinigungen, die es versäumen, die von ihr im durch Beschluss nach Artikel 7 Absatz 7 verlangten Auskunft vollständig und richtig zu erteilen, durch Beschluss Zwangsgelder festsetzen.

Diese Zwangsgelder betragen höchstens 5 % des von dem betroffenen Unternehmen oder Unternehmensvereinigung im vorausgegangenen Geschäftsjahr erzielten durchschnittlichen Tagesumsatzes für jeden Tag, um den die in ihrem Beschluss festgesetzte Frist überschritten wird, bis die von der Kommission angeforderten oder benötigten Auskünfte vollständig und richtig erteilt werden.

(3) Bei der Festsetzung der Geldbußen oder Zwangsgelder wird der Art, der Schwere und der Dauer der Zuwiderhandlung sowie — insbesondere bei kleinen und mittleren Unternehmen — dem Grundsatz der Verhältnismäßigkeit und der Angemessenheit gebührend Rechnung getragen.

(4) Wenn die Unternehmen oder Unternehmensvereinigungen der Verpflichtung nachgekommen sind, zu deren Erfüllung das Zwangsgeld festgesetzt worden war, kann die Kommission die endgültige Höhe des Zwangsgelds im Vergleich zu dem Betrag, der sich aus dem ursprünglichen Beschluss, mit dem das Zwangsgeld verhängt wurde, ergeben würde, herabsetzen. Die Kommission kann die Zwangsgelder auch erlassen.

(5) Vor Erlass eines Beschlusses nach Absatz 1 oder 2 dieses Artikels setzt die Kommission den betreffenden Unternehmen oder Unternehmensvereinigungen eine endgültige Frist von zwei Wochen für die Übermittlung der fehlenden Marktauskünfte und gibt ihnen zudem Gelegenheit zur Stellungnahme.

(6) Bei Klagen gegen Beschlüsse der Kommission zur Verhängung einer Geldbuße oder eines Zwangsgelds hat der Gerichtshof der Europäischen Union die Befugnis zu unbeschränkter Ermessensnachprüfung des Beschlusses im Sinne von Artikel 261 AEUV. Er kann die festgesetzte Geldbuße oder das festgesetzte Zwangsgeld aufheben, herabsetzen oder erhöhen.

Artikel 9 Beschlüsse der Kommission über den Abschluss des förmlichen Prüfverfahrens

(1) Das förmliche Prüfverfahren wird unbeschadet des Artikels 10 durch einen Beschluss nach den Absätzen 2 bis 5 des vorliegenden Artikels abgeschlossen.

(2) Gelangt die Kommission zu dem Schluss, dass die angemeldete Maßnahme, gegebenenfalls nach entsprechenden Änderungen durch den betreffenden Mitgliedstaat, keine Beihilfe darstellt, so stellt sie dies durch Beschluss fest.

(3) Stellt die Kommission fest, dass, gegebenenfalls nach Änderung durch den betreffenden Mitgliedstaat, die Bedenken hinsichtlich der Vereinbarkeit der angemeldeten Maßnahme mit dem Binnenmarkt ausgeräumt sind, so beschließt sie, dass die Beihilfe mit dem Binnenmarkt vereinbar ist (im Folgenden „Positivbeschluss"). In dem Beschluss wird angeführt, welche Ausnahmevorschrift des AEUV zur Anwendung gelangt ist.

(4) Die Kommission kann einen Positivbeschluss mit Bedingungen und Auflagen verbinden, die ihr ermöglichen, die Beihilfe für mit dem Binnenmarkt vereinbar zu erklären bzw. die Befolgung ihres Beschlusses zu überwachen (im Folgenden „mit Bedingungen und Auflagen verbundener Beschluss").

(5) Gelangt die Kommission zu dem Schluss, dass die angemeldete Beihilfe mit dem Binnenmarkt unvereinbar ist, so beschließt sie, dass diese Beihilfe nicht eingeführt werden darf (im Folgenden „Negativbeschluss").

(6) Beschlüsse nach den Absätzen 2 bis 5 werden erlassen, sobald die in Artikel 4 Absatz 4 genannten Bedenken ausgeräumt sind. Die Kommission bemüht sich darum, einen Beschluss möglichst innerhalb von 18 Monaten nach Eröffnung des Prüfverfahrens zu erlassen. Diese Frist kann von der Kommission und dem betreffenden Mitgliedstaat einvernehmlich verlängert werden.

(7) Ist die Frist nach Absatz 6 dieses Artikels abgelaufen, so erlässt die Kommission auf Wunsch des betreffenden Mitgliedstaats innerhalb von zwei Monaten auf der Grundlage der ihr zur Verfügung stehenden Informationen einen Beschluss. Reichen die ihr vorgelegten Informationen nicht aus, um die Vereinbarkeit festzustellen, so erlässt die Kommission gegebenenfalls einen Negativbeschluss.

(8) Vor Erlass eines Beschlusses nach den Absätzen 2 bis 5 gibt die Kommission dem betreffenden Mitgliedstaat Gelegenheit, innerhalb einer Frist von in der Regel höchstens einem Monat zu den Auskünften, die ihr gemäß Artikel 7 Absatz 3 der Kommission erteilt und an den betreffenden Mitgliedstaat übermittelt worden sind, Stellung zu nehmen.

(9) Die Kommission verwendet vertrauliche Auskünfte, die weder durch Aggregation noch auf andere Weise anonymisiert werden können, nur dann in nach den Absätzen 2 bis 5 dieses Artikels erlassenen Beschlüssen, wenn die Auskunftgeber vorher einer Offenlegung dieser Auskünfte gegenüber dem betreffenden Mitgliedstaat zugestimmt haben. Die Kommission kann in einem mit Gründen versehenen Beschluss, der dem betreffenden Unternehmen oder der betreffenden Unternehmensvereinigung bekannt gegeben wird, feststellen, dass ihr übermittelte und als vertraulich gekennzeichnete Informationen nicht geschützt sind, und einen Zeitpunkt festlegen, nach dem diese Informationen offengelegt werden. Diese Frist beträgt mindestens einen Monat.

(10) Die Kommission trägt den berechtigten Interessen der Unternehmen an der Wahrung ihrer Geschäftsgeheimnisse anderer vertraulicher Informationen gebührend Rechnung. Unternehmen oder Unternehmensvereinigungen, die Auskünfte nach Artikel 7 erteilen und nicht die Empfänger der in Rede stehenden Beihilfe sind, können darum ersuchen, dass ihre Identität dem betreffenden Mitgliedstaat nicht bekannt gegeben wird, weil ihnen daraus ein Schaden entstehen könnte.

Artikel 10 Rücknahme der Anmeldung

(1) Der betreffende Mitgliedstaat kann die Anmeldung im Sinne des Artikels 2 innerhalb einer angemessenen Frist, bevor die Kommission einen Beschluss nach Artikel 4 oder nach Artikel 9 erlassen hat, zurücknehmen.

(2) In Fällen, in denen die Kommission das förmliche Prüfverfahren eingelietet hat, wird dieses eingestellt.

Artikel 11 Widerruf eines Beschlusses

Die Kommission kann, nachdem sie dem betreffenden Mitgliedstaat Gelegenheit zur Stellungnahme gegeben hat, einen nach Artikel 4 Absätze 2 oder 3 oder nach Artikel 9 Absätze 2, 3 oder 4 erlassenen Beschluss widerrufen, wenn dieser auf während des Verfahrens übermittelten unrichtigen Informationen beruht, die ein für den Beschluss ausschlaggebender Faktor waren. Vor dem Widerruf eines Beschlusses und dem Erlass eines neuen Beschlusses eröffnet die Kommission das förmliche Prüfverfahren nach Artikel 4 Absatz 4. Die Artikel 6, 9 und 12, Artikel 13 Absatz 1 sowie die Artikel 15, 16 und 17 gelten entsprechend.

Kapitel III: Verfahren bei rechtswidrigen Beihilfen

Artikel 12 Prüfung, Auskunftsersuchen und Anordnung zur Auskunftserteilung

(1) Unbeschadet des Artikels 24 kann die Kommission von Amts wegen Auskünfte über mutmaßliche rechtswidrige Beihilfen prüfen, ungeachtet der Herkunft dieser Auskünfte.

Die Kommission prüft ohne ungebührliche Verzögerung jede nach Artikel 24 Absatz 2 eingelegte Beschwerde von Beteiligten und stellt sicher, dass der betreffende Mitgliedstaat regelmäßig in vollem Umfang über den Stand und das Ergebnis der Prüfung informiert wird.

(2) Falls erforderlich, verlangt die Kommission von dem betreffenden Mitgliedstaat Auskünfte. In diesem Fall gelten Artikel 2 Absatz 2 und Artikel 5 Absätze 1 und 2 entsprechend.

Nach Einleitung des förmlichen Prüfverfahrens kann die Kommission auch gemäß den Artikeln 7 und 8, die entsprechend gelten, von jedem anderen Mitgliedstaat, einem Unternehmen oder einer Unternehmensvereinigung Auskünfte verlangen.

(3) Werden von dem betreffenden Mitgliedstaat trotz eines Erinnerungsschreibens nach Artikel 5 Absatz 2 die verlangten Auskünfte innerhalb der von der Kommission festgesetzten Frist nicht oder nicht vollständig erteilt, so fordert die Kommission die Auskünfte durch Beschluss an (im Folgenden „Anordnung zur Auskunftserteilung"). Der Beschluss bezeichnet die angeforderten Auskünfte und legt eine angemessene Frist zur Erteilung dieser Auskünfte fest.

Artikel 13 Anordnung zur Aussetzung oder einstweiligen Rückforderung der Beihilfe

(1) Die Kommission kann, nachdem sie dem betreffenden Mitgliedstaat Gelegenheit zur Äußerung gegeben hat, einen Beschluss erlassen, mit dem dem Mitgliedstaat aufgegeben wird, alle rechtswidrigen Beihilfen so lange auszusetzen, bis die Kommission einen Beschluss über die Vereinbarkeit der Beihilfe mit dem Binnenmarkt erlassen hat (im Folgenden „Aussetzungsanordnung").

(2) Die Kommission kann, nachdem sie dem betreffenden Mitgliedstaat Gelegenheit zur Äußerung gegeben hat, einen Beschluss erlassen, mit dem dem Mitgliedstaat aufgegeben wird, alle rechtswidrigen Beihilfen einstweilig zurückzufordern, bis die Kommission einen Beschluss über die Vereinbarkeit der Beihilfe mit dem Binnenmarkt erlassen hat (im Folgenden „Rückforderungsanordnung"), sofern folgende Kriterien erfüllt sind:

a) Nach geltender Praxis bestehen hinsichtlich des Beihilfecharakters der betreffenden Maßnahme keinerlei Zweifel;
b) ein Tätigwerden ist dringend geboten;
c) ein erheblicher und nicht wiedergutzumachender Schaden für einen Konkurrenten ist ernsthaft zu befürchten.

Die Rückforderung erfolgt nach dem Verfahren des Artikels 16 Absätze 2 und 3. Nachdem die Beihilfe wieder eingezogen worden ist, erlässt die Kommission einen Beschluss innerhalb der für angemeldete Beihilfen geltenden Fristen.

Die Kommission kann den Mitgliedstaat ermächtigen, die Rückerstattung der Beihilfe mit der Zahlung einer Rettungsbeihilfe an das betreffende Unternehmen zu verbinden.

Dieser Absatz gilt nur für die nach dem Inkrafttreten der Verordnung (EG) Nr. 659/1999 gewährten rechtswidrigen Beihilfen.

Artikel 14 Nichtbefolgung einer Anordnung

Kommt der betreffende Mitgliedstaat einer Aussetzungs- oder Rückforderungsanordnung nicht nach, so kann die Kommission die Prüfung aufgrund der ihr vorliegenden Informationen fortsetzen sowie den Gerichtshof der Europäischen Union unmittelbar mit der Angelegenheit befassen und um die Feststellung ersuchen, dass die Nichtbefolgung der Anordnung einen Verstoß gegen den AEUV darstellt.

Artikel 15 Beschlüsse der Kommission

(1) Nach Prüfung einer etwaigen rechtswidrigen Beihilfe ergeht ein Beschluss nach Artikel 4 Absätze 2, 3 oder 4. Bei Beschlüssen zur Eröffnung eines förmlichen Prüfverfahrens wird das Verfahren durch einen Beschluss nach Artikel 9 abgeschlossen. Bei Nichtbefolgung der Anordnung zur Auskunftserteilung wird der Beschluss auf der Grundlage der verfügbaren Informationen erlassen.

(2) Bei etwaigen rechtswidrigen Beihilfen ist die Kommission — unbeschadet des Artikels 13 Absatz 2 — nicht an die in Artikel 4 Absatz 5 und Artikel 9 Absätze 6 und 7 genannte Frist gebunden.

(3) Artikel 11 gilt entsprechend.

Artikel 16 Rückforderung von Beihilfen

(1) In Negativbeschlüssen hinsichtlich rechtswidriger Beihilfen entscheidet die Kommission, dass der betreffende Mitgliedstaat alle notwendigen Maßnahmen ergreift, um die Beihilfe vom Empfänger zurückzufordern (im Folgenden „Rückforderungsbeschluss"). Die Kommission verlangt nicht die Rückforderung der Beihilfe, wenn dies gegen einen allgemeinen Grundsatz des Unionsrechts verstoßen würde.

(2) Die aufgrund eines Rückforderungsbeschlusses zurückzufordernde Beihilfe umfasst Zinsen, die nach einem von der Kommission festgelegten angemessenen Satz berechnet werden. Die Zinsen sind von dem Zeitpunkt, ab dem die rechtswidrige Beihilfe dem Empfänger zur Verfügung stand, bis zu ihrer tatsächlichen Rückzahlung zahlbar.

(3) Unbeschadet einer Entscheidung des Gerichtshofs der Europäischen Union nach Artikel 278 AEUV erfolgt die Rückforderung unverzüglich und nach den Verfahren des betreffenden Mitgliedstaats, sofern hierdurch die sofortige und tatsächliche Vollstreckung des Beschlusses der Kommission ermöglicht wird. Zu diesem Zweck unternehmen die betreffenden Mitgliedstaaten im Fall eines Verfahrens vor nationalen Gerichten unbeschadet des Unionsrechts alle in ihren jeweiligen Rechtsordnungen verfügbaren erforderlichen Schritte einschließlich vorläufiger Maßnahmen.

Kapitel IV: Verjährung

Artikel 17 Verjährung der Rückforderung von Beihilfen

(1) Die Befugnisse der Kommission zur Rückforderung von Beihilfen gelten für eine Frist von zehn Jahren.

(2) Diese Frist beginnt mit dem Tag, an dem die rechtswidrige Beihilfe dem Empfänger entweder als Einzelbeihilfe oder im Rahmen einer Beihilferegelung gewährt wird. Jede Maßnahme, die die Kommission oder ein Mitgliedstaat auf Antrag der Kommission bezüglich der rechtswidrigen Beihilfe ergreift, stellt eine Unterbrechung der Frist dar. Nach jeder Unterbrechung läuft die Frist von Neuem an. Die Frist wird ausgesetzt, solange der Beschluss der Kommission Gegenstand von Verhandlungen vor dem Gerichtshof der Europäischen Union ist.

(3) Jede Beihilfe, für die diese Frist ausgelaufen ist, gilt als bestehende Beihilfe.

Artikel 18 Verfolgungsverjährung

(1) Die Befugnisse, die der Kommission mit Artikel 8 übertragen wurden, verjähren nach einer Frist von drei Jahren.

(2) Die Frist nach Absatz 1 beginnt mit dem Tag, an dem die Zuwiderhandlung nach Artikel 8 begangen wurde. Bei andauernden oder fortgesetzten Zuwiderhandlungen beginnt die Frist mit dem Tag, an dem die Zuwiderhandlung eingestellt wurde.

(3) Die Verjährung der Befugnis zur Festsetzung von Geldbußen oder Zwangsgeldern wird durch jede auf Ermittlung oder Verfolgung der Zuwiderhandlung nach Artikel 8 gerichtete

Handlung der Kommission von dem Tag an unterbrochen, an dem die Handlung dem betreffenden Unternehmen oder der betreffenden Unternehmensvereinigung bekannt gegeben wird.

(4) Nach jeder Unterbrechung läuft die Verjährungsfrist von Neuem an. Die Verjährung tritt jedoch spätestens mit dem Tag ein, an dem eine Frist von sechs Jahren verstrichen ist, ohne dass die Kommission eine Geldbuße oder ein Zwangsgeld festgesetzt hat. Diese Frist verlängert sich um den Zeitraum, in dem die Verjährung nach Absatz 5 dieses Artikels ruht.

(5) Die Verfolgungsverjährung ruht, solange wegen des Beschlusses der Kommission ein Verfahren vor dem Gerichtshof der Europäischen Union anhängig ist.

Artikel 19 Vollstreckungsverjährung

(1) Die Befugnis der Kommission zur Vollstreckung von Beschlüssen nach Artikel 8 verjährt nach Ablauf von fünf Jahren.

(2) Die Frist nach Absatz 1 beginnt mit dem Tag, an dem der Beschluss nach Artikel 8 bestandskräftig geworden ist.

(3) Die Frist nach Absatz 1 dieses Artikels wird unterbrochen durch

a) Bekanntgabe eines Beschlusses, durch den der ursprüngliche Betrag der Geldbuße oder des Zwangsgelds abgeändert oder ein Antrag auf eine solche Änderung abgelehnt wird,
b) jede auf zwangsweise Beitreibung der Geldbuße oder des Zwangsgelds gerichtete Handlung eines auf Antrag der Kommission handelnden Mitgliedstaats oder der Kommission.

(4) Nach jeder Unterbrechung läuft die Verjährungsfrist von Neuem an.

(5) Die Vollstreckungsverjährung nach Absatz 1 ist gehemmt, solange

a) eine Zahlungserleichterung bewilligt ist,
b) die Zwangsvollstreckung durch eine Entscheidung des Gerichtshofs ausgesetzt ist.

Kapitel V: Verfahren bei missbräuchlicher Anwendung von Beihilfen

Artikel 20 Missbräuchliche Anwendung von Beihilfen

Unbeschadet des Artikels 28 kann die Kommission bei missbräuchlicher Anwendung von Beihilfen das förmliche Prüfverfahren nach Artikel 4 Absatz 4 eröffnen. Die Artikel 6 bis 9, 11 und 12 sowie Artikel 13 Absatz 1 und die Artikel 14 bis 17 gelten entsprechend.

Kapitel VI: Verfahren bei bestehenden Beihilferegelungen

Artikel 21 Zusammenarbeit nach Artikel 108 Absatz 1 AEUV

(1) Für die Überprüfung bestehender Beihilferegelungen in Zusammenarbeit mit dem betreffenden Mitgliedstaat holt die Kommission nach Artikel 108 Absatz 1 AEUV bei diesem alle erforderlichen Auskünfte ein.

(2) Gelangt die Kommission zur vorläufigen Auffassung, dass eine bestehende Beihilferegelung nicht oder nicht mehr mit dem Binnenmarkt vereinbar ist, so setzt sie den betreffenden Mitgliedstaat hiervon in Kenntnis und gibt ihm Gelegenheit zur Stellungnahme innerhalb einer Frist von einem Monat. In ordnungsgemäß begründeten Fällen kann die Kommission diese Frist verlängern.

Artikel 22 Vorschlag zweckdienlicher Maßnahmen

Gelangt die Kommission aufgrund der von dem betreffenden Mitgliedstaat nach Artikel 21 übermittelten Auskünfte zu dem Schluss, dass die bestehende Beihilferegelung mit dem Binnenmarkt nicht oder nicht mehr vereinbar ist, so schlägt sie dem betreffenden Mitgliedstaat zweckdienliche Maßnahmen vor. Der Vorschlag kann insbesondere in Folgendem bestehen:

a) inhaltliche Änderung der Beihilferegelung oder
b) Einführung von Verfahrensvorschriften oder
c) Abschaffung der Beihilferegelung.

Artikel 23 Rechtsfolgen eines Vorschlags zweckdienlicher Maßnahmen

(1) Wenn der betreffende Mitgliedstaat den vorgeschlagenen Maßnahmen zustimmt und die Kommission hiervon in Kenntnis setzt, hält die Kommission dies fest und unterrichtet den Mitgliedstaat hiervon. Der Mitgliedstaat ist aufgrund seiner Zustimmung verpflichtet, die zweckdienlichen Maßnahmen durchzuführen.

(2) Wenn der betreffende Mitgliedstaat den vorgeschlagenen Maßnahmen nicht zustimmt und die Kommission trotz der von dem Mitgliedstaat vorgebrachten Argumente weiterhin die Auffassung vertritt, dass diese Maßnahmen notwendig sind, so leitet sie das Verfahren nach Artikel 4 Absatz 4 ein. Die Artikel 6, 9 und 11 gelten entsprechend.

Kapitel VII: Beteiligte

Artikel 24 Rechte der Beteiligten

(1) Jeder Beteiligte kann nach dem Beschluss der Kommission zur Eröffnung des förmlichen Prüfverfahrens eine Stellungnahme nach Artikel 6 abgeben. Jeder Beteiligte, der eine solche Stellungnahme abgegeben hat, und jeder Empfänger einer Einzelbeihilfe erhält eine Kopie des von der Kommission gemäß Artikel 9 erlassenen Beschlusses.

(2) Jeder Beteiligte kann eine Beschwerde einlegen, um die Kommission über mutmaßliche rechtswidrige Beihilfen oder über eine mutmaßliche missbräuchliche Anwendung von Beihilfen zu informieren. Hierfür füllt der Beteiligte ein in einer Durchführungsvorschrift nach Artikel 33 festgelegtes Formular ordnungsgemäß aus und erteilt alle darin angeforderten obligatorischen Auskünfte.

Wenn die Kommission nach einer ersten Prüfung zu der Auffassung gelangt, dass der Beteiligte dem vorgeschriebenen Beschwerdeformular nicht entsprochen hat oder die von ihm vorgebrachten sachlichen und rechtlichen Gesichtspunkte auf der Grundlage einer Prima-facie-Prüfung nicht als Nachweis für das Vorliegen oder die missbräuchliche Nutzung einer Beihilfe ausreichen, setzt sie ihn davon in Kenntnis und fordert ihn auf, innerhalb einer vorgeschriebenen Frist von höchstens einem Monat dazu Stellung zu nehmen. Falls der Beteiligte nicht innerhalb der vorgeschriebenen Frist Stellung nimmt, gilt die Beschwerde als zurückgezogen. Die Kommission unterrichtet den betreffenden Mitgliedstaat, sobald eine Beschwerde als zurückgezogen gilt.

Die Kommission übermittelt dem Beschwerdeführer eine Kopie des Beschlusses zu einer Beihilfesache, die den Gegenstand der Beschwerde betrifft.

(3) Jeder Beteiligte erhält auf Antrag eine Kopie jedes nach den Artikeln 4 und 9, nach Artikel 12 Absatz 3 und Artikel 13 erlassenen Beschlusses.

Kapitel VIII: Untersuchungen einzelner Wirtschaftszweige und Beihilfeinstrumente

Artikel 25 Untersuchungen einzelner Wirtschaftszweige und Beihilfeinstrumente

(1) Besteht aufgrund der vorliegenden Informationen ein hinreichender Verdacht, dass in einem bestimmten Wirtschaftszweig oder über ein bestimmtes Beihilfeinstrument gewährte Beihilfen möglicherweise in mehreren Mitgliedstaaten den Wettbewerb im Binnenmarkt wesentlich einschränken oder verzerren oder bestehende Beihilfen in einem bestimmten Wirtschaftszweig nicht oder nicht mehr mit dem Binnenmarkt vereinbar sind, kann die Kommission eine Untersuchung des betreffenden Wirtschaftszweigs oder der Anwendung des betreffenden Beihilfeinstruments in mehreren Mitgliedstaaten durchführen. Im Rahmen dieser Untersuchung kann die Kommission von den betreffenden Mitgliedstaaten und/oder Unternehmen oder Unternehmensvereinigungen unter gebührender Berücksichtigung des Grundsatzes der Verhältnismäßigkeit die Auskünfte verlangen, die für die Anwendung der Artikel 107 und 108 AEUV erforderlich sind.

Die Kommission begründet in allen Auskunftsersuchen, die sie nach diesem Artikel stellt, weshalb sie die Untersuchung eingeleitet und die Adressaten ausgewählt hat.

Sie veröffentlicht einen Bericht über die Ergebnisse ihrer Untersuchung einzelner Wirtschaftszweige oder der Anwendung einzelner Beihilfeinstrumente in verschiedenen Mitgliedstaaten und fordert die betreffenden Mitgliedstaaten, Unternehmen oder Unternehmensvereinigungen auf, dazu Stellung zu nehmen.

(2) Auskünfte, die bei der Untersuchung einzelner Wirtschaftszweige eingeholt wurden, dürfen im Rahmen von Verfahren nach dieser Verordnung verwendet werden.

(3) Die Artikel 5, 7 und 8 dieser Verordnung gelten entsprechend.

Kapitel IX: Überwachung

Artikel 26 Jahresberichte

(1) Die Mitgliedstaaten unterbreiten der Kommission Jahresberichte über alle bestehenden Beihilferegelungen, für die keine besonderen Berichterstattungspflichten aufgrund eines mit Bedingungen und Auflagen verbundenen Beschlusses nach Artikel 9 Absatz 4 auferlegt wurden.

(2) Versäumt es der betreffende Mitgliedstaat trotz eines Erinnerungsschreibens, einen Jahresbericht zu übermitteln, so kann die Kommission hinsichtlich der betreffenden Beihilferegelung nach Artikel 22 verfahren.

Artikel 27 Nachprüfung vor Ort

(1) Hat die Kommission ernsthafte Zweifel hinsichtlich der Einhaltung eines Beschlusses, keine Einwände zu erheben, eines Positivbeschlusses oder eines mit Bedingungen und Auflagen verbundenen Beschlusses in Bezug auf Einzelbeihilfen, so gestattet der betreffende Mitgliedstaat, nachdem er Gelegenheit zur Stellungnahme erhalten hat, der Kommission eine Nachprüfung vor Ort.

(2) Die von der Kommission beauftragten Bediensteten verfügen über folgende Befugnisse, um die Einhaltung des betreffenden Beschlusses zu überprüfen:

a) Sie dürfen alle Räumlichkeiten und Grundstücke des betreffenden Unternehmens betreten;
b) sie dürfen mündliche Erklärungen an Ort und Stelle anfordern;
c) sie dürfen die Bücher und sonstigen Geschäftsunterlagen prüfen sowie Kopien anfertigen oder verlangen.

Die Kommission wird gegebenenfalls von unabhängigen Sachverständigen unterstützt.

(3) Die Kommission unterrichtet den betreffenden Mitgliedstaat rechtzeitig schriftlich von der Nachprüfung vor Ort und nennt die von ihr beauftragten Bediensteten und Sachverständigen. Erhebt der betreffende Mitgliedstaat ordnungsgemäß begründete Einwände gegen die Wahl der Sachverständigen durch die Kommission, so werden die Sachverständigen im Einvernehmen mit dem Mitgliedstaat ernannt. Die mit der Nachprüfung vor Ort beauftragten Bediensteten und Sachverständigen legen einen schriftlichen Prüfungsauftrag vor, in dem Gegenstand und Zweck der Nachprüfung bezeichnet werden.

(4) Bedienstete des Mitgliedstaats, in dessen Hoheitsgebiet die Nachprüfung vorgenommen werden soll, können der Nachprüfung beiwohnen.

(5) Die Kommission übermittelt dem Mitgliedstaat eine Kopie aller Berichte, die aufgrund der Nachprüfung erstellt wurden.

(6) Widersetzt sich ein Unternehmen einer durch einen Beschluss der Kommission nach diesem Artikel angeordneten Nachprüfung, so gewährt der betreffende Mitgliedstaat den Bediensteten und Sachverständigen der Kommission die erforderliche Unterstützung, damit diese ihre Nachprüfung durchführen können.

Artikel 28 Nichtbefolgung von Beschlüssen und Urteilen

(1) Kommt der betreffende Mitgliedstaat mit Bedingungen und Auflagen verbundenen Beschlüssen oder Negativbeschlüssen, insbesondere in den in Artikel 16 dieser Verordnung genannten Fällen, nicht nach, so kann die Kommission nach Artikel 108 Absatz 2 AEUV den Gerichtshof der Europäischen Union unmittelbar anrufen.

(2) Vertritt die Kommission die Auffassung, dass der betreffende Mitgliedstaat einem Urteil des Gerichtshofs der Europäischen Union nicht nachgekommen ist, so kann sie in der Angelegenheit nach Artikel 260 AEUV weiter verfahren.

Kapitel X: Zusammenarbeit mit Gerichten der Mitgliedstaaten

Artikel 29 Zusammenarbeit mit Gerichten der Mitgliedstaaten

(1) Zum Zweck der Anwendung von Artikel 107 Absatz 1 und Artikel 108 AEUV können die Gerichte der Mitgliedstaaten die Kommission um Übermittlung von Informationen, die sich im Besitz der Kommission befinden, oder um Stellungnahme zu Fragen, die die Anwendung der Vorschriften über staatliche Beihilfen betreffen, bitten.

(2) Sofern es die kohärente Anwendung des Artikels 107 Absatz 1 und des Artikels 108 AEUV erfordert, kann die Kommission aus eigener Initiative den Gerichten der Mitgliedstaaten, die für die Anwendung der Vorschriften über staatliche Beihilfen zuständig sind, schriftliche Stellungnahmen übermitteln. Sie kann mit Erlaubnis des betreffenden Gerichts auch mündlich Stellung nehmen.

Sie teilt dem betreffenden Mitgliedstaat im Voraus mit, dass sie beabsichtigt, eine Stellungnahme einzureichen, bevor sie diese förmlich einreicht.

Die Kommission kann ausschließlich für die Ausarbeitung ihrer Stellungnahmen das betreffende Gericht des Mitgliedstaats ersuchen, ihr alle dem Gericht vorliegenden und zur Beurteilung der Beihilfesache durch die Kommission notwendigen Schriftstücke zu übermitteln.

Kapitel XI: Gemeinsame Vorschriften

Artikel 30 Berufsgeheimnis

Die Kommission und die Mitgliedstaaten, ihre Beamten und anderen Bediensteten, einschließlich der von der Kommission ernannten unabhängigen Sachverständigen, geben unter das Berufsgeheimnis fallende Informationen, die sie in Anwendung dieser Verordnung erhalten haben, nicht preis.

Artikel 31 Adressaten der Beschlüsse

(1) Beschlüsse nach Artikel 7 Absatz 7, Artikel 8 Absätze 1 und 2 sowie Artikel 9 Absatz 9 werden an das betreffende Unternehmen oder die betreffende Unternehmensvereinigung gerichtet. Die Kommission gibt den Adressaten den Beschluss unverzüglich bekannt und bietet ihnen Gelegenheit, der Kommission mitzuteilen, welche Angaben ihrer Ansicht nach unter das Berufsgeheimnis fallen.

(2) Alle anderen Beschlüsse der Kommission, die auf der Grundlage der Kapitel II, III, V, VI und IX erlassen werden, sind an den betreffenden Mitgliedstaat zu richten. Die Kommission gibt dem betreffenden Mitgliedstaat diese Beschlüsse unverzüglich bekannt und bietet ihm Gelegenheit, der Kommission mitzuteilen, welche Angaben seiner Ansicht nach unter das Berufsgeheimnis fallen.

Artikel 32 Veröffentlichung der Beschlüsse

(1) Die Kommission veröffentlicht im *Amtsblatt der Europäischen Union* eine Zusammenfassung ihrer Beschlüsse nach Artikel 4 Absätze 2 und 3 und Artikel 22 in Verbindung mit Artikel 23

Absatz 1. In dieser Zusammenfassung wird darauf hingewiesen, dass eine Kopie des Beschlusses in seiner/seinen verbindlichen Sprachfassung/en erhältlich ist.

(2) Die Kommission veröffentlicht im *Amtsblatt der Europäischen Union* ihre Beschlüsse nach Artikel 4 Absatz 4 in der jeweiligen verbindlichen Sprachfassung. In den Amtsblättern, die in einer anderen Sprache als derjenigen der verbindlichen Sprachfassung erscheinen, wird die verbindliche Sprachfassung zusammen mit einer aussagekräftigen Zusammenfassung in der Sprache des jeweiligen Amtsblatts veröffentlicht.

(3) Die Kommission veröffentlicht im *Amtsblatt der Europäischen Union* ihre Beschlüsse nach Artikel 8 Absätze 1 und 2 und Artikel 9.

(4) In Fällen, in denen Artikel 4 Absatz 6 oder Artikel 10 Absatz 2 anwendbar sind, wird eine kurze Mitteilung im *Amtsblatt der Europäischen Union* veröffentlicht.

(5) Der Rat kann einstimmig beschließen, Beschlüsse nach Artikel 108 Absatz 2 Unterabsatz 3 AEUV im *Amtsblatt der Europäischen Union* zu veröffentlichen.

Artikel 33 Durchführungsvorschriften

Die Kommission kann nach dem Verfahren des Artikels 34 Durchführungsvorschriften erlassen, um Folgendes zu regeln:

a) Form, Inhalt und andere Einzelheiten von Anmeldungen,

b) Form, Inhalt und andere Einzelheiten von Jahresberichten,

c) Form, Inhalt und andere Einzelheiten der nach Artikel 12 Absatz 1 und Artikel 24 Absatz 2 eingelegten Beschwerden,

d) Einzelheiten zu den Fristen und zur Festlegung der Fristen und

e) die Zinssätze nach Artikel 16 Absatz 2.

Artikel 34 Konsultierung des Beratenden Ausschusses für staatliche Beihilfen

(1) Die Kommission konsultiert den durch die Verordnung (EU) 2015/1588 des Rates*) eingesetzten Beratenden Ausschuss für staatliche Beihilfen (im Folgenden „Ausschuss") vor dem Erlass von Durchführungsvorschriften nach Artikel 33.

(2) Die Konsultierung des Ausschusses erfolgt im Rahmen einer Tagung, die von der Kommission einberufen wird. Der Einberufung sind die zu prüfenden Entwürfe und Dokumente beigefügt. Die Tagung findet frühestens zwei Monate nach Übermittlung der Einberufung statt. Diese Frist kann in dringenden Fällen verkürzt werden.

(3) Der Vertreter der Kommission unterbreitet dem Ausschuss einen Entwurf der zur treffenden Maßnahmen. Der Ausschuss gibt — gegebenenfalls nach Abstimmung — seine Stellungnahme zu diesem Entwurf innerhalb einer Frist ab, die der Vorsitzende unter Berücksichtigung der Dringlichkeit der betreffenden Frage festsetzen kann.

(4) Die Stellungnahme wird in das Protokoll aufgenommen. Darüber hinaus hat jeder Mitgliedstaat das Recht, zu verlangen, dass sein Standpunkt im Protokoll festgehalten wird. Der Ausschuss kann empfehlen, dass diese Stellungnahme im Amtsblatt der Europäischen Union veröffentlicht wird.

(5) Die Kommission berücksichtigt so weit wie möglich die Stellungnahme des Ausschusses. Sie unterrichtet den Ausschuss darüber, inwieweit sie seine Stellungnahme berücksichtigt hat.

---

*) **Amtl. Anm.:** Verordnung (EU) 2015/1588 des Rates vom 13. Juli 2015 über die Anwendung der Artikel 107 und 108 des Vertrags über die Arbeitsweise der Europäischen Union auf bestimmte Gruppen horizontaler Beihilfen (siehe Seite 1 dieses Amtsblatts).

Artikel 35 Aufhebung

Die Verordnung (EG) Nr. 659/1999 wird aufgehoben.

Bezugnahmen auf die aufgehobene Verordnung gelten als Bezugnahmen auf die vorliegende Verordnung und sind nach Maßgabe der Entsprechungstabelle in Anhang II zu lesen.

Artikel 36 Inkrafttreten

Diese Verordnung tritt am zwanzigsten Tag nach ihrer Veröffentlichung im *Amtsblatt der Europäischen Union* in Kraft.

Diese Verordnung ist in allen ihren Teilen verbindlich und gilt unmittelbar in jedem Mitgliedstaat.

Annex I

Aufgehobene Verordnung mit Liste ihrer nachfolgenden Änderungen

Verordnung (EG) Nr. 659/1999 des Rates	(ABl L 83 vom 27.3.1999, S. 1).
Abschnitt 5 Nummer 6 von Anhang II der Beitrittsakte von 2003	
Verordnung (EG) Nr. 1791/2006 des Rates	(ABl L 363 vom 20.12.2006, S. 1).
Verordnung (EU) Nr. 517/2013 des Rates	(ABl L 158 vom 10.6.2013, S. 1).
Verordnung (EU) Nr. 734/2013 des Rates	(ABl L 204 vom 31.7.2013, S. 15).

Xa. Verteidigungsfall

XI. Übergangs- und Schlussbestimmungen

Präambel[1)]

[1]Im Bewusstsein seiner Verantwortung vor Gott und den Menschen,

von dem Willen beseelt, als gleichberechtigtes Glied in einem vereinten Europa dem Frieden der Welt zu dienen, hat sich das Deutsche Volk kraft seiner verfassungsgebenden Gewalt dieses Grundgesetz gegeben.

[2]Die Deutschen in den Ländern Baden-Württemberg, Bayern, Berlin, Brandenburg, Bremen, Hamburg, Hessen, Mecklenburg-Vorpommern, Niedersachsen, Nordrhein-Westfalen, Rheinland-Pfalz, Saarland, Sachsen, Sachsen-Anhalt, Schleswig-Holstein und Thüringen haben in freier Selbstbestimmung die Einheit und Freiheit Deutschlands vollendet. [3]Damit gilt dieses Grundgesetz für das gesamte Deutsche Volk.

I. Die Grundrechte

Artikel 1 Menschenwürde, Grundrechtsbindung der staatlichen Gewalt[2)]

(1) [1]Die Würde des Menschen ist unantastbar. [2]Sie zu achten und zu schützen ist Verpflichtung aller staatlichen Gewalt.

(2) Das Deutsche Volk bekennt sich darum zu unverletzlichen und unveräußerlichen Menschenrechten als Grundlage jeder menschlichen Gemeinschaft, des Friedens und der Gerechtigkeit in der Welt.

(3) Die nachfolgenden Grundrechte binden Gesetzgebung, vollziehende Gewalt und Rechtsprechung als unmittelbar geltendes Recht.

Artikel 2 Handlungsfreiheit, Freiheit der Person

(1) Jeder hat das Recht auf die freie Entfaltung seiner Persönlichkeit, soweit er nicht die Rechte anderer verletzt und nicht gegen die verfassungsmäßige Ordnung oder das Sittengesetz verstößt.

(2) [1]Jeder hat das Recht auf Leben und körperliche Unversehrtheit. [2]Die Freiheit der Person ist unverletzlich. [3]In diese Rechte darf nur auf Grund eines Gesetzes eingegriffen werden.

Artikel 3 Gleichheit vor dem Gesetz[3)]

(1) Alle Menschen sind vor dem Gesetz gleich.

1) **Anm. d. Red.:** Die Präambel wurde geändert durch Art. 4 des Einigungsvertrags v. 31. 8. 1990 (BGBl II S. 889, 890) mit Wirkung v. 29. 9. 1990.

2) **Anm. d. Red.:** Die Artikel des Grundgesetzes enthalten in der amtlichen Fassung keine Überschriften. Die Überschriften sind von der Redaktion hinzugefügt.

3) **Anm. d. Red.:** Art. 3 i. d. F. des Gesetzes v. 27. 10. 1994 (BGBl I S. 3146) mit Wirkung v. 15. 11. 1994.

(2) [1]Männer und Frauen sind gleichberechtigt. [2]Der Staat fördert die tatsächliche Durchsetzung der Gleichberechtigung von Frauen und Männern und wirkt auf die Beseitigung bestehender Nachteile hin.

(3) [1]Niemand darf wegen seines Geschlechtes, seiner Abstammung, seiner Rasse, seiner Sprache, seiner Heimat und Herkunft, seines Glaubens, seiner religiösen oder politischen Anschauungen benachteiligt oder bevorzugt werden. [2]Niemand darf wegen seiner Behinderung benachteiligt werden.

Artikel 4 Glaubens-, Gewissens- und Bekenntnisfreiheit

(1) Die Freiheit des Glaubens, des Gewissens und die Freiheit des religiösen und weltanschaulichen Bekenntnisses sind unverletzlich.

(2) Die ungestörte Religionsausübung wird gewährleistet.

(3) [1]Niemand darf gegen sein Gewissen zum Kriegsdienst mit der Waffe gezwungen werden. [2]Das Nähere regelt ein Bundesgesetz.

Artikel 5 Meinungsfreiheit

(1) [1]Jeder hat das Recht, seine Meinung in Wort, Schrift und Bild frei zu äußern und zu verbreiten und sich aus allgemein zugänglichen Quellen ungehindert zu unterrichten. [2]Die Pressefreiheit und die Freiheit der Berichterstattung durch Rundfunk und Film werden gewährleistet. [3]Eine Zensur findet nicht statt.

(2) Diese Rechte finden ihre Schranken in den Vorschriften der allgemeinen Gesetze, den gesetzlichen Bestimmungen zum Schutze der Jugend und in dem Recht der persönlichen Ehre.

(3) [1]Kunst und Wissenschaft, Forschung und Lehre sind frei. [2]Die Freiheit der Lehre entbindet nicht von der Treue zur Verfassung.

Artikel 6 Ehe und Familie, nichteheliche Kinder

(1) Ehe und Familie stehen unter dem besonderen Schutz der staatlichen Ordnung.

(2) [1]Pflege und Erziehung der Kinder sind das natürliche Recht der Eltern und die zuvörderst ihnen obliegende Pflicht. [2]Über ihre Betätigung wacht die staatliche Gemeinschaft.

(3) Gegen den Willen der Erziehungsberechtigten dürfen Kinder nur aufgrund eines Gesetzes von der Familie getrennt werden, wenn die Erziehungsberechtigten versagen oder wenn die Kinder aus anderen Gründen zu verwahrlosen drohen.

(4) Jede Mutter hat Anspruch auf den Schutz und die Fürsorge der Gemeinschaft.

(5) Den unehelichen Kindern sind durch die Gesetzgebung die gleichen Bedingungen für ihre leibliche und seelische Entwicklung und ihre Stellung in der Gesellschaft zu schaffen wie den ehelichen Kindern.

Artikel 7 Schulwesen

(1) Das gesamte Schulwesen steht unter der Aufsicht des Staates.

(2) Die Erziehungsberechtigten haben das Recht, über die Teilnahme des Kindes am Religionsunterricht zu bestimmen.

(3) [1]Der Religionsunterricht ist in den öffentlichen Schulen mit Ausnahme der bekenntnisfreien Schulen ordentliches Lehrfach. [2]Unbeschadet des staatlichen Aufsichtsrechtes wird der Religionsunterricht in Übereinstimmung mit den Grundsätzen der Religionsgemeinschaften erteilt. [3]Kein Lehrer darf gegen seinen Willen verpflichtet werden, Religionsunterricht zu erteilen.

(4) [1]Das Recht zur Errichtung von privaten Schulen wird gewährleistet. [2]Private Schulen als Ersatz für öffentliche Schulen bedürfen der Genehmigung des Staates und unterstehen den Landesgesetzen. [3]Die Genehmigung ist zu erteilen, wenn die privaten Schulen in ihren Lehrzielen und Einrichtungen sowie in der wissenschaftlichen Ausbildung ihrer Lehrkräfte nicht hinter den öffentlichen Schulen zurückstehen und eine Sonderung der Schüler nach den Besitzverhältnis-

sen der Eltern nicht gefördert wird. [4]Die Genehmigung ist zu versagen, wenn die wirtschaftliche und rechtliche Stellung der Lehrkräfte nicht genügend gesichert ist.

(5) Eine private Volksschule ist nur zuzulassen, wenn die Unterrichtsverwaltung ein besonderes pädagogisches Interesse anerkennt oder, auf Antrag von Erziehungsberechtigten, wenn sie als Gemeinschaftsschule, als Bekenntnis- oder Weltanschauungsschule errichtet werden soll und eine öffentliche Volksschule dieser Art in der Gemeinde nicht besteht.

(6) Vorschulen bleiben aufgehoben.

Artikel 8 Versammlungsfreiheit

(1) Alle Deutschen haben das Recht, sich ohne Anmeldung oder Erlaubnis friedlich und ohne Waffen zu versammeln.

(2) Für Versammlungen unter freiem Himmel kann dieses Recht durch Gesetz oder aufgrund eines Gesetzes beschränkt werden.

Artikel 9 Vereinigungsfreiheit

(1) Alle Deutschen haben das Recht, Vereine und Gesellschaften zu bilden.

(2) Vereinigungen, deren Zwecke oder deren Tätigkeit den Strafgesetzen zuwiderlaufen oder die sich gegen die verfassungsmäßige Ordnung oder gegen den Gedanken der Völkerverständigung richten, sind verboten.

(3) [1]Das Recht, zur Wahrung und Förderung der Arbeits- und Wirtschaftsbedingungen Vereinigungen zu bilden, ist für jedermann und für alle Berufe gewährleistet. [2]Abreden, die dieses Recht einschränken oder zu behindern suchen, sind nichtig, hierauf gerichtete Maßnahmen sind rechtswidrig. [3]Maßnahmen nach den Artikeln 12a, 35 Abs. 2 und 3, Artikel 87a Abs. 4 und Artikel 91 dürfen sich nicht gegen Arbeitskämpfe richten, die zur Wahrung und Förderung der Arbeits- und Wirtschaftsbedingungen von Vereinigungen im Sinne des Satzes 1 geführt werden.

Artikel 10 Post- und Fernmeldegeheimnis

(1) Das Briefgeheimnis sowie das Post- und Fernmeldegeheimnis sind unverletzlich.

(2) [1]Beschränkungen dürfen nur aufgrund eines Gesetzes angeordnet werden. [2]Dient die Beschränkung dem Schutze der freiheitlichen demokratischen Grundordnung oder des Bestandes oder der Sicherung des Bundes oder eines Landes, so kann das Gesetz bestimmen, dass sie dem Betroffenen nicht mitgeteilt wird und dass an die Stelle des Rechtsweges die Nachprüfung durch von der Volksvertretung bestellte Organe und Hilfsorgane tritt.

Artikel 11 Freizügigkeit

(1) Alle Deutschen genießen Freizügigkeit im ganzen Bundesgebiet.

(2) Dieses Recht darf nur durch Gesetz oder aufgrund eines Gesetzes und nur für die Fälle eingeschränkt werden, in denen eine ausreichende Lebensgrundlage nicht vorhanden ist und der Allgemeinheit daraus besondere Lasten entstehen würden oder in denen es zur Abwehr einer drohenden Gefahr für den Bestand oder die freiheitliche demokratische Grundordnung des Bundes oder eines Landes, zur Bekämpfung von Seuchengefahr, Naturkatastrophen oder besonders schweren Unglücksfällen, zum Schutze der Jugend vor Verwahrlosung oder um strafbaren Handlungen vorzubeugen, erforderlich ist.

Artikel 12 Berufsfreiheit, Verbot der Zwangsarbeit

(1) [1]Alle Deutschen haben das Recht, Beruf, Arbeitsplatz und Ausbildungsstätte frei zu wählen. [2]Die Berufsausübung kann durch Gesetz oder aufgrund eines Gesetzes geregelt werden.

(2) Niemand darf zu einer bestimmten Arbeit gezwungen werden, außer im Rahmen einer herkömmlichen allgemeinen, für alle gleichen öffentlichen Dienstleistungspflicht.

(3) Zwangsarbeit ist nur bei einer gerichtlich angeordneten Freiheitsentziehung zulässig.

GG

Artikel 12a Wehr- und Dienstpflicht[1)]

(1) Männer können vom vollendeten achtzehnten Lebensjahr an zum Dienst in den Streitkräften, im Bundesgrenzschutz oder in einem Zivilschutzverband verpflichtet werden.

(2) [1]Wer aus Gewissensgründen den Kriegsdienst mit der Waffe verweigert, kann zu einem Ersatzdienst verpflichtet werden. [2]Die Dauer des Ersatzdienstes darf die Dauer des Wehrdienstes nicht übersteigen. [3]Das Nähere regelt ein Gesetz, das die Freiheit der Gewissensentscheidung nicht beeinträchtigen darf und auch eine Möglichkeit des Ersatzdienstes vorsehen muss, die in keinem Zusammenhang mit den Verbänden der Streitkräfte und des Bundesgrenzschutzes steht.

(3) [1]Wehrpflichtige, die nicht zu einem Dienst nach Absatz 1 oder 2 herangezogen sind, können im Verteidigungsfalle durch Gesetz oder aufgrund eines Gesetzes zu zivilen Dienstleistungen für Zwecke der Verteidigung einschließlich des Schutzes der Zivilbevölkerung in Arbeitsverhältnisse verpflichtet werden; Verpflichtungen in öffentlich-rechtliche Dienstverhältnisse sind nur zur Wahrnehmung polizeilicher Aufgaben oder solcher hoheitlichen Aufgaben der öffentlichen Verwaltung, die nur in einem öffentlich-rechtlichen Dienstverhältnis erfüllt werden können, zulässig. [2]Arbeitsverhältnisse nach Satz 1 können bei den Streitkräften, im Bereich ihrer Versorgung sowie bei der öffentlichen Verwaltung begründet werden; Verpflichtungen in Arbeitsverhältnisse im Bereiche der Versorgung der Zivilbevölkerung sind nur zulässig, um ihren lebensnotwendigen Bedarf zu decken oder ihren Schutz sicherzustellen.

(4) [1]Kann im Verteidigungsfalle der Bedarf an zivilen Dienstleistungen im zivilen Sanitäts- und Heilwesen sowie in der ortsfesten militärischen Lazarettorganisation nicht auf freiwilliger Grundlage gedeckt werden, so können Frauen vom vollendeten achtzehnten bis zum vollendeten fünfundfünfzigsten Lebensjahr durch Gesetz oder aufgrund eines Gesetzes zu derartigen Dienstleistungen herangezogen werden. [2]Sie dürfen auf keinen Fall zum Dienst mit der Waffe verpflichtet werden.

(5) [1]Für die Zeit vor dem Verteidigungsfalle können Verpflichtungen nach Absatz 3 nur nach Maßgabe des Artikels 80a Abs. 1 begründet werden. [2]Zur Vorbereitung auf Dienstleistungen nach Absatz 3, für die besondere Kenntnisse oder Fertigkeiten erforderlich sind, kann durch Gesetz oder aufgrund eines Gesetzes die Teilnahme an Ausbildungsveranstaltungen zur Pflicht gemacht werden. [3]Satz 1 findet insoweit keine Anwendung.

(6) [1]Kann im Verteidigungsfalle der Bedarf an Arbeitskräften für die in Absatz 3 Satz 2 genannten Bereiche auf freiwilliger Grundlage nicht gedeckt werden, so kann zur Sicherung dieses Bedarfs die Freiheit der Deutschen, die Ausübung eines Berufs oder den Arbeitsplatz aufzugeben, durch Gesetz oder aufgrund eines Gesetzes eingeschränkt werden. [2]Vor Eintritt des Verteidigungsfalles gilt Absatz 5 Satz 1 entsprechend.

Artikel 13 Unverletzlichkeit der Wohnung, akustische Überwachung[2)]

(1) Die Wohnung ist unverletzlich.

(2) Durchsuchungen dürfen nur durch den Richter, bei Gefahr im Verzuge auch durch die in den Gesetzen vorgesehenen anderen Organe angeordnet und nur in der dort vorgeschriebenen Form durchgeführt werden.

(3) [1]Begründen bestimmte Tatsachen den Verdacht, dass jemand eine durch Gesetz einzeln bestimmte besonders schwere Straftat begangen hat, so dürfen zur Verfolgung der Tat aufgrund richterlicher Anordnung technische Mittel zur akustischen Überwachung von Wohnungen, in denen der Beschuldigte sich vermutlich aufhält, eingesetzt werden, wenn die Erforschung des Sachverhalts auf andere Weise unverhältnismäßig erschwert oder aussichtslos wäre. [2]Die Maßnahme ist zu befristen. [3]Die Anordnung erfolgt durch einen mit drei Richtern be-

1) **Anm. d. Red.:** Art. 12a i. d. F. des Gesetzes v. 19. 12. 2000 (BGBl I S. 1755) mit Wirkung v. 23. 12. 2000.

2) **Anm. d. Red.:** Art. 13 i. d. F. des Gesetzes v. 26. 3. 1998 (BGBl I S. 610) mit Wirkung v. 1. 4. 1998.

setzten Spruchkörper. [4]Bei Gefahr im Verzuge kann sie auch durch einen einzelnen Richter getroffen werden.

(4) [1]Zur Abwehr dringender Gefahren für die öffentliche Sicherheit, insbesondere einer gemeinen Gefahr oder einer Lebensgefahr, dürfen technische Mittel zur Überwachung von Wohnungen nur aufgrund richterlicher Anordnung eingesetzt werden. [2]Bei Gefahr im Verzuge kann die Maßnahme auch durch eine andere gesetzlich bestimmte Stelle angeordnet werden; eine richterliche Entscheidung ist unverzüglich nachzuholen.

(5) [1]Sind technische Mittel ausschließlich zum Schutze der bei einem Einsatz in Wohnungen tätigen Personen vorgesehen, kann die Maßnahme durch eine gesetzlich bestimmte Stelle angeordnet werden. [2]Eine anderweitige Verwertung der hierbei erlangten Erkenntnisse ist nur zum Zwecke der Strafverfolgung oder der Gefahrenabwehr und nur zulässig, wenn zuvor die Rechtmäßigkeit der Maßnahme richterlich festgestellt ist; bei Gefahr im Verzuge ist die richterliche Entscheidung unverzüglich nachzuholen.

(6) [1]Die Bundesregierung unterrichtet den Bundestag jährlich über den nach Absatz 3 sowie über den im Zuständigkeitsbereich des Bundes nach Absatz 4 und, soweit richterlich überprüfungsbedürftig, nach Absatz 5 erfolgten Einsatz technischer Mittel. [2]Ein vom Bundestag gewähltes Gremium übt auf der Grundlage dieses Berichts die parlamentarische Kontrolle aus. [3]Die Länder gewährleisten eine gleichwertige parlamentarische Kontrolle.

(7) Eingriffe und Beschränkungen dürfen im Übrigen nur zur Abwehr einer gemeinen Gefahr oder einer Lebensgefahr für einzelne Personen, aufgrund eines Gesetzes auch zur Verhütung dringender Gefahren für die öffentliche Sicherheit und Ordnung, insbesondere zur Behebung der Raumnot, zur Bekämpfung von Seuchengefahr oder zum Schutze gefährdeter Jugendlicher vorgenommen werden.

Artikel 14 Eigentum, Erbrecht, Enteignung

(1) [1]Das Eigentum und das Erbrecht werden gewährleistet. [2]Inhalt und Schranken werden durch die Gesetze bestimmt.

(2) [1]Eigentum verpflichtet. [2]Sein Gebrauch soll zugleich dem Wohle der Allgemeinheit dienen.

(3) [1]Eine Enteignung ist nur zum Wohle der Allgemeinheit zulässig. [2]Sie darf nur durch Gesetz oder aufgrund eines Gesetzes erfolgen, das Art und Ausmaß der Entschädigung regelt. [3]Die Entschädigung ist unter gerechter Abwägung der Interessen der Allgemeinheit und der Beteiligten zu bestimmen. [4]Wegen der Höhe der Entschädigung steht im Streitfalle der Rechtsweg vor den ordentlichen Gerichten offen.

Artikel 15 Vergesellschaftung

[1]Grund und Boden, Naturschätze und Produktionsmittel können zum Zwecke der Vergesellschaftung durch ein Gesetz, das Art und Ausmaß der Entschädigung regelt, in Gemeineigentum oder in andere Formen der Gemeinwirtschaft überführt werden. [2]Für die Entschädigung gilt Artikel 14 Abs. 3 Satz 3 und 4 entsprechend.

Artikel 16 Staatsangehörigkeit, Auslieferung[1)]

(1) [1]Die deutsche Staatsangehörigkeit darf nicht entzogen werden. [2]Der Verlust der Staatsangehörigkeit darf nur aufgrund eines Gesetzes und gegen den Willen des Betroffenen nur dann eintreten, wenn der Betroffene dadurch nicht staatenlos wird.

(2) [1]Kein Deutscher darf an das Ausland ausgeliefert werden. [2]Durch Gesetz kann eine abweichende Regelung für Auslieferungen an einen Mitgliedstaat der Europäischen Union oder an einen internationalen Gerichtshof getroffen werden, soweit rechtsstaatliche Grundsätze gewahrt sind.

1) **Anm. d. Red.:** Art. 16 i. d. F. des Gesetzes v. 29. 11. 2000 (BGBl I S. 1633) mit Wirkung v. 2. 12. 2000.

Artikel 16a Regelung des Asylrechts[1)]

(1) Politisch Verfolgte genießen Asylrecht.

(2) [1]Auf Absatz 1 kann sich nicht berufen, wer aus einem Mitgliedstaat der Europäischen Gemeinschaften oder aus einem anderen Drittstaat einreist, in dem die Anwendung des Abkommens über die Rechtsstellung der Flüchtlinge und der Konvention zum Schutze der Menschenrechte und Grundfreiheiten sichergestellt ist. [2]Die Staaten außerhalb der Europäischen Gemeinschaften, auf die die Voraussetzungen des Satzes 1 zutreffen, werden durch Gesetz, das der Zustimmung des Bundesrates bedarf, bestimmt. [3]In den Fällen des Satzes 1 können aufenthaltsbeendende Maßnahmen unabhängig von einem hiergegen eingelegten Rechtsbehelf vollzogen werden.

(3) [1]Durch Gesetz, das der Zustimmung des Bundesrates bedarf, können Staaten bestimmt werden, bei denen aufgrund der Rechtslage, der Rechtsanwendung und der allgemeinen politischen Verhältnisse gewährleistet erscheint, dass dort weder politische Verfolgung noch unmenschliche oder erniedrigende Bestrafung oder Behandlung stattfindet. [2]Es wird vermutet, dass ein Ausländer aus einem solchen Staat nicht verfolgt wird, solange er nicht Tatsachen vorträgt, die die Annahme begründen, dass er entgegen dieser Vermutung politisch verfolgt wird.

(4) [1]Die Vollziehung aufenthaltsbeendender Maßnahmen wird in den Fällen des Absatzes 3 und in anderen Fällen, die offensichtlich unbegründet sind oder als offensichtlich unbegründet gelten, durch das Gericht nur ausgesetzt, wenn ernstliche Zweifel an der Rechtmäßigkeit der Maßnahme bestehen; der Prüfungsumfang kann eingeschränkt werden und verspätetes Vorbringen unberücksichtigt bleiben. [2]Das Nähere ist durch Gesetz zu bestimmen.

(5) Die Absätze 1 bis 4 stehen völkerrechtlichen Verträgen von Mitgliedstaaten der Europäischen Gemeinschaften untereinander und mit dritten Staaten nicht entgegen, die unter Beachtung der Verpflichtungen aus dem Abkommen über die Rechtsstellung der Flüchtlinge und der Konvention zum Schutze der Menschenrechte und Grundfreiheiten, deren Anwendung in den Vertragsstaaten sichergestellt sein muss, Zuständigkeitsregelungen für die Prüfung von Asylbegehren einschließlich der gegenseitigen Anerkennung von Asylentscheidungen treffen.

Artikel 17 Petitionsrecht

Jedermann hat das Recht, sich einzeln oder in Gemeinschaft mit anderen schriftlich mit Bitten oder Beschwerden an die zuständigen Stellen und an die Volksvertretung zu wenden.

Artikel 17a Einschränkung einzelner Grundrechte durch Gesetze für Zwecke der Verteidigung und über Ersatzdienst

(1) Gesetze über Wehrdienst und Ersatzdienst können bestimmen, dass für die Angehörigen der Streitkräfte und des Ersatzdienstes während der Zeit des Wehr- oder Ersatzdienstes das Grundrecht, seine Meinung in Wort, Schrift und Bild frei zu äußern und zu verbreiten (Artikel 5 Abs. 1 Satz 1 erster Halbsatz), das Grundrecht der Versammlungsfreiheit (Artikel 8) und das Petitionsrecht (Artikel 17), soweit es das Recht gewährt, Bitten oder Beschwerden in Gemeinschaft mit anderen vorzubringen, eingeschränkt werden.

(2) Gesetze, die der Verteidigung einschließlich des Schutzes der Zivilbevölkerung dienen, können bestimmen, dass die Grundrechte der Freizügigkeit (Artikel 11) und der Unverletzlichkeit der Wohnung (Artikel 13) eingeschränkt werden.

Artikel 18 Verwirkung von Grundrechten[2)]

[1]Wer die Freiheit der Meinungsäußerung, insbesondere die Pressefreiheit (Artikel 5 Abs. 1), die Lehrfreiheit (Artikel 5 Abs. 3), die Versammlungsfreiheit (Artikel 8), die Vereinigungsfreiheit (Artikel 9), das Brief-, Post- und Fernmeldegeheimnis (Artikel 10), das Eigentum (Artikel 14) oder das

1) **Anm. d. Red.:** Art. 16a eingefügt gem. Gesetz v. 28. 6. 1993 (BGBl I S. 1002) mit Wirkung v. 30. 6. 1993.

2) **Anm. d. Red.:** Art. 18 i. d. F. des Gesetzes v. 28. 6. 1993 (BGBl I S. 1002) mit Wirkung v. 30. 6. 1993.

Asylrecht (Artikel 16a) zum Kampfe gegen die freiheitliche demokratische Grundordnung missbraucht, verwirkt diese Grundrechte. [2]Die Verwirkung und ihr Ausmaß werden durch das Bundesverfassungsgericht ausgesprochen.

Artikel 19 Einschränkung von Grundrechten

(1) [1]Soweit nach diesem Grundgesetz ein Grundrecht durch Gesetz oder aufgrund eines Gesetzes eingeschränkt werden kann, muss das Gesetz allgemein und nicht nur für den Einzelfall gelten. [2]Außerdem muss das Gesetz das Grundrecht unter Angabe des Artikels nennen.

(2) In keinem Falle darf ein Grundrecht in seinem Wesensgehalt angetastet werden.

(3) Die Grundrechte gelten auch für inländische juristische Personen, soweit sie ihrem Wesen nach auf diese anwendbar sind.

(4) [1]Wird jemand durch die öffentliche Gewalt in seinen Rechten verletzt, so steht ihm der Rechtsweg offen. [2]Soweit eine andere Zuständigkeit nicht begründet ist, ist der ordentliche Rechtsweg gegeben. [3]Artikel 10 Abs. 2 Satz 2 bleibt unberührt.

II. Der Bund und die Länder

Artikel 20 Grundlagen staatlicher Ordnung, Widerstandsrecht

(1) Die Bundesrepublik Deutschland ist ein demokratischer und sozialer Bundesstaat.

(2) [1]Alle Staatsgewalt geht vom Volke aus. [2]Sie wird vom Volke in Wahlen und Abstimmungen und durch besondere Organe der Gesetzgebung, der vollziehenden Gewalt und der Rechtsprechung ausgeübt.

(3) Die Gesetzgebung ist an die verfassungsmäßige Ordnung, die vollziehende Gewalt und die Rechtsprechung sind an Gesetz und Recht gebunden.

(4) Gegen jeden, der es unternimmt, diese Ordnung zu beseitigen, haben alle Deutschen das Recht zum Widerstand, wenn andere Abhilfe nicht möglich ist.

Artikel 20a Schutz der natürlichen Lebensgrundlagen[1)]

Der Staat schützt auch in Verantwortung für die künftigen Generationen die natürlichen Lebensgrundlagen und die Tiere im Rahmen der verfassungsmäßigen Ordnung durch die Gesetzgebung und nach Maßgabe von Gesetz und Recht durch die vollziehende Gewalt und die Rechtsprechung.

Artikel 21 Parteien[2)]

(1) [1]Die Parteien wirken bei der politischen Willensbildung des Volkes mit. [2]Ihre Gründung ist frei. [3]Ihre innere Ordnung muss demokratischen Grundsätzen entsprechen. [4]Sie müssen über die Herkunft und Verwendung ihrer Mittel sowie über ihr Vermögen öffentlich Rechenschaft geben.

(2) Parteien, die nach ihren Zielen oder nach dem Verhalten ihrer Anhänger darauf ausgehen, die freiheitliche demokratische Grundordnung zu beeinträchtigen oder zu beseitigen oder den Bestand der Bundesrepublik Deutschland zu gefährden, sind verfassungswidrig.

(3) [1]Parteien, die nach ihren Zielen oder dem Verhalten ihrer Anhänger darauf ausgerichtet sind, die freiheitliche demokratische Grundordnung zu beeinträchtigen oder zu beseitigen oder den Bestand der Bundesrepublik Deutschland zu gefährden, sind von staatlicher Finanzierung ausgeschlossen. [2]Wird der Ausschluss festgestellt, so entfällt auch eine steuerliche Begünstigung dieser Parteien und von Zuwendungen an diese Parteien.

---

1) **Anm. d. Red.:** Art. 20a i. d. F. des Gesetzes v. 26. 7. 2002 (BGBl I S. 2862) mit Wirkung v. 1. 8. 2002.

2) **Anm. d. Red.:** Art. 21 i. d. F. des Gesetzes v. 13. 7. 2017 (BGBl I S. 2346) mit Wirkung v. 20. 7. 2017.

(4) Über die Frage der Verfassungswidrigkeit nach Absatz 2 sowie über den Ausschluss von staatlicher Finanzierung nach Absatz 3 entscheidet das Bundesverfassungsgericht.

(5) Das Nähere regeln Bundesgesetze.

Artikel 22 Bundeshauptstadt, Bundesflagge[1)]

(1) [1]Die Hauptstadt der Bundesrepublik Deutschland ist Berlin. [2]Die Repräsentation des Gesamtstaates in der Hauptstadt ist Aufgabe des Bundes. [3]Das Nähere wird durch Bundesgesetz geregelt.

(2) Die Bundesflagge ist schwarz-rot-gold.

Artikel 23 Realisierung der Europäischen Union[2)]

(1) [1]Zur Verwirklichung eines vereinten Europas wirkt die Bundesrepublik Deutschland bei der Entwicklung der Europäischen Union mit, die demokratischen, rechtsstaatlichen, sozialen und föderativen Grundsätzen und dem Grundsatz der Subsidiarität verpflichtet ist und einen diesem Grundgesetz im Wesentlichen vergleichbaren Grundrechtsschutz gewährleistet. [2]Der Bund kann hierzu durch Gesetz mit Zustimmung des Bundesrates Hoheitsrechte übertragen. [3]Für die Begründung der Europäischen Union sowie für Änderungen ihrer vertraglichen Grundlagen und vergleichbare Regelungen, durch die dieses Grundgesetz seinem Inhalt nach geändert oder ergänzt wird oder solche Änderungen oder Ergänzungen ermöglicht werden, gilt Artikel 79 Abs. 2 und 3.

(1a) [1]Der Bundestag und der Bundesrat haben das Recht, wegen Verstoßes eines Gesetzgebungsakts der Europäischen Union gegen das Subsidiaritätsprinzip vor dem Gerichtshof der Europäischen Union Klage zu erheben. [2]Der Bundestag ist hierzu auf Antrag eines Viertels seiner Mitglieder verpflichtet. [3]Durch Gesetz, das der Zustimmung des Bundesrates bedarf, können für die Wahrnehmung der Rechte, die dem Bundestag und dem Bundesrat in den vertraglichen Grundlagen der Europäischen Union eingeräumt sind, Ausnahmen von Artikel 42 Abs. 2 Satz 1 und Artikel 52 Abs. 3 Satz 1 zugelassen werden.

(2) [1]In Angelegenheiten der Europäischen Union wirken der Bundestag und durch den Bundesrat die Länder mit. [2]Die Bundesregierung hat den Bundestag und den Bundesrat umfassend und zum frühestmöglichen Zeitpunkt zu unterrichten.

(3) [1]Die Bundesregierung gibt dem Bundestag Gelegenheit zur Stellungnahme vor ihrer Mitwirkung an Rechtsetzungsakten der Europäischen Union. [2]Die Bundesregierung berücksichtigt die Stellungnahmen des Bundestages bei den Verhandlungen. [3]Das Nähere regelt ein Gesetz.

(4) Der Bundesrat ist an der Willensbildung des Bundes zu beteiligen, soweit er an einer entsprechenden innerstaatlichen Maßnahme mitzuwirken hätte oder soweit die Länder innerstaatlich zuständig wären.

(5) [1]Soweit in einem Bereich ausschließlicher Zuständigkeiten des Bundes Interessen der Länder berührt sind oder soweit im Übrigen der Bund das Recht zur Gesetzgebung hat, berücksichtigt die Bundesregierung die Stellungnahme des Bundesrates. [2]Wenn im Schwerpunkt Gesetzgebungsbefugnisse der Länder, die Einrichtung ihrer Behörden oder ihre Verwaltungsverfahren betroffen sind, ist bei der Willensbildung des Bundes insoweit die Auffassung des Bundesrates maßgeblich zu berücksichtigen; dabei ist die gesamtstaatliche Verantwortung des Bundes zu wahren. [3]In Angelegenheiten, die zu Ausgabenerhöhungen oder Einnahmeminderungen für den Bund führen können, ist die Zustimmung der Bundesregierung erforderlich.

(6) [1]Wenn im Schwerpunkt ausschließliche Gesetzgebungsbefugnisse der Länder auf den Gebieten der schulischen Bildung, der Kultur oder des Rundfunks betroffen sind, wird die Wahrnehmung der Rechte, die der Bundesrepublik Deutschland als Mitgliedstaat der Europäischen Union zustehen, vom Bund auf einen vom Bundesrat benannten Vertreter der Länder übertra-

1) **Anm. d. Red.:** Art. 22 i. d. F. des Gesetzes v. 28. 8. 2006 (BGBl I S. 2034) mit Wirkung v. 1. 9. 2006.

2) **Anm. d. Red.:** Art. 23 i. d. F. des Gesetzes v. 8. 10. 2008 (BGBl I S. 1926) mit Wirkung v. 1. 12. 2009.

gen. [2]Die Wahrnehmung der Rechte erfolgt unter Beteiligung und in Abstimmung mit der Bundesregierung; dabei ist die gesamtstaatliche Verantwortung des Bundes zu wahren.

(7) Das Nähere zu den Absätzen 4 bis 6 regelt ein Gesetz, das der Zustimmung des Bundesrates bedarf.

Artikel 24 Zwischenstaatliche Einrichtungen[1)]

(1) Der Bund kann durch Gesetz Hoheitsrechte auf zwischenstaatliche Einrichtungen übertragen.

(1a) Soweit die Länder für die Ausübung der staatlichen Befugnisse und die Erfüllung der staatlichen Aufgaben zuständig sind, können sie mit Zustimmung der Bundesregierung Hoheitsrechte auf grenznachbarschaftliche Einrichtungen übertragen.

(2) Der Bund kann sich zur Wahrung des Friedens einem System gegenseitiger kollektiver Sicherheit einordnen; er wird hierbei in die Beschränkungen seiner Hoheitsrechte einwilligen, die eine friedliche und dauerhafte Ordnung in Europa und zwischen den Völkern der Welt herbeiführen und sichern.

(3) Zur Regelung zwischenstaatlicher Streitigkeiten wird der Bund Vereinbarungen über eine allgemeine, umfassende, obligatorische, internationale Schiedsgerichtsbarkeit beitreten.

Artikel 25 Völkerrecht und Bundesrecht

[1]Die allgemeinen Regeln des Völkerrechtes sind Bestandteil des Bundesrechtes. [2]Sie gehen den Gesetzen vor und erzeugen Rechte und Pflichten unmittelbar für die Bewohner des Bundesgebietes.

Artikel 26 Verbot der Vorbereitung eines Angriffskrieges

(1) [1]Handlungen, die geeignet sind und in der Absicht vorgenommen werden, das friedliche Zusammenleben der Völker zu stören, insbesondere die Führung eines Angriffskrieges vorzubereiten, sind verfassungswidrig. [2]Sie sind unter Strafe zu stellen.

(2) [1]Zur Kriegsführung bestimmte Waffen dürfen nur mit Genehmigung der Bundesregierung hergestellt, befördert und in Verkehr gebracht werden. [2]Das Nähere regelt ein Bundesgesetz.

Artikel 27 Handelsflotte

Alle deutschen Kauffahrteischiffe bilden eine einheitliche Handelsflotte.

Artikel 28 Bundesgarantie für die Landesverfassungen, Gewährleistung der kommunalen Selbstverwaltung[2)]

(1) [1]Die verfassungsmäßige Ordnung in den Ländern muss den Grundsätzen des republikanischen, demokratischen und sozialen Rechtsstaates im Sinne dieses Grundgesetzes entsprechen. [2]In den Ländern, Kreisen und Gemeinden muss das Volk eine Vertretung haben, die aus allgemeinen, unmittelbaren, freien, gleichen und geheimen Wahlen hervorgegangen ist. [3]Bei Wahlen in Kreisen und Gemeinden sind auch Personen, die die Staatsangehörigkeit eines Mitgliedstaates der Europäischen Gemeinschaft besitzen, nach Maßgabe von Recht der Europäischen Gemeinschaft wahlberechtigt und wählbar. [4]In Gemeinden kann an die Stelle einer gewählten Körperschaft die Gemeindeversammlung treten.

(2) [1]Den Gemeinden muss das Recht gewährleistet sein, alle Angelegenheiten der örtlichen Gemeinschaft im Rahmen der Gesetze in eigener Verantwortung zu regeln. [2]Auch die Gemeindeverbände haben im Rahmen ihres gesetzlichen Aufgabenbereiches nach Maßgabe der Gesetze das Recht der Selbstverwaltung. [3]Die Gewährleistung der Selbstverwaltung umfasst auch die

1) **Anm. d. Red.:** Art. 24 i. d. F. des Gesetzes v. 21. 12. 1992 (BGBl I S. 2086) mit Wirkung v. 25. 12. 1992.

2) **Anm. d. Red.:** Art. 28 i. d. F. des Gesetzes v. 20. 10. 1997 (BGBl I S. 2470) mit Wirkung v. 25. 10. 1997.

Grundlagen der finanziellen Eigenverantwortung; zu diesen Grundlagen gehört eine den Gemeinden mit Hebesatzrecht zustehende wirtschaftskraftbezogene Steuerquelle.

(3) Der Bund gewährleistet, dass die verfassungsmäßige Ordnung der Länder den Grundrechten und den Bestimmungen der Absätze 1 und 2 entspricht.

Artikel 29 Neugliederung des Bundesgebietes[1)]

(1) [1]Das Bundesgebiet kann neu gegliedert werden, um zu gewährleisten, dass die Länder nach Größe und Leistungsfähigkeit die ihnen obliegenden Aufgaben wirksam erfüllen können. [2]Dabei sind die landsmannschaftliche Verbundenheit, die geschichtlichen und kulturellen Zusammenhänge, die wirtschaftliche Zweckmäßigkeit sowie die Erfordernisse der Raumordnung und der Landesplanung zu berücksichtigen.

(2) [1]Maßnahmen zur Neugliederung des Bundesgebietes ergehen durch Bundesgesetz, das der Bestätigung durch Volksentscheid bedarf. [2]Die betroffenen Länder sind zu hören.

(3) [1]Der Volksentscheid findet in den Ländern statt, aus deren Gebieten oder Gebietsteilen ein neues oder neu umgrenztes Land gebildet werden soll (betroffene Länder). [2]Abzustimmen ist über die Frage, ob die betroffenen Länder wie bisher bestehen bleiben sollen oder ob das neue oder neu umgrenzte Land gebildet werden soll. [3]Der Volksentscheid für die Bildung eines neuen oder neu umgrenzten Landes kommt zustande, wenn in dessen künftigem Gebiet und insgesamt in den Gebieten oder Gebietsteilen eines betroffenen Landes, deren Landeszugehörigkeit im gleichen Sinne geändert werden soll, jeweils eine Mehrheit der Änderung zustimmt. [4]Er kommt nicht zustande, wenn im Gebiet eines der betroffenen Länder eine Mehrheit die Änderung ablehnt; die Ablehnung ist jedoch unbeachtlich, wenn in einem Gebietsteil, dessen Zugehörigkeit zu dem betroffenen Land geändert werden soll, eine Mehrheit von zwei Dritteln der Änderung zustimmt, es sei denn, dass im Gesamtgebiet des betroffenen Landes eine Mehrheit von zwei Dritteln die Änderung ablehnt.

(4) Wird in einem zusammenhängenden, abgegrenzten Siedlungs- und Wirtschaftsraum, dessen Teile in mehreren Ländern liegen und der mindestens eine Million Einwohner hat, von einem Zehntel der in ihm zum Bundestag Wahlberechtigten durch Volksbegehren gefordert, dass für diesen Raum eine einheitliche Landeszugehörigkeit herbeigeführt werde, so ist durch Bundesgesetz innerhalb von zwei Jahren entweder zu bestimmen, ob die Landeszugehörigkeit gemäß Absatz 2 geändert wird, oder dass in den betroffenen Ländern eine Volksbefragung stattfindet.

(5) [1]Die Volksbefragung ist darauf gerichtet festzustellen, ob eine in dem Gesetz vorzuschlagende Änderung der Landeszugehörigkeit Zustimmung findet. [2]Das Gesetz kann verschiedene, jedoch nicht mehr als zwei Vorschläge der Volksbefragung vorlegen. [3]Stimmt eine Mehrheit einer vorgeschlagenen Änderung der Landeszugehörigkeit zu, so ist durch Bundesgesetz innerhalb von zwei Jahren zu bestimmen, ob die Landeszugehörigkeit gemäß Absatz 2 geändert wird. [4]Findet ein der Volksbefragung vorgelegter Vorschlag eine den Maßgaben des Absatzes 3 Satz 3 und 4 entsprechende Zustimmung, so ist innerhalb von zwei Jahren nach der Durchführung der Volksbefragung ein Bundesgesetz zur Bildung des vorgeschlagenen Landes zu erlassen, das der Bestätigung durch Volksentscheid nicht mehr bedarf.

(6) [1]Mehrheit im Volksentscheid und in der Volksbefragung ist die Mehrheit der abgegebenen Stimmen, wenn sie mindestens ein Viertel der zum Bundestag Wahlberechtigten umfasst. [2]Im Übrigen wird das Nähere über Volksentscheid, Volksbegehren und Volksbefragung durch ein Bundesgesetz geregelt; dieses kann auch vorsehen, dass Volksbegehren innerhalb von fünf Jahren nicht wiederholt werden können.

(7) [1]Sonstige Änderungen des Gebietsbestandes der Länder können durch Staatsverträge der beteiligten Länder oder durch Bundesgesetz mit Zustimmung des Bundesrates erfolgen, wenn das Gebiet, dessen Landeszugehörigkeit geändert werden soll, nicht mehr als 50 000 Einwohner

1) **Anm. d. Red.:** Art. 29 i. d. F. des Gesetzes v. 27. 10. 1994 (BGBl I S. 3146) mit Wirkung v. 15. 11. 1994.

hat. [2]Das Nähere regelt ein Bundesgesetz, das der Zustimmung des Bundesrates und der Mehrheit der Mitglieder des Bundestages bedarf. [3]Es muss die Anhörung der betroffenen Gemeinden und Kreise vorsehen.

(8) [1]Die Länder können eine Neugliederung für das jeweils von ihnen umfasste Gebiet oder für Teilgebiete abweichend von den Vorschriften der Absätze 2 bis 7 durch Staatsvertrag regeln. [2]Die betroffenen Gemeinden und Kreise sind zu hören. [3]Der Staatsvertrag bedarf der Bestätigung durch Volksentscheid in jedem beteiligten Land. [4]Betrifft der Staatsvertrag Teilgebiete der Länder, kann die Bestätigung auf Volksentscheide in diesen Teilgebieten beschränkt werden; Satz 5 zweiter Halbsatz findet keine Anwendung. [5]Bei einem Volksentscheid entscheidet die Mehrheit der abgegebenen Stimmen, wenn sie mindestens ein Viertel der zum Bundestag Wahlberechtigten umfasst; das Nähere regelt ein Bundesgesetz. [6]Der Staatsvertrag bedarf der Zustimmung des Bundestages.

Artikel 30 Kompetenzverteilung zwischen Bund und Ländern

Die Ausübung der staatlichen Befugnisse und die Erfüllung der staatlichen Aufgaben ist Sache der Länder, soweit dieses Grundgesetz keine andere Regelung trifft oder zulässt.

Artikel 31 Vorrang des Bundesrechtes

Bundesrecht bricht Landesrecht.

Artikel 32 Auswärtige Angelegenheiten

(1) Die Pflege der Beziehungen zu auswärtigen Staaten ist Sache des Bundes.

(2) Vor dem Abschlusse eines Vertrages, der die besonderen Verhältnisse eines Landes berührt, ist das Land rechtzeitig zu hören.

(3) Soweit die Länder für die Gesetzgebung zuständig sind, können sie mit Zustimmung der Bundesregierung mit auswärtigen Staaten Verträge abschließen.

Artikel 33 Staatsbürgerliche Gleichstellung der Deutschen, Berufsbeamtentum[1)]

(1) Jeder Deutsche hat in jedem Lande die gleichen staatsbürgerlichen Rechte und Pflichten.

(2) Jeder Deutsche hat nach seiner Eignung, Befähigung und fachlichen Leistung gleichen Zugang zu jedem öffentlichen Amte.

(3) [1]Der Genuss bürgerlicher und staatsbürgerlicher Rechte, die Zulassung zu öffentlichen Ämtern sowie die im öffentlichen Dienste erworbenen Rechte sind unabhängig von dem religiösen Bekenntnis. [2]Niemandem darf aus seiner Zugehörigkeit oder Nichtzugehörigkeit zu einem Bekenntnisse oder einer Weltanschauung ein Nachteil erwachsen.

(4) Die Ausübung hoheitsrechtlicher Befugnisse ist als ständige Aufgabe in der Regel Angehörigen des öffentlichen Dienstes zu übertragen, die in einem öffentlich-rechtlichen Dienst- und Treueverhältnis stehen.

(5) Das Recht des öffentlichen Dienstes ist unter Berücksichtigung der hergebrachten Grundsätze des Berufsbeamtentums zu regeln und fortzuentwickeln.

Artikel 34 Haftung bei Amtspflichtverletzungen

[1]Verletzt jemand in Ausübung eines ihm anvertrauten öffentlichen Amtes die ihm einem Dritten gegenüber obliegende Amtspflicht, so trifft die Verantwortlichkeit grundsätzlich den Staat oder die Körperschaft, in deren Dienst er steht. [2]Bei Vorsatz oder grober Fahrlässigkeit bleibt der Rückgriff vorbehalten. [3]Für den Anspruch auf Schadensersatz und für den Rückgriff darf der ordentliche Rechtsweg nicht ausgeschlossen werden.

---

1) **Anm. d. Red.:** Art. 33 i. d. F. des Gesetzes v. 28. 8. 2006 (BGBl I S. 2034) mit Wirkung v. 1. 9. 2006.

Artikel 35 Rechts- und Amtshilfe, Katastrophenhilfe

(1) Alle Behörden des Bundes und der Länder leisten sich gegenseitig Rechts- und Amtshilfe.

(2) [1]Zur Aufrechterhaltung oder Wiederherstellung der öffentlichen Sicherheit oder Ordnung kann ein Land in Fällen von besonderer Bedeutung Kräfte und Einrichtungen des Bundesgrenzschutzes zur Unterstützung seiner Polizei anfordern, wenn die Polizei ohne diese Unterstützung eine Aufgabe nicht oder nur unter erheblichen Schwierigkeiten erfüllen könnte. [2]Zur Hilfe bei einer Naturkatastrophe oder bei einem besonders schweren Unglücksfall kann ein Land Polizeikräfte anderer Länder, Kräfte und Einrichtungen anderer Verwaltungen sowie des Bundesgrenzschutzes und der Streitkräfte anfordern.

(3) [1]Gefährdet die Naturkatastrophe oder der Unglücksfall das Gebiet mehr als eines Landes, so kann die Bundesregierung, soweit es zur wirksamen Bekämpfung erforderlich ist, den Landesregierungen die Weisung erteilen, Polizeikräfte anderen Ländern zur Verfügung zu stellen, sowie Einheiten des Bundesgrenzschutzes und der Streitkräfte zur Unterstützung der Polizeikräfte einsetzen. [2]Maßnahmen der Bundesregierung nach Satz 1 sind jederzeit auf Verlangen des Bundesrates, im Übrigen unverzüglich nach Beseitigung der Gefahr aufzuheben.

Artikel 36 Stellenbesetzung bei Bundesbehörden

(1) [1]Bei den obersten Bundesbehörden sind Beamte aus allen Ländern in angemessenem Verhältnis zu verwenden. [2]Die bei den übrigen Bundesbehörden beschäftigten Personen sollen in der Regel aus dem Lande genommen werden, in dem sie tätig sind.

(2) Die Wehrgesetze haben auch die Gliederung des Bundes in Länder und ihre besonderen landsmannschaftlichen Verhältnisse zu berücksichtigen.

Artikel 37 Bundeszwang

(1) Wenn ein Land die ihm nach dem Grundgesetz oder einem anderen Bundesgesetze obliegenden Bundespflichten nicht erfüllt, kann die Bundesregierung mit Zustimmung des Bundesrates die notwendigen Maßnahmen treffen, um das Land im Wege des Bundeszwanges zur Erfüllung seiner Pflichten anzuhalten.

(2) Zur Durchführung des Bundeszwanges hat die Bundesregierung oder ihr Beauftragter das Weisungsrecht gegenüber allen Ländern und ihren Behörden.

III. Der Bundestag

Artikel 38 Wahl

(1) [1]Die Abgeordneten des Deutschen Bundestages werden in allgemeiner, unmittelbarer, freier, gleicher und geheimer Wahl gewählt. [2]Sie sind Vertreter des ganzen Volkes, an Aufträge und Weisungen nicht gebunden und nur ihrem Gewissen unterworfen.

(2) Wahlberechtigt ist, wer das achtzehnte Lebensjahr vollendet hat; wählbar ist, wer das Alter erreicht hat, mit dem die Volljährigkeit eintritt.

(3) Das Nähere bestimmt ein Bundesgesetz.

Artikel 39 Wahlperiode, Zusammentritt, Einberufung[1)]

(1) [1]Der Bundestag wird vorbehaltlich der nachfolgenden Bestimmungen auf vier Jahre gewählt. [2]Seine Wahlperiode endet mit dem Zusammentritt eines neuen Bundestages. [3]Die Neuwahl findet frühestens sechsundvierzig, spätestens achtundvierzig Monate nach Beginn der Wahlperiode statt. [4]Im Falle einer Auflösung des Bundestages findet die Neuwahl innerhalb von sechzig Tagen statt.

(2) Der Bundestag tritt spätestens am dreißigsten Tag nach der Wahl zusammen.

1) **Anm. d. Red.:** Art. 39 i. d. F. des Gesetzes v. 16. 7. 1998 (BGBl I S. 1822) mit Wirkung v. 27. 10. 1998.

(3) [1]Der Bundestag bestimmt den Schluss und den Wiederbeginn seiner Sitzungen. [2]Der Präsident des Bundestages kann ihn früher einberufen. [3]Er ist hierzu verpflichtet, wenn ein Drittel der Mitglieder, der Bundespräsident oder der Bundeskanzler es verlangen.

Artikel 40 Präsident, Geschäftsordnung

(1) [1]Der Bundestag wählt seinen Präsidenten, dessen Stellvertreter und die Schriftführer. [2]Er gibt sich eine Geschäftsordnung.

(2) [1]Der Präsident übt das Hausrecht und die Polizeigewalt im Gebäude des Bundestages aus. [2]Ohne seine Genehmigung darf in den Räumen des Bundestages keine Durchsuchung oder Beschlagnahme stattfinden.

Artikel 41 Wahlprüfung

(1) [1]Die Wahlprüfung ist Sache des Bundestages. [2]Er entscheidet auch, ob ein Abgeordneter des Bundestages die Mitgliedschaft verloren hat.

(2) Gegen die Entscheidung des Bundestages ist die Beschwerde an das Bundesverfassungsgericht zulässig.

(3) Das Nähere regelt ein Bundesgesetz.

Artikel 42 Verhandlung, Abstimmung

(1) [1]Der Bundestag verhandelt öffentlich. [2]Auf Antrag eines Zehntels seiner Mitglieder oder auf Antrag der Bundesregierung kann mit Zweidrittelmehrheit die Öffentlichkeit ausgeschlossen werden. [3]Über den Antrag wird in nichtöffentlicher Sitzung entschieden.

(2) [1]Zu einem Beschlusse des Bundestages ist die Mehrheit der abgegebenen Stimmen erforderlich, so weit dieses Grundgesetz nichts anderes bestimmt. [2]Für die vom Bundestage vorzunehmenden Wahlen kann die Geschäftsordnung Ausnahmen zulassen.

(3) Wahrheitsgetreue Berichte über die öffentlichen Sitzungen des Bundestages und seiner Ausschüsse bleiben von jeder Verantwortlichkeit frei.

Artikel 43 Anwesenheit der Regierungs- und Bundesratsmitglieder

(1) Der Bundestag und seine Ausschüsse können die Anwesenheit jedes Mitgliedes der Bundesregierung verlangen.

(2) [1]Die Mitglieder des Bundesrates und der Bundesregierung sowie ihre Beauftragten haben zu allen Sitzungen des Bundestages und seiner Ausschüsse Zutritt. [2]Sie müssen jederzeit gehört werden.

Artikel 44 Untersuchungsausschüsse

(1) [1]Der Bundestag hat das Recht und auf Antrag eines Viertels seiner Mitglieder die Pflicht, einen Untersuchungsausschuss einzusetzen, der in öffentlicher Verhandlung die erforderlichen Beweise erhebt. [2]Die Öffentlichkeit kann ausgeschlossen werden.

(2) [1]Auf Beweiserhebungen finden die Vorschriften über den Strafprozess sinngemäß Anwendung. [2]Das Brief-, Post- und Fernmeldegeheimnis bleibt unberührt.

(3) Gerichte und Verwaltungsbehörden sind zur Rechts- und Amtshilfe verpflichtet.

(4) [1]Die Beschlüsse der Untersuchungsausschüsse sind der richterlichen Erörterung entzogen. [2]In der Würdigung und Beurteilung des der Untersuchung zugrunde liegenden Sachverhaltes sind die Gerichte frei.

Artikel 45 Ausschuss für die Angelegenheiten der Europäischen Union[1)]

[1]Der Bundestag bestellt einen Ausschuss für die Angelegenheiten der Europäischen Union. [2]Er kann ihn ermächtigen, die Rechte des Bundestages gemäß Artikel 23 gegenüber der Bundesregierung wahrzunehmen. [3]Er kann ihn auch ermächtigen, die Rechte wahrzunehmen, die dem Bundestag in den vertraglichen Grundlagen der Europäischen Union eingeräumt sind.

Artikel 45a Ausschüsse für Auswärtiges und für Verteidigung

(1) Der Bundestag bestellt einen Ausschuss für auswärtige Angelegenheiten und einen Ausschuss für Verteidigung.

(2) [1]Der Ausschuss für Verteidigung hat auch die Rechte eines Untersuchungsausschusses. [2]Auf Antrag eines Viertels seiner Mitglieder hat er die Pflicht, eine Angelegenheit zum Gegenstand seiner Untersuchung zu machen.

(3) Artikel 44 Abs. 1 findet auf dem Gebiet der Verteidigung keine Anwendung.

Artikel 45b Wehrbeauftragter

[1]Zum Schutz der Grundrechte und als Hilfsorgan des Bundestages bei der Ausübung der parlamentarischen Kontrolle wird ein Wehrbeauftragter des Bundestages berufen. [2]Das Nähere regelt ein Bundesgesetz.

Artikel 45c Petitionsausschuss

(1) Der Bundestag bestellt einen Petitionsausschuss, dem die Behandlung der nach Artikel 17 an den Bundestag gerichteten Bitten und Beschwerden obliegt.

(2) Die Befugnisse des Ausschusses zur Überprüfung von Beschwerden regelt ein Bundesgesetz.

Artikel 45d Parlamentarisches Kontrollgremium[2)]

(1) Der Bundestag bestellt ein Gremium zur Kontrolle der nachrichtendienstlichen Tätigkeit des Bundes.

(2) Das Nähere regelt ein Bundesgesetz.

Artikel 46 Indemnität und Immunität

(1) [1]Ein Abgeordneter darf zu keiner Zeit wegen seiner Abstimmung oder wegen einer Äußerung, die er im Bundestag oder in einem seiner Ausschüsse getan hat, gerichtlich oder dienstlich verfolgt oder sonst außerhalb des Bundestages zur Verantwortung gezogen werden. [2]Dies gilt nicht für verleumderische Beleidigungen.

(2) Wegen einer mit Strafe bedrohten Handlung darf ein Abgeordneter nur mit Genehmigung des Bundestages zur Verantwortung gezogen oder verhaftet werden, es sei denn, dass er bei Begehung der Tat oder im Laufe des folgenden Tages festgenommen wird.

(3) Die Genehmigung des Bundestages ist ferner bei jeder anderen Beschränkung der persönlichen Freiheit eines Abgeordneten oder zur Einleitung eines Verfahrens gegen einen Abgeordneten gemäß Artikel 18 erforderlich.

(4) Jedes Strafverfahren und jedes Verfahren gemäß Artikel 18 gegen einen Abgeordneten, jede Haft und jede sonstige Beschränkung seiner persönlichen Freiheit sind auf Verlangen des Bundestages auszusetzen.

---

1) **Anm. d. Red.:** Art. 45 i. d. F. des Gesetzes v. 8. 10. 2008 (BGBl I S. 1926) mit Wirkung v. 1. 12. 2009.

2) **Anm. d. Red.:** Art. 45d eingefügt gem. Gesetz v. 17. 7. 2009 (BGBl I S. 1977) mit Wirkung v. 23. 7. 2009.

Artikel 47 Zeugnisverweigerungsrecht der Abgeordneten

[1]Die Abgeordneten sind berechtigt, über Personen, die ihnen in ihrer Eigenschaft als Abgeordnete oder denen sie in dieser Eigenschaft Tatsachen anvertraut haben, sowie über diese Tatsachen selbst das Zeugnis zu verweigern. [2]Soweit dieses Zeugnisverweigerungsrecht reicht, ist die Beschlagnahme von Schriftstücken unzulässig.

Artikel 48 Rechte der Abgeordneten

(1) Wer sich um einen Sitz im Bundestag bewirbt, hat Anspruch auf den zur Vorbereitung seiner Wahl erforderlichen Urlaub.

(2) [1]Niemand darf gehindert werden, das Amt eines Abgeordneten zu übernehmen und auszuüben. [2]Eine Kündigung oder Entlassung aus diesem Grunde ist unzulässig.

(3) [1]Die Abgeordneten haben Anspruch auf eine angemessene, ihre Unabhängigkeit sichernde Entschädigung. [2]Sie haben das Recht der freien Benutzung aller staatlichen Verkehrsmittel. [3]Das Nähere regelt ein Bundesgesetz.

Artikel 49 (weggefallen)

IV. Der Bundesrat

Artikel 50 Aufgaben[1)]

Durch den Bundesrat wirken die Länder bei der Gesetzgebung und Verwaltung des Bundes und in Angelegenheiten der Europäischen Union mit.

Artikel 51 Zusammensetzung[2)]

(1) [1]Der Bundesrat besteht aus Mitgliedern der Regierungen der Länder, die sie bestellen und abberufen. [2]Sie können durch andere Mitglieder ihrer Regierungen vertreten werden.

(2) Jedes Land hat mindestens drei Stimmen, Länder mit mehr als zwei Millionen Einwohnern haben vier, Länder mit mehr als sechs Millionen Einwohnern fünf, Länder mit mehr als sieben Millionen Einwohnern sechs Stimmen.

(3) [1]Jedes Land kann so viele Mitglieder entsenden, wie es Stimmen hat. [2]Die Stimmen eines Landes können nur einheitlich und nur durch anwesende Mitglieder oder deren Vertreter abgegeben werden.

Artikel 52 Präsident, Geschäftsordnung[3)]

(1) Der Bundesrat wählt seinen Präsidenten auf ein Jahr.

(2) [1]Der Präsident beruft den Bundesrat ein. [2]Er hat ihn einzuberufen, wenn die Vertreter von mindestens zwei Ländern oder die Bundesregierung es verlangen.

(3) [1]Der Bundesrat fasst seine Beschlüsse mit mindestens der Mehrheit seiner Stimmen. [2]Er gibt sich eine Geschäftsordnung. [3]Er verhandelt öffentlich. [4]Die Öffentlichkeit kann ausgeschlossen werden.

(3a) Für Angelegenheiten der Europäischen Union kann der Bundesrat eine Europakammer bilden, deren Beschlüsse als Beschlüsse des Bundesrates gelten; die Anzahl der einheitlich abzugebenden Stimmen der Länder bestimmt sich nach Artikel 51 Abs. 2.

---

1) **Anm. d. Red.:** Art. 50 i. d. F. des Gesetzes v. 21. 12. 1992 (BGBl I S. 2086) mit Wirkung v. 25. 12. 1992.

2) **Anm. d. Red.:** Art. 51 i. d. F. des Einigungsvertrags v. 31. 8. 1990 (BGBl II S. 889, 890) mit Wirkung v. 29. 9. 1990.

3) **Anm. d. Red.:** Art. 52 i. d. F. des Gesetzes v. 28. 8. 2006 (BGBl I S. 2034) mit Wirkung v. 1. 9. 2006.

(4) Den Ausschüssen des Bundesrates können andere Mitglieder oder Beauftragte der Regierungen der Länder angehören.

Artikel 53 Anwesenheit der Regierungsmitglieder

[1]Die Mitglieder der Bundesregierung haben das Recht und auf Verlangen die Pflicht, an den Verhandlungen des Bundesrates und seiner Ausschüsse teilzunehmen. [2]Sie müssen jederzeit gehört werden. [3]Der Bundesrat ist von der Bundesregierung über die Führung der Geschäfte auf dem Laufenden zu halten.

IVa. Gemeinsamer Ausschuss

Artikel 53a Zusammensetzung, Geschäftsordnung, Informationsrecht

(1) [1]Der Gemeinsame Ausschuss besteht zu zwei Dritteln aus Abgeordneten des Bundestages, zu einem Drittel aus Mitgliedern des Bundesrates. [2]Die Abgeordneten werden vom Bundestage entsprechend dem Stärkeverhältnis der Fraktionen bestimmt; sie dürfen nicht der Bundesregierung angehören. [3]Jedes Land wird durch ein von ihm bestelltes Mitglied des Bundesrates vertreten; diese Mitglieder sind nicht an Weisungen gebunden. [4]Die Bildung des Gemeinsamen Ausschusses und sein Verfahren werden durch eine Geschäftsordnung geregelt, die vom Bundestage zu beschließen ist und der Zustimmung des Bundesrates bedarf.

(2) [1]Die Bundesregierung hat den Gemeinsamen Ausschuss über ihre Planungen für den Verteidigungsfall zu unterrichten. [2]Die Rechte des Bundestages und seiner Ausschüsse nach Artikel 43 Abs. 1 bleiben unberührt.

V. Der Bundespräsident

Artikel 54 Wahl

(1) [1]Der Bundespräsident wird ohne Aussprache von der Bundesversammlung gewählt. [2]Wählbar ist jeder Deutsche, der das Wahlrecht zum Bundestage besitzt und das vierzigste Lebensjahr vollendet hat.

(2) [1]Das Amt des Bundespräsidenten dauert fünf Jahre. [2]Anschließende Wiederwahl ist nur einmal zulässig.

(3) Die Bundesversammlung besteht aus den Mitgliedern des Bundestages und einer gleichen Anzahl von Mitgliedern, die von den Volksvertretungen der Länder nach den Grundsätzen der Verhältniswahl gewählt werden.

(4) [1]Die Bundesversammlung tritt spätestens dreißig Tage vor Ablauf der Amtszeit des Bundespräsidenten, bei vorzeitiger Beendigung spätestens dreißig Tage nach diesem Zeitpunkt zusammen. [2]Sie wird vom Präsidenten des Bundestages einberufen.

(5) Nach Ablauf der Wahlperiode beginnt die Frist des Absatzes 4 Satz 1 mit dem ersten Zusammentritt des Bundestages.

(6) [1]Gewählt ist, wer die Stimmen der Mehrheit der Mitglieder der Bundesversammlung erhält. [2]Wird diese Mehrheit in zwei Wahlgängen von keinem Bewerber erreicht, so ist gewählt, wer in einem weiteren Wahlgang die meisten Stimmen auf sich vereinigt.

(7) Das Nähere regelt ein Bundesgesetz.

Artikel 55 Unvereinbare Tätigkeiten

(1) Der Bundespräsident darf weder der Regierung noch einer gesetzgebenden Körperschaft des Bundes oder eines Landes angehören.

(2) Der Bundespräsident darf kein anderes besoldetes Amt, kein Gewerbe und keinen Beruf ausüben und weder der Leitung noch dem Aufsichtsrate eines auf Erwerb gerichteten Unternehmens angehören.

Artikel 56 Amtseid

[1]Der Bundespräsident leistet bei seinem Amtsantritt vor den versammelten Mitgliedern des Bundestages und des Bundesrates folgenden Eid:

„Ich schwöre, dass ich meine Kraft dem Wohle des deutschen Volkes widmen, seinen Nutzen mehren, Schaden von ihm wenden, das Grundgesetz und die Gesetze des Bundes wahren und verteidigen, meine Pflichten gewissenhaft erfüllen und Gerechtigkeit gegen jedermann üben werde. So wahr mir Gott helfe."

[2]Der Eid kann auch ohne religiöse Beteuerung geleistet werden.

Artikel 57 Vertretung

Die Befugnisse des Bundespräsidenten werden im Falle seiner Verhinderung oder bei vorzeitiger Erledigung des Amtes durch den Präsidenten des Bundesrates wahrgenommen.

Artikel 58 Gegenzeichnung

[1]Anordnungen und Verfügungen des Bundespräsidenten bedürfen zu ihrer Gültigkeit der Gegenzeichnung durch den Bundeskanzler oder durch den zuständigen Bundesminister. [2]Dies gilt nicht für die Ernennung und Entlassung des Bundeskanzlers, die Auflösung des Bundestages gemäß Artikel 63 und das Ersuchen gemäß Artikel 69 Abs. 3.

Artikel 59 Völkerrechtliche Vertretung des Bundes

(1) [1]Der Bundespräsident vertritt den Bund völkerrechtlich. [2]Er schließt im Namen des Bundes die Verträge mit auswärtigen Staaten. [3]Er beglaubigt und empfängt die Gesandten.

(2) [1]Verträge, welche die politischen Beziehungen des Bundes regeln oder sich auf Gegenstände der Bundesgesetzgebung beziehen, bedürfen der Zustimmung oder der Mitwirkung der jeweils für die Bundesgesetzgebung zuständigen Körperschaften in der Form eines Bundesgesetzes. [2]Für Verwaltungsabkommen gelten die Vorschriften über die Bundesverwaltung entsprechend.

Artikel 59a (weggefallen)

Artikel 60 Ernennung und Entlassung der Bundesrichter, Bundesbeamten und Soldaten; Begnadigungsrecht

(1) Der Bundespräsident ernennt und entlässt die Bundesrichter, die Bundesbeamten, die Offiziere und Unteroffiziere, soweit gesetzlich nichts anderes bestimmt ist.

(2) Er übt im Einzelfalle für den Bund das Begnadigungsrecht aus.

(3) Er kann diese Befugnisse auf andere Behörden übertragen.

(4) Die Absätze 2 bis 4 des Artikels 46 finden auf den Bundespräsidenten entsprechende Anwendung.

Artikel 61 Anklage vor dem Bundesverfassungsgericht

(1) [1]Der Bundestag oder der Bundesrat können den Bundespräsidenten wegen vorsätzlicher Verletzung des Grundgesetzes oder eines anderen Bundesgesetzes vor dem Bundesverfassungsgericht anklagen. [2]Der Antrag auf Erhebung der Anklage muss von mindestens einem Viertel der Mitglieder des Bundestages oder einem Viertel der Stimmen des Bundesrates gestellt werden. [3]Der Beschluss auf Erhebung der Anklage bedarf der Mehrheit von zwei Dritteln der Mitglieder des Bundestages oder von zwei Dritteln der Stimmen des Bundesrates. [4]Die Anklage wird von einem Beauftragten der anklagenden Körperschaft vertreten.

(2) [1]Stellt das Bundesverfassungsgericht fest, dass der Bundespräsident einer vorsätzlichen Verletzung des Grundgesetzes oder eines anderen Bundesgesetzes schuldig ist, so kann es ihn des Amtes für verlustig erklären. [2]Durch einstweilige Anordnung kann es nach der Erhebung der Anklage bestimmen, dass er an der Ausübung seines Amtes verhindert ist.

VI. Die Bundesregierung

Artikel 62 Zusammensetzung

Die Bundesregierung besteht aus dem Bundeskanzler und aus den Bundesministern.

Artikel 63 Wahl und Ernennung des Bundeskanzlers

(1) Der Bundeskanzler wird auf Vorschlag des Bundespräsidenten vom Bundestage ohne Aussprache gewählt.

(2) [1]Gewählt ist, wer die Stimmen der Mehrheit der Mitglieder des Bundestages auf sich vereinigt. [2]Der Gewählte ist vom Bundespräsidenten zu ernennen.

(3) Wird der Vorgeschlagene nicht gewählt, so kann der Bundestag binnen vierzehn Tagen nach dem Wahlgange mit mehr als der Hälfte seiner Mitglieder einen Bundeskanzler wählen.

(4) [1]Kommt eine Wahl innerhalb dieser Frist nicht zustande, so findet unverzüglich ein neuer Wahlgang statt, in dem gewählt ist, wer die meisten Stimmen erhält. [2]Vereinigt der Gewählte die Stimmen der Mehrheit der Mitglieder des Bundestages auf sich, so muss der Bundespräsident ihn binnen sieben Tagen nach der Wahl ernennen. [3]Erreicht der Gewählte diese Mehrheit nicht, so hat der Bundespräsident binnen sieben Tagen entweder ihn zu ernennen oder den Bundestag aufzulösen.

Artikel 64 Ernennung und Entlassung der Bundesminister

(1) Die Bundesminister werden auf Vorschlag des Bundeskanzlers vom Bundespräsidenten ernannt und entlassen.

(2) Der Bundeskanzler und die Bundesminister leisten bei der Amtsübernahme vor dem Bundestage den im Artikel 56 vorgesehenen Eid.

Artikel 65 Befugnisse in der Bundesregierung

[1]Der Bundeskanzler bestimmt die Richtlinien der Politik und trägt dafür die Verantwortung. [2]Innerhalb dieser Richtlinien leitet jeder Bundesminister seinen Geschäftsbereich selbständig und unter eigener Verantwortung. [3]Über Meinungsverschiedenheiten zwischen den Bundesministern entscheidet die Bundesregierung. [4]Der Bundeskanzler leitet ihre Geschäfte nach einer von der Bundesregierung beschlossenen und vom Bundespräsidenten genehmigten Geschäftsordnung.

Artikel 65a Befehls- und Kommandogewalt

Der Bundesminister für Verteidigung hat die Befehls- und Kommandogewalt über die Streitkräfte.

Artikel 66 Unvereinbare Tätigkeiten

Der Bundeskanzler und die Bundesminister dürfen kein anderes besoldetes Amt, kein Gewerbe und keinen Beruf ausüben und weder der Leitung noch ohne Zustimmung des Bundestages dem Aufsichtsrate eines auf Erwerb gerichteten Unternehmens angehören.

Artikel 67 Konstruktives Misstrauensvotum

(1) [1]Der Bundestag kann dem Bundeskanzler das Misstrauen nur dadurch aussprechen, dass er mit der Mehrheit seiner Mitglieder einen Nachfolger wählt und den Bundespräsidenten ersucht, den Bundeskanzler zu entlassen. [2]Der Bundespräsident muss dem Ersuchen entsprechen und den Gewählten ernennen.

(2) Zwischen dem Antrage und der Wahl müssen achtundvierzig Stunden liegen.

Artikel 68 Vertrauensfrage; Auflösung des Bundestages

(1) [1]Findet ein Antrag des Bundeskanzlers, ihm das Vertrauen auszusprechen, nicht die Zustimmung der Mehrheit der Mitglieder des Bundestages, so kann der Bundespräsident auf Vorschlag des Bundeskanzlers binnen einundzwanzig Tagen den Bundestag auflösen. [2]Das Recht zur Auflösung erlischt, sobald der Bundestag mit der Mehrheit seiner Mitglieder einen anderen Bundeskanzler wählt.

(2) Zwischen dem Antrage und der Abstimmung müssen achtundvierzig Stunden liegen.

Artikel 69 Stellvertreter des Bundeskanzlers, Amtsdauer für Regierungsmitglieder

(1) Der Bundeskanzler ernennt einen Bundesminister zu seinem Stellvertreter.

(2) Das Amt des Bundeskanzlers oder eines Bundesministers endigt in jedem Falle mit dem Zusammentritt eines neuen Bundestages, das Amt eines Bundesministers auch mit jeder anderen Erledigung des Amtes des Bundeskanzlers.

(3) Auf Ersuchen des Bundespräsidenten ist der Bundeskanzler, auf Ersuchen des Bundeskanzlers oder des Bundespräsidenten ein Bundesminister verpflichtet, die Geschäfte bis zur Ernennung seines Nachfolgers weiterzuführen.

VII. Die Gesetzgebung des Bundes

Artikel 70 Gesetzgebung des Bundes und der Länder

(1) Die Länder haben das Recht der Gesetzgebung, so weit dieses Grundgesetz nicht dem Bunde Gesetzgebungsbefugnisse verleiht.

(2) Die Abgrenzung der Zuständigkeit zwischen Bund und Ländern bemisst sich nach den Vorschriften dieses Grundgesetzes über die ausschließliche und die konkurrierende Gesetzgebung.

Artikel 71 Ausschließliche Gesetzgebung des Bundes

Im Bereich der ausschließlichen Gesetzgebung des Bundes haben die Länder die Befugnis zur Gesetzgebung nur, wenn und soweit sie hierzu in einem Bundesgesetze ausdrücklich ermächtigt werden.

Artikel 72 Konkurrierende Gesetzgebung des Bundes[1)]

(1) Im Bereich der konkurrierenden Gesetzgebung haben die Länder die Befugnis zur Gesetzgebung, solange und soweit der Bund von seiner Gesetzgebungszuständigkeit nicht durch Gesetz Gebrauch gemacht hat.

(2) Auf den Gebieten des Artikels 74 Abs. 1 Nr. 4, 7, 11, 13, 15, 19a, 20, 22, 25 und 26 hat der Bund das Gesetzgebungsrecht, wenn und soweit die Herstellung gleichwertiger Lebensverhältnisse im Bundesgebiet oder die Wahrung der Rechts- oder Wirtschaftseinheit im gesamtstaatlichen Interesse eine bundesgesetzliche Regelung erforderlich macht.

(3) [1]Hat der Bund von seiner Gesetzgebungszuständigkeit Gebrauch gemacht, können die Länder durch Gesetz hiervon abweichende Regelungen treffen über:

1. das Jagdwesen (ohne das Recht der Jagdscheine);
2. den Naturschutz und die Landschaftspflege (ohne die allgemeinen Grundsätze des Naturschutzes, das Recht des Artenschutzes oder des Meeresnaturschutzes);
3. die Bodenverteilung;
4. die Raumordnung;
5. den Wasserhaushalt (ohne stoff- oder anlagenbezogene Regelungen);
6. die Hochschulzulassung und die Hochschulabschlüsse.

1) **Anm. d. Red.:** Art. 72 i. d. F. des Gesetzes v. 28. 8. 2006 (BGBl I S. 2034) mit Wirkung v. 1. 9. 2006.

[2]Bundesgesetze auf diesen Gebieten treten frühestens sechs Monate nach ihrer Verkündung in Kraft, soweit nicht mit Zustimmung des Bundesrates anderes bestimmt ist. [3]Auf den Gebieten des Satzes 1 geht im Verhältnis von Bundes- und Landesrecht das jeweils spätere Gesetz vor.

(4) Durch Bundesgesetz kann bestimmt werden, dass eine bundesgesetzliche Regelung, für die eine Erforderlichkeit im Sinne des Absatzes 2 nicht mehr besteht, durch Landesrecht ersetzt werden kann.

Artikel 73 Ausschließliche Gesetzgebung des Bundes, Gegenstände[1)]

(1) Der Bund hat die ausschließliche Gesetzgebung über:

1. die auswärtigen Angelegenheiten sowie die Verteidigung einschließlich des Schutzes der Zivilbevölkerung;
2. die Staatsangehörigkeit im Bunde;
3. die Freizügigkeit, das Passwesen, das Melde- und Ausweiswesen, die Ein- und Auswanderung und die Auslieferung;
4. das Währungs-, Geld- und Münzwesen, Maße und Gewichte sowie die Zeitbestimmung;
5. die Einheit des Zoll- und Handelsgebietes, die Handels- und Schifffahrtsverträge, die Freizügigkeit des Warenverkehrs und den Waren- und Zahlungsverkehr mit dem Auslande einschließlich des Zoll- und Grenzschutzes;

5a. den Schutz deutschen Kulturgutes gegen Abwanderung ins Ausland;

6. den Luftverkehr;

6a. den Verkehr von Eisenbahnen, die ganz oder mehrheitlich im Eigentum des Bundes stehen (Eisenbahnen des Bundes), den Bau, die Unterhaltung und das Betreiben von Schienenwegen der Eisenbahnen des Bundes sowie die Erhebung von Entgelten für die Benutzung dieser Schienenwege;

7. das Postwesen und die Telekommunikation;
8. die Rechtsverhältnisse der im Dienste des Bundes und der bundesunmittelbaren Körperschaften des öffentlichen Rechtes stehenden Personen;
9. den gewerblichen Rechtsschutz, das Urheberrecht und das Verlagsrecht;

9a. die Abwehr von Gefahren des internationalen Terrorismus durch das Bundeskriminalpolizeiamt in Fällen, in denen eine länderübergreifende Gefahr vorliegt, die Zuständigkeit einer Landespolizeibehörde nicht erkennbar ist oder die oberste Landesbehörde um eine Übernahme ersucht;

10. die Zusammenarbeit des Bundes und der Länder
    a) in der Kriminalpolizei,
    b) zum Schutze der freiheitlichen demokratischen Grundordnung, des Bestandes und der Sicherheit des Bundes und eines Landes (Verfassungsschutz) und
    c) zum Schutz gegen Bestrebungen im Bundesgebiet, die durch Anwendung von Gewalt oder darauf gerichtete Vorbereitungshandlungen auswärtige Belange der Bundesrepublik Deutschland gefährden,

    sowie die Einrichtung eines Bundeskriminalpolizeiamtes und die internationale Verbrechensbekämpfung;
11. die Statistik für Bundeszwecke;
12. das Waffen- und das Sprengstoffrecht;
13. die Versorgung der Kriegsbeschädigten und Kriegshinterbliebenen und die Fürsorge für die ehemaligen Kriegsgefangenen;

---

1) **Anm. d. Red.:** Art. 73 i. d. F. des Gesetzes v. 28. 8. 2006 (BGBl I S. 2034) mit Wirkung v. 1. 9. 2006.

14. die Erzeugung und Nutzung der Kernenergie zu friedlichen Zwecken, die Errichtung und den Betrieb von Anlagen, die diesen Zwecken dienen, den Schutz gegen Gefahren, die bei Freiwerden von Kernenergie oder durch ionisierende Strahlen entstehen, und die Beseitigung radioaktiver Stoffe.

(2) Gesetze nach Absatz 1 Nr. 9a bedürfen der Zustimmung des Bundesrates.

Artikel 74 Konkurrierende Gesetzgebung des Bundes, Gegenstände[1)]

(1) Die konkurrierende Gesetzgebung erstreckt sich auf folgende Gebiete:

1. das bürgerliche Recht, das Strafrecht, die Gerichtsverfassung, das gerichtliche Verfahren (ohne das Recht des Untersuchungshaftvollzugs), die Rechtsanwaltschaft, das Notariat und die Rechtsberatung;
2. das Personenstandswesen;
3. das Vereinsrecht;
4. das Aufenthalts- und Niederlassungsrecht der Ausländer;

4a. (weggefallen)

5. (weggefallen)
6. die Angelegenheiten der Flüchtlinge und Vertriebenen;
7. die öffentliche Fürsorge (ohne das Heimrecht);
8. (weggefallen)
9. die Kriegsschäden und die Wiedergutmachung;
10. die Kriegsgräber und Gräber anderer Opfer der Krieges und Opfer von Gewaltherrschaft;
11. das Recht der Wirtschaft (Bergbau, Industrie, Energiewirtschaft, Handwerk, Gewerbe, Handel, Bank- und Börsenwesen, privatrechtliches Versicherungswesen) ohne das Recht des Ladenschlusses, der Gaststätten, der Spielhallen, der Schaustellung von Personen, der Messen, der Ausstellungen und der Märkte;

11a. (weggefallen)

12. das Arbeitsrecht einschließlich der Betriebsverfassung, des Arbeitsschutzes und der Arbeitsvermittlung sowie die Sozialversicherung einschließlich der Arbeitslosenversicherung;
13. die Regelung der Ausbildungsbeihilfen und die Förderung der wissenschaftlichen Forschung;
14. das Recht der Enteignung, soweit sie auf den Sachgebieten der Artikel 73 und 74 in Betracht kommt;
15. die Überführung von Grund und Boden, von Naturschätzen und Produktionsmitteln in Gemeineigentum oder in andere Formen der Gemeinwirtschaft;
16. die Verhütung des Missbrauchs wirtschaftlicher Machtstellung;
17. die Förderung der land- und forstwirtschaftlichen Erzeugung (ohne das Recht der Flurbereinigung), die Sicherung der Ernährung, die Ein- und Ausfuhr land- und forstwirtschaftlicher Erzeugnisse, die Hochsee- und Küstenfischerei und den Küstenschutz;
18. den städtebaulichen Grundstücksverkehr, das Bodenrecht (ohne das Recht der Erschließungsbeiträge) und das Wohngeldrecht, das Altschuldenhilferecht, das Wohnungsbauprämienrecht, das Bergarbeiterwohnungsbaurecht und das Bergmannssiedlungsrecht;
19. Maßnahmen gegen gemeingefährliche oder übertragbare Krankheiten bei Menschen und Tieren, Zulassung zu ärztlichen und anderen Heilberufen und zum Heilgewerbe, sowie das Recht des Apothekenwesens, der Arzneien, der Medizinprodukte, der Heilmittel, der Betäubungsmittel und der Gifte;

1) **Anm. d. Red.:** Art. 74 i. d. F. des Gesetzes v. 28. 8. 2006 (BGBl I S. 2034) mit Wirkung v. 1. 9. 2006.

19a. die wirtschaftliche Sicherung der Krankenhäuser und die Regelung der Krankenhauspflegesätze;
20. das Recht der Lebensmittel einschließlich der ihrer Gewinnung dienenden Tiere, das Recht der Genussmittel, Bedarfsgegenstände und Futtermittel sowie den Schutz beim Verkehr mit land- und forstwirtschaftlichem Saat- und Pflanzgut, den Schutz der Pflanzen gegen Krankheiten und Schädlinge sowie den Tierschutz;
21. die Hochsee- und Küstenschifffahrt sowie die Seezeichen, die Binnenschifffahrt, den Wetterdienst, die Seewasserstraßen und die dem allgemeinen Verkehr dienenden Binnenwasserstraßen;
22. den Straßenverkehr, das Kraftfahrwesen, den Bau und die Unterhaltung von Landstraßen für den Fernverkehr sowie die Erhebung und Verteilung von Gebühren oder Entgelten für die Benutzung öffentlicher Straßen mit Fahrzeugen;
23. die Schienenbahnen, die nicht Eisenbahnen des Bundes sind, mit Ausnahme der Bergbahnen;
24. die Abfallwirtschaft, die Luftreinhaltung und die Lärmbekämpfung (ohne Schutz vor verhaltensbezogenem Lärm);
25. die Staatshaftung;
26. die medizinisch unterstützte Erzeugung menschlichen Lebens, die Untersuchung und die künstliche Veränderung von Erbinformationen sowie Regelungen zur Transplantation von Organen, Geweben und Zellen;
27. die Statusrechte und -pflichten der Beamten der Länder, Gemeinden und anderen Körperschaften des öffentlichen Rechts sowie der Richter in den Ländern mit Ausnahme der Laufbahnen, Besoldung und Versorgung;
28. das Jagdwesen;
29. den Naturschutz und die Landschaftspflege;
30. die Bodenverteilung;
31. die Raumordnung;
32. den Wasserhaushalt;
33. die Hochschulzulassung und die Hochschulabschlüsse.

(2) Gesetze nach Absatz 1 Nr. 25 und 27 bedürfen der Zustimmung des Bundesrates.

Artikel 74a und 75 (weggefallen)[1)]

Artikel 76 Gesetzesvorlagen[2)]

(1) Gesetzesvorlagen werden beim Bundestage durch die Bundesregierung, aus der Mitte des Bundestages oder durch den Bundesrat eingebracht.

(2) [1]Vorlagen der Bundesregierung sind zunächst dem Bundesrat zuzuleiten. [2]Der Bundesrat ist berechtigt, innerhalb von sechs Wochen zu diesen Vorlagen Stellung zu nehmen. [3]Verlangt er aus wichtigem Grunde, insbesondere mit Rücksicht auf den Umfang einer Vorlage, eine Fristverlängerung, so beträgt die Frist neun Wochen. [4]Die Bundesregierung kann eine Vorlage, die sie bei der Zuleitung an den Bundesrat ausnahmsweise als besonders eilbedürftig bezeichnet hat, nach drei Wochen oder, wenn der Bundesrat ein Verlangen nach Satz 3 geäußert hat, nach sechs Wochen dem Bundestag zuleiten, auch wenn die Stellungnahme des Bundesrates noch nicht bei ihr eingegangen ist; sie hat die Stellungnahme des Bundesrates unverzüglich nach Eingang dem Bundestag nachzureichen. [5]Bei Vorlagen zur Änderung dieses Grundgesetzes und zur

1) **Anm. d. Red.:** Art. 74a und 75 weggefallen gem. Gesetz v. 28. 8. 2006 (BGBl I S. 2034) mit Wirkung v. 1. 9. 2006.

2) **Anm. d. Red.:** Art. 76 i. d. F. des Gesetzes v. 27. 10. 1994 (BGBl I S. 3146). mit Wirkung v. 15. 11. 1994.

Übertragung von Hoheitsrechten nach Artikel 23 oder Artikel 24 beträgt die Frist zur Stellungnahme neun Wochen; Satz 4 findet keine Anwendung.

(3) [1]Vorlagen des Bundesrates sind dem Bundestag durch die Bundesregierung innerhalb von sechs Wochen zuzuleiten. [2]Sie soll hierbei ihre Auffassung darlegen. [3]Verlangt sie aus wichtigem Grunde, insbesondere mit Rücksicht auf den Umfang einer Vorlage, eine Fristverlängerung, so beträgt die Frist neun Wochen. [4]Wenn der Bundesrat eine Vorlage ausnahmsweise als besonders eilbedürftig bezeichnet hat, beträgt die Frist drei Wochen oder, wenn die Bundesregierung ein Verlangen nach Satz 3 geäußert hat, sechs Wochen. [5]Bei Vorlagen zur Änderung dieses Grundgesetzes und zur Übertragung von Hoheitsrechten nach Artikel 23 oder Artikel 24 beträgt die Frist neun Wochen; Satz 4 findet keine Anwendung. [6]Der Bundestag hat über die Vorlagen in angemessener Frist zu beraten und Beschluss zu fassen.

Artikel 77 Gesetzgebungsverfahren[1)]

(1) [1]Die Bundesgesetze werden vom Bundestage beschlossen. [2]Sie sind nach ihrer Annahme durch den Präsidenten des Bundestages unverzüglich dem Bundesrate zuzuleiten.

(2) [1]Der Bundesrat kann binnen drei Wochen nach Eingang des Gesetzesbeschlusses verlangen, dass ein aus Mitgliedern des Bundestages und des Bundesrates für die gemeinsame Beratung von Vorlagen gebildeter Ausschuss einberufen wird. [2]Die Zusammensetzung und das Verfahren dieses Ausschusses regelt eine Geschäftsordnung, die vom Bundestag beschlossen wird und der Zustimmung des Bundesrates bedarf. [3]Die in diesen Ausschuss entsandten Mitglieder des Bundesrates sind nicht an Weisungen gebunden. [4]Ist zu einem Gesetz die Zustimmung des Bundesrates erforderlich, so können auch der Bundestag und die Bundesregierung die Einberufung verlangen. [5]Schlägt der Ausschuss eine Änderung des Gesetzesbeschlusses vor, so hat der Bundestag erneut Beschluss zu fassen.

(2a) Soweit zu einem Gesetz die Zustimmung des Bundesrates erforderlich ist, hat der Bundesrat, wenn ein Verlangen nach Absatz 2 Satz 1 nicht gestellt oder das Vermittlungsverfahren ohne einen Vorschlag zur Änderung des Gesetzesbeschlusses beendet ist, in angemessener Frist über die Zustimmung Beschluss zu fassen.

(3) [1]Soweit zu einem Gesetze die Zustimmung des Bundesrates nicht erforderlich ist, kann der Bundesrat, wenn das Verfahren nach Absatz 2 beendigt ist, gegen ein vom Bundestage beschlossenes Gesetz binnen zwei Wochen Einspruch einlegen. [2]Die Einspruchsfrist beginnt im Falle des Absatzes 2 letzter Satz mit dem Eingange des vom Bundestage erneut gefassten Beschlusses, in allen anderen Fällen mit dem Eingange der Mitteilung des Vorsitzenden des in Absatz 2 vorgesehenen Ausschusses, dass das Verfahren vor dem Ausschusse abgeschlossen ist.

(4) [1]Wird der Einspruch mit der Mehrheit der Stimmen des Bundesrates beschlossen, so kann er durch Beschluss der Mehrheit der Mitglieder des Bundestages zurückgewiesen werden. [2]Hat der Bundesrat den Einspruch mit einer Mehrheit von mindestens zwei Dritteln seiner Stimmen beschlossen, so bedarf die Zurückweisung durch den Bundestag einer Mehrheit von zwei Dritteln, mindestens der Mehrheit der Mitglieder des Bundestages.

Artikel 78 Zustandekommen der Bundesgesetze

Ein vom Bundestage beschlossenes Gesetz kommt zustande, wenn der Bundesrat zustimmt, den Antrag gemäß Artikel 77 Abs. 2 nicht stellt, innerhalb der Frist des Artikels 77 Abs. 3 keinen Einspruch einlegt oder ihn zurücknimmt oder wenn der Einspruch vom Bundestage überstimmt wird.

Artikel 79 Änderung des Grundgesetzes

(1) [1]Das Grundgesetz kann nur durch ein Gesetz geändert werden, das den Wortlaut des Grundgesetzes ausdrücklich ändert oder ergänzt. [2]Bei völkerrechtlichen Verträgen, die eine Frie-

1) **Anm. d. Red.:** Art. 77 i. d. F. des Gesetzes v. 27. 10. 1994 (BGBl I S. 3146) mit Wirkung v. 15. 11. 1994.

densregelung, die Vorbereitung einer Friedensregelung oder den Abbau einer besatzungsrechtlichen Ordnung zum Gegenstand haben oder der Verteidigung der Bundesrepublik zu dienen bestimmt sind, genügt zur Klarstellung, dass die Bestimmungen des Grundgesetzes dem Abschluss und dem Inkraftsetzen der Verträge nicht entgegenstehen, eine Ergänzung des Wortlautes des Grundgesetzes, die sich auf diese Klarstellung beschränkt.

(2) Ein solches Gesetz bedarf der Zustimmung von zwei Dritteln der Mitglieder des Bundestages und zwei Dritteln der Stimmen des Bundesrates.

(3) Eine Änderung dieses Grundgesetzes, durch welche die Gliederung des Bundes in Länder, die grundsätzliche Mitwirkung der Länder bei der Gesetzgebung oder die in den Artikeln 1 und 20 niedergelegten Grundsätze berührt werden, ist unzulässig.

Artikel 80 Erlass von Rechtsverordnungen[1)]

(1) [1]Durch Gesetz können die Bundesregierung, ein Bundesminister oder die Landesregierungen ermächtigt werden, Rechtsverordnungen zu erlassen. [2]Dabei müssen Inhalt, Zweck und Ausmaß der erteilten Ermächtigung im Gesetze bestimmt werden. [3]Die Rechtsgrundlage ist in der Verordnung anzugeben. [4]Ist durch Gesetz vorgesehen, dass eine Ermächtigung weiter übertragen werden kann, so bedarf es zur Übertragung der Ermächtigung einer Rechtsverordnung.

(2) Der Zustimmung des Bundesrates bedürfen, vorbehaltlich anderweitiger bundesgesetzlicher Regelung, Rechtsverordnungen der Bundesregierung oder eines Bundesministers über Grundsätze und Gebühren für die Benutzung der Einrichtungen des Postwesens und der Telekommunikation, über die Grundsätze der Erhebung des Entgelts für die Benutzung der Einrichtungen der Eisenbahnen des Bundes, über den Bau und Betrieb der Eisenbahnen, sowie Rechtsverordnungen aufgrund von Bundesgesetzen, die der Zustimmung des Bundesrates bedürfen oder die von den Ländern im Auftrage des Bundes oder als eigene Angelegenheit ausgeführt werden.

(3) Der Bundesrat kann der Bundesregierung Vorlagen für den Erlass von Rechtsverordnungen zuleiten, die seiner Zustimmung bedürfen.

(4) Soweit durch Bundesgesetz oder aufgrund von Bundesgesetzen Landesregierungen ermächtigt werden, Rechtsverordnungen zu erlassen, sind die Länder zu einer Regelung auch durch Gesetz befugt.

Artikel 80a Spannungsfall

(1) [1]Ist in diesem Grundgesetz oder in einem Bundesgesetz über die Verteidigung einschließlich des Schutzes der Zivilbevölkerung bestimmt, dass Rechtsvorschriften nur nach Maßgabe dieses Artikels angewandt werden dürfen, so ist die Anwendung außer im Verteidigungsfalle nur zulässig, wenn der Bundestag den Eintritt des Spannungsfalles festgestellt oder wenn er der Anwendung besonders zugestimmt hat. [2]Die Feststellung des Spannungsfalles und die besondere Zustimmung in den Fällen des Artikels 12a Abs. 5 Satz 1 und Abs. 6 Satz 2 bedürfen einer Mehrheit von zwei Dritteln der abgegebenen Stimmen.

(2) Maßnahmen aufgrund von Rechtsvorschriften nach Absatz 1 sind aufzuheben, wenn der Bundestag es verlangt.

(3) [1]Abweichend von Absatz 1 ist die Anwendung solcher Rechtsvorschriften auch auf der Grundlage und nach Maßgabe eines Beschlusses zulässig, der von einem internationalen Organ im Rahmen eines Bündnisvertrages mit Zustimmung der Bundesregierung gefasst wird. [2]Maßnahmen nach diesem Absatz sind aufzuheben, wenn der Bundestag es mit der Mehrheit seiner Mitglieder verlangt.

---

1) **Anm. d. Red.:** Art. 80 i. d. F. des Gesetzes v. 27. 10. 1994 (BGBl I S. 3146) mit Wirkung v. 15. 11. 1994.

Artikel 81 Gesetzgebungsnotstand

(1) [1]Wird im Falle des Artikels 68 der Bundestag nicht aufgelöst, so kann der Bundespräsident auf Antrag der Bundesregierung mit Zustimmung des Bundesrates für eine Gesetzesvorlage den Gesetzgebungsnotstand erklären, wenn der Bundestag sie ablehnt, obwohl die Bundesregierung sie als dringlich bezeichnet hat. [2]Das Gleiche gilt, wenn eine Gesetzesvorlage abgelehnt worden ist, obwohl der Bundeskanzler mit ihr den Antrag des Artikels 68 verbunden hatte.

(2) [1]Lehnt der Bundestag die Gesetzesvorlage nach Erklärung des Gesetzgebungsnotstandes erneut ab oder nimmt er sie in einer für die Bundesregierung als unannehmbar bezeichneten Fassung an, so gilt das Gesetz als zustande gekommen, soweit der Bundesrat ihm zustimmt. [2]Das Gleiche gilt, wenn die Vorlage beim Bundestage nicht innerhalb von vier Wochen nach der erneuten Einbringung verabschiedet wird.

(3) [1]Während der Amtszeit eines Bundeskanzlers kann auch jede andere vom Bundestage abgelehnte Gesetzesvorlage innerhalb einer Frist von sechs Monaten nach der ersten Erklärung des Gesetzgebungsnotstandes gemäß Absatz 1 und 2 verabschiedet werden. [2]Nach Ablauf der Frist ist während der Amtszeit des gleichen Bundeskanzlers eine weitere Erklärung des Gesetzgebungsnotstandes unzulässig.

(4) Das Grundgesetz darf durch ein Gesetz, das nach Absatz 2 zustande kommt, weder geändert, noch ganz oder teilweise außer Kraft oder außer Anwendung gesetzt werden.

Artikel 82 Verkündung und Inkrafttreten von Rechtsvorschriften

(1) [1]Die nach den Vorschriften dieses Grundgesetzes zustande gekommenen Gesetze werden vom Bundespräsidenten nach Gegenzeichnung ausgefertigt und im Bundesgesetzblatte verkündet. [2]Rechtsverordnungen werden von der Stelle, die sie erlässt, ausgefertigt und vorbehaltlich anderweitiger gesetzlicher Regelung im Bundesgesetzblatte verkündet.

(2) [1]Jedes Gesetz und jede Rechtsverordnung soll den Tag des Inkrafttretens bestimmen. [2]Fehlt eine solche Bestimmung, so treten sie mit dem vierzehnten Tage nach Ablauf des Tages in Kraft, an dem das Bundesgesetzblatt ausgegeben worden ist.

VIII. Die Ausführung der Bundesgesetze und die Bundesverwaltung

Artikel 83 Kompetenzen zwischen Bund und Ländern

Die Länder führen die Bundesgesetze als eigene Angelegenheit aus, soweit dieses Grundgesetz nichts anderes bestimmt oder zulässt.

Artikel 84 Länderverwaltung, Bundesaufsicht[1)]

(1) [1]Führen die Länder die Bundesgesetze als eigene Angelegenheit aus, so regeln sie die Einrichtung der Behörden und das Verwaltungsverfahren. [2]Wenn Bundesgesetze etwas anderes bestimmen, können die Länder davon abweichende Regelungen treffen. [3]Hat ein Land eine abweichende Regelung nach Satz 2 getroffen, treten in diesem Land hierauf bezogene spätere bundesgesetzliche Regelungen der Einrichtung der Behörden und des Verwaltungsverfahrens frühestens sechs Monate nach ihrer Verkündung in Kraft, soweit nicht mit Zustimmung des Bundesrates anderes bestimmt ist. [4]Artikel 72 Abs. 3 Satz 3 gilt entsprechend. [5]In Ausnahmefällen kann der Bund wegen eines besonderen Bedürfnisses nach bundeseinheitlicher Regelung das Verwaltungsverfahren ohne Abweichungsmöglichkeit für die Länder regeln. [6]Diese Gesetze bedürfen der Zustimmung des Bundesrates. [7]Durch Bundesgesetz dürfen Gemeinden und Gemeindeverbänden Aufgaben nicht übertragen werden.

(2) Die Bundesregierung kann mit Zustimmung des Bundesrates allgemeine Verwaltungsvorschriften erlassen.

1) **Anm. d. Red.:** Art. 84 i. d. F. des Gesetzes v. 28. 8. 2006 (BGBl I S. 2034) mit Wirkung v. 1. 9. 2006.

(3) [1]Die Bundesregierung übt die Aufsicht darüber aus, dass die Länder die Bundesgesetze dem geltenden Recht gemäß ausführen. [2]Die Bundesregierung kann zu diesem Zwecke Beauftragte zu den obersten Landesbehörden entsenden, mit deren Zustimmung und, falls diese Zustimmung versagt wird, mit Zustimmung des Bundesrates auch zu den nachgeordneten Behörden.

(4) [1]Werden Mängel, die die Bundesregierung bei der Ausführung der Bundesgesetze in den Ländern festgestellt hat, nicht beseitigt, so beschließt auf Antrag der Bundesregierung oder des Landes der Bundesrat, ob das Land das Recht verletzt hat. [2]Gegen den Beschluss des Bundesrates kann das Bundesverfassungsgericht angerufen werden.

(5) [1]Der Bundesregierung kann durch Bundesgesetz, das der Zustimmung des Bundesrates bedarf, zur Ausführung von Bundesgesetzen die Befugnis verliehen werden, für besondere Fälle Einzelweisungen zu erteilen. [2]Sie sind, außer wenn die Bundesregierung den Fall für dringlich erachtet, an die obersten Landesbehörden zu richten.

Artikel 85 Ausführung im Auftrage des Bundes[1)]

(1) [1]Führen die Länder die Bundesgesetze im Auftrage des Bundes aus, so bleibt die Einrichtung der Behörden Angelegenheit der Länder, soweit nicht Bundesgesetze mit Zustimmung des Bundesrates etwas anderes bestimmen. [2]Durch Bundesgesetz dürfen Gemeinden und Gemeindeverbänden Aufgaben nicht übertragen werden.

(2) [1]Die Bundesregierung kann mit Zustimmung des Bundesrates allgemeine Verwaltungsvorschriften erlassen. [2]Sie kann die einheitliche Ausbildung der Beamten und Angestellten regeln. [3]Die Leiter der Mittelbehörden sind mit ihrem Einvernehmen zu bestellen.

(3) [1]Die Landesbehörden unterstehen den Weisungen der zuständigen obersten Bundesbehörden. [2]Die Weisungen sind, außer wenn die Bundesregierung es für dringlich erachtet, an die obersten Landesbehörden zu richten. [3]Der Vollzug der Weisung ist durch die obersten Landesbehörden sicherzustellen.

(4) [1]Die Bundesaufsicht erstreckt sich auf Gesetzmäßigkeit und Zweckmäßigkeit der Ausführung. [2]Die Bundesregierung kann zu diesem Zwecke Bericht und Vorlage der Akten verlangen und Beauftragte zu allen Behörden entsenden.

Artikel 86 Bundeseigene Verwaltung

[1]Führt der Bund die Gesetze durch bundeseigene Verwaltung oder durch bundesunmittelbare Körperschaften oder Anstalten des öffentlichen Rechtes aus, so erlässt die Bundesregierung, soweit nicht das Gesetz Besonderes vorschreibt, die allgemeinen Verwaltungsvorschriften. [2]Sie regelt, soweit das Gesetz nichts anderes bestimmt, die Einrichtung der Behörden.

Artikel 87 Gegenstände bundeseigener Verwaltung[2)]

(1) [1]In bundeseigener Verwaltung mit eigenem Verwaltungsunterbau werden geführt der Auswärtige Dienst, die Bundesfinanzverwaltung und nach Maßgabe des Artikels 89 die Verwaltung der Bundeswasserstraßen und der Schifffahrt. [2]Durch Bundesgesetz können Bundesgrenzschutzbehörden, Zentralstellen für das polizeiliche Auskunfts- und Nachrichtenwesen, für die Kriminalpolizei und zur Sammlung von Unterlagen für Zwecke des Verfassungsschutzes und des Schutzes gegen Bestrebungen im Bundesgebiet, die durch Anwendung von Gewalt oder darauf gerichtete Vorbereitungshandlungen auswärtige Belange der Bundesrepublik Deutschland gefährden, eingerichtet werden.

(2) [1]Als bundesunmittelbare Körperschaften des öffentlichen Rechtes werden diejenigen sozialen Versicherungsträger geführt, deren Zuständigkeitsbereich sich über das Gebiet eines Landes hinaus erstreckt. [2]Soziale Versicherungsträger, deren Zuständigkeitsbereich sich über das

1) **Anm. d. Red.:** Art. 85 i. d. F. des Gesetzes v. 28. 8. 2006 (BGBl I S. 2034) mit Wirkung v. 1. 9. 2006.

2) **Anm. d. Red.:** Art. 87 i. d. F. des Gesetzes v. 27. 10. 1994 (BGBl I S. 3146) mit Wirkung v. 15. 11. 1994.

Gebiet eines Landes, aber nicht über mehr als drei Länder hinaus erstreckt, werden abweichend von Satz 1 als landesunmittelbare Körperschaften des öffentlichen Rechtes geführt, wenn das aufsichtsführende Land durch die beteiligten Länder bestimmt ist.

(3) [1]Außerdem können für Angelegenheiten, für die dem Bunde die Gesetzgebung zusteht, selbständige Bundesoberbehörden und neue bundesunmittelbare Körperschaften und Anstalten des öffentlichen Rechtes durch Bundesgesetz errichtet werden. [2]Erwachsen dem Bunde auf Gebieten, für die ihm die Gesetzgebung zusteht, neue Aufgaben, so können bei dringendem Bedarf bundeseigene Mittel- und Unterbehörden mit Zustimmung des Bundesrates und der Mehrheit der Mitglieder des Bundestages errichtet werden.

Artikel 87a Aufgaben der Streitkräfte

(1) [1]Der Bund stellt Streitkräfte zur Verteidigung auf. [2]Ihre zahlenmäßige Stärke und die Grundzüge ihrer Organisation müssen sich aus dem Haushaltsplan ergeben.

(2) Außer zur Verteidigung dürfen die Streitkräfte nur eingesetzt werden, soweit dieses Grundgesetz es ausdrücklich zulässt.

(3) [1]Die Streitkräfte haben im Verteidigungsfalle und im Spannungsfalle die Befugnis, zivile Objekte zu schützen und Aufgaben der Verkehrsregelung wahrzunehmen, soweit dies zur Erfüllung ihres Verteidigungsauftrages erforderlich ist. [2]Außerdem kann den Streitkräften im Verteidigungsfalle und im Spannungsfalle der Schutz ziviler Objekte auch zur Unterstützung polizeilicher Maßnahmen übertragen werden; die Streitkräfte wirken dabei mit den zuständigen Behörden zusammen.

(4) [1]Zur Abwehr einer drohenden Gefahr für den Bestand oder die freiheitliche demokratische Grundordnung des Bundes oder eines Landes kann die Bundesregierung, wenn die Voraussetzungen des Artikels 91 Abs. 2 vorliegen und die Polizeikräfte sowie der Bundesgrenzschutz nicht ausreichen, Streitkräfte zur Unterstützung der Polizei und des Bundesgrenzschutzes beim Schutze von zivilen Objekten und bei der Bekämpfung organisierter und militärisch bewaffneter Aufständischer einsetzen. [2]Der Einsatz von Streitkräften ist einzustellen, wenn der Bundestag oder der Bundesrat es verlangen.

Artikel 87b Bundeswehrverwaltung

(1) [1]Die Bundeswehrverwaltung wird in bundeseigener Verwaltung mit eigenem Verwaltungsunterbau geführt. [2]Sie dient den Aufgaben des Personalwesens und der unmittelbaren Deckung des Sachbedarfs der Streitkräfte. [3]Aufgaben der Beschädigtenversorgung und des Bauwesens können der Bundeswehrverwaltung nur durch Bundesgesetz, das der Zustimmung des Bundesrates bedarf, übertragen werden. [4]Der Zustimmung des Bundesrates bedürfen ferner Gesetze, soweit sie die Bundeswehrverwaltung zu Eingriffen in Rechte Dritter ermächtigen; das gilt nicht für Gesetze auf dem Gebiete des Personalwesens.

(2) [1]Im Übrigen können Bundesgesetze, die der Verteidigung einschließlich des Wehrersatzwesens und des Schutzes der Zivilbevölkerung dienen, mit Zustimmung des Bundesrates bestimmen, dass sie ganz oder teilweise in bundeseigener Verwaltung mit eigenem Verwaltungsunterbau oder von den Ländern im Auftrage des Bundes ausgeführt werden. [2]Werden solche Gesetze von den Ländern im Auftrage des Bundes ausgeführt, so können sie mit Zustimmung des Bundesrates bestimmen, dass die der Bundesregierung und den zuständigen obersten Bundesbehörden aufgrund des Artikels 85 zustehenden Befugnisse ganz oder teilweise Bundesoberbehörden übertragen werden; dabei kann bestimmt werden, dass diese Behörden beim Erlass allgemeiner Verwaltungsvorschriften gemäß Artikel 85 Abs. 2 Satz 1 nicht der Zustimmung des Bundesrates bedürfen.

Artikel 87c Auftragsverwaltung auf dem Gebiet der Kernenergie[1)]

Gesetze, die aufgrund des Artikels 73 Abs. 1 Nr. 14 ergehen, können mit Zustimmung des Bundesrates bestimmen, dass sie von den Ländern im Auftrage des Bundes ausgeführt werden.

Artikel 87d Luftverkehrsverwaltung[2)]

(1) [1]Die Luftverkehrsverwaltung wird in Bundesverwaltung geführt. [2]Aufgaben der Flugsicherung können auch durch ausländische Flugsicherungsorganisationen wahrgenommen werden, die nach Recht der Europäischen Gemeinschaft zugelassen sind. [3]Das Nähere regelt ein Bundesgesetz.

(2) Durch Bundesgesetz, das der Zustimmung des Bundesrates bedarf, können Aufgaben der Luftverkehrsverwaltung den Ländern als Auftragsverwaltung übertragen werden.

Artikel 87e Eisenbahnverkehrsverwaltung[3)]

(1) [1]Die Eisenbahnverkehrsverwaltung für Eisenbahnen des Bundes wird in bundeseigener Verwaltung geführt. [2]Durch Bundesgesetz können Aufgaben der Eisenbahnverkehrsverwaltung den Ländern als eigene Angelegenheit übertragen werden.

(2) Der Bund nimmt die über den Bereich der Eisenbahnen des Bundes hinausgehenden Aufgaben der Eisenbahnverkehrsverwaltung wahr, die ihm durch Bundesgesetz übertragen werden.

(3) [1]Eisenbahnen des Bundes werden als Wirtschaftsunternehmen in privat-rechtlicher Form geführt. [2]Diese stehen im Eigentum des Bundes, soweit die Tätigkeit des Wirtschaftsunternehmens den Bau, die Unterhaltung und das Betreiben von Schienenwegen umfasst. [3]Die Veräußerung von Anteilen des Bundes an den Unternehmen nach Satz 2 erfolgt aufgrund eines Gesetzes; die Mehrheit der Anteile an diesen Unternehmen verbleibt beim Bund. [4]Das Nähere wird durch Bundesgesetz geregelt.

(4) [1]Der Bund gewährleistet, dass dem Wohl der Allgemeinheit, insbesondere den Verkehrsbedürfnissen, beim Ausbau und Erhalt des Schienennetzes der Eisenbahnen des Bundes sowie bei deren Verkehrsangeboten auf diesem Schienennetz, soweit diese nicht den Schienenpersonennahverkehr betreffen, Rechnung getragen wird. [2]Das Nähere wird durch Bundesgesetz geregelt.

(5) [1]Gesetze aufgrund der Absätze 1 bis 4 bedürfen der Zustimmung des Bundesrates. [2]Der Zustimmung des Bundesrates bedürfen ferner Gesetze, die die Auflösung, die Verschmelzung und die Aufspaltung von Eisenbahnunternehmen des Bundes, die Übertragung von Schienenwegen der Eisenbahnen des Bundes an Dritte sowie die Stilllegung von Schienenwegen der Eisenbahnen des Bundes regeln oder Auswirkungen auf den Schienenpersonennahverkehr haben.

Artikel 87f Gewährleistung von Dienstleistungen[4)]

(1) Nach Maßgabe eines Bundesgesetzes, das der Zustimmung des Bundesrates bedarf, gewährleistet der Bund im Bereich des Postwesens und der Telekommunikation flächendeckend angemessene und ausreichende Dienstleistungen.

(2) [1]Dienstleistungen im Sinne des Absatzes 1 werden als privatwirtschaftliche Tätigkeiten durch die aus dem Sondervermögen Deutsche Bundespost hervorgegangenen Unternehmen und durch andere private Anbieter erbracht. [2]Hoheitsaufgaben im Bereich des Postwesens und der Telekommunikation werden in bundeseigener Verwaltung ausgeführt.

---

1) **Anm. d. Red.:** Art. 87c i. d. F. des Gesetzes v. 28. 8. 2006 (BGBl I S. 2034) mit Wirkung v. 1. 9. 2006.

2) **Anm. d. Red.:** Art. 87d i. d. F. des Gesetzes v. 29. 7. 2009 (BGBl I S. 2247) mit Wirkung v. 1. 8. 2009.

3) **Anm. d. Red.:** Art. 87e eingefügt gem. Gesetz v. 20. 12. 1993 (BGBl I S. 2089) mit Wirkung v. 23. 12. 1993.

4) **Anm. d. Red.:** Art. 87f eingefügt gem. Gesetz v. 30. 8. 1994 (BGBl I S. 2245) mit Wirkung v. 3. 9. 1994.

(3) Unbeschadet des Absatzes 2 Satz 2 führt der Bund in der Rechtsform einer bundesunmittelbaren Anstalt des öffentlichen Rechts einzelne Aufgaben in Bezug auf die aus dem Sondervermögen Deutsche Bundespost hervorgegangenen Unternehmen nach Maßgabe eines Bundesgesetzes aus.

Artikel 88 Bundesbank[1)]

[1]Der Bund errichtet eine Währungs- und Notenbank als Bundesbank. [2]Ihre Aufgaben und Befugnisse können im Rahmen der Europäischen Union der Europäischen Zentralbank übertragen werden, die unabhängig ist und dem vorrangigen Ziel der Sicherung der Preisstabilität verpflichtet.

Artikel 89 Bundeswasserstraßen

(1) Der Bund ist Eigentümer der bisherigen Reichswasserstraßen.

(2) [1]Der Bund verwaltet die Bundeswasserstraßen durch eigene Behörden. [2]Er nimmt die über den Bereich eines Landes hinausgehenden staatlichen Aufgaben der Binnenschifffahrt und die Aufgaben der Seeschifffahrt wahr, die ihm durch Gesetz übertragen werden. [3]Er kann die Verwaltung von Bundeswasserstraßen, soweit sie im Gebiet eines Landes liegen, diesem Lande auf Antrag als Auftragsverwaltung übertragen. [4]Berührt eine Wasserstraße das Gebiet mehrerer Länder, so kann der Bund das Land beauftragen, für das die beteiligten Länder es beantragen.

(3) Bei der Verwaltung, dem Ausbau und dem Neubau von Wasserstraßen sind die Bedürfnisse der Landeskultur und der Wasserwirtschaft im Einvernehmen mit den Ländern zu wahren.

Artikel 90 Bundesstraßen und -autobahnen[2)]

(1) [1]Der Bund bleibt Eigentümer der Bundesautobahnen und sonstigen Bundesstraßen des Fernverkehrs. [2]Das Eigentum ist unveräußerlich.

(2) [1]Die Verwaltung der Bundesautobahnen wird in Bundesverwaltung geführt. [2]Der Bund kann sich zur Erledigung seiner Aufgaben einer Gesellschaft privaten Rechts bedienen. [3]Diese Gesellschaft steht im unveräußerlichen Eigentum des Bundes. [4]Eine unmittelbare oder mittelbare Beteiligung Dritter an der Gesellschaft und deren Tochtergesellschaften ist ausgeschlossen. [5]Eine Beteiligung Privater im Rahmen von Öffentlich-Privaten Partnerschaften ist ausgeschlossen für Streckennetze, die das gesamte Bundesautobahnnetz oder das gesamte Netz sonstiger Bundesfernstraßen in einem Land oder wesentliche Teile davon umfassen. [6]Das Nähere regelt ein Bundesgesetz.

(3) Die Länder oder die nach Landesrecht zuständigen Selbstverwaltungskörperschaften verwalten die sonstigen Bundesstraßen des Fernverkehrs im Auftrage des Bundes.

(4) Auf Antrag eines Landes kann der Bund die sonstigen Bundesstraßen des Fernverkehrs, soweit sie im Gebiet dieses Landes liegen, in Bundesverwaltung übernehmen.

Artikel 91 Abwehr von Gefahren für den Bund

(1) Zur Abwehr einer drohenden Gefahr für den Bestand oder die freiheitliche demokratische Grundordnung des Bundes oder eines Landes kann ein Land Polizeikräfte anderer Länder sowie Kräfte und Einrichtungen anderer Verwaltungen und des Bundesgrenzschutzes anfordern.

(2) [1]Ist das Land, in dem die Gefahr droht, nicht selbst zur Bekämpfung der Gefahr bereit oder in der Lage, so kann die Bundesregierung die Polizei in diesem Lande und die Polizeikräfte anderer Länder ihren Weisungen unterstellen sowie Einheiten des Bundesgrenzschutzes einsetzen. [2]Die Anordnung ist nach Beseitigung der Gefahr, im Übrigen jederzeit auf Verlangen des Bundesrates aufzuheben. [3]Erstreckt sich die Gefahr auf das Gebiet mehr als eines Landes, so kann

1) **Anm. d. Red.:** Art. 88 i. d. F. des Gesetzes v. 21. 12. 1992 (BGBl I S. 2086) mit Wirkung v. 25. 12. 1992.

2) **Anm. d. Red.:** Art. 90 i. d. F. des Gesetzes v. 13. 7. 2017 (BGBl I S. 2347) mit Wirkung v. 20. 7. 2017.

die Bundesregierung, soweit es zur wirksamen Bekämpfung erforderlich ist, den Landesregierungen Weisungen erteilen; Satz 1 und Satz 2 bleiben unberührt.

VIIIa. Gemeinschaftsaufgaben, Verwaltungszusammenarbeit[1)]

Artikel 91a Gemeinschaftsaufgaben von Bund und Ländern[2)]

(1) Der Bund wirkt auf folgenden Gebieten bei der Erfüllung von Aufgaben der Länder mit, wenn diese Aufgaben für die Gesamtheit bedeutsam sind und die Mitwirkung des Bundes zur Verbesserung der Lebensverhältnisse erforderlich ist (Gemeinschaftsaufgaben):

1. Verbesserung der regionalen Wirtschaftsstruktur,
2. Verbesserung der Agrarstruktur und des Küstenschutzes.

(2) Durch Bundesgesetz mit Zustimmung des Bundesrates werden die Gemeinschaftsaufgaben sowie Einzelheiten der Koordinierung näher bestimmt.

(3) [1]Der Bund trägt in den Fällen des Absatzes 1 Nr. 1 die Hälfte der Ausgaben in jedem Land. [2]In den Fällen des Absatzes 1 Nr. 2 trägt der Bund mindestens die Hälfte; die Beteiligung ist für alle Länder einheitlich festzusetzen. [3]Das Nähere regelt das Gesetz. [4]Die Bereitstellung der Mittel bleibt der Feststellung in den Haushaltsplänen des Bundes und der Länder vorbehalten.

Artikel 91b Bildungsplanung und Forschungsförderung[3)]

(1) [1]Bund und Länder können auf Grund von Vereinbarungen in Fällen überregionaler Bedeutung bei der Förderung von Wissenschaft, Forschung und Lehre zusammenwirken. [2]Vereinbarungen, die im Schwerpunkt Hochschulen betreffen, bedürfen der Zustimmung aller Länder. [3]Dies gilt nicht für Vereinbarungen über Forschungsbauten einschließlich Großgeräten.

(2) Bund und Länder können auf Grund von Vereinbarungen zur Feststellung der Leistungsfähigkeit des Bildungswesens im internationalen Vergleich und bei diesbezüglichen Berichten und Empfehlungen zusammenwirken.

(3) Die Kostentragung wird in der Vereinbarung geregelt.

Artikel 91c[4)]

(1) Bund und Länder können bei der Planung, der Errichtung und dem Betrieb der für ihre Aufgabenerfüllung benötigten informationstechnischen Systeme zusammenwirken.

(2) [1]Bund und Länder können auf Grund von Vereinbarungen die für die Kommunikation zwischen ihren informationstechnischen Systemen notwendigen Standards und Sicherheitsanforderungen festlegen. [2]Vereinbarungen über die Grundlagen der Zusammenarbeit nach Satz 1 können für einzelne nach Inhalt und Ausmaß bestimmte Aufgaben vorsehen, dass nähere Regelungen bei Zustimmung einer in der Vereinbarung zu bestimmenden qualifizierten Mehrheit für Bund und Länder in Kraft treten. [3]Sie bedürfen der Zustimmung des Bundestages und der Volksvertretungen der beteiligten Länder; das Recht zur Kündigung dieser Vereinbarungen kann nicht ausgeschlossen werden. [4]Die Vereinbarungen regeln auch die Kostentragung.

(3) Die Länder können darüber hinaus den gemeinschaftlichen Betrieb informationstechnischer Systeme sowie die Errichtung von dazu bestimmten Einrichtungen vereinbaren.

(4) [1]Der Bund errichtet zur Verbindung der informationstechnischen Netze des Bundes und der Länder ein Verbindungsnetz. [2]Das Nähere zur Errichtung und zum Betrieb des Verbindungsnetzes regelt ein Bundesgesetz mit Zustimmung des Bundesrates.

---

1) **Anm. d. Red.:** Überschrift i. d. F. des Gesetzes v. 29. 7. 2009 (BGBl I S. 2248) mit Wirkung v. 1. 8. 2009.

2) **Anm. d. Red.:** Art. 91a i. d. F. des Gesetzes v. 28. 8. 2006 (BGBl I S. 2034) mit Wirkung v. 1. 9. 2006.

3) **Anm. d. Red.:** Art. 91b i. d. F. des Gesetzes v. 23. 12. 2014 (BGBl I S. 2438) mit Wirkung v. 1. 1. 2015.

4) **Anm. d. Red.:** Art. 91c i. d. F. des Gesetzes v. 13. 7. 2017 (BGBl I S. 2347) mit Wirkung v. 20. 7. 2017.

(5) Der übergreifende informationstechnische Zugang zu den Verwaltungsleistungen von Bund und Ländern wird durch Bundesgesetz mit Zustimmung des Bundesrates geregelt.

Artikel 91d[1)]

Bund und Länder können zur Feststellung und Förderung der Leistungsfähigkeit ihrer Verwaltungen Vergleichsstudien durchführen und die Ergebnisse veröffentlichen.

Artikel 91e[2)]

(1) Bei der Ausführung von Bundesgesetzen auf dem Gebiet der Grundsicherung für Arbeitsuchende wirken Bund und Länder oder die nach Landesrecht zuständigen Gemeinden und Gemeindeverbände in der Regel in gemeinsamen Einrichtungen zusammen.

(2) [1]Der Bund kann zulassen, dass eine begrenzte Anzahl von Gemeinden und Gemeindeverbänden auf ihren Antrag und mit Zustimmung der obersten Landesbehörde die Aufgaben nach Absatz 1 allein wahrnimmt. [2]Die notwendigen Ausgaben einschließlich der Verwaltungsausgaben trägt der Bund, soweit die Aufgaben bei einer Ausführung von Gesetzen nach Absatz 1 vom Bund wahrzunehmen sind.

(3) Das Nähere regelt ein Bundesgesetz, das der Zustimmung des Bundesrates bedarf.

IX. Die Rechtsprechung

Artikel 92 Rechtsprechende Gewalt

Die rechtsprechende Gewalt ist den Richtern anvertraut; sie wird durch das Bundesverfassungsgericht, durch die in diesem Grundgesetz vorgesehenen Bundesgerichte und durch die Gerichte der Länder ausgeübt.

Artikel 93 Zuständigkeit des Bundesverfassungsgerichts[3)]

(1) Das Bundesverfassungsgericht entscheidet:

1. über die Auslegung dieses Grundgesetzes aus Anlass von Streitigkeiten über den Umfang der Rechte und Pflichten eines obersten Bundesorgans oder anderer Beteiligter, die durch dieses Grundgesetz oder in der Geschäftsordnung eines obersten Bundesorgans mit eigenen Rechten ausgestattet sind;
2. bei Meinungsverschiedenheiten oder Zweifeln über die förmliche und sachliche Vereinbarkeit von Bundesrecht oder Landesrecht mit diesem Grundgesetze oder die Vereinbarkeit von Landesrecht mit sonstigem Bundesrechte auf Antrag der Bundesregierung, einer Landesregierung oder eines Viertels der Mitglieder des Bundestages;

2a. bei Meinungsverschiedenheiten, ob ein Gesetz den Voraussetzungen des Artikels 72 Abs. 2 entspricht, auf Antrag des Bundesrates, einer Landesregierung oder der Volksvertretung eines Landes;

3. bei Meinungsverschiedenheiten über Rechte und Pflichten des Bundes und der Länder, insbesondere bei der Ausführung von Bundesrecht durch die Länder und bei der Ausübung der Bundesaufsicht;
4. in anderen öffentlich-rechtlichen Streitigkeiten zwischen dem Bunde und den Ländern, zwischen verschiedenen Ländern oder innerhalb eines Landes, soweit nicht ein anderer Rechtsweg gegeben ist;

---

1) **Anm. d. Red.:** Art. 91d eingefügt gem. Gesetz v. 29. 7. 2009 (BGBl I S. 2248) mit Wirkung v. 1. 8. 2009.

2) **Anm. d. Red.:** Art. 91e eingefügt gem. Gesetz v. 21. 7. 2010 (BGBl I S. 944) mit Wirkung v. 27. 7. 2010.

3) **Anm. d. Red.:** Art. 93 i. d. F. des Gesetzes v. 11. 7. 2012 (BGBl I S. 1478) mit Wirkung v. 17. 7. 2012.

4a. über Verfassungsbeschwerden, die von jedermann mit der Behauptung erhoben werden können, durch die öffentliche Gewalt in einem seiner Grundrechte oder in einem seiner in Artikel 20 Abs. 4, 33, 38, 101, 103 und 104 enthaltenen Rechte verletzt zu sein;

4b. über Verfassungsbeschwerden von Gemeinden und Gemeindeverbänden wegen Verletzung des Rechts auf Selbstverwaltung nach Artikel 28 durch ein Gesetz, bei Landesgesetzen jedoch nur, soweit nicht Beschwerde beim Landesverfassungsgericht erhoben werden kann;

4c. über Beschwerden von Vereinigungen gegen ihre Nichtanerkennung als Partei für die Wahl zum Bundestag;

5. in den übrigen in diesem Grundgesetze vorgesehenen Fällen.

(2) [1]Das Bundesverfassungsgericht entscheidet außerdem auf Antrag des Bundesrates, einer Landesregierung oder der Volksvertretung eines Landes, ob im Falle des Artikels 72 Abs. 4 die Erforderlichkeit für eine bundesgesetzliche Regelung nach Artikel 72 Abs. 2 nicht mehr besteht oder Bundesrecht in den Fällen des Artikels 125a Abs. 2 Satz 1 nicht mehr erlassen werden könnte. [2]Die Feststellung, dass die Erforderlichkeit entfallen ist oder Bundesrecht nicht mehr erlassen werden könnte, ersetzt ein Bundesgesetz nach Artikel 72 Abs. 4 oder nach Artikel 125a Abs. 2 Satz 2. [3]Der Antrag nach Satz 1 ist nur zulässig, wenn eine Gesetzesvorlage nach Artikel 72 Abs. 4 oder nach Artikel 125a Abs. 2 Satz 2 im Bundestag abgelehnt oder über sie nicht innerhalb eines Jahres beraten und Beschluss gefasst oder wenn eine entsprechende Gesetzesvorlage im Bundesrat abgelehnt worden ist.

(3) Das Bundesverfassungsgericht wird ferner in den ihm sonst durch Bundesgesetz zugewiesenen Fällen tätig.

Artikel 94 Organisation des Bundesverfassungsgerichts

(1) [1]Das Bundesverfassungsgericht besteht aus Bundesrichtern und anderen Mitgliedern. [2]Die Mitglieder des Bundesverfassungsgerichts werden je zur Hälfte vom Bundestage und vom Bundesrate gewählt. [3]Sie dürfen weder dem Bundestage, dem Bundesrate, der Bundesregierung noch entsprechenden Organen eines Landes angehören.

(2) [1]Ein Bundesgesetz regelt seine Verfassung und das Verfahren und bestimmt, in welchen Fällen seine Entscheidungen Gesetzeskraft haben. [2]Es kann für Verfassungsbeschwerden die vorherige Erschöpfung des Rechtsweges zur Voraussetzung machen und ein besonderes Annahmeverfahren vorsehen.

Artikel 95 Oberste Gerichtshöfe des Bundes, Gemeinsamer Senat

(1) Für die Gebiete der ordentlichen, der Verwaltungs-, der Finanz-, der Arbeits- und der Sozialgerichtsbarkeit errichtet der Bund als oberste Gerichtshöfe den Bundesgerichtshof, das Bundesverwaltungsgericht, den Bundesfinanzhof, das Bundesarbeitsgericht und das Bundessozialgericht.

(2) Über die Berufung der Richter dieser Gerichte entscheidet der für das jeweilige Sachgebiet zuständige Bundesminister gemeinsam mit einem Richterwahlausschuss, der aus den für das jeweilige Sachgebiet zuständigen Ministern der Länder und einer gleichen Anzahl von Mitgliedern besteht, die vom Bundestage gewählt werden.

(3) [1]Zur Wahrung der Einheitlichkeit der Rechtsprechung ist ein Gemeinsamer Senat der in Absatz 1 genannten Gerichte zu bilden. [2]Das Nähere regelt ein Bundesgesetz.

Artikel 96 Andere Bundesgerichte[1)]

(1) Der Bund kann für Angelegenheiten des gewerblichen Rechtsschutzes ein Bundesgericht errichten.

1) **Anm. d. Red.:** Art. 96 i. d. F. des Gesetzes v. 26. 7. 2002 (BGBl I S. 2863) mit Wirkung v. 1. 8. 2002.

(2) [1]Der Bund kann Wehrstrafgerichte für die Streitkräfte als Bundesgerichte errichten. [2]Sie können die Strafgerichtsbarkeit nur im Verteidigungsfalle sowie über Angehörige der Streitkräfte ausüben, die in das Ausland entsandt oder an Bord von Kriegsschiffen eingeschifft sind. [3]Das Nähere regelt ein Bundesgesetz. [4]Diese Gerichte gehören zum Geschäftsbereich des Bundesjustizministers. [5]Ihre hauptamtlichen Richter müssen die Befähigung zum Richteramt haben.

(3) Oberster Gerichtshof für die in Absatz 1 und 2 genannten Gerichte ist der Bundesgerichtshof.

(4) Der Bund kann für Personen, die zu ihm in einem öffentlich-rechtlichen Dienstverhältnis stehen, Bundesgerichte zur Entscheidung in Disziplinarverfahren und Beschwerdeverfahren errichten.

(5) Für Strafverfahren auf den folgenden Gebieten kann ein Bundesgesetz mit Zustimmung des Bundesrates vorsehen, dass Gerichte der Länder Gerichtsbarkeit des Bundes ausüben:

1. Völkermord;
2. völkerstrafrechtliche Verbrechen gegen die Menschlichkeit;
3. Kriegsverbrechen;
4. andere Handlungen, die geeignet sind und in der Absicht vorgenommen werden, das friedliche Zusammenleben der Völker zu stören (Artikel 26 Abs. 1);
5. Staatsschutz.

Artikel 97 Richterliche Unabhängigkeit

(1) Die Richter sind unabhängig und nur dem Gesetze unterworfen.

(2) [1]Die hauptamtlich und planmäßig endgültig angestellten Richter können wider ihren Willen nur kraft richterlicher Entscheidung und nur aus Gründen und unter den Formen, welche die Gesetze bestimmen, vor Ablauf ihrer Amtszeit entlassen oder dauernd oder zeitweise ihres Amtes enthoben oder an eine andere Stelle oder in den Ruhestand versetzt werden. [2]Die Gesetzgebung kann Altersgrenzen festsetzen, bei deren Erreichung auf Lebenszeit angestellte Richter in den Ruhestand treten. [3]Bei Veränderung der Einrichtung der Gerichte oder ihrer Bezirke können Richter an ein anderes Gericht versetzt oder aus dem Amte entfernt werden, jedoch nur unter Belassung des vollen Gehaltes.

Artikel 98 Rechtsstellung der Richter in Bund und Ländern[1)]

(1) Die Rechtsstellung der Bundesrichter ist durch besonderes Bundesgesetz zu regeln.

(2) [1]Wenn ein Bundesrichter im Amte oder außerhalb des Amtes gegen die Grundsätze des Grundgesetzes oder gegen die verfassungsmäßige Ordnung eines Landes verstößt, so kann das Bundesverfassungsgericht mit Zweidrittelmehrheit auf Antrag des Bundestages anordnen, dass der Richter in ein anderes Amt oder in den Ruhestand zu versetzen ist. [2]Im Falle eines vorsätzlichen Verstoßes kann auf Entlassung erkannt werden.

(3) Die Rechtsstellung der Richter in den Ländern ist durch besondere Landesgesetze zu regeln, soweit Artikel 74 Abs. 1 Nr. 27 nichts anderes bestimmt.

(4) Die Länder können bestimmen, dass über die Anstellung der Richter in den Ländern der Landesjustizminister gemeinsam mit einem Richterwahlausschuss entscheidet.

(5) [1]Die Länder können für Landesrichter eine Absatz 2 entsprechende Regelung treffen. [2]Geltendes Landesverfassungsrecht bleibt unberührt. [3]Die Entscheidung über eine Richteranklage steht dem Bundesverfassungsgericht zu.

1) **Anm. d. Red.:** Art. 98 i. d. F. des Gesetzes v. 28. 8. 2006 (BGBl I S. 2034) mit Wirkung v. 1. 9. 2006.

Artikel 99 Verfassungsstreitigkeiten innerhalb eines Landes

Dem Bundesverfassungsgerichte kann durch Landesgesetz die Entscheidung von Verfassungsstreitigkeiten innerhalb eines Landes, den in Artikel 95 Abs. 1 genannten obersten Gerichtshöfen für den letzten Rechtszug die Entscheidung in solchen Sachen zugewiesen werden, bei denen es sich um die Anwendung von Landesrecht handelt.

Artikel 100 Verfassungswidrige Gesetze

(1) [1]Hält ein Gericht ein Gesetz, auf dessen Gültigkeit es bei der Entscheidung ankommt, für verfassungswidrig, so ist das Verfahren auszusetzen und, wenn es sich um die Verletzung der Verfassung eines Landes handelt, die Entscheidung des für Verfassungsstreitigkeiten zuständigen Gerichtes des Landes, wenn es sich um die Verletzung dieses Grundgesetzes handelt, die Entscheidung des Bundesverfassungsgerichtes einzuholen. [2]Dies gilt auch, wenn es sich um die Verletzung dieses Grundgesetzes durch Landesrecht oder um die Unvereinbarkeit eines Landesgesetzes mit einem Bundesgesetze handelt.

(2) Ist in einem Rechtsstreite zweifelhaft, ob eine Regel des Völkerrechtes Bestandteil des Bundesrechtes ist und ob sie unmittelbar Rechte und Pflichten für den Einzelnen erzeugt (Artikel 25), so hat das Gericht die Entscheidung des Bundesverfassungsgerichtes einzuholen.

(3) Will das Verfassungsgericht eines Landes bei der Auslegung des Grundgesetzes von einer Entscheidung des Bundesverfassungsgerichtes oder des Verfassungsgerichtes eines anderen Landes abweichen, so hat das Verfassungsgericht die Entscheidung des Bundesverfassungsgerichtes einzuholen.

Artikel 101 Verbot von Ausnahmegerichten

(1) [1]Ausnahmegerichte sind unzulässig. [2]Niemand darf seinem gesetzlichen Richter entzogen werden.

(2) Gerichte für besondere Sachgebiete können nur durch Gesetz errichtet werden.

Artikel 102 Abschaffung der Todesstrafe

Die Todesstrafe ist abgeschafft.

Artikel 103 Rechtliches Gehör, Verbot rückwirkender Strafgesetze und der Doppelbestrafung

(1) Vor Gericht hat jedermann Anspruch auf rechtliches Gehör.

(2) Eine Tat kann nur bestraft werden, wenn die Strafbarkeit gesetzlich bestimmt war, bevor die Tat begangen wurde.

(3) Niemand darf wegen derselben Tat aufgrund der allgemeinen Strafgesetze mehrmals bestraft werden.

Artikel 104 Rechtsgarantien bei Freiheitsentziehung

(1) [1]Die Freiheit der Person kann nur aufgrund eines förmlichen Gesetzes und nur unter Beachtung der darin vorgeschriebenen Formen beschränkt werden. [2]Festgehaltene Personen dürfen weder seelisch noch körperlich misshandelt werden.

(2) [1]Über die Zulässigkeit und Fortdauer einer Freiheitsentziehung hat nur der Richter zu entscheiden. [2]Bei jeder nicht auf richterlicher Anordnung beruhenden Freiheitsentziehung ist unverzüglich eine richterliche Entscheidung herbeizuführen. [3]Die Polizei darf aus eigener Machtvollkommenheit niemanden länger als bis zum Ende des Tages nach dem Eingreifen in eigenem Gewahrsam halten. [4]Das Nähere ist gesetzlich zu regeln.

(3) [1]Jeder wegen des Verdachtes einer strafbaren Handlung vorläufig Festgenommene ist spätestens am Tage nach der Festnahme dem Richter vorzuführen, der ihm die Gründe der Festnahme mitzuteilen, ihn zu vernehmen und ihm Gelegenheit zu Einwendungen zu geben hat. [2]Der

Richter hat unverzüglich entweder einen mit Gründen versehenen schriftlichen Haftbefehl zu erlassen oder die Freilassung anzuordnen.

(4) Von jeder richterlichen Entscheidung über die Anordnung oder Fortdauer einer Freiheitsentziehung ist unverzüglich ein Angehöriger des Festgehaltenen oder eine Person seines Vertrauens zu benachrichtigen.

X. Das Finanzwesen

Artikel 104a Verteilung der Ausgaben auf Bund und Länder; Finanzhilfen[1)]

(1) Der Bund und die Länder tragen gesondert die Ausgaben, die sich aus der Wahrnehmung ihrer Aufgaben ergeben, soweit dieses Grundgesetz nichts anderes bestimmt.

(2) Handeln die Länder im Auftrage des Bundes, trägt der Bund die sich daraus ergebenden Ausgaben.

(3) [1]Bundesgesetze, die Geldleistungen gewähren und von den Ländern ausgeführt werden, können bestimmen, dass die Geldleistungen ganz oder zum Teil vom Bund getragen werden. [2]Bestimmt das Gesetz, dass der Bund die Hälfte der Ausgaben oder mehr trägt, wird es im Auftrage des Bundes durchgeführt.

(4) Bundesgesetze, die Pflichten der Länder zur Erbringung von Geldleistungen, geldwerten Sachleistungen oder vergleichbaren Dienstleistungen gegenüber Dritten begründen und von den Ländern als eigene Angelegenheit oder nach Absatz 3 Satz 2 im Auftrag des Bundes ausgeführt werden, bedürfen der Zustimmung des Bundesrates, wenn daraus entstehende Ausgaben von den Ländern zu tragen sind.

(5) [1]Der Bund und die Länder tragen die bei ihren Behörden entstehenden Verwaltungsausgaben und haften im Verhältnis zueinander für eine ordnungsgemäße Verwaltung. [2]Das Nähere bestimmt ein Bundesgesetz, das der Zustimmung des Bundesrates bedarf.

(6) [1]Bund und Länder tragen nach der innerstaatlichen Zuständigkeits- und Aufgabenverteilung die Lasten einer Verletzung von supranationalen oder völkerrechtlichen Verpflichtungen Deutschlands. [2]In Fällen länderübergreifender Finanzkorrekturen der Europäischen Union tragen Bund und Länder diese Lasten im Verhältnis 15 zu 85. [3]Die Ländergesamtheit trägt in diesen Fällen solidarisch 35 vom Hundert der Gesamtlasten entsprechend einem allgemeinen Schlüssel; 50 vom Hundert der Gesamtlasten tragen die Länder, die die Lasten verursacht haben, anteilig entsprechend der Höhe der erhaltenen Mittel. [4]Das Nähere regelt ein Bundesgesetz, das der Zustimmung des Bundesrates bedarf.

Artikel 104b Finanzhilfen für Investitionen der Länder und Gemeinden[2)]

(1) [1]Der Bund kann, soweit dieses Grundgesetz ihm Gesetzgebungsbefugnisse verleiht, den Ländern Finanzhilfen für besonders bedeutsame Investitionen der Länder und der Gemeinden (Gemeindeverbände) gewähren, die

1. zur Abwehr einer Störung des gesamtwirtschaftlichen Gleichgewichts oder
2. zum Ausgleich unterschiedlicher Wirtschaftskraft im Bundesgebiet oder
3. zur Förderung des wirtschaftlichen Wachstums

erforderlich sind. [2]Abweichend von Satz 1 kann der Bund im Falle von Naturkatastrophen oder außergewöhnlichen Notsituationen, die sich der Kontrolle des Staates entziehen und die staatliche Finanzlage erheblich beeinträchtigen, auch ohne Gesetzgebungsbefugnisse Finanzhilfen gewähren.

(2) [1]Das Nähere, insbesondere die Arten der zu fördernden Investitionen, wird durch Bundesgesetz, das der Zustimmung des Bundesrates bedarf, oder auf Grund des Bundeshaushalts-

1) **Anm. d. Red.:** Art. 104a i. d. F. des Gesetzes v. 28. 8. 2006 (BGBl I S. 2034) mit Wirkung v. 1. 9. 2006.

2) **Anm. d. Red.:** Art. 104b i. d. F. des Gesetzes v. 13. 7. 2017 (BGBl I S. 2347) mit Wirkung v. 20. 7. 2017.

gesetzes durch Verwaltungsvereinbarung geregelt. [2]Das Bundesgesetz oder die Verwaltungsvereinbarung kann Bestimmungen über die Ausgestaltung der jeweiligen Länderprogramme zur Verwendung der Finanzhilfen vorsehen. [3]Die Festlegung der Kriterien für die Ausgestaltung der Länderprogramme erfolgt im Einvernehmen mit den betroffenen Ländern. [4]Zur Gewährleistung der zweckentsprechenden Mittelverwendung kann die Bundesregierung Bericht und Vorlage der Akten verlangen und Erhebungen bei allen Behörden durchführen. [5]Die Mittel sind befristet zu gewähren und hinsichtlich ihrer Verwendung in regelmäßigen Zeitabständen zu überprüfen. [6]Die Finanzhilfen sind im Zeitablauf mit fallenden Jahresbeträgen zu gestalten.

(3) Bundestag, Bundesregierung und Bundesrat sind auf Verlangen über die Durchführung der Maßnahmen und die erzielten Verbesserungen zu unterrichten.

Artikel 104c[1)]

[1]Der Bund kann den Ländern Finanzhilfen für gesamtstaatlich bedeutsame Investitionen der finanzschwachen Gemeinden (Gemeindeverbände) im Bereich der kommunalen Bildungsinfrastruktur gewähren. [2]Artikel 104b Absatz 2 und 3 gilt entsprechend.

Artikel 105 Gesetzgebungskompetenz[2)]

(1) Der Bund hat die ausschließliche Gesetzgebung über die Zölle und Finanzmonopole.

(2) Der Bund hat die konkurrierende Gesetzgebung über die übrigen Steuern, wenn ihm das Aufkommen dieser Steuern ganz oder zum Teil zusteht oder die Voraussetzungen des Artikels 72 Abs. 2 vorliegen.

(2a) [1]Die Länder haben die Befugnis zur Gesetzgebung über die örtlichen Verbrauch- und Aufwandsteuern, solange und soweit sie nicht bundesgesetzlich geregelten Steuern gleichartig sind. [2]Sie haben die Befugnis zur Bestimmung des Steuersatzes bei der Grunderwerbsteuer.

(3) Bundesgesetze über Steuern, deren Aufkommen den Ländern oder den Gemeinden (Gemeindeverbänden) ganz oder zum Teil zufließt, bedürfen der Zustimmung des Bundesrates.

Artikel 106 Verteilung des Steueraufkommens[3)]

(1) Der Ertrag der Finanzmonopole und das Aufkommen der folgenden Steuern stehen dem Bund zu:

1. die Zölle,
2. die Verbrauchsteuern, soweit sie nicht nach Absatz 2 den Ländern, nach Absatz 3 Bund und Ländern gemeinsam oder nach Absatz 6 den Gemeinden zustehen,
3. die Straßengüterverkehrsteuer, die Kraftfahrzeugsteuer und sonstige auf motorisierte Verkehrsmittel bezogene Verkehrsteuern,
4. die Kapitalverkehrsteuern, die Versicherungsteuer und die Wechselsteuer,
5. die einmaligen Vermögensabgaben und die zur Durchführung des Lastenausgleichs erhobenen Ausgleichsabgaben,
6. die Ergänzungsabgabe zur Einkommensteuer und zur Körperschaftsteuer,
7. Abgaben im Rahmen der Europäischen Gemeinschaften.

(2) Das Aufkommen der folgenden Steuern steht den Ländern zu:

1. die Vermögensteuer,
2. die Erbschaftsteuer,
3. die Verkehrsteuern, soweit sie nicht nach Absatz 1 dem Bund oder nach Absatz 3 Bund und Ländern gemeinsam zustehen,

---

1) **Anm. d. Red.:** Art. 104c eingefügt gem. Gesetz v. 13. 7. 2017 (BGBl I S. 2347) mit Wirkung v. 20. 7. 2017.
2) **Anm. d. Red.:** Art. 105 i. d. F. des Gesetzes v. 28. 8. 2006 (BGBl I S. 2034) mit Wirkung v. 1. 9. 2006.
3) **Anm. d. Red.:** Art. 106 i. d. F. des Gesetzes v. 19. 3. 2009 (BGBl I S. 606) mit Wirkung v. 1. 7. 2009.

4. die Biersteuer,
5. die Abgabe von Spielbanken.

(3) [1]Das Aufkommen der Einkommensteuer, der Körperschaftsteuer und der Umsatzsteuer steht dem Bund und den Ländern gemeinsam zu (Gemeinschaftsteuern), soweit das Aufkommen der Einkommensteuer nicht nach Absatz 5 und das Aufkommen der Umsatzsteuer nicht nach Absatz 5a den Gemeinden zugewiesen wird. [2]Am Aufkommen der Einkommensteuer und der Körperschaftsteuer sind der Bund und die Länder je zur Hälfte beteiligt. [3]Die Anteile von Bund und Ländern an der Umsatzsteuer werden durch Bundesgesetz, das der Zustimmung des Bundesrates bedarf, festgesetzt. [4]Bei der Festsetzung ist von folgenden Grundsätzen auszugehen:

1. [1]Im Rahmen der laufenden Einnahmen haben der Bund und die Länder gleichmäßig Anspruch auf Deckung ihrer notwendigen Ausgaben. [2]Dabei ist der Umfang der Ausgaben unter Berücksichtigung einer mehrjährigen Finanzplanung zu ermitteln.
2. Die Deckungsbedürfnisse des Bundes und der Länder sind so aufeinander abzustimmen, dass ein billiger Ausgleich erzielt, eine Überbelastung der Steuerpflichtigen vermieden und die Einheitlichkeit der Lebensverhältnisse im Bundesgebiet gewahrt wird.

[5]Zusätzlich werden in die Festsetzung der Anteile von Bund und Ländern an der Umsatzsteuer Steuermindereinnahmen einbezogen, die den Ländern ab 1. Januar 1996 aus der Berücksichtigung von Kindern im Einkommensteuerrecht entstehen. [6]Das Nähere bestimmt das Bundesgesetz nach Satz 3.

(4) [1]Die Anteile von Bund und Ländern an der Umsatzsteuer sind neu festzusetzen, wenn sich das Verhältnis zwischen den Einnahmen und Ausgaben des Bundes und der Länder wesentlich anders entwickelt; Steuermindereinnahmen, die nach Absatz 3 Satz 5 in die Festsetzung der Umsatzsteueranteile zusätzlich einbezogen werden, bleiben hierbei unberücksichtigt. [2]Werden den Ländern durch Bundesgesetz zusätzliche Ausgaben auferlegt oder Einnahmen entzogen, so kann die Mehrbelastung durch Bundesgesetz, das der Zustimmung des Bundesrates bedarf, auch mit Finanzzuweisungen des Bundes ausgeglichen werden, wenn sie auf einen kurzen Zeitraum begrenzt ist. [3]In dem Gesetz sind die Grundsätze für die Bemessung dieser Finanzzuweisungen und für ihre Verteilung auf die Länder zu bestimmen.

(5) [1]Die Gemeinden erhalten einen Anteil an dem Aufkommen der Einkommensteuer, der von den Ländern an ihre Gemeinden auf der Grundlage der Einkommensteuerleistungen ihrer Einwohner weiterzuleiten ist. [2]Das Nähere bestimmt ein Bundesgesetz, das der Zustimmung des Bundesrates bedarf. [3]Es kann bestimmen, dass die Gemeinden Hebesätze für den Gemeindeanteil festsetzen.

(5a) [1]Die Gemeinden erhalten ab dem 1. Januar 1998 einen Anteil an dem Aufkommen der Umsatzsteuer. [2]Er wird von den Ländern auf der Grundlage eines orts- und wirtschaftsbezogenen Schlüssels an ihre Gemeinden weitergeleitet. [3]Das Nähere wird durch Bundesgesetz, das der Zustimmung des Bundesrates bedarf, bestimmt.

(6) [1]Das Aufkommen der Grundsteuer und Gewerbesteuer steht den Gemeinden, das Aufkommen der örtlichen Verbrauch- und Aufwandsteuern steht den Gemeinden oder nach Maßgabe der Landesgesetzgebung den Gemeindeverbänden zu. [2]Den Gemeinden ist das Recht einzuräumen, die Hebesätze der Grundsteuer und Gewerbesteuer im Rahmen der Gesetze festzusetzen. [3]Bestehen in einem Land keine Gemeinden, so steht das Aufkommen der Grundsteuer und Gewerbesteuer sowie der örtlichen Verbrauch- und Aufwandsteuern dem Land zu. [4]Bund und Länder können durch eine Umlage an dem Aufkommen der Gewerbesteuer beteiligt werden. [5]Das Nähere über die Umlage bestimmt ein Bundesgesetz, das der Zustimmung des Bundesrates bedarf. [6]Nach Maßgabe der Landesgesetzgebung können die Grundsteuer und Gewerbesteuer sowie der Gemeindeanteil vom Aufkommen der Einkommensteuer und der Umsatzsteuer als Bemessungsgrundlagen für Umlagen zugrunde gelegt werden.

(7) [1]Von dem Länderanteil am Gesamtaufkommen der Gemeinschaftsteuern fließt den Gemeinden und Gemeindeverbänden insgesamt ein von der Landesgesetzgebung zu bestimmen-

der Hundertsatz zu. [2]Im Übrigen bestimmt die Landesgesetzgebung, ob und inwieweit das Aufkommen der Landessteuern den Gemeinden (Gemeindeverbänden) zufließt.

(8) [1]Veranlasst der Bund in einzelnen Ländern oder Gemeinden (Gemeindeverbänden) besondere Einrichtungen, die diesen Ländern oder Gemeinden (Gemeindeverbänden) unmittelbar Mehrausgaben oder Mindereinnahmen (Sonderbelastungen) verursachen, gewährt der Bund den erforderlichen Ausgleich, wenn und soweit den Ländern oder Gemeinden (Gemeindeverbänden) nicht zugemutet werden kann, die Sonderbelastungen zu tragen. [2]Entschädigungsleistungen Dritter und finanzielle Vorteile, die diesen Ländern oder Gemeinden (Gemeindeverbänden) als Folge der Einrichtungen erwachsen, werden bei dem Ausgleich berücksichtigt.

(9) Als Einnahmen und Ausgaben der Länder im Sinne dieses Artikels gelten auch die Einnahmen und Ausgaben der Gemeinden (Gemeindeverbände).

Artikel 106a Ausgleich für den öffentlichen Personennahverkehr[1)]

[1]Den Ländern steht ab 1. Januar 1996 für den öffentlichen Personennahverkehr ein Betrag aus dem Steueraufkommen des Bundes zu. [2]Das Nähere regelt ein Bundesgesetz, das der Zustimmung des Bundesrates bedarf. [3]Der Betrag nach Satz 1 bleibt bei der Bemessung der Finanzkraft nach Artikel 107 Abs. 2 unberücksichtigt.

Artikel 106b Übertragung der Kraftfahrzeugsteuer[2)]

[1]Den Ländern steht ab dem 1. Juli 2009 infolge der Übertragung der Kraftfahrzeugsteuer auf den Bund ein Betrag aus dem Steueraufkommen des Bundes zu. [2]Das Nähere regelt ein Bundesgesetz, das der Zustimmung des Bundesrates bedarf.

Artikel 107 Finanzausgleich[3)]

(1) [1]Das Aufkommen der Landessteuern und der Länderanteil am Aufkommen der Einkommensteuer und der Körperschaftsteuer stehen den einzelnen Ländern insoweit zu, als die Steuer von den Finanzbehörden in ihrem Gebiet vereinnahmt werden (örtliches Aufkommen). [2]Durch Bundesgesetz, das der Zustimmung des Bundesrates bedarf, sind für die Körperschaftsteuer und die Lohnsteuer nähere Bestimmungen über die Abgrenzung sowie über Art und Umfang der Zerlegung des örtlichen Aufkommens zu treffen. [3]Das Gesetz kann auch Bestimmungen über die Abgrenzung und Zerlegung des örtlichen Aufkommens anderer Steuern treffen. [4]Der Länderanteil am Aufkommen der Umsatzsteuer steht den einzelnen Ländern, vorbehaltlich der Regelungen nach Absatz 2, nach Maßgabe ihrer Einwohnerzahl zu.

(2) [1]Durch Bundesgesetz, das der Zustimmung des Bundesrates bedarf, ist sicherzustellen, dass die unterschiedliche Finanzkraft der Länder angemessen ausgeglichen wird; hierbei sind die Finanzkraft und der Finanzbedarf der Gemeinden (Gemeindeverbände) zu berücksichtigen. [2]Zu diesem Zweck sind in dem Gesetz Zuschläge zu und Abschläge von der jeweiligen Finanzkraft bei der Verteilung der Länderanteile am Aufkommen der Umsatzsteuer zu regeln. [3]Die Voraussetzungen für die Gewährung von Zuschlägen und für die Erhebung von Abschlägen sowie die Maßstäbe für die Höhe dieser Zuschläge und Abschläge sind in dem Gesetz zu bestimmen. [4]Für Zwecke der Bemessung der Finanzkraft kann die bergrechtliche Förderabgabe mit nur einem Teil ihres Aufkommens berücksichtigt werden. [5]Das Gesetz kann auch bestimmen, dass der Bund aus seinen Mitteln leistungsschwachen Ländern Zuweisungen zur ergänzenden Deckung ihres allgemeinen Finanzbedarfs (Ergänzungszuweisungen) gewährt. [6]Zuweisungen können unabhängig von den Maßstäben nach den Sätzen 1 bis 3 auch solchen leistungsschwachen Ländern gewährt werden, deren Gemeinden (Gemeindeverbände) eine besonders geringe Steuerkraft aufweisen (Gemeindesteuerkraftzuweisungen), sowie außerdem solchen leistungsschwa-

1) **Anm. d. Red.:** Art. 106a eingefügt gem. Gesetz v. 20. 12. 1993 (BGBl I S. 2089) mit Wirkung v. 23. 12. 1993.

2) **Anm. d. Red.:** Art. 106b eingefügt gem. Gesetz v. 19. 3. 2009 (BGBl I S. 606) mit Wirkung v. 26. 3. 2009.

3) **Anm. d. Red.:** Art. 107 i. d. F. des Gesetzes v. 13. 7. 2017 (BGBl I S. 2347) mit Wirkung v. 20. 7. 2017.

chen Ländern, deren Anteile an den Fördermitteln nach Artikel 91b ihre Einwohneranteile unterschreiten.

Artikel 108 Finanzverwaltung[1)]

(1) [1]Zölle, Finanzmonopole, die bundesgesetzlich geregelten Verbrauchsteuern einschließlich der Einfuhrumsatzsteuer, die Kraftfahrzeugsteuer und sonstige auf motorisierte Verkehrsmittel bezogene Verkehrsteuern ab dem 1. Juli 2009 sowie die Abgaben im Rahmen der Europäischen Gemeinschaften werden durch Bundesfinanzbehörden verwaltet. [2]Der Aufbau dieser Behörden wird durch Bundesgesetz geregelt. [3]Soweit Mittelbehörden eingerichtet sind, werden deren Leiter im Benehmen mit den Landesregierungen bestellt.

(2) [1]Die übrigen Steuern werden durch Landesfinanzbehörden verwaltet. [2]Der Aufbau dieser Behörden und die einheitliche Ausbildung der Beamten können durch Bundesgesetz mit Zustimmung des Bundesrates geregelt werden. [3]Soweit Mittelbehörden eingerichtet sind, werden deren Leiter im Einvernehmen mit der Bundesregierung bestellt.

(3) [1]Verwalten die Landesfinanzbehörden Steuern, die ganz oder zum Teil dem Bund zufließen, so werden sie im Auftrage des Bundes tätig. [2]Artikel 85 Abs. 3 und 4 gilt mit der Maßgabe, dass an die Stelle der Bundesregierung der Bundesminister der Finanzen tritt.

(4) [1]Durch Bundesgesetz, das der Zustimmung des Bundesrates bedarf, kann bei der Verwaltung von Steuern ein Zusammenwirken von Bundes- und Landesfinanzbehörden sowie für Steuern, die unter Absatz 1 fallen, die Verwaltung durch Landesfinanzbehörden und für andere Steuern die Verwaltung durch Bundesfinanzbehörden vorgesehen werden, wenn und soweit dadurch der Vollzug der Steuergesetze erheblich verbessert oder erleichtert wird. [2]Für die den Gemeinden (Gemeindeverbänden) allein zufließenden Steuern kann die den Landesfinanzbehörden zustehende Verwaltung durch die Länder ganz oder zum Teil den Gemeinden (Gemeindeverbänden) übertragen werden. [3]Das Bundesgesetz nach Satz 1 kann für ein Zusammenwirken von Bund und Ländern bestimmen, dass bei Zustimmung einer im Gesetz genannten Mehrheit Regelungen für den Vollzug von Steuergesetzen für alle Länder verbindlich werden.

(4a) [1]Durch Bundesgesetz, das der Zustimmung des Bundesrates bedarf, können bei der Verwaltung von Steuern, die unter Absatz 2 fallen, ein Zusammenwirken von Landesfinanzbehörden und eine länderübergreifende Übertragung von Zuständigkeiten auf Landesfinanzbehörden eines oder mehrerer Länder im Einvernehmen mit den betroffenen Ländern vorgesehen werden, wenn und soweit dadurch der Vollzug der Steuergesetze erheblich verbessert oder erleichtert wird. [2]Die Kostentragung kann durch Bundesgesetz geregelt werden.

(5) [1]Das von den Bundesfinanzbehörden anzuwendende Verfahren wird durch Bundesgesetz geregelt. [2]Das von den Landesfinanzbehörden und in den Fällen des Absatzes 4 Satz 2 von den Gemeinden (Gemeindeverbänden) anzuwendende Verfahren kann durch Bundesgesetz mit Zustimmung des Bundesrates geregelt werden.

(6) Die Finanzgerichtsbarkeit wird durch Bundesgesetz einheitlich geregelt.

(7) Die Bundesregierung kann allgemeine Verwaltungsvorschriften erlassen, und zwar mit Zustimmung des Bundesrates, soweit die Verwaltung den Landesfinanzbehörden oder Gemeinden (Gemeindeverbänden) obliegt.

Artikel 109 Haushaltstrennung in Bund und Ländern[2)]

(1) Bund und Länder sind in ihrer Haushaltswirtschaft selbständig und voneinander unabhängig.

(2) Bund und Länder erfüllen gemeinsam die Verpflichtungen der Bundesrepublik Deutschland aus Rechtsakten der Europäischen Gemeinschaft auf Grund des Artikels 104 des Vertrags

1) **Anm. d. Red.:** Art. 108 i. d. F. des Gesetzes v. 13. 7. 2017 (BGBl I S. 2347) mit Wirkung v. 20. 7. 2017.

2) **Anm. d. Red.:** Art. 109 i. d. F. des Gesetzes v. 29. 7. 2009 (BGBl I S. 2248) mit Wirkung v. 1. 8. 2009.

zur Gründung der Europäischen Gemeinschaft zur Einhaltung der Haushaltsdisziplin und tragen in diesem Rahmen den Erfordernissen des gesamtwirtschaftlichen Gleichgewichts Rechnung.

(3) [1]Die Haushalte von Bund und Ländern sind grundsätzlich ohne Einnahmen aus Krediten auszugleichen. [2]Bund und Länder können Regelungen zur im Auf- und Abschwung symmetrischen Berücksichtigung der Auswirkungen einer von der Normallage abweichenden konjunkturellen Entwicklung sowie eine Ausnahmeregelung für Naturkatastrophen oder außergewöhnliche Notsituationen, die sich der Kontrolle des Staates entziehen und die staatliche Finanzlage erheblich beeinträchtigen, vorsehen. [3]Für die Ausnahmeregelung ist eine entsprechende Tilgungsregelung vorzusehen. [4]Die nähere Ausgestaltung regelt für den Haushalt des Bundes Artikel 115 mit der Maßgabe, dass Satz 1 entsprochen ist, wenn die Einnahmen aus Krediten 0,35 vom Hundert im Verhältnis zum nominalen Bruttoinlandsprodukt nicht überschreiten. [5]Die nähere Ausgestaltung für die Haushalte der Länder regeln diese im Rahmen ihrer verfassungsrechtlichen Kompetenzen mit der Maßgabe, dass Satz 1 nur dann entsprochen ist, wenn keine Einnahmen aus Krediten zugelassen werden.

(4) Durch Bundesgesetz, das der Zustimmung des Bundesrates bedarf, können für Bund und Länder gemeinsam geltende Grundsätze für das Haushaltsrecht, für eine konjunkturgerechte Haushaltswirtschaft und für eine mehrjährige Finanzplanung aufgestellt werden.

(5) [1]Sanktionsmaßnahmen der Europäischen Gemeinschaft im Zusammenhang mit den Bestimmungen in Artikel 104 des Vertrags zur Gründung der Europäischen Gemeinschaft zur Einhaltung der Haushaltsdisziplin tragen Bund und Länder im Verhältnis 65 zu 35. [2]Die Ländergesamtheit trägt solidarisch 35 vom Hundert der auf die Länder entfallenden Lasten entsprechend ihrer Einwohnerzahl; 65 vom Hundert der auf die Länder entfallenden Lasten tragen die Länder entsprechend ihrem Verursachungsbeitrag. [3]Das Nähere regelt ein Bundesgesetz, das der Zustimmung des Bundesrates bedarf.

Artikel 109a Vermeidung von Haushaltsnotlagen[1)]

(1) Zur Vermeidung von Haushaltsnotlagen regelt ein Bundesgesetz, das der Zustimmung des Bundesrates bedarf,

1. die fortlaufende Überwachung der Haushaltswirtschaft von Bund und Ländern durch ein gemeinsames Gremium (Stabilitätsrat),
2. die Voraussetzungen und das Verfahren zur Feststellung einer drohenden Haushaltsnotlage,
3. die Grundsätze zur Aufstellung und Durchführung von Sanierungsprogrammen zur Vermeidung von Haushaltsnotlagen.

(2) [1]Dem Stabilitätsrat obliegt ab dem Jahr 2020 die Überwachung der Einhaltung der Vorgaben des Artikels 109 Absatz 3 durch Bund und Länder. [2]Die Überwachung orientiert sich an den Vorgaben und Verfahren aus Rechtsakten auf Grund des Vertrages über die Arbeitsweise der Europäischen Union zur Einhaltung der Haushaltsdisziplin.

(3) Die Beschlüsse des Stabilitätsrats und die zugrunde liegenden Beratungsunterlagen sind zu veröffentlichen.

Artikel 110 Haushaltsplan des Bundes

(1) [1]Alle Einnahmen und Ausgaben des Bundes sind in den Haushaltsplan einzustellen; bei Bundesbetrieben und bei Sondervermögen brauchen nur die Zuführungen oder die Ablieferungen eingestellt zu werden. [2]Der Haushaltsplan ist in Einnahme und Ausgabe auszugleichen.

(2) [1]Der Haushaltsplan wird für ein oder mehrere Rechnungsjahre, nach Jahren getrennt, vor Beginn des ersten Rechnungsjahres durch das Haushaltsgesetz festgestellt. [2]Für Teile des Haushaltsplanes kann vorgesehen werden, dass sie für unterschiedliche Zeiträume, nach Rechnungsjahren getrennt, gelten.

---

1) **Anm. d. Red.:** Art. 109a i. d. F. des Gesetzes v. 13. 7. 2017 (BGBl I S. 2347) mit Wirkung v. 20. 7. 2017.

(3) Die Gesetzesvorlage nach Absatz 2 Satz 1 sowie Vorlagen zur Änderung des Haushaltsgesetzes und des Haushaltsplanes werden gleichzeitig mit der Zuleitung an den Bundesrat beim Bundestage eingebracht; der Bundesrat ist berechtigt, innerhalb von sechs Wochen, bei Änderungsvorlagen innerhalb von drei Wochen, zu den Vorlagen Stellung zu nehmen.

(4) [1]In das Haushaltsgesetz dürfen nur Vorschriften aufgenommen werden, die sich auf die Einnahmen und die Ausgaben des Bundes und auf den Zeitraum beziehen, für den das Haushaltsgesetz beschlossen wird. [2]Das Haushaltsgesetz kann vorschreiben, dass die Vorschriften erst mit der Verkündung des nächsten Haushaltsgesetzes oder bei Ermächtigung nach Artikel 115 zu einem späteren Zeitpunkt außer Kraft treten.

Artikel 111 Ausgaben vor Genehmigung des Haushaltsplans

(1) Ist bis zum Schluss eines Rechnungsjahres der Haushaltsplan für das folgende Jahr nicht durch Gesetz festgestellt, so ist bis zu seinem Inkrafttreten die Bundesregierung ermächtigt, alle Ausgaben zu leisten, die nötig sind,

a) um gesetzlich bestehende Einrichtungen zu erhalten und gesetzlich beschlossene Maßnahmen durchzuführen,

b) um die rechtlich begründeten Verpflichtungen des Bundes zu erfüllen,

c) um Bauten, Beschaffungen und sonstige Leistungen fortzusetzen oder Beihilfen für diese Zwecke weiter zu gewähren, sofern durch den Haushaltsplan eines Vorjahres bereits Beträge bewilligt worden sind.

(2) Soweit nicht auf besonderem Gesetze beruhende Einnahmen aus Steuern, Abgaben und sonstigen Quellen oder die Betriebsmittelrücklage die Ausgaben unter Absatz 1 decken, darf die Bundesregierung die zur Aufrechterhaltung der Wirtschaftsführung erforderlichen Mittel bis zur Höhe eines Viertels der Endsumme des abgelaufenen Haushaltsplanes im Wege des Kredits flüssig machen.

Artikel 112 Über- und außerplanmäßige Ausgaben

[1]Überplanmäßige und außerplanmäßige Ausgaben bedürfen der Zustimmung des Bundesministers der Finanzen. [2]Sie darf nur im Falle eines unvorhergesehenen und unabweisbaren Bedürfnisses erteilt werden. [3]Näheres kann durch Bundesgesetz bestimmt werden.

Artikel 113 Ausgabenerhöhungen oder Einnahmeminderungen

(1) [1]Gesetze, welche die von der Bundesregierung vorgeschlagenen Ausgaben des Haushaltsplanes erhöhen oder neue Ausgaben in sich schließen oder für die Zukunft mit sich bringen, bedürfen der Zustimmung der Bundesregierung. [2]Das Gleiche gilt für Gesetze, die Einnahmeminderungen in sich schließen oder für die Zukunft mit sich bringen. [3]Die Bundesregierung kann verlangen, dass der Bundestag die Beschlussfassung über solche Gesetze aussetzt. [4]In diesem Fall hat die Bundesregierung innerhalb von sechs Wochen dem Bundestage eine Stellungnahme zuzuleiten.

(2) Die Bundesregierung kann innerhalb von vier Wochen, nachdem der Bundestag das Gesetz beschlossen hat, verlangen, dass der Bundestag erneut Beschluss fasst.

(3) [1]Ist das Gesetz nach Artikel 78 zustande gekommen, kann die Bundesregierung ihre Zustimmung nur innerhalb von sechs Wochen und nur dann versagen, wenn sie vorher das Verfahren nach Absatz 1 Satz 3 und 4 oder nach Absatz 2 eingeleitet hat. [2]Nach Ablauf dieser Frist gilt die Zustimmung als erteilt.

GG

Artikel 114 Rechnungslegung, Rechnungsprüfung[1)]

(1) Der Bundesminister der Finanzen hat dem Bundestage und dem Bundesrate über alle Einnahmen und Ausgaben sowie über das Vermögen und die Schulden im Laufe des nächsten Rechnungsjahres zur Entlastung der Bundesregierung Rechnung zu legen.

(2) [1]Der Bundesrechnungshof, dessen Mitglieder richterliche Unabhängigkeit besitzen, prüft die Rechnung sowie die Wirtschaftlichkeit und Ordnungsmäßigkeit der Haushalts- und Wirtschaftsführung des Bundes. [2]Zum Zweck der Prüfung nach Satz 1 kann der Bundesrechnungshof auch bei Stellen außerhalb der Bundesverwaltung Erhebungen vornehmen; dies gilt auch in den Fällen, in denen der Bund den Ländern zweckgebundene Finanzierungsmittel zur Erfüllung von Länderaufgaben zuweist. [3]Er hat außer der Bundesregierung unmittelbar dem Bundestage und dem Bundesrate jährlich zu berichten. [4]Im Übrigen werden die Befugnisse des Bundesrechnungshofes durch Bundesgesetz geregelt.

Artikel 115 Kreditbeschaffung[2)]

(1) Die Aufnahmen von Krediten sowie die Übernahme von Bürgschaften, Garantien oder sonstigen Gewährleistungen, die zu Ausgaben in künftigen Rechnungsjahren führen können, bedürfen einer der Höhe nach bestimmten oder bestimmbaren Ermächtigung durch Bundesgesetz.

(2) [1]Einnahmen und Ausgaben sind grundsätzlich ohne Einnahmen aus Krediten auszugleichen. [2]Diesem Grundsatz ist entsprochen, wenn die Einnahmen aus Krediten 0,35 vom Hundert im Verhältnis zum nominalen Bruttoinlandsprodukt nicht überschreiten. [3]Zusätzlich sind bei einer von der Normallage abweichenden konjunkturellen Entwicklung die Auswirkungen auf den Haushalt im Auf- und Abschwung symmetrisch zu berücksichtigen. [4]Abweichungen der tatsächlichen Kreditaufnahme von der nach den Sätzen 1 bis 3 zulässigen Kreditobergrenze werden auf einem Kontrollkonto erfasst; Belastungen, die den Schwellenwert von 1,5 vom Hundert im Verhältnis zum nominalen Bruttoinlandsprodukt überschreiten, sind konjunkturgerecht zurückzuführen. [5]Näheres, insbesondere die Bereinigung der Einnahmen und Ausgaben um finanzielle Transaktionen und das Verfahren zur Berechnung der Obergrenze der jährlichen Nettokreditaufnahme unter Berücksichtigung der konjunkturellen Entwicklung auf der Grundlage eines Konjunkturbereinigungsverfahrens sowie die Kontrolle und den Ausgleich von Abweichungen der tatsächlichen Kreditaufnahme von der Regelgrenze, regelt ein Bundesgesetz. [6]Im Falle von Naturkatastrophen oder außergewöhnlichen Notsituationen, die sich der Kontrolle des Staates entziehen und die staatliche Finanzlage erheblich beeinträchtigen, können diese Kreditobergrenzen auf Grund eines Beschlusses der Mehrheit der Mitglieder des Bundestages überschritten werden. [7]Der Beschluss ist mit einem Tilgungsplan zu verbinden. [8]Die Rückführung der nach Satz 6 aufgenommenen Kredite hat binnen eines angemessenen Zeitraumes zu erfolgen.

Xa. Verteidigungsfall

Artikel 115a Feststellung des Verteidigungsfalles

(1) [1]Die Feststellung, dass das Bundesgebiet mit Waffengewalt angegriffen wird oder ein solcher Angriff unmittelbar droht (Verteidigungsfall), trifft der Bundestag mit Zustimmung des Bundesrates. [2]Die Feststellung erfolgt auf Antrag der Bundesregierung und bedarf einer Mehrheit von zwei Dritteln der abgegebenen Stimmen, mindestens der Mehrheit der Mitglieder des Bundestages.

(2) Erfordert die Lage unabweisbar ein sofortiges Handeln und stehen einem rechtzeitigen Zusammentritt des Bundestages unüberwindliche Hindernisse entgegen oder ist er nicht beschlussfähig, so trifft der Gemeinsame Ausschuss diese Feststellung mit einer Mehrheit von zwei Dritteln der abgegebenen Stimmen, mindestens der Mehrheit seiner Mitglieder.

---

1) **Anm. d. Red.:** Art. 114 i. d. F. des Gesetzes v. 13. 7. 2017 (BGBl I S. 2347) mit Wirkung v. 20. 7. 2017.

2) **Anm. d. Red.:** Art. 115 i. d. F. des Gesetzes v. 29. 7. 2009 (BGBl I S. 2248) mit Wirkung v. 1. 8. 2009.

(3) [1]Die Feststellung wird vom Bundespräsidenten gemäß Artikel 82 im Bundesgesetzblatte verkündet. [2]Ist dies nicht rechtzeitig möglich, so erfolgt die Verkündung in anderer Weise; sie ist im Bundesgesetzblatte nachzuholen, sobald die Umstände es zulassen.

(4) [1]Wird das Bundesgebiet mit Waffengewalt angegriffen und sind die zuständigen Bundesorgane außerstande, sofort die Feststellung nach Absatz 1 Satz 1 zu treffen, so gilt diese Feststellung als getroffen und als zu dem Zeitpunkt verkündet, in dem der Angriff begonnen hat. [2]Der Bundespräsident gibt diesen Zeitpunkt bekannt, sobald die Umstände es zulassen.

(5) [1]Ist die Feststellung des Verteidigungsfalles verkündet und wird das Bundesgebiet mit Waffengewalt angegriffen, so kann der Bundespräsident völkerrechtliche Erklärungen über das Bestehen des Verteidigungsfalles mit Zustimmung des Bundestages abgeben. [2]Unter den Voraussetzungen des Absatzes 2 tritt an die Stelle des Bundestages der Gemeinsame Ausschuss.

Artikel 115b Übergang der Befehls- und Kommandogewalt auf den Bundeskanzler

Mit der Verkündung des Verteidigungsfalles geht die Befehls- und Kommandogewalt über die Streitkräfte auf den Bundeskanzler über.

Artikel 115c Erweiterte Gesetzgebungskompetenz des Bundes

(1) [1]Der Bund hat für den Verteidigungsfall das Recht der konkurrierenden Gesetzgebung auch auf den Sachgebieten, die zur Gesetzgebungszuständigkeit der Länder gehören. [2]Diese Gesetze bedürfen der Zustimmung des Bundesrates.

(2) Soweit es die Verhältnisse während des Verteidigungsfalles erfordern, kann durch Bundesgesetz für den Verteidigungsfall

1. bei Enteignungen abweichend von Artikel 14 Abs. 3 Satz 2 die Entschädigung vorläufig geregelt werden,
2. für Freiheitsentziehungen eine von Artikel 104 Abs. 2 Satz 3 und Abs. 3 Satz 1 abweichende Frist, höchstens jedoch eine solche von vier Tagen, für den Fall festgesetzt werden, dass ein Richter nicht innerhalb der für Normalzeiten geltenden Frist tätig werden konnte.

(3) Soweit es zur Abwehr eines gegenwärtigen oder unmittelbar drohenden Angriffs erforderlich ist, kann für den Verteidigungsfall durch Bundesgesetz mit Zustimmung des Bundesrates die Verwaltung und das Finanzwesen des Bundes und der Länder abweichend von den Abschnitten VIII, VIIIa und X geregelt werden, wobei die Lebensfähigkeit der Länder, Gemeinden und Gemeindeverbände, insbesondere auch in finanzieller Hinsicht, zu wahren ist.

(4) Bundesgesetze nach den Absätzen 1 und 2 Nr. 1 dürfen zur Vorbereitung ihres Vollzuges schon vor Eintritt des Verteidigungsfalles angewandt werden.

Artikel 115d Gesetzgebungsverfahren

(1) Für die Gesetzgebung des Bundes gilt im Verteidigungsfalle abweichend von Artikel 76 Abs. 2, Artikel 77 Abs. 1 Satz 2 und Abs. 2 bis 4, Artikel 78 und Artikel 82 Abs. 1 die Regelung der Absätze 2 und 3.

(2) [1]Gesetzesvorlagen der Bundesregierung, die sie als dringlich bezeichnet, sind gleichzeitig mit der Einbringung beim Bundestage dem Bundesrate zuzuleiten. [2]Bundestag und Bundesrat beraten diese Vorlagen unverzüglich gemeinsam. [3]Soweit zu einem Gesetze die Zustimmung des Bundesrates erforderlich ist, bedarf es zum Zustandekommen des Gesetzes der Zustimmung der Mehrheit seiner Stimmen. [4]Das Nähere regelt eine Geschäftsordnung, die vom Bundestage beschlossen wird und der Zustimmung des Bundesrates bedarf.

(3) Für die Verkündung der Gesetze gilt Artikel 115a Abs. 3 Satz 2 entsprechend.

Artikel 115e Befugnisse des Gemeinsamen Ausschusses[1)]

(1) Stellt der Gemeinsame Ausschuss im Verteidigungsfalle mit einer Mehrheit von zwei Dritteln der abgegebenen Stimmen, mindestens mit der Mehrheit seiner Mitglieder fest, dass dem rechtzeitigen Zusammentritt des Bundestages unüberwindliche Hindernisse entgegenstehen oder dass dieser nicht beschlussfähig ist, so hat der Gemeinsame Ausschuss die Stellung von Bundestag und Bundesrat und nimmt deren Rechte einheitlich wahr.

(2) [1]Durch ein Gesetz des Gemeinsamen Ausschusses darf das Grundgesetz weder geändert noch ganz oder teilweise außer Kraft oder außer Anwendung gesetzt werden. [2]Zum Erlass von Gesetzen nach Artikel 23 Abs. 1 Satz 2, Artikel 24 Abs. 1 oder Artikel 29 ist der Gemeinsame Ausschuss nicht befugt.

Artikel 115f Befugnisse der Bundesregierung

(1) Die Bundesregierung kann im Verteidigungsfalle, soweit es die Verhältnisse erfordern,

1. den Bundesgrenzschutz im gesamten Bundesgebiete einsetzen;
2. außer der Bundesverwaltung auch den Landesregierungen und, wenn sie es für dringlich erachtet, den Landesbehörden Weisungen erteilen und diese Befugnis auf von ihr zu bestimmende Mitglieder der Landesregierungen übertragen.

(2) Bundestag, Bundesrat und der Gemeinsame Ausschuss sind unverzüglich von den nach Absatz 1 getroffenen Maßnahmen zu unterrichten.

Artikel 115g Stellung des Bundesverfassungsgerichts

[1]Die verfassungsmäßige Stellung und die Erfüllung der verfassungsmäßigen Aufgaben des Bundesverfassungsgerichtes und seiner Richter dürfen nicht beeinträchtigt werden. [2]Das Gesetz über das Bundesverfassungsgericht darf durch ein Gesetz des Gemeinsamen Ausschusses nur insoweit geändert werden, als dies auch nach Auffassung des Bundesverfassungsgerichtes zur Aufrechterhaltung der Funktionsfähigkeit des Gerichtes erforderlich ist. [3]Bis zum Erlass eines solchen Gesetzes kann das Bundesverfassungsgericht die zur Erhaltung der Arbeitsfähigkeit des Gerichtes erforderlichen Maßnahmen treffen. [4]Beschlüsse nach Satz 2 und Satz 3 fasst das Bundesverfassungsgericht mit der Mehrheit der anwesenden Richter.

Artikel 115h Wahlperioden im Verteidigungsfall

(1) [1]Während des Verteidigungsfalles ablaufende Wahlperioden des Bundestages oder der Volksvertretungen der Länder enden sechs Monate nach Beendigung des Verteidigungsfalles. [2]Die im Verteidigungsfalle ablaufende Amtszeit des Bundespräsidenten sowie bei vorzeitiger Erledigung seines Amtes die Wahrnehmung seiner Befugnisse durch den Präsidenten des Bundesrates enden neun Monate nach Beendigung des Verteidigungsfalles. [3]Die im Verteidigungsfalle ablaufende Amtszeit eines Mitgliedes des Bundesverfassungsgerichtes endet sechs Monate nach Beendigung des Verteidigungsfalles.

(2) [1]Wird eine Neuwahl des Bundeskanzlers durch den Gemeinsamen Ausschuss erforderlich, so wählt dieser einen neuen Bundeskanzler mit der Mehrheit seiner Mitglieder; der Bundespräsident macht dem Gemeinsamen Ausschuss einen Vorschlag. [2]Der Gemeinsame Ausschuss kann dem Bundeskanzler das Misstrauen nur dadurch aussprechen, dass er mit der Mehrheit von zwei Dritteln seiner Mitglieder einen Nachfolger wählt.

(3) Für die Dauer des Verteidigungsfalles ist die Auflösung des Bundestages ausgeschlossen.

Artikel 115i Befugnisse der Landesregierungen

(1) Sind die zuständigen Bundesorgane außerstande, die notwendigen Maßnahmen zur Abwehr der Gefahr zu treffen, und erfordert die Lage unabweisbar ein sofortiges selbständiges

1) **Anm. d. Red.:** Art. 115e i. d. F. des Gesetzes v. 21. 12. 1992 (BGBl I S. 2086) mit Wirkung v. 25. 12. 1992.

Handeln in einzelnen Teilen des Bundesgebietes, so sind die Landesregierungen oder die von ihnen bestimmten Behörden oder Beauftragten befugt, für ihren Zuständigkeitsbereich Maßnahmen im Sinne des Artikels 115f Abs. 1 zu treffen.

(2) Maßnahmen nach Absatz 1 können durch die Bundesregierung, im Verhältnis zu Landesbehörden und nachgeordneten Bundesbehörden auch durch die Ministerpräsidenten der Länder, jederzeit aufgehoben werden.

Artikel 115k Geltungsdauer von außerordentlichen Gesetzen und Rechtsverordnungen

(1) [1]Für die Dauer ihrer Anwendbarkeit setzen Gesetze nach den Artikeln 115c, 115e und 115g und Rechtsverordnungen, die aufgrund solcher Gesetze ergehen, entgegenstehendes Recht außer Anwendung. [2]Dies gilt nicht gegenüber früherem Recht, das aufgrund der Artikel 115c, 115e und 115g erlassen worden ist.

(2) Gesetze, die der Gemeinsame Ausschuss beschlossen hat, und Rechtsverordnungen, die aufgrund solcher Gesetze ergangen sind, treten spätestens sechs Monate nach Beendigung des Verteidigungsfalles außer Kraft.

(3) [1]Gesetze, die von den Artikeln 91a, 91b, 104a, 106 und 107 abweichende Regelungen enthalten, gelten längstens bis zum Ende des zweiten Rechnungsjahres, das auf die Beendigung des Verteidigungsfalles folgt. [2]Sie können nach Beendigung des Verteidigungsfalles durch Bundesgesetz mit Zustimmung des Bundesrates geändert werden, um zu der Regelung gemäß den Abschnitten VIIIa und X überzuleiten.

Artikel 115l Beendigung des Verteidigungsfalles; Friedensschluss

(1) [1]Der Bundestag kann jederzeit mit Zustimmung des Bundesrates Gesetze des Gemeinsamen Ausschusses aufheben. [2]Der Bundesrat kann verlangen, dass der Bundestag hierüber beschließt. [3]Sonstige zur Abwehr der Gefahr getroffene Maßnahmen des Gemeinsamen Ausschusses oder der Bundesregierung sind aufzuheben, wenn der Bundestag und der Bundesrat es beschließen.

(2) [1]Der Bundestag kann mit Zustimmung des Bundesrates jederzeit durch einen vom Bundespräsidenten zu verkündenden Beschluss den Verteidigungsfall für beendet erklären. [2]Der Bundesrat kann verlangen, dass der Bundestag hierüber beschließt. [3]Der Verteidigungsfall ist unverzüglich für beendet zu erklären, wenn die Voraussetzungen für seine Feststellung nicht mehr gegeben sind.

(3) Über den Friedensschluss wird durch Bundesgesetz entschieden.

XI. Übergangs- und Schlussbestimmungen

Artikel 116 Begriff „Deutscher", Wiedereinbürgerung

(1) Deutscher im Sinne dieses Grundgesetzes ist vorbehaltlich anderweitiger gesetzlicher Regelung, wer die deutsche Staatsangehörigkeit besitzt oder als Flüchtling oder Vertriebener deutscher Volkszugehörigkeit oder als dessen Ehegatte oder Abkömmling in dem Gebiete des Deutschen Reiches nach dem Stande vom 31. Dezember 1937 Aufnahme gefunden hat.

(2) [1]Frühere deutsche Staatsangehörige, denen zwischen dem 30. Januar 1933 und dem 8. Mai 1945 die Staatsangehörigkeit aus politischen, rassischen oder religiösen Gründen entzogen worden ist, und ihre Abkömmlinge sind auf Antrag wieder einzubürgern. [2]Sie gelten als nicht ausgebürgert, sofern sie nach dem 8. Mai 1945 ihren Wohnsitz in Deutschland genommen haben und nicht einen entgegengesetzten Willen zum Ausdruck gebracht haben.

Artikel 117 Übergangsregelung für Art. 3 Absatz 2 und Art. 11

(1) Das dem Artikel 3 Absatz 2 entgegenstehende Recht bleibt bis zu seiner Anpassung an diese Bestimmung des Grundgesetzes in Kraft, jedoch nicht länger als bis zum 31. März 1953.

(2) Gesetze, die das Recht der Freizügigkeit mit Rücksicht auf die gegenwärtige Raumnot einschränken, bleiben bis zu ihrer Aufhebung durch Bundesgesetz in Kraft.

Artikel 118 Neugliederung der Länder im Südwesten

[1]Die Neugliederung in dem die Länder Baden, Württemberg-Baden und Württemberg-Hohenzollern umfassenden Gebiete kann abweichend von den Vorschriften des Artikels 29 durch Vereinbarung der beteiligten Länder erfolgen. [2]Kommt eine Vereinbarung nicht zustande, so wird die Neugliederung durch Bundesgesetz geregelt, das eine Volksbefragung vorsehen muss.

Artikel 118a Neugliederung der Länder Berlin und Brandenburg[1)]

Die Neugliederung in dem die Länder Berlin und Brandenburg umfassenden Gebiet kann abweichend von den Vorschriften des Artikels 29 unter Beteiligung ihrer Wahlberechtigten durch Vereinbarung beider Länder erfolgen.

Artikel 119 Flüchtlinge und Vertriebene

[1]In Angelegenheiten der Flüchtlinge und Vertriebenen, insbesondere zu ihrer Verteilung auf die Länder, kann bis zu einer bundesgesetzlichen Regelung die Bundesregierung mit Zustimmung des Bundesrates Verordnungen mit Gesetzeskraft erlassen. [2]Für besondere Fälle kann dabei die Bundesregierung ermächtigt werden, Einzelweisungen zu erteilen. [3]Die Weisungen sind außer bei Gefahr im Verzuge an die obersten Landesbehörden zu richten.

Artikel 120 Besatzungskosten und Kriegsfolgelasten; Bundeszuschüsse zu den Lasten der Sozialversicherung

(1) [1]Der Bund trägt die Aufwendungen für Besatzungskosten und die sonstigen inneren und äußeren Kriegsfolgelasten nach näherer Bestimmung von Bundesgesetzen. [2]Soweit diese Kriegsfolgelasten bis zum 1. Oktober 1969 durch Bundesgesetze geregelt worden sind, tragen Bund und Länder im Verhältnis zueinander die Aufwendungen nach Maßgabe dieser Bundesgesetze. [3]Soweit Aufwendungen für Kriegsfolgelasten, die in Bundesgesetzen weder geregelt worden sind noch geregelt werden, bis zum 1. Oktober 1965 von den Ländern, Gemeinden (Gemeindeverbänden) oder sonstigen Aufgabenträgern, die Aufgaben von Ländern oder Gemeinden erfüllen, erbracht worden sind, ist der Bund zur Übernahme von Aufwendungen dieser Art auch nach diesem Zeitpunkt nicht verpflichtet. [4]Der Bund trägt die Zuschüsse zu den Lasten der Sozialversicherung mit Einschluss der Arbeitslosenversicherung und der Arbeitslosenhilfe. [5]Die durch diesen Absatz geregelte Verteilung der Kriegsfolgelasten auf Bund und Länder lässt die gesetzliche Regelung von Entschädigungsansprüchen für Kriegsfolgen unberührt.

(2) Die Einnahmen gehen auf den Bund zu demselben Zeitpunkte über, an dem der Bund die Ausgaben übernimmt.

Artikel 120a Durchführung des Lastenausgleichs

(1) [1]Die Gesetze, die der Durchführung des Lastenausgleichs dienen, können mit Zustimmung des Bundesrates bestimmen, dass sie auf dem Gebiete der Ausgleichsleistungen teils durch den Bund, teils im Auftrage des Bundes durch die Länder ausgeführt werden und dass die der Bundesregierung und den zuständigen obersten Bundesbehörden aufgrund des Artikels 85 insoweit zustehenden Befugnisse ganz oder teilweise dem Bundesausgleichsamt übertragen werden. [2]Das Bundesausgleichsamt bedarf bei Ausübung dieser Befugnisse nicht der Zustimmung des Bundesrates; seine Weisungen sind, abgesehen von den Fällen der Dringlichkeit, an die obersten Landesbehörden (Landesausgleichsämter) zu richten.

(2) Artikel 87 Abs. 3 Satz 2 bleibt unberührt.

---

1) **Anm. d. Red.:** Art. 118a eingefügt gem. Gesetz v. 27. 10. 1994 (BGBl I S. 3146) mit Wirkung v. 15. 11. 1994.

Artikel 121 Begriff „Mehrheit der Mitglieder"

Mehrheit der Mitglieder des Bundestages und der Bundesversammlung im Sinne dieses Grundgesetzes ist die Mehrheit ihrer gesetzlichen Mitgliederzahl.

Artikel 122 Frühere Gesetzgebungskompetenzen

(1) Vom Zusammentritt des Bundestages an werden die Gesetze ausschließlich von den in diesem Grundgesetze anerkannten gesetzgebenden Gewalten beschlossen.

(2) Gesetzgebende und bei der Gesetzgebung beratend mitwirkende Körperschaften, deren Zuständigkeit nach Absatz 1 endet, sind mit diesem Zeitpunkt aufgelöst.

Artikel 123 Fortgeltung früheren Rechts und früherer Staatsverträge

(1) Recht aus der Zeit vor dem Zusammentritt des Bundestages gilt fort, soweit es dem Grundgesetze nicht widerspricht.

(2) Die vom Deutschen Reich abgeschlossenen Staatsverträge, die sich auf Gegenstände beziehen, für die nach diesem Grundgesetze die Landesgesetzgebung zuständig ist, bleiben, wenn sie nach allgemeinen Rechtsgrundsätzen gültig sind und fortgelten, unter Vorbehalt aller Rechte und Einwendungen der Beteiligten in Kraft, bis neue Staatsverträge durch die nach diesem Grundgesetze zuständigen Stellen abgeschlossen werden oder ihre Beendigung aufgrund der in ihnen enthaltenen Bestimmungen anderweitig erfolgt.

Artikel 124 Fortgeltung von Recht auf dem Gebiet der ausschließlichen Gesetzgebung als Bundesrecht

Recht, das Gegenstände der ausschließlichen Gesetzgebung des Bundes betrifft, wird innerhalb seines Geltungsbereiches Bundesrecht.

Artikel 125 Fortgeltung von Recht auf dem Gebiet der konkurrierenden Gesetzgebung als Bundesrecht

Recht, das Gegenstände der konkurrierenden Gesetzgebung des Bundes betrifft, wird innerhalb seines Geltungsbereiches Bundesrecht,

1. soweit es innerhalb einer oder mehrerer Besatzungszonen einheitlich gilt,
2. soweit es sich um Recht handelt, durch das nach dem 8. Mai 1945 früheres Reichsrecht abgeändert worden ist.

Artikel 125a Fortgeltung von Bundesrecht; Ersetzung durch Landesrecht[1)]

(1) [1]Recht, das als Bundesrecht erlassen worden ist, aber wegen der Änderung des Artikels 74 Abs. 1, der Einfügung des Artikels 84 Abs. 1 Satz 7, des Artikels 85 Abs. 1 Satz 2 oder des Artikels 105 Abs. 2a Satz 2 oder wegen der Aufhebung der Artikel 74a, 75 oder 98 Abs. 3 Satz 2 nicht mehr als Bundesrecht erlassen werden könnte, gilt als Bundesrecht fort. [2]Es kann durch Landesrecht ersetzt werden.

(2) [1]Recht, das auf Grund des Artikels 72 Abs. 2 in der bis zum 15. November 1994 geltenden Fassung erlassen worden ist, aber wegen Änderung des Artikels 72 Abs. 2 nicht mehr als Bundesrecht erlassen werden könnte, gilt als Bundesrecht fort. [2]Durch Bundesgesetz kann bestimmt werden, dass es durch Landesrecht ersetzt werden kann.

(3) [1]Recht, das als Landesrecht erlassen worden ist, aber wegen Änderung des Artikels 73 nicht mehr als Landesrecht erlassen werden könnte, gilt als Landesrecht fort. [2]Es kann durch Bundesrecht ersetzt werden.

1) **Anm. d. Red.:** Art. 125a i. d. F. des Gesetzes v. 28. 8. 2006 (BGBl I S. 2034) mit Wirkung v. 1. 9. 2006.

Artikel 125b Fortgeltung des Bundesrechts; abweichende Regelungen durch die Länder[1)]

(1) [1]Recht, das auf Grund des Artikels 75 in der bis zum 1. September 2006 geltenden Fassung erlassen worden ist und das auch nach diesem Zeitpunkt als Bundesrecht erlassen werden könnte, gilt als Bundesrecht fort. [2]Befugnisse und Verpflichtungen der Länder zur Gesetzgebung bleiben insoweit bestehen. [3]Auf den in Artikel 72 Abs. 3 Satz 1 genannten Gebieten können die Länder von diesem Recht abweichende Regelungen treffen, auf den Gebieten des Artikels 72 Abs. 3 Satz 1 Nr. 2, 5 und 6 jedoch erst, wenn und soweit der Bund ab dem 1. September 2006 von seiner Gesetzgebungszuständigkeit Gebrauch gemacht hat, in den Fällen der Nummern 2 und 5 spätestens ab dem 1. Januar 2010, im Falle der Nummer 6 spätestens ab dem 1. August 2008.

(2) Von bundesgesetzlichen Regelungen, die auf Grund des Artikels 84 Abs. 1 in der vor dem 1. September 2006 geltenden Fassung erlassen worden sind, können die Länder abweichende Regelungen treffen, von Regelungen des Verwaltungsverfahrens bis zum 31. Dezember 2008 aber nur dann, wenn ab dem 1. September 2006 in dem jeweiligen Bundesgesetz Regelungen des Verwaltungsverfahrens geändert worden sind.

Artikel 125c Beschränkung der Fortgeltung[2)]

(1) Recht, das auf Grund des Artikels 91a Abs. 2 in Verbindung mit Abs. 1 Nr. 1 in der bis zum 1. September 2006 geltenden Fassung erlassen worden ist, gilt bis zum 31. Dezember 2006 fort.

(2) [1]Die nach Artikel 104a Abs. 4 in der bis zum 1. September 2006 geltenden Fassung in den Bereichen der Gemeindeverkehrsfinanzierung und der sozialen Wohnraumförderung geschaffenen Regelungen gelten bis zum 31. Dezember 2006 fort. [2]Die im Bereich der Gemeindeverkehrsfinanzierung für die besonderen Programme nach § 6 Absatz 1 des Gemeindeverkehrsfinanzierungsgesetzes sowie die mit dem Gesetz über Finanzhilfen des Bundes nach Artikel 104a Absatz 4 des Grundgesetzes an die Länder Bremen, Hamburg, Mecklenburg-Vorpommern, Niedersachsen sowie Schleswig-Holstein für Seehäfen vom 20. Dezember 2001 nach Artikel 104a Absatz 4 in der bis zum 1. September 2006 geltenden Fassung geschaffenen Regelungen gelten bis zu ihrer Aufhebung fort. [3]Eine Änderung des Gemeindeverkehrsfinanzierungsgesetzes durch Bundesgesetz ist ab dem 1. Januar 2025 zulässig. [4]Die sonstigen nach Artikel 104a Absatz 4 in der bis zum 1. September 2006 geltenden Fassung geschaffenen Regelungen gelten bis zum 31. Dezember 2019 fort, soweit nicht ein früherer Zeitpunkt für das Außerkrafttreten bestimmt ist oder wird.

Artikel 126 Meinungsverschiedenheiten über das Fortgelten von Recht als Bundesrecht

Meinungsverschiedenheiten über das Fortgelten von Recht als Bundesrecht entscheidet das Bundesverfassungsgericht.

Artikel 127 Recht des Vereinigten Wirtschaftsgebietes

Die Bundesregierung kann mit Zustimmung der Regierungen der beteiligten Länder Recht der Verwaltung des Vereinigten Wirtschaftsgebietes, soweit es nach Artikel 124 oder 125 als Bundesrecht fortgilt, innerhalb eines Jahres nach Verkündung dieses Grundgesetzes in den Ländern Baden, Groß Berlin, Rheinland-Pfalz und Württemberg-Hohenzollern in Kraft setzen.

Artikel 128 Fortgeltung von Weisungsrechten

So weit fortgeltendes Recht Weisungsrechte im Sinne des Artikels 84 Abs. 5 vorsieht, bleiben sie bis zu einer anderweitigen gesetzlichen Regelung bestehen.

---

1) **Anm. d. Red.:** Art. 125b eingefügt gem. Gesetz v. 28. 8. 2006 (BGBl I S. 2034) mit Wirkung v. 1. 9. 2006.

2) **Anm. d. Red.:** Art. 125c i. d. F. des Gesetzes v. 13. 7. 2017 (BGBl I S. 2347) mit Wirkung v. 20. 7. 2017.

Artikel 129 Fortgeltung von Ermächtigungen zu Rechtsverordnungen

(1) [1]Soweit in Rechtsvorschriften, die als Bundesrecht fortgelten, eine Ermächtigung zum Erlasse von Rechtsverordnungen oder allgemeinen Verwaltungsvorschriften sowie zur Vornahme von Verwaltungsakten enthalten ist, geht sie auf die nunmehr sachlich zuständigen Stellen über. [2]In Zweifelsfällen entscheidet die Bundesregierung im Einvernehmen mit dem Bundesrate; die Entscheidung ist zu veröffentlichen.

(2) Soweit in Rechtsvorschriften, die als Landesrecht fortgelten, eine solche Ermächtigung enthalten ist, wird sie von den nach Landesrecht zuständigen Stellen ausgeübt.

(3) Soweit Rechtsvorschriften im Sinne der Absätze 1 und 2 zu ihrer Änderung oder Ergänzung oder zum Erlass von Rechtsvorschriften an Stelle von Gesetzen ermächtigen, sind diese Ermächtigungen erloschen.

(4) Die Vorschriften der Absätze 1 und 2 gelten entsprechend, soweit in Rechtsvorschriften auf nicht mehr geltende Vorschriften oder nicht mehr bestehende Einrichtungen verwiesen ist.

Artikel 130 Bisher bestehende Einrichtungen

(1) [1]Verwaltungsorgane und sonstige der öffentlichen Verwaltung oder Rechtspflege dienende Einrichtungen, die nicht auf Landesrecht oder Staatsverträgen zwischen Ländern beruhen, sowie die Betriebsvereinigung der südwestdeutschen Eisenbahnen und der Verwaltungsrat für das Post- und Fernmeldewesen für das französische Besatzungsgebiet unterstehen der Bundesregierung. [2]Diese regelt mit Zustimmung des Bundesrates die Überführung, Auflösung oder Abwicklung.

(2) Oberster Disziplinarvorgesetzter der Angehörigen dieser Verwaltungen und Einrichtungen ist der zuständige Bundesminister.

(3) Nicht landesunmittelbare und nicht auf Staatsverträgen zwischen den Ländern beruhende Körperschaften und Anstalten des öffentlichen Rechtes unterstehen der Aufsicht der zuständigen obersten Bundesbehörde.

Artikel 131 Rechtsverhältnisse früherer Angehöriger des öffentlichen Dienstes[1)]

[1]Die Rechtsverhältnisse von Personen einschließlich der Flüchtlinge und Vertriebenen, die am 8. Mai 1945 im öffentlichen Dienst standen, aus anderen als beamten- oder tarifrechtlichen Gründen ausgeschieden sind und bisher nicht oder nicht ihrer früheren Stellung entsprechend verwendet werden, sind durch Bundesgesetz zu regeln. [2]Entsprechendes gilt für Personen einschließlich der Flüchtlinge und Vertriebenen, die am 8. Mai 1945 versorgungsberechtigt waren und aus anderen als beamten- oder tarifrechtlichen Gründen keine oder keine entsprechende Versorgung mehr erhalten. [3]Bis zum Inkrafttreten des Bundesgesetzes können vorbehaltlich anderweitiger landesrechtlicher Regelung Rechtsansprüche nicht geltend gemacht werden.

Artikel 132 Einmalige Aufhebung von Rechten von Angehörigen des öffentlichen Dienstes

(1) [1]Beamte und Richter, die im Zeitpunkte des Inkrafttretens dieses Grundgesetzes auf Lebenszeit angestellt sind, können binnen sechs Monaten nach dem ersten Zusammentritt des Bundestages in den Ruhestand oder Wartestand oder in ein Amt mit niedrigerem Diensteinkommen versetzt werden, wenn ihnen die persönliche oder fachliche Eignung für ihr Amt fehlt. [2]Auf Angestellte, die in einem unkündbaren Dienstverhältnis stehen, findet diese Vorschrift entsprechende Anwendung. [3]Bei Angestellten, deren Dienstverhältnis kündbar ist, können über die tarifmäßige Regelung hinausgehende Kündigungsfristen innerhalb der gleichen Frist aufgehoben werden.

---

1) **Anm. d. Red.:** Art. 131 wird in dem in Art. 3 genannten Gebiet des Einigungsvertrags v. 31. 8. 1990 (BGBl II S. 889, 890) vorerst nicht in Kraft gesetzt.

(2) Diese Bestimmung findet keine Anwendung auf Angehörige des öffentlichen Dienstes, die von den Vorschriften über die „Befreiung von Nationalsozialismus und Militarismus" nicht betroffen oder die anerkannte Verfolgte des Nationalsozialismus sind, sofern nicht ein wichtiger Grund in ihrer Person vorliegt.

(3) Den Betroffenen steht der Rechtsweg gemäß Artikel 19 Abs. 4 offen.

(4) Das Nähere bestimmt eine Verordnung der Bundesregierung, die der Zustimmung des Bundesrates bedarf.

Artikel 133 Rechtsnachfolge des Bundes in die Verwaltung des Vereinigten Wirtschaftsgebietes

Der Bund tritt in die Rechte und Pflichten der Verwaltung des Vereinigten Wirtschaftsgebietes ein.

Artikel 134 Rechtsnachfolge in das Reichsvermögen

(1) Das Vermögen des Reiches wird grundsätzlich Bundesvermögen.

(2) [1]Soweit es nach seiner ursprünglichen Zweckbestimmung überwiegend für Verwaltungsaufgaben bestimmt war, die nach diesem Grundgesetze nicht Verwaltungsaufgaben des Bundes sind, ist es unentgeltlich auf die nunmehr zuständigen Aufgabenträger und, soweit es nach seiner gegenwärtigen, nicht nur vorübergehenden Benutzung Verwaltungsaufgaben dient, die nach diesem Grundgesetz nunmehr von den Ländern zu erfüllen sind, auf die Länder zu übertragen. [2]Der Bund kann auch sonstiges Vermögen den Ländern übertragen.

(3) Vermögen, das dem Reich von den Ländern und Gemeinden (Gemeindeverbänden) unentgeltlich zur Verfügung gestellt wurde, wird wiederum Vermögen der Länder und Gemeinden (Gemeindeverbände), soweit es nicht der Bund für eigene Verwaltungsaufgaben benötigt.

(4) Das Nähere regelt ein Bundesgesetz, das der Zustimmung des Bundesrates bedarf.

Artikel 135 Rechtsnachfolge in das Vermögen früherer Länder und Körperschaften

(1) Hat sich nach dem 8. Mai 1945 bis zum Inkrafttreten dieses Grundgesetzes die Landeszugehörigkeit eines Gebietes geändert, so steht in diesem Gebiet das Vermögen des Landes, dem das Gebiet gehört hat, dem Lande zu, dem es jetzt angehört.

(2) Das Vermögen nicht mehr bestehender Länder und nicht mehr bestehender anderer Körperschaften und Anstalten des öffentlichen Rechtes geht, soweit es nach seiner ursprünglichen Zweckbestimmung überwiegend für Verwaltungsaufgaben bestimmt war, oder nach seiner gegenwärtigen, nicht nur vorübergehenden Benutzung überwiegend Verwaltungsaufgaben dient, auf das Land oder die Körperschaft oder Anstalt des öffentlichen Rechtes über, die nunmehr diese Aufgaben erfüllen.

(3) Grundvermögen nicht mehr bestehender Länder geht einschließlich des Zubehörs, soweit es nicht bereits zu Vermögen im Sinne des Absatzes 1 gehört, auf das Land über, in dessen Gebiet es belegen ist.

(4) Sofern ein überwiegendes Interesse des Bundes oder das besondere Interesse eines Gebietes es erfordert, kann durch Bundesgesetz eine von den Absätzen 1 bis 3 abweichende Regelung getroffen werden.

(5) Im Übrigen wird die Rechtsnachfolge und die Auseinandersetzung, soweit sie nicht bis zum 1. Januar 1952 durch Vereinbarung zwischen den beteiligten Ländern oder Körperschaften oder Anstalten des öffentlichen Rechtes erfolgt, durch Bundesgesetz geregelt, das der Zustimmung des Bundesrates bedarf.

(6) [1]Beteiligungen des ehemaligen Landes Preußen an Unternehmen des privaten Rechtes gehen auf den Bund über. [2]Das Nähere regelt ein Bundesgesetz, das auch Abweichendes bestimmen kann.

(7) Soweit über Vermögen, das einem Lande oder einer Körperschaft oder Anstalt des öffentlichen Rechtes nach den Absätzen 1 bis 3 zufallen würde, von dem danach Berechtigten durch ein Landesgesetz, aufgrund eines Landesgesetzes oder in anderer Weise bei Inkrafttreten des Grundgesetzes verfügt worden war, gilt der Vermögensübergang als vor der Verfügung erfolgt.

Artikel 135a Alte Verbindlichkeiten des Reichs, Preußens usw.[1)]

(1) Durch die in Artikel 134 Abs. 4 und Artikel 135 Abs. 5 vorbehaltene Gesetzgebung des Bundes kann auch bestimmt werden, dass nicht oder nicht in voller Höhe zu erfüllen sind

1. Verbindlichkeiten des Reiches sowie Verbindlichkeiten des ehemaligen Landes Preußen und sonstiger nicht mehr bestehender Körperschaften und Anstalten des öffentlichen Rechts,
2. Verbindlichkeiten des Bundes oder anderer Körperschaften und Anstalten des öffentlichen Rechts, welche mit dem Übergang von Vermögenswerten nach Artikel 89, 90, 134 und 135 im Zusammenhang stehen, und Verbindlichkeiten dieser Rechtsträger, die auf Maßnahmen der in Nummer 1 bezeichneten Rechtsträger beruhen,
3. Verbindlichkeiten der Länder und Gemeinden (Gemeindeverbände), die aus Maßnahmen entstanden sind, welche diese Rechtsträger vor dem 1. August 1945 zur Durchführung von Anordnungen der Besatzungsmächte oder zur Beseitigung eines kriegsbedingten Notstandes im Rahmen dem Reich obliegender oder vom Reich übertragener Verwaltungsaufgaben getroffen haben.

(2) Absatz 1 findet entsprechende Anwendung auf Verbindlichkeiten der Deutschen Demokratischen Republik oder ihrer Rechtsträger sowie auf Verbindlichkeiten des Bundes oder anderer Körperschaften und Anstalten des öffentlichen Rechts, die mit dem Übergang von Vermögenswerten der Deutschen Demokratischen Republik auf Bund, Länder und Gemeinden im Zusammenhang stehen, und auf Verbindlichkeiten, die auf Maßnahmen der Deutschen Demokratischen Republik oder ihrer Rechtsträger beruhen.

Artikel 136 Erster Zusammentritt des Bundesrates

(1) Der Bundesrat tritt erstmalig am Tage des ersten Zusammentrittes des Bundestages zusammen.

(2) [1]Bis zur Wahl des ersten Bundespräsidenten werden dessen Befugnisse von dem Präsidenten des Bundesrates ausgeübt. [2]Das Recht der Auflösung des Bundestages steht ihm nicht zu.

Artikel 137 Wählbarkeit von Angehörigen des öffentlichen Dienstes und Soldaten

(1) Die Wählbarkeit von Beamten, Angestellten des öffentlichen Dienstes, Berufssoldaten, freiwilligen Soldaten auf Zeit und Richtern im Bund, in den Ländern und den Gemeinden kann gesetzlich beschränkt werden.

(2) Für die Wahl des ersten Bundestages, der ersten Bundesversammlung und des ersten Bundespräsidenten der Bundesrepublik gilt das vom Parlamentarischen Rat zu beschließende Wahlgesetz.

(3) Die dem Bundesverfassungsgerichte gemäß Artikel 41 Absatz 2 zustehende Befugnis wird bis zu seiner Errichtung von dem Deutschen Obergericht für das Vereinigte Wirtschaftsgebiet wahrgenommen, das nach Maßgabe seiner Verfahrensordnung entscheidet.

Artikel 138 Süddeutsches Notariat

Änderungen der Einrichtungen des jetzt bestehenden Notariats in den Ländern Baden, Bayern, Württemberg-Baden und Württemberg-Hohenzollern bedürfen der Zustimmung der Regierungen dieser Länder.

---

1) **Anm. d. Red.:** § 135a i. d. F. des Einigungsvertrags v. 31. 8. 1990 (BGBl II S. 889, 890) mit Wirkung v. 29. 9. 1990. -

Artikel 139 Weitergeltung der Entnazifizierungsvorschriften

Die zur „Befreiung des Deutschen Volkes vom Nationalsozialismus und Militarismus" erlassenen Rechtsvorschriften werden von den Bestimmungen dieses Grundgesetzes nicht berührt.

Artikel 140 Weitergeltende Artikel der Weimarer Verfassung betr. das Recht der Religionsgesellschaften

Die Bestimmungen der Artikel 136, 137, 138, 139[1] und 141 der deutschen Verfassung vom 11. August 1919 sind Bestandteile dieses Grundgesetzes.

Artikel 141 „Bremer Klausel" betr. Religionsunterricht

Artikel 7 Abs. 3 Satz 1 findet keine Anwendung in einem Lande, in dem am 1. Januar 1949 eine andere landesrechtliche Regelung bestand.

Artikel 142 Grundrechte in Landesverfassungen

Ungeachtet der Vorschrift des Artikels 31 bleiben Bestimmungen der Landesverfassungen auch insoweit in Kraft, als sie in Übereinstimmung mit den Artikeln 1 bis 18 dieses Grundgesetzes Grundrechte gewährleisten.

Artikel 142a (weggefallen)

Artikel 143 Übergangsrecht für das Beitrittsgebiet[2]

(1) [1]Recht in dem in Artikel 3 des Einigungsvertrags genannten Gebiet kann längstens bis zum 31. Dezember 1992 von Bestimmungen dieses Grundgesetzes abweichen, soweit und solange infolge der unterschiedlichen Verhältnisse die völlige Anpassung an die grundgesetzliche Ordnung noch nicht erreicht werden kann. [2]Abweichungen dürfen nicht gegen Artikel 19 Abs. 2 verstoßen und müssen mit den in Artikel 79 Abs. 3 genannten Grundsätzen vereinbar sein.

(2) Abweichungen von den Abschnitten II, VIII, VIIIa, IX, X und XI sind längstens bis zum 31. Dezember 1995 zulässig.

(3) Unabhängig von Absatz 1 und 2 haben Artikel 41 des Einigungsvertrags und Regelungen zu seiner Durchführung auch insoweit Bestand, als sie vorsehen, dass Eingriffe in das Eigentum auf dem in Artikel 3 dieses Vertrags genannten Gebiet nicht mehr rückgängig gemacht werden.

Artikel 143a Ausschließliche Gesetzgebung für Umwandlung der Bundeseisenbahnen[3]

(1) [1]Der Bund hat die ausschließliche Gesetzgebung über alle Angelegenheiten, die sich aus der Umwandlung der in bundeseigener Verwaltung geführten Bundeseisenbahnen in Wirtschaftsunternehmen ergeben. [2]Artikel 87e Abs. 5 findet entsprechende Anwendung. [3]Beamte der Bundeseisenbahnen können durch Gesetz unter Wahrung ihrer Rechtsstellung und der Verantwortung des Dienstherrn einer privat-rechtlich organisierten Eisenbahn des Bundes zur Dienstleistung zugewiesen werden.

(2) Gesetze nach Absatz 1 führt der Bund aus.

(3) [1]Die Erfüllung der Aufgaben im Bereich des Schienenpersonennahverkehrs der bisherigen Bundeseisenbahnen ist bis zum 31. Dezember 1995 Sache des Bundes. [2]Dies gilt auch für die

---

1) **Anm. d. Red.:** Art. 139 der Weimarer Verfassung hat folgenden Wortlaut:
„Der Sonntag und die staatlich anerkannten Feiertage bleiben als Tage der Arbeitsruhe und der seelischen Erhebung gesetzlich geschützt."

2) **Anm. d. Red.:** Art. 143 eingefügt durch den Einigungsvertrag v. 31. 8. 1990 (BGBl II S. 889, 890) mit Wirkung v. 29. 9. 1990.

3) **Anm. d. Red.:** Art. 143a eingefügt gem. Gesetz v. 20. 12. 1993 (BGBl I S. 2089) mit Wirkung v. 23. 12. 1993.

entsprechenden Aufgaben der Eisenbahnverkehrsverwaltung. [3]Das Nähere wird durch Bundesgesetz geregelt, das der Zustimmung des Bundesrates bedarf.

Artikel 143b Umwandlung des Sondervermögens Deutsche Bundespost[1)]

(1) [1]Das Sondervermögen Deutsche Bundespost wird nach Maßgabe eines Bundesgesetzes in Unternehmen privater Rechtsform umgewandelt. [2]Der Bund hat die ausschließliche Gesetzgebung über alle sich hieraus ergebenden Angelegenheiten.

(2) [1]Die vor der Umwandlung bestehenden ausschließlichen Rechte des Bundes können durch Bundesgesetz für eine Übergangszeit den aus der Deutschen Bundespost POSTDIENST und der Deutschen Bundespost TELEKOM hervorgegangenen Unternehmen verliehen werden. [2]Die Kapitalmehrheit am Nachfolgeunternehmen der Deutschen Bundespost POSTDIENST darf der Bund frühestens fünf Jahre nach Inkrafttreten des Gesetzes aufgeben. [3]Dazu bedarf es eines Bundesgesetzes mit Zustimmung des Bundesrates.

(3) [1]Die bei der deutschen Bundespost tätigen Bundesbeamten werden unter Wahrung ihrer Rechtsstellung und der Verantwortung des Dienstherrn bei den privaten Unternehmen beschäftigt. [2]Die Unternehmen üben Dienstherrenbefugnisse aus. [3]Das Nähere bestimmt ein Bundesgesetz.

Artikel 143c Übergangsvorschrift wegen Wegfalls der Finanzhilfen durch den Bund[2)]

(1) [1]Den Ländern stehen ab dem 1. Januar 2007 bis zum 31. Dezember 2019 für den durch die Abschaffung der Gemeinschaftsaufgaben Ausbau und Neubau von Hochschulen einschließlich Hochschulkliniken und Bildungsplanung sowie für den durch die Abschaffung der Finanzhilfen zur Verbesserung der Verkehrsverhältnisse der Gemeinden und zur sozialen Wohnraumförderung bedingten Wegfall der Finanzierungsanteile des Bundes jährlich Beträge aus dem Haushalt des Bundes zu. [2]Bis zum 31. Dezember 2013 werden diese Beträge aus dem Durchschnitt der Finanzierungsanteile des Bundes im Referenzzeitraum 2000 bis 2008 ermittelt.

(2) Die Beträge nach Absatz 1 werden auf die Länder bis zum 31. Dezember 2013 wie folgt verteilt:

1. als jährliche Festbeträge, deren Höhe sich nach dem Durchschnittsanteil eines jeden Landes im Zeitraum 2000 bis 2003 errechnet;
2. jeweils zweckgebunden an den Aufgabenbereich der bisherigen Mischfinanzierungen.

(3) [1]Bund und Länder überprüfen bis Ende 2013, in welcher Höhe die den Ländern nach Absatz 1 zugewiesenen Finanzierungsmittel zur Aufgabenerfüllung der Länder noch angemessen und erforderlich sind. [2]Ab dem 1. Januar 2014 entfällt die nach Absatz 2 Nr. 2 vorgesehene Zweckbindung der nach Absatz 1 zugewiesenen Finanzierungsmittel; die investive Zweckbindung des Mittelvolumens bleibt bestehen. [3]Die Vereinbarungen aus dem Solidarpakt II bleiben unberührt.

(4) Das Nähere regelt ein Bundesgesetz, das der Zustimmung des Bundesrates bedarf.

Artikel 143d[3)]

(1) [1]Artikel 109 und 115 in der bis zum 31. Juli 2009 geltenden Fassung sind letztmals auf das Haushaltsjahr 2010 anzuwenden. [2]Artikel 109 und 115 in der ab dem 1. August 2009 geltenden Fassung sind erstmals für das Haushaltsjahr 2011 anzuwenden; am 31. Dezember 2010 bestehende Kreditermächtigungen für bereits eingerichtete Sondervermögen bleiben unberührt. [3]Die Länder dürfen im Zeitraum vom 1. Januar 2011 bis zum 31. Dezember 2019 nach Maßgabe der

1) **Anm. d. Red.:** Art. 143b eingefügt gem. Gesetz v. 30. 8. 1994 (BGBl I S. 2245) mit Wirkung v. 3. 9. 1994.
2) **Anm. d. Red.:** Art. 143c eingefügt gem. Gesetz v. 28. 8. 2006 (BGBl I S. 2034) mit Wirkung v. 1. 9. 2006.
3) **Anm. d. Red.:** Art. 143d i. d. F. des Gesetzes v. 13. 7. 2017 (BGBl I S. 2347) mit Wirkung v. 20. 7. 2017.

geltenden landesrechtlichen Regelungen von den Vorgaben des Artikels 109 Absatz 3 abweichen. [4]Die Haushalte der Länder sind so aufzustellen, dass im Haushaltsjahr 2020 die Vorgabe aus Artikel 109 Absatz 3 Satz 5 erfüllt wird. [5]Der Bund kann im Zeitraum vom 1. Januar 2011 bis zum 31. Dezember 2015 von der Vorgabe des Artikels 115 Absatz 2 Satz 2 abweichen. [6]Mit dem Abbau des bestehenden Defizits soll im Haushaltsjahr 2011 begonnen werden. [7]Die jährlichen Haushalte sind so aufzustellen, dass im Haushaltsjahr 2016 die Vorgabe aus Artikel 115 Absatz 2 Satz 2 erfüllt wird; das Nähere regelt ein Bundesgesetz.

(2) [1]Als Hilfe zur Einhaltung der Vorgaben des Artikels 109 Absatz 3 ab dem 1. Januar 2020 können den Ländern Berlin, Bremen, Saarland, Sachsen-Anhalt und Schleswig-Holstein für den Zeitraum 2011 bis 2019 Konsolidierungshilfen aus dem Haushalt des Bundes in Höhe von insgesamt 800 Millionen Euro jährlich gewährt werden. [2]Davon entfallen auf Bremen 300 Millionen Euro, auf das Saarland 260 Millionen Euro und auf Berlin, Sachsen-Anhalt und Schleswig-Holstein jeweils 80 Millionen Euro. [3]Die Hilfen werden auf der Grundlage einer Verwaltungsvereinbarung nach Maßgabe eines Bundesgesetzes mit Zustimmung des Bundesrates geleistet. [4]Die Gewährung der Hilfen setzt einen vollständigen Abbau der Finanzierungsdefizite bis zum Jahresende 2020 voraus. [5]Das Nähere, insbesondere die jährlichen Abbauschritte der Finanzierungsdefizite, die Überwachung des Abbaus der Finanzierungsdefizite durch den Stabilitätsrat sowie die Konsequenzen im Falle der Nichteinhaltung der Abbauschritte, wird durch Bundesgesetz mit Zustimmung des Bundesrates und durch Verwaltungsvereinbarung geregelt. [6]Die gleichzeitige Gewährung der Konsolidierungshilfen und Sanierungshilfen auf Grund einer extremen Haushaltsnotlage ist ausgeschlossen.

(3) [1]Die sich aus der Gewährung der Konsolidierungshilfen ergebende Finanzierungslast wird hälftig von Bund und Ländern, von letzteren aus ihrem Umsatzsteueranteil, getragen. [2]Das Nähere wird durch Bundesgesetz mit Zustimmung des Bundesrates geregelt.

(4) [1]Als Hilfe zur künftig eigenständigen Einhaltung der Vorgaben des Artikels 109 Absatz 3 können den Ländern Bremen und Saarland ab dem 1. Januar 2020 Sanierungshilfen in Höhe von jährlich insgesamt 800 Millionen Euro aus dem Haushalt des Bundes gewährt werden. [2]Die Länder ergreifen hierzu Maßnahmen zum Abbau der übermäßigen Verschuldung sowie zur Stärkung der Wirtschafts- und Finanzkraft. [3]Das Nähere regelt ein Bundesgesetz, das der Zustimmung des Bundesrates bedarf. [4]Die gleichzeitige Gewährung der Sanierungshilfen und Sanierungshilfen auf Grund einer extremen Haushaltsnotlage ist ausgeschlossen.

Artikel 143e[1)]

(1) [1]Die Bundesautobahnen werden abweichend von Artikel 90 Absatz 2 längstens bis zum 31. Dezember 2020 in Auftragsverwaltung durch die Länder oder die nach Landesrecht zuständigen Selbstverwaltungskörperschaften geführt. [2]Der Bund regelt die Umwandlung der Auftragsverwaltung in Bundesverwaltung nach Artikel 90 Absatz 2 und 4 durch Bundesgesetz mit Zustimmung des Bundesrates.

(2) Auf Antrag eines Landes, der bis zum 31. Dezember 2018 zu stellen ist, übernimmt der Bund abweichend von Artikel 90 Absatz 4 die sonstigen Bundesstraßen des Fernverkehrs, soweit sie im Gebiet dieses Landes liegen, mit Wirkung zum 1. Januar 2021 in Bundesverwaltung.

Artikel 143f[2)]

[1]Artikel 143d, das Gesetz über den Finanzausgleich zwischen Bund und Ländern sowie sonstige auf der Grundlage von Artikel 107 Absatz 2 in seiner ab dem 1. Januar 2020 geltenden Fassung erlassene Gesetze treten außer Kraft, wenn nach dem 31. Dezember 2030 die Bundesregierung, der Bundestag oder gemeinsam mindestens drei Länder Verhandlungen über eine Neuordnung der bundesstaatlichen Finanzbeziehungen verlangt haben und mit Ablauf von fünf Jahren nach Notifikation des Verhandlungsverlangens der Bundesregierung, des Bundestages

1) **Anm. d. Red.:** Art. 143e eingefügt gem. Gesetz v. 13. 7. 2017 (BGBl I S. 2347) mit Wirkung v. 20. 7. 2017.

2) **Anm. d. Red.:** Art. 143f eingefügt gem. Gesetz v. 13. 7. 2017 (BGBl I S. 2347) mit Wirkung v. 20. 7. 2017.

oder der Länder beim Bundespräsidenten keine gesetzliche Neuordnung der bundesstaatlichen Finanzbeziehungen in Kraft getreten ist. [2]Der Tag des Außerkrafttretens ist im Bundesgesetzblatt bekannt zu geben.

Artikel 143g[1]

Für die Regelung der Steuerertragsverteilung, des Länderfinanzausgleichs und der Bundesergänzungszuweisungen bis zum 31. Dezember 2019 ist Artikel 107 in seiner bis zum Inkrafttreten des Gesetzes zur Änderung des Grundgesetzes vom 13. Juli 2017 geltenden Fassung weiter anzuwenden.

Artikel 144 Annahme des Grundgesetzes

(1) Dieses Grundgesetz bedarf der Annahme durch die Volksvertretungen in zwei Dritteln der deutschen Länder, in denen es zunächst gelten soll.

(2) Soweit die Anwendung dieses Grundgesetzes in einem der in Artikel 23 aufgeführten Länder oder in einem Teile eines dieser Länder Beschränkungen unterliegt, hat das Land oder der Teil des Landes das Recht, gemäß Artikel 38 Vertreter in den Bundestag und gemäß Artikel 50 Vertreter in den Bundesrat zu entsenden.

Artikel 145 Verkündung des Grundgesetzes

(1) Der Parlamentarische Rat stellt in öffentlicher Sitzung unter Mitwirkung der Abgeordneten Groß-Berlins die Annahme dieses Grundgesetzes fest, fertigt es aus und verkündet es.

(2) Dieses Grundgesetz tritt mit Ablauf des Tages der Verkündung in Kraft.

(3) Es ist im Bundesgesetzblatte zu veröffentlichen.

Artikel 146 Geltungsdauer des Grundgesetzes[2]

Dieses Grundgesetz, das nach Vollendung der Einheit und Freiheit Deutschlands für das gesamte deutsche Volk gilt, verliert seine Gültigkeit an dem Tage, an dem eine Verfassung in Kraft tritt, die von dem deutschen Volke in freier Entscheidung beschlossen worden ist.

1) **Anm. d. Red.:** Art. 143g eingefügt gem. Gesetz v. 13. 7. 2017 (BGBl I S. 2347) mit Wirkung v. 20. 7. 2017.

2) **Anm. d. Red.:** Art. 146 i. d. F. des Einigungsvertrags v. 31. 8. 1990 (BGBl II S. 889, 890) mit Wirkung v. 29. 9. 1990.

VIII. Vertrag über die Schaffung einer Währungs-, Wirtschafts- und Sozialunion zwischen der Bundesrepublik Deutschland und der Deutschen Demokratischen Republik

v. 25.6.1990 (BGBl II S. 537)

Auszug

Kapitel I: Grundlagen

Artikel 1 Gegenstand des Vertrags

(1) Die Vertragsparteien errichten eine Währungs-, Wirtschafts- und Sozialunion.

(2) [1]Die Vertragsparteien bilden beginnend mit dem 1. Juli 1990 eine Währungsunion mit einem einheitlichen Währungsgebiet und der Deutschen Mark als gemeinsamer Währung. [2]Die Deutsche Bundesbank ist die Währungs- und Notenbank dieses Währungsgebiets. [3]Die auf Mark der Deutschen Demokratischen Republik lautenden Verbindlichkeiten und Forderungen werden nach Maßgabe dieses Vertrags auf Deutsche Mark umgestellt.

(3) [1]Grundlage der Wirtschaftsunion ist die Soziale Marktwirtschaft als gemeinsame Wirtschaftsordnung beider Vertragsparteien. [2]Sie wird insbesondere bestimmt durch Privateigentum, Leistungswettbewerb, freie Preisbildung und grundsätzlich volle Freizügigkeit von Arbeit, Kapital, Gütern und Dienstleistungen; hierdurch wird die gesetzliche Zulassung besonderer Eigentumsformen für die Beteiligung der öffentlichen Hand oder anderer Rechtsträger am Wirtschaftsverkehr nicht ausgeschlossen, soweit private Rechtsträger dadurch nicht diskriminiert werden. [3]Sie trägt den Erfordernissen des Umweltschutzes Rechnung.

(4) [1]Die Sozialunion bildet mit der Währungs- und Wirtschaftsunion eine Einheit. [2]Sie wird insbesondere bestimmt durch eine der Sozialen Marktwirtschaft entsprechende Arbeitsrechtsordnung und ein auf den Prinzipien der Leistungsgerechtigkeit und des sozialen Ausgleichs beruhendes umfassendes System der sozialen Sicherung.

Artikel 2 Grundsätze

(1) [1]Die Vertragsparteien bekennen sich zur freiheitlichen, demokratischen, föderativen, rechtsstaatlichen und sozialen Grundordnung. [2]Zur Gewährleistung der in diesem Vertrag oder in Ausführung dieses Vertrags begründeten Rechte garantieren sie insbesondere die Vertragsfreiheit, Gewerbe-, Niederlassungs- und Berufsfreiheit, die Freizügigkeit von Deutschen in dem gesamten Währungsgebiet, die Freiheit, zur Wahrung und Förderung der Arbeits- und Wirtschaftsbedingungen Vereinigungen zu bilden, sowie nach Maßgabe der Anlage IX das Eigentum privater Investoren an Grund und Boden sowie an Produktionsmitteln.

(2) Entgegenstehende Vorschriften der Verfassung der Deutschen Demokratischen Republik über die Grundlagen ihrer bisherigen sozialistischen Gesellschafts- und Staatsordnung werden nicht mehr angewendet.

IX. Gewerbeordnung (GewO)

v. 22.2.1999 (BGBl I S. 203) mit späteren Änderungen

Die Gewerbeordnung (GewO) v. 22.2.1999 (BGBl I S. 203) ist zuletzt geändert worden durch Art. 1 Zweites Gesetz zur Änderung bewachungsrechtlicher Vorschriften v. 29.11.2018 (BGBl I S. 2666); Änderungen, die erst zu einem späteren Zeitpunkt in Kraft treten, sind in Fußnoten entsprechend gekennzeichnet.

Nichtamtliche Fassung

Inhaltsübersicht[1)]

1) **Anm. d. Red.:** Inhaltsverzeichnis i. d. F. des Gesetzes v. 11.12.2018 (BGBl I S. 2354) mit Wirkung v. 15.12.2018 und i. d. F. v. 29.11.2018 (BGBl I S. 2666) mit Wirkung v. 1.1.2019.

III: Umfang, Ausübung und Verlust der Gewerbebefugnisse

Titel III: Reisegewerbe

Titel IV: Messen, Ausstellungen, Märkte

Titel V: Taxen

Titel VI: Innungen, Innungsausschüsse, Handwerkskammern, Innungsverbände

Titel VIa: Handwerksrolle

Titel VII: Arbeitnehmer

I. Allgemeine arbeitsrechtliche Grundsätze

II. Meistertitel

III. Aufsicht

Titel VIII: Gewerbliche Hilfskassen

GewO

Titel I: Allgemeine Bestimmungen

§ 1 Grundsatz der Gewerbefreiheit[1)2)]

(1) Der Betrieb eines Gewerbes ist jedermann gestattet, soweit nicht durch dieses Gesetz Ausnahmen oder Beschränkungen vorgeschrieben oder zugelassen sind.

(2) Wer gegenwärtig zum Betrieb eines Gewerbes berechtigt ist, kann von demselben nicht deshalb ausgeschlossen werden, weil er den Erfordernissen dieses Gesetzes nicht genügt.

§ 2 (weggefallen)

---

1) **Anm. d. Red.:** Zum Begriff des Gewerbes und zur Abgrenzung zu den freien Berufen vgl. auch §§ 15, 18 EStG und § 2 GewStG.

2) **Anm. d. Red.:** Vgl. dazu auch §§ 1, 84 HGB:

§ 1 Kaufmann kraft Betätigung

(1) Kaufmann im Sinne dieses Gesetzbuchs ist, wer ein Handelsgewerbe betreibt.

(2) Handelsgewerbe ist jeder Gewerbebetrieb, es sei denn, dass das Unternehmen nach Art oder Umfang einen in kaufmännischer Weise eingerichteten Geschäftsbetrieb nicht erfordert.

§ 84 Begriff des Handelsvertreters

(1) [1]Handelsvertreter ist, wer als selbständiger Gewerbetreibender ständig damit betraut ist, für einen anderen Unternehmer (Unternehmer) Geschäfte zu vermitteln oder in dessen Namen abzuschließen. [2]Selbständig ist, wer im Wesentlichen frei seine Tätigkeit gestalten und seine Arbeitszeit bestimmen kann.

(2) Wer, ohne selbständig im Sinne des Absatzes 1 zu sein, ständig damit betraut ist, für einen Unternehmer Geschäfte zu vermitteln oder in dessen Namen abzuschließen, gilt als Angestellter.

(3) Der Unternehmer kann auch ein Handelsvertreter sein.

(4) Die Vorschriften dieses Abschnittes finden auch Anwendung, wenn das Unternehmen des Handelsvertreters nach Art oder Umfang einen in kaufmännischer Weise eingerichteten Geschäftsbetrieb nicht erfordert.

§ 3 Betrieb verschiedener Gewerbe

[1]Der gleichzeitige Betrieb verschiedener Gewerbe sowie desselben Gewerbes in mehreren Betriebs- oder Verkaufsstätten ist gestattet. [2]Eine Beschränkung der Handwerker auf den Verkauf der selbst verfertigten Waren findet nicht statt.

§ 4 Grenzüberschreitende Dienstleistungserbringung, Niederlassung[1)]

(1) [1]Werden Gewerbetreibende von einer Niederlassung in einem anderen Mitgliedstaat der Europäischen Union oder einem anderen Vertragsstaat des Abkommens über den Europäischen Wirtschaftsraum aus im Geltungsbereich dieses Gesetzes vorübergehend selbständig gewerbsmäßig tätig, sind § 34b Absatz 1, 3, 4, 6 und 7, § 34c Absatz 1 Satz 1 Nummer 1, 3 und 4 sowie § 38 Absatz 1 und 2 insoweit nicht anzuwenden. [2]Die §§ 14, 55 Absatz 2 und 3, die §§ 55c, 56a und 57 Absatz 3 sind in diesen Fällen ebenfalls nicht anzuwenden, es sei denn, es werden gewerbsmäßige Tätigkeiten ausgeübt, die auf Grund des Artikels 2 Absatz 2 der Richtlinie 2006/123/EG des Europäischen Parlaments und des Rates vom 12. Dezember 2006 über Dienstleistungen im Binnenmarkt (ABl L 376 vom 27. 12. 2006, S. 36) vom Anwendungsbereich dieser Richtlinie oder auf Grund der Regelungen des Artikels 17 dieser Richtlinie von der Dienstleistungsfreiheit ausgenommen sind.

(2) [1]Absatz 1 gilt nicht, wenn die Tätigkeit aus dem anderen Mitgliedstaat der Europäischen Union oder dem anderen Vertragsstaat des Abkommens über den Europäischen Wirtschaftsraum heraus zur Umgehung der in Absatz 1 genannten Vorschriften erbracht wird. [2]Eine Umgehung liegt insbesondere vor, wenn ein Gewerbetreibender, um sich den in Absatz 1 genannten Vorschriften zu entziehen, von einem anderen Mitgliedstaat der Europäischen Union oder einem anderen Vertragsstaat des Abkommens über den Europäischen Wirtschaftsraum aus ganz oder vorwiegend im Geltungsbereich dieses Gesetzes tätig wird.

(3) Eine Niederlassung besteht, wenn eine selbständige gewerbsmäßige Tätigkeit auf unbestimmte Zeit und mittels einer festen Einrichtung von dieser aus tatsächlich ausgeübt wird.

§ 5 Zulassungsbeschränkungen

In den Beschränkungen des Betriebs einzelner Gewerbe, welche auf den Zoll-, Steuer- und Postgesetzen beruhen, wird durch das gegenwärtige Gesetz nichts geändert.

§ 6 Anwendungsbereich[2)]

(1) [1]Dieses Gesetz findet keine Anwendung auf die Fischerei, die Errichtung und Verlegung von Apotheken, die Erziehung von Kindern gegen Entgelt, das Unterrichtswesen, auf die Tätigkeit der Rechtsanwälte, Patentanwälte und Notare, der nach § 16 des Rechtsdienstleistungsgesetzes im Rechtsdienstleistungsregister eingetragenen Personen, der Wirtschaftsprüfer und Wirtschaftsprüfungsgesellschaften, der vereidigten Buchprüfer und Buchprüfungsgesellschaften, der Steuerberater und Steuerberatungsgesellschaften sowie der Steuerbevollmächtigten, auf den Gewerbebetrieb der Auswandererberater, das Seelotswesen und die Tätigkeit der Prostituierten. [2]Auf das Bergwesen findet dieses Gesetz nur insoweit Anwendung, als es ausdrückliche Bestimmungen enthält; das Gleiche gilt für den Gewerbebetrieb der Versicherungsunternehmen, die Ausübung der ärztlichen und anderen Heilberufe, den Verkauf von Arzneimitteln, den Vertrieb von Lotterielosen und die Viehzucht. [3]Ferner findet dieses Gesetz mit Ausnahme des Titels XI auf Beförderungen mit Krankenkraftwagen im Sinne des § 1 Abs. 2 Nr. 2 in Verbindung mit Abs. 1 des Personenbeförderungsgesetzes keine Anwendung.

(1a) § 6c findet auf alle Gewerbetreibenden und sonstigen Dienstleistungserbringer im Sinne des Artikels 4 Nummer 2 der Richtlinie 2006/123/EG Anwendung, deren Dienstleistungen unter den Anwendungsbereich der Richtlinie fallen.

---

1) **Anm. d. Red.:** § 4 i. d. F. des Gesetzes v. 11.12.2018 (BGBl I S. 2354) mit Wirkung v. 15.12.2018.

2) **Anm. d. Red.:** § 6 i. d. F. des Gesetzes v. 21. 10. 2016 (BGBl I S. 2372) mit Wirkung v. 1. 7. 2017.

(2) Die Bestimmungen des Abschnitts I des Titels VII finden auf alle Arbeitnehmer Anwendung.

§ 6a Entscheidungsfrist, Genehmigungsfiktion[1)]

(1) Hat die Behörde über einen Antrag auf Erlaubnis zur Ausübung eines Gewerbes nach § 34b Absatz 1, 3, 4, § 34c Absatz 1 Satz 1 Nummer 1, 3 und 4 oder § 55 Absatz 2 nicht innerhalb einer Frist von drei Monaten entschieden, gilt die Erlaubnis als erteilt.

(2) Absatz 1 gilt auch für Verfahren nach § 33a Absatz 1 und § 69 Absatz 1 und für Verfahren nach dem Gaststättengesetz, solange keine landesrechtlichen Regelungen bestehen.

§ 6b Verfahren über eine einheitliche Stelle, Europäischer Berufsausweis; Verordnungsermächtigung[2)]

(1) [1]Verwaltungsverfahren nach diesem Gesetz oder nach einer auf Grund dieses Gesetzes erlassenen Rechtsverordnung können über eine einheitliche Stelle nach den Vorschriften des Verwaltungsverfahrensgesetzes abgewickelt werden. [2]Die Landesregierungen werden ermächtigt, durch Rechtsverordnung im Einklang mit Artikel 2 Absatz 2 der Richtlinie 2006/123/EG bestimmte Verfahren von der Abwicklung über eine einheitliche Stelle auszuschließen.

(2) Die Bundesregierung wird ermächtigt, durch Rechtsverordnung mit Zustimmung des Bundesrates zur Umsetzung der Richtlinie 2005/36/EG des Europäischen Parlaments und des Rates vom 7. September 2005 über die Anerkennung von Berufsqualifikationen (ABl L 255 vom 30. 9. 2005, S. 22), die zuletzt durch die Richtlinie 2013/55/EU (ABl L 354 vom 28. 12. 2013, S. 132) geändert worden ist, Regelungen zur Ausstellung eines Europäischen Berufsausweises und zur Durchführung des Verfahrens zur Anerkennung einer beruflichen Qualifikation auf der Grundlage eines Europäischen Berufsausweises zu erlassen.

§ 6c Informationspflichten für Dienstleistungserbringer[3)]

[1]Die Bundesregierung wird ermächtigt, durch Rechtsverordnung mit Zustimmung des Bundesrates zur Umsetzung der Richtlinie 2006/123/EG Vorschriften über Informationen, insbesondere deren Inhalt, Umfang und Art zu erlassen, die ein Dienstleistungserbringer den Dienstleistungsempfängern zur Verfügung zu stellen hat oder zur Verfügung stellt. [2]Die Rechtsverordnung kann auch Regelungen enthalten über die Art und Weise, in der die Informationen zur Verfügung zu stellen sind.

§ 7 Aufhebung von Rechten und Abgaben

(1) Vom 1. Januar 1873 ab sind, soweit die Landesgesetze solches nicht früher verfügen, aufgehoben:

1. die noch bestehenden ausschließlichen Gewerbeberechtigungen, das heißt die mit dem Gewerbebetrieb verbundenen Berechtigungen, anderen den Betrieb eines Gewerbes, sei es im Allgemeinen oder hinsichtlich der Benutzung eines gewissen Betriebsmaterials, zu untersagen oder sie darin zu beschränken;
2. die mit den ausschließlichen Gewerbeberechtigungen verbundenen Zwangs- und Bannrechte;
3. alle Zwangs- und Bannrechte, deren Aufhebung nach dem Inhalt der Verleihungsurkunde ohne Entschädigung zulässig ist;
4. sofern die Aufhebung nicht schon infolge dieser Bestimmungen eintritt oder sofern sie nicht auf einem Vertrag zwischen Berechtigten und Verpflichteten beruhen:

1) **Anm. d. Red.:** § 6a i. d. F. des Gesetzes v. 11.12.2018 (BGBl I S. 2354) mit Wirkung v. 15.12.2018.

2) **Anm. d. Red.:** § 6b i. d. F. des Gesetzes v. 22. 12. 2015 (BGBl I S. 2572) mit Wirkung v. 18. 1. 2016.

3) **Anm. d. Red.:** § 6c eingefügt gem. Gesetz v. 17. 7. 2009 (BGBl I S. 2091) mit Wirkung v. 25. 7. 2009.

a) das mit dem Besitz einer Mühle, einer Brennerei oder Brenngerechtigkeit, einer Brauerei oder Braugerechtigkeit, oder einer Schankstätte verbundene Recht, die Konsumenten zu zwingen, dass sie bei den Berechtigten ihren Bedarf mahlen oder schroten lassen, oder das Getränk ausschließlich von denselben beziehen (der Mahlzwang, der Branntweinzwang oder der Brauzwang);

b) das städtischen Bäckern oder Fleischern zustehende Recht, die Einwohner der Stadt, der Vorstädte oder der so genannten Bannmeile zu zwingen, dass sie ihren Bedarf an Gebäck oder Fleisch ganz oder teilweise von jenen ausschließlich entnehmen;

5. die Berechtigungen, Konzessionen zu gewerblichen Anlagen oder zum Betrieb von Gewerben zu erteilen, die dem Fiskus, Korporationen, Instituten oder einzelnen Berechtigten zustehen;

6. vorbehaltlich der an den Staat und die Gemeinde zu entrichtenden Gewerbesteuern, alle Abgaben, welche für den Betrieb eines Gewerbes entrichtet werden, sowie die Berechtigung, dergleichen Abgaben aufzuerlegen.

(2) Ob und in welcher Weise den Berechtigten für die vorstehend aufgehobenen ausschließlichen Gewerbeberechtigungen, Zwangs- und Bannrechte usw. Entschädigung zu leisten ist, bestimmen die Landesgesetze.

§ 8 Ablösung von Rechten

(1) Von dem gleichen Zeitpunkt (§ 7) ab unterliegen, soweit solches nicht von der Landesgesetzgebung schon früher verfügt ist, der Ablösung:

1. diejenigen Zwangs- und Bannrechte, welche durch die Bestimmungen des § 7 nicht aufgehoben sind, sofern die Verpflichtung auf Grundbesitz haftet, die Mitglieder einer Korporation als solche betrifft, oder Bewohnern eines Ortes oder Distrikts vermöge ihres Wohnsitzes obliegt;
2. das Recht, den Inhaber einer Schankstätte zu zwingen, dass er für seinen Wirtschaftsbedarf das Getränk aus einer bestimmten Fabrikationsstätte entnehme.

(2) Das Nähere über die Ablösung dieser Rechte bestimmen die Landesgesetze.

§ 9 Streitigkeiten über Aufhebung oder Ablösung von Rechten

(1) Streitigkeiten darüber, ob eine Berechtigung zu den durch die §§ 7 und 8 aufgehobenen oder für ablösbar erklärten gehört, sind im Rechtswege zu entscheiden.

(2) Jedoch bleibt den Landesgesetzen vorbehalten, zu bestimmen, von welchen Behörden und in welchem Verfahren die Frage zu entscheiden ist, ob oder wie weit eine auf einem Grundstück haftende Abgabe eine Grundabgabe ist oder für den Betrieb eines Gewerbes entrichtet werden muss.

§ 10 Kein Neuerwerb von Rechten

(1) Ausschließliche Gewerbeberechtigungen oder Zwangs- und Bannrechte, welche durch Gesetz aufgehoben oder für ablösbar erklärt worden sind, können fortan nicht mehr erworben werden.

(2) Realgewerbeberechtigungen dürfen fortan nicht mehr begründet werden.

§ 11 Erhebung, Verarbeitung und Nutzung personenbezogener Daten[1)]

(1) [1]Die zuständige öffentliche Stelle darf personenbezogene Daten des Gewerbetreibenden und solcher Personen, auf die es für die Entscheidung ankommt, erheben, soweit die Daten zur Beurteilung der Zuverlässigkeit und der übrigen Berufszulassungs- und -ausübungskriterien bei

1) **Anm. d. Red.:** § 11 i. d. F. des Gesetzes v. 29. 7. 2009 (BGBl I S. 2258) mit Wirkung v. 1. 1. 2013.

der Durchführung gewerberechtlicher Vorschriften und Verfahren erforderlich sind. [2]Erforderlich können insbesondere auch Daten sein aus bereits abgeschlossenen oder sonst anhängigen

1. gewerberechtlichen Verfahren, Straf- oder Bußgeldverfahren,
2. Insolvenzverfahren,
3. steuer- und sozialversicherungsrechtlichen Verfahren oder
4. ausländer- und arbeitserlaubnisrechtlichen Verfahren.

[3]Die Datenerhebung unterbleibt, soweit besondere gesetzliche Verwendungsregelungen entgegenstehen. [4]Gewerberechtliche Anzeigepflichten bleiben unberührt.

(2) [1]Die für Zwecke des Absatzes 1 erforderlichen Daten sind beim Betroffenen zu erheben. [2]Ohne seine Mitwirkung dürfen sie nur erhoben werden, wenn

1. die Entscheidung eine Erhebung bei anderen Personen oder Stellen erforderlich macht oder
2. die Erhebung beim Betroffenen einen unverhältnismäßigen Aufwand erfordern würde

und keine Anhaltspunkte dafür bestehen, dass überwiegend schutzwürdige Interessen des Betroffenen beeinträchtigt werden. [3]In den Fällen des Satzes 2 sind nicht-öffentliche Stellen verpflichtet, die Daten zu übermitteln, es sei denn, dass besondere gesetzliche Regelungen der Übermittlung entgegenstehen; die Verpflichtung zur Wahrung gesetzlicher Geheimhaltungspflichten oder von Berufs- oder besonderen Amtsgeheimnissen, die nicht auf gesetzlicher Vorschrift beruhen, bleibt unberührt.

(3) Die Einholung von Auskünften nach § 150a, den §§ 31 und 41 des Bundeszentralregistergesetzes und § 882b der Zivilprozessordnung bleibt unberührt.

(4) Die nach den Absätzen 1 und 3 erhobenen Daten dürfen nur für Zwecke des Absatzes 1 gespeichert oder genutzt werden.

(5) [1]Öffentliche Stellen, die an gewerberechtlichen Verfahren nach Absatz 1 Satz 1 aufgrund des Absatzes 1 Satz 2, des § 35 Abs. 4 oder einer anderen gesetzlichen Vorschrift beteiligt waren, können über das Ergebnis informiert werden, soweit dies zur Erfüllung ihrer Aufgaben erforderlich ist. [2]Diese und andere öffentliche Stellen sind zu informieren, wenn aufgrund einer Entscheidung bestimmte Rechtsfolgen eingetreten sind und die Kenntnis der Daten aus der Sicht der übermittelnden Stelle für die Verwirklichung der Rechtsfolgen erforderlich ist. [3]Der Empfänger darf die übermittelten Daten nur für den Zweck verarbeiten oder nutzen, zu dessen Erfüllung sie ihm übermittelt werden oder hätten übermittelt werden dürfen. [4]Für die Weitergabe von Daten innerhalb der zuständigen öffentlichen Stelle gelten die Übermittlungsregelungen der Sätze 1 bis 4 entsprechend.

(6) Für das Verändern, Sperren oder Löschen der nach den Absätzen 1 und 3 erhobenen Daten sowie die Übermittlung der Daten nach Absatz 1 für andere als die in Absatz 5 genannten Zwecke gelten die Datenschutzgesetze der Länder.

§ 11a Vermittlerregister[1)]

(1) [1]Jede Industrie- und Handelskammer (Registerbehörde) führt ein Register der nach § 34d Absatz 10 Satz 1, § 34f Absatz 5, § 34h Absatz 1 Satz 4 und § 34i Absatz 8 Eintragungspflichtigen. [2]Die örtliche Zuständigkeit richtet sich nach dem Landesrecht. [3]Zweck des Registers ist es insbesondere, der Allgemeinheit, vor allem Anlegern und Versicherungsunternehmen sowie Darlehensnehmern und Darlehensgebern, die Überprüfung der Zulassung sowie des Umfangs der zugelassenen Tätigkeit der Eintragungspflichtigen zu ermöglichen. [4]Die Registerbehörden bedienen sich bei der Führung des Registers der in § 32 Abs. 2 des Umweltauditgesetzes bezeichneten gemeinsamen Stelle (gemeinsame Stelle). [5]Die Registerbehörde unterliegt der Aufsicht der obersten Landesbehörde.

(1a) [1]In das Register sind auch die Daten zu den nach § 34i Absatz 4 von der Erlaubnispflicht befreiten Gewerbetreibenden einzutragen, die von den zuständigen Behörden eines anderen

1) **Anm. d. Red.:** § 11a i. d. F. des Gesetzes v. 11.12.2018 (BGBl I S. 2354) mit Wirkung v. 15.12.2018.

Mitgliedstaates der Europäischen Union oder eines anderen Vertragsstaates des Abkommens über den Europäischen Wirtschaftsraum übermittelt werden. 2Erhält die Registerbehörde die Mitteilung, dass ein nach § 34i Absatz 4 von der Erlaubnispflicht befreiter Gewerbetreibender nicht mehr im Anwendungsbereich dieser Vorschrift tätig ist oder nicht mehr im Besitz der Erlaubnis eines anderen Mitgliedstaates der Europäischen Union oder eines anderen Vertragsstaates des Abkommens über den Europäischen Wirtschaftsraum ist, so hat die Registerbehörde unverzüglich die gespeicherten Daten des Betroffenen zu löschen.

(2) 1Auskünfte aus dem Register werden im Wege des automatisierten Abrufs über das Internet oder schriftlich erteilt. 2Die Registerbehörden gewährleisten, dass eine gleichzeitige Abfrage bei allen Registern nach Absatz 1 Satz 1 möglich ist.

(3) 1Die für eine Untersagung nach § 35 zuständige Behörde teilt der Registerbehörde eine Untersagung unverzüglich mit. 2Bei Aufhebung der Erlaubnis nach § 34d Absatz 1 oder Absatz 2 oder der Erlaubnisbefreiung nach § 34d Absatz 6 oder einer Mitteilung nach Satz 1 oder § 48 Absatz 5 des Versicherungsaufsichtsgesetzes hat die Registerbehörde unverzüglich die zu dem Betroffenen gespeicherten Daten zu löschen. 3Der Familienname, der Vorname, die Registrierungsnummer sowie der Tag der Löschung werden im Register in einem täglich aktualisierten Verzeichnis gespeichert. 4Zugang zu diesem Verzeichnis erhalten nur Versicherungsunternehmen. 5Die Angaben werden einen Monat nach der Speicherung in diesem Verzeichnis gelöscht.

(3a) 1Die für die Erlaubniserteilung nach § 34f Absatz 1 zuständige Behörde teilt der Registerbehörde unverzüglich die für die Eintragung nach § 34f Absatz 5 erforderlichen Angaben sowie die Aufhebung der Erlaubnis nach § 34f Absatz 1 mit. 2Die für die Erlaubniserteilung nach § 34h Absatz 1 zuständige Behörde teilt der Registerbehörde unverzüglich die Angaben mit, die für die Eintragung nach § 34h Absatz 1 Satz 4 in Verbindung mit § 34f Absatz 5 erforderlich sind, sowie die Aufhebung der Erlaubnis nach § 34h Absatz 1. 3Bei Erhalt der Mitteilung über die Aufhebung der Erlaubnis nach § 34f Absatz 1 und § 34h Absatz 1 hat die Registerbehörde unverzüglich die zu dem Betroffenen gespeicherten Daten zu löschen.

(3b) 1Die für die Erlaubniserteilung nach § 34i Absatz 1 zuständige Behörde teilt der Registerbehörde unverzüglich die für die Eintragung nach § 34i Absatz 8 Nummer 1 erforderlichen Angaben, die Aufhebung der Erlaubnis nach § 34i Absatz 1 sowie die für die Eintragung nach § 34i Absatz 9 erforderlichen Angaben mit. 2Bei Erhalt der Mitteilung über die Aufhebung der Erlaubnis nach § 34i Absatz 1 hat die Registerbehörde die gespeicherten Daten des Betroffenen unverzüglich zu löschen. 3Bei Erhalt der Mitteilung, dass die Bekanntmachung nach § 34i Absatz 9 nicht mehr erforderlich ist, hat die Registerbehörde die gespeicherten Daten unverzüglich zu löschen; unabhängig von dieser Mitteilung hat die Registerbehörde die Daten aber spätestens nach fünf Jahren zu löschen.

(4) Beabsichtigt ein nach § 34d Absatz 10 Satz 1 und nach § 34i Absatz 8 Nummer 1, Eintragungspflichtiger, in einem anderen Mitgliedstaat der Europäischen Union oder in einem anderen Vertragsstaat des Abkommens über den Europäischen Wirtschaftsraum tätig zu werden, hat er dies zuvor der Registerbehörde mitzuteilen.

(5) Das Bundesministerium für Wirtschaft und Energie kann durch Rechtsverordnung mit Zustimmung des Bundesrates Vorschriften erlassen über die Einzelheiten der Registerführung, insbesondere über

1. die in dem Register zu speichernden Angaben; gespeichert werden dürfen nur Angaben zur Identifizierung (insbesondere Familienname, Vorname, Geschäftsanschrift, Geburtstag und Registrierungsnummer), zur Zulassung und zum Umfang der zugelassenen Tätigkeit der Eintragungspflichtigen und der nach § 34i Absatz 4 von der Erlaubnispflicht befreiten Gewerbetreibenden sowie bekanntzumachende Angaben nach Maßgabe des § 34i Absatz 9; gespeichert werden dürfen auch Angaben zur Identifizierung des Kreditinstituts, in dessen Namen der nach § 34i Absatz 4 von der Erlaubnispflicht befreite Gewerbetreibende handelt
2. Angaben, die nicht allgemein zugänglich sein sollen, sowie die Stellen, die Zugang zu diesen Angaben erhalten.

(6) [1]Die Zusammenarbeit der zuständigen Stellen mit den zuständigen Behörden der anderen Mitgliedstaaten der Europäischen Union sowie der anderen Vertragsstaaten des Abkommens über den Europäischen Wirtschaftsraum erfolgt nach folgenden Maßgaben:

1. Auf Ersuchen der zuständigen Behörde eines anderen Mitglied- oder Vertragsstaates übermittelt die zuständige Registerbehörde Informationen einschließlich personenbezogener Daten, die zur Überprüfung der Einhaltung der Voraussetzungen für die Tätigkeit als Versicherungsvermittler, Versicherungsberater oder Immobiliardarlehensvermittler erforderlich sind, an die zuständige Behörde des anderen Mitglied- oder Vertragsstaates.
2. Die Registerbehörde darf ohne Ersuchen der zuständigen Behörde eines anderen Mitglied- oder Vertragsstaates Informationen einschließlich personenbezogener Daten übermitteln, wenn Anhaltspunkte dafür vorliegen, dass die Kenntnis dieser Informationen für die Überprüfung der Einhaltung der Voraussetzungen für die Tätigkeit als Versicherungsvermittler, Versicherungsberater oder Immobiliardarlehensvermittler erforderlich ist.
3. [1]Die Registerbehörde teilt im Falle des Absatzes 4 die Absicht des nach § 34d Absatz 10, Eintragungspflichtigen der zuständigen Behörde des anderen Mitglied- oder Vertragsstaates mit und unterrichtet gleichzeitig den Eintragungspflichtigen über diese Mitteilung. [2]Dieses Verfahren findet im Falle des Absatzes 4 auf die Absichtserklärung des nach § 34i Absatz 8 Nummer 1 Eintragungspflichtigen entsprechende Anwendung. [3]Zum Zwecke der Überwachung darf die Registerbehörde der zuständigen Behörde des anderen Mitglied- oder Vertragsstaates die zu dem Eintragungspflichtigen im Register gespeicherten Angaben übermitteln. [4]Die zuständige Behörde eines anderen Mitglied- oder Vertragsstaates ist über Änderungen übermittelter Angaben zu unterrichten.
4. Handelt es sich bei den nach den Absätzen 3 und 3b gelöschten Angaben um solche eines in einem anderen Mitglied- oder Vertragsstaat tätigen Gewerbetreibenden, so teilt die Registerbehörde der zuständigen Behörde des anderen Mitglied- oder Vertragsstaates die Löschung unverzüglich mit.

[2]Die Zusammenarbeit, insbesondere die Übermittlung von Informationen, erfolgt in Bezug auf die Tätigkeit von Versicherungsvermittlern und Versicherungsberatern jeweils über das Bundesministerium für Wirtschaft und Energie, das sich dabei der gemeinsamen Stelle bedient. [3]In Bezug auf die Tätigkeit von Immobiliardarlehensvermittlern erfolgt die Zusammenarbeit, insbesondere die Übermittlung von Informationen, jeweils über das Bundesamt für Wirtschaft und Ausfuhrkontrolle.

(7) [1]Die Registerbehörde, die Bundesanstalt für Finanzdienstleistungsaufsicht und die Behörden, die für die Erlaubniserteilung nach § 34d Absatz 1 Satz 1, Absatz 2 Satz 1, § 34f Absatz 1 Satz 1, auch in Verbindung mit § 34h Absatz 1 Satz 4, und nach § 34i Absatz 1 Satz 1, für die Untersagung nach § 35, für die Entgegennahme der Gewerbeanzeige nach § 14 oder für die Verfolgung von Ordnungswidrigkeiten zuständig sind, dürfen einander auch ohne Ersuchen Informationen einschließlich personenbezogener Daten übermitteln. [2]Die Registerbehörde richtet eine elektronische Zugriffsmöglichkeit für die Bundesanstalt für Finanzdienstleistungsaufsicht ein, die dieser eine unmittelbare Einsicht in die über Versicherungsvermittler gespeicherten Daten ermöglicht. [3]Satz 1 gilt nur, soweit dies zur Erfüllung der jeweiligen Aufgaben erforderlich ist, die jeweils mit der Tätigkeit von Versicherungsvermittlern, Versicherungsberatern, Finanzanlagenvermittlern, Honorar-Finanzanlagenberatern und Immobiliardarlehensvermittlern zusammenhängen. [4]Die in Satz 1 genannten Stellen stellen der Europäischen Aufsichtsbehörde für das Versicherungswesen und die betriebliche Altersversorgung nach Maßgabe des Artikels 35 der Verordnung (EU) Nr. 1094/2010 des Europäischen Parlaments und des Rates vom 24. November 2010 zur Errichtung einer Europäischen Aufsichtsbehörde (Europäische Aufsichtsbehörde für das Versicherungswesen und die betriebliche Altersversorgung), zur Änderung des Beschlusses Nr. 716/2009/EG und zur Aufhebung des Beschlusses 2009/79/EG der Kommission (ABl L 331 vom 15. 12. 2010, S. 48) auf Verlangen alle Informationen zur Verfügung, die zur Erfüllung von deren Aufgaben auf Grund der Verordnung (EU) Nr. 1094/2010 erforderlich sind.

(8) [1]In Bezug auf Versicherungsvermittler, Versicherungsberater, Finanzanlagenvermittler, Honorar- Finanzanlagenberater und Immobiliardarlehensvermittler unterliegen alle Personen, die im Rahmen des Registrierungsverfahrens oder im Rahmen der Überprüfung der Einhaltung der Voraussetzungen für die Tätigkeit zur Entgegennahme oder Erteilung von Informationen verpflichtet sind, dem Berufsgeheimnis. [2]§ 309 des Versicherungsaufsichtsgesetzes gilt entsprechend.

§ 11b Bewacherregister[1)]

(1) Beim Bundesamt für Wirtschaft und Ausfuhrkontrolle (Registerbehörde) wird ein Bewacherregister eingerichtet und geführt, in dem zum Zweck der Unterstützung der für den Vollzug des § 34a zuständigen Behörden Daten zu Gewerbetreibenden nach § 34a Absatz 1 Satz 1, Wachpersonen nach § 34a Absatz 1a Satz 1 und mit der Leitung des Betriebes oder einer Zweigniederlassung beauftragten Personen elektronisch auswertbar zu erfassen sind.

(2) Die Registerbehörde darf folgende Daten verarbeiten:

1. Daten zur Identifizierung und Erreichbarkeit des Gewerbetreibenden nach § 34a Absatz 1 Satz 1, bei juristischen Personen der nach Gesetz, Satzung oder Gesellschaftsvertrag jeweils allein oder mit anderen zur Vertretung berufenen Personen, sowie der mit der Leitung des Betriebes oder einer Zweigniederlassung beauftragten Personen:
   a) Familienname, Geburtsname, Vornamen,
   b) Geschlecht,
   c) Geburtsdatum, Geburtsort, Staat,
   d) Staatsangehörigkeiten,
   e) Telefonnummer, E-Mail-Adresse,
   f) Meldeanschrift bestehend aus Straße, Hausnummer, Postleitzahl, Ort, Zusatz, Land, Staat und Regionalschlüssel,
   g) Wohnorte der letzten fünf Jahre bestehend aus Straße, Hausnummer, Postleitzahl, Land und Staat,
   h) Art des Ausweisdokuments mit ausstellender Behörde, ausstellendem Staat, Datum der Ausstellung, Ausweisnummer, Ablaufdatum, soweit vorhanden maschinenlesbarem Namen sowie Inhalt der maschinenlesbaren Zone,
   i) sofern der Gewerbetreibende eine juristische Person ist:
      aa) Rechtsform, Registerart, soweit vorhanden im Register eingetragener Name nebst Registernummer, Registergericht oder ausländische Registernummer und Registerbehörde,
      bb) Betriebliche Anschrift des Sitzes der juristischen Person,
      cc) Telefonnummer und E-Mail-Adresse der juristischen Person,
2. Daten zur Identifizierung und Erreichbarkeit des Gewerbebetriebes:
   a) Geschäftsbezeichnung,
   b) Rechtsform, Registerart, soweit vorhanden im Register eingetragener Name nebst Registernummer, Registergericht oder ausländische Registernummer und Registerbehörde,
   c) Betriebliche Anschrift von Hauptniederlassung und sonstigen Betriebsstätten,
   d) Telefonnummer, E-Mail-Adresse,
3. Daten zur Identifizierung und Erreichbarkeit von Wachpersonen nach § 34a Absatz 1a Satz 1:
   a) Familienname, Geburtsname, Vornamen,
   b) Geschlecht,

1) **Anm. d. Red.:** § 11b i. d. F. des Gesetzes v. 29.11.2018 (BGBl I S. 2666) mit Wirkung v. 1.1.2019.

c) Geburtsdatum, Geburtsort, Geburtsland,
d) Staatsangehörigkeiten,
e) Meldeanschrift bestehend aus Straße, Hausnummer, Postleitzahl, Ort, Zusatz, Land, Staat und Regionalschlüssel,
f) Wohnorte der letzten fünf Jahre bestehend aus Straße, Hausnummer, Postleitzahl, Land und Staat,
g) Art des Ausweisdokuments mit ausstellender Behörde, ausstellendem Staat, Datum der Ausstellung, Ausweisnummer, Ablaufdatum, soweit vorhanden maschinenlesbarem Namen sowie Inhalt der maschinenlesbaren Zone,

4. den Umfang und das Erlöschen der Erlaubnis nach § 34a Absatz 1 Satz 1 einschließlich des Datums der Erlaubniserteilung und des Erlöschens, der Angabe der Kontaktdaten der zuständigen Erlaubnisbehörde sowie den Stand des Erlaubnisverfahrens,
5. die Anzeige eines Gewerbetreibenden nach § 13a über die vorübergehende Erbringung von Bewachungstätigkeiten in Deutschland nebst den Daten nach den Nummern 1 bis 3, soweit diese Daten mit der Anzeige zu übermitteln sind,
6. die Angabe der Tätigkeit der Wachperson nach § 34a Absatz 1a Satz 2 und 5,
7. Untersagung der Beschäftigung nach § 34a Absatz 4,
8. Daten zur Überprüfung der Zuverlässigkeit nach § 34a Absatz 1 Satz 3 Nummer 1, auch in Verbindung mit § 34a Absatz 1a Satz 1 Nummer 1:
   a) Datum, Art und Ergebnis der Überprüfung,
   b) Stand des Überprüfungsprozesses der Zuverlässigkeit,
   c) Datum der Bestands- oder Rechtskraft der Entscheidung,
9. die in Nummer 1 genannten Daten des Gewerbetreibenden, der eine Wachperson zur Überprüfung der Zuverlässigkeit anmeldet,
10. Daten zu Sachkunde- und Unterrichtungsnachweisen der Industrie- und Handelskammern:
   a) Art der erworbenen Qualifikation,
   b) bei Unterrichtungsnachweisen der Unterrichtungszeitraum, bei Sachkundenachweisen das Datum der Sachkundeprüfung,
   c) Ausstellungsdatum des Qualifikationsnachweises, Angabe der Identifikationsnummer der ausstellenden Industrie- und Handelskammer, auf dem Qualifikationsnachweis angegebener Familienname, Vornamen, Geburtsdatum und Geburtsort,
   d) soweit vorhanden ein Validierungscode der Industrie- und Handelskammer,
   e) Datum und Inhalt der Rückmeldung aus der elektronischen Abfrage über die Schnittstelle zu der in § 32 des Umweltauditgesetzes bezeichneten gemeinsamen Stelle,
11. Daten zu Qualifikationsnachweisen von Gewerbetreibenden, bei juristischen Personen der nach Gesetz, Satzung oder Gesellschaftsvertrag jeweils allein oder mit anderen zur Vertretung berufenen Personen, der mit der Leitung des Betriebes oder einer Zweigniederlassung beauftragten Personen sowie Wachpersonen, die dem Sachkunde- oder Unterrichtungsnachweis gleichgestellt wurden:
   a) Art der erworbenen Qualifikation,
   b) Unterrichtungszeitraum,
   c) Ausstellungsdatum des Qualifikationsnachweises, Angabe der Kontaktdaten der ausstellenden Stelle, auf dem Qualifikationsnachweis angegebener Familienname, Vornamen, Geburtsdatum und Geburtsort,
   d) Bescheinigungen des Gewerbetreibenden nach § 17 der Bewachungsverordnung,
12. Daten aus der Schnittstelle des Bewacherregisters zum Bundesamt für Verfassungsschutz nach § 34a Absatz 1 Satz 5 Nummer 4:
   a) meldendes Landesamt für Verfassungsschutz,

b) Datum der Meldung sowie

c) Angabe, ob Erkenntnisse vorliegen,

13. Daten zur Identifikation und Erreichbarkeit der für den Vollzug des § 34a zuständigen Behörden:

    a) Name,

    b) Anschrift,

    c) Kurzbezeichnung,

    d) Land,

    e) Telefonnummer, E-Mail-Adresse,

    f) Regionalschlüssel.

(3) [1]Die Registerbehörde darf Statusangaben zum Ablauf der Verfahren sowie die für den Vollzug des § 34a notwendigen Verknüpfungen aus den Daten nach Absatz 2 und die durch das Register vergebenen Identifikationsnummern für die Datenobjekte speichern. [2]Die Identifikationsnummern enthalten keine personenbezogenen Angaben und werden den Datensätzen zugeordnet.

(4) [1]Die Industrie- und Handelskammern stellen Daten nach Absatz 2 Nummer 10 in Bezug auf Qualifikationsnachweise, die nach dem 1. Januar 2009 ausgestellt wurden, über die in § 32 Absatz 2 Satz 1 des Umweltauditgesetzes bezeichnete gemeinsame Stelle elektronisch zum Abruf für die Registerbehörde bereit. [2]Die Industrie- und Handelskammern dürfen Daten nach Absatz 2 Nummer 10 in Bezug auf Qualifikationsnachweise, die vor dem 1. Januar 2009 ausgestellt wurden, elektronisch zum Abruf bereitstellen. [3]Bei Abfragen durch das Bewacherregister, die sich auf Qualifikationsnachweise vor dem 1. Januar 2009 beziehen, müssen die Daten nacherfasst werden. [4]Dabei üben die zuständigen obersten Landesbehörden die Aufsicht über die Industrie- und Handelskammern aus.

(5) [1]Zum Zweck der Anmeldung von Wachpersonen und der mit der Leitung des Betriebes oder einer Zweigniederlassung beauftragten Personen hat der Gewerbetreibende die Vorder- und Rückseite des Ausweisdokuments der anzumeldenden Person in gut lesbarer Fassung vollständig optisch digital erfasst im Onlineportal des Registers hochzuladen. [2]Zu diesem Zweck darf der Gewerbetreibende eine Kopie des Ausweisdokuments anfertigen. [3]Der Gewerbetreibende ist verpflichtet, die Kopie, auch in digitaler Form, unverzüglich nach dem Hochladen in das Register zu vernichten. [4]Die in das Register hochgeladene optisch digital erfasste Kopie wird nach Prüfung durch die für den Vollzug des § 34a zuständigen Behörden, spätestens nach Bestands- oder Rechtskraft der Entscheidung über die Zuverlässigkeit, von der Registerbehörde gelöscht.

(6) [1]Die für den Vollzug des § 34a zuständigen Behörden sind verpflichtet, nach Maßgabe des Satzes 2 der Registerbehörde im Anschluss an ein in Absatz 7 bezeichnetes die Speicherung begründendes Ereignis unverzüglich die nach Absatz 2 zu speichernden oder zu einer Änderung oder Löschung einer Eintragung im Register führenden Daten zu übermitteln. [2]Zu diesem Zweck hat der Gewerbetreibende der an seinem Betriebssitz für den Vollzug des § 34a zuständigen Behörde Änderungen der Daten nach Absatz 2 Nummer 1, 2, 10 und 11, ausgenommen die Daten zu den mit der Leitung des Betriebes oder einer Zweigniederlassung beauftragten Personen, unverzüglich, spätestens 14 Tage nach dem Erlangen der Kenntnis der Änderungen, mitzuteilen. [3]Änderungen betreffend Daten zu Wachpersonen nach Absatz 2 Nummer 3, 6, 10 und 11 sowie zu den mit der Leitung des Betriebes oder einer Zweigniederlassung beauftragten Personen nach Absatz 2 Nummer 1, 10 und 11 hat der Gewerbetreibende unverzüglich, spätestens 14 Tage nach dem Erlangen der Kenntnis der Änderungen, über das Bewacherregister mitzuteilen. [4]Zu diesem Zweck ist der Gewerbetreibende berechtigt, Änderungen betreffend Daten nach den Sätzen 2 und 3 zu erheben und

1. im Falle des Satzes 2 an die für den Vollzug des § 34a zuständige Behörde und

2. im Falle des Satzes 3 an die Registerbehörde

zum Zwecke der Speicherung zu übermitteln.

[5]Der Gewerbetreibende hat Wachpersonen und mit der Leitung eines Betriebes oder einer Zweigniederlassung beauftragte Personen sechs Wochen nach Beendigung des Beschäftigungsverhältnisses über das Bewacherregister bei der für den Vollzug des § 34a zuständigen Behörde abzumelden.

(7) Im Bewacherregister sind die Daten aus den folgenden Anlässen zu speichern:

1. Beantragen oder Erteilen einer Erlaubnis nach § 34a Absatz 1 Satz 1,
2. Versagen oder Erlöschen einer Erlaubnis nach § 34a Absatz 1 Satz 1,
3. Untersagen der Beschäftigung nach § 34a Absatz 4,
4. Anmelden und Abmelden von Wachpersonen und mit der Leitung des Betriebes oder einer Zweigniederlassung beauftragter Personen,
5. Melden von Datenänderungen durch den Gewerbetreibenden gegenüber der für den Vollzug des § 34a zuständigen Behörde nach Absatz 6 Satz 2 oder dem Bewacherregister nach Absatz 6 Satz 3,
6. Überprüfen der Zuverlässigkeit im Rahmen der Regelüberprüfung nach spätestens fünf Jahren von Gewerbetreibenden und gesetzlichen Vertretern juristischer Personen nach § 34a Absatz 1 Satz 10 sowie Wachpersonen nach § 34a Absatz 1a Satz 7 und mit der Leitung des Betriebes oder einer Zweigniederlassung beauftragter Personen,
7. Überprüfen aufgrund eines Nachberichts durch die zuständigen Verfassungsschutzbehörden und Polizeibehörden nach § 34a Absatz 1b Satz 1.

(8) Die Registerbehörde löscht auf Veranlassung der für den Vollzug des § 34a zuständigen Behörden die im Bewacherregister gespeicherten Daten:

1. in den Fällen des Absatzes 7 Nummer 1 bei eingetragener Beantragung der Erlaubnis und begonnener Prüfung, sechs Monate nach Rücknahme des Antrags auf Erlaubnis,
2. in den Fällen des Absatzes 7 Nummer 2 betreffend eine versagte oder zurückgenommene oder widerrufene Erlaubnis durch Überschreibung der Daten bei erneuter Beantragung und Erteilung der Erlaubnis, spätestens nach fünf Jahren; bei Erlöschen der Erlaubnis durch Verzicht oder Tod oder Untergang der juristischen Person, sechs Monate nach Erlöschen der Erlaubnis; bei Verzicht während eines Rücknahmeverfahrens oder Widerrufsverfahrens wegen Unzuverlässigkeit, wenn der Verzicht durch eine spätere Entscheidung gegenstandslos wird,
3. in den Fällen des Absatzes 7 Nummer 3 durch Überschreiben der Daten bei einer zeitlich nachfolgenden Feststellung der Zuverlässigkeit,
4. in den Fällen des Absatzes 7 Nummer 4 bei Anmeldungen betreffend Wachpersonen oder mit der Leitung des Betriebes oder einer Zweigniederlassung beauftragten Personen die Wohnorte der letzten fünf Jahre nach der Entscheidung über die Zuverlässigkeit der Wachpersonen oder der mit der Leitung des Betriebes oder einer Zweigniederlassung beauftragten Personen,
5. in den Fällen des Absatzes 7 Nummer 4 bei Abmeldungen betreffend Wachpersonen und mit der Leitung des Betriebes oder einer Zweigniederlassung beauftragten Personen ein Jahr nach Abmeldung des letzten für die natürliche Person gemeldeten Beschäftigungsverhältnisses im Register,
6. in den Fällen des Absatzes 7 Nummer 5 bei Meldung von Änderungen betreffend Daten nach Absatz 2 Nummer 1, 2, 3, 6, 10 und 11 durch Überschreiben der bisherigen Einträge im Register,
7. in den Fällen des Absatzes 7 Nummer 6 bei Unzuverlässigkeit des Gewerbetreibenden, gesetzlicher Vertreter bei juristischen Personen, von mit der Leitung des Betriebes oder einer Zweigniederlassung beauftragten Personen sowie Wachpersonen, durch Überschreiben der

Daten nach Absatz 2 Nummer 7 bei späterer Feststellung der Zuverlässigkeit im Rahmen eines neuen Erlaubnis- oder Anmeldeverfahrens, spätestens nach fünf Jahren, und

8. in den Fällen des Absatzes 7 Nummer 7 bei Unzuverlässigkeit des Gewerbetreibenden, der gesetzlichen Vertreter juristischer Personen, von mit der Leitung des Betriebes oder einer Zweigniederlassung beauftragten Personen sowie Wachpersonen, durch Überschreiben der Daten nach Absatz 2 Nummer 7 bei späterer Feststellung der Zuverlässigkeit im Rahmen eines neuen Erlaubnis- oder Anmeldeverfahrens, spätestens nach fünf Jahren.

(9) Das Bundesministerium für Wirtschaft und Energie im Einvernehmen mit dem Bundesministerium des Inneren, für Bau und Heimat und dem Bundesministerium der Justiz und für Verbraucherschutz wird ermächtigt, durch Rechtsverordnung mit Zustimmung des Bundesrates die Einzelheiten zu regeln:

1. zu den Datensätzen, die nach Absatz 2 gespeichert werden, sowie zur Datenverarbeitung,
2. zur Einrichtung und Führung des Registers,
3. zum Verfahren der Datenübermittlung an die Registerbehörde, insbesondere durch die für den Vollzug des § 34a zuständigen Behörden und durch die Gewerbetreibenden, sowie der Datenübermittlung durch die Registerbehörde, insbesondere an die für den Vollzug des § 34a zuständigen Behörden,
4. zur Verwendung elektronischer Schnittstellen des Registers, der Schnittstelle zum Verfassungsschutz, zum Deutschen Industrie- und Handelskammertag e.V. und zu Fachverfahren der für den Vollzug des § 34a zuständigen Behörden,
5. zum Verfahren des automatisierten Datenabrufs aus dem Register,
6. zum Datenschutz und der Datensicherheit nebst Protokollierungspflicht der Registerbehörde.

GewO

§ 11c Übermittlung personenbezogener Daten innerhalb der Europäischen Union und des Europäischen Wirtschaftsraumes bei reglementierten Berufen[1)]

(1) [1]Begibt sich ein im Inland tätiger Gewerbetreibender in einen anderen Mitgliedstaat der Europäischen Union oder in einen anderen Vertragsstaat des Abkommens über den Europäischen Wirtschaftsraum, um dort dauerhaft oder vorübergehend eine Tätigkeit auszuüben, deren Aufnahme oder Ausübung durch Rechts- und Verwaltungsvorschriften an den Besitz bestimmter beruflicher Qualifikationen gebunden ist, so übermittelt die zuständige inländische öffentliche Stelle auf Ersuchen alle personenbezogenen Daten an die zuständige Stelle des betreffenden Staates, die

1. die Rechtmäßigkeit der Niederlassung des Gewerbetreibenden betreffen;
2. zur Beurteilung der Zuverlässigkeit des Gewerbetreibenden erforderlich sind, insbesondere Daten nach § 11 Abs. 1 Satz 2;
3. im Fall eines Beschwerdeverfahrens eines Dienstleistungsempfängers gegen einen Gewerbetreibenden für ein ordnungsgemäßes Beschwerdeverfahren erforderlich sind.

[2]Die zuständige inländische öffentliche Stelle übermittelt Daten nach Satz 1 auch ohne Ersuchen, wenn tatsächliche Anhaltspunkte dafür vorliegen, dass deren Kenntnis zur Wahrnehmung der Aufgaben der zuständigen ausländischen Stelle erforderlich ist. [3]Sie kann ihrerseits bei der zuständigen Stelle des betreffenden Staates Daten nach Satz 1 erheben, soweit die Kenntnis der Daten für die Wahrnehmung ihrer Aufgaben erforderlich ist, und die hierfür erforderlichen personenbezogenen Daten an die zuständige ausländische Stelle übermitteln.

(2) Absatz 1 gilt entsprechend

1. für Arbeitnehmer eines Gewerbebetriebs,

---

1) **Anm. d. Red.:** Bisheriger § 11b zu neuem § 11c geworden gem. Gesetz v. 29.11.2018 (BGBl I S. 2666) mit Wirkung v. 1.1.2019.

2. für den Fall, dass ein Gewerbetreibender oder ein Arbeitnehmer eines Gewerbebetriebs aus einem der genannten Staaten im Inland eine gewerbliche Tätigkeit aufnimmt oder ausübt, deren Aufnahme oder Ausübung einen Sachkunde- oder Befähigungsnachweis oder die Eintragung in die Handwerksrolle voraussetzt.

(3) Alle Daten sind mit dem Hinweis zu übermitteln, dass der Empfänger unverzüglich zu prüfen hat, ob die Daten für den angegebenen Zweck erforderlich sind, und er die Daten anderenfalls zu löschen hat.

(4) Die Absätze 1 bis 3 gelten auch für den Bereich der Viehzucht.

§ 12 Insolvenzverfahren[1)]

[1]Vorschriften, welche die Untersagung eines Gewerbes oder die Rücknahme oder den Widerruf einer Zulassung wegen Unzuverlässigkeit des Gewerbetreibenden, die auf ungeordnete Vermögensverhältnisse zurückzuführen ist, ermöglichen, finden während eines Insolvenzverfahrens, während der Zeit, in der Sicherungsmaßnahmen nach § 21 der Insolvenzordnung angeordnet sind, und während der Überwachung der Erfüllung eines Insolvenzplans (§ 260 der Insolvenzordnung) keine Anwendung in Bezug auf das Gewerbe, das zurzeit des Antrags auf Eröffnung des Insolvenzverfahrens ausgeübt wurde. [2]Dies gilt nicht für eine nach § 35 Absatz 2 Satz 1 der Insolvenzordnung freigegebene selbstständige Tätigkeit des Gewerbetreibenden, wenn dessen Unzuverlässigkeit mit Tatsachen begründet wird, die nach der Freigabe eingetreten sind.

§ 13 Erprobungsklausel[2)]

Die Landesregierungen werden ermächtigt, durch Rechtsverordnung zur Erprobung vereinfachender Maßnahmen, insbesondere zur Erleichterung von Existenzgründungen und Betriebsübernahmen, für einen Zeitraum von bis zu fünf Jahren Ausnahmen von Berufsausübungsregelungen nach diesem Gesetz und den darauf beruhenden Rechtsverordnungen zuzulassen, soweit diese Berufsausübungsregelungen nicht auf bindenden Vorgaben des Europäischen Gemeinschaftsrechts beruhen und sich die Auswirkungen der Ausnahmen auf das Gebiet des jeweiligen Landes beschränken.

§ 13a Anzeige der grenzüberschreitenden Erbringung von Dienstleistungen in reglementierten Berufen[3)]

(1) [1]Wer als Staatsangehöriger eines Mitgliedstaates der Europäischen Union oder eines Vertragsstaates des Abkommens über den Europäischen Wirtschaftsraum eine gewerbliche Tätigkeit, deren Aufnahme oder Ausübung nach deutschem Recht einen Sachkunde- oder Unterrichtungsnachweis voraussetzt und zu deren Ausübung er in einem dieser Staaten rechtmäßig niedergelassen ist, im Inland nur vorübergehend und gelegentlich ausüben will, hat diese Absicht vorher der für die Anerkennung der Berufsqualifikation zuständigen öffentlichen Stelle unter Beifügung der nach Absatz 5 erforderlichen Unterlagen anzuzeigen. [2]Die Anzeige kann elektronisch erfolgen.

(2) [1]Die Tätigkeit darf sofort nach der Anzeige erbracht werden, wenn die Voraussetzungen nach Absatz 1 vorliegen und für die betreffende Tätigkeit keine Nachprüfung der Berufsqualifikation vorgeschrieben ist. [2]Die zuständige öffentliche Stelle erteilt innerhalb eines Monats nach Eingang der Anzeige nach Absatz 1 eine Eingangsbestätigung, aus der hervorgeht, ob die Voraussetzungen nach Absatz 1 vorliegen und ob die Nachprüfung der Berufsqualifikation erforderlich ist. [3]Wird die Berufsqualifikation nachgeprüft, soll die zuständige öffentliche Stelle den Dienstleister innerhalb eines Monats ab Eingang der Anzeige und der vollständigen Unterlagen über das Ergebnis unterrichten. [4]Bei einer Verzögerung unterrichtet die zuständige öffentliche

1) **Anm. d. Red.:** § 12 i. d. F. des Gesetzes v. 5. 12. 2012 (BGBl I S. 2415) mit Wirkung v. 12. 12. 2012.

2) **Anm. d. Red.:** § 13 eingefügt gem. Gesetz v. 21. 6. 2005 (BGBl I S. 1666) mit Wirkung v. 1. 7. 2005.

3) **Anm. d. Red.:** § 13a i. d. F. des Gesetzes v. 22. 12. 2015 (BGBl I S. 2572) mit Wirkung v. 18. 1. 2016.

Stelle den Dienstleister über die Gründe für die Verzögerung und über den Zeitplan für eine Entscheidung. [5]Die Entscheidung ergeht spätestens innerhalb von zwei Monaten ab Eingang der vollständigen Unterlagen. [6]Bestehen Zweifel an der Echtheit der vorgelegten Bescheinigungen und Ausbildungsnachweise oder an den dadurch verliehenen Rechten, ist der Fristablauf für die Dauer der Nachprüfung der Echtheit oder den dadurch verliehenen Rechten durch Nachfrage bei der zuständigen Stelle des Niederlassungsstaates gehemmt.

(3) Ergibt die Nachprüfung, dass ein wesentlicher Unterschied zwischen der Berufsqualifikation des Dienstleistungserbringers und der im Inland erforderlichen Berufsqualifikation besteht, gibt die zuständige öffentliche Stelle dem Dienstleistungserbringer innerhalb eines Monats nach der Unterrichtung über das Ergebnis der Nachprüfung Gelegenheit, die für eine ausreichende berufliche Qualifikation erforderlichen Kenntnisse und Fähigkeiten insbesondere durch eine Eignungsprüfung nachzuweisen.

(4) Hält die zuständige Stelle die in den Absätzen 2 und 3 festgesetzten Fristen nicht ein, darf die Dienstleistung erbracht werden.

(5) [1]Folgende Unterlagen sind bei der erstmaligen Anzeige zu übermitteln:

1. ein Nachweis der Staatsangehörigkeit;
2. ein Nachweis der rechtmäßigen Niederlassung zur Ausübung der betreffenden Tätigkeiten in einem der in Absatz 1 genannten Staaten und der Nachweis, dass die Ausübung dieser Tätigkeiten nicht, auch nicht vorübergehend, untersagt ist;
3. im Fall von gewerblichen Tätigkeiten im Anwendungsbereich des Waffengesetzes, des Sprengstoffgesetzes, des Bundesjagdgesetzes, des Beschussgesetzes und des § 34a der Gewerbeordnung ein Nachweis, dass keine Vorstrafen vorliegen;
4. a) sofern der Beruf im Niederlassungsstaat durch Rechts- und Verwaltungsvorschriften an den Besitz bestimmter beruflicher Qualifikationen gebunden ist, ein Nachweis der Berufsqualifikation, anderenfalls
   b) ein Nachweis, dass die Tätigkeit im Niederlassungsstaat während der vorhergehenden zehn Jahre mindestens ein Jahr lang ausgeübt worden ist;
5. ein Nachweis eines Versicherungsschutzes oder einer anderen Art des individuellen oder kollektiven Schutzes in Bezug auf die Berufshaftpflicht, sofern ein solcher für die betreffende Tätigkeit auch von Inländern gefordert wird.

[2]Die Unterlagen können elektronisch übermittelt werden. [3]Die zuständige Stelle kann den Dienstleistungserbringer im Fall begründeter Zweifel an der Echtheit der vorgelegten Unterlagen auffordern, beglaubigte Kopien vorzulegen. [4]Eine solche Aufforderung hemmt den Lauf der Fristen nach Absatz 2 Satz 3 und 5 nicht.

(6) [1]Tritt eine wesentliche Änderung von Umständen ein, die die Voraussetzungen für die Dienstleistungserbringung betreffen, ist die Änderung anzuzeigen und durch Unterlagen nachzuweisen. [2]Ansonsten ist die Anzeige formlos alle zwölf Monate seit der letzten Anzeige zu wiederholen, solange die weitere Erbringung von Dienstleistungen beabsichtigt ist.

(7) Die Regelungen gelten entsprechend für Arbeitnehmer eines Gewerbebetriebs nach Absatz 1, soweit Sachkunde- oder Unterrichtungsnachweise auch für diese vorgeschrieben sind.

§ 13b Anerkennung ausländischer Unterlagen und Bescheinigungen[1)]

(1) [1]Soweit nach diesem Gesetz oder einer auf Grund dieses Gesetzes erlassenen Rechtsverordnung die Zuverlässigkeit oder die Vermögensverhältnisse einer Person zu prüfen sind, sind als Nachweis für die Zuverlässigkeit und für geordnete Vermögensverhältnisse von Gewerbetreibenden aus einem anderen Mitgliedstaat der Europäischen Union oder einem anderen Vertragsstaat des Abkommens über den Europäischen Wirtschaftsraum Unterlagen als ausreichend anzuerkennen, die im Herkunftsstaat ausgestellt wurden und die belegen, dass die Anfor-

1) **Anm. d. Red.:** § 13b i. d. F. des Gesetzes v. 20. 7. 2017 (BGBl I S. 2789) mit Wirkung v. 23. 2. 2018.

derungen an die Zuverlässigkeit und die geordneten Vermögensverhältnisse des Gewerbetreibenden erfüllt werden. [2]Dabei kann verlangt werden, dass die Unterlagen in beglaubigter Kopie und beglaubigter deutscher Übersetzung vorgelegt werden. [3]Werden im Herkunftsstaat solche Unterlagen nicht ausgestellt, so können sie durch eine Versicherung an Eides statt des Gewerbetreibenden oder nach dem Recht des Herkunftsstaats vergleichbare Handlungen ersetzt werden.

(2) [1]Soweit in diesem Gesetz oder einer auf Grund dieses Gesetzes erlassenen Rechtsverordnung ein Nachweis darüber verlangt wird, dass ein Gewerbetreibender gegen die finanziellen Risiken seiner beruflichen Tätigkeit haftpflichtversichert ist, ist von Gewerbetreibenden aus einem anderen Mitgliedstaat der Europäischen Union oder einem anderen Vertragsstaat des Abkommens über den Europäischen Wirtschaftsraum als Nachweis eine Bescheinigung über den Abschluss einer Berufshaftpflichtversicherung als hinreichend anzuerkennen, die von einem Kreditinstitut oder einem Versicherungsunternehmen in einem anderen Mitgliedstaat oder Vertragsstaat ausgestellt wurde, sofern die in diesem Staat abgeschlossene Berufshaftpflichtversicherung im Wesentlichen vergleichbar ist zu der, die von Inländern verlangt wird, und zwar hinsichtlich der Zweckbestimmung, der vorgesehenen Deckung bezüglich des versicherten Risikos, der Versicherungssumme und möglicher Ausnahmen von der Deckung. [2]Bei nur teilweiser Gleichwertigkeit kann eine zusätzliche Sicherheit verlangt werden, die die nicht gedeckten Risiken absichert.

(3) Absatz 2 gilt nicht, soweit Tätigkeiten nach den §§ 30, 31, 33c, 33d, 34, 34a, 34c Absatz 1 Satz 1 Nummer 2, den §§ 34d, 34f, 34h, 34i oder nach § 60a ausgeübt werden.

§ 13c Anerkennung von ausländischen Befähigungsnachweisen[1)]

(1) Als Nachweis einer nach der Gewerbeordnung erforderlichen Sachkundeprüfung oder Unterrichtung werden im Ausland erworbene Befähigungs- und Ausbildungsnachweise anerkannt, die von einer zuständigen Behörde im Ausbildungsstaat ausgestellt worden sind, sofern

1. der im Ausland erworbene Befähigungs- oder Ausbildungsnachweis und der entsprechende inländische Befähigungs- oder Ausbildungsnachweis die Befähigung zu einer vergleichbaren beruflichen Tätigkeit belegen,
2. im Fall einer im Ausbildungsstaat reglementierten beruflichen Tätigkeit die den Antrag stellende Person zur Ausübung dieser beruflichen Tätigkeit im Ausbildungsstaat berechtigt ist und
3. zwischen den nachgewiesenen ausländischen Berufsqualifikationen und der entsprechenden inländischen Berufsbildung keine wesentlichen Unterschiede bestehen.

(2) [1]Unterscheiden sich die diesen Nachweisen zugrunde liegenden Sachgebiete wesentlich von den in den jeweiligen gewerberechtlichen Verordnungen festgelegten Sachgebieten und gleichen die von der den Antrag stellenden Person im Rahmen ihrer Berufspraxis oder durch sonstige nachgewiesene einschlägige Qualifikationen erworbenen Kenntnisse, Fähigkeiten und Kompetenzen diesen wesentlichen Unterschied nicht aus, so ist die Erlaubnis zur Aufnahme der angestrebten Tätigkeit von der erfolgreichen Teilnahme an einer ergänzenden, diese Sachgebiete umfassenden Sachkundeprüfung (spezifische Sachkundeprüfung) oder einer ergänzenden, diese Sachgebiete umfassenden Unterrichtung (ergänzende Unterrichtung) abhängig. [2]Für die spezifische Sachkundeprüfung und die ergänzende Unterrichtung gelten die in den jeweiligen gewerberechtlichen Verordnungen vorgeschriebenen Anforderungen und Verfahren.

(3) [1]Ist für die angestrebte Tätigkeit nach der Gewerbeordnung eine Sachkundeprüfung vorgesehen, so ist der den Antrag stellenden Person nach ihrer Wahl statt der spezifischen Sachkundeprüfung die Teilnahme an einer ergänzenden Unterrichtung zu ermöglichen, sofern der Befähigungsnachweis von einem anderen Mitgliedstaat der Europäischen Union oder einem Vertragsstaat des Abkommens über den Europäischen Wirtschaftsraum ausgestellt worden ist

1) **Anm. d. Red.:** § 13c i. d. F. des Gesetzes v. 22. 12. 2015 (BGBl I S. 2572) mit Wirkung v. 18. 1. 2016.

und die jeweiligen gewerberechtlichen Verordnungen nicht etwas anderes vorsehen. [2]Dies gilt auch für Nachweise, die von einem Drittstaat ausgestellt wurden, sofern diese Nachweise von einem in Satz 1 genannten Staat anerkannt worden sind und dieser Staat der den Antrag stellenden Person eine mindestens dreijährige Berufserfahrung in der angestrebten Tätigkeit bescheinigt. [3]Die Maßnahmen nach Satz 1 sind so auszugestalten, dass sie eine der Sachkundeprüfung vergleichbare Beurteilung der Qualifikation erlauben. [4]Ist für die angestrebte Tätigkeit nach der Gewerbeordnung eine Unterrichtung vorgesehen, kann die den Antrag stellende Person auf Wunsch an Stelle der ergänzenden Unterrichtung eine spezifische Sachkundeprüfung ablegen.

(3a) [1]Die Entscheidung der zuständigen Stelle, die Aufnahme der angestrebten Tätigkeit von der erfolgreichen Teilnahme an einer spezifischen Sachkundeprüfung oder einer ergänzenden Unterrichtung nach Absatz 2 Satz 1 abhängig zu machen, ist gegenüber der den Antrag stellenden Person zu begründen und mit einer Rechtsbehelfsbelehrung zu versehen. [2]In der Begründung ist insbesondere anzugeben,

1. welche wesentlichen Unterschiede im Sinne des Absatzes 2 Satz 1 festgestellt wurden,
2. die Gründe, weshalb die Unterschiede im Sinne des Absatzes 2 Satz 1 nicht durch die von der den Antrag stellenden Person im Rahmen ihrer bisherigen Berufspraxis oder durch sonstige Befähigungsnachweise erworbenen und nachgewiesenen Kenntnisse, Fähigkeiten und Kompetenzen ausgeglichen werden, und
3. das Niveau der im Geltungsbereich dieses Gesetzes erforderlichen Berufsqualifikation gemäß der Klassifizierung in Artikel 11 der Richtlinie 2005/36/EG.

[3]Die zuständige Stelle muss der den Antrag stellenden Person die Möglichkeit geben, die spezifische Sachkundeprüfung oder die ergänzende Unterrichtung innerhalb von sechs Monaten ab dem Zugang der Entscheidung nach Absatz 2 Satz 1 zu absolvieren.

(4) [1]Der Antrag auf Anerkennung sowie die gemäß Satz 2 beizufügenden Unterlagen können elektronisch übermittelt werden. [2]Dem Antrag sind folgende Unterlagen beizufügen:

1. eine tabellarische Aufstellung der absolvierten Ausbildungsgänge und der ausgeübten Erwerbstätigkeiten,
2. ein Identitätsnachweis,
3. im Ausland erworbene Ausbildungsnachweise,
4. Nachweise über einschlägige Berufserfahrungen und sonstige Befähigungsnachweise,
5. eine Bescheinigung darüber, dass die den Antrag stellende Person zur Ausübung des Berufs berechtigt ist, sofern der Beruf im Ausbildungsstaat reglementiert ist,

soweit dies für die Beurteilung erforderlich ist. [3]Die Aufnahme und Ausübung der Tätigkeit erfolgen im Übrigen unter den im Inland geltenden Voraussetzungen. [4]Insbesondere können von der den Antrag stellenden Person Nachweise verlangt werden, die Rückschlüsse auf ihre Zuverlässigkeit, das Vorliegen geordneter Vermögensverhältnisse sowie auf erforderliche Mittel oder Sicherheiten erlauben, sofern dies in den jeweiligen gewerberechtlichen Verordnungen bestimmt ist. [5]Die zuständige Stelle kann die den Antrag stellende Person auffordern, innerhalb einer angemessenen Frist Informationen zu Inhalt und Dauer der im Ausland absolvierten Berufsbildung sowie zu sonstigen Berufsqualifikationen vorzulegen, soweit dies zur Bewertung der Gleichwertigkeit erforderlich ist. [6]§ 13b Absatz 1 Satz 2 gilt entsprechend. [7]Werden Unterlagen nach Satz 1 elektronisch übermittelt, kann die zuständige Behörde bei begründeten Zweifeln an der Echtheit der Unterlagen die den Antrag stellende Person auffordern, beglaubigte Kopien vorzulegen. [8]Eine solche Aufforderung hemmt den Lauf der Fristen nach Absatz 5 Satz 1 bis 3 nicht.

(5) [1]Die zuständige Stelle bestätigt der den Antrag stellenden Person binnen eines Monats den Empfang der Unterlagen und teilt gegebenenfalls dabei mit, dass Unterlagen fehlen. [2]Die Prüfung des Antrags auf Anerkennung muss spätestens drei Monate nach Einreichen der vollständigen Unterlagen abgeschlossen sein. [3]Diese Frist kann in begründeten Fällen um einen Monat verlängert werden. [4]Die Fristverlängerung ist der den Antrag stellenden Person rechtzeitig

und unter Angabe der Gründe mitzuteilen. [5]Bestehen begründete Zweifel an der Echtheit oder der inhaltlichen Richtigkeit der vorgelegten Unterlagen oder an den dadurch verliehenen Rechten oder benötigt die zuständige Stelle weitere Informationen, kann sie die den Antrag stellende Person auffordern, innerhalb einer angemessenen Frist weitere geeignete Unterlagen vorzulegen. [6]Soweit die Unterlagen in einem Mitgliedstaat der Europäischen Union oder einem Vertragsstaat des Abkommens über den Europäischen Wirtschaftsraum ausgestellt wurden, kann sich die zuständige Stelle auch an die zuständige Stelle des Ausbildungsstaats wenden. [7]Der Fristablauf ist solange gehemmt.

(6) Das Berufsqualifikationsfeststellungsgesetz ist mit Ausnahme des § 17 nicht anzuwenden.

Titel II: Stehendes Gewerbe

I: Allgemeine Erfordernisse

§ 14 Anzeigepflicht; Verordnungsermächtigung[1)]

(1) [1]Wer den selbständigen Betrieb eines stehenden Gewerbes, einer Zweigniederlassung oder einer unselbständigen Zweigstelle anfängt, muss dies der zuständigen Behörde gleichzeitig anzeigen. [2]Das Gleiche gilt, wenn

1. der Betrieb verlegt wird,
2. der Gegenstand des Gewerbes gewechselt oder auf Waren oder Leistungen ausgedehnt wird, die bei Gewerbebetrieben der angemeldeten Art nicht geschäftsüblich sind, oder
3. der Betrieb aufgegeben wird.

[3]Steht die Aufgabe des Betriebes eindeutig fest und ist die Abmeldung nicht innerhalb eines angemessenen Zeitraums erfolgt, kann die Behörde die Abmeldung von Amts wegen vornehmen.

(2) Absatz 1 gilt auch für den Handel mit Arzneimitteln, mit Losen von Lotterien und Ausspielungen sowie mit Bezugs- und Anteilscheinen auf solche Lose und für den Betrieb von Wettannahmestellen aller Art.

(3) [1]Wer die Aufstellung von Automaten jeder Art als selbständiges Gewerbe betreibt, muss die Anzeige bei der zuständigen Behörde seiner Hauptniederlassung erstatten. [2]Der Gewerbetreibende ist verpflichtet, zum Zeitpunkt der Aufstellung des Automaten den Familiennamen mit mindestens einem ausgeschriebenen Vornamen, seine ladungsfähige Anschrift sowie die Anschrift seiner Hauptniederlassung an dem Automaten sichtbar anzubringen. [3]Gewerbetreibende, für die eine Firma im Handelsregister eingetragen ist, haben außerdem ihre Firma in der in Satz 2 bezeichneten Weise anzubringen. [4]Ist aus der Firma der Familienname des Gewerbetreibenden mit einem ausgeschriebenen Vornamen zu ersehen, so genügt die Anbringung der Firma.

(4) [1]Die Finanzbehörden teilen den zuständigen Behörden die nach § 30 der Abgabenordnung geschützten Verhältnisse von Unternehmern im Sinne des § 5 des Gewerbesteuergesetzes mit, wenn deren Steuerpflicht erloschen ist; mitzuteilen sind lediglich Name und betriebliche Anschrift des Unternehmers und der Tag, an dem die Steuerpflicht endete. [2]Die Mitteilungspflicht besteht nicht, soweit ihre Erfüllung mit einem unverhältnismäßigen Aufwand verbunden wäre. [3]Absatz 5 Satz 1 gilt entsprechend.

(5) [1]Die erhobenen Daten dürfen nur für die Überwachung der Gewerbeausübung sowie statistische Erhebungen verwendet werden. [2]Der Name, die betriebliche Anschrift und die angezeigte Tätigkeit des Gewerbetreibenden dürfen allgemein zugänglich gemacht werden.

(6) [1]Öffentlichen Stellen, soweit sie nicht als öffentlich-rechtliche Unternehmen am Wettbewerb teilnehmen, dürfen der Zweckbindung nach Absatz 5 Satz 1 unterliegende Daten übermittelt werden, soweit

1) **Anm. d. Red.:** § 14 i. d. F. des Gesetzes v. 29. 3. 2017 (BGBl I S. 626) mit Wirkung v. 5. 4. 2017.

1. eine regelmäßige Datenübermittlung nach Absatz 8 zulässig ist,
2. die Kenntnis der Daten zur Abwehr einer gegenwärtigen Gefahr für die öffentliche Sicherheit oder erheblicher Nachteile für das Gemeinwohl erforderlich ist oder
3. der Empfänger die Daten beim Gewerbetreibenden nur mit unverhältnismäßigem Aufwand erheben könnte oder von einer solchen Datenerhebung nach der Art der Aufgabe, für deren Erfüllung die Kenntnis der Daten erforderlich ist, abgesehen werden muss und kein Grund zu der Annahme besteht, dass das schutzwürdige Interesse des Gewerbetreibenden überwiegt.

[2]Für die Weitergabe von Daten innerhalb der Verwaltungseinheiten, denen die für die Entgegennahme der Anzeige und die Überwachung der Gewerbeausübung zuständigen Behörden angehören, gilt Satz 1 entsprechend.

(7) Öffentlichen Stellen, soweit sie als öffentlich-rechtliche Unternehmen am Wettbewerb teilnehmen, und nichtöffentlichen Stellen dürfen der Zweckbindung nach Absatz 5 Satz 1 unterliegende Daten übermittelt werden, wenn der Empfänger ein rechtliches Interesse an der Kenntnis der zu übermittelnden Daten glaubhaft macht und kein Grund zu der Annahme besteht, dass das schutzwürdige Interesse des Gewerbetreibenden überwiegt.

(8) [1]Die zuständige Behörde darf Daten aus der Gewerbeanzeige regelmäßig übermitteln an

1. die Industrie- und Handelskammer zur Wahrnehmung der in den §§ 1, 3 und 5 des Gesetzes zur vorläufigen Regelung des Rechts der Industrie- und Handelskammern genannten sowie der nach § 1 Abs. 4 desselben Gesetzes übertragenen Aufgaben,
2. die Handwerkskammer zur Wahrnehmung der in § 91 der Handwerksordnung genannten, insbesondere der ihr durch die §§ 6, 19 und 28 der Handwerksordnung zugewiesenen und sonstiger durch Gesetz übertragener Aufgaben,
3. die für den Immissionsschutz zuständige Landesbehörde zur Durchführung arbeitsschutzrechtlicher sowie immissionsschutzrechtlicher Vorschriften,

3a. die für den technischen und sozialen Arbeitsschutz, einschließlich den Entgeltschutz nach dem Heimarbeitsgesetz zuständige Landesbehörde zur Durchführung ihrer Aufgaben,

4. die nach Landesrecht zuständige Behörde zur Wahrnehmung der Aufgaben, die im Mess- und Eichgesetz und in den auf Grund des Mess- und Eichgesetzes ergangenen Rechtsverordnungen festgelegt sind,
5. die Bundesagentur für Arbeit zur Wahrnehmung der in § 405 Abs. 1 in Verbindung mit § 404 Abs. 2 des Dritten Buches Sozialgesetzbuch sowie der im Arbeitnehmerüberlassungsgesetz genannten Aufgaben,
6. die Deutsche Gesetzliche Unfallversicherung e.V. ausschließlich zur Weiterleitung an die zuständige Berufsgenossenschaft für die Erfüllung der ihr durch Gesetz übertragenen Aufgaben,
7. die Behörden der Zollverwaltung zur Wahrnehmung der ihnen nach dem Schwarzarbeitsbekämpfungsgesetz, nach § 405 Abs. 1 in Verbindung mit § 404 Abs. 2 des Dritten Buches Sozialgesetzbuch sowie nach dem Arbeitnehmerüberlassungsgesetz obliegenden Aufgaben,
8. das Registergericht, soweit es sich um die Abmeldung einer im Handels- und Genossenschaftsregister eingetragenen Haupt- oder Zweigniederlassung handelt, für Maßnahmen zur Herstellung der inhaltlichen Richtigkeit des Handelsregisters gemäß § 388 Absatz 1 des Gesetzes über das Verfahren in Familiensachen und in den Angelegenheiten der freiwilligen Gerichtsbarkeit oder des Genossenschaftsregisters gemäß § 160 des Gesetzes betreffend die Erwerbs- und Wirtschaftsgenossenschaften,
9. die statistischen Ämter der Länder zur Führung des Statistikregisters nach § 1 Abs. 1 Satz 1 des Statistikregistergesetzes in den Fällen des Absatzes 1 Satz 2 Nr. 1 und 2,
10. die für die Lebensmittelüberwachung zuständigen Behörden der Länder zur Durchführung lebensmittelrechtlicher Vorschriften.

²Die Übermittlung der Daten ist auf das zur Wahrnehmung der in Satz 1 bezeichneten Aufgaben Erforderliche zu beschränken. ³§ 138 der Abgabenordnung bleibt unberührt.

(9) Darüber hinaus sind Übermittlungen der nach den Absätzen 1 bis 4 erhobenen Daten nur zulässig, soweit die Kenntnis der Daten zur Verfolgung von Straftaten erforderlich ist oder eine besondere Rechtsvorschrift dies vorsieht.

(10) Die Einrichtung eines automatisierten Verfahrens, das den Abruf von Daten aus der Gewerbeanzeige ermöglicht, ist nur zulässig, wenn technisch sichergestellt ist, dass

1. die abrufende Stelle die bei der zuständigen Stelle gespeicherten Daten nicht verändern kann und
2. ein Abruf durch eine in Absatz 7 genannte Stelle nur möglich ist, wenn die abrufende Stelle entweder den Namen des Gewerbetreibenden oder die betriebliche Anschrift des Gewerbetreibenden angegeben hat; der Abruf von Daten unter Verwendung unvollständiger Abfragedaten oder die Suche mittels einer Ähnlichenfunktion kann zugelassen werden.

(11) ¹Die Einrichtung eines automatisierten Verfahrens, das den Abruf von Daten ermöglicht, die der Zweckbindung nach Absatz 5 Satz 1 unterliegen, ist nur zulässig, soweit

1. dies wegen der Häufigkeit oder der Eilbedürftigkeit der Abrufe und unter Berücksichtigung der schutzwürdigen Interessen der Gewerbetreibenden angemessen ist,
2. die zum Abruf bereitgehaltenen Daten ihrer Art nach für die Aufgaben oder Geschäftszwecke des Empfängers erforderlich sein können und
3. technisch sichergestellt ist, dass Daten durch andere als die in Absatz 8 genannten Stellen nur abgerufen werden können, wenn dabei der Verwendungszweck, für den der Abruf erfolgt, sowie das Aktenzeichen oder eine andere Bezeichnung des Vorgangs, für den der Abruf erfolgt, angegeben wird.

²Die Datenempfänger sowie die Verwendungszwecke, für die Abrufe zugelassen werden, sind vom Leiter der Verwaltungseinheit festzulegen. ³Die zuständige Stelle protokolliert die Abrufe einschließlich der angegebenen Verwendungszwecke und Vorgangsbezeichnungen. ⁴Die Protokolle müssen die Feststellung der für die einzelnen Abrufe verantwortlichen Personen ermöglichen. ⁵Eine mindestens stichprobenweise Protokollauswertung ist durch die speichernde Stelle zu gewährleisten. ⁶Die Protokolldaten dürfen nur zur Kontrolle der Zulässigkeit der Abrufe verwendet werden und sind nach sechs Monaten zu löschen.

(12) Daten, die der Zweckbindung nach Absatz 5 Satz 1 unterliegen, darf der Empfänger nur für den Zweck verwenden, zu dessen Erfüllung sie ihm übermittelt werden.

(13) ¹Über die Gewerbeanzeigen nach Absatz 1 Satz 1 und 2 Nr. 3 werden monatliche Erhebungen als Bundesstatistik durchgeführt. ²Die Statistik nach Satz 1 soll als Informationsgrundlage für die Wirtschafts-, Wettbewerbs- und Strukturpolitik dienen. ³Für die Erhebungen besteht Auskunftspflicht. ⁴Auskunftspflichtig sind die Anzeigepflichtigen, die die Auskunftspflicht durch Erstattung der Anzeige erfüllen. ⁵Die zuständige Behörde übermittelt aus den Gewerbeanzeigen monatlich die Daten als Erhebungs- oder Hilfsmerkmale an die statistischen Ämter der Länder, die zur Führung der Statistik nach Satz 1 erforderlich sind. ⁶Die statistischen Ämter der Länder dürfen die Angaben zum eingetragenen Namen des Betriebes mit Rechtsform und zum Namen des Betriebsinhabers für die Bestimmung der Rechtsform bis zum Abschluss der nach § 12 Abs. 1 des Bundesstatistikgesetzes vorgesehenen Prüfung auswerten. ⁷Ferner dürfen sie nähere Angaben zu der angemeldeten Tätigkeit unmittelbar bei den Auskunftspflichtigen erfragen, soweit die gemeldete Tätigkeit sonst den Wirtschaftszweigen nach Anhang I der Verordnung (EG) Nr. 1893/2006 des Europäischen Parlaments und des Rates vom 20. Dezember 2006 zur Aufstellung der statistischen Systematik der Wirtschaftszweige NACE Revision 2 und zur Änderung der Verordnung (EWG) Nr. 3037/90 des Rates sowie einiger Verordnungen der EG über bestimmte Bereiche der Statistik (ABl EU Nr. L 393 S. 1) in der jeweils geltenden Fassung nicht zugeordnet werden kann.

(14) ¹Das Bundesministerium für Wirtschaft und Energie erlässt mit Zustimmung des Bundesrates durch Rechtsverordnung zur Gewährleistung der ordnungsgemäßen Erfüllung der Anzei-

gepflicht nach Absatz 1, zur Regelung der Datenübermittlung nach Absatz 8 sowie zur Führung der Statistik nach Absatz 13 nähere Vorschriften. [2]Die Rechtsverordnung

1. bestimmt insbesondere, welche erforderlichen Informationen in den Anzeigen nach Absatz 1 anzugeben sind,
2. kann die Verwendung von Vordrucken zur Anzeige eines Gewerbes anordnen, die Gestaltung der Vordrucke durch Muster festlegen und Vorgaben treffen, wie und in welcher Anzahl die Vordrucke auszufüllen sind,
3. kann Rahmenvorgaben für die elektronische Datenverarbeitung und -übermittlung festlegen,
4. bestimmt, welche Daten zur Aufgabenwahrnehmung der in Absatz 8 Satz 1 bezeichneten Stellen erforderlicherweise zu übermitteln sind, und
5. bestimmt, welche Daten als Erhebungs- und Hilfsmerkmale für die Statistik nach Absatz 13 Satz 1 an die statistischen Ämter der Länder zu übermitteln sind.

§ 15 Empfangsbescheinigung, Betrieb ohne Zulassung

(1) Die Behörde bescheinigt innerhalb dreier Tage den Empfang der Anzeige.

(2) [1]Wird ein Gewerbe, zu dessen Ausübung eine Erlaubnis, Genehmigung, Konzession oder Bewilligung (Zulassung) erforderlich ist, ohne diese Zulassung betrieben, so kann die Fortsetzung des Betriebes von der zuständigen Behörde verhindert werden. [2]Das Gleiche gilt, wenn ein Gewerbe von einer ausländischen juristischen Person begonnen wird, deren Rechtsfähigkeit im Inland nicht anerkannt wird.

§§ 15a und 15b (weggefallen)[1)]

II: Erfordernis besonderer Überwachung oder Genehmigung

A. Anlagen, die einer besonderen Überwachung bedürfen

§§ 16 bis 28 (weggefallen)

B. Gewerbetreibende, die einer besonderen Genehmigung bedürfen

§ 29 Auskunft und Nachschau[2)]

(1) Gewerbetreibende oder sonstige Personen,

1. die einer Erlaubnis nach den §§ 30, 31, 33a, 33c, 33d, 33i, 34, 34a, 34b, 34c, 34d, 34f, 34h oder 34i bedürfen oder nach § 34i Absatz 4 von der Erlaubnispflicht befreit sind,
2. die nach § 34b Abs. 5 oder § 36 öffentlich bestellt sind,
3. die ein überwachungsbedürftiges Gewerbe im Sinne des § 38 Abs. 1 betreiben,
4. gegen die ein Untersagungsverfahren nach § 35 oder § 59 eröffnet oder abgeschlossen wurde oder
5. soweit diese einer gewerblichen Tätigkeit nach § 42 Absatz 1 des Kulturgutschutzgesetzes nachgehen,

(Betroffene), haben den Beauftragten der zuständigen öffentlichen Stelle auf Verlangen die für die Überwachung des Geschäftsbetriebs erforderlichen mündlichen und schriftlichen Auskünfte unentgeltlich zu erteilen.

---

1) **Anm. d. Red.:** §§ 15a und 15b weggefallen gem. Gesetz v. 17. 3. 2009 (BGBl I S. 550) mit Wirkung v. 1. 1. 2009.

2) **Anm. d. Red.:** § 29 i. d. F. des Gesetzes v. 20. 7. 2017 (BGBl I S. 2789) mit Wirkung v. 23. 2. 2018.

(2) [1]Die Beauftragten sind befugt, zum Zwecke der Überwachung Grundstücke und Geschäftsräume des Betroffenen während der üblichen Geschäftszeit zu betreten, dort Prüfungen und Besichtigungen vorzunehmen, sich die geschäftlichen Unterlagen vorlegen zu lassen und in diese Einsicht zu nehmen. [2]Zur Verhütung dringender Gefahren für die öffentliche Sicherheit oder Ordnung können die Grundstücke und Geschäftsräume tagsüber auch außerhalb der in Satz 1 genannten Zeit sowie tagsüber auch dann betreten werden, wenn sie zugleich Wohnzwecken des Betroffenen dienen; das Grundrecht der Unverletzlichkeit der Wohnung (Artikel 13 des Grundgesetzes) wird insoweit eingeschränkt.

(3) Der Betroffene kann die Auskunft auf solche Fragen verweigern, deren Beantwortung ihn selbst oder einen der in § 383 Abs. 1 Nr. 1 bis 3 der Zivilprozessordnung bezeichneten Angehörigen der Gefahr strafgerichtlicher Verfolgung oder eines Verfahrens nach dem Gesetz über Ordnungswidrigkeiten aussetzen würde.

(4) Die Absätze 1 bis 3 finden auch Anwendung, wenn Tatsachen die Annahme rechtfertigen, dass ein erlaubnispflichtiges, überwachungsbedürftiges oder untersagtes Gewerbe ausgeübt wird.

§ 30 Privatkrankenanstalten

(1) [1]Unternehmer von Privatkranken- und Privatentbindungs- sowie von Privatnervenkliniken bedürfen einer Konzession der zuständigen Behörde. [2]Die Konzession ist nur dann zu versagen, wenn

1. Tatsachen vorliegen, welche die Unzuverlässigkeit des Unternehmers in Beziehung auf die Leitung oder Verwaltung der Anstalt oder Klinik dartun,

1a. Tatsachen vorliegen, welche die ausreichende medizinische und pflegerische Versorgung der Patienten als nicht gewährleistet erscheinen lassen.

2. nach den von dem Unternehmer einzureichenden Beschreibungen und Plänen die baulichen und die sonstigen technischen Einrichtungen der Anstalt oder Klinik den gesundheitspolizeilichen Anforderungen nicht entsprechen,

3. die Anstalt oder Klinik nur in einem Teil eines auch von anderen Personen bewohnten Gebäudes untergebracht werden soll und durch ihren Betrieb für die Mitbewohner dieses Gebäudes erhebliche Nachteile oder Gefahren hervorrufen kann oder

4. die Anstalt oder Klinik zur Aufnahme von Personen mit ansteckenden Krankheiten oder von Geisteskranken bestimmt ist und durch ihre örtliche Lage für die Besitzer oder Bewohner der benachbarten Grundstücke erhebliche Nachteile oder Gefahren hervorrufen kann.

(2) Vor Erteilung der Konzession sind über die Fragen zu Absatz 1 Nr. 3 und 4 die Ortspolizei- und die Gemeindebehörden zu hören.

§ 30a (weggefallen)

§ 30b (weggefallen)[1]

§ 30c (weggefallen)

§ 31 Bewachungsgewerbe auf Seeschiffen; Verordnungsermächtigung[2]

(1) Wer gewerbsmäßig Leben oder Eigentum fremder Personen auf Seeschiffen seewärts der Begrenzung der deutschen ausschließlichen Wirtschaftszone zur Abwehr äußerer Gefahren bewachen will, bedarf hierfür der Zulassung.

(2) [1]Die Zulassung wird durch das Bundesamt für Wirtschaft und Ausfuhrkontrolle im Benehmen mit der Bundespolizei erteilt. [2]Sie ist zu befristen und kann mit Auflagen verbunden wer-

1) **Anm. d. Red.:** § 30b weggefallen gem. Gesetz v. 24. 8. 2002 (BGBl I S. 3412) mit Wirkung v. 1. 1. 2003.

2) **Anm. d. Red.:** § 31 i. d. F. der VO v. 31. 8. 2015 (BGBl I S. 1474) mit Wirkung v. 8. 9. 2015.

den, soweit dies zum Schutz der Allgemeinheit oder der Auftraggeber erforderlich ist; unter denselben Voraussetzungen ist auch die nachträgliche Aufnahme, Änderung oder Ergänzung von Auflagen zulässig. [3]Die Zulassung ist im Benehmen mit der Bundespolizei zu versagen, wenn der Antragsteller

1. nicht die Anforderungen an die betriebliche Organisation und Verfahrensabläufe, insbesondere die Maßnahmen zur Sicherstellung der fachlichen und persönlichen Geeignetheit und Zuverlässigkeit der eingesetzten Personen, erfüllt,
2. nicht die Anforderungen an die Geschäftsleitung sowie an die mit der Leitung des Betriebes oder einer Zweigniederlassung beauftragten Person hinsichtlich der fachlichen und persönlichen Geeignetheit und Zuverlässigkeit erfüllt oder
3. den Nachweis einer Betriebshaftpflichtversicherung nicht erbringt.

[4]§ 34a Absatz 1 bis 4 ist nicht anzuwenden; § 34a Absatz 5 ist entsprechend anzuwenden.

(3) [1]Für Amtshandlungen des Bundesamtes für Wirtschaft und Ausfuhrkontrolle im Zusammenhang mit der Zulassung von Bewachungsunternehmen auf Seeschiffen gemäß den Absätzen 1, 2 und 7 werden Gebühren und Auslagen erhoben. [2]Durch Rechtsverordnung kann das Bundesministerium für Wirtschaft und Energie im Einvernehmen mit dem Bundesministerium des Innern ohne Zustimmung des Bundesrates die Gebührentatbestände und die Gebührenhöhe für die Amtshandlungen bestimmen und dabei feste Sätze, auch in Form von Zeitgebühren, oder Rahmensätze vorsehen. [3]Die Gebührensätze sind so zu bemessen, dass der mit den Amtshandlungen verbundene gesamte Personal- und Sachaufwand gedeckt wird. [4]Zu dem durch die Gebühren zu deckenden Personal- und Sachaufwand gehören auch die Kosten der Bundespolizei, die ihr durch die Beteiligung an dem Zulassungsverfahren nach Absatz 2 entstehen. [5]Zusätzlich zu dem Verwaltungsaufwand kann der in Geld berechenbare wirtschaftliche Wert für den Gebührenschuldner angemessen berücksichtigt werden. [6]Die Gebührenhöhe darf zu der Amtshandlung nicht außer Verhältnis stehen. [7]Aus Gründen des öffentlichen Interesses oder der Billigkeit kann eine niedrigere Gebühr als die in den Sätzen 3 bis 5 vorgesehene Gebühr oder eine Gebührenbefreiung bestimmt werden. [8]In der Verordnung können Auslagen auch abweichend von § 10 des Verwaltungskostengesetzes bestimmt werden.

(4) [1]Das Bundesministerium für Wirtschaft und Energie kann im Einvernehmen mit dem Bundesministerium des Innern und dem Bundesministerium für Verkehr und digitale Infrastruktur durch Rechtsverordnung ohne Zustimmung des Bundesrates

1. die Anforderungen und das Verfahren für die Zulassung nach Absatz 1 sowie die Dauer der Zulassung festlegen,
2. die Anforderungen an das Bewachungsunternehmen festlegen hinsichtlich der betrieblichen Organisation und der Verfahrensabläufe, der technischen Ausrüstung und der Maßnahmen, die die Einhaltung der waffenrechtlichen Vorschriften des Flaggenstaates sowie der Hafen- und Küstenstaaten gewährleisten,
3. zum Schutz der Allgemeinheit und der Auftraggeber Vorschriften über den Umfang der Befugnisse und Verpflichtungen bei der Ausübung der Bewachungstätigkeit nach Absatz 1 erlassen, insbesondere über
   a) die Pflichten des Bewachungsunternehmens bei der Auswahl und Einstellung, der Beschäftigung und Einweisung in die Tätigkeit der mit der Durchführung von Bewachungsaufgaben nach Absatz 1 eingesetzten Personen; über die Anforderungen, denen diese Personen genügen müssen, insbesondere in Bezug auf die Ausbildung, die beruflichen Kenntnisse und Fähigkeiten, die Berufserfahrung, Eignung und Zuverlässigkeit dieser Personen; sowie über die erforderlichen organisatorischen Maßnahmen, die die Einhaltung dieser Anforderungen durch das Bewachungsunternehmen sicherstellen,
   b) die Pflicht des Bewachungsunternehmens, Bücher zu führen, die notwendigen Daten über einzelne Geschäftsvorgänge sowie die Auftraggeber aufzuzeichnen, die Bücher und Aufzeichnungen aufzubewahren und auf Anforderung an das Bundesamt für Wirtschaft und Ausfuhrkontrolle zu übersenden,

c) die Pflicht des Bewachungsunternehmens, Bewachungseinsätze beim Bundesamt für Wirtschaft und Ausfuhrkontrolle anzuzeigen, Protokolle über die Einsätze zu führen und Einsatzberichte zu erstellen und diese dem Bundesamt für Wirtschaft und Ausfuhrkontrolle sowie dem Auftraggeber zu übersenden sowie Meldungen über Vorkommnisse, insbesondere den Einsatz, Verlust oder Ersatz von Waffen, an das Bundesamt für Wirtschaft und Ausfuhrkontrolle, die Bundespolizei und den Auftraggeber zu erstatten,

d) die Pflicht des Bewachungsunternehmens, dem Bundesamt für Wirtschaft und Ausfuhrkontrolle einen Wechsel der mit der Leitung des Betriebes oder einer Zweigniederlassung beauftragten Personen anzuzeigen und hierbei Angaben über diese zu machen sowie Änderungen in der betrieblichen Organisation und den Verfahrensabläufen anzuzeigen, und

e) die Unterrichtung des Bundesamtes für Wirtschaft und Ausfuhrkontrolle durch Gerichte und Staatsanwaltschaften über rechtliche Maßnahmen gegen Bewachungsunternehmen und ihre Beschäftigten, die mit Bewachungsaufgaben nach Absatz 1 betraut sind,

4. den Umfang und die inhaltlichen Anforderungen an die nach Absatz 2 Satz 3 Nummer 3 erforderliche Betriebshaftpflichtversicherung, insbesondere die Höhe der Mindestversicherungssummen, die Bestimmung der zuständigen Stelle im Sinne des § 117 Absatz 2 Satz 1 des Versicherungsvertragsgesetzes vom 23. November 2007 (BGBl I S. 2631), das zuletzt durch Artikel 2 Absatz 79 des Gesetzes vom 22. Dezember 2011 (BGBl I S. 3044) geändert worden ist, über den Nachweis des Bestehens einer Haftpflichtversicherung, die Anzeigepflichten des Versicherungsunternehmens gegenüber dem Bundesamt für Wirtschaft und Ausfuhrkontrolle und den Versicherungsnehmern sowie die Anerkennung von Haftpflichtversicherungen, die bei Versicherern abgeschlossen wurden, die außerhalb des Geltungsbereichs dieses Gesetzes zum Geschäftsbetrieb befugt sind, festlegen und

5. die Anforderungen und Verfahren zur Anerkennung von Zulassungen aus anderen Staaten festlegen.

[2]Das Bundesministerium für Wirtschaft und Energie kann die Ermächtigung nach Satz 1 ganz oder teilweise durch Rechtsverordnung unter Sicherstellung der Einvernehmensregelung auf das Bundesamt für Wirtschaft und Ausfuhrkontrolle übertragen; Rechtsverordnungen des Bundesamtes für Wirtschaft und Ausfuhrkontrolle bedürfen in Abweichung von der Einvernehmensregelung nach Satz 1 nur des Einvernehmens des Bundespolizeipräsidiums und des Bundesamtes für Seeschifffahrt und Hydrographie. [3]Rechtsverordnungen nach den Sätzen 1 und 2 bedürfen der Zustimmung des Bundestages. [4]Hat sich der Bundestag nach Ablauf von drei Sitzungswochen seit Eingang der Rechtsverordnung nicht mit ihr befasst, so gilt die Zustimmung als erteilt.

(5) [1]Das Bundesamt für Wirtschaft und Ausfuhrkontrolle und die Bundespolizei dürfen einander auch ohne Ersuchen Informationen einschließlich personenbezogener Daten übermitteln, soweit dies zur Erfüllung der Aufgaben nach Absatz 2 erforderlich ist. [2]Das Bundesamt für Wirtschaft und Ausfuhrkontrolle und die Bundespolizei dürfen die übermittelten Informationen nur im Rahmen der gesetzlichen Aufgabenerfüllung nach Absatz 1 verwenden. [3]Das Bundesamt für Wirtschaft und Ausfuhrkontrolle unterrichtet das Bundesamt für Seeschifffahrt und Hydrographie oder die auf Grund einer Rechtsverordnung nach § 3 Absatz 2 oder § 9 Absatz 1 Nummer 7 des Seeaufgabengesetzes in der Fassung der Bekanntmachung vom 26. Juli 2002 (BGBl I S. 2876), das zuletzt durch Artikel 2 des Gesetzes vom 22. Dezember 2011 (BGBl I S. 3069) geändert worden ist, bestimmte Behörde unverzüglich über die Zulassung von Bewachungsunternehmen, über Änderungen, ihre Beendigung sowie über sonstige das Zulassungsverfahren betreffende Tatsachen, soweit dies für die Erfüllung der Aufgaben nach § 1 Nummer 13 des Seeaufgabengesetzes erforderlich ist.

(6) Das Bundesamt für Wirtschaft und Ausfuhrkontrolle veröffentlicht und aktualisiert auf seiner Webseite regelmäßig eine Liste der nach Absatz 1 zugelassenen Bewachungsunternehmen einschließlich ihrer Anschrift, Telefonnummer und E-Mail-Adresse oder Faxnummer; dazu ist zuvor das Einverständnis der betroffenen Unternehmen einzuholen.

(7) Das Bundesamt für Wirtschaft und Ausfuhrkontrolle ist im Zusammenhang mit der Durchführung von § 31 auch für die Durchführung von § 15 Absatz 2, der §§ 29, 46 Absatz 3 und von § 47 zuständig.

§ 32 Regelung der Sachkundeprüfung, Aufgabenauswahlausschüsse[1)]

GewO

(1) [1]Soweit Prüfungsverfahren nicht vollständig durch Rechtsverordnungen nach diesem Abschnitt geregelt sind, kann in ihnen bestimmt werden, dass die Industrie- und Handelskammern, wenn diese für die Durchführung von Prüfungen zuständig sind, durch Satzung Einzelheiten des Prüfungsverfahrens regeln. [2]Regelungen sind insbesondere erforderlich über

1. die genaue Zusammensetzung eines Prüfungsausschusses, insbesondere hinsichtlich der Anzahl und der Qualifikation seiner Mitglieder,
2. die Berufung der Mitglieder des Prüfungsausschusses und deren Abberufung,
3. das Verfahren des Prüfungsausschusses, insbesondere über die Beschlussfassung und den Ausschluss von der Mitwirkung,
4. die Dauer der Prüfung,
5. die Zulassung zum praktischen Teil der Prüfung,
6. den Gegenstand und die Dauer der spezifischen Sachkundeprüfung nach § 13c Absatz 2 Satz 1,
7. den Nachteilsausgleich für Menschen mit Behinderung,
8. die Bewertung der Prüfungsleistungen,
9. die Folgen von Verstößen gegen Prüfungsvorschriften,
10. die Wiederholungsprüfung sowie
11. die Niederschrift über die Prüfung.

(2) [1]Soweit in Rechtsverordnungen nach diesem Abschnitt für die Auswahl von Prüfungsfragen für Sachkundeprüfungen die Bildung von Aufgabenauswahlausschüssen vorgesehen ist, obliegt die Errichtung der Aufgabenauswahlausschüsse nach Maßgabe des Satzes 2 den Industrie- und Handelskammern, die sich dabei der in § 32 Absatz 2 des Umweltauditgesetzes bezeichneten Stelle (gemeinsame Stelle) bedienen. [2]In den Rechtsverordnungen sind Einzelheiten zur Errichtung der Aufgabenauswahlausschüsse, insbesondere hinsichtlich der Zusammensetzung, zu bestimmen.

§ 33 (weggefallen)[2)]

§ 33a Schaustellungen von Personen

(1) [1]Wer gewerbsmäßig Schaustellungen von Personen in seinen Geschäftsräumen veranstalten oder für deren Veranstaltung seine Geschäftsräume zur Verfügung stellen will, bedarf der Erlaubnis der zuständigen Behörde. [2]Dies gilt nicht für Darbietungen mit überwiegend künstlerischem, sportlichem, akrobatischem oder ähnlichem Charakter. [3]Die Erlaubnis kann mit einer Befristung erteilt und mit Auflagen verbunden werden, soweit dies zum Schutze der Allgemeinheit, der Gäste oder der Bewohner des Betriebsgrundstücks oder der Nachbargrundstücke vor Gefahren, erheblichen Nachteilen oder erheblichen Belästigungen erforderlich ist; unter denselben Voraussetzungen ist auch die nachträgliche Aufnahme, Änderung und Ergänzung von Auflagen zulässig.

(2) Die Erlaubnis ist zu versagen, wenn

1. Tatsachen die Annahme rechtfertigen, dass der Antragsteller die für den Gewerbebetrieb erforderliche Zuverlässigkeit nicht besitzt,

1) **Anm. d. Red.:** § 32 eingefügt gem. Gesetz v. 11.12.2018 (BGBl I S. 2354) mit Wirkung v. 15.12.2018.

2) **Anm. d. Red.:** § 33 weggefallen gem. Gesetz v. 4. 3. 2013 (BGBl I S. 362) mit Wirkung v. 13. 3. 2013.

2. zu erwarten ist, dass die Schaustellungen den guten Sitten zuwiderlaufen werden oder
3. der Gewerbebetrieb im Hinblick auf seine örtliche Lage oder auf die Verwendung der Räume dem öffentlichen Interesse widerspricht, insbesondere schädliche Umwelteinwirkungen im Sinne des Bundes-Immissionsschutzgesetzes oder sonst erhebliche Nachteile, Gefahren oder Belästigungen für die Allgemeinheit befürchten lässt.

§ 33b Tanzlustbarkeiten

Die Abhaltung von Tanzlustbarkeiten richtet sich nach den landesrechtlichen Bestimmungen.

§ 33c Spielgeräte mit Gewinnmöglichkeit[1)]

(1) [1]Wer gewerbsmäßig Spielgeräte, die mit einer den Spielausgang beeinflussenden technischen Vorrichtung ausgestattet sind, und die die Möglichkeit eines Gewinnes bieten, aufstellen will, bedarf der Erlaubnis der zuständigen Behörde. [2]Die Erlaubnis berechtigt nur zur Aufstellung von Spielgeräten, deren Bauart von der Physikalisch-Technischen Bundesanstalt zugelassen ist. [3]Sie kann mit Auflagen, auch im Hinblick auf den Aufstellungsort, verbunden werden, soweit dies zum Schutze der Allgemeinheit, der Gäste oder Bewohner des jeweiligen Betriebsgrundstücks oder der Nachbargrundstücke oder im Interesse des Jugendschutzes erforderlich ist; unter denselben Voraussetzungen ist auch die nachträgliche Aufnahme, Änderung und Ergänzung von Auflagen zulässig.

(2) Die Erlaubnis ist zu versagen, wenn

1. Tatsachen die Annahme rechtfertigen, dass der Antragsteller die für die Aufstellung von Spielgeräten erforderliche Zuverlässigkeit nicht besitzt; die erforderliche Zuverlässigkeit besitzt in der Regel nicht, wer in den letzten drei Jahren vor Stellung des Antrages wegen eines Verbrechens, wegen Diebstahls, Unterschlagung, Erpressung, Hehlerei, Geldwäsche, Verschleierung unrechtmäßig erlangter Vermögenswerte, Betruges, Untreue, unerlaubter Veranstaltung eines Glücksspiels, Beteiligung am unerlaubten Glücksspiel oder wegen eines Vergehens nach § 27 des Jugendschutzgesetzes rechtskräftig verurteilt worden ist,
2. der Antragsteller nicht durch eine Bescheinigung einer Industrie- und Handelskammer nachweist, dass er über die für die Ausübung des Gewerbes notwendigen Kenntnisse zum Spieler- und Jugendschutz unterrichtet worden ist, oder
3. der Antragsteller nicht nachweist, dass er über ein Sozialkonzept einer öffentlich anerkannten Institution verfügt, in dem dargelegt wird, mit welchen Maßnahmen den sozialschädlichen Auswirkungen des Glücksspiels vorgebeugt werden soll.

(3) [1]Der Gewerbetreibende darf Spielgeräte im Sinne des Absatzes 1 nur aufstellen, wenn ihm die zuständige Behörde schriftlich bestätigt hat, dass der Aufstellungsort den auf der Grundlage des § 33f Abs. 1 Nr. 1 erlassenen Durchführungsvorschriften entspricht. [2]Sollen Spielgeräte in einer Gaststätte aufgestellt werden, so ist in der Bestätigung anzugeben, ob dies in einer Schank- oder Speisewirtschaft oder in einem Beherbergungsbetrieb erfolgen soll. [3]Gegenüber dem Gewerbetreibenden und demjenigen, in dessen Betrieb ein Spielgerät aufgestellt worden ist, können von der zuständigen Behörde, in deren Bezirk das Spielgerät aufgestellt worden ist, Anordnungen nach Maßgabe des Absatzes 1 Satz 3 erlassen werden. [4]Der Aufsteller darf mit der Aufstellung von Spielgeräten nur Personen beschäftigen, die die Voraussetzungen nach Absatz 2 Nummer 2 erfüllen.

§ 33d Andere Spiele mit Gewinnmöglichkeit[2)]

(1) [1]Wer gewerbsmäßig ein anderes Spiel mit Gewinnmöglichkeit veranstalten will, bedarf der Erlaubnis der zuständigen Behörde. [2]Die Erlaubnis kann mit einer Befristung erteilt und mit Auflagen verbunden werden, soweit dies zum Schutze der Allgemeinheit, der Gäste oder der

1) **Anm. d. Red.:** § 33c i. d. F. des Gesetzes v. 5. 12. 2012 (BGBl I S. 2415) mit Wirkung v. 1. 9. 2013.

2) **Anm. d. Red.:** § 33d i. d. F. des Gesetzes v. 5. 12. 2012 (BGBl I S. 2415) mit Wirkung v. 1. 9. 2013.

Bewohner des Betriebsgrundstücks oder der Nachbargrundstücke oder im Interesse des Jugendschutzes erforderlich ist; unter denselben Voraussetzungen ist auch die nachträgliche Aufnahme, Änderung und Ergänzung von Auflagen zulässig.

(2) Die Erlaubnis darf nur erteilt werden, wenn der Antragsteller im Besitz einer von dem Bundeskriminalamt erteilten Unbedenklichkeitsbescheinigung oder eines Abdruckes der Unbedenklichkeitsbescheinigung ist.

(3) [1]Die Erlaubnis ist zu versagen, wenn Tatsachen die Annahme rechtfertigen, dass der Antragsteller oder der Gewerbetreibende, in dessen Betrieb das Spiel veranstaltet werden soll, die für die Veranstaltung von anderen Spielen erforderliche Zuverlässigkeit nicht besitzt. [2]§ 33c Absatz 2 Nummer 1 zweiter Halbsatz gilt entsprechend.

(4) [1]Die Erlaubnis ist zurückzunehmen, wenn bei ihrer Erteilung nicht bekannt war, dass Tatsachen der in Absatz 3 bezeichneten Art vorlagen. [2]Die Erlaubnis ist zu widerrufen, wenn

1. nach ihrer Erteilung Tatsachen der in Absatz 3 bezeichneten Art eingetreten sind,
2. das Spiel abweichend von den genehmigten Bedingungen veranstaltet wird oder
3. die Unbedenklichkeitsbescheinigung zurückgenommen oder widerrufen worden ist.

(5) Die Erlaubnis kann widerrufen werden, wenn bei der Veranstaltung des Spieles eine der in der Erlaubnis enthaltenen Auflagen nicht beachtet oder gegen § 6 des Jugendschutzgesetzes verstoßen worden ist.

§ 33e Bauartzulassung und Unbedenklichkeitsbescheinigung[1)]

(1) [1]Die Zulassung der Bauart eines Spielgerätes oder ihrer Nachbaugeräte und die Unbedenklichkeitsbescheinigung für andere Spiele (§§ 33c und 33d) sind zu versagen, wenn die Gefahr besteht, dass der Spieler unangemessen hohe Verluste in kurzer Zeit erleidet. [2]Für andere Spiele im Sinne des § 33d kann die Unbedenklichkeitsbescheinigung auch versagt werden, wenn das Spiel durch Veränderung der Spielbedingungen oder durch Veränderung der Spieleinrichtung mit einfachen Mitteln als Glücksspiel im Sinne des § 284 des Strafgesetzbuches veranstaltet werden kann. [3]Ein Versagungsgrund im Sinne des Satzes 2 liegt insbesondere dann vor, wenn

1. es sich um ein Karten-, Würfel- oder Kugelspiel handelt, das von einem Glücksspiel im Sinne des § 284 des Strafgesetzbuches abgeleitet ist, oder
2. das Spiel nach den zur Prüfung eingereichten Bedingungen nicht wirtschaftlich betrieben werden kann.

(2) Die Zulassung ist ganz oder teilweise, die Unbedenklichkeitsbescheinigung ist ganz zurückzunehmen oder zu widerrufen, wenn Tatsachen bekannt werden, die ihre Versagung rechtfertigen würden, oder wenn der Antragsteller zugelassene Spielgeräte an den in dem Zulassungsschein bezeichneten Merkmalen verändert oder ein für unbedenklich erklärtes Spiel unter nicht genehmigten Bedingungen veranstaltet.

(3) Die Zulassung und die Unbedenklichkeitsbescheinigung können mit einer Befristung erteilt und mit Auflagen verbunden werden.

(4) Bei serienmäßig hergestellten Spielen nach § 33d genügt es, wenn die Unbedenklichkeitsbescheinigung für das eingereichte Spiel und für Nachbauten ein Abdruck der Unbedenklichkeitsbescheinigung erteilt wird.

1) **Anm. d. Red.:** § 33e i. d. F. des Gesetzes v. 5. 12. 2012 (BGBl I S. 2415) mit Wirkung v. 12. 12. 2012.

§ 33f Ermächtigung zum Erlass von Durchführungsvorschriften[1)2)3)]

(1) Das Bundesministerium für Wirtschaft und Energie kann zur Durchführung der §§ 33c, 33d, 33e und 33i im Einvernehmen mit dem Bundesministerium des Innern, dem Bundesministerium für Gesundheit und dem Bundesministerium für Familie, Senioren, Frauen und Jugend und mit Zustimmung des Bundesrates durch Rechtsverordnung zur Eindämmung der Betätigung des Spieltriebs, zum Schutze der Allgemeinheit und der Spieler sowie im Interesse des Jugendschutzes

1. die Aufstellung von Spielgeräten oder die Veranstaltung von anderen Spielen auf bestimmte Gewerbezweige, Betriebe oder Veranstaltungen beschränken und die Zahl der jeweils in einem Betrieb aufgestellten Spielgeräte oder veranstalteten anderen Spiele begrenzen,
2. Vorschriften über den Umfang der Befugnisse und Verpflichtungen bei der Ausübung des Gewerbes erlassen,
3. für die Zulassung oder die Erteilung der Unbedenklichkeitsbescheinigung bestimmte Anforderungen stellen an
   a) die Art und Weise des Spielvorgangs,
   b) die Art des Gewinns,
   c) den Höchsteinsatz und den Höchstgewinn,
   d) das Verhältnis der Anzahl der gewonnenen Spiele zur Anzahl der verlorenen Spiele,
   e) das Verhältnis des Einsatzes zum Gewinn bei einer bestimmten Anzahl von Spielen,
   f) die Mindestdauer eines Spiels,
   g) die technische Konstruktion und die Kennzeichnung der Spielgeräte,
   h) personenungebundene Identifikationsmittel, die der Spieler einsetzen muss, um den Spielbetrieb an einem Spielgerät zu ermöglichen, insbesondere an deren Ausgabe, Aktivierung, Gültigkeit und Sicherheitsmerkmale,
   i) die Bekanntgabe der Spielregeln und des Gewinnplans sowie die Bereithaltung des Zulassungsscheines oder des Abdruckes des Zulassungsscheines, des Zulassungsbeleges, der Unbedenklichkeitsbescheinigung oder des Abdruckes der Unbedenklichkeitsbescheinigung,
4. Vorschriften über den Umfang der Verpflichtungen des Gewerbetreibenden erlassen, in dessen Betrieb das Spielgerät aufgestellt oder das Spiel veranstaltet werden soll,
5. die Anforderungen an den Unterrichtungsnachweis nach § 33c Absatz 2 Nummer 2 und das Verfahren für diesen Nachweis sowie Ausnahmen von der Nachweispflicht festlegen.

(2) Durch Rechtsverordnung können ferner

1. das Bundesministerium für Wirtschaft und Energie im Einvernehmen mit dem Bundesministerium des Innern und mit Zustimmung des Bundesrates

---

1) **Anm. d. Red.:** § 33f i. d. F. der VO v. 31. 8. 2015 (BGBl I S. 1474) mit Wirkung v. 8. 9. 2015.

2) **Anm. d. Red.:** Gem. Art. 3 Abs. 10 i.V. mit Art. 7 Abs. 2 Gesetz v. 18. 7. 2016 (BGBl I S. 1666) wird § 33f Abs. 2 Nr. 2 mit Wirkung v. 1. 10. 2019 wie folgt gefasst:

„2. das Bundesministerium des Innern im Einvernehmen mit dem Bundesministerium für Wirtschaft und Energie und mit Zustimmung des Bundesrates das Verfahren des Bundeskriminalamtes bei der Erteilung von Unbedenklichkeitsbescheinigungen regeln."

3) **Anm. d. Red.:** Gem. Art. 4 Abs. 58 i.V. mit Art. 7 Abs. 3 Gesetz v. 18. 7. 2016 (BGBl I S. 1666) wird § 33f Abs. 2 Nr. 1 mit Wirkung v. 1. 10. 2021 wie folgt gefasst:

„1. das Bundesministerium für Wirtschaft und Energie im Einvernehmen mit dem Bundesministerium des Innern und mit Zustimmung des Bundesrates das Verfahren der Physikalisch-Technischen Bundesanstalt bei der Prüfung und Zulassung der Bauart von Spielgeräten sowie bei der Verlängerung der Aufstelldauer von Warenspielgeräten, die auf Volksfesten, Schützenfesten oder ähnlichen Veranstaltungen aufgestellt werden sollen, und die ihrer Konstruktion nach keine statistischen Prüfmethoden erforderlich machen, regeln;".

a) das Verfahren der Physikalisch-Technischen Bundesanstalt bei der Prüfung und Zulassung der Bauart von Spielgeräten sowie bei der Verlängerung der Aufstelldauer von Warenspielgeräten, die auf Volksfesten, Schützenfesten oder ähnlichen Veranstaltungen aufgestellt werden sollen, und die ihrer Konstruktion nach keine statistischen Prüfmethoden erforderlich machen, regeln und

b) Vorschriften über die Gebühren und Auslagen für individuell zurechenbare öffentliche Leistungen der Physikalisch-Technischen Bundesanstalt erlassen;

2. das Bundesministerium des Innern im Einvernehmen mit dem Bundesministerium für Wirtschaft und Energie und mit Zustimmung des Bundesrates

   a) das Verfahren des Bundeskriminalamtes bei der Erteilung von Unbedenklichkeitsbescheinigungen regeln und

   b) Vorschriften über die Gebühren und Auslagen für individuell zurechenbare öffentliche Leistungen des Bundeskriminalamtes erlassen.

§ 33g Einschränkung und Ausdehnung der Erlaubnispflicht[1)]

Das Bundesministerium für Wirtschaft und Energie kann im Einvernehmen mit den Bundesministerien des Innern und für Familie, Senioren, Frauen und Jugend und mit Zustimmung des Bundesrates durch Rechtsverordnung bestimmen, dass

1. für die Veranstaltung bestimmter anderer Spiele im Sinne des § 33d Abs. 1 Satz 1 eine Erlaubnis nicht erforderlich ist, wenn diese Spiele überwiegend der Unterhaltung dienen und kein öffentliches Interesse an einer Erlaubnispflicht besteht,
2. die Vorschriften der §§ 33c und 33d auch für die nicht gewerbsmäßige Aufstellung von Spielgeräten und für die nicht gewerbsmäßige Veranstaltung anderer Spiele in Vereinen und geschlossenen Gesellschaften gelten, in denen gewohnheitsmäßig gespielt wird, wenn für eine solche Regelung ein öffentliches Interesse besteht.

§ 33h Spielbanken, Lotterien, Glücksspiele

Die §§ 33c bis 33g finden keine Anwendung auf

1. die Zulassung und den Betrieb von Spielbanken,
2. die Veranstaltung von Lotterien und Ausspielungen, mit Ausnahme der gewerbsmäßig betriebenen Ausspielungen auf Volksfesten, Schützenfesten oder ähnlichen Veranstaltungen, bei denen der Gewinn in geringwertigen Gegenständen besteht,
3. die Veranstaltung anderer Spiele im Sinne des § 33d Abs. 1 Satz 1, die Glücksspiele im Sinne des § 284 des Strafgesetzbuches sind.

§ 33i Spielhallen und ähnliche Unternehmen[2)]

(1) [1]Wer gewerbsmäßig eine Spielhalle oder ein ähnliches Unternehmen betreiben will, das ausschließlich oder überwiegend der Aufstellung von Spielgeräten oder der Veranstaltung anderer Spiele im Sinne des § 33c Abs. 1 Satz 1 oder des § 33d Abs. 1 Satz 1 dient, bedarf der Erlaubnis der zuständigen Behörde. [2]Die Erlaubnis kann mit einer Befristung erteilt und mit Auflagen verbunden werden, soweit dies zum Schutze der Allgemeinheit, der Gäste oder der Bewohner des Betriebsgrundstücks oder der Nachbargrundstücke vor Gefahren, erheblichen Nachteilen oder erheblichen Belästigungen erforderlich ist; unter denselben Voraussetzungen ist auch die nachträgliche Aufnahme, Änderung und Ergänzung von Auflagen zulässig.

(2) Die Erlaubnis ist zu versagen, wenn

1. die in § 33c Absatz 2 Nummer 1 oder § 33d Absatz 3 genannten Versagungsgründe vorliegen,

---

1) **Anm. d. Red.:** § 33g i. d. F. der VO v. 31. 8. 2015 (BGBl I S. 1474) mit Wirkung v. 8. 9. 2015.

2) **Anm. d. Red.:** § 33i i. d. F. des Gesetzes v. 5. 12. 2012 (BGBl I S. 2415) mit Wirkung v. 1. 9. 2013.

2. die zum Betrieb des Gewerbes bestimmten Räume wegen ihrer Beschaffenheit oder Lage den polizeilichen Anforderungen nicht genügen oder
3. der Betrieb des Gewerbes eine Gefährdung der Jugend, eine übermäßige Ausnutzung des Spieltriebs, schädliche Umwelteinwirkungen im Sinne des Bundes-Immissionsschutzgesetzes oder sonst eine nicht zumutbare Belästigung der Allgemeinheit, der Nachbarn oder einer im öffentlichen Interesse bestehenden Einrichtung befürchten lässt.

§ 34 Pfandleihgewerbe[1)]

(1) [1]Wer das Geschäft eines Pfandleihers oder Pfandvermittlers betreiben will, bedarf der Erlaubnis der zuständigen Behörde. [2]Die Erlaubnis kann mit Auflagen verbunden werden, soweit dies zum Schutze der Allgemeinheit oder der Verpfänder erforderlich ist; unter denselben Voraussetzungen ist auch die nachträgliche Aufnahme, Änderung und Ergänzung von Auflagen zulässig. [3]Die Erlaubnis ist zu versagen, wenn

1. Tatsachen die Annahme rechtfertigen, dass der Antragsteller die für den Gewerbebetrieb erforderliche Zuverlässigkeit nicht besitzt, oder
2. er die für den Gewerbebetrieb erforderlichen Mittel oder entsprechende Sicherheiten nicht nachweist.

(2) [1]Das Bundesministerium für Wirtschaft und Energie kann durch Rechtsverordnung mit Zustimmung des Bundesrates zum Schutze der Allgemeinheit und der Verpfänder Vorschriften erlassen über den Umfang der Befugnisse und Verpflichtungen bei der Ausübung der in Absatz 1 genannten Gewerbe, insbesondere über

1. den Geltungsbereich der Erlaubnis,
2. die Annahme, Aufbewahrung und Verwertung des Pfandgegenstandes, die Art und Höhe der Vergütung für die Hingabe des Darlehens und über die Ablieferung des sich bei der Verwertung des Pfandes ergebenden Pfandüberschusses,
3. die Verpflichtung zum Abschluss einer Versicherung gegen Feuerschäden, Wasserschäden, Einbruchsdiebstahl und Beraubung oder über die Verpflichtung, andere Maßnahmen zu treffen, die der Sicherung der Ansprüche der Darlehensnehmer wegen Beschädigung oder Verlustes des Pfandgegenstandes dienen,
4. die Verpflichtung zur Buchführung einschließlich der Aufzeichnung von Daten über einzelne Geschäftsvorgänge sowie über die Verpfänder.

[2]Es kann ferner bestimmen, dass diese Vorschriften ganz oder teilweise auch auf nicht gewerblich betriebene Pfandleihanstalten Anwendung finden.

(3) Sind nach Ablauf des Jahres, in dem das Pfand verwertet worden ist, drei Jahre verstrichen, so verfällt der Erlös zugunsten des Fiskus des Landes, in dem die Verpfändung erfolgt ist, wenn nicht ein Empfangsberechtigter sein Recht angemeldet hat.

(4) Der gewerbsmäßige Ankauf beweglicher Sachen mit Gewährung des Rückkaufsrechts ist verboten.

§ 34a Bewachungsgewerbe; Verordnungsermächtigung[2)]

(1) [1]Wer gewerbsmäßig Leben oder Eigentum fremder Personen bewachen will (Bewachungsgewerbe), bedarf der Erlaubnis der zuständigen Behörde. [2]Die Erlaubnis kann mit Auflagen verbunden werden, soweit dies zum Schutz der Allgemeinheit oder der Auftraggeber erforderlich

1) **Anm. d. Red.:** § 34 i. d. F. des Gesetzes v. 11. 3. 2016 (BGBl I S. 396) mit Wirkung v. 21. 3. 2016.

2) **Anm. d. Red.:** § 34a i. d. F. des Gesetzes v. 29.11.2018 (BGBl I S. 2666) mit Wirkung v. 1.1.2019.

ist; unter denselben Voraussetzungen sind auch die nachträgliche Aufnahme, Änderung und Ergänzung von Auflagen zulässig. [3]Die Erlaubnis ist zu versagen, wenn

1. Tatsachen die Annahme rechtfertigen, dass der Antragsteller oder eine der mit der Leitung des Betriebes oder einer Zweigniederlassung beauftragten Personen die für den Gewerbebetrieb erforderliche Zuverlässigkeit nicht besitzt,
2. der Antragsteller in ungeordneten Vermögensverhältnissen lebt,
3. der Antragsteller oder eine mit der Leitung des Betriebes oder einer Zweigniederlassung beauftragte Person nicht durch eine vor der Industrie- und Handelskammer erfolgreich abgelegte Prüfung nachweist, dass er die für die Ausübung des Bewachungsgewerbes notwendige Sachkunde über die rechtlichen und fachlichen Grundlagen besitzt; für juristische Personen gilt dies für die gesetzlichen Vertreter, soweit sie mit der Durchführung von Bewachungsaufgaben direkt befasst sind oder keine mit der Leitung des Betriebes oder einer Zweigniederlassung beauftragte Person einen Sachkundenachweis hat, oder
4. der Antragsteller den Nachweis einer Haftpflichtversicherung nicht erbringt.

GewO

[4]Die erforderliche Zuverlässigkeit liegt in der Regel nicht vor, wenn der Antragsteller oder eine der mit der Leitung des Betriebes oder einer Zweigniederlassung beauftragten Person

1. Mitglied in einem Verein, der nach dem Vereinsgesetz als Organisation unanfechtbar verboten wurde oder der einem unanfechtbaren Betätigungsverbot nach dem Vereinsgesetz unterliegt, war und seit der Beendigung der Mitgliedschaft zehn Jahre noch nicht verstrichen sind,
2. Mitglied in einer Partei, deren Verfassungswidrigkeit das Bundesverfassungsgericht nach § 46 des Bundesverfassungsgerichtsgesetzes in der Fassung der Bekanntmachung vom 11. August 1993 (BGBl I S. 1473), das zuletzt durch Artikel 8 der Verordnung vom 31. August 2015 (BGBl I S. 1474) geändert worden ist, festgestellt hat, war und seit der Beendigung der Mitgliedschaft zehn Jahre noch nicht verstrichen sind,
3. einzeln oder als Mitglied einer Vereinigung Bestrebungen und Tätigkeiten im Sinne des § 3 Absatz 1 des Bundesverfassungsschutzgesetzes vom 20. Dezember 1990 (BGBl I S. 2954, 2970), das zuletzt durch Artikel 1 des Gesetzes vom 26. Juli 2016 (BGBl I S. 1818) geändert worden ist, verfolgt oder unterstützt oder in den letzten fünf Jahren verfolgt oder unterstützt hat,
4. in den letzten fünf Jahren vor Stellung des Antrags wegen Versuchs oder Vollendung einer der nachstehend aufgeführten Straftaten zu einer Freiheitsstrafe, Jugendstrafe, Geldstrafe von mindestens 90 Tagessätzen oder mindestens zweimal zu einer geringeren Geldstrafe rechtskräftig verurteilt worden ist oder bei dem die Verhängung von Jugendstrafe ausgesetzt worden ist, wenn seit dem Eintritt der Rechtskraft der letzten Verurteilung fünf Jahre noch nicht verstrichen sind:
   a) Verbrechen im Sinne von § 12 Absatz 1 des Strafgesetzbuches,
   b) Straftat gegen die sexuelle Selbstbestimmung, des Menschenhandels oder der Förderung des Menschenhandels, der vorsätzlichen Körperverletzung, Freiheitsberaubung, des Diebstahls, der Unterschlagung, Erpressung, des Betrugs, der Untreue, Hehlerei, Urkundenfälschung, des Landfriedensbruchs oder Hausfriedensbruchs oder des Widerstands gegen oder des tätlichen Angriffs auf Vollstreckungsbeamte oder gegen oder auf Personen, die Vollstreckungsbeamten gleichstehen,
   c) Vergehen gegen das Betäubungsmittelgesetz, Arzneimittelgesetz, Waffengesetz, Sprengstoffgesetz, Aufenthaltsgesetz, Arbeitnehmerüberlassungsgesetz oder das Schwarzarbeitsbekämpfungsgesetz oder
   d) staatsschutzgefährdende oder gemeingefährliche Straftat.

[5]Zur Überprüfung der Zuverlässigkeit hat die Behörde mindestens einzuholen:

1. eine Auskunft aus dem Gewerbezentralregister nach § 150 Absatz 1,

2. eine unbeschränkte Auskunft nach § 41 Absatz 1 Nummer 9 des Bundeszentralregistergesetzes,
3. eine Stellungnahme der für den Wohnort zuständigen Behörde der Landespolizei, einer zentralen Polizeidienststelle oder des jeweils zuständigen Landeskriminalamts, ob und welche tatsächlichen Anhaltspunkte bekannt sind, die Bedenken gegen die Zuverlässigkeit begründen können, soweit Zwecke der Strafverfolgung oder Gefahrenabwehr einer Übermittlung der tatsächlichen Anhaltspunkte nicht entgegenstehen und
4. über die Schnittstelle des Bewacherregisters zum Bundesamt für Verfassungsschutz nach § 11b eine Stellungnahme der für den Sitz der zuständigen Behörde zuständigen Landesbehörde für Verfassungsschutz zu Erkenntnissen, die für die Beurteilung der Zuverlässigkeit von Bedeutung sein können.

[6]Die zuständige Behörde darf die übermittelten Daten verarbeiten, soweit dies zur Erfüllung ihrer gesetzlichen Aufgaben der Überwachung der Gewerbetreibenden erforderlich ist. [7]Übermittlungsregelungen nach anderen Gesetzen bleiben unberührt. [8]§ 1 des Sicherheitsüberprüfungsgesetzes vom 20. April 1994 (BGBl I S. 867), das zuletzt durch Artikel 4 des Gesetzes vom 18. Juli 2017 (BGBl I S. 2732) geändert worden ist, bleibt unberührt. [9]Haben sich der Antragsteller oder eine der mit der Leitung des Betriebes oder einer Zweigniederlassung beauftragten Personen während der letzten drei Jahre vor der Überprüfung der Zuverlässigkeit nicht im Inland oder einem anderen Mitgliedstaat der Europäischen Union oder einem anderen Vertragsstaat des Abkommens über den Europäischen Wirtschaftsraum aufgehalten und kann ihre Zuverlässigkeit deshalb nicht oder nicht ausreichend nach Satz 5 festgestellt werden, so ist die Erlaubnis nach Absatz 1 zu versagen. [10]Die zuständige Behörde hat den Gewerbetreibenden und die mit der Leitung des Betriebes oder einer Zweigniederlassung beauftragten Personen in regelmäßigen Abständen, spätestens jedoch nach Ablauf von fünf Jahren, auf ihre Zuverlässigkeit zu überprüfen.

(1a) [1]Der Gewerbetreibende darf mit der Durchführung von Bewachungsaufgaben nur Personen (Wachpersonen) beschäftigen, die
1. die erforderliche Zuverlässigkeit besitzen und
2. durch eine Bescheinigung der Industrie- und Handelskammer nachweisen, dass sie über die für die Ausübung des Gewerbes notwendigen rechtlichen und fachlichen Grundlagen unterrichtet worden sind und mit ihnen vertraut sind.

[2]Für die Durchführung folgender Tätigkeiten ist zusätzlich zu den Anforderungen des Satzes 1 Nummer 1 der Nachweis einer vor der Industrie- und Handelskammer erfolgreich abgelegten Sachkundeprüfung erforderlich:
1. Kontrollgänge im öffentlichen Verkehrsraum oder in Hausrechtsbereichen mit tatsächlich öffentlichem Verkehr,
2. Schutz vor Ladendieben,
3. Bewachungen im Einlassbereich von gastgewerblichen Diskotheken,
4. Bewachungen von Aufnahmeeinrichtungen nach § 44 des Asylgesetzes in der Fassung der Bekanntmachung vom 2. September 2008 (BGBl I S. 1798), das zuletzt durch Artikel 6 des Gesetzes vom 31. Juli 2016 (BGBl I S. 1939) geändert worden ist, von Gemeinschaftsunterkünften nach § 53 des Asylgesetzes oder anderen Immobilien und Einrichtungen, die der auch vorübergehenden amtlichen Unterbringung von Asylsuchenden oder Flüchtlingen dienen, in leitender Funktion,
5. Bewachungen von zugangsgeschützten Großveranstaltungen in leitender Funktion.

[3]Zur Überprüfung der Zuverlässigkeit einer Wachperson und einer mit der Leitung des Betriebes oder einer Zweigniederlassung beauftragten Person hat die am Hauptwohnsitz der natürlichen Person für den Vollzug nach Landesrecht zuständige Behörde mindestens eine unbeschränkte Auskunft nach § 41 Absatz 1 Nummer 9 des Bundeszentralregistergesetzes sowie eine Stellungnahme der für den Wohnort zuständigen Behörde der Landespolizei, einer zentralen Polizeidienststelle oder dem jeweils zuständigen Landeskriminalamt einzuholen, ob und welche tatsächlichen Anhaltspunkte bekannt sind, die Bedenken gegen die Zuverlässigkeit begründen kön-

nen, soweit Zwecke der Strafverfolgung oder Gefahrenabwehr einer Übermittlung der tatsächlichen Anhaltspunkte nicht entgegen stehen. [4]Bei Wachpersonen und mit der Leitung des Betriebes oder einer Zweigniederlassung beauftragten Personen ohne einen Hauptwohnsitz in der Bundesrepublik Deutschland ist die Zuverlässigkeit durch die für den Vollzug zuständige Behörde am Betriebssitz des Gewerbetreibenden, welcher die natürliche Person als erster anmeldet, zu überprüfen. [5]Absatz 1 Satz 5 Nummer 4 ist entsprechend anzuwenden bei Wachpersonen, die eine der folgenden Aufgaben wahrnehmen sollen:

1. Bewachungen nach Satz 2 Nummer 4 und 5, auch in nicht leitender Funktion, oder
2. Schutzaufgaben im befriedeten Besitztum bei Objekten, von denen im Fall eines kriminellen Eingriffs eine besondere Gefahr für die Allgemeinheit ausgehen kann.

[6]Satz 5 gilt auch nach Aufnahme der Tätigkeit einer Wachperson. [7]Absatz 1 Satz 4, 6 bis 10 ist entsprechend anzuwenden.

(1b) [1]Werden der zuständigen Landesbehörde für Verfassungsschutz im Nachhinein Informationen bekannt, die für die Beurteilung der Zuverlässigkeit einer der in Absatz 1 und Absatz 1a Satz 5 Nummer 1 und 2 genannten Personen von Bedeutung sind, übermittelt sie diese der zuständigen Behörde nach den für die Informationsübermittlung geltenden Regelungen der Verfassungsschutzgesetze (Nachbericht). [2]Zu diesem Zweck darf die Verfassungsschutzbehörde Name, Vornamen, Geburtsname, Geburtsdatum, Geschlecht, Geburtsort, Geburtsland, Wohnort und gegenwärtige Staatsangehörigkeit und Doppel- oder frühere Staatsangehörigkeiten der betroffenen Person sowie die Aktenfundstelle verarbeiten, einschließlich einer Verarbeitung mit ihrer Aktenfundstelle in den gemeinsamen Dateien nach § 6 Absatz 2 des Bundesverfassungsschutzgesetzes. [3]Die im Rahmen der Überprüfung der Zuverlässigkeit verarbeiteten personenbezogenen Daten der in Absatz 1 und Absatz 1a Satz 5 Nummer 1 und 2 genannten Personen sind spätestens nach fünf Jahren von der Verfassungsschutzbehörde zu löschen. [4]Sollte die Verfassungsschutzbehörde vorher von einer Versagung, Rücknahme, einem Erlöschen oder Widerruf der Erlaubnis durch die zuständige Behörde Kenntnis erlangen, hat sie die im Rahmen der Überprüfung der Zuverlässigkeit gespeicherten personenbezogenen Daten der in Absatz 1 genannten Personen spätestens sechs Monate nach Kenntniserlangung zu löschen. [5]Die Sätze 1 bis 4 sind entsprechend anzuwenden für die nach Absatz 1 Satz 5 Nummer 3 und Absatz 1a Satz 3 beteiligten Polizeibehörden.

(2) Das Bundesministerium für Wirtschaft und Energie kann mit Zustimmung des Bundesrates durch Rechtsverordnung

1. die für die Entscheidung über eine Erlaubnis nach Absatz 1 Satz 1 erforderlichen vom Antragsteller bei der Antragsstellung anzugebenden Daten und beizufügenden Unterlagen bestimmen,
2. die Anforderungen und das Verfahren für den Unterrichtungsnachweis nach Absatz 1a Satz 1 sowie Ausnahmen von der Erforderlichkeit des Unterrichtungsnachweises festlegen,
3. die Anforderungen und das Verfahren für eine Sachkundeprüfung nach Absatz 1 Satz 3 Nummer 3 und Absatz 1a Satz 2 sowie Ausnahmen von der Erforderlichkeit der Sachkundeprüfung festlegen und
4. zum Schutze der Allgemeinheit und der Auftraggeber Vorschriften erlassen über den Umfang der Befugnisse und Verpflichtungen bei der Ausübung des Bewachungsgewerbes, insbesondere über
   a) den Geltungsbereich der Erlaubnis,
   b) die Pflichten des Gewerbetreibenden bei der Einstellung und Entlassung der im Bewachungsgewerbe beschäftigten Personen, über die Aufzeichnung von Daten dieser Personen durch den Gewerbetreibenden und ihre Übermittlung an die für den Vollzug des § 34a zuständigen Behörden, über die Anforderungen, denen diese Personen genügen müssen, sowie über die Durchführung des Wachdienstes,

c) die Verpflichtung zum Abschluss einer Haftpflichtversicherung, zur Buchführung einschließlich der Aufzeichnung von Daten über einzelne Geschäftsvorgänge sowie über die Auftraggeber,

d) (weggefallen)

5. zum Schutz der Allgemeinheit und der Auftraggeber Vorschriften erlassen über die Unterrichtung der für den Vollzug des § 34a zuständigen Behörden durch Gerichte und Staatsanwaltschaften über rechtliche Maßnahmen gegen Gewerbetreibende und ihre Wachpersonen,
6. die Anforderungen und Verfahren festlegen, die zur Durchführung der Richtlinie 2005/36/EG des Europäischen Parlaments und des Rates vom 7. September 2005 über die Anerkennung von Berufsqualifikationen (ABl L 255 vom 30. 9. 2005, S. 22), die zuletzt durch die Richtlinie 2013/55/EU (ABl L 354 vom 28. 12. 2013, S. 132) geändert worden ist, Anwendung finden sollen auf Inhaber von in einem Mitgliedstaat der Europäischen Union oder eines Vertragsstaates des Abkommens über den Europäischen Wirtschaftsraum erworbenen Berufsqualifikationen, die im Inland das Bewachungsgewerbe vorübergehend oder dauerhaft ausüben möchten,
7. Einzelheiten der regelmäßigen Überprüfung der Zuverlässigkeit nach Absatz 1 Satz 10, auch in Verbindung mit Absatz 1a Satz 7, festlegen,
8. Einzelheiten zur örtlichen Zuständigkeit für den Vollzug regeln, insbesondere die Zuständigkeit für die Überprüfung der Zuverlässigkeit und erforderlichen Qualifikation.

(3) Nach Einholung der unbeschränkten Auskünfte nach § 41 Absatz 1 Nummer 9 des Bundeszentralregistergesetzes zur Überprüfung der Zuverlässigkeit können die zuständigen Behörden das Ergebnis der Überprüfung einschließlich der für die Beurteilung der Zuverlässigkeit erforderlichen Daten an den Gewerbetreibenden übermitteln.

(4) Die Beschäftigung einer Person, die in einem Bewachungsunternehmen mit Bewachungsaufgaben beschäftigt ist oder einer mit der Leitung des Betriebes oder einer Zweigniederlassung beauftragten Person, kann dem Gewerbetreibenden untersagt werden, wenn Tatsachen die Annahme rechtfertigen, dass die Person die für ihre Tätigkeit erforderliche Zuverlässigkeit nicht besitzt.

(5) [1]Der Gewerbetreibende und seine Beschäftigten dürfen bei der Durchführung von Bewachungsaufgaben gegenüber Dritten nur die Rechte, die Jedermann im Falle einer Notwehr, eines Notstandes oder einer Selbsthilfe zustehen, die ihnen vom jeweiligen Auftraggeber vertraglich übertragenen Selbsthilferechte sowie die ihnen gegebenenfalls in Fällen gesetzlicher Übertragung zustehenden Befugnisse eigenverantwortlich ausüben. [2]In den Fällen der Inanspruchnahme dieser Rechte und Befugnisse ist der Grundsatz der Erforderlichkeit zu beachten.

(6) (weggefallen)

§ 34b Versteigerergewerbe[1)]

(1) [1]Wer gewerbsmäßig fremde bewegliche Sachen, fremde Grundstücke oder fremde Rechte versteigern will, bedarf der Erlaubnis der zuständigen Behörde. [2]Zu den beweglichen Sachen im Sinne der Vorschrift gehören auch Früchte auf dem Halm und Holz auf dem Stamm.

(2) (weggefallen)

(3) Die Erlaubnis kann mit Auflagen verbunden werden, soweit dies zum Schutze der Allgemeinheit, der Auftraggeber oder der Bieter erforderlich ist; unter denselben Voraussetzungen ist auch die nachträgliche Aufnahme, Änderung und Ergänzung von Auflagen zulässig.

(4) Die Erlaubnis ist zu versagen, wenn

1. Tatsachen die Annahme rechtfertigen, dass der Antragsteller die für den Gewerbebetrieb erforderliche Zuverlässigkeit nicht besitzt; die erforderliche Zuverlässigkeit besitzt in der Re-

1) **Anm. d. Red.:** § 34b i. d. F. der VO v. 31. 8. 2015 (BGBl I S. 1474) mit Wirkung v. 8. 9. 2015.

gel nicht, wer in den letzten fünf Jahren vor Stellung des Antrages wegen eines Verbrechens oder wegen Diebstahls, Unterschlagung, Erpressung, Betruges, Untreue, Geldwäsche, Urkundenfälschung, Hehlerei, Wuchers oder wegen Vergehens gegen das Gesetz gegen den unlauteren Wettbewerb zu einer Freiheitsstrafe rechtskräftig verurteilt worden ist, oder

2. der Antragsteller in ungeordneten Vermögensverhältnissen lebt; dies ist in der Regel der Fall, wenn über das Vermögen des Antragstellers das Insolvenzverfahren eröffnet worden oder er in das vom Vollstreckungsgericht zu führende Verzeichnis (§ 26 Abs. 2 Insolvenzordnung, § 882b Zivilprozessordnung) eingetragen ist.

(5) [1]Auf Antrag sind besonders sachkundige Versteigerer mit Ausnahme juristischer Personen von der zuständigen Behörde allgemein öffentlich zu bestellen; dies gilt entsprechend für Angestellte von Versteigerern. [2]Die Bestellung kann für bestimmte Arten von Versteigerungen erfolgen, sofern für diese ein Bedarf an Versteigerungsleistungen besteht. [3]Die nach Satz 1 öffentlich bestellten Personen sind darauf zu vereidigen, dass sie ihre Aufgaben gewissenhaft, weisungsfrei und unparteiisch erfüllen werden. [4]Für die Bestellung von Versteigerern mit Qualifikationen, die in einem anderen Mitgliedstaat der Europäischen Union oder in einem anderen Vertragsstaat des Abkommens über den Europäischen Wirtschaftsraum erworben wurden, gilt § 36a entsprechend.

(6) Dem Versteigerer ist verboten,

1. selbst oder durch einen anderen auf seinen Versteigerungen für sich zu bieten oder ihm anvertrautes Versteigerungsgut zu kaufen,
2. Angehörigen im Sinne des § 52 Abs. 1 der Strafprozessordnung oder seinen Angestellten zu gestatten, auf seinen Versteigerungen zu bieten oder ihm anvertrautes Versteigerungsgut zu kaufen,
3. für einen anderen auf seinen Versteigerungen zu bieten oder ihm anvertrautes Versteigerungsgut zu kaufen, es sei denn, dass ein schriftliches Gebot des anderen vorliegt,
4. bewegliche Sachen aus dem Kreis der Waren zu versteigern, die er in seinem Handelsgeschäft führt, soweit dies nicht üblich ist,
5. Sachen zu versteigern,
   a) an denen er ein Pfandrecht besitzt oder
   b) soweit sie zu den Waren gehören, die in offenen Verkaufsstellen feilgeboten werden und die ungebraucht sind oder deren bestimmungsmäßiger Gebrauch in ihrem Verbrauch besteht.

(7) Einzelhändler und Hersteller von Waren dürfen im Einzelverkauf an den Letztverbraucher Waren, die sie in ihrem Geschäftsbetrieb führen, im Wege der Versteigerung nur als Inhaber einer Versteigerungserlaubnis nach Maßgabe der für Versteigerer geltenden Vorschriften oder durch einen von ihnen beauftragten Versteigerer absetzen.

(8) Das Bundesministerium für Wirtschaft und Energie kann durch Rechtsverordnung mit Zustimmung des Bundesrates unter Berücksichtigung des Schutzes der Allgemeinheit sowie der Auftraggeber und der Bieter Vorschriften erlassen über

1. den Umfang der Befugnisse und Verpflichtungen bei der Ausübung des Versteigerungsgewerbes, insbesondere über
   a) Ort und Zeit der Versteigerung,
   b) den Geschäftsbetrieb, insbesondere über die Übernahme, Ablehnung und Durchführung der Versteigerung,
   c) die Genehmigung von Versteigerungen, die Verpflichtung zur Erstattung von Anzeigen und die dabei den Gewerbebehörden und Industrie- und Handelskammern zu übermittelnden Daten über den Auftraggeber und das der Versteigerung zugrunde liegende Rechtsverhältnis, zur Buchführung einschließlich der Aufzeichnung von Daten über einzelne Geschäftsvorgänge sowie über die Auftraggeber,

d) die Untersagung, Aufhebung und Unterbrechung der Versteigerung bei Verstößen gegen die für das Versteigerergewerbe erlassenen Vorschriften,

e) Ausnahmen für die Tätigkeit des Erlaubnisinhabers von den Vorschriften des Titels III;

2. Ausnahmen von den Verboten des Absatzes 6.

(9) (weggefallen)

(10) Die Absätze 1 bis 8 finden keine Anwendung auf

1. Verkäufe, die nach gesetzlicher Vorschrift durch Kursmakler oder durch die hierzu öffentlich ermächtigten Handelsmakler vorgenommen werden,
2. Versteigerungen, die von Behörden oder von Beamten vorgenommen werden,
3. Versteigerungen, zu denen als Bieter nur Personen zugelassen werden, die Waren der angebotenen Art für ihren Geschäftsbetrieb ersteigern wollen.

§ 34c Immobilienmakler, Darlehensvermittler, Bauträger, Baubetreuer, Wohnimmobilienverwalter, Verordnungsermächtigung[1)2)]

(1) [1]Wer gewerbsmäßig

1. den Abschluss von Verträgen über Grundstücke, grundstücksgleiche Rechte, gewerbliche Räume oder Wohnräume vermitteln oder die Gelegenheit zum Abschluss solcher Verträge nachweisen,
2. den Abschluss von Darlehensverträgen, mit Ausnahme von Verträgen im Sinne des § 34i Absatz 1 Satz 1, vermitteln oder die Gelegenheit zum Abschluss solcher Verträge nachweisen,
3. Bauvorhaben
   a) als Bauherr im eigenen Namen für eigene oder fremde Rechnung vorbereiten oder durchführen und dazu Vermögenswerte von Erwerbern, Mietern, Pächtern oder sonstigen Nutzungsberechtigten oder von Bewerbern um Erwerbs- oder Nutzungsrechte verwenden,
   b) als Baubetreuer im fremden Namen für fremde Rechnung wirtschaftlich vorbereiten oder durchführen,
4. das gemeinschaftliche Eigentum von Wohnungseigentümern im Sinne des § 1 Absatz 2, 3, 5 und 6 des Wohnungseigentumsgesetzes oder für Dritte Mietverhältnisse über Wohnräume im Sinne des § 549 des Bürgerlichen Gesetzbuchs verwalten (Wohnimmobilienverwalter)

will, bedarf der Erlaubnis der zuständigen Behörde. [2]Die Erlaubnis kann inhaltlich beschränkt und mit Auflagen verbunden werden, soweit dies zum Schutze der Allgemeinheit oder der Auftraggeber erforderlich ist; unter denselben Voraussetzungen ist auch die nachträgliche Aufnahme, Änderung und Ergänzung von Auflagen zulässig.

(2) Die Erlaubnis ist zu versagen, wenn

1. Tatsachen die Annahme rechtfertigen, dass der Antragsteller oder eine der mit der Leitung des Betriebes oder einer Zweigniederlassung beauftragten Personen die für den Gewerbebetrieb erforderliche Zuverlässigkeit nicht besitzt; die erforderliche Zuverlässigkeit besitzt in der Regel nicht, wer in den letzten fünf Jahren vor Stellung des Antrages wegen eines Verbrechens oder wegen Diebstahls, Unterschlagung, Erpressung, Betruges, Untreue, Geldwäsche, Urkundenfälschung, Hehlerei, Wuchers oder einer Insolvenzstraftat rechtskräftig verurteilt worden ist,

1) **Anm. d. Red.:** § 34c i. d. F. des Gesetzes v. 11.12.2018 (BGBl I S. 2354) mit Wirkung v. 15.12.2018.

2) **Anm. d. Red.:** Vgl. dazu auch die Makler- und Bauträgerverordnung (MaBV) i. d. F. des Gesetzes v. 2. 5. 2012 (BGBl I S. 1006).

2. der Antragsteller in ungeordneten Vermögensverhältnissen lebt; dies ist in der Regel der Fall, wenn über das Vermögen des Antragstellers das Insolvenzverfahren eröffnet worden oder er in das vom Vollstreckungsgericht zu führende Verzeichnis (§ 26 Abs. 2 Insolvenzordnung, § 882b Zivilprozessordnung) eingetragen ist,
3. der Antragsteller, der ein Gewerbe nach Absatz 1 Satz 1 Nummer 4 betreiben will, den Nachweis einer Berufshaftpflichtversicherung nicht erbringen kann.

(2a) [1]Gewerbetreibende nach Absatz 1 Satz 1 Nummer 1 und 4 sind verpflichtet, sich in einem Umfang von 20 Stunden innerhalb eines Zeitraums von drei Kalenderjahren weiterzubilden; das Gleiche gilt entsprechend für unmittelbar bei der erlaubnispflichtigen Tätigkeit mitwirkende beschäftigte Personen. [2]Der erste Weiterbildungszeitraum beginnt am 1. Januar des Kalenderjahres, in dem

1. eine Erlaubnis nach Absatz 1 Satz 1 Nummer 1 oder 4 erteilt wurde oder
2. eine weiterbildungspflichtige Tätigkeit durch eine unmittelbar bei dem Gewerbetreibenden beschäftigte Person aufgenommen wurde.

[3]Für den Gewerbetreibenden ist es ausreichend, wenn der Weiterbildungsnachweis durch eine im Hinblick auf eine ordnungsgemäße Wahrnehmung der erlaubnispflichtigen Tätigkeit angemessene Zahl von beim Gewerbetreibenden beschäftigten natürlichen Personen erbracht wird, denen die Aufsicht über die direkt bei der Vermittlung nach Absatz 1 Satz 1 Nummer 1 oder der Verwaltung nach Absatz 1 Satz 1 Nummer 4 mitwirkenden Personen übertragen ist und die den Gewerbetreibenden vertreten dürfen.

GewO

(3) [1]Das Bundesministerium für Wirtschaft und Energie kann durch Rechtsverordnung mit Zustimmung des Bundesrates, soweit zum Schutz der Allgemeinheit und der Auftraggeber erforderlich, Vorschriften erlassen

1. über den Umfang der Verpflichtungen des Gewerbetreibenden bei der Ausübung des Gewerbes, insbesondere die Pflicht,
   a) ausreichende Sicherheiten zu leisten oder eine zu diesem Zweck geeignete Versicherung abzuschließen, sofern der Gewerbetreibende Vermögenswerte des Auftraggebers erhält oder verwendet,
   b) die erhaltenen Vermögenswerte des Auftraggebers getrennt zu verwalten,
   c) nach der Ausführung des Auftrages dem Auftraggeber Rechnung zu legen,
   d) der zuständigen Behörde Anzeige beim Wechsel der mit der Leitung des Betriebes oder einer Zweigniederlassung beauftragten Personen zu erstatten und hierbei bestimmte Angaben zu machen,
   e) dem Auftraggeber die für die Beurteilung des Auftrages und des zu vermittelnden oder nachzuweisenden Vertrages jeweils notwendigen Informationen schriftlich oder mündlich zu geben,
   f) Bücher zu führen einschließlich der Aufzeichnung von Daten über einzelne Geschäftsvorgänge sowie über die Auftraggeber;
2. zum Umfang an die nach Absatz 2 Nummer 3 erforderliche Haftpflichtversicherung und zu ihren inhaltlichen Anforderungen, insbesondere über die Höhe der Mindestversicherungssummen, die Bestimmung der zuständigen Behörde im Sinne des § 117 Absatz 2 des Versicherungsvertragsgesetzes, über den Nachweis über das Bestehen der Haftpflichtversicherung und Anzeigepflichten des Versicherungsunternehmens gegenüber den Behörden;
3. über die Verpflichtung des Gewerbetreibenden und der beschäftigten Personen nach Absatz 2a zu einer regelmäßigen Weiterbildung, einschließlich
   a) der Befreiung von der Weiterbildungsverpflichtung,
   b) der gegenüber der zuständigen Behörde zu erbringenden Nachweise und
   c) der Informationspflichten gegenüber dem Auftraggeber über die berufliche Qualifikation und absolvierten Weiterbildungsmaßnahmen des Gewerbetreibenden und der unmittelbar bei der erlaubnispflichtigen Tätigkeit mitwirkenden beschäftigten Personen.

4. der zuständigen Behörde Anzeige beim Wechsel der mit der Leitung des Betriebes oder einer Zweigniederlassung beauftragten Personen zu erstatten und hierbei bestimmte Angaben zu machen,
5. dem Auftraggeber die für die Beurteilung des Auftrages und des zu vermittelnden oder nachzuweisenden Vertrages jeweils notwendigen Informationen schriftlich oder mündlich zu geben,
6. Bücher zu führen einschließlich der Aufzeichnung von Daten über einzelne Geschäftsvorgänge sowie über die Auftraggeber.

[2]In der Rechtsverordnung nach Satz 1 kann ferner die Befugnis des Gewerbetreibenden zur Entgegennahme und zur Verwendung von Vermögenswerten des Auftraggebers beschränkt werden, soweit dies zum Schutze des Auftraggebers erforderlich ist. [3]Außerdem kann in der Rechtsverordnung der Gewerbetreibende verpflichtet werden, die Einhaltung der nach Satz 1 Nummer 1 und 3 und Satz 2 erlassenen Vorschriften auf seine Kosten regelmäßig sowie aus besonderem Anlass prüfen zu lassen und den Prüfungsbericht der zuständigen Behörde vorzulegen, soweit es zur wirksamen Überwachung erforderlich ist; hierbei können die Einzelheiten der Prüfung, insbesondere deren Anlass, Zeitpunkt und Häufigkeit, die Auswahl, Bestellung und Abberufung der Prüfer, deren Rechte, Pflichten und Verantwortlichkeit, der Inhalt des Prüfungsberichts, die Verpflichtungen des Gewerbetreibenden gegenüber dem Prüfer sowie das Verfahren bei Meinungsverschiedenheiten zwischen dem Prüfer und dem Gewerbetreibenden, geregelt werden.

(4) (weggefallen)

(5) Die Absätze 1 bis 3 gelten nicht für

1. Kreditinstitute, für die eine Erlaubnis nach § 32 Abs. 1 des Kreditwesengesetzes erteilt wurde, und für Zweigstellen von Unternehmen im Sinne des § 53b Abs. 1 Satz 1 des Gesetzes über das Kreditwesen,
2. Gewerbetreibende, die lediglich zur Finanzierung der von ihnen abgeschlossenen Warenverkäufe oder zu erbringenden Dienstleistungen den Abschluss von Verträgen über Darlehen vermitteln oder die Gelegenheit zum Abschluss solcher Verträge nachweisen,
3. Zweigstellen von Unternehmen mit Sitz in einem anderen Mitgliedstaat der Europäischen Union, die nach § 53b Abs. 7 des Kreditwesengesetzes Darlehen zwischen Kreditinstituten vermitteln dürfen, soweit sich ihre Tätigkeit nach Absatz 1 auf die Vermittlung von Darlehen zwischen Kreditinstituten beschränkt,
4. Verträge, soweit Teilzeitnutzung von Wohngebäuden im Sinne des § 481 des Bürgerlichen Gesetzbuchs gemäß Absatz 1 Satz 1 Nr. 1 nachgewiesen oder vermittelt wird.

§ 34d Versicherungsvermittler, Versicherungsberater[1)]

(1) [1]Wer gewerbsmäßig den Abschluss von Versicherungs- oder Rückversicherungsverträgen vermitteln will (Versicherungsvermittler), bedarf nach Maßgabe der folgenden Bestimmungen der Erlaubnis der zuständigen Industrie- und Handelskammer. [2]Versicherungsvermittler ist, wer

1. als Versicherungsvertreter eines oder mehrerer Versicherungsunternehmen oder eines Versicherungsvertreters damit betraut ist, Versicherungsverträge zu vermitteln oder abzuschließen oder
2. als Versicherungsmakler für den Auftraggeber die Vermittlung oder den Abschluss von Versicherungsverträgen übernimmt, ohne von einem Versicherungsunternehmen oder einem Versicherungsvertreter damit betraut zu sein.

[3]Als Versicherungsmakler gilt, wer gegenüber dem Versicherungsnehmer den Anschein erweckt, er erbringe seine Leistungen als Versicherungsmakler. [4]Die Tätigkeit als Versicherungsvermittler umfasst auch

1) **Anm. d. Red.:** § 34d i. d. F. des Gesetzes v. 11.12.2018 (BGBl I S. 2354) mit Wirkung v. 15.12.2018.

1. das Mitwirken bei der Verwaltung und Erfüllung von Versicherungsverträgen, insbesondere im Schadensfall,
2. wenn der Versicherungsnehmer einen Versicherungsvertrag unmittelbar oder mittelbar über die Website oder das andere Medium abschließen kann,
   a) die Bereitstellung von Informationen über einen oder mehrere Versicherungsverträge auf Grund von Kriterien, die ein Versicherungsnehmer über eine Website oder andere Medien wählt, sowie
   b) die Erstellung einer Rangliste von Versicherungsprodukten, einschließlich eines Preis- und Produktvergleichs oder eines Rabatts auf den Preis eines Versicherungsvertrags.

[5]In der Erlaubnis nach Satz 1 ist anzugeben, ob sie einem Versicherungsvertreter oder einem Versicherungsmakler erteilt wird. [6]Einem Versicherungsvermittler ist es untersagt, Versicherungsnehmern, versicherten Personen oder Bezugsberechtigten aus einem Versicherungsvertrag Sondervergütungen zu gewähren oder zu versprechen. [7]§ 48b des Versicherungsaufsichtsgesetzes ist entsprechend anzuwenden. [8]Die einem Versicherungsmakler erteilte Erlaubnis umfasst die Befugnis, Dritte, die nicht Verbraucher sind, bei der Vereinbarung, Änderung oder Prüfung von Versicherungsverträgen gegen gesondertes Entgelt rechtlich zu beraten; diese Befugnis zur Beratung erstreckt sich auch auf Beschäftigte von Unternehmen in den Fällen, in denen der Versicherungsmakler das Unternehmen berät.

(2) [1]Wer gewerbsmäßig über Versicherungen oder Rückversicherungen beraten will (Versicherungsberater), bedarf nach Maßgabe der folgenden Bestimmungen der Erlaubnis der zuständigen Industrie- und Handelskammer. [2]Versicherungsberater ist, wer ohne von einem Versicherungsunternehmen einen wirtschaftlichen Vorteil zu erhalten oder in anderer Weise von ihm abhängig zu sein

1. den Auftraggeber bei der Vereinbarung, Änderung oder Prüfung von Versicherungsverträgen oder bei der Wahrnehmung von Ansprüchen aus Versicherungsverträgen im Versicherungsfall auch rechtlich berät,
2. den Auftraggeber gegenüber dem Versicherungsunternehmen außergerichtlich vertritt oder
3. für den Auftraggeber die Vermittlung oder den Abschluss von Versicherungsverträgen übernimmt.

[3]Der Versicherungsberater darf sich seine Tätigkeit nur durch den Auftraggeber vergüten lassen. [4]Zuwendungen eines Versicherungsunternehmens im Zusammenhang mit der Beratung, insbesondere auf Grund einer Vermittlung als Folge der Beratung, darf er nicht annehmen. [5]Sind mehrere Versicherungen für den Versicherungsnehmer in gleicher Weise geeignet, hat der Versicherungsberater dem Versicherungsnehmer vorrangig die Versicherung anzubieten, die ohne das Angebot einer Zuwendung seitens des Versicherungsunternehmens erhältlich ist. [6]Wenn der Versicherungsberater dem Versicherungsnehmer eine Versicherung vermittelt, deren Vertragsbestandteil auch Zuwendungen zugunsten desjenigen enthält, der die Versicherung vermittelt, hat er unverzüglich die Auskehrung der Zuwendungen durch das Versicherungsunternehmen an den Versicherungsnehmer nach § 48c Absatz 1 des Versicherungsaufsichtsgesetzes zu veranlassen.

(3) Gewerbetreibende nach Absatz 1 dürfen kein Gewerbe nach Absatz 2 und Gewerbetreibende nach Absatz 2 dürfen kein Gewerbe nach Absatz 1 ausüben.

(4) [1]Eine Erlaubnis nach den Absätzen 1 und 2 kann inhaltlich beschränkt und mit Nebenbestimmungen verbunden werden, soweit dies zum Schutz der Allgemeinheit oder der Versicherungsnehmer erforderlich ist; unter denselben Voraussetzungen sind auch die nachträgliche Aufnahme, Änderung und Ergänzung von Nebenbestimmungen zulässig. [2]Über den Erlaubnisantrag ist innerhalb einer Frist von drei Monaten zu entscheiden. [3]Bei der Wahrnehmung der Aufgaben nach den Absätzen 1 und 2 unterliegt die Industrie- und Handelskammer der Aufsicht der jeweils zuständigen obersten Landesbehörde.

(5) [1]Eine Erlaubnis nach den Absätzen 1 und 2 ist zu versagen, wenn

1. Tatsachen die Annahme rechtfertigen, dass der Antragsteller die für den Gewerbebetrieb erforderliche Zuverlässigkeit nicht besitzt,
2. der Antragsteller in ungeordneten Vermögensverhältnissen lebt,
3. der Antragsteller den Nachweis einer Berufshaftpflichtversicherung oder einer gleichwertigen Garantie nicht erbringen kann oder
4. der Antragsteller nicht durch eine vor der Industrie- und Handelskammer erfolgreich abgelegte Prüfung nachweist, dass er die für die Versicherungsvermittlung oder Versicherungsberatung notwendige Sachkunde über die versicherungsfachlichen, insbesondere hinsichtlich Bedarf, Angebotsformen und Leistungsumfang, und die rechtlichen Grundlagen sowie die Kundenberatung besitzt.

[2]Die erforderliche Zuverlässigkeit nach Satz 1 Nummer 1 besitzt in der Regel nicht, wer in den letzten fünf Jahren vor Stellung des Antrages wegen eines Verbrechens oder wegen Diebstahls, Unterschlagung, Erpressung, Betruges, Untreue, Geldwäsche, Urkundenfälschung, Hehlerei, Wuchers oder einer Insolvenzstraftat rechtskräftig verurteilt worden ist. [3]Ungeordnete Vermögensverhältnisse im Sinne des Satzes 1 Nummer 2 liegen in der Regel vor, wenn über das Vermögen des Antragstellers das Insolvenzverfahren eröffnet worden oder er in das Schuldnerverzeichnis nach § 882b der Zivilprozessordnung eingetragen ist. [4]Im Fall des Satzes 1 Nummer 4 ist es ausreichend, wenn der Nachweis für eine im Hinblick auf eine ordnungsgemäße Wahrnehmung der erlaubnispflichtigen Tätigkeit angemessene Zahl von beim Antragsteller beschäftigten natürlichen Personen erbracht wird, denen die Aufsicht über die unmittelbar mit der Vermittlung von oder der Beratung über Versicherungen befassten Personen übertragen ist und die den Antragsteller vertreten dürfen. [5]Satz 4 ist nicht anzuwenden, wenn der Antragsteller eine natürliche Person ist und

1. selbst Versicherungen vermittelt oder über Versicherungen berät oder
2. für diese Tätigkeiten in der Leitung des Gewerbebetriebs verantwortlich ist.

(6) [1]Auf Antrag hat die zuständige Industrie- und Handelskammer einen Gewerbetreibenden, der die Versicherung als Ergänzung der im Rahmen seiner Haupttätigkeit gelieferten Waren oder Dienstleistungen vermittelt, von der Erlaubnispflicht nach Absatz 1 Satz 1 auszunehmen, wenn er nachweist, dass

1. er seine Tätigkeit als Versicherungsvermittler unmittelbar im Auftrag eines oder mehrerer Versicherungsvermittler, die Inhaber einer Erlaubnis nach Absatz 1 Satz 1 sind, oder eines oder mehrerer Versicherungsunternehmen ausübt,
2. für ihn eine Berufshaftpflichtversicherung oder eine gleichwertige Garantie nach Maßgabe des Absatzes 5 Satz 1 Nummer 3 besteht und
3. er zuverlässig sowie angemessen qualifiziert ist und nicht in ungeordneten Vermögensverhältnissen lebt.

[2]Im Fall des Satzes 1 Nummer 3 ist als Nachweis eine Erklärung der in Satz 1 Nummer 1 bezeichneten Auftraggeber ausreichend, mit dem Inhalt, dass sie sich verpflichten, die Anforderungen entsprechend § 48 Absatz 2 des Versicherungsaufsichtsgesetzes zu beachten und die für die Vermittlung der jeweiligen Versicherung angemessene Qualifikation des Antragstellers sicherzustellen, und dass ihnen derzeit nichts Gegenteiliges bekannt ist. [3]Absatz 4 Satz 1 ist entsprechend anzuwenden.

(7) [1]Abweichend von Absatz 1 bedarf ein Versicherungsvermittler keiner Erlaubnis, wenn er

1. seine Tätigkeit als Versicherungsvermittler ausschließlich im Auftrag eines oder, wenn die Versicherungsprodukte nicht in Konkurrenz stehen, mehrerer Versicherungsunternehmen ausübt, die im Inland zum Geschäftsbetrieb befugt sind, und durch das oder die Versicherungsunternehmen für ihn die uneingeschränkte Haftung aus seiner Vermittlertätigkeit übernommen wird oder

2. in einem anderen Mitgliedstaat der Europäischen Union oder in einem anderen Vertragsstaat des Abkommens über den Europäischen Wirtschaftsraum niedergelassen ist und die Eintragung in ein Register nach Artikel 3 der Richtlinie (EU) 2016/97 des Europäischen Parlaments und des Rates vom 20. Januar 2016 über Versicherungsvertrieb (ABl L 26 vom 2. 2. 2016, S. 19) nachweisen kann.

[2]Satz 1 Nummer 2 ist für Versicherungsberater entsprechend anzuwenden.

(8) Keiner Erlaubnis bedarf ferner ein Gewerbetreibender,

1. wenn er als Versicherungsvermittler in Nebentätigkeit
   a) nicht hauptberuflich Versicherungen vermittelt,
   b) diese Versicherungen eine Zusatzleistung zur Lieferung einer Ware oder zur Erbringung einer Dienstleistung darstellen und
   c) diese Versicherungen das Risiko eines Defekts, eines Verlusts oder einer Beschädigung der Ware oder der Nichtinanspruchnahme der Dienstleistung oder die Beschädigung, den Verlust von Gepäck oder andere Risiken im Zusammenhang mit einer bei dem Gewerbetreibenden gebuchten Reise abdecken und
      aa) die Prämie bei zeitanteiliger Berechnung auf Jahresbasis einen Betrag von 600 Euro nicht übersteigt oder
      bb) die Prämie je Person abweichend von Doppelbuchstabe aa einen Betrag von 200 Euro nicht übersteigt, wenn die Versicherung eine Zusatzleistung zu einer einleitend genannten Dienstleistung mit einer Dauer von höchstens drei Monaten darstellt;
2. wenn er als Bausparkasse oder als von einer Bausparkasse beauftragter Vermittler für Bausparer Versicherungen im Rahmen eines Kollektivvertrages vermittelt, die Bestandteile der Bausparverträge sind, und die ausschließlich dazu bestimmt sind, die Rückzahlungsforderungen der Bausparkasse aus gewährten Darlehen abzusichern oder
3. wenn er als Zusatzleistung zur Lieferung einer Ware oder der Erbringung einer Dienstleistung im Zusammenhang mit Darlehens- und Leasingverträgen Restschuldversicherungen vermittelt, deren Jahresprämie einen Betrag von 500 Euro nicht übersteigt.

(9) [1]Gewerbetreibende nach den Absätzen 1, 2, 6 und 7 Satz 1 Nummer 1 dürfen unmittelbar bei der Vermittlung oder Beratung mitwirkende Personen nur beschäftigen, wenn sie deren Zuverlässigkeit geprüft haben und sicherstellen, dass diese Personen über die für die Vermittlung der jeweiligen Versicherung sachgerechte Qualifikation verfügen. [2]Gewerbetreibende nach Absatz 1 Satz 1 bis 4, Absatz 2 Satz 1 und 2 und Absatz 7 Satz 1 Nummer 1 und die unmittelbar bei der Vermittlung oder Beratung mitwirkenden Beschäftigten müssen sich in einem Umfang von 15 Stunden je Kalenderjahr nach Maßgabe einer Rechtsverordnung nach § 34e Absatz 1 Satz 1 Nummer 2 Buchstabe c weiterbilden.[3]Die Pflicht nach Satz 2 gilt nicht für Gewerbetreibende nach Absatz 7 Satz 1 Nummer 1 und deren bei der Vermittlung oder Beratung mitwirkende Beschäftigte, soweit sie lediglich Versicherungen vermitteln, die eine Zusatzleistung zur Lieferung einer Ware oder zur Erbringung einer Dienstleistung darstellen. [4]Im Falle des Satzes 2 ist es für den Gewerbetreibenden ausreichend, wenn der Weiterbildungsnachweis durch eine im Hinblick auf eine ordnungsgemäße Wahrnehmung der erlaubnispflichtigen Tätigkeit angemessene Zahl von beim Gewerbetreibenden beschäftigten natürlichen Personen erbracht wird, denen die Aufsicht über die direkt bei der Vermittlung oder Beratung mitwirkenden Personen übertragen ist und die den Gewerbetreibenden vertreten dürfen. [5]Satz 4 ist nicht anzuwenden, wenn der Gewerbetreibende eine natürliche Person ist und

1. selbst Versicherungen vermittelt oder über Versicherungen berät oder
2. in der Leitung des Gewerbebetriebs für diese Tätigkeiten verantwortlich ist.

[6]Die Beschäftigung einer unmittelbar bei der Vermittlung oder Beratung mitwirkenden Person kann dem Gewerbetreibenden untersagt werden, wenn Tatsachen die Annahme rechtfertigen, dass die Person die für ihre Tätigkeit erforderliche Sachkunde oder Zuverlässigkeit nicht besitzt.

(10) [1]Gewerbetreibende nach Absatz 1 Satz 2, Absatz 2 Satz 2, Absatz 6 Satz 1 und Absatz 7 Satz 1 Nummer 1 sind verpflichtet, sich und die Personen, die für die Vermittlung oder Beratung in leitender Position verantwortlich sind, unverzüglich nach Aufnahme ihrer Tätigkeit in das Register nach § 11a Absatz 1 Satz 1 nach Maßgabe einer Rechtsverordnung nach § 11a Absatz 5 eintragen zu lassen. [2]Änderungen der im Register gespeicherten Angaben sind der Registerbehörde unverzüglich mitzuteilen. [3]Im Falle des § 48 Absatz 4 des Versicherungsaufsichtsgesetzes wird mit der Mitteilung an die Registerbehörde zugleich die uneingeschränkte Haftung nach Absatz 7 Satz 1 Nummer 1 durch das Versicherungsunternehmen übernommen. [4]Diese Haftung besteht nicht für Vermittlertätigkeiten, wenn die Angaben zu dem Gewerbetreibenden aus dem Register gelöscht sind wegen einer Mitteilung nach § 48 Absatz 5 des Versicherungsaufsichtsgesetzes.

(11) [1]Die zuständige Behörde kann jede in das Gewerbezentralregister nach § 149 Absatz 2 einzutragende, nicht mehr anfechtbare Entscheidung wegen Verstoßes gegen Bestimmungen dieses Gesetzes oder einer Rechtsverordnung nach § 34e öffentlich bekannt machen. [2]Die Bekanntmachung erfolgt durch Eintragung in das Register nach § 11a Absatz 1. [3]Die zuständige Behörde kann von einer Bekanntmachung nach Satz 1 absehen, diese verschieben oder eine Bekanntmachung auf anonymer Basis vornehmen, wenn eine Bekanntmachung personenbezogener Daten unverhältnismäßig wäre oder die Bekanntmachung nach Satz 1 die Stabilität der Finanzmärkte oder laufende Ermittlungen gefährden würde. [4]Eine Bekanntmachung nach Satz 1 ist fünf Jahre nach ihrer Bekanntmachung zu löschen. [5]Abweichend von Satz 4 sind personenbezogene Daten zu löschen, sobald ihre Bekanntmachung nicht mehr erforderlich ist.

(12) [1]Die Industrie- und Handelskammern richten Verfahren ein zur Annahme von Meldungen über mögliche oder tatsächliche Verstöße gegen die zur Umsetzung der Richtlinie (EU) 2016/97 ergangenen Vorschriften, bei denen es ihre Aufgabe ist, deren Einhaltung zu überwachen. [2]Die Meldungen können auch anonym abgegeben werden. [3]§ 4d Absatz 2, 3 und 5 bis 8 des Finanzdienstleistungsaufsichtsgesetzes vom 22. April 2002 (BGBl I S. 1310), das zuletzt durch Artikel 4 Absatz 76 des Gesetzes vom 18. Juli 2016 (BGBl I S. 1666) geändert worden ist, ist entsprechend anzuwenden.

§ 34e Verordnungsermächtigung[1)]

(1) [1]Das Bundesministerium für Wirtschaft und Energie kann im Einvernehmen mit dem Bundesministerium der Justiz und für Verbraucherschutz und dem Bundesministerium der Finanzen durch Rechtsverordnung, die der Zustimmung des Bundesrates bedarf, zur Umsetzung der Richtlinie (EU) 2016/97, zur Umsetzung der Richtlinie 2005/36/EG des Europäischen Parlaments und des Rates vom 7. September 2005 über die Anerkennung von Berufsqualifikationen (ABl L 255 vom 30. 9. 2005, S. 22; L 271 vom 16. 10. 2007, S. 18), die zuletzt durch die Verordnung (EG) Nr. 1430/2007 (ABL L 320 vom 6. 12. 2007, S. 3) geändert worden ist, zur Umsetzung der Verordnung (EU) Nr. 1286/2014 des Europäischen Parlaments und des Rates vom 26. November 2014 über Basisinformationsblätter für verpackte Anlageprodukte für Kleinanleger und Versicherungsanlageprodukte (PRIIP) (ABl L 352 vom 9. 12. 2014, S. 1; L 358 vom 13. 12. 2014, S. 50) oder zum Schutz der Allgemeinheit und der Versicherungsnehmer Vorschriften erlassen über

1. das Erlaubnisverfahren einschließlich der vom Antragsteller mitzuteilenden Angaben,
2. den Umfang der Verpflichtungen des Gewerbetreibenden bei der Ausübung des Gewerbes, insbesondere über
   a) die Informationspflichten gegenüber dem Versicherungsnehmer,
   b) die Verpflichtung, ausreichende Sicherheiten zu leisten oder eine zu diesem Zweck geeignete Versicherung abzuschließen, sofern der Versicherungsvermittler Vermögenswerte des Versicherungsnehmers oder für diesen bestimmte Vermögenswerte erhält oder verwendet,

1) **Anm. d. Red.:** § 34e i. d. F. des Gesetzes v. 20. 7. 2017 (BGBl I S. 2789) mit Wirkung v. 29. 7. 2017.

c) die Verpflichtung des Gewerbetreibenden und der beschäftigten Personen nach § 34d Absatz 9 Satz 2 zu einer regelmäßigen Weiterbildung, die Inhalte der Weiterbildung sowie die Überwachung der Weiterbildungsverpflichtung,

d) allgemeine Anforderungen an die Geschäftsorganisation,

e) die Verpflichtung, Bücher zu führen und die notwendigen Daten über einzelne Geschäftsvorgänge sowie über die Versicherungsnehmer aufzuzeichnen,

f) die Verpflichtung, Beschwerden zu behandeln und an einem Verfahren zur unparteiischen und unabhängigen außergerichtlichen Beilegung von Streitigkeiten teilzunehmen,

g) die Verpflichtung, Interessenkonflikte zu vermeiden und gegebenenfalls offenzulegen,

3. die wirtschaftliche Unabhängigkeit des Versicherungsberaters,
4. den Umfang und die inhaltlichen Anforderungen an die nach § 34d Absatz 5 Satz 1 Nummer 3 erforderliche Haftpflichtversicherung und die gleichwertige Garantie, insbesondere die Höhe der Mindestversicherungssummen, die Bestimmung der zuständigen Stelle im Sinne des § 117 Absatz 2 des Versicherungsvertragsgesetzes, über den Nachweis des Bestehens einer Haftpflichtversicherung oder einer gleichwertigen Garantie sowie über die Anzeigepflichten des Versicherungsunternehmens gegenüber den Behörden und den Versicherungsnehmern,
5. die Inhalte und das Verfahren für eine Sachkundeprüfung nach § 34d Absatz 5 Satz 1 Nummer 4, die Ausnahmen von der Erforderlichkeit der Sachkundeprüfung sowie die Gleichstellung anderer Berufsqualifikationen mit der Sachkundeprüfung, die örtliche Zuständigkeit der Industrie- und Handelskammern, die Berufung eines Aufgabenauswahlausschusses,
6. die Anforderungen und Verfahren, die zur Durchführung der Richtlinie 2005/36/EG anzuwenden sind auf Inhaber von Berufsqualifikationen, die in einem Mitgliedstaat der Europäischen Union oder in einem Vertragsstaat des Abkommens über den Europäischen Wirtschaftsraum erworben wurden, und die im Inland vorübergehend oder dauerhaft als Versicherungsvermittler oder Versicherungsberater tätig werden wollen und die nicht die Voraussetzungen des § 34d Absatz 7 Satz 1 Nummer 2 erfüllen,
7. Sanktionen und Maßnahmen nach Artikel 24 Absatz 2 der Verordnung (EU) Nr. 1286/2014, einschließlich des Verfahrens, soweit es sich nicht um Straftaten oder Ordnungswidrigkeiten handelt.

[2]Die Rechtsverordnung nach Satz 1 ist dem Bundestag zuzuleiten. [3]Die Zuleitung erfolgt vor der Zuleitung an den Bundesrat. [4]Die Rechtsverordnung kann durch Beschluss des Bundestages geändert oder abgelehnt werden. [5]Der Beschluss des Bundestages wird der Bundesregierung zugeleitet. [6]Hat sich der Bundestag nach Ablauf von drei Sitzungswochen seit Eingang der Rechtsverordnung nicht mit ihr befasst, so wird die unveränderte Rechtsverordnung dem Bundesrat zugeleitet.

(2) [1]In der Rechtsverordnung nach Absatz 1 Satz 1 kann die Befugnis des Versicherungsvermittlers zur Entgegennahme und zur Verwendung von Vermögenswerten des Versicherungsnehmers oder für diesen bestimmten Vermögenswerten beschränkt werden, soweit dies zum Schutz des Versicherungsnehmers erforderlich ist. [2]In der Rechtsverordnung nach Absatz 1 Satz 1 kann ferner bestimmt werden, dass über die Erfüllung der Verpflichtungen im Sinne des Absatzes 1 Satz 1 Nummer 2 Buchstabe b Aufzeichnungen zu führen sind und die Einhaltung der Verpflichtungen im Sinne des Absatzes 1 Satz 1 Nummer 2 Buchstabe b auf Kosten des Versicherungsvermittlers regelmäßig oder aus besonderem Anlass zu überprüfen und der zuständigen Behörde der Prüfungsbericht vorzulegen ist, soweit es zur wirksamen Überwachung erforderlich ist; hierbei können die Einzelheiten der Prüfung, insbesondere deren Anlass, Zeitpunkt und Häufigkeit, die Auswahl, Bestellung und Abberufung der Prüfer, deren Rechte, Pflichten und Verantwortlichkeit, der Inhalt des Prüfberichts, die Verpflichtungen des Versicherungsvermittlers gegenüber dem Prüfer sowie das Verfahren bei Meinungsverschiedenheiten zwischen dem Prüfer und dem Versicherungsvermittler, geregelt werden.

(3) [1]In der Rechtsverordnung nach Absatz 1 Satz 1 kann ferner bestimmt werden, dass die Einhaltung der Vorschriften über die wirtschaftliche Unabhängigkeit des Versicherungsberaters auf seine Kosten regelmäßig oder aus besonderem Anlass zu überprüfen und der zuständigen Behörde der Prüfungsbericht vorzulegen ist, soweit es zur wirksamen Überwachung erforderlich ist; hierbei können die Einzelheiten der Prüfung, insbesondere deren Anlass, Zeitpunkt und Häufigkeit, die Auswahl, Bestellung und Abberufung der Prüfer, deren Rechte, Pflichten und Verantwortlichkeit, der Inhalt des Prüfberichts, die Verpflichtungen des Versicherungsberaters gegenüber dem Prüfer sowie das Verfahren bei Meinungsverschiedenheiten zwischen dem Prüfer und dem Versicherungsberater, geregelt werden. [2]Zur Überwachung der wirtschaftlichen Unabhängigkeit kann in der Rechtsverordnung bestimmt werden, dass der Versicherungsberater über die Einnahmen aus seiner Tätigkeit Aufzeichnungen zu führen hat.

§ 34f Finanzanlagenvermittler[1)]

(1) Wer im Umfang der Bereichsausnahme des § 2 Absatz 6 Satz 1 Nummer 8 des Kreditwesengesetzes gewerbsmäßig zu

1. Anteilen oder Aktien an inländischen offenen Investmentvermögen, offenen EU-Investmentvermögen oder ausländischen offenen Investmentvermögen, die nach dem Kapitalanlagegesetzbuch vertrieben werden dürfen,
2. Anteilen oder Aktien an inländischen geschlossenen Investmentvermögen, geschlossenen EU-Investmentvermögen oder ausländischen geschlossenen Investmentvermögen, die nach dem Kapitalanlagegesetzbuch vertrieben werden dürfen,
3. Vermögensanlagen im Sinne des § 1 Absatz 2 des Vermögensanlagengesetzes

Anlagevermittlung im Sinne des § 1 Absatz 1a Nummer 1 des Kreditwesengesetzes oder Anlageberatung im Sinne des § 1 Absatz 1a Nummer 1a des Kreditwesengesetzes erbringen will (Finanzanlagenvermittler), bedarf der Erlaubnis der zuständigen Behörde.

(2) Die Erlaubnis ist zu versagen, wenn

1. Tatsachen die Annahme rechtfertigen, dass der Antragsteller oder eine der mit der Leitung des Betriebs oder einer Zweigniederlassung beauftragten Personen die für den Gewerbebetrieb erforderliche Zuverlässigkeit nicht besitzt; die erforderliche Zuverlässigkeit besitzt in der Regel nicht, wer in den letzten fünf Jahren vor Stellung des Antrags wegen eines Verbrechens oder wegen Diebstahls, Unterschlagung, Erpressung, Betrugs, Untreue, Geldwäsche, Urkundenfälschung, Hehlerei, Wuchers oder einer Insolvenzstraftat rechtskräftig verurteilt worden ist,
2. der Antragsteller in ungeordneten Vermögensverhältnissen lebt; dies ist in der Regel der Fall, wenn über das Vermögen des Antragstellers das Insolvenzverfahren eröffnet worden oder er in das vom Insolvenzgericht oder vom Vollstreckungsgericht zu führende Verzeichnis (§ 26 Absatz 2 der Insolvenzordnung, § 882b der Zivilprozessordnung) eingetragen ist,
3. der Antragsteller den Nachweis einer Berufshaftpflichtversicherung nicht erbringen kann oder
4. der Antragsteller nicht durch eine vor der Industrie- und Handelskammer erfolgreich abgelegte Prüfung nachweist, dass er die für die Vermittlung von und Beratung über Finanzanlagen im Sinne des Absatzes 1 Satz 1 notwendige Sachkunde über die fachlichen und rechtlichen Grundlagen sowie über die Kundenberatung besitzt; die Sachkunde ist dabei im Umfang der beantragten Erlaubnis nachzuweisen.

(3) Keiner Erlaubnis nach Absatz 1 bedürfen

1. Kreditinstitute, für die eine Erlaubnis nach § 32 Absatz 1 des Kreditwesengesetzes erteilt wurde, und Zweigstellen von Unternehmen im Sinne des § 53b Absatz 1 Satz 1 des Kreditwesengesetzes,

1) **Anm. d. Red.:** § 34f i. d. F. des Gesetzes v. 30. 6. 2016 (BGBl I S. 1514) mit Wirkung v. 2. 7. 2016.

2. Kapitalverwaltungsgesellschaften, für die eine Erlaubnis nach § 7 Absatz 1 des Investmentgesetzes in der bis zum 21. Juli 2013 geltenden Fassung erteilt wurde, die für den in § 345 Absatz 2 Satz 1, Absatz 3 Satz 2 in Verbindung mit Absatz 2 Satz 1, oder Absatz 4 Satz 1 des Kapitalanlagegesetzbuchs vorgesehenen Zeitraum noch fortbesteht oder Kapitalverwaltungsgesellschaften, für die eine Erlaubnis nach den §§ 20, 21 oder §§ 20, 22 des Kapitalanlagegesetzbuchs erteilt wurde, ausländische AIF-Verwaltungsgesellschaften, für die eine Erlaubnis nach § 58 des Kapitalanlagegesetzbuchs erteilt wurde und Zweigniederlassungen von Unternehmen im Sinne von § 51 Absatz 1 Satz 1, § 54 Absatz 1 oder § 66 Absatz 1 des Kapitalanlagegesetzbuchs,
3. Finanzdienstleistungsinstitute in Bezug auf Vermittlungstätigkeiten oder Anlageberatung, für die ihnen eine Erlaubnis nach § 32 Absatz 1 des Kreditwesengesetzes erteilt wurde oder für die eine Erlaubnis nach § 64e Absatz 2, § 64i Absatz 1 oder § 64n des Kreditwesengesetzes als erteilt gilt,
4. Gewerbetreibende in Bezug auf Vermittlungs- und Beratungstätigkeiten nach Maßgabe des § 2 Absatz 10 Satz 1 des Kreditwesengesetzes.

GewO

(4) [1]Gewerbetreibende nach Absatz 1 dürfen direkt bei der Beratung und Vermittlung mitwirkende Personen nur beschäftigen, wenn sie sicherstellen, dass diese Personen über einen Sachkundenachweis nach Absatz 2 Nummer 4 verfügen und geprüft haben, ob sie zuverlässig sind. [2]Die Beschäftigung einer direkt bei der Beratung und Vermittlung mitwirkenden Person kann dem Gewerbetreibenden untersagt werden, wenn Tatsachen die Annahme rechtfertigen, dass die Person die für ihre Tätigkeit erforderliche Sachkunde oder Zuverlässigkeit nicht besitzt.

(5) Gewerbetreibende nach Absatz 1 sind verpflichtet, sich unverzüglich nach Aufnahme ihrer Tätigkeit über die für die Erlaubniserteilung zuständige Behörde entsprechend dem Umfang der Erlaubnis in das Register nach § 11a Absatz 1 eintragen zu lassen; ebenso sind Änderungen der im Register gespeicherten Angaben der Registerbehörde unverzüglich mitzuteilen.

(6) [1]Gewerbetreibende nach Absatz 1 haben die unmittelbar bei der Beratung und Vermittlung mitwirkenden Personen im Sinne des Absatzes 4 unverzüglich nach Aufnahme ihrer Tätigkeit bei der Registerbehörde zu melden und eintragen zu lassen. [2]Änderungen der im Register gespeicherten Angaben sind der Registerbehörde unverzüglich mitzuteilen.

§ 34g Verordnungsermächtigung[1)]

(1) [1]Das Bundesministerium für Wirtschaft und Energie hat im Einvernehmen mit dem Bundesministerium der Finanzen und dem Bundesministerium der Justiz und für Verbraucherschutz durch Rechtsverordnung mit Zustimmung des Bundesrates zum Schutze der Allgemeinheit und der Anleger Vorschriften zu erlassen über den Umfang der Verpflichtungen des Gewerbetreibenden bei der Ausübung des Gewerbes eines Finanzanlagenvermittlers und Honorar-Finanzanlagenberaters und zur Umsetzung der Verordnung (EU) Nr. 1286/2014. [2]Die Rechtsverordnung hat Vorschriften zu enthalten über

1. die Informationspflichten gegenüber dem Anleger, einschließlich einer Pflicht, Provisionen und andere Zuwendungen offenzulegen und dem Anleger ein Informationsblatt über die jeweilige Finanzanlage zur Verfügung zu stellen,
2. die bei dem Anleger einzuholenden Informationen, die erforderlich sind, um diesen anlage- und anlegergerecht zu beraten,
3. die Dokumentationspflichten des Gewerbetreibenden einschließlich einer Pflicht, Geeignetheitserklärungen zu erstellen und dem Anleger zur Verfügung zu stellen, sowie die Pflicht des Gewerbetreiben, telefonische Beratungsgespräche und die elektronische Kommunikation mit Kunden in deren Kenntnis aufzuzeichnen und zu speichern,
4. die Auskehr der Zuwendungen durch den Honorar-Finanzanlagenberater an den Anleger,

1) **Anm. d. Red.:** § 34g i. d. F. des Gesetzes v. 11.12.2018 (BGBl I S. 2354) mit Wirkung v. 15.12.2018.

5. Sanktionen und Maßnahmen nach Artikel 24 Absatz 2 der Verordnung (EU) Nr. 1286/2014, einschließlich des Verfahrens,
6. die Struktur der Vergütung der in dem Gewerbebetrieb beschäftigten Personen sowie die Verpflichtung, Interessenkonflikte zu vermeiden und bestehende offenzulegen,
7. die Pflicht, sich die erforderlichen Informationen über die jeweilige Finanzanlage einschließlich des für diese bestimmten Zielmarktes im Sinne des § 63 Absatz 4 in Verbindung mit § 80 Absatz 12 des Wertpapierhandelsgesetzes zu beschaffen und diese bei der Anlageberatung und Anlagevermittlung zu berücksichtigen.

[3]Hinsichtlich der Informations-, Beratungs- und Dokumentationspflichten ist hierbei ein dem Abschnitt 11 des Wertpapierhandelsgesetzes vergleichbares Anlegerschutzniveau herzustellen.

(2) [1]Die Rechtsverordnung kann auch Vorschriften enthalten

1. zur Pflicht, Bücher zu führen und die notwendigen Daten über einzelne Geschäftsvorgänge sowie über die Anleger aufzuzeichnen,
2. zur Pflicht, der zuständigen Behörde Anzeige beim Wechsel der mit der Leitung des Betriebes oder einer Zweigniederlassung beauftragten Personen zu erstatten und hierbei bestimmte Angaben zu machen,
3. zu den Inhalten und dem Verfahren für die Sachkundeprüfung nach § 34f Absatz 2 Nummer 4, den Ausnahmen von der Erforderlichkeit der Sachkundeprüfung sowie der Gleichstellung anderer Berufsqualifikationen mit der Sachkundeprüfung, der Zuständigkeit der Industrie- und Handelskammern sowie der Berufung eines Aufgabenauswahlausschusses,
4. zum Umfang der und zu inhaltlichen Anforderungen an die nach § 34f Absatz 2 Nummer 3 erforderliche Haftpflichtversicherung, insbesondere über die Höhe der Mindestversicherungssumme, die Bestimmung der zuständigen Behörde im Sinne des § 117 Absatz 2 des Versicherungsvertragsgesetzes, über den Nachweis über das Bestehen der Haftpflichtversicherung und Anzeigepflichten des Versicherungsunternehmens gegenüber den Behörden und den Anlegern,
5. zu den Anforderungen und Verfahren, die zur Durchführung der Richtlinie 2005/36/EG auf Inhaber von Berufsqualifikationen angewendet werden sollen, die in einem anderen Mitgliedstaat der Europäischen Union oder einem anderen Vertragsstaat des Abkommens über den Europäischen Wirtschaftsraum erworben wurden, sofern diese Personen im Inland vorübergehend oder dauerhaft als Finanzanlagenvermittler tätig werden wollen,
6. zu der Anforderung nach § 34h Absatz 2 Satz 2, der Empfehlung eine hinreichende Anzahl von auf dem Markt angebotenen Finanzanlagen zu Grunde zu legen,
7. zur Pflicht, die Einhaltung der in § 2a Absatz 3 des Vermögensanlagengesetzes genannten Betragsgrenzen zu prüfen.

[2]Außerdem kann der Gewerbetreibende in der Verordnung verpflichtet werden, die Einhaltung der nach Absatz 1 Satz 2 und Absatz 2 Satz 1 Nummer 1, 2 und 4 erlassenen Vorschriften auf seine Kosten regelmäßig sowie aus besonderem Anlass prüfen zu lassen und den Prüfungsbericht der zuständigen Behörde vorzulegen, soweit dies zur wirksamen Überwachung erforderlich ist. [3]Hierbei können die Einzelheiten der Prüfung, insbesondere deren Anlass, Zeitpunkt und Häufigkeit, die Auswahl, Bestellung und Abberufung der Prüfer, deren Rechte, Pflichten und Verantwortlichkeit, der Inhalt des Prüfungsberichts, die Verpflichtungen der Gewerbetreibenden gegenüber dem Prüfer sowie das Verfahren bei Meinungsverschiedenheiten zwischen dem Prüfer und dem Gewerbetreibenden geregelt werden.

§ 34h Honorar-Finanzanlagenberater[1)]

(1) [1]Wer im Umfang der Bereichsausnahme des § 2 Absatz 6 Satz 1 Nummer 8 des Kreditwesengesetzes gewerbsmäßig zu Finanzanlagen im Sinne des § 34f Absatz 1 Nummer 1, 2 oder 3

1) **Anm. d. Red.:** § 34h i. d. F. des Gesetzes v. 15. 7. 2014 (BGBl I S. 934) mit Wirkung v. 1. 8. 2014.

Anlageberatung im Sinne des § 1 Absatz 1a Nummer 1a des Kreditwesengesetzes erbringen will, ohne von einem Produktgeber eine Zuwendung zu erhalten oder von ihm in anderer Weise abhängig zu sein (Honorar-Finanzanlagenberater), bedarf der Erlaubnis der zuständigen Behörde. [2]Die Erlaubnis kann inhaltlich beschränkt oder mit Auflagen verbunden werden, soweit dies zum Schutz der Allgemeinheit oder der Anleger erforderlich ist; unter denselben Voraussetzungen sind auch die nachträgliche Aufnahme, Änderung und Ergänzung von Auflagen zulässig. [3]Die Erlaubnis kann auf die Beratung zu einzelnen Kategorien von Finanzanlagen nach § 34f Absatz 1 Nummer 1, 2 oder 3 beschränkt werden. [4]§ 34f Absatz 2 bis 6 ist entsprechend anzuwenden. [5]Wird die Erlaubnis unter Vorlage der Erlaubnisurkunde nach § 34f Absatz 1 Satz 1 beantragt, so erfolgt keine Prüfung der Zuverlässigkeit, der Vermögensverhältnisse und der Sachkunde. [6]Die Erlaubnis nach § 34f Absatz 1 Satz 1 erlischt mit der Erteilung der Erlaubnis nach Satz 1.

(2) [1]Gewerbetreibende nach Absatz 1 dürfen kein Gewerbe nach § 34f Absatz 1 ausüben. [2]Sie müssen ihrer Empfehlung eine hinreichende Anzahl von auf dem Markt angebotenen Finanzanlagen zu Grunde legen, die von ihrer Erlaubnis umfasst sind und die nach Art und Anbieter oder Emittenten hinreichend gestreut und nicht beschränkt sind auf Anbieter oder Emittenten, die in einer engen Verbindung zu ihnen stehen oder zu denen in sonstiger Weise wirtschaftliche Verflechtungen bestehen.

(3) [1]Gewerbetreibende nach Absatz 1 dürfen sich die Erbringung der Beratung nur durch den Anleger vergüten lassen. [2]Sie dürfen Zuwendungen eines Dritten, der nicht Anleger ist oder von dem Anleger zur Beratung beauftragt worden ist, im Zusammenhang mit der Beratung, insbesondere auf Grund einer Vermittlung als Folge der Beratung, nicht annehmen, es sei denn, die empfohlene Finanzanlage oder eine in gleicher Weise geeignete Finanzanlage ist ohne Zuwendung nicht erhältlich. [3]Zuwendungen sind in diesem Fall unverzüglich nach Erhalt und ungemindert an den Kunden auszukehren. [4]Vorschriften über die Entrichtung von Steuern und Abgaben bleiben davon unberührt.

§ 34i Immobiliardarlehensvermittler[1)]

(1) [1]Wer gewerbsmäßig den Abschluss von Immobiliar-Verbraucherdarlehensverträgen im Sinne des § 491 Absatz 3 des Bürgerlichen Gesetzbuchs oder entsprechende entgeltliche Finanzierungshilfen im Sinne des § 506 des Bürgerlichen Gesetzbuchs vermitteln will oder Dritte zu solchen Verträgen beraten will (Immobiliardarlehensvermittler), bedarf der Erlaubnis der zuständigen Behörde. [2]Die Erlaubnis kann inhaltlich beschränkt und mit Nebenbestimmungen verbunden werden, soweit dies zum Schutz der Allgemeinheit oder der Darlehensnehmer erforderlich ist; unter derselben Voraussetzung ist auch die nachträgliche Aufnahme, Änderung und Ergänzung von Nebenbestimmungen zulässig.

(2) Die Erlaubnis ist zu versagen, wenn

1. Tatsachen die Annahme rechtfertigen, dass der Antragsteller oder eine der Personen, die mit der Leitung des Betriebes oder einer Zweigniederlassung beauftragt sind, die für den Gewerbebetrieb erforderliche Zuverlässigkeit nicht besitzt; die erforderliche Zuverlässigkeit besitzt in der Regel nicht, wer in den letzten fünf Jahren vor Antragstellung wegen eines Verbrechens oder wegen Diebstahls, Unterschlagung, Erpressung, Betruges, Untreue, Geldwäsche, Urkundenfälschung, Hehlerei, Wuchers oder einer Insolvenzstraftat rechtskräftig verurteilt worden ist,
2. der Antragsteller in ungeordneten Vermögensverhältnissen lebt; dies ist in der Regel der Fall, wenn über das Vermögen des Antragstellers das Insolvenzverfahren eröffnet worden oder er in das Schuldnerverzeichnis nach § 882b der Zivilprozessordnung eingetragen ist,
3. der Antragsteller den Nachweis einer Berufshaftpflichtversicherung oder gleichwertigen Garantie nicht erbringen kann,

1) **Anm. d. Red.:** § 34i i. d. F. des Gesetzes v. 20.7.2017 (BGBl I S. 2789) mit Wirkung v. 29.7.2017.

4. der Antragsteller nicht durch eine vor der Industrie- und Handelskammer erfolgreich abgelegte Prüfung nachweist, dass er die Sachkunde über die fachlichen und rechtlichen Grundlagen sowie über die Kundenberatung besitzt, die für die Vermittlung von und Beratung zu Immobiliar-Verbraucherdarlehensverträgen oder entsprechenden entgeltlichen Finanzierungshilfen notwendig ist, oder
5. der Antragsteller seine Hauptniederlassung oder seinen Hauptsitz nicht im Inland hat oder seine Tätigkeit als Immobiliardarlehensvermittler nicht im Inland ausübt.

(3) Keiner Erlaubnis nach Absatz 1 Satz 1 bedürfen Kreditinstitute, für die eine Erlaubnis nach § 32 Absatz 1 des Kreditwesengesetzes erteilt wurde, und Zweigstellen von Unternehmen im Sinne des § 53b Absatz 1 Satz 1 des Kreditwesengesetzes.

(4) [1]Keiner Erlaubnis nach Absatz 1 Satz 1 bedarf ein Immobiliardarlehensvermittler, der den Abschluss von Immobiliar-Verbraucherdarlehensverträgen oder entsprechenden entgeltlichen Finanzierungshilfen vermitteln oder Dritte zu solchen Verträgen beraten will und dabei im Umfang seiner Erlaubnis handelt, die nach Artikel 29 der Richtlinie 2014/17/EU des Europäischen Parlaments und des Rates vom 4. Februar 2014 über Wohnimmobilienkreditverträge für Verbraucher und zur Änderung der Richtlinien 2008/48/EG und 2013/36/EU und der Verordnung (EU) Nr. 1093/2010 (ABl L 60 vom 28. 2. 2014, S. 34) durch einen anderen Mitgliedstaat der Europäischen Union oder einen anderen Vertragsstaat des Abkommens über den Europäischen Wirtschaftsraum erteilt worden ist. [2]Vor Aufnahme der Tätigkeit im Geltungsbereich dieses Gesetzes muss ein Verfahren nach Artikel 32 Absatz 3 der Richtlinie 2014/17/EU stattgefunden haben.

(5) [1]Gewerbetreibende nach den Absätzen 1 und 4, die eine unabhängige Beratung anbieten oder als unabhängiger Berater auftreten (Honorar-Immobiliardarlehensberater),

1. müssen für ihre Empfehlung für oder gegen einen Immobiliar-Verbraucherdarlehensvertrag oder eine entsprechende entgeltliche Finanzierungshilfe eine hinreichende Anzahl von entsprechenden auf dem Markt angebotenen Verträgen heranziehen und
2. dürfen vom Darlehensgeber keine Zuwendungen annehmen und von ihm in keiner Weise abhängig sein.

[2]Honorar-Immobiliardarlehensberater dürfen keine Tätigkeit als Immobiliardarlehensvermittler und Immobiliardarlehensvermittler dürfen keine Tätigkeit als Honorar-Immobiliardalehensberater ausüben.

(6) [1]Gewerbetreibende nach Absatz 1 dürfen Personen, die bei der Vermittlung oder Beratung mitwirken oder in leitender Position für diese Tätigkeit verantwortlich sind, nur beschäftigen, wenn sie sicherstellen, dass diese Personen über einen Sachkundenachweis nach Absatz 2 Nummer 4 verfügen und wenn sie überprüft haben, dass diese Personen zuverlässig sind. [2]Die Beschäftigung einer bei der Vermittlung oder Beratung mitwirkenden Person kann dem Gewerbetreibenden untersagt werden, wenn Tatsachen die Annahme rechtfertigen, dass die Person die für ihre Tätigkeit erforderliche Sachkunde oder Zuverlässigkeit nicht besitzt. [3]Die Sätze 1 und 2 sind auf Gewerbetreibende nach Absatz 4, die ihre Tätigkeit im Inland über eine Zweigniederlassung ausüben, entsprechend anzuwenden.

(7) Bei Gewerbetreibenden nach Absatz 1 darf die Struktur der Vergütung der in dem Gewerbebetrieb beschäftigten Personen deren Fähigkeit nicht beeinträchtigen, im besten Interesse des Darlehensnehmers zu handeln; insbesondere darf die Vergütungsstruktur nicht an Absatzziele gekoppelt sein.

(8) Gewerbetreibende nach Absatz 1 sind verpflichtet,

1. sich unverzüglich nach Aufnahme ihrer Tätigkeit in das Register nach § 11a Absatz 1 eintragen zu lassen,
2. die unmittelbar bei der Vermittlung oder Beratung mitwirkenden oder die in leitender Position für diese Tätigkeit verantwortlichen Personen unverzüglich nach Aufnahme ihrer Tätigkeit in das Register nach § 11a Absatz 1 eintragen zu lassen und

3. Änderungen gegenüber den im Register gespeicherten Daten der Registerbehörde unverzüglich mitzuteilen.

(9) [1]Die zuständige Behörde kann jede in das Gewerbezentralregister nach § 149 Absatz 2 einzutragende, nicht mehr anfechtbare Entscheidung wegen Verstoßes gegen Bestimmungen dieses Gesetzes oder einer Rechtsverordnung nach § 34j öffentlich bekannt machen, sofern eine solche Bekanntgabe die Stabilität der Finanzmärkte nicht ernstlich gefährdet und den Beteiligten keinen unverhältnismäßig hohen Schaden zufügt. [2]Die Bekanntmachung erfolgt durch Eintragung in das Register nach § 11a Absatz 1.

§ 34j Verordnungsermächtigung[1)]

(1) Das Bundesministerium für Wirtschaft und Energie kann durch Rechtsverordnung mit Zustimmung des Bundesrates zur Umsetzung der Richtlinie 2014/17/EU, zur Umsetzung der Richtlinie 2005/36/EG des Europäischen Parlaments und des Rates vom 7. September 2005 über die Anerkennung von Berufsqualifikationen (ABl L 255 vom 30. 9. 2005, S. 22) , die zuletzt durch die Richtlinie 2013/55/EU (ABl L 354 vom 28. 12. 2013, S. 132) geändert worden ist, oder zum Schutz der Allgemeinheit und der Darlehensnehmer Vorschriften erlassen über

1. den Umfang der Verpflichtungen des Immobiliardarlehensvermittlers bei der Ausübung des Gewerbes, insbesondere über
   a) die Pflicht, die erhaltenen Vermögenswerte des Darlehensnehmers getrennt zu verwalten,
   b) die Pflicht, nach der Ausführung des Auftrags dem Darlehensnehmer Rechnung zu legen,
   c) die Pflicht, der zuständigen Behörde Anzeige beim Wechsel der mit der Leitung des Betriebes oder einer Zweigniederlassung beauftragten Personen zu erstatten und hierbei bestimmte Angaben zu machen,
   d) die Verhaltens- und Informationspflichten gegenüber dem Darlehensnehmer, einschließlich der Pflicht, Provisionen und andere Zuwendungen offenzulegen,
   e) die Pflicht, Bücher zu führen und die notwendigen Daten über einzelne Geschäftsvorgänge sowie über die Darlehensnehmer aufzuzeichnen,
2. die Inhalte und das Verfahren für eine Sachkundeprüfung nach § 34i Absatz 2 Nummer 4, über die Ausnahmen von der Erforderlichkeit der Sachkundeprüfung, über die Gleichstellung anderer Berufsqualifikationen mit dem Nachweis der Sachkunde, über die örtliche Zuständigkeit der Industrie- und Handelskammern sowie über die Berufung eines Aufgabenauswahlausschusses,
3. den Umfang und die inhaltlichen Anforderungen an die nach § 34i Absatz 2 Nummer 3 erforderliche Haftpflichtversicherung und die gleichwertige Garantie, insbesondere über die Höhe der Mindestversicherungssumme, die nach dem in Artikel 29 Absatz 2 Buchstabe a der Richtlinie 2014/17/EU vorgesehenen Verfahren festgelegt wird; über die Bestimmung der zuständigen Stelle nach § 117 Absatz 2 des Versicherungsvertragsgesetzes; über den Nachweis des Bestehens einer Haftpflichtversicherung und einer gleichwertigen Garantie sowie über die Anzeigepflichten des Versicherungsunternehmens gegenüber den Behörden und den Versicherungsnehmern,
4. die Anforderungen und Verfahren, die zur Durchführung der Richtlinie 2005/36/EG Anwendung finden sollen auf Inhaber von Berufsqualifikationen, die in einem anderen Mitgliedstaat der Europäischen Union oder in einem Vertragsstaat des Abkommens über den Europäischen Wirtschaftsraum erworben worden sind und deren Inhaber im Inland vorübergehend oder dauerhaft als Immobiliardarlehensvermittler tätig werden wollen und nicht die Voraussetzungen des § 34i Absatz 4 erfüllen,

1) **Anm. d. Red.:** § 34j i. d. F. des Gesetzes v. 20. 7. 2017 (BGBl I S. 2789) mit Wirkung v. 29. 7. 2017.

5. die Anforderungen und Verfahren für die grenzüberschreitende Verwaltungszusammenarbeit mit den zuständigen Behörden eines anderen Mitgliedstaates der Europäischen Union, mit den zuständigen Behörden eines Vertragsstaates des Abkommens über den Europäischen Wirtschaftsraum sowie der Europäischen Bankenaufsichtsbehörde im Sinne von Artikel 32 Absatz 3, Artikel 34 Absatz 2 bis 5, Artikel 36 und 37 der Richtlinie 2014/17/EU, insbesondere über
   a) Einzelheiten des in § 11a Absatz 4 festgelegten Verfahrens,
   b) Einzelheiten der Zusammenarbeit und des Informationsaustauschs mit den zuständigen Behörden eines anderen Mitgliedstaates der Europäischen Union, mit den zuständigen Behörden eines Vertragsstaates des Abkommens über den Europäischen Wirtschaftsraum sowie mit der Europäischen Bankenaufsichtsbehörde, einschließlich Einzelheiten der Befugnis der zuständigen Behörden des Herkunftsmitgliedstaates eines Gewerbetreibenden nach § 34i Absatz 4, in den Geschäftsräumen der Zweigniederlassung in Begleitung der für die Ausführung dieses Gesetzes zuständigen Behörden Prüfungen des Betriebs vorzunehmen, soweit es zum Zwecke der Überwachung erforderlich ist.

(2) [1]Gewerbetreibende nach § 34i Absatz 1 und 5 können in der Verordnung verpflichtet werden, die Einhaltung der nach Absatz 1 Nummer 1 erlassenen Vorschriften auf eigene Kosten aus besonderem Anlass prüfen zu lassen und den Prüfungsbericht der zuständigen Behörde vorzulegen, soweit dies zur wirksamen Überwachung erforderlich ist. [2]Hierbei können die Einzelheiten der Prüfung, insbesondere deren Anlass, Zeitpunkt und Häufigkeit, die Auswahl, Bestellung und Abberufung der Prüfer, deren Rechte, Pflichten und Verantwortlichkeit, der Inhalt des Prüfungsberichts, die Verpflichtungen der Gewerbetreibenden gegenüber dem Prüfer sowie das Verfahren bei Meinungsverschiedenheiten zwischen dem Prüfer und dem Gewerbetreibenden geregelt werden.

§ 35 Gewerbeuntersagung wegen Unzuverlässigkeit[1)]

(1) [1]Die Ausübung eines Gewerbes ist von der zuständigen Behörde ganz oder teilweise zu untersagen, wenn Tatsachen vorliegen, welche die Unzuverlässigkeit des Gewerbetreibenden oder einer mit der Leitung des Gewerbebetriebes beauftragten Person in Bezug auf dieses Gewerbe dartun, sofern die Untersagung zum Schutze der Allgemeinheit oder der im Betrieb Beschäftigten erforderlich ist. [2]Die Untersagung kann auch auf die Tätigkeit als Vertretungsberechtigter eines Gewerbetreibenden oder als mit der Leitung eines Gewerbebetriebes beauftragte Person sowie auf einzelne andere oder auf alle Gewerbe erstreckt werden, soweit die festgestellten Tatsachen die Annahme rechtfertigen, dass der Gewerbetreibende auch für diese Tätigkeiten oder Gewerbe unzuverlässig ist. [3]Das Untersagungsverfahren kann fortgesetzt werden, auch wenn der Betrieb des Gewerbes während des Verfahrens aufgegeben wird.

(2) Dem Gewerbetreibenden kann auf seinen Antrag von der zuständigen Behörde gestattet werden, den Gewerbebetrieb durch einen Stellvertreter (§ 45) fortzuführen, der die Gewähr für eine ordnungsgemäße Führung des Gewerbebetriebes bietet.

(3) [1]Will die Verwaltungsbehörde in dem Untersagungsverfahren einen Sachverhalt berücksichtigen, der Gegenstand der Urteilsfindung in einem Strafverfahren gegen einen Gewerbetreibenden gewesen ist, so kann sie zu dessen Nachteil von dem Inhalt des Urteils insoweit nicht abweichen, als es sich bezieht auf

1. die Feststellung des Sachverhalts,
2. die Beurteilung der Schuldfrage oder
3. die Beurteilung der Frage, ob er bei weiterer Ausübung des Gewerbes erhebliche rechtswidrige Taten im Sinne des § 70 Strafgesetzbuches begehen wird und ob zur Abwehr dieser Gefahren die Untersagung des Gewerbes angebracht ist.

---

1) **Anm. d. Red.:** § 35 i. d. F. des Gesetzes v. 25. 7. 2013 (BGBl I S. 2749) mit Wirkung v. 1. 8. 2013.

[2]Absatz 1 Satz 2 bleibt unberührt. [3]Die Entscheidung über ein vorläufiges Berufsverbot (§ 132a der Strafprozessordnung), der Strafbefehl und die gerichtliche Entscheidung, durch welche die Eröffnung des Hauptverfahrens abgelehnt wird, stehen einem Urteil gleich; dies gilt auch für Bußgeldentscheidungen, soweit sie sich auf die Feststellung des Sachverhalts und die Beurteilung der Schuldfrage beziehen.

(3a) (weggefallen)

(4) [1]Vor der Untersagung sollen, soweit besondere staatliche Aufsichtsbehörden bestehen, die Aufsichtsbehörden, ferner die zuständige Industrie- und Handelskammer oder Handwerkskammer und, soweit es sich um eine Genossenschaft handelt, auch der Prüfungsverband gehört werden, dem die Genossenschaft angehört. [2]Ihnen sind die gegen den Gewerbetreibenden erhobenen Vorwürfe mitzuteilen und die zur Abgabe der Stellungnahme erforderlichen Unterlagen zu übersenden. [3]Die Anhörung der vorgenannten Stellen kann unterbleiben, wenn Gefahr im Verzuge ist; in diesem Falle sind diese Stellen zu unterrichten.

(5) (weggefallen)

(6) [1]Dem Gewerbetreibenden ist von der zuständigen Behörde aufgrund eines an die Behörde zu richtenden schriftlichen oder elektronischen Antrages die persönliche Ausübung des Gewerbes wieder zu gestatten, wenn Tatsachen die Annahme rechtfertigen, dass eine Unzuverlässigkeit im Sinne des Absatzes 1 nicht mehr vorliegt. [2]Vor Ablauf eines Jahres nach Durchführung der Untersagungsverfügung kann die Wiederaufnahme nur gestattet werden, wenn hierfür besondere Gründe vorliegen.

(7) [1]Zuständig ist die Behörde, in deren Bezirk der Gewerbetreibende eine gewerbliche Niederlassung unterhält oder in den Fällen des Absatzes 2 oder 6 unterhalten will. [2]Bei Fehlen einer gewerblichen Niederlassung sind die Behörden zuständig, in deren Bezirk das Gewerbe ausgeübt wird oder ausgeübt werden soll. [3]Für die Vollstreckung der Gewerbeuntersagung sind auch die Behörden zuständig, in deren Bezirk das Gewerbe ausgeübt wird oder ausgeübt werden soll.

(7a) [1]Die Untersagung kann auch gegen Vertretungsberechtigte oder mit der Leitung des Gewerbebetriebes beauftragte Personen ausgesprochen werden. [2]Das Untersagungsverfahren gegen diese Personen kann unabhängig von dem Verlauf des Untersagungsverfahrens gegen den Gewerbetreibenden fortgesetzt werden. [3]Die Absätze 1 und 3 bis 7 sind entsprechend anzuwenden.

(8) [1]Soweit für einzelne Gewerbe besondere Untersagungs- oder Betriebsschließungsvorschriften bestehen, die auf die Unzuverlässigkeit des Gewerbetreibenden abstellen, oder eine für das Gewerbe erteilte Zulassung wegen Unzuverlässigkeit des Gewerbetreibenden zurückgenommen oder widerrufen werden kann, sind die Absätze 1 bis 7a nicht anzuwenden. [2]Dies gilt nicht für Vorschriften, die Gewerbeuntersagungen oder Betriebsschließungen durch strafgerichtliches Urteil vorsehen.

(9) Die Absätze 1 bis 8 sind auf Genossenschaften entsprechend anzuwenden, auch wenn sich ihr Geschäftsbetrieb auf den Kreis der Mitglieder beschränkt; sie finden ferner Anwendung auf den Handel mit Arzneimitteln, mit Losen von Lotterien und Ausspielungen sowie mit Bezugs- und Anteilscheinen auf solche Lose und auf den Betrieb von Wettannahmestellen aller Art.

§§ 35a und 35b (weggefallen)

§ 36 Öffentliche Bestellung von Sachverständigen[1)]

(1) [1]Personen, die als Sachverständige auf den Gebieten der Wirtschaft einschließlich des Bergwesens, der Hochsee- und Küstenfischerei sowie der Land- und Forstwirtschaft einschließlich des Garten- und Weinbaues tätig sind oder tätig werden wollen, sind auf Antrag durch die von den Landesregierungen bestimmten oder nach Landesrecht zuständigen Stellen für be-

1) **Anm. d. Red.:** § 36 i. d. F. des Gesetzes v. 17. 7. 2009 (BGBl I S. 2091) mit Wirkung v. 28. 12. 2009.

stimmte Sachgebiete öffentlich zu bestellen, sofern für diese Sachgebiete ein Bedarf an Sachverständigenleistungen besteht, sie hierfür besondere Sachkunde nachweisen und keine Bedenken gegen ihre Eignung bestehen. [2]Sie sind darauf zu vereidigen, dass sie ihre Sachverständigenaufgaben unabhängig, weisungsfrei, persönlich, gewissenhaft und unparteiisch erfüllen und ihre Gutachten entsprechend erstattet werden. [3]Die öffentliche Bestellung kann inhaltlich beschränkt, mit einer Befristung erteilt und mit Auflagen verbunden werden.

(2) Absatz 1 gilt entsprechend für die öffentliche Bestellung und Vereidigung von besonders geeigneten Personen, die auf den Gebieten der Wirtschaft

1. bestimmte Tatsachen in Bezug auf Sachen, insbesondere die Beschaffenheit, Menge, Gewicht oder richtige Verpackung von Waren feststellen oder
2. die ordnungsmäßige Vornahme bestimmter Tätigkeiten überprüfen.

(3) Die Landesregierungen können durch Rechtsverordnung die zur Durchführung der Absätze 1 und 2 erforderlichen Vorschriften über die Voraussetzungen für die Bestellung sowie über die Befugnisse und Verpflichtungen der öffentlich bestellten und vereidigten Sachverständigen bei der Ausübung ihrer Tätigkeit erlassen, insbesondere über

1. die persönlichen Voraussetzungen einschließlich altersmäßiger Anforderungen, den Beginn und das Ende der Bestellung,
2. die in Betracht kommenden Sachgebiete einschließlich der Bestellungsvoraussetzungen,
3. den Umfang der Verpflichtungen des Sachverständigen bei der Ausübung seiner Tätigkeit, insbesondere über die Verpflichtungen
   a) zur unabhängigen, weisungsfreien, persönlichen, gewissenhaften und unparteiischen Leistungserbringung,
   b) zum Abschluss einer Berufshaftpflichtversicherung und zum Umfang der Haftung,
   c) zur Fortbildung und zum Erfahrungsaustausch,
   d) zur Einhaltung von Mindestanforderungen bei der Erstellung von Gutachten,
   e) zur Anzeige bei der zuständigen Behörde hinsichtlich aller Niederlassungen, die zur Ausübung der in Absatz 1 genannten Sachverständigentätigkeiten genutzt werden,
   f) zur Aufzeichnung von Daten über einzelne Geschäftsvorgänge sowie über die Auftraggeber,

und hierbei auch die Stellung des hauptberuflich tätigen Sachverständigen regeln.

(4) Soweit die Landesregierung weder von ihrer Ermächtigung nach Absatz 3 noch nach § 155 Abs. 3 Gebrauch gemacht hat, können Körperschaften des öffentlichen Rechts, die für die öffentliche Bestellung und Vereidigung von Sachverständigen zuständig sind, durch Satzung die in Absatz 3 genannten Vorschriften erlassen.

(5) Die Absätze 1 bis 4 finden keine Anwendung, soweit sonstige Vorschriften des Bundes über die öffentliche Bestellung oder Vereidigung von Personen bestehen oder soweit Vorschriften der Länder über die öffentliche Bestellung oder Vereidigung von Personen auf den Gebieten der Hochsee- und Küstenfischerei, der Land- und Forstwirtschaft einschließlich des Garten- und Weinbaues sowie der Landesvermessung bestehen oder erlassen werden.

§ 36a Öffentliche Bestellung von Sachverständigen mit Qualifikationen aus einem anderen Mitgliedstaat der Europäischen Union oder einem anderen Vertragsstaat des Abkommens über den Europäischen Wirtschaftsraum[1)]

(1) [1]Bei der Bewertung der nach § 36 Absatz 1 geforderten besonderen Sachkunde von Antragstellern sind auch Ausbildungs- und Befähigungsnachweise anzuerkennen, die in einem anderen Mitgliedstaat der Europäischen Union oder in einem anderen Vertragsstaat des Abkom-

1) **Anm. d. Red.:** § 36a eingefügt gem. Gesetz v. 17. 7. 2009 (BGBl I S. 2091) mit Wirkung v. 28. 12. 2009.

mens über den Europäischen Wirtschaftsraum ausgestellt wurden. ²Wenn der Antragsteller in einem der in Satz 1 genannten Staaten für ein bestimmtes Sachgebiet

1. zur Ausübung von Sachverständigentätigkeiten berechtigt ist, die dort Personen vorbehalten sind, die über eine der besonderen Sachkunde im Sinne des § 36 Absatz 1 im Wesentlichen entsprechende Sachkunde verfügen, oder
2. in zwei der letzten zehn Jahre vollzeitig als Sachverständiger tätig gewesen ist und sich aus den vorgelegten Nachweisen ergibt, dass der Antragsteller über eine überdurchschnittliche Sachkunde verfügt, die im Wesentlichen der besonderen Sachkunde im Sinne des § 36 Absatz 1 entspricht,

ist seine Sachkunde bezüglich dieses Sachgebiets vorbehaltlich des Absatzes 2 als ausreichend anzuerkennen.

(2) ¹Soweit sich die Inhalte der bisherigen Ausbildung oder Tätigkeit eines Antragstellers auf dem Sachgebiet, für das die öffentliche Bestellung beantragt wird, wesentlich von den Inhalten unterscheiden, die nach § 36 Voraussetzung für die öffentliche Bestellung als Sachverständiger für das betreffende Sachgebiet sind, kann dem Antragsteller nach seiner Wahl eine Eignungsprüfung oder ein Anpassungslehrgang auferlegt werden. ²Diese Maßnahme kann insbesondere auch die Kenntnis des deutschen Rechts und die Fähigkeit zur verständlichen Erläuterung fachlicher Feststellungen betreffen.

(3) ¹Soweit an den Antragsteller nach Absatz 1 Satz 2 in seinem Herkunftsstaat außerhalb der Sachkunde liegende Anforderungen gestellt wurden, die den nach § 36 Absatz 1 geltenden vergleichbar sind, sind diese nicht nochmals nachzuprüfen. ²§ 13b gilt entsprechend.

(4) ¹Die zuständige Behörde bestätigt binnen eines Monats den Empfang der von dem Antragsteller eingereichten Unterlagen und teilt gegebenenfalls mit, welche Unterlagen noch nachzureichen sind. ²Das Verfahren für die Prüfung des Antrags auf Anerkennung muss innerhalb von drei Monaten nach Einreichen der vollständigen Unterlagen abgeschlossen sein. ³Diese Frist kann in begründeten Fällen um einen Monat verlängert werden. ⁴Bestehen Zweifel an der Echtheit von vorgelegten Bescheinigungen und Nachweisen oder benötigt die zuständige Behörde weitere Informationen, kann sie durch Nachfrage bei der zuständigen Stelle des Herkunftsstaats die Echtheit überprüfen und entsprechende Auskünfte einholen. ⁵Der Fristablauf ist solange gehemmt.

§ 37 (weggefallen)

§ 38 Überwachungsbedürftige Gewerbe[1)]

(1) ¹Bei den Gewerbezweigen

1. An- und Verkauf von
   a) hochwertigen Konsumgütern, insbesondere Unterhaltungselektronik, Computern, optischen Erzeugnissen, Fotoapparaten, Videokameras, Teppichen, Pelz- und Lederbekleidung,
   b) Kraftfahrzeugen und Fahrrädern,
   c) Edelmetallen und edelmetallhaltigen Legierungen sowie Waren aus Edelmetall oder edelmetallhaltigen Legierungen,
   d) Edelsteinen, Perlen und Schmuck,
   e) Altmetallen, soweit sie nicht unter Buchstabe c fallen,

   durch auf den Handel mit Gebrauchtwaren spezialisierte Betriebe,
2. Auskunftserteilung über Vermögensverhältnisse und persönliche Angelegenheiten (Auskunfteien, Detekteien),
3. Vermittlung von Eheschließungen, Partnerschaften und Bekanntschaften,

1) **Anm. d. Red.:** § 38 i. d. F. des Gesetzes v. 17. 7. 2009 (BGBl I S. 2091) mit Wirkung v. 28. 12. 2009.

4. Betrieb von Reisebüros und Vermittlung von Unterkünften,
5. Vertrieb und Einbau von Gebäudesicherungseinrichtungen einschließlich der Schlüsseldienste,
6. Herstellen und Vertreiben spezieller diebstahlsbezogener Öffnungswerkzeuge

hat die zuständige Behörde unverzüglich nach Erstattung der Gewerbeanmeldung oder der Gewerbeummeldung nach § 14 die Zuverlässigkeit des Gewerbetreibenden zu überprüfen. [2]Zu diesem Zweck hat der Gewerbetreibende unverzüglich ein Führungszeugnis nach § 30 Abs. 5 Bundeszentralregistergesetz und eine Auskunft aus dem Gewerbezentralregister nach § 150 Abs. 5 zur Vorlage bei der Behörde zu beantragen. [3]Kommt er dieser Verpflichtung nicht nach, hat die Behörde diese Auskünfte von Amts wegen einzuholen.

(2) Bei begründeter Besorgnis der Gefahr der Verletzung wichtiger Gemeinschaftsgüter kann ein Führungszeugnis oder eine Auskunft aus dem Gewerbezentralregister auch bei anderen als den in Absatz 1 genannten gewerblichen Tätigkeiten angefordert oder eingeholt werden.

(3) Die Landesregierungen können durch Rechtsverordnung für die in Absatz 1 genannten Gewerbezweige bestimmen, in welcher Weise die Gewerbetreibenden ihre Bücher zu führen und dabei Daten über einzelne Geschäftsvorgänge, Geschäftspartner, Kunden und betroffene Dritte aufzuzeichnen haben.

(4) Absatz 1 Satz 1 Nr. 2 gilt nicht für Kreditinstitute und Finanzdienstleistungsinstitute, für die eine Erlaubnis nach § 32 Abs. 1 des Kreditwesengesetzes erteilt wurde, sowie für Zweigniederlassungen von Unternehmen mit Sitz in einem anderen Mitgliedstaat der Europäischen Union, die nach § 53b Abs. 1 Satz 1 oder Abs. 7 des Kreditwesengesetzes im Inland tätig sind, wenn die Erbringung von Handelsauskünften durch die Zulassung der zuständigen Behörden des Herkunftsmitgliedstaats abgedeckt ist.

§ 39 (weggefallen)

§ 39a (weggefallen)[1)]

§ 40 (weggefallen)

III: Umfang, Ausübung und Verlust der Gewerbebefugnisse

§ 41 Beschäftigung von Arbeitnehmern

(1) [1]Die Befugnis zum selbständigen Betrieb eines stehenden Gewerbes begreift das Recht in sich, in beliebiger Zahl Gesellen, Gehilfen, Arbeiter jeder Art und, soweit die Vorschriften des gegenwärtigen Gesetzes nicht entgegenstehen, Lehrlinge anzunehmen. [2]In der Wahl des Arbeits- und Hilfspersonals finden keine anderen Beschränkungen statt, als die durch das gegenwärtige Gesetz festgestellten.

(2) In Betreff der Berechtigung der Apotheker, Gehilfen und Lehrlinge anzunehmen, bewendet es bei den Bestimmungen der Landesgesetze.

§§ 41a und 41b (weggefallen)

§ 42 (weggefallen)[2)]

§§ 42a bis 44a (weggefallen)

1) **Anm. d. Red.:** § 39a weggefallen gem. Gesetz v. 24. 8. 2002 (BGBl I S. 3412) mit Wirkung v. 1. 1. 2003.

2) **Anm. d. Red.:** § 42 weggefallen gem. Gesetz v. 17. 7. 2009 (BGBl I S. 2091) mit Wirkung v. 28. 12. 2009.

§ 45 Stellvertreter

Die Befugnisse zum stehenden Gewerbebetrieb können durch Stellvertreter ausgeübt werden; diese müssen jedoch den für das in Rede stehende Gewerbe insbesondere vorgeschriebenen Erfordernissen genügen.

§ 46 Fortführung des Gewerbes[1)]

(1) Nach dem Tode eines Gewerbetreibenden darf das Gewerbe für Rechnung des überlebenden Ehegatten oder Lebenspartners durch einen nach § 45 befähigten Stellvertreter betrieben werden, wenn die für den Betrieb einzelner Gewerbe bestehenden besonderen Vorschriften nicht etwas anderes bestimmen.

(2) Das Gleiche gilt für minderjährige Erben während der Minderjährigkeit sowie bis zur Dauer von zehn Jahren nach dem Erbfall für den Nachlassverwalter, Nachlasspfleger oder Testamentsvollstrecker.

(3) Die zuständige Behörde kann in den Fällen der Absätze 1 und 2 gestatten, dass das Gewerbe bis zur Dauer eines Jahres nach dem Tode des Gewerbetreibenden auch ohne den nach § 45 befähigten Stellvertreter betrieben wird.

§ 47 Stellvertretung in besonderen Fällen[2)]

Inwiefern für die nach den §§ 31, 33i, 34, 34a, 34b, 34c, 34d, 34f, 34h, 34i und 36 konzessionierten oder angestellten Personen eine Stellvertretung zulässig ist, hat in jedem einzelnen Falle die Behörde zu bestimmen, welcher die Konzessionierung oder Anstellung zusteht.

§ 48 Übertragung von Realgewerbeberechtigungen

Realgewerbeberechtigungen können auf jede nach den Vorschriften dieses Gesetzes zum Betriebe des Gewerbes befähigte Person in der Art übertragen werden, dass der Erwerber die Gewerbeberechtigung für eigene Rechnung ausüben darf.

§ 49 Erlöschen von Erlaubnissen

(1) (weggefallen)

(2) Die Konzessionen und Erlaubnisse nach den §§ 30, 33a und 33i erlöschen, wenn der Inhaber innerhalb eines Jahres nach deren Erteilung den Betrieb nicht begonnen oder während eines Zeitraumes von einem Jahr nicht mehr ausgeübt hat.

(3) Die Fristen können aus wichtigem Grund verlängert werden.

§ 50 (weggefallen)

§ 51 Untersagung wegen überwiegender Nachteile und Gefahren

[1]Wegen überwiegender Nachteile und Gefahren für das Gemeinwohl kann die fernere Benutzung einer jeden gewerblichen Anlage durch die zuständige Behörde zu jeder Zeit untersagt werden. [2]Doch muss dem Besitzer alsdann für den erweislichen Schaden Ersatz geleistet werden. [3]Die Sätze 1 und 2 gelten nicht für Anlagen, soweit sie den Vorschriften des Bundes-Immissionsschutzgesetzes unterliegen.

§ 52 Übergangsregelung

Die Bestimmung des § 51 findet auch auf die zurzeit der Verkündung des gegenwärtigen Gesetzes bereits vorhandenen gewerblichen Anlagen Anwendung; doch entspringt aus der Untersagung der ferneren Benutzung kein Anspruch auf Entschädigung, wenn bei der früher erteilten

---

1) **Anm. d. Red.:** § 46 i. d. F. des Gesetzes v. 24. 8. 2002 (BGBl I S. 3412) mit Wirkung v. 1. 1. 2003.

2) **Anm. d. Red.:** § 47 i. d. F. des Gesetzes v. 20. 7. 2017 (BGBl I S. 2789) mit Wirkung v. 23. 2. 2018.

Genehmigung ausdrücklich vorbehalten worden ist, dieselbe ohne Entschädigung zu widerrufen.

§§ 53 bis 54 (weggefallen)

Titel III: Reisegewerbe

§ 55 Reisegewerbekarte[1)]

(1) Ein Reisegewerbe betreibt, wer gewerbsmäßig ohne vorhergehende Bestellung außerhalb seiner gewerblichen Niederlassung (§ 4 Absatz 3) oder ohne eine solche zu haben

1. Waren feilbietet oder Bestellungen aufsucht (vertreibt) oder ankauft, Leistungen anbietet oder Bestellungen auf Leistungen aufsucht oder
2. unterhaltende Tätigkeiten als Schausteller oder nach Schaustellerart ausübt.

(2) Wer ein Reisegewerbe betreiben will, bedarf der Erlaubnis (Reisegewerbekarte).

(3) Die Reisegewerbekarte kann inhaltlich beschränkt, mit einer Befristung erteilt und mit Auflagen verbunden werden, soweit dies zum Schutze der Allgemeinheit oder der Verbraucher erforderlich ist; unter denselben Voraussetzungen ist auch die nachträgliche Aufnahme, Änderung und Ergänzung von Auflagen zulässig.

§ 55a Reisegewerbekartenfreie Tätigkeiten[2)]

(1) Einer Reisegewerbekarte bedarf nicht, wer

1. gelegentlich der Veranstaltung von Messen, Ausstellungen, öffentlichen Festen oder aus besonderem Anlass mit Erlaubnis der zuständigen Behörde Waren feilbietet;
2. selbst gewonnene Erzeugnisse der Land- und Forstwirtschaft, des Gemüse-, Obst- und Gartenbaues, der Geflügelzucht und Imkerei sowie der Jagd und Fischerei vertreibt;
3. Tätigkeiten der in § 55 Abs. 1 Nr. 1 genannten Art in der Gemeinde seines Wohnsitzes oder seiner gewerblichen Niederlassung ausübt, sofern die Gemeinde nicht mehr als 10 000 Einwohner zählt;
4. (weggefallen)
5. aufgrund einer Erlaubnis nach § 4 des Milch- und Margarinegesetzes Milch oder bei dieser Tätigkeit auch Milcherzeugnisse abgibt;
6. Versicherungsverträge als Versicherungsvermittler im Sinne des § 34d Absatz 6 oder Absatz 7 Nummer 1 und 2 oder Bausparverträge vermittelt oder abschließt oder im Sinne des § 34d Absatz 2 Satz 1 in Verbindung mit § 34d Absatz 7 Satz 2 als Versicherungsberater über Versicherungen berät; das Gleiche gilt für die in dem Gewerbebetrieb beschäftigten Personen;
7. ein nach Bundes- oder Landesrecht erlaubnispflichtiges Gewerbe ausübt, für dessen Ausübung die Zuverlässigkeit erforderlich ist, und über die erforderliche Erlaubnis verfügt;
8. im Sinne des § 34f Absatz 3 Nummer 4, auch in Verbindung mit § 34h Absatz 1 Satz 4, Finanzanlagen als Finanzanlagenvermittler vermittelt und Dritte über Finanzanlagen berät; das Gleiche gilt für die in dem Gewerbebetrieb beschäftigten Personen;

8a. im Sinne des § 34i Absatz 4, auch in Verbindung mit § 34i Absatz 5, Immobiliardarlehensverträge vermittelt und Dritte zu solchen Verträgen berät;

9. von einer nicht ortsfesten Verkaufsstelle oder einer anderen Einrichtung in regelmäßigen, kürzeren Zeitabständen an derselben Stelle Lebensmittel oder andere Waren des täglichen Bedarfs vertreibt; das Verbot des § 56 Abs. 1 Nr. 3 Buchstabe b findet keine Anwendung;

---

1) **Anm. d. Red.:** § 55 i. d. F. des Gesetzes v. 17. 7. 2009 (BGBl I S. 2091) mit Wirkung v. 28. 12. 2009.

2) **Anm. d. Red.:** § 55 i. d. F. des Gesetzes v. 20. 7. 2017 (BGBl I S. 2789) mit Wirkung v. 23. 2. 2018.

10. Druckwerke auf öffentlichen Wegen, Straßen, Plätzen oder an anderen öffentlichen Orten feilbietet.

(2) Die zuständige Behörde kann für besondere Verkaufsveranstaltungen Ausnahmen von dem Erfordernis der Reisegewerbekarte zulassen.

§ 55b Weitere reisegewerbekartenfreie Tätigkeiten, Gewerbelegitimationskarte[1)]

(1) Eine Reisegewerbekarte ist nicht erforderlich, soweit der Gewerbetreibende andere Personen im Rahmen ihres Geschäftsbetriebes aufsucht.

(2) [1]Personen, die für ein Unternehmen mit Sitz im Geltungsbereich dieses Gesetzes geschäftlich tätig sind, ist auf Antrag von der zuständigen Behörde eine Gewerbelegitimationskarte nach dem in den zwischenstaatlichen Verträgen vorgesehenen Muster für Zwecke des Gewerbebetriebes in anderen Staaten auszustellen. [2]Für die Erteilung und die Versagung der Gewerbelegitimationskarte gelten § 55 Abs. 3 und § 57 entsprechend, soweit nicht in zwischenstaatlichen Verträgen oder durch Rechtsetzung dazu befugter überstaatlicher Gemeinschaften etwas anderes bestimmt ist.

§ 55c Anzeigepflicht[2)]

[1]Wer als Gewerbetreibender aufgrund des § 55a Abs. 1 Nr. 3, 9 oder 10 einer Reisegewerbekarte nicht bedarf, hat den Beginn des Gewerbes der zuständigen Behörde anzuzeigen, soweit er sein Gewerbe nicht bereits nach § 14 Abs. 1 bis 3 anzumelden hat. [2]§ 14 Absatz 1 Satz 2 und 3, Absatz 4 bis 12, § 15 Absatz 1 und die Rechtsverordnung nach § 14 Absatz 14 gelten entsprechend.

§ 55d (weggefallen)

§ 55e Sonn- und Feiertagsruhe[3)]

(1) [1]An Sonn- und Feiertagen sind die in § 55 Abs. 1 Nr. 1 genannten Tätigkeiten mit Ausnahme des Feilbietens von Waren und gastgewerblicher Tätigkeiten im Reisegewerbe verboten, auch wenn sie unselbständig ausgeübt werden. [2]Dies gilt nicht für die unter § 55b Abs. 1 fallende Tätigkeit, soweit sie von selbständigen Gewerbetreibenden ausgeübt wird.

(2) Ausnahmen können von der zuständigen Behörde zugelassen werden.

§ 55f Haftpflichtversicherung[4)]

Das Bundesministerium für Wirtschaft und Energie wird ermächtigt, durch Rechtsverordnung mit Zustimmung des Bundesrates zum Schutze der Allgemeinheit und der Veranstaltungsteilnehmer für Tätigkeiten nach § 55 Abs. 1 Nr. 2, die mit besonderen Gefahren verbunden sind, Vorschriften über die Verpflichtung des Gewerbetreibenden zum Abschluss und zum Nachweis des Bestehens einer Haftpflichtversicherung zu erlassen.

§ 56 Im Reisegewerbe verbotene Tätigkeiten[5)]

(1) Im Reisegewerbe sind verboten

1. der Vertrieb von
   a) (weggefallen)

---

1) **Anm. d. Red.:** § 55b i. d. F. des Gesetzes v. 7. 9. 2007 (BGBl I S. 2246) mit Wirkung v. 14. 9. 2007.

2) **Anm. d. Red.:** § 55c i. d. F. des Gesetzes v. 5. 12. 2012 (BGBl I S. 2415) mit Wirkung v. 12. 12. 2012.

3) **Anm. d. Red.:** § 55e i. d. F. des Gesetzes v. 7. 9. 2007 (BGBl I S. 2246) mit Wirkung v. 14. 9. 2007.

4) **Anm. d. Red.:** § 55f i. d. F. der VO v. 31. 8. 2015 (BGBl I S. 1474) mit Wirkung v. 8. 9. 2015.

5) **Anm. d. Red.:** § 56 i. d. F. der VO v. 31. 8. 2015 (BGBl I S. 1474) mit Wirkung v. 8. 9. 2015.

b) Giften und gifthaltigen Waren; zugelassen ist das Aufsuchen von Bestellungen auf Pflanzenschutzmittel, Schädlingsbekämpfungsmittel sowie auf Holzschutzmittel, für die nach baurechtlichen Vorschriften ein Prüfbescheid mit Prüfzeichen erteilt worden ist,

c) (weggefallen)

d) Bruchbändern, medizinischen Leibbinden, medizinischen Stützapparaten und Bandagen, orthopädischen Fußstützen, Brillen und Augengläsern; zugelassen sind Schutzbrillen und Fertiglesebrillen,

e) (weggefallen)

f) elektromedizinischen Geräten einschließlich elektronischer Hörgeräte; zugelassen sind Geräte mit unmittelbarer Wärmeeinwirkung,

g) (weggefallen)

h) Wertpapieren, Lotterielosen, Bezugs- und Anteilsscheinen auf Wertpapiere und Lotterielose; zugelassen ist der Verkauf von Lotterielosen im Rahmen genehmigter Lotterien zu gemeinnützigen Zwecken auf öffentlichen Wegen, Straßen oder Plätzen oder anderen öffentlichen Orten,

i) Schriften, die unter Zusicherung von Prämien oder Gewinnen vertrieben werden;

2. das Feilbieten und der Ankauf von

a) Edelmetallen (Gold, Silber, Platin und Platinbeimetallen) und edelmetallhaltigen Legierungen in jeder Form sowie Waren mit Edelmetallauflagen; zugelassen sind Silberschmuck bis zu einem Verkaufspreis von 40 Euro und Waren mit Silberauflagen,

b) Edelsteinen, Schmucksteinen und synthetischen Steinen sowie von Perlen;

c) (weggefallen)

3. das Feilbieten von

a) (weggefallen)

b) alkoholischen Getränken; zugelassen sind Bier und Wein in fest verschlossenen Behältnissen, alkoholische Getränke im Sinne von § 67 Abs. 1 Nr. 1 zweiter und dritter Halbsatz und alkoholische Getränke, die im Rahmen und für die Dauer einer Veranstaltung von einer ortsfesten Betriebsstätte zum Verzehr an Ort und Stelle verabreicht werden;

c) bis f) (weggefallen)

4. (weggefallen)

5. (weggefallen)

6. der Abschluss sowie die Vermittlung von Rückkaufgeschäften (§ 34 Abs. 4) und die für den Darlehensnehmer entgeltliche Vermittlung von Darlehensgeschäften.

(2) [1]Das Bundesministerium für Wirtschaft und Energie kann durch Rechtsverordnung mit Zustimmung des Bundesrates Ausnahmen von den in Absatz 1 aufgeführten Beschränkungen zulassen, soweit hierdurch eine Gefährdung der Allgemeinheit oder der öffentlichen Sicherheit oder Ordnung nicht zu besorgen ist. [2]Die gleiche Befugnis steht den Landesregierungen für den Bereich ihres Landes zu, solange und soweit das Bundesministerium für Wirtschaft und Energie von seiner Ermächtigung keinen Gebrauch gemacht hat. [3]Die zuständige Behörde kann im Einzelfall für ihren Bereich Ausnahmen von den Verboten des Absatzes 1 mit dem Vorbehalt des Widerrufs und für einen Zeitraum bis zu fünf Jahren zulassen, wenn sich aus der Person des Antragstellers oder aus sonstigen Umständen keine Bedenken ergeben; § 55 Abs. 3 und § 60c Abs. 1 gelten für die Ausnahmebewilligung entsprechend.

(3) [1]Die Vorschriften des Absatzes 1 finden auf die in § 55b Abs. 1 bezeichneten gewerblichen Tätigkeiten keine Anwendung. [2]Verboten ist jedoch das Feilbieten von Bäumen, Sträuchern und Rebenpflanzgut bei land- und forstwirtschaftlichen Betrieben sowie bei Betrieben des Obst-, Garten- und Weinanbaues.

(4) Absatz 1 Nr. 1 Buchstabe h, Nr. 2 Buchstabe a und Nr. 6 findet keine Anwendung auf Tätigkeiten in einem nicht ortsfesten Geschäftsraum eines Kreditinstituts oder eines Unternehmens

im Sinne des § 53b Abs. 1 Satz 1 oder Abs. 7 des Kreditwesengesetzes, wenn in diesem Geschäftsraum ausschließlich bankübliche Geschäfte betrieben werden, zu denen diese Unternehmen nach dem Kreditwesengesetz befugt sind.

§ 56a Ankündigung des Gewerbebetriebs, Wanderlager[1)]

(1) [1]Die Veranstaltung eines Wanderlagers zum Vertrieb von Waren oder Dienstleistungen ist zwei Wochen vor Beginn der für den Ort der Veranstaltung zuständigen Behörde anzuzeigen, wenn auf die Veranstaltung durch öffentliche Ankündigung hingewiesen werden soll; in der öffentlichen Ankündigung sind die Art der Ware oder Dienstleistung, die vertrieben wird, und der Ort der Veranstaltung anzugeben. [2]Im Zusammenhang mit Veranstaltungen nach Satz 1 dürfen unentgeltliche Zuwendungen (Waren oder Leistungen) einschließlich Preisausschreiben, Verlosungen und Ausspielungen nicht angekündigt werden. [3]Die Anzeige ist in zwei Stücken einzureichen; sie hat zu enthalten

1. den Ort und die Zeit der Veranstaltung,
2. den Namen des Veranstalters und desjenigen, für dessen Rechnung die Waren oder Dienstleistungen vertrieben werden, sowie die Wohnung oder die gewerbliche Niederlassung dieser Personen,
3. den Wortlaut und die Art der beabsichtigten öffentlichen Ankündigungen.

[4]Das Wanderlager darf an Ort und Stelle nur durch den in der Anzeige genannten Veranstalter oder einen von ihm schriftlich bevollmächtigten Vertreter geleitet werden; der Name des Vertreters ist der Behörde in der Anzeige mitzuteilen.

(2) Die nach Absatz 1 zuständige Behörde kann die Veranstaltung eines Wanderlagers untersagen, wenn die Anzeige nach Absatz 1 nicht rechtzeitig oder nicht wahrheitsgemäß oder nicht vollständig erstattet ist oder wenn die öffentliche Ankündigung nicht den Vorschriften des Absatzes 1 Satz 1 zweiter Halbsatz und Satz 2 entspricht.

§ 57 Versagung der Reisegewerbekarte[2)]

(1) Die Reisegewerbekarte ist zu versagen, wenn Tatsachen die Annahme rechtfertigen, dass der Antragsteller die für die beabsichtigte Tätigkeit erforderliche Zuverlässigkeit nicht besitzt.

(2) Im Falle der Ausübung des Bewachungsgewerbes, des Gewerbes der Makler, Bauträger und Baubetreuer, Wohnimmobilienverwalter, des Versicherungsvermittlergewerbes, des Versicherungsberatergewerbes, des Gewerbes des Finanzanlagenvermittlers und Honorar-Finanzanlagenberaters sowie des Gewerbes des Immobiliardarlehensvermittlers gelten die Versagungsgründe der §§ 34a, 34c, 34d, 34f, 34h oder 34i entsprechend.

(3) Die Ausübung des Versteigerergewerbes als Reisegewerbe ist nur zulässig, wenn der Gewerbetreibende die nach § 34b Abs. 1 erforderliche Erlaubnis besitzt.

§§ 57a und 58 (weggefallen)

§ 59 Untersagung reisegewerbekartenfreier Tätigkeiten

[1]Soweit nach § 55a oder § 55b eine Reisegewerbekarte nicht erforderlich ist, kann die reisegewerbliche Tätigkeit unter der Voraussetzung des § 57 untersagt werden. [2]§ 35 Abs. 1 Satz 2 und 3, Abs. 3, 4, 6, 7a und 8 gilt entsprechend.

---

1) **Anm. d. Red.:** § 56a i. d. F. des Gesetzes v. 17. 7. 2009 (BGBl I S. 2091) mit Wirkung v. 28. 12. 2009.

2) **Anm. d. Red.:** § 57 i. d. F. des Gesetzes v. 17. 10. 2017 (BGBl I S. 3562) mit Wirkung v. 1. 8. 2018.

§ 60 Beschäftigte Personen[1)]

Die Beschäftigung einer Person im Reisegewerbe kann dem Gewerbetreibenden untersagt werden, wenn Tatsachen die Annahme rechtfertigen, dass die Person die für ihre Tätigkeit erforderliche Zuverlässigkeit nicht besitzt.

§ 60a Veranstaltung von Spielen

(1) (weggefallen)

(2) [1]Warenspielgeräte dürfen im Reisegewerbe nur aufgestellt werden, wenn die Voraussetzungen des § 33c Abs. 1 Satz 2 erfüllt sind. [2]Wer im Reisegewerbe ein anderes Spiel im Sinne des § 33d Abs. 1 Satz 1 veranstalten will, bedarf der Erlaubnis der für den jeweiligen Ort der Gewerbeausübung zuständigen Behörde. [3]Die Erlaubnis darf nur erteilt werden, wenn der Veranstalter eine von dem für seinen Wohnsitz oder in Ermangelung eines solchen von dem für seinen gewöhnlichen Aufenthaltsort zuständigen Landeskriminalamt erteilte Unbedenklichkeitsbescheinigung oder einen Abdruck der Unbedenklichkeitsbescheinigung im Sinne des § 33e Abs. 4 besitzt. [4]§ 33d Abs. 1 Satz 2, Abs. 3 bis 5, die §§ 33e, 33f Abs. 1 und 2 Nr. 1 sowie die §§ 33g und 33h gelten entsprechend.

(3) [1]Wer im Reisegewerbe eine Spielhalle oder ein ähnliches Unternehmen betreiben will, bedarf der Erlaubnis der für den jeweiligen Ort der Gewerbeausübung zuständigen Behörde. [2]§ 33i gilt entsprechend.

(4) Die Landesregierungen können durch Rechtsverordnung das Verfahren bei den Landeskriminalämtern (Absatz 2 Satz 3) regeln.

§ 60b Volksfest[2)]

(1) Ein Volksfest ist eine im Allgemeinen regelmäßig wiederkehrende, zeitlich begrenzte Veranstaltung, auf der eine Vielzahl von Anbietern unterhaltende Tätigkeiten im Sinne des § 55 Abs. 1 Nr. 2 ausübt und Waren feilbietet, die üblicherweise auf Veranstaltungen dieser Art angeboten werden.

(2) § 68a Satz 1 erster Halbsatz und Satz 2, § 69 Abs. 1 und 2 sowie die §§ 69a bis 71a finden entsprechende Anwendung; jedoch bleiben die §§ 55 bis 60a und 60c bis 61a sowie 71b unberührt.

(3) (weggefallen)

§ 60c Mitführen und Vorzeigen der Reisegewerbekarte[3)]

(1) [1]Der Inhaber einer Reisegewerbekarte ist verpflichtet, sie während der Ausübung des Gewerbebetriebes bei sich zu führen, auf Verlangen den zuständigen Behörden oder Beamten vorzuzeigen und seine Tätigkeit auf Verlangen bis zur Herbeischaffung der Reisegewerbekarte einzustellen. [2]Auf Verlangen hat er die von ihm geführten Waren vorzulegen.

(2) [1]Der Inhaber der Reisegewerbekarte, der die Tätigkeit nicht in eigener Person ausübt, ist verpflichtet, den im Betrieb Beschäftigten eine Zweitschrift oder eine beglaubigte Kopie der Reisegewerbekarte auszuhändigen, wenn sie unmittelbar mit Kunden in Kontakt treten sollen; dies gilt auch, wenn die Beschäftigten an einem anderen Ort als der Inhaber tätig sind. [2]Für den Inhaber der Zweitschrift oder der beglaubigten Kopie gilt Absatz 1 Satz 1 entsprechend.

(3) [1]Im Fall des § 55a Abs. 1 Nr. 7 hat der Gewerbetreibende oder der von ihm im Betrieb Beschäftigte die Erlaubnis, eine Zweitschrift, eine beglaubigte Kopie oder eine sonstige Unterlage, auf Grund derer die Erteilung der Erlaubnis glaubhaft gemacht werden kann, mit sich zu führen. [2]Im Übrigen gelten die Absätze 1 und 2 entsprechend.

---

1) **Anm. d. Red.:** § 60 eingefügt gem. Gesetz v. 7. 9. 2007 (BGBl I S. 2246) mit Wirkung v. 14. 9. 2007.

2) **Anm. d. Red.:** § 60b i. d. F. des Gesetzes v. 24. 8. 2002 (BGBl I S. 3412) mit Wirkung v. 1. 1. 2003.

3) **Anm. d. Red.:** § 60c i. d. F. des Gesetzes v. 7. 9. 2007 (BGBl I S. 2246) mit Wirkung v. 14. 9. 2007.

§ 60d Verhinderung der Gewerbeausübung[1)]

Die Ausübung des Reisegewerbes entgegen § 55 Abs. 2 und 3, § 56 Abs. 1 oder 3 Satz 2, § 60a Abs. 2 Satz 1 oder 2 oder Abs. 3 Satz 1, § 60c Abs. 1 Satz 1, auch in Verbindung mit Abs. 2 Satz 2, § 61a Abs. 2 oder entgegen einer aufgrund des § 55f erlassenen Rechtsverordnung kann von der zuständigen Behörde verhindert werden.

§ 61 Örtliche Zuständigkeit[2)]

[1]Für die Erteilung, die Versagung, die Rücknahme und den Widerruf der Reisegewerbekarte, für die in §§ 55c und 56 Abs. 2 Satz 3 sowie in §§ 59 und 60 genannten Aufgaben und für die Erteilung der Zweitschrift der Reisegewerbekarte ist die Behörde örtlich zuständig, in deren Bezirk der Betroffene seinen gewöhnlichen Aufenthalt hat. [2]Ändert sich während des Verfahrens der gewöhnliche Aufenthalt, so kann die bisher zuständige Behörde das Verfahren fortsetzen, wenn die nunmehr zuständige Behörde zustimmt.

GewO

§ 61a Anwendbarkeit von Vorschriften des stehenden Gewerbes für die Ausübung als Reisegewerbe[3)]

(1) Für die Ausübung des Reisegewerbes gilt § 29 entsprechend.

(2) [1]Für die Ausübung des Bewachungsgewerbes, des Versteigerergewerbes, des Gewerbes der Makler, Bauträger und Baubetreuer, Wohnimmobilienverwalter, des Versicherungsvermittlergewerbes, des Versicherungsberatergewerbes, des Gewerbes des Finanzanlagenvermittlers oder Honorar-Finanzanlagenberaters sowie des Gewerbes des Immobiliardarlehensvermittlers gelten 34a Absatz 1a Satz 1 und Absatz 2 bis 5, § 34b Absatz 5 bis 8 und 10, § 34c Absatz 3 und 5, § 34d Absatz 8 bis 10, § 34f Absatz 4 bis 6, auch in Verbindung mit § 34h Absatz 1 Satz 4, die §§ 34g, 34i Absatz 5 bis 8 und § 34j sowie die auf Grund des § 34a Absatz 2, des § 34b Absatz 8, des § 34c Absatz 3, des § 34e sowie der §§ 34g und 34j erlassenen Rechtsvorschriften entsprechend. [2]Die zuständige Behörde kann für die Versteigerung leicht verderblicher Waren für ihren Bezirk Ausnahmen zulassen.

§§ 62 und 63 (weggefallen)

Titel IV: Messen, Ausstellungen, Märkte

§ 64 Messe

(1) Eine Messe ist eine zeitlich begrenzte, im Allgemeinen regelmäßig wiederkehrende Veranstaltung, auf der eine Vielzahl von Ausstellern das wesentliche Angebot eines oder mehrerer Wirtschaftszweige ausstellt und überwiegend nach Muster an gewerbliche Wiederverkäufer, gewerbliche Verbraucher oder Großabnehmer vertreibt.

(2) Der Veranstalter kann in beschränktem Umfang an einzelnen Tagen während bestimmter Öffnungszeiten Letztverbraucher zum Kauf zulassen.

§ 65 Ausstellung

Eine Ausstellung ist eine zeitlich begrenzte Veranstaltung, auf der eine Vielzahl von Ausstellern ein repräsentatives Angebot eines oder mehrerer Wirtschaftszweige oder Wirtschaftsgebiete ausstellt und vertreibt oder über dieses Angebot zum Zweck der Absatzförderung informiert.

---

1) **Anm. d. Red.:** § 60d i. d. F. des Gesetzes v. 24. 8. 2002 (BGBl I S. 3412) mit Wirkung v. 1. 1. 2003.

2) **Anm. d. Red.:** § 61 i. d. F. des Gesetzes v. 7. 9. 2007 (BGBl I S. 2246) mit Wirkung v. 14. 9. 2007.

3) **Anm. d. Red.:** § 61a i. d. F. des Gesetzes v. 17. 10. 2017 (BGBl I S. 3562) mit Wirkung v. 1. 8. 2018.

§ 66 Großmarkt

Ein Großmarkt ist eine Veranstaltung, auf der eine Vielzahl von Anbietern bestimmte Waren oder Waren aller Art im Wesentlichen an gewerbliche Wiederverkäufer, gewerbliche Verbraucher oder Großabnehmer vertreibt.

§ 67 Wochenmarkt[1)]

(1) Ein Wochenmarkt ist eine regelmäßig wiederkehrende, zeitlich begrenzte Veranstaltung, auf der eine Vielzahl von Anbietern eine oder mehrere der folgenden Warenarten feilbietet:

1. Lebensmittel im Sinne des § 2 Absatz 2 des Lebensmittel- und Futtermittelgesetzbuchs mit Ausnahme alkoholischer Getränke; zugelassen sind alkoholische Getränke, soweit sie aus selbst gewonnenen Erzeugnissen des Weinbaus, der Landwirtschaft oder des Obst- und Gartenbaues hergestellt wurden; der Zukauf von Alkohol zur Herstellung von Likören und Geisten aus Obst, Pflanzen und anderen landwirtschaftlichen Ausgangserzeugnissen, bei denen die Ausgangsstoffe nicht selbst vergoren werden, durch den Urproduzenten ist zulässig;
2. Produkte des Obst- und Gartenbaues, der Land- und Forstwirtschaft und der Fischerei;
3. rohe Naturerzeugnisse mit Ausnahme des größeren Viehs.

(2) Die Landesregierungen können zur Anpassung des Wochenmarktes an die wirtschaftliche Entwicklung und die örtlichen Bedürfnisse der Verbraucher durch Rechtsverordnung bestimmen, dass über Absatz 1 hinaus bestimmte Waren des täglichen Bedarfs auf allen oder bestimmten Wochenmärkten feilgeboten werden dürfen.

§ 68 Spezialmarkt und Jahrmarkt

(1) Ein Spezialmarkt ist eine im Allgemeinen regelmäßig in größeren Zeitabständen wiederkehrende, zeitlich begrenzte Veranstaltung, auf der eine Vielzahl von Anbietern bestimmte Waren feilbietet.

(2) Ein Jahrmarkt ist eine im Allgemeinen regelmäßig in größeren Zeitabständen wiederkehrende, zeitlich begrenzte Veranstaltung, auf der eine Vielzahl von Anbietern Waren aller Art feilbietet.

(3) Auf einem Spezialmarkt oder Jahrmarkt können auch Tätigkeiten im Sinne des § 60b Abs. 1 ausgeübt werden; die §§ 55 bis 60a und 60c bis 61a bleiben unberührt.

§ 68a Verabreichen von Getränken und Speisen

[1]Auf Märkten dürfen alkoholfreie Getränke und zubereitete Speisen, auf anderen Veranstaltungen im Sinne der §§ 64 bis 68 Kostproben zum Verzehr an Ort und Stelle verabreicht werden. [2]Im Übrigen gelten für das Verabreichen von Getränken und zubereiteten Speisen zum Verzehr an Ort und Stelle die allgemeinen Vorschriften.

§ 69 Festsetzung[2)]

(1) [1]Die zuständige Behörde hat auf Antrag des Veranstalters eine Veranstaltung, die die Voraussetzungen der §§ 64, 65, 66, 67 oder 68 erfüllt, nach Gegenstand, Zeit, Öffnungszeiten und Platz für jeden Fall der Durchführung festzusetzen. [2]Auf Antrag können, sofern Gründe des öffentlichen Interesses nicht entgegenstehen, Volksfeste, Großmärkte, Wochenmärkte, Spezialmärkte und Jahrmärkte für einen längeren Zeitraum oder auf Dauer, Messen und Ausstellungen für die innerhalb von zwei Jahren vorgesehenen Veranstaltungen festgesetzt werden.

(2) Die Festsetzung eines Wochenmarktes, eines Jahrmarktes oder eines Spezialmarktes verpflichtet den Veranstalter zur Durchführung der Veranstaltung.

---

1) **Anm. d. Red.:** § 67 i. d. F. des Gesetzes v. 5. 12. 2012 (BGBl I S. 2415) mit Wirkung v. 12. 12. 2012.

2) **Anm. d. Red.:** § 69 i. d. F. des Gesetzes v. 29. 3. 2017 (BGBl I S. 626) mit Wirkung v. 5. 4. 2017.

(3) Wird eine festgesetzte Messe oder Ausstellung oder ein festgesetzter Großmarkt nicht oder nicht mehr durchgeführt, so hat der Veranstalter dies der zuständigen Behörde unverzüglich anzuzeigen.

§ 69a Ablehnung der Festsetzung, Auflagen

(1) Der Antrag auf Festsetzung ist abzulehnen, wenn

1. die Veranstaltung nicht die in den §§ 64, 65, 66, 67 oder 68 aufgestellten Voraussetzungen erfüllt,
2. Tatsachen die Annahme rechtfertigen, dass der Antragsteller oder eine der mit der Leitung der Veranstaltung beauftragten Personen die für die Durchführung der Veranstaltung erforderliche Zuverlässigkeit nicht besitzt,
3. die Durchführung der Veranstaltung dem öffentlichen Interesse widerspricht, insbesondere der Schutz der Veranstaltungsteilnehmer vor Gefahren für Leben oder Gesundheit nicht gewährleistet ist oder sonstige erhebliche Störungen der öffentlichen Sicherheit oder Ordnung zu befürchten sind oder
4. die Veranstaltung, soweit es sich um einen Spezialmarkt oder einen Jahrmarkt handelt, vollständig oder teilweise in Ladengeschäften abgehalten werden soll.

GewO

(2) Die zuständige Behörde kann im öffentlichen Interesse, insbesondere wenn dies zum Schutz der Veranstaltungsteilnehmer vor Gefahren für Leben oder Gesundheit oder sonst zur Abwehr von erheblichen Gefahren für die öffentliche Sicherheit oder Ordnung erforderlich ist, die Festsetzung mit Auflagen verbinden; unter denselben Voraussetzungen ist auch die nachträgliche Aufnahme, Änderung und Ergänzung von Auflagen zulässig.

§ 69b Änderung und Aufhebung der Festsetzung

(1) Die zuständige Behörde kann in dringenden Fällen vorübergehend die Zeit, die Öffnungszeiten und den Platz der Veranstaltung abweichend von der Festsetzung regeln.

(2) [1]Die zuständige Behörde hat die Festsetzung zurückzunehmen, wenn bei ihrer Erteilung ein Ablehnungsgrund nach § 69a Abs. 1 Nr. 3 vorgelegen hat; im Übrigen kann sie die Festsetzung zurücknehmen, wenn nachträglich Tatsachen bekannt werden, die eine Ablehnung der Festsetzung gerechtfertigt hätten. [2]Sie hat die Festsetzung zu widerrufen, wenn nachträglich ein Ablehnungsgrund nach § 69a Abs. 1 Nr. 3 eintritt; im Übrigen kann sie die Festsetzung widerrufen, wenn nachträglich Tatsachen eintreten, die eine Ablehnung der Festsetzung rechtfertigen würden.

(3) [1]Auf Antrag des Veranstalters hat die zuständige Behörde die Festsetzung zu ändern; § 69a gilt entsprechend. [2]Auf Antrag des Veranstalters hat die zuständige Behörde die Festsetzung aufzuheben, die Festsetzung eines Wochenmarktes, Jahrmarktes oder Volksfestes jedoch nur, wenn die Durchführung der Veranstaltung dem Veranstalter nicht zugemutet werden kann.

§ 70 Recht zur Teilnahme an einer Veranstaltung

(1) Jedermann, der dem Teilnehmerkreis der festgesetzten Veranstaltung angehört, ist nach Maßgabe der für alle Veranstaltungsteilnehmer geltenden Bestimmungen zur Teilnahme an der Veranstaltung berechtigt.

(2) Der Veranstalter kann, wenn es für die Erreichung des Veranstaltungszwecks erforderlich ist, die Veranstaltung auf bestimmte Ausstellergruppen, Anbietergruppen und Besuchergruppen beschränken, soweit dadurch gleichartige Unternehmen nicht ohne sachlich gerechtfertigten Grund unmittelbar oder mittelbar unterschiedlich behandelt werden.

(3) Der Veranstalter kann aus sachlich gerechtfertigten Gründen, insbesondere wenn der zur Verfügung stehende Platz nicht ausreicht, einzelne Aussteller, Anbieter oder Besucher von der Teilnahme ausschließen.

§ 70a Untersagung der Teilnahme an einer Veranstaltung[1)]

(1) Die zuständige Behörde kann einem Aussteller oder Anbieter die Teilnahme an einer bestimmten Veranstaltung oder einer oder mehreren Arten von Veranstaltungen im Sinne der §§ 64 bis 68 untersagen, wenn Tatsachen die Annahme rechtfertigen, dass er die hierfür erforderliche Zuverlässigkeit nicht besitzt.

(2) Im Falle der selbständigen Ausübung des Bewachungsgewerbes, des Gewerbes der Makler, | Bauträger und Baubetreuer, Wohnimmobilienverwalter, des Gewerbes des Versicherungsvermittlers und Versicherungsberaters, des Gewerbes des Finanzanlagenvermittlers und Honorar-Finanzanlagenberaters sowie des Gewerbes des Immobiliardarlehensvermittlers auf einer Veranstaltung im Sinne der §§ 64 bis 68 gelten die Versagungsgründe der §§ 34a, 34c, 34d, 34f, 34h oder 34i entsprechend.

(3) Die selbständige Ausübung des Versteigerergewerbes auf einer Veranstaltung im Sinne der §§ 64 bis 68 ist nur zulässig, wenn der Gewerbetreibende die nach § 34b Abs. 1 erforderliche Erlaubnis besitzt.

§ 70b (weggefallen)[2)]

§ 71 Vergütung

[1]Der Veranstalter darf bei Volksfesten, Wochenmärkten und Jahrmärkten eine Vergütung nur für die Überlassung von Raum und Ständen und für die Inanspruchnahme von Versorgungseinrichtungen und Versorgungsleistungen einschließlich der Abfallbeseitigung fordern. [2]Daneben kann der Veranstalter bei Volksfesten und Jahrmärkten eine Beteiligung an den Kosten für die Werbung verlangen. [3]Landesrechtliche Bestimmungen über die Erhebung von Benutzungsgebühren durch Gemeinden und Gemeindeverbände bleiben unberührt.

§ 71a Öffentliche Sicherheit oder Ordnung

Den Ländern bleibt es vorbehalten, Vorschriften zur Aufrechterhaltung der öffentlichen Sicherheit oder Ordnung auf Veranstaltungen im Sinne der §§ 64 bis 68 zu erlassen.

§ 71b Anwendbarkeit von Vorschriften des stehenden Gewerbes für die Ausübung im Messe-, Ausstellungs- und Marktgewerbe[3)]

(1) Für die Ausübung des Messe-, Ausstellungs- und Marktgewerbes gilt § 29 entsprechend.

(2) [1]Für die Ausübung des Bewachungsgewerbes, des Versteigerergewerbes, des Gewerbes | der Makler, Bauträger und Baubetreuer, Wohnimmobilienverwalter, des Versicherungsvermittlergewerbes, des Versicherungsberatergewerbes, des Gewerbes des Finanzanlagenvermittlers und Honorar-Finanzanlagenberaters sowie des Gewerbes des Immobiliardarlehensvermittlers gelten § 34a Absatz 1a Satz 1 und Absatz 2 bis 5, § 34b Absatz 5 bis 8 und 10, § 34c Absatz 3 und 5, § 34d Absatz 8 bis 10, § 34f Absatz 4 bis 6, § 34i Absatz 5 bis 8 sowie die auf Grund des § 34a Absatz 2, des § 34b Absatz 8, des § 34c Absatz 3, des § 34e sowie der §§ 34g und 34j erlassenen Rechtsvorschriften entsprechend. [2]Die zuständige Behörde kann für die Versteigerung leicht verderblicher Waren für ihren Bezirk Ausnahmen zulassen.

Titel V: Taxen

§§ 72 bis 80 (weggefallen)

1) **Anm. d. Red.:** § 70a i. d. F. des Gesetzes v. 17. 10. 2017 (BGBl I S. 3562) mit Wirkung v. 1. 8. 2018.

2) **Anm. d. Red.:** § 70b weggefallen gem. Gesetz v. 17. 7. 2009 (BGBl I S. 2091) mit Wirkung v. 28. 12. 2009.

3) **Anm. d. Red.:** § 71b i. d. F. des Gesetzes v. 17. 10. 2017 (BGBl I S. 3562) mit Wirkung v. 1. 8. 2018.

Titel VI: Innungen, Innungsausschüsse, Handwerkskammern, Innungsverbände

§§ 81 bis 104n (weggefallen)

Titel VIa: Handwerksrolle

§§ 104o bis 104u (weggefallen)

Titel VII: Arbeitnehmer[1)]

I. Allgemeine arbeitsrechtliche Grundsätze[1)]

§ 105 Freie Gestaltung des Arbeitsvertrages[2)]

[1]Arbeitgeber und Arbeitnehmer können Abschluss, Inhalt und Form des Arbeitsvertrages frei vereinbaren, soweit nicht zwingende gesetzliche Vorschriften, Bestimmungen eines anwendbaren Tarifvertrages oder einer Betriebsvereinbarung entgegenstehen. [2]Soweit die Vertragsbedingungen wesentlich sind, richtet sich ihr Nachweis nach den Bestimmungen des Nachweisgesetzes.

§ 106 Weisungsrecht des Arbeitgebers[3)]

[1]Der Arbeitgeber kann Inhalt, Ort und Zeit der Arbeitsleistung nach billigem Ermessen näher bestimmen, soweit diese Arbeitsbedingungen nicht durch den Arbeitsvertrag, Bestimmungen einer Betriebsvereinbarung, eines anwendbaren Tarifvertrages oder gesetzliche Vorschriften festgelegt sind. [2]Dies gilt auch hinsichtlich der Ordnung und des Verhaltens der Arbeitnehmer im Betrieb. [3]Bei der Ausübung des Ermessens hat der Arbeitgeber auch auf Behinderungen des Arbeitnehmers Rücksicht zu nehmen.

§ 107 Berechnung und Zahlung des Arbeitsentgelts[4)]

(1) Das Arbeitsentgelt ist in Euro zu berechnen und auszuzahlen.

(2) [1]Arbeitgeber und Arbeitnehmer können Sachbezüge als Teil des Arbeitsentgelts vereinbaren, wenn dies dem Interesse des Arbeitnehmers oder der Eigenart des Arbeitsverhältnisses entspricht. [2]Der Arbeitgeber darf dem Arbeitnehmer keine Waren auf Kredit überlassen. [3]Er darf ihm nach Vereinbarung Waren in Anrechnung auf das Arbeitsentgelt überlassen, wenn die Anrechnung zu den durchschnittlichen Selbstkosten erfolgt. [4]Die geleisteten Gegenstände müssen mittlerer Art und Güte sein, soweit nicht ausdrücklich eine andere Vereinbarung getroffen worden ist. [5]Der Wert der vereinbarten Sachbezüge oder die Anrechnung der überlassenen Waren auf das Arbeitsentgelt darf die Höhe des pfändbaren Teils des Arbeitsentgelts nicht übersteigen.

(3) [1]Die Zahlung eines regelmäßigen Arbeitsentgelts kann nicht für die Fälle ausgeschlossen werden, in denen der Arbeitnehmer für seine Tätigkeit von Dritten ein Trinkgeld erhält. [2]Trinkgeld ist ein Geldbetrag, den ein Dritter ohne rechtliche Verpflichtung dem Arbeitnehmer zusätzlich zu einer dem Arbeitgeber geschuldeten Leistung zahlt.

---

1) **Anm. d. Red.:** Überschrift i. d. F. des Gesetzes v. 24. 8. 2002 (BGBl I S. 3412) mit Wirkung v. 1. 1. 2003.

2) **Anm. d. Red.:** § 105 i. d. F. des Gesetzes v. 24. 8. 2002 (BGBl I S. 3412) mit Wirkung v. 1. 1. 2003.

3) **Anm. d. Red.:** § 106 eingefügt gem. Gesetz v. 24. 8. 2002 (BGBl I S. 3412) mit Wirkung v. 1. 1. 2003.

4) **Anm. d. Red.:** § 107 eingefügt gem. Gesetz v. 24. 8. 2002 (BGBl I S. 3412) mit Wirkung v. 1. 1. 2003.

§ 108 Abrechnung des Arbeitsentgelts[1)]

(1) [1]Dem Arbeitnehmer ist bei Zahlung des Arbeitsentgelts eine Abrechnung in Textform zu erteilen. [2]Die Abrechnung muss mindestens Angaben über Abrechnungszeitraum und Zusammensetzung des Arbeitsentgelts enthalten. [3]Hinsichtlich der Zusammensetzung sind insbesondere Angaben über Art und Höhe der Zuschläge, Zulagen, sonstige Vergütungen, Art und Höhe der Abzüge, Abschlagszahlungen sowie Vorschüsse erforderlich.

(2) Die Verpflichtung zur Abrechnung entfällt, wenn sich die Angaben gegenüber der letzten ordnungsgemäßen Abrechnung nicht geändert haben.

(3) [1]Das Bundesministerium für Arbeit und Soziales wird ermächtigt, das Nähere zum Inhalt und Verfahren einer Entgeltbescheinigung, die zu Zwecken nach dem Sozialgesetzbuch sowie zur Vorlage bei den Sozial- und Familiengerichten verwendet werden kann, durch Rechtsverordnung zu bestimmen. [2]Besoldungsmitteilungen für Beamte, Richter oder Soldaten, die inhaltlich der Entgeltbescheinigung nach Satz 1 entsprechen, können für die in Satz 1 genannten Zwecke verwendet werden. [3]Der Arbeitnehmer kann vom Arbeitgeber zu anderen Zwecken eine weitere Entgeltbescheinigung verlangen, die sich auf die Angaben nach Absatz 1 beschränkt.

§ 109 Zeugnis[2)]

(1) [1]Der Arbeitnehmer hat bei Beendigung eines Arbeitsverhältnisses Anspruch auf ein schriftliches Zeugnis. [2]Das Zeugnis muss mindestens Angaben zu Art und Dauer der Tätigkeit (einfaches Zeugnis) enthalten. [3]Der Arbeitnehmer kann verlangen, dass sich die Angaben darüber hinaus auf Leistung und Verhalten im Arbeitsverhältnis (qualifiziertes Zeugnis) erstrecken.

(2) [1]Das Zeugnis muss klar und verständlich formuliert sein. [2]Es darf keine Merkmale oder Formulierungen enthalten, die den Zweck haben, eine andere als aus der äußeren Form oder aus dem Wortlaut ersichtliche Aussage über den Arbeitnehmer zu treffen.

(3) Die Erteilung des Zeugnisses in elektronischer Form ist ausgeschlossen.

§ 110 Wettbewerbsverbot[3)]

[1]Arbeitgeber und Arbeitnehmer können die berufliche Tätigkeit des Arbeitnehmers für die Zeit nach Beendigung des Arbeitsverhältnisses durch Vereinbarung beschränken (Wettbewerbsverbot). [2]Die §§ 74 bis 75f des Handelsgesetzbuches sind entsprechend anzuwenden.

§§ 111 bis 132a (weggefallen)

II. Meistertitel[4)]

§ 133 Befugnis zur Führung des Baumeistertitels[5)]

Die Befugnis zur Führung des Meistertitels in Verbindung mit einer anderen Bezeichnung, die auf eine Tätigkeit im Baugewerbe hinweist, insbesondere des Titels Baumeister und Baugewerksmeister, wird durch Rechtsverordnung der Bundesregierung[*)] mit Zustimmung des Bundesrates geregelt.

§§ 133a bis 139a (weggefallen)

*) **Amtl. Anm.:** Zuständige Stelle gemäß Artikel 129 Abs. 1 Satz 1 des Grundgesetzes.

1) **Anm. d. Red.:** § 108 i. d. F. des Gesetzes v. 11. 11. 2016 (BGBl I S. 2500) mit Wirkung v. 1. 1. 2017.

2) **Anm. d. Red.:** § 109 eingefügt gem. Gesetz v. 24. 8. 2002 (BGBl I S. 3412) mit Wirkung v. 1. 1. 2003.

3) **Anm. d. Red.:** § 110 eingefügt gem. Gesetz v. 24. 8. 2002 (BGBl I S. 3412) mit Wirkung v. 1. 1. 2003.

4) **Anm. d. Red.:** Überschrift i. d. F. des Gesetzes v. 24. 8. 2002 (BGBl I S. 3412) mit Wirkung v. 1. 1. 2003.

5) **Anm. d. Red.:** § 133 i. d. F. des Gesetzes v. 24. 8. 2002 (BGBl I S. 3412) mit Wirkung v. 1. 1. 2003.

III. Aufsicht[1)]

§ 139b Gewerbeaufsichtsbehörde[2)]

(1) [1]Die Aufsicht über die Ausführung der Bestimmungen der auf Grund des § 120e oder des § 139h erlassenen Rechtsverordnungen ist ausschließlich oder neben den ordentlichen Polizeibehörden besonderen von den Landesregierungen zu ernennenden Beamten zu übertragen. [2]Denselben stehen bei Ausübung dieser Aufsicht alle amtlichen Befugnisse der Ortspolizeibehörden, insbesondere das Recht zur jederzeitigen Besichtigung und Prüfung der Anlagen zu. [3]Die amtlich zu ihrer Kenntnis gelangenden Geschäfts- und Betriebsverhältnisse der ihrer Besichtigung und Prüfung unterliegenden Anlagen dürfen sie nur zur Verfolgung von Gesetzwidrigkeiten und zur Erfüllung von gesetzlich geregelten Aufgaben zum Schutz der Umwelt den dafür zuständigen Behörden offenbaren. [4]Soweit es sich bei Geschäfts- und Betriebsverhältnissen um Informationen über die Umwelt im Sinne des Umweltinformationsgesetzes handelt, richtet sich die Befugnis zu ihrer Offenbarung nach dem Umweltinformationsgesetz.

(2) Die Ordnung der Zuständigkeitsverhältnisse zwischen diesen Beamten und den ordentlichen Polizeibehörden bleibt der verfassungsmäßigen Regelung in den einzelnen Ländern vorbehalten.

(3) [1]Die erwähnten Beamten haben Jahresberichte über ihre amtliche Tätigkeit zu erstatten. [2]Diese Jahresberichte oder Auszüge aus denselben sind dem Bundesrat und dem Deutschen Bundestag vorzulegen.

(4) Die aufgrund der Bestimmungen der auf Grund des § 120e oder des § 139h erlassenen Rechtsverordnungen auszuführenden amtlichen Besichtigungen und Prüfungen müssen die Arbeitgeber zu jeder Zeit, namentlich auch in der Nacht, während des Betriebs gestatten.

(5) Die Arbeitgeber sind ferner verpflichtet, den genannten Beamten oder der Polizeibehörde diejenigen statistischen Mitteilungen über die Verhältnisse ihrer Arbeitnehmer zu machen, welche vom Bundesministerium für Arbeit und Soziales durch Rechtsverordnung mit Zustimmung des Bundesrates oder von der Landesregierung unter Festsetzung der dabei zu beobachtenden Fristen und Formen vorgeschrieben werden.

(5a) (weggefallen)

(6) [1]Die Beauftragten der zuständigen Behörden sind befugt, die Unterkünfte, auf die sich die Pflichten der Arbeitgeber nach § 40a der Arbeitsstättenverordnung und nach den aufgrund des § 120e Abs. 3 erlassenen Rechtsverordnungen beziehen, zu betreten und zu besichtigen. [2]Gegen den Willen der Unterkunftsinhaber ist dies jedoch nur zur Verhütung dringender Gefahren für die öffentliche Sicherheit oder Ordnung zulässig. [3]Das Grundrecht der Unverletzlichkeit der Wohnung (Artikel 13 des Grundgesetzes) wird insoweit eingeschränkt.

(7) Ergeben sich im Einzelfall für die für den Arbeitsschutz zuständigen Landesbehörden konkrete Anhaltspunkte für

1. eine Beschäftigung oder Tätigkeit von Ausländern ohne erforderlichen Aufenthaltstitel nach § 4 Abs. 3 des Aufenthaltsgesetzes, eine Aufenthaltsgestattung oder eine Duldung, die zur Ausübung der Beschäftigung berechtigen, oder eine Genehmigung nach § 284 Abs. 1 des Dritten Buches Sozialgesetzbuch,
2. Verstöße gegen die Mitwirkungspflicht nach § 60 Abs. 1 Satz 1 Nr. 2 des Ersten Buches Sozialgesetzbuch gegenüber einer Dienststelle der Bundesagentur für Arbeit, einem Träger der gesetzlichen Kranken-, Pflege-, Unfall- oder Rentenversicherung oder einem Träger der Sozialhilfe oder gegen die Meldepflicht nach § 8a des Asylbewerberleistungsgesetzes,
3. Verstöße gegen das Gesetz zur Bekämpfung der Schwarzarbeit,
4. Verstöße gegen das Arbeitnehmerüberlassungsgesetz,

---

1) **Anm. d. Red.:** Überschrift i. d. F. des Gesetzes v. 24. 8. 2002 (BGBl I S. 3412) mit Wirkung v. 1. 1. 2003.

2) **Anm. d. Red.:** § 139b i. d. F. der VO v. 31. 10. 2006 (BGBl I S. 2407) mit Wirkung v. 8. 11. 2006.

5. Verstöße gegen Vorschriften des Vierten und Siebten Buches Sozialgesetzbuch über die Verpflichtung zur Zahlung von Sozialversicherungsbeiträgen,
6. Verstöße gegen das Aufenthaltsgesetz,
7. Verstöße gegen die Steuergesetze,

unterrichten sie die für die Verfolgung und Ahndung der Verstöße nach den Nummern 1 bis 7 zuständigen Behörden, die Träger der Sozialhilfe sowie die Behörden nach § 71 des Aufenthaltsgesetzes.

(8) In den Fällen des Absatzes 7 arbeiten die für den Arbeitsschutz zuständigen Landesbehörden insbesondere mit folgenden Behörden zusammen:

1. den Agenturen für Arbeit,
2. den Trägern der Krankenversicherung als Einzugsstellen für die Sozialversicherungsbeiträge,
3. den Trägern der Unfallversicherung,
4. den nach Landesrecht für die Verfolgung und Ahndung von Verstößen gegen das Gesetz zur Bekämpfung der Schwarzarbeit zuständigen Behörden,
5. den in § 71 des Aufenthaltsgesetzes genannten Behörden,
6. den Finanzbehörden,
7. den Behörden der Zollverwaltung,
8. den Rentenversicherungsträgern,
9. den Trägern der Sozialhilfe.

§§ 139c bis 139m (weggefallen)

Titel VIII: Gewerbliche Hilfskassen[1]

§§ 140 bis 141f (weggefallen)

Titel IX: Statutarische Bestimmungen[2]

§ 142 (weggefallen)

Titel X: Straf- und Bußgeldvorschriften

§ 143 (weggefallen)

§ 144 Verletzung von Vorschriften über erlaubnisbedürftige stehende Gewerbe[3]

(1) Ordnungswidrig handelt, wer vorsätzlich oder fahrlässig

1. ohne die erforderliche Erlaubnis
   a) (weggefallen)
   b) nach § 30 Abs. 1 eine dort bezeichnete Anstalt betreibt,
   c) nach § 33a Abs. 1 Satz 1 Schaustellungen von Personen in seinen Geschäftsräumen veranstaltet oder für deren Veranstaltung seine Geschäftsräume zur Verfügung stellt,

1) **Anm. d. Red.:** Titel VIII i. d. F. des Gesetzes v. 24. 8. 2002 (BGBl I S. 3412) mit Wirkung v. 1. 1. 2003.
2) **Anm. d. Red.:** Titel IX i. d. F. des Gesetzes v. 24. 8. 2002 (BGBl I S. 3412) mit Wirkung v. 1. 1. 2003.
3) **Anm. d. Red.:** § 144 i. d. F. des Gesetzes v. 11.12.2018 (BGBl I S. 2354) mit Wirkung v. 15.12.2018.

d) nach § 33c Abs. 1 Satz 1 ein Spielgerät aufstellt, nach § 33d Abs. 1 Satz 1 ein anderes Spiel veranstaltet oder nach § 33i Abs. 1 Satz 1 eine Spielhalle oder ein ähnliches Unternehmen betreibt,

e) nach § 34 Abs. 1 Satz 1 das Geschäft eines Pfandleihers oder Pfandvermittlers betreibt,

f) nach § 34a Abs. 1 Satz 1 Leben oder Eigentum fremder Personen bewacht,

g) nach § 34b Abs. 1 fremde bewegliche Sachen, fremde Grundstücke oder fremde Rechte versteigert,

h) nach § 34c Absatz 1 Satz 1 Nummer 1 oder Nummer 2 den Abschluss von Verträgen der dort bezeichneten Art vermittelt oder die Gelegenheit hierzu nachweist,

i) nach § 34c Absatz 1 Satz 1 Nummer 3 ein Bauvorhaben vorbereitet oder durchführt,

j) nach § 34c Absatz 1 Satz 1 Nummer 4 Wohnimmobilien verwaltet,

k) nach § 34d Absatz 1 Satz 1 den Abschluss eines dort genannten Vertrages vermittelt,

l) nach § 34d Absatz 2 Satz 1 über eine Versicherung oder Rückversicherung berät,

m) nach § 34f Absatz 1 Satz 1 Anlageberatung oder Anlagevermittlung erbringt,

n) nach § 34h Absatz 1 Satz 1 Anlageberatung erbringt oder

o) nach § 34i Absatz 1 Satz 1 den Abschluss von Verträgen der dort bezeichneten Art vermittelt oder Dritte zu solchen Verträgen berät,

2. ohne Zulassung nach § 31 Absatz 1 Leben oder Eigentum fremder Personen auf einem Seeschiff bewacht,
3. einer vollziehbaren Auflage nach § 31 Absatz 2 Satz 2 zuwiderhandelt oder
4. ohne eine nach § 47 erforderliche Erlaubnis das Gewerbe durch einen Stellvertreter ausüben lässt.

(2) Ordnungswidrig handelt auch, wer vorsätzlich oder fahrlässig

1. einer Rechtsverordnung nach § 31 Absatz 4 Satz 1 Nummer 1, 2, 3 Buchstabe a bis c oder Buchstabe d oder Nummer 4 oder Satz 2 oder einer vollziehbaren Anordnung auf Grund einer solchen Rechtsverordnung zuwiderhandelt, soweit die Rechtsverordnung für einen bestimmten Tatbestand auf diese Bußgeldvorschrift verweist,

1a. einer Rechtsverordnung nach § 33f Absatz 1 Nummer 1, 2 oder 4 oder einer vollziehbaren Anordnung aufgrund einer solchen Rechtsverordnung zuwiderhandelt, soweit die Rechtsverordnung für einen bestimmten Tatbestand auf diese Bußgeldvorschrift verweist,

1b. einer Rechtsverordnung nach § 33g Nr. 2, § 34 Abs. 2, § 34a Abs. 2, § 34b Abs. 8, § 34e Absatz 1 Satz 1 Nummer 2, 4 oder 7, Absatz 2 oder 3 oder § 38 Abs. 3 oder einer vollziehbaren Anordnung auf Grund einer solchen Rechtsverordnung zuwiderhandelt, soweit die Rechtsverordnung für einen bestimmten Tatbestand auf diese Bußgeldvorschrift verweist,

2. entgegen § 34 Abs. 4 bewegliche Sachen mit Gewährung des Rückkaufrechts ankauft,

3. einer vollziehbaren Auflage nach § 33a Abs. 1 Satz 3, § 33c Abs. 1 Satz 3, § 33d Abs. 1 Satz 2, § 33e Abs. 3, § 33i Abs. 1 Satz 2, § 34 Abs. 1 Satz 2, § 34a Abs. 1 Satz 2, § 34b Abs. 3, § 34d Absatz 4 Satz 1, auch in Verbindung mit Absatz 6 Satz 3, oder § 36 Abs. 1 Satz 3 oder einer vollziehbaren Anordnung nach § 33c Abs. 3 Satz 3 oder § 34a Abs. 4 zuwiderhandelt,

4. ein Spielgerät ohne die nach § 33c Abs. 3 Satz 1 erforderliche Bestätigung der zuständigen Behörde aufstellt,

4a. entgegen § 33c Absatz 3 Satz 4 eine Person beschäftigt,

5. einer vollziehbaren Auflage nach § 34c Abs. 1 Satz 2, § 34f Absatz 1 Satz 2, § 34h Absatz 1 Satz 2 oder § 34i Absatz 1 Satz 2 zuwiderhandelt,

6. einer Rechtsverordnung nach § 34c Abs. 3 oder § 34g Absatz 1 Satz 1 oder Absatz 2 Satz 1 Nummer 1, 2 oder 4 oder Satz 2 oder § 34j oder einer vollziehbaren Anordnung auf Grund einer solchen Rechtsverordnung zuwiderhandelt, soweit die Rechtsverordnung für einen bestimmten Tatbestand auf diese Bußgeldvorschrift verweist,

7. entgegen § 34d Absatz 1 Satz 7 eine Sondervergütung gewährt oder verspricht,

7a. entgegen § 34d Absatz 2 Satz 4, auch in Verbindung mit einer Rechtsverordnung nach § 34e Absatz 1 Nummer 3, eine Zuwendung annimmt,

7b. entgegen § 34d Absatz 2 Satz 6 die Auskehrung einer Zuwendung nicht, nicht vollständig oder nicht rechtzeitig veranlasst,

7c. entgegen § 34d Absatz 9 Satz 2 in Verbindung mit einer Rechtsverordnung nach § 34e Absatz 1 Satz 1 Nummer 2 Buchstabe c sich nicht, nicht richtig, nicht vollständig oder nicht rechtzeitig weiterbildet,

8. entgegen § 34d Absatz 10 Satz 1 oder § 34f Absatz 5 oder 6 Satz 1 eine Eintragung nicht, nicht richtig oder nicht rechtzeitig vornehmen lässt,

9. entgegen § 34d Absatz 10 Satz 2, § 34f Absatz 5 oder Absatz 6 Satz 2 oder § 34i Absatz 8 Nummer 3 eine Mitteilung nicht, nicht richtig, nicht vollständig oder nicht rechtzeitig macht,

10. entgegen § 34h Absatz 3 Satz 2 oder § 34i Absatz 5 eine Zuwendung annimmt oder

11. entgegen § 34h Absatz 3 Satz 3 eine Zuwendung nicht, nicht vollständig oder nicht rechtzeitig auskehrt.

(3) Ordnungswidrig handelt ferner, wer vorsätzlich oder fahrlässig bei einer Versteigerung einer Vorschrift des § 34b Abs. 6 oder 7 zuwiderhandelt.

(4) Die Ordnungswidrigkeit kann in den Fällen des Absatzes 1 Nummer 1 Buchstabe m und n und Nummer 2 mit einer Geldbuße bis zu fünfzigtausend Euro, in den Fällen des Absatzes 1 Nummer 1 Buchstabe a bis l und o, Nummer 3 und 4 und des Absatzes 2 Nummer 1, 1a und 5 bis 11 mit einer Geldbuße bis zu fünftausend Euro, in den Fällen des Absatzes 2 Nummer 1b und 2 bis 4a mit einer Geldbuße bis zu dreitausend Euro und in den Fällen des Absatzes 3 mit einer Geldbuße bis zu eintausend Euro geahndet werden.

(5) Verwaltungsbehörde im Sinne des § 36 Absatz 1 Nummer 1 des Gesetzes über Ordnungswidrigkeiten ist in den Fällen des Absatzes 1 Nummer 2 und 3 und des Absatzes 2 Nummer 1 das Bundesamt für Wirtschaft und Ausfuhrkontrolle.

§ 145 Verletzung von Vorschriften über das Reisegewerbe[1]

(1) Ordnungswidrig handelt, wer vorsätzlich oder fahrlässig

1. ohne Erlaubnis nach § 55 Abs. 2
   a) eine Tätigkeit nach § 34f Absatz 1 Satz 1 oder § 34h Absatz 1 Satz 1 oder
   b) eine sonstige Tätigkeit als Reisegewerbe betreibt,

2. einer aufgrund des § 55f erlassenen Rechtsverordnung zuwiderhandelt, soweit sie für einen bestimmten Tatbestand auf diese Bußgeldvorschrift verweist,

2a. entgegen § 57 Abs. 3 das Versteigerergewerbe als Reisegewerbe ausübt,

3. einer vollziehbaren Anordnung nach § 59 Satz 1, durch die
   a) eine reisegewerbliche Tätigkeit nach § 34f Absatz 1 Satz 1 oder § 34h Absatz 1 Satz 1 oder
   b) eine sonstige reisegewerbliche Tätigkeit untersagt wird, zuwiderhandelt oder

4. ohne die nach § 60a Abs. 2 Satz 2 oder Abs. 3 Satz 1 erforderliche Erlaubnis ein dort bezeichnetes Reisegewerbe betreibt.

(2) Ordnungswidrig handelt auch, wer vorsätzlich oder fahrlässig

1. einer aufgrund des § 60a Abs. 2 Satz 4 in Verbindung mit § 33f Abs. 1 oder § 33g Nr. 2 erlassenen Rechtsverordnung zuwiderhandelt, soweit sie für einen bestimmten Tatbestand auf diese Bußgeldvorschrift verweist,

1) **Anm. d. Red.:** § 145 i. d. F. des Gesetzes v. 20. 7. 2017 (BGBl I S. 2789) mit Wirkung v. 23. 2. 2018.

2. Waren im Reisegewerbe
   a) entgegen § 56 Abs. 1 Nr. 1 vertreibt,
   b) entgegen § 56 Abs. 1 Nr. 2 feilbietet oder ankauft oder
   c) entgegen § 56 Abs. 1 Nr. 3 feilbietet,
3. (weggefallen)
4. (weggefallen)
5. (weggefallen)
6. entgegen § 56 Abs. 1 Nr. 6 Rückkauf- oder Darlehensgeschäfte abschließt oder vermittelt,
7. einer vollziehbaren Auflage nach
   a) § 55 Abs. 3, auch in Verbindung mit § 56 Abs. 2 Satz 3 zweiter Halbsatz,
   b) § 60a Abs. 2 Satz 4 in Verbindung mit § 33d Abs. 1 Satz 2 oder
   c) § 60a Abs. 3 Satz 2 in Verbindung mit § 33i Abs. 1 Satz 2

   zuwiderhandelt,
8. einer Rechtsverordnung nach § 61a Abs. 2 Satz 1 in Verbindung mit § 34a Abs. 2, § 34b Abs. 8, § 34e Absatz 1 Satz 1 Nummer 2, 4 oder 7, Absatz 2 oder 3 oder einer vollziehbaren Anordnung auf Grund einer solchen Rechtsverordnung zuwiderhandelt, soweit die Rechtsverordnung für einen bestimmten Tatbestand auf diese Bußgeldvorschrift verweist oder
9. einer Rechtsverordnung nach § 61a Absatz 2 Satz 1 in Verbindung mit § 34c Absatz 3, mit § 34g Absatz 1 Satz 1 oder Absatz 2 Satz 1 Nummer 1, 2 oder 4 oder Satz 2, mit § 34j Absatz 1 Nummer 1 oder 3 oder Absatz 2 oder einer vollziehbaren Anordnung auf Grund dieser Rechtsverordnung zuwiderhandelt, soweit die Rechtsverordnung für einen bestimmten Tatbestand auf diese Bußgeldvorschrift verweist.

(3) Ordnungswidrig handelt ferner, wer vorsätzlich oder fahrlässig

1. entgegen § 55c eine Anzeige nicht, nicht richtig, nicht vollständig oder nicht rechtzeitig erstattet,
2. an Sonn- oder Feiertagen eine im § 55e Abs. 1 bezeichnete Tätigkeit im Reisegewerbe ausübt,
3. entgegen § 60c Abs. 1 Satz 1, auch in Verbindung mit § 56 Abs. 2 Satz 3 zweiter Halbsatz oder § 60c Abs. 2 Satz 2 oder Abs. 3 Satz 2, die Reisegewerbekarte oder eine dort genannte Unterlage nicht bei sich führt oder nicht oder nicht rechtzeitig vorzeigt oder eine dort genannte Tätigkeit nicht oder nicht rechtzeitig einstellt,
4. entgegen § 60c Abs. 1 Satz 2, auch in Verbindung mit § 56 Abs. 2 Satz 3, die geführten Waren nicht vorlegt,
5. (weggefallen)
6. entgegen § 56a Absatz 1 Satz 1 die Veranstaltung eines Wanderlagers nicht, nicht richtig, nicht vollständig oder nicht rechtzeitig anzeigt oder die Art der Ware oder der Dienstleistung oder den Ort der Veranstaltung in der öffentlichen Ankündigung nicht angibt,
7. entgegen § 56a Absatz 1 Satz 2 unentgeltliche Zuwendungen einschließlich Preisausschreiben, Verlosungen oder Ausspielungen ankündigt,
8. entgegen § 56a Absatz 1 Satz 4 als Veranstalter ein Wanderlager von einer Person leiten lässt, die in der Anzeige nicht genannt ist,
9. einer vollziehbaren Anordnung nach § 56a Absatz 2 zuwiderhandelt,
10. entgegen § 60c Abs. 2 Satz 1 eine Zweitschrift oder eine beglaubigte Kopie der Reisegewerbekarte nicht oder nicht rechtzeitig aushändigt oder
11. entgegen § 60c Abs. 3 Satz 1 eine dort genannte Unterlage nicht mit sich führt.

(4) Die Ordnungswidrigkeit kann in den Fällen des Absatzes 1 Nr. 1 Buchstabe a und Nr. 3 Buchstabe a mit einer Geldbuße bis zu fünfzigtausend Euro, in den Fällen des Absatzes 1 Nr. 1

Buchstabe b, Nr. 2, 2a, 3 Buchstabe b, Nr. 4 und des Absatzes 2 Nr. 9 mit einer Geldbuße bis zu fünftausend Euro, in den Fällen des Absatzes 2 Nr. 1 bis 8 mit einer Geldbuße bis zu zweitausendfünfhundert Euro, in den Fällen des Absatzes 3 mit einer Geldbuße bis zu eintausend Euro geahndet werden.

§ 146 Verletzung sonstiger Vorschriften über die Ausübung eines Gewerbes[1]

(1) Ordnungswidrig handelt, wer vorsätzlich oder fahrlässig

1. einer vollziehbaren Anordnung
   a) nach § 35 Abs. 1 Satz 1 oder 2,
   b) nach § 35 Abs. 7a Satz 1, 3 in Verbindung mit Abs. 1 Satz 1 oder 2 oder
   c) nach § 35 Abs. 9 in Verbindung mit den in den Buchstaben a oder b genannten Vorschriften

   zuwiderhandelt,

1a. einer mit einer Erlaubnis nach § 35 Abs. 2, auch in Verbindung mit Abs. 9, verbundenen vollziehbaren Auflage zuwiderhandelt oder

2. entgegen einer vollziehbaren Anordnung nach § 51 Satz 1 eine gewerbliche Anlage benutzt.

(2) Ordnungswidrig handelt ferner, wer vorsätzlich oder fahrlässig

1. einer Rechtsverordnung nach § 6c oder einer vollziehbaren Anordnung auf Grund einer solchen Rechtsverordnung zuwiderhandelt, soweit die Rechtsverordnung für einen bestimmten Tatbestand auf diese Bußgeldvorschrift verweist,

1a. entgegen § 11b Absatz 6 Satz 2 oder 3 eine Mitteilung nicht, nicht richtig, nicht vollständig, nicht in der vorgeschriebenen Weise oder nicht rechtzeitig macht,

2. entgegen
   a) § 13a Absatz 1 Satz 1 oder Absatz 6 Satz 2,
   b) § 14 Absatz 1 Satz 1, auch in Verbindung mit Satz 2, Absatz 2 oder einer Rechtsverordnung nach § 14 Absatz 14 Satz 2 Nummer 1, oder
   c) § 14 Absatz 3 Satz 1

   eine Anzeige nicht, nicht richtig, nicht vollständig oder nicht rechtzeitig erstattet,

3. entgegen § 14 Absatz 3 Satz 2 oder Satz 3 eine dort genannte Angabe nicht, nicht richtig, nicht vollständig, nicht in der vorgeschriebenen Weise oder nicht rechtzeitig anbringt,

4. entgegen § 29 Abs. 1, auch in Verbindung mit Abs. 4, jeweils auch in Verbindung mit § 61a Abs. 1 oder § 71b Abs. 1, eine Auskunft nicht, nicht richtig, nicht vollständig oder nicht rechtzeitig erteilt,

5. im Wochenmarktverkehr andere als nach § 67 Abs. 1 oder 2 zugelassene Waren feilbietet,

6. entgegen § 69 Abs. 3 eine Anzeige nicht, nicht richtig oder nicht rechtzeitig erstattet,

7. einer vollziehbaren Auflage nach § 69a Abs. 2, auch in Verbindung mit § 60b Abs. 2 erster Halbsatz, zuwiderhandelt,

8. einer vollziehbaren Anordnung nach § 70a Abs. 1, auch in Verbindung mit § 60b Abs. 2, zuwiderhandelt, durch die die Teilnahme an einer dort genannten Veranstaltung
   a) zum Zwecke der Ausübung einer Tätigkeit nach § 34f Absatz 1 Satz 1 oder § 34h Absatz 1 Satz 1 oder
   b) zum Zwecke der Ausübung einer sonstigen gewerbsmäßigen Tätigkeit untersagt wird,

9. entgegen § 70a Abs. 3 das Versteigerergewerbe auf einer Veranstaltung im Sinne der §§ 64 bis 68 ausübt,

10. (weggefallen)

1) **Anm. d. Red.:** § 146 i. d. F. des Gesetzes v. 29.11.2018 (BGBl I S. 2666) mit Wirkung v. 1.1.2019.

11. einer Rechtsverordnung nach § 71b Abs. 2 Satz 1 in Verbindung mit § 34a Abs. 2, § 34b Abs. 8, § 34e Absatz 1 Satz 1 Nummer 2, 4 oder 7, Absatz 2 oder 3 oder einer vollziehbaren Anordnung auf Grund einer solchen Rechtsverordnung zuwiderhandelt, soweit die Rechtsverordnung für einen bestimmten Tatbestand auf diese Bußgeldvorschrift verweist,

11a. einer Rechtsverordnung nach § 71b Abs. 2 Satz 1 in Verbindung mit § 34c Abs. 3, § 34g Absatz 1 Satz 1 oder Absatz 2 Satz 1 Nummer 1, 2 oder Nummer 4 oder Satz 2 oder § 34j oder einer vollziehbaren Anordnung auf Grund dieser Rechtsverordnung zuwiderhandelt, soweit die Rechtsverordnung für einen bestimmten Tatbestand auf diese Bußgeldvorschrift verweist oder

12. entgegen einer nach § 133 Abs. 2 Satz 1 ergangenen Rechtsverordnung die Berufsbezeichnung „Baumeister“ oder eine Berufsbezeichnung führt, die das Wort „Baumeister“ enthält und auf eine Tätigkeit im Baugewerbe hinweist.

(3) Die Ordnungswidrigkeit kann in den Fällen des Absatzes 2 Nr. 8 Buchstabe a mit einer Geldbuße bis zu fünfzigtausend Euro, in den Fällen des Absatzes 1 und 2 Nr. 11a mit einer Geldbuße bis zu fünftausend Euro, in den Fällen Absatzes 2 Nr. 4 und 7 mit einer Geldbuße bis zu zweitausendfünfhundert Euro, in den übrigen Fällen des Absatzes 2 mit einer Geldbuße bis zu eintausend Euro geahndet werden.

§ 147 Verletzung von Arbeitsschutzvorschriften[1)]

(1) Ordnungswidrig handelt, wer vorsätzlich oder fahrlässig

1. eine Besichtigung oder Prüfung nach § 139b Abs. 1 Satz 2, Abs. 4, 6 Satz 1 oder 2 nicht gestattet oder
2. entgegen § 139b Abs. 5 eine vorgeschriebene statistische Mitteilung nicht, nicht richtig, nicht vollständig oder nicht rechtzeitig macht.

(2) Die Ordnungswidrigkeit kann mit einer Geldbuße geahndet werden.

(3) (weggefallen)

§ 147a Verbotener Erwerb von Edelmetallen und Edelsteinen[2)]

(1) Es ist verboten, von Minderjährigen gewerbsmäßig

1. Edelmetalle (Gold, Silber, Platin und Platinbeimetalle), edelmetallhaltige Legierungen sowie Waren aus Edelmetall oder edelmetallhaltigen Legierungen oder
2. Edelsteine, Schmucksteine, synthetische Steine oder Perlen

zu erwerben.

(2) [1]Ordnungswidrig handelt, wer vorsätzlich oder fahrlässig Gegenstände der in Absatz 1 bezeichneten Art von Minderjährigen gewerbsmäßig erwirbt. [2]Die Ordnungswidrigkeit kann mit einer Geldbuße bis zu fünftausend Euro geahndet werden.

§ 147b Verbotene Annahme von Entgelten für Pauschalreisen und verbundene Reiseleistungen[3)]

(1) Ordnungswidrig handelt, wer

1. entgegen § 651t Nummer 1, auch in Verbindung mit § 651u Absatz 1 Satz 1 oder § 651w Absatz 3 Satz 4, oder
2. entgegen § 651t Nummer 2, auch in Verbindung mit § 651u Absatz 1 Satz 1, § 651v Absatz 2 Satz 1 oder § 651w Absatz 3 Satz 4,

des Bürgerlichen Gesetzbuchs eine Zahlung fordert oder annimmt.

---

1) **Anm. d. Red.:** § 147 i. d. F. des Gesetzes v. 24. 8. 2002 (BGBl I S. 3412) mit Wirkung v. 1. 1. 2003.

2) **Anm. d. Red.:** § 147a i. d. F. des Gesetzes v. 10. 11. 2001 (BGBl I S. 2992) mit Wirkung v. 1. 1. 2002.

3) **Anm. d. Red.:** § 147b i. d. F. des Gesetzes v. 17. 7. 2017 (BGBl I S. 2394) mit Wirkung v. 1. 7. 2018.

(2) Die Ordnungswidrigkeit kann in den Fällen des Absatzes 1 Nummer 1 mit einer Geldbuße bis zu dreißigtausend Euro, in den Fällen des Absatzes 1 Nummer 2 mit einer Geldbuße bis zu fünftausend Euro geahndet werden.

§ 147c Verstoß gegen Wohlverhaltenspflichten bei der Vermittlung von Versicherungsanlageprodukten[1]

(1) Ordnungswidrig handelt, wer bei der Vermittlung eines Versicherungsanlageproduktes im Sinne des Artikels 2 Absatz 1 Nummer 17 der Richtlinie (EU) 2016/97 des Europäischen Parlaments und des Rates vom 20. Januar 2016 über Versicherungsvertrieb (Neufassung) (ABl L 26 vom 2. 2. 2016, S. 19)

1. entgegen § 59 Absatz 1 Satz 2 in Verbindung mit § 7c Absatz 1 Satz 1 des Versicherungsvertragsgesetzes eine Information nicht, nicht richtig, nicht vollständig oder nicht rechtzeitig erfragt oder
2. entgegen § 59 Absatz 1 Satz 2 in Verbindung mit § 7c Absatz 1 Satz 2 des Versicherungsvertragsgesetzes ein Versicherungsanlageprodukt empfiehlt.

(2) [1]Die Ordnungswidrigkeit kann mit einer Geldbuße bis zu fünfhunderttausend Euro geahndet werden. [2]§ 30 Absatz 2 Satz 3 des Gesetzes über Ordnungswidrigkeiten ist anzuwenden.

§ 148 Strafbare Verletzung gewerberechtlicher Vorschriften[2]

Mit Freiheitsstrafe bis zu einem Jahr oder mit Geldstrafe wird bestraft, wer

1. eine in § 144 Abs. 1, § 145 Abs. 1, 2 Nr. 2 oder 6 oder § 146 Abs. 1 bezeichnete Zuwiderhandlung beharrlich wiederholt oder
2. durch eine in § 144 Abs. 1 Nr. 1 Buchstabe b, Absatz 2 Nummer 1a oder Nummer 1b, § 145 Abs. 1, 2 Nr. 1 oder 2 oder § 146 Abs. 1 bezeichnete Zuwiderhandlung Leben oder Gesundheit eines anderen oder fremde Sachen von bedeutendem Wert gefährdet.

§ 148a Strafbare Verletzung von Prüferpflichten

(1) Mit Freiheitsstrafe bis zu drei Jahren oder mit Geldstrafe wird bestraft, wer als Prüfer oder als Gehilfe eines Prüfers über das Ergebnis einer Prüfung nach § 16 Abs. 1 oder 2 der Makler- und Bauträgerverordnung falsch berichtet oder erhebliche Umstände im Bericht verschweigt.

(2) Handelt der Täter gegen Entgelt oder in der Absicht, sich oder einen anderen zu bereichern oder einen anderen zu schädigen, so ist die Strafe Freiheitsstrafe bis zu fünf Jahren oder Geldstrafe.

§ 148b Fahrlässige Hehlerei von Edelmetallen und Edelsteinen

Wer gewerbsmäßig mit den in § 147a Abs. 1 bezeichneten Gegenständen Handel treibt oder gewerbsmäßig Edelmetalle und edelmetallhaltige Legierungen und Rückstände hiervon schmilzt, probiert oder scheidet oder aus den Gemengen und Verbindungen von Edelmetallabfällen mit Stoffen anderer Art Edelmetalle wiedergewinnt und beim Betrieb eines derartigen Gewerbes einen der in § 147a Abs. 1 bezeichneten Gegenstände, von dem er fahrlässig nicht erkannt hat, dass ihn ein anderer gestohlen oder sonst durch eine gegen ein fremdes Vermögen gerichtete rechtswidrige Tat erlangt hat, ankauft oder sich oder einem Dritten verschafft, ihn absetzt oder absetzen hilft, um sich oder einen anderen zu bereichern, wird mit Freiheitsstrafe bis zu einem Jahr oder mit Geldstrafe bestraft.

1) **Anm. d. Red.:** § 147c eingefügt gem. Gesetz v. 20. 7. 2017 (BGBl I S. 2789) mit Wirkung v. 23. 2. 2018.

2) **Anm. d. Red.:** § 148 i. d. F. des Gesetzes v. 4. 3. 2013 (BGBl I S. 362) mit Wirkung v. 13. 3. 2013.

Titel XI: Gewerbezentralregister

§ 149 Einrichtung eines Gewerbezentralregisters[1)2)]

(1) Das Bundesamt für Justiz (Registerbehörde) führt ein Gewerbezentralregister.

(2) [1]In das Register sind einzutragen

1. die vollziehbaren und die nicht mehr anfechtbaren Entscheidungen einer Verwaltungsbehörde, durch die wegen Unzuverlässigkeit oder Ungeeignetheit
   a) ein Antrag auf Zulassung (Erlaubnis, Genehmigung, Konzession, Bewilligung) zu einem Gewerbe oder einer sonstigen wirtschaftlichen Unternehmung abgelehnt oder eine erteilte Zulassung zurückgenommen oder widerrufen,
   b) die Ausübung eines Gewerbes, die Tätigkeit als Vertretungsberechtigter einer Gewerbetreibenden oder als mit der Leitung eines Gewerbebetriebes beauftragte Person oder der Betrieb oder die Leitung einer sonstigen wirtschaftlichen Unternehmung untersagt,
   c) ein Antrag auf Erteilung eines Befähigungsscheines nach § 20 des Sprengstoffgesetzes abgelehnt oder ein erteilter Befähigungsschein entzogen,
   d) im Rahmen eines Gewerbebetriebes oder einer sonstigen wirtschaftlichen Unternehmung die Befugnis zur Einstellung oder Ausbildung von Auszubildenden entzogen oder die Beschäftigung, Beaufsichtigung, Anweisung oder Ausbildung von Kindern und Jugendlichen verboten oder
   e) die Führung von Kraftverkehrsgeschäften untersagt

   wird,
2. Verzichte auf eine Zulassung zu einem Gewerbe oder einer sonstigen wirtschaftlichen Unternehmung während eines Rücknahme- oder Widerrufsverfahrens wegen Unzuverlässigkeit oder Ungeeignetheit,
3. rechtskräftige Bußgeldentscheidungen, insbesondere auch solche wegen einer Steuerordnungswidrigkeit, die aufgrund von Taten ergangen sind, die
   a) bei oder in Zusammenhang mit der Ausübung eines Gewerbes oder dem Betrieb einer sonstigen wirtschaftlichen Unternehmung oder
   b) bei der Tätigkeit in einem Gewerbe oder einer sonstigen wirtschaftlichen Unternehmung von einem Vertreter oder Beauftragten im Sinne des § 9 des Gesetzes über Ordnungswidrigkeiten oder von einer Person, die in einer Rechtsvorschrift ausdrücklich als Verantwortlicher bezeichnet ist,

   begangen worden sind, wenn die Geldbuße mehr als 200 Euro beträgt,

---

1) **Anm. d. Red.:** § 149 i. d. F. des Gesetzes v. 18. 7. 2017 (BGBl I S. 2732) mit Wirkung v. 29. 7. 2017.

2) **Anm. d. Red.:** Gem. Art. 3 Nr. 2 Buchstabe b i. V. mit Art. 6 Abs. 3 Gesetz v. 18. 7. 2017 (BGBl I S. 2732) werden dem § 149 die folgenden Absätze 3 und 4 mit Wirkung v. 31. 8. 2020 angefügt:

„(3) [1]Gerichte und Behörden teilen der Registerbehörde die in Absatz 2 genannten Entscheidungen und Tatsachen mit. [2]Stellen sie fest, dass die mitgeteilten Daten unrichtig sind, haben sie der Registerbehörde dies und, soweit und sobald sie bekannt sind, die richtigen Daten unverzüglich anzugeben. [3]Stellt die Registerbehörde eine Unrichtigkeit fest, hat sie die richtigen Daten der mitteilenden Stelle zu übermitteln oder die mitteilende Stelle zu ersuchen, die richtigen Daten mitzuteilen. [4]In beiden Fällen hat die Registerbehörde die unrichtige Eintragung zu berichtigen. [5]Die mitteilende Stelle sowie Stellen, denen nachweisbar eine unrichtige Auskunft erteilt worden ist, sind hiervon zu unterrichten, sofern es sich nicht um eine offenbare Unrichtigkeit handelt. [6]Die Unterrichtung der mitteilenden Stelle unterbleibt, wenn seit Eingang der Mitteilung nach Satz 1 mehr als fünf Jahre verstrichen sind. [7]Die Frist verlängert sich bei Verurteilungen zu Freiheitsstrafe um deren Dauer.

(4) [1]Legt die betroffene Person schlüssig dar, dass eine Eintragung unrichtig ist, hat die Registerbehörde die Eintragung mit einem Sperrvermerk zu versehen, solange sich weder die Richtigkeit noch die Unrichtigkeit der Eintragung feststellen lassen. [2]Die Daten dürfen außer zur Prüfung der Richtigkeit und außer zur Auskunftserteilung in den Fällen des § 150a Absatz 2 Nummer 1 und 2 ohne Einwilligung der betroffenen Person nicht verarbeitet oder genutzt werden. [3]In der Auskunft nach Satz 2 ist auf den Sperrvermerk hinzuweisen. [4]Im Übrigen wird nur auf den Sperrvermerk hingewiesen."

4. rechtskräftige strafgerichtliche Verurteilungen wegen einer Straftat nach den §§ 10 und 11 des Schwarzarbeitsbekämpfungsgesetzes, nach den §§ 15 und 15a des Arbeitnehmerüberlassungsgesetzes oder nach § 266a Abs. 1, 2 und 4 des Strafgesetzbuches, die bei oder im Zusammenhang mit der Ausübung eines Gewerbes oder dem Betrieb einer sonstigen wirtschaftlichen Unternehmung begangen worden ist, wenn auf Freiheitsstrafe von mehr als drei Monaten oder Geldstrafe von mehr als 90 Tagessätzen erkannt worden ist.

[2]Von der Eintragung sind Entscheidungen und Verzichte ausgenommen, die nach § 28 des Straßenverkehrsgesetzes in das Fahreignungsregister einzutragen sind.

§ 150 Auskunft auf Antrag betroffener Personen[1)2)]

(1) Auf Antrag erteilt die Registerbehörde einer Person Auskunft über den sie betreffenden Inhalt des Registers.

(2) [1]Wohnt der Antragsteller innerhalb des Geltungsbereichs dieses Gesetzes, ist der Antrag bei der nach § 155 Absatz 2 zuständigen Behörde zu stellen; sofern der Antragsteller nicht persönlich erscheint, ist eine schriftliche Antragstellung mit amtlich oder öffentlich beglaubigter Unterschrift des Antragstellers zulässig. [2]Der Antragsteller hat seine Identität und, wenn er als gesetzlicher Vertreter handelt, seine Vertretungsmacht nachzuweisen; er kann sich bei der Antragstellung nicht durch einen Bevollmächtigten vertreten lassen. [3]Die Behörde nimmt die Gebühr für die Auskunft entgegen, behält davon drei Achtel ein und führt den Restbetrag an die Bundeskasse ab.

(3) [1]Wohnt der Antragsteller außerhalb des Geltungsbereichs dieses Gesetzes, so kann er den Antrag unmittelbar bei der Registerbehörde stellen. [2]Absatz 2 Satz 2 gilt entsprechend.

(4) Die Übersendung der Auskunft an eine andere Person als den Betroffenen ist nicht zulässig.

(5) [1]Für die Vorbereitung der Entscheidung über einen Antrag auf Zulassung zu einem Gewerbe oder einer sonstigen wirtschaftlichen Unternehmung, auf öffentliche Bestellung und Vereidigung nach § 36, auf Erteilung eines Befähigungsscheins nach § 20 des Sprengstoffgesetzes oder zur Überprüfung der Zuverlässigkeit nach § 38 Abs. 1 kann die Auskunft auch zur Vorlage bei einer Behörde beantragt werden. [2]Wird die Auskunft zur Vorlage bei einer Behörde beantragt, ist sie der Behörde unmittelbar zu übersenden. [3]Die Behörde hat dem Betroffenen auf Verlangen Einsicht in die Auskunft zu gewähren.

---

1) **Anm. d. Red.:** § 150 i. d. F. des Gesetzes v. 18. 7. 2017 (BGBl I S. 2732) mit Wirkung v. 29. 7. 2017.

2) **Anm. d. Red.:** Gem. Art. 3 Nr. 3 Buchstabe b i.V. mit Art. 6 Abs. 3 Gesetz v. 18. 7. 2017 (BGBl I S. 2732) wird § 150 Absatz 1 mit Wirkung v. 31. 8. 2020 wie folgt gefasst:
„(1) [1]Auf Antrag erteilt die Registerbehörde einer Person Auskunft über den sie betreffenden Inhalt des Registers. [2]Des Weiteren kann ein formloser kostenfreier Auszug über die im Register gespeicherten personenbezogenen Daten beantragt werden.“

§ 150a Auskunft an Behörden oder öffentliche Auftraggeber[1)2)3)]

(1) [1]Auskünfte aus dem Register werden für

1. die Verfolgung wegen einer
   a) in § 148 Nr. 1,
   b) in § 404 Abs. 1, 2 Nr. 3 des Dritten Buches Sozialgesetzbuch, in § 8 Abs. 1 des Schwarzarbeitsbekämpfungsgesetzes, § 21 Absatz 1 und 2 des Mindestlohngesetzes, in § 23 Abs. 1 und 2 des Arbeitnehmer-Entsendegesetzes und in § 16 Abs. 1 bis 2 des Arbeitnehmerüberlassungsgesetzes

   bezeichneten Ordnungswidrigkeit,
2. die Vorbereitung
   a) der Entscheidung über die in § 149 Absatz 2 Satz 1 Nr. 1 Buchstaben a und c bezeichneten Anträge,
   b) der Übrigen in § 149 Absatz 2 Satz 1 Nr. 1 Buchstabe a bis e bezeichneten Entscheidungen,
   c) von Verwaltungsentscheidungen aufgrund des Straßenverkehrsgesetzes, des Fahrlehrergesetzes, des Fahrpersonalgesetzes, des Binnenschifffahrtsaufgabengesetzes oder der aufgrund dieser Gesetze erlassenen Rechtsvorschriften über Eintragungen, die das Personenbeförderungsgesetz oder das Güterkraftverkehrsgesetz betreffen,
3. die Vorbereitung von Rechtsvorschriften und allgemeinen Verwaltungsvorschriften, insoweit nur in anonymisierter Form,
4. die Vorbereitung von vergaberechtlichen Entscheidungen über strafgerichtliche Verurteilungen und Bußgeldentscheidungen nach § 21 Abs. 1 des Schwarzarbeitsbekämpfungsgesetzes, § 21 Absatz 1 und 2 des Mindestlohngesetzes, § 5 Absatz 1 oder 2 des Arbeitnehmer-Entsendegesetzes in der bis zum 23. April 2009 geltenden Fassung, § 23 Abs. 1 und 2 des Arbeitnehmer-Entsendegesetzes und § 81 Absatz 1 bis 3 des Gesetzes gegen Wettbewerbsbeschränkungen,

erteilt. [2]Auskunftsberechtigt sind die Behörden und öffentlichen Auftraggeber im Sinne des § 99 des Gesetzes gegen Wettbewerbsbeschränkungen, denen die in Satz 1 bezeichneten Aufgaben obliegen.

(2) Auskünfte aus dem Register werden ferner

1. den Gerichten und Staatsanwaltschaften über die in § 149 Absatz 2 Satz 1 Nr. 1 und 2 bezeichneten Eintragungen für Zwecke der Rechtspflege, zur Verfolgung von Straftaten nach § 148 Nr. 1, nach § 95 Abs. 1 Nr. 4 des Aufenthaltsgesetzes und § 27 Absatz 2 Nummer 2 des Jugendschutzgesetzes auch über die in § 149 Abs. 2 Nr. 3 bezeichneten Eintragungen,

---

1) **Anm. d. Red.:** § 150a i. d. F. des Gesetzes v. 18. 7. 2017 (BGBl I S. 2732) mit Wirkung v. 29. 7. 2017.

2) **Anm. d. Red.:** Gem. Art. 3 Nr. 4 Buchstabe b Doppelbuchstabe cc i.V. mit Art. 6 Abs. 3 Gesetz v. 18. 7. 2017 (BGBl I S. 2732, ber. I S. 3431) wird in § 150a Absatz 2 mit Wirkung v. 31. 8. 2020 nach Nummer 5 folgende Nummer 6 eingefügt:
„6. den Verfassungsschutzbehörden des Bundes und der Länder, dem Bundesnachrichtendienst und dem Militärischen Abschirmdienst für die diesen Behörden übertragenen Sicherheitsaufgaben nach dem Sicherheitsüberprüfungsgesetz des Bundes".

3) **Anm. d. Red.:** Gem. Art. 2 Abs. 3 i.V. mit Art. 3 Abs. 2 Satz 2 Gesetz v. 18. 7. 2017 (BGBl I S. 2739) wird § 150a Absatz 1 mit Wirkung v. drei Jahre nach dem Tag, an dem die Rechtsverordnung nach § 10 Gesetz zur Einrichtung und zum Betrieb eines Registers zum Schutz des Wettbewerbs um öffentliche Aufträge und Konzessionen (Wettbewerbsregistergesetz – WRegG) v. 18. 7. 2017 (BGBl I S. 2739) in Kraft tritt, wie folgt geändert:
1. Satz 1 Nummer 4 wird aufgehoben.
2. In Satz 2 werden nach dem Wort „Behörden" die Wörter „und öffentlichen Auftraggeber im Sinne des § 99 des Gesetzes gegen Wettbewerbsbeschränkungen" gestrichen.

2. den Kriminaldienst verrichtenden Dienststellen der Polizei für Zwecke der Verhütung und Verfolgung der in § 74c Abs. 1 Nr. 1 bis 6 des Gerichtsverfassungsgesetzes aufgeführten Straftaten über die in § 149 Absatz 2 Satz 1 Nr. 1 und 2 bezeichneten Eintragungen,
3. den zuständigen Behörden für die Aufhebung der in § 149 Absatz 2 Satz 1 Nr. 3 bezeichneten Bußgeldentscheidungen, auch wenn die Geldbuße weniger als 200 Euro beträgt,
4. den nach § 81 Abs. 10 des Gesetzes gegen Wettbewerbsbeschränkungen über zuständigen Behörden zur Verfolgung von Ordnungswidrigkeiten nach § 81 Abs. 1 bis 3 des Gesetzes gegen Wettbewerbsbeschränkungen die in § 149 Abs. 2 Satz 1 Nr. 3 bezeichneten Eintragungen,
5. der Zentralstelle für Finanztransaktionsuntersuchungen zur Erfüllung ihrer Aufgaben nach dem Geldwäschegesetz,

erteilt.

(3) Auskünfte über Bußgeldentscheidungen wegen einer Steuerordnungswidrigkeit dürfen nur in den in Absatz 1 Satz 1 Nr. 1 und 2 genannte Fällen erteilt werden.

(4) Die auskunftsberechtigten Stellen haben den Zweck anzugeben, für den die Auskunft benötigt wird.

(5) Die nach Absatz 1 Satz 2 auskunftsberechtigten Stellen haben dem Betroffenen auf Verlangen Einsicht in die Auskunft aus dem Register zu gewähren.

(6) Die Auskünfte aus dem Register dürfen nur den mit der Entgegennahme oder Bearbeitung betrauten Bediensteten zur Kenntnis gebracht werden.

(7) Soweit eine Auskunft nach den Absätzen 1 und 2 nur für eingeschränkte Zwecke erteilt wird, darf die auskunftsberechtigte Stelle nicht die Vorlage einer Auskunft nach § 150 Absatz 1 verlangen.

§ 150b Auskunft für die wissenschaftliche Forschung[1)]

(1) Die Registerbehörde kann Hochschulen, anderen Einrichtungen, die wissenschaftliche Forschung betreiben, und öffentlichen Stellen Auskunft aus dem Register erteilen, soweit diese für die Durchführung bestimmter wissenschaftlicher Forschungsarbeiten erforderlich ist.

(2) Die Auskunft ist zulässig, soweit das öffentliche Interesse an der Forschungsarbeit das schutzwürdige Interesse des Betroffenen an dem Ausschluss der Auskunft erheblich überwiegt.

(3) Die Auskunft wird in anonymisierter Form erteilt, wenn der Zweck der Forschungsarbeit unter Verwendung solcher Informationen erreicht werden kann.

(4) [1]Vor Erteilung der Auskunft wird von der Registerbehörde zur Geheimhaltung verpflichtet, wer nicht Amtsträger oder für den öffentlichen Dienst besonders Verpflichteter ist. [2]§ 1 Abs. 2 und 3 des Verpflichtungsgesetzes findet entsprechende Anwendung.

(5) [1]Die personenbezogenen Informationen dürfen nur für die Forschungsarbeit verwendet werden, für die die Auskunft erteilt worden ist. [2]Die Verwendung für andere Forschungsarbeiten oder die Weitergabe richtet sich nach den Absätzen 1 bis 4 und bedarf der Zustimmung der Registerbehörde.

(6) [1]Die Informationen sind gegen unbefugte Kenntnisnahme durch Dritte zu schützen. [2]Die wissenschaftliche Forschung betreibende Stelle hat dafür zu sorgen, dass die Verwendung der personenbezogenen Informationen räumlich und organisatorisch getrennt von der Erfüllung solcher Verwaltungsaufgaben oder Geschäftszwecke erfolgt, für die diese Informationen gleichfalls von Bedeutung sein können.

(7) [1]Sobald der Forschungszweck es erlaubt, sind die personenbezogenen Informationen zu anonymisieren. [2]Solange dies noch nicht möglich ist, sind die Merkmale gesondert aufzubewahren, mit denen Einzelangaben über persönliche oder sachliche Verhältnisse einer bestimmten

1) **Anm. d. Red.:** § 150b i. d. F. des Gesetzes v. 17. 12. 2006 (BGBl I S. 3171) mit Wirkung v. 1. 1. 2007.

oder bestimmbaren Person zugeordnet werden können. [3]Sie dürfen mit den Einzelangaben nur zusammengeführt werden, soweit der Forschungszweck dies erfordert.

(8) Wer nach den Absätzen 1 bis 3 personenbezogene Informationen erhalten hat, darf diese nur veröffentlichen, wenn dies für die Darstellung von Forschungsergebnissen über Ereignisse der Zeitgeschichte unerlässlich ist.

(9) Ist der Empfänger eine nicht-öffentliche Stelle, gilt § 38 des Bundesdatenschutzgesetzes mit der Maßgabe, dass die Aufsichtsbehörde die Ausführung der Vorschriften über den Datenschutz auch dann überwacht, wenn keine hinreichenden Anhaltspunkte für eine Verletzung dieser Vorschriften vorliegen oder wenn der Empfänger die personenbezogenen Informationen nicht in Dateien verarbeitet.

§ 150c Auskunft an ausländische sowie über- und zwischenstaatliche Stellen[1)]

(1) Ersuchen von Stellen eines anderen Staates sowie von über- und zwischenstaatlichen Stellen um Erteilung einer Auskunft aus dem Register werden nach den hierfür geltenden völkerrechtlichen Verträgen, soweit an ihnen nach Artikel 59 Absatz 2 Satz 1 des Grundgesetzes die gesetzgebenden Körperschaften mitgewirkt haben, von der Registerbehörde ausgeführt und mit Zustimmung des Bundesministeriums der Justiz und für Verbraucherschutz bewilligt.

(2) [1]Ersuchen eines anderen Mitgliedstaates der Europäischen Union um Erteilung einer Auskunft werden von der Registerbehörde ausgeführt und bewilligt. [2]Die Auskunft kann, soweit kein völkerrechtlicher Vertrag im Sinne des Absatzes 1 vorliegt, dem ersuchenden Mitgliedstaat für die gleichen Zwecke und in gleichem Umfang wie gegenüber vergleichbaren deutschen Stellen erteilt werden. [3]Der ausländische Empfänger ist darauf hinzuweisen, dass er die Auskunft nur zu dem Zweck verwenden darf, für den sie erteilt worden ist. [4]Die Auskunftserteilung unterbleibt, wenn sie in Widerspruch zur Charta der Grundrechte der Europäischen Union steht.

(3) [1]Ersuchen eines anderen Mitgliedstaates um Erteilung einer Auskunft aus dem Register für nichtstrafrechtliche Zwecke, deren Art oder Umfang in diesem Gesetz nicht vorgesehen ist, erledigt die Registerbehörde, soweit die Erteilung nach Maßgabe eines Rechtsaktes der Europäischen Union geboten ist, es sei denn, dass eine besondere fachliche Bewertung zur Beschränkung der Auskunft erforderlich ist. [2]Ist eine solche Bewertung erforderlich, erhält die für die internationale Amtshilfe zuständige Behörde eine Auskunft aus dem Register. [3]Absatz 2 Satz 2 und 3 und § 8e des Verwaltungsverfahrensgesetzes gelten entsprechend.

(4) Die Verantwortung für die Zulässigkeit der Übermittlung trägt die übermittelnde Stelle.

§ 150d Protokollierungen[2)3)]

(1) Die Registerbehörde fertigt zu den von ihr erteilten Auskünften Protokolle, die folgende Daten enthalten:

1. die Vorschrift des Gesetzes, auf der die Auskunft beruht,
2. die in der Anfrage und der Auskunft verwendeten Daten der betroffenen Person,
3. die Bezeichnung der Stelle, die um Erteilung der Auskunft ersucht hat, sowie die Bezeichnung der empfangenden Stelle,
4. den Zeitpunkt der Auskunftserteilung,

1) **Anm. d. Red.:** § 150c i. d. F. der VO v. 31. 8. 2015 (BGBl I S. 1474) mit Wirkung v. 8. 9. 2015.

2) **Anm. d. Red.:** § 150d eingefügt gem. Gesetz v. 15. 12. 2011 (BGBl I S. 2714) mit Wirkung v. 27. 4. 2012.

3) **Anm. d. Red.:** Gem. Art. 3 Nr. 5 i.V. mit Art. 6 Abs. 3 Gesetz v. 18. 7. 2017 (BGBl I S. 2732) wird dem § 150d mit Wirkung v. 31. 8. 2020 folgender Absatz 3 angefügt:
„(3) [1]Auf Antrag wird einer Person Auskunft über die zu ihr gespeicherten Protokolldaten gegeben. [2]Wurden einer Stelle nach § 150a Absatz 1 Satz 2 oder Absatz 2 Auskünfte aus dem Register erteilt, entscheidet die Registerbehörde über die Erteilung der Auskunft nach Satz 1 im Einvernehmen mit dieser Stelle."

5. den Namen der Person, die die Auskunft erteilt hat,
6. das Aktenzeichen oder den Zweck, wenn keine Auskunft nach § 150 Absatz 1 vorliegt.

(2) [1]Die Protokolldaten dürfen nur zu internen Prüfzwecken und zur Datenschutzkontrolle verwendet werden. [2]Sie sind durch geeignete Vorkehrungen gegen Missbrauch zu schützen. [3]Die Protokolldaten sind nach einem Jahr zu löschen, es sei denn, sie werden weiterhin für Zwecke nach Satz 1 benötigt. [4]Danach sind sie unverzüglich zu löschen.

§ 150e Elektronische Antragstellung[1)]

(1) [1]Erfolgt die Antragstellung abweichend von § 150 Absatz 2 oder Absatz 3 elektronisch, ist der Antrag unter Nutzung des im Internet angebotenen Zugangs unmittelbar bei der Registerbehörde zu stellen. [2]Der Antragsteller kann sich bei der Antragstellung nicht durch einen Bevollmächtigten vertreten lassen. [3]Handelt der Antragsteller als gesetzlicher Vertreter, hat er seine Vertretungsmacht nachzuweisen.

(2) [1]Der elektronische Identitätsnachweis nach § 18 des Personalausweisgesetzes oder nach § 78 Absatz 5 des Aufenthaltsgesetzes ist zu führen. [2]Dabei müssen aus dem elektronischen Speicher- und Verarbeitungsmedium des Personalausweises oder des elektronischen Aufenthaltstitels an die Registerbehörde übermittelt werden:

1. die Daten nach § 18 Absatz 3 Satz 1 des Personalausweisgesetzes oder nach § 78 Absatz 5 Satz 2 des Aufenthaltsgesetzes in Verbindung mit § 18 Absatz 3 Satz 1 des Personalausweisgesetzes und
2. Familienname, Geburtsname, Vornamen, Geburtsort sowie Geburtsdatum, Staatsangehörigkeit und Anschrift.

[3]Lässt das elektronische Speicher- und Verarbeitungsmedium die Übermittlung des Geburtsnamens nicht zu, ist der Geburtsname im Antrag anzugeben und nachzuweisen. [4]Bei der Datenübermittlung ist ein dem jeweiligen Stand der Technik entsprechendes sicheres Verfahren zu verwenden, das die Vertraulichkeit und Integrität des elektronisch übermittelten Datensatzes gewährleistet.

(3) [1]Vorzulegende Nachweise sind gleichzeitig mit dem Antrag elektronisch einzureichen und ihre Echtheit sowie inhaltliche Richtigkeit sind an Eides statt zu versichern. [2]Bei vorzulegenden Schriftstücken kann die Registerbehörde im Einzelfall die Vorlage des Originals verlangen.

(4) [1]Die näheren Einzelheiten des elektronischen Verfahrens regelt die Registerbehörde. [2]Im Übrigen gilt § 150 entsprechend.

§ 151 Eintragungen in besonderen Fällen[2)]

(1) In den Fällen des § 149 Absatz 2 Satz 1 Nr. 1 Buchstaben a und b ist die Eintragung auch bei

1. dem Vertretungsberechtigten einer juristischen Person,
2. der mit der Leitung des Betriebs oder einer Zweigniederlassung beauftragten Person,

die unzuverlässig oder ungeeignet sind, vorzunehmen, in den Fällen des § 149 Abs. 2 Nr. 1 Buchstabe b jedoch nur, sofern dem Betroffenen die Ausübung eines Gewerbes oder die Tätigkeit als Vertretungsberechtigter eines Gewerbetreibenden oder als mit der Leitung eines Gewerbebetriebes beauftragte Person nicht selbst untersagt worden ist.

(2) Wird eine nach § 149 Absatz 2 Satz 1 Nr. 1 eingetragene vollziehbare Entscheidung unanfechtbar, so ist dies in das Register einzutragen.

(3) Sind in einer Bußgeldentscheidung mehrere Geldbußen festgesetzt (§ 20 des Gesetzes über Ordnungswidrigkeiten), von denen nur ein Teil einzutragen ist, so sind lediglich diese einzutragen.

---

1) **Anm. d. Red.:** § 150e eingefügt gem. Gesetz v. 6. 9. 2013 (BGBl I S. 3556) mit Wirkung v. 1. 9. 2014.

2) **Anm. d. Red.:** § 151 i. d. F. des Gesetzes v. 18. 7. 2017 (BGBl I S. 2732) mit Wirkung v. 29. 7. 2017.

(4) In das Register ist der rechtskräftige Beschluss einzutragen, durch den das Gericht hinsichtlich einer eingetragenen Bußgeldentscheidung die Wiederaufnahme des Verfahrens anordnet (§ 85 Abs. 1 des Gesetzes über Ordnungswidrigkeiten).

(5) [1]Wird durch die endgültige Entscheidung in dem Wiederaufnahmeverfahren die frühere Entscheidung aufrechterhalten, so ist dies in das Register einzutragen. [2]Andernfalls wird die Eintragung nach Absatz 4 aus dem Register entfernt. [3]Enthält die neue Entscheidung einen einzutragenden Inhalt, so ist dies mitzuteilen.

§ 152 Entfernung von Eintragungen[1)]

(1) Wird eine nach § 149 Absatz 2 Satz 1 Nr. 1 eingetragene Entscheidung aufgehoben oder eine solche Entscheidung oder ein nach § 149 Abs. 2 Nr. 2 eingetragener Verzicht durch eine spätere Entscheidung gegenstandslos, so wird die Entscheidung oder der Verzicht aus dem Register entfernt.

(2) Ebenso wird verfahren, wenn die Behörde eine befristete Entscheidung erlassen hat oder in der Mitteilung an das Register bestimmt hat, dass die Entscheidung nur für eine bestimmte Frist eingetragen werden soll, und diese Frist abgelaufen ist.

(3) Das Gleiche gilt, wenn die Vollziehbarkeit einer nach § 149 Absatz 2 Satz 1 Nr. 1 eingetragenen Entscheidung aufgrund behördlicher oder gerichtlicher Entscheidung entfällt.

(4) Eintragungen, die eine über 80 Jahre alte Person betreffen, werden aus dem Register entfernt.

(5) Wird ein Bußgeldbescheid in einem Strafverfahren aufgehoben (§ 86 Abs. 1, § 102 Abs. 2 des Gesetzes über Ordnungswidrigkeiten), so wird die Eintragung aus dem Register entfernt.

(6) [1]Eintragungen über Personen, deren Tod der Registerbehörde amtlich mitgeteilt worden ist, werden ein Jahr nach dem Eingang der Mitteilung aus dem Register entfernt. [2]Während dieser Zeit darf über die Eintragungen keine Auskunft erteilt werden.

(7) [1]Eintragungen über juristische Personen und Personenvereinigungen nach § 149 Absatz 2 Satz 1 Nr. 1 und 2 werden nach Ablauf von zwanzig Jahren seit dem Tag der Eintragung aus dem Register entfernt. [2]Enthält das Register mehrere Eintragungen, so ist die Entfernung einer Eintragung erst zulässig, wenn für alle Eintragungen die Voraussetzungen der Entfernung vorliegen.

§ 153 Tilgung von Eintragungen[2)]

(1) Die Eintragungen nach § 149 Absatz 2 Satz 1 Nr. 3 sind nach Ablauf einer Frist

1. von drei Jahren, wenn die Höhe der Geldbuße nicht mehr als 300 Euro beträgt,
2. von fünf Jahren in den übrigen Fällen

zu tilgen.

(2) [1]Eintragungen nach § 149 Absatz 2 Satz 1 Nr. 4 sind nach Ablauf einer Frist von fünf Jahren zu tilgen. [2]Ohne Rücksicht auf den Lauf der Frist nach Satz 1 wird eine Eintragung getilgt, wenn die Eintragung im Zentralregister getilgt ist.

(3) [1]Der Lauf der Frist beginnt bei Eintragungen nach Absatz 1 mit der Rechtskraft der Entscheidung, bei Eintragungen nach Absatz 2 mit dem Tag des ersten Urteils. [2]Dieser Zeitpunkt bleibt auch maßgebend, wenn eine Entscheidung im Wiederaufnahmeverfahren rechtskräftig abgeändert worden ist.

(4) Enthält das Register mehrere Eintragungen, so ist die Tilgung einer Eintragung erst zulässig, wenn bei allen Eintragungen die Frist des Absatzes 1 oder 2 abgelaufen ist.

1) **Anm. d. Red.:** § 152 i. d. F. des Gesetzes v. 18. 7. 2017 (BGBl I S. 2732) mit Wirkung v. 29. 7. 2017.

2) **Anm. d. Red.:** § 153 i. d. F. des Gesetzes v. 18. 7. 2017 (BGBl I S. 2732) mit Wirkung v. 29. 7. 2017.

(5) [1]Eine zu tilgende Eintragung wird ein Jahr nach Eintritt der Voraussetzungen für die Tilgung aus dem Register entfernt. [2]Während dieser Zeit darf über die Eintragung keine Auskunft erteilt werden.

(6) [1]Ist die Eintragung im Register getilgt worden oder ist sie zu tilgen, so dürfen die Ordnungswidrigkeit und die Bußgeldentscheidung nicht mehr zum Nachteil des Betroffenen verwertet werden. [2]Dies gilt nicht, wenn der Betroffene die Zulassung zu einem Gewerbe oder einer sonstigen wirtschaftlichen Unternehmung beantragt, falls die Zulassung sonst zu einer erheblichen Gefährdung der Allgemeinheit führen würde, oder der Betroffene die Aufhebung einer die Ausübung des Gewerbes oder einer sonstigen wirtschaftlichen Unternehmung untersagenden Entscheidung beantragt. [3]Hinsichtlich einer getilgten oder zu tilgenden strafgerichtlichen Verurteilung gelten die §§ 51 und 52 des Bundeszentralregistergesetzes.

(7) Absatz 6 ist entsprechend anzuwenden auf rechtskräftige Bußgeldentscheidungen wegen Ordnungswidrigkeiten im Sinne des § 149 Absatz 2 Satz 1 Nr. 3, bei denen die Geldbuße nicht mehr als 200 Euro beträgt, sofern seit dem Eintritt der Rechtskraft der Entscheidung mindestens drei Jahre vergangen sind.

§ 153a Mitteilungen zum Gewerbezentralregister[1)]

(1) [1]Die Behörden und die Gerichte teilen dem Gewerbezentralregister die einzutragenden Entscheidungen, Feststellungen und Tatsachen mit. [2]§ 30 der Abgabenordnung steht den Mitteilungen von Entscheidungen im Sinne des § 149 Absatz 2 Satz 1 Nr. 3 nicht entgegen.

(2) Erhält die Registerbehörde eine Mitteilung über die Änderung des Namens einer Person, über die das Register eine Eintragung enthält, so ist der neue Name bei der Eintragung zu vermerken.

§ 153b Verwaltungsvorschriften[2)]

[1]Die näheren Bestimmungen über den Aufbau des Registers trifft das Bundesministerium der Justiz und für Verbraucherschutz im Einvernehmen mit dem Bundesministerium für Wirtschaft und Energie. [2]Soweit die Bestimmungen die Erfassung und Aufbereitung der Daten sowie die Auskunftserteilung betreffen, werden sie von der Bundesregierung mit Zustimmung des Bundesrates getroffen.

Schlussbestimmungen

§§ 154 und 154a (weggefallen)[3)]

§ 155 Landesrecht, Zuständigkeiten[4)]

(1) Wo in diesem Gesetz auf die Landesgesetze verwiesen ist, sind unter den letzteren auch die verfassungs- oder gesetzmäßig erlassenen Rechtsverordnungen zu verstehen.

(2) Die Landesregierungen oder die von ihnen bestimmten Stellen bestimmen die für die Ausführung dieses Gesetzes und der nach diesem Gesetz ergangenen Rechtsverordnungen zuständigen Behörden, soweit in diesem Gesetz nichts anderes bestimmt ist.

(3) Die Landesregierungen werden ermächtigt, ihre Befugnis zum Erlass von Rechtsverordnungen auf oberste Landesbehörden und auf andere Behörden zu übertragen und dabei zu bestimmen, dass diese ihre Befugnis durch Rechtsverordnung auf nachgeordnete oder ihrer Aufsicht unterstehende Behörden weiter übertragen können.

---

1) **Anm. d. Red.:** § 153a i. d. F. des Gesetzes v. 18. 7. 2017 (BGBl I S. 2732) mit Wirkung v. 29. 7. 2017.

2) **Anm. d. Red.:** § 153b i. d. F. der VO v. 31. 8. 2015 (BGBl I S. 1474) mit Wirkung v. 8. 9. 2015.

3) **Anm. d. Red.:** §§ 154 und 154a weggefallen gem. Gesetz v. 24. 8. 2002 (BGBl I S. 3412) mit Wirkung v. 1. 1. 2003.

4) **Anm. d. Red.:** § 155 i. d. F. des Gesetzes v. 24. 8. 2002 (BGBl I S. 3412) mit Wirkung v. 1. 1. 2003.

(4) (weggefallen)

(5) Die Senate der Länder Berlin, Bremen und Hamburg werden ermächtigt, zuständige öffentliche Stellen oder zuständige Behörden von mehreren Verwaltungseinheiten für Zwecke der Datenverarbeitung als einheitliche Stelle oder Behörde zu bestimmen.

§ 155a Versagung der Auskunft zu Zwecken des Zeugenschutzes[1)]

Für die Versagung der Auskunft zu Zwecken des Zeugenschutzes gilt § 44a des Bundeszentralregistergesetzes entsprechend.

§ 156 Übergangsregelungen zu den §§ 34d und 34e[2)]

(1) [1]Eine vor dem 23. Februar 2018 erteilte Erlaubnis als Versicherungsberater nach § 34e Absatz 1 Satz 1 in der bis zum Ablauf des 22. Februar 2018 geltenden Fassung gilt als Erlaubnis als Versicherungsberater nach § 34d Absatz 2 Satz 1. [2]Die Bezeichnung der Erlaubnis im Register nach § 34d Absatz 10 Satz 1 in Verbindung mit § 11a Absatz 1 Satz 1 wird von der Registerbehörde aktualisiert.

(2) [1]Wird die Erlaubnis nach § 34d Absatz 2 Satz 1 unter Vorlage der Erlaubnisurkunde nach § 34d Absatz 1 Satz 1 in der bis zum Ablauf des 22. Februar 2018 geltenden Fassung beantragt, so erfolgt keine Prüfung der Zuverlässigkeit, der Vermögensverhältnisse und der Sachkunde. [2]Die Erlaubnis nach § 34d Absatz 1 Satz 1 in der bis zum Ablauf des 22. Februar 2018 geltenden Fassung erlischt mit Erteilung der Erlaubnis nach Satz 1.

(3) Versicherungsberater nach § 34d Absatz 2 Satz 1 dürfen abweichend von § 34d Absatz 2 Satz 4 Zuwendungen eines Versicherungsunternehmens auf Grund einer Vermittlung annehmen, die bis zur Erteilung der Erlaubnis nach § 34d Absatz 2 Satz 1 erfolgt ist.

§ 157 Übergangsregelungen zu den §§ 34c und 34f[3)]

(1) Für einen Gewerbetreibenden, der am 1. November 2007 eine Erlaubnis für die Vermittlung des Abschlusses von Verträgen im Sinne des § 34c Absatz 1 Satz 1 Nummer 1 Buchstabe b in der bis zum 31. Oktober 2007 geltenden Fassung hat, gilt die Erlaubnis für die Anlageberatung im Sinne des § 34c Abs. 1 Satz 1 Nr. 3 in der ab dem 1. November 2007 geltenden Fassung als zu diesem Zeitpunkt erteilt.

(2) [1]Gewerbetreibende, die am 1. Januar 2013 eine Erlaubnis für die Vermittlung des Abschlusses von Verträgen im Sinne des § 34c Absatz 1 Satz 1 Nummer 2 oder für die Anlageberatung nach § 34c Absatz 1 Satz 1 Nummer 3 haben und diese Tätigkeit nach dem 1. Januar 2013 weiterhin ausüben wollen, sind verpflichtet, bis zum 1. Juli 2013 eine Erlaubnis als Finanzanlagenvermittler nach § 34f Absatz 1 zu beantragen und sich selbst sowie die nach § 34f Absatz 6 einzutragenden Personen nach Erteilung der Erlaubnis gemäß § 34f Absatz 5 registrieren zu lassen. [2]Die für die Erlaubniserteilung zuständige Stelle übermittelt dazu die erforderlichen Informationen an die Registerbehörde. [3]Wird die Erlaubnis unter Vorlage der bisherigen Erlaubnisurkunde gemäß § 34c Absatz 1 Satz 1 Nummer 2 oder Nummer 3 beantragt, so erfolgt keine Prüfung der Zuverlässigkeit und der Vermögensverhältnisse nach § 34f Absatz 2 Nummer 1 und 2. [4]Für den Nachweis der nach § 34f Absatz 2 Nummer 4 erforderlichen Sachkunde gilt Absatz 3. [5]Die Erlaubnis nach § 34c Absatz 1 Satz 1 Nummer 2 oder Nummer 3 erlischt mit der bestandskräftigen Entscheidung über den Erlaubnisantrag nach § 34f Absatz 1 Satz 1, spätestens aber mit Ablauf der in Satz 1 genannten Frist. [6]Bis zu diesem Zeitpunkt gilt die Erlaubnis nach § 34c Absatz 1 Satz 1 Nummer 2 oder Nummer 3 als Erlaubnis nach § 34f Absatz 1 Satz 1.

(3) [1]Gewerbetreibende im Sinne des Absatzes 2 sind verpflichtet, bis zum 1. Januar 2015 einen Sachkundenachweis nach § 34f Absatz 2 Nummer 4 gegenüber der zuständigen Behörde zu

1) **Anm. d. Red.:** § 155a eingefügt gem. Gesetz v. 23. 4. 2002 (BGBl I S. 1406) mit Wirkung v. 30. 4. 2002.

2) **Anm. d. Red.:** § 156 i. d. F. des Gesetzes v. 20. 7. 2017 (BGBl I S. 2789) mit Wirkung v. 23. 2. 2018.

3) **Anm. d. Red.:** § 157 i. d. F. des Gesetzes v. 11. 3. 2016 (BGBl I S. 396) mit Wirkung v. 21. 3. 2016.

erbringen. [2]Die Erlaubnis nach § 34f Absatz 1 Satz 1 erlischt, wenn der erforderliche Sachkundenachweis nach § 34f Absatz 2 Nummer 4 nicht bis zum Ablauf dieser Frist erbracht wird. [3]Beschäftigte im Sinne des § 34f Absatz 4 sind verpflichtet, bis zum 1. Januar 2015 einen Sachkundenachweis nach § 34f Absatz 2 Nummer 4 zu erwerben. [4]Personen, die seit dem 1. Januar 2006 ununterbrochen unselbstständig oder selbstständig als Anlagevermittler oder Anlageberater gemäß § 34c Absatz 1 Satz 1 Nummer 2 oder Nummer 3 in der bis zum 31. Dezember 2012 geltenden Fassung tätig waren, bedürfen keiner Sachkundeprüfung für die Produktkategorien der Erlaubnis nach § 34f Absatz 1, die bis zum 1. Januar 2015 beantragt wurde. [5]Selbstständig tätige Anlagevermittler oder Anlageberater haben die ununterbrochene Tätigkeit durch Vorlage der erteilten Erlaubnis und die lückenlose Vorlage der Prüfungsberichte nach § 16 Absatz 1 Satz 1 der Makler- und Bauträgerverordnung in der am 31. Dezember 2012 geltenden Fassung nachzuweisen.

(4) [1]Für einen Gewerbetreibenden, der am 21. Juli 2013 eine Erlaubnis für die Anlageberatung oder die Vermittlung des Abschlusses von Verträgen gemäß § 34f Absatz 1 Satz 1 Nummer 1, 2 oder Nummer 3 in der bis zum 21. Juli 2013 geltenden Fassung hat, gilt die Erlaubnis für die Anlageberatung oder die Vermittlung des Abschlusses von Verträgen gemäß § 34f Absatz 1 Satz 1 in der ab dem 22. Juli 2013 geltenden Fassung als zu diesem Zeitpunkt erteilt. [2]Für einen Gewerbetreibenden, der am 18. Juli 2014 eine Erlaubnis für die Anlageberatung oder die Vermittlung des Abschlusses von Verträgen gemäß § 34f Absatz 1 Satz 1 in der bis zum 19. Juli 2014 geltenden Fassung hat, gilt die Erlaubnis als für die Anlageberatung oder Anlagevermittlung gemäß § 34f Absatz 1 Satz 1 als zu diesem Zeitpunkt erteilt. [3]Die Absätze 2 und 3 bleiben unberührt. [4]Die Bezeichnungen der Erlaubnisse im Register nach § 34f Absatz 5 in Verbindung mit § 11a Absatz 1 werden von Amts wegen aktualisiert.

(5) [1]Gewerbetreibende, die am 10. Juli 2015 eine Erlaubnis nach § 34c Absatz 1 Satz 1 Nummer 2 für die Vermittlung von Darlehensverträgen oder die Gelegenheit zum Nachweis solcher Verträge haben und damit partiarische Darlehen oder Nachrangdarlehen vermitteln und die diese Tätigkeit nach dem 10. Juli 2015 weiterhin ausüben wollen, sind verpflichtet, bis zum 1. Januar 2016 eine Erlaubnis als Finanzanlagenvermittler nach § 34f Absatz 1 Satz 1 Nummer 3 zu beantragen und sich selbst sowie die nach § 34f Absatz 6 Satz 1 einzutragenden Personen nach Erteilung der Erlaubnis nach § 34f Absatz 5 und 6 registrieren zu lassen. [2]Die für die Erlaubniserteilung zuständige Stelle übermittelt dazu die erforderlichen Informationen an die Registerbehörde. [3]Wird die Erlaubnis unter Vorlage der bisherigen Erlaubnisurkunde nach § 34c Absatz 1 Satz 1 Nummer 2 beantragt, erfolgt keine Prüfung der Zuverlässigkeit und der Vermögensverhältnisse nach § 34f Absatz 2 Nummer 1 und 2. [4]Die Erlaubnis ist auf die Vermittlung von partiarischen Darlehen und Nachrangdarlehen beschränkt. [5]Für den Nachweis der nach § 34f Absatz 2 Nummer 4 erforderlichen Sachkunde ist Absatz 6 anzuwenden. [6]Die Erlaubnis nach § 34c Absatz 1 Satz 1 Nummer 2 erlischt hinsichtlich der Vermittlung von partiarischen Darlehen oder Nachrangdarlehen mit der bestandskräftigen Entscheidung über den Erlaubnisantrag nach § 34f Absatz 1 Satz 1 Nummer 3, spätestens aber mit Ablauf der in Satz 1 genannten Frist. [7]Bis zu diesem Zeitpunkt gilt die Erlaubnis nach § 34c Absatz 1 Satz 1 Nummer 2 als Erlaubnis nach § 34f Absatz 1 Satz 1 Nummer 3 für die Vermittlung partiarischer Darlehen und Nachrangdarlehen.

(6) [1]Gewerbetreibende im Sinne des Absatzes 5 sind verpflichtet, bis zum 1. Juli 2016 einen Sachkundenachweis nach § 34f Absatz 2 Nummer 4 gegenüber der zuständigen Behörde zu erbringen. [2]Die nach Absatz 5 erteilte Erlaubnis erlischt, wenn der erforderliche Sachkundenachweis nicht bis zum Ablauf dieser Frist erbracht wird. [3]Nach Erbringung des Sachkundenachweises ist dem Erlaubnisinhaber eine unbeschränkte Erlaubnis nach § 34f Absatz 1 Satz 1 Nummer 3 zu erteilen. [4]Beschäftigte dieses Erlaubnisinhabers im Sinne des § 34f Absatz 4 Satz 1 sind verpflichtet, bis zum 1. Juli 2016 einen Sachkundenachweis nach § 34f Absatz 2 Nummer 4 zu erwerben.

(7) Gewerbetreibende, die zu Vermögensanlagen im Sinne des § 1 Absatz 2 Nummer 7 des Vermögensanlagengesetzes Anlagevermittlung im Sinne des § 1 Absatz 1a Nummer 1 des Kreditwesengesetzes oder Anlageberatung im Sinne des § 1 Absatz 1a Nummer 1a des Kreditwe-

sengesetzes erbringen wollen, bedürfen bis zum 15. Oktober 2015 keiner Erlaubnis nach § 34f Absatz 1 Satz 1 Nummer 3.

§ 158 Übergangsregelung zu § 14[1)]

Bis zum Inkrafttreten der in § 14 Absatz 14 genannten Rechtsverordnung sind die §§ 14, 55c Satz 2, § 146 Absatz 2 Nummer 2 sowie die Anlagen 1 bis 3 (zu § 14 Absatz 4) in der bis zum 14. Juli 2011 gültigen Fassung anzuwenden.

§ 159 Übergangsregelung zu § 34a[2)]

(1) Bis zum Ablauf des 31. Mai 2019 ist § 34a Absatz 1 bis 5 in der am 31. Dezember 2018 geltenden Fassung anzuwenden.

(2) Gewerbetreibende sind verpflichtet, bis zum Ablauf des 30. Juni 2019 die in § 11b Absatz 2 Nummer 1, 10 und 11 aufgeführten Daten zu den mit der Leitung des Betriebes oder einer Zweigniederlassung beauftragten Personen und zu den in § 11b Absatz 2 Nummer 3, 10 und 11 aufgeführten Daten zu Wachpersonen der für den Vollzug des § 34a zuständigen Behörde über das Bewacherregister mitzuteilen.

(3) Zur Überprüfung der Zuverlässigkeit von Wachpersonen, die ab dem 1. Juni 2019 mit Aufgaben nach § 34a Absatz 1a Satz 5 beauftragt sind oder werden sollen, fragt die zuständige Behörde bis zum Ablauf des 30. September 2019 eine Stellungnahme nach § 34a Absatz 1a Satz 5 in Verbindung mit Absatz 1 Satz 5 Nummer 4 ab.

§ 160 Übergangsregelungen zu den §§ 34c und 34i[3)]

(1) Gewerbetreibende, die am 21. März 2016 eine Erlaubnis nach § 34c Absatz 1 Satz 1 haben, welche zur Vermittlung des Abschlusses von Darlehensverträgen berechtigt, und die Verträge über Immobiliardarlehen im Sinne des § 34i Absatz 1 weiterhin vermitteln wollen, müssen bis zum 21. März 2017 eine Erlaubnis als Immobiliardarlehensvermittler nach § 34i Absatz 1 erworben haben und sich selbst sowie die nach § 34i Absatz 8 Nummer 2 einzutragenden Personen registrieren lassen.

(2) Wird die Erlaubnis unter Vorlage der bisherigen Erlaubnisurkunde beantragt, so erfolgt keine Prüfung der Zuverlässigkeit und der Vermögensverhältnisse nach § 34i Absatz 2 Nummer 1 und 2.

(3) Personen, die seit dem 21. März 2011 ununterbrochen unselbständig oder selbständig eine Tätigkeit im Sinne des § 34i Absatz 1 Satz 1 ausüben, bedürfen keiner Sachkundeprüfung nach § 34i Absatz 2 Nummer 4, wenn sie bei Beantragung der Erlaubnis nach § 34i Absatz 1 die ununterbrochene Tätigkeit nachweisen können.

(4) [1]Die Erlaubnisse nach § 34c Absatz 1 Satz 1, die zur Vermittlung des Abschlusses von Darlehensverträgen berechtigen, erlöschen für die Vermittlung von Verträgen im Sinne des § 34i Absatz 1 Satz 1 mit der Erteilung der Erlaubnis nach § 34i Absatz 1 Satz 1, spätestens aber zum 21. März 2017. [2]Bis zu diesem Zeitpunkt gelten diese Erlaubnisse als Erlaubnis nach § 34i Absatz 1 Satz 1.

(5) [1]Beschäftigte im Sinne des § 34i Absatz 6 sind verpflichtet, bis zum 21. März 2017 einen Sachkundenachweis nach § 34i Absatz 2 Nummer 4 zu erwerben. [2]Absatz 3 ist entsprechend anzuwenden.

(6) Bis zur Erteilung der Erlaubnis nach § 34i Absatz 1 findet das Verfahren des § 11a Absatz 4 auf Gewerbetreibende im Sinne des Absatzes 1 keine Anwendung.

1) **Anm. d. Red.:** § 158 angefügt gem. Gesetz v. 11. 7. 2011 (BGBl I S. 1341) mit Wirkung v. 15. 7. 2011.

2) **Anm. d. Red.:** § 159 i. d. F. des Gesetzes v. 29.11.2018 (BGBl I S. 2666) mit Wirkung v. 1.1.2019.

3) **Anm. d. Red.:** § 160 eingefügt gem. Gesetz v. 11. 3. 2016 (BGBl I S. 396) mit Wirkung v. 21. 3. 2016.

§ 161 Übergangsregelung zu § 34c Absatz 1 Satz 1 Nummer 4[1)]

Gewerbetreibende, die vor dem 1. August 2018 Wohnimmobilien verwaltet haben und diese Tätigkeit nach dem 1. August 2018 weiterhin ausüben wollen, sind verpflichtet, bis zum 1. März 2019 eine Erlaubnis nach § 34c Absatz 1 Satz 1 Nummer 4 zu beantragen.

Anlagen 1 bis 3 (weggefallen)[2)]

1) **Anm. d. Red.:** § 161 eingefügt gem. Gesetz v. 17. 10. 2017 (BGBl I S. 3562) mit Wirkung v. 1. 8. 2018.

2) **Anm. d. Red.:** Anlagen 1 bis 3 weggefallen gem. Gesetz v. 11. 7. 2011 (BGBl I S. 1341) mit Wirkung v. 15. 7. 2011.

X. Gaststättengesetz

v. 20. 11. 1998 (BGBl I S. 3419) mit späteren Änderungen[1)]

Das Gaststättengesetz (GastG) v. 20. 11. 1998 (BGBl I S. 3419) ist zuletzt geändert worden durch Art. 14 Gesetz zur Auflösung der Bundesmonopolverwaltung für Branntwein und zur Änderung weiterer Gesetze (Branntweinmonopolverwaltung-Auflösungsgesetz – BfBAG) v. 10. 3. 2017 (BGBl I S. 420).

Nichtamtliche Fassung

§ 1 Gaststättengewerbe[2)]

(1) Ein Gaststättengewerbe im Sinne dieses Gesetzes betreibt, wer im stehenden Gewerbe

1. Getränke zum Verzehr an Ort und Stelle verabreicht (Schankwirtschaft) oder
2. zubereitete Speisen zum Verzehr an Ort und Stelle verabreicht (Speisewirtschaft),
3. (weggefallen)

wenn der Betrieb jedermann oder bestimmten Personenkreisen zugänglich ist.

(2) Ein Gaststättengewerbe im Sinne dieses Gesetzes betreibt ferner, wer als selbständiger Gewerbetreibender im Reisegewerbe von einer für die Dauer der Veranstaltung ortsfesten Betriebsstätte aus Getränke oder zubereitete Speisen zum Verzehr an Ort und Stelle verabreicht, wenn der Betrieb jedermann oder bestimmten Personenkreisen zugänglich ist.

§ 2 Erlaubnis[3)]

(1) [1]Wer ein Gaststättengewerbe betreiben will, bedarf der Erlaubnis. [2]Die Erlaubnis kann auch nichtrechtsfähigen Vereinen erteilt werden.

(2) Der Erlaubnis bedarf nicht, wer

1. alkoholfreie Getränke,
2. unentgeltliche Kostproben,
3. zubereitete Speisen oder
4. in Verbindung mit einem Beherbergungsbetrieb Getränke und zubereitete Speisen an Hausgäste

verabreicht.

(3) (weggefallen)

(4) (weggefallen)

§ 3 Inhalt der Erlaubnis[4)]

(1) [1]Die Erlaubnis ist für eine bestimmte Betriebsart und für bestimmte Räume zu erteilen. [2]Die Betriebsart ist in der Erlaubnisurkunde zu bezeichnen; sie bestimmt sich nach der Art und Weise der Betriebsgestaltung, insbesondere nach den Betriebszeiten und der Art der Getränke, der zubereiteten Speisen, der Beherbergung oder der Darbietungen.

(2) Die Erlaubnis darf auf Zeit erteilt werden, soweit dieses Gesetz es zulässt oder der Antragsteller es beantragt.

(3) (weggefallen)

---

1) **Anm. d. Red.:** Durch die Neuordnung der konkurrierenden Gesetzgebung im Rahmen der Föderalismusreform (Gesetz v. 28. 8. 2006, BGBl I S. 2034) wurde das Gaststättenrecht mit Wirkung v. 1. 9. 2006 in die Gesetzgebungskompetenz der Länder verlagert (vgl. Art. 74 Abs. 1 Nr. 11 GG). Solange die Bundesländer keine gesetzlichen Regelungen treffen, gilt für sie das bisherige Bundesrecht weiter (vgl. Art. 125a Abs. 1 GG).

2) **Anm. d. Red.:** § 1 i. d. F. des Gesetzes v. 21. 6. 2005 (BGBl I S. 1666) mit Wirkung v. 1. 7. 2005.

3) **Anm. d. Red.:** § 2 i. d. F. des Gesetzes v. 21. 6. 2005 (BGBl I S. 1666) mit Wirkung v. 1. 7. 2005.

4) **Anm. d. Red.:** § 3 i. d. F. des Gesetzes v. 21. 6. 2005 (BGBl I S. 1666) mit Wirkung v. 1. 7. 2005.

§ 4 Versagungsgründe[1)]

(1) [1]Die Erlaubnis ist zu versagen, wenn

1. Tatsachen die Annahme rechtfertigen, dass der Antragsteller die für den Gewerbebetrieb erforderliche Zuverlässigkeit nicht besitzt, insbesondere dem Trunke ergeben ist oder befürchten lässt, dass er Unerfahrene, Leichtsinnige oder Willensschwache ausbeuten wird oder dem Alkoholmissbrauch, verbotenem Glücksspiel, der Hehlerei oder der Unsittlichkeit Vorschub leisten wird oder die Vorschriften des Gesundheits- oder Lebensmittelrechts, des Arbeits- oder Jugendschutzes nicht einhalten wird,
2. die zum Betrieb des Gewerbes oder zum Aufenthalt der Beschäftigten bestimmten Räume wegen ihrer Lage, Beschaffenheit, Ausstattung oder Einteilung für den Betrieb nicht geeignet sind, insbesondere den notwendigen Anforderungen zum Schutze der Gäste und der Beschäftigten gegen Gefahren für Leben, Gesundheit oder Sittlichkeit oder den sonst zur Aufrechterhaltung der öffentlichen Sicherheit oder Ordnung notwendigen Anforderungen nicht genügen oder

2a. die zum Betrieb des Gewerbes für Gäste bestimmten Räume von behinderten Menschen nicht barrierefrei genutzt werden können, soweit diese Räume in einem Gebäude liegen, für das nach dem 1. November 2002 eine Baugenehmigung für die erstmalige Errichtung, für einen wesentlichen Umbau oder eine wesentliche Erweiterung erteilt wurde oder das, für den Fall, dass eine Baugenehmigung nicht erforderlich ist, nach dem 1. Mai 2002 fertig gestellt oder wesentlich umgebaut oder erweitert wurde,

3. der Gewerbebetrieb im Hinblick auf seine örtliche Lage oder auf die Verwendung der Räume dem öffentlichen Interesse widerspricht, insbesondere schädliche Umwelteinwirkungen im Sinne des Bundes-Immissionsschutzgesetzes oder sonst erhebliche Nachteile, Gefahren oder Belästigungen für die Allgemeinheit befürchten lässt
4. der Antragsteller nicht durch eine Bescheinigung einer Industrie- und Handelskammer nachweist, dass er oder sein Stellvertreter (§ 9) über die Grundzüge der für den in Aussicht genommenen Betrieb notwendigen lebensmittelrechtlichen Kenntnisse unterrichtet worden ist und mit ihnen als vertraut gelten kann.

[2]Die Erlaubnis kann entgegen Satz 1 Nr. 2a erteilt werden, wenn eine barrierefreie Gestaltung der Räume nicht möglich ist oder nur mit unzumutbaren Aufwendungen erreicht werden kann.

(2) Wird bei juristischen Personen oder nichtrechtsfähigen Vereinen nach Erteilung der Erlaubnis eine andere Person zur Vertretung nach Gesetz, Satzung oder Gesellschaftsvertrag berufen, so ist dies unverzüglich der Erlaubnisbehörde anzuzeigen.

(3) [1]Die Landesregierungen können zur Durchführung des Absatzes 1 Nr. 2 durch Rechtsverordnung die Mindestanforderungen bestimmen, die an die Lage, Beschaffenheit, Ausstattung und Einteilung der Räume im Hinblick auf die jeweilige Betriebsart und Art der zugelassenen Getränke oder Speisen zu stellen sind. [2]Die Landesregierungen können durch Rechtsverordnung

a) zur Durchführung des Absatzes 1 Satz 1 Nr. 2a Mindestanforderungen bestimmen, die mit dem Ziel der Herstellung von Barrierefreiheit an die Lage, Beschaffenheit, Ausstattung und Einteilung der Räume zu stellen sind, und
b) zur Durchführung des Absatzes 1 Satz 2 die Voraussetzungen für das Vorliegen eines Falles der Unzumutbarkeit festlegen.

[3]Die Landesregierungen können durch Rechtsverordnung die Ermächtigung auf oberste Landesbehörden übertragen.

§ 5 Auflagen

(1) Gewerbetreibenden, die einer Erlaubnis bedürfen, können jederzeit Auflagen zum Schutze

1. der Gäste gegen Ausbeutung und gegen Gefahren für Leben, Gesundheit oder Sittlichkeit,

---

1) **Anm. d. Red.:** § 4 i. d. F. des Gesetzes v. 27. 4. 2002 (BGBl I S. 1467) mit Wirkung v. 1. 5. 2002.

2. der im Betrieb Beschäftigten gegen Gefahren für Leben, Gesundheit oder Sittlichkeit oder
3. gegen schädliche Umwelteinwirkungen im Sinne des Bundes-Immissionsschutzgesetzes und sonst gegen erhebliche Nachteile, Gefahren oder Belästigungen für die Bewohner des Betriebsgrundstücks oder der Nachbargrundstücke sowie der Allgemeinheit

erteilt werden.

(2) Gegenüber Gewerbetreibenden, die ein erlaubnisfreies Gaststättengewerbe betreiben, können Anordnungen nach Maßgabe des Absatzes 1 erlassen werden.

§ 6 Ausschank alkoholfreier Getränke[1)]

GastG

[1]Ist der Ausschank alkoholischer Getränke gestattet, so sind auf Verlangen auch alkoholfreie Getränke zum Verzehr an Ort und Stelle zu verabreichen. [2]Davon ist mindestens ein alkoholfreies Getränk nicht teurer zu verabreichen als das billigste alkoholische Getränk. [3]Der Preisvergleich erfolgt hierbei auch auf der Grundlage des hochgerechneten Preises für einen Liter der betreffenden Getränke. [4]Die Erlaubnisbehörde kann für den Ausschank aus Automaten Ausnahmen zulassen.

§ 7 Nebenleistungen

(1) Im Gaststättengewerbe dürfen der Gewerbetreibende oder Dritte auch während der Ladenschlusszeiten Zubehörwaren an Gäste abgeben und ihnen Zubehörleistungen erbringen.

(2) Der Schank- oder Speisewirt darf außerhalb der Sperrzeit zum alsbaldigen Verzehr oder Verbrauch

1. Getränke und zubereitete Speisen, die er in seinem Betrieb verabreicht,
2. Flaschenbier, alkoholfreie Getränke, Tabak- und Süßwaren

an jedermann über die Straße abgeben.

§ 8 Erlöschen der Erlaubnis

[1]Die Erlaubnis erlischt, wenn der Inhaber den Betrieb nicht innerhalb eines Jahres nach Erteilung der Erlaubnis begonnen oder seit einem Jahr nicht mehr ausgeübt hat. [2]Die Fristen können verlängert werden, wenn ein wichtiger Grund vorliegt.

§ 9 Stellvertretungserlaubnis

[1]Wer ein erlaubnisbedürftiges Gaststättengewerbe durch einen Stellvertreter betreiben will, bedarf einer Stellvertretungserlaubnis; sie wird dem Erlaubnisinhaber für einen bestimmten Stellvertreter erteilt und kann befristet werden. [2]Die Vorschriften des § 4 Abs. 1 Nr. 1 und 4 sowie des § 8 gelten entsprechend. [3]Wird das Gewerbe nicht mehr durch den Stellvertreter betrieben, so ist dies unverzüglich der Erlaubnisbehörde anzuzeigen.

§ 10 Weiterführung des Gewerbes[2)]

[1]Nach dem Tode des Erlaubnisinhabers darf das Gaststättengewerbe aufgrund der bisherigen Erlaubnis durch den Ehegatten, Lebenspartner oder die minderjährigen Erben während der Minderjährigkeit weitergeführt werden. [2]Das Gleiche gilt für Nachlassverwalter, Nachlasspfleger oder Testamentsvollstrecker bis zur Dauer von zehn Jahren nach dem Erbfall. [3]Die in den Sätzen 1 und 2 bezeichneten Personen haben der Erlaubnisbehörde unverzüglich Anzeige zu erstatten, wenn sie den Betrieb weiterführen wollen.

---

1) **Anm. d. Red.:** § 6 i. d. F. des Gesetzes v. 13. 12. 2001 (BGBl I S. 3584) mit Wirkung v. 1. 1. 2002.

2) **Anm. d. Red.:** § 10 i. d. F. des Gesetzes v. 24. 8. 2002 (BGBl I S. 3412) mit Wirkung v. 1. 1. 2003.

§ 11 Vorläufige Erlaubnis und vorläufige Stellvertretungserlaubnis

(1) [1]Personen, die einen erlaubnisbedürftigen Gaststättenbetrieb von einem anderen übernehmen wollen, kann die Ausübung des Gaststättengewerbes bis zur Erteilung der Erlaubnis auf Widerruf gestattet werden. [2]Die vorläufige Erlaubnis soll nicht für eine längere Zeit als drei Monate erteilt werden; die Frist kann verlängert werden, wenn ein wichtiger Grund vorliegt.

(2) Absatz 1 gilt entsprechend für die Erteilung einer vorläufigen Stellvertretungserlaubnis.

§ 12 Gestattung

(1) Aus besonderem Anlass kann der Betrieb eines erlaubnisbedürftigen Gaststättengewerbes unter erleichterten Voraussetzungen vorübergehend auf Widerruf gestattet werden.

(2) (weggefallen)

(3) Dem Gewerbetreibenden können jederzeit Auflagen erteilt werden.

§ 13 (weggefallen)[1)]

§ 14 Straußwirtschaften

[1]Die Landesregierungen können durch Rechtsverordnungen zur Erleichterung des Absatzes selbsterzeugten Weines oder Apfelweines bestimmen, dass der Ausschank dieser Getränke und im Zusammenhang hiermit das Verabreichen von zubereiteten Speisen zum Verzehr an Ort und Stelle für die Dauer von höchstens vier Monaten oder, soweit dies bisher nach Landesrecht zulässig war, von höchstens sechs Monaten, und zwar zusammenhängend oder in zwei Zeitabschnitten im Jahre, keiner Erlaubnis bedarf. [2]Sie können hierbei Vorschriften über

1. die persönlichen und räumlichen Voraussetzungen für den Ausschank sowie über Menge und Jahrgang des zum Ausschank bestimmten Weines oder Apfelweines,
2. das Verabreichen von Speisen zum Verzehr an Ort und Stelle,
3. die Art der Betriebsführung

erlassen. [3]Die Landesregierungen können durch Rechtsverordnung die Ermächtigung auf oberste Landesbehörden oder andere Behörden übertragen.

§ 15 Rücknahme und Widerruf der Erlaubnis

(1) Die Erlaubnis zum Betrieb eines Gaststättengewerbes ist zurückzunehmen, wenn bekannt wird, dass bei ihrer Erteilung Versagungsgründe nach § 4 Abs. 1 Nr. 1 vorlagen.

(2) Die Erlaubnis ist zu widerrufen, wenn nachträglich Tatsachen eintreten, die die Versagung der Erlaubnis nach § 4 Abs. 1 Nr. 1 rechtfertigen würden.

(3) Sie kann widerrufen werden, wenn

1. der Gewerbetreibende oder sein Stellvertreter die Betriebsart, für welche die Erlaubnis erteilt worden ist, unbefugt ändert, andere als die zugelassenen Räume zum Betrieb verwendet oder nicht zugelassene Getränke oder Speisen verabreicht oder sonstige inhaltliche Beschränkungen der Erlaubnis nicht beachtet,
2. der Gewerbetreibende oder sein Stellvertreter Auflagen nach § 5 Abs. 1 nicht innerhalb einer gesetzten Frist erfüllt,
3. der Gewerbetreibende seinen Betrieb ohne Erlaubnis durch einen Stellvertreter betreiben lässt,
4. der Gewerbetreibende oder sein Stellvertreter Personen entgegen einem nach § 21 ergangenen Verbot beschäftigt,
5. der Gewerbetreibende im Fall des § 4 Abs. 2 nicht innerhalb von sechs Monaten nach der Berufung den Nachweis nach § 4 Abs. 1 Nr. 4 erbringt,

---

1) **Anm. d. Red.:** § 13 weggefallen gem. Gesetz v. 7. 9. 2007 (BGBl I S. 2246) mit Wirkung v. 14. 9. 2007.

6. der Gewerbetreibende im Fall des § 9 Satz 3 nicht innerhalb von sechs Monaten nach dem Ausscheiden des Stellvertreters den Nachweis nach § 4 Abs. 1 Nr. 4 erbringt,
7. die in § 10 Satz 1 und 2 bezeichneten Personen nicht innerhalb von sechs Monaten nach der Weiterführung den Nachweis nach § 4 Abs. 1 Nr. 4 erbringen.

(4) Die Absätze 1, 2 und 3 Nr. 1, 2 und 4 gelten entsprechend für die Rücknahme und den Widerruf der Stellvertretungserlaubnis.

§§ 16 und 17 (weggefallen)

§ 18 Sperrzeit[1)]

(1) [1]Für Schank- und Speisewirtschaften sowie für öffentliche Vergnügungsstätten kann durch Rechtsverordnung der Landesregierungen eine Sperrzeit allgemein festgesetzt werden. [2]In der Rechtsverordnung ist zu bestimmen, dass die Sperrzeit bei Vorliegen eines öffentlichen Bedürfnisses oder besonderer örtlicher Verhältnisse allgemein oder für einzelne Betriebe verlängert, verkürzt oder aufgehoben werden kann. [3]Die Landesregierungen können durch Rechtsverordnung die Ermächtigung auf oberste Landesbehörden oder andere Behörden übertragen.

(2) (weggefallen)

§ 19 Verbot des Ausschanks alkoholischer Getränke

Aus besonderem Anlass kann der gewerbsmäßige Ausschank alkoholischer Getränke vorübergehend für bestimmte Zeit und für einen bestimmten örtlichen Bereich ganz oder teilweise verboten werden, wenn dies zur Aufrechterhaltung der öffentlichen Sicherheit oder Ordnung erforderlich ist.

§ 20 Allgemeine Verbote[2)]

Verboten ist,

1. Alkohol im Sinne des § 1 Absatz 2 Nummer 1 des Alkoholsteuergesetzes vom 21. Juni 2013 (BGBl I S. 1650, 1651), das zuletzt durch Artikel 6 des Gesetzes vom 10. März 2017 (BGBl I S. 420) geändert worden ist, in der jeweils geltenden Fassung, oder überwiegend alkoholhaltige Lebensmittel durch Automaten feilzuhalten,
2. in Ausübung eines Gewerbes alkoholische Getränke an erkennbar Betrunkene zu verabreichen,
3. im Gaststättengewerbe das Verabreichen von Speisen von der Bestellung von Getränken abhängig zu machen oder bei der Nichtbestellung von Getränken die Preise zu erhöhen,
4. im Gaststättengewerbe das Verabreichen alkoholfreier Getränke von der Bestellung alkoholischer Getränke abhängig zu machen oder bei der Nichtbestellung alkoholischer Getränke die Preise zu erhöhen.

§ 21 Beschäftigte Personen

(1) Die Beschäftigung einer Person in einem Gaststättenbetrieb kann dem Gewerbetreibenden untersagt werden, wenn Tatsachen die Annahme rechtfertigen, dass die Person die für ihre Tätigkeit erforderliche Zuverlässigkeit nicht besitzt.

(2) [1]Die Landesregierungen können zur Aufrechterhaltung der Sittlichkeit oder zum Schutze der Gäste durch Rechtsverordnung Vorschriften über die Zulassung, das Verhalten und die Art der Tätigkeit sowie, soweit tarifvertragliche Regelungen nicht bestehen, die Art der Entlohnung der in Gaststättenbetrieben Beschäftigten erlassen. [2]Die Landesregierungen können durch Rechtsverordnung die Ermächtigung auf oberste Landesbehörden übertragen.

(3) Die Vorschriften des § 26 des Jugendarbeitsschutzgesetzes bleiben unberührt.

---

1) **Anm. d. Red.:** § 18 i. d. F. des Gesetzes v. 21. 6. 2005 (BGBl I S. 1666) mit Wirkung v. 1. 7. 2005.

2) **Anm. d. Red.:** § 20 i. d. F. des Gesetzes v. 10. 3. 2017 (BGBl I S. 420) mit Wirkung v. 1. 1. 2018.

§ 22 Auskunft und Nachschau

(1) Die Inhaber von Gaststättenbetrieben, ihre Stellvertreter und die mit der Leitung des Betriebes beauftragten Personen haben den zuständigen Behörden die für die Durchführung dieses Gesetzes und der aufgrund dieses Gesetzes erlassenen Rechtsverordnungen erforderlichen Auskünfte zu erteilen.

(2) [1]Die von der zuständigen Behörde mit der Überwachung des Betriebes beauftragten Personen sind befugt, Grundstücke und Geschäftsräume des Auskunftspflichtigen zu betreten, dort Prüfungen und Besichtigungen vorzunehmen und in die geschäftlichen Unterlagen der Auskunftspflichtigen Einsicht zu nehmen. [2]Der Auskunftspflichtige hat die Maßnahmen nach Satz 1 zu dulden. [3]Das Grundrecht der Unverletzlichkeit der Wohnung (Artikel 13 des Grundgesetzes) wird insoweit eingeschränkt.

(3) Der zur Erteilung einer Auskunft Verpflichtete kann die Auskunft auf solche Fragen verweigern, deren Beantwortung ihn selbst oder einen der in § 383 Abs. 1 Nr. 1 bis 3 der Zivilprozessordnung bezeichneten Angehörigen der Gefahr strafgerichtlicher Verfolgung oder eines Verfahrens nach dem Gesetz über Ordnungswidrigkeiten aussetzen würde.

§ 23 Vereine und Gesellschaften[1)]

(1) Die Vorschriften dieses Gesetzes über den Ausschank alkoholischer Getränke finden auch auf Vereine und Gesellschaften Anwendung, die kein Gewerbe betreiben; dies gilt nicht für den Ausschank an Arbeitnehmer dieser Vereine oder Gesellschaften.

(2) [1]Werden in den Fällen des Absatzes 1 alkoholische Getränke in Räumen ausgeschenkt, die im Eigentum dieser Vereine oder Gesellschaften stehen oder ihnen mietweise, leihweise oder aus einem anderen Grunde überlassen und nicht Teil eines Gaststättenbetriebes sind, so finden die Vorschriften dieses Gesetzes mit Ausnahme der §§ 5, 6, 18, 22 sowie des § 28 Abs. 1 Nr. 2, 6, 11 und 12 und Absatz 2 Nr. 1 keine Anwendung. [2]Das Bundesministerium für Wirtschaft und Energie kann mit Zustimmung des Bundesrates durch Rechtsverordnung bestimmen, dass auch andere Vorschriften dieses Gesetzes Anwendung finden, wenn durch den Ausschank alkoholischer Getränke Gefahren für die Sittlichkeit oder für Leben oder Gesundheit der Gäste oder der Beschäftigten entstehen.

§ 24 Realgewerbeberechtigung

(1) [1]Die Vorschriften dieses Gesetzes finden auch auf Realgewerbeberechtigungen Anwendung mit Ausnahme der Vorschriften über die Lage der Räume (§ 4 Abs. 1 Nr. 2) und über das öffentliche Interesse hinsichtlich der Verwendung der Räume (§ 4 Abs. 1 Nr. 3). [2]Realgewerbeberechtigungen, die drei Jahre lang nicht ausgeübt worden sind, erlöschen. [3]Die Frist kann von der Erlaubnisbehörde verlängert werden, wenn ein wichtiger Grund vorliegt.

(2) Die Länder können bestimmen, dass auch die in Absatz 1 ausgenommenen Vorschriften Anwendung finden, wenn um die Erlaubnis aufgrund einer Realgewerbeberechtigung für ein Grundstück nachgesucht wird, auf welchem die Erlaubnis aufgrund dieser Realgewerbeberechtigung bisher nicht ausgeübt wurde.

§ 25 Anwendungsbereich[2)]

(1) [1]Auf Kantinen für Betriebsangehörige sowie auf Betreuungseinrichtungen der im Inland stationierten ausländischen Streitkräfte, der Bundeswehr, der Bundespolizei oder der in Gemeinschaftsunterkünften untergebrachten Polizei finden die Vorschriften dieses Gesetzes keine Anwendung. [2]Gleiches gilt für Luftfahrzeuge, Personenwagen von Eisenbahnunternehmen und anderen Schienenbahnen, Schiffe und Reisebusse, in denen anlässlich der Beförderung von Personen gastgewerbliche Leistungen erbracht werden.

1) **Anm. d. Red.:** § 23 i. d. F. der VO v. 31. 8. 2015 (BGBl I S. 1474) mit Wirkung v. 8. 9. 2015.

2) **Anm. d. Red.:** § 25 i. d. F. des Gesetzes v. 21. 6. 2005 (BGBl I S. 1818) mit Wirkung v. 1. 7. 2005.

(2) [1]Auf Gewerbetreibende, die am 1. Oktober 1998 eine Bahnhofsgaststätte befugt betrieben haben, findet § 34 Abs. 2 Satz 1 entsprechende Anwendung; die in § 4 Abs. 1 Nr. 2 genannten Anforderungen an die Lage, Beschaffenheit, Ausstattung oder Einteilung der zum Betrieb des Gewerbes oder zum Aufenthalt der Beschäftigten bestimmten Räume gelten als erfüllt. [2]§ 34 Abs. 3 findet mit der Maßgabe Anwendung, dass die Anzeige nach Satz 4 innerhalb von zwölf Monaten zu erstatten ist.

§ 26 Sonderregelung[1)]

(1) [1]Soweit in Bayern und Rheinland-Pfalz der Ausschank selbst erzeugter Getränke ohne Erlaubnis gestattet ist, bedarf es hierfür auch künftig keiner Erlaubnis. [2]Die Landesregierungen können zur Aufrechterhaltung der öffentlichen Sicherheit oder Ordnung durch Rechtsverordnung allgemeine Voraussetzungen für den Ausschank aufstellen, insbesondere die Dauer des Ausschanks innerhalb des Jahres bestimmen und die Art der Betriebsführung regeln. [3]Die Landesregierungen können durch Rechtsverordnung die Ermächtigung auf oberste Landesbehörden übertragen.

(2) Die in Bayern bestehenden Kommunbrauberechtigungen sowie die in Rheinland-Pfalz bestehende Berechtigung zum Ausschank selbst erzeugten Alkohols im Sinne des Alkoholsteuergesetzes erlöschen, wenn sie seit zehn Jahren nicht mehr ausgeübt worden sind.

GastG

§ 27 (weggefallen)

§ 28 Ordnungswidrigkeiten[2)]

(1) Ordnungswidrig handelt, wer vorsätzlich oder fahrlässig

1. ohne die nach § 2 Abs. 1 erforderliche Erlaubnis ein Gaststättengewerbe betreibt,
2. einer Auflage oder Anordnung nach § 5 oder einer Auflage nach § 12 Abs. 3 nicht, nicht vollständig oder nicht rechtzeitig nachkommt,
3. über den in § 7 erlaubten Umfang hinaus Waren abgibt oder Leistungen erbringt,
4. ohne die nach § 9 erforderliche Erlaubnis ein Gaststättengewerbe durch einen Stellvertreter betreibt oder in einem Gaststättengewerbe als Stellvertreter tätig ist,
5. die nach § 4 Abs. 2, § 9 Satz 3 oder § 10 Satz 3 erforderliche Anzeige nicht oder nicht unverzüglich erstattet,

5a. (weggefallen)

6. als Inhaber einer Schankwirtschaft, Speisewirtschaft oder öffentlichen Vergnügungsstätte duldet, dass ein Gast nach Beginn der Sperrzeit in den Betriebsräumen verweilt,
7. entgegen einem Verbot nach § 19 alkoholische Getränke verabreicht,
8. einem Verbot des § 20 Nr. 1 über das Feilhalten von Alkohol oder überwiegend alkoholhaltigen Lebensmitteln zuwiderhandelt oder entgegen dem Verbot des § 20 Nr. 3 das Verabreichen von Speisen von der Bestellung von Getränken abhängig macht oder entgegen dem Verbot des § 20 Nr. 4 das Verabreichen alkoholfreier Getränke von der Bestellung alkoholischer Getränke abhängig macht,
9. entgegen dem Verbot des § 20 Nr. 2 in Ausübung eines Gewerbes alkoholische Getränke verabreicht oder in den Fällen des § 20 Nr. 4 bei Nichtbestellung alkoholischer Getränke die Preise erhöht,
10. Personen beschäftigt, deren Beschäftigung ihm nach § 21 Abs. 1 untersagt worden ist,
11. entgegen § 22 eine Auskunft nicht, nicht richtig, nicht vollständig oder nicht rechtzeitig erteilt, den Zutritt zu den für den Betrieb benutzten Grundstücken und Räumen nicht gestattet oder die Einsicht in geschäftliche Unterlagen nicht gewährt,

---

1) **Anm. d. Red.:** § 26 i. d. F. des Gesetzes v. 10. 3. 2017 (BGBl I S. 420) mit Wirkung v. 1. 1. 2018.

2) **Anm. d. Red.:** § 28 i. d. F. des Gesetzes v. 10. 3. 2017 (BGBl I S. 420) mit Wirkung v. 1. 1. 2018.

12. den Vorschriften einer aufgrund der §§ 14, 18 Abs. 1, des § 21 Abs. 2 oder des § 26 Abs. 1 Satz 2 erlassenen Rechtsverordnung zuwiderhandelt, soweit die Rechtsverordnung für einen bestimmten Tatbestand auf diese Bußgeldvorschrift verweist.

(2) Ordnungswidrig handelt auch, wer

1. entgegen § 6 Satz 1 keine alkoholfreien Getränke verabreicht oder entgegen § 6 Satz 2 nicht mindestens ein alkoholfreies Getränk nicht teurer als das billigste alkoholische Getränk gleicher Menge verabreicht,
2. (weggefallen)
3. (weggefallen)
4. als Gast in den Räumen einer Schankwirtschaft, einer Speisewirtschaft oder einer öffentlichen Vergnügungsstätte über den Beginn der Sperrzeit hinausverweilt, obwohl der Gewerbetreibende, ein in seinem Betrieb Beschäftigter oder ein Beauftragter der zuständigen Behörde ihn ausdrücklich aufgefordert hat, sich zu entfernen.

(3) Die Ordnungswidrigkeit kann mit einer Geldbuße bis zu fünftausend Euro geahndet werden.

§ 29 (weggefallen)[1)]

§ 30 Zuständigkeit und Verfahren

Die Landesregierungen oder die von ihnen bestimmten Stellen können die für die Ausführung dieses Gesetzes und der nach diesem Gesetz ergangenen Rechtsverordnungen zuständigen Behörden bestimmen; die Landesregierungen oder die von ihnen durch Rechtsverordnung bestimmten obersten Landesbehörden können ferner durch Rechtsverordnung das Verfahren, insbesondere bei Erteilung sowie bei Rücknahme und Widerruf von Erlaubnissen und bei Untersagungen, regeln.

§ 31 Anwendbarkeit der Gewerbeordnung

Auf die den Vorschriften dieses Gesetzes unterliegenden Gewerbebetriebe finden die Vorschriften der Gewerbeordnung soweit Anwendung, als nicht in diesem Gesetz besondere Bestimmungen getroffen worden sind; die Vorschriften über den Arbeitsschutz werden durch dieses Gesetz nicht berührt.

§ 32 Erprobungsklausel[2)]

Die Landesregierungen werden ermächtigt, durch Rechtsverordnung zur Erprobung vereinfachender Maßnahmen, insbesondere zur Erleichterung von Existenzgründungen und Betriebsübernahmen, für einen Zeitraum von bis zu fünf Jahren Ausnahmen von Berufsausübungsregelungen nach diesem Gesetz und den darauf beruhenden Rechtsverordnungen zuzulassen, soweit diese Berufsausübungsregelungen nicht auf bindenden Vorgaben des Europäischen Gemeinschaftsrechts beruhen und sich die Auswirkungen der Ausnahmen auf das Gebiet des jeweiligen Landes beschränken.

§ 33 (Änderung anderer Vorschriften – hier nicht wiedergegeben)

§ 34 Übergangsvorschriften

(1) Eine vor Inkrafttreten dieses Gesetzes erteilte Erlaubnis oder Gestattung gilt im bisherigen Umfang als Erlaubnis oder Gestattung im Sinne dieses Gesetzes.

(2) [1]Soweit nach diesem Gesetz eine Erlaubnis erforderlich ist, gilt sie demjenigen als erteilt, der bei Inkrafttreten dieses Gesetzes ohne Erlaubnis oder Gestattung eine nach diesem Gesetz

1) **Anm. d. Red.:** § 29 weggefallen gem. Gesetz v. 7. 9. 2007 (BGBl I S. 2246) mit Wirkung v. 14. 9. 2007.

2) **Anm. d. Red.:** § 32 eingefügt gem. Gesetz v. 21. 6. 2005 (BGBl I S. 1666) mit Wirkung v. 1. 7. 2005.

erlaubnisbedürftige Tätigkeit befugt ausübt. [2]In den Fällen des Artikels 2 Abs. 1 des Erstens Teils des Vertrages zur Regelung aus Krieg und Besatzung entstandener Fragen (BGBl 1955 II S. 405) gilt die Erlaubnis auch demjenigen erteilt, der eine nach diesem Gesetz erlaubnisbedürftige Tätigkeit innerhalb eines Jahres vor Inkrafttreten des Gesetzes befugt ausgeübt hat, ohne dass ihm die Ausübung der Tätigkeit bei Inkrafttreten des Gesetzes untersagt war.

(3) [1]Der in Absatz 2 bezeichnete Erlaubnisinhaber oder derjenige, der eine vor Inkrafttreten dieses Gesetzes erteilte Erlaubnis nicht nachweisen kann, hat seinen Betrieb der zuständigen Behörde anzuzeigen. [2]Die Erlaubnisbehörde bestätigt dem Gewerbetreibenden kostenfrei und schriftlich, dass er zur Ausübung seines Gewerbes berechtigt ist. [3]Die Bestätigung muss die Betriebsart sowie die Betriebsräume bezeichnen. [4]Wird die Anzeige nicht innerhalb von sechs Monaten nach Inkrafttreten dieses Gesetzes erstattet, so erlischt die Erlaubnis.

§ 35 (weggefallen)[1)]

§ 36 (Änderung anderer Vorschriften – hier nicht wiedergegeben)

§ 37 (weggefallen)

§ 38 (Inkrafttreten)

1) **Anm. d. Red.:** § 35 weggefallen gem. Gesetz v. 7. 9. 2007 (BGBl I S. 2246) mit Wirkung v. 14. 9. 2007.

XI. Gesetz zur Ordnung des Handwerks (Handwerksordnung – HwO)

v. 24. 9. 1998 (BGBl I S. 3075, ber. 2006 I S. 2095) mit späteren Änderungen

Das Gesetz zur Ordnung des Handwerks (Handwerksordnung – HwO) v. 24. 9. 1998 (BGBl I S. 3075, ber. 2006 I S. 2095) ist zuletzt geändert worden durch Art. 6 Zweites Gesetz zur Entlastung insbesondere der mittelständischen Wirtschaft von Bürokratie (Zweites Bürokratieentlastungsgesetz) v. 30.6.2017 (BGBl I S. 2143).

Nichtamtliche Fassung – ohne Anlagen C und D

Inhaltsübersicht[1)]

1) **Anm. d. Red.:** Inhaltsübersicht i. d. F. des Gesetzes v. 29. 3. 2017 (BGBl I S. 626) mit Wirkung v. 5. 4. 2017.

Anlage A: Verzeichnis der Gewerbe, die als zulassungspflichtige Handwerke betrieben werden können
Anlage B: Verzeichnis der Gewerbe, die als zulassungsfreie Handwerke oder handwerksähnliche Gewerbe betrieben werden können
Anlagen C und D (hier nicht wiedergegeben)

Erster Teil: Ausübung eines Handwerks und eines handwerksähnlichen Gewerbes[1)]

Erster Abschnitt: Berechtigung zum selbständigen Betrieb eines zulassungspflichtigen Handwerks[1)]

§ 1 Handwerksrolle[2)3)]

(1) [1]Der selbständige Betrieb eines zulassungspflichtigen Handwerks als stehendes Gewerbe ist nur den in der Handwerksrolle eingetragenen natürlichen und juristischen Personen und Personengesellschaften gestattet. [2]Personengesellschaften im Sinne dieses Gesetzes sind Personenhandelsgesellschaften und Gesellschaften des bürgerlichen Rechts.

(2) [1]Ein Gewerbebetrieb ist ein Betrieb eines zulassungspflichtigen Handwerks, wenn er handwerksmäßig betrieben wird und ein Gewerbe vollständig umfasst, das in der Anlage A aufgeführt ist, oder Tätigkeiten ausgeübt werden, die für dieses Gewerbe wesentlich sind (wesentliche Tätigkeiten). [2]Keine wesentlichen Tätigkeiten sind insbesondere solche, die

1. in einem Zeitraum von bis zu drei Monaten erlernt werden können,
2. zwar eine längere Anlernzeit verlangen, aber für das Gesamtbild des betreffenden zulassungspflichtigen Handwerks nebensächlich sind und deswegen nicht die Fertigkeiten und Kenntnisse erfordern, auf die die Ausbildung in diesem Handwerk hauptsächlich ausgerichtet ist, oder
3. nicht aus einem zulassungspflichtigen Handwerk entstanden sind.

[3]Die Ausübung mehrerer Tätigkeiten im Sinne des Satzes 2 Nr. 1 und 2 ist zulässig, es sei denn, die Gesamtbetrachtung ergibt, dass sie für ein bestimmtes zulassungspflichtiges Handwerk wesentlich sind.

(3) Das Bundesministerium für Wirtschaft und Energie wird ermächtigt, durch Rechtsverordnung mit Zustimmung des Bundesrates die Anlage A zu diesem Gesetz dadurch zu ändern, dass es darin aufgeführte Gewerbe streicht, ganz oder teilweise zusammenfasst oder trennt oder Bezeichnungen für sie festsetzt, soweit es die technische und wirtschaftliche Entwicklung erfordert.

§ 2 Öffentlich-rechtliche Betriebe[4)]

Die Vorschriften dieses Gesetzes für den selbständigen Betrieb eines zulassungspflichtigen Handwerks gelten auch

1. für gewerbliche Betriebe des Bundes, der Länder, der Gemeinden und der sonstigen juristischen Personen des öffentlichen Rechts, in denen Waren zum Absatz an Dritte handwerksmäßig hergestellt oder Leistungen für Dritte handwerksmäßig bewirkt werden,

---

1) **Anm. d. Red.:** Überschrift i. d. F. des Gesetzes v. 24. 12. 2003 (BGBl I S. 2934) mit Wirkung v. 1. 1. 2004.

2) **Anm. d. Red.:** Die Überschriften zu den einzelnen Paragrafen sind nicht amtlich; sie wurden von der Redaktion hinzugefügt.

3) **Anm. d. Red.:** § 1 i. d. F. der VO v. 31. 8. 2015 (BGBl I S. 1474) mit Wirkung v. 8. 9. 2015.

4) **Anm. d. Red.:** § 2 i. d. F. des Gesetzes v. 24. 12. 2003 (BGBl I S. 2934) mit Wirkung v. 1. 1. 2004.

2. für handwerkliche Nebenbetriebe, die mit einem Versorgungs- oder sonstigen Betrieb der in Nummer 1 bezeichneten öffentlich-rechtlichen Stellen verbunden sind,
3. für handwerkliche Nebenbetriebe, die mit einem Unternehmen eines zulassungspflichtigen Handwerks, der Industrie, des Handels, der Landwirtschaft oder sonstiger Wirtschafts- und Berufszweige verbunden sind.

§ 3 Neben- und Hilfsbetriebe[1)]

(1) Ein handwerklicher Nebenbetrieb im Sinne des § 2 Nr. 2 und 3 liegt vor, wenn in ihm Waren zum Absatz an Dritte handwerksmäßig hergestellt oder Leistungen für Dritte handwerksmäßig bewirkt werden, es sei denn, dass eine solche Tätigkeit nur in unerheblichem Umfang ausgeübt wird, oder dass es sich um einen Hilfsbetrieb handelt.

(2) Eine Tätigkeit im Sinne des Absatzes 1 ist unerheblich, wenn sie während eines Jahres die durchschnittliche Arbeitszeit eines ohne Hilfskräfte Vollzeit arbeitenden Betriebs des betreffenden Handwerkszweigs nicht übersteigt.

(3) Hilfsbetriebe im Sinne des Absatzes 1 sind unselbständige, der wirtschaftlichen Zweckbestimmung des Hauptbetriebs dienende Betriebe eines zulassungspflichtigen Handwerks, wenn sie

1. Arbeiten für den Hauptbetrieb oder für andere dem Inhaber des Hauptbetriebs ganz oder überwiegend gehörende Betriebe ausführen oder
2. Leistungen an Dritte bewirken, die
   a) als handwerkliche Arbeiten untergeordneter Art zur gebrauchsfertigen Überlassung üblich sind oder
   b) in unentgeltlichen Pflege-, Installations-, Instandhaltungs- oder Instandsetzungsarbeiten bestehen oder
   c) in entgeltlichen Pflege-, Installations-, Instandhaltungs- oder Instandsetzungsarbeiten an solchen Gegenständen bestehen, die in einem Hauptbetrieb selbst hergestellt worden sind oder für die der Hauptbetrieb als Hersteller im Sinne des Produkthaftungsgesetzes gilt.
   d) (weggefallen)

§ 4 Fortführung bei Tod des Handwerkers[2)]

(1) [1]Nach dem Tod des Inhabers eines Betriebs dürfen der Ehegatte, der Lebenspartner, der Erbe, der Testamentsvollstrecker, Nachlassverwalter, Nachlassinsolvenzverwalter oder Nachlasspfleger den Betrieb fortführen, ohne die Voraussetzungen für die Eintragung in die Handwerksrolle zu erfüllen. [2]Sie haben dafür Sorge zu tragen, dass unverzüglich ein Betriebsleiter (§ 7 Abs. 1) bestellt wird. [3]Die Handwerkskammer kann in Härtefällen eine angemessene Frist setzen, wenn eine ordnungsgemäße Führung des Betriebs gewährleistet ist.

(2) Nach dem Ausscheiden des Betriebsleiters haben der in die Handwerksrolle eingetragene Inhaber eines Betriebs eines zulassungspflichtigen Handwerks oder sein Rechtsnachfolger oder sonstige verfügungsberechtigte Nachfolger unverzüglich für die Einsetzung eines anderen Betriebsleiters zu sorgen.

§ 5 Arbeiten in anderen Handwerken[3)]

Wer ein Handwerk nach § 1 Abs. 1 betreibt, kann hierbei auch Arbeiten in anderen Handwerken nach § 1 Abs. 1 ausführen, wenn sie mit dem Leistungsangebot seines Gewerbes technisch oder fachlich zusammenhängen oder es wirtschaftlich ergänzen.

---

1) **Anm. d. Red.:** § 3 i. d. F. des Gesetzes v. 24. 12. 2003 (BGBl I S. 2934) mit Wirkung v. 1. 1. 2004.

2) **Anm. d. Red.:** § 4 i. d. F. des Gesetzes v. 24. 12. 2003 (BGBl I S. 2934) mit Wirkung v. 1. 1. 2004.

3) **Anm. d. Red.:** § 5 i. d. F. des Gesetzes v. 24. 12. 2003 (BGBl I S. 2934) mit Wirkung v. 1. 1. 2004.

§ 5a Datenschutz[1)]

(1) [1]Öffentliche Stellen, die in Verfahren aufgrund dieses Gesetzes zu beteiligen sind, können über das Ergebnis unterrichtet werden, soweit dies zur Erfüllung ihrer Aufgaben erforderlich ist. [2]Der Empfänger darf die übermittelten Daten nur für den Zweck verarbeiten oder nutzen, für dessen Erfüllung sie ihm übermittelt worden sind.

(2) [1]Handwerkskammern dürfen sich, soweit dieses Gesetz keine besonderen Vorschriften enthält, gegenseitig, auch durch Übermittlung personenbezogener Daten, unterrichten, auch durch Abruf im automatisierten Verfahren, soweit dies zur Feststellung erforderlich ist, ob der Betriebsleiter die Voraussetzungen für die Eintragung in die Handwerksrolle erfüllt und ob er seine Aufgaben ordnungsgemäß wahrnimmt. [2]Das Bundesministerium für Wirtschaft und Energie wird ermächtigt, durch Rechtsverordnung mit Zustimmung des Bundesrates Einzelheiten eines Abrufs im automatisierten Verfahren zu regeln.

§ 5b Verfahren über eine einheitliche Stelle[2)]

Verwaltungsverfahren nach diesem Gesetz oder nach einer auf Grund dieses Gesetzes erlassenen Rechtsverordnung können über eine einheitliche Stelle abgewickelt werden.

Zweiter Abschnitt: Handwerksrolle

§ 6 Einsicht in Handwerksrolle[3)]

(1) Die Handwerkskammer hat ein Verzeichnis zu führen, in welches die Inhaber von Betrieben zulassungspflichtiger Handwerke ihres Bezirks nach Maßgabe der Anlage D Abschnitt I zu diesem Gesetz mit dem von ihnen zu betreibenden Handwerk oder bei Ausübung mehrerer Handwerke mit diesen Handwerken einzutragen sind (Handwerksrolle).

(2) [1]Eine Einzelauskunft aus der Handwerksrolle ist jedem zu erteilen, der ein berechtigtes Interesse glaubhaft darlegt. [2]Eine listenmäßige Übermittlung von Daten aus der Handwerksrolle an nicht-öffentliche Stellen ist unbeschadet des Absatzes 4 zulässig, wenn sie zur Erfüllung der Aufgaben der Handwerkskammer erforderlich ist oder wenn der Auskunftbegehrende ein berechtigtes Interesse an der Kenntnis der zu übermittelnden Daten glaubhaft darlegt und kein Grund zu der Annahme besteht, dass der Betroffene ein schutzwürdiges Interesse an dem Ausschluss der Übermittlung hat. [3]Ein solcher Grund besteht nicht, wenn Vor- und Familienname des Betriebsinhabers oder des gesetzlichen Vertreters oder des Betriebsleiters oder des für die technische Leitung des Betriebs verantwortlichen persönlich haftenden Gesellschafters, die Firma, das ausgeübte Handwerk oder die Anschrift der gewerblichen Niederlassung übermittelt werden. [4]Die Übermittlung von Daten nach den Sätzen 2 und 3 ist nicht zulässig, wenn der Gewerbetreibende widersprochen hat. [5]Auf die Widerspruchsmöglichkeit sind die Gewerbetreibenden vor der ersten Übermittlung schriftlich oder elektronisch hinzuweisen. [6]Von der Datenübermittlung ausgeschlossen sind die Wohnanschriften der Betriebsinhaber und der Betriebsleiter sowie deren elektronische Kontaktdaten, beispielsweise E-Mail-Adresse, Webseite, Telefaxnummer, Telefonnummer.

(3) Öffentlichen Stellen sind auf Ersuchen Daten aus der Handwerksrolle zu übermitteln, soweit die Kenntnis tatsächlicher oder rechtlicher Verhältnisse des Inhabers eines Betriebs eines zulassungspflichtigen Handwerks (§ 1 Abs. 1) zur Erfüllung ihrer Aufgaben erforderlich ist.

(4) Der Empfänger darf die übermittelten Daten nur für den Zweck verarbeiten oder nutzen, zu dessen Erfüllung sie ihm übermittelt werden.

(5) Für das Verändern und Sperren der Daten in der Handwerksrolle gelten die Datenschutzgesetze der Länder.

---

1) **Anm. d. Red.:** § 5a i. d. F. der VO v. 31. 8. 2015 (BGBl I S. 1474) mit Wirkung v. 8. 9. 2015.
2) **Anm. d. Red.:** § 5b eingefügt gem. Gesetz v. 11. 12. 2008 (BGBl I S. 2418) mit Wirkung v. 18. 12. 2008.
3) **Anm. d. Red.:** § 6 i. d. F. des Gesetzes v. 30.6.2017 (BGBl I S. 2143) mit Wirkung v. 6.7.2017.

§ 7 Eintragung in Handwerksrolle[1)]

(1) [1]Als Inhaber eines Betriebs eines zulassungspflichtigen Handwerks wird eine natürliche oder juristische Person oder eine Personengesellschaft in die Handwerksrolle eingetragen, wenn der Betriebsleiter die Voraussetzungen für die Eintragung in die Handwerksrolle mit dem zu betreibenden Handwerk oder einem mit diesem verwandten Handwerk erfüllt. [2]Das Bundesministerium für Wirtschaft und Energie bestimmt durch Rechtsverordnung mit Zustimmung des Bundesrates, welche zulassungspflichtige Handwerke sich so nahe stehen, dass die Beherrschung des einen zulassungspflichtigen Handwerks die fachgerechte Ausübung wesentlicher Tätigkeiten des anderen zulassungspflichtigen Handwerks ermöglicht (verwandte zulassungspflichtige Handwerke).

(1a) In die Handwerksrolle wird eingetragen, wer in dem von ihm zu betreibenden oder in einem mit diesem verwandten zulassungspflichtigen Handwerk die Meisterprüfung bestanden hat.

(2) [1]In die Handwerksrolle werden ferner Ingenieure, Absolventen von technischen Hochschulen und von staatlichen oder staatlich anerkannten Fachschulen für Technik und für Gestaltung mit dem zulassungspflichtigen Handwerk eingetragen, dem der Studien- oder der Schulschwerpunkt ihrer Prüfung entspricht. [2]Dies gilt auch für Personen, die eine andere, der Meisterprüfung für die Ausübung des betreffenden zulassungspflichtigen Handwerks mindestens gleichwertige deutsche staatliche oder staatlich anerkannte Prüfung erfolgreich abgelegt haben. [3]Dazu gehören auch Prüfungen auf Grund einer nach § 42 dieses Gesetzes oder nach § 53 des Berufsbildungsgesetzes erlassenen Rechtsverordnung, soweit sie gleichwertig sind. [4]Der Abschlussprüfung an einer deutschen Hochschule gleichgestellt sind Diplome, die nach Abschluss einer Ausbildung von mindestens drei Jahren oder einer Teilzeitausbildung von entsprechender Dauer an einer Universität, einer Hochschule oder einer anderen Ausbildungseinrichtung mit gleichwertigem Ausbildungsniveau in einem anderen Mitgliedstaat der Europäischen Union, einem anderen Vertragsstaat des Abkommens über den Europäischen Wirtschaftsraum oder in der Schweiz erteilt wurden; falls neben dem Studium eine Berufsausbildung gefordert wird, ist zusätzlich der Nachweis zu erbringen, dass diese abgeschlossen ist. [5]Die Entscheidung, ob die Voraussetzungen für die Eintragung erfüllt sind, trifft die Handwerkskammer. [6]Das Bundesministerium für Wirtschaft und Energie kann zum Zwecke der Eintragung in die Handwerksrolle nach Satz 1 im Einvernehmen mit dem Bundesministerium für Bildung und Forschung durch Rechtsverordnung mit Zustimmung des Bundesrates die Voraussetzungen bestimmen, unter denen die in Studien- oder Schulschwerpunkten abgelegten Prüfungen nach Satz 1 Meisterprüfungen in zulassungspflichtigen Handwerken entsprechen.

(2a) Das Bundesministerium für Wirtschaft und Energie kann durch Rechtsverordnung mit Zustimmung des Bundesrates bestimmen, dass in die Handwerksrolle einzutragen ist, wer in einem anderen Mitgliedstaat der Europäischen Gemeinschaft oder in einem anderen Vertragsstaat des Abkommens über den Europäischen Wirtschaftsraum eine der Meisterprüfung für die Ausübung des zu betreibenden Gewerbes oder wesentlicher Tätigkeiten dieses Gewerbes gleichwertige Berechtigung zur Ausübung eines Gewerbes erworben hat.

(3) In die Handwerksrolle wird ferner eingetragen, wer eine Ausnahmebewilligung nach § 8 oder § 9 Abs. 1 oder eine Gleichwertigkeitsfeststellung nach § 50b für das zu betreibende zulassungspflichtige Handwerk oder für ein diesem verwandtes zulassungspflichtiges Handwerk besitzt.

(4) bis (6) (weggefallen)

(7) In die Handwerksrolle wird eingetragen, wer für das zu betreibende Gewerbe oder für ein mit diesem verwandtes Gewerbe eine Ausübungsberechtigung nach § 7a oder § 7b besitzt.

(8) (weggefallen)

1) **Anm. d. Red.:** § 7 i. d. F. der VO v. 31. 8. 2015 (BGBl I S. 1474) mit Wirkung v. 8. 9. 2015.

(9) [1]Vertriebene und Spätaussiedler, die vor dem erstmaligen Verlassen ihrer Herkunftsgebiete eine der Meisterprüfung gleichwertige Prüfung im Ausland bestanden haben, sind in die Handwerksrolle einzutragen. [2]Satz 1 ist auf Vertriebene, die am 2. Oktober 1990 ihren ständigen Aufenthalt in dem in Artikel 3 des Einigungsvertrages genannten Gebiet hatten, anzuwenden.

§ 7a Betreiben eines weiteren Gewerbes

(1) Wer ein Handwerk nach § 1 betreibt, erhält eine Ausübungsberechtigung für ein anderes Gewerbe der Anlage A oder für wesentliche Tätigkeiten dieses Gewerbes, wenn die hierfür erforderlichen Kenntnisse und Fertigkeiten nachgewiesen sind; dabei sind auch seine bisherigen beruflichen Erfahrungen und Tätigkeiten zu berücksichtigen.

(2) § 8 Abs. 2 bis 4 gilt entsprechend.

HwO

§ 7b Voraussetzungen für die Handwerksausübung[1)]

(1) Eine Ausübungsberechtigung für zulassungspflichtige Handwerke, ausgenommen in den Fällen der Nummern 12 und 33 bis 37 der Anlage A, erhält, wer

1. eine Gesellenprüfung in dem zu betreibenden zulassungspflichtigen Handwerk oder in einem mit diesem verwandten zulassungspflichtigen Handwerk oder eine Abschlussprüfung in einem dem zu betreibenden zulassungspflichtigen Handwerk entsprechenden anerkannten Ausbildungsberuf bestanden hat und
2. in dem zu betreibenden zulassungspflichtigen Handwerk oder in einem mit diesem verwandten zulassungspflichtigen Handwerk oder in einem dem zu betreibenden zulassungspflichtigen Handwerk entsprechenden Beruf eine Tätigkeit von insgesamt sechs Jahren ausgeübt hat, davon insgesamt vier Jahre in leitender Stellung. [2]Eine leitende Stellung ist dann anzunehmen, wenn dem Gesellen eigenverantwortliche Entscheidungsbefugnisse in einem Betrieb oder in einem wesentlichen Betriebsteil übertragen worden sind. [3]Der Nachweis hierüber kann durch Arbeitszeugnisse, Stellenbeschreibungen oder in anderer Weise erbracht werden. [4]Im Falle einer Gleichwertigkeitsfeststellung nach § 40a wird nur die Berufserfahrung nach Erteilung derselben berücksichtigt.
3. Die ausgeübte Tätigkeit muss zumindest eine wesentliche Tätigkeit des zulassungspflichtigen Handwerks umfasst haben, für das die Ausübungsberechtigung beantragt wurde.

(1a) [1]Die für die selbständige Handwerksausübung erforderlichen betriebswirtschaftlichen, kaufmännischen und rechtlichen Kenntnisse gelten in der Regel durch die Berufserfahrung nach Absatz 1 Nr. 2 als nachgewiesen. [2]Soweit dies nicht der Fall ist, sind die erforderlichen Kenntnisse durch Teilnahme an Lehrgängen oder auf sonstige Weise nachzuweisen.

(2) [1]Die Ausübungsberechtigung wird auf Antrag des Gewerbetreibenden von der höheren Verwaltungsbehörde nach Anhörung der Handwerkskammer zu den Voraussetzungen des Absatzes 1 erteilt. [2]Im Übrigen gilt § 8 Abs. 3 Satz 2 bis 5 und Abs. 4 entsprechend.

§ 8 Ausnahmebewilligung[2)]

(1) [1]In Ausnahmefällen ist eine Bewilligung zur Eintragung in die Handwerksrolle (Ausnahmebewilligung) zu erteilen, wenn die zur selbständigen Ausübung des von dem Antragsteller zu betreibenden zulassungspflichtigen Handwerks notwendigen Kenntnisse und Fertigkeiten nachgewiesen sind; dabei sind auch seine bisherigen beruflichen Erfahrungen und Tätigkeiten zu berücksichtigen. [2]Ein Ausnahmefall liegt vor, wenn die Ablegung einer Meisterprüfung zum Zeitpunkt der Antragstellung oder danach für ihn eine unzumutbare Belastung bedeuten würde. [3]Ein Ausnahmefall liegt auch dann vor, wenn der Antragsteller eine Prüfung aufgrund einer nach § 42 dieses Gesetzes oder § 53 des Berufsbildungsgesetzes erlassenen Rechtsverordnung bestanden hat.

1) **Anm. d. Red.:** § 7b i. d. F. des Gesetzes v. 6. 12. 2011 (BGBl I S. 2515) mit Wirkung v. 1. 4. 2012.

2) **Anm. d. Red.:** § 8 i. d. F. des Gesetzes v. 23. 3. 2005 (BGBl I S. 931) mit Wirkung v. 1. 4. 2005.

(2) Die Ausnahmebewilligung kann unter Auflagen oder Bedingungen oder befristet erteilt und auf einen wesentlichen Teil der Tätigkeiten beschränkt werden, die zu einem in der Anlage A zu diesem Gesetz aufgeführten Gewerbe gehören; in diesem Fall genügt der Nachweis der hierfür erforderlichen Kenntnisse und Fertigkeiten.

(3) [1]Die Ausnahmebewilligung wird auf Antrag des Gewerbetreibenden von der höheren Verwaltungsbehörde nach Anhörung der Handwerkskammer zu den Voraussetzungen der Absätze 1 und 2 und des § 1 Abs. 2 erteilt. [2]Die Handwerkskammer kann eine Stellungnahme der fachlich zuständigen Innung oder Berufsvereinigung einholen, wenn der Antragsteller ausdrücklich zustimmt. [3]Sie hat ihre Stellungnahme einzuholen, wenn der Antragsteller es verlangt. [4]Die Landesregierungen werden ermächtigt, durch Rechtsverordnung zu bestimmen, dass abweichend von Satz 1 an Stelle der höheren Verwaltungsbehörde eine andere Behörde zuständig ist. [5]Sie können diese Ermächtigung auf oberste Landesbehörden übertragen.

(4) Gegen die Entscheidung steht neben dem Antragsteller auch der Handwerkskammer der Verwaltungsrechtsweg offen; die Handwerkskammer ist beizuladen.

§ 9 Ausnahmebewilligung für EG-Angehörige[1)]

(1) [1]Das Bundesministerium für Wirtschaft und Energie wird ermächtigt, durch Rechtsverordnung mit Zustimmung des Bundesrates zur Durchführung von Richtlinien der Europäischen Union über die Anerkennung von Berufsqualifikationen im Rahmen der Niederlassungsfreiheit, des freien Dienstleistungsverkehrs und der Arbeitnehmerfreizügigkeit und zur Durchführung des Abkommens vom 2. Mai 1992 über den Europäischen Wirtschaftsraum (BGBl 1993 II S. 267) sowie des Abkommens zwischen der Europäischen Gemeinschaft und ihren Mitgliedstaaten einerseits und der Schweizerischen Eidgenossenschaft andererseits über die Freizügigkeit vom 21. Juni 1999 (ABl EG 2002 Nr. L 114 S. 6) zu bestimmen,

1. unter welchen Voraussetzungen einem Staatsangehörigen eines Mitgliedstaates der Europäischen Union, eines Vertragsstaates des Abkommens über den Europäischen Wirtschaftsraum oder der Schweiz, der im Inland zur Ausübung eines zulassungspflichtigen Handwerks eine gewerbliche Niederlassung unterhalten oder als Betriebsleiter tätig werden will, eine Ausnahmebewilligung zur Eintragung in die Handwerksrolle zu erteilen ist,
2. unter welchen Voraussetzungen einem Staatsangehörigen eines der vorgenannten Staaten, der im Inland keine gewerbliche Niederlassung unterhält, die grenzüberschreitende Dienstleistungserbringung in einem zulassungspflichtigen Handwerk gestattet ist ,
3. wie die Verfahren zur Ausstellung des Europäischen Berufsausweises und zur Anerkennung von Berufsqualifikationen in den in den Nummern 1 und 2 genannten Fällen unter Verwendung von Europäischen Berufsausweisen sowie die Anwendung des Vorwarnmechanismus gemäß der Richtlinie 2005/36/EG des Europäischen Parlaments und des Rates vom 7. September 2005 über die Anerkennung von Berufsqualifikationen (ABl L 255 vom 30.9.2005, S. 22), die zuletzt durch den Delegierten Beschluss (EU) 2016/790 (ABl L 134 vom 24.5.2016, S. 135) geändert worden ist, ausgestaltet sind.

[2]In den in Satz 1 Nr. 1 genannten Fällen bleibt § 8 Abs. 1 unberührt; § 8 Abs. 2 bis 4 gilt entsprechend. [3]In den in Satz 1 Nr. 2 genannten Fällen ist § 1 Abs. 1 nicht anzuwenden.

(2) In den Fällen des § 7 Abs. 2a und des § 50a findet § 1 Abs. 1 keine Anwendung, wenn der selbständige Betrieb im Inland keine Niederlassung unterhält.

§ 10 Handwerkskarte[2)]

(1) [1]Die Eintragung in die Handwerksrolle erfolgt auf Antrag oder von Amts wegen. [2]Wenn die Voraussetzungen zur Eintragung in die Handwerksrolle vorliegen, ist die Eintragung innerhalb von drei Monaten nach Eingang des Antrags einschließlich der vollständigen Unterlagen

1) **Anm. d. Red.:** § 9 i. d. F. des Gesetzes v. 30.6.2017 (BGBl I S. 2143) mit Wirkung v. 6.7.2017.

2) **Anm. d. Red.:** § 10 i. d. F. des Gesetzes v. 17. 7. 2009 (BGBl I S. 2091) mit Wirkung v. 28. 12. 2009.

vorzunehmen. [3]Hat die Handwerkskammer nicht innerhalb der Frist des Satzes 2 eingetragen, gilt die Eintragung als erfolgt. [4]Die Vorschriften des Verwaltungsverfahrensgesetzes über die Genehmigungsfiktion gelten entsprechend.

(2) [1]Über die Eintragung in die Handwerksrolle hat die Handwerkskammer eine Bescheinigung auszustellen (Handwerkskarte). [2]In die Handwerkskarte sind einzutragen der Name und die Anschrift des Inhabers eines Betriebs eines zulassungspflichtigen Handwerks, der Betriebssitz, das zu betreibende zulassungspflichtige Handwerk und bei Ausübung mehrerer zulassungspflichtiger Handwerke diese Handwerke sowie der Zeitpunkt der Eintragung in die Handwerksrolle. [3]In den Fällen des § 7 Abs. 1 ist zusätzlich der Name des Betriebsleiters, des für die technische Leitung verantwortlichen persönlich haftenden Gesellschafters oder des Leiters eines Nebenbetriebs einzutragen. [4]Die Höhe der für die Ausstellung der Handwerkskarte zu entrichtenden Gebühr wird durch die Handwerkskammer mit Genehmigung der obersten Landesbehörde bestimmt.

§ 11 Mitteilungspflicht bei Eintragung

Die Handwerkskammer hat dem Gewerbetreibenden die beabsichtigte Eintragung in die Handwerksrolle gegen Empfangsbescheinigung mitzuteilen; gleichzeitig und in gleicher Weise hat sie dies der Industrie- und Handelskammer mitzuteilen, wenn der Gewerbetreibende dieser angehört.

§ 12 Gerichtlicher Rechtsschutz

Gegen die Entscheidung über die Eintragung eines der Industrie- und Handelskammer angehörigen Gewerbetreibenden in die Handwerksrolle steht neben dem Gewerbetreibenden auch der Industrie- und Handelskammer der Verwaltungsrechtsweg offen.

§ 13 Löschung der Eintragung

(1) Die Eintragung in die Handwerksrolle wird auf Antrag oder von Amts wegen gelöscht, wenn die Voraussetzungen für die Eintragung nicht vorliegen.

(2) Wird der Gewerbebetrieb nicht handwerksmäßig betrieben, so kann auch die Industrie- und Handelskammer die Löschung der Eintragung beantragen.

(3) Die Handwerkskammer hat dem Gewerbetreibenden die beabsichtigte Löschung der Eintragung in die Handwerksrolle gegen Empfangsbescheinigung mitzuteilen.

(4) Wird die Eintragung in die Handwerksrolle gelöscht, so ist die Handwerkskarte an die Handwerkskammer zurückzugeben.

(5) [1]Die nach Absatz 1 in der Handwerksrolle gelöschten Daten sind für weitere dreißig Jahre ab dem Zeitpunkt der Löschung in einer gesonderten Datei zu speichern. [2]Eine Einzelauskunft aus dieser Datei ist jedem zu erteilen, der ein berechtigtes Interesse glaubhaft darlegt, soweit der Betroffene kein schutzwürdiges Interesse an dem Ausschluss der Übermittlung hat. [3]§ 6 Abs. 4 bis 6 gilt entsprechend.

§ 14 Antragsrecht[1)]

[1]Ein in die Handwerksrolle eingetragener Gewerbetreibender kann die Löschung mit der Begründung, dass der Gewerbebetrieb kein Betrieb eines zulassungspflichtigen Handwerks im Sinne des § 1 Abs. 2 ist, erst nach Ablauf eines Jahres seit Eintritt der Unanfechtbarkeit der Eintragung und nur dann beantragen, wenn sich die Voraussetzungen für die Eintragung wesentlich geändert haben. [2]Satz 1 gilt für den Antrag der Industrie- und Handelskammer nach § 13 Abs. 2 entsprechend.

1) **Anm. d. Red.:** § 14 i. d. F. des Gesetzes v. 24. 12. 2003 (BGBl I S. 2934) mit Wirkung v. 1. 1. 2004.

§ 15 Erneuter Antrag auf Eintragung

Ist einem Gewerbetreibenden die Eintragung in die Handwerksrolle abgelehnt worden, so kann er die Eintragung mit der Begründung, dass der Gewerbebetrieb nunmehr Handwerksbetrieb ist, erst nach Ablauf eines Jahres seit Eintritt der Unanfechtbarkeit der Ablehnung und nur dann beantragen, wenn sich die Voraussetzungen für die Ablehnung wesentlich geändert haben.

§ 16 Anzeige bei Betriebsbeginn und Betriebsuntersagung[1)]

(1) [1]Wer den Betrieb eines zulassungspflichtigen Handwerks nach § 1 anfängt, hat gleichzeitig mit der nach § 14 der Gewerbeordnung zu erstattenden Anzeige der hiernach zuständigen Behörde die über die Eintragung in die Handwerksrolle ausgestellte Handwerkskarte (§ 10 Abs. 2) vorzulegen. [2]Der Inhaber eines Hauptbetriebs im Sinne des § 3 Abs. 3 hat der für die Entgegennahme der Anzeige nach § 14 der Gewerbeordnung zuständigen Behörde die Ausübung eines handwerklichen Neben- oder Hilfsbetriebs anzuzeigen.

(2) Der Gewerbetreibende hat ferner der Handwerkskammer, in deren Bezirk seine gewerbliche Niederlassung liegt oder die nach § 6 Abs. 2 für seine Eintragung in die Handwerksrolle zuständig ist, unverzüglich den Beginn und die Beendigung seines Betriebes und in den Fällen des § 7 Abs. 1 die Bestellung und Abberufung des Betriebsleiters anzuzeigen: bei juristischen Personen sind auch die Namen der gesetzlichen Vertreter, bei Personengesellschaften die Namen der für die technische Leitung verantwortlichen und der vertretungsberechtigten Gesellschafter anzuzeigen.

(3) [1]Wird der selbständige Betrieb eines zulassungspflichtigen Handwerks als stehendes Gewerbe entgegen den Vorschriften dieses Gesetzes ausgeübt, so kann die nach Landesrecht zuständige Behörde die Fortsetzung des Betriebs untersagen. [2]Die Untersagung ist nur zulässig, wenn die Handwerkskammer und die Industrie- und Handelskammer zuvor angehört worden sind und in einer gemeinsamen Erklärung mitgeteilt haben, dass sie die Voraussetzungen einer Untersagung als gegeben ansehen.

(4) [1]Können sich die Handwerkskammer und die Industrie- und Handelskammer nicht über eine gemeinsame Erklärung nach Absatz 3 Satz 2 verständigen, entscheidet eine von dem Deutschen Industrie- und Handelskammertag und dem Deutschen Handwerkskammertag (Trägerorganisationen) gemeinsam für die Dauer von jeweils vier Jahren gebildete Schlichtungskommission. [2]Die Schlichtungskommission ist erstmals zum 1. Juli 2004 zu bilden.

(5) [1]Der Schlichtungskommission gehören drei Mitglieder an, von denen je ein Mitglied von jeder Trägerorganisation und ein Mitglied von beiden Trägerorganisationen gemeinsam zu benennen sind. [2]Das gemeinsam benannte Mitglied führt den Vorsitz. [3]Hat eine Trägerorganisation ein Mitglied nicht innerhalb von einem Monat nach Benennung des Mitglieds der anderen Trägerorganisation benannt, so erfolgt die Benennung durch das Bundesministerium für Wirtschaft und Energie. [4]Das Bundesministerium für Wirtschaft und Energie benennt auch das vorsitzende Mitglied, wenn sich die Trägerorganisationen nicht innerhalb eines Monats einigen können, nachdem beide ihre Vorschläge für das gemeinsam zu benennende Mitglied unterbreitet haben. [5]Die Schlichtungskommission gibt sich eine Geschäftsordnung.

(6) Das Bundesministerium für Wirtschaft und Energie wird ermächtigt, durch Rechtsverordnung mit Zustimmung des Bundesrates das Schlichtungsverfahren zu regeln.

(7) Hält die zuständige Behörde die Erklärung nach Absatz 3 Satz 2 oder die Entscheidung der Schlichtungskommission für rechtswidrig, kann sie unmittelbar die Entscheidung der obersten Landesbehörde herbeiführen.

(8) Bei Gefahr im Verzug kann die zuständige Behörde die Fortsetzung des Gewerbes auch ohne Einhaltung des Verfahrens nach Absatz 3 Satz 2 und Absatz 4 vorläufig untersagen.

1) **Anm. d. Red.:** § 16 i. d. F. der VO v. 31. 8. 2015 (BGBl I S. 1474) mit Wirkung v. 8. 9. 2015.

(9) Die Ausübung des untersagten Gewerbes durch den Gewerbetreibenden kann durch Schließung der Betriebs- und Geschäftsräume oder durch andere geeignete Maßnahmen verhindert werden.

(10) [1]Die Schlichtungskommission kann auch angerufen werden, wenn sich in den Fällen des § 90 Abs. 3 die Handwerkskammer und die Industrie- und Handelskammer nicht über die Zugehörigkeit eines Gewerbetreibenden zur Handwerkskammer oder zur Industrie- und Handelskammer einigen können. [2]Die Absätze 4 bis 6 gelten entsprechend. [3]Hält der Gewerbetreibende die Entscheidung der Schlichtungskommission für rechtswidrig, so entscheidet die oberste Landesbehörde. [4]§ 12 gilt entsprechend.

§ 17 Auskunftspflichten und Zutrittsrecht der Überwachungsorgane[1)]

(1) [1]Die in der Handwerksrolle eingetragenen oder in diese einzutragenden Gewerbetreibenden sind verpflichtet, der Handwerkskammer die für die Prüfung der Eintragungsvoraussetzungen erforderliche Auskunft über Art und Umfang ihres Betriebs, über die Betriebsstätte, über die Zahl der im Betrieb beschäftigten gelernten und ungelernten Personen und über handwerkliche Prüfungen des Betriebsinhabers und des Betriebsleiters sowie über die vertragliche und praktische Ausgestaltung des Betriebsleiterverhältnisses zu erteilen sowie auf Verlangen sämtliche Dokumente vorzulegen, die zur Prüfung der Eintragung in die Handwerksrolle und zur Aufrechterhaltung der Eintragung in der Handwerksrolle erforderlich sind. [2]Auskünfte, Nachweise und Informationen, die für die Prüfung der Eintragungsvoraussetzungen nach Satz 1 nicht erforderlich sind, dürfen von der Handwerkskammer nicht, auch nicht für Zwecke der Verfolgung von Straftaten oder Ordnungswidrigkeiten, verwertet werden. [3]Die Handwerkskammer kann für die Erteilung der Auskunft eine Frist setzen.

(2) [1]Die Beauftragten der Handwerkskammer sind nach Maßgabe des § 29 Abs. 2 der Gewerbeordnung befugt, zu dem in Absatz 1 bezeichneten Zweck Grundstücke und Geschäftsräume des Auskunftspflichtigen zu betreten und dort Prüfungen und Besichtigungen vorzunehmen. [2]Der Auskunftspflichtige hat diese Maßnahmen zu dulden. [3]Das Grundrecht der Unverletzlichkeit der Wohnung (Artikel 13 des Grundgesetzes) wird insoweit eingeschränkt.

(3) Der Auskunftspflichtige kann die Auskunft auf solche Fragen verweigern, deren Beantwortung ihn selbst oder einen der in § 383 Abs. 1 Nr. 1 bis 3 der Zivilprozessordnung bezeichneten Angehörigen der Gefahr strafgerichtlicher Verfolgung oder eines Verfahrens nach dem Gesetz über Ordnungswidrigkeiten aussetzen würde.

(4) Sofern ein Gewerbetreibender ohne Angabe von Name und Anschrift unter einem Telekommunikationsanschluss Handwerksleistungen anbietet und Anhaltspunkte dafür bestehen, dass er den selbständigen Betrieb eines Handwerks als stehendes Gewerbe entgegen den Vorschriften dieses Gesetzes ausübt, ist der Anbieter der Telekommunikationsdienstleistung verpflichtet, den Handwerkskammern auf Verlangen Namen und Anschrift des Anschlussinhabers unentgeltlich mitzuteilen.

Dritter Abschnitt: Zulassungsfreie Handwerke und handwerksähnliche Gewerbe[2)]

§ 18 Anzeigepflicht[3)]

(1) [1]Wer den selbständigen Betrieb eines zulassungsfreien Handwerks oder eines handwerksähnlichen Gewerbes als stehendes Gewerbe beginnt oder beendet, hat dies unverzüglich der Handwerkskammer, in deren Bezirk seine gewerbliche Niederlassung liegt, anzuzeigen. [2]Bei ju-

1) **Anm. d. Red.:** § 17 i. d. F. des Gesetzes v. 30.6.2017 (BGBl I S. 2143) mit Wirkung v. 6.7.2017.

2) **Anm. d. Red.:** Überschrift i. d. F. des Gesetzes v. 24.12.2003 (BGBl I S. 2934) mit Wirkung v. 1.1.2004.

3) **Anm. d. Red.:** § 18 i. d. F. der VO v. 31.8.2015 (BGBl I S. 1474) mit Wirkung v. 8.9.2015.

ristischen Personen sind auch die Namen der gesetzlichen Vertreter, bei Personengesellschaften die Namen der vertretungsberechtigten Gesellschafter anzuzeigen.

(2) [1]Ein Gewerbe ist ein zulassungsfreies Handwerk im Sinne dieses Gesetzes, wenn es handwerksmäßig betrieben wird und in Anlage B Abschnitt 1 zu diesem Gesetz aufgeführt ist. [2]Ein Gewerbe ist ein handwerksähnliches Gewerbe im Sinne dieses Gesetzes, wenn es handwerksähnlich betrieben wird und in Anlage B Abschnitt 2 zu diesem Gesetz aufgeführt ist.

(3) Das Bundesministerium für Wirtschaft und Energie wird ermächtigt, durch Rechtsverordnung mit Zustimmung des Bundesrates die Anlage B zu diesem Gesetz dadurch zu ändern, dass es darin aufgeführte Gewerbe streicht, ganz oder teilweise zusammenfasst oder trennt, Bezeichnungen für sie festsetzt oder die Gewerbegruppen aufteilt, soweit es die technische und wirtschaftliche Entwicklung erfordert.

§ 19 Verzeichnis[1)]

[1]Die Handwerkskammer hat ein Verzeichnis führen, in welches die Inhaber eines Betriebs eines zulassungsfreien Handwerks oder eines handwerksähnlichen Gewerbes nach Maßgabe der Anlage Abschnitt II zu diesem Gesetz mit dem von ihnen betriebenen Gewerbe oder bei Ausübung mehrerer Gewerbe mit diesen Gewerben einzutragen sind. [2]§ 6 Abs. 2 bis 5 gilt entsprechend.

§ 20 Anwendbarkeit der Handwerksordnung[2)]

[1]Auf zulassungsfreie Handwerke und handwerksähnliche Gewerbe finden § 10 Abs. 1, die §§ 11, 12, 13 Abs. 1 bis 3, 5, §§ 14, 15 und 17 entsprechend Anwendung. [2]§ 5a Abs. 2 Satz 1 findet entsprechende Anwendung, soweit dies zur Feststellung erforderlich ist, ob die Voraussetzungen für die Eintragung in das Verzeichnis der Inhaber eines Betriebs eines zulassungsfreien oder eines handwerksähnlichen Gewerbes vorliegen.

Zweiter Teil: Berufsbildung im Handwerk

Erster Abschnitt: Berechtigung zum Einstellen und Ausbilden

§ 21 Anforderungen an die Ausbildungsstätte[3)]

(1) Lehrlinge (Auszubildende) dürfen nur eingestellt und ausgebildet werden, wenn

1. die Ausbildungsstätte nach Art und Einrichtung für die Berufsausbildung geeignet ist, und
2. die Zahl der Lehrlinge (Auszubildenden) in einem angemessenen Verhältnis zur Zahl der Ausbildungsplätze oder zur Zahl der beschäftigten Fachkräfte steht, es sei denn, dass anderenfalls die Berufsausbildung nicht gefährdet wird.

(2) Eine Ausbildungsstätte, in der die erforderlichen beruflichen Fertigkeiten, Kenntnisse und Fähigkeiten nicht in vollem Umfang vermittelt werden können, gilt als geeignet, wenn diese durch Ausbildungsmaßnahmen außerhalb der Ausbildungsstätte vermittelt werden.

§ 22 Voraussetzungen für eine Ausbildungsstätte[4)]

(1) [1]Lehrlinge (Auszubildende) darf nur einstellen, wer persönlich geeignet ist. [2]Lehrlinge (Auszubildende) darf nur ausbilden, wer persönlich und fachlich geeignet ist.

(2) Wer fachlich nicht geeignet ist oder wer nicht selbst ausbildet, darf Lehrlinge (Auszubildende) nur dann einstellen, wenn er persönlich und fachlich geeignete Ausbilder bestellt, die die Ausbildungsinhalte unmittelbar, verantwortlich und in wesentlichem Umfang vermitteln.

---

1) **Anm. d. Red.:** § 19 i. d. F. des Gesetzes v. 24. 12. 2003 (BGBl I S. 2934) mit Wirkung v. 1. 1. 2004.

2) **Anm. d. Red.:** § 20 i. d. F. des Gesetzes v. 6. 9. 2005 (BGBl I S. 2725). mit Wirkung v. 14. 9. 2005.

3) **Anm. d. Red.:** § 21 i. d. F. des Gesetzes v. 23. 3. 2005 (BGBl I S. 931) mit Wirkung v. 1. 4. 2005.

4) **Anm. d. Red.:** § 22 i. d. F. des Gesetzes v. 23. 3. 2005 (BGBl I S. 931) mit Wirkung v. 1. 4. 2005.

(3) Unter der Verantwortung des Ausbilders kann bei der Berufsausbildung mitwirken, wer selbst nicht Ausbilder ist, aber abweichend von den besonderen Voraussetzungen des § 22b die für die Vermittlung von Ausbildungsinhalten erforderlichen beruflichen Fertigkeiten, Kenntnisse und Fähigkeiten besitzt und persönlich geeignet ist.

§ 22a Mangelnde Eignung[1)]

Persönlich nicht geeignet ist insbesondere, wer

1. Kinder und Jugendliche nicht beschäftigen darf oder
2. wiederholt oder schwer gegen dieses Gesetz oder die auf Grund dieses Gesetzes erlassenen Vorschriften und Bestimmungen verstoßen hat.

§ 22b Fachliche Eignung[2)]

(1) Fachlich geeignet ist, wer die beruflichen sowie die berufs- und arbeitspädagogischen Fertigkeiten, Kenntnisse und Fähigkeiten besitzt, die für die Vermittlung der Ausbildungsinhalte erforderlich sind.

(2) In einem zulassungspflichtigen Handwerk besitzt die fachliche Eignung, wer

1. die Meisterprüfung in dem zulassungspflichtigen Handwerk, in dem ausgebildet werden soll, oder in einem mit diesem verwandten Handwerk bestanden hat oder
2. in dem zulassungspflichtigen Handwerk, in dem ausgebildet werden soll, oder in einem mit diesem verwandten Handwerk
   a) die Voraussetzungen zur Eintragung in die Handwerksrolle nach § 7 erfüllt oder
   b) eine Ausübungsberechtigung nach § 7a oder § 7b erhalten hat oder
   c) eine Ausnahmebewilligung nach § 8 oder nach § 9 Abs. 1 Satz 1 Nr. 1 erhalten hat

und den Teil IV der Meisterprüfung oder eine gleichwertige andere Prüfung, insbesondere eine Ausbildereignungsprüfung auf der Grundlage einer nach § 30 Abs. 5 des Berufsbildungsgesetzes erlassenen Rechtsverordnung, bestanden hat.

(3) [1]In einem zulassungsfreien Handwerk oder einem handwerksähnlichen Gewerbe besitzt die für die fachliche Eignung erforderlichen beruflichen Fertigkeiten, Kenntnisse und Fähigkeiten, wer

1. die Meisterprüfung in dem zulassungsfreien Handwerk oder in dem handwerksähnlichen Gewerbe, in dem ausgebildet werden soll, bestanden hat,
2. die Gesellen- oder Abschlussprüfung in einer dem Ausbildungsberuf entsprechenden Fachrichtung bestanden hat,
3. eine anerkannte Prüfung an einer Ausbildungsstätte oder vor einer Prüfungsbehörde oder eine Abschlussprüfung an einer staatlichen oder staatlich anerkannten Schule in einer dem Ausbildungsberuf entsprechenden Fachrichtung bestanden hat,
4. eine Abschlussprüfung an einer deutschen Hochschule in einer dem Ausbildungsberuf entsprechenden Fachrichtung bestanden hat oder
5. eine Gleichwertigkeitsfeststellung nach § 51e oder einen Bildungsabschluss besitzt, dessen Gleichwertigkeit nach anderen rechtlichen Regelungen festgestellt worden ist

und im Falle der Nummern 2 bis 5 eine angemessene Zeit in seinem Beruf praktisch tätig gewesen ist. [2]Der Abschlussprüfung an einer deutschen Hochschule gemäß Satz 1 Nr. 4 gleichgestellt sind Diplome nach § 7 Abs. 2 Satz 4. [3]Für den Nachweis der berufs- und arbeitspädagogischen Fertigkeiten, Kenntnisse und Fähigkeiten finden die auf der Grundlage des § 30 Abs. 5 des Berufsbildungsgesetzes erlassenen Rechtsverordnungen Anwendung.

---

1) **Anm. d. Red.:** § 22a i. d. F. des Gesetzes v. 23. 3. 2005 (BGBl I S. 931) mit Wirkung v. 1. 4. 2005.

2) **Anm. d. Red.:** § 22b i. d. F. der VO v. 31. 8. 2015 (BGBl I S. 1474) mit Wirkung v. 8. 9. 2015.

(4) [1]Das Bundesministerium für Wirtschaft und Energie kann nach Anhörung des Hauptausschusses des Bundesinstituts für Berufsbildung durch Rechtsverordnung, die nicht der Zustimmung des Bundesrates bedarf, bestimmen, dass der Erwerb berufs- und arbeitspädagogischer Fertigkeiten, Kenntnisse und Fähigkeiten gesondert nachzuweisen ist. [2]Dabei können Inhalt, Umfang und Abschluss der Maßnahmen für den Nachweis geregelt werden. [3]Das Bestehen des Teils IV der Meisterprüfung gilt als Nachweis.

(5) Die nach Landesrecht zuständige Behörde kann Personen, die die Voraussetzungen der Absätze 2, 3 und 4 nicht erfüllen, die fachliche Eignung nach Anhören der Handwerkskammer widerruflich zuerkennen.

§ 22c[1)]

(1) In den Fällen des § 22b Abs. 3 besitzt die für die fachliche Eignung erforderlichen beruflichen Fertigkeiten, Kenntnisse und Fähigkeiten auch, wer die Voraussetzungen für die Anerkennung seiner Berufsqualifikation nach der Richtlinie 2005/36/EG des Europäischen Parlaments und des Rates vom 7. September 2005 über die Anerkennung von Berufsqualifikationen (ABl EU Nr. L 255 S. 22) erfüllt, sofern er eine angemessene Zeit in seinem Beruf praktisch tätig gewesen ist.

(2) Die Anerkennung kann unter den in Artikel 14 der in Absatz 1 genannten Richtlinie aufgeführten Voraussetzungen davon abhängig gemacht werden, dass der Antragsteller oder die Antragstellerin zunächst einen höchstens dreijährigen Anpassungslehrgang ableistet oder eine Eignungsprüfung ablegt.

(3) [1]Die Entscheidung über die Anerkennung trifft die Handwerkskammer. [2]Sie kann die Durchführung von Anpassungslehrgängen und Eignungsprüfungen regeln.

§ 23 Überwachung durch Handwerkskammer[2)]

(1) Die Handwerkskammer hat darüber zu wachen, dass die Eignung der Ausbildungsstätte sowie die persönliche und fachliche Eignung vorliegen.

(2) [1]Werden Mängel der Eignung festgestellt, so hat die Handwerkskammer, falls der Mangel zu beheben und eine Gefährdung des Lehrlings (Auszubildenden) nicht zu erwarten ist, den Ausbildenden aufzufordern, innerhalb einer von ihr gesetzten Frist den Mangel zu beseitigen. [2]Ist der Mangel der Eignung nicht zu beheben oder ist eine Gefährdung des Lehrlings (Auszubildenden) zu erwarten oder wird der Mangel nicht innerhalb der gesetzten Frist beseitigt, so hat die Handwerkskammer der nach Landesrecht zuständigen Behörde dies mitzuteilen.

§ 24 Untersagung von Einstellen und Ausbilden[3)]

(1) Die nach Landesrecht zuständige Behörde kann für eine bestimmte Ausbildungsstätte das Einstellen und Ausbilden untersagen, wenn die Voraussetzungen nach § 21 nicht oder nicht mehr vorliegen.

(2) Die nach Landesrecht zuständige Behörde hat das Einstellen und Ausbilden zu untersagen, wenn die persönliche oder fachliche Eignung nicht oder nicht mehr vorliegt.

(3) [1]Vor der Untersagung sind die Beteiligten und die Handwerkskammer zu hören. [2]Dies gilt nicht in den Fällen des § 22a Nr. 1.

1) **Anm. d. Red.:** § 22c eingefügt gem. Gesetz v. 7. 9. 2007 (BGBl I S. 2246) mit Wirkung v. 1. 10. 2007.

2) **Anm. d. Red.:** § 23 i. d. F. des Gesetzes v. 23. 3. 2005 (BGBl I S. 931) mit Wirkung v. 1. 4. 2005.

3) **Anm. d. Red.:** § 24 i. d. F. des Gesetzes v. 23. 3. 2005 (BGBl I S. 931) mit Wirkung v. 1. 4. 2005.

Zweiter Abschnitt: Ausbildungsordnung, Änderung der Ausbildungszeit

§ 25 Erlass von Ausbildungsordnungen[1)]

(1) [1]Als Grundlage für eine geordnete und einheitliche Berufsausbildung kann das Bundesministerium für Wirtschaft und Energie im Einvernehmen mit dem Bundesministerium für Bildung und Forschung durch Rechtsverordnung, die nicht der Zustimmung des Bundesrates bedarf, für Gewerbe der Anlage A und der Anlage B Ausbildungsberufe staatlich anerkennen und hierfür Ausbildungsordnungen nach § 26 erlassen. [2]Dabei können in einem Gewerbe mehrere Ausbildungsberufe staatlich anerkannt werden, soweit dies wegen der Breite des Gewerbes erforderlich ist; die in diesen Berufen abgelegten Gesellenprüfungen sind Prüfungen im Sinne des § 49 Abs. 1 oder § 51a Abs. 5 Satz 1.

(2) Für einen anerkannten Ausbildungsberuf darf nur nach der Ausbildungsordnung ausgebildet werden.

(3) In anderen als anerkannten Ausbildungsberufen dürfen Jugendliche unter 18 Jahren nicht ausgebildet werden, soweit die Berufsausbildung nicht auf den Besuch weiterführender Bildungsgänge vorbereitet.

(4) Wird die Ausbildungsordnung eines Ausbildungsberufes aufgehoben oder werden Gewerbe in der Anlage A oder in der Anlage B zu diesem Gesetz gestrichen, zusammengefasst oder getrennt, so gelten für bestehende Berufsausbildungsverhältnisse die bisherigen Vorschriften.

(5) Das Bundesministerium für Wirtschaft und Energie informiert die Länder frühzeitig über Neuordnungskonzepte und bezieht sie in die Abstimmung ein.

§ 26 Inhalte der Ausbildungsordnung; Stufenausbildung[2)]

(1) Die Ausbildungsordnung hat festzulegen

1. die Bezeichnung des Ausbildungsberufes, der anerkannt wird; sie kann von der Gewerbebezeichnung abweichen, muss jedoch inhaltlich von der Gewerbebezeichnung abgedeckt sein,
2. die Ausbildungsdauer; sie soll nicht mehr als drei und nicht weniger als zwei Jahre betragen,
3. die beruflichen Fertigkeiten, Kenntnisse und Fähigkeiten, die mindestens Gegenstand der Berufsausbildung sind (Ausbildungsberufsbild),
4. eine Anleitung zur sachlichen und zeitlichen Gliederung der Vermittlung der beruflichen Fertigkeiten, Kenntnisse und Fähigkeiten (Ausbildungsrahmenplan),
5. die Prüfungsanforderungen.

(2) [1]Die Ausbildungsordnung kann vorsehen,

1. dass die Berufsausbildung in sachlich und zeitlich besonders gegliederten, aufeinander aufbauenden Stufen erfolgt; nach den einzelnen Stufen soll ein Ausbildungsabschluss vorgesehen werden, der sowohl zu einer qualifizierten beruflichen Tätigkeit im Sinne des § 1 Abs. 3 des Berufsbildungsgesetzes befähigt, als auch die Fortsetzung der Berufsausbildung in weiteren Stufen ermöglicht (Stufenausbildung),
2. dass die Gesellenprüfung in zwei zeitlich auseinander fallenden Teilen durchgeführt wird,
3. dass abweichend von § 25 Abs. 4 die Berufsausbildung in diesem Ausbildungsberuf unter Anrechnung der bereits zurückgelegten Ausbildungszeit fortgesetzt werden kann, wenn die Vertragsparteien dies vereinbaren,
4. dass auf die durch die Ausbildungsordnung geregelte Berufsausbildung eine andere, einschlägige Berufsausbildung unter Berücksichtigung der hierbei erworbenen beruflichen Fertigkeiten, Kenntnisse und Fähigkeiten angerechnet werden kann,

1) **Anm. d. Red.:** § 25 i. d. F. der VO v. 31. 8. 2015 (BGBl I S. 1474) mit Wirkung v. 8. 9. 2015.

2) **Anm. d. Red.:** § 26 i. d. F. des Gesetzes v. 29. 3. 2017 (BGBl I S. 626) mit Wirkung v. 5. 4. 2017.

5. dass über das in Absatz 1 Nr. 3 beschriebene Ausbildungsberufsbild hinaus zusätzliche berufliche Fertigkeiten, Kenntnisse und Fähigkeiten vermittelt werden können, die die berufliche Handlungsfähigkeit ergänzen oder erweitern,
6. dass Teile der Berufsausbildung in geeigneten Einrichtungen außerhalb der Ausbildungsstätte durchgeführt werden, wenn und soweit es die Berufsausbildung erfordert (überbetriebliche Berufsausbildung).

[2]Im Rahmen der Ordnungsverfahren soll stets geprüft werden, ob Regelungen nach Nummer 1, 2 und 4 sinnvoll und möglich sind.

§ 27 Erprobung neuer Ausbildungsberufe[1)]

Zur Entwicklung und Erprobung neuer Ausbildungsberufe sowie Ausbildungs- und Prüfungsformen kann das Bundesministerium für Wirtschaft und Energie im Einvernehmen mit dem Bundesministerium für Bildung und Forschung nach Anhörung des Hauptausschusses des Bundesinstituts für Berufsbildung durch Rechtsverordnung, die nicht der Zustimmung des Bundesrates bedarf, Ausnahmen von § 25 Abs. 2 und 3 sowie den §§ 26, 31 und 39 zulassen, die auch auf eine bestimmte Art und Zahl von Ausbildungsstätten beschränkt werden können.

§ 27a Anrechnung neuer Ausbildungszeiten[2)]

(1) [1]Die Landesregierungen können nach Anhörung des Landesausschusses für Berufsbildung durch Rechtsverordnung bestimmen, dass der Besuch eines Bildungsganges berufsbildender Schulen oder die Berufsausbildung in einer sonstigen Einrichtung ganz oder teilweise auf die Ausbildungszeit angerechnet wird. [2]Die Ermächtigung kann durch Rechtsverordnung auf oberste Landesbehörden weiter übertragen werden.

(2) [1]Die Anrechnung nach Absatz 1 bedarf des gemeinsamen Antrags der Lehrlinge (Auszubildenden) und Ausbildenden. [2]Der Antrag ist an die Handwerkskammer zu richten. [3]Er kann sich auf Teile des höchstzulässigen Anrechnungszeitraums beschränken.

§ 27b Verkürzung oder Verlängerung der Ausbildungszeit[3)]

(1) [1]Auf gemeinsamen Antrag des Lehrlings (Auszubildenden) und des Ausbildenden hat die Handwerkskammer die Ausbildungszeit zu kürzen, wenn zu erwarten ist, dass das Ausbildungsziel in der gekürzten Zeit erreicht wird. [2]Bei berechtigtem Interesse kann sich der Antrag auch auf die Verkürzung der täglichen oder wöchentlichen Ausbildungszeit richten (Teilzeitberufsausbildung).

(2) [1]In Ausnahmefällen kann die Handwerkskammer auf Antrag des Lehrlings (Auszubildenden) die Ausbildungszeit verlängern, wenn die Verlängerung erforderlich ist, um das Ausbildungsziel zu erreichen. [2]Vor der Entscheidung nach Satz 1 ist der Ausbildende zu hören.

(3) Für die Entscheidung über die Verkürzung oder Verlängerung der Ausbildungszeit kann der Hauptausschuss des Bundesinstituts für Berufsbildung Richtlinien erlassen.

§ 27c Gesamtausbildungszeit bei zwei Handwerken[4)]

[1]Werden in einem Betrieb zwei verwandte Handwerke ausgeübt, so kann in beiden Handwerken in einer verkürzten Gesamtausbildungszeit gleichzeitig ausgebildet werden. [2]Das Bundesministerium für Wirtschaft und Energie bestimmt im Einvernehmen mit dem Bundesministerium für Bildung und Forschung durch Rechtsverordnung, für welche verwandte Handwerke eine Gesamtausbildungszeit vereinbart werden kann und die Dauer der Gesamtausbildungszeit.

---

1) **Anm. d. Red.:** § 27 i. d. F. der VO v. 31. 8. 2015 (BGBl I S. 1474) mit Wirkung v. 8. 9. 2015.

2) **Anm. d. Red.:** § 27a i. d. F. des Gesetzes v. 23. 3. 2005 (BGBl I S. 931) mit Wirkung v. 1. 4. 2005.

3) **Anm. d. Red.:** § 27b eingefügt gem. Gesetz v. 23. 3. 2005 (BGBl I S. 931) mit Wirkung v. 1. 4. 2005.

4) **Anm. d. Red.:** § 27c i. d. F. der VO v. 31. 8. 2015 (BGBl I S. 1474) mit Wirkung v. 8. 9. 2015.

Dritter Abschnitt: Verzeichnis der Berufsausbildungsverhältnisse

§ 28 Lehrlingsrolle[1)]

(1) [1]Die Handwerkskammer hat zur Regelung, Überwachung, Förderung und zum Nachweis der Berufsausbildung in anerkannten Ausbildungsberufen ein Verzeichnis der in ihrem Bezirk bestehenden Berufsausbildungsverhältnisse nach Maßgabe der Anlage D Abschnitt III zu diesem Gesetz einzurichten und zu führen (Lehrlingsrolle). [2]Die Eintragung ist für den Lehrling (Auszubildenden) gebührenfrei.

(2) [1]Die nach Absatz 1 gespeicherten Daten dürfen an öffentliche und nicht öffentliche Stellen übermittelt werden, soweit dies zu den in Absatz 1 genannten Zwecken erforderlich ist. [2]Werden Daten an nicht öffentliche Stellen übermittelt, so ist der Betroffene hiervon zu benachrichtigen, es sei denn, dass er von der Übermittlung auf andere Weise Kenntnis erlangt.

HwO

(3) [1]Der Empfänger darf die übermittelten Daten nur für den Zweck verarbeiten oder nutzen, zu dessen Erfüllung sie ihm übermittelt werden. [2]Bei Übermittlungen an nicht öffentliche Stellen hat die übermittelnde Stelle den Empfänger hiervon zu unterrichten.

(4) Für das Verändern und Sperren der Daten in der Lehrlingsrolle gelten die Datenschutzgesetze der Länder.

(5) Die Eintragungen sind am Ende des Kalenderjahres, in dem das Berufsausbildungsverhältnis beendet wird, in der Lehrlingsrolle zu löschen.

(6) [1]Die nach Absatz 5 gelöschten Daten sind in einer gesonderten Datei zu speichern, solange und soweit dies für den Nachweis der Berufsausbildung erforderlich ist, höchstens jedoch 60 Jahre. [2]Die Übermittlung von Daten ist nur unter den Voraussetzungen des Absatzes 2 zulässig.

(7) [1]Zur Verbesserung der Ausbildungsvermittlung, zur Verbesserung der Zuverlässigkeit und Aktualität der Ausbildungsvermittlungsstatistik sowie zur Verbesserung der Feststellung von Angebot und Nachfrage auf dem Ausbildungsmarkt darf die Handwerkskammer folgende Daten aus der Lehrlingsrolle an die Bundesagentur für Arbeit übermitteln:

1. Name, Geburtsname, Vorname, Geburtsdatum und Anschrift des Lehrlings (Auszubildenden),
2. Name und Anschrift der Ausbildungsstätte,
3. Ausbildungsberuf sowie
4. Datum des Beginns der Berufsausbildung.

[2]Bei der Datenübermittlung sind dem jeweiligen Stand der Technik entsprechende Maßnahmen zur Sicherstellung von Datenschutz und Datensicherheit zu treffen, die insbesondere die Vertraulichkeit, Unversehrtheit und Zurechenbarkeit der Daten gewährleisten.

(8) Im Übrigen darf die Handwerkskammer Daten aus dem Berufsausbildungsvertrag, die nicht nach Absatz 1 oder Absatz 6 gespeichert sind, nur für die in Absatz 1 genannten Zwecke sowie in den Fällen des § 88 Abs. 2 des Berufsbildungsgesetzes übermitteln.

§ 29 Eintragungen und Löschungen[2)]

(1) Ein Berufsausbildungsvertrag und Änderungen seines wesentlichen Inhalts sind in die Lehrlingsrolle einzutragen, wenn

1. der Berufsausbildungsvertrag den gesetzlichen Vorschriften und der Ausbildungsordnung entspricht,
2. die persönliche und fachliche Eignung sowie die Eignung der Ausbildungsstätte für das Einstellen und Ausbilden vorliegen und

1) **Anm. d. Red.:** § 28 i. d. F. des Gesetzes v. 23. 3. 2005 (BGBl I S. 931) mit Wirkung v. 1. 4. 2005.

2) **Anm. d. Red.:** § 29 i. d. F. des Gesetzes v. 23. 3. 2005 (BGBl I S. 931) mit Wirkung v. 1. 4. 2005.

3. für Auszubildende unter 18 Jahren die ärztliche Bescheinigung über die Erstuntersuchung nach § 32 Abs. 1 des Jugendarbeitsschutzgesetzes zur Einsicht vorgelegt wird.

(2) [1]Die Eintragung ist abzulehnen oder zu löschen, wenn die Eintragungsvoraussetzungen nicht vorliegen und der Mangel nicht nach § 23 Abs. 2 behoben wird. [2]Die Eintragung ist ferner zu löschen, wenn die ärztliche Bescheinigung über die erste Nachuntersuchung nach § 33 Abs. 1 des Jugendarbeitsschutzgesetzes nicht spätestens am Tage der Anmeldung des Auszubildenden zur Zwischenprüfung oder zum ersten Teil der Gesellenprüfung zur Einsicht vorgelegt und der Mangel nicht nach § 23 Abs. 2 behoben wird.

§ 30 Antrag auf Eintragungen[1)]

(1) [1]Der Ausbildende hat unverzüglich nach Abschluss des Berufsausbildungsvertrages die Eintragung in die Lehrlingsrolle zu beantragen. [2]Der Antrag kann schriftlich oder elektronisch gestellt werden; eine Kopie der Vertragsniederschrift ist jeweils beizufügen. [3]Auf einen betrieblichen Ausbildungsplan im Sinne des § 11 Absatz 1 Satz 2 Nummer 1 des Berufsbildungsgesetzes, der der zuständigen Stelle bereits vorliegt, kann dabei Bezug genommen werden. [4]Entsprechendes gilt bei Änderungen des wesentlichen Vertragsinhalts.

(2) Der Ausbildende hat anzuzeigen

1. eine vorausgegangene allgemeine und berufliche Ausbildung des Lehrlings (Auszubildenden),
2. die Bestellung von Ausbildern.

Vierter Abschnitt: Prüfungswesen

§ 31 Gesellenprüfung[2)]

(1) [1]In den anerkannten Ausbildungsberufen (Gewerbe der Anlage A oder der Anlage B) sind Gesellenprüfungen durchzuführen. [2]Die Prüfung kann im Falle des Nichtbestehens zweimal wiederholt werden. [3]Sofern die Gesellenprüfung in zwei zeitlich auseinander fallenden Teilen durchgeführt wird, ist der erste Teil der Gesellenprüfung nicht eigenständig wiederholbar.

(2) [1]Dem Prüfling ist ein Zeugnis auszustellen. [2]Dem Ausbildenden werden auf dessen Verlangen die Ergebnisse der Gesellenprüfung des Lehrlings (Auszubildenden) übermittelt. [3]Sofern die Gesellenprüfung in zwei zeitlich auseinander fallenden Teilen durchgeführt wird, ist das Ergebnis der Prüfungsleistung im ersten Teil der Gesellenprüfung dem Prüfling schriftlich mitzuteilen.

(3) [1]Dem Zeugnis ist auf Antrag des Lehrlings (Auszubildenden) eine englischsprachige und eine französischsprachige Übersetzung beizufügen. [2]Auf Antrag des Lehrlings (Auszubildenden) kann das Ergebnis berufsschulischer Leistungsfeststellungen auf dem Zeugnis ausgewiesen werden.

(4) Die Prüfung ist für den Lehrling (Auszubildenden) gebührenfrei.

§ 32 Prüfungsinhalt[3)]

[1]Durch die Gesellenprüfung ist festzustellen, ob der Prüfling die berufliche Handlungsfähigkeit im Sinne des § 1 Abs. 3 des Berufsbildungsgesetzes erworben hat. [2]In ihr soll der Prüfling nachweisen, dass er die erforderlichen beruflichen Fertigkeiten beherrscht, die notwendigen beruflichen Kenntnisse und Fähigkeiten besitzt und mit dem im Berufsschulunterricht zu vermittelnden, für die Berufsausbildung wesentlichen Lehrstoff vertraut ist. [3]Die Ausbildungsordnung ist zugrunde zu legen.

---

1) **Anm. d. Red.:** § 30 i. d. F. des Gesetzes v. 25. 7. 2013 (BGBl I S. 2749) mit Wirkung v. 1. 8. 2013.

2) **Anm. d. Red.:** § 31 i. d. F. des Gesetzes v. 23. 3. 2005 (BGBl I S. 931) mit Wirkung v. 1. 4. 2005.

3) **Anm. d. Red.:** § 32 i. d. F. des Gesetzes v. 23. 3. 2005 (BGBl I S. 931) mit Wirkung v. 1. 4. 2005.

§ 33 Gesellenprüfungsausschüsse[1)]

(1) [1]Für die Abnahme der Gesellenprüfung errichtet die Handwerkskammer Prüfungsausschüsse. [2]Mehrere Handwerkskammern können bei einer von ihnen gemeinsame Prüfungsausschüsse errichten. [3]Die Handwerkskammer kann Handwerksinnungen ermächtigen, Gesellenprüfungsausschüsse zu errichten, wenn die Leistungsfähigkeit der Handwerksinnung die ordnungsgemäße Durchführung der Prüfung sicherstellt.

(2) Werden von einer Handwerksinnung Gesellenprüfungsausschüsse errichtet, so sind sie für die Abnahme der Gesellenprüfung aller Lehrlinge (Auszubildenden) der in der Handwerksinnung vertretenen Handwerke ihres Bezirks zuständig, soweit nicht die Handwerkskammer etwas anderes bestimmt.

(3) Der Prüfungsausschuss kann zur Bewertung einzelner, nicht mündlich zu erbringender Prüfungsleistungen gutachterliche Stellungnahmen Dritter, insbesondere berufsbildender Schulen, einholen.

(4) Im Rahmen der Begutachtung nach Absatz 3 sind die wesentlichen Abläufe zu dokumentieren und die für die Bewertung erheblichen Tatsachen festzuhalten.

§ 34 Mitglieder des Prüfungsausschusses[2)]

(1) [1]Der Prüfungsausschuss besteht aus mindestens drei Mitgliedern. [2]Die Mitglieder müssen für die Prüfungsgebiete sachkundig und für die Mitwirkung im Prüfungswesen geeignet sein.

(2) [1]Dem Prüfungsausschuss müssen als Mitglieder für zulassungspflichtige Handwerke Arbeitgeber oder Betriebsleiter und Arbeitnehmer in gleicher Zahl, für zulassungsfreie Handwerke oder handwerksähnliche Gewerbe Beauftragte der Arbeitgeber und Arbeitnehmer in gleicher Zahl sowie mindestens ein Lehrer einer berufsbildenden Schule angehören. [2]Mindestens zwei Drittel der Gesamtzahl der Mitglieder müssen in zulassungspflichtigen Handwerken Arbeitgeber und Arbeitnehmer, in zulassungsfreien Handwerken oder handwerksähnlichen Gewerben Beauftragte der Arbeitgeber und der Arbeitnehmer sein.. [3]Die Mitglieder haben Stellvertreter. [4]Die Mitglieder und die Stellvertreter werden längstens für fünf Jahre berufen oder gewählt.

(3) [1]Die Arbeitgeber müssen in dem zulassungspflichtigen Handwerk, für das der Prüfungsausschuss errichtet ist, die Meisterprüfung abgelegt haben oder zum Ausbilden berechtigt sein. [2]In dem zulassungsfreien Handwerk oder in dem handwerksähnlichen Gewerbe, für das der Prüfungsausschuss errichtet ist, müssen die Arbeitgeber oder die Beauftragten der Arbeitgeber die Gesellenprüfung oder eine entsprechende Abschlussprüfung in einem anerkannten Ausbildungsberuf nach § 4 des Berufsbildungsgesetzes bestanden haben und in diesem Handwerk oder in diesem Gewerbe tätig sein. [3]Die Arbeitnehmer und die Beauftragten der Arbeitnehmer müssen die Gesellenprüfung in dem zulassungspflichtigen oder zulassungsfreien Handwerk oder in dem handwerksähnlichen Gewerbe, für das der Prüfungsausschuss errichtet ist, oder eine entsprechende Abschlussprüfung in einem anerkannten Ausbildungsberuf nach § 4 des Berufsbildungsgesetzes bestanden haben und in diesem Handwerk oder in diesem Gewerbe tätig sein. [4]Arbeitnehmer, die eine entsprechende ausländische Befähigung erworben haben und handwerklich tätig sind, können in den Prüfungsausschuss berufen werden.

(4) [1]Die Mitglieder werden von der Handwerkskammer berufen. [2]Die Arbeitnehmer und die Beauftragten der Arbeitnehmer der von der Handwerkskammer errichteten Prüfungsausschüsse werden auf Vorschlag der Mehrheit der Gesellenvertreter in der Vollversammlung der Handwerkskammer berufen. [3]Der Lehrer einer berufsbildenden Schule wird im Einvernehmen mit der Schulaufsichtsbehörde oder der von ihr bestimmten Stelle berufen.

(5) [1]Für die mit Ermächtigung der Handwerkskammer von der Handwerksinnung errichteten Prüfungsausschüsse werden die Arbeitgeber und die Beauftragten der Arbeitgeber von der Innungsversammlung, die Arbeitnehmer und die Beauftragten der Arbeitnehmer von dem Gesel-

1) **Anm. d. Red.:** § 33 i. d. F. des Gesetzes v. 23. 3. 2005 (BGBl I S. 931) mit Wirkung v. 1. 4. 2005.

2) **Anm. d. Red.:** § 34 i. d. F. des Gesetzes v. 23. 3. 2005 (BGBl I S. 931) mit Wirkung v. 1. 4. 2005.

lenausschuss gewählt. [2]Der Lehrer einer berufsbildenden Schule wird im Einvernehmen mit der Schulaufsichtsbehörde oder der von ihr bestimmten Stelle nach Anhörung der Handwerksinnung von der Handwerkskammer berufen.

(6) [1]Die Mitglieder der Prüfungsausschüsse können nach Anhörung der an ihrer Berufung Beteiligten aus wichtigem Grund abberufen werden. [2]Die Absätze 4 und 5 gelten für die Stellvertreter entsprechend.

(7) [1]Die Tätigkeit im Prüfungsausschuss ist ehrenamtlich. [2]Für bare Auslagen und für Zeitversäumnis ist, soweit eine Entschädigung nicht von anderer Seite gewährt wird, eine angemessene Entschädigung zu zahlen, deren Höhe von der Handwerkskammer mit Genehmigung der obersten Landesbehörde festgesetzt wird.

(8) Von Absatz 2 darf nur abgewichen werden, wenn anderenfalls die erforderliche Zahl von Mitgliedern des Prüfungsausschusses nicht berufen werden kann.

§ 35 Vorsitzender und Stellvertreter

[1]Der Prüfungsausschuss wählt aus seiner Mitte einen Vorsitzenden und dessen Stellvertreter. [2]Der Vorsitzende und sein Stellvertreter sollen nicht derselben Mitgliedergruppe angehören. [3]Der Prüfungsausschuss ist beschlussfähig, wenn zwei Drittel der Mitglieder, mindestens drei, mitwirken. [4]Er beschließt mit der Mehrheit der abgegebenen Stimmen. [5]Bei Stimmengleichheit gibt die Stimme des Vorsitzenden den Ausschlag.

§ 35a Prüfungsnote[1)]

(1) Beschlüsse über die Noten zur Bewertung einzelner Prüfungsleistungen, der Prüfung insgesamt sowie über das Bestehen und Nichtbestehen der Gesellenprüfung werden vom Prüfungsausschuss gefasst.

(2) [1]Zur Vorbereitung der Beschlussfassung nach Absatz 1 kann der Vorsitzende mindestens zwei Mitglieder mit der Bewertung einzelner, nicht mündlich zu erbringender Prüfungsleistungen beauftragen. [2]Die Beauftragten sollen nicht derselben Mitgliedergruppe angehören.

(3) Die nach Absatz 2 beauftragten Mitglieder dokumentieren die wesentlichen Abläufe und halten die für die Bewertung erheblichen Tatsachen fest.

§ 36 Zulassung zur Gesellenprüfung[2)]

(1) Zur Gesellenprüfung ist zuzulassen,

1. wer die Ausbildungszeit zurückgelegt hat oder wessen Ausbildungszeit nicht später als zwei Monate nach dem Prüfungstermin endet,
2. wer an vorgeschriebenen Zwischenprüfungen teilgenommen sowie einen vom Ausbilder und Auszubildenden abgezeichneten Ausbildungsnachweis nach § 13 Satz 2 Nummer 7 des Berufsbildungsgesetzes vorgelegt hat und
3. wessen Berufsausbildungsverhältnis in die Lehrlingsrolle eingetragen oder aus einem Grund nicht eingetragen ist, den weder der Lehrling (Auszubildende) noch dessen gesetzlicher Vertreter zu vertreten hat.

(2) [1]Zur Gesellenprüfung ist ferner zuzulassen, wer in einer berufsbildenden Schule oder einer sonstigen Berufsbildungseinrichtung ausgebildet worden ist, wenn dieser Bildungsgang der Berufsausbildung in einem anerkannten Ausbildungsberuf (Gewerbe der Anlage A oder der Anlage B) entspricht. [2]Ein Bildungsgang entspricht der Berufsausbildung in einem anerkannten Ausbildungsberuf, wenn er

1. nach Inhalt, Anforderung und zeitlichem Umfang der jeweiligen Ausbildungsordnung gleichwertig ist,

1) **Anm. d. Red.:** § 35a eingefügt gem. Gesetz v. 23. 3. 2005 (BGBl I S. 931) mit Wirkung v. 1. 4. 2005.

2) **Anm. d. Red.:** § 36 i. d. F. des Gesetzes v. 29. 3. 2017 (BGBl I S. 626) mit Wirkung v. 5. 4. 2017.

2. systematisch, insbesondere im Rahmen einer sachlichen und zeitlichen Gliederung durchgeführt wird, und
3. durch Lernortkooperation einen angemessenen Anteil an fachpraktischer Ausbildung gewährleistet.

§ 36a Zweigeteilte Gesellenprüfung[1)]

(1) Sofern die Gesellenprüfung in zwei zeitlich auseinander fallenden Teilen durchgeführt wird, ist über die Zulassung jeweils gesondert zu entscheiden.

(2) Zum ersten Teil der Gesellenprüfung ist zuzulassen, wer die in der Ausbildungsordnung vorgeschriebene, erforderliche Ausbildungszeit zurückgelegt hat und die Voraussetzungen des § 36 Abs. 1 Nr. 2 und 3 erfüllt.

(3) [1]Zum zweiten Teil der Gesellenprüfung ist zuzulassen, wer über die Voraussetzungen in § 36 Abs. 1 hinaus am ersten Teil der Gesellenprüfung teilgenommen hat. [2]Dies gilt nicht, wenn der Lehrling (Auszubildende) aus Gründen, die er nicht zu vertreten hat, am ersten Teil der Gesellenprüfung nicht teilgenommen hat. [3]In diesem Fall ist der erste Teil der Gesellenprüfung zusammen mit dem zweiten Teil abzulegen.

§ 37 Vorzeitige Zulassung zur Gesellenprüfung[2)]

(1) Der Lehrling (Auszubildende) kann nach Anhörung des Ausbildenden und der Berufsschule vor Ablauf seiner Ausbildungszeit zur Gesellenprüfung zugelassen werden, wenn seine Leistungen dies rechtfertigen.

(2) [1]Zur Gesellenprüfung ist auch zuzulassen, wer nachweist, dass er mindestens das Eineinhalbfache der Zeit, die als Ausbildungszeit vorgeschrieben ist, in dem Beruf tätig gewesen ist, in dem er die Prüfung ablegen will. [2]Als Zeiten der Berufstätigkeit gelten auch Ausbildungszeiten in einem anderen, einschlägigen Ausbildungsberuf. [3]Vom Nachweis der Mindestzeit nach Satz 1 kann ganz oder teilweise abgesehen werden, wenn durch Vorlage von Zeugnissen oder auf andere Weise glaubhaft gemacht wird, dass der Bewerber die berufliche Handlungsfähigkeit erworben hat, die die Zulassung zur Prüfung rechtfertigt. [4]Ausländische Bildungsabschlüsse und Zeiten der Berufstätigkeit im Ausland sind dabei zu berücksichtigen.

(3) Soldaten auf Zeit und ehemalige Soldaten sind nach Absatz 2 Satz 3 zur Gesellenprüfung zuzulassen, wenn das Bundesministerium der Verteidigung oder die von ihm bestimmte Stelle bescheinigt, dass der Bewerber berufliche Fertigkeiten, Kenntnisse und Fähigkeiten erworben hat, welche die Zulassung zur Prüfung rechtfertigen.

§ 37a Entscheidung über die Zulassung[2)]

(1) [1]Über die Zulassung zur Gesellenprüfung entscheidet der Vorsitzende des Prüfungsausschusses. [2]Hält er die Zulassungsvoraussetzungen nicht für gegeben, so entscheidet der Prüfungsausschuss.

(2) Auszubildenden, die Elternzeit in Anspruch genommen haben, darf bei der Entscheidung über die Zulassung hieraus kein Nachteil erwachsen.

§ 38 Prüfungsordnung[2)]

(1) [1]Die Handwerkskammer hat eine Prüfungsordnung für die Gesellenprüfung zu erlassen. [2]Die Prüfungsordnung bedarf der Genehmigung der zuständigen obersten Landesbehörde.

(2) [1]Die Prüfungsordnung muss die Zulassung, die Gliederung der Prüfung, die Bewertungsmaßstäbe, die Erteilung der Prüfungszeugnisse, die Folgen von Verstößen gegen die Prüfungs-

1) **Anm. d. Red.:** § 36a eingefügt gem. Gesetz v. 23. 3. 2005 (BGBl I S. 931) mit Wirkung v. 1. 4. 2005.

2) **Anm. d. Red.:** Frühere §§ 37 bis 40 durch neue §§ 37 bis 40 ersetzt gem. Gesetz v. 23. 3. 2005 (BGBl I S. 931) mit Wirkung v. 1. 4. 2005.

ordnung und die Wiederholungsprüfung regeln. [2]Sie kann vorsehen, dass Prüfungsaufgaben, die überregional oder von einem Aufgabenerstellungsausschuss bei der Handwerkskammer erstellt oder ausgewählt werden, zu übernehmen sind, sofern diese Aufgaben von Gremien erstellt oder ausgewählt werden, die entsprechend § 34 Abs. 2 zusammengesetzt sind.

(3) Der Hauptausschuss des Bundesinstituts für Berufsbildung erlässt für die Prüfungsordnung Richtlinien.

§ 39 Zwischenprüfung[1)]

(1) [1]Während der Berufsausbildung ist zur Ermittlung des Ausbildungsstands eine Zwischenprüfung entsprechend der Ausbildungsordnung durchzuführen. [2]Die §§ 31 bis 33 gelten entsprechend.

(2) Sofern die Ausbildungsordnung vorsieht, dass die Gesellenprüfung in zwei zeitlich auseinander fallenden Teilen durchgeführt wird, findet Absatz 1 keine Anwendung.

§ 39a Prüfung besonderer Fertigkeiten[1)]

(1) [1]Zusätzliche berufliche Fertigkeiten, Kenntnisse und Fähigkeiten nach § 26 Abs. 2 Nr. 5 werden gesondert geprüft und bescheinigt. [2]Das Ergebnis der Prüfung nach § 31 bleibt unberührt.

(2) § 31 Abs. 3 und 4 sowie die §§ 33 bis 35a und 38 gelten entsprechend.

§ 40 Gleichstellung von anderen Prüfungszeugnissen[2)]

(1) Das Bundesministerium für Wirtschaft und Energie kann im Einvernehmen mit dem Bundesministerium für Bildung und Forschung nach Anhörung des Hauptausschusses des Bundesinstituts für Berufsbildung durch Rechtsverordnung außerhalb des Anwendungsbereichs dieses Gesetzes erworbene Prüfungszeugnisse den entsprechenden Zeugnissen über das Bestehen der Gesellenprüfung gleichstellen, wenn die Berufsausbildung und die in der Prüfung nachzuweisenden beruflichen Fertigkeiten, Kenntnisse und Fähigkeiten gleichwertig sind.

(2) Das Bundesministerium für Wirtschaft und Energie kann im Einvernehmen mit dem Bundesministerium für Bildung und Forschung nach Anhörung des Hauptausschusses des Bundesinstituts für Berufsbildung durch Rechtsverordnung im Ausland erworbene Prüfungszeugnisse den entsprechenden Zeugnissen über das Bestehen der Gesellenprüfung gleichstellen, wenn die in der Prüfung nachzuweisenden beruflichen Fertigkeiten, Kenntnisse und Fähigkeiten gleichwertig sind.

§ 40a[3)]

[1]Ausländische Ausbildungsnachweise stehen der Gesellenprüfung im Sinne dieses Gesetzes und der auf ihm beruhenden Rechtsverordnungen gleich, wenn ihre Gleichwertigkeit festgestellt wurde. [2]§ 50b Absatz 4 gilt entsprechend. [3]Die Vorschriften des Berufsqualifikationsfeststellungsgesetzes für nicht reglementierte Berufe sowie § 17 sind anzuwenden.

Fünfter Abschnitt: Regelung und Überwachung der Berufsausbildung

§ 41 Regelung durch die Handwerkskammer

Soweit Vorschriften nicht bestehen, regelt die Handwerkskammer die Durchführung der Berufsausbildung im Rahmen der gesetzlichen Vorschriften.

1) **Anm. d. Red.:** Frühere §§ 37 bis 40 durch neue §§ 37 bis 40 ersetzt gem. Gesetz v. 23. 3. 2005 (BGBl I S. 931) mit Wirkung v. 1. 4. 2005.

2) **Anm. d. Red.:** § 40 i. d. F. der VO v. 31. 8. 2015 (BGBl I S. 1474) mit Wirkung v. 8. 9. 2015.

3) **Anm. d. Red.:** § 40a eingefügt gem. Gesetz v. 6. 12. 2011 (BGBl I S. 2515) mit Wirkung v. 1. 4. 2012.

§ 41a Überwachung durch die Handwerkskammer[1]

(1) [1]Die Handwerkskammer überwacht die Durchführung

1. der Berufsausbildungsvorbereitung,
2. der Berufsausbildung und
3. der beruflichen Umschulung

und fördert diese durch Beratung der an der Berufsbildung beteiligten Personen. [2]Sie hat zu diesem Zweck Berater zu bestellen. [3]§ 111 ist anzuwenden.

(2) Ausbildende, Umschulende und Anbieter von Maßnahmen der Berufsausbildungsvorbereitung sind auf Verlangen verpflichtet, die für die Überwachung notwendigen Auskünfte zu erteilen und Unterlagen vorzulegen sowie die Besichtigung der Ausbildungsstätten zu gestatten.

(3) [1]Die Durchführung von Auslandsaufenthalten nach § 2 Abs. 3 des Berufsbildungsgesetzes überwacht und fördert die Handwerkskammer in geeigneter Weise. [2]Beträgt die Dauer eines Ausbildungsabschnitts im Ausland mehr als vier Wochen, ist hierfür ein mit der Handwerkskammer abgestimmter Plan erforderlich.

(4) Die Handwerkskammer teilt der Aufsichtsbehörde nach dem Jugendarbeitsschutzgesetz Wahrnehmungen mit, die für die Durchführung des Jugendarbeitsschutzgesetzes von Bedeutung sein können.

Sechster Abschnitt: Berufliche Fortbildung, berufliche Umschulung

§ 42 Fortbildungsordnung[2]

(1) Als Grundlage für eine einheitliche berufliche Fortbildung kann das Bundesministerium für Bildung und Forschung im Einvernehmen mit dem Bundesministerium für Wirtschaft und Energie nach Anhören des Hauptausschusses des Bundesinstituts für Berufsbildung durch Rechtsverordnung, die nicht der Zustimmung des Bundesrates bedarf, Fortbildungsabschlüsse anerkennen und hierfür Prüfungsregelungen erlassen (Fortbildungsordnung).

(2) Die Fortbildungsordnung hat festzulegen

1. die Bezeichnung des Fortbildungsabschlusses,
2. das Ziel, den Inhalt und die Anforderungen der Prüfung,
3. die Zulassungsvoraussetzungen sowie
4. das Prüfungsverfahren.

§ 42a Fortbildungsprüfungsregelungen[3]

[1]Soweit Rechtsverordnungen nach § 42 nicht erlassen sind, kann die Handwerkskammer Fortbildungsprüfungsregelungen erlassen. [2]Die Vorschriften über die Meisterprüfung bleiben unberührt. [3]Die Handwerkskammer regelt die Bezeichnung des Fortbildungsabschlusses, Ziel, Inhalt und Anforderungen der Prüfungen, ihre Zulassungsvoraussetzungen sowie das Prüfungsverfahren.

§ 42b Ausländische Bildungsabschlüsse und Berufstätigkeiten[3]

Sofern die Fortbildungsordnung (§ 42) oder eine Regelung der Handwerkskammer (§ 42a) Zulassungsvoraussetzungen vorsieht, sind ausländische Bildungsabschlüsse und Zeiten der Berufstätigkeit im Ausland zu berücksichtigen.

---

1) **Anm. d. Red.:** § 41a i. d. F. des Gesetzes v. 23. 3. 2005 (BGBl I S. 931) mit Wirkung v. 1. 4. 2005.

2) **Anm. d. Red.:** § 42 i. d. F. der VO v. 31. 8. 2015 (BGBl I S. 1474) mit Wirkung v. 8. 9. 2015.

3) **Anm. d. Red.:** Frühere §§ 42 und 42a durch neue §§ 42 bis 42j ersetzt gem. Gesetz v. 23. 3. 2005 (BGBl I S. 931) mit Wirkung v. 1. 4. 2005.

§ 42c Prüfungsausschuss; Befreiung von der Prüfung[1)]

(1) [1]Für die Durchführung von Prüfungen im Bereich der beruflichen Fortbildung errichtet die Handwerkskammer Prüfungsausschüsse. [2]§ 31 Abs. 2 und 3 sowie die §§ 34 bis 35a, 37a und 38 gelten entsprechend.

(2) Der Prüfling ist auf Antrag von der Ablegung einzelner Prüfungsbestandteile durch die Handwerkskammer zu befreien, wenn er eine andere vergleichbare Prüfung vor einer öffentlichen oder staatlich anerkannten Bildungseinrichtung oder vor einem staatlichen Prüfungsausschuss erfolgreich abgelegt hat und die Anmeldung zur Fortbildungsprüfung innerhalb von fünf Jahren nach der Bekanntgabe des Bestehens der anderen Prüfung erfolgt.

§ 42d Gleichstellung von Prüfungszeugnissen[2)]

Das Bundesministerium für Wirtschaft und Energie kann im Einvernehmen mit dem Bundesministerium für Bildung und Forschung nach Anhörung des Hauptausschusses des Bundesinstituts für Berufsbildung durch Rechtsverordnung außerhalb des Anwendungsbereichs dieses Gesetzes oder im Ausland erworbene Prüfungszeugnisse den entsprechenden Zeugnissen über das Bestehen einer Fortbildungsprüfung auf der Grundlage der §§ 42 und 42a gleichstellen, wenn die in der Prüfung nachzuweisenden beruflichen Fertigkeiten, Kenntnisse und Fähigkeiten gleichwertig sind.

§ 42e Umschulungsordnung[3)]

Als Grundlage für eine geordnete und einheitliche berufliche Umschulung kann das Bundesministerium für Bildung und Forschung im Einvernehmen mit dem Bundesministerium für Wirtschaft und Energie nach Anhörung des Hauptausschusses des Bundesinstituts für Berufsbildung durch Rechtsverordnung, die nicht der Zustimmung des Bundesrates bedarf,

1. die Bezeichnung des Umschulungsabschlusses,
2. das Ziel, den Inhalt, die Art und Dauer der Umschulung,
3. die Anforderungen der Umschulungsprüfung und ihre Zulassungsvoraussetzungen sowie
4. das Prüfungsverfahren der Umschulung

unter Berücksichtigung der besonderen Erfordernisse der beruflichen Erwachsenenbildung bestimmen (Umschulungsordnung).

§ 42f Umschulungsprüfungsregelungen[1)]

[1]Soweit Rechtsverordnungen nach § 42e nicht erlassen sind, kann die Handwerkskammer Umschulungsprüfungsregelungen erlassen. [2]Die Handwerkskammer regelt die Bezeichnung des Umschulungsabschlusses, Ziel, Inhalt und Anforderungen der Prüfungen, ihre Zulassungsvoraussetzungen sowie das Prüfungsverfahren unter Berücksichtigung der besonderen Erfordernisse beruflicher Erwachsenenbildung.

§ 42g Umschulung zu anerkanntem Ausbildungsberuf[1)]

[1]Sofern sich die Umschulungsordnung (§ 42e) oder eine Regelung der Handwerkskammer (§ 42f) auf die Umschulung für einen anerkannten Ausbildungsberuf (Gewerbe der Anlage A oder der Anlage B) richtet, sind das Ausbildungsberufsbild (§ 26 Abs. 1 Nr. 3), der Ausbildungsrahmenplan (§ 26 Abs. 1 Nr. 4) und die Prüfungsanforderungen (§ 26 Abs. 1 Nr. 5) zugrunde zu legen. [2]Die §§ 21 bis 24 gelten entsprechend.

---

1) **Anm. d. Red.:** Frühere §§ 42 und 42a durch neue §§ 42 bis 42j ersetzt gem. Gesetz v. 23. 3. 2005 (BGBl I S. 931) mit Wirkung v. 1. 4. 2005.

2) **Anm. d. Red.:** § 42d i. d. F. der VO v. 31. 8. 2015 (BGBl I S. 1474) mit Wirkung v. 8. 9. 2015.

3) **Anm. d. Red.:** § 42e i. d. F. der VO v. 31. 8. 2015 (BGBl I S. 1474) mit Wirkung v. 8. 9. 2015.

§ 42h Ausländische Bildungsabschlüsse[1)]

Sofern die Umschulungsordnung (§ 42e) oder eine Regelung der Handwerkskammer (§ 42f) Zulassungsvoraussetzungen vorsieht, sind ausländische Bildungsabschlüsse und Zeiten der Berufstätigkeit im Ausland zu berücksichtigen.

§ 42i Durchführung der Umschulung[1)]

(1) Maßnahmen der beruflichen Umschulung müssen nach Inhalt, Art, Ziel und Dauer den besonderen Erfordernissen der beruflichen Erwachsenenbildung entsprechen.

(2) [1]Der Umschulende hat die Durchführung der beruflichen Umschulung unverzüglich vor Beginn der Maßnahme der Handwerkskammer schriftlich anzuzeigen. [2]Die Anzeigepflicht erstreckt sich auf den wesentlichen Inhalt des Umschulungsverhältnisses. [3]Bei Abschluss eines Umschulungsvertrages ist eine Ausfertigung der Vertragsniederschrift beizufügen.

(3) [1]Für die Durchführung von Prüfungen im Bereich der beruflichen Umschulung errichtet die Handwerkskammer Prüfungsausschüsse. [2]§ 31 Abs. 2 und 3 sowie die §§ 34 bis 35a, 37a und 38 gelten entsprechend.

(4) Der Prüfling ist auf Antrag von der Ablegung einzelner Prüfungsbestandteile durch die Handwerkskammer zu befreien, wenn er eine andere vergleichbare Prüfung vor einer öffentlichen oder staatlich anerkannten Bildungseinrichtung oder vor einem staatlichen Prüfungsausschuss erfolgreich abgelegt hat und die Anmeldung zur Umschulungsprüfung innerhalb von fünf Jahren nach der Bekanntgabe des Bestehens der anderen Prüfung erfolgt.

§ 42j Gleichstellung ausländischer Prüfungszeugnisse[2)]

Das Bundesministerium für Wirtschaft und Energie kann im Einvernehmen mit dem Bundesministerium für Bildung und Forschung nach Anhörung des Hauptausschusses des Bundesinstituts für Berufsbildung durch Rechtsverordnung außerhalb des Anwendungsbereichs dieses Gesetzes oder im Ausland erworbene Prüfungszeugnisse den entsprechenden Zeugnissen über das Bestehen einer Umschulungsprüfung auf der Grundlage der §§ 42e und 42f gleichstellen, wenn die in der Prüfung nachzuweisenden beruflichen Fertigkeiten, Kenntnisse und Fähigkeiten gleichwertig sind.

Siebenter Abschnitt: Berufliche Bildung behinderter Menschen, Berufsausbildungsvorbereitung[3)]

§ 42k Ausbildung in anerkannten Ausbildungsberufen[4)]

Behinderte Menschen (§ 2 Abs. 1 Satz 1 des Neunten Buches Sozialgesetzbuch) sollen in anerkannten Ausbildungsberufen ausgebildet werden.

§ 42l Behindertengerechte Erleichterungen; Lehrlingsrolle[4)]

(1) [1]Regelungen nach den §§ 38 und 41 sollen die besonderen Verhältnisse behinderter Menschen berücksichtigen. [2]Dies gilt insbesondere für die zeitliche und sachliche Gliederung der Ausbildung, die Dauer von Prüfungszeiten, die Zulassung von Hilfsmitteln und die Inanspruchnahme von Hilfeleistungen Dritter, wie Gebärdendolmetscher für hörbehinderte Menschen.

1) **Anm. d. Red.:** Frühere §§ 42 und 42a durch neue §§ 42 bis 42j ersetzt gem. Gesetz v. 23. 3. 2005 (BGBl I S. 931) mit Wirkung v. 1. 4. 2005.

2) **Anm. d. Red.:** § 42j i. d. F. der VO v. 31. 8. 2015 (BGBl I S. 1474) mit Wirkung v. 8. 9. 2015.

3) **Anm. d. Red.:** Überschrift i. d. F. des Gesetzes v. 23. 3. 2005 (BGBl I S. 931) mit Wirkung v. 1. 4. 2005.

4) **Anm. d. Red.:** Frühere §§ 42b bis 42e durch neue §§ 42k bis 42q ersetzt gem. Gesetz v. 23. 3. 2005 (BGBl I S. 931) mit Wirkung v. 1. 4. 2005.

(2) [1]Der Berufsausbildungsvertrag mit einem behinderten Menschen ist in die Lehrlingsrolle (§ 28) einzutragen. [2]Der behinderte Mensch ist zur Gesellenprüfung auch zuzulassen, wenn die Voraussetzungen des § 36 Abs. 1 Nr. 2 und 3 nicht vorliegen.

§ 42m Ausbildungsregelung außerhalb anerkannter Ausbildungsberufe[1)]

(1) [1]Für behinderte Menschen, für die wegen Art und Schwere ihrer Behinderung eine Ausbildung in einem anerkannten Ausbildungsberuf nicht in Betracht kommt, trifft die Handwerkskammer auf Antrag der behinderten Menschen oder ihrer gesetzlichen Vertreter Ausbildungsregelungen entsprechend den Empfehlungen des Hauptausschusses des Bundesinstituts für Berufsbildung. [2]Die Ausbildungsinhalte sollen unter Berücksichtigung von Lage und Entwicklung des allgemeinen Arbeitsmarktes aus den Inhalten anerkannter Ausbildungsberufe entwickelt werden. [3]Im Antrag nach Satz 1 ist eine Ausbildungsmöglichkeit in dem angestrebten Ausbildungsgang nachzuweisen.

(2) § 42l Abs. 2 Satz 1 gilt entsprechend.

§ 42n Fortbildung und Umschulung[1)]

Für die berufliche Fortbildung und die berufliche Umschulung behinderter Menschen gelten die §§ 42k bis 42m entsprechend, soweit Art und Schwere der Behinderung dies erfordern.

§ 42o Berufsausbildungsvorbereitung[1)]

(1) [1]Die Berufsausbildungsvorbereitung richtet sich an lernbeeinträchtigte oder sozial benachteiligte Personen, deren Entwicklungsstand eine erfolgreiche Ausbildung in einem anerkannten Ausbildungsberuf (Gewerbe der Anlage A oder der Anlage B) noch nicht erwarten lässt. [2]Sie muss nach Inhalt, Art, Ziel und Dauer den besonderen Erfordernissen des in Satz 1 genannten Personenkreises entsprechen und durch umfassende sozialpädagogische Betreuung und Unterstützung begleitet werden.

(2) Für die Berufsausbildungsvorbereitung, die nicht im Rahmen des Dritten Buches Sozialgesetzbuch oder anderer vergleichbarer, öffentlich geförderter Maßnahmen durchgeführt wird, gelten die §§ 21 bis 24 entsprechend.

§ 42p Qualifizierungsbausteine[2)]

(1) Die Vermittlung von Grundlagen für den Erwerb beruflicher Handlungsfähigkeit (§ 1 Abs. 2 des Berufsbildungsgesetzes) kann insbesondere durch inhaltlich und zeitlich abgegrenzte Lerneinheiten erfolgen, die aus den Inhalten anerkannter Ausbildungsberufe (Gewerbe der Anlage A oder der Anlage B) entwickelt werden (Qualifizierungsbausteine).

(2) [1]Über vermittelte Grundlagen für den Erwerb beruflicher Handlungsfähigkeit stellt der Anbieter der Berufsausbildungsvorbereitung eine Bescheinigung aus. [2]Das Nähere regelt das Bundesministerium für Bildung und Forschung im Einvernehmen mit dem Bundesministerium für Wirtschaft und Energie nach Anhörung des Hauptausschusses des Bundesinstituts für Berufsbildung durch Rechtsverordnung, die nicht der Zustimmung des Bundesrates bedarf.

§ 42q Untersagung von Maßnahmen[3)]

(1) Die nach Landesrecht zuständige Behörde hat die Berufsausbildungsvorbereitung zu untersagen, wenn die Voraussetzungen des § 42o Abs. 1 nicht vorliegen.

(2) [1]Der Anbieter hat die Durchführung von Maßnahmen der Berufsausbildungsvorbereitung vor Beginn der Maßnahme der Handwerkskammer schriftlich anzuzeigen. [2]Die Anzeigepflicht

1) **Anm. d. Red.:** Frühere §§ 42b bis 42e durch neue §§ 42k bis 42q ersetzt gem. Gesetz v. 23. 3. 2005 (BGBl I S. 931) mit Wirkung v. 1. 4. 2005.

2) **Anm. d. Red.:** § 42p i. d. F. der VO v. 31. 8. 2015 (BGBl I S. 1474) mit Wirkung v. 8. 9. 2015.

3) **Anm. d. Red.:** § 42q i. d. F. des Gesetzes v. 20. 12. 2011 (BGBl I S. 2854) mit Wirkung v. 1. 4. 2012.

erstreckt sich auf den wesentlichen Inhalt des Qualifizierungsvertrages sowie die nach § 88 Abs. 1 Nr. 5 des Berufsbildungsgesetzes erforderlichen Angaben.

(3) Die Absätze 1 und 2 sowie § 41a finden keine Anwendung, soweit die Berufsausbildungsvorbereitung im Rahmen des Dritten Buches Sozialgesetzbuch oder anderer vergleichbarer, öffentlich geförderter Maßnahmen durchgeführt wird.

Achter Abschnitt: Berufsbildungsausschuss

§ 43 Errichtung[1)]

(1) [1]Die Handwerkskammer errichtet einen Berufsbildungsausschuss. [2]Ihm gehören sechs Arbeitgeber, sechs Arbeitnehmer und sechs Lehrer an berufsbildenden Schulen an, die Lehrer mit beratender Stimme.

(2) [1]Die Vertreter der Arbeitgeber werden von der Gruppe der Arbeitgeber, die Vertreter der Arbeitnehmer von der Gruppe der Vertreter der Gesellen und der anderen Arbeitnehmer mit einer abgeschlossenen Berufsausbildung in der Vollversammlung gewählt. [2]Die Lehrer an berufsbildenden Schulen werden von der nach Landesrecht zuständigen Behörde als Mitglieder berufen. [3]Die Amtszeit der Mitglieder beträgt längstens fünf Jahre.

(3) § 34 Abs. 7 gilt entsprechend.

(4) Die Mitglieder können nach Anhören der an ihrer Berufung Beteiligten aus wichtigem Grund abberufen werden.

(5) [1]Die Mitglieder haben Stellvertreter, die bei Verhinderung der Mitglieder an deren Stelle treten. [2]Absätze 1 bis 4 gelten für die Stellvertreter entsprechend.

(6) [1]Der Berufsbildungsausschuss wählt aus seiner Mitte einen Vorsitzenden und dessen Stellvertreter. [2]Der Vorsitzende und sein Stellvertreter sollen nicht derselben Mitgliedergruppe angehören.

§ 44 Aufgabenbereiche[2)]

(1) [1]Der Berufsbildungsausschuss ist in allen wichtigen Angelegenheiten der beruflichen Bildung zu unterrichten und zu hören. [2]Er hat im Rahmen seiner Aufgaben auf eine stetige Entwicklung der Qualität der beruflichen Bildung hinzuwirken.

(2) Wichtige Angelegenheiten, in denen der Berufsbildungsausschuss anzuhören ist, sind insbesondere:

1. Erlass von Verwaltungsgrundsätzen über die Eignung von Ausbildungs- und Umschulungsstätten, für das Führen von Ausbildungsnachweisen nach § 13 Satz 2 Nummer 7 des Berufsbildungsgesetzes, für die Verkürzung der Ausbildungsdauer, für die vorzeitige Zulassung zur Gesellenprüfung, für die Durchführung der Prüfungen, zur Durchführung von über- und außerbetrieblicher Ausbildung sowie Verwaltungsrichtlinien zur beruflichen Bildung,
2. Umsetzung der vom Landesausschuss für Berufsbildung (§ 82 des Berufsbildungsgesetzes) empfohlenen Maßnahmen,
3. wesentliche inhaltliche Änderungen des Ausbildungsvertragsmusters.

(3) Wichtige Angelegenheiten, in denen der Berufsbildungsausschuss zu unterrichten ist, sind insbesondere:

1. Zahl und Art der der Handwerkskammer angezeigten Maßnahmen der Berufsausbildungsvorbereitung und beruflichen Umschulung sowie der eingetragenen Berufsausbildungsverhältnisse,
2. Zahl und Ergebnisse von durchgeführten Prüfungen sowie hierbei gewonnene Erfahrungen,

---

1) **Anm. d. Red.:** § 43 i. d. F. des Gesetzes v. 24. 12. 2003 (BGBl I S. 2934) mit Wirkung v. 1. 1. 2004.

2) **Anm. d. Red.:** § 44 i. d. F. des Gesetzes v. 29. 3. 2017 (BGBl I S. 626) mit Wirkung v. 5. 4. 2017.

3. Tätigkeit der Berater und Beraterinnen nach § 41a Abs. 1 Satz 2,
4. für den räumlichen und fachlichen Zuständigkeitsbereich der Handwerkskammer neue Formen, Inhalte und Methoden der Berufsbildung,
5. Stellungnahmen oder Vorschläge der Handwerkskammer gegenüber anderen Stellen und Behörden, soweit sie sich auf die Durchführung dieses Gesetzes oder der auf Grund dieses Gesetzes erlassenen Rechtsvorschriften im Bereich der beruflichen Bildung beziehen,
6. Bau eigener überbetrieblicher Berufsbildungsstätten,
7. Beschlüsse nach Absatz 5 sowie beschlossene Haushaltsansätze zur Durchführung der Berufsbildung mit Ausnahme der Personalkosten,
8. Verfahren zur Beilegung von Streitigkeiten aus Ausbildungsverhältnissen,
9. Arbeitsmarktfragen, soweit sie die Berufsbildung im Zuständigkeitsbereich der Handwerkskammer berühren.

(4) [1]Vor einer Beschlussfassung in der Vollversammlung über Vorschriften zur Durchführung der Berufsbildung, insbesondere nach §§ 41, 42, 42a und 42e bis 42g, ist die Stellungnahme des Berufsbildungsausschusses einzuholen. [2]Der Berufsbildungsausschuss kann der Vollversammlung auch von sich aus Vorschläge für Vorschriften zur Durchführung der Berufsbildung vorlegen. [3]Die Stellungnahmen und Vorschläge des Berufsbildungsausschusses sind zu begründen.

(5) [1]Die Vorschläge und Stellungnahmen des Berufsbildungsausschusses gelten vorbehaltlich der Vorschrift des Satzes 2 als von der Vollversammlung angenommen, wenn sie nicht mit einer Mehrheit von drei Vierteln der Mitglieder der Vollversammlung in ihrer nächsten Sitzung geändert oder abgelehnt werden. [2]Beschlüsse, zu deren Durchführung die für Berufsbildung im laufenden Haushalt vorgesehenen Mittel nicht ausreichen oder zu deren Durchführung in folgenden Haushaltsjahren Mittel bereitgestellt werden müssen, die die Ausgaben für Berufsbildung des laufenden Haushalts nicht unwesentlich übersteigen, bedürfen der Zustimmung der Vollversammlung.

(6) Abweichend von § 43 Abs. 1 haben die Lehrkräfte Stimmrecht bei Beschlüssen zu Angelegenheiten der Berufsausbildungsvorbereitung und Berufsausbildung, soweit sich die Beschlüsse unmittelbar auf die Organisation der schulischen Berufsbildung (§ 2 Abs. 1 Nr. 2 des Berufsbildungsgesetzes) auswirken.

§ 44a Beschlussfassung

(1) [1]Der Berufsbildungsausschuss ist beschlussfähig, wenn mehr als die Hälfte seiner stimmberechtigten Mitglieder anwesend ist. [2]Er beschließt mit der Mehrheit der abgegebenen Stimmen.

(2) Zur Wirksamkeit eines Beschlusses ist es erforderlich, dass der Gegenstand bei der Einberufung des Ausschusses bezeichnet ist, es sei denn, dass er mit Zustimmung von zwei Dritteln der stimmberechtigten Mitglieder nachträglich auf die Tagesordnung gesetzt wird.

§ 44b Geschäftsordnung

[1]Der Berufsbildungsausschuss gibt sich eine Geschäftsordnung. [2]Sie kann die Bildung von Unterausschüssen vorsehen und bestimmen, dass ihnen nicht nur Mitglieder des Ausschusses angehören. [3]Für die Unterausschüsse gelten § 43 Abs. 2 bis 6 und § 44a entsprechend.

Dritter Teil: Meisterprüfung, Meistertitel

Erster Abschnitt: Meisterprüfung in einem zulassungspflichtigen Handwerk[1)]

§ 45 Berufsbild und Anforderungen[2)]

(1) Als Grundlage für ein geordnetes und einheitliches Meisterprüfungswesen für zulassungspflichtige Handwerke kann das Bundesministerium für Wirtschaft und Energie im Einvernehmen mit dem Bundesministerium für Bildung und Forschung durch Rechtsverordnung, die nicht der Zustimmung des Bundesrates bedarf, bestimmen,

1. welche Fertigkeiten und Kenntnisse in den einzelnen zulassungspflichtigen Handwerken zum Zwecke der Meisterprüfung zu berücksichtigen (Meisterprüfungsberufsbild A)
2. welche Anforderungen in der Meisterprüfung zu stellen sind und
3. welche handwerksspezifischen Verfahrensregelungen in der Meisterprüfung gelten.

(2) Durch die Meisterprüfung ist festzustellen, ob der Prüfling befähigt ist, ein zulassungspflichtiges Handwerk meisterhaft auszuüben und selbständig zu führen sowie Lehrlinge ordnungsgemäß auszubilden.

(3) Der Prüfling hat in vier selbständigen Prüfungsteilen nachzuweisen, dass er wesentliche Tätigkeiten seines Handwerks meisterhaft verrichten kann (Teil I), die erforderlichen fachtheoretischen Kenntnisse (Teil II), die erforderlichen betriebswirtschaftlichen, kaufmännischen und rechtlichen Kenntnisse (Teil III) sowie die erforderlichen berufs- und arbeitspädagogischen Kenntnisse (Teil IV) besitzt.

(4) [1]Bei der Prüfung in Teil I können in der Rechtsverordnung Schwerpunkte gebildet werden. [2]In dem schwerpunktspezifischen Bereich hat der Prüfling nachzuweisen, dass er wesentliche Tätigkeiten in dem von ihm gewählten Schwerpunkt meisterhaft verrichten kann. [3]Für den schwerpunktübergreifenden Bereich sind die Grundfertigkeiten und Grundkenntnisse nachzuweisen, die die fachgerechte Ausübung auch dieser Tätigkeiten ermöglichen.

§ 46 Inhalt der Meisterprüfung[3)]

(1) [1]Der Prüfling ist von der Ablegung einzelner Teile der Meisterprüfung befreit, wenn er eine dem jeweiligen Teil der Meisterprüfung vergleichbare Prüfung auf Grund einer nach § 42 oder § 51a Abs. 1 in Verbindung mit Abs. 2 dieses Gesetzes oder § 53 des Berufsbildungsgesetzes erlassenen Rechtsverordnung oder eine andere vergleichbare Prüfung vor einer öffentlichen oder staatlich anerkannten Bildungseinrichtung oder vor einem staatlichen Prüfungsausschuss erfolgreich abgelegt hat. [2]Er ist von der Ablegung der Teile III und IV befreit, wenn er die Meisterprüfung in einem anderen zulassungspflichtigen oder zulassungsfreien Handwerk oder in einem handwerksähnlichen Gewerbe bestanden hat.

(2) [1]Prüflinge, die andere deutsche staatliche oder staatlich anerkannte Prüfungen mit Erfolg abgelegt haben, sind auf Antrag durch den Meisterprüfungsausschuss von einzelnen Teilen der Meisterprüfung zu befreien, wenn bei diesen Prüfungen mindestens die gleichen Anforderungen gestellt werden wie in der Meisterprüfung. [2]Der Abschlussprüfung an einer deutschen Hochschule gleichgestellt sind Diplome nach § 7 Abs. 2 Satz 4.

(3) Der Prüfling ist auf Antrag von der Ablegung der Prüfung in gleichartigen Prüfungsbereichen, Prüfungsfächern oder Handlungsfeldern durch den Meisterprüfungsausschuss zu befreien, wenn er die Meisterprüfung in einem anderen zulassungspflichtigen oder zulassungsfreien Handwerk oder handwerksähnlichen Gewerbe bestanden hat oder eine andere vergleichbare

1) **Anm. d. Red.:** Überschrift i. d. F. des Gesetzes v. 24. 12. 2003 (BGBl I S. 2934) mit Wirkung v. 1. 1. 2004.

2) **Anm. d. Red.:** § 45 i. d. F. der VO v. 31. 8. 2015 (BGBl I S. 1474) mit Wirkung v. 8. 9. 2015.

3) **Anm. d. Red.:** § 46 i. d. F. des Gesetzes v. 7. 9. 2007 (BGBl I S. 2246) mit Wirkung v. 1. 10. 2007.

Prüfung vor einer öffentlichen oder staatlich anerkannten Bildungseinrichtung oder vor einem staatlichen Prüfungsausschuss erfolgreich abgelegt hat.

(4) Der Meisterprüfungsausschuss entscheidet auf Antrag des Prüflings auch über Befreiungen auf Grund ausländischer Bildungsabschlüsse.

§ 47 Meisterprüfungsausschüsse

(1) [1]Die Meisterprüfung wird durch Meisterprüfungsausschüsse abgenommen. [2]Für die Handwerke werden Meisterprüfungsausschüsse als staatliche Prüfungsbehörden am Sitz der Handwerkskammer für ihren Bezirk errichtet. [3]Die oberste Landesbehörde kann in besonderen Fällen die Errichtung eines Meisterprüfungsausschusses für mehrere Handwerkskammerbezirke anordnen und hiermit die für den Sitz des Meisterprüfungsausschusses zuständige höhere Verwaltungsbehörde beauftragen. [4]Soll der Meisterprüfungsausschuss für Handwerkskammerbezirke mehrerer Länder zuständig sein, so bedarf es hierfür des Einvernehmens der beteiligten obersten Landesbehörden. [5]Die Landesregierungen werden ermächtigt, durch Rechtsverordnung zu bestimmen, dass abweichend von Satz 3 an Stelle der obersten Landesbehörde die höhere Verwaltungsbehörde zuständig ist. [6]Sie können diese Ermächtigung auf oberste Landesbehörden übertragen.

(2) [1]Die höhere Verwaltungsbehörde errichtet die Meisterprüfungsausschüsse nach Anhörung der Handwerkskammer und ernennt aufgrund ihrer Vorschläge die Mitglieder und die Stellvertreter für längstens fünf Jahre. [2]Die Geschäftsführung der Meisterprüfungsausschüsse liegt bei der Handwerkskammer.

§ 48 Zusammensetzung der Ausschüsse[1)]

(1) [1]Der Meisterprüfungsausschuss besteht aus fünf Mitgliedern; für die Mitglieder sind Stellvertreter zu berufen. [2]Die Mitglieder und die Stellvertreter sollen das vierundzwanzigste Lebensjahr vollendet haben.

(2) Der Vorsitzende braucht nicht in einem zulassungspflichtigen Handwerk tätig zu sein; er soll dem zulassungspflichtigen Handwerk, für welches der Meisterprüfungsausschuss errichtet ist, nicht angehören.

(3) Zwei Beisitzer müssen das Handwerk, für das der Meisterprüfungsausschuss errichtet ist, mindestens seit einem Jahr selbständig als stehendes Gewerbe betreiben und in diesem Handwerk die Meisterprüfung abgelegt haben oder das Recht zum Ausbilden von Lehrlingen besitzen oder in dem zulassungspflichtigen Handwerk als Betriebsleiter, die in ihrer Person die Voraussetzungen zur Eintragung in die Handwerksrolle erfüllen, tätig sein.

(4) Ein Beisitzer soll ein Geselle sein, der in dem zulassungspflichtigen Handwerk, für das der Meisterprüfungsausschuss errichtet ist, die Meisterprüfung abgelegt hat oder das Recht zum Ausbilden von Lehrlingen besitzt und in dem betreffenden zulassungspflichtigen Handwerk tätig ist.

(5) Für die Abnahme der Prüfung in der wirtschaftlichen Betriebsführung sowie in den kaufmännischen, rechtlichen und berufserzieherischen Kenntnissen soll ein Beisitzer bestellt werden, der in diesen Prüfungsgebieten besonders sachkundig ist und dem Handwerk nicht anzugehören braucht.

(6) § 34 Abs. 6 Satz 1 und Abs. 7 gelten entsprechend.

§ 49 Prüfungszulassung[2)]

(1) Zur Meisterprüfung ist zuzulassen, wer eine Gesellenprüfung in dem zulassungspflichtigen Handwerk, in dem er die Meisterprüfung ablegen will, oder in einem damit verwandten zulassungspflichtigen Handwerk oder eine entsprechende Abschlussprüfung in einem anerkann-

1) **Anm. d. Red.:** § 48 i. d. F. des Gesetzes v. 24. 12. 2003 (BGBl I S. 2934) mit Wirkung v. 1. 1. 2004.

2) **Anm. d. Red.:** § 49 i. d. F. des Gesetzes v. 6. 12. 2011 (BGBl I S. 2515) mit Wirkung v. 1. 4. 2012.

ten Ausbildungsberuf oder eine Prüfung auf Grund einer nach § 45 oder § 51a Abs. 1 in Verbindung mit Abs. 2 erlassenen Rechtsverordnung bestanden hat oder eine Gleichwertigkeitsfeststellung nach § 40a für das entsprechende zulassungspflichtige Handwerk oder für ein verwandtes zulassungspflichtiges Handwerk besitzt.

(2) [1]Zur Meisterprüfung ist auch zuzulassen, wer eine andere Gesellenprüfung oder eine andere Abschlussprüfung in einem anerkannten Ausbildungsberuf bestanden hat und in dem zulassungspflichtigen Handwerk, in dem er die Meisterprüfung ablegen will, eine mehrjährige Berufstätigkeit ausgeübt hat. [2]Für die Zeit der Berufstätigkeit dürfen nicht mehr als drei Jahre gefordert werden. [3]Ferner ist der erfolgreiche Abschluss einer Fachschule bei einjährigen Fachschulen mit einem Jahr, bei mehrjährigen Fachschulen mit zwei Jahren auf die Berufstätigkeit anzurechnen.

(3) Ist der Prüfling in dem zulassungspflichtigen Handwerk, in dem er die Meisterprüfung ablegen will, selbständig, als Werkmeister oder in ähnlicher Stellung tätig gewesen, oder weist er eine der Gesellentätigkeit gleichwertige praktische Tätigkeit nach, so ist die Zeit dieser Tätigkeit anzurechnen.

(4) [1]Die Handwerkskammer kann auf Antrag

1. eine auf drei Jahre festgesetzte Dauer der Berufstätigkeit unter besonderer Berücksichtigung der in der Gesellen- oder Abschlussprüfung und während der Zeit der Berufstätigkeit nachgewiesenen beruflichen Befähigung abkürzen,
2. in Ausnahmefällen von den Voraussetzungen der Absätze 1 bis 4 ganz oder teilweise befreien,
3. unter Berücksichtigung ausländischer Bildungsabschlüsse und Zeiten der Berufstätigkeit im Ausland von den Voraussetzungen der Absätze 1 bis 4 ganz oder teilweise befreien.

[2]Die Handwerkskammer kann eine Stellungnahme des Meisterprüfungsausschusses einholen.

(5) [1]Die Zulassung wird vom Vorsitzenden des Meisterprüfungsausschusses ausgesprochen. [2]Hält der Vorsitzende die Zulassungsvoraussetzungen nicht für gegeben, so entscheidet der Prüfungsausschuss.

§ 50 Kosten und Prüfungsgebühren[1)]

(1) [1]Die durch die Abnahme der Meisterprüfung entstehenden Kosten trägt die Handwerkskammer. [2]Das Zulassungsverfahren sowie das allgemeine Prüfungsverfahren werden durch eine von der Handwerkskammer mit Genehmigung der obersten Landesbehörde zu erlassende Meisterprüfungsordnung geregelt.

(2) [1]Das Bundesministerium für Wirtschaft und Energie wird ermächtigt, durch Rechtsverordnung mit Zustimmung des Bundesrates Vorschriften über das Zulassungsverfahren sowie das allgemeine Prüfungsverfahren nach Absatz 1 Satz 2 zu erlassen. [2]Die Rechtsverordnung kann insbesondere die Zulassung zur Prüfung, das Bewertungssystem, die Erteilung der Prüfungszeugnisse, die Folgen von Verstößen gegen die Prüfungsvorschriften und die Wiederholungsprüfung regeln.

§ 50a Gleichstellung ausländischer Prüfungen[2)]

[1]Das Bundesministerium für Wirtschaft und Energie kann im Einvernehmen mit dem Bundesministerium für Bildung und Forschung durch Rechtsverordnung mit Zustimmung des Bundesrates im Ausland erworbene Prüfungszeugnisse den entsprechenden Zeugnissen über das Bestehen einer deutschen Meisterprüfung in zulassungspflichtigen Handwerken gleichstellen, wenn an den Bildungsgang und in den Prüfungen gleichwertige Anforderungen gestellt werden. [2]Die Vorschriften des Bundesvertriebenengesetzes bleiben unberührt.

1) **Anm. d. Red.:** § 50 i. d. F. der VO v. 31. 8. 2015 (BGBl I S. 1474) mit Wirkung v. 8. 9. 2015.

2) **Anm. d. Red.:** § 50a i. d. F. der VO v. 31. 8. 2015 (BGBl I S. 1474) mit Wirkung v. 8. 9. 2015.

§ 50b[1)]

(1) [1]Die Gleichwertigkeit ist festzustellen,

1. wenn die Antragstellerin oder der Antragsteller einen Ausbildungsnachweis besitzt, der im Ausland erworben wurde, und
2. dieser Ausbildungsnachweis – soweit erforderlich – unter Berücksichtigung sonstiger Befähigungsnachweise der Meisterprüfung in dem zu betreibenden zulassungspflichtigen Handwerk gleichwertig ist.

[2]Ausbildungsnachweise sind Prüfungszeugnisse und sonstige Befähigungsnachweise, die von verantwortlichen Stellen für den Abschluss einer erfolgreich absolvierten Berufsbildung ausgestellt werden.

(2) Ein Ausbildungsnachweis – soweit erforderlich – unter Berücksichtigung sonstiger Befähigungsnachweise ist als gleichwertig anzusehen, sofern

1. der im Ausland erworbene Ausbildungsnachweis, bezogen auf die Meisterprüfung, in dem zu betreibenden zulassungspflichtigen Handwerk die Befähigung zu vergleichbaren beruflichen Tätigkeiten belegt,
2. die Antragstellerin oder der Antragsteller im Ausbildungsstaat zur Ausübung des zu betreibenden zulassungspflichtigen Handwerks berechtigt ist oder die Berechtigung zur Ausübung des zu betreibenden Handwerks aus Gründen verwehrt wurde, die der Ausübung im Inland nicht entgegenstehen, und
3. zwischen der nachgewiesenen Befähigung und der Meisterprüfung in dem zu betreibenden zulassungspflichtigen Handwerk keine wesentlichen Unterschiede bestehen.

(3) Wesentliche Unterschiede zwischen der nachgewiesenen Befähigung und der entsprechenden Meisterprüfung liegen vor, sofern

1. sich der im Ausland erworbene Ausbildungsnachweis auf Fertigkeiten und Kenntnisse bezieht, die sich wesentlich von den Fertigkeiten und Kenntnissen der entsprechenden Meisterprüfung unterscheiden; dabei sind Inhalt und Dauer der Ausbildung zu berücksichtigen,
2. die entsprechenden Fertigkeiten und Kenntnisse maßgeblich für die Ausübung zumindest einer wesentlichen Tätigkeit des zulassungspflichtigen Handwerks sind und
3. die Antragstellerin oder der Antragsteller diese Unterschiede nicht durch sonstige Befähigungsnachweise oder nachgewiesene einschlägige Berufserfahrung ausgeglichen hat.

(4) [1]Kann die Antragstellerin oder der Antragsteller die für die Feststellung der Gleichwertigkeit erforderlichen Nachweise nicht oder nur teilweise vorlegen, bestehen Zweifel an der Echtheit oder Richtigkeit der Nachweise oder sind diese inhaltlich nicht ausreichend, kann die Handwerkskammer, insbesondere in Fällen, in denen bei der Gleichwertigkeitsfeststellung Berufserfahrung herangezogen wird, die für einen Vergleich mit der Meisterprüfung in dem zu betreibenden zulassungspflichtigen Handwerk relevanten beruflichen Fertigkeiten, Kenntnisse und Fähigkeiten der Antragstellerin oder des Antragstellers im Rahmen geeigneter Verfahren feststellen. [2]Geeignete Verfahren sind insbesondere Arbeitsproben, Fachgespräche sowie praktische und theoretische Prüfungen.

(5) [1]Sofern die Gleichwertigkeit wegen wesentlicher Unterschiede zu der entsprechenden Meisterprüfung nicht festgestellt werden kann, kann die Handwerkskammer zur Feststellung der Gleichwertigkeit die Teilnahme an einem Anpassungslehrgang, der Gegenstand einer Bewertung ist, oder das Ablegen einer Eignungsprüfung verlangen. [2]Verlangt die Handwerkskammer eine Eignungsprüfung, soll sie ermöglichen, dass diese innerhalb von sechs Monaten abgelegt werden kann.

(6) [1]§ 8 Absatz 2 und 3 Satz 2 und 3 gilt entsprechend. [2]Im Übrigen sind die Vorschriften des Berufsqualifikationsfeststellungsgesetzes über reglementierte Berufe sowie § 17 anzuwenden.

1) **Anm. d. Red.:** § 50b i. d. F. des Gesetzes v. 30.6.2017 (BGBl I S. 2143) mit Wirkung v. 6.7.2017.

§ 51 Meistertitel[1)]

Die Ausbildungsbezeichnung Meister/Meisterin in Verbindung mit einem zulassungspflichtigen Handwerk oder in Verbindung mit einer anderen Ausbildungsbezeichnung, die auf eine Tätigkeit in einem oder mehreren zulassungspflichtigen Handwerken hinweist, darf nur führen, wer für dieses zulassungspflichtige Handwerk oder für diese zulassungspflichtigen Handwerke die Meisterprüfung bestanden hat.

Zweiter Abschnitt: Meisterprüfung in einem zulassungsfreien Handwerk oder in einem handwerksähnlichen Gewerbe[2)]

§ 51a Voraussetzungen für die Meisterprüfung[3)]

(1) Für zulassungsfreie Handwerke oder handwerksähnliche Gewerbe, für die eine Ausbildungsordnung nach § 25 dieses Gesetzes oder nach § 4 des Berufsbildungsgesetzes erlassen worden ist, kann eine Meisterprüfung abgelegt werden.

(2) Als Grundlage für ein geordnetes und einheitliches Meisterprüfungswesen für Handwerke oder Gewerbe im Sinne des Absatzes 1 kann das Bundesministerium für Wirtschaft und Energie im Einvernehmen mit dem Bundesministerium für Bildung und Forschung durch Rechtsverordnung, die nicht der Zustimmung des Bundesrates bedarf, bestimmen,

1. welche Fertigkeiten und Kenntnisse in den einzelnen zulassungsfreien Handwerken oder handwerksähnlichen Gewerben zum Zwecke der Meisterprüfung zu berücksichtigen sind (Meisterprüfungsberufsbild B),
2. welche Anforderungen in der Meisterprüfung zu stellen sind und
3. welche handwerks- und gewerbespezifischen Verfahrensregelungen in der Meisterprüfung gelten.

(3) [1]Durch die Meisterprüfung ist festzustellen, ob der Prüfling eine besondere Befähigung in einem zulassungsfreien Handwerk oder in einem handwerksähnlichen Gewerbe erworben hat und Lehrlinge ordnungsgemäß ausbilden kann. [2]Zu diesem Zweck hat der Prüfling in vier selbständigen Prüfungsteilen nachzuweisen, dass er Tätigkeiten seines zulassungsfreien Handwerks oder seines handwerksähnlichen Gewerbes meisterhaft verrichten kann (Teil I), besondere fachtheoretische Kenntnisse (Teil II), besondere betriebswirtschaftliche, kaufmännische und rechtliche Kenntnisse (Teil III) sowie die erforderlichen berufs- und arbeitspädagogischen Kenntnisse (Teil IV) besitzt.

(4) [1]Zum Nachweis der Fertigkeiten und Kenntnisse führt die Handwerkskammer Prüfungen durch und errichtet zu diesem Zweck Prüfungsausschüsse. [2]Die durch die Abnahme der Meisterprüfung entstehenden Kosten trägt die Handwerkskammer.

(5) [1]Zur Prüfung ist zuzulassen, wer eine Gesellenprüfung oder eine Abschlussprüfung in einem anerkannten Ausbildungsberuf bestanden hat oder eine Gleichwertigkeitsfeststellung nach § 40a besitzt. [2]Die Handwerkskammer kann auf Antrag in Ausnahmefällen von der Zulassungsvoraussetzung befreien. [3]Für die Ablegung des Teils III der Meisterprüfung entfällt die Zulassungsvoraussetzung.

(6) Für Befreiungen gilt § 46 entsprechend.

(7) [1]Das Bundesministerium für Wirtschaft und Energie kann durch Rechtsverordnung mit Zustimmung des Bundesrates Vorschriften über das Zulassungsverfahren sowie das allgemeine Prüfungsverfahren erlassen. [2]Die Rechtsverordnung kann insbesondere die Zulassung zur Prü-

1) **Anm. d. Red.:** § 51 i. d. F. des Gesetzes v. 24. 12. 2003 (BGBl I S. 2934) mit Wirkung v. 1. 1. 2004.

2) **Anm. d. Red.:** Zweiter Abschnitt eingefügt gem. Gesetz v. 24. 12. 2003 (BGBl I S. 2934) mit Wirkung v. 1. 1. 2004.

3) **Anm. d. Red.:** § 51a i. d. F. der VO v. 31. 8. 2015 (BGBl I S. 1474) mit Wirkung v. 8. 9. 2015.

fung, das Bewertungssystem, die Erteilung der Prüfungszeugnisse, die Folgen von Verstößen gegen die Prüfungsvorschriften und die Wiederholungsprüfung regeln.

§ 51b Meisterprüfungsausschuss[1)]

(1) [1]Die Handwerkskammer errichtet an ihrem Sitz für ihren Bezirk Meisterprüfungsausschüsse. [2]Mehrere Handwerkskammern können bei einer von ihnen gemeinsame Meisterprüfungsausschüsse errichten.

(2) [1]Der Meisterprüfungsausschuss besteht aus fünf Mitgliedern; für die Mitglieder sind Stellvertreter zu berufen. [2]Sie werden für längstens fünf Jahre ernannt.

(3) Der Vorsitzende braucht nicht in einem zulassungsfreien Handwerk oder einem handwerksähnlichen Gewerbe tätig zu sein; er soll dem zulassungsfreien Handwerk oder dem handwerksähnlichen Gewerbe, für welches der Meisterprüfungsausschuss errichtet ist, nicht angehören.

(4) Zwei Beisitzer müssen das zulassungsfreie Handwerk oder das handwerksähnliche Gewerbe, für das der Meisterprüfungsausschuss errichtet ist, mindestens seit einem Jahr selbständig als stehendes Gewerbe betreiben und in diesem zulassungsfreien Handwerk oder in diesem handwerksähnlichen Gewerbe die Meisterprüfung abgelegt haben oder das Recht zum Ausbilden von Lehrlingen besitzen.

(5) Ein Beisitzer soll ein Geselle sein, der in dem zulassungsfreien Handwerk oder in dem handwerksähnlichen Gewerbe, für das der Meisterprüfungsausschuss errichtet ist, die Meisterprüfung abgelegt hat oder das Recht zum Ausbilden von Lehrlingen besitzt und in dem betreffenden zulassungsfreien Handwerk oder handwerksähnlichen Gewerbe tätig ist.

(6) Für die Abnahme der Prüfung der betriebswirtschaftlichen, kaufmännischen und rechtlichen Kenntnisse sowie der berufs- und arbeitspädagogischen Kenntnisse soll ein Beisitzer bestellt werden, der in diesen Prüfungsgebieten besonders sachkundig ist und einem zulassungsfreien Handwerk oder einem handwerksähnlichen Gewerbe nicht anzugehören braucht.

(7) § 34 Abs. 6 Satz 1 und Abs. 7 gilt entsprechend.

§ 51c Gleichstellung ausländischer Prüfungszeugnisse[2)]

[1]Das Bundesministerium für Wirtschaft und Energie kann im Einvernehmen mit dem Bundesministerium für Bildung und Forschung durch Rechtsverordnung mit Zustimmung des Bundesrates im Ausland erworbene Prüfungszeugnisse den entsprechenden Zeugnissen über das Bestehen einer deutschen Meisterprüfung in einem zulassungsfreien Handwerk oder handwerksähnlichen Gewerbe gleichstellen, wenn an den Bildungsgang und in den Prüfungen gleichwertige Anforderungen gestellt werden. [2]Die Vorschriften des Bundesvertriebenengesetzes bleiben unberührt.

§ 51d Führung des Meistertitels[3)]

Die Ausbildungsbezeichnung Meister/Meisterin in Verbindung mit einem zulassungsfreien Handwerk oder handwerksähnlichen Gewerbe darf nur führen, wer die Prüfung nach § 51a Abs. 3 in diesem Handwerk oder Gewerbe bestanden hat.

---

1) **Anm. d. Red.:** § 51b eingefügt gem. Gesetz v. 23. 3. 2005 (BGBl I S. 931) mit Wirkung v. 1. 4. 2005.

2) **Anm. d. Red.:** § 51a i. d. F. der VO v. 31. 8. 2015 (BGBl I S. 1474) mit Wirkung v. 8. 9. 2015.

3) **Anm. d. Red.:** Früherer § 51b zu neuem § 51d geworden gem. Gesetz v. 23. 3. 2005 (BGBl I S. 931) mit Wirkung v. 1. 4. 2005.

§ 51e[1)]

[1]Im Fall der Gleichwertigkeit eines im Ausland erworbenen Ausbildungsnachweises mit der Meisterprüfung ist die Gleichwertigkeit festzustellen. [2]§ 50b gilt entsprechend.

Vierter Teil: Organisation des Handwerks

Erster Abschnitt: Handwerksinnungen

§ 52 Innungsbezirke[2)]

(1) [1]Inhaber von Betrieben des gleichen zulassungspflichtigen Handwerks oder des gleichen zulassungsfreien Handwerks oder des gleichen handwerksähnlichen Gewerbes oder solcher Handwerke oder handwerksähnlicher Gewerbe, die sich fachlich oder wirtschaftlich nahe stehen, können zur Förderung ihrer gemeinsamen gewerblichen Interessen innerhalb eines bestimmten Bezirks zu einer Handwerksinnung zusammentreten. [2]Voraussetzung ist, dass für das jeweilige Gewerbe eine Ausbildungsordnung erlassen worden ist. [3]Für jedes Gewerbe kann in dem gleichen Bezirk nur eine Handwerksinnung gebildet werden; sie ist allein berechtigt, die Bezeichnung Innung in Verbindung mit dem Gewerbe zu führen, für das sie errichtet ist.

(2) [1]Der Innungsbezirk soll unter Berücksichtigung einheitlicher Wirtschaftsgebiete so abgegrenzt sein, dass die Zahl der Innungsmitglieder ausreicht, um die Handwerksinnung leistungsfähig zu gestalten, und dass die Mitglieder an dem Leben und den Einrichtungen der Handwerksinnung teilnehmen können. [2]Der Innungsbezirk hat sich mindestens mit dem Gebiet einer kreisfreien Stadt oder eines Landkreises zu decken. [3]Die Handwerkskammer kann unter den Voraussetzungen des Satzes 1 eine andere Abgrenzung zulassen.

(3) [1]Der Innungsbezirk soll sich nicht über den Bezirk einer Handwerkskammer hinaus erstrecken. [2]Soll der Innungsbezirk über den Bezirk einer Handwerkskammer hinaus erstreckt werden, so bedarf die Bezirksabgrenzung der Genehmigung durch die oberste Landesbehörde. [3]Soll sich der Innungsbezirk auch auf ein anderes Land erstrecken, so kann die Genehmigung nur im Einvernehmen mit den beteiligten obersten Landesbehörden erteilt werden.

§ 53 Rechtsfähige Körperschaft

[1]Die Handwerksinnung ist eine Körperschaft des öffentlichen Rechts. [2]Sie wird mit Genehmigung der Satzung rechtsfähig.

§ 54 Aufgaben

(1) [1]Aufgabe der Handwerksinnung ist, die gemeinsamen gewerblichen Interessen ihrer Mitglieder zu fördern. [2]Insbesondere hat sie

1. den Gemeingeist und die Berufsehre zu pflegen,
2. ein gutes Verhältnis zwischen Meistern, Gesellen und Lehrlingen anzustreben,
3. entsprechend den Vorschriften der Handwerkskammer die Lehrlingsausbildung zu regeln und zu überwachen sowie für die berufliche Ausbildung der Lehrlinge zu sorgen und ihre charakterliche Entwicklung zu fördern,
4. die Gesellenprüfungen abzunehmen und hierfür Gesellenprüfungsausschüsse zu errichten, sofern sie von der Handwerkskammer dazu ermächtigt ist,
5. das handwerkliche Können der Meister und Gesellen zu fördern; zu diesem Zweck kann sie insbesondere Fachschulen errichten oder unterstützen und Lehrgänge veranstalten,
6. bei der Verwaltung der Berufsschulen gemäß den bundes- und landesrechtlichen Bestimmungen mitzuwirken,

---

1) **Anm. d. Red.:** § 51e eingefügt gem. Gesetz v. 6. 12. 2011 (BGBl I S. 2515) mit Wirkung v. 1. 4. 2012.

2) **Anm. d. Red.:** § 52 i. d. F. des Gesetzes v. 24. 12. 2003 (BGBl I S. 2934) mit Wirkung v. 1. 1. 2004.

7. das Genossenschaftswesen im Handwerk zu fördern,
8. über Angelegenheiten der in ihr vertretenen Handwerke den Behörden Gutachten und Auskünfte zu erstatten,
9. die sonstigen handwerklichen Organisationen und Einrichtungen in der Erfüllung ihrer Aufgaben zu unterstützen,
10. die von der Handwerkskammer innerhalb ihrer Zuständigkeit erlassenen Vorschriften und Anordnungen durchzuführen.

(2) Die Handwerksinnung soll

1. zwecks Erhöhung der Wirtschaftlichkeit der Betriebe ihrer Mitglieder Einrichtungen zur Verbesserung der Arbeitsweise und der Betriebsführung schaffen und fördern,
2. bei der Vergebung öffentlicher Lieferungen und Leistungen die Vergebungsstellen beraten,
3. das handwerkliche Pressewesen unterstützen.

(3) Die Handwerksinnung kann

1. Tarifverträge abschließen, soweit und solange solche Verträge nicht durch den Innungsverband für den Bereich der Handwerksinnung geschlossen sind,
2. für ihre Mitglieder und deren Angehörige Unterstützungskassen für Fälle der Krankheit, des Todes, der Arbeitsunfähigkeit oder sonstiger Bedürftigkeit errichten,
3. bei Streitigkeiten zwischen den Innungsmitgliedern und ihren Auftraggebern auf Antrag vermitteln.

(4) Die Handwerksinnung kann auch sonstige Maßnahmen zur Förderung der gemeinsamen gewerblichen Interessen der Innungsmitglieder durchführen.

(5) Die Errichtung und die Rechtsverhältnisse der Innungskrankenkassen richten sich nach den hierfür geltenden bundesrechtlichen Bestimmungen.

§ 55 Inhalt der Satzung

(1) Die Aufgaben der Handwerksinnung, ihre Verwaltung und die Rechtsverhältnisse ihrer Mitglieder sind, soweit gesetzlich nichts darüber bestimmt ist, durch die Satzung zu regeln.

(2) Die Satzung muss Bestimmungen enthalten über

1. den Namen, den Sitz und den Bezirk der Handwerksinnung sowie die Handwerke, für welche die Handwerksinnung errichtet ist,
2. die Aufgaben der Handwerksinnung,
3. den Eintritt, den Austritt und den Ausschluss der Mitglieder,
4. die Rechte und Pflichten der Mitglieder sowie die Bemessungsgrundlage für die Erhebung der Mitgliedsbeiträge,
5. die Einberufung der Innungsversammlung, das Stimmrecht in ihr und die Art der Beschlussfassung,
6. die Bildung des Vorstands,
7. die Bildung des Gesellenausschusses,
8. die Beurkundung der Beschlüsse der Innungsversammlung und des Vorstands,
9. die Aufstellung des Haushaltsplans sowie die Aufstellung und Prüfung der Jahresrechnung,
10. die Voraussetzungen für die Änderung der Satzung und für die Auflösung der Handwerksinnung sowie den Erlass und die Änderung der Nebensatzungen,
11. die Verwendung des bei der Auflösung der Handwerksinnung verbleibenden Vermögens.

§ 56 Genehmigung der Satzung

(1) Die Satzung der Handwerksinnung bedarf der Genehmigung durch die Handwerkskammer des Bezirks, in dem die Handwerksinnung ihren Sitz nimmt.

(2) Die Genehmigung ist zu versagen, wenn

1. die Satzung den gesetzlichen Vorschriften nicht entspricht,
2. die durch die Satzung vorgesehene Begrenzung des Innungsbezirks die nach § 52 Abs. 3 Satz 2 erforderliche Genehmigung nicht erhalten hat.

§ 57 Unterstützungskassen

(1) [1]Soll in der Handwerksinnung eine Einrichtung der im § 54 Abs. 3 Nr. 2 vorgesehenen Art getroffen werden, so sind die dafür erforderlichen Bestimmungen in Nebensatzungen zusammenzufassen. [2]Diese bedürfen der Genehmigung der Handwerkskammer des Bezirks, in dem die Handwerksinnung ihren Sitz hat.

(2) [1]Über die Einnahmen und Ausgaben solcher Einrichtungen ist getrennt Rechnung zu führen und das hierfür bestimmte Vermögen gesondert von dem Innungsvermögen zu verwalten. [2]Das getrennt verwaltete Vermögen darf für andere Zwecke nicht verwandt werden. [3]Die Gläubiger haben das Recht auf gesonderte Befriedigung aus diesem Vermögen.

§ 58 Mitgliedschaft[1)]

(1) [1]Mitglied bei der Handwerksinnung kann jeder Inhaber eines Betriebs eines Handwerks oder eines handwerksähnlichen Gewerbes werden, der das Gewerbe ausübt, für welches die Handwerksinnung gebildet ist. [2]Die Handwerksinnung kann durch Satzung im Rahmen ihrer örtlichen Zuständigkeit bestimmen, dass Gewerbetreibende, die ein dem Gewerbe, für welches die Handwerksinnung gebildet ist, fachlich oder wirtschaftlich nahe stehendes handwerksähnliches Gewerbe ausüben, für das keine Ausbildungsordnung erlassen worden ist, Mitglied der Handwerksinnung werden können.

(2) Übt der Inhaber eines Betriebs eines Handwerks oder eines handwerksähnlichen Gewerbes mehrere Gewerbe aus, so kann er allen für diese Gewerbe gebildeten Handwerksinnungen angehören.

(3) Dem Inhaber eines Betriebs eines Handwerks oder eines handwerksähnlichen Gewerbes, das den gesetzlichen und satzungsmäßigen Vorschriften entspricht, darf der Eintritt in die Handwerksinnung nicht versagt werden.

(4) Von der Erfüllung der gesetzlichen und satzungsmäßigen Bedingungen kann zugunsten Einzelner nicht abgesehen werden.

§ 59 Gastmitglieder

[1]Die Handwerksinnung kann Gastmitglieder aufnehmen, die dem Handwerk, für das die Innung gebildet ist, beruflich oder wirtschaftlich nahe stehen. [2]Ihre Rechte und Pflichten sind in der Satzung zu regeln. [3]An der Innungsversammlung nehmen sie mit beratender Stimme teil.

§ 60 Organe

Die Organe der Handwerksinnung sind

1. die Innungsversammlung,
2. der Vorstand,
3. die Ausschüsse.

§ 61 Innungsversammlung

(1) [1]Die Innungsversammlung beschließt über alle Angelegenheiten der Handwerksinnung, soweit sie nicht vom Vorstand oder den Ausschüssen wahrzunehmen sind. [2]Die Innungsversammlung besteht aus den Mitgliedern der Handwerksinnung. [3]Die Satzung kann bestimmen, dass die Innungsversammlung aus Vertretern besteht, die von den Mitgliedern der Handwerks-

1) **Anm. d. Red.:** § 58 i. d. F. des Gesetzes v. 24. 12. 2003 (BGBl I S. 2934) mit Wirkung v. 1. 1. 2004.

innung aus ihrer Mitte gewählt werden (Vertreterversammlung); es kann auch bestimmt werden, dass nur einzelne Obliegenheiten der Innungsversammlung durch eine Vertreterversammlung wahrgenommen werden.

(2) Der Innungsversammlung obliegt im Besonderen

1. die Feststellung des Haushaltsplans und die Bewilligung von Ausgaben, die im Haushaltsplan nicht vorgesehen sind;
2. die Beschlussfassung über die Höhe der Innungsbeiträge und über die Festsetzung von Gebühren; Gebühren können auch von Nichtmitgliedern, die Tätigkeiten oder Einrichtungen der Innung in Anspruch nehmen, erhoben werden;
3. die Prüfung und Abnahme der Jahresrechnung;
4. die Wahl des Vorstands und derjenigen Mitglieder der Ausschüsse, die der Zahl der Innungsmitglieder zu entnehmen sind;
5. die Einsetzung besonderer Ausschüsse zur Vorbereitung einzelner Angelegenheiten;
6. der Erlass von Vorschriften über die Lehrlingsausbildung (§ 54 Abs. 1 Nr. 3);
7. die Beschlussfassung über
   a) den Erwerb, die Veräußerung oder die dingliche Belastung von Grundeigentum,
   b) die Veräußerung von Gegenständen, die einen geschichtlichen, wissenschaftlichen oder Kunstwert haben,
   c) die Ermächtigung zur Aufnahme von Krediten,
   d) den Abschluss von Verträgen, durch welche der Handwerksinnung fortlaufende Verpflichtungen auferlegt werden, mit Ausnahme der laufenden Geschäfte der Verwaltung,
   e) die Anlegung des Innungsvermögens;
8. die Beschlussfassung über die Änderung der Satzung und die Auflösung der Handwerksinnung;
9. die Beschlussfassung über den Erwerb und die Beendigung der Mitgliedschaft beim Landesinnungsverband.

(3) Die nach Absatz 2 Nr. 6, 7 und 8 gefassten Beschlüsse bedürfen der Genehmigung durch die Handwerkskammer.

§ 62 Beschlussfassung

(1) Zur Gültigkeit eines Beschlusses der Innungsversammlung ist erforderlich, dass der Gegenstand bei ihrer Einberufung bezeichnet ist, es sei denn, dass er in der Innungsversammlung mit Zustimmung von drei Vierteln der erschienenen Mitglieder nachträglich auf die Tagesordnung gesetzt wird, sofern es sich nicht um einen Beschluss über eine Satzungsänderung oder Auflösung der Handwerksinnung handelt.

(2) [1]Beschlüsse der Innungsversammlung werden mit einfacher Mehrheit der erschienenen Mitglieder gefasst. [2]Zu Beschlüssen über Änderungen der Satzung der Handwerksinnung ist eine Mehrheit von drei Vierteln der erschienenen Mitglieder erforderlich. [3]Der Beschluss auf Auflösung der Handwerksinnung kann nur mit einer Mehrheit von drei Vierteln der stimmberechtigten Mitglieder gefasst werden. [4]Sind in der ersten Innungsversammlung drei Viertel der Stimmberechtigten nicht erschienen, so ist binnen vier Wochen eine zweite Innungsversammlung einzuberufen, in welcher der Auflösungsbeschluss mit einer Mehrheit von drei Vierteln der erschienenen Mitglieder gefasst werden kann. [5]Satz 3 gilt für den Beschluss zur Bildung einer Vertreterversammlung (§ 61 Abs. 1 Satz 3) mit der Maßgabe, dass er auch im Wege schriftlicher Abstimmung gefasst werden kann.

(3) [1]Die Innungsversammlung ist in den durch die Satzung bestimmten Fällen sowie dann einzuberufen, wenn das Interesse der Handwerksinnung es erfordert. [2]Sie ist ferner einzuberufen, wenn der durch die Satzung bestimmte Teil oder in Ermangelung einer Bestimmung der zehnte Teil der Mitglieder die Einberufung schriftlich unter Angabe des Zwecks und der Gründe

verlangt; wird dem Verlangen nicht entsprochen oder erfordert es das Interesse der Handwerksinnung, so kann die Handwerkskammer die Innungsversammlung einberufen und leiten.

§ 63 Stimmrecht

[1]Stimmberechtigt in der Innungsversammlung sind die Mitglieder der Handwerksinnung im Sinne des § 58 Abs. 1. [2]Für eine juristische Person oder eine Personengesellschaft kann nur eine Stimme abgegeben werden, auch wenn mehrere vertretungsberechtigte Personen vorhanden sind.

§ 64 Kein Stimmrecht in eigener Sache

Ein Mitglied ist nicht stimmberechtigt, wenn die Beschlussfassung die Vornahme eines Rechtsgeschäfts oder die Einleitung oder Erledigung eines Rechtsstreits zwischen ihm und der Handwerksinnung betrifft.

§ 65 Übertragung des Stimmrechts

(1) Ein gemäß § 63 stimmberechtigtes Mitglied, das Inhaber eines Nebenbetriebs im Sinne des § 2 Nr. 2 oder 3 ist, kann sein Stimmrecht auf den Leiter des Nebenbetriebs übertragen, falls dieser die Pflichten übernimmt, die seinen Vollmachtgebern gegenüber der Handwerksinnung obliegen.

(2) Die Satzung kann die Übertragung der in Absatz 1 bezeichneten Rechte unter den dort gesetzten Voraussetzungen auch in anderen Ausnahmefällen zulassen.

(3) Die Übertragung und die Übernahme der Rechte bedarf der schriftlichen Erklärung gegenüber der Handwerksinnung.

§ 66 Vorstand

(1) [1]Der Vorstand der Handwerksinnung wird von der Innungsversammlung für die in der Satzung bestimmte Zeit mit verdeckten Stimmzetteln gewählt. [2]Die Wahl durch Zuruf ist zulässig, wenn niemand widerspricht. [3]Über die Wahlhandlung ist eine Niederschrift anzufertigen. [4]Die Wahl des Vorstands ist der Handwerkskammer binnen einer Woche anzuzeigen.

(2) [1]Die Satzung kann bestimmen, dass die Bestellung des Vorstands jederzeit widerruflich ist. [2]Die Satzung kann ferner bestimmen, dass der Widerruf nur zulässig ist, wenn ein wichtiger Grund vorliegt; ein solcher Grund ist insbesondere grobe Pflichtverletzung oder Unfähigkeit.

(3) [1]Der Vorstand vertritt die Handwerksinnung gerichtlich und außergerichtlich. [2]Durch die Satzung kann die Vertretung einem oder mehreren Mitgliedern des Vorstands oder dem Geschäftsführer übertragen werden. [3]Als Ausweis genügt bei allen Rechtsgeschäften die Bescheinigung der Handwerkskammer, dass die darin bezeichneten Personen zurzeit den Vorstand bilden.

(4) Die Mitglieder des Vorstands verwalten ihr Amt als Ehrenamt unentgeltlich; es kann ihnen nach näherer Bestimmung der Satzung Ersatz barer Auslagen und eine Entschädigung für Zeitversäumnis gewährt werden.

§ 67 Ausschüsse

(1) Die Handwerksinnung kann zur Wahrnehmung einzelner Angelegenheiten Ausschüsse bilden.

(2) [1]Zur Förderung der Berufsbildung ist ein Ausschuss zu bilden. [2]Er besteht aus einem Vorsitzenden und mindestens vier Beisitzern, von denen die Hälfte Innungsmitglieder, die in der Regel Gesellen oder Lehrlinge beschäftigen, und die andere Hälfte Gesellen sein müssen.

(3) [1]Die Handwerksinnung kann einen Ausschuss zur Schlichtung von Streitigkeiten zwischen Ausbildenden und Lehrlingen (Auszubildenden) errichten, der für alle Berufsausbildungsverhältnisse der in der Handwerksinnung vertretenen Handwerke ihres Bezirks zuständig ist. [2]Die Handwerkskammer erlässt die hierfür erforderliche Verfahrensordnung.

§ 68 Gesellenausschuss

(1) [1]Im Interesse eines guten Verhältnisses zwischen den Innungsmitgliedern und den bei ihnen beschäftigten Gesellen (§ 54 Abs. 1 Nr. 2) wird bei der Handwerksinnung ein Gesellenausschuss errichtet. [2]Der Gesellenausschuss hat die Gesellenmitglieder der Ausschüsse zu wählen, bei denen die Mitwirkung der Gesellen durch Gesetz oder Satzung vorgesehen ist.

(2) Der Gesellenausschuss ist zu beteiligen

1. bei Erlass von Vorschriften über die Regelung der Lehrlingsausbildung (§ 54 Abs. 1 Nr. 3),
2. bei Maßnahmen zur Förderung und Überwachung der beruflichen Ausbildung und zur Förderung der charakterlichen Entwicklung der Lehrlinge (§ 54 Abs. 1 Nr. 3),
3. bei der Errichtung der Gesellenprüfungsausschüsse (§ 54 Abs. 1 Nr. 4),
4. bei Maßnahmen zur Förderung des handwerklichen Könnens der Gesellen, insbesondere bei der Errichtung oder Unterstützung der zu dieser Förderung bestimmten Fachschulen und Lehrgänge (§ 54 Abs. 1 Nr. 5),
5. bei der Mitwirkung an der Verwaltung der Berufsschulen gemäß den Vorschriften der Unterrichtsverwaltungen (§ 54 Abs. 1 Nr. 6),
6. bei der Wahl oder Benennung der Vorsitzenden von Ausschüssen, bei denen die Mitwirkung der Gesellen durch Gesetz oder Satzung vorgesehen ist,
7. bei der Begründung und Verwaltung aller Einrichtungen, für welche die Gesellen Beiträge entrichten oder eine besondere Mühewaltung übernehmen, oder die zu ihrer Unterstützung bestimmt sind.

(3) Die Beteiligung des Gesellenausschusses hat mit der Maßgabe zu erfolgen, dass

1. bei der Beratung und Beschlussfassung des Vorstands der Handwerksinnung mindestens ein Mitglied des Gesellenausschusses mit vollem Stimmrecht teilnimmt,
2. bei der Beratung und Beschlussfassung der Innungsversammlung seine sämtlichen Mitglieder mit vollem Stimmrecht teilnehmen,
3. bei der Verwaltung von Einrichtungen, für welche die Gesellen Aufwendungen zu machen haben, vom Gesellenausschuss gewählte Gesellen in gleicher Zahl zu beteiligen sind wie die Innungsmitglieder.

(4) [1]Zur Durchführung von Beschlüssen der Innungsversammlung in den in Absatz 2 bezeichneten Angelegenheiten bedarf es der Zustimmung des Gesellenausschusses. [2]Wird die Zustimmung versagt oder nicht in angemessener Frist erteilt, so kann die Handwerksinnung die Entscheidung der Handwerkskammer binnen eines Monats beantragen.

(5) Die Beteiligung des Gesellenausschusses entfällt in den Angelegenheiten, die Gegenstand eines von der Handwerksinnung oder von dem Innungsverband abgeschlossenen oder abzuschließenden Tarifvertrages sind.

§ 69 Wahl des Gesellenausschusses

(1) Der Gesellenausschuss besteht aus dem Vorsitzenden (Altgesellen) und einer weiteren Zahl von Mitgliedern.

(2) Für die Mitglieder des Gesellenausschusses sind Stellvertreter zu wählen, die im Falle der Verhinderung oder des Ausscheidens für den Rest der Wahlzeit in der Reihenfolge der Wahl eintreten.

(3) [1]Die Mitglieder des Gesellenausschusses werden mit verdeckten Stimmzetteln in allgemeiner, unmittelbarer und gleicher Wahl gewählt. [2]Zum Zwecke der Wahl ist eine Wahlversammlung einzuberufen; in der Versammlung können durch Zuruf Wahlvorschläge gemacht werden. [3]Führt die Wahlversammlung zu keinem Ergebnis, so ist aufgrund von schriftlichen Wahlvorschlägen nach den Grundsätzen der Verhältniswahl zu wählen; jeder Wahlvorschlag muss die Namen von ebenso vielen Bewerbern enthalten, wie Mitglieder des Gesellenausschusses zu wählen sind; wird nur ein gültiger Wahlvorschlag eingereicht, so gelten die darin bezeichneten

Bewerber als gewählt. [4]Die Satzung trifft die näheren Bestimmungen über die Zusammensetzung des Gesellenausschusses und über das Wahlverfahren, insbesondere darüber, wie viele Unterschriften für einen gültigen schriftlichen Wahlvorschlag erforderlich sind.

(4) [1]Die Mitglieder des Gesellenausschusses dürfen in der Ausübung ihrer Tätigkeit nicht behindert werden. [2]Auch dürfen sie deswegen nicht benachteiligt oder begünstigt werden. [3]Die Mitglieder des Gesellenausschusses sind, soweit es zur ordnungsgemäßen Durchführung der ihnen gesetzlich zugewiesenen Aufgaben erforderlich ist und wichtige betriebliche Gründe nicht entgegenstehen, von ihrer beruflichen Tätigkeit ohne Minderung des Arbeitsentgelts freizustellen.

(5) Das Ergebnis der Wahl der Mitglieder des Gesellenausschusses ist in den für die Bekanntmachung der zuständigen Handwerkskammer bestimmten Organen zu veröffentlichen.

§ 70 Wahlberechtigung

Berechtigt zur Wahl des Gesellenausschusses sind die bei einem Innungsmitglied beschäftigten Gesellen.

§ 71 Wählbarkeit

(1) Wählbar ist jeder Geselle, der

1. volljährig ist,
2. eine Gesellenprüfung oder eine entsprechende Abschlussprüfung abgelegt hat und
3. seit mindestens drei Monaten in dem Betrieb eines der Handwerksinnung angehörenden selbständigen Handwerkers beschäftigt ist.

(2) Über die Wahlhandlung ist eine Niederschrift anzufertigen.

§ 71a Wahlrecht Arbeitsloser

Eine kurzzeitige Arbeitslosigkeit lässt das Wahlrecht nach den §§ 70 und 71 unberührt, wenn diese zum Zeitpunkt der Wahl nicht länger als drei Monate besteht.

§ 72 Mitgliedschaft bei Betriebswechsel

[1]Mitglieder des Gesellenausschusses behalten, auch wenn sie nicht mehr bei Innungsmitgliedern beschäftigt sind, solange sie im Bezirk der Handwerksinnung im Betrieb eines selbständigen Handwerkers verbleiben, die Mitgliedschaft noch bis zum Ende der Wahlzeit, jedoch höchstens für ein Jahr. [2]Im Falle eintretender Arbeitslosigkeit behalten sie ihr Amt bis zum Ende der Wahlzeit.

§ 73 Beiträge und Gebühren[1)]

(1) [1]Die der Handwerksinnung und ihrem Gesellenausschuss erwachsenden Kosten sind, soweit sie aus den Erträgen des Vermögens oder aus anderen Einnahmen keine Deckung finden, von den Innungsmitgliedern durch Beiträge aufzubringen. [2]Zu den Kosten des Gesellenausschusses zählen auch die anteiligen Lohn- und Lohnnebenkosten, die dem Arbeitgeber durch die Freistellung der Mitglieder des Gesellenausschusses von ihrer beruflichen Tätigkeit entstehen. [3]Diese Kosten sind dem Arbeitgeber auf Antrag von der Innung zu erstatten.

(2) Die Handwerksinnung kann für die Benutzung der von ihr getroffenen Einrichtungen Gebühren erheben.

(3) Soweit die Handwerksinnung ihre Beiträge nach dem Gewerbesteuermessbetrag, Gewerbekapital, Gewerbeertrag, Gewinn aus Gewerbebetrieb oder der Lohnsumme bemisst, gilt § 113 Abs. 2 Satz 2, 3 und 8 bis 11.

1) **Anm. d. Red.:** § 73 i. d. F. des Gesetzes v. 24. 12. 2003 (BGBl I S. 2934) mit Wirkung v. 1. 1. 2004.

(4) Die Beiträge und Gebühren werden auf Antrag des Innungsvorstands nach den für die Beitreibung von Gemeindeabgaben geltenden landesrechtlichen Vorschriften beigetrieben.

§ 74 Haftung der Innung

Die Handwerksinnung ist für den Schaden verantwortlich, den der Vorstand, ein Mitglied des Vorstands oder ein anderer satzungsmäßig berufener Vertreter durch eine in Ausführung der ihm zustehenden Verrichtungen begangene, zum Schadensersatz verpflichtende Handlung einem Dritten zufügt.

§ 75 Aufsicht durch Handwerkskammer

[1]Die Aufsicht über die Handwerksinnung führt die Handwerkskammer, in deren Bezirk die Handwerksinnung ihren Sitz hat. [2]Die Aufsicht erstreckt sich darauf, dass Gesetz und Satzung beachtet, insbesondere dass die der Handwerksinnung übertragenen Aufgaben erfüllt werden.

§ 76 Auflösung der Innung

Die Handwerksinnung kann durch die Handwerkskammer nach Anhörung des Landesinnungsverbands aufgelöst werden,

1. wenn sie durch einen gesetzwidrigen Beschluss der Mitgliederversammlung oder durch gesetzwidriges Verhalten des Vorstands das Gemeinwohl gefährdet,
2. wenn sie andere als die gesetzlich oder satzungsmäßig zulässigen Zwecke verfolgt,
3. wenn die Zahl ihrer Mitglieder so weit zurückgeht, dass die Erfüllung der gesetzlichen und satzungsmäßigen Aufgaben gefährdet erscheint.

§ 77 Insolvenzverfahren oder Vergleich

(1) Die Eröffnung des Insolvenzverfahrens über das Vermögen der Handwerksinnung hat die Auflösung kraft Gesetzes zur Folge.

(2) [1]Der Vorstand hat im Falle der Zahlungsunfähigkeit oder der Überschuldung die Eröffnung des Insolvenzverfahrens oder des gerichtlichen Vergleichsverfahrens zu beantragen. [2]Wird die Stellung des Antrags verzögert, so sind die Vorstandsmitglieder, denen ein Verschulden zur Last fällt, den Gläubigern für den daraus entstehenden Schaden verantwortlich; sie haften als Gesamtschuldner.

§ 78 Liquidation

(1) Wird die Handwerksinnung durch Beschluss der Innungsversammlung oder durch die Handwerkskammer aufgelöst, so wird das Innungsvermögen in entsprechender Anwendung der §§ 47 bis 53 des Bürgerlichen Gesetzbuchs liquidiert.

(2) [1]Wird eine Innung geteilt oder wird der Innungsbezirk neu abgegrenzt, so findet eine Vermögensauseinandersetzung statt, die der Genehmigung der für den Sitz der Innung zuständigen Handwerkskammer bedarf; kommt eine Einigung über die Vermögensauseinandersetzung nicht zustande, so entscheidet die für den Innungsbezirk zuständige Handwerkskammer. [2]Erstreckt sich der Innungsbezirk auf mehrere Handwerkskammerbezirke, so kann die Genehmigung oder Entscheidung nur im Einvernehmen mit den beteiligten Handwerkskammern ergehen.

Zweiter Abschnitt: Innungsverbände

§ 79 Landesinnungsverband

(1) [1]Der Landesinnungsverband ist der Zusammenschluss von Handwerksinnungen des gleichen Handwerks oder sich fachlich oder wirtschaftlich nahe stehender Handwerke im Bezirk eines Landes. [2]Für mehrere Bundesländer kann ein gemeinsamer Landesinnungsverband gebildet werden.

(2) [1]Innerhalb eines Landes kann in der Regel nur ein Landesinnungsverband für dasselbe Handwerk oder für sich fachlich oder wirtschaftlich nahe stehende Handwerke gebildet werden. [2]Ausnahmen können von der obersten Landesbehörde zugelassen werden.

(3) Durch die Satzung kann bestimmt werden, dass selbständige Handwerker dem Landesinnungsverband ihres Handwerks als Einzelmitglieder beitreten können.

§ 80 Genehmigung der Satzung

[1]Der Landesinnungsverband ist eine juristische Person des privaten Rechts; er wird mit Genehmigung der Satzung rechtsfähig. [2]Die Satzung und ihre Änderung bedürfen der Genehmigung durch die oberste Landesbehörde. [3]Im Falle eines gemeinsamen Landesinnungsverbands nach § 79 Abs. 1 Satz 2 ist die Genehmigung durch die für den Sitz des Landesinnungsverbands zuständige oberste Landesbehörde im Einvernehmen mit den beteiligten obersten Landesbehörden zu erteilen. [4]Die Satzung muss den Bestimmungen des § 55 Abs. 2 entsprechen.

§ 81 Aufgaben

(1) Der Landesinnungsverband hat die Aufgabe,

1. die Interessen des Handwerks wahrzunehmen, für das er gebildet ist,
2. die angeschlossenen Handwerksinnungen in der Erfüllung ihrer gesetzlichen und satzungsmäßigen Aufgaben zu unterstützen,
3. den Behörden Anregungen und Vorschläge zu unterbreiten sowie ihnen auf Verlangen Gutachten zu erstatten.

(2) Er ist befugt, Fachschulen und Fachkurse einzurichten oder zu fördern.

§ 82 Gemeinschaftliche Einrichtungen und Tariffähigkeit

[1]Der Landesinnungsverband kann ferner die wirtschaftlichen und sozialen Interessen der den Handwerksinnungen angehörenden Mitglieder fördern. [2]Zu diesem Zweck kann er insbesondere

1. Einrichtungen zur Erhöhung der Leistungsfähigkeit der Betriebe, vor allem in technischer und betriebswirtschaftlicher Hinsicht schaffen oder unterstützen,
2. den gemeinschaftlichen Einkauf und die gemeinschaftliche Übernahme von Lieferungen und Leistungen durch die Bildung von Genossenschaften, Arbeitsgemeinschaften oder auf sonstige Weise im Rahmen der allgemeinen Gesetze fördern,
3. Tarifverträge abschließen.

§ 83 Anwendbarkeit von Vorschriften der HwO und des BGB

(1) Auf den Landesinnungsverband finden entsprechende Anwendung:

1. § 55 Abs. 1 und Abs. 2 Nr. 1 bis 6, 8 bis 9 und hinsichtlich der Voraussetzungen für die Änderung der Satzung und für die Auflösung des Landesinnungsverbandes Nummer 10 sowie Nummer 11,
2. §§ 60, 61 Abs. 1 und Abs. 2 Nr. 1 und hinsichtlich der Beschlussfassung über die Höhe der Beiträge zum Landesinnungsverband Nummer 2 sowie Nummern 3 bis 5 und 7 bis 8,
3. §§ 59, 62, 64, 66 und 74,
4. § 39 und §§ 41 bis 53 des Bürgerlichen Gesetzbuchs.

(2) [1]Die Mitgliederversammlung besteht aus den Vertretern der angeschlossenen Handwerksinnungen und im Falle des § 79 Abs. 3 auch aus den von den Einzelmitgliedern nach näherer Bestimmung der Satzung gewählten Vertretern. [2]Die Satzung kann bestimmen, dass die Handwerksinnungen und die Gruppe der Einzelmitglieder entsprechend der Zahl der Mitglieder der Handwerksinnungen und der Einzelmitglieder mehrere Stimmen haben und die Stimmen einer Handwerksinnung oder der Gruppe der Einzelmitglieder uneinheitlich abgegeben werden können.

(3) Nach näherer Bestimmung der Satzung können bis zur Hälfte der Mitglieder des Vorstands Personen sein, die nicht von der Mitgliederversammlung gewählt sind.

§ 84 Handwerksähnliche Betriebe

[1]Durch die Satzung kann bestimmt werden, dass sich Vereinigungen von Inhabern handwerksähnlicher Betriebe oder Inhaber handwerksähnlicher Betriebe einem Landesinnungsverband anschließen können. [2]In diesem Fall obliegt dem Landesinnungsverband nach Maßgabe der §§ 81 und 82 auch die Wahrnehmung der Interessen des handwerksähnlichen Gewerbes. [3]§ 83 Abs. 2 gilt entsprechend für die Vertretung des handwerksähnlichen Gewerbes in der Mitgliederversammlung.

§ 85 Bundesinnungsverband[1)]

(1) Der Bundesinnungsverband ist der Zusammenschluss von Landesinnungsverbänden des gleichen Handwerks oder sich fachlich oder wirtschaftlich nahe stehender Handwerke im Bundesgebiet.

(2) [1]Auf den Bundesinnungsverband finden die Vorschriften dieses Abschnitts sinngemäß Anwendung. [2]Die nach § 80 erforderliche Genehmigung der Satzung und ihrer Änderung erfolgt durch das Bundesministerium für Wirtschaft und Energie.

Dritter Abschnitt: Kreishandwerkerschaften

§ 86 Zusammensetzung

[1]Die Handwerksinnungen, die in einem Stadt- oder Landkreis ihren Sitz haben, bilden die Kreishandwerkerschaft. [2]Die Handwerkskammer kann eine andere Abgrenzung zulassen.

§ 87 Aufgaben

Die Kreishandwerkerschaft hat die Aufgabe,

1. die Gesamtinteressen des selbständigen Handwerks und des handwerksähnlichen Gewerbes sowie die gemeinsamen Interessen der Handwerksinnungen ihres Bezirks wahrzunehmen,
2. die Handwerksinnungen bei Erfüllung ihrer Aufgaben zu unterstützen,
3. Einrichtungen zur Förderung und Vertretung der gewerblichen, wirtschaftlichen und sozialen Interessen der Mitglieder der Handwerksinnungen zu schaffen oder zu unterstützen,
4. die Behörden bei den das selbständige Handwerk und das handwerksähnliche Gewerbe ihres Bezirks berührenden Maßnahmen zu unterstützen und ihnen Anregungen, Auskünfte und Gutachten zu erteilen,
5. die Geschäfte der Handwerksinnungen auf deren Ansuchen zu führen,
6. die von der Handwerkskammer innerhalb ihrer Zuständigkeit erlassenen Vorschriften und Anordnungen durchzuführen; die Handwerkskammer hat sich an den hierdurch entstehenden Kosten angemessen zu beteiligen.

§ 88 Mitgliederversammlung

[1]Die Mitgliederversammlung der Kreishandwerkerschaft besteht aus Vertretern der Handwerksinnungen. [2]Die Vertreter oder ihre Stellvertreter üben das Stimmrecht für die von ihnen vertretenen Handwerksinnungen aus. [3]Jede Handwerksinnung hat eine Stimme. [4]Die Satzung kann bestimmen, dass den Handwerksinnungen entsprechend der Zahl ihrer Mitglieder bis höchstens zwei Zusatzstimmen zuerkannt und die Stimmen einer Handwerksinnung uneinheitlich abgegeben werden können.

1) **Anm. d. Red.:** § 85 i. d. F. der VO v. 31. 8. 2015 (BGBl I S. 1474) mit Wirkung v. 8. 9. 2015.

§ 89 Entsprechende Anwendbarkeit von Vorschriften

(1) Auf die Kreishandwerkerschaft finden entsprechende Anwendung:

1. § 53 und § 55 mit Ausnahme des Absatzes 2 Nummern 3 und 7 sowie hinsichtlich der Voraussetzungen für die Änderung der Satzung § 55 Abs. 2 Nr. 10,
2. § 56 Abs. 1 und Abs. 2 Nr. 1,
3. § 60 und § 61 Abs. 1, Abs. 2 Nr. 1 bis 5, 7 und hinsichtlich der Beschlussfassung über die Änderung der Satzung Nummer 8; die nach § 61 Abs. 2 Nr. 1 bis 3, 7 und 8 gefassten Beschlüsse bedürfen der Genehmigung der Handwerkskammer,
4. § 62 Abs. 1, Abs. 2 Sätze 1 und 2 sowie Abs. 3,
5. §§ 64, 66, 67 Abs. 1 und §§ 73 bis 77.

(2) [1]Wird die Kreishandwerkerschaft durch die Handwerkskammer aufgelöst, so wird das Vermögen der Kreishandwerkerschaft in entsprechender Anwendung der §§ 47 bis 53 des Bürgerlichen Gesetzbuchs liquidiert. [2]§ 78 Abs. 2 gilt entsprechend.

HwO

Vierter Abschnitt: Handwerkskammern

§ 90 Errichtung und Zusammensetzung[1)]

(1) Zur Vertretung der Interessen des Handwerks werden Handwerkskammern errichtet; sie sind Körperschaften des öffentlichen Rechts.

(2) Zur Handwerkskammer gehören die Inhaber eines Betriebs eines Handwerks und eines handwerkähnlichen Gewerbes des Handwerkskammerbezirks sowie die Gesellen, andere Arbeitnehmer mit einer abgeschlossenen Berufsausbildung und die Lehrlinge dieser Gewerbetreibenden.

(3) [1]Zur Handwerkskammer gehören auch Personen, die im Kammerbezirk selbständig eine gewerbliche Tätigkeit nach § 1 Abs. 2 Satz 2 Nr. 1 ausüben, wenn

1. sie die Gesellenprüfung in einem zulassungspflichtigen Handwerk erfolgreich abgelegt haben,
2. die betreffende Tätigkeit Bestandteil der Erstausbildung in diesem zulassungspflichtigen Handwerk war und
3. die Tätigkeit den überwiegenden Teil der gewerblichen Tätigkeit ausmacht.

[2]Satz 1 gilt entsprechend auch für Personen, die ausbildungsvorbereitende Maßnahmen erfolgreich absolviert haben, wenn diese Maßnahmen überwiegend Ausbildungsinhalte in Ausbildungsordnungen vermitteln, die nach § 25 erlassen worden sind und insgesamt einer abgeschlossenen Gesellenausbildung im Wesentlichen entsprechen.

(4) [1]Absatz 3 findet nur unter der Voraussetzung Anwendung, dass die Tätigkeit in einer dem Handwerk entsprechenden Betriebsform erbracht wird. [2]Satz 1 und Absatz 3 gelten nur für Gewerbetreibende, die erstmalig nach dem 30. Dezember 2003 eine gewerbliche Tätigkeit anmelden. [3]Die Handwerkskammer hat ein Verzeichnis zu führen, in welches die Personen nach § 90 Abs. 3 und 4 ihres Bezirks nach Maßgabe der Anlage D Abschnitt IV zu diesem Gesetz mit dem von ihnen betriebenen Gewerbe einzutragen sind (Verzeichnis der Personen nach § 90 Abs. 3 und 4 der Handwerksordnung).

(5) [1]Die Landesregierungen werden ermächtigt, durch Rechtsverordnung Handwerkskammern zu errichten und die Bezirke der Handwerkskammern zu bestimmen; die Bezirke sollen sich in der Regel mit denen der höheren Verwaltungsbehörde decken. [2]Wird der Bezirk einer Handwerkskammer nach Satz 1 geändert, muss eine Vermögensauseinandersetzung erfolgen, welche der Genehmigung durch die oberste Landesbehörde bedarf. [3]Können sich die beteiligten Handwerkskammern hierüber nicht einigen, so entscheidet die oberste Landesbehörde.

1) **Anm. d. Red.:** § 90 i. d. F. des Gesetzes v. 5. 12. 2012 (BGBl I S. 2415) mit Wirkung v. 12. 12. 2012.

§ 91 Aufgaben[1)]

(1) Aufgabe der Handwerkskammer ist insbesondere,

1. die Interessen des Handwerks zu fördern und für einen gerechten Ausgleich der Interessen der einzelnen Handwerke und ihrer Organisationen zu sorgen,
2. die Behörden in der Förderung des Handwerks durch Anregungen, Vorschläge und durch Erstattung von Gutachten zu unterstützen und regelmäßig Berichte über die Verhältnisse des Handwerks zu erstatten,
3. die Handwerksrolle (§ 6) zu führen,
4. die Berufsausbildung zu regeln (§ 41), Vorschriften hierfür zu erlassen, ihre Durchführung zu überwachen (§ 41a) sowie eine Lehrlingsrolle (§ 28 Absatz 1) zu führen,

4a. Vorschriften für Prüfungen im Rahmen einer beruflichen Fortbildung oder Umschulung zu erlassen und Prüfungsausschüsse hierfür zu errichten,

5. Gesellenprüfungsordnungen für die einzelnen Handwerke zu erlassen (§ 38), Prüfungsausschüsse für die Abnahme der Gesellenprüfungen zu errichten oder Handwerksinnungen zu der Errichtung von Gesellenprüfungsausschüssen zu ermächtigen (§ 37) und die ordnungsmäßige Durchführung der Gesellenprüfungen zu überwachen,
6. Meisterprüfungsordnungen für die einzelnen Handwerke zu erlassen (§ 50) und die Geschäfte des Meisterprüfungsausschusses (§ 47 Abs. 2) zu führen,

6a. die Gleichwertigkeit festzustellen (§§ 40a, 50b, 51e),

7. die technische und betriebswirtschaftliche Fortbildung der Meister und Gesellen zur Erhaltung und Steigerung der Leistungsfähigkeit des Handwerks in Zusammenarbeit mit den Innungsverbänden zu fördern, die erforderlichen Einrichtungen hierfür zu schaffen oder zu unterstützen und zu diesem Zweck eine Gewerbeförderungsstelle zu unterhalten,

7a. Maßnahmen zur Förderung und Durchführung der Berufsbildung, insbesondere der Berufsausbildungsvorbereitung, Berufsausbildung, beruflichen Fortbildung und beruflichen Umschulung, sowie der technischen und betriebswirtschaftlichen Weiterbildung, insbesondere Sachkundenachweise und Sachkundeprüfungen nach gesetzlichen Vorschriften, nach Vorschriften der Unfallversicherungsträger oder nach technischen Normvorschriften in Zusammenarbeit mit den Innungsverbänden anzubieten,

8. Sachverständige zur Erstattung von Gutachten über Waren, Leistungen und Preise von Handwerkern zu bestellen und zu vereidigen,
9. die wirtschaftlichen Interessen des Handwerks und die ihnen dienenden Einrichtungen, insbesondere das Genossenschaftswesen zu fördern,
10. die Formgestaltung im Handwerk zu fördern,
11. Vermittlungsstellen zur Beilegung von Streitigkeiten zwischen Inhabern eines Betriebs eines Handwerks und ihren Auftraggebern einzurichten,
12. Ursprungszeugnisse über in Handwerksbetrieben gefertigte Erzeugnisse und andere dem Wirtschaftsverkehr dienende Bescheinigungen auszustellen, soweit nicht Rechtsvorschriften diese Aufgaben anderen Stellen zuweisen,
13. die Maßnahmen zur Unterstützung Not leidender Handwerker sowie Gesellen und anderer Arbeitnehmer mit einer abgeschlossenen Berufsausbildung zu treffen oder zu unterstützen.

(1a) [1]Die Länder können durch Gesetz der Handwerkskammer die Aufgaben einer einheitlichen Stelle im Sinne des Verwaltungsverfahrensgesetzes übertragen. [2]Das Gesetz regelt, welche Aufgabenbereiche von der Zuweisung erfasst sind. [3]Dabei kann das Gesetz vorsehen, dass die Handwerkskammer auch für nicht Kammerzugehörige tätig wird. [4]Das Gesetz regelt auch die Aufsicht.

1) **Anm. d. Red.:** § 91 i. d. F. des Gesetzes v. 30.6.2017 (BGBl I S. 2143) mit Wirkung v. 6.7.2017.

(2) Die Handwerkskammer kann gemeinsam mit der Industrie- und Handelskammer Prüfungsausschüsse errichten.

(2a) Die Länder können durch Gesetz der Handwerkskammer ermöglichen, sich an einer Einrichtung zu beteiligen, die Aufgaben einer einheitlichen Stelle im Sinne des Verwaltungsverfahrensgesetzes erfüllt.

(3) Die Handwerkskammer soll in allen wichtigen das Handwerk und das handwerksähnliche Gewerbe berührenden Angelegenheiten gehört werden.

(4) Absatz 1 Nr. 1, 2 und 7 bis 13 findet auf handwerksähnliche Gewerbe entsprechende Anwendung.

§ 92 Organe

Die Organe der Handwerkskammer sind

1. die Mitgliederversammlung (Vollversammlung),
2. der Vorstand,
3. die Ausschüsse.

§ 93 Vollversammlung[1)]

(1) [1]Die Vollversammlung besteht aus gewählten Mitgliedern. [2]Ein Drittel der Mitglieder müssen Gesellen oder andere Arbeitnehmer mit einer abgeschlossenen Berufsausbildung sein, die in dem Betrieb eines Gewerbes der Anlage A oder Betrieb eines Gewerbes der Anlage B beschäftigt sind.

(2) [1]Durch die Satzung ist die Zahl der Mitglieder der Vollversammlung und ihre Aufteilung auf die einzelnen in den Anlagen A und B zu diesem Gesetz aufgeführten Gewerbe zu bestimmen. [2]Die Satzung kann bestimmen, dass die Aufteilung der Zahl der Mitglieder der Vollversammlung auch die Personen nach § 90 Abs. 3 und 4 zu berücksichtigen hat. [3]Bei der Aufteilung sollen die wirtschaftlichen Besonderheiten und die wirtschaftliche Bedeutung der einzelnen Gewerbe berücksichtigt werden.

(3) Für jedes Mitglied sind mindestens ein, aber höchstens zwei Stellvertreter zu wählen, die im Verhinderungsfall oder im Falle des Ausscheidens der Mitglieder einzutreten haben.

(4) [1]Die Vollversammlung kann sich nach näherer Bestimmung der Satzung bis zu einem Fünftel der Mitgliederzahl durch Zuwahl von sachverständigen Personen unter Wahrung der in Absatz 1 festgelegten Verhältniszahl ergänzen; diese haben gleiche Rechte und Pflichten wie die gewählten Mitglieder der Vollversammlung. [2]Die Zuwahl der sachverständigen Personen, die auf das Drittel der Gesellen und anderer Arbeitnehmer mit einer abgeschlossenen Berufsausbildung anzurechnen sind, erfolgt auf Vorschlag der Mehrheit dieser Gruppe.

§ 94 Stellung der Mitglieder

[1]Die Mitglieder der Vollversammlung sind Vertreter des gesamten Handwerks und des handwerksähnlichen Gewerbes und als solche an Aufträge und Weisungen nicht gebunden. [2]§ 66 Abs. 4, § 69 Abs. 4 und § 73 Abs. 1 gelten entsprechend.

§ 95 Wahlverfahren[2)]

(1) [1]Die Mitglieder der Vollversammlung und ihre Stellvertreter werden durch Listen in allgemeiner, freier, gleicher und geheimer Wahl gewählt. [2]Die Wahlen zur Vollversammlung werden im Briefwahlverfahren durchgeführt.

(2) Das Wahlverfahren regelt sich nach der diesem Gesetz als Anlage C beigefügten Wahlordnung.

1) **Anm. d. Red.:** § 93 i. d. F. des Gesetzes v. 23. 3. 2005 (BGBl I S. 931) mit Wirkung v. 1. 4. 2005.

2) **Anm. d. Red.:** § 95 i. d. F. des Gesetzes v. 24. 12. 2003 (BGBl I S. 2934) mit Wirkung v. 1. 1. 2004.

§ 96 Wahlberechtigung[1)]

(1) [1]Berechtigt zur Wahl der Vertreter des Handwerks und des handwerksähnlichen Gewerbes sind die in der Handwerksrolle (§ 6) oder im Verzeichnis nach § 19 eingetragenen natürlichen und juristischen Personen und Personengesellschaften sowie die in das Verzeichnis nach § 90 Abs. 4 Satz 2 eingetragenen natürlichen Personen. [2]Die nach § 90 Abs. 4 Satz 2 eingetragenen Personen sind zur Wahl der Vertreter der Personen nach § 90 Abs. 3 und 4 berechtigt, sofern die Satzung dies nach § 93 bestimmt. [3]Das Wahlrecht kann nur von volljährigen Personen ausgeübt werden. [4]Juristische Personen und Personengesellschaften haben nur jeweils eine Stimme.

(2) Nicht wahlberechtigt sind Personen, die infolge strafgerichtlicher Verurteilung das Recht, in öffentlichen Angelegenheiten zu wählen oder zu stimmen, nicht besitzen.

(3) An der Ausübung des Wahlrechts ist behindert,

1. wer wegen Geisteskrankheit oder Geistesschwäche in einem psychiatrischen Krankenhaus untergebracht ist,
2. wer sich in Straf- oder Untersuchungshaft befindet,
3. wer infolge gerichtlicher oder polizeilicher Anordnung in Verwahrung gehalten wird.

§ 97 Wählbarkeit[2)]

(1) [1]Wählbar als Vertreter der zulassungspflichtigen Handwerke sind

1. die wahlberechtigten natürlichen Personen, sofern sie
   a) im Bezirk der Handwerkskammer seit mindestens einem Jahr ohne Unterbrechung ein Handwerk selbständig betreiben,
   b) die Befugnis zum Ausbilden von Lehrlingen besitzen,
   c) am Wahltag volljährig sind;
2. die gesetzlichen Vertreter der wahlberechtigten juristischen Personen und die vertretungsberechtigten Gesellschafter der wahlberechtigten Personengesellschaften, sofern
   a) die von ihnen vertretene juristische Person oder Personengesellschaft im Bezirk der Handwerkskammer seit mindestens einem Jahr ein Handwerk selbständig betreibt und
   b) sie im Bezirk der Handwerkskammer seit mindestens einem Jahr ohne Unterbrechung gesetzliche Vertreter oder vertretungsberechtigte Gesellschafter einer in der Handwerksrolle eingetragenen juristischen Person oder Personengesellschaft sind, am Wahltag volljährig sind.

[2]Nicht wählbar ist, wer infolge Richterspruchs die Fähigkeit zur Bekleidung öffentlicher Ämter oder infolge strafgerichtlicher Verurteilung die Fähigkeit, Rechte aus öffentlichen Wahlen zu erlangen, nicht besitzt.

(2) Bei der Berechnung der Fristen in Absatz 1 Nr. 1 Buchstabe a und Nr. 2 Buchstabe b sind die Tätigkeiten als selbständiger Handwerker in einem zulassungspflichtigen Handwerk und als gesetzlicher Vertreter oder vertretungsberechtigter Gesellschafter einer in der Handwerksrolle eingetragenen juristischen Person oder Personengesellschaft gegenseitig anzurechnen.

(3) Für die Wahl der Vertreter der zulassungsfreien Handwerke, der handwerksähnlichen Gewerbe und der Personen nach § 90 Abs. 3 und 4 gelten die Absätze 1 und 2 entsprechend.

§ 98 Wahl der Gesellenmitglieder[3)]

(1) [1]Berechtigt zur Wahl der Vertreter der Arbeitnehmer in der Handwerkskammer sind die Gesellen und die weiteren Arbeitnehmer mit abgeschlossener Berufsausbildung, sofern sie am

---

1) **Anm. d. Red.:** § 96 i. d. F. des Gesetzes v. 23. 3. 2005 (BGBl I S. 931) mit Wirkung v. 1. 4. 2005.

2) **Anm. d. Red.:** § 97 i. d. F. des Gesetzes v. 23. 3. 2005 (BGBl I S. 931) mit Wirkung v. 1. 4. 2005.

3) **Anm. d. Red.:** § 98 i. d. F. des Gesetzes v. 24. 12. 2003 (BGBl I S. 2934) mit Wirkung v. 1. 1. 2004.

Tag der Wahl volljährig sind und in einem Betrieb eines Handwerks oder eines handwerksähnlichen Gewerbes beschäftigt sind. [2]§ 96 Abs. 2 und 3 findet Anwendung.

(2) Kurzzeitig bestehende Arbeitslosigkeit lässt das Wahlrecht unberührt, wenn diese zum Zeitpunkt der Wahl nicht länger als drei Monate besteht.

§ 99 Wählbarkeit von Gesellenmitgliedern[1)]

Wählbar zum Vertreter der Arbeitnehmer in der Vollversammlung sind die wahlberechtigten Arbeitnehmer im Sinne des § 90 Abs. 2, sofern sie

1. am Wahltag volljährig sind,
2. eine Gesellenprüfung oder eine andere Abschlussprüfung abgelegt haben oder, wenn sie in einem Betrieb eines handwerksähnlichen Gewerbes beschäftigt sind, nicht nur vorübergehend mit Arbeiten betraut sind, die gewöhnlich nur von einem Gesellen oder einem Arbeitnehmer ausgeführt werden, der einen Berufsabschluss hat.

§ 100 Wahlprüfung und -bekanntgabe

(1) Die Handwerkskammer prüft die Gültigkeit der Wahl ihrer Mitglieder von Amts wegen.

(2) Das Ergebnis der Wahl ist öffentlich bekannt zu machen.

§ 101 Einspruch[2)]

(1) Gegen die Rechtsgültigkeit der Wahl kann jeder Wahlberechtigte innerhalb von einem Monat nach der Bekanntgabe des Wahlergebnisses Einspruch erheben; der Einspruch eines Inhabers eines Betriebs eines Handwerks oder handwerksähnlichen Gewerbes kann sich nur gegen die Wahl der Vertreter der Handwerke und handwerksähnlichen Gewerbe, der Einspruch eines Gesellen oder anderen Arbeitnehmers mit einer abgeschlossenen Berufsausbildung nur gegen die Wahl der Vertreter der Arbeitnehmer richten.

(2) Der Einspruch gegen die Wahl eines Gewählten kann nur auf eine Verletzung der Vorschriften der §§ 96 bis 99 gestützt werden.

(3) [1]Richtet sich der Einspruch gegen die Wahl insgesamt, so ist er binnen einem Monat nach der Bekanntgabe des Wahlergebnisses bei der Handwerkskammer einzulegen. [2]Er kann nur darauf gestützt werden, dass

1. gegen das Gesetz oder gegen die aufgrund des Gesetzes erlassenen Wahlvorschriften verstoßen worden ist und
2. der Verstoß geeignet war, das Ergebnis der Wahl zu beeinflussen.

§ 102 Ablehnungsgründe und Amtsniederlegung

(1) Der Gewählte kann die Annahme der Wahl nur ablehnen, wenn er

1. das sechzigste Lebensjahr vollendet hat oder
2. durch Krankheit oder Gebrechen verhindert ist, das Amt ordnungsmäßig zu führen.

(2) Ablehnungsgründe sind nur zu berücksichtigen, wenn sie binnen zwei Wochen nach der Bekanntgabe des Wahlergebnisses bei der Handwerkskammer geltend gemacht worden sind.

(3) Mitglieder der Handwerkskammer können nach Vollendung des sechzigsten Lebensjahres ihr Amt niederlegen.

---

1) **Anm. d. Red.:** § 99 i. d. F. des Gesetzes v. 24. 12. 2003 (BGBl I S. 2934) mit Wirkung v. 1. 1. 2004.

2) **Anm. d. Red.:** § 101 i. d. F. des Gesetzes v. 24. 12. 2003 (BGBl I S. 2934) mit Wirkung v. 1. 1. 2004.

§ 103 Amtsdauer[1)]

(1) [1]Die Wahl zur Handwerkskammer erfolgt auf fünf Jahre. [2]Eine Wiederwahl ist zulässig.

(2) Nach Ablauf der Wahlzeit bleiben die Gewählten solange im Amt, bis ihre Nachfolger eintreten.

(3) [1]Die Vertreter der Arbeitnehmer behalten, auch wenn sie nicht mehr im Betrieb eines Handwerks oder eines handwerksähnlichen Gewerbes beschäftigt sind, solange sie im Bezirk der Handwerkskammer verbleiben, das Amt noch bis zum Ende der Wahlzeit, jedoch höchstens für ein Jahr. [2]Im Fall der Arbeitslosigkeit behalten sie das Amt bis zum Ende der Wahlzeit.

§ 104 Ausscheiden und Amtsenthebung[2)]

(1) Mitglieder der Vollversammlung haben aus dem Amt auszuscheiden, wenn sie durch Krankheit oder Gebrechen verhindert sind, das Amt ordnungsmäßig zu führen oder wenn Tatsachen eintreten, die ihre Wählbarkeit ausschließen.

(2) Gesetzliche Vertreter juristischer Personen und vertretungsberechtigte Gesellschafter der Personengesellschaften haben ferner aus dem Amt auszuscheiden, wenn

1. sie die Vertretungsbefugnis verloren haben,
2. die juristische Person oder die Personengesellschaft in der Handwerksrolle oder in dem Verzeichnis nach § 19 gelöscht worden ist.

(3) Weigert sich das Mitglied auszuscheiden, so ist es von der obersten Landesbehörde nach Anhörung der Handwerkskammer seines Amtes zu entheben.

§ 105 Satzung[3)]

(1) [1]Für die Handwerkskammer ist von der obersten Landesbehörde eine Satzung zu erlassen. [2]Über eine Änderung der Satzung beschließt die Vollversammlung; der Beschluss bedarf der Genehmigung durch die oberste Landesbehörde.

(2) Die Satzung muss Bestimmungen enthalten über

1. den Namen, den Sitz und den Bezirk der Handwerkskammer,
2. die Zahl der Mitglieder der Handwerkskammer und der Stellvertreter sowie die Reihenfolge ihres Eintritts im Falle der Behinderung oder des Ausscheidens der Mitglieder,
3. die Verteilung der Mitglieder und der Stellvertreter auf die im Bezirk der Handwerkskammer vertretenen Handwerke,
4. die Zuwahl zur Handwerkskammer,
5. die Wahl des Vorstands und seine Befugnisse,
6. die Einberufung der Handwerkskammer und ihrer Organe,
7. die Form der Beschlussfassung und die Beurkundung der Beschlüsse der Handwerkskammer und des Vorstands,
8. die Erstellung einer mittelfristigen Finanzplanung und deren Übermittlung an die Vollversammlung,
9. die Aufstellung und Genehmigung des Haushaltsplans,
10. die Aufstellung, Prüfung und Abnahme der Jahresrechnung sowie über die Übertragung der Prüfung auf eine unabhängige Stelle außerhalb der Handwerkskammer,
11. die Voraussetzungen und die Form einer Änderung der Satzung,
12. die Organe einschließlich elektronischer Medien, in denen die Bekanntmachungen der Handwerkskammer zu veröffentlichen sind.

---

1) **Anm. d. Red.:** § 103 i. d. F. des Gesetzes v. 24. 12. 2003 (BGBl I S. 2934) mit Wirkung v. 1. 1. 2004.

2) **Anm. d. Red.:** § 104 i. d. F. des Gesetzes v. 24. 12. 2003 (BGBl I S. 2934) mit Wirkung v. 1. 1. 2004.

3) **Anm. d. Red.:** § 105 i. d. F. des Gesetzes v. 30.6.2017 (BGBl I S. 2143) mit Wirkung v. 6.7.2017.

(3) Die Satzung darf keine Bestimmung enthalten, die mit den in diesem Gesetz bezeichneten Aufgaben der Handwerkskammer nicht in Verbindung steht oder gesetzlichen Vorschriften zuwiderläuft.

(4) Die Satzung nach Absatz 1 Satz 1 ist in dem amtlichen Organ der für den Sitz der Handwerkskammer zuständigen höheren Verwaltungsbehörde bekannt zu machen.

§ 106 Rechte der Vollversammlung[1)]

(1) Der Beschlussfassung der Vollversammlung bleibt vorbehalten

1. die Wahl des Vorstands und der Ausschüsse,
2. die Zuwahl von sachverständigen Personen (§ 93 Abs. 4),
3. die Wahl des Geschäftsführers, bei mehreren Geschäftsführern des Hauptgeschäftsführers und der Geschäftsführer,
4. die Feststellung des Haushaltsplans einschließlich des Stellenplans, die Bewilligung von Ausgaben, die nicht im Haushaltsplan vorgesehen sind, die Ermächtigung zur Aufnahme von Krediten und die dingliche Belastung von Grundeigentum,
5. die Festsetzung der Beiträge zur Handwerkskammer und die Erhebung von Gebühren,
6. der Erlass einer Haushalts-, Kassen- und Rechnungslegungsordnung,
7. die Prüfung und Abnahme der Jahresrechnung und die Entscheidung darüber, durch welche unabhängige Stelle die Jahresrechnung geprüft werden soll,
8. die Beteiligung an Gesellschaften des privaten und öffentlichen Rechts und die Aufrechterhaltung der Beteiligung,

8a. die Beteiligung an einer Einrichtung nach § 91 Abs. 2a,

9. der Erwerb und die Veräußerung von Grundeigentum,
10. der Erlass von Vorschriften über die Berufsausbildung, berufliche Fortbildung und berufliche Umschulung (§ 91 Abs. 1 Nr. 4 und 4a),
11. der Erlass der Gesellen- und Meisterprüfungsordnungen (§ 91 Abs. 1 Nr. 5 und 6),
12. der Erlass der Vorschriften über die öffentliche Bestellung und Vereidigung von Sachverständigen (§ 91 Abs. 1 Nr. 8),
13. die Festsetzung der den Mitgliedern zu gewährenden Entschädigung (§ 94),
14. die Änderung der Satzung.

(2) [1]Die nach Absatz 1 Nr. 3 bis 7, 10 bis 12 und 14 gefassten Beschlüsse bedürfen der Genehmigung durch die oberste Landesbehörde. [2]Die Beschlüsse nach Absatz 1 Nr. 5, 10 bis 12 und 14 sind in den für die Bekanntmachungen der Handwerkskammern bestimmten Organen einschließlich der elektronischen Medien (§ 105 Abs. 2 Nr. 12) zu veröffentlichen.

§ 107 Zuziehung von Sachverständigen

Die Handwerkskammer kann zu ihren Verhandlungen Sachverständige mit beratender Stimme zuziehen.

§ 108 Wahl und Zusammensetzung des Vorstands

(1) [1]Die Vollversammlung wählt aus ihrer Mitte den Vorstand. [2]Ein Drittel der Mitglieder müssen Gesellen oder andere Arbeitnehmer mit abgeschlossener Berufsausbildung sein.

(2) Der Vorstand besteht nach näherer Bestimmung der Satzung aus dem Vorsitzenden (Präsidenten), zwei Stellvertretern (Vizepräsidenten), von denen einer Geselle oder ein anderer Arbeitnehmer mit abgeschlossener Berufsausbildung sein muss, und einer weiteren Zahl von Mitgliedern.

1) **Anm. d. Red.:** § 106 i. d. F. des Gesetzes v. 30.6.2017 (BGBl I S. 2143) mit Wirkung v. 6.7.2017.

(3) [1]Der Präsident wird von der Vollversammlung mit absoluter Stimmenmehrheit der anwesenden Mitglieder gewählt. [2]Fällt die Mehrzahl der Stimmen nicht auf eine Person, so findet eine engere Wahl zwischen den beiden Personen statt, welche die meisten Stimmen erhalten haben.

(4) [1]Die Wahl der Vizepräsidenten darf nicht gegen die Mehrheit der Stimmen der Gruppe, der sie angehören, erfolgen. [2]Erfolgt in zwei Wahlgängen keine Entscheidung, so entscheidet ab dem dritten Wahlgang die Stimmenmehrheit der jeweils betroffenen Gruppe. [3]Gleiches gilt für die Wahl der weiteren Mitglieder des Vorstands.

(5) Die Wahl des Präsidenten und seiner Stellvertreter ist der obersten Landesbehörde binnen einer Woche anzuzeigen.

(6) Als Ausweis des Vorstands genügt eine Bescheinigung der obersten Landesbehörde, dass die darin bezeichneten Personen zurzeit den Vorstand bilden.

§ 109 Aufgaben des Vorstands

[1]Dem Vorstand obliegt die Verwaltung der Handwerkskammer; Präsident und Hauptgeschäftsführer vertreten die Handwerkskammer gerichtlich und außergerichtlich. [2]Das Nähere regelt die Satzung, die auch bestimmen kann, dass die Handwerkskammer durch zwei Vorstandsmitglieder vertreten wird.

§ 110 Ausschüsse

[1]Die Vollversammlung kann unter Wahrung der im § 93 Abs. 1 bestimmten Verhältniszahl aus ihrer Mitte Ausschüsse bilden und sie mit besonderen regelmäßigen oder vorübergehenden Aufgaben betrauen. [2]§ 107 findet entsprechende Anwendung.

§ 111 Überwachungsrechte und Auskunftspflichten[1)]

(1) [1]Die in die Handwerksrolle und in das Verzeichnis nach § 19 eingetragenen Gewerbetreibenden haben der Handwerkskammer die zur Durchführung von Rechtsvorschriften über die Berufsbildung und der von der Handwerkskammer erlassenen Vorschriften, Anordnungen und der sonstigen von ihr getroffenen Maßnahmen erforderlichen Auskünfte zu erteilen und Unterlagen vorzulegen. [2]Die Handwerkskammer kann für die Erteilung der Auskunft eine Frist setzen.

(2) [1]Die von der Handwerkskammer mit der Einholung von Auskünften beauftragten Personen sind befugt, zu dem in Absatz 1 bezeichneten Zweck die Betriebsräume, Betriebseinrichtungen und Ausbildungsplätze sowie die für den Aufenthalt und die Unterkunft der Lehrlinge und Gesellen bestimmten Räume oder Einrichtungen zu betreten und dort Prüfungen und Besichtigungen vorzunehmen. [2]Der Auskunftspflichtige hat die Maßnahme von Satz 1 zu dulden. [3]Das Grundrecht der Unverletzlichkeit der Wohnung (Artikel 13 des Grundgesetzes) wird insoweit eingeschränkt.

(3) Der Auskunftspflichtige kann die Auskunft auf solche Fragen verweigern, deren Beantwortung ihn selbst oder einen der in § 383 Abs. 1 Nr. 1 bis 3 der Zivilprozessordnung bezeichneten Angehörigen der Gefahr strafgerichtlicher Verfolgung oder eines Verfahrens nach dem Gesetz über Ordnungswidrigkeiten aussetzen würde.

§ 112 Ordnungsgeld[2)]

(1) Die Handwerkskammer kann bei Zuwiderhandlungen gegen die von ihr innerhalb ihrer Zuständigkeit erlassenen Vorschriften oder Anordnungen Ordnungsgeld bis zu fünfhundert Euro festsetzen.

(2) [1]Das Ordnungsgeld muss vorher schriftlich angedroht werden. [2]Die Androhung und die Festsetzung des Ordnungsgelds sind dem Betroffenen zuzustellen.

1) **Anm. d. Red.:** § 111 i. d. F. des Gesetzes v. 24. 12. 2003 (BGBl I S. 2934) mit Wirkung v. 1. 1. 2004.

2) **Anm. d. Red.:** § 112 i. d. F. des Gesetzes v. 10. 11. 2001 (BGBl I S. 2992) mit Wirkung v. 1. 1. 2002.

(3) Gegen die Androhung und die Festsetzung des Ordnungsgelds steht dem Betroffenen der Verwaltungsrechtsweg offen.

(4) [1]Das Ordnungsgeld fließt der Handwerkskammer zu. [2]Es wird auf Antrag des Vorstands der Handwerkskammer nach Maßgabe des § 113 Abs. 3 Satz 1 beigetrieben.

§ 113 Beiträge und Gebühren[1)]

(1) Die durch die Errichtung und Tätigkeit der Handwerkskammer entstehenden Kosten werden, soweit sie nicht anderweitig gedeckt sind, von den Inhabern eines Betriebs eines Handwerks und eines handwerksähnlichen Gewerbes sowie den Mitgliedern der Handwerkskammer nach § 90 Abs. 3 nach einem von der Handwerkskammer mit Genehmigung der obersten Landesbehörde festgesetzten Beitragsmaßstab getragen.

HwO

(2) [1]Die Handwerkskammer kann als Beiträge auch Grundbeiträge, Zusatzbeiträge und außerdem Sonderbeiträge erheben. [2]Die Beiträge können nach der Leistungskraft der beitragspflichtigen Kammerzugehörigen gestaffelt werden. [3]Soweit die Handwerkskammer Beiträge nach dem Gewerbesteuermessbetrag, Gewerbeertrag oder Gewinn aus Gewerbebetrieb bemisst, richtet sich die Zulässigkeit der Mitteilung der hierfür erforderlichen Besteuerungsgrundlagen durch die Finanzbehörden für die Beitragsbemessung nach § 31 der Abgabenordnung. [4]Personen, die nach § 90 Abs. 3 Mitglied der Handwerkskammer sind und deren Gewerbeertrag nach dem Gewerbesteuergesetz oder, soweit für das Bemessungsjahr ein Gewerbesteuermessbetrag nicht festgesetzt wird, deren nach dem Einkommen- oder Körperschaftsteuergesetz ermittelter Gewinn aus Gewerbebetrieb 5 200 Euro nicht übersteigt, sind vom Beitrag befreit. [5]Natürliche Personen, die erstmalig ein Gewerbe angemeldet haben, sind für das Jahr der Anmeldung von der Entrichtung des Grundbeitrages und des Zusatzbeitrages, für das zweite und dritte Jahr von der Entrichtung der Hälfte des Grundbeitrages und vom Zusatzbeitrag und für das vierte Jahr von der Entrichtung des Zusatzbeitrages befreit, soweit deren Gewerbeertrag nach dem Gewerbesteuergesetz oder, soweit für das Bemessungsjahr ein Gewerbesteuermessbetrag nicht festgesetzt wird, deren nach dem Einkommensteuergesetz ermittelter Gewinn aus Gewerbebetrieb 25 000 Euro nicht übersteigt. [6]Die Beitragsbefreiung nach Satz 5 ist nur auf Kammerzugehörige anzuwenden, deren Gewerbeanzeige nach dem 31. Dezember 2003 erfolgt. [7]Wenn zum Zeitpunkt der Verabschiedung der Haushaltssatzung zu besorgen ist, dass bei einer Kammer auf Grund der Besonderheiten der Wirtschaftsstruktur ihres Bezirks die Zahl der Beitragspflichtigen, die einen Beitrag zahlen, durch die in den Sätzen 4 und 5 geregelten Beitragsbefreiungen auf weniger als 55 vom Hundert aller ihr zugehörigen Gewerbetreibenden sinkt, kann die Vollversammlung für das betreffende Haushaltsjahr eine entsprechende Herabsetzung der dort genannten Grenzen für den Gewerbeertrag oder den Gewinn aus Gewerbebetrieb beschließen. [8]Die Handwerkskammern und ihre Gemeinschaftseinrichtungen, die öffentliche Stellen im Sinne des § 2 Abs. 2 des Bundesdatenschutzgesetzes sind, sind berechtigt, zur Festsetzung der Beiträge die genannten Bemessungsgrundlagen bei den Finanzbehörden zu erheben. [9]Bis zum 31. Dezember 1997 können die Beiträge in dem in Artikel 3 des Einigungsvertrages genannten Gebiet auch nach dem Umsatz, der Beschäftigtenzahl oder nach der Lohnsumme bemessen werden. [10]Soweit die Beiträge nach der Lohnsumme bemessen werden, sind die beitragspflichtigen Kammerzugehörigen verpflichtet, der Handwerkskammer Auskunft durch Übermittlung eines Doppels des Lohnnachweises nach § 165 des Siebten Buches Sozialgesetzbuch zu geben. [11]Soweit die Handwerkskammer Beiträge nach der Zahl der Beschäftigten bemisst, ist sie berechtigt, bei den beitragspflichtigen Kammerzugehörigen die Zahl der Beschäftigten zu erheben. [12]Die übermittelten Daten dürfen nur für Zwecke der Beitragsfestsetzung gespeichert und genutzt sowie gemäß § 5 Nr. 7 des Statistikregistergesetzes zum Aufbau und zur Führung des Statistikregister den statistischen Ämtern der Länder und dem Statistischen Bundesamt übermittelt werden. [13]Die beitragspflichtigen Kammerzugehörigen sind verpflichtet, der Handwerkskammer Auskunft über die zur Festsetzung der Beiträge erforderlichen Grundlagen zu erteilen;

1) **Anm. d. Red.:** § 113 i. d. F. des Gesetzes v. 23. 3. 2005 (BGBl I S. 931) mit Wirkung v. 1. 4. 2005.

die Handwerkskammer ist berechtigt, die sich hierauf beziehenden Geschäftsunterlagen einzusehen und für die Erteilung der Auskunft eine Frist zu setzen.

(3) [1]Die Beiträge der Inhaber von Betrieben eines Handwerks oder handwerksähnlichen Gewerbes oder der Mitglieder der Handwerkskammer nach § 90 Abs. 3 werden von den Gemeinden aufgrund einer von der Handwerkskammer aufzustellenden Aufbringungsliste nach den für Gemeindeabgaben geltenden landesrechtlichen Vorschriften eingezogen und beigetrieben. [2]Die Gemeinden können für ihre Tätigkeit eine angemessene Vergütung von der Handwerkskammer beanspruchen, deren Höhe im Streitfall die höhere Verwaltungsbehörde festsetzt. [3]Die Landesregierung kann durch Rechtsverordnung auf Antrag der Handwerkskammer eine andere Form der Beitragseinziehung und Beitragsbeitreibung zulassen. [4]Die Landesregierung kann die Ermächtigung auf die zuständige oberste Landesbehörde übertragen.

(4) [1]Die Handwerkskammer kann für Amtshandlungen und für die Inanspruchnahme besonderer Einrichtungen oder Tätigkeiten mit Genehmigung der obersten Landesbehörde Gebühren erheben. [2]Für ihre Beitreibung gilt Absatz 3.

§ 114 (weggefallen)

§ 115 Aufsichtsbehörde

(1) [1]Die oberste Landesbehörde führt die Staatsaufsicht über die Handwerkskammer. [2]Die Staatsaufsicht beschränkt sich darauf, soweit nicht anderes bestimmt ist, dass Gesetz und Satzung beachtet, insbesondere die den Handwerkskammern übertragenen Aufgaben erfüllt werden.

(2) [1]Die Aufsichtsbehörde kann, falls andere Aufsichtsmittel nicht ausreichen, die Vollversammlung auflösen, wenn sich die Kammer trotz wiederholter Aufforderung nicht im Rahmen der für sie geltenden Rechtsvorschriften hält. [2]Innerhalb von drei Monaten nach Eintritt der Unanfechtbarkeit der Anordnung über die Auflösung ist eine Neuwahl vorzunehmen. [3]Der bisherige Vorstand führt seine Geschäfte bis zum Amtsantritt des neuen Vorstands weiter und bereitet die Neuwahl der Vollversammlung vor.

§ 116 Abweichende Behördenzuständigkeit

[1]Die Landesregierungen werden ermächtigt, durch Rechtsverordnung die zuständigen Behörden abweichend von § 104 Abs. 3 und § 108 Abs. 6 zu bestimmen. [2]Sie können diese Ermächtigung auf oberste Landesbehörden übertragen.

Fünfter Teil: Bußgeld-, Übergangs- und Schlussvorschriften

Erster Abschnitt: Bußgeldvorschriften

§ 117 Ordnungswidrigkeiten[1)]

(1) Ordnungswidrig handelt, wer

1. entgegen § 1 Abs. 1 Satz 1 ein dort genanntes Gewerbe als stehendes Gewerbe selbständig betreibt oder
2. entgegen § 51 oder § 51d die Ausbildungsbezeichnung „Meister/Meisterin" führt.

(2) Die Ordnungswidrigkeit nach Absatz 1 Nr. 1 kann mit einer Geldbuße bis zu zehntausend Euro, die Ordnungswidrigkeit nach Absatz 1 Nr. 2 kann mit einer Geldbuße bis zu fünftausend Euro geahndet werden.

---

1) **Anm. d. Red.:** § 117 i. d. F. des Gesetzes v. 7. 9. 2007 (BGBl I S. 2246) mit Wirkung v. 1. 10. 2007.

§ 118 Ordnungswidrigkeiten[1)]

(1) Ordnungswidrig handelt, wer

1. eine Anzeige nach § 16 Abs. 2 oder § 18 Abs. 1 nicht, nicht richtig, nicht vollständig oder nicht rechtzeitig erstattet,
2. entgegen § 17 Abs. 1 oder Abs. 2 Satz 2, § 111 Abs. 1 oder Abs. 2 Satz 2 oder § 113 Abs. 2 Satz 11, auch in Verbindung mit § 73 Abs. 3, eine Auskunft nicht, nicht richtig, nicht vollständig oder nicht rechtzeitig erteilt, Unterlagen nicht vorlegt oder das Betreten von Grundstücken oder Geschäftsräumen oder die Vornahme von Prüfungen oder Besichtigungen nicht duldet,
3. Lehrlinge (Auszubildende) einstellt oder ausbildet, obwohl er nach § 22a Nr. 1 persönlich oder nach § 22b Abs. 1 fachlich nicht geeignet ist,
4. entgegen § 22 Abs. 2 einen Lehrling (Auszubildenden) einstellt,
5. Lehrlinge (Auszubildende) einstellt oder ausbildet, obwohl ihm das Einstellen oder Ausbilden nach § 24 untersagt worden ist,
6. entgegen § 30 die Eintragung in die Lehrlingsrolle nicht oder nicht rechtzeitig beantragt oder eine Ausfertigung der Vertragsniederschrift nicht beifügt,
7. einer Rechtsverordnung nach § 9 Abs. 1 Satz 1 Nr. 2 zuwiderhandelt, soweit sie für einen bestimmten Tatbestand auf diese Bußgeldvorschrift verweist.

(2) Die Ordnungswidrigkeiten nach Absatz 1 Nr. 1, 2, 6 und 7 können mit einer Geldbuße bis zu eintausend Euro, die Ordnungswidrigkeiten nach Absatz 1 Nr. 3 bis 5 können mit einer Geldbuße bis zu fünftausend Euro geahndet werden.

HwO

§ 118a Unterrichtung der Handwerkskammer

[1]Die zuständige Behörde unterrichtet die zuständige Handwerkskammer über die Einleitung von und die abschließende Entscheidung in Verfahren wegen Ordnungswidrigkeiten nach den §§ 117 und 118. [2]Gleiches gilt für Verfahren wegen Ordnungswidrigkeiten nach dem Gesetz zur Bekämpfung der Schwarzarbeit in der Fassung der Bekanntmachung vom 29. Januar 1982, zuletzt geändert durch Anlage I Kapitel VIII Sachgebiet E Nr. 3 des Einigungsvertrages vom 31. August 1990 in Verbindung mit Artikel 1 des Gesetzes vom 23. September 1990 (BGBl 1990 II S. 885, 1038) , in einer jeweils geltenden Fassung, soweit Gegenstand des Verfahrens eine handwerkliche Tätigkeit ist.

Zweiter Abschnitt: Übergangsvorschriften

§ 119 Weitergeltende Berechtigungen[2)]

(1) [1]Die bei Inkrafttreten dieses Gesetzes vorhandene Berechtigung eines Gewerbetreibenden, ein Handwerk als stehendes Gewerbe selbständig zu betreiben, bleibt bestehen. [2]Für juristische Personen, Personengesellschaften und Betriebe im Sinne des § 7 Abs. 5 oder 6 gilt dies nur, wenn und solange der Betrieb von einer Person geleitet wird, die am 1. April 1998 Betriebsleiter oder für die technische Leitung verantwortlicher persönlich haftender Gesellschafter oder Leiter eines Betriebs im Sinne des § 7 Abs. 5 und 6 ist; das Gleiche gilt für Personen, die eine dem Betriebsleiter vergleichbare Stellung haben. [3]Soweit die Berechtigung zur Ausübung eines selbständigen Handwerks anderen bundesrechtlichen Beschränkungen als den in diesem Gesetz bestimmten unterworfen ist, bleiben diese Vorschriften unberührt.

(2) Ist ein nach Absatz 1 Satz 1 berechtigter Gewerbetreibender bei Inkrafttreten dieses Gesetzes nicht in der Handwerksrolle eingetragen, so ist er auf Antrag oder von Amts wegen binnen drei Monaten in die Handwerksrolle einzutragen.

---

1) **Anm. d. Red.:** § 118 i. d. F. des Gesetzes v. 7. 9. 2007 (BGBl I S. 2246) mit Wirkung v. 1. 10. 2007.

2) **Anm. d. Red.:** § 119 i. d. F. des Gesetzes v. 23. 3. 2005 (BGBl I S. 931) mit Wirkung v. 1. 4. 2005.

(3) [1]Die Absätze 1 und 2 gelten für Gewerbe, die in die Anlage A zu diesem Gesetz aufgenommen werden, entsprechend. [2]In diesen Fällen darf nach dem Wechsel des Betriebsleiters einer juristischen Person oder eines für die technische Leitung verantwortlichen persönlich haftenden Gesellschafters einer Personengesellschaft oder des Leiters eines Betriebs im Sinne des § 7 Abs. 5 oder 6 der Betrieb für die Dauer von drei Jahren fortgeführt werden, ohne dass die Voraussetzungen für die Eintragung in die Handwerksrolle erfüllt sind. [3]Zur Verhütung von Gefahren für die öffentliche Sicherheit kann die höhere Verwaltungsbehörde die Fortführung des Betriebs davon abhängig machen, dass er von einem Handwerker geleitet wird, der die Voraussetzungen für die Eintragung in die Handwerksrolle erfüllt.

(4) Werden in der Anlage A zu diesem Gesetz aufgeführte Gewerbe durch Gesetz oder durch eine nach § 1 Abs. 3 erlassene Rechtsverordnung zusammengefasst, so ist der selbständige Handwerker, der eines der zusammengefassten Handwerke betreibt, mit dem durch die Zusammenfassung entstandenen Handwerk in die Handwerksrolle einzutragen.

(5) [1]Soweit durch Gesetz oder durch Rechtsverordnung nach § 1 Abs. 3 Handwerke oder handwerksähnliche Gewerbe zusammengefasst werden, gelten die vor dem Inkrafttreten der jeweiligen Änderungsvorschrift nach § 25 dieses Gesetzes oder nach § 4 des Berufsbildungsgesetzes erlassenen Ausbildungsordnungen und die nach § 45 Abs. 1 oder § 51a Abs. 1 in Verbindung mit Abs. 2 sowie die nach § 50 Abs. 2 oder § 51a Abs. 7 dieses Gesetzes erlassenen Rechtsvorschriften bis zum Erlass neuer Rechtsverordnungen nach diesem Gesetz fort. [2]Satz 1 gilt entsprechend für noch bestehende Vorschriften gemäß § 122 Abs. 2 und 4.

(6) [1]Soweit durch Gesetz zulassungspflichtige Handwerke in die Anlage B überführt werden, gilt für die Ausbildungsordnungen Absatz 5 entsprechend. [2]Die bis zum 31. Dezember 2003 begonnenen Meisterprüfungsverfahren sind auf Antrag des Prüflings nach den bis dahin geltenden Vorschriften von den vor dem 31. Dezember 2003 von der höheren Verwaltungsbehörde errichteten Meisterprüfungsausschüssen abzuschließen.

(7) In den Fällen des Absatzes 3 Satz 1 liegt ein Ausnahmefall nach § 8 Abs. 1 Satz 2 auch dann vor, wenn zum Zeitpunkt der Antragstellung für das zu betreibende Handwerk eine Rechtsverordnung nach § 45 noch nicht in Kraft getreten ist.

§ 120 Weitergeltende Ausbildungsbefugnis[1)]

(1) Die am 31. Dezember 2003 vorhandene Befugnis zur Einstellung oder zur Ausbildung von Lehrlingen (Auszubildenden) in Handwerksbetrieben bleibt erhalten.

(2) Wer bis zum 31. März 1998 die Befugnis zur Ausbildung von Lehrlingen (Auszubildenden) in einem Gewerbe erworben hat, das in die Anlage A zu diesem Gesetz aufgenommen wird, gilt im Sinne des § 22b Abs. 1 als fachlich geeignet.

§ 121 Prüfung nach der Gewerbeordnung[2)]

Der Meisterprüfung im Sinne des § 45 bleiben die in § 133 Abs. 10 der Gewerbeordnung bezeichneten Prüfungen gleichgestellt, sofern sie vor Inkrafttreten dieses Gesetzes abgelegt worden sind.

§ 122 Trennung oder Zusammenfassung von Handwerken[3)]

(1) Werden zulassungspflichtige Handwerke durch Gesetz oder durch eine nach § 1 Abs. 3 erlassene Rechtsverordnung getrennt oder zusammengefasst, so können auch solche Personen als Beisitzer der Gesellen- oder Meisterprüfungsausschüsse der durch die Trennung oder Zusammenfassung entstandenen Handwerke oder handwerksähnlichen Gewerbe berufen werden, die in dem getrennten oder in einem der zusammengefassten Handwerke oder handwerksähn-

1) **Anm. d. Red.:** § 120 i. d. F. des Gesetzes v. 23. 3. 2005 (BGBl I S. 931) mit Wirkung v. 1. 4. 2005.

2) **Anm. d. Red.:** § 121 i. d. F. des Gesetzes v. 24. 12. 2003 (BGBl I S. 2934) mit Wirkung v. 1. 1. 2004.

3) **Anm. d. Red.:** § 122 i. d. F. des Gesetzes v. 23. 3. 2005 (BGBl I S. 931) mit Wirkung v. 1. 4. 2005.

lichen Gewerbe die Gesellen- oder Meisterprüfung abgelegt haben oder das Recht zum Ausbilden von Lehrlingen besitzen und im Falle des § 48 Abs. 3 seit mindestens einem Jahr in dem Handwerk, für das der Meisterprüfungsausschuss errichtet ist, selbständig tätig sind.

(2) [1]Die für die einzelnen Handwerke oder handwerksähnlichen Gewerbe geltenden Gesellen-, Abschluss- und Meisterprüfungsvorschriften sind bis zum Inkrafttreten der nach § 25 Abs. 1 und § 38 sowie § 45 Abs. 1 Nr. 2 dieses Gesetzes oder nach § 4 des Berufsbildungsgesetzes vorgesehenen Prüfungsverordnungen anzuwenden, soweit sie nicht mit diesem Gesetz im Widerspruch stehen. [2]Dies gilt für die nach § 50 Abs. 1 Satz 2 erlassenen Meisterprüfungsordnungen sowie für die nach § 50 Abs. 2 erlassene Rechtsverordnung entsprechend.

(3) Die für die einzelnen Handwerke oder handwerksähnlichen Gewerbe geltenden Berufsbilder oder Meisterprüfungsverordnungen sind bis zum Inkrafttreten von Rechtsverordnungen nach § 45 Abs. 1 und § 51a Abs. 1 in Verbindung mit Abs. 2 anzuwenden.

(4) Die für die einzelnen Handwerke oder handwerksähnlichen Gewerbe geltenden fachlichen Vorschriften sind bis zum Inkrafttreten von Rechtsverordnungen nach § 25 Abs. 1, § 45 Abs. 1 und § 51a Abs. 1 in Verbindung mit Abs. 2 anzuwenden.

§ 123 Zulassung zur Meisterprüfung für Altgewerbetreibende[1)]

(1) Beantragt ein Gewerbetreibender, der bis zum 31. Dezember 2003 berechtigt ist, ein zulassungspflichtiges Handwerk als stehendes Gewerbe selbständig zu betreiben, in diesem Handwerk zur Meisterprüfung zugelassen zu werden, so gelten für die Zulassung zur Prüfung die Bestimmungen der §§ 49 und 50 entsprechend.

(2) Absatz 1 gilt entsprechend für ein Gewerbe, das in die Anlage A aufgenommen wird.

§ 124 Neubildung der Handwerksorganisation

(1) [1]Die bei Inkrafttreten dieses Gesetzes bestehenden Handwerksinnungen oder Handwerkerinnungen, Kreishandwerkerschaften oder Kreisinnungsverbände, Innungsverbände und Handwerkskammern sind nach den Bestimmungen dieses Gesetzes bis zum 30. September 1954 umzubilden; bis zu ihrer Umbildung gelten sie als Handwerksinnungen, Kreishandwerkerschaften, Innungsverbände und Handwerkskammern im Sinne dieses Gesetzes. [2]Wenn sie sich nicht bis zum 30. September 1954 umgebildet haben, sind sie aufgelöst. [3]Endet die Wahlzeit der Mitglieder einer Handwerkskammer vor dem 30. September 1954, so wird sie bis zu der Umbildung der Handwerkskammer nach Satz 1, längstens jedoch bis zum 30. September 1954 verlängert.

(2) Die nach diesem Gesetz umgebildeten Handwerksinnungen, Kreishandwerkerschaften, Innungsverbände und Handwerkskammern gelten als Rechtsnachfolger der entsprechenden bisher bestehenden Handwerksorganisationen.

(3) [1]Soweit für die bisher bestehenden Handwerksorganisationen eine Rechtsnachfolge nicht eintritt, findet eine Vermögensauseinandersetzung nach den für sie bisher geltenden gesetzlichen Bestimmungen statt. [2]Bei Meinungsverschiedenheiten entscheidet die nach dem geltenden Recht zuständige Aufsichtsbehörde.

§ 124a Wahlen zur Vollversammlung der Handwerkskammern[2)]

[1]Verfahren zur Wahl der Vollversammlung von Handwerkskammern, die nach den Satzungsbestimmungen bis zum 31. Dezember 2004 zu beginnen sind, können nach den bisherigen Vorschriften zu Ende geführt werden. [2]Durch Beschluss der Vollversammlung kann die Wahlzeit nach Wahlen, die entsprechend Satz 1 nach den bisherigen Vorschriften zu Ende geführt werden, in Abweichung von § 103 Abs. 1 Satz 1 verkürzt werden. [3]Wahlzeiten, die nach den Satzungsbestimmungen bis zum 31. Dezember 2004 enden, können durch Beschluss der Vollver-

1) **Anm. d. Red.:** § 123 i. d. F. des Gesetzes v. 24. 12. 2003 (BGBl I S. 2934) mit Wirkung v. 1. 1. 2004.

2) **Anm. d. Red.:** § 124a i. d. F. des Gesetzes v. 24. 12. 2003 (BGBl I S. 2934) mit Wirkung v. 1. 1. 2004.

sammlung bis zu einem Jahr verlängert werden, um die Wahl zur Handwerkskammer nach den neuen Vorschriften durchzuführen. [4]Die Verlängerung oder Verkürzung der Wahlzeiten sind der obersten Landesbehörde anzuzeigen.

§ 124b Übertragung von Zuständigkeiten[1)]

[1]Die Landesregierungen werden ermächtigt, durch Rechtsverordnung die nach diesem Gesetz den höheren Verwaltungsbehörden oder den sonstigen nach Landesrecht zuständigen Behörden übertragenen Zuständigkeiten nach den §§ 7a, 7b, 8, 9, 22b, 23, 24 und 42q auf andere Behörden oder auf Handwerkskammern zu übertragen. [2]Satz 1 gilt auch für die Zuständigkeiten nach § 16 Absatz 3; eine Übertragung auf Handwerkskammern ist jedoch ausgeschlossen. [3]Die Staatsaufsicht nach § 115 Abs. 1 umfasst im Falle einer Übertragung von Zuständigkeiten nach den §§ 7a, 7b, 8 und 9 auch die Fachaufsicht.

Dritter Abschnitt: Schlussvorschriften

§ 125[2)]

Auf Ausbildungsverträge, die vor dem 30. September 2017 abgeschlossen wurden oder bis zu diesem Zeitpunkt abgeschlossen werden, sind § 6 Absatz 2 Satz 5, § 26 Absatz 2 Satz 1, § 36 Absatz 1 Nummer 2 und § 44 Absatz 2 Nummer 1 in ihrer bis zum 5. April 2017 geltenden Fassung weiter anzuwenden.

1) **Anm. d. Red.:** § 124b i. d. F. des Gesetzes v. 11. 7. 2011 (BGBl I S. 1341) mit Wirkung v. 15. 7. 2011.

2) **Anm. d. Red.:** § 125 i. d. F. des Gesetzes v. 29. 3. 2017 (BGBl I S. 626) mit Wirkung v. 5. 4. 2017.

Anlage A:
Verzeichnis der Gewerbe, die als zulassungspflichtige Handwerke betrieben werden können (§ 1 Abs. 2)[1)]

Nr.	
1	Maurer und Betonbauer
2	Ofen- und Luftheizungsbauer
3	Zimmerer
4	Dachdecker
5	Straßenbauer
6	Wärme-, Kälte- und Schallschutzisolierer
7	Brunnenbauer
8	Steinmetzen und Steinbildhauer
9	Stukkateure
10	Maler und Lackierer
11	Gerüstbauer
12	Schornsteinfeger
13	Metallbauer
14	Chirurgiemechaniker
15	Karosserie- und Fahrzeugbauer
16	Feinwerkmechaniker
17	Zweiradmechaniker
18	Kälteanlagenbauer
19	Informationstechniker
20	Kraftfahrzeugtechniker
21	Landmaschinenmechaniker
22	Büchsenmacher
23	Klempner
24	Installateur und Heizungsbauer
25	Elektrotechniker
26	Elektromaschinenbauer
27	Tischler
28	Boots- und Schiffbauer
29	Seiler
30	Bäcker
31	Konditoren
32	Fleischer
33	Augenoptiker
34	Hörakustiker
35	Orthopädietechniker
36	Orthopädieschuhmacher
37	Zahntechniker
38	Friseure
39	Glaser
40	Glasbläser und Glasapparatebauer
41	Mechaniker für Reifen- und Vulkanisationstechnik

Anlage B:
Verzeichnis der Gewerbe, die als zulassungsfreie Handwerke oder handwerksähnliche Gewerbe betrieben werden können (§ 18 Abs. 2)[2)]

Abschnitt 1: Zulassungsfreie Handwerke

Nr.	
1	Fliesen-, Platten- und Mosaikleger
2	Betonstein- und Terrazzohersteller
3	Estrichleger
4	Behälter- und Apparatebauer
5	Uhrmacher
6	Graveure
7	Metallbildner
8	Galvaniseure
9	Metall- und Glockengießer
10	Schneidwerkzeugmechaniker
11	Gold- und Silberschmiede
12	Parkettleger
13	Rollladen- und Sonnenschutztechniker
14	Modellbauer
15	Drechsler (Elfenbeinschnitzer) und Holzspielzeugmacher
16	Holzbildhauer
17	Böttcher
18	Korb- und Flechtwerkgestalter
19	Maßschneider
20	Textilgestalter (Sticker, Weber, Klöppler, Posamentierer, Stricker)

1) **Anm. d. Red.:** Anlage A i. d. F. des Gesetzes v. 30.6.2017 (BGBl I S. 2143) mit Wirkung v. 6.7.2017.

2) **Anm. d. Red.:** Anlage B i. d. F. des Gesetzes v. 14. 6. 2011 (BGBl I S. 1077) mit Wirkung v. 18. 6. 2011.

21 Modisten
22 (weggefallen)
23 Segelmacher
24 Kürschner
25 Schuhmacher
26 Sattler und Feintäschner
27 Raumausstatter
28 Müller
29 Brauer und Mälzer
30 Weinküfer
31 Textilreiniger
32 Wachszieher
33 Gebäudereiniger
34 Glasveredler
35 Feinoptiker
36 Glas- und Porzellanmaler
37 Edelsteinschleifer und -graveure
38 Fotografen
39 Buchbinder
40 Drucker
41 Siebdrucker
42 Flexografen
43 Keramiker
44 Orgel- und Harmoniumbauer
45 Klavier- und Cembalobauer
46 Handzuginstrumentenmacher
47 Geigenbauer
48 Bogenmacher
49 Metallblasinstrumentenmacher
50 Holzblasinstrumentenmacher
51 Zupfinstrumentenmacher
52 Vergolder
53 Schilder- und Lichtreklamehersteller

Abschnitt 2: Handwerksähnliche Gewerbe

Nr.

1 Eisenflechter
2 Bautentrocknungsgewerbe
3 Bodenleger
4 Asphaltierer (ohne Straßenbau)
5 Fuger (im Hochbau)
6 Holz- und Bautenschutzgewerbe (Mauerschutz und Holzimprägnierung in Gebäuden)
7 Rammgewerbe (Einrammen von Pfählen im Wasserbau)
8 Betonbohrer und -schneider
9 Theater- und Ausstattungsmaler
10 Herstellung von Drahtgestellen für Dekorationszwecke in Sonderanfertigung
11 Metallschleifer und Metallpolierer
12 Metallsägen-Schärfer
13 Tankschutzbetriebe (Korrosionsschutz von Öltanks für Feuerungsanlagen ohne chemische Verfahren)
14 Fahrzeugverwerter
15 Rohr- und Kanalreiniger
16 Kabelverleger im Hochbau (ohne Anschlussarbeiten)
17 Holzschuhmacher
18 Holzblockmacher
19 Daubenhauer
20 Holz-Leitermacher (Sonderanfertigung)
21 Muldenhauer
22 Holzreifenmacher
23 Holzschindelmacher
24 Einbau von genormten Baufertigteilen (z. B. Fenster, Türen, Zargen, Regale)
25 Bürsten- und Pinselmacher
26 Bügelanstalten für Herren-Oberbekleidung
27 Dekorationsnäher (ohne Schaufensterdekoration)
28 Fleckteppichhersteller
29 (weggefallen)
30 Theaterkostümnäher
31 Plisseebrenner
32 (weggefallen)
33 Stoffmaler
34 (weggefallen)
35 Textil-Handdrucker
36 Kunststopfer
37 Änderungsschneider
38 Handschuhmacher
39 Ausführung einfacher Schuhreparaturen
40 Gerber
41 Innerei-Fleischer (Kuttler)
42 Speiseeishersteller (mit Vertrieb von Speiseeis mit üblichem Zubehör)
43 Fleischzerleger, Ausbeiner
44 Appreteure, Dekateure

45 Schnellreiniger
46 Teppichreiniger
47 Getränkeleitungsreiniger
48 Kosmetiker
49 Maskenbildner
50 Bestattungsgewerbe
51 Lampenschirmhersteller (Sonderanfertigung)
52 Klavierstimmer
53 Theaterplastiker
54 Requisiteure
55 Schirmmacher
56 Steindrucker
57 Schlagzeugmacher

Anlagen C und D (hier nicht wiedergegeben)

XII. Gesetz zur Förderung der Kreislaufwirtschaft und Sicherung der umweltverträglichen Bewirtschaftung von Abfällen (Kreislaufwirtschaftsgesetz – KrWG)

v. 24. 2. 2012 (BGBl I S. 212, ber. I S. 1474) mit späteren Änderungen

Das Gesetz zur Förderung der Kreislaufwirtschaft und Sicherung der umweltverträglichen Bewirtschaftung von Abfällen (Kreislaufwirtschaftsgesetz – KrWG) ist als Art. 1 Gesetz zur Neuordnung des Kreislaufwirtschafts- und Abfallrechts v. 24. 2. 2012 (BGBl I S. 212, ber. I S. 1474) verkündet worden und überwiegend am 1. 6. 2012 in Kraft getreten. Abweichend davon sind § 4 Absatz 2, § 5 Absatz 2, § 8 Absatz 2, die §§ 10 und 11 Absatz 2 und 3, § 12 Absatz 7, die §§ 16 und 23 Absatz 4, die §§ 24, 25 und 26 Absatz 1, § 36 Absatz 4 Satz 4, § 38 Absatz 1 Satz 2, § 41 Absatz 2, die §§ 43 und 48 Satz 2, die §§ 52 und 53 Absatz 6, § 54 Absatz 7, § 55 Absatz 2, die §§ 57 und 59 Absatz 1 Satz 2, § 60 Absatz 3 und die §§ 61, 65, 67 und 68 am Tag nach der Verkündung (1. 3. 2012) in Kraft getreten. Es ist zuletzt geändert worden durch Art. 2 Abs. 9 Gesetz zur Modernisierung des Rechts der Umweltverträglichkeitsprüfung v. 20.7.2017 (BGBl I S. 2808).

Nichtamtliche Fassung

Inhaltsübersicht

Teil 1: Allgemeine Vorschriften

§ 1 Zweck des Gesetzes

Zweck des Gesetzes ist es, die Kreislaufwirtschaft zur Schonung der natürlichen Ressourcen zu fördern und den Schutz von Mensch und Umwelt bei der Erzeugung und Bewirtschaftung von Abfällen sicherzustellen.

§ 2 Geltungsbereich[1)]

(1) Die Vorschriften dieses Gesetzes gelten für

1. die Vermeidung von Abfällen sowie
2. die Verwertung von Abfällen,
3. die Beseitigung von Abfällen und
4. die sonstigen Maßnahmen der Abfallbewirtschaftung.

1) **Anm. d. Red.:** § 2 i. d. F. des Gesetzes v. 27.6.2017 (BGBl I S. 1966) mit Wirkung v. 1.10.2017.

(2) Die Vorschriften dieses Gesetzes gelten nicht für

1. Stoffe, die zu entsorgen sind
   a) nach dem Lebensmittel- und Futtermittelgesetzbuch in der Fassung der Bekanntmachung vom 22. August 2011 (BGBl I S. 1770) in der jeweils geltenden Fassung, soweit es für Lebensmittel, Lebensmittel-Zusatzstoffe, kosmetische Mittel, Bedarfsgegenstände und mit Lebensmitteln verwechselbare Produkte gilt,
   b) nach dem Tabakerzeugnisgesetz vom 4. April 2016 (BGBl I S. 569) in der jeweils geltenden Fassung,
   c) nach dem Milch- und Margarinegesetz vom 25. Juli 1990 (BGBl I S. 1471), das zuletzt durch Artikel 22 des Gesetzes vom 9. Dezember 2010 (BGBl I S. 1934) geändert worden ist, in der jeweils geltenden Fassung,
   d) nach dem Tiergesundheitsgesetz vom 22. Mai 2013 (BGBl I S. 1324),
   e) nach dem Pflanzenschutzgesetz in der Fassung der Bekanntmachung vom 14. Mai 1998 (BGBl I S. 971, 1527, 3512), das zuletzt durch Artikel 14 des Gesetzes vom 9. Dezember 2010 (BGBl I S. 1934) geändert worden ist, in der jeweils geltenden Fassung sowie
   f) nach den auf Grund der in den Buchstaben a bis e genannten Gesetze erlassenen Rechtsverordnungen,
2. tierische Nebenprodukte, soweit diese nach der Verordnung (EG) Nr. 1069/2009 des Europäischen Parlaments und des Rates vom 21. Oktober 2009 mit Hygienevorschriften für nicht für den menschlichen Verzehr bestimmte tierische Nebenprodukte und zur Aufhebung der Verordnung (EG) Nr. 1774/2002 (Verordnung über tierische Nebenprodukte) (ABl L 300 vom 14. 11. 2009, S. 1) in der jeweils geltenden Fassung, nach den zu ihrer Durchführung ergangenen Rechtsakten der Europäischen Union, nach dem Tierische Nebenprodukte-Beseitigungsgesetz vom 25. Januar 2004 (BGBl I S. 82), das zuletzt durch Artikel 19 des Gesetzes vom 9. Dezember 2010 (BGBl I S. 1934) geändert worden ist, in der jeweils geltenden Fassung oder nach den auf Grund des Tierische Nebenprodukte-Beseitigungsgesetzes erlassenen Rechtsverordnungen abzuholen, zu sammeln, zu befördern, zu lagern, zu behandeln, zu verarbeiten, zu verwenden, zu beseitigen oder in Verkehr zu bringen sind, mit Ausnahme derjenigen tierischen Nebenprodukte, die zur Verbrennung, Lagerung auf einer Deponie oder Verwendung in einer Biogas- oder Kompostieranlage bestimmt sind,
3. Körper von Tieren, die nicht durch Schlachtung zu Tode gekommen sind, einschließlich von solchen Tieren, die zur Tilgung von Tierseuchen getötet wurden, soweit diese Tierkörper nach den in Nummer 2 genannten Rechtsvorschriften zu beseitigen oder zu verarbeiten sind,
4. Fäkalien, soweit sie nicht durch Nummer 2 erfasst werden, Stroh und andere natürliche nicht gefährliche land- oder forstwirtschaftliche Materialien, die in der Land- oder Forstwirtschaft oder zur Energieerzeugung aus einer solchen Biomasse durch Verfahren oder Methoden verwendet werden, die die Umwelt nicht schädigen oder die menschliche Gesundheit nicht gefährden,
5. Kernbrennstoffe und sonstige radioaktive Stoffe im Sinne des Atomgesetzes oder des Strahlenschutzgesetzes,
6. (weggefallen)
7. Abfälle, die unmittelbar beim Aufsuchen, Gewinnen und Aufbereiten sowie bei der damit zusammenhängenden Lagerung von Bodenschätzen in Betrieben anfallen, die der Bergaufsicht unterstehen und die nach dem Bundesberggesetz vom 13. August 1980 (BGBl I S. 1310), das zuletzt durch Artikel 15a des Gesetzes vom 31. Juli 2009 (BGBl I S. 2585) geändert worden ist, in der jeweils geltenden Fassung und den auf Grund des Bundesberggesetzes erlassenen Rechtsverordnungen unter Bergaufsicht entsorgt werden,
8. gasförmige Stoffe, die nicht in Behältern gefasst sind,
9. Stoffe, sobald sie in Gewässer oder Abwasseranlagen eingeleitet oder eingebracht werden,

10. Böden am Ursprungsort (Böden in situ), einschließlich nicht ausgehobener, kontaminierter Böden und Bauwerke, die dauerhaft mit dem Grund und Boden verbunden sind,
11. nicht kontaminiertes Bodenmaterial und andere natürlich vorkommende Materialien, die bei Bauarbeiten ausgehoben wurden, sofern sichergestellt ist, dass die Materialien in ihrem natürlichen Zustand an dem Ort, an dem sie ausgehoben wurden, für Bauzwecke verwendet werden,
12. Sedimente, die zum Zweck der Bewirtschaftung von Gewässern, der Unterhaltung oder des Ausbaus von Wasserstraßen sowie der Vorbeugung gegen Überschwemmungen oder der Abschwächung der Auswirkungen von Überschwemmungen und Dürren oder zur Landgewinnung innerhalb von Oberflächengewässern umgelagert werden, sofern die Sedimente nachweislich nicht gefährlich sind,
13. die Erfassung und Übergabe von Schiffsabfällen und Ladungsrückständen, soweit dies auf Grund internationaler oder supranationaler Übereinkommen durch Bundes- oder Landesrecht geregelt wird,
14. das Aufsuchen, Bergen, Befördern, Lagern, Behandeln und Vernichten von Kampfmitteln sowie
15. Kohlendioxid, das für den Zweck der dauerhaften Speicherung abgeschieden, transportiert und in Kohlendioxidspeichern gespeichert wird, oder das in Forschungsspeichern gespeichert wird.

(3) Die Vorschriften dieses Gesetzes gelten nach Maßgabe der besonderen Vorschriften des Strahlenschutzgesetzes und der auf Grund des Strahlenschutzgesetzes erlassenen Rechtsverordnungen auch für die Entsorgung von Abfällen, die infolge eines Notfalls im Sinne des Strahlenschutzgesetzes radioaktiv kontaminiert sind oder radioaktiv kontaminiert sein können.

§ 3 Begriffsbestimmungen

(1) [1]Abfälle im Sinne dieses Gesetzes sind alle Stoffe oder Gegenstände, derer sich ihr Besitzer entledigt, entledigen will oder entledigen muss. [2]Abfälle zur Verwertung sind Abfälle, die verwertet werden; Abfälle, die nicht verwertet werden, sind Abfälle zur Beseitigung.

(2) Eine Entledigung im Sinne des Absatzes 1 ist anzunehmen, wenn der Besitzer Stoffe oder Gegenstände einer Verwertung im Sinne der Anlage 2 oder einer Beseitigung im Sinne der Anlage 1 zuführt oder die tatsächliche Sachherrschaft über sie unter Wegfall jeder weiteren Zweckbestimmung aufgibt.

(3) [1]Der Wille zur Entledigung im Sinne des Absatzes 1 ist hinsichtlich solcher Stoffe oder Gegenstände anzunehmen,

1. die bei der Energieumwandlung, Herstellung, Behandlung oder Nutzung von Stoffen oder Erzeugnissen oder bei Dienstleistungen anfallen, ohne dass der Zweck der jeweiligen Handlung hierauf gerichtet ist, oder
2. deren ursprüngliche Zweckbestimmung entfällt oder aufgegeben wird, ohne dass ein neuer Verwendungszweck unmittelbar an deren Stelle tritt.

[2]Für die Beurteilung der Zweckbestimmung ist die Auffassung des Erzeugers oder Besitzers unter Berücksichtigung der Verkehrsanschauung zugrunde zu legen.

(4) Der Besitzer muss sich Stoffen oder Gegenständen im Sinne des Absatzes 1 entledigen, wenn diese nicht mehr entsprechend ihrer ursprünglichen Zweckbestimmung verwendet werden, auf Grund ihres konkreten Zustandes geeignet sind, gegenwärtig oder künftig das Wohl der Allgemeinheit, insbesondere die Umwelt, zu gefährden und deren Gefährdungspotenzial nur durch eine ordnungsgemäße und schadlose Verwertung oder gemeinwohlverträgliche Beseitigung nach den Vorschriften dieses Gesetzes und der auf Grund dieses Gesetzes erlassenen Rechtsverordnungen ausgeschlossen werden kann.

(5) [1]Gefährlich im Sinne dieses Gesetzes sind die Abfälle, die durch Rechtsverordnung nach § 48 Satz 2 oder auf Grund einer solchen Rechtsverordnung bestimmt worden sind. [2]Nicht gefährlich im Sinne dieses Gesetzes sind alle übrigen Abfälle.

(6) [1]Inertabfälle im Sinne dieses Gesetzes sind mineralische Abfälle,

1. die keinen wesentlichen physikalischen, chemischen oder biologischen Veränderungen unterliegen,
2. die sich nicht auflösen, nicht brennen und nicht in anderer Weise physikalisch oder chemisch reagieren,
3. die sich nicht biologisch abbauen und
4. die andere Materialien, mit denen sie in Kontakt kommen, nicht in einer Weise beeinträchtigen, die zu nachteiligen Auswirkungen auf Mensch und Umwelt führen könnte.

[2]Die gesamte Auslaugbarkeit und der Schadstoffgehalt der Abfälle sowie die Ökotoxizität des Sickerwassers müssen unerheblich sein und dürfen insbesondere nicht die Qualität von Oberflächen- oder Grundwasser gefährden.

(7) Bioabfälle im Sinne dieses Gesetzes sind biologisch abbaubare pflanzliche, tierische oder aus Pilzmaterialien bestehende

1. Garten- und Parkabfälle,
2. Landschaftspflegeabfälle,
3. Nahrungs- und Küchenabfälle aus Haushaltungen, aus dem Gaststätten- und Cateringgewerbe, aus dem Einzelhandel und vergleichbare Abfälle aus Nahrungsmittelverarbeitungsbetrieben sowie
4. Abfälle aus sonstigen Herkunftsbereichen, die den in den Nummern 1 bis 3 genannten Abfällen nach Art, Beschaffenheit oder stofflichen Eigenschaften vergleichbar sind.

(8) Erzeuger von Abfällen im Sinne dieses Gesetzes ist jede natürliche oder juristische Person,

1. durch deren Tätigkeit Abfälle anfallen (Ersterzeuger) oder
2. die Vorbehandlungen, Mischungen oder sonstige Behandlungen vornimmt, die eine Veränderung der Beschaffenheit oder der Zusammensetzung dieser Abfälle bewirken (Zweiterzeuger).

(9) Besitzer von Abfällen im Sinne dieses Gesetzes ist jede natürliche oder juristische Person, die die tatsächliche Sachherrschaft über Abfälle hat.

(10) Sammler von Abfällen im Sinne dieses Gesetzes ist jede natürliche oder juristische Person, die gewerbsmäßig oder im Rahmen wirtschaftlicher Unternehmen, das heißt, aus Anlass einer anderweitigen gewerblichen oder wirtschaftlichen Tätigkeit, die nicht auf die Sammlung von Abfällen gerichtet ist, Abfälle sammelt.

(11) Beförderer von Abfällen im Sinne dieses Gesetzes ist jede natürliche oder juristische Person, die gewerbsmäßig oder im Rahmen wirtschaftlicher Unternehmen, das heißt, aus Anlass einer anderweitigen gewerblichen oder wirtschaftlichen Tätigkeit, die nicht auf die Beförderung von Abfällen gerichtet ist, Abfälle befördert.

(12) Händler von Abfällen im Sinne dieses Gesetzes ist jede natürliche oder juristische Person, die gewerbsmäßig oder im Rahmen wirtschaftlicher Unternehmen, das heißt, aus Anlass einer anderweitigen gewerblichen oder wirtschaftlichen Tätigkeit, die nicht auf das Handeln mit Abfällen gerichtet ist, oder öffentlicher Einrichtungen in eigener Verantwortung Abfälle erwirbt und weiterveräußert; die Erlangung der tatsächlichen Sachherrschaft über die Abfälle ist hierfür nicht erforderlich.

(13) Makler von Abfällen im Sinne dieses Gesetzes ist jede natürliche oder juristische Person, die gewerbsmäßig oder im Rahmen wirtschaftlicher Unternehmen, das heißt, aus Anlass einer anderweitigen gewerblichen oder wirtschaftlichen Tätigkeit, die nicht auf das Makeln von Abfällen gerichtet ist, oder öffentlicher Einrichtungen für die Bewirtschaftung von Abfällen für

Dritte sorgt; die Erlangung der tatsächlichen Sachherrschaft über die Abfälle ist hierfür nicht erforderlich.

(14) Abfallbewirtschaftung im Sinne dieses Gesetzes sind die Bereitstellung, die Überlassung, die Sammlung, die Beförderung, die Verwertung und die Beseitigung von Abfällen, einschließlich der Überwachung dieser Verfahren, der Nachsorge von Beseitigungsanlagen sowie der Tätigkeiten, die von Händlern und Maklern vorgenommen werden.

(15) Sammlung im Sinne dieses Gesetzes ist das Einsammeln von Abfällen, einschließlich deren vorläufiger Sortierung und vorläufiger Lagerung zum Zweck der Beförderung zu einer Abfallbehandlungsanlage.

(16) Getrennte Sammlung im Sinne dieses Gesetzes ist eine Sammlung, bei der ein Abfallstrom nach Art und Beschaffenheit des Abfalls getrennt gehalten wird, um eine bestimmte Behandlung zu erleichtern oder zu ermöglichen.

(17) [1]Eine gemeinnützige Sammlung von Abfällen im Sinne dieses Gesetzes ist eine Sammlung, die durch eine nach § 5 Absatz 1 Nummer 9 des Körperschaftsteuergesetzes in der Fassung der Bekanntmachung vom 15. Oktober 2002 (BGBl I S. 4144), das zuletzt durch Artikel 8 des Gesetzes vom 22. Juni 2011 (BGBl I S. 1126) geändert worden ist, in der jeweils geltenden Fassung steuerbefreite Körperschaft, Personenvereinigung oder Vermögensmasse getragen wird und der Beschaffung von Mitteln zur Verwirklichung ihrer gemeinnützigen, mildtätigen oder kirchlichen Zwecke im Sinne der §§ 52 bis 54 der Abgabenordnung dient. [2]Um eine gemeinnützige Sammlung von Abfällen handelt es sich auch dann, wenn die Körperschaft, Personenvereinigung oder Vermögensmasse nach Satz 1 einen gewerblichen Sammler mit der Sammlung beauftragt und dieser den Veräußerungserlös nach Abzug seiner Kosten und eines angemessenen Gewinns vollständig an die Körperschaft, Personenvereinigung oder Vermögensmasse auskehrt.

(18) [1]Eine gewerbliche Sammlung von Abfällen im Sinne dieses Gesetzes ist eine Sammlung, die zum Zweck der Einnahmeerzielung erfolgt. [2]Die Durchführung der Sammeltätigkeit auf der Grundlage vertraglicher Bindungen zwischen dem Sammler und der privaten Haushaltung in dauerhaften Strukturen steht einer gewerblichen Sammlung nicht entgegen.

(19) Kreislaufwirtschaft im Sinne dieses Gesetzes sind die Vermeidung und Verwertung von Abfällen.

(20) [1]Vermeidung im Sinne dieses Gesetzes ist jede Maßnahme, die ergriffen wird, bevor ein Stoff, Material oder Erzeugnis zu Abfall geworden ist, und dazu dient, die Abfallmenge, die schädlichen Auswirkungen des Abfalls auf Mensch und Umwelt oder den Gehalt an schädlichen Stoffen in Materialien und Erzeugnissen zu verringern. [2]Hierzu zählen insbesondere die anlageninterne Kreislaufführung von Stoffen, die abfallarme Produktgestaltung, die Wiederverwendung von Erzeugnissen oder die Verlängerung ihrer Lebensdauer sowie ein Konsumverhalten, das auf den Erwerb von abfall- und schadstoffarmen Produkten sowie die Nutzung von Mehrwegverpackungen gerichtet ist.

(21) Wiederverwendung im Sinne dieses Gesetzes ist jedes Verfahren, bei dem Erzeugnisse oder Bestandteile, die keine Abfälle sind, wieder für denselben Zweck verwendet werden, für den sie ursprünglich bestimmt waren.

(22) Abfallentsorgung im Sinne dieses Gesetzes sind Verwertungs- und Beseitigungsverfahren, einschließlich der Vorbereitung vor der Verwertung oder Beseitigung.

(23) [1]Verwertung im Sinne dieses Gesetzes ist jedes Verfahren, als dessen Hauptergebnis die Abfälle innerhalb der Anlage oder in der weiteren Wirtschaft einem sinnvollen Zweck zugeführt werden, indem sie entweder andere Materialien ersetzen, die sonst zur Erfüllung einer bestimmten Funktion verwendet worden wären, oder indem die Abfälle so vorbereitet werden, dass sie diese Funktion erfüllen. [2]Anlage 2 enthält eine nicht abschließende Liste von Verwertungsverfahren.

(24) Vorbereitung zur Wiederverwendung im Sinne dieses Gesetzes ist jedes Verwertungsverfahren der Prüfung, Reinigung oder Reparatur, bei dem Erzeugnisse oder Bestandteile von Erzeugnissen, die zu Abfällen geworden sind, so vorbereitet werden, dass sie ohne weitere Vor-

behandlung wieder für denselben Zweck verwendet werden können, für den sie ursprünglich bestimmt waren.

(25) Recycling im Sinne dieses Gesetzes ist jedes Verwertungsverfahren, durch das Abfälle zu Erzeugnissen, Materialien oder Stoffen entweder für den ursprünglichen Zweck oder für andere Zwecke aufbereitet werden; es schließt die Aufbereitung organischer Materialien ein, nicht aber die energetische Verwertung und die Aufbereitung zu Materialien, die für die Verwendung als Brennstoff oder zur Verfüllung bestimmt sind.

(26) [1]Beseitigung im Sinne dieses Gesetzes ist jedes Verfahren, das keine Verwertung ist, auch wenn das Verfahren zur Nebenfolge hat, dass Stoffe oder Energie zurückgewonnen werden. [2]Anlage 1 enthält eine nicht abschließende Liste von Beseitigungsverfahren.

(27) [1]Deponien im Sinne dieses Gesetzes sind Beseitigungsanlagen zur Ablagerung von Abfällen oberhalb der Erdoberfläche (oberirdische Deponien) oder unterhalb der Erdoberfläche (Untertagedeponien). [2]Zu den Deponien zählen auch betriebsinterne Abfallbeseitigungsanlagen für die Ablagerung von Abfällen, in denen ein Erzeuger von Abfällen die Abfallbeseitigung am Erzeugungsort vornimmt.

(28) [1]Stand der Technik im Sinne dieses Gesetzes ist der Entwicklungsstand fortschrittlicher Verfahren, Einrichtungen oder Betriebsweisen, der die praktische Eignung einer Maßnahme zur Begrenzung von Emissionen in Luft, Wasser und Boden, zur Gewährleistung der Anlagensicherheit, zur Gewährleistung einer umweltverträglichen Abfallentsorgung oder sonst zur Vermeidung oder Verminderung von Auswirkungen auf die Umwelt zur Erreichung eines allgemein hohen Schutzniveaus für die Umwelt insgesamt gesichert erscheinen lässt. [2]Bei der Bestimmung des Standes der Technik sind insbesondere die in Anlage 3 aufgeführten Kriterien zu berücksichtigen.

§ 4 Nebenprodukte

(1) Fällt ein Stoff oder Gegenstand bei einem Herstellungsverfahren an, dessen hauptsächlicher Zweck nicht auf die Herstellung dieses Stoffes oder Gegenstandes gerichtet ist, ist er als Nebenprodukt und nicht als Abfall anzusehen, wenn

1. sichergestellt ist, dass der Stoff oder Gegenstand weiter verwendet wird,
2. eine weitere, über ein normales industrielles Verfahren hinausgehende Vorbehandlung hierfür nicht erforderlich ist,
3. der Stoff oder Gegenstand als integraler Bestandteil eines Herstellungsprozesses erzeugt wird und
4. die weitere Verwendung rechtmäßig ist; dies ist der Fall, wenn der Stoff oder Gegenstand alle für seine jeweilige Verwendung anzuwendenden Produkt-, Umwelt- und Gesundheitsschutzanforderungen erfüllt und insgesamt nicht zu schädlichen Auswirkungen auf Mensch und Umwelt führt.

(2) Die Bundesregierung wird ermächtigt, nach Anhörung der beteiligten Kreise (§ 68) durch Rechtsverordnung mit Zustimmung des Bundesrates nach Maßgabe der in Absatz 1 genannten Anforderungen Kriterien zu bestimmen, nach denen bestimmte Stoffe oder Gegenstände als Nebenprodukt anzusehen sind, und Anforderungen zum Schutz von Mensch und Umwelt festzulegen.

§ 5 Ende der Abfalleigenschaft

(1) Die Abfalleigenschaft eines Stoffes oder Gegenstandes endet, wenn dieser ein Verwertungsverfahren durchlaufen hat und so beschaffen ist, dass

1. er üblicherweise für bestimmte Zwecke verwendet wird,
2. ein Markt für ihn oder eine Nachfrage nach ihm besteht,
3. er alle für seine jeweilige Zweckbestimmung geltenden technischen Anforderungen sowie alle Rechtsvorschriften und anwendbaren Normen für Erzeugnisse erfüllt sowie

4. seine Verwendung insgesamt nicht zu schädlichen Auswirkungen auf Mensch oder Umwelt führt.

(2) Die Bundesregierung wird ermächtigt, nach Anhörung der beteiligten Kreise (§ 68) durch Rechtsverordnung mit Zustimmung des Bundesrates nach Maßgabe der in Absatz 1 genannten Anforderungen die Bedingungen näher zu bestimmen, unter denen für bestimmte Stoffe und Gegenstände die Abfalleigenschaft endet, und Anforderungen zum Schutz von Mensch und Umwelt, insbesondere durch Grenzwerte für Schadstoffe, festzulegen.

Teil 2: Grundsätze und Pflichten der Erzeuger und Besitzer von Abfällen sowie der öffentlich-rechtlichen Entsorgungsträger

Abschnitt 1: Grundsätze der Abfallvermeidung und Abfallbewirtschaftung

KrWG

§ 6 Abfallhierarchie

(1) Maßnahmen der Vermeidung und der Abfallbewirtschaftung stehen in folgender Rangfolge:

1. Vermeidung,
2. Vorbereitung zur Wiederverwendung,
3. Recycling,
4. sonstige Verwertung, insbesondere energetische Verwertung und Verfüllung,
5. Beseitigung.

(2) [1]Ausgehend von der Rangfolge nach Absatz 1 soll nach Maßgabe der §§ 7 und 8 diejenige Maßnahme Vorrang haben, die den Schutz von Mensch und Umwelt bei der Erzeugung und Bewirtschaftung von Abfällen unter Berücksichtigung des Vorsorge- und Nachhaltigkeitsprinzips am besten gewährleistet. [2]Für die Betrachtung der Auswirkungen auf Mensch und Umwelt nach Satz 1 ist der gesamte Lebenszyklus des Abfalls zugrunde zu legen. [3]Hierbei sind insbesondere zu berücksichtigen

1. die zu erwartenden Emissionen,
2. das Maß der Schonung der natürlichen Ressourcen,
3. die einzusetzende oder zu gewinnende Energie sowie
4. die Anreicherung von Schadstoffen in Erzeugnissen, in Abfällen zur Verwertung oder in daraus gewonnenen Erzeugnissen.

[4]Die technische Möglichkeit, die wirtschaftliche Zumutbarkeit und die sozialen Folgen der Maßnahme sind zu beachten.

Abschnitt 2: Kreislaufwirtschaft

§ 7 Grundpflichten der Kreislaufwirtschaft

(1) Die Pflichten zur Abfallvermeidung richten sich nach § 13 sowie den Rechtsverordnungen, die auf Grund der §§ 24 und 25 erlassen worden sind.

(2) [1]Die Erzeuger oder Besitzer von Abfällen sind zur Verwertung ihrer Abfälle verpflichtet. [2]Die Verwertung von Abfällen hat Vorrang vor deren Beseitigung. [3]Der Vorrang entfällt, wenn die Beseitigung der Abfälle den Schutz von Mensch und Umwelt nach Maßgabe des § 6 Absatz 2 Satz 2 und 3 am besten gewährleistet. [4]Der Vorrang gilt nicht für Abfälle, die unmittelbar und üblicherweise durch Maßnahmen der Forschung und Entwicklung anfallen.

(3) [1]Die Verwertung von Abfällen, insbesondere durch ihre Einbindung in Erzeugnisse, hat ordnungsgemäß und schadlos zu erfolgen. [2]Die Verwertung erfolgt ordnungsgemäß, wenn sie im Einklang mit den Vorschriften dieses Gesetzes und anderen öffentlich-rechtlichen Vorschriften steht. [3]Sie erfolgt schadlos, wenn nach der Beschaffenheit der Abfälle, dem Ausmaß der Ver-

unreinigungen und der Art der Verwertung Beeinträchtigungen des Wohls der Allgemeinheit nicht zu erwarten sind, insbesondere keine Schadstoffanreicherung im Wertstoffkreislauf erfolgt.

(4) [1]Die Pflicht zur Verwertung von Abfällen ist zu erfüllen, soweit dies technisch möglich und wirtschaftlich zumutbar ist, insbesondere für einen gewonnenen Stoff oder gewonnene Energie ein Markt vorhanden ist oder geschaffen werden kann. [2]Die Verwertung von Abfällen ist auch dann technisch möglich, wenn hierzu eine Vorbehandlung erforderlich ist. [3]Die wirtschaftliche Zumutbarkeit ist gegeben, wenn die mit der Verwertung verbundenen Kosten nicht außer Verhältnis zu den Kosten stehen, die für eine Abfallbeseitigung zu tragen wären.

§ 8 Rangfolge und Hochwertigkeit der Verwertungsmaßnahmen[1)]

(1) [1]Bei der Erfüllung der Verwertungspflicht nach § 7 Absatz 2 Satz 1 hat diejenige der in § 6 Absatz 1 Nummer 2 bis 4 genannten Verwertungsmaßnahmen Vorrang, die den Schutz von Mensch und Umwelt nach der Art und Beschaffenheit des Abfalls unter Berücksichtigung der in § 6 Absatz 2 Satz 2 und 3 festgelegten Kriterien am besten gewährleistet. [2]Zwischen mehreren gleichrangigen Verwertungsmaßnahmen besteht ein Wahlrecht des Erzeugers oder Besitzers von Abfällen. [3]Bei der Ausgestaltung der nach Satz 1 oder 2 durchzuführenden Verwertungsmaßnahme ist eine den Schutz von Mensch und Umwelt am besten gewährleistende, hochwertige Verwertung anzustreben. [4]§ 7 Absatz 4 findet auf die Sätze 1 bis 3 entsprechende Anwendung.

(2) [1]Die Bundesregierung bestimmt nach Anhörung der beteiligten Kreise (§ 68) durch Rechtsverordnung mit Zustimmung des Bundesrates für bestimmte Abfallarten auf Grund der in § 6 Absatz 2 Satz 2 und 3 festgelegten Kriterien

1. den Vorrang oder Gleichrang einer Verwertungsmaßnahme und
2. Anforderungen an die Hochwertigkeit der Verwertung.

[2]Durch Rechtsverordnung nach Satz 1 kann insbesondere bestimmt werden, dass die Verwertung des Abfalls entsprechend seiner Art, Beschaffenheit, Menge und Inhaltsstoffe durch mehrfache, hintereinander geschaltete stoffliche und anschließende energetische Verwertungsmaßnahmen (Kaskadennutzung) zu erfolgen hat.

(3) (weggefallen)

§ 9 Getrennthalten von Abfällen zur Verwertung, Vermischungsverbot

(1) Soweit dies zur Erfüllung der Anforderungen nach § 7 Absatz 2 bis 4 und § 8 Absatz 1 erforderlich ist, sind Abfälle getrennt zu halten und zu behandeln.

(2) [1]Die Vermischung, einschließlich der Verdünnung, gefährlicher Abfälle mit anderen Kategorien von gefährlichen Abfällen oder mit anderen Abfällen, Stoffen oder Materialien ist unzulässig. [2]Abweichend von Satz 1 ist eine Vermischung ausnahmsweise dann zulässig, wenn

1. sie in einer nach diesem Gesetz oder nach dem Bundes-Immissionsschutzgesetz hierfür zugelassenen Anlage erfolgt,
2. die Anforderungen an eine ordnungsgemäße und schadlose Verwertung nach § 7 Absatz 3 eingehalten und schädliche Auswirkungen der Abfallbewirtschaftung auf Mensch und Umwelt durch die Vermischung nicht verstärkt werden sowie
3. das Vermischungsverfahren dem Stand der Technik entspricht.

[3]Soweit gefährliche Abfälle in unzulässiger Weise vermischt worden sind, sind diese zu trennen, soweit dies erforderlich ist, um eine ordnungsgemäße und schadlose Verwertung nach § 7 Absatz 3 sicherzustellen, und die Trennung technisch möglich und wirtschaftlich zumutbar ist.

1) **Anm. d. Red.:** § 8 i. d. F. des Gesetzes v. 27. 3. 2017 (BGBl I S. 567) mit Wirkung v. 1. 6. 2017.

§ 10 Anforderungen an die Kreislaufwirtschaft

(1) Die Bundesregierung wird ermächtigt, nach Anhörung der beteiligten Kreise (§ 68) durch Rechtsverordnung mit Zustimmung des Bundesrates, soweit es zur Erfüllung der Pflichten nach § 7 Absatz 2 bis 4, § 8 Absatz 1 und § 9, insbesondere zur Sicherung der schadlosen Verwertung, erforderlich ist,

1. die Einbindung oder den Verbleib bestimmter Abfälle in Erzeugnisse/Erzeugnissen nach Art, Beschaffenheit oder Inhaltsstoffen zu beschränken oder zu verbieten,
2. Anforderungen an das Getrennthalten, die Zulässigkeit der Vermischung sowie die Beförderung und Lagerung von Abfällen festzulegen,
3. Anforderungen an das Bereitstellen, Überlassen, Sammeln und Einsammeln von Abfällen durch Hol- und Bringsysteme, jeweils auch in einer einheitlichen Wertstofftonne oder durch eine einheitliche Wertstofferfassung in vergleichbarer Qualität gemeinsam mit gleichartigen Erzeugnissen oder mit auf dem gleichen Wege zu verwertenden Erzeugnissen, die jeweils einer verordneten Rücknahme nach § 25 unterliegen, festzulegen,
4. für bestimmte Abfälle, deren Verwertung auf Grund ihrer Art, Beschaffenheit oder Menge in besonderer Weise geeignet ist, Beeinträchtigungen des Wohls der Allgemeinheit, vor allem der in § 15 Absatz 2 Satz 2 genannten Schutzgüter, herbeizuführen, nach Herkunftsbereich, Anfallstelle oder Ausgangsprodukt festzulegen,
   a) dass diese nur in bestimmter Menge oder Beschaffenheit oder nur für bestimmte Zwecke in Verkehr gebracht oder verwertet werden dürfen,
   b) dass diese mit bestimmter Beschaffenheit nicht in Verkehr gebracht werden dürfen,
5. Anforderungen an die Verwertung von mineralischen Abfällen in technischen Bauwerken festzulegen.

(2) Durch Rechtsverordnung nach Absatz 1 können auch Verfahren zur Überprüfung der dort festgelegten Anforderungen bestimmt werden, insbesondere

1. dass Nachweise oder Register zu führen und vorzulegen sind,
   a) auch ohne eine Anordnung nach § 51, oder
   b) abweichend von bestimmten Anforderungen nach den §§ 49 und 50 oder einer Rechtsverordnung nach § 52,
2. dass die Entsorger von Abfällen diese bei Annahme oder Weitergabe in bestimmter Art und Weise zu überprüfen und das Ergebnis dieser Prüfung in den Nachweisen oder Registern zu verzeichnen haben,
3. dass die Beförderer und Entsorger von Abfällen ein Betriebstagebuch zu führen haben, in dem bestimmte Angaben zu den Betriebsabläufen zu verzeichnen sind, die nicht schon in die Register aufgenommen werden,
4. dass die Erzeuger, Besitzer oder Entsorger von Abfällen bei Annahme oder Weitergabe der Abfälle auf die Anforderungen, die sich aus der Rechtsverordnung ergeben, hinzuweisen oder die Abfälle oder die für deren Beförderung vorgesehenen Behältnisse in bestimmter Weise zu kennzeichnen haben,
5. die Entnahme von Proben, der Verbleib und die Aufbewahrung von Rückstellproben und die hierfür anzuwendenden Verfahren,
6. die Analyseverfahren, die zur Bestimmung von einzelnen Stoffen oder Stoffgruppen erforderlich sind,
7. dass der Verpflichtete mit der Durchführung der Probenahme und der Analysen nach den Nummern 5 und 6 einen von der zuständigen Landesbehörde bekannt gegebenen Sachverständigen, eine von dieser Behörde bekannt gegebene Stelle oder eine sonstige Person, die über die erforderliche Sach- und Fachkunde verfügt, zu beauftragen hat,
8. welche Anforderungen an die Sach- und Fachkunde der Probenehmer nach Nummer 7 zu stellen sind sowie

9. dass Nachweise, Register und Betriebstagebücher nach den Nummern 1 bis 3 elektronisch zu führen und Dokumente in elektronischer Form gemäß § 3a Absatz 2 Satz 2 und 3 des Verwaltungsverfahrensgesetzes vorzulegen sind.

(3) [1]Wegen der Anforderungen nach Absatz 2 Nummer 5 bis 7 kann auf jedermann zugängliche Bekanntmachungen verwiesen werden. [2]Hierbei sind

1. in der Rechtsverordnung das Datum der Bekanntmachung anzugeben und die Bezugsquelle genau zu bezeichnen,
2. die Bekanntmachung beim Deutschen Patent- und Markenamt archivmäßig gesichert niederzulegen und in der Rechtsverordnung darauf hinzuweisen.

(4) Durch Rechtsverordnung nach Absatz 1 Nummer 4 kann vorgeschrieben werden, dass derjenige, der bestimmte Abfälle, an deren schadlose Verwertung nach Maßgabe des § 7 Absatz 2 und 3, des § 8 Absatz 1 und des § 9 auf Grund ihrer Art, Beschaffenheit oder Menge besondere Anforderungen zu stellen sind, in Verkehr bringt oder verwertet,

1. dies anzuzeigen hat,
2. dazu einer Erlaubnis bedarf,
3. bestimmten Anforderungen an seine Zuverlässigkeit genügen muss oder
4. seine notwendige Sach- oder Fachkunde in einem näher festzulegenden Verfahren nachzuweisen hat.

§ 11 Kreislaufwirtschaft für Bioabfälle und Klärschlämme

(1) Soweit dies zur Erfüllung der Anforderungen nach § 7 Absatz 2 bis 4 und § 8 Absatz 1 erforderlich ist, sind Bioabfälle, die einer Überlassungspflicht nach § 17 Absatz 1 unterliegen, spätestens ab dem 1. Januar 2015 getrennt zu sammeln.

(2) [1]Die Bundesregierung wird ermächtigt, nach Anhörung der beteiligten Kreise (§ 68) durch Rechtsverordnung mit Zustimmung des Bundesrates zur Förderung der Verwertung von Bioabfällen und Klärschlämmen, soweit es zur Erfüllung der Pflichten nach Absatz 1, § 7 Absatz 2 bis 4 und § 8 Absatz 1 erforderlich ist, insbesondere festzulegen,

1. welche Abfälle als Bioabfälle oder Klärschlämme gelten,
2. welche Anforderungen an die getrennte Sammlung von Bioabfällen zu stellen sind,
3. ob und auf welche Weise Bioabfälle und Klärschlämme zu behandeln, welche Verfahren hierbei anzuwenden und welche anderen Maßnahmen hierbei zu treffen sind,
4. welche Anforderungen an die Art und Beschaffenheit der unbehandelten, der zu behandelnden und der behandelten Bioabfälle und Klärschlämme zu stellen sind sowie
5. dass bestimmte Arten von Bioabfällen und Klärschlämmen nach Ausgangsstoff, Art, Beschaffenheit, Herkunft, Menge, Art oder Zeit der Aufbringung auf den Boden, Beschaffenheit des Bodens, Standortverhältnissen und Nutzungsart nicht, nur in bestimmten Mengen, nur in einer bestimmten Beschaffenheit oder nur für bestimmte Zwecke in Verkehr gebracht oder verwertet werden dürfen.

[2]Durch Rechtsverordnung nach Satz 1 können entsprechend Satz 1 Nummer 3 bis 5 auch Anforderungen für die gemeinsame Verwertung von Bioabfällen und Klärschlämmen mit anderen Abfällen, Stoffen oder Materialien festgelegt werden. [3]Anforderungen nach Satz 1 Nummer 4 und 5, auch in Verbindung mit Satz 2, können nicht festgelegt werden, soweit die ordnungsgemäße und schadlose Verwertung von Bioabfällen und Klärschlämmen durch Regelungen des Düngerechts gewährleistet ist.

(3) [1]Durch Rechtsverordnung nach Absatz 2 Satz 1 können auch Verfahren zur Überprüfung der dort festgelegten Anforderungen an die Verwertung von Bioabfällen und Klärschlämmen bestimmt werden, insbesondere

1. Untersuchungspflichten hinsichtlich der Wirksamkeit der Behandlung, der Beschaffenheit der unbehandelten und behandelten Bioabfälle und Klärschlämme, der anzuwendenden Verfahren oder der anderen Maßnahmen,

2. Untersuchungsmethoden, die zur Überprüfung der Maßnahmen nach Nummer 1 erforderlich sind,
3. Untersuchungen des Bodens sowie
4. Verfahren zur Überprüfung der Anforderungen entsprechend § 10 Absatz 2 Nummer 1 bis 9 und Absatz 3.

[2]Durch Rechtsverordnung nach Absatz 2 Satz 1 Nummer 1 kann vorgeschrieben werden, dass derjenige, der bestimmte Bioabfälle oder Klärschlämme, an deren schadlose Verwertung nach Maßgabe des § 7 Absatz 2 und 3, des § 8 Absatz 1 und des § 9 auf Grund ihrer Art, Beschaffenheit oder Menge besondere Anforderungen zu stellen sind, in Verkehr bringt oder verwertet,

1. dies anzuzeigen hat,
2. dazu einer Erlaubnis bedarf,
3. bestimmten Anforderungen an seine Zuverlässigkeit genügen muss oder
4. seine notwendige Sach- oder Fachkunde in einem näher festzulegenden Verfahren nachzuweisen hat.

(4) [1]Die Landesregierungen können Rechtsverordnungen im Sinne der Absätze 2 und 3 für die Verwertung von Bioabfällen und Klärschlämmen und für die Aufbringung von Bioabfällen und Klärschlämmen auf Böden erlassen, soweit die Bundesregierung von der Ermächtigung keinen Gebrauch macht. [2]Die Landesregierungen können die Ermächtigung nach Satz 1 durch Rechtsverordnung ganz oder teilweise auf andere Behörden übertragen.

§ 12 Qualitätssicherung im Bereich der Bioabfälle und Klärschlämme

(1) Zur Förderung der Kreislaufwirtschaft und zur Sicherstellung des Schutzes von Mensch und Umwelt bei der Erzeugung und Bewirtschaftung von Bioabfällen und Klärschlämmen nach Maßgabe der hierfür geltenden Rechtsvorschriften können die Träger der Qualitätssicherung und die Qualitätszeichennehmer eine regelmäßige Qualitätssicherung einrichten.

(2) Qualitätszeichennehmer ist eine natürliche oder juristische Person, die

1. gewerbsmäßig, im Rahmen wirtschaftlicher Unternehmen oder öffentlicher Einrichtungen Bioabfälle oder Klärschlämme erzeugt, behandelt oder verwertet und
2. in Bezug auf erzeugte, behandelte oder verwertete Bioabfälle oder Klärschlämme, auch in Mischungen mit anderen Abfällen, Stoffen oder Materialien, über ein Qualitätszeichen eines Trägers der Qualitätssicherung verfügt.

(3) Das Qualitätszeichen darf nur erteilt werden, wenn der Qualitätszeichennehmer

1. die für die Sicherung der Qualität der Bioabfälle oder Klärschlämme erforderlichen Anforderungen an die Organisation, die personelle, gerätetechnische und sonstige Ausstattung sowie an die Zuverlässigkeit und Fach- und Sachkunde seines Personals erfüllt,
2. die Anforderungen an die Qualitätssicherung, insbesondere zur Minderung von Schadstoffen, zur Gewährleistung der seuchen- und phytohygienischen Unbedenklichkeit erfüllt und
3. sich verpflichtet, die Erfüllung der Anforderungen nach den Nummern 1 und 2 im Rahmen einer fortlaufenden Überwachung gegenüber dem Träger der Qualitätssicherung darzulegen.

(4) Der Qualitätszeichennehmer darf das Qualitätszeichen nur führen, soweit und solange es ihm vom Träger der Qualitätssicherung erteilt ist.

(5) [1]Ein Träger der Qualitätssicherung ist ein rechtsfähiger Zusammenschluss von Erzeugern oder Bewirtschaftern von Bioabfällen oder Klärschlämmen, Fachverbänden sowie von fachkundigen Einrichtungen, Institutionen oder Personen. [2]Der Träger der Qualitätssicherung bedarf der Anerkennung der zuständigen Behörde. [3]Die Erteilung des Qualitätszeichens erfolgt auf der Grundlage einer Satzung, eines Überwachungsvertrages oder einer sonstigen für den Qualitätszeichennehmer verbindlichen Regelung, die insbesondere die Anforderungen an die Qualitätszeichennehmer, an die von diesen erzeugten, behandelten oder verwerteten Bioabfälle oder Klärschlämme und an deren Überwachung festlegt.

(6) Der Träger der Qualitätssicherung hat sich für die Überprüfung der Qualitätszeichennehmer Sachverständiger zu bedienen, die die für die Durchführung der Überwachung erforderliche Zuverlässigkeit, Unabhängigkeit sowie Fach- und Sachkunde besitzen.

(7) [1]Die Bundesregierung wird ermächtigt, nach Anhörung der beteiligten Kreise (§ 68) durch Rechtsverordnung mit Zustimmung des Bundesrates Anforderungen an die Qualitätssicherung von Bioabfällen und Klärschlämmen vorzuschreiben. [2]In der Rechtsverordnung können insbesondere

1. Anforderungen an die Maßnahmen zur Qualitätssicherung, einschließlich deren Umfang bestimmt werden,
2. Anforderungen an die Organisation, die personelle, gerätetechnische und sonstige Ausstattung und die Tätigkeit eines Qualitätszeichennehmers bestimmt sowie ein ausreichender Haftpflichtversicherungsschutz gefordert werden,
3. Anforderungen an den Qualitätszeichennehmer und die bei ihm beschäftigten Personen, insbesondere Mindestanforderungen an die Fach- und Sachkunde und die Zuverlässigkeit sowie an deren Nachweis, bestimmt werden,
4. Anforderungen an die Tätigkeit der Träger der Qualitätssicherung, insbesondere an deren Bildung, Auflösung, Organisation und Arbeitsweise, einschließlich der Bestellung, Aufgaben und Befugnisse der Prüforgane sowie Mindestanforderungen an die Mitglieder dieser Prüforgane, bestimmt werden,
5. Mindestanforderungen an die für die Träger der Qualitätssicherung tätigen Sachverständigen sowie deren Bestellung, Tätigkeit und Kontrolle bestimmt werden,
6. Anforderungen an das Qualitätszeichen, insbesondere an die Form und den Inhalt, sowie an seine Erteilung, seine Aufhebung, sein Erlöschen und seinen Entzug bestimmt werden,
7. die besonderen Voraussetzungen, das Verfahren, die Erteilung und die Aufhebung der Anerkennung des Trägers der Qualitätssicherung durch die zuständige Behörde geregelt werden,
8. für die erforderlichen Erklärungen, Nachweise, Benachrichtigungen oder sonstigen Daten die elektronische Führung und die Vorlage von Dokumenten in elektronischer Form gemäß § 3a Absatz 2 Satz 2 und 3 des Verwaltungsverfahrensgesetzes angeordnet werden.

§ 13 Pflichten der Anlagenbetreiber

Die Pflichten der Betreiber von genehmigungsbedürftigen und nicht genehmigungsbedürftigen Anlagen nach dem Bundes-Immissionsschutzgesetz, diese so zu errichten und zu betreiben, dass Abfälle vermieden, verwertet oder beseitigt werden, richten sich nach den Vorschriften des Bundes-Immissionsschutzgesetzes.

§ 14 Förderung des Recyclings und der sonstigen stofflichen Verwertung

(1) Zum Zweck des ordnungsgemäßen, schadlosen und hochwertigen Recyclings sind Papier-, Metall-, Kunststoff- und Glasabfälle spätestens ab dem 1. Januar 2015 getrennt zu sammeln, soweit dies technisch möglich und wirtschaftlich zumutbar ist.

(2) Die Vorbereitung zur Wiederverwendung und das Recycling von Siedlungsabfällen sollen spätestens ab dem 1. Januar 2020 mindestens 65 Gewichtsprozent insgesamt betragen.

(3) [1]Die Vorbereitung zur Wiederverwendung, das Recycling und die sonstige stoffliche Verwertung von nicht gefährlichen Bau- und Abbruchabfällen mit Ausnahme von in der Natur vorkommenden Materialien, die in der Anlage zur Abfallverzeichnisverordnung mit dem Abfallschlüssel 17 05 04 gekennzeichnet sind, sollen spätestens ab dem 1. Januar 2020 mindestens 70 Gewichtsprozent betragen. [2]Die sonstige stoffliche Verwertung nach Satz 1 schließt die Verfüllung, bei der Abfälle als Ersatz für andere Materialien genutzt werden, ein. [3]Die Bundesregierung überprüft diese Zielvorgabe vor dem Hintergrund der bauwirtschaftlichen Entwicklung und der Rahmenbedingungen für die Verwertung von Bauabfällen bis zum 31. Dezember 2016.

Abschnitt 3: Abfallbeseitigung

§ 15 Grundpflichten der Abfallbeseitigung

(1) [1]Die Erzeuger oder Besitzer von Abfällen, die nicht verwertet werden, sind verpflichtet, diese zu beseitigen, soweit in § 17 nichts anderes bestimmt ist. [2]Durch die Behandlung von Abfällen sind deren Menge und Schädlichkeit zu vermindern. [3]Energie oder Abfälle, die bei der Beseitigung anfallen, sind hochwertig zu nutzen; § 8 Absatz 1 Satz 3 gilt entsprechend.

(2) [1]Abfälle sind so zu beseitigen, dass das Wohl der Allgemeinheit nicht beeinträchtigt wird. [2]Eine Beeinträchtigung liegt insbesondere dann vor, wenn

1. die Gesundheit der Menschen beeinträchtigt wird,
2. Tiere oder Pflanzen gefährdet werden,
3. Gewässer oder Böden schädlich beeinflusst werden,
4. schädliche Umwelteinwirkungen durch Luftverunreinigungen oder Lärm herbeigeführt werden,
5. die Ziele oder Grundsätze und sonstigen Erfordernisse der Raumordnung nicht beachtet oder die Belange des Naturschutzes, der Landschaftspflege sowie des Städtebaus nicht berücksichtigt werden oder
6. die öffentliche Sicherheit oder Ordnung in sonstiger Weise gefährdet oder gestört wird.

(3) [1]Soweit dies zur Erfüllung der Anforderungen nach den Absätzen 1 und 2 erforderlich ist, sind Abfälle zur Beseitigung getrennt zu halten und zu behandeln. [2]§ 9 Absatz 2 gilt entsprechend.

KrWG

§ 16 Anforderungen an die Abfallbeseitigung

[1]Die Bundesregierung wird ermächtigt, nach Anhörung der beteiligten Kreise (§ 68) durch Rechtsverordnung mit Zustimmung des Bundesrates zur Erfüllung der Pflichten nach § 15 entsprechend dem Stand der Technik Anforderungen an die Beseitigung von Abfällen nach Herkunftsbereich, Anfallstelle sowie nach Art, Menge und Beschaffenheit festzulegen, insbesondere

1. Anforderungen an das Getrennthalten und die Behandlung von Abfällen,
2. Anforderungen an das Bereitstellen, Überlassen, Sammeln und Einsammeln, die Beförderung, Lagerung und Ablagerung von Abfällen sowie
3. Verfahren zur Überprüfung der Anforderungen entsprechend § 10 Absatz 2 Nummer 1 bis 9 und Absatz 3.

[2]Durch Rechtsverordnung nach Satz 1 Nummer 1 und 2 kann vorgeschrieben werden, dass derjenige, der bestimmte Abfälle, an deren Behandlung, Sammlung, Einsammlung, Beförderung, Lagerung und Ablagerung nach Maßgabe des § 15 auf Grund ihrer Art, Beschaffenheit oder Menge besondere Anforderungen zu stellen sind, in Verkehr bringt oder beseitigt,

1. dies anzuzeigen hat,
2. dazu einer Erlaubnis bedarf,
3. bestimmten Anforderungen an seine Zuverlässigkeit genügen muss oder
4. seine notwendige Sach- oder Fachkunde in einem näher festzulegenden Verfahren nachzuweisen hat.

Abschnitt 4: Öffentlich-rechtliche Entsorgung und Beauftragung Dritter

§ 17 Überlassungspflichten

(1) [1]Abweichend von § 7 Absatz 2 und § 15 Absatz 1 sind Erzeuger oder Besitzer von Abfällen aus privaten Haushaltungen verpflichtet, diese Abfälle den nach Landesrecht zur Entsorgung verpflichteten juristischen Personen (öffentlich-rechtliche Entsorgungsträger) zu überlassen, so-

weit sie zu einer Verwertung auf den von ihnen im Rahmen ihrer privaten Lebensführung genutzten Grundstücken nicht in der Lage sind oder diese nicht beabsichtigen. [2]Satz 1 gilt auch für Erzeuger und Besitzer von Abfällen zur Beseitigung aus anderen Herkunftsbereichen, soweit sie diese nicht in eigenen Anlagen beseitigen. [3]Die Befugnis zur Beseitigung der Abfälle in eigenen Anlagen nach Satz 2 besteht nicht, soweit die Überlassung der Abfälle an den öffentlich-rechtlichen Entsorgungsträger auf Grund überwiegender öffentlicher Interessen erforderlich ist.

(2) [1]Die Überlassungspflicht besteht nicht für Abfälle,

1. die einer Rücknahme- oder Rückgabepflicht auf Grund einer Rechtsverordnung nach § 25 unterliegen, soweit nicht die öffentlich-rechtlichen Entsorgungsträger auf Grund einer Bestimmung nach § 25 Absatz 2 Nummer 4 an der Rücknahme mitwirken; hierfür kann insbesondere eine einheitliche Wertstofftonne oder eine einheitliche Wertstofferfassung in vergleichbarer Qualität vorgesehen werden, durch die werthaltige Abfälle aus privaten Haushaltungen in effizienter Weise erfasst und einer hochwertigen Verwertung zugeführt werden,
2. die in Wahrnehmung der Produktverantwortung nach § 26 freiwillig zurückgenommen werden, soweit dem zurücknehmenden Hersteller oder Vertreiber ein Freistellungs- oder Feststellungsbescheid nach § 26 Absatz 3 oder Absatz 6 erteilt worden ist,
3. die durch gemeinnützige Sammlung einer ordnungsgemäßen und schadlosen Verwertung zugeführt werden,
4. die durch gewerbliche Sammlung einer ordnungsgemäßen und schadlosen Verwertung zugeführt werden, soweit überwiegende öffentliche Interessen dieser Sammlung nicht entgegenstehen.

[2]Satz 1 Nummer 3 und 4 gilt nicht für gemischte Abfälle aus privaten Haushaltungen und gefährliche Abfälle. [3]Sonderregelungen der Überlassungspflicht durch Rechtsverordnungen nach den §§ 10, 16 und 25 bleiben unberührt.

(3) [1]Überwiegende öffentliche Interessen nach Absatz 2 Satz 1 Nummer 4 stehen einer gewerblichen Sammlung entgegen, wenn die Sammlung in ihrer konkreten Ausgestaltung, auch im Zusammenwirken mit anderen Sammlungen, die Funktionsfähigkeit des öffentlich-rechtlichen Entsorgungsträgers, des von diesem beauftragten Dritten oder des auf Grund einer Rechtsverordnung nach § 25 eingerichteten Rücknahmesystems gefährdet. [2]Eine Gefährdung der Funktionsfähigkeit des öffentlich-rechtlichen Entsorgungsträgers oder des von diesem beauftragten Dritten ist anzunehmen, wenn die Erfüllung der nach § 20 bestehenden Entsorgungspflichten zu wirtschaftlich ausgewogenen Bedingungen verhindert oder die Planungssicherheit und Organisationsverantwortung wesentlich beeinträchtigt wird. [3]Eine wesentliche Beeinträchtigung der Planungssicherheit und Organisationsverantwortung des öffentlich-rechtlichen Entsorgungsträgers ist insbesondere anzunehmen, wenn durch die gewerbliche Sammlung

1. Abfälle erfasst werden, für die der öffentlich-rechtliche Entsorgungsträger oder der von diesem beauftragte Dritte eine haushaltsnahe oder sonstige hochwertige getrennte Erfassung und Verwertung der Abfälle durchführt,
2. die Stabilität der Gebühren gefährdet wird oder
3. die diskriminierungsfreie und transparente Vergabe von Entsorgungsleistungen im Wettbewerb erheblich erschwert oder unterlaufen wird.

[4]Satz 3 Nummer 1 und 2 gilt nicht, wenn die vom gewerblichen Sammler angebotene Sammlung und Verwertung der Abfälle wesentlich leistungsfähiger ist als die von dem öffentlich-rechtlichen Entsorgungsträger oder dem von ihm beauftragten Dritten bereits angebotene oder konkret geplante Leistung. [5]Bei der Beurteilung der Leistungsfähigkeit sind sowohl die in Bezug auf die Ziele der Kreislaufwirtschaft zu beurteilenden Kriterien der Qualität und der Effizienz, des Umfangs und der Dauer der Erfassung und Verwertung der Abfälle als auch die aus Sicht aller privaten Haushalte im Gebiet des öffentlich-rechtlichen Entsorgungsträgers zu beurteilende gemeinwohlorientierte Servicegerechtigkeit der Leistung zugrunde zu legen. [6]Leistungen, die

über die unmittelbare Sammel- und Verwertungsleistung hinausgehen, insbesondere Entgeltzahlungen, sind bei der Beurteilung der Leistungsfähigkeit nicht zu berücksichtigen.

(4) [1]Die Länder können zur Sicherstellung der umweltverträglichen Beseitigung Andienungs- und Überlassungspflichten für gefährliche Abfälle zur Beseitigung bestimmen. [2]Andienungspflichten für gefährliche Abfälle zur Verwertung, die die Länder bis zum 7. Oktober 1996 bestimmt haben, bleiben unberührt.

§ 18 Anzeigeverfahren für Sammlungen[1)]

(1) Gemeinnützige Sammlungen im Sinne des § 17 Absatz 2 Satz 1 Nummer 3 und gewerbliche Sammlungen im Sinne des § 17 Absatz 2 Satz 1 Nummer 4 sind spätestens drei Monate vor ihrer beabsichtigten Aufnahme durch ihren Träger der zuständigen Behörde nach Maßgabe der Absätze 2 und 3 anzuzeigen.

KrWG

(2) Der Anzeige einer gewerblichen Sammlung sind beizufügen

1. Angaben über die Größe und Organisation des Sammlungsunternehmens,
2. Angaben über Art, Ausmaß und Dauer, insbesondere über den größtmöglichen Umfang und die Mindestdauer der Sammlung,
3. Angaben über Art, Menge und Verbleib der zu verwertenden Abfälle,
4. eine Darlegung der innerhalb des angezeigten Zeitraums vorgesehenen Verwertungswege einschließlich der erforderlichen Maßnahmen zur Sicherstellung ihrer Kapazitäten sowie
5. eine Darlegung, wie die ordnungsgemäße und schadlose Verwertung der gesammelten Abfälle im Rahmen der Verwertungswege nach Nummer 4 gewährleistet wird.

(3) [1]Der Anzeige der gemeinnützigen Sammlung sind beizufügen

1. Angaben über die Größe und Organisation des Trägers der gemeinnützigen Sammlung sowie gegebenenfalls des Dritten, der mit der Sammlung beauftragt wird, sowie
2. Angaben über Art, Ausmaß und Dauer der Sammlung.

[2]Die Behörde kann verlangen, dass der Anzeige der gemeinnützigen Sammlung Unterlagen entsprechend Absatz 2 Nummer 3 bis 5 beizufügen sind.

(4) [1]Die zuständige Behörde fordert den von der gewerblichen oder gemeinnützigen Sammlung betroffenen öffentlich-rechtlichen Entsorgungsträger auf, für seinen Zuständigkeitsbereich eine Stellungnahme innerhalb einer Frist von zwei Monaten abzugeben. [2]Hat der öffentlich-rechtliche Entsorgungsträger bis zum Ablauf dieser Frist keine Stellungnahme abgegeben, ist davon auszugehen, dass sich dieser nicht äußern will.

(5) [1]Die zuständige Behörde kann die angezeigte Sammlung von Bedingungen abhängig machen, sie zeitlich befristen oder Auflagen für sie vorsehen, soweit dies erforderlich ist, um die Erfüllung der Voraussetzungen nach § 17 Absatz 2 Satz 1 Nummer 3 oder Nummer 4 sicherzustellen. [2]Die zuständige Behörde hat die Durchführung der angezeigten Sammlung zu untersagen, wenn Tatsachen bekannt sind, aus denen sich Bedenken gegen die Zuverlässigkeit des Anzeigenden oder der für die Leitung und Beaufsichtigung der Sammlung verantwortlichen Personen ergeben, oder die Einhaltung der in § 17 Absatz 2 Satz 1 Nummer 3 oder Nummer 4 genannten Voraussetzungen anders nicht zu gewährleisten ist.

(6) [1]Die zuständige Behörde kann bestimmen, dass eine gewerbliche Sammlung mindestens für einen bestimmten Zeitraum durchzuführen ist; dieser Zeitraum darf drei Jahre nicht überschreiten. [2]Wird die gewerbliche Sammlung vor Ablauf des nach Satz 1 bestimmten Mindestzeitraums eingestellt oder innerhalb dieses Zeitraums in ihrer Art und ihrem Ausmaß in Abweichung von den von der Behörde nach Absatz 5 Satz 1 festgelegten Bedingungen oder Auflagen wesentlich eingeschränkt, ist der Träger der gewerblichen Sammlung dem betroffenen öffentlich-rechtlichen Entsorgungsträger gegenüber zum Ersatz der Mehraufwendungen verpflichtet, die für die Sammlung und Verwertung der bislang von der gewerblichen Sammlung erfassten

1) **Anm. d. Red.:** § 18 i. d. F. des Gesetzes v. 20. 10. 2015 (BGBl I S. 1739) mit Wirkung v. 24. 10. 2015.

Abfälle erforderlich sind. [3]Zur Absicherung des Ersatzanspruchs kann die zuständige Behörde dem Träger der gewerblichen Sammlung eine Sicherheitsleistung auferlegen.

(7) Soweit eine gewerbliche Sammlung, die zum Zeitpunkt des Inkrafttretens dieses Gesetzes bereits durchgeführt wurde, die Funktionsfähigkeit des öffentlich-rechtlichen Entsorgungsträgers, des von diesem beauftragten Dritten oder des auf Grund einer Rechtsverordnung nach § 25 eingerichteten Rücknahmesystems bislang nicht gefährdet hat, ist bei Anordnungen nach Absatz 5 oder 6 der Grundsatz der Verhältnismäßigkeit, insbesondere ein schutzwürdiges Vertrauen des Trägers der Sammlung auf ihre weitere Durchführung, zu beachten.

§ 19 Duldungspflichten bei Grundstücken

(1) [1]Die Eigentümer und Besitzer von Grundstücken, auf denen überlassungspflichtige Abfälle anfallen, sind verpflichtet, das Aufstellen von zur Erfassung notwendigen Behältnissen sowie das Betreten des Grundstücks zum Zweck des Einsammelns und zur Überwachung des Getrennthaltens und der Verwertung von Abfällen zu dulden. [2]Die Bediensteten und Beauftragten der zuständigen Behörde dürfen Geschäfts- und Betriebsgrundstücke und Geschäfts- und Betriebsräume außerhalb der üblichen Geschäftszeiten sowie Wohnräume ohne Einverständnis des Inhabers nur zur Verhütung dringender Gefahren für die öffentliche Sicherheit und Ordnung betreten. [3]Das Grundrecht auf Unverletzlichkeit der Wohnung (Artikel 13 Absatz 1 des Grundgesetzes) wird insoweit eingeschränkt.

(2) Absatz 1 gilt entsprechend für Rücknahme- und Sammelsysteme, die zur Durchführung von Rücknahmepflichten auf Grund einer Rechtsverordnung nach § 25 erforderlich sind.

§ 20 Pflichten der öffentlich-rechtlichen Entsorgungsträger

(1) [1]Die öffentlich-rechtlichen Entsorgungsträger haben die in ihrem Gebiet angefallenen und überlassenen Abfälle aus privaten Haushaltungen und Abfälle zur Beseitigung aus anderen Herkunftsbereichen nach Maßgabe der §§ 6 bis 11 zu verwerten oder nach Maßgabe der §§ 15 und 16 zu beseitigen. [2]Werden Abfälle zur Beseitigung überlassen, weil die Pflicht zur Verwertung aus den in § 7 Absatz 4 genannten Gründen nicht erfüllt werden muss, sind die öffentlich-rechtlichen Entsorgungsträger zur Verwertung verpflichtet, soweit bei ihnen diese Gründe nicht vorliegen.

(2) [1]Die öffentlich-rechtlichen Entsorgungsträger können mit Zustimmung der zuständigen Behörde Abfälle von der Entsorgung ausschließen, soweit diese der Rücknahmepflicht auf Grund einer nach § 25 erlassenen Rechtsverordnung unterliegen und entsprechende Rücknahmeeinrichtungen tatsächlich zur Verfügung stehen. [2]Satz 1 gilt auch für Abfälle zur Beseitigung aus anderen Herkunftsbereichen als privaten Haushaltungen, soweit diese nach Art, Menge oder Beschaffenheit nicht mit den in Haushaltungen anfallenden Abfällen entsorgt werden können oder die Sicherheit der umweltverträglichen Beseitigung im Einklang mit den Abfallwirtschaftsplänen der Länder durch einen anderen öffentlich-rechtlichen Entsorgungsträger oder Dritten gewährleistet ist. [3]Die öffentlich-rechtlichen Entsorgungsträger können den Ausschluss von der Entsorgung nach den Sätzen 1 und 2 mit Zustimmung der zuständigen Behörde widerrufen, soweit die dort genannten Voraussetzungen für einen Ausschluss nicht mehr vorliegen.

(3) Die Pflichten nach Absatz 1 gelten auch für Kraftfahrzeuge oder Anhänger ohne gültige amtliche Kennzeichen, wenn diese

1. auf öffentlichen Flächen oder außerhalb im Zusammenhang bebauter Ortsteile abgestellt sind,
2. keine Anhaltspunkte für deren Entwendung oder bestimmungsgemäße Nutzung bestehen sowie
3. nicht innerhalb eines Monats nach einer am Fahrzeug angebrachten, deutlich sichtbaren Aufforderung entfernt worden sind.

§ 21 Abfallwirtschaftskonzepte und Abfallbilanzen

[1]Die öffentlich-rechtlichen Entsorgungsträger im Sinne des § 20 haben Abfallwirtschaftskonzepte und Abfallbilanzen über die Verwertung, insbesondere der Vorbereitung zur Wiederverwendung und des Recyclings und die Beseitigung der in ihrem Gebiet anfallenden und ihnen zu überlassenden Abfälle zu erstellen. [2]Die Anforderungen an die Abfallwirtschaftskonzepte und Abfallbilanzen richten sich nach Landesrecht.

§ 22 Beauftragung Dritter

[1]Die zur Verwertung und Beseitigung Verpflichteten können Dritte mit der Erfüllung ihrer Pflichten beauftragen. [2]Ihre Verantwortlichkeit für die Erfüllung der Pflichten bleibt hiervon unberührt und so lange bestehen, bis die Entsorgung endgültig und ordnungsgemäß abgeschlossen ist. [3]Die beauftragten Dritten müssen über die erforderliche Zuverlässigkeit verfügen.

Teil 3: Produktverantwortung

§ 23 Produktverantwortung

(1) [1]Wer Erzeugnisse entwickelt, herstellt, be- oder verarbeitet oder vertreibt, trägt zur Erfüllung der Ziele der Kreislaufwirtschaft die Produktverantwortung. [2]Erzeugnisse sind möglichst so zu gestalten, dass bei ihrer Herstellung und ihrem Gebrauch das Entstehen von Abfällen vermindert wird und sichergestellt ist, dass die nach ihrem Gebrauch entstandenen Abfälle umweltverträglich verwertet oder beseitigt werden.

(2) Die Produktverantwortung umfasst insbesondere

1. die Entwicklung, die Herstellung und das Inverkehrbringen von Erzeugnissen, die mehrfach verwendbar, technisch langlebig und nach Gebrauch zur ordnungsgemäßen, schadlosen und hochwertigen Verwertung sowie zur umweltverträglichen Beseitigung geeignet sind,
2. den vorrangigen Einsatz von verwertbaren Abfällen oder sekundären Rohstoffen bei der Herstellung von Erzeugnissen,
3. die Kennzeichnung von schadstoffhaltigen Erzeugnissen, um sicherzustellen, dass die nach Gebrauch verbleibenden Abfälle umweltverträglich verwertet oder beseitigt werden,
4. den Hinweis auf Rückgabe-, Wiederverwendungs- und Verwertungsmöglichkeiten oder -pflichten und Pfandregelungen durch Kennzeichnung der Erzeugnisse sowie
5. die Rücknahme der Erzeugnisse und der nach Gebrauch der Erzeugnisse verbleibenden Abfälle sowie deren nachfolgende umweltverträgliche Verwertung oder Beseitigung.

(3) Im Rahmen der Produktverantwortung nach den Absätzen 1 und 2 sind neben der Verhältnismäßigkeit der Anforderungen entsprechend § 7 Absatz 4 die sich aus anderen Rechtsvorschriften ergebenden Regelungen zur Produktverantwortung und zum Schutz von Mensch und Umwelt sowie die Festlegungen des Gemeinschaftsrechts über den freien Warenverkehr zu berücksichtigen.

(4) [1]Die Bundesregierung bestimmt durch Rechtsverordnungen auf Grund der §§ 24 und 25, welche Verpflichteten die Produktverantwortung nach den Absätzen 1 und 2 wahrzunehmen haben. [2]Sie legt zugleich fest, für welche Erzeugnisse und in welcher Art und Weise die Produktverantwortung wahrzunehmen ist.

§ 24 Anforderungen an Verbote, Beschränkungen und Kennzeichnungen

Zur Festlegung von Anforderungen nach § 23 wird die Bundesregierung ermächtigt, nach Anhörung der beteiligten Kreise (§ 68) durch Rechtsverordnung mit Zustimmung des Bundesrates zu bestimmen, dass

1. bestimmte Erzeugnisse, insbesondere Verpackungen und Behältnisse, nur in bestimmter Beschaffenheit oder für bestimmte Verwendungen, bei denen eine umweltverträgliche Ver-

wertung oder Beseitigung der anfallenden Abfälle gewährleistet ist, in Verkehr gebracht werden dürfen,

2. bestimmte Erzeugnisse nicht in Verkehr gebracht werden dürfen, wenn bei ihrer Entsorgung die Freisetzung schädlicher Stoffe nicht oder nur mit unverhältnismäßig hohem Aufwand verhindert werden könnte und die umweltverträgliche Entsorgung nicht auf andere Weise sichergestellt werden kann,
3. bestimmte Erzeugnisse nur in bestimmter, die Abfallentsorgung spürbar entlastender Weise in Verkehr gebracht werden dürfen, insbesondere in einer Form, die die mehrfache Verwendung oder die Verwertung erleichtert,
4. bestimmte Erzeugnisse in bestimmter Weise zu kennzeichnen sind, um insbesondere die Erfüllung der Pflichten nach § 7 Absatz 2 und 3, § 8 Absatz 1 und § 9 im Anschluss an die Rücknahme zu sichern oder zu fördern,
5. bestimmte Erzeugnisse wegen des Schadstoffgehalts der nach dem bestimmungsgemäßen Gebrauch in der Regel verbleibenden Abfälle nur mit einer Kennzeichnung in Verkehr gebracht werden dürfen, die insbesondere auf die Notwendigkeit einer Rückgabe an die Hersteller, Vertreiber oder bestimmte Dritte hinweist,
6. für bestimmte Erzeugnisse an der Stelle der Abgabe oder des Inverkehrbringens Hinweise auf die Wiederverwendbarkeit oder den Entsorgungsweg der Erzeugnisse zu geben oder die Erzeugnisse entsprechend zu kennzeichnen sind,
7. für bestimmte Erzeugnisse, für die eine Rücknahme- oder Rückgabepflicht nach § 25 verordnet wurde, an der Stelle der Abgabe oder des Inverkehrbringens auf die Rückgabemöglichkeit hinzuweisen ist oder die Erzeugnisse entsprechend zu kennzeichnen sind,
8. bestimmte Erzeugnisse, für die die Erhebung eines Pfandes nach § 25 verordnet wurde, entsprechend zu kennzeichnen sind, gegebenenfalls mit Angabe der Höhe des Pfandes.

§ 25 Anforderungen an Rücknahme- und Rückgabepflichten

(1) Zur Festlegung von Anforderungen nach § 23 wird die Bundesregierung ermächtigt, nach Anhörung der beteiligten Kreise (§ 68) durch Rechtsverordnung mit Zustimmung des Bundesrates zu bestimmen, dass Hersteller oder Vertreiber

1. bestimmte Erzeugnisse nur bei Eröffnung einer Rückgabemöglichkeit abgeben oder in Verkehr bringen dürfen,
2. bestimmte Erzeugnisse zurückzunehmen und die Rückgabe durch geeignete Maßnahmen sicherzustellen haben, insbesondere durch die Einrichtung von Rücknahmesystemen, die Beteiligung an Rücknahmesystemen oder durch die Erhebung eines Pfandes,
3. bestimmte Erzeugnisse an der Abgabe- oder Anfallstelle zurückzunehmen haben,
4. gegenüber dem Land, der zuständigen Behörde, dem öffentlich-rechtlichen Entsorgungsträger im Sinne des § 20, einer Industrie- und Handelskammer oder, mit dessen Zustimmung, gegenüber einem Zusammenschluss von Industrie- und Handelskammern Nachweis zu führen haben über die in Verkehr gebrachten Produkte und deren Eigenschaften, über die Rücknahme von Abfällen, über die Beteiligung an Rücknahmesystemen und über Art, Menge, Verwertung und Beseitigung der zurückgenommenen Abfälle sowie
5. Belege nach Nummer 4 beizubringen, einzubehalten, aufzubewahren, auf Verlangen vorzuzeigen sowie bei einer Behörde, einem öffentlich-rechtlichen Entsorgungsträger im Sinne des § 20, einer Industrie- und Handelskammer oder, mit dessen Zustimmung, bei einem Zusammenschluss von Industrie- und Handelskammern zu hinterlegen haben.

(2) Durch Rechtsverordnung nach Absatz 1 kann zur Festlegung von Anforderungen nach § 23 sowie zur ergänzenden Festlegung von Pflichten sowohl der Erzeuger und Besitzer von Abfällen

als auch der öffentlich-rechtlichen Entsorgungsträger im Rahmen der Kreislaufwirtschaft weiter bestimmt werden,

1. wer die Kosten für die Rücknahme, Verwertung und Beseitigung der zurückzunehmenden Erzeugnisse zu tragen hat,
2. dass die Besitzer von Abfällen diese den nach Absatz 1 verpflichteten Herstellern, Vertreibern oder nach Absatz 1 Nummer 2 eingerichteten Rücknahmesystemen zu überlassen haben,
3. auf welche Art und Weise die Abfälle überlassen werden, einschließlich der Maßnahmen zum Bereitstellen, Sammeln und Befördern sowie der Bringpflichten der unter Nummer 2 genannten Besitzer von Abfällen; für die im ersten Halbsatz genannten Tätigkeiten kann auch eine einheitliche Wertstofftonne oder eine einheitliche Wertstofferfassung in vergleichbarer Qualität vorgesehen werden,
4. dass die öffentlich-rechtlichen Entsorgungsträger im Sinne des § 20 durch Erfassung der Abfälle als ihnen übertragene Aufgabe bei der Rücknahme mitzuwirken und die erfassten Abfälle den nach Absatz 1 Verpflichteten zu überlassen haben.

§ 26 Freiwillige Rücknahme[1)]

(1) Das Bundesministerium für Umwelt, Naturschutz, Bau und Reaktorsicherheit wird ermächtigt, nach Anhörung der beteiligten Kreise (§ 68) durch Rechtsverordnung ohne Zustimmung des Bundesrates Zielfestlegungen für die freiwillige Rücknahme von Abfällen zu treffen, die innerhalb einer angemessenen Frist zu erreichen sind.

(2) Hersteller und Vertreiber, die Erzeugnisse und die nach Gebrauch der Erzeugnisse verbleibenden Abfälle freiwillig zurücknehmen, haben dies der zuständigen Behörde vor Beginn der Rücknahme anzuzeigen, soweit die Rücknahme gefährliche Abfälle umfasst.

(3) [1]Die für die Anzeige nach Absatz 2 zuständige Behörde soll auf Antrag den Hersteller oder Vertreiber, der von ihm hergestellte oder vertriebene Erzeugnisse nach deren Gebrauch als gefährliche Abfälle in eigenen Anlagen oder Einrichtungen oder in Anlagen oder Einrichtungen von ihm beauftragter Dritter freiwillig zurücknimmt, von Pflichten zur Nachweisführung nach § 50 über die Entsorgung gefährlicher Abfälle bis zum Abschluss der Rücknahme der Abfälle sowie von Verpflichtungen nach § 54 freistellen, wenn

1. die freiwillige Rücknahme erfolgt, um die Produktverantwortung im Sinne des § 23 wahrzunehmen,
2. durch die Rücknahme die Kreislaufwirtschaft gefördert wird und
3. die umweltverträgliche Verwertung oder Beseitigung der Abfälle gewährleistet bleibt.

[2]Die Rücknahme nach Satz 1 gilt spätestens mit der Annahme der Abfälle an einer Anlage zur weiteren Entsorgung, ausgenommen Anlagen zur Zwischenlagerung der Abfälle, als abgeschlossen, soweit in der Freistellung kein früherer Zeitpunkt bestimmt wird. [3]Der Antrag auf Freistellung kann mit der Anzeige nach Absatz 2 verbunden werden.

(4) [1]Die Freistellung nach Absatz 3 gilt für die Bundesrepublik Deutschland, soweit keine beschränkte Geltung beantragt oder angeordnet wird. [2]Die für die Freistellung zuständige Behörde übersendet je eine Kopie des Freistellungsbescheides an die zuständigen Behörden der Länder, in denen die Abfälle zurückgenommen werden.

(5) [1]Erzeuger, Besitzer, Beförderer oder Entsorger von gefährlichen Abfällen sind bis zum Abschluss der Rücknahme nach Absatz 3 von den Nachweispflichten nach § 50 befreit, soweit sie die Abfälle an einen Hersteller oder Vertreiber zurückgeben oder in dessen Auftrag entsorgen, der für solche Abfälle nach Absatz 3 von Nachweispflichten freigestellt ist. [2]Die zuständige Behörde kann die Rückgabe oder Entsorgung von Bedingungen abhängig machen, sie zeitlich be-

1) **Anm. d. Red.:** § 26 i. d. F. des Gesetzes v. 20. 10. 2015 (BGBl I S. 1739) mit Wirkung v. 24. 10. 2015.

fristen oder Auflagen für sie vorsehen, soweit dies erforderlich ist, um die umweltverträgliche Verwertung und Beseitigung sicherzustellen.

(6) [1]Die nach Absatz 2 zuständige Behörde stellt auf Antrag des Herstellers oder Vertreibers fest, dass eine angezeigte Rücknahme von Abfällen in Wahrnehmung der Produktverantwortung nach § 23 erfolgt, wenn die Voraussetzungen nach Absatz 3 Satz 1 erfüllt sind. [2]Absatz 4 gilt entsprechend.

§ 27 Besitzerpflichten nach Rücknahme

Hersteller und Vertreiber, die Abfälle auf Grund einer Rechtsverordnung nach § 25 oder freiwillig zurücknehmen, unterliegen den Pflichten eines Besitzers von Abfällen.

Teil 4: Planungsverantwortung

Abschnitt 1: Ordnung und Durchführung der Abfallbeseitigung

§ 28 Ordnung der Abfallbeseitigung

(1) [1]Abfälle dürfen zum Zweck der Beseitigung nur in den dafür zugelassenen Anlagen oder Einrichtungen (Abfallbeseitigungsanlagen) behandelt, gelagert oder abgelagert werden. [2]Abweichend von Satz 1 ist die Behandlung von Abfällen zur Beseitigung auch in solchen Anlagen zulässig, die überwiegend einem anderen Zweck als der Abfallbeseitigung dienen und die einer Genehmigung nach § 4 des Bundes-Immissionsschutzgesetzes bedürfen. [3]Die Lagerung oder Behandlung von Abfällen zur Beseitigung in den diesen Zwecken dienenden Abfallbeseitigungsanlagen ist auch zulässig, soweit diese nach dem Bundes-Immissionsschutzgesetz auf Grund ihres geringen Beeinträchtigungspotenzials keiner Genehmigung bedürfen und in einer Rechtsverordnung nach § 23 des Bundes-Immissionsschutzgesetzes oder in einer Rechtsverordnung nach § 16 nichts anderes bestimmt ist. [4]Flüssige Abfälle, die kein Abwasser sind, können unter den Voraussetzungen des § 55 Absatz 3 des Wasserhaushaltsgesetzes vom 31. Juli 2009 (BGBl I S. 2585), das zuletzt durch Artikel 1 des Gesetzes vom 6. Oktober 2011 (BGBl I S. 1986) geändert worden ist, in der jeweils geltenden Fassung mit Abwasser beseitigt werden.

(2) Die zuständige Behörde kann im Einzelfall unter dem Vorbehalt des Widerrufs Ausnahmen von Absatz 1 Satz 1 zulassen, wenn dadurch das Wohl der Allgemeinheit nicht beeinträchtigt wird.

(3) [1]Die Landesregierungen können durch Rechtsverordnung die Beseitigung bestimmter Abfälle oder bestimmter Mengen dieser Abfälle außerhalb von Anlagen im Sinne des Absatzes 1 Satz 1 zulassen, soweit hierfür ein Bedürfnis besteht und eine Beeinträchtigung des Wohls der Allgemeinheit nicht zu besorgen ist. [2]Sie können in diesem Fall auch die Voraussetzungen und die Art und Weise der Beseitigung durch Rechtsverordnung bestimmen. [3]Die Landesregierungen können die Ermächtigung durch Rechtsverordnung ganz oder teilweise auf andere Behörden übertragen.

§ 29 Durchführung der Abfallbeseitigung

(1) [1]Die zuständige Behörde kann den Betreiber einer Abfallbeseitigungsanlage verpflichten, einem Beseitigungspflichtigen nach § 15 sowie den öffentlich-rechtlichen Entsorgungsträgern im Sinne des § 20 die Mitbenutzung der Abfallbeseitigungsanlage gegen angemessenes Entgelt zu gestatten, soweit diese auf eine andere Weise den Abfall nicht zweckmäßig oder nur mit erheblichen Mehrkosten beseitigen können und die Mitbenutzung für den Betreiber zumutbar ist. [2]Kommt eine Einigung über das Entgelt nicht zustande, wird es auf Antrag durch die zuständige Behörde festgesetzt. [3]Auf Antrag des nach Satz 1 Verpflichteten kann der durch die Gestattung Begünstigte statt zur Zahlung eines angemessenen Entgelts dazu verpflichtet werden, nach dem Wegfall der Gründe für die Zuweisung Abfälle gleicher Art und Menge zu übernehmen. [4]Die Verpflichtung zur Gestattung darf nur erfolgen, wenn Rechtsvorschriften dieses Gesetzes nicht entgegenstehen; die Erfüllung der Grundpflichten gemäß § 15 muss sichergestellt

sein. [5]Die zuständige Behörde hat von demjenigen Beseitigungspflichtigen, der durch die Gestattung begünstigt werden soll, die Vorlage eines Abfallwirtschaftskonzepts zu verlangen und dieses ihrer Entscheidung zugrunde zu legen.

(2) [1]Die zuständige Behörde kann dem Betreiber einer Abfallbeseitigungsanlage, der Abfälle wirtschaftlicher als die öffentlich-rechtlichen Entsorgungsträger beseitigen kann, auf seinen Antrag die Beseitigung dieser Abfälle übertragen. [2]Die Übertragung kann insbesondere mit der Auflage verbunden werden, dass der Antragsteller alle Abfälle, die in dem von den öffentlich-rechtlichen Entsorgungsträgern erfassten Gebiet angefallen sind, gegen Erstattung der Kosten beseitigt, wenn die öffentlich-rechtlichen Entsorgungsträger die verbleibenden Abfälle nicht oder nur mit unverhältnismäßigem Aufwand beseitigen können; dies gilt nicht, wenn der Antragsteller darlegt, dass es unzumutbar ist, die Beseitigung auch dieser verbleibenden Abfälle zu übernehmen.

(3) [1]Die zuständige Behörde kann den Abbauberechtigten oder den Unternehmer eines Mineralgewinnungsbetriebs sowie den Eigentümer, Besitzer oder in sonstiger Weise Verfügungsberechtigten eines zur Mineralgewinnung genutzten Grundstücks verpflichten, die Beseitigung von Abfällen in freigelegten Bauen in seiner Anlage oder innerhalb seines Grundstücks zu dulden, während der üblichen Betriebs- oder Geschäftszeiten den Zugang zu ermöglichen und dabei, soweit dies unumgänglich ist, vorhandene Betriebsanlagen oder Einrichtungen oder Teile derselben zur Verfügung zu stellen. [2]Die dem Verpflichteten nach Satz 1 entstehenden Kosten hat der Beseitigungspflichtige zu erstatten. [3]Kommt eine Einigung über die Erstattung der Kosten nicht zustande, werden sie auf Antrag durch die zuständige Behörde festgesetzt. [4]Der Vorrang der Mineralgewinnung gegenüber der Abfallbeseitigung darf nicht beeinträchtigt werden. [5]Für die aus der Abfallbeseitigung entstehenden Schäden haftet der Duldungspflichtige nicht.

(4) [1]Das Einbringen von Abfällen in die Hohe See sowie die Verbrennung von Abfällen auf Hoher See ist nach Maßgabe des Hohe-See-Einbringungsgesetzes vom 25. August 1998 (BGBl I S. 2455), das zuletzt durch Artikel 72 der Verordnung vom 31. Oktober 2006 (BGBl I S. 2407) geändert worden ist, verboten. [2]Baggergut darf nach Maßgabe des in Satz 1 genannten Gesetzes unter Berücksichtigung der jeweiligen Inhaltsstoffe in die Hohe See eingebracht werden.

Abschnitt 2: Abfallwirtschaftspläne und Abfallvermeidungsprogramme

§ 30 Abfallwirtschaftspläne

(1) [1]Die Länder stellen für ihr Gebiet Abfallwirtschaftspläne nach überörtlichen Gesichtspunkten auf. [2]Die Abfallwirtschaftspläne stellen Folgendes dar:

1. die Ziele der Abfallvermeidung, der Abfallverwertung, insbesondere der Vorbereitung zur Wiederverwendung und des Recyclings, sowie der Abfallbeseitigung,
2. die bestehende Situation der Abfallbewirtschaftung,
3. die erforderlichen Maßnahmen zur Verbesserung der Abfallverwertung und Abfallbeseitigung einschließlich einer Bewertung ihrer Eignung zur Zielerreichung sowie
4. die Abfallentsorgungsanlagen, die zur Sicherung der Beseitigung von Abfällen sowie der Verwertung von gemischten Abfällen aus privaten Haushaltungen einschließlich solcher, die dabei auch in anderen Herkunftsbereichen gesammelt werden, im Inland erforderlich sind.

[3]Die Abfallwirtschaftspläne weisen Folgendes aus:

1. die zugelassenen Abfallentsorgungsanlagen im Sinne des Satzes 2 Nummer 4 sowie
2. die Flächen, die für Deponien, für sonstige Abfallbeseitigungsanlagen sowie für Abfallentsorgungsanlagen im Sinne des Satzes 2 Nummer 4 geeignet sind.

[4]Die Abfallwirtschaftspläne können ferner bestimmen, welcher Entsorgungsträger vorgesehen ist und welcher Abfallentsorgungsanlage im Sinne des Satzes 2 Nummer 4 sich die Entsorgungspflichtigen zu bedienen haben.

(2) [1]Bei der Darstellung des Bedarfs sind zukünftige, innerhalb eines Zeitraums von mindestens zehn Jahren zu erwartende Entwicklungen zu berücksichtigen. [2]Soweit dies zur Darstellung des Bedarfs erforderlich ist, sind Abfallwirtschaftskonzepte und Abfallbilanzen auszuwerten.

(3) [1]Eine Fläche kann als geeignet im Sinne des Absatzes 1 Satz 3 Nummer 2 angesehen werden, wenn ihre Lage, Größe und Beschaffenheit im Hinblick auf die vorgesehene Nutzung mit den abfallwirtschaftlichen Zielsetzungen im Plangebiet übereinstimmen und Belange des Wohls der Allgemeinheit der Eignung der Fläche nicht offensichtlich entgegenstehen. [2]Die Flächenausweisung nach Absatz 1 Satz 3 Nummer 2 ist keine Voraussetzung für die Planfeststellung oder Genehmigung der in § 35 aufgeführten Abfallbeseitigungsanlagen.

(4) Die Ausweisungen im Sinne des Absatzes 1 Satz 3 Nummer 2 und Satz 4 können für die Entsorgungspflichtigen für verbindlich erklärt werden.

(5) [1]Bei der Abfallwirtschaftsplanung sind die Ziele der Raumordnung zu beachten und die Grundsätze und sonstigen Erfordernisse der Raumordnung zu berücksichtigen. [2]§ 8 Absatz 6 des Raumordnungsgesetzes bleibt unberührt.

(6) Die Abfallwirtschaftspläne enthalten mindestens

1. Angaben über Art, Menge und Herkunft der im Gebiet erzeugten Abfälle und der Abfälle, die voraussichtlich aus dem oder in das deutsche Hoheitsgebiet verbracht werden, sowie eine Abschätzung der zukünftigen Entwicklung der Abfallströme,
2. Angaben über bestehende Abfallsammelsysteme und bedeutende Beseitigungs- und Verwertungsanlagen, einschließlich spezieller Vorkehrungen für Altöl, gefährliche Abfälle oder Abfallströme, für die besondere Bestimmungen nach diesem Gesetz oder auf Grund dieses Gesetzes erlassener Rechtsverordnungen gelten,
3. eine Beurteilung der Notwendigkeit neuer Sammelsysteme, der Stilllegung bestehender oder der Errichtung zusätzlicher Abfallentsorgungsanlagen nach Absatz 1 Satz 3 Nummer 1 und, soweit dies erforderlich ist, der diesbezüglichen Investitionen,
4. ausreichende Informationen über die Ansiedlungskriterien zur Standortbestimmung und über die Kapazität künftiger Beseitigungsanlagen oder bedeutender Verwertungsanlagen,
5. allgemeine Abfallbewirtschaftungsstrategien, einschließlich geplanter Abfallbewirtschaftungstechnologien und -verfahren, oder Strategien für Abfälle, die besondere Bewirtschaftungsprobleme aufwerfen.

(7) Abfallwirtschaftspläne können weiterhin enthalten

1. Angaben über organisatorische Aspekte der Abfallbewirtschaftung, einschließlich einer Beschreibung der Aufteilung der Verantwortlichkeiten zwischen öffentlichen und privaten Akteuren, die die Abfallbewirtschaftung durchführen,
2. eine Bewertung von Nutzen und Eignung des Einsatzes wirtschaftlicher und anderer Instrumente zur Bewältigung verschiedener Abfallprobleme unter Berücksichtigung der Notwendigkeit, ein reibungsloses Funktionieren des Binnenmarkts aufrechtzuerhalten,
3. den Einsatz von Sensibilisierungskampagnen sowie Informationen für die Öffentlichkeit oder eine bestimmte Verbrauchergruppe,
4. Angaben über geschlossene kontaminierte Abfallbeseitigungsstandorte und Maßnahmen für deren Sanierung.

§ 31 Aufstellung von Abfallwirtschaftsplänen

(1) [1]Die Länder sollen ihre Abfallwirtschaftsplanungen aufeinander und untereinander abstimmen. [2]Ist eine die Grenze eines Landes überschreitende Planung erforderlich, sollen die betroffenen Länder bei der Aufstellung der Abfallwirtschaftspläne die Erfordernisse und Maßnahmen in gegenseitigem Benehmen miteinander festlegen.

(2) Bei der Aufstellung der Abfallwirtschaftspläne sind die Gemeinden und die Landkreise sowie ihre jeweiligen Zusammenschlüsse und die öffentlich-rechtlichen Entsorgungsträger zu beteiligen.

(3) Die öffentlich-rechtlichen Entsorgungsträger haben die von ihnen zu erstellenden und fortzuschreibenden Abfallwirtschaftskonzepte und Abfallbilanzen auf Verlangen der zuständigen Behörde zur Auswertung für die Abfallwirtschaftsplanung vorzulegen.

(4) [1]Die Länder regeln das Verfahren zur Aufstellung der Pläne und zu deren Verbindlicherklärung. [2]Die Absätze 1 bis 3 und § 32 bleiben unberührt.

(5) Die Pläne sind mindestens alle sechs Jahre auszuwerten und bei Bedarf fortzuschreiben.

§ 32 Beteiligung der Öffentlichkeit bei der Aufstellung von Abfallwirtschaftsplänen, Unterrichtung der Öffentlichkeit

(1) [1]Bei der Aufstellung oder Änderung von Abfallwirtschaftplänen nach § 30, einschließlich besonderer Kapitel oder gesonderter Teilpläne, insbesondere über die Entsorgung von gefährlichen Abfällen, Altbatterien und Akkumulatoren oder Verpackungen und Verpackungsabfällen, ist die Öffentlichkeit durch die zuständige Behörde zu beteiligen. [2]Die Aufstellung oder Änderung eines Abfallwirtschaftsplans sowie Informationen über das Beteiligungsverfahren sind in einem amtlichen Veröffentlichungsblatt und auf andere geeignete Weise bekannt zu machen.

(2) [1]Der Entwurf des neuen oder geänderten Abfallwirtschaftsplans sowie die Gründe und Erwägungen, auf denen der Entwurf beruht, sind einen Monat zur Einsicht auszulegen. [2]Bis zwei Wochen nach Ablauf der Auslegungsfrist kann gegenüber der zuständigen Behörde schriftlich Stellung genommen werden. [3]Der Zeitpunkt des Fristablaufs ist bei der Bekanntmachung nach Absatz 1 Satz 2 mitzuteilen. [4]Fristgemäß eingegangene Stellungnahmen werden von der zuständigen Behörde bei der Entscheidung über die Annahme des Plans angemessen berücksichtigt.

(3) [1]Die Annahme des Plans ist von der zuständigen Behörde in einem amtlichen Veröffentlichungsblatt und auf einer öffentlich zugänglichen Webseite öffentlich bekannt zu machen; dabei ist in zusammengefasster Form über den Ablauf des Beteiligungsverfahrens und über die Gründe und Erwägungen, auf denen die getroffene Entscheidung beruht, zu unterrichten. [2]Der angenommene Plan ist zur Einsicht für die Öffentlichkeit auszulegen, hierauf ist in der öffentlichen Bekanntmachung nach Satz 1 hinzuweisen.

(4) Die Absätze 1 bis 3 finden keine Anwendung, wenn es sich bei dem Abfallwirtschaftsplan um einen Plan handelt, für den nach dem Gesetz über die Umweltverträglichkeitsprüfung eine Strategische Umweltprüfung durchzuführen ist.

(5) [1]Unbeschadet der Beteiligung der Öffentlichkeit nach den Absätzen 1 bis 4 unterrichten die Länder die Öffentlichkeit über den Stand der Abfallwirtschaftsplanung. [2]Die Unterrichtung enthält unter Beachtung der bestehenden Geheimhaltungsvorschriften eine zusammenfassende Darstellung und Bewertung der Abfallwirtschaftspläne, einen Vergleich zum vorangegangenen sowie eine Prognose für den folgenden Unterrichtungszeitraum.

§ 33 Abfallvermeidungsprogramme[1)]

(1) [1]Der Bund erstellt ein Abfallvermeidungsprogramm. [2]Die Länder können sich an der Erstellung des Abfallvermeidungsprogramms beteiligen. [3]In diesem Fall leisten sie für ihren jeweiligen Zuständigkeitsbereich eigenverantwortliche Beiträge; diese Beiträge werden in das Abfallvermeidungsprogramm des Bundes aufgenommen.

(2) Soweit die Länder sich nicht an einem Abfallvermeidungsprogramm des Bundes beteiligen, erstellen sie eigene Abfallvermeidungsprogramme.

(3) Das Abfallvermeidungsprogramm

1. legt die Abfallvermeidungsziele fest; die Ziele sind darauf gerichtet, das Wirtschaftswachstum und die mit der Abfallerzeugung verbundenen Auswirkungen auf Mensch und Umwelt zu entkoppeln,

---

1) **Anm. d. Red.:** § 33 i. d. F. des Gesetzes v. 20. 10. 2015 (BGBl I S. 1739) mit Wirkung v. 24. 10. 2015.

2. stellt die bestehenden Abfallvermeidungsmaßnahmen dar und bewertet die Zweckmäßigkeit der in Anlage 4 angegebenen oder anderer geeigneter Abfallvermeidungsmaßnahmen,
3. legt, soweit erforderlich, weitere Abfallvermeidungsmaßnahmen fest und
4. gibt zweckmäßige, spezifische, qualitative oder quantitative Maßstäbe für festgelegte Abfallvermeidungsmaßnahmen vor, anhand derer die bei den Maßnahmen erzielten Fortschritte überwacht und bewertet werden; als Maßstab können Indikatoren oder andere geeignete spezifische qualitative oder quantitative Ziele herangezogen werden.

(4) [1]Beiträge der Länder nach Absatz 1 oder Abfallvermeidungsprogramme der Länder nach Absatz 2 können in die Abfallwirtschaftspläne nach § 30 aufgenommen oder als eigenständiges umweltpolitisches Programm oder Teil eines solchen erstellt werden. [2]Wird ein Beitrag oder ein Abfallvermeidungsprogramm in den Abfallwirtschaftsplan oder in ein anderes Programm aufgenommen, sind die Abfallvermeidungsmaßnahmen deutlich auszuweisen.

(5) [1]Die Abfallvermeidungsprogramme sind erstmals zum 12. Dezember 2013 zu erstellen, alle sechs Jahre auszuwerten und bei Bedarf fortzuschreiben. [2]Bei der Aufstellung oder Änderung von Abfallvermeidungsprogrammen ist die Öffentlichkeit von der zuständigen Behörde entsprechend § 32 Absatz 1 bis 4 zu beteiligen. [3]Zuständig für die Erstellung des Abfallvermeidungsprogramms des Bundes ist das Bundesministerium für Umwelt, Naturschutz, Bau und Reaktorsicherheit oder eine von diesem zu bestimmende Behörde. [4]Das Abfallvermeidungsprogramm des Bundes wird im Einvernehmen mit den fachlich betroffenen Bundesministerien erstellt.

Abschnitt 3: Zulassung von Anlagen, in denen Abfälle entsorgt werden

§ 34 Erkundung geeigneter Standorte

(1) [1]Eigentümer und Nutzungsberechtigte von Grundstücken haben zu dulden, dass Beauftragte der zuständigen Behörde und der öffentlich-rechtlichen Entsorgungsträger zur Erkundung geeigneter Standorte für Deponien und öffentlich zugängliche Abfallbeseitigungsanlagen Grundstücke mit Ausnahme von Wohnungen betreten und Vermessungen, Boden- und Grundwasseruntersuchungen sowie ähnliche Maßnahmen durchführen. [2]Die Absicht, Grundstücke zu betreten und solche Maßnahmen durchzuführen, ist den Eigentümern und Nutzungsberechtigten der Grundstücke rechtzeitig vorher bekannt zu geben.

(2) [1]Die zuständige Behörde und die öffentlich-rechtlichen Entsorgungsträger haben nach Abschluss der Maßnahmen den vorherigen Zustand unverzüglich wiederherzustellen. [2]Sie können anordnen, dass bei der Erkundung geschaffene Einrichtungen aufrechtzuerhalten sind. [3]Die Einrichtungen sind zu beseitigen, wenn sie für die Erkundung nicht mehr benötigt werden, oder wenn eine Entscheidung darüber nicht innerhalb von zwei Jahren nach Schaffung der Einrichtung getroffen worden ist und der Eigentümer oder Nutzungsberechtigte dem weiteren Verbleib der Einrichtung gegenüber der Behörde widersprochen hat.

(3) Eigentümer und Nutzungsberechtigte von Grundstücken können für durch Maßnahmen nach Absatz 1 oder Absatz 2 entstandene Vermögensnachteile von der zuständigen Behörde Entschädigung in Geld verlangen.

§ 35 Planfeststellung und Genehmigung[1)]

(1) Die Errichtung und der Betrieb von Anlagen, in denen eine Entsorgung von Abfällen durchgeführt wird, sowie die wesentliche Änderung einer solchen Anlage oder ihres Betriebes bedürfen der Genehmigung nach den Vorschriften des Bundes-Immissionsschutzgesetzes; einer weiteren Zulassung nach diesem Gesetz bedarf es nicht.

(2) [1]Die Errichtung und der Betrieb von Deponien sowie die wesentliche Änderung einer solchen Anlage oder ihres Betriebes bedürfen der Planfeststellung durch die zuständige Behörde.

1) **Anm. d. Red.:** § 35 i. d. F. des Gesetzes v. 20.7.2017 (BGBl I S. 2808) mit Wirkung v. 29.7.2017.

[2]In dem Planfeststellungsverfahren ist eine Umweltverträglichkeitsprüfung nach den Vorschriften des Gesetzes über die Umweltverträglichkeitsprüfung durchzuführen.

(3) [1]§ 74 Absatz 6 des Verwaltungsverfahrensgesetzes gilt mit der Maßgabe, dass die zuständige Behörde nur dann an Stelle eines Planfeststellungsbeschlusses auf Antrag oder von Amts wegen eine Plangenehmigung erteilen kann, wenn

1. die Errichtung und der Betrieb einer unbedeutenden Deponie beantragt werden, soweit die Errichtung und der Betrieb keine erheblichen nachteiligen Auswirkungen auf ein in § 2 Absatz 1 des Gesetzes über die Umweltverträglichkeitsprüfung genanntes Schutzgut haben können, oder
2. die wesentliche Änderung einer Deponie oder ihres Betriebes beantragt wird, soweit die Änderung keine erheblichen nachteiligen Auswirkungen auf ein in § 2 Absatz 1 des Gesetzes über die Umweltverträglichkeitsprüfung genanntes Schutzgut haben kann, oder
3. die Errichtung und der Betrieb einer Deponie beantragt werden, die ausschließlich oder überwiegend der Entwicklung und Erprobung neuer Verfahren dient, und die Genehmigung für einen Zeitraum von höchstens zwei Jahren nach Inbetriebnahme der Anlage erteilt werden soll; soweit diese Deponie der Ablagerung gefährlicher Abfälle dient, darf die Genehmigung für einen Zeitraum von höchstens einem Jahr nach Inbetriebnahme der Anlage erteilt werden.

KrWG

[2]Die zuständige Behörde soll ein Genehmigungsverfahren durchführen, wenn die wesentliche Änderung keine erheblichen nachteiligen Auswirkungen auf ein in § 2 Absatz 1 des Gesetzes über die Umweltverträglichkeitsprüfung genanntes Schutzgut hat und den Zweck verfolgt, eine wesentliche Verbesserung für diese Schutzgüter herbeizuführen. [3]Eine Plangenehmigung nach Satz 1 Nummer 1 kann nicht erteilt werden

1. für Deponien zur Ablagerung von gefährlichen Abfällen,
2. für Deponien zur Ablagerung von nicht gefährlichen Abfällen mit einer Aufnahmekapazität von 10 Tonnen oder mehr pro Tag oder mit einer Gesamtkapazität von 25 000 Tonnen oder mehr; dies gilt nicht für Deponien für Inertabfälle.

(4) [1]§ 15 Absatz 1 Satz 1 bis 4 und Absatz 2 des Bundes-Immissionsschutzgesetzes gilt entsprechend. [2]Satz 1 findet auch auf die in § 39 genannten Deponien Anwendung.

(5) Für nach Absatz 4 anzeigebedürftige Änderungen kann der Träger des Vorhabens eine Planfeststellung oder eine Plangenehmigung beantragen.

§ 36 Erteilung, Sicherheitsleistung, Nebenbestimmungen

(1) Der Planfeststellungsbeschluss nach § 35 Absatz 2 darf nur erlassen oder die Plangenehmigung nach § 35 Absatz 3 darf nur erteilt werden, wenn

1. sichergestellt ist, dass das Wohl der Allgemeinheit nicht beeinträchtigt wird, insbesondere
   a) keine Gefahren für die in § 15 Absatz 2 Satz 2 genannten Schutzgüter hervorgerufen werden können,
   b) Vorsorge gegen die Beeinträchtigungen der in § 15 Absatz 2 Satz 2 genannten Schutzgüter in erster Linie durch bauliche, betriebliche oder organisatorische Maßnahmen entsprechend dem Stand der Technik getroffen wird und
   c) Energie sparsam und effizient verwendet wird,
2. keine Tatsachen bekannt sind, aus denen sich Bedenken gegen die Zuverlässigkeit des Betreibers oder der für die Errichtung, Leitung oder Beaufsichtigung des Betriebes oder für die Nachsorge der Deponie verantwortlichen Personen ergeben,
3. die Personen im Sinne der Nummer 2 und das sonstige Personal über die für ihre Tätigkeit erforderliche Fach- und Sachkunde verfügen,
4. keine nachteiligen Wirkungen auf das Recht eines anderen zu erwarten sind und
5. die für verbindlich erklärten Feststellungen eines Abfallwirtschaftsplans dem Vorhaben nicht entgegenstehen.

(2) [1]Dem Erlass eines Planfeststellungsbeschlusses oder der Erteilung einer Plangenehmigung stehen die in Absatz 1 Nummer 4 genannten nachteiligen Wirkungen auf das Recht eines anderen nicht entgegen, wenn sie durch Auflagen oder Bedingungen verhütet oder ausgeglichen werden können oder der Betroffene den nachteiligen Wirkungen auf sein Recht nicht widerspricht. [2]Absatz 1 Nummer 4 gilt nicht, wenn das Vorhaben dem Wohl der Allgemeinheit dient. [3]Wird in diesem Fall der Planfeststellungsbeschluss erlassen, ist der Betroffene für den dadurch eingetretenen Vermögensnachteil in Geld zu entschädigen.

(3) Die zuständige Behörde soll verlangen, dass der Betreiber einer Deponie für die Rekultivierung sowie zur Verhinderung oder Beseitigung von Beeinträchtigungen des Wohls der Allgemeinheit nach Stilllegung der Anlage Sicherheit im Sinne von § 232 des Bürgerlichen Gesetzbuchs leistet oder ein gleichwertiges Sicherungsmittel erbringt.

(4) [1]Der Planfeststellungsbeschluss und die Plangenehmigung nach Absatz 1 können von Bedingungen abhängig gemacht, mit Auflagen verbunden und befristet werden, soweit dies zur Wahrung des Wohls der Allgemeinheit erforderlich ist. [2]Die zuständige Behörde überprüft regelmäßig sowie aus besonderem Anlass, ob der Planfeststellungsbeschluss und die Plangenehmigung nach Absatz 1 dem neuesten Stand der in Absatz 1 Nummer 1 bis 3 und 5 genannten Anforderungen entsprechen. [3]Die Aufnahme, Änderung oder Ergänzung von Auflagen über Anforderungen an die Deponie oder ihren Betrieb ist auch nach dem Ergehen des Planfeststellungsbeschlusses oder nach der Erteilung der Plangenehmigung zulässig. [4]Die Bundesregierung wird ermächtigt, nach Anhörung der beteiligten Kreise (§ 68) durch Rechtsverordnung mit Zustimmung des Bundesrates zu bestimmen, wann die zuständige Behörde Überprüfungen vorzunehmen und die in Satz 3 genannten Auflagen zu erlassen hat.

§ 37 Zulassung des vorzeitigen Beginns

(1) [1]In einem Planfeststellungs- oder Plangenehmigungsverfahren kann die für die Feststellung des Plans oder Erteilung der Plangenehmigung zuständige Behörde unter dem Vorbehalt des Widerrufs für einen Zeitraum von sechs Monaten zulassen, dass bereits vor Feststellung des Plans oder der Erteilung der Plangenehmigung mit der Errichtung einschließlich der Maßnahmen, die zur Prüfung der Betriebstüchtigkeit der Deponie erforderlich sind, begonnen wird, wenn

1. mit einer Entscheidung zugunsten des Trägers des Vorhabens gerechnet werden kann,
2. an dem vorzeitigen Beginn ein öffentliches Interesse besteht und
3. der Träger des Vorhabens sich verpflichtet, alle bis zur Entscheidung durch die Ausführung verursachten Schäden zu ersetzen und, sofern kein Planfeststellungsbeschluss oder keine Plangenehmigung erfolgt, den früheren Zustand wiederherzustellen.

[2]Diese Frist kann auf Antrag um sechs Monate verlängert werden.

(2) Die zuständige Behörde hat die Leistung einer Sicherheit zu verlangen, soweit dies erforderlich ist, um die Erfüllung der Verpflichtungen des Trägers des Vorhabens nach Absatz 1 Satz 1 Nummer 3 zu sichern.

§ 38 Planfeststellungsverfahren und weitere Verwaltungsverfahren

(1) [1]Für das Planfeststellungsverfahren gelten die §§ 72 bis 78 des Verwaltungsverfahrensgesetzes. [2]Die Bundesregierung wird ermächtigt, durch Rechtsverordnung mit Zustimmung des Bundesrates weitere Einzelheiten des Planfeststellungs- und Plangenehmigungsverfahrens zu regeln, insbesondere

1. Art und Umfang der Antragsunterlagen,
2. nähere Einzelheiten für das Anzeigeverfahren nach § 35 Absatz 4,
3. nähere Einzelheiten für das Verfahren zur Feststellung der endgültigen Stilllegung nach § 40 Absatz 3 sowie
4. nähere Einzelheiten für das Verfahren zur Feststellung des Abschlusses der Nachsorgephase nach § 40 Absatz 5.

(2) Einwendungen im Rahmen des Zulassungsverfahrens können innerhalb der gesetzlich festgelegten Frist nur schriftlich erhoben werden.

§ 39 Bestehende Abfallbeseitigungsanlagen

(1) [1]Die zuständige Behörde kann für Deponien, die vor dem 11. Juni 1972 betrieben wurden oder mit deren Errichtung begonnen war, für deren Betrieb Befristungen, Bedingungen und Auflagen anordnen. [2]Sie kann den Betrieb dieser Anlagen ganz oder teilweise untersagen, wenn eine erhebliche Beeinträchtigung des Wohls der Allgemeinheit durch Auflagen, Bedingungen oder Befristungen nicht verhindert werden kann.

(2) [1]In dem in Artikel 3 des Einigungsvertrages genannten Gebiet kann die zuständige Behörde für Deponien, die vor dem 1. Juli 1990 betrieben wurden oder mit deren Errichtung begonnen war, Befristungen, Bedingungen und Auflagen für deren Errichtung und Betrieb anordnen. [2]Absatz 1 Satz 2 gilt entsprechend.

§ 40 Stilllegung

(1) [1]Der Betreiber einer Deponie hat ihre beabsichtigte Stilllegung der zuständigen Behörde unverzüglich anzuzeigen. [2]Der Anzeige sind Unterlagen über Art, Umfang und Betriebsweise sowie die beabsichtigte Rekultivierung und sonstige Vorkehrungen zum Schutz des Wohls der Allgemeinheit beizufügen.

(2) [1]Soweit entsprechende Regelungen noch nicht in dem Planfeststellungsbeschluss nach § 35 Absatz 2, der Plangenehmigung nach § 35 Absatz 3, in Bedingungen und Auflagen nach § 39 oder den für die Deponie geltenden umweltrechtlichen Vorschriften enthalten sind, hat die zuständige Behörde den Betreiber der Deponie zu verpflichten,

1. auf seine Kosten das Gelände, das für eine Deponie nach Absatz 1 verwendet worden ist, zu rekultivieren,
2. auf seine Kosten alle sonstigen erforderlichen Vorkehrungen, einschließlich der Überwachungs- und Kontrollmaßnahmen während der Nachsorgephase, zu treffen, um die in § 36 Absatz 1 bis 3 genannten Anforderungen auch nach der Stilllegung zu erfüllen, und
3. der zuständigen Behörde alle Überwachungsergebnisse zu melden, aus denen sich Anhaltspunkte für erhebliche nachteilige Auswirkungen auf Mensch und Umwelt ergeben.

[2]Besteht der Verdacht, dass von einer endgültig stillgelegten Deponie nach Absatz 3 schädliche Bodenveränderungen oder sonstige Gefahren für den Einzelnen oder die Allgemeinheit ausgehen, so sind für die Erfassung, Untersuchung, Bewertung und Sanierung die Vorschriften des Bundes-Bodenschutzgesetzes anzuwenden.

(3) Die zuständige Behörde hat den Abschluss der Stilllegung (endgültige Stilllegung) festzustellen.

(4) Die Verpflichtung nach Absatz 1 besteht auch für Betreiber von Anlagen, in denen gefährliche Abfälle anfallen.

(5) Die zuständige Behörde hat auf Antrag den Abschluss der Nachsorgephase festzustellen.

§ 41 Emissionserklärung

(1) [1]Der Betreiber einer Deponie ist verpflichtet, der zuständigen Behörde zu dem in der Rechtsverordnung nach Absatz 2 festgesetzten Zeitpunkt Angaben zu machen über Art und Menge sowie räumliche und zeitliche Verteilung der Emissionen, die von der Anlage in einem bestimmten Zeitraum ausgegangen sind, sowie über die Austrittsbedingungen (Emissionserklärung); er hat die Emissionserklärung nach Maßgabe der Rechtsverordnung nach Absatz 2 entsprechend dem neuesten Stand zu ergänzen. [2]Dies gilt nicht für Betreiber von Deponien, von denen nur in geringem Umfang Emissionen ausgehen können. [3]Die zuständige Behörde kann abweichend von Satz 1 eine kürzere Frist setzen, sofern dies im Einzelfall auf Grund besonderer Umstände erforderlich ist.

(2) [1]Die Bundesregierung wird ermächtigt, durch Rechtsverordnung mit Zustimmung des Bundesrates zu bestimmen, für welche Deponien und für welche Emissionen die Verpflichtung zur Emissionserklärung gilt, sowie Inhalt, Umfang, Form und Zeitpunkt der Abgabe der Emissionserklärung und das bei der Ermittlung der Emissionen einzuhaltende Verfahren zu regeln. [2]In der Rechtsverordnung wird auch bestimmt, welche Betreiber nach Absatz 1 Satz 2 von der Pflicht zur Abgabe einer Emissionserklärung befreit sind.

(3) § 27 Absatz 1 Satz 2, Absatz 2 und 3 des Bundes-Immissionsschutzgesetzes gilt entsprechend.

(4) Die Verpflichtung nach Absatz 1, eine Emissionserklärung abzugeben, entsteht mit Inkrafttreten der Rechtsverordnung nach Absatz 2.

§ 42 Zugang zu Informationen

Planfeststellungsbeschlüsse nach § 35 Absatz 2, Plangenehmigungen nach § 35 Absatz 3, Anordnungen nach § 39 und alle Ablehnungen und Änderungen dieser Entscheidungen sowie die bei der zuständigen Behörde vorliegenden Ergebnisse der Überwachung der von einer Deponie ausgehenden Emissionen sind nach den Bestimmungen des Umweltinformationsgesetzes mit Ausnahme des § 12 des Umweltinformationsgesetzes der Öffentlichkeit zugänglich; für Landesbehörden gelten die landesrechtlichen Vorschriften.

§ 43 Anforderungen an Deponien[1)]

(1) [1]Die Bundesregierung wird ermächtigt, nach Anhörung der beteiligten Kreise (§ 68) durch Rechtsverordnung mit Zustimmung des Bundesrates vorzuschreiben, dass die Errichtung, die Beschaffenheit, der Betrieb, der Zustand nach Stilllegung und die betreibereigene Überwachung von Deponien zur Erfüllung des § 36 Absatz 1 und der §§ 39 und 40 sowie zur Umsetzung von Rechtsakten der Europäischen Union zu dem in § 1 genannten Zweck bestimmten Anforderungen genügen müssen, insbesondere dass

1. die Standorte bestimmten Anforderungen entsprechen müssen,
2. die Deponien bestimmten betrieblichen, organisatorischen und technischen Anforderungen entsprechen müssen,
3. die in Deponien zur Ablagerung gelangenden Abfälle bestimmten Anforderungen entsprechen müssen; dabei kann insbesondere bestimmt werden, dass Abfälle mit bestimmten Metallgehalten nicht abgelagert werden dürfen und welche Abfälle als Inertabfälle gelten,
4. die von Deponien ausgehenden Emissionen bestimmte Grenzwerte nicht überschreiten dürfen,
5. die Betreiber während des Betriebes und in der Nachsorgephase bestimmte Mess- und Überwachungsmaßnahmen vorzunehmen haben oder vornehmen lassen müssen,
6. die Betreiber durch einen Sachverständigen bestimmte Prüfungen vornehmen lassen müssen
   a) während der Errichtung oder sonst vor der Inbetriebnahme der Deponie,
   b) nach Inbetriebnahme der Deponie oder einer Änderung im Sinne des § 35 Absatz 2 oder Absatz 5,
   c) in regelmäßigen Abständen oder
   d) bei oder nach der Stilllegung,
7. es den Betreibern erst nach einer Abnahme durch die zuständige Behörde gestattet ist,
   a) die Deponie in Betrieb zu nehmen,
   b) eine wesentliche Änderung in Betrieb zu nehmen oder
   c) die Stilllegung abzuschließen,

1) **Anm. d. Red.:** § 43 i. d. F. des Gesetzes v. 8. 4. 2013 (BGBl I S. 734) mit Wirkung v. 13. 4. 2013.

8. bei bestimmten Ereignissen der Betreiber innerhalb bestimmter Fristen die zuständige Behörde unterrichten muss, die erforderlichen Maßnahmen zur Begrenzung und Vermeidung von Beeinträchtigungen des Wohls der Allgemeinheit ergreifen muss oder die zuständige Behörde den Betreiber zu solchen Maßnahmen verpflichten muss,
9. die Betreiber der zuständigen Behörde während des Betriebes und in der Nachsorgephase unverzüglich alle Überwachungsergebnisse, aus denen sich Anhaltspunkte für erhebliche nachteilige Umweltauswirkungen ergeben, sowie bestimmte Ereignisse, die solche Auswirkungen haben können, zu melden und der zuständigen Behörde regelmäßig einen Bericht über die Ergebnisse der in der Rechtsverordnung vorgeschriebenen Mess- und Überwachungsmaßnahmen vorzulegen haben.

[2]Bei der Festlegung der Anforderungen sind insbesondere mögliche Verlagerungen von nachteiligen Auswirkungen von einem Schutzgut auf ein anderes zu berücksichtigen; ein hohes Schutzniveau für die Umwelt insgesamt ist zu gewährleisten.

(2) [1]In der Rechtsverordnung nach Absatz 1 kann bestimmt werden, inwieweit die nach Absatz 1 zur Vorsorge gegen Beeinträchtigungen der in § 15 Absatz 2 Satz 2 genannten Schutzgüter festgelegten Anforderungen nach Ablauf bestimmter Übergangsfristen erfüllt werden müssen, soweit zum Zeitpunkt des Inkrafttretens der Rechtsverordnung in einem Planfeststellungsbeschluss, einer Plangenehmigung oder einer landesrechtlichen Vorschrift geringere Anforderungen gestellt worden sind. [2]Bei der Bestimmung der Dauer der Übergangsfristen und der einzuhaltenden Anforderungen sind insbesondere Art, Beschaffenheit und Menge der abgelagerten Abfälle, die Standortbedingungen, Art, Menge und Gefährlichkeit der von den Deponien ausgehenden Emissionen sowie die Nutzungsdauer und technische Besonderheiten der Deponien zu berücksichtigen. [3]Die Sätze 1 und 2 gelten für die in § 39 Absatz 1 und 2 genannten Deponien entsprechend.

(3) Die Bundesregierung wird ermächtigt, nach Anhörung der beteiligten Kreise (§ 68) durch Rechtsverordnung mit Zustimmung des Bundesrates vorzuschreiben, welche Anforderungen an die Zuverlässigkeit, die Sach- und Fachkunde der für die Errichtung, Leitung oder Beaufsichtigung des Betriebes der Deponie verantwortlichen Personen und die Sach- und Fachkunde des sonstigen Personals, einschließlich der laufenden Fortbildung der verantwortlichen Personen und des sonstigen Personals zu stellen sind.

(4) Die Bundesregierung wird ermächtigt, durch Rechtsverordnung mit Zustimmung des Bundesrates

1. zu bestimmen, dass die Betreiber bestimmter Deponien eine Sicherheit im Sinne von § 232 des Bürgerlichen Gesetzbuchs leisten oder ein anderes gleichwertiges Sicherungsmittel erbringen müssen,
2. Vorschriften über Art, Umfang und Höhe der nach § 36 Absatz 3 zu leistenden Sicherheit im Sinne von § 232 des Bürgerlichen Gesetzbuchs oder eines anderen gleichwertigen Sicherungsmittels zu erlassen sowie
3. zu bestimmen, wie lange die Sicherheit nach Nummer 1 geleistet oder ein anderes gleichwertiges Sicherungsmittel erbracht werden muss.

(5) Durch Rechtsverordnung nach Absatz 1 können auch Verfahren zur Überprüfung der dort festgelegten Anforderungen bestimmt werden, insbesondere Verfahren entsprechend § 10 Absatz 2 Nummer 1 bis 9 und Absatz 3.

§ 44 Kosten der Ablagerung von Abfällen

(1) [1]Die vom Betreiber für die Ablagerung von Abfällen in Rechnung zu stellenden privatrechtlichen Entgelte müssen alle Kosten für die Errichtung und den Betrieb der Deponie, einschließlich der Kosten einer vom Betreiber zu leistenden Sicherheit im Sinne von § 232 des Bürgerlichen Gesetzbuchs oder eines zu erbringenden gleichwertigen Sicherungsmittels, sowie die geschätzten Kosten für die Stilllegung und die Nachsorge für mindestens 30 Jahre abdecken. [2]Soweit dies nach Satz 1 durch Freistellungen nach Artikel 4 § 3 des Umweltrahmengesetzes vom 29. Ju-

ni 1990 (GBl I Nr. 42 S. 649), das durch Artikel 12 des Gesetzes vom 22. März 1991 (BGBl I S. 766, 1928) geändert worden ist, gewährleistet ist, entfällt eine entsprechende Veranlagung der Kosten für die Stilllegung und die Nachsorge sowie der Kosten der Sicherheitsleistung bei der Berechnung der Entgelte.

(2) Der Betreiber hat die in Absatz 1 genannten Kosten zu erfassen und der zuständigen Behörde innerhalb einer von ihr zu setzenden Frist Übersichten über die Kosten und die erhobenen Entgelte zur Verfügung zu stellen.

(3) Die Gebühren der öffentlich-rechtlichen Entsorgungsträger richten sich nach Landesrecht.

(4) Die Absätze 1 bis 3 gelten entsprechend für die Abdeckung der Kosten von genehmigungsbedürftigen Anlagen zum Lagern von Abfällen im Sinne des Bundes-Immissionsschutzgesetzes, soweit in diesen Anlagen Abfälle vor deren Beseitigung jeweils über einen Zeitraum von mehr als einem Jahr oder Abfälle vor deren Verwertung jeweils über einen Zeitraum von mehr als drei Jahren gelagert werden.

Teil 5: Absatzförderung und Abfallberatung

§ 45 Pflichten der öffentlichen Hand

(1) [1]Die Behörden des Bundes sowie die der Aufsicht des Bundes unterstehenden juristischen Personen des öffentlichen Rechts, Sondervermögen und sonstigen Stellen sind verpflichtet, durch ihr Verhalten zur Erfüllung des Zweckes des § 1 beizutragen. [2]Insbesondere haben sie unter Berücksichtigung der §§ 6 bis 8 bei der Gestaltung von Arbeitsabläufen, der Beschaffung oder Verwendung von Material und Gebrauchsgütern, bei Bauvorhaben und sonstigen Aufträgen zu prüfen, ob und in welchem Umfang

1. Erzeugnisse eingesetzt werden können,
   a) die sich durch Langlebigkeit, Reparaturfreundlichkeit und Wiederverwendbarkeit oder Verwertbarkeit auszeichnen,
   b) die im Vergleich zu anderen Erzeugnissen zu weniger oder zu schadstoffärmeren Abfällen führen oder
   c) die durch Vorbereitung zur Wiederverwendung oder durch Recycling aus Abfällen hergestellt worden sind, sowie
2. die nach dem Gebrauch der Erzeugnisse entstandenen Abfälle unter besonderer Beachtung des Vorrangs der Vorbereitung zur Wiederverwendung und des Recyclings verwertet werden können.

(2) Die in Absatz 1 Satz 1 genannten Stellen wirken im Rahmen ihrer Möglichkeiten darauf hin, dass die Gesellschaften des privaten Rechts, an denen sie beteiligt sind, die Verpflichtungen nach Absatz 1 beachten.

(3) Die öffentliche Hand hat im Rahmen ihrer Pflichten nach den Absätzen 1 und 2 Regelungen für die Verwendung von Erzeugnissen oder Materialien sowie zum Schutz von Mensch und Umwelt nach anderen Rechtsvorschriften zu berücksichtigen.

§ 46 Abfallberatungspflicht

(1) [1]Die öffentlich-rechtlichen Entsorgungsträger im Sinne des § 20 sind im Rahmen der ihnen übertragenen Aufgaben in Selbstverwaltung zur Information und Beratung über Möglichkeiten der Vermeidung, Verwertung und Beseitigung von Abfällen verpflichtet. [2]Zur Beratung verpflichtet sind auch die Industrie- und Handelskammern, Handwerkskammern und Landwirtschaftskammern.

(2) Die zuständige Behörde hat den nach diesem Gesetz zur Beseitigung Verpflichteten Auskunft über geeignete Abfallbeseitigungsanlagen zu erteilen.

Teil 6: Überwachung

§ 47 Allgemeine Überwachung[1)]

(1) [1]Die Vermeidung nach Maßgabe der auf Grund der §§ 24 und 25 erlassenen Rechtsverordnungen und die Abfallbewirtschaftung unterliegen der Überwachung durch die zuständige Behörde. [2]Für den Vollzug der nach den §§ 24 und 25 ergangenen Rechtsverordnungen sind § 25 Absatz 1 und 3, § 26 Absatz 2 und 3, § 27 Absatz 1, § 28 Absatz 1 und 2 und Absatz 4 Satz 1 und 2 des Produktsicherheitsgesetzes vom 8. November 2011 (BGBl I S. 2178, 2179) entsprechend anzuwenden. [3]Die nach Satz 2 verpflichteten Personen sind verpflichtet, das Betreten von Geschäfts- und Betriebsgrundstücken und -räumen außerhalb der üblichen Geschäftszeiten sowie das Betreten von Wohnräumen zu gestatten, wenn dies zur Verhütung dringender Gefahren für die öffentliche Sicherheit oder Ordnung erforderlich ist. [4]Das Grundrecht auf Unverletzlichkeit der Wohnung (Artikel 13 Absatz 1 des Grundgesetzes) wird insoweit eingeschränkt.

KrWG

(2) [1]Die zuständige Behörde überprüft in regelmäßigen Abständen und in angemessenem Umfang Erzeuger von gefährlichen Abfällen, Anlagen und Unternehmen, die Abfälle entsorgen, sowie Sammler, Beförderer, Händler und Makler von Abfällen. [2]Die Überprüfung der Tätigkeiten der Sammler und Beförderer von Abfällen erstreckt sich auch auf den Ursprung, die Art, die Menge und den Bestimmungsort der gesammelten und beförderten Abfälle.

(3) [1]Auskunft über Betrieb, Anlagen, Einrichtungen und sonstige der Überwachung unterliegende Gegenstände haben den Bediensteten und Beauftragten der zuständigen Behörde auf Verlangen zu erteilen

1. Erzeuger und Besitzer von Abfällen,
2. zur Abfallentsorgung Verpflichtete,
3. Betreiber sowie frühere Betreiber von Unternehmen oder Anlagen, die Abfälle entsorgen oder entsorgt haben, auch wenn diese Anlagen stillgelegt sind, sowie
4. Sammler, Beförderer, Händler und Makler von Abfällen.

[2]Die nach Satz 1 zur Auskunft verpflichteten Personen haben den Bediensteten und Beauftragten der zuständigen Behörde zur Prüfung der Einhaltung ihrer Verpflichtungen nach den §§ 7 und 15 das Betreten der Grundstücke sowie der Geschäfts- und Betriebsräume zu den üblichen Geschäftszeiten, die Einsicht in Unterlagen und die Vornahme von technischen Ermittlungen und Prüfungen zu gestatten. [3]Die nach Satz 1 zur Auskunft verpflichteten Personen sind ferner verpflichtet, zu diesen Zwecken das Betreten von Geschäfts- und Betriebsgrundstücken und -räumen außerhalb der üblichen Geschäftszeiten sowie das Betreten von Wohnräumen zu gestatten, wenn dies zur Verhütung dringender Gefahren für die öffentliche Sicherheit oder Ordnung erforderlich ist. [4]Das Grundrecht auf Unverletzlichkeit der Wohnung (Artikel 13 Absatz 1 des Grundgesetzes) wird insoweit eingeschränkt.

(4) Betreiber von Verwertungs- und Abfallbeseitigungsanlagen oder von Anlagen, in denen Abfälle mitverwertet oder mitbeseitigt werden, haben diese Anlagen den Bediensteten oder Beauftragten der zuständigen Behörde zugänglich zu machen, die zur Überwachung erforderlichen Arbeitskräfte, Werkzeuge und Unterlagen zur Verfügung zu stellen und nach Anordnung der zuständigen Behörde Zustand und Betrieb der Anlage auf eigene Kosten prüfen zu lassen.

(5) Für die nach dieser Vorschrift zur Auskunft verpflichteten Personen gilt § 55 der Strafprozessordnung entsprechend.

(6) Die behördlichen Überwachungsbefugnisse nach den Absätzen 1 bis 5 erstrecken sich auch auf die Prüfung, ob bestimmte Stoffe oder Gegenstände gemäß den Voraussetzungen der §§ 4 und 5 nicht oder nicht mehr als Abfall anzusehen sind.

(7) [1]Für alle zulassungspflichtigen Deponien stellen die zuständigen Behörden in ihrem Zuständigkeitsbereich Überwachungspläne und Überwachungsprogramme zur Durchführung der Absätze 1 bis 4 auf. [2]Satz 1 gilt nicht für Deponien für Inertabfälle und Deponien, die eine Auf-

1) **Anm. d. Red.:** § 47 i. d. F. des Gesetzes v. 20. 10. 2015 (BGBl I S. 1739) mit Wirkung v. 24. 10. 2015.

nahmekapazität von 10 Tonnen oder weniger je Tag und eine Gesamtkapazität von 25 000 Tonnen oder weniger haben. [3]Zur Überwachung nach Satz 1 gehören insbesondere auch die Überwachung der Errichtung, Vor-Ort-Besichtigungen, die Überwachung der Emissionen und die Überprüfung interner Berichte, Folgedokumente sowie Messungen und Kontrollen, die Überprüfung der Eigenkontrolle, die Prüfung der angewandten Techniken und der Eignung des Umweltmanagements der Deponie. [4]Die Bundesregierung wird ermächtigt, nach Anhörung der beteiligten Kreise (§ 68) durch Rechtsverordnung mit Zustimmung des Bundesrates die Einzelheiten zum Inhalt der Überwachungspläne und Überwachungsprogramme nach Satz 1 zu bestimmen.

(8) [1]Die Länder übermitteln dem Bundesministerium für Umwelt, Naturschutz, Bau und Reaktorsicherheit nach Anforderung Informationen über die Umsetzung der Richtlinie 2010/75/EU des Europäischen Parlaments und des Rates vom 24. November 2010 über Industrieemissionen (integrierte Vermeidung und Verminderung der Umweltverschmutzung) (Neufassung) (ABl L 334 vom 17. 12. 2010, S. 17), insbesondere über repräsentative Daten über Emissionen und sonstige Arten von Umweltverschmutzung, über Emissionsgrenzwerte sowie über die Anwendung des Standes der Technik. [2]Die Länder stellen diese Informationen auf elektronischem Wege zur Verfügung. [3]Art und Form der von den Ländern zu übermittelnden Informationen sowie der Zeitpunkt ihrer Übermittlung richten sich nach den Anforderungen, die auf der Grundlage von Artikel 72 Absatz 2 der Richtlinie 2010/75/EU festgelegt werden. [4]§ 5 Absatz 1 Satz 2, Absatz 2 bis 6 des Gesetzes zur Ausführung des Protokolls über Schadstofffreisetzungs- und -verbringungsregister vom 21. Mai 2003 sowie zur Durchführung der Verordnung (EG) Nr. 166/2006 vom 6. Juni 2007 (BGBl I S. 1002) gilt entsprechend.

(9) [1]Die zuständige Behörde kann anordnen, dass der Betreiber einer Deponie ihr Daten zu übermitteln hat, die in einem Durchführungsrechtsakt nach Artikel 72 Absatz 2 der Richtlinie 2010/75/EU aufgeführt sind und die zur Erfüllung der Berichtspflicht nach Absatz 8 erforderlich sind, soweit der zuständigen Behörde solche Daten nicht bereits auf Grund anderer Vorschriften vorliegen. [2]§ 3 Absatz 1 Satz 2 und § 5 Absatz 2 bis 6 des Gesetzes zur Ausführung des Protokolls über Schadstofffreisetzungs- und -verbringungsregister vom 21. Mai 2003 sowie zur Durchführung der Verordnung (EG) Nr. 166/2006 gelten entsprechend.

§ 48 Abfallbezeichnung, gefährliche Abfälle

[1]An die Entsorgung sowie die Überwachung gefährlicher Abfälle sind nach Maßgabe dieses Gesetzes besondere Anforderungen zu stellen. [2]Zur Umsetzung von Rechtsakten der Europäischen Union wird die Bundesregierung ermächtigt, nach Anhörung der beteiligten Kreise (§ 68) durch Rechtsverordnung mit Zustimmung des Bundesrates die Bezeichnung von Abfällen sowie gefährliche Abfälle zu bestimmen und die Bestimmung gefährlicher Abfälle durch die zuständige Behörde im Einzelfall zuzulassen.

§ 49 Registerpflichten[1)]

(1) Die Betreiber von Anlagen oder Unternehmen, die Abfälle in einem Verfahren nach Anlage 1 oder Anlage 2 entsorgen (Entsorger von Abfällen), haben ein Register zu führen, in dem hinsichtlich der Vorgänge nach Anlage 1 oder Anlage 2 folgende Angaben verzeichnet sind:

1. die Menge, die Art und der Ursprung sowie
2. die Bestimmung, die Häufigkeit der Sammlung, die Beförderungsart sowie die Art der Verwertung oder Beseitigung, einschließlich der Vorbereitung vor der Verwertung oder Beseitigung, soweit diese Angaben zur Gewährleistung einer ordnungsgemäßen Abfallbewirtschaftung von Bedeutung sind.

(2) [1]Entsorger, die Abfälle behandeln oder lagern, haben die nach Absatz 1 erforderlichen Angaben, insbesondere die Bestimmung der behandelten oder gelagerten Abfälle, auch für die weitere Entsorgung zu verzeichnen, soweit dies erforderlich ist, um auf Grund der Zweckbestim-

1) **Anm. d. Red.:** § 49 i. d. F. des Gesetzes v. 8. 4. 2013 (BGBl I S. 734) mit Wirkung v. 2. 5. 2013.

mung der Abfallentsorgungsanlage eine ordnungsgemäße Entsorgung zu gewährleisten. [2]Entsorger nach Satz 1 werden durch Rechtsverordnung nach § 52 Absatz 1 Satz 1 bestimmt.

(3) Die Pflicht nach Absatz 1, ein Register zu führen, gilt auch für die Erzeuger, Besitzer, Sammler, Beförderer, Händler und Makler von gefährlichen Abfällen.

(4) Auf Verlangen der zuständigen Behörde sind die Register vorzulegen oder Angaben aus diesen Registern mitzuteilen.

(5) In ein Register eingetragene Angaben oder eingestellte Belege über gefährliche Abfälle haben die Erzeuger, Besitzer, Händler, Makler und Entsorger von Abfällen mindestens drei Jahre, die Beförderer von Abfällen mindestens zwölf Monate jeweils ab dem Zeitpunkt der Eintragung oder Einstellung in das Register gerechnet aufzubewahren, soweit eine Rechtsverordnung nach § 52 keine längere Frist vorschreibt.

(6) Die Registerpflichten nach den Absätzen 1 bis 3 gelten nicht für private Haushaltungen.

§ 50 Nachweispflichten

(1) [1]Die Erzeuger, Besitzer, Sammler, Beförderer und Entsorger von gefährlichen Abfällen haben sowohl der zuständigen Behörde gegenüber als auch untereinander die ordnungsgemäße Entsorgung gefährlicher Abfälle nachzuweisen. [2]Der Nachweis wird geführt

1. vor Beginn der Entsorgung in Form einer Erklärung des Erzeugers, Besitzers, Sammlers oder Beförderers von Abfällen zur vorgesehenen Entsorgung, einer Annahmeerklärung des Abfallentsorgers sowie der Bestätigung der Zulässigkeit der vorgesehenen Entsorgung durch die zuständige Behörde und
2. über die durchgeführte Entsorgung oder Teilabschnitte der Entsorgung in Form von Erklärungen der nach Satz 1 Verpflichteten über den Verbleib der entsorgten Abfälle.

(2) [1]Die Nachweispflichten nach Absatz 1 gelten nicht für die Entsorgung gefährlicher Abfälle, welche die Erzeuger oder Besitzer von Abfällen in eigenen Abfallentsorgungsanlagen entsorgen, wenn diese Entsorgungsanlagen in einem engen räumlichen und betrieblichen Zusammenhang mit den Anlagen oder Stellen stehen, in denen die zu entsorgenden Abfälle angefallen sind. [2]Die Registerpflichten nach § 49 bleiben unberührt.

(3) [1]Die Nachweispflichten nach Absatz 1 gelten nicht bis zum Abschluss der Rücknahme oder Rückgabe von Erzeugnissen oder der nach Gebrauch der Erzeugnisse verbleibenden gefährlichen Abfälle, die einer verordneten Rücknahme oder Rückgabe nach § 25 unterliegen. [2]Eine Rücknahme oder Rückgabe von Erzeugnissen und der nach Gebrauch der Erzeugnisse verbleibenden Abfälle gilt spätestens mit der Annahme an einer Anlage zur weiteren Entsorgung, ausgenommen Anlagen zur Zwischenlagerung der Abfälle, als abgeschlossen, soweit die Rechtsverordnung, welche die Rückgabe oder Rücknahme anordnet, keinen früheren Zeitpunkt bestimmt.

(4) Die Nachweispflichten nach Absatz 1 gelten nicht für private Haushaltungen.

§ 51 Überwachung im Einzelfall

(1) [1]Die zuständige Behörde kann anordnen, dass die Erzeuger, Besitzer, Sammler, Beförderer, Händler, Makler oder Entsorger von Abfällen, jedoch ausgenommen private Haushaltungen,

1. Register oder Nachweise zu führen und vorzulegen oder Angaben aus den Registern mitzuteilen haben, soweit Pflichten nach den §§ 49 und 50 nicht bestehen, oder
2. bestimmten Anforderungen entsprechend § 10 Absatz 2 Nummer 2 und 3 sowie 5 bis 8 nachzukommen haben.

[2]Durch Anordnung nach Satz 1 kann auch bestimmt werden, dass Nachweise und Register elektronisch geführt und Dokumente in elektronischer Form nach § 3a Absatz 2 Satz 2 und 3 des Verwaltungsverfahrensgesetzes vorzulegen sind.

(2) [1]Ist der Erzeuger, Besitzer, Sammler, Beförderer, Händler, Makler oder Entsorger von Abfällen Entsorgungsfachbetrieb im Sinne des § 56 oder auditierter Unternehmensstandort im Sinne des § 61, so hat die zuständige Behörde dies bei Anordnungen nach Absatz 1, insbesondere

auch im Hinblick auf mögliche Beschränkungen des Umfangs oder des Inhalts der Nachweispflicht, zu berücksichtigen. [2]Dies umfasst vor allem die Berücksichtigung der vom Umweltgutachter geprüften und im Rahmen der Teilnahme an dem Gemeinschaftssystem für das Umweltmanagement und die Umweltbetriebsprüfung (EMAS) erstellten Unterlagen.

§ 52 Anforderungen an Nachweise und Register[1)]

(1) [1]Die Bundesregierung wird ermächtigt, nach Anhörung der beteiligten Kreise (§ 68) durch Rechtsverordnung mit Zustimmung des Bundesrates zur Erfüllung der sich aus den §§ 49 bis 51 ergebenden Pflichten die näheren Anforderungen an die Form, den Inhalt sowie das Verfahren zur Führung und Vorlage der Nachweise, Register und der Mitteilung bestimmter Angaben aus den Registern festzulegen sowie die nach § 49 Absatz 2 verpflichteten Anlagen oder Unternehmen zu bestimmen. [2]Durch Rechtsverordnung nach Satz 1 kann auch bestimmt werden, dass

1. der Nachweis nach § 50 Absatz 1 Satz 2 Nummer 1 nach Ablauf einer bestimmten Frist als bestätigt gilt oder eine Bestätigung entfällt, soweit jeweils die ordnungsgemäße Entsorgung gewährleistet bleibt,
2. auf Verlangen der zuständigen Behörde oder eines früheren Besitzers Belege über die Durchführung der Entsorgung der Behörde oder dem früheren Besitzer vorzulegen sind,
3. für bestimmte Kleinmengen, die nach Art und Beschaffenheit der Abfälle auch unterschiedlich festgelegt werden können, oder für einzelne Abfallbewirtschaftungsmaßnahmen, Abfallarten oder Abfallgruppen bestimmte Anforderungen nicht oder abweichende Anforderungen gelten, soweit jeweils die ordnungsgemäße Entsorgung gewährleistet bleibt,
4. die zuständige Behörde unter dem Vorbehalt des Widerrufs auf Antrag oder von Amts wegen Verpflichtete ganz oder teilweise von der Führung von Nachweisen oder Registern freistellen kann, soweit die ordnungsgemäße Entsorgung gewährleistet bleibt,
5. die Register in Form einer sachlich und zeitlich geordneten Sammlung der vorgeschriebenen Nachweise oder der Belege, die in der Entsorgungspraxis gängig sind, geführt werden,
6. die Nachweise und Register bis zum Ablauf bestimmter Fristen aufzubewahren sind sowie
7. bei der Beförderung von Abfällen geeignete Angaben zum Zweck der Überwachung mitzuführen sind.

(2) Durch Rechtsverordnung nach Absatz 1 kann auch angeordnet werden, dass

1. Nachweise und Register elektronisch zu führen und Dokumente in elektronischer Form gemäß § 3a Absatz 2 Satz 2 und 3 des Verwaltungsverfahrensgesetzes vorzulegen sind,
2. die zur Erfüllung der in Nummer 1 genannten Pflichten erforderlichen Voraussetzungen geschaffen und vorgehalten werden sowie
3. den zuständigen Behörden oder den beteiligten Nachweispflichtigen bestimmte Angaben zu den technischen Voraussetzungen nach Nummer 2, insbesondere die erforderlichen Empfangszugänge sowie Störungen der für die Kommunikation erforderlichen Einrichtungen, mitgeteilt werden.

§ 53 Sammler, Beförderer, Händler und Makler von Abfällen[2)]

(1) [1]Sammler, Beförderer, Händler und Makler von Abfällen haben die Tätigkeit ihres Betriebes vor Aufnahme der Tätigkeit der zuständigen Behörde anzuzeigen, es sei denn, der Betrieb verfügt über eine Erlaubnis nach § 54 Absatz 1. [2]Die zuständige Behörde bestätigt dem Anzeigenden unverzüglich schriftlich den Eingang der Anzeige. [3]Zuständig ist die Behörde des Landes, in dem der Anzeigende seinen Hauptsitz hat.

(2) [1]Der Inhaber eines Betriebes im Sinne des Absatzes 1 sowie die für die Leitung und Beaufsichtigung des Betriebes verantwortlichen Personen müssen zuverlässig sein. [2]Der Inhaber, so-

1) **Anm. d. Red.:** § 52 i. d. F. des Gesetzes v. 8. 4. 2013 (BGBl I S. 734) mit Wirkung v. 2. 5. 2013.

2) **Anm. d. Red.:** § 53 i. d. F. des Gesetzes v. 20. 10. 2015 (BGBl I S. 1739) mit Wirkung v. 24. 10. 2015.

weit er für die Leitung des Betriebes verantwortlich ist, die für die Leitung und Beaufsichtigung des Betriebes verantwortlichen Personen und das sonstige Personal müssen über die für ihre Tätigkeit notwendige Fach- und Sachkunde verfügen.

(3) [1]Die zuständige Behörde kann die angezeigte Tätigkeit von Bedingungen abhängig machen, sie zeitlich befristen oder Auflagen für sie vorsehen, soweit dies zur Wahrung des Wohls der Allgemeinheit erforderlich ist. [2]Sie kann Unterlagen über den Nachweis der Zuverlässigkeit und der Fach- und Sachkunde vom Anzeigenden verlangen. [3]Sie hat die angezeigte Tätigkeit zu untersagen, wenn Tatsachen bekannt sind, aus denen sich Bedenken gegen die Zuverlässigkeit des Inhabers oder der für die Leitung und Beaufsichtigung des Betriebes verantwortlichen Personen ergeben, oder wenn die erforderliche Fach- oder Sachkunde nach Absatz 2 Satz 2 nicht nachgewiesen wurde.

(4) [1]Nachweise aus einem anderen Mitgliedstaat der Europäischen Union oder einem anderen Vertragsstaat des Abkommens über den Europäischen Wirtschaftsraum über die Erfüllung der Anforderungen nach Absatz 2 stehen inländischen Nachweisen gleich, wenn aus ihnen hervorgeht, dass die betreffenden Anforderungen oder die auf Grund ihrer Zielsetzung im Wesentlichen vergleichbaren Anforderungen des Ausstellungsstaates erfüllt sind. [2]Gleichwertige Nachweise nach Satz 1 sind auf Verlangen der zuständigen Behörde im Original oder in Kopie vorzulegen. [3]Eine Beglaubigung der Kopie sowie eine beglaubigte deutsche Übersetzung können verlangt werden.

KrWG

(5) Hinsichtlich der Überprüfung der erforderlichen Fach- und Sachkunde nach Absatz 2 Satz 2 eines Anzeigenden aus einem anderen Mitgliedstaat der Europäischen Union oder einem anderen Vertragsstaat des Abkommens über den Europäischen Wirtschaftsraum gilt § 36a Absatz 1 Satz 2, Absatz 2 und 4 Satz 4 der Gewerbeordnung entsprechend; bei vorübergehender und nur gelegentlicher Tätigkeit eines in einem anderen Mitgliedstaat der Europäischen Union oder in einem anderen Vertragsstaat des Abkommens über den Europäischen Wirtschaftsraum niedergelassenen Dienstleistungserbringers gilt hinsichtlich der erforderlichen Fach- und Sachkunde § 13a Absatz 2 Satz 2 bis 5 und Absatz 3 der Gewerbeordnung entsprechend.

(6) Die Bundesregierung wird ermächtigt, nach Anhörung der beteiligten Kreise (§ 68) durch Rechtsverordnung mit Zustimmung des Bundesrates für die Anzeige und Tätigkeit der Sammler, Beförderer, Händler und Makler von Abfällen, für Sammler und Beförderer von Abfällen insbesondere unter Berücksichtigung der Besonderheiten der jeweiligen Verkehrsträger, Verkehrswege oder der jeweiligen Beförderungsart,

1. Vorschriften zu erlassen über die Form, den Inhalt und das Verfahren zur Erstattung der Anzeige, über Anforderungen an die Zuverlässigkeit, die Fach- und Sachkunde und deren Nachweis,
2. anzuordnen, dass das Verfahren zur Erstattung der Anzeige elektronisch zu führen ist und Dokumente in elektronischer Form gemäß § 3a Absatz 2 Satz 2 und 3 des Verwaltungsverfahrensgesetzes vorzulegen sind,
3. bestimmte Tätigkeiten von der Anzeigepflicht nach Absatz 1 auszunehmen, soweit eine Anzeige aus Gründen des Wohls der Allgemeinheit nicht erforderlich ist,
4. Anforderungen an die Anzeigepflichtigen und deren Tätigkeit zu bestimmen, die sich aus Rechtsvorschriften der Europäischen Union ergeben, sowie
5. anzuordnen, dass bei der Beförderung von Abfällen geeignete Unterlagen zum Zweck der Überwachung mitzuführen sind.

§ 54 Sammler, Beförderer, Händler und Makler von gefährlichen Abfällen

(1) [1]Sammler, Beförderer, Händler und Makler von gefährlichen Abfällen bedürfen der Erlaubnis. [2]Die zuständige Behörde hat die Erlaubnis zu erteilen, wenn

1. keine Tatsachen bekannt sind, aus denen sich Bedenken gegen die Zuverlässigkeit des Inhabers oder der für die Leitung und Beaufsichtigung des Betriebes verantwortlichen Personen ergeben, sowie

2. der Inhaber, soweit er für die Leitung des Betriebes verantwortlich ist, die für die Leitung und Beaufsichtigung des Betriebes verantwortlichen Personen und das sonstige Personal über die für ihre Tätigkeit notwendige Fach- und Sachkunde verfügen.

[3]Zuständig ist die Behörde des Landes, in dem der Antragsteller seinen Hauptsitz hat. [4]Die Erlaubnis nach Satz 1 gilt für die Bundesrepublik Deutschland.

(2) Die zuständige Behörde kann die Erlaubnis mit Nebenbestimmungen versehen, soweit dies zur Wahrung des Wohls der Allgemeinheit erforderlich ist.

(3) Von der Erlaubnispflicht nach Absatz 1 Satz 1 ausgenommen sind

1. öffentlich-rechtliche Entsorgungsträger sowie
2. Entsorgungsfachbetriebe im Sinne von § 56, soweit sie für die erlaubnispflichtige Tätigkeit zertifiziert sind.

(4) [1]Erlaubnisse aus einem anderen Mitgliedstaat der Europäischen Union oder einem anderen Vertragsstaat des Abkommens über den Europäischen Wirtschaftsraum stehen Erlaubnissen nach Absatz 1 Satz 1 gleich, soweit sie ihnen gleichwertig sind. [2]Bei der Prüfung des Antrags auf Erlaubnis nach Absatz 1 Satz 1 stehen Nachweise aus einem anderen Mitgliedstaat der Europäischen Union oder einem anderen Vertragsstaat des Abkommens über den Europäischen Wirtschaftsraum inländischen Nachweisen gleich, wenn aus ihnen hervorgeht, dass der Antragsteller die betreffenden Anforderungen des Absatzes 1 Satz 2 oder die auf Grund ihrer Zielsetzung im Wesentlichen vergleichbaren Anforderungen des Ausstellungsstaates erfüllt. [3]Unterlagen über die gleichwertige Erlaubnis nach Satz 1 und sonstige Nachweise nach Satz 2 sind der zuständigen Behörde vor Aufnahme der Tätigkeit im Original oder in Kopie vorzulegen. [4]Eine Beglaubigung der Kopie sowie eine beglaubigte deutsche Übersetzung können verlangt werden.

(5) Hinsichtlich der Überprüfung der erforderlichen Fach- und Sachkunde nach Absatz 1 Satz 2 Nummer 2 eines Antragstellers aus einem anderen Mitgliedstaat der Europäischen Union oder einem anderen Vertragsstaat des Abkommens über den Europäischen Wirtschaftsraum gilt § 36a Absatz 1 Satz 2, Absatz 2 und 4 Satz 4 der Gewerbeordnung entsprechend; bei vorübergehender und nur gelegentlicher Tätigkeit eines in einem anderen Mitgliedstaat der Europäischen Union oder in einem anderen Vertragsstaat des Abkommens über den Europäischen Wirtschaftsraum niedergelassenen Dienstleistungserbringers gilt hinsichtlich der erforderlichen Fach- und Sachkunde § 13a Absatz 2 Satz 2 bis 5 und Absatz 3 der Gewerbeordnung entsprechend.

(6) [1]Erlaubnisverfahren nach Absatz 1 und 4 können über eine einheitliche Stelle abgewickelt werden. [2]§ 42a des Verwaltungsverfahrensgesetzes findet für das Verfahren nach den Absätzen 1 und 4 Anwendung, sofern der Antragsteller Staatsangehöriger eines Mitgliedstaates der Europäischen Union oder eines anderen Vertragsstaates des Abkommens über den Europäischen Wirtschaftsraum ist oder als juristische Person in einem dieser Staaten seinen Sitz hat.

(7) Die Bundesregierung wird ermächtigt, nach Anhörung der beteiligten Kreise (§ 68) durch Rechtsverordnung mit Zustimmung des Bundesrates für die Erlaubnispflicht und Tätigkeit der Sammler, Beförderer, Händler und Makler von gefährlichen Abfällen, für Sammler und Beförderer von gefährlichen Abfällen, insbesondere unter Berücksichtigung der Besonderheiten der jeweiligen Verkehrsträger, Verkehrswege oder Beförderungsart,

1. Vorschriften zu erlassen über die Antragsunterlagen, die Form, den Inhalt und das Verfahren zur Erteilung der Erlaubnis, die Anforderungen an die Zuverlässigkeit, Fach- und Sachkunde sowie deren Nachweis, die Fristen, nach denen das Vorliegen der Voraussetzungen erneut zu überprüfen ist,
2. anzuordnen, dass das Erlaubnisverfahren elektronisch zu führen ist und Dokumente in elektronischer Form gemäß § 3a Absatz 2 Satz 2 und 3 des Verwaltungsverfahrensgesetzes vorzulegen sind,
3. bestimmte Tätigkeiten von der Erlaubnispflicht nach Absatz 1 auszunehmen, soweit eine Erlaubnis aus Gründen des Wohls der Allgemeinheit nicht erforderlich ist,

4. Anforderungen an die Erlaubnispflichtigen und deren Tätigkeit zu bestimmen, die sich aus Rechtsvorschriften der Europäischen Union ergeben, sowie
5. anzuordnen, dass bei der Beförderung von Abfällen geeignete Unterlagen zum Zweck der Überwachung mitzuführen sind.

§ 55 Kennzeichnung der Fahrzeuge

(1) [1]Sammler und Beförderer haben Fahrzeuge, mit denen sie Abfälle in Ausübung ihrer Tätigkeit auf öffentlichen Straßen befördern, vor Antritt der Fahrt mit zwei rückstrahlenden weißen Warntafeln gemäß Satz 3 zu versehen (A-Schilder). [2]Satz 1 gilt nicht für Sammler und Beförderer, die im Rahmen wirtschaftlicher Unternehmen Abfälle sammeln oder befördern. [3]Hinsichtlich der Anforderungen an die Kennzeichnung der Fahrzeuge gilt § 10 des Abfallverbringungsgesetzes vom 19. Juli 2007 (BGBl I S. 1462) in der jeweils geltenden Fassung entsprechend.

(2) Die Bundesregierung wird ermächtigt, in einer Rechtsverordnung nach § 53 Absatz 6 oder § 54 Absatz 7 Ausnahmen von der Kennzeichnungspflicht nach Absatz 1 Satz 1 vorzusehen.

KrWG

(3) Rechtsvorschriften, die aus Gründen der Sicherheit im Zusammenhang mit der Beförderung gefährlicher Güter erlassen sind, bleiben unberührt.

Teil 7: Entsorgungsfachbetriebe

§ 56 Zertifizierung von Entsorgungsfachbetrieben[1)]

(1) Entsorgungsfachbetriebe wirken an der Förderung der Kreislaufwirtschaft und der Sicherstellung des Schutzes von Mensch und Umwelt bei der Erzeugung und Bewirtschaftung von Abfällen nach Maßgabe der hierfür geltenden Rechtsvorschriften mit.

(2) Entsorgungsfachbetrieb ist ein Betrieb, der

1. gewerbsmäßig, im Rahmen wirtschaftlicher Unternehmen oder öffentlicher Einrichtungen Abfälle sammelt, befördert, lagert, behandelt, verwertet, beseitigt, mit diesen handelt oder makelt und
2. in Bezug auf eine oder mehrere der in Nummer 1 genannten Tätigkeiten durch eine technische Überwachungsorganisation oder eine Entsorgergemeinschaft als Entsorgungsfachbetrieb zertifiziert ist.

(3) [1]Das Zertifikat darf nur erteilt werden, wenn der Betrieb die für die ordnungsgemäße Wahrnehmung seiner Aufgaben erforderlichen Anforderungen an seine Organisation, seine personelle, gerätetechnische und sonstige Ausstattung, seine Tätigkeit sowie die Zuverlässigkeit und Fach- und Sachkunde seines Personals erfüllt. [2]In dem Zertifikat sind die zertifizierten Tätigkeiten des Betriebes, insbesondere bezogen auf seine Standorte und Anlagen sowie die Abfallarten, genau zu bezeichnen. [3]Das Zertifikat ist zu befristen. [4]Die Gültigkeitsdauer darf einen Zeitraum von 18 Monaten nicht überschreiten. [5]Das Vorliegen der Voraussetzungen des Satzes 1 wird mindestens jährlich von der technischen Überwachungsorganisation oder der Entsorgergemeinschaft überprüft.

(4) [1]Mit Erteilung des Zertifikats ist dem Betrieb von der technischen Überwachungsorganisation oder Entsorgergemeinschaft die Berechtigung zum Führen eines Überwachungszeichens zu erteilen, das die Bezeichnung „Entsorgungsfachbetrieb" in Verbindung mit dem Hinweis auf die zertifizierte Tätigkeit und die das Überwachungszeichen erteilende technische Überwachungsorganisation oder Entsorgergemeinschaft aufweist. [2]Ein Betrieb darf das Überwachungszeichen nur führen, soweit und solange er als Entsorgungsfachbetrieb zertifiziert ist.

(5) [1]Eine technische Überwachungsorganisation ist ein rechtsfähiger Zusammenschluss mehrerer Sachverständiger, deren Sachverständigentätigkeit auf dauernde Zusammenarbeit angelegt ist. [2]Die Erteilung des Zertifikats und der Berechtigung zum Führen des Überwachungszeichens durch die technische Überwachungsorganisation erfolgt auf der Grundlage eines Über-

1) **Anm. d. Red.:** § 56 i. d. F. des Gesetzes v. 8. 4. 2013 (BGBl I S. 734) mit Wirkung v. 2. 5. 2013.

wachungsvertrages, der insbesondere die Anforderungen an den Betrieb und seine Überwachung sowie an die Erteilung und den Entzug des Zertifikats und der Berechtigung zum Führen des Überwachungszeichens festlegt. [3]Der Überwachungsvertrag bedarf der Zustimmung der zuständigen Behörde.

(6) [1]Eine Entsorgergemeinschaft ist ein rechtsfähiger Zusammenschluss von Entsorgungsfachbetrieben im Sinne des Absatzes 2. [2]Sie bedarf der Anerkennung der zuständigen Behörde. [3]Die Erteilung des Zertifikats und der Berechtigung zum Führen des Überwachungszeichens durch die Entsorgergemeinschaft erfolgt auf der Grundlage einer Satzung oder sonstigen Regelung, die insbesondere die Anforderungen an die zu zertifizierenden Betriebe und ihre Überwachung sowie an die Erteilung und den Entzug des Zertifikats und der Berechtigung zum Führen des Überwachungszeichens festlegt.

(7) Technische Überwachungsorganisation und Entsorgergemeinschaft haben sich für die Überprüfung der Betriebe Sachverständiger zu bedienen, die die für die Durchführung der Überwachung erforderliche Zuverlässigkeit, Unabhängigkeit sowie Fach- und Sachkunde besitzen.

(8) [1]Entfallen die Voraussetzungen für die Erteilung des Zertifikats, hat die technische Überwachungsorganisation oder die Entsorgergemeinschaft dem Betrieb das von ihr erteilte Zertifikat und die Berechtigung zum Führen des Überwachungszeichens zu entziehen sowie den Betrieb aufzufordern, das Zertifikat zurückzugeben und das Überwachungszeichen nicht weiterzuführen. [2]Kommt der Betrieb dieser Aufforderung innerhalb einer von der technischen Überwachungsorganisation oder Entsorgergemeinschaft gesetzten Frist nicht nach, kann die zuständige Behörde dem Betrieb das erteilte Zertifikat und die Berechtigung zum Führen des Überwachungszeichens entziehen sowie die sonstige weitere Verwendung der Bezeichnung „Entsorgungsfachbetrieb“ untersagen.

§ 57 Anforderungen an Entsorgungsfachbetriebe, technische Überwachungsorganisationen und Entsorgergemeinschaften

[1]Die Bundesregierung wird ermächtigt, nach Anhörung der beteiligten Kreise (§ 68) durch Rechtsverordnung mit Zustimmung des Bundesrates Anforderungen an Entsorgungsfachbetriebe, technische Überwachungsorganisationen und Entsorgergemeinschaften zu bestimmen. [2]In der Rechtsverordnung können insbesondere

1. Anforderungen an die Organisation, die personelle, gerätetechnische und sonstige Ausstattung und die Tätigkeit eines Entsorgungsfachbetriebes bestimmt sowie ein ausreichender Haftpflichtversicherungsschutz gefordert werden,
2. Anforderungen an den Inhaber und die im Entsorgungsfachbetrieb beschäftigten Personen, insbesondere Mindestanforderungen an die Fach- und Sachkunde und die Zuverlässigkeit sowie an deren Nachweis, bestimmt werden,
3. Anforderungen an die Tätigkeit der technischen Überwachungsorganisationen, insbesondere Mindestanforderungen an den Überwachungsvertrag sowie dessen Abschluss, Durchführung, Auflösung und Erlöschen, bestimmt werden,
4. Anforderungen an die Tätigkeit der Entsorgergemeinschaften, insbesondere an deren Bildung, Auflösung, Organisation und Arbeitsweise, einschließlich der Bestellung, Aufgaben und Befugnisse der Prüforgane sowie Mindestanforderungen an die Mitglieder dieser Prüforgane, bestimmt werden,
5. Mindestanforderungen an die für die technischen Überwachungsorganisationen oder für die Entsorgergemeinschaften tätigen Sachverständigen sowie deren Bestellung, Tätigkeit und Kontrolle bestimmt werden,
6. Anforderungen an das Überwachungszeichen und das zugrunde liegende Zertifikat, insbesondere an die Form und den Inhalt, sowie Anforderungen an ihre Erteilung, ihre Aufhebung, ihr Erlöschen und ihren Entzug bestimmt werden,

7. die besonderen Voraussetzungen, das Verfahren, die Erteilung und Aufhebung
   a) der Zustimmung zum Überwachungsvertrag durch die zuständige Behörde geregelt werden sowie
   b) der Anerkennung der Entsorgergemeinschaften durch die zuständige Behörde geregelt werden; dabei kann die Anerkennung der Entsorgergemeinschaften bei drohenden Beschränkungen des Wettbewerbes widerrufen werden,
8. die näheren Anforderungen an den Entzug des Zertifikats und der Berechtigung zum Führen des Überwachungszeichens sowie an die Untersagung der sonstigen weiteren Verwendung der Bezeichnung „Entsorgungsfachbetrieb“ durch die zuständige Behörde nach § 56 Absatz 8 Satz 2 bestimmt werden sowie
9. für die erforderlichen Erklärungen, Nachweise, Benachrichtigungen oder sonstigen Daten die elektronische Führung und die Vorlage von Dokumenten in elektronischer Form gemäß § 3a Absatz 2 Satz 2 und 3 des Verwaltungsverfahrensgesetzes angeordnet werden.

Teil 8: Betriebsorganisation, Betriebsbeauftragter für Abfall und Erleichterungen für auditierte Unternehmensstandorte

§ 58 Mitteilungspflichten zur Betriebsorganisation

(1) [1]Besteht bei Kapitalgesellschaften das vertretungsberechtigte Organ aus mehreren Mitgliedern oder sind bei Personengesellschaften mehrere vertretungsberechtigte Gesellschafter vorhanden, so ist der zuständigen Behörde anzuzeigen, wer von ihnen nach den Bestimmungen über die Geschäftsführungsbefugnis für die Gesellschaft die Pflichten des Betreibers einer genehmigungsbedürftigen Anlage im Sinne des § 4 des Bundes-Immissionsschutzgesetzes oder die Pflichten des Besitzers im Sinne des § 27 wahrnimmt, die ihm nach diesem Gesetz und nach den auf Grund dieses Gesetzes erlassenen Rechtsverordnungen obliegen. [2]Die Gesamtverantwortung aller Organmitglieder oder Gesellschafter bleibt hiervon unberührt.

(2) Der Betreiber einer genehmigungsbedürftigen Anlage im Sinne des § 4 des Bundes-Immissionsschutzgesetzes, der Besitzer im Sinne des § 27 oder im Rahmen ihrer Geschäftsführungsbefugnis die nach Absatz 1 Satz 1 anzuzeigende Person hat der zuständigen Behörde mitzuteilen, auf welche Weise sichergestellt ist, dass die Vorschriften und Anordnungen, die der Vermeidung, Verwertung und umweltverträglichen Beseitigung von Abfällen dienen, beim Betrieb beachtet werden.

§ 59 Bestellung eines Betriebsbeauftragten für Abfall[1)]

(1) [1]Betreiber von genehmigungsbedürftigen Anlagen im Sinne des § 4 des Bundes-Immissionsschutzgesetzes, Betreiber von Anlagen, in denen regelmäßig gefährliche Abfälle anfallen, Betreiber ortsfester Sortier-, Verwertungs- oder Abfallbeseitigungsanlagen, Besitzer im Sinne des § 27 sowie Betreiber von Rücknahmesystemen und -stellen, die von den Besitzern im Sinne des § 27 eingerichtet worden sind oder an denen sie sich beteiligen, haben unverzüglich einen oder mehrere Betriebsbeauftragte für Abfall (Abfallbeauftragte) zu bestellen, sofern dies im Hinblick auf die Art oder die Größe der Anlagen oder die Bedeutung der abfallwirtschaftlichen Tätigkeit, insbesondere unter Berücksichtigung von Art oder Umfang der Rücknahme der Abfälle und der damit verbundenen Besitzerpflichten, erforderlich ist wegen der

1. anfallenden, zurückgenommenen, verwerteten oder beseitigten Abfälle,
2. technischen Probleme der Vermeidung, Verwertung oder Beseitigung oder
3. Eignung der Produkte oder Erzeugnisse, die bei oder nach bestimmungsgemäßer Verwendung Probleme hinsichtlich der ordnungsgemäßen und schadlosen Verwertung oder umweltverträglichen Beseitigung hervorrufen.

1) **Anm. d. Red.:** § 59 i. d. F. des Gesetzes v. 20. 10. 2015 (BGBl I S. 1739) mit Wirkung v. 24. 10. 2015.

[2]Das Bundesministerium für Umwelt, Naturschutz, Bau und Reaktorsicherheit bestimmt nach Anhörung der beteiligten Kreise (§ 68) durch Rechtsverordnung mit Zustimmung des Bundesrates die Betreiber von Anlagen nach Satz 1, die Besitzer nach Satz 1 sowie die Betreiber von Rücknahmesystemen und -stellen nach Satz 1, die Abfallbeauftragte zu bestellen haben. [3]Durch Rechtsverordnung nach Satz 2 kann auch bestimmt werden, welche Besitzer von Abfällen und welche Betreiber von Rücknahmesystemen und -stellen, für die Satz 1 entsprechend gilt, Abfallbeauftragte zu bestellen haben.

(2) Die zuständige Behörde kann anordnen, dass Betreiber von Anlagen nach Absatz 1 Satz 1, Besitzer nach Absatz 1 Satz 1 und Betreiber von Rücknahmesystemen und -stellen nach Absatz 1 Satz 1, für die die Bestellung eines Abfallbeauftragten nicht durch Rechtsverordnung nach Absatz 1 Satz 2 und 3 vorgeschrieben ist, einen oder mehrere Abfallbeauftragte zu bestellen haben, soweit sich im Einzelfall die Notwendigkeit der Bestellung aus den in Absatz 1 Satz 1 genannten Gesichtspunkten ergibt.

(3) Ist nach § 53 des Bundes-Immissionsschutzgesetzes ein Immissionsschutzbeauftragter oder nach § 64 des Wasserhaushaltsgesetzes ein Gewässerschutzbeauftragter zu bestellen, so können diese auch die Aufgaben und Pflichten eines Abfallbeauftragten nach diesem Gesetz wahrnehmen.

§ 60 Aufgaben des Betriebsbeauftragten für Abfall[1)]

(1) [1]Der Abfallbeauftragte berät den zur Bestellung Verpflichteten und die Betriebsangehörigen in Angelegenheiten, die für die Abfallvermeidung und Abfallbewirtschaftung bedeutsam sein können. [2]Er ist berechtigt und verpflichtet,

1. den Weg der Abfälle von ihrer Entstehung oder Anlieferung bis zu ihrer Verwertung oder Beseitigung zu überwachen,
2. die Einhaltung der Vorschriften dieses Gesetzes und der auf Grund dieses Gesetzes erlassenen Rechtsverordnungen sowie die Erfüllung erteilter Bedingungen und Auflagen zu überwachen, insbesondere durch Kontrolle der Betriebsstätte und der Art und Beschaffenheit der bewirtschafteten Abfälle in regelmäßigen Abständen, Mitteilung festgestellter Mängel und Vorschläge zur Mängelbeseitigung,
3. die Betriebsangehörigen aufzuklären
   a) über Beeinträchtigungen des Wohls der Allgemeinheit, welche von den Abfällen oder der abfallwirtschaftlichen Tätigkeit ausgehen können,
   b) über Einrichtungen und Maßnahmen zur Verhinderung von Beeinträchtigungen des Wohls der Allgemeinheit unter Berücksichtigung der für die Vermeidung, Verwertung und Beseitigung von Abfällen geltenden Gesetze und Rechtsverordnungen,
4. bei hinzuwirken auf die Entwicklung und Einführung
   a) umweltfreundlicher und abfallarmer Verfahren, einschließlich Verfahren zur Vermeidung, ordnungsgemäßen und schadlosen Verwertung oder umweltverträglichen Beseitigung von Abfällen,
   b) umweltfreundlicher und abfallarmer Erzeugnisse, einschließlich Verfahren zur Wiederverwendung, Verwertung oder umweltverträglichen Beseitigung nach Wegfall der Nutzung, sowie
5. bei der Entwicklung und Einführung der in Nummer 4 Buchstabe a und b genannten Verfahren mitzuwirken, insbesondere durch Begutachtung der Verfahren und Erzeugnisse unter den Gesichtspunkten der Abfallbewirtschaftung,
6. bei Anlagen, in denen Abfälle anfallen, verwertet oder beseitigt werden, zudem auf Verbesserungen des Verfahrens hinzuwirken.

1) **Anm. d. Red.:** § 60 i. d. F. des Gesetzes v. 20. 10. 2015 (BGBl I S. 1739) mit Wirkung v. 24. 10. 2015.

(2) Der Abfallbeauftragte erstattet dem zur Bestellung Verpflichteten jährlich einen schriftlichen Bericht über die nach Absatz 1 Satz 2 Nummer 1 bis 5 getroffenen und beabsichtigten Maßnahmen.

(3) [1]Auf das Verhältnis zwischen dem zur Bestellung Verpflichteten und dem Abfallbeauftragten finden § 55 Absatz 1, 1a, 2 Satz 1 und 2, Absatz 3 und 4 und die §§ 56 bis 58 des Bundes-Immissionsschutzgesetzes entsprechende Anwendung. [2]Das Bundesministerium für Umwelt, Naturschutz, Bau und Reaktorsicherheit wird ermächtigt, nach Anhörung der beteiligten Kreise (§ 68) durch Rechtsverordnung mit Zustimmung des Bundesrates vorzuschreiben, welche Anforderungen an die Fachkunde und Zuverlässigkeit des Abfallbeauftragten zu stellen sind.

§ 61 Anforderungen an Erleichterungen für auditierte Unternehmensstandorte[1)]

(1) Die Bundesregierung wird ermächtigt, zur Förderung der privaten Eigenverantwortung für Standorte des Gemeinschaftssystems für das Umweltmanagement und die Umweltbetriebsprüfung (EMAS) durch Rechtsverordnung mit Zustimmung des Bundesrates Erleichterungen zum Inhalt der Antragsunterlagen in abfallrechtlichen Verfahren sowie überwachungsrechtliche Erleichterungen vorzusehen, soweit die entsprechenden Anforderungen der Verordnung (EG) Nr. 1221/2009 des Europäischen Parlaments und des Rates vom 25. November 2009 über die freiwillige Teilnahme von Organisationen an einem Gemeinschaftssystem für Umweltmanagement und Umweltbetriebsprüfung und zur Aufhebung der Verordnung (EG) Nr. 761/2001 sowie der Beschlüsse der Kommission 2001/681/EG und 2006/193/EG (ABl L 342 vom 22. 12. 2009, S. 1) gleichwertig mit den Anforderungen sind, die zur Überwachung und zu den Antragsunterlagen nach diesem Gesetz oder den auf Grund dieses Gesetzes erlassenen Rechtsverordnungen vorgesehen sind oder soweit die Gleichwertigkeit durch die Rechtsverordnung nach dieser Vorschrift sichergestellt wird.

(2) Durch Rechtsverordnung nach Absatz 1 können weitere Voraussetzungen für die Inanspruchnahme und die Rücknahme von Erleichterungen oder die vollständige oder teilweise Aussetzung von Erleichterungen für Fälle festgelegt werden, in denen die Voraussetzungen für deren Gewährung nicht mehr vorliegen.

(3) Durch Rechtsverordnung nach Absatz 1 können ordnungsrechtliche Erleichterungen, insbesondere zu

1. Kalibrierungen, Ermittlungen, Prüfungen und Messungen,
2. Messberichten sowie sonstigen Berichten und Mitteilungen von Ermittlungsergebnissen,
3. Aufgaben des Betriebsbeauftragten für Abfall,
4. Mitteilungspflichten zur Betriebsorganisation und
5. der Häufigkeit der behördlichen Überwachung

nur gewährt werden, wenn der Umweltgutachter oder die Umweltgutachterorganisation im Sinne des Umweltauditgesetzes die Einhaltung der Umweltvorschriften geprüft hat, keine Abweichungen festgestellt hat und dies in der Validierung bescheinigt.

(4) Durch Rechtsverordnung nach Absatz 1 können unter den dort genannten Voraussetzungen Erleichterungen im Genehmigungsverfahren sowie überwachungsrechtliche Erleichterungen für Entsorgungsfachbetriebe gewährt werden.

Teil 9: Schlussbestimmungen

§ 62 Anordnungen im Einzelfall

Die zuständige Behörde kann im Einzelfall die erforderlichen Anordnungen zur Durchführung dieses Gesetzes und der auf Grund dieses Gesetzes erlassenen Rechtsverordnungen treffen.

1) **Anm. d. Red.:** § 61 i. d. F. des Gesetzes v. 8. 4. 2013 (BGBl I S. 734) mit Wirkung v. 2. 5. 2013.

§ 63 Geheimhaltung und Datenschutz

Die Rechtsvorschriften über Geheimhaltung und Datenschutz bleiben unberührt.

§ 64 Elektronische Kommunikation

Soweit auf Grund dieses Gesetzes oder einer auf Grund dieses Gesetzes erlassenen Rechtsverordnung die Schriftform angeordnet wird, ist auch die elektronische Form nach Maßgabe des § 3a des Verwaltungsverfahrensgesetzes zugelassen.

§ 65 Umsetzung von Rechtsakten der Europäischen Union

(1) [1]Zur Umsetzung von Rechtsakten der Europäischen Union kann die Bundesregierung mit Zustimmung des Bundesrates zu dem in § 1 genannten Zweck Rechtsverordnungen zur Sicherstellung der umweltverträglichen Abfallvermeidung und Abfallbewirtschaftung, insbesondere zur ordnungsgemäßen und schadlosen Verwertung sowie zur umweltverträglichen Beseitigung von Abfällen erlassen. [2]In den Rechtsverordnungen kann auch geregelt werden, wie die Öffentlichkeit zu unterrichten ist.

(2) Zur Umsetzung von Rechtsakten der Europäischen Union kann die Bundesregierung durch Rechtsverordnung mit Zustimmung des Bundesrates das Verwaltungsverfahren zur Erteilung von Genehmigungen und Erlaubnissen oder Erstattung von Anzeigen nach diesem Gesetz oder nach einer auf Grund dieses Gesetzes erlassenen Rechtsverordnung regeln.

§ 66 Vollzug im Bereich der Bundeswehr

(1) Im Geschäftsbereich des Bundesministeriums der Verteidigung obliegt der Vollzug des Gesetzes und der auf Grund dieses Gesetzes erlassenen Rechtsverordnungen für die Verwertung und Beseitigung militäreigentümlicher Abfälle sowie von Abfällen, für die ein besonderes militärisches Sicherheitsinteresse besteht, dem Bundesministerium der Verteidigung und den von ihm bestimmten Stellen.

(2) Das Bundesministerium der Verteidigung wird ermächtigt, für die Verwertung oder die Beseitigung von Abfällen im Sinne des Absatzes 1 aus dem Bereich der Bundeswehr Ausnahmen von diesem Gesetz und den auf Grund dieses Gesetzes erlassenen Rechtsverordnungen zuzulassen, soweit zwingende Gründe der Verteidigung oder die Erfüllung zwischenstaatlicher Pflichten dies erfordern.

§ 67 Beteiligung des Bundestages beim Erlass von Rechtsverordnungen

[1]Rechtsverordnungen nach § 8 Absatz 2, § 10 Absatz 1 Nummer 1 und 4, den §§ 24, 25 und 65 sind dem Bundestag zuzuleiten. [2]Die Zuleitung erfolgt vor der Zuleitung an den Bundesrat. [3]Die Rechtsverordnungen können durch Beschluss des Bundestages geändert oder abgelehnt werden. [4]Der Beschluss des Bundestages wird der Bundesregierung zugeleitet. [5]Hat sich der Bundestag nach Ablauf von drei Sitzungswochen seit Eingang der Rechtsverordnung nicht mit ihr befasst, so wird die unveränderte Rechtsverordnung dem Bundesrat zugeleitet.

§ 68 Anhörung beteiligter Kreise

Soweit Ermächtigungen zum Erlass von Rechtsverordnungen und allgemeinen Verwaltungsvorschriften die Anhörung der beteiligten Kreise vorschreiben, ist ein jeweils auszuwählender Kreis von Vertretern der Wissenschaft, der Betroffenen, der beteiligten Wirtschaft, der für die Abfallwirtschaft zuständigen obersten Landesbehörden, der Gemeinden und Gemeindeverbände zu hören.

KrWG

§ 69 Bußgeldvorschriften[1)]

(1) Ordnungswidrig handelt, wer vorsätzlich oder fahrlässig

1. entgegen § 12 Absatz 4 oder § 56 Absatz 4 Satz 2 ein dort genanntes Zeichen führt,
2. entgegen § 28 Absatz 1 Satz 1 Abfälle zur Beseitigung behandelt, lagert oder ablagert,
3. ohne Planfeststellungsbeschluss nach § 35 Absatz 2 Satz 1 oder ohne Plangenehmigung nach § 35 Absatz 3 Satz 1 eine Deponie errichtet oder wesentlich ändert,
4. einer vollziehbaren Auflage nach § 36 Absatz 4 Satz 1 oder Satz 3, § 39 Absatz 1 Satz 1 oder Absatz 2 Satz 1, § 53 Absatz 3 Satz 2 oder § 54 Absatz 2 zuwiderhandelt,
5. einer mit einer Zulassung nach § 37 Absatz 1 Satz 1 verbundenen vollziehbaren Auflage zuwiderhandelt,
6. einer vollziehbaren Untersagung nach § 53 Absatz 3 Satz 3 zuwiderhandelt,
7. ohne Erlaubnis nach § 54 Absatz 1 Satz 1 gefährliche Abfälle sammelt, befördert, mit ihnen Handel treibt oder diese makelt oder
8. einer Rechtsverordnung nach § 4 Absatz 2, § 5 Absatz 2, § 10 Absatz 1, § 11 Absatz 2 Satz 1 oder Satz 2 oder Absatz 3 Nummer 1, 2 oder Nummer 3, § 12 Absatz 7, § 16 Satz 1 Nummer 1 oder Nummer 2, § 24, § 25 Absatz 1 Nummer 1, 2 oder Nummer 3, Absatz 2 Nummer 2, 3 oder Nummer 4, § 28 Absatz 3 Satz 2, § 43 Absatz 1 Satz 1 Nummer 2 bis 5, 7 oder Nummer 8 oder § 57 Satz 2 Nummer 1 bis 7 oder Nummer 8 oder einer vollziehbaren Anordnung auf Grund einer solchen Rechtsverordnung zuwiderhandelt, soweit die Rechtsverordnung für einen bestimmten Tatbestand auf diese Bußgeldvorschrift verweist.

(2) Ordnungswidrig handelt, wer vorsätzlich oder fahrlässig

1. entgegen § 18 Absatz 1, § 26 Absatz 2, § 40 Absatz 1 Satz 1 oder § 53 Absatz 1 Satz 1 eine Anzeige nicht, nicht richtig, nicht vollständig oder nicht rechtzeitig erstattet,
2. entgegen § 34 Absatz 1 Satz 1 das Betreten eines Grundstücks oder eine dort genannte Maßnahme nicht duldet,
3. entgegen § 41 Absatz 1 Satz 1 in Verbindung mit einer Rechtsverordnung nach § 41 Absatz 2 Satz 1 eine Emissionserklärung nicht, nicht richtig, nicht vollständig oder nicht rechtzeitig abgibt oder nicht, nicht richtig, nicht vollständig oder nicht rechtzeitig ergänzt,
4. entgegen § 47 Absatz 3 Satz 1 eine Auskunft nicht richtig, nicht vollständig oder nicht rechtzeitig erteilt,
5. entgegen § 47 Absatz 3 Satz 2 oder Satz 3 das Betreten eines Grundstücks oder eines Wohn-, Geschäfts- oder Betriebsraumes, die Einsicht in eine Unterlage oder die Vornahme einer technischen Ermittlung oder Prüfung nicht gestattet,
6. entgegen § 47 Absatz 4 eine dort genannte Anlage nicht zugänglich macht oder eine Arbeitskraft, ein Werkzeug oder eine Unterlage nicht zur Verfügung stellt,
7. einer vollziehbaren Anordnung nach § 47 Absatz 4 oder Absatz 9 Satz 1, § 51 Absatz 1 Satz 1 oder § 59 Absatz 2 zuwiderhandelt,
8. entgegen § 49 Absatz 1, auch in Verbindung mit § 49 Absatz 3 oder einer Rechtsverordnung nach § 10 Absatz 2 Nummer 1 Buchstabe b oder § 52 Absatz 1 Satz 1 oder Satz 2 Nummer 3 oder Nummer 5, ein Register nicht, nicht richtig oder nicht vollständig führt,
9. entgegen § 49 Absatz 2 in Verbindung mit einer Rechtsverordnung nach § 52 Absatz 1 Satz 1 eine Angabe nicht, nicht richtig, nicht vollständig oder nicht rechtzeitig verzeichnet,
10. entgegen § 49 Absatz 4, auch in Verbindung mit einer Rechtsverordnung nach § 10 Absatz 2 Nummer 1 Buchstabe b oder § 52 Absatz 1 Satz 1 oder Satz 2 Nummer 3, ein Register nicht, nicht richtig, nicht vollständig oder nicht rechtzeitig vorlegt oder eine Mitteilung nicht, nicht richtig, nicht vollständig oder nicht rechtzeitig macht,

1) **Anm. d. Red.:** § 69 i. d. F. des Gesetzes v. 20. 10. 2015 (BGBl I S. 1739) mit Wirkung v. 24. 10. 2015.

11. entgegen § 49 Absatz 5, auch in Verbindung mit einer Rechtsverordnung nach § 52 Absatz 1 Satz 2 Nummer 6, eine Angabe oder einen Beleg nicht oder nicht für die vorgeschriebene Dauer aufbewahrt,
12. entgegen § 50 Absatz 1 in Verbindung mit einer Rechtsverordnung nach § 52 Absatz 1 Satz 1, jeweils auch in Verbindung mit einer Rechtsverordnung nach § 10 Absatz 2 Nummer 1 Buchstabe b oder § 52 Absatz 1 Satz 2 Nummer 3, einen Nachweis nicht, nicht richtig, nicht vollständig oder nicht rechtzeitig führt,
13. entgegen § 55 Absatz 1 Satz 1 ein Fahrzeug nicht, nicht richtig, nicht vollständig oder nicht rechtzeitig mit Warntafeln versieht,
14. entgegen § 59 Absatz 1 Satz 1 in Verbindung mit einer Rechtsverordnung nach § 59 Absatz 1 Satz 2 und 3 einen Abfallbeauftragten nicht oder nicht rechtzeitig bestellt oder
15. einer Rechtsverordnung nach § 10 Absatz 2 Nummer 1 Buchstabe a, Nummer 2 bis 7 oder Nummer 8, jeweils auch in Verbindung mit § 11 Absatz 3 Nummer 4, § 16 Satz 1 Nummer 3 oder § 43 Absatz 5, nach § 25 Absatz 1 Nummer 4 oder Nummer 5, § 43 Absatz 1 Satz 1 Nummer 6 oder Nummer 9, § 52 Absatz 1 Satz 1 und Absatz 2 Nummer 2 oder Nummer 3, § 53 Absatz 6 Nummer 1, 2, 4 oder Nummer 5, § 54 Absatz 7 Nummer 1, 2, 4 oder Nummer 5 oder § 57 Satz 2 Nummer 9 oder einer vollziehbaren Anordnung auf Grund einer solchen Rechtsverordnung zuwiderhandelt, soweit die Rechtsverordnung für einen bestimmten Tatbestand auf diese Vorschrift verweist.

(3) Die Ordnungswidrigkeit nach Absatz 1 kann mit einer Geldbuße bis zu hunderttausend Euro, die Ordnungswidrigkeit nach Absatz 2 mit einer Geldbuße bis zu zehntausend Euro geahndet werden.

(4) Verwaltungsbehörde im Sinne des § 36 Absatz 1 Nummer 1 des Gesetzes über Ordnungswidrigkeiten ist das Bundesamt für Güterverkehr, soweit es sich um Ordnungswidrigkeiten nach Absatz 1 Nummer 6 bis 8 oder nach Absatz 2 Nummer 1, 7, 8, 10 bis 13 und 15 handelt und die Zuwiderhandlung im Zusammenhang mit der Beförderung von Abfällen durch Fahrzeuge zur Güterbeförderung auf der Straße in einem Unternehmen begangen wird, das im Inland weder seinen Sitz noch eine geschäftliche Niederlassung hat, und soweit die betroffene Person im Inland keinen Wohnsitz hat.

§ 70 Einziehung

[1]Ist eine Ordnungswidrigkeit nach § 69 Absatz 1 Nummer 2 bis 7 oder Nummer 8 begangen worden, so können Gegenstände eingezogen werden,

1. auf die sich die Ordnungswidrigkeit bezieht oder
2. die zu ihrer Begehung oder Vorbereitung gebraucht worden oder bestimmt gewesen sind.

[2]§ 23 des Gesetzes über Ordnungswidrigkeiten ist anzuwenden.

§ 71 Ausschluss abweichenden Landesrechts

Von den in diesem Gesetz oder auf Grund dieses Gesetzes getroffenen Regelungen des Verwaltungsverfahrens kann durch Landesrecht nicht abgewichen werden.

§ 72 Übergangsvorschrift

(1) [1]Pflichtenübertragungen nach § 16 Absatz 2, § 17 Absatz 3 oder § 18 Absatz 2 des Kreislaufwirtschafts- und Abfallgesetzes vom 27. September 1994 (BGBl I S. 2705), das zuletzt durch Artikel 5 des Gesetzes vom 6. Oktober 2011 (BGBl I S. 1986) geändert worden ist, gelten fort. [2]Die zuständige Behörde kann bestehende Pflichtenübertragungen nach Maßgabe des § 13 Absatz 2 und der §§ 16 bis 18 des Kreislaufwirtschafts- und Abfallgesetzes vom 27. September 1994 (BGBl I S. 2705), das zuletzt durch Artikel 5 des Gesetzes vom 6. Oktober 2011 (BGBl I S. 1986) geändert worden ist, verlängern.

(2) [1]Für gewerbliche und gemeinnützige Sammlungen, die zum Zeitpunkt des Inkrafttretens dieses Gesetzes bereits durchgeführt werden, ist die Anzeige nach § 18 Absatz 1 innerhalb von

drei Monaten nach Inkrafttreten dieses Gesetzes zu erstatten. [2]Für die Anzeige nach Satz 1 gilt § 18 Absatz 2 und 3 entsprechend.

(3) Für Verfahren zur Aufstellung von Abfallwirtschaftsplänen, die bis zum 31. Dezember 2011 eingeleitet worden sind, ist § 29 des Kreislaufwirtschafts- und Abfallgesetzes vom 27. September 1994 (BGBl I S. 2705) in der bis zum 1. Juni 2012 geltenden Fassung anzuwenden.

(4) § 53 Absatz 1 bis 5 und § 54 Absatz 1 bis 6 sind in Bezug auf Sammler und Beförderer, die Abfälle im Rahmen wirtschaftlicher Unternehmen sammeln oder befördern, erst zwei Jahre nach Inkrafttreten dieses Gesetzes am 1. Juni 2012 anzuwenden.

(5) Eine Transportgenehmigung nach § 49 Absatz 1 des Kreislaufwirtschafts- und Abfallgesetzes vom 27. September 1994 (BGBl I S. 2705), das zuletzt durch Artikel 5 des Gesetzes vom 6. Oktober 2011 (BGBl I S. 1986) geändert worden ist, auch in Verbindung mit § 1 der Transportgenehmigungsverordnung vom 10. September 1996 (BGBl I S. 1411; 1997 I S. 2861), die zuletzt durch Artikel 5 des Gesetzes vom 19. Juli 2007 (BGBl I S. 1462) geändert worden ist, gilt bis zum Ende ihrer Befristung als Erlaubnis nach § 54 Absatz 1 fort.

(6) Eine Genehmigung für Vermittlungsgeschäfte nach § 50 Absatz 1 des Kreislaufwirtschafts- und Abfallgesetzes vom 27. September 1994 (BGBl I S. 2705), das zuletzt durch Artikel 5 des Gesetzes vom 6. Oktober 2011 (BGBl I S. 1986) geändert worden ist, gilt bis zum Ende ihrer Befristung als Erlaubnis nach § 54 Absatz 1 fort.

Anlage 1: Beseitigungsverfahren

D 1 Ablagerungen in oder auf dem Boden (zum Beispiel Deponien)

D 2 Behandlung im Boden (zum Beispiel biologischer Abbau von flüssigen oder schlammigen Abfällen im Erdreich)

D 3 Verpressung (zum Beispiel Verpressung pumpfähiger Abfälle in Bohrlöcher, Salzdome oder natürliche Hohlräume)

D 4 Oberflächenaufbringung (zum Beispiel Ableitung flüssiger oder schlammiger Abfälle in Gruben, Teiche oder Lagunen)

D 5 Speziell angelegte Deponien (zum Beispiel Ablagerung in abgedichteten, getrennten Räumen, die gegeneinander und gegen die Umwelt verschlossen und isoliert werden)

D 6 Einleitung in ein Gewässer mit Ausnahme von Meeren und Ozeanen

D 7 Einleitung in Meere und Ozeane einschließlich Einbringung in den Meeresboden

D 8 Biologische Behandlung, die nicht an anderer Stelle in dieser Anlage beschrieben ist und durch die Endverbindungen oder Gemische entstehen, die mit einem der in D 1 bis D 12 aufgeführten Verfahren entsorgt werden

D 9 Chemisch-physikalische Behandlung, die nicht an anderer Stelle in dieser Anlage beschrieben ist und durch die Endverbindungen oder Gemische entstehen, die mit einem der in D 1 bis D 12 aufgeführten Verfahren entsorgt werden (zum Beispiel Verdampfen, Trocknen, Kalzinieren)

D 10 Verbrennung an Land

D 11 Verbrennung auf See*)

D 12 Dauerlagerung (zum Beispiel Lagerung von Behältern in einem Bergwerk)

D 13 Vermengung oder Vermischung vor Anwendung eines der in D 1 bis D 12 aufgeführten Verfahren**)

D 14 Neuverpacken vor Anwendung eines der in D 1 bis D 13 aufgeführten Verfahren

D 15 Lagerung bis zur Anwendung eines der in D 1 bis D 14 aufgeführten Verfahren (ausgenommen zeitweilige Lagerung bis zur Sammlung auf dem Gelände der Entstehung der Abfälle)***)

---

*) **Amtl. Anm.:** Nach EU-Recht und internationalen Übereinkünften verbotenes Verfahren.

) **Amtl. Anm.: Falls sich kein anderer D-Code für die Einstufung eignet, kann das Verfahren D 13 auch vorbereitende Verfahren einschließen, die der Beseitigung einschließlich der Vorbehandlung vorangehen, zum Beispiel Sortieren, Zerkleinern, Verdichten, Pelletieren, Trocknen, Schreddern, Konditionierung oder Trennung vor Anwendung eines der unter D 1 bis D 12 aufgeführten Verfahren.

***) **Amtl. Anm.:** Unter einer zeitweiligen Lagerung ist eine vorläufige Lagerung im Sinne des § 3 Absatz 15 zu verstehen.

Anlage 2: Verwertungsverfahren[1)]

R 1 Hauptverwendung als Brennstoff oder als anderes Mittel der Energieerzeugung[*)]
R 2 Rückgewinnung und Regenerierung von Lösemitteln
R 3 Recycling und Rückgewinnung organischer Stoffe, die nicht als Lösemittel verwendet werden (einschließlich der Kompostierung und sonstiger biologischer Umwandlungsverfahren)[**)]
R 4 Recycling und Rückgewinnung von Metallen und Metallverbindungen
R 5 Recycling und Rückgewinnung von anderen anorganischen Stoffen[***)]
R 6 Regenerierung von Säuren und Basen
R 7 Wiedergewinnung von Bestandteilen, die der Bekämpfung von Verunreinigungen dienen

---

*) **Amtl. Anm.:**

a) Hierunter fallen Verbrennungsanlagen, deren Zweck in der Behandlung fester Siedlungsabfälle besteht, nur dann, wenn deren Energieeffizienz mindestens folgende Werte hat:
aa) 0,60 für in Betrieb befindliche Anlagen, die bis zum 31. Dezember 2008 genehmigt worden sind,
bb) 0,65 für Anlagen, die nach dem 31. Dezember 2008 genehmigt worden sind oder genehmigt werden.

b) Bei der Berechnung nach Buchstabe a wird folgende Formel verwendet: Energieeffizienz = (Ep – (Ef + Ei))/(0,97 x (Ew + Ef)).

c) Im Rahmen der in Buchstabe b enthaltenen Formel bedeutet:
aa) Ep die jährlich als Wärme oder Strom erzeugte Energie. Der Wert wird berechnet, indem Elektroenergie mit dem Faktor 2,6 und für gewerbliche Zwecke erzeugte Wärme mit dem Faktor 1,1 (Gigajoule pro Jahr) multipliziert wird;
bb) Ef der jährliche Input von Energie in das System aus Brennstoffen, die zur Erzeugung von Dampf eingesetzt werden (Gigajoule pro Jahr);
cc) Ew die jährliche Energiemenge, die im behandelten Abfall enthalten ist, berechnet anhand des unteren Heizwerts des Abfalls (Gigajoule pro Jahr);
dd) Ei die jährliche importierte Energiemenge ohne Ew und Ef (Gigajoule pro Jahr);
ee) 0,97 ein Faktor zur Berechnung der Energieverluste durch Rost- und Kesselasche sowie durch Strahlung.

d) Der Wert der Energieeffizienzformel wird mit einem Klimakorrekturfaktor (Climate Correction Factor, CCF) wie folgt multipliziert:
aa) CCF für vor dem 1. September 2015 in Betrieb befindliche und nach geltendem EU-Recht genehmigte Anlagen:
CCF = 1, wenn HDD > = 3 350
CCF = 1,25, wenn HDD < = 2 150
CCF = – (0,25/1 200) × HDD + 1,698, wenn 2 150 < HDD < 3 350;
bb) CCF für nach dem 31. August 2015 genehmigte Anlagen und für Anlagen gemäß Nummer 1 ab 31. Dezember 2029:
CCF = 1, wenn HDD > = 3 350
CCF = 1,12, wenn HDD < = 2 150
CCF = – (0,12/1 200) × HDD + 1,335, wenn 2 150 < HDD < 3 350.
(Der sich daraus ergebende CCF-Wert wird auf drei Dezimalstellen gerundet).
Der HDD-Wert (Heizgradtage) sollte dem Durchschnitt der jährlichen HDD-Werte für den Standort der Verbrennungsanlage entsprechen, berechnet für einen Zeitraum von 20 aufeinanderfolgenden Jahren vor dem Jahr, für das der CCF bestimmt wird. Der HDD-Wert sollte nach der folgenden Eurostat-Methode berechnet werden: HDD = (18° C – Tm) × d, wenn Tm weniger als oder gleich 15° C (Heizschwelle) beträgt, und HDD = null, wenn Tm über 15° C beträgt; dabei ist Tm der mittleren (Tmin + Tmax)/2 Außentemperatur über einen Zeitraum von d Tagen. Die Berechnungen sind täglich durchzuführen (d = 1) und auf ein Jahr hochzurechnen.

e) Diese Formel ist entsprechend dem Referenzdokument zu den besten verfügbaren Techniken für die Abfallverbrennung zu verwenden.

) **Amtl. Anm.: Dies schließt Vergasung und Pyrolyse unter Verwendung der Bestandteile als Chemikalien ein.

***) **Amtl. Anm.:** Dies schließt die Bodenreinigung, die zu einer Verwertung des Bodens und zu einem Recycling anorganischer Baustoffe führt, ein.

1) **Anm. d. Red.:** Anlage 2 i. d. F. des Gesetzes v. 20. 11. 2015 (BGBl I S. 2071) mit Wirkung v. 26. 11. 2015.

R 8 Wiedergewinnung von Katalysatorenbestandteilen
R 9 Erneute Ölraffination oder andere Wiederverwendungen von Öl
R 10 Aufbringung auf den Boden zum Nutzen der Landwirtschaft oder zur ökologischen Verbesserung
R 11 Verwendung von Abfällen, die bei einem der in R 1 bis R 10 aufgeführten Verfahren gewonnen werden
R 12 Austausch von Abfällen, um sie einem der in R 1 bis R 11 aufgeführten Verfahren zu unterziehen*)
R 13 Lagerung von Abfällen bis zur Anwendung eines der in R 1 bis R 12 aufgeführten Verfahren (ausgenommen zeitweilige Lagerung bis zur Sammlung auf dem Gelände der Entstehung der Abfälle)**)

Anlage 3: Kriterien zur Bestimmung des Standes der Technik[1)]

Bei der Bestimmung des Standes der Technik sind unter Berücksichtigung der Verhältnismäßigkeit zwischen Aufwand und Nutzen möglicher Maßnahmen sowie des Grundsatzes der Vorsorge und der Vorbeugung, jeweils bezogen auf Anlagen einer bestimmten Art, insbesondere folgende Kriterien zu berücksichtigen:

1. Einsatz abfallarmer Technologie,
2. Einsatz weniger gefährlicher Stoffe,
3. Förderung der Rückgewinnung und Wiederverwertung der bei den einzelnen Verfahren erzeugten und verwendeten Stoffe und gegebenenfalls der Abfälle,
4. vergleichbare Verfahren, Vorrichtungen und Betriebsmethoden, die mit Erfolg im Betrieb erprobt wurden,
5. Fortschritte in der Technologie und in den wissenschaftlichen Erkenntnissen,
6. Art, Auswirkungen und Menge der jeweiligen Emissionen,
7. Zeitpunkte der Inbetriebnahme der neuen oder der bestehenden Anlagen,
8. für die Einführung einer besseren, verfügbaren Technik erforderliche Zeit,
9. Verbrauch an Rohstoffen und die Art der bei den einzelnen Verfahren verwendeten Rohstoffe (einschließlich Wasser) sowie Energieeffizienz,
10. Notwendigkeit, die Gesamtwirkung der Emissionen und die Gefahren für den Menschen und die Umwelt so weit wie möglich zu vermeiden oder zu verringern,
11. Notwendigkeit, Unfällen vorzubeugen und deren Folgen für den Menschen und die Umwelt zu verringern,
12. Informationen, die von internationalen Organisationen veröffentlicht werden,
13. Informationen, die in BVT-Merkblättern enthalten sind.

*) **Amtl. Anm.:** Falls sich kein anderer R-Code für die Einstufung eignet, kann das Verfahren R 12 vorbereitende Verfahren einschließen, die der Verwertung einschließlich der Vorbehandlung vorangehen, zum Beispiel Demontage, Sortieren, Zerkleinern, Verdichten, Pelletieren, Trocknen, Schreddern, Konditionierung, Neuverpacken, Trennung, Vermengen oder Vermischen vor Anwendung eines der in R 1 bis R 11 aufgeführten Verfahren.

) **Amtl. Anm.: Unter einer zeitweiligen Lagerung ist eine vorläufige Lagerung im Sinne des § 3 Absatz 15 zu verstehen.

1) **Anm. d. Red.:** Anlage 3 i. d. F. des Gesetzes v. 8. 4. 2013 (BGBl I S. 734, ber. I S. 3753) mit Wirkung v. 2. 5. 2013.

Anlage 4: Beispiele für Abfallvermeidungsmaßnahmen nach § 33

1. Maßnahmen, die sich auf die Rahmenbedingungen im Zusammenhang mit der Abfallerzeugung auswirken können:
   a) Einsatz von Planungsmaßnahmen oder sonstigen wirtschaftlichen Instrumenten, die die Effizienz der Ressourcennutzung fördern,
   b) Förderung einschlägiger Forschung und Entwicklung mit dem Ziel, umweltfreundlichere und weniger abfallintensive Produkte und Technologien hervorzubringen, sowie Verbreitung und Einsatz dieser Ergebnisse aus Forschung und Entwicklung,
   c) Entwicklung wirksamer und aussagekräftiger Indikatoren für die Umweltbelastungen im Zusammenhang mit der Abfallerzeugung als Beitrag zur Vermeidung der Abfallerzeugung auf sämtlichen Ebenen, vom Produktvergleich auf Gemeinschaftsebene über Aktivitäten kommunaler Behörden bis hin zu nationalen Maßnahmen.

2. Maßnahmen, die sich auf die Konzeptions-, Produktions- und Vertriebsphase auswirken können:
   a) Förderung von Ökodesign (systematische Einbeziehung von Umweltaspekten in das Produktdesign mit dem Ziel, die Umweltbilanz des Produkts über den gesamten Lebenszyklus hinweg zu verbessern),
   b) Bereitstellung von Informationen über Techniken zur Abfallvermeidung im Hinblick auf einen erleichterten Einsatz der besten verfügbaren Techniken in der Industrie,
   c) Schulungsmaßnahmen für die zuständigen Behörden hinsichtlich der Einbeziehung der Abfallvermeidungsanforderungen bei der Erteilung von Genehmigungen auf Grund dieses Gesetzes sowie des Bundes-Immissionsschutzgesetzes und der auf Grundlage des Bundes-Immissionsschutzgesetzes erlassenen Rechtsverordnungen,
   d) Einbeziehung von Maßnahmen zur Vermeidung der Abfallerzeugung in Anlagen, die keiner Genehmigung nach § 4 des Bundes-Immissionsschutzgesetzes bedürfen. Hierzu könnten gegebenenfalls Maßnahmen zur Bewertung der Abfallvermeidung und zur Aufstellung von Plänen gehören,
   e) Sensibilisierungsmaßnahmen oder Unterstützung von Unternehmen bei der Finanzierung oder der Entscheidungsfindung. Besonders wirksam dürften derartige Maßnahmen sein, wenn sie sich gezielt an kleine und mittlere Unternehmen richten, auf diese zugeschnitten sind und auf bewährte Netzwerke des Wirtschaftslebens zurückgreifen,
   f) Rückgriff auf freiwillige Vereinbarungen, Verbraucher- und Herstellergremien oder branchenbezogene Verhandlungen, damit die jeweiligen Unternehmen oder Branchen eigene Abfallvermeidungspläne oder -ziele festlegen oder abfallintensive Produkte oder Verpackungen verbessern,
   g) Förderung anerkannter Umweltmanagementsysteme.
3. Maßnahmen, die sich auf die Verbrauchs- und Nutzungsphase auswirken können:
   a) Wirtschaftliche Instrumente wie zum Beispiel Anreize für umweltfreundlichen Einkauf oder die Einführung eines vom Verbraucher zu zahlenden Aufpreises für einen Verpackungsartikel oder Verpackungsteil, der sonst unentgeltlich bereitgestellt werden würde,
   b) Sensibilisierungsmaßnahmen und Informationen für die Öffentlichkeit oder eine bestimmte Verbrauchergruppe,
   c) Förderung von Ökozeichen,
   d) Vereinbarungen mit der Industrie, wie der Rückgriff auf Produktgremien etwa nach dem Vorbild der integrierten Produktpolitik, oder mit dem Einzelhandel über die Bereitstellung von Informationen über Abfallvermeidung und umweltfreundliche Produkte,
   e) Einbeziehung von Kriterien des Umweltschutzes und der Abfallvermeidung in Ausschreibungen des öffentlichen und privaten Beschaffungswesens im Sinne des Handbuchs für

eine umweltgerechte öffentliche Beschaffung, das von der Kommission am 29. Oktober 2004 veröffentlicht wurde (Amt für amtliche Veröffentlichungen der Europäischen Gemeinschaften, 2005),

f) Förderung der Wiederverwendung und Reparatur geeigneter entsorgter Produkte oder ihrer Bestandteile, vor allem durch den Einsatz pädagogischer, wirtschaftlicher, logistischer oder anderer Maßnahmen wie Unterstützung oder Einrichtung von akkreditierten Zentren und Netzen für Reparatur und Wiederverwendung, insbesondere in dicht besiedelten Regionen.

XIII. Lebensmittel-, Bedarfsgegenstände- und Futtermittelgesetzbuch (Lebensmittel- und Futtermittelgesetzbuch – LFGB)*) **) ***)

v. 3. 6. 2013 (BGBl I S. 1426) mit späteren Änderungen

*) **Amtl. Anm.:** Das Gesetz dient der Umsetzung der in der Anlage zu Fußnote 1) des Gesetzes zur Neuordnung des Lebensmittel- und des Futtermittelrechts vom 1. September 2005 (BGBl I S. 2618, 3007) in den Nummern 1 bis 72 und 75 aufgeführten Rechtsakte.

) **Amtl. Anm.: Die Verpflichtungen aus der Richtlinie 98/34/EG des Europäischen Parlaments und des Rates vom 22. Juni 1998 über ein Informationsverfahren auf dem Gebiet der Normen und technischen Vorschriften und der Vorschriften für die Dienste der Informationsgesellschaft (ABl L 204 vom 21. 7. 1998, S. 37), die zuletzt durch die Richtlinie 2006/96/EG (ABl L 363 vom 20. 12. 2006, S. 81) geändert worden ist, sind beachtet worden.

LFGB

***) **Amtl. Anm.:** Das Gesetz dient der Umsetzung der Richtlinie 2008/112/EG des Europäischen Parlaments und des Rates vom 16. Dezember 2008 zur Änderung der Richtlinien 76/768/EWG, 88/378/EWG und 1999/13/EG des Rates sowie der Richtlinien 2000/53/EG, 2002/96/EG und 2004/42/EG des Europäischen Parlaments und des Rates zwecks ihrer Anpassung an die Verordnung (EG) Nr. 1272/2008 über die Einstufung, Kennzeichnung und Verpackung von Stoffen und Gemischen (ABl L 345 vom 23. 12. 2008, S. 68).

Das Lebensmittel-, Bedarfsgegenstände- und Futtermittelgesetzbuch (Lebensmittel- und Futtermittelgesetzbuch – LFGB) v. 3. 6. 2013 (BGBl I S. 1426) ist zuletzt geändert worden durch Art. 1 Gesetz zur Änderung futtermittelrechtlicher und tierschutzrechtlicher Vorschriften*) v. 30.6.2017 (BGBl I S. 2147); die Änderung, die erst am 1.10.2021 in Kraft tritt, ist in einer Fußnote entsprechend gekennzeichnet.

Nichtamtliche Fassung

Inhaltsübersicht[1)]

*) **Amtl. Anm.:** Notifiziert gemäß der Richtlinie (EU) 2015/1535 des Europäischen Parlaments und des Rates vom 9. September 2015 über ein Informationsverfahren auf dem Gebiet der technischen Vorschriften und der Vorschriften für die Dienste der Informationsgesellschaft (ABl L 241 vom 17.9.2015, S. 1).

1) **Anm. d. Red.:** Inhaltsverzeichnis i. d. F. des Gesetzes v. 30.6.2017 (BGBl I S. 2147) mit Wirkung v. 6.7.2017 und i. d. F. v. 27.6.2017 (BGBl I S. 1966) mit Wirkung v. 1.10.2017.

Abschnitt 1: Allgemeine Bestimmungen

§ 1 Zweck des Gesetzes[1)]

(1) Zweck des Gesetzes ist es,

1. vorbehaltlich der Absätze 2 und 4 bei Lebensmitteln, Futtermitteln, kosmetischen Mitteln und Bedarfsgegenständen den Schutz der Verbraucherinnen und Verbraucher durch Vor-

1) **Anm. d. Red.:** § 1 i. d. F. des Gesetzes v. 27.6.2017 (BGBl I S. 1966) mit Wirkung v. 1.10.2017.

beugung gegen eine oder Abwehr einer Gefahr für die menschliche Gesundheit sicherzustellen,

2. beim Verkehr mit Lebensmitteln, Futtermitteln, kosmetischen Mitteln und Bedarfsgegenständen vor Täuschung zu schützen,
3. die Unterrichtung der Wirtschaftsbeteiligten und
   a) der Verbraucherinnen und Verbraucher beim Verkehr mit Lebensmitteln, kosmetischen Mitteln und Bedarfsgegenständen,
   b) der Verwenderinnen und Verwender beim Verkehr mit Futtermitteln sicherzustellen,
4. a) bei Futtermitteln
      aa) den Schutz von Tieren durch Vorbeugung gegen eine oder Abwehr einer Gefahr für die tierische Gesundheit sicherzustellen,
      bb) vor einer Gefahr für den Naturhaushalt durch in tierischen Ausscheidungen vorhandene unerwünschte Stoffe, die ihrerseits bereits in Futtermitteln vorhanden gewesen sind, zu schützen,
   b) durch Futtermittel die tierische Erzeugung so zu fördern, dass
      aa) die Leistungsfähigkeit der Nutztiere erhalten und verbessert wird und
      bb) die von Nutztieren gewonnenen Lebensmittel und sonstigen Produkte den an sie gestellten qualitativen Anforderungen, auch im Hinblick auf ihre Unbedenklichkeit für die menschliche Gesundheit, entsprechen.

(1a) Absatz 1 Nummer 2 erfasst auch den Schutz

1. vor Täuschung im Falle zum Verzehr ungeeigneter Lebensmittel im Sinne des Artikels 14 Absatz 2 Buchstabe b und Absatz 5 der Verordnung (EG) Nr. 178/2002 des Europäischen Parlaments und des Rates vom 28. Januar 2002 zur Festlegung der allgemeinen Grundsätze und Anforderungen des Lebensmittelrechts, zur Errichtung der Europäischen Behörde für Lebensmittelsicherheit und zur Festlegung von Verfahren zur Lebensmittelsicherheit (ABl L 31 vom 1. 2. 2002, S. 1), die zuletzt durch die Verordnung (EU) Nr. 652/2014 (ABl L 189 vom 27. 6. 2014, S. 1) geändert worden ist, oder
2. vor Verwendung ungeeigneter Bedarfsgegenstände im Sinne des § 2 Absatz 6 Satz 1 Nummer 1.

(2) Zweck dieses Gesetzes ist es, den Schutz der menschlichen Gesundheit im privaten häuslichen Bereich durch Vorbeugung gegen eine oder Abwehr einer Gefahr, die von Erzeugnissen ausgeht oder ausgehen kann, sicherzustellen, soweit dies in diesem Gesetz angeordnet ist.

(3) Dieses Gesetz dient ferner der Umsetzung und Durchführung von Rechtsakten der Europäischen Gemeinschaft oder der Europäischen Union, die Sachbereiche dieses Gesetzes betreffen, wie durch ergänzende Regelungen zur Verordnung (EG) Nr. 178/2002.

(4) Abschnitt 9a

1. bezweckt, bei Erzeugnissen, die radioaktiv kontaminiert sind oder kontaminiert sein können, den Schutz der Verbraucherinnen und Verbraucher und von Tieren durch Vorbeugung gegen eine oder Abwehr einer Gefahr für die menschliche oder tierische Gesundheit sicherzustellen,
2. dient ferner der Umsetzung und Durchführung von Rechtsakten der Europäischen Gemeinschaft, der Europäischen Union oder der Europäischen Atomgemeinschaft, die Sachbereiche der Nummer 1 betreffen, wie beispielsweise durch ergänzende Regelungen zur Verordnung (Euratom) 2016/52 des Rates vom 15. Januar 2016 zur Festlegung von Höchstwerten an Radioaktivität in Lebens- und Futtermitteln im Falle eines nuklearen Unfalls oder eines anderen radiologischen Notfalls und zur Aufhebung der Verordnung (Euratom) Nr. 3954/87 des Rates und der Verordnungen (Euratom) Nr. 944/89 und (Euratom) Nr. 770/90 der Kommission (ABl L 13 vom 20.1.2016, S. 2).

§ 2 Begriffsbestimmungen[1)]

(1) Erzeugnisse sind Lebensmittel, einschließlich Lebensmittelzusatzstoffe, Futtermittel, kosmetische Mittel und Bedarfsgegenstände.

(2) Lebensmittel sind Lebensmittel im Sinne des Artikels 2 der Verordnung (EG) Nr. 178/2002.

(3) [1]Lebensmittelzusatzstoffe sind Lebensmittelzusatzstoffe im Sinne des Artikels 3 Absatz 2 Buchstabe a in Verbindung mit Artikel 2 Absatz 2 der Verordnung (EG) Nr. 1333/2008 des Europäischen Parlaments und des Rates vom 16. Dezember 2008 über Lebensmittelzusatzstoffe (ABl L 354 vom 31. 12. 2008, S. 16, L 105 vom 27. 4. 2010, S. 114, L 322 vom 21. 11. 2012, S. 8, L 123 vom 19. 5. 2015, S. 122), die zuletzt durch die Verordnung (EU) 2016/1776 (ABl L 272 vom 7. 10. 2016, S. 2) geändert worden ist. [2]Den Lebensmittelzusatzstoffen stehen gleich

1. Stoffe mit oder ohne Nährwert, die üblicherweise weder selbst als Lebensmittel verzehrt noch als charakteristische Zutat eines Lebensmittels verwendet werden und die einem Lebensmittel aus anderen als technologischen Gründen beim Herstellen oder Behandeln zugesetzt werden, wodurch sie selbst oder ihre Abbau- oder Reaktionsprodukte mittelbar oder unmittelbar zu einem Bestandteil des Lebensmittels werden oder werden können; ausgenommen sind Stoffe, die natürlicher Herkunft oder den natürlichen chemisch gleich sind und nach allgemeiner Verkehrsauffassung überwiegend wegen ihres Nähr-, Geruchs- oder Geschmackswertes oder als Genussmittel verwendet werden,
2. Mineralstoffe und Spurenelemente sowie deren Verbindungen außer Kochsalz,
3. Aminosäuren und deren Derivate,
4. Vitamine A und D sowie deren Derivate.

(4) Futtermittel sind Futtermittel im Sinne des Artikels 3 Nummer 4 der Verordnung (EG) Nr. 178/2002.

(5) [1]Kosmetische Mittel sind Stoffe oder Gemische aus Stoffen, die ausschließlich oder überwiegend dazu bestimmt sind, äußerlich am Körper des Menschen oder in seiner Mundhöhle zur Reinigung, zum Schutz, zur Erhaltung eines guten Zustandes, zur Parfümierung, zur Veränderung des Aussehens oder dazu angewendet zu werden, den Körpergeruch zu beeinflussen. [2]Als kosmetische Mittel gelten nicht Stoffe oder Gemische aus Stoffen, die zur Beeinflussung der Körperformen bestimmt sind.

(6) [1]Bedarfsgegenstände sind

1. Materialien und Gegenstände im Sinne des Artikels 1 Absatz 2 der Verordnung (EG) Nr. 1935/2004 des Europäischen Parlaments und des Rates vom 27. Oktober 2004 über Materialien und Gegenstände, die dazu bestimmt sind, mit Lebensmitteln in Berührung zu kommen und zur Aufhebung der Richtlinien 80/590/EWG und 89/109/EWG (ABl L 338 vom 13. 11. 2004, S. 4), die durch die Verordnung (EG) Nr. 596/2009 (ABl L 188 vom 18. 7. 2009, S. 14) geändert worden ist,
2. Packungen, Behältnisse oder sonstige Umhüllungen, die dazu bestimmt sind, mit kosmetischen Mitteln in Berührung zu kommen,
3. Gegenstände, die dazu bestimmt sind, mit den Schleimhäuten des Mundes in Berührung zu kommen,
4. Gegenstände, die zur Körperpflege bestimmt sind,
5. Spielwaren und Scherzartikel,
6. Gegenstände, die dazu bestimmt sind, nicht nur vorübergehend mit dem menschlichen Körper in Berührung zu kommen, wie Bekleidungsgegenstände, Bettwäsche, Masken, Perücken, Haarteile, künstliche Wimpern, Armbänder,
7. Reinigungs- und Pflegemittel, die für den häuslichen Bedarf oder für Bedarfsgegenstände im Sinne der Nummer 1 bestimmt sind,

1) **Anm. d. Red.:** § 2 i. d. F. des Gesetzes v. 24. 11. 2016 (BGBl I S. 2656) mit Wirkung v. 3. 12. 2016.

8. Imprägnierungsmittel und sonstige Ausrüstungsmittel für Bedarfsgegenstände im Sinne der Nummer 6, die für den häuslichen Bedarf bestimmt sind,
9. Mittel und Gegenstände zur Geruchsverbesserung in Räumen, die zum Aufenthalt von Menschen bestimmt sind.

[2]Bedarfsgegenstände sind nicht Gegenstände, die nach § 2 Absatz 2 des Arzneimittelgesetzes als Arzneimittel gelten, nach § 3 des Medizinproduktegesetzes Medizinprodukte oder Zubehör für Medizinprodukte oder nach Artikel 3 Absatz 1 Buchstabe a der Verordnung (EU) Nr. 528/2012 des Europäischen Parlaments und des Rates vom 22. Mai 2012 über die Bereitstellung auf dem Markt und die Verwendung von Biozidprodukten (ABl L 167 vom 27.6.2012, S. 1, L 303 vom 20.11.2015, S. 109), die zuletzt durch die Verordnung (EU) Nr. 334/2014 (ABl L 103 vom 5.4.2014, S. 22) geändert worden ist, Biozid-Produkte sind, sowie nicht die in Artikel 1 Absatz 3 der Verordnung (EG) Nr. 1935/2004 genannten Materialien und Gegenstände, Überzugs- und Beschichtungsmaterialien und Wasserversorgungsanlagen.

§ 3 Weitere Begriffsbestimmungen[1)]

Im Sinne dieses Gesetzes sind:

1. Inverkehrbringen: Inverkehrbringen im Sinne des Artikels 3 Nummer 8 der Verordnung (EG) Nr. 178/2002; für kosmetische Mittel, Bedarfsgegenstände und mit Lebensmitteln verwechselbare Produkte gilt Artikel 3 Nummer 8 der Verordnung (EG) Nr. 178/2002 entsprechend,
2. Herstellen: das Gewinnen, einschließlich des Schlachtens oder Erlegens lebender Tiere, deren Fleisch als Lebensmittel zu dienen bestimmt ist, das Herstellen, das Zubereiten, das Be- und Verarbeiten und das Mischen,
3. Behandeln: das Wiegen, Messen, Um- und Abfüllen, Stempeln, Bedrucken, Verpacken, Kühlen, Gefrieren, Tiefgefrieren, Auftauen, Lagern, Aufbewahren, Befördern sowie jede sonstige Tätigkeit, die nicht als Herstellen oder Inverkehrbringen anzusehen ist,
4. Verbraucherin oder Verbraucher: Endverbraucher im Sinne des Artikels 3 Nummer 18 der Verordnung (EG) Nr. 178/2002, im Übrigen diejenige, an die oder derjenige, an den ein kosmetisches Mittel oder ein Bedarfsgegenstand zur persönlichen Verwendung oder zur Verwendung im eigenen Haushalt abgegeben wird, wobei Gewerbetreibende, soweit sie ein kosmetisches Mittel oder einen Bedarfsgegenstand zum Verbrauch innerhalb ihrer Betriebsstätte beziehen, der Verbraucherin oder dem Verbraucher gleichstehen,
5. Verzehren: das Aufnehmen von Lebensmitteln durch den Menschen durch Essen, Kauen, Trinken sowie durch jede sonstige Zufuhr von Stoffen in den Magen,
6. Lebensmittelunternehmen: Lebensmittelunternehmen im Sinne des Artikels 3 Nummer 2 der Verordnung (EG) Nr. 178/2002,
7. Lebensmittelunternehmerin oder Lebensmittelunternehmer: Lebensmittelunternehmer im Sinne des Artikels 3 Nummer 3 der Verordnung (EG) Nr. 178/2002,
8. Information über Lebensmittel: Information über Lebensmittel im Sinne des Artikels 2 Absatz 2 Buchstabe a der Verordnung (EU) Nr. 1169/2011 des Europäischen Parlaments und des Rates vom 25. Oktober 2011 betreffend die Information der Verbraucher über Lebensmittel und zur Änderung der Verordnungen (EG) Nr. 1924/2006 und (EG) Nr. 1925/2006 des Europäischen Parlaments und des Rates und zur Aufhebung der Richtlinie 87/250/EWG der Kommission, der Richtlinie 90/496/EWG des Rates, der Richtlinie 1999/10/EG der Kommission, der Richtlinie 2000/13/EG des Europäischen Parlaments und des Rates, der Richtlinien 2002/67/EG und 2008/5/EG der Kommission und der Verordnung (EG) Nr. 608/2004 der Kommission (ABl L 304 vom 22.11.2011, S. 18, L 331 vom 18.11.2014, S. 41, L 50 vom 21.2.2015, S. 48, L 266 vom 30.9.2016, S. 7), die zuletzt durch die Verordnung (EU) 2015/2283 (ABl L 327 vom 11.12.2015, S. 1) geändert worden ist,

1) **Anm. d. Red.:** § 3 i. d. F. des Gesetzes v. 24.11.2016 (BGBl I S. 2656) mit Wirkung v. 3.12.2016.

9. Auslösewert: Grenzwert für den Gehalt an einem gesundheitlich nicht erwünschten Stoff, der in oder auf einem Lebensmittel enthalten ist, bei dessen Überschreitung Untersuchungen vorgenommen werden müssen, um die Ursachen für das Vorhandensein des jeweiligen Stoffs mit dem Ziel zu ermitteln, Maßnahmen zu seiner Verringerung oder Beseitigung einzuleiten,
10. mit Lebensmitteln verwechselbare Produkte: Produkte, die zwar keine Lebensmittel sind, bei denen jedoch aufgrund ihrer Form, ihres Geruchs, ihrer Farbe, ihres Aussehens, ihrer Aufmachung, ihrer Kennzeichnung, ihres Volumens oder ihrer Größe vorhersehbar ist, dass sie von den Verbraucherinnen und Verbrauchern, insbesondere von Kindern, mit Lebensmitteln verwechselt werden und deshalb zum Mund geführt, gelutscht oder geschluckt werden, wodurch insbesondere die Gefahr des Erstickens, der Vergiftung, der Perforation oder des Verschlusses des Verdauungskanals entstehen kann; ausgenommen sind Arzneimittel, die einem Zulassungs- oder Registrierungsverfahren unterliegen,
11. Futtermittelunternehmen: Futtermittelunternehmen im Sinne des Artikels 3 Nummer 5 der Verordnung (EG) Nr. 178/2002, auch soweit sich deren Tätigkeit auf Futtermittel bezieht, die zur oralen Tierfütterung von nicht der Lebensmittelgewinnung dienenden Tieren bestimmt sind,
12. Futtermittelunternehmerin oder Futtermittelunternehmer: Futtermittelunternehmer im Sinne des Artikels 3 Nummer 6 der Verordnung (EG) Nr. 178/2002, auch soweit sich deren Verantwortung auf Futtermittel bezieht, die zur oralen Tierfütterung von nicht der Lebensmittelgewinnung dienenden Tieren bestimmt sind,
13. Einzelfuttermittel: Einzelfuttermittel im Sinne des Artikels 3 Absatz 2 Buchstabe g der Verordnung (EG) Nr. 767/2009 des Europäischen Parlaments und des Rates vom 13. Juli 2009 über das Inverkehrbringen und die Verwendung von Futtermitteln, zur Änderung der Verordnung (EG) Nr. 1831/2003 des Europäischen Parlaments und des Rates und zur Aufhebung der Richtlinien 79/373/EWG des Rates, 80/511/EWG der Kommission, 82/471/EWG des Rates, 83/228/EWG des Rates, 93/74/EWG des Rates, 93/113/EG des Rates und 96/25/EG des Rates und der Entscheidung 2004/217/EG der Kommission (ABl L 229 vom 1. 9. 2009, S. 1, L 192 vom 22. 7. 2011, S. 71), die zuletzt durch die Verordnung (EU) Nr. 939/2010 (ABl L 277 vom 21. 10. 2010, S. 4) geändert worden ist,
14. Mischfuttermittel: Mischfuttermittel im Sinne des Artikels 3 Absatz 2 Buchstabe h der Verordnung (EG) Nr. 767/2009,
15. Diätfuttermittel: Mischfuttermittel, die dazu bestimmt sind, den besonderen Ernährungsbedarf der Tiere zu decken, bei denen insbesondere Verdauungs-, Resorptions- oder Stoffwechselstörungen vorliegen oder zu erwarten sind,
16. Futtermittelzusatzstoffe: Futtermittelzusatzstoffe im Sinne des Artikels 2 Absatz 2 Buchstabe a der Verordnung (EG) Nr. 1831/2003 des Europäischen Parlaments und des Rates vom 22. September 2003 über Zusatzstoffe zur Verwendung in der Tierernährung (ABl L 268 vom 18. 10. 2003, S. 29, L 192 vom 29. 5. 2004, S. 34, L 98 vom 13. 4. 2007, S. 29), die zuletzt durch die Verordnung (EU) 2015/2294 (ABl L 324 vom 10. 12. 2015, S. 3) geändert worden ist,
17. Vormischungen: Vormischungen im Sinne des Artikels 2 Absatz 2 Buchstabe e der Verordnung (EG) Nr. 1831/2003,
18. unerwünschte Stoffe: Stoffe – außer Tierseuchenerregern –, die in oder auf Futtermitteln enthalten sind und
    a) als Rückstände in von Nutztieren gewonnenen Lebensmitteln oder sonstigen Produkten eine Gefahr für die menschliche Gesundheit darstellen,
    b) eine Gefahr für die tierische Gesundheit darstellen,
    c) vom Tier ausgeschieden werden und als solche eine Gefahr für den Naturhaushalt darstellen oder

d) die Leistung von Nutztieren oder als Rückstände in von Nutztieren gewonnenen Lebensmitteln oder sonstigen Produkten die Qualität dieser Lebensmittel oder Produkte nachteilig beeinflussen

können,

19. Mittelrückstände: Rückstände an Pflanzenschutzmitteln im Sinne des Pflanzenschutzgesetzes, Vorratsschutzmitteln oder Schädlingsbekämpfungsmitteln, soweit sie in Rechtsakten der Europäischen Gemeinschaft oder der Europäischen Union im Anwendungsbereich dieses Gesetzes aufgeführt sind und die in oder auf Futtermitteln vorhanden sind,
20. Naturhaushalt: seine Bestandteile Boden, Wasser, Luft, Klima, Tiere und Pflanzen sowie das Wirkungsgefüge zwischen ihnen,
21. Nutztiere: Tiere einer Art, die üblicherweise zum Zweck der Gewinnung von Lebensmitteln oder sonstigen Produkten gehalten wird, sowie Pferde,
22. Aktionsgrenzwert: Grenzwert für den Gehalt an einem unerwünschten Stoff, bei dessen Überschreitung Untersuchungen vorgenommen werden müssen, um die Ursachen für das Vorhandensein des unerwünschten Stoffs mit dem Ziel zu ermitteln, Maßnahmen zu seiner Verringerung oder Beseitigung einzuleiten.

§ 4 Vorschriften zum Geltungsbereich[1)]

(1) Die Vorschriften dieses Gesetzes

1. für Lebensmittel gelten auch für lebende Tiere, die der Gewinnung von Lebensmitteln dienen, soweit dieses Gesetz dies bestimmt,
2. für Lebensmittelzusatzstoffe gelten auch für die ihnen nach § 2 Absatz 3 Satz 2 oder aufgrund des Absatzes 3 Nummer 2 gleichgestellten Stoffe,
3. für kosmetische Mittel gelten auch für Mittel zum Tätowieren einschließlich vergleichbarer Stoffe und Gemische aus Stoffen, die dazu bestimmt sind, zur Beeinflussung des Aussehens in oder unter die menschliche Haut eingebracht zu werden und dort, auch vorübergehend, zu verbleiben,
4. und der aufgrund dieses Gesetzes erlassenen Rechtsverordnungen gelten nicht für Erzeugnisse im Sinne des Weingesetzes – ausgenommen die in § 1 Absatz 2 des Weingesetzes genannten Erzeugnisse –; sie gelten jedoch, soweit das Weingesetz oder aufgrund des Weingesetzes erlassene Rechtsverordnungen auf Vorschriften dieses Gesetzes oder der aufgrund dieses Gesetzes erlassenen Rechtsverordnungen verweisen.

(2) In Rechtsverordnungen nach diesem Gesetz können

1. Gaststätten, Einrichtungen zur Gemeinschaftsverpflegung sowie Gewerbetreibende, soweit sie in § 2 Absatz 2, 5 und 6 genannte Erzeugnisse zum Verbrauch innerhalb ihrer Betriebsstätte beziehen, der Verbraucherin oder dem Verbraucher gleichgestellt werden,
2. weitere als in den §§ 2 und 3 genannte Begriffsbestimmungen oder davon abweichende Begriffsbestimmungen vorgesehen werden, soweit dadurch der Anwendungsbereich dieses Gesetzes nicht erweitert wird.

(3) Das Bundesministerium für Ernährung und Landwirtschaft (Bundesministerium) wird ermächtigt, im Einvernehmen mit dem Bundesministerium für Wirtschaft und Energie durch Rechtsverordnung mit Zustimmung des Bundesrates, soweit es zur Erfüllung der in § 1 Absatz 1 Nummer 1, auch in Verbindung mit § 1 Absatz 3, genannten Zwecke erforderlich ist,

1. andere Gegenstände und Mittel des persönlichen oder häuslichen Bedarfs, von denen bei bestimmungsgemäßem oder vorauszusehendem Gebrauch aufgrund ihrer stofflichen Zusammensetzung, insbesondere durch toxikologisch wirksame Stoffe oder durch Verunreinigungen, gesundheitsgefährdende Einwirkungen auf den menschlichen Körper ausgehen können, den Bedarfsgegenständen,

1) **Anm. d. Red.:** § 4 i. d. F. der VO v. 31. 8. 2015 (BGBl I S. 1474) mit Wirkung v. 8. 9. 2015.

2. bestimmte Stoffe oder Gruppen von Stoffen, auch nur für bestimmte Verwendungszwecke, den Lebensmittelzusatzstoffen

gleichzustellen.

Abschnitt 2: Verkehr mit Lebensmitteln

§ 5 Verbote zum Schutz der Gesundheit

(1) [1]Es ist verboten, Lebensmittel für andere derart herzustellen oder zu behandeln, dass ihr Verzehr gesundheitsschädlich im Sinne des Artikels 14 Absatz 2 Buchstabe a der Verordnung (EG) Nr. 178/2002 ist. [2]Unberührt bleiben

1. das Verbot des Artikels 14 Absatz 1 in Verbindung mit Absatz 2 Buchstabe a der Verordnung (EG) Nr. 178/2002 über das Inverkehrbringen gesundheitsschädlicher Lebensmittel und
2. Regelungen in Rechtsverordnungen aufgrund des § 13 Absatz 1 Nummer 3 und 4, soweit sie für den privaten häuslichen Bereich gelten.

(2) Es ist ferner verboten,

1. Stoffe, die keine Lebensmittel sind und deren Verzehr gesundheitsschädlich im Sinne des Artikels 14 Absatz 2 Buchstabe a der Verordnung (EG) Nr. 178/2002 ist, als Lebensmittel in den Verkehr zu bringen,
2. mit Lebensmitteln verwechselbare Produkte für andere herzustellen, zu behandeln oder in den Verkehr zu bringen.

§ 6 Verbote für Lebensmittelzusatzstoffe[1)]

(1) Es ist verboten,

1. bei dem Herstellen oder Behandeln von Lebensmitteln, die dazu bestimmt sind, in den Verkehr gebracht zu werden,
   a) nicht zugelassene Lebensmittelzusatzstoffe unvermischt oder in Mischungen mit anderen Stoffen zu verwenden,
   b) Ionenaustauscher zu benutzen, soweit dadurch nicht zugelassene Lebensmittelzusatzstoffe in die Lebensmittel gelangen,
   c) Verfahren zu dem Zweck anzuwenden, nicht zugelassene Lebensmittelzusatzstoffe in den Lebensmitteln zu erzeugen,
2. Lebensmittel in den Verkehr zu bringen, die entgegen dem Verbot der Nummer 1 hergestellt oder behandelt sind oder einer nach § 7 Absatz 1 oder 2 Nummer 1 oder 5 erlassenen Rechtsverordnung nicht entsprechen,
3. Lebensmittelzusatzstoffe oder Ionenaustauscher, die bei dem Herstellen oder Behandeln von Lebensmitteln nicht verwendet werden dürfen, für eine solche Verwendung oder zur Verwendung bei dem Herstellen oder Behandeln von Lebensmitteln durch die Verbraucherin oder den Verbraucher in den Verkehr zu bringen.

(2) [1]Absatz 1 Nummer 1 Buchstabe a findet keine Anwendung auf Enzyme und Mikroorganismenkulturen. [2]Absatz 1 Nummer 1 Buchstabe c findet keine Anwendung auf Stoffe, die bei einer allgemein üblichen küchenmäßigen Zubereitung von Lebensmitteln entstehen.

(3) Die Verordnung (EG) Nr. 1333/2008 und die Verordnung (EG) Nr. 1332/2008 des Europäischen Parlaments und des Rates vom 16. Dezember 2008 über Lebensmittelenzyme und zur Änderung der Richtlinie 83/417/EWG des Rates, der Verordnung (EG) Nr. 1493/1999 des Rates, der Richtlinie 2000/13/EG des Rates und der Verordnung (EG) Nr. 258/97 (ABl L 354 vom 31. 12. 2008, S. 7), die durch die Verordnung (EU) Nr. 1056/2012 (ABl L 313 vom 13. 11. 2012, S. 9) geändert worden ist, bleiben unberührt.

1) **Anm. d. Red.:** § 6 i. d. F. der VO v. 28. 5. 2014 (BGBl I S. 698) mit Wirkung v. 14. 6. 2014.

§ 7 Ermächtigungen für Lebensmittelzusatzstoffe[1)]

(1) Das Bundesministerium wird ermächtigt, im Einvernehmen mit dem Bundesministerium für Wirtschaft und Energie durch Rechtsverordnung mit Zustimmung des Bundesrates, soweit es unter Berücksichtigung technologischer, ernährungsphysiologischer oder diätetischer Erfordernisse mit den in § 1 Absatz 1 Nummer 1 oder 2, jeweils auch in Verbindung mit § 1 Absatz 3, genannten Zwecken vereinbar ist,

1. Lebensmittelzusatzstoffe allgemein oder für bestimmte Lebensmittel oder für bestimmte Verwendungszwecke zuzulassen,
2. Ausnahmen von den Verboten des § 6 Absatz 1 zuzulassen.

(2) Das Bundesministerium wird ferner ermächtigt, im Einvernehmen mit dem Bundesministerium für Wirtschaft und Energie durch Rechtsverordnung mit Zustimmung des Bundesrates, soweit es zur Erfüllung der in § 1 Absatz 1 Nummer 1 oder 2, jeweils auch in Verbindung mit § 1 Absatz 3, genannten Zwecke erforderlich ist,

1. Höchstmengen für den Gehalt an Lebensmittelzusatzstoffen oder deren Umwandlungsprodukten in Lebensmitteln sowie Reinheitsanforderungen für Lebensmittelzusatzstoffe oder für Ionenaustauscher festzusetzen,
2. Mindestmengen für den Gehalt an Lebensmittelzusatzstoffen in Lebensmitteln festzusetzen,
3. Vorschriften über das Herstellen, das Behandeln oder das Inverkehrbringen von Ionenaustauschern zu erlassen,
4. bestimmte Enzyme oder Mikroorganismenkulturen von der Regelung des § 6 Absatz 2 Satz 1 auszunehmen,
5. die Verwendung bestimmter Ionenaustauscher bei dem Herstellen von Lebensmitteln zu verbieten oder zu beschränken.

§ 8 Bestrahlungsverbot und Zulassungsermächtigung[2)]

(1) Es ist verboten,

1. bei Lebensmitteln eine nicht zugelassene Bestrahlung mit ultravioletten oder ionisierenden Strahlen anzuwenden,
2. Lebensmittel in den Verkehr zu bringen, die entgegen dem Verbot der Nummer 1 oder einer nach Absatz 2 erlassenen Rechtsverordnung bestrahlt sind.

(2) Das Bundesministerium wird ermächtigt, im Einvernehmen mit den Bundesministerien für Bildung und Forschung und für Umwelt, Naturschutz, Bau und Reaktorsicherheit durch Rechtsverordnung mit Zustimmung des Bundesrates,

1. soweit es mit den Zwecken des § 1 Absatz 1 Nummer 1 oder 2, jeweils auch in Verbindung mit § 1 Absatz 3, vereinbar ist, eine solche Bestrahlung allgemein oder für bestimmte Lebensmittel oder für bestimmte Verwendungszwecke zuzulassen,
2. soweit es zur Erfüllung der in § 1 Absatz 1 Nummer 1 oder 2, jeweils auch in Verbindung mit § 1 Absatz 3, genannten Zwecke erforderlich ist, bestimmte technische Verfahren für zugelassene Bestrahlungen vorzuschreiben.

§ 9 Pflanzenschutz- oder sonstige Mittel[3)]

(1) [1]Es ist verboten, Lebensmittel in den Verkehr zu bringen,

1. wenn in oder auf ihnen Pflanzenschutzmittel im Sinne des Pflanzenschutzgesetzes, Düngemittel im Sinne des Düngemittelgesetzes, andere Pflanzen- oder Bodenbehandlungsmittel,

1) **Anm. d. Red.:** § 7 i. d. F. der VO v. 31. 8. 2015 (BGBl I S. 1474) mit Wirkung v. 8. 9. 2015.

2) **Anm. d. Red.:** § 8 i. d. F. der VO v. 31. 8. 2015 (BGBl I S. 1474) mit Wirkung v. 8. 9. 2015.

3) **Anm. d. Red.:** § 9 i. d. F. des Gesetzes v. 24. 11. 2016 (BGBl I S. 2656) mit Wirkung v. 3. 12. 2016.

Biozid-Produkte im Sinne des Chemikaliengesetzes, soweit sie dem Vorratsschutz, der Schädlingsbekämpfung oder dem Schutz von Lebensmitteln dienen (Pflanzenschutz oder sonstige Mittel) oder deren Umwandlungs- oder Reaktionsprodukte vorhanden sind, die nach Absatz 2 Nummer 1 Buchstabe a festgesetzte Höchstmengen überschreiten,

2. wenn in oder auf ihnen Pflanzenschutzmittel im Sinne des Pflanzenschutzgesetzes vorhanden sind, die nicht zugelassen sind oder die bei den Lebensmitteln oder deren Ausgangsstoffen nicht angewendet werden dürfen,
3. die den Anforderungen nach Artikel 18 Absatz 1, auch in Verbindung mit Artikel 20 Absatz 1, der Verordnung (EG) Nr. 396/2005 des Europäischen Parlaments und des Rates vom 23. Februar 2005 über Höchstgehalte an Pestizidrückständen in oder auf Lebens- und Futtermitteln pflanzlichen und tierischen Ursprungs und zur Änderung der Richtlinie 91/414/EWG des Rates (ABl L 70 vom 16. 3. 2005, S. 1), die zuletzt durch die Verordnung (EU) 2016/1866 (ABl L 286 vom 21. 10. 2016, S. 4) geändert worden ist, nicht entsprechen.

[2]Satz 1 Nummer 2 gilt nicht, soweit für die dort genannten Mittel Höchstmengen nach Absatz 2 Nummer 1 Buchstabe a festgesetzt sind.

(2) Das Bundesministerium wird ermächtigt, im Einvernehmen mit dem Bundesministerium für Wirtschaft und Energie durch Rechtsverordnung mit Zustimmung des Bundesrates,

1. soweit es zur Erfüllung der in § 1 Absatz 1 Nummer 1 oder 2, jeweils auch in Verbindung mit § 1 Absatz 3, genannten Zwecke erforderlich ist,
   a) für Pflanzenschutz- oder sonstige Mittel oder deren Umwandlungs- und Reaktionsprodukte Höchstmengen festzusetzen, die in oder auf Lebensmitteln beim Inverkehrbringen nicht überschritten sein dürfen,
   b) das Inverkehrbringen von Lebensmitteln, bei denen oder bei deren Ausgangsstoffen bestimmte Stoffe als Pflanzenschutz- oder sonstige Mittel angewendet worden sind, zu verbieten,
   c) Maßnahmen zur Entwesung, Entseuchung oder Entkeimung von Räumen oder Geräten, in denen oder mit denen Lebensmittel hergestellt, behandelt oder in den Verkehr gebracht werden, von einer Genehmigung oder Anzeige abhängig zu machen sowie die Anwendung bestimmter Mittel, Geräte oder Verfahren bei solchen Maßnahmen vorzuschreiben, zu verbieten oder zu beschränken,
2. soweit es mit den in § 1 Absatz 1 Nummer 1 oder Nummer 2, jeweils auch in Verbindung mit § 1 Absatz 3, genannten Zwecken vereinbar ist, Ausnahmen von dem Verbot
   a) des Absatzes 1 Satz 1 Nummer 2 oder
   b) des Absatzes 1 Satz 1 Nummer 3 oder des Artikels 18 Absatz 1 der Verordnung (EG) Nr. 396/2005

   zuzulassen.

§ 10 Stoffe mit pharmakologischer Wirkung[1)]

(1) [1]Es ist verboten, vom Tier gewonnene Lebensmittel in den Verkehr zu bringen, wenn in oder auf ihnen Stoffe mit pharmakologischer Wirkung oder deren Umwandlungsprodukte vorhanden sind. [2]Satz 1 gilt nicht, wenn

1. die für die in Satz 1 bezeichneten Stoffe oder deren Umwandlungsprodukte in einem unmittelbar geltenden Rechtsakt der Europäischen Gemeinschaft oder der Europäischen Union, insbesondere
   a) im Anhang der Verordnung (EU) Nr. 37/2010 der Kommission vom 22. Dezember 2009 über pharmakologisch wirksame Stoffe und ihre Einstufung hinsichtlich der Rückstandshöchstmengen in Lebensmitteln tierischen Ursprungs (ABl L 15 vom 20. 1. 2010, S. 1, L

1) **Anm. d. Red.:** § 10 i. d. F. des Gesetzes v. 24. 11. 2016 (BGBl I S. 2656) mit Wirkung v. 3. 12. 2016.

293 vom 11.11.2010, S. 72), die zuletzt durch die Durchführungsverordnung (EU) 2016/1834 (ABl L 280 vom 18.10.2016, S. 22) geändert worden ist,

b) in einem auf Artikel 14 der Verordnung (EG) Nr. 470/2009 des Europäischen Parlaments und des Rates vom 6. Mai 2009 über die Schaffung eines Gemeinschaftsverfahrens für die Festsetzung von Höchstmengen für Rückstände pharmakologisch wirksamer Stoffe in Lebensmitteln tierischen Ursprungs, zur Aufhebung der Verordnung (EWG) Nr. 2377/90 des Rates und zur Änderung der Richtlinie 2001/82/EG des Europäischen Parlaments und des Rates und der Verordnung (EG) Nr. 726/2004 des Europäischen Parlaments und des Rates (ABl L 152 vom 16.6.2009, S. 11, L 154 vom 19.6.2015, S. 28) gestützten unmittelbar geltenden Rechtsakt der Europäischen Union oder

c) in einem auf die Verordnung (EG) Nr. 1831/2003 gestützten unmittelbar geltenden Rechtsakt der Europäischen Gemeinschaft oder der Europäischen Union,

festgesetzten Höchstmengen nicht überschritten werden,

2. die in Satz 1 bezeichneten Stoffe oder deren Umwandlungsprodukte
   a) im Anhang der Verordnung (EU) Nr. 37/2010 oder
   b) in einem auf Artikel 14 der Verordnung (EG) Nr. 470/2009 gestützten unmittelbar geltenden Rechtsakt der Europäischen Union

   als Stoffe aufgeführt sind, für die eine Festlegung von Höchstmengen nicht erforderlich ist,
3. für die in Satz 1 bezeichneten Stoffe oder deren Umwandlungsprodukte Referenzwerte in einem auf Artikel 18 der Verordnung (EG) Nr. 470/2009 gestützten unmittelbar geltenden Rechtsakt der Europäischen Union festgelegt worden sind und diese unterschritten werden oder
4. nach Absatz 4 Nummer 1 Buchstabe a festgesetzte Höchstmengen nicht überschritten werden.

[3]Die Verordnung (EG) Nr. 396/2005 bleibt unberührt.

(2) Es ist ferner verboten, lebende Tiere im Sinne des § 4 Absatz 1 Nummer 1 in den Verkehr zu bringen, wenn in oder auf ihnen Stoffe mit pharmakologischer Wirkung oder deren Umwandlungsprodukte vorhanden sind, die

1. im Anhang Tabelle 2 der Verordnung (EU) Nr. 37/2010 als verbotene Stoffe aufgeführt sind,
2. nicht als Arzneimittel zur Anwendung bei diesen Tieren zugelassen oder registriert sind oder, ohne entsprechende Zulassung oder Registrierung, nicht aufgrund sonstiger arzneimittelrechtlicher Vorschriften bei diesen Tieren angewendet werden dürfen oder
3. nicht als Futtermittelzusatzstoffe für diese Tiere zugelassen sind.

(3) Sind Stoffe mit pharmakologischer Wirkung, die als Arzneimittel zugelassen oder registriert sind oder als Futtermittelzusatzstoffe zugelassen sind, einem lebenden Tier zugeführt worden, so dürfen

1. von dem Tier Lebensmittel nur gewonnen werden,
2. von dem Tier gewonnene Lebensmittel nur in den Verkehr gebracht werden,

wenn die festgesetzten Wartezeiten eingehalten worden sind.

(4) Das Bundesministerium wird ermächtigt, durch Rechtsverordnung mit Zustimmung des Bundesrates,

1. soweit es zur Erfüllung der in § 1 Absatz 1 Nummer 1 oder 2, jeweils auch in Verbindung mit § 1 Absatz 3, genannten Zwecke erforderlich ist,
   a) für Stoffe mit pharmakologischer Wirkung oder deren Umwandlungsprodukte Höchstmengen festzusetzen, die in oder auf Lebensmitteln beim Inverkehrbringen nicht überschritten sein dürfen,
   b) bestimmte Stoffe mit pharmakologischer Wirkung, ausgenommen Stoffe, die als Futtermittel-Zusatzstoffe in den Verkehr gebracht oder verwendet werden dürfen, von der Anwendung bei Tieren ganz oder für bestimmte Verwendungszwecke oder innerhalb be-

stimmter Wartezeiten auszuschließen und zu verbieten, dass entgegen solchen Vorschriften gewonnene Lebensmittel oder für eine verbotene Anwendung bestimmte Stoffe in den Verkehr gebracht werden,

c) bestimmte Stoffe oder Gruppen von Stoffen, ausgenommen Stoffe, die als Einzelfuttermittel oder Mischfuttermittel oder Futtermittel-Zusatzstoffe in den Verkehr gebracht oder verwendet werden dürfen, den Stoffen mit pharmakologischer Wirkung gleichzustellen, sofern Tatsachen die Annahme rechtfertigen, dass diese Stoffe in von Tieren gewonnene Lebensmittel übergehen,

d) das Inverkehrbringen von Lebensmitteln, in oder auf denen Stoffe mit pharmakologischer Wirkung oder deren Umwandlungsprodukte vorhanden sind, zu verbieten oder zu beschränken,

e) das Herstellen oder das Behandeln von in Buchstabe d bezeichneten Lebensmitteln zu verbieten oder zu beschränken,

2. soweit es zur Erfüllung der in § 1 Absatz 1 Nummer 1 oder 2, jeweils auch in Verbindung mit § 1 Absatz 3, genannten Zwecke erforderlich ist, die Regelungen des Absatzes 1 auf andere als die im einleitenden Satzteil des Absatzes 1 Satz 1 genannten Lebensmittel ganz oder teilweise zu erstrecken,

3. soweit es mit den in § 1 Absatz 1 Nummer 1 oder 2 genannten Zwecken vereinbar ist, Ausnahmen von dem Verbot des Absatzes 3 zuzulassen.

(5) Sobald und soweit ein Bescheid nach § 41 Absatz 2 Satz 1 oder 2, auch in Verbindung mit § 41 Absatz 4, ergangen ist, sind die Absätze 1 bis 3 nicht mehr anzuwenden.

§ 11 Vorschriften zum Schutz vor Täuschung[1)]

(1) Es ist verboten, als nach Artikel 8 Absatz 1 der Verordnung (EU) Nr. 1169/2011 verantwortlicher Lebensmittelunternehmer oder Importeur Lebensmittel mit Informationen über Lebensmittel, die den Anforderungen

1. des Artikels 7 Absatz 1, auch in Verbindung mit Absatz 4, der Verordnung (EU) Nr. 1169/2011,
2. des Artikels 7 Absatz 3, auch in Verbindung mit Absatz 4, der Verordnung (EU) Nr. 1169/2011 oder
3. des Artikels 36 Absatz 2 Buchstabe a in Verbindung mit Artikel 7 Absatz 1 oder Absatz 3, jeweils auch in Verbindung mit Artikel 7 Absatz 4, der Verordnung (EU) Nr. 1169/2011

nicht entsprechen, in den Verkehr zu bringen oder allgemein oder im Einzelfall dafür zu werben.

(2) Es ist ferner verboten,

1. andere als dem Verbot des Artikels 14 Absatz 1 in Verbindung mit Absatz 2 Buchstabe b der Verordnung (EG) Nr. 178/2002 unterliegende Lebensmittel, die für den Verzehr durch den Menschen ungeeignet sind, in den Verkehr zu bringen,
2. a) nachgemachte Lebensmittel,

   b) Lebensmittel, die hinsichtlich ihrer Beschaffenheit von der Verkehrsauffassung abweichen und dadurch in ihrem Wert, insbesondere in ihrem Nähr- oder Genusswert oder in ihrer Brauchbarkeit nicht unerheblich gemindert sind oder

   c) Lebensmittel, die geeignet sind, den Anschein einer besseren als der tatsächlichen Beschaffenheit zu erwecken,

ohne ausreichende Kenntlichmachung in den Verkehr zu bringen.

(3) Absatz 1 Nummer 2 gilt nicht für nach Artikel 14 Absatz 1 der Verordnung (EG) Nr. 1924/2006 des Europäischen Parlaments und des Rates vom 20. Dezember 2006 über nährwert- und gesundheitsbezogene Angaben über Lebensmittel (ABl L 404 vom 30. 12. 2006, S. 9, L 12 vom

1) **Anm. d. Red.:** § 11 i. d. F. des Gesetzes v. 26. 1. 2016 (BGBl I S. 108) mit Wirkung v. 30. 1. 2016.

18. 1. 2007, S. 3, L 86 vom 28. 3. 2008, S. 34, L 198 vom 30. 7. 2009, S. 87, L 160 vom 12. 6. 2013, S. 15), die zuletzt durch die Verordnung (EU) Nr. 1047/2012 (ABl L 310 vom 9. 11. 2012, S. 36) geändert worden ist,) zugelassene Angaben.

§ 12 (weggefallen)[1]

§ 13 Ermächtigungen zum Schutz der Gesundheit und vor Täuschung[2]

(1) Das Bundesministerium wird ermächtigt, in den Fällen der Nummern 1 und 2 im Einvernehmen mit dem Bundesministerium für Wirtschaft und Energie, durch Rechtsverordnung mit Zustimmung des Bundesrates, soweit es zur Erfüllung der in § 1 Absatz 1 Nummer 1, in den Fällen der Nummer 3, soweit diese zu Regelungen über das Herstellen oder Behandeln ermächtigt, und Nummer 4 auch zur Erfüllung der in § 1 Absatz 2, stets jeweils auch in Verbindung mit § 1 Absatz 3, genannten Zwecke erforderlich ist,

1. bei dem Herstellen oder Behandeln von Lebensmitteln
   a) die Verwendung bestimmter Stoffe, Gegenstände oder Verfahren zu verbieten oder zu beschränken,
   b) die Anwendung bestimmter Verfahren vorzuschreiben,
2. für bestimmte Lebensmittel Anforderungen an das Herstellen, das Behandeln oder das Inverkehrbringen zu stellen,
3. das Herstellen, das Behandeln oder das Inverkehrbringen von
   a) bestimmten Lebensmitteln,
   b) lebenden Tieren im Sinne des § 4 Absatz 1 Nummer 1

   von einer amtlichen Untersuchung abhängig zu machen,
4. vorzuschreiben, dass bestimmte Lebensmittel nach dem Gewinnen amtlich zu untersuchen sind,
5. das Herstellen oder das Behandeln von bestimmten Stoffen, die im Sinne des Artikels 14 Absatz 2 Buchstabe a der Verordnung (EG) Nr. 178/2002 gesundheitsschädlich sind, in Lebensmittelunternehmen sowie das Verbringen in diese zu verbieten oder zu beschränken,
6. für bestimmte Lebensmittel Warnhinweise, sonstige warnende Aufmachungen oder Sicherheitsvorkehrungen vorzuschreiben,
7. vorbehaltlich des Absatzes 5 Satz 1 Nummer 2 Auslösewerte für einen gesundheitlich nicht erwünschten Stoff, der in oder auf einem Lebensmittel enthalten ist, festzusetzen.

(2) Lebensmittel, die entgegen einer nach Absatz 1 Nummer 1 erlassenen Rechtsverordnung hergestellt oder behandelt sind, dürfen nicht in den Verkehr gebracht werden.

(3) [1]Das Bundesministerium wird ferner ermächtigt, durch Rechtsverordnung mit Zustimmung des Bundesrates, soweit es zur Erfüllung der in § 1 Absatz 1 Nummer 1 oder 2, jeweils auch in Verbindung mit § 1 Absatz 3, genannten Zwecke erforderlich ist,

1. vorzuschreiben, dass der Gehalt der Lebensmittel an den in Rechtsverordnungen nach § 7 Absatz 1 Nummer 1 zugelassenen Zusatzstoffen und die Anwendung der in Rechtsverordnungen nach § 8 Absatz 2 Nummer 1 zugelassenen Behandlung oder Bestrahlung kenntlich zu machen sind und dabei die Art der Kenntlichmachung zu regeln,
2. Vorschriften über die Kenntlichmachung der in oder auf Lebensmitteln vorhandenen Stoffe im Sinne der §§ 9 und 10 zu erlassen.

[2]Rechtsverordnungen nach Satz 1 Nummer 2 bedürfen des Einvernehmens mit dem Bundesministerium für Wirtschaft und Energie.

---

1) **Anm. d. Red.:** § 12 weggefallen gem. Gesetz v. 5. 12. 2014 (BGBl I S. 1975) mit Wirkung v. 13. 12. 2014.

2) **Anm. d. Red.:** § 13 i. d. F. der VO v. 31. 8. 2015 (BGBl I S. 1474) mit Wirkung v. 8. 9. 2015.

LFGB

(4) Das Bundesministerium wird weiter ermächtigt, im Einvernehmen mit dem Bundesministerium für Wirtschaft und Energie durch Rechtsverordnung mit Zustimmung des Bundesrates, soweit es zur Erfüllung der in § 1 Absatz 1 Nummer 2, auch in Verbindung mit § 1 Absatz 3, genannten Zwecke erforderlich ist,

1. vorzuschreiben, dass
   a) Lebensmittel unter bestimmten Bezeichnungen nur in den Verkehr gebracht werden dürfen, wenn sie bestimmten Anforderungen an die Herstellung, Zusammensetzung oder Beschaffenheit entsprechen,
   b) Lebensmittel, die bestimmten Anforderungen an die Herstellung, Zusammensetzung oder Beschaffenheit nicht entsprechen oder sonstige Lebensmittel von bestimmter Art oder Beschaffenheit nicht, nur unter ausreichender Kenntlichmachung oder nur unter bestimmten Bezeichnungen, sonstigen Angaben oder Aufmachungen in den Verkehr gebracht werden dürfen, und die Einzelheiten hierfür zu bestimmen,
   c) Lebensmittel unter bestimmten zur Irreführung geeigneten Bezeichnungen, Angaben oder Aufmachungen nicht in den Verkehr gebracht werden dürfen und dass für sie mit bestimmten zur Irreführung geeigneten Darstellungen oder sonstigen Aussagen nicht geworben werden darf,
   d) Lebensmittel, bei denen bestimmte Verfahren angewendet worden sind, nur unter bestimmten Voraussetzungen in den Verkehr gebracht werden dürfen,
   e) Lebensmitteln zur vereinfachten Feststellung ihrer Beschaffenheit bestimmte Indikatoren zugesetzt werden müssen,
   f) Lebensmittel nur in bestimmten Einheiten in den Verkehr gebracht werden dürfen,
   g) bestimmten Lebensmitteln bestimmte Angaben, insbesondere über die Anwendung von Stoffen oder über die weitere Verarbeitung der Erzeugnisse, beizufügen sind,
2. zu verbieten, dass Gegenstände oder Stoffe, die bei dem Herstellen oder dem Behandeln von Lebensmitteln nicht verwendet werden dürfen, für diese Zwecke hergestellt oder in den Verkehr gebracht werden, auch wenn die Verwendung nur für den eigenen Bedarf des Abnehmers erfolgen soll.

(5) [1]Das Bundesministerium für Umwelt, Naturschutz, Bau und Reaktorsicherheit wird ermächtigt, durch Rechtsverordnung mit Zustimmung des Bundesrates, soweit es zur Erfüllung der in § 1 Absatz 1 Nummer 1, auch in Verbindung mit § 1 Absatz 3, genannten Zwecke erforderlich ist,

1. das Inverkehrbringen von Lebensmitteln, die einer Einwirkung durch Verunreinigungen der Luft, des Wassers oder des Bodens ausgesetzt waren, zu verbieten oder zu beschränken,
2. Auslösewerte für einen gesundheitlich nicht erwünschten Stoff, der in oder auf einem Lebensmittel, das einer Einwirkung durch Verunreinigungen der Luft, des Wassers oder des Bodens ausgesetzt war, enthalten ist, festzusetzen.

[2]Rechtsverordnungen nach Satz 1 bedürfen des Einvernehmens mit dem Bundesministerium und dem Bundesministerium für Wirtschaft und Energie.

§ 14 Weitere Ermächtigungen[1)]

(1) Das Bundesministerium wird ermächtigt, durch Rechtsverordnung mit Zustimmung des Bundesrates, soweit dies zur Erfüllung der in § 1 Absatz 1 Nummer 1 oder 2, in den Fällen der Nummern 3 und 6 auch zur Erfüllung der in Absatz 2, stets jeweils auch in Verbindung mit § 1 Absatz 3, genannten Zwecke erforderlich ist,

1. das Inverkehrbringen von vom Tier gewonnenen Lebensmitteln davon abhängig zu machen, dass sie von einer Genusstauglichkeitsbescheinigung, von einer vergleichbaren Urkunde

1) **Anm. d. Red.:** § 14 i. d. F. der VO v. 31. 8. 2015 (BGBl I S. 1474) mit Wirkung v. 8. 9. 2015.

oder von sonstigen Dokumenten begleitet werden sowie Inhalt, Form und Ausstellung dieser Urkunden oder Dokumente zu regeln,

2. das Herstellen, das Behandeln, das Inverkehrbringen oder das Erwerben von vom Tier gewonnenen Lebensmitteln von einer Kennzeichnung, amtlichen Kennzeichnung oder amtlichen Anerkennung oder das Inverkehrbringen von natürlichen Mineralwässern von einer amtlichen Anerkennung abhängig zu machen sowie Inhalt, Art und Weise und das Verfahren einer solchen Kennzeichnung, amtlichen Kennzeichnung oder amtlichen Anerkennung zu regeln,
3. die Voraussetzungen zu bestimmen, unter denen vom Tier gewonnene Lebensmittel als mit infektiösem Material verunreinigt anzusehen sind, sowie die erforderlichen Maßnahmen, insbesondere die Sicherstellung und unschädliche Beseitigung zu regeln,
4. zu bestimmen, unter welchen Voraussetzungen milchwirtschaftliche Unternehmen bestimmte Bezeichnungen führen dürfen,
5. vorzuschreiben, dass Sendungen bestimmter Lebensmittel aus anderen Mitgliedstaaten oder anderen Vertragsstaaten des Abkommens über den Europäischen Wirtschaftsraum, auch während der Beförderung, daraufhin überprüft oder untersucht werden können, ob sie von den vorgeschriebenen Urkunden begleitet werden und den Vorschriften dieses Gesetzes, der aufgrund dieses Gesetzes erlassenen Rechtsverordnungen oder der unmittelbar geltenden Rechtsakte der Europäischen Gemeinschaft oder der Europäischen Union im Anwendungsbereich dieses Gesetzes entsprechen,
6. das Verfahren für die amtliche Untersuchung nach § 13 Absatz 1 Nummer 3 und 4 zu regeln.

(2) Das Bundesministerium wird ferner ermächtigt, durch Rechtsverordnung mit Zustimmung des Bundesrates, soweit dies zur Erfüllung der in § 1 Absatz 1 Nummer 1, auch in Verbindung mit § 1 Absatz 3, genannten Zwecke erforderlich ist,

1. und sofern die Voraussetzungen für eine Regelung durch Rechtsverordnungen nach § 13 Absatz 1 oder § 34 Absatz 1 dieses Gesetzes oder nach § 38 des Infektionsschutzgesetzes nicht erfüllt sind, Vorschriften zu erlassen, die eine einwandfreie Beschaffenheit der Lebensmittel von ihrer Herstellung bis zur Abgabe an die Verbraucherin oder den Verbraucher sicherstellen und dabei auch zu bestimmen, welche gesundheitlichen oder hygienischen Anforderungen lebende Tiere im Sinne des § 4 Absatz 1 Nummer 1, die Lebensmittelunternehmen oder die dort beschäftigten Personen hinsichtlich der Gewinnung bestimmter Lebensmittel erfüllen müssen, um eine nachteilige Beeinflussung dieser Lebensmittel zu vermeiden,
2. und sofern die Voraussetzungen für eine Regelung durch Rechtsverordnung nach § 6 Absatz 1 Nummer 3 Buchstabe b oder § 38 Absatz 9 oder 10 des Tiergesundheitsgesetzes nicht erfüllt sind, vorzuschreiben, dass und in welcher Weise Räume, Anlagen oder Einrichtungen, in denen lebende Tiere im Sinne des § 4 Absatz 1 Nummer 1 gehalten werden, gereinigt, desinfiziert oder sonst im Hinblick auf die Einhaltung hygienischer Anforderungen behandelt werden müssen, sowie die Führung von Nachweisen zu regeln,
3. vorzuschreiben, dass über die Reinigung, die Desinfektion oder sonstige Behandlungsmaßnahmen im Hinblick auf die Einhaltung der hygienischen Anforderungen von Räumen, Anlagen, Einrichtungen oder Beförderungsmitteln, in denen Lebensmittel hergestellt, behandelt oder in den Verkehr gebracht werden, Nachweise zu führen sind,
4. das Nähere über Art, Form und Inhalt der Nachweise nach den Nummern 2 und 3 sowie über die Dauer ihrer Aufbewahrung zu regeln,
5. das Verfahren für die Überwachung der Einhaltung der hygienischen Anforderungen nach Nummer 1 zu regeln.

(3) Das Bundesministerium wird weiter ermächtigt, im Einvernehmen mit dem Bundesministerium für Wirtschaft und Energie durch Rechtsverordnung mit Zustimmung des Bundesrates, soweit dies zur Erfüllung der in § 1 Absatz 1 Nummer 1, 2 oder 3 Buchstabe a, jeweils auch in

Verbindung mit § 1 Absatz 3, genannten Zwecke erforderlich ist, Vorschriften über die Werbung für Säuglingsanfangsnahrung und Folgenahrung zu erlassen.

§ 15 Deutsches Lebensmittelbuch[1)]

(1) Das Deutsche Lebensmittelbuch ist eine Sammlung von Leitsätzen, in denen Herstellung, Beschaffenheit oder sonstige Merkmale von Lebensmitteln, die für die Verkehrsfähigkeit der Lebensmittel von Bedeutung sind, beschrieben werden.

(2) Die Leitsätze werden von der Deutschen Lebensmittelbuch-Kommission unter Berücksichtigung des von der Bundesregierung anerkannten internationalen Lebensmittelstandards beschlossen.

(3) [1]Die Leitsätze werden vom Bundesministerium im Einvernehmen mit dem Bundesministerium für Wirtschaft und Energie veröffentlicht. [2]Die Veröffentlichung von Leitsätzen kann aus rechtlichen oder fachlichen Gründen abgelehnt oder rückgängig gemacht werden.

§ 16 Deutsche Lebensmittelbuch-Kommission[2)]

(1) Die Deutsche Lebensmittelbuch-Kommission wird beim Bundesministerium gebildet.

(2) [1]Das Bundesministerium beruft im Einvernehmen mit dem Bundesministerium für Wirtschaft und Energie die Mitglieder der Kommission aus den Kreisen der Wissenschaft, der Lebensmittelüberwachung, der Verbraucherschaft und der Lebensmittelwirtschaft in zahlenmäßig gleichem Verhältnis. [2]Das Bundesministerium bestellt den Vorsitzenden der Kommission und seine Stellvertreter und erlässt nach Anhörung der Kommission eine Geschäftsordnung.

(3) [1]Die Kommission soll über die Leitsätze grundsätzlich einstimmig beschließen. [2]Beschlüsse, denen nicht mehr als drei Viertel der Mitglieder der Kommission zugestimmt haben, sind unwirksam. [3]Das Nähere regelt die Geschäftsordnung.

Abschnitt 3: Verkehr mit Futtermitteln

§ 17 Verbote

(1) [1]Es ist verboten, Futtermittel derart herzustellen oder zu behandeln, dass bei ihrer bestimmungsgemäßen und sachgerechten Verfütterung die von der Lebensmittelgewinnung dienenden Tieren für andere gewonnenen Lebensmittel

1. die menschliche Gesundheit beeinträchtigen können,
2. für den Verzehr durch den Menschen ungeeignet sind.

[2]Die Verbote des Artikels 15 Absatz 1 in Verbindung mit Absatz 2 der Verordnung (EG) Nr. 178/2002 über das

1. Inverkehrbringen,
2. Verfüttern an der Lebensmittelgewinnung dienende Tiere

von nicht sicheren Futtermitteln bleiben unberührt.

(2) Es ist ferner verboten,

1. Futtermittel
   a) für andere derart herzustellen oder zu behandeln, dass sie bei bestimmungsgemäßer und sachgerechter Verwendung geeignet sind, die tierische Gesundheit zu schädigen,
   b) derart herzustellen oder zu behandeln, dass sie bei bestimmungsgemäßer und sachgerechter Verwendung geeignet sind,
      aa) die Qualität der von Nutztieren gewonnenen Lebensmittel oder sonstigen Produkte zu beeinträchtigen,

---

1) **Anm. d. Red.:** § 15 i. d. F. der VO v. 31. 8. 2015 (BGBl I S. 1474) mit Wirkung v. 8. 9. 2015.

2) **Anm. d. Red.:** § 16 i. d. F. der VO v. 31. 8. 2015 (BGBl I S. 1474) mit Wirkung v. 8. 9. 2015.

bb) durch in tierischen Ausscheidungen vorhandene unerwünschte Stoffe, die ihrerseits bereits in Futtermitteln enthalten gewesen sind, den Naturhaushalt zu gefährden,

2. Futtermittel in den Verkehr zu bringen, wenn sie bei bestimmungsgemäßer und sachgerechter Verwendung geeignet sind,
   a) die Qualität der von Nutztieren gewonnenen Lebensmittel oder sonstigen Produkte zu beeinträchtigen,
   b) durch in tierischen Ausscheidungen vorhandene unerwünschte Stoffe, die ihrerseits bereits in Futtermitteln enthalten gewesen sind, den Naturhaushalt zu gefährden,
3. Futtermittel zu verfüttern, die geeignet sind,
   a) die Qualität der von Nutztieren gewonnenen Lebensmittel oder sonstigen Produkte zu beeinträchtigen,
   b) durch in tierischen Ausscheidungen vorhandene unerwünschte Stoffe, die ihrerseits bereits in Futtermitteln enthalten gewesen sind, den Naturhaushalt zu gefährden.

§ 17a Versicherung

(1) [1]Ein Futtermittelunternehmer mit mindestens einem im Inland zugelassenen oder registrierten Betrieb, der dort in einem Kalenderjahr voraussichtlich mehr als 500 Tonnen Mischfuttermittel für der Lebensmittelgewinnung dienende Tiere herstellt und diese ganz oder teilweise an andere abgibt, hat für den Fall, dass das Futtermittel den futtermittelrechtlichen Anforderungen nicht entspricht und seine Verfütterung deswegen Schäden verursacht, nach Maßgabe der Sätze 2 und 3 dafür Sorge zu tragen, dass eine Versicherung zur Deckung dieser Schäden besteht. [2]Die Versicherung muss bei einem im Inland zum Geschäftsbetrieb zugelassenen Versicherungsunternehmen abgeschlossen worden sein. [3]Die Mindestversicherungssumme beträgt

1. zwei Millionen Euro, wenn der Futtermittelunternehmer in einem Kalenderjahr voraussichtlich mehr als 500 Tonnen und nicht mehr als 5 000 Tonnen Mischfuttermittel herstellt,
2. fünf Millionen Euro, wenn der Futtermittelunternehmer in einem Kalenderjahr voraussichtlich mehr als 5 000 Tonnen und nicht mehr als 50 000 Tonnen Mischfuttermittel herstellt, und
3. zehn Millionen Euro, wenn der Futtermittelunternehmer in einem Kalenderjahr voraussichtlich mehr als 50 000 Tonnen Mischfuttermittel herstellt,

jeweils für alle Versicherungsfälle eines Versicherungsjahres.

(2) Vom Versicherungsschutz können Ersatzansprüche ausgeschlossen werden, deren Ausschluss im Rahmen bestehender Betriebs- und Produkthaftpflichtversicherungen im Mischfuttermittelbereich marktüblich ist.

(3) [1]In den Fällen des Absatzes 1 Satz 3 Nummer 2 und 3 beträgt die Mindestversicherungssumme zwei Millionen Euro, wenn die abgeschlossene Versicherung durch eine andere Versicherung nach Maßgabe des Satzes 2 ergänzt wird. [2]Die in der ergänzenden Versicherung vereinbarte Versicherungssumme muss für die Futtermittelunternehmer, zu deren Gunsten diese Versicherung besteht, insgesamt mindestens dreißig Millionen Euro für alle Versicherungsfälle eines Versicherungsjahres betragen.

(4) [1]Absatz 1 Satz 1 gilt nicht für einen Betrieb, soweit er das Mischfuttermittel

1. ausschließlich aus selbst gewonnenen Erzeugnissen pflanzlichen Ursprungs ohne Verwendung von Futtermittelzusatzstoffen oder von Vormischungen herstellt und
2. an einen Betrieb abgibt, der
   a) Tiere mit dem Ziel hält, von ihnen Lebensmittel zu gewinnen, und
   b) dieses Mischfuttermittel im eigenen Betrieb verfüttert.

[2]Ein Fall des Satzes 1 Nummer 1 liegt auch dann noch vor, wenn das Mischfuttermittel unter Verwendung von Ergänzungsfuttermitteln hergestellt worden ist.

(5) [1]Der Versicherer hat der nach § 38 Absatz 1 Satz 1 zuständigen Behörde, in deren Bezirk der Versicherte seinen Sitz oder, soweit der Versicherte keinen Sitz im Inland hat, seinen Betrieb hat, den Beginn und die Beendigung oder Kündigung des Versicherungsvertrages sowie jede Änderung des Versicherungsvertrages, die den vorgeschriebenen Versicherungsschutz beeinträchtigt, unverzüglich mitzuteilen. [2]Die zuständige Behörde nach Satz 1 erteilt Dritten zur Geltendmachung von Schadensersatzansprüchen auf Antrag Auskunft über den Namen und die Adresse der Versicherung des Futtermittelunternehmers sowie die Versicherungsnummer, soweit der Futtermittelunternehmer kein überwiegendes schutzwürdiges Interesse an der Nichterteilung der Auskunft hat.

(6) Zuständige Stelle im Sinne des § 117 Absatz 2 des Versicherungsvertragsgesetzes ist die in Absatz 5 Satz 1 bezeichnete Behörde.

§ 18 (weggefallen)[1)]

§ 19 Verbote zum Schutz vor Täuschung

Es ist verboten, Futtermittel, deren Kennzeichnung oder Aufmachung den Anforderungen des Artikels 11 Absatz 1 der Verordnung (EG) Nr. 767/2009 nicht entspricht, in den Verkehr zu bringen oder für solche Futtermittel allgemein oder im Einzelfall zu werben.

§ 20 Verbot der krankheitsbezogenen Werbung

(1) Es ist verboten, beim Verkehr mit Futtermittelzusatzstoffen oder Vormischungen oder in der Werbung für sie allgemein oder im Einzelfall Aussagen zu verwenden, die sich

1. auf die Beseitigung oder Linderung von Krankheiten oder
2. auf die Verhütung solcher Krankheiten, die nicht Folge mangelhafter Ernährung sind,

beziehen.

(2) Das Verbot nach Absatz 1 Nummer 2 bezieht sich nicht auf Aussagen über Futtermittelzusatzstoffe oder Vormischungen, soweit diese Aussagen der Zweckbestimmung dieser Stoffe entsprechen.

(3) Artikel 13 Absatz 3 der Verordnung (EG) Nr. 767/2009 bleibt unberührt.

§ 21 Weitere Verbote sowie Beschränkungen

(1) Vormischungen dürfen nicht in den Verkehr gebracht werden, wenn sie einer durch Rechtsverordnung aufgrund von Ermächtigungen nach diesem Abschnitt festgesetzten Anforderung nicht entsprechen.

(2) Einzelfuttermittel oder Mischfuttermittel dürfen nicht in den Verkehr gebracht werden, wenn sie einer durch Rechtsverordnung aufgrund von Ermächtigungen nach diesem Abschnitt festgesetzten Anforderung nicht entsprechen.

(3) [1]Soweit in Satz 2 nichts anderes bestimmt ist, dürfen Futtermittel,

1. bei deren Herstellen oder Behandeln
   a) ein Futtermittelzusatzstoff der in Artikel 6 Absatz 1 Buchstabe e der Verordnung (EG) Nr. 1831/2003 genannten Kategorie der Kokzidiostatika und Histomonostatika oder
   b) ein Futtermittelzusatzstoff einer anderen als der in Artikel 6 Absatz 1 Buchstabe e der Verordnung (EG) Nr. 1831/2003 genannten Kategorie

   verwendet worden ist,
2. die einer durch
   a) eine Rechtsverordnung nach § 23 Nummer 1,
   b) eine Rechtsverordnung nach § 23a Nummer 1,

1) **Anm. d. Red.:** § 18 weggefallen gem. Gesetz v. 30.6.2017 (BGBl I S. 2147) mit Wirkung v. 6.7.2017.

c) eine Rechtsverordnung nach § 23a Nummer 3,
d) eine Rechtsverordnung nach § 23a Nummer 11

festgesetzten Anforderung nicht entsprechen, oder

3. die den Anforderungen nach Artikel 18 Absatz 1, auch in Verbindung mit Artikel 20 Absatz 1, der Verordnung (EG) Nr. 396/2005 nicht entsprechen,

nicht in Verkehr gebracht und nicht verfüttert werden. [2]Satz 1 Nummer 1 gilt nicht, wenn der verwendete Futtermittelzusatzstoff durch einen unmittelbar geltenden Rechtsakt der Europäischen Gemeinschaft oder der Europäischen Union zugelassen ist und der verwendete Futtermittelzusatzstoff oder das Futtermittel einer im Rahmen dieses unmittelbar geltenden Rechtsaktes oder in der Verordnung (EG) Nr. 1831/2003 festgesetzten Anforderung entspricht, sofern eine solche Anforderung dort festgesetzt worden ist. [3]Abweichend von Satz 1 dürfen Futtermittel in den Fällen des Satzes 1

1. Nummer 2 Buchstabe b und
2. Nummer 2 Buchstabe c, soweit ein nach § 23a Nummer 3 festgesetzter Mindestgehalt unterschritten wird,

LFGB

verfüttert werden. [4]Das Bundesministerium wird ermächtigt, durch Rechtsverordnung mit Zustimmung des Bundesrates, soweit es mit den in § 1 Absatz 1 Nummer 1, 2 oder Nummer 4, jeweils auch in Verbindung mit § 1 Absatz 3, genannten Zwecken vereinbar ist,

1. abweichend von Satz 1 Nummer 2 Buchstabe a und b die Abgabe von Futtermitteln in bestimmten Fällen oder zu bestimmten Zwecken zuzulassen und, soweit erforderlich, von einer Genehmigung abhängig zu machen,
2. Ausnahmen von dem Verbot des Satzes 1 Nummer 3 oder Artikels 18 Absatz 1 der Verordnung (EG) Nr. 396/2005 zuzulassen.

§ 22 Ermächtigungen zum Schutz der Gesundheit

Das Bundesministerium wird ermächtigt, durch Rechtsverordnung mit Zustimmung des Bundesrates, soweit es zur Erfüllung der in § 1 Absatz 1 Nummer 1, auch in Verbindung mit Absatz 3, genannten Zwecke erforderlich ist, bei dem Herstellen oder dem Behandeln von Futtermitteln die Verwendung bestimmter Stoffe oder Verfahren vorzuschreiben, zu verbieten oder zu beschränken.

§ 23 Weitere Ermächtigungen zum Schutz der Gesundheit

Das Bundesministerium wird ermächtigt, durch Rechtsverordnung mit Zustimmung des Bundesrates, soweit es zur Erfüllung der in § 1 Absatz 1 Nummer 1, 2, 3 Buchstabe b oder Nummer 4, jeweils auch in Verbindung mit § 1 Absatz 3, genannten Zwecke erforderlich ist,

1. den Höchstgehalt an unerwünschten Stoffen festzusetzen,
2. die hygienischen Anforderungen zu erlassen, die eine einwandfreie Beschaffenheit der Futtermittel von ihrer Herstellung bis zur Verfütterung sicherstellen,
3. Anforderungen an die Beschaffenheit und Ausstattung von Räumen, Anlagen und Behältnissen zu stellen, in denen Futtermittel hergestellt oder behandelt werden,
4. die Ausstattung, Reinigung oder Desinfektion der in Nummer 3 bezeichneten Räume, Anlagen oder Behältnisse, der zur Beförderung von Futtermitteln dienenden Transportmittel, der bei einer solchen Beförderung benutzten Behältnisse und Gerätschaften und der Ladeplätze sowie die Führung von Nachweisen über die Reinigung und Desinfektion zu regeln,
5. das Verwenden oder das Inverkehrbringen von Gegenständen zu verbieten oder zu beschränken, die dazu bestimmt sind, bei dem Herstellen, Behandeln, Inverkehrbringen oder Verfüttern von Futtermitteln verwendet zu werden und dabei mit Futtermitteln in Berührung kommen oder auf diese einwirken, wenn zu befürchten ist, dass gesundheitlich nicht unbedenkliche Anteile eines Stoffs in ein Futtermittel übergehen,

6. das Verwenden oder das Inverkehrbringen von Materialien oder Gegenständen zu verbieten oder zu beschränken, die dazu bestimmt sind, beim Halten von Tieren, die der Lebensmittelgewinnung dienen, verwendet zu werden und dabei mit diesen Tieren in Berührung zu kommen und bei denen nicht ausgeschlossen werden kann, dass sie von Tieren aufgenommen werden, wenn zu befürchten ist, dass gesundheitlich nicht unbedenkliche Anteile eines Stoffs
   a) in das Tier übergehen und dies für die von diesen Tieren gewonnenen Lebensmittel ein Verkehrsverbot zur Folge haben kann, oder
   b) auf das Tier einwirken und dies eine Schädigung der Gesundheit des Tieres zur Folge haben kann.

§ 23a Ermächtigungen zum Schutz der tierischen Gesundheit und zur Förderung der tierischen Erzeugung

Das Bundesministerium wird ermächtigt, durch Rechtsverordnung mit Zustimmung des Bundesrates, soweit es zur Erfüllung der in § 1 Absatz 1 Nummer 2, 3 Buchstabe b oder Nummer 4, jeweils auch in Verbindung mit § 1 Absatz 3, genannten Zwecke erforderlich ist,

1. den Höchstgehalt an Mittelrückständen festzusetzen,
2. Aktionsgrenzwerte für unerwünschte Stoffe festzusetzen,
3. den Gehalt oder den Höchstgehalt an Futtermittelzusatzstoffen in Einzelfuttermitteln oder Mischfuttermitteln festzusetzen,
4. Verwendungszwecke für Diätfuttermittel festzusetzen,
5. Futtermittelzusatzstoffe für bestimmte andere Futtermittel zuzulassen, soweit Futtermittelzusatzstoffe nach anderen Vorschriften einer Zulassung bedürfen,
6. Stoffe, die zur Verhütung bestimmter, verbreitet auftretender Krankheiten von Tieren bestimmt sind, als Futtermittelzusatzstoffe zuzulassen,
7. vorzuschreiben, dass bestimmte Stoffe als Einzelfuttermittel oder Mischfuttermittel nicht in den Verkehr gebracht und nicht verfüttert werden dürfen,
8. das Herstellen, das Verfüttern, das Inverkehrbringen oder die Verwendung von bestimmten Futtermitteln oder die Verwendung von Stoffen für die Herstellung von Futtermitteln
   a) zu verbieten,
   b) zu beschränken,
   c) von einer Zulassung abhängig zu machen sowie die Voraussetzungen und das Verfahren für die Zulassung einschließlich des Ruhens der Zulassung zu regeln,
   d) von Anforderungen an bestimmte Futtermittel hinsichtlich ihrer Auswirkungen auf andere Futtermittel und die tierische Erzeugung abhängig zu machen, insbesondere hinsichtlich ihrer Wirksamkeit, Reinheit, Haltbarkeit, Zusammensetzung und technologischen Beschaffenheit, ihres Gehaltes an bestimmten Inhaltsstoffen, ihres Energiewertes, ihrer Beschaffenheit oder ihrer Zusammensetzung,
9. für bestimmte Einzelfuttermittel oder Mischfuttermittel eine Wartezeit festzusetzen und vorzuschreiben, dass innerhalb dieser Wartezeit tierische Produkte als Lebensmittel nicht gewonnen werden dürfen,
10. Anforderungen an
    a) Futtermittelzusatzstoffe oder Vormischungen hinsichtlich ihrer Auswirkungen auf die Einzelfuttermittel oder Mischfuttermittel und die tierische Erzeugung, insbesondere hinsichtlich ihrer Wirksamkeit, Reinheit, Haltbarkeit, Zusammensetzung und technologischen Beschaffenheit,
    b) Einzelfuttermittel oder Mischfuttermittel hinsichtlich ihres Gehaltes an bestimmten Inhaltsstoffen, ihres Energiewertes, ihrer Beschaffenheit und ihrer Zusammensetzung

    festzusetzen,

11. bei dem Herstellen oder Behandeln von Futtermitteln die Verwendung bestimmter Stoffe oder Gegenstände oder die Anwendung bestimmter Verfahren vorzuschreiben, zu verbieten, zu beschränken oder von einer Zulassung abhängig zu machen,

§ 24 Gewähr für bestimmte Anforderungen

Der Verkäufer eines Futtermittels übernimmt die Gewähr dafür, dass das Futtermittel die in Artikel 4 Absatz 2 Unterabsatz 1 Buchstabe a der Verordnung (EG) Nr. 767/2009 bezeichneten Anforderungen erfüllt.

§ 25 Mitwirkung bestimmter Behörden

Das Bundesministerium wird ermächtigt, durch Rechtsverordnung, die nicht der Zustimmung des Bundesrates bedarf, soweit es zur Erfüllung der in § 1 Absatz 1 Nummer 1 oder 4, jeweils auch in Verbindung mit § 1 Absatz 3, genannten Zwecke erforderlich ist, die Mitwirkung des Bundesamtes für Verbraucherschutz und Lebensmittelsicherheit oder des Bundesinstitutes für Risikobewertung sowie Art und Umfang dieser Mitwirkung bei der in Rechtsakten der Europäischen Gemeinschaft oder der Europäischen Union vorgesehenen

1. Aufnahme eines Futtermittels in einen Anhang eines Rechtsaktes der Europäischen Gemeinschaft oder der Europäischen Union,
2. Festsetzung eines Verwendungszwecks für Futtermittel,
3. Durchführung gemeinschaftlicher oder unionsrechtlicher Untersuchungs- oder Erhebungsprogramme

zu regeln.

LFGB

Abschnitt 4: Verkehr mit kosmetischen Mitteln

§ 26 Verbote zum Schutz der Gesundheit

[1]Es ist verboten,

1. kosmetische Mittel für andere derart herzustellen oder zu behandeln, dass sie bei bestimmungsgemäßem oder vorauszusehendem Gebrauch geeignet sind, die Gesundheit zu schädigen,
2. Stoffe oder Gemische aus Stoffen, die bei bestimmungsgemäßem oder vorauszusehendem Gebrauch geeignet sind, die Gesundheit zu schädigen, als kosmetische Mittel in den Verkehr zu bringen.

[2]Der bestimmungsgemäße oder vorauszusehende Gebrauch beurteilt sich insbesondere unter Heranziehung der Aufmachung der in Satz 1 genannten Mittel, Stoffe und Gemische aus Stoffen, ihrer Kennzeichnung, soweit erforderlich, der Hinweise für ihre Verwendung und der Anweisungen für ihre Entfernung sowie aller sonstigen, die Mittel, die Stoffe oder die Zubereitungen aus Stoffen begleitenden Angaben oder Informationen seitens des Herstellers oder des für das Inverkehrbringen der kosmetischen Mittel Verantwortlichen.

§ 27 Vorschriften zum Schutz vor Täuschung

(1) [1]Es ist verboten, kosmetische Mittel unter irreführender Bezeichnung, Angabe oder Aufmachung in den Verkehr zu bringen oder für kosmetische Mittel allgemein oder im Einzelfall mit irreführenden Darstellungen oder sonstigen Aussagen zu werben. [2]Eine Irreführung liegt insbesondere dann vor, wenn

1. einem kosmetischen Mittel Wirkungen beigelegt werden, die ihm nach den Erkenntnissen der Wissenschaft nicht zukommen oder die wissenschaftlich nicht hinreichend gesichert sind,
2. durch die Bezeichnung, Angabe, Aufmachung, Darstellung oder sonstige Aussage fälschlich der Eindruck erweckt wird, dass ein Erfolg mit Sicherheit erwartet werden kann,

3. zur Täuschung geeignete Bezeichnungen, Angaben, Aufmachungen, Darstellungen oder sonstige Aussagen über
   a) die Person, Vorbildung, Befähigung oder Erfolge des Herstellers, Erfinders oder der für sie tätigen Personen,
   b) Eigenschaften, insbesondere über Art, Beschaffenheit, Zusammensetzung, Menge, Haltbarkeit, Herkunft oder Art der Herstellung

   verwendet werden,
4. ein kosmetisches Mittel für die vorgesehene Verwendung nicht geeignet ist.

(2) Die Vorschriften des Gesetzes über die Werbung auf dem Gebiete des Heilwesens bleiben unberührt.

§ 28 Ermächtigungen zum Schutz der Gesundheit[1)]

(1) Das Bundesministerium wird ermächtigt, im Einvernehmen mit dem Bundesministerium für Wirtschaft und Energie durch Rechtsverordnung mit Zustimmung des Bundesrates, soweit es zur Erfüllung der in § 1 Absatz 1 Nummer 1, auch in Verbindung mit § 1 Absatz 3, genannten Zwecke erforderlich ist,

1. Anforderungen an die mikrobiologische Beschaffenheit bestimmter kosmetischer Mittel zu stellen,
2. für kosmetische Mittel Vorschriften zu erlassen, die den in § 32 Absatz 1 Nummer 1 bis 5 und 8 für Bedarfsgegenstände vorgesehenen Regelungen entsprechen.

(2) Kosmetische Mittel, die einer nach Absatz 1 Nummer 1 oder nach Absatz 1 Nummer 2 in Verbindung mit § 32 Absatz 1 Nummer 1 bis 4 Buchstabe a oder Nummer 5 erlassenen Rechtsverordnung nicht entsprechen, dürfen nicht in den Verkehr gebracht werden.

(3) [1]Das Bundesministerium wird ermächtigt, im Einvernehmen mit dem Bundesministerium für Wirtschaft und Energie durch Rechtsverordnung mit Zustimmung des Bundesrates, soweit es für eine medizinische Behandlung bei gesundheitlichen Beeinträchtigungen, die auf die Einwirkung von kosmetischen Mitteln zurückgehen können, erforderlich ist,

1. vorzuschreiben, dass von dem Hersteller oder demjenigen, der das kosmetische Mittel in den Verkehr bringt, dem Bundesamt für Verbraucherschutz und Lebensmittelsicherheit bestimmte Angaben über das kosmetische Mittel, insbesondere Angaben zu seiner Identifizierung, über seine Verwendungszwecke, über die in dem kosmetischen Mittel enthaltenen Stoffe und deren Menge sowie jede Veränderung dieser Angaben mitzuteilen sind, und die Einzelheiten über Form, Inhalt, Ausgestaltung und Zeitpunkt der Mitteilungen zu bestimmen,
2. zu bestimmen, dass das Bundesamt für Verbraucherschutz und Lebensmittelsicherheit die Angaben nach Nummer 1 an die von den Ländern zu bezeichnenden medizinischen Einrichtungen, die Erkenntnisse über die gesundheitlichen Auswirkungen kosmetischer Mittel sammeln und auswerten und bei Stoff bezogenen gesundheitlichen Beeinträchtigungen durch Beratung und Behandlung Hilfe leisten (Informations- und Behandlungszentren für Vergiftungen), weiterleiten kann,
3. zu bestimmen, dass die Informations- und Behandlungszentren für Vergiftungen dem Bundesamt für Verbraucherschutz und Lebensmittelsicherheit über Erkenntnisse aufgrund ihrer Tätigkeit berichten, die für die Beratung bei und die Behandlung von Stoff bezogenen gesundheitlichen Beeinträchtigungen von allgemeiner Bedeutung sind.

[2]Die Angaben nach Satz 1 Nummer 1 und 2 sind vertraulich zu behandeln und dürfen nur zu dem Zweck verwendet werden, Anfragen zur Behandlung von gesundheitlichen Beeinträchtigungen zu beantworten. [3]In Rechtsverordnungen nach Satz 1 Nummer 1 und 2 können nähere

1) **Anm. d. Red.:** § 28 i. d. F. der VO v. 31. 8. 2015 (BGBl I S. 1474) mit Wirkung v. 8. 9. 2015.

Bestimmungen über die vertrauliche Behandlung und die Zweckbindung nach Satz 2 erlassen werden.

§ 29 Weitere Ermächtigungen[1)]

(1) Das Bundesministerium wird ermächtigt, im Einvernehmen mit dem Bundesministerium für Wirtschaft und Energie durch Rechtsverordnung mit Zustimmung des Bundesrates, soweit es zur Erfüllung der in § 1 Absatz 1 Nummer 1 oder 2, jeweils auch in Verbindung mit § 1 Absatz 3, genannten Zwecke erforderlich ist,

1. vorzuschreiben, dass von dem Hersteller oder dem Einführer bestimmte Angaben, insbesondere über das Herstellen, das Inverkehrbringen oder die Zusammensetzung kosmetischer Mittel, über die hierbei verwendeten Stoffe, über die Wirkungen von kosmetischen Mitteln sowie über die Bewertungen, aus denen sich die gesundheitliche Beurteilung kosmetischer Mittel ergibt, und über den für die Bewertung Verantwortlichen für die für die Überwachung des Verkehrs mit kosmetischen Mitteln zuständigen Behörden bereitgehalten werden müssen sowie den Ort und die Einzelheiten über die Art und Weise des Bereithaltens zu bestimmen,
2. vorzuschreiben, dass der Hersteller oder der Einführer den für die Überwachung des Verkehrs mit kosmetischen Mitteln zuständigen Behörden bestimmte Angaben nach Nummer 1 mitzuteilen hat,
3. bestimmte Anforderungen und Untersuchungsverfahren, nach denen die gesundheitliche Unbedenklichkeit kosmetischer Mittel zu bestimmen und zu beurteilen ist, festzulegen und das Herstellen, das Behandeln und das Inverkehrbringen von kosmetischen Mitteln hiervon abhängig zu machen,
4. vorzuschreiben, dass der Hersteller oder der Einführer bestimmte Angaben über
   a) die mengenmäßige oder inhaltliche Zusammensetzung kosmetischer Mittel oder
   b) Nebenwirkungen kosmetischer Mittel auf die menschliche Gesundheit

   auf geeignete Art und Weise der Öffentlichkeit leicht zugänglich zu machen hat, soweit die Angaben nicht Betriebs- oder Geschäftsgeheimnisse betreffen.

(2) Das Bundesministerium wird ferner ermächtigt, im Einvernehmen mit dem Bundesministerium für Wirtschaft und Energie durch Rechtsverordnung mit Zustimmung des Bundesrates, soweit es

1. zur Erfüllung der in § 1 Absatz 1 Nummer 2, auch in Verbindung mit § 1 Absatz 3, genannten Zwecke erforderlich ist, vorzuschreiben, dass kosmetische Mittel unter bestimmten zur Irreführung geeigneten Bezeichnungen, Angaben oder Aufmachungen nicht in den Verkehr gebracht werden dürfen und dass für sie mit bestimmten zur Irreführung geeigneten Darstellungen oder sonstigen Aussagen nicht geworben werden darf,
2. zur Erfüllung der in § 1 Absatz 1 Nummer 1, 2 oder 3 Buchstabe a, jeweils auch in Verbindung mit § 1 Absatz 3, genannten Zwecke erforderlich ist, das Inverkehrbringen von kosmetischen Mitteln zu verbieten oder zu beschränken.

Abschnitt 5: Verkehr mit sonstigen Bedarfsgegenständen

§ 30 Verbote zum Schutz der Gesundheit

Es ist verboten,

1. Bedarfsgegenstände für andere derart herzustellen oder zu behandeln, dass sie bei bestimmungsgemäßem oder vorauszusehendem Gebrauch geeignet sind, die Gesundheit durch ihre stoffliche Zusammensetzung, insbesondere durch toxikologisch wirksame Stoffe oder durch Verunreinigungen, zu schädigen,

1) **Anm. d. Red.:** § 29 i. d. F. der VO v. 31. 8. 2015 (BGBl I S. 1474) mit Wirkung v. 8. 9. 2015.

LFGB

2. Gegenstände oder Mittel, die bei bestimmungsgemäßem oder vorauszusehendem Gebrauch geeignet sind, die Gesundheit durch ihre stoffliche Zusammensetzung, insbesondere durch toxikologisch wirksame Stoffe oder durch Verunreinigungen, zu schädigen, als Bedarfsgegenstände in den Verkehr zu bringen,
3. Bedarfsgegenstände im Sinne des § 2 Absatz 6 Satz 1 Nummer 1 bei dem Herstellen oder Behandeln von Lebensmitteln so zu verwenden, dass die Bedarfsgegenstände geeignet sind, bei der Aufnahme der Lebensmittel die Gesundheit zu schädigen.

§ 31 Übergang von Stoffen auf Lebensmittel

(1) Es ist verboten, Materialien oder Gegenstände im Sinne des § 2 Absatz 6 Satz 1 Nummer 1, die den in Artikel 3 Absatz 1 der Verordnung (EG) Nr. 1935/2004 festgesetzten Anforderungen an ihre Herstellung nicht entsprechen, als Bedarfsgegenstände zu verwenden oder in den Verkehr zu bringen.

(2) [1]Das Bundesministerium wird ermächtigt, durch Rechtsverordnung mit Zustimmung des Bundesrates, soweit es zur Erfüllung der in § 1 Absatz 1 Nummer 1 oder 2, jeweils auch in Verbindung mit § 1 Absatz 3, genannten Zwecke erforderlich ist,

1. vorzuschreiben, dass Materialien oder Gegenstände als Bedarfsgegenstände im Sinne des § 2 Absatz 6 Satz 1 Nummer 1 nur so hergestellt werden dürfen, dass sie unter den üblichen oder vorhersehbaren Bedingungen ihrer Verwendung keine Stoffe auf Lebensmittel oder deren Oberfläche in Mengen abgeben, die geeignet sind,
   a) die menschliche Gesundheit zu gefährden,
   b) die Zusammensetzung oder Geruch, Geschmack oder Aussehen der Lebensmittel zu beeinträchtigen,
2. für bestimmte Stoffe in Bedarfsgegenständen festzulegen, ob und in welchen bestimmten Anteilen die Stoffe auf Lebensmittel übergehen dürfen.

[2]Materialien oder Gegenstände, die den Anforderungen des Satzes 1 Nummer 2 nicht entsprechen, dürfen nicht als Bedarfsgegenstände im Sinne des § 2 Absatz 6 Satz 1 Nummer 1 verwendet oder in den Verkehr gebracht werden.

(3) Es ist verboten, Lebensmittel, die unter Verwendung eines in Absatz 1 genannten Bedarfsgegenstandes hergestellt oder behandelt worden sind, als Lebensmittel in den Verkehr zu bringen.

§ 32 Ermächtigungen zum Schutz der Gesundheit[1)]

(1) Das Bundesministerium wird ermächtigt, im Einvernehmen mit dem Bundesministerium für Wirtschaft und Energie durch Rechtsverordnung mit Zustimmung des Bundesrates, soweit es zur Erfüllung der in § 1 Absatz 1 Nummer 1, auch in Verbindung mit § 1 Absatz 3, genannten Zwecke erforderlich ist,

1. die Verwendung bestimmter Stoffe, Stoffgruppen oder Stoffgemische bei dem Herstellen oder Behandeln von bestimmten Bedarfsgegenständen zu verbieten oder zu beschränken,
2. vorzuschreiben, dass für das Herstellen bestimmter Bedarfsgegenstände oder einzelner Teile von ihnen nur bestimmte Stoffe verwendet werden dürfen,
3. die Anwendung bestimmter Verfahren bei dem Herstellen von bestimmten Bedarfsgegenständen zu verbieten oder zu beschränken,
4. Höchstmengen für Stoffe festzusetzen, die
   a) aus bestimmten Bedarfsgegenständen auf Verbraucherinnen oder Verbraucher einwirken oder übergehen können oder

1) **Anm. d. Red.:** § 32 i. d. F. der VO v. 31. 8. 2015 (BGBl I S. 1474) mit Wirkung v. 8. 9. 2015.

b) die beim Herstellen, Behandeln oder Inverkehrbringen von bestimmten Bedarfsgegenständen in oder auf diesen vorhanden sein dürfen,

5. Reinheitsanforderungen für bestimmte Stoffe festzusetzen, die bei dem Herstellen bestimmter Bedarfsgegenstände verwendet werden,
6. Vorschriften über die Wirkungsweise von Bedarfsgegenständen im Sinne des § 2 Absatz 6 Satz 1 Nummer 1 zu erlassen,
7. vorzuschreiben, dass bestimmte Bedarfsgegenstände im Sinne des § 2 Absatz 6 Satz 1 Nummer 3 bis 6 nur in den Verkehr gebracht werden dürfen, wenn bestimmte Anforderungen an ihre mikrobiologische Beschaffenheit eingehalten werden,
8. beim Verkehr mit bestimmten Bedarfsgegenständen Warnhinweise, sonstige warnende Aufmachungen, Sicherheitsvorkehrungen oder Anweisungen für das Verhalten bei Unglücksfällen vorzuschreiben.

(2) Bedarfsgegenstände, die einer nach Absatz 1 Nummer 1 bis 4 Buchstabe a, Nummer 5 oder 6 erlassenen Rechtsverordnung nicht entsprechen, dürfen nicht in den Verkehr gebracht werden.

§ 33 Vorschriften zum Schutz vor Täuschung[1)]

(1) Es ist verboten, Materialien oder Gegenstände im Sinne des § 2 Absatz 6 Satz 1 Nummer 1 unter irreführender Bezeichnung, Angabe oder Aufmachung in den Verkehr zu bringen oder beim Verkehr mit solchen Bedarfsgegenständen hierfür allgemein oder im Einzelfall mit irreführenden Darstellungen oder sonstigen Aussagen zu werben.

(2) Das Bundesministerium wird ermächtigt, im Einvernehmen mit dem Bundesministerium für Wirtschaft und Energie durch Rechtsverordnung mit Zustimmung des Bundesrates, soweit es zur Erfüllung der in § 1 Absatz 1 Nummer 2, auch in Verbindung mit § 1 Absatz 3, genannten Zwecke erforderlich ist, vorzuschreiben, dass andere als in Absatz 1 genannte Bedarfsgegenstände nicht unter irreführender Bezeichnung, Angabe oder Aufmachung in den Verkehr gebracht werden dürfen oder für solche Bedarfsgegenstände allgemein oder im Einzelfall nicht mit irreführenden Darstellungen oder sonstigen Aussagen geworben werden darf und die Einzelheiten dafür zu bestimmen.

Abschnitt 6: Gemeinsame Vorschriften für alle Erzeugnisse

§ 34 Ermächtigungen zum Schutz der Gesundheit[2)]

[1]Das Bundesministerium wird ermächtigt, im Einvernehmen mit dem Bundesministerium für Wirtschaft und Energie durch Rechtsverordnung mit Zustimmung des Bundesrates, soweit es zur Erfüllung der in § 1 Absatz 1 Nummer 1, auch in Verbindung mit § 1 Absatz 3, genannten Zwecke erforderlich ist, das Herstellen, das Behandeln, das Verwenden oder, vorbehaltlich des § 13 Absatz 5 Satz 1, das Inverkehrbringen von bestimmten Erzeugnissen

1. zu verbieten sowie die hierfür erforderlichen Maßnahmen, insbesondere die Sicherstellung und unschädliche Beseitigung, zu regeln,
2. zu beschränken sowie die hierfür erforderlichen Maßnahmen vorzuschreiben; hierbei kann insbesondere vorgeschrieben werden, dass die Erzeugnisse nur von bestimmten Betrieben oder unter Einhaltung bestimmter gesundheitlicher Anforderungen hergestellt, behandelt oder in den Verkehr gebracht werden dürfen,
3. von einer Zulassung, einer Registrierung oder einer Genehmigung abhängig zu machen,
4. von einer Anzeige abhängig zu machen,

1) **Anm. d. Red.:** § 33 i. d. F. der VO v. 31. 8. 2015 (BGBl I S. 1474) mit Wirkung v. 8. 9. 2015.

2) **Anm. d. Red.:** § 34 i. d. F. der VO v. 31. 8. 2015 (BGBl I S. 1474) mit Wirkung v. 8. 9. 2015.

5. die Voraussetzungen und das Verfahren für die Zulassung, die Registrierung und die Genehmigung nach Nummer 3 einschließlich des Ruhens der Zulassung, der Registrierung oder der Genehmigung zu regeln,
6. das Verfahren für die Anzeige nach Nummer 4 und für die Überprüfung bestimmter Anforderungen des Erzeugnisses zu regeln sowie die Maßnahmen zu regeln, die zu ergreifen sind, wenn das Erzeugnis den Anforderungen dieses Gesetzes oder der aufgrund dieses Gesetzes erlassenen Rechtsverordnungen nicht entspricht,
7. von dem Nachweis bestimmter Fachkenntnisse abhängig zu machen; dies gilt auch für die Durchführung von Bewertungen, aus denen sich die gesundheitliche Beurteilung eines Erzeugnisses ergibt.

[2]In einer Rechtsverordnung nach Satz 1 Nummer 5 oder 6 kann bestimmt werden, dass die zuständige Behörde für die Durchführung eines Zulassungs-, Genehmigungs-, Registrierungs- oder Anzeigeverfahrens das Bundesamt für Verbraucherschutz und Lebensmittelsicherheit ist.

§ 35 Ermächtigungen zum Schutz vor Täuschung und zur Unterrichtung[1)]

Das Bundesministerium wird ermächtigt, im Einvernehmen mit dem Bundesministerium für Wirtschaft und Energie durch Rechtsverordnung mit Zustimmung des Bundesrates, soweit es zur Erfüllung der in § 1 Absatz 1 Nummer 2 oder 3, jeweils auch in Verbindung mit § 1 Absatz 3, genannten Zwecke erforderlich ist,

1. Inhalt, Art und Weise und Umfang der Kennzeichnung von Erzeugnissen bei deren Inverkehrbringen oder Behandeln zu regeln und dabei insbesondere
   a) die Angabe der Bezeichnung, der Masse oder des Volumens sowie
   b) Angaben über
      aa) den Inhalt, insbesondere über die Zusammensetzung, die Beschaffenheit, Inhaltsstoffe oder Energiewerte,
      bb) den Hersteller, den für das Inverkehrbringen Verantwortlichen, die Anwendung von Verfahren, den Zeitpunkt oder die Art und Weise der Herstellung, die Haltbarkeit, die Herkunft, die Zubereitung, den Verwendungszweck oder, für bestimmte Erzeugnisse, eine Wartezeit

   vorzuschreiben,
2. für bestimmte Erzeugnisse vorzuschreiben, dass
   a) sie nur in Packungen, Behältnissen oder sonstigen Umhüllungen, auch verschlossen oder von bestimmter Art, in den Verkehr gebracht werden dürfen und dabei die Art oder Sicherung eines Verschlusses zu regeln,
   b) an den Vorratsgefäßen oder ähnlichen Behältnissen, in denen Erzeugnisse feilgehalten oder sonst zum Verkauf vorrätig gehalten werden, der Inhalt anzugeben ist,
   c) für sie bestimmte Lagerungsbedingungen anzugeben sind,
3. für bestimmte Erzeugnisse Vorschriften über das Herstellen oder das Behandeln zu erlassen,
4. für bestimmte Erzeugnisse duldbare Abweichungen bei bestimmten vorgeschriebenen Angaben festzulegen,
5. vorzuschreiben, dass derjenige, der bestimmte Erzeugnisse herstellt, behandelt, einführt oder in den Verkehr bringt, bestimmte Informationen, insbesondere über die Verwendung der Erzeugnisse, bereitzuhalten oder der zuständigen Behörde auf Aufforderung zu übermitteln hat, sowie Inhalt, Art und Weise und Beschränkungen des Bereithaltens zu regeln.

1) **Anm. d. Red.:** § 35 i. d. F. der VO v. 31. 8. 2015 (BGBl I S. 1474) mit Wirkung v. 8. 9. 2015.

§ 36 Ermächtigungen für betriebseigene Kontrollen und Maßnahmen[1)]

[1]Das Bundesministerium wird ermächtigt, im Einvernehmen mit dem Bundesministerium für Wirtschaft und Energie durch Rechtsverordnung mit Zustimmung des Bundesrates, soweit es zur Erfüllung der in § 1 Absatz 1 Nummer 1 oder 4 Buchstabe a Doppelbuchstabe aa, auch in Verbindung mit § 1 Absatz 3, genannten Zwecke erforderlich ist,

1. vorzuschreiben, dass Betriebe, die bestimmte Erzeugnisse herstellen, behandeln oder in den Verkehr bringen, bestimmte betriebseigene Kontrollen und Maßnahmen sowie Unterrichtungen oder Schulungen von Personen in der erforderlichen Hygiene durchzuführen und darüber Nachweise zu führen haben, sowie dass Betriebe bestimmten Prüfungs- und Mitteilungspflichten unterliegen,
2. das Nähere über Art, Umfang und Häufigkeit der betriebseigenen Kontrollen und Maßnahmen nach Nummer 1 sowie die Auswertung und Mitteilung der Kontrollergebnisse zu regeln,
3. das Nähere über Art, Form und Inhalt der Nachweise nach Nummer 1 sowie über die Dauer ihrer Aufbewahrung zu regeln,
4. vorzuschreiben, dass Betriebe, die bestimmte Erzeugnisse herstellen, behandeln oder in den Verkehr bringen, oder von diesen Betrieben beauftragte Labors, bei der Durchführung mikrobiologischer Untersuchungen im Rahmen der betriebseigenen Kontrollen nach Nummer 1 bestimmtes Untersuchungsmaterial aufzubewahren und der zuständigen Behörde auf Verlangen auszuhändigen haben sowie die geeignete Art und Weise und die Dauer der Aufbewahrung und die Verwendung des ausgehändigten Untersuchungsmaterials zu regeln.

[2]Satz 1 gilt entsprechend für Lebensmittelunternehmen, in denen lebende Tiere im Sinne des § 4 Absatz 1 Nummer 1 gehalten werden. [3]Eine Mitteilung aufgrund einer Rechtsverordnung nach Satz 1 Nummer 2 oder eine Aushändigung von Untersuchungsmaterial aufgrund einer Rechtsverordnung nach Satz 1 Nummer 4 darf nicht zur strafrechtlichen Verfolgung des Mitteilenden oder Aushändigenden oder für ein Verfahren nach dem Gesetz über Ordnungswidrigkeiten gegen den Mitteilenden oder Aushändigenden verwendet werden.

§ 37 Weitere Ermächtigungen[2)]

(1) Das Bundesministerium wird ermächtigt, im Einvernehmen mit dem Bundesministerium für Wirtschaft und Energie durch Rechtsverordnung mit Zustimmung des Bundesrates, soweit es zur Erfüllung der in § 1 Absatz 1 Nummer 1, 2 oder 4, jeweils auch in Verbindung mit § 1 Absatz 3, genannten Zwecke erforderlich ist,

1. vorzuschreiben, dass Betriebe, die bestimmte Erzeugnisse herstellen, behandeln, in den Verkehr bringen oder verwenden, anerkannt, zugelassen oder registriert sein müssen sowie das Verfahren für die Anerkennung, Zulassung oder Registrierung einschließlich des Ruhens der Anerkennung oder Zulassung zu regeln,
2. die Voraussetzungen festzulegen, unter denen eine Anerkennung, Zulassung oder Registrierung zu erteilen ist.

(2) In der Rechtsverordnung nach Absatz 1 Nummer 2 können an das Herstellen, das Behandeln, das Inverkehrbringen oder das Verwenden des jeweiligen Erzeugnisses Anforderungen insbesondere über

1. die bauliche Gestaltung der Anlagen und Einrichtungen, insbesondere hinsichtlich der für die betroffene Tätigkeit einzuhaltenden hygienischen Anforderungen,

---

1) **Anm. d. Red.:** § 36 i. d. F. der VO v. 31. 8. 2015 (BGBl I S. 1474) mit Wirkung v. 8. 9. 2015.

2) **Anm. d. Red.:** § 37 i. d. F. der VO v. 31. 8. 2015 (BGBl I S. 1474) mit Wirkung v. 8. 9. 2015.

LFGB

2. die Gewährleistung der von den betroffenen Betrieben nach der Anerkennung, Zulassung, Registrierung oder Zertifizierung einzuhaltenden Vorschriften dieses Gesetzes und der aufgrund dieses Gesetzes erlassenen Rechtsverordnungen,
3. die Einhaltung der Vorschriften über den Arbeitsschutz,
4. das Vorliegen der im Hinblick auf die betroffene Tätigkeit erforderlichen Zuverlässigkeit der Betriebsinhaberin oder des Betriebsinhabers oder der von der Betriebsinhaberin oder vom Betriebsinhaber bestellten verantwortlichen Person,
5. die im Hinblick auf die betroffene Tätigkeit erforderliche Sachkunde der Betriebsinhaberin oder des Betriebsinhabers oder der von der Betriebsinhaberin oder vom Betriebsinhaber bestellten verantwortlichen Person,
6. die Anfertigung von Aufzeichnungen und ihre Aufbewahrung

festgelegt werden.

Abschnitt 7: Überwachung

§ 38 Zuständigkeit, gegenseitige Information

(1) [1]Die Zuständigkeit für die Überwachungsmaßnahmen nach diesem Gesetz, den aufgrund dieses Gesetzes erlassenen Rechtsverordnungen und den unmittelbar geltenden Rechtsakten der Europäischen Gemeinschaft oder der Europäischen Union im Anwendungsbereich dieses Gesetzes richtet sich nach Landesrecht, soweit in diesem Gesetz nichts anderes bestimmt ist. [2]§ 55 bleibt unberührt.

(2) [1]Im Geschäftsbereich des Bundesministeriums der Verteidigung obliegt die Durchführung dieses Gesetzes, der aufgrund dieses Gesetzes erlassenen Rechtsverordnungen und der unmittelbar geltenden Rechtsakte der Europäischen Gemeinschaft oder der Europäischen Union im Anwendungsbereich dieses Gesetzes den zuständigen Stellen und Sachverständigen der Bundeswehr. [2]Das Bundesministerium der Verteidigung kann für seinen Geschäftsbereich im Einvernehmen mit dem Bundesministerium Ausnahmen von diesem Gesetz und aufgrund dieses Gesetzes erlassenen Rechtsverordnungen zulassen, wenn dies zur Durchführung der besonderen Aufgaben der Bundeswehr gerechtfertigt ist und der vorbeugende Gesundheitsschutz gewahrt bleibt.

(3) Die für die Durchführung dieses Gesetzes zuständigen Behörden und Stellen des Bundes und der Länder haben sich gegenseitig
1. die für den Vollzug des Gesetzes zuständigen Stellen mitzuteilen und
2. bei der Ermittlungstätigkeit zu unterstützen.

(4) Die zuständigen Behörden
1. erteilen der zuständigen Behörde eines anderen Mitgliedstaates auf begründetes Ersuchen Auskünfte und übermitteln die erforderlichen Urkunden und Schriftstücke, um ihr die Überwachung der Einhaltung der für Erzeugnisse und mit Lebensmitteln verwechselbare Produkte geltenden Vorschriften zu ermöglichen,
2. überprüfen alle von der ersuchenden Behörde eines anderen Mitgliedstaates mitgeteilten Sachverhalte, teilen ihr das Ergebnis der Prüfung mit und unterrichten das Bundesministerium darüber.

(5) Hat die nach § 39 Absatz 1 Satz 1 für die Einhaltung der Vorschriften über den Verkehr mit Futtermitteln zuständige Behörde Grund zu der Annahme, dass Futtermittel, die geeignet sind, die von Nutztieren gewonnenen Erzeugnisse im Hinblick auf ihre Unbedenklichkeit für die menschliche Gesundheit zu beeinträchtigen, verfüttert worden sind, so unterrichtet sie die für die Durchführung des § 41 zuständige Behörde über die ihr bekannten Tatsachen.

(6) Die zuständigen Behörden teilen den zuständigen Behörden eines anderen Mitgliedstaates alle Tatsachen und Sachverhalte mit, die für die Überwachung der Einhaltung der für Erzeugnisse und mit Lebensmitteln verwechselbare Produkte geltenden Vorschriften in diesem Mit-

gliedstaat erforderlich sind, insbesondere bei Zuwiderhandlungen und bei Verdacht auf Zuwiderhandlungen gegen für Erzeugnisse und mit Lebensmitteln verwechselbare Produkte geltende Vorschriften.

(7) Die zuständigen Behörden können, soweit dies zur Einhaltung der Anforderungen dieses Gesetzes oder der aufgrund dieses Gesetzes erlassenen Rechtsverordnungen erforderlich oder durch Rechtsakte der Europäischen Gemeinschaft oder der Europäischen Union vorgeschrieben ist, Daten, die sie im Rahmen der Überwachung gewonnen haben, anderen zuständigen Behörden desselben Landes, den zuständigen Behörden anderer Länder, des Bundes oder anderer Mitgliedstaaten oder der Europäischen Kommission mitteilen.

(8) Auskünfte, Mitteilungen und Übermittlung von Urkunden und Schriftstücken über lebensmittel- und futtermittelrechtliche Kontrollen nach den Absätzen 4, 6 und 7 erfolgen, sofern sie andere Vertragsstaaten des Abkommens über den Europäischen Wirtschaftsraum als Mitgliedstaaten betreffen, an die Europäische Kommission.

§ 38a Übermittlung von Daten über den Internethandel

(1) [1]Das Bundeszentralamt für Steuern übermittelt nach Maßgabe des Satzes 2 oder 3 zur Unterstützung der den Ländern obliegenden Überwachung der Einhaltung der Vorschriften

1. dieses Gesetzes,
2. der aufgrund dieses Gesetzes erlassenen Rechtsverordnungen und
3. der unmittelbar geltenden Rechtsakte der Europäischen Gemeinschaft oder der Europäischen Union im Anwendungsbereich dieses Gesetzes

den zuständigen Behörden der Länder auf deren Anforderung die ihm aus der Beobachtung elektronisch angebotener Dienstleistungen nach § 5 Absatz 1 Nummer 17 des Finanzverwaltungsgesetzes vorliegenden Daten über Unternehmen, die diesem Gesetz unterliegende Erzeugnisse oder mit Lebensmitteln verwechselbare Produkte im Internet anbieten. [2]Die Anforderungen sind über das Bundesamt für Verbraucherschutz und Lebensmittelsicherheit an das Bundeszentralamt für Steuern zu richten; das Bundeszentralamt für Steuern übermittelt die Daten an das Bundesamt für Verbraucherschutz und Lebensmittelsicherheit, das die Daten den anfordernden Behörden weiterleitet. [3]Soweit die Länder für den Zweck des Satzes 1 eine gemeinsame Stelle einrichten, ergeht die Anforderung durch diese Stelle und sind die in Satz 1 bezeichneten Daten dieser Stelle zu übermitteln; diese Stelle leitet die übermittelten Daten den zuständigen Behörden weiter.

(2) Daten im Sinne des Absatzes 1 Satz 1 sind

1. der Name, die Anschrift und die Telekommunikationsinformationen des Unternehmens,
2. das eindeutige Ordnungsmerkmal, die Domaininformationen und die Landzuordnung,
3. die betroffenen Erzeugnisse oder mit Lebensmitteln verwechselbare Produkte.

(3) [1]Das Bundesamt für Verbraucherschutz und Lebensmittelsicherheit und die Stelle im Sinne des Absatzes 1 Satz 3 haben die ihnen übermittelten Daten unverzüglich nach der Weiterleitung an die zuständigen Behörden zu löschen. [2]Die zuständigen Behörden haben die Daten zu löschen, soweit sie nicht mehr erforderlich sind, spätestens jedoch mit Ablauf des dritten Jahres nach der Übermittlung an sie. [3]Die Frist des Satzes 2 gilt nicht, wenn wegen eines anhängigen Bußgeldverfahrens, staatsanwaltlichen Ermittlungsverfahrens oder gerichtlichen Verfahrens eine längere Aufbewahrung erforderlich ist; in diesem Falle sind die Daten mit rechtskräftigem Abschluss des Verfahrens zu löschen.

(4) Das Bundesministerium wird ermächtigt, im Einvernehmen mit dem Bundesministerium der Finanzen durch Rechtsverordnung mit Zustimmung des Bundesrates die Einzelheiten des Verfahrens der Datenübermittlung zu regeln.

§ 39 Aufgabe und Maßnahmen der zuständigen Behörden[1)]

(1) [1]Die Überwachung der Einhaltung der Vorschriften dieses Gesetzes, der aufgrund dieses Gesetzes erlassenen Rechtsverordnungen und der unmittelbar geltenden Rechtsakte der Europäischen Gemeinschaft oder der Europäischen Union im Anwendungsbereich dieses Gesetzes über Erzeugnisse und lebende Tiere im Sinne des § 4 Absatz 1 Nummer 1 ist Aufgabe der zuständigen Behörden. [2]Dazu haben sie sich durch regelmäßige Überprüfungen und Probennahmen davon zu überzeugen, dass die Vorschriften eingehalten werden.

(2) [1]Die zuständigen Behörden treffen die notwendigen Anordnungen und Maßnahmen, die zur Feststellung oder zur Ausräumung eines hinreichenden Verdachts eines Verstoßes oder zur Beseitigung festgestellter Verstöße oder zur Verhütung künftiger Verstöße sowie zum Schutz vor Gefahren für die Gesundheit oder vor Täuschung erforderlich sind. [2]Sie können insbesondere

1. anordnen, dass derjenige, der ein Erzeugnis hergestellt, behandelt oder in den Verkehr gebracht hat oder dies beabsichtigt,
   a) eine Prüfung durchführt oder durchführen lässt und das Ergebnis der Prüfung mitteilt,
   b) ihr den Eingang eines Erzeugnisses anzeigt,

   wenn Grund zu der Annahme besteht, dass das Erzeugnis den Vorschriften dieses Gesetzes, der aufgrund dieses Gesetzes erlassenen Rechtsverordnungen oder der unmittelbar geltenden Rechtsakte der Europäischen Gemeinschaft oder der Europäischen Union im Anwendungsbereich dieses Gesetzes nicht entspricht,
2. vorübergehend verbieten, dass ein Erzeugnis in den Verkehr gebracht wird, bis das Ergebnis einer entnommenen Probe oder einer nach Nummer 1 angeordneten Prüfung vorliegt,
3. das Herstellen, Behandeln oder das Inverkehrbringen von Erzeugnissen verbieten oder beschränken,
4. eine Maßnahme überwachen oder, falls erforderlich, anordnen, mit der verhindert werden soll, dass ein Erzeugnis, das den Verbraucher noch nicht erreicht hat, auch durch andere Wirtschaftsbeteiligte weiter in den Verkehr gebracht wird (Rücknahme), oder die auf die Rückgabe eines in den Verkehr gebrachten Erzeugnisses abzielt, das den Verbraucher oder den Verwender bereits erreicht hat oder erreicht haben könnte (Rückruf),
5. Erzeugnisse, auch vorläufig, sicherstellen und, soweit dies zum Erreichen der in § 1 Absatz 1 Nummer 1 oder 4 Buchstabe a Doppelbuchstabe aa oder Absatz 2, stets jeweils auch in Verbindung mit § 1 Absatz 3, genannten Zwecke erforderlich ist, die unschädliche Beseitigung der Erzeugnisse veranlassen,
6. das Verbringen von Erzeugnissen, einschließlich lebender Tiere im Sinne des § 4 Absatz 1 Nummer 1, in das Inland im Einzelfall vorübergehend verbieten oder beschränken, wenn
   a) die Bundesrepublik Deutschland von der Kommission hierzu ermächtigt worden ist und dies das Bundesministerium im Bundesanzeiger bekannt gemacht hat oder
   b) Tatsachen vorliegen, die darauf schließen lassen, dass die Erzeugnisse oder lebenden Tiere ein Risiko für die Gesundheit von Mensch oder Tier mit sich bringen,
7. anordnen, dass diejenigen, die einer von einem in Verkehr gebrachten Erzeugnis ausgehenden Gefahr ausgesetzt sein können, rechtzeitig in geeigneter Form auf diese Gefahr hingewiesen werden,
8. Anordnungen zur Durchsetzung der Pflicht des Lebensmittelunternehmers zur Unterrichtung der Verbraucher nach Artikel 19 der Verordnung (EG) Nr. 178/2002 und der Pflicht des Futtermittelunternehmers zur Unterrichtung der Verwender nach Artikel 20 der Verordnung (EG) Nr. 178/2002 treffen und
9. die Öffentlichkeit nach Maßgabe von § 40 informieren.

---

1) **Anm. d. Red.:** § 39 i. d. F. des Gesetzes v. 24. 11. 2016 (BGBl I S. 2656) mit Wirkung v. 3. 12. 2016.

[3]Artikel 54 Absatz 1 und 2 der Verordnung (EG) Nr. 882/2004 des Europäischen Parlaments und des Rates vom 29. April 2004 über amtliche Kontrollen zur Überprüfung der Einhaltung des Lebensmittel- und Futtermittelrechts sowie der Bestimmungen über Tiergesundheit und Tierschutz (ABl L 165 vom 30. 4. 2004, S. 1, L 191 vom 28. 5. 2004, S. 1, L 204 vom 4. 8. 2007, S. 29), die zuletzt durch die Verordnung (EU) Nr. 652/2014 (ABl L 189 vom 27. 6. 2014, S. 1) geändert worden ist, über Maßnahmen im Fall eines Verstoßes bleibt unberührt.

(3) Eine Anordnung nach

1. Absatz 2 Satz 2 Nummer 3 und 5 kann auch in Bezug auf das Verwenden eines zugelassenen Erzeugnisses ergehen, soweit dies erforderlich ist, um eine unmittelbare drohende Gefahr für die Gesundheit des Menschen abzuwehren; die Anordnung ist zu befristen, bis über die weitere Zulassung des betroffenen Erzeugnisses von der zuständigen Stelle entschieden ist,
2. Absatz 2 Satz 2 Nummer 1 bis 3 und 5 kann auch in Bezug auf das Verfüttern eines Futtermittels ergehen.

LFGB

(4) Die Absätze 1 und 2 Satz 1 und 2 sowie § 40 gelten für mit Lebensmitteln verwechselbare Produkte entsprechend.

(5) [1]Zum Zweck der Verringerung oder Beseitigung der Ursachen für einen gesundheitlich nicht erwünschten Stoff, der in oder auf einem Lebensmittel enthalten ist, führen die zuständigen Behörden, wenn eine Überschreitung von durch Rechtsverordnung nach § 13 Absatz 1 Nummer 7 oder § 13 Absatz 5 Satz 1 Nummer 2 festgesetzten Auslösewerten festgestellt wird, Untersuchungen mit dem Ziel durch, die Ursachen für das Vorhandensein des gesundheitlich nicht erwünschten Stoffs zu ermitteln. [2]Soweit es erforderlich ist, kann die zuständige Behörde die zur Verringerung oder Beseitigung der Ursachen für das Vorhandensein des gesundheitlich nicht erwünschten Stoffs erforderlichen Maßnahmen anordnen. [3]Dabei kann sie auch anordnen, dass der Wirtschaftsbeteiligte selbst eine Untersuchung durchführt oder durchführen lässt und das Ergebnis der Untersuchung mitteilt. [4]Die zuständigen Behörden informieren das Bundesministerium, im Fall einer Rechtsverordnung nach § 13 Absatz 5 Satz 1 Nummer 2 auch das Bundesministerium für Umwelt, Naturschutz, Bau und Reaktorsicherheit, oder im Fall einer Rechtsverordnung nach § 72 Satz 2 das Bundesamt für Verbraucherschutz und Lebensmittelsicherheit unverzüglich über ermittelte Ursachen für das Vorhandensein des gesundheitlich nicht erwünschten Stoffs und die zur Verringerung oder Beseitigung dieser Ursachen angeordneten Maßnahmen zum Zweck der Information der Kommission und der anderen Mitgliedstaaten.

(6) [1]Zum Zweck der Verringerung oder Beseitigung der Ursachen für unerwünschte Stoffe in Futtermitteln führen die zuständigen Behörden, wenn eine Überschreitung von festgesetzten Höchstgehalten an unerwünschten Stoffen oder Aktionsgrenzwerten festgestellt wird, Untersuchungen mit dem Ziel durch, die Ursachen für das Vorhandensein unerwünschter Stoffe zu ermitteln. [2]Soweit es erforderlich ist, kann die zuständige Behörde die zur Verringerung oder Beseitigung der Ursachen für das Vorhandensein unerwünschter Stoffe erforderlichen Maßnahmen anordnen. [3]Dabei kann sie auch anordnen, dass der Wirtschaftsbeteiligte selbst eine Untersuchung durchführt oder durchführen lässt und das Ergebnis der Untersuchung mitteilt. [4]Die zuständigen Behörden informieren das Bundesministerium oder im Fall einer Rechtsverordnung nach § 72 Satz 2 das Bundesamt für Verbraucherschutz und Lebensmittelsicherheit unverzüglich über ermittelte Ursachen für das Vorhandensein unerwünschter Stoffe und die zur Verringerung oder Beseitigung dieser Ursachen angeordneten Maßnahmen zum Zweck der Information der Kommission und der anderen Mitgliedstaaten.

(7) Widerspruch und Anfechtungsklage gegen Anordnungen, die der Durchführung von Verboten nach

1. Artikel 14 Absatz 1 in Verbindung mit Absatz 2 Buchstabe a der Verordnung (EG) Nr. 178/2002,

2. Artikel 15 Absatz 1 in Verbindung mit Absatz 2 erster Anstrich der Verordnung (EG) Nr. 178/2002 oder
3. § 5, § 17 Absatz 1 Satz 1 Nummer 1, § 26 oder § 30

dienen, haben keine aufschiebende Wirkung.

(7a) Soweit im Einzelfall eine notwendige Anordnung oder eine sonstige notwendige Maßnahme nicht aufgrund der Absätze 2 bis 4 getroffen werden kann, bleiben weitergehende Regelungen der Länder, einschließlich der Regelungen auf dem Gebiet des Polizeirechts, aufgrund derer eine solche Anordnung oder Maßnahme getroffen werden kann, anwendbar.

(8) [1]Das Bundesministerium wird ermächtigt, abweichend von Absatz 1 Satz 1 durch Rechtsverordnung mit Zustimmung des Bundesrates, soweit es mit den in § 1 Absatz 1 Nummer 1 und Absatz 2, jeweils auch in Verbindung mit § 1 Absatz 3, genannten Zwecken vereinbar ist, zu bestimmen, dass die zuständige Behörde im Fall erlegter Wildschweine oder anderer fleischfressender Tiere, die Träger von Trichinen sein können, bei denen keine Merkmale festgestellt werden, die das Fleisch als bedenklich für den Verzehr erscheinen lassen,

1. einem Jagdausübungsberechtigten für seinen Jagdbezirk oder
2. einem Jäger, dem die Jagd vom Jagdausübungsberechtigten gestattet worden ist,

in dessen Person die Voraussetzungen des Artikels 1 Absatz 3 Buchstabe a oder Buchstabe e der Verordnung (EG) Nr. 853/2004 des Europäischen Parlaments und des Rates vom 29. April 2004 mit spezifischen Hygienevorschriften für Lebensmittel tierischen Ursprungs (ABl L 139 vom 30. 4. 2004, S. 55, L 226 vom 25. 6. 2004, S. 22, L 66 vom 11. 3. 2015, S. 22, L 204 vom 4. 8. 2007, S. 26, L 46 vom 21. 2. 2008, S. 50, L 119 vom 13. 5. 2010, S. 26, L 160 vom 12. 6. 2013, S. 15), die zuletzt durch die Verordnung (EU) 2016/355 (ABl L 67 vom 12. 3. 2016, S. 22) geändert worden ist, vorliegen, die Entnahme von Proben zur Untersuchung auf Trichinen und die Kennzeichnung übertragen kann. [2]In der Rechtsverordnung nach Satz 1 sind die Voraussetzungen und das Verfahren für die Übertragung und die Überwachung der Einhaltung der Vorschriften zu regeln.

§ 40 Information der Öffentlichkeit

(1) [1]Die zuständige Behörde soll die Öffentlichkeit unter Nennung der Bezeichnung des Lebensmittels oder Futtermittels und des Lebensmittel- oder Futtermittelunternehmens, unter dessen Namen oder Firma das Lebensmittel oder Futtermittel hergestellt oder behandelt wurde oder in den Verkehr gelangt ist, und, wenn dies zur Gefahrenabwehr geeigneter ist, auch unter Nennung des Inverkehrbringers, nach Maßgabe des Artikels 10 der Verordnung (EG) Nr. 178/2002 informieren. [2]Eine Information der Öffentlichkeit in der in Satz 1 genannten Art und Weise soll vorbehaltlich des Absatzes 1a auch erfolgen, wenn

1. der hinreichende Verdacht besteht, dass ein kosmetisches Mittel oder ein Bedarfsgegenstand ein Risiko für die menschliche Gesundheit mit sich bringen kann,
2. der hinreichende Verdacht besteht, dass gegen Vorschriften im Anwendungsbereich dieses Gesetzes, die dem Schutz der Verbraucherinnen und Verbraucher vor Gesundheitsgefährdungen dienen, verstoßen wurde,
3. im Einzelfall hinreichende Anhaltspunkte dafür vorliegen, dass von einem Erzeugnis eine Gefährdung für die Sicherheit und Gesundheit ausgeht oder ausgegangen ist und aufgrund unzureichender wissenschaftlicher Erkenntnis oder aus sonstigen Gründen die Unsicherheit nicht innerhalb der gebotenen Zeit behoben werden kann,
4. ein nicht gesundheitsschädliches, aber zum Verzehr ungeeignetes, insbesondere ekelerregendes Lebensmittel in nicht unerheblicher Menge in den Verkehr gelangt oder gelangt ist oder wenn ein solches Lebensmittel wegen seiner Eigenart zwar nur in geringen Mengen, aber über einen längeren Zeitraum in den Verkehr gelangt ist,

4a. der durch Tatsachen hinreichend begründete Verdacht besteht, dass gegen Vorschriften im Anwendungsbereich dieses Gesetzes, die dem Schutz der Verbraucherinnen und Verbraucher vor Täuschung dienen, in nicht nur unerheblichem Ausmaß verstoßen wurde,

5. Umstände des Einzelfalles die Annahme begründen, dass ohne namentliche Nennung des zu beanstandenden Erzeugnisses und erforderlichenfalls des Wirtschaftsbeteiligten oder des Inverkehrbringers, unter dessen Namen oder Firma das Erzeugnis hergestellt oder behandelt wurde oder in den Verkehr gelangt ist, erhebliche Nachteile für die Hersteller oder Vertreiber gleichartiger oder ähnlicher Erzeugnisse nicht vermieden werden können.

[3]In den Fällen des Satzes 2 Nummer 3 bis 5 ist eine Information der Öffentlichkeit zulässig nach Abwägung der Belange der Betroffenen mit den Interessen der Öffentlichkeit an der Veröffentlichung.

(1a) Die zuständige Behörde informiert die Öffentlichkeit unter Nennung der Bezeichnung des Lebensmittels oder Futtermittels sowie unter Nennung des Lebensmittel- oder Futtermittelunternehmens, unter dessen Namen oder Firma das Lebensmittel oder Futtermittel hergestellt oder behandelt oder in den Verkehr gelangt ist, wenn der durch Tatsachen, im Falle von Proben nach § 39 Absatz 1 Satz 2 auf der Grundlage mindestens zweier unabhängiger Untersuchungen von Stellen nach Artikel 12 Absatz 2 der Verordnung (EG) Nr. 882/2004, hinreichend begründete Verdacht besteht, dass

LFGB

1. in Vorschriften im Anwendungsbereich dieses Gesetzes festgelegte zulässige Grenzwerte, Höchstgehalte oder Höchstmengen überschritten wurden oder
2. gegen sonstige Vorschriften im Anwendungsbereich dieses Gesetzes, die dem Schutz der Verbraucherinnen und Verbraucher vor Gesundheitsgefährdungen oder vor Täuschung oder der Einhaltung hygienischer Anforderungen dienen, in nicht nur unerheblichem Ausmaß oder wiederholt verstoßen worden ist und die Verhängung eines Bußgeldes von mindestens dreihundertfünfzig Euro zu erwarten ist.

(2) [1]Eine Information der Öffentlichkeit nach Absatz 1 durch die Behörde ist nur zulässig, wenn andere ebenso wirksame Maßnahmen, insbesondere eine Information der Öffentlichkeit durch den Lebensmittel- oder Futtermittelunternehmer oder den Wirtschaftsbeteiligten, nicht oder nicht rechtzeitig getroffen werden oder die Verbraucherinnen und Verbraucher nicht erreichen. [2]Unbeschadet des Satzes 1 kann die Behörde ihrerseits die Öffentlichkeit auf

1. eine Information der Öffentlichkeit oder
2. eine Rücknahme- oder Rückrufaktion

durch den Lebensmittel- oder Futtermittelunternehmer oder den sonstigen Wirtschaftsbeteiligten hinweisen. [3]Die Behörde kann unter den Voraussetzungen des Satzes 1 auch auf eine Information der Öffentlichkeit einer anderen Behörde hinweisen, soweit berechtigte Interessen der Verbraucherinnen und Verbraucher in ihrem eigenen Zuständigkeitsbereich berührt sind.

(3) [1]Bevor die Behörde die Öffentlichkeit nach den Absätzen 1 und 1a informiert, hat sie den Hersteller oder den Inverkehrbringer anzuhören, sofern hierdurch die Erreichung des mit der Maßnahme verfolgten Zwecks nicht gefährdet wird. [2]Satz 1 gilt nicht in einem Fall des Absatzes 2 Satz 2 oder 3.

(4) [1]Stellen sich die von der Behörde an die Öffentlichkeit gegebenen Informationen im Nachhinein als falsch oder die zu Grunde liegenden Umstände als unrichtig wiedergegeben heraus, so ist dies unverzüglich öffentlich bekannt zu machen, sofern der betroffene Wirtschaftsbeteiligte dies beantragt oder dies zur Wahrung erheblicher Belange des Gemeinwohls erforderlich ist. [2]Diese Bekanntmachung soll in derselben Weise erfolgen, in der die Information der Öffentlichkeit ergangen ist.

(5) Abweichend von Absatz 1 ist das Bundesamt für Verbraucherschutz und Lebensmittelsicherheit zuständige Behörde, soweit ein nicht im Inland hergestelltes Erzeugnis erkenntlich nicht im Inland in den Verkehr gebracht worden ist und

1. ein Fall des Absatzes 1 Satz 1 aufgrund einer Meldung nach Artikel 50 der Verordnung (EG) Nr. 178/2002 eines anderen Mitgliedstaates oder
2. ein Fall des Absatzes 1 Satz 2 Nummer 1 aufgrund einer sonstigen Mitteilung eines anderen Mitgliedstaates

vorliegt.

§ 41 Maßnahmen im Erzeugerbetrieb, Viehhandelsunternehmen und Transportunternehmen

(1) [1]Die zuständige Behörde hat zur Durchführung der Richtlinie 96/23/EG in einem Erzeugerbetrieb, Viehhandelsunternehmen oder Transportunternehmen Ermittlungen über die Ursachen für das Vorhandensein von Rückständen pharmakologisch wirksamer Stoffe oder deren Umwandlungsprodukte sowie von anderen Stoffen, die von Tieren auf von ihnen gewonnene Erzeugnisse übergehen und für den Menschen gesundheitlich bedenklich sein können, anzustellen, wenn

1. bei lebenden Tieren im Sinne des § 4 Absatz 1 Nummer 1 in oder aus diesem Betrieb oder Unternehmen oder bei von ihnen gewonnenen Lebensmitteln
   a) Stoffe mit pharmakologischer Wirkung, deren Anwendung verboten ist, oder
   b) die Anwendung von Stoffen mit pharmakologischer Wirkung für Tiere oder Anwendungsgebiete, für die die Anwendung ausgeschlossen ist,

   nachgewiesen oder
2. bei von lebenden Tieren im Sinne des § 4 Absatz 1 Nummer 1 aus diesem Betrieb oder Unternehmen gewonnenen Lebensmitteln, bei denen festgestellt wurde, dass festgesetzte Höchstmengen für Rückstände von Stoffen nach Anhang I der Richtlinie 96/23/EG oder deren Umwandlungsprodukte überschritten

wurden oder Tatsachen zuverlässig hierauf schließen lassen. [2]Die Ermittlungen nach Satz 1 betreffen auch für die in Satz 1 Nummer 1 genannten Tiere bestimmte Futtermittel.

(2) [1]Die zuständige Behörde hat die Abgabe oder Beförderung von lebenden Tieren im Sinne des § 4 Absatz 1 Nummer 1 oder von ihnen gewonnener Lebensmittel aus dem Betrieb oder Unternehmen zu verbieten, wenn die Voraussetzungen nach Absatz 1 für die dort vorgesehenen Ermittlungen gegeben sind. [2]Abweichend von Satz 1 und § 10 Absatz 2 kann die zuständige Behörde die Abgabe oder Beförderung von lebenden Tieren im Sinne des § 4 Absatz 1 Nummer 1 oder von ihnen gewonnener Lebensmittel zu einem anderen Betrieb oder Unternehmen mit Zustimmung der für diesen Betrieb oder dieses Unternehmen zuständigen Behörde genehmigen, soweit Belange der vorgesehenen Ermittlungen nicht entgegenstehen und die noch ausstehenden Ermittlungen dort durchgeführt werden können. [3]Die zuständige Behörde hat Anordnungen nach Satz 1 aufzuheben, wenn die Voraussetzungen für sie nicht mehr gegeben sind. [4]Widerspruch und Anfechtungsklage gegen Anordnungen nach Satz 1 haben keine aufschiebende Wirkung.

(3) Die zuständige Behörde hat die Tötung eines lebenden Tieres im Sinne des § 4 Absatz 1 Nummer 1 eines Erzeugerbetriebes, Viehhandelsunternehmens oder Transportunternehmens und dessen unschädliche Beseitigung anzuordnen, bei dem auf der Grundlage einer Untersuchung nachgewiesen worden ist, dass

1. Stoffe, die im Anhang Tabelle 2 der Verordnung (EU) Nr. 37/2010 der Kommission als verbotene Stoffe aufgeführt sind, oder
2. Stoffe, die nach Maßgabe einer aufgrund des § 10 Absatz 4 Nummer 1 Buchstabe b zur Umsetzung von Rechtsakten der Europäischen Gemeinschaft oder der Europäischen Union erlassenen Rechtsverordnung lebenden Tieren im Sinne des § 4 Absatz 1 Nummer 1 nicht oder nur zu bestimmten Zwecken zugeführt werden dürfen, nachweislich entgegen den Vorschriften dieser Rechtsverordnung, sofern dort jeweils ausdrücklich auf die Umsetzung verwiesen wird,

angewendet worden sind.

(4) [1]Sind die in Absatz 3 genannten Stoffe bei dem Tier, nicht aber deren Anwendung nachgewiesen worden, hat die zuständige Behörde das Verbot nach Absatz 2 Satz 1 aufrechtzuerhalten. [2]Abweichend von Satz 1 und § 10 Absatz 2 kann die zuständige Behörde die Abgabe oder Beförderung von lebenden Tieren vorbehaltlich des Satzes 3 nach Zustimmung der für den Betrieb oder das Unternehmen des Empfängers zuständigen Behörde genehmigen. [3]Die zuständige Behörde darf die Abgabe oder Beförderung von Tieren zu einem Schlachtbetrieb nur im Fall

des Nachweises von Stoffen nach Absatz 3 Nummer 1 und nur unter der Voraussetzung genehmigen, dass

1. eine Gefährdung der Gesundheit des Menschen durch Rückstände ausgeschlossen ist oder
2. der Verfügungsberechtigte durch Untersuchung jedes einzelnen Tieres nachweist, dass keine Rückstände von Stoffen mehr vorliegen, deren Anwendung verboten ist.

(5) [1]Die zuständige Behörde hat im Fall einer Anordnung nach Absatz 3 vor deren Vollzug eine Untersuchung auf Rückstände bei einer statistisch repräsentativen Zahl von lebenden Tieren im Sinne des § 4 Absatz 1 Nummer 1 des in Absatz 3 genannten Betriebes oder Unternehmens durchzuführen, bei denen Stoffe mit pharmakologischer Wirkung im Sinne des Absatzes 3 angewendet worden sein könnten. [2]Die Inhaberin oder der Inhaber des Betriebes oder Unternehmens hat die Maßnahmen nach Satz 1 zu dulden. [3]Die Auswahl der Tiere hat nach international anerkannten wissenschaftlichen Grundsätzen zu erfolgen.

(6) [1]Die zuständige Behörde hat die Tötung aller Tiere im Sinne des § 4 Absatz 1 Nummer 1 des in Absatz 3 genannten Betriebes oder Unternehmens, bei denen Stoffe mit pharmakologischer Wirkung im Sinne des Absatzes 3 angewendet worden sein könnten, und deren unschädliche Beseitigung anzuordnen, wenn diese Anwendung bei mindestens der Hälfte der nach Absatz 5 Satz 1 untersuchten Tiere nachgewiesen wurde. [2]Satz 1 gilt nicht, wenn der Verfügungsberechtigte sich unverzüglich für die Untersuchung jedes einzelnen Tieres in einem Labor, das die Anforderungen nach Artikel 12 Absatz 2 der Verordnung (EG) Nr. 882/2004 erfüllt, entscheidet. [3]Bei Vorliegen einer Entscheidung nach Satz 2 hat die zuständige Behörde die Tötung und unschädliche Beseitigung der Tiere anzuordnen, bei denen bei der Untersuchung Stoffe mit pharmakologischer Wirkung im Sinne von Absatz 3 nachgewiesen wurden.

(7) Derjenige, bei dem die Maßnahmen nach den Absätzen 3 und 6 durchgeführt worden sind, hat die Kosten der Tötung und unschädlichen Beseitigung der Tiere zu tragen.

LFGB

§ 42 Durchführung der Überwachung[1)]

(1) [1]Die Überwachung der Einhaltung dieses Gesetzes, der aufgrund dieses Gesetzes erlassenen Rechtsverordnungen und der unmittelbar geltenden Rechtsakte der Europäischen Gemeinschaft oder der Europäischen Union im Anwendungsbereich dieses Gesetzes ist durch fachlich ausgebildete Personen durchzuführen. [2]Das Bundesministerium wird ermächtigt, durch Rechtsverordnung mit Zustimmung des Bundesrates

1. vorzuschreiben, dass bestimmte Überwachungsmaßnahmen einer wissenschaftlich ausgebildeten Person obliegen und dabei andere fachlich ausgebildete Personen nach Weisung der zuständigen Behörde und unter der fachlichen Aufsicht einer wissenschaftlich ausgebildeten Person eingesetzt werden können,
2. vorzuschreiben, dass abweichend von Satz 1 bestimmte Überwachungsmaßnahmen von sachkundigen Personen durchgeführt werden können,
3. Vorschriften über die
   a) Anforderungen an die Sachkunde zu erlassen, die an die in Nummer 1 genannte wissenschaftlich ausgebildete Person und die in Nummer 2 genannten sachkundigen Personen,
   b) fachlichen Anforderungen zu erlassen, die an die in Satz 1 genannten Personen zu stellen sind, sowie das Verfahren des Nachweises der Sachkunde und der fachlichen Anforderungen zu regeln.

[3]Die Landesregierungen werden ermächtigt, Rechtsverordnungen nach Satz 2 Nummer 3 zu erlassen, soweit das Bundesministerium von seiner Befugnis keinen Gebrauch macht. [4]Die Landesregierungen sind befugt, die Ermächtigung durch Rechtsverordnung auf andere Behörden zu übertragen.

1) **Anm. d. Red.:** § 42 i. d. F. des Gesetzes v. 10. 3. 2017 (BGBl I S. 420) mit Wirkung v. 1. 1. 2018.

(2) [1]Soweit es zur Überwachung der Einhaltung der Rechtsakte der Europäischen Gemeinschaft oder der Europäischen Union, dieses Gesetzes und der aufgrund dieses Gesetzes erlassenen Rechtsverordnungen erforderlich ist, sind die mit der Überwachung beauftragten Personen, bei Gefahr im Verzug auch alle Beamten der Polizei, befugt,

1. Grundstücke, Betriebsräume und Transportmittel, in oder auf denen
   a) Erzeugnisse hergestellt, behandelt oder in den Verkehr gebracht werden,
   b) sich lebende Tiere im Sinne des § 4 Absatz 1 Nummer 1 befinden oder
   c) Futtermittel verfüttert werden,

   sowie die dazugehörigen Geschäftsräume während der üblichen Betriebs- oder Geschäftszeit zu betreten;
2. zur Verhütung dringender Gefahren für die öffentliche Sicherheit und Ordnung
   a) die in Nummer 1 bezeichneten Grundstücke, Betriebsräume und Räume auch außerhalb der dort genannten Zeiten,
   b) Wohnräume der nach Nummer 5 zur Auskunft Verpflichtetenzu betreten; das Grundrecht der Unverletzlichkeit der Wohnung (Artikel 13 des Grundgesetzes) wird insoweit eingeschränkt;
3. alle geschäftlichen Schrift- und Datenträger, insbesondere Aufzeichnungen, Frachtbriefe, Herstellungsbeschreibungen und Unterlagen über die bei der Herstellung verwendeten Stoffe, einzusehen und hieraus Abschriften, Auszüge, Ausdrucke oder sonstige Vervielfältigungen, auch von Datenträgern, anzufertigen oder Ausdrucke von elektronisch gespeicherten Daten zu verlangen sowie Mittel, Einrichtungen und Geräte zur Beförderung von Erzeugnissen oder lebenden Tieren im Sinne des § 4 Absatz 1 Nummer 1 zu besichtigen;
4. von Mitteln, Einrichtungen oder Geräten zur Beförderung von Erzeugnissen oder lebenden Tieren im Sinne des § 4 Absatz 1 Nummer 1 sowie von den in Nummer 1 bezeichneten Grundstücken, Betriebsräumen oder Räumen Bildaufnahmen oder -aufzeichnungen anzufertigen;
5. von natürlichen und juristischen Personen und nicht rechtsfähigen Personenvereinigungen alle erforderlichen Auskünfte, insbesondere solche über die Herstellung, das Behandeln, die zur Verarbeitung gelangenden Stoffe und deren Herkunft, das Inverkehrbringen und das Verfüttern zu verlangen;
6. entsprechend § 43 Proben zu fordern oder zu entnehmen.

[2]Im Falle des Satzes 1 Nummer 4 dürfen folgende personenbezogene Daten aufgenommen oder aufgezeichnet werden, soweit dies zur Sicherung von Beweisen erforderlich ist:

1. Name, Anschrift und Markenzeichen des Unternehmers,
2. Namen von Beschäftigten.

[3]Die Aufnahmen oder Aufzeichnungen sind zu vernichten, soweit sie nicht mehr erforderlich sind, spätestens jedoch mit Ablauf des dritten Jahres nach ihrer Aufnahme oder Aufzeichnung. [4]Die Frist des Satzes 3 gilt nicht, wenn wegen eines anhängigen Bußgeldverfahrens, staatsanwaltlichen Ermittlungsverfahrens oder gerichtlichen Verfahrens eine längere Aufbewahrung erforderlich ist, in diesem Falle sind die Aufnahmen oder Aufzeichnungen mit rechtskräftigem Abschluss des Verfahrens zu vernichten.

(3) [1]Erhält eine für die Überwachung nach § 38 Absatz 1 Satz 1 zuständige Behörde von Tatsachen Kenntnis, die Grund zu der Annahme geben, dass durch das Verzehren eines Lebensmittels, das in den Verkehr gebracht worden ist, eine übertragbare Krankheit im Sinne des § 2 Nummer 3 des Infektionsschutzgesetzes verursacht werden kann oder verursacht worden ist, so unterrichtet die nach § 38 Absatz 1 Satz 1 zuständige Behörde unverzüglich die für Ermittlungen nach § 25 Absatz 1 des Infektionsschutzgesetzes zuständige Behörde. [2]Dabei stellt die nach § 38 Absatz 1 Satz 1 zuständige Behörde der nach § 25 des Infektionsschutzgesetzes zuständigen Behörde die Angaben

1. zu dem Lebensmittel,

2. zu der an Endverbraucher abgegebenen Menge des Lebensmittels,
3. zu dem Namen oder der Firma und der Anschrift sowie zu den Kontaktdaten
   a) des Lebensmittelunternehmers, unter dessen Namen oder Firma das Lebensmittel hergestellt oder behandelt worden oder in den Verkehr gelangt ist, und
   b) der in § 4 Absatz 2 Nummer 1 bezeichneten Unternehmen oder Personen, an die das Lebensmittel geliefert wurde,
   c) der Endverbraucher, die das Lebensmittel verzehrt haben und der zuständigen Behörde von einer möglichen Erkrankung Mitteilung gemacht haben, sofern diese in die damit verbundene Datenübermittlung an die nach § 25 Absatz 1 des Infektionsschutzgesetzes zuständige Behörde schriftlich eingewilligt haben,
4. zu dem Ort unter Angabe der Anschrift und zu dem Zeitraum der Abgabe sowie
5. zu dem festgestellten Krankheitserreger

zur Verfügung. [3]Die Angaben nach Satz 2 sind um die Proben, Isolate und Nachweise über die Feststellung des Krankheitserregers zu ergänzen und nur mitzuteilen, sofern sie

1. der nach § 38 Absatz 1 Satz 1 zuständigen Behörde vorliegen und
2. für die Behörde, die für die Ermittlungen nach § 25 Absatz 1 des Infektionsschutzgesetzes zuständig ist, erforderlich sind.

(4) [1]Soweit es zur Durchführung von Vorschriften, die durch Rechtsakte der Europäischen Gemeinschaft oder der Europäischen Union, dieses Gesetz oder durch aufgrund dieses Gesetzes erlassene Rechtsverordnungen geregelt sind, erforderlich ist, sind auch die Sachverständigen der Mitgliedstaaten, der Kommission und der EFTA-Überwachungsbehörde in Begleitung der mit der Überwachung beauftragten Personen berechtigt, Befugnisse nach Absatz 2 Nummer 1, 3, 4 und 5 wahrzunehmen und Proben nach Maßgabe des § 43 Absatz 1 Satz 1 und Absatz 4 zu entnehmen. [2]Die Befugnisse nach Absatz 2 Nummer 1, 3 und 4 gelten auch für diejenigen, die sich in der Ausbildung zu einer die Überwachung durchführenden Person befinden.

(5) Die Zollstellen können den Verdacht von Verstößen gegen Verbote und Beschränkungen dieses Gesetzes oder der nach diesem Gesetz erlassenen Rechtsverordnungen, der sich bei der Durchführung des Alkoholsteuergesetzes ergibt, den zuständigen Verwaltungsbehörden mitteilen.

(6) [1]Die Staatsanwaltschaft hat die nach § 38 Absatz 1 Satz 1 zuständige Behörde unverzüglich über die Einleitung des Strafverfahrens, soweit es sich auf Verstöße gegen Verbote und Beschränkungen dieses Gesetzes, der nach diesem Gesetz erlassenen Rechtsverordnungen oder der unmittelbar geltenden Rechtsakte der Europäischen Gemeinschaft oder der Europäischen Union im Anwendungsbereich dieses Gesetzes bezieht, unter Angabe der Rechtsvorschriften zu unterrichten. [2]Satz 1 gilt nicht, wenn das Verfahren aufgrund einer Abgabe der Verwaltungsbehörde nach § 41 Absatz 1 des Gesetzes über Ordnungswidrigkeiten eingeleitet worden ist. [3]Eine Übermittlung personenbezogener Daten nach Satz 1 unterbleibt, wenn ihr besondere bundesgesetzliche oder entsprechende landesgesetzliche Verwendungsregelungen entgegenstehen; eine Übermittlung nach Satz 1 unterbleibt ferner in der Regel, solange und soweit ihr Zwecke des Strafverfahrens entgegenstehen.

(7) Absatz 2 Nummer 1 gilt nicht für Wohnräume.

§ 43 Probenahme

(1) [1]Die mit der Überwachung beauftragten Personen und, bei Gefahr im Verzug, die Beamten der Polizei sind befugt, gegen Empfangsbescheinigung Proben nach ihrer Auswahl zum Zweck der Untersuchung zu fordern oder zu entnehmen. [2]Soweit in unmittelbar geltenden Rechtsakten der Europäischen Gemeinschaft oder der Europäischen Union oder in Rechtsverordnungen nach diesem Gesetz nichts anderes bestimmt ist, ist ein Teil der Probe oder, sofern die Probe nicht oder ohne Gefährdung des Untersuchungszwecks nicht in Teile von gleicher Beschaffenheit teilbar ist, ein zweites Stück der gleichen Art und, soweit vorhanden aus demselben Los,

und von demselben Hersteller wie das als Probe entnommene, zurückzulassen; der Hersteller kann auf die Zurücklassung einer Probe verzichten.

(2) [1]Zurückzulassende Proben sind amtlich zu verschließen oder zu versiegeln. [2]Sie sind mit dem Datum der Probenahme und dem Datum des Tages zu versehen, nach dessen Ablauf der Verschluss oder die Versiegelung als aufgehoben gelten.

(3) Derjenige, bei dem die Probe zurückgelassen worden ist und der nicht der Hersteller ist, hat die Probe sachgerecht zu lagern und aufzubewahren und sie auf Verlangen des Herstellers auf dessen Kosten und Gefahr einem vom Hersteller bestimmten, nach lebensmittelrechtlichen Vorschriften zugelassenen privaten Sachverständigen zur Untersuchung auszuhändigen.

(4) [1]Für Proben, die im Rahmen der amtlichen Überwachung nach diesem Gesetz entnommen werden, wird grundsätzlich keine Entschädigung geleistet. [2]Im Einzelfall ist eine Entschädigung bis zur Höhe des Verkaufspreises zu leisten, wenn andernfalls eine unbillige Härte eintreten würde.

(5) Absatz 1 Satz 2 und die Absätze 2 und 3 gelten nicht für Proben von Futtermitteln.

§ 44 Duldungs-, Mitwirkungs- und Übermittlungspflichten

(1) Die Inhaberinnen oder Inhaber der in § 42 Absatz 2 bezeichneten Grundstücke, Räume, Einrichtungen und Geräte und die von ihnen bestellten Vertreter sind verpflichtet, die Maßnahmen nach den §§ 41 bis 43 zu dulden und die in der Überwachung tätigen Personen bei der Erfüllung ihrer Aufgabe zu unterstützen, insbesondere ihnen auf Verlangen

1. die Räume und Geräte zu bezeichnen,
2. Räume und Behältnisse zu öffnen und
3. die Entnahme der Proben zu ermöglichen.

(2) [1]Die in § 42 Absatz 2 Nummer 5 genannten Personen und Personenvereinigungen sind verpflichtet, den in der Überwachung tätigen Personen auf Verlangen unverzüglich die dort genannten Auskünfte zu erteilen. [2]Vorbehaltlich des Absatzes 3 kann der zur Auskunft Verpflichtete die Auskunft auf solche Fragen verweigern, deren Beantwortung ihn selbst oder einen der in § 383 Absatz 1 Nummer 1 bis 3 der Zivilprozessordnung bezeichneten Angehörigen der Gefahr strafgerichtlicher Verfolgung oder eines Verfahrens nach dem Gesetz über Ordnungswidrigkeiten aussetzen würde.

(3) [1]Ein Lebensmittelunternehmer oder ein Futtermittelunternehmer ist verpflichtet, den in der Überwachung tätigen Personen auf Verlangen Informationen, die

1. er aufgrund eines nach Artikel 18 Absatz 2 Unterabsatz 2 der Verordnung (EG) Nr. 178/2002, auch in Verbindung mit Artikel 5 Absatz 1 der Verordnung (EG) Nr. 767/2009, eingerichteten Systems oder Verfahrens besitzt und
2. zur Rückverfolgbarkeit bestimmter Lebensmittel oder Futtermittel erforderlich sind,

zu übermitteln. [2]Sind die in

1. Satz 1 oder
2. Artikel 18 Absatz 3 Satz 2 der Verordnung (EG) Nr. 178/2002, auch in Verbindung mit Artikel 5 Absatz 1 der Verordnung (EG) Nr. 767/2009,

genannten Informationen in elektronischer Form verfügbar, sind sie elektronisch zu übermitteln.

(4) [1]Ergänzend zu Artikel 19 Absatz 1 Satz 1 der Verordnung (EG) Nr. 178/2002 hat ein Lebensmittelunternehmer, der Grund zu der Annahme hat, dass

1. ein ihm angeliefertes Lebensmittel oder
2. ein von ihm erworbenes Lebensmittel, über das er die tatsächliche unmittelbare Sachherrschaft erlangt hat,

einem Verkehrsverbot nach Artikel 14 Absatz 1 der Verordnung (EG) Nr. 178/2002 unterliegt, unverzüglich die zuständige Behörde schriftlich oder elektronisch unter Angabe seines Namens und seiner Anschrift darüber unter Angabe des Namens und der Anschrift desjenigen, von dem ihm das Lebensmittel angeliefert worden ist oder von dem er das Lebensmittel erworben hat, und des Datums der Anlieferung oder des Erwerbs zu unterrichten. [2]Er unterrichtet dabei auch über von ihm hinsichtlich des Lebensmittels getroffene oder beabsichtigte Maßnahmen. [3]Eine Unterrichtung nach Satz 1 ist nicht erforderlich bei einem Lebensmittel pflanzlicher Herkunft, das der Lebensmittelunternehmer

1. unschädlich beseitigt hat oder
2. so hergestellt oder behandelt hat oder nachvollziehbar so herzustellen oder zu behandeln beabsichtigt, dass es einem Verkehrsverbot nach Artikel 14 Absatz 1 der Verordnung (EG) Nr. 178/2002 nicht mehr unterliegt.

(4a) [1]Hat der Verantwortliche eines Labors, das Analysen bei Lebensmitteln durchführt, aufgrund einer von dem Labor erstellten Analyse einer im Inland von einem Lebensmittel gezogenen Probe Grund zu der Annahme, dass das Lebensmittel einem Verkehrsverbot nach Artikel 14 Absatz 1 der Verordnung (EG) Nr. 178/2002 unterliegen würde, so hat er die zuständige Behörde von dem Zeitpunkt und dem Ergebnis der Analyse, der angewandten Analysenmethode und dem Auftraggeber der Analyse unverzüglich schriftlich oder elektronisch zu unterrichten. [2]Die Befugnisse nach § 42 Absatz 2 gelten auch im Fall des Satzes 1.

LFGB

(5) [1]Ergänzend zu Artikel 20 Absatz 1 Satz 1 der Verordnung (EG) Nr. 178/2002, auch in Verbindung mit Artikel 5 Absatz 1 der Verordnung (EG) Nr. 767/2009, hat ein Futtermittelunternehmer, der Grund zu der Annahme hat, dass

1. ein ihm angeliefertes Futtermittel oder
2. ein von ihm erworbenes Futtermittel, über das er die tatsächliche unmittelbare Sachherrschaft erlangt hat,

einem Verkehrsverbot nach Artikel 15 Absatz 1 der Verordnung (EG) Nr. 178/2002, auch in Verbindung mit Artikel 4 Absatz 1 Unterabsatz 2 der Verordnung (EG) Nr. 767/2009, unterliegt, unverzüglich die zuständige Behörde schriftlich oder elektronisch unter Angabe seines Namens und seiner Anschrift darüber unter Angabe des Namens und der Anschrift desjenigen, von dem ihm das Futtermittel angeliefert worden ist oder von dem er das Futtermittel erworben hat, und des Datums der Anlieferung oder des Erwerbs zu unterrichten. [2]Er unterrichtet dabei auch über von ihm hinsichtlich des Futtermittels getroffene oder beabsichtigte Maßnahmen. [3]Eine Unterrichtung nach Satz 1 ist nicht erforderlich bei

1. einem Futtermittel, das der Futtermittelunternehmer unschädlich beseitigt hat,
2. einem Futtermittel pflanzlicher Herkunft, das der Futtermittelunternehmer so hergestellt oder behandelt hat oder nachvollziehbar so herzustellen oder zu behandeln beabsichtigt, dass es einem Verkehrsverbot nach Artikel 15 Absatz 1 der Verordnung (EG) Nr. 178/2002, auch in Verbindung mit Artikel 4 Absatz 1 Unterabsatz 2 der Verordnung (EG) Nr. 767/2009, nicht mehr unterliegt.

(5a) [1]Hat der Verantwortliche eines Labors, das Analysen bei Futtermitteln durchführt, aufgrund einer von dem Labor erstellten Analyse einer im Inland von einem Futtermittel gezogenen Probe Grund zu der Annahme, dass das Futtermittel einem Verbot nach Artikel 15 Absatz 1 der Verordnung (EG) Nr. 178/2002 unterliegen würde, so hat er die zuständige Behörde von dem Zeitpunkt und dem Ergebnis der Analyse, der angewandten Analysenmethode und dem Auftraggeber der Analyse unverzüglich schriftlich oder elektronisch zu unterrichten. [2]Die Befugnisse nach § 42 Absatz 2 gelten auch im Fall des Satzes 1.

(6) [1]Eine

1. Unterrichtung nach Artikel 19 Absatz 1 oder 3 Satz 1 der Verordnung (EG) Nr. 178/2002 oder Artikel 20 Absatz 1 oder 3 Satz 1 der Verordnung (EG) Nr. 178/2002, auch in Verbindung mit Artikel 5 Absatz 1 der Verordnung (EG) Nr. 767/2009, oder nach Absatz 4a oder Absatz 5a,

2. Übermittlung nach Absatz 3 Satz 1 oder nach Artikel 18 Absatz 3 Satz 2 der Verordnung (EG) Nr. 178/2002, auch in Verbindung mit Artikel 5 Absatz 1 der Verordnung (EG) Nr. 767/2009,
3. Übermittlung nach Artikel 17 Absatz 2 Satz 2 der Verordnung (EG) Nr. 1935/2004

darf nicht zur strafrechtlichen Verfolgung des Unterrichtenden oder Übermittelnden oder für ein Verfahren nach dem Gesetz über Ordnungswidrigkeiten gegen den Unterrichtenden oder Übermittelnden verwendet werden. [2]Satz 1 Nummer 1 gilt auch, wenn der Unterrichtung eine Unterrichtung nach Absatz 4 Satz 1 oder Absatz 5 Satz 1 vorausgegangen ist. [3]Die durch eine Unterrichtung nach Artikel 19 Absatz 1 oder 3 Satz 1 oder Artikel 20 Absatz 1 oder 3 Satz 1 der Verordnung (EG) Nr. 178/2002, auch in Verbindung mit Artikel 5 Absatz 1 der Verordnung (EG) Nr. 767/2009, erlangten Informationen dürfen von der für die Überwachung zuständigen Behörde nur für Maßnahmen zur Erfüllung der in

1. § 1 Absatz 1 Nummer 1,
2. § 1 Absatz 1 Nummer 2, soweit ein Fall des § 1 Absatz 1a Nummer 1 vorliegt,
3. § 1 Absatz 1 Nummer 4 Buchstabe a Doppelbuchstabe aa oder
4. § 1 Absatz 2

genannten Zwecke verwendet werden.

§ 44a Mitteilungs- und Übermittlungspflichten über Untersuchungsergebnisse zu gesundheitlich nicht erwünschten Stoffen[1)]

(1) [1]Ein Lebensmittelunternehmer oder ein Futtermittelunternehmer ist verpflichtet, unter Angabe seines Namens und seiner Anschrift ihm vorliegende Untersuchungsergebnisse über Gehalte an gesundheitlich nicht erwünschten Stoffen wie Pflanzenschutzmitteln, Stoffen mit pharmakologischer Wirkung, Schwermetallen, Mykotoxinen und Mikroorganismen in und auf Lebensmitteln oder Futtermitteln nach näherer Bestimmung einer Rechtsverordnung nach Absatz 3 den zuständigen Behörden mitzuteilen, sofern sich eine solche Verpflichtung nicht bereits aus anderen Rechtsvorschriften ergibt. [2]Eine Mitteilung nach Satz 1 darf nicht zur strafrechtlichen Verfolgung des Mitteilenden oder für ein Verfahren nach dem Gesetz über Ordnungswidrigkeiten gegen den Mitteilenden verwendet werden.

(2) [1]Die zuständigen Behörden der Länder übermitteln nach näherer Bestimmung einer Rechtsverordnung nach Absatz 3 in anonymisierter Form die ihnen vorliegenden Untersuchungsergebnisse über Gehalte an gesundheitlich nicht erwünschten Stoffen in oder auf Lebensmitteln oder Futtermitteln an das Bundesamt für Verbraucherschutz und Lebensmittelsicherheit, sofern sich eine solche Verpflichtung nicht bereits aufgrund anderer Rechtsvorschriften ergibt. [2]Das Bundesamt für Verbraucherschutz und Lebensmittelsicherheit erstellt vierteljährlich einen Bericht über Gehalte an gesundheitlich nicht erwünschten Stoffen in oder auf Lebensmitteln oder Futtermitteln.

(3) Das Bundesministerium wird ermächtigt, im Einvernehmen mit dem Bundesministerium für Umwelt, Naturschutz, Bau und Reaktorsicherheit durch Rechtsverordnung mit Zustimmung des Bundesrates, soweit es zur Erfüllung der in § 1 Absatz 1 Nummer 1 oder 4 Buchstabe a Doppelbuchstabe aa, auch in Verbindung mit § 1 Absatz 3, genannten Zwecke erforderlich ist,

1. die Stoffe zu bestimmen, für die die Mitteilungspflicht nach Absatz 1 besteht,
2. das Nähere über Zeitpunkt, Art, Form und Inhalt der Mitteilung nach Absatz 1 und der Übermittlung nach Absatz 2 zu regeln.

§ 45 Schiedsverfahren

(1) [1]Ist eine von der zuständigen Behörde getroffene Maßnahme, die sich auf Sendungen von Lebensmitteln tierischer Herkunft aus anderen Mitgliedstaaten bezieht, zwischen ihr und dem Verfügungsberechtigten streitig, so können beide Parteien einvernehmlich den Streit durch den

1) **Anm. d. Red.:** § 44a i. d. F. der VO v. 31. 8. 2015 (BGBl I S. 1474) mit Wirkung v. 8. 9. 2015.

Schiedsspruch eines Sachverständigen schlichten lassen. [2]Die Streitigkeit ist binnen eines Monats nach Bekanntgabe der Maßnahme einem Sachverständigen zu unterbreiten, der in einem von der Kommission aufgestellten Verzeichnis aufgeführt ist. [3]Der Sachverständige hat das Gutachten binnen 72 Stunden zu erstatten.

(2) [1]Auf den Schiedsvertrag und das schiedsrichterliche Verfahren finden die Vorschriften der §§ 1025 bis 1065 der Zivilprozessordnung entsprechende Anwendung. [2]Gericht im Sinne des § 1062 der Zivilprozessordnung ist das zuständige Verwaltungsgericht, Gericht im Sinne des § 1065 der Zivilprozessordnung das zuständige Oberverwaltungsgericht. [3]Abweichend von § 1059 Absatz 3 Satz 1 der Zivilprozessordnung muss der Aufhebungsantrag innerhalb eines Monats bei Gericht eingereicht werden.

§ 46 Ermächtigungen[1)]

LFGB

(1) [1]Das Bundesministerium wird ermächtigt, zur Erfüllung der in § 1 genannten Zwecke, insbesondere um eine einheitliche Durchführung der Überwachung zu fördern, durch Rechtsverordnung mit Zustimmung des Bundesrates

1. Vorschriften über
   a) die personelle, apparative und sonstige technische Mindestausstattung von Einrichtungen, die amtliche Untersuchungen durchführen,
   b) die Voraussetzungen und das Verfahren für die Zulassung privater Sachverständiger, die zur Untersuchung von amtlichen oder amtlich zurückgelassenen Proben befugt sind,

   zu erlassen; in der Rechtsverordnung nach Buchstabe b kann vorgesehen werden, dass private Sachverständige sich nur solcher Dritter zur Untersuchung von amtlichen oder amtlich zurückgelassenen Proben bedienen dürfen, die zugelassen oder registriert sind,
2. Vorschriften
   a) über die Art und Weise der Untersuchung oder Verfahren zur Untersuchung von Erzeugnissen, einschließlich lebender Tiere im Sinne des § 4 Absatz 1 Nummer 1, auch in den Fällen der Nummer 1 Buchstabe b, einschließlich der Probenahmeverfahren und der Analysemethoden, zu erlassen,
   b) über die Art und Weise der Probenahme, auch im Falle des Fernabsatzes von Erzeugnissen, zu treffen und die Einzelheiten des Verfahrens hierfür zu regeln,
3. die Verkehrsfähigkeit einer gleichartigen Partie von bestimmten Erzeugnissen vom Ergebnis der Stichprobenuntersuchung dieser Partie abhängig zu machen,
4. Vorrichtungen für die amtliche Entnahme von Proben in Herstellungsbetrieben und an Behältnissen vorzuschreiben,
5. vorzuschreiben, dass, zu welchem Zeitpunkt, in welcher Art und Weise und von wem der Hersteller eines Erzeugnisses oder eines mit einem Lebensmittel verwechselbaren Produkts oder ein anderer für ein Erzeugnis oder für ein mit einem Lebensmittel verwechselbaren Produkt nach diesem Gesetz, den aufgrund dieses Gesetzes erlassenen Rechtsverordnungen oder den unmittelbar geltenden Rechtsakten der Europäischen Gemeinschaft oder der Europäischen Union im Anwendungsbereich dieses Gesetzes Verantwortlicher über eine zurückgelassene Probe, die zum Zweck der Untersuchung entnommen wurde, oder eine Probenahme zu unterrichten ist.

[2]Soweit in den Fällen des Satzes 1 Nummer 1 bis 4 Rechtsverordnungen nach § 13 Absatz 5 Satz 1 betroffen sind, tritt an die Stelle des Bundesministeriums das Bundesministerium für Umwelt, Naturschutz, Bau und Reaktorsicherheit im Einvernehmen mit dem Bundesministerium.

(2) [1]Das Bundesministerium wird ferner ermächtigt, durch Rechtsverordnung mit Zustimmung des Bundesrates, zur Sicherung einer ausreichenden oder gleichmäßigen Überwachung,

1) **Anm. d. Red.:** § 46 i. d. F. der VO v. 31. 8. 2015 (BGBl I S. 1474) mit Wirkung v. 8. 9. 2015.

1. vorzuschreiben,
   a) dass über das Herstellen, das Behandeln, das Inverkehrbringen, das Verbringen in das Inland oder das Verbringen aus dem Inland von Erzeugnissen oder zu ihrer Herstellung oder Behandlung bestimmten Stoffe und das Verfüttern von Futtermitteln Buch zu führen ist und die zugehörigen Unterlagen aufzubewahren sind,
   b) dass Erzeugnisse oder zu ihrer Herstellung oder Behandlung bestimmte Stoffe nur mit einem Begleitpapier in den Verkehr gebracht, in das Inland oder aus dem Inland verbracht werden dürfen,
   c) dass und in welcher Weise
      aa) Vorhaben, Futtermittel zu behandeln, herzustellen, in den Verkehr zu bringen oder zu verfüttern,
      bb) das Überlassen von ortsfesten oder beweglichen Anlagen zum Behandeln, Herstellen, Inverkehrbringen oder Verfüttern von Futtermitteln und der Einsatz solcher Anlagen

   anzuzeigen sind,
2. Vorschriften zu erlassen über die Führung von Nachweisen über die Feststellung von oder über die Übermittlung von Informationen über
   a) Art, Menge, Herkunft und Beschaffenheit der Erzeugnisse oder der lebenden Tiere im Sinne des § 4 Absatz 1 Nummer 1, die Betriebe von anderen Betrieben beziehen oder an andere Betriebe abgeben,
   b) Name und Anschrift der Lieferanten und der Abnehmer der in Buchstabe a genannten Erzeugnisse und lebenden Tiere,
3. Vorschriften zu erlassen über Art, Umfang und Häufigkeit von amtlichen Untersuchungen oder Probenahmen bei Erzeugnissen, einschließlich lebender Tiere im Sinne des § 4 Absatz 1 Nummer 1,
4. Vorschriften zu erlassen über die Durchführung der Überwachung, die Handhabung der Kontrollen in Betrieben und die Zusammenarbeit der Überwachungsbehörden,
5. vorzuschreiben, dass und in welcher Art und Weise Betriebe Rückstellproben zu bilden haben und die Dauer ihrer Aufbewahrung zu regeln,
6. das Inverkehrbringen von bestimmten Erzeugnissen von einer Anzeige abhängig zu machen sowie das Verfahren hierfür zu regeln.

[2]In Rechtsverordnungen nach

1. Satz 1 Nummer 1 Buchstabe a können Art, Form und Umfang der Buchführung und die Dauer der Aufbewahrung von Unterlagen,
2. Satz 1 Nummer 1 Buchstabe b können Art, Form, Inhalt, Erteilung, Verwendung und Aufbewahrung von Begleitpapieren,
3. Satz 1 Nummer 2 können
   a) Art, Form und Umfang der Nachweise und die Dauer ihrer Aufbewahrung,
   b) Art, Form und Umfang der Informationen und zu welchem Zeitpunkt und auf welche Art und Weise diese anderen Betrieben oder den zuständigen Behörden zur Verfügung zu stellen sind,

näher geregelt werden. [3]In Rechtsverordnungen nach Satz 1 Nummer 4 kann bestimmt werden, dass die zuständige Behörde für die Durchführung des Anzeigeverfahrens, einschließlich einer Weiterleitung von Anzeigen an die zuständigen Behörden der Länder und das Bundesministerium, das Bundesamt für Verbraucherschutz und Lebensmittelsicherheit ist.

§ 47 Weitere Ermächtigungen[1)]

(1) Das Bundesministerium wird ermächtigt, durch Rechtsverordnung mit Zustimmung des Bundesrates, soweit dies zur Erfüllung der in § 1 Absatz 1 Nummer 1, auch in Verbindung mit § 1 Absatz 3, genannten Zwecke erforderlich ist,

1. ergänzend zu § 41 Absatz 2 bis 5 Verbote und Beschränkungen des Inverkehrbringens oder der Beförderung von lebenden Tieren im Sinne des § 4 Absatz 1 Nummer 1 oder von diesen gewonnenen Lebensmitteln einschließlich der Voraussetzungen dafür zu erlassen,
2. zusätzlich zu den in § 41 Absatz 1 bis 5 aufgeführten Maßnahmen Vorschriften zur Durchführung der Kontrolle im Erzeugerbetrieb, Viehhandels- oder Transportunternehmen bei lebenden Tieren im Sinne des § 4 Absatz 1 Nummer 1 oder in von diesen Tieren gewonnenen Lebensmitteln, einschließlich der Kennzeichnung von Tieren, zu erlassen,
3. andere als von § 41 erfasste lebende Tiere im Sinne des § 4 Absatz 1 Nummer 1 oder von ihnen gewonnene Lebensmittel den Vorschriften des § 41 Absatz 1 bis 5 zu unterstellen, soweit dies zur Umsetzung gemeinschaftsrechtlicher oder unionsrechtlicher Vorschriften zur Rückstandskontrolle bei lebenden Tieren im Sinne des § 4 Absatz 1 Nummer 1 oder bei Lebensmitteln erforderlich ist,
4. das Verfahren der
   a) Überwachung von Betrieben oder Unternehmen, die in § 41 Absatz 2 bis 5 genannt sind,
   b) der Ursachenermittlung für das Vorhandensein von Rückständen bei Tieren im Sinne des § 4 Absatz 1 Nummer 1 oder in von diesen gewonnenem Fleisch

   zu regeln.

LFGB

(2) [1]Das Bundesministerium wird ferner ermächtigt, um eine einheitliche Durchführung im Hinblick auf die Zulassung von neuartigen Lebensmitteln und neuartigen Lebensmittelzutaten zu fördern, durch Rechtsverordnung mit Zustimmung des Bundesrates

1. das Bundesamt für Verbraucherschutz und Lebensmittelsicherheit oder eine andere Bundesoberbehörde als zuständige Behörde bei Anzeige-, Genehmigungs- oder Zulassungsverfahren von neuartigen Lebensmitteln und Lebensmittelzutaten zu bestimmen sowie
2. das Verfahren, insbesondere die Beteiligung der nach § 38 Absatz 1 zuständigen Behörden sowie die Beteiligung des Bundesinstitutes für Risikobewertung, zu regeln.

[2]Rechtsverordnungen nach Satz 1 Nummer 2 bedürfen des Einvernehmens mit dem Bundesministerium für Wirtschaft und Energie. [3]§ 38 Absatz 7 gilt für bei der Durchführung der in Satz 1 genannten Verfahren gewonnene Daten entsprechend.

§ 48 Landesrechtliche Bestimmungen

Die Länder können zur Durchführung der Überwachung weitere Vorschriften erlassen.

§ 49 Erstellung eines Lagebildes, Verwendung bestimmter Daten

(1) [1]Das Bundesministerium kann

1. in den in § 40 Absatz 1 Satz 1 oder Satz 2 Nummer 1 genannten Fällen oder
2. in Fällen, in denen ein nicht gesundheitsschädliches, aber zum Verzehr ungeeignetes, insbesondere ekelerregendes Lebensmittel in den Verkehr gelangt oder gelangt ist,

ein länderübergreifendes Lagebild erstellen, soweit hinreichender Grund zu der Annahme besteht, dass der jeweils zu Grunde liegende Sachverhalt eine die Grenze eines Landes überschreitende Wirkung hat. [2]Das Lagebild dient der Einschätzung eines sich insbesondere zur Erfüllung der in § 1 Absatz 1 Nummer 1 genannten Zwecke ergebenden Handlungsbedarfs durch das Bundesministerium sowie, soweit erforderlich, zur Unterrichtung insbesondere des Deutschen Bundestages. [3]Das Bundesamt für Verbraucherschutz und Lebensmittelsicherheit wirkt bei der Er-

1) **Anm. d. Red.:** § 47 i. d. F. der VO v. 31. 8. 2015 (BGBl I S. 1474) mit Wirkung v. 8. 9. 2015.

stellung des Lagebildes mit. [4]Eine die Grenze eines Landes überschreitende Wirkung nach Satz 1 liegt insbesondere vor, wenn Grund zu der Annahme besteht, dass ein Erzeugnis aus dem Land, in dem der maßgebliche Sachverhalt festgestellt worden ist, in zumindest ein anderes Land verbracht worden ist.

(2) [1]Die zuständigen obersten Landesbehörden übermitteln dem Bundesministerium auf Anforderung die zur Erstellung eines in Absatz 1 Satz 1 genannten Lagebildes erforderlichen Daten, die sie im Rahmen der Überwachung gewonnen haben. [2]Die Aufbereitung dieser Daten erfolgt durch das Bundesministerium.

(3) [1]Einer Übermittlung von Daten nach Absatz 2 Satz 1 bedarf es nicht, soweit

1. dem Bundesamt für Verbraucherschutz und Lebensmittelsicherheit die zur Erstellung eines Lagebildes notwendigen Daten bereits aufgrund einer Vorschrift in Rechtsakten der Europäischen Gemeinschaft oder der Europäischen Union gemeldet oder übermittelt worden sind oder
2. dem Bundesamt für Verbraucherschutz und Lebensmittelsicherheit elektronisch Zugriff auf die zur Erstellung eines Lagebildes notwendigen Daten gewährt wird.

[2]Daten, die dem Bundesamt für Verbraucherschutz und Lebensmittelsicherheit aufgrund einer in Satz 1 genannten Vorschrift übermittelt worden sind oder auf die ihm elektronisch Zugriff gewährt worden ist, dürfen auch für die Erstellung eines Lagebildes oder die Mitwirkung daran verwendet werden. [3]Das Bundesamt für Verbraucherschutz und Lebensmittelsicherheit hat die Daten unverzüglich dem Bundesministerium zur Verfügung zu stellen.

(4) [1]Die nach § 26 der Viehverkehrsverordnung zuständigen Behörden übermitteln auf Ersuchen der nach § 39 Absatz 1 Satz 1 für die Einhaltung der Vorschriften über Lebensmittel und Futtermittel jeweils zuständigen Behörde die zu deren Aufgabenerfüllung erforderlichen Daten. [2]Für die Übermittlung der Daten nach Satz 1 durch Abruf im automatisierten Verfahren gilt § 10 des Bundesdatenschutzgesetzes, soweit in landesrechtlichen Vorschriften nichts anderes bestimmt ist.

(5) [1]Für die Zwecke des Artikels 15 Absatz 1 Satz 1 der Verordnung (EG) Nr. 882/2004 übermitteln die nach § 55 Absatz 1 Satz 1 zuständigen Zollstellen auf Ersuchen der nach § 39 Absatz 1 Satz 1 zuständigen Behörden diesen die zur Überwachung erforderlichen Daten über das Eintreffen oder den voraussichtlichen Zeitpunkt des Eintreffens eines bestimmten, durch Risikoanalyse der ersuchenden Behörden ermittelten

1. Lebensmittels nicht tierischen Ursprungs oder
2. Futtermittels nicht tierischen Ursprungs.

[2]Insbesondere die Daten über die Menge, das Herkunftsland, den Einführer, den Hersteller oder einen anderen aufgrund dieses Gesetzes, der aufgrund dieses Gesetzes erlassenen Rechtsverordnungen oder der unmittelbar geltenden Rechtsakte der Europäischen Gemeinschaft oder der Europäischen Union Verantwortlichen (sonstiger Verantwortlicher) und über das Transportunternehmen sind zu übermitteln. [3]Die Daten der Einführer, Hersteller und sonstigen Verantwortlichen und des Transportunternehmens umfassen deren Name, Anschrift und Telekommunikationsinformationen, soweit der ersuchten Behörde die Daten im Rahmen ihrer Mitwirkung bei der Überwachung vorliegen. [4]Die Einzelheiten des Verfahrens zur Durchführung der Sätze 1 und 2 werden durch das Bundesministerium im Einvernehmen mit dem Bundesministerium der Finanzen durch Rechtsverordnung mit Zustimmung des Bundesrates geregelt.

(6) [1]Die Daten dürfen nur zu dem Zweck verwendet und genutzt werden, zu dem sie übermittelt worden sind. [2]Sie dürfen höchstens für die Dauer von drei Jahren aufbewahrt werden. [3]Die Frist beginnt mit Ablauf desjenigen Jahres, in dem die Daten übermittelt worden sind. [4]Nach Ablauf der Aufbewahrungsfrist sind die Daten zu löschen, sofern nicht aufgrund anderer Vorschriften die Befugnis zur längeren Speicherung besteht.

§ 49a Zusammenarbeit von Bund und Ländern

[1]Bund und Länder wirken im Rahmen ihrer Zuständigkeiten und Befugnisse zur Gewährleistung der Sicherheit der Erzeugnisse zusammen. [2]Nähere Einzelheiten können in Vereinbarungen geregelt werden; hierbei können insbesondere besondere Gremien für das Zusammenwirken vorgesehen werden.

Abschnitt 8: Monitoring

§ 50 Monitoring

Monitoring ist ein System wiederholter Beobachtungen, Messungen und Bewertungen von Gehalten an gesundheitlich nicht erwünschten Stoffen wie Pflanzenschutzmitteln, Stoffen mit pharmakologischer Wirkung, Schwermetallen, Mykotoxinen und Mikroorganismen in und auf Erzeugnissen, einschließlich lebender Tiere im Sinne des § 4 Absatz 1 Nummer 1, die zum frühzeitigen Erkennen von Gefahren für die menschliche Gesundheit unter Verwendung repräsentativer Proben einzelner Erzeugnisse oder Tiere, der Gesamtnahrung oder einer anderen Gesamtheit desselben Erzeugnisses durchgeführt werden.

§ 51 Durchführung des Monitorings[1)]

(1) Die zuständigen Behörden der Länder ermitteln den Gehalt an Stoffen im Sinne des § 50 in und auf Erzeugnissen, soweit dies durch allgemeine Verwaltungsvorschriften vorgesehen ist, auf deren Grundlage.

(2) [1]Das Monitoring ist durch fachlich geeignete Personen durchzuführen. [2]Soweit es zur Durchführung des Monitorings erforderlich ist, sind die Behörden nach Absatz 1 befugt, Proben zum Zweck der Untersuchung zu fordern oder zu entnehmen. [3]§ 43 Absatz 4 findet Anwendung.

(3) [1]Soweit es zur Durchführung des Monitorings erforderlich ist, sind die mit der Durchführung beauftragten Personen befugt, Grundstücke und Betriebsräume, in oder auf denen Erzeugnisse hergestellt, behandelt oder in den Verkehr gebracht werden, sowie die dazugehörigen Geschäftsräume während der üblichen Betriebs- oder Geschäftszeiten zu betreten. [2]Die Inhaberinnen oder Inhaber der in Satz 1 bezeichneten Grundstücke und Räume und die von ihnen bestellten Vertreter sind verpflichtet, die Maßnahmen nach Satz 1 sowie die Entnahme der Proben zu dulden und die in der Durchführung des Monitorings tätigen Personen bei der Erfüllung ihrer Aufgaben zu unterstützen, insbesondere ihnen auf Verlangen die Räume und Einrichtungen zu bezeichnen, Räume und Behältnisse zu öffnen und die Entnahme der Proben zu ermöglichen. [3]Die in Satz 2 genannten Personen sind über den Zweck der Entnahme zu unterrichten; abgesehen von Absatz 4 sind sie auch darüber zu unterrichten, dass die Überprüfung der Probe eine anschließende Durchführung der Überwachung nach § 39 Absatz 1 Satz 1 und Absatz 2 und 3 zur Folge haben kann.

(4) [1]Proben, die zur Durchführung der Überwachung nach § 39 Absatz 1 Satz 1 und Absatz 2 und 3, und Proben, die zur Durchführung des Monitorings entnommen werden, können jeweils auch für den anderen Zweck verwendet werden. [2]In diesem Fall sind die für beide Maßnahmen geltenden Anforderungen einzuhalten.

(5) [1]Die zuständigen Behörden übermitteln die bei der Durchführung des Monitorings erhobenen Daten an das Bundesamt für Verbraucherschutz und Lebensmittelsicherheit zur Aufbereitung, Zusammenfassung, Dokumentation und Erstellung von Berichten; das Bundesamt für Verbraucherschutz und Lebensmittelsicherheit übermittelt dem Bundesinstitut für Risikobewertung die bei der Durchführung des Monitorings erhobenen Daten zur Bewertung. [2]Personenbezogene Daten dürfen nicht übermittelt werden; sie sind zu löschen, soweit sie nicht zur Durchführung der Überwachung nach § 39 Absatz 1 Satz 1 und Absatz 2 und 3 oder zur Durchführung des Monitorings erforderlich sind. [3]Sofern die übermittelten Angaben die Gemeinde bezeichnen,

1) **Anm. d. Red.:** § 51 i. d. F. der VO v. 31. 8. 2015 (BGBl I S. 1474) mit Wirkung v. 8. 9. 2015.

in der die Probe entnommen worden ist, darf das Bundesamt für Verbraucherschutz und Lebensmittelsicherheit diese Angabe nur in Berichte aufnehmen, die für das Bundesministerium, für das Bundesministerium für Umwelt, Naturschutz, Bau und Reaktorsicherheit sowie für die zuständigen Behörden des Landes bestimmt sind, das die Angaben übermittelt hat. [4]In den Berichten an die Länder sind außerdem die Besonderheiten des jeweiligen Landes angemessen zu berücksichtigen. [5]Das Bundesamt für Verbraucherschutz und Lebensmittelsicherheit veröffentlicht jährlich einen Bericht über die Ergebnisse des Monitorings.

§ 52 Erlass von Verwaltungsvorschriften

[1]Die zur Durchführung des Monitorings erforderlichen Vorschriften, insbesondere die Monitoringpläne, werden in Verwaltungsvorschriften geregelt, die im Benehmen mit einem Ausschuss aus Vertretern der Länder vorbereitet werden. [2]Das Bundesministerium beruft die Mitglieder des Ausschusses auf Vorschlag der Länder.

Abschnitt 9: Verbringen in das und aus dem Inland

§ 53 Verbringungsverbote

(1) [1]Erzeugnisse und mit Lebensmitteln verwechselbare Produkte, die nicht den im Inland geltenden Bestimmungen dieses Gesetzes, der aufgrund dieses Gesetzes erlassenen Rechtsverordnungen und der unmittelbar geltenden Rechtsakte der Europäischen Gemeinschaft oder der Europäischen Union im Anwendungsbereich dieses Gesetzes entsprechen, dürfen nicht in das Inland verbracht werden. [2]Dies gilt nicht für die Durchfuhr unter zollamtlicher Überwachung. [3]Das Verbot nach Satz 1 steht der zollamtlichen Abfertigung nicht entgegen, soweit sich aus den auf § 56 gestützten Rechtsverordnungen über das Verbringen der in Satz 1 genannten Erzeugnisse oder der mit Lebensmitteln verwechselbaren Produkte nichts anderes ergibt.

(2) Das Bundesministerium wird ermächtigt, im Einvernehmen mit dem Bundesministerium der Finanzen durch Rechtsverordnung mit Zustimmung des Bundesrates, soweit es zur Erfüllung der in § 1 genannten Zwecke erforderlich oder mit diesen Zwecken vereinbar ist, abweichend von Absatz 1 Satz 1 das Verbringen von bestimmten Erzeugnissen oder von mit Lebensmitteln verwechselbaren Produkten in das Inland zuzulassen sowie die Voraussetzungen und das Verfahren hierfür einschließlich der Festlegung mengenmäßiger Beschränkungen zu regeln und dabei Vorschriften nach § 56 Absatz 1 Satz 1 Nummer 2 und Satz 2 zu erlassen; § 56 Absatz 1 Satz 3 gilt entsprechend.

§ 54 Bestimmte Erzeugnisse aus anderen Mitgliedstaaten oder anderen Vertragsstaaten des Abkommens über den Europäischen Wirtschaftsraum

(1) [1]Abweichend von § 53 Absatz 1 Satz 1 dürfen Lebensmittel, kosmetische Mittel oder Bedarfsgegenstände, die

1. in einem anderen Mitgliedstaat der Europäischen Union oder einem anderen Vertragsstaat des Abkommens über den Europäischen Wirtschaftsraum rechtmäßig hergestellt oder rechtmäßig in den Verkehr gebracht werden oder
2. aus einem Drittland stammen und sich in einem Mitgliedstaat der Europäischen Union oder einem anderen Vertragsstaat des Abkommens über den Europäischen Wirtschaftsraum rechtmäßig im Verkehr befinden,

in das Inland verbracht und hier in den Verkehr gebracht werden, auch wenn sie den in der Bundesrepublik Deutschland geltenden Vorschriften für Lebensmittel, kosmetische Mittel oder Bedarfsgegenstände nicht entsprechen. [2]Satz 1 gilt nicht für die dort genannten Erzeugnisse, die

1. den Verboten des § 5 Absatz 1 Satz 1, des § 26 oder des § 30, des Artikels 14 Absatz 2 Buchstabe a der Verordnung (EG) Nr. 178/2002 oder des Artikels 3 Absatz 1 Buchstabe a der Verordnung (EG) Nr. 1935/2004 nicht entsprechen oder

2. anderen zum Zweck des § 1 Absatz 1 Nummer 1, auch in Verbindung mit § 1 Absatz 3, erlassenen Rechtsvorschriften nicht entsprechen, soweit nicht die Verkehrsfähigkeit der Erzeugnisse in der Bundesrepublik Deutschland nach Absatz 2 durch eine Allgemeinverfügung des Bundesamtes für Verbraucherschutz und Lebensmittelsicherheit im Bundesanzeiger bekannt gemacht worden ist.

(2) [1]Allgemeinverfügungen nach Absatz 1 Satz 2 Nummer 2 werden vom Bundesamt für Verbraucherschutz und Lebensmittelsicherheit im Einvernehmen mit dem Bundesamt für Wirtschaft und Ausfuhrkontrolle erlassen, soweit nicht zwingende Gründe des Gesundheitsschutzes entgegenstehen. [2]Sie sind von demjenigen zu beantragen, der als Erster die Erzeugnisse in das Inland zu verbringen beabsichtigt. [3]Bei der Beurteilung der gesundheitlichen Gefahren eines Erzeugnisses sind die Erkenntnisse der internationalen Forschung sowie bei Lebensmitteln die Ernährungsgewohnheiten in der Bundesrepublik Deutschland zu berücksichtigen. [4]Allgemeinverfügungen nach Satz 1 wirken zugunsten aller Einführer der betreffenden Erzeugnisse aus Mitgliedstaaten der Europäischen Union oder anderen Vertragsstaaten des Abkommens über den Europäischen Wirtschaftsraum.

LFGB

(3) [1]Dem Antrag sind eine genaue Beschreibung des Erzeugnisses sowie die für die Entscheidung erforderlichen verfügbaren Unterlagen beizufügen. [2]Über den Antrag ist in angemessener Frist zu entscheiden. [3]Sofern innerhalb von 90 Tagen eine endgültige Entscheidung über den Antrag noch nicht möglich ist, ist der Antragsteller über die Gründe zu unterrichten.

(4) Weichen Lebensmittel von den Vorschriften dieses Gesetzes oder der aufgrund dieses Gesetzes erlassenen Rechtsverordnungen ab, sind die Abweichungen angemessen kenntlich zu machen, soweit dies zum Schutz der Verbraucherinnen oder Verbraucher erforderlich ist.

§ 55 Mitwirkung von Zollstellen[1)]

(1) [1]Das Bundesministerium der Finanzen und die von ihm bestimmten Zollstellen wirken bei der Überwachung des Verbringens von Erzeugnissen und von mit Lebensmitteln verwechselbaren Produkten in das Inland oder die Europäische Union, aus dem Inland oder bei der Durchfuhr mit. [2]Eine nach Satz 1 zuständige Behörde kann

1. Sendungen von Erzeugnissen und von mit Lebensmitteln verwechselbaren Produkten sowie deren Beförderungsmittel, Behälter, Lade- und Verpackungsmittel bei dem Verbringen in das oder aus dem Inland oder bei der Durchfuhr zur Überwachung anhalten,
2. den Verdacht von Verstößen gegen Verbote und Beschränkungen dieses Gesetzes, der nach diesem Gesetz erlassenen Rechtsverordnungen oder der unmittelbar geltenden Rechtsakte der Europäischen Gemeinschaft oder der Europäischen Union im Anwendungsbereich dieses Gesetzes, der sich bei der Abfertigung ergibt, den nach § 38 Absatz 1 Satz 1 zuständigen Behörden mitteilen,
3. in den Fällen der Nummer 2 anordnen, dass die Sendungen von Erzeugnissen und von mit Lebensmitteln verwechselbaren Produkten auf Kosten und Gefahr des Verfügungsberechtigten einer für die Überwachung jeweils zuständigen Behörde vorgeführt werden.

(2) Wird bei der Überwachung nach Absatz 1 festgestellt, dass ein Futtermittel nicht zum freien Verkehr abgefertigt werden soll, stellen die Zollstellen, soweit erforderlich im Benehmen mit den für die Futtermittelüberwachung zuständigen Behörden, dem Verfügungsberechtigten eine Bescheinigung mit Angaben über die Art der durchgeführten Kontrollen und deren Ergebnisse aus.

(3) [1]Das Bundesministerium der Finanzen regelt im Einvernehmen mit dem Bundesministerium durch Rechtsverordnung ohne Zustimmung des Bundesrates die Einzelheiten des Verfahrens nach Absatz 1. [2]Es kann dabei insbesondere Pflichten zu Anzeigen, Anmeldungen, Auskünften und zur Leistung von Hilfsdiensten bei der Durchführung von Überwachungsmaßnahmen sowie zur Duldung der Einsichtnahme in Geschäftspapiere und sonstige Unterlagen und zur

1) **Anm. d. Red.:** § 55 i. d. F. der VO v. 31. 8. 2015 (BGBl I S. 1474) mit Wirkung v. 8. 9. 2015.

Duldung von Besichtigungen und von Entnahmen unentgeltlicher Muster und Proben vorsehen. [3]Soweit Rechtsverordnungen nach § 13 Absatz 5 Satz 1 betroffen sind, bedürfen die Rechtsverordnungen nach Satz 1 auch des Einvernehmens mit dem Bundesministerium für Umwelt, Naturschutz, Bau und Reaktorsicherheit.

§ 56 Ermächtigungen[1)]

(1) [1]Das Bundesministerium wird ermächtigt, im Einvernehmen mit dem Bundesministerium der Finanzen durch Rechtsverordnung mit Zustimmung des Bundesrates, soweit es zur Erfüllung der in § 1 Absatz 1 Nummer 1 oder Nummer 4 oder Absatz 2, stets jeweils auch in Verbindung mit § 1 Absatz 3, genannten Zwecke erforderlich ist, das Verbringen von Erzeugnissen, einschließlich lebender Tiere im Sinne des § 4 Absatz 1 Nummer 1, in das Inland oder die Europäische Union, in eine Freizone, in ein Freilager oder in ein Zolllager

1. auf Dauer oder vorübergehend zu verbieten oder zu beschränken,
2. abhängig zu machen von
   a) der Tauglichkeit bestimmter Lebensmittel zum Genuss für den Menschen,
   b) der Registrierung, Erlaubnis, Anerkennung, Zulassung oder Bekanntgabe von Betrieben oder Ländern, in denen die Erzeugnisse hergestellt oder behandelt werden, und die Einzelheiten dafür festzulegen,
   c) einer Zulassung, einer Registrierung, einer Genehmigung oder einer Anzeige sowie die Voraussetzungen und das Verfahren für die Zulassung, die Registrierung, die Genehmigung und die Anzeige einschließlich des Ruhens der Zulassung, der Registrierung oder der Genehmigung zu regeln,
   d) der Anmeldung oder Vorführung bei der zuständigen Behörde und die Einzelheiten dafür festzulegen,
   e) einer Dokumenten- oder Nämlichkeitsprüfung oder einer Warenuntersuchung und deren Einzelheiten, insbesondere deren Häufigkeit und Verfahren, festzulegen sowie Vorschriften über die Beurteilung im Rahmen solcher Untersuchungen zu erlassen,
   f) der Begleitung durch
      aa) eine Genusstauglichkeitsbescheinigung oder durch eine vergleichbare Urkunde oder durch Vorlage zusätzlicher Bescheinigungen sowie Inhalt, Form, Ausstellung und Bekanntgabe dieser Bescheinigungen oder Urkunde zu regeln,
      bb) Nachweise über die Art des Herstellens, der Zusammensetzung oder der Beschaffenheit sowie das Nähere über Art, Form und Inhalt der Nachweise, über das Verfahren ihrer Erteilung oder die Dauer ihrer Geltung und Aufbewahrung zu regeln,
   g) einer Kennzeichnung, amtlichen Kennzeichnung oder amtlichen Anerkennung sowie Inhalt, Art und Weise und das Verfahren einer solchen Kennzeichnung, amtlichen Kennzeichnung oder amtlichen Anerkennung zu regeln,
   h) der Beibringung eines amtlichen Untersuchungszeugnisses oder einer amtlichen Gesundheitsbescheinigung oder der Vorlage einer vergleichbaren Urkunde,
   i) der Vorlage einer, auch amtlichen, oder der Begleitung durch eine, auch amtliche, Bescheinigung und deren Verwendung über Art, Umfang oder Ergebnis durchgeführter Überprüfungen und dabei das Nähere über Art, Form und Inhalt der Bescheinigung, über das Verfahren ihrer Erteilung oder die Dauer ihrer Geltung und Aufbewahrung zu regeln,
   j) der Dauer einer Lagerung oder dem Verbot oder der Erlaubnis der zuständigen Behörde zur Beförderung zwischen zwei Lagerstätten sowie der Festlegung bestimmter Lagerungszeiten und von Mitteilungspflichten über deren Einhaltung sowie über den Verbleib der Erzeugnisse und dabei das Nähere über Art, Form und Inhalt der Mitteilungspflichten zu regeln.

1) **Anm. d. Red.:** § 56 i. d. F. des Gesetzes v. 3. 12. 2015 (BGBl I S. 2178) mit Wirkung v. 1. 1. 2016.

[2]In Rechtsverordnungen nach Satz 1 kann vorgeschrieben werden, dass

1. die Dokumenten- und Nämlichkeitsprüfung sowie die Warenuntersuchung in oder bei einer Grenzkontrollstelle oder Grenzeingangsstelle oder von einer oder unter Mitwirkung einer Zolldienststelle,
2. die Anmeldung oder Vorführung in oder bei einer Grenzkontrollstelle oder Grenzeingangsstelle

vorzunehmen sind. [3]Soweit die Einhaltung von Rechtsverordnungen nach § 13 Absatz 5 Satz 1 betroffen ist, tritt an die Stelle des Bundesministeriums das Bundesministerium für Umwelt, Naturschutz, Bau und Reaktorsicherheit im Einvernehmen mit den in § 13 Absatz 5 Satz 2 genannten Bundesministerien.

(2) Das Bundesministerium wird ferner ermächtigt, im Einvernehmen mit dem Bundesministerium der Finanzen durch Rechtsverordnung mit Zustimmung des Bundesrates, soweit es zur Erfüllung der in § 1 genannten Zwecke erforderlich ist,

1. Vorschriften zu erlassen über die zollamtliche Überwachung von Erzeugnissen oder deren Überwachung durch die zuständige Behörde bei dem Verbringen in das Inland,
2. Vorschriften zu erlassen über die Maßnahmen, die zu ergreifen sind, wenn zum Verbringen in das Inland bestimmte Erzeugnisse unmittelbar geltenden Rechtsakten der Europäischen Gemeinschaft oder der Europäischen Union, diesem Gesetz oder einer aufgrund dieses Gesetzes erlassenen Rechtsverordnung nicht entsprechen,
3. die Anforderungen an die Beförderung von Erzeugnissen bei dem Verbringen in das Inland zu regeln,
4. vorzuschreiben, dass Betriebe, die bestimmte Erzeugnisse in das Inland verbringen, bestimmte betriebseigene Kontrollen und Maßnahmen sowie Unterrichtungen oder Schulungen von Personen in der Lebensmittelhygiene durchzuführen und darüber Nachweise zu führen haben, sowie bestimmten Prüfungs- und Mitteilungspflichten unterliegen,
5. vorzuschreiben, dass über das Verbringen bestimmter Erzeugnisse in das Inland oder über
   a) die Reinigung,
   b) die Desinfektion oder
   c) sonstige Behandlungsmaßnahmen im Hinblick auf die Einhaltung der hygienischen Anforderungen

   von Räumen, Anlagen, Einrichtungen oder Beförderungsmitteln, in denen Erzeugnisse in das Inland verbracht werden, Nachweise zu führen sind,
6. Vorschriften zu erlassen über Umfang und Häufigkeit der Kontrollen nach Nummer 4 sowie das Nähere über Art, Form und Inhalt der Nachweise nach Nummer 5 und über die Dauer ihrer Aufbewahrung zu regeln,
7. die hygienischen Anforderungen festzusetzen, unter denen bestimmte Lebensmittel in das Inland verbracht werden dürfen,
8. das Verfahren für die Überwachung der Einhaltung von gesundheitlichen, insbesondere hygienischen Anforderungen beim Verbringen von Lebensmitteln in das Inland zu regeln.

(3) [1]In der Rechtsverordnung nach Absatz 1 Satz 1 kann angeordnet werden, dass bestimmte Erzeugnisse, einschließlich lebender Tiere im Sinne des § 4 Absatz 1 Nummer 1, nur über bestimmte Zollstellen, Grenzkontrollstellen, Grenzein- oder -übergangsstellen oder andere amtliche Stellen in das Inland verbracht werden dürfen und solche Stellen von einer wissenschaftlich ausgebildeten Person geleitet werden. [2]Das Bundesamt für Verbraucherschutz und Lebensmittelsicherheit gibt die in Satz 1 genannten Stellen im Einvernehmen mit dem Bundesministerium der Finanzen im Bundesanzeiger bekannt, soweit diese Stellen nicht im Amtsblatt der Europäischen Union bekannt gegeben sind oder nicht in Rechtsakten der Europäischen Union eine Bekanntgabe durch die Europäische Kommission vorgesehen ist. [3]Das Bundesministerium der Finanzen kann die Erteilung des Einvernehmens nach Satz 2 auf die Generalzolldirektion übertragen.

(4) Das Bundesministerium wird ferner ermächtigt, im Einvernehmen mit dem Bundesministerium der Finanzen durch Rechtsverordnung mit Zustimmung des Bundesrates, soweit es zur Erfüllung der in § 1 Absatz 1 Nummer 1 oder 4, jeweils auch in Verbindung mit § 1 Absatz 3, genannten Zwecke erforderlich ist,

1. die Durchfuhr von Erzeugnissen, einschließlich lebender Tiere im Sinne des § 4 Absatz 1 Nummer 1, oder von mit Lebensmitteln verwechselbaren Produkten sowie deren Lagerung in Freilagern, in Lagern in Freizonen oder in Zolllagern abhängig zu machen von
   a) einer Erlaubnis der zuständigen Behörde und dabei das Nähere über Art, Form und Inhalt der Erlaubnis, über das Verfahren ihrer Erteilung oder die Dauer ihrer Geltung und Aufbewahrung zu regeln,
   b) Anforderungen an die Beförderung und Lagerung im Inland,
   c) dem Verbringen aus dem Inland, auch innerhalb bestimmter Fristen, über bestimmte Grenzkontrollstellen und die Einzelheiten hierfür festzulegen,
   d) einer Kontrolle bei dem Verbringen aus dem Inland unter Mitwirkung einer Zollstelle,
   e) einer zollamtlichen Überwachung oder einer Überwachung durch die zuständige Behörde,
   f) einer Anerkennung der Freilager, der Lager in Freizonen oder der Zolllager durch die zuständige Behörde und dabei das Nähere über Art, Form und Inhalt der Anerkennung, über das Verfahren ihrer Erteilung oder die Dauer ihrer Geltung zu regeln,
2. für die Durchfuhr Vorschriften nach Absatz 1 oder 2 zu erlassen.

§ 57 Ausfuhr; sonstiges Verbringen aus dem Inland[1)]

(1) Für die Ausfuhr und Wiederausfuhr von kosmetischen Mitteln, Bedarfsgegenständen und mit Lebensmitteln verwechselbaren Produkten gilt Artikel 12 der Verordnung (EG) Nr. 178/2002 mit der Maßgabe, dass an die Stelle der dort genannten Anforderungen des Lebensmittelrechts die für diese Erzeugnisse und die für mit Lebensmitteln verwechselbaren Produkte geltenden Vorschriften dieses Gesetzes, der aufgrund dieses Gesetzes erlassenen Rechtsverordnungen und der unmittelbar geltenden Rechtsakte der Europäischen Gemeinschaft oder der Europäischen Union im Anwendungsbereich dieses Gesetzes treten.

(2) [1]Es ist verboten, Futtermittel auszuführen, die

1. wegen ihres Gehalts an unerwünschten Stoffen nach § 17 nicht hergestellt, behandelt, in den Verkehr gebracht oder verfüttert werden dürfen,
2. einer durch Rechtsverordnung nach § 23 Nummer 1 festgesetzten Anforderung nicht entsprechen.

[2]Abweichend von Satz 1 dürfen dort genannte Futtermittel, die eingeführt worden sind, nach Maßgabe des Artikels 12 der Verordnung (EG) Nr. 178/2002 wieder ausgeführt werden.

(3) Lebensmittel, Einzelfuttermittel oder Mischfuttermittel, die vor der Ausfuhr behandelt worden sind und im Fall von Lebensmitteln höhere Gehalte an Rückständen von Pflanzenschutz- oder sonstigen Mitteln als durch Rechtsverordnung nach § 9 Absatz 2 Nummer 1 Buchstabe a oder im Fall von Einzelfuttermitteln oder Mischfuttermitteln höhere Gehalte an Mittelrückständen als durch Rechtsverordnung nach § 23a Nummer 1 festgesetzt aufweisen, dürfen in einen Staat, der der Europäischen Union nicht angehört, nur verbracht werden, sofern nachgewiesen wird, dass

1. das Bestimmungsland eine besondere Behandlung mit den Mitteln verlangt, um die Einschleppung von Schadorganismen in seinem Hoheitsgebiet vorzubeugen, oder
2. die Behandlung notwendig ist, um die Erzeugnisse während des Transports nach dem Bestimmungsland und der Lagerung in diesem Land vor Schadorganismen zu schützen.

---

1) **Anm. d. Red.:** § 57 i. d. F. des Gesetzes v. 30.6.2017 (BGBl I S. 2147) mit Wirkung v. 6.7.2017.

(4) Erzeugnisse und mit Lebensmitteln verwechselbare Produkte, die nach Maßgabe des Absatzes 1 oder 2 den Vorschriften dieses Gesetzes, der aufgrund dieses Gesetzes erlassenen Rechtsverordnungen oder der unmittelbar geltenden Rechtsakte der Europäischen Gemeinschaft oder der Europäischen Union im Anwendungsbereich dieses Gesetzes nicht entsprechen, müssen von Erzeugnissen, die für das Inverkehrbringen im Inland oder in anderen Mitgliedstaaten bestimmt sind, getrennt gehalten und kenntlich gemacht werden.

(5) Für Erzeugnisse und für mit Lebensmitteln verwechselbare Produkte, die zur Lieferung in einen anderen Mitgliedstaat bestimmt sind, gilt Artikel 12 der Verordnung (EG) Nr. 178/2002 mit der Maßgabe, dass an die Stelle der dort genannten Anforderungen des Lebensmittelrechts die für diese Erzeugnisse und die für mit Lebensmitteln verwechselbaren Produkte geltenden Vorschriften dieses Gesetzes, der aufgrund dieses Gesetzes erlassenen Rechtsverordnungen und der unmittelbar geltenden Rechtsakte der Europäischen Gemeinschaft oder der Europäischen Union im Anwendungsbereich dieses Gesetzes treten.

(6) Die Vorschriften dieses Gesetzes und der aufgrund dieses Gesetzes erlassenen Rechtsverordnungen finden mit Ausnahme der §§ 5 und 17 Absatz 1 Satz 1 Nummer 1 und der §§ 26 und 30 auf Erzeugnisse, die für die Ausrüstung von Seeschiffen bestimmt sind, keine Anwendung.

(7) [1]Das Bundesministerium wird ermächtigt, durch Rechtsverordnung mit Zustimmung des Bundesrates

1. weitere Vorschriften dieses Gesetzes sowie aufgrund dieses Gesetzes erlassene Rechtsverordnungen auf Erzeugnisse, die für die Ausrüstung von Seeschiffen bestimmt sind, für anwendbar zu erklären, soweit es zur Erfüllung der in § 1 genannten Zwecke erforderlich ist,
2. abweichende oder zusätzliche Vorschriften für Erzeugnisse zu erlassen, die für die Ausrüstung von Seeschiffen bestimmt sind, soweit es mit den in § 1 genannten Zwecken vereinbar ist,
3. soweit es zur Erfüllung der in § 1 genannten Zwecke erforderlich ist,
   a) die Registrierung von Betrieben, die Seeschiffe ausrüsten, vorzuschreiben,
   b) die Lagerung von Erzeugnissen, die für die Ausrüstung von Seeschiffen bestimmt sind, in Freilagern, in Lagern in Freizonen oder in Zolllagern abhängig zu machen von
      aa) einer Erlaubnis der zuständigen Behörde und dabei das Nähere über Art, Form und Inhalt der Erlaubnis, über das Verfahren ihrer Erteilung oder die Dauer ihrer Geltung und Aufbewahrung zu regeln,
      bb) Anforderungen an die Beförderung und Lagerung im Inland,
      cc) dem Verbringen aus dem Inland, auch innerhalb bestimmter Fristen, über bestimmte Grenzkontrollstellen und die Einzelheiten hierfür festzulegen,
      dd) einer Kontrolle bei dem Verbringen aus dem Inland unter Mitwirkung einer Zollstelle,
      ee) einer zollamtlichen Überwachung oder einer Überwachung durch die zuständige Behörde,
      ff) einer Anerkennung der Freilager, der Lager in Freizonen oder der Zolllager durch die zuständige Behörde und dabei das Nähere über Art, Form und Inhalt der Anerkennung, über das Verfahren ihrer Erteilung oder die Dauer ihrer Geltung zu regeln,
   c) für Erzeugnisse, die für die Ausrüstung von Seeschiffen bestimmt sind, Vorschriften nach § 56 Absatz 1 oder 2 zu erlassen.

[2]Soweit Rechtsverordnungen nach § 13 Absatz 5 Satz 1 betroffen sind, tritt an die Stelle des Bundesministeriums das Bundesministerium für Umwelt, Naturschutz, Bau und Reaktorsicherheit im Einvernehmen mit dem Bundesministerium.

(8) Das Bundesministerium wird ferner ermächtigt, durch Rechtsverordnung mit Zustimmung des Bundesrates,

1. soweit es zur Erfüllung der in § 1 genannten Zwecke erforderlich ist, das Verbringen von
   a) lebenden Tieren im Sinne des § 4 Absatz 1 Nummer 1,
   b) Erzeugnissen oder
   c) mit Lebensmitteln verwechselbaren Produkten

   aus dem Inland zu verbieten oder zu beschränken,
2. soweit es zur Erleichterung des Handelsverkehrs beiträgt und die in § 1 genannten Zwecke nicht entgegenstehen, bei der Ausfuhr von Erzeugnissen bestimmten Betrieben auf Antrag eine besondere Kontrollnummer zu erteilen, wenn die Einfuhr vom Bestimmungsland von der Erteilung einer solchen Kontrollnummer abhängig gemacht wird und die zuständige Behörde den Betrieb für die Ausfuhr in dieses Land zugelassen hat, sowie die Voraussetzungen und das Verfahren für die Erteilung der besonderen Kontrollnummer zu regeln.

(9) (weggefallen)

Abschnitt 9a: Besondere Regelungen zum Schutz vor ionisierender Strahlung[1)]

§ 57a Ermächtigungen zum Schutz der Gesundheit vor ionisierender Strahlung[2)]

(1) Das Bundesministerium wird ermächtigt, soweit es zur Erfüllung der in § 1 Absatz 4 Nummer 1, auch in Verbindung mit § 1 Absatz 4 Nummer 2, genannten Zwecke erforderlich ist, zur Einhaltung von nach § 94 Absatz 2 Nummer 3 des Strahlenschutzgesetzes bestimmten Kontaminationswerten durch Rechtsverordnung mit Zustimmung des Bundesrates Folgendes zu verbieten oder zu beschränken:

1. das Inverkehrbringen von Lebensmitteln, Bedarfsgegenständen und kosmetischen Mitteln,
2. das Verfüttern oder Inverkehrbringen von Futtermitteln,
3. das Verbringen von Erzeugnissen in den, durch den oder aus dem Geltungsbereich dieses Gesetzes.

(2) Rechtsverordnungen nach Absatz 1 bedürfen des Einvernehmens mit den Bundesministerien für Umwelt, Naturschutz, Bau und Reaktorsicherheit und für Wirtschaft und Energie.

(3) [1]Bei Eilbedürftigkeit nach Eintritt eines Notfalls nach § 5 Absatz 26 des Strahlenschutzgesetzes können Rechtsverordnungen nach Absatz 1 ohne Zustimmung des Bundesrates und ohne das Einvernehmen mit den zu beteiligenden Bundesministerien erlassen werden; sie treten spätestens sechs Monate nach ihrem Inkrafttreten außer Kraft. [2]Ihre Geltungsdauer kann durch Rechtsverordnung mit Zustimmung des Bundesrates und im Einvernehmen mit den zu beteiligenden Bundesministerien verlängert werden.

§ 57b Weitere Ermächtigungen in radiologischen Notfällen[3)]

(1) [1]Nach Eintritt eines Notfalls nach § 5 Absatz 26 des Strahlenschutzgesetzes können Rechtsverordnungen, die nach den Vorschriften der Abschnitte 2 bis 9 dieses Gesetzes zur Erfüllung der in § 1 Absatz 1 Nummer 1 oder Nummer 4 Buchstabe a Doppelbuchstabe aa genannten Zwecke erlassen werden können, auch zur Erfüllung der in § 1 Absatz 4 genannten Zwecke erlassen werden. [2]Satz 1 gilt nicht für § 13 Absatz 5.

(2) § 57a Absatz 2 und 3 gilt entsprechend.

---

1) **Anm. d. Red.:** Abschnitt 9a eingefügt gem. Gesetz v. 27.6.2017 (BGBl I S. 1966) mit Wirkung v. 1.10.2017.

2) **Anm. d. Red.:** § 57a eingefügt gem. Gesetz v. 27.6.2017 (BGBl I S. 1966) mit Wirkung v. 1.10.2017.

3) **Anm. d. Red.:** § 57b eingefügt gem. Gesetz v. 27.6.2017 (BGBl I S. 1966) mit Wirkung v. 1.10.2017.

§ 57c Überwachung[1)]

[1]Die §§ 38 bis 49a gelten für die Überwachungsmaßnahmen nach den aufgrund des § 57a oder nach § 57b erlassenen Rechtsverordnungen und den unmittelbar geltenden Rechtsakten der Europäischen Gemeinschaft, der Europäischen Union oder der Europäischen Atomgemeinschaft im Anwendungsbereich dieses Abschnitts entsprechend. [2]§ 55 gilt für die Überwachung der aufgrund des § 57a oder nach § 57b erlassenen Rechtsverordnungen sowie der unmittelbar geltenden Rechtsakte der Europäischen Gemeinschaft, der Europäischen Union oder der Europäischen Atomgemeinschaft im Anwendungsbereich dieses Abschnitts entsprechend.

§ 57d Ausführung durch die Länder im Auftrag des Bundes[2)]

[1]Die aufgrund des § 57a oder nach § 57b erlassenen Rechtsverordnungen sowie die unmittelbar geltenden Rechtsakte der Europäischen Gemeinschaft, der Europäischen Union oder der Europäischen Atomgemeinschaft im Anwendungsbereich dieses Abschnitts werden von den Ländern im Auftrag des Bundes ausgeführt, soweit nicht bundeseigene Verwaltung vorgesehen ist. [2]Im Geschäftsbereich des Bundesministeriums der Verteidigung obliegt die Durchführung der aufgrund des § 57a oder nach § 57b erlassenen Rechtsverordnungen sowie der unmittelbar geltenden Rechtsakte der Europäischen Gemeinschaft, der Europäischen Union oder der Europäischen Atomgemeinschaft im Anwendungsbereich dieses Abschnitts den zuständigen Stellen und Sachverständigen der Bundeswehr.

LFGB

Abschnitt 10: Straf- und Bußgeldvorschriften

§ 58 Strafvorschriften[3)]

(1) Mit Freiheitsstrafe bis zu drei Jahren oder mit Geldstrafe wird bestraft, wer

1. entgegen § 5 Absatz 1 Satz 1 ein Lebensmittel herstellt oder behandelt,
2. entgegen § 5 Absatz 2 Nummer 1 einen Stoff als Lebensmittel in den Verkehr bringt,
3. entgegen § 5 Absatz 2 Nummer 2 ein mit Lebensmitteln verwechselbares Produkt herstellt, behandelt oder in den Verkehr bringt,
4. entgegen § 10 Absatz 1 Satz 1, auch in Verbindung mit einer Rechtsverordnung nach § 10 Absatz 4 Nummer 2, oder entgegen § 10 Absatz 3 Nummer 2 ein Lebensmittel in den Verkehr bringt,
5. entgegen § 10 Absatz 2 ein Tier in den Verkehr bringt,
6. entgegen § 10 Absatz 3 Nummer 1 Lebensmittel von einem Tier gewinnt,
7. entgegen § 13 Absatz 2 in Verbindung mit einer Rechtsverordnung nach Absatz 1 Nummer 1 ein Lebensmittel in den Verkehr bringt,
8. entgegen § 17 Absatz 1 Satz 1 Nummer 1 ein Futtermittel herstellt oder behandelt,
9. (weggefallen)
10. (weggefallen)
11. entgegen
    a) § 26 Satz 1 Nummer 1 ein kosmetisches Mittel herstellt oder behandelt oder
    b) § 26 Satz 1 Nummer 2 einen Stoff oder ein Gemisch aus Stoffen als kosmetisches Mittel in den Verkehr bringt,
12. entgegen § 28 Absatz 2 ein kosmetisches Mittel in den Verkehr bringt, das einer Rechtsverordnung nach § 28 Absatz 1 Nummer 2 in Verbindung mit § 32 Absatz 1 Nummer 1, 2 oder 3 nicht entspricht,

---

1) **Anm. d. Red.:** § 57c eingefügt gem. Gesetz v. 27.6.2017 (BGBl I S. 1966) mit Wirkung v. 1.10.2017.

2) **Anm. d. Red.:** § 57d eingefügt gem. Gesetz v. 27.6.2017 (BGBl I S. 1966) mit Wirkung v. 1.10.2017.

3) **Anm. d. Red.:** § 58 i. d. F. des Gesetzes v. 30.6.2017 (BGBl I S. 2147) mit Wirkung v. 6.7.2017.

13. entgegen § 30 Nummer 1 einen Bedarfsgegenstand herstellt oder behandelt,
14. entgegen § 30 Nummer 2 einen Gegenstand oder ein Mittel als Bedarfsgegenstand in den Verkehr bringt,
15. entgegen § 30 Nummer 3 einen Bedarfsgegenstand verwendet,
16. entgegen § 32 Absatz 2 in Verbindung mit einer Rechtsverordnung nach Absatz 1 Nummer 1, 2 oder 3 einen Bedarfsgegenstand in den Verkehr bringt,
17. einer vollziehbaren Anordnung
    a) nach Artikel 54 Absatz 1 Satz 1 der Verordnung (EG) Nr. 882/2004 des Europäischen Parlaments und des Rates vom 29. April 2004 über amtliche Kontrollen zur Überprüfung der Einhaltung des Lebensmittel- und Futtermittelrechts sowie der Bestimmungen über Tiergesundheit und Tierschutz (ABl L 165 vom 30. 4. 2004, S. 1, L 191 vom 28. 5. 2004, S. 1, L 204 vom 4. 8. 2007, S. 29), die zuletzt durch die Verordnung (EU) Nr. 652/2014 (ABl L 189 vom 27. 6. 2014, S. 1) geändert worden ist, die der Durchführung eines in § 39 Absatz 7 Nummer 1, 2 oder Nummer 3, soweit sich die Nummer 3 auf § 5 und § 17 Absatz 1 Satz 1 Nummer 1 bezieht, bezeichneten Verbots dient, oder
    b) nach § 39 Absatz 2 Satz 1, die der Durchführung eines in § 39 Absatz 7 bezeichneten Verbots dient,

    zuwiderhandelt oder
18. einer Rechtsverordnung nach § 10 Absatz 4 Nummer 1 Buchstabe b, d oder Buchstabe e, § 13 Absatz 1 Nummer 1 oder 2, § 22, § 32 Absatz 1 Nummer 1, 2 oder 3, jeweils auch in Verbindung mit § 28 Absatz 1 Nummer 2, oder § 34 Satz 1 Nummer 1 oder 2 oder einer vollziehbaren Anordnung aufgrund einer solchen Rechtsverordnung zuwiderhandelt, soweit die Rechtsverordnung für einen bestimmten Tatbestand auf diese Strafvorschrift verweist.

(2) Ebenso wird bestraft, wer gegen die Verordnung (EG) Nr. 178/2002 des Europäischen Parlaments und des Rates vom 28. Januar 2002 zur Festlegung der allgemeinen Grundsätze und Anforderungen des Lebensmittelrechts, zur Errichtung der Europäischen Behörde für Lebensmittelsicherheit und zur Festlegung von Verfahren zur Lebensmittelsicherheit (ABl L 31 vom 1. 2. 2002, S. 1), die zuletzt durch die Verordnung (EU) Nr. 652/2014 (ABl L 189 vom 27. 6. 2014, S. 1) geändert worden ist, verstößt, indem er

1. entgegen Artikel 14 Absatz 1 in Verbindung mit Absatz 2 Buchstabe a ein Lebensmittel in den Verkehr bringt oder
2. entgegen Artikel 15 Absatz 1 in Verbindung mit Absatz 2 Spiegelstrich 1, soweit sich dieser auf die Gesundheit des Menschen bezieht, jeweils auch in Verbindung mit Artikel 4 Absatz 1 Unterabsatz 2 der Verordnung (EG) Nr. 767/2009 des Europäischen Parlaments und des Rates vom 13. Juli 2009 über das Inverkehrbringen und die Verwendung von Futtermitteln, zur Änderung der Verordnung (EG) Nr. 1831/2003 des Europäischen Parlaments und des Rates und zur Aufhebung der Richtlinien 79/373/EWG des Rates, 80/511/EWG der Kommission, 82/471/EWG des Rates, 83/228/EWG des Rates, 93/74/EWG des Rates, 93/113/EG des Rates und 96/25/EG des Rates und der Entscheidung 2004/217/EG der Kommission (ABl L 229 vom 1. 9. 2009, S. 1, L 192 vom 22. 7. 2011, S. 71), die zuletzt durch die Verordnung (EU) Nr. 939/2010 (ABl L 277 vom 21. 10. 2010, S. 4) geändert worden ist, ein Futtermittel in den Verkehr bringt oder verfüttert.

(2a) Ebenso wird bestraft, wer

1. gegen die Verordnung (EG) Nr. 1334/2008 des Europäischen Parlaments und des Rates vom 16. Dezember 2008 über Aromen und bestimmte Lebensmittelzutaten mit Aromaeigenschaften zur Verwendung in und auf Lebensmitteln sowie zur Änderung der Verordnung (EWG) Nr. 1601/91 des Rates, der Verordnungen (EG) Nr. 2232/96 und (EG) Nr. 110/2008 und der Richtlinie 2000/13/EG (ABl L 354 vom 31. 12. 2008, S. 34, L 105 vom 27. 4. 2010,

S. 115), die zuletzt durch die Verordnung (EU) 2016/1244 (ABl L 204 vom 29. 7. 2016, S. 7) geändert worden ist, verstößt, indem er

a) entgegen Artikel 5 in Verbindung mit Anhang III oder Anhang IV ein Aroma oder ein Lebensmittel in den Verkehr bringt,

b) entgegen Artikel 6 Absatz 1 einen dort bezeichneten Stoff zusetzt,

c) entgegen Artikel 7 einen Ausgangsstoff, ein Aroma oder eine Lebensmittelzutat verwendet,

2. entgegen Artikel 1 Absatz 1 Unterabsatz 1 der Verordnung (EG) Nr. 124/2009 der Kommission vom 10. Februar 2009 zur Festlegung von Höchstgehalten an Kokzidiostatika und Histomonostatika, die in Lebensmitteln aufgrund unvermeidbarer Verschleppung in Futtermittel für Nichtzieltierarten vorhanden sind (ABl L 40 vom 11. 2. 2009, S. 7), die durch die Verordnung (EU) Nr. 610/2012 (ABl L 178 vom 10. 7. 2012, S. 1) geändert worden ist, ein Lebensmittel in Verkehr bringt oder

LFGB

3. gegen die Verordnung (EU) Nr. 10/2011 der Kommission vom 14. Januar 2011 über Materialien und Gegenstände aus Kunststoff, die dazu bestimmt sind, mit Lebensmitteln in Berührung zu kommen (ABl L 12 vom 15.1.2011, S. 1, L 278 vom 25. 10. 2011, S. 13), die zuletzt durch die Verordnung (EU) 2016/1416 (ABl L 230 vom 25. 8. 2016, S. 22) geändert worden ist, verstößt, indem er

a) entgegen Artikel 4 Buchstabe e in Verbindung mit Artikel 5 Absatz 1 oder Artikel 9 Absatz 1 Buchstabe c, jeweils auch in Verbindung mit Artikel 13 Absatz 1 oder Artikel 14 Absatz 1, ein Material oder einen Gegenstand aus Kunststoff in Verkehr bringt oder

b) entgegen Artikel 5 Absatz 1 in Verbindung mit Artikel 13 Absatz 1 oder Artikel 14 Absatz 1 bei der Herstellung einer Kunststoffschicht in einem Material oder einem Gegenstand aus Kunststoff einen nicht zugelassenen Stoff verwendet.

(3) Ebenso wird bestraft, wer

1. einer unmittelbar geltenden Vorschrift in Rechtsakten der Europäischen Gemeinschaft oder der Europäischen Union zuwiderhandelt, die inhaltlich einem in Absatz 1 Nummer 1 bis 17 genannten Gebot oder Verbot entspricht, soweit eine Rechtsverordnung nach § 62 Absatz 1 Nummer 1 für einen bestimmten Tatbestand auf diese Strafvorschrift verweist oder

2. einer anderen als in Absatz 2 genannten unmittelbar geltenden Vorschrift in Rechtsakten der Europäischen Gemeinschaft oder der Europäischen Union zuwiderhandelt, die inhaltlich einer Regelung entspricht, zu der die in Absatz 1 Nummer 18 genannten Vorschriften ermächtigen, soweit eine Rechtsverordnung nach § 62 Absatz 1 Nummer 1 für einen bestimmten Straftatbestand auf diese Strafvorschrift verweist.

(4) Der Versuch ist strafbar.

(5) [1]In besonders schweren Fällen ist die Strafe Freiheitsstrafe von sechs Monaten bis zu fünf Jahren. [2]Ein besonders schwerer Fall liegt in der Regel vor, wenn der Täter durch eine der in Absatz 1, 2 oder 3 bezeichneten Handlungen

1. die Gesundheit einer großen Zahl von Menschen gefährdet,

2. einen anderen in die Gefahr des Todes oder einer schweren Schädigung an Körper oder Gesundheit bringt oder

3. aus grobem Eigennutz für sich oder einen anderen Vermögensvorteile großen Ausmaßes erlangt.

(6) Wer eine der in Absatz 1, 2, 2a oder 3 bezeichneten Handlungen fahrlässig begeht, wird mit Freiheitsstrafe bis zu einem Jahr oder mit Geldstrafe bestraft.

§ 59 Strafvorschriften[1)]

(1) Mit Freiheitsstrafe bis zu einem Jahr oder mit Geldstrafe wird bestraft, wer

1. entgegen § 6 Absatz 1 Nummer 1 in Verbindung mit einer Rechtsverordnung nach § 7 Absatz 1 Nummer 1 einen nicht zugelassenen Lebensmittelzusatzstoff verwendet, Ionenaustauscher benutzt oder ein Verfahren anwendet,
2. entgegen § 6 Absatz 1 Nummer 2 in Verbindung mit einer Rechtsverordnung nach § 7 Absatz 1 Nummer 1 oder Absatz 2 Nummer 1 oder 5 ein Lebensmittel in den Verkehr bringt,
3. entgegen § 6 Absatz 1 Nummer 3 in Verbindung mit einer Rechtsverordnung nach § 7 Absatz 1 Nummer 1 oder Absatz 2 Nummer 5 einen Lebensmittelzusatzstoff oder Ionenaustauscher in den Verkehr bringt,
4. entgegen § 8 Absatz 1 Nummer 1 in Verbindung mit einer Rechtsverordnung nach Absatz 2 Nummer 1 eine nicht zugelassene Bestrahlung anwendet,
5. entgegen § 8 Absatz 1 Nummer 2 in Verbindung mit einer Rechtsverordnung nach Absatz 2 ein Lebensmittel in den Verkehr bringt,
6. entgegen § 9 Absatz 1 Satz 1 Nummer 1 in Verbindung mit einer Rechtsverordnung nach Absatz 2 Nummer 1 Buchstabe a oder entgegen § 9 Absatz 1 Satz 1 Nummer 2 oder Nummer 3 ein Lebensmittel in den Verkehr bringt,
7. entgegen § 11 Absatz 1 ein Lebensmittel in den Verkehr bringt oder für ein Lebensmittel wirbt,
8. entgegen § 11 Absatz 2 Nummer 1 ein Lebensmittel in den Verkehr bringt,
9. entgegen § 11 Absatz 2 Nummer 2 ein Lebensmittel ohne ausreichende Kenntlichmachung in den Verkehr bringt,
10. entgegen § 17 Absatz 1 Satz 1 Nummer 2 ein Futtermittel herstellt oder behandelt,

10a. entgegen § 17a Absatz 1 Satz 1 nicht dafür Sorge trägt, dass eine dort genannte Versicherung besteht,

11. entgegen § 19 ein Futtermittel in den Verkehr bringt oder für ein Futtermittel wirbt,
12. entgegen § 21 Absatz 3 Satz 1 Nummer 1 Buchstabe a ein Futtermittel in den Verkehr bringt oder verfüttert,
13. entgegen § 27 Absatz 1 Satz 1 ein kosmetisches Mittel unter einer irreführenden Bezeichnung, Angabe oder Aufmachung in den Verkehr bringt oder mit einer irreführenden Darstellung oder Aussage wirbt,
14. entgegen § 28 Absatz 2 ein kosmetisches Mittel in den Verkehr bringt, das einer Rechtsverordnung nach § 28 Absatz 1 Nummer 1 oder 2 in Verbindung mit § 32 Absatz 1 Nummer 4 Buchstabe a oder Nummer 5 nicht entspricht,
15. entgegen § 31 Absatz 1 oder 2 Satz 2 ein Material oder einen Gegenstand als Bedarfsgegenstand verwendet oder in den Verkehr bringt,
16. entgegen § 31 Absatz 3 ein Lebensmittel in den Verkehr bringt,
17. entgegen § 32 Absatz 2 in Verbindung mit einer Rechtsverordnung nach Absatz 1 Nummer 4 Buchstabe a oder Nummer 5 einen Bedarfsgegenstand in den Verkehr bringt,
18. entgegen § 33 Absatz 1 ein Material oder einen Gegenstand unter einer irreführenden Bezeichnung, Angabe oder Aufmachung in den Verkehr bringt oder mit einer irreführenden Darstellung oder Aussage wirbt,
19. entgegen § 53 Absatz 1 Satz 1 in Verbindung mit
    a) § 17 Absatz 1 Satz 1 Nummer 1 Futtermittel,
    b) § 26 Satz 1 ein kosmetisches Mittel, einen Stoff oder ein Gemisch,
    c) § 30 einen Bedarfsgegenstand, einen Gegenstand oder ein Mittel oder

1) **Anm. d. Red.:** § 59 i. d. F. des Gesetzes v. 27.6.2017 (BGBl I S. 1966) mit Wirkung v. 1.10.2017.

d) Artikel 14 Absatz 2 Buchstabe a der Verordnung (EG) Nr. 178/2002 ein gesundheitsschädliches Lebensmittel

in das Inland verbringt,

20. einer vollziehbaren Anordnung nach § 41 Absatz 2 Satz 1, Absatz 3 oder 6 Satz 1 oder 3 zuwiderhandelt oder

21. einer Rechtsverordnung nach

a) § 7 Absatz 2 Nummer 1, 3 oder 5, § 8 Absatz 2 Nummer 2, § 9 Absatz 2 Nummer 1 Buchstabe b, § 13 Absatz 1 Nummer 4, 5 oder Nummer 6, Absatz 3 Satz 1 oder Absatz 4 Nummer 1 Buchstabe a, b oder c oder Nummer 2, § 29 Absatz 1 Nummer 3, § 31 Absatz 2 Satz 1, § 32 Absatz 1 Nummer 4 Buchstabe b, auch in Verbindung mit § 28 Absatz 1 Nummer 2, § 32 Absatz 1 Nummer 7, § 33 Absatz 2, § 34 Satz 1 Nummer 3 oder 4, § 56 Absatz 1 Satz 1 Nummer 1 oder Absatz 4 Nummer 2 in Verbindung mit Absatz 1 Satz 1 Nummer 1 oder § 57 Absatz 7 Satz 1 Nummer 3 Buchstabe c in Verbindung mit § 56 Absatz 1 Satz 1 Nummer 1, § 57a Absatz 1 oder

b) § 13 Absatz 5 Satz 1 Nummer 1

oder einer vollziehbaren Anordnung aufgrund einer solchen Rechtsverordnung zuwiderhandelt, soweit die Rechtsverordnung für einen bestimmten Tatbestand auf diese Strafvorschrift verweist.

LFGB

(2) Ebenso wird bestraft, wer

1. entgegen Artikel 2 der Verordnung (EWG) Nr. 2219/89 des Rates vom 18. Juli 1989 über besondere Bedingungen für die Ausfuhr von Nahrungsmitteln und Futtermitteln im Falle eines nuklearen Unfalls oder einer anderen radiologischen Notstandssituation (ABl L 211 vom 22.7.1989, S. 4) ein Nahrungsmittel oder Futtermittel ausführt, dessen radioaktive Kontamination über einem Höchstwert liegt, der durch eine Verordnung nach Artikel 3 Absatz 1 der Verordnung (Euratom) 2016/52 des Rates vom 15. Januar 2016 zur Festlegung von Höchstwerten an Radioaktivität in Lebens- und Futtermitteln im Falle eines nuklearen Unfalls oder eines anderen radiologischen Notfalls und zur Aufhebung der Verordnung (Euratom) Nr. 3954/87 des Rates und der Verordnungen (Euratom) Nr. 944/89 und (Euratom) Nr. 770/90 der Kommission (ABl L 13 vom 20.1.2016, S. 2) festgelegt wird,

1a. gegen die Verordnung (EG) Nr. 178/2002 verstößt, indem er

a) entgegen Artikel 14 Absatz 1 in Verbindung mit Absatz 2 Buchstabe b ein Lebensmittel in den Verkehr bringt,

b) entgegen Artikel 15 Absatz 1 in Verbindung mit Absatz 2 Spiegelstrich 2 ein Futtermittel in den Verkehr bringt oder verfüttert,

c) entgegen Artikel 19 Absatz 1 Satz 1 ein Verfahren nicht, nicht vollständig oder nicht rechtzeitig einleitet, um ein Lebensmittel vom Markt zu nehmen, oder

d) entgegen Artikel 20 Absatz 1 Satz 1 ein Verfahren nicht, nicht vollständig oder nicht rechtzeitig einleitet, um ein Futtermittel für Tiere, die der Lebensmittelgewinnung dienen, vom Markt zu nehmen,

2. entgegen Artikel 19 der Verordnung (EG) Nr. 396/2005 des Europäischen Parlaments und des Rates vom 23. Februar 2005 über Höchstgehalte an Pestizidrückständen in oder auf Lebens- und Futtermitteln pflanzlichen und tierischen Ursprungs und zur Änderung der Richtlinie 91/414/EWG des Rates (ABl L 70 vom 16. 3. 2005, S. 1), die zuletzt durch die Verordnung (EU) 2016/1866 (ABl L 286 vom 21. 10. 2016, S. 4) geändert worden ist, ein Erzeugnis, soweit es sich dabei um ein Lebensmittel handelt, verarbeitet oder mit einem anderen Erzeugnis, soweit es sich dabei um ein Lebensmittel handelt, mischt,

3. gegen die Verordnung (EG) Nr. 1924/2006 des Europäischen Parlaments und des Rates vom 20. Dezember 2006 über nährwert- und gesundheitsbezogene Angaben über Lebensmittel (ABl L 404 vom 30. 12. 2006, S. 9, L 12 vom 18. 1. 2007, S. 3, L 86 vom 28. 3. 2008, S. 34, L 198 vom 30. 7. 2009, S. 87, L 160 vom 12. 6. 2013, S. 15), die zuletzt durch die Verordnung (EU)

Nr. 1047/2012 (ABl L 310 vom 9. 11. 2012, S. 36) geändert worden ist, verstößt, indem er entgegen Artikel 3 Unterabsatz 1 in Verbindung mit

a) Artikel 3 Unterabsatz 2 Buchstabe a bis c, d Satz 1 oder Buchstabe e,
b) Artikel 4 Absatz 3,
c) Artikel 5 Absatz 1 Buchstabe a bis d oder Absatz 2,
d) Artikel 8 Absatz 1,
e) Artikel 9 Absatz 2,
f) Artikel 10 Absatz 1, 2 oder Absatz 3 oder
g) Artikel 12

eine nährwert- oder gesundheitsbezogene Angabe bei der Kennzeichnung oder Aufmachung eines Lebensmittels oder bei der Werbung verwendet,

3a. entgegen Artikel 2 Absatz 1 der Verordnung (EG) Nr. 733/2008 des Rates vom 15. Juli 2008 über die Einfuhrbedingungen für landwirtschaftliche Erzeugnisse mit Ursprung in Drittländern nach dem Unfall im Kernkraftwerk Tschernobyl (kodifizierte Fassung) (ABl L 201 vom 30.7.2008, S. 1), die durch die Verordnung (EG) Nr. 1048/2009 (ABl L 290 vom 6.11.2009, S. 4) geändert worden ist, ein dort genanntes Erzeugnis in den freien Verkehr bringt,

4. entgegen Artikel 4 der Verordnung (EG) Nr. 1332/2008 des Europäischen Parlaments und des Rates vom 16. Dezember 2008 über Lebensmittelenzyme und zur Änderung der Richtlinie 83/417/EWG des Rates, der Verordnung (EG) Nr. 1493/1999 des Rates, der Richtlinie 2000/13/EG des Rates sowie der Verordnung (EG) Nr. 258/97 (ABl L 354 vom 31. 12. 2008, S. 7), die durch die Verordnung (EU) Nr. 1056/2012 (ABl L 313 vom 13. 11. 2012, S. 9) geändert worden ist, ein Lebensmittelenzym als solches in den Verkehr bringt oder in Lebensmitteln verwendet,

5. gegen die Verordnung (EG) Nr. 1333/2008 des Europäischen Parlaments und des Rates vom 16. Dezember 2008 über Lebensmittelzusatzstoffe (ABl L 354 vom 31. 12. 2008, S. 16, L 105 vom 27. 4. 2010, S. 114, L 322 vom 21. 11. 2012, S. 8, L 123 vom 19. 5. 2015, S. 122), die zuletzt durch die Verordnung (EU) 2016/1776 (ABl L 272 vom 7. 10. 2016, S. 2) geändert worden ist, verstößt, indem er

a) entgegen Artikel 4 Absatz 1 einen Lebensmittelzusatzstoff als solchen in den Verkehr bringt oder in Lebensmitteln verwendet,
b) entgegen Artikel 4 Absatz 2 einen Lebensmittelzusatzstoff in Lebensmittelzusatzstoffen, -enzymen oder -aromen verwendet oder
c) entgegen Artikel 5 in Verbindung mit
   aa) Artikel 15,
   bb) Artikel 16,
   cc) Artikel 17 oder
   dd) Artikel 18

   einen Lebensmittelzusatzstoff oder ein Lebensmittel in den Verkehr bringt oder

6. gegen die Verordnung (EG) Nr. 1334/2008 verstößt, indem er

a) entgegen Artikel 5 in Verbindung mit Artikel 4 ein Aroma oder ein Lebensmittel in Verkehr bringt, wenn die Tat nicht in § 58 Absatz 2a Nummer 1 Buchstabe a mit Strafe bedroht ist, oder
b) entgegen Artikel 10 ein Aroma oder einen Ausgangsstoff verwendet,

7. gegen die Verordnung (EU) Nr. 10/2011 verstößt, indem er

a) entgegen Artikel 4 Buchstabe e in Verbindung mit Artikel 10, auch in Verbindung mit Artikel 13 Absatz 1, ein Material oder einen Gegenstand aus Kunststoff in Verkehr bringt, oder

b) entgegen Artikel 4 Buchstabe e in Verbindung mit Artikel 11 Absatz 1 Satz 1 oder Absatz 2 oder Artikel 12, jeweils auch in Verbindung mit Artikel 13 Absatz 1 oder Absatz 5, ein Material oder einen Gegenstand aus Kunststoff in Verkehr bringt,

8. entgegen Artikel 4 Absatz 1 der Verordnung (Euratom) 2016/52 ein Lebensmittel oder Futtermittel in Verkehr bringt, bei dem ein Höchstwert überschritten wird, der durch eine Verordnung nach Artikel 3 Absatz 1 der Verordnung (Euratom) 2016/52 festgelegt wird.

(3) Ebenso wird bestraft, wer

1. einer unmittelbar geltenden Vorschrift in Rechtsakten der Europäischen Gemeinschaft, der Europäischen Union oder der Europäischen Atomgemeinschaft zuwiderhandelt, die inhaltlich einem in Absatz 1 Nummer 1 bis 19 bezeichneten Gebot oder Verbot entspricht, soweit eine Rechtsverordnung nach § 62 Absatz 1 Nummer 1 für einen bestimmten Tatbestand auf diese Strafvorschrift verweist oder
2. einer anderen als in Absatz 2 genannten unmittelbar geltenden Vorschrift in Rechtsakten der Europäischen Gemeinschaft, der Europäischen Union oder der Europäischen Atomgemeinschaft zuwiderhandelt, die inhaltlich einer Regelung entspricht, zu der die in
   a) Absatz 1 Nummer 21 Buchstabe a genannten Vorschriften ermächtigen, soweit eine Rechtsverordnung nach § 62 Absatz 1 Nummer 1 für einen bestimmten Straftatbestand auf diese Strafvorschrift verweist,
   b) Absatz 1 Nummer 21 Buchstabe b genannten Vorschriften ermächtigen, soweit eine Rechtsverordnung nach § 62 Absatz 2 für einen bestimmten Straftatbestand auf diese Strafvorschrift verweist.

(4) Mit Freiheitsstrafe bis zu zwei Jahren oder mit Geldstrafe wird bestraft, wer

1. durch eine in Absatz 1 Nummer 8 oder Nummer 10 oder in Absatz 2 Nummer 1a Buchstabe a oder Buchstabe b bezeichnete Handlung aus grobem Eigennutz für sich oder einen anderen Vermögensvorteile großen Ausmaßes erlangt oder
2. eine in Absatz 1 Nummer 8 oder Nummer 10 oder in Absatz 2 Nummer 1a Buchstabe a oder Buchstabe b bezeichnete Handlung beharrlich wiederholt.

§ 60 Bußgeldvorschriften[1)]

(1) Ordnungswidrig handelt, wer eine der in

1. § 59 Absatz 1 Nummer 8 oder Nummer 10 oder Absatz 2 Nummer 1a Buchstabe a oder Buchstabe b oder
2. § 59 Absatz 1 Nummer 1 bis 7, 9, 10a, 11 bis 20 oder Nummer 21, Absatz 2 Nummer 1, 1a Buchstabe c oder d, Nummer 2 bis 7 oder 8 oder Absatz 3

bezeichnete Handlung fahrlässig begeht.

(2) Ordnungswidrig handelt, wer vorsätzlich oder fahrlässig

1. (weggefallen)
2. entgegen § 17 Absatz 2 Nummer 1 Futtermittel herstellt oder behandelt,
3. entgegen § 17 Absatz 2 Nummer 2 Futtermittel in den Verkehr bringt,
4. entgegen § 17 Absatz 2 Nummer 3 Futtermittel verfüttert,
5. entgegen § 20 Absatz 1 eine dort genannte Angabe verwendet,
6. entgegen § 21 Absatz 1 in Verbindung mit einer Rechtsverordnung nach § 23a Nummer 10 Buchstabe a eine Vormischung in den Verkehr bringt,
7. entgegen § 21 Absatz 2 in Verbindung mit einer Rechtsverordnung nach § 23a Nummer 10 Buchstabe b Einzelfuttermittel oder Mischfuttermittel in den Verkehr bringt,

1) **Anm. d. Red.:** § 60 i. d. F. des Gesetzes v. 27.6.2017 (BGBl I S. 1966) mit Wirkung v. 1.10.2017.

8. entgegen § 21 Absatz 3 Satz 1 Nummer 1 Buchstabe b Futtermittel in den Verkehr bringt oder verfüttert,
9. entgegen § 21 Absatz 3 Satz 1 Nummer 2 Buchstabe a in Verbindung mit einer Rechtsverordnung nach § 23 Nummer 1 Futtermittel in den Verkehr bringt oder verfüttert,
10. entgegen § 21 Absatz 3 Satz 1 Nummer 2 Buchstabe b in Verbindung mit einer Rechtsverordnung nach § 23a Nummer 1 Futtermittel in den Verkehr bringt,
11. entgegen § 21 Absatz 3 Satz 1 Nummer 2 Buchstabe c in Verbindung mit einer Rechtsverordnung nach § 23a Nummer 3 Futtermittel in den Verkehr bringt oder verfüttert,
12. entgegen § 21 Absatz 3 Satz 1 Nummer 2 Buchstabe d in Verbindung mit einer Rechtsverordnung nach § 23a Nummer 11 Futtermittel in den Verkehr bringt oder verfüttert,
13. entgegen § 21 Absatz 3 Satz 1 Nummer 3 Futtermittel in den Verkehr bringt oder verfüttert,
14. (weggefallen)
15. (weggefallen)
16. (weggefallen)
17. (weggefallen)
18. entgegen § 32 Absatz 2 in Verbindung mit einer Rechtsverordnung nach Absatz 1 Nummer 6 einen Bedarfsgegenstand in den Verkehr bringt,
19. entgegen § 44 Absatz 1 eine Maßnahme nach § 42 Absatz 2 Nummer 1 oder 2 oder eine Probenahme nach § 43 Absatz 1 Satz 1 nicht duldet oder eine in der Überwachung tätige Person nicht unterstützt,
20. entgegen § 44 Absatz 2 Satz 1 eine Auskunft nicht, nicht richtig, nicht vollständig oder nicht rechtzeitig erteilt,
21. entgegen § 44 Absatz 3 Satz 1 eine Information nicht, nicht richtig, nicht vollständig oder nicht rechtzeitig übermittelt,
22. entgegen § 44 Absatz 4 Satz 1 oder Satz 2, Absatz 4a oder Absatz 5 Satz 1 oder Satz 2 oder Absatz 5a die zuständige Behörde nicht, nicht richtig, nicht vollständig oder nicht rechtzeitig unterrichtet,

22a. entgegen § 44a Absatz 1 Satz 1 in Verbindung mit einer Rechtsverordnung nach § 44a Absatz 3 oder in Verbindung mit § 75 Absatz 4 Satz 1 Nummer 1 und 2 eine Mitteilung nicht, nicht richtig, nicht vollständig oder nicht rechtzeitig macht,

23. entgegen § 51 Absatz 3 Satz 2 eine dort genannte Maßnahme oder die Entnahme einer Probe nicht duldet oder eine in der Durchführung des Monitorings tätige Person nicht unterstützt,
24. in anderen als den in § 59 Absatz 1 Nummer 19 bezeichneten Fällen entgegen § 53 Absatz 1 Satz 1 ein Erzeugnis in das Inland verbringt,
25. entgegen § 57 Absatz 2 Satz 1 Nummer 2 in Verbindung mit einer Rechtsverordnung nach § 23 Nummer 1 ein Futtermittel ausführt,
26. einer Rechtsverordnung nach
    a) § 13 Absatz 1 Nummer 3 oder Absatz 4 Nummer 1 Buchstabe d, e, f oder Buchstabe g, § 14 Absatz 1 Nummer 1, 3 oder 5, Absatz 2 oder 3, § 23 Nummer 2 bis 6, § 23a Nummer 5 bis 9, § 28 Absatz 3 Satz 1 Nummer 1 oder 3, § 29 Absatz 1 Nummer 1, 2 oder 4 oder Absatz 2, § 32 Absatz 1 Nummer 8, auch in Verbindung mit § 28 Absatz 1 Nummer 2, § 34 Satz 1 Nummer 7, § 35 Nummer 1 oder Nummer 5, § 36 Satz 1, auch in Verbindung mit Satz 2, § 37 Absatz 1, § 46 Absatz 2 oder § 47 Absatz 1 Nummer 2 oder
    b) § 9 Absatz 2 Nummer 1 Buchstabe c, § 14 Absatz 1 Nummer 2 oder 4, § 35 Nummer 2 oder 3, § 46 Absatz 1 Satz 1 Nummer 5, § 55 Absatz 3 Satz 1 oder 2, § 56 Absatz 1 Satz 1 Nummer 2, Absatz 2, 3 Satz 1 oder Absatz 4 Nummer 1 oder 2 in Verbindung mit Absatz 1 Satz 1 Nummer 2 oder Absatz 2, oder § 57 Absatz 7 Satz 1 Nummer 1, 2 oder 3

Buchstabe a, b oder c in Verbindung mit § 56 Absatz 1 Satz 1 Nummer 2 oder Absatz 2, oder § 57 Absatz 8 Nummer 1

oder einer vollziehbaren Anordnung aufgrund einer solchen Rechtsverordnung zuwiderhandelt, soweit die Rechtsverordnung für einen bestimmten Tatbestand auf diese Bußgeldvorschrift verweist.

(3) Ordnungswidrig handelt, wer

1. gegen die Verordnung (EG) Nr. 178/2002 verstößt, indem er vorsätzlich oder fahrlässig
   a) entgegen Artikel 15 Absatz 1 in Verbindung mit Absatz 2 Spiegelstrich 1, soweit sich dieser auf die Gesundheit des Tieres bezieht, jeweils auch in Verbindung mit Artikel 4 Absatz 1 Unterabsatz 2 der Verordnung (EG) Nr. 767/2009, ein Futtermittel in den Verkehr bringt oder verfüttert,
   b) entgegen Artikel 18 Absatz 2 Unterabsatz 2 oder Absatz 3 Satz 1, jeweils auch in Verbindung mit Artikel 5 Absatz 1 der Verordnung (EG) Nr. 767/2009, ein System oder Verfahren nicht, nicht richtig oder nicht vollständig einrichtet,
   c) entgegen Artikel 18 Absatz 3 Satz 2, auch in Verbindung mit Artikel 5 Absatz 1 der Verordnung (EG) Nr. 767/2009, eine Information nicht, nicht richtig, nicht vollständig oder nicht rechtzeitig zur Verfügung stellt,
   d) entgegen Artikel 19 Absatz 1 Satz 1 ein Verfahren nicht, nicht vollständig oder nicht rechtzeitig einleitet, um die zuständigen Behörden zu unterrichten,
   e) entgegen Artikel 19 Absatz 1 Satz 2 einen Verbraucher nicht, nicht richtig, nicht vollständig oder nicht rechtzeitig unterrichtet,
   f) entgegen Artikel 19 Absatz 3 Satz 1 oder Artikel 20 Absatz 3 Satz 1, auch in Verbindung mit Artikel 5 Absatz 1 der Verordnung (EG) Nr. 767/2009, eine Mitteilung nicht, nicht richtig, nicht vollständig oder nicht rechtzeitig macht,
   g) entgegen Artikel 19 Absatz 3 Satz 2 oder Artikel 20 Absatz 3 Satz 2, auch in Verbindung mit Artikel 5 Absatz 1 der Verordnung (EG) Nr. 767/2009, die Behörde nicht, nicht richtig oder nicht vollständig unterrichtet,
   h) entgegen Artikel 20 Absatz 1 Satz 1 in Verbindung mit Artikel 5 Absatz 1 der Verordnung (EG) Nr. 767/2009 ein Verfahren nicht, nicht richtig oder nicht rechtzeitig einleitet, um ein Futtermittel für Tiere, die nicht der Lebensmittelgewinnung dienen, vom Markt zu nehmen oder
   i) entgegen Artikel 20 Absatz 1 Satz 1, auch in Verbindung mit Artikel 5 Absatz 1 der Verordnung (EG) Nr. 767/2009, die Behörde nicht, nicht richtig, nicht vollständig oder nicht rechtzeitig unterrichtet,
2. vorsätzlich oder fahrlässig entgegen Artikel 19 der Verordnung (EG) Nr. 396/2005 ein Erzeugnis, soweit es sich dabei um ein Futtermittel handelt, verarbeitet oder mit einem anderen Erzeugnis mischt oder
3. gegen die Verordnung (EU) Nr. 10/2011 verstößt, indem er
   a) vorsätzlich oder fahrlässig entgegen Artikel 4 Buchstabe e in Verbindung mit Artikel 15 Absatz 1 oder Absatz 2 ein Material oder einen Gegenstand aus Kunststoff, ein Produkt aus einer Zwischenstufe ihrer Herstellung oder einen zur Herstellung dieser Materialien und Gegenstände bestimmten Stoff in Verkehr bringt, ohne eine schriftliche Erklärung zur Verfügung zu stellen, oder
   b) entgegen Artikel 16 Absatz 1 eine Unterlage nicht, nicht richtig, nicht vollständig oder nicht rechtzeitig zur Verfügung stellt.

(4) Ordnungswidrig handelt, wer vorsätzlich oder fahrlässig

1. einer unmittelbar geltenden Vorschrift in Rechtsakten der Europäischen Gemeinschaft, der Europäischen Union oder der Europäischen Atomgemeinschaft zuwiderhandelt, die inhaltlich einem in Absatz 2

LFGB

a) Nummer 1 bis 13, 18, 24 oder Nummer 25 bezeichneten Gebot oder Verbot entspricht, soweit eine Rechtsverordnung nach § 62 Absatz 1 Nummer 2 Buchstabe a für einen bestimmten Tatbestand auf diese Bußgeldvorschrift verweist,

b) Nummer 19 bis 22a oder Nummer 23 bezeichneten Gebot oder Verbot entspricht, soweit eine Rechtsverordnung nach § 62 Absatz 1 Nummer 2 Buchstabe b für einen bestimmten Tatbestand auf diese Bußgeldvorschrift verweist, oder

2. einer anderen als in Absatz 3 genannten unmittelbar geltenden Vorschrift in Rechtsakten der Europäischen Gemeinschaft, der Europäischen Union oder der Europäischen Atomgemeinschaft zuwiderhandelt, die inhaltlich einer Regelung entspricht, zu der die in Absatz 2

a) Nummer 26 Buchstabe a genannten Vorschriften ermächtigen, soweit eine Rechtsverordnung nach § 62 Absatz 1 Nummer 2 Buchstabe a für einen bestimmten Tatbestand auf diese Bußgeldvorschrift verweist,

b) Nummer 26 Buchstabe b genannten Vorschriften ermächtigen, soweit eine Rechtsverordnung nach § 62 Absatz 1 Nummer 2 Buchstabe b für einen bestimmten Tatbestand auf diese Bußgeldvorschrift verweist.

(5) Die Ordnungswidrigkeit kann

1. in den Fällen des Absatzes 1 Nummer 1 mit einer Geldbuße bis zu hunderttausend Euro,
2. in den Fällen des Absatzes 1 Nummer 2, des Absatzes 2 Nummer 1 bis 13, 18, 24, 25 und 26 Buchstabe a, des Absatzes 3 Nummer 1 sowie des Absatzes 4 Nummer 1 Buchstabe a und Nummer 2 Buchstabe a mit einer Geldbuße bis zu fünfzigtausend Euro,
3. in den übrigen Fällen mit einer Geldbuße bis zu zwanzigtausend Euro

geahndet werden.

§ 61 Einziehung

[1]Gegenstände, auf die sich eine Straftat nach § 58 oder § 59 oder eine Ordnungswidrigkeit nach § 60 bezieht, können eingezogen werden. [2]§ 74a des Strafgesetzbuches und § 23 des Gesetzes über Ordnungswidrigkeiten sind anzuwenden.

§ 62 Ermächtigungen[1)]

(1) Das Bundesministerium wird ermächtigt, soweit dies zur Durchsetzung der Rechtsakte der Europäischen Gemeinschaft, der Europäischen Union oder der Europäischen Atomgemeinschaft erforderlich ist, durch Rechtsverordnung ohne Zustimmung des Bundesrates die Tatbestände zu bezeichnen, die

1. als Straftat nach § 58 Absatz 3 oder § 59 Absatz 3 Nummer 1 oder 2 Buchstabe a zu ahnden sind oder
2. als Ordnungswidrigkeit nach
   a) § 60 Absatz 4 Nummer 1 Buchstabe a oder Nummer 2 Buchstabe a oder
   b) § 60 Absatz 4 Nummer 1 Buchstabe b oder Nummer 2 Buchstabe b

   geahndet werden können.

(2) Das Bundesministerium für Umwelt, Naturschutz, Bau und Reaktorsicherheit wird ermächtigt, soweit dies zur Durchsetzung der Rechtsakte der Europäischen Gemeinschaft, der Europäischen Union oder der Europäischen Atomgemeinschaft erforderlich ist, durch Rechtsverordnung ohne Zustimmung des Bundesrates die Tatbestände zu bezeichnen, die als Straftat nach § 59 Absatz 3 Nummer 2 Buchstabe b zu ahnden sind.

1) **Anm. d. Red.:** § 62 i. d. F. des Gesetzes v. 27.6.2017 (BGBl I S. 1966) mit Wirkung v. 1.10.2017.

Abschnitt 11: Schlussbestimmungen

§ 63 Gebühren und Auslagen[1)2)]

(1) Das Bundesamt für Verbraucherschutz und Lebensmittelsicherheit erhebt für individuell zurechenbare öffentliche Leistungen im Zusammenhang mit den Aufgaben nach § 68 Gebühren und Auslagen.

(2) [1]Das Bundesministerium wird ermächtigt, im Einvernehmen mit den Bundesministerien der Finanzen und für Wirtschaft und Energie durch Rechtsverordnung, die nicht der Zustimmung des Bundesrates bedarf, die gebührenpflichtigen Tatbestände im Sinne des Absatzes 1 und die Höhe der Gebühren näher zu bestimmen und dabei feste Sätze oder Rahmensätze vorzusehen. [2]Die zu erstattenden Auslagen können abweichend vom Bundesgebührengesetz geregelt werden.

§ 64 Amtliche Sammlung von Untersuchungsverfahren; Bekanntmachungen

(1) [1]Das Bundesamt für Verbraucherschutz und Lebensmittelsicherheit veröffentlicht eine amtliche Sammlung von Verfahren zur Probenahme und Untersuchung von den in § 2 Absatz 2, 3, 5 und 6 genannten Erzeugnissen sowie von mit Lebensmitteln verwechselbaren Produkten. [2]Die Verfahren werden unter Mitwirkung von Sachkennern aus den Bereichen der Überwachung, der Wissenschaft und der beteiligten Wirtschaft festgelegt. [3]Die Sammlung ist laufend auf dem neuesten Stand zu halten.

(2) [1]Das Bundesamt für Verbraucherschutz und Lebensmittelsicherheit veröffentlicht eine amtliche Sammlung von Verfahren zur Probenahme und von Analysemethoden für die Untersuchung von Futtermitteln. [2]Vor deren Veröffentlichung soll ein jeweils auszuwählender Kreis von Vertretern der Wissenschaft, der Fütterungsberatung, der Futtermitteluntersuchung, der Futtermittelüberwachung, der Landwirtschaft und der sonst beteiligten Wirtschaft angehört werden.

(3) Zulassungen, Registrierungen, Genehmigungen und Anzeigen werden vom Bundesamt für Verbraucherschutz und Lebensmittelsicherheit im Bundesanzeiger bekannt gemacht, soweit dies durch dieses Gesetz oder eine aufgrund dieses Gesetzes erlassene Rechtsverordnung bestimmt ist.

§ 65 Aufgabendurchführung[3)]

[1]Das Bundesministerium wird ermächtigt,

1. durch Rechtsverordnung ohne Zustimmung des Bundesrates, soweit es zur Erfüllung der in § 1 genannten Zwecke erforderlich ist, dem Bundesamt für Verbraucherschutz und Lebensmittelsicherheit, dem Bundesinstitut für Risikobewertung oder dem Max Rubner-Institut, Bundesforschungsinstitut für Ernährung und Lebensmittel, die Funktion eines gemeinschaftlichen oder nationalen Referenzlabors mit den dazugehörigen Aufgaben zuzuweisen,
2. um eine einheitliche Durchführung im Hinblick auf Berichtspflichten, die sich aus Rechtsakten der Europäischen Gemeinschaft oder der Europäischen Union ergeben und gegenüber den Organen der Europäischen Union bestehen, zu fördern, durch Rechtsverordnung mit Zustimmung des Bundesrates zu bestimmen, dass die zuständigen Behörden der Länder die zur Erfüllung dieser Berichtspflichten erforderlichen Daten dem Bundesamt für Verbraucherschutz und Lebensmittelsicherheit oder dem Bundesinstitut für Risikobewertung zu übermitteln haben,

1) **Anm. d. Red.:** § 63 i. d. F. der VO v. 31. 8. 2015 (BGBl I S. 1474) mit Wirkung v. 8. 9. 2015.

2) **Anm. d. Red.:** Gem. Art. 4 Abs. 19 Nr. 2 i.V. mit Art. 7 Abs. 3 Gesetz v. 18. 7. 2016 (BGBl I S. 1666) wird § 63 mit Wirkung v. 1. 10. 2021 aufgehoben.

3) **Anm. d. Red.:** § 65 i. d. F. der VO v. 31. 8. 2015 (BGBl I S. 1474) mit Wirkung v. 8. 9. 2015.

3. durch Rechtsverordnung mit Zustimmung des Bundesrates das Bundesamt für Verbraucherschutz und Lebensmittelsicherheit im Rahmen der ihm durch § 2 Absatz 1 des BVL-Gesetzes zugewiesenen Tätigkeiten, das Bundesinstitut für Risikobewertung im Rahmen der ihm durch § 2 Absatz 1 des BfR-Gesetzes zugewiesenen Tätigkeiten oder die Bundesanstalt für Landwirtschaft und Ernährung im Rahmen der ihr durch § 2 Absatz 1 Nummer 1 bis 7 des Gesetzes über die Errichtung einer Bundesanstalt für Landwirtschaft und Ernährung zugewiesenen Aufgaben als zuständige Stelle für die Durchführung von Rechtsakten der Europäischen Gemeinschaft oder Europäischen Union im Anwendungsbereich dieses Gesetzes zu bestimmen, soweit dies zu einer einheitlichen Durchführung von Rechtsakten der Europäischen Gemeinschaft erforderlich ist.

[2]Soweit im Fall des Satzes 1 Nummer 2 der Anwendungsbereich des § 13 Absatz 5 Satz 1 betroffen ist, tritt an die Stelle des Bundesministeriums das Bundesministerium für Umwelt, Naturschutz, Bau und Reaktorsicherheit im Einvernehmen mit dem Bundesministerium.

§ 66 Statistik

(1) Über die Schlachttier- und Fleischuntersuchung und deren Ergebnis ist eine Statistik zu führen, die vom Statistischen Bundesamt zu erheben und aufzubereiten ist.

(2) Das Bundesministerium wird ermächtigt, durch Rechtsverordnung mit Zustimmung des Bundesrates zur Erlangung einer umfassenden Übersicht

1. das Nähere über Art und Inhalt der Statistik nach Absatz 1 zu regeln,
2. Meldungen über die Ergebnisse bestimmter Untersuchungen vorzuschreiben; auskunftspflichtig sind die zuständigen Behörden.

§ 67 Ausnahmeermächtigungen für Krisenzeiten[1)]

(1) [1]Das Bundesministerium wird ermächtigt, im Einvernehmen mit dem Bundesministerium für Wirtschaft und Energie durch Rechtsverordnung ohne Zustimmung des Bundesrates Ausnahmen von den Vorschriften dieses Gesetzes und der aufgrund dieses Gesetzes erlassenen Rechtsverordnungen zuzulassen, wenn die lebensnotwendige Versorgung der Bevölkerung mit in § 2 Absatz 2, 5 und 6 genannten Erzeugnissen sonst ernstlich gefährdet wäre. [2]Satz 1 gilt nicht für die Verbote der §§ 5, 12, 26 und 30 sowie für nach § 13 Absatz 1 Nummer 1 bis 4 und Absatz 5 Satz 1 und nach § 34 für Lebensmittel erlassenen Rechtsverordnungen. [3]Ausnahmen von dem Verbot des § 8 bedürfen zusätzlich des Einvernehmens mit den in § 8 Absatz 2 genannten Bundesministerien.

(2) [1]Das Bundesministerium wird ferner ermächtigt, durch Rechtsverordnung ohne Zustimmung des Bundesrates Ausnahmen von den Vorschriften dieses Gesetzes und der aufgrund dieses Gesetzes erlassenen Rechtsverordnungen zuzulassen, wenn die lebensnotwendige Versorgung der Tiere mit Futtermitteln oder die Produktion tierischer Erzeugnisse oder sonstiger Produkte sonst ernstlich gefährdet wäre. [2]Satz 1 gilt nicht für die Verbote der §§ 17 bis 20.

(3) Die Geltungsdauer von Rechtsverordnungen nach Absatz 1 oder 2 ist zu befristen; Rechtsverordnungen nach Absatz 1 oder 2 sind aufzuheben, wenn die Gefahr, die Anlass für die angeordneten Ausnahmen war, beendet ist.

§ 68 Zulassung von Ausnahmen[2)]

(1) [1]Von den Vorschriften dieses Gesetzes und der aufgrund dieses Gesetzes erlassenen Rechtsverordnungen können im Einzelfall auf Antrag Ausnahmen nach Maßgabe der Absätze 2 und 3 zugelassen werden. [2]Satz 1 gilt nicht für

1. die Verbote der §§ 5, 12 und 17 Absatz 1 Satz 1 Nummer 1 und der §§ 20, 26 und 30 und

---

1) **Anm. d. Red.:** § 67 i. d. F. der VO v. 31. 8. 2015 (BGBl I S. 1474) mit Wirkung v. 8. 9. 2015.

2) **Anm. d. Red.:** § 68 i. d. F. des Gesetzes v. 30.6.2017 (BGBl I S. 2147) mit Wirkung v. 6.7.2017.

2. nach § 13 Absatz 1 Nummer 1 bis 4 und Absatz 5 Satz 1, § 14 Absatz 2 Nummer 1 und § 34 erlassene Rechtsverordnungen.

(2) Ausnahmen dürfen nur zugelassen werden

1. für das Herstellen, Behandeln und Inverkehrbringen bestimmter Lebensmittel, kosmetischer Mittel oder Bedarfsgegenstände, sofern Ergebnisse zu erwarten sind, die für eine Änderung oder Ergänzung der für Lebensmittel, kosmetische Mittel oder Bedarfsgegenstände geltenden Vorschriften von Bedeutung sein können, unter amtlicher Beobachtung oder sofern eine Angleichung der Rechtsvorschriften an Rechtsakte der Europäischen Gemeinschaft oder der Europäischen Union noch nicht erfolgt ist; dabei sollen die schutzwürdigen Interessen des Einzelnen sowie alle Faktoren, die die allgemeine Wettbewerbslage des betreffenden Industriezweiges beeinflussen können, angemessen berücksichtigt werden,
2. für das Herstellen, Behandeln und Inverkehrbringen bestimmter Lebensmittel als Sonderverpflegung für Angehörige
   a) der Bundeswehr und verbündeter Streitkräfte,
   b) der Bundespolizei und der Polizei,
   c) des Katastrophenschutzes, des Warn- und Alarmdienstes und der sonstigen Hilfs- und Notdienste

   einschließlich der hierfür erforderlichen Versuche sowie der Abgabe solcher Lebensmittel an andere, wenn dies zur ordnungsgemäßen Vorratshaltung erforderlich ist,
3. für das Herstellen, den Vertrieb und die Ausgabe bestimmter Lebensmittel als Notrationen für die Bevölkerung,
4. in sonstigen Fällen, in denen besondere Umstände, insbesondere der drohende Verderb von Lebensmitteln oder Einzelfuttermitteln oder Mischfuttermitteln, dies zur Vermeidung unbilliger Härten geboten erscheinen lassen; das Bundesministerium ist von den getroffenen Maßnahmen zu unterrichten.

(3) Ausnahmen dürfen nur zugelassen werden, wenn Tatsachen die Annahme rechtfertigen, dass eine Gefahr für die menschliche oder tierische Gesundheit nicht zu erwarten ist; Ausnahmen dürfen nicht zugelassen werden

1. in den Fällen des Absatzes 2 Nummer 1 und 4 von den Rechtsvorschriften über ausreichende Kenntlichmachung,
2. in den Fällen des Absatzes 2 Nummer 4 von den Verboten der §§ 6, 8 und 10.

(4) [1]Zuständig für die Zulassung von Ausnahmen nach Absatz 2 Nummer 1 und 3 ist das Bundesamt für Verbraucherschutz und Lebensmittelsicherheit, im Einvernehmen mit dem Bundesamt für Wirtschaft und Ausfuhrkontrolle, im Fall des Absatzes 2 Nummer 3 auch im Einvernehmen mit der Bundesanstalt Technisches Hilfswerk. [2]In den Fällen des Absatzes 2 Nummer 2 ist hinsichtlich der Organisationen des Bundes und der verbündeten Streitkräfte das Bundesministerium im Einvernehmen mit dem für diese fachlich zuständigen Bundesministerium zuständig. [3]In den übrigen Fällen des Absatzes 2 Nummer 2 sowie in den Fällen des Absatzes 2 Nummer 4 sind die von den Landesregierungen bestimmten Behörden zuständig. [4]Die Zulassung kann mit Auflagen versehen werden.

(5) [1]Die Zulassung einer Ausnahme nach Absatz 2 ist auf längstens drei Jahre zu befristen. [2]In den Fällen des Absatzes 2 Nummer 1 kann sie auf Antrag dreimal, in den Fällen des Absatzes 2 Nummer 2 und 3 wiederholt um jeweils längstens drei Jahre verlängert werden, sofern die Voraussetzungen für die Zulassung fortdauern.

(6) [1]Die Zulassung einer Ausnahme kann jederzeit aus wichtigem Grund widerrufen werden. [2]Hierauf ist bei der Zulassung hinzuweisen.

(7) Das Bundesministerium wird ermächtigt, durch Rechtsverordnung mit Zustimmung des Bundesrates in den Fällen des Absatzes 2 Nummer 1, 2, soweit es sich um Organisationen des Bundes oder um verbündete Streitkräfte handelt, und Nummer 3 Vorschriften über das Verfahren bei der Zulassung von Ausnahmen, insbesondere über Art und Umfang der vom Antragstel-

LFGB

ler beizubringenden Nachweise und sonstigen Unterlagen sowie über die Veröffentlichung von Anträgen oder erteilten Ausnahmen zu erlassen.

§ 69 Zulassung weiterer Ausnahmen

[1]Die nach Landesrecht zuständige Behörde kann im Einzelfall

1. zeitlich befristete Ausnahmen von § 21 Absatz 1 und 2 und den durch Rechtsverordnung nach § 23a Nummer 8 und 9 erlassenen Vorschriften für entsprechend gekennzeichnete Futtermittel zu Forschungs- und Untersuchungszwecken zulassen, wenn das Vorhaben unter wissenschaftlicher Leitung oder Aufsicht steht; sie unterrichtet das Bundesministerium von den getroffenen Maßnahmen,
2. zeitlich befristete Ausnahmen von § 21 Absatz 2 und den für Futtermittel nach § 35 Nummer 1 und 2 Buchstabe a erlassenen Rechtsverordnungen zulassen, soweit besondere Umstände, insbesondere Naturereignisse oder Unfälle, dies zur Vermeidung unbilliger Härten geboten erscheinen lassen und es mit den in § 1 genannten Zwecken vereinbar ist; sie sorgt für eine entsprechende Kennzeichnung und unterrichtet das Bundesministerium von den getroffenen Maßnahmen,
3. Ausnahmen von § 53 Absatz 1 Satz 1 hinsichtlich Futtermitteln zur Fütterung von Tieren, die zur Teilnahme an Tierschauen oder ähnlichen Veranstaltungen aus einem Drittland in die Europäische Union verbracht worden sind, sowie für Forschungs- und Untersuchungszwecke zulassen,
4. Ausnahmen von den Vorschriften der Verordnung (EG) Nr. 767/2009 nach Maßgabe des Artikels 21 Absatz 8 der Verordnung (EG) Nr. 767/2009 zulassen; sie unterrichtet unverzüglich das Bundesministerium von den getroffenen Maßnahmen.

[2]Die nach Landesrecht zuständige Behörde kann darüber hinaus

1. Stoffe als Futtermittelzusatzstoffe nach Maßgabe des Artikels 3 der Verordnung (EG) Nr. 1831/2003 in der jeweils geltenden Fassung,
2. in den Fällen der Nummer 1 Ausnahmen von § 21 Absatz 3 Satz 1

zulassen.

§ 70 Rechtsverordnungen in bestimmten Fällen[1)]

(1) Rechtsverordnungen nach diesem Gesetz, die der Zustimmung des Bundesrates bedürfen, können bei Gefahr im Verzuge oder wenn ihr unverzügliches Inkrafttreten zur Durchführung von Rechtsakten der Europäischen Gemeinschaft oder der Europäischen Union erforderlich ist, ohne Zustimmung des Bundesrates erlassen werden.

(2) Das Bundesministerium kann ferner ohne Zustimmung des Bundesrates Rechtsverordnungen nach § 7, § 8 Absatz 2, § 9 Absatz 2 oder § 10 Absatz 4 ändern, soweit unvorhergesehene gesundheitliche Bedenken eine sofortige Änderung einer Rechtsverordnung erfordern.

(3) Bei Gefahr im Verzuge und soweit dies nach gemeinschaftsrechtlichen oder unionsrechtlichen Vorschriften zulässig ist, kann das Bundesministerium durch Rechtsverordnung ohne Zustimmung des Bundesrates zum Zweck des § 1 Absatz 1 Nummer 1 oder 4 Buchstabe a die Anwendung eines unmittelbar geltenden Rechtsaktes der Europäischen Gemeinschaft oder der Europäischen Union aussetzen oder beschränken.

(4) [1]Rechtsverordnungen nach den Absätzen 1 bis 3 bedürfen nicht des Einvernehmens mit den jeweils zu beteiligenden Bundesministerien. [2]Die Rechtsverordnungen treten spätestens sechs Monate nach ihrem Inkrafttreten außer Kraft. [3]Ihre Geltungsdauer kann nur mit Zustimmung des Bundesrates verlängert werden.

(5) Rechtsverordnungen nach diesem Gesetz, die ausschließlich der Umsetzung verbindlicher technischer Vorschriften aus Richtlinien oder Entscheidungen der Europäischen Gemeinschaft

1) **Anm. d. Red.:** § 70 i. d. F. der VO v. 31. 8. 2015 (BGBl I S. 1474) mit Wirkung v. 8. 9. 2015.

oder aus Richtlinien, Beschlüssen oder Entscheidungen der Europäischen Union dienen, können ohne Zustimmung des Bundesrates erlassen werden.

(6) Das Bundesministerium wird ermächtigt, durch Rechtsverordnung ohne Zustimmung des Bundesrates Verweisungen auf Vorschriften in Rechtsakten der Europäischen Gemeinschaft oder der Europäischen Union in diesem Gesetz oder in aufgrund dieses Gesetzes erlassenen Rechtsverordnungen zu ändern, soweit es zur Anpassung an Änderungen dieser Vorschriften erforderlich ist.

(7) Das Bundesministerium wird ermächtigt, durch Rechtsverordnung ohne Zustimmung des Bundesrates Vorschriften dieses Gesetzes oder der aufgrund dieses Gesetzes erlassenen Rechtsverordnungen zu streichen oder in ihrem Wortlaut einem verbleibenden Anwendungsbereich anzupassen, soweit sie durch den Erlass entsprechender Vorschriften in unmittelbar geltenden Rechtsakten der Europäischen Gemeinschaft oder der Europäischen Union im Anwendungsbereich dieses Gesetzes unanwendbar geworden sind.

(8) Soweit es zur besseren Lesbarkeit erforderlich ist, wird das Bundesministerium ermächtigt, durch Rechtsverordnung ohne Zustimmung des Bundesrates in aufgrund dieses Gesetzes erlassenen Rechtsverordnungen die Einzelvorschriften, deren Untergliederungen und die Anlagen mit neuen Ordnungszeichen zu versehen und die übrigen Gliederungseinheiten entsprechend anzupassen; inhaltliche Änderungen dürfen dabei nicht vorgenommen werden. LFGB

(9) Die Rechtsverordnungen nach Absatz 6, 7 und 8 werden vom Bundesministerium für Umwelt, Naturschutz, Bau und Reaktorsicherheit im Einvernehmen mit dem Bundesministerium erlassen, soweit Rechtsverordnungen aufgrund des § 13 Absatz 5 oder des § 62 Absatz 2 betroffen sind.

(10) Soweit Rechtsverordnungen nach diesem Gesetz für Lebensmittel erlassen werden können, können solche Rechtsverordnungen auch für lebende Tiere im Sinne des § 4 Absatz 1 Nummer 1 erlassen werden.

(11) Soweit für das Verbringen von Erzeugnissen, einschließlich lebender Tiere nach § 4 Absatz 1 Nummer 1, Rechtsverordnungen nach diesem Gesetz erlassen werden können, können solche Rechtsverordnungen auch für

1. das Verbringen von Erzeugnissen, einschließlich lebender Tiere im Sinne des § 4 Absatz 1 Nummer 1, unter Abfertigung zum freien Verkehr oder
2. das Verbringen von Erzeugnissen, einschließlich lebender Tiere im Sinne des § 4 Absatz 1 Nummer 1, mit dem Ziel der Abfertigung zum freien Verkehr

erlassen werden, soweit dies zur Erfüllung der in § 1 genannten Zwecke erforderlich ist.

(12) [1]Abweichend von § 9 Absatz 2 oder § 21 Absatz 3 Satz 4 bedürfen Rechtsverordnungen nach § 9 Absatz 2 Nummer 2 Buchstabe b oder nach § 21 Absatz 3 Satz 4 Nummer 2 nicht der Zustimmung des Bundesrates und, in den Fällen des § 9 Absatz 2 Nummer 2 Buchstabe b, nicht des Einvernehmens des Bundesministeriums für Wirtschaft und Energie. [2]Das Bundesministerium wird ermächtigt, durch Rechtsverordnung ohne Zustimmung des Bundesrates die Befugnis zum Erlass von Rechtsverordnungen nach § 9 Absatz 2 Nummer 2 Buchstabe b oder nach § 21 Absatz 3 Satz 4 Nummer 2 ganz oder teilweise auf das Bundesamt für Verbraucherschutz und Lebensmittelsicherheit zu übertragen. [3]Rechtsverordnungen des Bundesamtes für Verbraucherschutz und Lebensmittelsicherheit aufgrund einer Rechtsverordnung nach Satz 2 bedürfen nicht der Zustimmung des Bundesrates und, in den Fällen des § 9 Absatz 2 Nummer 2 Buchstabe b, nicht des Einvernehmens des Bundesministeriums für Wirtschaft und Energie.

(13) [1]In den Rechtsverordnungen aufgrund dieses Gesetzes kann die jeweilige Ermächtigung ganz oder teilweise auf die Landesregierungen übertragen werden. [2]Soweit eine nach Satz 1 erlassene Rechtsverordnung die Landesregierungen zum Erlass von Rechtsverordnungen ermächtigt, sind diese befugt, die Ermächtigung durch Rechtsverordnung ganz oder teilweise auf andere Behörden zu übertragen.

(14) [1]Die Landesregierungen werden ermächtigt, Rechtsverordnungen nach § 14 Absatz 1 Nummer 4 hinsichtlich der Voraussetzungen, unter denen milchwirtschaftliche Unternehmen

bestimmte Bezeichnungen wie Molkerei, Meierei, Sennerei oder Käserei führen dürfen, zu erlassen, solange der Bund von seiner Ermächtigung nach § 14 Absatz 1 Nummer 4 insoweit keinen Gebrauch gemacht hat oder sich in einer Rechtsverordnung die Regelung bestimmter Gegenstände nicht ausdrücklich vorbehält. [2]Die Landesregierungen sind befugt, die Ermächtigung durch Rechtsverordnung ganz oder teilweise auf andere Behörden zu übertragen.

§ 71 Beteiligung der Öffentlichkeit

[1]Vor Erlass von Rechtsverordnungen nach diesem Gesetz ist die in Artikel 9 der Verordnung (EG) Nr. 178/2002 vorgesehene Beteiligung der Öffentlichkeit durchzuführen. [2]Dies gilt nicht für Rechtsverordnungen nach den §§ 46, 55 und 70 Absatz 1 bis 3 und 5 bis 9.

§ 72 Außenverkehr

[1]Der Verkehr mit den zuständigen Behörden anderer Mitgliedstaaten und anderen Vertragsstaaten des Abkommens über den Europäischen Wirtschaftsraum sowie mit der Europäischen Kommission, Einrichtungen der Europäischen Union und der EFTA-Überwachungsbehörde obliegt dem Bundesministerium. [2]Es kann diese Befugnis durch Rechtsverordnung ohne Zustimmung des Bundesrates auf Bundesoberbehörden oder bundesunmittelbare rechtsfähige Anstalten des öffentlichen Rechts, durch Rechtsverordnung mit Zustimmung des Bundesrates auf die zuständigen obersten Landesbehörden übertragen. [3]Ferner kann es im Einzelfall im Benehmen mit der zuständigen obersten Landesbehörde dieser die Befugnis übertragen. [4]Die obersten Landesbehörden können die Befugnisse nach den Sätzen 2 und 3 auf andere Behörden übertragen.

§ 73 Verkündung von Rechtsverordnungen

Rechtsverordnungen nach diesem Gesetz können abweichend von § 2 Absatz 1 des Verkündungs- und Bekanntmachungsgesetzes im Bundesanzeiger verkündet werden.

§ 74 Geltungsbereich bestimmter Vorschriften

§ 9 Absatz 1 Satz 1 Nummer 3, § 21 Absatz 3 Satz 1 Nummer 3, § 59 Absatz 1 Nummer 6, soweit er auf § 9 Absatz 1 Satz 1 Nummer 3 verweist, und Absatz 2 Nummer 2 und § 60 Absatz 2 Nummer 8, soweit er auf § 21 Absatz 3 Satz 1 Nummer 3 verweist, und Absatz 3 Nummer 2 gelten nicht für Erzeugnisse, für die nach Maßgabe des Artikels 49 Absatz 1 der Verordnung (EG) Nr. 396/2005 die Anforderungen des Kapitels III der vorgenannten Verordnung nicht gelten.

§ 75 Übergangsregelungen[1)]

(1) Hinsichtlich der Verfolgung von Straftaten sind auf Sachverhalte, die vor dem 4. August 2011 entstanden sind, § 10 Absatz 1 Satz 1, Absatz 3 Nummer 2 und § 58 Absatz 1 Nummer 4 in der bis zum 3. August 2011 geltenden Fassung weiter anzuwenden.

(2) [1]Für Sachverhalte, die bis zu dem Tag, der dem Datum des Tages 18 Monate nach dem Tag der Anwendung der Gemeinschaftsliste nach Artikel 30 Unterabsatz 3 der Verordnung (EG) Nr. 1334/2008 entspricht, entstanden sind, gilt Satz 2. [2]Als Lebensmittelzusatzstoffe gelten nicht zur Verwendung in Lebensmitteln bestimmte Aromen, ausgenommen künstliche Aromastoffe im Sinne des Artikels 1 Absatz 2 Buchstabe b Unterbuchstabe iii der Richtlinie 88/388/EWG des Rates vom 22. Juni 1988 zur Angleichung der Rechtsvorschriften der Mitgliedstaaten über Aromen zur Verwendung in Lebensmitteln und über Ausgangsstoffe für ihre Herstellung (ABl L 184 vom 15. 7. 1988, S. 61, L 345 vom 14. 12. 1988, S. 29), die zuletzt durch die Verordnung (EG) Nr. 1882/2003 (ABl L 284 vom 31. 10. 2003, S. 1) geändert worden ist. [3]Das Bundesministerium macht den Tag nach Satz 1 im Bundesgesetzblatt bekannt.

1) **Anm. d. Red.:** § 75 i. d. F. der VO v. 31. 8. 2015 (BGBl I S. 1474) mit Wirkung v. 8. 9. 2015.

(3) Es sind anzuwenden:

1. § 59 Absatz 2 Nummer 5 Buchstabe a und c Doppelbuchstabe aa, bb und cc im Hinblick auf Artikel 4 Absatz 1 und Artikel 5 der Verordnung (EG) Nr. 1333/2008 ab dem Tag der Anwendung der Gemeinschaftsliste nach Artikel 4 Absatz 1 der Verordnung (EG) Nr. 1333/2008,
2. § 59 Absatz 2 Nummer 5 Buchstabe b im Hinblick auf Artikel 4 Absatz 2 der Verordnung (EG) Nr. 1333/2008 ab dem Tag der Anwendung der Gemeinschaftsliste nach Artikel 4 Absatz 2 der Verordnung (EG) Nr. 1333/2008,
3. § 59 Absatz 2 Nummer 6 Buchstabe b ab dem Tag, der dem Datum des Tages 18 Monate nach dem Tag der Anwendung der Gemeinschaftsliste nach Artikel 30 Unterabsatz 3 der Verordnung (EG) Nr. 1334/2008 entspricht,
4. § 59 Absatz 2 Nummer 4 ab dem Tag der Anwendung der Gemeinschaftsliste nach Artikel 24 Absatz 2 der Verordnung (EG) Nr. 1332/2008.

(4) [1]Bis zum erstmaligen Erlass einer Rechtsverordnung nach § 44a Absatz 3 gilt Folgendes:

1. Die Pflicht zur Mitteilung nach § 44a Absatz 1 Satz 1 besteht für die Kongenere von Dioxinen und dioxinähnlichen polychlorierten Biphenylen nach Maßgabe der Fußnote 31 des Anhangs der Verordnung (EG) Nr. 1881/2006 der Kommission vom 19. Dezember 2006 zur Festsetzung der Höchstgehalte für bestimmte Kontaminanten in Lebensmitteln (ABl L 364 vom 20. 12. 2006, S. 5), die zuletzt durch die Verordnung (EU) Nr. 165/2010 (ABl L 50 vom 27. 2. 2010, S. 8) geändert worden ist, und für die Kongenere von nicht dioxinähnlichen polychlorierten Biphenylen hinsichtlich der in Abschnitt 4 der Kontaminanten-Verordnung genannten Kongenere,
2. jede Mitteilung ist unverzüglich schriftlich oder elektronisch abzugeben, nachdem der zur Mitteilung Verpflichtete Kenntnis von einer mitteilungspflichtigen Tatsache erhalten hat,
3. die zuständigen Behörden der Länder haben die ihnen im Sinne des § 44a Absatz 2 vorliegenden Untersuchungsergebnisse bis zum 15. Tag eines Monats für den Vormonat an das Bundesamt für Verbraucherschutz und Lebensmittelsicherheit zu übermitteln.

[2]In der in Satz 1 bezeichneten Verordnung ist das Nichtanwenden des Satzes 1 festzustellen.

(5) § 17a ist erst ab dem 1. Juli 2013 anzuwenden.

(6) Das Bundesministerium für Ernährung und Landwirtschaft macht jeweils die Tage, ab denen die in Absatz 3 bezeichneten Vorschriften anzuwenden sind, im Bundesgesetzblatt bekannt.

XIV. Gesetz zum Schutz vor gefährlichen Stoffen (Chemikaliengesetz – ChemG)*)

v. 28. 8. 2013 (BGBl I S. 3499, ber. I S. 3991) mit späteren Änderungen

*) **Amtl. Anm.:** Das Gesetz dient der Umsetzung folgender Richtlinien:

- Richtlinie 67/548/EWG des Rates vom 27. Juni 1967 zur Angleichung der Rechts- und Verwaltungsvorschriften für die Einstufung, Verpackung und Kennzeichnung gefährlicher Stoffe (ABl EG Nr. 196 S. 1), die zuletzt durch die Richtlinie 2013/21/EU (ABl L 158 vom 10. 6. 2013, S. 240) geändert worden ist,
- Richtlinie 98/24/EG des Rates vom 7. April 1998 zum Schutz von Gesundheit und Sicherheit der Arbeitnehmer vor der Gefährdung durch chemische Arbeitsstoffe bei der Arbeit (vierzehnte Einzelrichtlinie im Sinne des Artikels 16 Absatz 1 der Richtlinie 89/391/EWG) (ABl EG Nr. L 131 S. 11), die zuletzt durch die Richtlinie 2009/148/EG (ABl L 330 vom 16. 12. 2009, S. 28) geändert worden ist,
- Richtlinie 1999/45/EG des Europäischen Parlaments und des Rates vom 31. Mai 1999 zur Angleichung der Rechts- und Verwaltungsvorschriften der Mitgliedstaaten für die Einstufung, Verpackung und Kennzeichnung gefährlicher Zubereitungen (ABl EG Nr. L 200 S. 1, 2002 Nr. L 6 S. 71), die zuletzt durch die Richtlinie 2013/21/EU (ABl L 158 vom 10. 6. 2013, S. 240) geändert worden ist,
- Richtlinie 2004/9/EG des Europäischen Parlaments und des Rates vom 11. Februar 2004 über die Inspektion und Überprüfung der Guten Laborpraxis (GLP) (kodifizierte Fassung) (ABl EU Nr. L 50 S. 28), die zuletzt durch die Verordnung (EG) Nr. 219/2009 (ABl L 87 vom 31. 3. 2009, S. 109) geändert worden ist, und
- Richtlinie 2004/10/EG des Europäischen Parlaments und des Rates vom 11. Februar 2004 zur Angleichung der Rechts- und Verwaltungsvorschriften für die Anwendung der Grundsätze der Guten Laborpraxis und zur Kontrolle ihrer Anwendung bei Versuchen mit chemischen Stoffen (kodifizierte Fassung) (ABl EU Nr. L 50 S. 44), die zuletzt durch die Verordnung (EG) Nr. 219/2009 (ABl L 87 vom 31. 3. 2009, S. 109) geändert worden ist.

Das Gesetz zum Schutz vor gefährlichen Stoffen (Chemikaliengesetz – ChemG) v. 28. 8. 2013 (BGBl I S. 3499, ber. I S. 3991) ist zuletzt geändert worden durch Art. 1 und 2 Gesetz zur Änderung des Chemikaliengesetzes und zur Änderung weiterer chemikalienrechtlicher Vorschriften v. 18.7.2017 (BGBl I S. 2774); Änderungen, die erst später in Kraft treten, sind in Fußnoten entsprechend gekennzeichnet.

Nichtamtliche Fassung

Inhaltsübersicht

ChemG

Erster Abschnitt: Zweck, Anwendungsbereich und Begriffsbestimmungen

§ 1 Zweck des Gesetzes

Zweck des Gesetzes ist es, den Menschen und die Umwelt vor schädlichen Einwirkungen gefährlicher Stoffe und Gemische zu schützen, insbesondere sie erkennbar zu machen, sie abzuwenden und ihrem Entstehen vorzubeugen.

§ 2 Anwendungsbereich[1)2)]

(1) Die Vorschriften des Dritten Abschnitts, die §§ 16e, 17 Absatz 1 Nummer 2 Buchstabe a und b und § 23 Absatz 2 gelten nicht für

1. kosmetische Mittel im Sinne des Lebensmittel- und Futtermittelgesetzbuches und Tabakerzeugnisse und pflanzliche Raucherzeugnisse im Sinne des § 2 Nummer 1 des Tabakerzeugnisgesetzes,

1) **Anm. d. Red.:** § 2 i. d. F. des Gesetzes v. 18.7.2017 (BGBl I S. 2774) mit Wirkung v. 29.7.2017.

2) **Anm. d. Red.:** Gemäß Art. 2 Nr. 2 i.V. mit Art. 6 Abs. 2 Gesetz v. 18.7.2017 (BGBl I S. 2774) wird in § 2 Abs. 1 Nr. 2a mit Wirkung v. 1.1.2020 nach den Wörtern „Dritten Abschnitts“ die Angabe „und § 16e“ eingefügt.

2. Arzneimittel, die einem Zulassungs- oder Registrierungsverfahren nach dem Arzneimittelgesetz oder nach dem Tiergesundheitsgesetz unterliegen, sowie sonstige Arzneimittel, soweit sie nach § 21 Absatz 2 des Arzneimittelgesetzes einer Zulassung nicht bedürfen oder in einer zur Abgabe an den Verbraucher bestimmten Verpackung abgegeben werden,

2a. Medizinprodukte im Sinne des § 3 des Medizinproduktegesetzes und ihr Zubehör; die Vorschriften des Dritten Abschnitts gelten für Medizinprodukte mit Ausnahme von für den Endverbraucher bestimmten Fertigerzeugnissen, die invasiv oder unter Körperberührung angewendet werden,

3. Abfälle zur Beseitigung im Sinne des § 3 Absatz 1 Satz 2 zweiter Halbsatz des Kreislaufwirtschaftsgesetzes,

4. radioaktive Abfälle im Sinne des Atomgesetzes,

5. Abwasser im Sinne des Abwasserabgabengesetzes, soweit es in Gewässer oder Abwasseranlagen eingeleitet wird.

(2) [1]Die Vorschriften des Dritten und Vierten Abschnitts, § 17 Absatz 1 Nummer 2 Buchstabe a und b und § 23 Absatz 2 gelten nicht für Lebensmittel, Einzelfuttermittel, Mischfuttermittel und Futtermittel-Zusatzstoffe im Sinne des Lebensmittel- und Futtermittelgesetzbuches. [2]Die Vorschriften des Dritten Abschnitts und § 16e gelten jedoch für

1. Lebensmittel, die aufgrund ihrer stofflichen Eigenschaften in unveränderter Form nicht zum unmittelbaren menschlichen Verzehr durch die Verbraucherin oder den Verbraucher im Sinne des § 3 Nummer 4 des Lebensmittel- und Futtermittelgesetzbuches bestimmt sind,

2. Einzelfuttermittel und Mischfuttermittel, die dazu bestimmt sind, in zubereitetem, bearbeitetem oder verarbeitetem Zustand verfüttert zu werden, sowie für Futtermittel-Zusatzstoffe im Sinne des Lebensmittel- und Futtermittelgesetzbuches.

(3) [1]Die §§ 16d und 23 Absatz 2 gelten nicht für Stoffe und Gemische,

1. die ausschließlich dazu bestimmt sind, als Wirkstoff in zulassungs- oder registrierungspflichtigen Arzneimitteln nach dem Arzneimittelgesetz oder nach dem Tiergesundheitsgesetz oder als Wirkstoffe in Medizinprodukten gemäß § 3 Nummer 2 und 8 in Verbindung mit Nummer 2 des Medizinproduktegesetzes verwendet zu werden oder

2. soweit sie einem Zulassungsverfahren nach pflanzenschutzrechtlichen Regelungen unterliegen.

[2]§ 17 Absatz 1 Nummer 1 und 3 gilt nicht für Stoffe und Gemische nach Satz 1 Nummer 2, soweit entsprechende Regelungen aufgrund des Pflanzenschutzgesetzes getroffen werden können.

(4) [1]Die Vorschriften des Dritten Abschnitts und die §§ 16d, 17 und 23 gelten für das Herstellen, Inverkehrbringen oder Verwenden von Stoffen oder Gemischen nachAnhang I Teil 2 mit Ausnahme der Abschnitte 2.1, 2.8 Typ A und B und des Abschnitts 2.15 Typ A und B der Verordnung (EG) Nr. 1272/2008 des Europäischen Parlaments und des Rates vom 16. Dezember 2008 über die Einstufung, Kennzeichnung und Verpackung von Stoffen und Gemischen, zur Änderung und Aufhebung der Richtlinien 67/548/EWG und 1999/45/EG und zur Änderung der Verordnung (EG) Nr. 1907/2006 (ABl L 353 vom 31.12.2008, S. 1; L 16 vom 20.1.2011, S. 1; L 94 vom 10.4.2015, S. 9), die zuletzt durch die Verordnung (EU) 2017/542 (ABl L 78 vom 23.3.2017, S. 1) geändert worden ist, in ihrer jeweils geltenden Fassung, und § 3a Absatz 1 Nummer 2 sowie von Erzeugnissen, die solche Stoffe oder Gemische freisetzen können oder enthalten, lediglich insoweit, als es gewerbsmäßig, im Rahmen sonstiger wirtschaftlicher Unternehmungen oder unter Beschäftigung von Arbeitnehmern erfolgt. [2]Diese Beschränkung gilt nicht für

1. Regelungen und Anordnungen
   a) über den Verkehr mit Bedarfsgegenständen,
   b) über die Abfallbeseitigung und Luftreinhaltung,

2. umweltgefährliche Stoffe oder Gemische, wenn Maßnahmen zum Schutz der menschlichen Gesundheit getroffen werden, und
3. Biozid-Wirkstoffe und Biozid-Produkte.

(5) Die Vorschriften des Ersten, Dritten und Vierten Abschnitts, die §§ 17 und 18 sowie die Vorschriften des Siebten und Achten Abschnitts gelten nicht für die Beförderung gefährlicher Güter im Eisenbahn-, Straßen-, Binnenschiffs-, See- und Luftverkehr, ausgenommen die innerbetriebliche Beförderung.

§ 3 Begriffsbestimmungen

[1]Im Sinne dieses Gesetzes sind

1. Stoff:

   chemisches Element und seine Verbindungen in natürlicher Form oder gewonnen durch ein Herstellungsverfahren, einschließlich der zur Wahrung seiner Stabilität notwendigen Zusatzstoffe und der durch das angewandte Verfahren bedingten Verunreinigungen, aber mit Ausnahme von Lösungsmitteln, die von dem Stoff ohne Beeinträchtigung seiner Stabilität und ohne Änderung seiner Zusammensetzung abgetrennt werden können;

ChemG

2. bis 3a. (weggefallen)
4. Gemische:

   Gemische oder Lösungen, die aus zwei oder mehr Stoffen bestehen;
5. Erzeugnis:

   Gegenstand, der bei der Herstellung eine spezifische Form, Oberfläche oder Gestalt erhält, die in größerem Maße als die chemische Zusammensetzung seine Funktion bestimmt;
6. Einstufung:

   eine Zuordnung zu einem Gefährlichkeitsmerkmal;
7. Hersteller:

   eine natürliche oder juristische Person oder eine nicht rechtsfähige Personenvereinigung, die einen Stoff, ein Gemisch oder ein Erzeugnis herstellt oder gewinnt;
8. Einführer:

   eine natürliche oder juristische Person oder eine nicht rechtsfähige Personenvereinigung, die einen Stoff, ein Gemisch oder ein Erzeugnis in den Geltungsbereich dieses Gesetzes verbringt; kein Einführer ist, wer lediglich einen Transitverkehr unter zollamtlicher Überwachung durchführt, soweit keine Be- oder Verarbeitung erfolgt;
9. Inverkehrbringen:

   die Abgabe an Dritte oder die Bereitstellung für Dritte; das Verbringen in den Geltungsbereich dieses Gesetzes gilt als Inverkehrbringen, soweit es sich nicht lediglich um einen Transitverkehr nach Nummer 8 zweiter Halbsatz handelt;
10. Verwenden:

    Gebrauchen, Verbrauchen, Lagern, Aufbewahren, Be- und Verarbeiten, Abfüllen, Umfüllen, Mischen, Entfernen, Vernichten und innerbetriebliches Befördern;
11. Biozid-Produkt:

    ein Biozidprodukt im Sinne des Artikels 3 Absatz 1 Buchstabe a der Verordnung (EU) Nr. 528/2012 des Europäischen Parlaments und des Rates vom 22. Mai 2012 über die Bereitstellung auf dem Markt und die Verwendung von Biozidprodukten (ABl L 167 vom 27. 6. 2012, S. 1) in der jeweils geltenden Fassung;
12. Biozid-Wirkstoff:

    Wirkstoff im Sinne des Artikels 3 Absatz 1 Buchstabe c der Verordnung (EU) Nr. 528/2012.

[2]Bestimmungen der in Satz 1 aufgeführten Begriffe in Verordnungen der Europäischen Gemeinschaft oder der Europäischen Union (EG- oder EU-Verordnungen) bleiben unberührt.

§ 3a Gefährliche Stoffe und gefährliche Gemische[1)]

(1) Gefährliche Stoffe oder gefährliche Gemische im Sinne dieses Gesetzes sind Stoffe oder Gemische, die

1. die in Anhang I Teil 2 und 3 der Verordnung (EG) Nr. 1272/2008 dargelegten Kriterien für physikalische Gefahren oder Gesundheitsgefahren erfüllen oder
2. umweltgefährlich sind, indem sie
   a) die in Anhang I Teil 4 und 5 der Verordnung (EG) Nr. 1272/2008 dargelegten Kriterien für Umweltgefahren und weitere Gefahren erfüllen oder
   b) selbst oder deren Umwandlungsprodukte sonst geeignet sind, die Beschaffenheit des Naturhaushaltes, von Wasser, Boden oder Luft, Klima, Tieren, Pflanzen oder Mikroorganismen derart zu verändern, dass dadurch sofort oder später Gefahren für die Umwelt herbeigeführt werden können.

(2) Die Bundesregierung wird ermächtigt, soweit unionsrechtlich zulässig durch Rechtsverordnung mit Zustimmung des Bundesrates nähere Vorschriften über die Festlegung der in Absatz 1 genannten Gefährlichkeitsmerkmale zu erlassen.

§ 3b (weggefallen)

Zweiter Abschnitt: Durchführung der Verordnung (EG) Nr. 1907/2006 und der Verordnung (EG) Nr. 1272/2008

§ 4 Beteiligte Bundesbehörden[2)]

(1) Bei der Durchführung der Verordnung (EG) Nr. 1907/2006 des Europäischen Parlaments und des Rates vom 18. Dezember 2006 zur Registrierung, Bewertung, Zulassung und Beschränkung chemischer Stoffe (REACH), zur Schaffung einer Europäischen Chemikalienagentur, zur Änderung der Richtlinie 1999/45/EG und zur Aufhebung der Verordnung (EWG) Nr. 793/93 des Rates, der Verordnung (EG) Nr. 1488/94 der Kommission, der Richtlinie 76/769/EWG des Rates sowie der Richtlinien 91/155/EWG, 93/67/EWG, 93/105/EG und 2000/21/EG der Kommission (ABl EU Nr. L 396 S. 1, 2007 Nr. L 136 S. 3) in der jeweils geltenden Fassung und bei der Durchführung der Verordnung (EG) Nr. 1272/2008 wirken nach Maßgabe dieses Abschnitts mit:

1. die Bundesanstalt für Arbeitsschutz und Arbeitsmedizin, die insoweit der Fachaufsicht des Bundesministeriums für Umwelt, Naturschutz, Bau und Reaktorsicherheit unterliegt, als Bundesstelle für Chemikalien,
2. das Umweltbundesamt als Bewertungsstelle Umwelt,
3. das Bundesinstitut für Risikobewertung, das insoweit der Fachaufsicht des Bundesministeriums für Umwelt, Naturschutz, Bau und Reaktorsicherheit unterliegt, als Bewertungsstelle Gesundheit und Verbraucherschutz und
4. die Bundesanstalt für Arbeitsschutz und Arbeitsmedizin, die insoweit der Fachaufsicht des Bundesministeriums für Arbeit und Soziales unterliegt, als Bewertungsstelle für Sicherheit und Gesundheitsschutz der Beschäftigten.

(2) Die Bundesstelle für Chemikalien beteiligt im Einzelfall weitere Bundesoberbehörden, sofern bei diesen besondere Fachkenntnisse zu Einzelaspekten der Bewertung von Stoffen, Gemischen oder Erzeugnissen zu Zwecken der Verordnung (EG) Nr. 1907/2006 und der Verordnung (EG) Nr. 1272/2008 vorhanden sind und die betreffende Fragestellung von den in Absatz 1 genannten Behörden nicht abschließend beurteilt werden kann.

1) **Anm. d. Red.:** § 3a i. d. F. des Gesetzes v. 18.7.2017 (BGBl I S. 2774) mit Wirkung v. 29.7.2017.

2) **Anm. d. Red.:** § 4 i. d. F. des Gesetzes v. 31. 8. 2015 (BGBl I S. 1474) mit Wirkung v. 8. 9. 2015.

§ 5 Aufgaben der Bundesstelle für Chemikalien

(1) Bei der Durchführung der Verordnung (EG) Nr. 1907/2006 und der Verordnung (EG) Nr. 1272/2008 gelten insbesondere die folgenden Aufgaben als Mitwirkungsakte nach § 21 Absatz 2 Satz 2, für die die Bundesstelle für Chemikalien zuständig ist:

1. Stellungnahmen zu Entscheidungsentwürfen der Europäischen Chemikalienagentur nach Artikel 9 Absatz 8 Satz 2 der Verordnung (EG) Nr. 1907/2006,
2. die Aufgaben der zuständigen Behörde des Mitgliedstaates bei der Bewertung nach Titel VI der Verordnung (EG) Nr. 1907/2006,
3. die Mitwirkung an der Ermittlung von in Artikel 57 genannten Stoffen nach Artikel 59 Absatz 3 und 5 der Verordnung (EG) Nr. 1907/2006,
4. die Mitwirkung an der harmonisierten Einstufung und Kennzeichnung nach Artikel 37 Absatz 1, auch in Verbindung mit Absatz 6, der Verordnung (EG) Nr. 1272/2008.

(2) Neben den ihr sonst durch dieses Gesetz übertragenen Aufgaben nimmt die Bundesstelle für Chemikalien bei der Durchführung der Verordnung (EG) Nr. 1907/2006 und der Verordnung (EG) Nr. 1272/2008 ferner die folgenden Aufgaben wahr:

1. Vorbereitung von Dossiers zur Einleitung von Beschränkungsverfahren nach Artikel 69 Absatz 4 der Verordnung (EG) Nr. 1907/2006,
2. Vorbereitung von Vorschlägen zur Überprüfung von bestehenden Beschränkungen nach Artikel 69 Absatz 5 Satz 3 der Verordnung (EG) Nr. 1907/2006,
3. Unterstützung der deutschen Mitglieder in den Ausschüssen und dem Forum der Europäischen Chemikalienagentur in allen von diesen in den Ausschüssen und im Forum zu beurteilenden Fragen,
4. Zusammenarbeit mit der Europäischen Kommission, der Europäischen Chemikalienagentur und den zuständigen Behörden anderer Mitgliedstaaten nach Artikel 121 und 122 der Verordnung (EG) Nr. 1907/2006 sowie Zusammenarbeit mit den zuständigen Behörden anderer Mitgliedstaaten nach Artikel 43 der Verordnung (EG) Nr. 1272/2008,
5. Information der Öffentlichkeit nach Artikel 123 der Verordnung (EG) Nr. 1907/2006 über Risiken im Zusammenhang mit Stoffen,
6. Übermittlung nach Artikel 124 Absatz 1 der Verordnung (EG) Nr. 1907/2006 aller ihr vorliegenden Informationen über registrierte Stoffe, deren Registrierungsdossiers nicht alle Informationen nach Anhang VII der Verordnung (EG) Nr. 1907/2006 enthalten, an die Europäische Chemikalienagentur,
7. Wahrnehmung der Funktion der nationalen Auskunftsstelle nach Artikel 124 Absatz 2 der Verordnung (EG) Nr. 1907/2006 und der nationalen Auskunftsstelle nach Artikel 44 der Verordnung (EG) Nr. 1272/2008,
8. Beratung der Bundesregierung in allen die Verordnung (EG) Nr. 1907/2006 und die Verordnung (EG) Nr. 1272/2008 und ihre Fortentwicklung betreffenden Angelegenheiten.

§ 6 Aufgaben der Bewertungsstellen

(1) [1]Die Bewertungsstellen unterstützen die Bundesstelle für Chemikalien bei deren Aufgaben nach § 5 Absatz 1 Nummer 2 bis 4 und Absatz 2 Nummer 1 bis 3 durch die eigenverantwortliche und abschließende Durchführung der ihren jeweiligen Zuständigkeitsbereich betreffenden Bewertungsaufgaben. [2]Bei den Aufgaben der Bundesstelle für Chemikalien nach § 5 Absatz 1 Nummer 1 und Absatz 2 Nummer 4 bis 8 wirken sie bei den ihren jeweiligen Zuständigkeitsbereich betreffenden Fragen mit. [3]Die Bewertungsstellen unterstützen sich gegenseitig durch fachliche Stellungnahmen, sofern dies für die Wahrnehmung ihrer Aufgaben erforderlich ist.

(2) Fachlicher Zuständigkeitsbereich der Bewertungsstelle Umwelt ist die umweltbezogene Risikobewertung einschließlich der Bewertung von Risikominderungsmaßnahmen.

(3) Fachlicher Zuständigkeitsbereich der Bewertungsstelle Gesundheit und Verbraucherschutz ist die gesundheitsbezogene Risikobewertung einschließlich der Bewertung von Risikominderungsmaßnahmen.

(4) Fachlicher Zuständigkeitsbereich der Bewertungsstelle für Sicherheit und Gesundheitsschutz der Beschäftigten ist die arbeitsschutzbezogene Risikobewertung einschließlich der Bewertung von Risikominderungsmaßnahmen.

§ 7 Zusammenarbeit der Bundesstelle für Chemikalien und der anderen beteiligten Bundesoberbehörden

(1) [1]Die Bundesstelle für Chemikalien koordiniert das Zusammenwirken der in § 4 genannten Bundesoberbehörden und wirkt auf die Schlüssigkeit und Widerspruchsfreiheit der Gesamtposition hin. [2]Sie entscheidet über die Gesamtposition, sofern im Einzelfall deren Schlüssigkeit und Widerspruchsfreiheit anders nicht erreicht werden kann und die Abgabe einer Stellungnahme keinen Aufschub duldet. [3]Entscheidungen nach Satz 2, in denen die Bundesstelle für Chemikalien von der Bewertung einer Bewertungsstelle nach § 6 Absatz 1 Satz 1 abweicht, bedürfen einer eingehenden Begründung, die aktenkundig zu machen und den Bewertungsstellen zuzuleiten ist.

(2) [1]Die Bundesstelle für Chemikalien vertritt die Gesamtposition nach außen. [2]Sie zieht dabei Vertreter der anderen beteiligten Bundesoberbehörden zur Unterstützung hinzu, sofern sie es für erforderlich hält oder diese es verlangen.

§ 8 Gebührenfreiheit der nationalen Auskunftsstelle

Die Bundesstelle für Chemikalien erhebt für ihre Tätigkeit als nationale Auskunftsstelle nach Artikel 124 Absatz 2 der Verordnung (EG) Nr. 1907/2006 und nach Artikel 44 der Verordnung (EG) Nr. 1272/2008 keine Gebühren.

§ 9 Informationsaustausch zwischen Bundes- und Landesbehörden

(1) Die Bundesstelle für Chemikalien informiert die zuständigen Landesbehörden insbesondere über Mitteilungen der Europäischen Chemikalienagentur über

1. verfahrensorientierte Forschung und Entwicklung nach Artikel 9 Absatz 3 Satz 3 sowie Entscheidungsentwürfe nach Artikel 9 Absatz 8 Satz 1 der Verordnung (EG) Nr. 1907/2006,
2. als registriert geltende Stoffe nach Artikel 16 Absatz 1 Satz 2 der Verordnung (EG) Nr. 1907/2006,
3. Registrierungsdossiers nach Artikel 20 Absatz 4 Satz 1, 4 und 5 sowie nach Artikel 22 Absatz 1 Satz 2 und Absatz 2 Satz 2 der Verordnung (EG) Nr. 1907/2006,
4. die Dossierbewertung nach Artikel 41 Absatz 2, Artikel 42 Absatz 2 Satz 1 und Artikel 43 Absatz 3 und über Folgemaßnahmen der Stoffbewertung nach Artikel 48 Satz 3 der Verordnung (EG) Nr. 1907/2006,
5. die Prüfung von Zwischenprodukten in anderen Mitgliedstaaten nach Artikel 49 Satz 4 der Verordnung (EG) Nr. 1907/2006,
6. die Einstellung der Herstellung, Einfuhr oder Produktion nach Artikel 50 Absatz 2 Satz 2 und Absatz 3 Satz 3 der Verordnung (EG) Nr. 1907/2006,
7. die Ermittlung von in Artikel 57 genannten Stoffen nach Artikel 59 Absatz 2 Satz 3 und Artikel 59 Absatz 3 Satz 1 und 3 und das Zulassungsverfahren nach Artikel 64 Absatz 5 Satz 4 und 7 der Verordnung (EG) Nr. 1907/2006,
8. das Ergebnis von Anträgen auf Verwendung einer alternativen chemischen Bezeichnung nach Artikel 24 Absatz 5 der Verordnung (EG) Nr. 1272/2008.

(2) Die zuständigen Landesbehörden informieren die Bundesstelle für Chemikalien insbesondere über

1. Erkenntnisse über die Verwendung von standortinternen isolierten Zwischenprodukten, aus denen sich ein Risiko für die menschliche Gesundheit oder die Umwelt nach Artikel 49 der Verordnung (EG) Nr. 1907/2006 ergeben kann,
2. im Rahmen von Durchsetzungs- und Überwachungstätigkeiten gewonnene Erkenntnisse im Sinne von Artikel 124 Absatz 1 Satz 1 der Verordnung (EG) Nr. 1907/2006, aus denen sich ein Risikoverdacht ergibt,
3. die Anordnung vorläufiger Maßnahmen nach § 23 Absatz 2 unter Vorlage der nach Artikel 129 Absatz 1 der Verordnung (EG) Nr. 1907/2006 oder nach Artikel 52 Absatz 1 der Verordnung (EG) Nr. 1272/2008 erforderlichen Unterlagen.

(3) § 22 bleibt unberührt.

§ 10 Vorläufige Maßnahmen

(1) Sofern auf Grundlage dieses Gesetzes eine vorläufige Maßnahme im Sinne des Artikels 129 der Verordnung (EG) Nr. 1907/2006 oder im Sinne des Artikels 52 der Verordnung (EG) Nr. 1272/2008 erlassen wurde, unterrichtet die Bundesstelle für Chemikalien unverzüglich die Europäische Kommission und die anderen Mitgliedstaaten der Europäischen Union unter Angabe der Gründe über die getroffene Entscheidung und legt die wissenschaftlichen oder technischen Informationen vor, auf denen diese vorläufige Maßnahme beruht.

(2) Die Bundesstelle für Chemikalien informiert die zuständigen Landesbehörden über die Entscheidung der Europäischen Kommission nach Artikel 129 Absatz 2 der Verordnung (EG) Nr. 1907/2006 oder nach Artikel 52 Absatz 2 der Verordnung (EG) Nr. 1272/2008.

§§ 11 und 12 (weggefallen)

Abschnitt IIa: Durchführung der Verordnung (EU) Nr. 528/2012

§ 12a Beteiligte Bundesbehörden[1)]

(1) [1]Bei der Durchführung der Verordnung (EU) Nr. 528/2012 wirken die in § 4 Absatz 1 genannten Stellen nach Maßgabe dieses Abschnitts mit. [2]Das Bundesinstitut für Risikobewertung als Bewertungsstelle Gesundheit und Verbraucherschutz unterliegt insoweit der Fachaufsicht des Bundesministeriums für Ernährung und Landwirtschaft.

(2) [1]Soweit bei den in § 4 Absatz 1 Nummer 2 bis 4 genannten Behörden, beim Julius Kühn-Institut, bei der Bundesanstalt für Materialforschung und -prüfung oder beim Robert Koch-Institut besondere Fachkenntnisse zur Beurteilung der Wirksamkeit sowie der unannehmbaren Wirkungen auf Zielorganismen vorliegen, kann die Bundesstelle für Chemikalien zur Entscheidung über das Vorliegen der Zulassungsvoraussetzungen nach Artikel 19 Absatz 1 Buchstabe b Ziffer i und ii der Verordnung (EU) Nr. 528/2012 eine Stellungnahme bei diesen Behörden einholen. [2]Ferner beteiligt die Bundesstelle für Chemikalien die Bundesanstalt für Materialforschung und -prüfung bei der Bewertung der physikalischen Gefahren gemäß Anhang I Teil 2 der Verordnung (EG) Nr. 1272/2008, der sicherheitstechnischen Eigenschaften und der Beständigkeit von Behältern und Verpackungsmaterial, sofern die Bundesanstalt für Materialforschung und -prüfung bei der betreffenden Fragestellung aufgrund weiterer gesetzlicher Zuständigkeiten besondere Fachkenntnisse besitzt und die betreffende Fragestellung von der Bundesstelle für Chemikalien nicht abschließend beurteilt werden kann.

(3) Abweichend von Absatz 1 sind für die Erteilung, Verlängerung, Überprüfung und Aufhebung von Ausnahmezulassungen nach Artikel 55 Absatz 1 der Verordnung (EU) Nr. 528/2012

1) **Anm. d. Red.:** § 12a i. d. F. des Gesetzes v. 18.7.2017 (BGBl I S. 2774) mit Wirkung v. 29.7.2017.

einschließlich der Veranlassung der darauf bezogenen Kommissionsverfahren die folgenden Behörden zuständig:

1. das Robert Koch-Institut in Bezug auf Biozid-Produkte, die nach § 18 des Infektionsschutzgesetzes bei behördlich angeordneten Entseuchungen verwendet werden dürfen,
2. das Umweltbundesamt in Bezug auf Biozid-Produkte, die nach § 18 des Infektionsschutzgesetzes bei behördlich angeordneten Maßnahmen zur Bekämpfung von Gesundheitsschädlingen oder Krätzmilben verwendet werden dürfen,
3. das Bundesamt für Verbraucherschutz und Lebensmittelsicherheit in Bezug auf Biozid-Produkte, die nach einer Rechtsverordnung auf Grund des § 7 des Tiergesundheitsgesetzes bei einer tiergesundheitsrechtlich vorgeschriebenen Desinfektion, Bekämpfung von Schadnagern oder von sonstigen Schadorganismen oder bei einer sonstigen Entwesung verwendet werden dürfen.

§ 12b Aufgaben der Bundesstelle für Chemikalien

(1) Bei der Durchführung der Verordnung (EU) Nr. 528/2012 gelten insbesondere die folgenden Aufgaben als Mitwirkungsakte nach § 21 Absatz 2 Satz 2:

1. die Aufgaben der bewertenden zuständigen Behörde
   a) bei der Genehmigung eines Wirkstoffs und bei der Verlängerung und Überprüfung der Genehmigung eines Wirkstoffs nach den Kapiteln II, III und XI der Verordnung (EU) Nr. 528/2012,
   b) bei der Erteilung und Verlängerung sowie der Aufhebung, Überprüfung und Änderung von Unionszulassungen nach den Kapiteln VIII und IX der Verordnung (EU) Nr. 528/2012,
2. die Mitwirkung im Rahmen des Arbeitsprogramms zur systematischen Prüfung aller alten Wirkstoffe gemäß Artikel 89 Absatz 1 der Verordnung (EU) Nr. 528/2012,
3. die Mitwirkung in der Koordinierungsgruppe nach Artikel 35 und im Ausschuss für Biozidprodukte nach Artikel 75 der Verordnung (EU) Nr. 528/2012.

(2) Neben den ihr sonst durch dieses Gesetz übertragenen Aufgaben nimmt die Bundesstelle für Chemikalien bei der Durchführung der Verordnung (EU) Nr. 528/2012 ferner die folgenden Aufgaben wahr:

1. die Antragstellung bei der Kommission nach Artikel 3 Absatz 3 und Artikel 15 Absatz 1 Unterabsatz 1 der Verordnung (EU) Nr. 528/2012,
2. die Aufgaben der bewertenden zuständigen Behörde im Rahmen des vereinfachten Zulassungsverfahrens nach Artikel 26, auch in Verbindung mit Kapitel IX, der Verordnung (EU) Nr. 528/2012,
3. die Entgegennahme der Unterrichtung des Zulassungsinhabers nach Artikel 27 Absatz 1 Satz 2 und Ausübung der Befugnisse des Mitgliedstaats nach Artikel 27 Absatz 2 und Artikel 28 Absatz 4 Unterabsatz 1 der Verordnung (EU) Nr. 528/2012,
4. die Aufgaben der befassten zuständigen Behörde bei der Erteilung, Verlängerung und Überprüfung nationaler Zulassungen nach Kapitel VI, auch in Verbindung mit Kapitel IX, der Verordnung (EU) Nr. 528/2012,
5. die Aufgaben der zuständigen Behörde des betroffenen Mitgliedstaats oder des Referenzmitgliedstaats im Verfahren der gegenseitigen Anerkennung nach Kapitel VII, auch in Verbindung mit Kapitel IX, sowie die Ausübung der Befugnisse des Mitgliedstaats nach Artikel 37 der Verordnung (EU) Nr. 528/2012,
6. die Antragstellung bei der Kommission nach Artikel 44 Absatz 5 Unterabsatz 2 der Verordnung (EU) Nr. 528/2012,
7. die Aufgaben der zuständigen Behörde des Einfuhrmitgliedstaats in Bezug auf den Parallelhandel nach Kapitel X der Verordnung (EU) Nr. 528/2012,

8. die Erteilung, Verlängerung, Überprüfung und Aufhebung von Ausnahmezulassungen nach Artikel 55 der Verordnung (EU) Nr. 528/2012 einschließlich der Veranlassung der darauf bezogenen Kommissionsverfahren, soweit nicht die in § 12a Absatz 3 genannten Behörden zuständig sind,
9. die Aufgaben der zuständigen Behörde des Mitgliedstaats nach Artikel 56 der Verordnung (EU) Nr. 528/2012,
10. die Beratung der Bundesregierung in allen die Verordnung (EU) Nr. 528/2012 und ihre Fortentwicklung betreffenden Angelegenheiten.

§ 12c Aufgaben der Bewertungsstellen

(1) [1]Die Bewertungsstellen unterstützen die Bundesstelle für Chemikalien bei deren Aufgaben nach § 12b Absatz 1 und 2 Nummer 1 bis 9 durch die eigenverantwortliche und abschließende Durchführung der ihren jeweiligen Zuständigkeitsbereich betreffenden Bewertungsaufgaben. [2]Im Übrigen wirken sie bei den ihren jeweiligen Zuständigkeitsbereich betreffenden Fragen mit. [3]Die Bewertungsstellen unterstützen sich gegenseitig durch fachliche Stellungnahmen, sofern dies für die Wahrnehmung ihrer Aufgaben erforderlich ist.

ChemG

(2) Fachlicher Zuständigkeitsbereich der Bewertungsstelle Umwelt ist die umweltbezogene Risikobewertung einschließlich der Bewertung von Risikominderungsmaßnahmen.

(3) Fachlicher Zuständigkeitsbereich der Bewertungsstelle Gesundheit und Verbraucherschutz ist

1. die Risikobewertung in Bezug auf die Gesundheit von Menschen und von Haus- und Nutztieren, einschließlich der Bewertung von Risikominderungsmaßnahmen, sowie
2. die Erarbeitung von Vorschlägen für die Festsetzung von Höchstmengen nach Artikel 19 Absatz 1 Buchstabe e der Verordnung (EU) Nr. 528/2012.

(4) Fachlicher Zuständigkeitsbereich der Bewertungsstelle für Sicherheit und Gesundheitsschutz der Beschäftigten ist die Risikobewertung in Bezug auf den Arbeitsschutz, einschließlich der Bewertung von Risikominderungsmaßnahmen.

§ 12d Zusammenarbeit der Bundesstelle für Chemikalien und der anderen beteiligten Bundesoberbehörden

(1) Die Bundesstelle für Chemikalien koordiniert das Zusammenwirken der in § 12a genannten Bundesoberbehörden und wirkt auf die Schlüssigkeit und Widerspruchsfreiheit der Entscheidungen und Stellungnahmen als Ganzes hin.

(2) [1]Soweit die Bundesstelle für Chemikalien im Rahmen ihrer Tätigkeiten nach § 12b das Vorliegen der Zulassungsvoraussetzungen nach Artikel 19 Absatz 1 der Verordnung (EU) Nr. 528/2012 zu beurteilen hat, entscheidet sie hinsichtlich der Voraussetzungen

1. nach Artikel 19 Absatz 1 Buchstabe b Ziffer iv der Verordnung (EU) Nr. 528/2012 im Einvernehmen mit der Bewertungsstelle Umwelt,
2. nach Artikel 19 Absatz 1 Buchstabe b Ziffer iii der Verordnung (EU) Nr. 528/2012 bezüglich der Wirkungen auf die Gesundheit von Beschäftigten im Einvernehmen mit der Bewertungsstelle für Sicherheit und Gesundheitsschutz der Beschäftigten und
3. nach Artikel 19 Absatz 1 Buchstabe b Ziffer iii der Verordnung (EU) Nr. 528/2012 im Übrigen, auch in Verbindung mit Artikel 19 Absatz 1 Buchstabe e der Verordnung (EU) Nr. 528/2012 hinsichtlich eines Vorschlags zur Festsetzung von Rückstandshöchstgehalten für Lebens- oder Futtermittel, im Einvernehmen mit der Bewertungsstelle Gesundheit und Verbraucherschutz.

[2]Die Bundesstelle für Chemikalien entscheidet ferner im Einvernehmen mit den Bewertungsstellen, soweit deren Zuständigkeitsbereich nach § 12c Absatz 2 bis 4 betroffen ist, über

1. die Erforderlichkeit von Risikominderungsmaßnahmen,

2. das Vorliegen der Zulassungsvoraussetzungen nach Artikel 19 Absatz 5 der Verordnung (EU) Nr. 528/2012,
3. das Ergebnis einer vergleichenden Bewertung nach Artikel 23 der Verordnung (EU) Nr. 528/2012,
4. die Erteilung einer Zulassung nach Artikel 26 Absatz 3 der Verordnung (EU) Nr. 528/2012,
5. Ausnahmezulassungen nach Artikel 55 der Verordnung (EU) Nr. 528/2012, soweit nicht die in § 12a Absatz 3 genannten Behörden zuständig sind, sowie
6. Stellungnahmen und Entscheidungen nach Artikel 56 Absatz 2 Unterabsatz 2 und Absatz 3 der Verordnung (EU) Nr. 528/2012.

(3) [1]Mit Ausnahme der in Absatz 4 genannten Fälle vertritt die Bundesstelle für Chemikalien die Gesamtposition nach außen. [2]Sie zieht Vertreter der anderen beteiligten Bundesoberbehörden zur Unterstützung hinzu, sofern sie es für erforderlich hält oder diese es verlangen.

(4) [1]Entscheidungen der in § 12a Absatz 3 genannten Bundesoberbehörden über Zulassungen nach Artikel 55 Absatz 1 der Verordnung (EU) Nr. 528/2012 werden von der Behörde nach außen vertreten, die jeweils für die Entscheidung verantwortlich ist. [2]Diese Behörde unterrichtet die Bundesstelle für Chemikalien jeweils unverzüglich über den Beginn der betreffenden Entscheidungsverfahren und über die von ihr getroffenen Maßnahmen.

§ 12e Auskunftsstelle, Unterrichtung der Öffentlichkeit

(1) [1]Die Bundesstelle für Chemikalien richtet eine Auskunftsstelle zur Erfüllung der Aufgaben nach Artikel 81 Absatz 2 der Verordnung (EU) Nr. 528/2012 ein. [2]Die Auskunftsstelle ist im Verbund mit der Auskunftsstelle nach § 5 Absatz 2 Nummer 7 zu führen. [3]§ 8 ist entsprechend anzuwenden.

(2) Die Bundesstelle für Chemikalien unterrichtet gemäß Artikel 17 Absatz 5 Unterabsatz 3 der Verordnung (EU) Nr. 528/2012 die Öffentlichkeit über

1. Nutzen und Risiken des Einsatzes von Biozid-Produkten,
2. physikalische, biologische, chemische und sonstige Maßnahmen als Alternative zum Einsatz von Biozid-Produkten oder als Möglichkeit, den Einsatz von Biozid-Produkten zu minimieren, sowie
3. die sachkundige, ordnungsgemäße und nachhaltige Verwendung von Biozid-Produkten.

(3) Die übrigen in § 12a genannten Bundesoberbehörden unterstützen die Bundesstelle für Chemikalien bei der Wahrnehmung der Aufgaben nach den Absätzen 1 und 2.

§ 12f Informationsaustausch zwischen Bundes- und Landesbehörden

(1) Die Bundesstelle für Chemikalien informiert die zuständigen Landesbehörden insbesondere über

1. die folgenden von ihr getroffenen Entscheidungen oder entgegengenommenen Meldungen:
   a) Meldungen nach Artikel 17 Absatz 6 Satz 1 und Artikel 27 Absatz 1 Satz 2 der Verordnung (EU) Nr. 528/2012,
   b) Maßnahmen nach Artikel 27 Absatz 2 Unterabsatz 2 der Verordnung (EU) Nr. 528/2012,
   c) die Erteilung, Verlängerung oder Aufhebung einer nationalen Zulassung nach Kapitel VI der Verordnung (EU) Nr. 528/2012,
   d) die Anerkennung einer Zulassung nach Kapitel VII der Verordnung (EU) Nr. 528/2012,
   e) die Erteilung oder Aufhebung einer Parallelhandelsgenehmigung nach Kapitel X der Verordnung (EU) Nr. 528/2012,
   f) die Erteilung von Ausnahmezulassungen nach Artikel 55 der Verordnung (EU) Nr. 528/2012,

g) die Untersagung von Experimenten oder Versuchen oder die Erteilung von Auflagen nach Artikel 56 Absatz 3 der Verordnung (EU) Nr. 528/2012,

h) Anordnungen nach § 12g Absatz 1 Satz 1 und Absatz 3,

2. Mitteilungen der Europäischen Chemikalienagentur über die folgenden von dieser oder der Europäischen Kommission getroffenen Entscheidungen oder entgegengenommenen Meldungen:

a) die Annahme oder Ablehnung eines Antrags auf Genehmigung oder auf Verlängerung der Genehmigung eines Wirkstoffs sowie das Ergebnis des Genehmigungsverfahrens nach den Kapiteln II und III der Verordnung (EU) Nr. 528/2012,

b) die Annahme oder Ablehnung eines Antrags auf Erteilung, Verlängerung oder Aufhebung einer Unionszulassung eines Biozid-Produkts sowie das Ergebnis des Zulassungsverfahrens sowie

c) Meldungen nach Artikel 17 Absatz 6 Satz 3 der Verordnung (EU) Nr. 528/2012.

(2) Die in § 12a Absatz 3 bezeichneten Bundesoberbehörden unterrichten die zuständigen Landesbehörden über ihre Entscheidungen sowie über Verlängerungsentscheidungen der Kommission nach Artikel 55 Absatz 1 der Verordnung (EU) Nr. 528/2012.

(3) Die zuständigen Landesbehörden informieren die Bundesstelle für Chemikalien insbesondere über

1. im Rahmen von Durchsetzungs- und Überwachungstätigkeiten gewonnene Erkenntnisse, die für Entscheidungen nach Artikel 27 Absatz 2, Artikel 48 Absatz 1 oder Artikel 56 Absatz 3 der Verordnung (EU) Nr. 528/2012 oder nach § 12g Absatz 1 Satz 1 von Bedeutung sein können,
2. Überwachungsmaßnahmen nach § 12g Absatz 1 Satz 3,
3. die Anordnung vorläufiger Maßnahmen nach § 23 Absatz 2 unter Vorlage der Unterlagen, die nach Artikel 88 Unterabsatz 1 Satz 2 der Verordnung (EU) Nr. 528/2012 erforderlich sind.

(4) Die Informationen nach den Absätzen 1 bis 3 umfassen auch die Unterrichtung darüber, ob Rechtsmittel eingelegt wurden und zu welchem Ergebnis sie geführt haben.

(5) § 22 bleibt unberührt.

§ 12g Anordnungsbefugnisse der Bundesstelle für Chemikalien, vorläufige Maßnahmen[1)]

(1) [1]Bestehen auf der Grundlage neuer Tatsachen berechtigte Gründe zu der Annahme, dass ein Biozid-Produkt, obwohl es nach der Verordnung (EU) Nr. 528/2012 zugelassen wurde, dennoch ein unmittelbares oder langfristiges gravierendes Risiko für die Gesundheit von Menschen oder Tieren, insbesondere für gefährdete Gruppen, oder für die Umwelt darstellt, so kann die Bundesstelle für Chemikalien im Einvernehmen mit den Bewertungsstellen geeignete vorläufige Maßnahmen treffen, insbesondere die Bereitstellung des Biozid-Produkts auf dem Markt im Sinne des Artikels 3 Absatz 1 Buchstabe i der Verordnung (EU) Nr. 528/2012 vorläufig untersagen oder von der Einhaltung bestimmter Voraussetzungen abhängig machen. [2]Rechtsbehelfe gegen Anordnungen nach Satz 1 haben keine aufschiebende Wirkung. [3]Die Anordnungen der Bundesstelle für Chemikalien nach Satz 1 werden von der jeweils zuständigen Landesbehörde nach den jeweiligen landesrechtlichen Vorschriften über das Verwaltungsvollstreckungsverfahren vollstreckt. [4]§ 23 Absatz 2 bleibt unberührt.

(2) Für das unionsrechtliche Entscheidungsverfahren nach Artikel 88 der Verordnung (EU) Nr. 528/2012 über vorläufige Maßnahmen, die auf der Grundlage des Absatzes 1 oder sonstiger Vorschriften dieses Gesetzes erlassen wurden, ist § 10 entsprechend anzuwenden.

1) **Anm. d. Red.:** § 12g i. d. F. des Gesetzes v. 18.7.2017 (BGBl I S. 2774) mit Wirkung v. 29.7.2017.

(3) Die Bundesstelle für Chemikalien kann im Einvernehmen mit den Bewertungsstellen ein Biozid-Produkt zulassen für wesentliche Verwendungszwecke gemäß Artikel 22 Absatz 1 der Delegierten Verordnung (EU) Nr. 1062/2014 der Kommission vom 4. August 2014 über das Arbeitsprogramm zur systematischen Prüfung aller in Biozidprodukten enthaltenen alten Wirkstoffe gemäß der Verordnung (EU) Nr. 528/2012 des Europäischen Parlaments und des Rates (ABl L 294 vom 10.10.2014, S. 1; L 198 vom 28.7.2015, S. 28), sofern die Europäische Kommission für den betreffenden Biozid-Wirkstoff eine Entscheidung nach Artikel 22 Absatz 4 der Delegierten Verordnung (EU) Nr. 1062/2014, auch in Verbindung mit Artikel 89 Absatz 1 der Verordnung (EU) Nr. 528/2012, getroffen hat und die dort genannten Voraussetzungen eingehalten werden.

§ 12h Verordnungsermächtigungen

(1) Die Bundesregierung wird ermächtigt, soweit unionsrechtlich zulässig durch Rechtsverordnung mit Zustimmung des Bundesrates Voraussetzungen, Inhalt und Verfahren der Entscheidungen oder Mitwirkungsakte der in § 12a genannten Bundesoberbehörden im Rahmen der Durchführung der Verordnung (EU) Nr. 528/2012 näher zu regeln, insbesondere zu bestimmen,

1. dass bestimmte Biozid-Produkte
   a) nicht zulassungsfähig sind oder
   b) nur für bestimmte Verwendungszwecke, Verwendungsarten oder Einsatzorte, für die Abgabe an bestimmte Verwendergruppen oder unter bestimmten sonstigen Einschränkungen zugelassen werden dürfen,
2. dass bestimmte inhaltliche oder verfahrensmäßige Anforderungen einzuhalten sind bei
   a) der Beantragung und Erteilung von Ausnahmezulassungen nach Artikel 55 der Verordnung (EU) Nr. 528/2012 und
   b) der Meldung und behördlichen Prüfung von Experimenten und Versuchen nach Artikel 56 der Verordnung (EU) Nr. 528/2012.

(2) Die Bundesregierung wird ferner ermächtigt, durch Rechtsverordnung mit Zustimmung des Bundesrates Maßnahmen zum nachhaltigen Einsatz von Biozid-Produkten festzulegen, insbesondere zu bestimmen,

1. dass Geräte, die zur Verwendung von Biozid-Produkten genutzt werden, bestimmten Kontrollverfahren unterliegen,
2. wie Art und Umfang der Verwendung von Biozid-Produkten wirksam ermittelt werden können; dies kann auch die Einführung von Mitteilungspflichten über in Verkehr gebrachte und verwendete Mengen von Biozid-Produkten und die Festlegung von Rahmenbedingungen für ein bundesweites Monitoring-Programm umfassen,
3. dass und in welcher Form Personen, die bei der Behandlung oder Beurteilung akuter und chronischer Vergiftungsfälle von Nicht-Zielorganismen durch Biozid-Produkte hinzugezogen wurden, der Bundesstelle für Chemikalien oder einer anderen geeigneten Bundesoberbehörde derartige Fälle zu melden haben.

Dritter Abschnitt: Einstufung, Kennzeichnung und Verpackung

§ 13 Einstufungs-, Kennzeichnungs- und Verpackungspflichten[1)]

(1) Die Einstufung, Kennzeichnung und Verpackung von Stoffen und Gemischen richten sich nach den Bestimmungen der Verordnung (EG) Nr. 1272/2008.

(2) Wer als Hersteller oder Einführer Stoffe oder Gemische in den Verkehr bringt, hat diese zusätzlich nach der Rechtsverordnung gemäß § 14 einzustufen, soweit die Rechtsverordnung Regelungen zur Einstufung enthält.

1) **Anm. d. Red.:** § 13 i. d. F. des Gesetzes v. 18.7.2017 (BGBl I S. 2774) mit Wirkung v. 29.7.2017.

(3) Wer als Lieferant im Sinne des Artikels 2 Nummer 26 der Verordnung (EG) Nr. 1272/2008 Stoffe oder Gemische in den Verkehr bringt, hat diese zusätzlich nach der Rechtsverordnung gemäß § 14 zu kennzeichnen und zu verpacken, soweit die Rechtsverordnung Regelungen zur Kennzeichnung und Verpackung enthält.

(4) Weitergehende Anforderungen über die Kennzeichnung und Verpackung nach anderen Rechtsvorschriften bleiben unberührt.

§ 14 Ermächtigung zu Einstufungs-, Kennzeichnungs- und Verpackungsvorschriften[1)]

(1) Die Bundesregierung wird ermächtigt, soweit unionsrechtlich zulässig durch Rechtsverordnung mit Zustimmung des Bundesrates

1. Stoffe oder Gemische als gefährlich einzustufen,
2. Berechnungsverfahren vorzuschreiben, nach denen bestimmte Gemische aufgrund der Einstufung derjenigen Stoffe, die in dem Gemisch enthalten sind, einzustufen sind,
3. zu bestimmen,
   a) wie gefährliche Stoffe und Gemische und dass und wie bestimmte Erzeugnisse, die bestimmte gefährliche Stoffe oder Gemische freisetzen können oder enthalten, zu verpacken oder zu kennzeichnen sind, damit bei der vorhersehbaren Verwendung Gefahren für Leben und Gesundheit des Menschen und die Umwelt vermieden werden,
   b) dass und wie bestimmte Angaben über gefährliche Stoffe und Gemische oder Erzeugnisse, die gefährliche Stoffe und Gemische freisetzen können oder enthalten, einschließlich Empfehlungen über Vorsichtsmaßnahmen beim Verwenden oder über Sofortmaßnahmen bei Unfällen von demjenigen, der die Stoffe, Gemische oder Erzeugnisse in den Verkehr bringt, insbesondere in Form eines Sicherheitsdatenblattes oder einer Gebrauchsanweisung, mitgeliefert und auf dem neuesten Stand gehalten werden müssen,
   c) welche Gesichtspunkte der Hersteller oder Einführer bei der Einstufung der Stoffe nach § 13 Absatz 2 mindestens zu beachten hat,
   d) wer die gefährlichen Stoffe, Gemische oder Erzeugnisse zu verpacken und zu kennzeichnen hat, wenn sie bereits vor Inkrafttreten der die Kennzeichnungs- oder Verpackungspflicht begründenden Rechtsverordnung in den Verkehr gebracht worden sind,
   e) dass und wie bestimmte Gemische und Erzeugnisse, die bestimmte näher zu bezeichnende gefährliche Stoffe nicht enthalten, zu kennzeichnen sind oder gekennzeichnet werden können,
   f) dass und von wem die Kennzeichnung bestimmter Stoffe, Gemische oder Erzeugnisse nach dem Inverkehrbringen zu erhalten oder erneut anzubringen ist und
   g) dass andere als die in § 13 Absatz 2 und 3 genannten Personen für die Einstufung, Kennzeichnung und Verpackung verantwortlich sind.

(2) [1]In der Rechtsverordnung nach Absatz 1 können auch Ausnahmen von der Pflicht zur Verpackung und Kennzeichnung vorgesehen werden, soweit dadurch der Schutzzweck nach Absatz 1 Nummer 3 Buchstabe a nicht beeinträchtigt wird. [2]In der Rechtsverordnung kann auch bestimmt werden, dass anstelle einer Kennzeichnung die entsprechenden Angaben in anderer geeigneter Weise mitzuliefern sind.

(3) Regelungen nach den Absätzen 1 und 2 können auch für Biozid-Wirkstoffe und Biozid-Produkte, die nicht gefährliche Stoffe oder Gemische im Sinne des § 3a sind, sowie für Stoffe, Gemische und Erzeugnisse nach § 19 Absatz 2 getroffen werden.

---

1) **Anm. d. Red.:** § 14 i. d. F. des Gesetzes v. 18.7.2017 (BGBl I S. 2774) mit Wirkung v. 29.7.2017.

§§ 15 und 15a (weggefallen)

Vierter Abschnitt: Mitteilungspflichten

§§ 16 bis 16c (weggefallen)

§ 16d Mitteilungspflichten bei Gemischen

(1) Die Bundesregierung wird ermächtigt, durch Rechtsverordnung mit Zustimmung des Bundesrates zum Zwecke der Ermittlung von Gefahren, die von Gemischen ausgehen können, sowie von Art und Umfang der Verwendung gefährlicher Stoffe in Gemischen den Hersteller, Einführer oder Verwender von bestimmten Gemischen zu verpflichten,

1. die Bezeichnung dieser Gemische und ihre Handelsnamen,
2. deren Kennzeichnung,
3. Angaben über die Zusammensetzung dieser Gemische,
4. die jährlich hergestellte, eingeführte oder verwendete Menge dieser Gemische,
5. deren Verwendungsgebiete,
6. ihm vorliegende oder mit vertretbarem Aufwand beschaffbare Prüfnachweise nach der Verordnung (EG) Nr. 440/2008, soweit sie zur Ermittlung gefährlicher Eigenschaften dieser Gemische erforderlich sind, die sich nicht mit Hilfe der nach diesem Gesetz oder aufgrund dieses Gesetzes vorgeschriebenen Berechnungsverfahren bestimmen lassen, sowie
7. den Inhalt von Sicherheitsdatenblättern

der Bundesstelle für Chemikalien innerhalb einer angemessenen Frist schriftlich mitzuteilen, wenn Anhaltspunkte, insbesondere ein nach dem Stand der wissenschaftlichen Erkenntnisse begründeter Verdacht dafür vorliegen, dass von diesen Gemischen schädliche Einwirkungen auf den Menschen oder die Umwelt ausgehen.

(2) [1]Die Mitteilungspflicht kann auf bestimmte Angaben über die Zusammensetzung beschränkt, von der hergestellten, eingeführten oder verwendeten Menge abhängig gemacht und auf spätere Änderungen der Zusammensetzung erstreckt werden. [2]In der Rechtsverordnung sind Bestimmungen darüber zu treffen, dass und wie auf Verlangen des Mitteilungspflichtigen die Vertraulichkeit der mitgeteilten Angaben sicherzustellen ist.

§ 16e Mitteilungen für die Informations- und Behandlungszentren für Vergiftungen[1)2)]

(1) [1]Wer als Hersteller oder Einführer oder unter Verwendung eines eigenen Handelsnamens ein gefährliches Gemisch oder ein Biozid-Produkt in den Verkehr bringt, hat dem Bundesinstitut für Risikobewertung

1. den Handelsnamen,
2. Angaben über die Zusammensetzung,
3. die Kennzeichnung,
4. Hinweise zur Verwendung,
5. Empfehlungen über Vorsichtsmaßnahmen beim Verwenden und Sofortmaßnahmen bei Unfällen

1) **Anm. d. Red.:** § 16e i. d. F. des Gesetzes v. 18.7.2017 (BGBl I S. 2774) mit Wirkung v. 29.7.2017.

2) **Anm. d. Red.:** Gemäß Art. 2 Nr. 3 i.V. mit Art. 6 Abs. 2 Gesetz v. 18.7.2017 (BGBl I S. 2774) wird § 16e mit Wirkung v. 1.1.2020 wie folgt geändert:

a) Die Überschrift wird wie folgt gefasst:
„**§ 16e Mitteilungen für die gesundheitliche Notversorgung und für vorbeugende Maßnahmen**".

b) Absatz 1 wird wie folgt gefasst:
„(1) Das Bundesinstitut für Risikobewertung nimmt als benannte Stelle nach Artikel 45 Absatz 1 der Verordnung (EG) Nr. 1272/2008, auch in Verbindung mit Artikel 73 der Verordnung (EU) Nr. 528/2012, die Aufgaben nach Artikel 45 Absatz 1 in Verbindung mit Anhang VIII der Verordnung (EG) Nr. 1272/2008 wahr."

c) Absatz 3 wird wie folgt gefasst:
„(3) [1]Das Bundesinstitut für Risikobewertung übermittelt die in den Mitteilungen nach Anhang VIII der Verordnung (EG) Nr. 1272/2008 enthaltenen Informationen den von den Ländern zu bezeichnenden medizinischen Einrichtungen, die Erkenntnisse über die gesundheitlichen Auswirkungen gefährlicher Stoffe oder gefährlicher Gemische sammeln und auswerten und bei stoffbezogenen Erkrankungen durch Beratung Hilfe leisten (Informationszentren für Vergiftungen). [2]Die Informationszentren für Vergiftungen berichten dem Bundesinstitut für Risikobewertung

1. über im Rahmen ihrer Tätigkeit gewonnene Erkenntnisse, die für die Beratung bei stoffbezogenen Erkrankungen von allgemeiner Bedeutung sind, sowie
2. auf Anforderung des Bundesinstituts für Risikobewertung über Einzelfälle aufgetretener stoffbezogener Erkrankungen oder Verdachtsfälle zur Ermittlung von gesundheitsbezogenen Risiken für die Allgemeinheit.

[3]In den Berichten müssen Angaben zur Person des Patienten anonymisiert sein."

d) Nach Absatz 3 wird folgender Absatz 3a eingefügt:
„(3a) Das Bundesinstitut für Risikobewertung stellt den nach § 21 für die Überwachung zuständigen Landesbehörden aus den bei ihm eingegangenen Mitteilungen nach Anhang VIII der Verordnung (EG) Nr. 1272/2008 folgende Informationen zur Verfügung:d)

1. die Namen und Kontaktinformationen der Mitteilungspflichtigen,
2. die Handelsnamen der Gemische und
3. die eindeutigen Rezepturidentifikatoren der Gemische."

e) Absatz 4 wird wie folgt geändert:
aa) Satz 1 wird wie folgt gefasst:
„Die in den Mitteilungen nach Anhang VIII der Verordnung (EG) Nr. 1272/2008 enthaltenen Informationen und die Angaben nach Absatz 2 sind vertraulich zu behandeln."
bb) In Satz 2 werden die Wörter „Angaben nach Absatz 1" durch die Wörter „in den Mitteilungen nach Anhang VIII der Verordnung (EG) Nr. 1272/2008 enthaltenen Informationen" ersetzt.

f) Absatz 5 wird wie folgt geändert:
aa) Nummer 2 wird wie folgt gefasst:
„2. ergänzende Regelungen zu den Mitteilungspflichten nach Anhang VIII der Verordnung (EG) Nr. 1272/2008 zu treffen, einschließlich der Erstreckung der Mitteilungspflichten auf weitere Gemische oder auf Erzeugnisse, die gefährliche Stoffe oder Gemische vorhersehbar freisetzen können, soweit dies für die Zwecke der gesundheitlichen Notversorgung und der Entwicklung vorbeugender Maßnahmen erforderlich und unionsrechtlich zulässig ist, und".
bb) In Nummer 3 werden die Wörter „Art und Umfang der Angaben nach Absatz 1 und" gestrichen.

sowie jede spätere Veränderung zu diesen Angaben mitzuteilen, die für die Behandlung von Erkrankungen, die auf Einwirkungen seines Gemisches oder seines Biozid-Produkts zurückgehen können, von Bedeutung sein kann. [2]Der Mitteilung bedarf es nicht, soweit die Angaben nach Satz 1 dem Bundesinstitut für Risikobewertung bereits übermittelt worden sind. [3]Die Mitteilung hat vor dem erstmaligen Inverkehrbringen oder dem Eintritt der Veränderung zu erfolgen.

(2) [1]Wer als Arzt zur Behandlung oder zur Beurteilung der Folgen einer Erkrankung hinzugezogen wird, bei der zumindest der Verdacht besteht, dass sie auf Einwirkungen gefährlicher Stoffe, gefährlicher Gemische, von Erzeugnissen, die gefährliche Stoffe oder Gemische freisetzen oder enthalten, oder von Biozid-Produkten zurückgeht, hat dem Bundesinstitut für Risikobewertung den Stoff oder das Gemisch, Alter und Geschlecht des Patienten, den Expositionsweg, die aufgenommene Menge und die festgestellten Symptome mitzuteilen. [2]Die Mitteilung hat hinsichtlich der Person des Patienten in anonymisierter Form zu erfolgen. [3]§ 8 Absatz 1 Nummer 1 zweiter Halbsatz des Infektionsschutzgesetzes vom 20. Juli 2000 (BGBl I S. 1045) gilt entsprechend. [4]Satz 1 gilt nicht, soweit diese Angaben einem Träger der gesetzlichen Unfallversicherung zu übermitteln sind; dieser hat die Angaben nach Satz 1 an das Bundesinstitut für Risikobewertung weiterzuleiten.

(3) [1]Das Bundesinstitut für Risikobewertung übermittelt die Angaben nach Absatz 1, auch soweit ihm diese Angaben aufgrund anderer Rechtsvorschriften übermittelt worden sind, den von den Ländern zu bezeichnenden medizinischen Einrichtungen, die Erkenntnisse über die gesundheitlichen Auswirkungen gefährlicher Stoffe oder gefährlicher Gemische sammeln und auswerten und bei stoffbezogenen Erkrankungen durch Beratung und Behandlung Hilfe leisten (Informations- und Behandlungszentren für Vergiftungen). [2]Die nach Satz 1 bezeichneten Stellen berichten dem Bundesinstitut für Risikobewertung über Erkenntnisse aufgrund ihrer Tätigkeit, die für die Beratung und Behandlung von stoffbezogenen Erkrankungen von allgemeiner Bedeutung sind.

(4) [1]Die Angaben nach den Absätzen 1 und 2 sind vertraulich zu behandeln. [2]Die Angaben nach Absatz 1 dürfen nur verwendet werden, um

1. Anfragen medizinischen Inhalts mit der Angabe von vorbeugenden und heilenden Maßnahmen, insbesondere in Notfällen, zu beantworten oder
2. auf Anforderung des Bundesministeriums für Umwelt, Naturschutz, Bau und Reaktorsicherheit anhand einer statistischen Analyse den Bedarf an verbesserten Risikomanagementmaßnahmen zu ermitteln.

[3]Die Überwachungsbefugnisse der zuständigen Landesbehörden nach § 21 bleiben unberührt.

(5) Die Bundesregierung wird ermächtigt, durch Rechtsverordnung mit Zustimmung des Bundesrates

1. die Pflichten nach Absatz 3 auch auf sonstige Stellen zu erstrecken, deren Aufgabe es ist, Anfragen medizinischen Inhalts mit der Angabe von vorbeugenden und heilenden Maßnahmen zu beantworten,
2. a) die Mitteilungspflicht nach Absatz 1 auch auf Stoffe und auf weitere Gemische zu erstrecken, von denen schädliche Einwirkungen auf den Menschen ausgehen können,
   b) die Mitteilungspflicht nach Absatz 1 auf Erzeugnisse zu erstrecken, die gefährliche Stoffe oder Gemische vorhersehbar freisetzen können, von denen schädliche Einwirkungen auf den Menschen ausgehen können, wenn die Kenntnisse über die Stoffe, Gemische oder Erzeugnisse für die Informations- und Behandlungszentren für Vergiftungen oder für die nach Nummer 1 bezeichneten Stellen zur Erfüllung der ihnen übertragenen Aufgaben erforderlich sind,
   c) bestimmte Gemische von der Mitteilungspflicht nach Absatz 1 auszunehmen, sofern dies mit dem Schutzzweck dieser Vorschrift vereinbar und unionsrechtlich zulässig ist, und

3. nähere Bestimmungen über Art und Umfang der Angaben nach Absatz 1 und die Informationspflichten nach den Absätzen 2 und 3 sowie die vertrauliche Behandlung und die Zweckbindung nach Absatz 4 zu treffen.

§ 16f (weggefallen)

Fünfter Abschnitt: Ermächtigung zu Verboten und Beschränkungen sowie zu Maßnahmen zum Schutz von Beschäftigten

§ 17 Verbote und Beschränkungen[1)]

ChemG

(1) Die Bundesregierung wird ermächtigt, nach Anhörung der beteiligten Kreise durch Rechtsverordnung mit Zustimmung des Bundesrates, soweit es zu dem in § 1 genannten Zweck erforderlich und unionsrechtlich zulässig ist,

1. vorzuschreiben, dass bestimmte gefährliche Stoffe, bestimmte gefährliche Gemische oder Erzeugnisse, die einen solchen Stoff oder ein solches Gemisch freisetzen können oder enthalten,
   a) nicht, nur in bestimmter Beschaffenheit oder nur für bestimmte Zwecke hergestellt, in den Verkehr gebracht oder verwendet werden dürfen,
   b) nur auf bestimmte Art und Weise verwendet werden dürfen oder
   c) nur unter bestimmten Voraussetzungen oder nur an bestimmte Personen abgegeben oder nur unter bestimmten Voraussetzungen oder nur bestimmten Personen angeboten werden dürfen,
2. vorzuschreiben, dass derjenige, der bestimmte gefährliche Stoffe, bestimmte gefährliche Gemische oder Erzeugnisse, die einen solchen Stoff oder ein solches Gemisch freisetzen können oder enthalten, herstellt, in den Verkehr bringt oder verwendet,
   a) dies anzuzeigen hat,
   b) dazu einer Erlaubnis bedarf,
   c) bestimmten Anforderungen an seine Zuverlässigkeit und Gesundheit genügen muss oder
   d) seine Sachkunde in einem näher festzulegenden Verfahren nachzuweisen hat,
3. Herstellungs- oder Verwendungsverfahren zu verbieten, bei denen bestimmte gefährliche Stoffe anfallen.

(2) Durch Verordnung nach Absatz 1 können auch Verbote und Beschränkungen unter Berücksichtigung der Entwicklung von Stoffen, Gemischen, Erzeugnissen oder Verfahren, deren Herstellung, Verwendung, Entsorgung oder Anwendung mit einem geringeren Risiko für Mensch oder Umwelt verbunden ist, festgesetzt werden.

(3) [1]Absatz 1 gilt auch für Biozid-Wirkstoffe und Biozid-Produkte, die nicht gefährliche Stoffe oder Gemische im Sinne des § 3a sind, für Stoffe, Gemische und Erzeugnisse nach § 19 Absatz 2 sowie für Stoffe, Gemische oder Erzeugnisse, deren Umwandlungsprodukte gefährlich im Sinne des Anhangs I Teil 2 bis 5 der Verordnung (EG) Nr. 1272/2008 sind. [2]Durch Verordnung nach Absatz 1 in Verbindung mit Satz 1 können auch Vorschriften zur guten fachlichen Praxis bei der Verwendung von Biozid-Produkten erlassen werden.

(4) Absatz 1 Nummer 1 und 2 gilt auch für solche Stoffe, Gemische oder Erzeugnisse, bei denen Anhaltspunkte, insbesondere ein nach dem Stand der wissenschaftlichen Erkenntnisse begründeter Verdacht dafür bestehen, dass der Stoff, das Gemisch oder das Erzeugnis gefährlich ist.

---

1) **Anm. d. Red.:** § 17 i. d. F. des Gesetzes v. 18.7.2017 (BGBl I S. 2774) mit Wirkung v. 29.7.2017.

(5) [1]Die Bundesregierung kann in den Rechtsverordnungen nach Absatz 1 auch Regelungen zum Verfahren sowie Methoden zur Überprüfung ihrer Einhaltung festlegen. [2]Dabei können insbesondere auch die Entnahme von Proben und die hierfür anzuwendenden Verfahren und die zur Bestimmung von einzelnen Stoffen oder Stoffgruppen erforderlichen Analyseverfahren geregelt werden.

(6) [1]Bei Gefahr im Verzuge kann die Bundesregierung eine Rechtsverordnung nach Absatz 1 Nummer 1 und 3 ohne Zustimmung des Bundesrates und ohne Anhörung der beteiligten Kreise erlassen. [2]Sie tritt spätestens zwölf Monate nach ihrem Inkrafttreten außer Kraft. [3]Ihre Geltungsdauer kann nur mit Zustimmung des Bundesrates verlängert werden.

(7) Die beteiligten Kreise bestehen aus jeweils auszuwählenden Vertretern der Wissenschaft, der Verbraucherschutzverbände, der Gewerkschaften und Berufsgenossenschaften, der beteiligten Wirtschaft, des Gesundheitswesens sowie der Umwelt-, Tierschutz- und Naturschutzverbände.

§ 18 Giftige Tiere und Pflanzen

(1) [1]Die Bundesregierung wird ermächtigt, soweit es zum Schutz von Leben oder Gesundheit des Menschen unter Berücksichtigung der Belange des Natur- und Tierschutzes erforderlich ist, durch Rechtsverordnung mit Zustimmung des Bundesrates vorzuschreiben, dass Exemplare

1. bestimmter giftiger Tierarten
   a) nicht eingeführt oder nicht gehalten werden dürfen,
   b) nur eingeführt oder gehalten werden dürfen, wenn geeignete Gegenmittel und Behandlungsempfehlungen vom Einführer oder Tierhalter bereitgehalten werden, oder
   c) nur eingeführt oder gehalten werden dürfen, wenn dies der zuständigen Behörde zuvor angezeigt wird,
2. bestimmter giftiger Pflanzenarten
   a) auf bestimmten Flächen nicht angepflanzt oder
   b) in Katalogen und Warenlisten nur mit einem Hinweis auf ihre Giftigkeit angeboten werden dürfen.

[2]Die Erlaubnis zur Haltung nach Satz 1 Nummer 1 Buchstabe b und c kann mit Auflagen verbunden werden.

(2) [1]Absatz 1 Nummer 1 gilt entsprechend für tote Exemplare giftiger Tierarten oder für Teile von diesen. [2]Absatz 1 Nummer 2 Buchstabe b gilt entsprechend für giftige Samen, giftiges Pflanz- und Vermehrungsgut sowie abgestorbene Exemplare oder Teile giftiger Pflanzenarten.

(3) § 17 Absatz 1 Nummer 1 und 2 Buchstabe c und d gilt entsprechend für die in Absatz 2 Satz 1 genannten Tierkörper oder deren Teile sowie für bestimmte Arten giftiger Samen und abgestorbener Exemplare oder Teile giftiger Pflanzenarten.

§ 19 Maßnahmen zum Schutz von Beschäftigten[1)]

(1) [1]Die Bundesregierung wird ermächtigt, durch Rechtsverordnung mit Zustimmung des Bundesrates, soweit es zum Schutz von Leben und Gesundheit des Menschen einschließlich des Schutzes der Arbeitskraft und der menschengerechten Gestaltung der Arbeit erforderlich ist, beim Herstellen und Verwenden von Stoffen, Gemischen und Erzeugnissen sowie bei Tätigkeiten in deren Gefahrenbereich Maßnahmen der in Absatz 3 beschriebenen Art vorzuschreiben. [2]Satz 1 gilt nicht für Maßnahmen nach Absatz 3, soweit entsprechende Vorschriften nach dem Atomgesetz, Bundes-Immissionsschutzgesetz, Pflanzenschutzgesetz oder Sprengstoffgesetz bestehen.

1) **Anm. d. Red.:** § 19 i. d. F. des Gesetzes v. 18.7.2017 (BGBl I S. 2774) mit Wirkung v. 29.7.2017.

(2) Gefahrstoffe im Sinne dieser Vorschrift sind

1. gefährliche Stoffe und Gemische nach § 3a Absatz 1,
2. Stoffe, Gemische und Erzeugnisse, die explosionsfähig sind,
3. Stoffe, Gemische und Erzeugnisse, aus denen bei der Herstellung oder Verwendung Stoffe nach Nummer 1 oder Nummer 2 entstehen oder freigesetzt werden,
4. Stoffe und Gemische, die die Kriterien nach den Nummern 1 bis 3 nicht erfüllen, aber aufgrund ihrer physikalisch-chemischen, chemischen oder toxischen Eigenschaften und der Art und Weise, wie sie am Arbeitsplatz vorhanden sind oder verwendet werden, die Gesundheit und die Sicherheit der Beschäftigten gefährden können,
5. alle Stoffe, denen ein Arbeitsplatzgrenzwert im Sinne der Rechtsverordnung nach Absatz 1 zugewiesen ist.

(3) Durch Rechtsverordnung nach Absatz 1 kann insbesondere bestimmt werden,

ChemG

1. wie derjenige, der andere mit der Herstellung oder Verwendung von Stoffen, Gemischen oder Erzeugnissen beschäftigt, zu ermitteln hat, ob es sich im Hinblick auf die vorgesehene Herstellung oder Verwendung um einen Gefahrstoff handelt, soweit nicht bereits eine Einstufung nach den Vorschriften des Dritten Abschnitts erfolgt ist,
2. dass derjenige, der andere mit der Herstellung oder Verwendung von Gefahrstoffen beschäftigt, verpflichtet wird zu prüfen, ob Stoffe, Gemische oder Erzeugnisse oder Herstellungs- oder Verwendungsverfahren mit einem geringeren Risiko für die menschliche Gesundheit verfügbar sind und dass er diese verwenden soll oder zu verwenden hat, soweit es ihm zumutbar ist,

2a. dass der Hersteller oder Einführer dem Arbeitgeber auf Verlangen die gefährlichen Inhaltsstoffe der Gefahrstoffe sowie die gültigen Grenzwerte und, falls solche noch nicht vorhanden sind, Empfehlungen für einzuhaltende Stoffkonzentrationen und die von den Gefahrstoffen ausgehenden Gefahren oder die zu ergreifenden Maßnahmen mitzuteilen hat,

3. wie die Arbeitsstätte einschließlich der technischen Anlagen, die technischen Arbeitsmittel und die Arbeitsverfahren beschaffen, eingerichtet sein oder betrieben werden müssen, damit sie dem Stand der Technik, Arbeitsmedizin und Hygiene sowie den gesicherten sicherheitstechnischen, arbeitsmedizinischen, hygienischen und sonstigen arbeitswissenschaftlichen Erkenntnissen entsprechen, die zum Schutz der Beschäftigten zu beachten sind,
4. wie der Betrieb geregelt sein muss, insbesondere
   a) dass Stoffe und Gemische bezeichnet und wie Gefahrstoffe innerbetrieblich verpackt, gekennzeichnet und erfasst sein müssen, damit die Beschäftigten durch eine ungeeignete Verpackung nicht gefährdet und durch eine Kennzeichnung über die von ihnen ausgehenden Gefahren unterrichtet werden,
   b) wie das Herstellungs- oder Verwendungsverfahren gestaltet sein muss, damit die Beschäftigten nicht gefährdet und die Grenzwerte oder Richtwerte über die Konzentration gefährlicher Stoffe oder Gemische am Arbeitsplatz nach dem Stand der Technik unterschritten werden,
   c) welche Vorkehrungen getroffen werden müssen, damit Gefahrstoffe nicht in die Hände Unbefugter gelangen oder sonst abhanden kommen,
   d) welche persönlichen Schutzausrüstungen zur Verfügung gestellt und von den Beschäftigten bestimmungsgemäß benutzt werden müssen,
   e) wie die Zahl der Beschäftigten, die Gefahrstoffen ausgesetzt werden, beschränkt und wie die Dauer einer solchen Beschäftigung begrenzt sein muss,
   f) wie die Beschäftigten sich verhalten müssen, damit sie sich selbst und andere nicht gefährden, und welche Voraussetzungen hierfür zu treffen sind, insbesondere welche Kenntnisse und Fähigkeiten Beschäftigte haben müssen und welche Nachweise hierüber zu erbringen sind,

g) unter welchen Umständen Zugangs- und Beschäftigungsbeschränkungen zum Schutz der Beschäftigten vorgesehen werden müssen,

h) dass ein Projektleiter für bestimmte Herstellungs- oder Verwendungsverfahren zu bestellen ist, welche Verantwortlichkeiten diesem zuzuweisen sind und welche Sachkunde dieser nachzuweisen hat,

5. wie den Beschäftigten die anzuwendenden Vorschriften in einer tätigkeitsbezogenen Betriebsanweisung dauerhaft zur Kenntnis zu bringen sind und in welchen Zeitabständen anhand der Betriebsanweisung über die auftretenden Gefahren und die erforderlichen Schutzmaßnahmen zu unterweisen ist,
6. welche Vorkehrungen zur Verhinderung von Betriebsstörungen und zur Begrenzung ihrer Auswirkungen für die Beschäftigten und welche Maßnahmen zur Organisation der Ersten Hilfe zu treffen sind,
7. dass und welche verantwortlichen Aufsichtspersonen für Bereiche, in denen Beschäftigte besonderen Gefahren ausgesetzt sind, bestellt und welche Befugnisse ihnen übertragen werden müssen, damit die Arbeitsschutzaufgaben erfüllt werden können,
8. dass im Hinblick auf den Schutz der Beschäftigten eine Gefahrenbeurteilung vorzunehmen ist, welche Unterlagen hierfür zu erstellen sind und dass diese Unterlagen zur Überprüfung der Gefahrenbeurteilung von der zuständigen Landesbehörde der Bundesanstalt für Arbeitsschutz und Arbeitsmedizin zugeleitet werden können,
9. welche Unterlagen zur Abwendung von Gefahren für die Beschäftigten zur Einsicht durch die zuständige Landesbehörde bereitzuhalten und auf Verlangen vorzulegen sind,
10. dass ein Herstellungs- oder Verwendungsverfahren, bei dem besondere Gefahren für die Beschäftigten bestehen oder zu besorgen sind, der zuständigen Landesbehörde angezeigt oder von der zuständigen Landesbehörde erlaubt sein muss,
11. dass Arbeiten, bei denen bestimmte gefährliche Stoffe oder Gemische freigesetzt werden können, nur von dafür behördlich anerkannten Betrieben durchgeführt werden dürfen,
12. dass die Beschäftigten gesundheitlich zu überwachen sind, hierüber Aufzeichnungen zu führen sind und zu diesem Zweck

    a) derjenige, der andere mit der Herstellung oder Verwendung von Gefahrstoffen beschäftigt, insbesondere verpflichtet werden kann, die Beschäftigten ärztlich untersuchen zu lassen,

    b) der Arzt, der mit einer Vorsorgeuntersuchung beauftragt ist, in Zusammenhang mit dem Untersuchungsbefund bestimmte Pflichten zu erfüllen hat, insbesondere hinsichtlich des Inhalts einer von ihm auszustellenden Bescheinigung und der Unterrichtung und Beratung über das Ergebnis der Untersuchung,

    c) die zuständige Behörde entscheidet, wenn Feststellungen des Arztes für unzutreffend gehalten werden,

    d) die in die Aufzeichnung aufzunehmenden Daten dem zuständigen Träger der gesetzlichen Unfallversicherung oder einer von ihm beauftragten Stelle zum Zwecke der Ermittlung arbeitsbedingter Gesundheitsgefahren oder Berufskrankheiten übermittelt werden,
13. dass der Arbeitgeber dem Betriebs- oder Personalrat Vorgänge mitzuteilen hat, die er erfahren muss, um seine Aufgaben erfüllen zu können,
14. dass die zuständigen Landesbehörden ermächtigt werden, zur Durchführung von Rechtsverordnungen bestimmte Anordnungen im Einzelfall zu erlassen, insbesondere bei Gefahr im Verzug auch gegen Aufsichtspersonen und sonstige Beschäftigte,
15. dass die Betriebsanlagen und Arbeitsverfahren, in denen bestimmte Gefahrstoffe hergestellt oder verwendet werden, durch einen Sachkundigen oder einen Sachverständigen geprüft werden müssen,
16. dass und welche Informations- und Mitwirkungspflichten derjenige hat, der Tätigkeiten an Erzeugnissen oder Bauwerken veranlasst, welche Gefahrstoffe enthalten, die durch diese

Tätigkeiten freigesetzt werden können und zu besonderen Gesundheitsgefahren führen können.

(4) Wegen der Anforderungen nach Absatz 3 kann auf jedermann zugängliche Bekanntmachungen sachverständiger Stellen verwiesen werden; hierbei ist

1. in der Rechtsverordnung das Datum der Bekanntmachung anzugeben und die Bezugsquelle genau zu bezeichnen,
2. die Bekanntmachung bei der Bundesanstalt für Arbeitsschutz und Arbeitsmedizin archivmäßig gesichert niederzulegen und in der Rechtsverordnung darauf hinzuweisen.

Sechster Abschnitt: Gute Laborpraxis

§ 19a Gute Laborpraxis (GLP)

ChemG

(1) Nicht-klinische gesundheits- und umweltrelevante Sicherheitsprüfungen von Stoffen oder Gemischen, deren Ergebnisse eine Bewertung ihrer möglichen Gefahren für Mensch und Umwelt in einem Zulassungs-, Erlaubnis-, Registrierungs-, Anmelde- oder Mitteilungsverfahren ermöglichen sollen, sind unter Einhaltung der Grundsätze der Guten Laborpraxis nach dem Anhang 1 zu diesem Gesetz durchzuführen, soweit gemeinschaftsrechtlich oder unionsrechtlich nichts anderes bestimmt ist.

(2) [1]Der Antragsteller oder der Anmelde- oder Mitteilungspflichtige, der in einem Verfahren nach Absatz 1 Prüfergebnisse vorlegt, hat nachzuweisen, dass die den Prüfergebnissen zugrunde liegenden Prüfungen den Anforderungen nach Anhang 1 entsprechen. [2]Der Nachweis ist zu erbringen durch

1. die Bescheinigung nach § 19b und
2. die schriftliche Erklärung des Prüfleiters, inwieweit die Prüfung nach den Grundsätzen der Guten Laborpraxis durchgeführt worden ist.

[3]Wird der Nachweis nicht erbracht, gelten die Prüfergebnisse als nicht vorgelegt.

(3) Bundesbehörden, die Prüfungen nach Absatz 1 durchführen, sind dafür verantwortlich, dass in ihrem Aufgabenbereich die Grundsätze der Guten Laborpraxis eingehalten werden.

(4) Die Aufbewahrungspflicht nach Nummer 10.2 des Anhangs 1 kann durch Übergabe der Unterlagen und schriftliche Vereinbarung mit dem Auftraggeber oder einem Dritten, die der zuständigen Behörde mitzuteilen sind, übertragen werden.

(5) Die Absätze 1 und 2 sind nicht anzuwenden auf vor dem 1. August 1990 begonnene und bis zum 1. Januar 1995 abgeschlossene Prüfungen, wenn die zuständige Behörde im Einzelfall festgestellt hat, dass die Prüfung auch unter Berücksichtigung der Grundsätze der Guten Laborpraxis noch verwertbar ist.

§ 19b GLP-Bescheinigung

(1) [1]Die zuständige Behörde hat demjenigen, der Prüfungen nach § 19a Absatz 1 durchführt, auf Antrag nach Durchführung eines Inspektionsverfahrens eine Bescheinigung über die Einhaltung der Grundsätze der Guten Laborpraxis zu erteilen, wenn seine Prüfeinrichtung oder sein Prüfstandort und die von ihm durchgeführten Prüfungen oder Phasen von Prüfungen den Grundsätzen der Guten Laborpraxis nach Anhang 1 entsprechen. [2]Den Antrag nach Satz 1 kann auch stellen, wer, ohne zu Prüfungen nach § 19a Absatz 1 verpflichtet zu sein, ein berechtigtes Interesse glaubhaft macht. [3]In dem Fall des § 19a Absatz 3 wird der Bundesbehörde die Bescheinigung von ihrer Aufsichtsbehörde oder einer von dieser bestimmten Stelle erteilt. [4]Die Bescheinigung nach den Sätzen 1 und 3 ist nach dem Muster des Anhangs 2 auszustellen. [5]Über einen Antrag auf Erteilung einer Bescheinigung nach Satz 1 ist innerhalb einer Frist von drei Monaten zu entscheiden; § 42a Absatz 2 Satz 2 bis 4 des Verwaltungsverfahrensgesetzes findet mit der Maßgabe Anwendung, dass die Frist nicht vor Abschluss des vorgeschriebenen Inspektionsverfahrens nach Satz 1 beginnt. [6]Das Antragsverfahren zur Erteilung der Bescheinigung kann über eine einheitliche Stelle abgewickelt werden. [7]Bei der Prüfung des Antrags auf Erteilung einer Be-

scheinigung nach Satz 1 stehen Nachweise aus einem anderen Mitgliedstaat der Europäischen Union oder einem anderen Vertragsstaat des Abkommens über den Europäischen Wirtschaftsraum inländischen Nachweisen gleich, wenn aus ihnen hervorgeht, dass der Antragsteller die betreffenden Anforderungen des Satzes 1 oder die aufgrund ihrer Zielsetzung im Wesentlichen vergleichbaren Anforderungen des Ausstellungsstaats erfüllt.

(2) Der Bescheinigung nach Absatz 1 Satz 1 stehen gleich:

1. GLP-Bescheinigungen anderer Mitgliedstaaten der Europäischen Union oder Vertragsstaaten des Abkommens über den Europäischen Wirtschaftsraum aufgrund der Richtlinie 2004/9/EG des Europäischen Parlaments und des Rates vom 11. Februar 2004 über die Inspektion und Überprüfung der Guten Laborpraxis (GLP) (ABl EU Nr. L 50 S. 28),
2. GLP-Bescheinigungen von Staaten, die nicht Mitglied der Europäischen Union sind, wenn die gegenseitige Anerkennung von GLP-Bescheinigungen gewährleistet ist,
3. eine Bestätigung des Bundesinstitutes für Risikobewertung, dass eine Prüfeinrichtung, die in einem Staat gelegen ist, der nicht Mitgliedstaat der Europäischen Union ist und die gegenseitige Anerkennung von GLP-Bescheinigungen nicht gewährleistet, nach den dem Bundesinstitut für Risikobewertung vorliegenden Erkenntnissen Prüfungen nach den Grundsätzen der Guten Laborpraxis durchführt.

§ 19c Berichterstattung[1)]

(1) [1]Die Bundesregierung erstattet jährlich bis zum 31. März für das vergangene Kalenderjahr der Europäischen Kommission Bericht über die Anwendung der Grundsätze der Guten Laborpraxis im Geltungsbereich dieses Gesetzes. [2]Der Bericht enthält ein Verzeichnis der inspizierten Prüfeinrichtungen und Prüfstandorte, eine Angabe der Zeitpunkte, zu denen Inspektionen durchgeführt wurden und eine Zusammenfassung der Ergebnisse der Inspektionen. [3]Die obersten Landesbehörden wirken bei der Erstellung des Berichts mit und übersenden ihre Beiträge bis zum 15. Februar für das vergangene Kalenderjahr dem Bundesministerium für Umwelt, Naturschutz, Bau und Reaktorsicherheit.

(2) Das Bundesministerium für Umwelt, Naturschutz, Bau und Reaktorsicherheit kann ein Verzeichnis der Prüfeinrichtungen und Prüfstandorte, die Prüfungen oder Phasen von Prüfungen unter Einhaltung der Grundsätze der Guten Laborpraxis durchführen, im Bundesanzeiger veröffentlichen.

§ 19d Ergänzende Vorschriften

(1) Das Bundesinstitut für Risikobewertung hat, zusätzlich zu den Aufgaben, die ihm durch Gesetze, Rechtsverordnungen oder andere Rechtsvorschriften übertragen sind, im Bereich der Guten Laborpraxis folgende Aufgaben:

1. Erstellung, Führung und Fortschreibung des Verzeichnisses nach § 19c Absatz 2,
2. fachliche Beratung der Bundesregierung und der Länder, insbesondere bei der Konkretisierung der Anforderungen an
   a) die Sachkunde und die Zuverlässigkeit der mit der Durchführung der Prüfungen betrauten Personen,
   b) die Beschaffenheit und die Ausstattung der Prüfeinrichtungen und Prüfstandorte,
   c) die Laborpraxis, z. B. die Beschaffenheit der Prüfproben, die Durchführung und Qualitätskontrolle der Prüfungen und Phasen von Prüfungen,
   d) die Gewinnung und Dokumentation von Daten,
   e) die Überwachung der Einhaltung der Grundsätze der Guten Laborpraxis,
3. fachliche Beratung der Bundesregierung im Rahmen von Konsultationsverfahren mit der Europäischen Kommission und anderer Mitgliedstaaten der Europäischen Union,

1) **Anm. d. Red.:** § 19c i. d. F. des Gesetzes v. 31. 8. 2015 (BGBl I S. 1474) mit Wirkung v. 8. 9. 2015.

4. Mitwirkung bei dem Vollzug von Vereinbarungen über die Gute Laborpraxis mit Staaten, die nicht Mitglied der Europäischen Union sind.

(2) Die Bundesregierung wird ermächtigt, durch Rechtsverordnung mit Zustimmung des Bundesrates zur Weiterentwicklung der Guten Laborpraxis die Anhänge 1 und 2 zu ändern.

(3) [1]Die Bundesregierung erlässt mit Zustimmung des Bundesrates allgemeine Verwaltungsvorschriften über das Verfahren der behördlichen Überwachung. [2]In der allgemeinen Verwaltungsvorschrift kann auch eine Übertragung der Veröffentlichungsbefugnis auf das Bundesinstitut für Risikobewertung geregelt werden.

Siebter Abschnitt: Allgemeine Vorschriften

§ 20 Antrags- und Mitteilungsunterlagen, Verordnungsermächtigungen

(1) Die Bundesregierung wird ermächtigt, durch Rechtsverordnung mit Zustimmung des Bundesrates

ChemG

1. Inhalt und Form von Antrags- oder Mitteilungsunterlagen, die bei der Bundesstelle für Chemikalien oder einer anderen Bundesbehörde nach diesem Gesetz, einer auf dieses Gesetz gestützten Rechtsverordnung oder einer der in § 21 Absatz 2 Satz 1 genannten EG- oder EU-Verordnung einzureichen sind, näher zu bestimmen,
2. zu regeln, dass und für welchen Zeitraum derjenige, der derartige Antrags- oder Mitteilungsunterlagen bei der Bundesstelle für Chemikalien oder einer anderen Bundesbehörde einreicht, ein Doppel dieser Unterlagen zur Einsichtnahme aufzubewahren hat.

(2) Die Bundesstelle für Chemikalien kann für Anträge oder Unterlagen, die bei ihr eingereicht werden,

1. die Verwendung von ihr bestimmter Vordrucke oder Formate sonstiger Datenträger verlangen,
2. die Übermittlung der Angaben auf einem anderen Datenträger zulassen,
3. die Übermittlung weiterer Kopien vorgelegter Unterlagen verlangen, soweit dies im Hinblick auf die Beteiligung der in den §§ 4 und 12a genannten weiteren Bundesbehörden erforderlich ist.

§ 20a (weggefallen)

§ 20b Ausschüsse

Die Bundesregierung wird ermächtigt, durch Rechtsverordnung mit Zustimmung des Bundesrates Ausschüsse zu bilden, denen die Aufgabe übertragen werden kann,

1. die Bundesregierung oder die zuständigen Bundesministerien zu beraten, insbesondere
   a) bei der Entwicklung von Methoden für Prüfnachweise nach diesem Gesetz,
   b) bei der Erarbeitung von Vorschriften für die Einstufung, Kennzeichnung und Verpackung nach den §§ 14 und 19,
   c) bei der Benennung von Stoffen und Gemischen, für die eine Mitteilungspflicht nach § 16d begründet werden sollte,
   d) beim Erlass von Verbots-, Beschränkungs- oder Schutzvorschriften nach § 17, § 18 oder § 19 und
   e) bei der Weiterentwicklung der Guten Laborpraxis sowie
2. a) sicherheitstechnische, arbeitsmedizinische und hygienische Regeln sowie sonstige arbeitswissenschaftliche Erkenntnisse zu ermitteln,
   b) zum Schutz von Mensch und Umwelt Empfehlungen zu erarbeiten sowie
   c) für Mensch und Umwelt nicht oder weniger gefährliche Stoffe, Gemische, Erzeugnisse und Verfahren vorzuschlagen,

die das zuständige Bundesministerium amtlich bekannt machen kann.

§ 21 Überwachung[1)2)]

(1) Die zuständigen Landesbehörden haben die Durchführung dieses Gesetzes und der auf dieses Gesetz gestützten Rechtsverordnungen zu überwachen, soweit dieses Gesetz keine andere Regelung trifft.

(2) [1]Absatz 1 gilt auch für EG- oder EU-Verordnungen, die Sachbereiche dieses Gesetzes betreffen, soweit die Überwachung ihrer Durchführung den Mitgliedstaaten obliegt. [2]Sind für die Durchführung von EG- oder EU-Verordnungen im Sinne des Satzes 1 die Entgegennahme und die Weiterleitung von Informationen oder sonstige Mitwirkungsakte der Mitgliedstaaten erforderlich, ist hierfür die Bundesstelle für Chemikalien zuständig.

(2a) Die Bundesregierung wird ermächtigt, durch Rechtsverordnung mit Zustimmung des Bundesrates zur Durchführung dieses Gesetzes, der auf dieses Gesetz gestützten Rechtsverordnungen sowie der in Absatz 2 Satz 1 genannten EG- oder EU-Verordnungen

1. die Zuständigkeit für bestimmte Genehmigungen und Einvernehmenserklärungen abweichend von den Absätzen 1 und 2 Satz 1 einer Bundesoberbehörde zu übertragen, wenn diese Genehmigungen oder Einvernehmenserklärungen bundeseinheitlich zu erfolgen haben oder die Beurteilung von Sachverhalten voraussetzen, die in der Regel räumlich über den Zuständigkeitsbereich eines Landes hinausgehen, sowie
2. in den Fällen des Absatzes 2 Satz 2 eine andere Bundesoberbehörde zu bestimmen.

(3) [1]Die zuständige Landesbehörde ist befugt, von natürlichen und juristischen Personen und nicht rechtsfähigen Personenvereinigungen alle zur Durchführung dieses Gesetzes, der auf dieses Gesetz gestützten Rechtsverordnungen und der in Absatz 2 Satz 1 genannten EG- oder EU-Verordnungen erforderlichen Auskünfte zu verlangen. [2]In den Fällen des Absatzes 2 Satz 2 stehen diese Befugnisse der dort bezeichneten, in den Fällen des Absatzes 2a der in der Rechtsverordnung bezeichneten Bundesoberbehörde zu.

(4) [1]Die mit der Überwachung beauftragten Personen sind befugt,

1. zu den Betriebs- und Geschäftszeiten Grundstücke, Geschäftsräume, Betriebsräume zu betreten und zu besichtigen, Proben von Stoffen, Gemischen und Erzeugnissen nach ihrer Auswahl zu fordern und zu entnehmen und in die geschäftlichen Unterlagen des Auskunftspflichtigen Einsicht zu nehmen,
2. die Vorlage der Unterlagen über Anträge, Mitteilungen, Notifizierungen, Registrierungen und Zulassungen sowie sonstiger Unterlagen nach diesem Gesetz, den auf dieses Gesetz gestützten Rechtsverordnungen und den in Absatz 2 Satz 1 genannten EG- oder EU-Verordnungen zu verlangen,
3. Arbeitseinrichtungen und Arbeitsschutzmittel zu prüfen,
4. Herstellungs- und Verwendungsverfahren zu untersuchen und insbesondere das Vorhandensein und die Konzentration gefährlicher Stoffe und Gemische festzustellen und zu messen.

[2]Zur Verhütung dringender Gefahren für die öffentliche Sicherheit und Ordnung können die Maßnahmen nach Satz 1 Nummer 1, 3 und 4 auch in Wohnräumen und zu jeder Tages- und Nachtzeit getroffen werden. [3]Der Auskunftspflichtige hat die Maßnahmen nach Satz 1 Nummer 1, 3 und 4 und Satz 2 zu dulden sowie die mit der Überwachung beauftragten Personen zu unterstützen, soweit dies zur Erfüllung ihrer Aufgaben erforderlich ist, insbesondere ihnen auf Verlangen Räume, Behälter und Behältnisse zu öffnen und die Entnahme von Proben zu ermöglichen. [4]Das Grundrecht des Artikels 13 des Grundgesetzes auf Unverletzlichkeit der Wohnung wird insoweit eingeschränkt.

---

1) **Anm. d. Red.:** § 21 i. d. F. der Berichtigung der Neufassung v. 12.11.2013 (BGBl I S. 3991) mit Wirkung v. 1.9.2013.

2) **Anm. d. Red.:** Gemäß Art. 2 Nr. 4 i.V. mit Art. 6 Abs. 2 Gesetz v. 18.7.2017 (BGBl I S. 2774) wird in § 21 Abs. 2 Satz 2 mit Wirkung v. 1.1.2020 nach dem Wort „zuständig" die Wörter „, soweit dieses Gesetz keine andere Regelung trifft" eingefügt.

(5) Der Auskunftspflichtige kann die Auskunft auf solche Fragen verweigern, deren Beantwortung ihn selbst oder einen seiner in § 383 Absatz 1 Nummer 1 bis 3 der Zivilprozessordnung bezeichneten Angehörigen der Gefahr der Verfolgung wegen einer Straftat oder Ordnungswidrigkeit aussetzen würde.

(6) [1]Kann die zuständige Landesbehörde Art und Umfang der bei der Herstellung oder Verwendung der in § 19 Absatz 2 genannten Stoffe, Gemische und Erzeugnisse drohenden oder eingetretenen schädlichen Einwirkungen oder die zu ihrer Abwendung oder Vorbeugung erforderlichen Maßnahmen nicht beurteilen, so kann sie hierzu vom Hersteller oder Verwender verlangen, dass er durch einen von der Behörde zu bestimmenden Sachverständigen auf seine Kosten ein Gutachten erstatten lässt und ihr eine Ausfertigung des Gutachtens vorlegt. [2]Satz 1 gilt nicht, soweit in diesem Gesetz Prüfungen vorgeschrieben oder die Voraussetzungen für die Anordnung von Prüfungen festgelegt sind.

(6a) [1]Werden in das Inland verbrachte Stoffe, Gemische und Erzeugnisse im Sinne dieses Gesetzes aufgrund dieses Gesetzes oder der aufgrund dieses Gesetzes erlassenen Rechtsverordnungen beanstandet, so können sie zur Rückgabe an den ausländischen Lieferanten aus dem Geltungsbereich dieses Gesetzes verbracht werden, sofern die zuständige Landesbehörde nicht etwas anderes bestimmt hat. [2]Unberührt bleiben zwischenstaatliche Vereinbarungen, denen die gesetzgebenden Körperschaften in der Form eines Bundesgesetzes zugestimmt haben, sowie Rechtsakte der Europäischen Gemeinschaft oder der Europäischen Union.

ChemG

(7) [1]Die Bundesstelle für Chemikalien und die in § 12a genannten Stellen sind verpflichtet, die Daten, die von ihnen aufgrund dieses Gesetzes, der auf Grundlage dieses Gesetzes ergangenen Verordnungen und der in Absatz 2 Satz 1 genannten EG- oder EU-Verordnungen erhoben und gespeichert werden, den Behörden des Arbeitsschutzes, des allgemeinen Gesundheitsschutzes, des Umwelt- und Naturschutzes, der allgemeinen Gefahrenabwehr und des Brand- und Katastrophenschutzes der Länder sowie den Trägern der gesetzlichen Unfallversicherung im Wege der Amtshilfe zur Verfügung zu stellen. [2]§ 16e Absatz 4 bleibt unberührt.

§ 21a Mitwirkung von Zollstellen

(1) [1]Das Bundesministerium der Finanzen und die von ihm bestimmten Zollstellen wirken bei der Überwachung der Ein- und Ausfuhr derjenigen Stoffe, Gemische und Erzeugnisse mit, die diesem Gesetz oder einer aufgrund dieses Gesetzes erlassenen Rechtsverordnung oder einer der in § 21 Absatz 2 Satz 1 genannten EG- oder EU-Verordnungen unterliegen. [2]Soweit dies zur Überwachung der Durchführung dieses Gesetzes, der aufgrund dieses Gesetzes ergangenen Verordnungen und der in Satz 1 genannten EG- oder EU-Verordnungen erforderlich ist, können sie Informationen, die sie im Rahmen ihrer zollamtlichen Tätigkeit gewonnen haben, den zuständigen Behörden mitteilen.

(2) [1]Bestehen Anhaltspunkte für einen Verstoß gegen die in Absatz 1 genannten Vorschriften, unterrichten die Zollstellen die zuständigen Behörden. [2]Sie können die Stoffe, Gemische und Erzeugnisse sowie deren Beförderungs- und Verpackungsmittel auf Kosten und Gefahr des Verfügungsberechtigten zurückweisen oder bis zur Behebung der festgestellten Mängel oder bis zur Entscheidung der zuständigen Behörde sicherstellen.

§ 22 Informationspflichten

[1]Die Bundesstelle für Chemikalien und die zuständigen Landesbehörden unterrichten sich gegenseitig über alle Erkenntnisse, die für die Wahrnehmung ihrer Aufgaben nach diesem Gesetz, den aufgrund dieses Gesetzes erlassenen Rechtsverordnungen oder den in § 21 Absatz 2 Satz 1 genannten EG- oder EU-Verordnungen einschließlich der Erfüllung darin enthaltener Berichtspflichten gegenüber der Europäischen Kommission erforderlich sind. [2]Die Bundesstelle für Chemikalien hat die zuständigen Landesbehörden auf Verlangen zu beraten. [3]Soweit nach § 21 Absatz 2a Nummer 2 eine andere Bundesoberbehörde bestimmt ist, bestehen die in den Sätzen 1 und 2 genannten Pflichten zwischen dieser Behörde und den zuständigen Landesbehörden.

§ 23 Behördliche Anordnungen

(1) Die zuständige Landesbehörde kann im Einzelfall die Anordnungen treffen, die zur Beseitigung festgestellter oder zur Verhütung künftiger Verstöße gegen dieses Gesetz oder gegen die nach diesem Gesetz erlassenen Rechtsverordnungen oder gegen eine in § 21 Absatz 2 Satz 1 genannte EG- oder EU-Verordnung notwendig sind.

(1a) Wird eine Anordnung nach Absatz 1 nicht innerhalb der gesetzten Frist oder eine solche für sofort vollziehbar erklärte Anordnung nicht sofort ausgeführt, kann die zuständige Behörde die von der Anordnung betroffene Arbeit ganz oder teilweise bis zur Erfüllung der Anordnung untersagen, wenn die Untersagung zum Schutz von Leben oder Gesundheit der Beschäftigten erforderlich ist.

(2) [1]Die zuständige Landesbehörde kann für eine Dauer von höchstens drei Monaten anordnen, dass ein gefährlicher Stoff, ein gefährliches Gemisch oder ein Erzeugnis, das einen gefährlichen Stoff oder ein gefährliches Gemisch freisetzen kann oder enthält, nicht, nur unter bestimmten Voraussetzungen, nur in bestimmter Beschaffenheit oder nur für bestimmte Zwecke hergestellt, in den Verkehr gebracht oder verwendet werden darf, soweit Anhaltspunkte, insbesondere ein nach dem Stand der wissenschaftlichen Erkenntnisse begründeter Verdacht dafür vorliegen, dass von dem Stoff, dem Gemisch oder dem Erzeugnis eine erhebliche Gefahr für Leben oder Gesundheit des Menschen oder die Umwelt ausgeht. [2]Die zuständige Landesbehörde kann diese Anordnung aus wichtigem Grund um bis zu einem Jahr verlängern. [3]Die Sätze 1 und 2 gelten auch dann, wenn Anhaltspunkte, insbesondere ein nach dem Stand der wissenschaftlichen Erkenntnisse begründeter Verdacht, für die Annahme bestehen, dass ein Stoff oder ein Gemisch gefährlich ist. [4]Anordnungen nach Satz 1 und 2 können nur ergehen, soweit dies unionsrechtlich zulässig ist.

(3) Rechtsbehelfe gegen Anordnungen nach den Absätzen 1a und 2 haben keine aufschiebende Wirkung.

§ 24 Vollzug im Bereich der Bundeswehr

(1) Im Geschäftsbereich des Bundesministeriums der Verteidigung obliegt der Vollzug des Gesetzes, der auf dieses Gesetz gestützten Rechtsverordnungen und der in § 21 Absatz 2 Satz 1 genannten EG- oder EU-Verordnungen dem Bundesministerium der Verteidigung und den von ihm bestimmten Stellen.

(2) Das Bundesministerium der Verteidigung kann für seinen Geschäftsbereich in Einzelfällen sowie für bestimmte Stoffe, Gemische und Erzeugnisse Ausnahmen von den in Absatz 1 genannten Rechtsvorschriften zulassen, wenn dies im Interesse der Landesverteidigung erforderlich und unionsrechtlich zulässig ist.

§ 25 Angleichung an Gemeinschaftsrecht oder Unionsrecht

Rechtsverordnungen nach diesem Gesetz können auch zum Zwecke der Angleichung der Rechts- und Verwaltungsvorschriften der Mitgliedstaaten der Europäischen Union erlassen werden, soweit dies zur Durchführung von Rechtsakten der Europäischen Gemeinschaften oder Europäischen Union, die Sachbereiche dieses Gesetzes betreffen, erforderlich ist.

§ 25a Gebühren und Auslagen[1)]

(1) [1]Für individuell zurechenbare öffentliche Leistungen nach diesem Gesetz und den zur Durchführung dieses Gesetzes erlassenen Rechtsvorschriften sowie nach EG- oder EU-Verord-

1) **Anm. d. Red.:** Gem. Art. 4 Abs. 97 Nr. 2 i.V. mit Art. 7 Abs. 3 Gesetz v. 18. 7. 2016 (BGBl I S. 1666) wird § 25a mit Wirkung v. 1. 10. 2021 wie folgt geändert:
a) Die Überschrift wird wie folgt gefasst:
„**§ 25a Aufwendungen des Auskunftspflichtigen**".
b) Die Absätze 1 und 2 werden aufgehoben.
c) Die Absatzbezeichnung „(3)" wird gestrichen.

nungen im Sinne des § 21 Absatz 2 Satz 1 sind Gebühren und Auslagen zu erheben. [2]§ 8 bleibt unberührt.

(2) Die Bundesregierung wird ermächtigt, durch Rechtsverordnung, die nicht der Zustimmung des Bundesrates bedarf, die gebührenpflichtigen Tatbestände und die Gebührensätze für individuell zurechenbare öffentliche Leistungen der nach diesem Gesetz zuständigen Bundesbehörden näher zu bestimmen.

(3) Die dem Auskunftspflichtigen durch die Entnahme von Proben von Stoffen, Gemischen und Erzeugnissen oder durch Messungen entstehenden eigenen Aufwendungen hat er selbst zu tragen.

§ 26 Bußgeldvorschriften[1)2)]

(1) [1]Ordnungswidrig handelt, wer vorsätzlich oder fahrlässig

1. bis 3. (weggefallen)
4. einer vollziehbaren Anordnung nach § 12g Absatz 1 Satz 1 zuwiderhandelt,
4a. entgegen § 12a Satz 1, § 12h Abs. 1 Satz 1 oder § 12i Abs. 4 Satz 1, auch in Verbindung mit Satz 2, ein Biozid-Produkt oder einen Biozid-Wirkstoff in den Verkehr bringt,
5. a) entgegen § 13 Absatz 2 in Verbindung mit einer Rechtsverordnung nach § 14 Absatz 1 Nummer 1, 2 oder Nummer 3 Buchstabe c, jeweils auch in Verbindung mit § 14 Absatz 3, einen Stoff oder ein Gemisch nicht, nicht richtig, nicht vollständig, nicht in der vorgeschriebenen Weise oder nicht rechtzeitig einstuft,
   b) entgegen § 13 Absatz 3 Satz 1 in Verbindung mit einer Rechtsverordnung nach § 14 Absatz 1 Nummer 3 Buchstabe a, d oder Buchstabe e, jeweils auch in Verbindung mit § 14 Absatz 3, einen Stoff oder ein Gemisch nicht, nicht richtig, nicht vollständig, nicht in der vorgeschriebenen Weise oder nicht rechtzeitig kennzeichnet oder nicht, nicht richtig, nicht vollständig, nicht in der vorgeschriebenen Weise oder nicht rechtzeitig verpackt oder
   c) einer Rechtsverordnung nach § 14 Absatz 1 Nummer 3 Buchstabe a, b, d, e oder Buchstabe f oder Absatz 2 Satz 2 zuwiderhandelt, soweit sie für einen bestimmten Tatbestand auf diese Bußgeldvorschrift verweist,
5a. (weggefallen)
6. einer Rechtsverordnung nach § 16d zuwiderhandelt, soweit sie für einen bestimmten Tatbestand auf diese Bußgeldvorschrift verweist,
6a. entgegen § 16e Absatz 1 Satz 1 oder Satz 3, jeweils auch in Verbindung mit einer Rechtsverordnung nach Absatz 5 Nummer 2 oder Nummer 3, eine Mitteilung nicht, nicht richtig, nicht vollständig oder nicht rechtzeitig macht,
6b. (weggefallen)
7. einer Rechtsverordnung nach
   a) § 17 Absatz 1 Nummer 1 Buchstabe b oder Nummer 2 Buchstabe a, c oder d, jeweils auch in Verbindung mit Absatz 3 Satz 1,
   b) § 17 Absatz 1 Nummer 1 Buchstabe c, auch in Verbindung mit Absatz 3 Satz 1, oder
   c) § 17 Absatz 5

   zuwiderhandelt, soweit sie für einen bestimmten Tatbestand auf diese Bußgeldvorschrift verweist,

---

1) **Anm. d. Red.:** § 26 i. d. F. der Berichtigung der Neufassung v. 12. 11. 2013 (BGBl I S. 3991) mit Wirkung v. 1. 9. 2013.

2) **Anm. d. Red.:** Gemäß Art. 2 Nr. 5 i.V. mit Art. 6 Abs. 2 Gesetz v. 18.7.2017 (BGBl I S. 2774) wird § 26 Abs. 1 Nr. 6a mit Wirkung v. 1.1.2020 aufgehoben.

8. einer Rechtsverordnung nach
   a) § 18 Absatz 1 über giftige Tiere und Pflanzen,
   b) § 19 Absatz 1 in Verbindung mit Absatz 3 über Maßnahmen zum Schutz von Beschäftigten

   zuwiderhandelt, soweit sie für einen bestimmten Tatbestand auf diese Bußgeldvorschrift verweist,

8a. (weggefallen)

9. entgegen § 21 Absatz 3 eine Auskunft trotz Anmahnung nicht erteilt, entgegen § 21 Absatz 4 Satz 1 Nummer 2 Unterlagen nicht vorlegt oder einer Pflicht nach § 21 Absatz 4 Satz 3 nicht nachkommt,

10. einer vollziehbaren Anordnung
    a) nach § 23 Absatz 1 oder
    b) nach § 23 Absatz 2 Satz 3 in Verbindung mit Satz 1 über das Herstellen, das Inverkehrbringen oder das Verwenden von Stoffen, Gemischen oder Erzeugnissen

    zuwiderhandelt,

10a. einer Rechtsverordnung nach § 28 Absatz 11 über Zulassungs- oder Meldepflichten für bestimmte Biozid-Produkte zuwiderhandelt, soweit sie für einen bestimmten Tatbestand auf diese Bußgeldvorschrift verweist, oder

11. einer unmittelbar geltenden Vorschrift in Rechtsakten der Europäischen Gemeinschaften oder der Europäischen Union zuwiderhandelt, die Sachbereiche dieses Gesetzes betrifft, soweit eine Rechtsverordnung nach Satz 2 für einen bestimmten Tatbestand auf diese Bußgeldvorschrift verweist und die Zuwiderhandlung nicht nach § 27 Absatz 1 Nummer 3 oder Absatz 2 als Straftat geahndet werden kann. [2]Die Bundesregierung wird ermächtigt, durch Rechtsverordnung mit Zustimmung des Bundesrates die einzelnen Tatbestände der Rechtsakte, die nach Satz 1 als Ordnungswidrigkeiten mit Geldbuße geahndet werden können, zu bezeichnen, soweit dies zur Durchführung der Rechtsakte erforderlich ist.

(2) Die Ordnungswidrigkeit kann in den Fällen des Absatzes 1 Nummer 7 Buchstabe b mit einer Geldbuße bis zu zweihunderttausend Euro, in den Fällen des Absatzes 1 Nummer 4, 5, 6, 7 Buchstabe a, Nummer 8 Buchstabe b, Nummer 10 und 11 mit einer Geldbuße bis zu fünfzigtausend Euro und in den übrigen Fällen mit einer Geldbuße bis zu zehntausend Euro geahndet werden.

(3) Verwaltungsbehörde im Sinne des § 36 Absatz 1 Nummer 1 des Gesetzes über Ordnungswidrigkeiten ist

1. in den Fällen des Absatzes 1 Nummer 9 in Verbindung mit § 21 Absatz 3 Satz 2
   a) die Bundesstelle für Chemikalien für ihren Geschäftsbereich gemäß § 21 Absatz 2 Satz 2 oder
   b) die in der Rechtsverordnung nach § 21 Absatz 2a bezeichnete Bundesbehörde, soweit ihr die in § 21 Absatz 3 Satz 1 bezeichneten Befugnisse zustehen,
2. (weggefallen)
3. im Übrigen die nach Landesrecht zuständige Behörde.

§ 27 Strafvorschriften

(1) Mit Freiheitsstrafe bis zu zwei Jahren oder mit Geldstrafe wird bestraft, wer

1. einer Rechtsverordnung nach § 17 Absatz 1 Nummer 1 Buchstabe a, Nummer 2 Buchstabe b oder Nummer 3, jeweils auch in Verbindung mit Absatz 2, 3 Satz 1, Absatz 4 oder 6 über das Herstellen, das Inverkehrbringen oder das Verwenden dort bezeichneter Stoffe, Gemische, Erzeugnisse, Biozid-Wirkstoffe oder Biozid-Produkte zuwiderhandelt, soweit sie für einen bestimmten Tatbestand auf diese Strafvorschrift verweist,

2. einer vollziehbaren Anordnung nach § 23 Absatz 2 Satz 1 über das Herstellen, das Inverkehrbringen oder das Verwenden gefährlicher Stoffe, Gemische oder Erzeugnisse zuwiderhandelt oder
3. einer unmittelbar geltenden Vorschrift in Rechtsakten der Europäischen Gemeinschaften oder der Europäischen Union zuwiderhandelt, die inhaltlich einer Regelung entspricht, zu der die in Nummer 1 genannten Vorschriften ermächtigen, soweit eine Rechtsverordnung nach Satz 2 für einen bestimmten Tatbestand auf diese Strafvorschrift verweist. [2]Die Bundesregierung wird ermächtigt, soweit dies zur Durchsetzung der Rechtsakte der Europäischen Gemeinschaften oder der Europäischen Union erforderlich ist, durch Rechtsverordnung mit Zustimmung des Bundesrates die Tatbestände zu bezeichnen, die als Straftat nach Satz 1 zu ahnden sind.

(1a) Mit Freiheitsstrafe bis zu drei Jahren oder mit Geldstrafe wird bestraft, wer eine in Absatz 1 Nummer 3 Satzteil vor Satz 2 bezeichnete Handlung dadurch begeht, dass er einen Bedarfsgegenstand im Sinne des § 2 Absatz 6 des Lebensmittel- und Futtermittelgesetzbuches herstellt oder in Verkehr bringt.

ChemG

(2) Mit Freiheitsstrafe bis zu fünf Jahren oder mit Geldstrafe wird bestraft, wer durch eine in Absatz 1 oder Absatz 1a oder eine in § 26 Absatz 1 Nummer 4, 5, 7 Buchstabe b, Nummer 8 Buchstabe b, Nummer 10 oder Nummer 11 bezeichnete vorsätzliche Handlung das Leben oder die Gesundheit eines anderen oder fremde Sachen von bedeutendem Wert gefährdet.

(3) Der Versuch ist strafbar.

(4) Handelt der Täter fahrlässig, so ist die Strafe

1. in den Fällen des Absatzes 1 oder Absatzes 1a Freiheitsstrafe bis zu einem Jahr oder Geldstrafe,
2. in den Fällen des Absatzes 2 Freiheitsstrafe bis zu zwei Jahren oder Geldstrafe.

(5) [1]Das Gericht kann von Strafe nach Absatz 2 absehen, wenn der Täter freiwillig die Gefahr abwendet, bevor ein erheblicher Schaden entsteht. [2]Unter denselben Voraussetzungen wird der Täter nicht nach Absatz 4 Nummer 2 bestraft. [3]Wird ohne Zutun des Täters die Gefahr abgewendet, so genügt sein freiwilliges und ernsthaftes Bemühen, dieses Ziel zu erreichen.

(6) Die Absätze 1 bis 5 gelten nicht, wenn die Tat nach den §§ 328, 330 oder 330a des Strafgesetzbuches mit gleicher oder schwererer Strafe bedroht ist.

§ 27a Unwahre GLP-Erklärungen, Erschleichen der GLP-Bescheinigung

(1) Wer zur Täuschung im Rechtsverkehr die Erklärung nach § 19a Absatz 2 Satz 2 Nummer 2 der Wahrheit zuwider abgibt oder eine unwahre Erklärung gebraucht, wird mit Freiheitsstrafe bis zu fünf Jahren oder mit Geldstrafe bestraft.

(2) Ein Amtsträger, der innerhalb seiner Zuständigkeit eine unwahre Bescheinigung nach § 19b Absatz 1 oder eine unwahre Bestätigung nach § 19b Absatz 2 Nummer 3 erteilt, wird mit Freiheitsstrafe bis zu fünf Jahren oder mit Geldstrafe bestraft.

(3) Wer bewirkt, dass eine unwahre Bescheinigung oder Bestätigung nach § 19b erteilt wird, oder wer eine solche Bescheinigung oder Bestätigung zur Täuschung im Rechtsverkehr gebraucht, wird mit Freiheitsstrafe bis zu einem Jahr oder mit Geldstrafe bestraft.

(4) Der Versuch ist strafbar.

§ 27b Zuwiderhandlungen gegen die Verordnung (EG) Nr. 1907/2006

(1) Mit Freiheitsstrafe bis zu zwei Jahren oder mit Geldstrafe wird bestraft, wer gegen die Verordnung (EG) Nr. 1907/2006 des Europäischen Parlaments und des Rates vom 18. Dezember 2006 zur Registrierung, Bewertung, Zulassung und Beschränkung chemischer Stoffe (REACH), zur Schaffung einer Europäischen Chemikalienagentur, zur Änderung der Richtlinie 1999/45/EG und zur Aufhebung der Verordnung (EWG) Nr. 793/93 des Rates, der Verordnung (EG) Nr. 1488/94 der Kommission, der Richtlinie 76/769/EWG des Rates sowie der Richtlinien 91/155/EWG,

93/67/EWG, 93/105/EG und 2000/21/EG der Kommission (ABl EU Nr. L 396 S. 1, 2007 Nr. L 136 S. 3) verstößt, indem er

1. entgegen Artikel 5 einen Stoff als solchen, in einem Gemisch oder in einem Erzeugnis herstellt oder in Verkehr bringt,
2. in einem Registrierungsdossier nach Artikel 6 Absatz 1 oder Absatz 3 oder Artikel 7 Absatz 1 Satz 1 oder Absatz 5 Satz 1 oder in einem Zulassungsantrag nach Artikel 62 Absatz 1 in Verbindung mit Absatz 4 eine Angabe nicht richtig oder nicht vollständig macht,
3. entgegen Artikel 37 Absatz 4 in Verbindung mit Artikel 39 Absatz 1 einen Stoffsicherheitsbericht nicht, nicht richtig, nicht vollständig oder nicht rechtzeitig erstellt oder
4. entgegen Artikel 56 Absatz 1 einen dort genannten Stoff zur Verwendung in Verkehr bringt oder selbst verwendet.

(2) Der Versuch ist strafbar.

(3) Mit Freiheitsstrafe bis zu fünf Jahren oder mit Geldstrafe wird bestraft, wer durch eine in Absatz 1 bezeichnete Handlung das Leben oder die Gesundheit eines anderen oder fremde Sachen von bedeutendem Wert gefährdet.

(4) Handelt der Täter in den Fällen des Absatzes 1 Nummer 4 fahrlässig, so ist die Strafe Freiheitsstrafe bis zu einem Jahr oder Geldstrafe.

(5) [1]Ordnungswidrig handelt, wer eine in Absatz 1 Nummer 1, 2 oder Nummer 3 bezeichnete Handlung fahrlässig begeht. [2]Die Ordnungswidrigkeit kann mit einer Geldbuße bis zu hunderttausend Euro geahndet werden.

§ 27c Zuwiderhandlungen gegen Abgabevorschriften

(1) Mit Freiheitsstrafe bis zu zwei Jahren oder mit Geldstrafe wird bestraft, wer eine in § 26 Absatz 1 Nummer 7 Buchstabe b bezeichnete vorsätzliche Handlung begeht, obwohl er weiß, dass der gefährliche Stoff, das gefährliche Gemisch oder das Erzeugnis für eine rechtswidrige Tat, die den Tatbestand eines Strafgesetzes verwirklicht, verwendet werden soll.

(2) Erkennt der Täter in den Fällen des Absatzes 1 leichtfertig nicht, dass der gefährliche Stoff, das gefährliche Gemisch oder das Erzeugnis für eine rechtswidrige Tat, die den Tatbestand eines Strafgesetzes verwirklicht, verwendet werden soll, so ist die Strafe Freiheitsstrafe bis zu einem Jahr oder Geldstrafe.

§ 27d Einziehung

[1]Gegenstände, auf die sich eine Straftat nach den §§ 27, 27b Absatz 1 bis 4 oder § 27c oder eine Ordnungswidrigkeit nach § 26 Absatz 1 Nummer 4, 5, 7 Buchstabe a oder Buchstabe b, Nummer 10 oder Nummer 11 oder § 27b Absatz 5 Satz 1 bezieht, können eingezogen werden. [2]§ 74a des Strafgesetzbuches und § 23 des Gesetzes über Ordnungswidrigkeiten sind anzuwenden.

Achter Abschnitt: Schlussvorschriften

§ 28 Übergangsregelung[1)2)]

(1) bis (7) (weggefallen)

(8) [1]Im Geltungsbereich dieses Gesetzes darf ein Biozid-Produkt abweichend von Artikel 17 Absatz 1 der Verordnung (EU) Nr. 528/2012 nach Maßgabe des Satzes 2 auf dem Markt bereitgestellt und verwendet werden, wenn es ausschließlich aus Biozid-Wirkstoffen besteht, diese enthält oder erzeugt,

1. die gemäß der Verordnung (EG) Nr. 1451/2007 oder der Delegierten Verordnung (EU) Nr. 1062/2014 bewertet wurden,
2. die sich noch im dortigen Bewertungsverfahren befinden,
3. die unter Artikel 15 Buchstabe a der Delegierten Verordnung (EU) Nr. 1062/2014 fallen oder
4. für die die Europäische Chemikalienagentur eine Veröffentlichung gemäß Artikel 16 Absatz 4 der Delegierten Verordnung (EU) Nr. 1062/2014 vorgenommen hat.

ChemG

[2]Für ein Biozid-Produkt nach Satz 1 gelten für das Bereitstellen auf dem Markt und für das Verwenden die folgenden Fristen:

1. zwölf Monate für das Bereitstellen auf dem Markt und 18 Monate für das Verwenden jeweils ab Veröffentlichung des Durchführungsbeschlusses gemäß Artikel 89 Absatz 1 Unterabsatz 3 der Verordnung (EU) Nr. 528/2012 im Amtsblatt der Europäischen Union, mit dem ein in dem Biozid-Produkt enthaltener Biozid-Wirkstoff für die betreffende Produktart nicht genehmigt wurde, es sei denn, in dem Durchführungsbeschluss der Kommission ist etwas anderes bestimmt,
2. 180 Tage für das Bereitstellen auf dem Markt und 365 Tage für das Verwenden jeweils ab dem in der Durchführungsverordnung nach Artikel 89 Absatz 1 Unterabsatz 3 der Verordnung (EU) Nr. 528/2012 festgelegten Zeitpunkt der Genehmigung des Wirkstoffs oder der Wirkstoffe, wenn einer der folgenden Anträge nicht oder nicht innerhalb der Frist von Artikel 89 Absatz 3 der Verordnung (EU) Nr. 528/2012 gestellt wurde:

---

1) **Anm. d. Red.:** § 28 i. d. F. des Gesetzes v. 18.7.2017 (BGBl I S. 2774) mit Wirkung v. 29.7.2017.

2) **Anm. d. Red.:** Gemäß Art. 2 Nr. 6 i.V. mit Art. 6 Abs. 2 Gesetz v. 18.7.2017 (BGBl I S. 2774) wird § 28 Abs. 12 mit Wirkung v. 1.1.2020 wie folgt gefasst:
„(12) [1]Auf Gemische, die den Regelungen des Anhangs VIII Teil A Abschnitt 1.2 oder 1.3 der Verordnung (EG) Nr. 1272/2008 unterliegen, sind § 16e Absatz 1 und § 26 Absatz 1 Nummer 6a dieses Gesetzes in der bis zum 31. Dezember 2019 geltenden Fassung bis zu den folgenden Zeitpunkten anzuwenden:
1. im Fall des Anhangs VIII Teil A Abschnitt 1.2 bis einschließlich des 31. Dezember 2020 und
2. im Fall des Anhangs VIII Teil A Abschnitt 1.3 bis einschließlich des 31. Dezember 2023.

[2]Satz 1 gilt nicht für Gemische, die nicht in eine der Gefahrenklassen nach Anhang I Abschnitt 3.1 Kategorie 1, 2 und 3, Abschnitt 3.2 Kategorie 1 Unterkategorie 1 A, 1 B und 1 C, Abschnitt 3.4, 3.5, 3.6 und 3.7 der Verordnung (EG) Nr. 1272/2008 einzustufen sind oder die nicht für den Verbraucher bestimmt sind, sofern es sich bei dem Gemisch nicht um ein Biozid-Produkt handelt und sofern für das betreffende Gemisch Folgendes in einer von dem jeweiligen Institut vorgegebenen Form elektronisch übermittelt wurde und für die in § 16e Absatz 4 genannten Zwecke zur Verfügung steht:
1. im Falle von Wasch- und Reinigungsmitteln im Sinne des Wasch- und Reinigungsmittelgesetzes dem Bundesinstitut für Risikobewertung ein jeweils aktuelles Datenblatt nach Anhang VII Abschnitt C der Verordnung (EG) Nr. 648/2004 des Europäischen Parlaments und des Rates vom 31. März 2004 über Detergenzien (ABl L 104 vom 8.4.2004, S. 1), die zuletzt durch die Verordnung (EU) Nr. 259/2012 (ABl L 94 vom 30.3.2012, S. 16) geändert worden ist,
2. im Falle sonstiger Gemische dem Institut für Arbeitsschutz der Deutschen Gesetzlichen Unfallversicherung ein jeweils aktuelles Sicherheitsdatenblatt nach Artikel 31 der Verordnung (EG) Nr. 1907/2006.

[3]Mitteilungen nach Satz 2 oder § 28 Absatz 12 dieses Gesetzes in der bis zum 31. Dezember 2019 geltenden Fassung gelten nicht als frühere Informationen im Sinne des Anhangs VIII Teil A Abschnitt 1.4 der Verordnung (EG) Nr. 1272/2008.“

a) ein Antrag auf Zulassung gemäß Artikel 17 Absatz 2 der Verordnung (EU) Nr. 528/2012 oder

b) ein Antrag auf zeitlich parallele gegenseitige Anerkennung gemäß Artikel 34 der Verordnung (EU) Nr. 528/2012,

3. bis zum Zeitpunkt der Entscheidung über die Zulassung oder die Anerkennung, wenn einer der folgenden Anträge gestellt wurde:

   a) ein Antrag auf Zulassung des Biozid-Produkts nach Artikel 89 Absatz 3 Unterabsatz 2 der Verordnung (EU) Nr. 528/2012 oder

   b) ein Antrag auf zeitlich parallele gegenseitige Anerkennung des Biozid-Produkts nach Artikel 89 Absatz 3 Unterabsatz 2 der Verordnung (EU) Nr. 528/2012,

4. 180 Tage für das Bereitstellen auf dem Markt und 365 Tage für das Verwenden ab

   a) dem Zeitpunkt der Ablehnung eines Antrags auf Zulassung eines bereits auf dem Markt bereitgestellten Biozid-Produkts oder eines Antrags auf zeitlich parallele gegenseitige Anerkennung nach Artikel 89 Absatz 3 Unterabsatz 2 der Verordnung (EU) Nr. 528/2012 oder

   b) dem Zeitpunkt, in dem die Zulassung des Biozid-Produkts an Bedingungen geknüpft worden ist, die eine Änderung des Biozid-Produkts erfordern würden,

5. 24 Monate für das Bereitstellen auf dem Markt und 30 Monate für das Verwenden in den Fällen des Artikels 15 Buchstabe a der Delegierten Verordnung (EU) Nr. 1062/2014 jeweils ab dem späteren der folgenden Zeitpunkte:

   a) der Notifizierung gemäß Artikel 17 der Delegierten Verordnung (EU) Nr. 1062/2014 oder

   b) der Veröffentlichung des Beschlusses oder der Leitlinien gemäß Artikel 15 Buchstabe a der Delegierten Verordnung (EU) Nr. 1062/2014,

6. zwölf Monate für das Bereitstellen auf dem Markt und 18 Monate für das Verwenden in den Fällen des Artikels 15 der Delegierten Verordnung (EU) Nr. 1062/2014 jeweils ab dem Zeitpunkt, in dem die Europäische Chemikalienagentur nach Artikel 19 der Delegierten Verordnung (EU) Nr. 1062/2014 für den betreffenden Wirkstoff die Information veröffentlicht hat, dass sie

   a) innerhalb der in Artikel 16 Absatz 5 der Delegierten Verordnung (EU) Nr. 1062/2014 genannten Frist keine Notifizierung erhalten hat oder

   b) die Notifizierung gemäß Artikel 17 Absatz 4 oder 5 der Delegierten Verordnung (EU) Nr. 1062/2014 abgelehnt hat.

(9) Im Falle des Absatzes 8 Nummer 3 kann die Bundesstelle für Chemikalien im Rahmen des unionsrechtlich Zulässigen für Bestände des Biozid-Produkts, die bereits vor Erteilung der Zulassung oder parallelen Anerkennung auf dem Markt bereitgestellt wurden und den Maßgaben der Zulassungs- oder Anerkennungsentscheidung oder den auf die Zulassung oder Anerkennung bezogenen Kennzeichnungsvorschriften nicht oder nicht vollständig entsprechen, Aufbrauchfristen für die weitere Bereitstellung auf dem Markt und die weitere Verwendung festlegen.

(10) Soweit in Artikel 91 der Verordnung (EU) Nr. 528/2012 nichts anderes bestimmt ist, sind für Anträge auf Zulassung oder gegenseitige Anerkennung von Biozid-Produkten, die vor dem 1. September 2013 vollständig bei der Zulassungsstelle eingegangen sind, die Vorschriften dieses Gesetzes in der bis zum Inkrafttreten des Gesetzes zur Durchführung der Verordnung (EU) Nr. 528/2012 vom 23. Juli 2013 (BGBl I S. 2565) geltenden Fassung weiter anzuwenden.

(11) [1]Die Bundesregierung wird ermächtigt, nach Anhörung der beteiligten Kreise durch Rechtsverordnung mit Zustimmung des Bundesrates zu dem in § 1 genannten Zweck bis zu dem durch delegierten Rechtsakt der Europäischen Kommission nach Artikel 89 Absatz 1 Unterabsatz 2 der Verordnung (EU) Nr. 528/2012 bestimmten Zeitpunkt des Endes des Arbeitsprogramms zur systematischen Prüfung aller alten Wirkstoffe, mindestens aber bis zum 31. Dezember 2024, vorzuschreiben, dass bestimmte Biozid-Produkte im Sinne des Absatzes 8 erst in den Verkehr gebracht und verwendet werden dürfen, nachdem sie von der Bundesstelle für Che-

mikalien zugelassen worden sind. [2]In der Rechtsverordnung kann von Anforderungen der Verordnung (EU) Nr. 528/2012 im Rahmen des unionsrechtlich Zulässigen abgewichen werden. [3]Statt einer Zulassung kann auch ein Meldeverfahren vorgesehen werden.

(11a) [1]Im Geltungsbereich dieses Gesetzes darf ein Biozid-Produkt abweichend von Artikel 17 Absatz 1 der Verordnung (EU) Nr. 528/2012 nach Maßgabe der Sätze 2 und 3 auf dem Markt bereitgestellt und verwendet werden, wenn es

1. unter die Verordnung (EU) Nr. 528/2012 fällt und nicht unter die Richtlinie 98/8/EG des Europäischen Parlaments und des Rates vom 16. Februar 1998 über das Inverkehrbringen von Biozid-Produkten (ABl L 123 vom 24.4.1998, S. 1) fiel und
2. nur aus Wirkstoffen besteht, die bereits am 1. September 2013 auf dem Markt waren oder in Biozid-Produkten verwendet wurden, oder nur diese Wirkstoffe enthält oder erzeugt.

[2]Für ein Biozid-Produkt nach Satz 1, für das bis zum 1. September 2016 ein Antrag auf Genehmigung bei der zuständigen Behörde für alle Wirkstoffe der Produktart gestellt wurde, gelten für das Bereitstellen auf dem Markt und für das Verwenden die folgenden Fristen:

ChemG

1. zwölf Monate für das Bereitstellen auf dem Markt und 18 Monate für das Verwenden jeweils ab Veröffentlichung eines Durchführungsbeschlusses gemäß Artikel 9 Absatz 1 Buchstabe b der Verordnung (EU) Nr. 528/2012 im Amtsblatt der Europäischen Union, mit dem ein in dem Biozid-Produkt enthaltener Biozid-Wirkstoff für die betreffende Produktart nicht genehmigt wurde, es sei denn, in dem Durchführungsbeschluss der Kommission ist etwas anderes bestimmt,
2. 180 Tage für das Bereitstellen auf dem Markt und 365 Tage für das Verwenden jeweils ab dem in der Durchführungsverordnung nach Artikel 9 Absatz 1 Buchstabe a der Verordnung (EU) Nr. 528/2012 festgelegten Zeitpunkt der Genehmigung eines Wirkstoffs, wenn einer der folgenden Anträge nicht oder nicht innerhalb der Frist von Artikel 89 Absatz 3 der Verordnung (EU) Nr. 528/2012 gestellt wurde:
   a) ein Antrag auf Zulassung des Biozid-Produkts gemäß Artikel 17 Absatz 2 der Verordnung (EU) Nr. 528/2012 oder
   b) ein Antrag auf zeitlich parallele gegenseitige Anerkennung gemäß Artikel 34 der Verordnung (EU) Nr. 528/2012,
3. bis zum Zeitpunkt der Entscheidung über die Zulassung oder die Anerkennung, wenn einer der folgenden Anträge gestellt wurde:
   a) ein Antrag auf Zulassung des Biozid-Produkts gemäß Artikel 20 der Verordnung (EU) Nr. 528/2012 oder
   b) ein Antrag auf zeitlich parallele gegenseitige Anerkennung des Biozid-Produkts nach Artikel 34 der Verordnung (EU) Nr. 528/2012,
4. 180 Tage für das Bereitstellen auf dem Markt und 365 Tage für das Verwenden ab
   a) dem Zeitpunkt der Ablehnung eines Antrags auf Zulassung eines bereits in Verkehr gebrachten Biozid-Produkts oder eines Antrags auf zeitlich parallele gegenseitige Anerkennung oder
   b) dem Zeitpunkt, in dem die Zulassung des Biozid-Produkts an Bedingungen geknüpft worden ist, die eine Änderung des Biozid-Produkts erfordern würden.

[3]Im Übrigen kann ein Biozid-Produkt nach Satz 1 bis zum 1. September 2017 auf dem Markt bereitgestellt oder verwendet werden.

(12) [1]Eine Mitteilung nach § 16e Absatz 1 Satz 1 ist bis einschließlich des 31. Dezember 2019 nicht erforderlich für Gemische, die nicht in eine der Gefahrenklassen nach Anhang I Abschnitt 3.1 Kategorie 1, 2 und 3, Abschnitt 3.2 Kategorie 1 Unterkategorie 1 A, 1 B und 1 C, Abschnitt 3.4, 3.5, 3.6 und 3.7 der Verordnung (EG) Nr. 1272/2008 einzustufen sind oder die nicht für den Verbraucher bestimmt sind, sofern es sich bei dem Gemisch nicht um ein Biozid-Produkt handelt und sofern für das betreffende Gemisch

1. im Falle von Wasch- und Reinigungsmitteln im Sinne des Wasch- und Reinigungsmittelgesetzes dem Bundesinstitut für Risikobewertung ein jeweils aktuelles Datenblatt nach Anhang VII Abschnitt C der Verordnung (EG) Nr. 648/2004 des Europäischen Parlaments und des Rates vom 31. März 2004 über Detergenzien (ABl L 104 vom 8. 4. 2004, S. 1), die zuletzt durch die Verordnung (EU) Nr. 259/2012 (ABl L 94 vom 30.3.2012, S. 16) geändert worden ist,
2. im Falle sonstiger Gemische dem Institut für Arbeitsschutz der Deutschen Gesetzlichen Unfallversicherung ein jeweils aktuelles Sicherheitsdatenblatt nach Artikel 31 der Verordnung (EG) Nr. 1907/2006

in einer von dem jeweiligen Institut vorgegebenen Form elektronisch übermittelt wurde und für die in § 16e Absatz 4 genannten Zwecke zur Verfügung steht. [2]Für Gemische nach Satz 1, die bereits vor dem 9. November 2011 im Verkehr waren, hat die Übermittlung der Unterlagen nach Satz 1 oder die Mitteilung nach § 16e Absatz 1 Satz 1 bis zum 1. Mai 2012 zu erfolgen. [3]Die Bundesregierung wird ermächtigt, durch Rechtsverordnung mit Zustimmung des Bundesrates die in Satz 1 genannte Frist unter Berücksichtigung der Ergebnisse der Überprüfung nach Artikel 45 Absatz 4 der Verordnung (EG) Nr. 1272/2008 zu verlängern oder zu verkürzen.

§ 29 (Außerkrafttreten)

§ 30 Berlin-Klausel (gegenstandslos)

§ 31 (Inkrafttreten)

Anhang 1 (zu § 19a Absatz 1)

Grundsätze der Guten Laborpraxis (GLP)

Inhaltsübersicht

ChemG

Abschnitt I

1 Anwendungsbereich

Diese Grundsätze der Guten Laborpraxis finden Anwendung auf die nicht-klinischen Sicherheitsprüfungen von Prüfgegenständen, die in Arzneimitteln, Pflanzenschutzmitteln und Bioziden, kosmetischen Mitteln, Tierarzneimitteln sowie in Lebensmittelzusatzstoffen, Futtermittelzusatzstoffen und Industriechemikalien enthalten sind. Häufig sind diese Prüfgegenstände synthetische chemische Produkte; sie können aber auch natürlichen oder biologischen Ursprungs sein; unter Umständen kann es sich um lebende Organismen handeln. Zweck der Prüfung dieser Prüfgegenstände ist es, Daten über deren Eigenschaften und deren Unbedenklichkeit für die menschliche Gesundheit und die Umwelt zu gewinnen.

Zu den nicht-klinischen gesundheits- und umweltrelevanten Sicherheitsprüfungen, die durch die Grundsätze der Guten Laborpraxis abgedeckt werden, zählen sowohl Laborprüfungen als auch Prüfungen in Gewächshäusern oder im Freiland.

Diese Grundsätze der Guten Laborpraxis finden Anwendung auf sämtliche nicht-klinische gesundheits- und umweltrelevante Sicherheitsprüfungen, die von Bewertungsbehörden zur Registrierung oder Zulassung von Arzneimitteln, Pflanzenschutzmitteln, Lebensmittel- und Futtermittelzusatzstoffen, kosmetischen Mitteln, Tierarzneimitteln und ähnlichen Produkten sowie zur Anmeldung von Industriechemikalien gefordert werden.

Diese Grundsätze der Guten Laborpraxis finden ebenfalls Anwendung auf Phasen von Prüfungen, die an einem Prüfstandort durchgeführt werden. Prüfstandorte mit eigener Leitung können auf Antrag in das nationale GLP-Überwachungsverfahren aufgenommen werden.

2 Begriffsbestimmungen

2.1 Gute Laborpraxis (Good Laboratory Practice, GLP)

Gute Laborpraxis ist ein Qualitätssicherungssystem, das sich mit dem organisatorischen Ablauf und den Rahmenbedingungen befasst, unter denen nicht-klinische gesundheits- und umweltrelevante Sicherheitsprüfungen geplant, durchgeführt und überwacht werden sowie mit der Aufzeichnung, Archivierung und Berichterstattung der Prüfungen.

2.2 Begriffe betreffend die Organisation einer Prüfeinrichtung

(1) **Prüfeinrichtung** umfasst die Personen, Räumlichkeiten und Arbeitseinheiten, die zur Durchführung von nicht-klinischen gesundheits- und umweltrelevanten Sicherheitsprüfungen notwendig sind. Bei Prüfungen, die in Phasen an mehr als einem Standort durchgeführt werden, so genannte Multi-Site-Prüfungen, umfasst der Begriff Prüfeinrichtung sowohl den Standort, an dem der Prüfleiter angesiedelt ist, als auch alle anderen individuellen Prüfstandorte. Die Prüfstandorte können sowohl in ihrer Gesamtheit als auch jeweils einzeln als Prüfeinrichtung definiert werden.

(2) **Prüfstandort** ist der Ort, an dem eine oder mehrere Phasen einer Prüfung durchgeführt werden. Unter Phasen von Prüfungen sind hier einzelne Teile, Abschnitte, Schritte oder Stufen von Prüfungen zu verstehen.

(3) **Leitung der Prüfeinrichtung** bezeichnet diejenige Person oder Personengruppe, die die Zuständigkeit und formale Verantwortung für die Organisation und das Funktionieren der Prüfeinrichtung gemäß diesen Grundsätzen der Guten Laborpraxis besitzt.

(4) **Leitung eines Prüfstandortes** bezeichnet diejenige Person oder Personengruppe, die sicherzustellen hat, dass diejenigen Phasen der Prüfung, für die sie die Verantwortung übernommen hat, nach diesen Grundsätzen der Guten Laborpraxis durchgeführt werden.

(5) **Auftraggeber** ist eine natürliche oder juristische Person, die eine nicht-klinische gesundheits- und umweltrelevante Sicherheitsprüfung in Auftrag gibt, unterstützt oder einreicht.

(6) **Prüfleiter** ist diejenige Person, die für die Gesamtleitung der nicht-klinischen gesundheits- und umweltrelevanten Sicherheitsprüfung verantwortlich ist.

(7) **Örtlicher Versuchsleiter (Principal Investigator)** bezeichnet diejenige Person, die, im Falle einer Multi-Site-Prüfung, im Auftrag des Prüfleiters bestimmte Verantwortlichkeiten für die ihr übertragenen Phasen von Prüfungen übernimmt. Die Verantwortung des Prüfleiters für die Gesamtleitung der Prüfung kann nicht an den Örtlichen Versuchsleiter übertragen werden; dies schließt die Genehmigung des Prüfplans sowie seiner Änderungen, die Genehmigung des Abschlussberichtes sowie die Verantwortung für die Einhaltung aller anwendbaren Grundsätze der Guten Laborpraxis ein.

(8) **Qualitätssicherungsprogramm** ist ein definiertes System, dessen Personal von der Prüfungsdurchführung unabhängig ist, und das der Leitung der Prüfeinrichtung Gewissheit gibt, dass die Grundsätze der Guten Laborpraxis eingehalten werden.

(9) **Standardarbeitsanweisungen (Standard Operating Procedures, SOPs)** sind dokumentierte Verfahrensanweisungen über die Durchführung derjenigen Untersuchungen oder Tätigkeiten, die in der Regel in Prüfplänen oder Prüfrichtlinien nicht in entsprechender Ausführlichkeit beschrieben sind.

(10) **Verzeichnis mit Status aller Prüfungen (Master Schedule)** ist eine Zusammenstellung von Informationen, die der Abschätzung der Arbeitsbelastung und der Verfolgung des Ablaufs von Prüfungen in einer Prüfeinrichtung dient.

2.3 Begriffe betreffend die nicht-klinischen gesundheits- und umweltrelevanten Sicherheitsprüfungen

(1) **Nicht-klinische gesundheits- und umweltrelevante Sicherheitsprüfung**, nachstehend mit „Prüfung" bezeichnet, ist eine Untersuchung oder eine Reihe von Untersuchungen, die mit einem Prüfgegenstand unter Labor- oder Umweltbedingungen durchgeführt wird, um Daten über seine Eigenschaften und über seine Unbedenklichkeit zu gewinnen, mit der Absicht, diese den zuständigen Bewertungsbehörden einzureichen.

(2) **Kurzzeitprüfung** ist eine Prüfung von kurzer Dauer, die nach weithin gebräuchlichen Routinemethoden durchgeführt wird.

(3) **Prüfplan** ist ein Dokument, das die Ziele und experimentelle Gesamtplanung zur Durchführung der Prüfung beschreibt; es schließt sämtliche Prüfplanänderungen ein.

(4) **Prüfplanänderung** ist eine geplante Veränderung des Prüfplans nach Beginn der Prüfung in Form einer Ergänzung.

(5) **Prüfplanabweichung** ist ein unbeabsichtigtes Abweichen vom Prüfplan nach Beginn der Prüfung.

(6) **Prüfsystem** ist jedes biologische, chemische oder physikalische System – oder eine Kombination daraus –, das bei einer Prüfung verwendet wird.

(7) **Rohdaten** sind alle ursprünglichen Aufzeichnungen und Unterlagen der Prüfeinrichtung oder deren überprüfte Kopien, die als Ergebnis der ursprünglichen Beobachtungen oder Tätigkeiten bei einer Prüfung anfallen. Zu den Rohdaten zählen beispielsweise Fotografien, Mikrofilm- oder Mikrofichekopien, computerlesbare Medien, diktierte Beobachtungen, aufgezeichnete Daten von automatisierten Geräten oder irgendwelche anderen Daten auf Speichermedien, die anerkanntermaßen geeignet sind, Informationen über einen, wie im Abschnitt 10 beschrieben, festgelegten Zeitraum sicher zu speichern.

(8) **Proben** sind Materialien, die zur Untersuchung, Auswertung oder Aufbewahrung aus dem Prüfsystem entnommen werden.

(9) **Beginn der experimentellen Phase** ist der Tag, an dem die ersten prüfungsspezifischen Rohdaten erhoben werden.

(10) **Ende der experimentellen Phase** ist der letzte Tag, an dem noch prüfungsspezifische Rohdaten erhoben werden.

(11) **Beginn einer Prüfung** ist der Tag, an dem der Prüfleiter den Prüfplan unterschreibt.

(12) **Abschluss einer Prüfung** ist der Tag, an dem der Prüfleiter den Abschlussbericht unterschreibt.

2.4 Begriffe betreffend den Prüfgegenstand

(1) **Prüfgegenstand** ist ein Objekt, das der Prüfung unterliegt.

(2) **Referenzgegenstand** (Vergleichsgegenstand) ist ein Objekt, das zum Vergleich mit dem Prüfgegenstand verwendet wird.

(3) **Charge** ist eine bestimmte Menge oder Partie eines Prüf- oder Referenzgegenstandes, die in einem bestimmten Herstellungsgang derart gefertigt wurde, dass einheitliche Eigenschaften zu erwarten sind; sie wird als solche gekennzeichnet.

(4) **Trägerstoff** ist ein Stoff, mit dem der Prüf- oder Referenzgegenstand gemischt, dispergiert oder aufgelöst wird, um die Anwendung am Prüfsystem zu erleichtern.

Abschnitt II: Grundsätze der Guten Laborpraxis (GLP)

1 Organisation und Personal der Prüfeinrichtung

1.1 Aufgaben der Leitung der Prüfeinrichtung

(1) Die Leitung einer jeden Prüfeinrichtung hat sicherzustellen, dass diese Grundsätze der Guten Laborpraxis in ihrer Prüfeinrichtung eingehalten werden.

(2) Die Leitung hat zumindest

(a) sicherzustellen, dass eine Erklärung mit Angabe derjenigen Person oder Personengruppe vorliegt, welche die Aufgaben der Leitung der Prüfeinrichtung im Sinne dieser Grundsätze der Guten Laborpraxis wahrnimmt;

(b) sicherzustellen, dass eine ausreichende Anzahl qualifizierten Personals, geeignete Räumlichkeiten, Ausrüstung und Materialien vorhanden sind, um die rechtzeitige und korrekte Durchführung der Prüfung zu gewährleisten;

(c) sicherzustellen, dass Aufzeichnungen über Aus-, Fort- und Weiterbildung sowie praktische Erfahrung und die Aufgabenbeschreibung für alle wissenschaftlichen und technischen Mitarbeiter geführt werden;

(d) sicherzustellen, dass die Mitarbeiter mit den Aufgaben, die sie ausführen sollen, vertraut sind und, falls erforderlich, eine Einführung in diese Aufgaben vorgesehen ist;

(e) sicherzustellen, dass angemessene und dem Stand der Technik entsprechende Standardarbeitsanweisungen erstellt und befolgt werden, und hat sämtliche ursprüngliche Standardarbeitsanweisungen sowie deren überarbeitete Versionen zu genehmigen;

(f) sicherzustellen, dass ein Qualitätssicherungsprogramm und das für dessen Umsetzung erforderliche Personal vorhanden ist, sowie sicherzustellen, dass die Wahrnehmung der Qualitätssicherungsaufgaben in Übereinstimmung mit diesen Grundsätzen der Guten Laborpraxis erfolgt;

(g) sicherzustellen, dass vor Beginn einer jeden Prüfung ein Prüfleiter mit entsprechender Aus-, Fort- und Weiterbildung sowie praktischer Erfahrung von der Leitung benannt wird. Das Ersetzen eines Prüfleiters muss nach festgelegten Verfahren erfolgen und ist schriftlich festzuhalten;

(h) sicherzustellen, dass im Falle von Multi-Site-Prüfungen gegebenenfalls ein Örtlicher Versuchsleiter benannt wird, der über eine entsprechende Aus-, Fort- und Weiterbildung sowie praktische Erfahrung verfügt, um die ihm übertragenen Phasen der Prüfung leiten bzw. überwachen zu können. Das Ersetzen eines Örtlichen Versuchsleiters muss nach festgelegten Verfahren erfolgen und ist schriftlich festzuhalten;

(i) sicherzustellen, dass jeder Prüfplan vom Prüfleiter schriftlich genehmigt wird;

(j) sicherzustellen, dass der Prüfleiter den genehmigten Prüfplan rechtzeitig dem Qualitätssicherungspersonal zuleitet;

(k) sicherzustellen, dass eine chronologische Ablage aller Standardarbeitsanweisungen geführt wird;

(l) sicherzustellen, dass eine verantwortliche Person für die Führung von Archiven bestimmt wird;

(m) sicherzustellen, dass ein Verzeichnis mit Status aller Prüfungen (Master Schedule) geführt wird;

(n) sicherzustellen, dass alle Versorgungsgüter in der Prüfeinrichtung den Anforderungen hinsichtlich ihrer Verwendung in der Prüfung genügen;

(o) sicherzustellen, dass bei Multi-Site-Prüfungen klar definierte Kommunikationswege zwischen Prüfleiter, Örtlichem Versuchsleiter, Qualitätssicherungspersonal und prüfendem Personal existieren;

(p) sicherzustellen, dass Prüf- und Referenzgegenstände in geeigneter Weise charakterisiert sind;

(q) Verfahren einzuführen, die sicherstellen, dass computergestützte Systeme für ihre vorgesehene Anwendung geeignet sind und in Übereinstimmung mit diesen Grundsätzen der Guten Laborpraxis validiert, betrieben und gewartet werden.

(3) Werden bestimmte Phasen einer Prüfung an einem Prüfstandort durchgeführt, für den eine Leitung benannt wurde, so hat die Leitung dieses Prüfstandortes alle in Absatz 2 genannten Aufgaben mit Ausnahme der Aufgaben in Absatz 2 Buchstabe g, i, j und o zu übernehmen.

1.2 Aufgaben des Prüfleiters

(1) Der Prüfleiter ist mit der alleinigen Aufsicht über die Prüfung betraut und trägt die Verantwortung für die Gesamtdurchführung der Prüfung und für den Abschlussbericht.

(2) Diese Verantwortung schließt mindestens die folgenden Aufgaben ein. Der Prüfleiter hat

(a) den Prüfplan sowie etwaige Änderungen durch datierte Unterschrift zu genehmigen;

(b) sicherzustellen, dass das Qualitätssicherungspersonal jeweils rechtzeitig über eine Kopie des Prüfplans sowie etwaiger Änderungen verfügt, und er hat sich während der Durchführung der Prüfung so effektiv wie erforderlich mit dem Qualitätssicherungspersonal zu verständigen;

(c) sicherzustellen, dass dem prüfenden Personal Prüfpläne und etwaige Änderungen sowie Standardarbeitsanweisungen zur Verfügung stehen;

(d) sicherzustellen, dass der Prüfplan und der Abschlussbericht einer Multi-Site-Prüfung namentlich die an der Durchführung der Prüfung beteiligten Örtlichen Versuchsleiter und die Prüfeinrichtungen und Prüfstandorte sowie die delegierten Aufgaben beschreiben;

(e) sicherzustellen, dass die im Prüfplan beschriebenen Verfahren befolgt werden; er hat mögliche Auswirkungen etwaiger Prüfplanabweichungen auf die Qualität und Zuverlässigkeit der Prüfung zu bewerten und zu dokumentieren sowie gegebenenfalls Korrekturmaßnahmen zu veranlassen; etwaige Abweichungen von Standardarbeitsanweisungen bei der Durchführung der Prüfung hat er zu bestätigen;

(f) sicherzustellen, dass alle gewonnenen Rohdaten lückenlos festgehalten und aufgezeichnet werden;

(g) sicherzustellen, dass im Verlauf einer Prüfung eingesetzte computergestützte Systeme validiert sind;

(h) den Abschlussbericht datiert zu unterzeichnen, um damit die Verantwortung für die Zuverlässigkeit der Daten zu übernehmen und anzugeben, inwieweit die Prüfung mit diesen Grundsätzen der Guten Laborpraxis übereinstimmt;

(i) sicherzustellen, dass nach Abschluss der Prüfung Prüfplan, Abschlussbericht, Rohdaten und weiteres damit zusammenhängendes Material archiviert werden. Auch bei Abbruch einer Prüfung ist ein Bericht zu erstellen und hinsichtlich der Archivierung entsprechend zu verfahren.

1.3 Aufgaben des Örtlichen Versuchsleiters

Der Örtliche Versuchsleiter stellt sicher, dass die an ihn übertragenen Phasen der Prüfung unter Einhaltung der anzuwendenden Grundsätze der Guten Laborpraxis durchgeführt werden.

1.4 Aufgaben des prüfenden Personals

(1) Das an der Durchführung einer Prüfung beteiligte Personal muss fundierte Kenntnisse über diejenigen Abschnitte der Grundsätze der Guten Laborpraxis besitzen, die seine Beteiligung an der Prüfung berühren.

(2) Das prüfende Personal muss direkten Zugriff auf den Prüfplan und auf die seine Beteiligung an der Prüfung betreffenden Standardarbeitsanweisungen besitzen. Die Verantwortlichkeit zur Befolgung der Anweisungen in diesen Dokumenten liegt beim prüfenden Personal. Jegliche Abweichung von den Anweisungen ist zu dokumentieren und sofort dem Prüfleiter und gegebenenfalls dem Örtlichen Versuchsleiter zu melden.

(3) Das prüfende Personal ist verantwortlich für die unverzügliche und genaue Erfassung von Rohdaten in Übereinstimmung mit diesen Grundsätzen der Guten Laborpraxis sowie für die Qualität dieser Daten.

(4) Das prüfende Personal hat Gesundheitsvorkehrungen einzuhalten, um eine Gefährdung für sich selbst auf ein Mindestmaß zu beschränken und die Zuverlässigkeit der Prüfung zu gewährleisten. Es hat relevante, ihm bekannte gesundheitliche oder medizinische Probleme der zuständigen Person mitzuteilen, um eventuell von Arbeiten ausgeschlossen werden zu können, bei denen eine Beeinträchtigung der Prüfung möglich erscheint.

2 Qualitätssicherungsprogramm

2.1 Allgemeines

(1) Die Prüfeinrichtung muss über ein dokumentiertes Qualitätssicherungsprogramm verfügen, um zu gewährleisten, dass die Prüfungen in Übereinstimmung mit diesen Grundsätzen der Guten Laborpraxis durchgeführt werden.

(2) Das Qualitätssicherungsprogramm ist von einer oder mehreren Personen durchzuführen, die von der Leitung bestimmt werden und die ihr unmittelbar verantwortlich sind. Diese Personen müssen mit den Prüfverfahren vertraut sein.

(3) Diese Personen dürfen nicht an der Durchführung der Prüfung beteiligt sein, deren Qualität zu sichern ist.

2.2 Aufgaben des Qualitätssicherungspersonals

Das Qualitätssicherungspersonal hat zumindest

(a) Kopien aller genehmigten Prüfpläne und Standardarbeitsanweisungen, die in der Prüfeinrichtung benutzt werden, bereitzuhalten und Zugriff auf das aktuelle Verzeichnis mit Status aller Prüfungen (Master Schedule) zu besitzen;

(b) zu überprüfen, ob der Prüfplan die nach den Grundsätzen der Guten Laborpraxis erforderlichen Informationen enthält. Diese Überprüfung ist zu dokumentieren;

(c) Inspektionen durchzuführen, um festzustellen, ob alle Prüfungen unter Einhaltung dieser Grundsätze der Guten Laborpraxis durchgeführt werden. Während der Inspektionen soll auch festgestellt werden, ob Prüfpläne und Standardarbeitsanweisungen dem prüfenden Personal direkt zur Verfügung stehen und befolgt werden.

Es gibt drei Arten von Inspektionen, die in entsprechenden Standardarbeitsanweisungen zum Qualitätssicherungsprogramm näher zu beschreiben sind:

- prüfungsbezogene Inspektionen,
- einrichtungsbezogene Inspektionen,
- verfahrensbezogene Inspektionen.

Aufzeichnungen über diese Inspektionen sind aufzubewahren;

(d) die Abschlussberichte zu inspizieren und, soweit zutreffend, zu bestätigen, dass Methoden, Verfahren und Beobachtungen korrekt und umfassend beschrieben worden sind und dass die berichteten Ergebnisse die Rohdaten der Prüfungen korrekt und umfassend wiedergeben;

(e) sofort der Leitung und dem Prüfleiter sowie, gegebenenfalls, dem Örtlichen Versuchsleiter und dessen entsprechender Leitung Inspektionsergebnisse schriftlich zu berichten;

(f) eine dem Abschlussbericht beizufügende Erklärung abzufassen und zu unterzeichnen, aus der Art und Zeitpunkt der Inspektionen, die inspizierten Phasen der Prüfung sowie die Zeitpunkte, an denen der Leitung und dem Prüfleiter sowie gegebenenfalls einem Örtlichen Versuchsleiter Inspektionsergebnisse berichtet wurden, hervorgehen. Weiterhin dient diese Erklärung als Bestätigung, dass der Abschlussbericht die Rohdaten widerspiegelt.

3 Räumlichkeiten und Einrichtungen

3.1 Allgemeines

(1) Die Prüfeinrichtung hat eine zweckentsprechende Größe, Konstruktion und Lage aufzuweisen, um den Anforderungen der Prüfung zu entsprechen und um Störungen, die die Zuverlässigkeit der Prüfung beeinträchtigen könnten, auf ein Mindestmaß zu beschränken.

(2) Die Prüfeinrichtung muss so angelegt sein, dass die einzelnen Arbeitsabläufe ausreichend voneinander getrennt werden können, um die ordnungsgemäße Durchführung jeder einzelnen Prüfung zu gewährleisten.

3.2 Räumlichkeiten und Einrichtungen für Prüfsysteme

(1) Die Prüfeinrichtung muss über eine ausreichende Zahl von Räumen oder Bereichen verfügen, um die getrennte Unterbringung von Prüfsystemen und einzelnen Prüfungen für Stoffe oder Organismen, deren biologische Gefährlichkeit bekannt ist oder angenommen werden kann, zu ermöglichen.

(2) Geeignete Räume oder Bereiche müssen für die Diagnose, Behandlung und Bekämpfung von Krankheiten zur Verfügung stehen, um zu gewährleisten, dass keine unannehmbare Beeinträchtigung der Prüfsysteme auftritt.

(3) Für Versorgungsgüter und Ausrüstungsgegenstände müssen Lagerräume oder -bereiche vorhanden sein. Diese Lagerräume oder -bereiche müssen von den Unterbringungsräumen oder -bereichen für Prüfsysteme getrennt sein und angemessenen Schutz vor Ungeziefer, Verunreinigungen und Verderb gewährleisten.

3.3 Räumlichkeiten und Einrichtungen für den Umgang mit Prüf- und Referenzgegenständen

(1) Um Verunreinigungen und Verwechslungen zu vermeiden, müssen getrennte Räume oder Bereiche für Eingang und Lagerung der Prüf- und Referenzgegenstände und für das Mischen der Prüfgegenstände mit Trägerstoffen vorhanden sein.

(2) Die Lagerräume oder -bereiche für die Prüfgegenstände müssen von den Räumen oder Bereichen getrennt sein, in denen die Prüfsysteme untergebracht sind. Sie müssen geeignet sein, Identität, Konzentration, Reinheit und Stabilität der Prüfgegenstände zu wahren und die sichere Lagerung gefährlicher Stoffe zu gewährleisten.

3.4 Räumlichkeiten und Einrichtungen für Archive

Räumlichkeiten für Archive müssen für eine sichere Aufbewahrung und Wiederauffindung von Prüfplänen, Rohdaten, Abschlussberichten, Rückstellmustern von Prüf- und Referenzgegenständen und Proben zur Verfügung stehen. Ausstattung und Bedingungen in den Archiven sind so zu gestalten, dass ein vorzeitiger Verderb des Archivgutes verhindert wird.

3.5 Abfallbeseitigung

Abfälle sind so zu handhaben und zu beseitigen, dass die Prüfungen nicht gefährdet werden. Hierzu gehören Vorkehrungen für zweckmäßige Sammlung, Lagerung, Beseitigung, Dekontaminations- und Transportverfahren.

4 Geräte, Materialien und Reagenzien

(1) Geräte, einschließlich validierter computergestützter Systeme, die zur Gewinnung, Erfassung und Wiedergabe von Daten und zur Kontrolle der für die Prüfung bedeutsamen Umweltbedingungen verwendet werden, sind zweckmäßig unterzubringen und müssen eine geeignete Konstruktion und ausreichende Leistungsfähigkeit aufweisen.

(2) Die bei einer Prüfung verwendeten Geräte sind in regelmäßigen Zeitabständen gemäß den Standardarbeitsanweisungen zu überprüfen, zu reinigen, zu warten und zu kalibrieren. Aufzeichnungen darüber sind aufzubewahren. Kalibrierungen müssen, wo notwendig, auf nationale oder internationale Messstandards zurückgeführt werden können.

(3) Geräte und Materialien, die in einer Prüfung verwendet werden, dürfen die Prüfsysteme nicht beeinträchtigen.

(4) Chemikalien, Reagenzien und Lösungen sind so zu beschriften, dass Identität (mit Konzentration, falls nötig), Verfallsdatum sowie besondere Lagerungshinweise ersichtlich sind. Informationen zu Herkunft, Herstellungsdatum und Haltbarkeit müssen zur Verfügung stehen. Das Verfallsdatum kann auf Basis einer dokumentierten Bewertung oder Analyse verlängert werden.

5 Prüfsysteme

5.1 Physikalische und chemische Prüfsysteme

(1) Geräte, mit denen physikalische und chemische Daten gewonnen werden, sind zweckmäßig unterzubringen und müssen eine geeignete Konstruktion und ausreichende Leistungsfähigkeit aufweisen.

(2) Die Sicherstellung der Funktion von physikalischen und chemischen Prüfsystemen muss gewährleistet sein.

5.2 Biologische Prüfsysteme

(1) Für die Aufbewahrung, Unterbringung, Handhabung und Pflege von biologischen Prüfsystemen sind geeignete Bedingungen zu schaffen, um die Qualität der Daten zu gewährleisten.

(2) Neu eingetroffene tierische und pflanzliche Prüfsysteme sind getrennt unterzubringen, bis ihr Gesundheitszustand festgestellt worden ist. Wenn eine ungewöhnliche Sterblichkeit oder Morbidität auftritt, darf diese Lieferung nicht bei Prüfungen benutzt werden. Pflanzliche Prüfsysteme sind gegebenenfalls auf geeignete Weise zu vernichten, tierische Prüfsysteme sind nach den Vorgaben des Tierschutzgesetzes zu behandeln. Bei Beginn der experimentellen Phase der Prüfung müssen die Prüfsysteme frei sein von allen Krankheiten oder Beeinträchtigungen, die den Zweck oder die Durchführung der Prüfung beeinflussen könnten. Prüfsysteme, die im Verlauf der Prüfung erkranken oder verletzt sind, sind, falls notwendig, zu isolieren und zu behandeln, um die Integrität der Prüfung zu gewährleisten. Über Diagnose und Behandlung etwaiger Krankheiten vor oder im Verlauf einer Prüfung sind Aufzeichnungen zu führen.

(3) Über Herkunft, Ankunftsdatum und Zustand bei der Ankunft der Prüfsysteme müssen Aufzeichnungen geführt werden.

(4) Biologische Prüfsysteme sind vor der ersten Applikation des Prüf- oder Referenzgegenstandes während eines ausreichenden Zeitraumes an die Umweltbedingungen der Prüfung zu akklimatisieren.

(5) Alle zur Identifizierung der Prüfsysteme erforderlichen Angaben sind auf deren Käfigen oder Behältern anzubringen. Prüfsystem-Individuen, die im Verlauf der Prüfung aus ihren Käfigen oder Behältnissen entnommen werden, müssen, soweit möglich, geeignete Identifizierungsmerkmale tragen.

(6) Während des Gebrauchs müssen alle Käfige oder Behälter für Prüfsysteme in angemessenen Abständen gereinigt und keimarm gemacht werden. Materialien, mit denen die Prüfsysteme in Berührung kommen, müssen frei sein von Verunreinigungen in Konzentrationen, die Auswirkungen auf die Prüfung haben könnten. Einstreu für Tiere ist so oft zu wechseln, wie es die gute Tierpflegepraxis erfordert. Die Anwendung von Schädlingsbekämpfungsmitteln ist zu dokumentieren.

(7) Prüfsysteme für Freilandprüfungen sind so anzulegen, dass eine Beeinflussung der Prüfung durch Sprühnebelabdrift oder früher eingesetzte Pflanzenschutzmittel vermieden wird.

6 Prüf- und Referenzgegenstände

6.1 Eingang, Handhabung, Entnahme und Lagerung

(1) Aufzeichnungen sind zu führen, aus denen die Charakterisierung der Prüf- und Referenzgegenstände, das Eingangsdatum, das Verfallsdatum, die eingegangenen und die bei den Prüfungen verwendeten Mengen ersichtlich sind.

(2) Handhabungs-, Entnahme- und Lagerungsverfahren sind so festzulegen, dass die Homogenität und Stabilität so weit wie möglich gewährleistet und Verunreinigungen oder Verwechslungen ausgeschlossen sind.

(3) Auf den Lagerbehältnissen sind Kennzeichnungsangaben, Verfallsdatum und besondere Lagerungshinweise anzubringen.

6.2 Charakterisierung

(1) Jeder Prüf- und Referenzgegenstand ist in geeigneter Weise zu kennzeichnen (z. B. durch Code, Chemical-Abstracts-Register-Nummer (CAS-Nummer), Bezeichnung, biologische Parameter).

(2) Für jede Prüfung müssen Identität, einschließlich Chargennummer, Reinheit, Zusammensetzung, Konzentration oder sonstige Eigenschaften zur Charakterisierung jeder Charge der Prüf- oder Referenzgegenstände bekannt sein.

(3) Bei der Lieferung des Prüfgegenstandes durch einen Auftraggeber ist in Zusammenarbeit zwischen Auftraggeber und Prüfeinrichtung ein Verfahren festzulegen, auf welche Weise die Identität des Prüfgegenstandes, der in der Prüfung eingesetzt wird, eindeutig bestätigt wird.

(4) Die Stabilität der Prüf- und Referenzgegenstände unter Lager- und Prüfbedingungen muss für alle Prüfungen bekannt sein.

(5) Falls der Prüfgegenstand in einem Trägerstoff verabreicht wird, sind die Homogenität, Konzentration und Stabilität des Prüfgegenstandes in diesem Trägerstoff zu bestimmen. Bei Prüfgegenständen für Freilandprüfungen (z. B. Spritzflüssigkeiten) können diese Parameter durch getrennte Laboruntersuchungen bestimmt werden.

(6) Für eine eventuelle analytische Absicherung ist von jeder Charge eines Prüfgegenstandes, der in einer Prüfung, mit Ausnahme von Kurzzeitprüfungen, verwendet wird, ein Rückstellmuster aufzubewahren.

7 Standardarbeitsanweisungen (Standard Operating Procedures, SOPs)

(1) Eine Prüfeinrichtung muss über schriftliche Standardarbeitsanweisungen verfügen, die von ihrer Leitung genehmigt und dafür vorgesehen sind, die Qualität und Zuverlässigkeit der im Verlauf der Prüfung in der Prüfeinrichtung gewonnenen Daten zu gewährleisten. Auch die überarbeiteten Versionen der Standardarbeitsanweisungen sind von der Leitung der Prüfeinrichtung zu genehmigen.

(2) Jeder einzelnen Arbeitseinheit und jedem einzelnen Arbeitsbereich der Prüfeinrichtung müssen die für die dort durchgeführten Arbeiten relevanten Standardarbeitsanweisungen in aktueller Version unmittelbar zur Verfügung stehen. Veröffentlichte Fachbücher, analytische Methoden und Fachartikel sowie Bedienungsanleitungen können als Ergänzung zu diesen Standardanweisungen verwendet werden.

(3) Prüfungsbedingte Abweichungen von Standardarbeitsanweisungen sind zu dokumentieren und vom Prüfleiter und gegebenenfalls vom Örtlichen Versuchsleiter zu bestätigen.

(4) Standardarbeitsanweisungen müssen mindestens für folgende Bereiche vorhanden sein, wobei die unter den jeweiligen Überschriften angegebenen Einzelheiten als veranschaulichende Beispiele anzusehen sind:

1. Prüf- und Referenzgegenstände

   Eingang, Identifizierung, Kennzeichnung, Handhabung, Entnahme und Lagerung.

2. Geräte, Materialien und Reagenzien

   (a) Geräte

   Bedienung, Wartung, Reinigung, Kalibrierung;

   (b) Computergestützte Systeme

   Validierung, Betrieb, Wartung, Sicherheit, kontrollierte Systemänderung (change control) und Datensicherung (back-up);

   (c) Materialien, Reagenzien und Lösungen

   Zubereitung und Kennzeichnung.

3. Führen von Aufzeichnungen, Berichterstattung, Aufbewahrung und Wiederauffindung

   Kodieren der Prüfungen, Datenerhebung, Erstellen von Berichten, Indexierungssysteme, Umgang mit Daten einschließlich Verwendung von computergestützten Systemen.

4. Prüfsysteme, soweit für die Prüfung relevant

   (a) Vorbereitung von Räumen und Raumumweltbedingungen für Prüfsysteme;

   (b) Verfahren für Eingang, Umsetzung, ordnungsgemäße Unterbringung, Charakterisierung, Identifizierung und Versorgung der Prüfsysteme;

   (c) Vorbereitung, Beobachtung und Untersuchung der Prüfsysteme vor, während und am Ende der Prüfung;

   (d) Handhabung von Tieren, die im Verlauf der Prüfung moribund oder tot aufgefunden werden;

   (e) Sammlung, Kennzeichnung und Handhabung von Proben einschließlich Sektion und Histopathologie;

   (f) Anlage und Standortwahl von Prüfsystemen auf Prüfflächen.

5. Qualitätssicherungsverfahren

   Tätigkeit des Qualitätssicherungspersonals bei der organisatorischen und terminlichen Planung, Durchführung, Dokumentation und Berichterstattung von Inspektionen.

8 Prüfungsablauf

8.1 Prüfplan

(1) Vor Beginn jeder Prüfung muss ein schriftlicher Prüfplan vorliegen. Der Prüfplan muss vom Prüfleiter durch datierte Unterschrift genehmigt und vom Qualitätssicherungspersonal auf GLP-Konformität gemäß Abschnitt II Nummer 2.2 Buchstabe b überprüft werden.

(2a) Prüfplanänderungen müssen begründet und durch datierte Unterschrift des Prüfleiters genehmigt werden und sind gemeinsam mit dem Prüfplan aufzubewahren.

(2b) Prüfplanabweichungen müssen vom Prüfleiter und vom zuständigen Örtlichen Versuchsleiter umgehend beschrieben, erläutert, bestätigt und datiert sowie zusammen mit den Rohdaten aufbewahrt werden.

(3) Bei Kurzzeitprüfungen kann ein Standard-Prüfplan mit prüfungsspezifischen Ergänzungen benutzt werden.

8.2 Inhalt des Prüfplans

Der Prüfplan muss mindestens folgende Angaben enthalten:

(1) Bezeichnung der Prüfung, der Prüf- und Referenzgegenstände
   (a) beschreibender Titel;
   (b) Erklärung über Art und Zweck der Prüfung;
   (c) Bezeichnung des Prüfgegenstandes durch Code oder Name (IUPAC, CAS-Nummer, biologische Parameter usw.);
   (d) zu verwendender Referenzgegenstand.

(2) Angaben über den Auftraggeber und die Prüfeinrichtung
   (a) Name und Anschrift des Auftraggebers;
   (b) Name und Anschrift der Prüfeinrichtung sowie aller weiteren an der Prüfung beteiligten Prüfeinrichtungen und Prüfstandorte;
   (c) Name und Anschrift des Prüfleiters;
   (d) Name und Anschrift des Örtlichen Versuchsleiters und die Bezeichnung der Phasen der Prüfung, die vom Prüfleiter unter seine Verantwortlichkeit gestellt wurden.

(3) Termine
   (a) Das Datum der Genehmigung des Prüfplans durch die Unterschrift des Prüfleiters.
   (b) Voraussichtliche Termine für Beginn und Ende der experimentellen Phase der Prüfung.

(4) Prüfmethoden

   Bezugnahme auf die anzuwendenden OECD-Prüfrichtlinien oder sonstige anzuwendende Prüfrichtlinien oder -methoden.

(5) Einzelangaben, soweit für die Prüfung relevant
   (a) Begründung für die Wahl des Prüfsystems;
   (b) Charakterisierung des Prüfsystems, wie Tierart, Stamm, Unterstamm, Herkunft, Anzahl, Körpergewichtsbereich, Geschlecht, Alter und sonstige sachdienliche Angaben;
   (c) Applikationsmethode und Begründung für deren Wahl;
   (d) Dosierungen und Konzentrationen, Häufigkeit und Dauer der Applikation;

(e) Ausführliche Angaben über die experimentelle Gesamtplanung, einschließlich der chronologischen Beschreibung des Prüfablaufs, aller Methoden, Materialien und Bedingungen, sowie Art und Häufigkeit der vorzunehmenden Analysen, Messungen, Beobachtungen und Untersuchungen und die gegebenenfalls anzuwendenden statistischen Verfahren.

(6) Aufzeichnungen

Liste der aufzubewahrenden Aufzeichnungen.

8.3 Durchführung der Prüfung

(1) Jede Prüfung muss eine unverwechselbare Bezeichnung erhalten. Alle diese Prüfung betreffenden Unterlagen und Materialien müssen diese Bezeichnung aufweisen. Proben aus der Prüfung sind so zu kennzeichnen, dass ihre Herkunft eindeutig nachvollziehbar ist. Eine derartige Kennzeichnung dient der Rückführbarkeit der Probe auf eine bestimmte Prüfung.

(2) Die Prüfung ist gemäß dem Prüfplan durchzuführen.

(3) Alle während der Prüfung erhobenen Daten sind durch die erhebende Person unmittelbar, unverzüglich, genau und leserlich aufzuzeichnen. Diese Aufzeichnungen sind datiert zu unterschreiben oder abzuzeichnen.

(4) Jede Änderung in den Rohdaten ist so vorzunehmen, dass die ursprüngliche Aufzeichnung ersichtlich bleibt; sie ist mit einer Begründung sowie mit Datum und Unterschrift oder Kürzel der die Änderung vornehmenden Person zu versehen.

(5) Daten, die als direkte Computereingabe entstehen, sind zur Zeit der Dateneingabe durch die dafür verantwortlichen Personen zu kennzeichnen. Computergestützte Systeme müssen so ausgelegt sein, dass jederzeit die Aufzeichnung eines vollständigen audit trails zur Verfügung steht, der sämtliche Datenänderungen anzeigt, ohne die Originaldaten unkenntlich zu machen. Alle Datenänderungen müssen mit der sie ändernden Person verknüpft werden können, z. B. durch die Verwendung von mit Datum und Uhrzeit versehenen (elektronischen) Unterschriften. Änderungen sind zu begründen.

9 Bericht über die Prüfergebnisse

9.1 Allgemeines

(1) Für jede Prüfung muss ein Abschlussbericht erstellt werden. Bei Kurzzeitprüfungen kann ein Standard-Abschlussbericht mit prüfungsspezifischen Ergänzungen erstellt werden.

(2) Jeder Bericht eines an der Prüfung beteiligten Örtlichen Versuchsleiters oder beteiligten Spezialisten ist von diesem datiert zu unterschreiben.

(3) Der Abschlussbericht muss vom Prüfleiter datiert unterschrieben werden, um die Übernahme der Verantwortung für die Zuverlässigkeit der Daten zu dokumentieren. Des Weiteren ist anzugeben, inwieweit die Prüfung mit diesen Grundsätzen der Guten Laborpraxis übereinstimmt.

(4) Korrekturen und Ergänzungen eines Abschlussberichts sind in Form von Nachträgen vorzunehmen. In diesen Nachträgen sind die Gründe für die Korrekturen oder Ergänzungen deutlich darzulegen und vom Prüfleiter datiert zu unterzeichnen.

(5) Eine Reformatierung des Abschlussberichts zur Erfüllung von Zulassungsbestimmungen einer nationalen Bewertungsbehörde stellt keine Korrektur, Ergänzung oder Änderung des Abschlussberichts im obigen Sinne dar.

9.2 Inhalt des Abschlussberichts

Der Abschlussbericht muss mindestens folgende Angaben enthalten:

(1) Bezeichnung der Prüfung, der Prüf- und Referenzgegenstände

(a) beschreibender Titel;

(b) Bezeichnung des Prüfgegenstandes durch Code oder Name (IUPAC, CAS-Nummer, biologische Parameter usw.);
(c) Bezeichnung des Referenzgegenstandes durch den Namen;
(d) Charakterisierung des Prüfgegenstandes einschließlich Reinheit, Stabilität und Homogenität.

(2) Angaben über den Auftraggeber und die Prüfeinrichtung
(a) Name und Anschrift des Auftraggebers;
(b) Name und Anschrift aller beteiligten Prüfeinrichtungen und Prüfstandorte;
(c) Name und Anschrift des Prüfleiters;
(d) Name und Anschrift des Örtlichen Versuchsleiters sowie die delegierten Phasen der Prüfung, soweit zutreffend;
(e) Name und Anschrift der Wissenschaftler, die Berichte zum Abschlussbericht beigetragen haben.

(3) Termine
Zeitpunkt für Beginn und Ende der experimentellen Phase der Prüfung.

(4) Erklärung
Qualitätssicherungserklärung, aus der Art und Zeitpunkt der Inspektionen, die inspizierten Phasen der Prüfung sowie die Zeitpunkte hervorgehen, an denen der Leitung und dem Prüfleiter sowie gegebenenfalls einem Örtlichen Versuchsleiter Inspektionsergebnisse berichtet wurden. Diese Erklärung dient auch als Bestätigung, dass der Abschlussbericht die Rohdaten widerspiegelt.

(5) Beschreibung von Materialien und Prüfmethoden
(a) Beschreibung der verwendeten Methoden und Materialien;
(b) Verweis auf OECD-Prüfrichtlinien oder sonstige Prüfrichtlinien/-methoden.

(6) Ergebnisse
(a) Zusammenfassung der Ergebnisse;
(b) alle im Prüfplan geforderten Informationen und Daten;
(c) Darlegung der Ergebnisse einschließlich der Berechnungen sowie der Bestimmungen der statistischen Signifikanz;
(d) Bewertung und Diskussion der Ergebnisse und gegebenenfalls Schlussfolgerungen.

(7) Aufbewahrung
Aufbewahrungsorte des Prüfplans, der Rückstellmuster von Prüf- und Referenzgegenständen, Proben, Rohdaten und des Abschlussberichts.

10 Archivierung und Aufbewahrung von Aufzeichnungen und Materialien

10.1 Zu den Archiven dürfen nur von der Leitung dazu befugte Personen Zutritt haben. Über Entnahme und Rückgabe sind Aufzeichnungen zu führen.

10.2 Folgendes ist 15 Jahre in den Archiven aufzubewahren:
(a) Prüfplan, Rohdaten, Rückstellmuster von Prüf- und Referenzgegenständen, Proben und Abschlussbericht jeder Prüfung;
(b) Aufzeichnungen über alle nach dem Qualitätssicherungsprogramm vorgenommenen Inspektionen sowie das Verzeichnis mit Status aller Prüfungen (Master Schedule);
(c) Aufzeichnungen über die Aus-, Fort- und Weiterbildung sowie praktische Erfahrung des Personals, ferner die Aufgabenbeschreibungen;
(d) Aufzeichnungen und Berichte über die Wartung und Kalibrierung der Geräte;
(e) Validierungsunterlagen für computergestützte Systeme;

(f) chronologische Ablage aller Standardarbeitsanweisungen;

(g) Aufzeichnungen zur Kontrolle der Umweltbedingungen.

Falls für bestimmte prüfungsrelevante Materialien kein Archivierungszeitraum in Satz 1 festgelegt wurde, ist deren Entsorgung zu dokumentieren. Falls Rückstellmuster von Prüf- und Referenzgegenständen vor Ablauf des festgelegten Archivierungszeitraums entsorgt werden, ist dies zu begründen und zu dokumentieren. Rückstellmuster von Prüf- und Referenzgegenständen sowie Proben müssen nur so lange aufbewahrt werden, wie deren Qualität eine Beurteilung zulässt.

10.3 Archiviertes Material ist zu indexieren, um ein ordnungsgemäßes Aufbewahren und Wiederauffinden zu erleichtern.

10.4 Wenn eine Prüfeinrichtung oder ein Vertragsarchiv die Tätigkeit einstellt und keinen Rechtsnachfolger hat, ist das Archiv an die Archive der Auftraggeber der Prüfungen zu überführen.

Anhang 2 (zu § 19b Abs. 1)

Landessiegel/Coloured Logo
Gute Laborpraxis/Good Laboratory Practice

GLP-Bescheinigung/Statement of GLP Compliance
(gemäß/according to § 19b Absatz 1 Chemikaliengesetz)

Eine GLP-Inspektion zur Überwachung der Einhaltung der GLP-Grundsätze gemäß Chemikaliengesetz bzw. Richtlinie 2004/9/EG wurde durchgeführt in:

Assessment of conformity with GLP according to Chemikaliengesetz and Directive 2004/9/EC at:

☐ Prüfeinrichtungen/Test facility ☐ Prüfstandort/Test site

....

....

....

(Unverwechselbare Bezeichnung und Adresse/Unequivocal name and address)

Prüfungen nach Kategorien/Areas of Expertise

(gemäß/according ChemVwV-GLP Nr. 5.3/OECD guidance)

....

Datum der Inspektion/Date of Inspection

(Tag.Monat.Jahr/day.month.year)

....

Die/Der genannte Prüfeinrichtung/Prüfstandort befindet sich im nationalen GLP-Überwachungsverfahren und wird regelmäßig auf Einhaltung der GLP-Grundsätze überwacht.

Auf der Grundlage des Inspektionsberichtes wird hiermit bestätigt, dass in dieser Prüfeinrichtung/diesem Prüfstandort die oben genannten Prüfungen unter Einhaltung der GLP-Grundsätze durchgeführt werden können.

The above mentioned test facility/test site is included in the national GLP Compliance Programme and is inspected on a regular basis.

Based on the inspection report it can be confirmed, that this test facility/test site is able to conduct the aforementioned studies in compliance with the Principles of GLP.

Unterschrift, Datum/Signature, Date

....

(Name und Funktion der verantwortlichen Person/
Name and function of responsible person)

....

(Name und Adresse der GLP-Überwachungsbehörde/
Name and address of the GLP Monitoring Authority)

XV. Gesetz über die Bereitstellung von Produkten auf dem Markt (Produktsicherheitsgesetz – ProdSG)

v. 8.11.2011 (BGBl I S. 2178, ber. 2012 I S. 131) mit späterer Änderung

Das Gesetz über die Bereitstellung von Produkten auf dem Markt (Produktsicherheitsgesetz – ProdSG) ist als Art. 1 Gesetz über die Neuordnung des Geräte- und Produktsicherheitsrechts v. 8.11.2011 (BGBl I S. 2178) verkündet worden und am 1.12.2011 in Kraft getreten. Gleichzeitig trat das Geräte- und Produktsicherheitsgesetz vom 6.1.2004 (BGBl I S. 2, ber. S. 219), das zuletzt durch Art. 2 Gesetz zur Umsetzung der Dienstleistungsrichtlinie im Eichgesetz sowie im Geräte- und Produktsicherheitsgesetz und zur Änderung des Verwaltungskostengesetzes, des Energiewirtschaftsgesetzes und des Energieleitungsausbaugesetzes vom 7.3.2011 (BGBl I S. 338) geändert worden ist, außer Kraft. Es ist geändert worden durch Art. 435 Zehnte Zuständigkeitsanpassungsverordnung v. 31.8.2015 (BGBl I S. 1474).

Nichtamtliche Fassung

Inhaltsübersicht

Abschnitt 1: Allgemeine Vorschriften

§ 1 Anwendungsbereich

(1) Dieses Gesetz gilt, wenn im Rahmen einer Geschäftstätigkeit Produkte auf dem Markt bereitgestellt, ausgestellt oder erstmals verwendet werden.

(2) Dieses Gesetz gilt auch für die Errichtung und den Betrieb überwachungsbedürftiger Anlagen, die gewerblichen oder wirtschaftlichen Zwecken dienen oder durch die Beschäftigte gefährdet werden können, mit Ausnahme der überwachungsbedürftigen Anlagen

1. der Fahrzeuge von Magnetschwebebahnen, soweit diese Fahrzeuge den Bestimmungen des Bundes zum Bau und Betrieb solcher Bahnen unterliegen,
2. des rollenden Materials von Eisenbahnen, ausgenommen Ladegutbehälter, soweit dieses Material den Bestimmungen der Bau- und Betriebsordnungen des Bundes und der Länder unterliegt,
3. in Unternehmen des Bergwesens, ausgenommen in deren Tagesanlagen.

(3) [1]Dieses Gesetz gilt nicht für

1. Antiquitäten,
2. gebrauchte Produkte, die vor ihrer Verwendung instand gesetzt oder wiederaufgearbeitet werden müssen, sofern der Wirtschaftsakteur denjenigen, an den sie abgegeben werden, darüber ausreichend unterrichtet,
3. Produkte, die ihrer Bauart nach ausschließlich zur Verwendung für militärische Zwecke bestimmt sind,
4. Lebensmittel, Futtermittel, lebende Pflanzen und Tiere, Erzeugnisse menschlichen Ursprungs und Erzeugnisse von Pflanzen und Tieren, die unmittelbar mit ihrer künftigen Reproduktion zusammenhängen,
5. Medizinprodukte im Sinne des § 3 des Medizinproduktegesetzes, soweit im Medizinproduktegesetz nichts anderes bestimmt ist,
6. Umschließungen (wie ortsbewegliche Druckgeräte, Verpackungen und Tanks) für die Beförderung gefährlicher Güter, soweit diese verkehrsrechtlichen Vorschriften unterliegen, und
7. Pflanzenschutzmittel im Sinne des § 2 Nummer 9 des Pflanzenschutzgesetzes oder des Artikels 2 Absatz 1 der Verordnung (EG) Nr. 1107/2009 des Europäischen Parlaments und des Rates vom 21. Oktober 2009 über das Inverkehrbringen von Pflanzenschutzmitteln und zur Aufhebung der Richtlinien 79/117/EWG und 91/414/EWG des Rates (ABl L 309 vom 24.11.2009, S. 1).

[2]Satz 1 Nummer 2 und 5 gilt nicht für die Vorschriften in Abschnitt 9 dieses Gesetzes.

(4) [1]Die Vorschriften dieses Gesetzes gelten nicht, soweit in anderen Rechtsvorschriften entsprechende oder weitergehende Vorschriften vorgesehen sind. [2]Satz 1 gilt nicht für die Vorschriften in Abschnitt 9 dieses Gesetzes.

§ 2 Begriffsbestimmungen

Im Sinne dieses Gesetzes

1. ist Akkreditierung die Bestätigung durch eine nationale Akkreditierungsstelle, dass eine Konformitätsbewertungsstelle die in harmonisierten Normen festgelegten Anforderungen und gegebenenfalls zusätzliche Anforderungen, einschließlich solcher in relevanten sektoralen Akkreditierungssystemen, erfüllt, um eine spezielle Konformitätsbewertungstätigkeit durchzuführen,
2. ist Ausstellen das Anbieten, Aufstellen oder Vorführen von Produkten zu Zwecken der Werbung oder der Bereitstellung auf dem Markt,
3. ist Aussteller jede natürliche oder juristische Person, die ein Produkt ausstellt,

4. ist Bereitstellung auf dem Markt jede entgeltliche oder unentgeltliche Abgabe eines Produkts zum Vertrieb, Verbrauch oder zur Verwendung auf dem Markt der Europäischen Union im Rahmen einer Geschäftstätigkeit,
5. ist bestimmungsgemäße Verwendung
   a) die Verwendung, für die ein Produkt nach den Angaben derjenigen Person, die es in den Verkehr bringt, vorgesehen ist oder
   b) die übliche Verwendung, die sich aus der Bauart und Ausführung des Produkts ergibt,
6. ist Bevollmächtigter jede im Europäischen Wirtschaftsraum ansässige natürliche oder juristische Person, die der Hersteller schriftlich beauftragt hat, in seinem Namen bestimmte Aufgaben wahrzunehmen, um seine Verpflichtungen nach der einschlägigen Gesetzgebung der Europäischen Union zu erfüllen,
7. ist CE-Kennzeichnung die Kennzeichnung, durch die der Hersteller erklärt, dass das Produkt den geltenden Anforderungen genügt, die in den Harmonisierungsrechtsvorschriften der Europäischen Union, die ihre Anbringung vorschreiben, festgelegt sind,
8. ist Einführer jede im Europäischen Wirtschaftsraum ansässige natürliche oder juristische Person, die ein Produkt aus einem Staat, der nicht dem Europäischen Wirtschaftsraum angehört, in den Verkehr bringt,
9. ist ernstes Risiko jedes Risiko, das ein rasches Eingreifen der Marktüberwachungsbehörden erfordert, auch wenn das Risiko keine unmittelbare Auswirkung hat,
10. ist Gefahr die mögliche Ursache eines Schadens,
11. ist GS-Stelle eine Konformitätsbewertungsstelle, der von der Befugnis erteilenden Behörde die Befugnis erteilt wurde, das GS-Zeichen zuzuerkennen,
12. ist Händler jede natürliche oder juristische Person in der Lieferkette, die ein Produkt auf dem Markt bereitstellt, mit Ausnahme des Herstellers und des Einführers,
13. ist harmonisierte Norm eine Norm, die von einem der in Anhang I der Richtlinie 98/34/EG des Europäischen Parlaments und des Rates vom 22. Juni 1998 über ein Informationsverfahren auf dem Gebiet der Normen und technischen Vorschriften und der Vorschriften für die Dienste der Informationsgesellschaft (ABl L 204 vom 21.7.1998, S. 37), die zuletzt durch die Richtlinie 2006/96/EG (ABl L 363 vom 20.12.2006, S. 81) geändert worden ist, anerkannten europäischen Normungsgremien auf der Grundlage eines Ersuchens der Europäischen Kommission nach Artikel 6 jener Richtlinie erstellt wurde,
14. ist Hersteller jede natürliche oder juristische Person, die ein Produkt herstellt oder entwickeln oder herstellen lässt und dieses Produkt unter ihrem eigenen Namen oder ihrer eigenen Marke vermarktet; als Hersteller gilt auch jeder, der
   a) geschäftsmäßig seinen Namen, seine Marke oder ein anderes unterscheidungskräftiges Kennzeichen an einem Produkt anbringt und sich dadurch als Hersteller ausgibt oder
   b) ein Produkt wiederaufarbeitet oder die Sicherheitseigenschaften eines Verbraucherprodukts beeinflusst und dieses anschließend auf dem Markt bereitstellt,
15. ist Inverkehrbringen die erstmalige Bereitstellung eines Produkts auf dem Markt; die Einfuhr in den Europäischen Wirtschaftsraum steht dem Inverkehrbringen eines neuen Produkts gleich,
16. ist Konformitätsbewertung das Verfahren zur Bewertung, ob spezifische Anforderungen an ein Produkt, ein Verfahren, eine Dienstleistung, ein System, eine Person oder eine Stelle erfüllt worden sind,
17. ist Konformitätsbewertungsstelle eine Stelle, die Konformitätsbewertungstätigkeiten einschließlich Kalibrierungen, Prüfungen, Zertifizierungen und Inspektionen durchführt,
18. ist Marktüberwachung jede von den zuständigen Behörden durchgeführte Tätigkeit und von ihnen getroffene Maßnahme, durch die sichergestellt werden soll, dass die Produkte mit den Anforderungen dieses Gesetzes übereinstimmen und die Sicherheit und Gesund-

heit von Personen oder andere im öffentlichen Interesse schützenswerte Bereiche nicht gefährden,

19. ist Marktüberwachungsbehörde jede Behörde, die für die Durchführung der Marktüberwachung zuständig ist,
20. ist notifizierte Stelle eine Konformitätsbewertungsstelle,
    a) der die Befugnis erteilende Behörde die Befugnis erteilt hat, Konformitätsbewertungsaufgaben nach den Rechtsverordnungen nach § 8 Absatz 1, die erlassen wurden, um Rechtsvorschriften der Europäischen Union umzusetzen oder durchzuführen, wahrzunehmen, und die von der Befugnis erteilenden Behörde der Europäischen Kommission und den übrigen Mitgliedstaaten notifiziert worden ist oder
    b) die der Europäischen Kommission und den übrigen Mitgliedstaaten von einem Mitgliedstaat der Europäischen Union oder einem anderen Vertragsstaat des Abkommens über den Europäischen Wirtschaftsraum auf Grund eines europäischen Rechtsaktes als notifizierte Stelle mitgeteilt worden ist,
21. ist Notifizierung die Mitteilung der Befugnis erteilenden Behörde an die Europäische Kommission und die übrigen Mitgliedstaaten, dass eine Konformitätsbewertungsstelle Konformitätsbewertungsaufgaben gemäß den nach § 8 Absatz 1 zur Umsetzung oder Durchführung von Rechtsvorschriften der Europäischen Union erlassenen Rechtsverordnungen wahrnehmen kann,
22. sind Produkte Waren, Stoffe oder Zubereitungen, die durch einen Fertigungsprozess hergestellt worden sind,
23. ist Risiko die Kombination aus der Eintrittswahrscheinlichkeit einer Gefahr und der Schwere des möglichen Schadens,
24. ist Rücknahme jede Maßnahme, mit der verhindert werden soll, dass ein Produkt, das sich in der Lieferkette befindet, auf dem Markt bereitgestellt wird,
25. ist Rückruf jede Maßnahme, die darauf abzielt, die Rückgabe eines dem Endverbraucher bereitgestellten Produkts zu erwirken,
26. sind Verbraucherprodukte neue, gebrauchte oder wiederaufgearbeitete Produkte, die für Verbraucher bestimmt sind oder unter Bedingungen, die nach vernünftigem Ermessen vorhersehbar sind, von Verbrauchern benutzt werden könnten, selbst wenn sie nicht für diese bestimmt sind; als Verbraucherprodukte gelten auch Produkte, die dem Verbraucher im Rahmen einer Dienstleistung zur Verfügung gestellt werden,
27. sind Produkte verwendungsfertig, wenn sie bestimmungsgemäß verwendet werden können, ohne dass weitere Teile eingefügt zu werden brauchen; verwendungsfertig sind Produkte auch, wenn
    a) alle Teile, aus denen sie zusammengesetzt werden sollen, zusammen von einer Person in den Verkehr gebracht werden,
    b) sie nur noch aufgestellt oder angeschlossen zu werden brauchen oder
    c) sie ohne die Teile in den Verkehr gebracht werden, die üblicherweise gesondert beschafft und bei der bestimmungsgemäßen Verwendung eingefügt werden,
28. ist vorhersehbare Verwendung die Verwendung eines Produkts in einer Weise, die von derjenigen Person, die es in den Verkehr bringt, nicht vorgesehen, jedoch nach vernünftigem Ermessen vorhersehbar ist,
29. sind Wirtschaftsakteure Hersteller, Bevollmächtigte, Einführer und Händler,
30. sind überwachungsbedürftige Anlagen
    a) Dampfkesselanlagen mit Ausnahme von Dampfkesselanlagen auf Seeschiffen,
    b) Druckbehälteranlagen außer Dampfkesseln,
    c) Anlagen zur Abfüllung von verdichteten, verflüssigten oder unter Druck gelösten Gasen,

d) Leitungen unter innerem Überdruck für brennbare, ätzende oder giftige Gase, Dämpfe oder Flüssigkeiten,
e) Aufzugsanlagen,
f) Anlagen in explosionsgefährdeten Bereichen,
g) Getränkeschankanlagen und Anlagen zur Herstellung kohlensaurer Getränke,
h) Acetylenanlagen und Calciumcarbidlager,
i) Anlagen zur Lagerung, Abfüllung und Beförderung von brennbaren Flüssigkeiten.

[2]Zu den überwachungsbedürftigen Anlagen gehören auch Mess-, Steuer- und Regeleinrichtungen, die dem sicheren Betrieb dieser überwachungsbedürftigen Anlagen dienen; zu den in den Buchstaben b, c und d bezeichneten überwachungsbedürftigen Anlagen gehören nicht die Energieanlagen im Sinne des Energiewirtschaftsgesetzes. [3]Überwachungsbedürftige Anlagen stehen den Produkten im Sinne von Nummer 22 gleich, soweit sie nicht schon von Nummer 22 erfasst werden,

31. sind die für die Kontrolle der Außengrenzen zuständigen Behörden die Zollbehörden.

Abschnitt 2: Voraussetzungen für die Bereitstellung von Produkten auf dem Markt sowie für das Ausstellen von Produkten

§ 3 Allgemeine Anforderungen an die Bereitstellung von Produkten auf dem Markt

(1) Soweit ein Produkt einer oder mehreren Rechtsverordnungen nach § 8 Absatz 1 unterliegt, darf es nur auf dem Markt bereitgestellt werden, wenn es

1. die darin vorgesehenen Anforderungen erfüllt und
2. die Sicherheit und Gesundheit von Personen oder sonstige in den Rechtsverordnungen nach § 8 Absatz 1 aufgeführte Rechtsgüter bei bestimmungsgemäßer oder vorhersehbarer Verwendung nicht gefährdet.

(2) [1]Ein Produkt darf, soweit es nicht Absatz 1 unterliegt, nur auf dem Markt bereitgestellt werden, wenn es bei bestimmungsgemäßer oder vorhersehbarer Verwendung die Sicherheit und Gesundheit von Personen nicht gefährdet. [2]Bei der Beurteilung, ob ein Produkt der Anforderung nach Satz 1 entspricht, sind insbesondere zu berücksichtigen:

1. die Eigenschaften des Produkts einschließlich seiner Zusammensetzung, seine Verpackung, die Anleitungen für seinen Zusammenbau, die Installation, die Wartung und die Gebrauchsdauer,
2. die Einwirkungen des Produkts auf andere Produkte, soweit zu erwarten ist, dass es zusammen mit anderen Produkten verwendet wird,
3. die Aufmachung des Produkts, seine Kennzeichnung, die Warnhinweise, die Gebrauchs- und Bedienungsanleitung, die Angaben zu seiner Beseitigung sowie alle sonstigen produktbezogenen Angaben oder Informationen,
4. die Gruppen von Verwendern, die bei der Verwendung des Produkts stärker gefährdet sind als andere.

[3]Die Möglichkeit, einen höheren Sicherheitsgrad zu erreichen, oder die Verfügbarkeit anderer Produkte, die ein geringeres Risiko darstellen, ist kein ausreichender Grund, ein Produkt als gefährlich anzusehen.

(3) Wenn der Schutz von Sicherheit und Gesundheit erst durch die Art der Aufstellung eines Produkts gewährleistet werden, ist hierauf bei der Bereitstellung auf dem Markt ausreichend hinzuweisen, sofern in den Rechtsverordnungen nach § 8 keine anderen Regelungen vorgesehen sind.

(4) Sind bei der Verwendung, Ergänzung oder Instandhaltung eines Produkts bestimmte Regeln zu beachten, um den Schutz von Sicherheit und Gesundheit zu gewährleisten, ist bei der

Bereitstellung auf dem Markt hierfür eine Gebrauchsanleitung in deutscher Sprache mitzuliefern, sofern in den Rechtsverordnungen nach § 8 keine anderen Regelungen vorgesehen sind.

(5) [1]Ein Produkt, das die Anforderungen nach Absatz 1 oder Absatz 2 nicht erfüllt, darf ausgestellt werden, wenn der Aussteller deutlich darauf hinweist, dass es diese Anforderungen nicht erfüllt und erst erworben werden kann, wenn die entsprechende Übereinstimmung hergestellt ist. [2]Bei einer Vorführung sind die erforderlichen Vorkehrungen zum Schutz der Sicherheit und Gesundheit von Personen zu treffen.

§ 4 Harmonisierte Normen

(1) Bei der Beurteilung, ob ein Produkt den Anforderungen nach § 3 Absatz 1 oder Absatz 2 entspricht, können harmonisierte Normen zugrunde gelegt werden.

(2) Bei einem Produkt, das harmonisierten Normen oder Teilen dieser Normen entspricht, deren Fundstellen im Amtsblatt der Europäischen Union veröffentlicht worden sind, wird vermutet, dass es den Anforderungen nach § 3 Absatz 1 oder Absatz 2 genügt, soweit diese von den betreffenden Normen oder von Teilen dieser Normen abgedeckt sind.

ProdSG

(3) [1]Ist die Marktüberwachungsbehörde der Auffassung, dass eine harmonisierte Norm den von ihr abgedeckten Anforderungen nach § 3 Absatz 1 oder Absatz 2 nicht vollständig entspricht, so unterrichtet sie hiervon unter Angabe der Gründe die Bundesanstalt für Arbeitsschutz und Arbeitsmedizin. [2]Die Bundesanstalt für Arbeitsschutz und Arbeitsmedizin überprüft die eingegangenen Meldungen auf Vollständigkeit und Schlüssigkeit; sie beteiligt den Ausschuss für Produktsicherheit. [3]Sie leitet die Meldungen dem zuständigen Bundesressort zu.

§ 5 Normen und andere technische Spezifikationen

(1) Bei der Beurteilung, ob ein Produkt den Anforderungen nach § 3 Absatz 2 entspricht, können Normen und andere technische Spezifikationen zugrunde gelegt werden.

(2) Bei einem Produkt, das Normen oder anderen technischen Spezifikationen oder Teilen von diesen entspricht, die vom Ausschuss für Produktsicherheit ermittelt und deren Fundstellen von der Bundesanstalt für Arbeitsschutz und Arbeitsmedizin im Gemeinsamen Ministerialblatt bekannt gegeben worden sind, wird vermutet, dass es den Anforderungen nach § 3 Absatz 2 genügt, soweit diese von den betreffenden Normen oder anderen technischen Spezifikationen oder deren Teilen abgedeckt sind.

(3) [1]Ist die Marktüberwachungsbehörde der Auffassung, dass eine Norm oder andere technische Spezifikation den von ihr abgedeckten Anforderungen nach § 3 Absatz 2 nicht vollständig entspricht, so unterrichtet sie hiervon unter Angabe der Gründe die Bundesanstalt für Arbeitsschutz und Arbeitsmedizin. [2]Diese informiert den Ausschuss für Produktsicherheit.

§ 6 Zusätzliche Anforderungen an die Bereitstellung von Verbraucherprodukten auf dem Markt

(1) [1]Der Hersteller, sein Bevollmächtigter und der Einführer haben jeweils im Rahmen ihrer Geschäftstätigkeit bei der Bereitstellung eines Verbraucherprodukts auf dem Markt

1. sicherzustellen, dass der Verwender die Informationen erhält, die er benötigt, um die Risiken, die mit dem Verbraucherprodukt während der üblichen oder vernünftigerweise vorhersehbaren Gebrauchsdauer verbunden sind und die ohne entsprechende Hinweise nicht unmittelbar erkennbar sind, beurteilen und sich gegen sie schützen zu konnen,
2. den Namen und die Kontaktanschrift des Herstellers oder, sofern dieser nicht im Europäischen Wirtschaftsraum ansässig ist, den Namen und die Kontaktanschrift des Bevollmächtigten oder des Einführers anzubringen,
3. eindeutige Kennzeichnungen zur Identifikation des Verbraucherprodukts anzubringen.

[2]Die Angaben nach Satz 1 Nummer 2 und 3 sind auf dem Verbraucherprodukt oder, wenn dies nicht möglich ist, auf dessen Verpackung anzubringen. [3]Ausnahmen von den Verpflichtungen nach Satz 1 Nummer 2 und 3 sind zulässig, wenn es vertretbar ist, diese Angaben wegzulassen,

insbesondere weil sie dem Verwender bereits bekannt sind oder weil es mit einem unverhältnismäßigen Aufwand verbunden wäre, sie anzubringen.

(2) Der Hersteller, sein Bevollmächtigter und der Einführer haben jeweils im Rahmen ihrer Geschäftstätigkeit Vorkehrungen für geeignete Maßnahmen zur Vermeidung von Risiken zu treffen, die mit dem Verbraucherprodukt verbunden sein können, das sie auf dem Markt bereitgestellt haben; die Maßnahmen müssen den Produkteigenschaften angemessen sein und reichen bis zur Rücknahme, zu angemessenen und wirksamen Warnungen und zum Rückruf.

(3) [1]Der Hersteller, sein Bevollmächtigter und der Einführer haben jeweils im Rahmen ihrer Geschäftstätigkeit bei den auf dem Markt bereitgestellten Verbraucherprodukten

1. Stichproben durchzuführen,
2. Beschwerden zu prüfen und, falls erforderlich, ein Beschwerdebuch zu führen sowie
3. die Händler über weitere das Verbraucherprodukt betreffende Maßnahmen zu unterrichten.

[2]Welche Stichproben geboten sind, hängt vom Grad des Risikos ab, das mit den Produkten verbunden ist, und von den Möglichkeiten, das Risiko zu vermeiden.

(4) [1]Der Hersteller, sein Bevollmächtigter und der Einführer haben nach Maßgabe von Anhang I der Richtlinie 2001/95/EG des Europäischen Parlaments und des Rates vom 3. Dezember 2001 über die allgemeine Produktsicherheit (ABl L 11 vom 15.1.2002, S. 4) jeweils unverzüglich die an ihrem Geschäftssitz zuständige Marktüberwachungsbehörde zu unterrichten, wenn sie wissen oder auf Grund der ihnen vorliegenden Informationen oder ihrer Erfahrung wissen müssen, dass ein Verbraucherprodukt, das sie auf dem Markt bereitgestellt haben, ein Risiko für die Sicherheit und Gesundheit von Personen darstellt; insbesondere haben sie die Marktüberwachungsbehörde über die Maßnahmen zu unterrichten, die sie zur Vermeidung dieses Risikos getroffen haben. [2]Die Marktüberwachungsbehörde unterrichtet unverzüglich die Bundesanstalt für Arbeitsschutz und Arbeitsmedizin über den Sachverhalt, insbesondere bei Rückrufen. [3]Eine Unterrichtung nach Satz 1 darf nicht zur strafrechtlichen Verfolgung des Unterrichtenden oder für ein Verfahren nach dem Gesetz über Ordnungswidrigkeiten gegen den Unterrichtenden verwendet werden.

(5) [1]Der Händler hat dazu beizutragen, dass nur sichere Verbraucherprodukte auf dem Markt bereitgestellt werden. [2]Er darf insbesondere kein Verbraucherprodukt auf dem Markt bereitstellen, von dem er weiß oder auf Grund der ihm vorliegenden Informationen oder seiner Erfahrung wissen muss, dass es nicht den Anforderungen nach § 3 entspricht. [3]Absatz 4 gilt für den Händler entsprechend.

§ 7 CE-Kennzeichnung

(1) Für die CE-Kennzeichnung gelten die allgemeinen Grundsätze nach Artikel 30 der Verordnung (EG) Nr. 765/2008 des Europäischen Parlaments und des Rates vom 9. Juli 2008 über die Vorschriften für die Akkreditierung und Marktüberwachung im Zusammenhang mit der Vermarktung von Produkten und zur Aufhebung der Verordnung (EWG) Nr. 339/93 des Rates (ABl L 218 vom 13.8.2008, S. 30).

(2) Es ist verboten, ein Produkt auf dem Markt bereitzustellen,

1. wenn das Produkt, seine Verpackung oder ihm beigefügte Unterlagen mit der CE-Kennzeichnung versehen sind, ohne dass die Rechtsverordnungen nach § 8 Absatz 1 oder andere Rechtsvorschriften dies vorsehen oder ohne dass die Anforderungen der Absätze 3 bis 5 erfüllt sind, oder
2. das nicht mit der CE-Kennzeichnung versehen ist, obwohl eine Rechtsverordnung nach § 8 Absatz 1 oder eine andere Rechtsvorschrift ihre Anbringung vorschreibt.

(3) [1]Sofern eine Rechtsverordnung nach § 8 Absatz 1 oder eine andere Rechtsvorschrift nichts anderes vorsieht, muss die CE-Kennzeichnung sichtbar, lesbar und dauerhaft auf dem Produkt oder seinem Typenschild angebracht sein. [2]Falls die Art des Produkts dies nicht zulässt oder

nicht rechtfertigt, wird die CE-Kennzeichnung auf der Verpackung angebracht sowie auf den Begleitunterlagen, sofern entsprechende Unterlagen vorgeschrieben sind.

(4) [1]Nach der CE-Kennzeichnung steht die Kennnummer der notifizierten Stelle nach § 2 Nummer 20, soweit diese Stelle in der Phase der Fertigungskontrolle tätig war. [2]Die Kennnummer ist entweder von der notifizierten Stelle selbst anzubringen oder vom Hersteller oder seinem Bevollmächtigten nach den Anweisungen der Stelle.

(5) [1]Die CE-Kennzeichnung muss angebracht werden, bevor das Produkt in den Verkehr gebracht wird. [2]Nach der CE-Kennzeichnung und gegebenenfalls nach der Kennnummer kann ein Piktogramm oder ein anderes Zeichen stehen, das auf ein besonderes Risiko oder eine besondere Verwendung hinweist.

§ 8 Ermächtigung zum Erlass von Rechtsverordnungen[1)]

(1) [1]Die Bundesministerien für Arbeit und Soziales, für Wirtschaft und Energie, für Ernährung und Landwirtschaft, für Umwelt, Naturschutz, Bau und Reaktorsicherheit, für Verkehr und digitale Infrastruktur und der Verteidigung werden ermächtigt, jeweils für ihren Zuständigkeitsbereich im Einvernehmen mit den anderen zuvor genannten Bundesministerien für Produkte nach Anhörung des Ausschusses für Produktsicherheit und mit Zustimmung des Bundesrates Rechtsverordnungen zum Schutz der Sicherheit und Gesundheit von Personen, zum Schutz der Umwelt sowie sonstiger Rechtsgüter vor Risiken, die von Produkten ausgehen, zu erlassen, auch um Verpflichtungen aus zwischenstaatlichen Vereinbarungen zu erfüllen oder um die von der Europäischen Union erlassenen Rechtsvorschriften umzusetzen oder durchzuführen. [2]Durch diese Rechtsverordnungen können geregelt werden:

1. Anforderungen an
   a) die Beschaffenheit von Produkten,
   b) die Bereitstellung von Produkten auf dem Markt,
   c) das Ausstellen von Produkten,
   d) die erstmalige Verwendung von Produkten,
   e) die Kennzeichnung von Produkten,
   f) Konformitätsbewertungsstellen,
2. produktbezogene Aufbewahrungs- und Mitteilungspflichten,
3. Handlungspflichten von Konformitätsbewertungsstellen

sowie behördliche Maßnahmen und Zuständigkeiten, die sich auf die Anforderungen nach Nummer 1 und die Pflichten nach den Nummern 2 und 3 beziehen und die erforderlich sind, um die von der Europäischen Union erlassenen Rechtsakte umzusetzen oder durchzuführen.

(2) [1]Die Bundesregierung wird ermächtigt, mit Zustimmung des Bundesrates durch Rechtsverordnung für einzelne Produktbereiche zu bestimmen, dass eine Stelle, die Aufgaben der Konformitätsbewertung oder der Bewertung und Überprüfung der Leistungsbeständigkeit von Produkten wahrnimmt, für den Nachweis der an sie gestellten rechtlichen Anforderungen eine von einer nationalen Akkreditierungsstelle ausgestellte Akkreditierungsurkunde vorlegen muss. [2]In einer Rechtsverordnung nach Satz 1 kann auch vorgesehen werden, die Überwachung der Tätigkeit der Stellen für einzelne Produktbereiche der Deutschen Akkreditierungsstelle zu übertragen. [3]Soweit die Bundesregierung keine Rechtsverordnung nach Satz 1 erlassen hat, werden die Landesregierungen ermächtigt, eine solche Rechtsverordnung zu erlassen.

(3) [1]Rechtsverordnungen nach Absatz 1 oder Absatz 2 können in dringenden Fällen, insbesondere wenn es zur unverzüglichen Umsetzung oder Durchführung von Rechtsakten der Europäischen Union erforderlich ist, ohne Zustimmung des Bundesrates erlassen werden; sie treten spätestens sechs Monate nach ihrem Inkrafttreten außer Kraft. [2]Ihre Geltungsdauer kann nur mit Zustimmung des Bundesrates verlängert werden.

1) **Anm. der Red.:** § 8 i. d. F. der VO v. 31.8.2015 (BGBl I S. 1474) mit Wirkung v. 8.9.2015.

Abschnitt 3: Bestimmungen über die Befugnis erteilende Behörde

§ 9 Aufgaben der Befugnis erteilenden Behörde

(1) [1]Die Befugnis erteilende Behörde erteilt Konformitätsbewertungsstellen auf Antrag die Befugnis, bestimmte Konformitätsbewertungstätigkeiten durchzuführen. [2]Sie ist zuständig für die Einrichtung und Durchführung der dazu erforderlichen Verfahren. [3]Sie ist auch zuständig für die Einrichtung und Durchführung der Verfahren, die zur Überwachung der Konformitätsbewertungsstellen erforderlich sind, denen sie die Befugnis zur Durchführung bestimmter Konformitätsbewertungstätigkeiten erteilt hat.

(2) Die Befugnis erteilende Behörde führt die Notifizierung von Konformitätsbewertungsstellen durch.

(3) [1]Die Befugnis erteilende Behörde überwacht, ob die Konformitätsbewertungsstellen, denen sie die Befugnis zur Durchführung bestimmter Konformitätsbewertungstätigkeiten erteilt hat, die Anforderungen erfüllen und ihren gesetzlichen Verpflichtungen nachkommen. [2]Sie trifft die notwendigen Anordnungen zur Beseitigung festgestellter Mängel oder zur Verhütung künftiger Verstöße.

(4) Die Befugnis erteilende Behörde übermittelt der zuständigen Marktüberwachungsbehörde auf Anforderung die Informationen, die für deren Aufgabenerfüllung erforderlich sind.

§ 10 Anforderungen an die Befugnis erteilende Behörde

(1) Die Länder haben die Befugnis erteilende Behörde so einzurichten, dass es zu keinerlei Interessenkonflikt mit den Konformitätsbewertungsstellen kommt; insbesondere darf die Befugnis erteilende Behörde weder Tätigkeiten, die Konformitätsbewertungsstellen durchführen, noch Beratungsleistungen auf einer gewerblichen oder wettbewerblichen Basis anbieten oder erbringen.

(2) Bedienstete der Befugnis erteilenden Behörde, die die Begutachtung einer Konformitätsbewertungsstelle durchgeführt haben, dürfen nicht mit der Entscheidung über die Erteilung der Befugnis, als Konformitätsbewertungsstelle tätig werden zu dürfen, betraut werden.

(3) Der Befugnis erteilenden Behörde müssen kompetente Mitarbeiter in ausreichender Zahl zur Verfügung stehen, so dass sie ihre Aufgaben ordnungsgemäß wahrnehmen kann.

§ 11 Befugnisse der Befugnis erteilenden Behörde

(1) [1]Die Befugnis erteilende Behörde kann von den Konformitätsbewertungsstellen, denen sie die Befugnis zur Durchführung bestimmter Konformitätsbewertungstätigkeiten erteilt hat, die zur Erfüllung ihrer Überwachungsaufgaben erforderlichen Auskünfte und sonstige Unterstützung verlangen sowie die dazu erforderlichen Anordnungen treffen. [2]Die Befugnis erteilende Behörde ist insbesondere befugt zu verlangen, dass ihr die Unterlagen vorgelegt werden, die der Konformitätsbewertung zugrunde liegen. [3]Sie und die von ihr beauftragten Personen sind befugt, zu den Betriebs- und Geschäftszeiten Betriebsgrundstücke und Geschäftsräume sowie Prüflaboratorien zu betreten und zu besichtigen, soweit dies zur Erfüllung ihrer Überwachungsaufgaben erforderlich ist.

(2) [1]Die Auskunftspflichtigen haben die Maßnahmen nach Absatz 1 zu dulden. [2]Sie können die Auskunft auf Fragen verweigern, sofern die Beantwortung sie selbst oder einen der in § 383 Absatz 1 Nummer 1 bis 3 der Zivilprozessordnung bezeichneten Angehörigen der Gefahr strafrechtlicher Verfolgung oder eines Verfahrens nach dem Gesetz über Ordnungswidrigkeiten aussetzen würde. [3]Sie sind über ihr Recht zur Auskunftsverweigerung zu belehren.

Abschnitt 4: Notifizierung von Konformitätsbewertungsstellen

§ 12 Anträge auf Notifizierung

(1) Eine Konformitätsbewertungsstelle kann bei der Befugnis erteilenden Behörde die Befugnis beantragen, als notifizierte Stelle tätig werden zu dürfen.

(2) Dem Antrag nach Absatz 1 legt die Konformitätsbewertungsstelle eine Beschreibung der Konformitätsbewertungstätigkeiten, der Konformitätsbewertungsverfahren und der Produkte bei, für die sie Kompetenz beansprucht, sowie, wenn vorhanden, eine Akkreditierungsurkunde, die von einer nationalen Akkreditierungsstelle ausgestellt wurde und in der diese bescheinigt, dass die Konformitätsbewertungsstelle die Anforderungen des § 13 erfüllt.

(3) Kann die Konformitätsbewertungsstelle keine Akkreditierungsurkunde vorweisen, legt sie der Befugnis erteilenden Behörde als Nachweis alle Unterlagen vor, die erforderlich sind, um überprüfen, feststellen und regelmäßig überwachen zu können, ob sie die Anforderungen des § 13 erfüllt.

§ 13 Anforderungen an die Konformitätsbewertungsstelle für ihre Notifizierung

(1) [1]Die Konformitätsbewertungsstelle muss Rechtspersönlichkeit besitzen. [2]Sie muss selbstständig Verträge abschließen, unbewegliches Vermögen erwerben und darüber verfügen können sowie vor Gericht klagen und verklagt werden können.

(2) [1]Bei der Konformitätsbewertungsstelle muss es sich um einen unabhängigen Dritten handeln, der mit der Einrichtung oder dem Produkt, die oder das er bewertet, in keinerlei Verbindung steht. [2]Die Anforderung nach Satz 1 kann auch von einer Konformitätsbewertungsstelle erfüllt werden, die einem Wirtschaftsverband oder einem Fachverband angehört und die Produkte bewertet, an deren Entwurf, Herstellung, Bereitstellung, Montage, Gebrauch oder Wartung Unternehmen beteiligt sind, die von diesem Verband vertreten werden, wenn die Konformitätsbewertungsstelle nachweist, dass sich aus dieser Verbandsmitgliedschaft keine Interessenkonflikte im Hinblick auf ihre Konformitätsbewertungstätigkeiten ergeben.

(3) [1]Die Konformitätsbewertungsstelle, ihre oberste Leitungsebene und die für die Konformitätsbewertungstätigkeiten zuständigen Mitarbeiter dürfen weder Konstrukteur, Hersteller, Lieferant, Installateur, Käufer, Eigentümer, Verwender oder Wartungsbetrieb der zu bewertenden Produkte noch Bevollmächtigter einer dieser Parteien sein. [2]Dies schließt weder die Verwendung von bereits einer Konformitätsbewertung unterzogenen Produkten, die für die Tätigkeit der Konformitätsbewertungsstelle erforderlich sind, noch die Verwendung solcher Produkte zum persönlichen Gebrauch aus. [3]Die Konformitätsbewertungsstelle, ihre oberste Leitungsebene und die für die Konformitätsbewertungstätigkeiten zuständigen Mitarbeiter dürfen weder direkt an Entwurf, Herstellung oder Bau, Vermarktung, Installation, Verwendung oder Wartung dieser Produkte beteiligt sein noch dürfen sie die an diesen Tätigkeiten beteiligten Parteien vertreten. [4]Sie dürfen sich nicht mit Tätigkeiten befassen, die ihre Unabhängigkeit bei der Beurteilung oder ihre Integrität im Zusammenhang mit den Konformitätsbewertungstätigkeiten beeinträchtigen können. [5]Dies gilt insbesondere für Beratungsdienstleistungen. [6]Die Konformitätsbewertungsstelle gewährleistet, dass Tätigkeiten ihrer Zweigunternehmen oder Unterauftragnehmer die Vertraulichkeit, Objektivität und Unparteilichkeit ihrer Konformitätsbewertungstätigkeiten nicht beeinträchtigen.

(4) Die Konformitätsbewertungsstelle und ihre Mitarbeiter haben die Konformitätsbewertungstätigkeiten mit der größtmöglichen Professionalität und der erforderlichen fachlichen Kompetenz in dem betreffenden Bereich durchzuführen; sie dürfen keinerlei Einflussnahme, insbesondere finanzieller Art, durch Dritte ausgesetzt sein, die sich auf ihre Beurteilung oder die Ergebnisse ihrer Konformitätsbewertung auswirken könnte und speziell von Personen oder Personengruppen ausgeht, die ein Interesse am Ergebnis dieser Konformitätsbewertung haben.

(5) [1]Die Konformitätsbewertungsstelle muss in der Lage sein, alle Konformitätsbewertungsaufgaben zu bewältigen, für die sie gemäß ihrem Antrag nach § 12 Absatz 2 die Kompetenz beansprucht, gleichgültig, ob diese Aufgaben von ihr selbst, in ihrem Auftrag oder unter ihrer Ver-

antwortung erfüllt werden. [2]Die Konformitätsbewertungsstelle muss für jedes Konformitätsbewertungsverfahren und für jede Art und Kategorie von Produkten, für die sie einen Antrag nach § 12 Absatz 2 gestellt hat, über Folgendes verfügen:

1. die erforderliche Anzahl von Mitarbeitern mit Fachkenntnis und ausreichender einschlägiger Erfahrung, um die bei der Konformitätsbewertung anfallenden Aufgaben zu erfüllen,
2. Beschreibungen von Verfahren, nach denen die Konformitätsbewertung durchgeführt wird, um die Transparenz und die Wiederholbarkeit dieser Verfahren sicherzustellen, sowie über eine angemessene Politik und geeignete Verfahren, bei denen zwischen den Aufgaben, die sie als notifizierte Stelle wahrnimmt, und anderen Tätigkeiten unterschieden wird, und
3. Verfahren zur Durchführung von Tätigkeiten unter gebührender Berücksichtigung der Größe eines Unternehmens, der Branche, in der es tätig ist, seiner Struktur, des Grades an Komplexität der jeweiligen Produkttechnologie und der Tatsache, dass es sich bei dem Produktionsprozess um eine Massenfertigung oder Serienproduktion handelt.

[3]Die Konformitätsbewertungsstelle muss über die erforderlichen Mittel zur angemessenen Erledigung der technischen und administrativen Aufgaben, die mit der Konformitätsbewertung verbunden sind, verfügen und sie hat Zugang zu allen benötigten Ausrüstungen oder Einrichtungen.

(6) Die Konformitätsbewertungsstelle stellt sicher, dass die Mitarbeiter, die für die Durchführung der Konformitätsbewertungstätigkeiten zuständig sind,

1. eine Fach- und Berufsausbildung besitzen, die sie für alle Konformitätsbewertungstätigkeiten qualifiziert, für die die Konformitätsbewertungsstelle einen Antrag nach § 12 gestellt hat,
2. über eine ausreichende Kenntnis der Produkte und der Konformitätsbewertungsverfahren verfügen und die entsprechende Befugnis besitzen, solche Konformitätsbewertungen durchzuführen,
3. angemessene Kenntnisse und Verständnis der wesentlichen Anforderungen, der geltenden harmonisierten Normen und der betreffenden Bestimmungen der Harmonisierungsrechtsvorschriften der Europäischen Union und ihrer Durchführungsvorschriften besitzen und
4. die Fähigkeit zur Erstellung von Bescheinigungen, Protokollen und Berichten als Nachweis für durchgeführte Konformitätsbewertungen haben.

(7) [1]Die Konformitätsbewertungsstelle hat ihre Unparteilichkeit, die ihrer obersten Leitungsebene und die ihres Konformitätsbewertungspersonals sicherzustellen. [2]Die Vergütung der obersten Leitungsebene und des Konformitätsbewertungspersonals darf sich nicht nach der Anzahl der durchgeführten Konformitätsbewertungen oder deren Ergebnissen richten.

(8) Die Konformitätsbewertungsstelle hat eine Haftpflichtversicherung abzuschließen, die die mit ihrer Tätigkeit verbundenen Risiken angemessen abdeckt.

(9) [1]Die Mitarbeiter der Konformitätsbewertungsstelle dürfen die ihnen im Rahmen einer Konformitätsbewertung bekannt gewordenen Tatsachen, deren Geheimhaltung im Interesse der Konformitätsbewertungsstelle oder eines Dritten liegt, nicht unbefugt offenbaren oder verwerten, auch wenn ihre Tätigkeit beendet ist. [2]Die von der Konformitätsbewertungsstelle zu beachtenden Bestimmungen zum Schutz personenbezogener Daten bleiben unberührt.

§ 14 Konformitätsvermutung

(1) Weist eine Konformitätsbewertungsstelle durch eine Akkreditierung nach, dass sie die Kriterien der einschlägigen harmonisierten Normen oder von Teilen dieser Normen erfüllt, deren Fundstellen im Amtsblatt der Europäischen Union veröffentlicht worden sind, wird vermutet, dass sie die Anforderungen nach § 13 in dem Umfang erfüllt, in dem die anwendbaren harmonisierten Normen diese Anforderungen abdecken.

(2) [1]Ist die Befugnis erteilende Behörde der Auffassung, dass eine harmonisierte Norm den von ihr abgedeckten Anforderungen nach § 13 nicht voll entspricht, so unterrichtet sie hiervon

unter Angabe der Gründe die Bundesanstalt für Arbeitsschutz und Arbeitsmedizin. [2]Die Bundesanstalt für Arbeitsschutz und Arbeitsmedizin überprüft die eingegangenen Meldungen auf Vollständigkeit und Schlüssigkeit; sie beteiligt den Ausschuss für Produktsicherheit. [3]Sie leitet die Meldungen dem Bundesministerium für Arbeit und Soziales zu.

§ 15 Notifizierungsverfahren, Erteilung der Befugnis

(1) [1]Hat die Befugnis erteilende Behörde festgestellt, dass eine Konformitätsbewertungsstelle die Anforderungen nach § 13 erfüllt, so erteilt sie dieser die Befugnis, Konformitätsbewertungsaufgaben nach den Rechtsverordnungen nach § 8 Absatz 1, die erlassen wurden, um Rechtsvorschriften der Europäischen Union umzusetzen oder durchzuführen, wahrzunehmen, und notifiziert diese anschließend mit Hilfe des elektronischen Notifizierungsinstruments, das von der Europäischen Kommission entwickelt und verwaltet wird. [2]Die Befugnis ist unter der aufschiebenden Bedingung zu erteilen, dass nach der Notifizierung

1. innerhalb von zwei Wochen, sofern eine Akkreditierungsurkunde nach § 12 Absatz 2 vorliegt, oder
2. innerhalb von zwei Monaten, sofern keine Akkreditierungsurkunde nach § 12 Absatz 2 vorliegt,

weder die Europäische Kommission noch die übrigen Mitgliedstaaten Einwände erhoben haben. [3]Die Befugnis kann unter weiteren Bedingungen erteilt und mit Auflagen verbunden werden. [4]Sie kann befristet und mit dem Vorbehalt des Widerrufs sowie nachträglicher Auflagen erteilt werden.

ProdSG

(2) [1]Beruht die Bestätigung der Kompetenz nicht auf einer Akkreditierungsurkunde gemäß § 12 Absatz 2, legt die Befugnis erteilende Behörde der Europäischen Kommission und den übrigen Mitgliedstaaten die Unterlagen, die die Kompetenz der Konformitätsbewertungsstelle bestätigen, als Nachweis vor. [2]Sie legt ferner die Vereinbarungen vor, die getroffen wurden, um sicherzustellen, dass die Konformitätsbewertungsstelle regelmäßig überwacht wird und stets den Anforderungen nach § 13 genügt.

(3) Die Befugnis erteilende Behörde meldet der Europäischen Kommission und den übrigen Mitgliedstaaten jede später eintretende Änderung der Notifizierung.

(4) Die Befugnis erteilende Behörde erteilt der Europäischen Kommission auf Verlangen sämtliche Auskünfte über die Grundlage für die Notifizierung oder die Erhaltung der Kompetenz der betreffenden Stelle.

§ 16 Verpflichtungen der notifizierten Stelle

(1) Die notifizierte Stelle führt die Konformitätsbewertung im Einklang mit den Konformitätsbewertungsverfahren gemäß den Rechtsverordnungen nach § 8 Absatz 1 und unter Wahrung der Verhältnismäßigkeit durch.

(2) Stellt die notifizierte Stelle fest, dass ein Hersteller die Anforderungen nicht erfüllt hat, die in den Rechtsverordnungen nach § 8 Absatz 1 festgelegt sind, fordert sie den Hersteller auf, angemessene Korrekturmaßnahmen zu ergreifen und stellt keine Konformitätsbescheinigung aus.

(3) Hat die notifizierte Stelle bereits eine Konformitätsbescheinigung ausgestellt und stellt sie im Rahmen der Überwachung der Konformität fest, dass das Produkt die Anforderungen nicht mehr erfüllt, fordert sie den Hersteller auf, angemessene Korrekturmaßnahmen zu ergreifen; falls nötig, setzt sie die Bescheinigung aus oder zieht sie zurück.

(4) Werden keine Korrekturmaßnahmen ergriffen oder genügen diese nicht, um die Erfüllung der Anforderungen sicherzustellen, schränkt die notifizierte Stelle alle betreffenden Konformitätsbescheinigungen ein, setzt sie aus oder zieht sie zurück.

(5) [1]Die notifizierte Stelle hat an den einschlägigen Normungsaktivitäten und den Aktivitäten der Koordinierungsgruppe notifizierter Stellen, die im Rahmen der jeweiligen Harmonisierungsrechtsvorschriften der Europäischen Union geschaffen wurde, mitzuwirken oder dafür zu sorgen, dass ihr Konformitätsbewertungspersonal darüber informiert wird. [2]Sie hat die von dieser

Gruppe erarbeiteten Verwaltungsentscheidungen und Dokumente als allgemeine Leitlinie anzuwenden.

§ 17 Meldepflichten der notifizierten Stelle

(1) Die notifizierte Stelle meldet der Befugnis erteilenden Behörde

1. jede Verweigerung, Einschränkung, Aussetzung oder Rücknahme einer Konformitätsbescheinigung,
2. alle Umstände, die Folgen für die der notifizierten Stelle nach § 15 Absatz 1 erteilten Befugnis haben,
3. jedes Auskunftsersuchen über Konformitätsbewertungstätigkeiten, das sie von den Marktüberwachungsbehörden erhalten hat,
4. auf Verlangen, welchen Konformitätsbewertungstätigkeiten sie nachgegangen ist und welche anderen Tätigkeiten, einschließlich grenzüberschreitender Tätigkeiten und der Vergabe von Unteraufträgen, sie ausgeführt hat.

(2) Die notifizierte Stelle übermittelt den anderen notifizierten Stellen, die unter der jeweiligen Harmonisierungsrechtsvorschrift der Europäischen Union notifiziert sind, ähnlichen Konformitätsbewertungstätigkeiten nachgehen und gleichartige Produkte abdecken, einschlägige Informationen über die negativen und auf Verlangen auch über die positiven Ergebnisse von Konformitätsbewertungen.

§ 18 Zweigunternehmen einer notifizierten Stelle und Vergabe von Unteraufträgen

(1) Vergibt die notifizierte Stelle bestimmte mit der Konformitätsbewertung verbundene Aufgaben an Unterauftragnehmer oder überträgt sie diese Aufgaben einem Zweigunternehmen, stellt sie sicher, dass der Unterauftragnehmer oder das Zweigunternehmen die Anforderungen des § 13 erfüllt und unterrichtet die Befugnis erteilende Behörde entsprechend.

(2) Die notifizierte Stelle trägt die volle Verantwortung für die Arbeiten, die von Unterauftragnehmern oder Zweigunternehmen ausgeführt werden, unabhängig davon, wo diese niedergelassen sind.

(3) Arbeiten dürfen nur dann an einen Unterauftragnehmer vergeben oder einem Zweigunternehmen übertragen werden, wenn der Auftraggeber dem zustimmt.

(4) Die notifizierte Stelle hält die einschlägigen Unterlagen über die Begutachtung der Qualifikation des Unterauftragnehmers oder des Zweigunternehmens und über die von ihm gemäß den Rechtsverordnungen nach § 8 Absatz 1 ausgeführten Arbeiten für die Befugnis erteilende Behörde bereit.

§ 19 Widerruf der erteilten Befugnis

(1) [1]Falls die Befugnis erteilende Behörde feststellt oder darüber unterrichtet wird, dass eine notifizierte Stelle die in § 13 genannten Anforderungen nicht mehr erfüllt oder dass sie ihren Verpflichtungen nicht nachkommt, widerruft sie ganz oder teilweise die erteilte Befugnis. [2]Sie unterrichtet unverzüglich die Europäische Kommission und die übrigen Mitgliedstaaten darüber.

(2) Im Falle des Widerrufs nach Absatz 1 oder wenn die notifizierte Stelle ihre Tätigkeit einstellt, ergreift die Befugnis erteilende Behörde die geeigneten Maßnahmen, um zu gewährleisten, dass die Akten dieser Stelle von einer anderen notifizierten Stelle weiterbearbeitet und für die Befugnis erteilende Behörde und die Marktüberwachungsbehörden auf deren Verlangen bereitgehalten werden.

Abschnitt 5: GS-Zeichen

§ 20 Zuerkennung des GS-Zeichens

(1) Ein verwendungsfertiges Produkt darf mit dem GS-Zeichen gemäß Anlage versehen werden, wenn das Zeichen von einer GS-Stelle auf Antrag des Herstellers oder seines Bevollmächtigten zuerkannt worden ist.

(2) Dies gilt nicht, wenn das verwendungsfertige Produkt mit der CE-Kennzeichnung versehen ist und die Anforderungen an diese CE-Kennzeichnung mit denen nach § 21 Absatz 1 mindestens gleichwertig sind.

§ 21 Pflichten der GS-Stelle

(1) [1]Die GS-Stelle darf das GS-Zeichen nur zuerkennen, wenn

1. das geprüfte Baumuster den Anforderungen nach § 3 entspricht und, wenn es sich um ein Verbraucherprodukt handelt, zusätzlich den Anforderungen nach § 6 entspricht,
2. das geprüfte Baumuster den Anforderungen anderer Rechtsvorschriften hinsichtlich der Gewährleistung des Schutzes von Sicherheit und Gesundheit von Personen entspricht,
3. bei der Prüfung des Baumusters die vom Ausschuss für Produktsicherheit für die Zuerkennung des GS-Zeichens ermittelten Spezifikationen angewendet worden sind,
4. Vorkehrungen getroffen wurden, die gewährleisten, dass die verwendungsfertigen Produkte mit dem geprüften Baumuster übereinstimmen.

[2]Die GS-Stelle hat zu dokumentieren, dass diese Anforderungen erfüllt sind.

(2) [1]Die GS-Stelle hat eine Bescheinigung über die Zuerkennung des GS-Zeichens auszustellen. [2]Die Zuerkennung ist auf höchstens fünf Jahre zu befristen oder auf ein bestimmtes Fertigungskontingent oder -los zu beschränken. [3]Die GS-Stelle hat eine Liste der ausgestellten Bescheinigungen zu veröffentlichen.

(3) [1]Die GS-Stelle trifft die erforderlichen Maßnahmen, wenn sie Kenntnis davon erhält, dass ein Produkt ihr GS-Zeichen ohne gültige Zuerkennung trägt. [2]Sie unterrichtet die anderen GS-Stellen und die Befugnis erteilende Behörde unverzüglich über den Missbrauch des GS-Zeichens.

(4) Die GS-Stelle stellt Informationen, die ihr zu Fällen des Missbrauchs des GS-Zeichens vorliegen, der Öffentlichkeit auf elektronischem Weg zur Verfügung.

(5) [1]Die GS-Stelle hat die Herstellung der verwendungsfertigen Produkte und die rechtmäßige Verwendung des GS-Zeichens mit geeigneten Maßnahmen zu überwachen. [2]Sind die Anforderungen für die Zuerkennung des GS-Zeichens nachweislich nicht mehr erfüllt, hat die GS-Stelle die Zuerkennung zu entziehen. [3]Sie unterrichtet die anderen GS-Stellen und die Befugnis erteilende Behörde vom Entzug der Zuerkennung. [4]Die GS-Stelle kann die Zuerkennung aussetzen, sofern begründete Zweifel an der rechtmäßigen Zuerkennung des GS-Zeichens bestehen.

ProdSG

§ 22 Pflichten des Herstellers und des Einführers

(1) [1]Der Hersteller hat dafür Sorge zu tragen, dass die von ihm hergestellten verwendungsfertigen Produkte mit dem geprüften Baumuster übereinstimmen. [2]Er hat die Maßnahmen nach § 21 Absatz 5 zu dulden.

(2) [1]Der Hersteller darf das GS-Zeichen nur verwenden und mit ihm werben, wenn ihm von der GS-Stelle eine Bescheinigung nach § 21 Absatz 2 ausgestellt wurde und solange die Anforderungen nach § 21 Absatz 1 erfüllt sind. [2]Er darf das GS-Zeichen nicht verwenden oder mit ihm werben, wenn ihm eine Bescheinigung nach § 21 Absatz 2 nicht ausgestellt wurde oder wenn die GS-Stelle die Zuerkennung nach § 21 Absatz 5 Satz 2 entzogen oder nach § 21 Absatz 5 Satz 4 ausgesetzt hat.

(3) Der Hersteller hat bei der Gestaltung des GS-Zeichens die Vorgaben der Anlage zu beachten.

(4) Der Hersteller darf kein Zeichen verwenden oder mit keinem Zeichen werben, das mit dem GS-Zeichen verwechselt werden kann.

(5) [1]Der Einführer darf ein Produkt, das das GS-Zeichen trägt, nur in den Verkehr bringen, wenn er zuvor geprüft hat, dass für das Produkt eine Bescheinigung nach § 21 Absatz 2 vorliegt. [2]Er hat die Prüfung nach Satz 1 zu dokumentieren, bevor er das Produkt in den Verkehr bringt; die Dokumentation muss mindestens das Datum der Prüfung nach Satz 1, den Namen der GS-Stelle, die die Bescheinigung nach § 21 Absatz 2 ausgestellt hat, sowie die Nummer der Bescheinigung über die Zuerkennung des GS-Zeichens enthalten.

§ 23 GS-Stellen

(1) [1]Eine Konformitätsbewertungsstelle kann bei der Befugnis erteilenden Behörde beantragen, als GS-Stelle für einen bestimmten Aufgabenbereich tätig werden zu dürfen. [2]Das Verfahren zur Prüfung des Antrags kann nach den Vorschriften des Verwaltungsverfahrensgesetzes über eine einheitliche Stelle abgewickelt werden und muss innerhalb von sechs Monaten abgeschlossen sein. [3]Die Frist beginnt mit Eingang der vollständigen Unterlagen. [4]Die Befugnis erteilende Behörde kann diese Frist einmalig um höchstens drei Monate verlängern. [5]Die Fristverlängerung ist ausreichend zu begründen und dem Antragsteller rechtzeitig mitzuteilen

(2) [1]Die Befugnis erteilende Behörde darf nur solchen Konformitätsbewertungsstellen die Befugnis erteilen, als GS-Stelle tätig zu werden, die die Anforderungen der §§ 13 und 18 erfüllen. [2]§ 14 Absatz 1 und § 19 Absatz 1 Satz 1 und Absatz 2 gelten entsprechend.

(3) [1]Die Befugnis kann unter Bedingungen erteilt und mit Auflagen verbunden werden. [2]Sie kann befristet und mit dem Vorbehalt des Widerrufs sowie nachträglicher Auflagen erteilt werden.

(4) [1]Die Befugnis erteilende Behörde benennt der Bundesanstalt für Arbeitsschutz und Arbeitsmedizin die GS-Stellen. [2]Die Bundesanstalt für Arbeitsschutz und Arbeitsmedizin gibt die GS-Stellen der Öffentlichkeit auf elektronischem Weg bekannt.

(5) [1]Eine Konformitätsbewertungsstelle, die in einem anderen Mitgliedstaat der Europäischen Union oder der Europäischen Freihandelszone ansässig ist, kann der Bundesanstalt für Arbeitsschutz und Arbeitsmedizin von der Befugnis erteilenden Behörde als GS-Stelle für einen bestimmten Aufgabenbereich benannt werden. [2]Voraussetzung für die Benennung ist, dass

1. ein Verwaltungsabkommen zwischen dem Bundesministerium für Arbeit und Soziales und dem jeweiligen Mitgliedstaat der Europäischen Union oder der Europäischen Freihandelszone abgeschlossen wurde und
2. in einem Verfahren zur Erteilung einer Befugnis festgestellt wurde, dass die Anforderungen des Verwaltungsabkommens nach Nummer 1 erfüllt sind.

[3]In dem Verwaltungsabkommen nach Satz 2 müssen geregelt sein:

1. die Anforderungen an die GS-Stelle entsprechend Absatz 2 sowie § 21 Absatz 2 bis 5,
2. die Beteiligung der Befugnis erteilenden Behörde an dem Verfahren zur Erteilung einer Befugnis, das im jeweiligen Mitgliedstaat durchgeführt wird, und
3. eine den Grundsätzen des § 9 entsprechende Überwachung der GS-Stelle.

Abschnitt 6: Marktüberwachung

§ 24 Zuständigkeiten und Zusammenarbeit

(1) [1]Vorbehaltlich der Sätze 2 und 3 obliegt die Marktüberwachung den nach Landesrecht zuständigen Behörden. [2]Zuständigkeiten zur Durchführung dieses Gesetzes, die durch andere Rechtsvorschriften zugewiesen sind, bleiben unberührt. [3]Werden die Bestimmungen dieses Gesetzes nach Maßgabe des § 1 Absatz 4 ergänzend zu Bestimmungen in anderen Rechtsvorschriften angewendet, sind die für die Durchführung der anderen Rechtsvorschriften zuständigen Behörden auch für die Durchführung der Bestimmungen dieses Gesetzes zuständig, sofern nichts anderes vorgesehen ist. [4]Im Geschäftsbereich des Bundesministeriums der Verteidigung obliegt

die Marktüberwachung dem Bundesministerium der Verteidigung und den von ihm bestimmten Stellen.

(2) [1]Die in Absatz 1 genannten Marktüberwachungsbehörden arbeiten mit den für die Kontrolle der Außengrenzen zuständigen Behörden gemäß Kapitel III Abschnitt 3 der Verordnung (EG) Nr. 765/2008 zusammen. [2]Im Rahmen dieser Zusammenarbeit können die für die Kontrolle der Außengrenzen zuständigen Behörden auf Ersuchen den Marktüberwachungsbehörden die Informationen, die sie bei der Überführung von Produkten in den zollrechtlich freien Verkehr erlangt haben und die für die Aufgabenerfüllung der Marktüberwachungsbehörden erforderlich sind, übermitteln.

(3) Die für die Kontrolle der Außengrenzen zuständigen Behörden und die Marktüberwachungsbehörden schützen im Rahmen des geltenden Rechts Betriebsgeheimnisse und personenbezogene Daten.

§ 25 Aufgaben der Marktüberwachungsbehörden

(1) [1]Die Marktüberwachungsbehörden haben eine wirksame Marktüberwachung auf der Grundlage eines Überwachungskonzepts zu gewährleisten. [2]Das Überwachungskonzept soll insbesondere umfassen:

1. die Erhebung und Auswertung von Informationen zur Ermittlung von Mängelschwerpunkten und Warenströmen,
2. die Aufstellung und Durchführung von Marktüberwachungsprogrammen, auf deren Grundlage die Produkte überprüft werden; die Marktüberwachungsprogramme sind regelmäßig zu aktualisieren.

[3]Die Marktüberwachungsbehörden überprüfen und bewerten regelmäßig, mindestens alle vier Jahre, die Wirksamkeit des Überwachungskonzepts.

(2) Die Marktüberwachungsbehörden stellen die Marktüberwachungsprogramme nach Absatz 1 Nummer 2 der Öffentlichkeit auf elektronischem Weg und gegebenenfalls in anderer Form zur Verfügung.

(3) [1]Die Länder stellen sicher, dass ihre Marktüberwachungsbehörden ihre Aufgaben ordnungsgemäß wahrnehmen können. [2]Dafür statten sie sie mit den notwendigen Ressourcen aus. [3]Sie stellen eine effiziente Zusammenarbeit und einen wirksamen Informationsaustausch ihrer Marktüberwachungsbehörden untereinander sowie zwischen ihren Marktüberwachungsbehörden und denjenigen der anderen Mitgliedstaaten der Europäischen Union sicher. [4]Sie sorgen dafür, dass das Überwachungskonzept entwickelt und fortgeschrieben wird und dass länderübergreifende Maßnahmen zur Vermeidung ernster Risiken vorbereitet werden.

(4) [1]Die Marktüberwachungsbehörden leisten den Marktüberwachungsbehörden anderer Mitgliedstaaten im für deren Aufgabenerfüllung erforderlichen Umfang Amtshilfe. [2]Dafür stellen sie hierfür erforderliche Informationen und Unterlagen bereit, führen geeignete Untersuchungen oder andere angemessene Maßnahmen durch und beteiligen sich an Untersuchungen, die in anderen Mitgliedstaaten eingeleitet wurden.

§ 26 Marktüberwachungsmaßnahmen

(1) [1]Die Marktüberwachungsbehörden kontrollieren anhand angemessener Stichproben auf geeignete Art und Weise und in angemessenem Umfang, ob die Produkte die Anforderungen nach Abschnitt 2 oder nach anderen Rechtsvorschriften, bei denen nach § 1 Absatz 4 die Vorschriften dieses Gesetzes ergänzend zur Anwendung kommen, erfüllen. [2]Dazu überprüfen sie die Unterlagen oder führen, wenn dies angezeigt ist, physische Kontrollen und Laborprüfungen durch. [3]Sie gehen bei den Stichproben nach Satz 1 je Land von einem Richtwert von 0,5 Stichproben pro 1 000 Einwohner und Jahr aus; dies gilt nicht für Produkte, bei denen nach § 1 Absatz 4 die Vorschriften dieses Gesetzes ergänzend zur Anwendung kommen. [4]Die Marktüberwachungsbehörden berücksichtigen die geltenden Grundsätze der Risikobewertung, eingegangene Beschwerden und sonstige Informationen.

(2) [1]Die Marktüberwachungsbehörden treffen die erforderlichen Maßnahmen, wenn sie den begründeten Verdacht haben, dass ein Produkt nicht die Anforderungen nach Abschnitt 2 oder nach anderen Rechtsvorschriften, bei denen nach § 1 Absatz 4 die Vorschriften dieses Gesetzes ergänzend zur Anwendung kommen, erfüllt. [2]Sie sind insbesondere befugt,

1. das Ausstellen eines Produkts zu untersagen, wenn die Anforderungen des § 3 Absatz 5 nicht erfüllt sind,
2. Maßnahmen anzuordnen, die gewährleisten, dass ein Produkt erst dann auf dem Markt bereitgestellt wird, wenn es die Anforderungen nach § 3 Absatz 1 oder Absatz 2 erfüllt,
3. anzuordnen, dass ein Produkt von einer notifizierten Stelle, einer GS-Stelle oder einer in gleicher Weise geeigneten Stelle überprüft wird,
4. die Bereitstellung eines Produkts auf dem Markt oder das Ausstellen eines Produkts für den Zeitraum zu verbieten, der für die Prüfung zwingend erforderlich ist,
5. anzuordnen, dass geeignete, klare und leicht verständliche Hinweise zu Risiken, die mit dem Produkt verbunden sind, in deutscher Sprache angebracht werden,
6. zu verbieten, dass ein Produkt auf dem Markt bereitgestellt wird,
7. die Rücknahme oder den Rückruf eines auf dem Markt bereitgestellten Produkts anzuordnen,
8. ein Produkt sicherzustellen, dieses Produkt zu vernichten, vernichten zu lassen oder auf andere Weise unbrauchbar zu machen,
9. anzuordnen, dass die Öffentlichkeit vor den Risiken gewarnt wird, die mit einem auf dem Markt bereitgestellten Produkt verbunden sind; die Marktüberwachungsbehörde kann selbst die Öffentlichkeit warnen, wenn der Wirtschaftsakteur nicht oder nicht rechtzeitig warnt oder eine andere ebenso wirksame Maßnahme nicht oder nicht rechtzeitig trifft.

(3) Die Marktüberwachungsbehörde widerruft oder ändert eine Maßnahme nach Absatz 2 umgehend, sobald der Wirtschaftsakteur nachweist, dass er wirksame Maßnahmen getroffen hat.

(4) [1]Die Marktüberwachungsbehörden haben den Rückruf oder die Rücknahme von Produkten anzuordnen oder die Bereitstellung von Produkten auf dem Markt zu untersagen, wenn diese ein ernstes Risiko insbesondere für die Sicherheit und Gesundheit von Personen darstellen. [2]Die Entscheidung, ob ein Produkt ein ernstes Risiko darstellt, wird auf der Grundlage einer angemessenen Risikobewertung unter Berücksichtigung der Art der Gefahr und der Wahrscheinlichkeit ihres Eintritts getroffen; die Möglichkeit, einen höheren Sicherheitsgrad zu erreichen, oder die Verfügbarkeit anderer Produkte, die ein geringeres Risiko darstellen, ist kein ausreichender Grund, um anzunehmen, dass ein Produkt ein ernstes Risiko darstellt.

(5) Beschließt die Marktüberwachungsbehörde, ein Produkt vom Markt zu nehmen, das in einem anderen Mitgliedstaat der Europäischen Union oder einem anderen Vertragsstaat des Abkommens über den Europäischen Wirtschaftsraum hergestellt wurde, setzt sie den betroffenen Wirtschaftsakteur nach Maßgabe des Artikels 19 Absatz 3 der Verordnung (EG) Nr. 765/2008 davon in Kenntnis.

§ 27 Adressaten der Marktüberwachungsmaßnahmen

(1) [1]Die Maßnahmen der Marktüberwachungsbehörde sind gegen den jeweils betroffenen Wirtschaftsakteur oder Aussteller gerichtet. [2]Maßnahmen gegen jede andere Person sind nur zulässig, solange ein gegenwärtiges ernstes Risiko nicht auf andere Weise abgewehrt werden kann. [3]Entsteht der anderen Person durch die Maßnahme ein Schaden, so ist dieser zu ersetzen, es sei denn, die Person kann auf andere Weise Ersatz erlangen oder ihr Vermögen wird durch die Maßnahme geschützt.

(2) [1]Die nach Absatz 1 betroffene Person ist vor Erlass der Maßnahme nach § 28 des Verwaltungsverfahrensgesetzes anzuhören mit der Maßgabe, dass die Anhörungsfrist nicht kürzer als zehn Tage sein darf. [2]Wurde eine Maßnahme getroffen, ohne dass die betroffene Person ange-

hört wurde, wird ihr so schnell wie möglich Gelegenheit gegeben, sich zu äußern. [3]Die Maßnahme wird daraufhin umgehend überprüft.

§ 28 Betretensrechte und Befugnisse

(1) [1]Die Marktüberwachungsbehörden und die von ihnen beauftragten Personen sind befugt, zu den Betriebs- und Geschäftszeiten Geschäftsräume und Betriebsgrundstücke zu betreten, in oder auf denen im Rahmen einer Geschäftstätigkeit Produkte

1. hergestellt werden,
2. erstmals verwendet werden,
3. zum Zweck der Bereitstellung auf dem Markt lagern oder
4. ausgestellt sind,

soweit dies zur Erfüllung ihrer Überwachungsaufgaben erforderlich ist. [2]Sie sind befugt, diese Produkte zu besichtigen, zu prüfen oder prüfen zu lassen sowie insbesondere zu diesem Zweck in Betrieb nehmen zu lassen. [3]Diese Besichtigungs- und Prüfbefugnis haben die Marktüberwachungsbehörden und ihre Beauftragten auch dann, wenn die Produkte in Seehäfen zum weiteren Transport bereitgestellt sind. [4]Hat die Kontrolle ergeben, dass das Produkt die Anforderungen nach Abschnitt 2 nicht erfüllt, erheben die Marktüberwachungsbehörden die Kosten für Besichtigungen und Prüfungen nach den Sätzen 2 und 3 von den Personen, die das Produkt herstellen oder zum Zweck der Bereitstellung auf dem Markt einführen, lagern oder ausstellen.

ProdSG

(2) [1]Die Marktüberwachungsbehörden und die von ihnen beauftragten Personen können Proben entnehmen, Muster verlangen und die für ihre Aufgabenerfüllung erforderlichen Unterlagen und Informationen anfordern. [2]Die Proben, Muster, Unterlagen und Informationen sind ihnen unentgeltlich zur Verfügung zu stellen.

(3) [1]Die Marktüberwachungsbehörden können von den notifizierten Stellen und den GS-Stellen sowie deren mit der Leitung und der Durchführung der Fachaufgaben beauftragtem Personal die zur Erfüllung ihrer Aufgaben erforderlichen Auskünfte und Unterlagen verlangen. [2]Sie haben im Falle ihres Tätigwerdens nach Satz 1 die Befugnis erteilende Behörde zu unterrichten.

(4) [1]Die Wirtschaftsakteure und Aussteller haben jeweils Maßnahmen nach den Absätzen 1 und 2 zu dulden sowie die Marktüberwachungsbehörden und deren Beauftragte zu unterstützen. [2]Die Wirtschaftsakteure, Aussteller und das in Absatz 3 Satz 1 genannte Personal sind verpflichtet, der Marktüberwachungsbehörde auf Verlangen die Auskünfte zu erteilen, die für deren Aufgabenerfüllung erforderlich sind. [3]Die Auskunftspflichtigen können die Auskunft auf Fragen verweigern, wenn die Beantwortung sie selbst oder einen der in § 383 Absatz 1 Nummer 1 bis 3 der Zivilprozessordnung bezeichneten Angehörigen der Gefahr strafrechtlicher Verfolgung oder eines Verfahrens nach dem Gesetz über Ordnungswidrigkeiten aussetzen würde. [4]Sie sind über ihr Recht zur Auskunftsverweigerung zu belehren.

Abschnitt 7: Informations- und Meldepflichten

§ 29 Unterstützungsverpflichtung, Meldeverfahren

(1) Die Marktüberwachungsbehörden und die Bundesanstalt für Arbeitsschutz und Arbeitsmedizin haben einander zu unterstützen und sich gegenseitig über Maßnahmen nach diesem Gesetz zu informieren.

(2) [1]Trifft die Marktüberwachungsbehörde eine Maßnahme nach § 26 Absatz 2, durch die die Bereitstellung eines Produkts auf dem Markt untersagt oder eingeschränkt oder seine Rücknahme oder sein Rückruf angeordnet wird, so unterrichtet sie hiervon die Bundesanstalt für Arbeitsschutz und Arbeitsmedizin und begründet die Maßnahme. [2]Dabei gibt sie auch an, ob der Anlass für die Maßnahme außerhalb des Geltungsbereichs dieses Gesetzes liegt oder ob die Auswirkungen dieser Maßnahme über den Geltungsbereich dieses Gesetzes hinausreichen. [3]Ist das Produkt mit der CE-Kennzeichnung versehen und folgt dieser die Kennnummer der notifizierten Stelle, so unterrichtet die Marktüberwachungsbehörde die notifizierte Stelle sowie die Befugnis

erteilende Behörde über die von ihr getroffene Maßnahme. [4]Ist das Produkt mit dem GS-Zeichen versehen, so unterrichtet die Marktüberwachungsbehörde die GS-Stelle, die das GS-Zeichen zuerkannt hat, sowie die Befugnis erteilende Behörde über die von ihr getroffene Maßnahme.

(3) [1]Die Bundesanstalt für Arbeitsschutz und Arbeitsmedizin überprüft die eingegangenen Meldungen nach Absatz 2 Satz 1 auf Vollständigkeit und Schlüssigkeit. [2]Sie leitet diese Meldungen der Europäischen Kommission und den übrigen Mitgliedstaaten der Europäischen Union zu, wenn die Marktüberwachungsbehörde angegeben hat, dass der Anlass für die Maßnahme außerhalb des Geltungsbereichs dieses Gesetzes liegt oder dass die Auswirkungen dieser Maßnahme über den Geltungsbereich dieses Gesetzes hinausreichen.

(4) Die Bundesanstalt für Arbeitsschutz und Arbeitsmedizin unterrichtet die Marktüberwachungsbehörden sowie die zuständigen Bundesressorts über Meldungen der Europäischen Kommission oder eines anderen Mitgliedstaates der Europäischen Union.

§ 30 Schnellinformationssystem RAPEX

(1) [1]Trifft die Marktüberwachungsbehörde eine Maßnahme nach § 26 Absatz 4 oder beabsichtigt sie dies, so unterrichtet sie die Bundesanstalt für Arbeitsschutz und Arbeitsmedizin unverzüglich über diese Maßnahme. [2]Dabei gibt sie auch an, ob der Anlass für die Maßnahme außerhalb des Geltungsbereichs dieses Gesetzes liegt oder ob die Auswirkungen dieser Maßnahme über den Geltungsbereich dieses Gesetzes hinausreichen. [3]Außerdem informiert sie die Bundesanstalt für Arbeitsschutz und Arbeitsmedizin unverzüglich über Änderungen einer solchen Maßnahme oder ihre Rücknahme.

(2) Ist ein Produkt auf dem Markt bereitgestellt worden, das ein ernstes Risiko darstellt, so unterrichtet die Marktüberwachungsbehörde die Bundesanstalt für Arbeitsschutz und Arbeitsmedizin ferner über alle Maßnahmen, die ein Wirtschaftsakteur freiwillig getroffen und der Marktüberwachungsbehörde mitgeteilt hat.

(3) Bei der Unterrichtung nach den Absätzen 1 und 2 werden alle verfügbaren Informationen übermittelt, insbesondere die erforderlichen Daten für die Identifizierung des Produkts, zur Herkunft und Lieferkette des Produkts, zu den mit dem Produkt verbundenen Gefahren, zur Art und Dauer der getroffenen Maßnahme sowie zu den von den Wirtschaftsakteuren freiwillig getroffenen Maßnahmen.

(4) [1]Die Bundesanstalt für Arbeitsschutz und Arbeitsmedizin überprüft die eingegangenen Meldungen auf Vollständigkeit und Schlüssigkeit. [2]Sie leitet diese Meldungen unverzüglich der Europäischen Kommission und den übrigen Mitgliedstaaten der Europäischen Union zu, wenn die Marktüberwachungsbehörde angegeben hat, dass der Anlass für die Maßnahme außerhalb des Geltungsbereichs dieses Gesetzes liegt oder dass die Auswirkungen dieser Maßnahme über den Geltungsbereich dieses Gesetzes hinausreichen. [3]Für die Meldungen wird das System für Marktüberwachung und Informationsaustausch nach Artikel 12 der Richtlinie 2001/95/EG angewendet. [4]Die Bundesanstalt für Arbeitsschutz und Arbeitsmedizin unterrichtet die Marktüberwachungsbehörden sowie die zuständigen Bundesressorts über Meldungen, die ihr über das System zugehen.

§ 31 Veröffentlichung von Informationen

(1) [1]Die Bundesanstalt für Arbeitsschutz und Arbeitsmedizin macht Anordnungen nach § 26 Absatz 2 Satz 2 Nummer 6, 7, 8 und 9 und Absatz 4, die unanfechtbar geworden sind oder deren sofortiger Vollzug angeordnet worden ist, öffentlich bekannt. [2]Personenbezogene Daten dürfen nur veröffentlicht werden, wenn sie zur Identifizierung des Produkts erforderlich sind. [3]Liegen die Voraussetzungen für die Veröffentlichung personenbezogener Daten nicht mehr vor, hat die Veröffentlichung zu unterbleiben. [4]Bereits elektronisch veröffentlichte Daten sind unverzüglich zu entfernen, soweit dies technisch möglich ist.

(2) [1]Die Marktüberwachungsbehörden und die Bundesanstalt für Arbeitsschutz und Arbeitsmedizin haben die Öffentlichkeit, vorzugsweise auf elektronischem Weg, über sonstige ihnen zur Verfügung stehende Erkenntnisse zu Produkten, die mit Risiken für die Sicherheit und Ge-

sundheit von Personen verbunden sind, zu informieren. [2]Dies betrifft insbesondere Informationen zur Identifizierung der Produkte, über die Art der Risiken und die getroffenen Maßnahmen. [3]Würden durch die Veröffentlichung der Informationen Betriebs- oder Geschäftsgeheimnisse oder wettbewerbsrelevante Informationen, die dem Wesen nach Betriebsgeheimnissen gleichkommen, offenbart, so sind vor der Veröffentlichung die Betroffenen anzuhören. [4]Die Veröffentlichung personenbezogener Daten ist nur zulässig, soweit

1. der Betroffene eingewilligt hat oder
2. sie zur Abwehr von Gefahren für die Sicherheit und Gesundheit von Personen unverzichtbar ist und schutzwürdige Interessen des Betroffenen nicht entgegenstehen.

[5]Vor der Veröffentlichung ist der Betroffene anzuhören. [6]Liegen die Voraussetzungen für die Veröffentlichung personenbezogener Daten nicht mehr vor, hat die Veröffentlichung zu unterbleiben. [7]Bereits elektronisch veröffentlichte Daten sind unverzüglich zu entfernen, soweit dies technisch möglich ist.

(3) Informationen nach Absatz 2 dürfen nicht veröffentlicht werden, soweit

1. dadurch die Vertraulichkeit der Beratung von Behörden berührt oder eine erhebliche Gefahr für die öffentliche Sicherheit verursacht werden kann,
2. es sich um Daten handelt, die Gegenstand eines laufenden Gerichtsverfahrens, strafrechtlichen Ermittlungsverfahrens, Disziplinarverfahrens oder ordnungswidrigkeitsrechtlichen Verfahrens sind, oder
3. der Schutz geistigen Eigentums, insbesondere der Urheberrechte, den Informationsanspruch überwiegt.

ProdSG

(4) Die Bundesanstalt für Arbeitsschutz und Arbeitsmedizin kann die Öffentlichkeit auf eine bereits durch den Betroffenen selbst erfolgte Information der Öffentlichkeit über eine von ihm veranlasste Rücknahme oder Rückrufaktion hinweisen.

(5) Stellt sich im Nachhinein heraus, dass die Informationen, die die Marktüberwachungsbehörden und die Bundesanstalt für Arbeitsschutz und Arbeitsmedizin an die Öffentlichkeit gegeben haben, falsch sind oder dass die zugrunde liegenden Umstände unrichtig wiedergegeben wurden, informieren sie darüber unverzüglich die Öffentlichkeit in der gleichen Art und Weise, in der sie die betreffenden Informationen zuvor bekannt gegeben haben, sofern

1. dies zur Wahrung erheblicher Belange des Gemeinwohls erforderlich ist oder
2. der Betroffene dies beantragt.

Abschnitt 8: Besondere Vorschriften

§ 32 Aufgaben der Bundesanstalt für Arbeitsschutz und Arbeitsmedizin

(1) Die Bundesanstalt für Arbeitsschutz und Arbeitsmedizin ermittelt und bewertet im Rahmen ihres allgemeinen Forschungsauftrags präventiv Sicherheitsrisiken und gesundheitliche Risiken, die mit der Verwendung von Produkten verbunden sind und macht Vorschläge zu ihrer Verringerung.

(2) [1]In Einzelfällen nimmt die Bundesanstalt für Arbeitsschutz und Arbeitsmedizin in Abstimmung mit den Marktüberwachungsbehörden Risikobewertungen von Produkten vor, wenn hinreichende Anhaltspunkte dafür vorliegen, dass von ihnen eine unmittelbare Gefahr für die Sicherheit und Gesundheit von Personen ausgeht oder mit ihnen ein ernstes Risiko verbunden ist. [2]Über das Ergebnis der Bewertung unterrichtet sie unverzüglich die zuständige Marktüberwachungsbehörde und in Abstimmung mit dieser den betroffenen Wirtschaftsakteur.

(3) In Einzelfällen nimmt die Bundesanstalt für Arbeitsschutz und Arbeitsmedizin in eigener Zuständigkeit Risikobewertungen von Produkten vor, soweit ein pflichtgemäßes Handeln gegenüber den Organen der Europäischen Union dies erfordert.

(4) [1]Die Bundesanstalt für Arbeitsschutz und Arbeitsmedizin unterstützt die Marktüberwachungsbehörden bei der Entwicklung und Durchführung des Überwachungskonzepts nach

§ 25 Absatz 1, insbesondere indem sie festgestellte Mängel in der Beschaffenheit von Produkten wissenschaftlich auswertet. [2]Sie unterrichtet die Marktüberwachungsbehörden sowie den Ausschuss für Produktsicherheit regelmäßig über den Stand der Erkenntnisse und veröffentlicht die gewonnenen Erkenntnisse regelmäßig in dem von ihr betriebenen zentralen Produktsicherheitsportal. [3]Die Vorschriften über die Erhebung, Verarbeitung und Nutzung personenbezogener Daten für Zwecke der wissenschaftlichen Forschung bleiben unberührt.

§ 33 Ausschuss für Produktsicherheit[1)]

(1) Beim Bundesministerium für Arbeit und Soziales wird ein Ausschuss für Produktsicherheit eingesetzt.

(2) Der Ausschuss hat die Aufgaben,

1. die Bundesregierung in Fragen der Produktsicherheit zu beraten,
2. Normen und andere technische Spezifikationen zu ermitteln, soweit es für ein Produkt keine harmonisierte Norm gibt,
3. die in § 21 Absatz 1 Satz 1 Nummer 3 bezeichneten Spezifikationen zu ermitteln und
4. Empfehlungen hinsichtlich der Eignung eines Produkts für die Zuerkennung des GS-Zeichens auszusprechen.

(3) [1]Dem Ausschuss sollen sachverständige Personen aus dem Kreis der Marktüberwachungsbehörden, der Konformitätsbewertungsstellen, der Träger der gesetzlichen Unfallversicherung, des Deutschen Instituts für Normung e.V., der Kommission Arbeitsschutz und Normung, der Arbeitgebervereinigungen, der Gewerkschaften und der beteiligten Verbände, insbesondere der Hersteller, der Händler und der Verbraucher, angehören. [2]Die Mitgliedschaft ist ehrenamtlich.

(4) [1]Das Bundesministerium für Arbeit und Soziales beruft im Einvernehmen mit dem Bundesministerium für Ernährung und Landwirtschaft und dem Bundesministerium für Wirtschaft und Energie die Mitglieder des Ausschusses und für jedes Mitglied einen Stellvertreter oder eine Stellvertreterin. [2]Der Ausschuss gibt sich eine Geschäftsordnung und wählt den Vorsitzenden oder die Vorsitzende aus seiner Mitte. [3]Die Zahl der Mitglieder soll 21 nicht überschreiten. [4]Die Geschäftsordnung und die Wahl des oder der Vorsitzenden bedürfen der Zustimmung des Bundesministeriums für Arbeit und Soziales.

(5) Die Bundesministerien sowie die für Sicherheit, Gesundheit und Umwelt zuständigen obersten Landesbehörden und Bundesoberbehörden haben das Recht, in Sitzungen des Ausschusses vertreten zu sein und gehört zu werden.

(6) Die Geschäfte des Ausschusses führt die Bundesanstalt für Arbeitsschutz und Arbeitsmedizin.

Abschnitt 9: Überwachungsbedürftige Anlagen

§ 34 Ermächtigung zum Erlass von Rechtsverordnungen

(1) Zum Schutz der Beschäftigten und Dritter vor Gefahren durch Anlagen, die mit Rücksicht auf ihre Gefährlichkeit einer besonderen Überwachung bedürfen (überwachungsbedürftige Anlagen), wird die Bundesregierung ermächtigt, nach Anhörung der beteiligten Kreise mit Zustimmung des Bundesrates durch Rechtsverordnung zu bestimmen,

1. dass die Errichtung solcher Anlagen, ihre Inbetriebnahme, die Vornahme von Änderungen an bestehenden Anlagen und sonstige die Anlagen betreffenden Umstände angezeigt und der Anzeige bestimmte Unterlagen beigefügt werden müssen;
2. dass die Errichtung solcher Anlagen, ihr Betrieb sowie die Vornahme von Änderungen an bestehenden Anlagen der Erlaubnis einer in der Rechtsverordnung bezeichneten oder nach Bundes- oder Landesrecht zuständigen Behörde bedürfen;

1) **Anm. der Red.:** § 33 i. d. F. der VO v. 31.8.2015 (BGBl I S. 1474) mit Wirkung v. 8.9.2015.

3. dass solche Anlagen oder Teile von solchen Anlagen nach einer Bauartprüfung allgemein zugelassen und mit der allgemeinen Zulassung Auflagen zum Betrieb und zur Wartung verbunden werden können;
4. dass solche Anlagen, insbesondere die Errichtung, die Herstellung, die Bauart, die Werkstoffe, die Ausrüstung und die Unterhaltung sowie ihr Betrieb, bestimmten, dem Stand der Technik entsprechenden Anforderungen genügen müssen;
5. dass solche Anlagen einer Prüfung vor Inbetriebnahme, regelmäßig wiederkehrenden Prüfungen und Prüfungen auf Grund behördlicher Anordnungen unterliegen.

(2) [1]In den Rechtsverordnungen nach Absatz 1 können Vorschriften über die Einsetzung technischer Ausschüsse erlassen werden. [2]Die Ausschüsse sollen die Bundesregierung oder das zuständige Bundesministerium in technischen Fragen beraten. [3]Sie schlagen dem Stand der Technik entsprechende Regeln (technische Regeln) unter Berücksichtigung der für andere Schutzziele vorhandenen Regeln und, soweit dessen Zuständigkeiten berührt sind, in Abstimmung mit der Kommission für Anlagensicherheit nach § 51a Absatz 1 des Bundes-Immissionsschutzgesetzes vor. [4]In die Ausschüsse sind neben Vertretern der beteiligten Bundesbehörden und oberster Landesbehörden, der Wissenschaft und der zugelassenen Überwachungsstellen im Sinne des § 37 insbesondere Vertreter der Arbeitgeber, der Gewerkschaften und der Träger der gesetzlichen Unfallversicherung zu berufen.

ProdSG

(3) Technische Regeln können vom Bundesministerium für Arbeit und Soziales im Gemeinsamen Ministerialblatt veröffentlicht werden.

(4) [1]Eine Erlaubnis nach einer Rechtsverordnung nach Absatz 1 Nummer 2 erlischt, wenn der Inhaber innerhalb von zwei Jahren nach ihrer Erteilung nicht mit der Errichtung der Anlage begonnen, die Bauausführung zwei Jahre unterbrochen oder die Anlage während eines Zeitraumes von drei Jahren nicht betrieben hat. [2]Die Fristen können aus wichtigem Grund von der Erlaubnisbehörde auf Antrag verlängert werden.

§ 35 Befugnisse der zuständigen Behörde

(1) [1]Die zuständige Behörde kann im Einzelfall die erforderlichen Maßnahmen zur Erfüllung der durch Rechtsverordnung nach § 34 auferlegten Pflichten anordnen. [2]Sie kann darüber hinaus die Maßnahmen anordnen, die im Einzelfall erforderlich sind, um Gefahren für Beschäftigte oder Dritte abzuwenden.

(2) Die zuständige Behörde kann die Stilllegung oder Beseitigung einer Anlage anordnen, die ohne die auf Grund einer Rechtsverordnung nach § 34 Absatz 1 Nummer 2 erforderliche Erlaubnis oder ohne die auf Grund einer Rechtsverordnung nach § 34 Absatz 1 Nummer 5 erforderliche Prüfung durch eine zugelassene Überwachungsstelle errichtet, betrieben oder geändert wird.

(3) [1]Im Falle von Anordnungen nach Absatz 1 kann die zuständige Behörde den Betrieb der betreffenden Anlage untersagen, bis der Zustand hergestellt ist, der den Anordnungen entspricht. [2]Das Gleiche gilt, wenn eine Anordnung nach anderen, die Einrichtung oder die Arbeitsstätte, in der die Anlage betrieben wird, betreffenden Vorschriften getroffen wird.

§ 36 Zutrittsrecht des Beauftragten der zugelassenen Überwachungsstelle

[1]Eigentümer von überwachungsbedürftigen Anlagen und Personen, die solche Anlagen herstellen oder betreiben, sind verpflichtet, den Beauftragten zugelassener Überwachungsstellen, denen die Prüfung der Anlagen obliegt, auf Verlangen die Anlagen zugänglich zu machen, die vorgeschriebene oder behördlich angeordnete Prüfung zu gestatten, die hierfür benötigten Arbeitskräfte und Hilfsmittel bereitzustellen sowie die Angaben zu machen und die Unterlagen vorzulegen, die zur Erfüllung ihrer Aufgaben erforderlich sind. [2]Das Grundrecht des Artikels 13 des Grundgesetzes wird insoweit eingeschränkt.

§ 37 Durchführung der Prüfung und Überwachung, Verordnungsermächtigung[1)]

(1) Die Prüfungen der überwachungsbedürftigen Anlagen werden, soweit in den nach § 34 Absatz 1 erlassenen Rechtsverordnungen nichts anderes bestimmt ist, von zugelassenen Überwachungsstellen vorgenommen.

(2) Für überwachungsbedürftige Anlagen

1. der Bundespolizei kann das Bundesministerium des Innern,
2. im Geschäftsbereich des Bundesministeriums der Verteidigung kann dieses Ministerium,
3. der Eisenbahnen des Bundes, soweit die Anlagen dem Eisenbahnbetrieb dienen, kann das Bundesministerium für Verkehr und digitale Infrastruktur

bestimmen, welche Stellen die Prüfung und Überwachung vornehmen.

(3) Die Bundesregierung kann in den Rechtsverordnungen nach § 34 Absatz 1 mit Zustimmung des Bundesrates die Anforderungen bestimmen, denen die zugelassenen Überwachungsstellen nach Absatz 1 über die in Absatz 5 genannten allgemeinen Anforderungen für eine Befugniserteilung hinaus genügen müssen.

(4) [1]Die Landesregierungen können durch Rechtsverordnungen

1. Einzelheiten des Verfahrens zur Erteilung einer Befugnis nach Absatz 5 regeln,
2. sonstige Voraussetzungen für die Erteilung der Befugnis an eine zugelassene Überwachungsstelle nach Absatz 1 festlegen, soweit dies zur Gewährleistung der Sicherheit der Anlagen geboten ist, und
3. die Erfassung überwachungsbedürftiger Anlagen durch Datei führende Stellen regeln.

[2]In den Rechtsverordnungen nach Satz 1 können auch Verpflichtungen der zugelassenen Überwachungsstellen

1. zur Kontrolle der fristgemäßen Veranlassung der in einer Rechtsverordnung nach § 34 Absatz 1 vorgesehenen wiederkehrenden Prüfungen einschließlich der Nachprüfungen zur Beseitigung von Mängeln und zur Unterrichtung der zuständigen Behörde bei Nichtbeachtung,
2. zur Gewährleistung eines für die Prüfung der überwachungsbedürftigen Anlagen erforderlichen flächendeckenden Angebots von Prüfleistungen,
3. zur Erstellung und Führung von Anlagendateien,
4. zur Übermittlung der zur Erfüllung ihrer Aufgaben erforderlichen Auskünfte an die zuständige Behörde,
5. zur Beteiligung an den Kosten Datei führender Stellen für die Erstellung und Führung von Anlagendateien und
6. zur Übermittlung der zur Erfüllung ihrer Aufgaben erforderlichen Auskünfte an Datei führende Stellen

begründet werden.

(5) [1]Zugelassene Überwachungsstelle ist jede von der zuständigen Landesbehörde als Prüfstelle für einen bestimmten Aufgabenbereich dem Bundesministerium für Arbeit und Soziales benannte und von ihm im Gemeinsamen Ministerialblatt bekannt gemachte Überwachungsstelle. [2]Die Überwachungsstelle kann benannt werden, wenn die Befugnis erteilende Behörde in einem Verfahren festgestellt hat, dass die Einhaltung der folgenden allgemeinen Anforderungen sowie der in einer Rechtsverordnung nach § 34 Absatz 1 enthaltenen besonderen Anforderungen gewährleistet ist:

1. Unabhängigkeit der Überwachungsstelle sowie ihres mit der Leitung oder der Durchführung der Fachaufgaben beauftragten Personals von Personen, die an der Planung oder Herstellung, dem Vertrieb, dem Betrieb oder der Instandhaltung der überwachungsbedürftigen

1) **Anm. der Red.:** § 37 i. d. F. der VO v. 31.8.2015 (BGBl I S. 1474) mit Wirkung v. 8.9.2015.

Anlagen beteiligt oder in anderer Weise von den Ergebnissen der Prüfung oder Bescheinigung abhängig sind;

2. Verfügbarkeit der für die angemessene unabhängige Erfüllung der Aufgaben erforderlichen Organisationsstrukturen, des erforderlichen Personals und der notwendigen Mittel und Ausrüstungen;
3. ausreichende technische Kompetenz, berufliche Integrität und Erfahrung sowie fachliche Unabhängigkeit des beauftragten Personals;
4. Bestehen einer Haftpflichtversicherung;
5. Wahrung der im Zusammenhang mit der Tätigkeit der zugelassenen Überwachungsstelle bekannt gewordenen Betriebs- und Geschäftsgeheimnisse vor unbefugter Offenbarung;
6. Einhaltung der für die Durchführung von Prüfungen und die Erteilung von Bescheinigungen festgelegten Verfahren;
7. Sammlung und Auswertung der bei den Prüfungen gewonnenen Erkenntnisse sowie Unterrichtung des Personals in einem regelmäßigen Erfahrungsaustausch;
8. Zusammenarbeit mit anderen zugelassenen Überwachungsstellen zum Austausch der im Rahmen der Tätigkeit gewonnenen Erkenntnisse, soweit dies der Verhinderung von Schadensfällen dienen kann.

[3]Als zugelassene Überwachungsstellen können, insbesondere zur Durchführung von Rechtsakten des Rates oder der Kommission der Europäischen Union, die Sachbereiche dieses Gesetzes betreffen, auch Prüfstellen von Unternehmen oder Unternehmensgruppen ohne Erfüllung der Anforderungen nach Satz 2 Nummer 1 benannt werden, wenn dies in einer Rechtsverordnung nach § 34 Absatz 1 vorgesehen ist und die darin festgelegten Anforderungen erfüllt sind.

(6) [1]Die Befugnis kann unter Bedingungen erteilt und mit Auflagen verbunden werden. [2]Sie ist zu befristen und kann mit dem Vorbehalt des Widerrufs sowie nachträglicher Auflagen erteilt werden. [3]Erteilung, Ablauf, Rücknahme, Widerruf und Erlöschen sind dem Bundesministerium für Arbeit und Soziales unverzüglich anzuzeigen.

(7) [1]Die Befugnis erteilende Behörde überwacht die Erfüllung der in Absatz 5 Satz 2 genannten allgemeinen Anforderungen sowie der in einer Rechtsverordnung nach § 34 Absatz 1 enthaltenen besonderen Anforderungen. [2]Sie kann von der zugelassenen Überwachungsstelle und deren mit der Leitung und der Durchführung der Fachaufgaben beauftragtem Personal die zur Erfüllung ihrer Überwachungsaufgaben erforderlichen Auskünfte und sonstige Unterstützung verlangen sowie die dazu erforderlichen Anordnungen treffen. [3]Ihre Beauftragten sind befugt, zu den Betriebs- und Geschäftszeiten Grundstücke und Geschäftsräume zu betreten und zu besichtigen sowie die Vorlage von Unterlagen für die Erteilung der Bescheinigungen zu verlangen. [4]Die Auskunftspflichtigen haben die Maßnahmen nach Satz 3 zu dulden.

(8) [1]Die für die Durchführung der nach § 34 Absatz 1 erlassenen Rechtsverordnungen zuständigen Behörden können von der zugelassenen Überwachungsstelle und deren mit der Leitung und der Durchführung der Fachaufgaben beauftragtem Personal die zur Erfüllung ihrer Aufgaben erforderlichen Auskünfte und sonstige Unterstützung verlangen sowie die dazu erforderlichen Anordnungen treffen. [2]Ihre Beauftragten sind befugt, zu den Betriebs- und Geschäftszeiten Grundstücke und Geschäftsräume zu betreten und zu besichtigen sowie die Vorlage und Übersendung von Unterlagen für die Erteilung der Bescheinigungen zu verlangen. [3]Wenn sie nach den Sätzen 1 und 2 tätig werden, haben sie die Befugnis erteilende Behörde zu unterrichten.

§ 38 Aufsichtsbehörden

(1) [1]Die Aufsicht über die Ausführung der nach § 34 Absatz 1 erlassenen Rechtsverordnungen obliegt den nach Landesrecht zuständigen Behörden. [2]Hierbei finden § 22 Absatz 1 und 2 sowie § 23 Absatz 2 des Arbeitsschutzgesetzes entsprechende Anwendung.

(2) [1]Für Anlagen, die der Überwachung durch die Bundesverwaltung unterstehen, kann in Rechtsverordnungen nach § 34 Absatz 1 die Aufsicht dem Bundesministerium des Innern oder

einem anderen Bundesministerium für mehrere Geschäftsbereiche der Bundesverwaltung übertragen werden; das Bundesministerium kann die Aufsicht einer von ihm bestimmten Stelle übertragen. [2]§ 48 des Bundeswasserstraßengesetzes und § 4 des Bundesfernstraßengesetzes bleiben unberührt.

Abschnitt 10: Straf- und Bußgeldvorschriften

§ 39 Bußgeldvorschriften

(1) Ordnungswidrig handelt, wer vorsätzlich oder fahrlässig

1. entgegen § 3 Absatz 3 einen Hinweis nicht, nicht richtig, nicht vollständig oder nicht rechtzeitig gibt,
2. entgegen § 3 Absatz 4 eine Gebrauchsanleitung nicht, nicht richtig, nicht vollständig, nicht in der vorgeschriebenen Weise oder nicht rechtzeitig mitliefert,
3. entgegen § 6 Absatz 1 Satz 1 Nummer 2 einen Namen oder eine Kontaktanschrift nicht, nicht richtig, nicht vollständig oder nicht rechtzeitig anbringt,
4. entgegen § 6 Absatz 4 Satz 1 die zuständige Marktüberwachungsbehörde nicht, nicht richtig, nicht vollständig oder nicht rechtzeitig unterrichtet,
5. entgegen § 7 Absatz 1 in Verbindung mit Artikel 30 Absatz 5 Satz 1 der Verordnung (EG) Nr. 765/2008 des Europäischen Parlaments und des Rates vom 9. Juli 2008 über die Vorschriften für die Akkreditierung und Marktüberwachung im Zusammenhang mit der Vermarktung von Produkten und zur Aufhebung der Verordnung (EWG) Nr. 339/93 des Rates (ABl L 218 vom 13.8.2008, S. 30) eine Kennzeichnung, ein Zeichen oder eine Aufschrift auf einem Produkt anbringt,
6. entgegen § 7 Absatz 2 ein Produkt auf dem Markt bereitstellt,
7. einer Rechtsverordnung nach
   a) § 8 Absatz 1 Satz 2 Nummer 1 oder Nummer 3 oder § 34 Absatz 1 Nummer 2, 4 oder Nummer 5 oder
   b) § 8 Absatz 1 Satz 2 Nummer 2 oder § 34 Absatz 1 Nummer 1

   oder einer vollziehbaren Anordnung auf Grund einer solchen Rechtsverordnung zuwiderhandelt, soweit die Rechtsverordnung für einen bestimmten Tatbestand auf diese Bußgeldvorschrift verweist
8. einer vollziehbaren Anordnung nach
   a) § 11 Absatz 1 Satz 1 oder Satz 2, § 26 Absatz 2 Satz 2 Nummer 1 oder Nummer 3 oder § 37 Absatz 7 Satz 2 zuwiderhandelt oder
   b) § 26 Absatz 2 Satz 2 Nummer 2, 4, 6 bis 8 oder Nummer 9 oder Absatz 4 Satz 1 zuwiderhandelt,
9. entgegen § 22 Absatz 2 Satz 2 oder Absatz 4 ein dort genanntes Zeichen verwendet oder mit ihm wirbt,
10. entgegen § 22 Absatz 3 eine Vorgabe der Anlage Nummer 1, 2, 3, 4, 7, 8 Satz 1, Nummer 9 Satz 2 oder Satz 3 oder Nummer 10 nicht beachtet,
11. entgegen § 22 Absatz 5 Satz 2 eine Prüfung nicht, nicht richtig, nicht vollständig oder nicht rechtzeitig dokumentiert,
12. entgegen § 28 Absatz 4 Satz 1 eine Maßnahme nicht duldet oder eine Marktüberwachungsbehörde oder einen Beauftragten nicht unterstützt,
13. entgegen § 28 Absatz 4 Satz 2 eine Auskunft nicht, nicht richtig, nicht vollständig oder nicht rechtzeitig erteilt,
14. entgegen § 36 Satz 1 eine Anlage nicht oder nicht rechtzeitig zugänglich macht, eine Prüfung nicht gestattet, eine Arbeitskraft oder ein Hilfsmittel nicht oder nicht rechtzeitig be-

reitstellt, eine Angabe nicht, nicht richtig, nicht vollständig oder nicht rechtzeitig macht oder eine Unterlage nicht oder nicht rechtzeitig vorlegt,

15. entgegen § 38 Absatz 1 Satz 2 in Verbindung mit § 22 Absatz 2 Satz 6 des Arbeitsschutzgesetzes eine Maßnahme nicht duldet,
16. einer unmittelbar geltenden Vorschrift in Rechtsakten der Europäischen Gemeinschaft oder der Europäischen Union zuwiderhandelt, die inhaltlich einem in
    a) Nummer 8 Buchstabe b oder
    b) den Nummern 1 bis 6, 8 Buchstabe a oder den Nummern 11 bis 13

    bezeichneten Gebot oder Verbot entspricht, soweit eine Rechtsverordnung nach Absatz 3 für einen bestimmten Tatbestand auf diese Bußgeldvorschrift verweist, oder
17. einer unmittelbar geltenden Vorschrift in Rechtsakten der Europäischen Gemeinschaft oder der Europäischen Union oder einer vollziehbaren Anordnung auf Grund einer solchen Vorschrift zuwiderhandelt, die inhaltlich einer Regelung entspricht, zu der die in
    a) Nummer 7 Buchstabe a oder
    b) Nummer 7 Buchstabe b

    genannten Vorschriften ermächtigen, soweit eine Rechtsverordnung nach Absatz 3 für einen bestimmten Bußgeldtatbestand auf diese Bußgeldvorschrift verweist.

ProdSG

(2) Die Ordnungswidrigkeit kann in den Fällen des Absatzes 1 Nummer 7 Buchstabe a, Nummer 8 Buchstabe b, Nummer 9, 16 Buchstabe a und Nummer 17 Buchstabe a mit einer Geldbuße bis zu hunderttausend Euro, in den übrigen Fällen mit einer Geldbuße bis zu zehntausend Euro geahndet werden.

(3) Die Bundesregierung wird ermächtigt, soweit es zur Durchsetzung von Rechtsakten der Europäischen Gemeinschaft oder der Europäischen Union erforderlich ist, durch Rechtsverordnung ohne Zustimmung des Bundesrates die Tatbestände zu bezeichnen, die als Ordnungswidrigkeit nach Absatz 1 Nummer 16 und 17 geahndet werden können.

§ 40 Strafvorschriften

Mit Freiheitsstrafe bis zu einem Jahr oder mit Geldstrafe wird bestraft, wer eine in § 39 Absatz 1 Nummer 7 Buchstabe a, Nummer 8 Buchstabe b, Nummer 9, 16 Buchstabe a oder Nummer 17 Buchstabe a bezeichnete vorsätzliche Handlung beharrlich wiederholt oder durch eine solche vorsätzliche Handlung Leben oder Gesundheit eines anderen oder fremde Sachen von bedeutendem Wert gefährdet.

Anlage: Gestaltung des GS-Zeichens

1. Das GS-Zeichen besteht aus der Beschriftung und der Umrandung.
2. Die Dicke der Umrandung beträgt ein Drittel des Rasterabstands.
3. Die Wörter „geprüfte Sicherheit“ sind in der Schriftart Arial zu setzen sowie fett und kursiv zu formatieren bei einem Rasterabstand von 0,3 cm in der Schriftgröße 25 pt.

4. Bei Verkleinerung oder Vergrößerung des GS-Zeichens müssen die Proportionen des oben abgebildeten Rasters eingehalten werden.
5. Das Raster dient ausschließlich zur Festlegung der Proportionen; es ist nicht Bestandteil des GS-Zeichens.
6. Für die Darstellung des GS-Zeichens ist sowohl dunkle Schrift auf hellem Grund als auch helle Schrift auf dunklem Grund zulässig.
7. [1]Mit dem GS-Zeichen ist das Symbol der GS-Stelle zu kombinieren. [2]Das Symbol der GS-Stelle ersetzt das Wort „Id-Zeichen“ in der obigen Darstellung. [3]Es muss einen eindeutigen Rückschluss auf die GS-Stelle zulassen und darf zu keinerlei Verwechslung mit anderen GS-Stellen führen.
8. [1]Das Symbol der GS-Stelle ist in der linken oberen Ecke des GS-Zeichens anzubringen. [2]Es kann geringfügig über den äußeren Rand des GS-Zeichens hinausreichen, wenn dies aus Platzgründen erforderlich ist und sofern das Gesamtbild des GS-Zeichens nicht verfälscht wird.
9. [1]Wird das GS-Zeichen mit einer Höhe von 2 cm oder weniger abgebildet, ist es zulässig, das Symbol der GS-Stelle links neben dem GS-Zeichen abzubilden. [2]In diesem Fall muss jedoch das Symbol der GS-Stelle das GS-Zeichen berühren, damit die Einheit des Sicherheitszeichens erhalten bleibt. [3]Außerdem darf das Symbol der GS-Stelle nicht größer sein als das GS-Zeichen, damit es dieses nicht dominiert.
10. Andere grafische Darstellungen und Beschriftungen dürfen nicht mit dem GS-Zeichen verknüpft werden, wenn dadurch der Charakter und die Aussage des GS-Zeichens beeinträchtigt werden.

XVI. Gesetz zum Schutz vor schädlichen Umwelteinwirkungen durch Luftverunreinigungen, Geräusche, Erschütterungen und ähnliche Vorgänge (Bundes-Immissionsschutzgesetz – BImSchG)

v. 17. 5. 2013 (BGBl I S. 1275) mit späteren Änderungen

Das Gesetz zum Schutz vor schädlichen Umwelteinwirkungen durch Luftverunreinigungen, Geräusche, Erschütterungen und ähnliche Vorgänge (Bundes-Immissionsschutzgesetz) v. 17. 5. 2013 (BGBl I S. 1275) ist geändert worden durch Art. 3 Gesetz zur Einführung einer wasserrechtlichen Genehmigung für Behandlungsanlagen für Deponiesickerwasser, zur Änderung der Vorschriften zur Eignungsfeststellung für Anlagen zum Lagern, Abfüllen oder Umschlagen wassergefährdender Stoffe und zur Änderung des Bundes-Immissionsschutzgesetzes v. 18.7.2017 (BGBl I S. 2771).

Nichtamtliche Fassung

Inhaltsübersicht[1]

BImSchG

1) **Anm. d. Red.:** Inhaltsverzeichnis i. d. F. des Gesetzes v. 30. 11. 2016 (BGBl I S. 2479) mit Wirkung v. 7. 12. 2016.

Erster Teil: Allgemeine Vorschriften

§ 1 Zweck des Gesetzes

(1) Zweck dieses Gesetzes ist es, Menschen, Tiere und Pflanzen, den Boden, das Wasser, die Atmosphäre sowie Kultur- und sonstige Sachgüter vor schädlichen Umwelteinwirkungen zu schützen und dem Entstehen schädlicher Umwelteinwirkungen vorzubeugen.

(2) Soweit es sich um genehmigungsbedürftige Anlagen handelt, dient dieses Gesetz auch

- der integrierten Vermeidung und Verminderung schädlicher Umwelteinwirkungen durch Emissionen in Luft, Wasser und Boden unter Einbeziehung der Abfallwirtschaft, um ein hohes Schutzniveau für die Umwelt insgesamt zu erreichen, sowie
- dem Schutz und der Vorsorge gegen Gefahren, erhebliche Nachteile und erhebliche Belästigungen, die auf andere Weise herbeigeführt werden.

§ 2 Geltungsbereich

(1) Die Vorschriften dieses Gesetzes gelten für

1. die Errichtung und den Betrieb von Anlagen,
2. das Herstellen, Inverkehrbringen und Einführen von Anlagen, Brennstoffen und Treibstoffen, Stoffen und Erzeugnissen aus Stoffen nach Maßgabe der §§ 32 bis 37,
3. die Beschaffenheit, die Ausrüstung, den Betrieb und die Prüfung von Kraftfahrzeugen und ihren Anhängern und von Schienen-, Luft- und Wasserfahrzeugen sowie von Schwimmkörpern und schwimmenden Anlagen nach Maßgabe der §§ 38 bis 40 und
4. den Bau öffentlicher Straßen sowie von Eisenbahnen, Magnetschwebebahnen und Straßenbahnen nach Maßgabe der §§ 41 bis 43.

(2) [1]Die Vorschriften dieses Gesetzes gelten nicht für Flugplätze, soweit nicht die sich aus diesem Gesetz ergebenden Anforderungen für Betriebsbereiche oder der Sechste Teil betroffen sind, und für Anlagen, Geräte, Vorrichtungen sowie Kernbrennstoffe und sonstige radioaktive Stoffe, die den Vorschriften des Atomgesetzes oder einer hiernach erlassenen Rechtsverordnung unterliegen, soweit es sich um den Schutz vor den Gefahren der Kernenergie und der schädlichen Wirkung ionisierender Strahlen handelt. [2]Sie gelten ferner nicht, soweit sich aus wasserrechtlichen Vorschriften des Bundes und der Länder zum Schutz der Gewässer oder aus Vorschriften des Düngemittel- und Pflanzenschutzrechts etwas anderes ergibt.

(3) Die Vorschriften dieses Gesetzes über Abfälle gelten nicht für

1. Luftverunreinigungen,
2. Böden am Ursprungsort (Böden in situ) einschließlich nicht ausgehobener, kontaminierter Böden und Bauwerke, die dauerhaft mit dem Boden verbunden sind,
3. nicht kontaminiertes Bodenmaterial und andere natürlich vorkommende Materialien, die bei Bauarbeiten ausgehoben wurden, sofern sichergestellt ist, dass die Materialien in ihrem natürlichen Zustand an dem Ort, an dem sie ausgehoben wurden, für Bauzwecke verwendet werden.

§ 3 Begriffsbestimmungen[1)]

(1) Schädliche Umwelteinwirkungen im Sinne dieses Gesetzes sind Immissionen, die nach Art, Ausmaß oder Dauer geeignet sind, Gefahren, erhebliche Nachteile oder erhebliche Belästigungen für die Allgemeinheit oder die Nachbarschaft herbeizuführen.

(2) Immissionen im Sinne dieses Gesetzes sind auf Menschen, Tiere und Pflanzen, den Boden, das Wasser, die Atmosphäre sowie Kultur- und sonstige Sachgüter einwirkende Luftverunreinigungen, Geräusche, Erschütterungen, Licht, Wärme, Strahlen und ähnliche Umwelteinwirkungen.

(3) Emissionen im Sinne dieses Gesetzes sind die von einer Anlage ausgehenden Luftverunreinigungen, Geräusche, Erschütterungen, Licht, Wärme, Strahlen und ähnlichen Erscheinungen.

(4) Luftverunreinigungen im Sinne dieses Gesetzes sind Veränderungen der natürlichen Zusammensetzung der Luft, insbesondere durch Rauch, Ruß, Staub, Gase, Aerosole, Dämpfe oder Geruchsstoffe.

(5) Anlagen im Sinne dieses Gesetzes sind

1. Betriebsstätten und sonstige ortsfeste Einrichtungen,
2. Maschinen, Geräte und sonstige ortsveränderliche technische Einrichtungen sowie Fahrzeuge, soweit sie nicht der Vorschrift des § 38 unterliegen, und
3. Grundstücke, auf denen Stoffe gelagert oder abgelagert oder Arbeiten durchgeführt werden, die Emissionen verursachen können, ausgenommen öffentliche Verkehrswege.

(5a) Ein Betriebsbereich ist der gesamte unter der Aufsicht eines Betreibers stehende Bereich, in dem gefährliche Stoffe im Sinne des Artikels 3 Nummer 10 der Richtlinie 2012/18/EU des Europäischen Parlaments und des Rates vom 4. Juli 2012 zur Beherrschung der Gefahren schwerer Unfälle mit gefährlichen Stoffen, zur Änderung und anschließenden Aufhebung der Richtlinie 96/82/EG des Rates (ABl L 197 vom 24. 7. 2012, S. 1) in einer oder mehreren Anlagen einschließlich gemeinsamer oder verbundener Infrastrukturen oder Tätigkeiten auch bei Lagerung im Sinne des Artikels 3 Nummer 16 der Richtlinie in den in Artikel 3 Nummer 2 oder Nummer 3 der Richtlinie bezeichneten Mengen tatsächlich vorhanden oder vorgesehen sind oder vorhanden sein werden, soweit vernünftigerweise vorhersehbar ist, dass die genannten gefährlichen Stoffe bei außer Kontrolle geratenen Prozessen anfallen; ausgenommen sind die in Artikel 2 Absatz 2 der Richtlinie 2012/18/EU angeführten Einrichtungen, Gefahren und Tätigkeiten, es sei denn, es handelt sich um eine in Artikel 2 Absatz 2 Unterabsatz 2 der Richtlinie 2012/18/EU genannte Einrichtung, Gefahr oder Tätigkeit.

(5b) [1]Eine störfallrelevante Errichtung und ein Betrieb oder eine störfallrelevante Änderung einer Anlage oder eines Betriebsbereichs ist eine Errichtung und ein Betrieb einer Anlage, die Betriebsbereich oder Bestandteil eines Betriebsbereichs ist, oder eine Änderung einer Anlage oder eines Betriebsbereichs einschließlich der Änderung eines Lagers, eines Verfahrens oder der Art oder physikalischen Form oder der Mengen der gefährlichen Stoffe im Sinne des Artikels 3 Nummer 10 der Richtlinie 2012/18/EU, aus der sich erhebliche Auswirkungen auf die Gefahren schwerer Unfälle ergeben können. [2]Eine störfallrelevante Änderung einer Anlage oder eines Betriebsbereichs liegt zudem vor, wenn eine Änderung dazu führen könnte, dass ein Betriebsbereich der unteren Klasse zu einem Betriebsbereich der oberen Klasse wird oder umgekehrt.

(5c) [1]Der angemessene Sicherheitsabstand im Sinne dieses Gesetzes ist der Abstand zwischen einem Betriebsbereich oder einer Anlage, die Betriebsbereich oder Bestandteil eines Betriebsbereichs ist, und einem benachbarten Schutzobjekt, der zur gebotenen Begrenzung der Auswirkungen auf das benachbarte Schutzobjekt, welche durch schwere Unfälle im Sinne des Artikels 3 Nummer 13 der Richtlinie 2012/18/EU hervorgerufen werden können, beiträgt. [2]Der angemessene Sicherheitsabstand ist anhand störfallspezifischer Faktoren zu ermitteln.

1) **Anm. d. Red.:** § 3 i. d. F. des Gesetzes v. 30. 11. 2016 (BGBl I S. 2749) mit Wirkung v. 7. 12. 2016.

(5d) Benachbarte Schutzobjekte im Sinne dieses Gesetzes sind ausschließlich oder überwiegend dem Wohnen dienende Gebiete, öffentlich genutzte Gebäude und Gebiete, Freizeitgebiete, wichtige Verkehrswege und unter dem Gesichtspunkt des Naturschutzes besonders wertvolle oder besonders empfindliche Gebiete.

(6) [1]Stand der Technik im Sinne dieses Gesetzes ist der Entwicklungsstand fortschrittlicher Verfahren, Einrichtungen oder Betriebsweisen, der die praktische Eignung einer Maßnahme zur Begrenzung von Emissionen in Luft, Wasser und Boden, zur Gewährleistung der Anlagensicherheit, zur Gewährleistung einer umweltverträglichen Abfallentsorgung oder sonst zur Vermeidung oder Verminderung von Auswirkungen auf die Umwelt zur Erreichung eines allgemein hohen Schutzniveaus für die Umwelt insgesamt gesichert erscheinen lässt. [2]Bei der Bestimmung des Standes der Technik sind insbesondere die in der Anlage aufgeführten Kriterien zu berücksichtigen.

(6a) BVT-Merkblatt im Sinne dieses Gesetzes ist ein Dokument, das auf Grund des Informationsaustausches nach Artikel 13 der Richtlinie 2010/75/EU des Europäischen Parlaments und des Rates vom 24. November 2010 über Industrieemissionen (integrierte Vermeidung und Verminderung der Umweltverschmutzung) (Neufassung) (ABl L 334 vom 17. 12. 2010, S. 17) für bestimmte Tätigkeiten erstellt wird und insbesondere die angewandten Techniken, die derzeitigen Emissions- und Verbrauchswerte, alle Zukunftstechniken sowie die Techniken beschreibt, die für die Festlegung der besten verfügbaren Techniken sowie der BVT-Schlussfolgerungen berücksichtigt wurden.

BImSchG

(6b) BVT-Schlussfolgerungen im Sinne dieses Gesetzes sind ein nach Artikel 13 Absatz 5 der Richtlinie 2010/75/EU von der Europäischen Kommission erlassenes Dokument, das die Teile eines BVT-Merkblatts mit den Schlussfolgerungen in Bezug auf Folgendes enthält:

1. die besten verfügbaren Techniken, ihrer Beschreibung und Informationen zur Bewertung ihre Anwendbarkeit,
2. die mit den besten verfügbaren Techniken assoziierten Emissionswerte,
3. die zu den Nummern 1 und 2 gehörigen Überwachungsmaßnahmen,
4. die zu den Nummern 1 und 2 gehörigen Verbrauchswerte sowie
5. die gegebenenfalls einschlägigen Standortsanierungsmaßnahmen.

(6c) Emissionsbandbreiten im Sinne dieses Gesetzes sind die mit den besten verfügbaren Techniken assoziierten Emissionswerte.

(6d) Die mit den besten verfügbaren Techniken assoziierten Emissionswerte im Sinne dieses Gesetzes sind der Bereich von Emissionswerten, die unter normalen Betriebsbedingungen unter Verwendung einer besten verfügbaren Technik oder einer Kombination von besten verfügbaren Techniken entsprechend der Beschreibung in den BVT-Schlussfolgerungen erzielt werden, ausgedrückt als Mittelwert für einen vorgegebenen Zeitraum unter spezifischen Referenzbedingungen.

(6e) Zukunftstechniken im Sinne dieses Gesetzes sind neue Techniken für Anlagen nach der Industrieemissions-Richtlinie, die bei gewerblicher Nutzung entweder ein höheres allgemeines Umweltschutzniveau oder zumindest das gleiche Umweltschutzniveau und größere Kostenersparnisse bieten könnten als der bestehende Stand der Technik.

(7) Dem Herstellen im Sinne dieses Gesetzes steht das Verarbeiten, Bearbeiten oder sonstiges Behandeln, dem Einführen im Sinne dieses Gesetzes das sonstige Verbringen in den Geltungsbereich dieses Gesetzes gleich.

(8) Anlagen nach der Industrieemissions-Richtlinie im Sinne dieses Gesetzes sind die in der Rechtsverordnung nach § 4 Absatz 1 Satz 4 gekennzeichneten Anlagen.

(9) Gefährliche Stoffe im Sinne dieses Gesetzes sind Stoffe oder Gemische gemäß Artikel 3 der Verordnung (EG) Nr. 1272/2008 des Europäischen Parlaments und des Rates vom 16. Dezember 2008 über die Einstufung, Kennzeichnung und Verpackung von Stoffen und Gemischen, zur Änderung und Aufhebung der Richtlinien 67/548/EWG und 1999/45/EG und zur Änderung

der Verordnung (EG) Nr. 1907/2006 (ABl L 353 vom 31. 12. 2008, S. 1), die zuletzt durch die Verordnung (EG) Nr. 286/2011 (ABl L 83 vom 30. 3. 2011, S. 1) geändert worden ist.

(10) Relevante gefährliche Stoffe im Sinne dieses Gesetzes sind gefährliche Stoffe, die in erheblichem Umfang in der Anlage verwendet, erzeugt oder freigesetzt werden und die ihrer Art nach eine Verschmutzung des Bodens oder des Grundwassers auf dem Anlagengrundstück verursachen können.

Zweiter Teil: Errichtung und Betrieb von Anlagen

Erster Abschnitt: Genehmigungsbedürftige Anlagen

§ 4 Genehmigung

(1) [1]Die Errichtung und der Betrieb von Anlagen, die aufgrund ihrer Beschaffenheit oder ihres Betriebs in besonderem Maße geeignet sind, schädliche Umwelteinwirkungen hervorzurufen oder in anderer Weise die Allgemeinheit oder die Nachbarschaft zu gefährden, erheblich zu benachteiligen oder erheblich zu belästigen, sowie von ortsfesten Abfallentsorgungsanlagen zur Lagerung oder Behandlung von Abfällen bedürfen einer Genehmigung. [2]Mit Ausnahme von Abfallentsorgungsanlagen bedürfen Anlagen, die nicht gewerblichen Zwecken dienen und nicht im Rahmen wirtschaftlicher Unternehmungen Verwendung finden, der Genehmigung nur, wenn sie in besonderem Maße geeignet sind, schädliche Umwelteinwirkungen durch Luftverunreinigungen oder Geräusche hervorzurufen. [3]Die Bundesregierung bestimmt nach Anhörung der beteiligten Kreise (§ 51) durch Rechtsverordnung mit Zustimmung des Bundesrates die Anlagen, die einer Genehmigung bedürfen (genehmigungsbedürftige Anlagen); in der Rechtsverordnung kann auch vorgesehen werden, dass eine Genehmigung nicht erforderlich ist, wenn eine Anlage insgesamt oder in ihren in der Rechtsverordnung bezeichneten wesentlichen Teilen der Bauart nach zugelassen ist und in Übereinstimmung mit der Bauartzulassung errichtet und betrieben wird. [4]Anlagen nach Artikel 10 in Verbindung mit Anhang I der Richtlinie 2010/75/EU sind in der Rechtsverordnung nach Satz 3 zu kennzeichnen.

(2) [1]Anlagen des Bergwesens oder Teile dieser Anlagen bedürfen der Genehmigung nach Absatz 1 nur, soweit sie über Tage errichtet und betrieben werden. [2]Keiner Genehmigung nach Absatz 1 bedürfen Tagebaue und die zum Betrieb eines Tagebaus erforderlichen sowie die zur Wetterführung unerlässlichen Anlagen.

§ 5 Pflichten der Betreiber genehmigungsbedürftiger Anlagen

(1) Genehmigungsbedürftige Anlagen sind so zu errichten und zu betreiben, dass zur Gewährleistung eines hohen Schutzniveaus für die Umwelt insgesamt

1. schädliche Umwelteinwirkungen und sonstige Gefahren, erhebliche Nachteile und erhebliche Belästigungen für die Allgemeinheit und die Nachbarschaft nicht hervorgerufen werden können;
2. Vorsorge gegen schädliche Umwelteinwirkungen und sonstige Gefahren, erhebliche Nachteile und erhebliche Belästigungen getroffen wird, insbesondere durch die dem Stand der Technik entsprechenden Maßnahmen;
3. Abfälle vermieden, nicht zu vermeidende Abfälle verwertet und nicht zu verwertende Abfälle ohne Beeinträchtigung des Wohls der Allgemeinheit beseitigt werden; Abfälle sind nicht zu vermeiden, soweit die Vermeidung technisch nicht möglich oder nicht zumutbar ist; die Vermeidung ist unzulässig, soweit sie zu nachteiligeren Umweltauswirkungen führt als die Verwertung; die Verwertung und Beseitigung von Abfällen erfolgt nach den Vorschriften des Kreislaufwirtschaftsgesetzes und den sonstigen für die Abfälle geltenden Vorschriften;
4. Energie sparsam und effizient verwendet wird.

(2) [1]Soweit genehmigungsbedürftige Anlagen dem Anwendungsbereich des Treibhausgas-Emissionshandelsgesetzes unterliegen, sind Anforderungen zur Begrenzung von Emissionen von Treibhausgasen nur zulässig, um zur Erfüllung der Pflichten nach Absatz 1 Nummer 1 si-

cherzustellen, dass im Einwirkungsbereich der Anlage keine schädlichen Umwelteinwirkungen entstehen; dies gilt nur für Treibhausgase, die für die betreffende Tätigkeit nach Anhang 1 des Treibhausgas-Emissionshandelsgesetzes umfasst sind. [2]Bei diesen Anlagen dürfen zur Erfüllung der Pflicht zur effizienten Verwendung von Energie in Bezug auf die Emissionen von Kohlendioxid, die auf Verbrennungs- oder anderen Prozessen der Anlage beruhen, keine Anforderungen gestellt werden, die über die Pflichten hinausgehen, welche das Treibhausgas-Emissionshandelsgesetz begründet.

(3) Genehmigungsbedürftige Anlagen sind so zu errichten, zu betreiben und stillzulegen, dass auch nach einer Betriebseinstellung

1. von der Anlage oder dem Anlagengrundstück keine schädlichen Umwelteinwirkungen und sonstige Gefahren, erhebliche Nachteile und erhebliche Belästigungen für die Allgemeinheit und die Nachbarschaft hervorgerufen werden können,
2. vorhandene Abfälle ordnungsgemäß und schadlos verwertet oder ohne Beeinträchtigung des Wohls der Allgemeinheit beseitigt werden und
3. die Wiederherstellung eines ordnungsgemäßen Zustandes des Anlagengrundstücks gewährleistet ist.

BImSchG

(4) [1]Wurden nach dem 7. Januar 2013 auf Grund des Betriebs einer Anlage nach der Industrieemissions-Richtlinie erhebliche Bodenverschmutzungen oder erhebliche Grundwasserverschmutzungen durch relevante gefährliche Stoffe im Vergleich zu dem im Bericht über den Ausgangszustand angegebenen Zustand verursacht, so ist der Betreiber nach Einstellung des Betriebs der Anlage verpflichtet, soweit dies verhältnismäßig ist, Maßnahmen zur Beseitigung dieser Verschmutzung zu ergreifen, um das Anlagengrundstück in jenen Ausgangszustand zurückzuführen. [2]Die zuständige Behörde hat der Öffentlichkeit relevante Informationen zu diesen vom Betreiber getroffenen Maßnahmen zugänglich zu machen, und zwar auch über das Internet. [3]Soweit Informationen Geschäfts- oder Betriebsgeheimnisse enthalten, gilt § 10 Absatz 2 entsprechend.

§ 6 Genehmigungsvoraussetzungen

(1) Die Genehmigung ist zu erteilen, wenn

1. sichergestellt ist, dass die sich aus § 5 und einer aufgrund des § 7 erlassenen Rechtsverordnung ergebenden Pflichten erfüllt werden, und
2. andere öffentlich-rechtliche Vorschriften und Belange des Arbeitsschutzes der Errichtung und dem Betrieb der Anlage nicht entgegenstehen.

(2) Bei Anlagen, die unterschiedlichen Betriebsweisen dienen oder in denen unterschiedliche Stoffe eingesetzt werden (Mehrzweck- oder Vielstoffanlagen), ist die Genehmigung auf Antrag auf die unterschiedlichen Betriebsweisen und Stoffe zu erstrecken, wenn die Voraussetzungen nach Absatz 1 für alle erfassten Betriebsweisen und Stoffe erfüllt sind.

(3) Eine beantragte Änderungsgenehmigung darf auch dann nicht versagt werden, wenn zwar nach ihrer Durchführung nicht alle Immissionswerte einer Verwaltungsvorschrift nach § 48 oder einer Rechtsverordnung nach § 48a eingehalten werden, wenn aber

1. der Immissionsbeitrag der Anlage unter Beachtung des § 17 Absatz 3a Satz 3 durch das Vorhaben deutlich und über das durch nachträgliche Anordnungen nach § 17 Absatz 1 durchsetzbare Maß reduziert wird,
2. weitere Maßnahmen zur Luftreinhaltung, insbesondere Maßnahmen, die über den Stand der Technik bei neu zu errichtenden Anlagen hinausgehen, durchgeführt werden,
3. der Antragsteller darüber hinaus einen Immissionsmanagementplan zur Verringerung seines Verursacheranteils vorlegt, um eine spätere Einhaltung der Anforderungen nach § 5 Absatz 1 Nummer 1 zu erreichen, und
4. die konkreten Umstände einen Widerruf der Genehmigung nicht erfordern.

§ 7 Rechtsverordnungen über Anforderungen an genehmigungsbedürftige Anlagen[1)]

(1) [1]Die Bundesregierung wird ermächtigt, nach Anhörung der beteiligten Kreise (§ 51) durch Rechtsverordnung mit Zustimmung des Bundesrates vorzuschreiben, dass die Errichtung, die Beschaffenheit, der Betrieb, der Zustand nach Betriebseinstellung und die betreibereigene Überwachung genehmigungsbedürftiger Anlagen zur Erfüllung der sich aus § 5 ergebenden Pflichten bestimmten Anforderungen genügen müssen, insbesondere, dass

1. die Anlagen bestimmten technischen Anforderungen entsprechen müssen,
2. die von Anlagen ausgehenden Emissionen bestimmte Grenzwerte nicht überschreiten dürfen oder Anlagen äquivalenten Parametern oder äquivalenten technischen Maßnahmen entsprechen müssen,

2a. der Einsatz von Energie bestimmten Anforderungen entsprechen muss,

3. die Betreiber von Anlagen Messungen von Emissionen und Immissionen nach in der Rechtsverordnung näher zu bestimmenden Verfahren vorzunehmen haben oder vornehmen lassen müssen und
4. die Betreiber von Anlagen bestimmte sicherheitstechnische Prüfungen sowie bestimmte Prüfungen von sicherheitstechnischen Unterlagen nach in der Rechtsverordnung näher zu bestimmenden Verfahren
   a) während der Errichtung oder sonst vor der Inbetriebnahme der Anlage,
   b) nach deren Inbetriebnahme oder einer Änderung im Sinne des § 15 oder des § 16,
   c) in regelmäßigen Abständen oder
   d) bei oder nach einer Betriebseinstellung

   durch einen Sachverständigen nach § 29a vornehmen lassen müssen, soweit solche Prüfungen nicht in Rechtsverordnungen nach § 34 des Produktsicherheitsgesetzes vorgeschrieben sind, und
5. die Rückführung in den Ausgangszustand nach § 5 Absatz 4 bestimmten Anforderungen entsprechen muss, insbesondere in Bezug auf den Ausgangszustandsbericht und die Feststellung der Erheblichkeit von Boden- und Grundwasserverschmutzungen.

[2]Bei der Festlegung der Anforderungen sind insbesondere mögliche Verlagerungen von nachteiligen Auswirkungen von einem Schutzgut auf ein anderes zu berücksichtigen; ein hohes Schutzniveau für die Umwelt insgesamt ist zu gewährleisten.

(1a) [1]Nach jeder Veröffentlichung einer BVT-Schlussfolgerung ist unverzüglich zu gewährleisten, dass für Anlagen nach der Industrieemissions-Richtlinie bei der Festlegung von Emissionsgrenzwerten nach Absatz 1 Satz 1 Nummer 2 die Emissionen unter normalen Betriebsbedingungen die in den BVT-Schlussfolgerungen genannten Emissionsbandbreiten nicht überschreiten. [2]Im Hinblick auf bestehende Anlagen ist

1. innerhalb eines Jahres nach Veröffentlichung von BVT-Schlussfolgerungen zur Haupttätigkeit eine Überprüfung und gegebenenfalls Anpassung der Rechtsverordnung vorzunehmen und
2. innerhalb von vier Jahren nach Veröffentlichung von BVT-Schlussfolgerungen zur Haupttätigkeit sicherzustellen, dass die betreffenden Anlagen die Emissionsgrenzwerte der Rechtsverordnung einhalten.

(1b) [1]Abweichend von Absatz 1a

1. können in der Rechtsverordnung weniger strenge Emissionsgrenzwerte und Fristen festgelegt werden, wenn

1) **Anm. d. Red.:** § 7 i. d. F. der Berichtigung des Gesetzes v. 7. 10. 2013 (BGBl I S. 3753) mit Wirkung v. 9. 10. 2013.

   a) wegen technischer Merkmale der betroffenen Anlagenart die Anwendung der in den BVT-Schlussfolgerungen genannten Emissionsbandbreiten unverhältnismäßig wäre und dies begründet wird oder

   b) in Anlagen Zukunftstechniken für einen Gesamtzeitraum von höchstens neun Monaten erprobt oder angewendet werden sollen, sofern nach dem festgelegten Zeitraum die Anwendung der betreffenden Technik beendet wird oder in der Anlage mindestens die mit den besten verfügbaren Techniken assoziierten Emissionsbandbreiten erreicht werden, oder

2. kann in der Rechtsverordnung bestimmt werden, dass die zuständige Behörde weniger strenge Emissionsbegrenzungen und Fristen festlegen kann, wenn

   a) wegen technischer Merkmale der betroffenen Anlagen die Anwendung der in den BVT-Schlussfolgerungen genannten Emissionsbandbreiten unverhältnismäßig wäre oder

   b) in Anlagen Zukunftstechniken für einen Gesamtzeitraum von höchstens neun Monaten erprobt oder angewendet werden sollen, sofern nach dem festgelegten Zeitraum die Anwendung der betreffenden Technik beendet wird oder in der Anlage mindestens die mit den besten verfügbaren Techniken assoziierten Emissionsbandbreiten erreicht werden.

BImSchG

[2]Absatz 1 Satz 2 bleibt unberührt. [3]Emissionsgrenzwerte und Emissionsbegrenzungen nach Satz 1 dürfen die in den Anhängen der Richtlinie 2010/75/EU festgelegten Emissionsgrenzwerte nicht überschreiten und keine schädlichen Umwelteinwirkungen hervorrufen.

(2) [1]In der Rechtsverordnung kann bestimmt werden, inwieweit die nach Absatz 1 zur Vorsorge gegen schädliche Umwelteinwirkungen festgelegten Anforderungen nach Ablauf bestimmter Übergangsfristen erfüllt werden müssen, soweit zum Zeitpunkt des Inkrafttretens der Rechtsverordnung in einem Vorbescheid oder einer Genehmigung geringere Anforderungen gestellt worden sind. [2]Bei der Bestimmung der Dauer der Übergangsfristen und der einzuhaltenden Anforderungen sind insbesondere Art, Menge und Gefährlichkeit der von den Anlagen ausgehenden Emissionen sowie die Nutzungsdauer und technische Besonderheiten der Anlagen zu berücksichtigen. [3]Die Sätze 1 und 2 gelten entsprechend für Anlagen, die nach § 67 Absatz 2 oder § 67a Absatz 1 anzuzeigen sind oder vor Inkrafttreten dieses Gesetzes nach § 16 Absatz 4 der Gewerbeordnung anzuzeigen waren.

(3) [1]Soweit die Rechtsverordnung Anforderungen nach § 5 Absatz 1 Nummer 2 festgelegt hat, kann in ihr bestimmt werden, dass bei in Absatz 2 genannten Anlagen von den aufgrund der Absätze 1 und 2 festgelegten Anforderungen zur Vorsorge gegen schädliche Umwelteinwirkungen abgewichen werden darf. [2]Dies gilt nur, wenn durch technische Maßnahmen an Anlagen des Betreibers oder Dritter insgesamt eine weitergehende Minderung von Emissionen derselben oder in ihrer Wirkung auf die Umwelt vergleichbaren Stoffen erreicht wird als bei Beachtung der aufgrund der Absätze 1 und 2 festgelegten Anforderungen und hierdurch der in § 1 genannte Zweck gefördert wird. [3]In der Rechtsverordnung kann weiterhin bestimmt werden, inwieweit zur Erfüllung von zwischenstaatlichen Vereinbarungen mit Nachbarstaaten der Bundesrepublik Deutschland Satz 2 auch für die Durchführung technischer Maßnahmen an Anlagen gilt, die in den Nachbarstaaten gelegen sind.

(4) [1]Zur Erfüllung von bindenden Rechtsakten der Europäischen Gemeinschaften oder der Europäischen Union kann die Bundesregierung zu dem in § 1 genannten Zweck mit Zustimmung des Bundesrates durch Rechtsverordnung Anforderungen an die Errichtung, die Beschaffenheit und den Betrieb, die Betriebseinstellung und betreibereigene Überwachung genehmigungsbedürftiger Anlagen vorschreiben. [2]Für genehmigungsbedürftige Anlagen, die vom Anwendungsbereich der Richtlinie 1999/31/EG des Rates vom 26. April 1999 über Abfalldeponien (ABl EG Nr. L 182 S. 1) erfasst werden, kann die Bundesregierung durch Rechtsverordnung mit Zustimmung des Bundesrates dieselben Anforderungen festlegen wie für Deponien im Sinne des § 3 Absatz 27 des Kreislaufwirtschaftsgesetzes, insbesondere Anforderungen an die Erbringung einer Sicherheitsleistung, an die Stilllegung und die Sach- und Fachkunde des Betreibers.

(5) Wegen der Anforderungen nach Absatz 1 Nummer 1 bis 4, auch in Verbindung mit Absatz 4, kann auf jedermann zugängliche Bekanntmachungen sachverständiger Stellen verwiesen werden; hierbei ist

1. in der Rechtsverordnung das Datum der Bekanntmachung anzugeben und die Bezugsquelle genau zu bezeichnen,
2. die Bekanntmachung bei dem Deutschen Patentamt archivmäßig gesichert niederzulegen und in der Rechtsverordnung darauf hinzuweisen.

§ 8 Teilgenehmigung

(1) Auf Antrag soll eine Genehmigung für die Errichtung einer Anlage oder eines Teils einer Anlage oder für die Errichtung und den Betrieb eines Teils einer Anlage erteilt werden, wenn

1. ein berechtigtes Interesse an der Erteilung einer Teilgenehmigung besteht,
2. die Genehmigungsvoraussetzungen für den beantragten Gegenstand der Teilgenehmigung vorliegen und
3. eine vorläufige Beurteilung ergibt, dass der Errichtung und dem Betrieb der gesamten Anlage keine von vornherein unüberwindlichen Hindernisse im Hinblick auf die Genehmigungsvoraussetzungen entgegenstehen.

(2) Die Bindungswirkung der vorläufigen Gesamtbeurteilung entfällt, wenn eine Änderung der Sach- oder Rechtslage oder Einzelprüfungen im Rahmen späterer Teilgenehmigungen zu einer von der vorläufigen Gesamtbeurteilung abweichenden Beurteilung führen.

§ 8a Zulassung vorzeitigen Beginns

(1) In einem Verfahren zur Erteilung einer Genehmigung soll die Genehmigungsbehörde auf Antrag vorläufig zulassen, dass bereits vor Erteilung der Genehmigung mit der Errichtung einschließlich der Maßnahmen, die zur Prüfung der Betriebstüchtigkeit der Anlage erforderlich sind, begonnen wird, wenn

1. mit einer Entscheidung zugunsten des Antragstellers gerechnet werden kann,
2. ein öffentliches Interesse oder ein berechtigtes Interesse des Antragstellers an dem vorzeitigen Beginn besteht und
3. der Antragsteller sich verpflichtet, alle bis zur Entscheidung durch die Errichtung der Anlage verursachten Schäden zu ersetzen und, wenn das Vorhaben nicht genehmigt wird, den früheren Zustand wiederzuherstellen.

(2) [1]Die Zulassung kann jederzeit widerrufen werden. [2]Sie kann mit Auflagen verbunden oder unter dem Vorbehalt nachträglicher Auflagen erteilt werden. [3]Die zuständige Behörde kann die Leistung einer Sicherheit verlangen, soweit dies erforderlich ist, um die Erfüllung der Pflichten des Antragstellers zu sichern.

(3) In einem Verfahren zur Erteilung einer Genehmigung nach § 16 Abs. 1 kann die Genehmigungsbehörde unter den in Absatz 1 genannten Voraussetzungen auch den Betrieb der Anlage vorläufig zulassen, wenn die Änderung der Erfüllung einer sich aus diesem Gesetz oder einer aufgrund dieses Gesetzes erlassenen Rechtsverordnung ergebenden Pflicht dient.

§ 9 Vorbescheid

(1) Auf Antrag soll durch Vorbescheid über einzelne Genehmigungsvoraussetzungen sowie über den Standort der Anlage entschieden werden, sofern die Auswirkungen der geplanten Anlage ausreichend beurteilt werden können und ein berechtigtes Interesse an der Erteilung eines Vorbescheides besteht.

(2) Der Vorbescheid wird unwirksam, wenn der Antragsteller nicht innerhalb von zwei Jahren nach Eintritt der Unanfechtbarkeit die Genehmigung beantragt; die Frist kann auf Antrag bis auf vier Jahre verlängert werden.

(3) Die Vorschriften der §§ 6 und 21 gelten sinngemäß.

§ 10 Genehmigungsverfahren[1)]

(1) [1]Das Genehmigungsverfahren setzt einen schriftlichen oder elektronischen Antrag voraus. [2]Dem Antrag sind die zur Prüfung nach § 6 erforderlichen Zeichnungen, Erläuterungen und sonstigen Unterlagen beizufügen. [3]Reichen die Unterlagen für die Prüfung nicht aus, so hat sie der Antragsteller auf Verlangen der zuständigen Behörde innerhalb einer angemessenen Frist zu ergänzen. [4]Erfolgt die Antragstellung elektronisch, kann die zuständige Behörde Mehrfertigungen sowie die Übermittlung der dem Antrag beizufügenden Unterlagen auch in schriftlicher Form verlangen.

(1a) [1]Der Antragsteller, der beabsichtigt, eine Anlage nach der Industrieemissions-Richtlinie zu betreiben, in der relevante gefährliche Stoffe verwendet, erzeugt oder freigesetzt werden, hat mit den Unterlagen nach Absatz 1 einen Bericht über den Ausgangszustand vorzulegen, wenn und soweit eine Verschmutzung des Bodens oder des Grundwassers auf dem Anlagengrundstück durch die relevanten gefährlichen Stoffe möglich ist. [2]Die Möglichkeit einer Verschmutzung des Bodens oder des Grundwassers besteht nicht, wenn auf Grund der tatsächlichen Umstände ein Eintrag ausgeschlossen werden kann.

(2) [1]Soweit Unterlagen Geschäfts- oder Betriebsgeheimnisse enthalten, sind die Unterlagen zu kennzeichnen und getrennt vorzulegen. [2]Ihr Inhalt muss, soweit es ohne Preisgabe des Geheimnisses geschehen kann, so ausführlich dargestellt sein, dass es Dritten möglich ist, zu beurteilen, ob und in welchem Umfang sie von den Auswirkungen der Anlage betroffen werden können.

BImSchG

(3) [1]Sind die Unterlagen des Antragstellers vollständig, so hat die zuständige Behörde das Vorhaben in ihrem amtlichen Veröffentlichungsblatt und außerdem entweder im Internet oder in örtlichen Tageszeitungen, die im Bereich des Standortes der Anlage verbreitet sind, öffentlich bekannt zu machen. [2]Der Antrag und die vom Antragsteller vorgelegten Unterlagen, mit Ausnahme der Unterlagen nach Absatz 2 Satz 1, sowie die entscheidungserheblichen Berichte und Empfehlungen, die der Behörde im Zeitpunkt der Bekanntmachung vorliegen, sind nach der Bekanntmachung einen Monat zur Einsicht auszulegen. [3]Weitere Informationen, die für die Entscheidung über die Zulässigkeit des Vorhabens von Bedeutung sein können und die der zuständigen Behörde erst nach Beginn der Auslegung vorliegen, sind der Öffentlichkeit nach den Bestimmungen über den Zugang zu Umweltinformationen zugänglich zu machen. [4]Bis zwei Wochen nach Ablauf der Auslegungsfrist kann die Öffentlichkeit gegenüber der zuständigen Behörde schriftlich oder elektronisch Einwendungen erheben; bei Anlagen nach der Industrieemissions-Richtlinie gilt eine Frist von einem Monat. [5]Mit Ablauf der Einwendungsfrist sind für das Genehmigungsverfahren alle Einwendungen ausgeschlossen, die nicht auf besonderen privatrechtlichen Titeln beruhen. [6]Einwendungen, die auf besonderen privatrechtlichen Titeln beruhen, sind auf den Rechtsweg vor den ordentlichen Gerichten zu verweisen.

(3a) Nach dem Umwelt-Rechtsbehelfsgesetz anerkannte Vereinigungen sollen die zuständige Behörde in einer dem Umweltschutz dienenden Weise unterstützen.

(4) In der Bekanntmachung nach Absatz 3 Satz 1 ist

1. darauf hinzuweisen, wo und wann der Antrag auf Erteilung der Genehmigung und die Unterlagen zur Einsicht ausgelegt sind;
2. dazu aufzufordern, etwaige Einwendungen bei einer in der Bekanntmachung zu bezeichnenden Stelle innerhalb der Einwendungsfrist vorzubringen; dabei ist auf die Rechtsfolgen nach Absatz 3 Satz 5 hinzuweisen;
3. ein Erörterungstermin zu bestimmen und darauf hinzuweisen, dass er auf Grund einer Ermessensentscheidung der Genehmigungsbehörde nach Absatz 6 durchgeführt wird und dass dann die formgerecht erhobenen Einwendungen auch bei Ausbleiben des Antragstellers oder von Personen, die Einwendungen erhoben haben, erörtert werden;

---

1) **Anm. d. Red.:** § 10 i. d. F. des Gesetzes v. 29. 5. 2017 (BGBl I S. 1298) mit Wirkung v. 2. 6. 2017.

4. darauf hinzuweisen, dass die Zustellung der Entscheidung über die Einwendungen durch öffentliche Bekanntmachung ersetzt werden kann.

(5) [1]Die für die Erteilung der Genehmigung zuständige Behörde (Genehmigungsbehörde) holt die Stellungnahmen der Behörden ein, deren Aufgabenbereich durch das Vorhaben berührt wird. [2]Soweit für das Vorhaben selbst oder für weitere damit unmittelbar in einem räumlichen oder betrieblichen Zusammenhang stehende Vorhaben, die Auswirkungen auf die Umwelt haben können und die für die Genehmigung Bedeutung haben, eine Zulassung nach anderen Gesetzen vorgeschrieben ist, hat die Genehmigungsbehörde eine vollständige Koordinierung der Zulassungsverfahren sowie der Inhalts- und Nebenbestimmungen sicherzustellen.

(6) Nach Ablauf der Einwendungsfrist kann die Genehmigungsbehörde die rechtzeitig gegen das Vorhaben erhobenen Einwendungen mit dem Antragsteller und denjenigen, die Einwendungen erhoben haben, erörtern.

(6a) [1]Über den Genehmigungsantrag ist nach Eingang des Antrags und der nach Absatz 1 Satz 2 einzureichenden Unterlagen innerhalb einer Frist von sieben Monaten, in vereinfachten Verfahren innerhalb einer Frist von drei Monaten, zu entscheiden. [2]Die zuständige Behörde kann die Frist um jeweils drei Monate verlängern, wenn dies wegen der Schwierigkeit der Prüfung oder aus Gründen, die dem Antragsteller zuzurechnen sind, erforderlich ist. [3]Die Fristverlängerung soll gegenüber dem Antragsteller begründet werden.

(7) [1]Der Genehmigungsbescheid ist schriftlich zu erlassen, schriftlich zu begründen und dem Antragsteller und den Personen, die Einwendungen erhoben haben, zuzustellen. [2]Er ist, soweit die Zustellung nicht nach Absatz 8 erfolgt, öffentlich bekannt zu machen. [3]Die öffentliche Bekanntmachung erfolgt nach Maßgabe des Absatzes 8.

(8) [1]Die Zustellung des Genehmigungsbescheids an die Personen, die Einwendungen erhoben haben, kann durch öffentliche Bekanntmachung ersetzt werden. [2]Die öffentliche Bekanntmachung wird dadurch bewirkt, dass der verfügende Teil des Bescheides und die Rechtsbehelfsbelehrung in entsprechender Anwendung des Absatzes 3 Satz 1 bekannt gemacht werden; auf Auflagen ist hinzuweisen. [3]In diesem Fall ist eine Ausfertigung des gesamten Bescheides vom Tage nach der Bekanntmachung an zwei Wochen zur Einsicht auszulegen. [4]In der öffentlichen Bekanntmachung ist anzugeben, wo und wann der Bescheid und seine Begründung eingesehen und nach Satz 6 angefordert werden können. [5]Mit dem Ende der Auslegungsfrist gilt der Bescheid auch gegenüber Dritten, die keine Einwendung erhoben haben, als zugestellt; darauf ist in der Bekanntmachung hinzuweisen. [6]Nach der öffentlichen Bekanntmachung können der Bescheid und seine Begründung bis zum Ablauf der Widerspruchsfrist von den Personen, die Einwendungen erhoben haben, schriftlich oder elektronisch angefordert werden.

(8a) [1]Unbeschadet der Absätze 7 und 8 sind bei Anlagen nach der Industrieemissions-Richtlinie folgende Unterlagen im Internet öffentlich bekannt zu machen:

1. der Genehmigungsbescheid mit Ausnahme in Bezug genommener Antragsunterlagen und des Berichts über den Ausgangszustand sowie
2. die Bezeichnung des für die betreffende Anlage maßgeblichen BVT-Merkblatts.

[2]Soweit der Genehmigungsbescheid Geschäfts- oder Betriebsgeheimnisse enthält, sind die entsprechenden Stellen unkenntlich zu machen. [3]Absatz 8 Satz 3, 5 und 6 gilt entsprechend.

(9) Die Absätze 1 bis 8 gelten entsprechend für die Erteilung eines Vorbescheides.

(10) [1]Die Bundesregierung wird ermächtigt, durch Rechtsverordnung mit Zustimmung des Bundesrates das Genehmigungsverfahren zu regeln; in der Rechtsverordnung kann auch das Verfahren bei Erteilung einer Genehmigung im vereinfachten Verfahren (§ 19) sowie bei der Erteilung eines Vorbescheides (§ 9), einer Teilgenehmigung (§ 8) und einer Zulassung vorzeitigen Beginns (§ 8a) geregelt werden. [2]In der Verordnung ist auch näher zu bestimmen, welchen Anforderungen das Genehmigungsverfahren für Anlagen genügen muss, für die nach dem Gesetz über die Umweltverträglichkeitsprüfung eine Umweltverträglichkeitsprüfung durchzuführen ist.

(11) Das Bundesministerium der Verteidigung wird ermächtigt, im Einvernehmen mit dem Bundesministerium für Umwelt, Naturschutz, Bau und Reaktorsicherheit durch Rechtsverordnung mit Zustimmung des Bundesrates das Genehmigungsverfahren für Anlagen, die der Landesverteidigung dienen, abweichend von den Absätzen 1 bis 9 zu regeln.

§ 11 Einwendungen Dritter bei Teilgenehmigung und Vorbescheid

Ist eine Teilgenehmigung oder ein Vorbescheid erteilt worden, können nach Eintritt ihrer Unanfechtbarkeit im weiteren Verfahren zur Genehmigung der Errichtung und des Betriebs der Anlage Einwendungen nicht mehr auf Grund von Tatsachen erhoben werden, die im vorhergehenden Verfahren fristgerecht vorgebracht worden sind oder nach den ausgelegten Unterlagen hätten vorgebracht werden können.

§ 12 Nebenbestimmungen zur Genehmigung[1)]

BImSchG

(1) [1]Die Genehmigung kann unter Bedingungen erteilt und mit Auflagen verbunden werden, soweit dies erforderlich ist, um die Erfüllung der in § 6 genannten Genehmigungsvoraussetzungen sicherzustellen. [2]Zur Sicherstellung der Anforderungen nach § 5 Absatz 3 soll bei Abfallentsorgungsanlagen im Sinne des § 4 Absatz 1 Satz 1 auch eine Sicherheitsleistung auferlegt werden.

(1a) Für den Fall, dass eine Verwaltungsvorschrift nach § 48 für die jeweilige Anlagenart keine Anforderungen vorsieht, ist bei der Festlegung von Emissionsbegrenzungen für Anlagen nach der Industrieemissions-Richtlinie in der Genehmigung sicherzustellen, dass die Emissionen unter normalen Betriebsbedingungen die in den BVT-Schlussfolgerungen genannten Emissionsbandbreiten nicht überschreiten.

(1b) [1]Abweichend von Absatz 1a kann die zuständige Behörde weniger strenge Emissionsbegrenzungen festlegen, wenn

1. eine Bewertung ergibt, dass wegen technischer Merkmale der Anlage die Anwendung der in den BVT-Schlussfolgerungen genannten Emissionsbandbreiten unverhältnismäßig wäre, oder
2. in Anlagen Zukunftstechniken für einen Gesamtzeitraum von höchstens neun Monaten erprobt oder angewendet werden sollen, sofern nach dem festgelegten Zeitraum die Anwendung der betreffenden Technik beendet wird oder in der Anlage mindestens die mit den besten verfügbaren Techniken assoziierten Emissionsbandbreiten erreicht werden.

[2]Bei der Festlegung der Emissionsbegrenzungen nach Satz 1 sind insbesondere mögliche Verlagerungen von nachteiligen Auswirkungen von einem Schutzgut auf ein anderes zu berücksichtigen; ein hohes Schutzniveau für die Umwelt insgesamt ist zu gewährleisten. [3]Emissionsbegrenzungen nach Satz 1 dürfen die in den Anhängen der Richtlinie 2010/75/EU festgelegten Emissionsgrenzwerte nicht überschreiten und keine schädlichen Umwelteinwirkungen hervorrufen.

(2) [1]Die Genehmigung kann auf Antrag für einen bestimmten Zeitraum erteilt werden. [2]Sie kann mit einem Vorbehalt des Widerrufs erteilt werden, wenn die genehmigungsbedürftige Anlage lediglich Erprobungszwecken dienen soll.

(2a) [1]Die Genehmigung kann mit Einverständnis des Antragstellers mit dem Vorbehalt nachträglicher Auflagen erteilt werden, soweit hierdurch hinreichend bestimmte, in der Genehmigung bereits allgemein festgelegte Anforderungen an die Errichtung oder den Betrieb der Anlage in einem Zeitpunkt nach Erteilung der Genehmigung näher festgelegt werden sollen. [2]Dies gilt unter den Voraussetzungen des Satzes 1 auch für den Fall, dass eine beteiligte Behörde sich nicht rechtzeitig äußert.

1) **Anm. d. Red.:** § 12 i. d. F. des Gesetzes v. 30. 11. 2016 (BGBl I S. 2749) mit Wirkung v. 7. 12. 2016.

(2b) Im Falle des § 6 Absatz 2 soll der Antragsteller durch eine Auflage verpflichtet werden, der zuständigen Behörde unverzüglich die erstmalige Herstellung oder Verwendung eines anderen Stoffes innerhalb der genehmigten Betriebsweise mitzuteilen.

(2c) [1]Der Betreiber kann durch Auflage verpflichtet werden, den Wechsel eines im Genehmigungsverfahren dargelegten Entsorgungswegs von Abfällen der zuständigen Behörde anzuzeigen. [2]Das gilt ebenso für in Abfallbehandlungsanlagen erzeugte Abfälle. [3]Bei Abfallbehandlungsanlagen können außerdem Anforderungen an die Qualität und das Schadstoffpotential der angenommenen Abfälle sowie der die Anlage verlassenden Abfälle gestellt werden.

(3) Die Teilgenehmigung kann für einen bestimmten Zeitraum oder mit dem Vorbehalt erteilt werden, dass sie bis zur Entscheidung über die Genehmigung widerrufen oder mit Auflagen verbunden werden kann.

§ 13 Genehmigung und andere behördliche Entscheidungen

Die Genehmigung schließt andere die Anlage betreffende behördliche Entscheidungen ein, insbesondere öffentlich-rechtliche Genehmigungen, Zulassungen, Verleihungen, Erlaubnisse und Bewilligungen mit Ausnahme von Planfeststellungen, Zulassungen bergrechtlicher Betriebspläne, behördlichen Entscheidungen auf Grund atomrechtlicher Vorschriften und wasserrechtlichen Erlaubnissen und Bewilligungen nach den § 8 in Verbindung mit § 10 des Wasserhaushaltsgesetzes.

§ 14 Ausschluss von privatrechtlichen Abwehransprüchen

[1]Auf Grund privatrechtlicher, nicht auf besonderen Titeln beruhender Ansprüche zur Abwehr benachteiligender Einwirkungen von einem Grundstück auf ein benachbartes Grundstück kann nicht die Einstellung des Betriebs einer Anlage verlangt werden, deren Genehmigung unanfechtbar ist; es können nur Vorkehrungen verlangt werden, die die benachteiligenden Wirkungen ausschließen. [2]Soweit solche Vorkehrungen nach dem Stand der Technik nicht durchführbar oder wirtschaftlich nicht vertretbar sind, kann lediglich Schadensersatz verlangt werden.

§ 14a Vereinfachte Klageerhebung

Der Antragsteller kann eine verwaltungsgerichtliche Klage erheben, wenn über seinen Widerspruch nach Ablauf von drei Monaten seit der Einlegung nicht entschieden ist, es sei denn, dass wegen besonderer Umstände des Falles eine kürzere Frist geboten ist.

§ 15 Änderung genehmigungsbedürftiger Anlagen[1)]

(1) [1]Die Änderung der Lage, der Beschaffenheit oder des Betriebs einer genehmigungsbedürftigen Anlage ist, sofern eine Genehmigung nicht beantragt wird, der zuständigen Behörde mindestens einen Monat, bevor mit der Änderung begonnen werden soll, schriftlich oder elektronisch anzuzeigen, wenn sich die Änderung auf in § 1 genannte Schutzgüter auswirken kann. [2]Der Anzeige sind Unterlagen im Sinne des § 10 Absatz 1 Satz 2 beizufügen, soweit diese für die Prüfung erforderlich sein können, ob das Vorhaben genehmigungsbedürftig ist. [3]Die zuständige Behörde hat dem Träger des Vorhabens den Eingang der Anzeige und der beigefügten Unterlagen unverzüglich schriftlich oder elektronisch zu bestätigen; sie kann bei einer elektronischen Anzeige Mehrausfertigungen sowie die Übermittlung der Unterlagen, die der Anzeige beizufügen sind, auch in schriftlicher Form verlangen. [4]Sie teilt dem Träger des Vorhabens nach Eingang der Anzeige unverzüglich mit, welche zusätzlichen Unterlagen sie zur Beurteilung der Voraussetzungen des § 16 Absatz 1 und des § 16a benötigt. [5]Die Sätze 1 bis 4 gelten entsprechend für eine Anlage, die nach § 67 Absatz 2 oder § 67a Absatz 1 anzuzeigen ist oder vor Inkrafttreten dieses Gesetzes nach § 16 Absatz 4 der Gewerbeordnung anzuzeigen war.

1) **Anm. d. Red.:** § 15 i. d. F. des Gesetzes v. 29. 3. 2017 (BGBl I S. 626) mit Wirkung v. 5. 4. 2017.

(2) [1]Die zuständige Behörde hat unverzüglich, spätestens innerhalb eines Monats nach Eingang der Anzeige und der nach Absatz 1 Satz 2 erforderlichen Unterlagen, zu prüfen, ob die Änderung einer Genehmigung bedarf. [2]Der Träger des Vorhabens darf die Änderung vornehmen, sobald die zuständige Behörde ihm mitteilt, dass die Änderung keiner Genehmigung bedarf, oder sich innerhalb der in Satz 1 bestimmten Frist nicht geäußert hat. [3]Absatz 1 Satz 3 gilt für nachgereichte Unterlagen entsprechend.

(2a) [1]Bei einer störfallrelevanten Änderung einer genehmigungsbedürftigen Anlage, die Betriebsbereich oder Bestandteil eines Betriebsbereichs ist, hat die zuständige Behörde unverzüglich, spätestens innerhalb von zwei Monaten nach Eingang der Anzeige und der nach Absatz 1 Satz 2 erforderlichen Unterlagen zu prüfen, ob diese Änderung einer Genehmigung bedarf. [2]Soweit es zur Ermittlung des angemessenen Sicherheitsabstands erforderlich ist, kann die zuständige Behörde ein Gutachten zu den Auswirkungen verlangen, die bei schweren Unfällen durch die Anlage hervorgerufen werden können. [3]Der Träger des Vorhabens darf die störfallrelevante Änderung vornehmen, sobald ihm die zuständige Behörde mitteilt, dass sie keiner Genehmigung bedarf.

(3) [1]Beabsichtigt der Betreiber, den Betrieb einer genehmigungsbedürftigen Anlage einzustellen, so hat er dies unter Angabe des Zeitpunktes der Einstellung der zuständigen Behörde unverzüglich anzuzeigen. [2]Der Anzeige sind Unterlagen über die vom Betreiber vorgesehenen Maßnahmen zur Erfüllung der sich aus § 5 Absatz 3 und 4 ergebenden Pflichten beizufügen. [3]Die Sätze 1 und 2 gelten für die in Absatz 1 Satz 5 bezeichneten Anlagen entsprechend.

(4) In der Rechtsverordnung nach § 10 Absatz 10 können die näheren Einzelheiten für das Verfahren nach den Absätzen 1 bis 3 geregelt werden.

§ 16 Wesentliche Änderung genehmigungsbedürftiger Anlagen

(1) [1]Die Änderung der Lage, der Beschaffenheit oder des Betriebs einer genehmigungsbedürftigen Anlage bedarf der Genehmigung, wenn durch die Änderung nachteilige Auswirkungen hervorgerufen werden können und diese für die Prüfung nach § 6 Absatz 1 Nummer 1 erheblich sein können (wesentliche Änderung); eine Genehmigung ist stets erforderlich, wenn die Änderung oder Erweiterung des Betriebs einer genehmigungsbedürftigen Anlage für sich genommen die Leistungsgrenzen oder Anlagengrößen des Anhangs zur Verordnung über genehmigungsbedürftige Anlagen erreichen. [2]Eine Genehmigung ist nicht erforderlich, wenn durch die Änderung hervorgerufene nachteilige Auswirkungen offensichtlich gering sind und die Erfüllung der sich aus § 6 Absatz 1 Nummer 1 ergebenden Anforderungen sichergestellt ist.

(2) [1]Die zuständige Behörde soll von der öffentlichen Bekanntmachung des Vorhabens sowie der Auslegung des Antrags und der Unterlagen absehen, wenn der Träger des Vorhabens dies beantragt und erhebliche nachteilige Auswirkungen auf in § 1 genannte Schutzgüter nicht zu besorgen sind. [2]Dies ist insbesondere dann der Fall, wenn erkennbar ist, dass die Auswirkungen durch die getroffenen oder vom Träger des Vorhabens vorgesehenen Maßnahmen ausgeschlossen werden oder die Nachteile im Verhältnis zu den jeweils vergleichbaren Vorteilen gering sind. [3]Betrifft die wesentliche Änderung eine in einem vereinfachten Verfahren zu genehmigende Anlage, ist auch die wesentliche Änderung im vereinfachten Verfahren zu genehmigen. [4]§ 19 Absatz 3 gilt entsprechend.

(3) [1]Über den Genehmigungsantrag ist innerhalb einer Frist von sechs Monaten, im Falle des Absatzes 2 in drei Monaten zu entscheiden. [2]Im Übrigen gilt § 10 Absatz 6a Satz 2 und 3 entsprechend.

(4) [1]Für nach § 15 Absatz 1 anzeigebedürftige Änderungen kann der Träger des Vorhabens eine Genehmigung beantragen. [2]Diese ist im vereinfachten Verfahren zu erteilen; Absatz 3 und § 19 Absatz 3 gelten entsprechend.

(5) Einer Genehmigung bedarf es nicht, wenn eine genehmigte Anlage oder Teile einer genehmigten Anlage im Rahmen der erteilten Genehmigung ersetzt oder ausgetauscht werden sollen.

§ 16a Störfallrelevante Änderung genehmigungsbedürftiger Anlagen[1)]

[1]Die störfallrelevante Änderung einer genehmigungsbedürftigen Anlage, die Betriebsbereich oder Bestandteil eines Betriebsbereichs ist, bedarf der Genehmigung, wenn durch die störfallrelevante Änderung der angemessene Sicherheitsabstand zu benachbarten Schutzobjekten erstmalig unterschritten wird, der bereits unterschrittene Sicherheitsabstand räumlich noch weiter unterschritten wird oder eine erhebliche Gefahrenerhöhung ausgelöst wird und die Änderung nicht bereits durch § 16 Absatz 1 Satz 1 erfasst ist. [2]Einer Genehmigung bedarf es nicht, soweit dem Gebot, den angemessenen Sicherheitsabstand zu wahren, bereits auf Ebene einer raumbedeutsamen Planung oder Maßnahme durch verbindliche Vorgaben Rechnung getragen worden ist.

§ 17 Nachträgliche Anordnungen[2)]

(1) [1]Zur Erfüllung der sich aus diesem Gesetz und der auf Grund dieses Gesetzes erlassenen Rechtsverordnungen ergebenden Pflichten können nach Erteilung der Genehmigung sowie nach einer nach § 15 Absatz 1 angezeigten Änderung Anordnungen getroffen werden. [2]Wird nach Erteilung der Genehmigung sowie nach einer nach § 15 Absatz 1 angezeigten Änderung festgestellt, dass die Allgemeinheit oder die Nachbarschaft nicht ausreichend vor schädlichen Umwelteinwirkungen oder sonstigen Gefahren, erheblichen Nachteilen oder erheblichen Belästigungen geschützt ist, soll die zuständige Behörde nachträgliche Anordnungen treffen.

(1a) [1]Bei Anlagen nach der Industrieemissions-Richtlinie ist vor dem Erlass einer nachträglichen Anordnung nach Absatz 1 Satz 2, durch welche Emissionsbegrenzungen neu festgelegt werden sollen, der Entwurf der Anordnung öffentlich bekannt zu machen. [2]§ 10 Absatz 3 und 4 Nummer 1 und 2 gilt für die Bekanntmachung entsprechend. [3]Einwendungsbefugt sind Personen, deren Belange durch die nachträgliche Anordnung berührt werden, sowie Vereinigungen, welche die Anforderungen von § 3 Absatz 1 oder § 2 Absatz 2 des Umwelt-Rechtsbehelfsgesetzes erfüllen. [4]Für die Entscheidung über den Erlass der nachträglichen Anordnung gilt § 10 Absatz 7 bis 8a entsprechend.

(1b) Absatz 1a gilt für den Erlass einer nachträglichen Anordnung entsprechend, bei der von der Behörde auf Grundlage einer Verordnung nach § 7 Absatz 1b oder einer Verwaltungsvorschrift nach § 48 Absatz 1b weniger strenge Emissionsbegrenzungen festgelegt werden sollen.

(2) [1]Die zuständige Behörde darf eine nachträgliche Anordnung nicht treffen, wenn sie unverhältnismäßig ist, vor allem wenn der mit der Erfüllung der Anordnung verbundene Aufwand außer Verhältnis zu dem mit der Anordnung angestrebten Erfolg steht; dabei sind insbesondere Art, Menge und Gefährlichkeit der von der Anlage ausgehenden Emissionen und der von ihr verursachten Immissionen sowie die Nutzungsdauer und technische Besonderheiten der Anlage zu berücksichtigen. [2]Darf eine nachträgliche Anordnung wegen Unverhältnismäßigkeit nicht getroffen werden, soll die zuständige Behörde die Genehmigung unter den Voraussetzungen des § 21 Absatz 1 Nummer 3 bis 5 ganz oder teilweise widerrufen; § 21 Absatz 3 bis 6 sind anzuwenden.

(2a) § 12 Absatz 1a gilt für Anlagen nach der Industrieemissions-Richtlinie entsprechend.

(2b) [1]Abweichend von Absatz 2a kann die zuständige Behörde weniger strenge Emissionsbegrenzungen festlegen, wenn

1. wegen technischer Merkmale der Anlage die Anwendung der in den BVT-Schlussfolgerungen genannten Emissionsbandbreiten unverhältnismäßig wäre und die Behörde dies begründet oder
2. in Anlagen Zukunftstechniken für einen Gesamtzeitraum von höchstens neun Monaten erprobt oder angewendet werden sollen, sofern nach dem festgelegten Zeitraum die Anwen-

1) **Anm. d. Red.:** § 16a i. d. F. des Gesetzes v. 18.7.2017 (BGBl I S. 2771) mit Wirkung v. 29.7.2017.

2) **Anm. d. Red.:** § 17 i. d. F. des Gesetzes v. 30. 11. 2016 (BGBl I S. 2749) mit Wirkung v. 7. 12. 2016.

dung der betreffenden Technik beendet wird oder in der Anlage mindestens die mit den besten verfügbaren Techniken assoziierten Emissionsbandbreiten erreicht werden.

[2]§ 12 Absatz 1b Satz 2 und 3 gilt entsprechend. [3]Absatz 1a gilt entsprechend.

(3) Soweit durch Rechtsverordnung die Anforderungen nach § 5 Absatz 1 Nummer 2 abschließend festgelegt sind, dürfen durch nachträgliche Anordnungen weitergehende Anforderungen zur Vorsorge gegen schädliche Umwelteinwirkungen nicht gestellt werden.

(3a) [1]Die zuständige Behörde soll von nachträglichen Anordnungen absehen, soweit in einem vom Betreiber vorgelegten Plan technische Maßnahmen an dessen Anlagen oder an Anlagen Dritter vorgesehen sind, die zu einer weitergehenden Verringerung der Emissionsfrachten führen als die Summe der Minderungen, die durch den Erlass nachträglicher Anordnungen zur Erfüllung der sich aus diesem Gesetz oder den auf Grund dieses Gesetzes erlassenen Rechtsverordnungen ergebenden Pflichten bei den beteiligten Anlagen erreichbar wäre und hierdurch der in § 1 genannte Zweck gefördert wird. [2]Dies gilt nicht, soweit der Betreiber bereits zur Emissionsminderung aufgrund einer nachträglichen Anordnung nach Absatz 1 oder einer Auflage nach § 12 Absatz 1 verpflichtet ist oder eine nachträgliche Anordnung nach Absatz 1 Satz 2 getroffen werden soll. [3]Der Ausgleich ist nur zwischen denselben oder in der Wirkung auf die Umwelt vergleichbaren Stoffen zulässig. [4]Die Sätze 1 bis 3 gelten auch für nicht betriebsbereite Anlagen, für die die Genehmigung zur Errichtung und zum Betrieb erteilt ist oder für die in einem Vorbescheid oder einer Teilgenehmigung Anforderungen nach § 5 Absatz 1 Nummer 2 festgelegt sind. [5]Die Durchführung der Maßnahmen des Plans ist durch Anordnung sicherzustellen.

(4) [1]Ist es zur Erfüllung der Anordnung erforderlich, die Lage, die Beschaffenheit oder den Betrieb der Anlage wesentlich zu ändern und ist in der Anordnung nicht abschließend bestimmt, in welcher Weise sie zu erfüllen ist, so bedarf die Änderung der Genehmigung nach § 16. [2]Ist zur Erfüllung der Anordnung die störfallrelevante Änderung einer Anlage erforderlich, die Betriebsbereich oder Bestandteil eines Betriebsbereichs ist, und wird durch diese Änderung der angemessene Sicherheitsabstand erstmalig unterschritten, wird der bereits unterschrittene Sicherheitsabstand räumlich noch weiter unterschritten oder wird eine erhebliche Gefahrenerhöhung ausgelöst, so bedarf die Änderung einer Genehmigung nach § 16 oder § 16a, wenn in der Anordnung nicht abschließend bestimmt ist, in welcher Weise sie zu erfüllen ist.

(4a) [1]Zur Erfüllung der Pflichten nach § 5 Absatz 3 soll bei Abfallentsorgungsanlagen im Sinne des § 4 Absatz 1 Satz 1 auch eine Sicherheitsleistung angeordnet werden. [2]Nach der Einstellung des gesamten Betriebs können Anordnungen zur Erfüllung der sich aus § 5 Absatz 3 ergebenden Pflichten nur noch während eines Zeitraumes von einem Jahr getroffen werden.

(4b) Anforderungen im Sinne des § 12 Absatz 2c können auch nachträglich angeordnet werden.

(5) Die Absätze 1 bis 4b gelten entsprechend für Anlagen, die nach § 67 Absatz 2 anzuzeigen sind oder vor Inkrafttreten dieses Gesetzes nach § 16 Absatz 4 der Gewerbeordnung anzuzeigen waren.

§ 18 Erlöschen der Genehmigung

(1) Die Genehmigung erlischt, wenn

1. innerhalb einer von der Genehmigungsbehörde gesetzten angemessenen Frist nicht mit der Errichtung oder dem Betrieb der Anlage begonnen oder
2. eine Anlage während eines Zeitraums von mehr als drei Jahren nicht mehr betrieben

worden ist.

(2) Die Genehmigung erlischt ferner, soweit das Genehmigungserfordernis aufgehoben wird.

(3) Die Genehmigungsbehörde kann auf Antrag die Fristen nach Absatz 1 aus wichtigem Grunde verlängern, wenn hierdurch der Zweck des Gesetzes nicht gefährdet wird.

§ 19 Vereinfachtes Verfahren[1)]

(1) [1]Durch Rechtsverordnung nach § 4 Absatz 1 Satz 3 kann vorgeschrieben werden, dass die Genehmigung von Anlagen bestimmter Art oder bestimmten Umfangs in einem vereinfachten Verfahren erteilt wird, sofern dies nach Art, Ausmaß und Dauer der von diesen Anlagen hervorgerufenen schädlichen Umwelteinwirkungen und sonstigen Gefahren, erheblichen Nachteilen und erheblichen Belästigungen mit dem Schutz der Allgemeinheit und der Nachbarschaft vereinbar ist. [2]Satz 1 gilt für Abfallentsorgungsanlagen entsprechend.

(2) In dem vereinfachten Verfahren sind § 10 Absatz 2, 3, 3a, 4, 6, 7 Satz 2 und 3, Absatz 8 und 9 sowie die §§ 11 und 14 nicht anzuwenden.

(3) Die Genehmigung ist auf Antrag des Trägers des Vorhabens abweichend von den Absätzen 1 und 2 nicht in einem vereinfachten Verfahren zu erteilen.

(4) [1]Die Genehmigung einer Anlage, die Betriebsbereich oder Bestandteil eines Betriebsbereichs ist, kann nicht im vereinfachten Verfahren erteilt werden, wenn durch deren störfallrelevante Errichtung und Betrieb der angemessene Sicherheitsabstand zu benachbarten Schutzobjekten unterschritten wird oder durch deren störfallrelevante Änderung der angemessene Sicherheitsabstand zu benachbarten Schutzobjekten erstmalig unterschritten wird, der bereits unterschrittene Sicherheitsabstand räumlich noch weiter unterschritten wird oder eine erhebliche Gefahrenerhöhung ausgelöst wird. [2]In diesen Fällen ist das Verfahren nach § 10 mit Ausnahme von Absatz 4 Nummer 3 und Absatz 6 anzuwenden. [3]§ 10 Absatz 3 Satz 4 ist mit der Maßgabe anzuwenden, dass nur die Personen Einwendungen erheben können, deren Belange berührt sind oder Vereinigungen, welche die Anforderungen des § 3 Absatz 1 oder des § 2 Absatz 2 des Umwelt-Rechtsbehelfsgesetzes erfüllen. [4]Bei störfallrelevanten Änderungen ist § 16 Absatz 3 entsprechend anzuwenden. [5]Die Sätze 1 bis 4 gelten nicht, soweit dem Gebot, den angemessenen Sicherheitsabstand zu wahren, bereits auf Ebene einer raumbedeutsamen Planung oder Maßnahme durch verbindliche Vorgaben Rechnung getragen worden ist.

§ 20 Untersagung, Stilllegung und Beseitigung[2)]

(1) [1]Kommt der Betreiber einer genehmigungsbedürftigen Anlage einer Auflage, einer vollziehbaren nachträglichen Anordnung oder einer abschließend bestimmten Pflicht aus einer Rechtsverordnung nach § 7 nicht nach und betreffen die Auflage, die Anordnung oder die Pflicht die Beschaffenheit oder den Betrieb der Anlage, so kann die zuständige Behörde den Betrieb ganz oder teilweise bis zur Erfüllung der Auflage, der Anordnung oder der Pflichten aus der Rechtsverordnung nach § 7 untersagen. [2]Die zuständige Behörde hat den Betrieb ganz oder teilweise nach Satz 1 zu untersagen, wenn ein Verstoß gegen die Auflage, Anordnung oder Pflicht eine unmittelbare Gefährdung der menschlichen Gesundheit verursacht oder eine unmittelbare erhebliche Gefährdung der Umwelt darstellt.

(1a) [1]Die zuständige Behörde hat die Inbetriebnahme oder Weiterführung einer genehmigungsbedürftigen Anlage, die Betriebsbereich oder Bestandteil eines Betriebsbereichs ist und gewerblichen Zwecken dient oder im Rahmen wirtschaftlicher Unternehmungen Verwendung findet, ganz oder teilweise zu untersagen, solange und soweit die von dem Betreiber getroffenen Maßnahmen zur Verhütung schwerer Unfälle im Sinne des Artikels 3 Nummer 13 der Richtlinie 2012/18/EU oder zur Begrenzung der Auswirkungen derartiger Unfälle eindeutig unzureichend sind. [2]Bei der Entscheidung über eine Untersagung berücksichtigt die zuständige Behörde auch schwerwiegende Unterlassungen in Bezug auf erforderliche Folgemaßnahmen, die in einem Überwachungsbericht nach § 16 Absatz 2 Nummer 1 der Störfall-Verordnung festgelegt worden sind. [3]Die zuständige Behörde kann die Inbetriebnahme oder Weiterführung einer Anlage im Sinne des Satzes 1 ganz oder teilweise untersagen, wenn der Betreiber die in einer zur Umsetzung der Richtlinie 2012/18/EU erlassenen Rechtsverordnung vorgeschriebenen Mitteilungen, Berichte oder sonstigen Informationen nicht fristgerecht übermittelt.

1) **Anm. d. Red.:** § 19 i. d. F. des Gesetzes v. 29. 5. 2017 (BGBl I S. 1298) mit Wirkung v. 2. 6. 2017.

2) **Anm. d. Red.:** § 20 i. d. F. des Gesetzes v. 30. 11. 2016 (BGBl I S. 2749) mit Wirkung v. 7. 12. 2016.

(2) [1]Die zuständige Behörde soll anordnen, dass eine Anlage, die ohne die erforderliche Genehmigung errichtet, betrieben oder wesentlich geändert wird, stillzulegen oder zu beseitigen ist. [2]Sie hat die Beseitigung anzuordnen, wenn die Allgemeinheit oder die Nachbarschaft nicht auf andere Weise ausreichend geschützt werden kann.

(3) [1]Die zuständige Behörde kann den weiteren Betrieb einer genehmigungsbedürftigen Anlage durch den Betreiber oder einen mit der Leitung des Betriebes Beauftragten untersagen, wenn Tatsachen vorliegen, welche die Unzuverlässigkeit dieser Person in Bezug auf die Einhaltung von Rechtsvorschriften zum Schutz vor schädlichen Umwelteinwirkungen dartun, und die Untersagung zum Wohl der Allgemeinheit geboten ist. [2]Dem Betreiber der Anlage kann auf Antrag die Erlaubnis erteilt werden, die Anlage durch eine Person betreiben zu lassen, die die Gewähr für den ordnungsgemäßen Betrieb der Anlage bietet. [3]Die Erlaubnis kann mit Auflagen verbunden werden.

§ 21 Widerruf der Genehmigung

(1) Eine nach diesem Gesetz erteilte rechtmäßige Genehmigung darf, auch nachdem sie unanfechtbar geworden ist, ganz oder teilweise mit Wirkung für die Zukunft nur widerrufen werden,

1. wenn der Widerruf gemäß § 12 Absatz 2 Satz 2 oder Absatz 3 vorbehalten ist;
2. wenn mit der Genehmigung eine Auflage verbunden ist und der Begünstigte diese nicht oder nicht innerhalb einer ihm gesetzten Frist erfüllt hat;
3. wenn die Genehmigungsbehörde aufgrund nachträglich eingetretener Tatsachen berechtigt wäre, die Genehmigung nicht zu erteilen, und wenn ohne den Widerruf das öffentliche Interesse gefährdet würde;
4. wenn die Genehmigungsbehörde aufgrund einer geänderten Rechtsvorschrift berechtigt wäre, die Genehmigung nicht zu erteilen, soweit der Betreiber von der Genehmigung noch keinen Gebrauch gemacht hat, und wenn ohne den Widerruf das öffentliche Interesse gefährdet würde;
5. um schwere Nachteile für das Gemeinwohl zu verhüten oder zu beseitigen.

(2) Erhält die Genehmigungsbehörde von Tatsachen Kenntnis, welche den Widerruf einer Genehmigung rechtfertigen, so ist der Widerruf nur innerhalb eines Jahres seit dem Zeitpunkt der Kenntnisnahme zulässig.

(3) Die widerrufene Genehmigung wird mit dem Wirksamwerden des Widerrufs unwirksam, wenn die Genehmigungsbehörde keinen späteren Zeitpunkt bestimmt.

(4) [1]Wird die Genehmigung in den Fällen des Absatzes 1 Nr. 3 bis 5 widerrufen, so hat die Genehmigungsbehörde den Betroffenen auf Antrag für den Vermögensnachteil zu entschädigen, den dieser dadurch erleidet, dass er auf den Bestand der Genehmigung vertraut hat, soweit sein Vertrauen schutzwürdig ist. [2]Der Vermögensnachteil ist jedoch nicht über den Betrag des Interesses hinaus zu ersetzen, das der Betroffene an dem Bestand der Genehmigung hat. [3]Der auszugleichende Vermögensnachteil wird durch die Genehmigungsbehörde festgesetzt. [4]Der Anspruch kann nur innerhalb eines Jahres geltend gemacht werden; die Frist beginnt, sobald die Genehmigungsbehörde den Betroffenen auf sie hingewiesen hat.

(5) Die Länder können die in Absatz 4 Satz 1 getroffene Bestimmung des Entschädigungspflichtigen abweichend regeln.

(6) Für Streitigkeiten über die Entschädigung ist der ordentliche Rechtsweg gegeben.

(7) Die Absätze 1 bis 6 gelten nicht, wenn eine Genehmigung, die von einem Dritten angefochten worden ist, während des Vorverfahrens oder während des verwaltungsgerichtlichen Verfahrens aufgehoben wird, soweit dadurch dem Widerspruch oder der Klage abgeholfen wird.

Zweiter Abschnitt: Nicht genehmigungsbedürftige Anlagen

§ 22 Pflichten der Betreiber nicht genehmigungsbedürftiger Anlagen

(1) [1]Nicht genehmigungsbedürftige Anlagen sind so zu errichten und zu betreiben, dass

1. schädliche Umwelteinwirkungen verhindert werden, die nach dem Stand der Technik vermeidbar sind,
2. nach dem Stand der Technik unvermeidbare schädliche Umwelteinwirkungen auf ein Mindestmaß beschränkt werden und
3. die beim Betrieb der Anlagen entstehenden Abfälle ordnungsgemäß beseitigt werden können.

[2]Die Bundesregierung wird ermächtigt, nach Anhörung der beteiligten Kreise (§ 51) durch Rechtsverordnung mit Zustimmung des Bundesrates aufgrund der Art oder Menge aller oder einzelner anfallender Abfälle die Anlagen zu bestimmen, für die die Anforderungen des § 5 Absatz 1 Nummer 3 entsprechend gelten. [3]Für Anlagen, die nicht gewerblichen Zwecken dienen und nicht im Rahmen wirtschaftlicher Unternehmungen Verwendung finden, gilt die Verpflichtung des Satzes 1 nur, soweit sie auf die Verhinderung oder Beschränkung von schädlichen Umwelteinwirkungen durch Luftverunreinigungen, Geräusche oder von Funkanlagen ausgehende nichtionisierende Strahlen gerichtet ist.

(1a) [1]Geräuscheinwirkungen, die von Kindertageseinrichtungen, Kinderspielplätzen und ähnlichen Einrichtungen wie beispielsweise Ballspielplätzen durch Kinder hervorgerufen werden, sind im Regelfall keine schädliche Umwelteinwirkung. [2]Bei der Beurteilung der Geräuscheinwirkungen dürfen Immissionsgrenz- und -richtwerte nicht herangezogen werden.

(2) Weitergehende öffentlich-rechtliche Vorschriften bleiben unberührt.

§ 23 Anforderungen an die Errichtung, die Beschaffenheit und den Betrieb nicht genehmigungsbedürftiger Anlagen[1)]

(1) [1]Die Bundesregierung wird ermächtigt, nach Anhörung der beteiligten Kreise (§ 51) durch Rechtsverordnung mit Zustimmung des Bundesrates vorzuschreiben, dass die Errichtung, die Beschaffenheit und der Betrieb nicht genehmigungsbedürftiger Anlagen bestimmten Anforderungen zum Schutz der Allgemeinheit und der Nachbarschaft vor schädlichen Umwelteinwirkungen und, soweit diese Anlagen gewerblichen Zwecken dienen oder im Rahmen wirtschaftlicher Unternehmungen Verwendung finden und Betriebsbereiche oder Bestandteile von Betriebsbereichen sind, vor sonstigen Gefahren zur Verhütung schwerer Unfälle im Sinne des Artikels 3 Nummer 13 der Richtlinie 2012/18/EU und zur Begrenzung der Auswirkungen derartiger Unfälle für Mensch und Umwelt sowie zur Vorsorge gegen schädliche Umwelteinwirkungen genügen müssen, insbesondere dass

1. die Anlagen bestimmten technischen Anforderungen entsprechen müssen,
2. die von Anlagen ausgehenden Emissionen bestimmte Grenzwerte nicht überschreiten dürfen,
3. die Betreiber von Anlagen Messungen von Emissionen und Immissionen nach in der Rechtsverordnung näher zu bestimmenden Verfahren vorzunehmen haben oder von einer in der Rechtsverordnung zu bestimmenden Stelle vornehmen lassen müssen,
4. die Betreiber bestimmter Anlagen der zuständigen Behörde unverzüglich die Inbetriebnahme oder eine Änderung einer Anlage, die für die Erfüllung von in der Rechtsverordnung vorgeschriebenen Pflichten von Bedeutung sein kann, anzuzeigen haben,

4a. die Betreiber von Anlagen, die Betriebsbereiche oder Bestandteile von Betriebsbereichen sind, innerhalb einer angemessenen Frist vor Errichtung, vor Inbetriebnahme oder vor einer

1) **Anm. d. Red.:** § 23 i. d. F. des Gesetzes v. 30. 11. 2016 (BGBl I S. 2749) mit Wirkung v. 7. 12. 2016.

Änderung dieser Anlagen, die für die Erfüllung von in der Rechtsverordnung vorgeschriebenen Pflichten von Bedeutung sein kann, dies der zuständigen Behörde anzuzeigen haben und

5. bestimmte Anlagen nur betrieben werden dürfen, nachdem die Bescheinigung eines von der nach Landesrecht zuständigen Behörde bekannt gegebenen Sachverständigen vorgelegt worden ist, dass die Anlage den Anforderungen der Rechtsverordnung oder einer Bauartzulassung nach § 33 entspricht.

[2]In der Rechtsverordnung nach Satz 1 können auch die Anforderungen bestimmt werden, denen Sachverständige hinsichtlich ihrer Fachkunde, Zuverlässigkeit und gerätetechnischen Ausstattung genügen müssen. [3]Wegen der Anforderungen nach Satz 1 Nummer 1 bis 3 gilt § 7 Absatz 5 entsprechend.

(1a) [1]Für bestimmte nicht genehmigungsbedürftige Anlagen kann durch Rechtsverordnung nach Absatz 1 vorgeschrieben werden, dass auf Antrag des Trägers des Vorhabens ein Verfahren zur Erteilung einer Genehmigung nach § 4 Absatz 1 Satz 1 in Verbindung mit § 6 durchzuführen ist. [2]Im Falle eines Antrags nach Satz 1 sind für die betroffene Anlage an Stelle der für nicht genehmigungsbedürftige Anlagen geltenden Vorschriften die Vorschriften über genehmigungsbedürftige Anlagen anzuwenden. [3]Für das Verfahren gilt § 19 Absatz 2 und 3 entsprechend.

BImSchG

(2) [1]Soweit die Bundesregierung von der Ermächtigung keinen Gebrauch macht, sind die Landesregierungen ermächtigt, durch Rechtsverordnung Vorschriften im Sinne des Absatzes 1 zu erlassen. [2]Die Landesregierungen können die Ermächtigung auf eine oder mehrere oberste Landesbehörden übertragen.

§ 23a Anzeigeverfahren für nicht genehmigungsbedürftige Anlagen, die Betriebsbereich oder Bestandteil eines Betriebsbereichs sind[1)]

(1) [1]Die störfallrelevante Errichtung und der Betrieb oder die störfallrelevante Änderung einer nicht genehmigungsbedürftigen Anlage, die Betriebsbereich oder Bestandteil eines Betriebsbereichs ist, ist der zuständigen Behörde vor ihrer Durchführung schriftlich oder elektronisch anzuzeigen, sofern eine Genehmigung nach Absatz 3 in Verbindung mit § 23b nicht beantragt wird. [2]Der Anzeige sind alle Unterlagen beizufügen, die für die Feststellung nach Absatz 2 erforderlich sein können; die zuständige Behörde kann bei einer elektronischen Anzeige Mehrausfertigungen sowie die Übermittlung der der Anzeige beizufügenden Unterlagen auch in schriftlicher Form verlangen. [3]Soweit es zur Ermittlung des angemessenen Sicherheitsabstands erforderlich ist, kann die zuständige Behörde ein Gutachten zu den Auswirkungen verlangen, die bei schweren Unfällen durch die Anlage hervorgerufen werden können. [4]Die zuständige Behörde hat dem Träger des Vorhabens den Eingang der Anzeige und der beigefügten Unterlagen unverzüglich schriftlich oder elektronisch zu bestätigen. [5]Sie teilt dem Träger des Vorhabens nach Eingang der Anzeige unverzüglich mit, welche zusätzlichen Unterlagen sie für die Feststellung nach Absatz 2 benötigt.

(2) [1]Die zuständige Behörde hat festzustellen, ob durch die störfallrelevante Errichtung und den Betrieb oder die störfallrelevante Änderung der Anlage der angemessene Sicherheitsabstand zu benachbarten Schutzobjekten erstmalig unterschritten wird, räumlich noch weiter unterschritten wird oder eine erhebliche Gefahrenerhöhung ausgelöst wird. [2]Diese Feststellung ist dem Träger des Vorhabens spätestens zwei Monate nach Eingang der Anzeige und der erforderlichen Unterlagen bekannt zu geben und der Öffentlichkeit nach den Bestimmungen des Bundes und der Länder über den Zugang zu Umweltinformationen zugänglich zu machen. [3]Wird kein Genehmigungsverfahren nach § 23b durchgeführt, macht die zuständige Behörde dies in ihrem amtlichen Veröffentlichungsblatt und entweder im Internet oder in örtlichen Tageszeitungen, die im Bereich des Standortes des Betriebsbereichs verbreitet sind, öffentlich bekannt. [4]Der Träger des Vorhabens darf die Errichtung und den Betrieb oder die Änderung vor-

1) **Anm. d. Red.:** § 23a i. d. F. des Gesetzes v. 29. 3. 2017 (BGBl I S. 626) mit Wirkung v. 5. 4. 2017.

nehmen, sobald die zuständige Behörde ihm mitteilt, dass sein Vorhaben keiner Genehmigung bedarf.

(3) Auf Antrag des Trägers des Vorhabens führt die zuständige Behörde das Genehmigungsverfahren nach § 23b auch ohne die Feststellung nach Absatz 2 Satz 1 durch.

§ 23b Störfallrechtliches Genehmigungsverfahren[1)]

(1) [1]Ergibt die Feststellung nach § 23a Absatz 2 Satz 1, dass der angemessene Sicherheitsabstand erstmalig unterschritten wird, räumlich noch weiter unterschritten wird oder eine erhebliche Gefahrenerhöhung ausgelöst wird, bedarf die störfallrelevante Errichtung und der Betrieb oder die störfallrelevante Änderung einer nicht genehmigungsbedürftigen Anlage, die Betriebsbereich oder Bestandteil eines Betriebsbereichs ist, einer störfallrechtlichen Genehmigung. [2]Dies gilt nicht, soweit dem Gebot, den angemessenen Sicherheitsabstand zu wahren, bereits auf Ebene einer raumbedeutsamen Planung oder Maßnahme durch verbindliche Vorgaben Rechnung getragen worden ist. [3]Die Genehmigung setzt einen schriftlichen oder elektronischen Antrag voraus. [4]§ 10 Absatz 1 Satz 4 und Absatz 2 gilt entsprechend.[5]Die Genehmigung ist zu erteilen, wenn sichergestellt ist, dass die Anforderungen des § 22 und der auf Grundlage des § 23 erlassenen Rechtsverordnungen eingehalten werden und andere öffentlichrechtliche Vorschriften und Belange des Arbeitsschutzes nicht entgegenstehen. [6]Die Genehmigung kann unter Bedingungen erteilt und mit Auflagen verbunden werden, soweit dies erforderlich ist, um die Erfüllung der Genehmigungsvoraussetzungen sicherzustellen. [7]Die Genehmigung schließt andere die Anlage betreffende behördliche Entscheidungen ein mit Ausnahme von Planfeststellungen, Zulassungen bergrechtlicher Betriebspläne, behördlichen Entscheidungen auf Grund atomrechtlicher Vorschriften und wasserrechtlichen Erlaubnissen und Bewilligungen nach § 8 in Verbindung mit § 10 des Wasserhaushaltsgesetzes. [8]Die §§ 8, 8a, 9 und 18 gelten entsprechend.

(2) [1]Im Genehmigungsverfahren ist die Öffentlichkeit zu beteiligen. [2]Dazu macht die zuständige Behörde das Vorhaben öffentlich bekannt und legt den Antrag, die vom Antragsteller vorgelegten Unterlagen mit Ausnahme der Unterlagen nach Absatz 1 Satz 4 sowie die entscheidungserheblichen Berichte und Empfehlungen, die der Behörde im Zeitpunkt der Bekanntmachung vorliegen, einen Monat zur Einsicht aus. [3]Personen, deren Belange durch das Vorhaben berührt werden sowie Vereinigungen, welche die Anforderungen von § 3 Absatz 1 oder § 2 Absatz 2 des Umwelt-Rechtsbehelfsgesetzes erfüllen, können innerhalb der in § 10 Absatz 3 Satz 4 erster Halbsatz genannten Frist gegenüber der zuständigen Behörde schriftlich oder elektronisch Einwendungen erheben. [4]§ 10 Absatz 3 Satz 5 und Absatz 3a gilt entsprechend. [5]Einwendungen, die auf besonderen privatrechtlichen Titeln beruhen, sind auf den Rechtsweg vor den ordentlichen Gerichten zu verweisen.

(3) [1]Die Genehmigungsbehörde holt die Stellungnahmen der Behörden ein, deren Aufgabenbereich durch das Vorhaben berührt wird. [2]Soweit für das Vorhaben selbst oder für weitere damit unmittelbar in Zusammenhang stehende Vorhaben, die Auswirkungen auf die Umwelt haben können und die für die Genehmigung Bedeutung haben, eine Zulassung nach anderen Gesetzen vorgeschrieben ist, hat die Genehmigungsbehörde eine vollständige Koordinierung der Zulassungsverfahren sowie der Inhalts- und Nebenbestimmungen sicherzustellen.

(4) [1]Über den Antrag auf störfallrelevante Errichtung und Betrieb einer Anlage hat die zuständige Behörde innerhalb einer Frist von sieben Monaten nach Eingang des Antrags und der erforderlichen Unterlagen zu entscheiden. [2]Über den Antrag auf störfallrelevante Änderung einer Anlage ist innerhalb einer Frist von sechs Monaten nach Eingang des Antrags und der erforderlichen Unterlagen zu entscheiden. [3]Die zuständige Behörde kann die jeweilige Frist um drei Monate verlängern, wenn dies wegen der Schwierigkeit der Prüfung oder aus Gründen, die dem Antragsteller zuzurechnen sind, erforderlich ist. [4]Die Fristverlängerung soll gegenüber dem Antragsteller begründet werden. [5]§ 10 Absatz 7 Satz 1 gilt entsprechend.

1) **Anm. d. Red.:** § 23b i. d. F. des Gesetzes v. 29. 5. 2017 (BGBl I S. 1298) mit Wirkung v. 2. 6. 2017.

(5) Die Bundesregierung wird ermächtigt, durch Rechtsverordnung mit Zustimmung des Bundesrates weitere Einzelheiten des Verfahrens nach den Absätzen 1 bis 4 zu regeln, insbesondere

1. Form und Inhalt des Antrags,
2. Verfahren und Inhalt der Bekanntmachung und Auslegung des Vorhabens durch die zuständige Behörde sowie
3. Inhalt und Bekanntmachung des Genehmigungsbescheids.

§ 23c Betriebsplanzulassung nach dem Bundesberggesetz[1)]

[1]Die §§ 23a und 23b Absatz 1, 3 und 4 gelten nicht für die störfallrelevante Errichtung und den Betrieb oder die störfallrelevante Änderung einer nicht genehmigungsbedürftigen Anlage, die Betriebsbereich oder Bestandteil eines Betriebsbereichs ist, wenn für die Errichtung und den Betrieb oder die Änderung eine Betriebsplanzulassung nach dem Bundesberggesetz erforderlich ist. [2]§ 23b Absatz 2 ist für die in Satz 1 genannten Vorhaben unter den in § 57d des Bundesberggesetzes genannten Bedingungen entsprechend anzuwenden. [3]Die Regelungen, die auf Grundlage des § 23b Absatz 5 durch Rechtsverordnung getroffen werden, gelten für die in Satz 1 genannten Vorhaben, soweit § 57d des Bundesberggesetzes dies anordnet.

§ 24 Anordnungen im Einzelfall

[1]Die zuständige Behörde kann im Einzelfall die zur Durchführung des § 22 und der auf dieses Gesetz gestützten Rechtsverordnungen erforderlichen Anordnungen treffen. [2]Kann das Ziel der Anordnung auch durch eine Maßnahme zum Zwecke des Arbeitsschutzes erreicht werden, soll diese angeordnet werden.

§ 25 Untersagung[2)]

(1) Kommt der Betreiber einer Anlage einer vollziehbaren behördlichen Anordnung nach § 24 Satz 1 nicht nach, so kann die zuständige Behörde den Betrieb der Anlage ganz oder teilweise bis zur Erfüllung der Anordnung untersagen.

(1a) [1]Die zuständige Behörde hat die Inbetriebnahme oder Weiterführung einer nicht genehmigungsbedürftigen Anlage, die Betriebsbereich oder Bestandteil eines Betriebsbereichs ist und gewerblichen Zwecken dient oder im Rahmen wirtschaftlicher Unternehmungen Verwendung findet, ganz oder teilweise zu untersagen, solange und soweit die von dem Betreiber getroffenen Maßnahmen zur Verhütung schwerer Unfälle im Sinne des Artikels 3 Nummer 13 der Richtlinie 2012/18/EU oder zur Begrenzung der Auswirkungen derartiger Unfälle eindeutig unzureichend sind. [2]Bei der Entscheidung über eine Untersagung berücksichtigt die zuständige Behörde auch schwerwiegende Unterlassungen in Bezug auf erforderliche Folgemaßnahmen, die in einem Überwachungsbericht nach § 16 Absatz 2 Nummer 1 der Störfall-Verordnung festgelegt worden sind. [3]Die zuständige Behörde kann die Inbetriebnahme oder die Weiterführung einer Anlage im Sinne des Satzes 1 außerdem ganz oder teilweise untersagen, wenn der Betreiber

1. die in einer zur Umsetzung der Richtlinie 2012/18/EU erlassenen Rechtsverordnung vorgeschriebenen Mitteilungen, Berichte oder sonstige Informationen nicht fristgerecht übermittelt oder
2. eine nach § 23a erforderliche Anzeige nicht macht oder die Anlage ohne die nach § 23b erforderliche Genehmigung störfallrelevant errichtet, betreibt oder störfallrelevant ändert.

(2) Wenn die von einer Anlage hervorgerufenen schädlichen Umwelteinwirkungen das Leben oder die Gesundheit von Menschen oder bedeutende Sachwerte gefährden, soll die zuständige Behörde die Errichtung oder den Betrieb der Anlage ganz oder teilweise untersagen, soweit die Allgemeinheit oder die Nachbarschaft nicht auf andere Weise ausreichend geschützt werden kann.

---

1) **Anm. d. Red.:** § 23c eingefügt gem. Gesetz v. 30. 11. 2016 (BGBl I S. 2749) mit Wirkung v. 7. 12. 2016.

2) **Anm. d. Red.:** § 25 i. d. F. des Gesetzes v. 30. 11. 2016 (BGBl I S. 2749) mit Wirkung v. 7. 12. 2016.

§ 25a Stilllegung und Beseitigung nicht genehmigungsbedürftiger Anlagen, die Betriebsbereich oder Bestandteil eines Betriebsbereichs sind[1)]

[1]Die zuständige Behörde kann anordnen, dass eine Anlage, die Betriebsbereich oder Bestandteil eines Betriebsbereichs ist und ohne die erforderliche Genehmigung nach § 23b störfallrelevant errichtet oder geändert wird, ganz oder teilweise stillzulegen oder zu beseitigen ist. [2]Sie soll die Beseitigung anordnen, wenn die Allgemeinheit oder die Nachbarschaft nicht auf andere Weise ausreichend geschützt werden kann.

Dritter Abschnitt: Ermittlung von Emissionen und Immissionen, sicherheitstechnische Prüfungen

§ 26 Messungen aus besonderem Anlass

[1]Die zuständige Behörde kann anordnen, dass der Betreiber einer genehmigungsbedürftigen Anlage oder, soweit § 22 Anwendung findet, einer nicht genehmigungsbedürftigen Anlage Art und Ausmaß der von der Anlage ausgehenden Emissionen sowie die Immissionen im Einwirkungsbereich der Anlage durch eine der von der zuständigen Behörde eines Landes bekannt gegebenen Stellen ermitteln lässt, wenn zu befürchten ist, dass durch die Anlage schädliche Umwelteinwirkungen hervorgerufen werden. [2]Die zuständige Behörde ist befugt, Einzelheiten über Art und Umfang der Ermittlungen sowie über die Vorlage des Ermittlungsergebnisses vorzuschreiben.

§ 27 Emissionserklärung[2)]

(1) [1]Der Betreiber einer genehmigungsbedürftigen Anlage ist verpflichtet, der zuständigen Behörde innerhalb einer von ihr zu setzenden Frist oder zu dem in der Rechtsverordnung nach Absatz 4 festgesetzten Zeitpunkt Angaben zu machen über Art, Menge, räumliche und zeitliche Verteilung der Luftverunreinigungen, die von der Anlage in einem bestimmten Zeitraum ausgegangen sind, sowie über die Austrittsbedingungen (Emissionserklärung); er hat die Emissionserklärung nach Maßgabe der Rechtsverordnung nach Absatz 4 entsprechend dem neuesten Stand zu ergänzen. [2]§ 52 Absatz 5 gilt sinngemäß. [3]Satz 1 gilt nicht für Betreiber von Anlagen, von denen nur in geringem Umfang Luftverunreinigungen ausgehen können.

(2) [1]Auf die nach Absatz 1 erlangten Kenntnisse und Unterlagen sind §§ 93, 97, 105 Abs. 1, § 111 Absatz 5 in Verbindung mit § 105 Absatz 1 sowie § 116 Absatz 1 der Abgabenordnung nicht anzuwenden. [2]Dies gilt nicht, soweit die Finanzbehörden die Kenntnisse für die Durchführung eines Verfahrens wegen einer Steuerstraftat sowie eines damit zusammenhängenden Besteuerungsverfahrens benötigen, an deren Verfolgung ein zwingendes öffentliches Interesse besteht, oder soweit es sich um vorsätzlich falsche Angaben des Auskunftspflichtigen oder der für ihn tätigen Person handelt.

(3) [1]Der Inhalt der Emissionserklärung ist Dritten auf Antrag bekannt zu geben. [2]Einzelangaben der Emissionserklärung dürfen nicht veröffentlicht oder Dritten bekannt gegeben werden, wenn aus diesen Rückschlüsse auf Betriebs- oder Geschäftsgeheimnisse gezogen werden können. [3]Bei Abgabe der Emissionserklärung hat der Betreiber der zuständigen Behörde mitzuteilen und zu begründen, welche Einzelangaben der Emissionserklärung Rückschlüsse auf Betriebs- oder Geschäftsgeheimnisse erlauben.

(4) [1]Die Bundesregierung wird ermächtigt, durch Rechtsverordnung mit Zustimmung des Bundesrates Inhalt, Umfang, Form und Zeitpunkt der Abgabe der Emissionserklärung, das bei der Ermittlung der Emissionen einzuhaltende Verfahren und den Zeitraum, innerhalb dessen die Emissionserklärung zu ergänzen ist, zu regeln. [2]In der Rechtsverordnung wird auch bestimmt, welche Betreiber genehmigungsbedürftiger Anlagen nach Absatz 1 Satz 3 von der

1) **Anm. d. Red.:** § 25a eingefügt gem. Gesetz v. 30. 11. 2016 (BGBl I S. 2749) mit Wirkung v. 7. 12. 2016.

2) **Anm. d. Red.:** § 27 i. d. F. der VO v. 31. 8. 2015 (BGBl I S. 1474) mit Wirkung v. 8. 9. 2015.

Pflicht zur Abgabe einer Emissionserklärung befreit sind. [3]Darüber hinaus kann zur Erfüllung der Pflichten aus bindenden Rechtsakten der Europäischen Gemeinschaften oder der Europäischen Union in der Rechtsverordnung vorgeschrieben werden, dass die zuständigen Behörden über die nach Landesrecht zuständige Behörde dem Bundesministerium für Umwelt, Naturschutz, Bau und Reaktorsicherheit zu einem festgelegten Zeitpunkt Emissionsdaten zur Verfügung stellen, die den Emissionserklärungen zu entnehmen sind.

§ 28 Erstmalige und wiederkehrende Messungen bei genehmigungsbedürftigen Anlagen

[1]Die zuständige Behörde kann bei genehmigungsbedürftigen Anlagen

1. nach der Inbetriebnahme oder einer Änderung im Sinne des § 15 oder des § 16 und sodann
2. nach Ablauf eines Zeitraums von jeweils drei Jahren

Anordnungen nach § 26 auch ohne die dort genannten Voraussetzungen treffen. [2]Hält die Behörde wegen Art, Menge und Gefährlichkeit der von der Anlage ausgehenden Emissionen Ermittlungen auch während des in Nummer 2 genannten Zeitraums für erforderlich, so soll sie auf Antrag des Betreibers zulassen, dass diese Ermittlungen durch den Immissionsschutzbeauftragten durchgeführt werden, wenn dieser hierfür die erforderliche Fachkunde, Zuverlässigkeit und gerätetechnische Ausstattung besitzt.

BImSchG

§ 29 Kontinuierliche Messungen

(1) [1]Die zuständige Behörde kann bei genehmigungsbedürftigen Anlagen anordnen, dass statt durch Einzelmessungen nach § 26 oder § 28 oder neben solchen Messungen bestimmte Emissionen oder Immissionen unter Verwendung aufzeichnender Messgeräte fortlaufend ermittelt werden. [2]Bei Anlagen mit erheblichen Emissionsmassenströmen luftverunreinigender Stoffe sollen unter Berücksichtigung von Art und Gefährlichkeit dieser Stoffe Anordnungen nach Satz 1 getroffen werden, soweit eine Überschreitung der in Rechtsvorschriften, Auflagen oder Anordnungen festgelegten Emissionsbegrenzungen nach der Art der Anlage nicht ausgeschlossen werden kann.

(2) Die zuständige Behörde kann bei nicht genehmigungsbedürftigen Anlagen, soweit § 22 anzuwenden ist, anordnen, dass statt durch Einzelmessungen nach § 26 oder neben solchen Messungen bestimmte Emissionen oder Immissionen unter Verwendung aufzeichnender Messgeräte fortlaufend ermittelt werden, wenn dies zur Feststellung erforderlich ist, ob durch die Anlage schädliche Umwelteinwirkungen hervorgerufen werden.

§ 29a Anordnung sicherheitstechnischer Prüfungen

(1) [1]Die zuständige Behörde kann anordnen, dass der Betreiber einer genehmigungsbedürftigen Anlage oder einer Anlage innerhalb eines Betriebsbereichs nach § 3 Absatz 5a einen der von der zuständigen Behörde eines Landes bekannt gegebenen Sachverständigen mit der Durchführung bestimmter sicherheitstechnischer Prüfungen sowie Prüfungen von sicherheitstechnischen Unterlagen beauftragt. [2]In der Anordnung kann die Durchführung der Prüfungen durch den Störfallbeauftragten (§ 58a), eine zugelassene Überwachungsstelle nach § 37 Absatz 1 des Produktsicherheitsgesetzes oder einen in einer für Anlagen nach § 2 Nummer 30 des Produktsicherheitsgesetzes erlassenen Rechtsverordnung genannten Sachverständigen gestattet werden, wenn diese die Anforderungen nach § 29b Absatz 2 Satz 2 und 3 erfüllen; das Gleiche gilt für einen nach § 36 Absatz 1 der Gewerbeordnung bestellten Sachverständigen oder für Sachverständige, die im Rahmen von § 13a der Gewerbeordnung ihre gewerbliche Tätigkeit nur vorübergehend und gelegentlich im Inland ausüben wollen, soweit eine besondere Sachkunde im Bereich sicherheitstechnischer Prüfungen nachgewiesen wird. [3]Die zuständige Behörde ist befugt, Einzelheiten über Art und Umfang der sicherheitstechnischen Prüfungen sowie über die Vorlage des Prüfungsergebnisses vorzuschreiben.

(2) [1]Prüfungen können angeordnet werden

1. für einen Zeitpunkt während der Errichtung oder sonst vor der Inbetriebnahme der Anlage,
2. für einen Zeitpunkt nach deren Inbetriebnahme,
3. in regelmäßigen Abständen,
4. im Falle einer Betriebseinstellung oder
5. wenn Anhaltspunkte dafür bestehen, dass bestimmte sicherheitstechnische Anforderungen nicht erfüllt werden.

[2]Satz 1 gilt entsprechend bei einer Änderung im Sinne des § 15 oder des § 16.

(3) Der Betreiber hat die Ergebnisse der sicherheitstechnischen Prüfungen der zuständigen Behörde spätestens einen Monat nach Durchführung der Prüfungen vorzulegen; er hat diese Ergebnisse unverzüglich vorzulegen, sofern dies zur Abwehr gegenwärtiger Gefahren erforderlich ist.

§ 29b Bekanntgabe von Stellen und Sachverständigen[1)]

(1) Die Bekanntgabe von Stellen im Sinne von § 26, von Stellen im Sinne einer auf Grund dieses Gesetzes erlassenen Rechtsverordnung oder von Sachverständigen im Sinne von § 29a durch die zuständige Behörde eines Landes berechtigt die bekannt gegebenen Stellen und Sachverständigen, die in der Bekanntgabe festgelegten Ermittlungen oder Prüfungen auf Antrag eines Anlagenbetreibers durchzuführen.

(2) [1]Die Bekanntgabe setzt einen Antrag bei der zuständigen Behörde des Landes voraus. [2]Sie ist zu erteilen, wenn der Antragsteller oder die Antragstellerin über die erforderliche Fachkunde, Unabhängigkeit, Zuverlässigkeit und gerätetechnische Ausstattung verfügt sowie die für die Aufgabenerfüllung erforderlichen organisatorischen Anforderungen erfüllt. [3]Sachverständige im Sinne von § 29a müssen über eine Haftpflichtversicherung verfügen.

(3) [1]Die Bundesregierung wird ermächtigt, nach Anhörung der beteiligten Kreise (§ 51) durch Rechtsverordnung mit Zustimmung des Bundesrates Anforderungen an die Bekanntgabe von Stellen und Sachverständigen sowie an bekannt gegebene Stellen und Sachverständige zu regeln. [2]In der Rechtsverordnung nach Satz 1 können insbesondere

1. Anforderungen an die Gleichwertigkeit nicht inländischer Anerkennungen und Nachweise bestimmt werden,
2. Anforderungen an das Verfahren der Bekanntgabe und ihrer Aufhebung bestimmt werden,
3. Anforderungen an den Inhalt der Bekanntgabe bestimmt werden, insbesondere, dass sie mit Nebenbestimmungen versehen und für das gesamte Bundesgebiet erteilt werden kann,
4. Anforderungen an die Organisationsform der bekannt zu gebenden Stellen bestimmt werden,
5. Anforderungen an die Struktur bestimmt werden, die die Sachverständigen der Erfüllung ihrer Aufgaben zugrunde legen,
6. Anforderungen an die Fachkunde, Zuverlässigkeit, Unabhängigkeit und gerätetechnische Ausstattung der bekannt zu gebenden Stellen und Sachverständigen bestimmt werden,
7. Pflichten der bekannt gegebenen Stellen und Sachverständigen festgelegt werden.

§ 30 Kosten der Messungen und sicherheitstechnischen Prüfungen

[1]Die Kosten für die Ermittlungen der Emissionen und Immissionen sowie für die sicherheitstechnischen Prüfungen trägt der Betreiber der Anlage. [2]Bei nicht genehmigungsbedürftigen Anlagen trägt der Betreiber die Kosten für Ermittlungen nach § 26 oder § 29 Absatz 2 nur, wenn die Ermittlungen ergeben, dass

1) **Anm. d. Red.:** § 29b i. d. F. der Berichtigung des Gesetzes v. 7. 10. 2013 (BGBl I S. 3753) mit Wirkung v. 9. 10. 2013.

1. Auflagen oder Anordnungen nach den Vorschriften dieses Gesetzes oder der auf dieses Gesetz gestützten Rechtsverordnungen nicht erfüllt worden sind oder
2. Anordnungen oder Auflagen nach den Vorschriften dieses Gesetzes oder der auf dieses Gesetz gestützten Rechtsverordnungen geboten sind.

§ 31 Auskunftspflichten des Betreibers[1)]

(1) [1]Der Betreiber einer Anlage nach der Industrieemissions-Richtlinie hat nach Maßgabe der Nebenbestimmungen der Genehmigung oder auf Grund von Rechtsverordnungen der zuständigen Behörde jährlich Folgendes vorzulegen:

1. eine Zusammenfassung der Ergebnisse der Emissionsüberwachung,
2. sonstige Daten, die erforderlich sind, um die Einhaltung der Genehmigungsanforderungen gemäß § 6 Absatz 1 Nummer 1 zu überprüfen.

[2]Die Pflicht nach Satz 1 besteht nicht, soweit die erforderlichen Angaben der zuständigen Behörde bereits auf Grund anderer Vorschriften vorzulegen sind. [3]Wird in einer Rechtsverordnung nach § 7 ein Emissionsgrenzwert nach § 7 Absatz 1a, in einer Verwaltungsvorschrift nach § 48 ein Emissionswert nach § 48 Absatz 1a oder in einer Genehmigung nach § 12 Absatz 1 oder einer nachträglichen Anordnung nach § 17 Absatz 2a eine Emissionsbegrenzung nach § 12 Absatz 1a oder § 17 Absatz 2a oberhalb der in den BVT-Schlussfolgerungen genannten Emissionsbandbreiten bestimmt, so hat die Zusammenfassung nach Satz 1 Nummer 1 einen Vergleich mit den in den BVT-Schlussfolgerungen genannten Emissionsbandbreiten zu ermöglichen.

BImSchG

(2) [1]Der Betreiber einer Anlage nach der Industrieemissions-Richtlinie kann von der zuständigen Behörde verpflichtet werden, diejenigen Daten zu übermitteln, deren Übermittlung nach einem Durchführungsrechtsakt nach Artikel 72 Absatz 2 der Richtlinie 2010/75/EU vorgeschrieben ist und die zur Erfüllung der Berichtspflicht nach § 61 Absatz 1 erforderlich sind, soweit solche Daten nicht bereits auf Grund anderer Vorschriften bei der zuständigen Behörde vorhanden sind. [2]§ 3 Absatz 1 Satz 2 und § 5 Absatz 2 bis 6 des Gesetzes zur Ausführung des Protokolls über Schadstofffreisetzungs- und -verbringungsregister vom 21. Mai 2003 sowie zur Durchführung der Verordnung (EG) Nr. 166/2006 vom 6. Juni 2007 (BGBl I S. 1002) gelten entsprechend.

(2a) [1]Der Betreiber von Anlagen, die Betriebsbereich oder Bestandteil eines Betriebsbereichs sind, kann von der zuständigen Behörde verpflichtet werden, diejenigen Daten zu übermitteln, deren Übermittlung nach einem Durchführungsrechtsakt nach Artikel 21 Absatz 5 der Richtlinie 2012/18/EU vorgeschrieben ist und die zur Erfüllung der Berichtspflicht nach § 61 Absatz 2 erforderlich sind, soweit solche Daten nicht bereits auf Grund anderer Vorschriften bei der zuständigen Behörde vorhanden sind. [2]Absatz 2 Satz 2 gilt entsprechend.

(3) Wird bei einer Anlage nach der Industrieemissions-Richtlinie festgestellt, dass Anforderungen gemäß § 6 Absatz 1 Nummer 1 nicht eingehalten werden, hat der Betreiber dies der zuständigen Behörde unverzüglich mitzuteilen.

(4) Der Betreiber einer Anlage nach der Industrieemissions-Richtlinie hat bei allen Ereignissen mit schädlichen Umwelteinwirkungen die zuständige Behörde unverzüglich zu unterrichten, soweit er hierzu nicht bereits nach § 4 des Umweltschadensgesetzes oder nach § 19 der Störfall-Verordnung verpflichtet ist.

(5) [1]Der Betreiber der Anlage hat das Ergebnis der auf Grund einer Anordnung nach § 26, § 28 oder § 29 getroffenen Ermittlungen der zuständigen Behörde auf Verlangen mitzuteilen und die Aufzeichnungen der Messgeräte nach § 29 fünf Jahre lang aufzubewahren. [2]Die zuständige Behörde kann die Art der Übermittlung der Messergebnisse vorschreiben. [3]Die Ergebnisse der Überwachung der Emissionen, die bei der Behörde vorliegen, sind für die Öffentlichkeit nach den Bestimmungen des Umweltinformationsgesetzes mit Ausnahme des § 12 zugänglich; für Landesbehörden gelten die landesrechtlichen Vorschriften.

1) **Anm. d. Red.:** § 31 i. d. F. des Gesetzes v. 30. 11. 2016 (BGBl I S. 2749) mit Wirkung v. 7. 12. 2016.

Dritter Teil: Beschaffenheit von Anlagen, Stoffen, Erzeugnissen, Brennstoffen, Treibstoffen und Schmierstoffen; Treibhausgasminderung bei Kraftstoffen[1)]

Erster Abschnitt: Beschaffenheit von Anlagen, Stoffen, Erzeugnissen, Brennstoffen, Treibstoffen und Schmierstoffen

§ 32 Beschaffenheit von Anlagen

(1) [1]Die Bundesregierung wird ermächtigt, nach Anhörung der beteiligten Kreise (§ 51) durch Rechtsverordnung mit Zustimmung des Bundesrates vorzuschreiben, dass serienmäßig hergestellte Teile von Betriebsstätten und sonstigen ortsfesten Einrichtungen sowie die in § 3 Absatz 5 Nummer 2 bezeichneten Anlagen und hierfür serienmäßig hergestellte Teile gewerbsmäßig oder im Rahmen wirtschaftlicher Unternehmungen nur in den Verkehr gebracht oder eingeführt werden dürfen, wenn sie bestimmten Anforderungen zum Schutz vor schädlichen Umwelteinwirkungen durch Luftverunreinigungen, Geräusche, Erschütterungen oder nichtionisierende Strahlen genügen. [2]In den Rechtsverordnungen nach Satz 1 kann insbesondere vorgeschrieben werden, dass

1. die Emission der Anlagen oder der serienmäßig hergestellten Teile bestimmte Werte nicht überschreiten dürfen,
2. die Anlagen oder die serienmäßig hergestellten Teile bestimmten technischen Anforderungen zur Begrenzung der Emissionen entsprechen müssen.

[3]Emissionswerte nach Satz 2 Nummer 1 können unter Berücksichtigung der technischen Entwicklung auch für einen Zeitpunkt nach Inkrafttreten der Rechtsverordnung festgesetzt werden. [4]Wegen der Anforderungen nach den Sätzen 1 bis 3 gilt § 7 Absatz 4 entsprechend.

(2) In einer Rechtsverordnung kann ferner vorgeschrieben werden, dass die Anlagen oder die serienmäßig hergestellten Teile gewerbsmäßig oder im Rahmen wirtschaftlicher Unternehmungen nur in den Verkehr gebracht oder eingeführt werden dürfen, wenn sie mit Angaben über die Höhe ihrer Emissionen gekennzeichnet sind.

§ 33 Bauartzulassung

(1) Die Bundesregierung wird ermächtigt, zum Schutz von schädlichen Umwelteinwirkungen sowie zur Vorsorge gegen schädliche Umwelteinwirkungen nach Anhörung der beteiligten Kreise (§ 51) durch Rechtsverordnung mit Zustimmung des Bundesrates

1. zu bestimmen, dass in § 3 Absatz 5 Nummer 1 oder 2 bezeichnete Anlagen oder bestimmte Teile von solchen Anlagen nach einer Bauartprüfung allgemein zugelassen und dass mit der Bauartzulassung Auflagen zur Errichtung und zum Betrieb verbunden werden können;
2. vorzuschreiben, dass bestimmte serienmäßig hergestellte Anlagen oder bestimmte hierfür serienmäßig hergestellte Teile gewerbsmäßig oder im Rahmen wirtschaftlicher Unternehmungen nur in Verkehr gebracht werden dürfen, wenn die Bauart der Anlage oder des Teils allgemein zugelassen ist und die Anlage oder der Teil dem zugelassenen Muster entspricht;
3. das Verfahren der Bauartzulassung zu regeln;
4. zu bestimmen, welche Gebühren und Auslagen für die Bauartzulassung zu entrichten sind; die Gebühren werden nur zur Deckung des mit Prüfungen verbundenen Personal- und Sachaufwandes erhoben, zu dem insbesondere der Aufwand für die Sachverständigen, die Prüfeinrichtungen und -stoffe sowie für die Entwicklung geeigneter Prüfverfahren und für den Erfahrungsaustausch gehört; es kann bestimmt werden, dass eine Gebühr auch für eine Prüfung erhoben werden kann, die nicht begonnen oder nicht zu Ende geführt worden ist, wenn die Gründe hierfür von demjenigen zu vertreten sind, der die Prüfung veranlasst hat;

1) **Anm. d. Red.:** Überschrift i. d. F. des Gesetzes v. 20.11.2014 (BGBl I S. 1740) mit Wirkung v. 1. 1. 2015.

die Höhe der Gebührensätze richtet sich nach der Zahl der Stunden, die ein Sachverständiger durchschnittlich für die verschiedenen Prüfungen der bestimmten Anlagenart benötigt; in der Rechtsverordnung können die Kostenbefreiung, die Kostengläubigerschaft, die Kostenschuldnerschaft, der Umfang der zu erstattenden Auslagen und die Kostenerhebung abweichend von den Vorschriften des Verwaltungskostengesetzes vom 23. Juni 1970 (BGBl I S. 821) geregelt werden.

(2) Die Zulassung der Bauart darf nur von der Erfüllung der in § 32 Absatz 1 und 2 genannten oder in anderen Rechtsvorschriften festgelegten Anforderungen sowie von einem Nachweis der Höhe der Emissionen der Anlage oder des Teils abhängig gemacht werden.

§ 34 Beschaffenheit von Brennstoffen, Treibstoffen und Schmierstoffen

(1) [1]Die Bundesregierung wird ermächtigt, nach Anhörung der beteiligten Kreise (§ 51) durch Rechtsverordnung mit Zustimmung des Bundesrates vorzuschreiben, dass Brennstoffe, Treibstoffe, Schmierstoffe oder Zusätze zu diesen Stoffen gewerbsmäßig oder im Rahmen wirtschaftlicher Unternehmungen nur hergestellt, in den Verkehr gebracht oder eingeführt werden dürfen, wenn sie bestimmten Anforderungen zum Schutz vor schädlichen Umwelteinwirkungen durch Luftverunreinigungen genügen. [2]In den Rechtsverordnungen nach Satz 1 kann insbesondere bestimmt werden, dass

BImSchG

1. natürliche Bestandteile oder Zusätze von Brennstoffen, Treibstoffen oder Schmierstoffen nach Satz 1, die bei bestimmungsgemäßer Verwendung der Brennstoffe, Treibstoffe, Schmierstoffe oder Zusätze Luftverunreinigungen hervorrufen oder die Bekämpfung von Luftverunreinigungen behindern, nicht zugesetzt werden oder einen bestimmten Höchstgehalt nicht überschreiten dürfen,

1a. Zusätze zu Brennstoffen, Treibstoffen oder Schmierstoffen bestimmte Stoffe, die Luftverunreinigungen hervorrufen oder die Bekämpfung von Luftverunreinigungen behindern, nicht oder nur in besonderer Zusammensetzung enthalten dürfen,

2. Brennstoffe, Treibstoffe oder Schmierstoffe nach Satz 1 bestimmte Zusätze enthalten müssen, durch die das Entstehen von Luftverunreinigungen begrenzt wird,

3. Brennstoffe, Treibstoffe, Schmierstoffe oder Zusätze nach Satz 1 einer bestimmten Behandlung, durch die das Entstehen von Luftverunreinigungen begrenzt wird, unterworfen werden müssen,

4. derjenige, der gewerbsmäßig oder im Rahmen wirtschaftlicher Unternehmungen flüssige Brennstoffe, Treibstoffe, Schmierstoffe oder Zusätze zu diesen Stoffen herstellt, einführt oder sonst in den Geltungsbereich dieses Gesetzes verbringt, der zuständigen Bundesoberbehörde
   a) Zusätze zu flüssigen Brennstoffen, Treibstoffen oder Schmierstoffen, die in ihrer chemischen Zusammensetzung andere Elemente als Kohlenstoff, Wasserstoff und Sauerstoff enthalten, anzuzeigen hat und
   b) näher zu bestimmende Angaben über die Art und die eingesetzte Menge sowie die möglichen schädlichen Umwelteinwirkungen der Zusätze und deren Verbrennungsprodukte zu machen hat.

[3]Anforderungen nach Satz 2 können unter Berücksichtigung der technischen Entwicklung auch für einen Zeitpunkt nach Inkrafttreten der Rechtsverordnungen festgesetzt werden. [4]Wegen der Anforderungen nach den Sätzen 1 bis 3 gilt § 7 Absatz 5 entsprechend.

(2) Die Bundesregierung wird ermächtigt, durch Rechtsverordnung mit Zustimmung des Bundesrates vorzuschreiben,

1. dass bei der Einfuhr von Brennstoffen, Treibstoffen, Schmierstoffen oder Zusätzen, für die Anforderungen nach Absatz 1 Satz 1 festgesetzt worden sind, eine schriftliche Erklärung des Herstellers über die Beschaffenheit der Brennstoffe, Treibstoffe, Schmierstoffe oder Zusätze den Zolldienststellen vorzulegen, bis zum ersten Bestimmungsort der Sendung mit-

zuführen und bis zum Abgang der Sendung vom ersten Bestimmungsort dort verfügbar zu halten ist,
2. dass der Einführer diese Erklärung zu seinen Geschäftspapieren zu nehmen hat,
3. welche Angaben über die Beschaffenheit der Brennstoffe, Treibstoffe, Schmierstoffe oder Zusätze die schriftliche Erklärung enthalten muss,
4. dass Brennstoffe, Treibstoffe, Schmierstoffe oder Zusätze nach Absatz 1 Satz 1, die in den Geltungsbereich dieses Gesetzes, ausgenommen in Zollausschlüsse, verbracht werden, bei der Verbringung von dem Einführer den zuständigen Behörden des Bestimmungsortes zu melden sind,
5. dass bei der Lagerung von Brennstoffen, Treibstoffen, Schmierstoffen oder Zusätzen nach Absatz 1 Satz 1 Tankbelegbücher zu führen sind, aus denen sich die Lieferer der Brennstoffe, Treibstoffe, Schmierstoffe oder Zusätze nach Absatz 1 Satz 1 ergeben,
6. dass derjenige, der gewerbsmäßig oder im Rahmen wirtschaftlicher Unternehmungen an den Verbraucher Stoffe oder Zusätze nach Absatz 1 Satz 1 veräußert, diese deutlich sichtbar und leicht lesbar mit Angaben über bestimmte Eigenschaften kenntlich zu machen hat und
7. dass derjenige, der Stoffe oder Zusätze nach Absatz 1 Satz 1 gewerbsmäßig oder im Rahmen wirtschaftlicher Unternehmungen in den Verkehr bringt, den nach Nummer 6 Auszeichnungspflichtigen über bestimmte Eigenschaften zu unterrichten hat.

(3) [1]Die Bundesregierung wird ermächtigt, nach Anhörung der beteiligten Kreise (§ 51) durch Rechtsverordnung mit Zustimmung des Bundesrates vorzuschreiben, dass, wer gewerbsmäßig oder im Rahmen wirtschaftlicher Unternehmungen Treibstoffe in den Verkehr bringt, zur Vermeidung von Schäden an Fahrzeugen verpflichtet werden kann, auch Treibstoffe mit bestimmten Eigenschaften, insbesondere mit nicht zu überschreitenden Höchstgehalten an Sauerstoff und Biokraftstoff, in den Verkehr zu bringen. [2]In der Rechtsverordnung nach Satz 1 kann darüber hinaus die Unterrichtung der Verbraucher über biogene Anteile der Treibstoffe und den geeigneten Einsatz der verschiedenen Treibstoffmischungen geregelt werden; für die Regelung der Pflicht zur Unterrichtung gilt Absatz 2 Nummer 6 und 7 entsprechend.

(4) Die Bundesregierung wird ermächtigt, nach Anhörung der beteiligten Kreise (§ 51) durch Rechtsverordnung ohne Zustimmung des Bundesrates zu regeln, dass Unternehmen, die Treibstoffe in Verkehr bringen, jährlich folgende Daten der in der Rechtsverordnung zu bestimmenden Bundesbehörde vorzulegen haben:
a) die Gesamtmenge der jeweiligen Art von geliefertem Treibstoff unter Angabe des Erwerbsortes und des Ursprungs des Treibstoffs und
b) die Lebenszyklustreibhausgasemissionen pro Energieeinheit.

§ 35 Beschaffenheit von Stoffen und Erzeugnissen

(1) [1]Die Bundesregierung wird ermächtigt, nach Anhörung der beteiligten Kreise (§ 51) durch Rechtsverordnung mit Zustimmung des Bundesrates vorzuschreiben, dass bestimmte Stoffe oder Erzeugnisse aus Stoffen, die geeignet sind, bei ihrer bestimmungsgemäßen Verwendung oder bei der Verbrennung zum Zwecke der Beseitigung oder der Rückgewinnung einzelner Bestandteile schädliche Umwelteinwirkungen durch Luftverunreinigungen hervorzurufen, gewerbsmäßig oder im Rahmen wirtschaftlicher Unternehmungen nur hergestellt, eingeführt oder sonst in den Verkehr gebracht werden dürfen, wenn sie zum Schutz vor schädlichen Umwelteinwirkungen durch Luftverunreinigungen bestimmten Anforderungen an ihre Zusammensetzung und das Verfahren zu ihrer Herstellung genügen. [2]Die Ermächtigung des Satzes 1 erstreckt sich nicht auf Anlagen, Brennstoffe, Treibstoffe und Fahrzeuge.

(2) [1]Anforderungen nach Absatz 1 Satz 1 können unter Berücksichtigung der technischen Entwicklung auch für einen Zeitpunkt nach Inkrafttreten der Rechtsverordnung festgesetzt werden. [2]Wegen der Anforderungen nach Absatz 1 und Absatz 2 Satz 1 gilt § 7 Absatz 5 entsprechend.

(3) Soweit dies mit dem Schutz der Allgemeinheit vor schädlichen Umwelteinwirkungen durch Luftverunreinigungen vereinbar ist, kann in der Rechtsverordnung nach Absatz 1 an Stelle

der Anforderungen über die Zusammensetzung und das Herstellungsverfahren vorgeschrieben werden, dass die Stoffe und Erzeugnisse deutlich sichtbar und leicht lesbar mit dem Hinweis zu kennzeichnen sind, dass bei ihrer bestimmungsgemäßen Verwendung oder bei ihrer Verbrennung schädliche Umwelteinwirkungen entstehen können oder dass bei einer bestimmten Verwendungsart schädliche Umwelteinwirkungen vermieden werden können.

§ 36 Ausfuhr

In den Rechtsverordnungen nach den §§ 32 bis 35 kann vorgeschrieben werden, dass die Vorschriften über das Herstellen, Einführen und das Inverkehrbringen nicht gelten für Anlagen, Stoffe, Erzeugnisse, Brennstoffe und Treibstoffe, die zur Lieferung in Gebiete außerhalb des Geltungsbereichs dieses Gesetzes bestimmt sind.

§ 37 Erfüllung von zwischenstaatlichen Vereinbarungen und Rechtsakten der Europäischen Gemeinschaften oder der Europäischen Union[1)]

BImSchG

[1]Zur Erfüllung von Verpflichtungen aus zwischenstaatlichen Vereinbarungen oder von bindenden Rechtsakten der Europäischen Gemeinschaften oder der Europäischen Union kann die Bundesregierung zu dem in § 1 genannten Zweck durch Rechtsverordnung mit Zustimmung des Bundesrates bestimmen, dass Anlagen, Stoffe, Erzeugnisse, Brennstoffe oder Treibstoffe gewerbsmäßig oder im Rahmen wirtschaftlicher Unternehmungen nur in den Verkehr gebracht werden dürfen, wenn sie nach Maßgabe der §§ 32 bis 35 bestimmte Anforderungen erfüllen. [2]In einer Rechtsverordnung nach Satz 1, die der Erfüllung bindender Rechtsakten der Europäischen Gemeinschaften oder der Europäischen Union über Maßnahmen zur Bekämpfung der Emission von gasförmigen Schadstoffen und luftverunreinigenden Partikeln aus Verbrennungsmotoren für mobile Maschinen und Geräte dient, kann das Kraftfahrt-Bundesamt als Genehmigungsbehörde bestimmt und insoweit der Fachaufsicht des Bundesministeriums für Umwelt, Naturschutz, Bau und Reaktorsicherheit unterstellt werden.

Zweiter Abschnitt: Treibhausgasminderung bei Kraftstoffen[2)]

§ 37a Mindestanteil von Biokraftstoffen an der Gesamtmenge des in Verkehr gebrachten Kraftstoffs; Treibhausgasminderung[3)]

(1) [1]Wer gewerbsmäßig oder im Rahmen wirtschaftlicher Unternehmungen nach § 2 Absatz 1 Nummer 1 und 4 des Energiesteuergesetzes zu versteuernde Otto- oder Dieselkraftstoffe in Verkehr bringt, hat sicherzustellen, dass für die gesamte im Lauf eines Kalenderjahres (Verpflichtungsjahr) von ihm in Verkehr gebrachte Menge Kraftstoffs die Vorgaben der Absätze 3 und 4 eingehalten werden. [2]Kraftstoff gilt mit dem Entstehen der Energiesteuer nach § 8 Abs. 1, § 9 Absatz 1, § 9a Absatz 4, § 15 Absatz 1 oder Absatz 2, auch jeweils in Verbindung mit § 15 Absatz 4, § 19b Absatz 1, § 22 Absatz 1 oder § 23 Absatz 1 oder Absatz 2, § 38 Absatz 1, § 42 Absatz 1 oder § 43 Absatz 1 des Energiesteuergesetzes als in Verkehr gebracht. [3]Die Abgabe von fossilem Otto- und fossilem Dieselkraftstoff an die Bundeswehr zu Zwecken der Verteidigung oder der Erfüllung zwischenstaatlicher Verpflichtungen gilt nicht als Inverkehrbringen im Sinne der Sätze 1 und 2. [4]Dies gilt auch für den Erwerb von fossilem Otto- und fossilem Dieselkraftstoff durch die Bundeswehr zu einem in Satz 3 genannten Zweck. [5]Der Bundeswehr gleichgestellt sind auf Grund völkerrechtlicher Verträge in der Bundesrepublik Deutschland befindliche Truppen sowie Einrichtungen, die die Bundeswehr oder diese Truppen zur Erfüllung ihrer jeweiligen Aufgaben einsetzt oder einsetzen. [6]Die Abgabe von Kraftstoff im Eigentum des Erdölbevorratungsverbandes auf Grund einer Freigabe nach § 12 Absatz 1 des Erdölbevorratungsgesetzes durch den Erdölbevorratungsverband, Mitglieder des Erdölbevorratungsverbandes

1) **Anm. d. Red.:** § 37 i. d. F. der VO v. 31. 8. 2015 (BGBl I S. 1474) mit Wirkung v. 8. 9. 2015.
2) **Anm. d. Red.:** Überschrift i. d. F. des Gesetzes v. 20. 11. 2014 (BGBl I S. 1740) mit Wirkung v. 1. 1. 2015.
3) **Anm. d. Red.:** § 37a i. d. F. des Gesetzes v. 26. 7. 2016 (BGBl I S. 1839) mit Wirkung v. 30. 7. 2016.

oder Dritte sowie nachfolgende Abgaben gelten nicht als Inverkehrbringen im Sinne der Sätze 1 und 2. [7]Dies gilt auch für die Abgabe von Kraftstoff in den in Satz 6 genannten Fällen im Rahmen von Delegationen nach § 7 Absatz 1 des Erdölbevorratungsgesetzes durch Mitglieder des Erdölbevorratungsverbandes oder Dritte sowie für nachfolgende Abgaben. [8]Die Abgabe von Ausgleichsmengen an unterversorgte Unternehmen zum Versorgungsausgleich im Sinne von § 1 Absatz 1 der Mineralölausgleichs-Verordnung vom 13. Dezember 1985 (BGBl I S. 2267), die zuletzt durch Artikel 5 Absatz 3 des Gesetzes vom 26. Juni 2013 (BGBl I S. 1738) geändert worden ist, in der jeweils geltenden Fassung gilt nicht als Inverkehrbringen im Sinne der Sätze 1 und 2. [9]Ein Inverkehrbringen im Sinne der Sätze 1 und 2 liegt ebenfalls nicht vor, wenn der Erdölbevorratungsverband Kraftstoff aus seinem Eigentum abgibt und dieser Abgabe keine Rücklieferung am Abgabeort gegenüber steht oder er dafür Mineralölprodukte erwirbt, die nicht unter die Vorschrift des Satzes 1 fallen. [10]Satz 9 gilt auch für die nachfolgenden Abgaben des Kraftstoffs.

(2) [1]Verpflichteter nach Absatz 1 Satz 1 und 2 ist der jeweilige Steuerschuldner im Sinne des Energiesteuergesetzes. [2]Abweichend von Satz 1 ist in den Fällen des § 7 Abs. 4 Satz 1 des Energiesteuergesetzes der Dritte (Einlagerer) Verpflichteter. [3]In den Fällen des § 22 Absatz 1 des Energiesteuergesetzes gilt allein derjenige als Verpflichteter im Sinne von Satz 1, der eine der dort jeweils genannten Handlungen zuerst vornimmt.

(3) [1]Verpflichtete nach Absatz 1 Satz 1 und 2 in Verbindung mit Absatz 2 (Verpflichtete), die Dieselkraftstoff in Verkehr bringen, haben bis zum 31. Dezember 2014 einen Anteil Dieselkraftstoff ersetzenden Biokraftstoffs von mindestens 4,4 Prozent sicherzustellen. [2]Verpflichtete, die Ottokraftstoff in Verkehr bringen, haben einen Anteil Ottokraftstoff ersetzenden Biokraftstoffs von mindestens 1,2 Prozent für das Jahr 2007, von mindestens 2 Prozent für das Jahr 2008 und von mindestens 2,8 Prozent jeweils für die Jahre 2009 bis 2014 sicherzustellen. [3]Unbeschadet der Sätze 1 und 2 beträgt der Mindestanteil von Biokraftstoff an der Gesamtmenge Otto- und Dieselkraftstoffs, die von Verpflichteten in Verkehr gebracht wird, im Jahr 2009 5,25 Prozent und in den Jahren 2010 bis 2014 jeweils 6,25 Prozent. [4]Satz 3 gilt entsprechend für Verpflichtete, die ausschließlich Ottokraftstoff oder ausschließlich Dieselkraftstoff in Verkehr bringen. [5]Die Mindestanteile von Biokraftstoff beziehen sich in den Fällen der Sätze 1, 2 und 4 jeweils auf den Energiegehalt der Menge fossilen Otto- oder fossilen Dieselkraftstoffs zuzüglich des Biokraftstoffanteils, in den Fällen des Satzes 3 auf den Energiegehalt der Menge fossilen Otto- und fossilen Dieselkraftstoffs zuzüglich des Biokraftstoffanteils. [6]Die Gesamtmengen nach Satz 5 sind um die Mengen zu berichtigen, für die eine Steuerentlastung nach § 46 Absatz 1 Satz 1 Nummer 1 oder Nummer 3 oder nach § 47 Absatz 1 Nummer 1, 2 oder Nummer 6 des Energiesteuergesetzes gewährt wurde oder wird.

(4) [1]Verpflichtete haben ab dem Jahr 2015 sicherzustellen, dass die Treibhausgasemissionen der von ihnen in Verkehr gebrachten fossilen Otto- und fossilen Dieselkraftstoffe zuzüglich der Treibhausgasemissionen der von ihnen in Verkehr gebrachten Biokraftstoffe um einen festgelegten Prozentsatz gegenüber dem Referenzwert nach Satz 3 gemindert werden. [2]Die Höhe des in Satz 1 genannten Prozentsatzes beträgt

1. ab dem Jahr 2015 3,5 Prozent,
2. ab dem Jahr 2017 4 Prozent und
3. ab dem Jahr 2020 6 Prozent.

[3]Der Referenzwert, gegenüber dem die Treibhausgasminderung zu erfolgen hat, berechnet sich durch Multiplikation des Basiswertes mit der vom Verpflichteten in Verkehr gebrachten energetischen Menge fossilen Otto- und fossilen Dieselkraftstoffs zuzüglich der vom Verpflichteten in Verkehr gebrachten energetischen Menge Biokraftstoffs. [4]Der Basiswert beträgt 83,8 Kilogramm Kohlenstoffdioxid-Äquivalent pro Gigajoule. [5]Die Treibhausgasemissionen von fossilen Otto- und fossilen Dieselkraftstoffen berechnen sich durch Multiplikation des Basiswertes mit der vom Verpflichteten in Verkehr gebrachten energetischen Menge fossilen Otto- und fossilen Dieselkraftstoffs. [6]Die Treibhausgasemissionen von Biokraftstoffen berechnen sich durch Multiplikation der in den anerkannten Nachweisen nach § 14 der Biokraftstoff-Nachhaltigkeitsverord-

nung vom 30. September 2009 (BGBl I S. 3182), die zuletzt durch Artikel 2 der Verordnung vom 26. November 2012 (BGBl I S. 2363) geändert worden ist, in der jeweils geltenden Fassung ausgewiesenen Treibhausgasemissionen in Kilogramm Kohlenstoffdioxid-Äquivalent pro Gigajoule mit der vom Verpflichteten in Verkehr gebrachten energetischen Menge Biokraftstoffs. [7]Biokraftstoffe werden wie fossile Otto- oder fossile Dieselkraftstoffe behandelt, sofern

1. für die Biokraftstoffe anerkannte Nachweise nach § 14 der Biokraftstoff-Nachhaltigkeitsverordnung nicht vorgelegt werden,
2. für die Biokraftstoffe anerkannte Nachweise nach § 14 der Biokraftstoff-Nachhaltigkeitsverordnung vorgelegt werden, die keine Treibhausgasemissionen ausweisen,
3. für die Biokraftstoffe anerkannte Nachweise nach § 14 der Biokraftstoff-Nachhaltigkeitsverordnung vorgelegt werden, die unwirksam im Sinne der Biokraftstoff-Nachhaltigkeitsverordnung sind und nicht anerkannt werden dürfen,
4. die Biokraftstoffe nach § 37b Absatz 8 Satz 1 von der Anrechenbarkeit ausgeschlossen sind oder
5. die Europäische Kommission nach Artikel 18 Absatz 8 der Richtlinie 2009/28/EG des Europäischen Parlaments und des Rates vom 23. April 2009 zur Förderung der Nutzung von Energie aus erneuerbaren Quellen und zur Änderung und anschließenden Aufhebung der Richtlinien 2001/77/EG und 2003/30/EG (ABl L 140 vom 5. 6. 2009, S. 16), die zuletzt durch die Richtlinie 2013/18/EU (ABl L 158 vom 10. 6. 2013, S. 230) geändert worden ist, oder nach Artikel 7c Absatz 8 der Richtlinie 98/70/EG des Europäischen Parlaments und des Rates vom 13. Oktober 1998 über die Qualität von Otto- und Dieselkraftstoffen und zur Änderung der Richtlinie 93/12/EWG des Rates (ABl L 350 vom 28. 12. 1998, S. 58), die zuletzt durch die delegierte Richtlinie 2014/77/EU (ABl L 170 vom 11. 6. 2014, S. 62) geändert worden ist, entschieden hat, dass die Bundesrepublik Deutschland den Biokraftstoff für die in Artikel 17 Absatz 1 Buchstabe a, b und c der Richtlinie 2009/28/EG oder für die in Artikel 7a der Richtlinie 98/70/EG genannten Zwecke nicht berücksichtigen darf.

BImSchG

[8]Satz 7 erster Halbsatz gilt entsprechend für die in § 37b Absatz 2 bis 6 genannten Energieerzeugnisse, wenn diese keine Biokraftstoffe im Sinne dieses Gesetzes sind. [9]Bei der Berechnung des Referenzwertes nach den Sätzen 3 und 4 sowie der Treibhausgasemissionen nach den Sätzen 5 und 6 sind Kraftstoffmengen, für die dem Verpflichteten eine Steuerentlastung nach § 46 Absatz 1 Satz 1 Nummer 1 oder Nummer 3 oder nach § 47 Absatz 1 Nummer 1, 2 oder Nummer 6 des Energiesteuergesetzes gewährt wurde oder wird, nicht zu berücksichtigen. [10]In den Fällen des Absatzes 5 Satz 1 Nummer 2 und 3 gilt Satz 9 unabhängig von der Person des Entlastungsberechtigten.

(5) [1]Die Verpflichtungen nach Absatz 1 Satz 1 und 2 in Verbindung mit den Absätzen 3 und 4 können von Verpflichteten

1. durch Inverkehrbringen von Biokraftstoff, der fossilem Otto- oder fossilem Dieselkraftstoff, welcher nach § 2 Absatz 1 Nummer 1 und 4 des Energiesteuergesetzes zu versteuern ist, beigemischt wurde,
2. durch Inverkehrbringen reinen Biokraftstoffs, der nach § 2 Absatz 1 Nummer 1 und 4 des Energiesteuergesetzes zu versteuern ist, und
3. in den Fällen des Absatzes 3 Satz 2 und 3 sowie des Absatzes 4 durch Inverkehrbringen von
   a) Biokraftstoff nach § 37b Absatz 6, der fossilem Erdgaskraftstoff, welcher nach § 2 Absatz 1 Nummer 7 oder Absatz 2 Nummer 1 des Energiesteuergesetzes zu versteuern ist, zugemischt wurde, und
   b) reinem Biokraftstoff nach § 37b Absatz 6, der nach § 2 Absatz 1 Nummer 7 oder Absatz 2 Nummer 1 des Energiesteuergesetzes zu versteuern ist,

erfüllt werden. [2]Elektrischer Strom zur Verwendung in Straßenfahrzeugen kann zur Erfüllung von Verpflichtungen nach Absatz 1 Satz 1 und 2 in Verbindung mit den Absätzen 3 und 4 eingesetzt werden, sofern eine Rechtsverordnung der Bundesregierung nach § 37d Absatz 2 Satz 1 Nummer 11 dies zulässt und gegenüber der zuständigen Stelle nachgewiesen wird, dass der

Strom ordnungsgemäß gemessen und überwacht wurde. [3]Andere Kraftstoffe und Upstream-Emissionsminderungen können zur Erfüllung der Verpflichtungen nach Absatz 1 Satz 1 und 2 in Verbindung mit Absatz 4 angerechnet werden, sofern eine Rechtsverordnung der Bundesregierung nach § 37d Absatz 2 Satz 1 Nummer 13 dies zulässt.

(6) [1]Die Erfüllung von Verpflichtungen nach Absatz 1 Satz 1 und 2 in Verbindung mit den Absätzen 3 und 4 kann durch Vertrag, der der Schriftform bedarf, auf einen Dritten, der nicht selbst Verpflichteter ist, übertragen werden. [2]Im Fall des Absatzes 1 Satz 1 und 2 in Verbindung mit Absatz 3 muss der Vertrag mengenmäßige Angaben zum Umfang der vom Dritten gegenüber dem Verpflichteten eingegangenen Verpflichtung sowie Angaben dazu enthalten, für welche Biokraftstoffe die Übertragung gilt. [3]Im Fall des Absatzes 1 Satz 1 und 2 in Verbindung mit Absatz 4 muss der Vertrag außerdem Angaben zu den Treibhausgasemissionen der Biokraftstoffe in Kilogramm Kohlenstoffdioxid-Äquivalent enthalten. [4]Der Dritte kann Verträge nach Satz 1 ausschließlich durch Biokraftstoffe erfüllen, die er im Verpflichtungsjahr in Verkehr bringt oder gebracht hat. [5]Abweichend von Satz 4 kann der Dritte ab dem Verpflichtungsjahr 2016 Verträge nach Satz 3 auch durch Biokraftstoffe erfüllen, die er bereits im Vorjahr des Verpflichtungsjahres in Verkehr gebracht hat, wenn die Biokraftstoffe nicht bereits Gegenstand eines Vertrages nach Satz 1 waren und der Dritte im Vorjahr des Verpflichtungsjahres nicht selbst Verpflichteter gewesen ist. [6]Absatz 1 Satz 2 und Absatz 5 Satz 1 gelten entsprechend. [7]Bei Vorliegen der Voraussetzungen nach den Sätzen 1 bis 6 ist der Verpflichtete so zu behandeln, als hätte er die vom Dritten in Verkehr gebrachten Biokraftstoffe im Verpflichtungsjahr selbst in Verkehr gebracht. [8]Absatz 3 Satz 6 und Absatz 4 Satz 3 bis 10 gelten entsprechend. [9]Die vom Dritten zur Erfüllung einer nach Satz 1 übertragenen Verpflichtung eingesetzten Biokraftstoffe können nicht zur Erfüllung der Verpflichtung eines weiteren Verpflichteten eingesetzt werden.

(7) [1]Die Erfüllung von Verpflichtungen nach Absatz 1 Satz 1 und 2 in Verbindung mit den Absätzen 3 und 4 kann durch Vertrag, der der Schriftform bedarf, auf einen Dritten, der selbst Verpflichteter ist, übertragen werden. [2]Absatz 6 Satz 2 gilt entsprechend. [3]Im Fall des Absatzes 1 Satz 1 und 2 in Verbindung mit Absatz 4 muss der Vertrag Angaben zum Umfang der vom Dritten im Verpflichtungsjahr sicherzustellenden Treibhausgasminderungsmenge in Kilogramm Kohlenstoffdioxid-Äquivalent enthalten. [4]Der Dritte kann Verträge nach den Sätzen 2 und 3 ausschließlich durch Biokraftstoffe erfüllen, die er im Verpflichtungsjahr in Verkehr bringt oder gebracht hat. [5]Absatz 1 Satz 2 und Absatz 5 Satz 1 gelten entsprechend. [6]Bei Vorliegen der Voraussetzungen nach den Sätzen 1 bis 5 werden

1. im Fall des Absatzes 1 Satz 1 und 2 in Verbindung mit Absatz 3 die vom Dritten in Verkehr gebrachten Biokraftstoffe ausschließlich bei der Ermittlung der Mindestanteile von Biokraftstoff nach Absatz 3 Satz 5 und
2. im Fall des Absatzes 1 Satz 1 und 2 in Verbindung mit Absatz 4 die vom Dritten erreichte Treibhausgasminderungsmenge ausschließlich bei der Berechnung der Treibhausgasemissionen nach Absatz 4 Satz 5 und 6

zugunsten des Verpflichteten berücksichtigt. [7]Im Fall des Satzes 6 Nummer 2 berechnet sich die Treibhausgasminderungsmenge in entsprechender Anwendung des Absatzes 4 Satz 3 bis 10. [8]Die vom Dritten zur Erfüllung einer nach Satz 1 übertragenen Verpflichtung eingesetzten Biokraftstoff- oder Treibhausgasminderungsmengen können nicht zur Erfüllung der eigenen Verpflichtung des Dritten oder der Verpflichtung eines weiteren Verpflichteten eingesetzt werden.

(8) [1]Biokraftstoff- oder Treibhausgasminderungsmengen, die den nach den Absätzen 3 und 4 vorgeschriebenen Mindestanteil oder Prozentsatz für ein bestimmtes Verpflichtungsjahr übersteigen und für die keine Steuerentlastung nach § 50 Absatz 1 Satz 1 Nummer 1, 2 und 4 des Energiesteuergesetzes beantragt wurde, werden auf Antrag des Verpflichteten auf den Mindestanteil oder Prozentsatz des Folgejahres angerechnet. [2]Bei Biokraftstoffmengen, die den nach Absatz 3 vorgeschriebenen Mindestanteil im Verpflichtungsjahr 2014 übersteigen und deren Anrechnung auf das Verpflichtungsjahr 2015 vom Verpflichteten beantragt wird, ist die anrechenbare Treibhausgasminderungsmenge auf der Grundlage eines Durchschnittswertes von 43,58 Kilogramm Kohlendioxid-Äquivalent pro Gigajoule zu ermitteln.

§ 37b Begriffsbestimmungen und Anrechenbarkeit von Biokraftstoffen[1)]

(1) [1]Biokraftstoffe sind unbeschadet der Absätze 2 bis 6 Energieerzeugnisse ausschließlich aus Biomasse im Sinne der Biomasseverordnung vom 21. Juni 2001 (BGBl I S. 1234), die zuletzt durch Artikel 12 des Gesetzes vom 21. Juli 2014 (BGBl I S. 1066) geändert worden ist, in der jeweils geltenden Fassung. [2]Energieerzeugnisse, die anteilig aus Biomasse hergestellt werden, gelten in Höhe dieses Anteils als Biokraftstoff.

(2) [1]Fettsäuremethylester (Biodiesel) sind abweichend von Absatz 1 nur dann Biokraftstoffe, wenn sie aus biogenen Ölen oder Fetten gewonnen werden, die selbst Biomasse im Sinne der Biomasseverordnung sind, und wenn ihre Eigenschaften mindestens den Anforderungen für Biodiesel nach § 5 der Verordnung über die Beschaffenheit und die Auszeichnung der Qualitäten von Kraft- und Brennstoffen vom 8. Dezember 2010 (BGBl I S. 1849), die durch Artikel 8 Absatz 1 der Verordnung vom 2. Mai 2013 (BGBl I S. 1021) geändert worden ist, in der jeweils geltenden Fassung entsprechen. [2]Biodiesel ist unter diesen Voraussetzungen in vollem Umfang als Biokraftstoff zu behandeln.

(3) [1]Bioethanol ist abweichend von Absatz 1 nur dann Biokraftstoff, wenn es sich um Ethylalkohol ex Unterposition 2207 10 00 der Kombinierten Nomenklatur im Sinne des § 1a Satz 1 Nummer 2 des Energiesteuergesetzes handelt. [2]Im Fall von Bioethanol, das fossilem Ottokraftstoff beigemischt wird, müssen die Eigenschaften des Bioethanols außerdem mindestens den Anforderungen der DIN EN 15376, Ausgabe März 2008 oder Ausgabe November 2009 oder Ausgabe April 2011, entsprechen. [3]Im Fall von Bioethanol, das im Ethanolkraftstoff (E85) enthalten ist, müssen die Eigenschaften des Ethanolkraftstoffs (E85) außerdem mindestens den Anforderungen für Ethanolkraftstoff (E85) nach § 6 der Verordnung über die Beschaffenheit und die Auszeichnung der Qualitäten von Kraft- und Brennstoffen entsprechen. [4]Für Energieerzeugnisse, die anteilig aus Bioethanol hergestellt werden, gelten für den Bioethanolanteil die Sätze 1 und 2 entsprechend.

BImSchG

(4) Pflanzenöl ist abweichend von Absatz 1 nur dann Biokraftstoff, wenn seine Eigenschaften mindestens den Anforderungen für Pflanzenölkraftstoff nach § 9 der Verordnung über die Beschaffenheit und die Auszeichnung der Qualitäten von Kraft- und Brennstoffen entsprechen.

(5) [1]Hydrierte biogene Öle sind abweichend von Absatz 1 nur dann Biokraftstoffe, wenn sie aus biogenen Ölen oder Fetten gewonnen werden, die selbst Biomasse im Sinne der Biomasseverordnung sind, und wenn die Hydrierung nicht in einem raffinerietechnischen Verfahren gemeinsam mit mineralölstämmigen Ölen erfolgt ist. [2]Hydrierte biogene Öle sind unter diesen Voraussetzungen in vollem Umfang als Biokraftstoff zu behandeln.

(6) Biomethan ist abweichend von Absatz 1 nur dann Biokraftstoff, wenn es den Anforderungen für Erdgas nach § 8 der Verordnung über die Beschaffenheit und die Auszeichnung der Qualitäten von Kraft- und Brennstoffen entspricht.

(7) [1]Für die Kraftstoffe nach den Absätzen 1 bis 6 gilt § 11 der Verordnung über die Beschaffenheit und die Auszeichnung der Qualitäten von Kraft- und Brennstoffen entsprechend. [2]Die in Satz 1 sowie den Absätzen 2 bis 4 und 6 genannten oder in Bezug genommenen Normen sind im Beuth Verlag GmbH, Berlin, erschienen und bei der Deutschen Nationalbibliothek archivmäßig gesichert niedergelegt.

(8) [1]Nicht auf die Erfüllung von Verpflichtungen nach § 37a Absatz 1 Satz 1 und 2 in Verbindung mit § 37a Absatz 3 und 4 angerechnet werden können

1. biogene Öle, die in einem raffinerietechnischen Verfahren gemeinsam mit mineralölstämmigen Ölen hydriert wurden,
2. der Biokraftstoffanteil von Energieerzeugnissen mit einem Bioethanolanteil von weniger als 70 Volumenprozent, denen Bioethanol enthaltende Waren der Unterposition 3824 90 99 der Kombinierten Nomenklatur zugesetzt wurden,

1) **Anm. d. Red.:** § 37b i. d. F. des Gesetzes v. 20. 11. 2014 (BGBl I S. 1740) mit Wirkung v. 1. 1. 2015.

3. Biokraftstoffe, die vollständig oder teilweise aus tierischen Ölen oder Fetten hergestellt wurden, und
4. Biokraftstoffe, für die eine Steuerentlastung nach § 50 Absatz 1 Satz 1 Nummer 1, 2 oder 4 des Energiesteuergesetzes gewährt wurde oder wird.

[2]Im Fall des § 37a Absatz 1 Satz 1 und 2 in Verbindung mit § 37a Absatz 3 werden Biokraftstoffe, für die eine Steuerentlastung nach § 46 Absatz 1 Satz 1 Nummer 1 oder Nummer 3 oder nach § 47 Absatz 1 Nummer 1, 2 oder Nummer 6 des Energiesteuergesetzes gewährt wurde oder wird, nicht auf die Erfüllung der Verpflichtungen angerechnet.

(9) Das Bundesministerium für Umwelt, Naturschutz, Bau und Reaktorsicherheit gibt den Energiegehalt der verschiedenen Kraftstoffe sowie Änderungen ihres Energiegehaltes im Bundesanzeiger bekannt.

§ 37c Mitteilungs- und Abgabepflichten[1)]

(1) [1]Verpflichtete haben der zuständigen Stelle jeweils bis zum 15. April des auf das Verpflichtungsjahr folgenden Jahres die im Verpflichtungsjahr von ihnen in Verkehr gebrachte Menge fossilen Otto- und fossilen Dieselkraftstoffs, die im Verpflichtungsjahr von ihnen in Verkehr gebrachte Menge Biokraftstoffs, bezogen auf die verschiedenen jeweils betroffenen Biokraftstoffe, und für die Verpflichtungsjahre ab dem Kalenderjahr 2015 außerdem die Treibhausgasemissionen in Kilogramm Kohlenstoffdioxid-Äquivalent der jeweiligen Mengen schriftlich mitzuteilen. [2]In der Mitteilung sind darüber hinaus die Firma des Verpflichteten, der Ort der für das Inverkehrbringen verantwortlichen Niederlassung oder der Sitz des Unternehmens, die jeweils zugehörige Anschrift sowie der Name und die Anschrift des Vertretungsberechtigten anzugeben. [3]Soweit die Erfüllung von Verpflichtungen nach § 37a Absatz 6 Satz 1 oder nach § 37a Absatz 7 Satz 1 vertraglich auf Dritte übertragen wurde, haben Verpflichtete der zuständigen Stelle zusätzlich die Angaben nach § 37a Absatz 6 Satz 2 oder Satz 3 oder § 37a Absatz 7 Satz 2 oder Satz 3 schriftlich mitzuteilen und eine Kopie des Vertrags mit dem Dritten vorzulegen. [4]Im Fall des § 37a Absatz 6 hat der Dritte der zuständigen Stelle die auf Grund seiner vertraglichen Verpflichtung von ihm im Verpflichtungsjahr in Verkehr gebrachte Menge Biokraftstoffs, bezogen auf die verschiedenen jeweils betroffenen Biokraftstoffe, und für die Verpflichtungsjahre ab dem Kalenderjahr 2015 außerdem die Treibhausgasemissionen in Kilogramm Kohlenstoffdioxid-Äquivalent der jeweiligen Mengen schriftlich mitzuteilen. [5]Im Fall des § 37a Absatz 6 Satz 5 gilt dies entsprechend für die im Vorjahr des Verpflichtungsjahres vom Dritten in Verkehr gebrachten Biokraftstoffe. [6]Im Fall des § 37a Absatz 7 hat der Dritte der zuständigen Stelle die auf Grund seiner vertraglichen Verpflichtung von ihm im Verpflichtungsjahr in Verkehr gebrachte Menge Biokraftstoffs, bezogen auf die verschiedenen jeweils betroffenen Biokraftstoffe, und für die Verpflichtungsjahre ab dem Kalenderjahr 2015 die auf Grund seiner vertraglichen Verpflichtung im Verpflichtungsjahr sichergestellte Treibhausgasminderungsmenge in Kilogramm Kohlenstoffdioxid-Äquivalent schriftlich mitzuteilen. [7]Die zuständige Stelle erteilt jedem Verpflichteten eine Registriernummer und führt ein elektronisches Register, das für alle Verpflichteten die nach den Sätzen 1 bis 6 erforderlichen Angaben enthält.

(2) [1]Soweit Verpflichtete einer Verpflichtung nach § 37a Absatz 1 Satz 1 und 2 in Verbindung mit § 37a Absatz 3 und 4 nicht nachkommen, setzt die zuständige Stelle in den Fällen des § 37a Absatz 3 für die nach dem Energiegehalt berechnete Fehlmenge Biokraftstoffs oder in den Fällen des § 37a Absatz 4 für die Fehlmenge der zu mindernden Treibhausgasemissionen eine Abgabe fest. [2]Die Abgabenschuld des Verpflichteten entsteht am 15. April des auf das Verpflichtungsjahr folgenden Kalenderjahres. [3]In den Fällen des § 37a Absatz 3 Satz 1 oder Satz 3, auch in Verbindung mit § 37a Absatz 3 Satz 4, beträgt die Höhe der Abgabe 19 Euro pro Gigajoule. [4]In den Fällen des § 37a Absatz 3 Satz 2 beträgt die Höhe der Abgabe 43 Euro pro Gigajoule. [5]In den Fällen des § 37a Absatz 3 Satz 3, auch in Verbindung mit § 37a Absatz 3 Satz 4, wird die Abgabe nicht für die Fehlmengen Biokraftstoffs festgesetzt, für die bereits nach Satz 3 oder 4 eine Abga-

1) **Anm. d. Red.:** § 37c i. d. F. des Gesetzes v. 20. 11. 2014 (BGBl I S. 1740) mit Wirkung v. 1. 1. 2015.

be festzusetzen ist. [6]In den Fällen des § 37a Absatz 4 wird die Abgabe nach der Fehlmenge der zu mindernden Treibhausgasemissionen berechnet und beträgt 0,47 Euro pro Kilogramm Kohlenstoffdioxid-Äquivalent. [7]Soweit im Falle des § 37a Absatz 6 Satz 1 oder des § 37a Absatz 7 Satz 1 der Dritte seine vertragliche Verpflichtung nicht erfüllt, setzt die zuständige Stelle die Abgabe gegen den Verpflichteten fest.

(3) [1]Soweit der Verpflichtete der zuständigen Stelle die nach Absatz 1 Satz 1 und 3 erforderlichen Angaben nicht oder nicht ordnungsgemäß mitgeteilt hat, schätzt die zuständige Stelle die vom Verpflichteten im Verpflichtungsjahr in Verkehr gebrachten Mengen fossilen Otto- und fossilen Dieselkraftstoffs und Biokraftstoffs sowie ab dem Jahr 2015 auch die Treibhausgasminderung. [2]Die Schätzung ist unwiderlegliche Basis für die Verpflichtung nach § 37a Absatz 1 Satz 1 und 2 in Verbindung mit § 37a Absatz 3 und 4. [3]Die Schätzung unterbleibt, soweit der Verpflichtete im Rahmen der Anhörung zum Festsetzungsbescheid nach Absatz 2 Satz 1 in Verbindung mit Absatz 2 Satz 3, 4 oder Satz 6 die Mitteilung nachholt. [4]Soweit ein Dritter die nach Absatz 1 Satz 4 bis 6 erforderlichen Angaben nicht ordnungsgemäß mitgeteilt hat, geht die zuständige Stelle davon aus, dass der Dritte die von ihm eingegangene Verpflichtung nicht erfüllt hat. [5]Satz 4 gilt nicht, soweit der Dritte im Rahmen der Anhörung zum Festsetzungsbescheid gegen den Verpflichteten nach Absatz 2 Satz 7 diese Mitteilung nachholt.

(4) In den Fällen des § 37a Absatz 2 Satz 2 hat der Steuerlagerinhaber seinem zuständigen Hauptzollamt mit der monatlichen Energiesteueranmeldung die für jeden Verpflichteten in Verkehr gebrachte Menge fossilen Otto- und fossilen Dieselkraftstoffs zuzüglich des Biokraftstoffanteils schriftlich mitzuteilen.

(5) [1]Hinsichtlich der Absätze 1 bis 4 finden die für die Verbrauchsteuern geltenden Vorschriften der Abgabenordnung entsprechende Anwendung. [2]Die Mitteilungen nach Absatz 1 und Absatz 4 gelten als Steueranmeldungen im Sinne der Abgabenordnung. [3]§ 170 Absatz 2 Satz 1 Nummer 1 der Abgabenordnung findet Anwendung. [4]In den Fällen des Absatzes 2 ist der Verpflichtete vor der Festsetzung der Abgabe anzuhören.

§ 37d Zuständige Stelle, Rechtsverordnungen[1)]

(1) [1]Innerhalb der Bundesverwaltung werden eine oder mehrere Stellen errichtet, denen die Aufgaben übertragen werden, die Erfüllung der Verpflichtungen nach § 37a zu überwachen, die in § 37c geregelten Aufgaben zu erfüllen und die Berichte nach § 37f zu überprüfen. [2]Die Bundesregierung wird ermächtigt, die jeweils zuständige Stelle durch Rechtsverordnung ohne Zustimmung des Bundesrates zu bestimmen.

(2) [1]Die Bundesregierung wird ermächtigt, nach Anhörung der beteiligten Kreise (§ 51) durch Rechtsverordnung ohne Zustimmung des Bundesrates

1. unter Berücksichtigung der technischen Entwicklung
   a) auch in Abweichung von § 37b Absatz 1 bis 6 Energieerzeugnisse als Biokraftstoffe zu bestimmen,
   b) in Abweichung von § 37b Absatz 1 bis 6 festzulegen, dass bestimmte Energieerzeugnisse nicht oder nicht mehr in vollem Umfang als Biokraftstoffe gelten,
   c) die Anrechenbarkeit von biogenen Ölen im Sinne von § 37b Absatz 8 Satz 1 Nummer 1 auf die Erfüllung von Verpflichtungen nach § 37a Absatz 1 Satz 1 und 2 in Verbindung mit § 37a Absatz 3 und 4 abweichend von § 37b Absatz 8 Satz 1 Nummer 1 zu regeln, soweit landwirtschaftliche Rohstoffe, Abfälle oder Reststoffe, die bei der Herstellung von biogenen Ölen verwendet werden sollen, nachhaltig erzeugt worden sind,
   d) die Anrechenbarkeit von Biomethan auf die Erfüllung von Verpflichtungen nach § 37a Absatz 1 Satz 1 und 2 in Verbindung mit § 37a Absatz 3 und 4 zu konkretisieren,

1) **Anm. d. Red.:** § 37d i. d. F. des Gesetzes v. 18.7.2017 (BGBl I S. 2771) mit Wirkung v. 29.7.2017.

e) die Anrechenbarkeit von Biomethan, das in das Erdgasnetz eingespeist wird, auf die Erfüllung von Verpflichtungen nach § 37a Absatz 1 Satz 1 und 2 in Verbindung mit § 37a Absatz 3 und 4 näher zu regeln,

f) zu bestimmen, wie im Falle der Einspeisung von Biomethan in das Erdgasnetz der Nachweis über die Treibhausgasemissionen zu führen ist, sowie

g) das Nachweisverfahren für die Anrechenbarkeit von Biomethan insgesamt näher zu regeln,

2. zu bestimmen, dass der mengenmäßige Anteil eines bestimmten Biokraftstoffs nach Nummer 1 oder § 37b Absatz 1 bis 7 am Gesamtkraftstoffabsatz im Rahmen der Erfüllung von Verpflichtungen nach § 37a Absatz 1 Satz 1 und 2 in Verbindung mit § 37a Absatz 3 nach Maßgabe einer Multiplikation der tatsächlich in Verkehr gebrachten Menge des jeweiligen Biokraftstoffs mit einem bestimmten Rechenfaktor zu berechnen ist, der unter Berücksichtigung der Treibhausgasbilanz des jeweiligen Biokraftstoffs festzulegen ist,

3. vorzuschreiben, dass Biokraftstoffe nur dann auf die Erfüllung von Verpflichtungen nach § 37a Absatz 1 Satz 1 und 2 in Verbindung mit § 37a Absatz 3 und 4 angerechnet werden, wenn bei der Erzeugung der eingesetzten Biomasse nachweislich bestimmte ökologische und soziale Anforderungen an eine nachhaltige Produktion der Biomasse sowie zum Schutz natürlicher Lebensräume erfüllt werden und wenn der Biokraftstoff eine bestimmte Treibhausgasminderung aufweist,

4. die Anforderungen im Sinne der Nummer 3 festzulegen,

5. die Höhe der Abgabe nach § 37c Absatz 2 Satz 3, 4 oder Satz 6 zu ändern, um im Fall von Änderungen des Preisniveaus für Kraftstoffe eine vergleichbare wirtschaftliche Belastung aller Verpflichteten sicherzustellen,

6. den Basiswert abweichend von § 37a Absatz 4 Satz 4 zu bestimmen,

7. die Anrechenbarkeit bestimmter Biokraftstoffe auf die Verpflichtungen nach § 37a Absatz 1 Satz 1 und 2 in Verbindung mit § 37a Absatz 3 und 4 zu begrenzen, sofern die Richtlinie 2009/28/EG eine Begrenzung der Anrechenbarkeit dieser Biokraftstoffe auf das Ziel von Artikel 3 Absatz 4 der Richtlinie 2009/28/EG vorsieht, sowie das Nachweisverfahren zu regeln,

8. einen Mindestanteil bestimmter Biokraftstoffe oder anderer erneuerbarer Kraftstoffe zur Erfüllung der Verpflichtungen nach § 37a Absatz 1 Satz 1 und 2 in Verbindung mit § 37a Absatz 3 oder 4 festzulegen sowie das Nachweisverfahren zu regeln,

9. das Berechnungsverfahren für die Treibhausgasemissionen von fossilen Otto- und fossilen Dieselkraftstoffen abweichend von § 37a Absatz 4 Satz 5 festzulegen und das Nachweisverfahren zu regeln,

10. das Berechnungsverfahren für die Treibhausgasemissionen von Biokraftstoffen abweichend von § 37a Absatz 4 Satz 6 festzulegen und das Nachweisverfahren zu regeln,

11. die Anrechenbarkeit von elektrischem Strom zur Verwendung in Straßenfahrzeugen gemäß § 37a Absatz 5 Satz 2 zu regeln und dabei insbesondere

a) das Berechnungsverfahren für die Treibhausgasemissionen der eingesetzten Mengen elektrischen Stroms festzulegen und

b) das Nachweisverfahren zu regeln,

12. unter Berücksichtigung der technischen Entwicklung den Anwendungsbereich in § 37a Absatz 1 Satz 1 auf weitere Kraftstoffe auszudehnen und dabei insbesondere

a) das Berechnungsverfahren für die Treibhausgasemissionen dieser Kraftstoffe festzulegen und

b) das Nachweisverfahren zu regeln,

13. unter Berücksichtigung der technischen Entwicklung die Vorgaben nach § 37a Absatz 5 Satz 1 um weitere Maßnahmen zur Treibhausgasminderung, die zur Erfüllung von Verpflichtungen nach § 37a Absatz 1 Satz 1 und 2 in Verbindung mit § 37a Absatz 3 und 4 eingesetzt werden können, zu ergänzen und dabei insbesondere

a) das Berechnungsverfahren für die Treibhausgasemissionen dieser Maßnahmen festzulegen und
b) das Nachweisverfahren sowie die Übertragbarkeit der Nachweise zu regeln,

14. die Berichtspflicht nach § 37f Absatz 1 insbesondere zu Art, Form und Inhalt des Berichts näher auszugestalten sowie die zur Sicherstellung einer ordnungsgemäßen Berichterstattung erforderlichen Anordnungen der zuständigen Stelle zu regeln,
15. ein Nachweisverfahren festzulegen für die Voraussetzungen
    a) nach § 37a Absatz 4 Satz 7 Nummer 5,
    b) nach § 37b Absatz 1 bis 7, gegebenenfalls in Verbindung mit der Verordnung nach Nummer 1 Buchstabe a oder Buchstabe b,
    c) nach § 37b Absatz 8 Satz 1,
    d) der Verordnung nach Nummer 1 Buchstabe c und
    e) der Verordnung nach den Nummern 2 bis 4,
16. Ausnahmen von den Vorgaben nach § 37b Absatz 8 Satz 1 Nummer 3 festzulegen, sofern dies dem Sinn und Zweck der Regelung nicht entgegensteht,
17. von § 37c Absatz 1 und 3 bis 5 abweichende Verfahrensregelungen zu treffen,
18. Ausnahmen von der in § 37a Absatz 6 Satz 5 und Absatz 8 Satz 1 vorgesehenen Möglichkeit der Anrechnung von Übererfüllungen auf den Mindestanteil des Folgejahres festzulegen, sofern dies zur Einhaltung von Zielvorgaben aus bindenden Rechtsakten der Europäischen Gemeinschaften oder der Europäischen Union erforderlich ist.

BImSchG

[2]In Rechtsverordnungen nach Satz 1 kann die Zuständigkeit zur Durchführung einer in einer Rechtsverordnung nach Absatz 1 Satz 2 bestimmten Stelle übertragen werden. [3]Rechtsverordnungen nach Satz 1 Nummer 1 Buchstabe c bedürfen der Zustimmung des Deutschen Bundestages. [4]Rechtsverordnungen nach Satz 1 Nummer 13 bedürfen der Zustimmung des Deutschen Bundestages, sofern Regelungen zu strombasierten Kraftstoffen getroffen werden. [5]Hat sich der Deutsche Bundestag nach Ablauf von vier Sitzungswochen seit Eingang der Rechtsverordnung nach Satz 3 oder 4 nicht mit ihr befasst, gilt die Zustimmung zu der unveränderten Rechtsverordnung als erteilt.

(3) Die Bundesregierung wird ermächtigt, durch Rechtsverordnung ohne Zustimmung des Bundesrates nähere Bestimmungen zur Durchführung der §§ 37a bis 37c sowie der auf Absatz 2 beruhenden Rechtsverordnungen zu erlassen und darin insbesondere

1. das Verfahren zur Sicherung und Überwachung der Erfüllung der Quotenverpflichtung in den Fällen des § 37a Absatz 6 und 7 und hinsichtlich der für die Ermittlung der Mindestanteile an Biokraftstoff oder der Treibhausgasminderung benötigten Daten näher zu regeln,
2. zur Sicherung und Überwachung der Erfüllung der Quotenverpflichtung abweichende Bestimmungen zu § 37a Absatz 4 Satz 9 und 10 sowie zu § 37a Absatz 6 und 7 zu erlassen,
3. die erforderlichen Nachweise und die Überwachung der Einhaltung der Anforderungen an Biokraftstoffe sowie die hierfür erforderlichen Probenahmen näher zu regeln,
4. zu bestimmen, dass das Entstehen von Verpflichtungen nach § 37a Absatz 1 Satz 1 und 2 in Verbindung mit § 37a Absatz 3 und 4 an das Inverkehrbringen einer bestimmten Mindestmenge an Kraftstoff geknüpft wird.

§ 37e Gebühren und Auslagen; Verordnungsermächtigung[1)]

(1) Für Amtshandlungen, die auf Rechtsverordnungen beruhen

1. die auf der Grundlage des § 37d Absatz 2 Satz 1 Nummer 3 und 4 erlassen worden sind oder
2. die auf der Grundlage des § 37d Absatz 2 Satz 1 Nummer 13 erlassen worden sind,

werden zur Deckelung des Verwaltungsaufwands Gebühren und Auslagen erhoben.

1) **Anm. d. Red.:** § 37e i. d. F. des Gesetzes v. 26. 7. 2016 (BGBl I S. 1839) mit Wirkung v. 30. 7. 2016.

(2) [1]Das Bundesministerium für Ernährung und Landwirtschaft wird ermächtigt, im Einvernehmen mit dem Bundesministerium für Umwelt, Naturschutz, Bau und Reaktorsicherheit und dem Bundesministerium der Finanzen durch Rechtsverordnung ohne Zustimmung des Bundesrates die gebührenpflichtigen Tatbestände und Gebührensätze für Amtshandlungen im Sinne von Absatz 1 Nummer 1 zu bestimmen und dabei feste Sätze, auch in Form von Zeitgebühren oder Rahmensätzen, vorzusehen. [2]In der Rechtsverordnung kann die Erstattung von Auslagen abweichend vom Verwaltungskostengesetz in der bis zum 14. August 2013 geltenden Fassung oder von § 12 Absatz 1 des Bundesgebührengesetzes vom 7. August 2013 (BGBl I S. 3154), das zuletzt durch Artikel 3 des Gesetzes vom 31. März 2016 (BGBl I S. 518) geändert worden ist, geregelt werden.

(3) [1]Das Bundesministerium für Umwelt, Naturschutz, Bau und Reaktorsicherheit wird ermächtigt, durch Rechtsverordnung ohne Zustimmung des Bundesrates die gebührenpflichtigen Tatbestände und Gebührensätze für Amtshandlungen im Sinne von Absatz 1 Nummer 2 zu bestimmen und dabei feste Sätze, auch in Form von Zeitgebühren oder Rahmensätzen, vorzusehen. [2]In der Rechtsverordnung kann die Erstattung von Auslagen auch abweichend von § 12 Absatz 1 des Bundesgebührengesetzes geregelt werden.

§ 37f Berichte über Kraftstoffe und Energieerzeugnisse[1)]

(1) [1]Verpflichtete haben der zuständigen Stelle jährlich bis zum 31. März einen Bericht über die im vorangegangenen Verpflichtungsjahr in Verkehr gebrachten Kraftstoffe und Energieerzeugnisse vorzulegen, sofern eine Rechtsverordnung nach § 37d Absatz 2 Satz 1 Nummer 14 dies vorsieht. [2]Der Bericht enthält zumindest folgende Angaben:

1. die Gesamtmenge jedes Typs von in Verkehr gebrachten Kraftstoffen und Energieerzeugnissen unter Angabe des Erwerbsortes und des Ursprungs und
2. die Treibhausgasemissionen pro Energieeinheit.

(2) [1]Die zuständige Stelle überprüft die Berichte. [2]Der Verpflichtete hat der zuständigen Stelle auf Verlangen die Auskünfte zu erteilen und die Unterlagen vorzulegen, die zur Überprüfung der Berichte erforderlich sind.

§ 37g Bericht der Bundesregierung[2)]

Nachdem der Bericht nach Artikel 22 der Richtlinie 2009/28/EG der Europäischen Kommission vorgelegt wurde, übermittelt die Bundesregierung den Bericht nach § 64 der Biokraftstoff-Nachhaltigkeitsverordnung dem Deutschen Bundestag und dem Bundesrat.

Vierter Teil: Beschaffenheit und Betrieb von Fahrzeugen, Bau und Änderung von Straßen und Schienenwegen

§ 38 Beschaffenheit und Betrieb von Fahrzeugen[3)]

(1) [1]Kraftfahrzeuge und ihre Anhänger, Schienen-, Luft- und Wasserfahrzeuge sowie Schwimmkörper und schwimmende Anlagen müssen so beschaffen sein, dass ihre durch die Teilnahme am Verkehr verursachten Emissionen bei bestimmungsgemäßem Betrieb die zum Schutz vor schädlichen Umwelteinwirkungen einzuhaltenden Grenzwerte nicht überschreiten. [2]Sie müssen so betrieben werden, dass vermeidbare Emissionen verhindert und unvermeidbare Emissionen auf ein Mindestmaß beschränkt bleiben.

(2) [1]Das Bundesministerium für Verkehr und digitale Infrastruktur und das Bundesministerium für Umwelt, Naturschutz, Bau und Reaktorsicherheit bestimmen nach Anhörung der beteiligten Kreise (§ 51) durch Rechtsverordnung mit Zustimmung des Bundesrates die zum Schutz

1) **Anm. d. Red.:** § 37f i. d. F. des Gesetzes v. 20. 11. 2014 (BGBl I S. 1740) mit Wirkung v. 1. 1. 2015.

2) **Anm. d. Red.:** § 37g eingefügt gem. Gesetz v. 20. 11. 2014 (BGBl I S. 1740) mit Wirkung v. 1. 1. 2015.

3) **Anm. d. Red.:** § 38 i. d. F. der VO v. 31. 8. 2015 (BGBl I S. 1474) mit Wirkung v. 8. 9. 2015.

vor schädlichen Umwelteinwirkungen notwendigen Anforderungen an die Beschaffenheit, die Ausrüstung, den Betrieb und die Prüfung der in Absatz 1 Satz 1 genannten Fahrzeuge und Anlagen, auch soweit diese den verkehrsrechtlichen Vorschriften des Bundes unterliegen. [2]Dabei können Emissionsgrenzwerte unter Berücksichtigung der technischen Entwicklung auch für einen Zeitpunkt nach Inkrafttreten der Rechtsverordnung festgesetzt werden.

(3) Wegen der Anforderungen nach Absatz 2 gilt § 7 Abs. 5 entsprechend.

§ 39 Erfüllung von zwischenstaatlichen Vereinbarungen und Rechtsakten der Europäischen Gemeinschaften oder der Europäischen Union[1)]

[1]Zur Erfüllung von Verpflichtungen aus zwischenstaatlichen Vereinbarungen oder von bindenden Rechtsakten der Europäischen Gemeinschaften oder der Europäischen Union können zu dem in § 1 genannten Zweck das Bundesministerium für Verkehr und digitale Infrastruktur und das Bundesministerium für Umwelt, Naturschutz, Bau und Reaktorsicherheit durch Rechtsverordnung mit Zustimmung des Bundesrates bestimmen, dass die in § 38 genannten Fahrzeuge bestimmten Anforderungen an Beschaffenheit, Ausrüstung, Prüfung und Betrieb genügen müssen. [2]Wegen der Anforderungen nach Satz 1 gilt § 7 Absatz 5 entsprechend.

§ 40 Verkehrsbeschränkungen

(1) [1]Die zuständige Straßenverkehrsbehörde beschränkt oder verbietet den Kraftfahrzeugverkehr nach Maßgabe der straßenverkehrsrechtlichen Vorschriften, soweit ein Luftreinhalteplan oder ein Plan für kurzfristig zu ergreifende Maßnahmen nach § 47 Absatz 1 oder 2 dies vorsehen. [2]Die Straßenverkehrsbehörde kann im Einvernehmen mit der für den Immissionsschutz zuständigen Behörde Ausnahmen von Verboten oder Beschränkungen des Kraftfahrzeugverkehrs zulassen, wenn unaufschiebbare und überwiegende Gründe des Wohls der Allgemeinheit dies erfordern.

(2) [1]Die zuständige Straßenverkehrsbehörde kann den Kraftfahrzeugverkehr nach Maßgabe der straßenverkehrsrechtlichen Vorschriften auf bestimmten Straßen oder in bestimmten Gebieten verbieten oder beschränken, wenn der Kraftfahrzeugverkehr zur Überschreitung von in Rechtsverordnungen nach § 48a Abs. 1a festgelegten Immissionswerten beiträgt und soweit die für den Immissionsschutz zuständige Behörde dies im Hinblick auf die örtlichen Verhältnisse für geboten hält, um schädliche Umwelteinwirkungen durch Luftverunreinigungen zu vermindern oder deren Entstehen zu vermeiden. [2]Hierbei sind die Verkehrsbedürfnisse und die städtebaulichen Belange zu berücksichtigen. [3]§ 47 Absatz 6 Satz 1 bleibt unberührt.

(3) [1]Die Bundesregierung wird ermächtigt, nach Anhörung der beteiligten Kreise (§ 51) durch Rechtsverordnung mit Zustimmung des Bundesrates zu regeln, dass Kraftfahrzeuge mit geringem Beitrag zur Schadstoffbelastung von Verkehrsverboten ganz oder teilweise ausgenommen sind oder ausgenommen werden können, sowie die hierfür maßgebenden Kriterien und die amtliche Kennzeichnung der Kraftfahrzeuge festzulegen. [2]Die Verordnung kann auch regeln, dass bestimmte Fahrten oder Personen ausgenommen sind oder ausgenommen werden können, wenn das Wohl der Allgemeinheit oder unaufschiebbare und überwiegende Interessen des Einzelnen dies erfordern.

§ 41 Straßen und Schienenwege

(1) Bei dem Bau oder der wesentlichen Änderung öffentlicher Straßen sowie von Eisenbahnen, Magnetschwebebahnen und Straßenbahnen ist unbeschadet des § 50 sicherzustellen, dass durch diese keine schädlichen Umwelteinwirkungen durch Verkehrsgeräusche hervorgerufen werden können, die nach dem Stand der Technik vermeidbar sind.

(2) Absatz 1 gilt nicht, soweit die Kosten der Schutzmaßnahme außer Verhältnis zu dem angestrebten Schutzzweck stehen würden.

---

1) **Anm. d. Red.:** § 39 i. d. F. der VO v. 31. 8. 2015 (BGBl I S. 1474) mit Wirkung v. 8. 9. 2015.

§ 42 Entschädigung für Schallschutzmaßnahmen

(1) [1]Werden im Falle des § 41 die in der Rechtsverordnung nach § 43 Absatz 1 Satz 1 Nummer 1 festgelegten Immissionsgrenzwerte überschritten, hat der Eigentümer einer betroffenen baulichen Anlage gegen den Träger der Baulast einen Anspruch auf angemessene Entschädigung in Geld, es sei denn, dass die Beeinträchtigung wegen der besonderen Benutzung der Anlage zumutbar ist. [2]Dies gilt auch bei baulichen Anlagen, die bei Auslegung der Pläne im Planfeststellungsverfahren oder bei Auslegung des Entwurfs der Bauleitpläne mit ausgewiesener Wegeplanung bauaufsichtlich genehmigt waren.

(2) [1]Die Entschädigung ist zu leisten für Schallschutzmaßnahmen an den baulichen Anlagen in Höhe der erbrachten notwendigen Aufwendungen, soweit sich diese im Rahmen der Rechtsverordnung nach § 43 Absatz 1 Satz 1 Nummer 3 halten. [2]Vorschriften, die weitergehende Entschädigungen gewähren, bleiben unberührt.

(3) [1]Kommt zwischen dem Träger der Baulast und dem Betroffenen keine Einigung über die Entschädigung zustande, setzt die nach Landesrecht zuständige Behörde auf Antrag eines der Beteiligten die Entschädigung durch schriftlichen Bescheid fest. [2]Im Übrigen gelten für das Verfahren die Enteignungsgesetze der Länder entsprechend.

§ 43 Rechtsverordnung der Bundesregierung[1)]

(1) [1]Die Bundesregierung wird ermächtigt, nach Anhörung der beteiligten Kreise (§ 51) durch Rechtsverordnung mit Zustimmung des Bundesrates die zur Durchführung des § 41 und des § 42 Absatz 1 und 2 erforderlichen Vorschriften zu erlassen, insbesondere über

1. bestimmte Grenzwerte, die zum Schutz der Nachbarschaft vor schädlichen Umwelteinwirkungen durch Geräusche nicht überschritten werden dürfen, sowie über das Verfahren zur Ermittlung der Emissionen oder Immissionen,
2. bestimmte technische Anforderungen an den Bau von Straßen, Eisenbahnen, Magnetschwebebahnen und Straßenbahnen zur Vermeidung von schädlichen Umwelteinwirkungen durch Geräusche und
3. Art und Umfang der zum Schutz vor schädlichen Umwelteinwirkungen durch Geräusche notwendigen Schallschutzmaßnahmen an baulichen Anlagen.

[2]Der in den Rechtsverordnungen auf Grund des Satzes 1 zur Berücksichtigung der Besonderheiten des Schienenverkehrs vorgesehene Abschlag von 5 Dezibel (A) ist ab dem 1. Januar 2015 und für Schienenbahnen, die ausschließlich der Verordnung über den Bau und Betrieb der Straßenbahnen vom 11. Dezember 1987 (BGBl I S. 2648) unterliegen, ab dem 1. Januar 2019 nicht mehr anzuwenden, soweit zu diesem Zeitpunkt für den jeweiligen Abschnitt eines Vorhabens das Planfeststellungsverfahren noch nicht eröffnet ist und die Auslegung des Plans noch nicht öffentlich bekannt gemacht wurde. [3]Von der Anwendung des in Satz 2 genannten Abschlags kann bereits vor dem 1. Januar 2015 abgesehen werden, wenn die damit verbundenen Mehrkosten vom Vorhabenträger oder dem Bund getragen werden.

(2) Wegen der Anforderungen nach Absatz 1 gilt § 7 Absatz 5 entsprechend.

Fünfter Teil: Überwachung und Verbesserung der Luftqualität, Luftreinhalteplanung, Lärmminderungspläne

§ 44 Überwachung der Luftqualität

(1) Zur Überwachung der Luftqualität führen die zuständigen Behörden regelmäßige Untersuchungen nach den Anforderungen der Rechtsverordnungen nach § 48a Absatz 1 oder 1a durch.

1) **Anm. d. Red.:** § 43 i. d. F. des Gesetzes v. 2. 7. 2013 (BGBl I S. 1943) mit Wirkung v. 6. 7. 2013.

(2) Die Landesregierungen oder die von ihnen bestimmten Stellen werden ermächtigt, durch Rechtsverordnungen Untersuchungsgebiete festzulegen, in denen Art und Umfang bestimmter nicht von Absatz 1 erfasster Luftverunreinigungen in der Atmosphäre, die schädliche Umwelteinwirkungen hervorrufen können, in einem bestimmen Zeitraum oder fortlaufend festzustellen sowie die für die Entstehung der Luftverunreinigungen und ihrer Ausbreitung bedeutsamen Umstände zu untersuchen sind.

§ 45 Verbesserung der Luftqualität

(1) [1]Die zuständigen Behörden ergreifen die erforderlichen Maßnahmen, um die Einhaltung der durch eine Rechtsverordnung nach § 48a festgelegten Immissionswerte sicherzustellen. [2]Hierzu gehören insbesondere Pläne nach § 47.

(2) Die Maßnahmen nach Absatz 1

a) müssen einem integrierten Ansatz zum Schutz von Luft, Wasser und Boden Rechnung tragen;

b) dürfen nicht gegen die Vorschriften zum Schutz von Gesundheit und Sicherheit der Arbeitnehmer am Arbeitsplatz verstoßen;

c) dürfen keine erheblichen Beeinträchtigungen der Umwelt in anderen Mitgliedstaaten verursachen.

§ 46 Emissionskataster

Soweit es zur Erfüllung von bindenden Rechtsakten der Europäischen Gemeinschaften oder der Europäischen Union erforderlich ist, stellen die zuständigen Behörden Emissionskataster auf.

§ 46a Unterrichtung der Öffentlichkeit

[1]Die Öffentlichkeit ist nach Maßgabe der Rechtsverordnungen nach § 48a Absatz 1 über die Luftqualität zu informieren. [2]Überschreitungen von in Rechtsverordnungen nach § 48a Absatz 1 festgelegten Informations- oder Alarmschwellen sind der Öffentlichkeit von der zuständigen Behörde unverzüglich durch Rundfunk, Fernsehen, Presse oder auf andere Weise bekannt zu geben.

§ 47 Luftreinhaltepläne, Pläne für kurzfristig zu ergreifende Maßnahmen, Landesverordnungen[1)]

(1) [1]Werden die durch eine Rechtsverordnung nach § 48a Absatz 1 festgelegten Immissionsgrenzwerte einschließlich festgelegter Toleranzmargen überschritten, hat die zuständige Behörde einen Luftreinhalteplan aufzustellen, welcher die erforderlichen Maßnahmen zur dauerhaften Verminderung von Luftverunreinigungen festlegt und den Anforderungen der Rechtsverordnung entspricht. [2]Satz 1 gilt entsprechend, soweit eine Rechtsverordnung nach § 48a Absatz 1 zur Einhaltung von Zielwerten die Aufstellung eines Luftreinhalteplans regelt. [3]Die Maßnahmen eines Luftreinhalteplans müssen geeignet sein, den Zeitraum einer Überschreitung von bereits einzuhaltenden Immissionsgrenzwerten so kurz wie möglich zu halten.

(2) [1]Besteht die Gefahr, dass die durch eine Rechtsverordnung nach § 48a Absatz 1 festgelegten Alarmschwellen überschritten werden, hat die zuständige Behörde einen Plan für kurzfristig zu ergreifende Maßnahmen aufzustellen, soweit die Rechtsverordnung dies vorsieht. [2]Besteht die Gefahr, dass durch eine Rechtsverordnung nach § 48a Absatz 1 festgelegte Immissionsgrenzwerte oder Zielwerte überschritten werden, kann die zuständige Behörde einen Plan für kurzfristig zu ergreifende Maßnahmen aufstellen, soweit die Rechtsverordnung dies vorsieht. [3]Die im Plan festgelegten Maßnahmen müssen geeignet sein, die Gefahr der Überschreitung der Werte zu verringern oder den Zeitraum, während dessen die Werte überschritten werden, zu

1) **Anm. d. Red.:** § 47 i. d. F. des Gesetzes v. 29. 3. 2017 (BGBl I S. 626) mit Wirkung v. 5. 4. 2017.

verkürzen. [4]Ein Plan für kurzfristig zu ergreifende Maßnahmen kann Teil eines Luftreinhalteplans nach Absatz 1 sein.

(3) [1]Liegen Anhaltspunkte dafür vor, dass die durch eine Rechtsverordnung nach § 48a Absatz 1a festgelegten Immissionswerte nicht eingehalten werden, oder sind in einem Untersuchungsgebiet im Sinne des § 44 Absatz 2 sonstige schädliche Umwelteinwirkungen zu erwarten, kann die zuständige Behörde einen Luftreinhalteplan aufstellen. [2]Bei der Aufstellung dieser Pläne sind die Ziele der Raumordnung zu beachten; die Grundsätze und sonstigen Erfordernisse der Raumordnung sind zu berücksichtigen.

(4) [1]Die Maßnahmen sind entsprechend des Verursacheranteils unter Beachtung des Grundsatzes der Verhältnismäßigkeit gegen alle Emittenten zu richten, die zum Überschreiten der Immissionswerte oder einem Untersuchungsgebiet im Sinne des § 44 Absatz 2 zu sonstigen schädlichen Umwelteinwirkungen beitragen. [2]Werden in Plänen nach Absatz 1 oder 2 Maßnahmen im Straßenverkehr erforderlich, sind diese im Einvernehmen mit den zuständigen Straßenbau- und Straßenverkehrsbehörden festzulegen. [3]Werden Immissionswerte hinsichtlich mehrerer Schadstoffe überschritten, ist ein alle Schadstoffe erfassender Plan aufzustellen. [4]Werden Immissionswerte durch Emissionen überschritten, die außerhalb des Plangebiets verursacht werden, hat in den Fällen der Absätze 1 und 2 auch die dort zuständige Behörde einen Plan aufzustellen.

(5) [1]Die nach den Absätzen 1 bis 4 aufzustellenden Pläne müssen den Anforderungen des § 45 Absatz 2 entsprechen. [2]Die Öffentlichkeit ist bei der Aufstellung von Plänen nach den Absätzen 1 und 3 zu beteiligen. [3]Die Pläne müssen für die Öffentlichkeit zugänglich sein.

(5a) [1]Bei der Aufstellung oder Änderung von Luftreinhalteplänen nach Absatz 1 ist die Öffentlichkeit durch die zuständige Behörde zu beteiligen. [2]Die Aufstellung oder Änderung eines Luftreinhalteplanes sowie Informationen über das Beteiligungsverfahren sind in einem amtlichen Veröffentlichungsblatt und auf andere geeignete Weise öffentlich bekannt zu machen. [3]Der Entwurf des neuen oder geänderten Luftreinhalteplanes ist einen Monat zur Einsicht auszulegen; bis zwei Wochen nach Ablauf der Auslegungsfrist kann gegenüber der zuständigen Behörde schriftlich oder elektronisch Stellung genommen werden; der Zeitpunkt des Fristablaufs ist bei der Bekanntmachung nach Satz 2 mitzuteilen. [4]Fristgemäß eingegangene Stellungnahmen werden von der zuständigen Behörde bei der Entscheidung über die Annahme des Plans angemessen berücksichtigt. [5]Der aufgestellte Plan ist von der zuständigen Behörde in einem amtlichen Veröffentlichungsblatt und auf andere geeignete Weise öffentlich bekannt zu machen. [6]In der öffentlichen Bekanntmachung sind das überplante Gebiet und eine Übersicht über die wesentlichen Maßnahmen darzustellen. [7]Eine Ausfertigung des Plans, einschließlich einer Darstellung des Ablaufs des Beteiligungsverfahrens und der Gründe und Erwägungen, auf denen die getroffene Entscheidung beruht, wird zwei Wochen zur Einsicht ausgelegt. [8]Dieser Absatz findet keine Anwendung, wenn es sich bei dem Luftreinhalteplan nach Absatz 1 um einen Plan handelt, für den nach dem Gesetz über die Umweltverträglichkeitsprüfung eine Strategische Umweltprüfung durchzuführen ist.

(5b) Werden nach Absatz 2 Pläne für kurzfristig zu ergreifende Maßnahmen aufgestellt, macht die zuständige Behörde der Öffentlichkeit sowohl die Ergebnisse ihrer Untersuchungen zur Durchführbarkeit und zum Inhalt solcher Pläne als auch Informationen über die Durchführung dieser Pläne zugänglich.

(6) [1]Die Maßnahmen, die Pläne nach den Absätzen 1 bis 4 festlegen, sind durch Anordnungen oder sonstige Entscheidungen der zuständigen Träger öffentlicher Verwaltung nach diesem Gesetz oder nach anderen Rechtsvorschriften durchzusetzen. [2]Sind in den Plänen planungsrechtliche Festlegungen vorgesehen, haben die zuständigen Planungsträger dies bei ihren Planungen zu berücksichtigen.

(7) [1]Die Landesregierungen oder die von ihnen bestimmten Stellen werden ermächtigt, bei der Gefahr, dass Immissionsgrenzwerte überschritten werden, die eine Rechtsverordnung nach § 48a Absatz 1 festlegt, durch Rechtsverordnung vorzuschreiben, dass in näher zu bestimmenden Gebieten bestimmte

1. ortsveränderliche Anlagen nicht betrieben werden dürfen,
2. ortsfeste Anlagen nicht errichtet werden dürfen,
3. ortsveränderliche oder ortsfeste Anlagen nur zu bestimmten Zeiten betrieben werden dürfen oder erhöhten betriebstechnischen Anforderungen genügen müssen,
4. Brennstoffe in Anlagen nicht oder nur beschränkt verwendet werden dürfen,

soweit die Anlagen oder Brennstoffe geeignet sind, zur Überschreitung der Immissionswerte beizutragen. [2]Absatz 4 Satz 1 und § 49 Absatz 3 gelten entsprechend.

Sechster Teil: Lärmminderungsplanung

§ 47a Anwendungsbereich des Sechsten Teils

[1]Dieser Teil des Gesetzes gilt für den Umgebungslärm, dem Menschen insbesondere in bebauten Gebieten, in öffentlichen Parks oder anderen ruhigen Gebieten eines Ballungsraums, in ruhigen Gebieten auf dem Land, in der Umgebung von Schulgebäuden, Krankenhäusern und anderen lärmempfindlichen Gebäuden und Gebieten ausgesetzt sind. [2]Er gilt nicht für Lärm, der von der davon betroffenen Person selbst oder durch Tätigkeiten innerhalb von Wohnungen verursacht wird, für Nachbarschaftslärm, Lärm am Arbeitsplatz, in Verkehrsmitteln oder Lärm, der auf militärische Tätigkeiten in militärischen Gebieten zurückzuführen ist.

§ 47b Begriffsbestimmungen

Im Sinne dieses Gesetzes bezeichnen die Begriffe

1. „Umgebungslärm" belästigende oder gesundheitsschädliche Geräusche im Freien, die durch Aktivitäten von Menschen verursacht werden, einschließlich des Lärms, der von Verkehrsmitteln, Straßenverkehr, Eisenbahnverkehr, Flugverkehr sowie Geländen für industrielle Tätigkeiten ausgeht;
2. „Ballungsraum" ein Gebiet mit einer Einwohnerzahl von über 100 000 und einer Bevölkerungsdichte von mehr als 1 000 Einwohnern pro Quadratkilometer;
3. „Hauptverkehrsstraße" eine Bundesfernstraße, Landesstraße oder auch sonstige grenzüberschreitende Straße, jeweils mit einem Verkehrsaufkommen von über drei Millionen Kraftfahrzeugen pro Jahr;
4. „Haupteisenbahnstrecke" ein Schienenweg von Eisenbahnen nach dem Allgemeinen Eisenbahngesetz mit einem Verkehrsaufkommen von über 30 000 Zügen pro Jahr;
5. „Großflughafen" ein Verkehrsflughafen mit einem Verkehrsaufkommen von über 50 000 Bewegungen pro Jahr, wobei mit „Bewegung" der Start oder die Landung bezeichnet wird, hiervon sind ausschließlich der Ausbildung dienende Bewegungen mit Leichtflugzeugen ausgenommen.

§ 47c Lärmkarten[1)]

(1) [1]Die zuständigen Behörden arbeiten bis zum 30. Juni 2007 bezogen auf das vorangegangene Kalenderjahr Lärmkarten für Ballungsräume mit mehr als 250 000 Einwohnern sowie für Hauptverkehrsstraßen mit einem Verkehrsaufkommen von über sechs Millionen Kraftfahrzeugen pro Jahr, Haupteisenbahnstrecken mit einem Verkehrsaufkommen von über 60 000 Zügen pro Jahr und Großflughäfen aus. [2]Gleiches gilt bis zum 30. Juni 2012 und danach alle fünf Jahre für sämtliche Ballungsräume sowie für sämtliche Hauptverkehrsstraßen und Haupteisenbahnstrecken.

(2) Die Lärmkarten haben den Mindestanforderungen des Anhangs IV der Richtlinie 2002/49/EG des Europäischen Parlaments und des Rates vom 25. Juni 2002 über die Bewertung und Be-

1) **Anm. d. Red.:** § 47c i. d. F. der VO v. 31. 8. 2015 (BGBl I S. 1474) mit Wirkung v. 8. 9. 2015.

kämpfung von Umgebungslärm (ABl EG Nr. L 189 S. 12) zu entsprechen und die nach Anhang VI der Richtlinie 2002/49/ EG an die Kommission zu übermittelnden Daten zu enthalten.

(2a) Öffentliche Eisenbahninfrastrukturunternehmen sind verpflichtet, den für die Ausarbeitung von Lärmkarten zuständigen Behörden folgende für die Erarbeitung von Lärmkarten erforderlichen Daten unentgeltlich zur Verfügung zu stellen:

1. Daten zur Eisenbahninfrastruktur und
2. Daten zum Verkehr der Eisenbahnen auf den Schienenwegen.

(3) Die zuständigen Behörden arbeiten bei der Ausarbeitung von Lärmkarten für Grenzgebiete mit den zuständigen Behörden anderer Mitgliedstaaten der Europäischen Union zusammen.

(4) Die Lärmkarten werden mindestens alle fünf Jahre nach dem Zeitpunkt ihrer Erstellung überprüft und bei Bedarf überarbeitet.

(5) [1]Die zuständigen Behörden teilen dem Bundesministerium für Umwelt, Naturschutz, Bau und Reaktorsicherheit oder einer von ihm benannten Stelle zum 30. Juni 2005 und danach alle fünf Jahre die Ballungsräume mit mehr als 250 000 Einwohnern, die Hauptverkehrsstraßen mit einem Verkehrsaufkommen von über sechs Millionen Kraftfahrzeugen pro Jahr, die Haupteisenbahnstrecken mit einem Verkehrsaufkommen von über 60 000 Zügen pro Jahr und die Großflughäfen mit. [2]Gleiches gilt zum 31. Dezember 2008 für sämtliche Ballungsräume sowie sämtliche Hauptverkehrsstraßen und Haupteisenbahnstrecken.

(6) Die zuständigen Behörden teilen Informationen aus den Lärmkarten, die in der Rechtsverordnung nach § 47f bezeichnet werden, dem Bundesministerium für Umwelt, Naturschutz, Bau und Reaktorsicherheit oder einer von ihm benannten Stelle mit.

§ 47d Lärmaktionspläne[1)]

(1) [1]Die zuständigen Behörden stellen bis zum 18. Juli 2008 Lärmaktionspläne auf, mit denen Lärmprobleme und Lärmauswirkungen geregelt werden für

1. Orte in der Nähe der Hauptverkehrsstraßen mit einem Verkehrsaufkommen von über sechs Millionen Kraftfahrzeugen pro Jahr, der Haupteisenbahnstrecken mit einem Verkehrsaufkommen von über 60 000 Zügen pro Jahr und der Großflughäfen,
2. Ballungsräume mit mehr als 250 000 Einwohnern.

[2]Gleiches gilt bis zum 18. Juli 2013 für sämtliche Ballungsräume sowie für sämtliche Hauptverkehrsstraßen und Haupteisenbahnstrecken. [3]Die Festlegung von Maßnahmen in den Plänen ist in das Ermessen der zuständigen Behörden gestellt, sollte aber auch unter Berücksichtigung der Belastung durch mehrere Lärmquellen insbesondere auf die Prioritäten eingehen, die sich gegebenenfalls aus der Überschreitung relevanter Grenzwerte oder aufgrund anderer Kriterien ergeben, und insbesondere für die wichtigsten Bereiche gelten, wie sie in den Lärmkarten ausgewiesen werden.

(2) [1]Die Lärmaktionspläne haben den Mindestanforderungen des Anhangs V der Richtlinie 2002/49/EG zu entsprechen und die nach Anhang VI der Richtlinie 2002/49/EG an die Kommission zu übermittelnden Daten zu enthalten. [2]Ziel dieser Pläne soll es auch sein, ruhige Gebiete gegen eine Zunahme des Lärms zu schützen.

(2a) Öffentliche Eisenbahninfrastrukturunternehmen sind verpflichtet, an der Aufstellung von Lärmaktionsplänen für Orte in der Nähe der Haupteisenbahnstrecken und für Ballungsräume mit Eisenbahnverkehr mitzuwirken.

(3) [1]Die Öffentlichkeit wird zu Vorschlägen für Lärmaktionspläne gehört. [2]Sie erhält rechtzeitig und effektiv die Möglichkeit, an der Ausarbeitung und der Überprüfung der Lärmaktionspläne mitzuwirken. [3]Die Ergebnisse der Mitwirkung sind zu berücksichtigen. [4]Die Öffentlichkeit ist über die getroffenen Entscheidungen zu unterrichten. [5]Es sind angemessene Fristen mit einer ausreichenden Zeitspanne für jede Phase der Beteiligung vorzusehen.

1) **Anm. d. Red.:** § 47d i. d. F. der VO v. 31. 8. 2015 (BGBl I S. 1474) mit Wirkung v. 8. 9. 2015.

(4) § 47c Absatz 3 gilt entsprechend.

(5) Die Lärmaktionspläne werden bei bedeutsamen Entwicklungen für die Lärmsituation, ansonsten jedoch alle fünf Jahre nach dem Zeitpunkt ihrer Aufstellung überprüft und erforderlichenfalls überarbeitet.

(6) § 47 Absatz 3 Satz 2 und Absatz 6 gilt entsprechend.

(7) Die zuständigen Behörden teilen Informationen aus den Lärmaktionsplänen, die in der Rechtsverordnung nach § 47f bezeichnet werden, dem Bundesministerium für Umwelt, Naturschutz, Bau und Reaktorsicherheit oder einer von ihm benannten Stelle mit.

§ 47e Zuständige Behörden[1)]

(1) Zuständige Behörden für die Aufgaben dieses Teils des Gesetzes sind die Gemeinden oder die nach Landesrecht zuständigen Behörden, soweit nicht nachstehend Abweichendes geregelt ist.

(2) Die obersten Landesbehörden oder die von ihnen benannten Stellen sind zuständig für die Mitteilungen nach § 47c Absatz 5 und 6 sowie nach § 47d Absatz 7.

(3) Das Eisenbahn-Bundesamt ist zuständig für die Ausarbeitung der Lärmkarten für Schienenwege von Eisenbahnen des Bundes nach § 47c sowie insoweit für die Mitteilung der Haupteisenbahnstrecken nach § 47c Absatz 5, für die Mitteilung der Informationen nach § 47c Absatz 6 und für die Information der Öffentlichkeit über Lärmkarten nach § 47f Absatz 1 Satz 1 Nummer 3.

(4) [1]Abweichend von Absatz 1 ist ab dem 1. Januar 2015 das Eisenbahn-Bundesamt zuständig für die Aufstellung eines bundesweiten Lärmaktionsplanes für die Haupteisenbahnstrecken des Bundes mit Maßnahmen in Bundeshoheit. [2]Bei Lärmaktionsplänen für Ballungsräume wirkt das Eisenbahn-Bundesamt an der Lärmaktionsplanung mit.

§ 47f Rechtsverordnungen

(1) [1]Die Bundesregierung wird ermächtigt, nach Anhörung der beteiligten Kreise (§ 51) durch Rechtsverordnung mit Zustimmung des Bundesrates weitere Regelungen zur Umsetzung der Richtlinie 2002/49/ EG in deutsches Recht zu erlassen, insbesondere

1. zur Definition von Lärmindizes und zu ihrer Anwendung,
2. zu den Berechnungsmethoden für Lärmindizes und zur Bewertung gesundheitsschädlicher Auswirkungen,
3. zur Information der Öffentlichkeit über zuständige Behörden sowie Lärmkarten und Lärmaktionspläne,
4. zu Kriterien für die Festlegung von Maßnahmen in Lärmaktionsplänen.

[2]Passt die Kommission gemäß Artikel 12 der Richtlinie 2002/49/EG deren Anhang I Abschnitt 3, Anhang II und Anhang III nach dem Verfahren des Artikels 13 Absatz 2 der Richtlinie 2002/49/ EG an den wissenschaftlichen und technischen Fortschritt an, gilt Satz 1 auch insoweit.

(2) Die Bundesregierung wird ermächtigt, nach Anhörung der beteiligten Kreise (§ 51) durch Rechtsverordnung mit Zustimmung des Bundesrates weitere Regelungen zu erlassen

1. zum Format und Inhalt von Lärmkarten und Lärmaktionsplänen,
2. zur Datenerhebung und Datenübermittlung.

1) **Anm. d. Red.:** § 47e i. d. F. des Gesetzes v. 2. 7. 2013 (BGBl I S. 1943) mit Wirkung v. 6. 7. 2013.

Siebenter Teil: Gemeinsame Vorschriften

§ 48 Verwaltungsvorschriften[1)]

(1) [1]Die Bundesregierung erlässt nach Anhörung der beteiligten Kreise (§ 51) mit Zustimmung des Bundesrates zur Durchführung dieses Gesetzes und der aufgrund dieses Gesetzes erlassenen Rechtsverordnungen des Bundes allgemeine Verwaltungsvorschriften, insbesondere über

1. Immissionswerte, die zu dem in § 1 genannten Zweck nicht überschritten werden dürfen,
2. Emissionswerte, deren Überschreiten nach dem Stand der Technik vermeidbar ist,
3. das Verfahren zur Ermittlung der Emissionen und Immissionen,
4. die von der zuständigen Behörde zu treffenden Maßnahmen bei Anlagen, für Regelungen in einer Rechtsverordnung nach § 7 Absatz 2 oder 3 vorgesehen werden können, unter Berücksichtigung insbesondere der dort genannten Voraussetzungen,
5. äquivalente Parameter oder äquivalente technische Maßnahmen zu Emissionswerten,
6. angemessene Sicherheitsabstände gemäß § 3 Absatz 5c.

[2]Bei der Festlegung der Anforderungen sind insbesondere mögliche Verlagerungen von nachteiligen Auswirkungen von einem Schutzgut auf ein anderes zu berücksichtigen; ein hohes Schutzniveau für die Umwelt insgesamt ist zu gewährleisten.

(1a) [1]Nach jeder Veröffentlichung einer BVT-Schlussfolgerung ist unverzüglich zu gewährleisten, dass für Anlagen nach der Industrieemissions-Richtlinie bei der Festlegung von Emissionswerten nach Absatz 1 Satz 1 Nummer 2 die Emissionen unter normalen Betriebsbedingungen die in den BVT-Schlussfolgerungen genannten Emissionsbandbreiten nicht überschreiten. [2]Im Hinblick auf bestehende Anlagen ist innerhalb eines Jahres nach Veröffentlichung von BVT-Schlussfolgerungen zur Haupttätigkeit eine Überprüfung und gegebenenfalls Anpassung der Verwaltungsvorschrift vorzunehmen.

(1b) [1]Abweichend von Absatz 1a

1. können in der Verwaltungsvorschrift weniger strenge Emissionswerte festgelegt werden, wenn
   a) wegen technischer Merkmale der betroffenen Anlagenart die Anwendung der in den BVT-Schlussfolgerungen genannten Emissionsbandbreiten unverhältnismäßig wäre und dies begründet wird oder
   b) in Anlagen Zukunftstechniken für einen Gesamtzeitraum von höchstens neun Monaten erprobt oder angewendet werden sollen, sofern nach dem festgelegten Zeitraum die Anwendung der betreffenden Technik beendet wird oder in der Anlage mindestens die mit den besten verfügbaren Techniken assoziierten Emissionsbandbreiten erreicht werden, oder
2. kann in der Verwaltungsvorschrift bestimmt werden, dass die zuständige Behörde weniger strenge Emissionsbegrenzungen festlegen kann, wenn
   a) wegen technischer Merkmale der betroffenen Anlagen die Anwendung der in den BVT-Schlussfolgerungen genannten Emissionsbandbreiten unverhältnismäßig wäre oder
   b) in Anlagen Zukunftstechniken für einen Gesamtzeitraum von höchstens neun Monaten erprobt oder angewendet werden sollen, sofern nach dem festgelegten Zeitraum die Anwendung der betreffenden Technik beendet wird oder in der Anlage mindestens die mit den besten verfügbaren Techniken assoziierten Emissionsbandbreiten erreicht werden.

[2]Absatz 1 Satz 2 bleibt unberührt. [3]Emissionswerte und Emissionsbegrenzungen nach Satz 1 dürfen die in den Anhängen der Richtlinie 2010/75/EU festgelegten Emissionsgrenzwerte nicht überschreiten.

(2) (weggefallen)

---

1) **Anm. d. Red.:** § 48 i. d. F. des Gesetzes v. 30. 11. 2016 (BGBl I S. 2749) mit Wirkung v. 7. 12. 2016.

§ 48a Rechtsverordnungen über Emissionswerte und Immissionswerte

(1) [1]Zur Erfüllung von bindenden Rechtsakten der Europäischen Gemeinschaften oder der Europäischen Union kann die Bundesregierung zu dem in § 1 genannten Zweck mit Zustimmung des Bundesrates Rechtsverordnungen über die Festsetzung von Immissions- und Emissionswerten einschließlich der Verfahren zur Ermittlung sowie Maßnahmen zur Einhaltung dieser Werte und zur Überwachung und Messung erlassen. [2]In den Rechtsverordnungen kann auch geregelt werden, wie die Bevölkerung zu unterrichten ist.

(1a) [1]Über die Erfüllung von bindenden Rechtsakten der Europäischen Gemeinschaften oder der Europäischen Union hinaus kann die Bundesregierung zu dem in § 1 genannten Zweck mit Zustimmung des Bundesrates Rechtsverordnungen über die Festlegung von Immissionswerten für weitere Schadstoffe einschließlich der Verfahren zur Ermittlung sowie Maßnahmen zur Einhaltung dieser Werte und zur Überwachung und Messung erlassen. [2]In den Rechtsverordnungen kann auch geregelt werden, wie die Bevölkerung zu unterrichten ist.

(2) Die in Rechtsverordnungen nach Absatz 1 festgelegten Maßnahmen sind durch Anordnungen oder sonstige Entscheidungen der zuständigen Träger öffentlicher Verwaltung nach diesem Gesetz oder nach anderen Rechtsvorschriften durchzusetzen; soweit planungsrechtliche Festlegungen vorgesehen sind, haben die zuständigen Planungsträger zu befinden, ob und inwieweit Planungen in Betracht zu ziehen sind.

BImSchG

(3) Zur Erfüllung von bindenden Rechtsakten der Europäischen Gemeinschaften oder der Europäischen Union kann die Bundesregierung zu dem in § 1 genannten Zweck mit Zustimmung des Bundesrates in Rechtsverordnungen von Behörden zu erfüllende Pflichten begründen und ihnen Befugnisse zur Erhebung, Verarbeitung und Nutzung personenbezogener Daten einräumen, soweit diese für die Beurteilung und Kontrolle der in den Beschlüssen gestellten Anforderungen erforderlich sind.

§ 48b Beteiligung des Bundestages beim Erlass von Rechtsverordnungen

[1]Rechtsverordnungen nach § 7 Absatz 1 Satz 1 Nummer 2, § 23 Absatz 1 Satz 1 Nummer 2, § 43 Absatz 1 Satz 1 Nummer 1, § 48a Absatz 1 und § 48a Absatz 1a dieses Gesetzes sind dem Bundestag zuzuleiten. [2]Die Zuleitung erfolgt vor der Zuleitung an den Bundesrat. [3]Die Rechtsverordnungen können durch Beschluss des Bundestages geändert oder abgelehnt werden. [4]Der Beschluss des Bundestages wird der Bundesregierung zugeleitet. [5]Hat sich der Bundestag nach Ablauf von vier Sitzungswochen seit Eingang der Rechtsverordnung nicht mit ihr befasst, wird die unveränderte Rechtsverordnung dem Bundesrat zugeleitet. [6]Die Sätze 1 bis 5 gelten nicht bei Rechtsverordnungen nach § 7 Absatz 1 Satz 1 Nummer 2 für den Fall, dass wegen der Fortentwicklung des Standes der Technik die Umsetzung von BVT-Schlussfolgerungen nach § 7 Absatz 1a erforderlich ist.

§ 49 Schutz bestimmter Gebiete

(1) Die Landesregierungen werden ermächtigt, durch Rechtsverordnung vorzuschreiben, dass in näher zu bestimmenden Gebieten, die eines besonderen Schutzes vor schädlichen Umwelteinwirkungen durch Luftverunreinigungen oder Geräusche bedürfen, bestimmte

1. ortsveränderliche Anlagen nicht betrieben werden dürfen,
2. ortsfeste Anlagen nicht errichtet werden dürfen,
3. ortsveränderliche oder ortsfeste Anlagen nur zu bestimmten Zeiten betrieben werden dürfen oder erhöhten betriebstechnischen Anforderungen genügen müssen oder
4. Brennstoffe in Anlagen nicht oder nur beschränkt verwendet werden dürfen,

soweit die Anlagen oder Brennstoffe geeignet sind, schädliche Umwelteinwirkungen durch Luftverunreinigungen oder Geräusche hervorzurufen, die mit dem besonderen Schutzbedürfnis dieser Gebiete nicht vereinbar sind, und die Luftverunreinigungen und Geräusche durch Auflagen nicht verhindert werden können.

(2) [1]Die Landesregierungen werden ermächtigt, durch Rechtsverordnung Gebiete festzusetzen, in denen während austauscharmer Wetterlagen ein starkes Anwachsen schädlicher Umwelteinwirkungen durch Luftverunreinigungen zu befürchten ist. [2]In der Rechtsverordnung kann vorgeschrieben werden, dass in diesen Gebieten

1. ortsveränderliche oder ortsfeste Anlagen nur zu bestimmten Zeiten betrieben oder
2. Brennstoffe, die in besonderem Maße Luftverunreinigungen hervorrufen, in Anlagen nicht oder nur beschränkt verwendet

werden dürfen, sobald die austauscharme Wetterlage von der zuständigen Behörde bekannt gegeben wird.

(3) Landesrechtliche Ermächtigungen für die Gemeinden und Gemeindeverbände zum Erlass von ortsrechtlichen Vorschriften, die Regelungen zum Schutz der Bevölkerung vor schädlichen Umwelteinwirkungen durch Luftverunreinigungen oder Geräusche zum Gegenstand haben, bleiben unberührt.

§ 50 Planung[1)]

[1]Bei raumbedeutsamen Planungen und Maßnahmen sind die für eine bestimmte Nutzung vorgesehenen Flächen einander so zuzuordnen, dass schädliche Umwelteinwirkungen und von schweren Unfällen im Sinne des Artikels 3 Nummer 13 der Richtlinie 2012/18/EU in Betriebsbereichen hervorgerufene Auswirkungen auf die ausschließlich oder überwiegend dem Wohnen dienenden Gebiete sowie auf sonstige schutzbedürftige Gebiete, insbesondere öffentlich genutzte Gebiete, wichtige Verkehrswege, Freizeitgebiete und unter dem Gesichtspunkt des Naturschutzes besonders wertvolle oder besonders empfindliche Gebiete und öffentlich genutzte Gebäude, so weit wie möglich vermieden werden. [2]Bei raumbedeutsamen Planungen und Maßnahmen in Gebieten, in denen die in Rechtsverordnungen nach § 48a Absatz 1 festgelegten Immissionsgrenzwerte und Zielwerte nicht überschritten werden, ist bei der Abwägung der betroffenen Belange die Erhaltung der bestmöglichen Luftqualität als Belang zu berücksichtigen.

§ 51 Anhörung beteiligter Kreise

Soweit Ermächtigungen zum Erlass von Rechtsverordnungen und allgemeinen Verwaltungsvorschriften die Anhörung der beteiligten Kreise vorschreiben, ist ein jeweils auszuwählender Kreis von Vertretern der Wissenschaft, der Betroffenen, der beteiligten Wirtschaft, des beteiligten Verkehrswesens und der für den Immissionsschutz zuständigen obersten Landesbehörden zu hören.

§ 51a Kommission für Anlagensicherheit[2)]

(1) Beim Bundesministerium für Umwelt, Naturschutz, Bau und Reaktorsicherheit wird zur Beratung der Bundesregierung oder des zuständigen Bundesministeriums eine Kommission für Anlagensicherheit gebildet.

(2) [1]Die Kommission für Anlagensicherheit soll gutachtlich in regelmäßigen Zeitabständen sowie aus besonderem Anlass Möglichkeiten zur Verbesserung der Anlagensicherheit aufzeigen. [2]Sie schlägt darüber hinaus dem Stand der Sicherheitstechnik entsprechende Regeln (sicherheitstechnische Regeln) unter Berücksichtigung der für andere Schutzziele vorhandenen Regeln vor. [3]Nach Anhörung der für die Anlagensicherheit zuständigen obersten Landesbehörden kann das Bundesministerium für Umwelt, Naturschutz, Bau und Reaktorsicherheit diese Regeln im Bundesanzeiger veröffentlichen. [4]Die Kommission für Anlagensicherheit überprüft innerhalb angemessener Zeitabstände, spätestens nach jeweils fünf Jahren, ob die veröffentlichten sicherheitstechnischen Regeln weiterhin dem Stand der Sicherheitstechnik entsprechen.

1) **Anm. d. Red.:** § 50 i. d. F. des Gesetzes v. 30. 11. 2016 (BGBl I S. 2749) mit Wirkung v. 7. 12. 2016.

2) **Anm. d. Red.:** § 51a i. d. F. der VO v. 31. 8. 2015 (BGBl I S. 1474) mit Wirkung v. 8. 9. 2015.

(3) In die Kommission für Anlagensicherheit sind im Einvernehmen mit dem Bundesministerium für Arbeit und Soziales neben Vertreterinnen oder Vertretern der beteiligten Bundesbehörden sowie der für den Immissions- und Arbeitsschutz zuständigen Landesbehörden insbesondere Vertreterinnen oder Vertreter der Wissenschaft, der Umweltverbände, der Gewerkschaften, der Sachverständigen nach § 29a und der zugelassenen Überwachungsstellen nach § 37 Absatz 5 des Produktsicherheitsgesetzes, der Berufsgenossenschaften, der beteiligten Wirtschaft sowie Vertreterinnen oder Vertreter der nach § 24 der Betriebssicherheitsverordnung und § 21 der Gefahrstoffverordnung eingesetzten Ausschüsse zu berufen.

(4) [1]Die Kommission für Anlagensicherheit wählt aus ihrer Mitte eine Vorsitzende oder einen Vorsitzenden und gibt sich eine Geschäftsordnung. [2]Die Wahl der oder des Vorsitzenden und die Geschäftsordnung bedürfen der im Einvernehmen mit dem Bundesministerium für Arbeit und Soziales zu erteilenden Zustimmung des Bundesministeriums für Umwelt, Naturschutz, Bau und Reaktorsicherheit.

§ 51b Sicherstellung der Zustellungsmöglichkeit

[1]Der Betreiber einer genehmigungsbedürftigen Anlage hat sicherzustellen, dass für ihn bestimmte Schriftstücke im Geltungsbereich dieses Gesetzes zugestellt werden können. [2]Kann die Zustellung nur dadurch sichergestellt werden, dass ein Bevollmächtigter bestellt wird, so hat der Betreiber den Bevollmächtigten der zuständigen Behörde zu benennen.

BImSchG

§ 52 Überwachung

(1) [1]Die zuständigen Behörden haben die Durchführung dieses Gesetzes und der auf dieses Gesetz gestützten Rechtsverordnungen zu überwachen. [2]Sie können die dafür erforderlichen Maßnahmen treffen und bei der Durchführung dieser Maßnahmen Beauftragte einsetzen. [3]Sie haben Genehmigungen im Sinne des § 4 regelmäßig zu überprüfen und soweit erforderlich durch nachträgliche Anordnungen nach § 17 auf den neuesten Stand zu bringen. [4]Eine Überprüfung im Sinne von Satz 2 wird in jedem Fall vorgenommen, wenn

1. Anhaltspunkte dafür bestehen, dass der Schutz der Nachbarschaft und der Allgemeinheit nicht ausreichend ist und deshalb die in der Genehmigung festgelegten Begrenzungen der Emissionen überprüft oder neu festgesetzt werden müssen,
2. wesentliche Veränderungen des Standes der Technik eine erhebliche Verminderung der Emissionen ermöglichen,
3. eine Verbesserung der Betriebssicherheit erforderlich ist, insbesondere durch die Anwendung anderer Techniken, oder
4. neue umweltrechtliche Vorschriften dies fordern.

[5]Bei Anlagen nach der Industrieemissions-Richtlinie ist innerhalb von vier Jahren nach der Veröffentlichung von BVT-Schlussfolgerungen zur Haupttätigkeit

1. eine Überprüfung und gegebenenfalls Aktualisierung der Genehmigung im Sinne von Satz 3 vorzunehmen und
2. sicherzustellen, dass die betreffende Anlage die Genehmigungsanforderungen nach § 6 Absatz 1 Nummer 1 und der Nebenbestimmungen nach § 12 einhält.

[6]Satz 5 gilt auch für Genehmigungen, die nach Veröffentlichung von BVT-Schlussfolgerungen auf der Grundlage der bislang geltenden Rechts- und Verwaltungsvorschriften erteilt worden sind. [7]Wird festgestellt, dass eine Einhaltung der nachträglichen Anordnung nach § 17 oder der Genehmigung innerhalb der in Satz 5 bestimmten Frist wegen technischer Merkmale der betroffenen Anlage unverhältnismäßig wäre, kann die zuständige Behörde einen längeren Zeitraum festlegen. [8]Als Teil jeder Überprüfung der Genehmigung hat die zuständige Behörde die Festlegung weniger strenger Emissionsbegrenzungen nach § 7 Absatz 1b Satz 1 Nummer 2 Buchstabe a, § 12 Absatz 1b Satz 1 Nummer 1, § 17 Absatz 2b Satz 1 Nummer 1 und § 48 Absatz 1b Satz 1 Nummer 2 Buchstabe a erneut zu bewerten.

(1a) Im Falle des § 31 Absatz 1 Satz 3 hat die zuständige Behörde mindestens jährlich die Ergebnisse der Emissionsüberwachung zu bewerten, um sicherzustellen, dass die Emissionen unter normalen Betriebsbedingungen die in den BVT-Schlussfolgerungen festgelegten Emissionsbandbreiten nicht überschreiten.

(1b) [1]Zur Durchführung von Absatz 1 Satz 1 stellen die zuständigen Behörden zur regelmäßigen Überwachung von Anlagen nach der Industrieemissions-Richtlinie in ihrem Zuständigkeitsbereich Überwachungspläne und Überwachungsprogramme gemäß § 52a auf. [2]Zur Überwachung nach Satz 1 gehören insbesondere Vor-Ort-Besichtigungen, Überwachung der Emissionen und Überprüfung interner Berichte und Folgedokumente, Überprüfung der Eigenkontrolle, Prüfung der angewandten Techniken und der Eignung des Umweltmanagements der Anlage zur Sicherstellung der Anforderungen nach § 6 Absatz 1 Nummer 1.

(2) [1]Eigentümer und Betreiber von Anlagen sowie Eigentümer und Besitzer von Grundstücken, auf denen Anlagen betrieben werden, sind verpflichtet, den Angehörigen der zuständigen Behörde und deren Beauftragten den Zutritt zu den Grundstücken und zur Verhütung dringender Gefahren für die öffentliche Sicherheit oder Ordnung auch zu Wohnräumen und die Vornahme von Prüfungen einschließlich der Ermittlung von Emissionen und Immissionen zu gestatten sowie die Auskünfte zu erteilen und die Unterlagen vorzulegen, die zur Erfüllung ihrer Aufgaben erforderlich sind. [2]Das Grundrecht der Unverletzlichkeit der Wohnung (Artikel 13 des Grundgesetzes) wird insoweit eingeschränkt. [3]Betreiber von Anlagen, für die ein Immissionsschutzbeauftragter oder ein Störfallbeauftragter bestellt ist, haben diesen auf Verlangen der zuständigen Behörde zu Überwachungsmaßnahmen nach Satz 1 hinzuzuziehen. [4]Im Rahmen der Pflichten nach Satz 1 haben die Eigentümer und Betreiber der Anlagen Arbeitskräfte sowie Hilfsmittel, insbesondere Treibstoffe und Antriebsaggregate, bereitzustellen.

(3) [1]Absatz 2 gilt entsprechend für Eigentümer und Besitzer von Anlagen, Stoffen, Erzeugnissen, Brennstoffen, Treibstoffen und Schmierstoffen, soweit diese den §§ 37a bis 37c oder der Regelung der nach den §§ 32 bis 35, 37 oder 37d erlassenen Rechtsverordnung unterliegen. [2]Die Eigentümer und Besitzer haben den Angehörigen der zuständigen Behörde und deren Beauftragten die Entnahme von Stichproben zu gestatten, soweit dies zur Erfüllung ihrer Aufgaben erforderlich ist.

(4) [1]Kosten, die durch Prüfung im Rahmen des Genehmigungsverfahrens entstehen, trägt der Antragsteller. [2]Kosten, die bei der Entnahme von Stichproben nach Absatz 3 und deren Untersuchung entstehen, trägt der Auskunftspflichtige. [3]Kosten, die durch sonstige Überwachungsmaßnahmen nach Absatz 2 oder 3 entstehen, trägt der Auskunftspflichtige, es sei denn, die Maßnahme betrifft die Ermittlung von Emissionen und Immissionen oder die Überwachung einer nicht genehmigungsbedürftigen Anlage außerhalb des Überwachungssystems nach der Zwölften Verordnung zur Durchführung des Bundes-Immissionsschutzgesetzes; in diesen Fällen sind die Kosten dem Auskunftspflichtigen nur aufzuerlegen, wenn die Ermittlungen ergeben, dass

1. Auflagen oder Anordnungen nach den Vorschriften dieses Gesetzes oder der auf dieses Gesetz gestützten Rechtsverordnungen nicht erfüllt worden oder
2. Auflagen oder Anordnungen nach den Vorschriften dieses Gesetzes oder der auf dieses Gesetz gestützten Rechtsverordnungen geboten

sind.

(5) Der zur Auskunft Verpflichtete kann die Auskunft auf solche Fragen verweigern, deren Beantwortung ihn selbst oder einen der in § 383 Absatz 1 Nummer 1 bis 3 der Zivilprozessordnung bezeichneten Angehörigen der Gefahr strafgerichtlicher Verfolgung oder eines Verfahrens nach dem Gesetz über Ordnungswidrigkeiten aussetzen würde.

(6) [1]Soweit zur Durchführung dieses Gesetzes oder der auf dieses Gesetz gestützten Rechtsverordnungen Immissionen zu ermitteln sind, haben auch die Eigentümer und Besitzer von Grundstücken, auf denen Anlagen nicht betrieben werden, den Angehörigen der zuständigen Behörde und deren Beauftragten den Zutritt zu den Grundstücken und zur Verhütung dringender Gefahren für die öffentliche Sicherheit oder Ordnung auch zu Wohnräumen und die Vornah-

me der Prüfungen zu gestatten. [2]Das Grundrecht der Unverletzlichkeit der Wohnung (Artikel 13 des Grundgesetzes) wird insoweit eingeschränkt. [3]Bei Ausübung der Befugnisse nach Satz 1 ist auf die berechtigten Belange der Eigentümer und Besitzer Rücksicht zu nehmen; für entstandene Schäden hat das Land, im Falle des § 59 Absatz 1 der Bund, Ersatz zu leisten. [4]Waren die Schäden unvermeidbare Folgen der Überwachungsmaßnahmen und haben die Überwachungsmaßnahmen zu Anordnungen der zuständigen Behörde gegen den Betreiber einer Anlage geführt, so hat dieser die Ersatzleistung dem Land oder dem Bund zu erstatten.

(7) [1]Auf die nach den Absätzen 2, 3 und 6 erlangten Kenntnisse und Unterlagen sind §§ 93, 97, 105 Absatz 1, § 111 Absatz 5 in Verbindung mit § 105 Absatz 1 sowie § 116 Absatz 1 der Abgabenordnung nicht anzuwenden. [2]Dies gilt nicht, soweit die Finanzbehörden die Kenntnisse für die Durchführung eines Verfahrens wegen einer Steuerstraftat sowie eines damit zusammenhängenden Besteuerungsverfahrens benötigen, an deren Verfolgung ein zwingendes öffentliches Interesse besteht, oder soweit es sich um vorsätzlich falsche Angaben des Auskunftspflichtigen oder der für ihn tätigen Personen handelt.

§ 52a Überwachungspläne, Überwachungsprogramme für Anlagen nach der Industrieemissions-Richtlinie

(1) [1]Überwachungspläne haben Folgendes zu enthalten:

1. den räumlichen Geltungsbereich des Plans,
2. eine allgemeine Bewertung der wichtigen Umweltprobleme im Geltungsbereich des Plans,
3. ein Verzeichnis der in den Geltungsbereich des Plans fallenden Anlagen,
4. Verfahren für die Aufstellung von Programmen für die regelmäßige Überwachung,
5. Verfahren für die Überwachung aus besonderem Anlass sowie
6. soweit erforderlich, Bestimmungen für die Zusammenarbeit zwischen verschiedenen Überwachungsbehörden.

[2]Die Überwachungspläne sind von den zuständigen Behörden regelmäßig zu überprüfen und, soweit erforderlich, zu aktualisieren.

(2) [1]Auf der Grundlage der Überwachungspläne erstellen oder aktualisieren die zuständigen Behörden regelmäßig Überwachungsprogramme, in denen auch die Zeiträume angegeben sind, in denen Vor-Ort-Besichtigungen stattfinden müssen. [2]In welchem zeitlichen Abstand Anlagen vor Ort besichtigt werden müssen, richtet sich nach einer systematischen Beurteilung der mit der Anlage verbundenen Umweltrisiken insbesondere anhand der folgenden Kriterien:

1. mögliche und tatsächliche Auswirkungen der betreffenden Anlage auf die menschliche Gesundheit und auf die Umwelt unter Berücksichtigung der Emissionswerte und -typen, der Empfindlichkeit der örtlichen Umgebung und des von der Anlage ausgehenden Unfallrisikos,
2. bisherige Einhaltung der Genehmigungsanforderungen nach § 6 Absatz 1 Nummer 1 und der Nebenbestimmungen nach § 12,
3. Eintragung eines Unternehmens in ein Verzeichnis gemäß den Artikeln 13 bis 15 der Verordnung (EG) Nr. 1221/2009 des Europäischen Parlaments und des Rates vom 25. November 2009 über die freiwillige Teilnahme von Organisationen an einem Gemeinschaftssystem für Umweltmanagement und Umweltbetriebsprüfung und zur Aufhebung der Verordnung (EG) Nr. 761/2001, sowie der Beschlüsse der Kommission 2001/681/EG und 2006/193/EG (ABl L 342 vom 22. 12. 2009, S. 1).

(3) [1]Der Abstand zwischen zwei Vor-Ort-Besichtigungen darf die folgenden Zeiträume nicht überschreiten:

1. ein Jahr bei Anlagen, die der höchsten Risikostufe unterfallen, sowie
2. drei Jahre bei Anlagen, die der niedrigsten Risikostufe unterfallen.

[2]Wurde bei einer Überwachung festgestellt, dass der Betreiber einer Anlage in schwerwiegender Weise gegen die Genehmigung verstößt, hat die zuständige Behörde innerhalb von sechs Monaten nach der Feststellung des Verstoßes eine zusätzliche Vor-Ort-Besichtigung durchzuführen.

(4) Die zuständigen Behörden führen unbeschadet des Absatzes 2 bei Beschwerden wegen ernsthafter Umweltbeeinträchtigungen, bei Ereignissen mit erheblichen Umweltauswirkungen und bei Verstößen gegen die Vorschriften dieses Gesetzes oder der auf Grund dieses Gesetzes erlassenen Rechtsverordnungen eine Überwachung durch.

(5) [1]Nach jeder Vor-Ort-Besichtigung einer Anlage erstellt die zuständige Behörde einen Bericht mit den relevanten Feststellungen über die Einhaltung der Genehmigungsanforderungen nach § 6 Absatz 1 Nummer 1 und der Nebenbestimmungen nach § 12 sowie mit Schlussfolgerungen, ob weitere Maßnahmen notwendig sind. [2]Der Bericht ist dem Betreiber innerhalb von zwei Monaten nach der Vor-Ort-Besichtigung durch die zuständige Behörde zu übermitteln. [3]Der Bericht ist der Öffentlichkeit nach den Vorschriften über den Zugang zu Umweltinformationen innerhalb von vier Monaten nach der Vor-Ort-Besichtigung zugänglich zu machen.

§ 52b Mitteilungspflichten zur Betriebsorganisation

(1) [1]Besteht bei Kapitalgesellschaften das vertretungsberechtigte Organ aus mehreren Mitgliedern oder sind bei Personengesellschaften mehrere vertretungsberechtigte Gesellschafter vorhanden, so ist der zuständigen Behörde anzuzeigen, wer von ihnen nach den Bestimmungen über die Geschäftsführungsbefugnis für die Gesellschaft die Pflichten des Betreibers der genehmigungsbedürftigen Anlage wahrnimmt, die ihm nach diesem Gesetz und nach den aufgrund dieses Gesetzes erlassenen Rechtsverordnungen und allgemeinen Verwaltungsvorschriften obliegen. [2]Die Gesamtverantwortung aller Organmitglieder oder Gesellschafter bleibt hiervon unberührt.

(2) Der Betreiber der genehmigungsbedürftigen Anlage oder im Rahmen ihrer Geschäftsführungsbefugnis die nach Absatz 1 Satz 1 anzuzeigende Person hat der zuständigen Behörde mitzuteilen, auf welche Weise sichergestellt ist, dass die dem Schutz vor schädlichen Umwelteinwirkungen und vor sonstigen Gefahren, erheblichen Nachteilen und erheblichen Belästigungen dienenden Vorschriften und Anordnungen beim Betrieb beachtet werden.

§ 53 Bestellung eines Betriebsbeauftragten für Immissionsschutz[1)]

(1) [1]Betreiber genehmigungsbedürftiger Anlagen haben einen oder mehrere Betriebsbeauftragte für Immissionsschutz (Immissionsschutzbeauftragte) zu bestellen, sofern dies im Hinblick auf die Art oder die Größe der Anlagen wegen der

1. von den Anlagen ausgehenden Emissionen,
2. technischen Probleme der Emissionsbegrenzung oder
3. Eignung der Erzeugnisse, bei bestimmungsgemäßer Verwendung schädliche Umwelteinwirkungen durch Luftverunreinigungen, Geräusche oder Erschütterungen hervorzurufen,

erforderlich ist. [2]Das Bundesministerium für Umwelt, Naturschutz, Bau und Reaktorsicherheit bestimmt nach Anhörung der beteiligten Kreise (§ 51) durch Rechtsverordnung mit Zustimmung des Bundesrates die genehmigungsbedürftigen Anlagen, deren Betreiber Immissionsschutzbeauftragte zu bestellen haben.

(2) Die zuständige Behörde kann anordnen, dass Betreiber genehmigungsbedürftiger Anlagen, für die die Bestellung eines Immissionsschutzbeauftragten nicht durch Rechtsverordnung vorgeschrieben ist, sowie Betreiber nicht genehmigungsbedürftiger Anlagen einen oder mehrere Immissionsschutzbeauftragte zu bestellen haben, soweit sich im Einzelfall die Notwendigkeit der Bestellung aus den in Absatz 1 Satz 1 genannten Gesichtspunkten ergibt.

1) **Anm. d. Red.:** § 53 i. d. F. der VO v. 31. 8. 2015 (BGBl I S. 1474) mit Wirkung v. 8. 9. 2015.

§ 54 Aufgaben

(1) [1]Der Immissionsschutzbeauftragte berät den Betreiber und die Betriebsangehörigen in Angelegenheiten, die für den Immissionsschutz bedeutsam sein können. [2]Er ist berechtigt und verpflichtet,

1. auf die Entwicklung und Einführung
   a) umweltfreundlicher Verfahren, einschließlich Verfahren zur Vermeidung oder ordnungsgemäßen und schadlosen Verwertung der beim Betrieb entstehenden Abfälle oder deren Beseitigung als Abfall sowie zur Nutzung von entstehender Wärme,
   b) umweltfreundlicher Erzeugnisse, einschließlich Verfahren zur Wiedergewinnung und Wiederverwendung,

   hinzuwirken,
2. bei der Entwicklung und Einführung umweltfreundlicher Verfahren und Erzeugnisse mitzuwirken, insbesondere durch Begutachtung der Verfahren und Erzeugnisse unter dem Gesichtspunkt der Umweltfreundlichkeit,
3. soweit dies nicht Aufgabe des Störfallbeauftragten nach § 58b Absatz 1 Satz 2 Nummer 3 ist, die Einhaltung der Vorschriften dieses Gesetzes und der aufgrund dieses Gesetzes erlassenen Rechtsverordnungen und die Erfüllung erteilter Bedingungen und Auflagen zu überwachen, insbesondere durch Kontrolle der Betriebsstätte in regelmäßigen Abständen, Messungen von Emissionen und Immissionen, Mitteilung festgestellter Mängel und Vorschläge über Maßnahmen zur Beseitigung dieser Mängel,
4. die Betriebsangehörigen über die von der Anlage verursachten schädlichen Umwelteinwirkungen aufzuklären sowie über die Einrichtungen und Maßnahmen zu ihrer Verhinderung unter Berücksichtigung der sich aus diesem Gesetz oder Rechtsverordnungen aufgrund dieses Gesetzes ergebenden Pflichten.

(2) Der Immissionsschutzbeauftragte erstattet dem Betreiber jährlich einen Bericht über die nach Absatz 1 Satz 2 Nummer 1 bis 4 getroffenen und beabsichtigten Maßnahmen.

§ 55 Pflichten des Betreibers[1)]

(1) [1]Der Betreiber hat den Immissionsschutzbeauftragten schriftlich zu bestellen und die ihm obliegenden Aufgaben genau zu bezeichnen. [2]Der Betreiber hat die Bestellung des Immissionsschutzbeauftragten und die Bezeichnung seiner Aufgaben sowie Veränderungen in seinem Aufgabenbereich und dessen Abberufung der zuständigen Behörde unverzüglich anzuzeigen. [3]Dem Immissionsschutzbeauftragten ist eine Abschrift der Anzeige auszuhändigen.

(1a) [1]Der Betreiber hat den Betriebs- oder Personalrat vor der Bestellung des Immissionsschutzbeauftragten unter Bezeichnung der ihm obliegenden Aufgaben zu unterrichten. [2]Entsprechendes gilt bei Veränderungen im Aufgabenbereich des Immissionsschutzbeauftragten und bei dessen Abberufung.

(2) [1]Der Betreiber darf zum Immissionsschutzbeauftragten nur bestellen, wer die zur Erfüllung seiner Aufgaben erforderliche Fachkunde und Zuverlässigkeit besitzt. [2]Werden der zuständigen Behörde Tatsachen bekannt, aus denen sich ergibt, dass der Immissionsschutzbeauftragte nicht die zur Erfüllung seiner Aufgaben erforderliche Fachkunde oder Zuverlässigkeit besitzt, kann sie verlangen, dass der Betreiber einen anderen Immissionsschutzbeauftragten bestellt. [3]Das Bundesministerium für Umwelt, Naturschutz, Bau und Reaktorsicherheit wird ermächtigt, nach Anhörung der beteiligten Kreise (§ 51) durch Rechtsverordnung mit Zustimmung des Bundesrates vorzuschreiben, welche Anforderungen an die Fachkunde und Zuverlässigkeit des Immissionsschutzbeauftragten zu stellen sind.

(3) [1]Werden mehrere Immissionsschutzbeauftragte bestellt, so hat der Betreiber für die erforderliche Koordinierung in der Wahrnehmung der Aufgaben, insbesondere durch Bildung eines

1) **Anm. d. Red.:** § 55 i. d. F. der VO v. 31. 8. 2015 (BGBl I S. 1474) mit Wirkung v. 8. 9. 2015.

Ausschusses für Umweltschutz, zu sorgen. [2]Entsprechendes gilt, wenn neben einem oder mehreren Immissionsschutzbeauftragten Betriebsbeauftragte nach anderen gesetzlichen Vorschriften bestellt werden. [3]Der Betreiber hat ferner für die Zusammenarbeit der Betriebsbeauftragten mit den im Bereich des Arbeitsschutzes beauftragten Personen zu sorgen.

(4) Der Betreiber hat den Immissionsschutzbeauftragten bei der Erfüllung seiner Aufgaben zu unterstützen und ihm insbesondere, soweit dies zur Erfüllung seiner Aufgaben erforderlich ist, Hilfspersonal sowie Räume, Einrichtungen, Geräte und Mittel zur Verfügung zu stellen und die Teilnahme an Schulungen zu ermöglichen.

§ 56 Stellungnahme zu Entscheidungen des Betreibers

(1) Der Betreiber hat vor Entscheidungen über die Einführung von Verfahren und Erzeugnissen sowie vor Investitionsentscheidungen eine Stellungnahme des Immissionsschutzbeauftragten einzuholen, wenn die Entscheidungen für den Immissionsschutz bedeutsam sein können.

(2) Die Stellungnahme ist so rechtzeitig einzuholen, dass sie bei den Entscheidungen nach Absatz 1 angemessen berücksichtigt werden kann; sie ist derjenigen Stelle vorzulegen, die über die Einführung von Verfahren und Erzeugnissen sowie über die Investition entscheidet.

§ 57 Vortragsrecht

[1]Der Betreiber hat durch innerbetriebliche Organisationsmaßnahmen sicherzustellen, dass der Immissionsschutzbeauftragte seine Vorschläge oder Bedenken unmittelbar der Geschäftsleitung vortragen kann, wenn er sich mit dem zuständigen Betriebsleiter nicht einigen konnte und er wegen der besonderen Bedeutung der Sache eine Entscheidung der Geschäftsleitung für erforderlich hält. [2]Kann der Immissionsschutzbeauftragte sich über eine von ihm vorgeschlagene Maßnahme im Rahmen seines Aufgabenbereichs mit der Geschäftsleitung nicht einigen, so hat diese den Immissionsschutzbeauftragten umfassend über die Gründe ihrer Ablehnung zu unterrichten.

§ 58 Benachteiligungsverbot, Kündigungsschutz

(1) Der Immissionsschutzbeauftragte darf wegen der Erfüllung der ihm übertragenen Aufgaben nicht benachteiligt werden.

(2) [1]Ist der Immissionsschutzbeauftragte Arbeitnehmer des zur Bestellung verpflichteten Betreibers, so ist die Kündigung des Arbeitsverhältnisses unzulässig, es sei denn, dass Tatsachen vorliegen, die den Betreiber zur Kündigung aus wichtigem Grund ohne Einhaltung einer Kündigungsfrist berechtigen. [2]Nach der Abberufung als Immissionsschutzbeauftragter ist die Kündigung innerhalb eines Jahres, vom Zeitpunkt der Beendigung der Bestellung an gerechnet, unzulässig, es sei denn, dass Tatsachen vorliegen, die den Betreiber zur Kündigung aus wichtigem Grund ohne Einhaltung einer Kündigungsfrist berechtigen.

§ 58a Bestellung eines Störfallbeauftragten

(1) [1]Betreiber genehmigungsbedürftiger Anlagen haben einen oder mehrere Störfallbeauftragte zu bestellen, sofern dies im Hinblick auf die Art und Größe der Anlage wegen der bei einer Störung des bestimmungsgemäßen Betriebs auftretenden Gefahren für die Allgemeinheit und die Nachbarschaft erforderlich ist. [2]Die Bundesregierung bestimmt nach Anhörung der beteiligten Kreise (§ 51) durch Rechtsverordnung mit Zustimmung des Bundesrates die genehmigungsbedürftigen Anlagen, deren Betreiber Störfallbeauftragte zu bestellen haben.

(2) Die zuständige Behörde kann anordnen, dass Betreiber genehmigungsbedürftiger Anlagen, für die die Bestellung eines Störfallbeauftragten nicht durch Rechtsverordnung vorgeschrieben ist, einen oder mehrere Störfallbeauftragte zu bestellen haben, soweit sich im Einzelfall die Notwendigkeit der Bestellung aus dem in Absatz 1 Satz 1 genannten Gesichtspunkt ergibt.

§ 58b Aufgaben des Störfallbeauftragten[1)]

(1) [1]Der Störfallbeauftragte berät den Betreiber in Angelegenheiten, die für die Sicherheit der Anlage bedeutsam sein können. [2]Er ist berechtigt und verpflichtet,

1. auf die Verbesserung der Sicherheit der Anlage hinzuwirken,
2. dem Betreiber unverzüglich ihm bekannt gewordene Störungen des bestimmungsgemäßen Betriebs mitzuteilen, die zu Gefahren für die Allgemeinheit und die Nachbarschaft führen können,
3. die Einhaltung der Vorschriften dieses Gesetzes und der aufgrund dieses Gesetzes erlassenen Rechtsverordnungen sowie die Erfüllung erteilter Bedingungen und Auflagen im Hinblick auf die Verhinderung von Störungen des bestimmungsgemäßen Betriebs der Anlage zu überwachen, insbesondere durch Kontrolle der Betriebsstätte in regelmäßigen Abständen, Mitteilung festgestellter Mängel und Vorschläge zur Beseitigung dieser Mängel,
4. Mängel, die den vorbeugenden und abwehrenden Brandschutz sowie die technische Hilfeleistung betreffen, unverzüglich dem Betreiber zu melden.

(2) [1]Der Störfallbeauftragte erstattet dem Betreiber jährlich einen Bericht über die nach Absatz 1 Satz 2 Nummer 1 bis 3 getroffenen und beabsichtigten Maßnahmen. [2]Darüber hinaus ist er verpflichtet, die von ihm ergriffenen Maßnahmen zur Erfüllung seiner Aufgaben nach Absatz 1 Satz 2 Nummer 2 schriftlich oder elektronisch aufzuzeichnen. [3]Er muss diese Aufzeichnungen mindestens fünf Jahre aufbewahren.

§ 58c Pflichten und Rechte des Betreibers gegenüber dem Störfallbeauftragten

(1) Die in den §§ 55 und 57 genannten Pflichten des Betreibers gelten gegenüber dem Störfallbeauftragten entsprechend; in Rechtsverordnungen nach § 55 Absatz 2 Satz 3 kann auch geregelt werden, welche Anforderungen an die Fachkunde und Zuverlässigkeit des Störfallbeauftragten zu stellen sind.

(2) [1]Der Betreiber hat vor Investitionsentscheidungen sowie vor der Planung von Betriebsanlagen und der Einführung von Arbeitsverfahren und Arbeitsstoffen eine Stellungnahme des Störfallbeauftragten einzuholen, wenn diese Entscheidungen für die Sicherheit der Anlage bedeutsam sein können. [2]Die Stellungnahme ist so rechtzeitig einzuholen, dass sie bei den Entscheidungen nach Satz 1 angemessen berücksichtigt werden kann; sie ist derjenigen Stelle vorzulegen, die die Entscheidungen trifft.

(3) Der Betreiber kann dem Störfallbeauftragten für die Beseitigung und die Begrenzung der Auswirkungen von Störungen des bestimmungsgemäßen Betriebs, die zu Gefahren für die Allgemeinheit und die Nachbarschaft führen können oder bereits geführt haben, Entscheidungsbefugnisse übertragen.

§ 58d Verbot der Benachteiligung des Störfallbeauftragten, Kündigungsschutz

§ 58 gilt für den Störfallbeauftragten entsprechend.

§ 58e Erleichterungen für auditierte Unternehmensstandorte

(1) Die Bundesregierung wird ermächtigt, zur Förderung der privaten Eigenverantwortung für EMAS-Standorte durch Rechtsverordnung mit Zustimmung des Bundesrates Erleichterungen zum Inhalt der Antragsunterlagen im Genehmigungsverfahren sowie überwachungsrechtliche Erleichterungen vorzusehen, soweit die entsprechenden Anforderungen der Verordnung (EG) Nr. 1221/2009 gleichwertig mit den Anforderungen sind, die zur Überwachung und zu den Antragsunterlagen nach diesem Gesetz oder nach den auf Grund dieses Gesetzes erlassenen Rechtsverordnungen vorgesehen sind oder soweit die Gleichwertigkeit durch die Rechtsverordnung nach dieser Vorschrift sichergestellt wird.

---

1) **Anm. d. Red.:** § 58b i. d. F. des Gesetzes v. 29. 3. 2017 (BGBl I S. 626) mit Wirkung v. 5. 4. 2017.

(2) Durch Rechtsverordnung nach Absatz 1 können weitere Voraussetzungen für die Inanspruchnahme und die Rücknahme von Erleichterungen oder die vollständige oder teilweise Aussetzung von Erleichterungen für Fälle festgelegt werden, in denen die Voraussetzungen für deren Gewährung nicht mehr vorliegen.

(3) [1]Durch Rechtsverordnung nach Absatz 1 können ordnungsrechtliche Erleichterungen gewährt werden, wenn der Umweltgutachter oder die Umweltgutachterorganisation die Einhaltung der Umweltvorschriften geprüft hat, keine Abweichungen festgestellt hat und dies in der Validierung bescheinigt. [2]Dabei können insbesondere Erleichterungen vorgesehen werden zu

1. Kalibrierungen, Ermittlungen, Prüfungen und Messungen,
2. Messberichten sowie sonstigen Berichten und Mitteilungen von Ermittlungsergebnissen,
3. Aufgaben des Immissionsschutz- und Störfallbeauftragten,
4. Mitteilungspflichten zur Betriebsorganisation und
5. der Häufigkeit der behördlichen Überwachung.

§ 59 Zuständigkeit bei Anlagen der Landesverteidigung

Die Bundesregierung wird ermächtigt, durch Rechtsverordnung mit Zustimmung des Bundesrates zu bestimmen, dass der Vollzug dieses Gesetzes und der auf dieses Gesetz gestützten Rechtsverordnungen bei Anlagen, die der Landesverteidigung dienen, Bundesbehörden obliegt.

§ 60 Ausnahmen für Anlagen der Landesverteidigung

(1) [1]Das Bundesministerium der Verteidigung kann für Anlagen nach § 3 Absatz 5 Nummer 1 und 3, die der Landesverteidigung dienen, in Einzelfällen, auch für bestimmte Arten von Anlagen, Ausnahmen von diesem Gesetz und von den auf dieses Gesetz gestützten Rechtsverordnungen zulassen, soweit dies zwingende Gründe der Verteidigung oder die Erfüllung zwischenstaatlicher Verpflichtungen erfordern. [2]Dabei ist der Schutz vor schädlichen Umwelteinwirkungen zu berücksichtigen.

(2) [1]Die Bundeswehr darf bei Anlagen nach § 3 Absatz 5 Nummer 2, die ihrer Bauart nach ausschließlich zur Verwendung in ihrem Bereich bestimmt sind, von den Vorschriften dieses Gesetzes und der auf dieses Gesetz gestützten Rechtsverordnungen abweichen, soweit dies zur Erfüllung ihrer besonderen Aufgaben zwingend erforderlich ist. [2]Die aufgrund völkerrechtlicher Verträge in der Bundesrepublik Deutschland stationierten Truppen dürfen bei Anlagen nach § 3 Absatz 5 Nummer 2, die zur Verwendung in deren Bereich bestimmt sind, von den Vorschriften dieses Gesetzes und der auf dieses Gesetz gestützten Rechtsverordnungen abweichen, soweit dies zur Erfüllung ihrer besonderen Aufgaben zwingend erforderlich ist.

§ 61 Berichterstattung an die Europäische Kommission[1)]

(1) [1]Die Länder übermitteln dem Bundesministerium für Umwelt, Naturschutz, Bau und Reaktorsicherheit nach dessen Vorgaben Informationen über die Umsetzung der Richtlinie 2010/75/EU, insbesondere über repräsentative Daten über Emissionen und sonstige Arten von Umweltverschmutzung, über Emissionsgrenzwerte und darüber, inwieweit der Stand der Technik angewendet wird. [2]Die Länder stellen diese Informationen auf elektronischem Wege zur Verfügung. [3]Art und Form der von den Ländern zu übermittelnden Informationen sowie der Zeitpunkt ihrer Übermittlung richten sich nach den Anforderungen, die auf der Grundlage von Artikel 72 Absatz 2 der Richtlinie 2010/75/EU festgelegt werden. [4]§ 5 Absatz 1 Satz 2, Absatz 2 bis 6 des Gesetzes zur Ausführung des Protokolls über Schadstofffreisetzungs- und -verbringungsregister vom 21. Mai 2003 sowie zur Durchführung der Verordnung (EG) Nr. 166/2006 gilt entsprechend.

(2) [1]Die Länder übermitteln dem Bundesministerium für Umwelt, Naturschutz, Bau und Reaktorsicherheit nach dessen Vorgaben Informationen über die Umsetzung der Richtlinie 2012/18/

1) **Anm. d. Red.:** § 61 i. d. F. des Gesetzes v. 30. 11. 2016 (BGBl I S. 2749) mit Wirkung v. 7. 12. 2016.

EU sowie über die unter diese Richtlinie fallenden Betriebsbereiche. [2]Art und Form der von den Ländern zu übermittelnden Informationen sowie der Zeitpunkt ihrer Übermittlung richten sich nach den Anforderungen, die auf der Grundlage von Artikel 21 Absatz 5 der Richtlinie 2012/18/EU festgelegt werden. [3]Absatz 1 Satz 2 und 4 gilt entsprechend.

§ 62 Ordnungswidrigkeiten[1)]

(1) Ordnungswidrig handelt, wer vorsätzlich oder fahrlässig

1. eine Anlage ohne die Genehmigung nach § 4 Absatz 1 errichtet,
2. einer aufgrund des § 7 erlassenen Rechtsverordnung oder aufgrund einer solchen Rechtsverordnung erlassenen vollziehbaren Anordnung zuwiderhandelt, soweit die Rechtsverordnung für einen bestimmten Tatbestand auf diese Bußgeldvorschrift verweist,
3. eine vollziehbare Auflage nach § 8a Absatz 2 Satz 2 oder § 12 Absatz 1 nicht, nicht richtig, nicht vollständig oder nicht rechtzeitig erfüllt,
4. die Lage, die Beschaffenheit oder den Betrieb einer genehmigungsbedürftigen Anlage ohne die Genehmigung nach § 16 Absatz 1 wesentlich ändert,

4a. ohne Genehmigung nach § 16a Satz 1 oder § 23b Absatz 1 Satz 1 eine dort genannte Anlage störfallrelevant ändert oder störfallrelevant errichtet, BImSchG

5. einer vollziehbaren Anordnung nach § 17 Absatz 1 Satz 1 oder 2, jeweils auch in Verbindung mit Absatz 5, § 24 Satz 1, § 26, § 28 Satz 1 oder § 29 nicht, nicht richtig, nicht vollständig oder nicht rechtzeitig nachkommt,
6. eine Anlage entgegen einer vollziehbaren Untersagung nach § 25 Absatz 1 betreibt,
7. einer aufgrund der §§ 23, 32, 33 Absatz 1 Nr. 1 oder 2, §§ 34, 35, 37, 38 Absatz 2, § 39 oder § 48a erlassenen Rechtsverordnung oder einer aufgrund einer solchen Rechtsverordnung ergangenen vollziehbaren Anordnung zuwiderhandelt, soweit die Rechtsverordnung für einen bestimmten Tatbestand auf diese Bußgeldvorschrift verweist,

7a. entgegen § 38 Absatz 1 Satz 2 Kraftfahrzeuge und ihre Anhänger, die nicht zum Verkehr auf öffentlichen Straßen zugelassen sind, Schienen-, Luft- und Wasserfahrzeuge sowie Schwimmkörper und schwimmende Anlagen nicht so betreibt, dass vermeidbare Emissionen verhindert und unvermeidbare Emissionen auf ein Mindestmaß beschränkt bleiben oder

8. entgegen einer Rechtsverordnung nach § 49 Absatz 1 Nummer 2 oder einer aufgrund einer solchen Rechtsverordnung ergangenen vollziehbaren Anordnung eine ortsfeste Anlage errichtet, soweit die Rechtsverordnung für einen bestimmten Tatbestand auf diese Bußgeldvorschrift verweist,
9. entgegen § 37c Absatz 1 Satz 1 bis 3 der zuständigen Stelle die dort genannten Angaben nicht, nicht richtig, nicht vollständig oder nicht rechtzeitig mitteilt oder nicht oder nicht rechtzeitig eine Kopie des Vertrages mit dem Dritten vorlegt,
10. entgegen§ 37c Absatz 1 Satz 4, auch in Verbindung mit Satz 5, oder Satz 6 der zuständigen Stelle die dort genannten Angaben nicht richtig mitteilt,
11. entgegen § 37f Absatz 1 Satz 1, auch in Verbindung mit einer Rechtsverordnung nach § 37d Absatz 2 Satz 1 Nummer 14, der zuständigen Stelle einen Bericht nicht, nicht richtig, nicht vollständig oder nicht rechtzeitig vorlegt.

(2) Ordnungswidrig handelt ferner, wer vorsätzlich oder fahrlässig

1. entgegen § 15 Absatz 1 oder 3 eine Anzeige nicht, nicht richtig, nicht vollständig oder nicht rechtzeitig macht,

1a. entgegen § 15 Absatz 2 Satz 2 eine Änderung vornimmt,

1b. entgegen § 23a Absatz 1 Satz 1 eine Anzeige nicht, nicht richtig, nicht vollständig oder nicht rechtzeitig macht,

1) **Anm. d. Red.:** § 62 i. d. F. des Gesetzes v. 30. 11. 2016 (BGBl I S. 2749) mit Wirkung v. 7. 12. 2016.

2. entgegen § 27 Absatz 1 Satz 1 in Verbindung mit einer Rechtsverordnung nach Absatz 4 Satz 1 eine Emissionserklärung nicht, nicht richtig, nicht vollständig oder nicht rechtzeitig abgibt oder nicht, nicht richtig, nicht vollständig oder nicht rechtzeitig ergänzt,
3. entgegen § 31 Absatz 1 Satz 1 eine dort genannte Zusammenfassung oder dort genannte Daten nicht, nicht richtig, nicht vollständig oder nicht rechtzeitig vorlegt,

3a. entgegen § 31 Absatz 5 Satz 1 eine Mitteilung nicht, nicht richtig, nicht vollständig oder nicht rechtzeitig macht,

4. entgegen § 52 Absatz 2 Satz 1, 3 oder 4, auch in Verbindung mit Absatz 3 Satz 1 oder Absatz 6 Satz 1 Auskünfte nicht, nicht richtig, nicht vollständig oder nicht rechtzeitig erteilt, eine Maßnahme nicht duldet, Unterlagen nicht vorlegt, beauftragte Personen nicht hinzuzieht oder einer dort sonst genannten Verpflichtung zuwiderhandelt,
5. entgegen § 52 Absatz 3 Satz 2 die Entnahme von Stichproben nicht gestattet,
6. eine Anzeige nach § 67 Absatz 2 Satz 1 nicht, nicht richtig, nicht vollständig oder nicht rechtzeitig erstattet oder
7. entgegen § 67 Absatz 2 Satz 2 Unterlagen nicht, nicht richtig, nicht vollständig oder nicht rechtzeitig vorlegt.

(3) [1]Ordnungswidrig handelt, wer vorsätzlich oder fahrlässig

1. einer unmittelbar geltenden Vorschrift in Rechtsakten der Europäischen Union zuwiderhandelt, die inhaltlich
   a) einem in Absatz 1 Nummer 1, 3, 4, 5, 6, 7a, 9 oder Nummer 10 oder
   b) einem in Absatz 2

   bezeichneten Gebot oder Verbot entspricht, soweit eine Rechtsverordnung nach Satz 2 für einen bestimmten Tatbestand auf diese Bußgeldvorschrift verweist, oder
2. einer unmittelbar geltenden Vorschrift in Rechtsakten der Europäischen Union zuwiderhandelt, die inhaltlich einer Regelung entspricht, zu der die in Absatz 1 Nummer 2, 7 oder Nummer 8 genannten Vorschriften ermächtigen, soweit eine Rechtsverordnung nach Satz 2 für einen bestimmten Tatbestand auf diese Bußgeldvorschrift verweist.

[2]Das Bundesministerium für Umwelt, Naturschutz, Bau und Reaktorsicherheit wird ermächtigt, soweit dies zur Durchsetzung der Rechtsakte der Europäischen Union erforderlich ist, durch Rechtsverordnung mit Zustimmung des Bundesrates die Tatbestände zu bezeichnen, die als Ordnungswidrigkeit geahndet werden können.

(4) Die Ordnungswidrigkeit kann in den Fällen der Absätze 1 und 3 Nummer 1 Buchstabe a und Nummer 2 mit einer Geldbuße bis zu fünfzigtausend Euro und in den übrigen Fällen mit einer Geldbuße bis zu zehntausend Euro geahndet werden.

(5) Verwaltungsbehörde im Sinne des § 36 Absatz 1 Nummer 1 des Gesetzes über Ordnungswidrigkeiten ist in den Fällen des Absatzes 1 Nummer 9 bis 11 die zuständige Stelle.

§§ 63 bis 65 (weggefallen)

Achter Teil: Schlussvorschriften

§ 66 Fortgeltung von Vorschriften

(1) (weggefallen)

(2) Bis zum Inkrafttreten von entsprechenden Rechtsverordnungen oder allgemeinen Verwaltungsvorschriften nach diesem Gesetz ist die Allgemeine Verwaltungsvorschrift zum Schutz gegen Baulärm – Geräuschimmissionen – vom 19. August 1970 (Beilage zum BAnz Nr. 160 vom 1. September 1970) maßgebend.

§ 67 Übergangsvorschrift[1)]

(1) Eine Genehmigung, die vor dem Inkrafttreten dieses Gesetzes nach § 16 oder § 25 Absatz 1 der Gewerbeordnung erteilt worden ist, gilt als Genehmigung nach diesem Gesetz fort.

(2) [1]Eine genehmigungsbedürftige Anlage, die bei Inkrafttreten der Verordnung nach § 4 Abs. 1 Satz 3 errichtet oder wesentlich geändert ist, oder mit deren Errichtung oder wesentlichen Änderung begonnen worden ist, muss innerhalb eines Zeitraums von drei Monaten nach Inkrafttreten der Verordnung der zuständigen Behörde angezeigt werden, sofern die Anlage nicht nach § 16 Absatz 1 oder § 25 Absatz 1 der Gewerbeordnung genehmigungsbedürftig war oder nach § 16 Absatz 4 der Gewerbeordnung angezeigt worden ist. [2]Der zuständigen Behörde sind innerhalb eines Zeitraums von zwei Monaten nach Erstattung der Anzeige Unterlagen gemäß § 10 Absatz 1 über Art, Lage, Umfang und Betriebsweise der Anlage im Zeitpunkt des Inkrafttretens der Verordnung nach § 4 Absatz 1 Satz 3 vorzulegen.

(3) Die Anzeigepflicht nach Absatz 2 gilt nicht für ortsveränderliche Anlagen, die im vereinfachten Verfahren (§ 19) genehmigt werden können.

(4) Bereits begonnene Verfahren sind nach den Vorschriften dieses Gesetzes und der auf dieses Gesetz gestützten Rechts- und Verwaltungsvorschriften zu Ende zu führen.

BImSchG

(5) [1]Soweit durch das Gesetz zur Umsetzung der Richtlinie über Industrieemissionen vom 8. April 2013 (BGBl I S. 734) neue Anforderungen festgelegt worden sind, sind diese Anforderungen von Anlagen nach der Industrieemissions-Richtlinie erst ab dem 7. Januar 2014 zu erfüllen, wenn vor dem 7. Januar 2013

1. die Anlage sich im Betrieb befand oder
2. eine Genehmigung für die Anlage erteilt wurde oder vom Vorhabenträger ein vollständiger Genehmigungsantrag gestellt wurde.

[2]Bestehende Anlagen nach Satz 1, die nicht von Anhang I der Richtlinie 2008/1/EG des Europäischen Parlaments und des Rates vom 15. Januar 2008 über die integrierte Vermeidung und Verminderung der Umweltverschmutzung (kodifizierte Fassung) (ABl L 24 vom 29. 1. 2008, S. 8), die durch die Richtlinie 2009/31/EG (ABl L 140 vom 5. 6. 2009, S. 114) geändert worden ist, erfasst wurden, haben abweichend von Satz 1 die dort genannten Anforderungen ab dem 7. Juli 2015 zu erfüllen.

(6) [1]Eine nach diesem Gesetz erteilte Genehmigung für eine Anlage zum Umgang mit

1. gentechnisch veränderten Mikroorganismen,
2. gentechnisch veränderten Zellkulturen, soweit sie nicht dazu bestimmt sind, zu Pflanzen regeneriert zu werden,
3. Bestandteilen oder Stoffwechselprodukten von Mikroorganismen nach Nummer 1 oder Zellkulturen nach Nummer 2, soweit sie biologisch aktive, rekombinante Nukleinsäure enthalten,

ausgenommen Anlagen, die ausschließlich Forschungszwecken dienen, gilt auch nach dem Inkrafttreten eines Gesetzes zur Regelung von Fragen der Gentechnik fort. [2]Absatz 4 gilt entsprechend.

(7) [1]Eine Planfeststellung oder Genehmigung nach dem Abfallgesetz gilt als Genehmigung nach diesem Gesetz fort. [2]Eine Anlage, die nach dem Abfallgesetz angezeigt wurde, gilt als nach diesem Gesetz angezeigt. [3]Abfallentsorgungsanlagen, die weder nach dem Abfallgesetz planfestgestellt oder genehmigt noch angezeigt worden sind, sind unverzüglich bei der zuständigen Behörde anzuzeigen. [4]Absatz 2 Satz 2 gilt entsprechend.

(8) Für die für das Jahr 1996 abzugebenden Emissionserklärungen ist § 27 in der am 14. Oktober 1996 geltenden Fassung weiter anzuwenden.

1) **Anm. d. Red.:** § 67 i. d. F. des Gesetzes v. 20. 11. 2014 (BGBl I S. 1740) mit Wirkung v. 1. 1. 2015.

(9) [1]Baugenehmigungen für Windkraftanlagen mit einer Gesamthöhe von mehr als 50 Metern, die bis zum 1. Juli 2005 erteilt worden sind, gelten als Genehmigungen nach diesem Gesetz. [2]Nach diesem Gesetz erteilte Genehmigungen für Windfarmen gelten als Genehmigungen für die einzelnen Windkraftanlagen. [3]Verfahren auf Erteilung einer Baugenehmigung für Windkraftanlagen, die vor dem 1. Juli 2005 rechtshängig geworden sind, werden nach den Vorschriften der Verordnung über genehmigungsbedürftige Anlagen und der Anlage 1 des Gesetzes über die Umweltverträglichkeitsprüfung in der bisherigen Fassung abgeschlossen; für die in diesem Zusammenhang erteilten Baugenehmigungen gilt Satz 1 entsprechend. [4]Sofern ein Verfahren nach Satz 3 in eine Klage auf Erteilung einer Genehmigung nach diesem Gesetz geändert wird, gilt diese Änderung als sachdienlich.

(10) § 47 Absatz 5a gilt für die Verfahren zur Aufstellung oder Änderung von Luftreinhalteplänen nach § 47, die nach dem 25. Juni 2005 eingeleitet worden sind.

(11) [1]Für Kraftstoffe, die bis zum 31. Dezember 2014 in Verkehr gebracht werden, finden die §§ 37a bis 37f in der am 31. Dezember 2014 geltenden Fassung Anwendung. [2]Die weitere Behandlung von Biokraftstoffmengen, die den Mindestanteil für das Kalenderjahr 2014 übersteigen und deren Anrechnung auf das Verpflichtungsjahr 2015 vom Verpflichteten beantragt wurde, richtet sich ausschließlich nach den am 1. Januar 2015 geltenden Regelungen.

§ 67a Überleitungsregelung aus Anlass der Herstellung der Einheit Deutschlands

(1) [1]In dem in Artikel 3 des Einigungsvertrages genannten Gebiet muss eine genehmigungsbedürftige Anlage, die vor dem 1. Juli 1990 errichtet worden ist oder mit deren Errichtung vor diesem Zeitpunkt begonnen wurde, innerhalb von sechs Monaten nach diesem Zeitpunkt der zuständigen Behörde angezeigt werden. [2]Der Anzeige sind Unterlagen über Art, Umfang und Betriebsweise beizufügen.

(2) In dem in Artikel 3 des Einigungsvertrages genannten Gebiet darf die Erteilung einer Genehmigung zur Errichtung und zum Betrieb oder zur wesentlichen Änderung der Lage, Beschaffenheit oder des Betriebs einer genehmigungsbedürftigen Anlage wegen der Überschreitung eines Immissionswertes durch die Immissionsvorbelastung nicht versagt werden, wenn

1. die Zusatzbelastung geringfügig ist und mit einer deutlichen Verminderung der Immissionsbelastung im Einwirkungsbereich der Anlage innerhalb von fünf Jahren ab Genehmigung zu rechnen ist oder
2. im Zusammenhang mit dem Vorhaben Anlagen stillgelegt oder verbessert werden und dadurch eine Verminderung der Vorbelastung herbeigeführt wird, die im Jahresmittel mindestens doppelt so groß ist wie die von der Neuanlage verursachte Zusatzbelastung.

(3) Soweit die Technische Anleitung zur Reinhaltung der Luft vom 27. Februar 1986 (GMBl S. 95, 202) die Durchführung von Maßnahmen zur Sanierung von Altanlagen bis zu einem bestimmten Termin vorsieht, verlängern sich die hieraus ergebenden Fristen für das in Artikel 3 des Einigungsvertrages genannte Gebiet um ein Jahr; als Fristbeginn gilt der 1. Juli 1990.

§§ 68 bis 72 (Änderung von Rechtsvorschriften, Überleitung von Verweisungen, Aufhebung von Vorschriften)

§ 73 Bestimmungen zum Verwaltungsverfahren

Von den in diesem Gesetz und auf Grund dieses Gesetzes getroffenen Regelungen des Verwaltungsverfahrens kann durch Landesrecht nicht abgewichen werden.

Anlage (zu § 3 Abs. 6): Kriterien zur Bestimmung des Standes der Technik

Bei der Bestimmung des Standes der Technik sind unter Berücksichtigung der Verhältnismäßigkeit zwischen Aufwand und Nutzen möglicher Maßnahmen sowie des Grundsatzes der Vorsorge und der Vorbeugung, jeweils bezogen auf Anlagen einer bestimmten Art, insbesondere folgende Kriterien zu berücksichtigen:

1. Einsatz abfallarmer Technologie,
2. Einsatz weniger gefährlicher Stoffe,
3. Förderung der Rückgewinnung und Wiederverwertung der bei den einzelnen Verfahren erzeugten und verwendeten Stoffe und gegebenenfalls der Abfälle,
4. vergleichbare Verfahren, Vorrichtungen und Betriebsmethoden, die mit Erfolg im Betrieb erprobt wurden,
5. Fortschritte in der Technologie und in den wissenschaftlichen Erkenntnissen,
6. Art, Auswirkungen und Menge der jeweiligen Emissionen,
7. Zeitpunkte der Inbetriebnahme der neuen oder der bestehenden Anlagen,
8. für die Einführung einer besseren verfügbaren Technik erforderliche Zeit,
9. Verbrauch an Rohstoffen und Art der bei den einzelnen Verfahren verwendeten Rohstoffe (einschließlich Wasser) sowie Energieeffizienz,
10. Notwendigkeit, die Gesamtwirkung der Emissionen und die Gefahren für den Menschen und die Umwelt so weit wie möglich zu vermeiden oder zu verringern,
11. Notwendigkeit, Unfällen vorzubeugen und deren Folgen für den Menschen und die Umwelt zu verringern,
12. Informationen, die von internationalen Organisationen veröffentlicht werden,
13. Informationen, die in BVT-Merkblättern enthalten sind.

XVII. Vierte Verordnung zur Durchführung des Bundes-Immissionsschutzgesetzes (Verordnung über genehmigungsbedürftige Anlagen – 4. BImSchV)

v. 31.5.2017 (BGBl I S. 1440)

Amtliche Fassung

§ 1 Genehmigungsbedürftige Anlagen

(1) [1]Die Errichtung und der Betrieb der im Anhang 1 genannten Anlagen bedürfen einer Genehmigung, soweit den Umständen nach zu erwarten ist, dass sie länger als während der zwölf Monate, die auf die Inbetriebnahme folgen, an demselben Ort betrieben werden. [2]Für die in Nummer 8 des Anhangs 1 genannten Anlagen, ausgenommen Anlagen zur Behandlung am Entstehungsort, gilt Satz 1 auch, soweit sie weniger als während der zwölf Monate, die auf die Inbetriebnahme folgen, an demselben Ort betrieben werden sollen. [3]Für die in den Nummern 2.10.2, 7.4, 7.5, 7.25, 7.28, 9.1, 9.3 und 9.11 des Anhangs 1 genannten Anlagen gilt Satz 1 nur, soweit sie gewerblichen Zwecken dienen oder im Rahmen wirtschaftlicher Unternehmungen verwendet werden. [4]Hängt die Genehmigungsbedürftigkeit der im Anhang 1 genannten Anlagen vom Erreichen oder Überschreiten einer bestimmten Leistungsgrenze oder Anlagengröße ab, ist jeweils auf den rechtlich und tatsächlich möglichen Betriebsumfang der durch denselben Betreiber betriebenen Anlage abzustellen.

(2) Das Genehmigungserfordernis erstreckt sich auf alle vorgesehenen

1. Anlagenteile und Verfahrensschritte, die zum Betrieb notwendig sind, und
2. Nebeneinrichtungen, die mit den Anlagenteilen und Verfahrensschritten nach Nummer 1 in einem räumlichen und betriebstechnischen Zusammenhang stehen und die für
   a) das Entstehen schädlicher Umwelteinwirkungen,
   b) die Vorsorge gegen schädliche Umwelteinwirkungen oder
   c) das Entstehen sonstiger Gefahren, erheblicher Nachteile oder erheblicher Belästigungen.

(3) [1]Die im Anhang 1 bestimmten Voraussetzungen sind auch erfüllt, wenn mehrere Anlagen derselben Art in einem engen räumlichen und betrieblichen Zusammenhang stehen (gemeinsame Anlage) und zusammen die maßgebenden Leistungsgrenzen oder Anlagengrößen erreichen oder überschreiten werden. [2]Ein enger räumlicher und betrieblicher Zusammenhang ist gegeben, wenn die Anlagen

1. auf demselben Betriebsgelände liegen,
2. mit gemeinsamen Betriebseinrichtungen verbunden sind und
3. einem vergleichbaren technischen Zweck dienen.

(4) Gehören zu einer Anlage Teile oder Nebeneinrichtungen, die je gesondert genehmigungsbedürftig wären, so bedarf es lediglich einer Genehmigung.

(5) Soll die für die Genehmigungsbedürftigkeit maßgebende Leistungsgrenze oder Anlagengröße durch die Erweiterung einer bestehenden Anlage erstmals überschritten werden, bedarf die gesamte Anlage der Genehmigung.

(6) Keiner Genehmigung bedürfen Anlagen, soweit sie der Forschung, Entwicklung oder Erprobung neuer Einsatzstoffe, Brennstoffe, Erzeugnisse oder Verfahren im Labor- und Technikumsmaßstab dienen; hierunter fallen auch solche Anlagen im Labor- oder Technikumsmaßstab, in denen neue Erzeugnisse in der für die Erprobung ihrer Eigenschaften durch Dritte erforderlichen Menge vor der Markteinführung hergestellt werden, soweit die neuen Erzeugnisse noch weiter erforscht oder entwickelt werden.

(7) Keiner Genehmigung bedürfen Anlagen zur Lagerung von Stoffen, die eine Behörde in Erfüllung ihrer gesetzlichen Aufgabe zur Gefahrenabwehr sichergestellt hat.

§ 2 Zuordnung zu den Verfahrensarten

(1) [1]Das Genehmigungsverfahren wird durchgeführt nach

1. § 10 des Bundes-Immissionsschutzgesetzes für
   a) Anlagen, die in Spalte c des Anhangs 1 mit dem Buchstaben G gekennzeichnet sind,
   b) Anlagen, die sich aus in Spalte c des Anhangs 1 mit dem Buchstaben G und dem Buchstaben V gekennzeichneten Anlagen zusammensetzen,
   c) Anlagen, die in Spalte c des Anhangs 1 mit dem Buchstaben V gekennzeichnet sind und zu deren Genehmigung nach den §§ 3a bis 3f des Gesetzes über die Umweltverträglichkeitsprüfung eine Umweltverträglichkeitsprüfung durchzuführen ist,
2. § 19 des Bundes-Immissionsschutzgesetzes im vereinfachten Verfahren für in Spalte c des Anhangs 1 mit dem Buchstaben V gekennzeichnete Anlagen.

[2]Soweit die Zuordnung zu den Genehmigungsverfahren von der Leistungsgrenze oder Anlagengröße abhängt, gilt § 1 Absatz 1 Satz 4 entsprechend.

(2) Kann eine Anlage vollständig verschiedenen Anlagenbezeichnungen im Anhang 1 zugeordnet werden, so ist die speziellere Anlagenbezeichnung maßgebend.

4. BImSchV

(3) [1]Für in Spalte c des Anhangs 1 mit dem Buchstaben G gekennzeichnete Anlagen, die ausschließlich oder überwiegend der Entwicklung und Erprobung neuer Verfahren, Einsatzstoffe, Brennstoffe oder Erzeugnisse dienen (Versuchsanlagen), wird das vereinfachte Verfahren durchgeführt, wenn die Genehmigung für einen Zeitraum von höchstens drei Jahren nach Inbetriebnahme der Anlage erteilt werden soll; dieser Zeitraum kann auf Antrag um höchstens ein Jahr verlängert werden. [2]Satz 1 ist auf Anlagen der Anlage 1 (Liste „UVP-pflichtige Vorhaben") zum Gesetz über die Umweltverträglichkeitsprüfung nur anzuwenden, soweit nach den Vorschriften dieses Gesetzes keine Umweltverträglichkeitsprüfung durchzuführen ist. [3]Soll die Lage, die Beschaffenheit oder der Betrieb einer nach Satz 1 genehmigten Anlage für einen anderen Entwicklungs- oder Erprobungszweck geändert werden, ist ein Verfahren nach Satz 1 durchzuführen.

(4) Wird die für die Zuordnung zu einer Verfahrensart maßgebende Leistungsgrenze oder Anlagengröße durch die Errichtung und den Betrieb einer weiteren Teilanlage oder durch eine sonstige Erweiterung der Anlage erreicht oder überschritten, so wird die Genehmigung für die Änderung in dem Verfahren erteilt, dem die Anlage nach der Summe ihrer Leistung oder Größe entspricht.

§ 3 Anlagen nach der Industrieemissions-Richtlinie

Anlagen nach Artikel 10 in Verbindung mit Anhang I der Richtlinie 2010/75/EU des Europäischen Parlaments und des Rates vom 24. November 2010 über Industrieemissionen (integrierte Vermeidung und Verminderung der Umweltverschmutzung) (Neufassung) (ABl L 334 vom 17.12.2010, S. 17) sind Anlagen, die in Spalte d des Anhangs 1 mit dem Buchstaben E gekennzeichnet sind.

Anhang 1

Rohstoffbegriff in Nummer 7

Der in Anlagenbeschreibungen unter Nummer 7 verwendete Begriff „Rohstoff" gilt unabhängig davon, ob dieser zuvor verarbeitet wurde oder nicht.

Abfallbegriff in Nummer 8

Der in den Anlagenbeschreibungen unter den Nummern 8.2 bis 8.15 verwendete Begriff „Abfall" betrifft jeweils ausschließlich Abfälle, auf die die Vorschriften des Kreislaufwirtschaftsgesetzes Anwendung finden.

Mischungsregel

Wird in Anlagenbeschreibungen unter Nummer 7 auf diese Mischungsregel Bezug genommen, errechnet sich die Produktionskapazität **P** beim Einsatz tierischer und pflanzlicher Rohstoffe wie folgt:

$$\mathbf{P} = \begin{cases} 75 & \textit{für}\ \mathbf{A} \geq 10 \\ [300 - (22{,}5 \cdot \mathbf{A})] & \textit{für}\ \mathbf{A} < 10 \end{cases}$$

wobei **A** den gewichtsprozentualen Anteil der tierischen Rohstoffe an den insgesamt eingesetzten Rohstoffen darstellt.

Legende

Nr.:

Ordnungsnummer der Anlagenart

Anlagenbeschreibung:

Die vollständige Beschreibung der Anlagenart ergibt sich aus dem fortlaufenden Text von der 2. bis zur jeweils letzten Gliederungsebene der Ordnungsnummer. (z. B. ergibt sich die vollständige Beschreibung der Anlagenart von Nummer 1.2.4.1 aus dem fortlaufenden Text der Nummern 1.2, 1.2.4 und 1.2.4.1)

Verfahrensart:

G: **G**enehmigungsverfahren gemäß § 10 BImSchG (mit Öffentlichkeitsbeteiligung)

V: **V**ereinfachtes Verfahren gemäß § 19 BImSchG (ohne Öffentlichkeitsbeteiligung)

Anlage gemäß Art. 10 der Richtlinie 2010/75/EU:

E: Anlage gemäß § 3

Nr.	Anlagenbeschreibung	Verfahrensart	Anlage gemäß Art. 10 der RL 2010/75/EU
a	b	c	d
1.	**Wärmeerzeugung, Bergbau und Energie**		
1.1	Anlagen zur Erzeugung von Strom, Dampf, Warmwasser, Prozesswärme oder erhitztem Abgas durch den Einsatz von Brennstoffen in einer Verbrennungseinrichtung (wie Kraftwerk, Heizkraftwerk, Heizwerk, Gasturbinenanlage, Verbrennungsmotoranlage, sonstige Feuerungsanlage), einschließlich zugehöriger Dampfkessel, mit einer Feuerungswärmeleistung von 50 Megawatt oder mehr;	**G**	**E**

1.2	Anlagen zur Erzeugung von Strom, Dampf, Warmwasser, Prozesswärme oder erhitztem Abgas in einer Verbrennungseinrichtung (wie Kraftwerk, Heizkraftwerk, Heizwerk, Gasturbinenanlage, Verbrennungsmotoranlage, sonstige Feuerungsanlage), einschließlich zugehöriger Dampfkessel, ausgenommen Verbrennungsmotoranlagen für Bohranlagen und Notstromaggregate, durch den Einsatz von		
1.2.1	Kohle, Koks einschließlich Petrolkoks, Kohlebriketts, Torfbriketts, Brenntorf, naturbelassenem Holz sowie in der eigenen Produktionsanlage anfallendem gestrichenem, lackiertem oder beschichtetem Holz oder Sperrholz, Spanplatten, Faserplatten oder sonst verleimtem Holz sowie daraus anfallenden Resten, soweit keine Holzschutzmittel aufgetragen oder infolge einer Behandlung enthalten sind und Beschichtungen keine halogenorganischen Verbindungen oder Schwermetalle enthalten, emulgiertem Naturbitumen, Heizölen, ausgenommen Heizöl EL, mit einer Feuerungswärmeleistung von 1 Megawatt bis weniger als 50 Megawatt,	V	
1.2.2	gasförmigen Brennstoffen (insbesondere Koksofengas, Grubengas, Stahlgas, Raffineriegas, Synthesegas, Erdölgas aus der Tertiärförderung von Erdöl, Klärgas, Biogas), ausgenommen naturbelassenem Erdgas, Flüssiggas, Gasen der öffentlichen Gasversorgung oder Wasserstoff, mit einer Feuerungswärmeleistung von		
1.2.2.1	10 Megawatt bis weniger als 50 Megawatt,	V	
1.2.2.2	1 Megawatt bis weniger als 10 Megawatt, bei Verbrennungsmotoranlagen oder Gasturbinenanlagen,	V	
1.2.3	Heizöl EL, Dieselkraftstoff, Methanol, Ethanol, naturbelassenen Pflanzenölen oder Pflanzenölmethylestern, naturbelassenem Erdgas, Flüssiggas, Gasen der öffentlichen Gasversorgung oder Wasserstoff mit einer Feuerungswärmeleistung von		
1.2.3.1	20 Megawatt bis weniger als 50 Megawatt,	V	
1.2.3.2	1 Megawatt bis weniger als 20 Megawatt, bei Verbrennungsmotoranlagen oder Gasturbinenanlagen,	V	
1.2.4	anderen als in Nummer 1.2.1 oder 1.2.3 genannten festen oder flüssigen Brennstoffen mit einer Feuerungswärmeleistung von 100 Kilowatt bis weniger als 50 Megawatt;	V	
1.3	(nicht besetzt)		
1.4	Verbrennungsmotoranlagen oder Gasturbinenanlagen zum Antrieb von Arbeitsmaschinen für den Einsatz von		

1.4.1	Heizöl EL, Dieselkraftstoff, Methanol, Ethanol, naturbelassenen Pflanzenölen, Pflanzenölmethylestern, Koksofengas, Grubengas, Stahlgas, Raffineriegas, Synthesegas, Erdölgas aus der Tertiärförderung von Erdöl, Klärgas, Biogas, naturbelassenem Erdgas, Flüssiggas, Gasen der öffentlichen Gasversorgung oder Wasserstoff mit einer Feuerungswärmeleistung von		
1.4.1.1	50 Megawatt oder mehr,	**G**	**E**
1.4.1.2	1 Megawatt bis weniger als 50 Megawatt, ausgenommen Verbrennungsmotoranlagen für Bohranlagen,	**V**	
1.4.2	anderen als in Nummer 1.4.1 genannten Brennstoffen mit einer Feuerungswärmeleistung von		
1.4.2.1	50 Megawatt oder mehr,	**G**	**E**
1.4.2.2	100 Kilowatt bis weniger als 50 Megawatt;	**V**	
1.5	(nicht besetzt)		
1.6	Anlagen zur Nutzung von Windenergie mit einer Gesamthöhe von mehr als 50 Metern und		
1.6.1	20 oder mehr Windkraftanlagen,	**G**	
1.6.2	weniger als 20 Windkraftanlagen;	**V**	
1.7	(nicht besetzt)		
1.8	Elektroumspannanlagen mit einer Oberspannung von 220 Kilovolt oder mehr einschließlich der Schaltfelder, ausgenommen eingehauste Elektroumspannanlagen;	**V**	
1.9	Anlagen zum Mahlen oder Trocknen von Kohle mit einer Kapazität von 1 Tonne oder mehr je Stunde;	**V**	
1.10	Anlagen zum Brikettieren von Braun- oder Steinkohle;	**G**	
1.11	Anlagen zur Trockendestillation (z. B. Kokereien, Gaswerke und Schwelereien), insbesondere von Steinkohle oder Braunkohle, Holz, Torf oder Pech, ausgenommen Holzkohlemeiler;	**G**	**E**
1.12	Anlagen zur Destillation oder Weiterverarbeitung von Teer oder Teererzeugnissen oder von Teer- oder Gaswasser;	**G**	
1.13	(nicht besetzt)		
1.14	Anlagen zur Vergasung oder Verflüssigung von		
1.14.1	Kohle,	**G**	**E**
1.14.2	bituminösem Schiefer mit einem Energieäquivalent von		
1.14.2.1	20 Megawatt oder mehr,	**G**	**E**
1.14.2.2	weniger als 20 Megawatt,	**G**	

1.14.3	anderen Brennstoffen als Kohle oder bituminösem Schiefer, insbesondere zur Erzeugung von Generator-, Wasser-, oder Holzgas, mit einer Produktionskapazität an Stoffen, entsprechend einem Energieäquivalent von		
1.14.3.1	20 Megawatt oder mehr,	G	E
1.14.3.2	1 Megawatt bis weniger als 20 Megawatt;	V	
1.15	Anlagen zur Erzeugung von Biogas, soweit nicht von Nummer 8.6 erfasst, mit einer Produktionskapazität von 1,2 Million Normkubikmetern je Jahr Rohgas oder mehr;	V	
1.16	Anlagen zur Aufbereitung von Biogas mit einer Verarbeitungskapazität von 1,2 Million Normkubikmetern je Jahr Rohgas oder mehr;	V	
2.	**Steine und Erden, Glas, Keramik, Baustoffe**		
2.1	Steinbrüche mit einer Abbaufläche von		
2.1.1	10 Hektar oder mehr,	G	
2.1.2	weniger als 10 Hektar, soweit Sprengstoffe verwendet werden;	V	
2.2	Anlagen zum Brechen, Trocknen, Mahlen oder Klassieren von natürlichem oder künstlichem Gestein, ausgenommen Klassieranlagen für Sand oder Kies sowie Anlagen, die nicht mehr als zehn Tage im Jahr betrieben werden;	V	
2.3	Anlagen zur Herstellung von Zementklinker oder Zementen mit einer Produktionskapazität von		
2.3.1	500 Tonnen oder mehr je Tag,	G	E
2.3.2	50 Tonnen bis weniger als 500 Tonnen je Tag, soweit nicht in Drehrohröfen hergestellt,	G	E
2.3.3	weniger als 500 Tonnen je Tag, soweit in Drehrohröfen hergestellt,	V	
2.3.4	weniger als 50 Tonnen je Tag, soweit nicht in Drehrohröfen hergestellt;	V	
2.4	Anlagen zum Brennen von		
2.4.1	Kalkstein, Magnesit oder Dolomit mit einer Produktionskapazität von		
2.4.1.1	50 Tonnen oder mehr Branntkalk oder Magnesiumoxid je Tag,	G	E
2.4.1.2	weniger als 50 Tonnen Branntkalk oder Magnesiumoxid je Tag,	V	
2.4.2	Bauxit, Gips, Kieselgur, Quarzit oder Ton zu Schamotte;	V	
2.5	Anlagen zur Gewinnung von Asbest;	G	E
2.6	Anlagen zur Be- oder Verarbeitung von Asbest oder Asbesterzeugnissen;	G	E
2.7	Anlagen zum Blähen von Perlite oder Schiefer;	V	

2.8	Anlagen zur Herstellung von Glas, auch soweit es aus Altglas hergestellt wird, einschließlich Anlagen zur Herstellung von Glasfasern, mit einer Schmelzkapazität von		
2.8.1	20 Tonnen oder mehr je Tag,	G	E
2.8.2	100 Kilogramm bis weniger als 20 Tonnen je Tag, ausgenommen in Anlagen zur Herstellung von Glasfasern, die für medizinische oder fernmeldetechnische Zwecke bestimmt sind;	V	
2.9	(nicht besetzt)		
2.10	Anlagen zum Brennen keramischer Erzeugnisse (einschließlich Anlagen zum Blähen von Ton) mit einer Produktionskapazität von		
2.10.1	75 Tonnen oder mehr je Tag,	G	E
2.10.2	weniger als 75 Tonnen je Tag, soweit der Rauminhalt der Brennanlage 4 Kubikmeter oder mehr beträgt oder die Besatzdichte mehr als 100 Kilogramm je Kubikmeter Rauminhalt der Brennanlage beträgt, ausgenommen elektrisch beheizte Brennöfen, die diskontinuierlich und ohne Abluftführung betrieben werden;	V	
2.11	Anlagen zum Schmelzen mineralischer Stoffe einschließlich Anlagen zur Herstellung von Mineralfasern mit einer Schmelzkapazität von		
2.11.1	20 Tonnen oder mehr je Tag,	G	E
2.11.2	weniger als 20 Tonnen je Tag;	V	
2.12	(nicht besetzt)		
2.13	(nicht besetzt)		
2.14	Anlagen zur Herstellung von Formstücken unter Verwendung von Zement oder anderen Bindemitteln durch Stampfen, Schocken, Rütteln oder Vibrieren mit einer Produktionskapazität von 10 Tonnen oder mehr je Stunde;	V	
2.15	Anlagen zur Herstellung oder zum Schmelzen von Mischungen aus Bitumen oder Teer mit Mineralstoffen, ausgenommen Anlagen, die Mischungen in Kaltbauweise herstellen, einschließlich Aufbereitungsanlagen für bituminöse Straßenbaustoffe und Teersplittanlagen;	V	
3.	**Stahl, Eisen und sonstige Metalle einschließlich Verarbeitung**		
3.1	Anlagen zum Rösten (Erhitzen unter Luftzufuhr zur Überführung in Oxide), Schmelzen oder Sintern (Stückigmachen von feinkörnigen Stoffen durch Erhitzen) von Erzen;	G	E
3.2	Anlagen zur Herstellung oder zum Erschmelzen von Roheisen		

3.2.1	und zur Weiterverarbeitung zu Rohstahl, bei denen sich Gewinnungs- und Weiterverarbeitungseinheiten nebeneinander befinden und in funktioneller Hinsicht miteinander verbunden sind (Integrierte Hüttenwerke), mit einer Schmelzkapazität von		
3.2.1.1	2,5 Tonnen oder mehr je Stunde,	**G**	**E**
3.2.1.2	weniger als 2,5 Tonnen je Stunde,	**G**	
3.2.2	oder Stahl, einschließlich Stranggießen, auch soweit Konzentrate oder sekundäre Rohstoffe eingesetzt werden, mit einer Schmelzkapazität von		
3.2.2.1	2,5 Tonnen oder mehr je Stunde,	**G**	**E**
3.2.2.2	weniger als 2,5 Tonnen je Stunde;	**V**	
3.3	Anlagen zur Herstellung von Nichteisenrohmetallen aus Erzen, Konzentraten oder sekundären Rohstoffen durch metallurgische, chemische oder elektrolytische Verfahren;	**G**	**E**
3.4	Anlagen zum Schmelzen, zum Legieren oder zur Raffination von Nichteisenmetallen mit einer Schmelzkapazität von		
3.4.1	4 Tonnen je Tag oder mehr bei Blei und Cadmium oder von 20 Tonnen je Tag oder mehr bei sonstigen Nichteisenmetallen,	**G**	**E**
3.4.2	0,5 Tonnen bis weniger als 4 Tonnen je Tag bei Blei und Cadmium oder von 2 Tonnen bis weniger als 20 Tonnen je Tag bei sonstigen Nichteisenmetallen, ausgenommen 1. Vakuum-Schmelzanlagen, 2. Schmelzanlagen für Gusslegierungen aus Zinn und Wismut oder aus Feinzink und Aluminium in Verbindung mit Kupfer oder Magnesium, 3. Schmelzanlagen, die Bestandteil von Druck- oder Kokillengießmaschinen sind oder die ausschließlich im Zusammenhang mit einzelnen Druck- oder Kokillengießmaschinen gießfertige Nichteisenmetalle oder gießfertige Legierungen niederschmelzen, 4. Schmelzanlagen für Edelmetalle oder für Legierungen, die nur aus Edelmetallen oder aus Edelmetallen und Kupfer bestehen, 5. Schwalllötbäder und 6. Heißluftverzinnungsanlagen;	**V**	
3.5	Anlagen zum Abziehen der Oberflächen von Stahl, insbesondere von Blöcken, Brammen, Knüppeln, Platinen oder Blechen, durch Flämmen;	**V**	
3.6	Anlagen zur Umformung von		
3.6.1	Stahl durch Warmwalzen mit einer Kapazität je Stunde von		

3.6.1.1	20 Tonnen oder mehr,	G	E
3.6.1.2	weniger als 20 Tonnen,	V	
3.6.2	Stahl durch Kaltwalzen mit einer Bandbreite von 650 Millimetern oder mehr,	V	
3.6.3	Schwermetallen, ausgenommen Eisen oder Stahl, durch Walzen mit einer Kapazität von 1 Tonne oder mehr je Stunde,	V	
3.6.4	Leichtmetallen durch Walzen mit einer Kapazität von 0,5 Tonnen oder mehr je Stunde;	V	
3.7	Eisen-, Temper- oder Stahlgießereien mit einer Verarbeitungskapazität an Flüssigmetall von		
3.7.1	20 Tonnen oder mehr je Tag,	G	E
3.7.2	2 Tonnen bis weniger als 20 Tonnen je Tag;	V	
3.8	Gießereien für Nichteisenmetalle mit einer Verarbeitungskapazität an Flüssigmetall von		
3.8.1	4 Tonnen oder mehr je Tag bei Blei und Cadmium oder 20 Tonnen oder mehr je Tag bei sonstigen Nichteisenmetallen,	G	E
3.8.2	0,5 Tonnen bis weniger als 4 Tonnen je Tag bei Blei und Cadmium oder 2 Tonnen bis weniger als 20 Tonnen je Tag bei sonstigen Nichteisenmetallen, ausgenommen 1. Gießereien für Glocken- oder Kunstguss, 2. Gießereien, in denen in metallische Formen abgegossen wird, und 3. Gießereien, in denen das Material in ortsbeweglichen Tiegeln niedergeschmolzen wird;	V	
3.9	Anlagen zum Aufbringen von metallischen Schutzschichten		
3.9.1	mit Hilfe von schmelzflüssigen Bädern auf Metalloberflächen mit einer Verarbeitungskapazität von		
3.9.1.1	2 Tonnen oder mehr Rohstahl je Stunde,	G	E
3.9.1.2	2 Tonnen oder mehr Rohgut je Stunde, soweit nicht von der Nummer 3.9.1.1 erfasst,	G	
3.9.1.3	500 Kilogramm bis weniger als 2 Tonnen Rohgut je Stunde, ausgenommen Anlagen zum kontinuierlichen Verzinken nach dem Sendzimirverfahren,	V	
3.9.2	durch Flamm-, Plasma- oder Lichtbogenspritzen		
3.9.2.1	auf Metalloberflächen mit einer Verarbeitungskapazität von 2 Tonnen oder mehr Rohstahl je Stunde,	G	E
3.9.2.2	auf Metall- oder Kunststoffoberflächen mit einem Durchsatz an Blei, Zinn, Zink, Nickel, Kobalt oder ihren Legierungen von 2 Kilogramm oder mehr je Stunde;	V	

3.10	Anlagen zur Oberflächenbehandlung mit einem Volumen der Wirkbäder von		
3.10.1	30 Kubikmeter oder mehr bei der Behandlung von Metall- oder Kunststoffoberflächen durch ein elektrolytisches oder chemisches Verfahren,	G	E
3.10.2	1 Kubikmeter bis weniger als 30 Kubikmeter bei der Behandlung von Metalloberflächen durch Beizen oder Brennen unter Verwendung von Fluss- oder Salpetersäure;	V	
3.11	Anlagen, die aus einem oder mehreren maschinell angetriebenen Hämmern oder Fallwerken bestehen, wenn die Schlagenergie eines Hammers oder Fallwerkes		
3.11.1	50 Kilojoule oder mehr und die Feuerungswärmeleistung der Wärmebehandlungsöfen 20 Megawatt oder mehr beträgt,	G	E
3.11.2	50 Kilojoule oder mehr beträgt, soweit nicht von Nummer 3.11.1 erfasst,	G	
3.11.3	1 Kilojoule bis weniger als 50 Kilojoule beträgt;	V	
3.12	(nicht besetzt)		
3.13	Anlagen zur Sprengverformung oder zum Plattieren mit Sprengstoffen bei einem Einsatz von 10 Kilogramm Sprengstoff oder mehr je Schuss;	V	
3.14 – 3.15	(nicht besetzt)		
3.16	Anlagen zur Herstellung von warmgefertigten nahtlosen oder geschweißten Rohren aus Stahl mit einer Produktionskapazität von		
3.16.1	20 Tonnen oder mehr je Stunde,	G	E
3.16.2	weniger als 20 Tonnen je Stunde;	G	
3.17	(nicht besetzt)		
3.18	Anlage zur Herstellung oder Reparatur von Schiffskörpern oder -sektionen (Schiffswerft) aus Metall mit einer Länge von 20 Metern oder mehr;	G	
3.19	Anlagen zum Bau von Schienenfahrzeugen mit einer Produktionskapazität von 600 Schienenfahrzeugeinheiten oder mehr je Jahr; 1 Schienenfahrzeugeinheit entspricht 0,5 Lokomotiven, 1 Straßenbahn, 1 Wagen eines Triebzuges, 1 Triebkopf, 1 Personenwagen oder 3 Güterwagen;	G	
3.20	Anlagen zur Oberflächenbehandlung von Gegenständen aus Stahl, Blech oder Guss mit festen Strahlmitteln, die außerhalb geschlossener Räume betrieben werden, ausgenommen nicht begehbare Handstrahlkabinen sowie Anlagen mit einem Luftdurchsatz von weniger als 300 Kubikmetern je Stunde;	V	
3.21	Anlagen zur Herstellung von Bleiakkumulatoren;	V	

3.22	Anlagen zur Behandlung von Schrotten in Schredderanlagen, sofern nicht von Nummer 8.9 erfasst, mit einer Durchsatzkapazität an Eingangsstoffen von		
3.22.1	50 Tonnen oder mehr je Tag,	G	
3.22.2	10 Tonnen bis weniger als 50 Tonnen je Tag;	V	
3.23	Anlagen zur Herstellung von Metallpulvern oder -pasten, insbesondere Aluminium-, Eisen- oder Magnesiumpulver oder -pasten oder blei- oder nickelhaltigen Pulvern oder Pasten, ausgenommen Anlagen zur Herstellung von Edelmetallpulver;	V	
3.24	Anlagen für den Bau und die Montage von Kraftfahrzeugen oder Anlagen für den Bau von Kraftfahrzeugmotoren mit einer Kapazität von jeweils 100 000 Stück oder mehr je Jahr;	G	
3.25	Anlagen für Bau und Instandhaltung, ausgenommen die Wartung einschließlich kleinerer Reparaturen, von Luftfahrzeugen,		
3.25.1	soweit je Jahr mehr als 50 Luftfahrzeuge hergestellt werden können,	G	
3.25.2	soweit je Jahr mehr als 50 Luftfahrzeuge instand gehalten werden können;	V	
4.	**Chemische Erzeugnisse, Arzneimittel, Mineralölraffination und Weiterverarbeitung**		
4.1	Anlagen zur Herstellung von Stoffen oder Stoffgruppen durch chemische, biochemische oder biologische Umwandlung in industriellem Umfang, ausgenommen Anlagen zur Erzeugung oder Spaltung von Kernbrennstoffen oder zur Aufarbeitung bestrahlter Kernbrennstoffe, zur Herstellung von		
4.1.1	Kohlenwasserstoffen (lineare oder ringförmige, gesättigte oder ungesättigte, aliphatische oder aromatische),	G	E
4.1.2	sauerstoffhaltigen Kohlenwasserstoffen wie Alkohole, Aldehyde, Ketone, Carbonsäuren, Ester, Acetate, Ether, Peroxide, Epoxide,	G	E
4.1.3	schwefelhaltigen Kohlenwasserstoffen,	G	E
4.1.4	stickstoffhaltigen Kohlenwasserstoffen wie Amine, Amide, Nitroso-, Nitro- oder Nitratverbindungen, Nitrile, Cyanate, Isocyanate,	G	E
4.1.5	phosphorhaltigen Kohlenwasserstoffen,	G	E
4.1.6	halogenhaltigen Kohlenwasserstoffen,	G	E
4.1.7	metallorganischen Verbindungen,	G	E
4.1.8	Kunststoffen (Kunstharzen, Polymeren, Chemiefasern, Fasern auf Zellstoffbasis),	G	E
4.1.9	synthetischen Kautschuken,	G	E

4.1.10	Farbstoffen und Pigmenten sowie von Ausgangsstoffen für Farben und Anstrichmittel,	G	E
4.1.11	Tensiden,	G	E
4.1.12	Gasen wie Ammoniak, Chlor und Chlorwasserstoff, Fluor und Fluorwasserstoff, Kohlenstoffoxiden, Schwefelverbindungen, Stickstoffoxiden, Wasserstoff, Schwefeldioxid, Phosgen,	G	E
4.1.13	Säuren wie Chromsäure, Flusssäure, Phosphorsäure, Salpetersäure, Salzsäure, Schwefelsäure, Oleum, schwefelige Säuren,	G	E
4.1.14	Basen wie Ammoniumhydroxid, Kaliumhydroxid, Natriumhydroxid,	G	E
4.1.15	Salzen wie Ammoniumchlorid, Kaliumchlorat, Kaliumkarbonat, Natriumkarbonat, Perborat, Silbernitrat,	G	E
4.1.16	Nichtmetallen, Metalloxiden oder sonstigen anorganischen Verbindungen wie Kalziumkarbid, Silizium, Siliziumkarbid, anorganische Peroxide, Schwefel,	G	E
4.1.17	phosphor-, stickstoff- oder kaliumhaltigen Düngemitteln (Einnährstoff- oder Mehrnährstoffdünger),	G	E
4.1.18	Pflanzenschutzmittel oder Biozide,	G	E
4.1.19	Arzneimittel einschließlich Zwischenerzeugnisse,	G	E
4.1.20	Explosivstoffen,	G	E
4.1.21	Stoffen oder Stoffgruppen, die keiner oder mehreren der Nummern 4.1.1 bis 4.1.20 entsprechen,	G	E
4.1.22	– organischen Grundchemikalien, – anorganischen Grundchemikalien, – phosphor-, stickstoff- oder kaliumhaltigen Düngemitteln (Einnährstoff oder Mehrnährstoff), – Ausgangsstoffen für Pflanzenschutzmittel und Bioziden, – Grundarzneimitteln unter Verwendung eines chemischen oder biologischen Verfahrens oder – Explosivstoffen, im Verbund, bei denen sich mehrere Einheiten nebeneinander befinden und in funktioneller Hinsicht miteinander verbunden sind (integrierte chemische Anlagen);	G	E
4.2	Anlagen, in denen Pflanzenschutzmittel, Biozide oder ihre Wirkstoffe gemahlen oder maschinell gemischt, abgepackt oder umgefüllt werden, soweit diese Stoffe in einer Menge von 5 Tonnen je Tag oder mehr gehandhabt werden;	V	

4. BImSchV

4.3	Anlagen zur Herstellung von Arzneimitteln oder Arzneimittelzwischenprodukten im industriellen Umfang, soweit nicht von Nummer 4.1.19 erfasst, ausgenommen Anlagen, die ausschließlich der Herstellung der Darreichungsform dienen, in denen		
4.3.1	Pflanzen, Pflanzenteile oder Pflanzenbestandteile extrahiert, destilliert oder auf ähnliche Weise behandelt werden, ausgenommen Extraktionsanlagen mit Ethanol ohne Erwärmen,	**V**	
4.3.2	Tierkörper, auch lebender Tiere, sowie Körperteile, Körperbestandteile und Stoffwechselprodukte von Tieren eingesetzt werden;	**V**	
4.4	Anlagen zur Destillation oder Raffination oder sonstigen Weiterverarbeitung von Erdöl oder Erdölerzeugnissen in		
4.4.1	Mineralölraffinerien,	**G**	**E**
4.4.2	Schmierstoffraffinerien,	**G**	
4.4.3	Gasraffinerien,	**G**	**E**
4.4.4	petrochemischen Werken oder bei der Gewinnung von Paraffin;	**G**	
4.5	Anlagen zur Herstellung von Schmierstoffen, wie Schmieröle, Schmierfette, Metallbearbeitungsöle;	**V**	
4.6	Anlagen zur Herstellung von Ruß;	**G**	**E**
4.7	Anlagen zur Herstellung von Kohlenstoff (Hartbrandkohle) oder Elektrographit durch Brennen oder Graphitieren, zum Beispiel für Elektroden, Stromabnehmer oder Apparateteile;	**G**	**E**
4.8	Anlagen zum Destillieren von flüchtigen organischen Verbindungen, die bei einer Temperatur von 293,15 Kelvin einen Dampfdruck von mindestens 0,01 Kilopascal haben, mit einer Durchsatzkapazität von 1 Tonne oder mehr je Stunde;	**V**	
4.9	Anlagen zum Erschmelzen von Naturharzen oder Kunstharzen mit einer Kapazität von 1 Tonne oder mehr je Tag;	**V**	
4.10	Anlagen zur Herstellung von Anstrich- oder Beschichtungsstoffen (Lasuren, Firnis, Lacke, Dispersionsfarben) oder Druckfarben unter Einsatz von 25 Tonnen oder mehr je Tag an flüchtigen organischen Verbindungen, die bei einer Temperatur von 293,15 Kelvin einen Dampfdruck von mindestens 0,01 Kilopascal haben;	**G**	
5.	**Oberflächenbehandlung mit organischen Stoffen, Herstellung von bahnenförmigen Materialien aus Kunststoffen, sonstige Verarbeitung von Harzen und Kunststoffen**		

5.1	Anlagen zur Behandlung von Oberflächen, ausgenommen Anlagen, soweit die Farben oder Lacke ausschließlich hochsiedende Öle (mit einem Dampfdruck von weniger als 0,01 Kilopascal bei einer Temperatur von 293,15 Kelvin) als organische Lösungsmittel enthalten und die Lösungsmittel unter den jeweiligen Verwendungsbedingungen keine höhere Flüchtigkeit aufweisen,		
5.1.1	von Stoffen, Gegenständen oder Erzeugnissen einschließlich der dazugehörigen Trocknungsanlagen unter Verwendung von organischen Lösungsmitteln, insbesondere zum Appretieren, Bedrucken, Beschichten, Entfetten, Imprägnieren, Kaschieren, Kleben, Lackieren, Reinigen oder Tränken mit einem Verbrauch an organischen Lösungsmitteln von		
5.1.1.1	150 Kilogramm oder mehr je Stunde oder 200 Tonnen oder mehr je Jahr,	G	E
5.1.1.2	25 Kilogramm bis weniger als 150 Kilogramm je Stunde oder 15 Tonnen bis weniger als 200 Tonnen je Jahr, ausgenommen zum Bedrucken,	V	
5.1.2	von bahnen- oder tafelförmigen Materialien mit Rotationsdruckmaschinen einschließlich der zugehörigen Trocknungsanlagen, soweit die Farben oder Lacke		
5.1.2.1	organische Lösungsmittel mit einem Anteil von mehr als 50 Gew.-% an Ethanol enthalten und in der Anlage insgesamt 50 Kilogramm bis weniger als 150 Kilogramm je Stunde oder 30 Tonnen bis weniger als 200 Tonnen je Jahr an organischen Lösungsmitteln verbraucht werden,	V	
5.1.2.2	sonstige organische Lösungsmittel enthalten und in der Anlage insgesamt 25 Kilogramm bis weniger als 150 Kilogramm organische Lösungsmittel je Stunde oder 15 Tonnen bis weniger als 200 Tonnen je Jahr an organischen Lösungsmitteln verbraucht werden,	V	
5.1.3	zum Isolieren von Drähten unter Verwendung von phenol- oder kresolhaltigen Drahtlacken mit einem Verbrauch an organischen Lösungsmitteln von weniger als 150 Kilogramm je Stunde oder von weniger als 200 Tonnen je Jahr;	V	

5.2	Anlagen zum Beschichten, Imprägnieren, Kaschieren, Lackieren oder Tränken von Gegenständen, Glas- oder Mineralfasern oder bahnen- oder tafelförmigen Materialien einschließlich der zugehörigen Trocknungsanlagen mit Kunstharzen, die unter weitgehender Selbstvernetzung ausreagieren (Reaktionsharze), wie Melamin-, Harnstoff-, Phenol-, Epoxid-, Furan-, Kresol-, Resorcin- oder Polyesterharzen, ausgenommen Anlagen für den Einsatz von Pulverbeschichtungsstoffen, mit einem Harzverbrauch von		
5.2.1	25 Kilogramm oder mehr je Stunde,	**G**	
5.2.2	10 Kilogramm bis weniger als 25 Kilogramm je Stunde;	**V**	
5.3	Anlagen zur Konservierung von Holz oder Holzerzeugnissen mit Chemikalien, ausgenommen die ausschließliche Bläueschutzbehandlung, mit einer Produktionskapazität von mehr als 75 Kubikmetern je Tag;	**G**	**E**
5.4	Anlagen zum Tränken oder Überziehen von Stoffen oder Gegenständen mit Teer, Teeröl oder heißem Bitumen, soweit die Menge dieser Kohlenwasserstoffe 25 Kilogramm oder mehr je Stunde beträgt, ausgenommen Anlagen zum Tränken oder Überziehen von Kabeln mit heißem Bitumen;	**V**	
5.5	(nicht besetzt)		
5.6	Anlagen zur Herstellung von bahnenförmigen Materialien auf Streichmaschinen einschließlich der zugehörigen Trocknungsanlagen unter Verwendung von Gemischen aus Kunststoffen und Weichmachern oder von Gemischen aus sonstigen Stoffen und oxidiertem Leinöl;	**V**	
5.7	Anlagen zur Verarbeitung von flüssigen ungesättigten Polyesterharzen mit Styrol-Zusatz oder flüssigen Epoxidharzen mit Aminen zu Formmassen (zum Beispiel Harzmatten oder Faserformmassen) oder Formteilen oder Fertigerzeugnissen, soweit keine geschlossenen Werkzeuge (Formen) verwendet werden, für einen Harzverbrauch von 500 Kilogramm oder mehr je Woche;	**V**	
5.8	Anlagen zur Herstellung von Gegenständen unter Verwendung von Amino- oder Phenoplasten, wie Furan-, Harnstoff-, Phenol-, Resorcin- oder Xylolharzen mittels Wärmebehandlung, soweit die Menge der Ausgangsstoffe 10 Kilogramm oder mehr je Stunde beträgt;	**V**	

5.9	Anlagen zur Herstellung von Reibbelägen unter Verwendung von 10 Kilogramm oder mehr je Stunde an Phenoplasten oder sonstigen Kunstharzbindemitteln, soweit kein Asbest eingesetzt wird;	V	
5.10	Anlagen zur Herstellung von künstlichen Schleifscheiben, -körpern, -papieren oder -geweben unter Verwendung organischer Binde- oder Lösungsmittel, ausgenommen Anlagen, die von Nummer 5.1 erfasst werden;	V	
5.11	Anlagen zur Herstellung von Polyurethanformteilen, Bauteilen unter Verwendung von Polyurethan, Polyurethanblöcken in Kastenformen oder zum Ausschäumen von Hohlräumen mit Polyurethan, soweit die Menge der Polyurethan-Ausgangsstoffe 200 Kilogramm oder mehr je Stunde beträgt, ausgenommen Anlagen zum Einsatz von thermoplastischem Polyurethangranulat;	V	
5.12	Anlagen zur Herstellung von PVC-Folien durch Kalandrieren unter Verwendung von Gemischen aus Kunststoffen und Zusatzstoffen mit einer Kapazität von 10 000 Tonnen oder mehr je Jahr;	V	
6.	**Holz, Zellstoff**		
6.1	Anlagen zur Gewinnung von Zellstoff aus Holz, Stroh oder ähnlichen Faserstoffen;	G	E
6.2	Anlagen zur Herstellung von Papier, Karton oder Pappe mit einer Produktionskapazität von		
6.2.1	20 Tonnen oder mehr je Tag,	G	E
6.2.2	weniger als 20 Tonnen je Tag, ausgenommen Anlagen, die aus einer oder mehreren Maschinen zur Herstellung von Papier, Karton oder Pappe bestehen, soweit die Bahnlänge des Papiers, des Kartons oder der Pappe bei allen Maschinen weniger als 75 Meter beträgt;	V	
6.3	Anlagen zur Herstellung von Holzspanplatten, Holzfaserplatten oder Holzfasermatten mit einer Produktionskapazität von		
6.3.1	600 Kubikmeter oder mehr je Tag,	G	E
6.3.2	weniger als 600 Kubikmetern je Tag;	V	
6.4	Anlagen zur Herstellung von Holzpresslingen (z. B. Holzpellets, Holzbriketts) mit einer Produktionskapazität von 10 000 Tonnen oder mehr je Jahr;	V	
7.	**Nahrungs-, Genuss- und Futtermittel, landwirtschaftliche Erzeugnisse**		
7.1	Anlagen zum Halten oder zur Aufzucht von		
7.1.1	Hennen mit		
7.1.1.1	40 000 oder mehr Hennenplätzen,	G	E
7.1.1.2	15 000 bis weniger als 40 000 Hennenplätzen,	V	

7.1.2	Junghennen mit		
7.1.2.1	40 000 oder mehr Junghennenplätzen,	G	E
7.1.2.2	30 000 bis weniger als 40 000 Junghennenplätzen,	V	
7.1.3	Mastgeflügel mit		
7.1.3.1	40 000 oder mehr Mastgeflügelplätzen,	G	E
7.1.3.2	30 000 bis weniger als 40 000 Mastgeflügelplätzen,	V	
7.1.4	Truthühnern mit		
7.1.4.1	40 000 oder mehr Truthühnermastplätzen,	G	E
7.1.4.2	15 000 bis weniger als 40 000 Truthühnermastplätzen,	V	
7.1.5	Rindern (ausgenommen Plätze für Mutterkuhhaltung mit mehr als sechs Monaten Weidehaltung je Kalenderjahr) mit 600 oder mehr Rinderplätzen,	V	
7.1.6	Kälbern mit 500 oder mehr Kälbermastplätzen,	V	
7.1.7	Mastschweinen (Schweine von 30 Kilogramm oder mehr Lebendgewicht) mit		
7.1.7.1	2 000 oder mehr Mastschweineplätzen,	G	E
7.1.7.2	1 500 bis weniger als 2 000 Mastschweineplätzen,	V	
7.1.8	Sauen einschließlich dazugehörender Ferkelaufzuchtplätze (Ferkel bis weniger als 30 Kilogramm Lebendgewicht) mit		
7.1.8.1	750 oder mehr Sauenplätzen,	G	E
7.1.8.2	560 bis weniger als 750 Sauenplätzen,	V	
7.1.9	Ferkeln für die getrennte Aufzucht (Ferkel von 10 Kilogramm bis weniger als 30 Kilogramm Lebendgewicht) mit		
7.1.9.1	6 000 oder mehr Ferkelplätzen,	G	
7.1.9.2	4 500 bis weniger als 6 000 Ferkelplätzen,	V	
7.1.10	Pelztieren mit		
7.1.10.1	1 000 oder mehr Pelztierplätzen,	G	
7.1.10.2	750 bis weniger als 1 000 Pelztierplätzen,	V	
7.1.11	gemischten Beständen mit einem Wert von 100 oder mehr der Summe der Vom Hundert-Anteile, bis zu denen die Platzzahlen jeweils ausgeschöpft werden		
7.1.11.1	in den Nummern 7.1.1.1, 7.1.2.1, 7.1.3.1, 7.1.4.1, 7.1.7.1 oder 7.1.8.1,	G	E
7.1.11.2	in den Nummern 7.1.1.1, 7.1.2.1, 7.1.3.1, 7.1.4.1, 7.1.7.1, 7.1.8.1 in Verbindung mit den Nummern 7.1.9.1 oder 7.1.10.1, soweit nicht von Nummer 7.1.11.1 erfasst,	G	

7.1.11.3	in den Nummern 7.1.1.2, 7.1.2.2, 7.1.3.2, 7.1.4.2, 7.1.5, 7.1.6, 7.1.7.2, 7.1.8.2, 7.1.9.2 oder 7.1.10.2, soweit nicht von Nummer 7.1.11.1 oder 7.1.11.2 erfasst;	V	
7.2	Anlagen zum Schlachten von Tieren mit einer Kapazität von		
7.2.1	50 Tonnen Lebendgewicht oder mehr je Tag,	G	E
7.2.2	0,5 Tonnen bis weniger als 50 Tonnen Lebendgewicht je Tag bei Geflügel,	V	
7.2.3	4 Tonnen bis weniger als 50 Tonnen Lebendgewicht je Tag bei sonstigen Tieren;	V	
7.3	Anlagen		
7.3.1	zur Erzeugung von Speisefetten aus tierischen Rohstoffen, ausgenommen bei Verarbeitung von ausschließlich Milch, mit einer Produktionskapazität von		
7.3.1.1	75 Tonnen Fertigerzeugnissen oder mehr je Tag,	G	E
7.3.1.2	weniger als 75 Tonnen Fertigerzeugnissen je Tag, ausgenommen Anlagen zur Erzeugung von Speisefetten aus selbst gewonnenen tierischen Fetten in Fleischereien mit einer Kapazität von weniger als 200 Kilogramm Speisefett je Woche,	V	
7.3.2	zum Schmelzen von tierischen Fetten mit einer Produktionskapazität von		
7.3.2.1	75 Tonnen Fertigerzeugnissen oder mehr je Tag,	G	E
7.3.2.2	weniger als 75 Tonnen Fertigerzeugnissen je Tag, ausgenommen Anlagen zur Verarbeitung von selbst gewonnenen tierischen Fetten zu Speisefetten in Fleischereien mit einer Kapazität von weniger als 200 Kilogramm Speisefett je Woche;	V	
7.4	Anlagen zur Herstellung von Nahrungs- oder Futtermittelkonserven aus		
7.4.1	tierischen Rohstoffen, allein, ausgenommen bei Verarbeitung von ausschließlich Milch, oder mit pflanzlichen Rohstoffen, mit einer Produktionskapazität von		
7.4.1.1	**P** Tonnen Konserven oder mehr je Tag gemäß Mischungsregel,	G	E
7.4.1.2	1 Tonne bis weniger als **P** Tonnen Konserven je Tag gemäß Mischungsregel, ausgenommen Anlagen zum Sterilisieren oder Pasteurisieren von Nahrungs- oder Futtermitteln in geschlossenen Behältnissen,	V	
7.4.2	ausschließlich pflanzlichen Rohstoffen mit einer Produktionskapazität von		
7.4.2.1	300 Tonnen Konserven oder mehr je Tag oder 600 Tonnen Konserven oder mehr je Tag, sofern die Anlage an nicht mehr als 90 aufeinander folgenden Tagen im Jahr in Betrieb ist,	G	E

7.4.2.2	10 Tonnen bis weniger als 300 Tonnen Konserven je Tag, ausgenommen Anlagen zum Sterilisieren oder Pasteurisieren dieser Nahrungsmittel in geschlossenen Behältnissen oder weniger als 600 Tonnen Konserven je Tag, sofern die Anlage an nicht mehr als 90 aufeinander folgenden Tagen im Jahr in Betrieb ist;	**V**	
7.5	Anlagen zum Räuchern von Fleisch- oder Fischwaren mit einer Produktionskapazität von		
7.5.1	75 Tonnen geräucherten Waren oder mehr je Tag,	**G**	**E**
7.5.2	weniger als 75 Tonnen geräucherten Waren je Tag, ausgenommen 1. Anlagen in Gaststätten oder 2. Räuchereien mit einer Produktionskapazität von weniger als 1 Tonne Fleisch- oder Fischwaren je Woche;	**V**	
7.6	(nicht besetzt)		
7.7	(nicht besetzt)		
7.8	Anlagen zur Herstellung von Gelatine mit einer Produktionskapazität je Tag von		
7.8.1	75 Tonnen Fertigerzeugnissen oder mehr,	**G**	**E**
7.8.2	weniger als 75 Tonnen Fertigerzeugnissen, sowie Anlagen zur Herstellung von Hautleim, Lederleim oder Knochenleim;	**V**	
7.9	Anlagen zur Herstellung von Futter- oder Düngemitteln oder technischen Fetten aus den Schlachtnebenprodukten Knochen, Tierhaare, Federn, Hörner, Klauen oder Blut, soweit nicht durch Nummer 9.11 erfasst, mit einer Produktionskapazität von		
7.9.1	75 Tonnen oder mehr Fertigerzeugnissen je Tag,	**G**	**E**
7.9.2	weniger als 75 Tonnen Fertigerzeugnissen je Tag;	**G**	
7.10	(nicht besetzt)		
7.11	Anlagen zum Lagern unbehandelter Knochen, ausgenommen Anlagen für selbst gewonnene Knochen in 1. Fleischereien mit einer Verarbeitungskapazität von weniger als 4000 Kilogramm Fleisch je Woche, 2. Anlagen, die nicht durch Nummer 7.2 erfasst werden;	**V**	
7.12	Anlagen zur		
7.12.1	Beseitigung oder Verwertung von Tierkörpern oder tierischen Abfällen mit einer Verarbeitungskapazität von		
7.12.1.1	10 Tonnen oder mehr je Tag,	**G**	**E**
7.12.1.2	50 Kilogramm je Stunde bis weniger als 10 Tonnen je Tag,	**G**	

7.12.1.3	weniger als 50 Kilogramm je Stunde und weniger als 50 Kilogramm je Charge,	V	
7.12.2	Sammlung oder Lagerung von Tierkörpern, Tierkörperteilen oder Abfällen tierischer Herkunft zum Einsatz in Anlagen nach Nummer 7.12.1, ausgenommen die Aufbewahrung gemäß § 10 des Tierische Nebenprodukte-Beseitigungsgesetzes vom 25. Januar 2004 (BGBl I S. 82), das zuletzt durch Artikel 1 des Gesetzes vom 4. August 2016 (BGBl I S. 1966) geändert worden ist, und Anlagen mit einem gekühlten Lagervolumen von weniger als 2 Kubikmetern;	G	
7.13	Anlagen zum Trocknen, Einsalzen oder Lagern ungegerbter Tierhäute oder Tierfelle, ausgenommen Anlagen, in denen weniger Tierhäute oder Tierfelle je Tag behandelt werden können als beim Schlachten von weniger als 4 Tonnen sonstiger Tiere nach Nummer 7.2.3 anfallen;	V	
7.14	Anlagen zum Gerben einschließlich Nachgerben von Tierhäuten oder Tierfellen mit einer Verarbeitungskapazität von		
7.14.1	12 Tonnen Fertigerzeugnissen oder mehr je Tag,	G	E
7.14.2	weniger als 12 Tonnen Fertigerzeugnissen je Tag, ausgenommen Anlagen, in denen weniger Tierhäute oder Tierfelle behandelt werden können als beim Schlachten von weniger als 4 Tonnen sonstiger Tiere nach Nummer 7.2.3 anfallen;	V	
7.15	Kottrocknungsanlagen;	V	
7.16	Anlagen zur Herstellung von Fischmehl oder Fischöl mit einer Produktionskapazität von	G	
7.16.1	75 Tonnen oder mehr je Tag,	G	E
7.16.2	weniger als 75 Tonnen je Tag;	G	
7.17	Anlagen zur Aufbereitung, Verarbeitung, Lagerung oder zum Umschlag von Fischmehl oder Fischöl		
7.17.1	mit einer Aufbereitungs- oder Verarbeitungskapazität von 75 Tonnen oder mehr je Tag,	G	E
7.17.2	mit einer Aufbereitungs- oder Verarbeitungskapazität von weniger als 75 Tonnen je Tag,	V	
7.17.3	in denen Fischmehl ungefasst gelagert wird,	V	
7.17.4	mit einer Umschlagkapazität für ungefasstes Fischmehl von 200 Tonnen oder mehr je Tag;	V	
7.18	Anlagen zum Brennen von Melasse, soweit nicht von Nummer 4.1.2 erfasst, mit einer Produktionskapazität von		
7.18.1	300 Tonnen oder mehr je Tag oder 600 Tonnen oder mehr je Tag, sofern die Anlage an nicht mehr als 90 aufeinanderfolgenden Tagen im Jahr in Betrieb ist,	G	E

7.18.2	weniger als 300 Tonnen je Tag oder weniger als 600 Tonnen je Tag, sofern die Anlage an nicht mehr als 90 aufeinanderfolgenden Tagen im Jahr in Betrieb ist;	V	
7.19	Anlagen zur Herstellung von Sauerkraut mit einer Produktionskapazität von		
7.19.1	300 Tonnen Sauerkraut oder mehr je Tag oder 600 Tonnen Sauerkraut oder mehr je Tag, sofern die Anlage an nicht mehr als 90 aufeinander folgenden Tagen im Jahr in Betrieb ist,	G	E
7.19.2	10 Tonnen bis weniger als 300 Tonnen Sauerkraut je Tag oder weniger als 600 Tonnen Sauerkraut je Tag, sofern die Anlage an nicht mehr als 90 aufeinander folgenden Tagen im Jahr in Betrieb ist;	V	
7.20	Anlagen zur Herstellung von Braumalz (Mälzereien) mit einer Produktionskapazität von		
7.20.1	300 Tonnen Darrmalz oder mehr je Tag oder 600 Tonnen Braumalz oder mehr je Tag, sofern die Anlage an nicht mehr als 90 aufeinander folgenden Tagen im Jahr in Betrieb ist,	G	E
7.20.2	weniger als 300 Tonnen Darrmalz je Tag oder weniger als 600 Tonnen Braumalz je Tag, sofern die Anlage an nicht mehr als 90 aufeinander folgenden Tagen im Jahr in Betrieb ist;	V	
7.21	Anlagen zum Mahlen von Nahrungsmitteln, Futtermitteln oder ähnlichen nicht als Nahrungs- oder Futtermittel bestimmten pflanzlichen Stoffen (Mühlen) mit einer Produktionskapazität von 300 Tonnen Fertigerzeugnissen oder mehr je Tag oder 600 Tonnen Fertigerzeugnissen oder mehr je Tag, sofern die Anlage an nicht mehr als 90 aufeinander folgenden Tagen im Jahr in Betrieb ist;	G	E
7.22	Anlagen zur Herstellung von Hefe oder Stärkemehlen mit einer Produktionskapazität von		
7.22.1	300 Tonnen oder mehr Hefe oder Stärkemehlen je Tag oder 600 Tonnen Hefe oder Stärkemehlen oder mehr je Tag, sofern die Anlage an nicht mehr als 90 aufeinander folgenden Tagen im Jahr in Betrieb ist,	G	E
7.22.2	1 Tonne bis weniger als 300 Tonnen Hefe oder Stärkemehlen je Tag oder weniger als 600 Tonnen Hefe oder Stärkemehlen je Tag, sofern die Anlage an nicht mehr als 90 aufeinander folgenden Tagen im Jahr in Betrieb ist;	V	
7.23	Anlagen zur Herstellung oder Raffination von Ölen oder Fetten aus pflanzlichen Rohstoffen mit einer Produktionskapazität von		

7.23.1	300 Tonnen Fertigerzeugnissen oder mehr je Tag oder 600 Tonnen Fertigerzeugnissen oder mehr je Tag, sofern die Anlage an nicht mehr als 90 aufeinander folgenden Tagen im Jahr in Betrieb ist,	G	E
7.23.2	weniger als 300 Tonnen Fertigerzeugnissen je Tag mit Hilfe von Extraktionsmitteln, soweit die Menge des eingesetzten Extraktionsmittels 1 Tonne oder mehr beträgt oder weniger als 600 Tonnen Fertigerzeugnissen je Tag mit Hilfe von Extraktionsmittel, sofern die Anlage an nicht mehr als 90 aufeinander folgenden Tagen im Jahr in Betrieb ist;	V	
7.24	Anlagen zur Herstellung oder Raffination von Zucker unter Verwendung von Zuckerrüben oder Rohzucker mit einer Produktionskapazität je Tag von		
7.24.1	300 Tonnen Fertigerzeugnissen oder mehr oder 600 Tonnen Fertigerzeugnissen oder mehr je Tag, sofern die Anlage an nicht mehr als 90 aufeinander folgenden Tagen im Jahr in Betrieb ist,	G	E
7.24.2	weniger als 300 Tonnen Fertigerzeugnissen oder weniger als 600 Tonnen Fertigerzeugnissen je Tag, sofern die Anlage an nicht mehr als 90 aufeinander folgenden Tagen im Jahr in Betrieb ist;	G	
7.25	Anlagen zur Trocknung von Grünfutter mit einer Produktionskapazität von		
7.25.1	300 Tonnen oder mehr je Tag oder 600 Tonnen oder mehr je Tag, sofern die Anlage an nicht mehr als 90 aufeinanderfolgenden Tagen im Jahr in Betrieb ist,	G	E
7.25.2	weniger als 300 Tonnen je Tag oder weniger als 600 Tonnen je Tag, sofern die Anlage an nicht mehr als 90 aufeinanderfolgenden Tagen im Jahr in Betrieb ist, ausgenommen Anlagen zur Trocknung von selbst gewonnenem Grünfutter im landwirtschaftlichen Betrieb;	V	
7.26	Anlagen zur Trocknung von Biertreber mit einer Produktionskapazität von		
7.26.1	300 Tonnen oder mehr je Tag oder 600 Tonnen oder mehr je Tag, sofern die Anlage an nicht mehr als 90 aufeinanderfolgenden Tagen im Jahr in Betrieb ist,	G	E
7.26.2	weniger als 300 Tonnen je Tag oder weniger als 600 Tonnen je Tag, sofern die Anlage an nicht mehr als 90 aufeinanderfolgenden Tagen im Jahr in Betrieb ist;	V	
7.27	Brauereien mit einer Produktionskapazität von		

7.27.1	3 000 Hektoliter Bier oder mehr je Tag oder 6 000 Hektoliter Bier oder mehr je Tag, sofern die Anlage an nicht mehr als 90 aufeinander folgenden Tagen im Jahr in Betrieb ist,	G	E
7.27.2	200 Hektoliter Bier oder mehr je Tag als Vierteljahresdurchschnittswert, soweit nicht durch Nummer 7.27.1 erfasst;	V	
7.28	Anlagen zur Herstellung von Speisewürzen aus		
7.28.1	tierischen Rohstoffen, allein, ausgenommen bei Verarbeitung von ausschließlich Milch, oder mit pflanzlichen Rohstoffen mit einer Produktionskapazität von		
7.28.1.1	**P** Tonnen Speisewürzen oder mehr je Tag gemäß Mischungsregel,	G	E
7.28.1.2	weniger als **P** Tonnen Speisewürzen je Tag gemäß Mischungsregel,	V	
7.28.2	ausschließlich pflanzlichen Rohstoffen mit einer Produktionskapazität von		
7.28.2.1	300 Tonnen Speisewürzen oder mehr je Tag oder 600 Tonnen Speisewürzen oder mehr je Tag, sofern die Anlage an nicht mehr als 90 aufeinander folgenden Tagen im Jahr in Betrieb ist,	G	E
7.28.2.2	weniger als 300 Tonnen Speisewürzen je Tag oder weniger als 600 Tonnen Speisewürzen je Tag, sofern die Anlage an nicht mehr als 90 aufeinander folgenden Tagen im Jahr in Betrieb ist;	V	
7.29	Anlagen zum Rösten oder Mahlen von Kaffee oder Abpacken von gemahlenem Kaffee mit einer Produktionskapazität von		
7.29.1	300 Tonnen geröstetem Kaffee oder mehr je Tag oder 600 Tonnen geröstetem Kaffee oder mehr je Tag, sofern die Anlage an nicht mehr als 90 aufeinander folgenden Tagen im Jahr in Betrieb ist,	G	E
7.29.2	0,5 Tonnen bis weniger als 300 Tonnen geröstetem Kaffee je Tag oder weniger als 600 Tonnen geröstetem Kaffee je Tag, sofern die Anlage an nicht mehr als 90 aufeinander folgenden Tagen im Jahr in Betrieb ist;	V	
7.30	Anlagen zum Rösten von Kaffee-Ersatzprodukten, Getreide, Kakaobohnen oder Nüssen mit einer Produktionskapazität von		
7.30.1	300 Tonnen gerösteten Erzeugnissen oder mehr je Tag oder 600 Tonnen Erzeugnissen oder mehr je Tag, sofern die Anlage an nicht mehr als 90 aufeinander folgenden Tagen im Jahr in Betrieb ist,	G	E

7.30.2	1 Tonne bis weniger als 300 Tonnen gerösteten Erzeugnissen je Tag oder weniger als 600 Tonnen Erzeugnissen je Tag, sofern die Anlage an nicht mehr als 90 aufeinander folgenden Tagen im Jahr in Betrieb ist;	V	
7.31	Anlagen zur Herstellung von		
7.31.1	Süßwaren oder Sirup mit einer Produktionskapazität von		
7.31.1.1	**P** Tonnen oder mehr je Tag gemäß Mischungsregel bei der Verwendung von tierischen Rohstoffen, allein, ausgenommen bei Verarbeitung von ausschließlich Milch, oder mit pflanzlichen Rohstoffen,	G	E
7.31.1.2	300 Tonnen oder mehr je Tag bei der Verwendung ausschließlich pflanzlicher Rohstoffe oder 600 Tonnen oder mehr je Tag bei der Verwendung ausschließlich pflanzlicher Rohstoffe, sofern die Anlage an nicht mehr als 90 aufeinander folgenden Tagen im Jahr in Betrieb ist,	G	E
7.31.2	Kakaomasse aus Rohkakao oder thermischen Veredelung von Kakao oder Schokoladenmasse mit einer Produktionskapazität von		
7.31.2.1	50 Kilogramm bis weniger als **P** Tonnen je Tag gemäß Mischungsregel bei der Verwendung tierischer Rohstoffe, allein, ausgenommen bei Verarbeitung von ausschließlich Milch, oder mit pflanzlichen Rohstoffen,	V	
7.31.2.2	50 Kilogramm bis weniger als 300 Tonnen je Tag bei der Verwendung ausschließlich pflanzlicher Rohstoffe oder weniger als 600 Tonnen je Tag bei der Verwendung ausschließlich pflanzlicher Rohstoffe, sofern die Anlage an nicht mehr als 90 aufeinander folgenden Tagen im Jahr in Betrieb ist,	V	
7.31.3	Lakritz mit einer Produktionskapazität von		
7.31.3.1	50 Kilogramm bis weniger als **P** Tonnen je Tag gemäß Mischungsregel bei der Verwendung tierischer Rohstoffe, ausgenommen Milch, allein oder mit pflanzlichen Rohstoffen,	V	
7.31.3.2	weniger als 300 Tonnen je Tag bei der Verwendung ausschließlich pflanzlicher Rohstoffe oder weniger als 600 Tonnen je Tag bei der Verwendung ausschließlich pflanzlicher Rohstoffe, sofern die Anlage an nicht mehr als 90 aufeinander folgenden Tagen im Jahr in Betrieb ist;	V	
7.32	Anlagen zur Behandlung oder Verarbeitung von		
7.32.1	ausschließlich Milch mit einer Kapazität der eingehenden Milchmenge als Jahresdurchschnittswert von 200 Tonnen oder mehr Milch je Tag,	G	E

7.32.2	ausschließlich Milch in Sprühtrocknern mit einer Kapazität der eingehenden Milchmenge als Jahresdurchschnittswert von 5 Tonnen bis weniger als 200 Tonnen je Tag,	V	
7.32.3	Milcherzeugnissen oder Milchbestandteilen in Sprühtrocknern mit einer Produktionskapazität von 5 Tonnen oder mehr je Tag, soweit nicht von Nummer 7.34.1 erfasst;	V	
7.33	(nicht besetzt)		
7.34	Anlagen zur Herstellung von sonstigen Nahrungs- oder Futtermittelerzeugnissen aus		
7.34.1	tierischen Rohstoffen, allein, ausgenommen bei Verarbeitung von ausschließlich Milch, oder mit pflanzlichen Rohstoffen mit einer Produktionskapazität von **P** Tonnen Fertigerzeugnissen oder mehr je Tag gemäß Mischungsregel,	G	E
7.34.2	ausschließlich pflanzlichen Rohstoffen mit einer Produktionskapazität von 300 Tonnen Fertigerzeugnissen oder mehr je Tag;	G	E
7.35	(nicht besetzt)		
8.	**Verwertung und Beseitigung von Abfällen und sonstigen Stoffen**		
8.1	Anlagen zur Beseitigung oder Verwertung fester, flüssiger oder in Behältern gefasster gasförmiger Abfälle, Deponiegas oder anderer gasförmiger Stoffe mit brennbaren Bestandteilen durch		
8.1.1	thermische Verfahren, insbesondere Entgasung, Plasmaverfahren, Pyrolyse, Vergasung, Verbrennung oder eine Kombination dieser Verfahren mit einer Durchsatzkapazität von		
8.1.1.1	10 Tonnen gefährlichen Abfällen oder mehr je Tag,	G	E
8.1.1.2	weniger als 10 Tonnen gefährlichen Abfällen je Tag,	G	
8.1.1.3	3 Tonnen nicht gefährlichen Abfällen oder mehr je Stunde,	G	E
8.1.1.4	weniger als 3 Tonnen nicht gefährlichen Abfällen je Stunde, ausgenommen die Verbrennung von Altholz der Altholzkategorie A I und A II nach der Altholzverordnung vom 15. August 2002 (BGBl I S. 3302), die zuletzt durch Artikel 6 der Verordnung vom 2. Dezember 2016 (BGBl I S. 2770) geändert worden ist,	V	
8.1.1.5	weniger als 3 Tonnen nicht gefährlichen Abfällen je Stunde, soweit ausschließlich Altholz der Altholzkategorie A I und A II nach der Altholzverordnung verbrannt wird und die Feuerungswärmeleistung 1 Megawatt oder mehr beträgt,	V	

8.1.2	Verbrennen von Altöl oder Deponiegas in einer Verbrennungsmotoranlage mit einer Feuerungswärmeleistung von		
8.1.2.1	50 Megawatt oder mehr,	G	E
8.1.2.2	weniger als 50 Megawatt,	V	
8.1.3	Abfackeln von Deponiegas oder anderen gasförmigen Stoffen, ausgenommen über Notfackeln, die für den nicht bestimmungsgemäßen Betrieb erforderlich sind;	V	
8.2	(weggefallen)		
8.3	Anlagen zur		
8.3.1	thermischen Aufbereitung von Stahlwerksstäuben für die Gewinnung von Metallen oder Metallverbindungen im Drehrohr oder in einer Wirbelschicht,	G	
8.3.2	Behandlung zum Zweck der Rückgewinnung von Metallen oder Metallverbindungen durch thermische Verfahren, insbesondere Pyrolyse, Verbrennung oder eine Kombination dieser Verfahren, sofern diese Abfälle nicht gefährlich sind, von		
8.3.2.1	edelmetallhaltigen Abfällen, einschließlich der Präparation, soweit die Menge der Einsatzstoffe 10 Kilogramm oder mehr je Tag beträgt,	V	
8.3.2.2	von mit organischen Verbindungen verunreinigten Metallen, Metallspänen oder Walzzunder;	V	
8.4	Anlagen, in denen Stoffe aus in Haushaltungen anfallenden oder aus hausmüllähnlichen Abfällen durch Sortieren für den Wirtschaftskreislauf zurückgewonnen werden, mit einer Durchsatzkapazität von 10 Tonnen Einsatzstoffen oder mehr je Tag;	V	
8.5	Anlagen zur Erzeugung von Kompost aus organischen Abfällen mit einer Durchsatzkapazität an Einsatzstoffen von		
8.5.1	75 Tonnen oder mehr je Tag,	G	E
8.5.2	10 Tonnen bis weniger als 75 Tonnen je Tag;	V	
8.6	Anlagen zur biologischen Behandlung, soweit nicht durch Nummer 8.5 oder 8.7 erfasst, von		
8.6.1	gefährlichen Abfällen mit einer Durchsatzkapazität an Einsatzstoffen von		
8.6.1.1	10 Tonnen oder mehr je Tag,	G	E
8.6.1.2	1 Tonne bis weniger als 10 Tonnen je Tag,	V	
8.6.2	nicht gefährlichen Abfällen, soweit nicht durch Nummer 8.6.3 erfasst, mit einer Durchsatzkapazität an Einsatzstoffen von		
8.6.2.1	50 Tonnen oder mehr je Tag,	G	E
8.6.2.2	10 Tonnen bis weniger als 50 Tonnen je Tag,	V	

8.6.3	Gülle, soweit die Behandlung ausschließlich zur Verwertung durch anaerobe Vergärung (Biogaserzeugung) erfolgt, mit einer Durchsatzkapazität von		
8.6.3.1	100 Tonnen oder mehr je Tag,	G	E
8.6.3.2	weniger als 100 Tonnen je Tag, soweit die Produktionskapazität von Rohgas 1,2 Mio. Normkubikmetern je Jahr oder mehr beträgt;	V	
8.7	Anlagen zur Behandlung von verunreinigtem Boden durch biologische Verfahren, Entgasen, Strippen oder Waschen mit einem Einsatz an verunreinigtem Boden bei		
8.7.1	gefährlichen Abfällen von		
8.7.1.1	10 Tonnen oder mehr je Tag,	G	E
8.7.1.2	1 Tonne bis weniger als 10 Tonnen je Tag,	V	
8.7.2	nicht gefährlichen Abfällen von		
8.7.2.1	50 Tonnen oder mehr je Tag,	G	E
8.7.2.2	10 Tonnen bis weniger als 50 Tonnen je Tag;	V	
8.8	Anlagen zur chemischen Behandlung, insbesondere zur chemischen Emulsionsspaltung, Fällung, Flockung, Kalzinierung, Neutralisation oder Oxidation, von		
8.8.1	gefährlichen Abfällen mit einer Durchsatzkapazität an Einsatzstoffen von		
8.8.1.1	10 Tonnen oder mehr je Tag,	G	E
8.8.1.2	weniger als 10 Tonnen je Tag,	G	
8.8.2	nicht gefährlichen Abfällen mit einer Durchsatzkapazität an Einsatzstoffen von		
8.8.2.1	50 Tonnen oder mehr je Tag,	G	E
8.8.2.2	10 Tonnen bis weniger als 50 Tonnen je Tag;	V	
8.9	Anlagen zur Behandlung von		
8.9.1	nicht gefährlichen metallischen Abfällen in Schredderanlagen mit einer Durchsatzkapazität an Einsatzstoffen von		
8.9.1.1	50 Tonnen oder mehr je Tag,	G	E
8.9.1.2	10 Tonnen bis weniger als 50 Tonnen je Tag,	V	
8.9.2	Altfahrzeugen, sonstigen Nutzfahrzeugen, Bussen oder Sonderfahrzeugen (einschließlich der Trockenlegung) mit einer Durchsatzkapazität je Woche von 5 oder mehr Altfahrzeugen, sonstigen Nutzfahrzeugen, Bussen oder Sonderfahrzeugen;	V	
8.10	Anlagen zur physikalisch-chemischen Behandlung, insbesondere zum Destillieren, Trocknen oder Verdampfen, mit einer Durchsatzkapazität an Einsatzstoffen bei		
8.10.1	gefährlichen Abfällen von		

8.10.1.1	10 Tonnen je Tag oder mehr,	G	E
8.10.1.2	1 Tonne bis weniger als 10 Tonnen je Tag,	V	
8.10.2	nicht gefährlichen Abfällen von		
8.10.2.1	50 Tonnen je Tag oder mehr,	G	E
8.10.2.2	10 Tonnen bis weniger als 50 Tonnen je Tag;	V	
8.11	Anlagen zur		
8.11.1	Behandlung von gefährlichen Abfällen, ausgenommen Anlagen, die durch die Nummern 8.1 und 8.8 erfasst werden, 1. durch Vermengung oder Vermischung sowie durch Konditionierung, 2. zum Zweck der Hauptverwendung als Brennstoff oder der Energieerzeugung durch andere Mittel, 3. zum Zweck der Ölraffination oder anderer Wiedergewinnungsmöglichkeiten von Öl, 4. zum Zweck der Regenerierung von Basen oder Säuren, 5. zum Zweck der Rückgewinnung oder Regenerierung von organischen Lösungsmitteln oder 6. zum Zweck der Wiedergewinnung von Bestandteilen, die der Bekämpfung von Verunreinigungen dienen, einschließlich der Wiedergewinnung von Katalysatorbestandteilen, mit einer Durchsatzkapazität an Einsatzstoffen von		
8.11.1.1	10 Tonnen oder mehr je Tag,	G	E
8.11.1.2	von 1 Tonne bis weniger als 10 Tonnen je Tag,	V	
8.11.2	sonstigen Behandlung, ausgenommen Anlagen, die durch die Nummern 8.1 bis 8.10 erfasst werden, mit einer Durchsatzkapazität von		
8.11.2.1	gefährlichen Abfällen von 10 Tonnen oder mehr je Tag,	G	E
8.11.2.2	gefährlichen Abfällen von 1 Tonne bis weniger als 10 Tonnen je Tag,	V	
8.11.2.3	nicht gefährlichen Abfällen, soweit diese für die Verbrennung oder Mitverbrennung vorbehandelt werden oder es sich um Schlacken oder Aschen handelt, von 50 Tonnen oder mehr je Tag,	G	E
8.11.2.4	nicht gefährlichen Abfällen, soweit nicht durch die Nummer 8.11.2.3 erfasst, von 10 Tonnen oder mehr je Tag;	V	
8.12	Anlagen zur zeitweiligen Lagerung von Abfällen, auch soweit es sich um Schlämme handelt, ausgenommen die zeitweilige Lagerung bis zum Einsammeln auf dem Gelände der Entstehung der Abfälle und Anlagen, die durch Nummer 8.14 erfasst werden bei		

4. BImSchV

8.12.1	gefährlichen Abfällen mit einer Gesamtlagerkapazität von		
8.12.1.1	50 Tonnen oder mehr,	G	E
8.12.1.2	30 Tonnen bis weniger als 50 Tonnen,	V	
8.12.2	nicht gefährlichen Abfällen mit einer Gesamtlagerkapazität von 100 Tonnen oder mehr,	V	
8.12.3	Eisen- oder Nichteisenschrotten, einschließlich Autowracks, mit		
8.12.3.1	einer Gesamtlagerfläche von 15 000 Quadratmetern oder mehr oder einer Gesamtlagerkapazität von 1 500 Tonnen oder mehr,	G	
8.12.3.2	einer Gesamtlagerfläche von 1 000 bis weniger als 15 000 Quadratmetern oder einer Gesamtlagerkapazität von 100 bis weniger als 1 500 Tonnen;	V	
8.13	Anlagen zur zeitweiligen Lagerung von nicht gefährlichen Abfällen, soweit es sich um Gülle oder Gärreste handelt, mit einer Lagerkapazität von 6 500 Kubikmetern oder mehr;	V	
8.14	Anlagen zum Lagern von Abfällen über einen Zeitraum von jeweils mehr als einem Jahr mit		
8.14.1	einer Gesamtlagerkapazität von mehr als 50 Tonnen, soweit die Lagerung untertägig erfolgt,	G	E
8.14.2	einer Aufnahmekapazität von 10 Tonnen oder mehr je Tag oder einer Gesamtlagerkapazität von 25 000 Tonnen oder mehr,		
8.14.2.1	für andere Abfälle als Inertabfälle,	G	E
8.14.2.2	für Inertabfälle,	G	
8.14.3	einer Aufnahmekapazität von weniger als 10 Tonnen je Tag und einer Gesamtlagerkapazität von	G	
8.14.3.1	weniger als 25 000 Tonnen, soweit es sich um gefährliche Abfälle handelt,		
8.14.3.2	150 Tonnen bis weniger als 25 000 Tonnen, soweit es sich um nicht gefährliche Abfälle handelt,	G	
8.14.3.3	weniger als 150 Tonnen, soweit es sich um nicht gefährliche Abfälle handelt;	V	
8.15	Anlagen zum Umschlagen von Abfällen, ausgenommen Anlagen zum Umschlagen von Erdaushub oder von Gestein, das bei der Gewinnung oder Aufbereitung von Bodenschätzen anfällt, soweit nicht von Nummer 8.12 oder 8.14 erfasst, mit einer Kapazität von		
8.15.1	10 Tonnen oder mehr gefährlichen Abfällen je Tag,	G	
8.15.2	1 Tonne bis weniger als 10 Tonnen gefährlichen Abfällen je Tag,	V	
8.15.3	100 Tonnen oder mehr nicht gefährlichen Abfällen je Tag;	V	

9.	**Lagerung, Be- und Entladen von Stoffen und Gemischen**		
9.1	Anlagen, die der Lagerung von Stoffen oder Gemischen, die bei einer Temperatur von 293,15 Kelvin und einem Standarddruck von 101,3 Kilopascal vollständig gasförmig vorliegen und dabei einen Explosionsbereich in Luft haben (entzündbare Gase), in Behältern oder von Erzeugnissen, die diese Stoffe oder Gemische z. B. als Treibmittel oder Brenngas enthalten, dienen, ausgenommen Erdgasröhrenspeicher und Anlagen, die von Nummer 9.3 erfasst werden,		
9.1.1	soweit es sich nicht ausschließlich um Einzelbehältnisse mit einem Volumen von jeweils nicht mehr als 1 000 Kubikzentimeter handelt, mit einem Fassungsvermögen von		
9.1.1.1	30 Tonnen oder mehr,	G	
9.1.1.2	3 Tonnen bis weniger als 30 Tonnen,	V	
9.1.2	soweit es sich ausschließlich um Einzelbehältnisse mit einem Volumen von jeweils nicht mehr als 1 000 Kubikzentimeter handelt, mit einem Fassungsvermögen entzündbarer Gase von 30 Tonnen oder mehr;	V	
9.2	Anlagen, die der Lagerung von Flüssigkeiten dienen, ausgenommen Anlagen, die von Nummer 9.3 erfasst werden, mit einem Fassungsvermögen von		
9.2.1	10 000 Tonnen oder mehr, soweit die Flüssigkeiten einen Flammpunkt von 373,15 Kelvin oder weniger haben,	G	
9.2.2	5 000 Tonnen bis weniger als 10 000 Tonnen, soweit die Flüssigkeiten einen Flammpunkt unter 294,15 Kelvin haben und deren Siedepunkt bei Normaldruck (101,3 Kilopascal) über 293,15 Kelvin liegt;	V	
9.3	Anlagen, die der Lagerung von in der Stoffliste zu Nummer 9.3 (Anhang 2) genannten Stoffen dienen, mit einer Lagerkapazität von		
9.3.1	den in Spalte 4 der Stoffliste (Anhang 2) ausgewiesenen Mengen oder mehr,	G	
9.3.2	den in Spalte 3 der Stoffliste (Anhang 2) bis weniger als den in Spalte 4 der Anlage ausgewiesenen Mengen;	V	
9.4 - 9.10	(nicht besetzt)		
9.11	Offene oder unvollständig geschlossene Anlagen, ausgenommen Anlagen die von Nummer 9.3 erfasst werden,		

4. BImSchV

9.11.1	zum Be- oder Entladen von Schüttgütern, die im trockenen Zustand stauben können, durch Kippen von Wagen oder Behältern oder unter Verwendung von Baggern, Schaufelladegeräten, Greifern, Saughebern oder ähnlichen Einrichtungen, soweit 400 Tonnen Schüttgüter oder mehr je Tag bewegt werden können, ausgenommen Anlagen zum Be- oder Entladen von Erdaushub oder von Gestein, das bei der Gewinnung oder Aufbereitung von Bodenschätzen anfällt, sowie Anlagen zur Erfassung von Getreide, Ölsaaten oder Hülsenfrüchten,	**V**	
9.11.2	zur Erfassung von Getreide, Ölsaaten oder Hülsenfrüchten, soweit 400 Tonnen oder mehr je Tag bewegt werden können und 25 000 Tonnen oder mehr je Kalenderjahr umgeschlagen werden können;	**V**	
9.12 - 9.35	(nicht besetzt)		
9.36	Anlagen zur Lagerung von Gülle oder Gärresten mit einer Lagerkapazität von 6 500 Kubikmetern oder mehr;	**V**	
9.37	Anlagen, die der Lagerung von Erdöl, petrochemischen oder chemischen Stoffen oder Erzeugnissen dienen, ausgenommen Anlagen, die von den Nummern 9.1, 9.2 oder 9.3 erfasst werden, mit einem Fassungsvermögen von 25 000 Tonnen oder mehr;	**G**	
10.	**Sonstige Anlagen**		
10.1	Anlagen, in denen mit explosionsgefährlichen oder explosionsfähigen Stoffen im Sinne des Sprengstoffgesetzes umgegangen wird zur 1. Herstellung, Bearbeitung oder Verarbeitung dieser Stoffe, zur Verwendung als Sprengstoffe, Zündstoffe, Treibstoffe, pyrotechnische Sätze oder zur Herstellung derselben, ausgenommen Anlagen im handwerklichen Umfang und zur Herstellung von Zündhölzern sowie ortsbewegliche Mischladegeräte, oder 2. Wiedergewinnung oder Vernichtung dieser Stoffe;	**G**	
10.2	(nicht besetzt)		
10.3	Eigenständig betriebene Anlagen zur Behandlung der Abgase (Verminderung von Luftschadstoffen) aus nach den Nummern dieses Anhangs genehmigungsbedürftigen Anlagen,		
10.3.1	soweit in Spalte d mit dem Buchstaben **E** gekennzeichnet,	**G**	**E**
10.3.2	soweit in Spalte d mit dem Buchstaben **E** nicht gekennzeichnet und		

10.3.2.1	in Spalte c mit dem Buchstaben **G** gekennzeichnet,	**G**	
10.3.2.2	in Spalte c mit dem Buchstaben **V** gekennzeichnet;	**V**	
10.4	Eigenständig betriebene Anlagen zur Abscheidung von Kohlendioxid-Strömen aus nach den Nummern dieses Anhangs genehmigungsbedürftiger Anlagen zum Zwecke der dauerhaften geologischen Speicherung, soweit in Spalte d mit dem Buchstaben **E** gekennzeichnet;	**G**	**E**
10.5	(nicht besetzt)		
10.6	Anlagen zur Herstellung von Klebemitteln, ausgenommen Anlagen, die diese Mittel ausschließlich unter Verwendung von Wasser als Verdünnungsmittel herstellen, mit einer Kapazität von 1 Tonne oder mehr je Tag;	**V**	
10.7	Anlagen zum Vulkanisieren von Natur- oder Synthesekautschuk unter Verwendung von Schwefel oder Schwefelverbindungen mit einem Einsatz von		
10.7.1	25 Tonnen oder mehr Kautschuk je Stunde,	**G**	
10.7.2	weniger als 25 Tonnen Kautschuk je Stunde, ausgenommen Anlagen, in denen weniger als 50 Kilogramm Kautschuk je Stunde verarbeitet werden oder ausschließlich vorvulkanisierter Kautschuk eingesetzt wird;	**V**	
10.8	Anlagen zur Herstellung von Bautenschutz-, Reinigungs- oder Holzschutzmitteln, soweit diese Produkte organische Lösungsmittel enthalten und von diesen 20 Tonnen oder mehr je Tag eingesetzt werden;	**V**	
10.9	Anlagen zur Herstellung von Holzschutzmitteln unter Verwendung von halogenierten aromatischen Kohlenwasserstoffen;	**V**	
10.10	Anlagen zur Vorbehandlung (Waschen, Bleichen, Mercerisieren) oder zum Färben von Fasern oder Textilien mit		
10.10.1	einer Verarbeitungskapazität von 10 Tonnen oder mehr Fasern oder Textilien je Tag,	**G**	**E**
10.10.2	einer Färbekapazität von 2 Tonnen bis weniger als 10 Tonnen Fasern oder Textilien je Tag bei Anlagen zum Färben von Fasern oder Textilien unter Verwendung von Färbebeschleunigern einschließlich der Spannrahmenanlagen, ausgenommen Anlagen, die unter erhöhtem Druck betrieben werden,	**V**	
10.10.3	einer Bleichkapazität von weniger als 10 Tonnen Fasern oder Textilien je Tag bei Anlagen zum Bleichen von Fasern oder Textilien unter Verwendung von Chlor oder Chlorverbindungen;	**V**	

10.11 - 10.14	(nicht besetzt)		
10.15	Prüfstände für oder mit		
10.15.1	Verbrennungsmotoren, ausgenommen 1. Rollenprüfstände, die in geschlossenen Räumen betrieben werden, und 2. Anlagen, in denen mit Katalysator oder Dieselrußfilter ausgerüstete Serienmotoren geprüft werden, mit einer Feuerungswärmeleistung von insgesamt 300 Kilowatt oder mehr,	V	
10.15.2	Gasturbinen oder Triebwerken mit einer Feuerungswärmeleistung von insgesamt		
10.15.2.1	200 Megawatt oder mehr,	G	
10.15.2.2	weniger als 200 Megawatt;	V	
10.16	Prüfstände für oder mit Luftschrauben;	V	
10.17	Renn- oder Teststrecken für Kraftfahrzeuge,		
10.17.1	als ständige Anlagen,	G	
10.17.2	zur Übung oder Ausübung des Motorsports an fünf Tagen oder mehr je Jahr, ausgenommen Anlagen mit Elektromotorfahrzeugen und Anlagen in geschlossenen Hallen sowie Modellsportanlagen;	V	
10.18	Schießstände für Handfeuerwaffen, ausgenommen solche in geschlossenen Räumen und solche für Schusswaffen bis zu einem Kaliber von 5,6 mm lfB (.22 l.r.) für Munition mit Randfeuerzündung, wenn die Mündungsenergie der Geschosse höchstens 200 Joule (J) beträgt, (Kleinkaliberwaffen) und Schießplätze, ausgenommen solche für Kleinkaliberwaffen;	V	
10.19	(nicht besetzt)		
10.20	Anlagen zur Reinigung von Werkzeugen, Vorrichtungen oder sonstigen metallischen Gegenständen durch thermische Verfahren, soweit der Rauminhalt des Ofens 1 Kubikmeter oder mehr beträgt;	V	
10.21	Anlagen zur Innenreinigung von Eisenbahnkesselwagen, Straßentankfahrzeugen, Tankschiffen oder Tankcontainern sowie Anlagen zur automatischen Reinigung von Fässern einschließlich zugehöriger Aufarbeitungsanlagen, soweit die Behälter von organischen Stoffen gereinigt werden, ausgenommen Anlagen, in denen Behälter ausschließlich von Nahrungs-, Genuss- oder Futtermitteln gereinigt werden;	V	
10.22	Anlagen zur Begasung, Sterilisation oder Entgasung,		

10.22.1	mit einem Rauminhalt der Begasungs- oder Sterilisationskammer oder des zu begasenden Behälters von 1 Kubikmeter oder mehr, soweit Stoffe oder Gemische eingesetzt werden, die gemäß der Verordnung (EG) Nr. 1272/2008 des Europäischen Parlaments und des Rates vom 16. Dezember 2008 über die Einstufung, Kennzeichnung und Verpackung von Stoffen und Gemischen, zur Änderung und Aufhebung der Richtlinien 67/548/EWG und 1999/45/EG und zur Änderung der Verordnung (EG) Nr. 1907/2006 (ABl L 353 vom 31.12.2008, S. 1), die zuletzt durch die Verordnung (EU) 2016/918 (ABl L 156 vom 14.6.2016, S. 1) geändert worden ist, in die Gefahrenklassen „akute Toxizität" Kategorie 1, 2 oder 3, „spezifische Zielorgan-Toxizität (einmalige Exposition)" Kategorie 1 oder „Spezifische Zielorgan-Toxizität (wiederholte Exposition)" Kategorie 1 einzustufen sind,	V	
10.22.2	soweit 40 Entgasungen oder mehr je Jahr gemäß TRGS 512 Nummer 5.4.3 durchzuführen sind;	V	
10.23	Anlagen zur Textilveredlung durch Sengen, Thermofixieren, Thermosolieren, Beschichten, Imprägnieren oder Appretieren, einschließlich der zugehörigen Trocknungsanlagen, ausgenommen Anlagen, in denen weniger als 500 Quadratmeter Textilien je Stunde behandelt werden;	V	
10.24	(nicht besetzt)		
10.25	Kälteanlagen mit einem Gesamtinhalt an Kältemittel von 3 Tonnen Ammoniak oder mehr.	V	

Anhang 2

Stoffliste zu Nr. 9.3 des Anhangs 1

Nr.	Stoffe	Mengen-schwelle Nr. 9.3.2 Anhang 1 (Tonnen)	Mengen-schwelle Nr. 9.3.1 Anhang 1 (Tonnen)
Spalte 1	Spalte 2	Spalte 3	Spalte 4
1	Acrylnitril	20	200
2	Chlor	10	75
3	Schwefeloxid	20	250
4	Sauerstoff	200	2 000
5	Ammoniumnitrat oder ammoniumnitrathaltige Zubereitungen der Gruppe A nach Anhang I Nummer 5 der Gefahrstoffverordnung	25	500
6	Alkalichlorat	5	100
7	Schwefeltrioxid	15	100
8	ammoniumnitrathaltige Zubereitungen der Gruppe B nach Anhang I Nummer 5 der Gefahrstoffverordnung	100	2 500
9	Ammoniak	3	30
10	Phosgen	0,075	0,75
11	Schwefelwasserstoff	5	50
12	Fluorwasserstoff	5	50
13	Cyanwasserstoff	5	20
14	Schwefelkohlenstoff	20	200
15	Brom	20	200
16	Acetylen (Ethin)	5	50
17	Wasserstoff	3	30
18	Ethylenoxid	5	50
19	Propylenoxid	5	50
20	Acrolein	20	200
21	Formaldehyd oder Paraformaldehyd (Konzentration ≥ 90 %)	5	50
22	Brommethan	20	200
23	Methylisocyanat	0,015	0,15
24	Tetraethylblei oder Tetramethylblei	5	50
25	1,2-Dibromethan	5	50
26	Chlorwasserstoff (verflüssigtes Gas)	20	200
27	Diphenylmethandiisocyanat (MDI)	20	200
28	Toluylendiisocyanat (TDI)	10	100
29	Stoffe oder Gemische, die gemäß der Verordnung (EG) Nr. 1272/2008 in die Gefahrenklasse „akute Toxizität" Kategorien 1 oder 2 einzustufen sind	2	20

30	1. Stoffe oder Gemische, die gemäß der Verordnung (EG) Nr. 1272/2008 in die Gefahrenklassen – „akute Toxizität" Kategorien 1, 2 oder 3, – „spezifische Zielorgan-Toxizität (einmalige Exposition)" Kategorie 1, – „spezifische Zielorgan-Toxizität (wiederholte Exposition)" Kategorie 1, – „explosive Stoffe, Gemische und Erzeugnisse mit Explosivstoff", – „selbstzersetzliche Stoffe und Gemische", – „organische Peroxide", – „oxidierende Gase", – „oxidierende Flüssigkeiten" oder – „oxidierende Feststoffe" einzustufen sind, ausgenommen Stoffe oder Gemische, die in die Gefahrenklassen – „explosive Stoffe, Gemische und Erzeugnisse mit Explosivstoff", Unterklasse 1.6, – „selbstzersetzliche Stoffe und Gemische", Typ G, oder – „organische Peroxide", Typ G, einzustufen sind, sowie 2. Stoffe und Gemische mit explosiven Eigenschaften nach Methode A.14 der Verordnung (EG) Nr. 440/2008 der Kommission vom 30. Mai 2008 zur Festlegung von Prüfmethoden gemäß der Verordnung (EG) Nr. 1907/2006 des Europäischen Parlaments und des Rates zur Registrierung, Bewertung, Zulassung und Beschränkung chemischer Stoffe (REACH) (ABl L 142 vom 31.5.2008, S. 1), die zuletzt durch die Verordnung (EU) 2016/266 (ABl L 54 vom 1.3.2016, S. 1) geändert worden ist, die nicht einzustufen sind in die Gefahrenklassen – „explosive Stoffe, Gemische und Erzeugnisse mit Explosivstoff", – „selbstzersetzliche Stoffe und Gemische" oder – „organische Peroxide" gemäß der Verordnung (EG) Nr. 1272/2008	10	200

XVIII. Neunte Verordnung zur Durchführung des Bundes-Immissionsschutzgesetzes (Verordnung über das Genehmigungsverfahren – 9. BImSchV)

v. 29. 5. 1992 (BGBl I S. 1002) mit späteren Änderungen

Die Neunte Verordnung zur Durchführung des Bundes-Immissionsschutzgesetzes (Verordnung über das Genehmigungsverfahren – 9. BImSchV) v. 29. 5. 1992 (BGBl I S. 1002) ist zuletzt geändert worden durch Art. 1 Erste Verordnung zur Änderung der Verordnung über das Genehmigungsverfahren – 9. BImSchV v. 8.12.2017 (BGBl I S. 3882).

Nichtamtliche Fassung

Inhaltsübersicht

Erster Teil: Allgemeine Vorschriften

Erster Abschnitt: Anwendungsbereich, Antrag und Unterlagen

§ 1 Anwendungsbereich[1)]

(1) Für die in der Vierten Verordnung zur Durchführung des Bundes-Immissionsschutzgesetzes (Verordnung über genehmigungsbedürftige Anlagen) genannten Anlagen ist das Verfahren bei der Erteilung

1. einer Genehmigung
   a) zur Errichtung und zum Betrieb,
   b) zur wesentlichen Änderung der Lage, der Beschaffenheit oder des Betriebs oder zur störfallrelevanten Änderung (Änderungsgenehmigung),
   c) zur Errichtung oder zum Betrieb einer Anlage oder eines Teils einer Anlage oder zur Errichtung und zum Betrieb eines Teils einer Anlage (Teilgenehmigung),
2. eines Vorbescheides,
3. einer Zulassung des vorzeitigen Beginns oder
4. einer nachträglichen Anordnung nach § 17 Abs. 1a des Bundes-Immissionsschutzgesetzes

nach dieser Verordnung durchzuführen, soweit es nicht in den §§ 8 bis 17 und 19 des Bundes-Immissionsschutzgesetzes oder in § 2 der Vierzehnten Verordnung zur Durchführung des Bundes-Immissionsschutzgesetzes (Verordnung über Anlagen der Landesverteidigung) geregelt ist; § 1 Absatz 2 des Gesetzes über die Umweltverträglichkeitsprüfung bleibt unberührt.

(2) [1]Ist nach den §§ 6 bis 14 des Gesetzes über die Umweltverträglichkeitsprüfung für die Errichtung und den Betrieb einer Anlage eine Umweltverträglichkeitsprüfung durchzuführen (UVP-pflichtige Anlage), so ist die Umweltverträglichkeitsprüfung jeweils unselbständiger Teil der in Absatz 1 genannten Verfahren. [2]Für die genehmigungsbedürftige Änderung einer Anlage gilt Satz 1 entsprechend. [3]Soweit in den in Absatz 1 genannten Verfahren über die Zulässigkeit des Vorhabens entschieden wird, ist die Umweltverträglichkeitsprüfung nach den Vorschriften dieser Verordnung und den für diese Prüfung in den genannten Verfahren ergangenen allgemeinen Verwaltungsvorschriften durchzuführen.

(3) (weggefallen)

§ 1a Gegenstand der Prüfung der Umweltverträglichkeit[2)]

[1]Das Prüfverfahren nach § 1 Absatz 2 umfasst die Ermittlung, Beschreibung und Bewertung der für die Prüfung der Genehmigungsvoraussetzungen sowie der für die Prüfung der Belange des Naturschutzes und der Landschaftspflege bedeutsamen Auswirkungen einer UVP-pflichtigen Anlage auf die folgenden Schutzgüter:

1. Menschen, insbesondere die menschliche Gesundheit,
2. Tiere, Pflanzen und die biologische Vielfalt,
3. Fläche, Boden, Wasser, Luft, Klima und Landschaft,
4. kulturelles Erbe und sonstige Sachgüter sowie
5. die Wechselwirkung zwischen den vorgenannten Schutzgütern.

[2]Die Auswirkungen nach Satz 1 schließen Auswirkungen des UVP-pflichtigen Vorhabens ein, die aufgrund von dessen Anfälligkeit für schwere Unfälle oder Katastrophen zu erwarten sind, soweit diese schweren Unfälle oder Katastrophen für das UVP-pflichtige Vorhaben relevant sind.

1) **Anm. d. Red.:** § 1 i. d. F. der VO v. 8.12.2017 (BGBl I S. 3882) mit Wirkung v. 14.12.2017.
2) **Anm. d. Red.:** § 1a i. d. F. der VO v. 8.12.2017 (BGBl I S. 3882) mit Wirkung v. 14.12.2017.

§ 2 Antragstellung[1)]

(1) [1]Der Antrag ist von dem Träger des Vorhabens bei der Genehmigungsbehörde schriftlich oder elektronisch zu stellen. [2]Träger des Vorhabens kann auch sein, wer nicht beabsichtigt, die Anlage zu errichten oder zu betreiben.

(2) [1]Sobald der Träger des Vorhabens die Genehmigungsbehörde über das geplante Vorhaben unterrichtet, soll diese ihn im Hinblick auf die Antragstellung beraten und mit ihm den zeitlichen Ablauf des Genehmigungsverfahrens sowie sonstige für die Durchführung dieses Verfahrens erhebliche Fragen erörtern. [2]Sie kann andere Behörden hinzuziehen, soweit dies für Zwecke des Satzes 1 erforderlich ist. [3]Die Erörterung soll insbesondere der Klärung dienen,

1. welche Antragsunterlagen bei Antragstellung vorgelegt werden müssen,
2. welche voraussichtlichen Auswirkungen das Vorhaben auf die Allgemeinheit und die Nachbarschaft haben kann und welche Folgerungen sich daraus für das Verfahren ergeben,
3. welche Gutachten voraussichtlich erforderlich sind und wie doppelte Gutachten vermieden werden können,
4. wie der zeitliche Ablauf des Genehmigungsverfahrens ausgestaltet werden kann und welche sonstigen Maßnahmen zur Vereinfachung und Beschleunigung des Genehmigungsverfahrens vom Träger des Vorhabens und von der Genehmigungsbehörde getroffen werden können,
5. ob eine Verfahrensbeschleunigung dadurch erreicht werden kann, dass der behördliche Verfahrensbevollmächtigte, der die Gestaltung des zeitlichen Verfahrensablaufs sowie die organisatorische und fachliche Abstimmung überwacht, sich auf Vorschlag oder mit Zustimmung und auf Kosten des Antragstellers eines Projektmanagers bedient,
6. welche Behörden voraussichtlich im Verfahren zu beteiligen sind.

[4]Bei UVP-pflichtigen Vorhaben gilt ergänzend § 2a.

§ 2a Unterrichtung über den Untersuchungsrahmen bei UVP-pflichtigen Vorhaben[2)]

(1) [1]Auf Antrag des Trägers des UVP-pflichtigen Vorhabens oder wenn die Genehmigungsbehörde es für zweckmäßig hält, unterrichtet und berät die Genehmigungsbehörde den Träger des UVP-pflichtigen Vorhabens über die Beratung nach § 2 Absatz 2 hinaus entsprechend dem Planungsstand des UVP-pflichtigen Vorhabens frühzeitig über Art, Inhalt, Umfang und Detailtiefe der Angaben, die der Träger des UVP-pflichtigen Vorhabens voraussichtlich in die nach den §§ 3 bis 4e vorzulegenden Unterlagen aufnehmen muss (Untersuchungsrahmen). [2]Die Unterrichtung und Beratung kann sich auch auf weitere Gesichtspunkte des Verfahrens, insbesondere auf dessen zeitlichen Ablauf, auf die zu beteiligenden Behörden oder auf die Einholung von Sachverständigengutachten erstrecken. [3]Verfügen die Genehmigungsbehörde oder die zu beteiligenden Behörden über Informationen, die für die Beibringung der in den §§ 3 bis 4e genannten Unterlagen zweckdienlich sind, so weisen sie den Träger des UVP-pflichtigen Vorhabens darauf hin und stellen ihm diese Informationen zur Verfügung, soweit nicht Rechte Dritter oder öffentliche Interessen entgegenstehen.

(2) Der Träger des UVP-pflichtigen Vorhabens hat der Genehmigungsbehörde geeignete Unterlagen zu den Merkmalen des UVP-pflichtigen Vorhabens, einschließlich seiner Größe oder Leistung, und des Standorts sowie zu den möglichen Auswirkungen auf die in § 1a genannten Schutzgüter vorzulegen.

(3) [1]Vor der Unterrichtung über den Untersuchungsrahmen kann die zuständige Behörde dem Vorhabenträger sowie den nach § 11 zu beteiligenden Behörden Gelegenheit zu einer Besprechung über Art, Inhalt, Umfang und Detailtiefe der Unterlagen geben. [2]Die Besprechung

---

1) **Anm. d. Red.:** § 2 i. d. F. der VO v. 8.12.2017 (BGBl I S. 3882) mit Wirkung v. 14.12.2017.

2) **Anm. d. Red.:** § 2a i. d. F. der VO v. 8.12.2017 (BGBl I S. 3882) mit Wirkung v. 14.12.2017.

soll sich auf den Gegenstand, den Umfang und die Methoden der Umweltverträglichkeitsprüfung sowie auf sonstige Fragen erstrecken, die für die Durchführung der Umweltverträglichkeitsprüfung erheblich sind. [3]Sachverständige und Dritte, insbesondere Standort- und Nachbargemeinden, können hinzugezogen werden. [4]Verfügen die Genehmigungsbehörde oder die zu beteiligenden Behörden über Informationen, die für die Beibringung der in den §§ 3 bis 4e genannten Unterlagen zweckdienlich sind, sollen sie den Träger des Vorhabens darauf hinweisen und ihm diese Informationen zur Verfügung stellen, soweit nicht Rechte Dritter entgegenstehen.

(4) [1]Bedarf das geplante Vorhaben der Zulassung durch mehrere Behörden, obliegen der Genehmigungsbehörde die Aufgaben nach Absatz 1 bis 3 nur, wenn sie aufgrund des § 31 Absatz 1 und 2 Satz 1 und 2 des Gesetzes über die Umweltverträglichkeitsprüfung als federführende Behörde bestimmt ist. [2]Die Genehmigungsbehörde nimmt diese Aufgaben im Zusammenwirken zumindest mit denjenigen Zulassungsbehörden und mit derjenigen für Naturschutz und Landschaftspflege zuständigen Behörde wahr, deren Aufgabenbereich durch das UVP-pflichtige Vorhaben berührt wird.

§ 3 Antragsinhalt[1)]

[1]Der Antrag muss enthalten

1. die Angabe des Namens und des Wohnsitzes oder des Sitzes des Antragstellers,
2. die Angabe, ob eine Genehmigung oder ein Vorbescheid beantragt wird und im Falle eines Antrags auf Genehmigung, ob es sich um eine Änderungsgenehmigung handelt, ob eine Teilgenehmigung oder ob eine Zulassung des vorzeitigen Beginns beantragt wird,
3. die Angabe des Standortes der Anlage, bei ortsveränderlicher Anlage die Angabe der vorgesehenen Standorte,
4. Angaben über Art und Umfang der Anlage,
5. die Angabe, zu welchem Zeitpunkt die Anlage in Betrieb genommen werden soll.

[2]Soll die Genehmigungsbehörde zulassen, dass die Genehmigung abweichend von § 19 Absatz 1 und 2 des Bundes-Immissionsschutzgesetzes nicht in einem vereinfachten Verfahren erteilt wird, so ist dies im Antrag anzugeben.

§ 4 Antragsunterlagen[2)]

(1) [1]Dem Antrag sind die Unterlagen beizufügen, die zur Prüfung der Genehmigungsvoraussetzungen erforderlich sind. [2]Dabei ist zu berücksichtigen, ob die Anlage Teil eines eingetragenen Standorts einer nach den Artikeln 13 bis 15 in Verbindung mit Artikel 2 Nummer 22 der Verordnung (EG) Nr. 1221/2009 des Europäischen Parlaments und des Rates vom 25. November 2009 über die freiwillige Teilnahme von Organisationen an einem Gemeinschaftssystem für Umweltmanagement und Umweltbetriebsprüfung und zur Aufhebung der Verordnung (EG) Nr. 761/2001, sowie der Beschlüsse der Kommission 2001/681/EG und 2006/193/EG (ABl L 342 vom 22. 12. 2009, S. 1), die zuletzt durch die Verordnung (EU) Nr. 517/2013 vom 13. Mai 2013 (ABl L 158 vom 10.6.2013, S. 1) geändert worden ist, registrierten Organisation ist, für die Angaben in einer der zuständigen Genehmigungsbehörde vorliegenden und für gültig erklärten, der Registrierung zu Grunde gelegten Umwelterklärung oder in einem dieser Registrierung zu Grunde liegenden Umweltbetriebsprüfungsbericht enthalten sind. [3]Die Unterlagen nach Satz 1 müssen insbesondere die nach den §§ 4a bis 4d erforderlichen Angaben enthalten, bei UVP-pflichtigen Anlagen darüber hinaus zusätzlich einen UVP-Bericht, der die erforderlichen Angaben nach § 4e und der Anlage enthält.

(2) [1]Soweit die Zulässigkeit oder die Ausführung des Vorhabens nach Vorschriften über Naturschutz und Landschaftspflege zu prüfen ist, sind die hierfür erforderlichen Unterlagen beizufü-

1) **Anm. d. Red.:** § 3 i. d. F. der VO v. 8.12.2017 (BGBl I S. 3882) mit Wirkung v. 14.12.2017.

2) **Anm. d. Red.:** § 4 i. d. F. der VO v. 8.12.2017 (BGBl I S. 3882) mit Wirkung v. 14.12.2017.

gen; die Anforderungen an den Inhalt dieser Unterlagen bestimmen sich nach den naturschutzrechtlichen Vorschriften. [2]Die Unterlagen nach Satz 1 müssen insbesondere Angaben über Maßnahmen zur Vermeidung, Verminderung, zum Ausgleich oder zum Ersatz erheblicher Beeinträchtigungen von Natur und Landschaft enthalten.

(3) [1]Der Antragsteller hat der Genehmigungsbehörde außer den in den Absätzen 1 und 2 genannten Unterlagen eine allgemein verständliche, für die Auslegung geeignete Kurzbeschreibung vorzulegen, die einen Überblick über die Anlage, ihren Betrieb und die voraussichtlichen Auswirkungen auf die Allgemeinheit und die Nachbarschaft ermöglicht; bei UVP-pflichtigen Anlagen erstreckt sich die Kurzbeschreibung auch auf die allgemein verständliche, nichttechnische Zusammenfassung des UVP-Berichts nach § 4e Absatz 1 Satz 1 Nummer 7. [2]Er hat ferner ein Verzeichnis der dem Antrag beigefügten Unterlagen vorzulegen, in dem die Unterlagen, die Geschäfts- oder Betriebsgeheimnisse enthalten, besonders gekennzeichnet sind.

(4) Bedarf das Vorhaben der Zulassung durch mehrere Behörden und ist auf Grund des § 31 Absatz 1 und 2 Satz 1 und 2 des Gesetzes über die Umweltverträglichkeitsprüfung eine federführende Behörde, die nicht Genehmigungsbehörde ist, zur Entgegennahme der Unterlagen zur Prüfung der Umweltverträglichkeit bestimmt, hat die Genehmigungsbehörde die für die Prüfung der Umweltverträglichkeit erforderlichen Unterlagen auch der federführenden Behörde zuzuleiten.

§ 4a Angaben zur Anlage und zum Anlagebetrieb[1)]

(1) Die Unterlagen müssen die für die Entscheidung nach § 20 oder § 21 erforderlichen Angaben enthalten über

1. die Anlagenteile, Verfahrensschritte und Nebeneinrichtungen, auf die sich das Genehmigungserfordernis gemäß § 1 Absatz 2 der Verordnung über genehmigungsbedürftige Anlagen erstreckt,
2. den Bedarf an Grund und Boden und den Zustand des Anlagengrundstückes,
3. das vorgesehene Verfahren oder die vorgesehenen Verfahrenstypen einschließlich der erforderlichen Daten zur Kennzeichnung, wie Angaben zu Art, Menge und Beschaffenheit
   a) der Einsatzstoffe oder -stoffgruppen,
   b) der Zwischen-, Neben- und Endprodukte oder -produktgruppen,
   c) der anfallenden Abfälle

   und darüber hinaus, soweit ein Stoff für Zwecke der Forschung und Entwicklung hergestellt werden soll, der gemäß Artikel 9 Absatz 1, auch in Verbindung mit Absatz 7 der Verordnung (EG) Nr. 1907/2006 des Europäischen Parlaments und des Rates vom 18. Dezember 2006 zur Registrierung, Bewertung, Zulassung und Beschränkung chemischer Stoffe (REACH), zur Schaffung einer Europäischen Chemikalienagentur, zur Änderung der Richtlinie 1999/45/EG und zur Aufhebung der Verordnung (EWG) Nr. 793/93 des Rates, der Verordnung (EG) Nr. 1488/94 der Kommission, der Richtlinie 76/769/EWG des Rates sowie der Richtlinien 91/155/EWG, 93/67/EWG, 93/105/EG und 2000/21/EG der Kommission (ABl L 396 vom 30.12.2006, S. 1), die zuletzt durch die Verordnung (EU) 2016/863 (ABl L 144 vom 1.6.2016, S. 27) geändert worden ist, von der Registrierungspflicht ausgenommen ist,

   d) Angaben zur Identität des Stoffes, soweit vorhanden,
   e) dem Antragsteller vorliegende Prüfnachweise über physikalische, chemische und physikalisch-chemische sowie toxische und ökotoxische Eigenschaften des Stoffes einschließlich des Abbauverhaltens,
4. die in der Anlage verwendete und anfallende Energie,
5. mögliche Freisetzungen oder Reaktionen von Stoffen bei Störungen im Verfahrensablauf,

1) **Anm. d. Red.:** § 4a i. d. F. der VO v. 8.12.2017 (BGBl I S. 3882) mit Wirkung v. 14.12.2017.

6. Art und Ausmaß der Emissionen, die voraussichtlich von der Anlage ausgehen werden, wobei sich diese Angaben, soweit es sich um Luftverunreinigungen handelt, auch auf das Rohgas vor einer Vermischung oder Verdünnung beziehen müssen, die Art, Lage und Abmessungen der Emissionsquellen, die räumliche und zeitliche Verteilung der Emissionen sowie über die Austrittsbedingungen und
7. die wichtigsten vom Antragsteller gegebenenfalls geprüften Alternativen in einer Übersicht.

(2) Soweit schädliche Umwelteinwirkungen hervorgerufen werden können, müssen die Unterlagen auch enthalten:

1. eine Prognose der zu erwartenden Immissionen, soweit Immissionswerte in Rechts- oder Verwaltungsvorschriften festgelegt sind und nach dem Inhalt dieser Vorschriften eine Prognose zum Vergleich mit diesen Werten erforderlich ist;
2. im Übrigen Angaben über Art, Ausmaß und Dauer von Immissionen sowie ihre Eignung, schädliche Umwelteinwirkungen herbeizuführen, soweit nach Rechts- oder Verwaltungsvorschriften eine Sonderfallprüfung durchzuführen ist.

(3) Für Anlagen, auf die die Verordnung über die Verbrennung und die Mitverbrennung von Abfällen anzuwenden ist, müssen die Unterlagen über Absatz 1 hinaus Angaben enthalten über

1. Art (insbesondere Abfallbezeichnung und -schlüssel gemäß der Verordnung über das Europäische Abfallverzeichnis) und Menge der zur Verbrennung vorgesehenen Abfälle,
2. die kleinsten und größten Massenströme der zur Verbrennung vorgesehenen Abfälle, angegeben als stündliche Einsatzmengen,
3. die kleinsten und größten Heizwerte der zur Verbrennung vorgesehenen Abfälle,
4. den größten Gehalt an Schadstoffen in den zur Verbrennung vorgesehenen Abfällen, insbesondere an polychlorierten Biphenylen (PCB), Pentachlorphenol (PCP), Chlor, Fluor, Schwefel und Schwermetallen,
5. die Maßnahmen für das Zuführen der Abfälle und den Einbau der Brenner, so dass ein möglichst weitgehender Ausbrand erreicht wird und
6. die Maßnahmen, wie die Emissionsgrenzwerte der Verordnung über Verbrennungsanlagen für Abfälle und ähnliche brennbare Stoffe eingehalten werden.

(4) [1]Der Bericht über den Ausgangszustand nach § 10 Absatz 1a des Bundes-Immissionsschutzgesetzes hat die Informationen zu enthalten, die erforderlich sind, um den Stand der Boden- und Grundwasserverschmutzungen zu ermitteln, damit ein quantifizierter Vergleich mit dem Zustand bei der Betriebseinstellung der Anlage vorgenommen werden kann. [2]Der Bericht über den Ausgangszustand hat die folgenden Informationen zu enthalten:

1. Informationen über die derzeitige Nutzung und, falls verfügbar, über die frühere Nutzung des Anlagengrundstücks,
2. Informationen über Boden- und Grundwassermessungen, die den Zustand zum Zeitpunkt der Erstellung des Berichts über den Ausgangszustand nach § 10 Absatz 1a des Bundes-Immissionsschutzgesetzes wiedergeben und die dem Stand der Messtechnik entsprechen; neue Boden- und Grundwassermessungen sind nicht erforderlich, soweit bereits vorhandene Informationen die Anforderungen des ersten Halbsatzes erfüllen.

[3]Erfüllen Informationen, die auf Grund anderer Vorschriften erstellt wurden, die Anforderungen der Sätze 1 und 2, so können diese Informationen in den Bericht über den Ausgangszustand aufgenommen oder diesem beigefügt werden. [4]Der Bericht über den Ausgangszustand ist für den Teilbereich des Anlagengrundstücks zu erstellen, auf dem durch Verwendung, Erzeugung oder Freisetzung der relevanten gefährlichen Stoffe durch die Anlage die Möglichkeit der Verschmutzung des Bodens oder des Grundwassers besteht. [5]Die Sätze 1 bis 4 sind bei einem Antrag für eine Änderungsgenehmigung nur dann anzuwenden, wenn mit der Änderung neue relevante gefährliche Stoffe verwendet, erzeugt oder freigesetzt werden oder wenn mit der Ände-

rung erstmals relevante gefährliche Stoffe verwendet, erzeugt oder freigesetzt werden; ein bereits vorhandener Bericht über den Ausgangszustand ist zu ergänzen. [6]§ 25 Absatz 2 bleibt unberührt.

§ 4b Angaben zu den Schutzmaßnahmen[1)]

(1) Die Unterlagen müssen die für die Entscheidung nach § 20 oder § 21 erforderlichen Angaben enthalten über

1. die vorgesehenen Maßnahmen zum Schutz vor und zur Vorsorge gegen schädliche Umwelteinwirkungen, insbesondere zur Verminderung der Emissionen, sowie zur Messung von Emissionen und Immissionen,
2. die vorgesehenen Maßnahmen zum Schutz der Allgemeinheit und der Nachbarschaft vor sonstigen Gefahren, erheblichen Nachteilen und erheblichen Belästigungen, wie Angaben über die vorgesehenen technischen und organisatorischen Vorkehrungen
   a) zur Verhinderung von Störungen des bestimmungsgemäßen Betriebs und
   b) zur Begrenzung der Auswirkungen, die sich aus Störungen des bestimmungsgemäßen Betriebs ergeben können,
3. die vorgesehenen Maßnahmen zum Arbeitsschutz,
4. die vorgesehenen Maßnahmen zum Schutz vor schädlichen Umwelteinwirkungen und sonstigen Gefahren, erheblichen Nachteilen und erheblichen Belästigungen für die Allgemeinheit und die Nachbarschaft im Falle der Betriebseinstellung und
5. die vorgesehenen Maßnahmen zur Überwachung der Emissionen in die Umwelt.

(2) [1]Soweit eine genehmigungsbedürftige Anlage Betriebsbereich oder Bestandteil eines Betriebsbereichs ist, für die ein Sicherheitsbericht nach § 9 der Störfall-Verordnung anzufertigen ist, müssen die Teile des Sicherheitsberichts, die den Abschnitten II Nummer 1, 3 und 4 sowie den Abschnitten III bis V des Anhangs II der Störfall-Verordnung entsprechen, dem Antrag beigefügt werden, soweit sie sich auf die genehmigungsbedürftige Anlage beziehen oder für sie von Bedeutung sind. [2]In einem Genehmigungsverfahren nach § 16 des Bundes-Immissionsschutzgesetzes gilt dies nur, soweit durch die beantragte Änderung sicherheitsrelevante Anlagenteile betroffen sind. [3]In diesem Fall und im Fall eines Genehmigungsverfahrens nach § 16a des Bundes-Immissionsschutzgesetzes kann die Behörde zulassen, dass sich der anlagenbezogene Sicherheitsbericht oder die vorzulegenden Teile des Sicherheitsberichts nur auf diese Anlagenteile beschränken, wenn sie trotz dieser Beschränkung aus sich heraus verständlich und prüffähig erstellt werden können.

(3) Bestehen Anhaltspunkte dafür, dass eine Bekanntgabe der Angaben nach den Absätzen 1 und 2 zu einer eine erhebliche Gefahr für die öffentliche Sicherheit darstellenden Störung der Errichtung oder des bestimmungsgemäßen Betriebs der Anlage durch Dritte führen kann, und sind Maßnahmen der Gefahrenabwehr gegenüber diesen nicht möglich, ausreichend oder zulässig, kann die Genehmigungsbehörde die Vorlage einer aus sich heraus verständlichen und zusammenhängenden Darstellung verlangen, die für die Auslegung geeignet ist.

§ 4c Plan zur Behandlung der Abfälle[2)]

Die Unterlagen müssen die für die Entscheidung nach § 20 oder § 21 erforderlichen Angaben enthalten über die Maßnahmen zur Vermeidung oder Verwertung von Abfällen; hierzu sind insbesondere Angaben zu machen zu

1. den vorgesehenen Maßnahmen zur Vermeidung von Abfällen,
2. den vorgesehenen Maßnahmen zur ordnungsgemäßen und schadlosen stofflichen oder thermischen Verwertung der anfallenden Abfälle,

1) **Anm. d. Red.:** § 4b i. d. F. der VO v. 8.12.2017 (BGBl I S. 3882) mit Wirkung v. 14.12.2017.

2) **Anm. d. Red.:** § 4c i. d. F. des Gesetzes v. 9.10.1996 (BGBl I S. 1498) mit Wirkung v. 15.10.1996.

3. den Gründen, warum eine weitergehende Vermeidung oder Verwertung von Abfällen technisch nicht möglich oder unzumutbar ist,
4. den vorgesehenen Maßnahmen zur Beseitigung nicht zu vermeidender oder zu verwertender Abfälle einschließlich der rechtlichen und tatsächlichen Durchführbarkeit dieser Maßnahmen und der vorgesehenen Entsorgungswege,
5. den vorgesehenen Maßnahmen zur Verwertung oder Beseitigung von Abfällen, die bei einer Störung des bestimmungsgemäßen Betriebs entstehen können, sowie
6. den vorgesehenen Maßnahmen zur Behandlung der bei einer Betriebseinstellung vorhandenen Abfälle.

§ 4d Angabe zur Energieeffizienz[1)]

Die Unterlagen müssen Angaben über vorgesehene Maßnahmen zur sparsamen und effizienten Energieverwendung enthalten, insbesondere Angaben über Möglichkeiten zur Erreichung hoher energetischer Wirkungs- und Nutzungsgrade, zur Einschränkung von Energieverlusten sowie zur Nutzung der anfallenden Energie.

§ 4e Zusätzliche Angaben zur Prüfung der Umweltverträglichkeit; UVP-Bericht[2)]

(1) [1]Der Träger des UVP-pflichtigen Vorhabens hat den Unterlagen einen Bericht zu den voraussichtlichen Auswirkungen des UVP-pflichtigen Vorhabens auf die in § 1a genannten Schutzgüter (UVP-Bericht) beizufügen, der zumindest folgende Angaben enthält:

1. eine Beschreibung des UVP-pflichtigen Vorhabens mit Angaben zum Standort, zur Art, zum Umfang und zur Ausgestaltung, zur Größe und zu anderen wesentlichen Merkmalen des Vorhabens,
2. eine Beschreibung der Umwelt und ihrer Bestandteile im Einwirkungsbereich des UVP-pflichtigen Vorhabens,
3. eine Beschreibung der Merkmale des UVP-pflichtigen Vorhabens und des Standorts, mit denen das Auftreten erheblicher nachteiliger Auswirkungen des UVP-pflichtigen Vorhabens auf die in § 1a genannten Schutzgüter vermieden, vermindert oder ausgeglichen werden soll,
4. eine Beschreibung der geplanten Maßnahmen, mit denen das Auftreten erheblicher nachteiliger Auswirkungen des UVP-pflichtigen Vorhabens auf die in § 1a genannten Schutzgüter vermieden, vermindert oder ausgeglichen werden soll, sowie eine Beschreibung geplanter Ersatzmaßnahmen,
5. eine Beschreibung der möglichen erheblichen Auswirkungen des UVP-pflichtigen Vorhabens auf die in § 1a genannten Schutzgüter,
6. eine Beschreibung der vernünftigen Alternativen zum Schutz vor und zur Vorsorge gegen schädliche Umwelteinwirkungen sowie zum Schutz der Allgemeinheit und der Nachbarschaft vor sonstigen Gefahren, erheblichen Nachteilen und erheblichen Belästigungen, die für das UVP-pflichtige Vorhaben und seine spezifischen Merkmale relevant und von dem Träger des UVP-pflichtigen Vorhabens geprüft worden sind, und die Angabe der wesentlichen Gründe für die getroffene Wahl unter Berücksichtigung der jeweiligen Auswirkungen auf die in § 1a genannten Schutzgüter sowie
7. eine allgemein verständliche, nichttechnische Zusammenfassung des UVP-Berichts.

[2]Bei einem UVP-pflichtigen Vorhaben, das einzeln oder im Zusammenwirken mit anderen Projekten oder Plänen geeignet ist, ein Natura 2000-Gebiet erheblich zu beeinträchtigen, muss der UVP-Bericht Angaben zu den Auswirkungen des UVP-pflichtigen Vorhabens auf die Erhaltungsziele dieses Gebiets enthalten.

1) **Anm. d. Red.:** § 4d i. d. F. des Gesetzes v. 27. 7. 2001 (BGBl I S. 1950) mit Wirkung v. 3. 8. 2001.

2) **Anm. d. Red.:** § 4e i. d. F. der VO v. 8.12.2017 (BGBl I S. 3882) mit Wirkung v. 14.12.2017.

(2) Der UVP-Bericht muss auch die in der Anlage zu § 4e genannten weiteren Angaben enthalten, soweit diese Angaben für die Entscheidung über die Zulassung des UVP-pflichtigen Vorhabens erforderlich sind.

(3) [1]Inhalt und Umfang des UVP-Berichts bestimmen sich nach den Rechtsvorschriften, die für die Entscheidung über die Zulassung des UVP-pflichtigen Vorhabens maßgebend sind. [2]In den Fällen des § 2a stützt der Träger des UVP-pflichtigen Vorhabens den UVP-Bericht zusätzlich auf den Untersuchungsrahmen.

(4) [1]Der UVP-Bericht muss den gegenwärtigen Wissensstand und die gegenwärtigen Prüfmethoden berücksichtigen. [2]Er muss die Angaben enthalten, die der Träger des UVP-pflichtigen Vorhabens mit zumutbarem Aufwand ermitteln kann. [3]Die Angaben müssen ausreichend sein, um

1. der Genehmigungsbehörde eine begründete Bewertung der Auswirkungen des UVP-pflichtigen Vorhabens auf die in § 1a genannten Schutzgüter nach § 20 Absatz 1b zu ermöglichen und
2. Dritten die Beurteilung zu ermöglichen, ob und in welchem Umfang sie von den Auswirkungen des UVP-pflichtigen Vorhabens auf die in § 1a genannten Schutzgüter betroffen sein können.

(5) Zur Vermeidung von Mehrfachprüfungen hat der Träger des UVP-pflichtigen Vorhabens die vorhandenen Ergebnisse anderer rechtlich vorgeschriebener Prüfungen in den UVP-Bericht einzubeziehen.

(6) [1]Der Träger des UVP-pflichtigen Vorhabens muss durch geeignete Maßnahmen sicherstellen, dass der UVP-Bericht den Anforderungen nach den Absätzen 1 bis 5 entspricht. [2]Die Genehmigungsbehörde hat Nachbesserungen innerhalb einer angemessenen Frist zu verlangen, soweit der Bericht den Anforderungen nicht entspricht.

(7) [1]Sind kumulierende Vorhaben nach dem Gesetz über die Umweltverträglichkeitsprüfung, für die jeweils eine Umweltverträglichkeitsprüfung durchzuführen ist, Gegenstand paralleler oder verbundener Zulassungsverfahren, so können die Träger der UVP-pflichtigen Vorhaben einen gemeinsamen UVP-Bericht vorlegen. [2]Legen sie getrennte UVP-Berichte vor, so sind darin auch jeweils die Auswirkungen der anderen kumulierenden Vorhaben auf die in § 1a genannten Schutzgüter als Vorbelastung zu berücksichtigen.

§ 5 Vordrucke

Die Genehmigungsbehörde kann die Verwendung von Vordrucken für den Antrag und die Unterlagen verlangen.

§ 6 Eingangsbestätigung[1)]

Die Genehmigungsbehörde hat dem Antragsteller den Eingang des Antrags und der Unterlagen unverzüglich schriftlich oder elektronisch zu bestätigen.

§ 7 Prüfung der Vollständigkeit, Verfahrensablauf[2)]

(1) [1]Die Genehmigungsbehörde hat nach Eingang des Antrags und der Unterlagen unverzüglich, in der Regel innerhalb eines Monats zu prüfen, ob der Antrag den Anforderungen des § 3 und die Unterlagen den Anforderungen der §§ 4 bis 4e entsprechen. [2]Die zuständige Behörde kann die Frist in begründeten Ausnahmefällen einmal um zwei Wochen verlängern. [3]Sind der Antrag oder die Unterlagen nicht vollständig, so hat die Genehmigungsbehörde den Antragsteller unverzüglich aufzufordern, den Antrag oder die Unterlagen innerhalb einer angemessenen Frist zu ergänzen. [4]Teilprüfungen sind auch vor Vorlage der vollständigen Unterlagen vorzuneh-

1) **Anm. d. Red.:** § 6 i. d. F. des Gesetzes v. 29. 3. 2017 (BGBl I S. 626) mit Wirkung v. 5. 4. 2017.

2) **Anm. d. Red.:** § 7 i. d. F. der VO v. 2. 5. 2013 (BGBl I S. 973) mit Wirkung v. 2. 5. 2013.

men, soweit dies nach den bereits vorliegenden Unterlagen möglich ist. [5]Die Behörde kann zulassen, dass Unterlagen, deren Einzelheiten für die Beurteilung der Genehmigungsfähigkeit der Anlage als solcher nicht unmittelbar von Bedeutung sind, insbesondere den Bericht über den Ausgangszustand nach § 10 Absatz 1a des Bundes-Immissionsschutzgesetzes, bis zum Beginn der Errichtung oder der Inbetriebnahme der Anlage nachgereicht werden können.

(2) Sind die Unterlagen vollständig, hat die Genehmigungsbehörde den Antragsteller über die voraussichtlich zu beteiligenden Behörden und den geplanten zeitlichen Ablauf des Genehmigungsverfahrens zu unterrichten.

Zweiter Abschnitt: Beteiligung Dritter

§ 8 Bekanntmachung des Vorhabens[1)]

(1) [1]Sind die zur Auslegung (§ 10 Absatz 1) erforderlichen Unterlagen vollständig, so hat die Genehmigungsbehörde das Vorhaben in ihrem amtlichen Veröffentlichungsblatt und außerdem entweder im Internet oder in örtlichen Tageszeitungen, die im Bereich des Standortes der Anlage verbreitet sind, öffentlich bekannt zu machen. [2]Eine zusätzliche Bekanntmachung und Auslegung ist, auch in den Fällen der §§ 22 und 23, nur nach Maßgabe des Absatzes 2 erforderlich. [3]Bei UVP-pflichtigen Anlagen erfolgt die Bekanntmachung durch die Genehmigungsbehörde auch über das jeweilige zentrale Internetportal nach § 20 Absatz 1 des Gesetzes über die Umweltverträglichkeitsprüfung. [4]Maßgeblich ist der Inhalt der ausgelegten Unterlagen.

(2) [1]Wird das Vorhaben während eines Vorbescheidsverfahrens, nach Erteilung eines Vorbescheides oder während des Genehmigungsverfahrens geändert, so darf die Genehmigungsbehörde von einer zusätzlichen Bekanntmachung und Auslegung absehen, wenn in den nach § 10 Absatz 1 auszulegenden Unterlagen keine Umstände darzulegen wären, die nachteilige Auswirkungen für Dritte besorgen lassen. [2]Dies ist insbesondere dann der Fall, wenn erkennbar ist, dass nachteilige Auswirkungen für Dritte durch die getroffenen oder vom Träger des Vorhabens vorgesehenen Vorkehrungen ausgeschlossen werden oder die Nachteile im Verhältnis zu den jeweils vergleichbaren Vorteilen gering sind. [3]Betrifft das Vorhaben eine UVP-pflichtige Anlage, darf von einer zusätzlichen Bekanntmachung und Auslegung nur abgesehen werden, wenn keine zusätzlichen erheblichen oder anderen erheblichen Auswirkungen auf in § 1a genannte Schutzgüter zu besorgen sind. [4]Ist eine zusätzliche Bekanntmachung und Auslegung erforderlich, werden die Einwendungsmöglichkeit und die Erörterung auf die vorgesehenen Änderungen beschränkt; hierauf ist in der Bekanntmachung hinzuweisen.

§ 9 Inhalt der Bekanntmachung[2)]

(1) [1]Die Bekanntmachung muss neben den Angaben nach § 10 Absatz 4 des Bundes-Immissionsschutzgesetzes Folgendes enthalten:

1. die in § 3 bezeichneten Angaben,
2. den Hinweis auf die Auslegungs- und die Einwendungsfrist unter Angabe des jeweils ersten und letzten Tages und
3. die Bezeichnung der für das Vorhaben entscheidungserheblichen Berichte und Empfehlungen, die der Genehmigungsbehörde zum Zeitpunkt des Beginns des Beteiligungsverfahrens vorliegen.

[2]Auf die zuständige Genehmigungsbehörde, die für die Beteiligung der Öffentlichkeit maßgebenden Vorschriften sowie eine grenzüberschreitende Behörden- und Öffentlichkeitsbeteiligung nach § 11a ist hinzuweisen.

1) **Anm. d. Red.:** § 8 i. d. F. der VO v. 8.12.2017 (BGBl I S. 3882) mit Wirkung v. 14.12.2017.

2) **Anm. d. Red.:** § 9 i. d. F. der VO v. 8.12.2017 (BGBl I S. 3882) mit Wirkung v. 14.12.2017.

(1a) Ist das Vorhaben UVP-pflichtig, muss die Bekanntmachung zusätzlich folgende Angaben enthalten:

1. einen Hinweis auf die UVP-Pflicht des Vorhabens und
2. die Angabe, dass ein UVP-Bericht vorgelegt wurde.

(2) Zwischen der Bekanntmachung des Vorhabens und dem Beginn der Auslegungsfrist soll eine Woche liegen; maßgebend ist dabei der voraussichtliche Tag der Ausgabe des Veröffentlichungsblattes oder der Tageszeitung, die zuletzt erscheint.

§ 10 Auslegung von Antrag und Unterlagen; Veröffentlichung des UVP-Berichts[1)]

(1) [1]Bei der Genehmigungsbehörde und, soweit erforderlich, bei einer geeigneten Stelle in der Nähe des Standorts des Vorhabens sind der Antrag sowie die beigefügten Unterlagen auszulegen, die die Angaben über die Auswirkungen der Anlage auf die Nachbarschaft und die Allgemeinheit enthalten. [2]Darüber hinaus sind, soweit vorhanden, die entscheidungserheblichen sonstigen der Genehmigungsbehörde vorliegenden behördlichen Unterlagen zu dem Vorhaben auszulegen, die Angaben über die Auswirkungen der Anlage auf die Nachbarschaft und die Allgemeinheit oder Empfehlungen zur Begrenzung dieser Auswirkungen enthalten. [3]Verfügt die Genehmigungsbehörde bis zur Entscheidung über den Genehmigungsantrag über zusätzliche behördliche Stellungnahmen oder von ihr angeforderte Unterlagen, die Angaben über die Auswirkungen der Anlage auf die Nachbarschaft und die Allgemeinheit oder Empfehlungen zur Begrenzung dieser Auswirkungen enthalten, sind diese der Öffentlichkeit nach den Bestimmungen des Bundes und der Länder über den Zugang zu Umweltinformationen zugänglich zu machen. [4]Betrifft das Vorhaben eine UVP-pflichtige Anlage, so ist auch der vom Antragsteller zur Durchführung einer Umweltverträglichkeitsprüfung zusätzlich beigefügte UVP-Bericht nach § 4e auszulegen; ferner sind der Antrag und die Unterlagen auch in den Gemeinden auszulegen, in denen sich das Vorhaben voraussichtlich auswirkt. [5]Soweit eine Auslegung der Unterlagen nach § 4b Absatz 1 und 2 zu einer Störung im Sinne des § 4b Absatz 3 führen kann, ist an Stelle dieser Unterlagen die Darstellung nach § 4b Absatz 3 auszulegen. [6]In den Antrag und die Unterlagen nach den Sätzen 1, 2 und 4 sowie in die Darstellung nach § 4b Absatz 3 ist während der Dienststunden Einsicht zu gewähren. [7]Bei UVP-pflichtigen Vorhaben hat der Träger des Vorhabens den UVP-Bericht sowie die das Vorhaben betreffenden entscheidungserheblichen Berichte und Empfehlungen, die der Genehmigungsbehörde zum Zeitpunkt des Beginns des Beteiligungsverfahrens vorgelegen haben, auch elektronisch vorzulegen. [8]§ 8 Absatz 1 Satz 3 und 4 gilt bei UVP-pflichtigen Vorhaben für diese Unterlagen entsprechend.

(2) Auf Anforderung eines Dritten ist diesem eine Abschrift oder Vervielfältigung der Kurzbeschreibung nach § 4 Absatz 3 Satz 1 zu überlassen.

(3) [1]Soweit Unterlagen Geschäfts- oder Betriebsgeheimnisse enthalten, ist an ihrer Stelle die Inhaltsdarstellung nach § 10 Absatz 2 Satz 2 des Bundes-Immissionsschutzgesetzes auszulegen. [2]Hält die Genehmigungsbehörde die Kennzeichnung der Unterlagen als Geschäfts- oder Betriebsgeheimnisse für unberechtigt, so hat sie vor der Entscheidung über die Auslegung dieser Unterlagen den Antragsteller zu hören.

§ 10a Akteneinsicht[2)]

[1]Die Genehmigungsbehörde gewährt Akteneinsicht nach pflichtgemäßem Ermessen; § 29 Absatz 1 Satz 3, Abs. 2 und 3 des Verwaltungsverfahrensgesetzes findet entsprechende Anwendung. [2]Sonstige sich aus anderen Rechtsvorschriften ergebende Rechte auf Zugang zu Informationen bleiben unberührt.

1) **Anm. d. Red.:** § 10 i. d. F. der VO v. 8.12.2017 (BGBl I S. 3882) mit Wirkung v. 14.12.2017.
2) **Anm. d. Red.:** § 10a i. d. F. der VO v. 8.12.2017 (BGBl I S. 3882) mit Wirkung v. 14.12.2017.

§ 11 Beteiligung anderer Behörden[1)]

[1]Spätestens gleichzeitig mit der öffentlichen Bekanntmachung des Vorhabens fordert die Genehmigungsbehörde die Behörden, deren Aufgabenbereich durch das Vorhaben berührt wird, auf, für ihren Zuständigkeitsbereich eine Stellungnahme innerhalb einer Frist von einem Monat abzugeben. [2]Die Antragsunterlagen sollen sternförmig an die zu beteiligenden Stellen versandt werden. [3]Hat eine Behörde bis zum Ablauf der Frist keine Stellungnahme abgegeben, so ist davon auszugehen, dass die beteiligte Behörde sich nicht äußern will. [4]Die Genehmigungsbehörde hat sich über den Stand der anderweitigen das Vorhaben betreffenden Zulassungsverfahren Kenntnis zu verschaffen und auf ihre Beteiligung hinzuwirken sowie mit den für diese Verfahren zuständigen Behörden frühzeitig den von ihr beabsichtigten Inhalt des Genehmigungsbescheides zu erörtern und abzustimmen.

§ 11a Grenzüberschreitende Behörden- und Öffentlichkeitsbeteiligung[2)]

(1) [1]Für nicht UVP-pflichtige Vorhaben einschließlich der Verfahren nach § 17 Absatz 1a des Bundes-Immissionsschutzgesetzes gelten für das Verfahren zur grenzüberschreitenden Behörden- und Öffentlichkeitsbeteiligung die Vorschriften der Abschnitte 1 und 3 des Teils 5 des Gesetzes über die Umweltverträglichkeitsprüfung sinngemäß. [2]Abweichend von Satz 1 gelten nicht die Vorgaben zur Veröffentlichung von Informationen in dem jeweiligen zentralen Internetportal nach § 59 Absatz 4 des Gesetzes über die Umweltverträglichkeitsprüfung.

(2) Für UVP-pflichtige Vorhaben gelten für das Verfahren zur grenzüberschreitenden Behörden- und Öffentlichkeitsbeteiligung einschließlich Verfahren nach § 17 Absatz 1a des Bundes-Immissionsschutzgesetzes die Vorschriften der Abschnitte 1 und 3 des Teils 5 des Gesetzes über die Umweltverträglichkeitsprüfung sinngemäß.

(3) [1]Rechtsvorschriften zur Geheimhaltung, insbesondere gemäß § 30 des Verwaltungsverfahrensgesetzes sowie zum Schutz von Geschäfts- oder Betriebsgeheimnissen gemäß § 10 Absatz 2 des Bundes-Immissionsschutzgesetzes sowie gemäß § 10 Absatz 3 bleiben unberührt; entgegenstehende Rechte Dritter sind zu beachten. [2]Ebenfalls unberührt bleiben die Vorschriften zur Datenübermittlung an Stellen im Ausland sowie an über- und zwischenstaatliche Stellen.

(4) Die Genehmigungsbehörde übermittelt den beteiligten Behörden des anderen Staates die Bezeichnung des für die betreffende Anlage maßgeblichen BVT-Merkblatts.

(5) Die Genehmigungsbehörde macht der Öffentlichkeit auch Aktualisierungen von Genehmigungen von Behörden anderer Staaten nach den Bestimmungen über den Zugang zu Umweltinformationen zugänglich.

§ 12 Einwendungen[3)]

(1) [1]Einwendungen können bei der Genehmigungsbehörde oder bei der Stelle erhoben werden, bei der Antrag und Unterlagen zur Einsicht ausliegen. [2]Bei UVP-pflichtigen Vorhaben gilt eine Einwendungsfrist von einem Monat nach Ablauf der Auslegungsfrist. [3]Nach Ablauf der Einwendungsfrist entscheidet die Genehmigungsbehörde unter Berücksichtigung von § 14, ob im Genehmigungsverfahren ein Erörterungstermin nach § 10 Absatz 6 des Bundes-Immissionsschutzgesetzes durchgeführt wird. [4]Das gilt auch für UVP-pflichtige Anlagen. [5]Die Entscheidung ist öffentlich bekannt zu machen.

(2) [1]Die Einwendungen sind dem Antragsteller bekannt zu geben. [2]Den nach § 11 beteiligten Behörden sind die Einwendungen bekannt zu geben, die ihren Aufgabenbereich berühren. [3]Auf Verlangen des Einwenders sollen dessen Name und Anschrift vor der Bekanntgabe unkenntlich gemacht werden, wenn diese zur ordnungsgemäßen Durchführung des Genehmigungsverfah-

1) **Anm. d. Red.:** § 11 i. d. F. der VO v. 8.12.2017 (BGBl I S. 3882) mit Wirkung v. 14.12.2017.

2) **Anm. d. Red.:** § 11a i. d. F. der VO v. 8.12.2017 (BGBl I S. 3882) mit Wirkung v. 14.12.2017.

3) **Anm. d. Red.:** § 12 i. d. F. der VO v. 8.12.2017 (BGBl I S. 3882) mit Wirkung v. 14.12.2017.

rens nicht erforderlich sind; auf diese Möglichkeit ist in der öffentlichen Bekanntmachung hinzuweisen.

§ 13 Sachverständigengutachten[1)]

(1) [1]Die Genehmigungsbehörde holt Sachverständigengutachten ein, soweit dies für die Prüfung der Genehmigungsvoraussetzungen notwendig ist. [2]Der Auftrag hierzu soll möglichst bis zum Zeitpunkt der Bekanntmachung des Vorhabens (§ 8) erteilt werden. [3]Ein Sachverständigengutachten ist in der Regel notwendig

1. zur Beurteilung der Angaben derjenigen Teile des Sicherheitsberichts nach § 9 der Störfall-Verordnung, die Abschnitt II Nummer 1, 3 und 4 sowie den Abschnitten III bis V des Anhangs II der Störfall-Verordnung entsprechen, soweit sie dem Antrag nach § 4b Absatz 2 beizufügen sind;
2. zur Beurteilung der Wirtschaftlichkeitsanalyse einschließlich des Kosten-Nutzen-Vergleichs gemäß § 6 der KWK-Kosten-Nutzen-Vergleich-Verordnung, es sei denn, es liegt ein Testat einer für die Prüfung der Wirtschaftlichkeitsanalyse nach gesetzlichen Vorschriften zuständigen Bundesbehörde vor, sowie
3. zur Beurteilung der Angaben zur Finanzlage gemäß § 8 Absatz 2 der KWK-Kosten-Nutzen-Vergleich-Verordnung.

[4]Sachverständige können darüber hinaus mit Einwilligung des Antragstellers herangezogen werden, wenn zu erwarten ist, dass hierdurch das Genehmigungsverfahren beschleunigt wird.

(1a) Bei der Entscheidung, ob vorgelegte Unterlagen durch externe Sachverständige überprüft werden sollen, wird die Standorteintragung nach der Verordnung (EG) Nr. 761/2001 des Europäischen Parlaments und des Rates vom 19. März 2001 über die freiwillige Beteiligung von Organisationen an einem Gemeinschaftssystem für das Umweltmanagement und die Umweltbetriebsprüfung (EMAS) berücksichtigt.

(2) [1]Ein vom Antragsteller vorgelegtes Gutachten ist als sonstige Unterlage im Sinne von § 10 Absatz 1 Satz 2 des Bundes-Immissionsschutzgesetzes zu prüfen. [2]Erteilt der Träger des Vorhabens den Gutachtenauftrag nach Abstimmung mit der Genehmigungsbehörde oder erteilt er ihn an einen Sachverständigen, der nach § 29b Absatz 1 des Bundes-Immissionsschutzgesetzes von der nach Landesrecht zuständigen Behörde für diesen Bereich bekannt gegeben ist, so gilt das vorgelegte Gutachten als Sachverständigengutachten im Sinne des Absatzes 1; dies gilt auch für Gutachten, die von einem Sachverständigen erstellt werden, der den Anforderungen des § 29a Absatz 1 Satz 2 des Bundes-Immissionsschutzgesetzes entspricht.

Dritter Abschnitt: Erörterungstermin

§ 14 Zweck[2)]

(1) [1]Der Erörterungstermin dient dazu, die rechtzeitig erhobenen Einwendungen zu erörtern, soweit dies für die Prüfung der Genehmigungsvoraussetzungen von Bedeutung sein kann. [2]Er soll denjenigen, die Einwendungen erhoben haben, Gelegenheit geben, ihre Einwendungen zu erläutern.

(2) Rechtzeitig erhoben sind Einwendungen, die innerhalb der Einwendungsfrist bei den in § 12 Absatz 1 genannten Behörden eingegangen sind.

§ 15 Besondere Einwendungen

Einwendungen, die auf besonderen privatrechtlichen Titeln beruhen, sind im Erörterungstermin nicht zu behandeln; sie sind durch schriftlichen Bescheid auf den Rechtsweg vor den ordentlichen Gerichten zu verweisen.

1) **Anm. d. Red.:** § 13 i. d. F. der VO v. 9. 1. 2017 (BGBl I S. 47) mit Wirkung v. 14. 1. 2017.

2) **Anm. d. Red.:** § 14 i. d. F. der VO v. 8.12.2017 (BGBl I S. 3882) mit Wirkung v. 14.12.2017.

§ 16 Wegfall[1)]

(1) [1]Ein Erörterungstermin findet nicht statt, wenn

1. Einwendungen gegen das Vorhaben nicht oder nicht rechtzeitig erhoben worden sind,
2. die rechtzeitig erhobenen Einwendungen zurückgenommen worden sind,
3. ausschließlich Einwendungen erhoben worden sind, die auf besonderen privatrechtlichen Titeln beruhen oder
4. die erhobenen Einwendungen nach der Einschätzung der Behörde keiner Erörterung bedürfen.

[2]Das gilt auch für UVP-pflichtige Anlagen.

(2) Der Antragsteller ist vom Wegfall des Termins zu unterrichten.

§ 17 Verlegung[2)]

(1) [1]Die Genehmigungsbehörde kann den bekannt gemachten Erörterungstermin verlegen, wenn dies im Hinblick auf dessen zweckgerechte Durchführung erforderlich ist. [2]Ort und Zeit des neuen Erörterungstermins sind zum frühestmöglichen Zeitpunkt zu bestimmen.

(2) [1]Der Antragsteller und diejenigen, die rechtzeitig Einwendungen erhoben haben, sind von der Verlegung des Erörterungstermins zu benachrichtigen. [2]Sie können in entsprechender Anwendung des § 10 Absatz 3 Satz 1 des Bundes-Immissionsschutzgesetzes durch öffentliche Bekanntmachung benachrichtigt werden.

§ 18 Verlauf[3)]

(1) [1]Der Erörterungstermin ist öffentlich. [2]Im Einzelfall kann aus besonderen Gründen die Öffentlichkeit ausgeschlossen werden. [3]Vertreter der Aufsichtsbehörden und Personen, die bei der Behörde zur Ausbildung beschäftigt sind, sind zur Teilnahme berechtigt.

(2) [1]Der Verhandlungsleiter kann bestimmen, dass Einwendungen zusammengefasst erörtert werden. [2]In diesem Fall hat er die Reihenfolge der Erörterung bekannt zu geben. [3]Er kann für einen bestimmten Zeitraum das Recht zur Teilnahme an dem Erörterungstermin auf die Personen beschränken, deren Einwendungen zusammengefasst erörtert werden sollen.

(3) Der Verhandlungsleiter erteilt das Wort und kann es demjenigen entziehen, der eine von ihm festgesetzte Redezeit für die einzelnen Wortmeldungen überschreitet oder Ausführungen macht, die nicht den Gegenstand des Erörterungstermins betreffen oder nicht in sachlichem Zusammenhang mit der zu behandelnden Einwendung stehen.

(4) [1]Der Verhandlungsleiter ist für die Ordnung verantwortlich. [2]Er kann Personen, die seine Anordnungen nicht befolgen, entfernen lassen. [3]Der Erörterungstermin kann ohne diese Personen fortgesetzt werden.

(5) [1]Der Verhandlungsleiter beendet den Erörterungstermin, wenn dessen Zweck erreicht ist. [2]Er kann den Erörterungstermin ferner für beendet erklären, wenn, auch nach einer Vertagung, der Erörterungstermin aus dem Kreis der Teilnehmer erneut so gestört wird, dass seine ordnungsmäßige Durchführung nicht mehr gewährleistet ist. [3]Personen, deren Einwendungen noch nicht oder noch nicht abschließend erörtert wurden, können innerhalb eines Monats nach Aufhebung des Termins ihre Einwendungen gegenüber der Genehmigungsbehörde schriftlich oder elektronisch erläutern; hierauf sollen die Anwesenden bei Aufhebung des Termins hingewiesen werden.

---

1) **Anm. d. Red.:** § 16 i. d. F. der VO v. 8.12.2017 (BGBl I S. 3882) mit Wirkung v. 14.12.2017.

2) **Anm. d. Red.:** § 17 i. d. F. der VO v. 8.12.2017 (BGBl I S. 3882) mit Wirkung v. 14.12.2017.

3) **Anm. d. Red.:** § 18 i. d. F. der VO v. 8.12.2017 (BGBl I S. 3882) mit Wirkung v. 14.12.2017.

§ 19 Niederschrift[1)]

(1) [1]Über den Erörterungstermin ist eine Niederschrift zu fertigen. [2]Die Niederschrift muss Angaben enthalten über

1. den Ort und den Tag der Erörterung,
2. den Namen des Verhandlungsleiters,
3. den Gegenstand des Genehmigungsverfahrens,
4. den Verlauf und die Ergebnisse des Erörterungstermins.

[3]Die Niederschrift ist von dem Verhandlungsleiter und, soweit ein Schriftführer hinzugezogen worden ist, auch von diesem zu unterzeichnen. [4]Der Aufnahme in die Verhandlungsniederschrift steht die Aufnahme in eine Schrift gleich, die ihr als Anlage beigefügt und als solche bezeichnet ist; auf die Anlage ist in der Verhandlungsniederschrift hinzuweisen. [5]Die Genehmigungsbehörde kann den Erörterungstermin zum Zwecke der Anfertigung der Niederschrift auf Tonträger aufzeichnen. [6]Die Tonaufzeichnungen sind nach dem Eintritt der Unanfechtbarkeit der Entscheidung über den Genehmigungsantrag zu löschen; liegen im Falle eines Vorbescheidsverfahrens die Voraussetzungen des § 9 Absatz 2 des Bundes-Immissionsschutzgesetzes vor, ist die Löschung nach Eintritt der Unwirksamkeit durchzuführen.

(2) [1]Dem Antragsteller ist eine Abschrift der Niederschrift zu überlassen. [2]Auf Anforderung ist auch demjenigen, der rechtzeitig Einwendungen erhoben hat, eine Abschrift der Niederschrift zu überlassen.

Vierter Abschnitt: Genehmigung

§ 20 Entscheidung[2)]

(1) [1]Sind alle Umstände ermittelt, die für die Beurteilung des Antrags von Bedeutung sind, hat die Genehmigungsbehörde unverzüglich über den Antrag zu entscheiden. [2]Nach dem Ablauf der Einwendungsfrist oder, soweit ein Erörterungstermin nach § 10 Absatz 6 des Bundes-Immissionsschutzgesetzes durchgeführt worden ist, nach dem Erörterungstermin eingehende Stellungnahmen von nach § 11 beteiligten Behörden sollen dabei nicht mehr berücksichtigt werden, es sei denn, die vorgebrachten öffentlichen Belange sind der Genehmigungsbehörde bereits bekannt oder hätten ihr bekannt sein müssen oder sind für die Beurteilung der Genehmigungsvoraussetzungen von Bedeutung.

(1a) [1]Die Genehmigungsbehörde erarbeitet bei UVP-pflichtigen Anlagen eine zusammenfassende Darstellung

1. der möglichen Auswirkungen des UVP-pflichtigen Vorhabens auf die in § 1a genannten Schutzgüter, einschließlich der Wechselwirkung,
2. der Merkmale des UVP-pflichtigen Vorhabens und des Standorts, mit denen erhebliche nachteilige Auswirkungen auf die in § 1a genannten Schutzgüter vermieden, vermindert oder ausgeglichen werden sollen, und
3. der Maßnahmen, mit denen erhebliche nachteilige Auswirkungen auf die in § 1a genannten Schutzgüter vermieden, vermindert oder ausgeglichen werden sollen, sowie
4. der Ersatzmaßnahmen bei Eingriffen in Natur und Landschaft.

[2]Die Erarbeitung einer zusammenfassenden Darstellung erfolgt auf der Grundlage der nach den §§ 4 bis 4e beizufügenden Unterlagen, der behördlichen Stellungnahmen nach den §§ 11 und 11a, der Ergebnisse eigener Ermittlungen sowie der Äußerungen und Einwendungen Dritter. [3]Die Darstellung ist möglichst innerhalb eines Monats nach Ablauf der Einwendungsfrist oder, soweit ein Erörterungstermin nach § 10 Absatz 6 des Bundes-Immissionsschutzgesetzes durchgeführt worden ist, des Erörterungstermins zu erarbeiten. [4]Bedarf das Vorhaben der Zulassung

1) **Anm. d. Red.:** § 19 i. d. F. der VO v. 8.12.2017 (BGBl I S. 3882) mit Wirkung v. 14.12.2017.

2) **Anm. d. Red.:** § 20 i. d. F. der VO v. 8.12.2017 (BGBl I S. 3882) mit Wirkung v. 14.12.2017.

durch mehrere Behörden, so obliegt die Erarbeitung der zusammenfassenden Darstellung der Genehmigungsbehörde nur, wenn sie gemäß § 31 Absatz 1 und 2 Satz 1 und 2 des Gesetzes über die Umweltverträglichkeitsprüfung als federführende Behörde bestimmt ist; sie hat die Darstellung im Zusammenwirken zumindest mit den anderen Zulassungsbehörden und der für Naturschutz und Landschaftspflege zuständigen Behörde zu erarbeiten, deren Aufgabenbereich durch das Vorhaben berührt wird.

(1b) [1]Die Genehmigungsbehörde bewertet auf der Grundlage der zusammenfassenden Darstellung und nach den für die Entscheidung maßgeblichen Rechts- und Verwaltungsvorschriften die Auswirkungen des UVP-pflichtigen Vorhabens auf die in § 1a genannten Schutzgüter. [2]Die Bewertung ist zu begründen. [3]Bedarf das Vorhaben der Zulassung durch mehrere Behörden, so haben diese im Zusammenwirken auf der Grundlage der zusammenfassenden Darstellung nach Absatz 1a eine Gesamtbewertung der Auswirkungen vorzunehmen; ist die Genehmigungsbehörde federführende Behörde, so hat sie das Zusammenwirken sicherzustellen. [4]Bei der Entscheidung über den Antrag berücksichtigt die Genehmigungsbehörde die vorgenommene Bewertung oder die Gesamtbewertung nach Maßgabe der hierfür geltenden Vorschriften. [5]Bei der Entscheidung über die Genehmigung der UVP-pflichtigen Anlage müssen die zusammenfassende Darstellung und die begründete Bewertung nach Einschätzung der Genehmigungsbehörde hinreichend aktuell sein.

(2) [1]Der Antrag ist abzulehnen, sobald die Prüfung ergibt, dass die Genehmigungsvoraussetzungen nicht vorliegen und ihre Erfüllung nicht durch Nebenbestimmungen sichergestellt werden kann. [2]Er soll abgelehnt werden, wenn der Antragsteller einer Aufforderung zur Ergänzung der Unterlagen innerhalb einer ihm gesetzten Frist, die auch im Falle ihrer Verlängerung drei Monate nicht überschreiten soll, nicht nachgekommen ist.

(3) [1]Für die ablehnende Entscheidung gilt § 10 Absatz 7 des Bundes-Immissionsschutzgesetzes entsprechend. [2]Betrifft die ablehnende Entscheidung eine UVP-pflichtige Anlage und ist eine zusammenfassende Darstellung nach Absatz 1a von der Genehmigungsbehörde erarbeitet worden, so ist diese in die Begründung für die Entscheidung aufzunehmen.

(4) [1]Wird das Genehmigungsverfahren auf andere Weise abgeschlossen, so sind der Antragsteller und die Personen, die Einwendungen erhoben haben, hiervon zu benachrichtigen. [2]§ 10 Absatz 8 Satz 1 des Bundes-Immissionsschutzgesetzes gilt entsprechend.

§ 21 Inhalt des Genehmigungsbescheides[1)]

(1) Der Genehmigungsbescheid muss enthalten

1. die Angabe des Namens und des Wohnsitzes oder des Sitzes des Antragstellers,
2. die Angabe, dass eine Genehmigung, eine Teilgenehmigung oder eine Änderungsgenehmigung erteilt wird, und die Angabe der Rechtsgrundlage,
3. die genaue Bezeichnung des Gegenstandes der Genehmigung einschließlich des Standortes der Anlage sowie den Bericht über den Ausgangszustand,

3a. die Festlegung der erforderlichen Emissionsbegrenzungen einschließlich der Begründung für die Festlegung weniger strenger Emissionsbegrenzungen nach § 7 Absatz 1b Satz 1 Nummer 2, § 12 Absatz 1b oder § 48 Absatz 1b Satz 1 Nummer 2 des Bundes-Immissionsschutzgesetzes,

4. die Nebenbestimmungen zur Genehmigung,
5. die Begründung, aus der die wesentlichen tatsächlichen und rechtlichen Gründe, die die Behörde zu ihrer Entscheidung bewogen haben, und die Behandlung der Einwendungen hervorgehen sollen,
6. Angaben über das Verfahren zur Beteiligung der Öffentlichkeit,
7. eine Rechtsbehelfsbelehrung.

1) **Anm. d. Red.:** § 21 i. d. F. der VO v. 8.12.2017 (BGBl I S. 3882) mit Wirkung v. 14.12.2017.

(1a) Der Genehmigungsbescheid für UVP-pflichtige Anlagen muss neben den nach Absatz 1 erforderlichen Angaben zumindest noch folgende Angaben enthalten:

1. eine Beschreibung der vorgesehenen Überwachungsmaßnahmen und
2. eine ergänzende Begründung, in der folgende Angaben enthalten sind:
   a) die zusammenfassende Darstellung nach § 20 Absatz 1a,
   b) die begründete Bewertung nach § 20 Absatz 1b und
   c) eine Erläuterung, wie die begründete Bewertung nach § 20 Absatz 1b, insbesondere die Angaben des UVP-Berichts nach § 4e, die behördlichen Stellungnahmen nach den §§ 11 und 11a sowie die Äußerungen der Öffentlichkeit nach den §§ 11a und 12, in der Entscheidung berücksichtigt wurden oder wie ihnen anderweitig Rechnung getragen wurde.

(2) Der Genehmigungsbescheid soll den Hinweis enthalten, dass der Genehmigungsbescheid unbeschadet der behördlichen Entscheidungen ergeht, die nach § 13 des Bundes-Immissionsschutzgesetzes nicht von der Genehmigung eingeschlossen werden.

(2a) [1]Außer den nach Absatz 1 erforderlichen Angaben muss der Genehmigungsbescheid für Anlagen nach der Industrieemissions-Richtlinie folgende Angaben enthalten:

1. Auflagen zum Schutz des Bodens und des Grundwassers sowie Maßnahmen zur Überwachung und Behandlung der von der Anlage erzeugten Abfälle,
2. Regelungen für die Überprüfung der Einhaltung der Emissionsgrenzwerte oder sonstiger Anforderungen, im Fall von Messungen
   a) Anforderungen an die Messmethodik, die Messhäufigkeit und das Bewertungsverfahren zur Überwachung der Emissionen,
   b) die Vorgabe, dass in den Fällen, in denen ein Wert außerhalb der in den BVT-Schlussfolgerungen genannten Emissionsbandbreiten festgelegt wurde, die Ergebnisse der Emissionsüberwachung für die gleichen Zeiträume und Referenzbedingungen verfügbar sein müssen wie sie für die Emissionsbandbreiten der BVT-Schlussfolgerungen gelten,
3. Anforderungen an
   a) die regelmäßige Wartung,
   b) die Überwachung der Maßnahmen zur Vermeidung der Verschmutzung von Boden und Grundwasser sowie
   c) die Überwachung von Boden und Grundwasser hinsichtlich der in der Anlage verwendeten, erzeugten oder freigesetzten relevanten gefährlichen Stoffe, einschließlich der Zeiträume, in denen die Überwachung stattzufinden hat,
4. Maßnahmen im Hinblick auf von den normalen Betriebsbedingungen abweichende Bedingungen, wie das An- und Abfahren der Anlage, das unbeabsichtigte Austreten von Stoffen, Störungen, das kurzzeitige Abfahren der Anlage sowie die endgültige Stilllegung des Betriebs,
5. Vorkehrungen zur weitestgehenden Verminderung der weiträumigen oder grenzüberschreitenden Umweltverschmutzung.

[2]In den Fällen von Nummer 3 Buchstabe c sind die Zeiträume für die Überwachung so festzulegen, dass sie mindestens alle fünf Jahre für das Grundwasser und mindestens alle zehn Jahre für den Boden betragen, es sei denn, diese Überwachung erfolgt anhand einer systematischen Beurteilung des Verschmutzungsrisikos.

(3) Außer den nach Absatz 1 erforderlichen Angaben muss der Genehmigungsbescheid für Anlagen, auf die die Verordnung über die Verbrennung und die Mitverbrennung von Abfällen anzuwenden ist, Angaben enthalten über

1. Art (insbesondere Abfallschlüssel und -bezeichnung gemäß der Verordnung über das Europäische Abfallverzeichnis) und Menge der zur Verbrennung zugelassenen Abfälle,
2. die gesamte Abfallverbrennungs- oder Abfallmitverbrennungskapazität der Anlage,

3. die kleinsten und größten Massenströme der zur Verbrennung zugelassenen Abfälle, angegeben als stündliche Einsatzmenge,
4. die kleinsten und größten Heizwerte der zur Verbrennung zugelassenen Abfälle und
5. den größten Gehalt an Schadstoffen in den zur Verbrennung zugelassenen Abfällen, insbesondere an polychlorierten Biphenylen (PCB), Pentachlorphenol (PCP), Chlor, Fluor, Schwefel und Schwermetallen.

§ 21a Öffentliche Bekanntmachung und Veröffentlichung des Genehmigungsbescheids[1)]

(1) [1]Unbeschadet des § 10 Absatz 7 und 8 Satz 1 des Bundes-Immissionsschutzgesetzes ist die Entscheidung über den Antrag öffentlich bekannt zu machen, wenn das Verfahren mit Öffentlichkeitsbeteiligung durchgeführt wurde oder der Träger des Vorhabens dies beantragt. [2]§ 10 Absatz 8 Satz 2 und 3 des Bundes-Immissionsschutzgesetzes gelten entsprechend. [3]In der öffentlichen Bekanntmachung ist anzugeben, wo und wann der Bescheid und seine Begründung eingesehen werden können.

(2) [1]Bei UVP-pflichtigen Vorhaben hat die Genehmigungsbehörde die Entscheidung über den Antrag unbeschadet des § 10 Absatz 7 und 8 Satz 1 des Bundes-Immissionsschutzgesetzes öffentlich bekannt zu machen sowie den Bescheid zur Einsicht auszulegen. [2]§ 10 Absatz 8 Satz 2 und 3 des Bundes-Immissionsschutzgesetzes gelten entsprechend. [3]In der öffentlichen Bekanntmachung ist anzugeben, wo und wann der Bescheid und seine Begründung eingesehen werden können. [4]§ 8 Absatz 1 Satz 3 gilt für den Genehmigungsbescheid entsprechend. [5]§ 10 Absatz 8a Satz 1 und 2 des Bundes-Immissionsschutzgesetzes gilt entsprechend.

Zweiter Teil: Besondere Vorschriften

§ 22 Teilgenehmigung[2)]

(1) [1]Ist ein Antrag im Sinne des § 8 des Bundes-Immissionsschutzgesetzes gestellt, so kann die Genehmigungsbehörde zulassen, dass in den Unterlagen endgültige Angaben nur hinsichtlich des Gegenstandes der Teilgenehmigung gemacht werden. [2]Zusätzlich sind Angaben zu machen, die bei einer vorläufigen Prüfung ein ausreichendes Urteil darüber ermöglichen, ob die Genehmigungsvoraussetzungen im Hinblick auf die Errichtung und den Betrieb der gesamten Anlage vorliegen werden.

(2) Auszulegen sind der Antrag, die Unterlagen nach § 4, soweit sie den Gegenstand der jeweiligen Teilgenehmigung betreffen, sowie solche Unterlagen, die Angaben über die Auswirkungen der Anlage auf die Nachbarschaft und die Allgemeinheit enthalten.

(3) [1]Betrifft das Vorhaben eine UVP-pflichtige Anlage, so erstreckt sich im Verfahren zur Erteilung einer Teilgenehmigung die Umweltverträglichkeitsprüfung im Rahmen der vorläufigen Prüfung im Sinne des Absatzes 1 auf die erkennbaren Auswirkungen der gesamten Anlage auf die in § 1a genannten Schutzgüter und abschließend auf die Auswirkungen, deren Ermittlung, Beschreibung und Bewertung Voraussetzung für Feststellungen oder Gestattungen ist, die Gegenstand dieser Teilgenehmigung sind. [2]Ist in einem Verfahren über eine weitere Teilgenehmigung unter Einbeziehung der Öffentlichkeit zu entscheiden, soll die Umweltverträglichkeitsprüfung im nachfolgenden Verfahren auf zusätzliche erhebliche oder andere erhebliche Auswirkungen auf die in § 1a genannten Schutzgüter beschränkt werden. [3]Die Unterrichtung über den voraussichtlichen Untersuchungsrahmen nach § 2a beschränkt sich auf den zu erwartenden Umfang der durchzuführenden Umweltverträglichkeitsprüfung; für die dem Antrag zur Prüfung der Umweltverträglichkeit beizufügenden Unterlagen nach den §§ 4 bis 4e sowie die Auslegung dieser Unterlagen gelten die Absätze 1 und 2 entsprechend.

1) **Anm. d. Red.:** § 21a i. d. F. der VO v. 8.12.2017 (BGBl I S. 3882) mit Wirkung v. 14.12.2017.

2) **Anm. d. Red.:** § 22 i. d. F. der VO v. 8.12.2017 (BGBl I S. 3882) mit Wirkung v. 14.12.2017.

§ 23 Vorbescheid[1)]

(1) Der Antrag auf Erteilung eines Vorbescheides muss außer den in § 3 genannten Angaben insbesondere die bestimmte Angabe, für welche Genehmigungsvoraussetzungen oder für welchen Standort der Vorbescheid beantragt wird, enthalten.

(2) [1]Der Vorbescheid muss enthalten

1. die Angabe des Namens und des Wohnsitzes oder des Sitzes des Antragstellers,
2. die Angabe, dass ein Vorbescheid erteilt wird, und die Angabe der Rechtsgrundlage,
3. die genaue Bezeichnung des Gegenstandes des Vorbescheides,
4. die Voraussetzungen und die Vorbehalte, unter denen der Vorbescheid erteilt wird,
5. die Begründung, aus der die wesentlichen tatsächlichen und rechtlichen Gründe, die die Behörde zu ihrer Entscheidung bewogen haben, und die Behandlung der Einwendungen hervorgehen sollen.

[2]Bei UVP-pflichtigen Anlagen gilt § 20 Absatz 1a und 1b entsprechend.

(3) Der Vorbescheid soll enthalten

1. den Hinweis auf § 9 Absatz 2 des Bundes-Immissionsschutzgesetzes,
2. den Hinweis, dass der Vorbescheid nicht zur Errichtung der Anlage oder von Teilen der Anlage berechtigt,
3. den Hinweis, dass der Vorbescheid unbeschadet der behördlichen Entscheidungen ergeht, die nach § 13 des Bundes-Immissionsschutzgesetzes nicht von der Genehmigung eingeschlossen werden, und
4. die Rechtsbehelfsbelehrung.

(4) § 22 gilt entsprechend.

§ 23a Raumordnungsverfahren und Genehmigungsverfahren[2)]

(1) Die Genehmigungsbehörde hat die im Raumordnungsverfahren oder einem anderen raumordnerischen Verfahren, das den Anforderungen des § 15 Absatz 2 des Raumordnungsgesetzes entspricht (raumordnerisches Verfahren), ermittelten, beschriebenen und bewerteten Auswirkungen des Vorhabens auf die Umwelt nach Maßgabe des § 20 Absatz 1b bei der Entscheidung über den Antrag zu berücksichtigen.

(2) Im Genehmigungsverfahren soll hinsichtlich der im raumordnerischen Verfahren ermittelten und beschriebenen Auswirkungen auf die in § 1a genannten Schutzgüter von den Anforderungen der §§ 2a, 4 bis 4e, 11, 11a und 20 Absatz 1a insoweit abgesehen werden, als diese Verfahrensschritte bereits im raumordnerischen Verfahren erfolgt sind.

§ 24 Vereinfachtes Verfahren[3)]

[1]In dem vereinfachten Verfahren sind § 4 Abs. 3, die §§ 8 bis 10a, 12, 14 bis 19 und die Vorschriften, die die Durchführung der Umweltverträglichkeitsprüfung betreffen, nicht anzuwenden. [2]In dem vereinfachten Verfahren gelten zudem abweichend von § 11a Absatz 1 Satz 1 nicht die Vorschriften zur Öffentlichkeitsbeteiligung gemäß § 54 Absatz 5 und 6, §§ 56, 57 Absatz 2 und § 59 des Gesetzes über die Umweltverträglichkeitsprüfung. [3]§ 11 gilt sinngemäß.

---

1) **Anm. d. Red.:** § 23 i. d. F. der VO v. 8.12.2017 (BGBl I S. 3882) mit Wirkung v. 14.12.2017.

2) **Anm. d. Red.:** § 23a i. d. F. des Gesetzes v. 27. 7. 2001 (BGBl I S. 1950) mit Wirkung v. 3. 8. 2001.

3) **Anm. d. Red.:** § 24 i. d. F. der VO v. 8.12.2017 (BGBl I S. 3882) mit Wirkung v. 14.12.2017.

§ 24a Zulassung vorzeitigen Beginns[1)]

(1) Ist in einem Verfahren zur Erteilung einer Genehmigung ein Antrag auf Zulassung des vorzeitigen Beginns im Sinne des § 8a des Bundes-Immissionsschutzgesetzes gestellt, so muss dieser

1. das öffentliche Interesse oder das berechtigte Interesse des Antragstellers an dem vorzeitigen Beginn darlegen und
2. die Verpflichtung des Trägers des Vorhabens enthalten, alle bis zur Erteilung der Genehmigung durch die Errichtung, den Probebetrieb und den Betrieb der Anlage verursachten Schäden zu ersetzen und, falls das Vorhaben nicht genehmigt wird, den früheren Zustand wiederherzustellen.

(2) Der Bescheid über die Zulassung des vorzeitigen Beginns muss enthalten

1. die Angabe des Namens und des Wohnsitzes oder des Sitzes des Antragstellers,
2. die Angabe, dass der vorzeitige Beginn zugelassen wird, und die Angabe der Rechtsgrundlage,
3. die genaue Bezeichnung des Gegenstandes des Bescheides,
4. die Nebenbestimmungen der Zulassung,
5. die Begründung, aus der die wesentlichen tatsächlichen und rechtlichen Gründe, die die Behörde zu ihrer Entscheidung bewogen haben, hervorgehen sollen.

(3) Der Bescheid über die Zulassung des vorzeitigen Beginns soll enthalten

1. die Bestätigung der Verpflichtung nach Absatz 1,
2. den Hinweis, dass die Zulassung jederzeit widerrufen werden kann,
3. die Bestimmung einer Sicherheitsleistung, sofern dies erforderlich ist, um die Erfüllung der Pflichten des Trägers des Vorhabens zu sichern.

§ 24b Verbundene Prüfverfahren bei UVP-pflichtigen Vorhaben[2)]

[1]Für ein UVP-pflichtiges Vorhaben, das einzeln oder im Zusammenwirken mit anderen Projekten oder Plänen geeignet ist, ein Natura 2000-Gebiet erheblich zu beeinträchtigen, wird die Verträglichkeitsprüfung nach § 34 Absatz 1 des Bundesnaturschutzgesetzes im Verfahren zur Entscheidung über die Zulassung des UVP-pflichtigen Vorhabens vorgenommen. [2]Die Umweltverträglichkeitsprüfung kann mit der Prüfung nach Satz 1 und mit anderen Prüfungen zur Ermittlung oder Bewertung von Auswirkungen auf die in § 1a genannten Schutzgüter verbunden werden.

Dritter Teil: Schlussvorschriften[3)]

§ 24c Vermeidung von Interessenkonflikten[4)]

Ist die Genehmigungsbehörde bei der Umweltverträglichkeitsprüfung zugleich Trägerin des UVP-pflichtigen Vorhabens, so ist die Unabhängigkeit des Behördenhandelns bei der Wahrnehmung der Aufgaben nach dieser Verordnung durch geeignete organisatorische Maßnahmen sicherzustellen, insbesondere durch eine angemessene funktionale Trennung.

1) **Anm. d. Red.:** § 24a i. d. F. der VO v. 8.12.2017 (BGBl I S. 3882) mit Wirkung v. 14.12.2017.

2) **Anm. d. Red.:** § 24b eingefügt gem. VO v. 8.12.2017 (BGBl I S. 3882) mit Wirkung v. 14.12.2017.

3) **Anm. d. Red.:** Überschrift i. d. F. der VO v. 8.12.2017 (BGBl I S. 3882) mit Wirkung v. 14.12.2017.

4) **Anm. d. Red.:** § 24c eingefügt gem. VO v. 8.12.2017 (BGBl I S. 3882) mit Wirkung v. 14.12.2017.

§ 25 Übergangsvorschrift[1)]

(1) [1]Verfahren, die vor dem Inkrafttreten einer Änderung dieser Verordnung begonnen worden sind, sind nach den Vorschriften der geänderten Verordnung zu Ende zu führen. [2]Eine Wiederholung von Verfahrensabschnitten ist nicht erforderlich.

(1a) Abweichend von Absatz 1 sind Verfahren für UVP-pflichtige Vorhaben nach der Fassung dieser Verordnung, die bis zum 16. Mai 2017 galt, zu Ende zu führen, wenn vor dem 16. Mai 2017

1. das Verfahren zur Unterrichtung über die voraussichtlich beizubringenden Unterlagen in der bis dahin geltenden Fassung des § 2a eingeleitet wurde oder
2. die Unterlagen nach den §§ 4 bis 4e der bis dahin geltenden Fassung dieser Verordnung vorgelegt wurden.

(2) [1]§ 4a Absatz 4 Satz 1 bis 5 ist bei Anlagen, die sich am 2. Mai 2013 in Betrieb befanden oder für die vor diesem Zeitpunkt eine Genehmigung erteilt oder für die vor diesem Zeitpunkt von ihren Betreibern ein vollständiger Genehmigungsantrag gestellt wurde, bei dem ersten nach dem 7. Januar 2014 gestellten Änderungsantrag hinsichtlich der gesamten Anlage anzuwenden, unabhängig davon, ob die beantragte Änderung die Verwendung, die Erzeugung oder die Freisetzung relevanter gefährlicher Stoffe betrifft. [2]Anlagen nach Satz 1, die nicht von Anhang I der Richtlinie 2008/1/EG über die integrierte Vermeidung und Verminderung der Umweltverschmutzung erfasst wurden, haben abweichend von Satz 1 die dort genannten Anforderungen ab dem 7. Juli 2015 zu erfüllen.

§§ 26 und 27 (weggefallen)[2)]

Anlage (zu § 4e)[3)]

Angaben des UVP-Berichts für die Umweltverträglichkeitsprüfung

Soweit die nachfolgenden Angaben über die in § 4e Absatz 1 genannten Mindestanforderungen hinausgehen und sie für die Entscheidung über die Zulassung des UVP-pflichtigen Vorhabens erforderlich sind, muss nach § 4e Absatz 2 der UVP-Bericht hierzu Angaben enthalten.

1. Eine Beschreibung des UVP-pflichtigen Vorhabens, insbesondere
   a) eine Beschreibung des Standorts,
   b) eine Beschreibung der physischen Merkmale des gesamten UVP-pflichtigen Vorhabens, einschließlich der erforderlichen Abrissarbeiten, soweit relevant, sowie des Flächenbedarfs während der Bau- und der Betriebsphase,
   c) eine Beschreibung der wichtigsten Merkmale der Betriebsphase des UVP-pflichtigen Vorhabens (insbesondere von Produktionsprozessen), z. B.
      aa) Energiebedarf und Energieverbrauch,
      bb) Art und Menge der verwendeten Rohstoffe und
      cc) Art und Menge der natürlichen Ressourcen (insbesondere Fläche, Boden, Wasser, Tiere, Pflanzen und biologische Vielfalt),
   d) eine Abschätzung, aufgeschlüsselt nach Art und Quantität,
      aa) der erwarteten Rückstände und Emissionen (z. B. Verunreinigung des Wassers, der Luft, des Bodens und Untergrunds, Lärm, Erschütterungen, Licht, Wärme, Strahlung) sowie
      bb) des während der Bau- und Betriebsphase erzeugten Abfalls.

1) **Anm. d. Red.:** § 25 i. d. F. der VO v. 8.12.2017 (BGBl I S. 3882) mit Wirkung v. 14.12.2017.

2) **Anm. d. Red.:** §§ 26 und 27 weggefallen gem. VO v. 8.12.2017 (BGBl I S. 3882) mit Wirkung v. 14.12.2017.

3) **Anm. d. Red.:** Anlage eingefügt gem. VO v. 8.12.2017 (BGBl I S. 3882) mit Wirkung v. 14.12.2017.

2. Eine Beschreibung der von dem Träger des UVP-pflichtigen Vorhabens geprüften vernünftigen Alternativen (z. B. in Bezug auf Ausgestaltung, Technologie, Standort, Größe und Umfang des UVP-pflichtigen Vorhabens), die für das Vorhaben und seine spezifischen Merkmale relevant sind, und die Angabe der wesentlichen Gründe für die getroffene Wahl unter Berücksichtigung der jeweiligen Auswirkungen auf die in § 1a genannten Schutzgüter.
3. Eine Beschreibung des aktuellen Zustands der Umwelt und ihrer Bestandteile im Einwirkungsbereich des UVP-pflichtigen Vorhabens und eine Übersicht über die voraussichtliche Entwicklung der Umwelt bei Nichtdurchführung des UVP-pflichtigen Vorhabens, soweit diese Entwicklung gegenüber dem aktuellen Zustand mit zumutbarem Aufwand auf der Grundlage der verfügbaren Umweltinformationen und wissenschaftlichen Erkenntnissen abgeschätzt werden kann.
4. Eine Beschreibung der möglichen erheblichen Auswirkungen des UVP-pflichtigen Vorhabens auf die in § 1a genannten Schutzgüter.

   Die Darstellung der Auswirkungen auf die in § 1a genannten Schutzgüter soll den Umweltschutzzielen Rechnung tragen, die nach den Rechtsvorschriften, einschließlich verbindlicher planerischer Vorgaben, maßgebend sind für die Entscheidung über die Zulassung des UVP-pflichtigen Vorhabens. Die Darstellung soll sich auf die Art der Auswirkungen auf die in § 1a genannten Schutzgüter nach Buchstabe a erstrecken. Anzugeben sind jeweils die Art, in der Schutzgüter betroffen sind nach Buchstabe b, und die Ursachen der Auswirkungen nach Buchstabe c.

   a) Art der Auswirkungen auf die in § 1a genannten Schutzgüter

      Die Beschreibung der möglichen erheblichen Auswirkungen auf die in § 1a genannten Schutzgüter soll sich auf die direkten und die etwaigen indirekten, sekundären, kumulativen, grenzüberschreitenden, kurzfristigen, mittelfristigen und langfristigen, ständigen und vorübergehenden, positiven und negativen Auswirkungen des UVP-pflichtigen Vorhabens erstrecken.

   b) Art, in der Schutzgüter betroffen sind

      Bei der Angabe, in welcher Hinsicht die Schutzgüter von den Auswirkungen des UVP-pflichtigen Vorhabens betroffen sein können, sind in Bezug auf die nachfolgenden Schutzgüter insbesondere folgende Auswirkungen zu berücksichtigen:

Schutzgut (Auswahl)	mögliche Art der Betroffenheit
Menschen, insbesondere die menschliche Gesundheit	Auswirkungen sowohl auf einzelne Menschen als auch auf die Bevölkerung
Tiere, Pflanzen, biologische Vielfalt	Auswirkungen auf Flora und Fauna
Fläche	Flächenverbrauch
Boden	Veränderung der organischen Substanz, Bodenerosion, Bodenverdichtung, Bodenversiegelung
Wasser	hydromorphologische Veränderungen, Veränderungen von Quantität oder Qualität des Wassers
Luft	Luftverunreinigungen
Klima	Veränderungen des Klimas, z. B. durch Treibhausgasemissionen, Veränderung des Kleinklimas am Standort
Kulturelles Erbe	Auswirkungen auf historisch, architektonisch oder archäologisch bedeutende Stätten und Bauwerke und auf Kulturlandschaften.

c) Mögliche Ursachen der Auswirkungen auf die in § 1a genannten Schutzgüter

Bei der Beschreibung der Umstände, die zu erheblichen Auswirkungen des UVP-pflichtigen Vorhabens auf die in § 1a genannten Schutzgüter führen können, sind insbesondere folgende Gesichtspunkte zu berücksichtigen:

aa) die Durchführung baulicher Maßnahmen, einschließlich der Abrissarbeiten, soweit relevant, sowie die physische Anwesenheit der errichteten Anlagen oder Bauwerke,

bb) verwendete Techniken und eingesetzte Stoffe,

cc) die Nutzung natürlicher Ressourcen, insbesondere Fläche, Boden, Wasser, Tiere, Pflanzen und biologische Vielfalt und, soweit möglich, jeweils auch die nachhaltige Verfügbarkeit der betroffenen Ressource,

dd) Emissionen und Belästigungen sowie Verwertung oder Beseitigung von Abfällen,

ee) Risiken für die menschliche Gesundheit, für Natur und Landschaft sowie für das kulturelle Erbe, z. B. durch schwere Unfälle oder Katastrophen,

ff) das Zusammenwirken mit den Auswirkungen anderer bestehender oder zugelassener Vorhaben oder Tätigkeiten; dabei ist auch auf Umweltprobleme einzugehen, die sich daraus ergeben, dass ökologisch empfindliche Gebiete nach Anlage 3 Nummer 2.3 des Gesetzes über die Umweltverträglichkeitsprüfung betroffen sind oder die sich aus einer Nutzung natürlicher Ressourcen ergeben,

gg) Auswirkungen des UVP-pflichtigen Vorhabens auf das Klima, z. B. durch Art und Ausmaß der mit dem Vorhaben verbundenen Treibhausgasemissionen,

hh) die Anfälligkeit des UVP-pflichtigen Vorhabens gegenüber den Folgen des Klimawandels (z. B. durch erhöhte Hochwassergefahr am Standort),

ii) die Anfälligkeit des UVP-pflichtigen Vorhabens für die Risiken von schweren Unfällen oder Katastrophen, soweit solche Risiken nach der Art, den Merkmalen und dem Standort des UVP-pflichtigen Vorhabens von Bedeutung sind.

5. Die Beschreibung der grenzüberschreitenden Auswirkungen des UVP-pflichtigen Vorhabens soll in einem gesonderten Abschnitt erfolgen.
6. Eine Beschreibung und Erläuterung der Merkmale des UVP-pflichtigen Vorhabens und seines Standorts, mit denen das Auftreten erheblicher nachteiliger Auswirkungen auf die in § 1a genannten Schutzgüter vermieden, vermindert oder ausgeglichen werden soll.
7. Eine Beschreibung und Erläuterung der geplanten Maßnahmen, mit denen das Auftreten erheblicher nachteiliger Auswirkungen auf die in § 1a genannten Schutzgüter vermieden, vermindert oder ausgeglichen werden soll, sowie eine Beschreibung geplanter Ersatzmaßnahmen und etwaiger Überwachungsmaßnahmen des Trägers des UVP-pflichtigen Vorhabens.
8. Soweit Auswirkungen aufgrund der Anfälligkeit des UVP-pflichtigen Vorhabens für die Risiken von schweren Unfällen oder Katastrophen zu erwarten sind, soll die Beschreibung, soweit möglich, auch auf vorgesehene Vorsorge- und Notfallmaßnahmen eingehen.
9. Die Beschreibung der Auswirkungen auf Natura 2000-Gebiete soll in einem gesonderten Abschnitt erfolgen.
10. Die Beschreibung der Auswirkungen auf besonders geschützte Arten soll in einem gesonderten Abschnitt erfolgen.
11. Eine Beschreibung der Methoden oder Nachweise, die zur Ermittlung der erheblichen Auswirkungen auf die in § 1a genannten Schutzgüter genutzt wurden, einschließlich näherer Hinweise auf Schwierigkeiten und Unsicherheiten, die bei der Zusammenstellung der Angaben aufgetreten sind, insbesondere soweit diese Schwierigkeiten auf fehlenden Kenntnissen und Prüfmethoden oder auf technischen Lücken beruhen.
12. Eine Referenzliste der Quellen, die für die im UVP-Bericht enthaltenen Angaben herangezogen wurden.

XIX. Gesetz zur Regelung der Ladenöffnungszeiten (LÖG-NRW)

v. 16.11.2006 (GVBl NRW S. 516) mit späteren Änderungen

Das Gesetz zur Regelung der Ladenöffnungszeiten (Ladenöffnungsgesetz – LÖG-NRW) v. 16.11.2006 (GVBl NRW S. 516) ist am 21.11.2006 in Kraft getreten. Es ist zuletzt geändert worden durch Art. 1 Gesetz zum Abbau unnötiger und belastender Vorschriften im Land Nordrhein-Westfalen – Entfesselungspaket I v. 22.3.2018 (GVBl NRW S. 171).

Nichtamtliche Fassung

§ 1 Ziel des Gesetzes

[1]Das Gesetz dient der Schaffung und Sicherung einer allgemeinen Ladenöffnungszeit für Verkaufsstellen sowie dem Schutz der Sonn- und Feiertagsruhe. [2]Die Regelungen des Gesetzes über die Sonn- und Feiertage (Feiertagsgesetz NW) vom 23. April 1989 (GV NRW S. 222), zuletzt geändert durch Gesetz vom 20. Dezember 1994 (GV NRW S. 1114) bleiben unberührt, soweit nachfolgend nichts Abweichendes bestimmt wird.

§ 2 Geltungsbereich

Dieses Gesetz gilt für die Öffnung von Verkaufsstellen und das gewerbliche Anbieten von Waren außerhalb von Verkaufsstellen.

§ 3 Begriffsbestimmung

(1) Verkaufsstellen im Sinne dieses Gesetzes sind

1. Ladengeschäfte aller Art, Apotheken und Tankstellen,
2. sonstige Verkaufsstände, falls in ihnen ebenfalls von einer festen Stelle aus ständig Waren zum Verkauf an jedermann gewerblich angeboten werden. [2]Dem gewerblichen Anbieten steht das Zeigen von Mustern, Proben und Ähnlichem gleich, wenn Warenbestellungen in der Einrichtung entgegengenommen werden.

(2) Feiertage im Sinne dieses Gesetzes sind die gesetzlichen Feiertage.

(3) Reisebedarf im Sinne dieses Gesetzes sind Zeitungen, Zeitschriften, Straßenkarten, Stadtpläne, Reiselektüre, Schreibmaterialien, Tabakwaren, Schnittblumen, Reisetoilettenartikel, Filme, Tonträger, Bedarf für Reiseapotheken, Reiseandenken und Spielzeug geringen Wertes, Lebens- und Genussmittel in kleinen Mengen sowie ausländische Geldsorten.

§ 4 Ladenöffnungszeit[1)]

(1) Verkaufsstellen dürfen

1. an Werktagen ohne zeitliche Begrenzung geöffnet sein (allgemeine Ladenöffnungszeit) und
2. am 24. Dezember an Werktagen bis 14 Uhr geöffnet sein, wenn in den nachfolgenden Bestimmungen keine abweichenden Regelungen getroffen werden.

(2) [1]Außerhalb der allgemeinen Ladenöffnungszeit nach Absatz 1 ist auch das gewerbliche Anbieten von Waren zum Verkauf an jedermann außerhalb von Verkaufsstellen verboten. [2]Soweit für Verkaufsstellen nach diesem Gesetz Ausnahmen von der allgemeinen Ladenöffnungszeit des Absatzes 1 zugelassen sind, gelten diese Ausnahmen unter denselben Voraussetzungen und Bedingungen auch für das gewerbliche Anbieten außerhalb von Verkaufsstellen.

(3) Ausnahmen auf Grund der Vorschriften der Titel III und IV der Gewerbeordnung bezüglich Volksfesten, Messen, Märkte und Ausstellungen bleiben unberührt.

1) **Anm. d. Red.:** § 4 i. d. F. des Gesetzes v. 22.3.2018 (GVBl NRW S. 171) mit Wirkung v. 30.3.2018.

§ 5 Verkauf an Sonn- und Feiertagen[1)]

(1) An Sonn- und Feiertagen dürfen geöffnet sein:

1. [1]Verkaufsstellen, deren Kernsortiment aus einer oder mehrerer der Warengruppen Blumen und Pflanzen, Zeitungen und Zeitschriften oder Back- und Konditorwaren besteht, für die Abgabe dieser Waren und eines begrenzten Randsortiments für die Dauer von fünf Stunden. [2]Die für Wirtschaft zuständige oberste Landesbehörde kann zur näheren Bestimmung der Begriffe Kern- und Randsortiment im Einvernehmen mit dem für Wirtschaft zuständigen Landtagsausschuss eine Rechtsverordnung erlassen.
2. Verkaufsstellen von themenbezogenen Waren oder Waren zum sofortigen Verzehr auf dem Gelände oder im Gebäude einer Kultur- oder Sport-Veranstaltung oder in einem Museum während der Veranstaltungs- und Öffnungsdauer, sofern sie der Versorgung der Besucherinnen und Besucher dienen,
3. [1]Verkaufsstellen landwirtschaftlicher Betriebe, deren Kernsortiment aus selbst erzeugten landwirtschaftlichen Produkten besteht, für die Abgabe dieser Waren und eines begrenzten Randsortiments für die Dauer von fünf Stunden. [2]Die für Wirtschaft zuständige oberste Landesbehörde kann zur näheren Bestimmung der Begriffe Kern- und Randsortiment im Einvernehmen mit dem für Wirtschaft zuständigen Landtagsausschuss eine Rechtsverordnung erlassen.

(2) An Sonn- und Feiertagen dürfen leichtverderbliche Waren und Waren zum sofortigen Verzehr außerhalb von Verkaufsstellen angeboten werden.

(3) [1]Fällt der 24. Dezember auf einen Sonntag, dürfen Verkaufsstellen für die Abgabe von Weihnachtsbäumen in der Zeit von 10 bis 14 Uhr geöffnet sein. [2]Auch Verkaufsstellen nach Absatz 1 dürfen an diesem Tag nicht länger als bis 14 Uhr geöffnet sein.

(4) Absatz 1 Nummer 1 gilt nicht für die Abgabe von Waren am Ostermontag, am Pfingstmontag und 2. Weihnachtstag.

(5) [1]Ist eine Verkaufsstelle an Sonn- und Feiertagen geöffnet, so hat der Inhaber oder die Inhaberin an der Verkaufsstelle gut sichtbar auf die Öffnungszeiten an Sonn- und Feiertagen hinzuweisen. [2]Die bei Ladenschluss anwesenden Kunden dürfen noch bedient werden.

§ 6 Weitere Verkaufssonntage und -feiertage[2)]

(1) [1]An jährlich höchstens acht, nicht unmittelbar aufeinanderfolgenden Sonn- oder Feiertagen dürfen Verkaufsstellen im öffentlichen Interesse ab 13 Uhr bis zur Dauer von fünf Stunden geöffnet sein.

[2]Ein öffentliches Interesse liegt insbesondere vor, wenn die Öffnung

1. im Zusammenhang mit örtlichen Festen, Märkten, Messen oder ähnlichen Veranstaltungen erfolgt,
2. dem Erhalt, der Stärkung oder der Entwicklung eines vielfältigen stationären Einzelhandelsangebot dient,
3. dem Erhalt, der Stärkung oder der Entwicklung zentraler Versorgungsbereiche dient,
4. der Belebung der Innenstädte, Ortskerne, Stadt- oder Ortsteilzentren dient oder
5. die überörtliche Sichtbarkeit der jeweiligen Kommune als attraktiver und lebenswerter Standort insbesondere für den Tourismus und die Freizeitgestaltung, als Wohn- und Gewerbestandort sowie Standort von kulturellen und sportlichen Einrichtungen steigert.

[3]Das Vorliegen eines Zusammenhangs im Sinne des Satzes 2 Nummer 1 wird vermutet, wenn die Ladenöffnung in räumlicher Nähe zur örtlichen Veranstaltung sowie am selben Tag erfolgt.

---

1) **Anm. d. Red.:** § 5 i. d. F. des Gesetzes v. 22.3.2018 (GVBl NRW S. 171) mit Wirkung v. 30.3.2018.

2) **Anm. d. Red.:** § 6 i. d. F. des Gesetzes v. 22.3.2018 (GVBl NRW S. 171) mit Wirkung v. 30.3.2018.

[4]Bei Werbemaßnahmen des Veranstalters müssen die jeweiligen Veranstaltungen gemäß Satz 2 Nr. 1 für die Öffnung der Verkaufsstellen im Vordergrund stehen.

(2) [1]Verkaufsstellen in Kurorten, Ausflugs-, Erholungs- und Wallfahrtsorten mit besonders starkem Tourismus dürfen an jährlich höchstens 40 Sonn- oder Feiertagen bis zur Dauer von acht Stunden geöffnet sein. [2]Neben den Waren, die für diese Orte kennzeichnend sind, dürfen Waren zum sofortigen Verzehr, frische Früchte, Tabakwaren, Blumen und Zeitungen verkauft werden.

(3) [1]Die zuständige oberste Landesbehörde wird ermächtigt, die Orte nach Absatz 2 durch Rechtsverordnung zu bestimmen. [2]Die Freigabe kann auf bestimmte Ortsteile beschränkt werden.

(4) [1]Die zuständige örtliche Ordnungsbehörde wird ermächtigt, die Tage nach Absatz 1 und 2 durch Verordnungen freizugeben. [2]Die Freigabe kann sich auf bestimmte Bezirke, Ortsteile und Handelszweige beschränken. [3]Innerhalb einer Gemeinde dürfen nach Absatz 1 insgesamt nicht mehr als 16 Sonn- und Feiertage je Kalenderjahr freigegeben werden. [4]Erfolgt eine Freigabe nach Absatz 1 für das gesamte Gemeindegebiet, darf dabei nur ein Adventssonntag freigegeben werden. [5]Erfolgt die Freigabe nach Absatz 1 beschränkt auf bestimmte Bezirke, Ortsteile und Handelszweige, darf nur ein Adventssonntag je Bezirk, Ortsteil und Handelszweig freigegeben werden, insgesamt dürfen jedoch nicht mehr als zwei Adventssonntage je Gemeinde freigegeben werden. [6]Bei der Festsetzung der Öffnungszeiten ist auf die Zeit des Hauptgottesdienstes Rücksicht zu nehmen. [7]Vor Erlass der Rechtsverordnung zur Freigabe der Tage nach Absatz 1 sind die zuständigen Gewerkschaften, Arbeitgeber- und Wirtschaftsverbände und Kirchen, die jeweilige Industrie- und Handelskammer und die Handwerkskammer anzuhören.

(5) Von der Freigabe der Tage nach Absatz 1 und 4 sind ausgenommen:

1. die stillen Feiertage im Sinne des Feiertagsgesetzes NW,
2. Ostersonntag,
3. Pfingstsonntag,
4. der 1. und 2. Weihnachtstag und
5. der 1. Mai, der 3. Oktober und der 24. Dezember, wenn dieser Tag auf einen Sonntag fällt.

§ 7 Apotheken

(1) Apotheken ist an Sonn- und Feiertagen die Öffnung ihrer Verkaufsstellen zur Abgabe von Arznei-, Krankenpflege-, Säuglingspflege- und Säuglingsnährmitteln, hygienischen Artikeln sowie Desinfektionsmitteln gestattet.

(2) [1]Die zuständige Apothekerkammer regelt, dass an Sonn- und Feiertagen abwechselnd ein Teil der Apotheken geschlossen sein muss. [2]An den geschlossenen Apotheken ist an sichtbarer Stelle ein Aushang anzubringen, der die zur Zeit offenen Apotheken bekannt gibt. [3]Dienstbereitschaft der Apotheken steht der Offenhaltung gleich.

§ 8 Tankstellen[1)]

[1]Tankstellen dürfen auch an Sonn- und Feiertagen und am 24. Dezember, wenn dieser auf einen Werktag fällt ganztägig geöffnet sein. [2]An Sonn- und Feiertagen ist nur die Abgabe von Ersatzteilen für Kraftfahrzeuge, soweit dies für die Erhaltung oder Wiederherstellung der Fahrbereitschaft notwendig ist, sowie die Abgabe von Betriebsstoffen und von Reisebedarf gestattet.

1) **Anm. d. Red.:** § 8 i. d. F. des Gesetzes v. 22.3.2018 (GVBl NRW S. 171) mit Wirkung v. 30.3.2018.

§ 9 Verkaufsstellen auf Flughäfen und auf Personenbahnhöfen

(1) Verkaufsstellen auf Flughäfen und auf Personenbahnhöfen des Schienenverkehrs dürfen an Sonn- und Feiertagen für den Verkauf von Reisebedarf während des ganzen Tages geöffnet sein, am 24. Dezember jedoch nur bis 17 Uhr.

(2) Auf internationalen Verkehrsflughäfen dürfen an Sonn- und Feiertagen neben Waren des Reisebedarfs auch Waren des täglichen Ge- und Verbrauchs sowie Geschenkartikel verkauft werden.

(3) [1]Die zuständige oberste Landesbehörde wird ermächtigt, durch Rechtsverordnung die internationalen Verkehrsflughäfen nach Absatz 2 und die Größe ihrer Verkaufsflächen zu bestimmen. [2]Die Größe der Verkaufsflächen ist dabei auf das erforderliche Maß zu begrenzen.

§ 10 Arbeitszeit an Sonn- und Feiertagen[1)]

(1) Soweit Verkaufsstellen an Sonn- und Feiertagen nach diesem Gesetz für den geschäftlichen Verkehr geöffnet sein dürfen, gelten für die Beschäftigung von Arbeitnehmern die Vorschriften des § 11 des Arbeitszeitgesetzes vom 6. Juni 1994 (BGBl I S. 1170) in der jeweils geltenden Fassung entsprechend.

(2) [1]Während insgesamt 30 weiterer Minuten dürfen Arbeitnehmerinnen und Arbeitnehmer über die Arbeitszeiten nach Absatz 1 hinaus unter Anrechnung auf die Ausgleichszeiten mit unerlässlich erforderlichen Vorbereitungs- und Abschlussarbeiten beschäftigt werden. [2]Die höchstzulässige Arbeitszeit nach § 3 Satz 2 des Arbeitszeitgesetzes darf dabei nicht überschritten werden.

§ 11 Aufsicht und Auskunft[2)]

(1) [1]Die Aufsicht über die Einhaltung der Vorschriften dieses Gesetzes obliegt den örtlichen Ordnungsbehörden. [2]Die Aufsicht über die Einhaltung der Arbeitszeitvorschriften für Arbeitnehmerinnen und Arbeitnehmer obliegt der Aufsichtsbehörde nach § 17 des Arbeitszeitgesetzes.

(2) [1]Die am Sonn- und Feiertag geleistete Arbeit und der dafür gewährte Freizeitausgleich ist mit Namen, Tag, Beschäftigungsart und -dauer der beschäftigten Arbeitnehmerinnen und Arbeitnehmer aufzuzeichnen. [2]Die Aufzeichnungen sind mindestens zwei Jahre aufzubewahren.

(3) Die Inhaberinnen und Inhaber von Verkaufsstellen sowie Gewerbetreibende und sonstige Personen im Sinne von § 3 Abs. 1, die Waren anbieten, sind verpflichtet, den aufsichtsführenden Behörden im Sinne von Absatz 1 auf Verlangen die erforderlichen Angaben zu machen.

§ 12 Bußgeldvorschriften[3)]

(1) Ordnungswidrig handelt, wer vorsätzlich oder fahrlässig

1. entgegen § 4 Abs. 2, § 5, § 6 Abs. 1 oder 2, § 7 Abs. 1, § 8, § 9 Abs. 1 letzter Halbsatz oder Abs. 2 Verkaufsstellen öffnet bzw. Waren zum gewerblichen Verkauf oder Waren außerhalb der genannten Warengruppen anbietet,
2. entgegen § 10 Absatz 1 in Verbindung mit § 11 Abs. 2 des Arbeitszeitgesetzes
   a) gemäß §§ 3 oder 6 Abs. 2 des Arbeitszeitgesetzes einen Arbeitnehmer über die Grenzen der Arbeitszeit hinaus beschäftigt,
   b) gemäß § 4 des Arbeitszeitgesetzes Ruhepausen nicht, nicht mit der vorgeschriebenen Mindestdauer oder nicht rechtzeitig gewährt,

---

1) **Anm. d. Red.:** Bisheriger § 11 zu § 10 geworden gem. Gesetz v. 22.3.2018 (GVBl NRW S. 171) mit Wirkung v. 30.3.2018.

2) **Anm. d. Red.:** Bisheriger § 12 zu § 11 geworden gem. Gesetz v. 22.3.2018 (GVBl NRW S. 171) mit Wirkung v. 30.3.2018.

3) **Anm. d. Red.:** Bisheriger § 13 zu § 12 geworden und geändert gem. Gesetz v. 22.3.2018 (GVBl NRW S. 171) mit Wirkung v. 30.3.2018.

c) gemäß § 5 des Arbeitszeitgesetzes die Mindestruhezeit nicht gewährt oder gemäß § 5 Abs. 2 des Arbeitszeitgesetzes die Verkürzung der Ruhezeit durch Verlängerung einer anderen Ruhezeit nicht oder nicht rechtzeitig ausgleicht,

d) gemäß § 9 Abs. 1 des Arbeitszeitgesetzes einen Arbeitnehmer an Sonn- und Feiertagen beschäftigt,

e) gemäß § 11 Abs. 1 des Arbeitszeitgesetzes einen Arbeitnehmer an Sonntagen beschäftigt oder gemäß § 11 Abs. 3 des Arbeitszeitgesetzes einen Ersatzruhetag nicht oder nicht rechtzeitig gewährt,

3. entgegen § 11 Absatz 2 Aufzeichnungen nicht fertigt oder aufbewahrt und entgegen § 11 Absatz 3 Auskünfte nicht erteilt.

(2) Die Ordnungswidrigkeit nach Absatz 1 Nr. 1 oder 3 kann mit einer Geldbuße bis zu 5 000 Euro, in den Fällen des Absatzes 1 Nr. 2 mit einer Geldbuße bis zu 15 000 Euro geahndet werden.

§ 13 Inkrafttreten; Übergangsregelung[1)]

(1) Dieses Gesetz tritt am Tage nach seiner Verkündung in Kraft.

(2) Auf Verordnungen der örtlichen Ordnungsbehörden zur Freigabe von verkaufsoffenen Sonn- und Feiertagen für das Jahr 2018 im Sinne von § 6, die bis zum Inkrafttreten des Gesetzes vom 22. März 2018 (GVBl NRW. S 172) beschlossen sind, sind § 6 Absätze 1 und 4 in ihrer bis dahin geltenden Fassung anzuwenden.

(3) Auf Verordnungen im Sinne von Absatz 2, die nach Inkrafttreten des Gesetzes vom 22. März 2018 (GVBl NRW. S 172) beschlossen werden, findet § 6 dieses Gesetzes Anwendung.

1) **Anm. d. Red.:** Bisheriger § 14 zu § 13 geworden und geändert gem. Gesetz v. 22.3.2018 (GVBl NRW S. 171) mit Wirkung v. 30.3.2018.

XX. Personenbeförderungsgesetz (PBefG)

v. 8. 8. 1990 (BGBl I S. 1690) mit späteren Änderungen

Das Personenbeförderungsgesetz (PBefG) v. 8. 8. 1990 (BGBl I S. 1690) ist zuletzt geändert worden durch Art. 2 Abs. 14 Gesetz zur Modernisierung des Rechts der Umweltverträglichkeitsprüfung v. 20.7.2017 (BGBl I S. 2808).

Auszug

I. Allgemeine Vorschriften

§ 1 Sachlicher Geltungsbereich[1)]

(1) [1]Den Vorschriften dieses Gesetzes unterliegt die entgeltliche oder geschäftsmäßige Beförderung von Personen mit Straßenbahnen, mit Oberleitungsomnibussen (Obussen) und mit Kraftfahrzeugen. [2]Als Entgelt sind auch wirtschaftliche Vorteile anzusehen, die mittelbar für die Wirtschaftlichkeit einer auf diese Weise geförderten Erwerbstätigkeit erstrebt werden.

(2) [1]Diesem Gesetz unterliegen nicht Beförderungen

1. mit Personenkraftwagen, wenn diese unentgeltlich sind oder das Gesamtentgelt die Betriebskosten der Fahrt nicht übersteigt;
2. mit Krankenkraftwagen, wenn damit kranke, verletzte oder sonstige hilfsbedürftige Personen befördert werden, die während der Fahrt einer medizinisch fachlichen Betreuung oder der besonderen Einrichtung des Krankenkraftwagens bedürfen oder bei denen solches auf Grund ihres Zustandes zu erwarten ist.

[2]Satz 1 Nummer 1 gilt auch, wenn die Beförderungen geschäftsmäßig sind.

§ 2 Genehmigungspflicht[2)]

(1) [1]Wer im Sinne des § 1 Abs. 1

1. mit Straßenbahnen,
2. mit Obussen,
3. mit Kraftfahrzeugen im Linienverkehr (§§ 42 und 43) oder
4. mit Kraftfahrzeugen im Gelegenheitsverkehr (§ 46)

Personen befördert, muss im Besitz einer Genehmigung sein. [2]Er ist Unternehmer im Sinne dieses Gesetzes.

(2) Der Genehmigung bedarf auch

1. jede Erweiterung oder wesentliche Änderung des Unternehmens,
2. die Übertragung der aus der Genehmigung erwachsenden Rechte und Pflichten (Genehmigungsübertragung) sowie
3. die Übertragung der Betriebsführung auf einen anderen.

(3) Abweichend von Absatz 2 Nr. 2 dürfen im Verkehr mit Taxen die aus der Genehmigung erwachsenden Rechte und Pflichten nur übertragen werden, wenn gleichzeitig das ganze Unternehmen oder wesentliche selbständige und abgrenzbare Teile des Unternehmens übertragen werden.

(4) Die Genehmigungsbehörde kann bei einem Linienverkehr nach § 43 dieses Gesetzes und bei Beförderungen nach § 1 Nr. 4 Buchstaben d und i der Freistellungs-Verordnung Befreiung vom Verbot der Mitnahme anderer Fahrgäste erteilen, wenn dies im öffentlichen Verkehrsinteresse geboten und mit Rücksicht auf bestehende öffentliche Verkehrseinrichtungen wirtschaftlich vertretbar ist.

---

1) **Anm. d. Red.:** § 1 i. d. F. des Gesetzes v. 14. 12. 2012 (BGBl I S. 2598) mit Wirkung v. 1. 1. 2013.

2) **Anm. d. Red.:** § 2 i. d. F. des Gesetzes v. 14. 12. 2012 (BGBl I S. 2598) mit Wirkung v. 1. 1. 2013.

(5) [1]Einer Genehmigung bedarf es nicht zum vorübergehenden Einsatz von Kraftfahrzeugen bei Notständen und Betriebsstörungen im Verkehr, insbesondere im Schienen-, Bergbahn- oder Obusverkehr. [2]Wenn die Störungen länger als 72 Stunden dauern, haben die Unternehmer der von der Störung betroffenen Betriebe der Genehmigungsbehörde (§ 11) Art, Umfang und voraussichtliche Dauer eines solchen vorübergehenden Einsatzes von Kraftfahrzeugen unverzüglich mitzuteilen.

(5a) Wer Gelegenheitsverkehre in der Form der Ausflugsfahrt (§ 48 Abs. 1) oder der Ferienziel-Reise (§ 48 Abs. 2) plant, organisiert und anbietet, dabei gegenüber den Teilnehmern jedoch eindeutig zum Ausdruck bringt, dass die Beförderungen nicht von ihm selbst, sondern von einem bestimmten Unternehmer, der Inhaber einer Genehmigung nach diesem Gesetz ist, durchgeführt werden, muss selbst nicht im Besitz einer Genehmigung sein.

(6) Anstelle der Ablehnung einer Genehmigung kann im Fall einer Beförderung, die nicht alle Merkmale einer Verkehrsart oder Verkehrsform erfüllt, eine Genehmigung nach denjenigen Vorschriften dieses Gesetzes erteilt werden, denen diese Beförderung am meisten entspricht, soweit öffentliche Verkehrsinteressen nicht entgegenstehen.

(7) Zur praktischen Erprobung neuer Verkehrsarten oder Verkehrsmittel kann die Genehmigungsbehörde auf Antrag im Einzelfall Abweichungen von Vorschriften dieses Gesetzes oder von aufgrund dieses Gesetzes erlassenen Vorschriften für die Dauer von höchstens vier Jahren genehmigen, soweit öffentliche Verkehrsinteressen nicht entgegenstehen.

§ 3 Unternehmer

(1) Die Genehmigung wird dem Unternehmer für einen bestimmten Verkehr (§ 9) und für seine Person (natürliche oder juristische Person) erteilt.

(2) [1]Der Unternehmer oder derjenige, auf den die Betriebsführung übertragen worden ist, muss den Verkehr im eigenen Namen, unter eigener Verantwortung und für eigene Rechnung betreiben. [2]Die von der Landesregierung bestimmte Behörde kann in Einzelfällen Ausnahmen zulassen.

(3) Sollen Straßenbahnbetriebsanlagen von einem anderen als dem Unternehmer gebaut werden, kann die Genehmigung für ihren Bau und für die Linienführung (§ 9 Abs. 1 Nr. 1) dem anderen erteilt werden; die für den Unternehmer geltenden Vorschriften des Gesetzes und der aufgrund des Gesetzes erlassenen Rechtsverordnungen sind entsprechend anzuwenden.

§ 4 Straßenbahnen, Obusse, Kraftfahrzeuge

(1) Straßenbahnen sind Schienenbahnen, die

1. den Verkehrsraum öffentlicher Straßen benutzen und sich mit ihren baulichen und betrieblichen Einrichtungen sowie in ihrer Betriebsweise der Eigenart des Straßenverkehrs anpassen oder
2. einen besonderen Bahnkörper haben und in der Betriebsweise den unter Nummer 1 bezeichneten Bahnen gleichen oder ähneln

und ausschließlich oder überwiegend der Beförderung von Personen im Orts- oder Nachbarschaftsbereich dienen.

(2) Als Straßenbahnen gelten auch Bahnen, die als Hoch- und Untergrundbahnen, Schwebebahnen oder ähnliche Bahnen besonderer Bauart angelegt sind oder angelegt werden, ausschließlich oder überwiegend der Beförderung von Personen im Orts- oder Nachbarschaftsbereich dienen und nicht Bergbahnen oder Seilbahnen sind.

(3) Obusse im Sinne dieses Gesetzes sind elektrisch angetriebene, nicht an Schienen gebundene Straßenfahrzeuge, die ihre Antriebsenergie einer Fahrleitung entnehmen.

(4) Kraftfahrzeuge im Sinne dieses Gesetzes sind Straßenfahrzeuge, die durch eigene Maschinenkraft bewegt werden, ohne an Schienen oder eine Fahrleitung gebunden zu sein, und zwar sind

1. Personenkraftwagen: Kraftfahrzeuge, die nach ihrer Bauart und Ausstattung zur Beförderung von nicht mehr als neun Personen (einschließlich Führer) geeignet und bestimmt sind,
2. Kraftomnibusse: Kraftfahrzeuge, die nach ihrer Bauart und Ausstattung zur Beförderung von mehr als neun Personen (einschließlich Führer) geeignet und bestimmt sind,
3. Lastkraftwagen: Kraftfahrzeuge, die nach ihrer Bauart und Einrichtung zur Beförderung von Gütern bestimmt sind.

(5) Anhänger, die von den in Absatz 1 bis 4 genannten Fahrzeugen zur Personenbeförderung mitgeführt werden, sind den sie bewegenden Fahrzeugen gleichgestellt.

(6) Krankenkraftwagen im Sinne dieses Gesetzes sind Fahrzeuge, die für Krankentransport oder Notfallrettung besonders eingerichtet und nach dem Fahrzeugschein als Krankenkraftwagen anerkannt sind.

§ 5 Dokumente[1)]

[1]Genehmigungen, einstweilige Erlaubnisse und Bescheinigungen oder deren Widerruf nach diesem Gesetz oder nach einer auf Grund dieses Gesetzes erlassenen Rechtsverordnung oder Allgemeinen Verwaltungsvorschrift sind schriftlich zu erteilen. [2]Die elektronische Form ist ausgeschlossen. [3]Abweichend von Satz 1 kann in den auf Grund dieses Gesetzes erlassenen Rechtsverordnungen und Allgemeinen Verwaltungsvorschriften vorgesehen werden, dass Genehmigungen, einstweilige Erlaubnisse und Bescheinigungen auch in elektronischer Form mit einer dauerhaft überprüfbaren Signatur nach § 37 Abs. 4 des Verwaltungsverfahrensgesetzes erteilt werden können.

§ 6 Umgehungsverbot

Die Verpflichtungen des Unternehmers nach diesem Gesetz werden durch rechtsgeschäftliche oder firmenrechtliche Gestaltungen oder Scheintatbestände, die zur Umgehung der Bestimmungen des Gesetzes geeignet sind, nicht berührt.

§ 7 Beförderung von Personen auf Lastkraftwagen und auf Anhängern hinter Lastkraftwagen und Zugmaschinen

(1) Zu einer Personenbeförderung, die nach diesem Gesetz genehmigungspflichtig ist, dürfen Lastkraftwagen sowie Anhänger jeder Art hinter Lastkraftwagen oder hinter Zugmaschinen nicht verwendet werden.

(2) Die Genehmigungsbehörde kann in Einzelfällen Ausnahmen zulassen.

§ 8 Förderung der Verkehrsbedienung und Ausgleich der Verkehrsinteressen im öffentlichen Personennahverkehr[2)]

(1) [1]Öffentlicher Personennahverkehr im Sinne dieses Gesetzes ist die allgemein zugängliche Beförderung von Personen mit Straßenbahnen, Obussen und Kraftfahrzeugen im Linienverkehr, die überwiegend dazu bestimmt sind, die Verkehrsnachfrage im Stadt-, Vorort- oder Regionalverkehr zu befriedigen. [2]Das ist im Zweifel der Fall, wenn in der Mehrzahl der Beförderungsfälle eines Verkehrsmittels die gesamte Reiseweite 50 Kilometer oder die gesamte Reisezeit eine Stunde nicht übersteigt.

(2) Öffentlicher Personennahverkehr ist auch der Verkehr mit Taxen oder Mietwagen, der eine der in Absatz 1 genannten Verkehrsarten ersetzt, ergänzt oder verdichtet.

---

1) **Anm. d. Red.:** § 5 eingefügt gem. Gesetz v. 21. 8. 2002 (BGBl I S. 3322) mit Wirkung v. 1. 2. 2003.

2) **Anm. d. Red.:** § 8 i. d. F. des Gesetzes v. 26. 6. 2013 (BGBl I S. 1738) mit Wirkung v. 30. 6. 2013.

(3) [1]Für die Sicherstellung einer ausreichenden Bedienung der Bevölkerung mit Verkehrsleistungen im öffentlichen Personennahverkehr sind die von den Ländern benannten Behörden (Aufgabenträger) zuständig. [2]Der Aufgabenträger definiert dazu die Anforderungen an Umfang und Qualität des Verkehrsangebotes, dessen Umweltqualität sowie die Vorgaben für die verkehrsmittelübergreifende Integration der Verkehrsleistungen in der Regel in einem Nahverkehrsplan. [3]Der Nahverkehrsplan hat die Belange der in ihrer Mobilität oder sensorisch eingeschränkten Menschen mit dem Ziel zu berücksichtigen, für die Nutzung des öffentlichen Personennahverkehrs bis zum 1. Januar 2022 eine vollständige Barrierefreiheit zu erreichen. [4]Die in Satz 3 genannte Frist gilt nicht, sofern in dem Nahverkehrsplan Ausnahmen konkret benannt und begründet werden. [5]Im Nahverkehrsplan werden Aussagen über zeitliche Vorgaben und erforderliche Maßnahmen getroffen. [6]Bei der Aufstellung des Nahverkehrsplans sind die vorhandenen Unternehmer frühzeitig zu beteiligen; soweit vorhanden sind Behindertenbeauftragte oder Behindertenbeiräte, Verbände der in ihrer Mobilität oder sensorisch eingeschränkten Fahrgäste und Fahrgastverbände anzuhören. [7]Ihre Interessen sind angemessen und diskriminierungsfrei zu berücksichtigen. [8]Der Nahverkehrsplan bildet den Rahmen für die Entwicklung des öffentlichen Personennahverkehrs. [9]Die Länder können weitere Einzelheiten über die Aufstellung und den Inhalt der Nahverkehrspläne regeln.

(3a) [1]Die Genehmigungsbehörde wirkt im Rahmen ihrer Befugnisse nach diesem Gesetz und unter Beachtung des Interesses an einer wirtschaftlichen Verkehrsgestaltung an der Erfüllung der dem Aufgabenträger nach Absatz 3 Satz 1 obliegenden Aufgabe mit. [2]Sie hat hierbei einen Nahverkehrsplan zu berücksichtigen, der unter den Voraussetzungen des Absatzes 3 Satz 6 zustande gekommen ist und vorhandene Verkehrsstrukturen beachtet.

(3b) [1]Für Vereinbarungen von Verkehrsunternehmen und für Beschlüsse und Empfehlungen von Vereinigungen dieser Unternehmen gilt § 1 des Gesetzes gegen Wettbewerbsbeschränkungen nicht, soweit sie dem Ziel dienen, für eine Integration der Nahverkehrsbedienung, insbesondere für Verkehrskooperationen, für die Abstimmung oder den Verbund der Beförderungsentgelte und für die Abstimmung der Fahrpläne, zu sorgen. [2]Sie bedürfen zu ihrer Wirksamkeit der Anmeldung bei der Genehmigungsbehörde. [3]Für Vereinigungen von Unternehmen, die Vereinbarungen, Beschlüsse und Empfehlungen im Sinne von Satz 1 treffen, gilt § 19 Absatz 1 in Verbindung mit Absatz 2 Nummer 1 des Gesetzes gegen Wettbewerbsbeschränkungen entsprechend. [4]Verfügungen der Kartellbehörde, die solche Vereinbarungen, Beschlüsse oder Empfehlungen betreffen, ergehen im Benehmen mit der zuständigen Genehmigungsbehörde.

(4) [1]Verkehrsleistungen im öffentlichen Personennahverkehr sind eigenwirtschaftlich zu erbringen. [2]Eigenwirtschaftlich sind Verkehrsleistungen, deren Aufwand gedeckt wird durch Beförderungserlöse, Ausgleichsleistungen auf der Grundlage von allgemeinen Vorschriften nach Artikel 3 Absatz 2 und 3 der Verordnung (EG) Nr. 1370/2007 des Europäischen Parlaments und des Rates vom 23. Oktober 2007 über öffentliche Personenverkehrsdienste auf Schiene und Straße und zur Aufhebung der Verordnungen (EWG) Nr. 1191/69 und (EWG) Nr. 1107/70 des Rates (ABl L 315 vom 3. 12. 2007, S. 1) und sonstige Unternehmenserträge im handelsrechtlichen Sinne, soweit diese keine Ausgleichsleistungen für die Erfüllung gemeinwirtschaftlicher Verpflichtungen nach Artikel 3 Absatz 1 der Verordnung (EG) Nr. 1370/2007 darstellen und keine ausschließlichen Rechte gewährt werden. [3]Ausgleichszahlungen für die Beförderung von Personen mit Zeitfahrausweisen des Ausbildungsverkehrs nach § 45a sind aus dem Anwendungsbereich der Verordnung (EG) Nr. 1370/2007 ausgenommen.

§ 8a Vergabe öffentlicher Dienstleistungsaufträge[1)]

(1) [1]Soweit eine ausreichende Verkehrsbedienung für eine Gesamtleistung nach § 8a Absatz 2 Satz 4 oder für eine Teilleistung nicht entsprechend § 8 Absatz 4 Satz 1 möglich ist, ist die Verordnung (EG) Nr. 1370/2007 maßgebend. [2]Die zuständige Behörde im Sinne der Verordnung (EG) Nr. 1370/2007 (zuständige Behörde) kann zur Sicherstellung einer ausreichenden Verkehrs-

1) **Anm. d. Red.:** § 8a i. d. F. des Gesetzes v. 17. 2. 2016 (BGBl I S. 203) mit Wirkung v. 18. 4. 2016.

bedienung allgemeine Vorschriften im Sinne des Artikels 3 Absatz 2 und 3 der Verordnung (EG) Nr. 1370/2007 erlassen oder öffentliche Dienstleistungsaufträge nach Maßgabe des Artikels 3 Absatz 1 der Verordnung (EG) Nr. 1370/2007 erteilen. [3]Wer zuständige Behörde ist, richtet sich nach dem Landesrecht; sie soll grundsätzlich mit dem Aufgabenträger nach § 8 Absatz 3 identisch sein.

(2) [1]Sind öffentliche Dienstleistungsaufträge im Sinne der Verordnung (EG) Nr. 1370/2007 für den Verkehr mit Straßenbahnen, Obussen oder mit Kraftfahrzeugen zugleich öffentliche Aufträge im Sinne des § 103 des Gesetzes gegen Wettbewerbsbeschränkungen, gilt Teil 4 des Gesetzes gegen Wettbewerbsbeschränkungen. [2]Die zuständige Behörde ist auch in diesem Fall zur Veröffentlichung nach Artikel 7 Absatz 2 der Verordnung (EG) Nr. 1370/2007 (Vorabbekanntmachung) verpflichtet; die Veröffentlichung soll nicht früher als 27 Monate vor Betriebsbeginn erfolgen und hat den Hinweis auf die Antragsfrist in § 12 Absatz 6 zu enthalten. [3]In der Vorabbekanntmachung sollen die mit dem beabsichtigten Dienstleistungsauftrag verbundenen Anforderungen für Fahrplan, Beförderungsentgelt und Standards angegeben werden. [4]Es kann angegeben werden, inwieweit eine Vergabe als Gesamtleistung beabsichtigt ist (Netz, Teilnetz, Linienbündel, Linie). [5]Die Angaben können auch durch Verweis auf bestimmte Inhalte des Nahverkehrsplans im Sinne des § 8 Absatz 3 oder durch Verweis auf andere öffentlich zugängliche Dokumente geleistet werden.

(3) Die zuständige Behörde ist unter den in der Verordnung (EG) Nr. 1370/2007 genannten Voraussetzungen befugt, Verkehrsleistungen im Nahverkehr nach Artikel 5 Absatz 2 der Verordnung (EG) Nr. 1370/2007 selbst zu erbringen oder nach Artikel 5 Absatz 2 und 4 der Verordnung (EG) Nr. 1370/2007 direkt zu vergeben.

(4) [1]Bei der Vergabe eines öffentlichen Dienstleistungsauftrages nach Artikel 5 Absatz 3 und 4 der Verordnung (EG) Nr. 1370/2007 für den Verkehr mit Straßenbahnen, Obussen oder mit Kraftfahrzeugen sind die Interessen des Mittelstandes angemessen zu berücksichtigen. [2]Bei der Vergabe eines öffentlichen Dienstleistungsauftrages nach Artikel 5 Absatz 3 der Verordnung (EG) Nr. 1370/2007 sind Leistungen in Lose aufgeteilt zu vergeben.

(5) [1]Beabsichtigt die zuständige Behörde, Verkehrsleistungen im Nahverkehr selbst zu erbringen oder nach Artikel 5 Absatz 2 oder 4 der Verordnung (EG) Nr. 1370/2007 direkt zu vergeben, so hat sie interessierte Unternehmer auf Antrag über die Gründe für die beabsichtigte Entscheidung zu informieren. [2]Der Antrag ist innerhalb einer Frist von sechs Monaten nach der Vorabbekanntmachung zu stellen.

(6) Die Unternehmen können verlangen, dass die zuständige Behörde die Bestimmungen über die Vergabe öffentlicher Dienstleistungsaufträge einhält.

(7) [1]Die Vergabe eines öffentlichen Dienstleistungsauftrages nach Artikel 5 Absatz 2 bis 5 der Verordnung (EG) Nr. 1370/2007 für den Verkehr mit Straßenbahnen, Obussen oder Kraftfahrzeugen unterliegt der Nachprüfung nach Teil 4 Kapitel 2 des Gesetzes gegen Wettbewerbsbeschränkungen. [2]Die Prüfungsmöglichkeiten der Aufsichtsbehörde der zuständigen Behörde bleiben unberührt.

(8) [1]Die zuständige Behörde im Sinne der Verordnung (EG) Nr. 1370/2007 kann in dem öffentlichen Dienstleistungsauftrag ein ausschließliches Recht im Sinne von Artikel 2 Buchstabe f der Verordnung (EG) Nr. 1370/2007 gewähren. [2]Das ausschließliche Recht darf sich nur auf den Schutz der Verkehrsleistungen beziehen, die Gegenstand des öffentlichen Dienstleistungsauftrages sind. [3]Die zuständige Behörde bestimmt hierbei den räumlichen und zeitlichen Geltungsbereich sowie die Art der Personenverkehrsdienstleistungen, die unter Ausschluss anderer Betreiber zu erbringen sind. [4]Dabei dürfen solche Verkehre, die das Fahrgastpotenzial der geschützten Verkehre nur unerheblich beeinträchtigen, nicht ausgeschlossen werden.

§ 8b Wettbewerbliches Vergabeverfahren[1)]

(1) Ein wettbewerbliches Vergabeverfahren nach Artikel 5 Absatz 3 der Verordnung (EG) Nr. 1370/2007 muss die Anforderungen nach den Absätzen 2 bis 7 erfüllen.

(2) [1]Die Bekanntmachung über das vorgesehene wettbewerbliche Vergabeverfahren muss allen in Betracht kommenden Bietern zugänglich sein. [2]Sie kann auf der Internetseite www.bund.de veröffentlicht werden. [3]Die Bekanntmachung muss alle für die Teilnahme an dem Vergabeverfahren erforderlichen Informationen enthalten, insbesondere Informationen über

1. den vorgesehenen Ablauf des wettbewerblichen Vergabeverfahrens,
2. vorzulegende Nachweise der Fachkunde, Zuverlässigkeit und Leistungsfähigkeit (Eignungsnachweis),
3. Anforderungen an die Übermittlung von Unterlagen sowie
4. Zuschlagskriterien einschließlich deren vorgesehener Gewichtung.

(3) [1]Die Dienstleistungen sind eindeutig und umfassend zu beschreiben, sodass alle in Betracht kommenden Bieter die Beschreibung im gleichen Sinne verstehen müssen und miteinander vergleichbare Angebote zu erwarten sind. [2]Fristen sind unter Berücksichtigung der Komplexität der Dienstleistungen angemessen zu setzen.

(4) [1]Die Teilnehmer an dem wettbewerblichen Vergabeverfahren sind gleich zu behandeln. [2]Der Zuschlag ist auf das unter Berücksichtigung aller Umstände wirtschaftlichste Angebot zu erteilen.

PBefG

(5) Werden Unteraufträge zugelassen, kann vorgegeben werden, dass die Übertragung von Unteraufträgen nach wettbewerblichen Grundsätzen vorzunehmen ist.

(6) [1]Das Vergabeverfahren ist vom Beginn fortlaufend zu dokumentieren. [2]Alle wesentlichen Entscheidungen sind zu begründen.

(7) [1]Der Aufgabenträger hat die nicht berücksichtigten Bieter über den Namen des ausgewählten Unternehmens, über die Gründe für ihre Nichtberücksichtigung und über den frühesten Zeitpunkt der Beauftragung unverzüglich zu informieren. [2]Die §§ 134 und 135 des Gesetzes gegen Wettbewerbsbeschränkungen gelten entsprechend.

II. Genehmigung

§ 9 Umfang der Genehmigung[2)]

(1) Die Genehmigung wird erteilt

1. bei einem Verkehr mit Straßenbahnen für den Bau, den Betrieb und die Linienführung,
2. bei einem Verkehr mit Obussen für den Bau, den Betrieb und die Linienführung,
3. bei einem Linienverkehr mit Kraftfahrzeugen für die Einrichtung, die Linienführung und den Betrieb,
4. bei einem Gelegenheitsverkehr mit Kraftomnibussen für den Betrieb,
5. bei einem Gelegenheitsverkehr mit Personenkraftwagen für die Form des Gelegenheitsverkehrs und den Betrieb mit bestimmten Kraftfahrzeugen unter Angabe ihrer amtlichen Kennzeichen.

(2) Soweit es die Zielsetzung des § 8 erfordert, kann in den Fällen des Absatzes 1 Nr. 1 bis 3 die Genehmigung für eine Linie oder für mehrere Linien gebündelt erteilt werden.

(3) (weggefallen)

(4) (weggefallen)

---

1) **Anm. d. Red.:** § 8a i. d. F. des Gesetzes v. 17. 2. 2016 (BGBl I S. 203) mit Wirkung v. 18. 4. 2016.

2) **Anm. d. Red.:** § 9 i. d. F. des Gesetzes v. 14. 8. 2006 (BGBl I S. 1962) mit Wirkung v. 1. 9. 2007.

§ 10 Entscheidung in Zweifelsfällen

Entstehen Zweifel darüber, ob eine Personenbeförderung den Vorschriften dieses Gesetzes unterliegt oder welcher Verkehrsart oder Verkehrsform ein Verkehr zugehört oder wer Unternehmer im Sinne des § 3 Abs. 1 und 2 ist, so entscheidet die für den Sitz des Unternehmens zuständige, von der Landesregierung bestimmte Behörde.

§ 11 Genehmigungsbehörden[1)]

(1) Die Genehmigung erteilt die von der Landesregierung bestimmte Behörde.

(2) Zuständig ist

1. bei einem Straßenbahn-, Obus- oder einem Linienverkehr mit Kraftfahrzeugen die Genehmigungsbehörde, in deren Bezirk der Verkehr ausschließlich betrieben werden soll,
2. bei einem Gelegenheitsverkehr mit Kraftfahrzeugen die Genehmigungsbehörde, in deren Bezirk der Unternehmer seinen Sitz oder seine Niederlassung im Sinne des Handelsrechts hat.

(3) [1]Soll ein Straßenbahn-, Obusverkehr oder ein Linienverkehr mit Kraftfahrzeugen in den Bezirken mehrerer Genehmigungsbehörden desselben Landes betrieben werden, so ist die Genehmigungsbehörde zuständig, in deren Bezirk die Linie ihren Ausgangspunkt hat. [2]Bestehen Zweifel über die Zuständigkeit, so wird die zuständige Genehmigungsbehörde von der von der Landesregierung bestimmten Behörde benannt. [3]Die zuständige Genehmigungsbehörde trifft ihre Entscheidung im Einvernehmen mit den an der Linienführung beteiligten Genehmigungsbehörden; Genehmigungsbehörden, deren Bezirke im Transit durchfahren werden, sind nicht zu beteiligen. [4]Kommt ein Einvernehmen nicht zustande, so entscheidet die von der Landesregierung bestimmte Behörde.

(4) [1]Soll ein Straßenbahn-, Obusverkehr oder Linienverkehr mit Kraftfahrzeugen in mehreren Ländern betrieben werden, so ist Absatz 3 Satz 1 und 3 entsprechend anzuwenden. [2]Bestehen zwischen den beteiligten Ländern Zweifel über die Zuständigkeit und kommt eine Einigung der obersten Landesverkehrsbehörden darüber nicht zustande, so entscheidet auf Antrag einer beteiligten obersten Landesverkehrsbehörde das Bundesministerium für Verkehr und digitale Infrastruktur. [3]Das Gleiche gilt, wenn über die Entscheidung eines Genehmigungsantrages zwischen den Genehmigungsbehörden der beteiligten Länder ein Einvernehmen nicht hergestellt und auch ein Einvernehmen zwischen den obersten Landesverkehrsbehörden darüber nicht erzielt werden kann.

§ 12 Antragstellung[2)]

(1) [1]Der Antrag auf Erteilung der Genehmigung soll enthalten

1. in allen Fällen
   a) Namen sowie Wohn- und Betriebssitz des Antragstellers, bei natürlichen Personen außerdem Geburtstag und Geburtsort,
   b) Angaben darüber, ob der Antragsteller bereits eine Genehmigung für eine Verkehrsart besitzt oder besessen hat,
   c) eine Darstellung der Maßnahmen zur Erreichung der möglichst weit reichenden barrierefreien Nutzung des beantragten Verkehrs entsprechend den Aussagen im Nahverkehrsplan (§ 8 Abs. 3 Satz 3),
   d) Beginn und Ende der beantragten Geltungsdauer,
   e) gegebenenfalls den Nachweis über einen öffentlichen Dienstleistungsauftrag im Sinne von Artikel 3 Absatz 1 der Verordnung (EG) Nr. 1370/2007;

1) **Anm. d. Red.:** § 11 i. d. F. der VO v. 31. 8. 2015 (BGBl I S. 1474) mit Wirkung v. 8. 9. 2015.

2) **Anm. d. Red.:** § 12 i. d. F. des Gesetzes v. 14. 12. 2012 (BGBl I S. 2598) mit Wirkung v. 1. 1. 2013.

2. bei einem Straßenbahn- oder Obusverkehr
   a) eine Übersichtskarte, in der die beantragte Strecke mit Haltestellen und alle in dem Verkehrsgebiet bereits vorhandenen Schienenbahnen, Obuslinien, Kraftfahrzeuglinien und Schifffahrtslinien, Letztere soweit sie dem Berufsverkehr dienen, eingezeichnet sind,
   b) Beförderungsentgelte und Fahrplan,
   c) auf Verlangen der Genehmigungsbehörde einen Bauplan mit Kostenanschlag sowie Beschreibung der Anlage, Angaben über die höchste und tiefste Lage des Fahrdrahts, Längs- und Querschnitte sowie Pläne für notwendige Änderungen an öffentlichen Straßen, Beschreibung der Fahrzeuge einschließlich der Schaltpläne und der Betriebsweise;
3. bei einem Linienverkehr mit Kraftfahrzeugen
   a) eine Übersichtskarte in der unter Nummer 2 Buchstabe a beschriebenen Form,
   b) die Länge der Linie, bei Unterwegsbedienung auch der Teilstrecken, in Kilometern,
   c) Angaben über die Zahl, die Art und das Fassungsvermögen (Sitz- und Stehplätze) der zu verwendenden Fahrzeuge,
   d) Beförderungsentgelte und Fahrplan;
4. bei einem Gelegenheitsverkehr mit Kraftfahrzeugen
   a) Verkehrsform des Gelegenheitsverkehrs (§ 46),
   b) Angaben über die Zahl, die Art und das Fassungsvermögen (Sitzplätze) der zu verwendenden Fahrzeuge.

PBefG

[2]Bei einem Personenfernverkehr (§ 42a Satz 1) genügt abweichend von Satz 1 Nummer 3 Buchstabe a eine Übersichtskarte, in der die beantragte Strecke mit Haltestellen eingezeichnet ist und abweichend von Satz 1 Nummer 3 Buchstabe d der Fahrplan.

(1a) Um bestimmte Standards des beantragten Verkehrs verbindlich zuzusichern, kann der Antragsteller dem Genehmigungsantrag weitere Bestandteile hinzufügen, die als verbindliche Zusicherungen zu bezeichnen sind.

(2) Dem Antrag sind Unterlagen beizufügen, die ein Urteil über die Zuverlässigkeit des Antragstellers und die Sicherheit und Leistungsfähigkeit des Betriebs ermöglichen.

(3) [1]Die Genehmigungsbehörde kann weitere Angaben und Unterlagen, insbesondere Vorlage eines polizeilichen Führungszeugnisses, verlangen. [2]Sie hat bei einem Antrag auf Erteilung der Genehmigung von Linien- oder Gelegenheitsverkehr mit Kraftfahrzeugen das Kraftfahrt-Bundesamt um Auskunft über den Antragsteller zu ersuchen.

(4) [1]Das Genehmigungsverfahren soll im Falle des § 3 Abs. 3 erst dann eingeleitet werden, wenn auch der Antrag auf Erteilung der Genehmigung für den Betrieb vorliegt. [2]Die Verfahren sind nach Möglichkeit miteinander zu verbinden.

(5) [1]Der Antrag auf Erteilung einer Genehmigung für einen eigenwirtschaftlichen Verkehr mit Straßenbahnen, Obussen oder Kraftfahrzeugen im Linienverkehr ist spätestens zwölf Monate vor dem Beginn des beantragten Geltungszeitraums zu stellen. [2]Die Genehmigungsbehörde kann verspätete Anträge zulassen, wenn kein genehmigungsfähiger Antrag gestellt worden ist. [3]Die Genehmigungsbehörde kann andere Termine setzen. [4]Sie muss hierauf in der Bekanntmachung nach § 18 hinweisen. [5]Danach sind Ergänzungen und Änderungen von Anträgen nur dann zulässig, wenn sie von der Genehmigungsbehörde im öffentlichen Verkehrsinteresse angeregt worden sind.

(6) [1]Beabsichtigt die zuständige Behörde die Vergabe eines öffentlichen Dienstleistungsauftrages nach Artikel 5 Absatz 2 bis 4 der Verordnung (EG) Nr. 1370/2007 oder nach dem Vierten Teil des Gesetzes gegen Wettbewerbsbeschränkungen, ist der Antrag auf Erteilung einer Genehmigung für einen eigenwirtschaftlichen Verkehr mit Straßenbahnen, Obussen oder Kraftfahrzeugen im Linienverkehr spätestens drei Monate nach der Vorabbekanntmachung zu stellen. [2]Die Genehmigungsbehörde kann im Einvernehmen mit dem Aufgabenträger verspätete Anträ-

ge zulassen. [3]Das Einvernehmen des Aufgabenträgers nach Satz 2 gilt als erteilt, wenn der von dem Aufgabenträger beauftragte Verkehr den im Rahmen der Vorabbekanntmachung gesetzten Anforderungen nach § 8a Absatz 2 Satz 3 bis 5 nicht entspricht.

(7) [1]Der Antrag auf Erteilung einer Genehmigung für Verkehr mit Straßenbahnen, Obussen oder Kraftfahrzeugen im Linienverkehr im Sinne von § 8a Absatz 1 Satz 1 in Verbindung mit Artikel 3 Absatz 1 der Verordnung (EG) Nr. 1370/2007 soll spätestens sechs Monate vor dem Beginn der beantragten Geltungsdauer gestellt werden. [2]Die Genehmigungsbehörde kann auf Antrag die Frist verkürzen.

(8) Die Absätze 5 und 6 gelten nicht für den Personenfernverkehr (§ 42a Satz 1).

§ 13 Voraussetzung der Genehmigung[1)]

(1) [1]Die Genehmigung darf nur erteilt werden, wenn

1. die Sicherheit und die Leistungsfähigkeit des Betriebs gewährleistet sind,
2. keine Tatsachen vorliegen, die die Unzuverlässigkeit des Antragstellers als Unternehmer oder der für die Führung der Geschäfte bestellten Personen dartun,
3. der Antragsteller als Unternehmer oder die für die Führung der Geschäfte bestellte Person fachlich geeignet ist und
4. der Antragsteller und die von ihm mit der Durchführung von Verkehrsleistungen beauftragten Unternehmer ihren Betriebssitz oder ihre Niederlassung im Sinne des Handelsrechts im Inland haben.

[2]Die fachliche Eignung nach Satz 1 Nr. 3 wird durch eine angemessene Tätigkeit in einem Unternehmen des Straßenpersonenverkehrs oder durch Ablegung einer Prüfung nachgewiesen.

(1a) Abweichend von Absatz 1 darf beim Verkehr mit Kraftomnibussen die Genehmigung nur erteilt werden, wenn die Anforderungen nach Artikel 3 Absatz 1 der Verordnung (EG) Nr. 1071/2009 des Europäischen Parlaments und des Rates vom 21. Oktober 2009 zur Festlegung gemeinsamer Regeln für die Zulassung zum Beruf des Kraftverkehrsunternehmers und zur Aufhebung der Richtlinie 96/26/EG des Rates (ABl L 300 vom 14. 11. 2009, S. 51) erfüllt sind.

(2) [1]Beim Straßenbahn-, Obusverkehr und Linienverkehr mit Kraftfahrzeugen ist die Genehmigung zu versagen, wenn

1. der Verkehr auf Straßen durchgeführt werden soll, die sich aus Gründen der Verkehrssicherheit oder wegen ihres Bauzustandes hierfür nicht eignen,
2. der beantragte Verkehr ein ausschließliches Recht im Sinne von Artikel 2 Buchstabe f der Verordnung (EG) Nr. 1370/2007 verletzt, das von der zuständigen Behörde nach § 8a Absatz 1 in einem öffentlichen Dienstleistungsauftrag nach Artikel 3 Absatz 1 der Verordnung (EG) Nr. 1370/2007 unter Beachtung der in § 8a Absatz 8 genannten Voraussetzungen gewährt wurde,
3. durch den beantragten Verkehr die öffentlichen Verkehrsinteressen beeinträchtigt werden, insbesondere
   a) der Verkehr mit den vorhandenen Verkehrsmitteln befriedigend bedient werden kann,
   b) der beantragte Verkehr ohne eine wesentliche Verbesserung der Verkehrsbedienung Verkehrsaufgaben wahrnehmen soll, die vorhandene Unternehmen oder Eisenbahnen bereits wahrnehmen,
   c) die für die Bedienung dieses Verkehrs vorhandenen Unternehmen oder Eisenbahnen bereit sind, die notwendige Ausgestaltung des Verkehrs innerhalb einer von der Genehmigungsbehörde festzusetzenden Frist und, soweit es sich um öffentlichen Personennahverkehr handelt, unter den Voraussetzungen des § 8 Absatz 3 selbst durchzuführen oder

1) **Anm. d. Red.:** § 13 i. d. F. des Gesetzes v. 14. 12. 2012 (BGBl I S. 2598) mit Wirkung v. 1. 1. 2013.

d) der beantragte Verkehr einzelne ertragreiche Linien oder ein Teilnetz aus einem vorhandenen Verkehrsnetz oder aus einem im Nahverkehrsplan im Sinne des § 8 Absatz 3 festgelegten Linienbündel herauslösen würde.

[2]Satz 1 Nummer 2 und 3 gilt nicht für den Personenfernverkehr (§ 42a Satz 1).

(2a) [1]Im öffentlichen Personennahverkehr kann die Genehmigung versagt werden, wenn der beantragte Verkehr mit einem Nahverkehrsplan im Sinne des § 8 Absatz 3 nicht in Einklang steht. [2]Die Genehmigung ist zu versagen, wenn ein in der Frist nach § 12 Absatz 6 gestellter Antrag die in der Vorabbekanntmachung beschriebenen Anforderungen nicht erfüllt oder sich nur auf Teilleistungen bezieht, es sei denn, die zuständige Behörde erteilt gegenüber der Genehmigungsbehörde ihr Einvernehmen zu den beantragten Abweichungen. [3]Die Genehmigung ist zu erteilen, wenn der beantragte und in seinen Bestandteilen verbindlich zugesicherte Verkehr mindestens dem bisherigen Verkehrsangebot entspricht und darüber hinaus von den in der Vorabbekanntmachung beschriebenen weitergehenden Anforderungen zur Sicherstellung der ausreichenden Verkehrsbedienung nur unwesentlich abweicht. [4]Als wesentlich gelten grundsätzlich Abweichungen von Anforderungen zu Linienweg und Haltestellen, zu Bedienungshäufigkeit und Bedienungszeitraum, zur Abstimmung der Fahrpläne und zur Barrierefreiheit. [5]Das Gleiche gilt für Anforderungen zur Anwendung verbundener Beförderungstarife und Beförderungsbedingungen, für die ein Ausgleich nach der Verordnung (EG) Nr. 1370/2007 gezahlt werden soll. [6]Sofern diese Abweichungen Anforderungen betreffen, die über das bisherige Verkehrsangebot hinausgehen, sind sie nur dann wesentlich, wenn der Unternehmer, der diesen Verkehr bisher betrieben hat, hierzu angehört wurde und diese Anforderungen für die ausreichende Verkehrsbedienung erforderlich sind.

(2b) [1]Werden im öffentlichen Personennahverkehr mehrere Anträge gestellt, die sich ganz oder zum Teil auf die gleiche oder im Wesentlichen gleiche Verkehrsleistung beziehen, so ist die Auswahl des Unternehmers danach vorzunehmen, wer die beste Verkehrsbedienung anbietet. [2]Hierbei sind insbesondere die Festlegungen eines Nahverkehrsplans im Sinne des § 8 Absatz 3 zu berücksichtigen.

(2c) Auf Antrag des Aufgabenträgers ist die Genehmigungsbehörde verpflichtet, die Erfüllung der in den Absätzen 1, 1a und 2 Satz 1 Nummer 1 genannten Voraussetzungen bereits im Verfahren der Vergabe eines öffentlichen Dienstleistungsauftrages zu prüfen.

(3) Ist ein Verkehr von einem Unternehmer jahrelang in einer dem öffentlichen Verkehrsinteresse entsprechenden Weise betrieben worden, so ist dieser Umstand, im öffentlichen Personennahverkehr unter den Voraussetzungen des § 8 Abs. 3, angemessen zu berücksichtigen; das gilt auch im Falle des Absatzes 2 Nummer 3.

(4) [1]Beim Verkehr mit Taxen ist die Genehmigung zu versagen, wenn die öffentlichen Verkehrsinteressen dadurch beeinträchtigt werden, dass durch die Ausübung des beantragten Verkehrs das örtliche Taxengewerbe in seiner Funktionsfähigkeit bedroht wird. [2]Hierbei sind für den Bezirk der Genehmigungsbehörde insbesondere zu berücksichtigen

1. die Nachfrage nach Beförderungsaufträgen im Taxenverkehr,
2. die Taxendichte,
3. die Entwicklung der Ertrags- und Kostenlage unter Einbeziehung der Einsatzzeit,
4. die Anzahl und Ursachen der Geschäftsaufgaben.

[3]Zur Feststellung der Auswirkungen früher erteilter Genehmigungen auf die öffentlichen Verkehrsinteressen soll die Genehmigungsbehörde vor der Entscheidung über neue Anträge einen Beobachtungszeitraum einschalten. [4]Der Beobachtungszeitraum soll höchstens ein Jahr seit der letzten Erteilung einer Genehmigung betragen.

(5) [1]Bei der Erteilung der Genehmigungen für den Taxenverkehr sind Neubewerber und vorhandene Unternehmer angemessen zu berücksichtigen. [2]Innerhalb der Gruppen sollen die An-

tragsteller nach der zeitlichen Reihenfolge des Eingangs der Anträge berücksichtigt werden. [3]Ein Antragsteller wird unabhängig vom Zeitpunkt der Antragstellung nachrangig behandelt, wenn er

1. das Taxengewerbe nicht als Hauptbeschäftigung zu betreiben beabsichtigt,
2. sein Unternehmen nicht als Hauptbeschäftigung betrieben hat oder innerhalb der letzten acht Jahre ganz oder teilweise veräußert oder verpachtet hat oder
3. seiner Betriebspflicht nicht ordnungsgemäß nachgekommen ist.

[4]Einem Antragsteller darf jeweils nur eine Genehmigung erteilt werden, sofern nicht mehr Genehmigungen erteilt werden können, als Antragsteller vorhanden sind. [5]Die Genehmigung ist Neubewerbern für die Dauer von zwei Jahren zu erteilen; die aus der Genehmigung erwachsenden Rechte und Pflichten dürfen während dieses Zeitraums nicht übertragen werden.

(6) Bei juristischen Personen des öffentlichen Rechts gelten die Genehmigungsvoraussetzungen nach Absatz 1 als gegeben.

(7) Bei der Genehmigung in den Fällen des § 2 Abs. 2 Nr. 2 und 3 sind die Absätze 2, 4 und 5 Satz 1, 2, 4 und 5 nicht anzuwenden.

§ 13a (weggefallen)[1)]

§ 14 Anhörungsverfahren[2)]

(1) [1]Vor der Entscheidung über den Antrag auf Erteilung der Genehmigung für die Beförderung von Personen mit Straßenbahnen, Obussen oder mit Kraftfahrzeugen im Linienverkehr hat die Genehmigungsbehörde

1. die Unternehmer, die im Einzugsbereich des beantragten Verkehrs Eisenbahn-, Straßenbahn-, Obusverkehr oder Linienverkehr mit Kraftfahrzeugen betreiben, zu hören;
2. die Stellungnahmen der im Einzugsbereich des beantragten Verkehrs liegenden Gemeinden, bei kreisangehörigen Gemeinden auch der Landkreise, der Aufgabenträger und der Verbundorganisationen, soweit diese Aufgaben für die Aufgabenträger oder Unternehmer wahrnehmen, der örtlich zuständigen Träger der Straßenbaulast, der nach Landesrecht zuständigen Planungsbehörden und der für Gewerbeaufsicht zuständigen Behörden sowie anderer Behörden, deren Aufgaben durch den Antrag berührt werden, einzuholen;
3. die Industrie- und Handelskammern, die Fachgewerkschaften und die Fachverbände der Verkehrtreibenden gutachtlich zu hören; sie kann auch weitere Stellen hören.

[2]Bei einem Antrag auf Erteilung einer Genehmigung für einen eigenwirtschaftlichen Verkehr mit Straßenbahnen, Obussen oder Kraftfahrzeugen im Linienverkehr ist das Anhörungsverfahren erst nach dem Ablauf der Antragsfrist in § 12 Absatz 5 oder 6 durchzuführen.

(2) [1]Vor der Entscheidung über den Antrag auf Erteilung einer Genehmigung für die Beförderung von Personen mit Kraftfahrzeugen im Gelegenheitsverkehr hat die Genehmigungsbehörde die Gemeinde, in deren Gebiet der Betriebssitz des Unternehmers liegt, die nach Landesrecht für die Gewerbeaufsicht zuständige Behörde, die Industrie- und Handelskammer, die Fachgewerkschaften und Verkehrsverbände gutachtlich zu hören. [2]Sie kann auch weitere Stellen hören.

(3) [1]Die Genehmigungsbehörde kann von der Durchführung des Anhörungsverfahrens absehen, wenn sie aus eigener Kenntnis der Sachlage dem Antrag nicht entsprechen will oder in den Fällen des § 2 Abs. 2 die Durchführung des Anhörungsverfahrens nicht zur Sachverhaltsaufklärung erforderlich ist. [2]Wird bei einem Gelegenheitsverkehr mit Kraftfahrzeugen ein Kraftfahrzeugaustausch beantragt, ist davon abzusehen.

1) **Anm. d. Red.:** § 13a weggefallen gem. Gesetz v. 14. 12. 2012 (BGBl I S. 2598) mit Wirkung v. 1. 1. 2013.
2) **Anm. d. Red.:** § 14 i. d. F. des Gesetzes v. 14. 12. 2012 (BGBl I S. 2598) mit Wirkung v. 1. 1. 2013.

(4) [1]Die in den Absätzen 1 und 2 genannten Personen und Stellen können sich zu dem Antrag schriftlich gegenüber der Genehmigungsbehörde äußern. [2]Stellungnahmen sind zu berücksichtigen, wenn diese binnen zwei Wochen, nachdem die Behörde die Vorgenannten über den Antrag in Kenntnis gesetzt hat, bei der Behörde eingehen.

(5) [1]Bei Anträgen auf Erteilung einer Genehmigung für grenzüberschreitende Gelegenheitsverkehre oder für Transitverkehre sind die Absätze 1 bis 4 nicht anzuwenden. [2]Bei Anträgen auf Erteilung einer Genehmigung für einen Personenfernverkehr (§ 42a Satz 1) sind nach Absatz 1 Satz 1 Nummer 1 nur die Unternehmer zu hören, deren Rechte nach § 13 Absatz 2 berührt sein können; Absatz 1 Satz 1 Nummer 3 ist nicht anzuwenden.

§ 15 Erteilung und Versagung der Genehmigung[1)]

(1) [1]Die Entscheidung über den Antrag erfolgt schriftlich; sie ist den Antragstellern und, soweit diese Einwendungen erhoben haben, auch den in § 14 Abs. 1 Nr. 1 und 2 genannten Personen und Stellen zuzustellen. [2]Über den Antrag ist innerhalb von 3 Monaten nach Eingang bei der Genehmigungsbehörde zu entscheiden. [3]Kann die Prüfung des Antrags in dieser Zeit nicht abgeschlossen werden, ist die Frist vor ihrem Ablauf in einem den Antragstellern mitzuteilenden Zwischenbescheid um den Zeitraum zu verlängern, der notwendig ist, um die Prüfung abschließen zu können. [4]Die Verlängerung der in Satz 2 bezeichneten Frist darf höchstens 3 Monate betragen. [5]Die Genehmigung gilt als erteilt, wenn sie nicht innerhalb der Frist versagt wird. [6]Die Frist für eine Entscheidung über einen Antrag auf Erteilung einer Genehmigung für einen Verkehr mit Straßenbahnen, Obussen oder Kraftfahrzeugen im Linienverkehr beginnt frühestens mit dem ersten Kalendertag nach dem Ablauf der Antragsfrist in § 12 Absatz 5 oder 6.

PBefG

(2) [1]Ist die Entscheidung über den Antrag unanfechtbar geworden, wird dem Antragsteller eine Genehmigungsurkunde erteilt. [2]Einer juristischen Person darf die Genehmigungsurkunde erst ausgehändigt werden, wenn die Eintragung in das Register nachgewiesen ist.

(3) [1]Die Genehmigung kann unter Bedingungen und Auflagen erteilt werden, sofern sich diese Nebenbestimmungen im Rahmen des Gesetzes und der aufgrund dieses Gesetzes erlassenen Rechtsverordnungen halten. [2]Wurden dem Genehmigungsantrag weitere Bestandteile im Sinne des § 12 Absatz 1a hinzugefügt, so ist deren Einhaltung durch eine Auflage zur Genehmigung abzusichern, in deren Kontrolle die zuständige Behörde auf ihren Wunsch eingebunden werden kann.

(4) Die Genehmigung darf nicht vorläufig oder mit einem Vorbehalt des Widerrufs erteilt werden.

(5) Die Genehmigungsbehörde hat die zuständige Berufsgenossenschaft von der Erteilung der Genehmigung zu unterrichten.

§ 16 Geltungsdauer der Genehmigung[2)]

(1) [1]Die Geltungsdauer der Genehmigung für Straßenbahn- und Obusverkehr beträgt höchstens 15 Jahre. [2]Sie kann unter den Voraussetzungen des Artikels 4 Absatz 3 Satz 2 und Absatz 4 der Verordnung (EG) Nr. 1370/2007 für einen längeren Zeitraum festgelegt werden. [3]Bei Wiedererteilung der Genehmigung ist die Geltungsdauer so zu bemessen, dass die Genehmigung mit Vereinbarungen und Entscheidungen über die Benutzung öffentlicher Straßen nach § 31 Absatz 2 und 5 in Einklang steht. [4]Ist die beantragte Verkehrsleistung Gegenstand eines öffentlichen Dienstleistungsauftrages im Sinne von Artikel 3 Absatz 1 der Verordnung (EG) Nr. 1370/2007, darf die Geltungsdauer der Genehmigung die Laufzeit des öffentlichen Dienstleistungsauftrages nicht überschreiten.

(2) [1]Die Geltungsdauer der Genehmigung für Linienverkehr mit Kraftfahrzeugen ist unter Berücksichtigung der öffentlichen Verkehrsinteressen zu bemessen. [2]Sie beträgt höchstens zehn

1) **Anm. d. Red.:** § 15 i. d. F. des Gesetzes v. 14. 12. 2012 (BGBl I S. 2598) mit Wirkung v. 1. 1. 2013.

2) **Anm. d. Red.:** § 16 i. d. F. des Gesetzes v. 14. 12. 2012 (BGBl I S. 2598) mit Wirkung v. 1. 1. 2013.

Jahre. [3]Die Genehmigung kann unter den Voraussetzungen des Artikels 4 Absatz 3 Satz 2 der Verordnung (EG) Nr. 1370/2007 für einen längeren Zeitraum festgelegt werden. [4]Ist die beantragte Verkehrsleistung Gegenstand eines öffentlichen Dienstleistungsauftrages im Sinne von Artikel 3 Absatz 1 der Verordnung (EG) Nr. 1370/2007, darf die Geltungsdauer der Genehmigung die Laufzeit des öffentlichen Dienstleistungsauftrages nicht überschreiten. [5]Im öffentlichen Personennahverkehr ist § 8 Absatz 3 zu beachten.

(3) [1]Weicht im öffentlichen Personennahverkehr ein Genehmigungsantrag für einen eigenwirtschaftlichen Verkehr wesentlich vom bisherigen Verkehrsangebot ab und sichert die zuständige Behörde der Genehmigungsbehörde die Vergabe eines dem bisherigen Verkehrsangebot entsprechenden öffentlichen Dienstleistungsauftrages zu, so ist die Geltungsdauer der Genehmigung so zu bemessen, dass sie zu dem Zeitpunkt endet, den die zuständige Behörde als Zeitpunkt der geplanten Betriebsaufnahme des zugesicherten Verkehrs angibt. [2]Setzt die zuständige Behörde ihre Zusicherung nicht um, so ist die Geltungsdauer der Genehmigung unter Beachtung der Absätze 1 und 2 neu festzusetzen.

(4) Die Geltungsdauer der Genehmigungen für Gelegenheitsverkehr mit Kraftomnibussen beträgt höchstens zehn Jahre und für sonstigen Gelegenheitsverkehr mit Kraftfahrzeugen höchstens fünf Jahre.

§ 17 Genehmigungsurkunde[1)]

(1) Die Genehmigungsurkunde muss enthalten:

1. Name, Wohn- und Betriebssitz des Unternehmers,
2. Bezeichnung der Verkehrsart, für die die Genehmigung erteilt wird, im Gelegenheitsverkehr mit Personenkraftwagen auch der Verkehrsform,
3. Geltungsdauer der Genehmigung,
4. etwaige Bedingungen und Auflagen,
5. Bezeichnung der Aufsichtsbehörde,
6. bei Straßenbahn- oder Obusverkehr die Linienführung und im Falle des § 28 Abs. 4 einen Hinweis auf den Vorbehalt,
7. bei Linienverkehr mit Kraftfahrzeugen die Linienführung,
8. bei Gelegenheitsverkehr mit Personenkraftwagen die amtlichen Kennzeichen der einzusetzenden Kraftfahrzeuge.

(2) [1]Im Falle eines Austausches von Kraftfahrzeugen im Gelegenheitsverkehr mit Personenkraftwagen hat der Unternehmer die Genehmigungsurkunde der Genehmigungsbehörde zur Ergänzung vorzulegen. [2]Das Gleiche gilt, wenn der Unternehmer ein Kraftfahrzeug nicht mehr im Gelegenheitsverkehr mit Personenkraftwagen einsetzt.

(3) Die Erteilung der Genehmigung kann nur durch die Genehmigungsurkunde oder eine amtliche Ausfertigung oder im Falle des Gelegenheitsverkehrs mit Kraftomnibussen durch eine beglaubigte Kopie der Gemeinschaftslizenz nach Artikel 4 der Verordnung (EG) Nr. 1073/2009 des Europäischen Parlaments und des Rates vom 21. Oktober 2009 über gemeinsame Regeln für den Zugang zum grenzüberschreitenden Personenkraftverkehrsmarkt und zur Änderung der Verordnung (EG) Nr. 561/2006 (ABl L 300 vom 14. 11. 2009, S. 88) und die den Zusatz „Gilt auch als Genehmigung für die Beförderung im innerdeutschen Gelegenheitsverkehr" enthält, nachgewiesen werden.

(4) [1]Im Gelegenheitsverkehr mit Kraftfahrzeugen ist die Genehmigungsurkunde oder eine gekürzte amtliche Ausfertigung oder eine beglaubigte Kopie der Gemeinschaftslizenz während der Fahrt mitzuführen und auf Verlangen den zuständigen Personen zur Prüfung auszuhändigen. [2]Im Linienverkehr mit Kraftfahrzeugen gilt Satz 1 nur, wenn die Genehmigungsurkunde eine entsprechende Auflage enthält.

1) **Anm. d. Red.:** § 17 i. d. F. des Gesetzes v. 22. 11. 2011 (BGBl I S. 2272) mit Wirkung v. 26. 11. 2011.

(5) [1]Ist eine Genehmigung anders als durch Fristablauf ungültig geworden, ist die Genehmigungsurkunde unverzüglich einzuziehen. [2]Ist dies nicht möglich, ist sie auf Kosten des Unternehmers für kraftlos zu erklären.

§ 18 Informationspflicht der Genehmigungsbehörde[1)]

(1) [1]Die Genehmigungsbehörde hat ein Verzeichnis aller Genehmigungen, die im öffentlichen Personennahverkehr für den Verkehr mit Straßenbahnen, Obussen oder Kraftfahrzeugen im Linienverkehr bestehen, am Ende jedes Kalenderjahres im Amtsblatt der Europäischen Union bekannt zu machen. [2]Die Bekanntmachung muss folgende Angaben enthalten:

1. die Linienführung,
2. die Geltungsdauer,
3. einen Hinweis darauf, dass der Antrag auf Genehmigung für den weiteren Betrieb des Verkehrs in den Fristen des § 12 Absatz 5 Satz 1 oder Absatz 6 Satz 1 gestellt werden kann.

(2) [1]In die Bekanntmachung nach Absatz 1 können die nach Artikel 7 Absatz 2 der Verordnung (EG) Nr. 1370/2007 und die nach § 8a Absatz 2 Satz 2 dieses Gesetzes vorgeschriebenen Informationen der zuständigen Behörde aufgenommen werden. [2]In diesem Fall ist die dreimonatige Frist für den Antrag auf Genehmigung eines Verkehrs abweichend von § 12 Absatz 6 Satz 1 besonders festzulegen.

§ 19 Tod des Unternehmers

(1) Nach dem Tode des Unternehmers kann der Erbe den Betrieb vorläufig weiterführen oder diese Befugnis auf einen Dritten übertragen; das Gleiche gilt für den Testamentsvollstrecker, Nachlasspfleger oder Nachlassverwalter während einer Testamentsvollstreckung, Nachlasspflegschaft oder Nachlassverwaltung.

(2) [1]Die Befugnis erlischt, wenn nicht der Erbe oder der Dritte binnen drei Monaten nach Ablauf der für die Ausschlagung der Erbschaft vorgesehenen Frist oder die in Absatz 1 zweiter Halbsatz genannten Personen binnen drei Monaten nach der Annahme ihres Amtes oder ihrer Bestellung die Genehmigung beantragt haben; ein in der Person des Erben wirksam gewordener Fristablauf wirkt auch gegen den Nachlassverwalter.. [2]Bei der Prüfung des Genehmigungsantrages ist § 13 Abs. 2 und 4 nicht anzuwenden. [3]Wird dem Antrag stattgegeben, so ist als Zeitpunkt des Ablaufs der Genehmigung der Tag zu bestimmen, an dem die Genehmigung des Rechtsvorgängers abgelaufen sein würde.

(3) [1]Bei Unternehmern mit Betriebspflicht nach § 21 hat die Genehmigungsbehörde dafür zu sorgen, dass der Betrieb keine Unterbrechung erfährt. [2]Wird der Betrieb von den in Absatz 1 genannten Personen nicht vorläufig weitergeführt, so kann die Genehmigungsbehörde für die Übergangszeit zur Aufrechterhaltung des Betriebs eine einstweilige Erlaubnis nach § 20 an einen anderen erteilen.

(4) [1]Im Falle der Erwerbs- oder Geschäftsunfähigkeit des Unternehmers oder der für die Führung der Geschäfte bestellten Person darf ein Dritter das Unternehmen bis zu einem Jahr weiterführen. [2]In ausreichend begründeten Sonderfällen kann diese Frist um sechs Monate verlängert werden.

§ 20 Einstweilige Erlaubnis[2)]

(1) [1]Wenn eine sofortige Errichtung, Erweiterung oder wesentliche Änderung eines Linienverkehrs mit Kraftfahrzeugen im öffentlichen Verkehrsinteresse liegt, kann die Genehmigungsbehörde, in deren Bezirk der Verkehr betrieben werden soll, dem Antragsteller eine widerrufli-

---

1) **Anm. d. Red.:** § 18 i. d. F. des Gesetzes v. 14. 12. 2012 (BGBl I S. 2598) mit Wirkung v. 1. 1. 2013.

2) **Anm. d. Red.:** § 20 i. d. F. des Gesetzes v. 14. 12. 2012 (BGBl I S. 2598) mit Wirkung v. 1. 1. 2013.

che einstweilige Erlaubnis erteilen; die Voraussetzungen des § 13 Abs. 1 oder Absatz 1a müssen vorliegen. [2]Die Erteilung ist auch den in § 14 Abs. 1 Nr. 1 genannten Unternehmen bekannt zu geben.

(2) [1]Die einstweilige Erlaubnis wird schriftlich erteilt. [2]Sie muss enthalten

1. den Hinweis auf diese Vorschrift mit einem Zusatz, dass die einstweilige Erlaubnis einen Anspruch auf Erteilung einer Genehmigung nicht begründet,
2. Name, Wohn- und Betriebssitz des Unternehmers,
3. Geltungsdauer,
4. etwaige Bedingungen und Auflagen,
5. Linienführung.

(3) [1]Die einstweilige Erlaubnis erlischt nach sechs Monaten, soweit sie nicht vorher widerrufen wird. [2]In den Fällen des Artikels 5 Absatz 5 der Verordnung (EG) Nr. 1370/2007 kann die einstweilige Erlaubnis auf bis zu zwei Jahre befristet werden. [3]Sie begründet keinen Anspruch auf Erteilung einer Genehmigung. [4]§ 15 Abs. 3 und 5 gilt entsprechend.

(4) § 17 Abs. 3, 4 und 5 gilt entsprechend.

§ 20a (weggefallen)

§ 21 Betriebspflicht[1)]

(1) [1]Der Unternehmer ist verpflichtet, den ihm genehmigten Betrieb aufzunehmen und während der Geltungsdauer der Genehmigung den öffentlichen Verkehrsinteressen und dem Stand der Technik entsprechend aufrechtzuerhalten. [2]Gegenstand der Betriebspflicht sind alle Bestandteile der Genehmigung und die nach § 12 Absatz 1a zugesicherten Bestandteile des Genehmigungsantrages.

(2) Die Genehmigungsbehörde kann dem Unternehmer für die Aufnahme des Betriebs eine Frist setzen.

(3) [1]Im öffentlichen Personennahverkehr kann die Genehmigungsbehörde dem Unternehmer auferlegen, den von ihm betriebenen Verkehr zu erweitern oder zu ändern, wenn die öffentlichen Verkehrsinteressen es erfordern und es dem Unternehmer unter Berücksichtigung seiner wirtschaftlichen Lage, einer ausreichenden Verzinsung und Tilgung des Anlagekapitals und der notwendigen technischen Entwicklung zugemutet werden kann. [2]Für das Verfahren gelten die §§ 14, 15 und 17 entsprechend.

(4) [1]Die Genehmigungsbehörde kann den Unternehmer auf seinen Antrag von der Verpflichtung nach Absatz 1 für den gesamten oder einen Teil des von ihm betriebenen Verkehrs vorübergehend oder auf Dauer entbinden, wenn ihm die Erfüllung der Betriebspflicht nicht mehr möglich ist oder ihm dies unter Berücksichtigung seiner wirtschaftlichen Lage, einer ausreichenden Verzinsung und Tilgung des Anlagekapitals und der notwendigen technischen Entwicklung nicht mehr zugemutet werden kann. [2]Eine Entbindung von der Verpflichtung nach Absatz 1 für einen Teil des vom Unternehmer betriebenen Verkehrs darf darüber hinaus in der Regel nur vorgenommen werden, wenn das öffentliche Verkehrsinteresse nicht entgegensteht. [3]Für Bestandteile des Genehmigungsantrages, die vom Unternehmer nach § 12 Absatz 1a verbindlich zugesichert wurden, bleibt die Erfüllung der Betriebspflicht in der Regel zumutbar. [4]Bis zur Entscheidung über den Antrag hat der Unternehmer den Verkehr aufrechtzuerhalten. [5]Die Genehmigungsbehörde informiert die zuständige Behörde über eine beabsichtigte Entbindung so rechtzeitig, dass diese eine Notmaßnahme nach Artikel 5 Absatz 5 der Verordnung (EG) Nr. 1370/2007 ergreifen kann.

(5) [1]Im Personenfernverkehr (§ 42a Satz 1) kann der Unternehmer unbeschadet des Absatzes 4 der Genehmigungsbehörde anzeigen, dass er den Verkehr einstellen will. [2]In diesem Fall endet die Betriebspflicht drei Monate nach Eingang der Anzeige bei der Genehmigungsbehörde.

1) **Anm. d. Red.:** § 21 i. d. F. des Gesetzes v. 14. 12. 2012 (BGBl I S. 2598) mit Wirkung v. 1. 1. 2013.

§ 22 Beförderungspflicht

Der Unternehmer ist zur Beförderung verpflichtet, wenn

1. die Beförderungsbedingungen eingehalten werden,
2. die Beförderung mit den regelmäßig eingesetzten Beförderungsmitteln möglich ist und
3. die Beförderung nicht durch Umstände verhindert wird, die der Unternehmer nicht abwenden und denen er auch nicht abhelfen kann.

§ 23 Haftung für Sachschäden[1)]

Der Unternehmer kann die Haftung für Sachschäden gegenüber jeder beförderten Person nur insoweit ausschließen, als der Schaden 1 000 Euro übersteigt und nicht auf Vorsatz oder grober Fahrlässigkeit beruht.

§ 24 (weggefallen)

§ 25 Widerruf der Genehmigung[2)]

(1) [1]Die Genehmigungsbehörde hat die Genehmigung zu widerrufen, wenn

1. nicht mehr alle Voraussetzungen des § 13 Absatz 1 Satz 1 Nummer 1 bis 3 vorliegen,
2. bei eigenwirtschaftlichen Verkehren die Betriebspflichten nachhaltig nicht erfüllt werden oder
3. bei Verkehren nach § 8a Absatz 1 Satz 2 in Verbindung mit Artikel 3 Absatz 1 der Verordnung (EG) Nr. 1370/2007 nach Feststellung der zuständigen Behörde kein wirksamer öffentlicher Dienstleistungsauftrag mehr besteht.

[2]Die erforderliche Zuverlässigkeit des Unternehmers ist insbesondere nicht mehr gegeben, wenn in seinem Verkehrsunternehmen trotz schriftlicher Mahnung die der Verkehrssicherheit dienenden Vorschriften nicht befolgt werden oder den Verpflichtungen zuwidergehandelt wird, die dem Unternehmer nach diesem Gesetz oder nach den aufgrund dieses Gesetzes erlassenen Rechtsvorschriften obliegen.

(2) Die Genehmigungsbehörde kann die Genehmigung widerrufen, wenn die Voraussetzungen des § 13 Absatz 1 Satz 1 Nummer 4 nicht mehr vorliegen oder der Unternehmer die ihm gesetzlich obliegenden arbeitsrechtlichen, sozialrechtlichen oder die sich aus seinem Unternehmen ergebenden steuerrechtlichen Verpflichtungen wiederholt nicht erfüllt oder in schwerwiegender Weise dagegen verstoßen hat.

(3) [1]Auf Verlangen der Genehmigungsbehörde hat der Unternehmer den Nachweis zu führen, dass die Voraussetzungen des § 13 Absatz 1 Satz 1 Nummer 4 vorliegen und die sonst in Absatz 2 bezeichneten Verpflichtungen erfüllt werden. [2]Die Finanzbehörden dürfen den Genehmigungsbehörden Mitteilung über die wiederholte Nichterfüllung der sich aus dem Unternehmen ergebenden steuerrechtlichen Verpflichtungen oder die Abgabe der Vermögensauskunft nach § 284 der Abgabenordnung machen.

(3a) [1]Soweit beim Verkehr mit Kraftomnibussen eine Genehmigung nicht nach Artikel 13 Absatz 3 der Verordnung (EG) Nr. 1071/2009 zu entziehen ist, hat die zuständige Behörde die Genehmigung zu widerrufen, wenn nachträglich Tatsachen eintreten, die zur Versagung der Berufszulassung hätten führen müssen. [2]Artikel 13 Absatz 1 der Verordnung (EG) Nr. 1071/2009 ist entsprechend anzuwenden. [3]Absatz 3 Satz 2 gilt entsprechend.

(4) Die Absätze 1 bis 3a sind auf den Widerruf der Genehmigung für die Übertragung der Betriebsführung entsprechend anzuwenden.

PBefG

1) **Anm. d. Red.:** § 23 i. d. F. des Gesetzes v. 15. 12. 2001 (BGBl I S. 3762) mit Wirkung v. 1. 1. 2002.

2) **Anm. d. Red.:** § 25 i. d. F. des Gesetzes v. 14. 12. 2012 (BGBl I S. 2598) mit Wirkung v. 1. 1. 2013.

§ 25a Untersagung von Personenkraftverkehrsgeschäften[1)]

[1]Rechtfertigen Tatsachen die Annahme, dass beim Verkehr mit Kraftomnibussen der Unternehmer oder der Verkehrsleiter die Voraussetzungen hinsichtlich der Zuverlässigkeit nach Artikel 6 der Verordnung (EG) Nr. 1071/2009 nicht erfüllt, kann dem Unternehmer oder dem Verkehrsleiter die Führung von Personenkraftverkehrsgeschäften untersagt werden. [2]Das Untersagungsverfahren kann unabhängig von einem Verfahren auf Widerruf der Genehmigung durchgeführt werden. [3]Auf Antrag ist dem Unternehmer oder dem Verkehrsleiter die Führung von Personenkraftverkehrsgeschäften von der Behörde, die die Führung von Personenkraftverkehrsgeschäften untersagt hat, wieder zu gestatten, wenn Tatsachen die Annahme rechtfertigen, dass eine Unzuverlässigkeit im Sinne des Satzes 1 nicht mehr vorliegt. [4]Vor Ablauf eines Jahres nach Bestandskraft der Untersagungsverfügung kann die Wiederaufnahme der Führung von Personenkraftverkehrsgeschäften nur gestattet werden, wenn hierfür besondere Gründe vorliegen.

§ 26 Erlöschen der Genehmigung

Die Genehmigung erlischt

1. bei einem Straßenbahn-, Obusverkehr oder Linienverkehr mit Kraftfahrzeugen sowie einem Taxenverkehr, wenn der Unternehmer
   a) den Betrieb nicht innerhalb der ihm von der Genehmigungsbehörde gesetzten Frist aufgenommen hat oder
   b) von der Verpflichtung zur Aufrechterhaltung des gesamten ihm genehmigten Verkehrs dauernd entbunden wird,
2. beim Taxenverkehr, wenn der Unternehmer seinen Betriebssitz in eine andere Gemeinde verlegt.

§ 27 Zwangsmaßnahmen

Das Verwaltungszwangsverfahren richtet sich, soweit dieses Gesetz von Behörden der Länder ausgeführt wird, nach den landesrechtlichen Vorschriften.

III. Sonderbestimmungen für die einzelnen Verkehrsarten

A. Straßenbahnen

§ 28 Planfeststellung[2)]

(1) [1]Betriebsanlagen für Straßenbahnen dürfen nur gebaut werden, wenn der Plan vorher festgestellt ist. [2]Bei der Planfeststellung sind die von dem Vorhaben berührten öffentlichen und privaten Belange einschließlich der Umweltverträglichkeit im Rahmen der Abwägung zu berücksichtigen.

(1a) [1]An Stelle eines Planfeststellungsbeschlusses kann eine Plangenehmigung erteilt werden, wenn

1. es sich bei dem Vorhaben nicht um ein Vorhaben handelt, für das nach dem Gesetz über die Umweltverträglichkeitsprüfung eine Umweltverträglichkeitsprüfung durchzuführen ist,
2. mit den Trägern öffentlicher Belange, deren Aufgabenbereich berührt wird, das Benehmen hergestellt worden ist und
3. Rechte anderer nicht oder nicht wesentlich beeinträchtigt werden oder die Betroffenen sich mit der Inanspruchnahme ihres Eigentums oder eines anderen Rechts schriftlich einverstanden erklärt haben.

---

1) **Anm. d. Red.:** § 25a eingefügt gem. Gesetz v. 22. 11. 2011 (BGBl I S. 2272) mit Wirkung v. 26. 11. 2011.

2) **Anm. d. Red.:** § 28 i. d. F. des Gesetzes v. 27. 7. 2001 (BGBl I S. 1950) mit Wirkung v. 3. 8. 2001.

[2]Die Plangenehmigung hat die Rechtswirkungen der Planfeststellung; auf ihre Erteilung finden die Vorschriften über das Planfeststellungsverfahren keine Anwendung. [3]§ 75 Abs. 4 des Verwaltungsverfahrensgesetzes und die entsprechenden landesrechtlichen Bestimmungen gelten entsprechend. [4]Vor Erhebung einer verwaltungsgerichtlichen Klage bedarf es keiner Nachprüfung in einem Vorverfahren.

(2) [1]Planfeststellung und Plangenehmigung entfallen bei Änderungen und Erweiterungen von unwesentlicher Bedeutung. [2]Fälle unwesentlicher Bedeutung liegen vor, wenn

1. es sich nicht um eine Änderung oder Erweiterung handelt, für die nach dem Gesetz über die Umweltverträglichkeitsprüfung eine Umweltverträglichkeitsprüfung durchzuführen ist,
2. andere öffentliche Belange nicht berührt sind oder die erforderlichen behördlichen Entscheidungen vorliegen und sie dem Plan nicht entgegenstehen und
3. Rechte anderer nicht beeinflusst werden oder mit den vom Plan Betroffenen entsprechende Vereinbarungen getroffen werden.

(3) [1]Bebauungspläne nach § 9 des Baugesetzbuches ersetzen die Planfeststellung nach Absatz 1 und die Plangenehmigung nach Absatz 1a, sofern darin Betriebsanlagen für Straßenbahnen ausgewiesen sind. [2]Ist eine Ergänzung der Betriebsanlagen notwendig, ein Bebauungsplan unvollständig oder soll von Festsetzungen des Bebauungsplanes abgewichen werden, ist insoweit die Planfeststellung durchzuführen. [3]Es gelten die §§ 40 und 43 Abs. 1, 2, 4 und 5 sowie § 44 Abs. 1 bis 4 des Baugesetzbuches. [4]§ 29 Abs. 3 ist nicht anzuwenden.

PBefG

(4) [1]Eine Genehmigung nach § 9 Abs. 1 Nr. 1 darf nur erteilt werden vorbehaltlich einer nach den Absätzen 1 bis 3 erforderlichen Planfeststellung oder einer Plangenehmigung oder vorbehaltlich einer nach Absatz 2 Nr. 2 gegebenen Zustimmung. [2]Das Planfeststellungsverfahren kann gleichzeitig mit dem Genehmigungsverfahren durchgeführt werden.

§ 28a Veränderungssperre; Vorkaufsrecht[1)]

(1) [1]Sobald der Plan ausgelegt oder andere Gelegenheit gegeben ist, den Plan einzusehen, dürfen auf den vom Plan betroffenen Flächen bis zu ihrer Inanspruchnahme wesentlich wertsteigernde oder die geplanten Baumaßnahmen erheblich erschwerende Veränderungen nicht vorgenommen werden (Veränderungssperre). [2]Veränderungen, die in rechtlich zulässiger Weise vorher begonnen worden sind, Unterhaltsarbeiten und die Fortführung einer bisher ausgeübten Nutzung werden davon nicht berührt. [3]Unzulässige Veränderungen bleiben bei der Anordnung von Vorkehrungen und Anlagen und im Entschädigungsverfahren unberücksichtigt.

(2) Dauert die Veränderungssperre über vier Jahre, können die Eigentümer für die dadurch entstandenen Vermögensnachteile Entschädigung verlangen.

(3) In den Fällen des Absatzes 1 Satz 1 steht dem Unternehmer an den betroffenen Flächen ein Vorkaufsrecht zu.

E. Gelegenheitsverkehr mit Kraftfahrzeugen[2)]

§ 46 Formen des Gelegenheitsverkehrs[3)]

(1) Gelegenheitsverkehr ist die Beförderung von Personen mit Kraftfahrzeugen, die nicht Linienverkehr nach den §§ 42, 42a und 43 ist.

(2) Als Formen des Gelegenheitsverkehrs sind nur zulässig

1. Verkehr mit Taxen (§ 47),
2. Ausflugsfahrten und Ferienziel-Reisen (§ 48),
3. Verkehr mit Mietomnibussen und mit Mietwagen (§ 49).

---

1) **Anm. d. Red.:** § 28a eingefügt gem. Gesetz v. 17. 12. 1993 (BGBl I S. 2123) mit Wirkung v. 24. 12. 1993.

2) **Anm. d. Red.:** Überschrift i. d. F. des Gesetzes v. 22. 11. 2011 (BGBl I S. 2272) mit Wirkung v. 26. 11. 2011.

3) **Anm. d. Red.:** § 46 i. d. F. des Gesetzes v. 14. 12. 2012 (BGBl I S. 2598) mit Wirkung v. 1. 1. 2013.

(3) In Orten mit mehr als 50 000 Einwohnern oder in den von der höheren Verwaltungsbehörde bestimmten Orten unter 50 000 Einwohnern darf eine Genehmigung für den Taxenverkehr und den Mietwagenverkehr nicht für denselben Personenkraftwagen erteilt werden.

§ 47 Verkehr mit Taxen

(1) [1]Verkehr mit Taxen ist die Beförderung von Personen mit Personenkraftwagen, die der Unternehmer an behördlich zugelassenen Stellen bereithält und mit denen er Fahrten zu einem vom Fahrgast bestimmten Ziel ausführt. [2]Der Unternehmer kann Beförderungsaufträge auch während einer Fahrt oder am Betriebssitz entgegennehmen.

(2) [1]Taxen dürfen nur in der Gemeinde bereitgehalten werden, in der der Unternehmer seinen Betriebssitz hat. [2]Fahrten auf vorherige Bestellung dürfen auch von anderen Gemeinden aus durchgeführt werden. [3]Die Genehmigungsbehörde kann im Einvernehmen mit anderen Genehmigungsbehörden das Bereithalten an behördlich zugelassenen Stellen außerhalb der Betriebssitzgemeinde gestatten und einen größeren Bezirk festsetzen.

(3) [1]Die Landesregierung wird ermächtigt, durch Rechtsverordnung den Umfang der Betriebspflicht, die Ordnung auf Taxenständen sowie Einzelheiten des Dienstbetriebs zu regeln. [2]Sie kann die Ermächtigung durch Rechtsverordnung übertragen. [3]In der Rechtsverordnung können insbesondere Regelungen getroffen werden über

1. das Bereithalten von Taxen in Sonderfällen einschließlich eines Bereitschaftsdienstes,
2. die Annahme und Ausführung von fernmündlichen Fahraufträgen,
3. den Fahr- und Funkbetrieb,
4. die Behindertenbeförderung und
5. die Krankenbeförderung, soweit es sich nicht um Beförderungen nach § 1 Abs. 2 Nr. 2 handelt.

(4) Die Beförderungspflicht besteht nur für Fahrten innerhalb des Geltungsbereichs der nach § 51 Abs. 1 Satz 1 und 2 und Abs. 2 Satz 1 festgesetzten Beförderungsentgelte (Pflichtfahrbereich).

(5) Die Vermietung von Taxen an Selbstfahrer ist verboten.

§ 48 Ausflugsfahrten und Ferienziel-Reisen[1)]

(1) [1]Ausflugsfahrten sind Fahrten, die der Unternehmer mit Kraftomnibussen oder Personenkraftwagen nach einem bestimmten, von ihm aufgestellten Plan und zu einem für alle Teilnehmer gleichen und gemeinsam verfolgten Ausflugszweck anbietet und ausführt. [2]Die Fahrt muss wieder an den Ausgangsort zurückführen. [3]Die Fahrgäste müssen im Besitz eines für die gesamte Fahrt gültigen Fahrscheins sein, der die Beförderungsstrecke und das Beförderungsentgelt ausweist. [4]Bei Ausflugsfahrten, die als Pauschalfahrten ausgeführt werden, genügt im Fahrschein die Angabe des Gesamtentgelts an Stelle des Beförderungsentgelts.

(2) [1]Ferienziel-Reisen sind Reisen zu Erholungsaufenthalten, die der Unternehmer mit Kraftomnibussen oder Personenkraftwagen nach einem bestimmten, von ihm aufgestellten Plan zu einem Gesamtentgelt für Beförderung und Unterkunft mit oder ohne Verpflegung anbietet und ausführt. [2]Es dürfen nur Rückfahrscheine und diese nur auf den Namen des Reisenden ausgegeben werden. [3]Die Fahrgäste sind zu einem für alle Teilnehmer gleichen Reiseziel zu bringen und an den Ausgangspunkt der Reise zurückzubefördern. [4]Auf der Rückfahrt dürfen nur Reisende befördert werden, die der Unternehmer zum Reiseziel gebracht hat.

(3) (weggefallen)

(4) Die Vorschriften der §§ 21 und 22 sind nicht anzuwenden.

1) **Anm. d. Red.:** § 48 i. d. F. des Gesetzes v. 14. 12. 2012 (BGBl I S. 2598) mit Wirkung v. 1. 1. 2013.

§ 49 Verkehr mit Mietomnibussen und mit Mietwagen[1)]

(1) [1]Verkehr mit Mietomnibussen ist die Beförderung von Personen mit Kraftomnibussen, die nur im Ganzen zur Beförderung angemietet werden und mit denen der Unternehmer Fahrten ausführt, deren Zweck, Ziel und Ablauf der Mieter bestimmt. [2]Die Teilnehmer müssen ein zusammengehöriger Personenkreis und über Ziel und Ablauf der Fahrt einig sein.

(2) [1]Die Voraussetzungen des Absatzes 1 Satz 1 sind nicht gegeben, wenn Fahrten unter Angabe des Fahrtziels vermittelt werden. [2]Mietomnibusse dürfen nicht durch Bereitstellen auf öffentlichen Straßen oder Plätzen angeboten werden.

(3) Die Vorschriften der §§ 21 und 22 sind nicht anzuwenden.

(4) [1]Verkehr mit Mietwagen ist die Beförderung von Personen mit Personenkraftwagen, die nur im Ganzen zur Beförderung gemietet werden und mit denen der Unternehmer Fahrten ausführt, deren Zweck, Ziel und Ablauf der Mieter bestimmt und die nicht Verkehr mit Taxen nach § 47 sind. [2]Mit Mietwagen dürfen nur Beförderungsaufträge ausgeführt werden, die am Betriebssitz oder in der Wohnung des Unternehmers eingegangen sind. [3]Nach Ausführung des Beförderungsauftrages hat der Mietwagen unverzüglich zum Betriebssitz zurückzukehren, es sei denn, er hat vor der Fahrt von seinem Betriebssitz oder der Wohnung oder während der Fahrt fernmündlich einen neuen Beförderungsauftrag erhalten. [4]Den Eingang des Beförderungsauftrages am Betriebssitz oder in der Wohnung hat der Mietwagenunternehmer buchmäßig zu erfassen und die Aufzeichnung ein Jahr aufzubewahren. [5]Annahme, Vermittlung und Ausführung von Beförderungsaufträgen, das Bereithalten des Mietwagens sowie Werbung für Mietwagenverkehr dürfen weder allein noch in ihrer Verbindung geeignet sein, zur Verwechslung mit dem Taxenverkehr zu führen. [6]Den Taxen vorbehaltene Zeichen und Merkmale dürfen für Mietwagen nicht verwendet werden. [7]Die §§ 21 und 22 sind nicht anzuwenden.

§ 50 (weggefallen)

§ 51 Beförderungsentgelte und -bedingungen im Taxenverkehr

(1) [1]Die Landesregierung wird ermächtigt, durch Rechtsverordnung Beförderungsentgelte und -bedingungen für den Taxenverkehr festzusetzen. [2]Die Rechtsverordnung kann insbesondere Regelungen vorsehen über

1. Grundpreise, Kilometerpreise und Zeitpreise,
2. Zuschläge,
3. Vorauszahlungen,
4. die Abrechnung,
5. die Zahlungsweise und
6. die Zulässigkeit von Sondervereinbarungen für den Pflichtfahrbereich.

[3]Die Landesregierung kann die Ermächtigung durch Rechtsverordnung übertragen.

(2) Sondervereinbarungen für den Pflichtfahrbereich sind nur zulässig, wenn

1. ein bestimmter Zeitraum, eine Mindestfahrtenzahl oder ein Mindestumsatz im Monat festgelegt wird,
2. die Ordnung des Verkehrsmarktes nicht gestört wird,
3. die Beförderungsentgelte und -bedingungen schriftlich vereinbart sind und
4. in der Rechtsverordnung eine Pflicht zur Genehmigung oder Anzeige vorgesehen ist.

(3) Bei der Festsetzung der Beförderungsentgelte und -bedingungen sind § 14 Abs. 2 und 3 sowie § 39 Abs. 2 entsprechend anzuwenden.

---

1) **Anm. d. Red.:** § 49 i. d. F. des Gesetzes v. 21. 6. 2005 (BGBl I S. 1666) mit Wirkung v. 1. 7. 2005.

(4) Die ermächtigten Stellen können für einen Bereich, der über den Zuständigkeitsbereich einer die Beförderungsentgelte und -bedingungen festsetzenden Stelle hinausgeht, in gegenseitigem Einvernehmen einheitliche Beförderungsentgelte und -bedingungen vereinbaren.

(5) Für die Anwendung der Beförderungsentgelte und -bedingungen gilt § 39 Abs. 3 entsprechend.

§ 51a (weggefallen)

IV. Auslandsverkehr

§ 52 Grenzüberschreitender Verkehr[1)]

(1) [1]Für die Beförderung von Personen im grenzüberschreitenden Verkehr mit Kraftfahrzeugen durch Unternehmer, die ihren Betriebssitz im Inland oder Ausland haben, gelten, soweit nichts anderes bestimmt ist, die Vorschriften dieses Gesetzes und die hierzu erlassenen Rechtsverordnungen. [2]Auf Unternehmen, die ihren Betriebssitz im Ausland haben, sind nicht anzuwenden

1. § 13 Absatz 1 Satz 1 Nummer 4 und
2. § 13 Absatz 1a, soweit Artikel 3 Absatz 1 Buchstabe a der Verordnung (EG) Nr. 1071/2009 einzuhalten ist.

(2) [1]Die nach diesem Gesetz erforderliche Genehmigung eines grenzüberschreitenden Linienverkehrs erteilt für die deutsche Teilstrecke die von der Landesregierung bestimmte Behörde im Benehmen mit dem Bundesministerium für Verkehr und digitale Infrastruktur. [2]§ 11 Abs. 2 bis 4 ist entsprechend anzuwenden. [3]Während der Herstellung des Benehmens ruht die Frist für die Entscheidung über den Antrag nach § 15 Absatz 1 Satz 2 bis 5.

(3) [1]Einer Genehmigung für den grenzüberschreitenden Gelegenheitsverkehr von Unternehmern, die ihren Betriebssitz im Ausland haben, bedarf es nicht, soweit entsprechende Übereinkommen mit dem Ausland bestehen. [2]Besteht ein solches Übereinkommen nicht oder soll abweichend von den Bedingungen des Übereinkommens grenzüberschreitender Gelegenheitsverkehr ausgeführt werden, so kann das Bundesministerium für Verkehr und digitale Infrastruktur oder eine von ihm beauftragte Behörde entsprechenden Anträgen stattgeben. [3]Die Genehmigung für grenzüberschreitende Ferienziel-Reisen erteilt für die deutsche Teilstrecke die von der Landesregierung bestimmte Behörde, in deren Gebiet die Ferienziel-Reise endet. [4]Abweichend von § 9 Abs. 1 Nr. 4 wird die Genehmigung für den grenzüberschreitenden Gelegenheitsverkehr mit Kraftomnibussen auch für die Form des Gelegenheitsverkehrs erteilt.

(4) [1]Die Grenzpolizei und die Zollstellen an den Grenzen sind berechtigt, Kraftfahrzeuge zurückzuweisen, wenn nicht die erforderliche Genehmigung vorgelegt wird, deren Mitführung vorgeschrieben ist. [2]Das Bundesministerium für Verkehr und digitale Infrastruktur kann Unternehmen mit Betriebssitz außerhalb des Geltungsbereichs dieses Gesetzes bei wiederholten oder schweren Verstößen gegen Vorschriften dieses Gesetzes und der auf diesem Gesetz beruhenden Verordnungen sowie gegen Vorschriften der Verordnungen der Europäischen Gemeinschaften und internationalen Übereinkommen über den grenzüberschreitenden Verkehr dauernd oder vorübergehend vom Verkehr in oder durch die Bundesrepublik Deutschland ausschließen.

§ 53 Transit-(Durchgangs-)Verkehr[2)]

(1) [1]Für die Beförderung von Personen im Transit-(Durchgangs-)Verkehr mit Kraftfahrzeugen, der das Gebiet des Geltungsbereichs dieses Gesetzes unter Ausschluss innerdeutschen Zwi-

1) **Anm. d. Red.:** § 52 i. d. F. der VO v. 31. 8. 2015 (BGBl I S. 1474) mit Wirkung v. 8. 9. 2015.

2) **Anm. d. Red.:** § 53 i. d. F. der VO v. 31. 8. 2015 (BGBl I S. 1474) mit Wirkung v. 8. 9. 2015.

schenverkehrs berührt, gelten, soweit nichts anderes bestimmt ist, die Vorschriften dieses Gesetzes und die hierzu erlassenen Rechtsverordnungen. [2]Nicht anzuwenden sind

1. § 13 Absatz 1 Satz 1 Nummer 4 und
2. § 13 Absatz 1a, soweit Artikel 3 Absatz 1 Buchstabe a der Verordnung (EG) Nr. 1071/2009 einzuhalten ist.

(2) [1]Die Genehmigung eines Transitlinienverkehrs erteilt die von der Landesregierung bestimmte Behörde, in deren Gebiet der erste Grenzübergang bei der Einfahrt stattfindet, im Benehmen mit dem Bundesministerium für Verkehr und digitale Infrastruktur. [2]§ 11 Abs. 3 und 4 ist entsprechend anzuwenden.

(3) [1]§ 52 Abs. 3 ist auf den Gelegenheitsverkehr vom Ausland durch das Gebiet des Geltungsbereichs dieses Gesetzes entsprechend anzuwenden, jedoch ist bei Ferienziel-Reisen die von der Landesregierung bestimmte Behörde zuständig, in deren Gebiet der erste Grenzübergang bei der Einfahrt stattfindet. [2]§ 52 Abs. 4 gilt entsprechend.

V. Aufsicht, Prüfungsbefugnisse

§ 54 Aufsicht[1)]

PBefG

(1) [1]Der Unternehmer unterliegt hinsichtlich der Erfüllung der Vorschriften dieses Gesetzes sowie der hierzu erlassenen Rechtsverordnungen und der Einhaltung der durch die Genehmigung auferlegten Verpflichtungen (Bedingungen, Auflagen) der Aufsicht der Genehmigungsbehörde. [2]Die von der Landesregierung bestimmte Behörde kann die Genehmigungsbehörde ermächtigen, die Aufsicht über den Linien- und Gelegenheitsverkehr mit Kraftfahrzeugen auf nachgeordnete Behörden zu übertragen. [3]Die technische Aufsicht über Straßenbahnen und Obusunternehmen wird von der von der Landesregierung bestimmten Behörde ausgeübt. [4]Die technische Aufsicht kann von der Landesregierung anderen Stellen durch Rechtsverordnung übertragen werden. [5]Ausgenommen hiervon sind die Aufgaben nach § 9 Abs. 1 der Straßenbahn-Bau- und -Betriebsordnung vom 11. Dezember 1987 (BGBl I S. 2648) sowie nach § 8 Abs. 1 und § 9 Abs. 1 der Straßenbahn-Betriebsleiter-Prüfungsverordnung vom 29. Juli 1988 (BGBl I S. 1554). [6]Soweit die technische Aufsicht auf eine andere Stelle übertragen wird, darf diese nicht sich selbst nach § 5 Abs. 2 der Straßenbahn-Bau- und -Betriebsordnung beauftragen.

(2) [1]Die Aufsichtsbehörde kann sich über alle ihrer Zuständigkeit unterliegenden Einrichtungen und Maßnahmen des Unternehmers unterrichten. [2]Der Unternehmer hat der Aufsichtsbehörde alle wesentlichen Veränderungen ohne Aufforderung unverzüglich anzuzeigen. [3]Beim Verkehr mit Kraftomnibussen hat der Unternehmer abweichend von Satz 2 Änderungen der in Artikel 16 Absatz 2 Unterabsatz 1 Buchstabe a bis d der Verordnung (EG) Nr. 1071/2009 genannten Daten der Aufsichtsbehörde innerhalb von 28 Tagen mitzuteilen.

(3) Die Aufsichtsbehörde kann Unternehmen, die einen Omnibusbahnhof betreiben, anhalten, die Benutzung durch den Linien- und Gelegenheitsverkehr mit Kraftfahrzeugen und den Betrieb so zu regeln, dass der Verkehr ordnungsgemäß abgewickelt und den Pflichten nach § 39 Abs. 7 und § 40 Abs. 4 genügt werden kann.

§ 54a Prüfungsbefugnisse der Genehmigungsbehörde

(1) [1]Die Genehmigungsbehörde kann zur Durchführung der Aufsicht und zur Vorbereitung ihrer Entscheidungen durch Beauftragte die erforderlichen Ermittlungen anstellen, insbesondere

1. Einsicht in die Bücher und Geschäftspapiere nehmen,
2. von dem Unternehmer und den im Geschäftsbetrieb tätigen Personen Auskunft verlangen. [2]Der zur Erteilung der Auskunft Verpflichtete kann die Auskunft auf solche Fragen verweigern, deren Beantwortung ihn selbst oder einer der in § 383 Abs. 1 Nr. 1 bis 3 der Zivilpro-

1) **Anm. d. Red.:** § 54 i. d. F. des Gesetzes v. 22. 11. 2011 (BGBl I S. 2272) mit Wirkung v. 26. 11. 2011.

zessordnung bezeichneten Angehörigen der Gefahr strafgerichtlicher Verfolgung oder eines Verfahrens nach dem Gesetz über Ordnungswidrigkeiten aussetzen würde.

[2]Zu den in Satz 1 genannten Zwecken dürfen die dem Geschäftsbereich dienenden Grundstücke und Räume innerhalb der üblichen Geschäfts- und Arbeitsstunden betreten werden. [3]Der Unternehmer und die im Geschäftsbetrieb tätigen Personen haben den Beauftragten der Genehmigungsbehörde bei den Ermittlungen die erforderlichen Hilfsmittel zu stellen und die nötigen Hilfsdienste zu leisten.

(2) Die Regelungen des Absatzes 1 gelten entsprechend auch für die nach § 45a Abs. 2 zur Festlegung der Kostensätze befugte Behörde.

§ 54b Risikoeinstufung[1)]

[1]Die Aufsichtsbehörden führen ein Risikoeinstufungssystem im Sinne des Artikels 12 Absatz 1 Satz 3 der Verordnung (EG) Nr. 1071/2009 ein. [2]Dabei sind die Häufigkeit und die Intensität der Kontrollen abhängig von der Anzahl und dem Ausmaß der Rechtsverstöße, wie dies in den Durchführungsbestimmungen zu Artikel 6 Absatz 2 Buchstabe b der Verordnung (EG) Nr. 1071/2009 konkretisiert wird.

§ 54c Verkehrsunternehmensdatei[2)]

In der Verkehrsunternehmensdatei nach § 15 des Güterkraftverkehrsgesetzes werden alle im Inland niedergelassenen Unternehmen des gewerblichen Güterverkehrs und des gewerblichen Personenverkehrs mit Kraftomnibussen geführt.

VI. Rechtsbehelfsverfahren und Gebühren

§ 55 Vorverfahren bei der Anfechtung von Verwaltungsakten[3)]

[1]Eines Vorverfahrens bedarf es auch, wenn ein Verwaltungsakt angefochten wird, den eine oberste Landesverkehrsbehörde oder das Bundesministerium für Verkehr und digitale Infrastruktur erlassen hat. [2]§ 29 Abs. 6 Satz 1 bleibt unberührt.

§ 56 Gebühren[4)]

[1]Für die Amtshandlungen nach diesem Gesetz und den auf diesem Gesetz beruhenden Rechtsvorschriften sowie nach Verordnungen oder Rechtsvorschriften in Umsetzung von Richtlinien des Rates oder der Kommission der Europäischen Gemeinschaften werden von demjenigen, der die Amtshandlung veranlasst oder zu dessen Gunsten sie vorgenommen wird, Kosten (Gebühren und Auslagen) erhoben. [2]Kostengläubiger ist der Rechtsträger, dessen Behörde die Amtshandlung vornimmt, bei Auslagen auch der Rechtsträger, bei dessen Behörde die Auslagen entstanden sind. [3]Im Übrigen findet das Verwaltungskostengesetz in der bis zum 14. August 2013 geltenden Fassung Anwendung.

1) **Anm. d. Red.:** § 54b eingefügt gem. Gesetz v. 22. 11. 2011 (BGBl I S. 2272) mit Wirkung v. 26. 11. 2011.

2) **Anm. d. Red.:** § 54c eingefügt gem. Gesetz v. 22. 11. 2011 (BGBl I S. 2272) mit Wirkung v. 26. 11. 2011.

3) **Anm. d. Red.:** § 55 i. d. F. der VO v. 31. 8. 2015 (BGBl I S. 1474) mit Wirkung v. 8. 9. 2015.

4) **Anm. d. Red.:** § 56 i. d. F. des Gesetzes v. 7. 8. 2013 (BGBl I S. 3154) mit Wirkung v. 15. 8. 2013.

XXI. Güterkraftverkehrsgesetz (GüKG)

v. 22.6.1998 (BGBl I S. 1485) mit späteren Änderungen

Das Güterkraftverkehrsgesetz (GüKG) ist als Art. 1 Gesetz zur Reform des Güterkraftverkehrsrechts v. 22.6.1998 (BGBl I S. 1485) verkündet worden und im Wesentlichen am 1.7.1998 in Kraft getreten. Es ist zuletzt geändert worden durch Art. 2 Gesetz zur Änderung des Bundesfernstraßenmautgesetzes und zur Änderung weiterer straßenverkehrsrechtlicher Vorschriften v. 4.12.2018 (BGBl I S. 2251).

Nichtamtliche Fassung

Inhaltsübersicht[1]

1. Abschnitt: Allgemeine Vorschriften

§ 1 Begriffsbestimmungen[2]

(1) Güterkraftverkehr ist die geschäftsmäßige oder entgeltliche Beförderung von Gütern mit Kraftfahrzeugen, die einschließlich Anhänger ein höheres zulässiges Gesamtgewicht als 3,5 Tonnen haben.

---

1) **Anm. d. Red.:** Inhaltsübersicht i. d. F. des Gesetzes v. 17.6.2013 (BGBl I S. 1558) mit Wirkung v. 1.7.2013.
2) **Anm. d. Red.:** § 1 i. d. F. des Gesetzes v. 22. 11. 2011 (BGBl I S. 2272) mit Wirkung v. 26. 11. 2011.

(2) Werkverkehr ist Güterkraftverkehr für eigene Zwecke eines Unternehmens, wenn folgende Voraussetzungen erfüllt sind:

1. Die beförderten Güter müssen Eigentum des Unternehmens oder von ihm verkauft, gekauft, vermietet, gemietet, hergestellt, erzeugt, gewonnen, bearbeitet oder instand gesetzt worden sein.
2. Die Beförderung muss der Anlieferung der Güter zum Unternehmen, ihrem Versand vom Unternehmen, ihrer Verbringung innerhalb oder – zum Eigengebrauch – außerhalb des Unternehmens dienen.
3. Die für die Beförderung verwendeten Kraftfahrzeuge müssen vom eigenen Personal des Unternehmens geführt werden oder von Personal, das dem Unternehmen im Rahmen einer vertraglichen Verpflichtung zur Verfügung gestellt worden ist.
4. Die Beförderung darf nur eine Hilfstätigkeit im Rahmen der gesamten Tätigkeit des Unternehmens darstellen.

(3) Den Bestimmungen über den Werkverkehr unterliegt auch die Beförderung von Gütern durch Handelsvertreter, Handelsmakler und Kommissionären, soweit

1. deren geschäftliche Tätigkeit sich auf diese Güter bezieht,
2. die Voraussetzungen nach Absatz 2 Nr. 2 bis 4 vorliegen und
3. ein Kraftfahrzeug verwendet wird, dessen Nutzlast einschließlich der Nutzlast eines Anhängers 4 Tonnen nicht überschreiten darf.

(4) Güterkraftverkehr, der nicht Werkverkehr im Sinne der Absätze 2 und 3 darstellt, ist gewerblicher Güterkraftverkehr.

§ 2 Ausnahmen[1)]

(1) Die Vorschriften dieses Gesetzes finden keine Anwendung auf

1. die gelegentliche, nicht gewerbsmäßige Beförderung von Gütern durch Vereine für ihre Mitglieder oder für gemeinnützige Zwecke,
2. die Beförderung von Gütern durch Körperschaften, Anstalten und Stiftungen des öffentlichen Rechts im Rahmen ihrer öffentlichen Aufgaben,
3. die Beförderung von beschädigten oder reparaturbedürftigen Fahrzeugen aus Gründen der Verkehrssicherheit oder zum Zwecke der Rückführung,
4. die Beförderung von Gütern bei der Durchführung von Verkehrsdiensten, die nach dem Personenbeförderungsgesetz in der Fassung der Bekanntmachung vom 8. August 1990 (BGBl I S. 1690) in der jeweils geltenden Fassung genehmigt wurden,
5. die Beförderung von Medikamenten, medizinischen Geräten und Ausrüstungen sowie anderen zur Hilfeleistung in dringenden Notfällen bestimmten Gütern,
6. die Beförderung von Milch und Milcherzeugnissen für andere zwischen landwirtschaftlichen Betrieben, Milchsammelstellen und Molkereien durch landwirtschaftliche Unternehmer im Sinne des Gesetzes über die Alterssicherung der Landwirte vom 29. Juli 1994 (BGBl I S. 1890) in der jeweils geltenden Fassung,
7. die in land- und forstwirtschaftlichen Betrieben übliche Beförderung von land- und forstwirtschaftlichen Bedarfsgütern oder Erzeugnissen
   a) für eigene Zwecke,
   b) für andere Betriebe dieser Art
      aa) im Rahmen der Nachbarschaftshilfe oder
      bb) im Rahmen eines Maschinenringes oder eines vergleichbaren wirtschaftlichen Zusammenschlusses, sofern die Beförderung innerhalb eines Umkreises von 75 Kilo-

1) **Anm. d. Red.:** § 2 i. d. F. des Gesetzes v. 4.12.2018 (BGBl I S. 2251) mit Wirkung v. 1.1.2019.

metern in der Luftlinie um den regelmäßigen Standort des Kraftfahrzeugs, den Wohnsitz oder den Sitz des Halters im Sinne des § 6 Absatz 4 Nummer 1 der Fahrzeug-Zulassungsverordnung mit Zugmaschinen oder Sonderfahrzeugen durchgeführt wird, die nach § 3 Nr. 7 des Kraftfahrzeugsteuergesetzes in der Fassung der Bekanntmachung vom 26. September 2002 (BGBl I S. 3818), von der Kraftfahrzeugsteuer befreit sind,

c) mit land- und forstwirtschaftlichen Fahrzeugen mit einer bauartbedingten Höchstgeschwindigkeit von bis zu 40 km/h,

8. die im Rahmen der Gewerbeausübung erfolgende Beförderung von Betriebseinrichtungen für eigene Zwecke sowie

9. die Beförderung von Postsendungen im Rahmen von Universaldienstleistungen durch Postdienstleister gemäß § 1 Absatz 1 der Post-Universaldienstleistungsverordnung.

(1a) [1]Werden bei Beförderungen nach Absatz 1 Nr. 7 nicht von der Kraftfahrzeugsteuer befreite Fahrzeuge eingesetzt, hat der Beförderer dafür zu sorgen, dass während der Beförderung ein Begleitpapier oder ein sonstiger Nachweis mitgeführt wird, in dem das beförderte Gut, Be- und Entladeort sowie der land- und forstwirtschaftliche Betrieb, für den die Beförderung erfolgt, angegeben werden. [2]Das Fahrpersonal muss das Begleitpapier oder den sonstigen Nachweis nach Satz 1 während der Beförderung mitführen und Kontrollberechtigten auf Verlangen zur Prüfung aushändigen oder in anderer Weise zugänglich machen.

(2) § 14 bleibt unberührt.

2. Abschnitt: Gewerblicher Güterkraftverkehr

§ 3 Erlaubnispflicht[1)]

(1) Der gewerbliche Güterkraftverkehr ist erlaubnispflichtig, soweit sich nicht aus dem unmittelbar geltenden europäischen Gemeinschaftsrecht etwas anderes ergibt.

(2) Die Erlaubnis wird einem Unternehmer, dessen Unternehmen seinen Sitz im Inland hat, für die Dauer von bis zu zehn Jahren erteilt, wenn er die in Artikel 3 Absatz 1 der Verordnung (EG) Nr. 1071/2009 des Europäischen Parlaments und des Rates vom 21. Oktober 2009 zur Festlegung gemeinsamer Regeln für die Zulassung zum Beruf des Kraftverkehrsunternehmers und zur Aufhebung der Richtlinie 96/26/EG (ABl L 300 vom 14. 11. 2009, S. 51) genannten Voraussetzungen für die Ausübung des Berufs eines Kraftverkehrsunternehmers erfüllt.

(3) [1]Der Erlaubnisinhaber erhält auf Antrag neben der Erlaubnis so viele Erlaubnisausfertigungen, wie ihm weitere Fahrzeuge und die für diese erforderliche finanzielle Leistungsfähigkeit nach der Verordnung (EG) Nr. 1071/2009 in der jeweils geltenden Fassung zur Verfügung stehen. [2]Eigenkapital und Reserven, auf Grund deren beglaubigte Kopien der Gemeinschaftslizenz nach der Verordnung (EG) Nr. 1072/2009 des Europäischen Parlaments und des Rates vom 21. Oktober 2009 über gemeinsame Regeln für den Zugang zum Markt des grenzüberschreitenden Güterkraftverkehrs (ABl L 300 vom 14. 11. 2009, S. 72) in der jeweils geltenden Fassung erteilt wurden, können im Verfahren auf Erteilung der Erlaubnis und Erlaubnisausfertigung nicht nochmals in Ansatz gebracht werden. [3]Verringert sich nach der Ausstellung von Ausfertigungen der Erlaubnis der Fahrzeugbestand nicht nur vorübergehend, so hat das Unternehmen überzählige Ausfertigungen an die zuständige Behörde zurückzugeben. [4]Stellt das Unternehmen den Betrieb endgültig ein, so hat es die Erlaubnis und alle Ausfertigungen unverzüglich zurückzugeben.

(4) Die Erlaubnis kann befristet, unter Bedingungen oder mit Auflagen erteilt werden.

(5) [1]Eine Erlaubnis ist zurückzunehmen, wenn nachträglich bekannt wird, dass die Erlaubnis hätte versagt werden müssen. [2]Eine Erlaubnis ist zu widerrufen, wenn nachträglich Tatsachen

1) **Anm. d. Red.:** § 3 i. d. F. des Gesetzes v. 16. 5. 2017 (BGBl I S. 1214) mit Wirkung v. 25. 5. 2017.

eintreten, die zur Versagung hätten führen müssen. [3]Die Finanzbehörden dürfen die nach Landesrecht zuständigen Behörden davon in Kenntnis setzen, dass der Unternehmer die ihm obliegenden steuerrechtlichen Verpflichtungen wiederholt nicht erfüllt hat oder eine Vermögensauskunft nach § 284 der Abgabenordnung abgegeben hat.

(5a) [1]Rechtzeitig vor der Entscheidung über die Erteilung, die Rücknahme oder den Widerruf der Erlaubnis und von Erlaubnisausfertigungen gibt die nach Landesrecht zuständige Behörde dem Bundesamt für Güterverkehr, den beteiligten Verbänden des Verkehrsgewerbes, der fachlich zuständigen Gewerkschaft und der zuständigen Industrie- und Handelskammer Gelegenheit zur Stellungnahme. [2]Vor der Entscheidung über die Erteilung, die Rücknahme oder den Widerruf von Erlaubnisausfertigungen kann die nach Landesrecht zuständige Behörde hiervon absehen.

(5b) [1]Rechtfertigen Tatsachen die Annahme, dass der Unternehmer oder der Verkehrsleiter die Voraussetzungen hinsichtlich der Zuverlässigkeit nach Artikel 6 der Verordnung (EG) Nr. 1071/2009 nicht erfüllt, kann dem Unternehmer oder dem Verkehrsleiter die Führung von Güterkraftverkehrsgeschäften untersagt werden. [2]Das Untersagungsverfahren gegen diese Personen kann unabhängig vom Verlauf eines Verfahrens auf Widerruf der Erlaubnis fortgesetzt werden. [3]Auf Antrag ist dem Unternehmer oder dem Verkehrsleiter die Führung von Güterkraftverkehrsgeschäften wieder zu gestatten, wenn Tatsachen die Annahme rechtfertigen, dass eine Unzuverlässigkeit im Sinne des Satzes 1 nicht mehr vorliegt. [4]Vor Ablauf eines Jahres nach Bestandskraft der Untersagungsverfügung kann die Wiederaufnahme nur gestattet werden, wenn hierfür besondere Gründe vorliegen. [5]Rechtzeitig vor der Entscheidung über die Untersagung der Führung von Güterkraftverkehrsgeschäften gegenüber dem Unternehmer oder dem Verkehrsleiter gibt die nach Landesrecht zuständige Behörde dem Bundesamt für Güterverkehr Gelegenheit zur Stellungnahme.

(6) Das Bundesministerium für Verkehr und digitale Infrastruktur wird ermächtigt, mit Zustimmung des Bundesrates durch Rechtsverordnung Vorschriften zu erlassen, durch die

1. die Anforderungen an die Berufszugangsvoraussetzungen zur Gewährleistung eines hohen Niveaus näher bestimmt werden und
2. a) das Verfahren zur Erteilung, zur Rücknahme und zum Widerruf der Erlaubnis und zur Erteilung und Einziehung der Erlaubnisausfertigungen einschließlich der Durchführung von Anhörungen,
   b) Form und Inhalt, insbesondere die Geltungsdauer der Erlaubnis und der Ausfertigungen,
   c) das Verfahren bei Eintritt wesentlicher Änderungen nach Erteilung der Erlaubnis und der Ausfertigungen,
3. die Voraussetzungen für die Erteilung zusätzlicher beglaubigter Kopien nach Maßgabe der Verordnung (EG) Nr. 1071/2009 in der jeweils geltenden Fassung sowie
4. die Voraussetzungen zur Rücknahme und zum Widerruf der Entscheidung über die Erteilung der beglaubigten Kopien entsprechend Artikel 12 Absatz 1 der Verordnung (EG) Nr. 1072/2009 in der jeweils geltenden Fassung

geregelt werden.

(7) [1]Die nach Landesrecht zuständigen Behörden führen dieses Gesetz, die Verordnungen (EG) Nr. 1071/2009 und (EG) Nr. 1072/2009 und die auf diesem Gesetz beruhenden Verordnungen aus, soweit nicht etwas anderes bestimmt ist. [2]Örtlich zuständig ist die Behörde, in deren Zuständigkeitsbereich das Unternehmen seine Niederlassung im Sinne von Artikel 5 der Verordnung (EG) Nr. 1071/2009 hat. [3]Soweit keine Niederlassung besteht, richtet sich die Zuständigkeit nach dem Wohnsitz des Betroffenen.

§ 4 Unterrichtung der Berufsgenossenschaft[1)]

[1]Die nach Landesrecht zuständige Behörde hat der zuständigen Berufsgenossenschaft unverzüglich die Erteilung der Erlaubnis mitzuteilen. [2]Die Anzeigepflicht des Unternehmers nach § 192 des Siebten Buches Sozialgesetzbuch bleibt unberührt.

§ 5 Erlaubnispflicht und Gemeinschaftslizenz[2)]

Die Gemeinschaftslizenz nach Artikel 3 und 4 der Verordnung (EG) Nr. 1072/2009 gilt für Unternehmer, deren Unternehmenssitz im Inland liegt, als Erlaubnis nach § 3, es sei denn, es handelt sich um eine Beförderung zwischen dem Inland und einem Staat, der weder Mitglied der Europäischen Union noch anderer Vertragsstaaten des Abkommens über den Europäischen Wirtschaftsraum, noch die Schweiz ist.

§ 6 Grenzüberschreitender Güterkraftverkehr durch Gebietsfremde[3)]

[1]Ein Unternehmer, dessen Unternehmen seinen Sitz nicht im Inland hat, ist für den grenzüberschreitenden gewerblichen Güterkraftverkehr von der Erlaubnispflicht nach § 3 befreit, soweit er Inhaber der jeweils erforderlichen Berechtigung ist. [2]Berechtigungen sind die

1. Gemeinschaftslizenz,
2. Genehmigung auf Grund der Resolution des Rates der Europäischen Konferenz der Verkehrsminister (CEMT-Resolution) vom 14. Juni 1973 (BGBl 1974 II S. 298) nach Maßgabe der Verordnung über den grenzüberschreitenden Güterkraftverkehr und den Kabotageverkehr (GüKGrKabotageV) vom 28. Dezember 2011 (BGBl 2012 I S. 42) in der jeweils geltenden Fassung,
3. CEMT-Umzugsgenehmigung,
4. Schweizerische Lizenz für den gewerblichen Güterkraftverkehr auf Grund des Abkommens zwischen der Europäischen Gemeinschaft und der Schweizerischen Eidgenossenschaft über den Güter- und Personenverkehr auf Schiene und Straße vom 21. Juni 1999 (ABl L 114 vom 30. 4. 2002, S. 91) in der jeweils geltenden Fassung oder
5. Drittstaatengenehmigung.

GüKG

§ 7 Mitführungs- und Aushändigungspflichten im gewerblichen Güterkraftverkehr[4)]

(1) [1]Der Unternehmer hat dafür zu sorgen, dass bei einer Güterbeförderung im Inland, für die eine Erlaubnis nach § 3 oder eine Berechtigung nach § 6 erforderlich ist, während der gesamten Fahrt folgende Dokumente und Nachweise mitgeführt werden:

1. die Erlaubnis oder eine Erlaubnisausfertigung, eine beglaubigte Kopie der Gemeinschaftslizenz oder der Schweizerischen Lizenz, eine CEMT-Genehmigung, eine CEMT-Umzugsgenehmigung oder eine Drittstaatengenehmigung,
2. der für das eingesetzte Fahrzeug vorgeschriebene Nachweis über die Erfüllung bestimmter Technik-, Sicherheits- und Umweltanforderungen,
3. ein Begleitpapier oder ein sonstiger Nachweis, in dem das beförderte Gut, der Be- und Entladeort und der Auftraggeber angegeben werden.

[2]Die Dokumente oder Nachweise nach Satz 1 Nummer 1 und 2 dürfen nicht in Folie eingeschweißt oder in ähnlicher Weise mit einer Schutzschicht überzogen werden. [3]Bei Kabotagebeförderungen im Sinne des Artikels 8 der Verordnung (EG) Nr. 1072/2009 hat der Unterneh-

1) **Anm. d. Red.:** § 4 i. d. F. des Gesetzes v. 22. 11. 2011 (BGBl I S. 2272) mit Wirkung v. 26. 11. 2011.

2) **Anm. d. Red.:** § 5 i. d. F. des Gesetzes v. 16. 5. 2017 (BGBl I S. 1214) mit Wirkung v. 25. 5. 2017.

3) **Anm. d. Red.:** § 6 i. d. F. des Gesetzes v. 17. 6. 2013 (BGBl I S. 1558) mit Wirkung v. 1. 7. 2013.

4) **Anm. d. Red.:** § 7 i. d. F. des Gesetzes v. 17. 6. 2013 (BGBl I S. 1558) mit Wirkung v. 1. 7. 2013.

mer, der weder Sitz noch Niederlassung in Deutschland hat, dafür zu sorgen, dass Nachweise im Sinne des Artikels 8 Absatz 3 Unterabsatz 2 der Verordnung (EG) Nr. 1072/2009 für die grenzüberschreitende Beförderung und jede einzelne durchgeführte Kabotagebeförderung während der Dauer der Beförderung mitgeführt werden.

(2) [1]Das Fahrpersonal muss die erforderliche Berechtigung und die Nachweise nach Absatz 1 während der Fahrt mitführen und Kontrollberechtigten auf Verlangen zur Prüfung aushändigen. [2]Das Begleitpapier oder der sonstige Nachweis nach Absatz 1 Satz 1 Nummer 3 kann statt durch Aushändigen des Dokumentes auch auf andere geeignete Weise zugänglich gemacht werden. [3]Ausländisches Fahrpersonal muss auch den Pass oder ein sonstiges zum Grenzübertritt berechtigendes Dokument mitführen und Kontrollberechtigten auf Verlangen zur Prüfung aushändigen. [4]Langfristig Aufenthaltsberechtigte im Sinne der Richtlinie 2003/109/EG des Rates vom 25. November 2003 betreffend die Rechtsstellung der langfristig aufenthaltsberechtigten Drittstaatsangehörigen (ABl L 16 vom 23. 1. 2004, S. 44) haben außerdem die langfristige Aufenthaltsberechtigung-EG mitzuführen und Kontrollberechtigten auf Verlangen auszuhändigen.

§ 7a Haftpflichtversicherung[1)]

(1) Der Unternehmer ist verpflichtet, eine Haftpflichtversicherung abzuschließen und aufrechtzuerhalten, die die gesetzliche Haftung wegen Güter- und Verspätungsschäden nach dem Vierten Abschnitt des Vierten Buches des Handelsgesetzbuches während Beförderungen, bei denen der Be- und Entladeort im Inland liegt, versichert.

(2) [1]Die Mindestversicherungssumme beträgt 600 000 Euro je Schadensereignis. [2]Die Vereinbarung einer Jahreshöchstersatzleistung, die nicht weniger als das Zweifache der Mindestversicherungssumme betragen darf, und eines Selbstbehalts sind zulässig.

(3) Von der Versicherung können folgende Ansprüche ausgenommen werden:

1. Ansprüche wegen Schäden, die vom Unternehmer oder seinem Repräsentanten vorsätzlich begangen wurden,
2. Ansprüche wegen Schäden, die durch Naturkatastrophen, Kernenergie, Krieg, kriegähnliche Ereignisse, Bürgerkrieg, innere Unruhen, Streik, Aussperrung, terroristische Gewaltakte, Verfügungen von hoher Hand, Wegnahme oder Beschlagnahme seitens einer staatlich anerkannten Macht verursacht werden,
3. Ansprüche aus Frachtverträgen, die die Beförderung von Edelmetallen, Juwelen, Edelsteinen, Zahlungsmitteln, Valoren, Wertpapieren, Briefmarken, Dokumenten und Urkunden zum Gegenstand haben.

(4) [1]Der Unternehmer hat dafür zu sorgen, dass während der Beförderung ein Nachweis über eine gültige Haftpflichtversicherung, die den Ansprüchen des Absatzes 1 entspricht, mitgeführt wird. [2]Das Fahrpersonal muss diesen Versicherungsnachweis während der Beförderung mitführen und Kontrollberechtigten auf Verlangen zur Prüfung aushändigen.

(5) (weggefallen)

§ 7b Einsatz von ordnungsgemäß beschäftigtem Fahrpersonal[2)]

(1) [1]Ein Unternehmer, dessen Unternehmen seinen Sitz im Inland hat, darf bei Fahrten im Inland im gewerblichen Güterkraftverkehr einen Angehörigen eines Staates, der weder Mitglied der Europäischen Union, eines anderen Vertragsstaates des Abkommens über den Europäischen Wirtschaftsraum noch Schweizer Staatsangehöriger ist, nur als Fahrpersonal einsetzen, wenn dieser im Besitz eines Aufenthaltstitels nach § 4 Abs. 3 des Aufenthaltsgesetzes, einer Aufenthaltsgestattung oder einer Duldung ist, die zur Ausübung der Beschäftigung berechtigen, oder eines solchen nicht bedarf (§ 4 Abs. 3 Satz 3 des Aufenthaltsgesetzes) oder im Besitz einer von einer inländischen Behörde ausgestellten gültigen Fahrerbescheinigung nach Artikel 5 der Ver-

1) **Anm. d. Red.:** § 7a i. d. F. des Gesetzes v. 22. 11. 2011 (BGBl I S. 2272) mit Wirkung v. 26. 11. 2011.

2) **Anm. d. Red.:** § 7b i. d. F. des Gesetzes v. 22. 11. 2011 (BGBl I S. 2272) mit Wirkung v. 26. 11. 2011.

ordnung (EG) Nr. 1072/2009 ist. [2]Der Unternehmer hat dafür zu sorgen, dass ausländisches Fahrpersonal

1. den Pass, Passersatz oder Ausweisersatz und
2. den nach § 4 Abs. 3 des Aufenthaltsgesetzes erforderlichen Aufenthaltstitel, die Aufenthaltsgestattung oder die Duldung, die zur Ausübung der Beschäftigung berechtigen,

mitführt. [3]Der Aufenthaltstitel kann für Zwecke dieses Gesetzes durch eine von einer inländischen Behörde ausgestellte gültige Fahrerbescheinigung nach Artikel 5 der Verordnung (EG) Nr. 1072/2009 ersetzt werden.

(2) Das Fahrpersonal muss die Unterlagen nach Absatz 1 Satz 2 während der gesamten Fahrt mitführen und Kontrollberechtigten auf Verlangen zur Prüfung aushändigen.

(3) Die Fahrerbescheinigung nach Artikel 5 der Verordnung (EG) Nr. 1072/2009 wird von der nach Landesrecht zuständigen Behörde erteilt.

§ 7c Verantwortung des Auftraggebers[1)]

[1]Wer zu einem Zwecke, der seiner gewerblichen oder selbständigen beruflichen Tätigkeit zuzurechnen ist, einen Frachtvertrag oder einen Speditionsvertrag mit einem Unternehmen abgeschlossen hat, darf Leistungen aus diesem Vertrag nicht ausführen lassen, wenn er weiß oder fahrlässig nicht weiß, dass der Unternehmer

1. nicht Inhaber einer Erlaubnis nach § 3 oder einer Berechtigung nach § 6 oder einer Gemeinschaftslizenz ist, oder die Erlaubnis, Berechtigung oder Lizenz unzulässig verwendet,
2. bei der Beförderung Fahrpersonal einsetzt, das die Voraussetzungen des § 7b Abs. 1 Satz 1 nicht erfüllt, oder für das er nicht über eine Fahrerbescheinigung nach den Artikeln 3 und 5 der Verordnung (EG) Nr. 1072/2009 verfügt,
3. einen Frachtführer oder Spediteur einsetzt oder zulässt, dass ein solcher tätig wird, der die Beförderungen unter der Voraussetzung von
   a) Nummer 1
   b) Nummer 2

   durchführt.

[2]Die Wirksamkeit eines zu diesem Zwecke geschlossenen Vertrages wird durch einen Verstoß gegen Satz 1 nicht berührt.

GüKG

§ 7d (weggefallen)[2)]

§ 8 Vorläufige Weiterführung der Güterkraftverkehrsgeschäfte[3)]

(1) [1]Nach dem Tode des Unternehmers darf der Erbe die Güterkraftverkehrsgeschäfte vorläufig weiterführen. [2]Das Gleiche gilt für den Testamentsvollstrecker, Nachlasspfleger oder Nachlassverwalter während einer Testamentsvollstreckung, Nachlasspflegschaft oder Nachlassverwaltung.

(2) [1]Die Befugnis nach Absatz 1 erlischt, wenn nicht der Erbe binnen drei Monaten nach Ablauf der für die Ausschlagung der Erbschaft vorgesehenen Frist oder eine der in Absatz 1 Satz 2 genannten Personen binnen drei Monaten nach der Annahme ihres Amtes oder ihrer Bestellung die Erlaubnis beantragt hat. [2]Ein in der Person des Erben wirksam gewordener Fristablauf wirkt auch gegen den Nachlassverwalter. [3]Die Frist kann auf Antrag einmal um drei Monate verlängert werden.

(3) [1]Im Falle der Erwerbs- oder Geschäftsunfähigkeit des Unternehmers oder des Verkehrsleiters darf ein Dritter, bei dem die Voraussetzungen nach den Artikeln 6 und 8 der Verordnung

1) **Anm. d. Red.:** § 7c i. d. F. des Gesetzes v. 22. 11. 2011 (BGBl I S. 2272) mit Wirkung v. 26. 11. 2011.

2) **Anm. d. Red.:** § 7d weggefallen gem. Gesetz v. 2. 9. 2004 (BGBl I S. 2302) mit Wirkung v. 9. 9. 2004.

3) **Anm. d. Red.:** § 8 i. d. F. des Gesetzes v. 22. 11. 2011 (BGBl I S. 2272) mit Wirkung v. 26. 11. 2011.

(EG) Nr. 1071/2009 noch nicht festgestellt worden sind, die Güterkraftverkehrsgeschäfte bis zu sechs Monate nach Feststellung der Erwerbs- oder Geschäftsunfähigkeit weiterführen. [2]Die Frist kann auf Antrag einmal um drei Monate verlängert werden.

3. Abschnitt: Werkverkehr

§ 9 Erlaubnis- und Versicherungsfreiheit

[1]Der Werkverkehr ist erlaubnisfrei. [2]Es besteht keine Versicherungspflicht.

4. Abschnitt: Bundesamt für Güterverkehr

§ 10 Organisation[1)]

(1) [1]Das Bundesamt für Güterverkehr (Bundesamt) ist eine selbständige Bundesoberbehörde im Geschäftsbereich des Bundesministeriums für Verkehr und digitale Infrastruktur. [2]Es wird von dem Präsidenten geleitet.

(2) Der Aufbau des Bundesamtes wird durch das Bundesministerium für Verkehr und digitale Infrastruktur geregelt.

§ 11 Aufgaben[2)]

(1) Das Bundesamt erledigt Verwaltungsaufgaben des Bundes auf dem Gebiet des Verkehrs, die ihm durch dieses Gesetz, durch andere Bundesgesetze oder aufgrund dieser Gesetze zugewiesen sind.

(2) Das Bundesamt hat darüber zu wachen, dass

1. in- und ausländische Unternehmen des gewerblichen Güterkraftverkehrs und alle anderen am Beförderungsvertrag Beteiligten die Pflichten erfüllen, die ihnen nach diesem Gesetz und den hierauf beruhenden Rechtsvorschriften obliegen,
2. die Bestimmungen über den Werkverkehr eingehalten werden,
3. die Rechtsvorschriften über
   a) die Beschäftigung und die Tätigkeiten des Fahrpersonals auf Kraftfahrzeugen einschließlich der aufenthalts-, arbeitsgenehmigungs- und sozialversicherungsrechtlichen Vorschriften,
   b) die zulässigen Abmessungen sowie die zulässigen Achslasten und Gesamtgewichte von Kraftfahrzeugen und Anhängern,
   c) die im internationalen Güterkraftverkehr verwendeten Container gemäß Artikel VI Abs. 1 des Internationalen Übereinkommens über sichere Container (CSC) in der Fassung der Bekanntmachung vom 2. August 1985 (BGBl II S. 1009) in der jeweils durch Rechtsverordnung nach Artikel 2 des Zustimmungsgesetzes umgesetzten Fassung,
   d) die Abgaben, die für das Halten oder Verwenden von Fahrzeugen zur Straßengüterbeförderung sowie für die Benutzung von Straßen anfallen,
   e) (weggefallen)
   f) die Beförderung gefährlicher Güter auf der Straße,
   g) die Beförderungsmittel nach den Vorgaben des Übereinkommens über internationale Beförderungen leicht verderblicher Lebensmittel und über die besonderen Beförderungsmittel, die für diese Beförderungen zu verwenden sind (ATP), vom 1. September 1970 (BGBl 1974 II S. 566) in der jeweils durch Rechtsverordnung nach Artikel 2 des Zustimmungsgesetzes umgesetzten Fassung,

1) **Anm. d. Red.:** § 10 i. d. F. der VO v. 31. 8. 2015 (BGBl I S. 1474) mit Wirkung v. 8. 9. 2015.

2) **Anm. d. Red.:** § 11 i. d. F. des Gesetzes v. 16. 5. 2017 (BGBl I S. 1214) mit Wirkung v. 25. 5. 2017.

h) die Beschaffenheit, Kennzeichnung und Benutzung von Beförderungsmitteln und Transportbehältnissen zur Beförderung von Lebensmitteln und Erzeugnissen des Weinrechts,

i) das Mitführen einer Ausfertigung der Genehmigung für die Beförderung von Kriegswaffen in der Fassung der Bekanntmachung vom 22. November 1990 (BGBl I S. 2506) in der jeweils geltenden Fassung,

j) die Beförderung von Abfall mit Fahrzeugen zur Straßengüterbeförderung,

k) die zulässigen Werte für Geräusche und für verunreinigende Stoffe im Abgas von Kraftfahrzeugen zur Güterbeförderung,

l) die Ladung,

m) die nach den Rechtsvorschriften der Europäischen Union über die technische Unterwegskontrolle von Nutzfahrzeugen, die am Straßenverkehr teilnehmen, zu prüfenden technischen Anforderungen an Kraftfahrzeuge zur Güterbeförderung,

n) die Erlaubnis- und Ausweispflicht beim Führen von Kraftfahrzeugen zur Straßengüterbeförderung,

o) das Sonn- und Feiertagsfahrverbot sowie die Ferienreiseverordnung und

p) das Mitführen einer Erlaubnis, eines Befähigungsscheines oder einer Verbringensgenehmigung nach dem Sprengstoffgesetz

eingehalten werden, soweit diese Überwachung im Rahmen der Maßnahmen nach § 12 Abs. 1 und 2 durchgeführt werden kann.

(3) In den Fällen des Absatzes 2 Nr. 3 Buchstabe d hat das Bundesamt ohne Ersuchen den zuständigen Finanzbehörden die zur Sicherung der Besteuerung notwendigen Daten zu übermitteln.

(4) Allgemeine Verwaltungsvorschriften zu den Aufgaben nach Absatz 2 Nr. 3 Buchstabe j und k werden von der Bundesregierung mit Zustimmung des Bundesrates erlassen.

§ 12 Befugnisse[1)]

(1) [1]Soweit dies zur Durchführung der Aufgaben nach § 11 Abs. 2 erforderlich ist, kann das Bundesamt insbesondere auf Straßen, auf Autohöfen und an Tankstellen Überwachungsmaßnahmen im Wege von Stichproben durchführen. [2]Zu diesem Zweck dürfen seine Beauftragten Kraftfahrzeuge zur Güterbeförderung anhalten, die Identität des Fahrpersonals durch Überprüfung der mitgeführten Ausweispapiere feststellen sowie verlangen, dass die Zulassungsdokumente des Fahrzeugs, der Führerschein des Fahrpersonals und die nach diesem Gesetz oder sonstigen Rechtsvorschriften bei Fahrten im Güterkraftverkehr mitzuführenden Nachweise, Berechtigungen oder Bescheinigungen zur Prüfung ausgehändigt werden. [3]Das Fahrpersonal hat, soweit erforderlich, den Beauftragten des Bundesamtes unverzüglich die zur Erfüllung der Überwachungsaufgabe erforderlichen Auskünfte wahrheitsgemäß nach bestem Wissen und Gewissen zu erteilen, vorhandene Hilfsmittel zur Verfügung zu stellen, Zutritt zum Fahrzeug zu gestatten sowie Hilfsdienste zu leisten. [4]Die Verpflichtung nach Satz 3 besteht nicht, soweit ihre Erfüllung für das Fahrpersonal oder einen der in § 383 Abs. 1 Nr. 1 bis 3 der Zivilprozessordnung bezeichneten Angehörigen die Gefahr einer Verfolgung wegen einer Straftat oder Ordnungswidrigkeit begründet.

(2) Zur Überwachung von Rechtsvorschriften über die Beschäftigung und die Tätigkeiten des Fahrpersonals auf Kraftfahrzeugen können Beauftragte des Bundesamtes auf Antrag eines Landes auch Kraftomnibusse anhalten.

(3) Das Fahrpersonal hat die Zeichen und Weisungen der Beauftragten des Bundesamtes zu befolgen, ohne dadurch von seiner Sorgfaltspflicht entbunden zu sein.

(4) [1]Soweit dies zur Durchführung der Aufgaben nach § 11 Abs. 2 Nr. 1 und 2 sowie Nr. 3 Buchstabe d (Rechtsvorschriften über die Abgaben für die Benutzung von Straßen) erforderlich ist,

1) **Anm. d. Red.:** § 12 i. d. F. des Gesetzes v. 28. 8. 2013 (BGBl I S. 3313) mit Wirkung v. 1. 5. 2014.

können Beauftragte des Bundesamtes bei Eigentümern und Besitzern von Kraftfahrzeugen zur Güterbeförderung und allen an der Beförderung oder an den Handelsgeschäften über die beförderten Güter Beteiligten

1. Grundstücke und Geschäftsräume innerhalb der üblichen Geschäfts- und Arbeitsstunden betreten sowie
2. alle geschäftlichen Schriftstücke und Datenträger, insbesondere Aufzeichnungen, Frachtbriefe und Unterlagen über den Fahrzeugeinsatz einsehen und hieraus Abschriften, Auszüge, Ausdrucke und Kopien anfertigen oder elektronisch gespeicherte Daten auf eigene Datenträger übertragen.

[2]Die in Satz 1 genannten Personen haben diese Maßnahmen zu gestatten.

(5) [1]Die in Absatz 4 genannten und für sie tätigen Personen haben den Beauftragten des Bundesamtes auf Verlangen alle für die Durchführung der Überwachung nach § 11 Abs. 2 Nr. 1 und 2 sowie Nr. 3 Buchstabe d (Rechtsvorschriften über die Abgaben für die Benutzung von Straßen) erforderlichen

1. Auskünfte zu erteilen,
2. Nachweise zu erbringen sowie
3. Hilfsmittel zu stellen und Hilfsdienste zu leisten.

[2]Absatz 1 Satz 3 und 4 gilt entsprechend.

(6) [1]Stellt das Bundesamt in Ausübung der in den Absätzen 1 und 2 genannten Befugnisse Tatsachen fest, die die Annahme rechtfertigen, dass Zuwiderhandlungen gegen

1. §§ 142, 263, 266a, 267, 268, 269, 273, 281, 315c oder § 316 des Strafgesetzbuches,
2. §§ 21, 22 oder 22b des Straßenverkehrsgesetzes,

2a. §§ 10, 10a oder § 11 des Schwarzarbeitsbekämpfungsgesetzes,

2b. § 404 Abs. 2 Nr. 3 und 4 des Dritten Buches Sozialgesetzbuch,

2c. (weggefallen)

3. § 24 des Straßenverkehrsgesetzes, die nach dem auf Grund des § 26a des Straßenverkehrsgesetzes erlassenen Bußgeldkatalog in der Regel mit Geldbußen von mindestens sechzig Euro geahndet werden,
4. § 24a oder § 24c des Straßenverkehrsgesetzes,
5. § 18 Abs. 1 Nr. 3 Buchstabe a oder Abs. 3 Nr. 2 Buchstabe a des Tierschutzgesetzes oder
6. § 69 Absatz 1 Nummer 8 und Absatz 2 Nummer 14 des Kreislaufwirtschaftsgesetzes,

bei denen das Bundesamt nicht Verwaltungsbehörde im Sinne des § 36 Abs. 1 Nr. 1 des Gesetzes über Ordnungswidrigkeiten ist, begangen wurden, übermittelt es derartige Feststellungen den zuständigen Behörden. [2]Bei Durchführung der Überwachung nach den Absätzen 4 und 5 gilt Gleiches für schwerwiegende Zuwiderhandlungen gegen die in § 11 Abs. 2 Nr. 3 genannten Rechtsvorschriften. [3]Das Recht, Straftaten oder Ordnungswidrigkeiten anzuzeigen, bleibt unberührt.

(7) Erfolgen Werbemaßnahmen, veröffentlichte Anzeigen oder Angebote ohne Angabe von Namen und Anschrift und bestehen in vorgenannten Fällen Anhaltspunkte für ungenehmigten Güterkraftverkehr oder die Aufforderung hierzu, können das Bundesamt oder die nach § 21a zuständigen Behörden von demjenigen, der die Werbemaßnahmen, die Anzeigen oder das Angebot veröffentlicht hat, Auskunft über Namen und Anschrift des Auftraggebers verlangen.

§ 13 Untersagung der Weiterfahrt[1)]

(1) Das Bundesamt kann die Fortsetzung der Fahrt untersagen, soweit dies zur Wahrnehmung der ihm nach § 11 Abs. 2 Nr. 1 oder 3 übertragenen Aufgaben erforderlich ist.

---

1) **Anm. d. Red.:** § 13 i. d. F. des Gesetzes v. 22. 11. 2011 (BGBl I S. 2272) mit Wirkung v. 26. 11. 2011.

(2) [1]Werden die in § 7b Abs. 1 Satz 2 genannten Unterlagen oder die nach den Artikeln 3 und 5 der Verordnung (EG) Nr. 1072/2009 vorgeschriebene Fahrerbescheinigung nicht im Original mitgeführt oder auf Verlangen nicht zur Prüfung ausgehändigt, so können das Bundesamt sowie sonstige Kontrollberechtigte dem betroffenen Fahrpersonal die Fortsetzung der Fahrt so lange untersagen, bis diese Unterlagen vorgelegt werden. [2]Das Bundesamt sowie sonstige Kontrollberechtigte können die Fortsetzung der Fahrt ferner untersagen, wenn

1. eine Erlaubnis nach § 3 oder eine Berechtigung nach § 6 nicht mitgeführt wird oder nicht zur Prüfung ausgehändigt wird oder
2. eine nach § 46 Abs. 1 des Gesetzes über Ordnungswidrigkeiten in Verbindung mit § 132 Abs. 1 Nr. 1 der Strafprozessordnung angeordnete Sicherheitsleistung nicht oder nicht vollständig erbracht wird.

(3) Widerspruch und Anfechtungsklage gegen die Untersagung der Weiterfahrt nach den Absätzen 1 und 2 haben keine aufschiebende Wirkung.

§ 14 Marktbeobachtung[1)]

(1) [1]Das Bundesamt beobachtet und begutachtet die Entwicklung des Marktgeschehens im Verkehr (Marktbeobachtung). [2]Die Marktbeobachtung umfasst den Eisenbahn-, Straßen- und Binnenschiffsgüterverkehr, den Luftverkehr sowie die Logistik. [3]Mit der Marktbeobachtung sollen Entwicklungen auf dem Verkehrs- und Logistikmarkt frühzeitig erkannt werden. [4]Es besteht keine Auskunftspflicht.

GüKG

(2) [1]Das Bundesamt berichtet dem Bundesministerium für Verkehr und digitale Infrastruktur über den jeweiligen Stand der Entwicklung des Marktgeschehens und die absehbare künftige Entwicklung. [2]Es bereitet dazu Daten aus dem Verwaltungsvollzug auf und erstellt oder betreut kurz- und mittelfristige Prognosen zum Güter- und Personenverkehr.

(3) Zur Erfüllung der Aufgaben nach den Absätzen 1 und 2 dürfen dem Bundesamt vom Statistischen Bundesamt, dem Kraftfahrt-Bundesamt und den Statistischen Ämtern der Länder aus den von diesen geführten Wirtschaftsstatistiken, insbesondere der Verkehrsstatistik, zusammengefasste Einzelangaben übermittelt werden, sofern diese keine Rückschlüsse auf eine bestimmte oder bestimmbare Person zulassen.

(4) [1]Die vom Bundesamt im Rahmen der Marktbeobachtung gewonnenen personenbezogenen Daten dürfen nur für Zwecke der Marktbeobachtung gespeichert und genutzt werden. [2]Sie sind zu löschen, sobald sie für diese Zwecke nicht mehr benötigt werden.

§ 14a Durchführung von Beihilfeverfahren[2)]

[1]Das Bundesamt ist zuständig für die Durchführung von Beihilfeprogrammen des Bundes nach

1. der Verordnung (EU) Nr. 1407/2013 der Kommission vom 18. Dezember 2013 über die Anwendung der Artikel 107 und 108 des Vertrags über die Arbeitsweise der Europäischen Union auf De-minimis-Beihilfen (ABl L 352 vom 24. 12. 2013, S. 1) und
2. der Verordnung (EU) Nr. 651/2014 der Kommission vom 17. Juni 2014 zur Feststellung der Vereinbarkeit bestimmter Gruppen von Beihilfen mit dem Binnenmarkt in Anwendung der Artikel 107 und 108 des Vertrags über die Arbeitsweise der Europäischen Union (ABl L 187 vom 26. 6. 2014, S. 1).

[2]Die Zuständigkeit des Bundesamtes nach Satz 1 umfasst sämtliche Aufgaben im Zusammenhang mit der Beihilfegewährung.

1) **Anm. d. Red.:** § 14 i. d. F. der VO v. 31. 8. 2015 (BGBl I S. 1474) mit Wirkung v. 8. 9. 2015.

2) **Anm. d. Red.:** § 14a i. d. F. des Gesetzes v. 16. 5. 2017 (BGBl I S. 1214) mit Wirkung v. 25. 5. 2017.

§ 14b Durchführung von Verfahren nach der Verordnung (EU) Nr. 1214/2011[1)]

(1) Das Bundesamt für Güterverkehr ist zuständig für die Aufgaben nach den Artikeln 4, 11, 12, 21 und 22 der Verordnung (EU) Nr. 1214/2011 des Europäischen Parlaments und des Rates vom 16. November 2011 über den gewerbsmäßigen grenzüberschreitenden Straßentransport von Euro-Bargeld zwischen den Mitgliedstaaten des Euroraums (ABl L 316 vom 29. 11. 2011, S. 1).

(2) Bei der Kontrolle der Einhaltung der Bestimmungen nach Artikel 21 gilt § 12 Absatz 4, 5 und 6 Satz 1 Nummer 1 bis 4 und Satz 2 und 3 entsprechend; bei der Verfolgung von Zuwiderhandlungen gilt § 20 entsprechend.

§ 15 Datei über Unternehmen des gewerblichen Güterkraftverkehrs und des gewerblichen Personenverkehrs mit Kraftomnibussen (Verkehrsunternehmensdatei)[2)]

(1) [1]Das Bundesamt führt die Verkehrsunternehmensdatei über alle im Inland niedergelassenen Unternehmen des gewerblichen Güterkraftverkehrs und des gewerblichen Personenverkehrs mit Kraftomnibussen, um unmittelbar feststellen zu können, über welche Berechtigungen (Erlaubnis nach § 3, Gemeinschaftslizenz nach Artikel 4 der Verordnung (EG) Nr. 1072/2009, CEMT-Genehmigung, CEMT-Umzugsgenehmigung, bilaterale Genehmigung für den grenzüberschreitenden gewerblichen Güterkraftverkehr, Gemeinschaftslizenz nach Artikel 4 der Verordnung (EG) Nr. 1073/2009 des Europäischen Parlaments und des Rates vom 21. Oktober 2009 über gemeinsame Regeln für den Zugang zum grenzüberschreitenden Personenkraftverkehrsmarkt und zur Änderung der Verordnung (EG) Nr. 561/2006 (ABl L 300 vom 14. 11. 2009, S. 88) sowie Genehmigungen nach dem Personenbeförderungsgesetz zur Beförderung von Personen mit Kraftomnibussen im Linienverkehr oder im Gelegenheitsverkehr) die jeweiligen Unternehmer verfügen. [2]Die Verkehrsunternehmensdatei muss nach näherer Bestimmung durch Rechtsverordnung gemäß Absatz 7 einen allgemein zugänglichen Teil enthalten.

(2) Die nach Landesrecht zuständige Behörde übermittelt dem Bundesamt unverzüglich die nach näherer Bestimmung durch Rechtsverordnung gemäß Absatz 7 zu speichernden oder zu einer Änderung einer Eintragung führenden Daten im Wege der Datenfernübertragung.

(3) [1]Ergeben sich beim Bundesamt Anhaltspunkte dafür, dass ihm übermittelte Daten nicht mehr richtig sind, teilt es dies der zuständigen Landesbehörde mit. [2]Diese kann vom Unternehmer Auskunft verlangen und unterrichtet das Bundesamt. [3]Der Unternehmer ist zur Auskunft nach Satz 2 verpflichtet.

(4) Das Bundesamt darf die in der Verkehrsunternehmensdatei gespeicherten Daten für die

1. Erteilung von CEMT-Genehmigungen und bilateralen Genehmigungen für den grenzüberschreitenden gewerblichen Güterkraftverkehr,
2. Beantwortung von Anfragen der für die Erteilung der Genehmigung zur Beförderung von Kriegswaffen zuständigen Behörden nach der Zuverlässigkeit des Antragstellers gemäß dem Gesetz über die Kontrolle von Kriegswaffen in der Fassung der Bekanntmachung vom 22. November 1990 (BGBl I S. 2506) in der jeweils geltenden Fassung,
3. Erledigung der Aufgaben, die ihm nach dem Gesetz zur Sicherstellung des Verkehrs in der Fassung der Bekanntmachung vom 8. Oktober 1968 (BGBl I S. 1082) in der jeweils geltenden Fassung sowie durch das Gesetz zur Sicherung von Verkehrsleistungen vom 23. Juli 2004 (BGBl I S. 1865) in der jeweils geltenden Fassung übertragen sind,
4. Überwachung der Einhaltung der für Verkehrsunternehmer geltenden Pflichten einschließlich der Verfolgung und Ahndung von Zuwiderhandlungen,
5. Durchführung von Beihilfeverfahren im Sinne des § 14a und

1) **Anm. d. Red.:** § 14b eingefügt gem. Gesetz v. 25. 11. 2012 (BGBl II S. 1381) mit Wirkung v. 30. 11. 2012.

2) **Anm. d. Red.:** § 15 i. d. F. des Gesetzes v. 16. 5. 2017 (BGBl I S. 1214) mit Wirkung v. 25. 5. 2017.

6. Beantwortung von Anfragen von Erteilungsbehörden und zuständigen öffentlichen Stellen in einem Mitgliedstaat der Europäischen Union oder einem anderen Mitgliedstaat des Europäischen Wirtschaftsraumes oder der Schweiz zum Zweck der Überprüfung der Einhaltung der Zugangsvoraussetzungen zum Beruf des Güter- und Personenkraftverkehrsunternehmers

verarbeiten und nutzen, soweit dies zur Erfüllung der genannten Aufgaben erforderlich ist.

(5) Das Bundesamt ist berechtigt, die Verkehrsunternehmensdatei als Auswahlgrundlage für die Durchführung der Unternehmensstatistik im gewerblichen Güterkraftverkehr und der Marktbeobachtung nach § 14 zu verwenden.

(6) Die in der Verkehrsunternehmensdatei gespeicherten Daten sind zu löschen, wenn sie für die Aufgaben nach Absatz 1, 4 und 5 nicht mehr benötigt werden, spätestens aber zwei Jahre, nachdem das Unternehmen seinen Betrieb eingestellt hat.

(7) Das Bundesministerium für Verkehr und digitale Infrastruktur wird ermächtigt, durch Rechtsverordnung mit Zustimmung des Bundesrates die Einzelheiten der Führung der Verkehrsunternehmensdatei zu regeln, insbesondere das Nähere

1. zu den in der Verkehrsunternehmensdatei zu speichernden Daten einschließlich der Angaben zur Identifizierung der Unternehmen, der Inhaber, der geschäftsführungs- und vertretungsberechtigten Gesellschafter, der gesetzlichen Vertreter sowie Verkehrsleiter,
2. zur Veröffentlichung des allgemein zugänglichen Teils der Datei,
3. zum Verfahren der Übermittlung von Daten an und durch das Bundesamt,
4. über Zugriffsrechte und das Verfahren der Erteilung von Auskünften,
5. zur Verantwortung für den Inhalt der Verkehrsunternehmensdatei und die Datenpflege sowie
6. zu den nach § 9 des Bundesdatenschutzgesetzes erforderlichen technischen und organisatorischen Maßnahmen.

GüKG

§ 15a Werkverkehrsdatei[1)]

(1) Das Bundesamt führt eine Datei über alle im Inland niedergelassenen Unternehmen, die Werkverkehr mit Lastkraftwagen, Zügen (Lastkraftwagen und Anhänger) und Sattelkraftfahrzeugen durchführen, deren zulässiges Gesamtgewicht 3,5 Tonnen übersteigt, um unmittelbar feststellen zu können, welche Unternehmen Werkverkehr mit größeren Kraftfahrzeugen betreiben.

(2) Jeder Unternehmer, der Werkverkehr im Sinne des Absatzes 1 betreibt, ist verpflichtet, sein Unternehmen vor Beginn der ersten Beförderung beim Bundesamt anzumelden.

(3) Zur Speicherung in der Werkverkehrsdatei hat der Unternehmer bei der Anmeldung folgende Angaben zu machen und auf Verlangen nachzuweisen:

1. Name, Rechtsform und Gegenstand des Unternehmens,
2. Anschrift sowie Telefon- und Telefaxnummern des Sitzes,
3. Vor- und Familiennamen der Inhaber, der geschäftsführungs- und vertretungsberechtigten Gesellschafter und der gesetzlichen Vertreter,
4. Anzahl der Lastkraftwagen, Züge (Lastkraftwagen und Anhänger) und Sattelkraftfahrzeuge, deren zulässiges Gesamtgewicht 3,5 Tonnen übersteigt, sowie
5. Anschriften der Niederlassungen.

(4) Das Bundesamt darf die in Absatz 3 genannten Angaben

1. zur Vorbereitung verkehrspolitischer Entscheidungen durch die zuständigen Stellen,

1) **Anm. d. Red.:** § 15a i. d. F. des Gesetzes v. 17. 6. 2013 (BGBl I S. 1558) mit Wirkung v. 1. 7. 2013.

2. zur Überwachung der Einhaltung der für Werkverkehrsunternehmer geltenden Pflichten einschließlich der Verfolgung und Ahndung von Zuwiderhandlungen,
3. als Auswahlgrundlage für Unternehmensbefragungen im Rahmen der Marktbeobachtung nach § 14 sowie für die Durchführung der Unternehmensstatistik im Werkverkehr,
4. zur Durchführung von Beihilfeverfahren im Sinne des § 14a und
5. für die Erledigung der Aufgaben, die ihm nach dem Gesetz zur Sicherstellung des Verkehrs sowie durch das Gesetz zur Sicherstellung von Verkehrsleistungen übertragen sind,

verarbeiten und nutzen, soweit dies zur Erfüllung der genannten Aufgaben erforderlich ist.

(5) Ändern sich die in Absatz 3 genannten Angaben, so hat der Unternehmer dies dem Bundesamt unverzüglich mitzuteilen und auf Verlangen nachzuweisen.

(6) Führt der Unternehmer keinen Werkverkehr im Sinne des Absatzes 1 mehr durch, hat er sich unverzüglich beim Bundesamt abzumelden.

(7) Die nach Absatz 3 gespeicherten Daten sind zu löschen, wenn sie für die in Absatz 4 genannten Aufgaben nicht mehr benötigt werden, spätestens aber ein Jahr, nachdem sich der Unternehmer beim Bundesamt abgemeldet hat.

§ 16 Datei über abgeschlossene Bußgeldverfahren[1)]

(1) [1]Das Bundesamt darf zum Zweck der Verfolgung und Ahndung weiterer Ordnungswidrigkeiten desselben Betroffenen sowie zum Zweck der Beurteilung der Zuverlässigkeit des Unternehmers und der Verkehrsleiter folgende personenbezogene Daten über abgeschlossene Bußgeldverfahren, bei denen es Verwaltungsbehörde im Sinne des § 36 Abs. 1 Nr. 1 des Gesetzes über Ordnungswidrigkeiten ist, in Dateien speichern und verändern:

1. Geburtsname, Familienname, Vorname, Geschlecht, Geburtsdatum, Geburtsort, Geburtsstaat und Staatsangehörigkeit des Betroffenen, seine Stellung im Unternehmen sowie Name und Anschrift des Unternehmens,
2. Zeit und Ort der Begehung der Ordnungswidrigkeit,
3. die gesetzlichen Merkmale der Ordnungswidrigkeit und die angewendeten Bußgeldvorschriften,
4. Bußgeldbescheide mit dem Datum ihres Erlasses und dem Datum des Eintritts der Rechtskraft, gerichtliche Entscheidungen in Bußgeldsachen mit dem Datum der Entscheidung und dem Datum des Eintritts ihrer Rechtskraft sowie jeweils die entscheidende Stelle samt Geschäftsnummer oder Aktenzeichen und
5. die Höhe der Geldbuße.

[2]Das Bundesamt darf diese Daten nutzen, soweit es für die in Satz 1 genannten Zwecke erforderlich ist.

(2) [1]Zum Zweck der Vorbereitung und Durchführung der Überwachung nach § 12 Abs. 4 und 5 sowie der Beurteilung der Zuverlässigkeit des Unternehmers und der Verkehrsleiter gilt Absatz 1 entsprechend für abgeschlossene Bußgeldverfahren wegen Zuwiderhandlungen nach § 19, die in einem Unternehmen mit Sitz im Inland begangen wurden. [2]Über diese Verfahren teilen die zuständigen Verwaltungsbehörden im Sinne des § 36 Abs. 1 Nr. 1 des Gesetzes über Ordnungswidrigkeiten dem Bundesamt die Daten nach Absatz 1 Satz 1 mit.

(2a) [1]Zum Zweck der Beurteilung der Zuverlässigkeit des Unternehmers und der Verkehrsleiter gilt Absatz 1 entsprechend für abgeschlossene Bußgeldverfahren wegen in Anhang 1 der Verordnung (EU) 2016/403 der Kommission vom 18. März 2016 zur Ergänzung der Verordnung (EG) Nr. 1071/2009 des Europäischen Parlaments und des Rates in Bezug auf die Einstufung schwerwiegender Verstöße gegen die Unionsvorschriften, die zur Aberkennung der Zuverlässigkeit der Kraftverkehrsunternehmer führen können, sowie zur Änderung von Anhang III der

1) **Anm. d. Red.:** § 16 i. d. F. des Gesetzes v. 16. 5. 2017 (BGBl I S. 1214) mit Wirkung v. 25. 5. 2017.

Richtlinie 2006/22/EG des Europäischen Parlaments und des Rates (ABl L 74 vom 19. 3. 2016, S. 8) genannter Zuwiderhandlungen, wenn die Ordnungswidrigkeit in einem Unternehmen mit Sitz im Inland begangen wurde und die Geldbuße bis zu zweihundert Euro beträgt. 2Über diese Verfahren teilen die zuständigen Verwaltungsbehörden nach § 36 Absatz 1 Nummer 1 des Gesetzes über Ordnungswidrigkeiten dem Bundesamt die Daten nach Absatz 1 Satz 1 mit. 3Die §§ 4 und 6 der Verordnung zur Durchführung der Verkehrsunternehmensdatei nach dem Güterkraftverkehrsgesetz gelten entsprechend.

(3) 1Das Bundesamt hat eine schwerwiegende Zuwiderhandlung des Betroffenen und sonstige Zuwiderhandlungen des Betroffenen oder anderer Unternehmensangehöriger dem Unternehmen und der nach Landesrecht zuständigen Behörde mitzuteilen, sowie Anlass besteht, an der Zuverlässigkeit des Unternehmers oder der Verkehrsleiter zu zweifeln. 2Zur Feststellung solcher Wiederholungsfälle hat es die Zuwiderhandlungen der Angehörigen desselben Unternehmens zusammenzuführen.

(4) Das Bundesamt übermittelt die Daten nach Absatz 1 Satz 1

1. an in- und ausländische öffentliche Stellen, soweit dies für die Entscheidung über den Zugang zum Beruf des Güter- und Personenkraftverkehrsunternehmers erforderlich ist,

1a. bei Verstößen gegen Vorschriften zur Verhinderung illegaler Beschäftigung und Vorschriften für die Sozialversicherung an die Bundesagentur für Arbeit, die Hauptzollämter, die Einzugsstellen und die Träger der Rentenversicherung sowie die Ausländerbehörden, soweit dies zur Vorbereitung und Durchführung weiterer Ermittlungen, insbesondere von Betriebskontrollen, erforderlich ist,

2. auf Ersuchen an Gerichte und die Behörden, die hinsichtlich der in § 11 genannten Aufgaben Verwaltungsbehörde nach § 36 Abs. 1 Nr. 1 des Gesetzes über Ordnungswidrigkeiten sind, soweit dies zur Verfolgung und Ahndung von Ordnungswidrigkeiten erforderlich ist.

GüKG

(5) 1Die Übermittlung an ausländische öffentliche Stellen nach Absatz 4 Nr. 1 unterbleibt, soweit Grund zu der Annahme besteht, dass durch sie gegen den Zweck eines deutschen Gesetzes verstoßen würde. 2Sie unterbleibt außerdem, wenn durch sie schutzwürdige Interessen des Betroffenen beeinträchtigt würden, insbesondere wenn im Empfängerland ein angemessener Datenschutzstandard nicht gewährleistet ist. 3Die ausländische öffentliche Stelle ist darauf hinzuweisen, dass sie die nach Absatz 4 Nr. 1 übermittelten Daten nur zu dem Zweck nutzen darf, zu dem sie übermittelt wurden.

(6) 1Eine Übermittlung an inländische öffentliche Stellen unterbleibt, soweit das schutzwürdige Interesse des Betroffenen am Ausschluss der Übermittlung das öffentliche Interesse an der Übermittlung überwiegt. 2Die inländische öffentliche Stelle darf die nach Absatz 4 übermittelten Daten nur für den Zweck verarbeiten oder nutzen, zu dessen Erfüllung sie übermittelt wurden.

(7) Erweisen sich übermittelte Daten als unrichtig, so ist der Empfänger unverzüglich zu unterrichten, wenn dies zur Wahrung schutzwürdiger Interessen des Betroffenen erforderlich ist.

(8) 1Das Bundesamt hat die nach Absatz 1 Satz 1 gespeicherten Daten zwei Jahre nach dem Eintritt der Rechtskraft des Bußgeldbescheides oder der gerichtlichen Entscheidung zu löschen, wenn in dieser Zeit keine weiteren Eintragungen im Sinne des Absatzes 1 Satz 1 Nr. 4 hinzugekommen sind. 2Sie sind spätestens fünf Jahre nach ihrer Speicherung zu löschen.

§ 17 Nationale Kontaktstelle und europäischer Informationsaustausch[1)]

(1) Das Bundesamt ist nationale Kontaktstelle nach Artikel 18 Absatz 1 der Verordnung (EG) Nr. 1071/2009.

(2) 1Das Bundesamt leitet als nationale Kontaktstelle Daten über schwerwiegende Verstöße gegen Gemeinschaftsvorschriften in den in Artikel 6 Absatz 1 Buchstabe b der Verordnung (EG) Nr. 1071/2009 genannten Bereichen, die in einem Güter- oder Personenkraftverkehrsunterneh-

1) **Anm. d. Red.:** § 17 i. d. F. des Gesetzes v. 16. 5. 2017 (BGBl I S. 1214) mit Wirkung v. 25. 5. 2017.

men mit Sitz in einem anderen Mitgliedstaat der Europäischen Union oder in einem anderen Vertragsstaat des Abkommens über den Europäischen Wirtschaftsraum oder der Schweiz begangen wurden, von Amts wegen an die nationale Kontaktstelle des Niederlassungsmitgliedstaates weiter. [2]Hierzu übermitteln Staatsanwaltschaften und Verwaltungsbehörden im Sinne des § 36 Absatz 1 Nummer 1 des Gesetzes über Ordnungswidrigkeiten dem Bundesamt nach Eintritt der Rechtskraft der gerichtlichen Entscheidung oder des Bußgeldbescheides die erforderlichen Informationen einschließlich personenbezogener Daten. [3]Das Bundesamt leitet Mitteilungen aus dem Niederlassungsmitgliedstaat über anlässlich des übermittelten Verstoßes veranlasste Maßnahmen im Sinne des Artikels 12 Absatz 1 der Verordnung (EG) Nr. 1072/2009 und des Artikels 22 Absatz 1 der Verordnung (EG) Nr. 1073/2009 an die übermittelnde deutsche Stelle weiter.

(3) [1]Das Bundesamt leitet als nationale Kontaktstelle Mitteilungen aus anderen Mitgliedstaaten der Europäischen Union oder aus anderen Vertragsstaaten des Abkommens über den Europäischen Wirtschaftsraum oder der Schweiz über schwerwiegende Verstöße gegen Gemeinschaftsvorschriften in den in Artikel 6 Absatz 1 Buchstabe b der Verordnung (EG) Nr. 1071/2009 genannten Bereichen, die in einem Güter- oder Personenkraftverkehrsunternehmen mit Sitz im Inland begangen wurden, von Amts wegen an die jeweils zuständige Erteilungsbehörde weiter. [2]Das Bundesamt leitet Mitteilungen der zuständigen Landesbehörde über anlässlich des übermittelten Verstoßes veranlasste Maßnahmen im Sinne des Artikels 12 Absatz 1 der Verordnung (EG) Nr. 1072/2009 und des Artikels 22 Absatz 1 der Verordnung (EG) Nr. 1073/2009 an die nationale Kontaktstelle des mitteilenden Mitgliedstaates der Europäischen Union oder des mitteilenden anderen Vertragsstaates des Abkommens über den Europäischen Wirtschaftsraum oder der Schweiz weiter.

(4) [1]Das Bundesamt leitet als nationale Kontaktstelle von Amts wegen Anfragen von zuständigen Landesbehörden zu bestandskräftigen Entscheidungen von Behörden anderer Mitgliedstaaten der Europäischen Union oder anderer Vertragsstaaten des Abkommens über den Europäischen Wirtschaftsraum oder der Schweiz, durch die einer bestimmten Person nach Maßgabe des Artikels 6 Absatz 2 und des Artikels 14 der Verordnung (EG) Nr. 1071/2009 die Führung von Kraftverkehrsgeschäften wegen Unzuverlässigkeit untersagt wird, an nationale Kontaktstellen anderer Mitgliedstaaten der Europäischen Union weiter. [2]Das Bundesamt leitet an die anfragende Landesbehörde in diesem Zusammenhang eingegangene Antworten aus anderen Mitgliedstaaten der Europäischen Union oder aus anderen Vertragsstaaten des Abkommens über den Europäischen Wirtschaftsraum oder der Schweiz weiter.

(5) [1]Das Bundesamt erteilt als nationale Kontaktstelle den nationalen Kontaktstellen anderer Mitgliedstaaten der Europäischen Union oder anderer Vertragsstaaten des Abkommens über den Europäischen Wirtschaftsraum oder der Schweiz auf Anfrage Auskunft über Personen, denen eine deutsche Behörde nach § 3 Absatz 5b oder § 25a des Personenbeförderungsgesetzes die Führung von Kraftverkehrsgeschäften wegen Unzuverlässigkeit bestandskräftig untersagt hat, soweit dies für die Entscheidung über den Zugang zum Beruf des Güter- und Personenkraftverkehrsunternehmers erforderlich ist. [2]Die für eine Untersagung nach Satz 1 zuständige Landesbehörde teilt dem Bundesamt unverzüglich eine Untersagung und die Identifizierungsdaten des Betroffenen mit; das Bundesamt darf die Identifizierungsdaten für den in Satz 1 genannten Zweck speichern. [3]Wird die persönliche Ausübung von Verkehrsgeschäften wieder gestattet oder wird die Untersagung aus anderen Gründen gegenstandslos, teilt die zuständige Behörde dies dem Bundesamt unverzüglich mit, das die Identifizierungsdaten unverzüglich löscht.

(6) [1]Die Datenübermittlung zwischen den beteiligten inländischen Stellen und dem Bundesamt erfolgt im Wege der Datenfernübertragung. [2]Dabei sind dem jeweiligen Stand der Technik entsprechende Maßnahmen zur Sicherstellung von Datenschutz und Datensicherheit zu treffen, die insbesondere die Vertraulichkeit und Unversehrtheit der Daten gewährleisten; im Falle der Nutzung allgemein zugänglicher Netze sind dem jeweiligen Stand der Technik entsprechende Verschlüsselungsverfahren anzuwenden.

(7) Den Inhalt der für die Zwecke der Absätze 2 bis 5 erforderlichen Informationen sowie die Einzelheiten der Kommunikation zwischen den beteiligten inländischen Stellen und dem Bun-

desamt einschließlich der Vorgaben über den Aufbau der Datensätze und der Datenstruktur regeln Durchführungsbestimmungen, die vom Bundesamt mit Zustimmung des Bundesministeriums für Verkehr und digitale Infrastruktur erlassen und geändert werden.

§ 17a Zuständigkeit für die Durchführung internationalen Verkehrsrechts[1)]

Das Bundesministerium für Verkehr und digitale Infrastruktur wird ermächtigt, durch Rechtsverordnung mit Zustimmung des Bundesrates das Bundesamt als die für die Bundesrepublik Deutschland zuständige Stelle zu bestimmen, soweit eine solche Bestimmung auf dem Gebiet des Verkehrs zur Durchführung von Rechtsakten der Europäischen Union oder eines internationalen Abkommens erforderlich ist.

5. Abschnitt: Überwachung, Bußgeldvorschriften

§ 18 Grenzkontrollen

Die für die Kontrolle an der Grenze zuständigen Stellen sind berechtigt, Kraftfahrzeuge zurückzuweisen, wenn die nach diesem Gesetz erforderlichen Unterlagen, deren Mitführung vorgeschrieben ist, trotz Aufforderung nicht vorgelegt werden.

GüKG

§ 19 Bußgeldvorschriften[2)]

(1) Ordnungswidrig handelt, wer vorsätzlich oder fahrlässig

1. entgegen § 2 Abs. 1a Satz 1 nicht dafür sorgt, dass ein Begleitpapier oder ein sonstiger Nachweis mitgeführt wird,

1a. entgegen § 2 Abs. 1a Satz 2 das Begleitpapier oder den sonstigen Nachweis nicht mitführt, nicht oder nicht rechtzeitig aushändigt oder nicht oder nicht rechtzeitig zugänglich macht,

1b. ohne Erlaubnis nach § 3 Abs. 1 gewerblichen Güterkraftverkehr betreibt,

1c. einer vollziehbaren Auflage nach § 3 Absatz 4 zuwiderhandelt,

2. einer Rechtsverordnung nach § 3 Abs. 6 Nr. 2 Buchstabe c, Nr. 3 oder 4 oder § 23 Abs. 3 Satz 1 oder Abs. 5 oder einer vollziehbaren Anordnung aufgrund einer solchen Rechtsverordnung zuwiderhandelt, soweit die Rechtsverordnung für einen bestimmten Tatbestand auf diese Bußgeldvorschrift verweist,

3. entgegen § 7 Absatz 1 Satz 1 oder Satz 3 nicht dafür sorgt, dass ein dort genanntes Dokument oder ein dort genannter Nachweis mitgeführt wird,

4. entgegen § 7 Absatz 1 Satz 2 ein dort genanntes Dokument oder einen dort genannten Nachweis einschweißt oder mit einer Schutzschicht überzieht,

5. entgegen
   a) § 7 Absatz 2 Satz 1 oder
   b) § 7 Absatz 2 Satz 3 oder Satz 4

   ein dort genanntes Dokument, einen dort genannten Nachweis, einen Pass, ein sonstiges zum Grenzübertritt berechtigendes Dokument oder eine langfristige Aufenthaltsberechtigung-EG nicht mitführt oder nicht oder nicht rechtzeitig aushändigt,

6. (weggefallen)

6a. entgegen § 7a Abs. 4 Satz 1 nicht dafür sorgt, dass ein dort genannter Nachweis mitgeführt wird,

6b. entgegen § 7a Abs. 4 Satz 2 ein Versicherungsnachweis nicht mitführt oder nicht oder nicht rechtzeitig aushändigt,

---

1) **Anm. d. Red.:** § 17a i. d. F. der VO v. 31. 8. 2015 (BGBl I S. 1474) mit Wirkung v. 8. 9. 2015.

2) **Anm. d. Red.:** § 19 i. d. F. des Gesetzes v. 17. 6. 2013 (BGBl I S. 1558) mit Wirkung v. 1. 7. 2013.

6c. entgegen § 7b Abs. 1 Satz 1 einen Angehörigen eines dort genannten Staates als Fahrpersonal einsetzt,

6d. entgegen § 7b Abs. 1 Satz 2 nicht dafür sorgt, dass das ausländische Fahrpersonal eine dort genannte Unterlage mitführt,

6e. entgegen § 7b Abs. 2 eine dort genannte Unterlage nicht mitführt oder nicht oder nicht rechtzeitig aushändigt,

6f. entgegen § 7b Abs. 2 eine Unterlage nicht mitführt oder nicht oder nicht rechtzeitig aushändigt,

7. entgegen § 12 Abs. 1 Satz 3 oder Abs. 5 Satz 1 Nr. 1, § 15 Abs. 3 Satz 3 oder § 21a Abs. 3 Satz 1 eine Auskunft nicht, nicht richtig, nicht vollständig oder nicht rechtzeitig erteilt,

8. entgegen § 12 Abs. 3 ein Zeichen oder eine Weisung nicht befolgt,

9. entgegen § 12 Abs. 4 Satz 2 oder § 21a Absatz 2 Satz 2 eine Maßnahme nicht gestattet,

10. entgegen § 12 Abs. 5 Satz 1 Nr. 2 oder § 21a Abs. 3 Satz 1 einen Nachweis nicht, nicht richtig, nicht vollständig oder nicht rechtzeitig erbringt,

11. entgegen § 12 Abs. 5 Satz 1 Nr. 3 oder § 21a Abs. 3 Satz 1 ein Hilfsmittel nicht oder nicht rechtzeitig stellt oder Hilfsdienste nicht oder nicht rechtzeitig leistet,

12. einer vollziehbaren Untersagung nach § 13 Absatz 1 oder Absatz 2 zuwiderhandelt,

12a. entgegen § 15a Abs. 2 und 3 sein Unternehmen nicht, nicht richtig, nicht vollständig oder nicht rechtzeitig anmeldet,

12b. entgegen § 15a Abs. 3 die Angaben auf Verlangen nicht, nicht richtig, nicht vollständig oder nicht rechtzeitig nachweist,

12c. entgegen § 15a Abs. 5 Änderungen nicht, nicht richtig, nicht vollständig oder nicht rechtzeitig mitteilt,

12d. entgegen § 15a Abs. 5 Änderungen nicht, nicht richtig, nicht vollständig oder nicht rechtzeitig nachweist oder

12e. entgegen § 15a Abs. 6 sein Unternehmen nicht rechtzeitig abmeldet.

13. (weggefallen)

(1a) Ordnungswidrig handelt, wer

1. entgegen § 7c Satz 1 Nr. 1 oder 3 Buchstabe a oder
2. entgegen § 7c Satz 1 Nr. 2 oder 3 Buchstabe b

eine Leistung ausführen lässt.

(2) Ordnungswidrig handelt, wer gegen die Verordnung (EG) Nr. 1072/2009 des Europäischen Parlaments und des Rates vom 21. Oktober 2009 über gemeinsame Regeln für den Zugang zum Markt des grenzüberschreitenden Güterkraftverkehrs (ABl L 300 vom 14. 11. 2009, S. 72) verstößt, indem er vorsätzlich oder fahrlässig

1. ohne Gemeinschaftslizenz nach Artikel 3 grenzüberschreitenden Güterkraftverkehr betreibt,
2. entgegen Artikel 5 Absatz 6 Satz 1 dem Fahrer die Fahrerbescheinigung nicht oder nicht rechtzeitig zur Verfügung stellt oder
3. entgegen Artikel 5 Absatz 6 Satz 3 die Fahrerbescheinigung nicht oder nicht rechtzeitig vorzeigt.

(2a) Ordnungswidrig handelt, wer vorsätzlich oder fahrlässig im Kabotageverkehr nach Artikel 8 der Verordnung (EG) Nr. 1072/2009

1. vor der ersten Kabotagebeförderung eine grenzüberschreitende Beförderung aus einem Mitgliedstaat der Europäischen Union oder einem Drittland nicht durchführt,
2. vor der letzten Entladung der nach Deutschland eingeführten Lieferung eine Kabotagebeförderung durchführt,

3. mehr als drei Kabotagebeförderungen im Anschluss an die grenzüberschreitende Beförderung durchführt,
4. nicht dasselbe Fahrzeug für alle Kabotagebeförderungen verwendet oder im Fall von Fahrzeugkombinationen nicht das Kraftfahrzeug desselben Fahrzeugs für alle Kabotagebeförderungen verwendet,
5. später als sieben Tage nach der letzten Entladung der eingeführten Lieferung eine Kabotagebeförderung durchführt,
6. nach Durchführung von mehr als zwei Kabotagebeförderungen in einem oder mehreren anderen Mitgliedstaaten nach unbeladener Einfahrt eine Kabotagebeförderung in Deutschland durchführt,
7. nach Durchführung einer grenzüberschreitenden Beförderung in einen Mitgliedstaat und unbeladener Einfahrt nach Deutschland mehr als eine Kabotagebeförderung durchführt oder
8. eine Kabotagebeförderung nicht innerhalb von drei Tagen im Anschluss an eine unbeladene Einfahrt nach Deutschland beendet.

(3) Ordnungswidrig handelt, wer als Fahrer, der Staatsangehöriger eines Drittstaates ist, vorsätzlich oder fahrlässig eine Kabotagebeförderung nach Artikel 8 der Verordnung (EG) Nr. 1072/2009 durchführt, ohne die Fahrerbescheinigung mitzuführen.

(4) Ordnungswidrig handelt, wer vorsätzlich oder fahrlässig
1. im grenzüberschreitenden Güterkraftverkehr einen Fahrer einsetzt, für den eine Fahrerbescheinigung nach Artikel 5 Absatz 2 der Verordnung (EG) Nr. 1072/2009 nicht ausgestellt worden ist,
2. Kabotage nach Artikel 8 Absatz 1 der Verordnung (EG) Nr. 1072/2009 betreibt, ohne Inhaber einer Gemeinschaftslizenz nach Artikel 4 der Verordnung (EG) Nr. 1072/2009 zu sein, oder
3. im Kabotageverkehr nach Artikel 8 Absatz 1 der Verordnung (EG) Nr. 1072/2009 einen Fahrer einsetzt, für den eine Fahrerbescheinigung nach Artikel 5 Absatz 2 der Verordnung (EG) Nr. 1072/2009 nicht ausgestellt worden ist.

(5) Ordnungswidrig handelt, wer gegen die Verordnung (EU) Nr. 1214/2011 des Europäischen Parlaments und des Rates vom 16. November 2011 über den gewerbsmäßigen grenzüberschreitenden Straßentransport von Euro-Bargeld zwischen den Mitgliedstaaten des Euroraums (ABl L 316 vom 29. 11. 2011, S. 1) verstößt, indem er vorsätzlich oder fahrlässig
1. ohne Lizenz nach Artikel 4 Absatz 1 einen grenzüberschreitenden Geldtransport betreibt,
2. entgegen Artikel 4 Absatz 3 Satz 2 ein Original oder eine beglaubigte Kopie einer gültigen Lizenz nicht oder nicht rechtzeitig vorweist,
3. entgegen Artikel 6 Absatz 4 Satz 1 eine erforderliche Waffengenehmigung nicht besitzt oder
4. entgegen Artikel 10 dort genannte Banknoten nicht oder nicht unverzüglich nach Entdecken aus dem Verkehr zieht.

(6) Ordnungswidrig handelt, wer vorsätzlich oder fahrlässig
1. als Verantwortlicher eines lizenzierten Unternehmens Sicherheitspersonal einsetzt, das einer in Artikel 5 Absatz 1 Unterabsatz 1 oder Absatz 2 Satz 1 der Verordnung (EU) Nr. 1214/2011 genannten Anforderung nicht genügt,
2. als Verantwortlicher eines lizenzierten Unternehmens ein Fahrzeug einsetzt, das einer Anforderung des Artikels 7 Absatz 1, 2, 3 oder Absatz 4 Satz 1 der Verordnung (EU) Nr. 1214/2011 nicht genügt, oder
3. einen Transport in einer nicht nach Artikel 13 Absatz 1 Satz 1 der Verordnung (EU) Nr. 1214/2011 genannten Option durchführt.

(7) [1]Die Ordnungswidrigkeit kann in den Fällen des Absatzes 1 Nr. 6c, Absatzes 1a Nr. 2 und des Absatzes 4 Nr. 1 und 3 mit einer Geldbuße bis zu zweihunderttausend Euro, in den Fällen

der Absätze 5 und 6 mit einer Geldbuße bis zu hunderttausend Euro, in den Fällen des Absatzes 1 Nr. 1b, 12, des Absatzes 1a Nr. 1, des Absatzes 2 Nr. 1 und des Absatzes 4 Nr. 2 mit einer Geldbuße bis zu zwanzigtausend Euro, in den übrigen Fällen mit einer Geldbuße bis zu fünftausend Euro geahndet werden. [2]Sie können auf der Grundlage und nach Maßgabe internationaler Übereinkünfte auch dann geahndet werden, wenn sie im Bereich gemeinsamer Grenzabfertigungsanlagen außerhalb des räumlichen Geltungsbereiches dieses Gesetzes begangen werden.

§ 20 Befugnisse des Bundesamtes bei der Verfolgung von Zuwiderhandlungen[1)]

(1) [1]Bei der Durchführung der Überwachungsaufgaben nach § 11 haben das Bundesamt und seine Beauftragten Zuwiderhandlungen gegen die gesetzlichen Vorschriften zu erforschen und zu verfolgen. [2]Die Beauftragten des Bundesamtes haben insoweit die Rechte und Pflichten der Beamten des Polizeivollzugsdienstes nach den Vorschriften der Strafprozessordnung und nach dem Gesetz über Ordnungswidrigkeiten. [3]§ 163 der Strafprozessordnung und § 53 des Gesetzes über Ordnungswidrigkeiten bleiben unberührt.

(1a) In den Fällen des Absatzes 1 Satz 1 haben die Beauftragten des Bundesamtes bei Gefahr im Verzuge das Recht zur Anordnung von Sicherheitsleistungen nach § 46 Abs. 1 des Gesetzes über Ordnungswidrigkeiten in Verbindung mit § 132 Abs. 1 Satz 1 Nr. 1, Satz 2, Abs. 2 der Strafprozessordnung.

(2) [1]In den Fällen des Absatzes 1 Satz 1 können auch das Bundesamt und seine Beauftragten die Verwarnung nach § 56 des Gesetzes über Ordnungswidrigkeiten erteilen. [2]§ 57 Abs. 1 des Gesetzes über Ordnungswidrigkeiten gilt entsprechend.

§ 21 Zuständigkeit für die Ahndung von Zuwiderhandlungen[2)]

(1) [1]Wird eine Zuwiderhandlung in einem Unternehmen begangen, das seinen Sitz im Inland hat, ist Verwaltungsbehörde im Sinne des § 36 Abs. 1 Nr. 1 des Gesetzes über Ordnungswidrigkeiten die von der Landesregierung bestimmte Behörde. [2]Die Landesregierung kann die Ermächtigung auf die zuständige oberste Landesbehörde übertragen.

(2) Wird eine Zuwiderhandlung in einem Unternehmen begangen, das seinen Sitz im Ausland hat, ist Verwaltungsbehörde im Sinne des § 36 Abs. 1 Nr. 1 des Gesetzes über Ordnungswidrigkeiten das Bundesamt.

(3) Abweichend von Absatz 1 ist das Bundesamt Verwaltungsbehörde im Sinne des § 36 Absatz 1 Nummer 1 des Gesetzes über Ordnungswidrigkeiten für Zuwiderhandlungen nach § 19 Absatz 1 Nummer 5 Buchstabe b, Nummer 6c, 6d, 6e, Absatz 1a, 2 Nummer 2, 3 und Absatz 4 Nummer 1, die in einem Unternehmen, das seinen Sitz im Inland hat, begangen wurden.

(4) § 405 des Dritten Buches Sozialgesetzbuch bleibt unberührt.

§ 21a Aufsicht[3)]

(1) Der Unternehmer des gewerblichen Güterkraftverkehrs und alle am Beförderungsvertrag Beteiligten unterliegen wegen der Erfüllung der gesetzlichen Vorschriften der Aufsicht der nach Landesrecht zuständigen Behörde.

(2) [1]Soweit dies zur Durchführung der Aufgaben nach Absatz 1 erforderlich ist, können die Beauftragten der Aufsichtsbehörden gegenüber Eigentümern und Besitzern von Fahrzeugen zur Güterbeförderung und allen an der Beförderung oder an den Handelsgeschäften über die beförderten Güter Beteiligten folgende Maßnahmen ergreifen:

1. Grundstücke und Geschäftsräume innerhalb der üblichen Betriebs- und Geschäftszeiten betreten sowie

---

1) **Anm. d. Red.:** § 20 i. d. F. des Gesetzes v. 6. 11. 2008 (BGBl I S. 2162) mit Wirkung v. 1. 1. 2009.

2) **Anm. d. Red.:** § 21 i. d. F. des Gesetzes v. 17. 6. 2013 (BGBl I S. 1558) mit Wirkung v. 1. 7. 2013.

3) **Anm. d. Red.:** § 21a i. d. F. des Gesetzes v. 17. 6. 2013 (BGBl I S. 1558) mit Wirkung v. 1. 7. 2013.

2. die erforderlichen Schriftstücke und Datenträger, insbesondere Aufzeichnungen, Frachtbriefe und Unterlagen über den Fahrzeugeinsatz einsehen und hieraus Abschriften, Auszüge, Ausdrucke und Kopien anfertigen oder elektronisch gespeicherte Daten auf eigene Datenträger übertragen.

[2]Die in Satz 1 genannten Personen haben diese Maßnahmen zu gestatten.

(3) [1]Die in Absatz 2 genannten Personen haben den Beauftragten der Aufsichtsbehörden auf Verlangen alle für die Durchführung der Aufsicht erforderlichen Auskünfte zu erteilen, Nachweise zu erbringen, Hilfsmittel zu stellen und Hilfsdienste zu leisten. [2]§ 12 Abs. 1 Satz 3 und 4 gilt entsprechend.

6. Abschnitt: Gebühren und Auslagen, Ermächtigungen[1)]

§ 22 Gebühren und Auslagen[2)]

(1) Für Amtshandlungen nach diesem Gesetz, nach den auf diesem Gesetz beruhenden Rechtsvorschriften, nach Rechtsakten der europäischen Gemeinschaft sowie aufgrund internationaler Abkommen und diese ergänzender nationaler Rechtsvorschriften sind Gebühren und Auslagen nach den Bestimmungen des Verwaltungskostengesetzes in der bis zum 14. August 2013 geltenden Fassung und der Rechtsverordnung nach Absatz 2 zu erheben.

(2) [1]Das Bundesministerium für Verkehr und digitale Infrastruktur wird ermächtigt, im Einvernehmen mit dem Bundesministerium der Finanzen und dem Bundesministerium für Wirtschaft und Energie durch Rechtsverordnung mit Zustimmung des Bundesrates die gebührenpflichtigen Tatbestände und die Gebühren nach festen Sätzen oder als Rahmengebühren näher zu bestimmen. [2]Im Bereich der Gebühren der Landesbehörden übt das Bundesministerium für Verkehr und digitale Infrastruktur die Ermächtigung nach Satz 1 auf der Grundlage eines Antrags oder einer Stellungnahme von mindestens fünf Ländern beim Bundesministerium für Verkehr, Bau und Stadtentwicklung aus. [3]Der Antrag oder die Stellungnahme sind mit einer Schätzung des Personal- und Sachaufwands zu begründen. [4]Das Bundesministerium für Verkehr und digitale Infrastruktur kann die übrigen Länder ebenfalls zur Beibringung einer Schätzung des Personal- und Sachaufwands auffordern.

(3) Auskünfte nach § 19 des Bundesdatenschutzgesetzes werden unentgeltlich erteilt.

GüKG

§ 23 Ermächtigungen zum Erlass von Durchführungsbestimmungen (hier nicht wiedergegeben)

§§ 24 und 25 (weggefallen)[3)]

1) **Anm. d. Red.:** Überschrift i. d. F. des Gesetzes v. 22. 11. 2011 (BGBl I S. 2272) mit Wirkung v. 26. 11. 2011.
2) **Anm. d. Red.:** § 22 i. d. F. der VO v. 31. 8. 2015 (BGBl I S. 1474) mit Wirkung v. 8. 9. 2015.
3) **Anm. d. Red.:** § 24 weggefallen gem. Gesetz v. 22. 11. 2011 (BGBl I S. 2272) mit Wirkung v. 26. 11. 2011.

XXII. Luftverkehrsgesetz (LuftVG)

v. 10.5.2007 (BGBl I S. 699) mit späteren Änderungen

Das Luftverkehrsgesetz (LuftVG) v. 10.5.2007 (BGBl I S. 699) ist zuletzt geändert worden durch Art. 2 Abs. 11 Gesetz zur Modernisierung des Rechts der Umweltverträglichkeitsprüfung v. 20.7.2017 (BGBl I S. 2808, ber. 2018 I S. 472).

Nichtamtliche Fassung

Inhaltsübersicht[1)]

1) **Anm. d. Red.:** Inhaltsübersicht i. d. F. des Gesetzes v. 19. 2. 2016 (BGBl I S. 254) mit Wirkung v. 1. 4. 2016.

Erster Abschnitt: Luftverkehr

1. Unterabschnitt: Luftfahrzeuge und Luftfahrtpersonal

§ 1 Freiheit des Luftraums[1)2)]

(1) Die Benutzung des Luftraums durch Luftfahrzeuge ist frei, soweit sie nicht durch dieses Gesetz, durch die zu seiner Durchführung erlassenen Rechtsvorschriften, durch im Inland anwendbares internationales Recht, durch Rechtsakte der Europäischen Union und die zu deren Durchführung erlassenen Rechtsvorschriften beschränkt wird.

(2) [1]Luftfahrzeuge sind

1. Flugzeuge
2. Drehflügler
3. Luftschiffe
4. Segelflugzeuge
5. Motorsegler
6. Frei- und Fesselballone
7. (weggefallen)
8. Rettungsfallschirme
9. Flugmodelle
10. Luftsportgeräte
11. sonstige für die Benutzung des Luftraums bestimmte Geräte, sofern sie in Höhen von mehr als dreißig Metern über Grund oder Wasser betrieben werden können.

[2]Raumfahrzeuge, Raketen und ähnliche Flugkörper gelten als Luftfahrzeuge, solange sie sich im Luftraum befinden. [3]Ebenfalls als Luftfahrzeuge gelten unbemannte Fluggeräte einschließlich ihrer Kontrollstation, die nicht zu Zwecken des Sports oder der Freizeitgestaltung betrieben werden (unbemannte Luftfahrtsysteme).

1) **Anm. d. Red.:** Die Überschriften zu den einzelnen Paragraphen sind nicht amtlich; sie wurden von der Redaktion hinzugefügt.

2) **Anm. d. Red.:** § 1 i. d. F. des Gesetzes v. 8. 5. 2012 (BGBl I S. 1032) mit Wirkung v. 12. 5. 2012.

§ 1a Räumlicher Geltungsbereich[1)]

(1) Die Vorschriften dieses Gesetzes und die zur Durchführung dieses Gesetzes erlassenen Rechtsvorschriften sind beim Betrieb

1. eines in der deutschen Luftfahrzeugrolle eingetragenen Luftfahrzeugs oder
2. eines anderen Luftfahrzeugs, für das die Bundesrepublik Deutschland die Verantwortung des Eintragungsstaats übernommen hat, oder
3. eines Luftfahrzeugs, welches in einem anderen Land registriert ist, aber unter einer deutschen Genehmigung nach § 20 oder nach Maßgabe des Rechts der Europäischen Union eingesetzt wird,

auch außerhalb des Hoheitsgebietes der Bundesrepublik Deutschland anzuwenden, soweit ihr materieller Inhalt dem nicht erkennbar entgegensteht oder nach völkerrechtlichen Grundsätzen die Befolgung ausländischer Rechtsvorschriften vorgeht.

(2) Soweit ausländisches Recht in Übereinstimmung mit völkerrechtlichen Grundsätzen extraterritoriale Wirkung beansprucht und sich auf Gegenstände bezieht, die von den Vorschriften nach § 1 Abs. 1 geregelt sind oder in einer sonstigen Beziehung zur Luftfahrt stehen, findet es im Hoheitsgebiet der Bundesrepublik Deutschland nur insoweit Anwendung, als es deutschem Recht nicht entgegensteht.

§ 1b Anwendung internationalen Rechts

(1) Wird ein Luftfahrzeug im Sinne des § 1a Abs. 1 außerhalb des Geltungsbereichs dieses Gesetzes betrieben, so sind international verbindliche Luftverkehrsregeln und Betriebsvorschriften im Sinne des Artikels 37 Abs. 2 Buchstabe c und des Artikels 38 des Abkommens vom 7. Dezember 1944 über die Internationale Zivilluftfahrt (BGBl 1956 II S. 411) zu beachten und zu befolgen, soweit sie dort gelten.

(2) [1]Bekannt gewordene und im Ausland nicht geahndete Verstöße werden von den zuständigen Behörden in der Bundesrepublik Deutschland verfolgt und geahndet, als ob sie im Inland begangen worden wären. [2]Die Ahndung erfolgt entsprechend der Umsetzung der in Absatz 1 genannten Regeln und Vorschriften durch deutsches Recht.

§ 1c Recht zur Benutzung des deutschen Luftraums[2)]

Die Berechtigung zum Verkehr im Luftraum der Bundesrepublik Deutschland haben nach Maßgabe des § 1 Abs. 1

1. Luftfahrzeuge, die in der deutschen Luftfahrzeugrolle oder im Luftsportgeräteverzeichnis eingetragen sind, sowie Luftfahrzeuge der Polizeien des Bundes und der Länder;
2. Luftfahrzeuge mit Eintragungszeichen der Bundeswehr;
3. Luftfahrzeuge, die einer Verkehrszulassung in der Bundesrepublik Deutschland nicht bedürfen;
4. Luftfahrzeuge, die in Mitgliedstaaten der Europäischen Union oder in anderen Vertragsstaaten des Abkommens über den Europäischen Wirtschaftsraum in einem Register eingetragen sind, aufgrund des Rechts der Europäischen Union oder des Abkommens über den Europäischen Wirtschaftsraum;
5. Luftfahrzeuge, die außerhalb der Mitgliedstaaten der Europäischen Union oder der anderen Vertragsstaaten des Abkommens über den Europäischen Wirtschaftsraum in einem Register eingetragen sind, aufgrund zwischenstaatlicher Vereinbarung;
6. Luftfahrzeuge, denen durch ausdrückliche Einflugerlaubnis nach § 2 Abs. 7 die Benutzung des deutschen Luftraums gestattet ist.

---

1) **Anm. d. Red.:** § 1a i. d. F. des Gesetzes v. 8. 5. 2012 (BGBl I S. 1032) mit Wirkung v. 12. 5. 2012.

2) **Anm. d. Red.:** § 1c i. d. F. des Gesetzes v. 7. 8. 2013 (BGBl I S. 3123) mit Wirkung v. 13. 8. 2013.

§ 2 Verkehrszulassung und Luftfahrzeugrolle[1)]

(1) [1]Deutsche Luftfahrzeuge dürfen nur verkehren, wenn sie zum Luftverkehr zugelassen (Verkehrszulassung) und – soweit es durch Rechtsverordnung vorgeschrieben ist – in das Verzeichnis der deutschen Luftfahrzeuge (Luftfahrzeugrolle) eingetragen sind. [2]Ein Luftfahrzeug wird zum Verkehr nur zugelassen, wenn

1. das Muster des Luftfahrzeugs zugelassen ist (Musterzulassung),
2. der Nachweis der Verkehrssicherheit nach der Prüfordnung für Luftfahrtgerät geführt ist,
3. der Halter des Luftfahrzeugs eine Haftpflichtversicherung zur Deckung der Haftung auf Schadensersatz wegen der Tötung, der Körperverletzung oder der Gesundheitsbeschädigung einer nicht im Luftfahrzeug beförderten Person und der Zerstörung oder der Beschädigung einer nicht im Luftfahrzeug beförderten Sache beim Betrieb eines Luftfahrzeugs nach den Vorschriften dieses Gesetzes und von Verordnungen der Europäischen Union unterhält und
4. die technische Ausrüstung des Luftfahrzeugs so gestaltet ist, dass das durch seinen Betrieb entstehende Geräusch das nach dem jeweiligen Stand der Technik unvermeidbare Maß nicht übersteigt.

(2) Der Musterzulassung nach Absatz 1 Nr. 1 bedarf auch das sonstige Luftfahrtgerät.

(3) Auf Startgeräte, ausgenommen Startwinden für Segelflugzeuge, sind die Vorschriften des Absatzes 1 über die Verkehrszulassung sinngemäß anzuwenden.

(4) Die Zulassung ist zu widerrufen, wenn die Voraussetzungen nach Absatz 1 nicht mehr vorliegen.

(5) Deutsche Luftfahrzeuge haben das Staatszugehörigkeitszeichen und eine besondere Kennzeichnung zu führen.

(6) Deutsche Luftfahrzeuge dürfen den Geltungsbereich dieses Gesetzes nur mit Erlaubnis verlassen.

(7) [1]Luftfahrzeuge, die nicht im Geltungsbereich dieses Gesetzes eingetragen und zugelassen sind, dürfen nur mit Erlaubnis in den Geltungsbereich dieses Gesetzes einfliegen oder auf andere Weise dorthin verbracht werden, um dort zu verkehren. [2]Dieser Erlaubnis bedarf es nicht, soweit

1. die Luftfahrzeuge in einem Luftfahrtunternehmen eingesetzt werden, das eine Betriebsgenehmigung nach der Verordnung (EG) Nr. 1008/2008 besitzt,
2. die Luftfahrzeuge in einem Mitgliedstaat der Europäischen Union eingetragen und zum Verkehr zugelassen sind und über ein Lufttüchtigkeitszeugnis nach Artikel 5 der Verordnung (EG) Nr. 216/2008 des Europäischen Parlaments und des Rates vom 20. Februar 2008 zur Festlegung gemeinsamer Vorschriften für die Zivilluftfahrt und zur Errichtung einer Europäischen Agentur für Flugsicherheit, zur Aufhebung der Richtlinie 91/670/EWG des Rates, der Verordnung (EG) Nr. 1592/2002 und der Richtlinie 2004/36/EG (ABl L 79 vom 19. 3. 2008, S. 1) in der jeweils geltenden Fassung verfügen,
3. die Luftfahrzeuge in einem Staat registriert sind, in dem das Luftverkehrsrecht der Europäischen Union Anwendung findet, wenn diese Luftfahrzeuge die Voraussetzungen der Nummer 1 oder 2 erfüllen, oder
4. ein Abkommen zwischen dem Heimatstaat und der Bundesrepublik Deutschland oder ein für beide Staaten verbindliches Übereinkommen etwas anderes bestimmt.

(8) Die Erlaubnis nach den Absätzen 6 und 7 kann allgemein oder für den Einzelfall erteilt, mit Auflagen verbunden und befristet werden.

(9) Soweit eine von der Kommission der Europäischen Gemeinschaften auf Grund der Verordnung (EG) Nr. 2111/2005 des Europäischen Parlaments und des Rates vom 14. Dezember 2005

---

1) **Anm. d. Red.:** § 2 i. d. F. des Gesetzes v. 28. 6. 2016 (BGBl I S. 1548) mit Wirkung v. 3. 7. 2016.

über die Erstellung einer gemeinschaftlichen Liste der Luftfahrtunternehmen, gegen die in der Gemeinschaft eine Betriebsuntersagung ergangen ist, sowie über die Unterrichtung von Fluggästen über die Identität des ausführenden Luftfahrtunternehmens und zur Aufhebung des Artikels 9 der Richtlinie 2004/36/EG (ABl EU Nr. L 344 S. 15) erlassene und in der im Amtsblatt der Europäischen Union veröffentlichten gemeinschaftlichen Liste aufgeführte Betriebsuntersagung dem entgegensteht, ist die Erlaubnis nach Absatz 7 Satz 1 unwirksam und gilt Absatz 7 Satz 2 nicht.

§ 3 Eintrag in die deutsche Luftfahrzeugrolle[1)]

(1) [1]Luftfahrzeuge werden vorbehaltlich abweichender Verordnungen des Rates der Europäischen Union in die deutsche Luftfahrzeugrolle nur eingetragen, wenn

1. sie in einem ausländischen staatlichen Luftfahrzeugregister nicht eingetragen sind und im ausschließlichen Eigentum deutscher Staatsangehöriger stehen; juristische Personen und Gesellschaften des Handelsrechts mit Sitz im Inland werden deutschen Staatsangehörigen gleichgestellt, wenn der überwiegende Teil ihres Vermögens oder Kapitals sowie die tatsächliche Kontrolle darüber deutschen Staatsangehörigen zusteht und die Mehrheit der Vertretungsberechtigten oder persönlich haftenden Personen deutsche Staatsangehörige sind;
2. ein Recht eines deutschen Staatsangehörigen, an einem Luftfahrzeug Eigentum durch Kauf zu erwerben, oder ein Recht zum Besitz aufgrund eines für einen Zeitraum von mindestens sechs Monaten abgeschlossenen Mietvertrages oder eines dem Mietvertrag ähnlichen Rechtsverhältnisses besteht.

[2]Staatsangehörige der Mitgliedstaaten der Europäischen Union stehen deutschen Staatsangehörigen gleich. [3]Das Gleiche gilt für Angehörige aus anderen Staaten, in denen das Luftverkehrsrecht der Europäischen Union Anwendung findet.

(2) Die für die Verkehrszulassung zuständige Stelle kann im Einzelfall Ausnahmen zulassen, wenn besondere Umstände vorliegen.

§ 3a Übertragung von Zuständigkeiten[2)]

(1) Mit der Eintragung in die Luftfahrzeugrolle wird die Pflicht nach § 2 Abs. 5 begründet.

(2) Das Bundesministerium für Verkehr und digitale Infrastruktur oder eine von ihm bestimmte Behörde kann durch Verwaltungsabkommen mit der zuständigen Behörde eines ausländischen Staates zur Umsetzung von Artikel 83bis des Abkommens über die Internationale Zivilluftfahrt vom 7. Dezember 1944 (BGBl 1956 II S. 412, 1997 II S. 1777) die völkerrechtliche Verantwortung und die damit verbundene Zuständigkeit für ein nach § 3 eingetragenes Luftfahrzeug auf die zuständige Stelle des anderen Staates übertragen.

(3) [1]Desgleichen kann die Bundesrepublik Deutschland durch Verwaltungsabkommen nach Absatz 2 die Zuständigkeit für ein in einem ausländischen Register eingetragenes Luftfahrzeug übernehmen. [2]Ein derartiges Luftfahrzeug unterliegt den Anforderungen dieses Gesetzes und den auf seiner Grundlage erlassenen Rechtsvorschriften.

§ 4 Luftfahrerlaubnis[3)]

(1) [1]Wer ein Luftfahrzeug führt oder bedient (Luftfahrer) bedarf der Erlaubnis. [2]Die Erlaubnis wird nur erteilt, wenn

1. der Bewerber das vorgeschriebene Mindestalter besitzt,
2. der Bewerber seine Tauglichkeit nachgewiesen hat,

---

1) **Anm. d. Red.:** § 3 i. d. F. des Gesetzes v. 8. 5. 2012 (BGBl I S. 1032) mit Wirkung v. 12. 5. 2012.

2) **Anm. d. Red.:** § 3a i. d. F. der VO v. 31. 8. 2015 (BGBl I S. 1474) mit Wirkung v. 8. 9. 2015.

3) **Anm. d. Red.:** § 4 i. d. F. des Gesetzes v. 7. 8. 2013 (BGBl I S. 3123) mit Wirkung v. 13. 8. 2013.

3. keine Tatsachen vorliegen, die den Bewerber als unzuverlässig erscheinen lassen, ein Luftfahrzeug zu führen oder zu bedienen, und keine Zweifel an der Zuverlässigkeit des Bewerbers nach § 7 des Luftsicherheitsgesetzes bestehen,
4. der Bewerber eine Prüfung nach der Verordnung über Luftfahrtpersonal oder nach der Verordnung (EU) Nr. 1178/2011 der Kommission vom 3. November 2011 zur Festlegung technischer Vorschriften und von Verwaltungsverfahren in Bezug auf das fliegende Personal in der Zivilluftfahrt gemäß der Verordnung (EG) Nr. 216/2008 des Europäischen Parlaments und des Rates (ABl L 311 vom 25. 11. 2011, S. 1), die durch die Verordnung (EU) Nr. 290/2012 (ABl L 100 vom 5. 4. 2012, S. 1) geändert worden ist, bestanden hat und
5. dem Bewerber nicht bereits eine Erlaubnis gleicher Art und gleichen Umfangs nach Maßgabe dieser Vorschrift erteilt worden ist.

(2) Die Vorschriften des Absatzes 1 sind auf sonstiges Luftfahrtpersonal sinngemäß anzuwenden, soweit seine Tätigkeit aufgrund einer Rechtsverordnung nach § 32 Abs. 1 Nr. 4 erlaubnispflichtig ist.

(3) Die Erlaubnis ist zu widerrufen, wenn die Voraussetzungen nach Absatz 1 nicht mehr vorliegen.

(4) [1]Bei Übungs- und Prüfungsflügen in Begleitung von Fluglehrern (§ 5 Abs. 3) gelten die Fluglehrer als diejenigen, die das Luftfahrzeug führen oder bedienen. [2]Das Gleiche gilt auch für Prüfer bei Prüfungsflügen und für Luftfahrer, die andere Luftfahrer in ein Luftfahrzeugmuster einweisen oder mit diesem vertraut machen, es sei denn, dass ein anderer als verantwortlicher Luftfahrzeugführer bestimmt ist. [3]Bei Übungs- und Prüfungsflügen ohne Begleitung von Fluglehrern oder Prüfern bedürfen Luftfahrer keiner Erlaubnis, wenn es sich um Flüge handelt, die von Fluglehrern oder Prüfungsratsmitgliedern angeordnet und beaufsichtigt werden.

LuftVG

(5) [1]Auf das Personal für die Flugsicherung

a) in der Flugverkehrskontrolle (Fluglotsen),

b) in den Verwendungsbereichen Flugdatenbearbeitung in der Flugverkehrskontrolle, Fluginformationsdienst und Flugberatung,

c) bei Betrieb, Instandhaltung und Überwachung der betrieblich genutzten flugsicherungstechnischen Einrichtungen

sind Absatz 1 Satz 1, 2 Nummer 1 bis 3 und Absatz 3 entsprechend anzuwenden. [2]Voraussetzung ist ferner der Nachweis der Befähigung und Eignung gemäß einer Rechtsverordnung nach § 32 Absatz 4 Nummer 4 und 4a.

§ 4a[1)]

(1) [1]Luftfahrzeugführern ist das Führen oder Bedienen eines Luftfahrzeuges unter dem Einfluss von Alkohol oder anderen psychoaktiven Substanzen untersagt. [2]Satz 1 gilt für Medikamente nur so weit, als auf Grund ihrer betäubenden, bewusstseinsverändernden oder aufputschenden Wirkung davon auszugehen ist, dass sie die Dienstfähigkeit von Luftfahrzeugführern beeinträchtigen oder ausschließen, es sei denn, durch eine ärztliche Bescheinigung eines flugmedizinischen Sachverständigen oder eines flugmedizinischen Zentrums kann nachgewiesen werden, dass eine solche Wirkung nicht zu befürchten ist.

(2) [1]Luftfahrtunternehmen nach § 20 Absatz 1, die ihren Hauptsitz in Deutschland haben oder über eine durch das Luftfahrt-Bundesamt anerkannte Niederlassung in Deutschland verfugen, haben dafür Sorge zu tragen, dass nur Luftfahrzeugführer eingesetzt werden, die befähigt und geeignet sind, eine sichere und ordnungsgemäße Beförderung zu gewährleisten. [2]Dazu sind von ihnen bei den Luftfahrzeugführern vor Dienstbeginn auch verdachtsunabhängige Kontrollen in Form von Stichproben durchzuführen, in denen geprüft wird, ob die kontrollierte Person unter dem Einfluss von Stoffen nach Absatz 1 steht. [3]Die Kontrollen dürfen nur unter ärztlicher Auf-

1) **Anm. d. Red.:** § 4a eingefügt gem. Gesetz v. 28. 6. 2016 (BGBl I S. 1548) mit Wirkung v. 3. 7. 2016.

sicht durchgeführt werden. [4]Die Einzelheiten der Durchführung der Kontrollen sind durch Tarifvertrag oder wenn ein solcher nicht besteht durch Betriebsvereinbarung zu regeln.

§ 5 Erlaubnis für Fluglehrer[1)]

(1) [1]Wer es unternimmt, Luftfahrer oder Personal für die Flugsicherung auszubilden, bedarf unbeschadet der Vorschrift des Absatzes 3 der Erlaubnis. [2]Die Erlaubnis kann mit Auflagen verbunden und befristet werden.

(2) [1]Die Erlaubnis ist zu versagen, wenn Tatsachen die Annahme rechtfertigen, dass die öffentliche Sicherheit oder Ordnung gefährdet werden kann oder der Bewerber oder seine Ausbilder persönlich ungeeignet sind; ergeben sich später solche Tatsachen, so ist die Erlaubnis zu widerrufen. [2]Die Erlaubnis kann außerdem widerrufen werden, wenn sie länger als ein Jahr nicht ausgenutzt worden ist.

(3) Die praktische Ausbildung der Luftfahrer darf nur von Personen vorgenommen werden, die eine Lehrberechtigung nach der Verordnung (EU) Nr. 1178/2011 oder nach der Verordnung über Luftfahrtpersonal besitzen (Fluglehrer).

2. Unterabschnitt: Flugplätze

§ 6 Genehmigung von Flugplätzen[2)]

(1) [1]Flugplätze (Flughäfen, Landeplätze und Segelfluggelände) dürfen nur mit Genehmigung angelegt oder betrieben werden. [2]Im Genehmigungsverfahren für Flugplätze, die einer Planfeststellung bedürfen, ist die Umweltverträglichkeit zu prüfen. [3]§ 47 Absatz 2 des Gesetzes über die Umweltverträglichkeitsprüfung bleibt unberührt. [4]Die Genehmigung kann mit Auflagen verbunden und befristet werden.

(2) [1]Vor Erteilung der Genehmigung ist besonders zu prüfen, ob die geplante Maßnahme den Erfordernissen der Raumordnung entspricht und ob die Erfordernisse des Naturschutzes und der Landschaftspflege sowie des Städtebaus und der Schutz vor Fluglärm angemessen berücksichtigt sind. [2]Die §§ 4 und 5 des Raumordnungsgesetzes bleiben unberührt. [3]Ist das in Aussicht genommene Gelände ungeeignet oder rechtfertigen Tatsachen die Annahme, dass die öffentliche Sicherheit oder Ordnung gefährdet wird, ist die Genehmigung zu versagen. [4]Ergeben sich später solche Tatsachen, so kann die Genehmigung widerrufen werden.

(3) Die Genehmigung eines Flughafens, der dem allgemeinen Verkehr dienen soll, ist außerdem zu versagen, wenn durch die Anlegung und den Betrieb des beantragten Flughafens die öffentlichen Interessen in unangemessener Weise beeinträchtigt werden.

(4) [1]Die Genehmigung ist zu ergänzen oder zu ändern, wenn dies nach dem Ergebnis des Planfeststellungsverfahrens (§§ 8 bis 10) notwendig ist. [2]Eine Änderung der Genehmigung ist auch erforderlich, wenn die Anlage oder der Betrieb des Flugplatzes wesentlich erweitert oder geändert werden soll.

(5) [1]Für das Genehmigungsverfahren gelten § 73 Absatz 3a, § 75 Absatz 1a sowie § 74 Abs. 4 und 5 des Verwaltungsverfahrensgesetzes über die Bekanntgabe entsprechend. [2]Für die in § 8 Abs. 1 bezeichneten Flugplätze gilt für die Durchführung des Genehmigungsverfahrens auch § 10 Absatz 4 und 5 entsprechend.

(6) [1]Im Falle des Absatzes 5 Satz 2 hat der Widerspruch eines Dritten gegen die Erteilung der Genehmigung keine aufschiebende Wirkung. [2]Der Antrag auf Anordnung der aufschiebenden Wirkung nach § 80 Abs. 5 Satz 1 der Verwaltungsgerichtsordnung kann nur innerhalb eines Monats nach Zustellung des Genehmigungsbescheides gestellt und begründet werden. [3]Darauf ist in der Rechtsbehelfsbelehrung hinzuweisen.

1) **Anm. d. Red.:** § 5 i. d. F. des Gesetzes v. 7. 8. 2013 (BGBl I S. 3123) mit Wirkung v. 13. 8. 2013.

2) **Anm. d. Red.:** § 6 i. d. F. des Gesetzes v. 20. 7. 2017 (BGBl I S. 2808, ber. 2018 I S. 472) mit Wirkung v. 29. 7. 2017.

(7) Ist nach dem Gesetz über die Umweltverträglichkeitsprüfung im Genehmigungsverfahren eine Umweltverträglichkeitsprüfung durchzuführen, so bedarf es keiner förmlichen Erörterung im Sinne des § 18 Absatz 1 Satz 4 des Gesetzes über die Umweltverträglichkeitsprüfung.

§ 7 Vorläufige Vorarbeiten

(1) Die Genehmigungsbehörde kann dem Antragsteller die zur Vorbereitung seines Antrags (§ 6) oder die zur Durchführung des Vorhabens notwendigen Vermessungen, Boden- und Grundwasseruntersuchungen einschließlich der vorübergehenden Anbringung von Markierungszeichen und sonstigen Vorarbeiten gestatten, wenn eine Prüfung ergeben hat, dass die Voraussetzungen für die Erteilung einer Genehmigung voraussichtlich vorliegen.

(2) [1]Die Dauer der Erlaubnis soll zwei Jahre nicht überschreiten. [2]Diese Erlaubnis gibt keinen Anspruch auf Erteilung der Genehmigung nach § 6.

(3) [1]Die Beauftragten der Genehmigungsbehörde können Grundstücke, die für die Genehmigung in Betracht kommen, auch ohne Zustimmung des Berechtigten betreten, diese Grundstücke vermessen und sonstige Vorarbeiten vornehmen, die für die endgültige Entscheidung über die Eignung des Geländes notwendig sind. [2]Zum Betreten von Wohnungen sind sie nicht berechtigt.

(4) [1]Die Genehmigungsbehörde kann die Vorarbeiten von Auflagen abhängig machen. [2]Ist durch die Vorarbeiten ein erheblicher Schaden zu erwarten, hat die Genehmigungsbehörde Sicherheitsleistung durch den Antragsteller anzuordnen.

LuftVG

(5) [1]Wenn durch die Vorarbeiten Schäden verursacht werden, hat der Antragsteller unverzüglich nach Eintritt des jeweiligen Schadens volle Entschädigung in Geld zu leisten oder auf Verlangen des Geschädigten den früheren Zustand wiederherzustellen. [2]Über Art und Höhe der Entschädigung entscheiden im Streitfalle die ordentlichen Gerichte.

§ 8 Planfeststellung, Plangenehmigung[1)]

(1) [1]Flughäfen sowie Landeplätze mit beschränktem Bauschutzbereich nach § 17 dürfen nur angelegt, bestehende nur geändert werden, wenn der Plan nach § 10 vorher festgestellt ist. [2]Bei der Planfeststellung sind die von dem Vorhaben berührten öffentlichen und privaten Belange einschließlich der Umweltverträglichkeit im Rahmen der Abwägung zu berücksichtigen. [3]Hierbei sind zum Schutz der Allgemeinheit und der Nachbarschaft vor schädlichen Umwelteinwirkungen durch Fluglärm die jeweils anwendbaren Werte des § 2 Absatz 2 des Gesetzes zum Schutz gegen Fluglärm zu beachten. [4]Die Prüfung der Umweltverträglichkeit und der Verträglichkeit mit den Erhaltungszielen von Natura 2000-Gebieten muss sich räumlich auf den gesamten Einwirkungsbereich des Vorhabens erstrecken, in dem entscheidungserhebliche Auswirkungen möglich sind. [5]Hierbei sind in der Umgebung der in Satz 1 bezeichneten Flugplätze alle die Bereiche zu berücksichtigen, in denen An- und Abflugverkehr weder aus tatsächlichen noch aus rechtlichen Gründen ausgeschlossen werden kann. [6]Lässt sich die Zulassung des Vorhabens nur rechtfertigen, wenn bestimmte Gebiete von erheblichen Beeinträchtigungen durch An- und Abflugverkehr verschont bleiben, legt die Planfeststellungsbehörde fest, dass An- und Abflugverkehr über diesen Gebieten nicht abgewickelt werden darf. [7]Die Planfeststellungsbehörde kann auch Bedingungen für die Zulässigkeit von Überflügen über bestimmten Gebieten festlegen. [8]Vor einer Festlegung im Planfeststellungsbeschluss ist der Flugsicherungsorganisation und dem Bundesaufsichtsamt für Flugsicherung Gelegenheit zu geben, zu den Auswirkungen einer solchen Festlegung auf die künftige Verkehrsführung und Abwicklung des Luftverkehrs Stellung zu nehmen. [9]Auf Genehmigungen nach § 6 Absatz 1 und 4 Satz 2 sind die Sätze 3 bis 5 entsprechend anzuwenden. [10]Für das Planfeststellungsverfahren gelten die §§ 72 bis 78 des Verwaltungsverfahrensgesetzes nach Maßgabe dieses Gesetzes.

(2) Für die Plangenehmigung gilt § 9 Absatz 1 entsprechend.

---

1) **Anm. d. Red.:** § 8 i. d. F. des Gesetzes v. 28. 6. 2016 (BGBl I S. 1548) mit Wirkung v. 3. 7. 2016.

(3) (weggefallen)

(4) [1]Betriebliche Regelungen und die bauplanungsrechtliche Zulässigkeit von Hochbauten auf dem Flugplatzgelände können Gegenstand der Planfeststellung sein. [2]Änderungen solcherart getroffener betrieblicher Regelungen bedürfen nur einer Regelung entsprechend § 6 Abs. 4 Satz 2.

(5) [1]Für die zivile Nutzung eines aus der militärischen Trägerschaft entlassenen ehemaligen Militärflugplatzes ist eine Änderungsgenehmigung nach § 6 Abs. 4 Satz 2 durch die zuständige Zivilluftfahrtbehörde erforderlich, in der der Träger der zivilen Nutzung anzugeben ist. [2]Die Genehmigungsurkunde muss darüber hinaus die für die entsprechende Flugplatzart vorgeschriebenen Angaben enthalten (§ 42 Abs. 2, § 52 Abs. 2, § 57 Abs. 2 der Luftverkehrs-Zulassungs-Ordnung). [3]Eine Planfeststellung oder Plangenehmigung findet nicht statt, jedoch muss das Genehmigungsverfahren den Anforderungen des Gesetzes über die Umweltverträglichkeitsprüfung entsprechen, wenn die zivile Nutzung des Flugplatzes mit baulichen Änderungen oder Erweiterungen verbunden ist, für die nach dem Gesetz über die Umweltverträglichkeitsprüfung eine Umweltverträglichkeitsprüfung durchzuführen ist. [4]Ein militärischer Bauschutzbereich bleibt bestehen, bis die Genehmigungsbehörde etwas anderes bestimmt. [5]Spätestens mit der Bekanntgabe der Änderungsgenehmigung nach § 6 Abs. 4 Satz 2 gehen alle Rechte und Pflichten von dem militärischen auf den zivilen Träger über.

(6) Die Genehmigung nach § 6 ist nicht Voraussetzung für ein Planfeststellungsverfahren oder ein Plangenehmigungsverfahren.

(7) Absatz 5 Satz 1 bis 3 gilt entsprechend bei der zivilen Nutzung oder Mitbenutzung eines nicht aus der militärischen Trägerschaft entlassenen Militärflugplatzes.

(8) [1]§ 7 gilt für das Planfeststellungsverfahren entsprechend. [2]Vorarbeiten zur Baudurchführung sind darüber hinaus auch vor Eintritt der Bestandskraft eines Planfeststellungsbeschlusses oder einer Plangenehmigung zu dulden.

§ 8a Veränderungssperre

(1) [1]Sobald der Plan ausgelegt oder andere Gelegenheit gegeben ist, den Plan einzusehen, dürfen auf den vom Plan betroffenen Flächen bis zu ihrer Inanspruchnahme wesentlich wertsteigernde oder die geplanten Baumaßnahmen erheblich erschwerende Veränderungen nicht vorgenommen werden (Veränderungssperre). [2]Als vom Plan betroffen gelten Flächen auch insoweit, als für die Erteilung einer Baugenehmigung nach dem im Plan für den Ausbau bezeichneten Bauschutzbereich (§§ 12, 17) ein Zustimmungsvorbehalt der Luftfahrtbehörde besteht. [3]Veränderungen, die in rechtlich zulässiger Weise vorher begonnen worden sind, Unterhaltungsarbeiten und die Fortführung einer bisher ausgeübten Nutzung werden davon nicht berührt. [4]Unzulässige Veränderungen bleiben bei der Anordnung von Vorkehrungen und Anlagen und im Entschädigungsverfahren unberücksichtigt.

(2) Dauert die Veränderungssperre über vier Jahre, können die Eigentümer für die dadurch entstandenen Vermögensnachteile Entschädigung verlangen.

(3) In den Fällen des Absatzes 1 Satz 1 steht dem Unternehmer an den betroffenen Flächen ein Vorkaufsrecht zu.

§ 9 Wirkungen der Planfeststellung[1)]

(1) § 75 Absatz 1 des Verwaltungsverfahrensgesetzes gilt nicht für Entscheidungen des Bundesministeriums für Verkehr und digitale Infrastruktur nach § 27d Absatz 1 und 4 und Entscheidungen der Baugenehmigungsbehörden auf Grund des Baurechts.

(2) [1]Wird der Plan nicht innerhalb von fünf Jahren nach Rechtskraft durchgeführt, so können die vom Plan betroffenen Grundstückseigentümer verlangen, dass der Unternehmer ihre Grundstücke und Rechte insoweit erwirbt, als nach § 28 die Enteignung zulässig ist. [2]Kommt keine Ei-

1) **Anm. d. Red.:** § 9 i. d. F. der VO v. 31. 8. 2015 (BGBl I S. 1474) mit Wirkung v. 8. 9. 2015.

nigung zustande, so können sie die Durchführung des Enteignungsverfahrens bei der Enteignungsbehörde beantragen. [3]Im Übrigen gilt § 28.

(3) Wird mit der Durchführung des Plans nicht innerhalb von zehn Jahren nach Eintritt der Unanfechtbarkeit begonnen, so tritt er außer Kraft, es sei denn, er wird vorher auf Antrag des Trägers des Vorhabens von der Planfeststellungsbehörde um höchstens fünf Jahre verlängert.

§ 10 Planfeststellungsbehörde[1)]

(1) [1]Planfeststellungsbehörde und Anhörungsbehörde sind die von der Landesregierung bestimmten Behörden des Landes, in dem das Gelände liegt. [2]Erstreckt sich das Gelände auf mehrere Länder, so trifft die Bestimmung nach Satz 1 die Landesregierung des Landes, in dem der überwiegende Teil des Geländes liegt.

(2) [1]Für das Anhörungsverfahren gilt § 73 des Verwaltungsverfahrensgesetzes mit folgenden Maßgaben:

1. § 73 Absatz 3a des Verwaltungsverfahrensgesetzes gilt für Äußerungen der Kommission nach § 32b entsprechend.
2. [1]Bei der Änderung eines Flughafens oder eines Landeplatzes mit beschränktem Bauschutzbereich nach § 17 kann von einer förmlichen Erörterung im Sinne des § 73 Abs. 6 des Verwaltungsverfahrensgesetzes und des § 18 Absatz 1 Satz 2 des Gesetzes über die Umweltverträglichkeitsprüfung abgesehen werden. [2]Vor dem Abschluss des Planfeststellungsverfahrens ist den Einwendern Gelegenheit zur Äußerung zu geben. [3]Die Stellungnahme der Anhörungsbehörde nach § 73 Abs. 9 des Verwaltungsverfahrensgesetzes ist innerhalb von sechs Wochen nach Ablauf der Einwendungsfrist abzugeben.
3. [1]Soll ein ausgelegter Plan geändert werden, so sind auch die vom Bund oder Land anerkannten Naturschutzvereinigungen entsprechend § 73 Abs. 8 Satz 1 des Verwaltungsverfahrensgesetzes zu beteiligen. [2]Im Falle des § 73 Abs. 8 Satz 2 des Verwaltungsverfahrensgesetzes erfolgt die Beteiligung in entsprechender Anwendung der Nummer 3 Satz 3 und 4. [3]Von einer Erörterung im Sinne des § 73 Abs. 6 des Verwaltungsverfahrensgesetzes und des § 18 Absatz 1 Satz 4 des Gesetzes über die Umweltverträglichkeitsprüfung kann abgesehen werden.

[2]Die Maßgaben gelten entsprechend, wenn das Verfahren landesrechtlich durch ein Verwaltungsverfahrensgesetz geregelt ist.

(3) Werden öffentliche Interessen berührt, für die die Zuständigkeit von Bundesbehörden oder von Behörden, die im Auftrag des Bundes tätig werden, gegeben ist, und kommt eine Verständigung zwischen der Planfeststellungsbehörde und den genannten Behörden nicht zustande, so hat die Planfeststellungsbehörde im Benehmen mit dem Bundesministerium für Verkehr und digitale Infrastruktur zu entscheiden.

(4) [1]Die Anfechtungsklage gegen einen Planfeststellungsbeschluss oder eine Plangenehmigung für den Bau oder die Änderung von Flughäfen oder Landeplätzen mit beschränktem Bauschutzbereich hat keine aufschiebende Wirkung. [2]Der Antrag auf Anordnung der aufschiebenden Wirkung der Anfechtungsklage gegen einen Planfeststellungsbeschluss oder eine Plangenehmigung nach § 80 Abs. 5 Satz 1 der Verwaltungsgerichtsordnung kann nur innerhalb eines Monats nach Zustellung des Planfeststellungsbeschlusses oder der Plangenehmigung gestellt und begründet werden. [3]§ 58 der Verwaltungsgerichtsordnung gilt entsprechend. [4]Treten später Tatsachen ein, die die Wiederherstellung der aufschiebenden Wirkung rechtfertigen, so kann der durch den Planfeststellungsbeschluss oder die Plangenehmigung Beschwerte einen hierauf gestützten Antrag nach § 80 Abs. 5 Satz 1 der Verwaltungsgerichtsordnung innerhalb von einem Monat stellen. [5]Die Frist beginnt in dem Zeitpunkt, in dem der Beschwerte von den Tatsachen Kenntnis erlangt.

1) **Anm. d. Red.:** § 10 i. d. F. des Gesetzes v. 20. 7. 2017 (BGBl I S. 2808, ber. 2018 I S. 472) mit Wirkung v. 29. 7. 2017.

(5) [1]Der Kläger hat innerhalb einer Frist von sechs Wochen die zur Begründung seiner Klage dienenden Tatsachen und Beweismittel anzugeben. [2]§ 87b Abs. 3 und § 128a der Verwaltungsgerichtsordnung gelten entsprechend.

§ 10a Zeugnis nach der Verordnung (EG) Nr. 216/2008[1)]

[1]Für Flugplätze im Anwendungsbereich von Artikel 4 Absatz 3a der Verordnung (EG) Nr. 216/2008 entscheidet die zuständige Luftfahrtbehörde auf Antrag über die Erteilung eines Zeugnisses gemäß Artikel 8a der Verordnung (EG) Nr. 216/2008 und über die Freistellung des Flugplatzes nach Artikel 4 Absatz 3b. [2]Die §§ 6 bis 10 bleiben unberührt.

§ 11 Privatrechtlicher Abwehranspruch

Die Vorschrift des § 14 des Bundes-Immissionsschutzgesetzes gilt für Flugplätze entsprechend.

§ 12 Bauschutzbereich[2)]

(1) [1]Bei Genehmigung eines Flughafens ist für den Ausbau ein Plan festzulegen. [2]Dieser ist maßgebend für den Bereich, in dem die in den Absätzen 2 und 3 bezeichneten Baubeschränkungen gelten (Bauschutzbereich). [3]Der Plan muss enthalten

1. die Start- und Landebahnen einschließlich der sie umgebenden Schutzstreifen (Start- und Landeflächen),
2. die Sicherheitsflächen, die an den Enden der Start- und Landeflächen nicht länger als je 1 000 Meter und seitlich der Start- und Landeflächen bis zum Beginn der Anflugsektoren je 350 Meter breit sein sollen,
3. den Flughafenbezugspunkt, der in der Mitte des Systems der Start- und Landeflächen liegen soll,
4. die Startbahnbezugspunkte, die je in der Mitte der Start- und Landeflächen liegen sollen,
5. die Anflugsektoren, die sich beiderseits der Außenkanten der Sicherheitsflächen an deren Enden mit einem Öffnungswinkel von je 15 Grad anschließen; sie enden bei Hauptstart- und Hauptlandeflächen in einer Entfernung von 15 Kilometern, bei Nebenstart- und Nebenlandeflächen in einer Entfernung von 8,5 Kilometern vom Startbahnbezugspunkt.

(2) [1]Nach Genehmigung eines Flughafens darf die für die Erteilung einer Baugenehmigung zuständige Behörde die Errichtung von Bauwerken im Umkreis von 1,5 Kilometer Halbmesser um den Flughafenbezugspunkt sowie auf den Start- und Landeflächen und den Sicherheitsflächen nur mit Zustimmung der Luftfahrtbehörden genehmigen. [2]Die Zustimmung der Luftfahrtbehörden gilt als erteilt, wenn sie nicht binnen zwei Monaten nach Eingang des Ersuchens der für die Erteilung einer Baugenehmigung zuständigen Behörde verweigert wird. [3]Ist die fachliche Beurteilung innerhalb dieser Frist wegen des Ausmaßes der erforderlichen Prüfungen nicht möglich, kann sie von der für die Baugenehmigung zuständigen Behörde im Benehmen mit dem Bundesaufsichtsamt für Flugsicherung verlängert werden. [4]Sehen landesrechtliche Bestimmungen für die Errichtung von Bauwerken nach Satz 1 die Einholung einer Baugenehmigung nicht vor, bedarf die Errichtung dieser Bauwerke der Genehmigung der Luftfahrtbehörde unter ausschließlich luftverkehrssicherheitlichen Erwägungen.

(3) [1]In der weiteren Umgebung eines Flughafens ist die Zustimmung der Luftfahrtbehörden erforderlich, wenn die Bauwerke folgende Begrenzung überschreiten sollen:

1. außerhalb der Anflugsektoren
   a) im Umkreis von 4 Kilometer Halbmesser um den Flughafenbezugspunkt eine Höhe von 25 Metern (Höhe bezogen auf den Flughafenbezugspunkt),

1) **Anm. d. Red.:** § 10a eingefügt gem. Gesetz v. 28. 6. 2016 (BGBl I S. 1548) mit Wirkung v. 3. 7. 2016.

2) **Anm. d. Red.:** § 12 i. d. F. des Gesetzes v. 29. 7. 2009 (BGBl I S. 2424) mit Wirkung v. 4. 8. 2009.

b) im Umkreis von 4 Kilometer bis 6 Kilometer Halbmesser um den Flughafenbezugspunkt die Verbindungslinie, die von 45 Meter Höhe bis 100 Meter Höhe (Höhen bezogen auf den Flughafenbezugspunkt) ansteigt;

2. innerhalb der Anflugsektoren

a) von dem Ende der Sicherheitsflächen bis zu einem Umkreis um den Startbahnbezugspunkt von 10 Kilometer Halbmesser bei Hauptstart- und Hauptlandeflächen und von 8,5 Kilometer bei Nebenstart- und Nebenlandeflächen die Verbindungslinie, die von 0 Meter Höhe an diesem Ende bis 100 Meter Höhe (Höhen bezogen auf den Startbahnbezugspunkt der betreffenden Start- und Landefläche) ansteigt,

b) im Umkreis von 10 Kilometer bis 15 Kilometer Halbmesser um den Startbahnbezugspunkt bei Hauptstart- und Hauptlandeflächen die Höhe von 100 Metern (Höhe bezogen auf den Startbahnbezugspunkt der betreffenden Start- und Landeflächen).

[2]Absatz 2 Satz 2 bis 4 gilt entsprechend.

(4) Zur Wahrung der Sicherheit der Luftfahrt und zum Schutz der Allgemeinheit können die Luftfahrtbehörden ihre Zustimmung nach den Absätzen 2 und 3 davon abhängig machen, dass die Baugenehmigung unter Auflagen erteilt wird.

§ 13 Abweichen von Bauhöhen

Sofern Baubeschränkungen im Bauschutzbereich infolge besonderer örtlicher Verhältnisse oder des Verwendungszwecks des Flughafens in bestimmten Geländeteilen für die Sicherheit der Luftfahrt nicht in dem nach § 12 festgelegten Umfang notwendig sind, können die Luftfahrtbehörden für diese Geländeteile Bauhöhen festlegen, bis zu welchen Bauwerke ohne ihre Zustimmung genehmigt werden können.

§ 14 Baubeschränkungen außerhalb des Bauschutzbereichs

(1) Außerhalb des Bauschutzbereichs darf die für die Erteilung einer Baugenehmigung zuständige Behörde die Errichtung von Bauwerken, die eine Höhe von 100 Metern über der Erdoberfläche überschreiten, nur mit Zustimmung der Luftfahrtbehörden genehmigen; § 12 Abs. 2 Satz 2 und 3 und Abs. 4 gilt entsprechend.

(2) [1]Das Gleiche gilt für Anlagen von mehr als 30 Meter Höhe auf natürlichen oder künstlichen Bodenerhebungen, sofern die Spitze dieser Anlage um mehr als 100 Meter die Höhe der höchsten Bodenerhebung im Umkreis von 1,6 Kilometer Halbmesser um die für die Anlage vorgesehene Bodenerhebung überragt. [2]Im Umkreis von 10 Kilometer Halbmesser um einen Flughafenbezugspunkt gilt als Höhe der höchsten Bodenerhebung die Höhe des Flughafenbezugspunktes.

§ 15 Luftfahrthindernisse

(1) [1]Die §§ 12 bis 14 gelten sinngemäß für Bäume, Freileitungen, Masten, Dämme sowie für andere Anlagen und Geräte. [2]§ 12 Abs. 2 ist auf Gruben, Anlagen der Kanalisation und ähnliche Bodenvertiefungen sinngemäß anzuwenden.

(2) [1]Die Errichtung der in Absatz 1 genannten Luftfahrthindernisse bedarf der Genehmigung. [2]Falls die Genehmigung von einer anderen als der Baugenehmigungsbehörde erteilt wird, bedarf diese der Zustimmung der Luftfahrtbehörde. [3]Ist eine andere Genehmigungsbehörde nicht vorgesehen, so ist die Genehmigung der Luftfahrtbehörde erforderlich.

§ 16 Beseitigung von Luftfahrthindernissen

(1) [1]Die Eigentümer und anderen Berechtigten haben auf Verlangen der Luftfahrtbehörden zu dulden, dass Bauwerke und andere Luftfahrthindernisse (§ 15), welche die nach den §§ 12 bis 15 zulässige Höhe überragen, auf diese Höhe abgetragen werden. [2]Im Falle des § 15 Abs. 1 Satz 2 erstreckt sich die Verpflichtung zur Duldung auf die Beseitigung der Vertiefungen. [3]Ist die Ab-

tragung oder Beseitigung der Luftfahrthindernisse im Einzelfall nicht durchführbar, so sind die erforderlichen Sicherungsmaßnahmen für die Luftfahrt zu dulden.

(2) Das Recht des Eigentümers oder eines anderen Berechtigten und eine nach anderen Vorschriften bestehende Verpflichtung, diese Maßnahmen auf eigene Kosten selbst durchzuführen, bleiben unberührt.

§ 16a Kennzeichnung von Bauwerken[1)]

(1) [1]Die Eigentümer und anderen Berechtigten von Bauwerken und von Gegenständen im Sinne des § 15 Abs. 1 Satz 1, die die nach § 14 zulässige Höhe nicht überschreiten, haben auf Verlangen der zuständigen Luftfahrtbehörde zu dulden, dass die Bauwerke und Gegenstände in geeigneter Weise gekennzeichnet werden, wenn und insoweit dies zur Sicherheit des Luftverkehrs erforderlich ist. [2]Das Bestehen sowie der Beginn des Errichtens oder Abbauens von Freileitungen, Seilbahnen und ähnlichen Anlagen, die in einer Länge von mehr als 75 m Täler und Schluchten überspannen oder Steilabhängen folgen und dabei die Höhe von 20 m über der Erdoberfläche überschreiten, sind der zuständigen Luftfahrtbehörde von den Eigentümern und anderen Berechtigten unverzüglich anzuzeigen.

(2) § 16 Abs. 2 gilt entsprechend.

§ 17 Beschränkter Bauschutzbereich[2)]

[1]Die Luftfahrtbehörden können bei der Genehmigung von Landeplätzen und Segelfluggeländen bestimmen, dass die zur Erteilung einer Baugenehmigung zuständige Behörde nur mit Zustimmung der Luftfahrtbehörde genehmigen darf (beschränkter Bauschutzbereich)

1. die Errichtung von Bauwerken jeder Höhe im Umkreis von 1,5 Kilometern Halbmesser um den dem Flugplatzbezugspunkt entsprechenden Punkt,
2. die Errichtung von Bauwerken, die eine Höhe von 25 Meter, bezogen auf den dem Flughafenbezugspunkt entsprechenden Punkt, überschreiten im Umkreis von 4 Kilometern Halbmesser um den Flugplatzbezugspunkt.

[2]Auf den beschränkten Bauschutzbereich sind § 12 Abs. 2 Satz 2 und 3 und Abs. 4 sowie die §§ 13, 15 und 16 sinngemäß anzuwenden.

§ 18 Bekanntmachung des Umfangs des Bauschutzbereichs

Der Umfang des Bauschutzbereichs ist den Eigentümern von Grundstücken im Bauschutzbereich und den anderen zum Gebrauch oder zur Nutzung dieser Grundstücke Berechtigten sowie den dinglich Berechtigten, soweit sie der zuständigen Behörde bekannt oder aus dem Grundbuch ersichtlich sind, bekannt zu geben oder in ortsüblicher Weise öffentlich bekannt zu machen.

§ 18a Errichtungsverbot bei Störung von Flugsicherungseinrichtungen[3)]

(1) [1]Bauwerke dürfen nicht errichtet werden, wenn dadurch Flugsicherungseinrichtungen gestört werden können. [2]Das Bundesaufsichtsamt für Flugsicherung entscheidet auf der Grundlage einer gutachtlichen Stellungnahme der Flugsicherungsorganisation, ob durch die Errichtung der Bauwerke Flugsicherungseinrichtungen gestört werden können. [3]Das Bundesaufsichtsamt für Flugsicherung teilt seine Entscheidung der für die Genehmigung des Bauwerks zuständigen Behörde oder, falls es einer Genehmigung nicht bedarf, dem Bauherrn mit.

(1a) [1]Das Bundesaufsichtsamt für Flugsicherung veröffentlicht amtlich die Standorte aller Flugsicherungseinrichtungen und Bereiche um diese, in denen Störungen durch Bauwerke zu

1) **Anm. d. Red.:** § 16a i. d. F. des Gesetzes v. 8. 5. 2012 (BGBl I S. 1032) mit Wirkung v. 12. 5. 2012.

2) **Anm. d. Red.:** § 17 i. d. F. des Gesetzes v. 8. 5. 2012 (BGBl I S. 1032) mit Wirkung v. 12. 5. 2012.

3) **Anm. d. Red.:** § 18a i. d. F. des Gesetzes v. 28. 6. 2016 (BGBl I S. 1548) mit Wirkung v. 3. 7. 2017.

erwarten sind. [2]Die Flugsicherungsorganisation meldet ihre Flugsicherungseinrichtungen und die Bereiche nach Satz 1 dem Bundesaufsichtsamt für Flugsicherung. [3]Die jeweils zuständigen Luftfahrtbehörden der Länder unterrichten das Bundesaufsichtsamt für Flugsicherung, wenn sie von der Planung von Bauwerken innerhalb von Bereichen nach Satz 1 Kenntnis erhalten.

(2) [1]Die Eigentümer und anderen Berechtigten haben auf Verlangen des Bundesaufsichtsamtes für Flugsicherung zu dulden, dass Bauwerke, die den Betrieb von Flugsicherungseinrichtungen stören, in einer Weise verändert werden, dass Störungen unterbleiben. [2]Das gilt nicht, wenn die Störungen durch Maßnahmen der Flugsicherungsorganisation mit einem Kostenaufwand verhindert werden können, der nicht über dem Geldwert der beabsichtigten Veränderung liegt.

(3) [1]Die Absätze 1 und 2 gelten sinngemäß für die nach § 15 Abs. 1 Satz 1 genannten Gegenstände. [2]§ 30 Abs. 2 Satz 1, 2 und 4 bleibt unberührt.

§ 18b Information der Luftfahrtbehörde über Bauvorhaben[1)]

(1) Bauwerke dürfen in den Bereichen, die für die Einrichtung und Überwachung von Verfahren für Flüge nach Instrumentenflugregeln aus Gründen der Hindernisfreiheit zu bewerten sind, nur errichtet werden, wenn die zuständige Luftfahrtbehörde zuvor über das Vorhaben informiert wurde.

(2) [1]Das Bundesaufsichtsamt für Flugsicherung unterrichtet die zuständigen Luftfahrtbehörden der Länder über die Bereiche, die für die Einrichtung und Überwachung von Verfahren für Flüge nach Instrumentenflugregeln aus Gründen der Hindernisfreiheit zu bewerten sind. [2]Die zuständigen Luftfahrtbehörden der Länder unterrichten das Bundesaufsichtsamt für Flugsicherung über Bauwerke, welche in diesem Bereich errichtet werden sollen.

LuftVG

(3) [1]Die Absätze 1 und 2 gelten sinngemäß für die nach § 15 Abs. 1 Satz 1 genannten Gegenstände. [2]§ 30 Abs. 2 Satz 1, 2 und 4 bleibt unberührt.

§ 19 Entschädigung für Baubeschränkungen[2)]

(1) [1]Entstehen durch Maßnahmen aufgrund der Vorschriften der §§ 12, 14 bis 17 und 18a dem Eigentümer oder einem anderen Berechtigten Vermögensnachteile, so ist hierfür eine angemessene Entschädigung in Geld zu leisten. [2]Hierbei ist die entzogene Nutzung, die Beschädigung oder Zerstörung einer Sache unter gerechter Abwägung der Interessen der Allgemeinheit und der Beteiligten zu berücksichtigen. [3]Für Vermögensnachteile, die nicht im unmittelbaren Zusammenhang mit der Beeinträchtigung stehen, ist den in Satz 1 bezeichneten Personen eine Entschädigung zu zahlen, wenn und soweit dies zur Abwendung oder zum Ausgleich unbilliger Härte geboten erscheint.

(2) Unterlässt der Berechtigte eine Änderung der Nutzung, die ihm zuzumuten ist, so mindert sich seine Entschädigung um den Wert der Vermögensvorteile, die ihm bei Ausübung der geänderten Nutzung erwachsen wären.

(3) [1]Werden Bauwerke und sonstige Luftfahrthindernisse (§ 15), deren entschädigungslose Entfernung oder Umgestaltung nach dem jeweils geltenden Recht gefordert werden kann, aufgrund von Maßnahmen nach § 16 ganz oder teilweise entfernt oder umgestaltet, so ist eine Entschädigung nur zu leisten, wenn es aus Gründen der Billigkeit geboten ist. [2]Sind sie befristet zugelassen und ist die Frist noch nicht abgelaufen, so ist eine Entschädigung nach dem Verhältnis der restlichen Frist zu der gesamten Frist zu leisten.

(4) Dinglich Berechtigte, die nicht zum Gebrauch oder zur Nutzung der Sache berechtigt sind, sind nach den Artikeln 52 und 53 des Einführungsgesetzes zum Bürgerlichen Gesetzbuch auf die Entschädigung des Eigentümers angewiesen.

---

1) **Anm. d. Red.:** § 18b i. d. F. des Gesetzes v. 29. 7. 2009 (BGBl I S. 2424) mit Wirkung v. 4. 8. 2009.

2) **Anm. d. Red.:** § 19 i. d. F. des Gesetzes v. 29. 7. 2009 (BGBl I S. 2424) mit Wirkung v. 4. 8. 2009.

(5) [1]Die Entschädigung ist in den Fällen der §§ 12 und 17 von dem Flugplatzunternehmer zu zahlen. [2]In den Fällen des § 18a und soweit die bezeichneten Maßnahmen Grundstücke oder andere Sachen außerhalb der Bauschutzbereiche der §§ 12 und 17 betreffen, ist die Entschädigung, wenn es sich um Maßnahmen der Flugsicherung handelt, die sich nicht auf den Start- und Landevorgang beziehen, von demjenigen zu leisten, dessen Flugsicherungstätigkeit durch die Veränderung von Bauwerken unmittelbar gefördert und erleichtert wird; im Übrigen obliegt sie dem jeweiligen Flugplatzunternehmer. [3]In den Fällen des § 16a ist die Entschädigung von demjenigen zu leisten, der ein Interesse an der Kennzeichnung geltend macht.

(6) Im Übrigen sind die Vorschriften des § 13 Abs. 2, der §§ 14, 15, 17 bis 25, 31 und 32 des Schutzbereichgesetzes sinngemäß anzuwenden.

§ 19a Maßnahmen zur Geräuschmessung[1)]

[1]Der Unternehmer eines Flughafens oder eines Landeplatzes im Sinne von § 4 Abs. 1 Nr. 1 und 2 des Gesetzes zum Schutz gegen Fluglärm, hat innerhalb einer von der Genehmigungsbehörde festzusetzenden Frist auf dem Flughafen oder Landeplatz und in dessen Umgebung Anlagen zur fortlaufend registrierenden Messung der durch die an- und abfliegenden Luftfahrzeuge entstehenden Geräusche einzurichten und zu betreiben. [2]Die Mess- und Auswertungsergebnisse sind der Genehmigungsbehörde und der Kommission nach § 32b sowie auf Verlangen der Genehmigungsbehörde anderen Behörden mitzuteilen und regelmäßig zu veröffentlichen. [3]Sofern ein Bedürfnis für die Beschaffung und den Betrieb von Anlagen nach Satz 1 nicht besteht, kann die Genehmigungsbehörde Ausnahmen zulassen.

§ 19b Flughafenentgelte[2)]

(1) [1]Der Unternehmer eines Verkehrsflughafens oder Verkehrslandeplatzes trifft eine Regelung über die zu entrichtenden Entgelte für die Nutzung der Einrichtungen und Dienstleistungen, die mit der Beleuchtung, dem Starten, Landen und Abstellen von Luftfahrzeugen sowie mit der Abfertigung von Fluggästen und Fracht in Zusammenhang stehen (Entgeltordnung). [2]Die Entgeltordnung ist der Genehmigungsbehörde zur Genehmigung vorzulegen. [3]Die Genehmigung wird erteilt, wenn die Entgelte in der Entgeltordnung nach geeigneten, objektiven, transparenten und diskriminierungsfreien Kriterien geregelt sind. [4]Insbesondere ist zu gewährleisten, dass

1. die zu entgeltenden Dienstleistungen und Infrastrukturen klar bestimmt sind,
2. die Berechnung der Entgelte kostenbezogen erfolgt und im Voraus festgelegt ist,
3. allen Flugplatznutzern in gleicher Weise Zugang zu den Dienstleistungen und Infrastrukturen des Verkehrsflughafens oder Verkehrslandeplatzes gewährt wird,
4. den Flugplatznutzern nicht ohne sachlichen Grund Entgelte in unterschiedlicher Höhe auferlegt werden.

[5]Eine Differenzierung der Entgelte zur Verfolgung von öffentlichen oder allgemeinen Interessen ist für Verkehrsflughäfen und -landeplätze zulässig; die hierfür herangezogenen Kriterien müssen geeignet, objektiv und transparent sein. [6]In der Entgeltordnung von Verkehrsflughäfen ist eine Differenzierung der Entgelte nach Lärmschutzgesichtspunkten vorzunehmen; daneben soll eine Differenzierung nach Schadstoffemissionen erfolgen.

(2) Absatz 1 gilt nicht für

1. Gebühren zur Abgeltung von Flugsicherungsdiensten nach der Verordnung (EG) Nr. 1794/2006 der Kommission vom 6. Dezember 2006 zur Einführung einer gemeinsamen Gebührenregelung für Flugsicherungsdienste (ABl L 341 vom 7. 12. 2006, S. 3),

---

1) **Anm. d. Red.:** § 19a i. d. F. des Gesetzes v. 1. 6. 2007 (BGBl I S. 986) mit Wirkung v. 7. 6. 2007.

2) **Anm. d. Red.:** § 19b i. d. F. der VO v. 31. 8. 2015 (BGBl I S. 1474) mit Wirkung v. 8. 9. 2015.

2. Entgelte zur Abgeltung für Bodenabfertigungsdienste nach den §§ 6 und 9 sowie nach Anlage 1 der Bodenabfertigungsdienst-Verordnung vom 10. Dezember 1997 (BGBl I S. 2885), die zuletzt durch Artikel 1 der Verordnung vom 10. Mai 2011 (BGBl I S. 820) geändert worden ist,
3. Umlagen zur Finanzierung der Hilfestellungen für behinderte Flugreisende und Flugreisende mit eingeschränkter Mobilität nach der Verordnung (EG) Nr. 1107/2006 des Europäischen Parlaments und des Rates vom 5. Juli 2006 über die Rechte von behinderten Flugreisenden und Flugreisenden mit eingeschränkter Mobilität (ABl L 204 vom 26. 7. 2006, S. 1).

(3) Unbeschadet des Absatzes 1 gilt für die Genehmigung der Entgeltordnung von Verkehrsflughäfen, die jährlich mehr als fünf Millionen Fluggastbewegungen aufweisen, Folgendes:

1. [1]Der Unternehmer eines Verkehrsflughafens legt den Flughafennutzern spätestens sechs Monate vor dem beabsichtigten Inkrafttreten der Entgeltordnung einen Entwurf mit einer Begründung zum Zwecke der Einigung vor. [2]Gleiches gilt für Änderungen der Entgeltordnung. [3]Die Frist nach Satz 1 gilt nicht, wenn außergewöhnliche Umstände vorliegen, die gegenüber den Flughafennutzern darzulegen sind.
2. [1]Der Antrag auf Genehmigung ist bis spätestens fünf Monate vor dem Inkrafttreten der beabsichtigten Entgeltordnung bei der Genehmigungsbehörde zu stellen. [2]Er ist zu begründen. [3]Auf abweichende Ansichten der Flughafennutzer ist einzugehen. [4]Die in den Nummern 6 und 7 aufgeführten Informationen sind beizufügen.
3. [1]Die Genehmigung ist zu erteilen, wenn zwischen der Höhe der vom Unternehmer des Verkehrsflughafens festgelegten Entgelte und der Höhe der voraussichtlich tatsächlichen Kosten ein angemessenes Verhältnis besteht und die Orientierung an einer effizienten Leistungserstellung erkennbar ist. [2]Die Genehmigungsbehörde kann von der Prüfung nach Satz 1 absehen, wenn von dem Unternehmer des Verkehrsflughafens eine schriftliche Einigung mit den Flughafennutzern über die Entgeltordnung vorgelegt wird und kein Verstoß gegen das Beihilfenrecht vorliegt.
4. [1]Die Entscheidung der Genehmigungsbehörde soll innerhalb von zwei Monaten nach Eingang des Antrags auf Genehmigung der Entgeltordnung ergehen. [2]Die Genehmigungsentscheidung ist grundsätzlich spätestens zwei Monate vor ihrem Inkrafttreten in den Nachrichten für Luftfahrer zu veröffentlichen.
5. [1]Der Unternehmer des Verkehrsflughafens führt mindestens einmal im Jahr eine Konsultation mit den Flughafennutzern bezüglich der Entgeltordnung durch. [2]Der Termin ist den Flughafennutzern spätestens einen Monat im Voraus bekannt zu geben. [3]Die Flughafennutzer können zur Konsultation ihre Verbände hinzuziehen oder Vertreter benennen.
6. Der Unternehmer des Verkehrsflughafens hat den Flughafennutzern rechtzeitig vor dem Konsultationstermin folgende Unterlagen und Informationen vorzulegen:
   a) ein Verzeichnis der verschiedenen Dienstleistungen und Infrastrukturen, die im Gegenzug für das erhobene Flughafenentgelt bereitgestellt werden;
   b) die für die Festsetzung der Flughafenentgelte verwendete Methode;
   c) die Gesamtkostenstruktur hinsichtlich der Einrichtungen und Dienstleistungen, auf die sich die Flughafenentgelte beziehen. [2]Diese sollte erkennen lassen, dass sich der Unternehmer eines Verkehrsflughafens an einer effizienten Leistungserstellung orientiert hat;
   d) die Erlöse der verschiedenen Entgelte und Gesamtkosten der damit finanzierten Dienstleistungen;
   e) jegliche Finanzierung von Einrichtungen und Dienstleistungen durch die öffentliche Hand, auf die sich die Flughafenentgelte beziehen;
   f) die voraussichtliche Entwicklung der Entgelte und des Verkehrsaufkommens am Verkehrsflughafen sowie beabsichtigte Investitionen;
   g) die tatsächliche Nutzung der Infrastruktur und der Gerätschaften des Verkehrsflughafens in einem bestimmten Zeitraum sowie

h) das absehbare Ergebnis geplanter größerer Investitionen hinsichtlich ihrer Auswirkungen auf die Flughafenkapazität. [2]Als Investitionen kommen hierbei nur solche in Betracht, die dem unmittelbaren Ausbau des Verkehrsflughafens als verkehrliche Einrichtung dienen. [3]Vorfinanzierungen sollen nur berücksichtigt werden, wenn Flughafennutzer von verbesserten oder kostengünstigeren Leistungen profitieren, die entsprechenden Entgeltanteile ausschließlich für die Finanzierung der geplanten Infrastrukturvorhaben verwendet werden und sie zeitlich begrenzt erhoben werden.

7. Die Flughafennutzer haben dem Unternehmer eines Verkehrsflughafens rechtzeitig vor dem Konsultationstermin insbesondere folgende Informationen zur Verfügung zu stellen:
   a) voraussichtliches Verkehrsaufkommen,
   b) voraussichtliche Zusammensetzung und beabsichtigter Einsatz ihrer Flotte,
   c) geplante Ausweitung ihrer Tätigkeit auf dem betreffenden Flughafen und
   d) Anforderungen an den betreffenden Flughafen.
8. [1]Die im Rahmen der Konsultation übermittelten oder erhaltenen Informationen sind als vertraulich oder wirtschaftlich schutzwürdig anzusehen und zu behandeln. [2]Im Fall von börsennotierten Unternehmen sind insbesondere börsenrechtliche Vorgaben zu beachten. [3]Bei der Übermittlung der Informationen an Verbände und benannte Vertreter stellen die Flughafennutzer sicher, dass die Vertraulichkeit gewahrt wird.
9. Dem Unternehmer eines Verkehrsflughafens ist freigestellt, ob und inwieweit er Erlöse und Kosten aus den sonstigen kommerziellen Tätigkeiten des Flughafens bei der Festlegung der Entgelte berücksichtigt.

(4) Ein Flughafenunternehmen nach Absatz 3, das in einem Ballungsgebiet mehr als einen Verkehrsflughafen betreibt, kann mit Zustimmung der Genehmigungsbehörde eine für alle Verkehrsflughäfen geltende Entgeltordnung erlassen.

(5) [1]Um einen reibungslosen und effizienten Betrieb auf einem Flughafen sicherzustellen, können die Unternehmer von Verkehrsflughäfen nach Absatz 3 und die Flughafennutzer Leistungsvereinbarungen bezüglich der Qualität der am Flughafen zu erbringenden Dienstleistungen abschließen. [2]Dabei sind die Entgeltordnung sowie Art und Umfang der Dienstleistungen, auf die die Flughafennutzer im Gegenzug für die Zahlung von Flughafenentgelten Anrecht haben, zu berücksichtigen.

(6) [1]Die Genehmigungsbehörde stellt dem Bundesministerium für Verkehr und digitale Infrastruktur auf dessen Verlangen Informationen zur Übermittlung an die Kommission der Europäischen Union im Hinblick auf die Umsetzung und Anwendung der Richtlinie 2009/12/EG des Europäischen Parlaments und des Rates vom 11. März 2009 über Flughafenentgelte (ABl L 70 vom 14. 3. 2009, S. 11) zur Verfügung. [2]Die Unternehmer von Verkehrsflughäfen nach Absatz 3 sind verpflichtet, der Genehmigungsbehörde die nach Satz 1 erforderlichen Auskünfte zu erteilen und Unterlagen vorzulegen, soweit dem keine anderweitigen Vorschriften oder Betriebs- und Geschäftsgeheimnisse entgegenstehen.

§ 19c Ermöglichen von Bodenabfertigungsdiensten

(1) [1]Die Unternehmer von Flugplätzen mit gewerblichem Luftverkehr haben Luftfahrtunternehmen sowie sonstigen Anbietern die Erbringung von Bodenabfertigungsdiensten zu ermöglichen. [2]Bodenabfertigungsdienste in diesem Sinne sind die administrative Abfertigung am Boden und deren Überwachung, die Fluggastabfertigung, die Gepäckabfertigung, die Fracht- und Postabfertigung, die Vorfelddienste, die Reinigungsdienste und der Flugzeugservice, die Betankungsdienste, die Stationswartungsdienste, die Flugbetriebs- und Besatzungsdienste, die Transportdienste am Boden sowie die Bordverpflegungsdienste.

(2) [1]Bei der Gepäckabfertigung, den Vorfelddiensten, den Betankungsdiensten sowie der Fracht- und Postabfertigung, soweit diese die konkrete Beförderung von Fracht und Post zwischen Flugplatz und Flugzeug bei der Ankunft, beim Abflug oder beim Transit betrifft, wird die Anzahl derer, die berechtigt sind, diese Bodenabfertigungsdienste für sich zu erbringen, durch

Rechtsverordnung festgelegt. [2]Das Gleiche gilt für die Anzahl derer, die berechtigt sind, diese Bodenabfertigungsdienste für andere zu erbringen. [3]Die Anzahl der nach den Sätzen 1 und 2 jeweils Berechtigten darf jedoch nicht auf weniger als zwei festgelegt werden. [4]Ist bei Inkrafttreten des Gesetzes über Bodenabfertigungsdienste auf Flugplätzen vom 11. November 1997 (BGBl I S. 2694) auf einem Flugplatz die Anzahl der nach den Sätzen 1 und 2 Berechtigten größer als zwei, ist diese Anzahl maßgeblich.

(3) [1]Sofern besondere Platz- oder Kapazitätsgründe, insbesondere in Zusammenhang mit der Verkehrsdichte und dem Grad der Nutzung der Flächen auf einem Flugplatz es erfordern, kann die Anzahl derer, die berechtigt sind, die in Absatz 2 genannten Bodenabfertigungsdienste zu erbringen, im Einzelfall über Absatz 2 hinaus beschränkt werden. [2]Bei Vorliegen der in Satz 1 genannten Gründe kann die Anzahl derer, die berechtigt sind, die übrigen der in Absatz 1 genannten Bodenabfertigungsdienste zu erbringen, im Einzelfall auf nicht weniger als jeweils zwei festgelegt werden.

§ 19d Barrierefreiheit

[1]Die Unternehmer von Flughäfen haben für eine gefahrlose und leicht zugängliche Benutzung von allgemein zugänglichen Flughafenanlagen, Bauwerken, Räumen und Einrichtungen durch Fluggäste Sorge zu tragen. [2]Dabei sind die Belange von behinderten und anderen Menschen mit Mobilitätsbeeinträchtigung besonders zu berücksichtigen, mit dem Ziel, Barrierefreiheit zu erreichen. [3]Die Einzelheiten der Barrierefreiheit können durch Zielvereinbarungen im Sinne des § 5 des Behindertengleichstellungsgesetzes festgelegt werden.

3. Unterabschnitt: Luftfahrtunternehmen und -veranstaltungen

§ 20 Genehmigung für Luftfahrtunternehmen[1)]

(1) [1]Luftfahrtunternehmen, die dem Luftverkehrsrecht der Europäischen Union unterliegen, bedürfen zur Beförderung von Fluggästen, Post oder Fracht im gewerblichen Flugverkehr einer Betriebsgenehmigung gemäß Artikel 3 Absatz 1 der Verordnung (EG) Nr. 1008/2008 des Europäischen Parlaments und des Rates vom 24. September 2008 über gemeinsame Vorschriften für die Durchführung von Luftverkehrsdiensten in der Gemeinschaft (ABl L 293 vom 31. 10. 2008, S. 3). [2]Für die Erteilung oder den Widerruf der Betriebsgenehmigung gelten die Absätze 2 und 3, soweit nicht die in Satz 1 genannte Verordnung der Europäischen Union entgegensteht.

(2) [1]Die Betriebsgenehmigung kann mit Nebenbestimmungen versehen werden. [2]Die Betriebsgenehmigung ist zu versagen, wenn Tatsachen die Annahme rechtfertigen, dass die öffentliche Sicherheit oder Ordnung gefährdet werden kann, insbesondere wenn der Antragsteller oder andere für die Beförderung verantwortliche Personen nicht zuverlässig sind. [3]Die Betriebsgenehmigung ist zu versagen, wenn die für den sicheren Luftverkehrsbetrieb erforderlichen finanziellen Mittel oder entsprechende Sicherheiten nicht nachgewiesen werden. [4]Die Betriebsgenehmigung kann versagt werden, wenn Luftfahrzeuge verwendet werden sollen, die nicht in der deutschen Luftfahrzeugrolle eingetragen sind oder nicht im ausschließlichen Eigentum des Antragstellers stehen. [5]Der deutschen Luftfahrzeugrolle gleichgestellt sind Eintragungsregister von Staaten im Geltungsbereich des Luftverkehrsrechts der Europäischen Union.

(3) [1]Die Betriebsgenehmigung ist zu widerrufen, wenn die Voraussetzungen für ihre Erteilung nachträglich nicht nur vorübergehend entfallen sind. [2]Die Betriebsgenehmigung kann widerrufen werden, wenn die erteilten Auflagen nicht eingehalten werden. [3]Sie ist zurückzunehmen, wenn die Voraussetzungen für ihre Erteilung nicht vorgelegen haben. [4]Das Ruhen der Betriebsgenehmigung auf Zeit kann angeordnet werden, wenn dies ausreicht, um die Sicherheit und Ordnung des Luftverkehrs aufrechtzuerhalten. [5]Die Betriebsgenehmigung erlischt, wenn von ihr länger als sechs Monate kein Gebrauch gemacht worden ist.

(4) (weggefallen)

1) **Anm. d. Red.:** § 20 i. d. F. des Gesetzes v. 28. 6. 2016 (BGBl I S. 1548) mit Wirkung v. 21. 4. 2017.

§ 20a Verpflichtungen der Luftfahrtunternehmen[1)]

Luftfahrtunternehmen, die der Öffentlichkeit zugängliche Flugpreise und Luftfrachtraten für Flugdienste von einem Flughafen in einem Mitgliedstaat der Europäischen Union anbieten, sind verpflichtet,

1. gemäß Artikel 23 Absatz 1 Satz 4 der Verordnung (EG) Nr. 1008/2008 des Europäischen Parlaments und des Rates vom 24. September 2008 über gemeinsame Vorschriften für die Durchführung von Luftverkehrsdiensten in der Gemeinschaft (ABl L 293 vom 31. 10. 2008, S. 3) kostenpflichtige Zusatzleistungen, die durch den Fluggast frei wählbar sind, während des Buchungsvorgangs als solche kenntlich zu machen und die Entscheidung über die Auswahl und Inanspruchnahme dieser Zusatzleistungen dem Fluggast zu überlassen,
2. gemäß Artikel 23 Absatz 2 der Verordnung (EG) Nr. 1008/2008 dem Fluggast ohne Benachteiligung auf Grund seiner Staatsangehörigkeit, seines Wohnorts oder des Niederlassungsorts des Bevollmächtigten des Luftfahrtunternehmens Zugang zu diesen Flugpreisen und Luftfrachtraten zu gewähren.

§ 20b Barrierefreiheit

[1]Die Luftfahrtunternehmen, die Luftfahrzeuge mit mehr als 5,7 Tonnen Höchstgewicht betreiben, haben für eine gefahrlose und leicht zugängliche Benutzung der Luftfahrzeuge Sorge zu tragen. [2]Dabei sind die Belange von behinderten und anderen Menschen mit Mobilitätsbeeinträchtigung besonders zu berücksichtigen, mit dem Ziel, Barrierefreiheit zu erreichen. [3]§ 9 Abs. 2 des Luftsicherheitsgesetzes gilt entsprechend. [4]Die Einzelheiten der Barrierefreiheit können durch Zielvereinbarungen im Sinne des § 5 des Behindertengleichstellungsgesetzes festgelegt werden.

§ 21 Besondere Genehmigung für Fluglinienverkehr[2)]

(1) [1]Luftfahrtunternehmen, die Personen oder Sachen gewerbsmäßig durch Luftfahrzeuge auf bestimmten Linien öffentlich und regelmäßig befördern (Fluglinienverkehr), bedürfen dafür einer besonderen Genehmigung (Flugliniengenehmigung). [2]Die Flugliniengenehmigung soll die Bedingungen berücksichtigen, die in den Vereinbarungen zwischen der Bundesrepublik Deutschland und anderen Staaten, in die der Linienverkehr durchgeführt wird, festgelegt sind. [3]§ 20 Abs. 2 Satz 1 und Abs. 3 findet entsprechende Anwendung. [4]Die Flugliniengenehmigung kann versagt werden, wenn durch den beantragten Fluglinienverkehr öffentliche Interessen beeinträchtigt werden.

(2) [1]Flugpläne, Beförderungsentgelte und Beförderungsbedingungen sind der Öffentlichkeit zugänglich zu machen und der zuständigen Behörde auf Verlangen vorzulegen. [2]Die Anwendung von Flugplänen, Beförderungsentgelten und Beförderungsbedingungen kann ganz oder teilweise untersagt werden, wenn dadurch die öffentlichen Verkehrsinteressen nachhaltig beeinträchtigt werden. [3]Luftfahrtunternehmen, die Linienverkehr betreiben, sind außer im Falle der Unzumutbarkeit jedermann gegenüber verpflichtet, Beförderungsverträge abzuschließen und ihn im Rahmen des veröffentlichten Flugplanes zu befördern. [4]Den Beförderungsverträgen sind die veröffentlichten Beförderungsentgelte und Beförderungsbedingungen zu Grunde zu legen, soweit sie nicht nach Satz 2 ganz oder teilweise untersagt sind. [5]Im Übrigen werden Beförderungsentgelte und Beförderungsbedingungen von den Parteien des Beförderungsvertrages frei vereinbart. [6]Von den der Öffentlichkeit bekannt gemachten Beförderungsentgelten und Beförderungsbedingungen kann zugunsten der Vertragspartner der Luftfahrtunternehmen abgewichen werden.

(3) Beförderungsverpflichtungen aufgrund anderweitiger gesetzlicher Vorschriften bleiben unberührt.

1) **Anm. d. Red.:** § 20a eingefügt gem. Gesetz v. 8. 5. 2012 (BGBl I S. 1032) mit Wirkung v. 12. 5. 2012.

2) **Anm. d. Red.:** § 21 i. d. F. des Gesetzes v. 28. 6. 2016 (BGBl I S. 1548) mit Wirkung v. 21. 4. 2017.

(4) (weggefallen)

§ 21a Betriebsgenehmigung für ausländische Luftfahrtunternehmen[1)]

[1]Luftfahrtunternehmen, die ihren Hauptsitz nicht im Geltungsbereich des Luftverkehrsrechts der Europäischen Union haben, bedürfen einer Betriebsgenehmigung zur Durchführung von Fluglinienverkehr von und nach der Bundesrepublik Deutschland. [2]§ 2 Abs. 9 und § 21 Abs. 1 Satz 2 bis 4 und Abs. 2 und 3 finden entsprechende Anwendung.

§ 22 Gelegenheitsverkehr[2)]

[1]Im gewerblichen Luftverkehr, der nicht Fluglinienverkehr ist (Gelegenheitsverkehr), kann die Genehmigungsbehörde Bedingungen und Auflagen festsetzen oder Beförderungen untersagen, soweit durch diesen Luftverkehr die öffentlichen Verkehrsinteressen nachhaltig beeinträchtigt werden. [2]Die Genehmigung von Gelegenheitsverkehr durch Luftfahrtunternehmen mit Sitz außerhalb des Geltungsbereichs des Luftverkehrsrechts der Europäischen Union kann vom Bestehen der Gegenseitigkeit abhängig gemacht werden. [3]Der Luftverkehr durch die in Satz 2 und die in § 23a Satz 2 genannten Luftfahrtunternehmen mit anderen Staaten kann untersagt werden oder mit Nebenbestimmungen versehen werden, sofern dies zum Schutze vor nachteiligen Auswirkungen für Luftfahrtunternehmen mit Sitz im Geltungsbereich dieses Gesetzes erforderlich ist.

§ 23 Inlandsverkehr[3)]

Vorbehaltlich des Luftverkehrsrechts der Europäischen Union kann die gewerbsmäßige Beförderung von Personen und Sachen durch Luftfahrzeuge zwischen Orten des Inlands deutschen Luftfahrtunternehmen vorbehalten werden.

§ 23a Gegenseitigkeitsvorbehalt bei ausländischen Luftfahrtunternehmen

[1]Für den Betrieb der Luftfahrtunternehmen, die ihren Hauptsitz außerhalb des Geltungsbereichs des Luftverkehrsrechts der Europäischen Gemeinschaft haben, kann die Genehmigungsbehörde zur Herstellung und Gewährleistung der Gegenseitigkeit über die Vorschriften der §§ 20 bis 23 hinaus der Art und Wirkung nach gleiche Beschränkungen festsetzen, denen Luftfahrtunternehmen, die ihren Hauptsitz im Geltungsbereich dieses Gesetzes haben, im Heimatstaat jener Unternehmen unterliegen. [2]Gleiches gilt vorbehaltlich des Luftverkehrsrechts der Europäischen Gemeinschaft für Luftfahrtunternehmen, die ihren Hauptsitz innerhalb des Geltungsbereichs des Gemeinschaftsrechts haben, soweit sie Luftverkehr zwischen der Bundesrepublik Deutschland und Staaten außerhalb des Geltungsbereichs des Gemeinschaftsrechts durchführen.

§ 23b Auskünfte an die Genehmigungsbehörde

(1) Soweit dies zur vorherigen Prüfung und zur ständigen Kontrolle der Einhaltung der Genehmigungsvoraussetzungen erforderlich ist, kann die Genehmigungsbehörde

1. Ermittlungen anstellen, auch Einsicht in die Bücher und Geschäftspapiere einschließlich der Unterlagen über den Einsatz von Luftfahrzeugen nehmen, und zwar bei
   a) Haltern von Luftfahrzeugen anlässlich gewerblicher Beförderung,
   b) allen an der Beförderung Beteiligten,
   c) den Beteiligten an Verträgen über gewerbliche Beförderungen und
   d) den Betreibern von Platzreservierungssystemen;

---

1) **Anm. d. Red.:** § 21a i. d. F. des Gesetzes v. 8. 5. 2012 (BGBl I S. 1032) mit Wirkung v. 12. 5. 2012.

2) **Anm. d. Red.:** § 22 i. d. F. des Gesetzes v. 8. 5. 2012 (BGBl I S. 1032) mit Wirkung v. 12. 5. 2012.

3) **Anm. d. Red.:** § 23 i. d. F. des Gesetzes v. 8. 5. 2012 (BGBl I S. 1032) mit Wirkung v. 12. 5. 2012.

2. von den in Nummer 1 genannten Beteiligten und den in deren Geschäftsbereichen tätigen Personen Auskunft über alle Tatsachen verlangen, die für die Durchführung der Prüfung und der Kontrolle von Bedeutung sind. [2]Der um Auskunft Ersuchte kann die Auskunft auf solche Fragen verweigern, deren Beantwortung ihn selbst oder einen der in § 383 Abs. 1 Nr. 1 bis 3 der Zivilprozessordnung bezeichneten Angehörigen der Gefahr strafrechtlicher Verfolgung oder eines Verfahrens nach dem Gesetz über Ordnungswidrigkeiten aussetzen würde;
3. den Start von Luftfahrzeugen solange untersagen, bis sie ihre Kontrollen beendet hat.

(2) Die Inhaber der Genehmigungen oder ihre Vertreter, bei juristischen Personen, Gesellschaften und nichtrechtsfähigen Vereinen die nach Gesetz oder Satzung zur Vertretung berufenen Personen, sind verpflichtet, die verlangten Auskünfte zu erteilen, die geschäftlichen Unterlagen vorzulegen und die Prüfung dieser geschäftlichen Unterlagen sowie das Betreten von Geschäftsräumen und -grundstücken zu dulden.

§ 23c Restriktive Maßnahmen der Genehmigungsbehörde[1)]

[1]Zur Umsetzung von

1. Beschlüssen des Rates der Europäischen Union über restriktive Maßnahmen zur Beschränkung des Luftverkehrs nach Artikel 29 des Vertrages über die Europäische Union,
2. Resolutionen des Sicherheitsrates der Vereinten Nationen,
3. zwischenstaatlichen Vereinbarungen, denen die gesetzgebenden Körperschaften in der Form eines Bundesgesetzes zugestimmt haben,

ist die Genehmigungsbehörde befugt, für Luftfahrtunternehmen, die ihren Hauptsitz außerhalb der Europäischen Union haben, über die Vorschriften der §§ 20 bis 23 hinaus Beschränkungen festzusetzen. [2]Hierzu gehören insbesondere der Widerruf der nach § 21a erteilten Fluglinienegenehmigung und der Einflugerlaubnis nach § 2 Absatz 7 sowie die Untersagung der Anwendung von Flugplänen, Beförderungsentgelten und Beförderungsbedingungen nach § 21 Absatz 2 Satz 2.

§ 24 Luftfahrtveranstaltungen

(1) [1]Öffentliche Veranstaltungen von Wettbewerben oder Schauvorstellungen, an denen Luftfahrzeuge beteiligt sind (Luftfahrtveranstaltungen), bedürfen der Genehmigung. [2]Die Genehmigung kann mit Auflagen verbunden und befristet werden.

(2) Die Genehmigung ist zu versagen, wenn Tatsachen die Annahme rechtfertigen, dass die öffentliche Sicherheit oder Ordnung durch die Veranstaltung gefährdet werden kann.

4. Unterabschnitt: Verkehrsvorschriften

§ 25 Ausnahmegenehmigung[2)]

(1) [1]Luftfahrzeuge dürfen außerhalb der für sie genehmigten Flugplätze nur starten und landen, wenn der Grundstückseigentümer oder sonst Berechtigte zugestimmt und die Luftfahrtbehörde eine Erlaubnis erteilt hat. [2]Für Starts und Landungen von nicht motorgetriebenen Luftsportgeräten tritt an die Stelle der Erlaubnis der Luftfahrtbehörde die Erlaubnis des Beauftragten nach § 31c; dieser hat die Zustimmung der Luftfahrtbehörde einzuholen, wenn das Außenlandegelände weniger als 5 Kilometer von einem Flugplatz entfernt ist. [3]Luftfahrzeuge dürfen außerdem auf Flugplätzen

1. außerhalb der in der Flugplatzgenehmigung festgelegten Start- oder Landebahnen oder

---

1) **Anm. d. Red.:** § 23c eingefügt gem. Gesetz v. 8. 5. 2012 (BGBl I S. 1032) mit Wirkung v. 12. 5. 2012.

2) **Anm. d. Red.:** § 25 i. d. F. des Gesetzes v. 28. 6. 2016 (BGBl I S. 1548) mit Wirkung v. 3. 7. 2016.

2. außerhalb der Betriebsstunden des Flugplatzes oder
3. innerhalb von Betriebsbeschränkungszeiten für den Flugplatz

nur starten und landen, wenn der Flugplatzunternehmer zugestimmt und die Genehmigungsbehörde eine Erlaubnis erteilt hat. [4]Die Erlaubnis nach Satz 1, 2 oder 3 kann allgemein oder im Einzelfall erteilt, mit Auflagen verbunden und befristet werden.

(2) [1]Einer Erlaubnis und Zustimmung nach Absatz 1 bedarf es nicht, wenn

1. der Ort der Landung infolge der Eigenschaften des Luftfahrzeugs nicht vorausbestimmbar ist,
2. die Landung auf einer Landestelle an einer Einrichtung von öffentlichem Interesse im Sinne von Absatz 4 erfolgt oder
3. die Landung aus Gründen der Sicherheit oder zur Hilfeleistung bei einer Gefahr für Leib oder Leben einer Person erforderlich ist; das Gleiche gilt für den Wiederstart nach einer solchen Landung mit Ausnahme des Wiederstarts nach einer Notlandung.

[2]In den Fällen des Satzes 1 Nummer 1 und 2 ist die Besatzung des Luftfahrzeugs verpflichtet, dem Berechtigten über Namen und Wohnsitz des Halters, des Luftfahrzeugführers sowie des Versicherers Auskunft zu geben; bei einem unbemannten Luftfahrzeug ist sein Halter zu entsprechender Auskunft verpflichtet. [3]Nach Erteilung der Auskunft darf der Berechtigte den Abflug oder die Abbeförderung des Luftfahrzeugs nicht verhindern.

(3) Der Berechtigte kann Ersatz des ihm durch den Start oder die Landung entstandenen Schadens nach den sinngemäß anzuwendenden §§ 33 bis 43 beanspruchen.

(4) [1]Wer eine Landestelle an einer Einrichtung von öffentlichem Interesse nach Anhang II ARO.OPS. 220 in Verbindung mit Anhang IV CAT.POL.H.225 der Verordnung (EU) Nr. 965/2012 der Kommission vom 5. Oktober 2012 zur Festlegung technischer Vorschriften und von Verwaltungsverfahren in Bezug auf den Flugbetrieb gemäß der Verordnung (EG) Nr. 216/2008 des Europäischen Parlaments und des Rates (ABl L 296 vom 25. 10. 2012, S. 1) in der jeweils geltenden Fassung nutzt, bedarf der Genehmigung. [2]Die Genehmigung wird vom Luftfahrt-Bundesamt erteilt. [3]Sie kann mit Auflagen verbunden und befristet werden.

(5) § 30 Absatz 2 bleibt unberührt.

§ 26 Luftsperrgebiete, Gebiete mit Flugbeschränkungen

(1) Bestimmte Lufträume können vorübergehend oder dauernd für den Luftverkehr gesperrt werden (Luftsperrgebiete).

(2) In bestimmten Lufträumen kann der Durchflug von Luftfahrzeugen besonderen Beschränkungen unterworfen werden (Gebiete mit Flugbeschränkungen).

§ 26a Einflug-, Überflug- oder Startverbot[1)]

(1) [1]Bei tatsächlichen Anhaltspunkten für eine erhebliche Gefährdung der Betriebssicherheit von Luftfahrzeugen kann das Bundesministerium für Verkehr und digitale Infrastruktur für in § 1a Absatz 1 genannte Luftfahrzeuge auch außerhalb des Hoheitsgebiets der Bundesrepublik Deutschland für alle oder bestimmte Beförderungsarten ein Einflug-, Überflug- oder Startverbot verhängen, soweit keine völkerrechtlichen Verpflichtungen der Bundesrepublik Deutschland entgegenstehen. [2]Das Verbot kann ungeachtet einer Erlaubnis oder einer Erlaubnisfreiheit nach § 2 Absatz 7 verhängt werden.

(2) [1]Das Verbot ist auf das erforderliche Maß zu beschränken, zeitlich zu befristen und kann bei Fortbestehen der Gefährdungslage nach Absatz 1 Satz 1 im erforderlichen Umfang, auch mehrfach, verlängert werden. [2]Eine Kombination mehrerer Maßnahmen nach Absatz 1 Satz 1 ist möglich.

---

1) **Anm. d. Red.:** § 26a eingefügt gem. Gesetz v. 23. 2. 2017 (BGBl I S. 298) mit Wirkung v. 4. 3. 2017.

(3) Widerspruch und Anfechtungsklage gegen die Anordnung nach Absatz 1 Satz 1 haben keine aufschiebende Wirkung.

(4) Verfügungen nach Absatz 1 werden auf der Internetseite des Bundesministeriums für Verkehr und digitale Infrastruktur veröffentlicht und als „Notice to Airmen (NOTAM)“ in englischer Sprache bekannt gemacht.

§ 27 Gefährliche Güter, Funkgeräte[1)]

(1) [1]Die Beförderung von Stoffen und Gegenständen, die durch Rechtsverordnung als gefährliche Güter bestimmt sind, insbesondere Giftgase, Kernbrennstoffe und andere radioaktive Stoffe, mit Luftfahrzeugen bedarf der Erlaubnis. [2]Die Erlaubnis kann allgemein oder im Einzelfall erteilt werden; sie kann mit Nebenbestimmungen verbunden werden. [3]Im Übrigen bleiben die für die Beförderung von Giftgasen, Kernbrennstoffen oder anderen radioaktiven Stoffen geltenden Vorschriften unberührt.

(2) [1]Das Mitführen im Handgepäck oder Ansichtragen von Stoffen und Gegenständen nach Absatz 1 Satz 1 in Luftfahrzeugen bedarf der Erlaubnis. [2]Absatz 1 Satz 2 gilt entsprechend. [3]Eine Erlaubnis in Bezug auf Kernbrennstoffe darf nicht erteilt werden.

(3) [1]Der Betrieb von elektronischen Geräten, die nicht als Luftfahrtgerät zugelassen sind und Störungen der Bordelektronik verursachen können, ist in Luftfahrzeugen nicht zulässig. [2]Ausnahmen können durch Rechtsverordnung nach § 32 Abs. 1 Nr. 7a zugelassen werden, wenn und soweit für den Betrieb von elektronischen Geräten ein besonderes Bedürfnis besteht und dies mit dem Schutz der Sicherheit des Luftverkehrs vereinbar ist; in der Rechtsverordnung kann auch bestimmt werden, dass der verantwortliche Luftfahrzeugführer oder der Luftfahrzeughalter allgemein oder für den Einzelfall Ausnahmen zulassen kann.

(4) § 11 Abs. 1 und 2 des Luftsicherheitsgesetzes bleibt unberührt.

5. Unterabschnitt: Flughafenkoordinierung, Flugsicherung und Flugwetterdienst

§ 27a Flughafenkoordinierung[2)]

(1) Die Flughafenkoordinierung wird nach Maßgabe des Rechts der Europäischen Union vorgenommen.

(2) [1]Für Zwecke der Ermittlung der Flughafenkapazität ist das Bundesministerium für Verkehr und digitale Infrastruktur die für den Flughafen zuständige Behörde. [2]Es bestimmt bei für koordiniert erklärten Verkehrsflughäfen im Einvernehmen mit der obersten Luftfahrtbehörde des Landes und nach Anhörung des Bundesaufsichtsamtes für Flugsicherung sowie der Flugsicherungsorganisation, des betreffenden Flugplatzunternehmers und der Luftfahrtunternehmen, die den Flugplatz regelmäßig benutzen, die Anzahl der im Voraus planbaren Zeitnischen (Koordinierungseckwert).

§ 27b Abweichen von der Zeitnischenzuweisung

Von den Verfahren der Zeitnischenzuweisung kann aus Gründen der öffentlichen Interessen, insbesondere der hoheitlichen Interessen, der öffentlichen Verkehrsinteressen oder der Verpflichtungen aus völkerrechtlichen Verträgen abgewichen werden.

---

1) **Anm. d. Red.:** Gem. Art. 12 Abs. 2 des Gesetzes v. 25. 8. 1998 (BGBl I S. 2432) tritt § 27 Abs. 1 außer Kraft, sobald eine Rechtsverordnung über die Beförderung gefährlicher Güter in Luftfahrzeugen aufgrund des Gesetzes über die Beförderung gefährlicher Güter v. 6. 8. 1975 (BGBl I S. 2121) in der jeweils geltenden Fassung in Kraft getreten ist.

2) **Anm. d. Red.:** § 27a i. d. F. der VO v. 31. 8. 2015 (BGBl I S. 1474) mit Wirkung v. 8. 9. 2015.

§ 27c Flugsicherung[1)]

(1) Flugsicherung dient der sicheren, geordneten und flüssigen Abwicklung des Luftverkehrs.

(2) [1]Sie umfasst die Flugsicherungsdienste, insbesondere

1. die Flugverkehrsdienste, zu denen gehören
   a) die Flugverkehrskontrolldienste (Flugplatz-, Anflug- und Bezirkskontrolldienste) einschließlich der Überprüfung, Warnung und Umleitung von Luftfahrzeugen im Luftraum;
   b) die Flugalarmdienste;
   c) die Fluginformationsdienste;
   d) die Flugverkehrsberatungsdienste,
2. die Kommunikationsdienste,
3. die Navigationsdienste,
4. die Überwachungsdienste,
5. die Flugberatungsdienste und
6. die Flugwetterdienste

sowie die Verkehrsflussregelung, die Steuerung der Luftraumnutzung und die Flugvermessungsdienste. [2]Flugsicherungsdienste nach den Nummern 2 bis 5 sowie Flugvermessungsdienste stellen Unterstützungsdienste für die Flugsicherung dar. [3]Sie sind keine hoheitliche Aufgabe des Bundes und werden zu Marktbedingungen als privatwirtschaftliche Dienstleistung in Übereinstimmung mit dem Recht der Europäischen Union erbracht. [4]Die Absicht zur Aufnahme von Flugsicherungsdiensten nach den Nummern 2 bis 5 ist dem Bundesaufsichtsamt für Flugsicherung spätestens einen Monat im Voraus anzuzeigen; der Anzeige ist ein von einem Mitgliedstaat der Europäischen Union ausgestellter Befähigungsnachweis nach Maßgabe von Artikel 7 der Verordnung (EG) Nr. 550/2004 des Europäischen Parlaments und des Rates vom 10. März 2004 über die Erbringung von Flugsicherungsdiensten im einheitlichen europäischen Luftraum („Flugsicherungsdienste-Verordnung") (ABl L 96 vom 31. 3. 2004, S. 10) beizufügen. [5]Das Nähere wird durch Rechtsverordnung nach § 32 Absatz 4 Nummer 4b geregelt. [6]Die Voraussetzungen für die Erbringung von Flugvermessungsdiensten werden durch Rechtsverordnung nach § 32 Absatz 4 Nummer 2 und 3 geregelt. [7]Im Bedarfsfall kann die nach § 31b Absatz 1 beauftragte Flugsicherungsorganisation verpflichtet werden, die in Satz 2 genannten Dienste vorzuhalten.

LuftVG

(3) [1]Die Erhebung, Verarbeitung und Nutzung personenbezogener Daten ist zulässig, soweit dies zur Erfüllung der in den Absätzen 1 und 2 genannten Aufgaben jeweils erforderlich ist. [2]Die Daten sind zu löschen, sobald und soweit sie zur Erfüllung der Aufgaben nicht mehr benötigt werden.

(4) § 15 des Luftsicherheitsgesetzes bleibt unberührt.

(5) Flugsicherungsorganisationen sowie Unterstützungsdienstleister, die Dienste nach Absatz 2 erbringen, bedürfen eines Befähigungsnachweises nach Maßgabe von Artikel 7 der Verordnung (EG) Nr. 550/2004 des Europäischen Parlaments und des Rates vom 10. März 2004 über die Erbringung von Flugsicherungsdiensten im einheitlichen europäischen Luftraum („Flugsicherungsdienste-Verordnung") (ABl L 96 vom 31. 3. 2004, S. 10).

§ 27d Flugsicherungsbetriebsdienste[2)]

(1) Flugsicherungsdienste und die dazu erforderlichen flugsicherungstechnischen Einrichtungen werden an den Flugplätzen vorgehalten, bei denen das Bundesministerium für Verkehr und digitale Infrastruktur einen Bedarf aus Gründen der Sicherheit und aus verkehrspolitischen Interessen anerkennt.

1) **Anm. d. Red.:** § 27c i. d. F. des Gesetzes v. 8. 5. 2012 (BGBl I S. 1032) mit Wirkung v. 12. 5. 2012.

2) **Anm. d. Red.:** § 27d i. d. F. der VO v. 31. 8. 2015 (BGBl I S. 1474) mit Wirkung v. 8. 9. 2015.

(2) [1]Die Flugplatzunternehmer sind auf Verlangen der Flugsicherungsorganisation im erforderlichen Umfang verpflichtet,

1. die baulichen und räumlichen Voraussetzungen für Zwecke der Flugsicherung zu schaffen und zu erhalten, die hierfür benötigten Grundstücke zur Verfügung zu stellen und die Verlegung und Instandhaltung von Kabelverbindungen auf ihren Grundstücken zu dulden,
2. dem Flugsicherungspersonal die Mitbenutzung der an den Flugplätzen bestehenden Infrastruktur zu ermöglichen,
3. die von ihnen überlassenen Bauten und Räume mit Energie und Wasser zu versorgen, sie zu heizen und zu klimatisieren, sonstige Versorgungsleistungen zu erbringen und die notwendige Entsorgung sicherzustellen.

[2]Außerhalb der Flugplätze gilt dies nur, soweit die Anlagen und Einrichtungen der Flugsicherung dem Start- und Landevorgang dienen.

(3) [1]Die sich aus der Erfüllung der Pflichten nach Absatz 2 ergebenden Selbstkosten werden den Flugplatzunternehmern von der Flugsicherungsorganisation erstattet. [2]Einzelheiten der Kostenerstattung nach Satz 1 können vertraglich zwischen der Flugsicherungsorganisation und dem Flugplatzunternehmen geregelt werden.

(4) [1]Wird für einen Flugplatz ein Bedarf nach Absatz 1 vom Bundesministerium für Verkehr und digitale Infrastruktur nicht anerkannt, können auf diesem Flugplatz auf Antrag und zu Lasten des Flugplatzunternehmers, oder wenn auf andere Weise die volle Deckung der Kosten ohne Inanspruchnahme des Bundes sichergestellt ist, Flugsicherungsdienste und flugsicherungstechnische Einrichtungen im erforderlichen Umfang vorgehalten werden. [2]Dies gilt jedoch nur, wenn die örtlichen Voraussetzungen erfüllt und andere Belange der Flugsicherung nicht beeinträchtigt werden. [3]Über den Antrag entscheidet das Bundesministerium für Verkehr und digitale Infrastruktur. [4]Absatz 2 ist anzuwenden.

§ 27e Flugwetterdienst[1)]

(1) [1]Der Flugwetterdienst dient der meteorologischen Sicherung des Luftverkehrs. [2]Die Erfüllung dieser Aufgabe obliegt dem Deutschen Wetterdienst oder anderen damit ausdrücklich beauftragten Stellen (§ 27f Abs. 5).

(2) Der Flugwetterdienst umfasst insbesondere folgende Aufgaben:

1. die Flugwetterberatungs- und -betriebsdienste, zu denen gehören
   a) die Wetterüberwachung,
   b) die Erstellung standardisierter Vorhersagen nach internationalen und nationalen Vorgaben,
   c) die Flugwetterberatung,
   d) die Erstellung und Verbreitung von Warnungen vor Wettererscheinungen mit Auswirkungen auf den An- und Abflug- sowie den Rollverkehr und vor fluggefährdenden Wetterereignissen auf der Strecke,
   e) die Ausgabe standardisierter Flugwetterberatungsunterlagen in alphanumerischer und grafischer Form;
2. die erforderlichen technischen Einrichtungen und Dienste, zu denen gehören
   a) die Beschaffung, der Einbau und die Abnahme der meteorologischen Messanlagen und der Datenerfassungs- und -verbreitungsanlagen sowie der fachtechnischen Systeme,
   b) der Betrieb, die Instandhaltung und die Überwachung der meteorologischen Messanlagen und Übertragungssysteme,
   c) die Entwicklung und Pflege der Anwendungsprogramme in der elektronischen Datenverarbeitung für den Flugwetterdienst;

1) **Anm. d. Red.:** § 27e i. d. F. des Gesetzes v. 29. 7. 2009 (BGBl I S. 2424) mit Wirkung v. 4. 8. 2009.

3. die Planung und Erprobung von Verfahren und Einrichtungen für den Flugwetterdienst;
4. die Sammlung und die Bereitstellung von flugklimatologischen Daten und Statistiken.

(3) Der Kostengläubiger nach § 31b Abs. 3 erhebt den Anteil der Gebühren, der den Aufwand für den Flugwetterdienst abdeckt, im Namen und für Rechnung des Deutschen Wetterdienstes.

§ 27f Flugwetterbetriebsdienst[1)]

(1) Flugwetterbetriebsdienste und die dazu erforderlichen Einrichtungen werden an den Flugplätzen vorgehalten, bei denen das Bundesministerium für Verkehr und digitale Infrastruktur einen Bedarf aus Gründen der Sicherheit und aus verkehrspolitischen Interessen anerkennt.

(2) Die Flugplatzunternehmer sind auf Verlangen des Deutschen Wetterdienstes im erforderlichen Umfang verpflichtet,

1. die baulichen und räumlichen Voraussetzungen für Zwecke des Flugwetterbetriebsdienstes und die erforderlichen technischen Einrichtungen zu schaffen und zu erhalten, die hierfür benötigten Grundstücke zur Verfügung zu stellen und die Verlegung und Instandhaltung von Kabelverbindungen auf ihren Grundstücken zu dulden,
2. dem Flugwetterdienstpersonal die Mitbenutzung der an den Flugplätzen bestehenden Infrastruktur zu ermöglichen,
3. die von ihnen überlassenen Bauten und Räume mit Energie und Wasser zu versorgen, sie zu heizen und zu klimatisieren, sonstige Versorgungsleistungen zu erbringen und die notwendige Entsorgung sicherzustellen.

(3) Die sich aus der Erfüllung der Pflichten nach Absatz 2 ergebenden Selbstkosten werden den Flugplatzunternehmern vom Deutschen Wetterdienst erstattet.

(4) [1]Wird für einen Flugplatz ein Bedarf nach Absatz 1 vom Bundesministerium für Verkehr und digitale Infrastruktur nicht anerkannt, können auf diesem Flugplatz auf Antrag und zu Lasten des Flugplatzunternehmers, oder wenn auf andere Weise die volle Deckung der Kosten ohne Inanspruchnahme des Bundes sichergestellt ist, Flugwetterbetriebsdienste und die erforderlichen technischen Einrichtungen im erforderlichen Umfang vorgehalten werden. [2]Dies gilt jedoch nur, wenn die örtlichen Voraussetzungen erfüllt und andere Belange des Flugwetterbetriebsdienstes nicht beeinträchtigt werden. [3]Über den Antrag entscheidet das Bundesministerium für Verkehr und digitale Infrastruktur. [4]Absatz 2 ist anzuwenden.

(5) [1]Wenn das Bundesministerium für Verkehr und digitale Infrastruktur einen Bedarf im Sinne des Absatzes 1 anerkennt, ist der Deutsche Wetterdienst verpflichtet, Flugwetterbetriebsdienste und die erforderlichen technischen Einrichtungen im erforderlichen Umfang auf dem entsprechenden Flugplatz vorzuhalten. [2]Das Gleiche gilt im Falle des Absatzes 4, soweit nicht das Bundesministerium für Verkehr und digitale Infrastruktur geeignete natürliche Personen mit der Wahrnehmung bestimmter Aufgaben nach § 27e Abs. 2 Nr. 1 und 2 beauftragt; diese Beauftragten unterstehen der Fachaufsicht des Deutschen Wetterdienstes.

6. Unterabschnitt: Vorzeitige Besitzeinweisung und Enteignung

§ 27g Vorzeitige Besitzeinweisung durch Enteignungsbehörde

(1) [1]Ist der sofortige Beginn von Bauarbeiten geboten und weigert sich der Eigentümer oder Besitzer, den Besitz eines für den Bau oder die Änderung eines Flughafens oder eines Landeplatzes mit beschränktem Bauschutzbereich nach § 17 benötigten Grundstücks durch Vereinbarung unter Vorbehalt aller Entschädigungsansprüche zu überlassen, so hat die Enteignungsbehörde den Unternehmer auf Antrag nach Feststellung des Planes oder Erteilung der Plangenehmigung in den Besitz einzuweisen. [2]Der Planfeststellungsbeschluss oder die Plangenehmigung müssen vollziehbar sein. [3]Weiterer Voraussetzungen bedarf es nicht.

1) **Anm. d. Red.:** § 27f i. d. F. der VO v. 31. 8. 2015 (BGBl I S. 1474) mit Wirkung v. 8. 9. 2015.

(2) [1]Die Enteignungsbehörde hat spätestens sechs Wochen nach Eingang des Antrags auf Besitzeinweisung mit den Beteiligten mündlich zu verhandeln. [2]Hierzu sind der Unternehmer und die Betroffenen zu laden. [3]Dabei ist den Betroffenen der Antrag auf Besitzeinweisung mitzuteilen. [4]Die Ladungsfrist beträgt drei Wochen. [5]Mit der Ladung sind die Betroffenen aufzufordern, etwaige Einwendungen gegen den Antrag vor der mündlichen Verhandlung bei der Enteignungsbehörde einzureichen. [6]Sie sind außerdem darauf hinzuweisen, dass auch bei Nichterscheinen über den Antrag auf Besitzeinweisung und andere im Verfahren zu erledigende Anträge entschieden werden kann.

(3) [1]Soweit der Zustand des Grundstücks von Bedeutung ist, hat die Enteignungsbehörde diesen bis zum Beginn der mündlichen Verhandlung in einer Niederschrift festzustellen oder durch einen Sachverständigen ermitteln zu lassen. [2]Den Beteiligten ist eine Abschrift der Niederschrift oder des Ermittlungsergebnisses zu übersenden.

(4) [1]Der Beschluss über die Besitzeinweisung ist dem Unternehmer und den Betroffenen spätestens zwei Wochen nach der mündlichen Verhandlung zuzustellen. [2]Die Besitzeinweisung wird in dem von der Enteignungsbehörde bezeichneten Zeitpunkt wirksam. [3]Dieser Zeitpunkt soll auf höchstens zwei Wochen nach Zustellung der Anordnung über die vorzeitige Besitzeinweisung an den unmittelbaren Besitzer festgesetzt werden. [4]Durch die Besitzeinweisung wird dem Besitzer der Besitz entzogen und der Unternehmer Besitzer. [5]Der Unternehmer darf auf dem Grundstück das im Antrag auf Besitzeinweisung bezeichnete Bauvorhaben durchführen und die dafür erforderlichen Maßnahmen treffen.

(5) [1]Der Unternehmer hat für die durch die vorzeitige Besitzeinweisung entstehenden Vermögensnachteile Entschädigung zu leisten, soweit die Nachteile nicht durch die Verzinsung der Geldentschädigung für die Entziehung oder Beschränkung des Eigentums oder eines anderen Rechts ausgeglichen werden. [2]Art und Höhe der Entschädigung sind von der Enteignungsbehörde in einem Beschluss festzusetzen.

(6) [1]Wird der festgestellte Plan oder die Plangenehmigung aufgehoben, so ist auch die vorzeitige Besitzeinweisung aufzuheben und der vorherige Besitzer wieder in den Besitz einzuweisen. [2]Der Unternehmer hat für alle durch die Besitzeinweisung entstandenen besonderen Nachteile Entschädigung zu leisten.

(7) [1]Ein Rechtsbehelf gegen eine vorzeitige Besitzeinweisung hat keine aufschiebende Wirkung. [2]Der Antrag auf Anordnung der aufschiebenden Wirkung nach § 80 Abs. 5 Satz 1 der Verwaltungsgerichtsordnung kann nur innerhalb eines Monats nach der Zustellung des Besitzeinweisungsbeschlusses gestellt und begründet werden.

§ 28 Zulässigkeit einer Enteignung

(1) [1]Für Zwecke der Zivilluftfahrt ist die Enteignung zulässig. [2]Die Befugnis der Länder, Enteignungen für Sonderflugplätze vorzusehen, bleibt unberührt.

(2) Hat ein Planfeststellungs-, Plangenehmigungs- oder Genehmigungsverfahren stattgefunden, so ist der festgestellte Plan, die Plangenehmigung oder die Genehmigung dem Enteignungsverfahren zugrunde zu legen und für die Enteignungsbehörde bindend.

(3) Im Übrigen gelten die Enteignungsgesetze der Länder.

§ 28a Entschädigungsverfahren

Soweit der Vorhabenträger auf Grund eines Planfeststellungsbeschlusses oder einer Plangenehmigung verpflichtet ist, eine Entschädigung in Geld zu leisten, und über die Höhe der Entschädigung keine Einigung zwischen dem Betroffenen und dem Träger des Vorhabens zustande kommt, entscheidet auf Antrag eines der Beteiligten die nach Landesrecht zuständige Behörde; für das Verfahren und den Rechtsweg gelten die Enteignungsgesetze der Länder entsprechend.

7. Unterabschnitt: Gemeinsame Vorschriften

§ 29 Luftaufsicht[1)]

(1) [1]Die Abwehr von betriebsbedingten Gefahren für die Sicherheit des Luftverkehrs sowie für die öffentliche Sicherheit oder Ordnung durch die Luftfahrt (Luftaufsicht) ist Aufgabe der Luftfahrtbehörden und der Flugsicherungsorganisation. [2]Sie können in Ausübung der Luftaufsicht Verfügungen erlassen. [3]Maßnahmen zur Abwehr von Gefahren, erheblichen Nachteilen oder erheblichen Belästigungen durch Fluglärm oder durch Luftverunreinigung durch Luftfahrzeuge in der Umgebung von Flugplätzen dürfen nur im Benehmen mit den für den Immissionsschutz zuständigen Landesbehörden getroffen werden.

(2) Die Luftfahrtbehörden können diese Aufgaben auf andere Stellen übertragen oder sich anderer geeigneter Personen als Hilfsorgane für bestimmte Fälle bei der Wahrnehmung der Luftaufsicht bedienen.

(3) [1]Die für die Luftaufsicht zuständigen Stellen sind zur Abwehr der in Absatz 1 genannten Gefahren, insbesondere zur Gewährleistung der Verkehrssicherheit des Luftfahrzeugs und der Dienstfähigkeit der Luftfahrzeugführer befugt, stichprobenartig Luftfahrzeuge zu betreten und sie und ihren Inhalt ohne unbillige Verzögerung zu untersuchen sowie Luftfahrzeugführer anzuhalten und auf ihre Dienstfähigkeit zu überprüfen. [2]Die zuständigen Stellen können die an Bord mitgeführten Urkunden sowie Lizenzen und Berechtigungen der Besatzungsmitglieder prüfen. [3]Der Flugplatzbetreiber ist verpflichtet, das Betreten des Flugplatzes durch Vertreter der zuständigen Stellen zum Zwecke der Durchführung von Untersuchungen zu dulden. [4]Nach Abschluss der Untersuchung eines Luftfahrzeugs unterrichtet die zuständige Stelle den verantwortlichen Luftfahrzeugführer oder den Halter des Luftfahrzeugs über das Ergebnis der Untersuchung. [5]Behindert die Besatzung eines Luftfahrzeugs die Untersuchung, insbesondere das Betreten des Luftfahrzeugs, kann die zuständige Stelle ein Startverbot verhängen. [6]Ein Startverbot kann auch verhängt werden, wenn Tatsachen die Annahme rechtfertigen, dass die an die Verkehrssicherheit des untersuchten Luftfahrzeugs oder an die Tauglichkeit der Besatzung zu stellenden Anforderungen nicht erfüllt sind. [7]Widerspruch und Anfechtungsklage gegen ein Startverbot haben keine aufschiebende Wirkung.

(4) Die Durchführung der Vorfeldinspektion an Luftfahrzeugen eines Betreibers aus einem Drittstaat oder eines Betreibers, der der behördlichen Aufsicht eines anderen Mitgliedstaates unterliegt, die Durchführung von Inspektionen im Flug, die Wahrnehmung von Aufgaben und Verantwortlichkeiten der für die Luftaufsicht nach Absatz 1 zuständigen Stellen und die Übermittlung der bei Vorfeldinspektionen gewonnenen Daten richten sich nach der Verordnung (EU) Nr. 965/2012 in der jeweils geltenden Fassung.

(5) (weggefallen)

(6) Eine Übermittlung von bei Vorfeldinspektionen gewonnenen Daten an Luftfahrtbehörden in Staaten außerhalb der Europäischen Union darf nur unter der Voraussetzung erfolgen, dass sich diese Staaten verpflichtet haben, die Daten ausschließlich zur Verbesserung der Luftverkehrssicherheit zu verwenden.

(7) [1]Rechtfertigen Tatsachen die Annahme, dass die Luftverkehrssicherheit durch den Betrieb eines Luftfahrzeugs gefährdet wird oder dass die Sicherheit des Flugbetriebs des das Luftfahrzeug verwendenden Luftfahrtunternehmens insgesamt nicht gewährleistet ist, kann das Luftfahrt-Bundesamt die Erlaubnis nach § 2 Absatz 7 oder die Betriebsgenehmigung nach § 21a für alle Luftfahrzeuge dieses Luftfahrtunternehmens widerrufen. [2]Ist eine Erlaubnis nach § 2 Absatz 7 Satz 2 nicht erforderlich, kann ein allgemeines Einflugverbot verhängt werden. [3]Bei der Entscheidung über den Widerruf oder die Verhängung eines Einflugverbots berücksichtigt das Luftfahrt-Bundesamt die im Anhang der Verordnung (EG) Nr. 2111/2005 des Europäischen Parlaments und des Rates vom 14. Dezember 2005 über die Erstellung einer gemeinschaftlichen Liste der Luftfahrtunternehmen, gegen die in der Gemeinschaft eine Betriebsuntersagung er-

1) **Anm. d. Red.:** § 29 i. d. F. des Gesetzes v. 28. 6. 2016 (BGBl I S. 1548) mit Wirkung v. 25. 8. 2016.

gangen ist, sowie über die Unterrichtung von Fluggästen über die Identität des ausführenden Luftfahrtunternehmens und zur Aufhebung des Artikels 9 der Richtlinie 2004/36/EG (ABl EU Nr. L 344 S. 15) aufgeführten gemeinsamen Kriterien. [4]Die Anfechtungsklage gegen den Widerruf einer Erlaubnis nach § 2 Absatz 7 oder einer Betriebsgenehmigung nach § 21a oder gegen die Verhängung eines Einflugverbots hat keine aufschiebende Wirkung.

(8) [1]Die Absätze 4 und 6 finden keine Anwendung auf Staatsluftfahrzeuge im Sinne des Artikels 3 Buchstabe b des Abkommens vom 7. Dezember 1944 über die Internationale Zivilluftfahrt (BGBl 1956 II S. 411). [2]Für die Aufzeichnung des Flugfunkverkehrs gilt § 27c Absatz 3 entsprechend.

§ 29a Durchführung der Luftaufsicht

[1]Die für die Durchführung der Luftaufsicht auf Flugplätzen erforderlichen Räume hat der Unternehmer des Flugplatzes kostenfrei bereitzustellen und zu unterhalten. [2]Auf Flugplätzen, die nicht dem allgemeinen Verkehr dienen, hat der Unternehmer des Flugplatzes die Kosten der Luftaufsicht zu tragen. [3]§ 27d bleibt unberührt.

§ 29b Immissionsschutz[1)]

(1) [1]Flugplatzunternehmer, Luftfahrzeughalter und Luftfahrzeugführer sind verpflichtet, beim Betrieb von Luftfahrzeugen in der Luft und am Boden vermeidbare Geräusche zu verhindern und die Ausbreitung unvermeidbarer Geräusche auf ein Mindestmaß zu beschränken, wenn dies erforderlich ist, um die Bevölkerung vor Gefahren, erheblichen Nachteilen und erheblichen Belästigungen durch Lärm zu schützen. [2]Auf die Nachtruhe der Bevölkerung ist in besonderem Maße Rücksicht zu nehmen.

(2) Die Luftfahrtbehörden und die Flugsicherungsorganisation haben auf den Schutz der Bevölkerung vor unzumutbarem Fluglärm hinzuwirken.

§§ 29c und 29d (weggefallen)

§ 29e Einschränkung von Grundrechten[2)]

Die Grundrechte des Brief-, Post- und Fernmeldegeheimnisses (Artikel 10 des Grundgesetzes) sowie der Unverletzlichkeit der Wohnung (Artikel 13 des Grundgesetzes) werden nach Maßgabe dieses Gesetzes eingeschränkt.

§ 30 Ausnahmen für Militär, Bundespolizei und Polizei[3)]

(1) [1]Die Bundeswehr und die Truppen der NATO-Vertragsstaaten sowie Truppen, die auf Grund einer gesonderten Vereinbarung in Deutschland üben, dürfen von den Vorschriften des Ersten Abschnitts dieses Gesetzes, ausgenommen die §§ 12, 13 und 15 bis 19, und von den zu seiner Durchführung erlassenen Vorschriften unter Berücksichtigung der öffentlichen Sicherheit oder Ordnung abweichen, soweit dies zur Erfüllung ihrer besonderen Aufgaben erforderlich ist. [2]Das in § 8 vorgesehene Planfeststellungsverfahren entfällt, wenn militärische Flugplätze angelegt oder geändert werden sollen. [3]Von den Vorschriften über das Verhalten im Luftraum darf nur abgewichen werden, soweit dies zur Erfüllung hoheitlicher Aufgaben zwingend notwendig ist.

(1a) [1]Die Polizeien des Bundes und der Länder dürfen von den Vorschriften des Ersten Abschnitts dieses Gesetzes – ausgenommen die §§ 5 bis 10, 12, 13 sowie 15 bis 19 – und den zu seiner Durchführung erlassenen Vorschriften abweichen, soweit dies zur Erfüllung ihrer Aufgaben unter Berücksichtigung der öffentlichen Sicherheit oder Ordnung erforderlich ist. [2]Von den Vorschriften über das Verhalten im Luftraum darf nur abgewichen werden, soweit dies zur Erfüllung hoheitlicher Aufgaben zwingend notwendig ist.

1) **Anm. d. Red.:** § 29b i. d. F. des Gesetzes v. 29. 7. 2009 (BGBl I S. 2424) mit Wirkung v. 4. 8. 2009.

2) **Anm. d. Red.:** § 29e i. d. F. des Gesetzes v. 8. 5. 2012 (BGBl I S. 1032) mit Wirkung v. 12. 5. 2012.

3) **Anm. d. Red.:** § 30 i. d. F. des Gesetzes v. 28. 6. 2016 (BGBl I S. 1548) mit Wirkung v. 3. 7. 2016.

(2) [1]Die Verwaltungszuständigkeiten aufgrund dieses Gesetzes werden für den Dienstbereich der Bundeswehr und, soweit völkerrechtliche Verträge nicht entgegenstehen, der Truppen der NATO-Vertragsstaaten und der in Deutschland übenden Truppen durch Dienststellen der Bundeswehr nach Bestimmungen des Bundesministeriums der Verteidigung wahrgenommen. [2]Dies gilt nicht für die Aufgaben der Flugsicherung nach § 27c mit Ausnahme der örtlichen Flugsicherung an den militärischen Flugplätzen; die notwendigen Vorbereitungen zur Wahrnehmung der Aufgaben nach Artikel 87a des Grundgesetzes bleiben unberührt. [3]Das Bundesministerium der Verteidigung erteilt die Erlaubnisse nach § 2 Abs. 7 und § 27 auch für andere militärische Luftfahrzeuge. [4]In den Fällen der §§ 12, 13 und 15 bis 19 treten bei militärischen Flugplätzen die Dienststellen der Bundeswehr an die Stelle der Flugsicherungsorganisationen und der genannten Luftfahrtbehörden. [5]Die Dienststellen der Bundeswehr treffen ihre Entscheidungen in eigener Zuständigkeit und Verantwortung für die öffentliche Sicherheit und Ordnung. [6]Zusätzlicher Genehmigungen und Erlaubnisse der zivilen Luftfahrtbehörden bedarf es nicht.

(3) [1]Bei der Anlegung und wesentlichen Änderung militärischer Flugplätze auf Gelände, das nicht durch Maßnahmen aufgrund des Landbeschaffungsgesetzes beschafft zu werden braucht, sind die Erfordernisse der Raumordnung, insbesondere des zivilen Luftverkehrs, nach Anhörung der Regierungen der Länder, die von der Anlegung oder Änderung betroffen werden, angemessen zu berücksichtigen. [2]Die §§ 4 und 5 des Raumordnungsgesetzes bleiben unberührt. [3]Das Bundesministerium der Verteidigung kann von der Stellungnahme dieser Länder hinsichtlich der Erfordernisse des zivilen Luftverkehrs nur im Einvernehmen mit dem Bundesministerium für Verkehr und digitale Infrastruktur abweichen; es unterrichtet die Regierungen der betroffenen Länder von seiner Entscheidung. [4]Wird Gelände für die Anlegung und wesentliche Änderung militärischer Flugplätze nach den Vorschriften des Landbeschaffungsgesetzes beschafft, findet allein das Anhörungsverfahren nach § 1 Abs. 2 des Landbeschaffungsgesetzes statt; hierbei sind insbesondere die Erfordernisse des zivilen Luftverkehrs angemessen zu berücksichtigen.

§ 30a Ermächtigung zur Beauftragung Privater[1)]

(1) [1]Das Bundesministerium der Verteidigung wird ermächtigt, durch Rechtsverordnung ohne Zustimmung des Bundesrates die Einzelheiten für die Beauftragung juristischer Personen des privaten Rechts mit der Wahrnehmung folgender Aufgaben im Zusammenhang mit der Benutzung des Luftraums durch militärische Luftfahrzeuge zu regeln:

1. Prüfung der Lufttüchtigkeit der Muster von Luftfahrzeugen und von Luftfahrtgerät im Rahmen der Entwicklung,
2. Aufrechterhaltung der Lufttüchtigkeit der Muster von Luftfahrzeugen und von Luftfahrtgerät,
3. Prüfung und Bescheinigung der Lufttüchtigkeit von Luftfahrzeugen und Luftfahrtgerät im Rahmen der Herstellung,
4. Prüfung und Bescheinigung der Lufttüchtigkeit von Luftahrzeugen und Luftfahrtgerät im Rahmen der Instandhaltung und des Betriebs,
5. Prüfung von Ausbildungseinrichtungen, Luftfahrtunternehmen und Organisationen, die Aufgaben nach den Nummern 1 bis 4 wahrnehmen,
6. Ausbildung von erlaubnispflichtigem Personal und Bescheinigung der Ausbildung.

[2]Ein Rechtsanspruch auf Beauftragung besteht nicht.

(2) [1]Die Beauftragten arbeiten nach den Richtlinien des Bundesministeriums der Verteidigung und unterstehen seiner Rechts- und Fachaufsicht. [2]Das Bundesministerium kann die Rechts- und Fachaufsicht auf Dienststellen der Bundeswehr übertragen.

---

1) **Anm. d. Red.:** § 30a eingefügt gem. Gesetz v. 28. 6. 2016 (BGBl I S. 1548) mit Wirkung v. 3. 7. 2016.

§ 31 Auftragsverwaltung der Länder[1)]

(1) [1]Die Aufgaben des Bundes nach diesem Gesetz und den Verordnungen der Europäischen Union werden, soweit es nichts anderes bestimmt, von dem Bundesministerium für Verkehr und digitale Infrastruktur oder einer von ihm bestimmten Stelle wahrgenommen. [2]Erfolgt die Bestimmung durch Rechtsverordnung, so bedarf diese nicht der Zustimmung des Bundesrates. [3]Das Gesetz über das Luftfahrt-Bundesamt bleibt unberührt.

(2) Die Länder führen nachstehende Aufgaben dieses Gesetzes im Auftrage des Bundes aus:

1. die Erteilung der Erlaubnis für Piloten von Leichtluftfahrzeugen, Privatpiloten, Segelflugzeugführer, Freiballonführer, Steuerer von verkehrszulassungpflichtigen Flugmodellen und sonstigem verkehrszulassungspflichtigen Luftfahrtgerät ohne Luftsportgerät (§ 4) sowie der Berechtigungen nach der Verordnung (EU) Nr. 1178/2011 und nach der Verordnung über Luftfahrtpersonal an diese Personen; ausgenommen hiervon bleiben die Erlaubnisse, die zugleich mit der Instrumentenflugberechtigung erteilt oder die nachträglich um die Instrumentenflugberechtigung erweitert werden;
2. (weggefallen)
3. die Erteilung der Erlaubnis für die Ausbildung des in Nummer 1 genannten Luftfahrtpersonals (§ 5);
4. die Genehmigung von Flugplätzen, mit Ausnahme der Prüfung und Entscheidung, inwieweit durch die Anlegung und den Betrieb eines Flughafens, der dem allgemeinen Verkehr dienen soll, die öffentlichen Interessen des Bundes berührt werden (§ 6) sowie die Genehmigung der Flugplatzentgelte und der Flugplatzbenutzungsordnung;

4a. die im Zusammenhang mit der Regelung der Bodenabfertigungsdienste auf Flugplätzen nach § 19c Abs. 1 und 2 erforderlichen Maßnahmen und Verwaltungsentscheidungen;

4b. die Erteilung des Zeugnisses und die Entscheidung über die Freistellung nach § 10a;

5. die Erteilung der Erlaubnis für Vorbereitungsarbeiten zur Anlegung von Flugplätzen (§ 7);
6. die Bestimmung von beschränkten Bauschutzbereichen bei Landeplätzen und Segelfluggeländen (§ 17);
7. die Zustimmung zur Baugenehmigung oder einer sonstigen nach allgemeinen Vorschriften erforderlichen Genehmigung oder die luftrechtliche Genehmigung bei der Errichtung von Bauwerken, Anlagen und Geräten, bei Bäumen sowie bei der Herstellung von Bodenvertiefungen in Bauschutzbereichen und beschränkten Bauschutzbereichen (§§ 12, 15 und 17);
8. die Festlegung von Bauhöhen, bis zu denen in Bauschutzbereichen und beschränkten Bauschutzbereichen ohne Zustimmung der Luftfahrtbehörden Baugenehmigungen oder sonstige nach allgemeinen Vorschriften erforderliche Genehmigungen erteilt werden können (§§ 13, 15 und 17);
9. die Zustimmung zur Baugenehmigung oder einer sonstigen nach allgemeinen Vorschriften erforderlichen Genehmigung oder die luftrechtliche Genehmigung bei der Errichtung von Bauwerken, Anlagen und Geräten sowie bei Bäumen außerhalb der Bauschutzbereiche (§§ 14 und 15);
10. das Verlangen, die Abtragung von Bauwerken und anderen Luftfahrthindernissen, welche die zulässigen Höhen überragen, sowie die Kennzeichnung von Luftfahrthindernissen und die Beseitigung von Vertiefungen oder die erforderlichen Sicherheitsmaßnahmen zu dulden (§§ 16, 16a und 17);
11. die Entgegennahme und Verwaltung von Erklärungen des Betreibers für den spezialisierten Flugbetrieb mit anderen als technisch komplizierten Luftfahrzeugen nach den Anhängen III und VIII der Verordnung (EU) Nr. 965/2012 in der jeweils geltenden Fassung, soweit die Luftfahrzeuge dabei ausschließlich nach Sichtflugregeln betrieben werden;

1) **Anm. d. Red.:** § 31 i. d. F. des Gesetzes v. 28. 6. 2016 (BGBl I S. 1548) mit Wirkung v. 21. 4. 2017.

11a. die Erteilung
   a) eines Luftverkehrsbetreiberzeugnisses für gewerbliche Rundflüge gemäß Artikel 5 Absatz 1 und 1a in Verbindung mit den Anhängen III und IV der Verordnung (EU) Nr. 965/2012, es sei denn, diese Rundflüge finden nicht nach Sichtflugregeln statt, und
   b) einer Genehmigung zur Durchführung von spezialisiertem Flugbetrieb mit hohem Risiko mit anderen als technisch komplizierten Luftfahrzeugen nach Anhang III ORO.SPO.110 in Verbindung mit Anhang II ARO.OPS. 150 der Verordnung (EU) Nr. 965/2012, soweit die Luftfahrzeuge dabei ausschließlich nach Sichtflugregeln betrieben werden; dies gilt nicht, wenn für den Betrieb eine weitergehende Sondergenehmigung nach Anhang V der Verordnung (EU) Nr. 965/2012 erforderlich ist, für welche das Luftfahrt-Bundesamt zuständig ist.

   [2]Auf Antrag eines Landes können diese Aufgaben vom Bundesministerium für Verkehr und digitale Infrastruktur oder von einer anderen von ihm bestimmten Stelle wahrgenommen werden;

11b. die Aufsicht über den Flugbetrieb gemäß Anhang VII der Verordnung (EU) Nr. 965/2012;

12. die Genehmigung von Luftfahrtveranstaltungen, die nicht über das Land, in dem die Veranstaltung stattfindet, hinausgehen oder für die das Bundesministerium für Verkehr und digitale Infrastruktur im Einvernehmen mit den beteiligten Ländern einen Auftrag erteilt hat (§ 24);

13. die Erteilung der Erlaubnis zum Starten und Landen außerhalb der genehmigten Flugplätze (§ 25) ausgenommen die Erteilung der Erlaubnis zum Starten und Landen für nicht motorgetriebene Luftsportgeräte; LuftVG

14. (weggefallen)

15. die Mitwirkung bei der Bestimmung der Koordinierungseckwerte (§ 27a Abs. 2);

16. die Erteilung der Erlaubnis zu besonderer Benutzung des Luftraums für
   a) Kunstflüge,
   b) Schleppflüge,
   c) Reklameflüge,
   d) Abwerfen von Gegenständen aus Luftfahrzeugen,
   e) den Aufstieg von Frei- und Fesselballonen,
   f) das Steigenlassen von Flugmodellen, Flugkörpern mit Eigenantrieb und unbemannten Luftfahrtsystemen,
   g) Abweichungen von Sicherheitsmindestflughöhen, Sicherheitsmindestabständen, Mindesthöhen,
   h) den Aufstieg und Betrieb von Geräten, die ohne Luftfahrzeug zu sein, besondere Gefahren für die Luftfahrt mit sich bringen, insbesondere Feuerwerkskörper, optische Lichtsignalgeräte, Drachen, Kinderballone und ballonartige Leuchtkörper

   mit Ausnahme der Erlaubnisse, die vom Bundesaufsichtsamt für Flugsicherung oder der Flugsicherungsorganisation erteilt werden;

17. die Aufsicht innerhalb der in den Nummern 1 bis 16 festgelegten Verwaltungszuständigkeiten;

18. die Ausübung der Luftaufsicht, soweit diese nicht das Bundesministerium für Verkehr und digitale Infrastruktur aufgrund gesetzlicher Regelung selbst, das Luftfahrt-Bundesamt, das Bundesaufsichtsamt für Flugsicherung, die Flugsicherungsorganisation oder die für die Flughafenkoordinierung und die Luftsportgeräte zuständigen Stellen im Rahmen ihrer Aufgaben ausüben.

(3) Die Entscheidungen in den Fällen des Absatzes 2 Nr. 4, 6 bis 10 und 12, ausgenommen die Genehmigungen der Flugplatzentgelte und der Flugplatzbenutzungsordnungen, werden aufgrund einer gutachtlichen Stellungnahme der Flugsicherungsorganisation getroffen.

(4) Die Genehmigung von Luftfahrtunternehmen nach Absatz 2 Nr. 11 wird aufgrund einer Prüfung des technischen und betrieblichen Zustandes des Unternehmens durch das Luftfahrt-Bundesamt erteilt, wenn die Genehmigungsbehörde dies im besonders gelagerten Einzelfall für erforderlich hält.

§ 31a Flughafenkoordinator[1)]

Das Bundesministerium für Verkehr und digitale Infrastruktur wird ermächtigt, durch Rechtsverordnung ohne Zustimmung des Bundesrates natürliche oder juristische Personen des privaten Rechts mit der Wahrnehmung der Flughafenkoordinierung nach Maßgabe des Rechts der Europäischen Union zu beauftragen (Flughafenkoordinator).

§ 31b Flugsicherungsunternehmen[2)]

(1) [1]Vorbehaltlich des Luftverkehrsrechts der Europäischen Union und der Regelung von § 31f wird mit der Wahrnehmung der in § 27c Absatz 2 Satz 1 Nummer 1 genannten Aufgaben nur eine Flugsicherungsorganisation in Form einer Gesellschaft mit beschränkter Haftung beauftragt, deren Anteile ausschließlich vom Bund gehalten werden. [2]Das Nähere wird vom Bundesministerium für Verkehr und digitale Infrastruktur durch Rechtsverordnung im Einvernehmen mit dem Bundesministerium der Verteidigung ohne Zustimmung des Bundesrates geregelt.

(2) [1]Wenn das Bundesministerium für Verkehr und digitale Infrastruktur einen Bedarf im Sinne des § 27d Abs. 1 anerkennt, ist die Flugsicherungsorganisation verpflichtet, Flugsicherungsdienste und flugsicherungstechnische Einrichtungen im erforderlichen Umfang auf dem entsprechenden Flugplatz vorzuhalten. [2]Das Gleiche gilt im Falle des § 27d Abs. 4. [3]Die Verpflichtung entfällt, soweit das Bundesministerium für Verkehr und digitale Infrastruktur eine Flugsicherungsorganisation nach § 31f Absatz 1 mit der Wahrnehmung dieser Aufgaben beauftragt. [4]§ 27e Absatz 1 Satz 2 bleibt unberührt.

(3) [1]Für Gebühren und Auslagen nach § 32 Abs. 4 Satz 1 Nr. 7 ist die Flugsicherungsorganisation Kostengläubigerin, soweit nicht etwas anderes bestimmt ist. [2]Bei der Einziehung der Gebühr im Sinne des Artikels 3 des Gesetzes vom 2. Februar 1984 zu dem Protokoll vom 12. Februar 1981 zur Änderung des Internationalen Übereinkommens über Zusammenarbeit zur Sicherung der Luftfahrt „EUROCONTROL" vom 13. Dezember 1960 und zu der Mehrseitigen Vereinbarung vom 12. Februar 1981 über Flugsicherungs-Streckengebühren (BGBl 1984 II S. 69) sowie bei der Einziehung der Gebühr nach Artikel 3 des Gesetzes vom 6. Februar 2017 in Verbindung mit den Artikeln 6 und 7 der Anlage IV des Internationalen Übereinkommens vom 13. Dezember 1960 über Zusammenarbeit zur Sicherung der Luftfahrt „EUROCONTROL" (BGBl 2017 II S. 74, 76) tritt die Flugsicherungsorganisation an die Stelle der Bundesrepublik Deutschland, soweit nicht etwas anderes bestimmt ist. [3]Bei der Flugsicherungsorganisation im Sinne von Absatz 1 bleibt der positive oder negative Unterschiedsbetrag zwischen dem nach dem Einkommensteuergesetz ermittelten Gewinn aus den Gebühren für die Flugsicherung und dem Ergebnis nach den gebührenrechtlichen Vorschriften aus Flugsicherungsdiensten bei der Ermittlung der Einkünfte außer Ansatz.

(4) [1]Einnahmeausfälle aus Kostenbefreiungen bei Inanspruchnahme von Streckennavigationsdiensten und Streckennavigationseinrichtungen der Flugsicherung bei der Benutzung des Luftraums der Informationsgebiete der Bundesrepublik Deutschland, soweit sie durch Beschlüsse der Erweiterten Kommission der Organisation EUROCONTROL festgelegt sind, werden der Flugsicherungsorganisation durch den Bund erstattet. [2]Entsprechendes gilt für die Inanspruchnahme von Diensten und Einrichtungen der Flugsicherung beim An- und Abflug auf den in § 27d Abs. 1 genannten Flughäfen durch

a) militärische Luftfahrzeuge der NATO-Mitgliedstaaten;

1) **Anm. d. Red.:** § 31a i. d. F. der VO v. 31. 8. 2015 (BGBl I S. 1474) mit Wirkung v. 8. 9. 2015.

2) **Anm. d. Red.:** § 31b i. d. F. des Gesetzes v. 6. 2. 2017 (BGBl II S. 74) mit Wirkung v. 11. 2. 2017.

b) militärische Luftfahrzeuge anderer als NATO-Mitgliedstaaten, die von Kosten befreit sind.

[3]Die Vorschrift des § 8 Abs. 4 des Verwaltungskostengesetzes in der bis zum 14. August 2013 geltenden Fassung ist auch für Amtshandlungen der Flugsicherungsorganisation sowie des Bundesaufsichtsamtes für Flugsicherung im Aufgabenbereich der Flugsicherung anzuwenden.

(5) [1]Die Flugsicherungsorganisation kann sich mit Zustimmung des Bundesministeriums für Verkehr und digitale Infrastruktur zur Erfüllung ihrer Aufgaben an anderen Unternehmen beteiligen oder Unternehmen erwerben oder errichten. [2]Ihre Verantwortlichkeit für die ordnungsgemäße Erfüllung der ihr übertragenen Aufgaben bleibt unberührt. [3]Die Zustimmung stellt keine Beleihung dar. [4]Die haushaltsrechtlichen Vorschriften des Bundes bleiben unberührt.

(6) [1]Zur Wahrnehmung einzelner Aufgaben nach § 27c Absatz 2 Satz 1 Nummer 1 im Bereich der grenzüberschreitenden Flugsicherung kann das Bundesministerium für Verkehr und digitale Infrastruktur der Flugsicherungsorganisation nach Absatz 1 Satz 1 gestatten, eine andere Flugsicherungsorganisation zu Hilfszwecken zu beauftragen, wenn

1. ein solcher Einsatz im Hinblick auf die ordnungsgemäße und sichere Verkehrsführung unter besonderer Berücksichtigung der technischen und betrieblichen Erfordernisse der Flugsicherung zweckmäßig ist,
2. die andere Flugsicherungsorganisation über einen gültigen Befähigungsnachweis nach Maßgabe von Artikel 7 der Verordnung (EG) Nr. 550/2004 des Europäischen Parlaments und des Rates vom 10. März 2004 über die Erbringung von Flugsicherungsdiensten im einheitlichen europäischen Luftraum („Flugsicherungsdienste-Verordnung") (ABl L 96 vom 31. 3. 2004, S. 10) verfügt und
3. durch vertragliche Regelungen zwischen den Flugsicherungsorganisationen sichergestellt ist, dass Weisungen des Bundesaufsichtsamtes für Flugsicherung zur ordnungsgemäßen Durchführung der Aufgaben und zur Durchsetzung der Aufsicht von der anderen Flugsicherungsorganisation umgesetzt werden.

LuftVG

[2]Hat die andere Flugsicherungsorganisation ihren Sitz oder ihre Niederlassung im Ausland, wird die Gestattung nur erteilt, wenn eine völkerrechtliche Übereinkunft des Bundesministeriums für Verkehr und digitale Infrastruktur oder einer von ihm bestimmten Behörde mit der jeweils zuständigen Behörde des ausländischen Staates besteht, in der die Wahrnehmung von Aufsichtsmaßnahmen, die Durchführung von Kontroll- und Durchsetzungsbefugnissen sowie die Sicherstellung der verfassungsmäßigen Aufgabenerfüllung der Luftstreitkräfte der Bundeswehr gegenüber der anderen Flugsicherungsorganisation geregelt sind.

§ 31c Benutzung des Luftraums durch Luftsportgeräte[1)]

[1]Das Bundesministerium für Verkehr und digitale Infrastruktur wird ermächtigt, durch Rechtsverordnung ohne Zustimmung des Bundesrates juristische Personen des privaten Rechts mit der Wahrnehmung folgender Aufgaben im Zusammenhang mit der Benutzung des Luftraums durch Freiballone, Luftsportgeräte und Flugmodelle zu beauftragen:

1. Muster- und Verkehrszulassung (§ 2),
2. Erteilung der Erlaubnis für Luftfahrtpersonal (§ 4),
3. Erteilung der Erlaubnis für die Ausbildung (§ 5),
4. Erteilung der Erlaubnis zum Starten und Landen außerhalb der genehmigten Flugplätze (§ 25) für nicht motorgetriebene Luftsportgeräte,
5. Aufsicht über den Betrieb von Luftsportgeräten auf Flugplätzen und Geländen, wenn beide ausschließlich dem Betrieb von Luftsportgeräten dienen (§ 29 Abs. 1 und 4),
6. Erhebung von Kosten nach der Kostenverordnung der Luftfahrtverwaltung.

[2]Satz 1 findet Anwendung auf Segelflugzeuge, sofern das betreffende Land für seinen Aufgabenbereich (§ 31 Abs. 2) zustimmt.

1) **Anm. d. Red.:** § 31c i. d. F. der VO v. 31. 8. 2015 (BGBl I S. 1474) mit Wirkung v. 8. 9. 2015.

§ 31d Grundsätze der Beauftragung[1)]

(1) [1]Die Beauftragung nach den §§ 30a und 31a bis 31c ist nur zulässig, wenn der zu Beauftragende einwilligt und hinreichende Gewähr für die ordnungsgemäße Erfüllung der Aufgabe bietet. [2]Sind diese Voraussetzungen nicht mehr erfüllt, wird die Beauftragung ohne Entschädigung zurückgezogen oder widerrufen.

(2) [1]Die Beauftragten nach den §§ 31a und 31c arbeiten nach den Richtlinien des Bundesministeriums für Verkehr und digitale Infrastruktur und unterstehen seiner Rechts- und Fachaufsicht. [2]Die Beauftragte nach § 31b Absatz 1 untersteht der Rechtsaufsicht und Fachaufsicht des Bundesaufsichtsamtes für Flugsicherung. [3]Das Bundesministerium für Verkehr und digitale Infrastruktur kann im Falle des § 31c die Rechts- und Fachaufsicht auf das Luftfahrt-Bundesamt übertragen. [4]Das Bundesaufsichtsamt für Flugsicherung kann im Rahmen seiner Aufgabenerfüllung von der Flugsicherungsorganisation jederzeit Berichte und die Vorlage von Aufzeichnungen verlangen. [5]Soweit die Flugsicherungsorganisation als Beliehene tätig wird, hat sie den Bediensteten des Bundesaufsichtsamtes für Flugsicherung und den von ihnen beauftragten Personen jederzeit das Betreten der Grundstücke und Geschäftsräume zu gestatten, soweit dies zur Wahrnehmung ihrer Aufgaben erforderlich ist. [6]Im Übrigen besteht diese Verpflichtung während der üblichen Betriebs- und Geschäftszeiten; außerhalb dieser Zeiten oder wenn die Geschäftsräume sich in einer Wohnung befinden, hat die Flugsicherungsorganisation das Betreten zu dulden, soweit dies zur Verhütung von dringenden Gefahren für die öffentliche Sicherheit und Ordnung erforderlich ist oder soweit Anhaltspunkte für einen Verstoß gegen gesetzliche Bestimmungen vorliegen; das Grundrecht der Unverletzlichkeit der Wohnung (Artikel 13 des Grundgesetzes) wird insoweit eingeschränkt.

(3) [1]Die Beauftragten dieses Unterabschnitts wenden das Verwaltungsverfahrensgesetz, das Verwaltungskostengesetz in der bis zum 14. August 2013 geltenden Fassung, das Verwaltungszustellungsgesetz und das Verwaltungsvollstreckungsgesetz an, soweit nicht in diesem Gesetz etwas anderes bestimmt ist. [2]Für Amtshandlungen in Erfüllung der ihnen übertragenen Aufgaben werden von den Beauftragten dieses Unterabschnitts Kosten (Gebühren und Auslagen) erhoben. [3]Zu den nach § 10 Abs. 1 des Verwaltungskostengesetzes in der bis zum 14. August 2013 geltenden Fassung zu erhebenden Auslagen ist die auf die Kosten nach Satz 2 entfallende, gesetzlich geschuldete Umsatzsteuer hinzuzurechnen. [4]Auskünfte an den Betroffenen über die zu seiner Person gespeicherten Daten sind unentgeltlich.

(4) [1]Gegen die Entscheidungen des Beauftragten im Rahmen seines Auftrags ist der Widerspruch statthaft. [2]Hilft der Beauftragte nicht ab, so entscheidet die jeweils zuständige Aufsichtsbehörde. [3]Im Falle des § 30a ist die Klage gegen die Bundesrepublik Deutschland, vertreten durch den Bundesminister der Verteidigung, zu richten. [4]Das Bundesministerium der Verteidigung kann die Vertretungsbefugnis übertragen. [5]Im Falle des § 31b Abs. 3 erfolgt die Entscheidung über den Widerspruch durch das Bundesaufsichtsamt für Flugsicherung. [6]Im Falle des § 31a ist die Klage gegen die Bundesrepublik Deutschland, vertreten durch das Bundesministerium für Verkehr und digitale Infrastruktur, zu richten. [7]In den Fällen der §§ 31b, 31c und 31f ist die Klage gegen die Bundesrepublik Deutschland, vertreten durch den Beauftragten, zu richten.

(5) Widerspruch und Anfechtungsklage gegen Entscheidungen der Beauftragten haben keine aufschiebende Wirkung.

§ 31e Rückgriff bei Staatshaftung Grundsätze der Beauftragung[2)]

[1]Im Falle der Staatshaftung wegen Ansprüchen Dritter können die Beauftragten nach den §§ 31a bis 31c und 31f bei Vorliegen von Vorsatz oder grober Fahrlässigkeit vom Bund bis zu einem vom Bundesministerium für Verkehr und digitale Infrastruktur im Einvernehmen mit dem Bundesministerium der Finanzen festgelegten Höchstbetrag in Rückgriff genommen werden. [2]Wird der Bund von einem Dritten wegen eines Schadens in Anspruch genommen, den ein

1) **Anm. d. Red.:** § 31d i. d. F. des Gesetzes v. 28. 6. 2016 (BGBl I S. 1548) mit Wirkung v. 3. 7. 2016.

2) **Anm. d. Red.:** § 31e i. d. F. des Gesetzes v. 28. 6. 2016 (BGBl I S. 1548) mit Wirkung v. 3. 7. 2016.

auf der Grundlage einer Rechtsverordnung nach § 30a Beauftragter durch vorsätzliches oder grob fahrlässiges Handeln verursacht hat, so kann der Bund bei dem Beauftragten Rückgriff bis zu einem vom Bundesministerium der Verteidigung im Einvernehmen mit dem Bundesministerium der Finanzen festgelegten Höchstbetrag nehmen. [3]Gegenüber Organen und Personal der Beauftragten nach den §§ 30a, 31a bis 31c und 31f richtet sich der Rückgriff des Beauftragten nach den allgemeinen Vorschriften.

§ 31f Flugsicherungsorganisation[1)]

(1) An Flugplätzen, bei denen nach § 27d Absatz 4 Flugsicherungsdienste und flugsicherungstechnische Einrichtungen im erforderlichen Umfang vorgehalten werden sollen, kann das Bundesministerium für Verkehr und digitale Infrastruktur durch Verwaltungsakt neben einer Flugsicherungsorganisation nach § 31b Absatz 1 auch eine andere Flugsicherungsorganisation mit der Wahrnehmung einzelner Aufgaben nach § 27c Absatz 2 Satz 1 Nummer 1 beauftragen.

(2) [1]Die Beauftragung nach Absatz 1 ist nur zulässig, wenn die zu beauftragende Flugsicherungsorganisation

1. im Besitz eines gültigen Befähigungsnachweises nach Maßgabe von Artikel 7 der Verordnung (EG) Nr. 550/2004 des Europäischen Parlaments und des Rates vom 10. März 2004 über die Erbringung von Flugsicherungsdiensten im einheitlichen europäischen Luftraum („Flugsicherungsdienste-Verordnung“) (ABl L 96 vom 31. 3. 2004, S. 10) ist,
2. die hinreichende Gewähr für die ordnungsgemäße Erfüllung der Aufgabe bietet und
3. in die Beauftragung eingewilligt hat.

[2]Die Beauftragung einer Flugsicherungsorganisation mit Sitz oder Niederlassung im Ausland setzt über Absatz 2 Satz 1 hinaus den Bestand einer völkerrechtlichen Übereinkunft des Bundesministeriums für Verkehr und digitale Infrastruktur oder einer von ihm bestimmten Behörde mit der jeweils zuständigen Behörde des ausländischen Staates voraus, in der die Wahrnehmung von Aufsichtsmaßnahmen, die Durchführung von Kontroll- und Durchsetzungsbefugnissen sowie die Sicherstellung der verfassungsmäßigen Aufgabenerfüllung der Luftstreitkräfte der Bundeswehr gegenüber der beauftragten Flugsicherungsorganisation geregelt sind.

(3) [1]Ein Rechtsanspruch auf Übertragung von Aufgaben nach Absatz 1 oder auf Fortsetzung der Tätigkeit nach Absatz 1 besteht nicht. [2]Das Bundesministerium für Verkehr und digitale Infrastruktur macht seine Entscheidung nach Absatz 1 im Bundesanzeiger bekannt.

(4) [1]Bei der Wahrnehmung von Aufgaben nach Absatz 1 unterliegt die Flugsicherungsorganisation der Rechts- und Fachaufsicht des Bundesaufsichtsamtes für Flugsicherung. [2]Dieses kann sich zur Wahrnehmung seiner Aufsichtstätigkeit insbesondere jederzeit über die Angelegenheiten der Flugsicherungsorganisation, insbesondere durch Einholung von Auskünften, Berichten und der Vorlage von Aufzeichnungen aller Art, unterrichten, rechtswidrige oder zweckwidrige Maßnahmen beanstanden sowie entsprechende Abhilfe verlangen. [3]Kommt die nach Absatz 1 beauftragte Flugsicherungsorganisation den Weisungen des Bundesaufsichtsamtes für Flugsicherung nicht oder nicht fristgerecht nach, kann es die erforderlichen Maßnahmen anstelle und auf Kosten der Flugsicherungsorganisation selbst durchführen oder durch einen anderen durchführen lassen.

(5) Widerspruch und Anfechtungsklage der Flugsicherungsorganisation gegen aufsichtsrechtliche Maßnahmen haben keine aufschiebende Wirkung.

(6) [1]Bedienstete des Bundesaufsichtsamtes für Flugsicherung sind zum Zwecke der Aufsicht befugt, die Anlagen und Betriebsräume der Flugsicherungsorganisation nach Absatz 1 während der üblichen Betriebs- oder Geschäftszeit zu betreten. [2]Die Flugsicherungsorganisation nach Absatz 1 oder die sie vertretenden Personen sind verpflichtet, Vertretern des Bundesaufsichtsamtes für Flugsicherung den Zugang zu den Anlagen und Betriebsräumen zu gewähren. [3]Gegenstände oder geschäftliche Unterlagen können im erforderlichen Umfang in Verwahrung ge-

1) **Anm. d. Red.:** § 31f i. d. F. der VO v. 31. 8. 2015 (BGBl I S. 1474) mit Wirkung v. 8. 9. 2015.

nommen werden. [4]Entsprechendes gilt für vom Bundesaufsichtsamt für Flugsicherung auf der Grundlage von Artikel 3 der Verordnung (EG) Nr. 550/2004 des Europäischen Parlaments und des Rates vom 10. März 2004 über die Erbringung von Flugsicherungsdiensten im einheitlichen europäischen Luftraum („Flugsicherungsdienste-Verordnung") (ABl L 96 vom 31. 3. 2004, S. 10) beauftragte anerkannte Organisationen.

(7) [1]Die Beauftragung kann auch auf Antrag der Flugsicherungsorganisation widerrufen werden. [2]§ 49 Absatz 6 des Verwaltungsverfahrensgesetzes gilt nicht.

§ 32 Ermächtigung zum Erlass von Rechtsverordnungen[1)]

(1) [1]Das Bundesministerium für Verkehr und digitale Infrastruktur erlässt mit Zustimmung des Bundesrates die zur Durchführung dieses Gesetzes und von Rechtsakten der Europäischen Union notwendigen Rechtsverordnungen über

1. das Verhalten im Luftraum und am Boden, insbesondere Flugvorbereitungen, Verhalten bei Start und Landung, die Benutzung von Flughäfen,
2. die Bestimmung der näheren Einzelheiten über Zulassung und Marktzugang von Luftfahrtunternehmen, Preisgestaltung, Wettbewerb und Wirtschaftsregulierung im Luftverkehr,
3. die Einteilung, die Größe, die Lage, die Beschaffenheit, die Ausstattung und den Betrieb von Flugplätzen sowie die Verhinderung von Störungen der Flugsicherungseinrichtungen,

3a. die Bodenabfertigungsdienste auf Flugplätzen (§ 19c). [2]Die Aufnahme von Bodenabfertigungsdiensten kann von der Erfüllung fachlicher, technischer und betrieblicher Voraussetzungen sowie von der Übernahme von Arbeitnehmern abhängig gemacht werden. [3]Die Rechtsverordnung kann darüber hinaus Regelungen über die Bildung von Interessenvertretungen der Luftfahrtunternehmen an Flugplätzen, über die Auswahl derer, die Bodenabfertigungsdienste erbringen dürfen, über die Abgrenzung des Tätigkeitsbereichs Bodenabfertigungsdienste von anderen Tätigkeitsbereichen sowie über die Untersagung von Subventionen zwischen diesen Tätigkeitsbereichen treffen. [4]Des Weiteren kann die Rechtsverordnung Regelungen über die Erhebung von Entgelten durch den Flugplatzunternehmer sowie über den Zugang zu Flugplatzeinrichtungen vorsehen. [5]Änderungen der Rechtsverordnung, die sich auf die Festlegung der Anzahl derer, die im Rahmen des § 19c Abs. 2 zur Erbringung der dort genannten Bodenabfertigungsdienste für sich oder andere berechtigt sind, beziehen, bedürfen nicht der Zustimmung des Bundesrates,

4. den Kreis der Personen (ausgenommen Personal für die Flugsicherung), die einer Erlaubnis nach diesem Gesetz bedürfen, einschließlich der Ausbilder und die Anforderungen an die Befähigung und Eignung dieser Personen, sowie das Verfahren zur Erlangung der Erlaubnisse und Berechtigungen und deren Entziehung oder Beschränkung,
5. die Ausbildung von Luftfahrern und den Betrieb von Fliegerschulen,
6. die Meldung von Flugunfällen und Störungen des Luftverkehrs sowie den Such- und Rettungsdienst für Luftfahrzeuge,
7. die Abgrenzung des Begriffs „gefährliche Güter" und das Mitführen gefährlicher Güter an Bord von Luftfahrzeugen,

7a. die Erlaubnis zum Betrieb von elektronischen Geräten in Luftfahrzeugen nach § 27 Abs. 3 Satz 2,

8. die im Rahmen der Luftaufsicht erforderlichen Maßnahmen und deren Durchführung,
9. die Voraussetzungen und das Verfahren für die Einrichtung und Aufhebung von Luftsperrgebieten und von Gebieten mit Flugbeschränkungen,

9a. die Voraussetzungen und das Verfahren für die Erteilung und den Widerruf der in diesem Gesetz vorgesehenen Genehmigungen, Zulassungen und Erlaubnisse sowie Befreiungen hiervon,

1) **Anm. d. Red.:** § 32 i. d. F. der VO v. 31. 8. 2015 (BGBl I S. 1474) mit Wirkung v. 8. 9. 2015.

10. die Verpflichtung zur Mitführung von Urkunden (Bordpapiere) in Luftfahrzeugen und deren Inhalt,
11. (weggefallen)
12. die Einzelheiten über den Abschluss, die Aufrechterhaltung, den Inhalt, den Umfang, die zulässigen Ausschlüsse und den Nachweis der nach diesem Gesetz und nach Rechtsakten der Europäischen Union zu unterhaltenden Haftpflichtversicherung, einschließlich der Mindestversicherungssumme, soweit sie nicht die Deckung der Haftung für die Zerstörung, die Beschädigung und den Verlust von Gütern betreffen. [2]Soweit Versicherungsnachweise bei Landesbehörden zu hinterlegen sind, bleibt die Bestimmung der zuständigen Behörde dem Landesrecht vorbehalten,
13. die Kosten (Gebühren und Auslagen) für Amtshandlungen, insbesondere Prüfungen und Untersuchungen nach diesem Gesetz, dem Gesetz über das Luftfahrt-Bundesamt oder nach den auf diesen Gesetzen beruhenden Rechtsvorschriften. [2]In der Rechtsverordnung kann festgelegt werden, dass bei Auslagen Kostengläubiger auch derjenige Rechtsträger ist, bei dessen Behörde die Auslagen entstehen. [3]Sie bestimmt ferner die gebührenpflichtigen Tatbestände und kann dafür feste Sätze, Rahmensätze oder Zeitgebühren vorsehen. [4]Die Gebührensätze sind so zu bemessen, dass der mit den Amtshandlungen verbundene Personal- und Sachaufwand gedeckt wird; dabei kann die Berechnung des erforderlichen Verwaltungsaufwands nach Stundensätzen vorgenommen werden. [5]Bei begünstigenden Amtshandlungen kann daneben die Bedeutung, der wirtschaftliche Wert oder der sonstige Nutzen für den Gebührenschuldner angemessen berücksichtigt werden. [6]In der Rechtsverordnung können die Kostenbefreiung, die Kostengläubigerschaft, die Kostenschuldnerschaft, der Umfang der zu erstattenden Auslagen und die Kostenerhebung abweichend von den Vorschriften des Verwaltungskostengesetzes in der bis zum 14. August 2013 geltenden Fassung geregelt werden,
14. (weggefallen)
15. den Schutz der Bevölkerung vor Fluglärm, insbesondere durch Maßnahmen zur Geräuschminderung am Luftfahrzeug, beim Betrieb von Luftfahrzeugen am Boden, beim Starten und Landen und beim Überfliegen besiedelter Gebiete einschließlich der Anlagen zur Messung des Fluglärms und zur Auswertung der Messergebnisse,
16. den Schutz vor Luftverunreinigungen durch Luftfahrzeuge, insbesondere darüber, dass die Verunreinigung der Luft durch Abgase der Luftfahrzeuge das nach dem jeweiligen Stand der Technik unvermeidbare Maß nicht übersteigen darf,
17. die zur Durchführung der Flughafenkoordinierung nach § 27a notwendigen Einzelheiten, insbesondere die Verfahren, nach denen ein Verkehrsflughafen zum koordinierten oder vollständig koordinierten Flughafen zu erklären ist, und den Umfang der Koordinierungspflicht.

[2]Das Bundesministerium für Verkehr und digitale Infrastruktur kann in den Rechtsverordnungen nach Satz 1 Ausnahmen von der in diesem Gesetz vorgeschriebenen Zulassung von Luftfahrtgerät und Einholung einer Erlaubnis sowie von der Pflicht zur Führung des Staatszugehörigkeitszeichens und der besonderen Kennzeichnung zulassen, soweit die öffentliche Sicherheit und Ordnung, insbesondere die Sicherheit des Luftverkehrs, nicht beeinträchtigt werden. [3]Rechtsverordnungen nach den Nummern 3, 5 und 13 werden im Einvernehmen mit dem Bundesministerium der Finanzen erlassen. [4]Rechtsverordnungen nach Nummer 9a, soweit sie die Genehmigung von Beförderungsentgelten betreffen, und nach der Nummer 13 werden im Einvernehmen mit dem Bundesministerium für Wirtschaft und Energie erlassen; die Bestimmungen des allgemeinen Preisrechts bleiben unberührt. [5]Rechtsverordnungen nach den Nummern 15 und 16 werden vom Bundesministerium für Verkehr und digitale Infrastruktur und vom Bundesministerium für Umwelt, Naturschutz, Bau und Reaktorsicherheit erlassen. [6]Rechtsverordnungen nach Nummer 17 werden erlassen im Einvernehmen mit dem Bundesministerium der Verteidigung, soweit mit ihnen Flüge militärischer Luftfahrzeuge, mit dem Bundesministerium des Innern, soweit mit ihnen Flüge der Bundespolizei oder der Polizei der Flugplankoordinierung unterworfen werden sollen.

(2) Das Bundesministerium für Gesundheit und das Bundesministerium für Verkehr und digitale Infrastruktur erlassen mit Zustimmung des Bundesrates die zur Durchführung dieses Gesetzes notwendigen Rechtsverordnungen über die Bekämpfung der Verbreitung übertragbarer Krankheiten durch die Luftfahrt.

(2a) (weggefallen)

(2b) (weggefallen)

(3) [1]Rechtsverordnungen bedürfen nicht der Zustimmung des Bundesrates, wenn sie der Durchführung von Richtlinien und Empfehlungen der Internationalen Zivilluftfahrt-Organisation (ICAO) dienen. [2]Das Gleiche gilt für Rechtsverordnungen, die die zur Gewährleistung der Sicherheit des Luftverkehrs und der öffentlichen Sicherheit oder Ordnung notwendigen Einzelheiten über die Durchführung der Verhaltensvorschriften nach Absatz 1 Satz 1 Nr. 1 und über die Durchführung der Ausbildungs- und Prüfvorschriften für Luftfahrtpersonal nach Absatz 1 Satz 1 Nr. 4 und 5 regeln. [3]Das Bundesministerium für Verkehr und digitale Infrastruktur kann die Ermächtigung zum Erlass von Verordnungen nach Satz 2 und von Verordnungen, die die zur Gewährleistung der Sicherheit des Luftverkehrs und der öffentlichen Sicherheit oder Ordnung notwendigen Einzelheiten über die Durchführung der Bau-, Prüf- und Betriebsvorschriften nach Absatz 4 Satz 1 Nr. 1 regeln, durch Rechtsverordnung auf das Luftfahrt-Bundesamt übertragen. [4]Verordnungen nach Satz 3, die von besonderer Bedeutung für den Schutz der Bevölkerung vor Fluglärm sind, werden im Benehmen mit dem Umweltbundesamt erlassen.

(4) Das Bundesministerium für Verkehr und digitale Infrastruktur erlässt ohne Zustimmung des Bundesrates die zur Durchführung dieses Gesetzes und von Rechtsakten der Europäischen Union notwendigen Rechtsverordnungen über

1. die Anforderungen an den Bau, die Ausrüstung und den Betrieb der Luftfahrzeuge und des sonstigen Luftfahrtgeräts sowie die Eintragung und Kennzeichnung der Luftfahrzeuge;
2. Art, Umfang, Beschaffenheit und Betrieb der Anlagen, Einrichtungen und Geräte für die Flugsicherung, die Ausrüstung an Bord für die Flugsicherung und die Flugvermessung;
3. Art und Durchführung der Flugsicherung sowie der Flugvermessung;
4. die Anforderungen an die Befähigung und Eignung des nach diesem Gesetz erlaubnispflichtigen Personals für die Flugsicherung und seiner Ausbilder;

4a. die Art, den Umfang und die fachlichen Voraussetzungen sowie das Verfahren zur Erlangung der Erlaubnisse und Berechtigungen sowie Lizenzen in der Flugsicherung und deren Rücknahme und Widerruf oder Beschränkung;

4b. das Verfahren zur Erlangung von Befähigungsnachweisen nach Maßgabe von Artikel 7 der Verordnung (EG) Nr. 550/2004 des Europäischen Parlaments und des Rates vom 10. März 2004 über die Erbringung von Flugsicherungsdiensten im einheitlichen europäischen Luftraum („Flugsicherungsdienste-Verordnung“) (ABl L 96 vom 31. 3. 2004, S. 10) für die Durchführung von Unterstützungsdiensten nach § 27c Absatz 2 Satz 2, deren Widerruf oder Beschränkung;

5. die Ausbildung von Personal für die Flugsicherung und den Betrieb entsprechender Ausbildungsstätten;
6. die Kosten (Gebühren und Auslagen) für Amtshandlungen zur Durchführung der Flughafenkoordinierung; Absatz 1 Satz 1 Nr. 13 Satz 2, 3, 4 zweiter Halbsatz und Satz 5 gilt entsprechend;
7. die Kosten (Gebühren und Auslagen) für Amtshandlungen zur Durchführung der Flugsicherung;

7a. die Kosten (Gebühren und Auslagen) für Amtshandlungen im Zusammenhang mit

a) der Übertragung von Aufgaben nach § 31f Absatz 1 an Flugsicherungsorganisationen oder

b) der Fortsetzung der übertragenen Tätigkeiten sowie

c) der Wahrnehmung von Unterstützungsdiensten durch Dienstleister nach § 27c Absatz 2 Satz 3;

8. die Festlegung von Flugverfahren für Flüge innerhalb von Kontrollzonen, für An- und Abflüge zu und von Flugplätzen mit Flugverkehrskontrollstelle und für Flüge nach Instrumentenflugregeln, einschließlich der Flugwege, Flughöhen und Meldepunkte.

(4a) In Rechtsverordnungen nach Absatz 4 Satz 1 Nummer 6, 7 und 7a bestimmt das Bundesministerium für Verkehr und digitale Infrastruktur die gebührenpflichtigen Tatbestände und die Höhe der Gebühren.

1. [1]Für Amtshandlungen nach Absatz 4 Satz 1 Nr. 6 sind die Gebührensätze so zu bemessen, dass der mit den Amtshandlungen verbundene Verwaltungsaufwand für die Flughafenkoordinierung gedeckt wird. [2]Es kann festgelegt werden, dass die Kosten vom Flughafenkoordinator erhoben werden können.
2. [1]Für Amtshandlungen nach Absatz 4 Satz 1 Nr. 7 können feste Sätze, auch in der Form von Gebühren nach Zeitaufwand, oder Rahmensätze vorgesehen werden. [2]Die Gebührensätze sind, soweit nicht das Recht der Europäischen Union eine abweichende Regelung enthält, so zu bemessen, dass der mit den Amtshandlungen verbundene Verwaltungsaufwand gedeckt wird. [3]Die in den Rechtsakten der Europäischen Union, insbesondere in den Artikeln 14 und 15 der Verordnung (EG) Nr. 550/2004, enthaltenen Grundsätze sind zu berücksichtigen. [4]Bei begünstigenden Amtshandlungen sind daneben die Bedeutung, der wirtschaftliche Wert oder der sonstige Nutzen für den Gebührenschuldner angemessen zu berücksichtigen. [5]Die Kostenbefreiung, die Kostengläubigerschaft, die Kostenschuldnerschaft, der Umfang der zu erstattenden Auslagen und die Kostenerhebung können abweichend vom Verwaltungskostengesetz in der bis zum 14. August 2013 geltenden Fassung geregelt werden. [6]Es kann insbesondere festgelegt werden, dass die Kosten von der Flugsicherungsorganisation oder von einer nach dem Recht der Europäischen Union oder aufgrund völkerrechtlicher Vereinbarung errichteten Stelle erhoben werden können. [7]Zu den nach § 10 Abs. 1 des Verwaltungskostengesetzes in der bis zum 14. August 2013 geltenden Fassung zu erhebenden Auslagen ist eine für die Amtshandlungen nach § 32 Abs. 4 Satz 1 Nr. 7 nach dem Umsatzsteuergesetz geschuldete Umsatzsteuer hinzuzurechnen. [8]Von der Kostenpflicht können Flugplatzunternehmer von solchen Flugplätzen ausgenommen werden, die unter die Regelung von § 27d Abs. 4 Satz 1 fallen.
3. [1]Für Amtshandlungen nach Absatz 4 Satz 1 Nummer 7a sind die Gebührensätze so zu bemessen, dass der mit den Amtshandlungen verbundene Verwaltungsaufwand gedeckt wird. [2]Dabei können feste Sätze, auch in Form von Gebühren nach Zeitaufwand, oder Rahmensätze vorgesehen werden. [3]Es kann festgelegt werden, dass die Kosten vom Bundesaufsichtsamt für Flugsicherung erhoben werden.

LuftVG

(4b) [1]Rechtsverordnungen nach Absatz 4 Satz 1 Nr. 2, die sich auf die Art und Beschaffenheit von funktechnischen Anlagen, Einrichtungen und Geräten für die Flugsicherung und für die Flugsicherungsausrüstung an Bord beziehen, sind im Benehmen mit dem Bundesministerium für Wirtschaft und Energie zu erlassen. [2]Rechtsverordnungen nach Absatz 4 Satz 1 Nr. 5 werden im Einvernehmen mit dem Bundesministerium für Bildung und Forschung erlassen; die Regelungen des Berufsbildungsgesetzes bleiben unberührt.

(4c) [1]Das Bundesministerium für Verkehr und digitale Infrastruktur kann die Ermächtigung zum Erlass von Rechtsverordnungen nach Absatz 4 Satz 1 Nummer 2 bis 5 und 7 bis 8 durch Rechtsverordnung ohne Zustimmung des Bundesrates auf das Bundesaufsichtsamt für Flugsicherung übertragen. [2]Verordnungen nach Absatz 4 Satz 1 Nr. 8, die von besonderer Bedeutung für den Schutz der Bevölkerung vor Fluglärm sind, werden im Benehmen mit dem Umweltbundesamt erlassen.

(5) [1]Das Bundesministerium für Verkehr und digitale Infrastruktur erlässt durch Rechtsverordnung, die nicht der Zustimmung des Bundesrates bedarf, Bestimmungen über

1. den Kreis der Personen, die eines Flugfunkzeugnisses bedürfen,

2. den Erwerb von Flugfunkzeugnissen,
3. Berechtigungsausweisen und Bescheinigungen über den Nachweis von Kenntnissen der englischen Sprache sowie
4. die Gebühren und Auslagen für die damit zusammenhängenden Amtshandlungen.

[2]Absatz 1 Nummer 13 Satz 2 bis 5 gilt entsprechend.

(5a) Das Bundesministerium für Verkehr und digitale Infrastruktur wird ermächtigt, soweit dies zur Durchsetzung der Rechtsakte der Europäischen Union erforderlich ist, durch Rechtsverordnung mit Zustimmung des Bundesrates die Tatbestände zu bezeichnen, die als Ordnungswidrigkeit nach § 58 Abs. 1 Nr. 13 geahndet werden können.

(5b) [1]Die Festlegung und Änderung von Gebühren nach Absatz 5 Satz 1 Nummer 4 bedürfen des Einvernehmens mit dem Bundesministerium der Finanzen. [2]Die Gebühren werden zur Deckung des Verwaltungsaufwands erhoben. [3]Zur Ermittlung des Verwaltungsaufwands sind die Kosten, die nach betriebswirtschaftlichen Grundsätzen als Einzel- und Gemeinkosten zurechenbar und ansatzfähig sind, insbesondere Personal- und Sachkosten sowie kalkulatorische Kosten, zugrunde zu legen.

(6) [1]Das Bundesministerium für Verkehr und digitale Infrastruktur erlässt die zur Durchführung dieses Gesetzes und der dazu ergangenen Rechtsverordnungen notwendigen allgemeinen Verwaltungsvorschriften. [2]Allgemeine Verwaltungsvorschriften zur Durchführung der in § 31 Abs. 2 bezeichneten Aufgaben bedürfen der Zustimmung des Bundesrates. [3]Soweit die allgemeinen Verwaltungsvorschriften dem Schutz vor Fluglärm oder dem Schutz vor Luftverunreinigungen durch Luftfahrzeuge dienen, werden sie vom Bundesministerium für Verkehr und digitale Infrastruktur und vom Bundesministerium für Umwelt, Naturschutz, Bau und Reaktorsicherheit mit Zustimmung des Bundesrates erlassen.

(7) Sofern nach den Vorschriften dieses Gesetzes ein Zeugnis oder anderes Dokument mitzuführen, auszuhändigen oder einem Antrag beizufügen ist, ist die elektronische Form ausgeschlossen, sofern nicht in den zur Durchführung dieses Gesetzes erlassenen Rechtsverordnungen eine abweichende Regelung getroffen ist.

§ 32a Beratender Ausschuss[1)]

(1) [1]Bei dem Bundesministerium für Umwelt, Naturschutz, Bau und Reaktorsicherheit und dem Bundesministerium für Verkehr und digitale Infrastruktur wird ein Beratender Ausschuss gebildet, der vor Erlass von Rechtsverordnungen und allgemeinen Verwaltungsvorschriften aufgrund dieses Gesetzes zu hören ist, soweit sie dem Schutz gegen Fluglärm und gegen Luftverunreinigungen durch Luftfahrzeuge dienen. [2]Zum Schutz gegen Fluglärm und gegen Luftverunreinigungen durch Luftfahrzeuge kann der Beratende Ausschuss Empfehlungen aussprechen. [3]Dem Ausschuss sollen Vertreter der Wissenschaft, der Technik, der Flugplatzunternehmer, der Luftfahrtunternehmen, der kommunalen Spitzenverbände, der Lärmschutz- und Umweltverbände, der Kommissionen nach § 32b, der Luftfahrtbehörden, der von der Landesregierung bestimmten obersten Landesbehörden und des Umweltbundesamtes angehören. [4]Die Mitgliedschaft ist ehrenamtlich.

(2) [1]Die Mitglieder des Beratenden Ausschusses werden je zur Hälfte vom Bundesministerium für Umwelt, Naturschutz, Bau und Reaktorsicherheit und vom Bundesministerium für Verkehr und digitale Infrastruktur berufen. [2]Der Ausschuss gibt sich eine Geschäftsordnung und wählt den Vorsitzenden. [3]Die Geschäftsordnung und die Wahl des Vorsitzenden bedürfen der Zustimmung des Bundesministeriums für Umwelt, Naturschutz, Bau und Reaktorsicherheit und des Bundesministeriums für Verkehr und digitale Infrastruktur.

(3) [1]Der Beratende Ausschuss tagt mindestens einmal jährlich. [2]Dazu lädt der Vorsitzende unter Vorlage einer Tagesordnung ein. [3]Halten das Bundesministerium für Umwelt, Naturschutz, Bau und Reaktorsicherheit und das Bundesministerium für Verkehr und digitale Infrastruktur

1) **Anm. d. Red.:** § 32a i. d. F. der VO v. 31. 8. 2015 (BGBl I S. 1474) mit Wirkung v. 8. 9. 2015.

die Empfehlungen des Ausschusses für nicht geeignet oder nicht durchführbar, so ist dies dem Ausschuss unter Angabe der Gründe schriftlich mitzuteilen.

§ 32b Beratungskommission[1)]

(1) [1]Zur Beratung der Genehmigungsbehörde sowie des Bundesaufsichtsamtes für Flugsicherung und der Flugsicherungsorganisation über Maßnahmen zum Schutz gegen Fluglärm und gegen Luftverunreinigungen durch Luftfahrzeuge wird für jeden Verkehrsflughafen, der dem Fluglinienverkehr angeschlossen ist und für den ein Lärmschutzbereich nach dem Gesetz zum Schutz gegen Fluglärm festzusetzen ist, eine Kommission gebildet. [2]Ist die Anlage eines neuen Flugplatzes geplant, wird die Kommission vor Einleitung des Genehmigungsverfahrens gebildet.

(2) [1]Die Genehmigungsbehörde, das Bundesaufsichtsamt für Flugsicherung sowie die Flugsicherungsorganisation unterrichten die Kommission über die aus Lärmschutzgründen oder zur Verringerung der Luftverunreinigungen durch Luftfahrzeuge beabsichtigten Maßnahmen. [2]Vor Erteilung der Genehmigung zur Anlage oder Erweiterung eines Flugplatzes nach § 6 Abs. 4 Satz 2 ist der Kommission der Genehmigungsantrag mit den vorgeschriebenen Unterlagen zuzuleiten.

(3) [1]Die Kommission ist berechtigt, der Genehmigungsbehörde, dem Bundesaufsichtsamt für Flugsicherung sowie der Flugsicherungsorganisation Maßnahmen zum Schutz der Bevölkerung gegen Fluglärm oder zur Verringerung der Luftverunreinigung durch Luftfahrzeuge in der Umgebung des Flugplatzes vorzuschlagen. [2]Halten die Genehmigungsbehörde, das Bundesaufsichtsamt für Flugsicherung oder die Flugsicherungsorganisation die vorgeschlagenen Maßnahmen für nicht geeignet oder für nicht durchführbar, so teilen sie dies der Kommission unter Angabe der Gründe mit.

(4) [1]Der Kommission sollen angehören: Vertreter der vom Fluglärm in der Umgebung des Flugplatzes betroffenen Gemeinden, Vertreter der Bundesvereinigung gegen Fluglärm, Vertreter der Luftfahrzeughalter, Vertreter des Flugplatzunternehmers, Vertreter der von der Landesregierung bestimmten obersten Landesbehörden. [2]In die Kommission können weitere Mitglieder berufen werden, soweit es die besonderen Umstände des Einzelfalles erfordern. [3]In die Kommission sollen nicht mehr als 15 Mitglieder berufen werden. [4]Die Mitgliedschaft ist ehrenamtlich.

(5) [1]Die Mitglieder der Kommission werden von der Genehmigungsbehörde berufen. [2]Die Kommission gibt sich eine Geschäftsordnung und wählt aus ihrer Mitte den Vorsitzenden. [3]Die Geschäftsordnung und die Wahl des Vorsitzenden bedürfen der Zustimmung der Genehmigungsbehörde.

(6) [1]Zu den Sitzungen der Kommission ist die Genehmigungsbehörde, das Bundesaufsichtsamt für Flugsicherung sowie die Flugsicherungsorganisation einzuladen. [2]Die durch die Sitzungen entstehenden Kosten trägt das Land, in dessen Gebiet der Flugplatz liegt.

(7) [1]Die Genehmigungsbehörde ordnet für andere als die in Absatz 1 bezeichneten Flugplätze die Bildung einer Kommission an, wenn hierzu aus Gründen des Lärmschutzes oder zur Verringerung der Luftverunreinigung durch Luftfahrzeuge ein Bedürfnis besteht. [2]Die Absätze 1 bis 6 gelten sinngemäß.

§ 32c Zahlungsrückstand

[1]Eine Erlaubnis, Genehmigung, Zulassung oder Berechtigung aufgrund dieses Gesetzes, der zu seiner Durchführung erlassenen Rechtsvorschriften, der im Inland anwendbaren international verbindlichen Luftverkehrsregeln und Betriebsvorschriften im Sinne des Artikels 37 Abs. 2 Buchstabe c und des Artikels 38 des Abkommens vom 7. Dezember 1944 über die Internationale Zivilluftfahrt (BGBl 1956 II S. 411), der Verordnungen des Rates der Europäischen Union oder der zu deren Durchführung erlassenen nationalen Rechtsvorschriften kann widerrufen werden, wenn der Antragsteller mit der Zahlung fälliger Gebühren aufgrund des Luftrechts und fälliger

1) **Anm. d. Red.:** § 32b i. d. F. des Gesetzes v. 29. 7. 2009 (BGBl I S. 2424) mit Wirkung v. 4. 8. 2009.

Entgelte für das Starten, Landen oder Abstellen von Luftfahrzeugen länger als drei Monate im Rückstand ist. [2]An Stelle des Widerrufs kann das Ruhen auf Zeit angeordnet werden, solange der Zahlungsrückstand währt. [3]Eine beantragte Erteilung kann aus den Gründen nach Satz 1 versagt werden, bis die ausstehende Zahlung eingegangen ist.

§ 32d Elektronische Veröffentlichungen[1)]

[1]Unbeschadet der Regelungen von § 15 Absatz 1 des E-Government-Gesetzes kann eine durch Verordnung des Bundesministeriums für Verkehr und digitale Infrastruktur bestimmte Pflicht zur Publikation in den Nachrichten für Luftfahrer oder im Luftfahrthandbuch der Bundesrepublik Deutschland zusätzlich oder ausschließlich durch eine elektronische Ausgabe erfüllt werden, wenn diese über öffentlich zugängliche Netze angeboten wird. [2]In diesem Fall gilt § 15 Absatz 2 des E-Government-Gesetzes entsprechend.

Zweiter Abschnitt: Haftpflicht und Schlichtung[2)]

1. Unterabschnitt: Haftung für Personen und Sachen, die nicht im Luftfahrzeug befördert werden

§ 33 Halterhaftung

(1) [1]Wird beim Betrieb eines Luftfahrzeugs durch Unfall jemand getötet, sein Körper oder seine Gesundheit verletzt oder eine Sache beschädigt, so ist der Halter des Luftfahrzeugs verpflichtet, den Schaden zu ersetzen. [2]Für die Haftung aus dem Beförderungsvertrag gegenüber einem Fluggast sowie für die Haftung des Halters militärischer Luftfahrzeuge gelten die besonderen Vorschriften der §§ 44 bis 54. [3]Wer Personen zu Luftfahrern ausbildet, haftet diesen Personen gegenüber nur nach den allgemeinen gesetzlichen Vorschriften.

(2) [1]Benutzt jemand das Luftfahrzeug ohne Wissen und Willen des Halters, so ist er an Stelle des Halters zum Ersatz des Schadens verpflichtet. [2]Daneben bleibt der Halter zum Ersatz des Schadens verpflichtet, wenn die Benutzung des Luftfahrzeugs durch sein Verschulden ermöglicht worden ist. [3]Ist jedoch der Benutzer vom Halter für den Betrieb des Luftfahrzeugs angestellt oder ist ihm das Luftfahrzeug vom Halter überlassen worden, so ist der Halter zum Ersatz des Schadens verpflichtet; die Haftung des Benutzers nach den allgemeinen gesetzlichen Vorschriften bleibt unberührt.

§ 34 Mitwirkendes Verschulden

Hat bei der Entstehung des Schadens ein Verschulden des Verletzten mitgewirkt, so gilt § 254 des Bürgerlichen Gesetzbuchs; bei Beschädigung einer Sache steht das Verschulden desjenigen, der die tatsächliche Gewalt darüber ausübt, dem Verschulden des Verletzten gleich.

§ 35 Haftung bei Tötung[3)]

(1) [1]Bei Tötung umfasst der Schadensersatz die Kosten versuchter Heilung sowie den Vermögensnachteil, den der Getötete dadurch erlitten hat, dass während der Krankheit seine Erwerbsfähigkeit aufgehoben oder gemindert oder sein Fortkommen erschwert oder seine Bedürfnisse vermehrt waren. [2]Außerdem sind die Kosten der Bestattung dem zu ersetzen, der sie zu tragen verpflichtet ist.

(2) [1]Stand der Getötete zurzeit des Unfalls zu einem Dritten in einem Verhältnis, vermöge dessen er diesem gegenüber kraft Gesetzes unterhaltspflichtig war oder werden konnte, und ist

1) **Anm. d. Red.:** § 32d i. d. F. der VO v. 31. 8. 2015 (BGBl I S. 1474) mit Wirkung v. 8. 9. 2015.

2) **Anm. d. Red.:** Abschnitt i. d. F. des Gesetzes v. 11. 6. 2013 (BGBl I S. 1545) mit Wirkung v. 1. 11. 2013.

3) **Anm. d. Red.:** § 35 i. d. F. des Gesetzes v. 17. 7. 2017 (BGBl I S. 2421) mit Wirkung v. 22. 7. 2017. — Zur Anwendung des Abs. 3 siehe § 72 Abs. 6.

dem Dritten infolge der Tötung das Recht auf Unterhalt entzogen, so hat der Ersatzpflichtige ihm so weit Schadensersatz zu leisten, wie der Getötete während der mutmaßlichen Dauer seines Lebens zur Gewährung des Unterhalts verpflichtet gewesen sein würde. [2]Die Ersatzpflicht tritt auch dann ein, wenn der Dritte zurzeit des Unfalls gezeugt, aber noch nicht geboren war.

(3) [1]Der Ersatzpflichtige hat dem Hinterbliebenen, der zur Zeit der Verletzung zu dem Getöteten in einem besonderen persönlichen Näheverhältnis stand, für das dem Hinterbliebenen zugefügte seelische Leid eine angemessene Entschädigung in Geld zu leisten. [2]Ein besonderes persönliches Näheverhältnis wird vermutet, wenn der Hinterbliebene der Ehegatte, der Lebenspartner, ein Elternteil oder ein Kind des Getöteten war.

§ 36 Haftung bei Körperverletzung oder Gesundheitsverletzung

[1]Bei Verletzung des Körpers oder der Gesundheit umfasst der Schadensersatz die Heilungskosten sowie den Vermögensnachteil, den der Verletzte dadurch erleidet, dass infolge der Verletzung zeitweise oder dauernd seine Erwerbsfähigkeit aufgehoben oder gemindert oder sein Fortkommen erschwert ist oder seine Bedürfnisse vermehrt sind. [2]Wegen des Schadens, der nicht Vermögensschaden ist, kann auch eine billige Entschädigung in Geld gefordert werden.

§ 37 Höchstbeträge der Haftung

(1) [1]Der Ersatzpflichtige haftet für die Schäden aus einem Unfall

a) bei Luftfahrzeugen unter 500 Kilogramm Höchstabflugmasse nur bis zu einem Kapitalbetrag von 750 000 Rechnungseinheiten,
b) bei Luftfahrzeugen unter 1 000 Kilogramm Höchstabflugmasse nur bis zu einem Kapitalbetrag von 1,5 Millionen Rechnungseinheiten,
c) bei Luftfahrzeugen unter 2 700 Kilogramm Höchstabflugmasse nur bis zu einem Kapitalbetrag von 3 Millionen Rechnungseinheiten,
d) bei Luftfahrzeugen unter 6 000 Kilogramm Höchstabflugmasse nur bis zu einem Kapitalbetrag von 7 Millionen Rechnungseinheiten,
e) bei Luftfahrzeugen unter 12 000 Kilogramm Höchstabflugmasse nur bis zu einem Kapitalbetrag von 18 Millionen Rechnungseinheiten,
f) bei Luftfahrzeugen unter 25 000 Kilogramm Höchstabflugmasse nur bis zu einem Kapitalbetrag von 80 Millionen Rechnungseinheiten,
g) bei Luftfahrzeugen unter 50 000 Kilogramm Höchstabflugmasse nur bis zu einem Kapitalbetrag von 150 Millionen Rechnungseinheiten,
h) bei Luftfahrzeugen unter 200 000 Kilogramm Höchstabflugmasse nur bis zu einem Kapitalbetrag von 300 Millionen Rechnungseinheiten,
i) bei Luftfahrzeugen unter 500 000 Kilogramm Höchstabflugmasse nur bis zu einem Kapitalbetrag von 500 Millionen Rechnungseinheiten,
j) bei Luftfahrzeugen ab 500 000 Kilogramm Höchstabflugmasse nur bis zu einem Kapitalbetrag von 700 Millionen Rechnungseinheiten.

[2]Höchstabflugmasse ist das für den Abflug zugelassene Höchstgewicht des Luftfahrzeugs. [3]Für die Umrechnung der Rechnungseinheit nach Satz 1 gilt § 49b entsprechend.

(2) Im Falle der Tötung oder Verletzung einer Person haftet der Ersatzpflichtige für jede Person bis zu einem Kapitalbetrag von 600 000 Euro oder bis zu einem Rentenbetrag von jährlich 36 000 Euro.

(3) Übersteigen die Entschädigungen, die mehreren aufgrund desselben Ereignisses zustehen, die Höchstbeträge nach Absatz 1, so verringern sich die einzelnen Entschädigungen vorbehaltlich des Absatzes 4 in dem Verhältnis, in dem ihr Gesamtbetrag zum Höchstbetrag steht.

(4) [1]Beruhen die Schadensersatzansprüche sowohl auf Sachschäden als auch auf Personenschäden, so dienen zwei Drittel des nach Absatz 1 Satz 1 errechneten Betrages vorzugsweise für den Ersatz von Personenschäden. [2]Reicht dieser Betrag nicht aus, so ist er anteilmäßig auf die

LuftVG

Ansprüche zu verteilen. [3]Der übrige Teil des nach Absatz 1 Satz 1 errechneten Betrages ist anteilmäßig für den Ersatz von Sachschäden und für die noch ungedeckten Ansprüche aus Personenschäden zu verwenden.

§ 38 Zahlung einer Geldrente

(1) Der Schadensersatz für Aufhebung oder Minderung der Erwerbsfähigkeit, für Erschwerung des Fortkommens oder für Vermehrung der Bedürfnisse des Verletzten und der nach § 35 Abs. 2 einem Dritten zu gewährende Schadensersatz ist für die Zukunft durch Geldrente zu leisten.

(2) Die Vorschriften des § 843 Abs. 2 bis 4 des Bürgerlichen Gesetzbuchs finden entsprechende Anwendung.

(3) [1]Bei Verurteilung zu einer Geldrente kann der Berechtigte noch nachträglich Sicherheitsleistung oder Erhöhung einer solchen verlangen, wenn sich die Vermögensverhältnisse des Verpflichteten erheblich verschlechtert haben. [2]Diese Bestimmung gilt bei Schuldtiteln des § 794 Abs. 1 Nr. 1 und 5 der Zivilprozessordnung entsprechend.

§ 39 Verjährung

Auf die Verjährung finden die für unerlaubte Handlungen geltenden Verjährungsvorschriften des Bürgerlichen Gesetzbuchs entsprechende Anwendung.

§ 40 Frist zur Unfallanzeige

[1]Der Ersatzberechtigte verliert die Rechte, die ihm nach diesem Gesetz zustehen, wenn er nicht spätestens drei Monate, nachdem er von dem Schaden und der Person des Ersatzpflichtigen Kenntnis erhalten hat, diesem den Unfall anzeigt. [2]Der Rechtsverlust tritt nicht ein, wenn die Anzeige infolge eines Umstandes unterblieben ist, den der Ersatzberechtigte nicht zu vertreten hat, oder wenn der Ersatzpflichtige innerhalb der Frist auf andere Weise von dem Unfall Kenntnis erhalten hat.

§ 41 Schaden durch mehrere Luftfahrzeuge

(1) [1]Wird ein Schaden durch mehrere Luftfahrzeuge verursacht und sind die Luftfahrzeughalter einem Dritten kraft Gesetzes zum Schadensersatz verpflichtet, so hängt im Verhältnis der Halter untereinander Pflicht und Umfang des Ersatzes von den Umständen, insbesondere davon ab, wie weit der Schaden überwiegend von dem einen oder dem anderen verursacht worden ist. [2]Dasselbe gilt, wenn der Schaden einem der Halter entstanden ist, bei der Haftpflicht, die einen anderen von ihnen trifft.

(2) Absatz 1 gilt entsprechend, wenn neben dem Halter ein anderer für den Schaden verantwortlich ist.

§ 42 Anspruchskonkurrenzen

Unberührt bleiben die bundesrechtlichen Vorschriften, wonach für den beim Betrieb eines Luftfahrzeugs entstehenden Schaden der Halter oder Benutzer (§ 33 Abs. 2) in weiterem Umfang oder der Führer oder ein anderer haftet.

§ 43 Haftpflichtversicherung[1)]

(1) Für die Versicherung zur Deckung der Haftung des Halters eines Luftfahrzeugs nach diesem Unterabschnitt gelten die Vorschriften der nachfolgenden Absätze, soweit die Verordnung (EG) Nr. 785/2004 des Europäischen Parlaments und des Rates vom 21. April 2004 über Versicherungsanforderungen an Luftfahrtunternehmen und Luftfahrzeugbetreiber (ABl EU Nr. L 138 S. 1), in der jeweils geltenden Fassung, nicht anwendbar ist oder keine Regelung enthält.

1) **Anm. d. Red.:** § 43 i. d. F. des Gesetzes v. 24. 8. 2009 (BGBl I S. 2942) mit Wirkung v. 29. 8. 2009.

(2) [1]Der Halter eines Luftfahrzeugs ist verpflichtet, zur Deckung seiner Haftung auf Schadensersatz nach diesem Unterabschnitt eine Haftpflichtversicherung in einer durch Rechtsverordnung zu bestimmenden Höhe zu unterhalten. [2]Satz 1 gilt nicht, wenn der Bund oder ein Land Halter des Luftfahrzeugs ist.

(3) [1]Für die Haftpflichtversicherung gelten die Vorschriften für die Pflichtversicherung des Versicherungsvertragsgesetzes. [2]§ 114 des Versicherungsvertragsgesetzes gilt nicht.

2. Unterabschnitt: Haftung für Personen und Gepäck, die im Luftfahrzeug befördert werden; Haftung für verspätete Beförderung

§ 44 Anwendungsbereich[1)]

Für die Haftung auf Schadensersatz wegen der Tötung, der Körperverletzung oder der Gesundheitsbeschädigung eines Fluggastes durch einen Unfall, wegen der verspäteten Beförderung eines Fluggastes oder wegen der Zerstörung, der Beschädigung, des Verlustes oder der verspäteten Beförderung seines Reisegepäcks bei einer aus Vertrag geschuldeten Luftbeförderung sowie für die Versicherung zur Deckung dieser Haftung gelten die Vorschriften dieses Unterabschnitts, soweit

1. das Abkommen vom 12. Oktober 1929 zur Vereinheitlichung von Regeln über die Beförderung im internationalen Luftverkehr (Erstes Abkommen zur Vereinheitlichung des Luftprivatrechts) (RGBl 1933 II S. 1039) (Warschauer Abkommen) und das Gesetz zur Durchführung des Ersten Abkommens zur Vereinheitlichung des Luftprivatrechts in der im Bundesgesetzblatt Teil III, Gliederungsnummer 96-2, veröffentlichten bereinigten Fassung,
2. das Protokoll vom 28. September 1955 zur Änderung des Abkommens zur Vereinheitlichung von Regeln über die Beförderung im internationalen Luftverkehr (BGBl 1958 II S. 292),
3. das Zusatzabkommen vom 18. September 1961 zum Warschauer Abkommen zur Vereinheitlichung von Regeln über die von einem anderen als dem vertraglichen Luftfrachtführer ausgeführte Beförderung im internationalen Luftverkehr (BGBl 1963 II S. 1160),
4. das Übereinkommen vom 28. Mai 1999 zur Vereinheitlichung bestimmter Vorschriften über die Beförderung im internationalen Luftverkehr (BGBl 2004 II S. 458) (Montrealer Übereinkommen) und das Montrealer-Übereinkommen-Durchführungsgesetz vom 6. April 2004 (BGBl I S. 550, 1027),
5. die Verordnung (EG) Nr. 2027/97 des Rates vom 9. Oktober 1997 über die Haftung von Luftfahrtunternehmen bei Unfällen (ABl EG Nr. L 285 S. 1), geändert durch die Verordnung (EG) Nr. 889/2002 des Europäischen Parlaments und des Rates vom 13. Mai 2002 (ABl EG Nr. L 140 S. 2), in der jeweils geltenden Fassung, und
6. die Verordnung (EG) Nr. 785/2004 des Europäischen Parlaments und des Rates vom 21. April 2004 über Versicherungsanforderungen an Luftfahrtunternehmen und Luftfahrzeugbetreiber (ABl EU Nr. L 138 S. 1), in der jeweils geltenden Fassung,

nicht anwendbar sind oder keine Regelung enthalten.

LuftVG

§ 45 Haftung für Personenschäden[2)]

(1) Wird ein Fluggast durch einen Unfall an Bord eines Luftfahrzeugs oder beim Ein- oder Aussteigen getötet, körperlich verletzt oder gesundheitlich geschädigt, ist der Luftfrachtführer verpflichtet, den daraus entstehenden Schaden zu ersetzen.

---

1) **Anm. d. Red.:** § 44 i. d. F. des Gesetzes v. 24. 8. 2009 (BGBl I S. 2942) mit Wirkung v. 29. 8. 2009.

2) **Anm. d. Red.:** § 45 i. d. F. des Gesetzes v. 5. 8. 2010 (BGBl I S. 1126) mit Wirkung v. 11. 8. 2010.

(2) [1]In den Fällen des Absatzes 1 haftet der Luftfrachtführer für jeden Fluggast nur bis zu einem Betrag von 113 100 Rechnungseinheiten, wenn

1. der Schaden nicht durch sein rechtswidriges und schuldhaftes Handeln oder Unterlassen oder das rechtswidrige und schuldhafte Handeln oder Unterlassen seiner Leute verursacht wurde oder
2. der Schaden ausschließlich durch das rechtswidrige und schuldhafte Handeln oder Unterlassen eines Dritten verursacht wurde.

[2]Der Höchstbetrag nach Satz 1 gilt auch für den Kapitalwert einer als Schadensersatz zu leistenden Rente.

(3) Übersteigen in den Fällen des Absatzes 1 die Entschädigungen, die mehreren Ersatzberechtigten wegen der Tötung, Körperverletzung oder Gesundheitsbeschädigung eines Fluggastes zu leisten sind, insgesamt den Betrag von 113 100 Rechnungseinheiten und ist eine weitergehende Haftung des Luftfrachtführers nach Absatz 2 ausgeschlossen, so verringern sich die einzelnen Entschädigungen in dem Verhältnis, in welchem ihr Gesamtbetrag zu diesem Betrag steht.

§ 46 Haftung bei verspäteter Personenbeförderung[1)]

(1) [1]Wird ein Fluggast verspätet befördert, ist der Luftfrachtführer verpflichtet, den daraus entstehenden Schaden zu ersetzen. [2]Die Haftung ist ausgeschlossen, wenn der Luftfrachtführer und seine Leute alle zumutbaren Maßnahmen zur Vermeidung des Schadens getroffen haben oder solche Maßnahmen nicht treffen konnten.

(2) [1]Im Falle des Absatzes 1 Satz 1 haftet der Luftfrachtführer für jeden Fluggast nur bis zu einem Betrag von 4 694 Rechnungseinheiten. [2]Dies gilt nicht, wenn der Schaden vom Luftfrachtführer oder seinen Leuten in Ausführung ihrer Verrichtungen vorsätzlich oder grob fahrlässig verursacht wurde.

§ 47 Haftung für Gepäckschäden[2)]

(1) [1]Wird aufgegebenes Reisegepäck, das sich an Bord eines Luftfahrzeugs oder sonst in der Obhut des Luftfrachtführers befindet, zerstört oder beschädigt oder geht es verloren, ist der Luftfrachtführer verpflichtet, den daraus entstehenden Schaden zu ersetzen. [2]Die Haftung ist ausgeschlossen, wenn der Schaden durch die Eigenart des Reisegepäcks oder einen ihm innewohnenden Mangel verursacht wurde.

(2) [1]Wird aufgegebenes Reisegepäck, das sich an Bord eines Luftfahrzeugs oder sonst in der Obhut des Luftfrachtführers befindet, verspätet befördert, ist der Luftfrachtführer verpflichtet, den daraus entstehenden Schaden zu ersetzen. [2]Die Haftung ist ausgeschlossen, wenn der Luftfrachtführer und seine Leute alle zumutbaren Maßnahmen zur Vermeidung des Schadens getroffen haben oder solche Maßnahmen nicht treffen konnten.

(3) [1]Werden nicht aufgegebenes Reisegepäck oder andere Sachen, die der Fluggast an sich trägt oder mit sich führt, zerstört oder beschädigt oder gehen sie verloren, ist der Luftfrachtführer verpflichtet, den daraus entstehenden Schaden zu ersetzen, wenn der Schaden von dem Luftfrachtführer oder seinen Leuten schuldhaft verursacht wurde. [2]Werden sie verspätet befördert, gilt Absatz 2 entsprechend.

(4) [1]In den Fällen der Absätze 1 bis 3 haftet der Luftfrachtführer für jeden Fluggast nur bis zu einem Betrag von 1 131 Rechnungseinheiten. [2]Satz 1 gilt für aufgegebenes Reisegepäck nicht, wenn der Fluggast bei der Übergabe an den Luftfrachtführer den Betrag des Interesses an der Ablieferung am Bestimmungsort angegeben und das für die Haftung für dieses Interesse verlangte Entgelt gezahlt hat. [3]In diesem Fall haftet der Luftfrachtführer bis zur Höhe des angegebenen Betrages, es sei denn, dass dieser höher als das tatsächliche Interesse ist.

---

1) **Anm. d. Red.:** § 46 i. d. F. des Gesetzes v. 5. 8. 2010 (BGBl I S. 1126) mit Wirkung v. 11. 8. 2010.

2) **Anm. d. Red.:** § 47 i. d. F. des Gesetzes v. 5. 8. 2010 (BGBl I S. 1126) mit Wirkung v. 11. 8. 2010.

(5) Absatz 4 gilt nicht, wenn der Schaden vom Luftfrachtführer oder seinen Leuten in Ausführung ihrer Verrichtungen vorsätzlich oder grob fahrlässig verursacht wurde.

(6) [1]Ist aufgegebenes Reisegepäck beschädigt oder verspätet befördert worden, können Ansprüche nach Absatz 1 oder 2 nur geltend gemacht werden, wenn der Fluggast dem Luftfrachtführer den Schaden unverzüglich nach seiner Entdeckung, bei der Beschädigung von Reisegepäck spätestens binnen sieben Tagen nach der Annahme, bei der verspäteten Beförderung von Reisegepäck spätestens binnen 21 Tagen, nachdem das Reisegepäck dem Fluggast zur Verfügung gestellt worden ist, schriftlich anzeigt. [2]Dies gilt nicht, wenn der Luftfrachtführer arglistig gehandelt hat. [3]Für die Einhaltung der Frist ist die Übergabe der Anzeige oder ihre Absendung maßgeblich. [4]Nimmt der Fluggast aufgegebenes Reisegepäck vorbehaltlos an, so begründet dies die Vermutung, dass es unbeschädigt abgeliefert worden ist.

(7) Ist aufgegebenes Reisegepäck verloren gegangen, können Ansprüche nach Absatz 1 nur geltend gemacht werden, wenn der Luftfrachtführer den Verlust anerkannt hat oder 21 Tage seit dem Tag vergangen sind, an dem das Reisegepäck hätte eintreffen sollen.

§ 48 Haftung auf Grund sonstigen Rechts

(1) Ein Anspruch auf Schadensersatz, auf welchem Rechtsgrund er auch beruht, kann gegen den Luftfrachtführer nur unter den Voraussetzungen und Beschränkungen geltend gemacht werden, die in diesem Unterabschnitt vorgesehen sind.

(2) [1]Die gesetzlichen Vorschriften, nach denen andere Personen für den Schaden haften, bleiben unberührt. [2]Haben die Leute des Luftfrachtführers in Ausführung ihrer Verrichtungen gehandelt, können sie sich jedoch auf die Voraussetzungen und Beschränkungen dieses Unterabschnitts berufen.

(3) Soweit die in diesem Unterabschnitt bestimmten Beträge die Haftung des Luftfrachtführers und seiner Leute begrenzen, darf der Gesamtbetrag, der von ihnen als Schadensersatz zu leisten ist, diese Beträge nicht überschreiten.

§ 48a Luftbeförderung durch mehrere Luftfrachtführer

(1) [1]Wird die Luftbeförderung nacheinander durch mehrere Luftfrachtführer ausgeführt und wird dabei ein Fluggast getötet, körperlich verletzt, gesundheitlich geschädigt oder verspätet befördert, ist nur der Luftfrachtführer zum Schadensersatz verpflichtet, der die Luftbeförderung ausgeführt hat, in deren Verlauf der Unfall oder die Verspätung eingetreten ist. [2]Dies gilt nicht, wenn der erste Luftfrachtführer die Haftung für die gesamte Luftbeförderung übernommen hat.

(2) [1]Wird bei einer Luftbeförderung nach Absatz 1 Reisegepäck zerstört oder beschädigt, geht es verloren oder wird es verspätet befördert, sind der erste, der letzte und derjenige Luftfrachtführer zum Schadensersatz verpflichtet, der die Luftbeförderung ausgeführt hat, in deren Verlauf die Zerstörung, die Beschädigung, der Verlust erfolgt oder die Verspätung eingetreten ist. [2]Diese Luftfrachtführer haften als Gesamtschuldner.

§ 48b Haftung des vertraglichen und des ausführenden Luftfrachtführers

(1) [1]Wer eine Luftbeförderung, zu der sich ein anderer verpflichtet hat, mit dessen Einverständnis ausführt (ausführender Luftfrachtführer), haftet neben dem anderen (vertraglicher Luftfrachtführer) nach den Vorschriften dieses Unterabschnitts. [2]Das Vorliegen des Einverständnisses wird vermutet. [3]Der vertragliche und der ausführende Luftfrachtführer haften als Gesamtschuldner.

(2) Führt der ausführende Luftfrachtführer die Luftbeförderung nur auf einer Teilstrecke aus, haftet er nur für Schäden, die auf dieser Teilstrecke entstehen.

(3) [1]Die Handlungen und Unterlassungen des ausführenden Luftfrachtführers und seiner in Ausführung ihrer Verrichtungen handelnden Leute gelten als solche des vertraglichen Luftfrachtführers. [2]Die Handlungen und Unterlassungen des vertraglichen Luftfrachtführers und

seiner in Ausführung ihrer Verrichtungen handelnden Leute gelten als solche des ausführenden Luftfrachtführers, soweit sie sich auf die von ihm ausgeführte Luftbeförderung beziehen. [3]Er haftet für diese Handlungen und Unterlassungen in jedem Fall nur bis zu den Beträgen der §§ 45 bis 47. [4]Eine Vereinbarung über die Übernahme von Verpflichtungen, die in den Vorschriften dieses Unterabschnitts nicht vorgesehen sind, ein Verzicht auf die in diesen Vorschriften begründeten Rechte sowie Erklärungen eines Interesses nach § 47 Abs. 4 Satz 2 wirken nicht gegen den ausführenden Luftfrachtführer, es sei denn, dass er zugestimmt hat.

(4) Die Schadensanzeige nach § 47 Abs. 6 kann sowohl gegenüber dem vertraglichen als auch gegenüber dem ausführenden Luftfrachtführer mit Wirkung gegen den jeweils anderen erklärt werden.

(5) Soweit der ausführende Luftfrachtführer die Luftbeförderung vorgenommen hat, gilt wegen der Haftung der Leute des vertraglichen und des ausführenden Luftfrachtführers § 48 Abs. 2 entsprechend; maßgeblich sind dabei die Voraussetzungen und Beschränkungen, die für den Luftfrachtführer gelten, zu dessen Leuten sie gehören.

(6) [1]Für die Beträge, die der vertragliche Luftfrachtführer und seine Leute sowie der ausführende Luftfrachtführer und seine Leute als Schadensersatz zu leisten haben, gilt § 48 Abs. 3 entsprechend. [2]Der Gesamtbetrag, der von ihnen als Schadensersatz zu leisten ist, darf den höchsten Betrag nicht überschreiten, den einer von ihnen zu leisten verpflichtet ist. [3]Jeder von ihnen haftet jedoch nur bis zu dem für ihn geltenden Höchstbetrag.

§ 49 Anzuwendende Vorschriften

Für die Haftung nach diesem Unterabschnitt sind im Übrigen die Vorschriften der §§ 34 bis 36 und 38 anzuwenden.

§ 49a Ausschlussfrist

[1]Die Klage auf Schadensersatz kann nur binnen einer Ausschlussfrist von zwei Jahren erhoben werden. [2]Die Frist beginnt mit dem Tag, an dem das Luftfahrzeug am Bestimmungsort angekommen ist, an dem es hätte ankommen sollen oder an dem die Luftbeförderung abgebrochen worden ist.

§ 49b Umrechnung von Rechnungseinheiten

[1]Die in den §§ 45 bis 47 genannte Rechnungseinheit ist das Sonderziehungsrecht des Internationalen Währungsfonds. [2]Der Betrag wird in Euro nach dem Wert des Euro gegenüber dem Sonderziehungsrecht zum Zeitpunkt der Zahlung oder, wenn der Anspruch Gegenstand eines gerichtlichen Verfahrens ist, zum Zeitpunkt der die Tatsacheninstanz abschließenden Entscheidung umgerechnet. [3]Der Wert des Euro gegenüber dem Sonderziehungsrecht wird nach der Berechnungsmethode ermittelt, die der Internationale Währungsfonds an dem betreffenden Tag für seine Operationen und Transaktionen anwendet.

§ 49c Unabdingbarkeit

(1) Im Falle einer entgeltlichen oder geschäftsmäßigen Luftbeförderung darf die Haftung des Luftfrachtführers nach den Vorschriften dieses Unterabschnitts im Voraus durch Vereinbarung weder ausgeschlossen noch beschränkt werden.

(2) [1]Eine Vereinbarung, die der Vorschrift des Absatzes 1 zuwider getroffen wird, ist nichtig. [2]Ihre Nichtigkeit hat nicht die Nichtigkeit des gesamten Vertrages zur Folge.

§ 50 Obligatorische Haftpflichtversicherung[1)]

(1) [1]Der Luftfrachtführer ist verpflichtet, zur Deckung seiner Haftung auf Schadensersatz wegen der in § 44 genannten Schäden während der von ihm geschuldeten oder der von ihm für

1) **Anm. d. Red.:** § 50 i. d. F. des Gesetzes v. 23. 11. 2007 (BGBl I S. 2631) mit Wirkung v. 1. 1. 2008.

den vertraglichen Luftfrachtführer ausgeführten Luftbeförderung eine Haftpflichtversicherung in einer durch Rechtsverordnung zu bestimmenden Höhe zu unterhalten. [2]Satz 1 gilt nicht, wenn die Bundesrepublik Deutschland Luftfrachtführer ist. [3]Ist ein Land Luftfrachtführer, gilt Satz 1 nur für Luftbeförderungen, auf die das Montrealer Übereinkommen anwendbar ist.

(2) [1]Für die Haftpflichtversicherung gelten die Vorschriften für die Pflichtversicherung des Versicherungsvertragsgesetzes. [2]§ 114 des Versicherungsvertragsgesetzes gilt nicht.

§ 51 Subsidiarität der Versicherung des vertraglichen Luftfrachtführers

Führt ein ausführender Luftfrachtführer eine Luftbeförderung für einen vertraglichen Luftfrachtführer aus, besteht eine Pflicht zur Unterhaltung einer Haftpflichtversicherung für den vertraglichen Luftfrachtführer nur, soweit

1. der ausführende Luftfrachtführer keine Haftpflichtversicherung bei einem in Deutschland zum Geschäftsbetrieb befugten Versicherer unterhält, die den Anforderungen der jeweils anwendbaren Vorschriften des § 50 oder des Artikels 4 Abs. 1 in Verbindung mit Artikel 6 Abs. 1 und 2 der Verordnung (EG) Nr. 785/2004 entspricht, oder
2. seine Haftung über die Haftung des ausführenden Luftfrachtführers hinausgeht.

§ 52 (weggefallen)

LuftVG

3. Unterabschnitt: Haftung für militärische Luftfahrzeuge

§ 53 Haftung für Schäden außerhalb eines militärischen Luftfahrzeugs

(1) Für Schäden der in § 33 genannten Art, die durch militärische Luftfahrzeuge verursacht werden, haftet der Halter nach den Vorschriften des ersten Unterabschnitts dieses Abschnitts; jedoch ist § 37 nicht anzuwenden.

(2) War der Getötete oder Verletzte kraft Gesetzes einem Dritten zur Leistung von Diensten in dessen Hauswesen oder Gewerbe verpflichtet, so hat der Halter des militärischen Luftfahrzeugs dem Dritten auch für die entgehenden Dienste durch Entrichtung einer Geldrente Ersatz zu leisten.

§ 54 Haftung für Schäden bei Beförderung in einem militärischen Luftfahrzeug

(1) [1]Wird bei der Beförderung in einem militärischen Luftfahrzeug durch einen Unfall jemand getötet, sein Körper verletzt oder seine Gesundheit geschädigt, ist der Halter des Luftfahrzeugs verpflichtet, den daraus entstehenden Schaden zu ersetzen. [2]Er haftet für jede beförderte Person nur bis zu einem Betrag von 600 000 Euro, wenn

1. der Schaden nicht durch sein rechtswidriges und schuldhaftes Handeln oder Unterlassen oder das rechtswidrige und schuldhafte Handeln oder Unterlassen seiner Leute verursacht wurde oder
2. der Schaden ausschließlich durch das rechtswidrige und schuldhafte Handeln oder Unterlassen eines Dritten verursacht wurde.

(2) [1]Werden bei der Beförderung in einem militärischen Luftfahrzeug Reisegepäck oder andere Sachen, die der Beförderte an sich trägt oder mit sich führt, durch einen Unfall zerstört oder beschädigt, ist der Halter des Luftfahrzeugs verpflichtet, den daraus entstehenden Schaden zu ersetzen. [2]Die Haftung ist für jeden Beförderten auf einen Höchstbetrag von 1 700 Euro beschränkt, es sei denn, der Schaden ist von dem Halter oder seinen Leuten in Ausführung ihrer Verrichtungen vorsätzlich oder grob fahrlässig verursacht worden.

(3) Die §§ 40 und 45 Abs. 3 sowie die §§ 48 und 49 sind entsprechend anzuwenden.

(4) Die Haftung darf im Voraus durch Vereinbarung weder ausgeschlossen noch beschränkt werden.

4. Unterabschnitt: Gemeinsame Vorschriften für die Haftpflicht

§ 55 Verhältnis zu sozial- und versorgungsrechtlichen Vorschriften

[1]Unberührt bleiben die Vorschriften des Siebten Buches Sozialgesetzbuch über die Unfallversicherung von Personen, die im Betrieb des Luftfahrzeughalters beschäftigt sind. [2]Das Gleiche gilt für die sonstigen Vorschriften über Unfallschäden nach den beamtenrechtlichen Vorschriften des Bundes und der Länder und den versorgungsrechtlichen Vorschriften für die Bundeswehr.

§ 56 Gerichtsstand

(1) Für Klagen, die aufgrund dieses Abschnitts erhoben werden, ist auch das Gericht zuständig, in dessen Bezirk der Unfall eingetreten ist.

(2) [1]Für Klagen, die auf Grund der §§ 45 bis 47 erhoben werden, ist außerdem das Gericht des Bestimmungsorts zuständig. [2]Im Falle des § 48b kann die Klage gegen den ausführenden Luftfrachtführer auch in dem Gerichtsstand des vertraglichen Luftfrachtführers und die Klage gegen den vertraglichen Luftfrachtführer auch in dem Gerichtsstand des ausführenden Luftfrachtführers erhoben werden.

(3) [1]Ist auf die Luftbeförderung eine der in § 44 Nr. 1 bis 4 genannten Übereinkünfte anzuwenden, bestimmt sich der Gerichtsstand nach dieser Übereinkunft. [2]Sind deutsche Gerichte nach Artikel 33 Abs. 2 des Montrealer Übereinkommens zuständig, ist für Klagen auf Ersatz des Schadens, der durch Tod oder Körperverletzung eines Reisenden entstanden ist, das Gericht örtlich zuständig, in dessen Bezirk der Reisende zum Zeitpunkt des Unfalls seinen Wohnsitz hatte.

5. Unterabschnitt: Schlichtung[1)]

§ 57 Privatrechtlich organisierte Schlichtung[2)]

(1) [1]Das Bundesministerium der Justiz und für Verbraucherschutz kann im Einvernehmen mit dem Bundesministerium für Verkehr und digitale Infrastruktur und dem Bundesministerium für Wirtschaft und Energie privatrechtlich organisierte Einrichtungen als Schlichtungsstellen zur außergerichtlichen Beilegung von Streitigkeiten über Ansprüche von Fluggästen gegen Luftfahrtunternehmen nach § 57b Absatz 1 anerkennen. [2]Anerkannt werden kann auch eine verkehrsträgerübergreifende Schlichtungsstelle. [3]Die Anerkennung und der Widerruf oder die Rücknahme der Anerkennung sind im Bundesanzeiger bekannt zu machen.

(2) Privatrechtlich organisierte Einrichtungen können als Schlichtungsstellen anerkannt werden, wenn die Schlichtungsstellen und die Durchführung des Schlichtungsverfahrens den Anforderungen dieses Gesetzes, des Verbraucherstreitbeilegungsgesetzes vom 19. Februar 2016 (BGBl I S. 254) und der nach diesen Gesetzen erlassenen Rechtsverordnungen entsprechen.

(3) [1]Fluggäste können eine Schlichtungsstelle anrufen, wenn das beteiligte Luftfahrtunternehmen an der Schlichtung durch diese Schlichtungsstelle teilnimmt. [2]Die Schlichtungsstellen sind verpflichtet, eine Liste der teilnehmenden Luftfahrtunternehmen zu führen und in geeigneter Weise Interessierten zugänglich zu machen.

(4) [1]Die Schlichtungsstellen können für das Schlichtungsverfahren mit dem Eingang des Schlichtungsbegehrens von dem beteiligten Luftfahrtunternehmen ein angemessenes Entgelt verlangen. [2]Von dem Fluggast kann ein Entgelt von bis zu 30 Euro verlangt werden, wenn die Geltendmachung des Anspruchs im Schlichtungsverfahren missbräuchlich ist. [3]Wenn das Entgelt den Anforderungen des Satzes 1 oder 2 nicht entspricht, kann die Einrichtung als Schlichtungsstelle nicht anerkannt werden.

1) **Anm. d. Red.:** Unterabschnitt eingefügt gem. Gesetz v. 11. 6. 2013 (BGBl I S. 1545) mit Wirkung v. 1. 11. 2013.

2) **Anm. d. Red.:** § 57 i. d. F. des Gesetzes v. 19. 2. 2016 (BGBl I S. 254) mit Wirkung v. 1. 4. 2016.

(5) [1]Weist eine Schlichtungsstelle nach, dass innerhalb von zwei Jahren nach der Anerkennung und der Aufnahme der Schlichtung in der überwiegenden Zahl der Fälle bei ihr Ansprüche geltend gemacht wurden, die nicht bestanden, kann diese Schlichtungsstelle vor Einleitung eines Schlichtungsverfahrens von dem Fluggast ein Entgelt verlangen. [2]Der Nachweis ist gegenüber dem Bundesamt für Justiz zu erbringen. [3]Das Bundesamt für Justiz teilt der Schlichtungsstelle und dem Bundesministerium der Justiz und für Verbraucherschutz mit, ob der Nachweis erbracht ist. [4]Das Entgelt nach Satz 1 darf 20 Euro nicht überschreiten. [5]Es kann nur verlangt werden, wenn der Vertrag, aus dem die Luftbeförderung geschuldet wird, nach Einführung des Entgelts geschlossen wurde. [6]Das Entgelt ist dem Fluggast von dem beteiligten Luftfahrtunternehmen zu erstatten, wenn der Anspruch im Schlichtungsverfahren für begründet erachtet wird. [7]Es ist auf das Entgelt nach Absatz 4 Satz 2 anzurechnen, wenn die Geltendmachung des Anspruchs im Schlichtungsverfahren missbräuchlich war. [8]Wird ein Entgelt nach Satz 1 verlangt, obwohl der Nachweis nicht erbracht ist, ist die Anerkennung nach Absatz 1 zu widerrufen. [9]Dies gilt auch, wenn ein Entgelt von mehr als 20 Euro verlangt wird. [10]Wird ein Entgelt nach Satz 1 von einer Schlichtungsstelle verlangt, gilt für diese Schlichtungsstelle § 57b Absatz 2 Satz 1 Nummer 6 nicht.

(6) Die Regelung der Entgelte nach den Absätzen 4 und 5 haben die Schlichtungsstellen Interessierten zugänglich zu machen.

(7) [1]Eine anerkannte Einrichtung ist Verbraucherschlichtungsstelle nach dem Verbraucherstreitbeilegungsgesetz. [2]Das Bundesministerium der Justiz und für Verbraucherschutz übermittelt der Zentralen Anlaufstelle für Verbraucherschlichtung die Angaben nach § 32 Absatz 2 und 5 des Verbraucherstreitbeilegungsgesetzes. [3]Die Schlichtungsstelle hat den Evaluationsbericht nach § 34 Absatz 2 des Verbraucherstreitbeilegungsgesetzes an das Bundesministerium der Justiz und für Verbraucherschutz zu übermitteln. [4]Dieses leitet den Evaluationsbericht an die Zentrale Anlaufstelle für Verbraucherschlichtung weiter; § 35 Absatz 2 des Verbraucherstreitbeilegungsgesetzes ist nicht anzuwenden.

§ 57a Behördliche Schlichtung[1)]

(1) [1]Zur außergerichtlichen Beilegung von Streitigkeiten über Ansprüche von Fluggästen nach § 57b Absatz 1 gegen Luftfahrtunternehmen, die nicht an einem Schlichtungsverfahren einer anerkannten privatrechtlich organisierten Schlichtungsstelle nach § 57 teilnehmen, können Fluggäste die Schlichtungsstelle anrufen, die bei dem Bundesamt für Justiz einzurichten ist. [2]Dies gilt auch, wenn keine privatrechtlich organisierte Einrichtung als Schlichtungsstelle anerkannt ist.

(2) Die Schlichtungsstelle und die Durchführung des Schlichtungsverfahrens müssen den Anforderungen dieses Gesetzes, des Verbraucherstreitbeilegungsgesetzes und der auf Grund dieser Gesetze erlassenen Rechtsverordnungen entsprechen.

(3) Das Bundesamt für Justiz kann dem Fluggast die Gebühr 1222 der Anlage (Kostenverzeichnis) zum Justizverwaltungskostengesetz auferlegen, wenn die Geltendmachung des Anspruchs im Schlichtungsverfahren missbräuchlich ist.

(4) [1]Sind innerhalb von zwei Jahren nach Aufnahme der Schlichtung in der überwiegenden Zahl der Fälle Ansprüche geltend gemacht worden, die nicht bestanden, kann das Bundesministerium der Justiz und für Verbraucherschutz im Einvernehmen mit dem Bundesministerium für Verkehr und digitale Infrastruktur und dem Bundesministerium für Wirtschaft und Energie durch Rechtsverordnung, die nicht der Zustimmung des Bundesrates bedarf, bestimmen, dass die Schlichtungsstelle vor Einleitung eines Schlichtungsverfahrens von dem Fluggast eine Gebühr erhebt. [2]Die Gebühr darf 20 Euro nicht überschreiten. [3]Sie kann nur verlangt werden, wenn der Vertrag, aus dem die Luftbeförderung geschuldet wird, nach Einführung der Gebühr geschlossen wurde. [4]Die Gebühr ist dem Fluggast von dem beteiligten Luftfahrtunternehmen zu erstatten, wenn der Anspruch im Schlichtungsverfahren für begründet erachtet wird. [5]Sie ist

1) **Anm. d. Red.:** § 57a i. d. F. des Gesetzes v. 19. 2. 2016 (BGBl I S. 254) mit Wirkung v. 1. 4. 2016.

auf die Gebühr nach Absatz 3 anzurechnen, wenn die Geltendmachung des Anspruchs im Schlichtungsverfahren missbräuchlich war. [6]Wird eine Gebühr nach Satz 1 erhoben, gilt § 57b Absatz 2 Satz 1 Nummer 6 nicht.

(5) Das Bundesamt für Justiz kann für Beitreibungsmaßnahmen anordnen, dass das Luftfahrtunternehmen innerhalb einer angemessenen Frist einen Zustellungsbevollmächtigten benennt, der im Inland wohnt oder dort einen Geschäftsraum hat.

(6) Die Schlichtungsstelle nach Absatz 1 ist Verbraucherschlichtungsstelle nach dem Verbraucherstreitbeilegungsgesetz und von der Zentralen Anlaufstelle für Verbraucherschlichtung in die Liste nach § 33 Absatz 1 des Verbraucherstreitbeilegungsgesetzes einzutragen; § 32 Absatz 3 und 5 sowie § 35 Absatz 2 des Verbraucherstreitbeilegungsgesetzes sind nicht anzuwenden.

§ 57b Gemeinsame Vorschriften[1)]

(1) [1]Die Streitigkeiten nach den §§ 57 und 57a betreffen Zahlungsansprüche bis zu 5 000 Euro aus einer Luftbeförderung, die einem Verbraucher (§ 13 des Bürgerlichen Gesetzbuchs) geschuldet wird, und die geltend gemacht werden wegen

1. der Nichtbeförderung, der verspäteten Beförderung oder der Herabstufung von Fluggästen in eine niedrigere Klasse sowie der Annullierung von Flügen,
2. der Zerstörung, der Beschädigung, des Verlustes oder der verspäteten Beförderung von Reisegepäck,
3. der Zerstörung, der Beschädigung oder des Verlustes von Sachen, die der Fluggast an sich trägt oder mit sich führt, oder
4. Pflichtverletzungen bei der Beförderung von behinderten Fluggästen und Fluggästen mit eingeschränkter Mobilität.

[2]Streitigkeiten über Zahlungsansprüche nach Satz 1 von mehr als 5 000 Euro können Gegenstand der Schlichtung nach § 57 sein, wenn die Verfahrensordnung dies vorsieht.

(2) [1]Die Schlichtungsstellen nach den §§ 57 und 57a können nicht angerufen werden, wenn

1. keine Zuständigkeit deutscher Gerichte gegeben ist,
2. der Anspruch bereits bei einem Gericht anhängig ist oder anhängig war,
3. der Anspruch bereits bei einer Schlichtungsstelle nach § 57 oder § 57a geltend gemacht worden ist, die zur Schlichtung des Anspruchs angerufen werden konnte und deren Anrufung nicht nach Nummer 5 ausgeschlossen war,
4. das Schlichtungsbegehren missbräuchlich ist, insbesondere wenn die Streitigkeit durch außergerichtlichen Vergleich bereits beigelegt ist,
5. der Anspruch nicht unmittelbar gegenüber dem Luftfahrtunternehmen geltend gemacht worden ist, wenn das Luftfahrtunternehmen den geltend gemachten Anspruch nicht abgelehnt hat oder wenn das Luftfahrtunternehmen den geltend gemachten Anspruch weder anerkannt noch abgelehnt hat und seit der Geltendmachung nicht mehr als 2 Monate vergangen sind oder
6. die Höhe des Anspruchs 10 Euro nicht überschreitet.

[2]Die Schlichtung nach den §§ 57 und 57a wird unzulässig, wenn während des Schlichtungsverfahrens der Anspruch bei einem Gericht anhängig gemacht wird.

(3) Die Schlichtungsstellen können eine grundsätzliche Rechtsfrage, die für die Bewertung der Streitigkeit erheblich ist, nicht geklärt ist.

(4) Das Recht, die Gerichte anzurufen, bleibt unberührt.

1) **Anm. d. Red.:** § 57b i. d. F. des Gesetzes v. 19. 2. 2016 (BGBl I S. 254) mit Wirkung v. 1. 4. 2016.

§ 57c Verordnungsermächtigungen[1)]

(1) Das Bundesministerium der Justiz und für Verbraucherschutz regelt im Einvernehmen mit dem Bundesministerium für Verkehr und digitale Infrastruktur und dem Bundesministerium für Wirtschaft und Energie durch Rechtsverordnung, die nicht der Zustimmung des Bundesrates bedarf, weitere Anforderungen an die Schlichtungsstellen nach § 57 und das von den Schlichtungsstellen nach den §§ 57 und 57a zu gewährleistende Schlichtungsverfahren.

(2) Die Rechtsverordnung nach Absatz 1 kann auch die Einzelheiten des Verfahrens nach § 57 Absatz 5 regeln.

(3) Das Bundesministerium der Justiz und für Verbraucherschutz kann im Einvernehmen mit dem Bundesministerium für Verkehr und digitale Infrastruktur und dem Bundesministerium für Wirtschaft und Energie durch Rechtsverordnung, die nicht der Zustimmung des Bundesrates bedarf, die Beträge nach § 57b Absatz 1 und 2 Satz 1 Nummer 6 an die allgemeine Preissteigerung anpassen, wenn diese seit dem 1. November 2013 oder seit der letzten Anpassung mehr als 10 Prozent beträgt.

§ 57d Verhältnis zum Verbraucherstreitbeilegungsgesetz[2)]

[1]Soweit die Vorschriften dieses Unterabschnitts und der nach § 57c erlassenen Rechtsverordnung keine Regelung enthalten, gelten für die Schlichtung von Streitigkeiten über Ansprüche nach § 57b Absatz 1 das Verbraucherstreitbeilegungsgesetz und die auf Grund des § 42 Absatz 1 des Verbraucherstreitbeilegungsgesetzes erlassenen Rechtsverordnungen. [2]Dies gilt auch für die Schlichtung von Streitigkeiten über Ansprüche des Fluggastes nach § 57b Absatz 1, der mit dem Luftfahrtunternehmen nicht vertraglich verbunden ist.

Dritter Abschnitt: Straf- und Bußgeldvorschriften

§ 58 Ordnungswidrigkeiten[3)]

(1) Ordnungswidrig handelt, wer vorsätzlich oder fahrlässig

1. den im Rahmen der Luftaufsicht (§ 29) erlassenen Verfügungen zuwiderhandelt,

1a. entgegen § 4a Absatz 1 ein Luftfahrzeug führt oder bedient unter dem Einfluss von Alkohol oder anderen psychoaktiven Substanzen, die seine Dienstfähigkeit beeinträchtigen oder ausschließen,

2. es unternimmt, ohne die Erlaubnis nach § 5 Abs. 1 Luftfahrer auszubilden,

3. ohne die nach § 6 Abs. 1 oder 4 erforderliche Genehmigung einen Flugplatz anlegt, wesentlich erweitert, ändert oder betreibt,

4. Luftfahrthindernisse, die nach § 15 Abs. 2 der Genehmigung bedürfen, ohne Genehmigung errichtet oder entgegen § 16a Abs. 1 Satz 2 das Bestehen oder den Beginn des Errichtens oder Abbauens der dort genannten Anlagen nicht unverzüglich anzeigt,

4a. bis 4f. (weggefallen)

5. ohne Genehmigung nach § 20 Absatz 1 Satz 1 oder nach § 21a Satz 1 ein Luftfahrtunternehmen betreibt,

5a. entgegen § 20a Nummer 1 eine Zusatzleistung nicht, nicht richtig, nicht vollständig oder nicht rechtzeitig kenntlich macht oder die Entscheidung über eine Zusatzleistung nicht dem Buchenden überlässt,

5b. entgegen § 20a Nummer 2 Zugang nicht gewährt,

1) **Anm. d. Red.:** § 57c i. d. F. des Gesetzes v. 19. 2. 2016 (BGBl I S. 254) mit Wirkung v. 1. 4. 2016.

2) **Anm. d. Red.:** § 57d eingefügt gem. Gesetz v. 19. 2. 2016 (BGBl I S. 254) mit Wirkung v. 1. 4. 2016.

3) **Anm. d. Red.:** § 58 i. d. F. des Gesetzes v. 28. 6. 2016 (BGBl I S. 1548) mit Wirkung v. 21. 4. 2017.

6. entgegen § 21 Abs. 1 oder 4 Satz 1 oder § 21a ohne die erforderliche Genehmigung Fluglinienverkehr betreibt,

6a. entgegen § 21 Abs. 2 Satz 1, auch in Verbindung mit § 21a Satz 2, Flugpläne, Beförderungsentgelte oder Beförderungsbedingungen nicht oder nicht rechtzeitig vorlegt oder entgegen § 21 Abs. 2 Satz 2, auch in Verbindung mit § 21a Satz 2, diese anwendet,

7. entgegen den nach § 22 vorgeschriebenen Bedingungen und Auflagen oder ausgesprochenen Untersagungen Gelegenheitsverkehr betreibt,

8. ohne Genehmigung nach § 24 Abs. 1 Luftfahrtveranstaltungen durchführt,

8a. als Führer eines Luftfahrzeugs entgegen § 25 Abs. 1 Satz 3 Nr. 2 oder 3 startet oder landet,

9. sich der Pflicht zur Auskunftserteilung nach § 25 Abs. 2 entzieht,

9a. ohne Genehmigung nach § 25 Absatz 4 Satz 1 eine Landestelle an einer Einrichtung von öffentlichem Interesse nutzt oder einer vollziehbaren Auflage nach § 25 Absatz 4 Satz 2 zuwiderhandelt,

10. einer Rechtsverordnung nach § 32 oder einer vollziehbaren Anordnung oder Auflage auf Grund einer solchen Rechtsverordnung zuwiderhandelt, soweit die Rechtsverordnung für einen bestimmten Tatbestand auf diese Bußgeldvorschrift verweist,

11. den schriftlichen vollziehbaren Auflagen einer Erlaubnis nach § 2 Abs. 6 oder 7, § 5 Abs. 1, § 25 Abs. 1, § 27 Abs. 1 oder 2 oder einer Genehmigung nach § 6 Abs. 1, § 15 Abs. 2 Satz 1, § 20 Abs. 1, §§ 21, 22 oder 24 Abs. 1 oder einer Beschränkung nach § 23a zuwiderhandelt,

12. ohne Erlaubnis nach § 2 Abs. 6 mit einem Luftfahrzeug den Geltungsbereich dieses Gesetzes verlässt,

12a. ohne Erlaubnis nach § 2 Abs. 7 mit einem Luftfahrzeug in den Geltungsbereich dieses Gesetzes einfliegt oder auf andere Weise ein Luftfahrzeug dorthin verbringt,

13. einer unmittelbar geltenden Vorschrift in Rechtsakten der Europäischen Union, die das Luftrecht regeln, zuwiderhandelt, soweit eine Rechtsverordnung nach § 32 Abs. 5a für einen bestimmten Tatbestand auf diese Bußgeldvorschrift verweist,

14. entgegen § 1b Abs. 1 die international verbindlichen Luftverkehrsregeln und Betriebsvorschriften außerhalb des Geltungsbereichs dieses Gesetzes nicht beachtet und befolgt,

15. entgegen
    a) § 43 Abs. 2 Satz 1,
    b) § 50 Abs. 1 Satz 1 oder
    c) Artikel 4 Abs. 1 in Verbindung mit Artikel 6 Abs. 1 oder 2 oder Artikel 7 Abs. 1 der Verordnung (EG) Nr. 785/2004 des Europäischen Parlaments und des Rates vom 21. April 2004 über Versicherungsanforderungen an Luftfahrtunternehmen und Luftfahrzeugbetreiber (ABl EU Nr. L 138 S. 1), soweit nicht die Versicherung zur Deckung der Haftung für die Zerstörung, die Beschädigung und den Verlust von Gütern betroffen ist,

    jeweils in Verbindung mit einer Rechtsverordnung nach § 32 Abs. 1 Satz 1 Nr. 12 Satz 1, eine Haftpflichtversicherung nicht unterhält,

16. entgegen § 64 Absatz 5 Satz 2 eine Mitteilung nicht, nicht richtig, nicht vollständig oder nicht rechtzeitig macht oder

17. gegen die Verordnung (EU) Nr. 965/2012 der Kommission vom 5. Oktober 2012 zur Festlegung technischer Vorschriften und von Verwaltungsverfahren in Bezug auf den Flugbetrieb gemäß der Verordnung (EG) Nr. 216/2008 des Europäischen Parlaments und des Rates (ABl L 296 vom 25. 10. 2012, S. 1), die zuletzt durch die Verordnung (EU) 2015/1329 (ABl L 206 vom 1. 8. 2015, S. 21) geändert worden ist, verstößt, indem er
    1. ein Luftverkehrsbetreiberzeugnis nach Anhang III ORO.AOC.100 Buchstabe a der Verordnung (EU) Nr. 965/2012 nicht, nicht richtig, nicht vollständig, nicht in der vorgeschriebenen Weise oder nicht rechtzeitig beantragt oder einholt, oder

2. eine Erklärung nach Anhang III ORO.DEC.100 Buchstabe a, b, d oder e der Verordnung (EU) Nr. 965/2012 nicht, nicht richtig, nicht vollständig, nicht in der vorgeschriebenen Weise oder nicht rechtzeitig abgibt.

(2) Die Ordnungswidrigkeit nach Absatz 1 Nummer 2, 3, 9, 12, 12a und 16 kann mit einer Geldbuße bis zu zehntausend Euro, die Ordnungswidrigkeit nach Absatz 1 Nummer 5 bis 7 und 13 mit einer Geldbuße bis zu dreißigtausend Euro, die Ordnungswidrigkeit nach Absatz 1 Nummer 1, 1a, 4, 8, 8a, 10, 11, 14 und 15 mit einer Geldbuße bis zu fünfzigtausend Euro geahndet werden.

§ 59 Verstoß gegen Verfügungen der Luftaufsicht

(1) Wer als Führer eines Luftfahrzeugs oder als sonst für die Sicherheit Verantwortlicher durch grob pflichtwidriges Verhalten gegen eine im Rahmen der Luftaufsicht erlassene Verfügung (§ 29) verstößt und dadurch Leib oder Leben eines anderen oder fremde Sachen von bedeutendem Wert gefährdet, wird mit Freiheitsstrafe bis zu fünf Jahren oder mit Geldstrafe bestraft.

(2) Wer die Tat fahrlässig begeht, wird mit Freiheitsstrafe bis zu zwei Jahren oder mit Geldstrafe bestraft.

§ 60 Unerlaubter Luftverkehr

LuftVG

(1) Wer

1. ein Luftfahrzeug führt, das nicht zum Luftverkehr zugelassen ist, oder als Halter einem Dritten das Führen eines solchen Luftfahrzeugs gestattet,
2. ein Luftfahrzeug ohne die Erlaubnis nach § 4 Abs. 1 führt oder bedient oder als Halter eines Luftfahrzeugs die Führung oder das Bedienen Dritten, denen diese Erlaubnis nicht erteilt ist, gestattet,
3. praktische Flugausbildung ohne eine Lehrberechtigung nach § 5 Abs. 3 erteilt,
4. als Führer eines Luftfahrzeugs entgegen § 25 Abs. 1 Satz 1 oder Satz 3 Nr. 1 startet oder landet,
5. ohne Erlaubnis nach § 27 Abs. 1 Satz 1 Stoffe oder Gegenstände, die durch Rechtsverordnung nach § 32 Abs. 1 Nr. 7 als gefährliche Güter bestimmt sind, mit Luftfahrzeugen befördert,
6. ohne Erlaubnis nach § 27 Abs. 2 Satz 1 Stoffe oder Gegenstände, die durch Rechtsverordnung als gefährliche Güter bestimmt sind, ohne Erlaubnis in Luftfahrzeugen im Handgepäck mit sich führt oder an sich trägt,
7. entgegen § 27 Abs. 3 Satz 1 elektronische Geräte betreibt,

wird mit Freiheitsstrafe bis zu zwei Jahren oder mit Geldstrafe bestraft.

(2) Wer die Tat fahrlässig begeht, wird mit Freiheitsstrafe bis zu sechs Monaten oder mit Geldstrafe bis zu einhundertachtzig Tagessätzen bestraft.

§ 61 (weggefallen)

§ 62 Verstöße gegen Anordnungen über Luftsperrgebiete und sonstige Flugbeschränkungen

(1) Wer als Führer eines Luftfahrzeugs den Anordnungen über Luftsperrgebiete und Gebiete mit Flugbeschränkungen zuwiderhandelt, wird mit Freiheitsstrafe bis zu zwei Jahren oder mit Geldstrafe bestraft, wenn die Tat nicht in anderen Vorschriften mit schwerer Strafe bedroht ist.

(2) Wer die Tat fahrlässig begeht, wird mit Freiheitsstrafe bis zu sechs Monaten oder mit Geldstrafe bis zu einhundertachtzig Tagessätzen bestraft.

§ 63 Zuständige Verwaltungsbehörde[1)]

Verwaltungsbehörde im Sinne des § 36 Abs. 1 Nr. 1 des Gesetzes über Ordnungswidrigkeiten ist, soweit dieses Gesetz nicht von Landesbehörden ausgeführt wird,

1. das Luftfahrt-Bundesamt im Bereich der Aufgaben, die ihm übertragen sind oder für die das Bundesministerium für Verkehr und digitale Infrastruktur zuständig ist, sowie für Ordnungswidrigkeiten nach § 58 Abs. 1 Nr. 15,
2. das Bundesministerium für Verkehr und digitale Infrastruktur im Bereich der Aufgaben, die nach den §§ 31a bis 31c den dort genannten natürlichen oder juristischen Personen des privaten Rechts übertragen sind; § 36 Abs. 3 des Gesetzes über Ordnungswidrigkeiten gilt entsprechend,
3. das Bundesamt für Güterverkehr im Bereich der Vorlage und Untersagung von Beförderungsentgelten nach den §§ 21 und 21a,
4. das Bundesaufsichtsamt für Flugsicherung für Ordnungswidrigkeiten nach § 58 Abs. 1 Nr. 10 im Zusammenhang mit der Verletzung von Regeln über das Führen von Luftfahrzeugen, Flüge nach Sichtflug- oder Instrumentenflugregeln, Flugverfahren und die damit verbundenen Festlegungen und Anordnungen der Flugverkehrskontrolle sowie für Ordnungswidrigkeiten, die von militärischen Luftfahrzeugführern mit militärischen Luftfahrzeugen begangen werden.

Vierter Abschnitt: Luftfahrtdateien

§ 64 Luftfahrzeugregister[2)]

(1) [1]Beim Luftfahrt-Bundesamt und bei den Beauftragten nach § 31c werden Daten aller im Inland zum Verkehr zugelassenen Luftfahrzeuge in Luftfahrzeugregistern (Luftfahrzeugrolle, Luftsportgeräteverzeichnis) gespeichert. [2]Die Speicherung erfolgt bei der Verkehrszulassung

1. für Flugzeuge, Drehflügler, unbemannte Luftfahrtsysteme, Luftschiffe, Motorsegler, Segelflugzeuge und bemannte Ballone beim Luftfahrt-Bundesamt in der Luftfahrzeugrolle;
2. für Luftsportgeräte bei den Beauftragten nach § 31c im Luftsportgeräteverzeichnis.

(2) [1]Die in den Luftfahrzeugregistern gespeicherten Daten dienen der Überwachung der Verkehrssicherheit der in ihnen erfassten Luftfahrzeuge (§ 2 Abs. 1). [2]Sie dienen darüber hinaus der Erteilung von Auskünften, um

1. Personen in ihrer Eigenschaft als Eigentümer oder Halter von Luftfahrzeugen,
2. Luftfahrzeuge eines Eigentümers oder Halters oder
3. Luftfahrzeugdaten

festzustellen oder zu bestimmen.

(3) In den Luftfahrzeugregistern werden folgende Daten gespeichert:

1. Art und Muster des Luftfahrzeugs sowie Werknummer der Zelle,
2. Staatszugehörigkeits- und Eintragungszeichen des Luftfahrzeugs,
3. Nummer des Blattes des Luftfahrzeugregisters,
4. soweit erforderlich, Bezeichnung des Registerblattes des Registers für Pfandrechte an Luftfahrzeugen,
5. Name und die Anschrift des Eigentümers
   a) bei natürlichen Personen:
      Name, Vorname und Anschrift,

1) **Anm. d. Red.:** § 63 i. d. F. der VO v. 31. 8. 2015 (BGBl I S. 1474) mit Wirkung v. 8. 9. 2015.

2) **Anm. d. Red.:** § 64 i. d. F. des Gesetzes v. 8. 5. 2012 (BGBl I S. 1032) mit Wirkung v. 12. 5. 2012.

b) bei juristischen Personen und Gesellschaften des Handelsrechts:

Firmenname und Anschrift,

c) zusätzlich bei mehreren Eigentümern:

Anteile der Berechtigten in Bruchteilen oder das für die Gemeinschaft maßgebende Rechtsverhältnis, ferner einen von den Berechtigten bevollmächtigten Vertreter;

d) im Falle der Ausnahme nach § 3 Abs. 2 dieses Gesetzes:

zusätzlich auch Name und Wohnsitz oder Sitz des Luftfahrzeughalters, wenn ein ausländischer Eigentümer

– Vermieter des Luftfahrzeugs über eine Zeitspanne von mehr als sechs Monaten oder

– Sicherungs- oder Vorbehaltseigentümer

des Luftfahrzeugs ist.

(4) In der Luftfahrzeugrolle werden neben den Daten nach Absatz 3 folgende Daten gespeichert:

1. regelmäßiger Standort des Luftfahrzeugs,
2. Angabe seines Verwendungszwecks,
3. Angaben über Muster von Triebwerk oder Propeller, Ausrüstung und Notausrüstung sowie über durchgeführte Nachprüfungen des Luftfahrzeugs,
4. Angaben über den Schallschutz,
5. Angaben über die Haftpflichtversicherung,
6. Name und Anschrift des Halters, wenn der Eigentümer nicht zugleich Halter ist; Absatz 3 Nr. 5 gilt entsprechend.

(5) [1]Wer die Verkehrszulassung eines Luftfahrzeugs beantragt, hat den zuständigen Stellen nach Absatz 1 die zu speichernden Daten mitzuteilen und auf Verlangen zu belegen. [2]Der Eigentümer eines Luftfahrzeugs hat den zuständigen Stellen nach Absatz 1 jede Änderung der Daten unverzüglich mitzuteilen.

(6) Mit Zustimmung des Halters des Luftfahrzeugs können für Luftfahrzeuge nach Absatz 1 Nr. 1 die Daten nach Absatz 3 Nr. 1 bis 3 sowie sein Name und seine Anschrift vom Luftfahrt-Bundesamt veröffentlicht werden.

(7) Die Daten nach den Absätzen 3 und 4 dürfen, soweit dies erforderlich ist,

1. für Verwaltungsmaßnahmen auf dem Gebiet des Luftverkehrs,
2. zur Verfolgung von Zuwiderhandlungen gegen Luftverkehrsvorschriften oder
3. zur Verfolgung von Straftaten oder zur Abwehr von Gefahren für die öffentliche Sicherheit

vom Luftfahrt-Bundesamt und von den Beauftragten nach § 31c an Behörden und sonstige öffentliche Stellen im Inland übermittelt werden.

(8) [1]Die nach Absatz 3 Nr. 1, 2 und 5 gespeicherten Daten dürfen an nicht-öffentliche Stellen übermittelt werden, wenn der Empfänger glaubhaft macht, dass er

1. die Daten zur Geltendmachung, Sicherung oder Vollstreckung oder zur Befriedigung oder Abwehr von Rechtsansprüchen im Zusammenhang mit dem Luftverkehr oder zur Erhebung einer Privatklage wegen im Luftverkehr begangener Verstöße benötigt und
2. ohne Kenntnis der Daten zur Geltendmachung, Sicherung oder Vollstreckung, zur Befriedigung oder Abwehr des Rechtsanspruchs oder zur Erhebung der Privatklage nicht in der Lage wäre.

[2]Der Empfänger darf die übermittelten Daten nur für den in Satz 1 Nr. 1 genannten Zweck verarbeiten oder nutzen. [3]Die übermittelnde Stelle hat den Empfänger darauf hinzuweisen.

(9) [1]Die Daten nach den Absätzen 3 und 4 dürfen, soweit dies erforderlich ist, vom Luftfahrt-Bundesamt

1. den in Artikel 21 des Abkommens über die Internationale Zivilluftfahrt vom 7. Dezember 1944 (BGBl 1956 II S. 411) genannten Stellen,
2. an die Flugsicherungsorganisation zur Weitergabe an die Organisation EUROCONTROL zur Durchführung von Flugsicherungsaufgaben sowie zur Erhebung von Kosten für die Inanspruchnahme von Streckennavigations-Diensten und Streckennavigations-Einrichtungen der Flugsicherung

übermittelt werden. [2]Der Empfänger ist darauf hinzuweisen, dass die übermittelten Daten nur zu dem Zweck verarbeitet oder genutzt werden dürfen, zu dessen Erfüllung sie ihm übermittelt werden.

(10) [1]Die Daten nach Absatz 3 Nr. 4 und 5 und Absatz 4 Nr. 5 und 6 sind nach Ablauf von sechs Monaten nach Erlöschen der Verkehrszulassung für allgemeine Auskünfte zu sperren. [2]Sie können im Einzelfall für die in Absatz 7 und 8 genannten Zwecke bis zum Ablauf des fünften Jahres nach Erlöschen der Verkehrszulassung genutzt oder übermittelt werden; nach Ablauf dieser Frist sind sie zu löschen.

§ 65 Zentrale Luftfahrerdatei[1)]

(1) Das Luftfahrt-Bundesamt führt eine Datei über die von ihm, den Luftfahrtbehörden der Länder und den Beauftragten nach § 31c im Rahmen ihrer Zuständigkeit erteilten Erlaubnisse oder Berechtigungen für Luftfahrer (Zentrale Luftfahrerdatei).

(2) Die Zentrale Luftfahrerdatei dient der Feststellung, welche Erlaubnisse und Berechtigungen ein Luftfahrer besitzt.

(3) In der Zentralen Luftfahrerdatei werden folgende Daten gespeichert:

1. Familienname, Geburtsname, sonstige frühere Namen, Vorname, Geschlecht, Geburtsdatum und -ort;
2. Anschrift;
3. Art und Nummer der Erlaubnis und der sonstigen Berechtigung, Datum ihrer Erstausstellung, ihre Gültigkeitsdauer sowie die jeweilige Ausstellungsbehörde;
4. rechtskräftige, unanfechtbare oder vorläufig wirksame Entscheidungen der Verwaltungsbehörden:
   a) über die Tauglichkeit von Luftfahrtpersonal,
   b) über die Ausstellung einer Erlaubnis oder über die Erneuerung oder Verlängerung einer Berechtigung nach den Bestimmungen der Verordnung über Luftfahrtpersonal oder der Verordnung (EU) Nr. 1178/2011,
   c) über die Anerkennung einer ausländischen Erlaubnis nach Anhang III der Verordnung (EU) Nr. 1178/2011,
   d) über das Ergebnis der Überprüfung der Zuverlässigkeit nach § 7 Abs. 1 Nr. 4 des Luftsicherheitsgesetzes durch die Luftsicherheitsbehörden einschließlich des Zeitpunktes der Überprüfung;
5. Art des Tauglichkeitszeugnisses, Datum der Ausstellung, Gültigkeitsdauer, Referenznummer, ausstellender flugmedizinischer Sachverständiger und die im Tauglichkeitszeugnis eingetragenen Auflagen und Einschränkungen, untersuchender flugmedizinischer Sachverständiger bei und Datum von nicht abgeschlossenen Tauglichkeitsuntersuchungen, die Verweigerung einer Ausstellung einschließlich Datum und entscheidendem flugmedizinischen Sachverständigen bei festgestellter Untauglichkeit.

---

1) **Anm. d. Red.:** § 65 i. d. F. des Gesetzes v. 28. 6. 2016 (BGBl I S. 1548) mit Wirkung v. 3. 7. 2016.

(4) Wer die Erteilung, Verlängerung, Erneuerung oder Änderung einer Erlaubnis oder sonstigen Berechtigung als Luftfahrer oder zur Ausbildung von Luftfahrern beantragt, hat der für die Ausstellung der Erlaubnis oder sonstigen Berechtigung zuständigen Stelle die erforderlichen Daten mitzuteilen und auf Verlangen zu belegen.

(5) [1]Die Daten nach Absatz 3 dürfen, soweit dies zu dem in Absatz 2 genannten Zweck erforderlich ist,

1. für die Verfolgung von Straftaten,
2. für die Verfolgung von Ordnungswidrigkeiten aufgrund dieses Gesetzes,
3. für Verwaltungsmaßnahmen aufgrund dieses Gesetzes oder der aufgrund dieses Gesetzes erlassenen Rechtsvorschriften, soweit sie Erlaubnisse oder Berechtigungen für Luftfahrer betreffen,
4. zur Abwehr von Gefahren für die Sicherheit des Luftverkehrs an ausländische Stellen,
5. für die Überprüfung der Zuverlässigkeit nach § 7 Abs. 1 Nr. 4 des Luftsicherheitsgesetzes an die zuständige Luftsicherheitsbehörde

übermittelt werden. [2]Eine Übermittlung für andere Zwecke als nach Absatz 2 ist nur zulässig, wenn dies zur Abwehr erheblicher Nachteile für das Gemeinwohl oder einer sonst unmittelbar drohenden Gefahr für die öffentliche Sicherheit erforderlich ist. [3]In den Fällen der Nummer 4 sind die Empfänger darauf hinzuweisen, dass die Daten nur zu dem Zweck genutzt und verarbeitet werden dürfen, zu dem sie übermittelt worden sind.

(6) Die Luftfahrtbehörden der Länder und die Beauftragten nach § 31c übermitteln dem Luftfahrt-Bundesamt unverzüglich die nach Absatz 3 zu speichernden Daten zur Aufnahme in die Zentrale Luftfahrerdatei.

(7) [1]Das Luftfahrt-Bundesamt hat die in der Zentralen Luftfahrerdatei gespeicherten personenbezogenen Daten zu löschen, wenn ihre Kenntnis für die Aufgabenerfüllung nicht mehr erforderlich ist. [2]Es prüft bei der Einzelfallbearbeitung und jeweils nach Ablauf von fünf Jahren, ob gespeicherte personenbezogene Daten zu berichtigen oder zu löschen sind. [3]Die Frist beginnt mit dem Tag, an dem das letzte Ereignis eingetreten ist, das zur Speicherung der Daten geführt hat. [4]Die maßgeblichen Gründe für die Aufrechterhaltung der Speicherung des jeweiligen Datensatzes sind aktenkundig zu machen.

(8) [1]Jeder Beauftragte nach § 31c führt eine Datei über die von ihm im Rahmen seiner Zuständigkeiten erteilten Erlaubnisse und Berechtigungen. [2]Die Absätze 2 bis 5 und 7 sind entsprechend anzuwenden.

§ 65a[1)]

(1) Das Luftfahrt-Bundesamt führt eine elektronische Datenbank über die in der Bundesrepublik Deutschland nach der Verordnung (EU) Nr. 1178/2011 erteilten Flugbegleiterbescheinigungen (Flugbegleiterdatenbank).

(2) Die Flugbegleiterdatenbank dient der Feststellung, über welche Qualifikationen ein Flugbegleiter oder eine Flugbegleiterin verfügt.

(3) In der Flugbegleiterdatenbank werden folgende Daten gespeichert:

1. Familienname, Vornamen, Staatsangehörigkeit, Geburtsdatum und -ort,
2. Referenznummer, Datum der Erteilung sowie Aussetzung oder Widerruf einer Flugbegleiterbescheinigung,
3. Name und Anschrift der Organisation, welche die Flugbegleiterschulung durchgeführt und die Flugbegleiterbescheinigung ausgestellt hat,
4. Luftfahrzeugmuster- oder Variantenqualifikation nach der Verordnung (EU) Nr. 1178/2011, Anhang V (Teil CC), CC.TRA.225.

1) **Anm. d. Red.:** § 65a eingefügt gem. Gesetz v. 7. 8. 2013 (BGBl I S. 3123) mit Wirkung v. 13. 8. 2013.

(4) Wer Flugbegleiterschulungen durchführt und Flugbegleiterbescheinigungen ausstellt, hat dem Luftfahrt-Bundesamt die Daten nach Absatz 3 zu übermitteln und auf Verlangen zu belegen.

(5) [1]Die Daten nach Absatz 3 Nummer 1 und 2 dürfen durch das Luftfahrt-Bundesamt nur zu dem in Absatz 2 genannten Zweck oder für Verwaltungsmaßnahmen auf Grund der Verordnung (EU) Nr. 1178/2011, Anhang VI (Teil ARA), ARA.CC.100 und ARA.CC.105 sowie Anhang V (Teil CC), CC.CCA.100 genutzt werden. [2]Die Daten nach Absatz 3 Nummer 3 werden vom Luftfahrt-Bundesamt öffentlich bekannt gemacht.

(6) [1]Das Luftfahrt-Bundesamt hat die in der Flugbegleiterdatenbank gespeicherten personenbezogenen Daten zu löschen, wenn ihre Kenntnis für die Aufgabenerfüllung nach den Absätzen 2 und 5 nicht mehr erforderlich ist. [2]Für die Verarbeitung und Nutzung der personenbezogenen Daten finden die §§ 65 und 66, insbesondere hinsichtlich der Fristen zur Speicherung der Daten, entsprechende Anwendung. [3]Die Frist beginnt mit dem Tag, an dem das letzte Ereignis eingetreten ist, das zur Speicherung der Daten geführt hat. [4]Die maßgeblichen Gründe für die Aufrechterhaltung der Speicherung des jeweiligen Datensatzes nach Absatz 3 sind aktenkundig zu machen.

§ 65b Flugmedizinische Datenbank[1)]

(1) Das Luftfahrt-Bundesamt führt auf der Grundlage von Anhang VI ARA.MED.150 Buchstabe a der Verordnung (EU) Nr. 1178/2011 eine elektronische Datenbank über durchgeführte flugmedizinische Untersuchungen und Beurteilungen (flugmedizinische Datenbank).

(2) Die flugmedizinische Datenbank dient dazu,

1. die Aufsicht über die Tätigkeit der anerkannten flugmedizinischen Sachverständigen und flugmedizinischen Zentren sicherzustellen,
2. mehrfache Anträge auf Erteilung eines Tauglichkeitszeugnisses bei unterschiedlichen flugmedizinischen Sachverständigen oder flugmedizinischen Zentren zu verhindern,
3. statistische Auswertungen zu ermöglichen,
4. bei einem Wechsel der zuständigen Behörde die medizinischen Berichte nach Anhang I FCL.015 Buchstabe d der Verordnung (EU) Nr. 1178/2011 auf Antrag des Luftfahrzeugführers auf die nach dem Wechsel zuständige Behörde übertragen zu können,
5. die Erfüllung der Aufgaben sicherzustellen, die dem Luftfahrt-Bundesamt nach Anhang IV MED.A.050 und MED.B.001 sowie nach Anhang VI ARA MED.150, 255, 315 und 325 der Verordnung (EU) Nr. 1178/2011 obliegen und
6. die Datenerfassung nach § 65 Absatz 3 Nummer 5 sicherzustellen.

(3) In der flugmedizinischen Datenbank werden gespeichert:

1. eine Kopie jedes Tauglichkeitszeugnisses von Luftfahrern, die über eine in der Bundesrepublik Deutschland erteilte Lizenz verfügen oder sich in der Bundesrepublik Deutschland um eine Lizenz bewerben, einschließlich des Familiennamens, Geburtsnamens, Vornamens, Geburtsortes, Geburtstages und Geschlechts sowie der Anschrift des Inhabers des Tauglichkeitszeugnisses, des Datums der flugmedizinischen Untersuchung, der Referenznummer und der Art des Zeugnisses, der im Zeugnis eingetragenen Auflagen und Einschränkungen sowie der Gültigkeitsdauer des Zeugnisses,
2. personenbezogene Untersuchungsberichte über nicht abgeschlossene Tauglichkeitsuntersuchungen,
3. personenbezogene Untersuchungsberichte im Fall festgestellter Untauglichkeit,
4. Berichte nach Anhang IV MED.A.025 der Verordnung (EU) Nr. 1178/2011, welche die detaillierten medizinischen Ergebnisse der Tauglichkeitsuntersuchung und die Beurteilung des

1) **Anm. d. Red.:** § 65b eingefügt gem. Gesetz v. 28. 6. 2016 (BGBl I S. 1548) mit Wirkung v. 3. 7. 2016.

Bewerbers um ein Tauglichkeitszeugnis enthalten (personenbezogene medizinische Befunde),

5. sonstige personenbezogene Vermerke des Luftfahrt-Bundesamtes in Bezug auf die Tauglichkeit,
6. Namen, Anschriften und im Fall einer Anerkennung in der Bundesrepublik Deutschland die Kopie der Anerkennungsurkunde der flugmedizinischen Sachverständigen und flugmedizinischen Zentren, die ein Tauglichkeitszeugnis für Luftfahrer nach Nummer 1 ausgestellt haben und
7. Name, Anschrift und Telefonnummer der für die Erteilung der Erlaubnis für Luftfahrer zuständigen Stelle.

(4) [1]Für die Nutzung und Verarbeitung der in Absatz 3 genannten Daten gilt Anhang VI ARA.MED.150 Buchstabe c der Verordnung (EU) Nr. 1178/2011. [2]Die nach Absatz 3 gespeicherten personenbezogenen Daten sind nach Ablauf von zehn Jahren zu löschen, soweit sie für die Erfüllung der Aufgaben nach Absatz 2 nicht mehr erforderlich sind. [3]Bei Lizenzinhabern beginnt die Frist nach Satz 2 mit Ablauf des Gültigkeitsdatums des zuletzt ausgestellten Tauglichkeitszeugnisses.

(5) [1]Zugriff auf alle nach Absatz 3 gespeicherten Daten der flugmedizinischen Datenbank haben ausschließlich die medizinischen Sachverständigen des Luftfahrt-Bundesamtes und deren Hilfspersonal. [2]Sie unterliegen der ärztlichen Schweigepflicht. [3]Sofern die medizinischen Sachverständigen des Luftfahrt-Bundesamtes feststellen, dass die Tauglichkeit eines Bewerbers um ein Tauglichkeitszeugnis nicht gegeben ist, teilen sie dies der für die Erteilung der Erlaubnis für Luftfahrer zuständigen Stelle mit.

(6) [1]Die flugmedizinischen Sachverständigen und die flugmedizinischen Zentren haben Zugriff auf die nach Absatz 3 Nummer 1 bis 3 und 5 gespeicherten Daten des bei ihnen vorstellig gewordenen Bewerbers um ein Tauglichkeitszeugnis. [2]Sie unterliegen der ärztlichen Schweigepflicht. [3]Den Zugriff auf die nach Absatz 3 Nummer 4 gespeicherten Daten erhalten die flugmedizinischen Sachverständigen und flugmedizinischen Zentren nur dann, wenn der Bewerber um ein Tauglichkeitszeugnis hierzu seine schriftliche Zustimmung erteilt hat.

(7) [1]Die in Absatz 3 genannten Daten werden durch die flugmedizinischen Sachverständigen und die flugmedizinischen Zentren an die medizinischen Sachverständigen des Luftfahrt-Bundesamtes zur Speicherung in der Datenbank nach Absatz 1 übermittelt. [2]Die Übermittlung erfolgt ausschließlich auf elektronischem Weg mittels einer Software, die vom Luftfahrt-Bundesamt kostenfrei zur Verfügung gestellt wird. [3]Die flugmedizinischen Sachverständigen und die flugmedizinischen Zentren sind verpflichtet, diese Software zu nutzen. [4]Die Software und die Datenübertragung müssen gegen den unbefugten Zugriff durch Dritte besonders gesichert sein.

§ 65c Flugmedizinische Sachverständige und flugmedizinische Zentren, Anerkennung und Aufsicht[1)]

(1) [1]Das Luftfahrt-Bundesamt ist zuständige Behörde nach Anhang IV MED.A.001 der Verordnung (EU) Nr. 1178/2011. [2]Es erkennt die flugmedizinischen Sachverständigen und die flugmedizinischen Zentren nach Maßgabe der Verordnung (EU) Nr. 1178/2011 an. [3]Die Anerkennung wird erteilt, wenn das Vorliegen der Voraussetzungen nach Anhang IV MED.D.005, MED.D.010 und MED.D.015 oder nach Anhang VII ORA.AeMC.115 der Verordnung (EU) Nr. 1178/2011 nachgewiesen ist.

(2) [1]Das Luftfahrt-Bundesamt führt die Aufsicht über die von ihm anerkannten flugmedizinischen Sachverständigen und flugmedizinischen Zentren. [2]Es prüft, ob die Anerkennungsvoraussetzungen bestehen oder fortbestehen, die erteilten Auflagen eingehalten werden sowie die Tauglichkeitsuntersuchungen nach den Bestimmungen der Verordnung (EU) Nr. 1178/2011

1) **Anm. d. Red.:** § 65c eingefügt gem. Gesetz v. 28. 6. 2016 (BGBl I S. 1548) mit Wirkung v. 3. 7. 2016.

durchgeführt wurden. [3]Die medizinischen Sachverständigen des Luftfahrt-Bundesamtes und deren Hilfspersonal sind hierbei befugt, die Räumlichkeiten von flugmedizinischen Sachverständigen und von flugmedizinischen Zentren zu den üblichen Betriebs- und Geschäftszeiten zu betreten und entsprechende Ermittlungen vorzunehmen. [4]Dabei können sie Einsicht in die medizinischen Befunde des untersuchten Luftfahrtpersonals, einschließlich der für die Feststellung der Tauglichkeit erhobenen medizinischen Befunde, und in die sonstigen medizinischen Unterlagen nehmen. [5]Die flugmedizinischen Sachverständigen und die Leiter der flugmedizinischen Zentren sind verpflichtet, die verlangten Auskünfte zu erteilen, die medizinischen Befunde und die sonstigen medizinischen Unterlagen vorzulegen oder den medizinischen Sachverständigen des Luftfahrt-Bundesamtes auf deren Verlangen zu übersenden sowie die Prüfung dieser Unterlagen und das Betreten von Geschäftsräumen und -grundstücken zu den üblichen Betriebs- und Geschäftszeiten zu dulden. [6]Die Verwendung der nach den Sätzen 4 und 5 erlangten Daten ist nur für den in Satz 2 genannten Zweck zulässig. [7]Nach Abschluss der Prüfung hat das Luftfahrt-Bundesamt alle medizinischen Befunde und sonstigen medizinischen Unterlagen an den flugmedizinischen Sachverständigen oder das flugmedizinische Zentrum zurückzugeben.

(3) Ergeben sich im Rahmen einer Überprüfung nach Absatz 2 Anhaltspunkte, dass einem untauglichen Bewerber ein Tauglichkeitszeugnis ausgestellt wurde, unterrichten die medizinischen Sachverständigen des Luftfahrt-Bundesamtes die für die Erteilung der Erlaubnis für Luftfahrer zuständige Stelle hierüber.

(4) Absatz 3 gilt entsprechend, wenn die medizinischen Sachverständigen des Luftfahrt-Bundesamtes auf andere Weise Kenntnis von Tatbeständen erlangen, die Anlass zu Zweifeln an der Tauglichkeit eines Luftfahrers oder eines Bewerbers um ein Tauglichkeitszeugnis geben.

§ 66 Luftfahrer-Eignungsdatei[1)]

(1) Das Luftfahrt-Bundesamt führt ein Register zur Speicherung von Daten, die für die Entscheidung über die Beschränkung, das Ruhen, den Widerruf, die Rücknahme oder die Versagung der Erlaubnis oder Berechtigung eines Luftfahrers erforderlich sind (Luftfahrer-Eignungsdatei).

(2) In der Luftfahrer-Eignungsdatei werden gespeichert:

1. Familienname, Geburtsname, Vorname, Geburtsdatum und -ort,
2. Daten über rechtskräftige, unanfechtbare oder vorläufig wirksame Entscheidungen der Verwaltungsbehörden:
   a) über die Beschränkung, das Ruhen, den Widerruf oder die Rücknahme einer Erlaubnis für Luftfahrtpersonal nach § 29 der Luftverkehrs-Zulassungs-Ordnung,
   b) wegen einer Ordnungswidrigkeit nach § 58 Absatz 1 Nummer 1 und 2, 5 bis 7, 8a bis 15 dieses Gesetzes,
   c) über die Versagung der Anerkennung einer ausländischen Erlaubnis nach § 28 oder § 28a der Luftverkehrs-Zulassungs-Ordnung,
   d) über die Versagung oder den Widerruf der Erlaubnis zur Ausbildung von Luftfahrern nach § 5 dieses Gesetzes,
   e) über das Nichtbestehen der Prüfung nach § 128 Abs. 6 der Verordnung über Luftfahrtpersonal,
3. rechtskräftige Entscheidungen der Gerichte:
   a) in den in Nummer 2 Buchstabe a bis d genannten Fällen,
   b) bei Straftaten und in Fällen, in denen von Strafe abgesehen worden ist, die für die Beurteilung der Tauglichkeit und Zuverlässigkeit von Personen für den Umgang mit Luftfahrzeugen erforderlich sind,
4. Entscheidungen der Gerichte oder der Staatsanwaltschaften nach § 153a der Strafprozessordnung, die für die Beurteilung der Tauglichkeit und Zuverlässigkeit von Personen für den

1) **Anm. d. Red.:** § 66 i. d. F. des Gesetzes v. 8. 5. 2012 (BGBl I S. 1032) mit Wirkung v. 12. 5. 2012.

Umgang mit Luftfahrzeugen erforderlich sind, jedoch ohne Angabe der festgesetzten Auflagen und Weisungen.

(3) [1]Die in der Luftfahrer-Eignungsdatei gespeicherten Daten dürfen, soweit dies zu dem in Absatz 1 genannten Zweck erforderlich ist,

1. für die Verfolgung von Straftaten,
2. für die Verfolgung von Ordnungswidrigkeiten aufgrund dieses Gesetzes,
3. für Verwaltungsmaßnahmen aufgrund dieses Gesetzes oder der aufgrund dieses Gesetzes erlassenen Rechtsvorschriften, soweit sie Erlaubnisse oder Berechtigungen für Luftfahrer betreffen,
4. zur Abwehr von Gefahren für die Sicherheit des Luftverkehrs an ausländische Stellen

übermittelt werden. [2]Eine Übermittlung für andere Zwecke als nach Absatz 1 ist nur zulässig, wenn dies zur Abwehr erheblicher Nachteile für das Gemeinwohl oder einer sonst unmittelbar drohenden Gefahr für die öffentliche Sicherheit erforderlich ist. [3]In den Fällen der Nummer 4 sind die Empfänger darauf hinzuweisen, dass die Daten nur zu dem Zweck genutzt und verarbeitet werden dürfen, zu dem sie übermittelt worden sind.

(4) [1]Die nach § 31 Abs. 2 Nr. 1 und 3 für die Erteilung von Erlaubnissen und Berechtigungen für Luftfahrtpersonal zuständigen Landesbehörden und die Beauftragten nach § 31c teilen dem Luftfahrt-Bundesamt die für eine Speicherung nach Absatz 2 Nr. 1 und 2 und die für eine Änderung oder Löschung einer Eintragung erforderlichen Daten unverzüglich mit. [2]Satz 1 gilt entsprechend, wenn diesen Behörden Daten nach Absatz 2 Nr. 3 und 4 von Gerichten und Staatsanwaltschaften übermittelt wurden.

LuftVG

(5) [1]Die nach Absatz 2 gespeicherten Daten sind spätestens nach Ablauf folgender Fristen zu löschen:

1. zwei Jahre
   a) bei Entscheidungen wegen einer Ordnungswidrigkeit,
   b) bei Entscheidungen der Gerichte oder der Staatsanwaltschaft nach § 153a der Strafprozessordnung,
2. fünf Jahre,
   a) wenn auf Geldstrafe oder auf Freiheitsstrafe von nicht mehr als drei Monaten erkannt worden ist,
   b) wenn von Strafe abgesehen worden ist,
3. zehn Jahre
   in allen übrigen Fällen.

[2]Die Frist beginnt mit der Rechtskraft oder Unanfechtbarkeit der Entscheidung. [3]Eine Entscheidung, mit der die Erteilung einer Erlaubnis oder die Anerkennung einer ausländischen Erlaubnis für immer untersagt worden ist, wird gelöscht, wenn der Betroffene gestorben ist.

§ 67 Übermittlung von Daten[1)]

Über die vom Bundesaufsichtsamt für Flugsicherung erteilten Erlaubnisse und Berechtigungen des Flugsicherungspersonals können folgende Daten

1. Name, Vorname, Anschrift, Geburtsdatum und -ort sowie die Staatsangehörigkeit des Erlaubnis- und Berechtigungsinhabers,
2. Art der erteilten Erlaubnis oder Berechtigung, Ausweisnummer, Tag der Erstausstellung und Gültigkeitsdauer der Erlaubnis und Berechtigung,
3. Ruhen oder Widerruf der Erlaubnis und Berechtigung

1) **Anm. d. Red.:** § 67 i. d. F. des Gesetzes v. 8. 5. 2012 (BGBl I S. 1032) mit Wirkung v. 12. 5. 2012.

an die die zuständige Flugsicherungsorganisation, die den jeweiligen Angehörigen des Flugsicherungspersonals einsetzt, sowie an Behörden und sonstige öffentliche Stellen im Inland, die für die Verfolgung von Straftaten und für die Abwehr von Gefahren für die Sicherheit des Luftverkehrs zuständig sind, übermittelt werden, wenn dies zur Feststellung, welche Erlaubnisse und Berechtigungen ein Angehöriger des Flugsicherungspersonals besitzt, erforderlich ist.

§ 68 Deliktsregister

(1) [1]Rechtskräftige Entscheidungen wegen einer Straftat nach § 60 oder wegen einer Ordnungswidrigkeit nach § 58, die von einem in- oder ausländischen Halter eines Luftfahrzeugs oder von einer für die Leitung eines in- oder ausländischen Luftfahrtunternehmens verantwortlichen Person im Inland begangen wurde, werden vom Luftfahrt-Bundesamt in einem Deliktsregister gespeichert. [2]Die Eintragungen dienen der Beurteilung der Zuverlässigkeit des Halters oder der für die Leitung des Unternehmens verantwortlichen Personen bei der Erteilung und Überwachung von Genehmigungen und Erlaubnissen nach § 20 Abs. 1 und § 21a sowie für Ermessensentscheidungen nach § 2 Abs. 7. [3]Sie sind nach Ablauf von zwei Jahren zu löschen. [4]Die Frist beginnt mit der Rechtskraft der Entscheidung.

(2) Die nach § 31 Abs. 2 Nr. 11 für die Erteilung von Genehmigungen für Luftfahrtunternehmen zuständigen Landesbehörden teilen dem Luftfahrt-Bundesamt die ihnen mitgeteilten Entscheidungen von Gerichten und Staatsanwaltschaften nach Absatz 1 Satz 1 unverzüglich mit.

(3) Die Daten dürfen nur zu den in Absatz 1 Satz 2 genannten Zwecken verwendet werden.

(4) Das Luftfahrt-Bundesamt darf den Stellen, denen die Aufgaben nach Absatz 1 Satz 2 obliegen, die Daten übermitteln, soweit dies zur Erfüllung der genannten Aufgaben erforderlich ist.

(5) Der Empfänger darf die übermittelten Daten nur zu dem Zweck verwenden, zu dessen Erfüllung sie ihm übermittelt worden sind.

§ 69 (weggefallen)

§ 70 Datenerhebung[1)]

(1) [1]Die Luftaufsichtsstelle oder auf Flugplätzen ohne Luftaufsichtsstelle die Flugleitung darf

1. zum Zwecke der Erfüllung der ihr nach § 29 dieses Gesetzes zugewiesenen Aufgaben,
2. zum Zwecke der Strafverfolgung nach §§ 59, 60 und 62 dieses Gesetzes,
3. zum Zwecke der Verfolgung von Ordnungswidrigkeiten nach § 58 dieses Gesetzes, § 108 der Luftverkehrs-Zulassungs-Ordnung und nach § 43 der Luftverkehrs-Ordnung,
4. zum Zwecke der Durchführung des Such- und Rettungsdienstes,
5. zum Zwecke der Flugunfalluntersuchung,
6. zum Zwecke der Luftfahrtstatistik,
7. zum Zwecke der zollrechtlichen Überwachung

folgende Daten über den Start und die Landung von Luftfahrzeugen erheben, verarbeiten und nutzen:

- Staatszugehörigkeits- und Eintragungszeichen des Luftfahrzeugs,
- Luftfahrzeugmuster,
- Anzahl der Besatzungsmitglieder,
- Anzahl der Fluggäste,
- Art des Fluges,
- Start- und Zielflugplatz (nur bei Überlandflug).

[2]Die Daten sind im Hauptflugbuch zu speichern.

1) **Anm. d. Red.:** § 70 i. d. F. der VO v. 31. 8. 2015 (BGBl I S. 1474) mit Wirkung v. 8. 9. 2015.

(2) Die Daten nach Absatz 1 dürfen an das Bundesministerium für Verkehr und digitale Infrastruktur, das Bundesministerium der Verteidigung, die Strafverfolgungs- und Justizbehörden, das Luftfahrt-Bundesamt, die Flugsicherungsorganisation, die für die Untersuchung von Flugunfällen zuständige Behörde, an die zuständigen Zolldienststellen und an die Luftfahrtbehörden der Länder übermittelt werden, wenn dies für die in Absatz 1 genannten Zwecke im Einzelfall erforderlich ist.

(3) [1]Die Daten sind im Hauptflugbuch zu löschen, soweit sie zur Erfüllung der in Absatz 1 aufgeführten Aufgaben und Zwecke nicht mehr erforderlich sind, spätestens jedoch nach zwei Jahren. [2]Dies gilt nicht, soweit die nach Absatz 1 erhobenen Daten durch Löschung der letzten drei Buchstaben des Eintragungszeichens anonymisiert worden sind.

Fünfter Abschnitt: Übergangsregelungen

§ 71 Flugplätze im Beitrittsgebiet

(1) [1]Ein bis zum 2. Oktober 1990 in dem in Artikel 3 des Einigungsvertrages genannten Gebiet (Beitrittsgebiet) angelegter Flugplatz, der am 1. März 1999 noch betrieben wird, gilt im Sinne der §§ 6 bis 10 als genehmigt und, wenn er der Planfeststellung bedarf, als im Plan festgestellt. [2]Dies gilt nicht, wenn seit dem 3. Oktober 1990 für den Flugplatz eine Genehmigung oder eine Änderungsgenehmigung nach § 6 erteilt oder eine erteilte Genehmigung oder Änderungsgenehmigung bestandskräftig zurückgenommen oder widerrufen worden ist.

(2) [1]Absatz 1 Satz 1 gilt für einen bis zum 31. Dezember 1958 in dem Gebiet der Bundesrepublik Deutschland nach dem Stand bis zum 3. Oktober 1990 angelegten Flugplatz, der am 1. März 1999 noch betrieben wird, entsprechend. [2]Satz 1 findet keine Anwendung auf die in § 2 Abs. 5 des Sechsten Überleitungsgesetzes vom 25. September 1990 (BGBl I S. 2106) genannten Flugplätze.

(3) [1]Vor dem 17. Dezember 2006 begonnene Planungsverfahren werden nach den Vorschriften dieses Gesetzes in der ab dem 17. Dezember 2006 geltenden Fassung weitergeführt. [2]§ 11 Abs. 2 des Verkehrswegeplanungsbeschleunigungsgesetzes bleibt unberührt.

LuftVG

§ 72 Verträge und Unfälle vor Inkrafttreten des Gesetzes zur Harmonisierung des Haftungsrechts im Luftverkehr[1)]

(1) Die durch das Gesetz zur Harmonisierung des Haftungsrechts im Luftverkehr (BGBl I S. 550) geänderten Vorschriften des 2. Unterabschnitts des Zweiten Abschnitts und des § 56 gelten nicht, wenn der Vertrag, aus dem die Luftbeförderung geschuldet wird, vor seinem Inkrafttreten geschlossen wurde.

(2) § 54 in der durch das Gesetz zur Harmonisierung des Haftungsrechts im Luftverkehr (BGBl I S. 550) geänderten Fassung gilt nicht, wenn sich der Unfall vor seinem Inkrafttreten ereignet hat.

(3) Die durch das Zweite Gesetz zur Harmonisierung des Haftungsrechts im Luftverkehr vom 5. August 2010 (BGBl I S. 1126) geänderten §§ 45 bis 47 gelten nicht, wenn der Vertrag, aus dem die Luftbeförderung geschuldet wurde, vor dem 11. August 2010 geschlossen wurde.

(4) Der durch das Gesetz zur Schlichtung im Luftverkehr vom 11. Juni 2013 (BGBl I S. 1545) eingefügte 5. Unterabschnitt des Zweiten Abschnitts gilt nicht für Ansprüche, die vor dem 1. November 2013 entstanden sind.

(5) Die durch Artikel 21 des Gesetzes zur Umsetzung der Richtlinie über alternative Streitbeilegung in Verbraucherangelegenheiten und zur Durchführung der Verordnung über Online-Streitbeilegung in Verbraucherangelegenheiten vom 19. Februar 2016 (BGBl I S. 254) geänderten und eingefügten Vorschriften des Zweiten Abschnitts 5. Unterabschnitt gelten nicht für Ansprüche, die vor dem 1. April 2016 entstanden sind.

1) **Anm. d. Red.:** § 72 i. d. F. des Gesetzes v. 17. 7. 2017 (BGBl I S. 2421) mit Wirkung v. 22. 7. 2017.

(6) Der durch das Gesetz zur Einführung eines Anspruchs auf Hinterbliebenengeld vom 17. Juli 2017 (BGBl I S. 2421) angefügte § 35 Absatz 3 gilt nicht, wenn sich der Unfall vor dem 22. Juli 2017 ereignet hat.

§ 73 Erlöschen von Beauftragungen[1)]

(1) [1]Beauftragungen nach § 31b Absatz 1 Satz 2 in der Fassung der Bekanntmachung vom 10. Mai 2007 (BGBl I S. 698) erlöschen mit einer Beauftragung nach § 31f Absatz 1, spätestens mit Ablauf des 31. Dezember 2012. [2]Bis zum Erlöschen der Beauftragungen nach § 31b Absatz 1 Satz 2 in der Fassung der Bekanntmachung vom 10. Mai 2007 (BGBl I S. 698) arbeiten die Beauftragten nach den Richtlinien des Bundesministeriums für Verkehr und digitale Infrastruktur und unterstehen der Rechts- und Fachaufsicht des Bundesaufsichtsamtes für Flugsicherung. [3]Gegen die Entscheidungen des Beauftragten nach Satz 1 im Rahmen seines Auftrags ist der Widerspruch statthaft. [4]Der Widerspruch hat keine aufschiebende Wirkung. [5]Hilft der Beauftragte nicht ab, entscheidet das Bundesaufsichtsamt für Flugsicherung. [6]Die Klage ist gegen die Bundesrepublik Deutschland, vertreten durch das Bundesministerium für Verkehr und digitale Infrastruktur, zu richten.

(2) Werden an einem Flugplatz nach § 27d Absatz 4 die in Absatz 1 genannten Beauftragten nach § 31b Absatz 1 Satz 2 in der Fassung der Bekanntmachung vom 10. Mai 2007 (BGBl I S. 698) von einem Flugplatzunternehmen oder einem Land einer Flugsicherungsorganisation nach § 31f Absatz 1 zur Wahrnehmung von Aufgaben der Flugsicherung überlassen, gilt dieser Einsatz als Arbeitnehmerüberlassung im Sinne des Arbeitnehmerüberlassungsgesetzes.

(2a) § 31b Absatz 3 Satz 3 ist auch für Wirtschaftsjahre anzuwenden, die vor dem 30. Juni 2013 enden.

(3) Für bereits zum 29. August 2009 tätige Wirtschaftsunternehmen nach § 27c Absatz 2 Satz 3 gilt die nach § 27c Absatz 2 Satz 4 vorgeschriebene Anzeige als erteilt.

(4) Bis zum 31. Dezember 2014 gelten die zum 29. August 2009

a) im deutschen Luftraum in grenznahen Bereichen ausgeübten Tätigkeiten ausländischer Flugsicherungsorganisationen als nach § 31b Absatz 6 gestattet,

b) an Flugplätzen nach § 27d Absatz 4 durch ausländische Flugsicherungsorganisationen nach § 31f Absatz 1 ausgeübten Tätigkeiten bei Vorliegen aller anderen Voraussetzungen als gestattet.

1) **Anm. d. Red.:** § 73 i. d. F. der VO v. 31. 8. 2015 (BGBl I S. 1474) mit Wirkung v. 8. 9. 2015.

XXIII. Luftsicherheitsgesetz (LuftSiG)

v. 11. 1. 2005 (BGBl I S. 78) mit späteren Änderungen

Das Luftsicherheitsgesetz (LuftSiG) ist als Art. 1 Gesetz zur Neuregelung von Luftsicherheitsaufgaben v. 11. 1. 2005 (BGBl I S. 78) verkündet worden und am 15. 1. 2005 in Kraft getreten. Es ist zuletzt geändert worden durch Art. 1 Erstes Gesetz zur Änderung des Luftsicherheitsgesetzes v. 23. 2. 2017 (BGBl I S. 298).

Nichtamtliche Fassung

Inhaltsübersicht[1]

LuftSiG

Abschnitt 1: Allgemeines

§ 1 Zweck[2]

Dieses Gesetz dient dem Schutz vor Angriffen auf die Sicherheit des zivilen Luftverkehrs, insbesondere vor Flugzeugentführungen, Sabotageakten und terroristischen Anschlägen.

§ 2 Aufgaben[3]

[1]Die Luftsicherheitsbehörde hat die Aufgabe, Angriffe auf die Sicherheit des Luftverkehrs im Sinne des § 1 abzuwehren. [2]Dazu gehört insbesondere, dass sie:

1. Fluggäste und deren Gepäck nach § 5 kontrolliert,
2. Zuverlässigkeitsüberprüfungen nach § 7 vornimmt,
3. Luftsicherheitsprogramme nach § 8 Absatz 1 Satz 2 und § 9 Absatz 1 Satz 2 zulässt,

---

1) **Anm. d. Red.:** Inhaltsübersicht i. d. F. des Gesetzes v. 23.2.2017 (BGBl I S. 298) mit Wirkung v. 4.3.2017.

2) **Anm. d. Red.:** § 1 i. d. F. des Gesetzes v. 23. 2. 2017 (BGBl I S. 298) mit Wirkung v. 4. 3. 2017.

3) **Anm. d. Red.:** § 2 i. d. F. des Gesetzes v. 23. 2. 2017 (BGBl I S. 298) mit Wirkung v. 4. 3. 2017.

4. Sicherheitsausrüstung nach § 10a zertifiziert und zulässt,
5. Sicherheitsmaßnahmen der Flugplatzbetreiber nach § 8, der Luftfahrtunternehmen nach § 9 und der Beteiligten an der sicheren Lieferkette nach § 9a anordnet und deren Einhaltung überwacht.

Abschnitt 2: Sicherheitsmaßnahmen

§ 3 Allgemeine Befugnisse der Luftsicherheitsbehörde[1)]

(1) Die Luftsicherheitsbehörde trifft die notwendigen Maßnahmen, um eine im Einzelfall bestehende Gefahr für die Sicherheit des zivilen Luftverkehrs abzuwehren, soweit nicht dieses Gesetz ihre Befugnisse besonders regelt.

(2) [1]Die Luftsicherheitsbehörde kann die ordnungsgemäße Durchführung oder die Wiederholung von nicht durch Verwaltungsakt getroffenen Sicherheitsmaßnahmen anordnen, wenn tatsächliche Anhaltspunkte dafür vorliegen, dass Sicherheitsmaßnahmen nicht oder nicht ordnungsgemäß durchgeführt wurden. [2]In diesen Fällen kann die Luftsicherheitsbehörde ergänzend oder alternativ auch angemessene Ausgleichsmaßnahmen anordnen. [3]Widerspruch und Anfechtungsklage gegen Anordnungen nach den Sätzen 1 und 2 haben keine aufschiebende Wirkung.

(3) [1]Die Luftsicherheitsbehörde kann Verfügungen nach diesem Gesetz mit Zwangsmitteln nach dem Verwaltungs-Vollstreckungsgesetz durchsetzen. [2]Die Höhe des Zwangsgeldes beträgt bis zu 500 000 Euro.

(4) [1]Die Luftsicherheitsbehörde darf innerhalb der Geschäfts- und Arbeitsstunden Luftfahrzeuge, Betriebs- und Geschäftsräume sowie die dazugehörigen Grundstücke betreten, besichtigen und dort Prüfungen vornehmen, soweit dies zur Durchführung ihrer Aufgaben nach diesem Gesetz erforderlich ist; außerhalb der Geschäfts- und Arbeitsstunden dürfen diese Örtlichkeiten nur zur Verhütung dringender Gefahren für die öffentliche Sicherheit oder Ordnung betreten und besichtigt werden. [2]Luftfahrzeuge, Betriebs- und Geschäftsräume, die zugleich zu Wohnzwecken dienen, dürfen nur zur Verhütung dringender Gefahren für die öffentliche Sicherheit oder Ordnung betreten und besichtigt werden.

(5) Die Aufgaben und Befugnisse der Polizeivollzugsbehörden bleiben unberührt.

§ 3a Flugverbot[2)]

(1) [1]Bei tatsächlichen Anhaltspunkten für eine erhebliche Gefährdung der Luftsicherheit kann die Luftsicherheitsbehörde für einzelne Luftfahrzeuge oder eine näher bestimmte Gruppe von Luftfahrzeugen für alle oder bestimmte Beförderungsarten ein Einflug-, Überflug- oder Startverbot verhängen. [2]Das Verbot kann ungeachtet einer Erlaubnis oder einer Erlaubnisfreiheit nach § 2 Absatz 7 des Luftverkehrsgesetzes verhängt werden. [3]Widerspruch und Anfechtungsklage gegen die Anordnung nach Satz 1 haben keine aufschiebende Wirkung. [4]Eine Kombination mehrerer Maßnahmen nach Satz 1 ist möglich. [5]Das Verbot ist auf das gebotene Maß zu beschränken, zeitlich zu befristen und kann bei Fortbestehen der Gefährdungslage nach Satz 1 im erforderlichen Umfang, auch mehrfach, verlängert werden.

(2) [1]Fliegt ein Luftfahrtunternehmen Fracht oder Post aus einem Drittstaat zwecks Transfer, Transit oder zum Entladen in die Bundesrepublik Deutschland ein, ohne als Unternehmen, das Luftfracht oder Luftpost von einem Drittstaaten-Flughafen in die Europäische Union befördert (ACC3) nach Kapitel 6.8. des Anhangs der Durchführungsverordnung (EU) 2015/1998 der Kommission vom 5. November 2015 zur Festlegung detaillierter Maßnahmen für die Durchführung der gemeinsamen Grundstandards für die Luftsicherheit (ABl L 299 vom 14. 11. 2015, S. 1) in der jeweils geltenden Fassung benannt zu sein oder verstößt es gegen seine Pflichten nach den Zif-

1) **Anm. d. Red.:** § 3 i. d. F. des Gesetzes v. 23. 2. 2017 (BGBl I S. 298) mit Wirkung v. 4. 3. 2017.

2) **Anm. d. Red.:** § 3a eingefügt gem. Gesetz v. 23. 2. 2017 (BGBl I S. 298) mit Wirkung v. 4. 3. 2017.

fern 6.8.3.1. bis 6.8.3.3. des Anhangs der Durchführungsverordnung (EU) 2015/1998, so kann die Luftsicherheitsbehörde gegenüber diesem ein Flugverbot im Sinne des Absatzes 1 verhängen. [2]Widerspruch und Anfechtungsklage gegen die Anordnung haben keine aufschiebende Wirkung. [3]Absatz 1 Satz 4 gilt entsprechend.

§ 4 Grundsatz der Verhältnismäßigkeit

(1) Von mehreren möglichen und geeigneten Maßnahmen ist diejenige zu treffen, die den Einzelnen oder die Allgemeinheit voraussichtlich am wenigsten beeinträchtigt.

(2) Eine Maßnahme darf nicht zu einem Nachteil führen, der zu dem erstrebten Erfolg erkennbar außer Verhältnis steht.

(3) Eine Maßnahme ist nur solange zulässig, bis ihr Zweck erreicht ist oder sich zeigt, dass er nicht erreicht werden kann.

§ 5 Besondere Befugnisse der Luftsicherheitsbehörden[1)]

(1) [1]Die Luftsicherheitsbehörde kann Personen, welche den Sicherheitsbereich des Flugplatzes betreten haben oder betreten wollen, durchsuchen oder in sonstiger geeigneter Weise überprüfen. [2]Sie kann Gegenstände durchsuchen, durchleuchten oder in sonstiger geeigneter Weise überprüfen, die in diese Bereiche verbracht wurden oder werden sollen. [3]Die Luftsicherheitsbehörde kann die Orte, an denen die Sicherheitskontrollen stattfinden, durch bewaffnete Polizeivollzugsbeamte schützen, die Sicherheitsbereiche des Flughafens bestreifen und gefährdete Flugzeuge durch bewaffnete Standposten sichern.

LuftSiG

(2) Die Luftsicherheitsbehörde kann Fluggäste, Mitarbeiter der Flugplatzbetreiber, der Luftfahrtunternehmen und anderer Unternehmen sowie sonstige Personen, welche die Luftseite des Flugplatzes betreten haben oder betreten wollen, insbesondere anhalten und aus diesen Bereichen verweisen, wenn diese Personen

1. ihre Berechtigung zum Betreten nicht nachweisen,
2. eine Durchsuchung ihrer Person und mitgeführter Gegenstände oder deren Überprüfung in sonstiger geeigneter Weise vor dem Betreten des Sicherheitsbereichs durch die Luftsicherheitsbehörde nach den in § 11 Abs. 1 genannten Gegenständen ablehnen oder
3. in § 11 Abs. 1 genannte Gegenstände oder sonstige Gegenstände, die bei der Durchsuchung oder Überprüfung festgestellt werden und die sich zu Angriffen auf Personen oder zur Beschädigung von Luftfahrzeugen eignen, nicht außerhalb des Sicherheitsbereichs des Flugplatzes zurücklassen oder nicht dem Luftfahrtunternehmen zur Beförderung übergeben.

(3) [1]Die Luftsicherheitsbehörde kann Fracht, aufgegebenes Gepäck, Postsendungen und sonstige Gegenstände, die in die in Sicherheitsbereiche des Flugplatzes verbracht wurden oder verbracht werden sollen, nach den in § 11 Abs. 1 genannten Gegenständen durchsuchen, durchleuchten oder in sonstiger geeigneter Weise überprüfen. [2]Bei Postsendungen findet Satz 1 mit der Maßgabe Anwendung, dass diese nur geöffnet werden dürfen, wenn bestimmte Tatsachen die Annahme begründen, dass sich darin verbotene Gegenstände im Sinne des § 11 Absatz 1 Satz 2 oder Gegenstände, deren Beförderung gegen § 27 des Luftverkehrsgesetzes verstößt, befinden.

§ 6 Erhebung, Verarbeitung und Nutzung personenbezogener Daten

(1) Die Befugnis zur Erhebung, Verarbeitung und Nutzung personenbezogener Daten richtet sich nach den für die Luftsicherheitsbehörden geltenden Vorschriften des Bundes- oder Landesrechts, soweit dieses Gesetz nichts anderes bestimmt.

(2) Unbeschadet einer sich aus Absatz 1 ergebenden Übermittlungsbefugnis dürfen die Luftsicherheitsbehörden personenbezogene Daten an öffentliche Stellen außerhalb des Geltungsbereichs dieses Gesetzes übermitteln, wenn dies zur Abwehr unmittelbar drohender erheblicher

1) **Anm. d. Red.:** § 5 i. d. F. des Gesetzes v. 23. 2. 2017 (BGBl I S. 298) mit Wirkung v. 4. 3. 2017.

Gefahren für die Sicherheit des Luftverkehrs, insbesondere bei erfolgten oder drohenden terroristischen Angriffen, erforderlich ist.

§ 7 Zuverlässigkeitsüberprüfungen[1)]

(1) [1]Zum Schutz vor Angriffen auf die Sicherheit des zivilen Luftverkehrs (§ 1) hat die Luftsicherheitsbehörde die Zuverlässigkeit folgender Personen zu überprüfen:

1. Personen, denen zur Ausübung einer beruflichen Tätigkeit nicht nur gelegentlich Zugang zum Sicherheitsbereich des Geländes eines Flugplatzes im Sinne des § 8 oder zu einem überlassenen Bereich eines Luftfahrtunternehmens im Sinne des § 9 gewährt werden soll,
2. Personal der Flugplatz- und Luftfahrtunternehmen, der Flugsicherungsorganisation sowie der Luftwerften und Instandhaltungsbetriebe, Fracht-, Post- und Reinigungsunternehmen sowie der Warenlieferanten und vergleichbarer Versorgungsunternehmen, insbesondere auch der Beteiligten an der sicheren Lieferkette, das auf Grund seiner Tätigkeit unmittelbaren Einfluss auf die Sicherheit des Luftverkehrs hat; sofern sich die vorgenannten Unternehmen des Personals anderer Unternehmen bedienen, steht dieses eigenem Personal gleich,
3. Natürliche Personen, die nach § 16a Absatz 1 als Beliehene eingesetzt werden oder die dort genannten Aufgaben für beliehene teilrechtsfähige Vereinigungen oder beliehene juristische Personen des Privatrechts wahrnehmen sollen, sowie Personen, die als Ausbilder oder EU-Validierungsprüfer für die Luftsicherheit nach den Ziffern 11.5. oder 11.6. des Anhangs der Durchführungsverordnung (EU) 2015/1998 tätig sind,
4. Luftfahrer im Sinne des § 4 Abs. 1 Satz 1 in Verbindung mit § 1 Abs. 2 Nr. 1 bis 3 und 5 des Luftverkehrsgesetzes und entsprechende Flugschüler sowie
5. Mitglieder von flugplatzansässigen Vereinen, Schülerpraktikanten oder Führer von Luftfahrzeugen im Sinne von § 1 Absatz 2 des Luftverkehrsgesetzes oder sonstige Berechtigte, denen nicht nur gelegentlich Zugang zu
   a) dem Sicherheitsbereich des Geländes eines Flugplatzes im Sinne des § 8 oder
   b) den überlassenen Bereichen nach § 9 Absatz 1 Nummer 2

   gewährt werden soll. [2]Ein unmittelbarer Einfluss auf die Sicherheit des Luftverkehrs im Sinne von Satz 1 Nummer 2 ist insbesondere anzunehmen bei Personen, die in Sicherheitsbereichen oder in anderen Bereichen als Sicherheitsbereichen Kontrollen und Zugangskontrollen oder andere Sicherheitskontrollen durchführen oder die Verantwortung für die Durchführung dieser Kontrollen tragen.

(1a) [1]Die Luftsicherheitsbehörde bewertet die Zuverlässigkeit des Betroffenen auf Grund einer Gesamtwürdigung des Einzelfalles. [2]In der Regel fehlt es an der erforderlichen Zuverlässigkeit,

1. wenn der Betroffene wegen einer vorsätzlichen Straftat zu einer Freiheitsstrafe, Jugendstrafe oder Geldstrafe von mindestens 60 Tagessätzen oder mindestens zweimal zu einer geringeren Geldstrafe verurteilt worden ist, wenn seit dem Eintritt der Rechtskraft der letzten Verurteilung fünf Jahre noch nicht verstrichen sind,
2. wenn der Betroffene wegen eines Verbrechens oder wegen sonstiger vorsätzlicher Straftaten zu einer Freiheitsstrafe von mindestens einem Jahr verurteilt worden ist, wenn seit dem Eintritt der Rechtskraft der letzten Verurteilung zehn Jahre noch nicht verstrichen sind,
3. wenn tatsächliche Anhaltspunkte dafür bestehen, dass der Betroffene Bestrebungen nach § 3 Absatz 1 des Bundesverfassungsschutzgesetzes verfolgt oder unterstützt oder in den letzten zehn Jahren verfolgt oder unterstützt hat.

[3]Bei sonstigen Verurteilungen oder beim Vorliegen sonstiger Erkenntnisse ist im Wege der Gesamtwürdigung nach Satz 1 zu prüfen, ob sich daraus im Hinblick auf die Sicherheit des Luftver-

1) **Anm. d. Red.:** § 7 i. d. F. des Gesetzes v. 23. 2. 2017 (BGBl I S. 298) mit Wirkung v. 4. 3. 2017.

kehrs Zweifel an der Zuverlässigkeit des Betroffenen ergeben. [4]Als sonstige Erkenntnisse kommen insbesondere in Betracht:

1. laufende oder eingestellte Ermittlungs- oder Strafverfahren,
2. Sachverhalte, aus denen sich eine Erpressbarkeit durch Dritte ergibt,
3. Sachverhalte, aus denen sich Zweifel am Bekenntnis zur freiheitlichen demokratischen Grundordnung ergeben,
4. Alkohol-, Rauschmittel- oder Medikamentenabhängigkeit oder regelmäßiger Missbrauch dieser Substanzen,
5. Angabe von unterschiedlichen beziehungsweise falschen Identitäten bei behördlichen Vorgängen.

(2) [1]Die Überprüfung erfolgt auf Antrag des Betroffenen. [2]Die Kosten für die Überprüfung zur Ausübung einer beruflichen Tätigkeit trägt der Arbeitgeber. [3]Der Betroffene ist bei Antragstellung über

1. die zuständige Luftsicherheitsbehörde,
2. den Zweck der Datenerhebung, -verarbeitung und -nutzung,
3. die Stellen, deren Beteiligung nach Absatz 3 Satz 1 Nr. 2 bis 5 und Absatz 4 in Betracht kommt, sowie
4. die Übermittlungsempfänger nach Absatz 7 Satz 2 und 3

zu unterrichten. [4]Die Überprüfung entfällt, wenn der Betroffene

1. im Inland innerhalb der letzten zwölf Monate einer zumindest gleichwertigen Überprüfung unterzogen worden ist und keine Anhaltspunkte für eine Unzuverlässigkeit des Betroffenen vorliegen oder
2. dieser der erweiterten Sicherheitsüberprüfung nach § 9 des Sicherheitsüberprüfungsgesetzes oder der erweiterten Sicherheitsüberprüfung mit Sicherheitsermittlungen nach § 10 des Sicherheitsüberprüfungsgesetzes unterliegt.

(3) [1]Zur Überprüfung der Zuverlässigkeit darf die Luftsicherheitsbehörde

1. die Identität des Betroffenen überprüfen,
2. Anfragen bei den Polizeivollzugs- und den Verfassungsschutzbehörden der Länder sowie, soweit im Einzelfall erforderlich, dem Bundeskriminalamt, dem Zollkriminalamt, dem Bundesamt für Verfassungsschutz, dem Bundesnachrichtendienst, dem Militärischen Abschirmdienst und der Bundesbeauftragten für die Unterlagen des Staatsicherheitsdienstes der ehemaligen Deutschen Demokratischen Republik nach vorhandenen, für die Beurteilung der Zuverlässigkeit bedeutsamen Informationen stellen,
3. unbeschränkte Auskünfte aus dem Bundeszentralregister einholen,
4. bei ausländischen Betroffenen um eine Auskunft aus dem Ausländerzentralregister ersuchen und, soweit im Einzelfall erforderlich, Anfragen an die zuständigen Ausländerbehörden nach Anhaltspunkten für eine Beeinträchtigung der öffentlichen Sicherheit durch den Betroffenen richten,
5. soweit im Einzelfall erforderlich, Anfragen an die Flugplatzbetreiber und Luftfahrtunternehmen sowie an die Arbeitgeber der letzten fünf Jahre und den gegenwärtigen Arbeitgeber des Betroffenen nach dort vorhandenen, für die Beurteilung der Zuverlässigkeit bedeutsamen Informationen richten.

[2]Der Betroffene ist verpflichtet, an seiner Überprüfung mitzuwirken. [3]Soweit dies im Einzelfall geboten ist, kann diese Mitwirkungspflicht auch die Verpflichtung zur Durchführung eines Tests auf Betäubungsmittel nach dem Betäubungsmittelgesetz umfassen.

(4) Begründen die Auskünfte der in Absatz 3 Nr. 2 und 4 genannten Behörden Anhaltspunkte für Zweifel an der Zuverlässigkeit des Betroffenen, darf die Luftsicherheitsbehörde Auskünfte von Strafverfolgungsbehörden einholen.

(5) [1]Die Luftsicherheitsbehörde gibt dem Betroffenen vor ihrer Entscheidung Gelegenheit, sich zu den eingeholten Auskünften zu äußern, soweit diese Zweifel an seiner Zuverlässigkeit begründen und Geheimhaltungspflichten nicht entgegenstehen oder bei Auskünften durch Strafverfolgungsbehörden eine Gefährdung des Untersuchungszwecks nicht zu besorgen ist. [2]Stammen die Erkenntnisse von einer der in Absatz 3 Nr. 2 oder Absatz 4 genannten Stellen, ist das Einvernehmen dieser Stellen erforderlich. [3]Der Betroffene ist verpflichtet, wahrheitsgemäße Angaben zu machen. [4]Er kann Angaben verweigern, die für ihn oder eine der in § 52 Abs. 1 der Strafprozessordnung genannten Personen die Gefahr strafrechtlicher Verfolgung, der Verfolgung wegen einer Ordnungswidrigkeit oder von disziplinar- oder arbeitsrechtlichen Maßnahmen begründen könnten. [5]Über die Verpflichtung wahrheitsgemäße Angaben zu machen und das Verweigerungsrecht ist der Betroffene vorher zu belehren.

(6) [1]Ohne eine abgeschlossene Zuverlässigkeitsüberprüfung, bei der keine Zweifel an der Zuverlässigkeit des Betroffenen verbleiben, darf diesem kein Zugang zum Sicherheitsbereich des Flugplatzgeländes gewährt werden (Absatz 1 Nr. 1 und 5) oder er darf seine Tätigkeiten (Absatz 1 Nr. 2 und 3) nicht aufnehmen. [2]Zweifel an der Zuverlässigkeit des Betroffenen verbleiben auch dann, wenn er die ihm nach Absatz 3 Satz 2 und 3 obliegenden Mitwirkungspflichten nicht erfüllt.

(7) [1]Die Luftsicherheitsbehörde darf die nach den Absätzen 3 und 4 erhobenen Daten nur zum Zwecke der Überprüfung der Zuverlässigkeit verwenden. [2]Sie unterrichtet den Betroffenen, dessen gegenwärtigen Arbeitgeber, das Flugplatz-, das Luftfahrtunternehmen oder die Flugsicherungsorganisation sowie die beteiligten Polizei- und Verfassungsschutzbehörden des Bundes und der Länder über das Ergebnis der Überprüfung; dem gegenwärtigen Arbeitgeber dürfen die dem Ergebnis zugrunde liegenden Erkenntnisse nicht mitgeteilt werden. [3]Weitere Informationen dürfen dem gegenwärtigen Arbeitgeber mitgeteilt werden, soweit sie für die Durchführung eines gerichtlichen Verfahrens im Zusammenhang mit der Zuverlässigkeitsüberprüfung erforderlich sind. [4]§ 161 der Strafprozessordnung bleibt unberührt.

(8) [1]Die Luftsicherheitsbehörden unterrichten sich gegenseitig über die Durchführung von Zuverlässigkeitsüberprüfungen, soweit dies im Einzelfall erforderlich ist. [2]Absatz 7 Satz 1 gilt entsprechend.

(9) [1]Werden den nach Absatz 3 Satz 1 Nr. 2 beteiligten Behörden, den nach Absatz 3 Satz 1 Nr. 4 beteiligten Ausländerbehörden oder den nach Absatz 3 Satz 1 Nr. 5 beteiligten Stellen im Nachhinein Informationen bekannt, die für die Beurteilung der Zuverlässigkeit einer der in Absatz 1 genannten Personen von Bedeutung sind, sind diese Stellen verpflichtet, die Luftsicherheitsbehörde über die vorliegenden Erkenntnisse zu informieren. [2]Zu diesem Zweck dürfen sie Name, Vorname, Geburtsname, Geburtsdatum, Geburtsort, Wohnort und Staatsangehörigkeit des Betroffenen sowie die Aktenfundstelle speichern. [3]Die Verfassungsschutzbehörden des Bundes und der Länder dürfen zu diesem Zweck die in Satz 2 genannten personenbezogenen Daten des Betroffenen und ihre Aktenfundstelle zusätzlich auch in den gemeinsamen Dateien nach § 6 des Bundesverfassungsschutzgesetzes speichern. [4]Die in Satz 1 genannten Behörden und Stellen unterrichten die Luftsicherheitsbehörde, zu welchen Betroffenen sie Daten gemäß den Sätzen 2 und 3 speichern.

(9a) Zuverlässigkeitsüberprüfte Personen im Sinne von Absatz 1 sind verpflichtet, der zuständigen Luftsicherheitsbehörde innerhalb eines Monats mitzuteilen:

1. Änderungen ihres Namens,
2. Änderungen ihres derzeitigen Wohnsitzes, sofern der Wohnsitzwechsel nicht innerhalb eines Landes stattfindet,
3. Änderungen ihres Arbeitgebers und
4. Änderungen der Art ihrer Tätigkeit.

(9b) Arbeitgeber, die Personen für überprüfungspflichtige Tätigkeiten im Sinne von Absatz 1 einsetzen, sind verpflichtet, der zuständigen Luftsicherheitsbehörde innerhalb eines Monats Änderungen betreffend die Tätigkeit dieser Personen mitzuteilen.

(10) [1]Die Luftsicherheitsbehörde darf bei Zuverlässigkeitsüberprüfungen, die durch Stellen außerhalb des Geltungsbereichs dieses Gesetzes veranlasst werden, mitwirken. [2]Hierzu darf sie Name, Vorname, Geburtsname, Geburtsdatum, Geburtsort, Wohnort und Staatsangehörigkeit sowie das Ergebnis der Sicherheitsüberprüfung des Betroffenen übermitteln. [3]Die Datenübermittlung unterbleibt, soweit der Betroffene ein schutzwürdiges Interesse am Ausschluss der Übermittlung hat, insbesondere wenn bei der empfangenden Stelle ein angemessenes Datenschutzniveau nicht gewährleistet ist. [4]Die empfangende Stelle ist darauf zu verweisen, dass die übermittelten Daten nur für den Zweck verwendet werden dürfen, zu dessen Erfüllung sie übermittelt worden sind.

(11) Die im Rahmen einer Zuverlässigkeitsprüfung gespeicherten personenbezogenen Daten sind zu löschen

1. von den Luftsicherheitsbehörden
   a) bei positiver Bescheidung innerhalb von drei Jahren nach Ablauf der Gültigkeit der Zuverlässigkeitsüberprüfung,
   b) innerhalb von zwei Jahren im Fall der Ablehnung oder des Widerrufs der Zuverlässigkeit,
   c) unverzüglich nach Rücknahme des Antrags durch den Betroffenen, sofern dieser noch nicht beschieden wurde;
2. von den nach den Absätzen 3 und 4 beteiligten Behörden und den nach Absatz 3 Satz 1 Nummer 5 beteiligten Stellen
   a) drei Monate nach Ende der regelmäßigen Gültigkeitsdauer einer Zuverlässigkeitsüberprüfung, gerechnet ab dem Zeitpunkt der Anfrage durch die Luftsicherheitsbehörde, oder
   b) unmittelbar nach Mitteilung durch die Luftsicherheitsbehörde im Fall von Ablehnungen, Rücknahmen oder Widerrufen.

LuftSiG

§ 8 Sicherheitsmaßnahmen der Flugplatzbetreiber[1)]

(1) [1]Der Betreiber eines Flugplatzes ist zum Schutz des Flughafenbetriebs vor Angriffen auf die Sicherheit des Luftverkehrs verpflichtet,

1. Flughafenanlagen, Bauwerke, Räume und Einrichtungen so zu erstellen, zu gestalten und zu unterhalten, dass die erforderliche bauliche und technische Sicherung, die Zuführung von Passagieren und Gepäck und die sachgerechte Durchführung der personellen Sicherungs- und Schutzmaßnahmen und die Kontrolle der Bereiche der Luftseite ermöglicht werden sowie die dafür erforderlichen Flächen bereitzustellen und zu unterhalten; ausgenommen von dieser Verpflichtung sind Geräte zur Überprüfung von Fluggästen und deren Handgepäck sowie Einrichtungen und Geräte zur Überprüfung von Post, aufgegebenem Gepäck, Fracht und Bordvorräten auf die in § 11 Absatz 1 genannten verbotenen Gegenstände mittels technischer Verfahren;
2. Post, aufgegebenes Gepäck, Fracht, Bordvorräte und Flughafenlieferungen zur Durchführung von Sicherheitsmaßnahmen sicher zu transportieren und zu lagern; dies schließt den Transport zu und zwischen einer mehrstufigen Kontrollanlage ein;
3. bei Durchsuchungen des aufgegebenen Gepäcks nach § 5 Abs. 3 den Fluggast herbeizuholen oder bei Durchsuchungen in Abwesenheit des Fluggastes die Schlösser der Gepäckstücke zu öffnen;
4. die Bereiche der Luftseite gegen unberechtigten Zugang zu sichern und, soweit es sich um Sicherheitsbereiche oder sensible Teile der Sicherheitsbereiche handelt, den Zugang nur hierzu besonders berechtigten Personen zu gestatten;
5. eigene Mitarbeiter, Mitarbeiter anderer auf dem Flugplatz tätiger Unternehmen und andere Personen vor dem Zugang zu Sicherheitsbereichen und zu den sensiblen Teilen der Si-

1) **Anm. d. Red.:** § 8 i. d. F. des Gesetzes v. 23. 2. 2017 (BGBl I S. 298) mit Wirkung v. 4. 3. 2017.

cherheitsbereiche nach den Ziffern 1.2. und 1.3. des Anhangs der Verordnung (EG) Nr. 300/2008 des Europäischen Parlaments und des Rates vom 11. März 2008 über gemeinsame Vorschriften für die Sicherheit in der Zivilluftfahrt und zur Aufhebung der Verordnung (EG) Nr. 2320/2002 (ABl L 97 vom 9. 4. 2008, S. 72) in der jeweils geltenden Fassung zu durchsuchen oder in sonstiger geeigneter Weise zu kontrollieren sowie von diesen mitgeführte Gegenstände und Fahrzeuge zu durchsuchen, zu durchleuchten oder in sonstiger geeigneter Weise zu überprüfen; dies gilt auch für auf andere Weise in diese Bereiche eingeführte Waren und Versorgungsgüter, insbesondere für Flughafenlieferungen;

6. Personal, das Luftsicherheitsaufgaben wahrnimmt, sowie Personen mit Zugang zu Sicherheitsbereichen oder zu Gegenständen, die zur Luftseite eines Flughafens oder in Luftfahrzeuge verbracht werden, nach Maßgabe von Abschnitt 11.2. des Anhangs der Durchführungsverordnung (EU) 2015/1998 zu schulen;
7. Luftfahrzeuge, die Gegenstand von Bedrohungen, insbesondere von Bombendrohungen, sind, auf Sicherheitspositionen zu verbringen oder bei einer Verbringung durch das Luftfahrtunternehmen nach § 9 Absatz 1 Satz 1 Nummer 5 mitzuwirken und die Entladung sowie die Ver- und Entsorgung der Luftfahrzeuge durchzuführen;
8. soweit erforderlich, an der Überprüfung nach § 7 mitzuwirken.

[2]Die in Satz 1 Nummer 1 bis 8 aufgeführten Sicherheitsmaßnahmen sind von dem Betreiber in einem Luftsicherheitsprogramm im Sinne des Artikels 12 Absatz 1 der Verordnung (EG) Nr. 300/2008 darzustellen, welcher der Luftsicherheitsbehörde innerhalb einer von ihr zu bestimmenden Frist zur Zulassung vorzulegen ist. [3]Die Zulassung kann mit Nebenbestimmungen versehen werden. [4]Nachträgliche Auflagen sind zulässig. [5]Der Betreiber eines Flugplatzes ist verpflichtet, die im zugelassenen Luftsicherheitsprogramm dargestellten Sicherheitsmaßnahmen innerhalb der von der Luftsicherheitsbehörde vorgegebenen Frist oder, soweit keine Frist vorgegeben wird, innerhalb eines Monats nach der Zulassung durchzuführen; er benennt eine Person, die für die Sicherheit im Unternehmen zuständig ist. [6]In regelmäßigen Abständen von nicht mehr als fünf Jahren hat eine Überprüfung des Luftsicherheitsprogramms zu erfolgen; die Luftsicherheitsbehörde kann kürzere Zeitabstände für die Überprüfung des Luftsicherheitsprogramms festlegen.

(2) [1]Für Flugplätze sowie für abgegrenzte Bereiche von Flugplätzen kann die Luftsicherheitsbehörde auf der Grundlage einer Risikobewertung Abweichungen von Absatz 1 festlegen, soweit die Voraussetzungen nach der Verordnung (EU) Nr. 1254/2009 der Kommission vom 18. Dezember 2009 zur Festlegung der Bedingungen, unter denen die Mitgliedstaaten von den gemeinsamen Grundnormen für die Luftsicherheit in der Zivilluftfahrt abweichen und alternative Sicherheitsmaßnahmen treffen können (ABl L 338 vom 19. 12. 2009, S. 17), in der jeweils geltenden Fassung vorliegen. [2]Hierbei ist den einsatz- und betriebsbezogenen Notwendigkeiten von polizeilichen Flügen sowie von Ambulanz-, Notfall- und Rettungsflügen besonders Rechnung zu tragen.

(3) [1]Für die Bereitstellung und Unterhaltung von Räumen und Flächen nach den Absätzen 1 und 2, die der für die Durchführung der Maßnahmen gemäß § 5 zuständigen Behörde zur Verfügung gestellt worden sind, kann der Verpflichtete die Vergütung seiner Selbstkosten verlangen. [2]Im Übrigen trägt der Verpflichtete die Kosten für die Sicherheitsmaßnahmen nach den Absätzen 1 und 2. [3]Zur Feststellung der Selbstkosten im Sinne dieses Gesetzes finden die Vorschriften des Preisrechts bei öffentlichen Aufträgen entsprechende Anwendung. [4]Unterschreitet der Marktpreis die Selbstkosten, ist der Marktpreis maßgeblich.

§ 9 Sicherheitsmaßnahmen der Luftfahrtunternehmen[1)]

(1) [1]Ein Luftfahrtunternehmen ist zum Schutz vor Angriffen auf die Sicherheit des Luftverkehrs verpflichtet,

1) **Anm. d. Red.:** § 9 i. d. F. des Gesetzes v. 23. 2. 2017 (BGBl I S. 298) mit Wirkung v. 4. 3. 2017.

1. Sicherheitsmaßnahmen bei der Abfertigung von Fluggästen und der Behandlung von Post, Gepäck, Fracht und Versorgungsgütern durchzuführen; dies beinhaltet insbesondere auch die Sicherstellung der Durchführung der in den Kapiteln 7 und 8 des Anhangs der Durchführungsverordnung (EU) 2015/1998 genannten Maßnahmen in Bezug auf Post, Material und Bordvorräte von Luftfahrtunternehmen;
2. die ihm auf einem Flugplatz überlassenen Bereiche der Luftseite gegen unberechtigten Zugang zu sichern und, soweit es sich um Sicherheitsbereiche handelt, den Zugang nur hierzu besonders berechtigten Personen zu gestatten; soweit Betriebsgebäude, Frachtanlagen und sonstige Betriebseinrichtungen von dem Luftfahrtunternehmen selbst oder in seinem Auftrag errichtet oder von ihm selbst betrieben werden, gilt § 8 Absatz 1 Nummer 1 bis 7 entsprechend;
3. Personal, das Luftsicherheitsaufgaben wahrnimmt, sowie Personen mit Zugang zu Sicherheitsbereichen oder zu Gegenständen, die zur Luftseite eines Flughafens oder in Luftfahrzeuge verbracht werden, nach Maßgabe von Abschnitt 11.2. des Anhangs der Durchführungsverordnung (EU) 2015/1998 zu schulen;
4. seine auf einem Flugplatz abgestellten Luftfahrzeuge so zu sichern, dass weder unberechtigte Personen Zutritt haben noch verbotene Gegenstände in das Luftfahrzeug verbracht werden können;
5. Luftfahrzeuge, die Gegenstand von Bedrohungen, insbesondere von Bombendrohungen sind, auf eine Sicherheitsposition zu verbringen oder bei einer Verbringung durch den Flugplatzbetreiber nach § 8 Absatz 1 Satz 1 Nummer 7 mitzuwirken; LuftSiG
6. soweit erforderlich, an der Überprüfung nach § 7 mitzuwirken.

[2]Die in Satz 1 Nummer 1 bis 6 aufgeführten Sicherheitsmaßnahmen sind von dem Unternehmen in einem Luftsicherheitsprogramm im Sinne des Artikels 13 Absatz 1 der Verordnung (EG) Nr. 300/2008 darzustellen, welches der Luftsicherheitsbehörde innerhalb einer von ihr zu bestimmenden Frist zur Zulassung vorzulegen ist; die Luftsicherheitsbehörde kann Ausnahmen von der Vorlagepflicht sowie für Luftfahrtunternehmen, die ausschließlich Luftfahrzeuge mit einem Höchstgewicht von bis zu 5,7 Tonnen betreiben, auch Ausnahmen von den Verpflichtungen nach Absatz 1 zulassen. [3]In regelmäßigen Abständen von nicht mehr als fünf Jahren hat eine Überprüfung der Zulassungsvoraussetzungen zu erfolgen; die Luftsicherheitsbehörde kann kürzere Zeitabstände für die Überprüfung der Zulassungsvoraussetzungen festlegen. [4]Bestehen begründete Zweifel am Fortbestand der Zulassungsvoraussetzungen, kann die Zulassung entzogen werden. [5]Die Zulassung kann mit Nebenbestimmungen versehen werden. [6]Nachträgliche Auflagen sind zulässig. [7]Die Luftfahrtunternehmen sind verpflichtet, die im Luftsicherheitsprogramm oder die im nach Artikel 13 Absatz 3 Satz 1 der Verordnung (EG) Nr. 300/2008 anzuerkennenden Luftsicherheitsprogramm dargestellten Sicherheitsmaßnahmen innerhalb der von der Luftsicherheitsbehörde vorgegebenen Frist oder, soweit keine Frist vorgegeben wird, innerhalb eines Monats nach der Zulassung durchzuführen; sie benennen eine Person, die für die Sicherheit im Unternehmen zuständig ist.

(1a) Die Luftfahrtunternehmen sollen die Tätigkeit der Luftsicherheits-Verbindungsbeamten der Bundespolizei in Drittstaaten unterstützen.

(2) Absatz 1 gilt

1. für Luftfahrtunternehmen, die eine Genehmigung nach § 20 des Luftverkehrsgesetzes besitzen, auch außerhalb des Geltungsbereichs dieses Gesetzes, wenn und soweit die jeweils örtlich geltenden Vorschriften nicht entgegenstehen;
2. für Luftfahrtunternehmen, die ihren Hauptsitz außerhalb des Geltungsbereichs dieses Gesetzes haben, sofern sie Verkehrsflughäfen in der Bundesrepublik Deutschland benutzen, auch außerhalb des Geltungsbereichs dieses Gesetzes, wenn und soweit die jeweils örtlich geltenden Vorschriften nicht entgegenstehen.

(3) Die Luftsicherheitsbehörde kann ein Luftfahrtunternehmen zur Durchführung von Sicherheitsmaßnahmen entsprechend Absatz 1 auch auf sonstigen Flugplätzen verpflichten, soweit dies zur Sicherung des Betriebs des Luftfahrtunternehmens erforderlich ist.

(3a) Ein Luftfahrtunternehmen, das die Voraussetzungen nach Ziffer 6.8.1. des Anhangs der Durchführungsverordnung (EU) 2015/1998 erfüllt, wird als Luftfahrtunternehmen, das Luftfracht oder Luftpost von einem Drittstaaten-Flughafen in die Europäische Union befördert (ACC3), benannt.

(3b) Wurde ein ACC3 nach Ziffer 6.8.1.5. des Anhangs der Durchführungsverordnung (EU) 2015/1998 von der zuständigen Behörde eines EU-Mitgliedstaates in die Datenbank der Europäischen Union zur Sicherheit der Lieferkette aufgenommen, gilt es als für alle Beförderungen von dem erfassten Drittstaaten-Flughafen in die Bundesrepublik Deutschland als von der Luftsicherheitsbehörde anerkannt.

(3c) [1]Die EU-Validierung der Luftsicherheit eines ACC3 kann durch in Drittstaaten entsandte Luftsicherheitsverbindungsbeamte der Bundespolizei, das Luftfahrt-Bundesamt, einem von der Luftsicherheitsbehörde zugelassenen EU-Validierungsprüfer oder einem von der EU-Kommission als gleichwertig anerkannten Validierungsprüfer durchgeführt werden. [2]Die Luftsicherheitsbehörde lässt natürliche oder juristische Personen als EU-Validierungsprüfer für die Luftsicherheit zu, wenn diese die in Ziffer 11.6.3. des Anhangs der Durchführungsverordnung (EU) 2015/1998 enthaltenen sowie durch Rechtsverordnung nach § 17 Absatz 7 näher bestimmten Voraussetzungen erfüllen. [3]Die Zulassung kann mit Nebenbestimmungen versehen werden. [4]Nachträgliche Auflagen sind zulässig.

(3d) Die von der zuständigen Behörde eines EU-Mitgliedstaates vorgenommene EU-Validierung der Luftsicherheit gilt als von der Luftsicherheitsbehörde anerkannt.

(4) Ein anderer als der in Absatz 1 bezeichnete Halter von Luftfahrzeugen kann von der Luftsicherheitsbehörde zur Durchführung der Sicherheitsmaßnahmen entsprechend den Absätzen 1 bis 3 verpflichtet werden, soweit dies zur Sicherung des Flugbetriebs erforderlich ist.

§ 9a Sicherheitsmaßnahmen der Beteiligten an der sicheren Lieferkette[1)]

(1) [1]Reglementierte Beauftragte, bekannte Versender, Transporteure, andere Stellen nach Ziffer 6.3.1.1. Buchstabe c des Anhangs der Durchführungsverordnung (EU) 2015/1998, reglementierte Lieferanten und bekannte Lieferanten sind zum Schutz vor Angriffen auf die Sicherheit des Luftverkehrs verpflichtet, Sicherheitsmaßnahmen nach den Kapiteln 6, 8, 9, 11 und 12 des Anhangs der Verordnung (EG) Nr. 300/2008 und der Durchführungsverordnung (EU) 2015/1998 durchzuführen. [2]Die in Satz 1 aufgeführten Sicherheitsmaßnahmen sind von den genannten Stellen in einem Sicherheitsprogramm im Sinne des Artikels 14 Absatz 1 der Verordnung (EG) Nr. 300/2008 darzustellen.

(2) [1]Die Luftsicherheitsbehörde lässt reglementierte Beauftragte, bekannte Versender, Transporteure, reglementierte Lieferanten und andere Stellen nach Ziffer 6.3.1.1. Buchstabe c des Anhangs der Durchführungsverordnung (EU) 2015/1998 nach Maßgabe der Durchführungsverordnung (EU) 2015/1998 zu. [2]Die Zulassung ist für längstens fünf Jahre gültig. [3]Die Zulassung kann mit Nebenbestimmungen versehen werden. [4]Nachträgliche Auflagen sind zulässig. [5]In regelmäßigen Abständen von nicht mehr als fünf Jahren hat eine Überprüfung nach Maßgabe der Durchführungsverordnung (EU) 2015/1998 durch die zuständige Behörde zu erfolgen. [6]Bestehen begründete Zweifel am Fortbestand der Zulassungsvoraussetzungen, ist die Zulassung zu entziehen oder auszusetzen. [7]Die Luftsicherheitsbehörde kann zusätzlich eine Sperrfrist für die Wiedererteilung der Zulassung festsetzen. [8]Die Sperrfrist kann sich auch auf die Ausübung weiterer Tätigkeiten im Rahmen der sicheren Lieferkette beziehen.

(3) [1]Zur Durchführung der Kontrollen können nach Absatz 2 Satz 1 zugelassene reglementierte Beauftragte und andere Stellen nach Ziffer 6.3.1.1. Buchstabe c des Anhangs der Durchfüh-

1) **Anm. d. Red.:** § 9a eingefügt gem. Gesetz v. 23. 2. 2017 (BGBl I S. 298) mit Wirkung v. 4. 3. 2017.

rungsverordnung (EU) 2015/1998 Postsendungen und Fracht nach den in § 11 Absatz 1 Satz 2 genannten Gegenständen durchsuchen, durchleuchten oder in sonstiger geeigneter Weise überprüfen. [2]Bei einer Postsendung ist darauf zu achten, dass von deren Inhalt nur in dem für die Überprüfung unbedingt erforderlichen Maß Kenntnis erlangt wird. [3]Das Öffnen einer Postsendung ist dem Empfänger und, soweit dieser bekannt ist, auch dem Absender auf geeignete Weise mitzuteilen. [4]§ 5 Absatz 3 Satz 2 ist anzuwenden. [5]§ 16a Absatz 5 gilt entsprechend.

(4) [1]Hat die zuständige Luftsicherheitsbehörde Zweifel, ob ein Transporteur oder bekannter Lieferant die Anforderungen der Verordnung (EG) Nr. 300/2008 und ihrer Durchführungsbestimmungen noch erfüllt, untersagt sie diesem die Abwicklung von sicherer Luftfracht, Luftpost, Bordvorräten oder Flughafenlieferungen bis die Anforderungen der Verordnung (EG) Nr. 300/2008 und ihrer Durchführungsbestimmungen wieder zweifelsfrei erfüllt werden. [2]Der Transporteur oder bekannte Lieferant ist verpflichtet, alle die Stellen, von denen er benannt wurde, über die Untersagung zu informieren und dies der zuständigen Luftsicherheitsbehörde nachzuweisen.

(5) [1]Die Feststellung der Identität einer Person nach Ziffer 6.3.2.2. des Anhangs der Durchführungsverordnung (EU) 2015/1998, die einem reglementierten Beauftragten oder Luftfahrtunternehmen eine Sendung übergibt, erfolgt durch Vorweisen eines Personalausweises oder eines Reisepasses, der von den nationalen Behörden ausgestellt ist. [2]Die Feststellung der Identität ist von dem reglementierten Beauftragten oder Luftfahrtunternehmen zu dokumentieren. [3]Die Dokumentation muss folgende Angaben enthalten:

1. Name,
2. Nummer des Personalausweises oder des Reisepasses,
3. Geburtsdatum sowie
4. eindeutige Kennung der Sendung, die übergeben wird.

(6) [1]Die Dokumentation ist für Qualitätskontrollmaßnahmen der zuständigen Luftsicherheitsbehörde für die Dauer des Fluges, auf dem die Sendung transportiert wird, mindestens jedoch für 48 Stunden, jederzeit zur Verfügung zu halten und auf Verlangen vorzulegen. [2]Nach Ablauf dieser Frist sind die personenbezogenen Daten zu löschen. [3]Die Löschung der Daten braucht dem Betroffenen nicht mitgeteilt zu werden.

§ 10 Zugangsberechtigung[1)]

[1]Die Luftsicherheitsbehörde entscheidet, welchen Personen bei Vorliegen der Voraussetzungen die Berechtigung zum Zugang zur Luftseite sowie zum Zugang zum Sicherheitsbereich oder zum sensiblen Teil des Sicherheitsbereichs erteilt werden darf oder bei Wegfall der Voraussetzungen zu entziehen ist. [2]Nach Abschluss der Zuverlässigkeitsüberprüfung nach § 7 Abs. 1 kann dem Betroffenen zum Nachweis der Zugangsberechtigung ein Ausweis durch den Unternehmer nach § 8 Abs. 1 oder § 9 Abs. 1 ausgestellt werden. [3]Der Ausweisinhaber ist verpflichtet, den Ausweis in den Sicherheitsbereichen offen sichtbar zu tragen und ihn nach Ablauf der Gültigkeitsdauer oder auf Verlangen zurückzugeben. [4]Der Ausweisinhaber darf den Ausweis keinem Dritten überlassen. [5]Sein Verlust ist der Ausgabestelle unverzüglich anzuzeigen. [6]Der Zugang oder die Verschaffung des Zugangs zur Luftseite sowie zu den Sicherheitsbereichen ohne Berechtigung ist verboten.

§ 10a Sicherheitsausrüstung[2)]

(1) [1]Sicherheitsausrüstung sind Kontrollmittel zur Durchführung der Kontrollen von Fluggästen und Handgepäck, von aufgegebenem Gepäck, von anderen Personen als Fluggästen und mitgeführten Gegenständen, von Fracht und Post, von Bordvorräten und Flughafenlieferungen sowie von sonstigen Gegenständen, die auf die Luftseite des Flugplatzes verbracht wurden oder

1) **Anm. d. Red.:** § 10 i. d. F. des Gesetzes v. 23. 2. 2017 (BGBl I S. 298) mit Wirkung v. 4. 3. 2017.

2) **Anm. d. Red.:** § 10a eingefügt gem. Gesetz v. 23. 2. 2017 (BGBl I S. 298) mit Wirkung v. 4. 3. 2017.

werden sollen. [2]Zur Sicherheitsausrüstung zählen auch Sprengstoffspürhunde oder andere für das Aufspüren von Stoffen ausgebildete Tiere. [3]Keine Sicherheitsausrüstung nach Satz 1 sind einfache Hilfsmittel und Alltagsgegenstände, die üblicherweise auch außerhalb von Sicherheitskontrollen verwendet werden.

(2) [1]Sicherheitsausrüstung darf für Maßnahmen nach den §§ 5, 8, 9 und 9a nur verwendet werden, wenn sie durch die Luftsicherheitsbehörde zertifiziert ist. [2]Sicherheitsausrüstung wird zertifiziert, wenn sie

1. den maßgeblichen Standards nach der Verordnung (EG) Nr. 300/2008 und ihrer Durchführungsverordnungen in der jeweils geltenden Fassung, insbesondere der Durchführungsverordnung (EU) 2015/1998, sowie
2. den weitergehenden Anforderungen an Leistung, Zuverlässigkeit und operative Einsatzfähigkeit nach der Rechtsverordnung nach § 17 Absatz 5

entspricht. [3]Die Standards nach Satz 2 Nummer 1 gelten als erfüllt, wenn die Sicherheitsausrüstung von der zuständigen Stelle eines anderen EU-Mitgliedstaates zertifiziert wurde und die zugrundeliegenden Prüfmethoden von der Luftsicherheitsbehörde anerkannt wurden.

(3) [1]Sicherheitsausrüstung muss ferner für die konkrete Verwendung am jeweiligen Einsatzort durch die Luftsicherheitsbehörde zugelassen sein. [2]Die Sicherheitsausrüstung wird zugelassen, wenn die zertifizierte Sicherheitsausrüstung für den vorgesehenen Kontrollzweck geeignet ist und am konkreten Einsatzort die erforderlichen Maßnahmen für einen ordnungsgemäßen Einsatz der Sicherheitsausrüstung getroffen wurden.

(4) Die Luftsicherheitsbehörde überwacht die Einhaltung der einschlägigen gesetzlichen Regelungen bei Verwendung der zertifizierten und zugelassenen Sicherheitsausrüstung.

§ 11 Verbotene Gegenstände[1)]

(1) [1]Das Mitführen im Handgepäck oder Ansichtragen von

1. Schuss-, Hieb- und Stoßwaffen sowie Sprühgeräten, die zu Angriffs- oder Verteidigungszwecken verwendet werden können,
2. Sprengstoffen, Munition, Zündkapseln, brennbaren Flüssigkeiten, ätzenden oder giftigen Stoffen, Gasen in Behältern sowie sonstigen Stoffen, die allein oder zusammen mit anderen Gegenständen eine Explosion oder einen Brand verursachen können,
3. Gegenständen, die ihrer äußeren Form oder ihrer Kennzeichnung nach den Anschein von Waffen, Munition oder explosionsgefährlichen Stoffen erwecken,
4. sonstigen in der Anlage 4-C zu Kapitel 4 des Anhangs der Durchführungsverordnung (EU) 2015/1998 genannten Gegenständen

(„verbotene Gegenstände") in Luftfahrzeugen und in den Bereichen der Luftseite auf Flugplätzen ist verboten. [2]Abweichend von Satz 1 gelten als verbotene Gegenstände

1. in aufgegebenem Gepäck die in Anlage 5-B zu Kapitel 5 des Anhangs der Durchführungsverordnung (EU) 2015/1998 genannten Gegenstände;
2. in Fracht und Post die in Ziffer 6.0.2. des Anhangs der Durchführungsverordnung (EU) 2015/1998 genannten Gegenstände;
3. in Bordvorräten und Flughafenlieferungen die in Anlage 1-A zu Kapitel 1 des Anhangs der Durchführungsverordnung (EU) 2015/1998 genannten Gegenstände;
4. für Personen, die keine Fluggäste sind, die in Anlage 1-A zu Kapitel 1 des Anhangs der Durchführungsverordnung (EU) 2015/1998 genannten Gegenstände; dies gilt auch dann, wenn diese Gegenstände sich in sonstigen mitgeführten Gegenständen oder in Fahrzeugen befinden.

---

1) **Anm. d. Red.:** § 11 i. d. F. des Gesetzes v. 23. 2. 2017 (BGBl I S. 298) mit Wirkung v. 4. 3. 2017.

(2) [1]Das Bundesministerium des Innern kann allgemein oder im Einzelfall Ausnahmen von den in Absatz 1 geregelten Fällen zulassen, soweit ein Bedürfnis besteht und die nach anderen Rechtsvorschriften erforderliche Erlaubnis zum Mitführen dieser Gegenstände vorliegt. [2]Die Erlaubnis kann mit einer Nebenbestimmung versehen werden. [3]Soweit in Fällen des Absatzes 1 Satz 1 überlassene Bereiche im Sinne des § 9 Absatz 1 Satz 1 Nummer 2 betroffen sind sowie in Fällen des Absatzes 1 Satz 2 Nummer 2 kann das Bundesministerium des Innern Ausnahmen nur im Einvernehmen mit dem Bundesministerium für Verkehr und digitale Infrastruktur erteilen.

(3) § 27 Abs. 2 des Luftverkehrsgesetzes bleibt unberührt.

§ 12 Aufgaben und Befugnisse des verantwortlichen Luftfahrzeugführers[1)]

(1) [1]Der verantwortliche Luftfahrzeugführer hat als Beliehener für die Aufrechterhaltung der Sicherheit und Ordnung an Bord des im Flug befindlichen Luftfahrzeuges zu sorgen. [2]Er ist nach Maßgabe von Absatz 2 und der sonst geltenden Gesetze befugt, die erforderlichen Maßnahmen zu treffen.

(2) [1]Der verantwortliche Luftfahrzeugführer darf die erforderlichen Maßnahmen treffen, um eine im einzelnen Fall bestehende Gefahr für Personen an Bord des Luftfahrzeuges oder für das Luftfahrzeug selbst abzuwehren. [2]Dabei hat er den Grundsatz der Verhältnismäßigkeit (§ 4) zu wahren. [3]Insbesondere darf der Luftfahrzeugführer

1. die Identität einer Person feststellen,
2. Gegenstände sicherstellen,
3. eine Person oder Sachen durchsuchen,
4. eine Person fesseln, wenn Tatsachen die Annahme rechtfertigen, dass die Person den Luftfahrzeugführer oder Dritte angreifen oder Sachen beschädigen wird.

(3) [1]Zur Durchsetzung der Maßnahmen darf der Luftfahrzeugführer Zwangsmittel anwenden. [2]Die Anwendung körperlicher Gewalt ist nur zulässig, wenn andere Zwangsmittel nicht in Betracht kommen, keinen Erfolg versprechen oder unzweckmäßig sind. [3]Der Gebrauch von Schusswaffen ist Polizeivollzugsbeamten, insbesondere denjenigen der Bundespolizei nach § 4a des Bundespolizeigesetzes vorbehalten.

(4) Alle an Bord befindlichen Personen haben den Anordnungen des Luftfahrzeugführers oder seiner Beauftragten nach Absatz 2 Folge zu leisten.

(5) [1]Der verantwortliche Luftfahrzeugführer hat den Schaden zu ersetzen, welcher der Bundesrepublik Deutschland durch rechtswidrige und vorsätzliche oder grob fahrlässige Verletzung seiner Pflichten bei Ausübung der Aufgaben und Befugnisse nach den Absätzen 1 bis 3 entsteht. [2]Wird der Flug von einem Luftfahrtunternehmen durchgeführt, hat dieses den Schaden zu ersetzen, welcher der Bundesrepublik Deutschland durch eine rechtswidrige und schuldhafte Verletzung der Pflichten des verantwortlichen Luftfahrzeugführers oder seiner Beauftragten bei Ausübung der Aufgaben und Befugnisse nach den Absätzen 1 bis 3 entsteht.

Abschnitt 3: Unterstützung und Amtshilfe durch die Streitkräfte

§ 13 Entscheidung der Bundesregierung[2)]

(1) Liegen auf Grund eines erheblichen Luftzwischenfalls Tatsachen vor, die im Rahmen der Gefahrenabwehr die Annahme begründen, dass ein besonders schwerer Unglücksfall nach Artikel 35 Abs. 2 Satz 2 oder Abs. 3 des Grundgesetzes bevorsteht, können die Streitkräfte, soweit es zur wirksamen Bekämpfung erforderlich ist, zur Unterstützung der Polizeikräfte der Länder im Luftraum zur Verhinderung dieses Unglücksfalles eingesetzt werden.

1) **Anm. d. Red.:** § 12 i. d. F. des Gesetzes v. 21. 6. 2005 (BGBl I S. 1818) mit Wirkung v. 1. 7. 2005.

2) **Anm. d. Red.:** § 13 i. d. F. des Gesetzes v. 23. 2. 2017 (BGBl I S. 298) mit Wirkung v. 4. 3. 2017.

(2) [1]Die Entscheidung über einen Einsatz nach Artikel 35 Abs. 2 Satz 2 des Grundgesetzes trifft auf Anforderung des betroffenen Landes der Bundesminister der Verteidigung oder im Vertretungsfall das zu seiner Vertretung berechtigte Mitglied der Bundesregierung im Benehmen mit dem Bundesminister des Innern. [2]Ist sofortiges Handeln geboten, ist das Bundesministerium des Innern unverzüglich zu unterrichten.

(3) [1]Die Entscheidung über einen Einsatz nach Artikel 35 Abs. 3 des Grundgesetzes trifft die Bundesregierung im Benehmen mit den betroffenen Ländern. [2]Ist sofortiges Handeln geboten, ist kein Benehmen erforderlich; die Bundesregierung hat dann die betroffenen Länder von der Entscheidung der Bundesregierung unverzüglich zu unterrichten.

(4) [1]Das Nähere wird zwischen Bund und Ländern geregelt. [2]Die Unterstützung durch die Streitkräfte richtet sich nach den Vorschriften dieses Gesetzes.

§ 14 Einsatzmaßnahmen, Anordnungsbefugnis[1)]

(1) Zur Verhinderung des Eintritts eines besonders schweren Unglücksfalles dürfen die Streitkräfte im Luftraum Luftfahrzeuge abdrängen, zur Landung zwingen, den Einsatz von Waffengewalt androhen oder Warnschüsse abgeben.

(2) [1]Von mehreren möglichen Maßnahmen ist diejenige auszuwählen, die den Einzelnen und die Allgemeinheit voraussichtlich am wenigsten beeinträchtigt. [2]Die Maßnahme darf nur so lange und so weit durchgeführt werden, wie ihr Zweck es erfordert. [3]Sie darf nicht zu einem Nachteil führen, der zu dem erstrebten Erfolg erkennbar außer Verhältnis steht.

(3) Der Bundesminister der Verteidigung kann den Inspekteur der Luftwaffe generell ermächtigen, Maßnahmen nach Absatz 1 anzuordnen.

§ 15 Sonstige Maßnahmen[2)]

(1) [1]Die Maßnahmen nach § 14 Absatz 1 dürfen erst nach Überprüfung sowie erfolglosen Versuchen zur Warnung und Umleitung getroffen werden. [2]Zu diesem Zweck können die Streitkräfte auf Ersuchen der Flugsicherungsorganisation im Luftraum Luftfahrzeuge überprüfen, umleiten oder warnen. [3]Ein generelles Ersuchen ist zulässig. [4]Die Voraussetzungen für ein Tätigwerden werden in diesem Fall durch vorherige Vereinbarung festgelegt.

(2) [1]Der Bundesminister der Verteidigung kann den Inspekteur der Luftwaffe generell ermächtigen, Maßnahmen nach Absatz 1 anzuordnen. [2]Der Inspekteur der Luftwaffe hat den Bundesminister der Verteidigung unverzüglich über Situationen zu informieren, die zu Maßnahmen nach § 14 Absatz 1 führen könnten.

(3) Die sonstigen Vorschriften und Grundsätze der Amtshilfe bleiben unberührt.

Abschnitt 4: Zuständigkeit und Verfahren

§ 16 Zuständigkeiten[3)]

(1) [1]Die örtliche Zuständigkeit der Luftsicherheitsbehörden für die Aufgaben nach § 2 erstreckt sich auf das Flugplatzgelände. [2]Die Maßnahmen nach § 3 Absatz 4 und § 5 Absatz 3 sowie die Überprüfungen der Verfahren zum sicheren Umgang der Unternehmen mit Fracht, Post, Flughafenlieferungen und Bordvorräten sowie Post und Material von Luftfahrtunternehmen kann die Luftsicherheitsbehörde auch außerhalb des Flugplatzgeländes durchführen.

(2) Die Aufgaben der Luftsicherheitsbehörden nach diesem Gesetz und nach der Verordnung (EG) Nr. 300/2008 werden von den Ländern im Auftrage des Bundes ausgeführt, soweit in den Absätzen 3 bis 4 nichts anderes bestimmt ist.

---

1) **Anm. d. Red.:** § 14 i. d. F. des Gesetzes v. 23. 2. 2017 (BGBl I S. 298) mit Wirkung v. 4. 3. 2017.

2) **Anm. d. Red.:** § 15 i. d. F. des Gesetzes v. 23. 2. 2017 (BGBl I S. 298) mit Wirkung v. 4. 3. 2017.

3) **Anm. d. Red.:** § 16 i. d. F. des Gesetzes v. 23. 2. 2017 (BGBl I S. 298) mit Wirkung v. 4. 3. 2017.

(3) [1]Die Aufgaben der Luftsicherheitsbehörde nach § 9 Absatz 1 und 2 bis 4 und § 9a einschließlich der Überwachung der Einhaltung der diesbezüglichen luftsicherheitsrechtlichen Verpflichtungen der Luftfahrtunternehmen und der Beteiligten an der sicheren Lieferkette werden vom Luftfahrt-Bundesamt wahrgenommen; dies gilt nicht für Flughafenlieferungen, es sei denn, dass überlassene Bereiche im Sinne von § 9 Absatz 1 Satz 1 Nummer 2 betroffen sind. [2]Die Aufgaben nach § 10a Absatz 3 und 4 werden ebenfalls vom Luftfahrt-Bundesamt wahrgenommen, soweit Sicherheitsausrüstung bei Luftfahrtunternehmen und Beteiligten an der sicheren Lieferkette im Sinne von Satz 1 betroffen ist.

(3a) [1]Die Aufgaben der Luftsicherheitsbehörde nach § 10a Absatz 2 sowie die Überwachung der Einhaltung der luftsicherheitsrechtlichen Verpflichtungen der Luftfahrtunternehmen nach § 9 Absatz 1a werden in bundeseigener Verwaltung wahrgenommen. [2]Im Übrigen können die Aufgaben der Luftsicherheitsbehörden nach diesem Gesetz in bundeseigener Verwaltung ausgeführt werden, wenn dies zur Gewährleistung der bundeseinheitlichen Durchführung der Sicherheitsmaßnahmen erforderlich ist. [3]In den Fällen der Sätze 1 und 2 werden die Aufgaben von der vom Bundesministerium des Innern bestimmten Bundesbehörde wahrgenommen. [4]Das Bundesministerium des Innern macht im Bundesanzeiger bekannt:

1. in den Fällen des Satzes 1 die zuständigen Bundesbehörden und
2. in den Fällen des Satzes 2 die Übernahme von Aufgaben sowie die zuständigen Bundesbehörden.

(3b) Abweichend von Absatz 3a Satz 3 werden die Aufgaben der Luftsicherheitsbehörde nach § 10a Absatz 2 von der vom Bundesministerium für Verkehr und digitale Infrastruktur bestimmten Bundesbehörde wahrgenommen, soweit Sicherheitsausrüstung bei Luftfahrtunternehmen und Beteiligten an der sicheren Lieferkette im Sinne von Absatz 3 Satz 1 betroffen ist; das Bundesministerium für Verkehr und digitale Infrastruktur macht die insoweit zuständige Behörde im Bundesanzeiger bekannt.

LuftSiG

(4) [1]Die Wahrnehmung der Bundesaufsicht gemäß Absatz 2 erfolgt durch das Bundesministerium des Innern. [2]Maßnahmen, die sich auf betriebliche Belange des Flugplatzbetreibers, des Luftfahrtunternehmens oder der Beteiligten an der sicheren Lieferkette auswirken, werden vom Bundesministerium des Innern im Einvernehmen mit dem Bundesministerium für Verkehr und digitale Infrastruktur angeordnet.

(5) [1]Die Befugnis nach § 3a Absatz 1 wird vom Bundesministerium des Innern im Benehmen mit dem Bundesministerium für Verkehr und digitale Infrastruktur wahrgenommen. [2]Bei Gefahr im Verzug kann auf das Benehmen nach Satz 1 verzichtet werden. [3]Die Befugnis nach § 3a Absatz 2 wird vom Luftfahrt-Bundesamt wahrgenommen.

§ 16a Beleihung[1)]

(1) Die zuständige Luftsicherheitsbehörde kann natürlichen Personen sowie teilrechtsfähigen Vereinigungen und juristischen Personen des Privatrechts als Beliehenen die Wahrnehmung folgender Aufgaben übertragen:

1. bestimmte Aufgaben bei der Durchführung von Sicherheitsmaßnahmen nach § 5 Absatz 1 bis 3 und
2. Zulassungs-, Zertifizierungs- und Überwachungsaufgaben nach § 9 Absatz 1 Satz 2 bis 6, § 9 Absatz 3, § 9a Absatz 2 und § 10a Absatz 2 bis 4.

(2) [1]Die Beleihung ist nur zulässig, wenn

1. der zu Beleihende für die zu übertragende Aufgabe geeignet, sach- und fachkundig und zuverlässig ist; insbesondere müssen die erforderlichen speziellen rechtlichen und technischen Kenntnisse nachgewiesen werden,
2. die Erfüllung der übertragenen Aufgaben sichergestellt ist und

1) **Anm. d. Red.:** § 16a eingefügt gem. Gesetz v. 23. 2. 2017 (BGBl I S. 298) mit Wirkung v. 4. 3. 2017.

3. keine überwiegenden öffentlichen Interessen entgegenstehen.

[2]Die beleihende Behörde hat sich anhand geeigneter Nachweise vom Vorliegen der in Satz 1 Nummer 1 genannten Voraussetzungen zu überzeugen.

(3) Die Beleihung kann jederzeit ganz oder teilweise zurückgenommen, widerrufen oder mit Nebenbestimmungen verbunden werden.

(4) [1]Der Beliehene ist im Rahmen der ihm übertragenen Aufgaben und der sonst geltenden Gesetze befugt, die erforderlichen Maßnahmen zu treffen. [2]§ 3 Absatz 4 gilt entsprechend.

(5) Der Beliehene untersteht der Aufsicht der Luftsicherheitsbehörde, die die Beleihung vorgenommen hat.

(6) [1]Wird der Rechtsträger der Luftsicherheitsbehörde, die die Beleihung vorgenommen hat, von einem Dritten wegen eines Schadens in Anspruch genommen, den der Beliehene in Ausübung des ihm anvertrauten Amtes diesem durch eine Amtspflichtverletzung zugefügt hat, so kann der Rechtsträger bei Vorsatz und grober Fahrlässigkeit beim Beliehenen Rückgriff nehmen. [2]Vertragliche Ansprüche des Rechtsträgers aus demselben Schadensereignis gegen Dritte, insbesondere den Arbeitgeber des Beliehenen, bleiben unberührt und sind vorrangig geltend zu machen.

§ 17 Ermächtigung zum Erlass von Rechtsverordnungen[1)]

(1) Das Bundesministerium des Innern regelt durch Rechtsverordnung mit Zustimmung des Bundesrates die Einzelheiten der Zuverlässigkeitsüberprüfung nach § 7, insbesondere

1. die Frist für eine Wiederholung der Überprüfung sowie
2. die Einzelheiten der Erhebung und Verwendung personenbezogener Daten.

(2) (weggefallen)

(3) [1]Das Bundesministerium des Innern wird ermächtigt, durch Rechtsverordnung, die der Zustimmung des Bundesrates bedarf, im Einvernehmen mit dem Bundesministerium für Verkehr und digitale Infrastruktur nähere Bestimmungen zur Durchführung der Sicherheitsmaßnahmen nach den §§ 8, 9 und 9a zu erlassen. [2]In den Rechtsverordnungen nach Satz 1 können insbesondere Einzelheiten zu den baulichen und technischen Sicherungen, zu den Durchsuchungen von Personen und Gegenständen sowie der Überprüfung von Fahrzeugen, zu Zulassung, Rezertifizierung und Schulung von Personal und Ausbildern sowie zum Inhalt der Luftsicherheitsprogramme festgelegt werden. [3]Es kann ferner bestimmt werden, dass das Bundesministerium des Innern von den vorgeschriebenen Sicherheitsmaßnahmen allgemein oder im Einzelfall Ausnahmen zulassen kann, soweit Sicherheitsbelange dies gestatten.

(4) In einer Rechtsverordnung nach Absatz 3 Satz 1 können auch Einzelheiten zu Zulassung, Rezertifizierung und Schulung des Personals, das Kontrollen nach § 5 durchführt, geregelt werden.

(5) Das Bundesministerium des Innern wird ermächtigt, im Einvernehmen mit dem Bundesministerium für Verkehr und digitale Infrastruktur und mit Zustimmung des Bundesrates durch Rechtsverordnung Einzelheiten zu Zertifizierung, Zulassung und Überwachung von Sicherheitsausrüstung nach § 10a zu regeln.

(6) Das Bundesministerium für Verkehr und digitale Infrastruktur wird ermächtigt, soweit dies zur Durchsetzung der Rechtsakte der Europäischen Gemeinschaft oder der Europäischen Union erforderlich ist, durch Rechtsverordnung im Einvernehmen mit dem Bundesministerium des Innern und mit Zustimmung des Bundesrates die Tatbestände zu bezeichnen, die als Ordnungswidrigkeit nach § 18 Absatz 2 geahndet werden können.

(7) Das Bundesministerium für Verkehr und digitale Infrastruktur wird ermächtigt, durch Rechtsverordnung im Einvernehmen mit dem Bundesministerium des Innern ohne Zustimmung

1) **Anm. d. Red.:** § 17 i. d. F. des Gesetzes v. 23. 2. 2017 (BGBl I S. 298) mit Wirkung v. 4. 3. 2017.

des Bundesrates Einzelheiten zu Zulassung, Rezertifizierung und Schulung der EU-Validierungsprüfer für die Luftsicherheit zu regeln.

§ 17a Gebühren und Auslagen; Verordnungsermächtigung[1)]

(1) Für individuell zurechenbare öffentliche Leistungen nach diesem Gesetz und der Verordnung (EG) Nr. 300/2008 werden Gebühren und Auslagen nach den Absätzen 2 bis 4 erhoben.

(2) [1]Die Gebühr soll die mit der individuell zurechenbaren öffentlichen Leistung verbundenen Kosten aller an der Leistung Beteiligten decken. [2]In die Gebühr sind die mit der Leistung regelmäßig verbundenen Auslagen einzubeziehen. [3]Zur Ermittlung der Gebühr sind die Kosten, die nach betriebswirtschaftlichen Grundsätzen als Einzel- und Gemeinkosten zurechenbar und ansatzfähig sind, insbesondere Personal- und Sachkosten sowie kalkulatorische Kosten, zugrunde zu legen. [4]Zu den Gemeinkosten zählen auch die Kosten der Rechtsund Fachaufsicht. [5]Grundlage der Gebührenermittlung nach den Sätzen 1 bis 4 sind die in der Gesamtheit des Bundes und der Länder mit der jeweiligen Leistung verbundenen Kosten.

(3) [1]§ 3 Absatz 1 und 2, die §§ 5 bis 7, 9 Absatz 3 bis 6 und die §§ 10 bis 12 des Bundesgebührengesetzes gelten für die Gebührenerhebung durch Landesbehörden entsprechend. [2]Für die Gebührenerhebung durch Behörden des Bundes gelten § 3 Absatz 1 und 2, die §§ 4 bis 9 Absatz 3 bis 6 und die §§ 10 bis 13 Absatz 1 und 3 sowie die §§ 14 bis 21 des Bundesgebührengesetzes; bei der Festsetzung einer Rahmengebühr nach § 11 Nummer 3 des Bundesgebührengesetzes sind Absatz 2 und § 9 Absatz 3 des Bundesgebührengesetzes anzuwenden.

(4) [1]Das Bundesministerium des Innern wird ermächtigt, durch Rechtsverordnung im Einvernehmen mit dem Bundesministerium für Verkehr und digitale Infrastruktur, dem Bundesministerium der Finanzen und dem Bundesministerium für Wirtschaft und Energie sowie mit Zustimmung des Bundesrates die gebührenpflichtigen Tatbestände und die Gebührenhöhe zu bestimmen. [2]Ferner können in der Rechtsverordnung nach Satz 1 die Gebührengläubigerschaft und die Gebührenschuldnerschaft abweichend von den Vorschriften der §§ 5 und 6 des Bundesgebührengesetzes bestimmt werden. [3]Die Rechtsverordnung nach Satz 1 kann eine Pflicht der Gebührenschuldner zur Auskunft über die Zahl der betroffenen Fluggäste sowie über Art und Umfang der beförderten Gegenstände enthalten; Auskünfte an den Betroffenen über die zu seiner Person in Luftfahrtdateien gespeicherten personenbezogenen Daten sind gebühren- und auslagenfrei.

Abschnitt 5: Bußgeld- und Strafvorschriften

§ 18 Bußgeldvorschriften[2)]

(1) Ordnungswidrig handelt, wer vorsätzlich oder fahrlässig

1. entgegen § 7 Absatz 5 Satz 3 eine Angabe nicht richtig macht,
2. entgegen § 8 Absatz 1 Satz 2 oder § 9 Absatz 1 Satz 2 erster Halbsatz ein Luftsicherheitsprogramm nicht oder nicht rechtzeitig vorlegt,
3. einer vollziehbaren Anordnung oder einer vollziehbaren Auflage nach § 8 Absatz 1 Satz 3 oder Satz 4, § 8 Absatz 2, § 9 Absatz 1 Satz 5 oder Satz 6 oder Absatz 3c Satz 3 oder Satz 4, § 9a Absatz 2 Satz 3 oder Satz 4 oder § 11 Absatz 2 Satz 2 zuwiderhandelt,
4. entgegen § 8 Absatz 1 Satz 5 erster Halbsatz oder § 9 Absatz 1 Satz 7 erster Halbsatz eine dort genannte Sicherheitsmaßnahme nicht, nicht richtig, nicht vollständig oder nicht rechtzeitig durchführt,
5. entgegen § 10 Satz 3 einen dort genannten Ausweis nicht oder nicht in der vorgeschriebenen Weise trägt oder ihn nicht oder nicht rechtzeitig zurückgibt,

1) **Anm. d. Red.:** § 17a eingefügt gem. Gesetz v. 23. 2. 2017 (BGBl I S. 298) mit Wirkung v. 3. 9. 2017.

2) **Anm. d. Red.:** § 18 i. d. F. des Gesetzes v. 23. 2. 2017 (BGBl I S. 298) mit Wirkung v. 4. 3. 2017.

6. entgegen § 10 Satz 4 einen dort genannten Ausweis einem Dritten überlässt,
7. entgegen § 10 Satz 5 eine Anzeige nicht, nicht richtig, nicht vollständig oder nicht rechtzeitig erstattet,
8. entgegen § 10 Satz 6 sich oder einem Dritten Zugang zur Luftseite verschafft oder
9. entgegen § 11 Absatz 1 Satz 1 einen dort genannten Gegenstand auf einem Flugplatz in einem Bereich der Luftseite, der nicht Sicherheitsbereich ist, mit sich führt oder an sich trägt.

(2) Ordnungswidrig handelt, wer vorsätzlich oder fahrlässig einer unmittelbar geltenden Vorschrift in Rechtsakten der Europäischen Gemeinschaft oder der Europäischen Union, die das Luftsicherheitsrecht regeln, zuwiderhandelt, soweit eine Rechtsverordnung nach § 17 Absatz 6 für einen bestimmten Tatbestand auf diese Bußgeldvorschrift verweist.

(3) Die Ordnungswidrigkeit kann in den Fällen des Absatzes 1 Nummer 3 mit einer Geldbuße bis zu dreißigtausend Euro und in den übrigen Fällen der Absätze 1 und 2 mit einer Geldbuße bis zu zehntausend Euro geahndet werden.

(4) Verwaltungsbehörde im Sinne des § 36 Absatz 1 Nummer 1 des Gesetzes über Ordnungswidrigkeiten ist die Luftsicherheitsbehörde.

§ 19 Strafvorschriften[1)]

(1) Wer entgegen § 11 Absatz 1 Satz 1 einen dort genannten Gegenstand in einem Luftfahrzeug oder auf einem Flugplatz in einem Bereich der Luftseite, der zugleich Sicherheitsbereich ist, mit sich führt oder an sich trägt, wird mit Freiheitsstrafe bis zu zwei Jahren oder mit Geldstrafe bestraft.

(2) Wer die Tat fahrlässig begeht, wird mit Freiheitsstrafe bis zu sechs Monaten oder mit Geldstrafe bis zu einhundertachtzig Tagessätzen bestraft.

§ 20 Bußgeld- und Strafvorschriften zu § 12[2)]

(1) [1]Ordnungswidrig handelt, wer entgegen § 12 Abs. 4 als an Bord befindliche Person den Anordnungen des Luftfahrzeugführers oder seiner Beauftragten nicht Folge leistet. [2]Die Ordnungswidrigkeit kann mit einer Geldbuße bis zu fünfundzwanzigtausend Euro geahndet werden. [3]Verwaltungsbehörde im Sinne des § 36 Absatz 1 Nummer 1 des Gesetzes über Ordnungswidrigkeiten ist das Luftfahrt-Bundesamt.

(2) Wer eine in Absatz 1 bezeichnete Handlung begeht und dabei mit Gewalt oder durch Drohung mit Gewalt Widerstand leistet, wird mit Freiheitsstrafe bis zu zwei Jahren oder mit Geldstrafe bestraft.

(3) [1]In besonders schweren Fällen des Absatzes 2 ist die Strafe Freiheitsstrafe von sechs Monaten bis zu fünf Jahren. [2]Ein besonders schwerer Fall liegt in der Regel vor, wenn

1. der Täter oder ein anderer Beteiligter eine Waffe bei sich führt, um diese bei der Tat zu verwenden, oder
2. der Täter durch eine Gewalttätigkeit den Angegriffenen in die Gefahr des Todes oder einer schweren Gesundheitsbeschädigung bringt.

Abschnitt 6: Schlussbestimmung

§ 21 Grundrechtseinschränkungen

Die Grundrechte auf Leben, körperliche Unversehrtheit und Freiheit der Person (Artikel 2 Abs. 2 Satz 1 und 2 des Grundgesetzes), das Grundrecht des Postgeheimnisses (Artikel 10 Abs. 1 des Grundgesetzes) und das Grundrecht auf Unverletzlichkeit der Wohnung (Artikel 13 Abs. 1 des Grundgesetzes) werden nach Maßgabe dieses Gesetzes eingeschränkt.

---

1) **Anm. d. Red.:** § 19 i. d. F. des Gesetzes v. 23. 2. 2017 (BGBl I S. 298) mit Wirkung v. 4. 3. 2017.

2) **Anm. d. Red.:** § 20 i. d. F. des Gesetzes v. 23. 2. 2017 (BGBl I S. 298) mit Wirkung v. 4. 3. 2017.

§ 22 Übergangsregelung[1)]

(1) [1]Die Regelung in § 7 Absatz 1 Satz 2 ist erst ein Jahr nach dem 4. März 2017 anzuwenden. [2]Bereits vor diesem Zeitpunkt können die Betroffenen einen Antrag auf Zuverlässigkeitsüberprüfung stellen.

(2) Eine Überprüfung der Luftsicherheitsprogramme nach § 8 Absatz 1 Satz 6 und § 9 Absatz 1 Satz 3 muss frühestens ein Jahr nach dem 4. März 2017 erfolgen.

(3) Die Zulassungspflicht von Transporteuren nach § 9a Absatz 2 Satz 1 beginnt ein Jahr nach dem 4. März 2017.

1) **Anm. d. Red.:** § 22 angefügt gem. Gesetz v. 23. 2. 2017 (BGBl I S. 298) mit Wirkung v. 4. 3. 2017.

XXIV. Gesetz über die Bundesanstalt für Finanzdienstleistungsaufsicht (Finanzdienstleistungsaufsichtsgesetz – FinDAG)

v. 22. 4. 2002 (BGBl I S. 1310) mit späteren Änderungen

Das Gesetz über die Bundesanstalt für Finanzdienstleistungsaufsicht (Finanzdienstleistungsaufsichtsgesetz – FinDAG) ist als Art. 1 Gesetz über die integrierte Finanzdienstleistungsaufsicht v. 22. 4. 2002 (BGBl I S. 1310) verkündet worden und am 26. 4. 2002 in Kraft getreten. Es ist zuletzt geändert worden durch Art. 14 Abs. 3 Gesetz zur Umsetzung der Zweiten Zahlungsdiensterichtlinie v. 17.7.2017 (BGBl I S. 2446); Änderungen, die erst zu einem späteren Zeitpunkt in Kraft treten, sind in Fußnoten entsprechend gekennzeichnet.

Nichtamtliche Fassung

Inhaltsübersicht[1)]

1) **Anm. d. Red.:** Inhaltsübersicht i. d. F. des Gesetzes v. 17.7.2017 (BGBl I S. 2446) mit Wirkung v. 13.1.2018.

Erster Abschnitt: Errichtung, Aufsicht, Aufgaben

§ 1 Errichtung[1)]

(1) [1]Im Geschäftsbereich des Bundesministeriums der Finanzen wird durch Zusammenlegung des Bundesaufsichtsamtes für das Kreditwesen, des Bundesaufsichtsamtes für das Versicherungswesen und des Bundesaufsichtsamtes für den Wertpapierhandel eine bundesunmittelbare, rechtsfähige Anstalt des öffentlichen Rechts zum 1. Mai 2002 errichtet. [2]Sie trägt die Bezeichnung „Bundesanstalt für Finanzdienstleistungsaufsicht" (Bundesanstalt).

(2) Die Bundesanstalt hat ihren Sitz in Bonn und in Frankfurt am Main.

(3) [1]Für Klagen gegen die Bundesanstalt gilt Frankfurt am Main als Sitz der Behörde. [2]In Verfahren nach dem Gesetz über Ordnungswidrigkeiten gilt Frankfurt am Main als Sitz der Verwaltungsbehörde. [3]Satz 1 ist auf Klagen aus dem Beamtenverhältnis und auf Rechtsstreitigkeiten, für die die Gerichte für Arbeitssachen zuständig sind, nicht anzuwenden.

(4) Die Bundesanstalt ist in Verfahren vor den ordentlichen Gerichten von der Zahlung der Gerichtskosten befreit.

§ 2 Rechts- und Fachaufsicht

Die Bundesanstalt untersteht der Rechts- und Fachaufsicht des Bundesministeriums der Finanzen (Bundesministerium).

§ 3 (weggefallen)[2)]

§ 4 Aufgaben und Zusammenarbeit[3)]

(1) [1]Die Bundesanstalt übernimmt die dem Bundesaufsichtsamt für das Kreditwesen, dem Bundesaufsichtsamt für das Versicherungswesen und dem Bundesaufsichtsamt für den Wertpapierhandel übertragenen Aufgaben. [2]Sie nimmt darüber hinaus die ihr nach anderen Bestimmungen übertragenen Aufgaben einschließlich der Beratungstätigkeit im Zusammenhang mit dem Aufbau und der Unterstützung ausländischer Aufsichtssysteme wahr. [3]Die Bundesanstalt wird im Wege der Organleihe für das Bundesministerium der Finanzen im Rahmen der ihm nach den Vorschriften der Anstaltssatzung obliegenden Aufsicht über die Versorgungsanstalt des Bundes und der Länder tätig. [4]Das Nähere einschließlich des Beginns der Organleihe wird im Einvernehmen mit dem Bundesministerium des Innern in einer Verwaltungsvereinbarung zwischen dem Bundesministerium der Finanzen und der Bundesanstalt geregelt. [5]Die Bundes-

1) **Anm. d. Red.:** § 1 i. d. F. des Gesetzes v. 15. 12. 2004 (BGBl I S. 3416) mit Wirkung v. 21. 12. 2004.
2) **Anm. d. Red.:** § 3 weggefallen gem. Gesetz v. 28. 11. 2012 (BGBl I S. 2369) mit Wirkung v. 1. 1. 2013.
3) **Anm. d. Red.:** § 4 i. d. F. des Gesetzes v. 23. 12. 2016 (BGBl I S. 3171) mit Wirkung v. 1. 1. 2018.

anstalt nimmt außerdem die Aufgaben der Abwicklungsbehörde nach § 3 Absatz 1 des Sanierungs- und Abwicklungsgesetzes sowie die ihr auf Grundlage des Restrukturierungsfondsgesetzes übertragenen Aufgaben wahr.

(1a) [1]Die Bundesanstalt ist innerhalb ihres gesetzlichen Auftrags auch dem Schutz der kollektiven Verbraucherinteressen verpflichtet. [2]Unbeschadet weiterer Befugnisse nach anderen Gesetzen kann die Bundesanstalt gegenüber den Instituten und anderen Unternehmen, die nach dem Kreditwesengesetz, dem Zahlungsdiensteaufsichtsgesetz, dem Versicherungsaufsichtsgesetz, dem Wertpapierhandelsgesetz, dem Kapitalanlagegesetzbuch sowie nach anderen Gesetzen beaufsichtigt werden, alle Anordnungen treffen, die geeignet und erforderlich sind, um verbraucherschutzrelevante Missstände zu verhindern oder zu beseitigen, wenn eine generelle Klärung im Interesse des Verbraucherschutzes geboten erscheint. [3]Ein Missstand im Sinne des Satzes 2 ist ein erheblicher, dauerhafter oder wiederholter Verstoß gegen ein Verbraucherschutzgesetz, der nach seiner Art oder seinem Umfang die Interessen nicht nur einzelner Verbraucherinnen oder Verbraucher gefährden kann oder beeinträchtigt.

(2) Die Bundesanstalt arbeitet mit anderen Stellen und Personen im In- und Ausland nach Maßgabe der in Absatz 1 genannten Gesetze und Bestimmungen sowie nach Maßgabe

1. der Verordnung (EU) Nr. 1092/2010 des Europäischen Parlaments und des Rates vom 24. November 2010 über die Finanzaufsicht der Europäischen Union auf Makroebene und zur Errichtung eines Europäischen Ausschusses für Systemrisiken (ABl L 331 vom 15. 12. 2010, S. 1),
2. der Verordnung (EU) Nr. 1093/2010 des Europäischen Parlaments und des Rates vom 24. November 2010 zur Errichtung einer Europäischen Aufsichtsbehörde (Europäische Bankenaufsichtsbehörde), zur Änderung des Beschlusses Nr. 716/2009/EG und zur Aufhebung des Beschlusses 2009/78/EG der Kommission (ABl L 331 vom 15. 12. 2010, S. 12),
3. der Verordnung (EU) Nr. 1094/2010 des Europäischen Parlaments und des Rates vom 24. November 2010 zur Errichtung einer Europäischen Aufsichtsbehörde (Europäische Aufsichtsbehörde für das Versicherungswesen und die betriebliche Altersversorgung), zur Änderung des Beschlusses Nr. 716/2009/EG und zur Aufhebung des Beschlusses 2009/79/EG der Kommission (ABl L 331 vom 15. 12. 2010, S. 48) und
4. der Verordnung (EU) Nr. 1095/2010 des Europäischen Parlaments und des Rates vom 24. November 2010 zur Errichtung einer Europäischen Aufsichtsbehörde (Europäische Wertpapier- und Marktaufsichtsbehörde), zur Änderung des Beschlusses Nr. 716/2009/EG und zur Aufhebung des Beschlusses 2009/77/EG der Kommission (ABl L 331 vom 15. 12. 2010, S. 84)

zusammen.

(3) Bei der Durchführung ihrer Aufgaben kann sich die Bundesanstalt anderer Personen und Einrichtungen bedienen.

(4) Die Bundesanstalt nimmt ihre Aufgaben und Befugnisse nur im öffentlichen Interesse wahr.

§ 4a Meinungsverschiedenheiten bei der laufenden Überwachung[1)]

[1]Meinungsverschiedenheiten von erheblicher Bedeutung zwischen der Bundesanstalt und der Deutschen Bundesbank im Rahmen der laufenden Überwachung nach dem Kreditwesengesetz und dem Zahlungsdiensteaufsichtsgesetz sollen einvernehmlich beigelegt werden. [2]Kann ein Einvernehmen nicht hergestellt werden, entscheidet das Bundesministerium im Benehmen mit der Deutschen Bundesbank.

1) **Anm. d. Red.:** § 4a eingefügt gem. Gesetz v. 28. 11. 2012 (BGBl I S. 2369) mit Wirkung v. 1. 1. 2013.

§ 4b Beschwerden[1)]

(1) Kunden von solchen Instituten und Unternehmen, die der Aufsicht der Bundesanstalt unterliegen, und qualifizierte Einrichtungen nach § 3 Absatz 1 Satz 1 Nummer 1 des Unterlassungsklagengesetzes können wegen behaupteter Verstöße gegen Bestimmungen, deren Einhaltung die Bundesanstalt überwacht, Beschwerde bei der Bundesanstalt einlegen, sofern im jeweiligen Aufsichtsgesetz kein spezielles Beschwerdeverfahren vorgesehen ist.

(2) Die Beschwerden sind in Schrift- oder Textform bei der Bundesanstalt einzulegen und sollen den Sachverhalt sowie den Beschwerdegrund enthalten.

(3) [1]Die Bundesanstalt hat gegenüber dem Beschwerdeführer in angemessener Frist zu der Beschwerde unter Beachtung des § 11 Stellung zu nehmen. [2]Bei geeigneten Beschwerden kann die Bundesanstalt auf Möglichkeiten zur außergerichtlichen Streitbeilegung hinweisen.

(4) Die Bundesanstalt kann bei Beschwerden im Rahmen der bestehenden aufsichtsrechtlichen Auskunftsansprüche das von der Beschwerde betroffene Institut oder Unternehmen zur Stellungnahme auffordern und dieses um Mitteilung bitten, ob es mit der Übermittlung der Stellungnahme oder von Teilen der Stellungnahme an den Beschwerdeführer einverstanden ist.

§ 4c Aktenvorlage und Auskunftspflicht in verwaltungsgerichtlichen Verfahren[2)]

Für die Vorlage von Urkunden oder Akten, die Übermittlung elektronischer Dokumente oder die Erteilung von Auskünften durch die Bundesanstalt in verwaltungsgerichtlichen Verfahren ist § 99 der Verwaltungsgerichtsordnung mit der Maßgabe anzuwenden, dass an die Stelle der obersten Aufsichtsbehörde die Bundesanstalt tritt.

FinDAG

§ 4d Meldung von Verstößen; Verordnungsermächtigung[3)]

(1) [1]Die Bundesanstalt errichtet ein System zur Annahme von Meldungen über potentielle oder tatsächliche Verstöße gegen Gesetze, Rechtsverordnungen, Allgemeinverfügungen und sonstige Vorschriften sowie Verordnungen und Richtlinien der Europäischen Union, bei denen es die Aufgabe der Bundesanstalt ist, deren Einhaltung durch die von ihr beaufsichtigten Unternehmen und Personen sicherzustellen oder Verstöße dagegen zu ahnden. [2]Die Meldungen können auch anonym abgegeben werden.

(2) [1]Die Bundesanstalt ist zu diesem Zweck befugt, personenbezogene Daten zu erheben, zu verarbeiten und zu nutzen, soweit dies zur Erfüllung ihrer Aufgaben erforderlich ist. [2]Die eingehenden Meldungen unterliegen dem Datenschutz im Sinne des Bundesdatenschutzgesetzes.

(3) [1]Die Bundesanstalt macht die Identität einer Person, die eine Meldung erstattet hat, nicht bekannt, ohne zuvor die ausdrückliche Zustimmung dieser Person eingeholt zu haben. [2]Ferner gibt die Bundesanstalt die Identität einer Person, die Gegenstand einer Meldung ist, nicht preis. [3]Die Sätze 1 und 2 gelten nicht, wenn eine Weitergabe der Information im Kontext weiterer Ermittlungen oder nachfolgender Verwaltungs- oder Gerichtsverfahren auf Grund eines Gesetzes erforderlich ist oder wenn die Offenlegung durch einen Gerichtsbeschluss oder in einem Gerichtsverfahren angeordnet wird.

(4) [1]Die Bundesanstalt berichtet in ihrem Jahresbericht in abgekürzter oder zusammengefasster Form über die eingegangenen Meldungen. [2]Der Bericht lässt keine Rückschlüsse auf die beteiligten Personen oder Unternehmen zu.

(5) Das Informationsfreiheitsgesetz findet auf die Vorgänge nach dem Hinweisgeberverfahren keine Anwendung.

(6) Mitarbeiter, die bei Unternehmen und Personen beschäftigt sind, die von der Bundesanstalt beaufsichtigt werden, oder bei anderen Unternehmen oder Personen beschäftigt sind,

---

1) **Anm. d. Red.:** § 4b eingefügt gem. Gesetz v. 28. 11. 2012 (BGBl I S. 2369) mit Wirkung v. 1. 1. 2013.

2) **Anm. d. Red.:** § 4c eingefügt gem. Gesetz v. 28. 11. 2012 (BGBl I S. 2369) mit Wirkung v. 1. 1. 2013.

3) **Anm. d. Red.:** § 4d i. d. F. des Gesetzes v. 23. 6. 2017 (BGBl I S. 1693) mit Wirkung v. 3. 1. 2018.

auf die Tätigkeiten von beaufsichtigten Unternehmen oder Personen ausgelagert wurden, und die eine Meldung nach Absatz 1 abgeben, dürfen wegen dieser Meldung weder nach arbeitsrechtlichen oder strafrechtlichen Vorschriften verantwortlich gemacht noch zum Ersatz von Schäden herangezogen werden, es sei denn, die Meldung ist vorsätzlich oder grob fahrlässig unwahr abgegeben worden.

(7) [1]Die Berechtigung zur Abgabe von Meldungen nach Absatz 1 durch Mitarbeiter, die bei Unternehmen und Personen beschäftigt sind, die von der Bundesanstalt beaufsichtigt werden oder bei anderen Unternehmen oder Personen beschäftigt sind, auf die Tätigkeiten von beaufsichtigten Unternehmen oder Personen ausgelagert wurden, darf vertraglich nicht eingeschränkt werden. [2]Entgegenstehende Vereinbarungen sind unwirksam.

(8) Die Rechte einer Person, die Gegenstand einer Meldung ist, insbesondere die Rechte nach den §§ 28 und 29 des Verwaltungsverfahrensgesetzes, nach den §§ 68 bis 71 der Verwaltungsgerichtsordnung und nach den §§ 137, 140, 141 und 147 der Strafprozessordnung werden durch die Einrichtung des Systems zur Meldung von Verstößen nach Absatz 1 nicht eingeschränkt.

(9) [1]Das Bundesministerium der Finanzen kann durch Rechtsverordnung, die nicht der Zustimmung des Bundesrates bedarf, nähere Bestimmungen über Inhalt, Art, Umfang und Form der Meldung von Verstößen gegen Vorschriften der Verordnung (EU) Nr. 596/2014 des Europäischen Parlaments und des Rates vom 16. April 2014 über Marktmissbrauch (Marktmissbrauchsverordnung) und zur Aufhebung der Richtlinie 2003/6/EG des Europäischen Parlaments und des Rates und der Richtlinien 2003/124/EG, 2003/125/EG und 2004/72/EG der Kommission (ABl L 173 vom 12. 6. 2014, S. 1) sowie gegen sonstige Gesetze, Rechtsverordnungen, Allgemeinverfügungen und sonstige Vorschriften sowie Verordnungen und Richtlinien der Europäischen Union nach Absatz 1, zur Konkretisierung des auf Grundlage von Artikel 32 Absatz 5 der Verordnung (EU) Nr. 596/2014 erlassenen Durchführungsrechtsakts der Europäischen Kommission erlassen. [2]Das Bundesministerium der Finanzen kann die Ermächtigung durch Rechtsverordnung auf die Bundesanstalt übertragen.

Zweiter Abschnitt: Organisation

§ 5 Organe, Satzung[1)]

(1) Organe der Bundesanstalt sind das Direktorium, der Präsident oder die Präsidentin und der Verwaltungsrat.

(2) Aufgaben und Befugnisse der Organe bestimmt die Satzung der Bundesanstalt, soweit sie nicht durch dieses Gesetz geregelt sind.

(3) [1]Das Bundesministerium wird ermächtigt, die Satzung der Bundesanstalt durch Rechtsverordnung zu erlassen. [2]Die Satzung kann vom Bundesministerium durch Rechtsverordnung im Benehmen mit dem Verwaltungsrat geändert werden. [3]In die Satzung sind insbesondere Bestimmungen aufzunehmen über

1. den Aufbau und die Organisation der Bundesanstalt,
2. die Rechte und Pflichten der Organe der Bundesanstalt,
3. die Einzelheiten der Bestellung und Abberufung der Mitglieder des Verwaltungsrats und des Anhörungsrechts der Verbände der Kredit- und Versicherungswirtschaft sowie der Kapitalverwaltungsgesellschaften,
4. die Einzelheiten der Bestellung und Abberufung der Mitglieder des Fachbeirats und des Verbraucherbeirats,
5. die Haushaltsführung sowie die Rechnungslegung der Bundesanstalt.

1) **Anm. d. Red.:** § 5 i. d. F. des Gesetzes v. 4. 7. 2013 (BGBl I S. 1981) mit Wirkung v. 22. 7. 2013.

§ 6 Leitung[1)]

(1) [1]Die Bundesanstalt wird durch das Direktorium gesamtverantwortlich geleitet und verwaltet. [2]Das Direktorium besteht aus einem Präsidenten oder einer Präsidentin sowie fünf Exekutivdirektoren oder Exekutivdirektorinnen, von denen einer oder eine als Vizepräsident oder Vizepräsidentin ständiger Vertreter oder ständige Vertreterin des Präsidenten oder der Präsidentin ist. [3]Das Direktorium beschließt einstimmig ein Organisationsstatut, welches die Zuständigkeiten und Aufgaben innerhalb des Direktoriums festlegt. [4]Das Organisationsstatut sowie deren Änderungen sind dem Bundesministerium zur Genehmigung vorzulegen.

(2) [1]Das Direktorium berät unter dem Vorsitz des Präsidenten oder der Präsidentin. [2]Es fasst seine Beschlüsse – auch im Falle von Meinungsverschiedenheiten – mit einfacher Mehrheit der abgegebenen Stimmen. [3]Bei Stimmengleichheit gibt die Stimme des Präsidenten oder der Präsidentin den Ausschlag. [4]Das Direktorium regelt die innere Organisation der Bundesanstalt durch eine Geschäftsordnung. [5]Über die Geschäftsordnung und deren Änderungen, die der Genehmigung des Bundesministeriums bedürfen, beschließt das Direktorium einstimmig.

(3) [1]Der Präsident oder die Präsidentin bestimmt die strategische Ausrichtung der Bundesanstalt als Allfinanzaufsicht national und international. [2]Im Rahmen dieser Vorgaben obliegt den Exekutivdirektoren und Exekutivdirektorinnen die Verantwortung für ihren Geschäftsbereich.

(4) Zur Wahrnehmung der gesetzlichen Aufgaben der Bundesanstalt werden fünf Geschäftsbereiche eingerichtet: Innere Verwaltung und Recht, Bankenaufsicht, Versicherungs- und Pensionsfondsaufsicht, Wertpapieraufsicht/Asset-Management sowie Abwicklung.

(5) Der Präsident oder die Präsidentin vertritt die Bundesanstalt gerichtlich und außergerichtlich.

§ 7 Verwaltungsrat[2)]

(1) [1]Bei der Bundesanstalt wird ein Verwaltungsrat gebildet. [2]Der Verwaltungsrat überwacht die Geschäftsführung der Bundesanstalt und unterstützt diese bei der Erfüllung ihrer Aufgaben. [3]Der Präsident oder die Präsidentin hat den Verwaltungsrat regelmäßig über die Geschäftsführung der Bundesanstalt zu unterrichten. [4]Die Exekutivdirektoren und Exekutivdirektorinnen haben über ihre Aufgabenbereiche zu berichten.

(2) Der Verwaltungsrat gibt sich eine Geschäftsordnung.

(3) [1]Der Verwaltungsrat besteht aus

1. dem Vorsitzenden, seinem Stellvertreter und einem weiteren Mitglied, die vom Bundesministerium der Finanzen entsandt werden, und
2. folgenden 14 weiteren Mitgliedern:
   a) einem Vertreter des Bundesministeriums für Wirtschaft und Energie,
   b) zwei Vertretern des Bundesministeriums der Justiz und für Verbraucherschutz,
   c) fünf Mitgliedern des Deutschen Bundestages und
   d) sechs Personen mit beruflicher Erfahrung oder besonderen Kenntnissen auf dem Gebiet des Kredit-, Finanzdienstleistungs-, Zahlungsdienste-, Investment-, Versicherungs-, Wertpapier- oder Bilanzwesens, die jedoch nicht der Bundesanstalt angehören dürfen.

[2]Die Deutsche Bundesbank kann mit einem Vertreter ohne Stimmrecht an den Sitzungen des Verwaltungsrats teilnehmen. [3]Das gleiche Teilnahmerecht haben der Vorsitz des Personalrats der Bundesanstalt und seine Stellvertreter.

(4) [1]Die Beschlüsse des Verwaltungsrats erfolgen mit einfacher Mehrheit. [2]Bei Stimmengleichheit entscheidet die Stimme des Vorsitzenden.

1) **Anm. d. Red.:** § 6 i. d. F. des Gesetzes v. 23. 12. 2016 (BGBl I S. 3171) mit Wirkung v. 1. 1. 2018.

2) **Anm. d. Red.:** § 7 i. d. F. des Gesetzes v. 23. 12. 2016 (BGBl I S. 3171) mit Wirkung v. 29. 12. 2016.

(5) [1]Die Mitglieder des Verwaltungsrats werden durch das Bundesministerium bestellt. [2]Für den Fall der Verhinderung des Vorsitzenden, seines Stellvertreters oder des weiteren Mitglieds des Verwaltungsrats nach Absatz 3 Satz 1 Nummer 1 bestellt das Bundesministerium der Finanzen zwei weitere stellvertretende Mitglieder des Verwaltungsrats. [3]Für jedes Mitglied des Verwaltungsrats nach Absatz 3 Satz 1 Nummer 2 Buchstabe a bis c ist für den Fall seiner Verhinderung ein Stellvertreter zu benennen und durch das Bundesministerium zu bestellen. [4]Die Mitglieder des Verwaltungsrats müssen die Voraussetzungen für die Wählbarkeit zum Deutschen Bundestag erfüllen. [5]Vor Bestellung der Mitglieder nach Absatz 3 Satz 1 Nummer 2 Buchstabe d sind die Verbände der Kredit- und Versicherungswirtschaft sowie der Kapitalverwaltungsgesellschaften anzuhören. [6]Für drei dieser Mitglieder können die Verbände namentliche Vorschläge unterbreiten, die die Voraussetzungen des Absatzes 3 Satz 1 Nummer 2 Buchstabe d erfüllen müssen.

(6) [1]Die Abgeordneten des Deutschen Bundestages werden vom Deutschen Bundestag vorgeschlagen und für die Dauer der Wahlperiode des Deutschen Bundestages berufen. [2]Sie bleiben nach Beendigung der Wahlperiode noch so lange im Amt, bis die neuen Mitglieder ernannt worden sind.

(7) [1]Die Wiederberufung ist möglich. [2]Die Mitglieder können durch schriftliche Erklärung gegenüber der Bundesregierung auf ihre Mitgliedschaft verzichten und ihr Amt niederlegen. [3]Eine Abberufung erfolgt, wenn die Voraussetzungen der Berufung nicht mehr gegeben sind oder sonst ein wichtiger Grund in der Person des Mitglieds vorliegt, in diesem Fall jedoch nur nach Anhörung der entsendenden Institution.

(8) [1]Scheidet ein Mitglied aus, so ist unverzüglich an seine Stelle ein neues Mitglied zu berufen. [2]Bis zur Ernennung eines neuen Mitglieds und bei einer vorübergehenden Verhinderung des Mitglieds übernimmt der ernannte Stellvertreter die Aufgaben. [3]Die Absätze 1 bis 8 finden auf die stellvertretenden Mitglieder entsprechende Anwendung.

§ 8 Fachbeirat

(1) [1]Bei der Bundesanstalt wird ein Fachbeirat gebildet. [2]Er berät die Bundesanstalt bei der Erfüllung ihrer Aufgaben. [3]Er kann auch Empfehlungen zur allgemeinen Weiterentwicklung der Aufsichtspraxis einbringen.

(2) [1]Der Fachbeirat besteht aus 24 Mitgliedern. [2]Die Mitglieder des Fachbeirats werden durch das Bundesministerium bestellt. [3]Im Fachbeirat sollen die Finanzwissenschaft, die Kredit- und Versicherungswirtschaft, die Deutsche Bundesbank und die Verbraucherschutzvereinigungen angemessen vertreten sein.

(3) [1]Der Fachbeirat wählt aus seinem Kreis einen Vorsitzenden. [2]Der Fachbeirat gibt sich eine Geschäftsordnung.

§ 8a Verbraucherbeirat[1)]

(1) [1]Bei der Bundesanstalt wird ein Verbraucherbeirat gebildet. [2]Er berät die Bundesanstalt aus Verbrauchersicht bei der Erfüllung ihrer Aufsichtsaufgaben.

(2) [1]Der Verbraucherbeirat besteht aus zwölf Mitgliedern. [2]Die Mitglieder des Verbraucherbeirats werden durch das Bundesministerium bestellt. [3]Im Verbraucherbeirat sollen die Wissenschaft, Verbraucher- und Anlegerschutzorganisationen, Mitarbeiter außergerichtlicher Streitschlichtungssysteme sowie das Bundesministerium der Justiz und für Verbraucherschutz angemessen vertreten sein.

(3) [1]Der Verbraucherbeirat wählt aus seinem Kreis einen Vorsitzenden. [2]Der Verbraucherbeirat gibt sich eine Geschäftsordnung.

---

1) **Anm. d. Red.:** § 8a i. d. F. des Gesetzes v. 15. 7. 2014 (BGBl I S. 934) mit Wirkung v. 19. 7. 2014.

§ 9 Rechtsstellung der Mitglieder des Direktoriums[1)]

(1) [1]Die Mitglieder des Direktoriums stehen in einem öffentlich-rechtlichen Amtsverhältnis zum Bund. [2]Sie müssen besondere fachliche Eignung besitzen und werden auf Vorschlag der Bundesregierung durch den Bundespräsidenten ernannt. [3]Die Mitglieder des Direktoriums werden für acht Jahre, ausnahmsweise auch für kürzere Zeit, mindestens jedoch für fünf Jahre bestellt. [4]Wiederbestellung ist zulässig.

(2) [1]Das Amtsverhältnis der Mitglieder des Direktoriums beginnt mit der Aushändigung der Ernennungsurkunde, wenn nicht in der Urkunde ein späterer Tag bestimmt ist. [2]Es endet mit Ablauf der Amtszeit oder mit der Entlassung. [3]Der Bundespräsident entlässt ein Mitglied des Direktoriums auf dessen Verlangen oder auf Beschluss der Bundesregierung aus wichtigem Grund. [4]Vor der Beschlussfassung der Bundesregierung ist dem Mitglied des Direktoriums Gelegenheit zur Stellungnahme zu geben. [5]Im Falle der Beendigung des Amtsverhältnisses erhält das Mitglied des Direktoriums eine von dem Bundespräsidenten vollzogene Urkunde. [6]Die Entlassung auf Verlangen wird mit der Aushändigung der Urkunde wirksam, wenn in ihr nicht ausdrücklich ein späterer Tag bestimmt ist. [7]Die Entlassung aus wichtigem Grund wird mit dem Vollzug des Beschlusses der Bundesregierung wirksam, wenn sie sie nicht ausdrücklich für einen späteren Tag beschließt.

(3) [1]Die Mitglieder des Direktoriums leisten vor dem Bundesminister der Finanzen folgenden Eid: „Ich schwöre, das Grundgesetz für die Bundesrepublik Deutschland und alle in der Bundesrepublik Deutschland geltenden Gesetze zu wahren und meine Amtspflichten gewissenhaft zu erfüllen, so wahr mir Gott helfe." [2]Der Eid kann auch ohne religiöse Beteuerung geleistet werden.

FinDAG

(4) [1]Die Mitglieder des Direktoriums dürfen ohne Zustimmung des Bundesministeriums der Finanzen neben ihrem Amt kein anderes besoldetes Amt, kein Gewerbe und keinen Beruf ausüben und weder der Leitung eines auf Erwerb gerichteten Unternehmens noch einem Aufsichtsrat, Verwaltungsrat, Beirat oder einem anderen Gremium eines öffentlichen oder privaten Unternehmens, noch einer Regierung oder einer gesetzgebenden Körperschaft des Bundes oder eines Landes angehören. [2]Sie dürfen ohne Zustimmung des Bundesministeriums der Finanzen nicht gegen Entgelt außergerichtliche Gutachten erstellen. [3]Die Zustimmung des Bundesministeriums der Finanzen ist unter den in § 99 Absatz 2 des Bundesbeamtengesetzes genannten Voraussetzungen zu versagen.

(5) [1]Die §§ 67 bis 69 und 71 des Bundesbeamtengesetzes gelten entsprechend. [2]An die Stelle der obersten Dienstbehörde tritt das Bundesministerium der Finanzen.

(6) [1]Im Übrigen werden die Rechtsverhältnisse der Mitglieder des Direktoriums durch Verträge geregelt, die das Bundesministerium der Finanzen mit den Mitgliedern des Direktoriums schließt. [2]Die Verträge bedürfen der Zustimmung der Bundesregierung.

(7) [1]Wird ein Bundesbeamter zum Mitglied des Direktoriums ernannt, scheidet er mit Beginn des Amtsverhältnisses aus dem bisherigen Amt aus. [2]Für die Dauer des Amtsverhältnisses ruhen die Rechte und Pflichten aus dem Beamtenverhältnis. [3]Dies gilt nicht für die Pflicht zur Amtsverschwiegenheit und das Verbot der Annahme von Belohnungen oder Geschenken. [4]Satz 2 gilt längstens bis zum Eintritt oder bis zur Versetzung in den Ruhestand.

(8) [1]Endet das Amtsverhältnis nach Absatz 1 Satz 1 und wird die oder der Betroffene nicht anschließend in ein anderes öffentlich-rechtliches Amtsverhältnis zum Bund berufen, treten Beamtinnen und Beamte, wenn ihnen nicht innerhalb von drei Monaten unter den Voraussetzungen des § 28 Absatz 2 des Bundesbeamtengesetzes oder vergleichbarer landesgesetzlicher Regelungen ein anderes Amt übertragen wird, mit Ablauf dieser Frist aus ihrem Dienstverhältnis als Beamte in den einstweiligen Ruhestand, sofern sie zu diesem Zeitpunkt noch nicht die gesetzliche Altersgrenze erreicht haben. [2]Im Übrigen gelten die Vorschriften des Bundesbeamtengesetzes zum einstweiligen Ruhestand. [3]Sie erhalten ein Ruhegehalt, das sie in ihrem früheren Amt

1) **Anm. d. Red.:** § 9 eingefügt gem. Gesetz v. 4. 12. 2011 (BGBl I S. 2427) mit Wirkung v. 9. 12. 2011.

unter Hinzurechnung der Zeit des Amtsverhältnisses nach Absatz 1 Satz 1 erdient hätten. [4]Die Zeit des Amtsverhältnisses nach Absatz 1 Satz 1 ist auch ruhegehaltfähig, wenn der Beamtin oder dem Beamten nach Satz 1 ein anderes Amt in einem Beamtenverhältnis zum Bund übertragen wird. [5]Für die beamteten Mitglieder des Direktoriums gilt § 107b des Beamtenversorgungsgesetzes entsprechend. [6]Eine vertragliche Versorgungsregelung nach Absatz 6 bleibt unberührt. [7]Die Ruhens- und Anrechnungsvorschriften des Beamtenversorgungsgesetzes sind sinngemäß anzuwenden.

(9) Die Absätze 7 und 8 gelten für Richter oder Richterinnen und für Berufssoldaten oder Berufssoldatinnen entsprechend.

Dritter Abschnitt: Personal

§ 9a Beamte[1)]

(1) Der Bundesanstalt wird das Recht verliehen, Beamte zu haben.

(2) [1]Der Präsident ernennt die Beamten der Besoldungsgruppen A 2 bis A 16 der Besoldungsordnung A. [2]Der Bundespräsident ernennt die übrigen Beamten.

(3) [1]Für die Beamten ist oberste Dienstbehörde der Präsident oder die Präsidentin. [2]Der Präsident oder die Präsidentin kann seine oder ihre Befugnisse nach diesem Absatz auf ein oder mehrere Mitglieder des Direktoriums übertragen.

§ 10 Angestellte, Arbeiter und Auszubildende

(1) Auf die Angestellten, Arbeiter und Auszubildenden der Bundesanstalt sind die für Arbeitnehmer und Auszubildende des Bundes jeweils geltenden Tarifverträge und sonstigen Bestimmungen anzuwenden.

(2) [1]Angestellte können mit Zustimmung des Verwaltungsrats auch oberhalb der höchsten tarifvertraglichen Vergütungsgruppe in einem außertariflichen Angestelltenverhältnis beschäftigt werden, soweit dies für die Durchführung der Aufgaben erforderlich ist. [2]Satz 1 gilt für die sonstige Gewährung von über- oder außertariflichen Leistungen entsprechend.

§ 10a Stellenzulage[2)]

(1) Die bei der Bundesanstalt verwendeten Beamten erhalten eine nicht ruhegehaltfähige Stellenzulage in Höhe von 80 Prozent der Zulage nach Vorbemerkung Nummer 7 der Anlage I (Bundesbesoldungsordnungen A und B) des Bundesbesoldungsgesetzes.

(2) Die Bundesanstalt kann den Tarifbeschäftigten der Bundesanstalt mit Zustimmung des Bundesministeriums der Finanzen und des Bundesministeriums des Innern außertariflich eine entsprechende Zulage gewähren.

§ 10b Personalgewinnungszuschlag[3)]

Die Bundesanstalt kann durch Beschluss des Direktoriums mit Zustimmung des Verwaltungsrats von § 43 Absatz 11 des Bundesbesoldungsgesetzes abweichen.

§ 11 Verschwiegenheitspflicht

[1]Die Verschwiegenheitspflicht der Beschäftigten der Bundesanstalt in Bezug auf Tatsachen, die ihnen bei ihrer Tätigkeit bekannt geworden sind, bestimmt sich nach den aufsichtsrechtlichen Bestimmungen, aufgrund deren der einzelne Beschäftigte tätig geworden ist. [2]Satz 1 gilt

1) **Anm. d. Red.:** Früherer § 9 zu neuem § 9a geworden gem. Gesetz v. 4. 12. 2011 (BGBl I S. 2424) mit Wirkung v. 9. 12. 2011.

2) **Anm. d. Red.:** § 10a eingefügt gem. Gesetz v. 28. 11. 2012 (BGBl I S. 2369) mit Wirkung v. 1. 1. 2013.

3) **Anm. d. Red.:** § 10b eingefügt gem. Gesetz v. 28. 11. 2012 (BGBl I S. 2369) mit Wirkung v. 1. 1. 2013.

für die Mitglieder des Verwaltungsrats und der Beiräte hinsichtlich der ihnen bei Wahrnehmung ihrer Aufgaben bekannt gewordenen Tatsachen entsprechend.

Vierter Abschnitt: Haushaltsplan, Rechnungslegung, Deckung des Verwaltungsaufwands

§ 12 Haushaltsplan, Rechnungslegung[1)]

(1) [1]Die Bundesanstalt weist die in ihrem Verwaltungsbereich voraussichtlich zu erwartenden Einnahmen und zu leistenden Ausgaben in einem Haushaltsplan einschließlich eines Stellenplans aus. [2]Haushaltsjahr ist das Kalenderjahr. [3]Auf Zahlungen, die Buchführung und die Rechnungslegung sind die für die bundesunmittelbaren juristischen Personen geltenden Bestimmungen der Bundeshaushaltsordnung anzuwenden.

(1a) [1]Bei der Aufstellung des Haushaltsplans beachtet die Bundesanstalt insbesondere in Bezug auf den Stellenplan im besonderen Maße die Grundsätze der Wirtschaftlichkeit und Sparsamkeit. [2]Die Erforderlichkeit der im Haushaltsplan ausgebrachten Planstellen und sonstigen Stellen ist bei gegebenem Anlass, im Übrigen regelmäßig zu überprüfen. [3]Dabei sind insbesondere Art und Umfang der Aufgabenerledigung zu überprüfen.

(2) [1]Der Haushaltsplan wird vom Direktorium aufgestellt. [2]Das Direktorium hat dem Verwaltungsrat den Entwurf des Haushaltsplans unverzüglich vorzulegen. [3]Der Haushaltsplan wird durch den Verwaltungsrat festgestellt.

(3) [1]Nach Ende des Haushaltsjahres hat das Direktorium eine Rechnung über die Einnahmen und Ausgaben der Bundesanstalt aufzustellen. [2]Die Entlastung erteilt der Verwaltungsrat mit Zustimmung des Bundesministeriums.

FinDAG

(4) [1]Ergibt die Rechnung einen Überschuss, kann dieser mit Zustimmung des Verwaltungsrats auf das folgende Haushaltsjahr übertragen werden. [2]Anstelle der Übertragung kann in Höhe des Überschusses eine Rücklage für zukünftige Investitionsvorhaben gebildet werden. [3]Die Bildung der Rücklage bedarf zu ihrer Wirksamkeit der Zustimmung des Verwaltungsrats.

(5) [1]Die Prüfung der Rechnung und der Haushalts- und Wirtschaftsführung ist unbeschadet einer Prüfung des Bundesrechnungshofs nach § 111 der Bundeshaushaltsordnung von der in der Satzung bestimmten Stelle vorzunehmen. [2]Die Ergebnisse der Prüfung sind dem Direktorium, dem Verwaltungsrat und dem Bundesministerium sowie dem Bundesrechnungshof zuzuleiten.

§ 13 Deckung der Kosten der Aufsicht[2)3)]

(1) [1]Die Bundesanstalt deckt ihre Kosten, einschließlich der Kosten, mit denen die Deutsche Bundesbank die Bundesanstalt nach § 15 Abs. 2 belastet, aus eigenen Einnahmen nach Maßgabe der §§ 14 bis 16 und den sonstigen eigenen Einnahmen, soweit in den §§ 17a bis 17d nichts anderes bestimmt ist. [2]Bußgelder bleiben unberücksichtigt.

(2) [1]Der Bund leistet die zur Aufrechterhaltung einer ordnungsgemäßen Kassenwirtschaft notwendigen Liquiditätshilfen als verzinsliches Darlehen nach Maßgabe des Haushaltsgesetzes. [2]Die Höhe des Zinssatzes wird durch Vereinbarung zwischen dem Bund und der Bundesanstalt festgelegt. [3]Das Darlehen ist so bald wie möglich zurückzuzahlen, spätestens jedoch mit dem Ende des Haushaltsjahres.

1) **Anm. d. Red.:** § 12 i. d. F. des Gesetzes v. 28. 11. 2012 (BGBl I S. 2369) mit Wirkung v. 1. 1. 2013.

2) **Anm. d. Red.:** § 13 i. d. F. des Gesetzes v. 15. 12. 2004 (BGBl I S. 3408) mit Wirkung v. 21. 12. 2004.

3) **Anm. d. Red.:** Gem. Art. 4 Abs. 76 Nr. 2 i.V. mit Art. 7 Abs. 3 Gesetz v. 18. 7. 2016 (BGBl I S. 1666) werden in § 13 Abs. 1 Satz 1 mit Wirkung v. 1. 10. 2021 die Wörter „§§ 14 bis 16 und“ durch die Wörter „§§ 15 und 16 sowie des Bundesgebührengesetzes und der Besonderen Gebührenverordnung des Bundesministeriums der Finanzen nach § 22 Absatz 4 des Bundesgebührengesetzes und aus“ ersetzt.

Fünfter Abschnitt: Gebühren und Umlage, Zwangsmittel

§ 14 Gebühren für individuell zurechenbare öffentliche Leistungen[1)2)]

(1) Die Bundesanstalt kann für individuell zurechenbare öffentliche Leistungen im Rahmen der ihr zugewiesenen Aufgaben Gebühren in Höhe von bis zu 500 000 Euro erheben, soweit nicht die für die Bundesanstalt geltenden Gesetze besondere Gebührenregelungen enthalten, nach § 15 eine gesonderte Erstattung von Kosten vorgesehen ist oder eine gesonderte Finanzierung nach Maßgabe der §§ 17a bis 17d stattfindet.

(2) [1]Das Bundesministerium wird ermächtigt, durch Rechtsverordnung die gebührenpflichtigen Tatbestände und die Gebühren nach Maßgabe des Absatzes 1 durch feste Sätze oder Rahmensätze und durch Regelungen über Erhöhungen, Ermäßigungen und Befreiungen für bestimmte Arten von individuell zurechenbaren öffentlichen Leistungen näher zu bestimmen. [2]Dabei kann von § 23 Absatz 5 Satz 1 und 2 des Bundesgebührengesetzes abgewichen werden. [3]Die Gebührensätze sind so zu bemessen, dass zwischen der den Verwaltungsaufwand berücksichtigenden Höhe und der Bedeutung, dem wirtschaftlichen Wert oder dem sonstigen Nutzen der individuell zurechenbaren öffentlichen Leistung ein angemessenes Verhältnis besteht. [4]Das Bundesministerium kann die Ermächtigung zum Erlass der Rechtsverordnung nach Satz 1 durch Rechtsverordnung auf die Bundesanstalt übertragen.

(3) In der Rechtsverordnung nach Absatz 2 kann bestimmt werden, dass sie auch auf die bei ihrem Inkrafttreten anhängigen Verwaltungsverfahren anzuwenden ist, soweit in diesem Zeitpunkt die Gebühr nicht bereits festgesetzt ist.

§ 15 Gesonderte Erstattung; Verordnungsermächtigung[3)]

(1) [1]Die Kosten, die der Bundesanstalt entstehen

1. durch die Bestellung eines Abwicklers nach § 37 Abs. 1 Satz 2, § 38 Abs. 2 Satz 2 oder 4 des Kreditwesengesetzes oder einer Aufsichtsperson nach § 46 Abs. 1 Satz 2 des Kreditwesengesetzes, durch eine Bekanntmachung nach § 32 Abs. 4, § 37 Abs. 1 Satz 3 oder § 38 Abs. 3 des Kreditwesengesetzes, durch eine auf Grund des § 44 Abs. 1 oder 2, § 44b Abs. 2 oder § 44c Abs. 2 auch in Verbindung mit Maßnahmen nach § 44c Abs. 3 oder 4 des Kreditwesengesetzes vorgenommene Prüfung,

1a. durch eine auf Grund des § 4 Nummer 3 der KfW-Verordnung in Verbindung mit § 44 Absatz 1 oder Absatz 2 des Kreditwesengesetzes vorgenommene Prüfung,

1b. durch vor Ort im Auftrag der Europäischen Zentralbank nach Artikel 12 der Verordnung (EU) Nr. 1024/13 vorgenommene Prüfungshandlungen, soweit diese Kosten nicht durch die Europäische Zentralbank abgerechnet werden,

2. durch eine auf Grund des § 88 Absatz 1 oder § 89 Absatz 5 des Wertpapierhandelsgesetzes vorgenommene Prüfung,

3. auf Grund einer nach § 44 Abs. 3 des Kreditwesengesetzes vorgenommenen Prüfung der Richtigkeit der für die Zusammenfassung nach § 10a Absatz 4 und 5 und § 25 Abs. 2 des Kreditwesengesetzes sowie nach Artikel 11 der Verordnung (EU) Nr. 575/2013 des Europäischen Parlaments und des Rates vom 26. Juni 2013 über Aufsichtsanforderungen an Kreditinstitute und Wertpapierfirmen und zur Änderung der Verordnung (EU) Nr. 646/2012 (ABl L 176 vom 27. 6. 2013, S. 1) übermittelten Daten,

4. durch die Bestellung eines Abwicklers nach § 308 Absatz 1 Satz 2, durch eine auf Grund des § 306 Absatz 1 Nummer 1, 2 oder 3, auch in Verbindung mit § 306 Absatz 2, oder des § 306 Absatz 4 auch in Verbindung mit Maßnahmen nach § 306 Absatz 5 und 6 jeweils auch in

---

1) **Anm. d. Red.:** § 14 i. d. F. des Gesetzes v. 7. 8. 2013 (BGBl I S. 3154) mit Wirkung v. 15. 8. 2013.

2) **Anm. d. Red.:** Gem. Art. 4 Abs. 76 Nr. 3 i.V. mit Art. 7 Abs. 3 Gesetz v. 18. 7. 2016 (BGBl I S. 1666) wird § 14 mit Wirkung v. 1. 10. 2021 aufgehoben.

3) **Anm. d. Red.:** § 15 i. d. F. des Gesetzes v. 17.7.2017 (BGBl I S. 2446) mit Wirkung v. 13.1.2018.

Verbindung mit § 1 Absatz 3 und 4 Satz 1, § 65 Absatz 2 und 3, § 67 Absatz 2, § 225 Satz 3 oder § 237 Absatz 1 des Versicherungsaufsichtsgesetzes vorgenommene Prüfung,

5. durch die Bestellung oder Abberufung eines Verwalters nach § 22e des Kreditwesengesetzes,
6. durch die Beantragung der Bestellung oder Abberufung eines Sachwalters nach § 22l oder § 22o des Kreditwesengesetzes,
7. durch
   a) die Bestellung eines Abwicklers nach § 39 Absatz 4 des Kapitalanlagegesetzbuchs in Verbindung mit § 38 Absatz 2 Satz 2 oder 3 des Kreditwesengesetzes,
   b) eine Bekanntmachung nach § 21 Absatz 4 oder § 22 Absatz 5 oder § 39 Absatz 4 des Kapitalanlagegesetzbuchs in Verbindung mit § 38 Absatz 3 des Kreditwesengesetzes,
   c) die Bestellung eines Abwicklers nach § 15 des Kapitalanlagegesetzbuchs,
   d) eine Prüfung, die auf Grund des § 14 des Kapitalanlagegesetzbuchs in Verbindung mit § 44 Absatz 1 oder § 44b Absatz 2 des Kreditwesengesetzes vorgenommen wird,
8. durch eine auf Grund des § 50 des Einlagensicherungsgesetzes oder des § 7 Absatz 3 Satz 4 des Anlegerentschädigungsgesetzes in Verbindung mit § 44 Absatz 1 des Kreditwesengesetzes, auch in Verbindung mit § 6 Absatz 3 Satz 3 des Anlegerentschädigungsgesetzes vorgenommene Prüfung,
9. (weggefallen)
10. durch
    a) die Bestellung eines Abwicklers nach § 7 Absatz 1 Satz 2 des Zahlungsdiensteaufsichtsgesetzes, nach § 13 Absatz 3 Satz 1 des Zahlungsdiensteaufsichtsgesetzes in Verbindung mit § 38 Abs. 2 Satz 2 oder 4 des Kreditwesengesetzes, nach § 26 Abs. 3 oder 4, jeweils in Verbindung mit § 7 Absatz 1 Satz 2 des Zahlungsdiensteaufsichtsgesetzes, oder einer Aufsichtsperson nach § 21 Absatz 2 Satz 2 Nummer 3 des Zahlungsdiensteaufsichtsgesetzes,
    b) eine Bekanntmachung nach § 7 Absatz 1 Satz 3, nach § 39 Absatz 3 oder 4, jeweils in Verbindung mit § 7 Absatz 1 Satz 3 oder eine Bekanntmachung nach § 13 Absatz 4 des Zahlungsdiensteaufsichtsgesetzes,
    c) eine Prüfung, die vorgenommen wurde auf Grund
       aa) des § 8 Absatz 2, auch in Verbindung mit Maßnahmen nach Abs. 3 oder 4 oder des § 19 Absatz 1 Satz 2 des Zahlungsdiensteaufsichtsgesetzes,
       bb) des § 39 Absatz 3 oder 4, jeweils in Verbindung mit § 8 Absatz 2, 3 oder 4 oder § 19 Absatz 1 Satz 2 des Zahlungsdiensteaufsichtsgesetzes,
11. durch Maßnahmen nach dem Sanierungs- und Abwicklungsgesetz, dem Restrukturierungsfondsgesetz oder der Verordnung (EU) Nr. 806/2014 des Europäischen Parlaments und des Rates vom 15. Juli 2014 zur Festlegung einheitlicher Vorschriften und eines einheitlichen Verfahrens für die Abwicklung von Kreditinstituten und bestimmten Wertpapierfirmen im Rahmen eines einheitlichen Abwicklungsmechanismus und eines einheitlichen Abwicklungsfonds sowie zur Änderung der Verordnung (EU) Nr. 1093/2010 (ABl L 225 vom 30. 7. 2014, S. 1, L 101 vom 18. 4. 2015, S. 62)

sind in den Fällen der Nummern 1, 1b, 2, 4, 7 und 9 bis 11 von dem betroffenen Unternehmen, im Fall der Nummer 1a von der Kreditanstalt für Wiederaufbau,in den Fällen der Nummer 3 von dem zur Zusammenfassung verpflichteten Unternehmen, in den Fällen der Nummer 5 von dem registerführenden Unternehmen, in den Fällen der Nummer 6 von den in § 22n Abs. 4 Satz 2 und 3 des Kreditwesengesetzes genannten Unternehmen und in den Fällen der Nummer 8 von den betroffenen Einrichtungen der Bundesanstalt gesondert zu erstatten. [2]Zu den Kosten nach Satz 1 gehören auch die Kosten, mit denen die Bundesanstalt von der Deutschen Bundesbank und anderen Behörden, die im Rahmen solcher Maßnahmen für die Bundesanstalt oder im Rahmen des einheitlichen Aufsichtsmechanismus im Sinne des Artikels 2 Nummer 9 der Verord-

FinDAG

nung (EU) Nr. 1024/2013 im Auftrag der Europäischen Zentralbank tätig werden, belastet wird, sowie die Kosten für den Einsatz eigener Mitarbeiter.

(2) [1]Die Bundesanstalt hat der Deutschen Bundesbank und den anderen Behörden, die im Rahmen des Absatzes 1 für sie oder im Rahmen des einheitlichen Aufsichtsmechanismus im Sinne des Artikels 2 Nummer 9 der Verordnung (EU) Nr. 1024/2013 im Auftrag der Europäischen Zentralbank tätig werden, den Personal- und Sachaufwand zu ersetzen. [2]Die Höhe des Erstattungsbetrags, insbesondere die Stundensätze für den Einsatz von Mitarbeitern dieser Behörden, bestimmen sich nach Erstattungsrichtlinien, die das Bundesministerium erlässt.

(3) Für die Festsetzung der Kostenerstattung, die Verpflichtung zur Erstattung der Kostenschuld, die Entstehung der Pflicht zur Kostenerstattung, ihre Fälligkeit sowie die Vorschusszahlung und Sicherheitsleistung gelten die §§ 4, 6, 13 Absatz 1 sowie die §§ 14 und 15 des Bundesgebührengesetzes vorbehaltlich der Absätze 4 und 5 entsprechend.

(4) [1]Abweichend von § 4 des Bundesgebührengesetzes entsteht die Pflicht zur Kostenerstattung in den Fällen des Absatzes 1 Satz 1 Nummer 11 bei laufenden Überwachungs- und sonstigen laufenden Maßnahmen, die sich voraussichtlich über einen längeren Zeitraum als ein Jahr erstrecken, jährlich bis zum 31. März des Kalenderjahres, es sei denn, die Bundesanstalt legt einen anderen Zeitpunkt fest. [2]Abweichend von § 6 des Bundesgebührengesetzes ist zur Erstattung von Kosten in den Fällen des Absatzes 1 Satz 1 Nummer 11 auch derjenige verpflichtet, für den eine Verpflichtung zur Kostenerstattung gesetzlich oder hoheitlich angeordnet ist.

(5) [1]Abweichend von § 15 Absatz 1 des Bundesgebührengesetzes kann die Bundesanstalt von einem Kostenschuldner in den Fällen des Absatzes 1 Satz 1 die Zahlung eines Vorschusses oder die Leistung einer Sicherheit bis zur Höhe der voraussichtlich zu erstattenden Kosten auch bei solchen Maßnahmen verlangen, die nicht auf Antrag vorgenommen werden. [2]In den Fällen des Absatzes 1 Satz 1 Nummer 11 können bei Maßnahmen, die sich über einen längeren Zeitraum erstrecken, auch mehrfach Vorschüsse oder Sicherheitsleistungen verlangt werden.

(6) Zu den zu erstattenden Kosten gehören auch solche Kosten, die in Vorbereitung oder während der Laufzeit einer Maßnahme oder anlässlich ihrer Beendigung entstehen.

(7) [1]Die Bundesanstalt kann in den Fällen des Absatzes 1 Satz 1 Nummer 11 die Erstattung von Kosten ebenfalls von demjenigen verlangen, der die Pflicht zur Kostenerstattung durch Verpflichtungserklärung oder Vertrag übernommen hat. [2]In diesen Fällen bestimmen sich das Verlangen der Kostenerstattung, die Entstehung der Pflicht zur Kostenerstattung, die Fälligkeit der Kostenerstattung und die Pflicht zur Zahlung eines Vorschusses oder zur Leistung einer Sicherheit nach dieser Verpflichtungserklärung oder diesem Vertrag.

(8) [1]Die zu erstattenden Kosten nach Absatz 1 Satz 1 Nummer 11 können in Form von Kostenpauschalen berechnet werden. [2]Das Nähere regelt die Rechtsverordnung nach Absatz 9.

(9) [1]Das Bundesministerium wird ermächtigt, Einzelheiten der gesonderten Erstattung durch eine Rechtsverordnung zu bestimmen. [2]Soweit die Rechtsverordnung Regelungen zu den Kostenpauschalen nach Absatz 8 enthält, ist zwischen einzelnen Maßnahmen und Tätigkeiten zu unterscheiden.

§ 16 Umlage[1)]

Soweit die Kosten der Bundesanstalt nicht durch Gebühren, gesonderte Erstattungen nach § 15 oder sonstige Einnahmen gedeckt werden, sind sie unter Berücksichtigung von Fehlbeträgen, nicht eingegangenen Beträgen und Überschüssen der Vorjahre anteilig auf die Kreditinstitute, Finanzdienstleistungs-, Zahlungs- und E-Geld-Institute, die Kreditanstalt für Wiederaufbau, die Kapitalverwaltungsgesellschaften, extern verwalteten OGAW-Investmentaktiengesellschaften, Versicherungsunternehmen, Wertpapierdienstleistungsunternehmen und Emittenten mit Sitz im Inland, deren Wertpapiere an einer inländischen Börse zum Handel zugelassen oder

1) **Anm. d. Red.:** § 16 i. d. F. des Gesetzes v. 23. 12. 2016 (BGBl I S. 3171) mit Wirkung v. 1. 1. 2018.

in den Freiverkehr einbezogen sind, sowie die Abwicklungsanstalten nach Maßgabe der §§ 16a bis 16r umzulegen.

§ 16a Umlagefähige Kosten; Umlagejahr[1)]

(1) [1]Die Bundesanstalt hat als Kosten im Sinne des § 16 die Ausgaben eines Haushaltsjahres zu ermitteln. [2]Zu den Kosten gehören auch die Zuführungen zu einer Investitionsrücklage gemäß § 12 Absatz 4 Satz 2 und die Zuführungen zu der Pensionsrücklage nach § 19 Absatz 2.

(2) [1]Von diesen Kosten sind diejenigen Kosten umlagefähig, die nach Abzug der Einnahmen und Berücksichtigung der Fehlbeträge, nicht eingegangenen Beträge und Überschüsse der Vorjahre verbleiben. [2]Zu den Einnahmen gehören auch Entnahmen aus der Pensionsrücklage sowie Entnahmen aus einer Investitionsrücklage. [3]Bußgelder bleiben unberücksichtigt.

(3) Das Haushaltsjahr ist das Umlagejahr im Sinne dieses Gesetzes.

§ 16b Kostenermittlung nach Aufgabenbereichen und Gruppen[2)]

(1) [1]Die Kosten sind für die folgenden Aufgabenbereiche, die jeweils nach den maßgeblichen Aufsichtsgesetzen in die Zuständigkeit der Bundesanstalt fallen, getrennt zu ermitteln:

1. Kredit-, Finanzdienstleistungs-, Zahlungsdienste- und inländisches Investmentwesen (Aufgabenbereich Banken und sonstige Finanzdienstleistungen),
2. Versicherungswesen (Aufgabenbereich Versicherungen),
3. Wertpapierhandel (Aufgabenbereich Wertpapierhandel),
4. Aufgaben der Bundesanstalt als Abwicklungsbehörde nach § 3 Absatz 1 des Sanierungs- und Abwicklungsgesetzes sowie Aufgaben der Bundesanstalt nach dem Restrukturierungsfondsgesetz und der Verordnung (EU) Nr. 806/2014 (Aufgabenbereich Abwicklung).

FinDAG

[2]Innerhalb des Aufgabenbereichs Banken und sonstige Finanzdienstleistungen sowie des Aufgabenbereichs Wertpapierhandel hat eine gesonderte Ermittlung nach Gruppen gemäß den §§ 16e und 16i zu erfolgen.

(2) [1]Kosten, die zwei oder drei Aufgabenbereichen nach Absatz 1 Satz 1 gemeinsam zugerechnet werden können, sind jeweils gesondert zu erfassen. [2]Sie sind auf die betroffenen Aufgabenbereiche entsprechend dem Verhältnis aufzuteilen, das zwischen den Kosten besteht, die den Aufgabenbereichen unmittelbar zuzurechnen sind. [3]Die so ermittelten Kostenanteile sind jeweils den Kosten hinzuzurechnen, die auf die Aufgabenbereiche unmittelbar entfallen.

(3) [1]Die übrigen Kosten, die weder einem Aufgabenbereich nach Absatz 1 Satz 1 unmittelbar noch nach Absatz 2 zwei oder drei Aufgabenbereichen gemeinsam zugeordnet werden können (Gemeinkosten), sind ebenfalls gesondert zu erfassen. [2]Sie sind auf alle Aufgabenbereiche entsprechend dem Verhältnis aufzuteilen, das zwischen den Kosten besteht, die den Aufgabenbereichen nach Durchführung der in Absatz 2 vorgegebenen Verteilung zuzurechnen sind.

(4) [1]Die Einnahmen im Sinne des § 16 sind von den Kosten des Aufgabenbereichs abzusetzen, dem sie jeweils unmittelbar zuzurechnen sind. [2]Einnahmen, die zwei oder drei Aufgabenbereichen gemeinsam zugerechnet werden können, sind entsprechend dem Verhältnis der Kosten, die den Aufgabenbereichen unmittelbar zuzurechnen sind, abzuziehen. [3]Einnahmen, die keinem Aufgabenbereich unmittelbar zugerechnet werden können, sind vor Verteilung der Gemeinkosten nach Absatz 3 von diesen abzuziehen.

§ 16c Fehlbeträge, nicht eingegangene Beträge und Überschüsse der Vorjahre[3)]

(1) [1]Nach Ermittlung und Verteilung der Kosten für das Umlagejahr nach Maßgabe des § 16b sind die zu berücksichtigenden Fehlbeträge, nicht eingegangenen Beträge und Überschüsse, die dem Umlagejahr 2009 und späteren Umlagejahren zuzuordnen sind, den Aufgabenbereichen

1) **Anm. d. Red.:** § 16a eingefügt gem. Gesetz v. 28. 11. 2012 (BGBl I S. 2369) mit Wirkung v. 1. 1. 2013.

2) **Anm. d. Red.:** § 16b i. d. F. des Gesetzes v. 23. 12. 2016 (BGBl I S. 3171) mit Wirkung v. 1. 1. 2018.

3) **Anm. d. Red.:** § 16c i. d. F. des Gesetzes v. 23. 12. 2016 (BGBl I S. 3171) mit Wirkung v. 1. 1. 2018.

zuzuordnen. [2]Den Kosten der Aufgabenbereiche sind die Fehlbeträge und nicht eingegangenen Beträge jeweils entsprechend ihrer Zuordnung nach Satz 1 hinzuzurechnen; Überschüsse sind jeweils entsprechend ihrer Zuordnung nach Satz 1 von diesen Kosten abzuziehen. [3]Stichtag für die Berücksichtigung der in den Sätzen 1 und 2 genannten Beträge und Überschüsse ist der 30. Juni des Jahres, das dem Umlagejahr folgt, für das die Kosten ermittelt wurden. [4]Nach diesem Stichtag anfallende Fehlbeträge, nicht eingegangene Beträge und Überschüsse werden als Fehlbeträge, nicht eingegangene Beträge und Überschüsse bei der Festsetzung der Umlagebeträge in den nächstfolgenden Jahren berücksichtigt.

(2) [1]Fehlbeträge und nicht eingegangene Beträge, die den Umlagejahren 2002 bis 2008 zuzuordnen sind und nicht nach § 16 Absatz 1 in der bis zum 25. März 2009 geltenden Fassung umgelegt wurden oder werden, sind mit den Überschüssen, die den Umlagejahren 2002 bis 2008 zuzuordnen sind und nicht nach § 6 Absatz 1 Satz 6 der Verordnung über die Erhebung von Gebühren und die Umlegung von Kosten nach dem Finanzdienstleistungsaufsichtsgesetz in der bis zum 25. März 2009 geltenden Fassung umgelegt wurden oder werden, zu verrechnen. [2]Übersteigen die nach Satz 1 zu verrechnenden Überschüsse die zu verrechnenden Fehlbeträge und nicht eingegangenen Beträge, ist der übersteigende Betrag bei der Festsetzung der Umlage für das Umlagejahr 2009 oder für spätere Umlagejahre vor Verteilung der Gemeinkosten von diesen abzuziehen. [3]Übersteigen die nach Satz 1 zu verrechnenden Fehlbeträge und nicht eingegangenen Beträge die zu verrechnenden Überschüsse, ist der übersteigende Betrag bei der Festsetzung der Umlage für das Umlagejahr 2013 oder für spätere Umlagejahre vor Verteilung der Gemeinkosten zu diesen hinzuzurechnen.

§ 16d Umlagebetrag, Umlagepflicht und Verteilungsschlüssel[1)]

[1]Umlagebetrag ist der Anteil an den umlagefähigen Kosten, der innerhalb eines Aufgabenbereichs oder einer Gruppe für einen Umlagepflichtigen ermittelt wird. [2]Ein Umlagepflichtiger kann mehreren Aufgabenbereichen oder Gruppen innerhalb eines Aufgabenbereichs zugeordnet sein. [3]Die Umlagepflicht und die Verteilung der Kosten innerhalb eines Aufgabenbereichs bestimmen sich nach Maßgabe der §§ 16e bis 16k.

§ 16e Kostenermittlung und Umlagepflicht im Aufgabenbereich Banken und sonstige Finanzdienstleistungen[2)]

(1) [1]Innerhalb des Aufgabenbereichs Banken und sonstige Finanzdienstleistungen hat eine gesonderte Ermittlung der Kosten nach folgenden Gruppen zu erfolgen:

1. Gruppe Kredit- und Finanzdienstleistungsinstitute: Kreditinstitute, Finanzdienstleistungsinstitute mit einer Erlaubnis nach § 1 Absatz 1a Satz 2 Nummer 1 bis 5, 7, 9 bis 11 des Kreditwesengesetzes und die nach § 53 Absatz 1 Satz 1 des Kreditwesengesetzes tätigen Unternehmen, soweit die Finanzdienstleistungsinstitute und Unternehmen nicht ausschließlich Finanzdienstleistungen nach § 1 Absatz 1a Satz 2 Nummer 9 oder 10 des Kreditwesengesetzes erbringen, Institute im Sinne des § 1 Absatz 3 des Zahlungsdiensteaufsichtsgesetzes und die nach § 42 des Zahlungsdiensteaufsichtsgesetzes tätigen Unternehmen sowie die Kreditanstalt für Wiederaufbau, wobei
   a) Kreditinstitute und entsprechend nach § 53 des Kreditwesengesetzes tätige Unternehmen, die Bankgeschäfte betreiben und gleichzeitig das E-Geld-Geschäft betreiben oder Zahlungsdienste erbringen, ausschließlich als Kreditinstitute und
   b) Finanzdienstleistungsinstitute und entsprechend nach § 53 des Kreditwesengesetzes tätige Unternehmen, die Finanzdienstleistungen erbringen und gleichzeitig das E-Geld-Geschäft betreiben oder Zahlungsdienste erbringen, ausschließlich als Finanzdienstleistungsinstitute

1) **Anm. d. Red.:** § 16d i. d. F. des Gesetzes v. 23. 12. 2016 (BGBl I S. 3171) mit Wirkung v. 1. 1. 2018.

2) **Anm. d. Red.:** § 16e i. d. F. des Gesetzes v. 17.7.2017 (BGBl I S. 2446) mit Wirkung v. 13.1.2018. — Zur Anwendung siehe § 23 Abs. 10.

im Sinne der nachfolgenden Vorschriften gelten,

2. Gruppe Factoring- und Finanzierungsleasingunternehmen: Finanzdienstleistungsinstitute mit einer Erlaubnis nach § 1 Absatz 1a Satz 2 Nummer 9 oder 10 des Kreditwesengesetzes sowie die nach § 53 Absatz 1 Satz 1 des Kreditwesengesetzes tätigen Unternehmen, soweit sie nicht unter Nummer 1 fallen,

3. Gruppe Abwicklungsanstalten: Abwicklungsanstalten im Sinne des § 8a Absatz 1 Satz 1 oder des § 8b Absatz 1 des Finanzmarktstabilisierungsfondsgesetzes,

4. Gruppe Kapitalverwaltungsgesellschaften und extern verwaltete OGAW-Investmentaktiengesellschaften: Kapitalverwaltungsgesellschaften im Sinne des § 17 Absatz 1 des Kapitalanlagegesetzbuchs und extern verwaltete OGAW-Investmentaktiengesellschaften im Sinne des § 113 des Kapitalanlagegesetzbuchs,

5. Gruppe Datenbereitstellungsdienstleister: Betreiber von Datenbereitstellungsdiensten mit einer Erlaubnis zum Erbringen von Datenbereitstellungsdiensten nach § 32 Absatz 1f des Kreditwesengesetzes, soweit ihnen keine Erlaubnis zum Betreiben von Bankgeschäften oder zur Erbringung von Finanzdienstleistungen erteilt ist und sie nach dem Kreditwesengesetz beaufsichtigt werden.

[2]Die Kosten des Aufgabenbereichs Banken und sonstige Finanzdienstleistungen, die keiner Gruppe nach Satz 1 unmittelbar zugeordnet werden können, sind gesondert zu erfassen. [3]Sie sind auf die Gruppen entsprechend dem Verhältnis aufzuteilen, das zwischen den Kosten besteht, die den Gruppen unmittelbar zuzurechnen sind. [4]Im Übrigen sind § 16b Absatz 4 Satz 1 und 3 sowie § 16c entsprechend anzuwenden.

(2) Umlagepflichtig für den Aufgabenbereich Banken und sonstige Finanzdienstleistungen ist vorbehaltlich des Absatzes 3, wer einer der in Absatz 1 genannten Gruppen angehört.

(3) Ausgenommen von der Umlagepflicht nach Absatz 2 sind

1. vorbehaltlich des § 2 Absatz 3 des Kreditwesengesetzes die nach § 2 Absatz 1 Nummer 1 bis 1b, 3 und 3a, 3c bis 7 und 9 bis 14 des Kreditwesengesetzes nicht als Kreditinstitute geltenden Einrichtungen und Unternehmen,

2. vorbehaltlich des § 2 Absatz 6 Satz 2 des Kreditwesengesetzes die nach § 2 Absatz 6 Satz 1 Nummer 1, 1a, 3 bis 5, 5b bis 8, 10, 12, 15 bis 22 und Absatz 10 des Kreditwesengesetzes nicht als Finanzdienstleistungsinstitute geltenden Einrichtungen und Unternehmen,

3. Institute oder Unternehmen, welche die Bundesanstalt nach § 2 Absatz 4 und 5 des Kreditwesengesetzes freigestellt hat,

4. AIF-Kapitalverwaltungsgesellschaften mit einer Registrierung nach § 44 des Kapitalanlagegesetzbuchs.

(4) [1]Die Umlagepflicht nach Absatz 2 entsteht mit Erteilung oder der Fiktion der Erlaubnis oder im Fall einer Abwicklungsanstalt mit deren Errichtung. [2]Sie endet in dem Jahr des Erlöschens der Erlaubnis oder der Auflösung der Abwicklungsanstalt. [3]Ändert sich im Laufe eines Umlagejahres der Erlaubnisumfang oder wird von der Aufsichtsbehörde im Sinne des § 1 Absatz 5 des Kreditwesengesetzes eine Erlaubnis zum Betreiben eines anderen Geschäfts erteilt, wird der Umlagepflichtige nach Maßgabe der Regelungen zur Umlage herangezogen, die für das Geschäft gelten, auf das sich die zuletzt im Umlagejahr bestehende Erlaubnis bezieht. [4]Die Umlagepflicht der Kreditanstalt für Wiederaufbau beginnt am 1. Januar 2015 und endet mit Ende der Beaufsichtigung durch die Bundesanstalt.

§ 16f Bemessungsgrundlagen der Umlage im Aufgabenbereich Banken und sonstige Finanzdienstleistungen[1)]

(1) Der Umlagebetrag für die Umlagepflichtigen im Aufgabenbereich Banken und sonstige Finanzdienstleistungen ist zu bemessen:

1. in den Gruppen Kredit- und Finanzdienstleistungsinstitute, Factoring- und Finanzierungsleasingunternehmen sowie Abwicklungsanstalten vorbehaltlich des Absatzes 2 und des § 16g jeweils nach dem Verhältnis der Bilanzsumme des einzelnen Umlagepflichtigen zum Gesamtbetrag der Bilanzsummen aller Umlagepflichtigen der Gruppe. [2]Maßgebend ist die auf der Grundlage der jeweils anzuwendenden Rechnungslegungsvorschriften aufgestellte und festgestellte Bilanz für das Geschäftsjahr, das dem Umlagejahr vorausgeht; bei den Abwicklungsanstalten ist die Bilanz für das im Umlagejahr endende Geschäftsjahr maßgebend;
2. in der Gruppe Kapitalverwaltungsgesellschaften und extern verwaltete OGAW-Investmentaktiengesellschaften nach dem Wert der von den Kapitalverwaltungsgesellschaften verwalteten Investmentvermögen und den von extern verwalteten OGAW-Investmentaktiengesellschaften zur gemeinschaftlichen Kapitalanlage verwalteten und angelegten Mitteln. [2]Dabei ist die Summe der Werte aller von einem Umlagepflichtigen verwalteten Investmentvermögen oder zur gemeinschaftlichen Kapitalanlage verwalteten oder angelegten Mittel in das Verhältnis zu dem Gesamtbetrag des Wertes zu setzen, den die Investmentvermögen und zur gemeinschaftlichen Kapitalanlage verwalteten oder angelegten Mittel aller Umlagepflichtigen haben. [3]Maßgebend ist jeweils der Wert, der nach § 101 Absatz 1 Satz 3 Nummer 1 Satz 6 oder nach § 120 Absatz 2 und 5, § 135 Absatz 3 und 5, § 148 oder § 158 jeweils in Verbindung mit § 101 Absatz 1 Satz 3 Nummer 1 Satz 6 des Kapitalanlagegesetzbuchs in dem Jahresbericht für das Geschäftsjahr angegeben wird, das dem Umlagejahr vorausgeht. [4]Investmentvermögen, die keine Spezial-AIF im Sinne des § 1 Absatz 6 Satz 1 des Kapitalanlagegesetzbuchs sind, oder Mittel von OGAW-Investmentaktiengesellschaften werden bei der Berechnung nach Satz 2 doppelt gewichtet;
3. in der Gruppe Datenbereitstellungsdienstleister nach dem Verhältnis zwischen der Anzahl der angefangenen Monate, in denen der einzelne Umlagepflichtige umlagepflichtig war, zur Gesamtzahl der angefangenen Monate eines jeden Umlagepflichtigen der Gruppe, in denen dieser jeweils im Umlagejahr umlagepflichtig war.

(2) [1]Abweichend von Absatz 1 Nummer 1 gilt als Bilanzsumme:

1. für Umlagepflichtige der Gruppe Kredit- und Finanzdienstleistungsinstitute,
   a) die in ihrer Bilanz auf der Aktivseite zu mehr als einem Fünftel Treuhandgeschäfte im Sinne des § 6 Absatz 1 und 2 der Kreditinstituts-Rechnungslegungsverordnung ausweisen, die um die Beträge dieser Geschäfte gekürzte Bilanzsumme,
   b) deren erlaubnispflichtige Tätigkeit sich nach § 2 Absatz 3 oder Absatz 6 Satz 2 des Kreditwesengesetzes beurteilt, der dem Verhältnis der von ihnen betriebenen, ihnen nicht eigentümlichen Bankgeschäfte oder Finanzdienstleistungen zum Gesamtgeschäft entsprechende Bruchteil der Bilanzsumme,
   c) die zu mehr als einem Fünftel bank-, finanz- oder zahlungsdienstfremde Geschäfte betreiben, der dem Verhältnis der erlaubnispflichtigen Geschäfte oder Finanzdienstleistungen zum Gesamtgeschäft entsprechende Bruchteil der Bilanzsumme,
   d) die in der Rechtsform des Einzelkaufmanns tätig sind, die um ein fiktives Geschäftsführergehalt, das auf die Höhe des Jahresüberschusses und die Höhe der Bilanzsumme begrenzt ist, verminderte Bilanzsumme,

1) **Anm. d. Red.:** § 16f i. d. F. des Gesetzes v. 17.7.2017 (BGBl I S. 2446) mit Wirkung v. 13.1.2018. — Zur Anwendung siehe § 23 Abs. 10.

2. für Umlagepflichtige der Gruppen Kredit- und Finanzdienstleistungsinstitute sowie Factoring- und Finanzierungsleasingunternehmen, die ihre Geschäftstätigkeit im Umlagejahr erst aufnehmen, die in der Planbilanz für das erste Geschäftsjahr gemäß § 32 Absatz 1 Satz 2 Nummer 5 und Satz 3 des Kreditwesengesetzes in Verbindung mit § 14 Absatz 7 Nummer 1 der Anzeigenverordnung oder nach § 10 Absatz 2 Satz 1 Nummer 2 des Zahlungsdiensteaufsichtsgesetzes ausgewiesene Bilanzsumme,

3. für Umlagepflichtige der Gruppen Kredit- und Finanzdienstleistungsinstitute, Factoring- und Finanzierungsleasingunternehmen sowie Abwicklungsanstalten, die nicht das ganze Jahr umlagepflichtig waren, ein Bruchteil der nach Absatz 1 Nummer 1, auch in Verbindung mit den Nummern 1 und 2 dieses Satzes ermittelten Bilanzsumme, wobei der Bruchteil dem Verhältnis der Anzahl der angefangenen Monate, in denen die Umlagepflicht bestand, zur Anzahl der Monate des Umlagejahres entspricht.

[2]Satz 1 Nummer 1 Buchstabe c gilt für die von der Bundesanstalt beaufsichtigten Geschäfte der Kreditanstalt für Wiederaufbau entsprechend. [3]Die abweichenden Bilanzsummen nach Satz 1 Nummer 1 sind von der Bundesanstalt nur zu berücksichtigten, wenn der Umlagepflichtige dies vor dem 1. Juni des auf das Umlagejahr folgenden Kalenderjahres beantragt und das Vorliegen der Voraussetzungen durch Vorlage geeigneter Unterlagen nachgewiesen hat; Tatsachen, die verspätet vorgetragen oder nachgewiesen werden, bleiben unberücksichtigt. [4]Die Höhe des fiktiven Geschäftsführergehalts im Sinne des Satzes 1 Nummer 1 Buchstabe d ist durch eine Bescheinigung eines Wirtschaftsprüfers, einer Wirtschaftsprüfungsgesellschaft, eines vereidigten Buchprüfers oder einer Buchprüfungsgesellschaft zu belegen.

FinDAG

(3) Für Umlagepflichtige der Gruppe Kapitalverwaltungsgesellschaften und extern verwaltete OGAW-Investmentaktiengesellschaften, die nicht das ganze Jahr umlagepflichtig waren, ist abweichend von Absatz 1 Nummer 2 der Bruchteil der jeweiligen Bemessungsgrundlage maßgeblich, der dem Verhältnis der Anzahl der angefangenen Monate, in denen die Umlagepflicht bestand, zur Anzahl der Monate des Umlagejahres entspricht.

(4) [1]In den Gruppen Kredit- und Finanzdienstleistungsinstitute, Factoring- und Finanzierungsleasingunternehmen sowie Abwicklungsanstalten haben die Umlagepflichtigen bis spätestens zum 30. Juni des dem Umlagejahr folgenden Kalenderjahres die für die Bemessung des Umlagebetrages notwendigen, von einem Wirtschaftsprüfer oder einer Wirtschaftsprüfungsgesellschaft bestätigten Daten mitzuteilen, sofern bis zu diesem Zeitpunkt noch keine festgestellte und geprüfte Bilanz für das letzte Geschäftsjahr bei der Bundesanstalt eingereicht worden ist oder die eingereichte Bilanz nicht den Anforderungen der §§ 340 bis 340k des Handelsgesetzbuchs und der Kreditinstituts-Rechnungslegungsverordnung genügt. [2]Bei Finanzdienstleistungsinstituten, deren Bilanzsumme des letzten Geschäftsjahres 150 Millionen Euro nicht übersteigt, können die Bestätigungen nach Satz 1 auch durch vereidigte Buchprüfer oder Buchprüfungsgesellschaften vorgenommen werden.

(5) [1]Liegen die Bilanz oder die Daten nach Absatz 4 am 1. Juli nicht vor, schätzt die Bundesanstalt die Bilanzsumme und setzt den Umlagebetrag anhand der geschätzten Daten fest. [2]Die Bundesanstalt kann auf Antrag eine angemessene Nachfrist von bis zu einem Monat zur Einreichung der in Absatz 4 genannten Unterlagen gewähren. [3]Bei der Schätzung hat die Bundesanstalt im Regelfall die Bilanzdaten des Umlagepflichtigen aus vorangegangenen Geschäftsjahren zugrunde zu legen. [4]Liegen keinerlei Daten im Sinne des Satzes 3 und auch keine entsprechenden Daten für die nachfolgenden Geschäftsjahre vor, hat die Schätzung auf der Grundlage des arithmetischen Mittels der vorliegenden Bilanzdaten der anderen Umlagepflichtigen derselben nach § 16g Absatz 1 Nummer 1 Buchstabe a bis d oder Nummer 2 bestimmten Gruppe zu erfolgen.

§ 16g Mindestumlagebeträge im Aufgabenbereich Banken und sonstige Finanzdienstleistungen[1)]

(1) Der von jedem Umlagepflichtigen des Aufgabenbereichs Banken und sonstige Finanzdienstleistungen zu entrichtende Umlagebetrag beträgt

1. in der Gruppe Kredit- und Finanzdienstleistungsinstitute mindestens
   a) 4 000 Euro für Kreditinstitute mit Ausnahme der Wertpapierhandelsbanken und für die Kreditanstalt für Wiederaufbau, bei einer nach § 16f ermittelten Bilanzsumme von 100 Millionen Euro oder weniger jedoch nur 3 500 Euro und für Wohnungsunternehmen mit Spareinrichtung nur 2 500 Euro,
   b) 3 500 Euro für Wertpapierhandelsbanken und für Finanzdienstleistungsinstitute mit einer Erlaubnis
      aa) nach § 1 Absatz 1a Satz 2 Nummer 1, 1c, 2, 3 oder 11 des Kreditwesengesetzes, wenn die Erlaubnis in diesen Fällen die Befugnis umfasst, sich Eigentum oder Besitz an Geldern oder Wertpapieren von Kunden zu verschaffen,
      bb) nach § 1 Absatz 1a Satz 2 Nummer 1b, 1d oder 4 des Kreditwesengesetzes oder
      cc) nach § 1 Absatz 1a Satz 2 Nummer 11 des Kreditwesengesetzes, wenn die Erlaubnis in diesen Fällen die Befugnis umfasst, auf eigene Rechnung zu handeln,
   c) 2 500 Euro für Finanzdienstleistungsinstitute mit einer Erlaubnis
      aa) nach § 1 Absatz 1a Satz 2 Nummer 1, 1c, 2, 3 oder 11 des Kreditwesengesetzes, wenn die Erlaubnis nicht die Befugnis umfasst, sich Eigentum oder Besitz an Geldern oder Wertpapieren von Kunden zu verschaffen, oder
      bb) nach § 1 Absatz 1a Satz 2 Nummer 1a des Kreditwesengesetzes,
   d) 1 300 Euro für Finanzdienstleistungsinstitute mit einer Erlaubnis nach § 1 Absatz 1a Satz 2 Nummer 5 oder 7 des Kreditwesengesetzes und für Institute im Sinne des § 1 Absatz 3 des Zahlungsdiensteaufsichtsgesetzes,
   e) die Hälfte des Mindestbetrages der Buchstaben b bis d für die dort genannten Unternehmen, soweit deren Bilanzsumme den Betrag von 100 000 Euro unterschreitet,
2. in der Gruppe Factoring- und Finanzierungsleasingunternehmen mindestens 1 300 Euro,
3. in der Gruppe Kapitalverwaltungsgesellschaften und extern verwaltete OGAW-Investmentaktiengesellschaften mindestens 7 500 Euro.

(2) Die Mindestumlagebeträge nach Absatz 1 Nummer 1 Buchstabe b bis d erhöhen sich

1. ab einer Bilanzsumme von 750 000 Euro auf 4 500 Euro,
2. ab einer Bilanzsumme von 1 Million Euro auf 5 150 Euro,
3. ab einer Bilanzsumme von 1,5 Millionen Euro auf 5 800 Euro,
4. ab einer Bilanzsumme von 2 Millionen Euro auf 8 500 Euro,
5. ab einer Bilanzsumme von 3 Millionen Euro auf 10 500 Euro,
6. ab einer Bilanzsumme von 5 Millionen Euro auf 14 500 Euro,
7. ab einer Bilanzsumme von 7,5 Millionen Euro auf 19 500 Euro,
8. ab einer Bilanzsumme von 12,5 Millionen Euro auf 27 000 Euro,
9. ab einer Bilanzsumme von 20 Millionen Euro auf 36 000 Euro,
10. ab einer Bilanzsumme von 30 Millionen Euro auf 44 000 Euro,
11. ab einer Bilanzsumme von 50 Millionen Euro auf 54 000 Euro,
12. ab einer Bilanzsumme von 100 Millionen Euro auf 100 000 Euro.

---

1) **Anm. d. Red.:** § 16g i. d. F. des Gesetzes v. 17.7.2017 (BGBl I S. 2446) mit Wirkung v. 13.1.2018. — Zur Anwendung siehe § 23 Abs. 10.

§ 16h Aufgabenbereich Versicherungen[1)]

(1) [1]Umlagepflichtig im Aufgabenbereich Versicherungen ist die Gesamtheit der inländischen Versicherungsunternehmen und Pensionsfonds sowie der inländischen Niederlassungen ausländischer Versicherungsunternehmen und Pensionsfonds, welche ihren Sitz außerhalb der Mitgliedstaaten der Europäischen Union oder eines anderen Vertragsstaates des Abkommens über den Europäischen Wirtschaftsraum haben. [2]§ 16e Absatz 4 Satz 1 und 2 gilt entsprechend.

(2) [1]Der Umlagebetrag bemisst sich vorbehaltlich des Satzes 2 nach dem Verhältnis der verdienten Brutto-Beitragseinnahmen des einzelnen Umlagepflichtigen zum Gesamtbetrag der Brutto-Beitragseinnahmen, die allen Umlagepflichtigen des Aufgabenbereichs Versicherungen in dem Geschäftsjahr erwachsen sind, das dem Umlagejahr vorausgeht. [2]Von den Brutto-Beitragseinnahmen sind die an die Versicherungsnehmer zurückgewährten Überschüsse oder Gewinnanteile in voller Höhe und die Provisionsaufwendungen aus der aktiven Rückversicherung zu 50 Prozent abzuziehen. [3]Für Pensionsfonds gilt dies entsprechend bezogen auf die Pensionsfondsbeiträge und die Versorgungsberechtigten.

(3) Für Umlagepflichtige, die nicht das ganze Jahr umlagepflichtig waren, ist abweichend von Absatz 2 der Bruchteil der Bemessungsgrundlage maßgeblich, der dem Verhältnis der Anzahl der angefangenen Monate, in denen die Umlagepflicht bestand, zur Anzahl der Monate des Umlagejahres entspricht.

(4) Der von jedem Umlagepflichtigen des Aufgabenbereichs Versicherungen zu entrichtende Umlagebetrag beträgt mindestens 250 Euro.

§ 16i Kostenermittlung und Umlagepflicht im Aufgabenbereich Wertpapierhandel[2)]

FinDAG

(1) [1]Innerhalb des Aufgabenbereichs Wertpapierhandel hat eine gesonderte Ermittlung der Kosten nach folgenden Gruppen zu erfolgen:

1. Gruppe Wertpapierdienstleistungsunternehmen und Anlageverwalter: Wertpapierdienstleistungsunternehmen im Sinne des § 2 Absatz 10 des Wertpapierhandelsgesetzes und Institute und Unternehmen, auf die § 2 Absatz 8 Satz 7 des Wertpapierhandelsgesetzes anzuwenden ist,
2. Gruppe Emittenten: Emittenten mit Sitz im Inland, deren Wertpapiere an einer inländischen Börse zum Handel zugelassen oder in den Freiverkehr einbezogen sind,
3. Gruppe Datenbereitstellungsdienstleister: Betreiber von Datenbereitstellungsdiensten mit einer Erlaubnis oder einer Fiktion der Erlaubnis zum Erbringen von Datenbereitstellungsdiensten nach § 32 Absatz 1f des Kreditwesengesetzes, soweit sie nach dem Wertpapierhandelsgesetz beaufsichtigt werden.

[2]Der Bund und die Länder sind keine Emittenten im Sinne von Satz 1 Nummer 2. [3]Die Kosten des Aufgabenbereichs Wertpapierhandel, die einer Gruppe nach Satz 1 nicht unmittelbar zugeordnet werden können, sind gesondert zu erfassen. [4]Sie sind auf die Gruppen entsprechend dem Verhältnis aufzuteilen, das zwischen den Kosten besteht, die den Gruppen unmittelbar zuzurechnen sind. [5]§ 16b Absatz 4 Satz 1 und 3 ist entsprechend anzuwenden. [6]§ 16c ist mit der Maßgabe entsprechend anzuwenden, dass Fehlbeträge, nicht eingegangene Beträge und Überschüsse erst nach der Aufteilung der Kosten nach Satz 1 gruppenbezogen zu berücksichtigen sind.

(2) [1]Umlagepflichtig für den Aufgabenbereich Wertpapierhandel ist, wer den in Absatz 1 genannten Gruppen angehört. [2]Die Umlagepflicht in den Gruppen Wertpapierdienstleistungsunternehmen und Anlageverwalter sowie Datenbereitstellungsdienstleister besteht mit Erteilung oder Fiktion der Erlaubnis zum Erbringen einer oder mehrerer Wertpapierdienstleistungen, mit Erteilung der Erlaubnis zum Erbringen der Dienstleistung Anlageverwaltung oder mit Ertei-

1) **Anm. d. Red.:** § 16h i. d. F. des Gesetzes v. 23. 12. 2016 (BGBl I S. 3171) mit Wirkung v. 1. 1. 2018.

2) **Anm. d. Red.:** § 16i i. d. F. des Gesetzes v. 23. 6. 2017 (BGBl I S. 1693) mit Wirkung v. 3. 1. 2018. — Zur Anwendung siehe § 23 Abs. 10.

lung oder Fiktion der Erlaubnis zum Erbringen von Datenbereitstellungsdiensten. [3]Sie endet in dem Jahr des Erlöschens der Erlaubnis. [4]Die Umlagepflicht besteht auch dann, wenn die Voraussetzungen nicht das ganze Jahr vorliegen. [5]Die Umlagepflicht in der Gruppe der Emittenten erstreckt sich auf die Umlagejahre, in denen ein Emittent die in Absatz 1 Satz 1 Nummer 2 genannten Voraussetzungen erfüllt.

(3) Fehlbeträge, nicht eingegangene Beträge und Überschüsse der Umlageabrechnungen für die Jahre 2009 bis 2012 in den in § 6 Absatz 2 Satz 1 Nummer 3 Buchstabe a bis c der Verordnung über die Erhebung von Gebühren und die Umlegung von Kosten nach dem Finanzdienstleistungsaufsichtsgesetz in der bis zum 31. Dezember 2012 geltenden Fassung genannten Gruppen des Aufgabenbereichs Wertpapierhandel gelten ab der Abrechnung für das Umlagejahr 2013 als Fehlbeträge, nicht eingegangene Beträge und Überschüsse der Gruppe Wertpapierdienstleistungsunternehmen und Anlageverwalter.

§ 16j Bemessungsgrundlagen der Umlage im Aufgabenbereich Wertpapierhandel[1)]

(1) [1]Für die Umlagepflichtigen in der Gruppe Wertpapierdienstleistungsunternehmen und Anlageverwalter ist der Umlagebetrag nach dem Verhältnis der Nettoerträge des einzelnen Umlagepflichtigen zum Gesamtbetrag der Nettoerträge aller Umlagepflichtigen der Gruppe zu bemessen, wobei sich die Nettoerträge aus folgenden Positionen der Anlagen 1 und 4 der Prüfungsberichtsverordnung (SON01 und SON04) zusammensetzen:

1. bei Kreditinstituten mit Ausnahme der Wertpapierhandelsbanken aus
   a) dem Provisionsergebnis (Position 033 der Anlage SON01), wenn der Betrag positiv oder null ist,
   b) zuzüglich des Nettoergebnisses des Handelsbestandes aus Geschäften mit Wertpapieren des Handelsbestandes (Position 034 der Anlage SON01), wenn der Saldo positiv ist,
   c) zuzüglich des Nettoergebnisses des Handelsbestandes aus Geschäften mit Devisen und Edelmetallen (Position 035 der Anlage SON01), wenn der Saldo positiv ist, und
   d) zuzüglich des Nettoergebnisses des Handelsbestandes aus Geschäften mit Derivaten (Position 036 der Anlage SON01), wenn der Saldo positiv ist,
2. bei Finanzdienstleistungsinstituten, die mit Finanzinstrumenten auf eigene Rechnung handeln oder die Befugnis haben, sich Eigentum oder Besitz an Geldern oder Wertpapieren von Kunden zu verschaffen, und bei Wertpapierhandelsbanken aus
   a) dem Saldo aus den Erträgen aus Geschäften mit Wertpapieren des Handelsbestandes (Position 316 der Anlage SON01) und Aufwendungen aus Geschäften mit Wertpapieren des Handelsbestandes (Position 315 der Anlage SON01), wenn der Saldo positiv ist,
   b) zuzüglich des Saldos aus Erträgen aus Geschäften mit Devisen und Edelmetallen (Position 318 der Anlage SON01) und den Aufwendungen aus Geschäften mit Devisen und Edelmetallen (Position 317 der Anlage SON01), wenn der Saldo positiv ist,
   c) zuzüglich des Saldos aus Erträgen aus Geschäften mit Derivaten (Position 320 der Anlage SON01) und den Aufwendungen aus Geschäften mit Derivaten (Position 319 der Anlage SON01), wenn der Saldo positiv ist,
3. bei allen übrigen Wertpapierdienstleistungsunternehmen, die nicht auf eigene Rechnung mit Finanzinstrumenten handeln und die nicht befugt sind, sich bei der Erbringung von Finanzdienstleistungen Eigentum oder Besitz an Geldern oder Wertpapieren von Kunden zu verschaffen, aus den Provisionserträgen (Position 313 der Anlage SON04) abzüglich der Provisionsaufwendungen (Position 314 der Anlage SON04).

[2]Zugrunde zu legen sind die Ertragsdaten des dem Umlagejahr vorausgehenden Kalenderjahres.

1) **Anm. d. Red.:** § 16j i. d. F. des Gesetzes v. 23. 6. 2017 (BGBl I S. 1693) mit Wirkung v. 3. 1. 2018. — Zur Anwendung siehe § 23 Abs. 10.

(2) [1]Für die Umlagepflichtigen der Gruppe Wertpapierdienstleistungsunternehmen und Anlageverwalter sind bei der Ermittlung der umlagerelevanten Ergebnisse nach Absatz 1 auf Antrag von dem Provisionsergebnis abzuziehen

1. Nettoerträge aus dem Zahlungsverkehr,
2. Nettoerträge aus dem Außenhandelsgeschäft,
3. Nettoerträge aus dem Reisezahlungsmittelgeschäft,
4. Nettoerträge für Treuhandkredite und Verwaltungskredite,
5. Nettoerträge aus der Vermittlung von Kredit-, Spar-, Bauspar- und Versicherungsverträgen,
6. Nettoerträge aus der Kreditbearbeitung und dem Avalgeschäft,
7. Nettoerträge aus von ausländischen Tochterunternehmen für Einlagengeschäfte erhaltenen Vergütungen,
8. Nettoerträge aus Nachlassbearbeitungen,
9. Nettoerträge für Electronic Banking Services,
10. Nettoerträge aus Gutachtertätigkeiten und
11. Nettoerträge aus sonstigen Bearbeitungsentgelten.

[2]Die Abzugsposten nach Satz 1 sind von der Bundesanstalt nur zu berücksichtigen, wenn sie in der Summe mehr als ein Fünftel des gesamten Provisionsergebnisses betragen und der Umlagepflichtige die Nichtberücksichtigung vor dem 1. Februar des auf das Umlagejahr folgenden Kalenderjahres beantragt sowie das Vorliegen der Voraussetzungen durch Vorlage geeigneter Unterlagen nachgewiesen hat; Tatsachen, die verspätet vorgetragen oder nachgewiesen werden, bleiben unberücksichtigt. [3]Die Beträge der Abzugsposten sind durch eine Bestätigung eines Wirtschaftsprüfers, einer Wirtschaftsprüfungsgesellschaft, eines vereidigten Buchprüfers, einer Buchprüfungsgesellschaft, eines genossenschaftlichen Prüfungsverbandes oder einer Prüfungsstelle der Sparkassen- und Giroverbände nachzuweisen.

FinDAG

(3) Für Umlagepflichtige der Gruppe Wertpapierdienstleistungsunternehmen und Anlageverwalter, die nicht das ganze Jahr umlagepflichtig waren, ist abweichend von den Absätzen 1 und 2 der Bruchteil der ermittelten Erträge maßgeblich, der dem Verhältnis der Anzahl der angefangenen Monate, in denen die Umlagepflicht bestand, zur Anzahl der Monate des Umlagejahres entspricht.

(4) [1]In der Gruppe Wertpapierdienstleistungsunternehmen und Anlageverwalter haben die Unternehmen bis spätestens zum 30. Juni des dem Umlagejahr folgenden Kalenderjahres die für die Bemessung des Umlagebetrages notwendigen, von einem Wirtschaftsprüfer, einer Wirtschaftsprüfungsgesellschaft, einem genossenschaftlichen Prüfungsverband oder einer Prüfungsstelle der Sparkassen- und Giroverbände bestätigten Daten mitzuteilen, sofern bis zu diesem Zeitpunkt noch kein Prüfungsbericht über den Jahresabschluss für das letzte Geschäftsjahr bei der Bundesanstalt eingereicht worden ist. [2]Bei Finanzdienstleistungsinstituten, deren Bilanzsumme des letzten Geschäftsjahres 150 Millionen Euro nicht übersteigt, können die Bestätigungen nach Satz 1 auch durch vereidigte Buchprüfer oder Buchprüfungsgesellschaften vorgenommen werden. [3]Liegen die Daten nach Satz 1 am 1. Juli nicht vor, schätzt die Bundesanstalt die Erträge und setzt den Umlagebetrag anhand der geschätzten Daten fest. [4]Die Bundesanstalt kann auf Antrag eine angemessene Nachfrist von bis zu einem Monat zur Einreichung der in Satz 1 genannten Daten gewähren. [5]Bei der Schätzung hat die Bundesanstalt im Regelfall Ertragsdaten des Umlagepflichtigen aus vorangegangenen Geschäftsjahren zugrunde zu legen. [6]Liegen keinerlei Daten im Sinne des Satzes 5 und auch keine entsprechenden Daten für die nachfolgenden Geschäftsjahre vor, sind die Daten von Unternehmen der Umlagegruppe mit vergleichbarer Größe entsprechend heranzuziehen. [7]Bei Unternehmen, denen im Umlagejahr erstmals die Erlaubnis erteilt wurde oder die ihre erste erlaubnispflichtige Geschäftstätigkeit aufgenommen haben, entspricht der Umlagebetrag dem Mindestumlagebetrag nach Absatz 6.

(5) [1]Für Umlagepflichtige der Gruppe Emittenten ist der Umlagebetrag nach den Umsätzen von Wertpapieren der Umlagepflichtigen zu bemessen, die an den inländischen Handelsplätzen

im Sinne von § 2 Absatz 22 des Wertpapierhandelsgesetzes in einem Umlagejahr angefallen sind. [2]Wertpapiere im Sinne von Satz 1 sind Wertpapiere im Sinne von § 2 Absatz 1 des Wertpapierhandelsgesetzes, die an einer inländischen Börse zum Handel zugelassen oder in den Freiverkehr einbezogen sind. [3]Bei der Bemessung des Umlagebetrages ist vorbehaltlich der Regelungen des Absatzes 6 die Höhe der von den inländischen Handelsplätzen nach Satz 4 an die Bundesanstalt gemeldeten Umsätze für den einzelnen Umlagepflichtigen in das Verhältnis zum Gesamtbetrag der für alle Umlagepflichtigen gemeldeten Umsätze zu setzen. [4]Die Handelsplätze haben der Bundesanstalt zur Festsetzung der Umlage und der Umlagevorauszahlung über die Umsätze nach Satz 1 Auskunft zu erteilen und Unterlagen vorzulegen. [5]Die Bundesanstalt kann von den Emittenten Auskunft und die Vorlage von Unterlagen verlangen, soweit dies zur Festsetzung der Umlage und der Umlagevorauszahlung erforderlich ist.

(5a) Auf die Bemessung der Umlagebeträge in der Gruppe Datenbereitstellungsdienstleister ist § 16f Absatz 1 Nummer 3 entsprechend anzuwenden.

(6) Der von jedem Umlagepflichtigen der Gruppe Wertpapierdienstleistungsunternehmen und Anlageverwaltung sowie der Gruppe Emittenten zu entrichtende Umlagebetrag beträgt in jeder Gruppe mindestens 250 Euro.

(7) [1]Das Bundesministerium der Finanzen wird ermächtigt, durch Rechtsverordnung ohne Zustimmung des Bundesrates näher zu bestimmen, auf welchem Wege und in welcher Form der Antrag und die Nachweise nach Absatz 2 sowie die Umsätze nach Absatz 5 der Bundesanstalt zu übermitteln sind und wie sich die Umsätze nach Absatz 5 bestimmen. [2]Das Bundesministerium kann die Ermächtigung zum Erlass der Rechtsverordnung nach Satz 1 auf die Bundesanstalt übertragen.

§ 16k Aufgabenbereich Abwicklung[1)]

(1) Die Umlagepflicht besteht für Institute im Sinne des § 2 des Restrukturierungsfondsgesetzes ab dem Zeitpunkt der Erteilung oder der Fiktion der Erlaubnis nach dem Kreditwesengesetz und endet, wenn die Erlaubnis des Instituts erlischt oder aufgehoben wird.

(2) [1]Umlagepflichtige Institute, bei denen die Berechnung der Jahresbeiträge gemäß § 12 Absatz 2 des Restrukturierungsfondsgesetzes für das Umlagejahr unter Berücksichtigung des Artikels 10 der Delegierten Verordnung (EU) 2015/63 erfolgte sowie die in § 1 Absatz 1 und 2 der Restrukturierungsfondsverordnung genannten Institute zahlen einen Pauschalbetrag in Höhe von 250 Euro. [2]Für die übrigen umlagepflichtigen Institute wird der Umlagebetrag nach einem jährlich zu ermittelnden Verteilungsschlüssel bemessen. [3]Der Verteilungsschlüssel in einem Umlagejahr bestimmt sich für diese Institute nach dem Verhältnis der Höhe der Bilanzsumme, die in entsprechender Anwendung der Bestimmungen des Artikels 5 der Delegierten Verordnung (EU) 2015/63 angepasst wurde, zur Gesamtsumme der Bilanzsummen, die in entsprechender Anwendung der Bestimmungen des Artikels 5 der Delegierten Verordnung (EU) 2015/63 angepasst wurden, aller übrigen umlagepflichtigen Institute. [4]Maßgebend für die Berechnung des Verteilungsschlüssels ist jeweils die in entsprechender Anwendung des Artikels 5 der Delegierten Verordnung (EU) 2015/63 angepasste Bilanzsumme, die im Umlagejahr der Berechnung der Jahresbeiträge nach § 12 Absatz 2 des Restrukturierungsfondsgesetzes zugrunde lag. [5]Soweit für ein umlagepflichtiges Institut im Umlagejahr keine Jahresbeiträge nach § 12 Absatz 2 des Restrukturierungsfondsgesetzes zu berechnen waren und die Daten zur Berechnung der Bilanzsumme, die in entsprechender Anwendung der Bestimmung des Artikels 5 der Delegierten Verordnung (EU) 2015/63 angepasst wurde, nicht vorliegen, wird für das jeweilige Institut ein Pauschalbetrag in Höhe von 250 Euro erhoben. [6]§ 16f Absatz 1 Nummer 1 Satz 2, Absatz 2, 4 und 5 ist entsprechend anzuwenden. [7]Der Umlagebetrag für jedes umlagepflichtige Institut beträgt mindestens 250 Euro.

1) **Anm. d. Red.:** § 16k eingefügt gem. Gesetz v. 23. 12. 2016 (BGBl I S. 3171) mit Wirkung v. 1. 1. 2018.

§ 16l Entstehung der Umlageforderung, Festsetzung des Umlagebetrages und Fälligkeit[1)]

(1) Die Umlageforderung entsteht mit Ablauf des Umlagejahres, für das die Umlagepflicht besteht.

(2) Nach Feststellung der Jahresrechnung über die Einnahmen und Ausgaben des jeweiligen Umlagejahres durch den Verwaltungsrat hat die Bundesanstalt für jeden Umlagepflichtigen den von diesem zu entrichtenden Umlagebetrag zu ermitteln.

(3) [1]Die Bundesanstalt hat den Umlagebetrag schriftlich oder elektronisch festzusetzen, sobald er nach Absatz 2 abschließend ermittelt worden ist. [2]Der Umlagebetrag ist kaufmännisch auf volle Euro zu runden. [3]Eine vorherige Anhörung der Umlagepflichtigen ist nicht erforderlich.

(4) Die Umlageforderung wird mit der Bekanntgabe ihrer Festsetzung an den Umlagepflichtigen fällig, wenn nicht die Bundesanstalt im Einzelfall einen späteren Zeitpunkt bestimmt.

(5) [1]Die Bundesanstalt kann zulassen, dass ein Verband die Umlagebeträge der ihm angehörenden Umlagepflichtigen für diese Umlagepflichtigen in einer Summe entrichtet, wenn er sich hierzu in Schriftform gegenüber der Bundesanstalt verpflichtet hat. [2]In diesem Fall werden die Festsetzungen gegenüber den verbandsangehörigen Umlagepflichtigen diesen über den Verband bekannt gegeben, soweit sich die Umlagepflichtigen damit einverstanden erklärt haben oder der Verband erklärt hat, zum Empfang der Festsetzungen ermächtigt zu sein. [3]Eine gesonderte Bekanntgabe der Festsetzung an den einzelnen verbandsangehörigen Umlagepflichtigen ist insoweit entbehrlich.

FinDAG

§ 16m Festsetzung und Fälligkeit von Umlagevorauszahlungen[2)]

(1) [1]Die Bundesanstalt hat eine Vorauszahlung auf den Umlagebetrag eines Umlagejahres festzusetzen, sobald der für dieses Umlagejahr festgestellte Haushaltsplan vom Bundesministerium der Finanzen genehmigt ist. [2]Der Festsetzung sind die Ausgaben zugrunde zu legen, die in dem Haushaltsplan für dieses Umlagejahr veranschlagt sind. [3]§ 16l Absatz 3 und 5 gilt entsprechend.

(2) [1]Vorauszahlungspflichtig ist, wer im letzten abgerechneten Umlagejahr umlagepflichtig war und im Jahr der Festsetzung der Vorauszahlung umlagepflichtig ist, es sei denn, er weist im Jahr der Vorauszahlungsfestsetzung vor dem 1. Dezember nach, dass er im darauf folgenden Jahr nicht mehr umlagepflichtig sein wird. [2]Wird der Nachweis nach Satz 1 nicht fristgerecht erbracht, hat der Vorauszahlungspflichtige den Vorauszahlungsbetrag auch dann für das volle Umlagejahr zu leisten, wenn er in diesem Jahr teilweise oder überhaupt nicht mehr umlagepflichtig sein wird. [3]Eine anteilige Ermittlung der Vorauszahlung ist ausgeschlossen.

(3) [1]Die Verteilung der voraussichtlichen Kosten, die auf die Vorauszahlungspflichtigen umzulegen sind, ist auf der Grundlage der Verhältnisse des letzten abgerechneten Umlagejahres nach Maßgabe der §§ 16e bis 16k zu ermitteln. [2]Verhältnisse im Sinne des Satzes 1 sind die Verteilungsverhältnisse zwischen den Aufgabenbereichen und Gruppen sowie die Bemessungsgrundlagen für die einzelnen Umlagepflichtigen.

(4) [1]Die nach Absatz 1 festgesetzte Umlagevorauszahlung wird vorbehaltlich des Satzes 2 nach der Bekanntgabe der Festsetzung jeweils zu gleichen Teilen am 15. Januar und am 15. Juli fällig, wenn nicht die Bundesanstalt im Einzelfall einen anderen Zeitpunkt bestimmt. [2]Auf Vorauszahlungspflichtige des Aufgabenbereichs Abwicklung ist Satz 1 mit der Maßgabe anzuwenden, dass die festgesetzte Umlagevorauszahlung am 15. Januar des Umlagejahres fällig wird.

(5) [1]Soweit der Umlagebetrag die Vorauszahlung voraussichtlich übersteigen wird, kann die Bundesanstalt für das laufende Umlagejahr eine weitere Umlagevorauszahlung festsetzen. [2]Die

1) **Anm. d. Red.:** Bisheriger § 16k zu § 16l geworden gem. Gesetz v. 23. 12. 2016 (BGBl I S. 3171) mit Wirkung v. 1. 1. 2018.

2) **Anm. d. Red.:** Bisheriger § 16l zu § 16m geworden und geändert gem. Gesetz v. 23. 12. 2016 (BGBl I S. 3171) mit Wirkung v. 1. 1. 2018.

Vorauszahlungspflicht bestimmt sich nach Absatz 2. [3]Die umzulegenden Kosten sind nach Maßgabe des Absatzes 3 zu verteilen. [4]Für den nach Satz 1 festgesetzten Vorauszahlungsbetrag hat die Bundesanstalt den Zeitpunkt der Fälligkeit zu bestimmen.

§ 16n Differenz zwischen Umlagebetrag und Vorauszahlung[1)]

(1) Entsteht nach der Anrechnung des gezahlten Umlagevorauszahlungsbetrages auf den festgesetzten Umlagebetrag ein Fehlbetrag, ist dieser innerhalb eines Monats nach Bekanntgabe des festgesetzten Umlagebetrages zu entrichten.

(2) Übersteigt der gezahlte Vorauszahlungsbetrag den festgesetzten Umlagebetrag oder ist die Vorauszahlung von einem endgültig nicht Umlagepflichtigen geleistet worden, ist die Überzahlung zu erstatten.

(3) Ansprüche auf Erstattung von Überzahlungen im Sinne des Absatzes 2 erlöschen durch Verjährung, wenn sie nicht bis zum Ablauf des fünften Kalenderjahres nach dem Kalenderjahr geltend gemacht werden, in dem die Festsetzung des Umlagebetrages oder die Aufhebung des Vorauszahlungsbescheides unanfechtbar geworden ist.

§ 16o Säumniszuschläge; Beitreibung[2)]

(1) [1]Werden die Umlagebeträge und Umlagevorauszahlungsbeträge nicht bis zum Ablauf des Fälligkeitstages entrichtet, ist für jeden angefangenen Monat der Säumnis ein Säumniszuschlag von 1 Prozent des abgerundeten rückständigen Betrages zu entrichten. [2]Der Säumniszuschlag wird nur erhoben, wenn der rückständige Betrag 50 Euro übersteigt und die Säumnis länger als drei Tage beträgt. [3]Wird die Festsetzung einer Umlage aufgehoben oder geändert, bleiben die bis dahin verwirkten Säumniszuschläge unberührt.

(2) Für die Berechnung des Säumniszuschlages ist der rückständige Betrag auf volle 50 Euro abzurunden.

(3) Ein wirksam geleisteter Umlagebetrag oder Umlagevorauszahlungsbetrag gilt als entrichtet

1. bei Übergabe oder Übersendung von Zahlungsmitteln am Tag des Eingangs bei der für die Bundesanstalt zuständigen Kasse (Bundeskasse oder Zahlstelle); bei Hingabe oder Übersendung von Schecks jedoch drei Tage nach dem Tag des Eingangs des Schecks bei der zuständigen Kasse,
2. bei Überweisung oder Einzahlung auf ein Konto der zuständigen Kasse und bei Einzahlung mit Zahlschein oder Postanweisung an dem Tag, an dem der Betrag der Kasse gutgeschrieben wird, oder
3. bei Vorliegen einer Einzugsermächtigung am Fälligkeitstag.

(4) [1]In den Fällen der Gesamtschuld entstehen Säumniszuschläge gegenüber jedem säumigen Gesamtschuldner. [2]Insgesamt ist jedoch kein höherer Säumniszuschlag zu entrichten, als verwirkt worden wäre, wenn die Säumnis nur bei einem Gesamtschuldner eingetreten wäre.

(5) [1]Nicht fristgerecht entrichtete Umlage- und Umlagevorauszahlungsbeträge werden nach den Vorschriften des Verwaltungs-Vollstreckungsgesetzes durch die Bundesanstalt beigetrieben. [2]Vollstreckungsbehörde ist das für den Sitz oder die Niederlassung des Vollstreckungsschuldners zuständige Hauptzollamt.

---

1) **Anm. d. Red.:** Bisheriger § 16m zu § 16n geworden gem. Gesetz v. 23.12.2016 (BGBl I S. 3171) mit Wirkung v. 1.1.2018.

2) **Anm. d. Red.:** Bisheriger § 16n zu § 16o geworden gem. Gesetz v. 23.12.2016 (BGBl I S. 3171) mit Wirkung v. 1.1.2018.

§ 16p Festsetzungsverjährung[1)]

(1) [1]Die Festsetzung des Umlagebetrages ist nicht mehr zulässig, wenn die Festsetzungsfrist abgelaufen ist (Festsetzungsverjährung). [2]Die Festsetzungsfrist beträgt vier Jahre; sie beginnt mit Ablauf des Umlagejahres.

(2) Die Festsetzungsfrist läuft nicht ab, solange die Festsetzung wegen höherer Gewalt innerhalb der letzten sechs Monate des Fristablaufs nicht erfolgen kann.

(3) [1]Wird die Festsetzung angefochten, läuft die Festsetzungsfrist erst sechs Monate nach dem Zeitpunkt ab, an dem die Festsetzung unanfechtbar geworden ist; dies gilt auch, wenn der Rechtsbehelf erst nach Ablauf der Festsetzungsfrist eingelegt wird. [2]Der Ablauf der Festsetzungsfrist ist hinsichtlich des gesamten Anspruchs gehemmt. [3]Satz 1 gilt entsprechend für vor Ablauf der Festsetzungsfrist gestellte Anträge auf Aufhebung oder Änderung der Festsetzung.

§ 16q Zahlungsverjährung[2)]

(1) [1]Der Anspruch auf Zahlung des festgesetzten Umlagebetrages verjährt nach fünf Jahren (Zahlungsverjährung). [2]Die Verjährungsfrist beginnt mit dem Ablauf des Kalenderjahres, in dem der Anspruch erstmals fällig geworden ist.

(2) Die Zahlungsverjährung ist gehemmt, solange der Anspruch wegen höherer Gewalt innerhalb der letzten sechs Monate der Verjährungsfrist nicht verfolgt werden kann.

(3) Die Zahlungsverjährung wird unterbrochen durch

1. schriftliche Geltendmachung des Anspruchs,
2. Zahlungsaufschub,
3. Stundung,
4. Eintritt der aufschiebenden Wirkung,
5. Aussetzung der Vollziehung,
6. Sicherheitsleistung,
7. Vollstreckungsaufschub,
8. eine Vollstreckungsmaßnahme,
9. Anmeldung im Insolvenzverfahren,
10. Aufnahme in einen Insolvenzplan oder gerichtlichen Schuldenbereinigungsplan,
11. Einbeziehung in ein Verfahren, das die Restschuldbefreiung für den Umlageschuldner zum Ziel hat, oder
12. Ermittlungen der Bundesanstalt nach dem Wohnsitz oder dem Aufenthaltsort des Umlagepflichtigen.

(4) Die Unterbrechung der Zahlungsverjährung durch eine der in Absatz 3 genannten Maßnahmen dauert fort, bis

1. der Zahlungsaufschub, die Stundung, die aufschiebende Wirkung, die Aussetzung der Vollziehung oder der Vollstreckungsaufschub beendet ist,
2. bei Sicherheitsleistung, Pfändungspfandrecht, Zwangshypothek oder einem sonstigen Vorzugsrecht auf Befriedigung das entsprechende Recht erloschen ist,
3. das Insolvenzverfahren beendet ist,
4. der Insolvenzplan oder der gerichtliche Schuldenbereinigungsplan erfüllt ist oder hinfällig wird,

FinDAG

1) **Anm. d. Red.:** Bisheriger § 16o zu § 16p geworden gem. Gesetz v. 23. 12. 2016 (BGBl I S. 3171) mit Wirkung v. 1. 1. 2018.

2) **Anm. d. Red.:** Bisheriger § 16p zu § 16q geworden gem. Gesetz v. 23. 12. 2016 (BGBl I S. 3171) mit Wirkung v. 1. 1. 2018.

5. die Restschuldbefreiung erteilt oder versagt wird oder das Verfahren, das die Restschuldbefreiung zum Ziel hat, vorzeitig beendet wird, oder
6. die Ermittlung der Bundesanstalt nach dem Wohnsitz oder dem Aufenthalt des Umlagepflichtigen beendet ist.

(5) [1]Die Zahlungsverjährung wird nur in Höhe des Betrages unterbrochen, auf den sich die Unterbrechungshandlung bezieht. [2]Mit Ablauf des Kalenderjahres, in dem die Unterbrechung geendet hat, beginnt eine neue Verjährungsfrist.

(6) [1]Wird die Festsetzung des Umlagebetrages angefochten, erlöschen die Zahlungsansprüche aus ihr nicht vor Ablauf von sechs Monaten, nachdem die Festsetzung unanfechtbar geworden ist oder sich das Verfahren auf andere Weise erledigt hat. [2]Die Frist nach Satz 1 kann durch verjährungsunterbrechende Maßnahmen nach Absatz 3 unterbrochen werden.

§ 16r Erstattung überzahlter Umlagebeträge[1)]

(1) Zu Unrecht erhobene Umlagebeträge und sonstige Überzahlungen auf Umlagebeträge, die nicht auf der Erhebung einer Vorauszahlung beruhen, sind nach Kenntniserlangung durch die Bundesanstalt zu erstatten.

(2) Ansprüche auf Erstattung von zu Unrecht erhobenen Umlagebeträgen entstehen mit Unanfechtbarkeit der Feststellung der Rechtswidrigkeit; Ansprüche auf Erstattung von sonstigen Überzahlungen im Sinne des Absatzes 1 entstehen mit Zahlungseingang bei der Bundesanstalt.

(3) Ansprüche auf Erstattung von zu Unrecht erhobenen Umlagebeträgen und von sonstigen Überzahlungen im Sinne des Absatzes 1 erlöschen durch Verjährung, wenn sie nicht bis zum Ablauf des fünften Kalenderjahres geltend gemacht werden, das auf die Entstehung des Anspruchs folgt.

§ 17 Zwangsmittel; Bekanntgabe von Allgemeinverfügungen[2)]

(1) [1]Die Bundesanstalt kann ihre Verfügungen, die sie innerhalb ihrer gesetzlichen Befugnisse trifft, mit Zwangsmitteln nach den Bestimmungen des Verwaltungs-Vollstreckungsgesetzes durchsetzen. [2]Dabei kann sie die Zwangsmittel für jeden Fall der Nichtbefolgung androhen. [3]Sie kann auch Zwangsmittel gegen juristische Personen des öffentlichen Rechts anwenden. [4]Die Höhe des Zwangsgelds beträgt bis zu 2 500 000 Euro.

(2) [1]Die Bundesanstalt gibt Allgemeinverfügungen öffentlich bekannt. [2]Die öffentliche Bekanntgabe gemäß § 41 Absatz 4 Satz 1 des Verwaltungsverfahrensgesetzes erfolgt durch elektronische Bekanntmachung auf der Internetseite der Bundesanstalt. [3]Dabei sind der Bekanntmachungszeitpunkt sowie der Bekanntgabezeitpunkt anzugeben. [4]Abweichend von § 41 Absatz 4 Satz 4 des Verwaltungsverfahrensgesetzes kann in besonders begründeten Fällen der Bekanntmachungszeitpunkt als Bekanntgabezeitpunkt bestimmt werden. [5]Ein besonders begründeter Fall im Sinne des Satzes 4 kann insbesondere vorliegen bei Allgemeinverfügungen der Bundesanstalt zur

1. Beseitigung oder Verhinderung von Nachteilen für die Stabilität der Finanzmärkte, von Zuständen, die das Vertrauen in die Funktionsfähigkeit der Finanzmärkte erschüttern können, oder von sonstigen erheblichen Nachteilen für den Finanz- oder Wertpapiermarkt oder
2. Sicherung der Liquidität oder Solvenz von beaufsichtigten Unternehmen oder bedeutender Vermögenswerte von Kunden oder Anlegern.

---

1) **Anm. d. Red.:** Bisheriger § 16q zu § 16r geworden gem. Gesetz v. 23. 12. 2016 (BGBl I S. 3171) mit Wirkung v. 1. 1. 2018.

2) **Anm. d. Red.:** § 17 i. d. F. des Gesetzes v. 23. 12. 2016 (BGBl I S. 3171) mit Wirkung v. 29. 12. 2016.

[6]Ein besonders begründeter Fall im Sinne des Satzes 4 kann darüber hinaus insbesondere auch vorliegen, wenn

1. bei späterer Bekanntgabe der Allgemeinverfügung deren Umgehung durch die Adressaten zu befürchten ist,
2. abgestimmte Maßnahmen mehrerer europäischer Aufsichtsbehörden erforderlich sind und eine frühere Bekanntgabe vereinbart wurde oder
3. eine frühere Bekanntgabe auf Grund europäischer Rechtsvorschriften erforderlich ist.

(3) Falls die für eine elektronische Bekanntmachung notwendigen Systeme nicht verfügbar sein sollten, erfolgt die öffentliche Bekanntgabe abweichend von Absatz 2 Satz 2 durch die Bekanntmachung an der hierfür durch die Bundesanstalt bestimmten allgemein zugänglichen Stelle; Absatz 2 Satz 3 bis 6 gilt entsprechend.

Sechster Abschnitt: Finanzierung gesonderter Aufgaben[1)]

§ 17a Finanzierung gesonderter Aufgaben[2)]

[1]Die Bundesanstalt weist die in ihrem Verwaltungsbereich voraussichtlich zu erwartenden Einnahmen und zu leistenden Ausgaben für Aufgaben nach Abschnitt 16 des Wertpapierhandelsgesetzes und nach diesem Abschnitt in einem gesonderten Teil des Haushaltsplans einschließlich eines gesonderten Stellenplans aus. [2]Die Summe der Einnahmen und Ausgaben der Prüfstelle sind in diesem Teil des Haushaltsplans zu berücksichtigen und ebenfalls gesondert auszuweisen. [3]Dieser Teil des Haushaltsplans wird unter Berücksichtigung des nach § 342d Satz 2 des Handelsgesetzbuchs genehmigten Wirtschaftsplans der Prüfstelle vom Verwaltungsrat gesondert festgestellt. [4]Die Kosten für die in Satz 1 genannten Aufgaben werden entsprechend gesondert erfasst und einem eigenen Buchungskreislauf zugeordnet. [5]Im Übrigen sind § 12 Abs. 1, 3 bis 5 und § 13 Abs. 2 Satz 1 und 2 entsprechend anzuwenden.

FinDAG

§ 17b Gebühren für gesonderte individuell zurechenbare öffentliche Leistungen[3)4)]

(1) [1]Die Bundesanstalt kann für individuell zurechenbare öffentliche Leistungen im Rahmen der ihr zugewiesenen Aufgaben nach Abschnitt 16 des Wertpapierhandelsgesetzes Gebühren in Höhe von bis zu 500 000 Euro erheben, soweit nicht nach § 17c eine gesonderte Erstattung von Kosten vorgesehen ist. [2]Ergibt die Prüfung durch die Bundesanstalt, dass die Rechnungslegung nicht fehlerhaft ist, sieht sie von der Erhebung der Gebühr ab.

(2) [1]Das Bundesministerium wird ermächtigt, durch Rechtsverordnung die gebührenpflichtigen Tatbestände und die Gebühren nach Maßgabe des Absatzes 1 durch feste Sätze oder Rahmensätze oder durch Regelungen über Erhöhungen, Ermäßigungen und Befreiungen für bestimmte Arten von individuell zurechenbaren öffentlichen Leistungen näher zu bestimmen. [2]§ 14 Abs. 2 Satz 2, 3 und Abs. 3 ist entsprechend anzuwenden. [3]Das Bundesministerium kann die Ermächtigung durch Rechtsverordnung auf die Bundesanstalt übertragen.

§ 17c Gesonderte Erstattung bei gesonderten Prüfungen[5)]

[1]Die Kosten, die der Bundesanstalt durch die Wahrnehmung der Aufgaben nach § 108 Absatz 1 Satz 2 Nummer 1 des Wertpapierhandelsgesetzes entstehen, sind ihr von den Unternehmen im Sinne des § 106 des Wertpapierhandelsgesetzes gesondert zu erstatten und ihr auf Ver-

---

1) **Anm. d. Red.:** Sechster Abschnitt eingefügt gem. Gesetz v. 15. 12. 2004 (BGBl I S. 3408) mit Wirkung v. 21. 12. 2004.

2) **Anm. d. Red.:** § 17a i. d. F. des Gesetzes 23. 6. 2017 (BGBl I S. 1693) mit Wirkung v. 3. 1. 2018.

3) **Anm. d. Red.:** § 17b i. d. F. des Gesetzes 23. 6. 2017 (BGBl I S. 1693) mit Wirkung v. 3. 1. 2018.

4) **Anm. d. Red.:** Gem. Art. 4 Abs. 76 Nr. 3 i.V. mit Art. 7 Abs. 3 Gesetz v. 18. 7. 2016 (BGBl I S. 1666) wird § 17b mit Wirkung v. 1. 10. 2021 aufgehoben.

5) **Anm. d. Red.:** § 17c i. d. F. des Gesetzes 23. 6. 2017 (BGBl I S. 1693) mit Wirkung v. 3. 1. 2018.

langen vorzuschießen. [2]Eine gesonderte Erstattung von Kosten, die durch die Wahrnehmung der Aufgaben nach § 108 Absatz 1 Satz 2 Nummer 1 des Wertpapierhandelsgesetzes entstehen, findet nicht statt, wenn das Prüfungsergebnis der Bundesanstalt vom Prüfungsergebnis der Prüfstelle zu Gunsten des betroffenen Unternehmens abweicht. [3]Zu den Kosten nach Satz 1 gehören auch die Kosten, mit denen die Bundesanstalt von der Prüfstelle im Rahmen ihrer Tätigkeit nach § 107 Absatz 4 des Wertpapierhandelsgesetzes oder von anderen Stellen, die im Rahmen solcher Maßnahmen für die Bundesanstalt tätig werden, belastet wird, sowie die Kosten für den Einsatz eigener Mitarbeiter. [4]Das Bundesministerium wird ermächtigt, Einzelheiten der gesonderten Erstattung durch eine Rechtsverordnung zu bestimmen. [5]Das Bundesministerium kann die Ermächtigung durch Rechtsverordnung auf die Bundesanstalt übertragen.

§ 17d Gesonderte Umlage[1)]

(1) [1]Soweit die nach § 17a Satz 4 gesondert erfassten Kosten und die Kosten, die zur Erfüllung der Aufgaben der Prüfstelle nach § 342b des Handelsgesetzbuchs erforderlich waren, nicht durch Gebühren, gesonderte Erstattung oder sonstige Einnahmen gedeckt werden, sind sie von der Bundesanstalt einschließlich der Fehlbeträge und der nicht eingegangenen Beträge des Vorjahres auf die zum Stichtag nach Satz 2 umlagepflichtigen Unternehmen nach einem geeigneten Verteilungsschlüssel unter Zugrundelegung ihrer inländischen Börsenumsätze anteilig umzulegen und nach den Vorschriften des Verwaltungs-Vollstreckungsgesetzes beizutreiben. [2]Umlagepflichtige Unternehmen im Sinne des Satzes 1 sind Emittenten von zugelassenen Wertpapieren im Sinne des § 2 Absatz 1 des Wertpapierhandelsgesetzes, für die die Bundesrepublik Deutschland nach § 2 Absatz 13 des Wertpapierhandelsgesetzes der Herkunftsstaat ist; unberücksichtigt bleiben hierbei Anteile und Aktien an offenen Investmentvermögen im Sinne des § 1 Absatz 4 des Kapitalanlagegesetzbuchs. [3]Für die Umlage können Mindest- und Höchstbeträge festgelegt werden. [4]Im Hinblick auf die Umlage nach Satz 1 kann die Bundesanstalt Vorauszahlungen auf der Grundlage der Kosten festsetzen, die nach dem Haushaltsplan voraussichtlich für das Umlagejahr zu erwarten sind.

(2) [1]Die inländischen Börsen haben der Bundesanstalt zur Festsetzung der Umlage und der Umlagevorauszahlung über die Börsenumsätze Auskünfte zu erteilen und Unterlagen vorzulegen. [2]Die Bundesanstalt kann von den Unternehmen Auskünfte und die Vorlage von Unterlagen verlangen, soweit dies zur Festsetzung der Umlage und der Umlagevorauszahlung erforderlich ist.

(2a) Auf die Erstattung von Überzahlungen und die Verjährung sind § 16m Absatz 2 und 3 sowie die §§ 16o, 16p und 16q entsprechend anzuwenden.

(3) [1]Das Nähere über die Erhebung der Umlage und der Umlagevorauszahlung, insbesondere über die Kostenermittlung und den Verteilungsschlüssel, den Stichtag, die Mindest- und Höchstveranlagung, das Umlageverfahren einschließlich eines geeigneten Schätzverfahrens bei nicht zweifelsfreier Datenlage, die Ausschlussfristen für die Erbringung von Nachweisen, Zahlungsfristen, die Höhe der Säumniszuschläge und die Beitreibung sowie den Differenzausgleich zwischen Umlagevorauszahlung und Umlagefestsetzung, auch in Bezug auf Vorschusszahlungen gemäß § 342d Abs. 1 Satz 3 des Handelsgesetzbuchs, bestimmt das Bundesministerium einvernehmlich mit dem Bundesministerium der Justiz und für Verbraucherschutz durch Rechtsverordnung. [2]Die Rechtsverordnung kann auch Regelungen über die vorläufige Festsetzung des Umlagebetrags vorsehen. [3]Das Bundesministerium kann die Ermächtigung mit Zustimmung des Bundesministeriums der Justiz und für Verbraucherschutz durch Rechtsverordnung auf die Bundesanstalt übertragen.

(4) Bei erstmaliger Erhebung der Umlage sind auch die Kosten zu berücksichtigen, die zur Errichtung der Prüfstelle erforderlich waren, auch wenn sie bereits vor Anerkennung der Prüfstelle nach § 342b des Handelsgesetzbuchs entstanden sind.

1) **Anm. d. Red.:** § 17d i. d. F. des Gesetzes 23. 6. 2017 (BGBl I S. 1693) mit Wirkung v. 3. 1. 2018.

Siebenter Abschnitt: Übergangs- und Schlussbestimmungen[1)]

§ 18 Übergangsbestimmungen[2)]

(1) [1]Bei dem Bundesaufsichtsamt für das Kreditwesen, dem Bundesaufsichtsamt für das Versicherungswesen und dem Bundesaufsichtsamt für den Wertpapierhandel anhängige Verwaltungsverfahren werden ab dem 1. Mai 2002 von der Bundesanstalt fortgeführt. [2]In anhängigen Gerichtsverfahren, in denen die Bundesrepublik Deutschland, vertreten durch den Präsidenten des jeweiligen Bundesaufsichtsamtes, Partei oder Beteiligte ist, ist die Bundesanstalt mit Inkrafttreten dieses Gesetzes Partei oder Beteiligte.

(2) [1]Für Gerichtsverfahren, die gemäß § 10a des Gesetzes über die Errichtung eines Bundesaufsichtsamtes für das Versicherungswesen anhängig sind, bleibt das Bundesverwaltungsgericht zuständig. [2]Der Lauf von Fristen wird nicht unterbrochen.

(3) und (4) (weggefallen)

(5) Auf die am 30. April 2002 im Amt befindlichen Präsidenten und Vizepräsidenten der Bundesaufsichtsämter für das Versicherungswesen, für das Kreditwesen und den Wertpapierhandel sind die Vorschriften des Bundesbesoldungsgesetzes in der vor Inkrafttreten des Artikels 14 des Gesetzes über die integrierte Finanzdienstleistungsaufsicht vom 22. April 2002 (BGBl I S. 1310) geltenden Fassung bis zur Übertragung eines anderen Amtes anzuwenden.

(6) [1]Die von den beaufsichtigten Unternehmen zu erstattenden Kosten des Bundesaufsichtsamtes für das Kreditwesen, des Bundesaufsichtsamtes für das Versicherungswesen und des Bundesaufsichtsamtes für den Wertpapierhandel für das Jahr 2002 bis zum 30. April 2002 und für die Vorjahre, soweit sie noch nicht erstattet wurden, sind an die Bundesanstalt zu entrichten. [2]Die Bundesanstalt führt diese Beträge an den Bund ab.

FinDAG

(7) [1]Die am 9. Dezember 2011 im Amt befindlichen Mitglieder des Direktoriums verbleiben im Amt. [2]Auf diese sind bis zu einer Berufung in ein öffentlich-rechtliches Amtsverhältnis die Vorschriften des § 9 in der vor dem 9. Dezember 2011 geltenden Fassung weiter anzuwenden. [3]Weiterhin sind auf diese die Vorschriften der Anlage I des Bundesbesoldungsgesetzes in der vor dem 9. Dezember 2011 geltenden Fassung bis zur Übertragung eines anderen Amtes anzuwenden.

§ 18a Teilintegration der Bundesanstalt für Finanzmarktstabilisierung; Rechtsnachfolge; Verordnungsermächtigung[3)]

(1) [1]Die Bundesanstalt übernimmt zum 1. Januar 2018 alle Rechte und Pflichten, Verträge und sonstigen Rechtsverhältnisse der Bundesanstalt für Finanzmarktstabilisierung, soweit diese die auf die Bundesanstalt nach § 4 Absatz 1 Satz 5 oder nach anderen Bestimmungen zum 1. Januar 2018 übergegangenen Aufgaben betreffen, und tritt hinsichtlich der übergehenden Rechte und Pflichten in allen Verwaltungs- und Gerichtsverfahren, an denen die Bundesanstalt für Finanzmarktstabilisierung beteiligt ist, an deren Stelle. [2]Die Regelungen der Absätze 2 bis 7 bleiben unberührt.

(2) Die Bundesanstalt tritt zum 1. Januar 2018 nach Maßgabe der folgenden Absätze in die Rechte und Pflichten aus den Arbeitsverhältnissen mit übergehenden Beschäftigten ein.

(3) [1]Als übergehende Beschäftigte im Sinne des Absatzes 2 gelten Arbeitnehmerinnen und Arbeitnehmer, denen bei der Bundesanstalt für Finanzmarktstabilisierung Tätigkeiten zur Erfüllung der nach § 4 Absatz 1 Satz 5 auf die Bundesanstalt übergehenden Aufgaben übertragen sind. [2]Die übergehenden Beschäftigten bestimmen sich im Zweifel anhand der Organisationsstruktur der Bundesanstalt für Finanzmarktstabilisierung zum 31. August 2017.

1) **Anm. d. Red.:** Früherer Sechster Abschnitt zu neuem Siebenten Abschnitt geworden gem. Gesetz v. 15. 12. 2004 (BGBl I S. 3408) mit Wirkung v. 21. 12. 2004.

2) **Anm. d. Red.:** § 18 i. d. F. des Gesetzes v. 4. 12. 2011 (BGBl I S. 2427) mit Wirkung v. 9. 12. 2011.

3) **Anm. d. Red.:** § 18a eingefügt gem. Gesetz v. 23. 12. 2016 (BGBl I S. 3171) mit Wirkung v. 1. 9. 2017.

(4) Für übergehende Beschäftigte im Sinne des Absatzes 2, die außertariflich beschäftigt sind, gelten die bisherigen Arbeitsverträge fort.

(5) Für die sonstigen übergehenden Beschäftigten im Sinne des Absatzes 2 bestimmt sich ab dem 1. Januar 2018 das Arbeitsverhältnis nach § 10 Absatz 1 sowie nach den bei der Bundesanstalt geltenden Dienstvereinbarungen in der jeweils geltenden Fassung mit folgenden Maßgaben:

1. Die Überleitung der übergehenden Beschäftigten erfolgt in eine Entgeltgruppe des Tarifvertrags über die Entgeltordnung des Bundes vom 5. September 2013 in der für den Bereich des Bundes jeweils geltenden Fassung nach Maßgabe des § 12 des Tarifvertrags für den öffentlichen Dienst vom 13. September 2005 in der für den Bereich des Bundes jeweils geltenden Fassung.
2. Die Zuordnung zu den Stufen der Entgelttabelle des Tarifvertrags für den öffentlichen Dienst erfolgt entsprechend § 16 des Tarifvertrags für den öffentlichen Dienst in der für den Bereich des Bundes jeweils geltenden Fassung. [2]Bei der Berechnung tarifrechtlich maßgebender Zeiten nach § 16 des Tarifvertrags für den öffentlichen Dienst werden die bei der Bundesanstalt für Finanzmarktstabilisierung am 31. Dezember 2017 erreichten Zeiten unbeschadet der übrigen Voraussetzungen so berücksichtigt, wie wenn sie bei der Bundesanstalt zurückgelegt worden wären. [3]Restzeiten, die nach der Zuordnung zu einer Stufe verbleiben, werden auf die Stufenlaufzeit zum Erreichen der jeweils nächsten Stufe bei der Bundesanstalt angerechnet.
3. Die bei der Bundesanstalt für Finanzmarktstabilisierung am 31. Dezember 2017 erreichte Beschäftigungszeit wird als Beschäftigungszeit im Sinne des § 34 Absatz 3 Satz 1 und 2 des Tarifvertrags für den öffentlichen Dienst fortgeführt.
4. Weicht die Summe aus dem Tabellenentgelt nach § 15 des Tarifvertrags für den öffentlichen Dienst und der Finanzmarktzulage zum Stichtag 1. Januar 2018 von der Summe aus dem Tabellenentgelt nach dem Tarifvertrag der Deutschen Bundesbank, der Bundesbankzulage sowie einer etwaigen Einstellungszulage zum Stichtag 31. Dezember 2017 zu Ungunsten eines übergehenden Beschäftigten ab, wird diesem eine persönliche Zulage gewährt. [2]Einzelheiten der Ausgestaltung, Berechnung und grundsätzlichen Abschmelzung dieser übertariflichen Zulage werden in einer gesonderten Regelung des Bundesministeriums der Finanzen, die der Einwilligung des Bundesministeriums des Inneren bedarf, festgelegt. [3]Im Falle einer Berufung in das Beamtenverhältnis entfällt der Anspruch eines Beschäftigten auf Gewährung der Zulage.

(6) [1]Die Bundesanstalt für Finanzmarktstabilisierung unterrichtet die übergehenden Beschäftigten bis zum 31. Oktober 2017 schriftlich über die rechtlichen, wirtschaftlichen und sozialen Folgen des Übergangs. [2]Übergehende Beschäftigte im Sinne des Absatzes 2, die unter Absatz 5 fallen, können dem Übergang ihrer Arbeitsverhältnisse widersprechen. [3]Der Widerspruch kann gegenüber der Bundesanstalt für Finanzmarktstabilisierung oder der Bundesanstalt innerhalb eines Monats nach dem Zugang der Unterrichtung schriftlich erklärt werden. [4]Ein Widerspruchsrecht der übergehenden Beschäftigten im Sinne des Absatzes 2, die unter Absatz 4 fallen, gegen den Übergang ihrer Arbeitsverhältnisse besteht nicht.

(7) Das Bundesministerium wird ermächtigt, durch Rechtsverordnung nähere Bestimmungen zu den Einzelheiten der Rechtsnachfolge zu erlassen.

§ 19 Überleitung/Übernahme von Beschäftigten[1)]

(1) [1]Die Beamten der Bundesaufsichtsämter für das Kreditwesen, für das Versicherungswesen und für den Wertpapierhandel sind mit Wirkung zum 1. Mai 2002 Beamte der Bundesanstalt. [2]§ 130 Abs. 1 des Beamtenrechtsrahmengesetzes in der Fassung der Bekanntmachung vom 31. März 1999 (BGBl I S. 654) findet entsprechend Anwendung.

1) **Anm. d. Red.:** § 19 i. d. F. des Gesetzes v. 4. 12. 2011 (BGBl I S. 2427) mit Wirkung v. 9. 12. 2011.

(2) [1]Soweit die Versorgungslast für die Beamten der Bundesanstalt nicht nach § 20 vom Bund zu tragen ist, sind bei der Bundesanstalt Pensionsrücklagen zu bilden. [2]Satz 1 gilt entsprechend für Versorgungsansprüche der Mitglieder des Direktoriums.

(3) [1]Die bei den in Absatz 1 genannten Bundesaufsichtsämtern beschäftigten Angestellten, Arbeiter und Auszubildenden sind mit Wirkung zum 1. Mai 2002 in den Dienst der Bundesanstalt übernommen. [2]Die Bundesanstalt tritt unbeschadet des § 10 Abs. 1 in die Rechte und Pflichten aus den im Zeitpunkt der Übernahme bestehenden Arbeits- und Ausbildungsverhältnisse ein.

§ 20 Verteilung der Versorgungskosten

(1) Die Bundesanstalt trägt die Versorgungsbezüge für die bei ihr zurückgelegten Dienstzeiten der übernommenen Beamten der Bundesaufsichtsämter für das Kreditwesen, für das Versicherungswesen und für den Wertpapierhandel.

(2) [1]Der Bund trägt die Versorgungsbezüge für die Dienstzeiten der Beamten nach ihrer Anstellung bei den Bundesaufsichtsämtern für das Kreditwesen, für das Versicherungswesen und für den Wertpapierhandel bis zu ihrer Übernahme in die Bundesanstalt. [2]Im Übrigen gilt § 107b des Beamtenversorgungsgesetzes entsprechend.

(3) Für die vorhandenen Versorgungsempfänger der Bundesaufsichtsämter für das Kreditwesen, für das Versicherungswesen und für den Wertpapierhandel werden die Versorgungsbezüge vom Bund getragen.

FinDAG

§ 21 Übergang von Rechten und Pflichten

(1) Rechte und Pflichten, die die Bundesaufsichtsämter für das Kreditwesen, für das Versicherungswesen und für den Wertpapierhandel mit Wirkung für und gegen die Bundesrepublik Deutschland begründet haben, gehen auf die Bundesanstalt über.

(2) Das von den Bundesaufsichtsämtern zum Zeitpunkt der Errichtung der Bundesanstalt genutzte bewegliche Verwaltungsvermögen der Bundesrepublik Deutschland wird der Bundesanstalt zur unentgeltlichen Nutzung überlassen.

§ 22 Übergangsvorschriften zum Gesetz zur Stärkung der deutschen Finanzaufsicht[1)]

(1) § 4c gilt nicht in Verwaltungsgerichtsverfahren, die vor dem 1. Januar 2013 anhängig geworden sind oder für die die Klagefrist vor diesem Tag begonnen hat, sowie nicht in Verfahren über Rechtsmittel gegen gerichtliche Entscheidungen, die vor dem 1. Januar 2013 bekannt gegeben oder verkündet oder von Amts wegen anstelle einer Verkündung zugestellt worden sind.

(2) Die Amtszeit der Mitglieder des Verwaltungsrats nach § 7 Absatz 3 Satz 1 Nummer 2 Buchstabe e bis g in der bis zum 28. Februar 2013 geltenden Fassung und ihrer Stellvertreter endet am 1. März 2013.

(3) § 10a Absatz 1 ist erstmals anzuwenden auf die laufenden Dienstbezüge, die für einen nach dem 31. Dezember 2012 endenden Zahlungszeitraum gezahlt werden.

§ 23 Übergangsbestimmungen zur Umlageerhebung[2)]

(1) [1]Die §§ 16 bis 16k und 16m bis 16q in der ab dem 1. Januar 2013 geltenden Fassung sind erstmals auf die Umlageerhebung für das Umlagejahr 2013 anzuwenden. [2]Auf die Erhebung der Vorauszahlung für das Umlagejahr 2013, auf die Umlageerhebung für das Umlagejahr 2012 und die Abrechnung früherer Umlagejahre sind § 16, die auf der Grundlage des § 16 Absatz 2 erlassene Rechtsverordnung sowie die §§ 5, 6, 8 und 13 der Verordnung über die Erhebung von

1) **Anm. d. Red.:** § 22 i. d. F. des Gesetzes v. 28. 11. 2012 (BGBl I S. 2369) mit Wirkung v. 1. 1. 2013.

2) **Anm. d. Red.:** § 23 i. d. F. des Gesetzes v. 23. 6. 2017 (BGBl I S. 1693) mit Wirkung v. 3. 1. 2018.

Gebühren und die Umlegung von Kosten nach dem Finanzdienstleistungsaufsichtsgesetz und § 8a Absatz 6 und § 8b Absatz 2 Satz 1 des Finanzmarktstabilisierungsfondsgesetzes jeweils in der bis zum 31. Dezember 2012 geltenden Fassung weiter anzuwenden.

(2) [1]§ 16l in der ab dem 1. Januar 2013 geltenden Fassung ist erstmals auf die Erhebung der Vorauszahlungen für das Umlagejahr 2014 anzuwenden. [2]Hinsichtlich der Vorauszahlungen für das Umlagejahr 2014 im Aufgabenbereich Wertpapierhandel gilt § 16l jedoch mit folgenden Maßgaben:

1. Von den im Aufgabenbereich zu tragenden Vorauszahlungsbeträgen hat die Gruppe der Wertpapierdienstleistungsunternehmen und Anlageverwalter 46 Prozent und die Gruppe der Emittenten 54 Prozent zu tragen.
2. In der Gruppe der Wertpapierdienstleistungsunternehmen und Anlageverwalter ist vorauszahlungspflichtig, wer im Jahr der Vorauszahlungsfestsetzung die Voraussetzungen des § 16i Absatz 1 Satz 1 Nummer 1 erfüllt, es sei denn, er weist im Jahr der Vorauszahlungsfestsetzung vor dem 1. Dezember nach, dass er im darauf folgenden Jahr nicht mehr umlagepflichtig sein wird.
3. In der Gruppe der Wertpapierdienstleistungsunternehmen und Anlageverwalter bemisst sich die Vorauszahlung für das Jahr 2014 auf der Grundlage von Daten aus dem Jahr 2011.
4. Auf die Bemessung der Vorauszahlungsbeträge ist § 16j Absatz 2 und 4 nicht anzuwenden.
5. Soweit bei Wertpapierdienstleistungsunternehmen und Anlageverwaltern keine Daten für die Bemessungsgrundlage des Vorauszahlungsbetrages vorliegen, ist ein Bemessungsbetrag von null Euro anzusetzen; der Vorauszahlungsbetrag entspricht in diesem Fall dem Mindestumlagebetrag nach § 16j Absatz 6.

(3) Die §§ 16e und 16f sind ab dem 22. Juli 2013 mit folgenden Maßgaben anzuwenden:

1. Umlagepflichtig in der Gruppe Kapitalverwaltungsgesellschaften und extern verwaltete OGAW-Investmentaktiengesellschaften sind auch solche Kapitalverwaltungsgesellschaften, die eine Erlaubnis nach § 7 oder § 97 Absatz 1 des Investmentgesetzes in der bis zum 21. Juli 2013 geltenden Fassung erhalten haben, die für den in § 345 Absatz 2 Satz 1, Absatz 3 Satz 2, in Verbindung mit Absatz 2 Satz 1, oder Absatz 4 Satz 1 des Kapitalanlagegesetzbuchs vorgesehenen Zeitraum noch fortbesteht.
2. Auf für das Umlagejahr 2013 Umlagepflichtige in der Gruppe Kapitalverwaltungsgesellschaften und extern verwaltete OGAW-Investmentaktiengesellschaften ist bei der Bemessung der Umlagebeträge für dieses Umlagejahr § 16f Absatz 1 Nummer 2 in der bis zum 21. Juli 2013 geltenden Fassung entsprechend anzuwenden.
3. [1]Sofern auf Umlagepflichtige in der Gruppe Kapitalverwaltungsgesellschaften und extern verwaltete OGAW-Investmentaktiengesellschaften auch nach dem Umlagejahr 2013 das Investmentgesetz in der bis zum 21. Juli 2013 geltenden Fassung anzuwenden ist, sind die von ihnen auf der Grundlage des Investmentgesetzes verwalteten Sondervermögen und zur gemeinschaftlichen Kapitalanlage verwalteten und angelegten Mittel in die Bemessung der Umlagebeträge des jeweiligen Umlagejahres in entsprechender Anwendung des § 16f Absatz 1 Nummer 2 einzubeziehen. [2]Als Wert im Sinne des Satzes 3 gilt dabei jeweils der Wert, der nach § 44 Absatz 1 Satz 3 Nummer 1 Satz 6 oder nach § 99 Absatz 3 in Verbindung mit § 44 Absatz 1 Satz 3 Nummer 1 Satz 6 des Investmentgesetzes in der bis zum 21. Juli 2013 geltenden Fassung in dem Jahresbericht für das Geschäftsjahr angegeben wird, das dem Umlagejahr vorausgeht.

(4) Für die Umlagejahre 2014 und 2015 ist § 16k Absatz 2 in Verbindung mit § 16e mit folgenden Maßgaben anzuwenden:

1. Die Kosten, die der Bundesanstalt durch die Inanspruchnahme von Beratungs-, Management- oder Unterstützungsleistungen in Ausführung von Artikel 1 des Beschlusses der Europäischen Zentralbank vom 4. Februar 2014 (ECB/2014/3) in Verbindung mit Artikel 33 Absatz 4 der Verordnung (EU) Nr. 1024/2013 des Rates vom 15. Oktober 2013 zur Übertragung besonderer Aufgaben im Zusammenhang mit der Aufsicht über Kreditinstitute auf die Eu-

ropäische Zentralbank (ABl L 287 vom 29. 10. 2013, S. 63) entstehen, werden innerhalb der Gruppe Kredit- und Finanzdienstleistungsinstitute gesondert ermittelt und nach Maßgabe des § 16f Absatz 1 Nummer 1, Absatz 2, 4 und 5 auf diejenigen Umlagepflichtigen dieser Gruppe verteilt, die

a) nach vorgenanntem Beschluss geprüft oder in eine Prüfung einbezogen werden und,

b) den im Anhang des Beschlusses der Europäischen Zentralbank aufgeführten deutschen Unternehmen zuzurechnen sind oder auf die Artikel 1 Absatz 3 des Beschlusses anzuwenden ist.

2. Der nach Nummer 1 ermittelte Betrag ist dem Betrag hinzuzurechnen, der nach § 16k Absatz 2 in Verbindung mit § 16e ohne die in Nummer 1 genannten Kosten ermittelt wird.

(5) Die §§ 16, 16e, 16f und 16g in der ab dem 10. Juli 2015 geltenden Fassung sind erstmals auf die Umlageerhebung für das Umlagejahr 2015 anzuwenden.

(6) § 17d Absatz 1 in der ab dem 26. November 2015 geltenden Fassung ist erstmals auf die Umlageerhebung für das Umlagejahr 2016 anzuwenden.

(7) [1]Für das Umlagejahr 2017 hat die Bundesanstalt zusätzlich zu der ihr nach diesem Gesetz zugewiesenen Erhebung von Umlagen auch die Umlage für den Aufgabenbereich Abwicklungsbehörde der Bundesanstalt für Finanzmarktstabilisierung im Sinne des § 6 Absatz 1 Nummer 1 der FMSA-Kostenverordnung in der am 31. Dezember 2017 geltenden Fassung zu erheben. [2]Sie hat dabei die §§ 3f bis 3h und 3j des Finanzmarktstabilisierungsfondsgesetzes in der bis zum 31. Dezember 2017 geltenden Fassung sowie die §§ 6, 7 und 9 bis 14 der FMSA-Kostenverordnung in der am 31. Dezember 2017 geltenden Fassung entsprechend anzuwenden. [3]Die Bundesanstalt hat in entsprechender Anwendung des § 3h Absatz 2 des Finanzmarktstabilisierungsfondsgesetzes in der bis zum 31. Dezember 2017 geltenden Fassung für jedes umlagepflichtige Institut den von diesem zu entrichtenden Umlagebetrag auf der Grundlage der Haushaltsrechnung zu ermitteln, die vom Leitungsausschuss der Bundesanstalt für Finanzmarktstabilisierung für das Umlagejahr 2017 aufgestellt wurde. [4]Die für das Umlagejahr 2017 geleistete Umlagevorauszahlung ist in entsprechender Anwendung des § 3j Absatz 1 des Finanzmarktstabilisierungsfondsgesetzes in der bis zum 31. Dezember 2017 geltenden Fassung bei der Festsetzung des jeweiligen Umlagebetrages für das Umlagejahr 2017 anzurechnen. [5]Übersteigen die für den Aufgabenbereich Abwicklungsbehörde nach Satz 4 geleisteten Umlagevorauszahlungen die nach Satz 1 festgesetzten Umlagebeträge, so hat die Bundesanstalt für Finanzmarktstabilisierung an die Bundesanstalt die zur Erstattung der überzahlten Umlagevorauszahlungsbeträge erforderlichen Mittel zu leisten. [6]Übersteigen die für den Aufgabenbereich Abwicklungsbehörde festgesetzten Umlagebeträge nach Satz 1 die nach Satz 4 geleisteten Umlagevorauszahlungen im Sinne von § 3j Absatz 1 des Finanzmarktstabilisierungsfondsgesetzes in der bis zum 31. Dezember 2017 geltenden Fassung, so hat die Bundesanstalt die Fehlbeträge im Sinne von § 3j Absatz 2 Satz 1 des Finanzmarktstabilisierungsfondsgesetzes, die von den Umlagepflichtigen an die Bundesanstalt entrichtet wurden, an die Bundesanstalt für Finanzmarktstabilisierung zu leisten. [7]Gleicht die Bundesanstalt in der Zeit zwischen dem 1. Januar und dem 30. Juni 2018 aus ihrem Haushalt Fehlbeträge aus, die in entsprechender Anwendung des § 7 Absatz 1, 2 und 4 der FMSA-Kostenverordnung in der am 31. Dezember 2017 geltenden Fassung dem Umlagejahr 2017 der Bundesanstalt für Finanzmarktstabilisierung zuzurechnen sind, so sind diese von den Leistungen nach Satz 6 abzuziehen. [8]Fließen dem Haushalt der Bundesanstalt in der Zeit zwischen dem 1. Januar und dem 30. Juni 2018 Überschüsse zu, die in entsprechender Anwendung des § 7 Absatz 1, 2 und 4 der FMSA-Kostenverordnung in der am 31. Dezember 2017 geltenden Fassung dem Umlagejahr 2017 der Bundesanstalt für Finanzmarktstabilisierung zuzurechnen sind, so sind diese den Leistungen nach Satz 6 hinzuzurechnen. [9]Auf Umlagebeträge des Aufgabenbereichs Abwicklungsbehörde der Bundesanstalt für Finanzmarktstabilisierung, die Umlagejahre betreffen, welche dem Umlagejahr 2017 vorausgehen, hat die Bundesanstalt die §§ 3f bis 3h und 3j des Finanzmarktstabilisierungsfondsgesetzes in der bis zum 31. Dezember 2017 geltenden Fassung sowie die §§ 6, 7 und 9 bis 14 der FMSA-Kostenverordnung in der am 31. Dezember 2017 geltenden Fassung entsprechend anzuwenden.

(8) [1]Die §§ 16 bis 16l und 16n bis 16r in der ab dem 1. Januar 2018 geltenden Fassung sind erstmals auf das Umlagejahr 2018 anzuwenden. [2]Fehlbeträge, nicht eingegangene Beträge und Überschüsse, die nach dem 30. Juni 2018 entstehen und die dem Aufgabenbereich Abwicklungsbehörde der Bundesanstalt für Finanzmarktstabilisierung für das Umlagejahr 2017 und frühere Umlagejahre nach § 7 Absatz 1, 2 und 4 der FMSA-Kostenverordnung in der am 31. Dezember 2017 geltenden Fassung zuzuordnen gewesen wären, gelten als Fehlbeträge, nicht eingegangene Beträge und Überschüsse im Sinne von § 16c Absatz 1 in der ab dem 1. Januar 2018 geltenden Fassung. [3]Sie sind dem Aufgabenbereich Abwicklung der Bundesanstalt zuzuordnen.

(9) [1]Die Bundesanstalt für Finanzmarktstabilisierung setzt die Vorauszahlung für den Aufgabenbereich Abwicklung der Bundesanstalt für das Umlagejahr 2018 in entsprechender Anwendung des § 3i des Finanzmarktstabilisierungsfondsgesetzes in der bis zum 31. Dezember 2017 geltenden Fassung fest. [2]Die auf der Grundlage von Satz 1 gezahlte Vorauszahlung ist von der Bundesanstalt nach § 16n Absatz 1 oder 2 in der ab dem 1. Januar 2018 geltenden Fassung auf den für das Umlagejahr 2018 festgesetzten Umlagebetrag anzurechnen. [3]Die Bundesanstalt erhebt die Vorauszahlung für das Jahr 2018 nach § 16l in der bis zum 31. Dezember 2017 geltenden Fassung mit der Maßgabe, dass der Festsetzung nach § 16l Absatz 1 Satz 2 in der bis zum 31. Dezember 2017 geltenden Fassung nur die Ausgaben des Haushaltsplans zugrunde zu legen sind, die sich nach Abzug des Betrages ergeben, den die Bundesanstalt für Finanzmarktstabilisierung als Vorauszahlung nach Satz 1 festgesetzt hat. [4]§ 16m in der ab dem 1. Januar 2018 geltenden Fassung ist erstmals auf die Erhebung der Vorauszahlung für das Umlagejahr 2020 anzuwenden. [5]Für das Umlagejahr 2019 ist Satz 4 mit der Maßgabe anzuwenden, dass in die Verteilungsverhältnisse im Sinne des § 16m Absatz 3 Satz 2 in der ab dem 1. Januar 2018 geltenden Fassung der Teil des abgerechneten Umlagejahres 2017 der Bundesanstalt für Finanzmarktstabilisierung einzubeziehen ist, der sich auf den Aufgabenbereich Abwicklungsbehörde bezieht.

(10) § 16e Absatz 1 und 3, § 16f Absatz 1, § 16g Absatz 1, § 16i Absatz 1 und 2, § 16j Absatz 5 bis 7 sind erstmals auf das Umlagejahr 2018 anzuwenden.

XXV. Gesetz über die Kreditanstalt für Wiederaufbau (KredAWAG)

v. 23.6.1969 (BGBl I S. 574) mit späteren Änderungen

Das Gesetz über die Kreditanstalt für Wiederaufbau ist zuletzt geändert worden durch Art. 347 Zehnte Zuständigkeitsanpassungsverordnung v. 31.8.2015 (BGBl I S. 1474).

Nichtamtliche Fassung

§ 1 Rechtsform, Bezeichnung, Sitz und Kapital[1)]

(1) [1]Die Kreditanstalt für Wiederaufbau (Anstalt) ist eine Anstalt des öffentlichen Rechts. [2]Sie hat ihren Sitz in Frankfurt am Main und kann eine Zweigniederlassung in Berlin und in Bonn errichten. [3]Im Geschäfts- und Rechtsverkehr kann sie die Bezeichnung „KfW" verwenden.

(2) [1]Das Grundkapital der Anstalt beträgt drei Milliarden siebenhundertfünfzig Millionen Euro. [2]Daran sind der Bund mit drei Milliarden Euro und die Länder mit siebenhundertfünfzig Millionen Euro beteiligt.

(3) [1]Die Anteile sind in Höhe von drei Milliarden dreihundert Millionen Euro einzuzahlen. [2]Zu diesem Zweck werden Rücklagen zugunsten des Bundes in Höhe von zwei Milliarden fünfhundertachtundsiebzig Millionen sechshundertvierundvierzigtausendneunhundertvierundsiebzig Euro und zugunsten der Länder in Höhe von sechshundertvierundvierzig Millionen sechshunderteinundsechzigtausendzweihundertvierundvierzig Euro in Grundkapital umgewandelt. [3]Mit dieser Umwandlung erhöht sich das vom Bund eingezahlte Grundkapital von einundsechzig Millionen dreihundertfünfundfünfzigtausendundsechsundzwanzig Euro auf zwei Milliarden sechshundertvierzig Millionen Euro und das von den Ländern eingezahlte Grundkapital von fünfzehn Millionen dreihundertachtunddreißigtausendsiebenhundertsechsundfünfzig Euro auf sechshundertsechzig Millionen Euro. [4]Die Einzahlung der übrigen vierhundertfünfzig Millionen Euro des Grundkapitals kann vom Verwaltungsrat der Anstalt beschlossen werden, soweit es zur Erfüllung der Verbindlichkeiten der Anstalt erforderlich ist.

(4) Der auf den Anteil des Bundes nach Absatz 3 eingezahlte Betrag von zwei Milliarden sechshundertvierzig Millionen Euro entfällt in Höhe von einer Milliarde zweiundachtzig Millionen achthundertsechsundsiebzigtausenddreihunderteinunddreißig Euro auf das ERP-Sondervermögen.

(5) Die Anteile am Grundkapital können nicht verpfändet und nur unter den Beteiligten abgetreten werden.

§ 1a Haftung des Bundes

Der Bund haftet für die von der Anstalt aufgenommenen Darlehen und begebenen Schuldverschreibungen, die als Festgeschäfte ausgestalteten Termingeschäfte, die Rechte aus Optionen und andere Kredite an die Anstalt, sowie für Kredite an Dritte, soweit sie von der Anstalt ausdrücklich gewährleistet werden.

§ 2 Aufgaben und Geschäfte[2)]

(1) Die Anstalt hat die Aufgabe,

1. im staatlichen Auftrag Fördermaßnahmen, insbesondere Finanzierungen, in folgenden Bereichen durchzuführen:
   a) Mittelstand, freie Berufe und Existenzgründungen,
   b) Risikokapital,

KredAWAG

1) **Anm. d. Red.:** § 1 i. d. F. des Gesetzes v. 4.7.2013 (BGBl I S. 2178) mit Wirkung v. 13.7.2013.

2) **Anm. d. Red.:** § 2 i. d. F. des Gesetzes v. 4.7.2013 (BGBl I S. 2178) mit Wirkung v. 13.7.2013.

c) Wohnungswirtschaft,
d) Umweltschutz,
e) Infrastruktur,
f) technischer Fortschritt und Innovationen,
g) international vereinbarte Förderprogramme,
h) entwicklungspolitische Zusammenarbeit,
i) in anderen in Gesetzen, Verordnungen oder veröffentlichten Richtlinien zur staatlichen Wirtschaftspolitik präzise benannten Förderbereichen, die der Anstalt vom Bund oder von einem Land übertragen werden.

[2]Die jeweilige Förderaufgabe muss in Regelwerken konkretisiert sein;

2. Darlehen und andere Finanzierungsformen an Gebietskörperschaften und öffentlich-rechtliche Zweckverbände zu gewähren;
3. Maßnahmen mit rein sozialer Zielsetzung sowie Maßnahmen zur Bildungsförderung zu finanzieren;
4. sonstige Finanzierungen im Interesse der deutschen und europäischen Wirtschaft zu gewähren. [2]Dabei gehören zu den Aufgaben der Anstalt
   a) Projekte im Gemeinschaftsinteresse, die von der Europäischen Investitionsbank oder ähnlichen europäischen Finanzierungsinstitutionen mitfinanziert werden,
   b) Exportfinanzierungen außerhalb der Mitgliedstaaten der Europäischen Union, der anderen Vertragsstaaten des Abkommens über den Europäischen Wirtschaftsraum und der Staaten mit offiziellem Status als Beitrittskandidat zur Europäischen Union
      aa) auf konsortialer Basis oder
      bb) in Staaten, in denen kein ausreichendes Finanzierungsangebot besteht.

   [3]Alle übrigen Finanzierungen im Interesse der deutschen und europäischen Wirtschaft sind durch ein rechtlich selbstständiges Unternehmen ohne öffentliche Unterstützung durchzuführen, an dem die Anstalt mehrheitlich beteiligt ist. [4]Nähere Bestimmungen enthält die Satzung.

(2) [1]Die in Absatz 1 Nr. 1 Buchstabe a und b genannten Aufgaben werden durch einen Förderbereich der Anstalt wahrgenommen, der die Bezeichnung „KfW – Mittelstandsbank" trägt. [2]Zu diesen Aufgaben gehören insbesondere auch die Beratung sowie die Durchführung von Fördermaßnahmen im Bereich technischer Fortschritt und Innovationen.

(3) [1]Soweit sie mit der Erfüllung ihrer in Absatz 1 bezeichneten Aufgabe in direktem Zusammenhang stehen, darf die Anstalt andere Geschäfte betreiben. [2]In diesem Rahmen darf sie insbesondere

1. Forderungen und Wertpapiere ankaufen oder verkaufen sowie sich durch Wechsel verpflichten,
2. Geschäfte und Maßnahmen zur Steuerung und Sicherstellung ihrer finanziellen Liquidität durchführen (Treasury Management),
3. alle für die Risikosteuerung erforderlichen Geschäfte betreiben,
4. einem in direktem Zusammenhang mit Aufgaben gemäß Absatz 1 Nr. 4 gegründeten Beteiligungsunternehmen die von diesem benötigten Refinanzierungsmittel sowie andere Leistungen zu marktgerechten Konditionen bereitstellen.

[3]Die Hereinnahme von Einlagen und das Finanzkommissionsgeschäft sind ihr nicht gestattet; dies gilt nicht für Geschäfte mit Unternehmen, an denen die Anstalt unmittelbar oder mittelbar beteiligt ist, mit von der KfW gegründeten Stiftungen, mit deutschen Gebietskörperschaften, mit sonstigen deutschen Verwaltungsträgern, mit der Europäischen Union, mit sonstigen internationalen Organisationen, mit Staaten der Organisation für wirtschaftliche Zusammenarbeit und Entwicklung oder mit deren staatlichen Entwicklungshilfeorganisationen.

(4) Die Beschränkungen des Absatzes 3 gelten nicht, soweit es sich um ein Geschäft handelt, an dem ein staatliches Interesse der Bundesrepublik Deutschland besteht und das der Anstalt im Einzelfall von der Bundesregierung zugewiesen wird.

§ 3 Durchführung der Geschäfte[1)]

(1) [1]Bei der Gewährung von Finanzierungen nach § 2 Abs. 1 Nr. 1 Buchstabe a bis f sind Kreditinstitute oder andere Finanzierungsinstitutionen einzuschalten; mit Zustimmung des Verwaltungsrates können Finanzierungen unmittelbar gewährt werden. [2]Die Finanzierungen nach § 2 Abs. 1 Nr. 1 Buchstabe a bis f werden mittel- und langfristig gewährt; in Ausnahmefällen können sie mit Zustimmung des Verwaltungsrates kurzfristig gewährt werden. [3]Exportfinanzierungen nach § 2 Abs. 1 Nr. 4 Buchstabe b außerhalb von Staaten, in denen nach näherer Bestimmung der Satzung vom 2. Mai 2003 kein ausreichendes Finanzierungsangebot besteht, hat die Anstalt nach näherer Bestimmung der Satzung vom 2. Mai 2003 mit Kreditinstituten oder anderen Finanzierungsinstitutionen gemeinsam durchzuführen. [4]Bei der Durchführung ihrer Geschäfte hat die Anstalt im Verhältnis zu Kreditinstituten oder Finanzierungsinstitutionen das gemeinschaftsrechtliche Diskriminierungsverbot zu beachten.

(2) [1]Darlehen nach § 2 Abs. 1 Nr. 1 und 4 müssen durch bankübliche Sicherheiten unmittelbar oder mittelbar gesichert sein. [2]Darlehen ohne Sicherheiten bedürfen der Zustimmung des Verwaltungsrates.

(3) Für Bürgschaften nach § 2 Abs. 1 Nr. 1 und 4 sind die Vorschriften des Absatzes 2, für Bürgschaften nach § 2 Abs. 1 Nr. 1 Buchstabe a bis f zusätzlich die Vorschriften des Absatzes 1 Satz 2 entsprechend anzuwenden.

(4) Finanzierungen für fremde Rechnung bedürfen nicht der Zustimmung des Verwaltungsrates nach Absatz 1 oder 2.

§ 4 Mittelbeschaffung[2)]

(1) Zur Beschaffung der erforderlichen Mittel kann die Anstalt insbesondere Schuldverschreibungen ausgeben und Darlehen aufnehmen.

(2) Die kurzfristigen Verbindlichkeiten der Anstalt dürfen zehn vom Hundert der mittel- und langfristigen Verbindlichkeiten nicht übersteigen.

(3) Die von der Anstalt ausgegebenen, auf inländische Währung lautenden Schuldverschreibungen sind zur Anlegung von Mündelgeld geeignet.

§ 5 Organe

(1) Organe der Anstalt sind der Vorstand und der Verwaltungsrat.

(2) Aufgaben und Befugnisse der Organe regelt, soweit das Gesetz nichts anderes bestimmt, die Satzung.

§ 6 Vorstand[3)]

(1) [1]Der Vorstand besteht aus mindestens zwei Mitgliedern. [2]Die Vorstandsmitglieder werden vom Verwaltungsrat bestellt und abberufen.

(2) Dem Vorstand obliegen die Geschäftsführung und Vermögensverwaltung der Anstalt in eigener Verantwortung, soweit sich aus Gesetz oder Satzung nichts anderes ergibt.

(3) [1]Der Vorstand vertritt die Anstalt gerichtlich und außergerichtlich. [2]Erklärungen sind für die Anstalt verbindlich, wenn sie entweder von zwei Mitgliedern des Vorstandes oder von einem Mitglied des Vorstandes gemeinschaftlich mit einem bevollmächtigten Vertreter abgegeben

1) **Anm. d. Red.:** § 3 i. d. F. des Gesetzes v. 15.8.2003 (BGBl I S. 1657) mit Wirkung v. 22.8.2003.

2) **Anm. d. Red.:** § 4 i. d. F. des Gesetzes v. 15.8.2003 (BGBl I S. 1657) mit Wirkung v. 22.8.2003.

3) **Anm. d. Red.:** § 6 i. d. F. des Gesetzes v. 4.7.2013 (BGBl I S. 2178) mit Wirkung v. 13.7.2013.

werden. [3]In der Satzung kann bestimmt werden, dass Erklärungen für die Anstalt auch von zwei bevollmächtigten Vertretern abgegeben werden können.

(4) Ist eine Willenserklärung der Anstalt gegenüber abzugeben, so genügt die Abgabe gegenüber einem Mitglied des Vorstandes.

(5) Die Bezüge der Mitglieder des Vorstandes werden durch Vertrag zwischen diesen und der Anstalt geregelt.

(6) Gegenüber den Mitgliedern des Vorstandes vertritt der Verwaltungsrat, vertreten durch seinen Vorsitzenden, die Anstalt gerichtlich und außergerichtlich.

§ 7 Verwaltungsrat[1)]

(1) Der Verwaltungsrat der Anstalt besteht aus

1. dem Bundesminister der Finanzen und dem Bundesminister für Wirtschaft und Energie; sie fungieren im jährlichen Wechsel als Vorsitzender und als Stellvertreter des Vorsitzenden, der Vorsitz wechselt zu Beginn eines Kalenderjahres; sie können sich in den Sitzungen des Verwaltungsrates und seiner Ausschüsse durch ihre ständigen Vertreter im Amt oder durch Abteilungsleiter vertreten lassen;
2. dem Bundesminister des Auswärtigen, dem Bundesminister für Ernährung und Landwirtschaft, dem Bundesminister für Verkehr und digitale Infrastruktur, dem Bundesminister für wirtschaftliche Zusammenarbeit und Entwicklung und dem Bundesminister für Umwelt, Naturschutz, Bau und Reaktorsicherheit; sie können sich in den Sitzungen des Verwaltungsrates und seiner Ausschüsse durch ihre ständigen Vertreter im Amt oder durch Abteilungsleiter vertreten lassen;
3. sieben Mitgliedern, die vom Bundesrat bestellt werden;
4. sieben Mitgliedern, die vom Bundestag bestellt werden;
5. je einem Vertreter der Realkreditinstitute, der Sparkassen, der genossenschaftlichen Kreditinstitute, der Kreditbanken und eines auf dem Gebiet des Industriekredits maßgebenden Kreditinstituts, die von der Bundesregierung nach Anhörung der beteiligten Kreise bestellt werden;
6. zwei Vertretern der Industrie und je einem Vertreter der Gemeinden (Gemeindeverbände), der Landwirtschaft, des Handwerks, des Handels und der Wohnungswirtschaft, die nach Anhörung der beteiligten Kreise von der Bundesregierung bestellt werden;
7. vier Vertretern der Gewerkschaften, die nach Anhörung der beteiligten Kreise von der Bundesregierung bestellt werden.

(2) [1]Die Amtsdauer der Mitglieder des Verwaltungsrates mit Ausnahme der in Absatz 1 Nummer 1 und 2 genannten Mitglieder beträgt drei Jahre. [2]Jedes Jahr scheidet ein Drittel der Mitglieder aus; ihre Wiederbestellung ist zulässig. [3]Das Nähere bestimmt die Satzung.

(3) [1]Der Verwaltungsrat fasst, soweit nichts anderes bestimmt ist, seine Beschlüsse mit einfacher Mehrheit der abgegebenen Stimmen, wobei jedes Mitglied eine Stimme hat. [2]Bei Stimmengleichheit entscheidet die Stimme des Vorsitzenden. [3]Zur Beschlussfähigkeit ist die Anwesenheit von mindestens der Hälfte der Mitglieder erforderlich. [4]Die Satzung kann eine Beschlussfassung im Wege der schriftlichen Abstimmung zulassen.

(4) [1]Dem Verwaltungsrat obliegt die Beratung und laufende Überwachung der Geschäftsführung und Vermögensverwaltung der Anstalt. [2]Er kann dem Vorstand allgemeine Weisungen erteilen. [3]Insbesondere kann er sich die Zustimmung zu dem Abschluss bestimmter Geschäfte oder Arten von Geschäften vorbehalten.

(5) [1]Der Verwaltungsrat kann seine Befugnisse außer in den Fällen des Absatzes 4 Satz 1 und 2 und der §§ 8, 9 und 10 widerruflich auf Ausschüsse übertragen. [2]Das Nähere bestimmt die Satzung.

---

1) **Anm. d. Red.:** § 7 i. d. F. der VO v. 31.8.2015 (BGBl I S. 1474) mit Wirkung v. 8.9.2015.

§ 7a Mittelstandsrat[1)]

(1) [1]Bei der Kreditanstalt für Wiederaufbau wird ein Mittelstandsrat gebildet. [2]Er besteht aus dem Bundesminister für Wirtschaft und Energie als Vorsitzendem, dem Bundesminister der Finanzen als Stellvertreter des Vorsitzenden, dem Beauftragten der Bundesregierung für den Aufbau Ost, zwei durch den Bundesrat zu benennenden Vertretern, vier weiteren vom Bundesministerium für Wirtschaft und Arbeit bestellten Mitgliedern und jeweils einem vom Bundesministerium der Finanzen sowie einem vom Bundesministerium für Umwelt, Naturschutz, Bau und Reaktorsicherheit bestellten Mitglied.

(2) [1]Der Mittelstandsrat konkretisiert den staatlichen Auftrag der Mittelstandsbank nach § 2 Abs. 2. [2]Er berät und beschließt über Vorschläge zur Förderung des Mittelstandes unter Berücksichtigung der Gesamtgeschäftsplanung der Anstalt.

§ 8 Satzung[2)]

(1) [1]Die Satzung der Anstalt wird vom Vorstand aufgestellt und vom Verwaltungsrat beschlossen. [2]Sie bedarf der Genehmigung der Rechtsaufsicht (§ 12 Abs. 1 Satz 1).

(2) [1]Änderungen der Satzung können vom Verwaltungsrat mit einer Mehrheit von zwei Dritteln der abgegebenen Stimmen, mindestens jedoch der Hälfte aller Mitglieder beschlossen werden. [2]Sie bedürfen der Genehmigung der Rechtsaufsicht.

(3) Die Satzung und ihre Änderungen sind von der Anstalt im Bundesanzeiger zu veröffentlichen.

KredAWAG

§ 9 Jahres- und Konzernabschluss[3)]

(1) [1]Auf den Jahresabschluss und den Lagebericht, den Konzernabschluss und den Konzernlagebericht sowie deren Prüfung und Offenlegung sind die §§ 340a bis 340o des Handelsgesetzbuchs entsprechend anzuwenden. [2]Der Abschlussprüfer wird auf Vorschlag des Verwaltungsrats von der Rechtsaufsicht im Einvernehmen mit dem Bundesrechnungshof bestellt.

(2) Der Verwaltungsrat entscheidet über die Genehmigung des Jahresabschlusses innerhalb der ersten sechs Monate nach Ablauf eines Geschäftsjahrs; er hat die erforderlichen Maßnahmen zu treffen, wenn er die Genehmigung nicht erteilt.

(3) Das Geschäftsjahr ist das Kalenderjahr.

(4) Den zuständigen Stellen der Bundesrepublik Deutschland stehen die in § 55 Abs. 2 des Haushaltsgrundsätzegesetzes und in § 112 Abs. 2 der Bundeshaushaltsordnung aufgeführten Rechte zu.

§ 10 Reingewinn[4)]

(1) Eine Gewinnausschüttung findet nicht statt.

(2) [1]Der sich nach Vornahme der Abschreibungen und Rückstellungen ergebende jährliche Reingewinn ist einer gesetzlichen Rücklage zuzuweisen, deren Höhe auf eine Milliarde achthundertfünfundsiebzig Millionen Euro begrenzt wird. [2]Einzelnen Anteilseignern zuzurechnende weitere Kapital- und gesondert auszuweisende Rücklagen sind bei der Verteilung des Reingewinns zu berücksichtigen.

(3) Der weitere Reingewinn ist einer gesondert auszuweisenden Rücklage zuzuweisen.

---

1) **Anm. d. Red.:** § 7a i. d. F. der VO v. 31.8.2015 (BGBl I S. 1474) mit Wirkung v. 8.9.2015.

2) **Anm. d. Red.:** § 8 i. d. F. des Gesetzes v. 4.7.2013 (BGBl I S. 2178) mit Wirkung v. 13.7.2013.

3) **Anm. d. Red.:** § 9 i. d. F. des Gesetzes v. 4.7.2013 (BGBl I S. 2178) mit Wirkung v. 13.7.2013.

4) **Anm. d. Red.:** § 10 i. d. F. des Gesetzes v. 4.7.2013 (BGBl I S. 2178) mit Wirkung v. 13.7.2013.

§ 11 Rechtsstellung[1)]

(1) [1]Der Anstalt stehen in Bezug auf Besteuerung, Errichtung von Bauten, Unterbringung und Mietverhältnisse über Gebäude die gleichen Rechte wie der Deutschen Bundesbank zu. [2]Die Anstalt ist berechtigt, die Bezeichnungen „Bank" und „Bankengruppe" zu führen.

(2) Die Vorschriften des Handelsgesetzbuchs über die Eintragung in das Handelsregister sind auf die Anstalt nicht anzuwenden.

§ 12 Rechtsaufsicht[2)]

(1) [1]Das Bundesministerium der Finanzen übt die Rechtsaufsicht über die Anstalt im Benehmen mit dem Bundesministerium für Wirtschaft und Energie aus. [2]Die Aufsichtsbehörde ist befugt, alle Anordnungen zu treffen, um den Geschäftsbetrieb der Anstalt mit den Gesetzen, der Satzung und den sonstigen Bestimmungen im Einklang zu halten.

(2) Der Nachweis der Befugnis zur Vertretung der Anstalt wird durch eine mit Dienstsiegel versehene Bestätigung des Bundesministeriums der Finanzen geführt.

§ 12a Verordnungsermächtigung; Anordnungsbefugnis[3)]

(1) [1]Das Bundesministerium der Finanzen wird ermächtigt, im Benehmen mit dem Bundesministerium für Wirtschaft und Energie durch Rechtsverordnung, die nicht der Zustimmung des Bundesrates bedarf, zu bestimmen, dass die folgenden nicht bereits für die Anstalt geltenden bankaufsichtsrechtlichen Vorschriften zur Gewährleistung der Durchführung eines ordnungsgemäßen Geschäftsbetriebs der Anstalt auf die Anstalt und die zu bildende Institutsgruppe, Finanzholding-Gruppe oder gemischte Finanzholding-Gruppe ganz oder teilweise entsprechend anzuwenden sind:

1. das Kreditwesengesetz,
2. das Finanzkonglomerateaufsichtsgesetz,
3. die zur Durchführung der in den Nummern 1 und 2 genannten Gesetze jeweils erlassenen Rechtsverordnungen und
4. die Verordnungen der Europäischen Union.

[2]§ 2 Absatz 2 des Kreditwesengesetzes bleibt unberührt. [3]Die Ermächtigung umfasst insbesondere die bankaufsichtsrechtlichen Vorschriften über

1. das Handelsbuch,
2. die Verbriefungen,
3. die Eigenmittel,
4. die Konsolidierung,
5. die Liquidität,
6. die modifizierte bilanzielle Eigenkapitalquote,
7. das Kreditgeschäft,
8. den bargeldlosen Zahlungsverkehr,
9. die Verhinderung von Geldwäsche oder Terrorismusfinanzierung oder die Verhinderung von sonstigen strafbaren Handlungen, die zu einer Gefährdung des Vermögens des Instituts führen können,
10. die besonderen, insbesondere die organisatorischen, Pflichten der Institute, der Geschäftsleiter, der Leitungsorgane von Finanzholding-Gesellschaften und gemischten Finanzhol-

---

1) **Anm. d. Red.:** § 11 i. d. F. des Gesetzes v. 15.8.2003 (BGBl I S. 1657) mit Wirkung v. 22.8.2003.

2) **Anm. d. Red.:** § 12 i. d. F. der VO v. 31.8.2015 (BGBl I S. 1474) mit Wirkung v. 8.9.2015.

3) **Anm. d. Red.:** § 12a i. d. F. der VO v. 31.8.2015 (BGBl I S. 1474) mit Wirkung v. 8.9.2015.

ding-Gesellschaften sowie der Aufsichts- und Verwaltungsorgane sowie die Anforderungen an diese Personen und an deren Vertreter,

11. die Vergütungssysteme der Institute und weiterer gruppenangehöriger Institute für deren Geschäftsleiter sowie für Mitarbeiter und Mitglieder der betreffenden Aufsichts- und Verwaltungsorgane,
12. die Prüfung und Prüferbestellung sowie die besonderen Pflichten des Prüfers,
13. Finanzkonglomerate.

[4]Bei der Bestimmung der entsprechend anzuwendenden bankaufsichtsrechtlichen Vorschriften ist zu berücksichtigen, dass es sich bei der Anstalt um eine Förderbank mit den ihr nach § 2 übertragenen Aufgaben handelt.

(2) Durch die Rechtsverordnung nach Absatz 1 kann der Bundesanstalt für Finanzdienstleistungsaufsicht (Bundesanstalt) die Aufsicht über die Einhaltung der bankaufsichtsrechtlichen Vorschriften zugewiesen werden und kann bestimmt werden, dass die Bundesanstalt dabei mit der Deutschen Bundesbank entsprechend § 7 des Kreditwesengesetzes in der jeweils gültigen Fassung zusammenarbeitet.

(3) Durch die Rechtsverordnung nach Absatz 1 können zudem Anzeige-, Melde- und Vorlagepflichten der Anstalt, der zu bildenden Institutsgruppe, Finanzholding-Gruppe oder gemischten Finanzholding-Gruppe und der jeweiligen Organmitglieder und Beschäftigten sowie Informations-, Auskunftsund Prüfungsrechte der Bundesanstalt und der Deutschen Bundesbank geregelt werden.

(4) Darüber hinaus können durch die Rechtsverordnung nach Absatz 1 für die bei der Bundesanstalt Beschäftigten und für die im Dienst der Deutschen Bundesbank stehenden Personen Verschwiegenheitspflichten geregelt werden.

(5) Die Bundesanstalt und die Deutsche Bundesbank sind vor Erlass der Rechtsverordnung nach Absatz 1 anzuhören.

(6) Die Bundesanstalt kann im Rahmen der ihr durch Rechtsverordnung nach Absatz 1 zugewiesenen Aufgaben alle Anordnungen und Maßnahmen, die geeignet und erforderlich sind, um Verstöße gegen bankaufsichtsrechtliche Vorschriften zu unterbinden oder zu beseitigen, treffen gegenüber

1. der Anstalt,
2. den Geschäftsleitern und Verwaltungsräten der Anstalt,
3. den gruppenangehörigen Unternehmen der zu bildenden Institutsgruppe, Finanzholding-Gruppe oder gemischten Finanzholding-Gruppe und gegebenenfalls dem Konglomerat sowie
4. den Organen der gruppenangehörigen Unternehmen nach Nummer 3 und gegenüber den Mitgliedern dieser Organe.

§ 12b Finanzierungen durch ein rechtlich selbstständiges Unternehmen[1)]

[1]Finanzierungen gemäß § 2 Abs. 1 Nr. 4 Satz 3 sind spätestens ab dem 1. Januar 2008 von einem rechtlich selbstständigen Unternehmen ohne öffentliche Unterstützung durchzuführen. [2]Zu diesem Zeitpunkt bereits vereinbarte Finanzierungen dürfen in der Anstalt noch abgewickelt werden.

§ 13 Auflösung[2)]

(1) Die Anstalt kann nur durch Gesetz aufgelöst werden.

1) **Anm. d. Red.:** Bisheriger § 12a zu neuem § 12b geworden gem. Gesetz v. 4.7.2013 (BGBl I S. 2178) mit Wirkung v. 13.7.2013.

2) **Anm. d. Red.:** § 13 i. d. F. des Gesetzes v. 4.7.2013 (BGBl I S. 2178) mit Wirkung v. 13.7.2013.

(2) [1]Übersteigt im Falle der Auflösung das nach Berichtigung sämtlicher Verbindlichkeiten verbleibende Vermögen den Betrag des eingezahlten Grundkapitals, so ist der Überschuss bis zur Höhe der bei Auflösung der Anstalt ausgewiesenen gesetzlichen Rücklage und der gesondert auszuweisenden Rücklage zunächst zum Ausgleich der Verluste und der Aufwendungen zu verwenden, die dem Bund oder dem ERP-Sondervermögen bei Entwicklungskrediten der Anstalt oder durch die Inanspruchnahme aus Gewährleistungen für solche Kredite entstanden sind. [2]Von dem dann verbleibenden Rest ist ein Betrag bis zur Höhe der bei Auflösung der Anstalt ausgewiesenen, einzelnen Anteilseignern zuzurechnenden Kapitalrücklagen und Sonderrücklagen an die hieraus Berechtigten zu verteilen. [3]Im Übrigen ist das Vermögen im Verhältnis der Anteile am Grundkapital zu verteilen.

§ 14 Inkrafttreten

Dieses Gesetz tritt mit seiner Verkündung in Kraft.

XXVI. Telemediengesetz (TMG)*)

v. 26. 2. 2007 (BGBl I S. 179) mit späteren Änderungen[1)]

*) **Amtl. Anm.:** Artikel 1 dieses Gesetzes dient der Umsetzung der Richtlinie 2000/31/EG des Europäischen Parlaments und des Rates vom 8. Juni 2000 über bestimmte rechtliche Aspekte der Dienste der Informationsgesellschaft, insbesondere des elektronischen Geschäftsverkehrs, im Binnenmarkt (ABl EG Nr. L 178 S. 1).
Artikel 1 § 5 Nr. 1 und 7 dient zugleich der Umsetzung der Richtlinie 2003/58/EG des Europäischen Parlaments und des Rates vom 15. Juli 2003 zur Änderung der Richtlinie 68/151/EWG des Rates in Bezug auf die Offenlegungspflichten von Gesellschaften bestimmter Rechtsformen (ABl EG Nr. L 221 S. 13).
Die Verpflichtungen aus der Richtlinie 98/34/EG des Europäischen Parlaments und des Rates vom 22. Juni 1998 über ein Informationsverfahren auf dem Gebiet der Normen und technischen Vorschriften und der Vorschriften für die Dienste der Informationsgesellschaft (ABl EG Nr. L 204 S. 37), geändert durch die Richtlinie 98/48/EG des Europäischen Parlaments und des Rates vom 20. Juli 1998 (ABl EG Nr. L 217 S. 8), sind beachtet worden.
Das Telemediengesetz (TMG) ist als Art. 1 Gesetz zur Vereinheitlichung von Vorschriften über bestimmte elektronische Informations- und Kommunikationsdienste (Elektronischer-Geschäftsverkehr-Vereinheitlichungsgesetz – ElGVG) v. 26. 2. 2007 (BGBl I S. 179) verkündet worden und am 1. 3. 2007 in Kraft getreten. Es ist zuletzt geändert worden durch Art. 1 Drittes Gesetz zur Änderung des Telemediengesetzes v. 28.9.2017 (BGBl I S. 3530).

Nichtamtliche Fassung

Abschnitt 1: Allgemeine Bestimmungen

§ 1 Anwendungsbereich[2)]

(1) [1]Dieses Gesetz gilt für alle elektronischen Informations- und Kommunikationsdienste, soweit sie nicht Telekommunikationsdienste nach § 3 Nr. 24 des Telekommunikationsgesetzes, die ganz in der Übertragung von Signalen über Telekommunikationsnetze bestehen, telekommunikationsgestützte Dienste nach § 3 Nr. 25 des Telekommunikationsgesetzes oder Rundfunk nach § 2 des Rundfunkstaatsvertrages sind (Telemedien). [2]Dieses Gesetz gilt für alle Anbieter einschließlich der öffentlichen Stellen unabhängig davon, ob für die Nutzung ein Entgelt erhoben wird.

(2) Dieses Gesetz gilt nicht für den Bereich der Besteuerung.

(3) Das Telekommunikationsgesetz und die Pressegesetze bleiben unberührt.

(4) Die an die Inhalte von Telemedien zu richtenden besonderen Anforderungen ergeben sich aus dem Staatsvertrag für Rundfunk und Telemedien (Rundfunkstaatsvertrag).

(5) Dieses Gesetz trifft weder Regelungen im Bereich des internationalen Privatrechts noch regelt es die Zuständigkeit der Gerichte.

(6) Die besonderen Bestimmungen dieses Gesetzes für audiovisuelle Mediendienste auf Abruf gelten nicht für Dienste, die

1. ausschließlich zum Empfang in Drittländern bestimmt sind und
2. nicht unmittelbar oder mittelbar von der Allgemeinheit mit handelsüblichen Verbraucherendgeräten in einem Staat innerhalb des Geltungsbereichs der Richtlinie 89/552/EWG des Rates vom 3. Oktober 1989 zur Koordinierung bestimmter Rechts- und Verwaltungsvorschriften der Mitgliedstaaten über die Ausübung der Fernsehtätigkeit (ABl L 298 vom 17. 10. 1989, S. 23), die zuletzt durch die Richtlinie 2007/65/EG (ABl L 332 vom 18. 12. 2007, S. 27) geändert worden ist, empfangen werden.

1) **Anm. d. Red.:** Dieses Gesetz ist an dem Tag in Kraft getreten, an dem der Neunte Rundfunkänderungsstaatsvertrag der Länder in Kraft getreten ist (1. 3. 2007). Gleichzeitig ist das Teledienstegesetz vom 22. Juli 1997 (BGBl I S. 1870), zuletzt geändert durch Artikel 12 Abs. 15 des Gesetzes vom 10. November 2006 (BGBl I S. 2553) außer Kraft getreten.

2) **Anm. d. Red.:** § 1 i. d. F. des Gesetzes v. 31. 5. 2010 (BGBl I S. 692) mit Wirkung v. 5. 6. 2010.

§ 2 Begriffsbestimmungen[1)]

[1]Im Sinne dieses Gesetzes

1. ist Diensteanbieter jede natürliche oder juristische Person, die eigene oder fremde Telemedien zur Nutzung bereithält oder den Zugang zur Nutzung vermittelt; bei audiovisuellen Mediendiensten auf Abruf ist Diensteanbieter jede natürliche oder juristische Person, die die Auswahl und Gestaltung der angebotenen Inhalte wirksam kontrolliert,
2. ist niedergelassener Diensteanbieter jeder Anbieter, der mittels einer festen Einrichtung auf unbestimmte Zeit Telemedien geschäftsmäßig anbietet oder erbringt; der Standort der technischen Einrichtung allein begründet keine Niederlassung des Anbieters,

2a. ist drahtloses lokales Netzwerk ein Drahtloszugangssystem mit geringer Leistung und geringer Reichweite sowie mit geringem Störungsrisiko für weitere, von anderen Nutzern in unmittelbarer Nähe installierte Systeme dieser Art, welches nicht exklusive Grundfrequenzen nutzt,

3. ist Nutzer jede natürliche oder juristische Person, die Telemedien nutzt, insbesondere um Informationen zu erlangen oder zugänglich zu machen,
4. sind Verteildienste Telemedien, die im Wege einer Übertragung von Daten ohne individuelle Anforderung gleichzeitig für eine unbegrenzte Anzahl von Nutzern erbracht werden,
5. ist kommerzielle Kommunikation jede Form der Kommunikation, die der unmittelbaren oder mittelbaren Förderung des Absatzes von Waren, Dienstleistungen oder des Erscheinungsbilds eines Unternehmens, einer sonstigen Organisation oder einer natürlichen Person dient, die eine Tätigkeit im Handel, Gewerbe oder Handwerk oder einen freien Beruf ausübt; die Übermittlung der folgenden Angaben stellt als solche keine Form der kommerziellen Kommunikation dar:
   a) Angaben, die unmittelbaren Zugang zur Tätigkeit des Unternehmens oder der Organisation oder Person ermöglichen, wie insbesondere ein Domain-Name oder eine Adresse der elektronischen Post,
   b) Angaben in Bezug auf Waren und Dienstleistungen oder das Erscheinungsbild eines Unternehmens, einer Organisation oder Person, die unabhängig und insbesondere ohne finanzielle Gegenleistung gemacht werden,
6. sind „audiovisuelle Mediendienste auf Abruf" Telemedien mit Inhalten, die nach Form und Inhalt fernsehähnlich sind und die von einem Diensteanbieter zum individuellen Abruf zu einem vom Nutzer gewählten Zeitpunkt und aus einem vom Diensteanbieter festgelegten Inhaltekatalog bereitgestellt werden.

[2]Einer juristischen Person steht eine Personengesellschaft gleich, die mit der Fähigkeit ausgestattet ist, Rechte zu erwerben und Verbindlichkeiten einzugehen.

§ 2a Europäisches Sitzland[2)*)]

(1) [1]Innerhalb des Geltungsbereichs der Richtlinie 2000/31/EG des Europäischen Parlaments und des Rates vom 8. Juni 2000 über bestimmte rechtliche Aspekte der Dienste der Informationsgesellschaft, insbesondere des elektronischen Geschäftsverkehrs, im Binnenmarkt („Richtlinie über den elektronischen Geschäftsverkehr") (ABl L 178 vom 17. 7. 2000, S. 1) bestimmt sich das Sitzland des Diensteanbieters danach, wo dieser seine Geschäftstätigkeit tatsächlich aus-

*) **Amtl. Anm.:** § 2a dient der Umsetzung der Richtlinie 2010/13/EU des Europäischen Parlaments und des Rates vom 10. März 2010 zur Koordinierung bestimmter Rechts- und Verwaltungsvorschriften der Mitgliedstaaten über die Bereitstellung audiovisueller Mediendienste (Richtlinie über audiovisuelle Mediendienste) (ABl L 95 vom 15. 4. 2010, S. 1).

1) **Anm. d. Red.:** § 2 i. d. F. des Gesetzes v. 21. 7. 2016 (BGBl I S. 1766) mit Wirkung v. 27. 7. 2016.

2) **Anm. d. Red.:** § 2a i. d. F. des Gesetzes v. 21. 7. 2016 (BGBl I S. 1766) mit Wirkung v. 27. 7. 2016.

übt. [2]Dies ist der Ort, an dem sich der Mittelpunkt der Tätigkeiten des Diensteanbieters im Hinblick auf ein bestimmtes Telemedienangebot befindet.

(2) Abweichend von Absatz 1 gilt innerhalb des Geltungsbereichs der Richtlinie 2010/13/EU des Europäischen Parlaments und des Rates vom 10. März 2010 zur Koordinierung bestimmter Rechts- und Verwaltungsvorschriften der Mitgliedstaaten über die Bereitstellung audiovisueller Mediendienste (Richtlinie über audiovisuelle Mediendienste) (ABl L 95 vom 15. 4. 2010, S. 1) bei audiovisuellen Mediendiensten auf Abruf Deutschland als Sitzland des Diensteanbieters, wenn

1. die Hauptverwaltung in Deutschland liegt und die redaktionellen Entscheidungen über den audiovisuellen Mediendienst dort getroffen werden,
2. die Hauptverwaltung in Deutschland liegt und die redaktionellen Entscheidungen über den audiovisuellen Mediendienst in einem anderen Mitgliedstaat der Europäischen Union getroffen werden, jedoch
   a) ein wesentlicher Teil des mit der Bereitstellung des audiovisuellen Mediendienstes betrauten Personals in Deutschland tätig ist,
   b) ein wesentlicher Teil des mit der Bereitstellung des audiovisuellen Mediendienstes betrauten Personals sowohl in Deutschland als auch in dem anderen Mitgliedstaat tätig ist oder
   c) ein wesentlicher Teil des mit der Bereitstellung des audiovisuellen Mediendienstes betrauten Personals weder in Deutschland noch in dem anderen Mitgliedstaat tätig ist, aber der Diensteanbieter zuerst in Deutschland seine Tätigkeit aufgenommen hat und eine dauerhafte und tatsächliche Verbindung mit der Wirtschaft Deutschlands fortbesteht, oder
3. die Hauptverwaltung in Deutschland liegt und die redaktionellen Entscheidungen über den audiovisuellen Mediendienst in einem Drittstaat getroffen werden oder umgekehrt, aber ein wesentlicher Teil des mit der Bereitstellung des audiovisuellen Mediendienstes betrauten Personals in Deutschland tätig ist.

TMG

(3) [1]Für audiovisuelle Mediendiensteanbieter, die nicht bereits aufgrund ihrer Niederlassung der Rechtshoheit Deutschlands oder eines anderen Mitgliedstaats der Europäischen Union unterliegen, gilt Deutschland als Sitzland, wenn sie

1. eine in Deutschland gelegene Satelliten-Bodenstation für die Aufwärtsstrecke nutzen oder
2. zwar keine in einem Mitgliedstaat der Europäischen Union gelegene Satelliten-Bodenstation für die Aufwärtsstrecke nutzen, aber eine Deutschland zugewiesene Übertragungskapazität eines Satelliten nutzen.

[2]Liegt keines dieser beiden Kriterien vor, gilt Deutschland auch als Sitzland für Diensteanbieter, die in Deutschland gemäß den Artikeln 49 bis 55 des Vertrages über die Arbeitsweise der Europäischen Union niedergelassen sind.

§ 3 Herkunftslandprinzip[1)]

(1) In der Bundesrepublik Deutschland nach § 2a niedergelassene Diensteanbieter und ihre Telemedien unterliegen den Anforderungen des deutschen Rechts auch dann, wenn die Telemedien in einem anderen Staat innerhalb des Geltungsbereichs der Richtlinien 2000/31/EG und 89/552/EWG geschäftsmäßig angeboten oder erbracht werden.

(2) [1]Der freie Dienstleistungsverkehr von Telemedien, die in der Bundesrepublik Deutschland von Diensteanbietern geschäftsmäßig angeboten oder erbracht werden, die in einem anderen Staat innerhalb des Geltungsbereichs der Richtlinien 2000/31/EG und 89/552/EWG niedergelassen sind, wird nicht eingeschränkt. [2]Absatz 5 bleibt unberührt.

(3) Von den Absätzen 1 und 2 bleiben unberührt

1. die Freiheit der Rechtswahl,

1) **Anm. d. Red.:** § 3 i. d. F. des Gesetzes v. 1. 4. 2015 (BGBl I S. 434) mit Wirkung v. 1. 1. 2016.

2. die Vorschriften für vertragliche Schuldverhältnisse in Bezug auf Verbraucherverträge,
3. gesetzliche Vorschriften über die Form des Erwerbs von Grundstücken und grundstücksgleichen Rechten sowie der Begründung, Übertragung, Änderung oder Aufhebung von dinglichen Rechten an Grundstücken und grundstücksgleichen Rechten,
4. das für den Schutz personenbezogener Daten geltende Recht.

(4) Die Absätze 1 und 2 gelten nicht für

1. die Tätigkeit von Notaren sowie von Angehörigen anderer Berufe, soweit diese ebenfalls hoheitlich tätig sind,
2. die Vertretung von Mandanten und die Wahrnehmung ihrer Interessen vor Gericht,
3. die Zulässigkeit nicht angeforderter kommerzieller Kommunikationen durch elektronische Post,
4. Gewinnspiele mit einem einen Geldwert darstellenden Einsatz bei Glücksspielen, einschließlich Lotterien und Wetten,
5. die Anforderungen an Verteildienste,
6. das Urheberrecht, verwandte Schutzrechte, Rechte im Sinne der Richtlinie 87/54/EWG des Rates vom 16. Dezember 1986 über den Rechtsschutz der Topographien von Halbleitererzeugnissen (ABl EG Nr. L 24 S. 36) und der Richtlinie 96/9/EG des Europäischen Parlaments und des Rates vom 11. März 1996 über den rechtlichen Schutz von Datenbanken (ABl EG Nr. L 77 S. 20) sowie für gewerbliche Schutzrechte,
7. die Ausgabe elektronischen Geldes durch Institute, die gemäß Artikel 8 Abs. 1 der Richtlinie 2000/46/EG des Europäischen Parlaments und des Rates vom 18. September 2000 über die Aufnahme, Ausübung und Beaufsichtigung der Tätigkeit von E-Geld-Instituten (ABl EG Nr. L 275 S. 39) von der Anwendung einiger oder aller Vorschriften dieser Richtlinie und von der Anwendung der Richtlinie 2000/12/EG des Europäischen Parlaments und des Rates vom 20. März 2000 über die Aufnahme und Ausübung der Tätigkeit der Kreditinstitute (ABl EG Nr. L 126 S. 1) freigestellt sind,
8. Vereinbarungen oder Verhaltensweisen, die dem Kartellrecht unterliegen,
9. die von den §§ 12, 13a bis 13c, 55a, 83, 110a bis 110d, 111b und 111c des Versicherungsaufsichtsgesetzes in der Fassung der Bekanntmachung vom 17. Dezember 1992 (BGBl 1993 I S. 2), das zuletzt durch Artikel 2 des Gesetzes vom 29. Juli 2009 (BGBl I S. 2305) geändert worden ist, in der am 31. Dezember 2015 geltenden Fassung und der Versicherungsberichterstattungs-Verordnung erfassten Bereiche, die Regelungen über das auf Versicherungsverträge anwendbare Recht sowie für Pflichtversicherungen.

(5) [1]Das Angebot und die Erbringung von Telemedien durch einen Diensteanbieter, der in einem anderen Staat im Geltungsbereich der Richtlinien 2000/31/EG oder 89/552/EWG niedergelassen ist, unterliegen abweichend von Absatz 2 den Einschränkungen des innerstaatlichen Rechts, soweit dieses dem Schutz

1. der öffentlichen Sicherheit und Ordnung, insbesondere im Hinblick auf die Verhütung, Ermittlung, Aufklärung, Verfolgung und Vollstreckung von Straftaten und Ordnungswidrigkeiten, einschließlich des Jugendschutzes und der Bekämpfung der Hetze aus Gründen der Rasse, des Geschlechts, des Glaubens oder der Nationalität sowie von Verletzungen der Menschenwürde einzelner Personen sowie die Wahrung nationaler Sicherheits- und Verteidigungsinteressen,
2. der öffentlichen Gesundheit,
3. der Interessen der Verbraucher, einschließlich des Schutzes von Anlegern,

vor Beeinträchtigungen oder ernsthaften und schwerwiegenden Gefahren dient und die auf der Grundlage des innerstaatlichen Rechts in Betracht kommenden Maßnahmen in einem angemessenen Verhältnis zu diesen Schutzzielen stehen. [2]Für das Verfahren zur Einleitung von Maßnahmen nach Satz 1 – mit Ausnahme von gerichtlichen Verfahren einschließlich etwaiger Vorverfahren und der Verfolgung von Straftaten einschließlich der Strafvollstreckung und von Ordnungswidrigkeiten – sehen Artikel 3 Abs. 4 und 5 der Richtlinie 2000/31/EG sowie Artikel 2a Absatz 4 und 5 der Richtlinie 89/552/EWG Konsultations- und Informationspflichten vor.

Abschnitt 2: Zulassungsfreiheit und Informationspflichten

§ 4 Zulassungsfreiheit

Telemedien sind im Rahmen der Gesetze zulassungs- und anmeldefrei.

§ 5 Allgemeine Informationspflichten

(1) Diensteanbieter haben für geschäftsmäßige, in der Regel gegen Entgelt angebotene Telemedien folgende Informationen leicht erkennbar, unmittelbar erreichbar und ständig verfügbar zu halten:

1. den Namen und die Anschrift, unter der sie niedergelassen sind, bei juristischen Personen zusätzlich die Rechtsform, den Vertretungsberechtigten und, sofern Angaben über das Kapital der Gesellschaft gemacht werden, das Stamm- oder Grundkapital sowie, wenn nicht alle in Geld zu leistenden Einlagen eingezahlt sind, der Gesamtbetrag der ausstehenden Einlagen,
2. Angaben, die eine schnelle elektronische Kontaktaufnahme und unmittelbare Kommunikation mit ihnen ermöglichen, einschließlich der Adresse der elektronischen Post,
3. soweit der Dienst im Rahmen einer Tätigkeit angeboten oder erbracht wird, die der behördlichen Zulassung bedarf, Angaben zur zuständigen Aufsichtsbehörde,
4. das Handelsregister, Vereinsregister, Partnerschaftsregister oder Genossenschaftsregister, in das sie eingetragen sind, und die entsprechende Registernummer,
5. soweit der Dienst in Ausübung eines Berufs im Sinne von Artikel 1 Buchstabe d der Richtlinie 89/48/EWG des Rates vom 21. Dezember 1988 über eine allgemeine Regelung zur Anerkennung der Hochschuldiplome, die eine mindestens dreijährige Berufsausbildung abschließen (ABl EG Nr. L 19 S. 16), oder im Sinne von Artikel 1 Buchstabe f der Richtlinie 92/51/EWG des Rates vom 18. Juni 1992 über eine zweite allgemeine Regelung zur Anerkennung beruflicher Befähigungsnachweise in Ergänzung zur Richtlinie 89/48/EWG (ABl EG Nr. L 209 S. 25, 1995 Nr. L 17 S. 20), zuletzt geändert durch die Richtlinie 97/38/EG der Kommission vom 20. Juni 1997 (ABl EG Nr. L 184 S. 31), angeboten oder erbracht wird, Angaben über
   a) die Kammer, welcher die Diensteanbieter angehören,
   b) die gesetzliche Berufsbezeichnung und den Staat, in dem die Berufsbezeichnung verliehen worden ist,
   c) die Bezeichnung der berufsrechtlichen Regelungen und dazu, wie diese zugänglich sind,
6. in Fällen, in denen sie eine Umsatzsteueridentifikationsnummer nach § 27a des Umsatzsteuergesetzes oder eine Wirtschafts-Identifikationsnummer nach § 139c der Abgabenordnung besitzen, die Angabe dieser Nummer,
7. bei Aktiengesellschaften, Kommanditgesellschaften auf Aktien und Gesellschaften mit beschränkter Haftung, die sich in Abwicklung oder Liquidation befinden, die Angabe hierüber.

(2) Weitergehende Informationspflichten nach anderen Rechtsvorschriften bleiben unberührt.

§ 6 Besondere Informationspflichten bei kommerziellen Kommunikationen

(1) Diensteanbieter haben bei kommerziellen Kommunikationen, die Telemedien oder Bestandteile von Telemedien sind, mindestens die folgenden Voraussetzungen zu beachten:

1. Kommerzielle Kommunikationen müssen klar als solche zu erkennen sein.
2. Die natürliche oder juristische Person, in deren Auftrag kommerzielle Kommunikationen erfolgen, muss klar identifizierbar sein.

3. Angebote zur Verkaufsförderung wie Preisnachlässe, Zugaben und Geschenke müssen klar als solche erkennbar sein, und die Bedingungen für ihre Inanspruchnahme müssen leicht zugänglich sein sowie klar und unzweideutig angegeben werden.
4. Preisausschreiben oder Gewinnspiele mit Werbecharakter müssen klar als solche erkennbar und die Teilnahmebedingungen leicht zugänglich sein sowie klar und unzweideutig angegeben werden.

(2) [1]Werden kommerzielle Kommunikationen per elektronischer Post versandt, darf in der Kopf- und Betreffzeile weder der Absender noch der kommerzielle Charakter der Nachricht verschleiert oder verheimlicht werden. [2]Ein Verschleiern oder Verheimlichen liegt dann vor, wenn die Kopf- und Betreffzeile absichtlich so gestaltet sind, dass der Empfänger vor Einsichtnahme in den Inhalt der Kommunikation keine oder irreführende Informationen über die tatsächliche Identität des Absenders oder den kommerziellen Charakter der Nachricht erhält.

(3) Die Vorschriften des Gesetzes gegen den unlauteren Wettbewerb bleiben unberührt.

Abschnitt 3: Verantwortlichkeit

§ 7 Allgemeine Grundsätze[1)]

(1) Diensteanbieter sind für eigene Informationen, die sie zur Nutzung bereithalten, nach den allgemeinen Gesetzen verantwortlich.

(2) Diensteanbieter im Sinne der §§ 8 bis 10 sind nicht verpflichtet, die von ihnen übermittelten oder gespeicherten Informationen zu überwachen oder nach Umständen zu forschen, die auf eine rechtswidrige Tätigkeit hinweisen.

(3) [1]Verpflichtungen zur Entfernung von Informationen oder zur Sperrung der Nutzung von Informationen nach den allgemeinen Gesetzen aufgrund von gerichtlichen oder behördlichen Anordnungen bleiben auch im Falle der Nichtverantwortlichkeit des Diensteanbieters nach den §§ 8 bis 10 unberührt. [2]Das Fernmeldegeheimnis nach § 88 des Telekommunikationsgesetzes ist zu wahren.

(4) [1]Wurde ein Telemediendienst von einem Nutzer in Anspruch genommen, um das Recht am geistigen Eigentum eines anderen zu verletzen und besteht für den Inhaber dieses Rechts keine andere Möglichkeit, der Verletzung seines Rechts abzuhelfen, so kann der Inhaber des Rechts von dem betroffenen Diensteanbieter nach § 8 Absatz 3 die Sperrung der Nutzung von Informationen verlangen, um die Wiederholung der Rechtsverletzung zu verhindern. [2]Die Sperrung muss zumutbar und verhältnismäßig sein. [3]Ein Anspruch gegen den Diensteanbieter auf Erstattung der vor- und außergerichtlichen Kosten für die Geltendmachung und Durchsetzung des Anspruchs nach Satz 1 besteht außer in den Fällen des § 8 Absatz 1 Satz 3 nicht.

§ 8 Durchleitung von Informationen[2)]

(1) [1]Diensteanbieter sind für fremde Informationen, die sie in einem Kommunikationsnetz übermitteln oder zu denen sie den Zugang zur Nutzung vermitteln, nicht verantwortlich, sofern sie

1. die Übermittlung nicht veranlasst,
2. den Adressaten der übermittelten Informationen nicht ausgewählt und
3. die übermittelten Informationen nicht ausgewählt oder verändert haben.

[2]Sofern diese Diensteanbieter nicht verantwortlich sind, können sie insbesondere nicht wegen einer rechtswidrigen Handlung eines Nutzers auf Schadensersatz oder Beseitigung oder Unterlassung einer Rechtsverletzung in Anspruch genommen werden; dasselbe gilt hinsichtlich aller Kosten für die Geltendmachung und Durchsetzung dieser Ansprüche. [3]Die Sätze 1 und 2 finden

1) **Anm. d. Red.:** § 7 i. d. F. des Gesetzes v. 28.9.2017 (BGBl I S. 3530) mit Wirkung v. 13.10.2017.

2) **Anm. d. Red.:** § 8 i. d. F. des Gesetzes v. 28.9.2017 (BGBl I S. 3530) mit Wirkung v. 13.10.2017.

findet keine Anwendung, wenn der Diensteanbieter absichtlich mit einem Nutzer seines Dienstes zusammenarbeitet, um rechtswidrige Handlungen zu begehen.

(2) Die Übermittlung von Informationen nach Absatz 1 und die Vermittlung des Zugangs zu ihnen umfasst auch die automatische kurzzeitige Zwischenspeicherung dieser Informationen, soweit dies nur zur Durchführung der Übermittlung im Kommunikationsnetz geschieht und die Informationen nicht länger gespeichert werden, als für die Übermittlung üblicherweise erforderlich ist.

(3) Die Absätze 1 und 2 gelten auch für Diensteanbieter nach Absatz 1, die Nutzern einen Internetzugang über ein drahtloses lokales Netzwerk zur Verfügung stellen.

(4) [1]Diensteanbieter nach § 8 Absatz 3 dürfen von einer Behörde nicht verpflichtet werden,

1. vor Gewährung des Zugangs
   a) die persönlichen Daten von Nutzern zu erheben und zu speichern (Registrierung) oder
   b) die Eingabe eines Passworts zu verlangen oder
2. das Anbieten des Dienstes dauerhaft einzustellen.

[2]Davon unberührt bleibt, wenn ein Diensteanbieter auf freiwilliger Basis die Nutzer identifiziert, eine Passworteingabe verlangt oder andere freiwillige Maßnahmen ergreift.

§ 9 Zwischenspeicherung zur beschleunigten Übermittlung von Informationen

[1]Diensteanbieter sind für eine automatische, zeitlich begrenzte Zwischenspeicherung, die allein dem Zweck dient, die Übermittlung fremder Informationen an andere Nutzer auf deren Anfrage effizienter zu gestalten, nicht verantwortlich, sofern sie

TMG

1. die Informationen nicht verändern,
2. die Bedingungen für den Zugang zu den Informationen beachten,
3. die Regeln für die Aktualisierung der Informationen, die in weithin anerkannten und verwendeten Industriestandards festgelegt sind, beachten,
4. die erlaubte Anwendung von Technologien zur Sammlung von Daten über die Nutzung der Informationen, die in weithin anerkannten und verwendeten Industriestandards festgelegt sind, nicht beeinträchtigen und
5. unverzüglich handeln, um im Sinne dieser Vorschrift gespeicherte Informationen zu entfernen oder den Zugang zu ihnen zu sperren, sobald sie Kenntnis davon erhalten haben, dass die Informationen am ursprünglichen Ausgangsort der Übertragung aus dem Netz entfernt wurden oder der Zugang zu ihnen gesperrt wurde oder ein Gericht oder eine Verwaltungsbehörde die Entfernung oder Sperrung angeordnet hat.

[2]§ 8 Abs. 1 Satz 2 gilt entsprechend.

§ 10 Speicherung von Informationen

[1]Diensteanbieter sind für fremde Informationen, die sie für einen Nutzer speichern, nicht verantwortlich, sofern

1. sie keine Kenntnis von der rechtswidrigen Handlung oder der Information haben und ihnen im Falle von Schadensersatzansprüchen auch keine Tatsachen oder Umstände bekannt sind, aus denen die rechtswidrige Handlung oder die Information offensichtlich wird, oder
2. sie unverzüglich tätig geworden sind, um die Information zu entfernen oder den Zugang zu ihr zu sperren, sobald sie diese Kenntnis erlangt haben.

[2]Satz 1 findet keine Anwendung, wenn der Nutzer dem Diensteanbieter untersteht oder von ihm beaufsichtigt wird.

Abschnitt 4: Datenschutz

§ 11 Anbieter-Nutzen-Verhältnis[1)]

(1) Die Vorschriften dieses Abschnitts gelten nicht für die Erhebung und Verwendung personenbezogener Daten der Nutzer von Telemedien, soweit die Bereitstellung solcher Dienste

1. im Dienst- und Arbeitsverhältnis zu ausschließlich beruflichen oder dienstlichen Zwecken oder
2. innerhalb von oder zwischen nicht öffentlichen Stellen oder öffentlichen Stellen ausschließlich zur Steuerung von Arbeits- oder Geschäftsprozessen erfolgt.

(2) Nutzer im Sinne dieses Abschnitts ist jede natürliche Person, die Telemedien nutzt, insbesondere um Informationen zu erlangen oder zugänglich zu machen.

(3) Bei Telemedien, die überwiegend in der Übertragung von Signalen über Telekommunikationsnetze bestehen, gelten für die Erhebung und Verwendung personenbezogener Daten der Nutzer nur § 15 Absatz 8 und § 16 Absatz 2 Nummer 4.

§ 12 Grundsätze[2)]

(1) Der Diensteanbieter darf personenbezogene Daten zur Bereitstellung von Telemedien nur erheben und verwenden, soweit dieses Gesetz oder eine andere Rechtsvorschrift, die sich ausdrücklich auf Telemedien bezieht, es erlaubt oder der Nutzer eingewilligt hat.

(2) Der Diensteanbieter darf für die Bereitstellung von Telemedien erhobene personenbezogene Daten für andere Zwecke nur verwenden, soweit dieses Gesetz oder eine andere Rechtsvorschrift, die sich ausdrücklich auf Telemedien bezieht, es erlaubt oder der Nutzer eingewilligt hat.

(3) Soweit nichts anderes bestimmt ist, sind die jeweils geltenden Vorschriften für den Schutz personenbezogener Daten anzuwenden, auch wenn die Daten nicht automatisiert verarbeitet werden.

§ 13 Pflichten des Diensteanbieters[3)]

(1) [1]Der Diensteanbieter hat den Nutzer zu Beginn des Nutzungsvorgangs über Art, Umfang und Zwecke der Erhebung und Verwendung personenbezogener Daten sowie über die Verarbeitung seiner Daten in Staaten außerhalb des Anwendungsbereichs der Richtlinie 95/46/EG des Europäischen Parlaments und des Rates vom 24. Oktober 1995 zum Schutz natürlicher Personen bei der Verarbeitung personenbezogener Daten und zum freien Datenverkehr (ABl EG Nr. L 281 S. 31) in allgemein verständlicher Form zu unterrichten, sofern eine solche Unterrichtung nicht bereits erfolgt ist. [2]Bei einem automatisierten Verfahren, das eine spätere Identifizierung des Nutzers ermöglicht und eine Erhebung oder Verwendung personenbezogener Daten vorbereitet, ist der Nutzer zu Beginn dieses Verfahrens zu unterrichten. [3]Der Inhalt der Unterrichtung muss für den Nutzer jederzeit abrufbar sein.

(2) Die Einwilligung kann elektronisch erklärt werden, wenn der Diensteanbieter sicherstellt, dass

1. der Nutzer seine Einwilligung bewusst und eindeutig erteilt hat,
2. die Einwilligung protokolliert wird,
3. der Nutzer den Inhalt der Einwilligung jederzeit abrufen kann und
4. der Nutzer die Einwilligung jederzeit mit Wirkung für die Zukunft widerrufen kann.

(3) [1]Der Diensteanbieter hat den Nutzer vor Erklärung der Einwilligung auf das Recht nach Absatz 2 Nr. 4 hinzuweisen. [2]Absatz 1 Satz 3 gilt entsprechend.

---

1) **Anm. d. Red.:** § 11 i. d. F. des Gesetzes v. 14. 8. 2009 (BGBl I S. 2814) mit Wirkung v. 1. 9. 2009.

2) **Anm. d. Red.:** § 12 i. d. F. des Gesetzes v. 14. 8. 2009 (BGBl I S. 2814) mit Wirkung v. 1. 9. 2009.

3) **Anm. d. Red.:** § 13 i. d. F. des Gesetzes v. 17. 7. 2015 (BGBl I S. 1324) mit Wirkung v. 25. 7. 2015.

(4) [1]Der Diensteanbieter hat durch technische und organisatorische Vorkehrungen sicherzustellen, dass

1. der Nutzer die Nutzung des Dienstes jederzeit beenden kann,
2. die anfallenden personenbezogenen Daten über den Ablauf des Zugriffs oder der sonstigen Nutzung unmittelbar nach deren Beendigung gelöscht oder in den Fällen des Satzes 2 gesperrt werden,
3. der Nutzer Telemedien gegen Kenntnisnahme Dritter geschützt in Anspruch nehmen kann,
4. die personenbezogenen Daten über die Nutzung verschiedener Telemedien durch denselben Nutzer getrennt verwendet werden können,
5. Daten nach § 15 Abs. 2 nur für Abrechnungszwecke zusammengeführt werden können und
6. Nutzungsprofile nach § 15 Abs. 3 nicht mit Angaben zur Identifikation des Trägers des Pseudonyms zusammengeführt werden können.

[2]An die Stelle der Löschung nach Satz 1 Nr. 2 tritt eine Sperrung, soweit einer Löschung gesetzliche, satzungsmäßige oder vertragliche Aufbewahrungsfristen entgegenstehen.

(5) Die Weitervermittlung zu einem anderen Diensteanbieter ist dem Nutzer anzuzeigen.

(6) [1]Der Diensteanbieter hat die Nutzung von Telemedien und ihre Bezahlung anonym oder unter Pseudonym zu ermöglichen, soweit dies technisch möglich und zumutbar ist. [2]Der Nutzer ist über diese Möglichkeit zu informieren.

(7) [1]Diensteanbieter haben, soweit dies technisch möglich und wirtschaftlich zumutbar ist, im Rahmen ihrer jeweiligen Verantwortlichkeit für geschäftsmäßig angebotene Telemedien durch technische und organisatorische Vorkehrungen sicherzustellen, dass

1. kein unerlaubter Zugriff auf die für ihre Telemedienangebote genutzten technischen Einrichtungen möglich ist und
2. diese
   a) gegen Verletzungen des Schutzes personenbezogener Daten und
   b) gegen Störungen, auch soweit sie durch äußere Angriffe bedingt sind,

gesichert sind. [2]Vorkehrungen nach Satz 1 müssen den Stand der Technik berücksichtigen. [3]Eine Maßnahme nach Satz 1 ist insbesondere die Anwendung eines als sicher anerkannten Verschlüsselungsverfahrens.

(8) [1]Der Diensteanbieter hat dem Nutzer nach Maßgabe von § 34 des Bundesdatenschutzgesetzes auf Verlangen Auskunft über die zu seiner Person oder zu seinem Pseudonym gespeicherten Daten zu erteilen. [2]Die Auskunft kann auf Verlangen des Nutzers auch elektronisch erteilt werden.

§ 14 Bestandsdaten[1)]

(1) Der Diensteanbieter darf personenbezogene Daten eines Nutzers nur erheben und verwenden, soweit sie für die Begründung, inhaltliche Ausgestaltung oder Änderung eines Vertragsverhältnisses zwischen dem Diensteanbieter und dem Nutzer über die Nutzung von Telemedien erforderlich sind (Bestandsdaten).

(2) Auf Anordnung der zuständigen Stellen darf der Diensteanbieter im Einzelfall Auskunft über Bestandsdaten erteilen, soweit dies für Zwecke der Strafverfolgung, zur Gefahrenabwehr durch die Polizeibehörden der Länder, zur Erfüllung der gesetzlichen Aufgaben der Verfassungsschutzbehörden des Bundes und der Länder, des Bundesnachrichtendienstes oder des Militärischen Abschirmdienstes oder des Bundeskriminalamtes im Rahmen seiner Aufgabe zur Abwehr von Gefahren des internationalen Terrorismus oder zur Durchsetzung der Rechte am geistigen Eigentum erforderlich ist.

TMG

1) **Anm. d. Red.:** § 14 i. d. F. des Gesetzes v. 1.9.2017 (BGBl I S. 3352) mit Wirkung v. 1.10.2017.

(3) Der Diensteanbieter darf darüber hinaus im Einzelfall Auskunft über bei ihm vorhandene Bestandsdaten erteilen, soweit dies zur Durchsetzung zivilrechtlicher Ansprüche wegen der Verletzung absolut geschützter Rechte aufgrund rechtswidriger Inhalte, die von § 1 Absatz 3 des Netzwerkdurchsetzungsgesetzes erfasst werden, erforderlich ist.

(4) [1]Für die Erteilung der Auskunft nach Absatz 3 ist eine vorherige gerichtliche Anordnung über die Zulässigkeit der Auskunftserteilung erforderlich, die vom Verletzten zu beantragen ist. [2]Für den Erlass dieser Anordnung ist das Landgericht ohne Rücksicht auf den Streitwert zuständig. [3]Örtlich zuständig ist das Gericht, in dessen Bezirk der Verletzte seinen Wohnsitz, seinen Sitz oder eine Niederlassung hat. [4]Die Entscheidung trifft die Zivilkammer. [5]Für das Verfahren gelten die Vorschriften des Gesetzes über das Verfahren in Familiensachen und in den Angelegenheiten der freiwilligen Gerichtsbarkeit entsprechend. [6]Die Kosten der richterlichen Anordnung trägt der Verletzte. [7]Gegen die Entscheidung des Landgerichts ist die Beschwerde statthaft.

(5) [1]Der Diensteanbieter ist als Beteiligter zu dem Verfahren nach Absatz 4 hinzuzuziehen. [2]Er darf den Nutzer über die Einleitung des Verfahrens unterrichten.

§ 15 Nutzungsdaten[1)]

(1) [1]Der Diensteanbieter darf personenbezogene Daten eines Nutzers nur erheben und verwenden, soweit dies erforderlich ist, um die Inanspruchnahme von Telemedien zu ermöglichen und abzurechnen (Nutzungsdaten). [2]Nutzungsdaten sind insbesondere

1. Merkmale zur Identifikation des Nutzers,
2. Angaben über Beginn und Ende sowie des Umfangs der jeweiligen Nutzung und
3. Angaben über die vom Nutzer in Anspruch genommenen Telemedien.

(2) Der Diensteanbieter darf Nutzungsdaten eines Nutzers über die Inanspruchnahme verschiedener Telemedien zusammenführen, soweit dies für Abrechnungszwecke mit dem Nutzer erforderlich ist.

(3) [1]Der Diensteanbieter darf für Zwecke der Werbung, der Marktforschung oder zur bedarfsgerechten Gestaltung der Telemedien Nutzungsprofile bei Verwendung von Pseudonymen erstellen, sofern der Nutzer dem nicht widerspricht. [2]Der Diensteanbieter hat den Nutzer auf sein Widerspruchsrecht im Rahmen der Unterrichtung nach § 13 Abs. 1 hinzuweisen. [3]Diese Nutzungsprofile dürfen nicht mit Daten über den Träger des Pseudonyms zusammengeführt werden.

(4) [1]Der Diensteanbieter darf Nutzungsdaten über das Ende des Nutzungsvorgangs hinaus verwenden, soweit sie für Zwecke der Abrechnung mit dem Nutzer erforderlich sind (Abrechnungsdaten). [2]Zur Erfüllung bestehender gesetzlicher, satzungsmäßiger oder vertraglicher Aufbewahrungsfristen darf der Diensteanbieter die Daten sperren.

(5) [1]Der Diensteanbieter darf an andere Diensteanbieter oder Dritte Abrechnungsdaten übermitteln, soweit dies zur Ermittlung des Entgelts und zur Abrechnung mit dem Nutzer erforderlich ist. [2]Hat der Diensteanbieter mit einem Dritten einen Vertrag über den Einzug des Entgelts geschlossen, so darf er diesem Dritten Abrechnungsdaten übermitteln, soweit es für diesen Zweck erforderlich ist. [3]Zum Zwecke der Marktforschung anderer Diensteanbieter dürfen anonymisierte Nutzungsdaten übermittelt werden. [4]§ 14 Absatz 2 bis 5 findet entsprechende Anwendung.

(6) Die Abrechnung über die Inanspruchnahme von Telemedien darf Anbieter, Zeitpunkt, Dauer, Art, Inhalt und Häufigkeit bestimmter von einem Nutzer in Anspruch genommener Telemedien nicht erkennen lassen, es sei denn, der Nutzer verlangt einen Einzelnachweis.

(7) [1]Der Diensteanbieter darf Abrechnungsdaten, die für die Erstellung von Einzelnachweisen über die Inanspruchnahme bestimmter Angebote auf Verlangen des Nutzers verarbeitet wer-

---

1) **Anm. d. Red.:** § 15 i. d. F. des Gesetzes v. 1.9.2017 (BGBl I S. 3352) mit Wirkung v. 1.10.2017.

den, höchstens bis zum Ablauf des sechsten Monats nach Versendung der Rechnung speichern. [2]Werden gegen die Entgeltforderung innerhalb dieser Frist Einwendungen erhoben oder diese trotz Zahlungsaufforderung nicht beglichen, dürfen die Abrechnungsdaten weiter gespeichert werden, bis die Einwendungen abschließend geklärt sind oder die Entgeltforderung beglichen ist.

(8) [1]Liegen dem Diensteanbieter zu dokumentierende tatsächliche Anhaltspunkte vor, dass seine Dienste von bestimmten Nutzern in der Absicht in Anspruch genommen werden, das Entgelt nicht oder nicht vollständig zu entrichten, darf er die personenbezogenen Daten dieser Nutzer über das Ende des Nutzungsvorgangs sowie die in Absatz 7 genannte Speicherfrist hinaus nur verwenden, soweit dies für Zwecke der Rechtsverfolgung erforderlich ist. [2]Der Diensteanbieter hat die Daten unverzüglich zu löschen, wenn die Voraussetzungen nach Satz 1 nicht mehr vorliegen oder die Daten für die Rechtsverfolgung nicht mehr benötigt werden. [3]Der betroffene Nutzer ist zu unterrichten, sobald dies ohne Gefährdung des mit der Maßnahme verfolgten Zweckes möglich ist.

§ 15a Informationspflicht bei unrechtmäßiger Kenntniserlangung von Daten[1)]

Stellt der Diensteanbieter fest, dass bei ihm gespeicherte Bestands- oder Nutzungsdaten unrechtmäßig übermittelt worden oder auf sonstige Weise Dritten unrechtmäßig zur Kenntnis gelangt sind, und drohen schwerwiegende Beeinträchtigungen für die Rechte oder schutzwürdigen Interessen des betroffenen Nutzers, gilt § 42a des Bundesdatenschutzgesetzes entsprechend.

Abschnitt 5: Bußgeldvorschriften

§ 16 Bußgeldvorschriften[2)]

(1) Ordnungswidrig handelt, wer absichtlich entgegen § 6 Abs. 2 Satz 1 den Absender oder den kommerziellen Charakter der Nachricht verschleiert oder verheimlicht.

(2) Ordnungswidrig handelt, wer vorsätzlich oder fahrlässig

1. entgegen § 5 Abs. 1 eine Information nicht, nicht richtig oder nicht vollständig verfügbar hält,
2. entgegen § 13 Abs. 1 Satz 1 oder 2 den Nutzer nicht, nicht richtig, nicht vollständig oder nicht rechtzeitig unterrichtet,
3. einer Vorschrift des § 13 Abs. 4 Satz 1 Nr. 1 bis 4 oder 5 oder Absatz 7 Satz 1 Nummer 1 oder Nummer 2 Buchstabe a über eine dort genannte Pflicht zur Sicherstellung zuwiderhandelt,
4. entgegen § 14 Abs. 1 oder § 15 Abs. 1 Satz 1 oder Abs. 8 Satz 1 oder 2 personenbezogene Daten erhebt oder verwendet oder nicht oder nicht rechtzeitig löscht oder
5. entgegen § 15 Abs. 3 Satz 3 ein Nutzungsprofil mit Daten über den Träger des Pseudonyms zusammenführt.

(3) Die Ordnungswidrigkeit kann mit einer Geldbuße bis zu fünfzigtausend Euro geahndet werden.

1) **Anm. d. Red.:** § 15a eingefügt gem. Gesetz v. 14. 8. 2009 (BGBl I S. 2814) mit Wirkung v. 1. 9. 2009.

2) **Anm. d. Red.:** § 16 i. d. F. des Gesetzes v. 17. 7. 2015 (BGBl I S. 1324) mit Wirkung v. 25. 7. 2015.

XXVII. Telekommunikationsgesetz (TKG)*)

v. 22.6.2004 (BGBl I S. 1190) mit späteren Änderungen

*) **Amtl. Anm.:** Das Gesetz dient der Umsetzung folgender Richtlinien: Richtlinie 2002/21/EG des Europäischen Parlaments und des Rates vom 7. März 2002 über einen gemeinsamen Rechtsrahmen für elektronische Kommunikationsnetze und -dienste (Rahmenrichtlinie) (ABl EG Nr. L 108 S. 33); Richtlinie 2002/20/EG des Europäischen Parlaments und des Rates vom 7. März 2002 über die Genehmigung elektronischer Kommunikationsnetze und -dienste (Genehmigungsrichtlinie) (ABl EG Nr. L 108 S. 21); Richtlinie 2002/19/EG des Europäischen Parlaments und des Rates vom 7. März 2002 über den Zugang zu elektronischen Kommunikationsnetzen und zugehörigen Einrichtungen sowie deren Zusammenschaltung (Zugangsrichtlinie) (ABl EG Nr. L 108 S. 7); Richtlinie 2002/22/EG des Europäischen Parlaments und des Rates vom 7. März 2002 über den Universaldienst und Nutzerrechte bei elektronischen Kommunikationsnetzen und -diensten (Universaldienstrichtlinie) (ABl EG Nr. L 108 S. 51) sowie Richtlinie 2002/58/EG des Europäischen Parlaments und des Rates vom 12. Juli 2002 über die Verarbeitung personenbezogener Daten und den Schutz der Privatsphäre in der elektronischen Kommunikation (Datenschutzrichtlinie) (ABl EG Nr. L 201 S. 37).

Das Telekommunikationsgesetz (TKG) v. 22.6.2004 (BGBl I S. 1190) ist zuletzt geändert worden durch Art. 1 Viertes Gesetz zur Änderung des Telekommunikationsgesetzes**) v. 29.11.2018 (BGBl I S. 2230); Änderungen, die erst am 1.10.2021 in Kraft treten, sind in Fußnoten entsprechend gekennzeichnet.

Nichtamtliche Fassung

Inhaltsübersicht[1)]

) **Amtl. Anm.: Artikel 1 Nummer 2, 3 und 4 dieses Gesetzes dient der Umsetzung der Verordnung (EU) 2018/302 des Europäischen Parlaments und des Rates vom 28. Februar 2018 über Maßnahmen gegen ungerechtfertigtes Geoblocking und andere Formen der Diskriminierung aufgrund der Staatsangehörigkeit, des Wohnsitzes oder des Ortes der Niederlassung des Kunden innerhalb des Binnenmarkts und zur Änderung der Verordnungen (EG) Nr. 2006/2004 und (EU) 2017/2394 sowie der Richtlinie 2009/22/EG (ABl L 60 I vom 2.3.2018, S. 1).

1) **Anm. d. Red.:** Inhaltsübersicht i. d. F. des Gesetzes v. 27.6.2017 (BGBl I S. 1963) mit Wirkung v. 4.7.2017.

TKG

TKG

Teil 1: Allgemeine Vorschriften

§ 1 Zweck des Gesetzes

Zweck dieses Gesetzes ist es, durch technologieneutrale Regulierung den Wettbewerb im Bereich der Telekommunikation und leistungsfähige Telekommunikationsinfrastrukturen zu fördern und flächendeckend angemessene und ausreichende Dienstleistungen zu gewährleisten.

§ 2 Regulierung, Ziele und Grundsätze[1)]

(1) Die Regulierung der Telekommunikation ist eine hoheitliche Aufgabe des Bundes.

(2) Ziele der Regulierung sind:

1. die Wahrung der Nutzer-, insbesondere der Verbraucherinteressen auf dem Gebiet der Telekommunikation und die Wahrung des Fernmeldegeheimnisses. [2]Die Bundesnetzagentur fördert die Möglichkeit der Endnutzer, Informationen abzurufen und zu verbreiten oder Anwendungen und Dienste ihrer Wahl zu nutzen. [3]Die Bundesnetzagentur berücksichtigt die Bedürfnisse bestimmter gesellschaftlicher Gruppen, insbesondere von behinderten Nutzern, älteren Menschen und Personen mit besonderen sozialen Bedürfnissen,
2. die Sicherstellung eines chancengleichen Wettbewerbs und die Förderung nachhaltig wettbewerbsorientierter Märkte der Telekommunikation im Bereich der Telekommunikationsdienste und -netze sowie der zugehörigen Einrichtungen und Dienste, auch in der Fläche. [2]Die Bundesnetzagentur stellt insoweit auch sicher, dass für die Nutzer, einschließlich be-

1) **Anm. d. Red.:** § 2 i. d. F. des Gesetzes v. 3. 5. 2012 (BGBl I S. 958) mit Wirkung v. 10. 5. 2012.

hinderter Nutzer, älterer Menschen und Personen mit besonderen sozialen Bedürfnissen, der größtmögliche Nutzen in Bezug auf Auswahl, Preise und Qualität erbracht wird. [3]Sie gewährleistet, dass es im Bereich der Telekommunikation, einschließlich der Bereitstellung von Inhalten, keine Wettbewerbsverzerrungen oder -beschränkungen gibt,

3. die Entwicklung des Binnenmarktes der Europäischen Union zu fördern,
4. die Sicherstellung einer flächendeckenden gleichartigen Grundversorgung in städtischen und ländlichen Räumen mit Telekommunikationsdiensten (Universaldienstleistungen) zu erschwinglichen Preisen,
5. die Beschleunigung des Ausbaus von hochleistungsfähigen öffentlichen Telekommunikationsnetzen der nächsten Generation,
6. die Förderung von Telekommunikationsdiensten bei öffentlichen Einrichtungen,
7. die Sicherstellung einer effizienten und störungsfreien Nutzung von Frequenzen, auch unter Berücksichtigung der Belange des Rundfunks,
8. eine effiziente Nutzung von Nummerierungsressourcen zu gewährleisten,
9. die Wahrung der Interessen der öffentlichen Sicherheit.

(3) Die Bundesnetzagentur wendet bei der Verfolgung der in Absatz 2 festgelegten Ziele objektive, transparente, nicht diskriminierende und verhältnismäßige Regulierungsgrundsätze an, indem sie unter anderem

1. die Vorhersehbarkeit der Regulierung dadurch fördert, dass sie über angemessene Überprüfungszeiträume ein einheitliches Regulierungskonzept beibehält,
2. gewährleistet, dass Betreiber von Telekommunikationsnetzen und Anbieter von Telekommunikationsdiensten unter vergleichbaren Umständen nicht diskriminiert werden,
3. den Wettbewerb zum Nutzen der Verbraucher schützt und, soweit sachgerecht, den infrastrukturbasierten Wettbewerb fördert,
4. effiziente Investitionen und Innovationen im Bereich neuer und verbesserter Infrastrukturen auch dadurch fördert, dass sie dafür sorgt, dass bei jeglicher Zugangsverpflichtung dem Risiko der investierenden Unternehmen gebührend Rechnung getragen wird, und dass sie verschiedene Kooperationsvereinbarungen zur Aufteilung des Investitionsrisikos zwischen Investoren und Zugangsbegehrenden zulässt, während sie gleichzeitig gewährleistet, dass der Wettbewerb auf dem Markt und der Grundsatz der Nichtdiskriminierung gewahrt werden,
5. die vielfältigen Bedingungen im Zusammenhang mit Wettbewerb und Verbrauchern, die in den verschiedenen geografischen Gebieten innerhalb der Bundesrepublik Deutschland herrschen, gebührend berücksichtigt und
6. regulatorische Vorabverpflichtungen nur dann auferlegt, wenn es keinen wirksamen und nachhaltigen Wettbewerb gibt, und diese Verpflichtungen lockert oder aufhebt, sobald es einen solchen Wettbewerb gibt.

(4) [1]Die Vorschriften des Gesetzes gegen Wettbewerbsbeschränkungen bleiben, soweit nicht durch dieses Gesetz ausdrücklich abschließende Regelungen getroffen werden, anwendbar. [2]Die Aufgaben und Zuständigkeiten der Kartellbehörden bleiben unberührt.

(5) Die hoheitlichen Rechte des Bundesministeriums der Verteidigung bleiben unberührt.

(6) [1]Die Belange des Rundfunks und vergleichbarer Telemedien sind unabhängig von der Art der Übertragung zu berücksichtigen. [2]Die medienrechtlichen Bestimmungen der Länder bleiben unberührt.

§ 3 Begriffsbestimmungen[1)]

Im Sinne dieses Gesetzes ist oder sind

1. „Anruf" eine über einen öffentlich zugänglichen Telekommunikationsdienst aufgebaute Verbindung, die eine zweiseitige Sprachkommunikation ermöglicht;
2. „Anwendungs-Programmierschnittstelle" die Software-Schnittstelle zwischen Anwendungen, die von Sendeanstalten oder Diensteanbietern zur Verfügung gestellt werden, und den Anschlüssen in den erweiterten digitalen Fernsehempfangsgeräten für digitale Fernseh- und Rundfunkdienste;

2a. „Auskunftsdienste" bundesweit jederzeit telefonisch erreichbare Dienste, insbesondere des Rufnummernbereichs 118, die ausschließlich der neutralen Weitergabe von Rufnummer, Name, Anschrift sowie zusätzlichen Angaben von Telekommunikationsnutzern dienen. [2]Die Weitervermittlung zu einem erfragten Teilnehmer oder Dienst kann Bestandteil des Auskunftsdienstes sein;

2b. „Baudenkmäler" nach Landesrecht geschützte Gebäude oder Gebäudemehrheiten;

3. „Bestandsdaten" Daten eines Teilnehmers, die für die Begründung, inhaltliche Ausgestaltung, Änderung oder Beendigung eines Vertragsverhältnisses über Telekommunikationsdienste erhoben werden;
4. „beträchtliche Marktmacht" eines oder mehrerer Unternehmen gegeben, wenn die Voraussetzungen nach § 11 Absatz 1 Satz 3 und 4 vorliegen;

4a. „Betreiberauswahl" der Zugang eines Teilnehmers zu den Diensten aller unmittelbar zusammengeschalteten Anbieter von öffentlich zugänglichen Telekommunikationsdiensten im Einzelwahlverfahren durch Wählen einer Kennzahl;

4b. „Betreibervorauswahl" der Zugang eines Teilnehmers zu den Diensten aller unmittelbar zusammengeschalteten Anbieter von öffentlich zugänglichen Telekommunikationsdiensten durch festgelegte Vorauswahl, wobei der Teilnehmer unterschiedliche Voreinstellungen für Orts- und Fernverbindungen vornehmen kann und bei jedem Anruf die festgelegte Vorauswahl durch Wählen einer Betreiberkennzahl übergehen kann;

TKG

5. „Dienst mit Zusatznutzen" jeder Dienst, der die Erhebung und Verwendung von Verkehrsdaten oder Standortdaten in einem Maße erfordert, das über das für die Übermittlung einer Nachricht oder die Entgeltabrechnung dieses Vorganges erforderliche Maß hinausgeht;
6. „Diensteanbieter" jeder, der ganz oder teilweise geschäftsmäßig
   a) Telekommunikationsdienste erbringt oder
   b) an der Erbringung solcher Dienste mitwirkt;
7. „digitales Fernsehempfangsgerät" ein Fernsehgerät mit integriertem digitalem Decoder oder ein an ein Fernsehgerät anschließbarer digitaler Decoder zur Nutzung digital übertragener Fernsehsignale, die mit Zusatzsignalen, einschließlich einer Zugangsberechtigung, angereichert sein können;

7a. „digitales Hochgeschwindigkeitsnetz" ein Telekommunikationsnetz, das die Möglichkeit bietet, Datendienste mit Geschwindigkeiten von mindestens 50 Megabit pro Sekunde bereitzustellen;

7b. „Einzelrichtlinien"

a) die Richtlinie 2002/20/EG des Europäischen Parlaments und des Rates vom 7. März 2002 über die Genehmigung elektronischer Kommunikationsnetze und -dienste (Genehmigungsrichtlinie) (ABl L 108 vom 24. 4. 2002, S. 21), die zuletzt durch die Richtlinie 2009/140/EG (ABl L 337 vom 18. 12. 2009, S. 37) geändert worden ist;

b) die Richtlinie 2002/19/EG des Europäischen Parlaments und des Rates vom 7. März 2002 über den Zugang zu elektronischen Kommunikationsnetzen und zugehörigen Einrich-

1) **Anm. d. Red.:** § 3 i. d. F. des Gesetzes v. 27. 6. 2017 (BGBl I S. 1947) mit Wirkung v. 4. 7. 2017.

tungen sowie deren Zusammenschaltung (Zugangsrichtlinie) (ABl L 108 vom 24. 4. 2002, S. 7), die zuletzt durch die Richtlinie 2009/140/EG (ABl L 337 vom 18. 12. 2009, S. 37) geändert worden ist;

c) die Richtlinie 2002/22/EG des Europäischen Parlaments und des Rates vom 7. März 2002 über den Universaldienst und Nutzerrechte bei elektronischen Kommunikationsnetzen und -diensten (Universaldienstrichtlinie) (ABl L 108 vom 24. 4. 2002, S. 51), die zuletzt durch die Richtlinie 2009/136/EG (ABl L 337 vom 18. 12. 2009, S. 11) geändert worden ist;

d) die Richtlinie 2002/58/EG des Europäischen Parlaments und des Rates vom 12. Juli 2002 über die Verarbeitung personenbezogener Daten und den Schutz der Privatsphäre in der elektronischen Kommunikation (Datenschutzrichtlinie für elektronische Kommunikation) (ABl L 201 vom 31. 7. 2002, S. 37), die zuletzt durch die Richtlinie 2009/136/EG (ABl L 337 vom 18. 12. 2009, S. 11) geändert worden ist, und

e) die Richtlinie 2014/61/EU des Europäischen Parlaments und des Rates vom 15. Mai 2014 über Maßnahmen zur Reduzierung der Kosten des Ausbaus von Hochgeschwindigkeitsnetzen für die elektronische Kommunikation (Kostensenkungsrichtlinie) (ABl L 155 vom 23. 5. 2014, S. 1);

8. „Endnutzer" ein Nutzer, der weder öffentliche Telekommunikationsnetze betreibt noch öffentlich zugängliche Telekommunikationsdienste erbringt;

8a. „entgeltfreie Telefondienste" Dienste, insbesondere des Rufnummernbereichs (0)800, bei deren Inanspruchnahme der Anrufende kein Entgelt zu entrichten hat;

8b. „Service-Dienste" Dienste, insbesondere des Rufnummernbereichs (0)180, die bundesweit zu einem einheitlichen Entgelt zu erreichen sind;

9. „Frequenznutzung" jede gewollte Aussendung oder Abstrahlung elektromagnetischer Wellen zwischen 9 kHz und 3 000 GHz zur Nutzung durch Funkdienste und andere Anwendungen elektromagnetischer Wellen;

9a. „Frequenzzuweisung" die Benennung eines bestimmten Frequenzbereichs für die Nutzung durch einen oder mehrere Funkdienste oder durch andere Anwendungen elektromagnetischer Wellen, falls erforderlich mit weiteren Festlegungen;

9b. „gemeinsamer Zugang zum Teilnehmeranschluss" die Bereitstellung des Zugangs zum Teilnehmeranschluss oder zum Teilabschnitt in der Weise, dass die Nutzung eines bestimmten Teils der Kapazität der Netzinfrastruktur, wie etwa eines Teils der Frequenz oder Gleichwertiges, ermöglicht wird;

9c. „GEREK" das Gremium Europäischer Regulierungsstellen für elektronische Kommunikation;

9d. „Gerät" eine Funkanlage, eine Telekommunikationsendeinrichtung oder eine Kombination von beiden;

10. „geschäftsmäßiges Erbringen von Telekommunikationsdiensten" das nachhaltige Angebot von Telekommunikation für Dritte mit oder ohne Gewinnerzielungsabsicht;

10a. (weggefallen)

11. „Kundenkarten" Karten, mit deren Hilfe Telekommunikationsverbindungen hergestellt und personenbezogene Daten erhoben werden können;

11a. „Kurzwahl-Datendienste" Kurzwahldienste, die der Übermittlung von nichtsprachgestützten Inhalten mittels Telekommunikation dienen und die keine Telemedien sind;

11b. „Kurzwahldienste" Dienste, die die Merkmale eines Premium-Dienstes haben, jedoch eine spezielle Nummernart mit kurzen Nummern nutzen;

11c. „Kurzwahl-Sprachdienste" Kurzwahldienste, bei denen die Kommunikation sprachgestützt erfolgt;

11d. „Massenverkehrs-Dienste" Dienste, insbesondere des Rufnummernbereichs (0)137, die charakterisiert sind durch ein hohes Verkehrsaufkommen in einem oder mehreren kurzen Zeitintervallen mit kurzer Belegungsdauer zu einem Ziel mit begrenzter Abfragekapazität;

12. „nachhaltig wettbewerbsorientierter Markt" ein Markt, auf dem der Wettbewerb so abgesichert ist, dass er ohne sektorspezifische Regulierung besteht;

12a. „Netzabschlusspunkt" der physische Punkt, an dem einem Teilnehmer der Zugang zu einem Telekommunikationsnetz bereitgestellt wird; in Netzen, in denen eine Vermittlung oder Leitwegebestimmung erfolgt, wird der Netzabschlusspunkt anhand einer bestimmten Netzadresse bezeichnet, die mit der Nummer oder dem Namen eines Teilnehmers verknüpft sein kann;

12b. „Neuartige Dienste" Dienste, insbesondere des Rufnummernbereichs (0)12, bei denen Nummern für einen Zweck verwendet werden, für den kein anderer Rufnummernraum zur Verfügung steht;

13. „Nummern" Zeichenfolgen, die in Telekommunikationsnetzen Zwecken der Adressierung dienen;

13a. „Nummernart" die Gesamtheit aller Nummern eines Nummernraums für einen bestimmten Dienst oder eine bestimmte technische Adressierung;

13b. „Nummernbereich" eine für eine Nummernart bereitgestellte Teilmenge des Nummernraums;

13c. „Nummernraum" die Gesamtheit aller Nummern, die für eine bestimmte Art der Adressierung verwendet werden;

13d. „Nummernteilbereich" eine Teilmenge eines Nummernbereichs;

14. „Nutzer" jede natürliche oder juristische Person, die einen öffentlich zugänglichen Telekommunikationsdienst für private oder geschäftliche Zwecke in Anspruch nimmt oder beantragt, ohne notwendigerweise Teilnehmer zu sein;

15. „öffentliches Münz- und Kartentelefon" ein der Allgemeinheit zur Verfügung stehendes Telefon, für dessen Nutzung als Zahlungsmittel unter anderem Münzen, Kredit- und Abbuchungskarten oder Guthabenkarten, auch solche mit Einwahlcode, verwendet werden können;

16. „öffentliches Telefonnetz" ein Telekommunikationsnetz, das zur Bereitstellung des öffentlich zugänglichen Telefondienstes genutzt wird und darüber hinaus weitere Dienste wie Telefax- oder Datenfernübertragung und einen funktionalen Internetzugang ermöglicht;

16a. „öffentliches Telekommunikationsnetz" ein Telekommunikationsnetz, das ganz oder überwiegend der Bereitstellung öffentlich zugänglicher Telekommunikationsdienste dient, die die Übertragung von Informationen zwischen Netzabschlusspunkten ermöglichen;

16b. „öffentliche Versorgungsnetze" entstehende, betriebene oder stillgelegte physische Infrastrukturen für die öffentliche Bereitstellung von

a) Erzeugungs-, Leitungs- oder Verteilungsdiensten für

aa) Telekommunikation,

bb) Gas,

cc) Elektrizität, einschließlich der Elektrizität für die öffentliche Straßenbeleuchtung,

dd) Fernwärme oder

ee) Wasser, ausgenommen Trinkwasser im Sinne des § 3 Nummer 1 der Trinkwasserverordnung in der Fassung der Bekanntmachung vom 10. März 2016 (BGBl I S. 459), die durch Artikel 4 Absatz 21 des Gesetzes vom 18. Juli 2016 (BGBl I S. 1666) geändert worden ist; zu den öffentlichen Versorgungsnetzen zählen auch physische Infrastrukturen zur Abwasserbehandlung und -entsorgung sowie die Kanalisationssysteme;

b) Verkehrsdiensten; zu diesen Infrastrukturen gehören insbesondere Schienenwege, Straßen, Wasserstraßen, Brücken, Häfen und Flugplätze;

17. „öffentlich zugänglicher Telefondienst" ein der Öffentlichkeit zur Verfügung stehender Dienst, der direkt oder indirekt über eine oder mehrere Nummern eines nationalen oder internationalen Telefonnummernplans oder eines anderen Adressierungsschemas das Führen folgender Gespräche ermöglicht:
   a) aus- und eingehende Inlandsgespräche oder
   b) aus- und eingehende Inlands- und Auslandsgespräche;

17a. „öffentlich zugängliche Telekommunikationsdienste" der Öffentlichkeit zur Verfügung stehende Telekommunikationsdienste;

17b. „passive Netzinfrastrukturen" Komponenten eines Netzes, die andere Netzkomponenten aufnehmen sollen, selbst jedoch nicht zu aktiven Netzkomponenten werden; hierzu zählen zum Beispiel Fernleitungen, Leer- und Leitungsrohre, Kabelkanäle, Kontrollkammern, Einstiegsschächte, Verteilerkästen, Gebäude und Gebäudeeingänge, Antennenanlagen und Trägerstrukturen wie Türme, Ampeln und Straßenlaternen, Masten und Pfähle; Kabel, einschließlich unbeschalteter Glasfaserkabel, sind keine passiven Netzinfrastrukturen;

17c. „Premium-Dienste" Dienste, insbesondere der Rufnummernbereiche (0)190 und (0)900, bei denen über die Telekommunikationsdienstleistung hinaus eine weitere Dienstleistung erbracht wird, die gegenüber dem Anrufer gemeinsam mit der Telekommunikationsdienstleistung abgerechnet wird und die nicht einer anderen Nummernart zuzurechnen ist;

18. „Rufnummer" eine Nummer, durch deren Wahl im öffentlich zugänglichen Telefondienst eine Verbindung zu einem bestimmten Ziel aufgebaut werden kann;

18a. „Rufnummernbereich" eine für eine Nummernart bereitgestellte Teilmenge des Nummernraums für das öffentliche Telefonnetz;

18b. „Schnittstelle" ein Netzabschlusspunkt, das heißt, der physische Anschlusspunkt, über den der Benutzer Zugang zu öffentlichen Telekommunikationsnetzen erhält;

19. „Standortdaten" Daten, die in einem Telekommunikationsnetz oder von einem Telekommunikationsdienst erhoben oder verwendet werden und die den Standort des Endgeräts eines Endnutzers eines öffentlich zugänglichen Telekommunikationsdienstes angeben;

19a. „Teilabschnitt" eine Teilkomponente des Teilnehmeranschlusses, die den Netzabschlusspunkt am Standort des Teilnehmers mit einem Konzentrationspunkt oder einem festgelegten zwischengeschalteten Zugangspunkt des öffentlichen Festnetzes verbindet;

20. „Teilnehmer" jede natürliche oder juristische Person, die mit einem Anbieter von öffentlich zugänglichen Telekommunikationsdiensten einen Vertrag über die Erbringung derartiger Dienste geschlossen hat;

21. „Teilnehmeranschluss" die physische Verbindung, mit dem der Netzabschlusspunkt in den Räumlichkeiten des Teilnehmers mit den Hauptverteilerknoten oder mit einer gleichwertigen Einrichtung in festen öffentlichen Telefonnetzen verbunden wird;

22. „Telekommunikation" der technische Vorgang des Aussendens, Übermittelns und Empfangens von Signalen mittels Telekommunikationsanlagen;

23. „Telekommunikationsanlagen" technische Einrichtungen oder Systeme, die als Nachrichten identifizierbare elektromagnetische oder optische Signale senden, übertragen, vermitteln, empfangen, steuern oder kontrollieren können;

24. „Telekommunikationsdienste" in der Regel gegen Entgelt erbrachte Dienste, die ganz oder überwiegend in der Übertragung von Signalen über Telekommunikationsnetze bestehen, einschließlich Übertragungsdienste in Rundfunknetzen;

24a. „Telekommunikationsendeinrichtung" eine direkt oder indirekt an die Schnittstelle eines öffentlichen Telekommunikationsnetzes angeschlossene Einrichtung zum Aussenden, Verarbeiten oder Empfangen von Nachrichten; sowohl bei direkten als auch bei indirekten Anschlüssen kann die Verbindung über elektrisch leitenden Draht, über optische Faser oder elektromagnetisch hergestellt werden; bei einem indirekten Anschluss ist zwischen der Telekommunikationsendeinrichtung und der Schnittstelle des öffentlichen Netzes ein Gerät geschaltet;

25. „telekommunikationsgestützte Dienste" Dienste, die keinen räumlich und zeitlich trennbaren Leistungsfluss auslösen, sondern bei denen die Inhaltsleistung noch während der Telekommunikationsverbindung erfüllt wird;
26. „Telekommunikationslinien" unter- oder oberirdisch geführte Telekommunikationskabelanlagen, einschließlich ihrer zugehörigen Schalt- und Verzweigungseinrichtungen, Masten und Unterstützungen, Kabelschächte und Kabelkanalrohre, sowie weitere technische Einrichtungen, die für das Erbringen von öffentlich zugänglichen Telekommunikationsdiensten erforderlich sind;
27. „Telekommunikationsnetz" die Gesamtheit von Übertragungssystemen und gegebenenfalls Vermittlungs- und Leitwegeinrichtungen sowie anderweitigen Ressourcen, einschließlich der nicht aktiven Netzbestandteile, die die Übertragung von Signalen über Kabel, Funk, optische und andere elektromagnetische Einrichtungen ermöglichen, einschließlich Satellitennetzen, festen, leitungs- und paketvermittelten Netzen, einschließlich des Internets, und mobilen terrestrischen Netzen, Stromleitungssystemen, soweit sie zur Signalübertragung genutzt werden, Netzen für Hör- und Fernsehfunk sowie Kabelfernsehnetzen, unabhängig von der Art der übertragenen Information;

27a. „Überbau" die nachträgliche Dopplung von Telekommunikationsinfrastrukturen durch parallele Errichtung, soweit damit dasselbe Versorgungsgebiet erschlossen werden soll;

28. „Übertragungsweg" Telekommunikationsanlagen in Form von Kabel- oder Funkverbindungen mit ihren übertragungstechnischen Einrichtungen als Punkt-zu-Punkt- oder Punkt-zu-Mehrpunktverbindungen mit einem bestimmten Informationsdurchsatzvermögen (Bandbreite oder Bitrate) einschließlich ihrer Abschlusseinrichtungen;

28a. „umfangreiche Renovierungen" Tief- oder Hochbauarbeiten am Standort des Endnutzers, die strukturelle Veränderungen an den gesamten gebäudeinternen passiven Netzinfrastrukturen oder einem wesentlichen Teil davon umfassen;

29. „Unternehmen" das Unternehmen selbst oder mit ihm im Sinne des § 36 Abs. 2 und § 37 Abs. 1 und 2 des Gesetzes gegen Wettbewerbsbeschränkungen verbundene Unternehmen;
30. „Verkehrsdaten" Daten, die bei der Erbringung eines Telekommunikationsdienstes erhoben, verarbeitet oder genutzt werden;

30a. „Verletzung des Schutzes personenbezogener Daten" eine Verletzung der Datensicherheit, die zum Verlust, zur unrechtmäßigen Löschung, Veränderung, Speicherung, Weitergabe oder sonstigen unrechtmäßigen Verwendung personenbezogener Daten führt, die übertragen, gespeichert oder auf andere Weise im Zusammenhang mit der Bereitstellung öffentlich zugänglicher Telekommunikationsdienste verarbeitet werden sowie der unrechtmäßige Zugang zu diesen;

30b. „vollständig entbündelter Zugang zum Teilnehmeranschluss" die Bereitstellung des Zugangs zum Teilnehmeranschluss oder zum Teilabschnitt in der Weise, dass die Nutzung der gesamten Kapazität der Netzinfrastruktur ermöglicht wird;

30c. „Warteschleife" jede vom Nutzer eines Telekommunikationsdienstes eingesetzte Vorrichtung oder Geschäftspraxis, über die Anrufe entgegengenommen oder aufrechterhalten werden, ohne dass das Anliegen des Anrufers bearbeitet wird. [2]Dies umfasst die Zeitspanne ab Rufaufbau vom Anschluss des Anrufers bis zu dem Zeitpunkt, an dem mit der Bearbeitung des Anliegens des Anrufers begonnen wird, gleichgültig ob dies über einen automatisierten Dialog oder durch eine persönliche Bearbeitung erfolgt. [3]Ein automatisierter Dialog beginnt, sobald automatisiert Informationen abgefragt werden, die für die Bearbeitung des Anliegens erforderlich sind. [4]Eine persönliche Bearbeitung des Anliegens beginnt, sobald eine natürliche Person den Anruf entgegennimmt und bearbeitet. [5]Hierzu zählt auch die Abfrage von Informationen, die für die Bearbeitung des Anliegens erforderlich sind. [6]Als

Warteschleife ist ferner die Zeitspanne anzusehen, die anlässlich einer Weiterleitung zwischen Beendigung der vorhergehenden Bearbeitung des Anliegens und der weiteren Bearbeitung vergeht, ohne dass der Anruf technisch unterbrochen wird. [7]Keine Warteschleife sind automatische Bandansagen, wenn die Dienstleistung für den Anrufer vor Herstellung der Verbindung erkennbar ausschließlich in einer Bandansage besteht;

31. „wirksamer Wettbewerb" die Abwesenheit von beträchtlicher Marktmacht im Sinne des § 11 Absatz 1 Satz 3 und 4;

32. „Zugang" die Bereitstellung von Einrichtungen oder Diensten für ein anderes Unternehmen unter bestimmten Bedingungen zum Zwecke der Erbringung von Telekommunikationsdiensten, auch bei deren Verwendung zur Erbringung von Diensten der Informationsgesellschaft oder Rundfunkinhaltediensten. [2]Dies umfasst unter anderem Folgendes:
    a) Zugang zu Netzkomponenten, einschließlich nicht aktiver Netzkomponenten, und zugehörigen Einrichtungen, wozu auch der feste oder nicht feste Anschluss von Geräten gehören kann. [2]Dies beinhaltet insbesondere den Zugang zum Teilnehmeranschluss sowie zu Einrichtungen und Diensten, die erforderlich sind, um Dienste über den Teilnehmeranschluss zu erbringen, einschließlich des Zugangs zur Anschaltung und Ermöglichung des Anbieterwechsels des Teilnehmers und zu hierfür notwendigen Informationen und Daten und zur Entstörung;
    b) Zugang zu physischen Infrastrukturen wie Gebäuden, Leitungsrohren und Masten;
    c) Zugang zu einschlägigen Softwaresystemen, einschließlich Systemen für die Betriebsunterstützung;
    d) Zugang zu informationstechnischen Systemen oder Datenbanken für Vorbestellung, Bereitstellung, Auftragserteilung, Anforderung von Wartungs- und Instandsetzungsarbeiten sowie Abrechnung;
    e) Zugang zur Nummernumsetzung oder zu Systemen, die eine gleichwertige Funktion bieten;
    f) Zugang zu Fest- und Mobilfunknetzen, insbesondere, um Roaming zu ermöglichen;
    g) Zugang zu Zugangsberechtigungssystemen für Digitalfernsehdienste und
    h) Zugang zu Diensten für virtuelle Netze;

33. „Zugangsberechtigungssysteme" technische Verfahren oder Vorrichtungen, welche die erlaubte Nutzung geschützter Rundfunkprogramme von einem Abonnement oder einer individuellen Erlaubnis abhängig machen;

33a. „Zugangspunkt zu passiven gebäudeinternen Netzkomponenten" ein physischer Punkt innerhalb oder außerhalb des Gebäudes, der für Eigentümer und Betreiber öffentlicher Telekommunikationsnetze zugänglich ist und den Anschluss an die hochgeschwindigkeitsfähigen gebäudeinternen passiven Netzinfrastrukturen ermöglicht;

33b. „zugehörige Dienste" diejenigen mit einem Telekommunikationsnetz oder einem Telekommunikationsdienst verbundenen Dienste, welche die Bereitstellung von Diensten über dieses Netz oder diesen Dienst ermöglichen, unterstützen oder dazu in der Lage sind. [2]Darunter fallen unter anderem Systeme zur Nummernumsetzung oder Systeme, die eine gleichwertige Funktion bieten, Zugangsberechtigungssysteme und elektronische Programmführer sowie andere Dienste wie Dienste im Zusammenhang mit Identität, Standort und Präsenz des Nutzers;

33c. „zugehörige Einrichtungen" diejenigen mit einem Telekommunikationsnetz oder einem Telekommunikationsdienst verbundenen zugehörigen Dienste, physischen Infrastrukturen und sonstigen Einrichtungen und Komponenten, welche die Bereitstellung von Diensten über dieses Netz oder diesen Dienst ermöglichen, unterstützen oder dazu in der Lage sind. [2]Darunter fallen unter anderem Gebäude, Gebäudezugänge, Verkabelungen in Gebäuden, Antennen, Türme und andere Trägerstrukturen, Leitungsrohre, Leerrohre, Masten, Einstiegsschächte und Verteilerkästen;

34. „Zusammenschaltung" derjenige Zugang, der die physische und logische Verbindung öffentlicher Telekommunikationsnetze herstellt, um Nutzern eines Unternehmens die Kommunikation mit Nutzern desselben oder eines anderen Unternehmens oder die Inanspruchnahme von Diensten eines anderen Unternehmens zu ermöglichen; Dienste können von den beteiligten Parteien erbracht werden oder von anderen Parteien, die Zugang zum Netz haben. [2]Zusammenschaltung ist ein Sonderfall des Zugangs und wird zwischen Betreibern öffentlicher Telekommunikationsnetze hergestellt.

§ 4 Internationale Berichtspflichten[1)]

Die Betreiber von öffentlichen Telekommunikationsnetzen und die Anbieter von öffentlich zugänglichen Telekommunikationsdiensten müssen der Bundesnetzagentur auf Verlangen die Informationen zur Verfügung stellen, die diese benötigt, um Berichtspflichten gegenüber der Kommission und anderen internationalen Gremien erfüllen zu können.

§ 5 Medien der Veröffentlichung[2)]

[1]Veröffentlichungen und Bekanntmachungen, zu denen die Bundesnetzagentur durch dieses Gesetz verpflichtet ist, erfolgen in deren Amtsblatt und auf deren Internetseite, soweit keine abweichende Regelung getroffen ist. [2]Im Amtsblatt der Bundesnetzagentur sind auch technische Richtlinien bekannt zu machen.

§ 6 Meldepflicht[3)]

(1) [1]Wer gewerblich öffentliche Telekommunikationsnetze betreibt oder gewerblich öffentlich zugängliche Telekommunikationsdienste erbringt, muss die Aufnahme, Änderung und Beendigung seiner Tätigkeit sowie Änderungen seiner Firma bei der Bundesnetzagentur unverzüglich melden. [2]Die Erklärung bedarf der Schriftform.

TKG

(2) [1]Die Meldung muss die Angaben enthalten, die für die Identifizierung des Betreibers oder Anbieters nach Absatz 1 erforderlich sind, insbesondere die Handelsregisternummer, die Anschrift, die Kurzbeschreibung des Netzes oder Dienstes sowie den voraussichtlichen Termin für die Aufnahme der Tätigkeit. [2]Die Meldung hat nach einem von der Bundesnetzagentur vorgeschriebenen und veröffentlichten Formular zu erfolgen.

(3) Auf Antrag bestätigt die Bundesnetzagentur innerhalb von einer Woche die Vollständigkeit der Meldung nach Absatz 2 und bescheinigt, dass dem Unternehmen die durch dieses Gesetz oder auf Grund dieses Gesetzes eingeräumten Rechte zustehen.

(4) Die Bundesnetzagentur veröffentlicht regelmäßig ein Verzeichnis der gemeldeten Unternehmen.

(5) Steht die Einstellung der Geschäftstätigkeit eindeutig fest und ist die Beendigung der Tätigkeit der Bundesnetzagentur nicht innerhalb eines Zeitraums von sechs Monaten schriftlich gemeldet worden, kann die Bundesnetzagentur die Beendigung der Tätigkeit von Amts wegen feststellen.

§ 7 Strukturelle Separierung[4)]

Unternehmen, die öffentliche Telekommunikationsnetze betreiben oder öffentlich zugängliche Telekommunikationsdienste anbieten und innerhalb der Europäischen Union besondere

1) **Anm. d. Red.:** § 4 i. d. F. des Gesetzes v. 3. 5. 2012 (BGBl I S. 958) mit Wirkung v. 10. 5. 2012.

2) **Anm. d. Red.:** § 5 i. d. F. des Gesetzes v. 18. 2. 2007 (BGBl I S. 106) mit Wirkung v. 24. 2. 2007.

3) **Anm. d. Red.:** § 6 i. d. F. des Gesetzes v. 3. 5. 2012 (BGBl I S. 958) mit Wirkung v. 10. 5. 2012.

4) **Anm. d. Red.:** § 7 i. d. F. des Gesetzes v. 3. 5. 2012 (BGBl I S. 958) mit Wirkung v. 10. 5. 2012.

oder ausschließliche Rechte für die Erbringung von Diensten in anderen Sektoren besitzen, sind verpflichtet,

1. die Tätigkeiten im Zusammenhang mit der Bereitstellung von öffentlichen Telekommunikationsnetzen und der Erbringung von öffentlich zugänglichen Telekommunikationsdiensten strukturell auszugliedern oder
2. über die Tätigkeiten im Zusammenhang mit der Bereitstellung von öffentlichen Telekommunikationsnetzen oder der Erbringung von öffentlich zugänglichen Telekommunikationsdiensten in dem Umfang getrennt Buch zu führen, der erforderlich wäre, wenn sie von rechtlich unabhängigen Unternehmen ausgeführt würden, so dass alle Kosten und Einnahmebestandteile dieser Tätigkeiten mit den entsprechenden Berechnungsgrundlagen und detaillierten Zurechnungsmethoden einschließlich einer detaillierten Aufschlüsselung des Anlagevermögens und der strukturbedingten Kosten offen gelegt werden.

§ 8 Internationaler Status

(1) [1]Unternehmen, die internationale Telekommunikationsdienste erbringen oder die im Rahmen ihres Angebots Funkanlagen betreiben, die schädliche Störungen bei Funkdiensten anderer Länder verursachen können, sind anerkannte Betriebsunternehmen im Sinne der Konstitution und der Konvention der Internationalen Fernmeldeunion. [2]Diese Unternehmen unterliegen den sich aus der Konstitution der Internationalen Fernmeldeunion ergebenden Verpflichtungen.

(2) Unternehmen, die internationale Telekommunikationsdienste erbringen, müssen nach den Regelungen der Konstitution der Internationalen Fernmeldeunion

1. allen Nachrichten, welche die Sicherheit des menschlichen Lebens auf See, zu Lande, in der Luft und im Weltraum betreffen, sowie den außerordentlichen dringenden Seuchennachrichten der Weltgesundheitsorganisation unbedingten Vorrang einräumen,
2. den Staatstelekommunikationsverbindungen im Rahmen des Möglichen Vorrang vor dem übrigen Telekommunikationsverkehr einräumen, wenn dies von der Person, die die Verbindung anmeldet, ausdrücklich verlangt wird.

Teil 2: Marktregulierung

Abschnitt 1: Verfahren der Marktregulierung

§ 9 Grundsatz[1)]

(1) Der Marktregulierung nach den Vorschriften dieses Teils unterliegen Märkte, auf denen die Voraussetzungen des § 10 vorliegen und für die eine Marktanalyse nach § 11 ergeben hat, dass kein wirksamer Wettbewerb vorliegt.

(2) Unternehmen, die auf Märkten im Sinne des § 11 über beträchtliche Marktmacht verfügen, werden durch die Bundesnetzagentur Maßnahmen nach diesem Teil auferlegt.

(3) § 18 bleibt unberührt.

§ 9a (weggefallen)[2)]

§ 10 Marktdefinition[3)]

(1) Die Bundesnetzagentur legt unter Berücksichtigung der Ziele des § 2 die sachlich und räumlich relevanten Telekommunikationsmärkte fest, die für eine Regulierung nach den Vorschriften dieses Teils in Betracht kommen.

---

1) **Anm. d. Red.:** § 9 i. d. F. des Gesetzes v. 18. 2. 2007 (BGBl I S. 106) mit Wirkung v. 24. 2. 2007.

2) **Anm. d. Red.:** § 9a weggefallen gem. Gesetz v. 24. 3. 2011 (BGBl I S. 506) mit Wirkung v. 1. 4. 2011.

3) **Anm. d. Red.:** § 10 i. d. F. des Gesetzes v. 3. 5. 2012 (BGBl I S. 958) mit Wirkung v. 10. 5. 2012.

(2) [1]Für eine Regulierung nach diesem Teil kommen Märkte in Betracht, die durch beträchtliche und anhaltende strukturell oder rechtlich bedingte Marktzutrittsschranken gekennzeichnet sind, längerfristig nicht zu wirksamem Wettbewerb tendieren und auf denen die Anwendung des allgemeinen Wettbewerbsrechts allein nicht ausreicht, um dem betreffenden Marktversagen entgegenzuwirken. [2]Diese Märkte werden von der Bundesnetzagentur im Rahmen des ihr zustehenden Beurteilungsspielraums bestimmt. [3]Sie berücksichtigt dabei weitestgehend die Empfehlung in Bezug auf relevante Produkt- und Dienstmärkte, die die Kommission nach Artikel 15 Abs. 1 der Richtlinie 2002/21/EG des Europäischen Parlaments und des Rates vom 7. März 2002 über einen gemeinsamen Rechtsrahmen für elektronische Kommunikationsnetze und -dienste (Rahmenrichtlinie) (ABl L 108 vom 24. 4. 2002, S. 33), die zuletzt durch die Richtlinie 2009/140/EG (ABl L 337 vom 18. 12. 2009, S. 37) geändert worden ist, veröffentlicht, in ihrer jeweils geltenden Fassung sowie die Leitlinien zur Marktanalyse und zur Bewertung beträchtlicher Marktmacht, die die Kommission nach Artikel 15 Absatz 2 der Richtlinie 2002/21/EG veröffentlicht, in ihrer jeweils geltenden Fassung.

(3) Das Ergebnis der Marktdefinition hat die Bundesnetzagentur der Kommission im Verfahren nach § 12 in den Fällen vorzulegen, in denen die Marktdefinition Auswirkungen auf den Handel zwischen den Mitgliedstaaten hat.

§ 11 Marktanalyse[1)]

(1) [1]Bei den nach § 10 festgelegten, für eine Regulierung nach diesem Teil in Betracht kommenden Märkten prüft die Bundesnetzagentur, ob auf dem untersuchten Markt wirksamer Wettbewerb besteht. [2]Wirksamer Wettbewerb besteht nicht, wenn ein oder mehrere Unternehmen auf diesem Markt über beträchtliche Marktmacht verfügen. [3]Ein Unternehmen gilt als Unternehmen mit beträchtlicher Marktmacht, wenn es entweder allein oder gemeinsam mit anderen eine der Beherrschung gleichkommende Stellung einnimmt, das heißt eine wirtschaftlich starke Stellung, die es ihm gestattet, sich in beträchtlichem Umfang unabhängig von Wettbewerbern und Endnutzern zu verhalten. [4]Verfügt ein Unternehmen auf einem relevanten Markt, dem ersten Markt, über beträchtliche Marktmacht, so kann es auch auf einem benachbarten, nach § 10 Absatz 2 bestimmten relevanten Markt, dem zweiten Markt, als Unternehmen mit beträchtlicher Marktmacht benannt werden, wenn die Verbindungen zwischen beiden Märkten es gestatten, die Marktmacht von dem ersten auf den zweiten Markt zu übertragen und damit die gesamte Marktmacht des Unternehmens zu verstärken. [5]Verfügt ein Unternehmen auf einem relevanten Markt über beträchtliche Marktmacht, so kann es auch auf einem benachbarten, nach § 10 Abs. 2 bestimmten relevanten Markt als Unternehmen mit beträchtlicher Marktmacht angesehen werden, wenn die Verbindungen zwischen beiden Märkten es gestatten, diese von dem einen auf den anderen Markt zu übertragen und damit die gesamte Marktmacht des Unternehmens zu verstärken.

TKG

(2) Im Falle länderübergreifender Märkte im Geltungsbereich der Richtlinie 2002/21/EG untersucht die Bundesnetzagentur die Frage, ob beträchtliche Marktmacht im Sinne von Absatz 1 vorliegt, gemeinsam mit den nationalen Regulierungsbehörden der Mitgliedstaaten, welche diese Märkte umfassen.

(3) [1]Die Bundesnetzagentur berücksichtigt bei der Marktanalyse nach den Absätzen 1 und 2 weitestgehend die von der Kommission aufgestellten Kriterien, die niedergelegt sind in den Leitlinien der Kommission zur Marktanalyse und zur Bewertung beträchtlicher Marktmacht nach Artikel 15 Absatz 2 der Richtlinie 2002/21/EG in der jeweils geltenden Fassung. [2]Die Bundesnetzagentur trägt im Rahmen der Marktanalyse nach Absatz 1 zudem den Märkten Rechnung, die die Kommission in der jeweils geltenden Fassung der Empfehlung in Bezug auf relevante Produkt- und Dienstmärkte nach Artikel 15 Absatz 1 der Richtlinie 2002/21/EG festlegt.

(4) Die Ergebnisse der Untersuchungen nach den Absätzen 1 bis 2 einschließlich der Feststellung, welche Unternehmen über beträchtliche Marktmacht verfügen, sind der Kommission im

1) **Anm. d. Red.:** § 11 i. d. F. des Gesetzes v. 3. 5. 2012 (BGBl I S. 958) mit Wirkung v. 10. 5. 2012.

Verfahren nach § 12 vorzulegen, sofern sie Auswirkungen auf den Handel zwischen den Mitgliedstaaten haben.

§ 12 Konsultations- und Konsolidierungsverfahren[1)]

(1) [1]Die Bundesnetzagentur gibt den interessierten Parteien Gelegenheit, innerhalb einer festgesetzten Frist zu dem Entwurf der Ergebnisse nach den §§ 10 und 11 Stellung zu nehmen. [2]Die Konsultationsverfahren sowie deren Ergebnisse werden von der Bundesnetzagentur veröffentlicht. [3]Hiervon unberührt ist die Wahrung von Betriebs- oder Geschäftsgeheimnissen der Beteiligten. [4]Die Bundesnetzagentur richtet zu diesem Zweck eine einheitliche Informationsstelle ein, bei der eine Liste aller laufenden Konsultationen vorgehalten wird.

(2) Wenn § 10 Abs. 3 und § 11 Absatz 4 eine Vorlage nach dieser Norm vorsehen und keine Ausnahme nach einer Empfehlung oder Leitlinien vorliegt, die die Kommission nach Artikel 7b der Richtlinie 2002/21/EG erlässt, gilt folgendes Verfahren:

1. [1]Nach Durchführung des Verfahrens nach Absatz 1 stellt die Bundesnetzagentur den Entwurf der Ergebnisse nach den §§ 10 und 11 zusammen mit einer Begründung gleichzeitig der Kommission, dem GEREK und den nationalen Regulierungsbehörden der anderen Mitgliedstaaten zur Verfügung und unterrichtet die Kommission, das GEREK und die übrigen nationalen Regulierungsbehörden hiervon. [2]§ 123b Absatz 3 und 4 gilt entsprechend. [3]Vor Ablauf eines Monats darf die Bundesnetzagentur Ergebnisse nach den §§ 10 und 11 nicht festlegen.
2. [1]Die Bundesnetzagentur hat den Stellungnahmen der Kommission, des GEREK und der anderen nationalen Regulierungsbehörden nach Nummer 1 weitestgehend Rechnung zu tragen. [2]Den sich daraus ergebenden Entwurf übermittelt sie der Kommission.
3. [1]Beinhaltet ein Entwurf nach den §§ 10 und 11
   a) die Festlegung eines relevanten Marktes, der sich von jenen Märkten unterscheidet, die definiert sind in der jeweils geltenden Fassung der Empfehlung in Bezug auf relevante Produkt- und Dienstmärkte, die die Kommission nach Artikel 15 Absatz 1 der Richtlinie 2002/21/EG veröffentlicht, oder
   b) die Festlegung, inwieweit ein oder mehrere Unternehmen auf diesem Markt über beträchtliche Marktmacht verfügen,

   und erklärt die Kommission innerhalb der Frist nach Nummer 1 Satz 3, der Entwurf schaffe ein Hemmnis für den Binnenmarkt oder sie habe ernsthafte Zweifel an der Vereinbarkeit mit dem Recht der Europäischen Union und insbesondere den Zielen des Artikels 8 der Richtlinie 2002/21/EG, hat die Bundesnetzagentur die Festlegung der entsprechenden Ergebnisse um zwei weitere Monate aufzuschieben. [2]Beschließt die Kommission innerhalb dieses Zeitraums, die Bundesnetzagentur aufzufordern, den Entwurf zurückzuziehen, so ändert die Bundesnetzagentur den Entwurf innerhalb von sechs Monaten ab dem Datum des Erlasses der Entscheidung der Kommission oder zieht ihn zurück. [3]Ändert die Bundesnetzagentur den Entwurf, so führt sie hierzu das Konsultationsverfahren nach Absatz 1 durch und legt der Kommission den geänderten Entwurf nach Nummer 1 vor. [4]Zieht die Bundesnetzagentur den Entwurf zurück, so unterrichtet sie das Bundesministerium für Wirtschaft und Energie und die weiteren betroffenen Ressorts über die Entscheidung der Kommission.
4. Die Bundesnetzagentur übermittelt der Kommission und dem GEREK alle angenommenen endgültigen Maßnahmen, die unter § 10 Absatz 3 und § 11 Absatz 4 fallen.

(3) [1]Ist die Bundesnetzagentur bei Vorliegen außergewöhnlicher Umstände der Ansicht, dass dringend – ohne das Verfahren nach den Absätzen 1 und 2 einzuhalten – gehandelt werden muss, um den Wettbewerb zu gewährleisten und die Nutzerinteressen zu schützen, so kann sie umgehend angemessene vorläufige Maßnahmen erlassen. [2]Sie teilt diese der Kommission, dem GEREK und den übrigen nationalen Bundesnetzagenturen unverzüglich mit einer vollständigen

1) **Anm. d. Red.:** § 12 i. d. F. des Gesetzes v. 4. 11. 2016 (BGBl I S. 2473) mit Wirkung v. 10. 11. 2016.

Begründung mit. [3]Ein Beschluss der Bundesnetzagentur, diese Maßnahmen dauerhaft zu machen oder ihre Geltungsdauer zu verlängern, unterliegt den Bestimmungen der Absätze 1 und 2.

§ 13 Rechtsfolgen der Marktanalyse[1)]

(1) [1]Soweit die Bundesnetzagentur auf Grund einer Marktanalyse nach § 11 Verpflichtungen nach den §§ 19, 20, 21, 23, 24, 30, 39 oder § 42 Absatz 4 Satz 3 auferlegt, ändert, beibehält oder widerruft (Regulierungsverfügung), gilt das Verfahren nach § 12 Absatz 1 und Absatz 3 entsprechend, sofern die Maßnahme beträchtliche Auswirkungen auf den betreffenden Markt hat. [2]Das Verfahren nach § 12 Absatz 2 Nummer 1, 2 und 4 sowie Absatz 3 gilt entsprechend, sofern die Maßnahme Auswirkungen auf den Handel zwischen den Mitgliedstaaten hat und keine Ausnahme nach einer Empfehlung oder Leitlinien vorliegt, die die Kommission nach Artikel 7b der Richtlinie 2002/21/EG erlässt. [3]Der Widerruf von Verpflichtungen ist den betroffenen Unternehmen innerhalb einer angemessenen Frist vorher anzukündigen. [4]Das Verfahren nach den Sätzen 1 und 2 kann die Bundesnetzagentur zusammen mit dem oder im Anschluss an das Verfahren nach § 12 durchführen. [5]Die Sätze 1 bis 3 gelten auch für Verpflichtungen nach § 18.

(2) Im Fall des § 11 Absatz 1 Satz 4 können Abhilfemaßnahmen nach den §§ 19, 20, 21, 23, 24, 30, 39 und § 42 Absatz 4 Satz 3 auf dem zweiten Markt nur getroffen werden, um die Übertragung der Marktmacht zu unterbinden.

(3) [1]Im Falle des § 11 Abs. 2 legt die Bundesnetzagentur einvernehmlich mit den betroffenen nationalen Bundesnetzagenturen fest, welche Verpflichtungen das oder die Unternehmen mit beträchtlicher Marktmacht zu erfüllen haben. [2]Das Verfahren nach § 12 Absatz 1 und 3 gilt entsprechend. [3]Das Verfahren nach § 12 Absatz 2 Nummer 1, 2 und 4 sowie Absatz 3 gilt entsprechend, sofern keine Ausnahme nach einer Empfehlung oder Leitlinien vorliegt, die die Kommission nach Artikel 7b der Richtlinie 2002/21/EG erlässt.

TKG

(4) Teilt die Kommission innerhalb der Frist nach § 12 Absatz 2 Nummer 1 Satz 3 der Bundesnetzagentur und dem GEREK mit, warum sie der Auffassung ist, dass der Entwurf einer Maßnahme nach den Absätzen 1 bis 3, der nicht lediglich die Beibehaltung einer Verpflichtung beinhaltet, ein Hemmnis für den Binnenmarkt darstelle oder warum sie erhebliche Zweifel an dessen Vereinbarkeit mit dem Recht der Europäischen Union hat, so gilt folgendes Verfahren:

1. [1]Vor Ablauf von drei weiteren Monaten nach der Mitteilung der Kommission darf die Bundesnetzagentur den Entwurf der Maßnahme nicht annehmen. [2]Die Bundesnetzagentur kann den Entwurf jedoch in jeder Phase des Verfahrens nach diesem Absatz zurückziehen.
2. [1]Innerhalb der Dreimonatsfrist nach Nummer 1 arbeitet die Bundesnetzagentur eng mit der Kommission und dem GEREK zusammen, um die am besten geeignete und wirksamste Maßnahme im Hinblick auf die Ziele des § 2 zu ermitteln. [2]Dabei berücksichtigt sie die Ansichten der Marktteilnehmer und die Notwendigkeit, eine einheitliche Regulierungspraxis zu entwickeln.
3. Gibt das GEREK innerhalb von sechs Wochen nach Beginn der Dreimonatsfrist nach Nummer 1 eine von der Mehrheit der ihm angehörenden Mitglieder angenommene Stellungnahme zu der Mitteilung der Kommission ab, in der es die ernsten Bedenken der Kommission teilt, so kann die Bundesnetzagentur den Entwurf der Maßnahme vor Ablauf der Dreimonatsfrist nach Nummer 1 unter Berücksichtigung der Mitteilung der Kommission und der Stellungnahme des GEREK ändern und dadurch den geänderten Maßnahmenentwurf zum Gegenstand der weiteren Prüfung durch die Kommission machen.
4. Nach Ablauf der Dreimonatsfrist nach Nummer 1 gibt die Bundesnetzagentur der Kommission die Gelegenheit, innerhalb eines weiteren Monats eine Empfehlung abzugeben.
5. [1]Innerhalb eines Monats, nachdem die Kommission gegenüber der Bundesnetzagentur eine Empfehlung nach Nummer 4 ausgesprochen oder ihre Vorbehalte zurückgezogen hat, teilt die Bundesnetzagentur der Kommission und dem GEREK mit, mit welchem Inhalt sie die

1) **Anm. d. Red.:** § 13 i. d. F. des Gesetzes v. 3. 5. 2012 (BGBl I S. 958) mit Wirkung v. 10. 5. 2012.

Maßnahme erlassen hat oder ob sie den Entwurf der Maßnahme zurückgezogen hat. [2]Beschließt die Bundesnetzagentur, der Empfehlung der Kommission nicht zu folgen, so begründet sie dies. [3]Ist nach den Absätzen 1 und 3 oder nach § 15 erneut ein Konsultationsverfahren nach § 12 Absatz 1 durchzuführen, so verlängert sich die Frist nach Satz 1 entsprechend.

6. Ist die Einmonatsfrist nach Nummer 4 verstrichen, ohne dass die Kommission gegenüber der Bundesnetzagentur eine Empfehlung nach Nummer 4 ausgesprochen oder ihre Vorbehalte zurückgezogen hat, gilt das in Nummer 5 geregelte Verfahren entsprechend.

(5) Die Entscheidungen nach den §§ 19, 20, 21, 23, 24, 30, 39 oder § 42 Absatz 4 Satz 3 ergehen mit den Ergebnissen der Verfahren nach den §§ 10 und 11 als einheitlicher Verwaltungsakt.

§ 14 Überprüfung von Marktdefinition, Marktanalyse und Regulierungsverfügung[1)]

(1) [1]Werden der Bundesnetzagentur Tatsachen bekannt, die die Annahme rechtfertigen, dass die Ergebnisse auf Grund der §§ 10 bis 12 nicht mehr den tatsächlichen Marktgegebenheiten entsprechen, finden die Regelungen der §§ 10 bis 13 entsprechende Anwendung. [2]Hat sich die Empfehlung nach Artikel 15 Absatz 1 der Richtlinie 2002/21/EG geändert, sind bei Märkten, zu denen die Kommission keine vorherige Vorlage nach § 12 Absatz 2 Nummer 1 erhalten hat, die Entwürfe der Marktdefinition nach § 10, der Marktanalyse nach § 11 und der Regulierungsverfügung innerhalb von zwei Jahren nach Verabschiedung der Änderung der Empfehlung im Konsolidierungsverfahren nach § 12 Absatz 2 Nummer 1 vorzulegen.

(2) [1]Außer in den Fällen des Absatzes 1 legt die Bundesnetzagentur alle drei Jahre nach Erlass einer vorherigen Regulierungsverfügung im Zusammenhang mit diesem Markt die Entwürfe der Marktdefinition nach § 10, der Marktanalyse nach § 11 und der Regulierungsverfügung im Konsolidierungsverfahren nach § 12 Absatz 2 Nummer 1 vor. [2]Die Bundesnetzagentur kann diese Frist ausnahmsweise um bis zu drei weitere Jahre verlängern. [3]Hierzu meldet sie der Kommission einen mit Gründen versehenen Vorschlag zur Verlängerung. [4]Wenn die Kommission innerhalb eines Monats nach der Meldung des Verlängerungsvorschlags durch die Bundesnetzagentur keine Einwände erhoben hat, gilt die beantragte verlängerte Überprüfungsfrist.

(3) [1]Hat die Bundesnetzagentur die Marktanalyse im Hinblick auf einen relevanten Markt, der in der jeweils geltenden Fassung der Empfehlung in Bezug auf relevante Produkt- und Dienstmärkte, die die Kommission nach Artikel 15 Absatz 1 der Richtlinie 2002/21/EG veröffentlicht, festgelegt ist, nicht innerhalb der vorgeschriebenen Frist abgeschlossen, so kann die Bundesnetzagentur das GEREK um Unterstützung bei der Fertigstellung der Marktdefinition, der Marktanalyse und der Regulierungsverfügung ersuchen. [2]Im Fall eines solchen Ersuchens legt die Bundesnetzagentur der Kommission die Entwürfe der Marktdefinition, der Marktanalyse und der Regulierungsverfügung im Konsolidierungsverfahren nach § 12 Absatz 2 Nummer 1 innerhalb von sechs Monaten vor, nachdem das GEREK mit seiner Unterstützung begonnen hat.

§ 15 Verfahren bei sonstigen marktrelevanten Maßnahmen[2)]

[1]Außer in den Fällen der §§ 10, 11 und 13 hat die Bundesnetzagentur bei allen Maßnahmen, die beträchtliche Auswirkungen auf den betreffenden Markt haben, vor einer Entscheidung das Verfahren nach § 12 Abs. 1 durchzuführen, soweit dies gesetzlich nicht anders geregelt ist. [2]§ 12 Absatz 3 gilt entsprechend.

1) **Anm. d. Red.:** § 14 i. d. F. des Gesetzes v. 3. 5. 2012 (BGBl I S. 958) mit Wirkung v. 10. 5. 2012.

2) **Anm. d. Red.:** § 15 i. d. F. des Gesetzes v. 3. 5. 2012 (BGBl I S. 958) mit Wirkung v. 10. 5. 2012.

§ 15a Regulierungskonzepte und Antrag auf Auskunft über den Regulierungsrahmen für Netze der nächsten Generation[1)]

(1) Zur Verfolgung einheitlicher Regulierungskonzepte im Sinne von § 2 Absatz 3 Nummer 1 kann die Bundesnetzagentur in Form von Verwaltungsvorschriften ihre grundsätzlichen Herangehensweisen und Methoden für die Marktdefinition nach § 10, die Marktanalyse nach § 11 und die Regulierungsverfügungen für einen bestimmten, mehrere Marktregulierungszyklen nach § 14 Absatz 2 umfassenden Zeitraum beschreiben.

(2) [1]Zur Förderung effizienter Investitionen und Innovationen im Bereich neuer und verbesserter Infrastrukturen im Sinne des § 2 Absatz 3 Nummer 4 kann die Bundesnetzagentur regelmäßig in Form von Verwaltungsvorschriften die grundsätzlichen regulatorischen Anforderungen an die Berücksichtigung von Investitionsrisiken sowie an Vereinbarungen zur Aufteilung des Investitionsrisikos zwischen Investoren untereinander und zwischen Investoren und Zugangsbegehrenden bei Projekten zur Errichtung von Netzen der nächsten Generation (Risikobeteiligungsmodelle) beschreiben. [2]Dies umfasst insbesondere Anforderungen an die Methodik zur Bestimmung der Risiken und Anforderungen an die Ausgestaltung der Zugangs- und Entgeltkonditionen von Risikobeteiligungsmodellen sowie Beispiele für Risikobeteiligungsmodelle.

(3) Für den Erlass der Verwaltungsvorschriften nach den Absätzen 1 und 2 gilt das Konsultations- und Konsolidierungsverfahren nach § 12 Absatz 1 und 2 entsprechend.

(4) [1]Auf Antrag eines Betreibers öffentlicher Telekommunikationsnetze erteilt die Bundesnetzagentur beim Auf- und Ausbau von Netzen der nächsten Generation für die in dem Antrag konkret bezeichnete Region des Bundesgebiets Auskunft über die zu erwartenden regulatorischen Rahmenbedingungen oder Maßnahmen nach diesem Teil. [2]Für Festlegungen nach diesem Teil gilt das Konsultations- und Konsolidierungsverfahren nach § 12 Absatz 1 und Absatz 2 entsprechend.

Abschnitt 2: Zugangsregulierung

§ 16 Verträge über Zusammenschaltung[2)]

Jeder Betreiber eines öffentlichen Telekommunikationsnetzes ist verpflichtet, anderen Betreibern öffentlicher Telekommunikationsnetze auf Verlangen ein Angebot auf Zusammenschaltung zu unterbreiten, um die Kommunikation der Nutzer, die Bereitstellung von Telekommunikationsdiensten sowie deren Interoperabilität im gesamten Gebiet der Europäischen Union zu gewährleisten.

§ 17 Vertraulichkeit von Informationen[3)]

[1]Informationen, die von Betreibern öffentlicher Netze vor, bei oder nach Verhandlungen oder Vereinbarungen über Zugänge oder Zusammenschaltungen gewonnen werden, dürfen nur für die Zwecke verwendet werden, für die sie bereitgestellt werden. [2]Die Informationen dürfen nicht an Dritte, die aus solchen Informationen Wettbewerbsvorteile ziehen könnten, weitergegeben werden, insbesondere nicht an andere Abteilungen, Tochtergesellschaften oder Geschäftspartner der an den Verhandlungen Beteiligten.

§ 18 Kontrolle über Zugang zu Endnutzern[4)]

(1) [1]Die Bundesnetzagentur kann Betreiber öffentlicher Telekommunikationsnetze, die den Zugang zu Endnutzern kontrollieren, in begründeten Fällen verpflichten, auf entsprechende Nachfrage ihre Netze mit denen von Betreibern anderer öffentlicher Telekommunikationsnetze

1) **Anm. d. Red.:** § 15a eingefügt gem. Gesetz v. 3. 5. 2012 (BGBl I S. 958) mit Wirkung v. 10. 5. 2012.

2) **Anm. d. Red.:** § 16 i. d. F. des Gesetzes v. 3. 5. 2012 (BGBl I S. 958) mit Wirkung v. 10. 5. 2012.

3) **Anm. d. Red.:** § 17 i. d. F. des Gesetzes v. 3. 5. 2012 (BGBl I S. 958) mit Wirkung v. 10. 5. 2012.

4) **Anm. d. Red.:** § 18 i. d. F. des Gesetzes v. 3. 5. 2012 (BGBl I S. 958) mit Wirkung v. 10. 5. 2012.

zusammenzuschalten, soweit dies erforderlich ist, um die Kommunikation der Nutzer und die Bereitstellung von Diensten sowie deren Interoperabilität zu gewährleisten. [2]Darüber hinaus kann die Bundesnetzagentur Betreibern öffentlicher Telekommunikationsnetze, die den Zugang zu Endnutzern kontrollieren, weitere Zugangsverpflichtungen auferlegen, soweit dies zur Gewährleistung des End-zu-End-Verbunds von Diensten erforderlich ist.

(2) [1]Die Bundesnetzagentur kann Betreibern öffentlicher Telekommunikationsnetze, die den Zugang zu Endnutzern kontrollieren, im Hinblick auf die Entwicklung eines nachhaltig wettbewerbsorientierten Endkundenmarktes auferlegen, einzelne nachfragende Betreiber öffentlicher Telekommunikationsnetze gegenüber anderen nachfragenden Betreibern öffentlicher Telekommunikationsnetze hinsichtlich der Erreichbarkeit und Abrechnung von Telekommunikationsdiensten, von Leistungen nach § 78 Absatz 2 Nummer 4 und 5 und von telekommunikationsgestützten Diensten nicht ohne sachlich gerechtfertigten Grund unmittelbar oder mittelbar unterschiedlich zu behandeln. [2]Sofern die Bundesnetzagentur Verpflichtungen nach Satz 1 auferlegt hat, gilt § 42 Abs. 4 entsprechend.

(3) [1]Die Maßnahmen nach Absatz 1 müssen objektiv, transparent und nichtdiskriminierend sein. [2]§ 21 Abs. 1 Satz 2 und Abs. 4 gilt entsprechend.

§ 19 Diskriminierungsverbot[1)]

(1) Die Bundesnetzagentur kann einen Betreiber eines öffentlichen Telekommunikationsnetzes mit beträchtlicher Marktmacht dazu verpflichten, dass Vereinbarungen über Zugänge auf objektiven Maßstäben beruhen, nachvollziehbar sein, einen gleichwertigen Zugang gewähren und den Geboten der Chancengleichheit und Billigkeit genügen müssen.

(2) Die Gleichbehandlungsverpflichtungen stellen insbesondere sicher, dass der betreffende Betreiber anderen Unternehmen, die gleichartige Dienste erbringen, unter den gleichen Umständen gleichwertige Bedingungen anbietet und Dienste und Informationen für Dritte zu den gleichen Bedingungen und mit der gleichen Qualität bereitstellt wie für seine eigenen Produkte oder die seiner Tochter- oder Partnerunternehmen.

§ 20 Transparenzverpflichtung[2)]

(1) Die Bundesnetzagentur kann einen Betreiber eines öffentlichen Telekommunikationsnetzes, der über beträchtliche Marktmacht verfügt, verpflichten, für die zum Zugang berechtigten Unternehmen alle für die Inanspruchnahme der entsprechenden Zugangsleistungen benötigten Informationen zu veröffentlichen, insbesondere Informationen zur Buchführung, zu technischen Spezifikationen, Netzmerkmalen, Bereitstellungs- und Nutzungsbedingungen, einschließlich aller Bedingungen, die den Zugang zu und die Nutzung von Diensten und Anwendungen beschränken, sowie über die zu zahlenden Entgelte.

(2) Die Bundesnetzagentur ist befugt, einem Betreiber mit beträchtlicher Marktmacht vorzuschreiben, welche Informationen in welcher Form zur Verfügung zu stellen sind, soweit dies verhältnismäßig ist.

(3) [1]Die Bundesnetzagentur kann den Betreiber eines öffentlichen Telekommunikationsnetzes, der über beträchtliche Marktmacht verfügt, insbesondere verpflichten, ihr Vereinbarungen über von ihm gewährte Zugangsleistungen ohne gesonderte Aufforderung in einer öffentlichen und einer vertraulichen Fassung vorzulegen. [2]Die Bundesnetzagentur veröffentlicht, wann und wo Nachfrager nach Zugangsleistungen eine öffentliche Vereinbarung nach Satz 1 einsehen können.

1) **Anm. d. Red.:** § 19 i. d. F. des Gesetzes v. 18. 2. 2007 (BGBl I S. 106) mit Wirkung v. 24. 2. 2007.

2) **Anm. d. Red.:** § 20 i. d. F. des Gesetzes v. 3. 5. 2012 (BGBl I S. 958) mit Wirkung v. 10. 5. 2012.

§ 21 Zugangsverpflichtungen[1)]

(1) [1]Die Bundesnetzagentur kann auf Antrag oder von Amts wegen Betreiber öffentlicher Telekommunikationsnetze, die über beträchtliche Marktmacht verfügen, verpflichten, anderen Unternehmen Zugang nach Maßgabe dieser Vorschrift zu gewähren einschließlich einer nachfragegerechten Entbündelung, insbesondere wenn anderenfalls die Entwicklung eines nachhaltig wettbewerbsorientierten nachgelagerten Endnutzermarktes behindert oder diese Entwicklung den Interessen der Endnutzer zuwiderlaufen würde. [2]Bei der Prüfung, ob und welche Zugangsverpflichtungen gerechtfertigt sind und ob diese in einem angemessenen Verhältnis zu den Regulierungszielen nach § 2 stehen, hat die Bundesnetzagentur insbesondere zu berücksichtigen:

1. die technische und wirtschaftliche Tragfähigkeit der Nutzung oder Installation konkurrierender Einrichtungen angesichts des Tempos der Marktentwicklung, wobei die Art und der Typ der Zusammenschaltung und des Zugangs berücksichtigt werden einschließlich der Tragfähigkeit anderer vorgelagerter Zugangsprodukte, wie etwa der Zugang zu Leitungsrohren,
2. die Möglichkeit der Gewährung des vorgeschlagenen Zugangs angesichts der verfügbaren Kapazität,
3. die Anfangsinvestitionen des Eigentümers der Einrichtung unter Berücksichtigung etwaiger getätigter öffentlicher Investitionen und der Investitionsrisiken,
4. die Notwendigkeit zur langfristigen Sicherung des Wettbewerbs, unter besonderer Berücksichtigung eines wirtschaftlich effizienten Wettbewerbs im Bereich der Infrastruktur, unter anderem durch Anreize zu effizienten Investitionen in Infrastruktureinrichtungen, die langfristig einen stärkeren Wettbewerb sichern,
5. gewerbliche Schutzrechte oder Rechte an geistigem Eigentum,
6. die Bereitstellung europaweiter Dienste und
7. ob bereits auferlegte Verpflichtungen nach diesem Teil oder freiwillige Angebote am Markt, die von einem großen Teil des Marktes angenommen werden, zur Sicherstellung der in § 2 genannten Regulierungsziele ausreichen.

TKG

(2) Die Bundesnetzagentur kann Betreiber öffentlicher Telekommunikationsnetze, die über beträchtliche Marktmacht verfügen, unter Beachtung von Absatz 1 unter anderem verpflichten,

1. Zugang zu bestimmten Netzkomponenten oder -einrichtungen einschließlich des entbündelten Breitbandzugangs zu gewähren,
2. bereits gewährten Zugang zu Einrichtungen nicht nachträglich zu verweigern,
3. Zugang zu bestimmten vom Betreiber angebotenen Diensten, wie sie Endnutzern angeboten werden, zu Großhandelsbedingungen zu gewähren, um Dritten den Weitervertrieb im eigenen Namen und auf eigene Rechnung zu ermöglichen. [2]Hierbei sind die getätigten und zukünftigen Investitionen für innovative Dienste zu berücksichtigen,
4. bestimmte für die Interoperabilität der Ende-zu-Ende-Kommunikation notwendige Voraussetzungen, einschließlich der Bereitstellung von Einrichtungen für intelligente Netzdienste oder Roaming (die Ermöglichung der Nutzung von Mobilfunknetzen anderer Betreiber auch außerhalb des Versorgungsbereichs des nachfragenden Mobilfunknetzbetreibers für dessen Endnutzer) zu schaffen,
5. Zugang zu Systemen für die Betriebsunterstützung oder ähnlichen Softwaresystemen, die zur Gewährleistung eines chancengleichen Wettbewerbs bei der Bereitstellung von Diensten notwendig sind, unter Sicherstellung der Effizienz bestehender Einrichtungen zu gewähren,
6. im Rahmen der Erfüllung der Zugangsverpflichtungen nach diesem Absatz oder Absatz 3 Nutzungsmöglichkeiten von Zugangsleistungen sowie Kooperationsmöglichkeiten zwischen den zum Zugang berechtigten Unternehmen zuzulassen, es sei denn, ein Betreiber

1) **Anm. d. Red.:** § 21 i. d. F. des Gesetzes v. 3. 5. 2012 (BGBl I S. 958) mit Wirkung v. 10. 5. 2012.

mit beträchtlicher Marktmacht weist im Einzelfall nach, dass eine Nutzungsmöglichkeit oder eine Kooperation aus technischen Gründen nicht oder nur eingeschränkt möglich ist,

7. Zugang zu Dienstleistungen im Bereich der einheitlichen Rechnungsstellung sowie zur Entgegennahme oder dem ersten Einzug von Zahlungen nach den nachfolgenden Maßgaben zu gewähren, soweit die Rechnungsersteller nicht eine Vereinbarung mit dem überwiegenden Teil des insoweit relevanten Marktes der von ihren Anschlusskunden auswählbaren Anbietern von öffentlich zugänglichen Telekommunikationsdiensten abgeschlossen haben und auch anderen Anbietern, die nicht an einer solchen Vereinbarung beteiligt sind, diskriminierungsfreien Zugang zu diesen Dienstleistungen nach den in der Vereinbarung niedergelegten Bedingungen gewähren:
   a) [1]Soweit der Endnutzer mit anderen Anbietern von öffentlich zugänglichen Telekommunikationsdiensten nicht etwas anderes vereinbart, ist ihm eine Rechnung vom Rechnungsersteller zu erstellen, die unabhängig von der Tarifgestaltung auch die Entgelte für Telekommunikationsdienstleistungen, Leistungen nach § 78 Absatz 2 Nummer 4 und telekommunikationsgestützte Dienste anderer Anbieter ausweist, die über den Netzzugang des Endnutzers in Anspruch genommen werden. [2]Dies gilt auch für Entgelte für während der Telefonverbindung übertragene Berechtigungscodes, wenn diese ausschließlich Dienstleistungen zum Gegenstand haben. [3]Die Zahlung an den Rechnungsersteller für diese Entgelte erfolgt einheitlich für die gesamte in Anspruch genommene Leistung wie für dessen Forderungen.
   b) [1]Eine Verpflichtung zur Rechnungserstellung kann nicht auferlegt werden für zeitunabhängig tarifierte Leistungen im Sinne von Buchstabe a Satz 1 und 2 mit Entgelten über 30 Euro (ab dem 1. Januar 2008 über 10 Euro), zeitabhängig tarifierte telekommunikationsgestützte Dienste und Leistungen nach Buchstabe a Satz 2 jeweils mit Entgelten über 2 Euro pro Minute sowie für alle Dienste, für die ein Legitimationsverfahren erforderlich ist. [2]Eine Verpflichtung zur Reklamationsbearbeitung der für Dritte abgerechneten Leistungen, zur Mahnung und zur Durchsetzung der Forderungen Dritter kann ebenfalls nicht auferlegt werden.
   c) [1]Zu Zwecken der Reklamationsbearbeitung, der Mahnung sowie der Durchsetzung von Forderungen für Leistungen im Sinne von Buchstabe a Satz 1 und 2 sind den Anbietern von öffentlich zugänglichen Telekommunikationsdiensten vom Rechnungsersteller die erforderlichen Bestandsdaten zu übermitteln. [2]Soweit der Anbieter Leistungen im Sinne von Buchstabe a Satz 2 dem Kunden selbst in Rechnung stellt, sind ihm ab dem 1. April 2005 die erforderlichen Bestandsdaten vom Rechnungsersteller zu übermitteln.
   d) [1]Anbieter von öffentlich zugänglichen Telekommunikationsdiensten haben dem Rechnungsersteller gegenüber sicherzustellen, dass ihm keine Datensätze für Leistungen zur Abrechnung übermittelt werden, die nicht den gesetzlichen oder den verbraucherschutzrechtlichen Regelungen entsprechen. [2]Der Rechnungsersteller trägt weder die Verantwortung noch haftet er für die für Dritte abgerechneten Leistungen.
   e) Der Rechnungsersteller hat in seinen Mahnungen einen drucktechnisch deutlich hervorgehobenen Hinweis aufzunehmen, dass der Kunde nicht nur den Mahnbetrag, sondern auch den gegebenenfalls höheren, ursprünglichen Rechnungsbetrag mit befreiender Wirkung an den Rechnungsersteller zahlen kann.
8. Zugang zu zugehörigen Diensten wie einem Identitäts-, Standort- und Präsenzdienst zu gewähren.

(3) Die Bundesnetzagentur soll Betreibern öffentlicher Telekommunikationsnetze, die über beträchtliche Marktmacht verfügen, folgende Verpflichtungen nach Absatz 1 auferlegen:

1. Zugang zu nicht aktiven Netzkomponenten zu gewähren,
2. vollständig entbündelten Zugang zum Teilnehmeranschluss sowie gemeinsamen Zugang zum Teilnehmeranschluss zu gewähren,
3. Zusammenschaltung von Telekommunikationsnetzen zu ermöglichen,

4. offenen Zugang zu technischen Schnittstellen, Protokollen oder anderen Schlüsseltechnologien, die für die Interoperabilität von Diensten oder Dienste für virtuelle Netze unentbehrlich sind, zu gewähren,
5. Kollokation oder andere Formen der gemeinsamen Nutzung von Einrichtungen wie Gebäuden, Leitungen und Masten zu ermöglichen sowie den Nachfragern oder deren Beauftragten jederzeit Zutritt zu diesen Einrichtungen zu gewähren,
6. Zugang zu bestimmten Netzkomponenten, -einrichtungen und Diensten zu gewähren, um unter anderem die Betreiberauswahl oder die Betreibervorauswahl zu ermöglichen.

(4) [1]Weist ein Betreiber nach, dass durch die Inanspruchnahme der Leistung die Aufrechterhaltung der Netzintegrität oder die Sicherheit des Netzbetriebs gefährdet würde, erlegt die Bundesnetzagentur die betreffende Zugangsverpflichtung nicht oder in anderer Form auf. [2]Die Aufrechterhaltung der Netzintegrität und die Sicherheit des Netzbetriebs sind nach objektiven Maßstäben zu beurteilen.

(5) [1]Wenn die Bundesnetzagentur einem Betreiber die Verpflichtung auferlegt, den Zugang bereitzustellen, kann sie technische oder betriebliche Bedingungen festlegen, die vom Betreiber oder von den Nutzern dieses Zugangs erfüllt werden müssen, soweit dies erforderlich ist, um den normalen Betrieb des Netzes sicherzustellen. [2]Verpflichtungen, bestimmte technische Normen oder Spezifikationen zugrunde zu legen, müssen mit den nach Artikel 17 der Richtlinie 2002/21/EG festgelegten Normen und Spezifikationen übereinstimmen.

§ 22 Zugangsvereinbarungen[1)]

(1) Ein Betreiber eines öffentlichen Telekommunikationsnetzes, der über beträchtliche Marktmacht verfügt und dem eine Zugangsverpflichtung nach § 21 auferlegt worden ist, hat gegenüber anderen Unternehmen, die diese Leistung nachfragen, um Telekommunikationsdienste anbieten zu können, unverzüglich, spätestens aber drei Monate nach Auferlegung der Zugangsverpflichtung, ein Angebot auf einen entsprechenden Zugang abzugeben.

TKG

(2) Zugangsvereinbarungen, die ein Betreiber eines öffentlichen Telekommunikationsnetzes, der über beträchtliche Marktmacht verfügt, abschließt, bedürfen der Schriftform.

(3) (weggefallen)

§ 23 Standardangebot[2)]

(1) Die Bundesnetzagentur kann einen Betreiber eines öffentlichen Telekommunikationsnetzes, der über beträchtliche Marktmacht verfügt, verpflichten, in der Regel innerhalb von drei Monaten ein Standardangebot für die Zugangsleistung zu veröffentlichen, für die eine allgemeine Nachfrage besteht.

(2) [1]Soweit ein Betreiber eines öffentlichen Telekommunikationsnetzes mit beträchtlicher Marktmacht kein oder ein nach Absatz 1 unzureichnendes Standardangebot vorlegt, ermittelt die Bundesnetzagentur, für welche Zugangsleistungen eine allgemeine Nachfrage besteht. [2]Zu diesem Zweck gibt die Bundesnetzagentur tatsächlichen oder potentiellen Nachfragern nach solchen Leistungen Gelegenheit zur Stellungnahme. [3]Im Anschluss daran gibt sie dem Betreiber mit beträchtlicher Marktmacht Gelegenheit zur Stellungnahme dazu, welche der ermittelten Leistungen nach seiner Ansicht Bestandteil eines Standardangebots werden sollen.

(3) [1]Die Bundesnetzagentur soll innerhalb einer Frist von vier Monaten unter Berücksichtigung der Stellungnahmen nach Absatz 2 die Zugangsleistungen festlegen, die der Betreiber mit beträchtlicher Marktmacht als Standardangebot anbieten muss. [2]Die Bundesnetzagentur fordert den Betreiber auf, innerhalb einer bestimmten Frist ein entsprechendes Standardangebot mit Bereitstellungs- und Nutzungsbedingungen einschließlich der Entgelte vorzulegen. [3]Sie kann diese Aufforderung verbinden mit bestimmten Vorgaben für einzelne Bedingungen, ein-

1) **Anm. d. Red.:** § 22 i. d. F. des Gesetzes v. 3. 5. 2012 (BGBl I S. 958) mit Wirkung v. 10. 5. 2012.

2) **Anm. d. Red.:** § 23 i. d. F. des Gesetzes v. 3. 5. 2012 (BGBl I S. 958) mit Wirkung v. 10. 5. 2012.

schließlich Vertragsstrafen, insbesondere in Bezug auf Chancengleichheit, Billigkeit und Rechtzeitigkeit. [4]Dieses Standardangebot muss so umfassend sein, dass es von den einzelnen Nachfragern ohne weitere Verhandlungen angenommen werden kann. [5]Die vorgenannten Sätze gelten auch für den Fall, dass der Betreiber mit beträchtlicher Marktmacht ein unzureichendes Standardangebot vorgelegt hat.

(4) [1]Die Bundesnetzagentur prüft die vorgelegten Standardangebote und nimmt Veränderungen vor, soweit Vorgaben für einzelne Bedingungen, einschließlich Vertragsstrafen, insbesondere in Bezug auf Chancengleichheit, Billigkeit und Rechtzeitigkeit nicht umgesetzt wurden. [2]Die Bundesnetzagentur versieht Standardangebote in der Regel mit einer Mindestlaufzeit. [3]Der Betreiber mit beträchtlicher Marktmacht muss beabsichtigte Änderungen oder eine Einstellung des Standardangebots drei Monate vor Ablauf der Mindestlaufzeit gegenüber der Bundesnetzagentur anzeigen. [4]Die Entscheidungen nach Absatz 3 und 4 Satz 1 und 2 können nur insgesamt angegriffen werden. [5]Für die Regulierung der Entgelte gelten die §§ 27 bis 37.

(5) [1]Sofern eine Zugangsleistung bereits Gegenstand einer Zugangsvereinbarung nach § 22 ist, kann die Bundesnetzagentur den Betreiber eines öffentlichen Telekommunikationsnetzes, der über beträchtliche Marktmacht verfügt, verpflichten, diese Zugangsleistung als Standardangebot auch anderen Nachfragern diskriminierungsfrei anzubieten, wenn zu erwarten ist, dass für diese Zugangsleistung eine allgemeine Nachfrage entstehen wird. [2]Dies gilt auch für Zugangsleistungen, zu deren Erbringung ein Betreiber eines öffentlichen Telekommunikationsnetzes, der über beträchtliche Marktmacht verfügt, im Rahmen einer Anordnung nach § 25 verpflichtet worden ist.

(6) [1]Die Bundesnetzagentur kann einen Betreiber eines öffentlichen Telekommunikationsnetzes, der über beträchtliche Marktmacht verfügt, verpflichten, eine Änderung des Standardangebots vorzunehmen, wenn sich die allgemeine Nachfrage wesentlich geändert hat. [2]Dies kann sich sowohl auf die Leistungen selbst als auch auf wesentliche Bedingungen für deren Erbringung beziehen. [3]Für die Änderung des Standardangebots gelten die Absätze 2 bis 5 entsprechend.

(7) [1]Hat die Bundesnetzagentur einem Betreiber eines öffentlichen Telekommunikationsnetzes, der über beträchtliche Marktmacht verfügt, Verpflichtungen nach § 21 hinsichtlich des Zugangs zur Netzinfrastruktur auf Vorleistungsebene auferlegt, so stellt sie sicher, dass der Betreiber ein Standardangebot veröffentlicht, das mindestens die in Anhang II der Richtlinie 2002/19/EG genannten Komponenten umfasst. [2]§ 20 bleibt unberührt.

(8) Der Betreiber ist verpflichtet, das Standardangebot in seine Allgemeinen Geschäftsbedingungen aufzunehmen.

§ 24 Getrennte Rechnungsführung[1)]

(1) [1]Die Bundesnetzagentur kann einem Betreiber eines öffentlichen Telekommunikationsnetzes, der über beträchtliche Marktmacht verfügt, für bestimmte Tätigkeiten im Zusammenhang mit Zugangsleistungen eine getrennte Rechnungsführung vorschreiben. [2]Die Bundesnetzagentur verlangt insbesondere von einem vertikal integrierten Unternehmen in der Regel, seine Vorleistungspreise und seine internen Verrechnungspreise transparent zu gestalten. [3]Damit sollen unter anderem Verstöße gegen das Diskriminierungsverbot und unzulässige Quersubventionen verhindert werden. [4]Die Bundesnetzagentur kann dabei konkrete Vorgaben zu dem zu verwendenden Format sowie zu der zu verwendenden Rechnungsführungsmethode machen.

(2) [1]Die Bundesnetzagentur kann verlangen, dass ihr die Kostenrechnungs- und Buchungsunterlagen nach Absatz 1 einschließlich sämtlicher damit zusammenhängender Informationen und Dokumente auf Anforderung in vorgeschriebener Form vorgelegt werden. [2]Die Bundesnetzagentur kann diese Informationen in geeigneter Form veröffentlichen, soweit dies zur Erreichung der in § 2 genannten Ziele beiträgt. [3]Dabei sind die Bestimmungen zur Wahrung von Geschäfts- oder Betriebsgeheimnissen zu beachten.

1) **Anm. d. Red.:** § 24 i. d. F. des Gesetzes v. 3. 5. 2012 (BGBl I S. 958) mit Wirkung v. 10. 5. 2012.

§ 25 Anordnungen durch die Bundesnetzagentur[1)]

(1) [1]Kommt eine Zugangsvereinbarung nach § 22 oder eine Vereinbarung über Zugangsleistungen nach § 18 ganz oder teilweise nicht zustande und liegen die nach diesem Gesetz erforderlichen Voraussetzungen für eine Verpflichtung zur Zugangsgewährung vor, ordnet die Bundesnetzagentur nach Anhörung der Beteiligten innerhalb einer Frist von zehn Wochen ab Anrufung durch einen der an der zu schließenden Zugangsvereinbarung Beteiligten den Zugang an. [2]In besonders zu begründenden Fällen kann die Bundesnetzagentur innerhalb der in Satz 1 genannten Frist das Verfahren auf höchstens vier Monate verlängern.

(2) Eine Anordnung ist nur zulässig, soweit und solange die Beteiligten keine Zugangs- oder Zusammenschaltungsvereinbarung treffen.

(3) [1]Die Anrufung nach Absatz 1 muss in Schriftform erfolgen; sie muss begründet werden. [2]Insbesondere muss dargelegt werden,

1. welchen genauen Inhalt die Anordnung der Bundesnetzagentur haben soll,
2. wann der Zugang und welche konkreten Leistungen dabei nachgefragt worden sind,
3. dass ernsthafte Verhandlungen stattgefunden haben oder Verhandlungen vom Anrufungsgegner verweigert worden sind,
4. bei welchen Punkten keine Einigung erzielt worden ist und
5. im Falle des Begehrens bestimmter technischer Maßnahmen Erläuterungen zu deren technischer Ausführbarkeit.

[3]Die Anrufung kann bis zum Erlass der Anordnung widerrufen werden.

TKG

(4) Zur Erreichung der in § 2 genannten Ziele kann die Bundesnetzagentur auch von Amts wegen ein Verfahren einleiten.

(5) [1]Gegenstand einer Anordnung können alle Bedingungen einer Zugangsvereinbarung sowie die Entgelte sein. [2]Die Bundesnetzagentur darf die Anordnung mit Bedingungen, einschließlich Vertragsstrafen, in Bezug auf Chancengleichheit, Billigkeit und Rechtzeitigkeit verknüpfen. [3]Hinsichtlich der festzulegenden Entgelte gelten die §§ 27 bis 38.

(6) [1]Sind sowohl Bedingungen einer Zugangsvereinbarung streitig als auch die zu entrichtenden Entgelte für nachgefragte Leistungen, soll die Bundesnetzagentur hinsichtlich der Bedingungen und der Entgelte jeweils Teilentscheidungen treffen. [2]Sofern die Bundesnetzagentur Teilentscheidungen trifft, gelten für diese jeweils die in Absatz 1 genannten Fristen. [3]Die Anordnung der Bundesnetzagentur kann nur insgesamt angegriffen werden.

(7) Im Laufe des Verfahrens vorgelegte Unterlagen werden nur berücksichtigt, wenn dadurch die Einhaltung der nach Absatz 1 bestimmten Frist nicht gefährdet wird.

(8) [1]Die betroffenen Betreiber müssen eine Anordnung der Bundesnetzagentur unverzüglich befolgen, es sei denn, die Bundesnetzagentur hat in der Anordnung eine Umsetzungsfrist bestimmt. [2]Zur Durchsetzung der Anordnung kann die Bundesnetzagentur nach Maßgabe des Verwaltungsvollstreckungsgesetzes ein Zwangsgeld bis zu einer Million Euro festsetzen.

§ 26 Veröffentlichung[2)]

Die Bundesnetzagentur veröffentlicht die nach diesem Abschnitt getroffenen Maßnahmen unter Wahrung von Betriebs- oder Geschäftsgeheimnissen der betroffenen Unternehmen.

---

1) **Anm. d. Red.:** § 25 i. d. F. des Gesetzes v. 3. 5. 2012 (BGBl I S. 958) mit Wirkung v. 10. 5. 2012.

2) **Anm. d. Red.:** § 26 i. d. F. des Gesetzes v. 18. 2. 2007 (BGBl I S. 106) mit Wirkung v. 24. 2. 2007.

Abschnitt 3: Entgeltregulierung

Unterabschnitt 1: Allgemeine Vorschriften

§ 27 Ziel der Entgeltregulierung[1)]

(1) Ziel der Entgeltregulierung ist es, eine missbräuchliche Ausbeutung, Behinderung oder Diskriminierung von Endnutzern oder von Wettbewerbern durch preispolitische Maßnahmen von Unternehmen mit beträchtlicher Marktmacht zu verhindern.

(2) [1]Die Bundesnetzagentur hat darauf zu achten, dass Entgeltregulierungsmaßnahmen in ihrer Gesamtheit aufeinander abgestimmt sind (Konsistenzgebot). [2]Die Bundesnetzagentur nimmt insbesondere eine zeitliche und inhaltliche Abstimmung ihrer Entgeltregulierungsmaßnahmen vor, und sie prüft bei den jeweiligen Entgeltregulierungsmaßnahmen, ob diese in einem angemessenen Verhältnis zu den Zielen nach § 2 stehen.

(3) [1]Die Bundesnetzagentur hat, soweit Belange von Rundfunk und vergleichbaren Telemedien nach § 2 Absatz 6 Satz 1 betroffen sind, die zuständige Landesmedienanstalt hierüber zu informieren und an eingeleiteten Verfahren zu beteiligen. [2]Auf Antrag der zuständigen Landesmedienanstalt prüft die Bundesnetzagentur auf der Grundlage dieses Gesetzes die Einleitung eines Verfahrens und die Anordnung von Maßnahmen nach den folgenden Bestimmungen.

§ 28 Missbräuchliches Verhalten eines Unternehmens mit beträchtlicher Marktmacht bei der Forderung und Vereinbarung von Entgelten[2)]

(1) [1]Ein Anbieter von Telekommunikationsdiensten, der über beträchtliche Marktmacht verfügt, oder ein Betreiber eines öffentlichen Telekommunikationsnetzes, der über beträchtliche Marktmacht verfügt, darf diese Stellung bei der Forderung und Vereinbarung von Entgelten nicht missbräuchlich ausnutzen. [2]Ein Missbrauch liegt insbesondere vor, wenn das Unternehmen Entgelte fordert, die

1. nur auf Grund seiner beträchtlichen Marktmacht auf dem jeweiligen Markt der Telekommunikation durchsetzbar sind,
2. die Wettbewerbsmöglichkeiten anderer Unternehmen auf einem Telekommunikationsmarkt auf erhebliche Weise beeinträchtigen oder
3. einzelnen Nachfragern Vorteile gegenüber anderen Nachfragern gleichartiger oder ähnlicher Telekommunikationsdienste einräumen,

es sei denn, dass für die Verhaltensweisen nach den Nummern 2 und 3 eine sachliche Rechtfertigung nachgewiesen wird. [3]Die Differenzierung von Entgelten im Rahmen von Risikobeteiligungsmodellen bei Projekten zur Errichtung von Netzen der nächsten Generation stellt in der Regel keine Verhaltensweise im Sinne von Satz 2 Nummer 3 dar, wenn sie der Aufteilung des Investitionsrisikos zwischen Investoren sowie zwischen Investoren und Zugangsbegehrenden dient und alle tatsächlichen und potenziellen Nachfrager bei Berücksichtigung des Risikos gleich behandelt werden.

(2) Ein Missbrauch im Sinne von Absatz 1 Satz 2 Nummer 2 wird vermutet, wenn

1. das Entgelt der betreffenden Leistung deren langfristige zusätzliche Kosten einschließlich einer angemessenen Verzinsung des eingesetzten Kapitals nicht deckt,
2. die Spanne zwischen dem Entgelt, das der Betreiber eines öffentlichen Telekommunikationsnetzes, der über beträchtliche Marktmacht verfügt, Wettbewerbern für eine Zugangsleistung in Rechnung stellt, und dem entsprechenden Endnutzerentgelt nicht ausreicht, um einem effizienten Unternehmen die Erzielung einer angemessenen Verzinsung des eingesetzten Kapitals auf dem Endnutzermarkt zu ermöglichen (Preis-Kosten-Schere) oder

---

1) **Anm. d. Red.:** § 27 i. d. F. des Gesetzes v. 3. 5. 2012 (BGBl I S. 958) mit Wirkung v. 10. 5. 2012.

2) **Anm. d. Red.:** § 28 i. d. F. des Gesetzes v. 3. 5. 2012 (BGBl I S. 958) mit Wirkung v. 10. 5. 2012.

3. ein Unternehmen bei seinem Produktangebot eine sachlich ungerechtfertigte Bündelung vornimmt. [2]Bei der Frage, ob dies der Fall ist, hat die Bundesnetzagentur insbesondere zu prüfen, ob es effizienten Wettbewerbern des Unternehmens mit beträchtlicher Marktmacht möglich ist, das Bündelprodukt zu vergleichbaren Konditionen anzubieten.

§ 29 Anordnungen im Rahmen der Entgeltregulierung[1)]

(1) [1]Die Bundesnetzagentur kann im Rahmen oder zur Vorbereitung von Verfahren der Entgeltregulierung anordnen, dass

1. ihr von einem Unternehmen mit beträchtlicher Marktmacht detaillierte Angaben zum Leistungsangebot, zum aktuellen und erwarteten Umsatz für Dienstleistungen, zu den aktuellen und erwarteten Absatzmengen und Kosten, zu den voraussehbaren Auswirkungen auf die Endnutzer sowie auf die Wettbewerber und sonstige Unterlagen und Angaben zur Verfügung gestellt werden, die sie zur sachgerechten Ausübung ihres Entgeltregulierungsrechts auf Grund dieses Gesetzes für erforderlich hält und
2. ein Unternehmen mit beträchtlicher Marktmacht die Kostenrechnung in einer Form ausgestaltet, die es der Bundesnetzagentur ermöglicht, die für die Entgeltregulierung auf Grund dieses Gesetzes notwendigen Daten zu erlangen.

[2]Die Bundesnetzagentur kann zusätzlich die Übermittlung der Unterlagen nach den Nummern 1 und 2 auf Datenträgern anordnen. [3]Das Unternehmen hat die Übereinstimmung mit den schriftlichen Unterlagen zu versichern.

(2) [1]Die Bundesnetzagentur kann einem Unternehmen mit beträchtlicher Marktmacht Verpflichtungen in Bezug auf Kostenrechnungsmethoden erteilen. [2]In diesem Fall kann sie das Unternehmen mit beträchtlicher Marktmacht verpflichten, eine Beschreibung der den Auflagen entsprechenden Kostenrechnungsmethode öffentlich verfügbar zu machen, in der mindestens die wichtigsten Kostenarten und die Regeln der Kostenzuweisung aufgeführt werden, sofern sie nicht selbst eine entsprechende Veröffentlichung vornimmt. [3]Die Anwendung der Kostenrechnungsmethode wird von der Bundesnetzagentur überprüft; diese kann auch eine unabhängige Stelle mit der Überprüfung beauftragen. [4]Das Prüfergebnis wird einmal jährlich veröffentlicht.

TKG

(3) [1]Die Bundesnetzagentur kann ein Unternehmen mit beträchtlicher Marktmacht durch gesonderte Entscheidung verpflichten, Zugang unter bestimmten Tarifsystemen anzubieten und bestimmte Kostendeckungsmechanismen anzuwenden, soweit dies erforderlich ist, um die Regulierungsziele nach § 2 zu erreichen. [2]Die Bundesnetzagentur hat bei Auferlegung dieser Verpflichtungen sicherzustellen, dass die wirtschaftliche Effizienz und ein nachhaltiger Wettbewerb gefördert wird und die Verpflichtungen möglichst vorteilhaft für den Endnutzer sind. [3]Trifft die Bundesnetzagentur eine Entscheidung nach Satz 1, hat der Anbieter mit beträchtlicher Markmacht innerhalb von zwei Wochen einen entsprechenden Entgeltantrag vorzulegen. [4]Die Bundesnetzagentur entscheidet nach Vorlage des Antrags oder nach Ablauf der Frist innerhalb von vier Wochen.

(4) Zur Durchsetzung der Anordnungen nach den Absätzen 1 und 2 kann nach Maßgabe des Verwaltungsvollstreckungsgesetzes ein Zwangsgeld bis zu einer Million Euro festgesetzt werden.

(5) Die Bundesnetzagentur kann vorschreiben, in welcher Form ein Entgelt oder eine Entgeltänderung einschließlich der Leistungsbeschreibung und sonstiger entgeltrelevanter Bestandteile zu veröffentlichen ist.

(6) Die Bundesnetzagentur kann auch von Unternehmen, die nicht über beträchtliche Marktmacht verfügen, Angaben nach Absatz 1 Nr. 1 verlangen sowie nach Absatz 4 vorgehen, wenn dies zur sachgerechten Ausübung der Entgeltregulierung nach diesem Teil erforderlich ist.

1) **Anm. d. Red.:** § 29 i. d. F. des Gesetzes v. 3. 5. 2012 (BGBl I S. 958) mit Wirkung v. 10. 5. 2012.

Unterabschnitt 2: Regulierung von Entgelten für Zugangsleistungen

§ 30 Entgeltregulierung[1]

(1) [1]Einer Genehmigung durch die Bundesnetzagentur nach Maßgabe des § 31 unterliegen Entgelte für nach § 21 auferlegte Zugangsleistungen von Betreibern öffentlicher Telekommunikationsnetze, die über beträchtliche Marktmacht verfügen. [2]Abweichend von Satz 1 kann die Bundesnetzagentur solche Entgelte einer nachträglichen Regulierung nach § 38 oder nach § 38 Absatz 2 bis 4 unterwerfen, wenn dies ausreicht, um die Regulierungsziele nach § 2 zu erreichen.

(2) [1]Einer nachträglichen Regulierung nach § 38 Absatz 2 bis 4 unterliegen:

1. Entgelte, die ein Betreiber im Rahmen von Verpflichtungen nach § 18 verlangt, sowie
2. Entgelte eines Betreibers, der über beträchtliche Marktmacht verfügt, für andere als in Absatz 1 Satz 1 genannte Zugangsleistungen.

[2]Abweichend von Satz 1 kann die Bundesnetzagentur solche Entgelte einer nachträglichen Regulierung nach § 38 oder einer Genehmigung nach Maßgabe des § 31 unterwerfen, wenn dies erforderlich ist, um die Regulierungsziele nach § 2 zu erreichen oder im Fall von Satz 1 Nummer 1 den End-zu-End-Verbund von Diensten zu gewährleisten.

(3) [1]Die Bundesnetzagentur stellt bei der Regulierung von Entgelten sicher, dass alle Entgelte die wirtschaftliche Effizienz und einen nachhaltigen Wettbewerb fördern und für die Verbraucher nicht nur kurzfristig, sondern auch mittel- und langfristig möglichst vorteilhaft sind. [2]Sie berücksichtigt bei der Regulierung von Entgelten die zugrunde liegenden Investitionen und ermöglicht eine angemessene Verzinsung des eingesetzten Kapitals. [3]Bei Netzen der nächsten Generation trägt sie dabei den etwaigen spezifischen Investitionsrisiken unter weitestgehender Beachtung vereinbarter Risikobeteiligungsmodelle Rechnung.

(4) und (5) (weggefallen)

§ 31 Entgeltgenehmigung[2]

(1) [1]Die Bundesnetzagentur genehmigt Entgelte nach § 30 Absatz 1 Satz 1 oder Absatz 2 Satz 2

1. auf der Grundlage der auf die einzelnen Dienste entfallenden Kosten der effizienten Leistungsbereitstellung nach § 32 oder
2. auf der Grundlage der von ihr vorgegebenen Maßgrößen für die durchschnittlichen Änderungsraten der Entgelte für einen Korb zusammengefasster Dienste (Price-Cap-Verfahren) nach Maßgabe des § 33.

[2]Genehmigte Entgelte dürfen die Summe der Kosten der effizienten Leistungsbereitstellung und der Aufwendungen nach § 32 Absatz 2 nicht überschreiten.

(2) Abweichend von Absatz 1 genehmigt die Bundesnetzagentur Entgelte

1. für Zugangsleistungen zu bestimmten, von einem Betreiber eines öffentlichen Telekommunikationsnetzes, der über beträchtliche Marktmacht verfügt, angebotenen Diensten zu Großhandelsbedingungen, die Dritten den Weitervertrieb im eigenen Namen und auf eigene Rechnung ermöglichen sollen, durch Gewährung eines Abschlags auf den Endnutzerpreis, der es einem effizienten Anbieter von Telekommunikationsdiensten ermöglicht, eine angemessene Verzinsung des eingesetzten Kapitals auf dem Endnutzermarkt zu erzielen; das Entgelt entspricht dabei mindestens den Kosten der effizienten Leistungsbereitstellung; oder
2. auf der Grundlage anderer Vorgehensweisen, sofern die Vorgehensweisen nach den Nummern 1 oder 2 besser als die in Absatz 1 genannten Vorgehensweisen geeignet sind, die Re-

1) **Anm. d. Red.:** § 30 i. d. F. des Gesetzes v. 3. 5. 2012 (BGBl I S. 958) mit Wirkung v. 10. 5. 2012.

2) **Anm. d. Red.:** § 31 i. d. F. des Gesetzes v. 3. 5. 2012 (BGBl I S. 958) mit Wirkung v. 10. 5. 2012.

gulierungsziele nach § 2 zu erreichen. [2]Im Fall von Satz 1 Nummer 2 gilt bei der Anwendung kostenorientierter Vorgehensweisen § 32 Absatz 2 und 3 entsprechend. [3]Ein Vorgehen nach Satz 1 Nummer 2 ist besonders zu begründen.

(3) [1]Genehmigungsbedürftige Entgelte für Zugangsleistungen des Betreibers eines öffentlichen Telekommunikationsnetzes, der über beträchtliche Marktmacht verfügt, sind der Bundesnetzagentur einschließlich aller für die Genehmigungserteilung erforderlichen Unterlagen vor dem beabsichtigten Inkrafttreten vorzulegen. [2]Bei befristet erteilten Genehmigungen hat die Vorlage mindestens zehn Wochen vor Fristablauf zu erfolgen.

(4) [1]Die Bundesnetzagentur kann dazu auffordern, Entgeltgenehmigungsanträge zu stellen. [2]Wird der Aufforderung nicht innerhalb eines Monats nach Zugang Folge geleistet, leitet die Bundesnetzagentur ein Verfahren von Amts wegen ein. [3]Die Bundesnetzagentur soll über Entgeltanträge in der Regel innerhalb von zehn Wochen nach Eingang der Entgeltvorlage oder nach Einleitung des Verfahrens von Amts wegen entscheiden. [4]Abweichend von Satz 3 soll die Bundesnetzagentur über Entgeltanträge, die im Rahmen des Verfahrens nach § 33 vorgelegt worden sind, innerhalb von zwei Wochen entscheiden.

§ 32 Kosten der effizienten Leistungsbereitstellung[1)]

(1) [1]Die Kosten der effizienten Leistungsbereitstellung ergeben sich aus den langfristigen zusätzlichen Kosten der Leistungsbereitstellung und einem angemessenen Zuschlag für leistungsmengenneutrale Gemeinkosten, einschließlich einer angemessenen Verzinsung des eingesetzten Kapitals, soweit diese Kosten jeweils für die Leistungsbereitstellung notwendig sind. [2]§ 79 bleibt unberührt.

TKG

(2) [1]Aufwendungen, die nicht in den Kosten der effizienten Leistungsbereitstellung enthalten sind, werden zusätzlich zu Absatz 1 nur berücksichtigt, soweit und solange hierfür eine rechtliche Verpflichtung besteht oder das die Genehmigung beantragende Unternehmen eine sonstige sachliche Rechtfertigung nachweist. [2]Hält die Bundesnetzagentur bei der Prüfung der Kostennachweise wesentliche Bestandteile der nachgewiesenen Kosten für nicht effizient, fordert sie den Betreiber unverzüglich auf, darzulegen, ob und inwieweit es sich bei diesen Kostenbestandteilen um Aufwendungen im Sinne des Satzes 1 handelt.

(3) Bei der Festlegung der angemessenen Verzinsung des eingesetzten Kapitals berücksichtigt die Bundesnetzagentur insbesondere

1. die Kapitalstruktur des regulierten Unternehmens,
2. die Verhältnisse auf den nationalen und internationalen Kapitalmärkten und die Bewertung des regulierten Unternehmens auf diesen Märkten,
3. die Erfordernisse hinsichtlich der Rendite für das eingesetzte Kapital, wobei auch die leistungsspezifischen Risiken des eingesetzten Kapitals gewürdigt werden sollen. [2]Das kann auch etwaige spezifische Risiken im Zusammenhang mit der Errichtung von Netzen der nächsten Generation im Sinne des § 30 Absatz 3 umfassen,
4. die langfristige Stabilität der wirtschaftlichen Rahmenbedingungen, auch im Hinblick auf die Wettbewerbssituation auf den Telekommunikationsmärkten.

§ 33 Price-Cap-Verfahren[2)]

(1) [1]Die Bundesnetzagentur bestimmt den Inhalt der Körbe. [2]Dabei dürfen Zugangsdienste nur insoweit in einem Korb zusammengefasst werden, als sich die erwartete Stärke des Wettbewerbs bei diesen Diensten nicht wesentlich unterscheidet.

1) **Anm. d. Red.:** § 32 i. d. F. des Gesetzes v. 3. 5. 2012 (BGBl I S. 958) mit Wirkung v. 10. 5. 2012.

2) **Anm. d. Red.:** § 33 i. d. F. des Gesetzes v. 3. 5. 2012 (BGBl I S. 958) mit Wirkung v. 10. 5. 2012.

(2) [1]Die Bundesnetzagentur stellt das Ausgangsentgeltniveau der in einem Korb zusammengefassten Zugangsleistungen fest. [2]Sofern bereits genehmigte Entgelte vorliegen, ist von diesen auszugehen.

(3) Die Maßgrößen für die Genehmigung nach § 31 Absatz 1 Satz 1 Nummer 2 umfassen

1. eine gesamtwirtschaftliche Preissteigerungsrate,
2. die zu erwartende Produktivitätsfortschrittsrate des Betreibers mit beträchtlicher Marktmacht und
3. Nebenbedingungen, die geeignet sind, einen Missbrauch nach § 28 zu verhindern.

(4) Bei der Vorgabe der Maßgrößen, insbesondere bei der Festlegung der Produktivitätsfortschrittsrate, ist das Verhältnis des Ausgangsentgeltniveaus zu den Kosten der effizienten Leistungsbereitstellung nach § 32 Absatz 1 zu berücksichtigen.

(5) Bei der Vorgabe der Maßgrößen sind die Produktivitätsfortschrittsraten von Unternehmen auf vergleichbaren, dem Wettbewerb geöffneten Märkten zu berücksichtigen.

(6) Die Bundesnetzagentur bestimmt, für welchen Zeitraum die Maßgrößen unverändert bleiben, anhand welcher Referenzzeiträume der Vergangenheit die Einhaltung der Maßgrößen geprüft wird und unter welchen Voraussetzungen der Inhalt von Körben geändert oder Preisdifferenzierungen innerhalb eines Korbes durchgeführt werden können.

§ 34 Kostenunterlagen[1)]

(1) Mit einem Entgeltantrag nach § 31 Absatz 3 und 4 hat das beantragende Unternehmen die zur Prüfung des Antrags erforderlichen Unterlagen vorzulegen, insbesondere:

1. aktuelle Kostennachweise, die auch auf Datenträgern zur Verfügung zu stellen sind,
2. eine detaillierte Leistungsbeschreibung einschließlich Angaben zur Qualität der Leistung und einen Entwurf der Allgemeinen Geschäftsbedingungen sowie die Angabe, ob die Leistung Gegenstand einer Zugangsvereinbarung nach § 22, eines überprüften Standardangebots nach § 23 oder einer Zugangsanordnung nach § 25 ist,
3. Angaben über den Umsatz, Absatzmengen, die Höhe der einzelnen Kosten nach Absatz 2 und der Deckungsbeiträge sowie die Entwicklung der Nachfragerstrukturen bei der beantragten Dienstleistung für die zwei zurückliegenden Jahre sowie das Antragsjahr und die darauf folgenden zwei Jahre und
4. soweit für bestimmte Leistungen oder Leistungsbestandteile keine Pauschaltarife beantragt werden, eine Begründung dafür, weshalb eine solche Beantragung ausnahmsweise nicht möglich ist.

(2) [1]Die Kostennachweise nach Absatz 1 Nr. 1 umfassen die Kosten, die sich unmittelbar zuordnen lassen (Einzelkosten) und die Kosten, die sich nicht unmittelbar zuordnen lassen (Gemeinkosten). [2]Im Rahmen der Kostennachweise nach Satz 1 sind insbesondere darzulegen:

1. die der Kostenrechnung zugrunde liegenden Einsatzmengen, die dazu gehörenden Preise, jeweils einzeln und als Durchschnittswert, sowie die im Nachweiszeitraum erzielte und erwartete Kapazitätsauslastung und
2. die Ermittlungsmethode der Kosten und der Investitionswerte sowie die Angabe plausibler Mengenschlüssel für die Kostenzuordnung zu den einzelnen Diensten des Unternehmens.

(3) [1]Darüber hinaus hat das beantragende Unternehmen regelmäßig zu Beginn eines jeden Geschäftsjahres die Gesamtkosten des Unternehmens sowie deren Aufteilung auf die Kostenstellen und auf die einzelnen Leistungen (Kostenträger) nach Einzel- und Gemeinkosten vorzulegen. [2]Die Angaben für nicht regulierte Dienstleistungen können dabei zusammengefasst werden.

1) **Anm. d. Red.:** § 34 i. d. F. des Gesetzes v. 3. 5. 2012 (BGBl I S. 958) mit Wirkung v. 10. 5. 2012.

(4) Die Kostennachweise müssen im Hinblick auf ihre Transparenz und die Aufbereitung der Daten eine Prüfung durch die Bundesnetzagentur sowie eine Quantifizierung der Kosten der effizienten Leistungsbereitstellung und eine Entscheidung innerhalb der Frist nach § 31 Absatz 4 ermöglichen.

(5) [1]Nicht mit dem Antrag vorgelegte Unterlagen werden nur berücksichtigt, wenn dadurch die Einhaltung der Verfahrensfristen nicht gefährdet wird. [2]Sofern von der Bundesnetzagentur während des Verfahrens zusätzliche Unterlagen und Auskünfte angefordert werden, müssen diese nur dann berücksichtigt werden, wenn sie innerhalb einer von der Bundesnetzagentur gesetzten Frist vom beantragenden Unternehmen vorgelegt werden.

(6) Kostenrechnungsmethoden sind von dem beantragenden Unternehmen grundsätzlich antragsübergreifend einheitlich anzuwenden.

(7) Die Befugnisse nach § 29 bleiben unberührt.

§ 35 Verfahren der Entgeltgenehmigung[1)2)]

(1) [1]Neben den der Bundesnetzagentur vorliegenden Kosteninformationen kann sie zusätzlich

1. Preise solcher Unternehmen als Vergleich heranziehen, die entsprechende Leistungen auf vergleichbaren, dem Wettbewerb geöffneten Märkten anbieten; dabei sind die Besonderheiten der Vergleichsmärkte zu berücksichtigen und
2. zur Ermittlung der Kosten der effizienten Leistungsbereitstellung auch eine von der Kostenberechnung des Unternehmens unabhängige Kostenrechnung anstellen und hierfür Kostenmodelle heranziehen.

[2]Soweit die der Bundesnetzagentur vorliegenden Kosteninformationen für eine Prüfung der genehmigungspflichtigen Entgelte nach § 31 Absatz 1 Satz 1 Nummer 1 in Verbindung mit § 34 nicht ausreichen, kann die Entscheidung der Bundesnetzagentur auf einer Prüfung nach Satz 1 Nr. 1 oder 2 beruhen.

TKG

(2) [1]Im Falle einer Genehmigung nach § 31 Absatz 1 Satz 1 Nummer 1 prüft die Bundesnetzagentur für jedes einzelne Entgelt die Einhaltung der Maßgaben nach den §§ 28 und 31 Absatz 1 Satz 2. [2]Im Falle einer Genehmigung nach § 31 Absatz 1 Satz 1 Nummer 2 gelten bei Einhaltung der vorgegebenen Maßgrößen die Maßgaben nach § 28 und für den jeweiligen Korb nach § 31 Absatz 1 Satz 2 als erfüllt.

(3) [1]Die Genehmigung ist ganz oder teilweise zu erteilen, soweit die Entgelte den Anforderungen des § 28 und im Fall einer Genehmigung nach § 31 Absatz 1 Satz 1 Nummer 1 und 2 den Anforderungen der §§ 28 und 31 Absatz 1 Satz 2 nach Maßgabe des Absatzes 2 entsprechen und keine Versagungsgründe nach Satz 2 oder 3 vorliegen. [2]Die Genehmigung der Entgelte ist zu versagen, soweit die Entgelte mit diesem Gesetz, insbesondere mit § 28, oder anderen Rechtsvorschriften nicht in Einklang stehen. [3]Die Bundesnetzagentur kann eine Genehmigung der Entgelte auch versagen, wenn das Unternehmen die in § 34 genannten Unterlagen nicht vollständig vorgelegt hat.

(4) Die Bundesnetzagentur soll die Genehmigung mit einer Befristung versehen.

(5) [1]Beinhalten Entgeltgenehmigungen die vollständige oder teilweise Genehmigung eines vertraglich bereits vereinbarten Entgelts, so wirken sie zurück auf den Zeitpunkt der erstmaligen Leistungsbereitstellung durch das Unternehmen mit beträchtlicher Marktmacht. [2]Das Gericht kann im Verfahren nach § 123 der Verwaltungsgerichtsordnung die vorläufige Zahlung eines beantragten höheren Entgelts anordnen, wenn überwiegend wahrscheinlich ist, dass der Anspruch auf die Genehmigung des höheren Entgelts besteht; der Darlegung eines Anord-

1) **Anm. d. Red.:** § 35 i. d. F. des Gesetzes v. 29.11.2018 (BGBl I S. 2230) mit Wirkung v. 7.12.2018.

2) **Anm. d. Red.:** § 35 Abs. 5 Satz 2 und 3 ist gem. BVerfG-Urteil v. 22.11.2016 – 1 BvL 6/14, 1 BvL 3/15, 1 BvL 4/15, 1 BvL 6/15 –, veröffentlicht im BGBl I S. 3452 v. 23.12.2016, mit Art. 19 Abs. 4 Satz 1 GG unvereinbar. Das bisherige Recht ist bis zu einer Neuregelung weiter anwendbar. Der Gesetzgeber ist verpflichtet, eine Neuregelung spätestens bis zum 31.7.2018 zu treffen.

nungsgrundes bedarf es nicht. [3]Verpflichtet das Gericht die Bundesnetzagentur zur Erteilung einer Genehmigung für ein höheres Entgelt, so entfaltet diese Genehmigung die Rückwirkung nach Satz 1 nur, wenn eine Anordnung nach Satz 2 ergangen ist. [4]Der Antrag auf Erlass einer einstweiligen Anordnung nach § 123 Abs. 1 der Verwaltungsgerichtsordnung kann nur bis zum Ablauf von zwei Monaten nach Klageerhebung gestellt und begründet werden.

(5a) [1]Werden Entgelte nach dem 31. Juli 2018 erstmalig genehmigt, findet Absatz 5 Satz 3 keine Anwendung, wenn der Vertragspartner gemäß Absatz 5 Satz 1 Zugangsleistungen nachfragt und dieses Unternehmen im letzten Geschäftsjahr vor der Klageerhebung, für das ein Jahresabschluss vorliegt, einen Jahresumsatz von mehr als 100 Millionen Euro erzielt hat. [2]Umsätze verbundener Unternehmen im Sinne des § 3 Nummer 29 sind zu berücksichtigen, wenn die verbundenen Unternehmen ebenfalls Umsätze auf Telekommunikationsmärkten erzielen.

(6) [1]In dem Verfahren nach Absatz 5 in Verbindung mit § 123 der Verwaltungsgerichtsordnung kann das Gericht durch Beschluss anordnen, dass nur solche Personen beigeladen werden, die dies innerhalb einer bestimmten Frist beantragen. [2]Der Beschluss ist unanfechtbar. [3]Er ist im elektronischen Bundesanzeiger bekannt zu machen. [4]Er muss außerdem auf der Internetseite der Bundesnetzagentur veröffentlicht werden. [5]Die Bekanntmachung kann zusätzlich in einem von dem Gericht für Bekanntmachungen bestimmten Informations- und Kommunikationssystem erfolgen. [6]Die Frist muss mindestens einen Monat ab der Veröffentlichung im elektronischen Bundesanzeiger betragen. [7]In der Veröffentlichung auf der Internetseite der Bundesnetzagentur ist mitzuteilen, an welchem Tag die Frist abläuft. [8]Für die Wiedereinsetzung in den vorigen Stand bei Versäumung der Frist gilt § 60 der Verwaltungsgerichtsordnung entsprechend. [9]Das Gericht soll Personen, die von der Entscheidung erkennbar in besonderem Maße betroffen werden, auch ohne Antrag beiladen. [10]In den Fällen des § 35 Absatz 5a Satz 1 finden die Sätze 1 bis 9 auf sämtliche Rechtsbehelfsverfahren des Unternehmens mit beträchtlicher Marktmacht Anwendung, die auf die Genehmigung eines beantragten höheren Entgelts gerichtet sind.

(7) Die Bundesnetzagentur veröffentlicht genehmigte Entgelte.

§ 36 Veröffentlichung[1)]

(1) [1]Die Bundesnetzagentur veröffentlicht beabsichtigte Entscheidungen zur Zusammenfassung von Dienstleistungen sowie zur Vorgabe der jeweiligen Maßgrößen nach § 31 Absatz 1 Satz 1 Nummer 2 und § 33. [2]Vor der Veröffentlichung gibt sie dem Unternehmen, an das sich die Entscheidung richtet, Gelegenheit zur Stellungnahme.

(2) Bei Anträgen auf Genehmigung von Entgelten nach § 31 Absatz 1 Satz 1 Nummer 1 sowie im Falle eines Vorgehens nach § 31 Absatz 4 Satz 1 und 2 veröffentlicht die Bundesnetzagentur die beantragten oder vorgesehenen Entgeltmaßnahmen.

§ 37 Abweichung von genehmigten Entgelten[2)]

(1) Ein Betreiber eines öffentlichen Telekommunikationsnetzes, der über beträchtliche Marktmacht verfügt, darf keine anderen als die von der Bundesnetzagentur genehmigten Entgelte verlangen.

(2) Verträge über Dienstleistungen, die andere als die genehmigten Entgelte enthalten, werden mit der Maßgabe wirksam, dass das genehmigte Entgelt an die Stelle des vereinbarten Entgelts tritt.

(3) [1]Eine vertragliche oder gesetzliche Verpflichtung zur Erbringung der Leistung bleibt unabhängig vom Vorliegen einer Entgeltgenehmigung bestehen. [2]Die Bundesnetzagentur kann die Werbung für ein Rechtsgeschäft, den Abschluss, die Vorbereitung und die Anbahnung eines

1) **Anm. d. Red.:** § 36 i. d. F. des Gesetzes v. 3. 5. 2012 (BGBl I S. 958) mit Wirkung v. 10. 5. 2012.

2) **Anm. d. Red.:** § 37 i. d. F. des Gesetzes v. 18. 2. 2007 (BGBl I S. 106) mit Wirkung v. 24. 2. 2007.

Rechtsgeschäfts untersagen, das ein anderes als das genehmigte oder ein nicht genehmigtes, aber genehmigungsbedürftiges Entgelt enthält.

§ 38 Nachträgliche Regulierung von Entgelten[1)]

(1) [1]Unterliegen Entgelte einer nachträglichen Entgeltregulierung, sind sie der Bundesnetzagentur zwei Monate vor dem geplanten Inkrafttreten vorzulegen. [2]Die Bundesnetzagentur untersagt innerhalb von zwei Wochen nach Zugang der Anzeige der Entgeltmaßnahme die Einführung des Entgelts bis zum Abschluss ihrer Prüfung, wenn die geplante Entgeltmaßnahme offenkundig nicht mit § 28 vereinbar wäre. [3]Entgeltmaßnahmen bezüglich individuell vereinbarter Leistungen, die nicht ohne weiteres auf eine Vielzahl anderer Nachfrager übertragbar sind, sind der Bundesnetzagentur unmittelbar nach Vertragsabschluss zur Kenntnis zu geben.

(2) [1]Wenn der Bundesnetzagentur Tatsachen bekannt werden, die die Annahme rechtfertigen, dass Entgelte für Zugangsleistungen von Unternehmen mit beträchtlicher Marktmacht nicht den Maßstäben des § 28 genügen, leitet die Bundesnetzagentur unverzüglich eine Überprüfung der Entgelte ein. [2]Sie teilt die Einleitung der Überprüfung dem betroffenen Unternehmen schriftlich mit. [3]Sollte der Bundesnetzagentur eine Überprüfung nach dem Vergleichsmarktprinzip entsprechend § 35 Abs. 1 Nr. 1 nicht möglich sein, kann sie auch nach § 34 vorgehen.

(3) Die Bundesnetzagentur entscheidet innerhalb von zwei Monaten nach Einleitung der Überprüfung.

(4) [1]Sofern die Bundesnetzagentur feststellt, dass Entgelte nicht den Maßstäben des § 28 genügen, untersagt sie das nach diesem Gesetz verbotene Verhalten und erklärt die beanstandeten Entgelte ab dem Zeitpunkt der Feststellung für unwirksam. [2]Gleichzeitig kann die Bundesnetzagentur Entgelte anordnen, die den Maßstäben des § 28 genügen. [3]Sofern der Anbieter mit beträchtlicher Marktmacht danach eigene Entgeltvorschläge vorlegt, prüft die Bundesnetzagentur binnen eines Monats, ob diese Entgelte die festgestellten Verstöße gegen die Maßstäbe des § 28 abstellen. [4]§ 37 gilt entsprechend. [5]Die Bundesnetzagentur ordnet im Falle eines festgestellten Missbrauchs einer Stellung mit beträchtlicher Marktmacht im Sinne des § 28 Abs. 2 Nr. 3 auch an, in welcher Weise das Unternehmen mit beträchtlicher Marktmacht eine Entbündelung vorzunehmen hat.

Unterabschnitt 3: Regulierung von Entgelten für Endnutzerleistungen

§ 39 Entgeltregulierung bei Endnutzerleistungen[2)]

(1) [1]Rechtfertigen Tatsachen die Annahme, dass die Verpflichtungen im Zugangsbereich nicht zur Erreichung der Regulierungsziele nach § 2 führen würden, kann die Bundesnetzagentur Entgelte von Unternehmen mit beträchtlicher Marktmacht bezüglich des Angebots von Telekommunikationsdiensten für Endnutzer einer Entgeltgenehmigung unterwerfen. [2]Die Bundesnetzagentur soll die Genehmigungspflicht auf solche Märkte beschränken, auf denen in absehbarer Zeit nicht mit der Entstehung eines nachhaltig wettbewerbsorientierten Marktes zu rechnen ist. [3]Im Falle einer Genehmigungspflicht gelten die §§ 31 bis 37 entsprechend. [4]Dabei dürfen Entgelte für Endnutzerleistungen nicht nach § 31 Absatz 1 Satz 1 Nummer 2 mit Entgelten für Zugangsleistungen in einem Korb zusammengefasst werden.

(2) Leistungen nach § 78 Absatz 2 Nummer 4 und 5 unterliegen der nachträglichen Regulierung; § 38 Abs. 2 bis 4 gilt entsprechend.

(3) [1]Sofern Entgelte für Endnutzerleistungen von Anbietern von Telekommunikationsdiensten, die über beträchtliche Marktmacht verfügen, keiner Entgeltgenehmigung unterworfen worden sind, unterliegen sie der nachträglichen Regulierung; § 38 Abs. 2 bis 4 gilt entsprechend. [2]Darüber hinaus kann die Bundesnetzagentur unter Beachtung von Absatz 1 Satz 1 Unternehmen mit

1) **Anm. d. Red.:** § 38 i. d. F. des Gesetzes v. 3. 5. 2012 (BGBl I S. 958) mit Wirkung v. 10. 5. 2012.

2) **Anm. d. Red.:** § 39 i. d. F. des Gesetzes v. 3. 5. 2012 (BGBl I S. 958) mit Wirkung v. 10. 5. 2012.

beträchtlicher Marktmacht verpflichten, ihr Entgeltmaßnahmen zwei Monate vor dem geplanten Inkrafttreten zur Kenntnis zu geben. [3]Die Bundesnetzagentur untersagt innerhalb von zwei Wochen nach Anzeige der Entgeltmaßnahme die Einführung des Entgelts bis zum Abschluss ihrer Prüfung, wenn die geplante Entgeltmaßnahme offenkundig nicht mit § 28 vereinbar wäre. [4]Die Bundesnetzagentur kann Anbieter von Telekommunikationsdiensten, die über beträchtliche Marktmacht verfügen, verpflichten, ihr Entgeltmaßnahmen bezüglich individuell vereinbarter Leistungen, die nicht ohne weiteres auf eine Vielzahl von anderen Endnutzern übertragbar sind, unmittelbar nach Vertragsabschluss zur Kenntnis zu geben.

(4) [1]Sofern ein Unternehmen, das auf einem Endkundenmarkt über beträchtliche Marktmacht verfügt, verpflichtet ist, Zugang zu einer entsprechenden Zugangsleistung nach § 21 zu gewähren, die Bestandteile enthält, die gleichermaßen für ein Angebot auf dem Endkundenmarkt wesentlich sind, ist das Unternehmen verpflichtet, gleichzeitig mit einer geplanten Entgeltmaßnahme im Endnutzerbereich ein Angebot für die Vorleistung vorzulegen, das insbesondere den Vorgaben des § 28 genügt. [2]Sofern das Unternehmen mit beträchtlicher Marktmacht kein solches Vorleistungsangebot vorlegt, kann die Bundesnetzagentur die Forderung des Endkundenentgelts ohne weitere Prüfung untersagen.

Abschnitt 4: Sonstige Verpflichtungen

§ 40 Funktionelle Trennung[1)]

(1) [1]Gelangt die Bundesnetzagentur zu dem Schluss, dass die nach den Abschnitten 2 und 3 auferlegten angemessenen Verpflichtungen nicht zu einem wirksamen Wettbewerb geführt haben und wichtige und andauernde Wettbewerbsprobleme oder Marktversagen auf den Märkten für bestimmte Zugangsprodukte auf Vorleistungsebene bestehen, so kann sie als außerordentliche Maßnahme vertikal integrierten Unternehmen die Verpflichtung auferlegen, ihre Tätigkeiten im Zusammenhang mit der Bereitstellung der betreffenden Zugangsprodukte auf Vorleistungsebene in einem unabhängig arbeitenden Geschäftsbereich unterzubringen. [2]Dieser Geschäftsbereich stellt Zugangsprodukte und -dienste allen Unternehmen, einschließlich der anderen Geschäftsbereiche des eigenen Mutterunternehmens, mit den gleichen Fristen und zu den gleichen Bedingungen, auch im Hinblick auf Preise und Dienstumfang, sowie mittels der gleichen Systeme und Verfahren zur Verfügung.

(2) Beabsichtigt die Bundesnetzagentur, eine Verpflichtung nach Absatz 1 aufzuerlegen, so unterbreitet sie der Kommission einen entsprechenden Antrag, der Folgendes umfasst:

1. den Nachweis, dass die in Absatz 1 genannte Schlussfolgerung der Bundesnetzagentur begründet ist;
2. eine mit Gründen versehene Einschätzung, dass keine oder nur geringe Aussichten dafür bestehen, dass es innerhalb eines angemessenen Zeitrahmens einen wirksamen und nachhaltigen Wettbewerb im Bereich Infrastruktur gibt;
3. eine Analyse der erwarteten Auswirkungen auf die Bundesnetzagentur, auf das Unternehmen, insbesondere auf das Personal des getrennten Unternehmens und auf den Telekommunikationssektor insgesamt, auf die Anreize, in den Sektor insgesamt zu investieren, insbesondere im Hinblick auf die notwendige Wahrung des sozialen und territorialen Zusammenhalts, sowie auf sonstige Interessengruppen, insbesondere auch eine Analyse der erwarteten Auswirkungen auf den Wettbewerb und möglicher Folgen für die Verbraucher;
4. eine Analyse der Gründe, die dafür sprechen, dass diese Verpflichtung das effizienteste Mittel zur Durchsetzung von Abhilfemaßnahmen wäre, mit denen auf festgestellte Wettbewerbsprobleme oder Fälle von Marktversagen reagiert werden soll.

1) **Anm. d. Red.:** § 40 i. d. F. des Gesetzes v. 3. 5. 2012 (BGBl I S. 958) mit Wirkung v. 10. 5. 2012.

(3) Der der Kommission mit dem Antrag nach Absatz 2 vorzulegende Maßnahmenentwurf umfasst Folgendes:

1. die genaue Angabe von Art und Ausmaß der Trennung, insbesondere die Angabe des rechtlichen Status des getrennten Geschäftsbereichs;
2. die Angabe der Vermögenswerte des getrennten Geschäftsbereichs sowie der von diesem bereitzustellenden Produkte und Dienstleistungen;
3. die organisatorischen Modalitäten zur Gewährleistung der Unabhängigkeit des Personals des getrennten Geschäftsbereichs sowie die entsprechenden Anreize;
4. die Vorschriften zur Gewährleistung der Einhaltung der Verpflichtungen;
5. die Vorschriften zur Gewährleistung der Transparenz der betrieblichen Verfahren, insbesondere gegenüber den anderen Interessengruppen;
6. ein Überwachungsprogramm, mit dem die Einhaltung der Verpflichtung sichergestellt wird und das unter anderem die Veröffentlichung eines jährlichen Berichts beinhaltet.

(4) [1]Im Anschluss an die Entscheidung der Kommission über den Antrag führt die Bundesnetzagentur nach den §§ 10 und 11 eine koordinierte Analyse der Märkte durch, bei denen eine Verbindung zum Anschlussnetz besteht. [2]Auf der Grundlage ihrer Bewertung erlegt die Bundesnetzagentur nach § 13 Verpflichtungen auf, behält Verpflichtungen bei, ändert sie oder hebt sie auf.

(5) Einem Unternehmen, dem die funktionelle Trennung auferlegt wurde, kann auf jedem Einzelmarkt, auf dem es als Unternehmen mit beträchtlicher Marktmacht nach § 11 eingestuft wurde, jede der Verpflichtungen nach den §§ 19, 20, 21, 23, 24, 30, 39 oder § 42 Absatz 4 Satz 3 auferlegt werden.

§ 41 Freiwillige Trennung durch ein vertikal integriertes Unternehmen[1)]

(1) [1]Unternehmen, die nach § 11 auf einem oder mehreren relevanten Märkten als Unternehmen mit beträchtlicher Marktmacht eingestuft wurden, unterrichten die Bundesnetzagentur im Voraus und so rechtzeitig, dass sie die Wirkung der geplanten Transaktion einschätzen kann, von ihrer Absicht, die Anlagen ihres Ortsanschlussnetzes ganz oder zu einem großen Teil auf eine eigene Rechtsperson mit einem anderen Eigentümer zu übertragen oder einen getrennten Geschäftsbereich einzurichten, um allen Anbietern auf der Endkundenebene, einschließlich der eigenen im Endkundenbereich tätigen Unternehmensbereiche, völlig gleichwertige Zugangsprodukte zu liefern. [2]Die Unternehmen unterrichten die Bundesnetzagentur auch über alle Änderungen dieser Absicht sowie über das Ergebnis des Trennungsprozesses.

(2) [1]Die Bundesnetzagentur prüft die möglichen Folgen der beabsichtigten Transaktion auf die bestehenden Verpflichtungen nach den Abschnitten 2 und 3. [2]Hierzu führt sie entsprechend dem Verfahren des § 11 eine koordinierte Analyse der Märkte durch, bei denen eine Verbindung zum Anschlussnetz besteht. [3]Auf der Grundlage ihrer Bewertung erlegt die Bundesnetzagentur nach § 13 Verpflichtungen auf, behält Verpflichtungen bei, ändert sie oder hebt sie auf.

(3) Dem rechtlich oder betrieblich getrennten Geschäftsbereich kann auf jedem Einzelmarkt, auf dem er als Unternehmen mit beträchtlicher Marktmacht nach § 11 eingestuft wurde, jede der Verpflichtungen nach den §§ 19, 20, 21, 23, 24, 30, 39 oder § 42 Absatz 4 Satz 3 auferlegt werden.

§ 41a (weggefallen)[2)]

1) **Anm. d. Red.:** § 41 i. d. F. des Gesetzes v. 3. 5. 2012 (BGBl I S. 958) mit Wirkung v. 10. 5. 2012.

2) **Anm. d. Red.:** § 41a weggefallen gem. Gesetz v. 27. 6. 2017 (BGBl I S. 1963) mit Wirkung v. 4. 7. 2017.

§ 41b Anschluss von Telekommunikationsendeinrichtungen[1)]

(1) [1]Die Betreiber öffentlicher Telekommunikationsnetze und die Anbieter von öffentlich zugänglichen Telekommunikationsdiensten dürfen den Anschluss von Telekommunikationsendeinrichtungen an das öffentliche Telekommunikationsnetz nicht verweigern, wenn die Telekommunikationsendeinrichtungen die grundlegenden Anforderungen nach der Richtlinie 2014/30/EU des Europäischen Parlaments und des Rates vom 26. Februar 2014 zur Harmonisierung der Rechtsvorschriften der Mitgliedstaaten über die elektromagnetische Verträglichkeit (ABl L 96 vom 29. 3. 2014, S. 79) erfüllen. [2]Sie können dem Teilnehmer Telekommunikationsendeinrichtungen überlassen, dürfen aber deren Anschluss und Nutzung nicht zwingend vorschreiben. [3]Notwendige Zugangsdaten und Informationen für den Anschluss von Telekommunikationsendeinrichtungen und die Nutzung der Telekommunikationsdienste haben sie dem Teilnehmer in Textform unaufgefordert und kostenfrei bei Vertragsschluss zur Verfügung zu stellen.

(2) Wer Telekommunikationsendeinrichtungen an öffentlichen Telekommunikationsnetzen betreiben will, hat für deren fachgerechten Anschluss Sorge zu tragen.

(3) [1]Verursacht ein Gerät, dessen Konformität mit den Anforderungen des § 4 des Gesetzes über die elektromagnetische Verträglichkeit von Betriebsmitteln bescheinigt wurde, ernsthafte Schäden an einem Netz oder schädliche Störungen beim Netzbetrieb oder funktechnische Störungen, so kann die Bundesnetzagentur dem Betreiber öffentlicher Telekommunikationsnetze gestatten, für dieses Gerät den Anschluss zu verweigern, die Verbindung aufzuheben oder den Dienst einzustellen. [2]Die Bundesnetzagentur teilt dem Bundesministerium für Wirtschaft und Energie die von ihr getroffenen Maßnahmen mit.

(4) Der Betreiber öffentlicher Telekommunikationsnetze kann eine Telekommunikationsendeinrichtung im Notfall ohne vorherige Erlaubnis nur dann vom Netz abtrennen, wenn

1. der Schutz des Netzes die unverzügliche Abschaltung des Geräts erfordert und
2. dem Benutzer unverzüglich und für ihn kostenfrei eine alternative Lösung angeboten werden kann.

(5) Der Betreiber öffentlicher Telekommunikationsnetze unterrichtet unverzüglich die Bundesnetzagentur über die Trennung einer Telekommunikationsendeinrichtung vom Netz.

(6) Die Bundesnetzagentur ergreift gegenüber Betreibern öffentlicher Telekommunikationsnetze, die

1. eine Anschaltung von Telekommunikationsendeinrichtungen an ihre Netze verweigern oder
2. angeschaltete Telekommunikationsendeinrichtungen vom Netz genommen haben, ohne dass die Voraussetzungen des Absatzes 3 oder 4 vorgelegen haben,

die erforderlichen Maßnahmen, um den Anschluss dieser Telekommunikationsendeinrichtungen zu gewährleisten.

§ 41c Schnittstellenbeschreibungen der Betreiber öffentlicher Telekommunikationsnetze[2)]

(1) [1]Betreiber öffentlicher Telekommunikationsnetze sind verpflichtet,

1. angemessene und genaue technische Beschreibungen ihrer Netzzugangsschnittstellen bereitzustellen und zu veröffentlichen sowie der Bundesnetzagentur unmittelbar mitzuteilen und
2. regelmäßig alle aktualisierten Beschreibungen dieser Netzzugangsschnittstellen zu veröffentlichen und der Bundesnetzagentur unmittelbar mitzuteilen.

[2]Die Verpflichtung des Satzes 1 Nummer 1 gilt auch für jede technische Änderung einer vorhandenen Schnittstelle.

---

1) **Anm. d. Red.:** § 41b eingefügt gem. Gesetz v. 27. 6. 2017 (BGBl I S. 1947) mit Wirkung v. 4. 7. 2017.

2) **Anm. d. Red.:** § 41c eingefügt gem. Gesetz v. 27. 6. 2017 (BGBl I S. 1947) mit Wirkung v. 4. 7. 2017.

(2) [1]Die Schnittstellenbeschreibungen müssen hinreichend detailliert sein, um den Entwurf von Telekommunikationsendeinrichtungen zu ermöglichen, die zur Nutzung aller über die entsprechende Schnittstelle erbrachten Dienste in der Lage sind. [2]Der Verwendungszweck der Schnittstellen muss angegeben werden. [3]Die Schnittstellenbeschreibungen müssen alle Informationen enthalten, damit die Hersteller die jeweiligen Prüfungen in Bezug auf die schnittstellenrelevanten grundlegenden Anforderungen, die für die jeweilige Telekommunikationsendeinrichtung gelten, nach eigener Wahl durchführen können.

(3) [1]Die Pflicht zur Veröffentlichung nach Absatz 1 ist erfüllt, wenn die Angaben im Amtsblatt der Bundesnetzagentur veröffentlicht werden. [2]Erfolgt die Veröffentlichung an anderer Stelle, hat der Betreiber öffentlicher Telekommunikationsnetze die Fundstelle umgehend der Bundesnetzagentur mitzuteilen. [3]In diesem Fall veröffentlicht die Bundesnetzagentur die Fundstelle in ihrem Amtsblatt.

(4) [1]Ist die Veröffentlichung der gesamten Schnittstellenspezifikationen auf Grund des Umfangs nicht zumutbar, so ist es ausreichend, eine Mitteilung zu veröffentlichen, die zumindest über Art und Verwendungszweck der Schnittstelle Auskunft gibt und einen Hinweis auf Bezugsmöglichkeiten der umfassenden Schnittstellenspezifikationen enthält. [2]Der Betreiber öffentlicher Telekommunikationsnetze stellt sicher, dass die Schnittstellenspezifikationen nach Anforderung unverzüglich an den Interessenten abgegeben werden und die Interessenten weder zeitlich noch inhaltlich noch hinsichtlich der Kosten für den Bezug der Schnittstellenspezifikation ungleich behandelt werden. [3]Ein für den Bezug von Schnittstellenspezifikationen erhobenes Entgelt darf nur in Höhe der hierdurch verursachten besonderen Kosten erhoben werden.

(5) Der Betreiber öffentlicher Telekommunikationsnetze darf Leistungen, die über die nach Absatz 1 veröffentlichten Schnittstellen bereitgestellt werden sollen, nur anbieten, wenn zuvor die Schnittstellenbeschreibung oder die Fundstelle der Schnittstellenbeschreibung im Amtsblatt der Bundesnetzagentur veröffentlicht worden ist.

Abschnitt 5: Besondere Missbrauchsaufsicht

§ 42 Missbräuchliches Verhalten eines Unternehmens mit beträchtlicher Marktmacht[1)]

(1) [1]Ein Anbieter von Telekommunikationsdiensten, von Leistungen nach § 78 Absatz 2 Nummer 4 und 5 oder von telekommunikationsgestützten Diensten, der über beträchtliche Marktmacht verfügt, oder ein Betreiber eines öffentlichen Telekommunikationsnetzes, der über beträchtliche Marktmacht verfügt, darf seine Stellung nicht missbräuchlich ausnutzen. [2]Ein Missbrauch liegt insbesondere vor, wenn andere Unternehmen unmittelbar oder mittelbar unbillig behindert oder deren Wettbewerbsmöglichkeiten ohne sachlich gerechtfertigten Grund erheblich beeinträchtigt werden.

(2) Ein Missbrauch im Sinne des Absatzes 1 wird vermutet, wenn ein Unternehmen mit beträchtlicher Marktmacht sich selbst, seinen Tochter- oder Partnerunternehmen den Zugang zu seinen intern genutzten oder zu seinen am Markt angebotenen Leistungen zu günstigeren Bedingungen oder zu einer besseren Qualität ermöglicht, als es sie anderen Unternehmen bei der Nutzung der Leistung für deren Telekommunikationsdienste oder mit diesen in Zusammenhang stehenden Diensten einräumt, es sei denn, das Unternehmen weist Tatsachen nach, die die Einräumung ungünstigerer Bedingungen sachlich rechtfertigen.

(3) Ein Missbrauch im Sinne des Absatzes 1 wird auch dann vermutet, wenn ein Betreiber eines öffentlichen Telekommunikationsnetzes mit beträchtlicher Marktmacht seiner Verpflichtung aus § 22 Abs. 1 nicht nachkommt, indem die Bearbeitung von Zugangsanträgen ohne sachlichen Grund verzögert wird.

1) **Anm. d. Red.:** § 42 i. d. F. des Gesetzes v. 3. 5. 2012 (BGBl I S. 958) mit Wirkung v. 10. 5. 2012.

(4) [1]Auf Antrag oder von Amts wegen trifft die Bundesnetzagentur eine Entscheidung, um die missbräuchliche Ausnutzung einer marktmächtigen Stellung zu beenden. [2]Dazu kann sie dem Unternehmen, das seine marktmächtige Stellung missbräuchlich ausnutzt, ein Verhalten auferlegen oder untersagen oder Verträge ganz oder teilweise für unwirksam erklären. [3]Die Sätze 1 und 2 gelten entsprechend, wenn Tatsachen vorliegen, die die Annahme rechtfertigen, dass ein Unternehmen seine marktmächtige Stellung auf Endkundenmärkten missbräuchlich auszunutzen droht. [4]Eine solche Entscheidung soll in der Regel innerhalb einer Frist von vier Monaten nach Einleitung des Verfahrens getroffen werden. [5]Bei einer Antragstellung nach Satz 1 ist der Eingang des Antrags der Fristbeginn. [6]Den Antrag nach Satz 1 kann jeder Anbieter von Telekommunikationsdiensten stellen, der geltend macht, in eigenen Rechten verletzt zu sein.

§ 43 Vorteilsabschöpfung durch die Bundesnetzagentur[1)]

(1) Hat ein Unternehmen gegen eine Verfügung der Bundesnetzagentur nach § 42 Abs. 4 oder vorsätzlich oder fahrlässig gegen eine Vorschrift dieses Gesetzes verstoßen und dadurch einen wirtschaftlichen Vorteil erlangt, soll die Bundesnetzagentur die Abschöpfung des wirtschaftlichen Vorteils anordnen und dem Unternehmen die Zahlung eines entsprechenden Geldbetrags auferlegen.

(2) [1]Absatz 1 gilt nicht, sofern der wirtschaftliche Vorteil durch Schadensersatzleistungen oder durch die Verhängung oder die Anordnung der Einziehung von Taterträgen ausgeglichen ist. [2]Soweit das Unternehmen Leistungen nach Satz 1 erst nach der Vorteilsabschöpfung erbringt, ist der abgeführte Geldbetrag in Höhe der nachgewiesenen Zahlungen an das Unternehmen zurückzuerstatten.

(3) [1]Wäre die Durchführung einer Vorteilsabschöpfung eine unbillige Härte, soll die Anordnung auf einen angemessenen Geldbetrag beschränkt werden oder ganz unterbleiben. [2]Sie soll auch unterbleiben, wenn der wirtschaftliche Vorteil gering ist.

(4) [1]Die Höhe des wirtschaftlichen Vorteils kann geschätzt werden. [2]Der abzuführende Geldbetrag ist zahlenmäßig zu bestimmen.

(5) Die Vorteilsabschöpfung kann nur innerhalb einer Frist von fünf Jahren seit Beendigung der Zuwiderhandlung und längstens für einen Zeitraum von fünf Jahren angeordnet werden.

Teil 3: Kundenschutz

§ 43a Verträge[2)]

(1) [1]Anbieter von öffentlich zugänglichen Telekommunikationsdiensten müssen dem Verbraucher und auf Verlangen anderen Endnutzern im Vertrag in klarer, umfassender und leicht zugänglicher Form folgende Informationen zur Verfügung stellen:

1. den Namen und die ladungsfähige Anschrift; ist der Anbieter eine juristische Person auch die Rechtsform, den Sitz und das zuständige Registergericht,
2. die Art und die wichtigsten technischen Leistungsdaten der angebotenen Telekommunikationsdienste, insbesondere diejenigen gemäß Absatz 2 und Absatz 3 Satz 1,
3. die voraussichtliche Dauer bis zur Bereitstellung eines Anschlusses,
4. die angebotenen Wartungs- und Kundendienste sowie die Möglichkeiten zur Kontaktaufnahme mit diesen Diensten,
5. Einzelheiten zu den Preisen der angebotenen Telekommunikationsdienste,
6. die Fundstelle eines allgemein zugänglichen, vollständigen und gültigen Preisverzeichnisses des Anbieters von öffentlich zugänglichen Telekommunikationsdiensten,

---

1) **Anm. d. Red.:** § 43 i. d. F. des Gesetzes v. 13. 4. 2017 (BGBl I S. 872) mit Wirkung v. 1. 7. 2017.

2) **Anm. d. Red.:** § 43a i. d. F. des Gesetzes v. 27. 6. 2017 (BGBl I S. 1963) mit Wirkung v. 4. 7. 2017.

7. die Vertragslaufzeit, einschließlich des Mindestumfangs und der Mindestdauer der Nutzung, die gegebenenfalls erforderlich sind, um Angebote im Rahmen von Werbemaßnahmen nutzen zu können,
8. die Voraussetzungen für die Verlängerung und Beendigung des Bezuges einzelner Dienste und des gesamten Vertragsverhältnisses, einschließlich der Voraussetzungen für einen Anbieterwechsel nach § 46, die Entgelte für die Übertragung von Nummern und anderen Teilnehmerkennungen sowie die bei Beendigung des Vertragsverhältnisses fälligen Entgelte einschließlich einer Kostenanlastung für Endeinrichtungen,
9. etwaige Entschädigungs- und Erstattungsregelungen für den Fall, dass der Anbieter die wichtigsten technischen Leistungsdaten der zu erbringenden Dienste nicht eingehalten hat,
10. die erforderlichen Schritte zur Einleitung eines außergerichtlichen Streitbeilegungsverfahrens nach § 47a,
11. den Anspruch des Teilnehmers auf Aufnahme seiner Daten in ein öffentliches Teilnehmerverzeichnis nach § 45m,
12. die Arten von Maßnahmen, mit denen das Unternehmen auf Sicherheits- oder Integritätsverletzungen oder auf Bedrohungen und Schwachstellen reagieren kann,
13. den Anspruch auf Sperrung bestimmter Rufnummernbereiche nach § 45d Absatz 2 Satz 1 und
14. den Anspruch auf Sperrung der Inanspruchnahme und Abrechnung von neben der Verbindung erbrachten Leistungen über den Mobilfunkanschluss nach § 45d Absatz 3.

[2]Anbieter öffentlicher Telekommunikationsnetze sind dazu verpflichtet, Anbietern öffentlich zugänglicher Telekommunikationsdienste die für die Sicherstellung der in Satz 1 genannten Informationspflichten benötigten Informationen zur Verfügung zu stellen, wenn ausschließlich die Anbieter von öffentlichen Telekommunikationsnetzen darüber verfügen.

TKG

(2) Zu den Informationen nach Absatz 1 Nummer 2 gehören

1. Informationen darüber, ob der Zugang zu Notdiensten mit Angaben zum Anruferstandort besteht oder nicht, und über alle Beschränkungen von Notdiensten,
2. Informationen über alle Einschränkungen im Hinblick auf den Zugang zu und die Nutzung von Diensten und Anwendungen,
3. das angebotene Mindestniveau der Dienstqualität und gegebenenfalls anderer nach § 41a festgelegter Parameter für die Dienstqualität,
4. Informationen über alle vom Unternehmen zur Messung und Kontrolle des Datenverkehrs eingerichteten Verfahren, um eine Kapazitätsauslastung oder Überlastung einer Netzverbindung zu vermeiden, und Informationen über die möglichen Auswirkungen dieser Verfahren auf die Dienstqualität und
5. alle vom Anbieter auferlegten Beschränkungen für die Nutzung der von ihm zur Verfügung gestellten Endeinrichtungen.

(3) [1]Die Einzelheiten darüber, welche Angaben in der Regel mindestens nach Absatz 2 erforderlich sind, kann die Bundesnetzagentur nach Beteiligung der betroffenen Verbände und der Unternehmen durch Verfügung im Amtsblatt festlegen. [2]Hierzu kann die Bundesnetzagentur die Anbieter öffentlich zugänglicher Telekommunikationsdienste oder die Anbieter öffentlicher Telekommunikationsnetze verpflichten, Erhebungen zum tatsächlichen Mindestniveau der Dienstqualität anzustellen, eigene Messungen anstellen oder Hilfsmittel entwickeln, die es dem Teilnehmer ermöglichen, eigenständige Messungen anzustellen. [3]Die Bundesnetzagentur veröffentlicht jährlich einen Bericht über ihre Erhebungen und Erkenntnisse, in dem insbesondere dargestellt wird,

1. inwiefern die Anbieter von öffentlich zugänglichen Telekommunikationsdiensten die Informationen zur Verfügung stellen, die nach Absatz 2 und nach Artikel 4 Absatz 1 der Verordnung (EU) 2015/2120 des Europäischen Parlaments und des Rates vom 25. November 2015

über Maßnahmen zum Zugang zum offenen Internet und zur Änderung der Richtlinie 2002/22/EG über den Universaldienst und Nutzerrechte bei elektronischen Kommunikationsnetzen und -diensten sowie der Verordnung (EU) Nr. 531/2012 über das Roaming in öffentlichen Mobilfunknetzen in der Union (ABl L 310 vom 26. 11. 2015, S. 1) erforderlich sind,

2. inwiefern erhebliche, kontinuierliche oder regelmäßig wiederkehrende Abweichungen zwischen der nach Satz 2 gemessenen Dienstqualität und den nach Artikel 4 Absatz 1 Unterabsatz 1 Buchstabe d der Verordnung (EU) 2015/2120 im Vertrag enthaltenen Angaben festgestellt wurden und
3. inwiefern Anforderungen und Maßnahmen nach Artikel 5 Absatz 1 Unterabsatz 1 Satz 2 der Verordnung (EU) 2015/2120 notwendig und wirksam sind.

[4]Ferner kann die Bundesnetzagentur das Format der Mitteilung über Vertragsänderungen und die anzugebende Information über das Widerrufsrecht festlegen, soweit nicht bereits vergleichbare Regelungen bestehen.

§ 43b Vertragslaufzeit[1)]

[1]Die anfängliche Mindestlaufzeit eines Vertrages zwischen einem Verbraucher und einem Anbieter von öffentlich zugänglichen Telekommunikationsdiensten darf 24 Monate nicht überschreiten. [2]Anbieter von öffentlich zugänglichen Telekommunikationsdiensten sind verpflichtet, einem Teilnehmer zu ermöglichen, einen Vertrag mit einer Höchstlaufzeit von zwölf Monaten abzuschließen.

§ 44 Anspruch auf Schadensersatz und Unterlassung[2)]

(1) [1]Ein Unternehmen, das gegen dieses Gesetz, eine auf Grund dieses Gesetzes erlassene Rechtsverordnung, eine auf Grund dieses Gesetzes in einer Zuteilung auferlegte Verpflichtung oder eine Verfügung der Bundesnetzagentur verstößt, ist dem Betroffenen zur Beseitigung und bei Wiederholungsgefahr zur Unterlassung verpflichtet. [2]Der Anspruch besteht bereits dann, wenn eine Zuwiderhandlung droht. [3]Betroffen ist, wer als Endverbraucher oder Wettbewerber durch den Verstoß beeinträchtigt ist. [4]Fällt dem Unternehmen Vorsatz oder Fahrlässigkeit zur Last, ist es einem Endverbraucher oder einem Wettbewerber auch zum Ersatz des Schadens verpflichtet, der ihm aus dem Verstoß entstanden ist. [5]Geldschulden nach Satz 4 hat das Unternehmen ab Eintritt des Schadens zu verzinsen. [6]Die §§ 288 und 289 Satz 1 des Bürgerlichen Gesetzbuchs finden entsprechende Anwendung.

(2) [1]Wer in anderer Weise als durch Verwendung oder Empfehlung von Allgemeinen Geschäftsbedingungen gegen Vorschriften dieses Gesetzes oder Vorschriften einer auf Grund dieses Gesetzes erlassenen Rechtsverordnung verstößt, die dem Schutz der Verbraucher dienen, kann im Interesse des Verbraucherschutzes von den in § 3 des Unterlassungsklagengesetzes genannten Stellen in Anspruch genommen werden. [2]Werden die Zuwiderhandlungen in einem geschäftlichen Betrieb von einem Angestellten oder einem Beauftragten begangen, so ist der Unterlassungsanspruch auch gegen den Inhaber des Betriebes begründet. [3]Im Übrigen bleibt das Unterlassungsklagengesetz unberührt.

§ 44a Haftung[3)]

[1]Soweit eine Verpflichtung des Anbieters von öffentlich zugänglichen Telekommunikationsdiensten zum Ersatz eines Vermögensschadens gegenüber einem Endnutzer besteht und nicht auf Vorsatz beruht, ist die Haftung auf höchstens 12 500 Euro je Endnutzer begrenzt. [2]Entsteht die Schadenersatzpflicht durch eine einheitliche Handlung oder ein einheitliches Schaden verursachendes Ereignis gegenüber mehreren Endnutzern und beruht dies nicht auf Vorsatz, so ist

1) **Anm. d. Red.:** § 43b eingefügt gem. Gesetz v. 3. 5. 2012 (BGBl I S. 958) mit Wirkung v. 10. 5. 2012.
2) **Anm. d. Red.:** § 44 i. d. F. des Gesetzes v. 18. 2. 2007 (BGBl I S. 106) mit Wirkung v. 24. 2. 2007.
3) **Anm. d. Red.:** § 44a i. d. F. des Gesetzes v. 3. 5. 2012 (BGBl I S. 958) mit Wirkung v. 10. 5. 2012.

die Schadenersatzpflicht unbeschadet der Begrenzung in Satz 1 in der Summe auf höchstens 10 Millionen Euro begrenzt. [3]Übersteigen die Entschädigungen, die mehreren Geschädigten auf Grund desselben Ereignisses zu leisten sind, die Höchstgrenze, so wird der Schadenersatz in dem Verhältnis gekürzt, in dem die Summe aller Schadenersatzansprüche zur Höchstgrenze steht. [4]Die Haftungsbegrenzung nach den Sätzen 1 bis 3 gilt nicht für Ansprüche auf Ersatz des Schadens, der durch den Verzug der Zahlung von Schadenersatz entsteht. [5]Abweichend von den Sätzen 1 bis 3 kann die Höhe der Haftung gegenüber Endnutzern, die keine Verbraucher sind, durch einzelvertragliche Vereinbarung geregelt werden.

§ 45 Berücksichtigung der Interessen behinderter Endnutzer[1)]

(1) [1]Die Interessen behinderter Endnutzer sind von den Anbietern öffentlich zugänglicher Telekommunikationsdienste bei der Planung und Erbringung der Dienste zu berücksichtigen. [2]Es ist ein Zugang zu ermöglichen, der dem Zugang gleichwertig ist, über den die Mehrheit der Endnutzer verfügt. [3]Der Zugang zu den Telekommunikationsdiensten muss behinderten Endnutzern jederzeit zur Verfügung stehen. [4]Gleiches gilt für die Auswahl an Unternehmen und Diensten.

(2) [1]Nach Anhörung der betroffenen Verbände und der Unternehmen kann die Bundesnetzagentur den allgemeinen Bedarf nach Absatz 1 feststellen, der sich aus den Bedürfnissen der behinderten Endnutzer ergibt. [2]Zur Sicherstellung des Dienstes sowie der Dienstemerkmale ist die Bundesnetzagentur befugt, den Unternehmen Verpflichtungen aufzuerlegen. [3]Die Bundesnetzagentur kann von solchen Verpflichtungen absehen, wenn eine Anhörung der betroffenen Kreise ergibt, dass diese Dienstemerkmale oder vergleichbare Dienste als weithin verfügbar erachtet werden.

(3) [1]Die Anbieter öffentlich zugänglicher Telefondienste stellen jederzeit verfügbare Vermittlungsdienste für gehörlose und hörgeschädigte Endnutzer zu einem erschwinglichen Preis unter Berücksichtigung ihrer besonderen Bedürfnisse bereit. [2]Die Bundesnetzagentur ermittelt den Bedarf für diese Vermittlungsdienste unter Beteiligung der betroffenen Verbände und der Unternehmen. [3]Soweit Unternehmen keinen bedarfsgerechten Vermittlungsdienst bereitstellen, beauftragt die Bundesnetzagentur einen Leistungserbringer mit der Bereitstellung eines Vermittlungsdienstes zu einem erschwinglichen Preis. [4]Die mit dieser Bereitstellung nicht durch die vom Nutzer zu zahlenden Entgelte gedeckten Kosten tragen die Unternehmen, die keinen bedarfsgerechten Vermittlungsdienst bereitstellen. [5]Der jeweils von einem Unternehmen zu tragende Anteil an diesen Kosten bemisst sich nach dem Verhältnis des Anteils der vom jeweiligen Unternehmen erbrachten abgehenden Verbindungen zum Gesamtvolumen der von allen zahlungspflichtigen Unternehmen erbrachten abgehenden Verbindungen und wird von der Bundesnetzagentur festgesetzt. [6]Die Zahlungspflicht entfällt für Unternehmen, die weniger als 0,5 Prozent des Gesamtvolumens der abgehenden Verbindungen erbracht haben; der auf diese Unternehmen entfallende Teil der Kosten wird von den übrigen Unternehmen nach Maßgabe des Satzes 5 getragen. [7]Die Bundesnetzagentur legt die Einzelheiten des Verfahrens durch Verfügung fest.

TKG

§ 45a Nutzung von Grundstücken[2)]

(1) Ein Anbieter von öffentlich zugänglichen Telekommunikationsdiensten, der einen Zugang zu einem öffentlichen Telekommunikationsnetz anbietet, darf den Vertrag mit dem Teilnehmer ohne Einhaltung einer Frist kündigen, wenn der Teilnehmer auf Verlangen des Anbieters nicht innerhalb eines Monats den Antrag des dinglich Berechtigten auf Abschluss eines Vertrags zu einer Nutzung des Grundstücks nach der Anlage zu diesem Gesetz (Nutzungsvertrag) vorlegt oder der dinglich Berechtigte den Nutzungsvertrag kündigt.

(2) Sind der Antrag fristgerecht vorgelegt und ein früherer Nutzungsvertrag nicht gekündigt worden, darf der Teilnehmer den Vertrag ohne Einhaltung einer Frist kündigen, wenn der Anbie-

1) **Anm. d. Red.:** § 45 i. d. F. des Gesetzes v. 27. 6. 2017 (BGBl I S. 1963) mit Wirkung v. 4. 7. 2017.

2) **Anm. d. Red.:** § 45a i. d. F. des Gesetzes v. 3. 5. 2012 (BGBl I S. 958) mit Wirkung v. 10. 5. 2012.

ter von öffentlich zugänglichen Telekommunikationsdiensten den Antrag des Eigentümers auf Abschluss eines Nutzungsvertrags diesem gegenüber nicht innerhalb eines Monats durch Übersendung des von ihm unterschriebenen Vertrags annimmt.

(3) [1]Sofern der Eigentümer keinen weiteren Nutzungsvertrag geschlossen hat und eine Mitbenutzung vorhandener Leitungen und Vorrichtungen des Anbieters von öffentlich zugänglichen Telekommunikationsdiensten durch einen weiteren Anbieter nicht die vertragsgemäße Erfüllung der Verpflichtungen des Anbieters gefährdet oder beeinträchtigt, hat der aus dem Nutzungsvertrag berechtigte Anbieter einem anderen Anbieter auf Verlangen die Mitbenutzung der auf dem Grundstück und in den darauf befindlichen Gebäuden verlegten Leitungen und angebrachten Vorrichtungen des Anbieters zu gewähren. [2]Der Anbieter darf für die Mitbenutzung ein Entgelt erheben, das sich an den Kosten der effizienten Leistungsbereitstellung orientiert.

(4) Geht das Eigentum des Grundstücks auf einen Dritten über, gilt § 566 des Bürgerlichen Gesetzbuchs entsprechend.

§ 45b Entstörungsdienst[1)]

Der Teilnehmer kann von einem Anbieter eines öffentlich zugänglichen Telefondienstes verlangen, dass dieser einer Störung unverzüglich, auch nachts und an Sonn- und Feiertagen, nachgeht, wenn der Anbieter von öffentlich zugänglichen Telekommunikationsdiensten über beträchtliche Marktmacht verfügt.

§ 45c Normgerechte technische Dienstleistung[2)]

(1) Der Anbieter von öffentlich zugänglichen Telekommunikationsdiensten ist gegenüber dem Teilnehmer verpflichtet, die nach Artikel 17 Absatz 4 der Richtlinie 2002/21/EG verbindlich geltenden Normen für und die technischen Anforderungen an die Bereitstellung von Telekommunikation für Endnutzer einzuhalten.

(2) Die Bundesnetzagentur soll auf die verbindlichen Normen und technischen Anforderungen in Veröffentlichungen hinweisen.

§ 45d Netzzugang[3)4)]

(1) [1]Der Zugang zu öffentlichen Telekommunikationsnetzen an festen Standorten ist an einer mit dem Teilnehmer zu vereinbarenden, geeigneten Stelle zu installieren. [2]Dieser Zugang ist ein passiver Netzabschlusspunkt; das öffentliche Telekommunikationsnetz endet am passiven Netzabschlusspunkt.

(2) [1]Der Teilnehmer kann von dem Anbieter öffentlich zugänglicher Telefondienste und von dem Anbieter des Anschlusses an das öffentliche Telekommunikationsnetz verlangen, dass die Nutzung seines Netzzugangs für bestimmte Rufnummernbereiche im Sinne von § 3 Nummer 18a unentgeltlich netzseitig gesperrt wird, soweit dies technisch möglich ist. [2]Die Freischaltung der gesperrten Rufnummernbereiche kann kostenpflichtig sein.

(3) Der Teilnehmer kann von dem Anbieter öffentlich zugänglicher Mobilfunkdienste und von dem Anbieter des Anschlusses an das öffentliche Mobilfunknetz verlangen, dass die Identifizierung seines Mobilfunkanschlusses zur Inanspruchnahme und Abrechnung einer neben der Verbindung erbrachten Leistung unentgeltlich netzseitig gesperrt wird.

---

1) **Anm. d. Red.:** § 45b i. d. F. des Gesetzes v. 3. 5. 2012 (BGBl I S. 958) mit Wirkung v. 10. 5. 2012.

2) **Anm. d. Red.:** § 45c i. d. F. des Gesetzes v. 3. 5. 2012 (BGBl I S. 958) mit Wirkung v. 10. 5. 2012.

3) **Anm. d. Red.:** § 45d i. d. F. des Gesetzes v. 27. 6. 2017 (BGBl I S. 1963) mit Wirkung v. 4. 7. 2017.

4) **Anm. d. Red.:** Gem. Art. 5 Abs. 2 Gesetz v. 3.5.2012 (BGBl I S. 958) i.V. mit Berichtigung v. 8.8.2012 (BGBl I S. 1717) ist § 45d Abs. 2 mit Inkrafttreten einer Rechtsverordnung nach § 45n Abs. 1 i.V. mit Abs. 6 Nr. 1 und § 45d Abs. 3 mit Inkrafttreten einer Rechtsverordnung nach § 45n Abs. 1 i.V. mit Abs. 6 Nr. 2 nicht mehr anzuwenden.

(4) [1]Die Bundesnetzagentur legt nach Anhörung der betroffenen Unternehmen, Fachkreise und Verbraucherverbände Verfahren fest, die die Anbieter öffentlich zugänglicher Mobilfunkdienste und die Anbieter des Anschlusses an das öffentliche Mobilfunknetz anwenden müssen, um die Identifizierung eines Mobilfunkanschlusses zur Inanspruchnahme und Abrechnung einer neben der Verbindung erbrachten Leistung zu nutzen. [2]Diese Verfahren sollen den Teilnehmer wirksam davor schützen, dass eine neben der Verbindung erbrachte Leistung gegen seinen Willen in Anspruch genommen und abgerechnet wird. [3]Die Bundesnetzagentur veröffentlicht die Verfahren und überprüft sie in regelmäßigen Abständen auf ihre Wirksamkeit.

§ 45e Anspruch auf Einzelverbindungsnachweis[1)]

(1) [1]Der Teilnehmer kann von dem Anbieter von öffentlich zugänglichen Telekommunikationsdiensten jederzeit mit Wirkung für die Zukunft eine nach Einzelverbindungen aufgeschlüsselte Rechnung (Einzelverbindungsnachweis) verlangen, die zumindest die Angaben enthält, die für eine Nachprüfung der Teilbeträge der Rechnung erforderlich sind. [2]Dies gilt nicht, soweit technische Hindernisse der Erteilung von Einzelverbindungsnachweisen entgegenstehen oder wegen der Art der Leistung eine Rechnung grundsätzlich nicht erteilt wird. [3]Die Rechtsvorschriften zum Schutz personenbezogener Daten bleiben unberührt.

(2) [1]Die Einzelheiten darüber, welche Angaben in der Regel mindestens für einen Einzelverbindungsnachweis nach Absatz 1 Satz 1 erforderlich und in welcher Form diese Angaben jeweils mindestens zu erteilen sind, kann die Bundesnetzagentur durch Verfügung im Amtsblatt festlegen. [2]Der Teilnehmer kann einen auf diese Festlegungen beschränkten Einzelverbindungsnachweis verlangen, für den kein Entgelt erhoben werden darf.

§ 45f Vorausbezahlte Leistung[2)]

[1]Der Teilnehmer muss die Möglichkeit haben, auf Vorauszahlungsbasis Zugang zum öffentlichen Telekommunikationsnetz zu erhalten oder öffentlich zugängliche Telefondienste in Anspruch nehmen zu können. [2]Die Einzelheiten kann die Bundesnetzagentur durch Verfügung im Amtsblatt festlegen. [3]Für den Fall, dass eine entsprechende Leistung nicht angeboten wird, schreibt die Bundesnetzagentur die Leistung aus. [4]Für das Verfahren gilt § 81 Abs. 2, 4 und 5 entsprechend.

TKG

§ 45g Verbindungspreisberechnung[3)]

(1) Bei der Abrechnung ist der Anbieter von öffentlich zugänglichen Telekommunikationsdiensten verpflichtet,

1. die Dauer und den Zeitpunkt zeitabhängig tarifierter Verbindungen von öffentlich zugänglichen Telekommunikationsdiensten unter regelmäßiger Abgleichung mit einem amtlichen Zeitnormal zu ermitteln,
2. die für die Tarifierung relevanten Entfernungszonen zu ermitteln,
3. die übertragene Datenmenge bei volumenabhängig tarifierten Verbindungen von öffentlich zugänglichen Telekommunikationsdiensten nach einem nach Absatz 3 vorgegebenen Verfahren zu ermitteln und
4. die Systeme, Verfahren und technischen Einrichtungen, mit denen auf der Grundlage der ermittelten Verbindungsdaten die Entgeltforderungen berechnet werden, einer regelmäßigen Kontrolle auf Abrechnungsgenauigkeit und Übereinstimmung mit den vertraglich vereinbarten Entgelten zu unterziehen.

(2) [1]Die Voraussetzungen nach Absatz 1 Nr. 1, 2 und 3 sowie Abrechnungsgenauigkeit und Entgeltrichtigkeit der Datenverarbeitungseinrichtungen nach Absatz 1 Nr. 4 sind durch ein Qua-

1) **Anm. d. Red.:** § 45e i. d. F. des Gesetzes v. 3. 5. 2012 (BGBl I S. 958) mit Wirkung v. 10. 5. 2012.
2) **Anm. d. Red.:** § 45f i. d. F. des Gesetzes v. 3. 5. 2012 (BGBl I S. 958) mit Wirkung v. 10. 5. 2012.
3) **Anm. d. Red.:** § 45g i. d. F. des Gesetzes v. 3. 5. 2012 (BGBl I S. 958) mit Wirkung v. 10. 5. 2012.

litätssicherungssystem sicherzustellen oder einmal jährlich durch öffentlich bestellte und vereidigte Sachverständige oder vergleichbare Stellen überprüfen zu lassen. [2]Zum Nachweis der Einhaltung dieser Bestimmung ist der Bundesnetzagentur die Prüfbescheinigung einer akkreditierten Zertifizierungsstelle für Qualitätssicherungssysteme oder das Prüfergebnis eines öffentlich bestellten und vereidigten Sachverständigen vorzulegen.

(3) Die Bundesnetzagentur legt im Benehmen mit dem Bundesamt für Sicherheit in der Informationstechnik Anforderungen an die Systeme und Verfahren zur Ermittlung des Entgelts volumenabhängig tarifierter Verbindungen nach Absatz 1 Nr. 2, 3 und 4 nach Anhörung der betroffenen Unternehmen, Fachkreise und Verbraucherverbände durch Verfügung im Amtsblatt fest.

§ 45h Rechnungsinhalt, Teilzahlungen[1)]

(1) [1]Soweit ein Anbieter von öffentlich zugänglichen Telekommunikationsdiensten dem Teilnehmer eine Rechnung stellt, die auch Entgelte für Leistungen Dritter ausweist, muss die Rechnung des Anbieters in einer hervorgehobenen und deutlich gestalteten Form Folgendes enthalten:

1. die konkrete Bezeichnung der in Rechnung gestellten Leistungen,
2. die Namen und ladungsfähigen Anschriften beteiligter Anbieter von Netzdienstleistungen,
3. einen Hinweis auf den Informationsanspruch des Teilnehmers nach § 45p,
4. die kostenfreien Kundendiensttelefonnummern der Anbieter von Netzdienstleistungen und des rechnungsstellenden Anbieters, unter denen der Teilnehmer die Informationen nach § 45p erlangen kann,
5. die Gesamthöhe der auf jeden Anbieter entfallenden Entgelte.

[2]§ 45e bleibt unberührt. [3]Zahlt der Teilnehmer den Gesamtbetrag der Rechnung an den rechnungsstellenden Anbieter, so befreit ihn diese Zahlung von der Zahlungsverpflichtung auch gegenüber den anderen auf der Rechnung aufgeführten Anbietern.

(2) Hat der Teilnehmer vor oder bei der Zahlung nichts Anderes bestimmt, so sind Teilzahlungen des Teilnehmers an den rechnungsstellenden Anbieter auf die in der Rechnung ausgewiesenen Forderungen nach ihrem Anteil an der Gesamtforderung der Rechnung zu verrechnen.

(3) Das rechnungsstellende Unternehmen muss den Rechnungsempfänger in der Rechnung darauf hinweisen, dass dieser berechtigt ist, begründete Einwendungen gegen einzelne in der Rechnung gestellte Forderungen zu erheben.

(4) (weggefallen)

(5) Die Einzelheiten darüber, welche Angaben nach Absatz 1 Satz 1 Nummer 3 auf der Rechnung mindestens für einen transparenten und nachvollziehbaren Hinweis auf den Informationsanspruch des Teilnehmers nach § 45p erforderlich sind, kann die Bundesnetzagentur durch Verfügung im Amtsblatt festlegen.

§ 45i Beanstandungen[2)]

(1) [1]Der Teilnehmer kann eine ihm von dem Anbieter von Telekommunikationsdiensten erteilte Abrechnung innerhalb einer Frist von mindestens acht Wochen nach Zugang der Rechnung beanstanden. [2]Im Falle der Beanstandung hat der Anbieter das in Rechnung gestellte Verbindungsaufkommen unter Wahrung der datenschutzrechtlichen Belange etwaiger weiterer Nutzer des Anschlusses als Entgeltnachweis nach den einzelnen Verbindungsdaten aufzuschlüsseln und eine technische Prüfung durchzuführen, es sei denn, die Beanstandung ist nachweislich nicht auf einen technischen Mangel zurückzuführen. [3]Der Teilnehmer kann innerhalb der Beanstandungsfrist verlangen, dass ihm der Entgeltnachweis und die Ergebnisse der technischen Prüfung vorgelegt werden. [4]Erfolgt eine nach Satz 3 verlangte Vorlage nicht binnen acht Wo-

1) **Anm. d. Red.:** § 45h i. d. F. des Gesetzes v. 25. 7. 2014 (BGBl I S. 1266) mit Wirkung v. 1. 1. 2015.

2) **Anm. d. Red.:** § 45i i. d. F. des Gesetzes v. 3. 5. 2012 (BGBl I S. 958) mit Wirkung v. 10. 5. 2012.

chen nach einer Beanstandung, erlöschen bis dahin entstandene Ansprüche aus Verzug; die mit der Abrechnung geltend gemachte Forderung wird mit der nach Satz 3 verlangten Vorlage fällig. [5]Die Bundesnetzagentur veröffentlicht, welche Verfahren zur Durchführung der technischen Prüfung geeignet sind.

(2) [1]Soweit aus technischen Gründen keine Verkehrsdaten gespeichert oder für den Fall, dass keine Beanstandungen erhoben wurden, gespeicherte Daten nach Verstreichen der in Absatz 1 Satz 1 geregelten oder mit dem Anbieter vereinbarten Frist oder auf Grund rechtlicher Verpflichtungen gelöscht worden sind, trifft den Anbieter weder eine Nachweispflicht für die erbrachten Verbindungsleistungen noch die Auskunftspflicht nach Absatz 1 für die Einzelverbindungen. [2]Satz 1 gilt entsprechend, soweit der Teilnehmer nach einem deutlich erkennbaren Hinweis auf die Folgen nach Satz 1 verlangt hat, dass Verkehrsdaten gelöscht oder nicht gespeichert werden.

(3) [1]Dem Anbieter von öffentlich zugänglichen Telekommunikationsdiensten obliegt der Nachweis, dass er den Telekommunikationsdienst oder den Zugang zum Telekommunikationsnetz bis zu dem Übergabepunkt, an dem dem Teilnehmer der Netzzugang bereitgestellt wird, technisch fehlerfrei erbracht hat. [2]Ergibt die technische Prüfung nach Absatz 1 Mängel, die sich auf die Berechnung des beanstandeten Entgelts zu Lasten des Teilnehmers ausgewirkt haben können, oder wird die technische Prüfung später als zwei Monate nach der Beanstandung durch den Teilnehmer abgeschlossen, wird widerleglich vermutet, dass das in Rechnung gestellte Verbindungsaufkommen des jeweiligen Anbieters von öffentlich zugänglichen Telekommunikationsdiensten unrichtig ermittelt ist.

(4) [1]Soweit der Teilnehmer nachweist, dass ihm die Inanspruchnahme von Leistungen des Anbieters nicht zugerechnet werden kann, hat der Anbieter keinen Anspruch auf Entgelt gegen den Teilnehmer. [2]Der Anspruch entfällt auch, soweit Tatsachen die Annahme rechtfertigen, dass Dritte durch unbefugte Veränderungen an öffentlichen Telekommunikationsnetzen das in Rechnung gestellte Verbindungsentgelt beeinflusst haben.

§ 45j Entgeltpflicht bei unrichtiger Ermittlung des Verbindungsaufkommens[1)]

(1) [1]Kann im Falle des § 45i Abs. 3 Satz 2 das tatsächliche Verbindungsaufkommen nicht festgestellt werden, hat der Anbieter von öffentlich zugänglichen Telekommunikationsdiensten gegen den Teilnehmer Anspruch auf den Betrag, den der Teilnehmer in den vorangegangenen sechs Abrechnungszeiträumen durchschnittlich als Entgelt für einen entsprechenden Zeitraum zu entrichten hatte. [2]Dies gilt nicht, wenn der Teilnehmer nachweist, dass er in dem Abrechnungszeitraum den Netzzugang nicht oder in geringerem Umfang als nach der Durchschnittsberechnung genutzt hat. [3]Die Sätze 1 und 2 gelten entsprechend, wenn nach den Umständen erhebliche Zweifel bleiben, ob dem Teilnehmer die Inanspruchnahme von Leistungen des Anbieters zugerechnet werden kann.

(2) [1]Soweit in der Geschäftsbeziehung zwischen Anbieter und Teilnehmer weniger als sechs Abrechnungszeiträume unbeanstandet geblieben sind, wird die Durchschnittsberechnung nach Absatz 1 auf die verbleibenden Abrechnungszeiträume gestützt. [2]Bestand in den entsprechenden Abrechnungszeiträumen eines Vorjahres bei vergleichbaren Umständen durchschnittlich eine niedrigere Entgeltforderung, tritt dieser Betrag an die Stelle des nach Satz 1 berechneten Durchschnittsbetrags.

(3) Fordert der Anbieter ein Entgelt auf der Grundlage einer Durchschnittsberechnung, so gilt das von dem Teilnehmer auf die beanstandete Forderung zu viel gezahlte Entgelt spätestens zwei Monate nach der Beanstandung als fällig.

1) **Anm. d. Red.:** § 45j i. d. F. des Gesetzes v. 3. 5. 2012 (BGBl I S. 958) mit Wirkung v. 10. 5. 2012.

§ 45k Sperre[1)]

(1) [1]Der Anbieter öffentlich zugänglicher Telefondienste darf zu erbringende Leistungen an einen Teilnehmer unbeschadet anderer gesetzlicher Vorschriften nur nach Maßgabe der Absätze 2 bis 5 und nach § 45o Satz 3 ganz oder teilweise verweigern (Sperre). [2]§ 108 Abs. 1 bleibt unberührt.

(2) [1]Wegen Zahlungsverzugs darf der Anbieter eine Sperre durchführen, wenn der Teilnehmer nach Abzug etwaiger Anzahlungen mit Zahlungsverpflichtungen von mindestens 75 Euro in Verzug ist und der Anbieter die Sperre mindestens zwei Wochen zuvor schriftlich angedroht und dabei auf die Möglichkeit des Teilnehmers, Rechtsschutz vor den Gerichten zu suchen, hingewiesen hat. [2]Bei der Berechnung der Höhe des Betrags nach Satz 1 bleiben nicht titulierte Forderungen, die der Teilnehmer form- und fristgerecht und schlüssig begründet beanstandet hat, außer Betracht. [3]Ebenso bleiben nicht titulierte bestrittene Forderungen Dritter im Sinne des § 45h Absatz 1 Satz 1 außer Betracht. [4]Dies gilt auch dann, wenn diese Forderungen abgetreten worden sind. [5]Die Bestimmungen der Sätze 2 bis 4 gelten nicht, wenn der Anbieter den Teilnehmer zuvor zur vorläufigen Zahlung eines Durchschnittsbetrags nach § 45j aufgefordert und der Teilnehmer diesen nicht binnen zwei Wochen gezahlt hat.

(3) Der Anbieter darf seine Leistung einstellen, sobald die Kündigung des Vertragsverhältnisses wirksam wird.

(4) Der Anbieter darf eine Sperre durchführen, wenn wegen einer im Vergleich zu den vorangegangenen sechs Abrechnungszeiträumen besonderen Steigerung des Verbindungsaufkommens auch die Höhe der Entgeltforderung des Anbieters in besonderem Maße ansteigt und Tatsachen die Annahme rechtfertigen, dass der Teilnehmer diese Entgeltforderung beanstanden wird.

(5) [1]Die Sperre ist, soweit technisch möglich und dem Anlass nach sinnvoll, auf bestimmte Leistungen zu beschränken. [2]Sie darf nur aufrechterhalten werden, solange der Grund für die Sperre fortbesteht. [3]Eine auch ankommende Telekommunikationsverbindung erfassende Vollsperrung des Netzzugangs darf frühestens eine Woche nach Sperrung abgehender Telekommunikationsverbindungen erfolgen.

§ 45l Dauerschuldverhältnisse bei Kurzwahldiensten[2)]

(1) [1]Der Teilnehmer kann von dem Anbieter einer Dienstleistung, die zusätzlich zu einem öffentlich zugänglichen Telekommunikationsdienst erbracht wird, einen kostenlosen Hinweis verlangen, sobald dessen Entgeltansprüche aus Dauerschuldverhältnissen für Kurzwahldienste im jeweiligen Kalendermonat eine Summe von 20 Euro überschreiten. [2]Der Anbieter ist nur zur unverzüglichen Absendung des Hinweises verpflichtet. [3]Für Kalendermonate, vor deren Beginn der Teilnehmer einen Hinweis nach Satz 1 verlangt hat und in denen der Hinweis unterblieben ist, kann der Anbieter nach Satz 1 den 20 Euro überschreitenden Betrag nicht verlangen.

(2) [1]Der Teilnehmer kann ein Dauerschuldverhältnis für Kurzwahldienste zum Ende eines Abrechungszeitraumes mit einer Frist von einer Woche gegenüber dem Anbieter kündigen. [2]Der Abrechnungszeitraum darf die Dauer eines Monats nicht überschreiten. [3]Abweichend von Satz 1 kann der Teilnehmer ein Dauerschuldverhältnis für Kurzwahldienste, das ereignisbasiert ist, jederzeit und ohne Einhaltung einer Frist gegenüber dem Anbieter kündigen.

(3) [1]Vor dem Abschluss von Dauerschuldverhältnissen für Kurzwahldienste, bei denen für die Entgeltansprüche des Anbieters jeweils der Eingang elektronischer Nachrichten beim Teilnehmer maßgeblich ist, hat der Anbieter dem Teilnehmer eine deutliche Information über die wesentlichen Vertragsbestandteile anzubieten. [2]Zu den wesentlichen Vertragsbestandteilen gehören insbesondere der zu zahlende Preis einschließlich Steuern und Abgaben je eingehender Kurzwahlsendung, der Abrechnungszeitraum, die Höchstzahl der eingehenden Kurzwahlsen-

1) **Anm. d. Red.:** § 45k i. d. F. des Gesetzes v. 3. 5. 2012 (BGBl I S. 958) mit Wirkung v. 10. 5. 2012.

2) **Anm. d. Red.:** § 45l i. d. F. des Gesetzes v. 3. 5. 2012 (BGBl I S. 958) mit Wirkung v. 10. 5. 2012.

dungen im Abrechnungszeitraum, sofern diese Angaben nach Art der Leistung möglich sind, das jederzeitige Kündigungsrecht sowie die notwendigen praktischen Schritte für eine Kündigung. [3]Ein Dauerschuldverhältnis für Kurzwahldienste entsteht nicht, wenn der Teilnehmer den Erhalt der Informationen nach Satz 1 nicht bestätigt; dennoch geleistete Zahlungen des Teilnehmers an den Anbieter sind zurückzuzahlen.

§ 45m Aufnahme in öffentliche Teilnehmerverzeichnisse[1)]

(1) [1]Der Teilnehmer kann von seinem Anbieter eines öffentlichen Telefondienstes jederzeit verlangen, mit seiner Rufnummer, seinem Namen, seinem Vornamen und seiner Anschrift in ein allgemein zugängliches, nicht notwendig anbietereigenes Teilnehmerverzeichnis unentgeltlich eingetragen zu werden oder seinen Eintrag wieder löschen zu lassen. [2]Einen unrichtigen Eintrag hat der Anbieter zu berichtigen. [3]Der Teilnehmer kann weiterhin jederzeit verlangen, dass Mitbenutzer seines Zugangs mit Namen und Vornamen eingetragen werden, soweit Rechtsvorschriften zum Schutz personenbezogener Daten nicht entgegenstehen; für diesen Eintrag darf ein Entgelt erhoben werden.

(2) Die Ansprüche nach Absatz 1 stehen auch Wiederverkäufern von Sprachkommunikationsdienstleistungen für deren Teilnehmer zu.

(3) Die Absätze 1 und 2 gelten entsprechend für die Aufnahme in Verzeichnisse für Auskunftsdienste.

§ 45n Transparenz, Veröffentlichung von Informationen und zusätzliche Dienstemerkmale zur Kostenkontrolle[2)]

(1) Das Bundesministerium für Wirtschaft und Energie wird ermächtigt, im Einvernehmen mit dem Bundesministerium des Innern, dem Bundesministerium der Justiz und für Verbraucherschutz sowie dem Bundesministerium für Verkehr und digitale Infrastruktur durch Rechtsverordnung mit Zustimmung des Bundestages Rahmenvorschriften zur Förderung der Transparenz sowie zur Veröffentlichung von Informationen und zusätzlichen Dienstemerkmalen zur Kostenkontrolle auf dem Telekommunikationsmarkt zu erlassen.

TKG

(2) In der Rechtsverordnung nach Absatz 1 können Anbieter von öffentlichen Telekommunikationsnetzen und Anbieter öffentlich zugänglicher Telekommunikationsdienste verpflichtet werden, dem Verbraucher und auf Verlangen anderen Endnutzern transparente, vergleichbare, ausreichende und aktuelle Informationen bereitzustellen:

1. über geltende Preise und Tarife,
2. über den Vertragsbeginn, die noch verbleibende Vertragslaufzeit und die bei Vertragskündigung anfallenden Gebühren,
3. über Standardbedingungen für den Zugang zu den von ihnen für Endnutzer und Verbraucher bereitgestellten Diensten und deren Nutzung,
4. über die Dienstqualität einschließlich eines Angebotes zur Überprüfbarkeit der Datenübertragungsrate und
5. über die Maßnahmen, die zur Gewährleistung der Gleichwertigkeit beim Zugang für behinderte Endnutzer getroffen worden sind.

(3) Im Rahmen des Absatzes 2 Nummer 3 können Anbieter von öffentlichen Telekommunikationsnetzen und Anbieter öffentlich zugänglicher Telekommunikationsdienste verpflichtet werden, dem Verbraucher und auf Verlangen anderen Endnutzern Folgendes bereitzustellen:

1. den Namen und die ladungsfähige Anschrift, bei juristischen Personen auch die Rechtsform, den Sitz und das zuständige Registergericht,

1) **Anm. d. Red.:** § 45m i. d. F. des Gesetzes v. 29. 7. 2009 (BGBl I S. 2409) mit Wirkung v. 4. 8. 2009.

2) **Anm. d. Red.:** § 45n i. d. F. des Gesetzes v. 4. 11. 2016 (BGBl I S. 2473) mit Wirkung v. 10. 11. 2016.

2. den Umfang der angebotenen Dienste einschließlich der Bedingungen für Datenvolumenbeschränkungen,
3. Einzelheiten zu den Preisen der angebotenen Dienste, Dienstemerkmalen und Wartungsdiensten einschließlich etwaiger besonderer Preise für bestimmte Endnutzergruppen sowie Kosten für Endeinrichtungen,
4. Einzelheiten zu ihren Entschädigungs- und Erstattungsregelungen und deren Handhabung,
5. ihre Allgemeinen Geschäftsbedingungen und die von ihnen angebotenen Mindestvertragslaufzeiten, die Voraussetzungen für einen Anbieterwechsel nach § 46, Kündigungsbedingungen sowie Verfahren und direkte Entgelte im Zusammenhang mit der Übertragung von Rufnummern oder anderen Kennungen,
6. allgemeine und anbieterbezogene Informationen über die Verfahren zur Streitbeilegung und
7. Informationen über grundlegende Rechte der Endnutzer von Telekommunikationsdiensten, insbesondere
   a) zu Einzelverbindungsnachweisen,
   b) zu beschränkten und für den Endnutzer kostenlosen Sperren abgehender Verbindungen oder von Kurzwahl-Datendiensten oder, soweit technisch möglich, anderer Arten ähnlicher Anwendungen,
   c) zur Nutzung öffentlicher Telekommunikationsnetze gegen Vorauszahlung,
   d) zur Verteilung der Kosten für einen Netzanschluss auf einen längeren Zeitraum,
   e) zu den Folgen von Zahlungsverzug für mögliche Sperren und
   f) zu den Dienstemerkmalen Tonwahl- und Mehrfrequenzwahlverfahren und Anzeige der Rufnummer des Anrufers.

(4) [1]In der Rechtsverordnung nach Absatz 1 können Anbieter von öffentlichen Telekommunikationsnetzen und Anbieter öffentlich zugänglicher Telekommunikationsdienste unter anderem verpflichtet werden,

1. bei Nummern oder Diensten, für die eine besondere Preisgestaltung gilt, den Teilnehmern die dafür geltenden Tarife anzugeben; für einzelne Kategorien von Diensten kann verlangt werden, diese Informationen unmittelbar vor Herstellung der Verbindung bereitzustellen,
2. die Teilnehmer über jede Änderung des Zugangs zu Notdiensten oder der Angaben zum Anruferstandort bei dem Dienst, bei dem sie angemeldet sind, zu informieren,
3. die Teilnehmer über jede Änderung der Einschränkungen im Hinblick auf den Zugang zu und die Nutzung von Diensten und Anwendungen zu informieren,
4. Informationen bereitzustellen über alle vom Betreiber zur Messung und Kontrolle des Datenverkehrs eingerichteten Verfahren, um eine Kapazitätsauslastung oder Überlastung einer Netzverbindung zu vermeiden, und über die möglichen Auswirkungen dieser Verfahren auf die Dienstqualität,
5. nach Artikel 12 der Richtlinie 2002/58/EG die Teilnehmer über ihr Recht auf eine Entscheidung über Aufnahme oder Nichtaufnahme ihrer personenbezogenen Daten in ein Teilnehmerverzeichnis und über die Art der betreffenden Daten zu informieren sowie
6. behinderte Teilnehmer regelmäßig über Einzelheiten der für sie bestimmten Produkte und Dienste zu informieren.

[2]Falls dies als zweckdienlich erachtet wird, können in der Verordnung auch Verfahren zur Selbst- oder Koregulierung vorgesehen werden.

(5) [1]Die Informationen sind in klarer, verständlicher und leicht zugänglicher Form dem Verbraucher und auf Verlangen anderen Endnutzern bereitzustellen. [2]In der Rechtsverordnung nach Absatz 1 können hinsichtlich Ort und Form der Bereitstellung weitere Anforderungen festgelegt werden.

(6) [1]In der Rechtsverordnung nach Absatz 1 können Anbieter öffentlich zugänglicher Telefondienste und Anbieter öffentlicher Telekommunikationsnetze verpflichtet werden,

1. eine Einrichtung anzubieten, mit der der Teilnehmer auf Antrag bei den Anbietern abgehende Verbindungen oder Kurzwahl-Datendienste oder andere Arten ähnlicher Anwendungen oder bestimmte Arten von Nummern kostenlos sperren lassen kann,
2. eine Einrichtung anzubieten, mit der der Teilnehmer bei seinem Anbieter die Identifizierung eines Mobilfunkanschlusses zur Inanspruchnahme und Abrechnung einer neben der Verbindung erbrachten Leistung unentgeltlich netzseitig sperren lassen kann,
3. Verbrauchern einen Anschluss an das öffentliche Telekommunikationsnetz auf der Grundlage zeitlich gestreckter Zahlungen zu gewähren,
4. eine Einrichtung anzubieten, mit der der Teilnehmer vom Anbieter Informationen über etwaige preisgünstigere alternative Tarife des jeweiligen Unternehmens anfordern kann, oder
5. eine geeignete Einrichtung anzubieten, um die Kosten öffentlich zugänglicher Telekommunikationsdienste zu kontrollieren, einschließlich unentgeltlicher Warnhinweise für die Verbraucher bei anormalem oder übermäßigem Verbraucherverhalten, die sich an Artikel 6a Absatz 1 bis 3 der Verordnung (EG) Nr. 717/2007 des Europäischen Parlaments und des Rates vom 27. Juni 2007 über das Roaming in öffentlichen Mobilfunknetzen in der Gemeinschaft und zur Änderung der Richtlinie 2002/21/EG (ABl L 171 vom 29. 6. 2007, S. 32), die zuletzt durch die Verordnung (EG) Nr. 544/2009 (ABl L 167 vom 29. 6. 2009, S. 12) geändert worden ist, orientiert.

[2]Eine Verpflichtung zum Angebot der zusätzlichen Dienstemerkmale nach Satz 1 kommt nach Berücksichtigung der Ansichten der Betroffenen nicht in Betracht, wenn bereits in ausreichendem Umfang Zugang zu diesen Dienstemerkmalen besteht.

TKG

(7) [1]Das Bundesministerium für Wirtschaft und Energie kann im Einvernehmen mit dem Bundesministerium für Verkehr und digitale Infrastruktur die Ermächtigung nach Absatz 1 durch Rechtsverordnung an die Bundesnetzagentur übertragen. [2]Eine Rechtsverordnung der Bundesnetzagentur bedarf des Einvernehmens mit dem Bundesministerium für Wirtschaft und Energie, dem Bundesministerium des Innern, dem Bundesministerium der Justiz und für Verbraucherschutz, dem Bundesministerium für Verkehr und digitale Infrastruktur und dem Bundestag.

(8) [1]Die Bundesnetzagentur kann in ihrem Amtsblatt oder auf ihrer Internetseite jegliche Information veröffentlichen, die für Endnutzer Bedeutung haben kann. [2]Sonstige Rechtsvorschriften, namentlich zum Schutz personenbezogener Daten und zum Presserecht, bleiben unberührt. [3]Die Bundesnetzagentur kann zur Bereitstellung von vergleichbaren Informationen nach Absatz 1 interaktive Führer oder ähnliche Techniken selbst oder über Dritte bereitstellen, wenn diese auf dem Markt nicht kostenlos oder zu einem angemessenen Preis zur Verfügung stehen. [4]Zur Bereitstellung nach Satz 3 ist die Nutzung der von Anbietern von Telekommunikationsnetzen und von Anbietern öffentlich zugänglicher Telekommunikationsdienste veröffentlichten Informationen für die Bundesnetzagentur oder für Dritte kostenlos.

§ 45o Rufnummernmissbrauch[1)]

[1]Wer Rufnummern in seinem Telekommunikationsnetz einrichtet, hat den Zuteilungsnehmer schriftlich darauf hinzuweisen, dass die Übersendung und Übermittlung von Informationen, Sachen oder sonstige Leistungen unter bestimmten Umständen gesetzlich verboten ist. [2]Hat er gesicherte Kenntnis davon, dass eine in seinem Telekommunikationsnetz eingerichtete Rufnummer unter Verstoß gegen Satz 1 genutzt wird, ist er verpflichtet, unverzüglich Maßnahmen zu ergreifen, die geeignet sind, eine Wiederholung zu verhindern. [3]Bei wiederholten oder schwerwiegenden Verstößen gegen gesetzliche Verbote ist der Anbieter nach erfolgloser Abmahnung unter kurzer Fristsetzung verpflichtet, die Rufnummer zu sperren.

1) **Anm. d. Red.:** § 45o eingefügt gem. Gesetz v. 18. 2. 2007 (BGBl I S. 106) mit Wirkung v. 24. 2. 2007.

§ 45p Auskunftsanspruch über zusätzliche Leistungen[1)]

(1) [1]Stellt der Anbieter von öffentlich zugänglichen Telekommunikationsdiensten dem Teilnehmer eine Rechnung, die auch Entgelte für Leistungen Dritter ausweist, so muss er dem Teilnehmer auf Verlangen unverzüglich kostenfrei folgende Informationen zur Verfügung stellen:

1. die Namen und ladungsfähigen Anschriften der Dritten,
2. bei Diensteanbietern mit Sitz im Ausland zusätzlich die ladungsfähige Anschrift eines allgemeinen Zustellungsbevollmächtigten im Inland.

[2]Die gleiche Verpflichtung trifft auch den beteiligten Anbieter von Netzdienstleistungen.

(2) Der verantwortliche Anbieter einer neben der Verbindung erbrachten Leistung muss auf Verlangen des Teilnehmers diesen über den Grund und Gegenstand des Entgeltanspruchs, der nicht ausschließlich Gegenleistung einer Verbindungsleistung ist, insbesondere über die Art der erbrachten Leistung, unterrichten.

§ 46 Anbieterwechsel und Umzug[2)]

(1) [1]Die Anbieter von öffentlich zugänglichen Telekommunikationsdiensten und die Betreiber öffentlicher Telekommunikationsnetze müssen bei einem Anbieterwechsel sicherstellen, dass die Leistung des abgebenden Unternehmens gegenüber dem Teilnehmer nicht unterbrochen wird, bevor die vertraglichen und technischen Voraussetzungen für einen Anbieterwechsel vorliegen, es sei denn, der Teilnehmer verlangt dieses. [2]Bei einem Anbieterwechsel darf der Dienst des Teilnehmers nicht länger als einen Kalendertag unterbrochen werden. [3]Schlägt der Wechsel innerhalb dieser Frist fehl, gilt Satz 1 entsprechend.

(2) [1]Das abgebende Unternehmen hat ab Beendigung der vertraglich vereinbarten Leistung bis zum Ende der Leistungspflicht nach Absatz 1 Satz 1 gegenüber dem Teilnehmer einen Anspruch auf Entgeltzahlung. [2]Die Höhe des Entgelts richtet sich nach den ursprünglich vereinbarten Vertragsbedingungen mit der Maßgabe, dass sich die vereinbarten Anschlussentgelte um 50 Prozent reduzieren, es sei denn, das abgebende Unternehmen weist nach, dass der Teilnehmer das Scheitern des Anbieterwechsels zu vertreten hat. [3]Das abgebende Unternehmen hat im Fall des Absatzes 1 Satz 1 gegenüber dem Teilnehmer eine taggenaue Abrechnung vorzunehmen. [4]Der Anspruch des aufnehmenden Unternehmens auf Entgeltzahlung gegenüber dem Teilnehmer entsteht nicht vor erfolgreichem Abschluss des Anbieterwechsels.

(3) [1]Um den Anbieterwechsel nach Absatz 1 zu gewährleisten, müssen Betreiber öffentlicher Telekommunikationsnetze in ihren Netzen insbesondere sicherstellen, dass Teilnehmer ihre Rufnummer unabhängig von dem Unternehmen, das den Telefondienst erbringt, wie folgt beibehalten können:

1. im Fall geografisch gebundener Rufnummern an einem bestimmten Standort und
2. im Fall nicht geografisch gebundener Rufnummern an jedem Standort.

[2]Die Regelung in Satz 1 gilt nur innerhalb der Nummernräume oder Nummerteilräume, die für einen Telefondienst festgelegt wurden. [3]Insbesondere ist die Übertragung von Rufnummern für Telefondienste an festen Standorten zu solchen ohne festen Standort und umgekehrt unzulässig.

(4) [1]Um den Anbieterwechsel nach Absatz 1 zu gewährleisten, müssen Anbieter von öffentlich zugänglichen Telekommunikationsdiensten insbesondere sicherstellen, dass ihre Endnutzer ihnen zugeteilte Rufnummern bei einem Wechsel des Anbieters von öffentlich zugänglichen Telekommunikationsdiensten entsprechend Absatz 3 beibehalten können. [2]Die technische Aktivierung der Rufnummer hat in jedem Fall innerhalb eines Kalendertages zu erfolgen. [3]Für die Anbieter öffentlich zugänglicher Mobilfunkdienste gilt Satz 1 mit der Maßgabe, dass der Endnutzer jederzeit die Übertragung der zugeteilten Rufnummer verlangen kann. [4]Der bestehende Ver-

1) **Anm. d. Red.:** § 45p i. d. F. des Gesetzes v. 3. 5. 2012 (BGBl I S. 958) mit Wirkung v. 10. 5. 2012.

2) **Anm. d. Red.:** § 46 i. d. F. des Gesetzes v. 3. 5. 2012 (BGBl I S. 958) mit Wirkung v. 1. 12. 2012.

trag zwischen Endnutzer und abgebendem Anbieter öffentlich zugänglicher Mobilfunkdienste bleibt davon unberührt; hierauf hat der aufnehmende Anbieter den Endnutzer vor Vertragsschluss in Textform hinzuweisen. [5]Der abgebende Anbieter ist in diesem Fall verpflichtet, den Endnutzer zuvor über alle anfallenden Kosten zu informieren. [6]Auf Verlangen hat der abgebende Anbieter dem Endnutzer eine neue Rufnummer zuzuteilen.

(5) [1]Dem Teilnehmer können nur die Kosten in Rechnung gestellt werden, die einmalig beim Wechsel entstehen. [2]Das Gleiche gilt für die Kosten, die ein Netzbetreiber einem Anbieter von öffentlich zugänglichen Telekommunikationsdiensten in Rechnung stellt. [3]Etwaige Entgelte unterliegen einer nachträglichen Regulierung nach Maßgabe des § 38 Absatz 2 bis 4.

(6) Betreiber öffentlicher Telekommunikationsnetze haben in ihren Netzen sicherzustellen, dass alle Anrufe in den europäischen Telefonnummernraum ausgeführt werden.

(7) Die Erklärung des Teilnehmers zur Einrichtung oder Änderung der Betreibervorauswahl oder die von ihm erteilte Vollmacht zur Abgabe dieser Erklärung bedarf der Textform.

(8) [1]Der Anbieter von öffentlich zugänglichen Telekommunikationsdiensten, der mit einem Verbraucher einen Vertrag über öffentlich zugängliche Telekommunikationsdienste geschlossen hat, ist verpflichtet, wenn der Verbraucher seinen Wohnsitz wechselt, die vertraglich geschuldete Leistung an dem neuen Wohnsitz des Verbrauchers ohne Änderung der vereinbarten Vertragslaufzeit und der sonstigen Vertragsinhalte zu erbringen, soweit diese dort angeboten wird. [2]Der Anbieter kann ein angemessenes Entgelt für den durch den Umzug entstandenen Aufwand verlangen, das jedoch nicht höher sein darf als das für die Schaltung eines Neuanschlusses vorgesehene Entgelt. [3]Wird die Leistung am neuen Wohnsitz nicht angeboten, ist der Verbraucher zur Kündigung des Vertrages unter Einhaltung einer Kündigungsfrist von drei Monaten zum Ende eines Kalendermonats berechtigt. [4]In jedem Fall ist der Anbieter des öffentlich zugänglichen Telekommunikationsdienstes verpflichtet, den Anbieter des öffentlichen Telekommunikationsnetzes über den Auszug des Verbrauchers unverzüglich zu informieren, wenn der Anbieter des öffentlich zugänglichen Telekommunikationsdienstes Kenntnis vom Umzug des Verbrauchers erlangt hat.

TKG

(9) [1]Die Bundesnetzagentur kann die Einzelheiten des Verfahrens für den Anbieterwechsel und die Informationsverpflichtung nach Absatz 8 Satz 4 festlegen. [2]Dabei ist insbesondere Folgendes zu berücksichtigen:

1. das Vertragsrecht,
2. die technische Entwicklung,
3. die Notwendigkeit, dem Teilnehmer die Kontinuität der Dienstleistung zu gewährleisten, und
4. erforderlichenfalls Maßnahmen, die sicherstellen, dass Teilnehmer während des gesamten Übertragungsverfahrens geschützt sind und nicht gegen ihren Willen auf einen anderen Anbieter umgestellt werden.

[3]Für Teilnehmer, die keine Verbraucher sind und mit denen der Anbieter von öffentlich zugänglichen Telekommunikationsdiensten eine Individualvereinbarung getroffen hat, kann die Bundesnetzagentur von Absatz 1 und 2 abweichende Regelungen treffen. [4]Die Befugnisse nach Teil 2 dieses Gesetzes und nach § 77a Absatz 1 und Absatz 2 bleiben unberührt.

§ 47 Bereitstellen von Teilnehmerdaten[1)]

(1) [1]Jedes Unternehmen, das öffentlich zugängliche Telekommunikationsdienste erbringt und Rufnummern an Endnutzer vergibt, ist verpflichtet, unter Beachtung der anzuwendenden datenschutzrechtlichen Regelungen, jedem Unternehmen auf Antrag Teilnehmerdaten nach Absatz 2 Satz 4 zum Zwecke der Bereitstellung von öffentlich zugänglichen Auskunftsdiensten, Diensten zur Unterrichtung über einen individuellen Gesprächswunsch eines anderen Nutzers

1) **Anm. d. Red.:** § 47 i. d. F. des Gesetzes v. 3. 5. 2012 (BGBl I S. 958) mit Wirkung v. 10. 5. 2012.

nach § 95 Absatz 2 Satz 1 und Teilnehmerverzeichnissen zur Verfügung zu stellen. [2]Die Überlassung der Daten hat unverzüglich und in nichtdiskriminierender Weise zu erfolgen.

(2) [1]Teilnehmerdaten sind die nach Maßgabe des § 104 in Teilnehmerverzeichnissen veröffentlichten Daten. [2]Hierzu gehören neben der Nummer sowohl die zu veröffentlichenden Daten selbst wie Name, Anschrift und zusätzliche Angaben wie Beruf, Branche, Art des Anschlusses und Mitbenutzer, soweit sie dem Unternehmen vorliegen. [3]Dazu gehören auch alle nach dem jeweiligen Stand der Technik unter Beachtung der anzuwendenden datenschutzrechtlichen Regelungen in kundengerechter Form aufbereiteten Informationen, Verknüpfungen, Zuordnungen und Klassifizierungen, die zur Veröffentlichung dieser Daten in öffentlich zugänglichen Auskunftsdiensten und Teilnehmerverzeichnissen nach Satz 1 notwendig sind. [4]Die Daten müssen vollständig und inhaltlich sowie technisch so aufbereitet sein, dass sie nach dem jeweiligen Stand der Technik ohne Schwierigkeiten in ein kundenfreundlich gestaltetes Teilnehmerverzeichnis oder eine entsprechende Auskunftsdienstedatenbank aufgenommen werden können.

(3) Ergeben sich Streitigkeiten zwischen Unternehmen über die Rechte und Verpflichtungen aus den Absätzen 1 und 2, gilt § 133 entsprechend.

(4) [1]Für die Überlassung der Teilnehmerdaten kann ein Entgelt erhoben werden; dieses unterliegt in der Regel einer nachträglichen Regulierung nach Maßgabe des § 38 Abs. 2 bis 4. [2]Ein solches Entgelt soll nur dann einer Genehmigungspflicht nach § 31 unterworfen werden, wenn das Unternehmen auf dem Markt für Endnutzerleistungen über eine beträchtliche Marktmacht verfügt.

§ 47a Schlichtung[1)]

(1) Kommt es zwischen dem Teilnehmer und einem Betreiber von öffentlichen Telekommunikationsnetzen oder einem Anbieter von öffentlich zugänglichen Telekommunikationsdiensten zum Streit darüber, ob der Betreiber oder Anbieter dem Teilnehmer gegenüber eine Verpflichtung erfüllt hat, die sich auf die Bedingungen oder die Ausführung der Verträge über die Bereitstellung dieser Netze oder Dienste bezieht und mit folgenden Regelungen zusammenhängt:

1. §§ 43a, 43b, 45 bis 46 oder den auf Grund dieser Regelungen erlassenen Rechtsverordnungen und § 84 oder
2. der Verordnung (EU) Nr. 531/2012 des Europäischen Parlaments und des Rates vom 13. Juni 2012 über das Roaming in öffentlichen Mobilfunknetzen in der Union (ABl L 172 vom 30. 6. 2012, S. 10), die zuletzt durch die Verordnung (EU) 2015/2120 (ABl L 310 vom 26. 11. 2015, S. 1) geändert worden ist,
3. Artikel 4 Absatz 1, 2 und 4 der Verordnung (EU) 2015/2120 des Europäischen Parlaments und des Rates vom 25. November 2015 über Maßnahmen zum Zugang zum offenen Internet und zur Änderung der Richtlinie 2002/22/EG über den Universaldienst und Nutzerrechte bei elektronischen Kommunikationsnetzen und -diensten sowie der Verordnung (EU) Nr. 531/2012 über das Roaming in öffentlichen Mobilfunknetzen in der Union,

kann der Teilnehmer bei der Verbraucherschlichtungsstelle der Bundesnetzagentur durch einen Antrag ein Schlichtungsverfahren einleiten.

(2) Das Schlichtungsverfahren endet, wenn

1. der Schlichtungsantrag zurückgenommen wird,
2. der Teilnehmer und der Anbieter sich geeinigt und dies der Bundesnetzagentur mitgeteilt haben,
3. der Teilnehmer und der Anbieter übereinstimmend erklären, dass sich der Streit erledigt hat,

1) **Anm. d. Red.:** § 47a i. d. F. des Gesetzes v. 27. 6. 2017 (BGBl I S. 1963) mit Wirkung v. 4. 7. 2017.

4. die Verbraucherschlichtungsstelle der Bundesnetzagentur dem Teilnehmer und dem Anbieter schriftlich mitteilt, dass eine Einigung im Schlichtungsverfahren nicht erreicht werden konnte, oder
5. die Verbraucherschlichtungsstelle der Bundesnetzagentur feststellt, dass Belange nach Absatz 1 nicht mehr berührt sind.

(3) [1]Die Bundesnetzagentur regelt die weiteren Einzelheiten über das Schlichtungsverfahren in einer Schlichtungsordnung, die sie veröffentlicht. [2]Die Verbraucherschlichtungsstelle der Bundesnetzagentur muss die Anforderungen nach dem Verbraucherstreitbeilegungsgesetz vom 19. Februar 2016 (BGBl I S. 254) erfüllen. [3]Das Bundesministerium für Wirtschaft und Energie übermittelt der Zentralen Anlaufstelle für Verbraucherschlichtung die Mitteilungen nach § 32 Absatz 3 und 5 des Verbraucherstreitbeilegungsgesetzes.

§ 47b Abweichende Vereinbarungen[1)]

Von den Vorschriften dieses Teils oder der auf Grund dieses Teils erlassenen Rechtsverordnungen darf, soweit nicht ein Anderes bestimmt ist, nicht zum Nachteil des Teilnehmers abgewichen werden.

Teil 4: Rundfunkübertragung

§ 48 Interoperabilität von Fernsehgeräten[2)]

TKG

(1) Jedes zum Verkauf, zur Miete oder anderweitig angebotene analoge Fernsehgerät mit integriertem Bildschirm, dessen sichtbare Diagonale 42 Zentimeter überschreitet, muss mit mindestens einer von einer anerkannten europäischen Normenorganisation angenommenen Schnittstellenbuchse ausgestattet sein, die den Anschluss digitaler Fernsehempfangsgeräte ermöglicht.

(2) Jedes zum Verkauf, zur Miete oder anderweitig angebotene digitale Fernsehempfangsgerät muss,

1. soweit es einen integrierten Bildschirm enthält, dessen sichtbare Diagonale 30 Zentimeter überschreitet, mit mindestens einer Schnittstellenbuchse ausgestattet sein, die von einer anerkannten europäischen Normenorganisation angenommen wurde oder einer gemeinsamen, branchenweiten, offenen Spezifikation entspricht und den Anschluss digitaler Fernsehempfangsgeräte sowie die Möglichkeit einer Zugangsberechtigung erlaubt,
2. soweit es eine Anwendungs-Programmierschnittstelle enthält, die Mindestanforderungen einer solchen Schnittstelle erfüllen, die von einer anerkannten europäischen Normenorganisation angenommen wurde oder einer gemeinsamen, branchenweiten, offenen Schnittstellenspezifikation entspricht und die Dritten unabhängig vom Übertragungsverfahren Herstellung und Betrieb eigener Anwendungen erlaubt.

(3) Jedes zum Verkauf, zur Miete oder anderweitig angebotene digitale Fernsehempfangsgerät, das für den Empfang von konventionellen Fernsehsignalen und für eine Zugangsberechtigung vorgesehen ist, muss Signale darstellen können,

1. die einem einheitlichen europäischen Verschlüsselungsalgorithmus entsprechen, wie er von einer anerkannten europäischen Normenorganisation verwaltet wird,
2. die keine Zugangsberechtigung erfordern; bei Mietgeräten gilt dies nur, sofern die mietvertraglichen Bestimmungen vom Mieter eingehalten werden.

---

1) **Anm. d. Red.:** § 47b i. d. F. des Gesetzes v. 3. 5. 2012 (BGBl I S. 958) mit Wirkung v. 10. 5. 2012.

2) **Anm. d. Red.:** § 48 i. d. F. des Gesetzes v. 3. 5. 2012 (BGBl I S. 958) mit Wirkung v. 10. 5. 2012.

§ 49 Interoperabilität der Übertragung digitaler Fernsehsignale[1)]

(1) Betreiber öffentlicher Telekommunikationsnetze, die digitale Fernsehsignale übertragen, müssen solche Signale, die ganz oder teilweise zur Darstellung im 16:9-Bildschirmformat gesendet werden, auch in diesem Format weiterverbreiten.

(2) [1]Rechteinhaber von Anwendungs-Programmierschnittstellen sind verpflichtet, Herstellern digitaler Fernsehempfangsgeräte sowie Dritten, die ein berechtigtes Interesse geltend machen, auf angemessene, chancengleiche und nichtdiskriminierende Weise und gegen angemessene Vergütung alle Informationen zur Verfügung zu stellen, die es ermöglichen, sämtliche durch die Anwendungs-Programmierschnittstellen unterstützten Dienste voll funktionsfähig anzubieten. [2]Es gelten die Kriterien der §§ 28 und 42.

(3) [1]Entsteht zwischen den Beteiligten Streit über die Einhaltung der Vorschriften der Absätze 1 und 2, kann jeder der Beteiligten die Bundesnetzagentur anrufen. [2]Die Bundesnetzagentur trifft nach Anhörung der Beteiligten innerhalb von zwei Monaten eine Entscheidung. [3]Im Rahmen dieses Verfahrens gibt die Bundesnetzagentur der zuständigen Stelle nach Landesrecht Gelegenheit zur Stellungnahme. [4]Sofern die zuständige Stelle nach Landesrecht medienrechtliche Einwendungen erhebt, trifft sie innerhalb des vorgegebenen Zeitrahmens eine entsprechende Entscheidung. [5]Die beiden Entscheidungen können in einem zusammengefassten Verfahren erfolgen.

(4) [1]Die Beteiligten müssen eine Anordnung der Bundesnetzagentur nach Absatz 3 unverzüglich befolgen, es sei denn, die Bundesnetzagentur hat eine andere Umsetzungsfrist bestimmt. [2]Zur Durchsetzung der Anordnung kann die Bundesnetzagentur nach Maßgabe des Verwaltungsvollstreckungsgesetzes ein Zwangsgeld bis zu 500 000 Euro festsetzen.

§ 50 Zugangsberechtigungssysteme[2)]

(1) Anbieter von Zugangsberechtigungssystemen müssen diese technisch so auslegen, dass sie die kostengünstige Übergabe der Kontrollfunktionen gestatten und damit Betreibern öffentlicher Telekommunikationsnetze auf lokaler oder regionaler Ebene die vollständige Kontrolle der Dienste ermöglichen, die solche Zugangsberechtigungssysteme nutzen.

(2) [1]Entschließen sich Inhaber gewerblicher Schutzrechte an Zugangsberechtigungssystemen, Lizenzen an Hersteller digitaler Fernsehempfangsgeräte zu vergeben oder an Dritte, die ein berechtigtes Interesse nachweisen, so muss dies zu chancengleichen, angemessenen und nichtdiskriminierenden Bedingungen geschehen. [2]Es gelten die Kriterien der §§ 28 und 42. [3]Die Inhaber dürfen dabei technische und wirtschaftliche Faktoren in angemessener Weise berücksichtigen. [4]Die Lizenzvergabe darf jedoch nicht von Bedingungen abhängig gemacht werden, die den Einbau

1. einer gemeinsamen Schnittstelle zum Anschluss anderer Zugangsberechtigungssysteme oder
2. spezifischer Komponenten eines anderen Zugangsberechtigungssystems aus Gründen der Transaktionssicherheit der zu schützenden Inhalte

beeinträchtigen.

(3) Anbieter und Verwender von Zugangsberechtigungssystemen müssen

1. allen Rundfunkveranstaltern die Nutzung ihrer benötigten technischen Dienste zur Nutzung ihrer Systeme sowie die dafür erforderlichen Auskünfte zu chancengleichen, angemessenen und nichtdiskriminierenden Bedingungen ermöglichen,
2. soweit sie auch für das Abrechnungssystem mit den Endnutzern verantwortlich sind, vor Abschluss eines entgeltpflichtigen Vertrages mit einem Endnutzer diesem eine Entgeltliste aushändigen,

1) **Anm. d. Red.:** § 49 i. d. F. des Gesetzes v. 18. 2. 2007 (BGBl I S. 106) mit Wirkung v. 24. 2. 2007.

2) **Anm. d. Red.:** § 50 i. d. F. des Gesetzes v. 18. 2. 2007 (BGBl I S. 106) mit Wirkung v. 24. 2. 2007.

3. über ihre Tätigkeit als Anbieter dieser Systeme eine getrennte Rechnungsführung haben,
4. vor Aufnahme sowie einer Änderung ihres Angebots die Angaben zu den Nummern 1 bis 3 sowie die einzelnen angebotenen Dienstleistungen für Endnutzer und die dafür geforderten Entgelte der Bundesnetzagentur anzeigen.

(4) [1]Die Bundesnetzagentur unterrichtet die zuständige Stelle nach Landesrecht unverzüglich über die Anzeige nach Absatz 3 Nr. 4. [2]Kommen Bundesnetzagentur oder zuständige Stelle nach Landesrecht jeweils für ihren Zuständigkeitsbereich auf Grund der Anzeige innerhalb einer Frist von zwei Monaten zu dem Ergebnis, dass das Angebot den Anforderungen nach Absatz 3 Nr. 1 bis 4 nicht entspricht, verlangen sie Änderungen des Angebots. [3]Können die Vorgaben trotz Änderungen nicht erreicht werden oder werden die Änderungen trotz Aufforderung nicht erfüllt, untersagen sie das Angebot.

(5) [1]Verfügen ein oder mehrere Anbieter oder Verwender von Zugangsberechtigungssystemen nicht über beträchtliche Marktmacht, so kann die Bundesnetzagentur die Bedingungen nach den Absätzen 1 bis 3 in Bezug auf die oder den Betroffenen ändern oder aufheben, wenn

1. die Aussichten für einen wirksamen Wettbewerb auf den Endnutzermärkten für die Übertragung von Rundfunksignalen sowie für Zugangsberechtigungssysteme und andere zugehörige Einrichtungen dadurch nicht negativ beeinflusst werden und
2. die zuständige Stelle nach Landesrecht festgestellt hat, dass die Kapazitätsfestlegungen und Übertragungspflichten nach Landesrecht dadurch nicht negativ beeinflusst werden.

[2]Für das Verfahren nach Satz 1 gelten die §§ 11 bis 14 Abs. 1 entsprechend. [3]Die Entscheidung nach Satz 1 überprüft die Bundesnetzagentur alle zwei Jahre.

§ 51 Streitschlichtung[1)]

(1) [1]Die durch die Bestimmungen dieses Teils Berechtigten oder Verpflichteten können zur Beilegung ungelöster Streitfragen in Bezug auf die Anwendung dieser Vorschriften die Schlichtungsstelle gemeinsam anrufen. [2]Die Anrufung erfolgt in Schriftform. [3]Die Bundesnetzagentur entscheidet innerhalb einer Frist von höchstens zwei Monaten.

TKG

(2) [1]Die Schlichtungsstelle wird bei der Bundesnetzagentur errichtet. [2]Sie besteht aus einem vorsitzenden Mitglied und zwei beisitzenden Mitgliedern. [3]Die Bundesnetzagentur regelt Errichtung und Besetzung der Schlichtungsstelle und erlässt eine Verfahrensordnung. [4]Errichtung und Besetzung der Schlichtungsstelle sowie die Verfahrensordnung sind von der Bundesnetzagentur zu veröffentlichen.

(3) [1]Die Schlichtungsstelle gibt der zuständigen Stelle nach Landesrecht im Rahmen dieses Verfahrens Gelegenheit zur Stellungnahme. [2]Sofern die zuständige Stelle nach Landesrecht medienrechtliche Einwendungen erhebt, trifft sie innerhalb des vorgegebenen Zeitrahmens eine entsprechende Entscheidung. [3]Die beiden Entscheidungen können in einem zusammengefassten Verfahren erfolgen.

Teil 5: Vergabe von Frequenzen, Nummern und Wegerechten

Abschnitt 1: Frequenzordnung

§ 52 Aufgaben[2)]

(1) Zur Sicherstellung einer effizienten und störungsfreien Nutzung von Frequenzen und unter Berücksichtigung der in § 2 genannten weiteren Regulierungsziele werden Frequenzbereiche zugewiesen und in Frequenznutzungen aufgeteilt, Frequenzen zugeteilt und Frequenznutzungen überwacht.

1) **Anm. d. Red.:** § 51 i. d. F. des Gesetzes v. 18. 2. 2007 (BGBl I S. 106) mit Wirkung v. 24. 2. 2007.

2) **Anm. d. Red.:** § 52 i. d. F. des Gesetzes v. 4. 11. 2016 (BGBl I S. 2473) mit Wirkung v. 10. 11. 2016.

(2) Die Bundesnetzagentur trifft Anordnungen bei Frequenznutzungen im Rahmen des Betriebs von Funkanlagen auf fremden Land-, Wasser- und Luftfahrzeugen, die sich im Geltungsbereich dieses Gesetzes aufhalten.

(3) Für Frequenznutzungen, die in den Aufgabenbereich des Bundesministeriums der Verteidigung fallen, stellt das Bundesministerium für Verkehr und digitale Infrastruktur das Einvernehmen mit dem Bundesministerium der Verteidigung her.

§ 53 Frequenzzuweisung[1)]

(1) [1]Die Bundesregierung wird ermächtigt, die Frequenzzuweisungen für die Bundesrepublik Deutschland sowie darauf bezogene weitere Festlegungen in einer Frequenzverordnung festzulegen. [2]Die Frequenzverordnung bedarf der Zustimmung des Bundesrates. [3]In die Vorbereitung sind die von Frequenzzuweisungen betroffenen Kreise einzubeziehen.

(2) [1]Bei der Frequenzzuweisung sind die einschlägigen internationalen Übereinkünfte, einschließlich der Vollzugsordnung für den Funkdienst (VO Funk), die europäische Harmonisierung und die technische Entwicklung zu berücksichtigen. [2]Sind im Rahmen der Frequenzzuweisung auch Bestimmungen über Frequenznutzungen und darauf bezogene nähere Festlegungen betroffen, so sind Beschränkungen nur aus den in Artikel 9 Absatz 3 und 4 der Richtlinie 2002/21/EG genannten Gründen zulässig.

§ 54 Frequenznutzung[2)]

(1) [1]Auf der Grundlage der Frequenzzuweisungen und Festlegungen in der Verordnung nach § 53 teilt die Bundesnetzagentur die Frequenzbereiche in Frequenznutzungen sowie darauf bezogene Nutzungsbestimmungen auf (Frequenzplan). [2]Dabei beteiligt sie die betroffenen Bundes- und Landesbehörden, die betroffenen Kreise und die Öffentlichkeit und berücksichtigt die in § 2 genannten Regulierungsziele. [3]Soweit Belange der öffentlichen Sicherheit und die dem Rundfunk auf der Grundlage der rundfunkrechtlichen Festlegungen zustehenden Kapazitäten für die Übertragung von Rundfunk im Zuständigkeitsbereich der Länder betroffen sind, stellt die Bundesnetzagentur das Einvernehmen mit den zuständigen Landesbehörden her. [4]Die Frequenznutzung und die Nutzungsbestimmungen werden durch technische, betriebliche oder regulatorische Parameter beschrieben. [5]Zu diesen Parametern können auch Angaben zu Nutzungsbeschränkungen und zu geplanten Nutzungen gehören. [6]Der Frequenzplan sowie dessen Änderungen sind zu veröffentlichen.

(2) Frequenzen für den drahtlosen Netzzugang zu Telekommunikationsdiensten sind unbeschadet von Absatz 3 so auszuweisen, dass alle hierfür vorgesehenen Technologien verwendet werden dürfen und alle Arten von Telekommunikationsdiensten zulässig sind.

(3) § 53 Absatz 2 gilt entsprechend.

§ 55 Frequenzzuteilung[3)]

(1) [1]Jede Frequenznutzung bedarf einer vorherigen Frequenzzuteilung, soweit in diesem Gesetz nichts anderes geregelt ist. [2]Eine Frequenzzuteilung ist die behördliche oder durch Rechtsvorschriften erteilte Erlaubnis zur Nutzung bestimmter Frequenzen unter festgelegten Bedingungen. [3]Die Frequenzzuteilung erfolgt zweckgebunden nach Maßgabe des Frequenzplanes und diskriminierungsfrei auf der Grundlage nachvollziehbarer und objektiver Verfahren. [4]Eine Frequenzzuteilung ist nicht erforderlich, wenn die Frequenznutzungsrechte auf Grund einer sonstigen gesetzlichen Regelung ausgeübt werden können. [5]Sofern für Behörden zur Ausübung gesetzlicher Befugnisse die Nutzung bereits anderen zugeteilter Frequenzen erforderlich ist und durch diese Nutzung keine erheblichen Nutzungsbeeinträchtigungen zu erwarten sind, ist die

1) **Anm. d. Red.:** § 53 i. d. F. des Gesetzes v. 3. 5. 2012 (BGBl I S. 958) mit Wirkung v. 10. 5. 2012.

2) **Anm. d. Red.:** § 54 i. d. F. des Gesetzes v. 3. 5. 2012 (BGBl I S. 958) mit Wirkung v. 10. 5. 2012.

3) **Anm. d. Red.:** § 55 i. d. F. des Gesetzes v. 3. 5. 2012 (BGBl I S. 958) mit Wirkung v. 10. 5. 2012.

Nutzung unter Einhaltung der von der Bundesnetzagentur im Benehmen mit den Bedarfsträgern und Rechteinhabern festgelegten Rahmenbedingungen gestattet, ohne dass dies einer Frequenzzuteilung bedarf.

(2) [1]Frequenzen werden in der Regel von Amts wegen als Allgemeinzuteilungen durch die Bundesnetzagentur für die Nutzung durch die Allgemeinheit oder einen nach allgemeinen Merkmalen bestimmten oder bestimmbaren Personenkreis zugeteilt. [2]Die Allgemeinzuteilung wird veröffentlicht.

(3) [1]Ist eine Allgemeinzuteilung nicht möglich, werden durch die Bundesnetzagentur Frequenzen für einzelne Frequenznutzungen natürlichen Personen, juristischen Personen oder Personenvereinigungen, soweit ihnen ein Recht zustehen kann, auf Antrag einzeln zugeteilt. [2]Frequenzen werden insbesondere dann einzeln zugeteilt, wenn eine Gefahr von funktechnischen Störungen nicht anders ausgeschlossen werden kann oder wenn dies zur Sicherstellung einer effizienten Frequenznutzung notwendig ist. [3]Die Entscheidung über die Gewährung von Nutzungsrechten, die für das Angebot von Telekommunikationsdiensten bestimmt sind, wird veröffentlicht.

(4) [1]Der Antrag auf Einzelzuteilung nach Absatz 3 ist in Textform zu stellen. [2]In dem Antrag ist das Gebiet zu bezeichnen, in dem die Frequenz genutzt werden soll. [3]Die Erfüllung der subjektiven Voraussetzungen für die Frequenzzuteilung ist im Hinblick auf eine effiziente und störungsfreie Frequenznutzung und weitere Bedingungen nach Anhang B der Richtlinie 2002/20/EG darzulegen. [4]Die Bundesnetzagentur entscheidet über vollständige Anträge innerhalb von sechs Wochen. [5]Von dieser Frist unberührt bleiben geltende internationale Vereinbarungen über die Nutzung von Funkfrequenzen und Erdumlaufpositionen.

(5) [1]Frequenzen werden zugeteilt, wenn

1. sie für die vorgesehene Nutzung im Frequenzplan ausgewiesen sind,
2. sie verfügbar sind,
3. die Verträglichkeit mit anderen Frequenznutzungen gegeben ist und
4. eine effiziente und störungsfreie Frequenznutzung durch den Antragsteller sichergestellt ist.

TKG

[2]Eine Frequenzzuteilung kann ganz oder teilweise versagt werden, wenn die vom Antragsteller beabsichtigte Nutzung mit den Regulierungszielen nach § 2 nicht vereinbar ist. [3]Sind Belange der Länder bei der Übertragung von Rundfunk im Zuständigkeitsbereich der Länder betroffen, ist auf der Grundlage der rundfunkrechtlichen Festlegungen das Benehmen mit der zuständigen Landesbehörde herzustellen.

(6) Der Antragsteller hat keinen Anspruch auf eine bestimmte Einzelfrequenz.

(7) [1]Der Bundesnetzagentur ist Beginn und Beendigung der Frequenznutzung unverzüglich anzuzeigen. [2]Bei der Bundesnetzagentur anzuzeigen sind Namensänderungen, Anschriftenänderungen, unmittelbare und mittelbare Änderungen in den Eigentumsverhältnissen, auch bei verbundenen Unternehmen, und identitätswahrende Umwandlungen.

(8) [1]Eine Änderung der Frequenzzuteilung ist unverzüglich bei der Bundesnetzagentur unter Vorlage entsprechender Nachweise in Textform zu beantragen, wenn

1. Frequenznutzungsrechte durch Einzel- oder Gesamtrechtsnachfolge übergehen sollen,
2. Frequenzen auf ein verbundenes Unternehmen im Sinne des § 15 des Aktiengesetzes übertragen werden sollen,
3. Frequenzen von einer natürlichen Person auf eine juristische Person, an der die natürliche Person beteiligt ist, übertragen werden sollen oder
4. ein Erbe Frequenzen weiter nutzen will.

[2]In diesen Fällen können Frequenzen bis zur Entscheidung über den Änderungsantrag weiter genutzt werden. [3]Dem Änderungsantrag ist zuzustimmen, wenn die Voraussetzungen für eine Frequenzzuteilung nach Absatz 5 vorliegen, eine Wettbewerbsverzerrung auf dem sachlich und räumlich relevanten Markt nicht zu besorgen ist und eine effiziente und störungsfreie Frequenznutzung gewährleistet ist. [4]Werden Frequenzzuteilungen nicht mehr genutzt, ist der Verzicht

auf sie unverzüglich schriftlich zu erklären. [5]Wird eine juristische Person, der Frequenzen zugeteilt waren, aufgelöst, ohne dass es einen Rechtsnachfolger gibt, muss derjenige, der die Auflösung durchführt, die Frequenzen zurückgeben. [6]Verstirbt eine natürliche Person, ohne dass ein Erbe die Frequenzen weiter nutzen will, müssen diese vom Erben oder vom Nachlassverwalter zurückgegeben werden.

(9) [1]Frequenzen werden in der Regel befristet zugeteilt. [2]Die Befristung muss für die betreffende Nutzung angemessen sein und die Amortisation der dafür notwendigen Investitionen angemessen berücksichtigen. [3]Eine befristete Zuteilung ist zu verlängern, wenn die Voraussetzungen für eine Frequenzzuteilung nach Absatz 5 vorliegen.

(10) [1]Sind für Frequenzzuteilungen nicht in ausreichendem Umfang verfügbare Frequenzen vorhanden oder sind für bestimmte Frequenzen mehrere Anträge gestellt, kann die Bundesnetzagentur unbeschadet des Absatzes 5 anordnen, dass der Zuteilung der Frequenzen ein Vergabeverfahren nach § 61 voranzugehen hat. [2]Vor der Entscheidung sind die betroffenen Kreise anzuhören. [3]Die Entscheidung der Bundesnetzagentur ist zu veröffentlichen.

§ 56 Orbitpositionen und Frequenznutzungen durch Satelliten[1)]

(1) Natürliche oder juristische Personen mit Wohnsitz beziehungsweise Sitz in der Bundesrepublik Deutschland, die Orbitpositionen und Frequenzen durch Satelliten nutzen, unterliegen den Verpflichtungen, die sich aus der Konstitution und Konvention der Internationalen Telekommunikationsunion ergeben.

(2) [1]Jede Ausübung deutscher Orbit- und Frequenznutzungsrechte bedarf neben der Frequenzzuteilung nach § 55 Abs. 1 der Übertragung durch die Bundesnetzagentur. [2]Die Bundesnetzagentur führt auf Antrag Anmeldung, Koordinierung und Notifizierung von Satellitensystemen bei der Internationalen Fernmeldeunion durch und überträgt dem Antragsteller die daraus hervorgegangenen Orbit- und Frequenznutzungsrechte. [3]Voraussetzung dafür ist, dass

1. Frequenzen und Orbitpositionen verfügbar sind,
2. die Verträglichkeit mit anderen Frequenznutzungen sowie anderen Anmeldungen von Satellitensystemen gegeben ist,
3. öffentliche Interessen nicht beeinträchtigt werden.

(3) Für vorhandene deutsche Planeinträge und sonstige ungenutzte Orbit- und Frequenznutzungsrechte bei der Internationalen Fernmeldeunion kann ein Vergabeverfahren auf Grund der von der Bundesnetzagentur festzulegenden Bedingungen durchgeführt werden.

(4) Die Übertragung kann widerrufen werden, wenn diese Rechte länger als ein Jahr nicht ausgeübt wurden oder die Voraussetzungen des Absatzes 2 Satz 3 nicht mehr erfüllt sind.

§ 57 Frequenzzuteilung für Rundfunk, Luftfahrt, Seeschifffahrt, Binnenschifffahrt und sicherheitsrelevante Funkanwendungen[2)]

(1) [1]Für die Zuteilung von Frequenzen zur Übertragung von Rundfunk im Zuständigkeitsbereich der Länder ist neben den Voraussetzungen des § 55 auf der Grundlage der rundfunkrechtlichen Festlegungen das Benehmen mit der zuständigen Landesbehörde herzustellen. [2]Die jeweilige Landesbehörde teilt den Versorgungsbedarf für Rundfunk im Zuständigkeitsbereich der Länder der Bundesnetzagentur mit. [3]Die Bundesnetzagentur setzt diese Bedarfsanmeldungen bei der Frequenzzuteilung nach § 55 um. [4]Näheres zum Verfahren legt die Bundesnetzagentur auf der Grundlage rundfunkrechtlicher Festlegungen der zuständigen Landesbehörden fest. [5]Die dem Rundfunkdienst im Frequenzplan zugewiesenen Frequenzen können für andere Zwecke als der Übertragung von Rundfunk im Zuständigkeitsbereich der Länder genutzt werden, wenn dem Rundfunk die auf der Grundlage der rundfunkrechtlichen Festlegungen zustehende Kapazität zur Verfügung steht. [6]Die Bundesnetzagentur stellt hierzu das Benehmen mit den zu-

1) **Anm. d. Red.:** § 56 i. d. F. des Gesetzes v. 3. 5. 2012 (BGBl I S. 958) mit Wirkung v. 10. 5. 2012.

2) **Anm. d. Red.:** § 57 i. d. F. des Gesetzes v. 24. 5. 2016 (BGBl I S. 1217) mit Wirkung v. 1. 6. 2016.

ständigen Landesbehörden her. [7]Hat die zuständige Landesbehörde die inhaltliche Belegung einer analogen oder digitalen Frequenznutzung zur Übertragung von Rundfunk im Zuständigkeitsbereich der Länder einem Inhalteanbieter zur alleinigen Nutzung zugewiesen, so kann dieser einen Vertrag mit einem Sendernetzbetreiber seiner Wahl abschließen, soweit dabei gewährleistet ist, dass den rundfunkrechtlichen Festlegungen entsprochen wurde. [8]Sofern der Sendernetzbetreiber die Zuteilungsvoraussetzungen erfüllt, teilt ihm die Bundesnetzagentur die Frequenz auf Antrag zu. [9]Die Frequenzzuteilung ist auf die Dauer der rundfunkrechtlichen Zuweisung der zuständigen Landesbehörde zu befristen und kann bei Fortdauern dieser Zuweisung verlängert werden.

(2) Frequenznutzungen des Bundesministeriums der Verteidigung bedürfen in den ausschließlich für militärische Nutzungen im Frequenzplan ausgewiesenen Frequenzbereichen keiner Frequenzzuteilung.

(3) [1]Als zugeteilt gelten Frequenzen, die für die Seefahrt und die Binnenschifffahrt sowie die Luftfahrt ausgewiesen sind und die auf fremden Wasser- oder Luftfahrzeugen, die sich im Geltungsbereich dieses Gesetzes aufhalten, zu den entsprechenden Zwecken genutzt werden. [2]Dies gilt nur für Frequenzen, die auf Grund einer gültigen nationalen Erlaubnis des jeweiligen Landes, in dem das Fahrzeug registriert ist, genutzt werden.

(4) [1]Für Frequenzen, die für den Funk der Behörden und Organisationen mit Sicherheitsaufgaben (BOS-Funk) ausgewiesen sind, legt das Bundesministerium des Innern im Benehmen mit den zuständigen obersten Landesbehörden in einer Richtlinie fest

1. die Zuständigkeiten der beteiligten Behörden,
2. das Verfahren zur Anerkennung als Berechtigter zur Teilnahme am BOS-Funk,
3. das Verfahren und die Zuständigkeiten bei der Bearbeitung von Anträgen auf Frequenzzuteilung innerhalb der BOS,
4. die Grundsätze zur Frequenzplanung und die Verfahren zur Frequenzkoordinierung innerhalb der BOS sowie
5. die Regelungen für den Funkbetrieb und für die Zusammenarbeit der Frequenznutzer im BOS-Funk.

[2]Die Richtlinie ist, insbesondere die Nummern 4 und 5 betreffend, mit der Bundesnetzagentur abzustimmen. [3]Das Bundesministerium des Innern bestätigt im Einzelfall nach Anhörung der jeweils sachlich zuständigen obersten Bundes- oder Landesbehörden die Zugehörigkeit eines Antragstellers zum Kreis der nach Satz 1 anerkannten Berechtigten.

(5) [1]Die Bundesnetzagentur teilt Frequenzen für die Nutzung des Flugfunkdienstes zu, wenn die nach dem Luftverkehrsrecht erforderlichen Entscheidungen des Bundesaufsichtsamtes für Flugsicherung vorliegen. [2]Die nach § 55 festgelegte Zuständigkeit der Bundesnetzagentur und deren Eingriffsmöglichkeiten bleiben unberührt.

(6) Frequenzen für die Nutzung durch Küstenfunkstellen des Revier- und Hafenfunkdienstes werden nur dann zugeteilt, wenn die Zustimmung der Wasserstraßen- und Schifffahrtsverwaltung des Bundes vorliegt.

§ 58 Gemeinsame Frequenznutzung, Erprobung innovativer Technologien, kurzfristig auftretender Frequenzbedarf[1)]

(1) [1]Frequenzen, bei denen eine effiziente Nutzung durch einen Einzelnen allein nicht zu erwarten ist, können auch mehreren zur gemeinschaftlichen Nutzung zugeteilt werden. [2]Die Inhaber dieser Frequenzzuteilungen haben Beeinträchtigungen hinzunehmen, die sich aus einer bestimmungsgemäßen gemeinsamen Nutzung der Frequenz ergeben.

(2) [1]In begründeten Einzelfällen, insbesondere zur Erprobung innovativer Technologien in der Telekommunikation oder bei kurzfristig auftretendem Frequenzbedarf, kann von den im Fre-

1) **Anm. d. Red.:** § 58 i. d. F. des Gesetzes v. 3. 5. 2012 (BGBl I S. 958) mit Wirkung v. 10. 5. 2012.

quenzplan enthaltenen Festlegungen bei der Zuteilung von Frequenzen befristet abgewichen werden. [2]Voraussetzung hierfür ist, dass keine Frequenznutzung beeinträchtigt wird. [3]Sind Belange der Länder bei der Übertragung von Rundfunk im Zuständigkeitsbereich der Länder betroffen, ist auf der Grundlage der rundfunkrechtlichen Festlegungen das Benehmen mit der zuständigen Landesbehörde herzustellen.

§ 59 (weggefallen)[1)]

§ 60 Bestandteile der Frequenzzuteilung[2)]

(1) [1]Im Rahmen der Frequenzzuteilung sind insbesondere die Art und der Umfang der Frequenznutzung festzulegen, soweit dies zur Sicherung einer effizienten und störungsfreien Nutzung der Frequenzen erforderlich ist. [2]Bei der Festlegung von Art und Umfang der Frequenzzuteilung sind internationale Vereinbarungen zur Frequenzkoordinierung zu beachten. [3]Eine Nutzung zugeteilter Frequenzen darf nur mit Funkanlagen erfolgen, die für den Betrieb in der Bundesrepublik Deutschland vorgesehen bzw. gekennzeichnet sind.

(2) [1]Zur Sicherung einer effizienten und störungsfreien Nutzung der Frequenzen sowie der weiteren in § 2 genannten Regulierungsziele kann die Frequenzzuteilung mit Nebenbestimmungen versehen werden. [2]Wird nach der Frequenzzuteilung festgestellt, dass auf Grund einer erhöhten Nutzung des Frequenzspektrums erhebliche Einschränkungen der Frequenznutzung auftreten oder dass auf Grund einer Weiterentwicklung der Technologien erhebliche Effizienzsteigerungen möglich sind, so können Art und Umfang der Frequenznutzung nach Absatz 1 nachträglich geändert werden. [3]Sind Belange der Länder bei der Übertragung von Rundfunk im Zuständigkeitsbereich der Länder betroffen, ist auf der Grundlage der rundfunkrechtlichen Festlegungen das Benehmen mit der zuständigen Landesbehörde herzustellen.

(3) [1]Die Frequenzzuteilung kann Hinweise darauf enthalten, welche Parameter die Bundesnetzagentur den Festlegungen zu Art und Umfang der Frequenznutzung bezüglich der Empfangsanlagen zugrunde gelegt hat. [2]Bei Nichteinhaltung der mitgeteilten Parameter wird die Bundesnetzagentur keinerlei Maßnahmen ergreifen, um Nachteilen zu begegnen.

(4) Frequenzen, die der Übertragung von Rundfunk im Zuständigkeitsbereich der Länder dienen, werden im Benehmen mit der zuständigen Landesbehörde mit Auflagen zugeteilt, die sicherstellen, dass die rundfunkrechtlichen Belange der Länder berücksichtigt werden.

§ 61 Vergabeverfahren[3)]

(1) [1]Wurde nach § 55 Absatz 10 angeordnet, dass der Zuteilung von Frequenzen ein Vergabeverfahren voranzugehen hat, kann die Bundesnetzagentur nach Anhörung der betroffenen Kreise das Versteigerungsverfahren nach Absatz 5 oder das Ausschreibungsverfahren nach Absatz 6 durchführen. [2]Die Entscheidung über die Wahl des Verfahrens sowie die Festlegungen und Regeln für die Durchführung der Verfahren sind von der Bundesnetzagentur zu veröffentlichen. [3]Die Zuteilung der Frequenzen erfolgt nach § 55, nachdem das Vergabeverfahren nach Satz 1 durchgeführt worden ist.

(2) [1]Grundsätzlich ist das in Absatz 4 geregelte Versteigerungsverfahren durchzuführen, es sei denn, dieses Verfahren ist nicht geeignet, die Regulierungsziele nach § 2 sicherzustellen. [2]Dies kann insbesondere der Fall sein, wenn für die Frequenznutzung, für die die Funkfrequenzen unter Beachtung des Frequenzplanes verwendet werden dürfen, bereits Frequenzen ohne Versteigerungsverfahren zugeteilt wurden, oder wenn ein Antragsteller für die zuzuteilenden Frequenzen eine gesetzlich begründete Präferenz geltend machen kann. [3]Für Frequenzen, die für die Übertragung von Rundfunk im Zuständigkeitsbereich der Länder vorgesehen sind, findet das in Absatz 4 geregelte Verfahren keine Anwendung.

1) **Anm. d. Red.:** § 59 weggefallen gem. Gesetz v. 3. 5. 2012 (BGBl I S. 958) mit Wirkung v. 10. 5. 2012.

2) **Anm. d. Red.:** § 60 i. d. F. des Gesetzes v. 3. 5. 2012 (BGBl I S. 958) mit Wirkung v. 10. 5. 2012.

3) **Anm. d. Red.:** § 61 i. d. F. des Gesetzes v. 3. 5. 2012 (BGBl I S. 958) mit Wirkung v. 10. 5. 2012.

(3) [1]Mit dem Vergabeverfahren soll festgestellt werden, welcher oder welche der Antragsteller am besten geeignet sind, die zu vergebenden Frequenzen effizient zu nutzen. [2]Die Bundesnetzagentur bestimmt vor Durchführung eines Vergabeverfahrens

1. die von einem Antragsteller zu erfüllenden subjektiven, fachlichen und sachlichen Mindestvoraussetzungen für die Zulassung zum Vergabeverfahren,
2. die Frequenznutzung, für die die zu vergebenden Frequenzen unter Beachtung des Frequenzplanes verwendet werden dürfen,
3. die für die Aufnahme des Telekommunikationsdienstes notwendige Grundausstattung an Frequenzen, sofern dies erforderlich ist,
4. die Frequenznutzungsbestimmungen einschließlich des Versorgungsgrades bei der Frequenznutzung und seiner zeitlichen Umsetzung.

(4) [1]Im Falle der Versteigerung legt die Bundesnetzagentur vor der Durchführung des Vergabeverfahrens die Regeln für die Durchführung des Versteigerungsverfahrens im Einzelnen fest; diese müssen objektiv, nachvollziehbar und diskriminierungsfrei sein und die Belange kleiner und mittlerer Unternehmen berücksichtigen. [2]Die Bundesnetzagentur kann ein Mindestgebot für die Teilnahme am Versteigerungsverfahren festsetzen. [3]Der Versteigerung geht ein Verfahren voraus, in dem die Zulassung zur Versteigerung schriftlich zu beantragen ist. [4]Die Bundesnetzagentur entscheidet über die Zulassung durch schriftlichen Bescheid. [5]Der Antrag auf Zulassung ist abzulehnen, wenn der Antragsteller nicht darlegt und nachweist, dass er die nach Absatz 3 Satz 2 festgelegten und die nach § 55 Absatz 5 bestehenden Voraussetzungen erfüllt.

(5) [1]Im Fall der Ausschreibung bestimmt die Bundesnetzagentur vor Durchführung des Vergabeverfahrens die Kriterien, nach denen die Eignung der Bewerber bewertet wird. [2]Kriterien sind die Zuverlässigkeit, Fachkunde und Leistungsfähigkeit der Bewerber, die Eignung von vorzulegenden Planungen für die Nutzung der ausgeschriebenen Frequenzen, die Förderung eines nachhaltig wettbewerbsorientierten Marktes und der räumliche Versorgungsgrad. [3]Bei ansonsten gleicher Eignung ist derjenige Bewerber auszuwählen, der einen höheren räumlichen Versorgungsgrad mit den entsprechenden Telekommunikationsdiensten gewährleistet.

TKG

(6) Verpflichtungen, die Antragsteller im Laufe eines Versteigerungs- oder Ausschreibungsverfahrens eingegangen sind, werden Bestandteile der Frequenzzuteilung.

(7) [1]Bei einem Versteigerungsverfahren nach Absatz 4 oder einem Ausschreibungsverfahren nach Absatz 5 kann die in § 55 Abs. 4 genannte Höchstfrist von sechs Wochen so lange wie nötig, längstens jedoch um acht Monate verlängert werden, um für alle Beteiligten ein chancengleiches, angemessenes, offenes und transparentes Verfahren sicherzustellen. [2]Diese Fristen lassen geltende internationale Vereinbarungen über die Nutzung von Frequenzen und die Satellitenkoordinierung unberührt.

§ 62 Flexibilisierung[1)]

(1) [1]Die Bundesnetzagentur kann nach Anhörung der betroffenen Kreise Frequenzbereiche zum Handel, zur Vermietung oder zur kooperativen, gemeinschaftlichen Nutzung (Frequenzpooling) freigeben, um flexible Frequenznutzungen zu ermöglichen. [2]Sie legt die Rahmenbedingungen und das Verfahren fest.

(2) [1]Die Rahmenbedingungen und das Verfahren haben insbesondere sicherzustellen, dass

1. die Effizienz der Frequenznutzung gesteigert oder gewahrt wird,
2. das ursprüngliche Vergabeverfahren einer Frequenzzuteilung nicht entgegensteht,
3. keine Verzerrung des Wettbewerbs zu besorgen ist,
4. die sonstigen rechtlichen Rahmenbedingungen, insbesondere die Nutzungsbestimmungen und internationale Vereinbarungen zur Frequenznutzung, eingehalten werden und

1) **Anm. d. Red.:** § 62 i. d. F. des Gesetzes v. 3. 5. 2012 (BGBl I S. 958) mit Wirkung v. 10. 5. 2012.

5. die Regulierungsziele nach § 2 sichergestellt sind.

[2]Die Entscheidung über die Rahmenbedingungen und das Verfahren sind zu veröffentlichen. [3]Bei Frequenzen, die für Rundfunkdienste vorgesehen sind, erfolgt die Entscheidung im Einvernehmen mit der nach Landesrecht zuständigen Stelle.

(3) Erlöse, die aus Maßnahmen nach Absatz 1 erzielt werden, stehen abzüglich der Verwaltungskosten demjenigen zu, der seine Frequenznutzungsrechte Dritten überträgt oder zur Nutzung oder Mitbenutzung überlässt.

§ 63 Widerruf der Frequenzzuteilung, Verzicht[1)]

(1) [1]Eine Frequenzzuteilung kann widerrufen werden, wenn nicht innerhalb eines Jahres nach der Zuteilung mit der Nutzung der Frequenz im Sinne des mit der Zuteilung verfolgten Zwecks begonnen wurde oder wenn die Frequenz länger als ein Jahr nicht im Sinne des mit der Zuteilung verfolgten Zwecks genutzt worden ist. [2]Die Frequenzzuteilung kann neben den Fällen des § 49 Absatz 2 des Verwaltungsverfahrensgesetzes auch widerrufen werden, wenn

1. eine der Voraussetzungen nach § 55 Absatz 5 und § 57 Absatz 4 bis 6 nicht mehr gegeben ist,
2. einer Verpflichtung, die sich aus der Frequenzzuteilung ergibt, schwer oder wiederholt zuwidergehandelt oder trotz Aufforderung nicht nachgekommen wird,
3. nach der Frequenzzuteilung Wettbewerbsverzerrungen wahrscheinlich sind oder
4. durch eine Änderung der Eigentumsverhältnisse in der Person des Inhabers der Frequenzzuteilung eine Wettbewerbsverzerrung zu besorgen ist.

[3]Die Frist bis zum Wirksamwerden des Widerrufs muss angemessen sein. [4]Sofern Frequenzen für die Übertragung von Rundfunk im Zuständigkeitsbereich der Länder betroffen sind, stellt die Bundesnetzagentur auf der Grundlage der rundfunkrechtlichen Festlegungen das Benehmen mit der zuständigen Landesbehörde her.

(2) [1]Die Frequenzzuteilung soll widerrufen werden, wenn bei einer Frequenz, die zur Übertragung von Rundfunk im Zuständigkeitsbereich der Länder zugeteilt ist, alle rundfunkrechtlichen Festlegungen der zuständigen Landesbehörde für Rundfunk, der auf dieser Frequenz übertragen wird, entfallen sind. [2]Wenn bei einer Frequenz nach Satz 1 eine oder alle rundfunkrechtlichen Festlegungen nach Satz 1 entfallen sind und innerhalb von sechs Monaten keine neue rundfunkrechtliche Festlegung erteilt wird, kann die Bundesnetzagentur im Benehmen mit der zuständigen Landesbehörde dem bisherigen Inhaber diese Frequenz zuteilen mit eingeschränkter Verpflichtung oder ohne Verpflichtung zur Übertragung von Rundfunk im Zuständigkeitsbereich der Länder nach Maßgabe des Frequenzplanes, auch wenn dies nicht dem vorherigen Vergabeverfahren entspricht.

(3) § 49 Abs. 6 des Verwaltungsverfahrensgesetzes ist auf den Widerruf nach den Absätzen 1 und 2 nicht anzuwenden.

(4) [1]Frequenzzuteilungen für den analogen Hörfunk auf Ultrakurzwelle, die zum 31. Dezember 2015 befristet sind, sollen entsprechend § 57 Absatz 1 Satz 8 von der Bundesnetzagentur bis zum Ende der Zuweisung von Übertragungskapazitäten nach Landesrecht, längstens jedoch um zehn Jahre verlängert werden, sofern der Inhalteanbieter dem zustimmt. [2]Nicht zu diesem Zeitpunkt befristete Zuteilungen sollen widerrufen werden, wenn ein nach § 57 Absatz 1 Satz 8 vom Inhalteanbieter ausgewählter Sendernetzbetreiber auf Antrag die Zuteilung an ihn verlangen kann. [3]Für die Widerrufsentscheidung gilt § 63 Absatz 1 Satz 4 entsprechend. [4]Für das Wirksamwerden des Widerrufs ist eine angemessene Frist von mindestens drei Monaten, frühestens jedoch der 31. Dezember 2015 vorzusehen.

(5) [1]Die Frequenzzuteilung erlischt durch Verzicht. [2]Der Verzicht ist gegenüber der Bundesnetzagentur schriftlich unter genauer Bezeichnung der Frequenzzuteilung zu erklären.

---

1) **Anm. d. Red.:** § 63 i. d. F. des Gesetzes v. 3. 5. 2012 (BGBl I S. 958) mit Wirkung v. 10. 5. 2012.

§ 64 Überwachung, Anordnung der Außerbetriebnahme[1)]

(1) [1]Zur Sicherstellung der Frequenzordnung überwacht die Bundesnetzagentur die Frequenznutzung. [2]Soweit es dazu, insbesondere zur Identifizierung eines Frequenznutzers, erforderlich und angemessen ist, sind die Bediensteten der Bundesnetzagentur befugt, sich Kenntnis von den näheren Umständen eines Telekommunikationsvorgangs zu verschaffen und in besonderen Fällen auch in Aussendungen hineinzuhören. [3]Die durch Maßnahmen nach Satz 2 erlangten Informationen dürfen nur zur Sicherstellung der Frequenzordnung verwendet werden. [4]Abweichend hiervon dürfen Informationen an die zuständigen Behörden übermittelt werden, soweit dies für die Verfolgung einer in § 100a der Strafprozessordnung genannten Straftat erforderlich ist. [5]Das Grundrecht des Fernmeldegeheimnisses nach Artikel 10 des Grundgesetzes wird nach Maßgabe der Sätze 2 bis 4 eingeschränkt.

(2) [1]Zur Sicherstellung der Frequenzordnung kann die Bundesnetzagentur eine Einschränkung des Betriebes oder die Außerbetriebnahme von Geräten anordnen. [2]Zur Durchsetzung dieser Anordnungen kann nach Maßgabe des Verwaltungsvollstreckungsgesetzes ein Zwangsgeld bis zu 500 000 Euro festgesetzt werden.

§ 65 Einschränkung der Frequenzzuteilung

Die Nutzung der zugeteilten Frequenzen kann vorübergehend eingeschränkt werden, wenn diese Frequenzen von den zuständigen Behörden zur Bewältigung ihrer Aufgaben im Spannungs- und im Verteidigungsfall, im Rahmen von Bündnisverpflichtungen, im Rahmen der Zusammenarbeit mit den Vereinten Nationen, im Rahmen internationaler Vereinbarungen zur Notfallbewältigung oder bei Naturkatastrophen und besonders schweren Unglücksfällen benötigt werden.

Abschnitt 2: Nummerierung

§ 66 Nummerierung[2)]

(1) [1]Die Bundesnetzagentur nimmt die Aufgaben der Nummerierung wahr. [2]Ihr obliegt insbesondere die Strukturierung und Ausgestaltung des Nummernraumes mit dem Ziel, den Anforderungen von Endnutzern, Betreibern von Telekommunikationsnetzen und Anbietern von Telekommunikationsdiensten zu genügen. [3]Die Bundesnetzagentur teilt ferner Nummern an Betreiber von Telekommunikationsnetzen, Anbieter von Telekommunikationsdiensten und Endnutzer zu. [4]Ausgenommen ist die Verwaltung von Domänennamen oberster und nachgeordneter Stufen.

(2) [1]Die Bundesnetzagentur kann zur Umsetzung internationaler Verpflichtungen oder Empfehlungen sowie zur Sicherstellung der ausreichenden Verfügbarkeit von Nummern Änderungen der Struktur und Ausgestaltung des Nummernraumes und des nationalen Nummernplanes vornehmen. [2]Dabei sind die Belange der Betroffenen, insbesondere die den Betreibern, Anbietern von Telekommunikationsdiensten und Nutzern entstehenden Umstellungskosten, angemessen zu berücksichtigen. [3]Beabsichtigte Änderungen sind rechtzeitig vor ihrem Wirksamwerden bekannt zu geben. [4]Die von diesen Änderungen betroffenen Betreiber von Telekommunikationsnetzen und Anbieter von Telekommunikationsdiensten sind verpflichtet, die zur Umsetzung erforderlichen Maßnahmen zu treffen.

(3) [1]Die Bundesnetzagentur kann zur Durchsetzung der Verpflichtungen nach Absatz 2 Anordnungen erlassen. [2]Zur Durchsetzung der Anordnungen können nach Maßgabe des Verwaltungsvollstreckungsgesetzes Zwangsgelder bis zu 500 000 Euro festgesetzt werden.

(4) [1]Die Bundesregierung wird ermächtigt, durch Rechtsverordnung die Maßstäbe und Leitlinien für die Strukturierung, Ausgestaltung und Verwaltung der Nummernräume sowie für den

1) **Anm. d. Red.:** § 64 i. d. F. des Gesetzes v. 18. 2. 2007 (BGBl I S. 106) mit Wirkung v. 24. 2. 2007.

2) **Anm. d. Red.:** § 66 i. d. F. des Gesetzes v. 3. 5. 2012 (BGBl I S. 958) mit Wirkung v. 10. 5. 2012.

Erwerb, Umfang und Verlust von Nutzungsrechten an Nummern festzulegen. [2]Dies schließt auch die Umsetzung darauf bezogener internationaler Empfehlungen und Verpflichtungen in nationales Recht ein. [3]Dabei sind insbesondere die effiziente Nummernnutzung, die Belange der Marktbeteiligten einschließlich der Planungssicherheit, die wirtschaftlichen Auswirkungen auf die Marktteilnehmer, die Anforderungen an die Nummernnutzung und die langfristige Bedarfsdeckung sowie die Interessen der Endnutzer zu berücksichtigen. [4]In der Verordnung sind die Befugnisse der Bundesnetzagentur sowie die Rechte und Pflichten der Marktteilnehmer und der Endnutzer im Einzelnen festzulegen. [5]Absatz 1 Satz 4 gilt entsprechend.

(5) [1]Ist im Vergabeverfahren für generische Domänen oberster Stufe für die Zuteilung oder Verwendung einer geografischen Bezeichnung, die mit dem Namen einer Gebietskörperschaft identisch ist, eine Einverständniserklärung oder Unbedenklichkeitsbescheinigung durch eine deutsche Regierungs- oder Verwaltungsstelle erforderlich, obliegt die Entscheidung über die Erteilung des Einverständnisses oder die Ausstellung einer Unbedenklichkeitsbescheinigung der nach dem jeweiligen Landesrecht zuständigen Stelle. [2]Weisen mehrere Gebietskörperschaften identische Namen auf, liegt die Entscheidungsbefugnis bei der Gebietskörperschaft, die nach der Verkehrsauffassung die größte Bedeutung hat.

§ 66a Preisangabe[1)2)]

[1]Wer gegenüber Endnutzern Premium-Dienste, Auskunftsdienste, Massenverkehrsdienste, Service-Dienste, Neuartige Dienste oder Kurzwahldienste anbietet oder dafür wirbt, hat dabei den für die Inanspruchnahme des Dienstes zu zahlenden Preis zeitabhängig je Minute oder zeitunabhängig je Inanspruchnahme einschließlich der Umsatzsteuer und sonstiger Preisbestandteile anzugeben. [2]Bei Angabe des Preises ist der Preis gut lesbar, deutlich sichtbar und in unmittelbarem Zusammenhang mit der Rufnummer anzugeben. [3]Bei Anzeige der Rufnummer darf die Preisangabe nicht zeitlich kürzer als die Rufnummer angezeigt werden. [4]Auf den Abschluss eines Dauerschuldverhältnisses ist hinzuweisen. [5]Soweit für die Inanspruchnahme eines Dienstes nach Satz 1 für Anrufe aus den Mobilfunknetzen Preise gelten, die von den Preisen für Anrufe aus den Festnetzen abweichen, ist der Festnetzpreis mit dem Hinweis auf die Möglichkeit abweichender Preise für Anrufe aus den Mobilfunknetzen anzugeben. [6]Abweichend hiervon ist bei Service-Diensten neben dem Festnetzpreis der Mobilfunkhöchstpreis anzugeben, soweit für die Inanspruchnahme des Dienstes für Anrufe aus den Mobilfunknetzen Preise gelten, die von den Preisen für Anrufe aus den Festnetzen abweichen. [7]Bei Telefax-Diensten ist zusätzlich die Zahl der zu übermittelnden Seiten anzugeben. [8]Bei Datendiensten ist zusätzlich, soweit möglich, der Umfang der zu übermittelnden Daten anzugeben, es sei denn, die Menge der zu übermittelnden Daten hat keine Auswirkung auf die Höhe des Preises für den Endnutzer.

§ 66b Preisansage[3)4)]

(1) [1]Für sprachgestützte Premium-Dienste und für sprachgestützte Betreiberauswahl hat derjenige, der den vom Endnutzer zu zahlenden Preis für die Inanspruchnahme dieses Dienstes festlegt, vor Beginn der Entgeltpflichtigkeit dem Endnutzer den für die Inanspruchnahme dieses Dienstes zu zahlenden Preis zeitabhängig je Minute oder zeitunabhängig je Datenvolumen oder sonstiger Inanspruchnahme einschließlich der Umsatzsteuer und sonstiger Preisbestandteile anzusagen. [2]Die Preisansage ist spätestens drei Sekunden vor Beginn der Entgeltpflichtigkeit unter Hinweis auf den Zeitpunkt des Beginns derselben abzuschließen. [3]Ändert sich dieser Preis

---

1) **Anm. d. Red.:** § 66a i. d. F. des Gesetzes v. 29. 7. 2009 (BGBl I S. 2409) mit Wirkung v. 1. 3. 2010.

2) **Anm. d. Red.:** Gem. Art. 5 Abs. 2 Gesetz v. 3.5.2012 (BGBl I S. 958) i.V. mit Berichtigung v. 8.8.2012 (BGBl I S. 1717) ist § 66a mit Inkrafttreten einer Rechtsverordnung nach § 45n Abs. 1 i.V. mit Abs. 4 Nr. 1 nicht mehr anzuwenden.

3) **Anm. d. Red.:** § 66b i. d. F. des Gesetzes v. 3. 5. 2012 (BGBl I S. 958) mit Wirkung v. 1. 6. 2013.

4) **Anm. d. Red.:** Gem. Art. 5 Abs. 2 Gesetz v. 3. 5. 2012 (BGBl I S. 958) i.V. mit Berichtigung v. 8. 8. 2012 (BGBl I S. 1717) ist § 66b mit Inkrafttreten einer Rechtsverordnung nach § 45n Abs. 1 i.V. mit Abs. 4 Nr. 1 nicht mehr anzuwenden.

während der Inanspruchnahme des Dienstes, so ist vor Beginn des neuen Tarifabschnitts der nach der Änderung zu zahlende Preis entsprechend der Sätze 1 und 2 anzusagen mit der Maßgabe, dass die Ansage auch während der Inanspruchnahme des Dienstes erfolgen kann. [4]Beim Einsatz von Warteschleifen nach § 66g Absatz 1 Nummer 5 stellt weder der Beginn noch das Ende der Warteschleife eine Änderung des Preises im Sinne des Satzes 3 dar, wenn der vom Endnutzer im Sinne des Satzes 1 zu zahlende Preis für den Tarifabschnitt nach der Warteschleife unverändert gegenüber dem Preis für den Tarifabschnitt vor der Warteschleife ist. [5]Die Sätze 1 bis 4 gelten auch für sprachgestützte Auskunftsdienste und für Kurzwahl-Sprachdienste ab einem Preis von 2 Euro pro Minute oder pro Inanspruchnahme bei zeitunabhängiger Tarifierung. [6]Die Sätze 1 bis 4 gelten auch für sprachgestützte Neuartige Dienste ab einem Preis von 2 Euro pro Minute oder pro Inanspruchnahme bei zeitunabhängiger Tarifierung, soweit nach Absatz 4 nicht etwas Anderes bestimmt ist.

(2) Bei Inanspruchnahme von Rufnummern für sprachgestützte Massenverkehrs-Dienste hat der Diensteanbieter dem Endnutzer den für die Inanspruchnahme dieser Rufnummer zu zahlenden Preis für Anrufe aus den Festnetzen einschließlich der Umsatzsteuer und sonstiger Preisbestandteile unmittelbar im Anschluss an die Inanspruchnahme des Dienstes anzusagen.

(3) [1]Im Falle der Weitervermittlung durch einen sprachgestützten Auskunftsdienst besteht die Preisansageverpflichtung für das weiterzuvermittelnde Gespräch für den Auskunftsdiensteanbieter. [2]Die Ansage kann während der Inanspruchnahme des sprachgestützten Auskunftsdienstes erfolgen, ist jedoch vor der Weitervermittlung vorzunehmen; Absatz 1 Satz 3 und 4 gilt entsprechend. [3]Diese Ansage umfasst den Preis für Anrufe aus den Festnetzen zeitabhängig je Minute oder zeitunabhängig je Datenvolumen oder sonstiger Inanspruchnahme einschließlich der Umsatzsteuer und sonstiger Preisbestandteile sowie einen Hinweis auf die Möglichkeit abweichender Preise aus dem Mobilfunk.

(4) [1]Bei sprachgestützten Neuartigen Diensten kann die Bundesnetzagentur nach Anhörung der Fachkreise und Verbraucherverbände Anforderungen für eine Preisansage festlegen, die von denen des Absatzes 1 Satz 6 abweichen, sofern technische Entwicklungen, die diesen Nummernbereich betreffen, ein solches Verfahren erforderlich machen. [2]Die Festlegungen sind von der Bundesnetzagentur zu veröffentlichen.

TKG

§ 66c Preisanzeige[1)2)]

(1) [1]Für Kurzwahl-Datendienste hat außer im Falle des § 45l derjenige, der den vom Endnutzer zu zahlenden Preis für die Inanspruchnahme dieses Dienstes festlegt, vor Beginn der Entgeltpflichtigkeit den für die Inanspruchnahme dieses Dienstes zu zahlenden Preis einschließlich der Umsatzsteuer und sonstiger Preisbestandteile ab einem Preis von 2 Euro pro Inanspruchnahme deutlich sichtbar und gut lesbar anzuzeigen und sich vom Endnutzer den Erhalt der Information bestätigen zu lassen. [2]Satz 1 gilt auch für nichtsprachgestützte Neuartige Dienste ab einem Preis von 2 Euro pro Inanspruchnahme.

(2) [1]Von den Verpflichtungen nach Absatz 1 kann abgewichen werden, wenn der Dienst im öffentlichen Interesse erbracht wird oder sich der Endkunde vor Inanspruchnahme der Dienstleistung gegenüber dem Verpflichteten nach Absatz 1 durch ein geeignetes Verfahren legitimiert. [2]Die Einzelheiten regelt und veröffentlicht die Bundesnetzagentur.

§ 66d Preishöchstgrenzen[3)]

(1) [1]Der Preis für zeitabhängig über Rufnummern für Premium-Dienste abgerechnete Dienstleistungen darf höchstens 3 Euro pro Minute betragen, soweit nach Absatz 4 keine abweichen-

1) **Anm. d. Red.:** § 66c eingefügt gem. Gesetz v. 18. 2. 2007 (BGBl I S. 106) mit Wirkung v. 1. 9. 2007.

2) **Anm. d. Red.:** Gem. Art. 5 Abs. 2 Gesetz v. 3. 5. 2012 (BGBl I S. 958) i. V. mit Berichtigung v. 8. 8. 2012 (BGBl I S. 1717) ist § 66c mit Inkrafttreten einer Rechtsverordnung nach § 45n Abs. 1 i. V. mit Abs. 4 Nr. 1 nicht mehr anzuwenden.

3) **Anm. d. Red.:** § 66d i. d. F. des Gesetzes v. 3. 5. 2012 (BGBl I S. 958) mit Wirkung v. 10. 5. 2012.

den Preise erhoben werden können. [2]Dies gilt auch im Falle der Weitervermittlung durch einen Auskunftsdienst. [3]Die Abrechnung darf höchstens im 60-Sekunden-Takt erfolgen.

(2) [1]Der Preis für zeitunabhängig über Rufnummern für Premium-Dienste abgerechnete Dienstleistungen darf höchstens 30 Euro pro Verbindung betragen, soweit nach Absatz 4 keine abweichenden Preise erhoben werden können. [2]Wird der Preis von Dienstleistungen aus zeitabhängigen und zeitunabhängigen Leistungsanteilen gebildet, so müssen diese Preisanteile entweder im Einzelverbindungsnachweis, soweit dieser erteilt wird, getrennt ausgewiesen werden oder Verfahren nach Absatz 4 Satz 3 zur Anwendung kommen. [3]Der Preis nach Satz 2 darf höchstens 30 Euro je Verbindung betragen, soweit nach Absatz 4 keine abweichenden Preise erhoben werden können.

(3) [1]Der Preis für Anrufe bei Service-Diensten darf aus den Festnetzen höchstens 0,14 Euro pro Minute oder 0,20 Euro pro Anruf und aus den Mobilfunknetzen höchstens 0,42 Euro pro Minute oder 0,60 Euro pro Anruf betragen, soweit nach Absatz 4 Satz 4 keine abweichenden Preise erhoben werden können. [2]Die Abrechnung darf höchstens im 60-Sekunden-Takt erfolgen.

(4) [1]Über die Preisgrenzen der Absätze 1 und 2 hinausgehende Preise dürfen nur erhoben werden, wenn sich der Kunde vor Inanspruchnahme der Dienstleistung gegenüber dem Diensteanbieter durch ein geeignetes Verfahren legitimiert. [2]Die Einzelheiten regelt die Bundesnetzagentur. [3]Sie kann durch Verfügung im Amtsblatt Einzelheiten zu zulässigen Verfahren in Bezug auf Tarifierungen nach den Absätzen 1 und 2 und zu den Ausnahmen nach Absatz 2 Satz 2 und 3 festlegen. [4]Darüber hinaus kann die Bundesnetzagentur entsprechend dem Verfahren nach § 67 Abs. 2 von den Absätzen 1 bis 3 abweichende Preishöchstgrenzen festsetzen, wenn die allgemeine Entwicklung der Preise oder des Marktes dies erforderlich macht.

(5) [1]Der Preis für Anrufe in den und aus dem Europäischen Telefonnummerierungsraum (ETNS) muss mit dem jeweils geltenden Höchstpreis für Auslandsanrufe in andere oder aus anderen Mitgliedstaaten vergleichbar sein. [2]Die Einzelheiten regelt die Bundesnetzagentur durch Verfügung im Amtsblatt.

§ 66e Verbindungstrennung[1)]

(1) [1]Der Diensteanbieter, bei dem die Rufnummer für Premium-Dienste oder Kurzwahl-Sprachdienste eingerichtet ist, hat jede zeitabhängig abgerechnete Verbindung zu dieser nach 60 Minuten zu trennen. [2]Dies gilt auch, wenn zu einer Rufnummer für Premium-Dienste oder für Kurzwahl-Sprachdienste weitervermittelt wurde.

(2) [1]Von der Verpflichtung nach Absatz 1 kann abgewichen werden, wenn sich der Endnutzer vor der Inanspruchnahme der Dienstleistung gegenüber dem Diensteanbieter durch ein geeignetes Verfahren legitimiert. [2]Die Einzelheiten regelt die Bundesnetzagentur. [3]Sie kann durch Verfügung die Einzelheiten der zulässigen Verfahren zur Verbindungstrennung festlegen.

§ 66f Anwählprogramme (Dialer)[2)]

(1) [1]Anwählprogramme, die Verbindungen zu einer Nummer herstellen, bei denen neben der Telekommunikationsdienstleistung Inhalte abgerechnet werden (Dialer), dürfen nur eingesetzt werden, wenn sie vor Inbetriebnahme bei der Bundesnetzagentur registriert wurden, von ihr vorgegebene Mindestvoraussetzungen erfüllen und ihr gegenüber schriftlich versichert wurde, dass eine rechtswidrige Nutzung ausgeschlossen ist. [2]Dialer dürfen nur über Rufnummern aus einem von der Bundesnetzagentur hierzu zur Verfügung gestellten Nummernbereich angeboten werden. [3]Das Betreiben eines nicht registrierten Dialers neben einem registrierten Dialer unter einer Nummer ist unzulässig.

(2) [1]Unter einer Zielrufnummer registriert die Bundesnetzagentur jeweils nur einen Dialer. [2]Änderungen des Dialers führen zu einer neuen Registrierungspflicht. [3]Die Bundesnetzagentur

1) **Anm. d. Red.:** § 66e eingefügt gem. Gesetz v. 18. 2. 2007 (BGBl I S. 106) mit Wirkung v. 1. 9. 2007.

2) **Anm. d. Red.:** § 66f eingefügt gem. Gesetz v. 18. 2. 2007 (BGBl I S. 106) mit Wirkung v. 1. 9. 2007.

regelt die Einzelheiten des Registrierungsverfahrens und den Inhalt der abzugebenden schriftlichen Versicherung. [4]Sie kann Einzelheiten zur Verwendung des Tarifs für zeitunabhängig abgerechnete Dienstleistungen sowie zur Registrierung von Dialern nach Satz 1 festlegen, soweit diese Verfahren in gleicher Weise geeignet sind, die Belange des Verbraucherschutzes zu gewährleisten, und durch Verfügung veröffentlichen.

(3) [1]Die Bundesnetzagentur kann die Registrierung von Dialern ablehnen, wenn Tatsachen die Annahme rechtfertigen, dass der Antragsteller nicht die erforderliche Zuverlässigkeit besitzt. [2]Dies ist insbesondere der Fall, wenn der Antragsteller schwerwiegend gegen die Vorschriften dieses Gesetzes verstoßen oder wiederholt eine Registrierung durch falsche Angaben erwirkt hat. [3]Im Falle von Satz 1 teilt die Bundesnetzagentur ihre Erkenntnisse den für den Vollzug der Gewerbeordnung zuständigen Stellen mit.

§ 66g Warteschleifen[1)]

(1) Warteschleifen dürfen nur eingesetzt werden, wenn eine der folgenden Voraussetzungen erfüllt ist:

1. der Anruf erfolgt zu einer entgeltfreien Rufnummer,
2. der Anruf erfolgt zu einer ortsgebundenen Rufnummer oder einer Rufnummer, die die Bundesnetzagentur den ortsgebundenen Rufnummern nach Absatz 3 gleichgestellt hat,
3. der Anruf erfolgt zu einer Rufnummer für mobile Dienste (015, 016 oder 017),
4. für den Anruf gilt ein Festpreis pro Verbindung oder
5. der Anruf ist für die Dauer der Warteschleife für den Anrufer kostenfrei, soweit es sich nicht um Kosten handelt, die bei Anrufen aus dem Ausland für die Herstellung der Verbindung im Ausland entstehen.

TKG

(2) [1]Beim ersten Einsatz einer Warteschleife im Rahmen des Anrufs, die nicht unter Absatz 1 Nummer 1 bis 3 fällt, hat der Angerufene sicherzustellen, dass der Anrufende mit Beginn der Warteschleife über ihre voraussichtliche Dauer und, unbeschadet der §§ 66a bis 66c, darüber informiert wird, ob für den Anruf ein Festpreis gilt oder der Angerufene gemäß Absatz 1 Nummer 5 für die Dauer des Einsatzes dieser Warteschleife für den Anrufer kostenfrei ist. [2]Die Ansage kann mit Beginn der Bearbeitung vorzeitig beendet werden.

(3) Die Bundesnetzagentur stellt auf Antrag des Zuteilungsnehmers Rufnummern den ortsgebundenen Rufnummern nach Absatz 1 Nummer 2 in Bezug auf den Einsatz von Warteschleifen gleich, wenn

1. der Angerufene vom Anrufer weder unmittelbar noch mittelbar über den Anbieter von Telekommunikationsdiensten ein Entgelt für den Anruf zu dieser Nummer erhält und Anrufe zu dieser Nummer in der Regel von den am Markt verfügbaren Pauschaltarifen erfasst sind und
2. die Tarifierung dieser Rufnummer auch im Übrigen keine abweichende Behandlung gegenüber den ortsgebundenen Rufnummern rechtfertigt.

§ 66h Wegfall des Entgeltanspruchs[2)]

Der Endnutzer ist zur Zahlung eines Entgelts nicht verpflichtet, wenn und soweit

1. nach Maßgabe des § 66b Abs. 1 nicht vor Beginn der Inanspruchnahme oder nach Maßgabe des § 66b Abs. 2, 3 und 4 nicht während der Inanspruchnahme des Dienstes über den erhobenen Preis informiert oder eine auf Grund des § 45n Absatz 4 Nummer 1 im Rahmen einer Rechtsverordnung erlassene Regelung nicht erfüllt wurde,

1) **Anm. d. Red.:** § 66g eingefügt gem. Gesetz v. 3. 5. 2012 (BGBl I S. 958) mit Wirkung v. 1. 6. 2013.

2) **Anm. d. Red.:** Bisheriger § 66g zu § 66h geworden und geändert gem. Gesetz v. 3. 5. 2012 (BGBl I S. 958) mit Wirkung v. 1. 6. 2013.

2. nach Maßgabe des § 66c nicht vor Beginn der Inanspruchnahme über den erhobenen Preis informiert wurde und keine Bestätigung des Endnutzers erfolgt oder eine auf Grund des § 45n Absatz 4 Nummer 1 im Rahmen einer Rechtsverordnung erlassene Regelung nicht erfüllt wurde,
3. nach Maßgabe des § 66d die Preishöchstgrenzen nicht eingehalten wurden oder gegen die Verfahren zu Tarifierungen nach § 66d Abs. 2 Satz 2 und 3 verstoßen wurde,
4. nach Maßgabe des § 66e die zeitliche Obergrenze nicht eingehalten wurde,
5. Dialer entgegen § 66f Abs. 1 und 2 betrieben wurden,
6. nach Maßgabe des § 66i Abs. 1 Satz 2 R-Gesprächsdienste mit Zahlungen an den Anrufer angeboten werden,
7. nach Maßgabe des § 66i Abs. 2 ein Tag nach Eintrag in die Sperr-Liste ein R-Gespräch zum gesperrten Anschluss erfolgt oder
8. der Angerufene entgegen § 66g Absatz 1 während des Anrufs eine oder mehrere Warteschleifen einsetzt oder die Angaben nach § 66g Absatz 2 nicht, nicht vollständig oder nicht rechtzeitig gemacht werden. [2]In diesen Fällen entfällt die Entgeltzahlungspflicht des Anrufers für den gesamten Anruf.

§ 66i Auskunftsanspruch, Datenbank für (0)900er-Rufnummern[1)]

(1) [1]Jeder, der ein berechtigtes Interesse daran hat, kann in Textform von der Bundesnetzagentur Auskunft über den Namen und die ladungsfähige Anschrift desjenigen verlangen, der eine Nummer von der Bundesnetzagentur zugeteilt bekommen hat. [2]Die Auskunft soll unverzüglich nach Eingang der Anfrage nach Satz 1 erteilt werden.

(2) [1]Alle zugeteilten (0)900er-Rufnummern werden in einer Datenbank bei der Bundesnetzagentur erfasst. [2]Diese Datenbank ist mit Angabe des Namens und mit der ladungsfähigen Anschrift des Diensteanbieters, bei Diensteanbietern mit Sitz im Ausland zusätzlich der ladungsfähigen Anschrift eines allgemeinen Zustellungsbevollmächtigten im Inland, im Internet zu veröffentlichen. [3]Jedermann kann in Textform von der Bundesnetzagentur Auskunft über die in der Datenbank gespeicherten Daten verlangen.

(3) [1]Jeder, der ein berechtigtes Interesse daran hat, kann von demjenigen, dem von der Bundesnetzagentur Rufnummern für Massenverkehrsdienste, Neuartige Dienste oder Kurzwahldienste zugeteilt sind, unentgeltlich Auskunft über den Namen und die ladungsfähige Anschrift desjenigen verlangen, der über eine dieser Rufnummern Dienstleistungen anbietet, oder die Mitteilung verlangen, an wen die Rufnummer gemäß § 46 übertragen wurde. [2]Bei Kurzwahlnummern, die nicht von der Bundesnetzagentur zugeteilt wurden, besteht der Anspruch gegenüber demjenigen, in dessen Netz die Kurzwahlnummer geschaltet ist. [3]Bei gemäß § 46 übertragenen Rufnummern besteht der Anspruch auf Auskunft über den Namen und die ladungsfähige Anschrift desjenigen, der über eine Rufnummer Dienstleistungen anbietet, gegenüber dem Anbieter, zu dem die Rufnummer übertragen wurde. [4]Die Auskünfte nach den Sätzen 1 bis 3 sollen innerhalb von zehn Werktagen nach Eingang der in Textform gestellten Anfrage erteilt werden. [5]Die Auskunftsverpflichteten haben die Angabe bei ihren Kunden zu erheben und aktuell zu halten.

§ 66j R-Gespräche[2)]

(1) [1]Auf Grund von Telefonverbindungen, bei denen dem Angerufenen das Verbindungsentgelt in Rechnung gestellt wird (R-Gespräche), dürfen keine Zahlungen an den Anrufer erfolgen.

1) **Anm. d. Red.:** Bisheriger § 66h zu § 66i geworden und geändert gem. Gesetz v. 3. 5. 2012 (BGBl I S. 958) mit Wirkung v. 10. 5. 2012.

2) **Anm. d. Red.:** Bisheriger § 66i zu § 66j geworden gem. Gesetz v. 3. 5. 2012 (BGBl I S. 958) mit Wirkung v. 10. 5. 2012.

[2]Das Angebot von R-Gesprächsdiensten mit einer Zahlung an den Anrufer nach Satz 1 ist unzulässig.

(2) [1]Die Bundesnetzagentur führt eine Sperr-Liste mit Rufnummern, die von R-Gesprächsdiensten für eingehende R-Gespräche zu sperren sind. [2]Endkunden können ihren Anbieter von Telekommunikationsdiensten beauftragen, die Aufnahme ihrer Nummern in die Sperr-Liste unentgeltlich zu veranlassen. [3]Eine Löschung von der Liste kann kostenpflichtig sein. [4]Der Anbieter übermittelt den Endkundenwunsch sowie etwaig erforderliche Streichungen wegen Wegfalls der abgeleiteten Zuteilung. [5]Die Bundesnetzagentur stellt die Sperr-Liste Anbietern von R-Gesprächsdiensten zum Abruf bereit.

§ 66k Rufnummernübermittlung[1)]

(1) [1]Anbieter von Telekommunikationsdiensten, die Teilnehmern den Aufbau von abgehenden Verbindungen ermöglichen, müssen sicherstellen, dass beim Verbindungsaufbau als Rufnummer des Anrufers eine vollständige national signifikante Rufnummer übermittelt und als solche gekennzeichnet wird. [2]Die Rufnummer muss dem Teilnehmer für den Dienst zugeteilt sein, im Rahmen dessen die Verbindung aufgebaut wird. [3]Deutsche Rufnummern für Auskunftsdienste, Massenverkehrsdienste, Neuartige Dienste oder Premium-Dienste sowie Nummern für Kurzwahl-Sprachdienste dürfen nicht als Rufnummer des Anrufers übermittelt werden. [4]Andere an der Verbindung beteiligte Anbieter dürfen übermittelte Rufnummern nicht verändern.

(2) [1]Teilnehmer dürfen weitere Rufnummern nur aufsetzen und in das öffentliche Telekommunikationsnetz übermitteln, wenn sie ein Nutzungsrecht an der entsprechenden Rufnummer haben. [2]Deutsche Rufnummern für Auskunftsdienste, Massenverkehrsdienste, Neuartige Dienste oder Premium-Dienste sowie Nummern für Kurzwahl-Sprachdienste dürfen von Teilnehmern nicht als zusätzliche Rufnummer aufgesetzt und in das öffentliche Telekommunikationsnetz übermittelt werden.

§ 66l International entgeltfreier Telefondienst[2)]

[1]Anrufe bei (00)800er-Rufnummern müssen für den Anrufer unentgeltlich sein. [2]Die Erhebung eines Entgelts für die Inanspruchnahme eines Endgerätes bleibt unbenommen.

§ 66m Umgehungsverbot[3)]

Die Vorschriften der §§ 66a bis 66l oder die auf Grund des § 45n Absatz 4 Nummer 1 im Rahmen einer Rechtsverordnung erlassenen Regelungen sind auch dann anzuwenden, wenn versucht wird, sie durch anderweitige Gestaltungen zu umgehen.

§ 67 Befugnisse der Bundesnetzagentur[4)]

(1) [1]Die Bundesnetzagentur kann im Rahmen der Nummernverwaltung Anordnungen und andere geeignete Maßnahmen treffen, um die Einhaltung gesetzlicher Vorschriften und der von ihr erteilten Bedingungen über die Zuteilung von Nummern sicherzustellen. [2]Die Bundesnetzagentur kann die Betreiber von öffentlichen Telekommunikationsnetzen und die Anbieter von öffentlich zugänglichen Telekommunikationsdiensten verpflichten, Auskünfte zu personenbezogenen Daten wie Name und ladungsfähige Anschrift von Nummerninhabern und Nummernnutzern zu erteilen, die für den Vollzug dieses Gesetzes, auf Grund dieses Gesetzes ergangener Verordnungen sowie der erteilten Bedingungen erforderlich sind, soweit die Daten den Unter-

---

1) **Anm. d. Red.:** Bisheriger § 66j zu § 66k geworden und geändert gem. Gesetz v. 3. 5. 2012 (BGBl I S. 958) mit Wirkung v. 10. 5. 2012.

2) **Anm. d. Red.:** Bisheriger § 66k zu § 66l geworden gem. Gesetz v. 3. 5. 2012 (BGBl I S. 958) mit Wirkung v. 10. 5. 2012.

3) **Anm. d. Red.:** Bisheriger § 66l zu § 66m geworden und geändert gem. Gesetz v. 3. 5. 2012 (BGBl I S. 958) mit Wirkung v. 10. 5. 2012.

4) **Anm. d. Red.:** § 67 i. d. F. des Gesetzes v. 3. 5. 2012 (BGBl I S. 958) mit Wirkung v. 10. 5. 2012.

nehmen bekannt sind; die Bundesnetzagentur kann insbesondere Auskünfte zu personenbezogenen Daten verlangen, die erforderlich sind für die einzelfallbezogene Überprüfung von Verpflichtungen, wenn der Bundesnetzagentur eine Beschwerde vorliegt oder sie aus anderen Gründen eine Verletzung von Pflichten annimmt oder sie von sich aus Ermittlungen durchführt. [3]Andere Regelungen bleiben von der Auskunftspflicht nach Satz 2 unberührt. [4]Insbesondere kann die Bundesnetzagentur bei Nichterfüllung von gesetzlichen oder behördlich auferlegten Verpflichtungen die rechtswidrig genutzte Nummer entziehen. [5]Sie soll ferner im Falle der gesicherten Kenntnis von der rechtswidrigen Nutzung einer Rufnummer gegenüber dem Netzbetreiber, in dessen Netz die Nummer geschaltet ist, die Abschaltung der Rufnummer anordnen. [6]Die Bundesnetzagentur kann den Rechnungsersteller bei gesicherter Kenntnis einer rechtswidrigen Nutzung auffordern, für diese Nummer keine Rechnungslegung vorzunehmen. [7]Die Bundesnetzagentur kann in begründeten Ausnahmefällen Kategorien von Dialern verbieten; Einzelheiten des Verbotsverfahrens regelt die Regulierungsbehörde.

(2) [1]Soweit für Premium-Dienste, Massenverkehrsdienste, Service-Dienste oder Neuartige Dienste die Tarifhoheit bei dem Anbieter liegt, der den Teilnehmeranschluss bereitstellt, und deshalb unterschiedliche Entgelte für Anrufe aus den Festnetzen gelten würden, legt die Bundesnetzagentur nach Anhörung der betroffenen Unternehmen, Fachkreise und Verbraucherverbände zum Zwecke der Preisangabe und Preisansage nach den §§ 66a und 66b oder der auf Grund des § 45n Absatz 4 Nummer 1 im Rahmen einer Rechtsverordnung erlassenen Regelungen jeweils bezogen auf bestimmte Nummernbereiche oder Nummernteilbereiche den Preis für Anrufe aus den Festnetzen fest. [2]Für Anrufe aus den Mobilfunknetzen bei Service-Diensten legt die Bundesnetzagentur nach Anhörung der in Satz 1 genannten Stellen fest, ob der Anruf bezogen auf einen bestimmten Nummernteilbereich pro Minute oder pro Anruf abgerechnet wird; dies gilt nur, soweit die Tarifhoheit bei dem Anbieter liegt, der den Zugang zum Mobilfunknetz bereitstellt. [3]Im Übrigen hat sie sicherzustellen, dass ausreichend frei tarifierbare Nummernbereiche oder Nummernteilbereiche verbleiben. [4]Die festzulegenden Preise haben sich an den im Markt angebotenen Preisen für Anrufe aus den Festnetzen zu orientieren und sind in regelmäßigen Abständen zu überprüfen. [5]Die festzulegenden Preise sind von der Bundesnetzagentur zu veröffentlichen. [6]Die Bestimmungen der §§ 16 bis 26 bleiben unberührt.

(3) Die Rechte der Länder sowie die Befugnisse anderer Behörden bleiben unberührt.

(4) Die Bundesnetzagentur teilt Tatsachen, die den Verdacht einer Straftat oder einer Ordnungswidrigkeit begründen, der Staatsanwaltschaft oder der Verwaltungsbehörde mit.

Abschnitt 3: Wegerechte und Mitnutzung[1)]

Unterabschnitt 1: Wegerechte[2)]

§ 68 Grundsatz der Benutzung öffentlicher Wege[3)]

(1) [1]Der Bund ist befugt, Verkehrswege für die öffentlichen Zwecken dienenden Telekommunikationslinien unentgeltlich zu benutzen, soweit dadurch nicht der Widmungszweck der Verkehrswege dauernd beschränkt wird (Nutzungsberechtigung). [2]Als Verkehrswege gelten öffentliche Wege, Plätze, Brücken und Tunnel sowie die öffentlichen Gewässer.

(2) [1]Telekommunikationslinien sind so zu errichten und zu unterhalten, dass sie den Anforderungen der öffentlichen Sicherheit und Ordnung sowie den anerkannten Regeln der Technik genügen. [2]Beim Träger der Straßenbaulast kann beantragt werden, Glasfaserleitungen oder Leerrohrsysteme, die der Aufnahme von Glasfaserleitungen dienen, in Abweichung der Allgemeinen

1) **Anm. d. Red.:** Abschnittsüberschrift i. d. F. des Gesetzes v. 4. 11. 2016 (BGBl I S. 2473) mit Wirkung v. 10. 11. 2016.

2) **Anm. d. Red.:** Abschnittsüberschrift eingefügt gem. Gesetz v. 4. 11. 2016 (BGBl I S. 2473) mit Wirkung v. 10. 11. 2016.

3) **Anm. d. Red.:** § 68 i. d. F. des Gesetzes v. 4. 11. 2016 (BGBl I S. 2473) mit Wirkung v. 10. 11. 2016.

Technischen Bestimmungen für die Benutzung von Straßen durch Leitungen und Telekommunikationslinien (ATB) in geringerer Verlegetiefe, wie im Wege des Micro- oder Minitrenching, zu verlegen. [3]Dem Antrag ist stattzugeben, wenn

1. die Verringerung der Verlegetiefe nicht zu einer wesentlichen Beeinträchtigung des Schutzniveaus und
2. nicht zu einer wesentlichen Erhöhung des Erhaltungsaufwandes führt oder
3. der Antragsteller die durch eine mögliche wesentliche Beeinträchtigung entstehenden Kosten beziehungsweise den höheren Verwaltungsaufwand übernimmt.

[4]Die Sätze 2 und 3 finden keine Anwendung auf die Verlegung von Glasfaserleitungen oder Leerrohrsystemen in Bundesautobahnen und autobahnähnlich ausgebauten Bundesfernstraßen.

(3) [1]Für die Verlegung oder die Änderung von Telekommunikationslinien ist die schriftliche oder elektronische Zustimmung des Trägers der Wegebaulast erforderlich. [2]Die Zustimmung gilt nach Ablauf einer Frist von drei Monaten nach Eingang des vollständigen Antrags als erteilt. [3]Die Frist kann um einen Monat verlängert werden, wenn dies wegen der Schwierigkeit der Angelegenheit gerechtfertigt ist. [4]Die Fristverlängerung ist zu begründen und rechtzeitig mitzuteilen. [5]Bei der Verlegung oberirdischer Leitungen sind die Interessen der Wegebaulastträger, der Betreiber öffentlicher Telekommunikationsnetze und die städtebaulichen Belange abzuwägen. [6]In die Abwägung kann zugunsten einer Verlegung oberirdischer Leitungen insbesondere einfließen, dass vereinzelt stehende Gebäude oder Gebäudeansammlungen erschlossen werden sollen. [7]Soweit die Verlegung im Rahmen einer Gesamtbaumaßnahme koordiniert werden kann, die in engem zeitlichen Zusammenhang nach der Antragstellung auf Zustimmung durchgeführt wird, soll die Verlegung in der Regel unterirdisch erfolgen. [8]Die Zustimmung kann mit Nebenbestimmungen versehen werden, die diskriminierungsfrei zu gestalten sind; die Zustimmung kann außerdem von der Leistung einer angemessenen Sicherheit abhängig gemacht werden. [9]Die Nebenbestimmungen dürfen nur die Art und Weise der Errichtung der Telekommunikationslinie sowie die dabei zu beachtenden Regeln der Technik, die Sicherheit und Leichtigkeit des Verkehrs, die im Bereich des jeweiligen Wegebaulastträgers übliche Dokumentation der Lage der Telekommunikationslinie nach geographischen Koordinaten und die Verkehrssicherungspflichten regeln.

(4) Ist der Wegebaulastträger selbst Betreiber einer Telekommunikationslinie oder mit einem Betreiber im Sinne des § 37 Abs. 1 oder 2 des Gesetzes gegen Wettbewerbsbeschränkungen zusammengeschlossen, so ist die Zustimmung nach Absatz 3 von einer Verwaltungseinheit zu erteilen, die unabhängig von der für den Betrieb der Telekommunikationslinie bzw. der für die Wahrnehmung der Gesellschaftsrechte zuständigen Verwaltungseinheit ist.

§ 69 Übertragung des Wegerechts[1)]

(1) Der Bund überträgt die Nutzungsberechtigung nach § 68 Absatz 1 durch die Bundesnetzagentur auf Antrag an die Eigentümer oder Betreiber öffentlicher Telekommunikationsnetze oder öffentlichen Zwecken dienender Telekommunikationslinien.

(2) [1]In dem Antrag nach Absatz 1 ist das Gebiet zu bezeichnen, für das die Nutzungsberechtigung übertragen werden soll. [2]Die Bundesnetzagentur erteilt die Nutzungsberechtigung, wenn der Antragsteller nachweislich fachkundig, zuverlässig und leistungsfähig ist, Telekommunikationslinien zu errichten und die Nutzungsberechtigung mit den Regulierungszielen nach § 2 vereinbar ist. [3]Die Bundesnetzagentur erteilt die Nutzungsberechtigung für die Dauer der öffentlichen Tätigkeit. [4]Die Bundesnetzagentur entscheidet über vollständige Anträge innerhalb von sechs Wochen.

(3) [1]Beginn und Beendigung der Nutzung sowie Namensänderungen, Anschriftenänderungen und identitätswahrende Umwandlungen des Unternehmens sind der Bundesnetzagentur un-

1) **Anm. d. Red.:** § 69 i. d. F. des Gesetzes v. 4. 11. 2016 (BGBl I S. 2473) mit Wirkung v. 10. 11. 2016.

verzüglich mitzuteilen. [2]Die Bundesnetzagentur stellt diese Informationen den Wegebaulastträgern zur Verfügung. [3]Für Schäden, die daraus entstehen, dass Änderungen nicht rechtzeitig mitgeteilt wurden, haftet der Nutzungsberechtigte.

§ 70 Mitnutzung und Wegerecht[1)]

(1) [1]Eigentümer oder Betreiber öffentlicher Versorgungsnetze dürfen ihre passiven Netzinfrastrukturen Eigentümern oder Betreibern öffentlicher Telekommunikationsnetze für den Ausbau digitaler Hochgeschwindigkeitsnetze zur Mitnutzung anbieten. [2]Eigentümer oder Betreiber öffentlicher Telekommunikationsnetze dürfen ihre passiven Netzinfrastrukturen Eigentümern oder Betreibern anderer öffentlicher Versorgungsnetze für deren Netzausbau zur Mitnutzung anbieten.

(2) [1]Soweit die Ausübung der Nutzungsberechtigung nach § 68 für die Verlegung weiterer Telekommunikationslinien nicht oder nur mit einem unverhältnismäßig hohen Aufwand möglich ist, können andere passive Netzinfrastrukturen öffentlicher Versorgungsnetzbetreiber unter den Voraussetzungen der §§ 77d, 77e und 77g mitgenutzt werden. [2]Dies gilt unabhängig davon, ob die Telekommunikationslinie zum Aufbau eines digitalen Hochgeschwindigkeitsnetzes genutzt werden kann.

(3) [1]Soweit die Nutzungsberechtigung nach § 68 für die Verlegung weiterer Telekommunikationslinien auf die Eisenbahninfrastruktur nicht anwendbar ist und es sich bei der Eisenbahninfrastruktur nicht um eine passive Netzinfrastruktur handelt, können Teile der Eisenbahninfrastruktur nach den §§ 77d, 77e und 77g mitgenutzt werden, soweit sie zum Ausbau von digitalen Hochgeschwindigkeitsnetzen geeignet sind. [2]Die §§ 77a bis 77c gelten entsprechend.

§ 71 Rücksichtnahme auf Wegeunterhaltung und Widmungszweck

(1) Bei der Benutzung der Verkehrswege ist eine Erschwerung ihrer Unterhaltung und eine vorübergehende Beschränkung ihres Widmungszwecks nach Möglichkeit zu vermeiden.

(2) Wird die Unterhaltung erschwert, so hat der Nutzungsberechtigte dem Unterhaltungspflichtigen die aus der Erschwerung erwachsenden Kosten zu ersetzen.

(3) [1]Nach Beendigung der Arbeiten an den Telekommunikationslinien hat der Nutzungsberechtigte den Verkehrsweg unverzüglich wieder instand zu setzen, sofern nicht der Unterhaltungspflichtige erklärt hat, die Instandsetzung selbst vornehmen zu wollen. [2]Der Nutzungsberechtigte hat dem Unterhaltungspflichtigen die Auslagen für die von ihm vorgenommene Instandsetzung zu vergüten und den durch die Arbeiten an den Telekommunikationslinien entstandenen Schaden zu ersetzen.

§ 72 Gebotene Änderung

(1) Ergibt sich nach Errichtung einer Telekommunikationslinie, dass sie den Widmungszweck eines Verkehrsweges nicht nur vorübergehend beschränkt oder die Vornahme der zu seiner Unterhaltung erforderlichen Arbeiten verhindert oder die Ausführung einer von dem Unterhaltungspflichtigen beabsichtigten Änderung des Verkehrsweges entgegensteht, so ist die Telekommunikationslinie, soweit erforderlich, abzuändern oder zu beseitigen.

(2) Soweit ein Verkehrsweg eingezogen wird, erlischt die Befugnis des Nutzungsberechtigten zu seiner Benutzung.

(3) In allen diesen Fällen hat der Nutzungsberechtigte die gebotenen Maßnahmen an der Telekommunikationslinie auf seine Kosten zu bewirken.

§ 73 Schonung der Baumpflanzungen

(1) [1]Die Baumpflanzungen auf und an den Verkehrswegen sind nach Möglichkeit zu schonen, auf das Wachstum der Bäume ist Rücksicht zu nehmen. [2]Ausästungen können nur insoweit ver-

1) **Anm. d. Red.:** § 70 i. d. F. des Gesetzes v. 4. 11. 2016 (BGBl I S. 2473) mit Wirkung v. 10. 11. 2016.

langt werden, als sie zur Herstellung der Telekommunikationslinie oder zur Verhütung von Betriebsstörungen erforderlich sind; sie sind auf das unbedingt notwendige Maß zu beschränken.

(2) [1]Der Nutzungsberechtigte hat dem Besitzer der Baumpflanzungen eine angemessene Frist zu setzen, innerhalb welcher er die Ausästungen selbst vornehmen kann. [2]Sind die Ausästungen innerhalb der Frist nicht oder nicht genügend vorgenommen, so bewirkt der Nutzungsberechtigte die Ausästungen. [3]Dazu ist er auch berechtigt, wenn es sich um die dringliche Verhütung oder Beseitigung einer Störung handelt.

(3) Der Nutzungsberechtigte ersetzt den an den Baumpflanzungen verursachten Schaden und die Kosten der auf sein Verlangen vorgenommenen Ausästungen.

§ 74 Besondere Anlagen

(1) [1]Die Telekommunikationslinien sind so auszuführen, dass sie vorhandene besondere Anlagen (der Wegeunterhaltung dienende Einrichtungen, Kanalisations-, Wasser-, Gasleitungen, Schienenbahnen, elektrische Anlagen und dergleichen) nicht störend beeinflussen. [2]Die aus der Herstellung erforderlicher Schutzvorkehrungen erwachsenden Kosten hat der Nutzungsberechtigte zu tragen.

(2) Die Verlegung oder Veränderung vorhandener besonderer Anlagen kann nur gegen Entschädigung und nur dann verlangt werden, wenn die Benutzung des Verkehrsweges für die Telekommunikationslinie sonst unterbleiben müsste und die besondere Anlage anderweitig ihrem Zweck entsprechend untergebracht werden kann.

(3) Auch beim Vorliegen dieser Voraussetzungen hat die Benutzung des Verkehrsweges für die Telekommunikationslinie zu unterbleiben, wenn der aus der Verlegung oder Veränderung der besonderen Anlage entstehende Schaden gegenüber den Kosten, welche dem Nutzungsberechtigten aus der Benutzung eines anderen ihm zur Verfügung stehenden Verkehrsweges erwachsen, unverhältnismäßig groß ist.

(4) [1]Die Absätze 1 bis 3 finden auf solche in der Vorbereitung befindliche besondere Anlagen, deren Herstellung im öffentlichen Interesse liegt, entsprechende Anwendung. [2]Eine Entschädigung auf Grund des Absatzes 2 wird nur bis zu dem Betrag der Aufwendungen gewährt, die durch die Vorbereitung entstanden sind. [3]Als in der Vorbereitung begriffen gelten Anlagen, sobald sie auf Grund eines im Einzelnen ausgearbeiteten Planes die Genehmigung des Auftraggebers und, soweit erforderlich, die Genehmigung der zuständigen Behörden und des Eigentümers oder des sonstigen zur Nutzung Berechtigten des in Anspruch genommenen Weges erhalten haben.

§ 75 Spätere besondere Anlagen[1)]

(1) Spätere besondere Anlagen sind nach Möglichkeit so auszuführen, dass sie die vorhandenen Telekommunikationslinien nicht störend beeinflussen.

(2) [1]Der Inhaber oder Betreiber einer späteren besonderen Anlage kann vom Nutzungsberechtigten verlangen, dass eine Telekommunikationslinie auf dessen Kosten verlegt oder verändert wird, wenn

1. ohne die Verlegung oder Veränderung die Errichtung der späteren besonderen Anlage unterbleiben müsste oder wesentlich erschwert würde,
2. die Errichtung der späteren besonderen Anlage aus Gründen des öffentlichen Interesses, insbesondere aus volkswirtschaftlichen Gründen oder wegen Verkehrsrücksichten, von den Wegeunterhaltspflichtigen oder unter ihrer überwiegenden Beteiligung vollständig oder überwiegend ausgeführt werden soll und
3. die Kosten des Nutzungsberechtigten nicht unverhältnismäßig sind.

1) **Anm. d. Red.:** § 75 i. d. F. des Gesetzes v. 4. 11. 2016 (BGBl I S. 2473) mit Wirkung v. 10. 11. 2016.

TKG

[2]Liegen nur die Voraussetzungen nach Satz 1 Nummer 1 und Nummer 2 vor, so kann eine Verlegung oder Veränderung auch dann verlangt werden, wenn der Inhaber oder Betreiber der späteren besonderen Anlage die Kosten teilweise erstattet, so dass die vom Nutzungsberechtigten zu tragenden Kosten verhältnismäßig ausfallen.

(3) Muss wegen einer solchen späteren besonderen Anlage die schon vorhandene Telekommunikationslinie mit Schutzvorkehrungen versehen werden, so sind die dadurch entstehenden Kosten von dem Nutzungsberechtigten zu tragen.

(4) Überlässt ein Wegeunterhaltspflichtiger seinen Anteil einem nicht unterhaltspflichtigen Dritten, so sind dem Nutzungsberechtigten die durch die Verlegung oder Veränderung oder durch die Herstellung der Schutzvorkehrungen erwachsenden Kosten, soweit sie auf dessen Anteil fallen, zu erstatten.

(5) Die Unternehmer anderer als der in Absatz 2 bezeichneten besonderen Anlagen haben die aus der Verlegung oder Veränderung der vorhandenen Telekommunikationslinien oder aus der Herstellung der erforderlichen Schutzvorkehrungen erwachsenden Kosten zu tragen.

(6) Auf spätere Änderungen vorhandener besonderer Anlagen finden die Absätze 1 bis 5 entsprechende Anwendung.

§ 76 Beeinträchtigung von Grundstücken und Gebäuden[1)]

(1) Der Eigentümer eines Grundstücks, das kein Verkehrsweg im Sinne des § 68 Absatz 1 Satz 2 ist, kann die Errichtung, den Betrieb und die Erneuerung von Telekommunikationslinien auf seinem Grundstück sowie den Anschluss der auf dem Grundstück befindlichen Gebäude an öffentliche digitale Hochgeschwindigkeitsnetze und öffentliche Telekommunikationsnetze der nächsten Generation insoweit nicht verbieten, als

1. auf dem Grundstück einschließlich der Gebäudeanschlüsse eine durch ein Recht gesicherte Leitung oder Anlage auch die Errichtung, den Betrieb und die Erneuerung einer Telekommunikationslinie genutzt und hierdurch die Nutzbarkeit des Grundstücks nicht dauerhaft zusätzlich eingeschränkt wird oder
2. das Grundstück einschließlich der Gebäude durch die Benutzung nicht unzumutbar beeinträchtigt wird.

(2) [1]Hat der Grundstückseigentümer eine Einwirkung nach Absatz 1 zu dulden, so kann er von dem Betreiber der Telekommunikationslinie oder dem Eigentümer des Leitungsnetzes einen angemessenen Ausgleich in Geld verlangen, wenn durch die Errichtung, die Erneuerung oder durch Wartungs-, Reparatur- oder vergleichbare, mit dem Betrieb der Telekommunikationslinie unmittelbar zusammenhängende Maßnahmen eine Benutzung seines Grundstücks oder dessen Ertrag über das zumutbare Maß hinaus beeinträchtigt wird. [2]Für eine erweiterte Nutzung zu Zwecken der Telekommunikation kann darüber hinaus ein einmaliger Ausgleich in Geld verlangt werden, sofern bisher keine Leitungswege vorhanden waren, die zu Zwecken der Telekommunikation genutzt werden konnten. [3]Wird das Grundstück oder sein Zubehör durch die Ausübung der aus dieser Vorschrift folgenden Rechte beschädigt, hat der Betreiber oder der Eigentümer des Leitungsnetzes auf seine Kosten den Schaden zu beseitigen. [4]§ 840 Abs. 1 des Bürgerlichen Gesetzbuchs findet Anwendung.

(3) Soweit die Durchführung von nach Absatz 1 zu duldenden Maßnahmen nicht oder nur mit einem unverhältnismäßig hohen Aufwand möglich ist, können bestehende passive Netzinfrastrukturen Dritter unter den Voraussetzungen der §§ 77d, 77e und 77g mitgenutzt werden.

§ 77 Ersatzansprüche

Die Verjährung der auf den §§ 70 bis 76 beruhenden Ansprüche richtet sich nach den Regelungen über die regelmäßige Verjährung nach dem Bürgerlichen Gesetzbuch.

1) **Anm. d. Red.:** § 76 i. d. F. des Gesetzes v. 4. 11. 2016 (BGBl I S. 2473) mit Wirkung v. 10. 11. 2016.

Unterabschnitt 2: Mitnutzung öffentlicher Versorgungsnetze[1)]

§ 77a Infrastrukturatlas der zentralen Informationsstelle des Bundes[2)]

(1) Die Bundesnetzagentur führt als zentrale Informationsstelle des Bundes einen Infrastrukturatlas, der Folgendes bereitstellt:

1. eine gebietsbezogene, Planungszwecken dienende Übersicht über Einrichtungen, die zu Telekommunikationszwecken genutzt werden können, nach den Absätzen 2 bis 4,
2. detaillierte Informationen nach § 77b Absatz 3 für die Mitnutzung passiver Netzinfrastrukturen öffentlicher Versorgungsnetze gemäß den §§ 77d bis 77g, soweit sie der Bundesnetzagentur gemäß § 77b Absatz 5 für diese Zwecke zur Verfügung gestellt wurden,
3. Informationen nach § 77h Absatz 3 für die Koordination von Bauarbeiten an öffentlichen Versorgungsnetzen gemäß § 77i, soweit sie der Bundesnetzagentur nach § 77h Absatz 5 und 6 für diese Zwecke zur Verfügung gestellt wurden.

(2) [1]Die Bundesnetzagentur kann von Eigentümern oder Betreibern öffentlicher Versorgungsnetze, die über Einrichtungen verfügen, die zu Telekommunikationszwecken genutzt werden können, diejenigen Informationen verlangen, die für die Erstellung einer detaillierten Übersicht nach Absatz 1 Nummer 1 über Art, gegenwärtige Nutzung und geografische Lage des Standortes und der Leitungswege dieser Einrichtungen erforderlich sind. [2]§ 127 Absatz 2 bis 10 gilt entsprechend. [3]Zu den Einrichtungen gemäß Satz 1 zählen insbesondere alle passiven Netzinfrastrukturen.

(3) [1]Die Bundesnetzagentur kann den am Ausbau von öffentlichen Versorgungsnetzen Beteiligten Einsicht in die Übersicht nach Absatz 1 Nummer 1 gewähren, soweit mit dem Ausbauvorhaben Einrichtungen geschaffen werden sollen, die zu Telekommunikationszwecken genutzt werden können. [2]Zu den am Ausbau von öffentlichen Versorgungsnetzen Beteiligten gehören insbesondere Gebietskörperschaften, Eigentümer und Betreiber öffentlicher Versorgungsnetze sowie deren Auftragnehmer. [3]Gebietskörperschaften haben für allgemeine Planungs- und Förderzwecke einen Anspruch auf Einsichtnahme in den Infrastrukturatlas nach Absatz 1. [4]Näheres regelt die Bundesnetzagentur in Einsichtnahmebedingungen, die der vorherigen Zustimmung des Bundesministeriums für Verkehr und digitale Infrastruktur bedürfen. [5]Die Einsichtnahmebedingungen haben insbesondere der Sensitivität der erfassten Daten und dem zu erwartenden Verwaltungsaufwand Rechnung zu tragen. [6]Die Einsichtnahmeberechtigten haben die Vertraulichkeit nach § 77m zu wahren.

(4) [1]Von einer Aufnahme der nach Absatz 2 erhaltenen Informationen in die Übersicht nach Absatz 1 Nummer 1 ist abzusehen, soweit konkrete Anhaltspunkte dafür vorliegen, dass

1. die Einsichtnahme nach Absatz 3 die Sicherheit und Integrität der Einrichtung oder die öffentliche Sicherheit oder die öffentliche Gesundheit gefährdet,
2. die Einsichtnahme nach Absatz 3 die Vertraulichkeit gemäß § 77m verletzt,
3. Teile einer Infrastruktur betroffen sind, die durch Gesetz oder aufgrund eines Gesetzes als kritische Infrastrukturen bestimmt worden und nachweislich besonders schutzbedürftig und für die Funktionsfähigkeit der kritischen Infrastruktur maßgeblich sind, oder
4. Teile öffentlicher Versorgungsnetze betroffen sind, die durch den Bund zur Verwirklichung einer sicheren Behördenkommunikation genutzt werden.

[2]In diesen Fällen sind für die jeweiligen Gebiete, in denen sich die Einrichtungen befinden, Informationen im Sinne des § 77b Absatz 3 Nummer 3 aufzunehmen.

---

1) **Anm. d. Red.:** Abschnittsüberschrift eingefügt gem. Gesetz v. 4.11.2016 (BGBl I S. 2473) mit Wirkung v. 10.11.2016.

2) **Anm. d. Red.:** § 77a i. d. F. des Gesetzes v. 4.11.2016 (BGBl I S. 2473) mit Wirkung v. 10.11.2016.

§ 77b Informationen über passive Netzinfrastrukturen[1)]

(1) [1]Eigentümer oder Betreiber öffentlicher Telekommunikationsnetze können bei Eigentümern oder Betreibern öffentlicher Versorgungsnetze für Zwecke des Ausbaus digitaler Hochgeschwindigkeitsnetze die Erteilung von Informationen über die passive Netzinfrastruktur ihrer öffentlichen Versorgungsnetze beantragen. [2]Im Antrag ist das Gebiet anzugeben, das mit digitalen Hochgeschwindigkeitsnetzen erschlossen werden soll.

(2) [1]Eigentümer oder Betreiber öffentlicher Versorgungsnetze erteilen Antragstellern nach Absatz 1 innerhalb von zwei Monaten nach dem Tag des Antragseingangs die beantragten Informationen. [2]Die Erteilung erfolgt unter verhältnismäßigen, diskriminierungsfreien und transparenten Bedingungen.

(3) Die Informationen über passive Netzinfrastrukturen öffentlicher Versorgungsnetze nach Absatz 2 müssen mindestens folgende Angaben enthalten:

1. die geografische Lage des Standortes und der Leitungswege der passiven Netzinfrastrukturen,
2. die Art und gegenwärtige Nutzung der passiven Netzinfrastrukturen und
3. die Kontaktdaten eines oder mehrerer Ansprechpartner beim Eigentümer oder Betreiber des öffentlichen Versorgungsnetzes.

(4) Der Antrag nach Absatz 1 kann ganz oder teilweise abgelehnt werden, soweit konkrete Anhaltspunkte dafür vorliegen, dass

1. eine Erteilung der Informationen die Sicherheit oder Integrität der Versorgungsnetze, die öffentliche Sicherheit oder die öffentliche Gesundheit gefährdet,
2. durch die Erteilung der Informationen die Vertraulichkeit gemäß § 77m verletzt wird,
3. von dem Antrag Teile einer kritischen Infrastruktur, insbesondere deren Informationstechnik, betroffen sind, die nachweislich besonders schutzbedürftig und für die Funktionsfähigkeit der kritischen Infrastruktur maßgeblich sind, und der Betreiber des öffentlichen Versorgungsnetzes bei Erteilung der Informationen unverhältnismäßige Maßnahmen ergreifen müsste, um die ihm durch Gesetz oder aufgrund eines Gesetzes auferlegten Schutzpflichten zu erfüllen, oder
4. ein Ablehnungsgrund für eine Mitnutzung nach § 77g Absatz 2 vorliegt.

(5) [1]Werden nach Absatz 1 beantragte Informationen bereits von der Bundesnetzagentur als zentraler Informationsstelle gemäß § 77a Absatz 1 bereitgestellt, genügt anstelle einer Erteilung der Informationen durch den Eigentümer oder Betreiber des öffentlichen Versorgungsnetzes ein Hinweis an den Antragsteller, dass die Informationen nach Absatz 6 einsehbar sind. [2]Der Eigentümer oder Betreiber des öffentlichen Versorgungsnetzes kann der Bundesnetzagentur die Informationen über die passiven Netzinfrastrukturen seines Versorgungsnetzes zur Bereitstellung gemäß § 77a Absatz 1 im Rahmen der hierfür von der Bundesnetzagentur vorgegebenen Bedingungen zur Verfügung stellen.

(6) [1]Die Bundesnetzagentur macht die nach Absatz 5 erhaltenen Informationen den Eigentümern oder Betreibern öffentlicher Telekommunikationsnetze, dem Bund, den Gebietskörperschaften der Länder und der Kommunen sowie dem Bundesministerium für Verkehr und digitale Infrastruktur unverzüglich zugänglich. [2]Dies erfolgt elektronisch unter verhältnismäßigen, diskriminierungsfreien und transparenten Bedingungen. [3]Näheres regelt die Bundesnetzagentur in Einsichtnahmebedingungen, die der vorherigen Zustimmung des Bundesministeriums für Verkehr und digitale Infrastruktur bedürfen. [4]Die Einsichtnahmebedingungen haben insbesondere der Sensitivität der erfassten Daten und dem zu erwartenden Verwaltungsaufwand Rechnung zu tragen.

(7) Die Bundesnetzagentur kann die nach Absatz 5 erhaltenen Informationen auch für die Bereitstellung einer gebietsbezogenen Übersicht gemäß § 77a Absatz 1 Nummer 1 verwenden.

1) **Anm. d. Red.:** § 77b i. d. F. des Gesetzes v. 4. 11. 2016 (BGBl I S. 2473) mit Wirkung v. 10. 11. 2016.

§ 77c Vor-Ort-Untersuchung passiver Netzinfrastrukturen[1)]

(1) [1]Eigentümer oder Betreiber öffentlicher Telekommunikationsnetze können bei den Eigentümern oder Betreibern öffentlicher Versorgungsnetze eine Vor-Ort-Untersuchung der passiven Netzinfrastrukturen beantragen. [2]Aus dem Antrag muss hervorgehen, welche Netzkomponenten von dem Ausbau digitaler Hochgeschwindigkeitsnetze betroffen sind.

(2) [1]Eigentümer oder Betreiber öffentlicher Versorgungsnetze müssen zumutbaren Anträgen nach Absatz 1 innerhalb eines Monats ab dem Tag des Antragseingangs entsprechen. [2]Ein Antrag ist insbesondere dann zumutbar, wenn die Untersuchung für eine gemeinsame Nutzung passiver Netzinfrastrukturen oder die Koordinierung von Bauarbeiten erforderlich ist. [3]Die Gewährung hat unter verhältnismäßigen, diskriminierungsfreien und transparenten Bedingungen zu erfolgen. [4]Dabei sind die jeweiligen besonderen Sicherheitserfordernisse des öffentlichen Versorgungsnetzes zu beachten.

(3) Der Antrag nach Absatz 1 kann ganz oder teilweise abgelehnt werden, soweit konkrete Anhaltspunkte dafür vorliegen, dass

1. eine Vor-Ort-Untersuchung die Sicherheit oder Integrität der öffentlichen Versorgungsnetze oder die öffentliche Sicherheit oder die öffentliche Gesundheit gefährdet,
2. durch die Vor-Ort-Untersuchung die Vertraulichkeit gemäß § 77m verletzt wird,
3. von dem Antrag Teile einer kritischen Infrastruktur, insbesondere deren Informationstechnik, betroffen sind, die nachweislich besonders schutzbedürftig und für die Funktionsfähigkeit der kritischen Infrastruktur maßgeblich sind, und der Betreiber des öffentlichen Versorgungsnetzes zur Durchführung der Vor-Ort-Untersuchung unverhältnismäßige Maßnahmen ergreifen müsste, um die ihm durch Gesetz oder aufgrund eines Gesetzes auferlegten Schutzpflichten zu erfüllen, oder
4. ein Versagungsgrund für eine Mitnutzung nach § 77g Absatz 2 oder eine Koordinierung von Bauarbeiten nach § 77i Absatz 5 vorliegt oder die Koordinierung von Bauarbeiten unzumutbar ist.

TKG

(4) [1]Die für die Vor-Ort-Untersuchung erforderlichen und angemessenen Kosten trägt der Antragsteller. [2]Dazu zählen insbesondere die Kosten der Vorbereitung, der Absicherung und der Durchführung der Vor-Ort-Untersuchung.

§ 77d Mitnutzung öffentlicher Versorgungsnetze[2)]

(1) [1]Eigentümer oder Betreiber öffentlicher Telekommunikationsnetze können bei den Eigentümern oder Betreibern öffentlicher Versorgungsnetze die Mitnutzung der passiven Netzinfrastrukturen der öffentlichen Versorgungsnetze für den Einbau von Komponenten digitaler Hochgeschwindigkeitsnetze beantragen. [2]Der Antrag muss folgende Angaben enthalten:

1. eine detaillierte Beschreibung des Projekts und der Komponenten des öffentlichen Versorgungsnetzes, für die die Mitnutzung beantragt wird,
2. einen genauen Zeitplan für die Umsetzung der beantragten Mitnutzung und
3. die Angabe des Gebiets, das mit digitalen Hochgeschwindigkeitsnetzen erschlossen werden soll.

(2) [1]Eigentümer oder Betreiber öffentlicher Versorgungsnetze müssen Antragstellern nach Absatz 1 innerhalb von zwei Monaten nach Antragseingang ein Angebot über die Mitnutzung ihrer passiven Netzinfrastrukturen für den Einbau von Komponenten digitaler Hochgeschwin-

1) **Anm. d. Red.:** § 77c i. d. F. des Gesetzes v. 4. 11. 2016 (BGBl I S. 2473) mit Wirkung v. 10. 11. 2016.

2) **Anm. d. Red.:** § 77d i. d. F. des Gesetzes v. 4. 11. 2016 (BGBl I S. 2473) mit Wirkung v. 10. 11. 2016.

digkeitsnetze unterbreiten. ²Das Angebot über die Mitnutzung hat insbesondere Folgendes zu enthalten:

1. faire und angemessene Bedingungen für die Mitnutzung, insbesondere in Bezug auf den Preis für die Bereitstellung und Nutzung des Versorgungsnetzes sowie in Bezug auf die zu leistenden Sicherheiten und Vertragsstrafen,
2. die operative und organisatorische Umsetzung der Mitnutzung; die Umsetzung umfasst die Art und Weise des Einbaus der Komponenten digitaler Hochgeschwindigkeitsnetze, die Dokumentationspflichten und den Zeitpunkt oder den Zeitraum der Bauarbeiten,
3. die Verantwortlichkeiten einschließlich der Möglichkeit, Dritte zu beauftragen.

³Das Angebot kann besondere Vereinbarungen zur Haftung beim Einbau der Netzkomponenten und zu Instandhaltungen, Änderungen, Erweiterungen, Verlegungen und Störungen enthalten.

(3) Die Mitnutzung ist so auszugestalten, dass sie den Anforderungen der öffentlichen Sicherheit und der öffentlichen Gesundheit sowie den anerkannten Regeln der Technik genügt.

(4) Eigentümer oder Betreiber öffentlicher Versorgungsnetze haben geschlossene Verträge über Mitnutzungen innerhalb von zwei Monaten nach deren Abschluss der Bundesnetzagentur zur Kenntnis zu geben.

(5) Eigentümer oder Betreiber öffentlicher Versorgungsnetze können Standardangebote für Mitnutzungen über die Bundesnetzagentur als zentrale Informationsstelle veröffentlichen.

§ 77e Umfang des Mitnutzungsanspruchs[1)]

(1) Die Mitnutzung eines Elektrizitätsversorgungsnetzes umfasst auch Dachständer, Giebelanschlüsse und die Hauseinführung.

(2) Soweit es für den Betrieb des öffentlich zugänglichen Telekommunikationsnetzes notwendig ist, muss der Betreiber des Elektrizitätsversorgungsnetzes entgeltlich einen Anschluss zum Bezug des Betriebsstroms für die eingebauten Komponenten des digitalen Hochgeschwindigkeitsnetzes zur Verfügung stellen.

§ 77f Einnahmen aus Mitnutzungen[2)]

Eigentümer oder Betreiber öffentlicher Versorgungsnetze können Einnahmen aus Mitnutzungen, die über die Kosten im Sinne des § 77n Absatz 2 Satz 2 hinausgehen und sich für den Eigentümer oder Betreiber des öffentlichen Versorgungsnetzes durch die Ermöglichung der Mitnutzung seiner passiven Netzinfrastrukturen ergeben, von der Berechnungsgrundlage für Endnutzertarife ihrer Haupttätigkeit ausnehmen.

§ 77g Ablehnung der Mitnutzung, Versagungsgründe[3)]

(1) Gibt der Eigentümer oder Betreiber des öffentlichen Versorgungsnetzes kein Angebot über die Mitnutzung ab, so hat er innerhalb der in § 77d Absatz 2 Satz 1 genannten Frist dem Antragsteller nachzuweisen, dass einer Mitnutzung objektive, transparente und verhältnismäßige Gründe entgegenstehen.

(2) Der Antrag auf Mitnutzung darf nur abgelehnt werden, wenn einer der folgenden Gründe vorliegt:

1. die fehlende technische Eignung der passiven Netzinfrastrukturen für die beabsichtigte Unterbringung der Komponenten digitaler Hochgeschwindigkeitsnetze,
2. der zum Zeitpunkt des Antragseingangs fehlende oder der zukünftig fehlende Platz für die beabsichtigte Unterbringung der Komponenten digitaler Hochgeschwindigkeitsnetze im öffentlichen Versorgungsnetz; den zukünftig fehlenden Platz hat der Eigentümer oder Betrei-

---

1) **Anm. d. Red.:** § 77e i. d. F. des Gesetzes v. 4. 11. 2016 (BGBl I S. 2473) mit Wirkung v. 10. 11. 2016.

2) **Anm. d. Red.:** § 77f eingefügt gem. Gesetz v. 4. 11. 2016 (BGBl I S. 2473) mit Wirkung v. 10. 11. 2016.

3) **Anm. d. Red.:** § 77g eingefügt gem. Gesetz v. 4. 11. 2016 (BGBl I S. 2473) mit Wirkung v. 10. 11. 2016.

ber des öffentlichen Versorgungsnetzes anhand der Investitionsplanung für die nächsten fünf Jahre ab Antragstellung konkret darzulegen,

3. konkrete Anhaltspunkte dafür, dass die beantragte Mitnutzung die öffentliche Sicherheit oder die öffentliche Gesundheit gefährdet, wobei von konkreten Anhaltspunkten für die Gefährdung der öffentlichen Sicherheit auszugehen ist, soweit es sich bei den mitzunutzenden Teilen eines öffentlichen Versorgungsnetzes um solche handelt, die durch den Bund zur Verwirklichung einer sicheren Behördenkommunikation genutzt werden,
4. konkrete Anhaltspunkte dafür, dass die beantragte Mitnutzung die Integrität oder Sicherheit bereits bestehender öffentlicher Versorgungsnetze, insbesondere nationaler kritischer Infrastrukturen, gefährdet; bei kritischen Infrastrukturen liegen konkrete Anhaltspunkte für eine solche Gefährdung vor, soweit von dem Antrag Teile einer kritischen Infrastruktur, insbesondere die Informationstechnik kritischer Infrastrukturen, betroffen sind, die nachweislich besonders schutzbedürftig und für die Funktionsfähigkeit der kritischen Infrastruktur maßgeblich sind, und der Betreiber die Mitnutzung im Rahmen der ihm durch Gesetz oder aufgrund eines Gesetzes auferlegten Schutzpflichten nicht durch verhältnismäßige Maßnahmen ermöglichen kann,
5. Anhaltspunkte für eine zu erwartende erhebliche Störung des Versorgungsdienstes durch die geplanten Telekommunikationsdienste,
6. die Verfügbarkeit tragfähiger Alternativen zur beantragten Mitnutzung passiver Netzinfrastrukturen, soweit der Eigentümer oder Betreiber des öffentlichen Versorgungsnetzes diese Alternativen anbietet, sie sich für die Bereitstellung digitaler Hochgeschwindigkeitsnetze eignen und die Mitnutzung zu fairen und angemessenen Bedingungen gewährt wird; als Alternativen können geeignete Vorleistungsprodukte für Telekommunikationsdienste, der Zugang zu bestehenden Telekommunikationsnetzen oder die Mitnutzung anderer als der beantragten passiven Netzinfrastrukturen angeboten werden,
7. der Überbau von bestehenden Glasfasernetzen, die einen diskriminierungsfreien, offenen Netzzugang zur Verfügung stellen.

TKG

§ 77h Informationen über Bauarbeiten an öffentlichen Versorgungsnetzen[1)]

(1) [1]Eigentümer oder Betreiber öffentlicher Telekommunikationsnetze können bei den Eigentümern oder Betreibern öffentlicher Versorgungsnetze die Erteilung von Informationen über geplante oder laufende Bauarbeiten an öffentlichen Versorgungsnetzen beantragen, um eine Koordinierung dieser Bauarbeiten mit Bauarbeiten zum Ausbau digitaler Hochgeschwindigkeitsnetze zu prüfen. [2]Der Antrag muss erkennen lassen, in welchem Gebiet der Einbau von Komponenten digitaler Hochgeschwindigkeitsnetze vorgesehen ist.

(2) [1]Eigentümer oder Betreiber öffentlicher Versorgungsnetze erteilen Antragstellern nach Absatz 1 innerhalb von zwei Wochen ab dem Tag des Antragseingangs die beantragten Informationen. [2]Die Erteilung erfolgt unter verhältnismäßigen, diskriminierungsfreien und transparenten Bedingungen.

(3) [1]Die Informationen müssen folgende Angaben zu laufenden und geplanten Bauarbeiten an passiven Netzinfrastrukturen öffentlicher Versorgungsnetze enthalten, für die bereits eine Genehmigung erteilt wurde oder ein Genehmigungsverfahren anhängig ist:

1. die geografische Lage des Standortes und die Art der Bauarbeiten,
2. die betroffenen Netzkomponenten,
3. den geschätzten Beginn und die geplante Dauer der Bauarbeiten und
4. Kontaktdaten eines oder mehrerer Ansprechpartner des Eigentümers oder Betreibers des öffentlichen Versorgungsnetzes.

---

1) **Anm. d. Red.:** § 77h eingefügt gem. Gesetz v. 4. 11. 2016 (BGBl I S. 2473) mit Wirkung v. 10. 11. 2016.

[2]Ist innerhalb von sechs Monaten nach Eingang des Antrages auf Erteilung der Informationen ein Antrag auf Genehmigung der Bauarbeiten vorgesehen, so müssen auch zu diesen Bauarbeiten die Informationen nach den Absätzen 2 und 3 erteilt werden.

(4) Der Antrag nach Absatz 1 kann ganz oder teilweise abgelehnt werden, soweit konkrete Anhaltspunkte dafür vorliegen, dass

1. die Sicherheit oder Integrität der Versorgungsnetze oder die öffentliche Sicherheit oder die öffentliche Gesundheit durch Erteilung der Informationen gefährdet wird,
2. durch die Erteilung die Vertraulichkeit gemäß § 77m verletzt wird,
3. Bauarbeiten betroffen sind, deren anfänglich geplante Dauer acht Wochen nicht überschreitet,
4. von dem Antrag Teile einer kritischen Infrastruktur, insbesondere deren Informationstechnik, betroffen sind, die nachweislich besonders schutzbedürftig und für die Funktionsfähigkeit der kritischen Infrastruktur maßgeblich sind, und der Betreiber des öffentlichen Versorgungsnetzes bei Erteilung der Informationen unverhältnismäßige Maßnahmen ergreifen müsste, um die ihm durch Gesetz oder aufgrund eines Gesetzes auferlegten Schutzpflichten zu erfüllen,
5. die Koordinierung von Bauarbeiten unzumutbar ist oder
6. ein Versagungsgrund für eine Koordinierung von Bauarbeiten nach § 77i Absatz 5 vorliegt.

(5) Anstelle einer Erteilung der Informationen genügt ein Verweis auf eine bereits erfolgte Veröffentlichung, wenn

1. der Bauherr die beantragten Informationen bereits selbst elektronisch öffentlich zugänglich gemacht hat oder
2. der Zugang zu diesen Informationen bereits über die Bundesnetzagentur als zentrale Informationsstelle nach § 77a Absatz 1 Nummer 3 gewährleistet ist.

(6) [1]Innerhalb der in Absatz 2 genannten Frist sind die Informationen auch der Bundesnetzagentur als zentraler Informationsstelle zu übermitteln. [2]Die Bundesnetzagentur macht diese Informationen anderen Interessenten, die ein berechtigtes Interesse an der Einsichtnahme haben, in geeigneter Form zugänglich. [3]Näheres regeln die Einsichtnahmebedingungen der Bundesnetzagentur.

§ 77i Koordinierung von Bauarbeiten und Mitverlegung[1)]

(1) Eigentümer oder Betreiber öffentlicher Versorgungsnetze können mit Eigentümern oder Betreibern öffentlicher Telekommunikationsnetze im Hinblick auf den Ausbau der Komponenten von digitalen Hochgeschwindigkeitsnetzen Vereinbarungen über die Koordinierung von Bauarbeiten schließen.

(2) [1]Eigentümer oder Betreiber öffentlicher Telekommunikationsnetze können bei den Eigentümern oder Betreibern öffentlicher Versorgungsnetze die Koordinierung von Bauarbeiten beantragen. [2]Im Antrag sind Art und Umfang der zu koordinierenden Bauarbeiten und die zu errichtenden Komponenten digitaler Hochgeschwindigkeitsnetze zu benennen.

(3) [1]Eigentümer oder Betreiber öffentlicher Versorgungsnetze, die ganz oder teilweise aus öffentlichen Mitteln finanzierte Bauarbeiten direkt oder indirekt ausführen, haben zumutbaren Anträgen nach Absatz 2 zu transparenten und diskriminierungsfreien Bedingungen stattzugeben. [2]Anträge sind insbesondere zumutbar, sofern

1. dadurch keine zusätzlichen Kosten für die ursprünglich geplanten Bauarbeiten verursacht werden; eine geringfügige zeitliche Verzögerung der Planung und geringfügige Mehraufwendungen für die Bearbeitung des Koordinierungsantrags gelten nicht als zusätzliche Kosten der ursprünglich geplanten Bauarbeiten,
2. die Kontrolle über die Koordinierung der Arbeiten nicht behindert wird,

---

1) **Anm. d. Red.:** § 77i eingefügt gem. Gesetz v. 4.11.2016 (BGBl I S. 2473) mit Wirkung v. 10.11.2016.

3. der Koordinierungsantrag so früh wie möglich, spätestens aber einen Monat vor Einreichung des endgültigen Projektantrags bei der zuständigen Genehmigungsbehörde gestellt wird und Bauarbeiten betrifft, deren anfänglich geplante Dauer acht Wochen überschreitet.

(4) [1]Die Bundesnetzagentur veröffentlicht Grundsätze dafür, wie die Kosten, die mit der Koordinierung von Bauarbeiten verbunden sind, auf den Eigentümer oder Betreiber des öffentlichen Telekommunikationsnetzes umgelegt werden sollen. [2]Die Bundesnetzagentur ist im Rahmen der Streitbeilegung nach § 77n an die veröffentlichten Grundsätze gebunden.

(5) Der Antrag nach Absatz 2 kann ganz oder teilweise abgelehnt werden, soweit

1. von dem Antrag Teile einer kritischen Infrastruktur, insbesondere deren Informationstechnik, betroffen sind, die nachweislich besonders schutzbedürftig und für die Funktionsfähigkeit der kritischen Infrastruktur maßgeblich sind, und
2. der Betreiber des öffentlichen Versorgungsnetzes zur Koordinierung der Bauarbeiten unverhältnismäßige Maßnahmen ergreifen müsste, um die ihm durch Gesetz oder aufgrund eines Gesetzes auferlegten Schutzpflichten zu erfüllen.

(6) Eigentümer oder Betreiber öffentlicher Versorgungsnetze können im Rahmen von Bauarbeiten passive Netzinfrastrukturen sowie Glasfaserkabel mitverlegen, um eine Mitnutzung im Sinne dieses Abschnitts oder den Betrieb eines digitalen Hochgeschwindigkeitsnetzes zu ermöglichen.

(7) [1]Im Rahmen von ganz oder teilweise aus öffentlichen Mitteln finanzierten Bauarbeiten für die Bereitstellung von Verkehrsdiensten, deren anfänglich geplante Dauer acht Wochen überschreitet, ist sicherzustellen, dass geeignete passive Netzinfrastrukturen, ausgestattet mit Glasfaserkabeln, bedarfsgerecht mitverlegt werden, um den Betrieb eines digitalen Hochgeschwindigkeitsnetzes durch private Betreiber öffentlicher Telekommunikationsnetze zu ermöglichen. [2]Im Rahmen der Erschließung von Neubaugebieten ist stets sicherzustellen, dass geeignete passive Netzinfrastrukturen, ausgestattet mit Glasfaserkabeln, mitverlegt werden.

§ 77j Allgemeine Informationen über Verfahrensbedingungen bei Bauarbeiten[1)]

[1]Die Bundesnetzagentur als zentrale Informationsstelle macht die relevanten Informationen zugänglich, welche die allgemeinen Bedingungen und Verfahren für die Erteilung von Genehmigungen für Bauarbeiten betreffen, die zum Zweck des Aufbaus der Komponenten digitaler Hochgeschwindigkeitsnetze notwendig sind. [2]Diese Informationen schließen Angaben über Ausnahmen von Genehmigungspflichten ein.

§ 77k Netzinfrastruktur von Gebäuden[2)]

(1) [1]Betreiber öffentlicher Kommunikationsnetze dürfen ihr öffentliches Telekommunikationsnetz in den Räumen des Teilnehmers abschließen. [2]Der Abschluss ist nur statthaft, wenn der Teilnehmer zustimmt und Eingriffe in Eigentumsrechte Dritter so geringfügig wie möglich erfolgen. [3]Die Verlegung neuer Netzinfrastruktur ist nur statthaft, soweit keine Nutzung bestehender Netzinfrastruktur nach den Absätzen 2 und 3 möglich ist, mit der der Betreiber seinen Telekommunikationsdienst ohne spürbare Qualitätseinbußen bis zum Teilnehmer bereitstellen kann. [4]Soweit dies zum Netzabschluss erforderlich ist, ist der Gebäudeeigentümer dazu verpflichtet, dem Telekommunikationsnetzbetreiber auf Antrag den Anschluss aktiver Netzbestandteile an das Stromnetz zu ermöglichen. [5]Die durch den Anschluss aktiver Netzbestandteile an das Stromnetz entstehenden Kosten hat der Telekommunikationsnetzbetreiber zu tragen.

(2) [1]Eigentümer oder Betreiber öffentlicher Telekommunikationsnetze können, um ihr Netz in den Räumlichkeiten des Teilnehmers abzuschließen, bei den Eigentümern oder Betreibern von gebäudeinternen Komponenten öffentlicher Telekommunikationsnetze oder von gebäudeinter-

1) **Anm. d. Red.:** § 77j eingefügt gem. Gesetz v. 4. 11. 2016 (BGBl I S. 2473) mit Wirkung v. 10. 11. 2016.

2) **Anm. d. Red.:** § 77k eingefügt gem. Gesetz v. 4. 11. 2016 (BGBl I S. 2473) mit Wirkung v. 10. 11. 2016.

nen passiven Netzinfrastrukturen am Standort des Teilnehmers die Mitnutzung der gebäudeinternen Netzinfrastruktur beantragen. ²Liegt der erste Konzentrations- oder Verteilerpunkt eines öffentlichen Telekommunikationsnetzes außerhalb des Gebäudes, so gilt Absatz 1 ab diesem Punkt entsprechend.

(3) Wer über Netzinfrastrukturen in Gebäuden oder bis zum ersten Konzentrations- oder Verteilerpunkt eines öffentlichen Telekommunikationsnetzes verfügt, hat allen zumutbaren Mitnutzungsanträgen nach Absatz 2 zu fairen und diskriminierungsfreien Bedingungen, einschließlich der Mitnutzungsentgelte, stattzugeben, wenn eine Dopplung der Netzinfrastrukturen technisch unmöglich oder wirtschaftlich ineffizient ist.

(4) Neu errichtete Gebäude, die über Anschlüsse für Endnutzer von Telekommunikationsdienstleistungen verfügen sollen, sind gebäudeintern bis zu den Netzabschlusspunkten mit hochgeschwindigkeitsfähigen passiven Netzinfrastrukturen sowie einem Zugangspunkt zu diesen passiven gebäudeinternen Netzkomponenten auszustatten.

(5) Gebäude, die umfangreich renoviert werden und über Anschlüsse für Endnutzer von Telekommunikationsdienstleistungen verfügen sollen, sind gebäudeintern bis zu den Netzabschlusspunkten mit hochgeschwindigkeitsfähigen passiven Netzinfrastrukturen sowie einem Zugangspunkt zu diesen passiven gebäudeinternen Netzkomponenten auszustatten.

(6) Einfamilienhäuser, Baudenkmäler, Ferienhäuser, Militärgebäude und Gebäude, die für Zwecke der nationalen Sicherheit genutzt werden, fallen nicht unter die Absätze 4 und 5.

(7) Die zuständigen Behörden haben darüber zu wachen, dass die nach Absatz 4 bis 6 festgesetzten Anforderungen erfüllt werden. Soweit von der Verordnungsermächtigung des § 77o Absatz 4 Gebrauch gemacht wurde, berücksichtigen sie dabei die in der Rechtsverordnung festgesetzten Ausnahmen.

§ 77l Antragsform und Reihenfolge der Verfahren[1)]

(1) Anträge der Eigentümer oder Betreiber öffentlicher Telekommunikationsnetze nach den §§ 77a bis 77d, 77h und 77i können schriftlich oder elektronisch gestellt werden.

(2) ¹Über vollständige Anträge hat der Verpflichtete in der Reihenfolge zu entscheiden, in der die Anträge bei ihm eingehen. ²Ein vollständiger Antrag liegt vor, wenn der Antragsteller alle entscheidungsrelevanten Informationen dargelegt hat.

§ 77m Vertraulichkeit der Verfahren[2)]

¹Die Informationen, die im Rahmen der Verfahren dieses Unterabschnittes oder bei oder nach Verhandlungen oder Vereinbarungen gewonnen werden, dürfen nur für die Zwecke verwendet werden, für die sie bereitgestellt werden. ²Die Informationen dürfen nicht an Dritte weitergegeben werden, insbesondere nicht an andere Abteilungen, Tochtergesellschaften oder Geschäftspartner der an den Verhandlungen Beteiligten. ³Die Verfahrensbeteiligten haben die aus den Verhandlungen oder Vereinbarungen gewonnenen Betriebs- und Geschäftsgeheimnisse zu wahren.

§ 77n Fristen, Entgeltmaßstäbe und Regulierungsziele der nationalen Streitbeilegung[3)]

(1) ¹Gibt der Eigentümer oder Betreiber eines öffentlichen Versorgungsnetzes innerhalb der in § 77d Absatz 2 genannten Frist kein Angebot zur Mitnutzung ab oder kommt keine Einigung über die Bedingungen der Mitnutzung zustande, so kann jede Partei eine Entscheidung durch die Bundesnetzagentur als nationale Streitbeilegungsstelle nach § 132 in Verbindung mit § 134a beantragen. ²Die Bundesnetzagentur entscheidet verbindlich über die Rechte, Pflichten

1) **Anm. d. Red.:** § 77l eingefügt gem. Gesetz v. 4. 11. 2016 (BGBl I S. 2473) mit Wirkung v. 10. 11. 2016.

2) **Anm. d. Red.:** § 77m eingefügt gem. Gesetz v. 4. 11. 2016 (BGBl I S. 2473) mit Wirkung v. 10. 11. 2016.

3) **Anm. d. Red.:** § 77n eingefügt gem. Gesetz v. 4. 11. 2016 (BGBl I S. 2473) mit Wirkung v. 10. 11. 2016.

oder Versagungsgründe aus den §§ 77d, 77e und 77g innerhalb von vier Monaten nach Eingang des vollständigen Antrags.

(2) [1]Setzt die Bundesnetzagentur im Rahmen der Streitbeilegung nach Absatz 1 ein Mitnutzungsentgelt fest, so hat sie dieses fair und angemessen zu bestimmen. [2]Grundlage für die Höhe des Mitnutzungsentgelts sind die zusätzlichen Kosten, die sich für den Eigentümer oder Betreiber des öffentlichen Versorgungsnetzes durch die Ermöglichung der Mitnutzung seiner passiven Netzinfrastrukturen ergeben. [3]Auf diese Kosten gewährt die Bundesnetzagentur einen angemessenen Aufschlag als Anreiz für Eigentümer oder Betreiber öffentlicher Versorgungsnetze zur Gewährung der Mitnutzung.

(3) [1]Betrifft die Streitigkeit nach Absatz 1 die Mitnutzung eines öffentlichen Telekommunikationsnetzes, so berücksichtigt die Bundesnetzagentur neben Absatz 2 auch die in § 2 Absatz 2 genannten Regulierungsziele. [2]Dabei stellt die Bundesnetzagentur sicher, dass Eigentümer und Betreiber des mitzunutzenden öffentlichen Telekommunikationsnetzes die Möglichkeit haben, ihre Kosten zu decken; sie berücksichtigt hierfür über die zusätzlichen Kosten und eine angemessene Verzinsung gemäß Absatz 2 hinaus auch die Folgen der beantragten Mitnutzung auf deren Geschäftsplan einschließlich der Investitionen in das mitgenutzte öffentliche Telekommunikationsnetz.

(4) [1]Sind Rechte, Pflichten oder Versagungsgründe streitig, die in den §§ 77b, 77c oder § 77h festgelegt sind, so kann jede Partei eine Entscheidung durch die Bundesnetzagentur als nationale Streitbeilegungsstelle nach § 132 in Verbindung mit § 134a beantragen. [2]Die Bundesnetzagentur entscheidet verbindlich innerhalb von zwei Monaten.

(5) [1]Kommt in den Fällen des § 77i Absatz 2 und 3 innerhalb eines Monats ab dem Tag des Eingangs des Antrages bei dem Eigentümer oder Betreiber des öffentlichen Versorgungsnetzes keine Vereinbarung über die Koordinierung der Bauarbeiten zustande, so kann jede Partei die Bundesnetzagentur als nationale Streitbeilegungsstelle anrufen. [2]Die Bundesnetzagentur legt in ihrer Entscheidung verbindlich faire und diskriminierungsfreie Bedingungen einschließlich der Entgelte der Koordinierungsvereinbarung fest. [3]Sie entscheidet unverzüglich, spätestens aber innerhalb von zwei Monaten.

TKG

(6) [1]Kommt innerhalb von zwei Monaten keine Vereinbarung über die Mitnutzung nach § 77k Absatz 2 und 3 zustande, kann jede Partei eine Entscheidung durch die Bundesnetzagentur als nationale Streitbeilegungsstelle nach § 132 in Verbindung mit § 134a beantragen. [2]Grundlage für die Bestimmung der Höhe eines Entgelts sind dabei die zusätzlichen Kosten, die sich für den Gebäudeeigentümer durch die Ermöglichung der Mitnutzung der Netzinfrastruktur des Gebäudes ergeben. [3]Soweit der die Mitnutzung begehrende Telekommunikationsnetzbetreiber Investitionen zur Herstellung dieser Infrastruktur getätigt hat, kann er die Mitnutzung entgeltfrei beanspruchen, es sei denn, dass die Mitnutzung aufgrund besonderer technischer oder baulicher Gegebenheiten einen außergewöhnlichen Aufwand verursacht. [4]Der Maßstab nach Satz 3 gilt nur für solche Investitionen, die erstmalig ab Inkrafttreten dieses Gesetzes getätigt werden. [5]Die Bundesnetzagentur entscheidet verbindlich und unverzüglich, spätestens aber innerhalb von zwei Monaten.

(7) Die Bundesnetzagentur kann die ihr in Absatz 1 Satz 2, Absatz 4 Satz 2, Absatz 5 Satz 3 und Absatz 6 Satz 2 gesetzten Fristen für die Streitbeilegung bei außergewöhnlichen Umständen um höchstens zwei Monate verlängern; diese Umstände sind besonders und hinreichend zu begründen.

§ 77o Verordnungsermächtigungen[1)]

(1) [1]Das Bundesministerium für Verkehr und digitale Infrastruktur wird ermächtigt, durch Rechtsverordnung ohne Zustimmung des Bundesrates im Benehmen mit dem Bundesministerium für Wirtschaft und Energie passive Netzinfrastrukturen zu benennen, die von den in den §§ 77a bis 77c genannten Rechten und Pflichten ausgenommen sind. [2]Die Ausnahmen sind hin-

1) **Anm. d. Red.:** § 77o eingefügt gem. Gesetz v. 4. 11. 2016 (BGBl I S. 2473) mit Wirkung v. 10. 11. 2016.

reichend zu begründen. [3]Sie dürfen nur darauf gestützt werden, dass der Schutz von Teilen kritischer Infrastrukturen betroffen ist oder dass die passiven Netzinfrastrukturen für die elektronische Kommunikation technisch ungeeignet sind. [4]Soweit die Ausnahmen auf den Schutz von Teilen kritischer Infrastrukturen gestützt werden, bedarf die Rechtsverordnung des Einvernehmens mit dem Bundesministerium des Innern. [5]Das Bundesministerium für Verkehr und digitale Infrastruktur kann die Ermächtigung nach Satz 1 durch Rechtsverordnung auf die Bundesnetzagentur übertragen. [6]Für eine Rechtsverordnung der Bundesnetzagentur gelten die Sätze 1 bis 4 entsprechend.

(2) [1]Das Bundesministerium für Verkehr und digitale Infrastruktur wird ermächtigt, durch Rechtsverordnung, die der Zustimmung des Bundesrates bedarf, über die in § 77h Absatz 4 vorgesehenen Ausnahmen von den in § 77h festgelegten Rechten und Pflichten hinausgehende Ausnahmen vorzusehen und Kategorien von Bauarbeiten zu benennen, die der Bundesnetzagentur zu melden sind. [2]Solche Kategorien dürfen nur Bauarbeiten enthalten, deren anfänglich geplante Dauer acht Wochen überschreitet. [3]Die Rechtsverordnung ist hinreichend zu begründen und kann im Umfang oder Wert geringfügige Bauarbeiten oder kritische Infrastrukturen ausnehmen. [4]Soweit die Ausnahmen auf den Schutz von Teilen kritischer Infrastrukturen gestützt werden, bedarf die Rechtsverordnung des Einvernehmens mit dem Bundesministerium des Innern.

(3) [1]Das Bundesministerium für Verkehr und digitale Infrastruktur wird ermächtigt, durch Rechtsverordnung, die der Zustimmung des Bundesrates bedarf, Ausnahmen von den in § 77i festgelegten Rechten und Pflichten vorzusehen. [2]Die Ausnahmen können auf dem geringen Umfang und Wert der Bauarbeiten oder auf dem Schutz von Teilen kritischer Infrastrukturen beruhen. [3]Soweit die Ausnahmen auf den Schutz von Teilen kritischer Infrastrukturen gestützt werden, bedarf die Rechtsverordnung des Einvernehmens mit dem Bundesministerium des Innern.

(4) [1]Das Bundesministerium für Verkehr und digitale Infrastruktur wird ermächtigt, im Einvernehmen mit dem Bundesministerium für Umwelt, Naturschutz, Bau und Reaktorsicherheit durch Rechtsverordnung, die der Zustimmung des Bundesrates bedarf, Ausnahmen vom § 77k Absatz 4 und Absatz 5 vorzusehen. [2]Die Rechtsverordnung ist hinreichend zu begründen und kann bestimmte Gebäudekategorien und umfangreiche Renovierungen ausnehmen, falls die Erfüllung der Pflichten unverhältnismäßig wäre. [3]Die Unverhältnismäßigkeit kann insbesondere auf den voraussichtlichen Kosten für einzelne Eigentümer oder auf der spezifischen Art des Gebäudes beruhen.

(5) Eigentümern und Betreibern öffentlicher Versorgungsnetze und interessierten Parteien ist die Gelegenheit zu geben, innerhalb eines Monats zum Entwurf einer Rechtsverordnung nach den Absätzen 1 bis 4 Stellung zu nehmen.

(6) Die Rechtsverordnungen der Absätze 1 bis 4 sind der Europäischen Kommission mitzuteilen.

§ 77p Genehmigungsfristen für Bauarbeiten[1)]

[1]Genehmigungen für Bauarbeiten, die zum Zwecke des Aufbaus der Komponenten von digitalen Hochgeschwindigkeitsnetzen notwendig sind, sind innerhalb von drei Monaten nach Eingang eines vollständigen Antrags zu erteilen oder abzulehnen. [2]Die Frist kann um einen Monat verlängert werden, wenn dies wegen der Schwierigkeit der Angelegenheit gerechtfertigt ist. [3]Die Fristverlängerung ist zu begründen und rechtzeitig mitzuteilen.

1) **Anm. d. Red.:** § 77p eingefügt gem. Gesetz v. 4. 11. 2016 (BGBl I S. 2473) mit Wirkung v. 10. 11. 2016.

Teil 6: Universaldienst

§ 78 Universaldienstleistungen[1)]

(1) Universaldienstleistungen sind ein Mindestangebot an Diensten für die Öffentlichkeit, für die eine bestimmte Qualität festgelegt ist und zu denen alle Endnutzer unabhängig von ihrem Wohn- oder Geschäftsort zu einem erschwinglichen Preis Zugang haben müssen und deren Erbringung für die Öffentlichkeit als Grundversorgung unabdingbar geworden ist.

(2) Als Universaldienstleistungen werden bestimmt:

1. der Anschluss an ein öffentliches Telekommunikationsnetz an einem festen Standort, der Gespräche, Telefaxübertragungen und die Datenkommunikation mit Übertragungsraten ermöglicht, die für einen funktionalen Internetzugang ausreichen,
2. der Zugang zu öffentlich zugänglichen Telefondiensten über den in Nummer 1 genannten Netzanschluss,
3. die Verfügbarkeit mindestens eines von der Bundesnetzagentur gebilligten gedruckten öffentlichen Teilnehmerverzeichnisses (§ 104), das dem allgemeinen Bedarf entspricht und regelmäßig mindestens einmal jährlich aktualisiert wird,
4. die Verfügbarkeit mindestens eines umfassenden, öffentlichen Telefonauskunftsdienstes, auch für Nutzer öffentlicher Münz- und Kartentelefone, einschließlich der Netzkennzahlen von Teilnehmern und ausländischer Anschlussinhaber, soweit die Teilnehmerdaten zur Verfügung stehen und unter Berücksichtigung datenschutzrechtlicher Vorschriften,
5. die flächendeckende Bereitstellung von öffentlichen Münz- oder Kartentelefonen oder anderer Zugangspunkte für den öffentlichen Sprachtelefondienst an allgemeinen und jederzeit für jedermann zugänglichen Standorten entsprechend dem allgemeinen Bedarf; die öffentlichen Telefonstellen sind in betriebsbereitem Zustand zu halten, und
6. die Möglichkeit, von allen öffentlichen Münz- oder Kartentelefonen unentgeltlich und ohne Verwendung eines Zahlungsmittels Notrufe durch einfache Handhabung mit den Notrufnummern 110 und 112 durchzuführen.

TKG

(3) Unternehmen, die Universaldienstleistungen nach Absatz 2 Nr. 2 und 3 erbringen, haben bei der Verarbeitung der ihnen von anderen Unternehmen bereitgestellten Informationen den Grundsatz der Nichtdiskriminierung zu beachten.

(4) [1]Nach Anhörung des Universaldienstverpflichteten kann die Bundesnetzagentur den allgemeinen Bedarf der Universaldienstleistungen nach Absatz 2 hinsichtlich der Bedürfnisse der Endnutzer feststellen, insbesondere hinsichtlich der geographischen Versorgung, der Zahl der Telefone, der Zugänglichkeit und der Dienstequalität. [2]Zur Sicherstellung des Dienstes sowie der Dienstemerkmale ist die Bundesnetzagentur befugt, den Unternehmen Verpflichtungen aufzuerlegen. [3]Die Bundesnetzagentur kann von solchen Verpflichtungen für Teile oder das gesamte Hoheitsgebiet absehen, wenn eine Anhörung der betroffenen Kreise ergibt, dass diese Dienstemerkmale oder vergleichbare Dienste als weithin verfügbar erachtet werden.

§ 79 Erschwinglichkeit der Entgelte[2)]

(1) [1]Der Preis für die Universaldienstleistung nach § 78 Absatz 2 Nummer 1 und 2 gilt als erschwinglich, wenn er den realen Preis der Telefondienstleistungen nicht übersteigt, die von einem Privathaushalt außerhalb von Städten mit mehr als 100 000 Einwohnern zum 1. Januar 1998 durchschnittlich nachgefragt wurden. [2]Dabei werden die zu diesem Zeitpunkt erzielten Leistungsqualitäten einschließlich der Lieferfristen und die bis zum 31. Dezember des jeweiligen Vor-Vorjahres festgestellte Produktivitätsfortschrittsrate berücksichtigt.

1) **Anm. d. Red.:** § 78 i. d. F. des Gesetzes v. 3. 5. 2012 (BGBl I S. 958) mit Wirkung v. 10. 5. 2012.

2) **Anm. d. Red.:** § 79 i. d. F. des Gesetzes v. 3. 5. 2012 (BGBl I S. 958) mit Wirkung v. 10. 5. 2012.

(2) Universaldienstleistungen nach § 78 Absatz 2 Nummer 3 bis 5 gelten als erschwinglich, wenn die Entgelte den Maßstäben des § 28 entsprechen.

§ 80 Verpflichtung zur Erbringung des Universaldienstes

[1]Wird eine Universaldienstleistung nach § 78 durch den Markt nicht ausreichend und angemessen erbracht oder ist zu besorgen, dass eine solche Versorgung nicht gewährleistet sein wird, ist jeder Anbieter, der auf dem jeweiligen sachlich relevanten Markt tätig ist und einen Anteil von mindestens 4 Prozent des Gesamtumsatzes dieses Marktes im Geltungsbereich dieses Gesetzes auf sich vereint oder auf dem räumlich relevanten Markt über eine beträchtliche Marktmacht verfügt, verpflichtet, dazu beizutragen, dass der Universaldienst erbracht werden kann. [2]Die Verpflichtung nach Satz 1 ist nach Maßgabe der Bestimmungen dieses Abschnitts zu erfüllen.

§ 81 Auferlegung von Universaldienstverpflichtungen[1)]

(1) [1]Die Bundesnetzagentur veröffentlicht die Feststellung, auf welchem sachlich und räumlich relevanten Markt oder an welchem Ort eine Universaldienstleistung nach § 78 Abs. 2 nicht angemessen oder ausreichend erbracht wird oder zu besorgen ist, dass eine solche Versorgung nicht gewährleistet sein wird. [2]Sie kündigt an, nach den Vorschriften der §§ 81 bis 87 vorzugehen, sofern sich kein Unternehmen innerhalb von einem Monat nach Bekanntgabe dieser Veröffentlichung bereit erklärt, diese Universaldienstleistung ohne Ausgleich nach § 82 zu erbringen.

(2) [1]Die Bundesnetzagentur kann nach Anhörung der in Betracht kommenden Unternehmen entscheiden, ob und inwieweit sie eines oder mehrere dieser Unternehmen verpflichten will, die Universaldienstleistung zu erbringen. [2]Eine solche Verpflichtung darf die verpflichteten Unternehmen im Verhältnis zu den anderen Unternehmen nicht unbillig benachteiligen.

(3) [1]Macht ein Unternehmen, das nach Absatz 2 zur Erbringung einer Universaldienstleistung verpflichtet werden soll, glaubhaft, dass es im Falle der Verpflichtung einen Ausgleich nach § 82 verlangen kann, schreibt die Bundesnetzagentur anstelle der Entscheidung, einen oder mehrere Unternehmen zu verpflichten, die Universaldienstleistung aus und vergibt sie an denjenigen Bewerber, der sich als geeignet erweist und den geringsten finanziellen Ausgleich dafür verlangt, die Universaldienstleistung nach Maßgabe der in den Vorschriften dieses Gesetzes festgelegten Bedingungen zu erbringen. [2]Die Bundesnetzagentur kann unter Berücksichtigung der Kriterien des Satzes 1 verschiedene Unternehmen oder Unternehmensgruppen für die Erbringung verschiedener Bestandteile des Universaldienstes sowie zur Versorgung verschiedener Teile des Bundesgebietes verpflichten.

(4) [1]Vor der Ausschreibung der Universaldienstleistung hat die Bundesnetzagentur festzulegen, nach welchen Kriterien die erforderliche Eignung des Universaldienstleisters bewertet wird. [2]Sie hat ferner die Regeln für die Durchführung des Ausschreibungsverfahrens im Einzelnen festzulegen; diese müssen objektiv, nachvollziehbar und diskriminierungsfrei sein.

(5) Wird durch das Ausschreibungsverfahren kein geeigneter Bewerber ermittelt, verpflichtet die Bundesnetzagentur das nach Absatz 2 ermittelte Unternehmen, die Universaldienstleistung nach Maßgabe dieses Gesetzes zu erbringen.

§ 82 Ausgleich für Universaldienstleistungen[2)]

(1) Wird ein Unternehmen nach § 81 Abs. 3 verpflichtet, eine Universaldienstleistung zu erbringen, gewährt die Bundesnetzagentur den im Ausschreibungsverfahren anerkannten finanziellen Ausgleich für die Erbringung der Universaldienstleistung.

---

1) **Anm. d. Red.:** § 81 i. d. F. des Gesetzes v. 18. 2. 2007 (BGBl I S. 106) mit Wirkung v. 24. 2. 2007.

2) **Anm. d. Red.:** § 82 i. d. F. des Gesetzes v. 18. 2. 2007 (BGBl I S. 106) mit Wirkung v. 24. 2. 2007.

(2) [1]Wird ein Unternehmen nach § 81 Abs. 5 verpflichtet, eine Universaldienstleistung zu erbringen, ermittelt die Bundesnetzagentur den zu leistenden Ausgleich für die Bereitstellung des Universaldienstes aus der Differenz der Kosten eines verpflichteten Unternehmens für den Betrieb ohne Universaldienstverpflichtung und den Kosten für den Betrieb unter Einhaltung der Universaldienstverpflichtung. [2]Außerdem sind Vorteile und Erträge des Universaldienstbetreibers, einschließlich immaterieller Vorteile, zu berücksichtigen.

(3) [1]Die Bundesnetzagentur stellt fest, ob die ermittelten Kosten eine unzumutbare Belastung darstellen. [2]In diesem Fall gewährt die Bundesnetzagentur dem Unternehmen auf Antrag den berechneten finanziellen Ausgleich.

(4) [1]Zur Berechnung des Ausgleichs kann die Bundesnetzagentur die erforderlichen Unterlagen von dem universaldienstverpflichteten Unternehmen fordern. [2]Die eingereichten Unterlagen sind von der Bundesnetzagentur insbesondere auf die Notwendigkeit zur Leistungsbereitstellung zu prüfen. [3]Die Ergebnisse der Kostenberechnung wie auch der Prüfung sind, unter Berücksichtigung der Wahrung von Betriebs- oder Geschäftsgeheimnissen der betroffenen Unternehmen, zu veröffentlichen.

(5) Der Ausgleich wird nach Ablauf des Kalenderjahres, in dem ein Defizit bei der Erbringung der Universaldienstleistung entsteht, gewährt.

§ 83 Universaldienstleistungsabgabe[1)]

(1) [1]Gewährt die Bundesnetzagentur einen Ausgleich nach § 82 für die Erbringung einer Universaldienstleistung, trägt jedes Unternehmen, das zur Erbringung des Universaldienstes nach § 80 verpflichtet ist, zu diesem Ausgleich durch eine Universaldienstleistungsabgabe bei. [2]Der Anteil bemisst sich nach dem Verhältnis des Umsatzes des jeweiligen Unternehmens zu der Summe des Umsatzes aller auf dem sachlich relevanten Markt nach Satz 1 Verpflichteten. [3]Kann von einem abgabenpflichtigen Unternehmen die auf ihn entfallende Abgabe nicht erlangt werden, so ist der Ausfall von den übrigen Verpflichteten nach dem Verhältnis ihrer Anteile zueinander zu leisten.

TKG

(2) [1]Nach Ablauf des Kalenderjahres, für das ein Ausgleich nach § 82 Abs. 1 oder 3 gewährt wird, setzt die Bundesnetzagentur die Höhe des Ausgleichs sowie die Anteile der zu diesem Ausgleich beitragenden Unternehmen fest und teilt dies den betroffenen Unternehmen mit. [2]Die Höhe des Ausgleichs ergibt sich aus dem von der Bundesnetzagentur errechneten Ausgleichsbetrag zuzüglich einer marktüblichen Verzinsung. [3]Die Verzinsung beginnt mit dem Tag, der dem Ablauf des in Satz 1 genannten Kalenderjahres folgt.

(3) Die zum Ausgleich nach Absatz 1 beitragenden Unternehmen sind verpflichtet, die von der Bundesnetzagentur festgesetzten auf sie entfallenden Anteile innerhalb eines Monats ab Zugang des Festsetzungsbescheides an die Bundesnetzagentur zu entrichten.

(4) Ist ein zum Ausgleich verpflichtetes Unternehmen mit der Zahlung der Abgabe mehr als drei Monate im Rückstand, erlässt die Bundesnetzagentur einen Feststellungsbescheid über die rückständigen Beträge der Abgabe und betreibt die Einziehung.

§ 84 Verfügbarkeit, Entbündelung und Qualität von Universaldienstleistungen[2)]

(1) Soweit Unternehmen Universaldienstleistungen erbringen, haben Endnutzer im Rahmen der Gesetze und der Allgemeinen Geschäftsbedingungen einen Anspruch darauf, dass diese Leistungen erbracht werden.

(2) Soweit Unternehmen Universaldienstleistungen erbringen, haben sie Leistungen so anzubieten, dass Endnutzer nicht für Einrichtungen oder Dienste zu zahlen haben, die nicht notwendig oder für den beantragten Dienst nicht erforderlich sind.

1) **Anm. d. Red.:** § 83 i. d. F. des Gesetzes v. 18. 2. 2007 (BGBl I S. 106) mit Wirkung v. 24. 2. 2007.

2) **Anm. d. Red.:** § 84 i. d. F. des Gesetzes v. 3. 5. 2012 (BGBl I S. 958) mit Wirkung v. 10. 5. 2012.

(3) [1]Soweit Unternehmen Universaldienstleistungen erbringen, haben sie der Bundesnetzagentur auf Anfrage angemessene und aktuelle Informationen über ihre Leistungen bei der Bereitstellung des Universaldienstes mitzuteilen und zu veröffentlichen. [2]Dabei werden die Parameter, Definitionen und Messverfahren für die Dienstqualität zugrunde gelegt, die in Anhang III der Richtlinie 2002/22/EG dargelegt sind.

§ 85 Leistungseinstellungen

(1) [1]Ein Unternehmen, das nach § 81 zur Erbringung von Universaldienstleistungen verpflichtet ist oder das Leistungen nach § 150 Abs. 9 erbringt, darf diese Leistungen nur vorübergehend auf Grund grundlegender, in Übereinstimmung mit dem Recht der Europäischen Union stehender Anforderungen einstellen und beschränken. [2]Es hat auf die Belange der Endnutzer Rücksicht zu nehmen und die Leistungseinstellungen oder -beschränkungen im Rahmen der technischen Möglichkeiten auf den betroffenen Dienst zu beschränken.

(2) Grundlegende Anforderungen, die eine Beschränkung von Universaldienstleistungen rechtfertigen, sind

1. die Sicherheit des Netzbetriebes,
2. die Aufrechterhaltung der Netzintegrität, insbesondere die Vermeidung schwerwiegender Störungen des Netzes, der Software oder gespeicherter Daten,
3. die Interoperabilität der Dienste und
4. der Datenschutz.

§ 86 Sicherheitsleistungen[1)]

(1) [1]Anbieter von öffentlich zugänglichen Telekommunikationsdiensten, die nach § 81 zur Erbringung von Universaldienstleistungen verpflichtet sind oder das Unternehmen, das Leistungen nach § 150 Abs. 9 erbringt, sind berechtigt, Universaldienstleistungen an den Endnutzer von einer Sicherheitsleistung in angemessener Höhe abhängig zu machen, wenn Tatsachen die Annahme rechtfertigen, dass der Endnutzer seinen vertraglichen Verpflichtungen nicht oder nicht rechtzeitig nachkommt. [2]Die Sicherheitsleistung kann durch Bürgschaftserklärung eines im Europäischen Wirtschaftsraum zugelassenen Kreditinstituts erfolgen. [3]Der Anbieter ist berechtigt, die Sicherheitsleistung auf eine solche Bürgschaftserklärung und die Hinterlegung von Geld zu beschränken. [4]Die Sicherheitsleistung ist unverzüglich zurückzugeben oder zu verrechnen, sobald die Voraussetzungen für die Erbringung weggefallen sind.

(2) [1]Als angemessen im Sinne des Absatzes 1 Satz 1 ist in der Regel ein Betrag in Höhe des Bereitstellungspreises zuzüglich des sechsfachen Grundpreises anzusehen. [2]Eine Anforderung höherer Beiträge ist gegenüber dem Endnutzer anhand der Umstände seines Einzelfalles zu begründen.

§ 87 Umsatzmeldungen[2)]

(1) [1]Ist eine Universaldienstleistung nach § 81 Abs. 3 oder 5 auferlegt, haben alle Unternehmen, die in dem jeweiligen sachlich relevanten Markt der betreffenden Telekommunikationsdienste tätig sind, der Bundesnetzagentur ihre Umsätze auf diesem Markt jeweils auf Verlangen jährlich mitzuteilen. [2]Anderenfalls kann die Bundesnetzagentur eine Schätzung vornehmen.

(2) Bei der Ermittlung der Umsätze nach Absatz 1 gelten § 36 Abs. 2 und § 38 des Gesetzes gegen Wettbewerbsbeschränkungen entsprechend.

(3) Die Bundesnetzagentur veröffentlicht unter Berücksichtigung von Betriebs- oder Geschäftsgeheimnissen der betroffenen Unternehmen jährlich einen Bericht, in dem die berech-

1) **Anm. d. Red.:** § 86 i. d. F. des Gesetzes v. 3. 5. 2012 (BGBl I S. 958) mit Wirkung v. 10. 5. 2012.

2) **Anm. d. Red.:** § 87 i. d. F. des Gesetzes v. 18. 2. 2007 (BGBl I S. 106) mit Wirkung v. 24. 2. 2007.

neten Kosten der Universaldienstverpflichtung und die Beiträge aller Unternehmen aufgeführt sind und in dem die etwaigen Marktvorteile des benannten Unternehmens dargelegt werden.

Teil 7: Fernmeldegeheimnis, Datenschutz, Öffentliche Sicherheit

Abschnitt 1: Fernmeldegeheimnis

§ 88 Fernmeldegeheimnis[1)]

(1) [1]Dem Fernmeldegeheimnis unterliegen der Inhalt der Telekommunikation und ihre näheren Umstände, insbesondere die Tatsache, ob jemand an einem Telekommunikationsvorgang beteiligt ist oder war. [2]Das Fernmeldegeheimnis erstreckt sich auch auf die näheren Umstände erfolgloser Verbindungsversuche.

(2) [1]Zur Wahrung des Fernmeldegeheimnisses ist jeder Diensteanbieter verpflichtet. [2]Die Pflicht zur Geheimhaltung besteht auch nach dem Ende der Tätigkeit fort, durch die sie begründet worden ist.

(3) [1]Den nach Absatz 2 Verpflichteten ist es untersagt, sich oder anderen über das für die geschäftsmäßige Erbringung der Telekommunikationsdienste einschließlich des Schutzes ihrer technischen Systeme erforderliche Maß hinaus Kenntnis vom Inhalt oder den näheren Umständen der Telekommunikation zu verschaffen. [2]Sie dürfen Kenntnisse über Tatsachen, die dem Fernmeldegeheimnis unterliegen, nur für den in Satz 1 genannten Zweck verwenden. [3]Eine Verwendung dieser Kenntnisse für andere Zwecke, insbesondere die Weitergabe an andere, ist nur zulässig, soweit dieses Gesetz oder eine andere gesetzliche Vorschrift dies vorsieht und sich dabei ausdrücklich auf Telekommunikationsvorgänge bezieht. [4]Die Anzeigepflicht nach § 138 des Strafgesetzbuches hat Vorrang.

TKG

(4) Befindet sich die Telekommunikationsanlage an Bord eines Wasser- oder Luftfahrzeugs, so besteht die Pflicht zur Wahrung des Geheimnisses nicht gegenüber der Person, die das Fahrzeug führt oder gegenüber ihrer Stellvertretung.

§ 89 Abhörverbot, Geheimhaltungspflicht der Betreiber von Empfangsanlagen[2)]

[1]Mit einer Funkanlage dürfen nur Nachrichten, die für den Betreiber der Funkanlage, Funkamateure im Sinne des Gesetzes über den Amateurfunk vom 23. Juni 1997 (BGBl I S. 1494), die Allgemeinheit oder einen unbestimmten Personenkreis bestimmt sind, abgehört oder in vergleichbarer Weise zur Kenntnis genommen werden. [2]Der Inhalt anderer als in Satz 1 genannter Nachrichten sowie die Tatsache ihres Empfangs dürfen, auch wenn der Empfang unbeabsichtigt geschieht, auch von Personen, für die eine Pflicht zur Geheimhaltung nicht schon nach § 88 besteht, anderen nicht mitgeteilt werden. [3]§ 88 Abs. 4 gilt entsprechend. [4]Das Abhören oder die in vergleichbarer Weise erfolgende Kenntnisnahme und die Weitergabe von Nachrichten auf Grund besonderer gesetzlicher Ermächtigung bleiben unberührt.

§ 90 Missbrauch von Sende- oder sonstigen Telekommunikationsanlagen[3)]

(1) [1]Es ist verboten, Sendeanlagen oder sonstige Telekommunikationsanlagen zu besitzen, herzustellen, zu vertreiben, einzuführen oder sonst in den Geltungsbereich dieses Gesetzes zu verbringen, die ihrer Form nach einen anderen Gegenstand vortäuschen oder die mit Gegenständen des täglichen Gebrauchs verkleidet sind und auf Grund dieser Umstände oder auf Grund ihrer Funktionsweise in besonderer Weise geeignet und dazu bestimmt sind, das nicht öffentlich gesprochene Wort eines anderen von diesem unbemerkt abzuhören oder das Bild ei-

---

1) **Anm. d. Red.:** § 88 i. d. F. des Gesetzes v. 3. 5. 2012 (BGBl I S. 958) mit Wirkung v. 10. 5. 2012.

2) **Anm. d. Red.:** § 89 i. d. F. des Gesetzes v. 4. 11. 2016 (BGBl I S. 2473) mit Wirkung v. 10. 11. 2016.

3) **Anm. d. Red.:** § 90 i. d. F. des Gesetzes v. 3. 5. 2012 (BGBl I S. 958) mit Wirkung v. 10. 5. 2012.

nes anderen von diesem unbemerkt aufzunehmen. [2]Das Verbot, solche Anlagen zu besitzen, gilt nicht für denjenigen, der die tatsächliche Gewalt über eine solche Anlage

1. als Organ, als Mitglied eines Organs, als gesetzlicher Vertreter oder als vertretungsberechtigter Gesellschafter eines Berechtigten nach Absatz 2 erlangt,
2. von einem anderen oder für einen anderen Berechtigten nach Absatz 2 erlangt, sofern und solange er die Weisungen des anderen über die Ausübung der tatsächlichen Gewalt über die Anlage auf Grund eines Dienst- oder Arbeitsverhältnisses zu befolgen hat oder die tatsächliche Gewalt auf Grund gerichtlichen oder behördlichen Auftrags ausübt,
3. als Gerichtsvollzieher oder Vollzugsbeamter in einem Vollstreckungsverfahren erwirbt,
4. von einem Berechtigten nach Absatz 2 vorübergehend zum Zwecke der sicheren Verwahrung oder der nicht gewerbsmäßigen Beförderung zu einem Berechtigten erlangt,
5. lediglich zur gewerbsmäßigen Beförderung oder gewerbsmäßigen Lagerung erlangt,
6. durch Fund erlangt, sofern er die Anlage unverzüglich dem Verlierer, dem Eigentümer, einem sonstigen Erwerbsberechtigten oder der für die Entgegennahme der Fundanzeige zuständigen Stelle abliefert,
7. von Todes wegen erwirbt, sofern er die Anlage unverzüglich einem Berechtigten überlässt oder sie für dauernd unbrauchbar macht,
8. erlangt, die durch Entfernen eines wesentlichen Bauteils dauernd unbrauchbar gemacht worden ist, sofern er den Erwerb unverzüglich der Bundesnetzagentur schriftlich anzeigt, dabei seine Personalien, die Art der Anlage, deren Hersteller- oder Warenzeichen und, wenn die Anlage eine Herstellungsnummer hat, auch diese angibt sowie glaubhaft macht, dass er die Anlage ausschließlich zu Sammlerzwecken erworben hat.

(2) [1]Die zuständigen obersten Bundes- oder Landesbehörden lassen Ausnahmen zu, wenn es im öffentlichen Interesse, insbesondere aus Gründen der öffentlichen Sicherheit, erforderlich ist. [2]Absatz 1 Satz 1 gilt nicht, soweit das Bundesamt für Wirtschaft und Ausfuhrkontrolle (BAFA) die Ausfuhr der Sendeanlagen oder sonstigen Telekommunikationsanlagen genehmigt hat.

(3) Es ist verboten, öffentlich oder in Mitteilungen, die für einen größeren Personenkreis bestimmt sind, für Sendeanlagen oder sonstige Telekommunikationsanlagen mit dem Hinweis zu werben, dass sie geeignet sind, das nicht öffentlich gesprochene Wort eines anderen von diesem unbemerkt abzuhören oder dessen Bild von diesem unbemerkt aufzunehmen.

Abschnitt 2: Datenschutz

§ 91 Anwendungsbereich[1)]

(1) [1]Dieser Abschnitt regelt den Schutz personenbezogener Daten der Teilnehmer und Nutzer von Telekommunikation bei der Erhebung und Verwendung dieser Daten durch Unternehmen und Personen, die geschäftsmäßig Telekommunikationsdienste in Telekommunikationsnetzen, einschließlich Telekommunikationsnetzen, die Datenerfassungs- und Identifizierungsgeräte unterstützen, erbringen oder an deren Erbringung mitwirken. [2]Dem Fernmeldegeheimnis unterliegende Einzelangaben über Verhältnisse einer bestimmten oder bestimmbaren juristischen Person oder Personengesellschaft, sofern sie mit der Fähigkeit ausgestattet ist, Rechte zu erwerben oder Verbindlichkeiten einzugehen, stehen den personenbezogenen Daten gleich.

(2) Für geschlossene Benutzergruppen öffentlicher Stellen der Länder gilt dieser Abschnitt mit der Maßgabe, dass an die Stelle des Bundesdatenschutzgesetzes die jeweiligen Landesdatenschutzgesetze treten.

§ 92 (weggefallen)[2)]

1) **Anm. d. Red.:** § 91 i. d. F. des Gesetzes v. 3. 5. 2012 (BGBl I S. 958) mit Wirkung v. 10. 5. 2012.

2) **Anm. d. Red.:** § 92 weggefallen gem. Gesetz v. 3. 5. 2012 (BGBl I S. 958) mit Wirkung v. 10. 5. 2012.

§ 93 Informationspflichten[1)]

(1) [1]Diensteanbieter haben ihre Teilnehmer bei Vertragsabschluss über Art, Umfang, Ort und Zweck der Erhebung und Verwendung personenbezogener Daten so zu unterrichten, dass die Teilnehmer in allgemein verständlicher Form Kenntnis von den grundlegenden Verarbeitungstatbeständen der Daten erhalten. [2]Dabei sind die Teilnehmer auch auf die zulässigen Wahl- und Gestaltungsmöglichkeiten hinzuweisen. [3]Die Nutzer sind vom Diensteanbieter durch allgemein zugängliche Informationen über die Erhebung und Verwendung personenbezogener Daten zu unterrichten.

(2) [1]Unbeschadet des Absatzes 1 hat der Diensteanbieter in den Fällen, in denen ein besonderes Risiko der Verletzung der Netzsicherheit besteht, die Teilnehmer über dieses Risiko und, wenn das Risiko außerhalb des Anwendungsbereichs der vom Diensteanbieter zu treffenden Maßnahme liegt, über mögliche Abhilfen, einschließlich der für sie voraussichtlich entstehenden Kosten, zu unterrichten. [2]Das Auskunftsrecht nach dem Bundesdatenschutzgesetz bleibt davon unberührt.

(3) Im Fall einer Verletzung des Schutzes personenbezogener Daten haben die betroffenen Teilnehmer oder Personen die Rechte aus § 109a Absatz 1 Satz 2 in Verbindung mit Absatz 2.

§ 94 Einwilligung im elektronischen Verfahren

Die Einwilligung kann auch elektronisch erklärt werden, wenn der Diensteanbieter sicherstellt, dass

1. der Teilnehmer oder Nutzer seine Einwilligung bewusst und eindeutig erteilt hat,
2. die Einwilligung protokolliert wird,
3. der Teilnehmer oder Nutzer den Inhalt der Einwilligung jederzeit abrufen kann und
4. der Teilnehmer oder Nutzer die Einwilligung jederzeit mit Wirkung für die Zukunft widerrufen kann.

§ 95 Vertragsverhältnisse[2)]

(1) [1]Der Diensteanbieter darf Bestandsdaten erheben und verwenden, soweit dieses zur Erreichung des in § 3 Nr. 3 genannten Zweckes erforderlich ist. [2]Im Rahmen eines Vertragsverhältnisses mit einem anderen Diensteanbieter darf der Diensteanbieter Bestandsdaten seiner Teilnehmer und der Teilnehmer des anderen Diensteanbieters erheben und verwenden, soweit dies zur Erfüllung des Vertrages zwischen den Diensteanbietern erforderlich ist. [3]Eine Übermittlung der Bestandsdaten an Dritte erfolgt, soweit nicht dieser Teil oder ein anderes Gesetz sie zulässt, nur mit Einwilligung des Teilnehmers.

(2) [1]Der Diensteanbieter darf die Bestandsdaten der in Absatz 1 Satz 2 genannten Teilnehmer zur Beratung der Teilnehmer, zur Werbung für eigene Angebote, zur Marktforschung und zur Unterrichtung über einen individuellen Gesprächswunsch eines anderen Nutzers nur verwenden, soweit dies für diese Zwecke erforderlich ist und der Teilnehmer eingewilligt hat. [2]Ein Diensteanbieter, der im Rahmen einer bestehenden Kundenbeziehung rechtmäßig Kenntnis von der Rufnummer oder der Postadresse, auch der elektronischen, eines Teilnehmers erhalten hat, darf diese für die Versendung von Text- oder Bildmitteilungen an ein Telefon oder an eine Postadresse zu den in Satz 1 genannten Zwecken verwenden, es sei denn, dass der Teilnehmer einer solchen Verwendung widersprochen hat. [3]Die Verwendung der Rufnummer oder Adresse nach Satz 2 ist nur zulässig, wenn der Teilnehmer bei der Erhebung oder der erstmaligen Speicherung der Rufnummer oder Adresse und bei jeder Versendung einer Nachricht an diese Rufnummer oder Adresse zu einem der in Satz 1 genannten Zwecke deutlich sichtbar und gut lesbar darauf hingewiesen wird, dass er der Versendung weiterer Nachrichten jederzeit schriftlich oder elektronisch widersprechen kann.

---

1) **Anm. d. Red.:** § 93 i. d. F. des Gesetzes v. 3. 5. 2012 (BGBl I S. 958) mit Wirkung v. 10. 5. 2012.

2) **Anm. d. Red.:** § 95 i. d. F. des Gesetzes v. 26. 7. 2016 (BGBl I S. 1818) mit Wirkung v. 30. 7. 2016.

(3) [1]Endet das Vertragsverhältnis, sind die Bestandsdaten vom Diensteanbieter mit Ablauf des auf die Beendigung folgenden Kalenderjahres zu löschen. [2]§ 35 Abs. 3 des Bundesdatenschutzgesetzes gilt entsprechend.

(4) [1]Der Diensteanbieter kann im Zusammenhang mit dem Begründen und dem Ändern des Vertragsverhältnisses sowie dem Erbringen von Telekommunikationsdiensten die Vorlage eines amtlichen Ausweises verlangen, wenn dies zur Überprüfung der Angaben des Teilnehmers erforderlich ist. [2]Die Pflicht nach § 111 Absatz 1 Satz 3 bleibt unberührt. [3]Er kann von dem Ausweis eine Kopie erstellen. [4]Die Kopie ist vom Diensteanbieter unverzüglich nach Feststellung der für den Vertragsabschluss erforderlichen Angaben des Teilnehmers zu vernichten. [5]Andere als die nach Absatz 1 zulässigen Daten darf der Diensteanbieter dabei nicht verwenden.

(5) [1]Die Erbringung von Telekommunikationsdiensten darf nicht von einer Einwilligung des Teilnehmers in eine Verwendung seiner Daten für andere Zwecke abhängig gemacht werden, wenn dem Teilnehmer ein anderer Zugang zu diesen Telekommunikationsdiensten ohne die Einwilligung nicht oder in nicht zumutbarer Weise möglich ist. [2]Eine unter solchen Umständen erteilte Einwilligung ist unwirksam.

§ 96 Verkehrsdaten[1)]

(1) [1]Der Diensteanbieter darf folgende Verkehrsdaten erheben, soweit dies für die in diesem Abschnitt genannten Zwecke erforderlich ist:

1. die Nummer oder Kennung der beteiligten Anschlüsse oder der Endeinrichtung, personenbezogene Berechtigungskennungen, bei Verwendung von Kundenkarten auch die Kartennummer, bei mobilen Anschlüssen auch die Standortdaten,
2. den Beginn und das Ende der jeweiligen Verbindung nach Datum und Uhrzeit und, soweit die Entgelte davon abhängen, die übermittelten Datenmengen,
3. den vom Nutzer in Anspruch genommenen Telekommunikationsdienst,
4. die Endpunkte von festgeschalteten Verbindungen, ihren Beginn und ihr Ende nach Datum und Uhrzeit und, soweit die Entgelte davon abhängen, die übermittelten Datenmengen,
5. sonstige zum Aufbau und zur Aufrechterhaltung der Telekommunikation sowie zur Entgeltabrechnung notwendige Verkehrsdaten.

[2]Diese Verkehrsdaten dürfen nur verwendet werden, soweit dies für die in Satz 1 genannten oder durch andere gesetzliche Vorschriften begründeten Zwecke oder zum Aufbau weiterer Verbindungen erforderlich ist. [3]Im Übrigen sind Verkehrsdaten vom Diensteanbieter nach Beendigung der Verbindung unverzüglich zu löschen.

(2) Eine über Absatz 1 hinausgehende Erhebung oder Verwendung der Verkehrsdaten ist unzulässig.

(3) [1]Der Diensteanbieter darf teilnehmerbezogene Verkehrsdaten, die vom Anbieter eines öffentlich zugänglichen Telekommunikationsdienstes verwendet werden, zum Zwecke der Vermarktung von Telekommunikationsdiensten, zur bedarfsgerechten Gestaltung von Telekommunikationsdiensten oder zur Bereitstellung von Diensten mit Zusatznutzen im dazu erforderlichen Maß und im dazu erforderlichen Zeitraum nur verwenden, sofern der Betroffene in diese Verwendung eingewilligt hat. [2]Die Daten der Angerufenen sind unverzüglich zu anonymisieren. [3]Eine zielnummernbezogene Verwendung der Verkehrsdaten durch den Diensteanbieter zu den in Satz 1 genannten Zwecken ist nur mit Einwilligung der Angerufenen zulässig. [4]Hierbei sind die Daten der Anrufenden unverzüglich zu anonymisieren.

(4) [1]Bei der Einholung der Einwilligung ist dem Teilnehmer mitzuteilen, welche Datenarten für die in Absatz 3 Satz 1 genannten Zwecke verarbeitet werden sollen und wie lange sie gespeichert werden sollen. [2]Außerdem ist der Teilnehmer darauf hinzuweisen, dass er die Einwilligung jederzeit widerrufen kann.

1) **Anm. d. Red.:** § 96 i. d. F. des Gesetzes v. 3. 5. 2012 (BGBl I S. 958) mit Wirkung v. 10. 5. 2012.

§ 97 Entgeltermittlung und Entgeltabrechnung[1)]

(1) [1]Diensteanbieter dürfen die in § 96 Abs. 1 aufgeführten Verkehrsdaten verwenden, soweit die Daten zur Ermittlung des Entgelts und zur Abrechnung mit ihren Teilnehmern benötigt werden. [2]Erbringt ein Diensteanbieter seine Dienste über ein öffentliches Telekommunikationsnetz eines fremden Betreibers, darf der Betreiber des öffentlichen Telekommunikationsnetzes dem Diensteanbieter die für die Erbringung von dessen Diensten erhobenen Verkehrsdaten übermitteln. [3]Hat der Diensteanbieter mit einem Dritten einen Vertrag über den Einzug des Entgelts geschlossen, so darf er dem Dritten die in Absatz 2 genannten Daten übermitteln, soweit es zum Einzug des Entgelts und der Erstellung einer detaillierten Rechnung erforderlich ist. [4]Der Dritte ist vertraglich zur Wahrung des Fernmeldegeheimnisses nach § 88 und des Datenschutzes nach den §§ 93 und 95 bis 97, 99 und 100 zu verpflichten. [5]§ 11 des Bundesdatenschutzgesetzes bleibt unberührt.

(2) Der Diensteanbieter darf zur ordnungsgemäßen Ermittlung und Abrechnung der Entgelte für Telekommunikationsdienste und zum Nachweis der Richtigkeit derselben folgende personenbezogene Daten nach Maßgabe der Absätze 3 bis 6 erheben und verwenden:

1. die Verkehrsdaten nach § 96 Abs. 1,
2. die Anschrift des Teilnehmers oder Rechnungsempfängers, die Art des Anschlusses, die Zahl der im Abrechnungszeitraum einer planmäßigen Entgeltabrechnung insgesamt aufgekommenen Entgelteinheiten, die übermittelten Datenmengen, das insgesamt zu entrichtende Entgelt,
3. sonstige für die Entgeltabrechnung erhebliche Umstände wie Vorschusszahlungen, Zahlungen mit Buchungsdatum, Zahlungsrückstände, Mahnungen, durchgeführte und aufgehobene Anschlusssperren, eingereichte und bearbeitete Reklamationen, beantragte und genehmigte Stundungen, Ratenzahlungen und Sicherheitsleistungen.

TKG

(3) [1]Der Diensteanbieter hat nach Beendigung der Verbindung aus den Verkehrsdaten nach § 96 Abs. 1 Nr. 1 bis 3 und 5 unverzüglich die für die Berechnung des Entgelts erforderlichen Daten zu ermitteln. [2]Diese Daten dürfen bis zu sechs Monate nach Versendung der Rechnung gespeichert werden. [3]Für die Abrechnung nicht erforderliche Daten sind unverzüglich zu löschen. [4]Hat der Teilnehmer gegen die Höhe der in Rechnung gestellten Verbindungsentgelte vor Ablauf der Frist nach Satz 2 Einwendungen erhoben, dürfen die Daten gespeichert werden, bis die Einwendungen abschließend geklärt sind.

(4) Soweit es für die Abrechnung des Diensteanbieters mit anderen Diensteanbietern oder mit deren Teilnehmern sowie anderer Diensteanbieter mit ihren Teilnehmern erforderlich ist, darf der Diensteanbieter Verkehrsdaten verwenden.

(5) Zieht der Diensteanbieter mit der Rechnung Entgelte für Leistungen eines Dritten ein, die dieser im Zusammenhang mit der Erbringung von Telekommunikationsdiensten erbracht hat, so darf er dem Dritten Bestands- und Verkehrsdaten übermitteln, soweit diese im Einzelfall für die Durchsetzung der Forderungen des Dritten gegenüber seinem Teilnehmer erforderlich sind.

§ 98 Standortdaten[2)]

(1) [1]Standortdaten, die in Bezug auf die Nutzer von öffentlichen Telekommunikationsnetzen oder öffentlich zugänglichen Telekommunikationsdiensten verwendet werden, dürfen nur im zur Bereitstellung von Diensten mit Zusatznutzen erforderlichen Umfang und innerhalb des dafür erforderlichen Zeitraums verarbeitet werden, wenn sie anonymisiert wurden oder wenn der Teilnehmer dem Anbieter des Dienstes mit Zusatznutzen seine Einwilligung erteilt hat. [2]In diesen Fällen hat der Anbieter des Dienstes mit Zusatznutzen bei jeder Feststellung des Standortes des Mobilfunkendgerätes den Nutzer durch eine Textmitteilung an das Endgerät, dessen Standortdaten ermittelt wurden, zu informieren. [3]Dies gilt nicht, wenn der Standort nur auf dem End-

1) **Anm. d. Red.:** § 97 i. d. F. des Gesetzes v. 3. 5. 2012 (BGBl I S. 958) mit Wirkung v. 10. 5. 2012.

2) **Anm. d. Red.:** § 98 i. d. F. des Gesetzes v. 3. 5. 2012 (BGBl I S. 958) mit Wirkung v. 10. 5. 2012.

gerät angezeigt wird, dessen Standortdaten ermittelt wurden. [4]Werden die Standortdaten für einen Dienst mit Zusatznutzen verarbeitet, der die Übermittlung von Standortdaten eines Mobilfunkendgerätes an einen anderen Teilnehmer oder Dritte, die nicht Anbieter des Dienstes mit Zusatznutzen sind, zum Gegenstand hat, muss der Teilnehmer abweichend von § 94 seine Einwilligung ausdrücklich, gesondert und schriftlich gegenüber dem Anbieter des Dienstes mit Zusatznutzen erteilen. [5]In diesem Fall gilt die Verpflichtung nach Satz 2 entsprechend für den Anbieter des Dienstes mit Zusatznutzen. [6]Der Anbieter des Dienstes mit Zusatznutzen darf die erforderlichen Bestandsdaten zur Erfüllung seiner Verpflichtung aus Satz 2 nutzen. [7]Der Teilnehmer muss Mitbenutzer über eine erteilte Einwilligung unterrichten. [8]Eine Einwilligung kann jederzeit widerrufen werden.

(2) Haben die Teilnehmer ihre Einwilligung zur Verarbeitung von Standortdaten gegeben, müssen sie auch weiterhin die Möglichkeit haben, die Verarbeitung solcher Daten für jede Verbindung zum Netz oder für jede Übertragung einer Nachricht auf einfache Weise und unentgeltlich zeitweise zu untersagen.

(3) Bei Verbindungen zu Anschlüssen, die unter den Notrufnummern 112 oder 110 oder der Rufnummer 124 124 oder 116 117 erreicht werden, hat der Diensteanbieter sicherzustellen, dass nicht im Einzelfall oder dauernd die Übermittlung von Standortdaten ausgeschlossen wird.

(4) Die Verarbeitung von Standortdaten nach den Absätzen 1 und 2 muss auf das für die Bereitstellung des Dienstes mit Zusatznutzen erforderliche Maß sowie auf Personen beschränkt werden, die im Auftrag des Betreibers des öffentlichen Telekommunikationsnetzes oder öffentlich zugänglichen Telekommunikationsdienstes oder des Dritten, der den Dienst mit Zusatznutzen anbietet, handeln.

§ 99 Einzelverbindungsnachweis[1)]

(1) [1]Dem Teilnehmer sind die gespeicherten Daten derjenigen Verbindungen, für die er entgeltpflichtig ist, nur dann mitzuteilen, wenn er vor dem maßgeblichen Abrechnungszeitraum in Textform einen Einzelverbindungsnachweis verlangt hat; auf Wunsch dürfen ihm auch die Daten pauschal abgegoltener Verbindungen mitgeteilt werden. [2]Dabei entscheidet der Teilnehmer, ob ihm die von ihm gewählten Rufnummern ungekürzt oder unter Kürzung um die letzten drei Ziffern mitgeteilt werden. [3]Bei Anschlüssen im Haushalt ist die Mitteilung nur zulässig, wenn der Teilnehmer in Textform erklärt hat, dass er alle zum Haushalt gehörenden Mitbenutzer des Anschlusses darüber informiert hat und künftige Mitbenutzer unverzüglich darüber informieren wird, dass ihm die Verkehrsdaten zur Erteilung des Nachweises bekannt gegeben werden. [4]Bei Anschlüssen in Betrieben und Behörden ist die Mitteilung nur zulässig, wenn der Teilnehmer in Textform erklärt hat, dass die Mitarbeiter informiert worden sind und künftige Mitarbeiter unverzüglich informiert werden und dass der Betriebsrat oder die Personalvertretung entsprechend den gesetzlichen Vorschriften beteiligt worden ist oder eine solche Beteiligung nicht erforderlich ist. [5]Soweit die öffentlich-rechtlichen Religionsgesellschaften für ihren Bereich eigene Mitarbeitervertreterregelungen erlassen haben, findet Satz 4 mit der Maßgabe Anwendung, dass an die Stelle des Betriebsrates oder der Personalvertretung die jeweilige Mitarbeitervertretung tritt. [6]Dem Teilnehmer dürfen darüber hinaus die gespeicherten Daten mitgeteilt werden, wenn er Einwendungen gegen die Höhe der Verbindungsentgelte erhoben hat. [7]Soweit ein Teilnehmer zur vollständigen oder teilweisen Übernahme der Entgelte für Verbindungen verpflichtet ist, die bei seinem Anschluss ankommen, dürfen ihm in dem für ihn bestimmten Einzelverbindungsnachweis die Nummern der Anschlüsse, von denen die Anrufe ausgehen, nur unter Kürzung um die letzten drei Ziffern mitgeteilt werden. [8]Die Sätze 2 und 7 gelten nicht für Diensteanbieter, die als Anbieter für geschlossene Benutzergruppen ihre Dienste nur ihren Teilnehmern anbieten.

(2) [1]Der Einzelverbindungsnachweis nach Absatz 1 Satz 1 darf nicht Verbindungen zu Anschlüssen von Personen, Behörden und Organisationen in sozialen oder kirchlichen Bereichen

1) **Anm. d. Red.:** § 99 i. d. F. des Gesetzes v. 30. 10. 2017 (BGBl I S. 3618) mit Wirkung v. 9. 11. 2017.

erkennen lassen, die grundsätzlich anonym bleibenden Anrufern ganz oder überwiegend telefonische Beratung in seelischen oder sozialen Notlagen anbieten und die selbst oder deren Mitarbeiter insoweit besonderen Verschwiegenheitsverpflichtungen unterliegen. [2]Dies gilt nur, soweit die Bundesnetzagentur die angerufenen Anschlüsse in eine Liste aufgenommen hat. [3]Der Beratung im Sinne des Satzes 1 dienen neben den in § 203 Absatz 1 Nummer 4 und 5 des Strafgesetzbuches genannten Personengruppen insbesondere die Telefonseelsorge und die Gesundheitsberatung. [4]Die Bundesnetzagentur nimmt die Inhaber der Anschlüsse auf Antrag in die Liste auf, wenn sie ihre Aufgabenbestimmung nach Satz 1 durch Bescheinigung einer Behörde oder Körperschaft, Anstalt oder Stiftung des öffentlichen Rechts nachgewiesen haben. [5]Die Liste wird zum Abruf im automatisierten Verfahren bereitgestellt. [6]Der Diensteanbieter hat die Liste quartalsweise abzufragen und Änderungen unverzüglich in seinen Abrechnungsverfahren anzuwenden. [7]Die Sätze 1 bis 6 gelten nicht für Diensteanbieter, die als Anbieter für geschlossene Benutzergruppen ihre Dienste nur ihren Teilnehmern anbieten.

(3) [1]Bei Verwendung einer Kundenkarte muss auch auf der Karte ein deutlicher Hinweis auf die mögliche Mitteilung der gespeicherten Verkehrsdaten ersichtlich sein. [2]Sofern ein solcher Hinweis auf der Karte aus technischen Gründen nicht möglich oder für den Kartenemittenten unzumutbar ist, muss der Teilnehmer eine Erklärung nach Absatz 1 Satz 3 oder Satz 4 abgegeben haben.

§ 100 Störungen von Telekommunikationsanlagen und Missbrauch von Telekommunikationsdiensten[1)]

TKG

(1) [1]Soweit erforderlich, darf der Diensteanbieter die Bestandsdaten und Verkehrsdaten der Teilnehmer und Nutzer sowie die Steuerdaten eines informationstechnischen Protokolls zur Datenübertragung, die unabhängig vom Inhalt eines Kommunikationsvorgangs übertragen oder auf den am Kommunikationsvorgang beteiligten Servern gespeichert werden und zur Gewährleistung der Kommunikation zwischen Empfänger und Sender notwendig sind, erheben und verwenden, um Störungen oder Fehler an Telekommunikationsanlagen zu erkennen, einzugrenzen oder zu beseitigen. [2]Die Kommunikationsinhalte sind nicht Bestandteil der Steuerdaten eines informationstechnischen Protokolls zur Datenübertragung. [3]Dies gilt auch für Störungen, die zu einer Einschränkung der Verfügbarkeit von Informations- und Kommunikationsdiensten oder zu einem unerlaubten Zugriff auf Telekommunikations- und Datenverarbeitungssysteme der Nutzer führen können. [4]Die Daten sind unverzüglich zu löschen, sobald sie für die Beseitigung der Störung nicht mehr erforderlich sind. [5]Eine Nutzung der Daten zu anderen Zwecken ist unzulässig. [6]Soweit die Daten nicht automatisiert erhoben und verwendet werden, muss der betriebliche Datenschutzbeauftragte unverzüglich über die Verfahren und Umstände der Maßnahme informiert werden. [7]Der Diensteanbieter muss dem betrieblichen Datenschutzbeauftragten, der Bundesnetzagentur und der Bundesbeauftragten für den Datenschutz und die Informationsfreiheit am Ende eines Quartals detailliert über die Verfahren und Umstände von Maßnahmen nach Satz 6 in diesem Zeitraum schriftlich berichten. [8]Die Bundesnetzagentur leitet diese Informationen unverzüglich an das Bundesamt für Sicherheit in der Informationstechnik weiter. [9]Der Betroffene ist von dem Diensteanbieter zu benachrichtigen, sofern dieser ermittelt werden kann. [10]Wurden im Rahmen einer Maßnahme nach Satz 1 auch Steuerdaten eines informationstechnischen Protokolls zur Datenübertragung erhoben und verwendet, müssen die Berichte mindestens auch Angaben zum Umfang und zur Erforderlichkeit der Erhebung und Verwendung der Steuerdaten eines informationstechnischen Protokolls zur Datenübertragung enthalten.

(2) [1]Zur Durchführung von Umschaltungen sowie zum Erkennen und Eingrenzen von Störungen im Netz ist dem Betreiber der Telekommunikationsanlage oder seinem Beauftragten das Aufschalten auf bestehende Verbindungen erlaubt, soweit dies betrieblich erforderlich ist. [2]Eventuelle bei der Aufschaltung erstellte Aufzeichnungen sind unverzüglich zu löschen. [3]Das

1) **Anm. d. Red.:** § 100 i. d. F. des Gesetzes v. 23. 6. 2017 (BGBl I S. 1885) mit Wirkung v. 30. 6. 2017.

Aufschalten muss den betroffenen Kommunikationsteilnehmern durch ein akustisches oder sonstiges Signal zeitgleich angezeigt und ausdrücklich mitgeteilt werden. [4]Sofern dies technisch nicht möglich ist, muss der betriebliche Datenschutzbeauftragte unverzüglich detailliert über die Verfahren und Umstände jeder einzelnen Maßnahme informiert werden. [5]Diese Informationen sind beim betrieblichen Datenschutzbeauftragten für zwei Jahre aufzubewahren.

(3) [1]Wenn zu dokumentierende tatsächliche Anhaltspunkte für die rechtswidrige Inanspruchnahme eines Telekommunikationsnetzes oder -dienstes vorliegen, insbesondere für eine Leistungserschleichung oder einen Betrug, darf der Diensteanbieter zur Sicherung seines Entgeltanspruchs die Bestandsdaten und Verkehrsdaten verwenden, die erforderlich sind, um die rechtswidrige Inanspruchnahme des Telekommunikationsnetzes oder -dienstes aufzudecken und zu unterbinden. [2]Der Diensteanbieter darf die nach § 96 erhobenen Verkehrsdaten in der Weise verwenden, dass aus dem Gesamtbestand aller Verkehrsdaten, die nicht älter als sechs Monate sind, die Daten derjenigen Verbindungen des Netzes ermittelt werden, für die tatsächliche Anhaltspunkte den Verdacht der rechtswidrigen Inanspruchnahme von Telekommunikationsnetzen und -diensten begründen. [3]Der Diensteanbieter darf aus den Verkehrsdaten und Bestandsdaten nach Satz 1 einen pseudonymisierten Gesamtdatenbestand bilden, der Aufschluss über die von einzelnen Teilnehmern erzielten Umsätze gibt und unter Zugrundelegung geeigneter Kriterien das Auffinden solcher Verbindungen des Netzes ermöglicht, bei denen der Verdacht einer rechtswidrigen Inanspruchnahme besteht. [4]Die Daten anderer Verbindungen sind unverzüglich zu löschen. [5]Die Bundesnetzagentur und der Bundesbeauftragte für den Datenschutz sind über Einführung und Änderung eines Verfahrens nach Satz 1 unverzüglich in Kenntnis zu setzen.

(4) [1]Unter den Voraussetzungen des Absatzes 3 Satz 1 darf der Diensteanbieter im Einzelfall Steuersignale erheben und verwenden, soweit dies zum Aufklären und Unterbinden der dort genannten Handlungen unerlässlich ist. [2]Die Erhebung und Verwendung von anderen Nachrichteninhalten ist unzulässig. [3]Über Einzelmaßnahmen nach Satz 1 ist die Bundesnetzagentur in Kenntnis zu setzen. [4]Die Betroffenen sind zu benachrichtigen, sobald dies ohne Gefährdung des Zwecks der Maßnahmen möglich ist.

§ 101 Mitteilen ankommender Verbindungen[1)]

(1) [1]Trägt ein Teilnehmer in einem zu dokumentierenden Verfahren schlüssig vor, dass bei seinem Anschluss bedrohende oder belästigende Anrufe ankommen, hat der Diensteanbieter auf schriftlichen Antrag auch netzübergreifend Auskunft über die Inhaber der Anschlüsse zu erteilen, von denen die Anrufe ausgehen. [2]Die Auskunft darf sich nur auf Anrufe beziehen, die nach Stellung des Antrags durchgeführt werden. [3]Der Diensteanbieter darf die Rufnummern, Namen und Anschriften der Inhaber dieser Anschlüsse sowie Datum und Uhrzeit des Beginns der Verbindungen und der Verbindungsversuche erheben und verwenden sowie diese Daten seinem Teilnehmer mitteilen. [4]Die Sätze 1 und 2 gelten nicht für Diensteanbieter, die ihre Dienste nur den Teilnehmern geschlossener Benutzergruppen anbieten.

(2) Die Bekanntgabe nach Absatz 1 Satz 3 darf nur erfolgen, wenn der Teilnehmer zuvor die Verbindungen nach Datum, Uhrzeit oder anderen geeigneten Kriterien eingrenzt, soweit ein Missbrauch dieses Verfahrens nicht auf andere Weise ausgeschlossen werden kann.

(3) Im Falle einer netzübergreifenden Auskunft sind die an der Verbindung mitwirkenden anderen Diensteanbieter verpflichtet, dem Diensteanbieter des bedrohten oder belästigten Teilnehmers die erforderlichen Auskünfte zu erteilen, sofern sie über diese Daten verfügen.

(4) [1]Der Inhaber des Anschlusses, von dem die festgestellten Verbindungen ausgegangen sind, ist zu unterrichten, dass über diese Auskunft erteilt wurde. [2]Davon kann abgesehen werden, wenn der Antragsteller schriftlich schlüssig vorgetragen hat, dass ihm aus dieser Mitteilung wesentliche Nachteile entstehen können, und diese Nachteile bei Abwägung mit den schutzwürdigen Interessen der Anrufenden als wesentlich schwerwiegender erscheinen. [3]Erhält

1) **Anm. d. Red.:** § 101 i. d. F. des Gesetzes v. 18. 2. 2007 (BGBl I S. 106) mit Wirkung v. 24. 7. 2007.

der Teilnehmer, von dessen Anschluss die als bedrohend oder belästigend bezeichneten Anrufe ausgegangen sind, auf andere Weise Kenntnis von der Auskunftserteilung, so ist er auf Verlangen über die Auskunftserteilung zu unterrichten.

(5) Die Bundesnetzagentur sowie der oder die Bundesbeauftragte für den Datenschutz sind über die Einführung und Änderung des Verfahrens zur Sicherstellung der Absätze 1 bis 4 unverzüglich in Kenntnis zu setzen.

§ 102 Rufnummernanzeige und -unterdrückung[1)]

(1) [1]Bietet der Diensteanbieter die Anzeige der Rufnummer der Anrufenden an, so müssen Anrufende und Angerufene die Möglichkeit haben, die Rufnummernanzeige dauernd oder für jeden Anruf einzeln auf einfache Weise und unentgeltlich zu unterdrücken. [2]Angerufene müssen die Möglichkeit haben, eingehende Anrufe, bei denen die Rufnummernanzeige durch den Anrufenden unterdrückt wurde, auf einfache Weise und unentgeltlich abzuweisen.

(2) Abweichend von Absatz 1 Satz 1 dürfen Anrufende bei Werbung mit einem Telefonanruf ihre Rufnummernanzeige nicht unterdrücken oder bei dem Diensteanbieter veranlassen, dass diese unterdrückt wird; der Anrufer hat sicherzustellen, dass dem Angerufenen die dem Anrufer zugeteilte Rufnummer übermittelt wird.

(3) Die Absätze 1 und 2 gelten nicht für Diensteanbieter, die ihre Dienste nur den Teilnehmern geschlossener Benutzergruppen anbieten.

(4) [1]Auf Antrag des Teilnehmers muss der Diensteanbieter Anschlüsse bereitstellen, bei denen die Übermittlung der Rufnummer des Anschlusses, von dem der Anruf ausgeht, an den angerufenen Anschluss unentgeltlich ausgeschlossen ist. [2]Die Anschlüsse sind auf Antrag des Teilnehmers in dem öffentlichen Teilnehmerverzeichnis (§ 104) seines Diensteanbieters zu kennzeichnen. [3]Ist eine Kennzeichnung nach Satz 2 erfolgt, so darf an den so gekennzeichneten Anschluss eine Übermittlung der Rufnummer des Anschlusses, von dem der Anruf ausgeht, erst dann erfolgen, wenn zuvor die Kennzeichnung in der aktualisierten Fassung des Teilnehmerverzeichnisses nicht mehr enthalten ist.

TKG

(5) Hat der Teilnehmer die Eintragung in das Teilnehmerverzeichnis nicht nach § 104 beantragt, unterbleibt die Anzeige seiner Rufnummer bei dem angerufenen Anschluss, es sei denn, dass der Teilnehmer die Übermittlung seiner Rufnummer ausdrücklich wünscht.

(6) [1]Wird die Anzeige der Rufnummer von Angerufenen angeboten, so müssen Angerufene die Möglichkeit haben, die Anzeige ihrer Rufnummer beim Anrufenden auf einfache Weise und unentgeltlich zu unterdrücken. [2]Absatz 3 gilt entsprechend.

(7) Die Absätze 1 bis 3 und 6 gelten auch für Anrufe in das Ausland und für aus dem Ausland kommende Anrufe, soweit sie Anrufende oder Angerufene im Inland betreffen.

(8) Bei Verbindungen zu Anschlüssen, die unter den Notrufnummern 112 oder 110 oder der Rufnummer 124124 oder 116117 erreicht werden, hat der Diensteanbieter sicherzustellen, dass nicht im Einzelfall oder dauernd die Anzeige von Nummern der Anrufenden ausgeschlossen wird.

§ 103 Automatische Anrufweiterschaltung

[1]Der Diensteanbieter ist verpflichtet, seinen Teilnehmern die Möglichkeit einzuräumen, eine von einem Dritten veranlasste automatische Weiterschaltung auf sein Endgerät auf einfache Weise und unentgeltlich abzustellen, soweit dies technisch möglich ist. [2]Satz 1 gilt nicht für Diensteanbieter, die als Anbieter für geschlossene Benutzergruppen ihre Dienste nur ihren Teilnehmern anbieten.

1) **Anm. d. Red.:** § 102 i. d. F. des Gesetzes v. 3. 5. 2012 (BGBl I S. 958) mit Wirkung v. 10. 5. 2012.

§ 104 Teilnehmerverzeichnisse

[1]Teilnehmer können mit ihrem Namen, ihrer Anschrift und zusätzlichen Angaben wie Beruf, Branche und Art des Anschlusses in öffentliche gedruckte oder elektronische Verzeichnisse eingetragen werden, soweit sie dies beantragen. [2]Dabei können die Teilnehmer bestimmen, welche Angaben in den Verzeichnissen veröffentlicht werden sollen. [3]Auf Verlangen des Teilnehmers dürfen Mitbenutzer eingetragen werden, soweit diese damit einverstanden sind.

§ 105 Auskunftserteilung

(1) Über die in Teilnehmerverzeichnissen enthaltenen Rufnummern dürfen Auskünfte unter Beachtung der Beschränkungen des § 104 und der Absätze 2 und 3 erteilt werden.

(2) [1]Die Telefonauskunft über Rufnummern von Teilnehmern darf nur erteilt werden, wenn diese in angemessener Weise darüber informiert worden sind, dass sie der Weitergabe ihrer Rufnummer widersprechen können und von ihrem Widerspruchsrecht keinen Gebrauch gemacht haben. [2]Über Rufnummern hinausgehende Auskünfte über nach § 104 veröffentlichte Daten dürfen nur erteilt werden, wenn der Teilnehmer in eine weitergehende Auskunftserteilung eingewilligt hat.

(3) Die Telefonauskunft von Namen oder Namen und Anschrift eines Teilnehmers, von dem nur die Rufnummer bekannt ist, ist zulässig, wenn der Teilnehmer, der in ein Teilnehmerverzeichnis eingetragen ist, nach einem Hinweis seines Diensteanbieters auf seine Widerspruchsmöglichkeit nicht widersprochen hat.

(4) [1]Ein Widerspruch nach Absatz 2 Satz 1 oder Absatz 3 oder eine Einwilligung nach Absatz 2 Satz 2 sind in den Kundendateien des Diensteanbieters und des Anbieters nach Absatz 1, die den Verzeichnissen zugrunde liegen, unverzüglich zu vermerken. [2]Sie sind auch von den anderen Diensteanbietern zu beachten, sobald diese in zumutbarer Weise Kenntnis darüber erlangen konnten, dass der Widerspruch oder die Einwilligung in den Verzeichnissen des Diensteanbieters und des Anbieters nach Absatz 1 vermerkt ist.

§ 106 Telegrammdienst

(1) [1]Daten und Belege über die betriebliche Bearbeitung und Zustellung von Telegrammen dürfen gespeichert werden, soweit es zum Nachweis einer ordnungsgemäßen Erbringung der Telegrammdienstleistung nach Maßgabe des mit dem Teilnehmer geschlossenen Vertrags erforderlich ist. [2]Die Daten und Belege sind spätestens nach sechs Monaten vom Diensteanbieter zu löschen.

(2) [1]Daten und Belege über den Inhalt von Telegrammen dürfen über den Zeitpunkt der Zustellung hinaus nur gespeichert werden, soweit der Diensteanbieter nach Maßgabe des mit dem Teilnehmer geschlossenen Vertrags für Übermittlungsfehler einzustehen hat. [2]Bei Inlandstelegrammen sind die Daten und Belege spätestens nach drei Monaten, bei Auslandstelegrammen spätestens nach sechs Monaten vom Diensteanbieter zu löschen.

(3) [1]Die Löschungsfristen beginnen mit dem ersten Tag des Monats, der auf den Monat der Telegrammaufgabe folgt. [2]Die Löschung darf unterbleiben, solange die Verfolgung von Ansprüchen oder eine internationale Vereinbarung eine längere Speicherung erfordert.

§ 107 Nachrichtenübermittlungssysteme mit Zwischenspeicherung

(1) Der Diensteanbieter darf bei Diensten, für deren Durchführung eine Zwischenspeicherung erforderlich ist, Nachrichteninhalte, insbesondere Sprach-, Ton-, Text- und Grafikmitteilungen von Teilnehmern, im Rahmen eines hierauf gerichteten Diensteangebots unter folgenden Voraussetzungen verarbeiten:

1. Die Verarbeitung erfolgt ausschließlich in Telekommunikationsanlagen des zwischenspeichernden Diensteanbieters, es sei denn, die Nachrichteninhalte werden im Auftrag des Teilnehmers oder durch Eingabe des Teilnehmers in Telekommunikationsanlagen anderer Diensteanbieter weitergeleitet.

2. Ausschließlich der Teilnehmer bestimmt durch seine Eingabe Inhalt, Umfang und Art der Verarbeitung.
3. Ausschließlich der Teilnehmer bestimmt, wer Nachrichteninhalte eingeben und darauf zugreifen darf (Zugriffsberechtigter).
4. Der Diensteanbieter darf dem Teilnehmer mitteilen, dass der Empfänger auf die Nachricht zugegriffen hat.
5. Der Diensteanbieter darf Nachrichteninhalte nur entsprechend dem mit dem Teilnehmer geschlossenen Vertrag löschen.

(2) [1]Der Diensteanbieter hat die erforderlichen technischen und organisatorischen Maßnahmen zu treffen, um Fehlübermittlungen und das unbefugte Offenbaren von Nachrichteninhalten innerhalb seines Unternehmens oder an Dritte auszuschließen. [2]Erforderlich sind Maßnahmen nur, wenn ihr Aufwand in einem angemessenen Verhältnis zu dem angestrebten Schutzzweck steht. [3]Soweit es im Hinblick auf den angestrebten Schutzzweck erforderlich ist, sind die Maßnahmen dem jeweiligen Stand der Technik anzupassen.

Abschnitt 3: Öffentliche Sicherheit

§ 108 Notruf[1)]

TKG

(1) [1]Wer öffentlich zugängliche Telekommunikationsdienste für das Führen von ausgehenden Inlandsgesprächen zu einer oder mehreren Nummern des nationalen Telefonnummernplanes bereitstellt, hat Vorkehrungen zu treffen, damit Endnutzern unentgeltliche Verbindungen möglich sind, die entweder durch die Wahl der europaeinheitlichen Notrufnummer 112 oder der zusätzlichen nationalen Notrufnummer 110 oder durch das Aussenden entsprechender Signalisierungen eingeleitet werden (Notrufverbindungen). [2]Wer derartige öffentlich zugängliche Telekommunikationsdienste erbringt, den Zugang zu solchen Diensten ermöglicht oder Telekommunikationsnetze betreibt, die für diese Dienste einschließlich der Durchleitung von Anrufen genutzt werden, hat gemäß Satz 4 sicherzustellen oder im notwendigen Umfang daran mitzuwirken, dass Notrufverbindungen unverzüglich zu der örtlich zuständigen Notrufabfragestelle hergestellt werden, und er hat alle erforderlichen Maßnahmen zu treffen, damit Notrufverbindungen jederzeit möglich sind. [3]Die Diensteanbieter nach den Sätzen 1 und 2 haben gemäß Satz 6 sicherzustellen, dass der Notrufabfragestelle auch Folgendes mit der Notrufverbindung übermittelt wird:

1. die Rufnummer des Anschlusses, von dem die Notrufverbindung ausgeht, und
2. die Daten, die zur Ermittlung des Standortes erforderlich sind, von dem die Notrufverbindung ausgeht.

[4]Notrufverbindungen sind vorrangig vor anderen Verbindungen herzustellen, sie stehen vorrangigen Verbindungen nach dem Post- und Telekommunikationssicherstellungsgesetz gleich. [5]Daten, die nach Maßgabe der Rechtsverordnung nach Absatz 3 zur Verfolgung von Missbrauch des Notrufs erforderlich sind, dürfen auch verzögert an die Notrufabfragestelle übermittelt werden. [6]Die Übermittlung der Daten nach den Sätzen 3 und 5 erfolgt unentgeltlich. [7]Die für Notrufverbindungen entstehenden Kosten trägt jeder Diensteanbieter selbst; die Entgeltlichkeit von Vorleistungen bleibt unberührt.

(2) Im Hinblick auf Notrufverbindungen, die durch sprach- oder hörbehinderte Endnutzer unter Verwendung eines Telefaxgerätes eingeleitet werden, gilt Absatz 1 entsprechend.

1) **Anm. d. Red.:** § 108 i. d. F. des Gesetzes v. 4. 11. 2016 (BGBl I S. 2473) mit Wirkung v. 10. 11. 2016.

(3) [1]Das Bundesministerium für Wirtschaft und Energie wird ermächtigt, im Einvernehmen mit dem Bundesministerium des Innern, dem Bundesministerium für Verkehr und digitale Infrastruktur und dem Bundesministerium für Arbeit und Soziales durch Rechtsverordnung mit Zustimmung des Bundesrates Regelungen zu treffen

1. zu den Grundsätzen der Festlegung von Einzugsgebieten von Notrufabfragestellen und deren Unterteilungen durch die für den Notruf zuständigen Landes- und Kommunalbehörden sowie zu den Grundsätzen des Abstimmungsverfahrens zwischen diesen Behörden und den betroffenen Teilnehmernetzbetreibern und Mobilfunknetzbetreibern, soweit diese Grundsätze für die Herstellung von Notrufverbindungen erforderlich sind,
2. zur Herstellung von Notrufverbindungen zur jeweils örtlich zuständigen Notrufabfragestelle oder Ersatznotrufabfragestelle,
3. zum Umfang der für Notrufverbindungen zu erbringenden Leistungsmerkmale, einschließlich
   a) der Übermittlung der Daten nach Absatz 1 Satz 3 und
   b) zulässiger Abweichungen hinsichtlich der nach Absatz 1 Satz 3 Nummer 1 zu übermittelnden Daten in unausweichlichen technisch bedingten Sonderfällen,
4. zur Bereitstellung und Übermittlung von Daten, die geeignet sind, der Notrufabfragestelle die Verfolgung von Missbrauch des Notrufs zu ermöglichen,
5. zum Herstellen von Notrufverbindungen mittels automatischer Wählgeräte und
6. zu den Aufgaben der Bundesnetzagentur auf den in den Nummern 1 bis 5 aufgeführten Gebieten, insbesondere im Hinblick auf die Festlegung von Kriterien für die Genauigkeit und Zuverlässigkeit der Daten, die zur Ermittlung des Standortes erforderlich sind, von dem die Notrufverbindung ausgeht.

[2]Landesrechtliche Regelungen über Notrufabfragestellen bleiben von den Vorschriften dieses Absatzes insofern unberührt, als sie nicht Verpflichtungen im Sinne von Absatz 1 betreffen.

(4) [1]Die technischen Einzelheiten zu den in Absatz 3 Satz 1 Nummer 1 bis 5 aufgeführten Gegenständen, insbesondere die Kriterien für die Genauigkeit und Zuverlässigkeit der Angaben zu dem Standort, von dem die Notrufverbindung ausgeht, legt die Bundesnetzagentur in einer Technischen Richtlinie fest; dabei berücksichtigt sie die Vorschriften der Verordnung nach Absatz 3. [2]Die Bundesnetzagentur erstellt die Richtlinie unter Beteiligung

1. der Verbände der durch Absatz 1 Satz 1 und 2 und Absatz 2 betroffenen Diensteanbieter und Betreiber von Telekommunikationsnetzen,
2. der vom Bundesministerium des Innern benannten Vertreter der Betreiber von Notrufabfragestellen und
3. der Hersteller der in den Telekommunikationsnetzen und Notrufabfragestellen eingesetzten technischen Einrichtungen.

[3]Bei den Festlegungen in der Technischen Richtlinie sind internationale Standards zu berücksichtigen; Abweichungen von den Standards sind zu begründen. [4]Die Technische Richtlinie ist von der Bundesnetzagentur auf ihrer Internetseite zu veröffentlichen; die Veröffentlichung hat die Bundesnetzagentur in ihrem Amtsblatt bekannt zu machen. [5]Die Verpflichteten nach Absatz 1 Satz 1 bis 3 und Absatz 2 haben die Anforderungen der Technischen Richtlinie spätestens ein Jahr nach deren Bekanntmachung zu erfüllen, sofern dort für bestimmte Verpflichtungen kein längerer Übergangszeitraum festgelegt ist. [6]Nach dieser Richtlinie gestaltete mängelfreie technische Einrichtungen müssen im Falle einer Änderung der Richtlinie spätestens drei Jahre nach deren Inkrafttreten die geänderten Anforderungen erfüllen.

§ 109 Technische Schutzmaßnahmen[1)]

(1) [1]Jeder Diensteanbieter hat erforderliche technische Vorkehrungen und sonstige Maßnahmen zu treffen

1. zum Schutz des Fernmeldegeheimnisses und
2. gegen die Verletzung des Schutzes personenbezogener Daten.

[2]Dabei ist der Stand der Technik zu berücksichtigen.

(2) [1]Wer ein öffentliches Telekommunikationsnetz betreibt oder öffentlich zugängliche Telekommunikationsdienste erbringt, hat bei den hierfür betriebenen Telekommunikations- und Datenverarbeitungssystemen angemessene technische Vorkehrungen und sonstige Maßnahmen zu treffen

1. zum Schutz gegen Störungen, die zu erheblichen Beeinträchtigungen von Telekommunikationsnetzen und -diensten führen, auch soweit sie durch äußere Angriffe und Einwirkungen von Katastrophen bedingt sein können, und
2. zur Beherrschung der Risiken für die Sicherheit von Telekommunikationsnetzen und -diensten.

[2]Insbesondere sind Maßnahmen zu treffen, um Telekommunikations- und Datenverarbeitungssysteme gegen unerlaubte Zugriffe zu sichern und Auswirkungen von Sicherheitsverletzungen für Nutzer oder für zusammengeschaltete Netze so gering wie möglich zu halten. [3]Bei Maßnahmen nach Satz 2 ist der Stand der Technik zu berücksichtigen. [4]Wer ein öffentliches Telekommunikationsnetz betreibt, hat Maßnahmen zu treffen, um den ordnungsgemäßen Betrieb seiner Netze zu gewährleisten und dadurch die fortlaufende Verfügbarkeit der über diese Netze erbrachten Dienste sicherzustellen. [5]Technische Vorkehrungen und sonstige Schutzmaßnahmen sind angemessen, wenn der dafür erforderliche technische und wirtschaftliche Aufwand nicht außer Verhältnis zur Bedeutung der zu schützenden Telekommunikationsnetze oder -dienste steht. [6]§ 11 Absatz 1 des Bundesdatenschutzgesetzes gilt entsprechend.

(3) Bei gemeinsamer Nutzung eines Standortes oder technischer Einrichtungen hat jeder Beteiligte die Verpflichtungen nach den Absätzen 1 und 2 zu erfüllen, soweit bestimmte Verpflichtungen nicht einem bestimmten Beteiligten zugeordnet werden können.

(4) [1]Wer ein öffentliches Telekommunikationsnetz betreibt oder öffentlich zugängliche Telekommunikationsdienste erbringt, hat einen Sicherheitsbeauftragten zu benennen und ein Sicherheitskonzept zu erstellen, aus dem hervorgeht,

1. welches öffentliche Telekommunikationsnetz betrieben und welche öffentlich zugänglichen Telekommunikationsdienste erbracht werden,
2. von welchen Gefährdungen auszugehen ist und
3. welche technischen Vorkehrungen oder sonstigen Schutzmaßnahmen zur Erfüllung der Verpflichtungen aus den Absätzen 1 und 2 getroffen oder geplant sind.

[2]Wer ein öffentliches Telekommunikationsnetz betreibt, hat der Bundesnetzagentur das Sicherheitskonzept unverzüglich nach der Aufnahme des Netzbetriebs vorzulegen. [3]Wer öffentlich zugängliche Telekommunikationsdienste erbringt, kann nach der Bereitstellung des Telekommunikationsdienstes von der Bundesnetzagentur verpflichtet werden, das Sicherheitskonzept vorzulegen. [4]Mit dem Sicherheitskonzept ist eine Erklärung vorzulegen, dass die darin aufgezeigten technischen Vorkehrungen und sonstigen Schutzmaßnahmen umgesetzt sind oder unverzüglich umgesetzt werden. [5]Stellt die Bundesnetzagentur im Sicherheitskonzept oder bei dessen Umsetzung Sicherheitsmängel fest, so kann sie deren unverzügliche Beseitigung verlangen. [6]Sofern sich die dem Sicherheitskonzept zugrunde liegenden Gegebenheiten ändern, hat der nach Satz 2 oder 3 Verpflichtete das Konzept anzupassen und der Bundesnetzagentur unter Hinweis auf die Änderungen erneut vorzulegen. [7]Die Bundesnetzagentur überprüft regelmäßig die Umsetzung des Sicherheitskonzepts. [8]Die Überprüfung soll mindestens alle zwei Jahre erfolgen.

---

1) **Anm. d. Red.:** § 109 i. d. F. des Gesetzes v. 23. 6. 2017 (BGBl I S. 1885) mit Wirkung v. 30. 6. 2017.

(5) [1]Wer ein öffentliches Telekommunikationsnetz betreibt oder öffentlich zugängliche Telekommunikationsdienste erbringt, hat der Bundesnetzagentur und dem Bundesamt für Sicherheit in der Informationstechnik unverzüglich Beeinträchtigungen von Telekommunikationsnetzen und -diensten mitzuteilen, die

1. zu beträchtlichen Sicherheitsverletzungen führen oder
2. zu beträchtlichen Sicherheitsverletzungen führen können.

[2]Dies schließt Störungen ein, die zu einer Einschränkung der Verfügbarkeit der über diese Netze erbrachten Dienste oder einem unerlaubten Zugriff auf Telekommunikations- und Datenverarbeitungssysteme der Nutzer führen können. [3]Die Meldung muss Angaben zu der Störung sowie zu den technischen Rahmenbedingungen, insbesondere der vermuteten oder tatsächlichen Ursache und zu der betroffenen Informationstechnik enthalten. [4]Kommt es zu einer beträchtlichen Sicherheitsverletzung, kann die Bundesnetzagentur einen detaillierten Bericht über die Sicherheitsverletzung und die ergriffenen Abhilfemaßnahmen verlangen. [5]Erforderlichenfalls unterrichtet die Bundesnetzagentur die nationalen Regulierungsbehörden der anderen Mitgliedstaaten der Europäischen Union und die Europäische Agentur für Netz- und Informationssicherheit über die Sicherheitsverletzungen. [6]Die Bundesnetzagentur kann die Öffentlichkeit unterrichten oder die nach Satz 1 Verpflichteten zu dieser Unterrichtung auffordern, wenn sie zu dem Schluss gelangt, dass die Bekanntgabe der Sicherheitsverletzung im öffentlichen Interesse liegt. [7]§ 8e des BSI-Gesetzes gilt entsprechend. [8]Die Bundesnetzagentur legt der Europäischen Kommission, der Europäischen Agentur für Netz- und Informationssicherheit und dem Bundesamt für Sicherheit in der Informationstechnik einmal pro Jahr einen zusammenfassenden Bericht über die eingegangenen Meldungen und die ergriffenen Abhilfemaßnahmen vor.

(6) [1]Die Bundesnetzagentur erstellt im Einvernehmen mit dem Bundesamt für Sicherheit in der Informationstechnik und dem Bundesbeauftragten für den Datenschutz und die Informationsfreiheit einen Katalog von Sicherheitsanforderungen für das Betreiben von Telekommunikations- und Datenverarbeitungssystemen sowie für die Verarbeitung personenbezogener Daten als Grundlage für das Sicherheitskonzept nach Absatz 4 und für die zu treffenden technischen Vorkehrungen und sonstigen Maßnahmen nach den Absätzen 1 und 2. [2]Sie gibt den Herstellern, den Verbänden der Betreiber öffentlicher Telekommunikationsnetze und den Verbänden der Anbieter öffentlich zugänglicher Telekommunikationsdienste Gelegenheit zur Stellungnahme. [3]Der Katalog wird von der Bundesnetzagentur veröffentlicht.

(7) [1]Die Bundesnetzagentur kann anordnen, dass sich die Betreiber öffentlicher Telekommunikationsnetze oder die Anbieter öffentlich zugänglicher Telekommunikationsdienste einer Überprüfung durch eine qualifizierte unabhängige Stelle oder eine zuständige nationale Behörde unterziehen, in der festgestellt wird, ob die Anforderungen nach den Absätzen 1 bis 3 erfüllt sind. [2]Der nach Satz 1 Verpflichtete hat eine Kopie des Überprüfungsberichts unverzüglich an die Bundesnetzagentur zu übermitteln. [3]Er trägt die Kosten dieser Überprüfung.

(8) Über aufgedeckte Mängel bei der Erfüllung der Sicherheitsanforderungen in der Informationstechnik sowie die in diesem Zusammenhang von der Bundesnetzagentur geforderten Abhilfemaßnahmen unterrichtet die Bundesnetzagentur unverzüglich das Bundesamt für Sicherheit in der Informationstechnik.

§ 109a Daten- und Informationssicherheit[1)]

(1) [1]Wer öffentlich zugängliche Telekommunikationsdienste erbringt, hat im Fall einer Verletzung des Schutzes personenbezogener Daten unverzüglich die Bundesnetzagentur und den Bundesbeauftragten für den Datenschutz und die Informationsfreiheit von der Verletzung zu benachrichtigen. [2]Ist anzunehmen, dass durch die Verletzung des Schutzes personenbezogener Daten Teilnehmer oder andere Personen schwerwiegend in ihren Rechten oder schutzwürdigen Interessen beeinträchtigt werden, hat der Anbieter des Telekommunikationsdienstes zusätzlich die Betroffenen unverzüglich von dieser Verletzung zu benachrichtigen. [3]In Fällen, in denen in

1) **Anm. d. Red.:** § 109a i. d. F. des Gesetzes v. 23. 6. 2017 (BGBl I S. 1885) mit Wirkung v. 30. 6. 2017.

dem Sicherheitskonzept nachgewiesen wurde, dass die von der Verletzung betroffenen personenbezogenen Daten durch geeignete technische Vorkehrungen gesichert, insbesondere unter Anwendung eines als sicher anerkannten Verschlüsselungsverfahrens gespeichert wurden, ist eine Benachrichtigung nicht erforderlich. [4]Unabhängig von Satz 3 kann die Bundesnetzagentur den Anbieter des Telekommunikationsdienstes unter Berücksichtigung der wahrscheinlichen nachteiligen Auswirkungen der Verletzung des Schutzes personenbezogener Daten zu einer Benachrichtigung der Betroffenen verpflichten. [5]Im Übrigen gilt § 42a Satz 6 des Bundesdatenschutzgesetzes entsprechend.

(2) [1]Die Benachrichtigung an die Betroffenen muss mindestens enthalten:

1. die Art der Verletzung des Schutzes personenbezogener Daten,
2. Angaben zu den Kontaktstellen, bei denen weitere Informationen erhältlich sind, und
3. Empfehlungen zu Maßnahmen, die mögliche nachteilige Auswirkungen der Verletzung des Schutzes personenbezogener Daten begrenzen.

[2]In der Benachrichtigung an die Bundesnetzagentur und den Bundesbeauftragten für den Datenschutz und die Informationsfreiheit hat der Anbieter des Telekommunikationsdienstes zusätzlich zu den Angaben nach Satz 1 die Folgen der Verletzung des Schutzes personenbezogener Daten und die beabsichtigten oder ergriffenen Maßnahmen darzulegen.

(3) [1]Die Anbieter der Telekommunikationsdienste haben ein Verzeichnis der Verletzungen des Schutzes personenbezogener Daten zu führen, das Angaben zu Folgendem enthält:

1. zu den Umständen der Verletzungen,
2. zu den Auswirkungen der Verletzungen und
3. zu den ergriffenen Abhilfemaßnahmen.

TKG

[2]Diese Angaben müssen ausreichend sein, um der Bundesnetzagentur und dem Bundesbeauftragten für den Datenschutz und die Informationsfreiheit die Prüfung zu ermöglichen, ob die Bestimmungen der Absätze 1 und 2 eingehalten wurden. [3]Das Verzeichnis enthält nur die zu diesem Zweck erforderlichen Informationen und muss nicht Verletzungen berücksichtigen, die mehr als fünf Jahre zurückliegen.

(4) [1]Werden dem Diensteanbieter nach Absatz 1 Störungen bekannt, die von Datenverarbeitungssystemen der Nutzer ausgehen, so hat er die Nutzer, soweit ihm diese bereits bekannt sind, unverzüglich darüber zu benachrichtigen. [2]Soweit technisch möglich und zumutbar, hat er die Nutzer auf angemessene, wirksame und zugängliche technische Mittel hinzuweisen, mit denen sie diese Störungen erkennen und beseitigen können. [3]Der Diensteanbieter darf die Teile des Datenverkehrs von und zu einem Nutzer, von denen eine Störung ausgeht, umleiten, soweit dies erforderlich ist, um den Nutzer über die Störungen benachrichtigen zu können.

(5) Der Diensteanbieter darf im Falle einer Störung die Nutzung des Telekommunikationsdienstes bis zur Beendigung der Störung einschränken, umleiten oder unterbinden, soweit dies erforderlich ist, um die Beeinträchtigung der Telekommunikations- und Datenverarbeitungssysteme des Diensteanbieters, eines Nutzers im Sinne des Absatzes 4 oder anderer Nutzer zu beseitigen oder zu verhindern und der Nutzer die Störung nicht unverzüglich selbst beseitigt oder zu erwarten ist, dass der Nutzer die Störung selbst nicht unverzüglich beseitigt.

(6) Der Diensteanbieter darf den Datenverkehr zu Störungsquellen einschränken oder unterbinden, soweit dies zur Vermeidung von Störungen in den Telekommunikations- und Datenverarbeitungssystemen der Nutzer erforderlich ist.

(7) Vorbehaltlich technischer Durchführungsmaßnahmen der Europäischen Kommission nach Artikel 4 Absatz 5 der Richtlinie 2002/58/EG kann die Bundesnetzagentur Leitlinien vorgeben bezüglich des Formats, der Verfahrensweise und der Umstände, unter denen eine Benachrichtigung über eine Verletzung des Schutzes personenbezogener Daten erforderlich ist.

§ 110 Umsetzung von Überwachungsmaßnahmen, Erteilung von Auskünften[1)]

(1) [1]Wer eine Telekommunikationsanlage betreibt, mit der öffentlich zugängliche Telekommunikationsdienste erbracht werden, hat

1. ab dem Zeitpunkt der Betriebsaufnahme auf eigene Kosten technische Einrichtungen zur Umsetzung gesetzlich vorgesehener Maßnahmen zur Überwachung der Telekommunikation vorzuhalten und organisatorische Vorkehrungen für deren unverzügliche Umsetzung zu treffen,

1a. in Fällen, in denen die Überwachbarkeit nur durch das Zusammenwirken von zwei oder mehreren Telekommunikationsanlagen sichergestellt werden kann, die dazu erforderlichen automatischen Steuerungsmöglichkeiten zur Erfassung und Ausleitung der zu überwachenden Telekommunikation in seiner Telekommunikationsanlage bereitzustellen sowie eine derartige Steuerung zu ermöglichen,

2. der Bundesnetzagentur unverzüglich nach der Betriebsaufnahme
   a) zu erklären, dass er die Vorkehrungen nach Nummer 1 getroffen hat sowie
   b) eine im Inland gelegene Stelle zu benennen, die für ihn bestimmte Anordnungen zur Überwachung der Telekommunikation entgegennimmt,

3. der Bundesnetzagentur den unentgeltlichen Nachweis zu erbringen, dass seine technischen Einrichtungen und organisatorischen Vorkehrungen nach Nummer 1 mit den Vorschriften der Rechtsverordnung nach Absatz 2 und der Technischen Richtlinie nach Absatz 3 übereinstimmen; dazu hat er unverzüglich, spätestens nach einem Monat nach Betriebsaufnahme,
   a) der Bundesnetzagentur die Unterlagen zu übersenden, die dort für die Vorbereitung der im Rahmen des Nachweises von der Bundesnetzagentur durchzuführenden Prüfungen erforderlich sind, und
   b) mit der Bundesnetzagentur einen Prüftermin für die Erbringung dieses Nachweises zu vereinbaren;

   bei den für den Nachweis erforderlichen Prüfungen hat er die Bundesnetzagentur zu unterstützen,

4. der Bundesnetzagentur auf deren besondere Aufforderung im begründeten Einzelfall eine erneute unentgeltliche Prüfung seiner technischen und organisatorischen Vorkehrungen zu gestatten sowie

5. die Aufstellung und den Betrieb von Geräten für die Durchführung von Maßnahmen nach den §§ 5 und 8 des Artikel 10-Gesetzes oder nach den §§ 6, 12 und 14 des BND-Gesetzes in seinen Räumen zu dulden und Bediensteten der für diese Maßnahmen zuständigen Stelle sowie bei Maßnahmen nach den §§ 5 und 8 des Artikel 10-Gesetzes den Mitgliedern und Mitarbeitern der G 10-Kommission (§ 1 Abs. 2 des Artikel 10-Gesetzes) Zugang zu diesen Geräten zur Erfüllung ihrer gesetzlichen Aufgaben zu gewähren.

[2]Wer öffentlich zugängliche Telekommunikationsdienste erbringt, ohne hierfür eine Telekommunikationsanlage zu betreiben, hat sich bei der Auswahl des Betreibers der dafür genutzten Telekommunikationsanlage zu vergewissern, dass dieser Anordnungen zur Überwachung der Telekommunikation unverzüglich nach Maßgabe der Rechtsverordnung nach Absatz 2 und der Technischen Richtlinie nach Absatz 3 umsetzen kann und der Bundesnetzagentur unverzüglich nach Aufnahme seines Dienstes mitzuteilen, welche Telekommunikationsdienste er erbringt, durch wen Überwachungsanordnungen, die seine Teilnehmer betreffen, umgesetzt werden und an welche im Inland gelegene Stelle Anordnungen zur Überwachung der Telekommunikation zu richten sind. [3]Änderungen der den Mitteilungen nach Satz 1 Nr. 2 Buchstabe b und Satz 2 zugrunde liegenden Daten sind der Bundesnetzagentur unverzüglich mitzuteilen. [4]In Fällen, in denen noch keine Vorschriften nach Absatz 3 vorhanden sind, hat der Verpflichtete die technischen Einrichtungen nach Satz 1 Nr. 1 und 1a in Absprache mit der Bundesnetzagentur zu ge-

1) **Anm. d. Red.:** § 110 i. d. F. des Gesetzes v. 1. 6. 2017 (BGBl I S. 1354) mit Wirkung v. 25. 5. 2018.

stalten, die entsprechende Festlegungen im Benehmen mit den berechtigten Stellen trifft. [5]Die Sätze 1 bis 4 gelten nicht, soweit die Rechtsverordnung nach Absatz 2 Ausnahmen für die Telekommunikationsanlage vorsieht. [6]§ 100b Abs. 3 Satz 1 der Strafprozessordnung, § 2 Abs. 1 Satz 3 des Artikel 10-Gesetzes, § 51 Absatz 6 des Bundeskriminalamtgesetzes, § 8 Absatz 1 Satz 1 des BND-Gesetzes sowie entsprechende landesgesetzliche Regelungen zur polizeilich-präventiven Telekommunikationsüberwachung bleiben unberührt.

(2) Die Bundesregierung wird ermächtigt, durch Rechtsverordnung mit Zustimmung des Bundesrates

1. Regelungen zu treffen
   a) über die grundlegenden technischen Anforderungen und die organisatorischen Eckpunkte für die Umsetzung von Überwachungsmaßnahmen und die Erteilung von Auskünften einschließlich der Umsetzung von Überwachungsmaßnahmen und der Erteilung von Auskünften durch einen von dem Verpflichteten beauftragten Erfüllungsgehilfen,
   b) über den Regelungsrahmen für die Technische Richtlinie nach Absatz 3,
   c) für den Nachweis nach Absatz 1 Satz 1 Nr. 3 und 4 und
   d) für die nähere Ausgestaltung der Duldungsverpflichtung nach Absatz 1 Satz 1 Nr. 5 sowie
2. zu bestimmen,
   a) in welchen Fällen und unter welchen Bedingungen vorübergehend auf die Einhaltung bestimmter technischer Vorgaben verzichtet werden kann,
   b) dass die Bundesnetzagentur aus technischen Gründen Ausnahmen von der Erfüllung einzelner technischer Anforderungen zulassen kann und
   c) bei welchen Telekommunikationsanlagen und damit erbrachten Diensteangeboten aus grundlegenden technischen Erwägungen oder aus Gründen der Verhältnismäßigkeit abweichend von Absatz 1 Satz 1 Nr. 1 keine technischen Einrichtungen vorgehalten und keine organisatorischen Vorkehrungen getroffen werden müssen.

TKG

(3) [1]Die Bundesnetzagentur legt technische Einzelheiten, die zur Sicherstellung einer vollständigen Erfassung der zu überwachenden Telekommunikation und zur Auskunftserteilung sowie zur Gestaltung des Übergabepunktes zu den berechtigten Stellen erforderlich sind, in einer im Benehmen mit den berechtigten Stellen und unter Beteiligung der Verbände und der Hersteller zu erstellenden Technischen Richtlinie fest. [2]Dabei sind internationale technische Standards zu berücksichtigen; Abweichungen von den Standards sind zu begründen. [3]Die Technische Richtlinie ist von der Bundesnetzagentur auf ihrer Internetseite zu veröffentlichen; die Veröffentlichung hat die Bundesnetzagentur in ihrem Amtsblatt bekannt zu machen.

(4) [1]Wer technische Einrichtungen zur Umsetzung von Überwachungsmaßnahmen herstellt oder vertreibt, kann von der Bundesnetzagentur verlangen, dass sie diese Einrichtungen im Rahmen einer Typmusterprüfung im Zusammenwirken mit bestimmten Telekommunikationsanlagen daraufhin prüft, ob die rechtlichen und technischen Vorschriften der Rechtsverordnung nach Absatz 2 und der Technischen Richtlinie nach Absatz 3 erfüllt werden. [2]Die Bundesnetzagentur kann nach pflichtgemäßem Ermessen vorübergehend Abweichungen von den technischen Vorgaben zulassen, sofern die Umsetzung von Überwachungsmaßnahmen grundsätzlich sichergestellt ist und sich ein nur unwesentlicher Anpassungsbedarf bei den Einrichtungen der berechtigten Stellen ergibt. [3]Die Bundesnetzagentur hat dem Hersteller oder Vertreiber das Prüfergebnis schriftlich mitzuteilen. [4]Die Prüfergebnisse werden von der Bundesnetzagentur bei dem Nachweis der Übereinstimmung der technischen Einrichtungen mit den anzuwendenden technischen Vorschriften beachtet, den der Verpflichtete nach Absatz 1 Satz 1 Nr. 3 oder 4 zu erbringen hat. [5]Die vom Bundesministerium für Wirtschaft und Technologie vor Inkrafttreten dieser Vorschrift ausgesprochenen Zustimmungen zu den von Herstellern vorgestellten Rahmenkonzepten gelten als Mitteilungen im Sinne des Satzes 3.

(5) [1]Wer nach Absatz 1 in Verbindung mit der Rechtsverordnung nach Absatz 2 verpflichtet ist, Vorkehrungen zu treffen, hat die Anforderungen der Rechtsverordnung und der Technischen

Richtlinie nach Absatz 3 spätestens ein Jahr nach deren Bekanntmachung zu erfüllen, sofern dort für bestimmte Verpflichtungen kein längerer Zeitraum festgelegt ist. [2]Nach dieser Richtlinie gestaltete mängelfreie technische Einrichtungen für bereits vom Verpflichteten angebotene Telekommunikationsdienste müssen im Falle einer Änderung der Richtlinie spätestens drei Jahre nach deren Inkrafttreten die geänderten Anforderungen erfüllen. [3]Stellt sich bei dem Nachweis nach Absatz 1 Satz 1 Nr. 3 oder einer erneuten Prüfung nach Absatz 1 Satz 1 Nr. 4 ein Mangel bei den von dem Verpflichteten getroffenen technischen oder organisatorischen Vorkehrungen heraus, hat er diesen Mangel nach Vorgaben der Bundesnetzagentur in angemessener Frist zu beseitigen; stellt sich im Betrieb, insbesondere anlässlich durchzuführender Überwachungsmaßnahmen, ein Mangel heraus, hat er diesen unverzüglich zu beseitigen. [4]Sofern für die technische Einrichtung eine Typmusterprüfung nach Absatz 4 durchgeführt worden ist und dabei Fristen für die Beseitigung von Mängeln festgelegt worden sind, hat die Bundesnetzagentur diese Fristen bei ihren Vorgaben zur Mängelbeseitigung nach Satz 3 zu berücksichtigen.

(6) [1]Jeder Betreiber einer Telekommunikationsanlage, der anderen im Rahmen seines Angebotes für die Öffentlichkeit Netzabschlusspunkte seiner Telekommunikationsanlage überlässt, ist verpflichtet, den gesetzlich zur Überwachung der Telekommunikation berechtigten Stellen auf deren Anforderung Netzabschlusspunkte für die Übertragung der im Rahmen einer Überwachungsmaßnahme anfallenden Informationen unverzüglich und vorrangig bereitzustellen. [2]Die technische Ausgestaltung derartiger Netzabschlusspunkte kann in einer Rechtsverordnung nach Absatz 2 geregelt werden. [3]Für die Bereitstellung und Nutzung gelten mit Ausnahme besonderer Tarife oder Zuschläge für vorrangige oder vorzeitige Bereitstellung oder Entstörung die jeweils für die Allgemeinheit anzuwendenden Tarife. [4]Besondere vertraglich vereinbarte Rabatte bleiben von Satz 3 unberührt.

(7) [1]Telekommunikationsanlagen, die von den gesetzlich berechtigten Stellen betrieben werden und mittels derer in das Fernmeldegeheimnis oder in den Netzbetrieb eingegriffen werden soll, sind im Einvernehmen mit der Bundesnetzagentur technisch zu gestalten. [2]Die Bundesnetzagentur hat sich zu der technischen Gestaltung innerhalb angemessener Frist zu äußern.

(8) und (9) (weggefallen)

§ 111 Daten für Auskunftsersuchen der Sicherheitsbehörden[1)]

(1) [1]Wer geschäftsmäßig Telekommunikationsdienste erbringt oder daran mitwirkt und dabei Rufnummern oder andere Anschlusskennungen vergibt oder Telekommunikationsanschlüsse für von anderen vergebene Rufnummern oder andere Anschlusskennungen bereitstellt, hat für die Auskunftsverfahren nach den §§ 112 und 113

1. die Rufnummern und anderen Anschlusskennungen,
2. den Namen und die Anschrift des Anschlussinhabers,
3. bei natürlichen Personen deren Geburtsdatum,
4. bei Festnetzanschlüssen auch die Anschrift des Anschlusses,
5. in Fällen, in denen neben einem Mobilfunkanschluss auch ein Mobilfunkendgerät überlassen wird, die Gerätenummer dieses Gerätes sowie
6. das Datum des Vertragsbeginns

vor der Freischaltung zu erheben und unverzüglich zu speichern, auch soweit diese Daten für betriebliche Zwecke nicht erforderlich sind; das Datum des Vertragsendes ist bei Bekanntwerden ebenfalls zu speichern. [2]Satz 1 gilt auch, soweit die Daten nicht in Teilnehmerverzeichnisse (§ 104) eingetragen werden. [3]Bei im Voraus bezahlten Mobilfunkdiensten ist die Richtigkeit der nach Satz 1 erhobenen Daten vor der Freischaltung zu überprüfen durch

1. Vorlage eines Ausweises im Sinne des § 2 Absatz 1 des Personalausweisgesetzes,
2. Vorlage eines Passes im Sinne des § 1 Absatz 2 des Passgesetzes,

1) **Anm. d. Red.:** § 111 i. d. F. des Gesetzes v. 23. 7. 2017 (BGBl I S. 1822) mit Wirkung v. 26. 6. 2017.

3. Vorlage eines sonstigen gültigen amtlichen Ausweises, der ein Lichtbild des Inhabers enthält und mit dem die Pass- und Ausweispflicht im Inland erfüllt wird, wozu insbesondere auch ein nach ausländerrechtlichen Bestimmungen anerkannter oder zugelassener Pass, Personalausweis oder Pass- oder Ausweisersatz zählt,
4. Vorlage eines Aufenthaltstitels,
5. Vorlage eines Ankunftsnachweises nach § 63a Absatz 1 des Asylgesetzes oder einer Bescheinigung über die Aufenthaltsgestattung nach § 63 Absatz 1 des Asylgesetzes,
6. Vorlage einer Bescheinigung über die Aussetzung der Abschiebung nach § 60a Absatz 4 des Aufenthaltsgesetzes oder
7. Vorlage eines Auszugs aus dem Handels- oder Genossenschaftsregister oder einem vergleichbaren amtlichen Register oder Verzeichnis, der Gründungsdokumente oder gleichwertiger beweiskräftiger Dokumente oder durch Einsichtnahme in diese Register oder Verzeichnisse und Abgleich mit den darin enthaltenen Daten, sofern es sich bei dem Anschlussinhaber um eine juristische Person oder Personengesellschaft handelt,

soweit die Daten in den vorgelegten Dokumenten oder eingesehenen Registern oder Verzeichnissen enthalten sind. [4]Die Überprüfung kann auch durch andere geeignete Verfahren erfolgen; die Bundesnetzagentur legt nach Anhörung der betroffenen Kreise durch Verfügung im Amtsblatt fest, welche anderen Verfahren zur Überprüfung geeignet sind, wobei jeweils zum Zwecke der Identifikation vor Freischaltung der vertraglich vereinbarten Mobilfunkdienstleistung ein Dokument im Sinne des Satzes 3 genutzt werden muss. [5]Bei der Überprüfung ist die Art des eingesetzten Verfahrens zu speichern; bei Überprüfung mittels eines Dokumentes im Sinne des Satzes 3 Nummer 1 bis 6 sind ferner Angaben zu Art, Nummer und ausstellender Stelle zu speichern. [6]Für die Identifizierung anhand eines elektronischen Identitätsnachweises nach § 18 des Personalausweisgesetzes oder nach § 78 Absatz 5 des Aufenthaltsgesetzes gilt § 8 Absatz 2 Satz 4 des Geldwäschegesetzes entsprechend. [7]Für das Auskunftsverfahren nach § 113 ist die Form der Datenspeicherung freigestellt.

TKG

(2) Die Verpflichtung zur unverzüglichen Speicherung nach Absatz 1 Satz 1 gilt hinsichtlich der Daten nach Absatz 1 Satz 1 Nummer 1 und 2 entsprechend für denjenigen, der geschäftsmäßig einen öffentlich zugänglichen Dienst der elektronischen Post erbringt und dabei Daten nach Absatz 1 Satz 1 Nummer 1 und 2 erhebt, wobei an die Stelle der Daten nach Absatz 1 Satz 1 Nummer 1 die Kennungen der elektronischen Postfächer und an die Stelle des Anschlussinhabers nach Absatz 1 Satz 1 Nummer 2 der Inhaber des elektronischen Postfachs tritt.

(3) [1]Wird dem Verpflichteten nach Absatz 1 Satz 1 oder Absatz 2 eine Änderung bekannt, hat er die Daten unverzüglich zu berichtigen. [2]In diesem Zusammenhang hat der nach Absatz 1 Satz 1 Verpflichtete bisher noch nicht erhobene Daten zu erheben und zu speichern, sofern ihm eine Erhebung der Daten ohne besonderen Aufwand möglich ist.

(4) [1]Bedient sich ein Diensteanbieter zur Erhebung der Daten nach Absatz 1 Satz 1 und Absatz 2 eines Dritten, bleibt er für die Erfüllung der Pflichten nach Absatz 1 Satz 1 und Absatz 2 verantwortlich. [2]Werden dem Dritten im Rahmen des üblichen Geschäftsablaufes Änderungen der Daten nach Absatz 1 Satz 1 und Absatz 2 bekannt, hat er diese dem Diensteanbieter unverzüglich zu übermitteln.

(5) Die Daten nach den Absätzen 1 und 2 sind mit Ablauf des auf die Beendigung des Vertragsverhältnisses folgenden Kalenderjahres zu löschen.

(6) Eine Entschädigung für die Datenerhebung und -speicherung wird nicht gewährt.

§ 112 Automatisiertes Auskunftsverfahren[1)]

(1) [1]Wer öffentlich zugängliche Telekommunikationsdienste erbringt, hat die nach § 111 Absatz 1 Satz 1, Absatz 2, 3 und 4 erhobenen Daten unverzüglich in Kundendateien zu speichern, in die auch Rufnummern und Rufnummernkontingente, die zur weiteren Vermarktung oder

1) **Anm. d. Red.:** § 112 i. d. F. des Gesetzes v. 4. 11. 2016 (BGBl I S. 2473) mit Wirkung v. 10. 11. 2016.

sonstigen Nutzung an andere Anbieter von Telekommunikationsdiensten vergeben werden, sowie bei portierten Rufnummern die aktuelle Portierungskennung aufzunehmen sind. [2]Der Verpflichtete kann auch eine andere Stelle nach Maßgabe des § 11 des Bundesdatenschutzgesetzes beauftragen, die Kundendateien zu führen. [3]Für die Berichtigung und Löschung der in den Kundendateien gespeicherten Daten gilt § 111 Absatz 3 und 5 entsprechend. [4]In Fällen portierter Rufnummern sind die Rufnummer und die zugehörige Portierungskennung erst nach Ablauf des Jahres zu löschen, das dem Zeitpunkt folgt, zu dem die Rufnummer wieder an den Netzbetreiber zurückgegeben wurde, dem sie ursprünglich zugeteilt worden war. [5]Der Verpflichtete hat zu gewährleisten, dass

1. die Bundesnetzagentur jederzeit Daten aus den Kundendateien automatisiert im Inland abrufen kann,
2. der Abruf von Daten unter Verwendung unvollständiger Abfragedaten oder die Suche mittels einer Ähnlichenfunktion erfolgen kann.

[6]Der Verpflichtete und sein Beauftragter haben durch technische und organisatorische Maßnahmen sicherzustellen, dass ihnen Abrufe nicht zur Kenntnis gelangen können. [7]Die Bundesnetzagentur darf Daten aus den Kundendateien nur abrufen, soweit die Kenntnis der Daten erforderlich ist

1. für die Verfolgung von Ordnungswidrigkeiten nach diesem Gesetz oder nach dem Gesetz gegen den unlauteren Wettbewerb,
2. für die Erledigung von Auskunftsersuchen der in Absatz 2 genannten Stellen.

[8]Die ersuchende Stelle prüft unverzüglich, inwieweit sie die als Antwort übermittelten Daten benötigt, nicht benötigte Daten löscht sie unverzüglich; dies gilt auch für die Bundesnetzagentur für den Abruf von Daten nach Satz 7 Nummer 1.

(2) Auskünfte aus den Kundendateien nach Absatz 1 werden

1. den Gerichten und Strafverfolgungsbehörden,
2. den Polizeivollzugsbehörden des Bundes und der Länder für Zwecke der Gefahrenabwehr,
3. dem Zollkriminalamt und den Zollfahndungsämtern für Zwecke eines Strafverfahrens sowie dem Zollkriminalamt zur Vorbereitung und Durchführung von Maßnahmen nach § 23a des Zollfahndungsdienstgesetzes,
4. den Verfassungsschutzbehörden des Bundes und der Länder, dem Militärischen Abschirmdienst, dem Bundesnachrichtendienst,
5. den Notrufabfragestellen nach § 108 sowie der Abfragestelle für die Rufnummer 124 124,
6. der Bundesanstalt für Finanzdienstleistungsaufsicht sowie
7. den Behörden der Zollverwaltung für die in § 2 Abs. 1 des Schwarzarbeitsbekämpfungsgesetzes genannten Zwecke über zentrale Abfragestellen

nach Absatz 4 jederzeit erteilt, soweit die Auskünfte zur Erfüllung ihrer gesetzlichen Aufgaben erforderlich sind und die Ersuchen an die Bundesnetzagentur im automatisierten Verfahren vorgelegt werden.

(3) [1]Das Bundesministerium für Wirtschaft und Energie wird ermächtigt, im Einvernehmen mit dem Bundeskanzleramt, dem Bundesministerium des Innern, dem Bundesministerium der Justiz und für Verbraucherschutz, dem Bundesministerium der Finanzen, dem Bundesministerium für Verkehr und digitale Infrastruktur sowie dem Bundesministerium der Verteidigung eine Rechtsverordnung mit Zustimmung des Bundesrates zu erlassen, in der geregelt werden

1. die wesentlichen Anforderungen an die technischen Verfahren
   a) zur Übermittlung der Ersuchen an die Bundesnetzagentur,
   b) zum Abruf der Daten durch die Bundesnetzagentur von den Verpflichteten einschließlich der für die Abfrage zu verwendenden Datenarten und

c) zur Übermittlung der Ergebnisse des Abrufs von der Bundesnetzagentur an die ersuchenden Stellen,

2. die zu beachtenden Sicherheitsanforderungen,
3. für Abrufe mit unvollständigen Abfragedaten und für die Suche mittels einer Ähnlichenfunktion
   a) die Mindestanforderungen an den Umfang der einzugebenden Daten zur möglichst genauen Bestimmung der gesuchten Person,
   b) die Zeichen, die in der Abfrage verwendet werden dürfen,
   c) Anforderungen an den Einsatz sprachwissenschaftlicher Verfahren, die gewährleisten, dass unterschiedliche Schreibweisen eines Personen-, Straßen- oder Ortsnamens sowie Abweichungen, die sich aus der Vertauschung, Auslassung oder Hinzufügung von Namensbestandteilen ergeben, in die Suche und das Suchergebnis einbezogen werden,
   d) die zulässige Menge der an die Bundesnetzagentur zu übermittelnden Antwortdatensätze sowie
4. wer abweichend von Absatz 1 Satz 1 aus Gründen der Verhältnismäßigkeit keine Kundendateien für das automatisierte Auskunftsverfahren vorhalten muss; in diesen Fällen gilt § 111 Absatz 1 Satz 7 entsprechend.

[2]Im Übrigen können in der Verordnung auch Einschränkungen der Abfragemöglichkeit für die in Absatz 2 Nr. 5 bis 7 genannten Stellen auf den für diese Stellen erforderlichen Umfang geregelt werden. [3]Die technischen Einzelheiten des automatisierten Abrufverfahrens gibt die Bundesnetzagentur in einer unter Beteiligung der betroffenen Verbände und der berechtigten Stellen zu erarbeitenden Technischen Richtlinie vor, die bei Bedarf an den Stand der Technik anzupassen und von der Bundesnetzagentur in ihrem Amtsblatt bekannt zu machen ist. [4]Der Verpflichtete nach Absatz 1 und die berechtigten Stellen haben die Anforderungen der Technischen Richtlinie spätestens ein Jahr nach deren Bekanntmachung zu erfüllen. [5]Nach dieser Richtlinie gestaltete mängelfreie technische Einrichtungen müssen im Falle einer Änderung der Richtlinie spätestens drei Jahre nach deren Inkrafttreten die geänderten Anforderungen erfüllen.

TKG

(4) [1]Auf Ersuchen der in Absatz 2 genannten Stellen hat die Bundesnetzagentur die entsprechenden Datensätze aus den Kundendateien nach Absatz 1 abzurufen und an die ersuchende Stelle zu übermitteln. [2]Sie prüft die Zulässigkeit der Übermittlung nur, soweit hierzu ein besonderer Anlass besteht. [3]Die Verantwortung für die Zulässigkeit der Übermittlung tragen

1. in den Fällen des Absatzes 1 Satz 7 Nummer 1 die Bundesnetzagentur und
2. in den Fällen des Absatzes 1 Satz 7 Nummer 2 die in Absatz 2 genannten Stellen.

[4]Die Bundesnetzagentur protokolliert für Zwecke der Datenschutzkontrolle durch die jeweils zuständige Stelle bei jedem Abruf den Zeitpunkt, die bei der Durchführung des Abrufs verwendeten Daten, die abgerufenen Daten, ein die abrufende Person eindeutig bezeichnendes Datum sowie die ersuchende Stelle, deren Aktenzeichen und ein die ersuchende Person eindeutig bezeichnendes Datum. [5]Eine Verwendung der Protokolldaten für andere Zwecke ist unzulässig. [6]Die Protokolldaten sind nach einem Jahr zu löschen.

(5) [1]Der Verpflichtete nach Absatz 1 hat alle technischen Vorkehrungen in seinem Verantwortungsbereich auf seine Kosten zu treffen, die für die Erteilung der Auskünfte nach dieser Vorschrift erforderlich sind. [2]Dazu gehören auch die Anschaffung der zur Sicherstellung der Vertraulichkeit und des Schutzes vor unberechtigten Zugriffen erforderlichen Geräte, die Einrichtung eines geeigneten Telekommunikationsanschlusses und die Teilnahme an dem geschlossenen Benutzersystem sowie die laufende Bereitstellung dieser Vorkehrungen nach Maßgaben der Rechtsverordnung und der Technischen Richtlinie nach Absatz 3. [3]Eine Entschädigung für im automatisierten Verfahren erteilte Auskünfte wird den Verpflichteten nicht gewährt.

§ 113 Manuelles Auskunftsverfahren[1)]

(1) [1]Wer geschäftsmäßig Telekommunikationsdienste erbringt oder daran mitwirkt, darf nach Maßgabe des Absatzes 2 die nach den §§ 95 und 111 erhobenen Daten nach Maßgabe dieser Vorschrift zur Erfüllung von Auskunftspflichten gegenüber den in Absatz 3 genannten Stellen verwenden. [2]Dies gilt auch für Daten, mittels derer der Zugriff auf Endgeräte oder auf Speichereinrichtungen, die in diesen Endgeräten oder hiervon räumlich getrennt eingesetzt werden, geschützt wird. [3]Die in eine Auskunft aufzunehmenden Daten dürfen auch anhand einer zu einem bestimmten Zeitpunkt zugewiesenen Internetprotokoll-Adresse bestimmt werden; hierfür dürfen Verkehrsdaten auch automatisiert ausgewertet werden. [4]Für die Auskunftserteilung nach Satz 3 sind sämtliche unternehmensinternen Datenquellen zu berücksichtigen.

(2) [1]Die Auskunft darf nur erteilt werden, soweit eine in Absatz 3 genannte Stelle dies in Textform im Einzelfall zum Zweck der Verfolgung von Straftaten oder Ordnungswidrigkeiten, zur Abwehr von Gefahren für die öffentliche Sicherheit oder Ordnung oder für die Erfüllung der gesetzlichen Aufgaben der in Absatz 3 Nummer 3 genannten Stellen unter Angabe einer gesetzlichen Bestimmung verlangt, die ihr eine Erhebung der in Absatz 1 in Bezug genommenen Daten erlaubt; an andere öffentliche und nichtöffentliche Stellen dürfen Daten nach Absatz 1 nicht übermittelt werden. [2]Bei Gefahr im Verzug darf die Auskunft auch erteilt werden, wenn das Verlangen in anderer Form gestellt wird. [3]In diesem Fall ist das Verlangen unverzüglich nachträglich in Textform zu bestätigen. [4]Die Verantwortung für die Zulässigkeit des Auskunftsverlangens tragen die in Absatz 3 genannten Stellen.

(3) Stellen im Sinne des Absatzes 1 sind

1. die für die Verfolgung von Straftaten oder Ordnungswidrigkeiten zuständigen Behörden;
2. die für die Abwehr von Gefahren für die öffentliche Sicherheit oder Ordnung zuständigen Behörden;
3. die Verfassungsschutzbehörden des Bundes und der Länder, der Militärische Abschirmdienst und der Bundesnachrichtendienst.

(4) [1]Derjenige, der geschäftsmäßig Telekommunikationsdienste erbringt oder daran mitwirkt, hat die zu beauskunftenden Daten unverzüglich und vollständig zu übermitteln. [2]Über das Auskunftsersuchen und die Auskunftserteilung haben die Verpflichteten gegenüber den Betroffenen sowie Dritten Stillschweigen zu wahren.

(5) [1]Wer geschäftsmäßig Telekommunikationsdienste erbringt oder daran mitwirkt, hat die in seinem Verantwortungsbereich für die Auskunftserteilung erforderlichen Vorkehrungen auf seine Kosten zu treffen. [2]Wer mehr als 100 000 Kunden hat, hat für die Entgegennahme der Auskunftsverlangen sowie für die Erteilung der zugehörigen Auskünfte eine gesicherte elektronische Schnittstelle nach Maßgabe der Technischen Richtlinie nach § 110 Absatz 3 bereitzuhalten, durch die auch die gegen die Kenntnisnahme der Daten durch Unbefugte gesicherte Übertragung gewährleistet ist. [3]Dabei ist dafür Sorge zu tragen, dass jedes Auskunftsverlangen durch eine verantwortliche Fachkraft auf Einhaltung der in Absatz 2 genannten formalen Voraussetzungen geprüft und die weitere Bearbeitung des Verlangens erst nach einem positiven Prüfergebnis freigegeben wird.

§ 113a Verpflichtete; Entschädigung[2)]

(1) [1]Die Verpflichtungen zur Speicherung von Verkehrsdaten, zur Verwendung der Daten und zur Datensicherheit nach den §§ 113b bis 113g beziehen sich auf Erbringer öffentlich zugänglicher Telekommunikationsdienste für Endnutzer. [2]Wer öffentlich zugängliche Telekommunikati-

1) **Anm. d. Red.:** § 113 i. d. F. des Gesetzes v. 20. 6. 2013 (BGBl I S. 1602) mit Wirkung v. 1. 7. 2013.

2) **Anm. d. Red.:** § 113a i. d. F. des Gesetzes v. 10. 12. 2015 (BGBl I S. 2218) mit Wirkung v. 18. 12. 2015.

onsdienste für Endnutzer erbringt, aber nicht alle der nach Maßgabe der §§ 113b bis 113g zu speichernden Daten selbst erzeugt oder verarbeitet, hat

1. sicherzustellen, dass die nicht von ihm selbst bei der Erbringung seines Dienstes erzeugten oder verarbeiteten Daten gemäß § 113b Absatz 1 gespeichert werden, und
2. der Bundesnetzagentur auf deren Verlangen unverzüglich mitzuteilen, wer diese Daten speichert.

(2) [1]Für notwendige Aufwendungen, die den Verpflichteten durch die Umsetzung der Vorgaben aus den §§ 113b, 113d bis 113g entstehen, ist eine angemessene Entschädigung zu zahlen, soweit dies zur Abwendung oder zum Ausgleich unbilliger Härten geboten erscheint. [2]Für die Bemessung der Entschädigung sind die tatsächlich entstandenen Kosten maßgebend. [3]Über Anträge auf Entschädigung entscheidet die Bundesnetzagentur.

§ 113b Pflichten zur Speicherung von Verkehrsdaten[1)]

(1) Die in § 113a Absatz 1 Genannten sind verpflichtet, Daten wie folgt im Inland zu speichern:

1. Daten nach den Absätzen 2 und 3 für zehn Wochen,
2. Standortdaten nach Absatz 4 für vier Wochen.

(2) [1]Die Erbringer öffentlich zugänglicher Telefondienste speichern

1. die Rufnummer oder eine andere Kennung des anrufenden und des angerufenen Anschlusses sowie bei Um- oder Weiterschaltungen jedes weiteren beteiligten Anschlusses,
2. Datum und Uhrzeit von Beginn und Ende der Verbindung unter Angabe der zugrunde liegenden Zeitzone,
3. Angaben zu dem genutzten Dienst, wenn im Rahmen des Telefondienstes unterschiedliche Dienste genutzt werden können,
4. im Fall mobiler Telefondienste ferner
   a) die internationale Kennung mobiler Teilnehmer für den anrufenden und den angerufenen Anschluss,
   b) die internationale Kennung des anrufenden und des angerufenen Endgerätes,
   c) Datum und Uhrzeit der ersten Aktivierung des Dienstes unter Angabe der zugrunde liegenden Zeitzone, wenn Dienste im Voraus bezahlt wurden,
5. im Fall von Internet-Telefondiensten auch die Internetprotokoll-Adressen des anrufenden und des angerufenen Anschlusses und zugewiesene Benutzerkennungen.

[2]Satz 1 gilt entsprechend

1. bei der Übermittlung einer Kurz-, Multimedia- oder ähnlichen Nachricht; hierbei treten an die Stelle der Angaben nach Satz 1 Nummer 2 die Zeitpunkte der Versendung und des Empfangs der Nachricht;
2. für unbeantwortete oder wegen eines Eingriffs des Netzwerkmanagements erfolglose Anrufe, soweit der Erbringer öffentlich zugänglicher Telefondienste die in Satz 1 genannten Verkehrsdaten für die in § 96 Absatz 1 Satz 2 genannten Zwecke speichert oder protokolliert.

(3) Die Erbringer öffentlich zugänglicher Internetzugangsdienste speichern

1. die dem Teilnehmer für eine Internetnutzung zugewiesene Internetprotokoll-Adresse,
2. eine eindeutige Kennung des Anschlusses, über den die Internetnutzung erfolgt, sowie eine zugewiesene Benutzerkennung,
3. Datum und Uhrzeit von Beginn und Ende der Internetnutzung unter der zugewiesenen Internetprotokoll-Adresse unter Angabe der zugrunde liegenden Zeitzone.

1) **Anm. d. Red.:** § 113b i. d. F. des Gesetzes v. 10. 12. 2015 (BGBl I S. 2218) mit Wirkung v. 18. 12. 2015.

(4) [1]Im Fall der Nutzung mobiler Telefondienste sind die Bezeichnungen der Funkzellen zu speichern, die durch den anrufenden und den angerufenen Anschluss bei Beginn der Verbindung genutzt wurden. [2]Bei öffentlich zugänglichen Internetzugangsdiensten ist im Fall der mobilen Nutzung die Bezeichnung der bei Beginn der Internetverbindung genutzten Funkzelle zu speichern. [3]Zusätzlich sind die Daten vorzuhalten, aus denen sich die geografische Lage und die Hauptstrahlrichtungen der die jeweilige Funkzelle versorgenden Funkantennen ergeben.

(5) Der Inhalt der Kommunikation, Daten über aufgerufene Internetseiten und Daten von Diensten der elektronischen Post dürfen auf Grund dieser Vorschrift nicht gespeichert werden.

(6) [1]Daten, die den in § 99 Absatz 2 genannten Verbindungen zugrunde liegen, dürfen auf Grund dieser Vorschrift nicht gespeichert werden. [2]Dies gilt entsprechend für Telefonverbindungen, die von den in § 99 Absatz 2 genannten Stellen ausgehen. [3]§ 99 Absatz 2 Satz 2 bis 7 gilt entsprechend.

(7) Die Speicherung der Daten hat so zu erfolgen, dass Auskunftsersuchen der berechtigten Stellen unverzüglich beantwortet werden können.

(8) Der nach § 113a Absatz 1 Verpflichtete hat die auf Grund des Absatzes 1 gespeicherten Daten unverzüglich, spätestens jedoch binnen einer Woche nach Ablauf der Speicherfristen nach Absatz 1, irreversibel zu löschen oder die irreversible Löschung sicherzustellen.

§ 113c Verwendung der Daten[1)]

(1) Die auf Grund des § 113b gespeicherten Daten dürfen

1. an eine Strafverfolgungsbehörde übermittelt werden, soweit diese die Übermittlung unter Berufung auf eine gesetzliche Bestimmung, die ihr eine Erhebung der in § 113b genannten Daten zur Verfolgung besonders schwerer Straftaten erlaubt, verlangt;
2. an eine Gefahrenabwehrbehörde der Länder übermittelt werden, soweit diese die Übermittlung unter Berufung auf eine gesetzliche Bestimmung, die ihr eine Erhebung der in § 113b genannten Daten zur Abwehr einer konkreten Gefahr für Leib, Leben oder Freiheit einer Person oder für den Bestand des Bundes oder eines Landes erlaubt, verlangt;
3. durch den Erbringer öffentlich zugänglicher Telekommunikationsdienste für eine Auskunft nach § 113 Absatz 1 Satz 3 verwendet werden.

(2) Für andere Zwecke als die in Absatz 1 genannten dürfen die auf Grund des § 113b gespeicherten Daten von den nach § 113a Absatz 1 Verpflichteten nicht verwendet werden.

(3) [1]Die Übermittlung der Daten erfolgt nach Maßgabe der Rechtsverordnung nach § 110 Absatz 2 und der Technischen Richtlinie nach § 110 Absatz 3. [2]Die Daten sind so zu kennzeichnen, dass erkennbar ist, dass es sich um Daten handelt, die nach § 113b gespeichert waren. [3]Nach Übermittlung an eine andere Stelle ist die Kennzeichnung durch diese aufrechtzuerhalten.

§ 113d Gewährleistung der Sicherheit der Daten[2)]

[1]Der nach § 113a Absatz 1 Verpflichtete hat sicherzustellen, dass die auf Grund der Speicherpflicht nach § 113b Absatz 1 gespeicherten Daten durch technische und organisatorische Maßnahmen nach dem Stand der Technik gegen unbefugte Kenntnisnahme und Verwendung geschützt werden. [2]Die Maßnahmen umfassen insbesondere

1. den Einsatz eines besonders sicheren Verschlüsselungsverfahrens,
2. die Speicherung in gesonderten, von den für die üblichen betrieblichen Aufgaben getrennten Speichereinrichtungen,
3. die Speicherung mit einem hohen Schutz vor dem Zugriff aus dem Internet auf vom Internet entkoppelten Datenverarbeitungssystemen,

---

1) **Anm. d. Red.:** § 113c eingefügt gem. Gesetz v. 10. 12. 2015 (BGBl I S. 2218) mit Wirkung v. 18. 12. 2015.

2) **Anm. d. Red.:** § 113d eingefügt gem. Gesetz v. 10. 12. 2015 (BGBl I S. 2218) mit Wirkung v. 18. 12. 2015.

4. die Beschränkung des Zutritts zu den Datenverarbeitungsanlagen auf Personen, die durch den Verpflichteten besonders ermächtigt sind, und
5. die Beschränkung des Zutritts zu den Datenverarbeitungsanlagen auf Personen, die durch den Verpflichteten besonders ermächtigt sind, und

§ 113e Protokollierung[1)]

(1) [1]Der nach § 113a Absatz 1 Verpflichtete hat sicherzustellen, dass für Zwecke der Datenschutzkontrolle jeder Zugriff, insbesondere das Lesen, Kopieren, Ändern, Löschen und Sperren der auf Grund der Speicherpflicht nach § 113b Absatz 1 gespeicherten Daten protokolliert wird. [2]Zu protokollieren sind

1. der Zeitpunkt des Zugriffs,
2. die auf die Daten zugreifenden Personen,
3. Zweck und Art des Zugriffs.

(2) Für andere Zwecke als die der Datenschutzkontrolle dürfen die Protokolldaten nicht verwendet werden.

(3) Der nach § 113a Absatz 1 Verpflichtete hat sicherzustellen, dass die Protokolldaten nach einem Jahr gelöscht werden.

§ 113f Anforderungskatalog[2)]

(1) [1]Bei der Umsetzung der Verpflichtungen gemäß den §§ 113b bis 113e ist ein besonders hoher Standard der Datensicherheit und Datenqualität zu gewährleisten. [2]Die Einhaltung dieses Standards wird vermutet, wenn alle Anforderungen des Katalogs der technischen Vorkehrungen und sonstigen Maßnahmen erfüllt werden, den die Bundesnetzagentur im Benehmen mit dem Bundesamt für Sicherheit in der Informationstechnik und der oder dem Bundesbeauftragten für den Datenschutz und die Informationsfreiheit erstellt.

TKG

(2) [1]Die Bundesnetzagentur überprüft fortlaufend die im Katalog nach Absatz 1 Satz 2 enthaltenen Anforderungen; hierbei berücksichtigt sie den Stand der Technik und der Fachdiskussion. [2]Stellt die Bundesnetzagentur Änderungsbedarf fest, ist der Katalog im Benehmen mit dem Bundesamt für Sicherheit in der Informationstechnik und der oder dem Bundesbeauftragten für den Datenschutz und die Informationsfreiheit unverzüglich anzupassen.

(3) [1]§ 109 Absatz 6 Satz 2 und 3 gilt entsprechend. [2]§ 109 Absatz 7 gilt mit der Maßgabe, dass an die Stelle der Anforderungen nach § 109 Absatz 1 bis 3 die Anforderungen nach Absatz 1 Satz 1, § 113b Absatz 7 und 8, § 113d und nach § 113e Absatz 1 und 3 treten.

§ 113g Sicherheitskonzept[3)]

[1]Der nach § 113a Absatz 1 Verpflichtete hat in das Sicherheitskonzept nach § 109 Absatz 4 zusätzlich aufzunehmen,

1. welche Systeme zur Erfüllung der Verpflichtungen aus den §§ 113b bis 113e betrieben werden,
2. von welchen Gefährdungen für diese Systeme auszugehen ist und
3. welche technischen Vorkehrungen oder sonstigen Maßnahmen getroffen oder geplant sind, um diesen Gefährdungen entgegenzuwirken und die Verpflichtungen aus den §§ 113b bis 113e zu erfüllen.

[2]Der nach § 113a Absatz 1 Verpflichtete hat der Bundesnetzagentur das Sicherheitskonzept unverzüglich nach dem Beginn der Speicherung nach § 113b und unverzüglich bei jeder Änderung

1) **Anm. d. Red.:** § 113e eingefügt gem. Gesetz v. 10. 12. 2015 (BGBl I S. 2218) mit Wirkung v. 18. 12. 2015.
2) **Anm. d. Red.:** § 113f eingefügt gem. Gesetz v. 10. 12. 2015 (BGBl I S. 2218) mit Wirkung v. 18. 12. 2015.
3) **Anm. d. Red.:** § 113g eingefügt gem. Gesetz v. 10. 12. 2015 (BGBl I S. 2218) mit Wirkung v. 18. 12. 2015.

des Konzepts vorzulegen. [3]Bleibt das Sicherheitskonzept unverändert, hat der nach § 113a Absatz 1 Verpflichtete dies gegenüber der Bundesnetzagentur im Abstand von jeweils zwei Jahren schriftlich zu erklären.

§ 114 Auskunftsersuchen des Bundesnachrichtendienstes[1)]

(1) [1]Wer öffentlich zugängliche Telekommunikationsdienste erbringt oder Übertragungswege betreibt, die für öffentlich zugängliche Telekommunikationsdienste genutzt werden, hat dem Bundesministerium für Wirtschaft und Technologie auf Anfrage entgeltfrei Auskünfte über die Strukturen der Telekommunikationsdienste und -netze sowie bevorstehende Änderungen zu erteilen. [2]Einzelne Telekommunikationsvorgänge und Bestandsdaten von Teilnehmern dürfen nicht Gegenstand einer Auskunft nach dieser Vorschrift sein.

(2) [1]Anfragen nach Absatz 1 sind nur zulässig, wenn ein entsprechendes Ersuchen des Bundesnachrichtendienstes vorliegt und soweit die Auskunft zur Erfüllung der Aufgaben nach den §§ 5 und 8 des Artikel 10-Gesetzes oder den §§ 6, 12 und 14 des BND-Gesetzes erforderlich ist. [2]Die Verwendung einer nach dieser Vorschrift erlangten Auskunft zu anderen Zwecken ist ausgeschlossen.

§ 115 Kontrolle und Durchsetzung von Verpflichtungen[2)]

(1) [1]Die Bundesnetzagentur kann Anordnungen und andere Maßnahmen treffen, um die Einhaltung der Vorschriften des Teils 7 und der auf Grund dieses Teils ergangenen Rechtsverordnungen sowie der jeweils anzuwendenden Technischen Richtlinien sicherzustellen. [2]Der Verpflichtete muss auf Anforderung der Bundesnetzagentur die hierzu erforderlichen Auskünfte erteilen. [3]Die Bundesnetzagentur ist zur Überprüfung der Einhaltung der Verpflichtungen befugt, die Geschäfts- und Betriebsräume während der üblichen Betriebs- oder Geschäftszeiten zu betreten und zu besichtigen.

(2) [1]Die Bundesnetzagentur kann nach Maßgabe des Verwaltungsvollstreckungsgesetzes Zwangsgelder wie folgt festsetzen:

1. bis zu 500 000 Euro zur Durchsetzung der Verpflichtungen nach § 108 Abs. 1, § 110 Abs. 1, 5 oder Abs. 6, einer Rechtsverordnung nach § 108 Absatz 3, einer Rechtsverordnung nach § 110 Abs. 2, einer Rechtsverordnung nach § 112 Abs. 3 Satz 1, der Technischen Richtlinie nach § 108 Absatz 4, der Technischen Richtlinie nach § 110 Abs. 3 oder der Technischen Richtlinie nach § 112 Abs. 3 Satz 3,
2. bis zu 100 000 Euro zur Durchsetzung der Verpflichtungen nach den §§ 109, 109a, 112 Absatz 1, 3 Satz 4, Absatz 5 Satz 1 und 2, § 113 Absatz 5 Satz 2 und 3 oder § 114 Absatz 1 und
3. bis zu 20 000 Euro zur Durchsetzung der Verpflichtungen nach § 111 Absatz 1, 4 und 5 oder § 113 Absatz 4 und 5 Satz 1.

[2]Bei wiederholten Verstößen gegen § 111 Absatz 1 bis 5, § 112 Abs. 1, 3 Satz 4, Abs. 5 Satz 1 und 2 oder § 113 Absatz 4 und 5 Satz 1 kann die Tätigkeit des Verpflichteten durch Anordnung der Bundesnetzagentur dahin gehend eingeschränkt werden, dass der Kundenstamm bis zur Erfüllung der sich aus diesen Vorschriften ergebenden Verpflichtungen außer durch Vertragsablauf oder Kündigung nicht verändert werden darf.

(3) Darüber hinaus kann die Bundesnetzagentur bei Nichterfüllung von Verpflichtungen des Teils 7 den Betrieb der betreffenden Telekommunikationsanlage oder das geschäftsmäßige Erbringen des betreffenden Telekommunikationsdienstes ganz oder teilweise untersagen, wenn mildere Eingriffe zur Durchsetzung rechtmäßigen Verhaltens nicht ausreichen.

(4) [1]Soweit für die geschäftsmäßige Erbringung von Telekommunikationsdiensten Daten von natürlichen oder juristischen Personen erhoben, verarbeitet oder genutzt werden, tritt bei den Unternehmen an die Stelle der Kontrolle nach § 38 des Bundesdatenschutzgesetzes eine Kon-

---

1) **Anm. d. Red.:** § 114 i. d. F. des Gesetzes v. 23. 12. 2016 (BGBl I S. 3346) mit Wirkung v. 31. 12. 2016.

2) **Anm. d. Red.:** § 115 i. d. F. des Gesetzes v. 26. 7. 2016 (BGBl I S. 1818) mit Wirkung v. 30. 7. 2016.

trolle durch den Bundesbeauftragten für den Datenschutz entsprechend den §§ 21 und 24 bis 26 Abs. 1 bis 4 des Bundesdatenschutzgesetzes. 2Der Bundesbeauftragte für den Datenschutz richtet seine Beanstandungen an die Bundesnetzagentur und übermittelt dieser nach pflichtgemäßem Ermessen weitere Ergebnisse seiner Kontrolle.

(5) Das Fernmeldegeheimnis des Artikels 10 des Grundgesetzes wird eingeschränkt, soweit dies die Kontrollen nach Absatz 1 oder 4 erfordern.

Teil 8: Bundesnetzagentur[1)]

Abschnitt 1: Organisation

§ 116 Aufgaben und Befugnisse[2)]

Die Bundesnetzagentur für Elektrizität, Gas, Telekommunikation, Post und Eisenbahnen nimmt die ihr nach diesem Gesetz sowie nach Artikel 5 der Verordnung (EU) 2015/2120 und nach Artikel 7 Absatz 1 und Artikel 8 der Verordnung (EU) 2018/302 zugewiesenen Aufgaben und Befugnisse wahr.

§ 117 Veröffentlichung von Weisungen[3)]

1Soweit das Bundesministerium für Wirtschaft und Energie oder das Bundesministerium für Verkehr und digitale Infrastruktur Weisungen erteilt, sind diese Weisungen im Bundesanzeiger zu veröffentlichen. 2Dies gilt nicht für Aufgaben, die von diesen Bundesministerien aufgrund dieses Gesetzes oder anderer Gesetze in eigener Zuständigkeit wahrzunehmen sind und mit deren Erfüllung sie die Bundesnetzagentur beauftragt haben.

TKG

§§ 118 und 119 (weggefallen)[4)]

§ 120 Aufgaben des Beirates[5)]

Der Beirat nach § 5 des Gesetzes über die Bundesnetzagentur für Elektrizität, Gas, Telekommunikation, Post und Eisenbahnen hat folgende Aufgaben:

1. (weggefallen)
2. Der Beirat wirkt mit bei den Entscheidungen der Bundesnetzagentur in den Fällen des § 61 Absatz 3 Nummer 2 und 4 und des § 81.
3. 1Der Beirat ist berechtigt, Maßnahmen zur Umsetzung der Regulierungsziele und zur Sicherstellung des Universaldienstes zu beantragen. 2Die Bundesnetzagentur ist verpflichtet, den Antrag innerhalb von sechs Wochen zu bescheiden.
4. 1Der Beirat ist gegenüber der Bundesnetzagentur berechtigt, Auskünfte und Stellungnahmen einzuholen. 2Die Bundesnetzagentur ist gegenüber dem Beirat auskunftspflichtig.
5. Der Beirat berät die Bundesnetzagentur bei der Erstellung des Vorhabenplanes nach § 122 Abs. 2, insbesondere auch bei den grundsätzlichen marktrelevanten Entscheidungen.
6. Der Beirat ist bei der Aufstellung des Frequenzplanes nach § 54 anzuhören.

---

1) **Anm. d. Red.:** Überschrift i. d. F. des Gesetzes v. 18. 2. 2007 (BGBl I S. 106) mit Wirkung v. 24. 2. 2007.

2) **Anm. d. Red.:** § 116 i. d. F. des Gesetzes v. 29.11.2018 (BGBl I S. 2230) mit Wirkung v. 7.12.2018.

3) **Anm. d. Red.:** § 117 i. d. F. des Gesetzes v. 4. 11. 2016 (BGBl I S. 2473) mit Wirkung v. 10. 11. 2016.

4) **Anm. d. Red.:** §§ 118 und 119 weggefallen gem. Gesetz v. 7. 7. 2005 (BGBl I S. 1970) mit Wirkung v. 13. 7. 2005.

5) **Anm. d. Red.:** § 120 i. d. F. des Gesetzes v. 3. 5. 2012 (BGBl I S. 958) mit Wirkung v. 10. 5. 2012.

§ 121 Tätigkeitsbericht[1)]

(1) [1]Die Bundesnetzagentur legt den gesetzgebenden Körperschaften des Bundes gemeinsam mit dem Bericht nach Absatz 2 einen Bericht über ihre Tätigkeit sowie über die Lage und die Entwicklung auf dem Gebiet der Telekommunikation vor. [2]In diesem Bericht ist auch zu der Frage Stellung zu nehmen, ob sich eine Änderung der Festlegung, welche Telekommunikationsdienste als Universaldienstleistungen im Sinne des § 78 gelten, empfiehlt. [3]Ferner teilt die Bundesnetzagentur in dem Bericht mit,

1. in welchem Umfang und mit welchen Ergebnissen sie Sicherheitskonzepte nach § 113g und deren Einhaltung überprüft hat und
2. ob und welche Beanstandungen und weiteren Ergebnisse die oder der Bundesbeauftragte für den Datenschutz und die Informationsfreiheit an die Bundesnetzagentur übermittelt hat (§ 115 Absatz 4 Satz 2).

(2) [1]Die Monopolkommission erstellt alle zwei Jahre ein Gutachten, in dem sie den Stand und die absehbare Entwicklung des Wettbewerbs und die Frage, ob nachhaltig wettbewerbsorientierte Telekommunikationsmärkte in der Bundesrepublik Deutschland bestehen, beurteilt, die Anwendung der Vorschriften dieses Gesetzes über die Regulierung und Wettbewerbsaufsicht würdigt und zu sonstigen aktuellen wettbewerbspolitischen Fragen Stellung nimmt, insbesondere zu der Frage, ob die Regelung in § 21 Abs. 2 Nr. 3 im Hinblick auf die Wettbewerbsentwicklung anzupassen ist. [2]Das Gutachten soll bis zum 30. November eines Jahres abgeschlossen sein, in dem kein Hauptgutachten nach § 44 des Gesetzes gegen Wettbewerbsbeschränkungen vorgelegt wird. [3]Die Monopolkommission kann Einsicht nehmen in die bei der Bundesnetzagentur geführten Akten einschließlich der Betriebs- und Geschäftsgeheimnisse, soweit dies zur ordnungsgemäßen Erfüllung ihrer Aufgaben erforderlich ist. [4]Für den vertraulichen Umgang mit den Akten gilt § 46 Abs. 3 des Gesetzes gegen Wettbewerbsbeschränkungen entsprechend.

(3) Die Bundesregierung nimmt zu dem Bericht gegenüber den gesetzgebenden Körperschaften des Bundes in angemessener Frist Stellung.

§ 122 Jahresbericht[2)]

(1) Die Bundesnetzagentur veröffentlicht einmal jährlich einen Bericht über die Entwicklung des Telekommunikationsmarktes, der wesentliche Marktdaten einschließlich der Entwicklung und Höhe der Endnutzertarife der Dienste nach § 78 Absatz 2, die entweder von nach den §§ 81 bis 87 verpflichteten Unternehmen oder auf dem Markt erbracht werden, und deren Verhältnis zu den nationalen Verbraucherpreisen und Einkommen, sowie Fragen des Verbraucherschutzes enthält.

(2) [1]In den Jahresbericht ist nach öffentlicher Anhörung auch ein Vorhabenplan aufzunehmen, in dem die im laufenden Jahr von der Bundesnetzagentur zu begutachtenden grundsätzlichen rechtlichen und ökonomischen Fragestellungen enthalten sind. [2]Das Ergebnis ist in dem darauf folgenden Jahresbericht zu veröffentlichen.

(3) Die Bundesnetzagentur veröffentlicht fortlaufend ihre Verwaltungsgrundsätze.

§ 123 Zusammenarbeit mit anderen Behörden auf nationaler Ebene[3)]

(1) [1]In den Fällen der §§ 10, 11, 40, 41 und § 62 Absatz 2 Nummer 3 entscheidet die Bundesnetzagentur im Einvernehmen mit dem Bundeskartellamt. [2]Trifft die Bundesnetzagentur Entscheidungen nach Teil 2 Abschnitt 2 bis 5 oder § 77a Absatz 1 und 2, gibt sie dem Bundeskartellamt rechtzeitig vor Abschluss des Verfahrens Gelegenheit zur Stellungnahme. [3]Führt das Bundeskartellamt im Bereich der Telekommunikation Verfahren nach den §§ 19 und 20 Abs. 1 und 2 des Gesetzes gegen Wettbewerbsbeschränkungen, Artikel 102 des Vertrages über die Arbeits-

---

1) **Anm. d. Red.:** § 121 i. d. F. des Gesetzes v. 10. 12. 2015 (BGBl I S. 2218) mit Wirkung v. 18. 12. 2015.

2) **Anm. d. Red.:** § 122 i. d. F. des Gesetzes v. 3. 5. 2012 (BGBl I S. 958) mit Wirkung v. 10. 5. 2012.

3) **Anm. d. Red.:** § 123 i. d. F. des Gesetzes v. 27. 6. 2017 (BGBl I S. 1963) mit Wirkung v. 4. 7. 2017.

weise der Europäischen Union oder nach § 40 Abs. 2 des Gesetzes gegen Wettbewerbsbeschränkungen durch, gibt es der Bundesnetzagentur rechtzeitig vor Abschluss des Verfahrens Gelegenheit zur Stellungnahme. [4]Beide Behörden wirken auf eine einheitliche und den Zusammenhang mit dem Gesetz gegen Wettbewerbsbeschränkungen wahrende Auslegung dieses Gesetzes, auch beim Erlass von Verwaltungsvorschriften, hin. [5]Sie haben einander Beobachtungen und Feststellungen mitzuteilen, die für die Erfüllung der beiderseitigen Aufgaben von Bedeutung sein können.

(2) [1]Die Bundesnetzagentur arbeitet mit den Landesmedienanstalten zusammen. [2]Auf Anfrage übermittelt sie den Landesmedienanstalten Erkenntnisse, die für die Erfüllung von deren Aufgaben erforderlich sind. [3]Bei der Wahrnehmung ihrer Aufgaben und Befugnisse nach Artikel 5 der Verordnung (EU) 2015/2120 arbeitet die Bundesnetzagentur, soweit Belange des Rundfunks und vergleichbarer Telemedien nach § 2 Absatz 6 Satz 1 betroffen sind, mit der nach dem jeweiligen Landesrecht zuständigen Stelle zusammen.

§ 123a Zusammenarbeit mit anderen Behörden auf der Ebene der Europäischen Union[1)]

(1) [1]Die Bundesnetzagentur arbeitet mit den nationalen Regulierungsbehörden anderer Mitgliedstaaten, der Kommission und dem GEREK auf transparente Weise zusammen, um eine einheitliche Anwendung der Bestimmungen der Richtlinie 2002/21/EG und der Einzelrichtlinien zu gewährleisten. [2]Sie arbeitet insbesondere mit der Kommission und dem GEREK bei der Ermittlung der Maßnahmen zusammen, die zur Bewältigung bestimmter Situationen auf dem Markt am besten geeignet sind.

(2) Die Bundesnetzagentur unterstützt die Ziele des GEREK in Bezug auf bessere regulatorische Koordinierung und mehr Kohärenz.

(3) [1]Die Bundesnetzagentur trägt bei der Wahrnehmung ihrer Aufgaben weitestgehend den Empfehlungen Rechnung, die die Kommission nach Artikel 19 Absatz 1 und 2 der Richtlinie 2002/21/EG erlässt. [2]Beschließt die Bundesnetzagentur, sich nicht an eine solche Empfehlung zu halten, so teilt sie dies der Kommission unter Angabe ihrer Gründe mit.

TKG

§ 123b Bereitstellung von Informationen[2)]

(1) [1]Die Bundesnetzagentur stellt der Kommission auf deren begründeten Antrag nach Artikel 5 Absatz 2 der Richtlinie 2002/21/EG hin die Informationen zur Verfügung, die die Kommission benötigt, um ihre Aufgaben auf Grund des Vertrags über die Arbeitsweise der Europäischen Union wahrzunehmen. [2]Beziehen sich die bereitgestellten Informationen auf Informationen, die zuvor von Unternehmen auf Anforderung der Bundesnetzagentur bereitgestellt wurden, so werden die Unternehmen hiervon unterrichtet.

(2) Die Bundesnetzagentur kann ihr übermittelte Informationen der nationalen Regulierungsbehörde eines anderen Mitgliedstaats auf deren begründeten Antrag hin zur Verfügung stellen, soweit dies erforderlich ist, damit diese nationale Regulierungsbehörde ihre Verpflichtungen aus dem Recht der Europäischen Union erfüllen kann.

(3) Im Rahmen des Informationsaustausches nach den Absätzen 1 und 2 stellt die Bundesnetzagentur eine vertrauliche Behandlung aller Informationen sicher, die von der nationalen Regulierungsbehörde eines anderen Mitgliedstaats oder von dem Unternehmen, das die Informationen an die Bundesnetzagentur übermittelt hat, nach den Vorschriften des Rechts der Europäischen Union und den einzelstaatlichen Vorschriften über das Geschäftsgeheimnis als vertraulich angesehen werden.

(4) [1]Die Bundesnetzagentur kennzeichnet im Rahmen der Bereitstellung von Informationen an die Kommission, an nationale Regulierungsbehörden anderer Mitgliedstaaten, an das GEREK

1) **Anm. d. Red.:** § 123a eingefügt gem. Gesetz v. 3. 5. 2012 (BGBl I S. 958) mit Wirkung v. 10. 5. 2012.

2) **Anm. d. Red.:** § 123b eingefügt gem. Gesetz v. 3. 5. 2012 (BGBl I S. 958) mit Wirkung v. 10. 5. 2012.

und an das Büro des GEREK vertrauliche Informationen. [2]Sie kann bei der Kommission beantragen, dass die Informationen, die sie der Kommission bereitstellt, Behörden anderer Mitgliedstaaten nicht zur Verfügung gestellt werden. [3]Der Antrag ist zu begründen.

§ 124 Mediation[1)]

Die Bundesnetzagentur kann in geeigneten Fällen zur Beilegung telekommunikationsrechtlicher Streitigkeiten den Parteien einen einvernehmlichen Einigungsversuch vor einer Gütestelle (Mediationsverfahren) vorschlagen.

§ 125 Wissenschaftliche Beratung[2)]

(1) [1]Die Bundesnetzagentur kann zur Vorbereitung ihrer Entscheidungen oder zur Begutachtung von Fragen der Regulierung wissenschaftliche Kommissionen einsetzen. [2]Ihre Mitglieder müssen auf dem Gebiet von Telekommunikation oder Post über besondere volkswirtschaftliche, betriebswirtschaftliche, sozialpolitische, technologische oder rechtliche Erfahrungen und über ausgewiesene wissenschaftliche Kenntnisse verfügen.

(2) [1]Die Bundesnetzagentur erhält bei der Erfüllung ihrer Aufgaben fortlaufend wissenschaftliche Unterstützung. [2]Diese betrifft insbesondere

1. die regelmäßige Begutachtung der volkswirtschaftlichen, betriebswirtschaftlichen, rechtlichen und sozialen Entwicklung der Telekommunikation und des Postwesens im Inland und Ausland,
2. die Aufbereitung und Weiterentwicklung der wissenschaftlichen Grundlagen für die Gestaltung des Universaldienstes, die Regulierung von Anbietern mit beträchtlicher Marktmacht, die Regeln über den offenen Netzzugang und die Zusammenschaltung sowie die Nummerierung und den Kundenschutz.

Abschnitt 2: Befugnisse

§ 126 Untersagung[3)]

(1) [1]Stellt die Bundesnetzagentur fest, dass ein Unternehmen seine Verpflichtungen nach diesem Gesetz, auf Grund dieses Gesetzes, nach der Verordnung (EU) Nr. 531/2012 oder nach der Verordnung (EU) 2015/2120 nicht erfüllt, fordert sie das Unternehmen zur Stellungnahme und Abhilfe auf. [2]Sie setzt dem Unternehmen für die Abhilfe eine Frist.

(2) [1]Kommt das Unternehmen innerhalb der gesetzten Frist seinen Verpflichtungen nicht nach, kann die Bundesnetzagentur die zur Einhaltung der Verpflichtung erforderlichen Maßnahmen anordnen. [2]Hierbei ist dem Unternehmen eine angemessene Frist zu setzen, um den Maßnahmen entsprechen zu können.

(3) Verletzt das Unternehmen seine Verpflichtungen in schwerer oder wiederholter Weise oder kommt es den von der Bundesnetzagentur zur Abhilfe angeordneten Maßnahmen nach Absatz 2 nicht nach, so kann die Bundesnetzagentur ihm die Tätigkeit als Betreiber von Telekommunikationsnetzen oder Anbieter von Telekommunikationsdiensten untersagen.

(4) [1]Wird durch die Verletzung von Verpflichtungen die öffentliche Sicherheit und Ordnung unmittelbar und erheblich gefährdet oder führt die Pflichtverletzung bei anderen Anbietern oder Nutzern von Telekommunikationsnetzen und -diensten zu erheblichen wirtschaftlichen oder betrieblichen Problemen, kann die Bundesnetzagentur in Abweichung von den Verfahren nach den Absätzen 1 bis 3 vorläufige Maßnahmen ergreifen. [2]Die Bundesnetzagentur entscheidet, nachdem sie dem betreffenden Unternehmen Gelegenheit zur Stellungnahme innerhalb ei-

1) **Anm. d. Red.:** § 124 i. d. F. des Gesetzes v. 18. 2. 2007 (BGBl I S. 106) mit Wirkung v. 24. 2. 2007.
2) **Anm. d. Red.:** § 125 i. d. F. des Gesetzes v. 18. 2. 2007 (BGBl I S. 106) mit Wirkung v. 24. 2. 2007.
3) **Anm. d. Red.:** § 126 i. d. F. des Gesetzes v. 29.11.2018 (BGBl I S. 2230) mit Wirkung v. 7.12.2018.

ner angemessenen Frist eingeräumt hat, ob die vorläufige Maßnahme bestätigt, aufgehoben oder abgeändert wird.

(5) Zur Durchsetzung der Anordnungen nach Absatz 2 kann nach Maßgabe des Verwaltungsvollstreckungsgesetzes ein Zwangsgeld bis zu 500 000 Euro festgesetzt werden.

(6) Die Absätze 1, 2, 4 und 5 gelten für die Durchsetzung von Verpflichtungen von Eigentümern und Betreibern öffentlicher Versorgungsnetze, die keine Unternehmen sind, entsprechend.

(7) Stellt die Bundesnetzagentur fest, dass ein Anbieter seine Verpflichtungen nach der Verordnung (EU) 2018/302 nicht erfüllt, gelten die Absätze 1, 2 und 5 entsprechend.

§ 127 Auskunftsverlangen[1)]

(1) [1]Unbeschadet anderer nationaler oder auf unmittelbar vollziehbarem Recht der Europäischen Union beruhender Berichts- und Informationspflichten sind die Betreiber von öffentlichen Telekommunikationsnetzen und die Anbieter von öffentlich zugänglichen Telekommunikationsdiensten verpflichtet, im Rahmen der Rechte und Pflichten aus diesem Gesetz und aus der Verordnung (EU) 2015/2120 der Bundesnetzagentur auf Verlangen Auskünfte zu erteilen, die für den Vollzug dieses Gesetzes erforderlich sind. [2]Die Bundesnetzagentur kann insbesondere Auskünfte verlangen, die erforderlich sind für

1. die systematische oder einzelfallbezogene Überprüfung der Verpflichtungen, die sich aus diesem Gesetz oder auf Grund dieses Gesetzes ergeben,
2. die einzelfallbezogene Überprüfung von Verpflichtungen, wenn der Bundesnetzagentur eine Beschwerde vorliegt oder sie aus anderen Gründen eine Verletzung von Pflichten annimmt oder sie von sich aus Ermittlungen durchführt,
3. die Veröffentlichung von Qualitäts- und Preisvergleichen für Dienste zum Nutzen der Endnutzer,
4. genau angegebene statistische Zwecke,
5. ein Marktdefinitions- und Marktanalyseverfahren nach den §§ 10 und 11,
6. Verfahren auf Erteilung von Nutzungsrechten und zur Überprüfung der entsprechenden Anträge sowie
7. die Nutzung von Nummern.

[3]Auskünfte nach Satz 3 Nr. 1 bis 5 dürfen nicht vor dem Zugang zum Markt oder als Bedingung für den Zugang verlangt werden.

(2) [1]Soweit es zur Erfüllung der in diesem Gesetz der Bundesnetzagentur übertragenen Aufgaben erforderlich ist, kann die Bundesnetzagentur von den nach Absatz 1 in der Telekommunikation tätigen Unternehmen

1. Auskunft über ihre wirtschaftlichen Verhältnisse, insbesondere über Umsatzzahlen, verlangen,
2. innerhalb der üblichen Betriebs- oder Geschäftszeiten die geschäftlichen Unterlagen einsehen und prüfen.

[2]Die Bundesnetzagentur kann von den nach Absatz 1 in der Telekommunikation tätigen Unternehmen insbesondere Auskünfte über künftige Netz- und Diensteentwicklungen verlangen, wenn diese Entwicklungen sich auf Dienste auf Vorleistungsebene auswirken können, die die Unternehmen Wettbewerbern zugänglich machen. [3]Die Bundesnetzagentur kann ferner von Unternehmen mit beträchtlicher Marktmacht auf Vorleistungsmärkten verlangen, Rechnungslegungsdaten zu den mit diesen Vorleistungsmärkten verbundenen Endnutzermärkten vorzulegen.

1) **Anm. d. Red.:** § 127 i. d. F. des Gesetzes v. 27. 6. 2017 (BGBl I S. 1963) mit Wirkung v. 4. 7. 2017.

(2a) Soweit es zur Erfüllung der Aufgaben erforderlich ist, die der Bundesnetzagentur in diesem Gesetz übertragen werden, kann die Bundesnetzagentur im Streitfall

1. passive Netzinfrastrukturen öffentlicher Versorgungsnetze vor Ort untersuchen,
2. von den Eigentümern und Betreibern öffentlicher Versorgungsnetze Auskünfte über künftige Entwicklungen der Netze und Dienste verlangen, soweit sich diese Entwicklungen auf die Mitnutzung der passiven Netzinfrastrukturen der Eigentümer und Betreiber öffentlicher Versorgungsnetze auswirken können, und
3. in den Fällen von § 77a Absatz 4, § 77b Absatz 4, § 77c Absatz 3, § 77g Absatz 2, § 77h Absatz 4 und § 77i Absatz 5 Einsicht nehmen in die von den Betreibern öffentlicher Versorgungsnetze erstellten Sicherheitskonzepte, sonstigen Konzepte, Nachweisdokumente oder in Teile davon.

(3) [1]Die Bundesnetzagentur fordert die Auskünfte nach den Absätzen 1, 2 und 2a und ordnet die Prüfung nach Absatz 2 Nummer 2 und 2a durch schriftliche Verfügung an. [2]In der Verfügung sind die Rechtsgrundlagen, der Gegenstand und der Zweck des Auskunftsverlangens anzugeben. [3]Bei einem Auskunftsverlangen ist eine angemessene Frist zur Erteilung der Auskunft zu bestimmen.

(4) Die Inhaber der Unternehmen oder die diese vertretenden Personen, bei juristischen Personen, Gesellschaften oder nicht rechtsfähigen Vereinen die nach Gesetz oder Satzung zur Vertretung berufenen Personen, sind verpflichtet, die verlangten Auskünfte nach den Absätzen 1, 2 und 2a zu erteilen, die geschäftlichen Unterlagen vorzulegen und die Prüfung dieser geschäftlichen Unterlagen sowie das Betreten von Geschäftsräumen und -grundstücken während der üblichen Betriebs- oder Geschäftszeiten zu dulden.

(5) Personen, die von der Bundesnetzagentur mit der Vornahme von Prüfungen beauftragt werden, dürfen die Büro- und Geschäftsräume der Unternehmen und Vereinigungen von Unternehmen während der üblichen Betriebs- oder Geschäftszeiten betreten.

(6) [1]Durchsuchungen können nur auf Anordnung des Amtsgerichts, in dessen Bezirk die Durchsuchung erfolgen soll, vorgenommen werden. [2]Auf die Anfechtung dieser Anordnung finden die §§ 306 bis 310 und 311a der Strafprozessordnung entsprechende Anwendung. [3]Bei Gefahr im Verzug können die in Absatz 5 bezeichneten Personen während der Geschäftszeit die erforderlichen Durchsuchungen ohne richterliche Anordnung vornehmen. [4]An Ort und Stelle ist eine Niederschrift über die Durchsuchung und ihr wesentliches Ergebnis aufzunehmen, aus der sich, falls keine richterliche Anordnung ergangen ist, auch die Tatsachen ergeben, die zur Annahme einer Gefahr im Verzug geführt haben.

(7) [1]Gegenstände oder geschäftliche Unterlagen können im erforderlichen Umfang in Verwahrung genommen werden oder, wenn sie nicht freiwillig herausgegeben werden, beschlagnahmt werden. [2]Auf die Beschlagnahme findet Absatz 6 entsprechende Anwendung.

(8) [1]Zur Auskunft nach Absatz 4 Verpflichtete können die Auskunft auf solche Fragen verweigern, deren Beantwortung sie selbst oder in § 383 Abs. 1 Nr. 1 bis 3 der Zivilprozessordnung bezeichnete Angehörige der Gefahr strafgerichtlicher Verfolgung oder eines Verfahrens nach dem Gesetz über Ordnungswidrigkeiten aussetzen würde. [2]Die durch Auskünfte oder Maßnahmen nach den Absätzen 1 und 2 erlangten Kenntnisse und Unterlagen dürfen für ein Besteuerungsverfahren oder ein Bußgeldverfahren wegen einer Steuerordnungswidrigkeit oder einer Devisenzuwiderhandlung sowie für ein Verfahren wegen einer Steuerstraftat oder einer Devisenstraftat nicht verwendet werden; die §§ 93, 97, 105 Abs. 1, § 111 Abs. 5 in Verbindung mit § 105 Abs. 1 sowie § 116 Abs. 1 der Abgabenordnung sind insoweit nicht anzuwenden. [3]Satz 1 gilt nicht für Verfahren wegen einer Steuerstraftat sowie eines damit zusammenhängenden Besteuerungsverfahrens, wenn an deren Durchführung ein zwingendes öffentliches Interesse besteht, oder bei vorsätzlich falschen Angaben der Auskunftspflichtigen oder der für sie tätigen Personen.

(9) Soweit Prüfungen einen Verstoß gegen Auflagen, Anordnungen oder Verfügungen der Bundesnetzagentur ergeben haben, hat das Unternehmen der Bundesnetzagentur die Aufwendungen für diese Prüfungen einschließlich ihrer Auslagen für Sachverständige zu erstatten.

(10) Zur Durchsetzung dieser Anordnungen kann nach Maßgabe des Verwaltungsvollstreckungsgesetzes ein Zwangsgeld bis zu 500 000 Euro festgesetzt werden.

§ 128 Ermittlungen[1)]

(1) Die Bundesnetzagentur kann alle Ermittlungen führen und alle Beweise erheben, die erforderlich sind.

(2) [1]Für den Beweis durch Augenschein, Zeugen und Sachverständige sind § 372 Abs. 1, die §§ 376, 377, 380 bis 387, 390, 395 bis 397, 398 Abs. 1 und die §§ 401, 402, 404, 406 bis 409, 411 bis 414 der Zivilprozessordnung entsprechend anzuwenden; Haft darf nicht verhängt werden. [2]Für die Entscheidung über die Beschwerde ist das Oberlandesgericht zuständig.

(3) [1]Über die Aussagen der Zeuginnen oder Zeugen soll eine Niederschrift aufgenommen werden, die von dem ermittelnden Mitglied der Bundesnetzagentur und, wenn ein Urkundsbeamter zugezogen ist, auch von diesem zu unterschreiben ist. [2]Die Niederschrift soll Ort und Tag der Verhandlung sowie die Namen der Mitwirkenden und Beteiligten ersehen lassen.

(4) [1]Die Niederschrift ist den Zeuginnen oder Zeugen zur Genehmigung vorzulesen oder zur eigenen Durchsicht vorzulegen. [2]Die erteilte Genehmigung ist zu vermerken und von den Betreffenden zu unterschreiben. [3]Unterbleibt die Unterschrift, so ist der Grund hierfür anzugeben.

(5) Bei der Vernehmung von Sachverständigen sind die Absätze 3 und 4 entsprechend anzuwenden.

(6) [1]Die Bundesnetzagentur kann das Amtsgericht um die Beeidigung von Zeugen ersuchen, wenn sie die Beeidigung zur Herbeiführung einer wahrheitsgemäßen Aussage für notwendig erachtet. [2]Über die Beeidigung entscheidet das Gericht.

§ 129 Beschlagnahme[2)]

TKG

(1) [1]Die Bundesnetzagentur kann Gegenstände, die als Beweismittel für die Ermittlung von Bedeutung sein können, beschlagnahmen. [2]Die Beschlagnahme ist den davon Betroffenen unverzüglich bekannt zu geben.

(2) Die Bundesnetzagentur hat binnen drei Tagen um die richterliche Bestätigung des Amtsgerichts, in dessen Bezirk die Beschlagnahme vorgenommen ist, nachzusuchen, wenn bei der Beschlagnahme weder die davon Betroffenen noch erwachsene Angehörige anwesend waren oder wenn die Betroffenen und im Falle ihrer Abwesenheit erwachsene Angehörige der Betroffenen gegen die Beschlagnahme ausdrücklich Widerspruch erhoben haben.

(3) [1]Die Betroffenen können gegen die Beschlagnahme jederzeit um die richterliche Entscheidung nachsuchen. [2]Hierüber sind sie zu belehren. [3]Über den Antrag entscheidet das nach Absatz 2 zuständige Gericht.

(4) [1]Gegen die richterliche Entscheidung ist die Beschwerde zulässig. [2]Die §§ 306 bis 310 und 311a der Strafprozessordnung gelten entsprechend.

§ 130 Vorläufige Anordnungen[3)]

Die Bundesnetzagentur kann bis zur endgültigen Entscheidung vorläufige Anordnungen treffen.

§ 131 Abschluss des Verfahrens[4)]

(1) [1]Entscheidungen der Bundesnetzagentur sind zu begründen. [2]Sie sind mit der Begründung und einer Belehrung über das zulässige Rechtsmittel den Beteiligten nach den Vorschriften des

1) **Anm. d. Red.:** § 128 i. d. F. des Gesetzes v. 18. 2. 2007 (BGBl I S. 106) mit Wirkung v. 24. 2. 2007.
2) **Anm. d. Red.:** § 129 i. d. F. des Gesetzes v. 18. 2. 2007 (BGBl I S. 106) mit Wirkung v. 24. 2. 2007.
3) **Anm. d. Red.:** § 130 i. d. F. des Gesetzes v. 18. 2. 2007 (BGBl I S. 106) mit Wirkung v. 24. 2. 2007.
4) **Anm. d. Red.:** § 131 i. d. F. des Gesetzes v. 18. 2. 2007 (BGBl I S. 106) mit Wirkung v. 24. 2. 2007.

Verwaltungszustellungsgesetzes zuzustellen. [3]Entscheidungen, die gegenüber einem Unternehmen mit Sitz außerhalb des Geltungsbereiches dieses Gesetzes ergehen, stellt die Bundesnetzagentur denjenigen zu, die das Unternehmen der Bundesnetzagentur als Zustellungsbevollmächtigte benannt hat. [4]Hat das Unternehmen keine Zustellungsbeauftragten benannt, so stellt die Bundesnetzagentur die Entscheidung durch Bekanntmachung im Bundesanzeiger zu.

(2) Soweit ein Verfahren nicht mit einer Entscheidung abgeschlossen wird, die den Beteiligten nach Absatz 1 Satz 2 bis 4 zugestellt wird, ist seine Beendigung den Beteiligten schriftlich mitzuteilen.

(3) Die Bundesnetzagentur kann die Kosten einer Beweiserhebung den Beteiligten nach billigem Ermessen auferlegen.

Abschnitt 3: Verfahren

Unterabschnitt 1: Beschlusskammern

§ 132 Beschlusskammerentscheidungen[1)]

(1) [1]Die Bundesnetzagentur entscheidet durch Beschlusskammern in den Fällen des Teils 2, des § 55 Absatz 10, der §§ 61 und 62 sowie des § 81. [2]Absatz 4 Satz 1 bleibt unberührt. [3]Die Entscheidung ergeht durch Verwaltungsakt. [4]Die Beschlusskammern werden mit Ausnahme der Absätze 2 und 4 nach Bestimmung des Bundesministeriums für Wirtschaft und Energie im Benehmen mit dem Bundesministerium für Verkehr und digitale Infrastruktur gebildet.

(2) [1]Die Bundesnetzagentur entscheidet durch Beschlusskammern als nationale Streitbeilegungsstelle in den Fällen des § 77n. [2]Die Entscheidung ergeht durch Verwaltungsakt. [3]Nationale Streitbeilegungsstellen werden nach Bestimmung des Bundesministeriums für Verkehr und digitale Infrastruktur gebildet.

(3) [1]Die Beschlusskammern entscheiden in der Besetzung mit einem Vorsitzenden oder einer Vorsitzenden und zwei beisitzenden Mitgliedern. [2]Der oder die Vorsitzende und die beisitzenden Mitglieder müssen die Befähigung für eine Laufbahn des höheren Dienstes erworben haben. [3]Mindestens ein Mitglied der Beschlusskammer muss die Befähigung zum Richteramt haben.

(4) [1]In den Fällen des § 55 Absatz 10, der §§ 61, 62 und § 81 entscheidet die Beschlusskammer in der Besetzung mit dem Präsidenten als Vorsitzendem oder der Präsidentin als Vorsitzender und den beiden Vizepräsidenten oder Vizepräsidentinnen als beisitzende Mitglieder; Absatz 2 Satz 2 und 3 findet insoweit keine Anwendung. [2]Die Vertretung in Verhinderungsfällen wird in der Geschäftsordnung nach § 3 Abs. 1 des Gesetzes über die Bundesnetzagentur für Elektrizität, Gas, Telekommunikation, Post und Eisenbahnen geregelt. [3]Die Entscheidung in den Fällen des § 61 Absatz 3 Nummer 2 und 4 und des § 81 erfolgt im Benehmen mit dem Beirat.

(5) [1]Zur Wahrung einer einheitlichen Spruchpraxis in Fällen vergleichbarer oder zusammenhängender Sachverhalte und zur Sicherstellung des Konsistenzgebotes nach § 27 Abs. 2 sind in der Geschäftsordnung der Bundesnetzagentur Verfahren vorzusehen, die vor Erlass von Entscheidungen umfassende Abstimmungs-, Auskunfts- und Informationspflichten der jeweiligen Beschlusskammern und der Abteilungen vorsehen. [2]Soweit Entscheidungen der Beschlusskammern nach den §§ 19, 20, 21, 23, 24, 30, 39 oder § 42 Absatz 4 Satz 3 betroffen sind, ist in der Geschäftsordnung sicherzustellen, dass Festlegungen nach den §§ 10 und 11 durch die Präsidentenkammer erfolgen.

1) **Anm. d. Red.:** § 132 i. d. F. des Gesetzes v. 4. 11. 2016 (BGBl I S. 2473) mit Wirkung v. 10. 11. 2016.

§ 133 Sonstige Streitigkeiten zwischen Unternehmen[1)2)]

(1) [1]Ergeben sich im Zusammenhang mit Verpflichtungen aus diesem Gesetz oder auf Grund dieses Gesetzes Streitigkeiten zwischen Unternehmen, die öffentliche Telekommunikationsnetze betreiben oder öffentlich zugängliche Telekommunikationsdienste anbieten, oder zwischen diesen und anderen Unternehmen, denen Zugangs- oder Zusammenschaltungsverpflichtungen aus diesem Gesetz oder auf Grund dieses Gesetzes zugute kommen, trifft die Beschlusskammer, soweit dies gesetzlich nicht anders geregelt ist, auf Antrag einer Partei nach Anhörung der Beteiligten eine verbindliche Entscheidung. [2]Sie hat innerhalb einer Frist von höchstens vier Monaten, beginnend mit der Anrufung durch einen der an dem Streitfall Beteiligten, über die Streitigkeit zu entscheiden.

(2) [1]Bei einer Streitigkeit in einem unter dieses Gesetz fallenden Bereich zwischen Unternehmen in verschiedenen Mitgliedstaaten, die in die Zuständigkeit der nationalen Regulierungsbehörden von mehr als einem Mitgliedstaat fällt, kann jede Partei die Streitigkeit der betreffenden nationalen Regulierungsbehörde vorlegen. [2]Fällt die Streitigkeit in den Zuständigkeitsbereich der Bundesnetzagentur, so koordiniert sie ihre Maßnahmen mit den zuständigen nationalen Regulierungsbehörden der anderen betroffenen Mitgliedstaaten. [3]Die Beschlusskammer trifft ihre Entscheidung im Benehmen mit der betreffenden nationalen Regulierungsbehörde innerhalb der in Absatz 1 genannten Fristen.

(3) [1]Bei Streitigkeiten nach Absatz 2 kann die Bundesnetzagentur das GEREK beratend hinzuziehen, um die Streitigkeit im Einklang mit den in § 2 genannten Zielen dauerhaft beizulegen. [2]Sie kann das GEREK um eine Stellungnahme zu der Frage ersuchen, welche Maßnahmen zur Streitbeilegung zu ergreifen sind. [3]Hat die Bundesnetzagentur oder die zuständige nationale Regulierungsbehörde eines anderen betroffenen Mitgliedstaats das GEREK um eine Stellungnahme ersucht, so trifft die Beschlusskammer ihre Entscheidung nicht, bevor das GEREK seine Stellungnahme abgegeben hat. [4]§ 130 bleibt hiervon unberührt.

TKG

(4) Die §§ 126 bis 132 und 134 bis 137 gelten entsprechend.

§ 134 Einleitung, Beteiligte[3)]

(1) Die Beschlusskammer leitet ein Verfahren von Amts wegen oder auf Antrag ein.

(2) An dem Verfahren vor der Beschlusskammer sind beteiligt

1. der Antragsteller,
2. die Betreiber von öffentlichen Telekommunikationsnetzen und die Anbieter von öffentlich zugänglichen Telekommunikationsdiensten, gegen die sich das Verfahren richtet,
3. die Personen und Personenvereinigungen, deren Interessen durch die Entscheidung berührt werden und die die Bundesnetzagentur auf ihren Antrag zu dem Verfahren beigeladen hat.

§ 134a Verfahren der nationalen Streitbeilegung[4)]

(1) Die nationale Streitbeilegungsstelle leitet ein Verfahren auf Antrag ein.

---

1) **Anm. d. Red.:** § 133 i. d. F. des Gesetzes v. 3. 5. 2012 (BGBl I S. 958) mit Wirkung v. 10. 5. 2012.

2) **Anm. d. Red.:** Gem. Art. 1 Nr. 103 Buchstabe b Doppelbuchstabe aa Gesetz v. 3. 5. 2012 (BGBl I S. 958) sollen in § 133 Abs. 2 Satz 1 mit sofortiger Wirkung die Wörter „Regulierungsbehörde von mindestens zwei Mitgliedstaaten" durch die Wörter „Regulierungsbehörden von mehr als einem Mitgliedstaat" ersetzt werden. Da das auszutauschende Wort „Regulierungsbehörde" jedoch gem. Art. 2 Nr. 35 Gesetz v. 18. 2. 2007 (BGBl I S. 106) in Satz 1 und 2 durch das Wort „Bundesnetzagentur" ersetzt wurde, bezieht sich die Änderung korrekterweise auf die auszutauschenden Wörter „Bundesnetzagentur von mindestens zwei Mitgliedstaaten". Der Text wurde dieser Änderung sinngemäß angepasst und das Wort „Bundesnetzagentur" abweichend wieder durch das Wort „Regulierungsbehörde" ersetzt.

3) **Anm. d. Red.:** § 134 i. d. F. des Gesetzes v. 3. 5. 2012 (BGBl I S. 958) mit Wirkung v. 10. 5. 2012.

4) **Anm. d. Red.:** § 134a eingefügt gem. Gesetz v. 4. 11. 2016 (BGBl I S. 2473) mit Wirkung v. 10. 11. 2016.

(2) An Verfahren vor der nationalen Streitbeilegungsstelle sind beteiligt:

1. bei einem Verfahren nach § 77n Absatz 1 bis 5 der Antragsteller und die Eigentümer oder Betreiber öffentlicher Versorgungsnetze, gegen die sich das Verfahren richtet,
2. bei einem Verfahren nach § 77n Absatz 6 der Antragsteller und der Verfügungsberechtigte über Netzinfrastrukturen in Gebäuden oder bis zum ersten Konzentrations- oder Verteilerpunkt eines öffentlichen Telekommunikationsnetzes, gegen den sich das Verfahren richtet,
3. die Personen und Personenvereinigungen, deren Interessen durch die Entscheidung berührt werden und die die Bundesnetzagentur auf ihren Antrag zu dem Verfahren beigeladen hat,
4. bei einer Inanspruchnahme von Eisenbahninfrastrukturunternehmen die zuständige Eisenbahnaufsichtsbehörde.

(3) Sind bei Streitigkeiten über das Vorliegen eines Ablehnungsgrundes nach § 77b Absatz 4 Nummer 3, § 77c Absatz 3 Nummer 3, § 77g Absatz 2 Nummer 4, § 77h Absatz 4 Nummer 4 oder § 77i Absatz 5 kritische Infrastrukturen im Sinne des § 2 Absatz 10 des Gesetzes über das Bundesamt für Sicherheit in der Informationstechnik betroffen, so entscheidet die Bundesnetzagentur im Benehmen mit dem Bundesamt für Sicherheit in der Informationstechnik.

§ 135 Anhörung, mündliche Verhandlung

(1) Die Beschlusskammer hat den Beteiligten Gelegenheit zur Stellungnahme zu geben.

(2) Den Personen, die von dem Verfahren berührte Wirtschaftskreise vertreten, kann die Beschlusskammer in geeigneten Fällen Gelegenheit zur Stellungnahme geben.

(3) [1]Die Beschlusskammer entscheidet auf Grund öffentlicher mündlicher Verhandlung; mit Einverständnis der Beteiligten kann ohne mündliche Verhandlung entschieden werden. [2]Auf Antrag eines Beteiligten oder von Amts wegen ist für die Verhandlung oder für einen Teil davon die Öffentlichkeit auszuschließen, wenn sie eine Gefährdung der öffentlichen Ordnung, insbesondere der Staatssicherheit, oder die Gefährdung eines wichtigen Betriebs- oder Geschäftsgeheimnisses besorgen lässt.

§ 136 Betriebs- oder Geschäftsgeheimnisse

[1]Unverzüglich nach der Vorlage von Unterlagen im Rahmen des Beschlusskammerverfahrens haben alle Beteiligten diejenigen Teile zu kennzeichnen, die Betriebs- oder Geschäftsgeheimnisse enthalten. [2]In diesem Fall müssen sie zusätzlich eine Fassung vorlegen, die aus ihrer Sicht ohne Preisgabe von Betriebs- oder Geschäftsgeheimnissen eingesehen werden kann. [3]Erfolgt dies nicht, kann die Beschlusskammer von ihrer Zustimmung zur Einsicht ausgehen, es sei denn, ihr sind besondere Umstände bekannt, die eine solche Vermutung nicht rechtfertigen. [4]Hält die Beschlusskammer die Kennzeichnung der Unterlagen als Betriebs- oder Geschäftsgeheimnisse für unberechtigt, so muss sie vor der Entscheidung über die Gewährung von Einsichtnahme an Dritte die vorlegenden Personen hören.

Unterabschnitt 2: Gerichtsverfahren

§ 137 Rechtsmittel[1)]

(1) Widerspruch und Klage gegen Entscheidungen der Bundesnetzagentur haben keine aufschiebende Wirkung.

(2) Im Falle des § 132 findet ein Vorverfahren nicht statt.

(3) [1]Im Falle des § 132 sind die Berufung gegen ein Urteil und die Beschwerde nach der Verwaltungsgerichtsordnung oder nach dem Gerichtsverfassungsgesetz gegen eine andere Entscheidung des Verwaltungsgerichts ausgeschlossen. [2]Das gilt nicht für die Beschwerde gegen den Beschluss nach § 138 Absatz 4, die Beschwerde gegen die Nichtzulassung der Revision nach

1) **Anm. d. Red.:** § 137 i. d. F. des Gesetzes v. 3. 5. 2012 (BGBl I S. 958) mit Wirkung v. 10. 5. 2012.

§ 135 in Verbindung mit § 133 der Verwaltungsgerichtsordnung und die Beschwerde gegen Beschlüsse über den Rechtsweg nach § 17a Abs. 2 und 3 des Gerichtsverfassungsgesetzes. [3]Auf die Beschwerde gegen die Beschlüsse über den Rechtsweg findet § 17a Abs. 4 Satz 4 bis 6 des Gerichtsverfassungsgesetzes entsprechende Anwendung.

§ 138 Vorlage- und Auskunftspflicht der Bundesnetzagentur[1)]

(1) [1]Für die Vorlage von Urkunden oder Akten, die Übermittlung elektronischer Dokumente oder die Erteilung von Auskünften (Vorlage von Unterlagen) durch die Bundesnetzagentur ist § 99 Absatz 1 der Verwaltungsgerichtsordnung mit der Maßgabe anzuwenden, dass anstelle des Rechts der obersten Aufsichtsbehörde nach § 99 Absatz 1 Satz 2 der Verwaltungsgerichtsordnung, die Vorlage zu verweigern, das Recht der Bundesnetzagentur tritt, die Unterlagen als geheimhaltungsbedürftig zu kennzeichnen. [2]Das Gericht der Hauptsache unterrichtet die Beteiligten, deren Geheimhaltungsinteresse durch die Offenlegung der Unterlagen im Hauptsacheverfahren berührt werden könnte, darüber, dass die Unterlagen vorgelegt worden sind.

(2) [1]Das Gericht der Hauptsache entscheidet auf Antrag eines Beteiligten, der ein Geheimhaltungsinteresse an den vorgelegten Unterlagen geltend macht, durch Beschluss, inwieweit die §§ 100 und 108 Absatz 1 Satz 2 sowie Absatz 2 der Verwaltungsgerichtsordnung auf die Entscheidung in der Hauptsache anzuwenden sind. [2]Die Beteiligtenrechte nach den §§ 100 und 108 Absatz 1 Satz 2 sowie Absatz 2 der Verwaltungsgerichtsordnung sind auszuschließen, soweit nach Abwägung aller Umstände das Geheimhaltungsinteresse das Interesse der Beteiligten auf rechtliches Gehör auch unter Beachtung des Rechts auf effektiven Rechtsschutz überwiegt. [3]Insoweit dürfen die Entscheidungsgründe im Hauptsacheverfahren die Art und den Inhalt der geheim gehaltenen Unterlagen nicht erkennen lassen. [4]Die Mitglieder des Gerichts sind zur Geheimhaltung verpflichtet.

(3) [1]Der Antrag nach Absatz 2 Satz 1 ist innerhalb eines Monats zu stellen, nachdem das Gericht die Beteiligten, deren Geheimhaltungsinteressen durch die Offenlegung der Unterlagen berührt werden könnten, über die Vorlage der Unterlagen durch die Bundesnetzagentur unterrichtet hat. [2]In diesem Verfahren ist § 100 der Verwaltungsgerichtsordnung nicht anzuwenden. [3]Absatz 2 Satz 3 und 4 gilt sinngemäß.

(4) [1]Gegen die Entscheidung nach Absatz 2 Satz 1 ist die Beschwerde zum Bundesverwaltungsgericht gegeben. [2]Über die Beschwerde entscheidet der für die Hauptsache zuständige Revisionssenat. [3]Absatz 2 Satz 3 und 4 und Absatz 3 Satz 2 gelten sinngemäß.

TKG

§ 138a Informationssystem zu eingelegten Rechtsbehelfen[2)]

[1]Die Bundesnetzagentur erhebt zu den gegen ihre Entscheidungen eingelegten Rechtsbehelfen die folgenden Informationen:

1. die Anzahl und den allgemeinen Inhalt der eingelegten Rechtsbehelfe,
2. die Dauer der Verfahren und
3. die Anzahl der Entscheidungen im vorläufigen Rechtsschutz.

[2]Sie stellt diese Informationen der Kommission und dem GEREK auf deren begründete Anfrage zur Verfügung.

§ 139 Beteiligung der Bundesnetzagentur bei bürgerlichen Rechtsstreitigkeiten[3)]

[1]Für bürgerliche Rechtsstreitigkeiten, die sich aus diesem Gesetz ergeben, gilt § 90 Abs. 1 und 2 des Gesetzes gegen Wettbewerbsbeschränkungen entsprechend. [2]In diesen Fällen treten an die Stelle des Bundeskartellamtes und seines Präsidenten oder seiner Präsidentin die Bundesnetzagentur und ihr Präsident oder ihre Präsidentin.

---

1) **Anm. d. Red.:** § 138 i. d. F. des Gesetzes v. 3. 5. 2012 (BGBl I S. 958) mit Wirkung v. 10. 5. 2012.

2) **Anm. d. Red.:** § 138a eingefügt gem. Gesetz v. 3. 5. 2012 (BGBl I S. 958) mit Wirkung v. 10. 5. 2012.

3) **Anm. d. Red.:** § 139 i. d. F. des Gesetzes v. 18. 2. 2007 (BGBl I S. 106) mit Wirkung v. 24. 2. 2007.

Unterabschnitt 3: Internationale Aufgaben

§ 140 Internationale Aufgaben[1)]

(1) [1]Im Bereich der europäischen und internationalen Telekommunikationspolitik, insbesondere bei der Mitarbeit in europäischen und internationalen Institutionen und Organisationen, wird die Bundesnetzagentur im Auftrag des Bundesministeriums für Wirtschaft und Energie oder des Bundesministeriums für Verkehr und digitale Infrastruktur tätig. [2]Dies gilt nicht für Aufgaben, die die Bundesnetzagentur auf Grund dieses Gesetzes oder anderer Gesetze sowie auf Grund von Verordnungen der Europäischen Union in eigener Zuständigkeit wahrnimmt.

(2) [1]Die Bundesnetzagentur unterrichtet das Bundesministerium für Wirtschaft und Energie oder das Bundesministerium für Verkehr und digitale Infrastruktur vorab über die wesentlichen Inhalte geplanter Sitzungen in europäischen und internationalen Gremien. [2]Sie fasst die wesentlichen Ergebnisse und Schlussfolgerungen der Sitzungen zusammen und übermittelt sie unverzüglich an das Bundesministerium für Wirtschaft und Energie oder das Bundesministerium für Verkehr und digitale Infrastruktur. [3]Bei Aufgaben, die die Bundesnetzagentur nach Absatz 1 Satz 2 in eigener Zuständigkeit wahrnimmt, finden die Sätze 1 und 2 keine Anwendung, soweit zwingende Vorschriften die vertrauliche Behandlung von Informationen fordern.

§ 141 Anerkannte Abrechnungsstelle für den Seefunkverkehr[2)]

Zuständige Behörde für die Anerkennung von Abrechnungsstellen für den internationalen Seefunkverkehr nach den Anforderungen der Internationalen Fernmeldeunion im Geltungsbereich dieses Gesetzes ist die Bundesnetzagentur.

Teil 9: Abgaben

§ 142 Gebühren und Auslagen[3)4)]

(1) [1]Die Bundesnetzagentur erhebt für die folgenden individuell zurechenbaren öffentlichen Leistungen Gebühren und Auslagen:

---

1) **Anm. d. Red.:** § 140 i. d. F. des Gesetzes v. 4. 11. 2016 (BGBl I S. 2473) mit Wirkung v. 10. 11. 2016.

2) **Anm. d. Red.:** § 141 i. d. F. des Gesetzes v. 17. 3. 2009 (BGBl I S. 550) mit Wirkung v. 25. 3. 2009.

3) **Anm. d. Red.:** § 142 i. d. F. des Gesetzes v. 4. 11. 2016 (BGBl I S. 2473) mit Wirkung v. 10. 11. 2016.

4) **Anm. d. Red.:** Gem. Art. 12 Nr. 1 i.V. mit Art. 15 Abs. 2 Gesetz v. 4. 11. 2016 (BGBl I S. 2473) , i. d. F. des Art. 3 Abs. 5 Gesetz v. 27. 6. 2017 (BGBl I S. 1947), wird § 142 mit Wirkung v. 1. 10. 2021 wie folgt gefasst:
„§ 142 Gebühren und Auslagen
(1) [1]Die Gebühren für Entscheidungen über die Zuteilung
1. des Nutzungsrechts an Frequenzen nach § 55 und
2. eines Nutzungsrechts an Nummern aufgrund einer Rechtsverordnung nach § 66 Absatz 4
sind abweichend von § 9 Absatz 1 des Bundesgebührengesetzes so zu bestimmen, dass sie als Lenkungszweck die optimale Nutzung und eine den Zielen dieses Gesetzes verpflichtete effiziente Verwendung dieser Güter sicherstellen. [2]Satz 1 findet keine Anwendung, wenn Frequenzen oder Nummern von außerordentlich wirtschaftlichem Wert im Wege wettbewerbsorientierter oder vergleichender Auswahlverfahren vergeben werden.
(2) [1]Das Bundesministerium für Wirtschaft und Energie bestimmt im Einvernehmen mit dem Bundesministerium für Verkehr und digitale Infrastruktur die Gebühren für individuell zurechenbare öffentliche Leistungen der Bundesnetzagentur nach diesem Gesetz, mit Ausnahme der Gebühren und Auslagen nach § 145, durch die Besondere Gebührenverordnung nach § 22 Absatz 4 des Bundesgebührengesetzes. [2]Das Bundesministerium für Wirtschaft und Energie kann die Ermächtigung durch Rechtsverordnung im Einvernehmen mit dem Bundesministerium der Finanzen und dem Bundesministerium für Verkehr und digitale Infrastruktur auf die Bundesnetzagentur übertragen. [3]Eine Rechtsverordnung nach Satz 2, ihre Änderung und ihre Aufhebung bedürfen des Einvernehmens mit dem Bundesministerium für Wirtschaft und Energie, dem Bundesministerium der Finanzen und dem Bundesministerium für Verkehr und digitale Infrastruktur.
(3) [1]Die Wegebaulastträger können in ihrem Zuständigkeitsbereich Regelungen erlassen, nach denen lediglich die Verwaltungskosten abdeckende Gebühren und Auslagen für die Erteilung von Zustimmungsbescheiden nach § 68 Absatz 3 zur Nutzung öffentlicher Wege erhoben werden können. [2]Eine Pauschalierung ist zulässig."

1. Entscheidungen über die Zuteilung eines Nutzungsrechts an Frequenzen nach § 55,
2. Entscheidungen über die Zuteilung eines Nutzungsrechts an Nummern auf Grund einer Rechtsverordnung nach § 66 Abs. 4,
3. Bearbeitung von Anträgen auf Registrierung von Anwählprogrammen über Mehrwertdienste-Rufnummern,
4. einzelfallbezogene Koordinierung, Anmeldung, Übertragung und Notifizierung von Satellitensystemen nach § 56,
5. sonstige individuell zurechenbare öffentliche Leistungen, die in einem engen Zusammenhang mit einer Entscheidung nach den Nummern 1 bis 4 stehen,
6. Maßnahmen auf Grund von Verstößen gegen dieses Gesetz oder die darauf beruhenden Rechtsverordnungen,
7. Entscheidungen über die Übertragung von Wegerechten nach § 69,
8. Entscheidungen der Zugangsregulierung nach § 18 Abs. 1 und 2, den §§ 19, 20, 21 Abs. 2 und 3, § 23 und den §§ 24 und 25,
9. Entscheidungen der Entgeltregulierung nach den §§ 29, 35 Abs. 3, §§ 38 und 39,
10. Entscheidungen im Rahmen der Missbrauchsaufsicht nach § 42 Abs. 4,
11. Entscheidungen über sonstige Streitigkeiten zwischen Unternehmen nach § 133,
12. Entscheidungen der Streitbeilegung nach § 77n.

[2]Gebühren und Auslagen werden auch erhoben, wenn ein Antrag auf Vornahme einer in Satz 1 bezeichneten individuell zurechenbaren öffentlichen Leistung

1. aus anderen Gründen als wegen Unzuständigkeit der Behörde abgelehnt oder
2. nach Beginn der sachlichen Bearbeitung, jedoch vor deren Beendigung, zurückgenommen wird.

TKG

(2) Die Gebühren nach Absatz 1 werden vorbehaltlich der Regelung in Absatz 4 zur Deckung des Verwaltungsaufwands erhoben.

(3) [1]Das Bundesministerium für Wirtschaft und Energie wird ermächtigt, im Einvernehmen mit dem Bundesministerium der Finanzen und dem Bundesministerium für Verkehr und digitale Infrastruktur durch Rechtsverordnung, die nicht der Zustimmung des Bundesrates bedarf,

1. die gebührenpflichtigen Tatbestände nach Absatz 1 sowie die Höhe der hierfür zu erhebenden Gebühren näher zu bestimmen und dabei feste Sätze, auch in Form von Gebühren nach Zeitaufwand, oder Rahmensätze vorzusehen,
2. eine bestimmte Zahlungsweise der Gebühren anzuordnen und
3. das Nähere zur Ermittlung des Verwaltungsaufwands nach Absatz 2 zu bestimmen.

[2]Das Bundesministerium für Wirtschaft und Energie kann die Ermächtigung nach Satz 1 durch Rechtsverordnung unter Sicherstellung der Einvernehmensregelung auf die Bundesnetzagentur übertragen. [3]Eine Rechtsverordnung der Bundesnetzagentur, ihre Änderung und ihre Aufhebung bedürfen des Einvernehmens mit dem Bundesministerium für Wirtschaft und Energie, dem Bundesministerium der Finanzen und dem Bundesministerium für Verkehr und digitale Infrastruktur.

(4) [1]Abweichend von Absatz 2 Satz 1 kann die Gebühr für Entscheidungen über die Zuteilungen nach Absatz 1 Nummer 1 und 2 so festgesetzt werden, dass sie als Lenkungszweck die optimale Nutzung und eine den Zielen dieses Gesetzes verpflichtete effiziente Verwendung dieser Güter sicherstellt. [2]Absatz 2 Satz 1 und 2 findet keine Anwendung, wenn Nummern oder Frequenzen von außerordentlichem wirtschaftlichem Wert durch wettbewerbsorientierte oder vergleichende Auswahlverfahren vergeben werden.

(5) In Rechtsverordnungen nach Absatz 2 Satz 1 kann abweichend von den Vorschriften des Bundesgebührengesetzes geregelt werden:

1. der Umfang der zu erstattenden Auslagen und

2. die Gebühr in den Fällen des Widerrufs oder der Rücknahme einer Zuteilung nach Absatz 1 Nr. 1 und 2 oder einer Übertragung von Wegerechten nach Absatz 1 Nr. 7, sofern die Betroffenen dies zu vertreten haben.

(6) [1]Eine Festsetzung von Gebühren und Auslagen ist bis zum Ablauf des vierten Kalenderjahres nach Entstehung der Schuld zulässig (Festsetzungsverjährung). [2]Wird vor Ablauf der Frist ein Antrag auf Aufhebung oder Änderung der Festsetzung gestellt, ist die Festsetzungsfrist so lange gehemmt, bis über den Antrag unanfechtbar entschieden wurde. [3]Der Anspruch auf Zahlung von Gebühren und Auslagen verjährt mit Ablauf des fünften Kalenderjahres nach der Festsetzung (Zahlungsverjährung). [4]Im Übrigen gelten § 13 Absatz 3 und die §§ 18 und 19 des Bundesgebührengesetzes.

(7) Im Falle des Versteigerungsverfahrens nach § 61 Absatz 4 wird eine Zuteilungsgebühr nach Absatz 1 Nr. 1 nur erhoben, soweit sie den Erlös des Versteigerungsverfahrens übersteigt.

(8) [1]Die Wegebaulastträger können in ihrem Zuständigkeitsbereich Regelungen erlassen, nach denen lediglich die Verwaltungskosten abdeckende Gebühren und Auslagen für die Erteilung von Zustimmungsbescheiden nach § 68 Abs. 3 zur Nutzung öffentlicher Wege erhoben werden können. [2]Eine Pauschalierung ist zulässig.

§ 143 Frequenznutzungsbeitrag[1)2)]

(1) [1]Die Bundesnetzagentur erhebt jährliche Beiträge zur Deckung ihrer Kosten für die Verwaltung, Kontrolle und Durchsetzung von Allgemeinzuteilungen und Nutzungsrechten im Bereich der Frequenz- und Orbitnutzungen nach diesem Gesetz oder den darauf beruhenden Rechtsverordnungen. [2]Dies umfasst insbesondere auch die Kosten der Bundesnetzagentur für:

1. die Planung und Fortschreibung von Frequenznutzungen einschließlich der notwendigen Messungen, Prüfungen und Verträglichkeitsuntersuchungen zur Gewährleistung einer effizienten und störungsfreien Frequenznutzung,
2. internationale Zusammenarbeit, Harmonisierung und Normung.

(2) [1]Beitragspflichtig sind diejenigen, denen Frequenzen zugeteilt sind. [2]Die Anteile an den Kosten werden den einzelnen Nutzergruppen, die sich aus der Frequenzzuweisung ergeben, so weit wie möglich aufwandsbezogen zugeordnet. [3]Eine Beitragspflicht ist auch dann gegeben, wenn eine Frequenz auf Grund sonstiger Verwaltungsakte oder dauerhaft ohne Zuteilung genutzt wird. [4]Dies gilt insbesondere für die bis zum 1. August 1996 erteilten Rechte, soweit sie Festlegungen über die Nutzung von Frequenzen enthalten.

(3) In die nach Absatz 1 abzugeltenden Kosten sind solche nicht einzubeziehen, für die bereits eine Gebühr nach § 142 oder eine Gebühr nach § 16 des Gesetzes über Funkanlagen und Telekommunikationsendeinrichtungen vom 31. Januar 2001 (BGBl I S. 170) oder Gebühren oder Gebühren nach der Besonderen Gebührenverordnung des Bundesministeriums für Wirtschaft und Energie nach § 22 Absatz 4 des Bundesgebührengesetzes oder Beiträge nach § 31 des Elektromagnetische-Verträglichkeit-Gesetzes in der jeweils gültigen Fassung und den auf diesen Vorschriften beruhenden Rechtsverordnungen erhoben wird.

---

1) **Anm. d. Red.:** § 143 i. d. F. des Gesetzes v. 14. 12. 2016 (BGBl I S. 2879) mit Wirkung v. 22. 12. 2016.

2) **Anm. d. Red.:** Gem. Art. 12 Nr. 2 i.V. mit Art. 15 Abs. 2 Gesetz v. 4. 11. 2016 (BGBl I S. 2473) , i. d. F. des Art. 3 Abs. 5 Gesetz v. 27. 6. 2017 (BGBl I S. 1947), wird § 143 Abs. 3 mit Wirkung v. 1. 10. 2021 wie folgt gefasst:
„(3) In die nach Absatz 1 abzugeltenden Kosten sind solche nicht einzubeziehen, für die bereits
1. Gebühren nach § 142 erhoben werden,
2. Gebühren nach der Besonderen Gebührenverordnung des Bundesministeriums für Wirtschaft und Energie im Einvernehmen mit dem Bundesministerium für Verkehr und digitale Infrastruktur nach § 22 Absatz 4 des Bundesgebührengesetzes erhoben werden oder
3. Beiträge nach § 19 des Gesetzes über die elektromagnetische Verträglichkeit von Betriebsmitteln vom 26. Februar 2008 (BGBl I S. 220) und der auf dieser Vorschrift beruhenden Rechtsverordnung erhoben werden."

(4) [1]Das Bundesministerium für Wirtschaft und Energie wird ermächtigt, im Einvernehmen mit dem Bundesministerium der Finanzen und dem Bundesministerium für Verkehr und digitale Infrastruktur durch Rechtsverordnung, die nicht der Zustimmung des Bundesrates bedarf, nach Maßgabe der vorstehenden Absätze das Nähere über den Kreis der Beitragspflichtigen, die Beitragssätze, die Beitragskalkulation und das Verfahren der Beitragserhebung einschließlich der Zahlungsweise festzulegen. [2]Der auf das Allgemeininteresse entfallende Kostenanteil ist beitragsmindernd zu berücksichtigen. [3]Das Bundesministerium für Wirtschaft und Energie kann die Ermächtigung nach Satz 1 durch Rechtsverordnung unter Sicherstellung der Einvernehmensregelung auf die Bundesnetzagentur übertragen. [4]Eine Rechtsverordnung der Bundesnetzagentur, ihre Änderung und ihre Aufhebung bedürfen des Einvernehmens mit dem Bundesministerium für Wirtschaft und Energie, dem Bundesministerium der Finanzen und dem Bundesministerium für Verkehr und digitale Infrastruktur.

§ 144 (weggefallen)[1)]

§ 145 Kosten von außergerichtlichen Streitbeilegungsverfahren[2)]

[1]Für die außergerichtlichen Streitbeilegungsverfahren nach § 47a werden Gebühren und Auslagen nicht erhoben. [2]Jede Partei trägt die ihr durch die Teilnahme am Verfahren entstehenden Kosten selbst.

§ 146 Kosten des Vorverfahrens[3)]

[1]Für ein Vorverfahren werden Gebühren und Auslagen erhoben. [2]Für die vollständige oder teilweise Zurückweisung eines Widerspruchs wird eine Gebühr bis zur Höhe der für die angefochtene Amtshandlung festgesetzten Gebühr erhoben. [3]In den Fällen, in denen für die angefochtene Amtshandlung der Bundesnetzagentur keine Gebühr anfällt, bestimmt sich die Gebühr nach Maßgabe des § 34 Abs. 1 des Gerichtskostengesetzes;auf die Bestimmung des Wertes der Streitfrage finden die §§ 3 bis 9 der Zivilprozessordnung entsprechende Anwendung. [4]Wird ein Widerspruch nach Beginn seiner sachlichen Bearbeitung, jedoch vor deren Beendigung zurückgenommen, beträgt die Gebühr höchstens 75 Prozent der Widerspruchsgebühr. [5]Über die Kosten nach den Sätzen 2 und 4 entscheidet die Widerspruchsstelle nach billigem Ermessen.

TKG

§ 147 Mitteilung der Bundesnetzagentur[4)]

[1]Die Bundesnetzagentur veröffentlicht einen jährlichen Überblick über ihre Verwaltungskosten und die insgesamt eingenommenen Abgaben. [2]Soweit erforderlich werden Gebühren und Beitragssätze in den betroffenen Verordnungen für die Zukunft angepasst.

Teil 10: Straf- und Bußgeldvorschriften

§ 148 Strafvorschriften[5)]

(1) Mit Freiheitsstrafe bis zu zwei Jahren oder mit Geldstrafe wird bestraft, wer

1. entgegen § 89 Satz 1 oder 2 eine Nachricht abhört oder in vergleichbarer Weise zur Kenntnis nimmt oder den Inhalt einer Nachricht oder die Tatsache ihres Empfangs einem anderen mitteilt oder

1) **Anm. d. Red.:** § 144 weggefallen gem. Gesetz v. 29. 7. 2009 (BGBl I S. 2409) mit Wirkung v. 4. 8. 2009.

2) **Anm. d. Red.:** § 145 i. d. F. des Gesetzes v. 19. 2. 2016 (BGBl I S. 254) mit Wirkung v. 1. 4. 2016.

3) **Anm. d. Red.:** § 146 i. d. F. des Gesetzes v. 27. 6. 2017 (BGBl I S. 1947) mit Wirkung v. 4. 7. 2017.

4) **Anm. d. Red.:** § 147 i. d. F. des Gesetzes v. 18. 2. 2007 (BGBl I S. 106) mit Wirkung v. 24. 2. 2007.

5) **Anm. d. Red.:** § 148 i. d. F. des Gesetzes v. 4. 11. 2016 (BGBl I S. 2473) mit Wirkung v. 10. 11. 2016.

2. entgegen § 90 Abs. 1 Satz 1 eine dort genannte Sendeanlage oder eine sonstige Telekommunikationsanlage
   a) besitzt oder
   b) herstellt, vertreibt, einführt oder sonst in den Geltungsbereich dieses Gesetzes verbringt.

(2) Handelt der Täter in den Fällen des Absatzes 1 Nr. 2 Buchstabe b fahrlässig, so ist die Strafe Freiheitsstrafe bis zu einem Jahr oder Geldstrafe.

§ 149 Bußgeldvorschriften[1)]

(1) Ordnungswidrig handelt, wer vorsätzlich oder fahrlässig

1. entgegen § 4 eine Information nicht, nicht richtig, nicht vollständig oder nicht rechtzeitig zur Verfügung stellt,
2. entgegen § 6 Abs. 1 eine Meldung nicht, nicht richtig, nicht vollständig, nicht in der vorgeschriebenen Weise oder nicht rechtzeitig macht,
3. entgegen § 17 Satz 2 eine Information weitergibt,
4. einer vollziehbaren Anordnung nach
   a) § 20 Absatz 1, 2 oder Absatz 3 Satz 1, § 23 Abs. 3 Satz 2, § 29 Abs. 1 Satz 1 Nr. 1 oder Abs. 2 Satz 1 oder 2, § 37 Abs. 3 Satz 2, auch in Verbindung mit § 38 Abs. 4 Satz 4, § 38 Abs. 4 Satz 2, auch in Verbindung mit § 39 Abs. 3 Satz 1 oder § 42 Abs. 4 Satz 1, auch in Verbindung mit § 18 Abs. 2 Satz 2,
   b) § 46 Absatz 9 Satz 1, § 67 Absatz 1 Satz 1, 2, 6 oder 7, § 77n Absatz 1 Satz 2, Absatz 4 Satz 2, Absatz 5 Satz 2 oder Absatz 6 Satz 2 oder § 109 Absatz 4 Satz 3 oder Satz 5,
   c) § 29 Abs. 1 Satz 2, § 39 Abs. 3 Satz 2, § 65 oder § 127 Absatz 2 Satz 1 Nummer 1, Satz 2 und 3

   zuwiderhandelt,
5. (weggefallen)
6. ohne Genehmigung nach § 30 Absatz 1 Satz 1, Absatz 2 Satz 2 zweiter Fall oder § 39 Abs. 1 Satz 1 ein Entgelt erhebt,
7. entgegen § 38 Abs. 1 Satz 1 oder 3 oder § 39 Abs. 3 Satz 4 ein Entgelt oder eine Entgeltmaßnahme nicht, nicht richtig, nicht vollständig oder nicht rechtzeitig zur Kenntnis gibt,

7a. einer Rechtsverordnung nach § 41a Absatz 1 oder einer vollziehbaren Anordnung auf Grund einer solchen Rechtsverordnung zuwiderhandelt, soweit die Rechtsverordnung für einen bestimmten Tatbestand auf diese Bußgeldvorschrift verweist,

7b. entgegen § 41b Absatz 1 Satz 1 den Anschluss einer Telekommunikationsendeinrichtung verweigert,

7c. entgegen § 41b Absatz 1 Satz 3 die notwendigen Zugangsdaten und Informationen nicht, nicht richtig, nicht in der vorgeschriebenen Weise oder nicht rechtzeitig zur Verfügung stellt,

7d. entgegen § 41c Absatz 5 eine Leistung anbietet,

7e. entgegen § 43a Absatz 1 Satz 1 eine Information nicht, nicht richtig oder nicht vollständig zur Verfügung stellt,

7f. entgegen § 45k Absatz 1 Satz 1 eine Leistung ganz oder teilweise verweigert,

7g. einer Rechtsverordnung nach § 45n Absatz 1 oder einer vollziehbaren Anordnung auf Grund einer solchen Rechtsverordnung zuwiderhandelt, soweit die Rechtsverordnung für einen bestimmten Tatbestand auf diese Bußgeldvorschrift verweist,

1) **Anm. d. Red.:** § 149 i. d. F. des Gesetzes v. 29.11.2018 (BGBl I S. 2230) mit Wirkung v. 7.12.2018.

7h. entgegen § 45p Absatz 1 Satz 1, auch in Verbindung mit Satz 2, eine Information nicht, nicht richtig, nicht vollständig oder nicht rechtzeitig zur Verfügung stellt,

7i. entgegen § 45p Absatz 2 den Teilnehmer nicht, nicht richtig oder nicht vollständig unterrichtet,

7j. entgegen § 46 Absatz 1 Satz 1, auch in Verbindung mit Satz 3, nicht sicherstellt, dass die Leistung beim Anbieterwechsel gegenüber dem Teilnehmer nicht unterbrochen wird,

7k. entgegen § 46 Absatz 1 Satz 2 den Telekommunikationsdienst unterbricht,

8. entgegen § 47 Abs. 1 Teilnehmerdaten nicht, nicht richtig, nicht vollständig oder nicht rechtzeitig zur Verfügung stellt,

9. entgegen § 50 Abs. 3 Nr. 4 eine Anzeige nicht, nicht richtig, nicht vollständig oder nicht rechtzeitig erstattet,

10. ohne Frequenzzuteilung nach § 55 Abs. 1 Satz 1 eine Frequenz nutzt,

11. ohne Übertragung nach § 56 Absatz 2 Satz 1 ein deutsches Orbit- oder Frequenznutzungsrecht ausübt,

12. einer vollziehbaren Auflage nach § 60 Abs. 2 Satz 1 zuwiderhandelt,

13. einer Rechtsverordnung nach § 66 Abs. 4 Satz 1 oder einer vollziehbaren Anordnung auf Grund einer solchen Rechtsverordnung zuwiderhandelt, soweit die Rechtsverordnung für einen bestimmten Tatbestand auf diese Bußgeldvorschrift verweist,

13a. entgegen § 66a Satz 1, 2, 6, 7 oder 8 eine Preisangabe nicht, nicht richtig, nicht vollständig oder nicht rechtzeitig macht,

13b. entgegen § 66a Satz 3 die Preisangabe zeitlich kürzer anzeigt,

13c. entgegen § 66a Satz 4 einen Hinweis nicht, nicht richtig, nicht vollständig oder nicht rechtzeitig gibt,

TKG

13d. entgegen § 66b Abs. 1 Satz 1, auch in Verbindung mit Abs. 1 Satz 4 oder 5 oder Abs. 3 Satz 1, § 66b Abs. 1 Satz 3, auch in Verbindung mit Abs. 1 Satz 4 oder 5 oder § 66b Abs. 2 oder 3 Satz 2 einen dort genannten Preis nicht, nicht richtig, nicht vollständig oder nicht rechtzeitig ansagt,

13e. entgegen § 66c Abs. 1 Satz 1, auch in Verbindung mit Satz 2, den dort genannten Preis nicht, nicht richtig, nicht vollständig oder nicht rechtzeitig anzeigt,

13f. entgegen § 66d Abs. 1 oder 2 die dort genannte Preishöchstgrenze nicht einhält,

13g. entgegen § 66e Abs. 1 Satz 1, auch in Verbindung mit Satz 2, eine Verbindung nicht oder nicht rechtzeitig trennt,

13h. entgegen § 66f Abs. 1 Satz 1 einen Dialer einsetzt,

13i. entgegen § 66g Absatz 1 eine Warteschleife einsetzt,

13j. entgegen § 66g Absatz 2 nicht sicherstellt, dass der Anrufende informiert wird,

13k. entgegen § 66j Absatz 1 Satz 2 R-Gesprächsdienste anbietet,

13l. entgegen § 66k Absatz 1 Satz 1 nicht sicherstellt, dass eine vollständige Rufnummer übermittelt und gekennzeichnet wird,

13m. entgegen § 66k Absatz 1 Satz 3 eine Rufnummer oder eine Nummer für Kurzwahl-Sprachdienste übermittelt,

13n. entgegen § 66k Absatz 1 Satz 4 eine übermittelte Rufnummer verändert,

13o. entgegen § 66k Absatz 2 eine Rufnummer oder eine Nummer für Kurzwahl-Sprachdienste aufsetzt oder übermittelt,

14. entgegen § 87 Abs. 1 Satz 1 oder § 110 Abs. 1 Satz 2 oder 3 eine Mitteilung nicht, nicht richtig, nicht vollständig oder nicht rechtzeitig macht,

15. entgegen § 90 Abs. 3 für eine Sendeanlage oder eine sonstige Telekommunikationsanlage wirbt,

16. entgegen § 95 Abs. 2 oder § 96 Abs. 2 oder Abs. 3 Satz 1 Daten erhebt oder verwendet,
17. entgegen § 96 Abs. 1 Satz 3 oder § 97 Abs. 3 Satz 2 Daten nicht oder nicht rechtzeitig löscht,
17a. ohne Einwilligung nach § 98 Abs. 1 Satz 2 in Verbindung mit Satz 1 Daten verarbeitet,
17b. entgegen § 98 Absatz 1 Satz 2, auch in Verbindung mit Satz 5, eine Information nicht, nicht richtig, nicht vollständig oder nicht rechtzeitig gibt,
17c. entgegen § 100 Absatz 1 Satz 3 die Daten nicht oder nicht rechtzeitig löscht,
17d. entgegen § 100 Absatz 1 Satz 4 die Daten zu anderen Zwecken genutzt werden,
17e. entgegen § 102 Abs. 2 die Rufnummernanzeige unterdrückt oder veranlasst, dass diese unterdrückt wird,
18. entgegen § 106 Abs. 2 Satz 2 Daten oder Belege nicht oder nicht rechtzeitig löscht,
19. entgegen § 108 Absatz 1 Satz 1, auch in Verbindung mit Absatz 2, nicht sicherstellt, dass eine unentgeltliche Notrufverbindung möglich ist,
19a. entgegen § 108 Absatz 1 Satz 2, auch in Verbindung mit Absatz 2, oder einer Rechtsverordnung nach Absatz 3 Satz 1 Nummer 2, nicht sicherstellt, dass eine Notrufverbindung hergestellt wird,
20. entgegen § 108 Absatz 1 Satz 3, auch in Verbindung mit Absatz 2, oder einer Rechtsverordnung nach Absatz 3 Satz 1 Nummer 3, nicht sicherstellt, dass die Rufnummer des Anschlusses übermittelt wird, oder die dort genannten Daten übermittelt oder bereitgestellt werden,
21. entgegen § 109 Absatz 4 Satz 2 oder Satz 6 ein Sicherheitskonzept nicht oder nicht rechtzeitig vorlegt,
21a. entgegen § 109 Absatz 5 Satz 1 Nummer 1 eine Mitteilung nicht, nicht richtig, nicht vollständig oder nicht rechtzeitig macht,
21b. entgegen § 109a Absatz 1 Satz 1 oder Satz 2 die Bundesnetzagentur, den Bundesbeauftragten für den Datenschutz und die Informationsfreiheit oder einen Betroffenen nicht, nicht richtig, nicht vollständig oder nicht rechtzeitig benachrichtigt,
21c. entgegen § 109a Absatz 3 Satz 1 das dort genannte Verzeichnis nicht, nicht richtig oder nicht vollständig führt,
22. entgegen § 110 Abs. 1 Satz 1 Nr. 1 oder 1a in Verbindung mit einer Rechtsverordnung nach § 110 Abs. 2 Nr. 1 Buchstabe a eine technische Einrichtung nicht vorhält oder eine organisatorische Maßnahme nicht trifft,
23. entgegen § 110 Abs. 1 Satz 1 Nr. 2 Buchstabe b eine dort genannte Stelle nicht oder nicht rechtzeitig benennt,
24. entgegen § 110 Abs. 1 Satz 1 Nr. 3 einen Nachweis nicht oder nicht rechtzeitig erbringt,
25. entgegen § 110 Abs. 1 Satz 1 Nr. 4 eine Prüfung nicht gestattet,
26. entgegen § 110 Abs. 1 Satz 1 Nr. 5 die Aufstellung oder den Betrieb eines dort genannten Gerätes nicht duldet oder den Zugang zu einem solchen Gerät nicht gewährt,
27. entgegen § 110 Abs. 5 Satz 3 einen Mangel nicht oder nicht rechtzeitig beseitigt,
28. entgegen § 110 Abs. 6 Satz 1 einen Netzabschlusspunkt nicht, nicht in der vorgeschriebenen Weise oder nicht rechtzeitig bereitstellt,
29. entgegen § 111 Absatz 1 Satz 1, auch in Verbindung mit Absatz 1 Satz 2 oder Absatz 2, oder entgegen § 111 Absatz 1 Satz 3 oder 5 oder Absatz 3 dort genannte Daten nicht, nicht richtig, nicht vollständig oder nicht rechtzeitig erhebt, nicht, nicht richtig, nicht vollständig oder nicht rechtzeitig speichert oder nicht, nicht richtig, nicht vollständig oder nicht rechtzeitig berichtigt oder die Richtigkeit dort genannter Daten nicht, nicht richtig, nicht vollständig oder nicht rechtzeitig überprüft,
30. entgegen § 111 Absatz 4 Satz 2 eine Änderung nicht, nicht richtig, nicht vollständig oder nicht rechtzeitig übermittelt,

30a. entgegen § 111 Absatz 5 Daten nicht oder nicht rechtzeitig löscht,
31. entgegen § 112 Abs. 1 Satz 5 nicht gewährleistet, dass die Bundesnetzagentur Daten aus den Kundendateien abrufen kann,
32. entgegen § 112 Abs. 1 Satz 6 nicht sicherstellt, dass ihm Abrufe nicht zur Kenntnis gelangen können,
33. entgegen § 113 Absatz 2 Satz 1 zweiter Halbsatz Daten nach § 113 Absatz 1 Satz 2 übermittelt,
34. entgegen § 113 Absatz 4 Satz 1 dort genannte Daten nicht, nicht richtig, nicht vollständig oder nicht rechtzeitig übermittelt,
35. entgegen § 113 Absatz 4 Satz 2 Stillschweigen nicht wahrt,
36. entgegen § 113b Absatz 1, auch in Verbindung mit § 113b Absatz 7, Daten nicht, nicht richtig, nicht vollständig, nicht in der vorgeschriebenen Weise, nicht für die vorgeschriebene Dauer oder nicht rechtzeitig speichert,
37. entgegen § 113b Absatz 1 in Verbindung mit § 113a Absatz 1 Satz 2 nicht sicher stellt, dass die dort genannten Daten gespeichert werden, oder eine Mitteilung nicht, nicht richtig, nicht vollständig oder nicht rechtzeitig macht,
38. entgegen § 113b Absatz 8 Daten nicht oder nicht rechtzeitig löscht oder nicht sicherstellt, dass die Daten rechtzeitig gelöscht werden,
39. entgegen § 113c Absatz 2 Daten für andere als die genannten Zwecke verwendet,
40. entgegen § 113d Satz 1 nicht sicherstellt, dass Daten gegen unbefugte Kenntnisnahme und Verwendung geschützt werden,
41. entgegen § 113e Absatz 1 nicht sicherstellt, dass jeder Zugriff protokolliert wird,
42. entgegen § 113e Absatz 2 Protokolldaten für andere als die genannten Zwecke verwendet,
43. entgegen § 113e Absatz 3 nicht sicherstellt, dass Protokolldaten rechtzeitig gelöscht werden,
44. entgegen § 113g Satz 2 das Sicherheitskonzept nicht oder nicht rechtzeitig vorlegt oder,
45. entgegen § 114 Abs. 1 Satz 1 oder § 127 Abs. 1 Satz 1 eine Auskunft nicht, nicht richtig, nicht vollständig oder nicht rechtzeitig erteilt.

(1a) Ordnungswidrig handelt, wer gegen die Verordnung (EU) Nr. 531/2012 des Europäischen Parlaments und des Rates vom 13. Juni 2012 über das Roaming in öffentlichen Mobilfunknetzen in der Union (ABl L 172 vom 30. 6. 2012, S. 10), die zuletzt durch die Verordnung (EU) 2015/2120 (ABl L 310 vom 26. 11. 2015, S. 1) geändert worden ist, verstößt, indem er vorsätzlich oder fahrlässig

1. entgegen Artikel 3 Absatz 5 Satz 2 einen Vertrag nicht oder nicht rechtzeitig vorlegt,
2. entgegen Artikel 5 Absatz 1 Satz 2 einem dort genannten Antrag nicht oder nicht unverzüglich nachkommt,
3. entgegen Artikel 6a ein dort genanntes Entgelt berechnet,
4. entgegen Artikel 6e Absatz 1 Unterabsatz 2 Satz 1 einen Aufschlag erhebt,
5. entgegen Artikel 6e Absatz 1 Unterabsatz 3 Satz 1 oder 3 ein Entgelt nicht richtig abrechnet,
6. entgegen Artikel 6e Absatz 1 Unterabsatz 3 Satz 2 eine andere Mindestabrechnungsdauer zugrunde legt,
7. entgegen Artikel 11 ein technisches Merkmal verändert,
8. entgegen Artikel 15 Absatz 2a Satz 1 in Verbindung mit Satz 2 eine Mitteilung nicht oder nicht rechtzeitig versendet,
9. entgegen Artikel 15 Absatz 3 Unterabsatz 6 Satz 1 nicht sicherstellt, dass eine dort genannte Meldung übermittelt wird,

TKG

10. entgegen Artikel 15 Absatz 3 Unterabsatz 7 Satz 3 die Erbringung oder Inrechnungstellung eines dort genannten Dienstes nicht oder nicht rechtzeitig einstellt,
11. entgegen Artikel 15 Absatz 3 Unterabsatz 8 eine dort genannte Änderung nicht oder nicht rechtzeitig vornimmt oder
12. entgegen Artikel 16 Absatz 4 Satz 2 eine Information nicht, nicht richtig, nicht vollständig oder nicht rechtzeitig übermittelt.

(1b) Ordnungswidrig handelt, wer gegen die Verordnung (EU) 2015/2120 des Europäischen Parlaments und des Rates vom 25. November 2015 über Maßnahmen zum Zugang zum offenen Internet und zur Änderung der Richtlinie 2002/22/EG über den Universaldienst und Nutzerrechte bei elektronischen Kommunikationsnetzen und -diensten sowie der Verordnung (EU) Nr. 531/2012 über das Roaming in öffentlichen Mobilfunknetzen in der Union (ABl L 310 vom 26. 11. 2015, S. 1) verstößt, indem er vorsätzlich oder fahrlässig

1. entgegen Artikel 3 Absatz 3 Unterabsatz 3 erster Halbsatz eine dort genannte Verkehrsmanagementmaßnahme anwendet,
2. entgegen Artikel 4 Absatz 1 Unterabsatz 1 Satz 1 nicht sicherstellt, dass ein dort genannter Vertrag die dort genannten Angaben enthält,
3. einer vollziehbaren Anordnung nach Artikel 5 Absatz 1 Unterabsatz 1 Satz 2 zuwiderhandelt oder
4. entgegen Artikel 5 Absatz 2 eine dort genannte Information nicht, nicht richtig, nicht vollständig oder nicht rechtzeitig vorlegt oder nicht, nicht richtig, nicht vollständig oder nicht rechtzeitig übermittelt.

(1c) Ordnungswidrig handelt, wer gegen die Verordnung (EU) 2018/302 des Europäischen Parlaments und des Rates vom 28. Februar 2018 über Maßnahmen gegen ungerechtfertigtes Geoblocking und andere Formen der Diskriminierung aufgrund der Staatsangehörigkeit, des Wohnsitzes oder des Ortes der Niederlassung des Kunden innerhalb des Binnenmarkts und zur Änderung der Verordnungen (EG) Nr. 2006/2004 und (EU) 2017/2394 sowie der Richtlinie 2009/22/EG (ABl L 60 I vom 2.3.2018, S. 1) verstößt, indem er vorsätzlich oder fahrlässig

1. entgegen Artikel 3 Absatz 1 einen Zugang zur Online-Benutzeroberfläche sperrt oder beschränkt,
2. entgegen Artikel 3 Absatz 2 einen Kunden zu einer dort genannten Version der Online-Benutzeroberfläche weiterleitet,
3. entgegen Artikel 4 Absatz 1 unterschiedliche allgemeine Geschäftsbedingungen anwendet oder
4. entgegen Artikel 5 Absatz 1 unterschiedliche Bedingungen für einen Zahlungsvorgang anwendet.

(2) [1]Die Ordnungswidrigkeit kann wie folgt geahndet werden:

1. in den Fällen des Absatzes 1 Nummer 4 Buchstabe a, Nummer 6, 10, 22, 27, 31 und 36 bis 40 und des Absatzes 1b Nummer 1 und 3 mit einer Geldbuße bis zu fünfhunderttausend Euro,
2. in den Fällen des Absatzes 1 Nummer 7a, 16 bis 17a, 18, 26, 29, 30a, 33, 41 bis 43 und des Absatzes 1c mit einer Geldbuße bis zu dreihunderttausend Euro,
3. in den Fällen des Absatzes 1 Nummer 4 Buchstabe b, Nummer 7b bis 7d, 7g, 7h, 12 bis 13b, 13d bis 13o, 15, 17c, 19 bis 21, 21b, 30 und 44, des Absatzes 1a Nummer 1 bis 4 und des Absatzes 1b Nummer 2 mit einer Geldbuße bis zu hunderttausend Euro,
4. in den Fällen des Absatzes 1 Nummer 7, 8, 9, 11, 17b, 21a, 21c, 23 und 24 mit einer Geldbuße bis zu fünfzigtausend Euro und
5. in den übrigen Fällen der Absätze 1 bis 1b mit einer Geldbuße bis zu zehntausend Euro.

[2]Die Geldbuße soll den wirtschaftlichen Vorteil, den der Täter aus der Ordnungswidrigkeit gezogen hat, übersteigen. [3]Reichen die in Satz 1 genannten Beträge hierfür nicht aus, so können sie überschritten werden.

(3) Verwaltungsbehörde im Sinne des § 36 Abs. 1 Nr. 1 des Gesetzes über Ordnungswidrigkeiten ist die Bundesnetzagentur.

Teil 11: Übergangs- und Schlussvorschriften

§ 150 Übergangsvorschriften[1)]

(1) [1]Die von der Bundesnetzagentur vor Inkrafttreten dieses Gesetzes getroffenen Feststellungen marktbeherrschender Stellungen sowie die daran anknüpfenden Verpflichtungen bleiben wirksam, bis sie durch neue Entscheidungen nach Teil 2 ersetzt werden. [2]Dies gilt auch dann, wenn die Feststellungen marktbeherrschender Stellungen lediglich Bestandteil der Begründung eines Verwaltungsaktes sind. [3]Satz 1 gilt entsprechend für Verpflichtungen nach den §§ 36, 37 und 39 Alternative 2 des Telekommunikationsgesetzes vom 25. Juli 1996 (BGBl I S. 1120).

(2) Unternehmen, die auf Grund des Telekommunikationsgesetzes vom 25. Juli 1996 (BGBl I S. 1120) angezeigt haben, dass sie Telekommunikationsdienstleistungen erbringen oder Lizenznehmer sind, sind unbeschadet der Verpflichtung nach § 144 Abs. 1 Satz 1 nicht meldepflichtig nach § 6.

(3) [1]Bestehende Frequenz- und Nummernzuteilungen sowie Wegerechte, die im Rahmen des § 8 des Telekommunikationsgesetzes vom 25. Juli 1996 (BGBl I S. 1120) erteilt wurden, bleiben wirksam. [2]Das Gleiche gilt auch für vorher erworbene Rechte, die eine Frequenznutzung gewähren.

(4) [1]Soweit Frequenznutzungs- und Lizenzrechte auf Märkten vergeben sind, für die auf Wettbewerb oder Vergleich beruhende Auswahlverfahren durchgeführt wurden, gelten die damit erteilten Rechte und eingegangenen Verpflichtungen fort. [2]Dies gilt insbesondere auch für die im Zeitpunkt der Erteilung der Mobilfunklizenzen geltende Verpflichtung, Diensteanbieter zuzulassen.

TKG

(5) Soweit nach den Bestimmungen in den Absätzen 1 bis 4 Rechte und Verpflichtungen wirksam bleiben oder fortgelten, gelten diese als Rechte und Verpflichtungen nach diesem Gesetz im Sinne der §§ 126 und 133.

(6) § 48 Abs. 2 Nr. 2 gilt für Geräte, die ab dem 1. Januar 2005 in Verkehr gebracht werden.

(7) [1]Warteschleifen dürfen bis zum Inkrafttreten von § 66g nur eingesetzt werden, wenn eine der folgenden Voraussetzungen erfüllt ist:

1. der Anruf erfolgt zu einer entgeltfreien Rufnummer,
2. der Anruf erfolgt zu einer ortsgebundenen Rufnummer oder einer Rufnummer, die die Bundesnetzagentur den ortsgebundenen Rufnummern nach § 66g Absatz 3 gleichgestellt hat,
3. der Anruf erfolgt zu einer Rufnummer für mobile Dienste (015, 016 oder 017),
4. für den Anruf gilt ein Festpreis pro Verbindung,
5. der Anruf ist für die Dauer der Warteschleife für den Anrufer kostenfrei, soweit es sich nicht um Kosten handelt, die, bei Anrufen aus dem Ausland, für die Herstellung der Verbindung im Ausland entstehen, oder
6. unabhängig von der vom Angerufenen verwendeten Rufnummer oder der grundsätzlichen Tarifierung des Anrufs sind mindestens zwei Minuten der Verbindung ab Rufaufbau für den Anrufer kostenfrei; wird die Warteschleife innerhalb dieser Zeit durch Bearbeitung beendet, endet die Kostenfreiheit ab dem Zeitpunkt der Bearbeitung.

[2]Ordnungswidrig handelt, wer vorsätzlich oder fahrlässig entgegen Satz 1 Warteschleifen einsetzt. [3]Die Ordnungswidrigkeit kann mit einer Geldbuße bis zu hunderttausend Euro geahndet

1) **Anm. d. Red.:** § 150 i. d. F. des Gesetzes v. 26. 7. 2016 (BGBl I S. 1818) mit Wirkung v. 30. 7. 2016.

werden. [4]Die Geldbuße soll den wirtschaftlichen Vorteil, den der Täter aus der Ordnungswidrigkeit gezogen hat, übersteigen. [5]Reicht der in Satz 3 genannte Betrag hierfür nicht aus, so kann er überschritten werden.

(8) [1]Auf Verleihungen nach § 2 Abs. 1 des Gesetzes über Fernmeldeanlagen in der Fassung der Bekanntmachung vom 3. Juli 1989 (BGBl I S. 1455) und auf Lizenzen oder Frequenzen, die nach den §§ 10, 11 und 47 Abs. 5 des Telekommunikationsgesetzes vom 25. Juli 1996 (BGBl I S. 1120) zugeteilt wurden, findet § 62 Abs. 1 bis 3 für den in diesen Lizenzen und Frequenzen festgelegten Geltungszeitraum keine Anwendung. [2]Die Bundesnetzagentur überprüft auf Antrag der Inhaber von Frequenznutzungsrechten, die vor dem 26. Mai 2011 zugeteilt und für einen Zeitraum von mindestens fünf Jahren ab diesem Zeitpunkt ihre Gültigkeit behalten, ob Beschränkungen der Nutzungsrechte, die über die in § 53 Absatz 2 Satz 2 genannten Beschränkungen hinausgehen, aufrechterhalten oder aufgehoben werden. [3]Dem Antragsteller ist vor der Entscheidung Gelegenheit zu geben, den Antrag zurückzuziehen.

(9) Beabsichtigt die Deutsche Telekom AG die in § 78 Abs. 2 genannten Universaldienstleistungen nicht in vollem Umfang oder zu schlechteren als in dem Telekommunikationsgesetz vom 22. Juni 2004 (BGBl I S. 1190) genannten Bedingungen anzubieten, hat sie dieses der Bundesnetzagentur ein Jahr vor Wirksamwerden anzuzeigen.

(9a) (weggefallen)

(10) [1]Für Vertragsverhältnisse, die am Tag des Inkrafttretens dieser Vorschrift bereits bestehen, hat der nach § 112 Abs. 1 Verpflichtete Daten, über die er auf Grund zurückliegender Datenerhebungen verfügt, unverzüglich in die Kundendatei nach § 112 Abs. 1 zu übernehmen. [2]Für Verträge, die nach Inkrafttreten des § 112 geschlossen werden, sind die Daten, soweit sie infolge der bisherigen Dateistruktur noch nicht in die Kundendatei eingestellt werden können, unverzüglich nach Anpassung der Kundendatei einzustellen. [3]An die Stelle der Technischen Richtlinie nach § 112 Abs. 3 Satz 3 tritt bis zur Herausgabe einer entsprechenden Richtlinie die von der Bundesnetzagentur auf der Grundlage des § 90 Abs. 2 und 6 des Telekommunikationsgesetzes vom 25. Juli 1996 (BGBl I S. 1120) bekannt gegebene Schnittstellenbeschreibung in der zum Zeitpunkt des Inkrafttretens des § 112 gültigen Fassung.

(11) Die Zulässigkeit des Rechtsmittels gegen eine gerichtliche Entscheidung richtet sich nach den bisher geltenden Vorschriften, wenn die gerichtliche Entscheidung vor dem Inkrafttreten dieses Gesetzes verkündet oder von Amts wegen anstelle einer Verkündung zugestellt worden ist.

(12) Auf vor dem Inkrafttreten dieses Gesetzes gestellte Anträge nach § 99 Abs. 2 der Verwaltungsgerichtsordnung sind die bisherigen Vorschriften anwendbar.

(13) [1]Die Speicherverpflichtung und die damit verbundenen Verpflichtungen nach den §§ 113b bis 113e und 113g sind spätestens ab dem 1. Juli 2017 zu erfüllen. [2]Die Bundesnetzagentur veröffentlicht den nach § 113f Absatz 1 Satz 2 zu erstellenden Anforderungskatalog spätestens am 1. Januar 2017.

(14) Für Vertragsverhältnisse, die am 22. Juni 2004 bereits bestanden, müssen Daten nach § 111 Absatz 1 Satz 1 oder Absatz 2 außer in Fällen des § 111 Absatz 3 nicht nachträglich erhoben werden.

(15) [1]Die Bundesnetzagentur veröffentlicht die Verfügung nach § 111 Absatz 1 Satz 4 spätestens am 1. Januar 2017 im Amtsblatt. [2]Die Pflichten zur Überprüfung der Richtigkeit der erhobenen Daten nach § 111 Absatz 1 Satz 3 und zur Speicherung der Angaben nach § 111 Absatz 1 Satz 5 sind spätestens ab dem 1. Juli 2017 zu erfüllen.

§ 151 Änderung anderer Rechtsvorschriften (hier nicht wiedergegeben)

§ 152 Inkrafttreten, Außerkrafttreten[1)]

(1) [1]Dieses Gesetz tritt vorbehaltlich des Satzes 2 am Tag nach der Verkündung in Kraft. [2]§§ 43a und 43b, 96 Abs. 1 Nr. 9a bis 9f in Verbindung mit Abs. 2 Satz 1 und § 97 Abs. 6 und 7 des Telekommunikationsgesetzes vom 25. Juli 1996 (BGBl I S. 1120), das zuletzt durch Artikel 4 Abs. 73 des Gesetzes vom 5. Mai 2004 (BGBl I S. 718) geändert worden ist, in der bis zum Inkrafttreten dieses Gesetzes geltenden Fassung finden bis zum Inkrafttreten der in Artikel 3 Nr. 3 des Gesetzes zur Änderung telekommunikationsrechtlicher Vorschriften vom 18. Februar 2007 (BGBl I S. 106) genannten Regelungen der §§ 66a bis 66l weiter Anwendung. [3]Für § 43b Abs. 2 gilt dies mit der Maßgabe, dass ab dem 1. August 2004 die Preisansagepflicht nicht mehr auf Anrufe aus dem Festnetz beschränkt ist.

(2) Das Telekommunikationsgesetz vom 25. Juli 1996 (BGBl I S. 1120), zuletzt geändert durch Artikel 4 Abs. 73 des Gesetzes vom 5. Mai 2004 (BGBl I S. 718), das Fernsehsignalübertragungs-Gesetz vom 14. November 1997 (BGBl I S. 2710), zuletzt geändert durch Artikel 222 der Verordnung vom 25. November 2003 (BGBl I S. 2304), die Telekommunikations-Entgeltregulierungsverordnung vom 1. Oktober 1996 (BGBl I S. 1492), die Netzzugangsverordnung vom 23. Oktober 1996 (BGBl I S. 1568), die Telekommunikations-Universaldienstleistungsverordnung vom 30. Januar 1997 (BGBl I S. 141), § 4 der Telekommunikations-Kundenschutzverordnung vom 11. Dezember 1997 (BGBl I S. 2910), die zuletzt durch die Verordnung vom 20. August 2002 (BGBl I S. 3365) geändert worden ist, die Telekommunikations-Datenschutzverordnung vom 18. Dezember 2000 (BGBl I S. 1740), geändert durch Artikel 2 des Gesetzes vom 9. August 2003 (BGBl I S. 1590), die Frequenzzuteilungsverordnung vom 26. April 2001 (BGBl I S. 829) und die Telekommunikations-Lizenzgebührenverordnung 2002 vom 9. September 2002 (BGBl I S. 3542) treten am Tag nach der Verkündung dieses Gesetzes außer Kraft.

1) **Anm. d. Red.:** § 152 i. d. F. des Gesetzes v. 18. 2. 2007 (BGBl I S. 106) mit Wirkung v. 24. 2. 2007.

Anlage (zu § 45a)[1)]

Nutzungsvertrag

des/der

....

(Eigentümer/Eigentümerin)

mit

der

....

(Netzbetreiber)

Der Eigentümer/die Eigentümerin ist damit einverstanden, dass der Netzbetreiber auf seinem/ihrem Grundstück

....

Straße (Platz) Nr. ....

in ....

sowie an und in den darauf befindlichen Gebäuden alle die Vorrichtungen anbringt, die erforderlich sind, um Zugänge zu seinem öffentlichen Telekommunikationsnetz auf dem betreffenden oder einem benachbarten Grundstück und in den darauf befindlichen Gebäuden einzurichten, zu prüfen und instand zu halten. Dieses Recht erstreckt sich auch auf vorinstallierte Hausverkabelungen. Die Inanspruchnahme des Grundstücks durch Vorrichtungen darf nur zu einer notwendigen und zumutbaren Belastung führen.

Der Netzbetreiber verpflichtet sich, unbeschadet bestehender gesetzlicher oder vertraglicher Ansprüche, das Grundstück des Eigentümers/der Eigentümerin und die darauf befindlichen Gebäude wieder ordnungsgemäß instand zu setzen, soweit das Grundstück und/oder die Gebäude durch die Vorrichtungen zur Einrichtung, Instandhaltung oder Erweiterung von Zugängen zu seinem öffentlichen Telekommunikationsnetz auf dem betreffenden oder einem benachbarten Grundstück und/oder in den darauf befindlichen Gebäuden infolge der Inanspruchnahme durch den Netzbetreiber beschädigt worden sind. Im Rahmen der technischen Möglichkeiten und der bestehenden Sicherheitsanforderungen wird der Netzbetreiber vorinstallierte Hausverkabelungen nutzen. Der Netzbetreiber wird die von ihm errichteten Vorrichtungen verlegen oder – soweit sie nicht das Grundstück versorgen und eine Verlegung nicht ausreicht – entfernen, wenn sie einer veränderten Nutzung des Grundstücks entgegenstehen und ihr Verbleib an der bisherigen Stelle nicht mehr zumutbar ist. Die Kosten für die Entfernung oder Verlegung trägt der Netzbetreiber. Dies gilt nicht für Vorrichtungen, die ausschließlich das Grundstück versorgen, wenn nicht gleichzeitig Änderungen am öffentlichen Telekommunikationsnetz erforderlich sind.

Der Netzbetreiber wird ferner binnen Jahresfrist nach der Kündigung die von ihm angebrachten Vorrichtungen auf eigene Kosten wieder beseitigen, soweit dies dem Eigentümer/der Eigentümerin zumutbar ist. Auf Verlangen des Eigentümers/der Eigentümerin wird der Netzbetreiber die Vorrichtungen unverzüglich entfernen, soweit dem nicht schutzwürdige Interessen Dritter entgegenstehen.

Der Nutzungsvertrag gilt auf unbestimmte Zeit. Er kann mit einer Frist von sechs Wochen von jeder Vertragspartei gekündigt werden.

.................................., den ....

1) **Anm. d. Red.:** Anlage angefügt gem. Gesetz v. 18. 2. 2007 (BGBl I S. 106) mit Wirkung v. 24. 2. 2007.

XXVIII. Gesetz zur vorläufigen Regelung des Rechts der Industrie- und Handelskammern (IHKG)

v. 18. 12. 1956 (BGBl I S. 920) mit späteren Änderungen

Das Gesetz zur vorläufigen Regelung des Rechts der Industrie- und Handelskammern (IHKG) v. 18. 12. 1956 (BGBl I S. 920) ist zuletzt geändert worden Art. 93 Gesetz zum Abbau verzichtbarer Anordnungen der Schriftform im Verwaltungsrecht des Bundes v. 29. 3. 2017 (BGBl I S. 626).

Nichtamtliche Fassung

§ 1 Aufgaben[1)2)]

(1) Die Industrie- und Handelskammern haben, soweit nicht die Zuständigkeit der Organisationen des Handwerks nach Maßgabe des Gesetzes zur Ordnung des Handwerks (Handwerksordnung) vom 17. September 1953 (BGBl I S. 1411) gegeben ist, die Aufgabe, das Gesamtinteresse der ihnen zugehörigen Gewerbetreibenden ihres Bezirkes wahrzunehmen, für die Förderung der gewerblichen Wirtschaft zu wirken und dabei die wirtschaftlichen Interessen einzelner Gewerbezweige oder Betriebe abwägend und ausgleichend zu berücksichtigen; dabei obliegt es ihnen insbesondere, durch Vorschläge, Gutachten und Berichte die Behörden zu unterstützen und zu beraten sowie für Wahrung von Anstand und Sitte des ehrbaren Kaufmanns zu wirken.

(2) Die Industrie- und Handelskammern können Anlagen und Einrichtungen, die der Förderung der gewerblichen Wirtschaft oder einzelner Gewerbezweige dienen, begründen, unterhalten und unterstützen sowie Maßnahmen zur Förderung und Durchführung der kaufmännischen und gewerblichen Berufsausbildung unter Beachtung der geltenden Rechtsvorschriften, insbesondere des Berufsbildungsgesetzes, treffen.

(3) Den Industrie- und Handelskammern obliegt die Ausstellung von Ursprungszeugnissen und anderen dem Wirtschaftsverkehr dienenden Bescheinigungen, soweit nicht Rechtsvorschriften diese Aufgaben anderen Stellen zuweisen. IHKG

(3a) [1]Die Länder können durch Gesetz den Industrie- und Handelskammern die Aufgaben einer einheitlichen Stelle im Sinne des Verwaltungsverfahrensgesetzes übertragen. [2]Das Gesetz regelt, welche Aufgabenbereiche von der Zuweisung erfasst sind. [3]Dabei kann das Gesetz vorsehen, dass die Industrie- und Handelskammern auch für nicht Kammerzugehörige tätig werden. [4]Das Gesetz regelt auch die Aufsicht.

(3b) Die Länder können den Industrie- und Handelskammern durch Gesetz ermöglichen, sich an Einrichtungen zu beteiligen, die die Aufgaben einer einheitlichen Stelle im Sinne des Verwaltungsverfahrensgesetzes erfüllen.

(4) Weitere Aufgaben können den Industrie- und Handelskammern durch Gesetz oder Rechtsverordnung übertragen werden.

(4a) (weggefallen)

(5) Nicht zu den Aufgaben der Industrie- und Handelskammern gehört die Wahrnehmung sozialpolitischer und arbeitsrechtlicher Interessen.

§ 2 Kammerzugehörigkeit[3)]

(1) Zur Industrie- und Handelskammer gehören, sofern sie zur Gewerbesteuer veranlagt sind, natürliche Personen, Handelsgesellschaften, andere Personenmehrheiten und juristische Personen des privaten und des öffentlichen Rechts, welche im Bezirk der Industrie- und Handelskammer eine Betriebsstätte unterhalten (Kammerzugehörige).

---

1) **Anm. d. Red.:** Die Überschriften zu den einzelnen Paragrafen sind nicht amtlich; sie wurden von der Redaktion hinzugefügt.

2) **Anm. d. Red.:** § 1 i. d. F. des Gesetzes v. 11. 12. 2008 (BGBl I S. 2418) mit Wirkung v. 18. 12. 2008.

3) **Anm. d. Red.:** § 2 i. d. F. der VO 31. 8. 2015 (BGBl I S. 1474) mit Wirkung v. 8. 9. 2015.

(2) Absatz 1 gilt für natürliche Personen und Gesellschaften, welche ausschließlich einen freien Beruf ausüben oder welche Land- oder Forstwirtschaft oder ein damit verbundenes Nebengewerbe betreiben, nur, soweit sie in das Handelsregister eingetragen sind.

(3) Natürliche und juristische Personen und Personengesellschaften, die in der Handwerksrolle oder in dem Verzeichnis der zulassungsfreien Handwerke oder der handwerksähnlichen Gewerbe eingetragen sind oder die nach § 90 Abs. 3 der Handwerksordnung zur Handwerkskammer gehören, gehören mit ihrem nicht handwerklichen oder nicht handwerksähnlichen Betriebsteil der Industrie- und Handelskammer an.

(4) Absatz 1 gilt nicht für landwirtschaftliche Genossenschaften; als solche gelten im Sinne dieser Bestimmung

a) ländliche Kreditgenossenschaften, deren Mitglieder überwiegend aus Landwirten bestehen;
b) Genossenschaften, die ganz oder überwiegend der Nutzung landwirtschaftlicher Betriebseinrichtungen oder der Versorgung der Landwirtschaft mit Betriebsmitteln oder dem Absatz oder der Lagerung oder der Bearbeitung oder Verarbeitung landwirtschaftlicher Erzeugnisse dienen, sofern sich die Be- oder Verarbeitung nach der Verkehrsauffassung im Bereich der Landwirtschaft hält;
c) Zusammenschlüsse der unter Buchstabe b genannten Genossenschaften bis zu einer nach der Höhe des Eigenkapitals zu bestimmenden Grenze, die von dem Bundesministerium für Wirtschaft und Energie im Einvernehmen mit dem Bundesministerium für Ernährung und Landwirtschaft durch Rechtsverordnung festgelegt wird.

(5) [1]Absatz 1 gilt nicht für Gemeinden und Gemeindeverbände, die Eigenbetriebe unterhalten. [2]Sie können aber insoweit der Industrie- und Handelskammer beitreten.

(6) (weggefallen)

§ 3 Beiträge und Gebühren[1)]

(1) Die Industrie- und Handelskammer ist Körperschaft des öffentlichen Rechts.

(2) [1]Die Kosten der Errichtung und Tätigkeit der Industrie- und Handelskammer werden, soweit sie nicht anderweitig gedeckt sind, nach Maßgabe des Wirtschaftsplans durch Beiträge der Kammerzugehörigkeit gemäß einer Beitragsordnung aufgebracht. [2]Der Wirtschaftsplan ist jährlich nach den Grundsätzen einer sparsamen und wirtschaftlichen Finanzgebarung unter pfleglicher Behandlung der Leistungsfähigkeit der Kammerzugehörigen aufzustellen und auszuführen.

(3) [1]Als Beiträge erhebt die Industrie- und Handelskammer Grundbeiträge und Umlagen. [2]Der Grundbeitrag kann gestaffelt werden; dabei sollen insbesondere Art, Umfang und Leistungskraft des Gewerbebetriebes berücksichtigt werden. [3]Natürliche Personen und Personengesellschaften, die nicht in das Handelsregister eingetragen sind, und eingetragene Vereine, wenn nach Art oder Umfang ein in kaufmännischer Weise eingerichteter Geschäftsbetrieb nicht erforderlich ist, sind vom Beitrag freigestellt, soweit ihr Gewerbeertrag nach dem Gewerbesteuergesetz oder soweit für das Bemessungsjahr ein Gewerbesteuermessbetrag nicht festgesetzt wird, ihr nach dem Einkommensteuergesetz ermittelter Gewinn aus Gewerbebetrieb 5 200 Euro nicht übersteigt. [4]Die in Satz 3 genannten natürlichen Personen sind, soweit sie in den letzten fünf Wirtschaftsjahren vor ihrer Betriebseröffnung weder Einkünfte aus Land- und Forstwirtschaft, Gewerbebetrieb oder selbständiger Arbeit erzielt haben, noch an einer Kapitalgesellschaft mittelbar oder unmittelbar zu mehr als einem Zehntel beteiligt waren, für das Geschäftsjahr einer Industrie- und Handelskammer, in dem die Betriebseröffnung erfolgt, und für das darauf folgende Jahr von der Umlage und vom Grundbeitrag sowie für das dritte und vierte Jahr von der Umlage befreit, wenn ihr Gewerbeertrag oder Gewinn aus Gewerbebetrieb 25 000 Euro nicht übersteigt. [5]Wenn nach dem Stand der zum Zeitpunkt der Verabschiedung der Wirtschaftssatzung vorliegenden Bemessungsgrundlagen zu besorgen ist, dass bei einer Industrie- und Handelskammer die Zahl der Beitragspflichtigen, die einen Beitrag entrichten, durch die in den Sätzen 3

1) **Anm. d. Red.:** § 3 i. d. F. des Gesetzes v. 25. 7. 2013 (BGBl I S. 2749) mit Wirkung v. 1. 8. 2013.

und 4 genannten Freistellungsregelungen auf weniger als 55 vom Hundert aller ihr zugehörigen Gewerbetreibenden sinkt, kann die Vollversammlung für das betreffende Geschäftsjahr eine entsprechende Herabsetzung der dort genannten Grenzen für den Gewerbeertrag oder den Gewinn aus Gewerbebetrieb beschließen. [6]Wird für das Bemessungsjahr ein Gewerbesteuermessbetrag festgesetzt, ist Bemessungsgrundlage für die Umlage der Gewerbeertrag nach dem Gewerbesteuergesetz, andernfalls der nach dem Einkommensteuer- und Körperschaftsteuergesetz ermittelte Gewinn aus Gewerbebetrieb. [7]Bei natürlichen Personen und bei Personengesellschaften ist die Bemessungsgrundlage um einen Freibetrag in Höhe von 15 340 Euro zu kürzen. [8]Die Kammerzugehörigen sind verpflichtet, der Kammer Auskunft über die zur Festsetzung der Beiträge erforderlichen Grundlagen zu geben, soweit diese nicht bereits nach § 9 erhoben worden sind; die Kammer ist berechtigt, die sich hierauf beziehenden Geschäftsunterlagen einzusehen. [9]Kapitalgesellschaften, deren gewerbliche Tätigkeit sich in der Funktion eines persönlich haftenden Gesellschafters in nicht mehr als einer Personenhandelsgesellschaft erschöpft, kann ein ermäßigter Grundbeitrag eingeräumt werden, sofern beide Gesellschaften derselben Kammer zugehören. [10]Gleiches gilt für Gesellschaften mit Sitz im Bezirk einer Kammer, deren sämtliche Anteile von einem im Handelsregister eingetragenen Unternehmen mit Sitz in derselben Kammer gehalten werden.

(4) [1]Natürliche und juristische Personen und Personengesellschaften, die in der Handwerksrolle oder in dem Verzeichnis nach § 19 der Handwerksordnung eingetragen sind und deren Gewerbebetrieb nach Art und Umfang einen in kaufmännischer Weise eingerichteten Geschäftsbetrieb erfordert, sind beitragspflichtig, wenn der Umsatz des nicht handwerklichen oder nicht handwerksähnlichen Betriebsteils 130 000 Euro übersteigt. [2]Kammerzugehörige, die Inhaber einer Apotheke sind, werden mit einem Viertel ihres Gewerbeertrages oder, falls für das Bemessungsjahr ein Gewerbesteuermessbetrag nicht festgesetzt wird, ihres nach dem Einkommensteuer- oder Körperschaftsteuergesetz ermittelten Gewinns aus Gewerbebetrieb zum Grundbeitrag und zur Umlage veranlagt. [3]Satz 2 findet auch Anwendung auf Kammerzugehörige, die oder deren sämtliche Gesellschafter vorwiegend einen freien Beruf ausüben oder Land- oder Forstwirtschaft auf einem im Bezirk der Industrie- und Handelskammer belegenen Grundstück oder als Betrieb der Binnenfischerei Fischfang in einem im Bezirk der Industrie- und Handelskammer belegenen Gewässer betreiben und Beiträge an eine oder mehrere andere Kammern entrichten, mit der Maßgabe, dass statt eines Viertels ein Zehntel der dort genannten Bemessungsgrundlage bei der Veranlagung zu Grunde gelegt wird.

(5) [1]Die Industrie- und Handelskammer kann für die Kosten, welche mit der Begründung, Unterhaltung oder Unterstützung von Anlagen und Einrichtungen (§ 1 Abs. 2) verbunden sind, Sonderbeiträge von den Kammerzugehörigen derjenigen Gewerbezweige erheben, welchen derartige Anlagen und Einrichtungen ausschließlich oder in besonderem Maße zugute kommen. [2]Den Beteiligten ist vor Begründung solcher Anlagen und Einrichtungen Gelegenheit zur Äußerung zu geben.

(6) Die Industrie- und Handelskammer kann für die Inanspruchnahme besonderer Anlagen und Einrichtungen (§ 1 Abs. 2) oder Tätigkeiten Gebühren erheben und den Ersatz von Auslagen verlangen.

(7) [1]Sonderbeiträge gemäß Absatz 5 werden nach Maßgabe einer Sonderbeitragsordnung, Gebühren und Auslagen nach Absatz 6 nach Maßgabe einer Gebührenordnung erhoben. [2]In der Beitragsordnung, der Sonderbeitragsordnung sowie in der Gebührenordnung ist Erlass und Niederschlagung von Beiträgen, Gebühren und Auslagen zu regeln.

(7a) [1]Für das Rechnungswesen, insbesondere Rechnungslegung und Aufstellung und Vollzug des Wirtschaftsplans und den Jahresabschluss der Industrie- und Handelskammern sind die Grundsätze kaufmännischer Rechnungslegung und Buchführung in sinngemäßer Weise nach dem Dritten Buch des Handelsgesetzbuches in der jeweils geltenden Fassung anzuwenden. [2]Das Nähere wird durch Satzung unter Beachtung der Grundsätze des staatlichen Haushaltsrechts geregelt.

(8) [1]Hinsichtlich der Beiträge, Sonderbeiträge, Gebühren und Auslagen sind

für die Verjährung

die Vorschriften der Abgabenordnung über die Verjährung der Steuern vom Einkommen und Vermögen,

für die Einziehung und Beitreibung

die für Gemeindeabgaben geltenden landesrechtlichen Vorschriften

entsprechend anzuwenden. [2]Durch Landesrecht kann Verfahren und Zuständigkeit für Einziehung und Beitreibung abweichend geregelt werden.

§ 4 Zuständigkeit der Vollversammlung[1)]

[1]Über die Angelegenheiten der Industrie- und Handelskammer beschließt, soweit nicht die Satzung etwas anderes bestimmt, die Vollversammlung. [2]Der ausschließlichen Beschlussfassung durch die Vollversammlung unterliegen

1. die Satzung,
2. die Wahl-, Beitrags-, Sonderbeitrags- und Gebührenordnung,
3. die Feststellung des Wirtschaftsplans,
4. die Festsetzung des Maßstabes für die Beiträge und Sonderbeiträge,
5. die Erteilung der Entlastung,
6. die Übertragung von Aufgaben auf andere Industrie- und Handelskammern, die Übernahme dieser Aufgaben, die Bildung von öffentlich-rechtlichen Zusammenschlüssen und die Beteiligung hieran (§ 10) sowie die Beteiligung an Einrichtungen nach § 1 Abs. 3b,
7. die Art und Weise der öffentlichen Bekanntmachung und
8. die Satzung gemäß § 3 Abs. 7a (Finanzstatut).

[3]§ 79 des Berufsbildungsgesetzes bleibt unberührt. [4]Soweit nach Satz 2 Nr. 7 die elektronische Verkündung von Satzungsrecht vorgesehen ist, hat diese im Bundesanzeiger zu erfolgen.

§ 5 Wahl der Vollversammlungsmitglieder[2)]

(1) Die Mitglieder der Vollversammlung werden von den Kammerzugehörigen gewählt.

(2) [1]Wählbar sind natürliche Personen, die das Kammerwahlrecht auszuüben berechtigt sind, am Wahltag volljährig sind und entweder selbst Kammerzugehörige sind oder allein oder zusammen mit anderen zur gesetzlichen Vertretung einer kammerzugehörigen juristischen Person, Handelsgesellschaft oder Personenmehrheit befugt sind. [2]Wählbar sind auch besonders bestellte Bevollmächtigte und in das Handelsregister eingetragene Prokuristen von Kammerzugehörigen.

(3) [1]Das Nähere über die Ausübung des aktiven und passiven Wahlrechts, über die Durchführung der Wahl sowie über Dauer und vorzeitige Beendigung der Mitgliedschaft zur Vollversammlung regelt die Wahlordnung. [2]Sie muss Bestimmungen über die Aufteilung der Kammerzugehörigen in besondere Wahlgruppen sowie die Zahl der diesen zugeordneten Sitze in der Vollversammlung enthalten und dabei die wirtschaftlichen Besonderheiten des Kammerbezirks sowie die gesamtwirtschaftliche Bedeutung der Gewerbegruppen berücksichtigen.

§ 6 Wahl des Präsidenten

(1) Die Vollversammlung wählt aus ihrer Mitte den Präsidenten (Präses) und die von der Satzung zu bestimmende Zahl von weiteren Mitgliedern des Präsidiums.

1) **Anm. d. Red.:** § 4 i. d. F. des Gesetzes v. 22. 12. 2011 (BGBl I S. 3044) mit Wirkung v. 1. 4. 2012.

2) **Anm. d. Red.:** § 5 i. d. F. des Gesetzes v. 7. 9. 2007 (BGBl I S. 2246) mit Wirkung v. 14. 9. 2007.

(2) [1]Der Präsident (Präses) ist der Vorsitzende des Präsidiums. [2]Er beruft die Vollversammlung ein und führt in ihr den Vorsitz.

§ 7 Hauptgeschäftsführer

(1) Die Vollversammlung bestellt den Hauptgeschäftsführer.

(2) Präsident (Präses) und Hauptgeschäftsführer vertreten nach näherer Bestimmung der Satzung die Industrie- und Handelskammer rechtsgeschäftlich und gerichtlich.

§ 8 Berufsausbildungsausschuss[1)]

(1) Für den Aufgabenbereich der Berufsausbildung gemäß § 1 Abs. 2 wird bei der Industrie- und Handelskammer ein Ausschuss gebildet.

(2) [1]Der Ausschuss besteht aus dem Präsidenten (Präses) oder einem von ihm zu bestellenden Mitglied der Vollversammlung als Vorsitzenden sowie einer in der Satzung zu bestimmenden Anzahl von Mitgliedern. [2]Die Hälfte der Mitglieder wird von der Vollversammlung berufen, die andere Hälfte wird aus Vertretern der bei kammerzugehörigen Unternehmen beschäftigten Arbeitnehmer gebildet, welche durch die nach Landesrecht zuständige Stelle auf Vorschlag der im Bezirk der Kammer bestehenden Gewerkschaften und selbständigen Vereinigung von Arbeitnehmern mit sozial- oder berufspolitischer Zwecksetzung bestellt werden.

(3) Der Ausschuss kann bei Bedarf Unterausschüsse einsetzen.

(4) Werden bei den Industrie- und Handelskammern zur Durchführung anderer als der in § 79 des Berufsbildungsgesetzes genannten Aufgaben Ausschüsse gebildet, so kann die Satzung bestimmen, dass in diese Ausschüsse auch Personen berufen werden, die nach § 5 Abs. 2 nicht wählbar sind.

§ 9 Datenspeicherung und -übermittlung[2)]

(1) [1]Zur Erfüllung der ihnen nach diesem Gesetz übertragenen Aufgaben dürfen die Industrie- und Handelskammern die Daten nach § 14 Absatz 8 Satz 1 Nummer 1 und Satz 2 der Gewerbeordnung sowie der Rechtsverordnung nach § 14 Absatz 14 der Gewerbeordnung bei den Kammerzugehörigen erheben, soweit diese Daten ihnen nicht von der zuständigen Behörde übermittelt worden sind. [2]Darüber hinaus dürfen sie Daten über angebotene Waren und Dienstleistungen sowie über die Betriebsgrößenklasse bei den Kammerzugehörigen erheben. [3]Auskunftspflichtig sind die Inhaber oder diejenigen, die allein oder zusammen mit anderen zur gesetzlichen Vertretung einer kammerzugehörigen juristischen Person, Handelsgesellschaft oder Personenmehrheit befugt sind. [4]Auskunftspflichtig sind auch besonders bestellte Bevollmächtigte und in das Handelsregister eingetragene Prokuristen von Kammerzugehörigen.

(2) Die Industrie- und Handelskammern und ihre Gemeinschaftseinrichtungen, die öffentliche Stellen im Sinne des § 2 Abs. 2 des Bundesdatenschutzgesetzes sind, sind berechtigt, zur Feststellung der Kammerzugehörigkeit und zur Festsetzung der Beiträge der Kammerzugehörigen Angaben zur Gewerbesteuerveranlagung, wie sie auch zur Feststellung der Kammerzugehörigkeit im Sinne von § 2 Abs. 1 erforderlich sind, sowie die nach § 3 Abs. 3 erforderlichen Bemessungsgrundlagen bei den Finanzbehörden zu erheben.

(3) [1]Die in den Absätzen 1 und 2 genannten Daten dürfen von den Industrie- und Handelskammern und ihren Gemeinschaftseinrichtungen verwendet werden, soweit dies zur Erfüllung der ihnen nach diesem Gesetz übertragenen Aufgaben erforderlich ist. [2]Andere als die in Satz 1 genannten Daten dürfen sie nur erheben und verwenden, soweit eine andere Rechtsvorschrift dies erlaubt oder anordnet.

(3a) Die Industrie- und Handelskammern dürfen Name, Firma, Anschrift und Wirtschaftszweig ihrer Kammerzugehörigen sowie die übrigen in Absatz 1 genannten Daten an andere In-

---

1) **Anm. d. Red.:** § 8 i. d. F. des Gesetzes v. 23. 3. 2005 (BGBl I S. 931) mit Wirkung v. 1. 4. 2005.

2) **Anm. d. Red.:** § 9 i. d. F. des Gesetzes v. 29. 3. 2017 (BGBl I S. 626) mit Wirkung v. 5. 4. 2017.

dustrie- und Handelskammern auf Ersuchen oder durch Abruf im automatisierten Verfahren übermitteln, soweit dies für die Erfüllung der ihnen nach diesem Gesetz übertragenen Aufgaben erforderlich ist.

(4) [1]Die Industrie- und Handelskammern dürfen Name, Firma, Anschrift und Wirtschaftszweig von Kammerzugehörigen zur Förderung von Geschäftsabschlüssen und zu anderen dem Wirtschaftsverkehr dienenden Zwecken an nichtöffentliche Stellen übermitteln. [2]Die übrigen in Absatz 1 genannten Daten dürfen nur zu den in Satz 1 genannten Zwecken an nichtöffentliche Stellen übermittelt werden, sofern der Kammerzugehörige nicht widersprochen hat. [3]Auf die Möglichkeit, der Übermittlung der Daten an nichtöffentliche Stellen zu widersprechen, sind die Kammerzugehörigen vor der ersten Übermittlung schriftlich oder elektronisch hinzuweisen. [4]Daten über Zugehörige anderer Kammern hat die Industrie- und Handelskammer nach Übermittlung an die nichtöffentliche Stelle unverzüglich zu löschen, soweit sie nicht zur Erfüllung der ihr nach diesem Gesetz übertragenen Aufgaben erforderlich sind. [5]An Bewerber für die Wahl zur Vollversammlung nach § 5 dürfen zum Zweck der Wahlwerbung die in Satz 1 genannten Daten über Wahlberechtigte aus ihrer jeweiligen Wahlgruppe übermittelt werden. [6]Der Bewerber hat diese Daten nach der Durchführung der Wahl unverzüglich zu löschen. [7]Dritte, an die Daten übermittelt werden, dürfen diese Daten nur für den Zweck verwenden, zu dessen Erfüllung sie ihnen übermittelt werden.

(5) (weggefallen)

(6) [1]Für das Verändern, Sperren oder Löschen der nach den Absätzen 1 und 2 erhobenen Daten sowie die Übermittlung der Daten nach Absatz 1 an öffentliche Stellen gelten die Datenschutzgesetze der Länder. [2]Für die Übermittlung der Daten an andere Industrie- und Handelskammern durch Abruf im automatisierten Verfahren nach Absatz 3a gilt § 10 des Bundesdatenschutzgesetzes entsprechend.

§ 10 Aufgabenübertragung und öffentlich-rechtlicher Zusammenschluss[1)]

(1) [1]Industrie- und Handelskammern können Aufgaben, die ihnen auf Grund von Gesetz oder Rechtsverordnung obliegen, einvernehmlich einer anderen Industrie- und Handelskammer übertragen oder zur Erfüllung dieser Aufgaben untereinander öffentlich-rechtliche Zusammenschlüsse bilden oder sich daran beteiligen. [2]§ 1 Abs. 3b bleibt unberührt.

(2) [1]Die Rechtsverhältnisse des öffentlich-rechtlichen Zusammenschlusses werden durch Satzung geregelt. [2]Diese muss bestimmen, welche Aufgaben durch den öffentlich-rechtlichen Zusammenschluss wahrgenommen werden. [3]Die Erstsatzung bedarf der Zustimmung der Vollversammlungen der beteiligten Industrie- und Handelskammern. [4]Diese haben die Erstsatzung in der für ihre Bekanntmachungen vorgeschriebenen Form zu veröffentlichen.

(3) Die Aufgabenübertragung auf Industrie- und Handelskammern oder auf öffentlich-rechtliche Zusammenschlüsse mit Sitz in einem anderen Bundesland sowie die Beteiligung an solchen Zusammenschlüssen ist zulässig, soweit nicht die für die beteiligten Kammern oder Zusammenschlüsse geltenden besonderen Rechtsvorschriften dies ausschließen oder beschränken.

(4) Die Regelungen dieses Gesetzes in § 1 Abs. 3a, § 3 Absatz 1, 2, 6, 7a und 8, § 4 Satz 1 und 2 Nr. 1 bis 5, 7 und 8 sowie in den §§ 6 und 7 sind auf öffentlich-rechtliche Zusammenschlüsse entsprechend anzuwenden.

§ 11 Aufsichtsbehörde[2)]

(1) [1]Die Industrie- und Handelskammern unterliegen der Aufsicht des Landes darüber, dass sie sich bei Ausübung ihrer Tätigkeit im Rahmen der für sie geltenden Rechtsvorschriften (einschließlich der Satzung, der Wahl-, Beitrags-, Sonderbeitrags- und Gebührenordnung) halten.

1) **Anm. d. Red.:** § 10 i. d. F. des Gesetzes v. 25. 7. 2013 (BGBl I S. 2749) mit Wirkung v. 1. 8. 2013.

2) **Anm. d. Red.:** § 11 i. d. F. des Gesetzes v. 11. 12. 2008 (BGBl I S. 2418) mit Wirkung v. 18. 12. 2008.

[2]Die Aufsicht über den öffentlich-rechtlichen Zusammenschluss wird durch die Aufsichtsbehörde des Landes ausgeübt, in dem der Zusammenschluss seinen Sitz hat. [3]§ 1 Abs. 3a Satz 4 bleibt unberührt.

(2) Die Beschlüsse der Vollversammlung über

1. die Satzung nach § 3 Abs. 7a Satz 2,
2. die Satzung nach § 4 Satz 2 Nr. 1,
3. die Wahl-, Beitrags-, Sonderbeitrags- und Gebührenordnung,
4. die Übertragung von Aufgaben an eine andere Industrie- und Handelskammer und die Übernahme dieser Aufgaben,
5. die Bildung öffentlich-rechtlicher Zusammenschlüsse oder die Beteiligung an solchen (§ 10) sowie
6. einen 0,8 vom Hundert der Bemessungsgrundlagen nach § 3 Abs. 3 Satz 6 übersteigenden Umlagesatz

bedürfen der Genehmigung durch die Aufsichtsbehörde des Landes.

(2a) Die Satzung nach § 10 Abs. 2 sowie Änderungen der Satzung bedürfen der Genehmigung durch die Aufsichtsbehörde des Landes, in dem der Zusammenschluss seinen Sitz hat, sowie durch die Aufsichtsbehörden der beteiligten Kammern.

(2b) Die Aufgabenübertragung durch eine Industrie- und Handelskammer auf andere Industrie- und Handelskammern oder auf öffentlich-rechtliche Zusammenschlüsse mit Sitz in einem anderen Bundesland sowie die Beteiligung an solchen Zusammenschlüssen bedürfen der Genehmigung der Aufsichtsbehörden der übertragenden und der übernehmenden Kammer; im Falle der Übertragung auf einen öffentlich-rechtlichen Zusammenschluss ist zusätzlich die Genehmigung der für diesen zuständigen Aufsichtsbehörde erforderlich.

(3) Rechtsvorschriften, die diesem Gesetz widersprechen, werden aufgehoben; Abschnitt I des Gesetzes zur Erhaltung und Hebung der Kaufkraft vom 24. März 1934 (RGBl I S. 235) und die Verordnung über die Rechnungslegung und Rechnungsprüfung während des Krieges vom 5. Juli 1940 (RGBl II S. 139) finden auf die Industrie- und Handelskammern keine Anwendung.

§ 12 Landesrechtliche Regelungen[1)]

(1) Durch Landesrecht können ergänzende Vorschriften erlassen werden über

1. die Errichtung und Auflösung von Industrie- und Handelskammern sowie von öffentlich-rechtlichen Zusammenschlüssen,
2. die Änderung der Bezirke bestehender Industrie- und Handelskammern,
3. die für die Ausübung der Befugnisse des § 11 Abs. 1 und 2 zuständigen Behörden,
4. die Aufsichtsmittel, welche erforderlich sind, um die Ausübung der Befugnisse gemäß § 11 Abs. 1 und 2 zu ermöglichen,
5. die Verpflichtung der Steuerveranlagungsbehörden zur Mitteilung der für die Festsetzung der Beiträge erforderlichen Unterlagen an die Industrie- und Handelskammern,
6. die Verpflichtung der Behörden zur Amtshilfe bei Einziehung und Beitreibung von Abgaben (§ 3 Abs. 8),
7. die Prüfung des Jahresabschlusses der Industrie- und Handelskammern,
8. die Befugnis der Industrie- und Handelskammern zur Führung eines Dienstsiegels.

(2) Vor der Entscheidung über Maßnahmen nach Absatz 1 Nr. 1 und 2 sind die Kammerzugehörigen gemäß § 2 Abs. 1 zu hören.

1) **Anm. d. Red.:** § 12 i. d. F. des Gesetzes v. 25. 7. 2013 (BGBl I S. 2749) mit Wirkung v. 1. 8. 2013.

§ 13 Handelskammern in Bremen und Hamburg

Die Handelskammern Bremen und Hamburg sind berechtigt, ihre bisherige Bezeichnung weiterzuführen.

§ 13a Übergangsvorschriften[1)]

(1) Kammerzugehörige, die am 31. Dezember 1993 nach § 2 Abs. 3 und § 3 Abs. 3 Satz 2 in der am 31. Dezember 1993 geltenden Fassung einer Industrie- und Handelskammer angehörten, können nach Maßgabe dieser Vorschriften weiterhin der Industrie- und Handelskammer angehören.

(2) Wenn das der Beitragserhebung zugrunde liegende Bemessungsjahr vor dem 1. Januar 1994 liegt, werden die Beiträge auf der Grundlage der am 31. Dezember 1993 geltenden Fassung dieses Gesetzes erhoben.

(3) Die Beitragsbefreiung in § 3 Abs. 3 Satz 4 ist nur auf Kammerzugehörige anzuwenden, deren Gewerbeanzeige nach dem 31. Dezember 2003 erfolgt.

§ 14 Beitragsfestsetzung[2)]

[1]Bis zum 31. Dezember 1997 können die Beiträge der Kammerzugehörigen von den Industrie- und Handelskammern in dem in Artikel 3 des Einigungsvertrages genannten Gebiet im Anschluss an die in Anlage I Kapitel V Sachgebiet B Abschnitt III Nr. 4 des Einigungsvertrages vom 31. August 1990 in Verbindung mit Artikel 1 des Gesetzes vom 23. September 1990 (BGBl 1990 II S. 885, 1000) angegebene Frist abweichend von § 3 Abs. 3 und 4 festgesetzt werden. [2]Die Beitragsordnung und der Beitragsmaßstab bedürfen der Genehmigung der Aufsichtsbehörde.

§ 15 Inkrafttreten

Dieses Gesetz tritt am Tage nach seiner Verkündung in Kraft.

---

1) **Anm. d. Red.:** § 13a i. d. F. des Gesetzes v. 24. 12. 2003 (BGBl I S. 2934) mit Wirkung v. 1. 1. 2004.

2) **Anm. d. Red.:** § 14 i. d. F. des Gesetzes v. 21. 12. 1992 (BGBl I S. 2133) mit Wirkung v. 1. 1. 1993.

XXIX. Gesetz über die Sicherstellung der Grundversorgung mit Lebensmitteln in einer Versorgungskrise und Maßnahmen zur Vorsorge für eine Versorgungskrise (Ernährungssicherstellungs- und -vorsorgegesetz – ESVG)

v. 4.4.2017 (BGBl I S. 772)

Das Gesetz über die Sicherstellung der Grundversorgung mit Lebensmitteln in einer Versorgungskrise und Maßnahmen zur Vorsorge für eine Versorgungskrise (Ernährungssicherstellungs- und -vorsorgegesetz – ESVG) v. 4.4.2017 (BGBl I S. 772) ist als Art. 1 Gesetz zur Neuregelung des Rechts zur Sicherstellung der Ernährung in einer Versorgungskrise v. 4.4.2017 (BGBl I S. 772) verkündet worden und am 11.4.2017 in Kraft getreten.

Amtliche Fassung

Abschnitt 1: Allgemeine Bestimmungen

§ 1 Versorgungskrise

(1) Eine Versorgungskrise liegt vor, wenn die Bundesregierung festgestellt hat, dass

1. die Deckung des lebensnotwendigen Bedarfs an Lebensmitteln in wesentlichen Teilen des Bundesgebietes ernsthaft gefährdet ist
   a) im Spannungsfall nach Artikel 80a des Grundgesetzes oder im Verteidigungsfall nach Artikel 115a des Grundgesetzes oder
   b) infolge einer Naturkatastrophe, eines besonders schweren Unglücksfalles, einer Sabotagehandlung, einer wirtschaftlichen Krisenlage oder eines sonstigen vergleichbaren Ereignisses und
2. diese Gefährdung ohne hoheitliche Eingriffe in den Markt nicht, nicht rechtzeitig oder nur mit unverhältnismäßigen Mitteln zu beheben ist.

ESVG

(2) Die Bundesregierung hat die Versorgungskrise unverzüglich für beendet zu erklären, wenn die Voraussetzungen für ihre Feststellung nicht mehr gegeben sind.

§ 2 Begriffsbestimmungen

Im Sinne dieses Gesetzes ist oder sind

1. Grundversorgung: die Deckung des lebensnotwendigen Bedarfs der Bevölkerung an Lebensmitteln im Falle einer Versorgungskrise,
2. Erzeugnisse:
   a) Lebensmittel im Sinne des Artikels 2 der Verordnung (EG) Nr. 178/2002 des Europäischen Parlaments und des Rates vom 28. Januar 2002 zur Festlegung der allgemeinen Grundsätze und Anforderungen des Lebensmittelrechts, zur Errichtung der Europäischen Behörde für Lebensmittelsicherheit und zur Festlegung von Verfahren zur Lebensmittelsicherheit (ABl L 31 vom 1.2.2002, S. 1), die zuletzt durch die Verordnung (EG) Nr. 596/2009 (ABl L 188 vom 18.7.2009, S. 14) geändert worden ist,
   b) lebende Tiere, die der Gewinnung von Lebensmitteln dienen können, und Bruteier,
   c) Futtermittel im Sinne des Artikels 3 Nummer 4 der Verordnung (EG) Nr. 178/2002,
   d) Pflanzen vor dem Ernten, die der Gewinnung von Lebensmitteln oder Futtermitteln dienen können,
   e) Saatgut im Sinne des § 2 Absatz 1 Nummer 1 des Saatgutverkehrsgesetzes und
   f) Vermehrungsmaterial im Sinne des § 2 Absatz 1 Nummer 1a des Saatgutverkehrsgesetzes,
3. Herstellen: Herstellen im Sinne des § 3 Nummer 2 des Lebensmittel- und Futtermittelgesetzbuches,

4. Behandeln: Behandeln im Sinne des § 3 Nummer 3 des Lebensmittel- und Futtermittelgesetzbuches,
5. Inverkehrbringen: Inverkehrbringen im Sinne des Artikels 3 Nummer 8 der Verordnung (EG) Nr. 178/2002,
6. Ernährungsunternehmen: ein Unternehmen, das eine mit der Produktion, der Verarbeitung oder dem Vertrieb von Erzeugnissen zusammenhängende Tätigkeit ausübt, unabhängig davon, ob es auf Gewinnerzielung ausgerichtet ist oder nicht,
7. Bundesministerium: das Bundesministerium für Ernährung und Landwirtschaft,
8. Bundesanstalt: die Bundesanstalt für Landwirtschaft und Ernährung.

§ 3 Ausführung des Gesetzes

(1) [1]Dieses Gesetz sowie Rechtsverordnungen, die auf Grund dieses Gesetzes erlassen werden, werden von den Ländern als eigene Angelegenheit ausgeführt. [2]Soweit die Regelungen Zwecken der Verteidigung dienen, werden sie im Auftrag des Bundes durchgeführt.

(2) Die Zuständigkeit für die Ausführung dieses Gesetzes sowie der auf Grund dieses Gesetzes erlassenen Rechtsverordnungen richtet sich nach Landesrecht.

(3) [1]In den Rechtsverordnungen nach den §§ 4 und 11 kann vorgesehen werden, dass zentral zu erledigende Aufgaben durch die Bundesanstalt ausgeführt werden. [2]Die Bundesanstalt erledigt außerdem, soweit keine andere Zuständigkeit gesetzlich festgelegt ist, Aufgaben des Bundes in seinem Tätigkeitsbereich, mit deren Durchführung die Bundesanstalt vom Bundesministerium beauftragt wird.

(4) [1]Private Hilfsorganisationen unterstützen die zuständigen Behörden im Falle einer Versorgungskrise, soweit sie diesen gegenüber ihre Bereitschaft hierzu erklärt haben. [2]Bei Einsätzen, die die zuständige Behörde angeordnet hat, handeln sie als Verwaltungshelfer. [3]Im Übrigen richten sich die Rechtsverhältnisse der Mitglieder privater Hilfsorganisationen nach den Vorschriften der Organisation, der sie angehören.

Abschnitt 2: Vorschriften zur Sicherstellung der Grundversorgung in einer Versorgungskrise

§ 4 Ermächtigungen zum Erlass von Rechtsverordnungen zur Sicherstellung der Grundversorgung

(1) Soweit es zur Sicherstellung der Grundversorgung in einer Versorgungskrise geboten ist, kann das Bundesministerium durch Rechtsverordnung Vorschriften erlassen über

1. das Herstellen, Behandeln und Inverkehrbringen von Erzeugnissen,
2. den Bezug, die Erfassung, die Verteilung und die Abgabe von Erzeugnissen einschließlich der Beschränkung oder des Verbots des Bezugs, der Erfassung, der Verteilung und der Abgabe,
3. die Festsetzung von Preisen, Kostenansätzen, Handelsspannen, Bearbeitungs- und Verarbeitungsspannen sowie Zahlungs- und Lieferungsbedingungen für Erzeugnisse,
4. die Verwendung von
   a) Maschinen und Geräten zum Herstellen, Behandeln oder Inverkehrbringen von Erzeugnissen,
   b) Treibstoffen und Brennstoffen für diese Maschinen und Geräte,
   c) Geräten zur Notstromversorgung zum Betrieb dieser Maschinen und Geräte sowie
   d) sonstigen Betriebsmitteln zum Herstellen, Behandeln oder Inverkehrbringen von Erzeugnissen,
5. die Sicherstellung von Erzeugnissen,

6. die Aufrechterhaltung, Umstellung, Eröffnung oder Schließung von Ernährungsunternehmen oder einzelnen Betriebsstätten von Ernährungsunternehmen,
7. die Bevorratung von Erzeugnissen durch Ernährungsunternehmen,
8. Buchführungs-, Nachweis- und Meldepflichten über die in den Nummern 1 bis 4, 6 und 7 genannten wirtschaftlichen Vorgänge.

(2) [1]In Rechtsverordnungen nach Absatz 1 Nummer 1 kann auch vorgesehen werden, dass Lebensmittel unter hoheitlicher Aufsicht hergestellt oder behandelt werden. [2]In Rechtsverordnungen nach Absatz 1 Nummer 2 kann insbesondere vorgesehen werden, dass Lebensmittel durch Behörden oder unter hoheitlicher Aufsicht abgegeben werden.

(3) [1]Rechtsverordnungen des Bundesministeriums nach Absatz 1 Nummer 1, 2, 4, 6 und 7 bedürfen des Einvernehmens mit dem Bundesministerium für Umwelt, Naturschutz, Bau und Reaktorsicherheit, soweit der Schutz der Bevölkerung vor einer Einwirkung durch Verunreinigungen der Luft, des Wassers oder des Bodens oder ionisierender Strahlung berührt ist. [2]Satz 1 gilt nicht für Rechtsverordnungen nach Absatz 5 Satz 1.

(4) Rechtsverordnungen des Bundesministeriums nach Absatz 1 bedürfen, soweit nichts anderes bestimmt ist, der Zustimmung des Bundesrates.

(5) [1]Beträgt die Geltungsdauer der Rechtsverordnungen nach Absatz 1 höchstens sechs Monate, so ist eine Zustimmung des Bundesrates nicht erforderlich. [2]Die Zustimmung des Bundesrates ist jedoch erforderlich, wenn die Geltungsdauer dieser Verordnung über sechs Monate hinaus verlängert wird.

§ 5 Einzelweisungen

Soweit dieses Gesetz nach § 3 Absatz 1 Satz 1 von den Ländern als eigene Angelegenheit ausgeführt wird, kann die Bundesregierung zur Ausführung von Rechtsverordnungen nach § 4 Absatz 1 in Ausnahmefällen Einzelweisungen erteilen, wenn dies zur Sicherung der Grundversorgung dringend geboten ist.

§ 6 Anordnungsbefugnis zur einstweiligen Sicherstellung der Grundversorgung

(1) [1]Bis zum Erlass einer Rechtsverordnung nach § 4 Absatz 1 können die zuständigen Behörden die notwendigen Maßnahmen treffen, die zur einstweiligen Sicherstellung der Grundversorgung unmittelbar geboten sind. [2]Sie können insbesondere

1. Anordnungen über das Herstellen, Bearbeiten und Inverkehrbringen von Erzeugnissen treffen,
2. den Bezug, die Erfassung, die Lagerung, den Transport, die Verteilung oder die Abgabe von Erzeugnissen anordnen, untersagen, beschränken oder unter hoheitliche Aufsicht stellen,
3. die Verwendung von
   a) Maschinen und Geräten zum Herstellen, Behandeln oder Inverkehrbringen von Erzeugnissen,
   b) Treibstoffen und Brennstoffen für diese Maschinen und Geräte,
   c) Geräten zur Notstromversorgung zum Betrieb dieser Maschinen und Geräte sowie
   d) sonstigen Betriebsmitteln zum Herstellen, Behandeln oder Inverkehrbringen von Erzeugnissen

   regeln,
4. Erzeugnisse sicherstellen,
5. die vorübergehende Aufrechterhaltung, Umstellung, Eröffnung oder Schließung von Ernährungsunternehmen oder einzelnen Betriebsstätten von Ernährungsunternehmen anordnen oder
6. Maßnahmen zur hoheitlichen Verteilung von Lebensmitteln an die Bevölkerung treffen.

(2) [1]Von mehreren geeigneten Maßnahmen haben die zuständigen Behörden diejenige zu treffen, die die einzelne Person und die Allgemeinheit voraussichtlich am wenigsten beeinträchtigt. [2]Eine Maßnahme darf nicht zu einem Nachteil führen, der zu dem erstrebten Erfolg erkennbar außer Verhältnis steht.

(3) Die nach Absatz 1 getroffenen Maßnahmen sind von der zuständigen Behörde aufzuheben, sobald nach § 4 Absatz 1 eine Rechtsverordnung erlassen wurde, die regelt, unter welchen Voraussetzungen derartige Maßnahmen zu treffen sind oder getroffen werden können.

§ 7 Keine aufschiebende Wirkung von Widerspruch und Anfechtungsklage

Widerspruch und Anfechtungsklage gegen nach § 6 erlassene Verwaltungsakte oder gegen auf Grund einer Rechtsverordnung nach § 4 erlassene Verwaltungsakte haben keine aufschiebende Wirkung.

§ 8 Unterstützende Leistungen

(1) Soweit dies zur Sicherstellung der Grundversorgung in einer Versorgungskrise erforderlich ist, können die zuständigen Behörden unter den dort genannten Voraussetzungen

1. nach § 7 des Verkehrsleistungsgesetzes über die Bundesanstalt beim Bundesamt für Güterverkehr Verkehrsleistungen anfordern,
2. nach den §§ 10 bis 14 des Verkehrssicherstellungsgesetzes in Verbindung mit einer auf Grund des Verkehrssicherstellungsgesetzes erlassenen Rechtsverordnung Leistungen anfordern;
3. nach § 2 des Bundesleistungsgesetzes Leistungen anfordern, soweit die zuständigen Behörden in einer Rechtsverordnung nach § 5 Absatz 1 des Bundesleistungsgesetzes zu Anforderungsbehörden bestimmt worden sind.

(2) [1]Soweit die Bundesregierung durch die Bundesanstalt Maßnahmen zur Vorratshaltung von Erzeugnissen durchführt, können die obersten Landesbehörden bei der Bundesanstalt Lieferungen von Erzeugnissen anfordern. [2]Im Rahmen der verfügbaren Vorräte entscheidet die Bundesanstalt nach pflichtgemäßem Ermessen über die Verteilung der Vorräte. [3]Die Bundesanstalt kann zur Verteilung von Erzeugnissen unterstützende Leistungen nach Absatz 1 anfordern.

§ 9 Datenübermittlung zwischen den Behörden

[1]In einer Versorgungskrise übermitteln alle Behörden des Bundes und der Länder den nach diesem Gesetz zuständigen Behörden auf deren Anforderung die zur Sicherstellung der Grundversorgung erforderlichen Daten über die Ernährungsunternehmen, die von ihnen hergestellten oder bearbeiteten Erzeugnisse, die Zahl der dort beschäftigten Arbeitskräfte sowie Art und Umfang der vorhandenen Betriebsmittel. [2]Die Daten über die Ernährungsunternehmen umfassen deren Namen, Anschrift und Kontaktdaten.

§ 10 Aufhebung von Rechtsverordnungen und Maßnahmen

Bei Beendigung der Versorgungskrise sind sämtliche Maßnahmen, die nach einer nach § 4 Absatz 1 erlassenen Rechtsverordnung oder nach § 6 Absatz 1 getroffen worden sind, unverzüglich aufzuheben.

Abschnitt 3: Maßnahmen zur Vorsorge für eine Versorgungskrise

§ 11 Ermächtigungen zum Erlass von Rechtsverordnungen zur Vorsorge für eine Versorgungskrise

(1) Soweit es zur Vorsorge für eine Versorgungskrise geboten ist, kann das Bundesministerium durch Rechtsverordnung mit Zustimmung des Bundesrates Vorschriften über Melde- und Auskunftspflichten für Ernährungsunternehmen, auch zur Vorbereitung von Rechtsverordnungen nach § 4 Absatz 1, erlassen.

(2) [1]Soweit es zur Vorsorge für eine Versorgungskrise geboten ist, kann die Bundesregierung durch Rechtsverordnung mit Zustimmung des Bundesrates Vorschriften erlassen über

1. die Vorratshaltung durch Ernährungsunternehmen,
2. Maßnahmen zur Sicherstellung einer geordneten Abgabe von Erzeugnissen durch Ernährungsunternehmen und
3. das Vorhalten und die Verwendung von
   a) Maschinen und Geräten zum Herstellen, Behandeln oder Inverkehrbringen von Erzeugnissen,
   b) Treibstoffen und Brennstoffen für diese Maschinen und Geräte,
   c) Geräten zur Notstromversorgung zum Betrieb dieser Maschinen und Geräte sowie
   d) sonstigen Betriebsmitteln zum Herstellen, Behandeln oder Inverkehrbringen von Erzeugnissen.

[2]In Rechtsverordnungen nach Satz 1 Nummer 2 kann auch vorgesehen werden, dass Erzeugnisse nur bis zu einer bestimmten Menge je Verbraucherin oder Verbraucher abgegeben werden dürfen. [3]Soweit es erforderlich ist, um eine unzumutbare Belastung der betroffenen Ernährungsunternehmen durch eine Rechtsverordnung nach Satz 1 Nummer 1 auszuschließen, ist in der Rechtsverordnung vorzusehen, dass den Ernährungsunternehmen für die Kosten der Vorratshaltung Zuschüsse, Kredite, Bürgschaften oder sonstige Gewährleistungen gewährt werden.

(3) Die Bundesregierung kann die Befugnis zum Erlass von Rechtsverordnungen nach Absatz 2 durch Rechtsverordnung ohne Zustimmung des Bundesrates auf das Bundesministerium übertragen.

§ 12 Vollzugsvorkehrungen, Zusammenarbeit zwischen Bund und Ländern

(1) Die zuständigen Behörden des Bundes und der Länder treffen organisatorische, personelle und materielle Vorkehrungen, um die Ausführung dieses Gesetzes sowie der auf Grund dieses Gesetzes erlassenen Rechtsverordnungen in einer Versorgungskrise sicherstellen zu können.

ESVG

(2) Der Bund und die Länder legen in Verwaltungsvereinbarungen nähere Einzelheiten zur Zusammenarbeit in einer Versorgungskrise, insbesondere Gremien und Verfahren zur gegenseitigen Information und Koordinierung, fest, soweit die Zusammenarbeit nicht durch Rechts- oder Verwaltungsvorschriften zum Schutz vor der schädlichen Wirkung ionisierender Strahlung geregelt ist.

§ 13 Datenübermittlung zwischen den Behörden

(1) [1]Soweit es zur Ausführung der in § 12 Absatz 1 genannten Vorkehrungen erforderlich ist, sind den zuständigen Behörden auf deren Anforderung Daten zu übermitteln, die erhoben und verarbeitet worden sind nach

1. dem Lebensmittel- und Futtermittelgesetzbuch,
2. dem Tiergesundheitsgesetz,
3. dem Gesetz über Meldungen über Marktordnungswaren,
4. dem InVeKoS-Daten-Gesetz oder
5. einer auf Grund eines dieser Gesetze erlassenen Rechtsverordnung.

[2]Die Übermittlung erfolgt nach näherer Bestimmung einer Rechtsverordnung nach Absatz 3 von den jeweils zuständigen Behörden.

(2) Die zuständige Behörde darf die ihr nach Absatz 1 übermittelten Daten nur für den dort genannten Zweck verwenden.

(3) Das Bundesministerium wird ermächtigt, durch Rechtsverordnung mit Zustimmung des Bundesrates

1. die Daten zu bestimmen, deren Übermittlung nach Absatz 1 gefordert werden kann, und

2. das Nähere über Zeitpunkt, Art, Form und Inhalt der Übermittlung der Daten nach Absatz 1 zu regeln.

§ 14 Selbstschutz

(1) Der Bund und die Länder ergreifen Maßnahmen, um den Selbstschutz der Bevölkerung vor den Folgen einer Versorgungskrise zu stärken.

(2) Der Bund und die Länder informieren die Bevölkerung über private Vorsorgemaßnahmen zur Stärkung des Selbstschutzes.

Abschnitt 4: Durchführung des Gesetzes

§ 15 Auskunftspflicht für Ernährungsunternehmen, Überwachungsbefugnisse

(1) Ernährungsunternehmen sind verpflichtet, den zuständigen Behörden auf deren Verlangen Auskünfte insbesondere über ihre Bestands- und Produktionsdaten zu erteilen, soweit diese Auskünfte zur Sicherstellung der Grundversorgung oder zur Vorsorge für eine Versorgungskrise erforderlich sind.

(2) Die von den zuständigen Behörden mit der Einholung von Auskünften beauftragten Personen sind im Rahmen des Absatzes 1 jederzeit befugt,

1. Betriebs- und Geschäftsräume sowie dazugehörige Grundstücke der auskunftspflichtigen Personen zu betreten,
2. dort Prüfungen und Besichtigungen vorzunehmen und
3. die geschäftlichen Unterlagen des Ernährungsunternehmens einzusehen.

(3) Ernährungsunternehmen sind verpflichtet, die mit der Einholung von Auskünften beauftragten Personen zu unterstützen und ihnen die geschäftlichen Unterlagen vorzulegen.

(4) Die auskunftspflichtige Person kann die Auskunft auf solche Fragen verweigern, deren Beantwortung sie selbst oder eine oder einen der in § 383 Absatz 1 Nummer 1 bis 3 der Zivilprozessordnung bezeichneten Angehörigen der Gefahr strafgerichtlicher Verfolgung oder eines Verfahrens nach dem Gesetz über Ordnungswidrigkeiten aussetzen würde.

(5) Die zuständige Behörde darf die nach den Absätzen 1 bis 3 erlangten Kenntnisse und Unterlagen nur für den in Absatz 1 genannten Zweck verwenden.

§ 16 Entschädigung, Ermächtigung zum Erlass einer Rechtsverordnung

(1) Stellt eine nach diesem Gesetz erlassene Rechtsverordnung oder eine Maßnahme auf Grund dieses Gesetzes oder auf Grund einer nach diesem Gesetz erlassenen Rechtsverordnung eine Enteignung dar, ist eine Entschädigung in Geld zu leisten.

(2) [1]Die Entschädigung bemisst sich nach dem Entgelt, das für eine vergleichbare Leistung im Wirtschaftsverkehr üblich ist. [2]Fehlt es an einer vergleichbaren Leistung oder ist ein übliches Entgelt nicht zu ermitteln, so ist die Entschädigung unter gerechter Abwägung der Interessen der Allgemeinheit und der Beteiligten zu bemessen.

(3) Zur Leistung der Entschädigung ist diejenige Person verpflichtet, die durch die Rechtsverordnung oder Maßnahme im Sinne des Absatzes 1 begünstigt ist.

(4) [1]Kann die Entschädigung von der begünstigten Person nicht erlangt werden oder ist keine begünstigte Person vorhanden, so leistet der Bund die Entschädigung, wenn die Enteignung durch eine auf Grund dieses Gesetzes erlassene Rechtsverordnung oder durch Maßnahmen einer Bundesbehörde erfolgt ist. [2]In den übrigen Fällen leistet das Land, dessen Behörde die Maßnahme getroffen hat, die Entschädigung. [3]Soweit der Bund oder das Land die entschädigungsberechtigte Person befriedigt, geht deren Anspruch gegen die begünstigte Person auf den Bund oder das Land über. [4]Der Übergang kann nicht zum Nachteil der entschädigungsberechtigten Person geltend gemacht werden.

(5) [1]Ist die Enteignung durch eine nach diesem Gesetz erlassene Rechtsverordnung oder durch eine Maßnahme der Bundesanstalt erfolgt, so setzt die Bundesanstalt die Höhe der Entschädigung fest. [2]Im Übrigen wird die Entschädigung von der Behörde festgesetzt, die die Maßnahme angeordnet hat.

(6) [1]Die Bundesregierung wird ermächtigt, durch Rechtsverordnung mit Zustimmung des Bundesrates Vorschriften über die Verjährung des Entschädigungsanspruchs, das Verfahren der Festsetzung einer Entschädigung sowie die Zuständigkeit und das Verfahren der Gerichte nach den Grundsätzen der §§ 34, 50 bis 63 und 65 des Bundesleistungsgesetzes zu erlassen. [2]Dabei treten an die Stelle der Anforderungsbehörden die in Absatz 4 genannten Behörden.

§ 17 Härtefallausgleich bei Vermögensnachteil, Ermächtigung zum Erlass einer Rechtsverordnung

(1) Wird durch eine nach diesem Gesetz erlassene Rechtsverordnung oder durch eine Maßnahme auf Grund einer solchen Rechtsverordnung der betroffenen Person ein Vermögensnachteil zugefügt, der nicht nach § 16 zu entschädigen ist, so ist eine Entschädigung in Geld zu gewähren, soweit die wirtschaftliche Existenz der betroffenen Person durch einen unabwendbaren Schaden gefährdet oder vernichtet ist oder die Entschädigung zur Vermeidung oder zum Ausgleich ähnlicher unbilliger Härten geboten ist.

(2) [1]Zur Leistung der Entschädigung ist der Bund verpflichtet, wenn der Vermögensnachteil durch eine nach diesem Gesetz erlassene Rechtsverordnung oder durch eine Maßnahme der Bundesanstalt zugefügt worden ist. [2]In den übrigen Fällen ist die Entschädigung von dem Land zu leisten, dessen Behörde die Maßnahme angeordnet hat.

(3) § 16 Absatz 5 und 6 gilt entsprechend.

§ 18 Zustellungen

[1]Zustellungen der Verwaltungsbehörden können, soweit es zur Sicherstellung der Grundversorgung erforderlich ist, durch schriftliche oder elektronische, mündliche oder telefonische Mitteilung, durch öffentliche Bekanntmachung in der Presse, im Hörfunk und im Fernsehen oder in einer sonstigen ortsüblichen Weise erfolgen. [2]In diesen Fällen gilt die Zustellung an dem auf die Bekanntgabe folgenden Tage als bewirkt.

Abschnitt 5: Straf- und Bußgeldvorschriften

§ 19 Bußgeldvorschriften

(1) Ordnungswidrig handelt, wer vorsätzlich oder fahrlässig

1. einer Rechtsverordnung nach
   a) § 4 Absatz 1 Nummer 1 bis 6 oder 7,
   b) § 4 Absatz 1 Nummer 8 oder
   c) § 11 Absatz 2 Satz 1

   oder einer vollziehbaren Anordnung auf Grund einer solchen Rechtsverordnung zuwiderhandelt, soweit die Rechtsverordnung für einen bestimmten Tatbestand auf diese Bußgeldvorschrift verweist,
2. einer vollziehbaren Anordnung nach § 6 Absatz 1 Satz 1 zuwiderhandelt,
3. entgegen § 15 Absatz 1 eine Auskunft nicht, nicht richtig, nicht vollständig oder nicht rechtzeitig erteilt oder
4. entgegen § 15 Absatz 3 eine beauftragte Person nicht unterstützt.

(2) Die Ordnungswidrigkeit kann in den Fällen des Absatzes 1 Nummer 1 Buchstabe a und Nummer 2 mit einer Geldbuße bis zu hunderttausend Euro, in den Fällen des Absatzes 1 Nummer 1 Buchstabe c mit einer Geldbuße bis zu fünfzigtausend Euro und in den übrigen Fällen mit einer Geldbuße bis zu zwanzigtausend Euro geahndet werden.

§ 20 Strafvorschriften

Mit Freiheitsstrafe bis zu zwei Jahren oder mit Geldstrafe wird bestraft, wer eine in § 19 Absatz 1 Nummer 1 Buchstabe a oder Nummer 2 bezeichnete vorsätzliche Handlung begeht und

1. dadurch die Grundversorgung schwer gefährdet oder
2. dabei eine außergewöhnliche Mangellage bei der Versorgung mit Erzeugnissen zur Erzielung von bedeutenden Vermögensvorteilen ausnutzt.

XXX. Gesetz über die Elektrizitäts- und Gasversorgung (Energiewirtschaftsgesetz – EnWG)

v. 7.7.2005 (BGBl I S. 1970, ber. I S. 3621) mit späteren Änderungen

Das Gesetz über die Elektrizitäts- und Gasversorgung (Energiewirtschaftsgesetz – EnWG) ist als Art. 1 Zweites Gesetz zur Neuregelung des Energiewirtschaftsrechts v. 7.7.2005 (BGBl I S. 1970, ber. S. 3621) verkündet worden und am 13.7.2005 in Kraft getreten. Es ist zuletzt geändert worden durch Art. 3 Gesetz zur Änderung des Erneuerbare-Energien-Gesetzes, des Kraft-Wärme-Kopplungsgesetzes, des Energiewirtschaftsgesetzes und weiterer energierechtlicher Vorschriften v. 17.12.2018 (BGBl I S. 2549); Änderungen, die erst am 31.12.2025 in Kraft treten, sind in Fußnoten entsprechend gekennzeichnet.

Nichtamtliche Fassung

Inhaltsübersicht[1)]

1) **Anm. d. Red.:** Inhaltsübersicht i. d. F. des Gesetzes v. 17.12.2018 (BGBl I S. 2549) mit Wirkung v. 21.12.2018.

Abschnitt 2: Netzanschluss

Abschnitt 3: Netzzugang

Abschnitt 4: Befugnisse der Regulierungsbehörde, Sanktionen

Teil 4: Energielieferung an Letztverbraucher

EnWG

Teil 1: Allgemeine Vorschriften

§ 1 Zweck und Ziele des Gesetzes[1)]

(1) Zweck des Gesetzes ist eine möglichst sichere, preisgünstige, verbraucherfreundliche, effiziente und umweltverträgliche leitungsgebundene Versorgung der Allgemeinheit mit Elektrizität und Gas, die zunehmend auf erneuerbaren Energien beruht.

(2) Die Regulierung der Elektrizitäts- und Gasversorgungsnetze dient den Zielen der Sicherstellung eines wirksamen und unverfälschten Wettbewerbs bei der Versorgung mit Elektrizität

1) **Anm. d. Red.:** § 1 i. d. F. des Gesetzes v. 26. 7. 2016 (BGBl I S. 1786) mit Wirkung v. 30. 7. 2016.

und Gas und der Sicherung eines langfristig angelegten leistungsfähigen und zuverlässigen Betriebs von Energieversorgungsnetzen.

(3) Zweck dieses Gesetzes ist ferner die Umsetzung und Durchführung des Europäischen Gemeinschaftsrechts auf dem Gebiet der leitungsgebundenen Energieversorgung.

(4) Um den Zweck des Absatzes 1 auf dem Gebiet der leitungsgebundenen Versorgung der Allgemeinheit mit Elektrizität zu erreichen, verfolgt dieses Gesetz insbesondere die Ziele,

1. die freie Preisbildung für Elektrizität durch wettbewerbliche Marktmechanismen zu stärken,
2. den Ausgleich von Angebot und Nachfrage nach Elektrizität an den Strommärkten jederzeit zu ermöglichen,
3. dass Erzeugungsanlagen, Anlagen zur Speicherung elektrischer Energie und Lasten insbesondere möglichst umweltverträglich, netzverträglich, effizient und flexibel in dem Umfang eingesetzt werden, der erforderlich ist, um die Sicherheit und Zuverlässigkeit des Elektrizitätsversorgungssystems zu gewährleisten, und
4. den Elektrizitätsbinnenmarkt zu stärken sowie die Zusammenarbeit insbesondere mit den an das Gebiet der Bundesrepublik Deutschland angrenzenden Staaten sowie mit dem Königreich Norwegen und dem Königreich Schweden zu intensivieren.

§ 1a Grundsätze des Strommarktes[1)]

(1) [1]Der Preis für Elektrizität bildet sich nach wettbewerblichen Grundsätzen frei am Markt. [2]Die Höhe der Preise für Elektrizität am Großhandelsmarkt wird regulatorisch nicht beschränkt.

(2) [1]Das Bilanzkreis- und Ausgleichsenergiesystem hat eine zentrale Bedeutung für die Gewährleistung der Elektrizitätsversorgungssicherheit. [2]Daher sollen die Bilanzkreistreue der Bilanzkreisverantwortlichen und eine ordnungsgemäße Bewirtschaftung der Bilanzkreise sichergestellt werden.

EnWG

(3) [1]Es soll insbesondere auf eine Flexibilisierung von Angebot und Nachfrage hingewirkt werden. [2]Ein Wettbewerb zwischen effizienten und flexiblen Erzeugungsanlagen, Anlagen zur Speicherung elektrischer Energie und Lasten, eine effiziente Kopplung des Wärme- und des Verkehrssektors mit dem Elektrizitätssektor sowie die Integration der Ladeinfrastruktur für Elektromobile in das Elektrizitätsversorgungssystem sollen die Kosten der Energieversorgung verringern, die Transformation zu einem umweltverträglichen, zuverlässigen und bezahlbaren Energieversorgungssystem ermöglichen und die Versorgungssicherheit gewährleisten.

(4) Elektrizitätsversorgungsnetze sollen bedarfsgerecht unter Berücksichtigung des Ausbaus der Stromerzeugung aus erneuerbaren Energien nach § 4 des Erneuerbare-Energien-Gesetzes, der Versorgungssicherheit sowie volkswirtschaftlicher Effizienz ausgebaut werden.

(5) Die Transparenz am Strommarkt soll erhöht werden.

(6) [1]Als Beitrag zur Verwirklichung des Elektrizitätsbinnenmarktes sollen eine stärkere Einbindung des Strommarktes in die europäischen Strommärkte und eine stärkere Angleichung der Rahmenbedingungen in den europäischen Strommärkten, insbesondere mit den an das Gebiet der Bundesrepublik Deutschland angrenzenden Staaten sowie dem Königreich Norwegen und dem Königreich Schweden, angestrebt werden. [2]Es sollen die notwendigen Verbindungsleitungen ausgebaut, die Marktkopplung und der grenzüberschreitende Stromhandel gestärkt sowie die Regelenergiemärkte und die vortägigen und untertägigen Spotmärkte stärker integriert werden.

1) **Anm. d. Red.:** § 1a i. d. F. des Gesetzes v. 22. 12. 2016 (BGBl I S. 3106) mit Wirkung v. 1. 1. 2017.

§ 2 Aufgaben der Energieversorgungsunternehmen[1)]

(1) Energieversorgungsunternehmen sind im Rahmen der Vorschriften dieses Gesetzes zu einer Versorgung im Sinne des § 1 verpflichtet.

(2) Die Verpflichtungen nach dem Erneuerbare-Energien-Gesetz und nach dem Kraft-Wärme-Kopplungsgesetz bleiben vorbehaltlich des § 13, auch in Verbindung mit § 14, unberührt.

§ 3 Begriffsbestimmungen[2)]

Im Sinne dieses Gesetzes bedeutet

1. Ausgleichsleistungen

   Dienstleistungen zur Bereitstellung von Energie, die zur Deckung von Verlusten und für den Ausgleich von Differenzen zwischen Ein- und Ausspeisung benötigt wird, zu denen insbesondere auch Regelenergie gehört,

1a. Ausspeisekapazität

   im Gasbereich das maximale Volumen pro Stunde in Normkubikmeter, das an einem Ausspeisepunkt aus einem Netz oder Teilnetz insgesamt ausgespeist und gebucht werden kann,

1b. Ausspeisepunkt

   ein Punkt, an dem Gas aus einem Netz oder Teilnetz eines Netzbetreibers entnommen werden kann,

2. Betreiber von Elektrizitätsversorgungsnetzen

   natürliche oder juristische Personen oder rechtlich unselbständige Organisationseinheiten eines Energieversorgungsunternehmens, die Betreiber von Übertragungs- oder Elektrizitätsverteilernetzen sind,

3. Betreiber von Elektrizitätsverteilernetzen

   natürliche oder juristische Personen oder rechtlich unselbständige Organisationseinheiten eines Energieversorgungsunternehmens, die die Aufgabe der Verteilung von Elektrizität wahrnehmen und verantwortlich sind für den Betrieb, die Wartung sowie erforderlichenfalls den Ausbau des Verteilernetzes in einem bestimmten Gebiet und gegebenenfalls der Verbindungsleitungen zu anderen Netzen,

4. Betreiber von Energieversorgungsnetzen

   Betreiber von Elektrizitätsversorgungsnetzen oder Gasversorgungsnetzen,

5. Betreiber von Fernleitungsnetzen

   Betreiber von Netzen, die Grenz- oder Marktgebietsübergangspunkte aufweisen, die insbesondere die Einbindung großer europäischer Importleitungen in das deutsche Fernleitungsnetz gewährleisten, oder natürliche oder juristische Personen oder rechtlich unselbstständige Organisationseinheiten eines Energieversorgungsunternehmens, die die Aufgabe der Fernleitung von Erdgas wahrnehmen und verantwortlich sind für den Betrieb, die Wartung sowie erforderlichenfalls den Ausbau eines Netzes,

   a) das der Anbindung der inländischen Produktion oder von LNG-Anlagen an das deutsche Fernleitungsnetz dient, sofern es sich hierbei nicht um ein vorgelagertes Rohrleitungsnetz im Sinne von Nummer 39 handelt, oder

   b) das an Grenz- oder Marktgebietsübergangspunkten Buchungspunkte oder -zonen aufweist, für die Transportkunden Kapazitäten buchen können,

1) **Anm. d. Red.:** § 2 i. d. F. des Gesetzes v. 25. 10. 2008 (BGBl I S. 2101) mit Wirkung v. 1. 11. 2008.

2) **Anm. d. Red.:** § 3 i. d. F. des Gesetzes v. 17.12.2018 (BGBl I S. 2549) mit Wirkung v. 21.12.2018.

6. Betreiber von Gasversorgungsnetzen

   natürliche oder juristische Personen oder rechtlich unselbständige Organisationseinheiten eines Energieversorgungsunternehmens, die Gasversorgungsnetze betreiben,

7. Betreiber von Gasverteilernetzen

   natürliche oder juristische Personen oder rechtlich unselbständige Organisationseinheiten eines Energieversorgungsunternehmens, die die Aufgabe der Verteilung von Gas wahrnehmen und verantwortlich sind für den Betrieb, die Wartung sowie erforderlichenfalls den Ausbau des Verteilernetzes in einem bestimmten Gebiet und gegebenenfalls der Verbindungsleitungen zu anderen Netzen,

8. Betreiber von LNG-Anlagen

   natürliche oder juristische Personen oder rechtlich unselbständige Organisationseinheiten eines Energieversorgungsunternehmens, die die Aufgabe der Verflüssigung von Erdgas oder der Einfuhr, Entladung und Wiederverdampfung von verflüssigtem Erdgas wahrnehmen und für den Betrieb einer LNG-Anlage verantwortlich sind,

9. Betreiber von Speicheranlagen

   natürliche oder juristische Personen oder rechtlich unselbständige Organisationseinheiten eines Energieversorgungsunternehmens, die die Aufgabe der Speicherung von Erdgas wahrnehmen und für den Betrieb einer Speicheranlage verantwortlich sind,

10. Betreiber von Übertragungsnetzen

   natürliche oder juristische Personen oder rechtlich unselbständige Organisationseinheiten eines Energieversorgungsunternehmens, die die Aufgabe der Übertragung von Elektrizität wahrnehmen und die verantwortlich sind für den Betrieb, die Wartung sowie erforderlichenfalls den Ausbau des Übertragungsnetzes in einem bestimmten Gebiet und gegebenenfalls der Verbindungsleitungen zu anderen Netzen,

10a. Bilanzkreis

   im Elektrizitätsbereich innerhalb einer Regelzone die Zusammenfassung von Einspeise- und Entnahmestellen, die dem Zweck dient, Abweichungen zwischen Einspeisungen und Entnahmen durch ihre Durchmischung zu minimieren und die Abwicklung von Handelstransaktionen zu ermöglichen,

EnWG

10b. Bilanzzone

   im Gasbereich der Teil eines oder mehrerer Netze, in dem Ein- und Ausspeisepunkte einem bestimmten Bilanzkreis zugeordnet werden können,

10c. Biogas

   Biomethan, Gas aus Biomasse, Deponiegas, Klärgas und Grubengas sowie Wasserstoff, der durch Wasserelektrolyse erzeugt worden ist, und synthetisch erzeugtes Methan, wenn der zur Elektrolyse eingesetzte Strom und das zur Methanisierung eingesetzte Kohlendioxid oder Kohlenmonoxid jeweils nachweislich weit überwiegend aus erneuerbaren Energiequellen im Sinne der Richtlinie 2009/28/EG (ABl L 140 vom 5. 6. 2009, S. 16) stammen,

11. dezentrale Erzeugungsanlage

   eine an das Verteilernetz angeschlossene verbrauchs- und lastnahe Erzeugungsanlage,

12. Direktleitung

   eine Leitung, die einen einzelnen Produktionsstandort mit einem einzelnen Kunden verbindet, oder eine Leitung, die einen Elektrizitätserzeuger und ein Elektrizitätsversorgungsunternehmen zum Zwecke der direkten Versorgung mit ihrer eigenen Betriebsstätte, Tochterunternehmen oder Kunden verbindet, oder eine zusätzlich zum Verbundnetz errichtete Gasleitung zur Versorgung einzelner Kunden,

13. Eigenanlagen

   Anlagen zur Erzeugung von Elektrizität zur Deckung des Eigenbedarfs, die nicht von Energieversorgungsunternehmen betrieben werden,

13a. Einspeisekapazität

im Gasbereich das maximale Volumen pro Stunde in Normkubikmeter, das an einem Einspeisepunkt in ein Netz oder Teilnetz eines Netzbetreibers insgesamt eingespeist werden kann,

13b. Einspeisepunkt

ein Punkt, an dem Gas an einen Netzbetreiber in dessen Netz oder Teilnetz übergeben werden kann, einschließlich der Übergabe aus Speichern, Gasproduktionsanlagen, Hubs oder Misch- und Konversionsanlagen,

14. Energie

Elektrizität und Gas, soweit sie zur leitungsgebundenen Energieversorgung verwendet werden,

15. Energieanlagen

Anlagen zur Erzeugung, Speicherung, Fortleitung oder Abgabe von Energie, soweit sie nicht lediglich der Übertragung von Signalen dienen, dies schließt die Verteileranlagen der Letztverbraucher sowie bei der Gasversorgung auch die letzte Absperreinrichtung vor der Verbrauchsanlage ein,

15a. Energiederivat

ein in Abschnitt C Nummer 5, 6 oder 7 des Anhangs I der Richtlinie 2004/39/EG des Europäischen Parlaments und des Rates vom 21. April 2004 über Märkte für Finanzinstrumente, zur Änderung der Richtlinien 85/611/EWG und 93/6/EWG des Rates und der Richtlinie 2000/12/EG des Europäischen Parlaments und des Rates und zur Aufhebung der Richtlinie 93/22/EWG des Rates (ABl L 145 vom 30. 4. 2001, S. 1, ABl L 45 vom 16. 2. 2005, S. 18) in der jeweils geltenden Fassung genanntes Finanzinstrument, sofern dieses Instrument auf Elektrizität oder Gas bezogen ist,

15b. Energieeffizienzmaßnahmen

Maßnahmen zur Verbesserung des Verhältnisses zwischen Energieaufwand und damit erzieltem Ergebnis im Bereich von Energieumwandlung, Energietransport und Energienutzung,

16. Energieversorgungsnetze

Elektrizitätsversorgungsnetze und Gasversorgungsnetze über eine oder mehrere Spannungsebenen oder Druckstufen mit Ausnahme von Kundenanlagen im Sinne der Nummern 24a und 24b,

17. Energieversorgungsnetze der allgemeinen Versorgung

Energieversorgungsnetze, die der Verteilung von Energie an Dritte dienen und von ihrer Dimensionierung nicht von vornherein nur auf die Versorgung bestimmter, schon bei der Netzerrichtung feststehender oder bestimmbarer Letztverbraucher ausgelegt sind, sondern grundsätzlich für die Versorgung jedes Letztverbrauchers offen stehen,

18. Energieversorgungsunternehmen

natürliche oder juristische Personen, die Energie an andere liefern, ein Energieversorgungsnetz betreiben oder an einem Energieversorgungsnetz als Eigentümer Verfügungsbefugnis besitzen; der Betrieb einer Kundenanlage oder einer Kundenanlage zur betrieblichen Eigenversorgung macht den Betreiber nicht zum Energieversorgungsunternehmen,

18a. Energieversorgungsvertrag

ein Vertrag über die Lieferung von Elektrizität oder Gas, mit Ausnahme von Energiederivaten,

18b. erneuerbare Energien

Energien im Sinne des § 3 Nummer 21 des Erneuerbare-Energien-Gesetzes,

18c. Erzeugungsanlage

Anlage zur Erzeugung von elektrischer Energie,

18d. europäische Strommärkte

die Strommärkte der Mitgliedstaaten der Europäischen Union sowie der Schweizerischen Eidgenossenschaft und des Königreichs Norwegen,

19. Fernleitung

der Transport von Erdgas durch ein Hochdruckfernleitungsnetz, mit Ausnahme von vorgelagerten Rohrleitungsnetzen, um die Versorgung von Kunden zu ermöglichen, jedoch nicht die Versorgung der Kunden selbst,

19a. Gas

Erdgas, Biogas, Flüssiggas im Rahmen der §§ 4 und 49 sowie, wenn sie in ein Gasversorgungsnetz eingespeist werden, Wasserstoff, der durch Wasserelektrolyse erzeugt worden ist, und synthetisch erzeugtes Methan, das durch wasserelektrolytisch erzeugten Wasserstoff und anschließende Methanisierung hergestellt worden ist,

19b. Gaslieferant

natürliche und juristische Personen, deren Geschäftstätigkeit ganz oder teilweise auf den Vertrieb von Gas zum Zwecke der Belieferung von Letztverbrauchern ausgerichtet ist,

20. Gasversorgungsnetze

alle Fernleitungsnetze, Gasverteilernetze, LNG-Anlagen oder Speicheranlagen, die für den Zugang zur Fernleitung, zur Verteilung und zu LNG-Anlagen erforderlich sind und die einem oder mehreren Energieversorgungsunternehmen gehören oder von ihm oder von ihnen betrieben werden, einschließlich Netzpufferung und seiner Anlagen, die zu Hilfsdiensten genutzt werden, und der Anlagen verbundener Unternehmen, ausgenommen sind solche Netzteile oder Teile von Einrichtungen, die für örtliche Produktionstätigkeiten verwendet werden,

21. Großhändler

natürliche oder juristische Personen mit Ausnahme von Betreibern von Übertragungs-, Fernleitungs- sowie Elektrizitäts- und Gasverteilernetzen, die Energie zum Zwecke des Weiterverkaufs innerhalb oder außerhalb des Netzes, in dem sie ansässig sind, kaufen,

21a. H-Gasversorgungsnetz

ein Gasversorgungsnetz zur Versorgung von Kunden mit H-Gas,

22. Haushaltskunden

Letztverbraucher, die Energie überwiegend für den Eigenverbrauch im Haushalt oder für den einen Jahresverbrauch von 10 000 Kilowattstunden nicht übersteigenden Eigenverbrauch für berufliche, landwirtschaftliche oder gewerbliche Zwecke kaufen,

23. Hilfsdienste

sämtliche zum Betrieb eines Übertragungs- oder Elektrizitätsverteilernetzes erforderlichen Dienste oder sämtliche für den Zugang zu und den Betrieb von Fernleitungs- oder Gasverteilernetzen oder LNG-Anlagen oder Speicheranlagen erforderlichen Dienste, einschließlich Lastausgleichs- und Mischungsanlagen, jedoch mit Ausnahme von Anlagen, die ausschließlich Betreibern von Fernleitungsnetzen für die Wahrnehmung ihrer Aufgaben vorbehalten sind,

24. Kunden

Großhändler, Letztverbraucher und Unternehmen, die Energie kaufen,

24a. Kundenanlagen

Energieanlagen zur Abgabe von Energie,

a) die sich auf einem räumlich zusammengehörenden Gebiet befinden,

b) mit einem Energieversorgungsnetz oder mit einer Erzeugungsanlage verbunden sind,

c) für die Sicherstellung eines wirksamen und unverfälschten Wettbewerbs bei der Versorgung mit Elektrizität und Gas unbedeutend sind und

d) jedermann zum Zwecke der Belieferung der angeschlossenen Letztverbraucher im Wege der Durchleitung unabhängig von der Wahl des Energielieferanten diskriminierungsfrei und unentgeltlich zur Verfügung gestellt werden,

24b. Kundenanlagen zur betrieblichen Eigenversorgung

Energieanlagen zur Abgabe von Energie,

a) die sich auf einem räumlich zusammengehörenden Betriebsgebiet befinden,

b) mit einem Energieversorgungsnetz oder mit einer Erzeugungsanlage verbunden sind,

c) fast ausschließlich dem betriebsnotwendigen Transport von Energie innerhalb des eigenen Unternehmens oder zu verbundenen Unternehmen oder fast ausschließlich dem der Bestimmung des Betriebs geschuldeten Abtransport in ein Energieversorgungsnetz dienen und

d) jedermann zum Zwecke der Belieferung der an sie angeschlossenen Letztverbraucher im Wege der Durchleitung unabhängig von der Wahl des Energielieferanten diskriminierungsfrei und unentgeltlich zur Verfügung gestellt werden,

24c. L-Gasversorgungsnetz

ein Gasversorgungsnetz zur Versorgung von Kunden mit L-Gas,

25. Letztverbraucher

Natürliche oder juristische Personen, die Energie für den eigenen Verbrauch kaufen; auch der Strombezug der Ladepunkte für Elektromobile steht dem Letztverbrauch im Sinne dieses Gesetzes und den auf Grund dieses Gesetzes erlassenen Verordnungen gleich,

26. LNG-Anlage

eine Kopfstation zur Verflüssigung von Erdgas oder zur Einfuhr, Entladung und Wiederverdampfung von verflüssigtem Erdgas; darin eingeschlossen sind Hilfsdienste und die vorübergehende Speicherung, die für die Wiederverdampfung und die anschließende Einspeisung in das Fernleitungsnetz erforderlich sind, jedoch nicht die zu Speicherzwecken genutzten Teile von LNG-Kopfstationen,

26a. Messstellenbetreiber ein Netzbetreiber oder ein Dritter, der die Aufgabe des Messstellenbetriebs wahrnimmt,

26b. Messstellenbetrieb der Einbau, der Betrieb und die Wartung von Messeinrichtungen,

26c. Messung die Ab- und Auslesung der Messeinrichtung sowie die Weitergabe der Daten an die Berechtigten,

27. Netzbetreiber

Netz- oder Anlagenbetreiber im Sinne der Nummern 2 bis 7 und 10,

28. Netznutzer

natürliche oder juristische Personen, die Energie in ein Elektrizitäts- oder Gasversorgungsnetz einspeisen oder daraus beziehen,

29. Netzpufferung

die Speicherung von Gas durch Verdichtung in Fernleitungs- und Verteilernetzen, ausgenommen sind Einrichtungen, die Betreibern von Fernleitungsnetzen bei der Wahrnehmung ihrer Aufgaben vorbehalten sind,

29a. neue Infrastruktur

eine Infrastruktur, die nach dem 12. Juli 2005 in Betrieb genommen worden ist,

29b. oberste Unternehmensleitung

Vorstand, Geschäftsführung oder ein Gesellschaftsorgan mit vergleichbaren Aufgaben und Befugnissen,

29c. örtliches Verteilernetz

ein Netz, das überwiegend der Belieferung von Letztverbrauchern über örtliche Leitungen, unabhängig von der Druckstufe oder dem Durchmesser der Leitungen, dient; für die Abgrenzung der örtlichen Verteilernetze von den vorgelagerten Netzebenen wird auf das Konzessionsgebiet abgestellt, in dem ein Netz der allgemeinen Versorgung im Sinne des § 18 Abs. 1 und des § 46 Abs. 2 betrieben wird einschließlich von Leitungen, die ein örtliches Verteilernetz mit einem benachbarten örtlichen Verteilernetz verbinden,

30. Regelzone

im Bereich der Elektrizitätsversorgung das Netzgebiet, für dessen Primärregelung, Sekundärregelung und Minutenreserve ein Betreiber von Übertragungsnetzen im Rahmen der Union für die Koordinierung des Transports elektrischer Energie (UCTE) verantwortlich ist,

31. Speicheranlage

eine einem Gasversorgungsunternehmen gehörende oder von ihm betriebene Anlage zur Speicherung von Gas, einschließlich des zu Speicherzwecken genutzten Teils von LNG-Anlagen, jedoch mit Ausnahme des Teils, der für eine Gewinnungstätigkeit genutzt wird, ausgenommen sind auch Einrichtungen, die ausschließlich Betreibern von Leitungsnetzen bei der Wahrnehmung ihrer Aufgaben vorbehalten sind,

31a. Teilnetz

im Gasbereich ein Teil des Transportgebiets eines oder mehrerer Netzbetreiber, in dem ein Transportkunde gebuchte Kapazitäten an Ein- und Ausspeisepunkten flexibel nutzen kann,

31b. Transportkunde

im Gasbereich Großhändler, Gaslieferanten einschließlich der Handelsabteilung eines vertikal integrierten Unternehmens und Letztverbraucher,

31c. Transportnetzbetreiber

jeder Betreiber eines Übertragungs- oder Fernleitungsnetzes,

31d. Transportnetz

jedes Übertragungs- oder Fernleitungsnetz,

32. Übertragung

der Transport von Elektrizität über ein Höchstspannungs- und Hochspannungsverbundnetz einschließlich grenzüberschreitender Verbindungsleitungen zum Zwecke der Belieferung von Letztverbrauchern oder Verteilern, jedoch nicht die Belieferung der Kunden selbst,

33. Umweltverträglichkeit

dass die Energieversorgung den Erfordernissen eines nachhaltigen, insbesondere rationellen und sparsamen Umgangs mit Energie genügt, eine schonende und dauerhafte Nutzung von Ressourcen gewährleistet ist und die Umwelt möglichst wenig belastet wird, der Nutzung von Kraft-Wärme-Kopplung und erneuerbaren Energien kommt dabei besondere Bedeutung zu,

33a. Unternehmensleitung

die oberste Unternehmensleitung sowie Personen, die mit Leitungsaufgaben für den Transportnetzbetreiber betraut sind und auf Grund eines Übertragungsaktes, dessen Eintragung im Handelsregister oder einem vergleichbaren Register eines Mitgliedstaates der Europäischen Union gesetzlich vorgesehen ist, berechtigt sind, den Transportnetzbetreiber gerichtlich und außergerichtlich zu vertreten,

34. Verbindungsleitungen

Anlagen, die zur Verbundschaltung von Elektrizitätsnetzen dienen, oder eine Fernleitung, die eine Grenze zwischen Mitgliedstaaten quert oder überspannt und einzig dem Zweck dient, die nationalen Fernleitungsnetze dieser Mitgliedstaaten zu verbinden,

35. Verbundnetz

eine Anzahl von Übertragungs- und Elektrizitätsverteilernetzen, die durch eine oder mehrere Verbindungsleitungen miteinander verbunden sind, oder eine Anzahl von Gasversorgungsnetzen, die miteinander verbunden sind,

36. Versorgung

die Erzeugung oder Gewinnung von Energie zur Belieferung von Kunden, der Vertrieb von Energie an Kunden und der Betrieb eines Energieversorgungsnetzes,

37. Verteilung

der Transport von Elektrizität mit hoher, mittlerer oder niederer Spannung über Elektrizitätsverteilernetze oder der Transport von Gas über örtliche oder regionale Leitungsnetze, um die Versorgung von Kunden zu ermöglichen, jedoch nicht die Belieferung der Kunden selbst; der Verteilung von Gas dienen auch solche Netze, die über Grenzkopplungspunkte verfügen, über die ausschließlich ein anderes, nachgelagertes Netz aufgespeist wird,

38. vertikal integriertes Energieversorgungsunternehmen

ein in der Europäischen Union im Elektrizitäts- oder Gasbereich tätiges Unternehmen oder eine Gruppe von Elektrizitäts- oder Gasunternehmen, die im Sinne des Artikels 3 Absatz 2 der Verordnung (EG) Nr. 139/2004 des Rates vom 20. Januar 2004 über die Kontrolle von Unternehmenszusammenschlüssen (ABl L 24 vom 29. 1. 2004, S. 1) miteinander verbunden sind, wobei das betreffende Unternehmen oder die betreffende Gruppe in der Europäischen Union im Elektrizitätsbereich mindestens eine der Funktionen Übertragung oder Verteilung und mindestens eine der Funktionen Erzeugung oder Vertrieb von Elektrizität oder im Erdgasbereich mindestens eine der Funktionen Fernleitung, Verteilung, Betrieb einer LNG-Anlage oder Speicherung und gleichzeitig eine der Funktionen Gewinnung oder Vertrieb von Erdgas wahrnimmt,

38a. volatile Erzeugung

Erzeugung von Strom aus Windenergieanlagen und aus solarer Strahlungsenergie,

39. vorgelagertes Rohrleitungsnetz

Rohrleitungen oder ein Netz von Rohrleitungen, deren Betrieb oder Bau Teil eines Öl- oder Gasgewinnungsvorhabens ist oder die dazu verwendet werden, Erdgas von einer oder mehreren solcher Anlagen zu einer Aufbereitungsanlage, zu einem Terminal oder zu einem an der Küste gelegenen Endanlandeterminal zu leiten, mit Ausnahme solcher Netzteile oder Teile von Einrichtungen, die für örtliche Produktionstätigkeiten verwendet werden,

40. Winterhalbjahr

der Zeitraum vom 1. Oktober eines Jahres bis zum 31. März des Folgejahres.

§ 3a Verhältnis zum Eisenbahnrecht

Dieses Gesetz gilt auch für die Versorgung von Eisenbahnen mit leitungsgebundener Energie, insbesondere Fahrstrom, soweit im Eisenbahnrecht nichts anderes geregelt ist.

§ 4 Genehmigung des Netzbetriebs[1)]

(1) [1]Die Aufnahme des Betriebs eines Energieversorgungsnetzes bedarf der Genehmigung durch die nach Landesrecht zuständige Behörde. [2]Über die Erteilung der Genehmigung entscheidet die nach Landesrecht zuständige Behörde innerhalb von sechs Monaten nach Vorliegen vollständiger Antragsunterlagen.

(2) [1]Die Genehmigung nach Absatz 1 darf nur versagt werden, wenn der Antragsteller nicht die personelle, technische und wirtschaftliche Leistungsfähigkeit und Zuverlässigkeit besitzt, um den Netzbetrieb entsprechend den Vorschriften dieses Gesetzes auf Dauer zu gewährleis-

1) **Anm. d. Red.:** § 4 i. d. F. des Gesetzes v. 20. 12. 2012 (BGBl I S. 2730) mit Wirkung v. 28. 12. 2012.

ten. [2]Unter den gleichen Voraussetzungen kann auch der Betrieb einer in Absatz 1 genannten Anlage untersagt werden, für dessen Aufnahme keine Genehmigung erforderlich war.

(3) Im Falle der Gesamtrechtsnachfolge oder der Rechtsnachfolge nach dem Umwandlungsgesetz oder in sonstigen Fällen der rechtlichen Entflechtung des Netzbetriebs nach § 7 oder den §§ 8 bis 10 geht die Genehmigung auf den Rechtsnachfolger über.

(4) Die nach Landesrecht zuständige Behörde kann bei einem Verstoß gegen Absatz 1 den Netzbetrieb untersagen oder den Netzbetreiber durch andere geeignete Maßnahmen vorläufig verpflichten, ein Verhalten abzustellen, das einen Versagungsgrund im Sinne des Absatzes 2 darstellen würde.

(5) Das Verfahren nach Absatz 1 kann über eine einheitliche Stelle abgewickelt werden.

§ 4a Zertifizierung und Benennung des Betreibers eines Transportnetzes[1)]

(1) [1]Der Betrieb eines Transportnetzes bedarf der Zertifizierung durch die Regulierungsbehörde. [2]Das Zertifizierungsverfahren wird auf Antrag des Transportnetzbetreibers oder des Transportnetzeigentümers, auf begründeten Antrag der Europäischen Kommission oder von Amts wegen eingeleitet. [3]Transportnetzbetreiber oder Transportnetzeigentümer haben den Antrag auf Zertifizierung bis spätestens 3. März 2012 zu stellen.

(2) [1]Transportnetzbetreiber haben dem Antrag alle zur Prüfung des Antrags erforderlichen Unterlagen beizufügen. [2]Die Unterlagen sind der Regulierungsbehörde auf Anforderung auch elektronisch zur Verfügung zu stellen.

(3) Die Regulierungsbehörde erteilt die Zertifizierung des Transportnetzbetreibers, wenn der Transportnetzbetreiber nachweist, dass er entsprechend den Vorgaben der §§ 8 oder 9 oder der §§ 10 bis 10e organisiert ist.

(4) Die Zertifizierung kann mit Nebenbestimmungen verbunden werden, soweit dies erforderlich ist, um zu gewährleisten, dass die Vorgaben der §§ 8 oder 9 oder der §§ 10 bis 10e erfüllt werden.

(5) [1]Die Regulierungsbehörde erstellt innerhalb eines Zeitraums von vier Monaten ab Einleitung des Zertifizierungsverfahrens einen Entscheidungsentwurf und übersendet diesen unverzüglich der Europäischen Kommission zur Abgabe einer Stellungnahme. [2]Die Regulierungsbehörde hat der Europäischen Kommission mit der Übersendung des Entscheidungsentwurfs nach Satz 1 alle Antragsunterlagen nach Absatz 2 zur Verfügung zu stellen.

(6) [1]Die Regulierungsbehörde hat binnen zwei Monaten nach Zugang der Stellungnahme der Europäischen Kommission oder nach Ablauf der Frist des Artikels 3 Absatz 1 der Verordnung (EG) Nr. 714/2009 des Europäischen Parlaments und des Rates vom 13. Juli 2009 über die Netzzugangsbedingungen für den grenzüberschreitenden Stromhandel und zur Aufhebung der Verordnung (EG) Nr. 1228/2003 (ABl L 211 vom 14. 8. 2009, S. 15) oder des Artikels 3 Absatz 1 der Verordnung (EG) Nr. 715/2009 des Europäischen Parlaments und des Rates vom 13. Juli 2009 über die Bedingungen für den Zugang zu den Erdgasfernleitungsnetzen und zur Aufhebung der Verordnung (EG) Nr. 1775/2005 (ABl L 211 vom 14. 8. 2009, S. 36, L 229 vom 1. 9. 2009, S. 29), ohne dass der Regulierungsbehörde eine Stellungnahme der Europäischen Kommission zugegangen ist, eine Entscheidung zu treffen. [2]Hat die Europäische Kommission eine Stellungnahme übermittelt, berücksichtigt die Regulierungsbehörde diese so weit wie möglich in ihrer Entscheidung. [3]Die Entscheidung wird zusammen mit der Stellungnahme der Europäischen Kommission im Amtsblatt der Bundesnetzagentur in nicht personenbezogener Form bekannt gegeben. [4]Trifft die Regulierungsbehörde innerhalb der Frist nach Satz 1 keine Entscheidung, gilt der betreffende Transportnetzbetreiber bis zu einer Entscheidung der Regulierungsbehörde als zertifiziert.

(7) [1]Mit der Bekanntgabe der Zertifizierung im Amtsblatt der Bundesnetzagentur ist der Antragsteller als Transportnetzbetreiber benannt. [2]Die Regulierungsbehörde teilt der Europäischen

1) **Anm. d. Red.:** § 4a eingefügt gem. Gesetz v. 26. 7. 2011 (BGBl I S. 1554) mit Wirkung v. 4. 8. 2011.

Kommission die Benennung mit. [3]Die Benennung eines Unabhängigen Systembetreibers im Sinne des § 9 erfordert die Zustimmung der Europäischen Kommission.

(8) Artikel 3 der Verordnung (EG) Nr. 714/2009 und Artikel 3 der Verordnung (EG) Nr. 715/2009 bleiben unberührt.

§ 4b Zertifizierung in Bezug auf Drittstaaten[1)]

(1) [1]Beantragt ein Transportnetzbetreiber oder ein Transportnetzeigentümer, der von einer oder mehreren Personen aus einem oder mehreren Staaten, die nicht der Europäischen Union oder dem Europäischen Wirtschaftsraum angehören (Drittstaaten), allein oder gemeinsam kontrolliert wird, die Zertifizierung, teilt die Regulierungsbehörde dies der Europäischen Kommission mit. [2]Transportnetzbetreiber oder Transportnetzeigentümer haben den Antrag auf Zertifizierung bis spätestens 3. März 2013 bei der Regulierungsbehörde zu stellen.

(2) [1]Wird ein Transportnetzbetreiber oder ein Transportnetzeigentümer von einer oder mehreren Personen aus einem oder mehreren Drittstaaten allein oder gemeinsam kontrolliert, ist die Zertifizierung nur zu erteilen, wenn der Transportnetzbetreiber oder der Transportnetzeigentümer den Anforderungen der §§ 8 oder 9 oder der §§ 10 bis 10e genügt und das Bundesministerium für Wirtschaft und Energie feststellt, dass die Erteilung der Zertifizierung die Sicherheit der Elektrizitäts- oder Gasversorgung der Bundesrepublik Deutschland und der Europäischen Union nicht gefährdet. [2]Der Antragsteller hat mit der Antragstellung nach Absatz 1 zusätzlich beim Bundesministerium für Wirtschaft und Energie die zur Beurteilung der Auswirkungen auf die Versorgungssicherheit erforderlichen Unterlagen einzureichen.

(3) [1]Das Bundesministerium für Wirtschaft und Energie übermittelt der Regulierungsbehörde binnen drei Monaten nach Eingang der vollständigen erforderlichen Unterlagen nach Absatz 2 Satz 2 seine Bewertung, ob die Erteilung der Zertifizierung die Sicherheit der Elektrizitäts- oder Gasversorgung der Bundesrepublik Deutschland und der Europäischen Union gefährdet. [2]Bei seiner Bewertung der Auswirkungen auf die Versorgungssicherheit berücksichtigt das Bundesministerium für Wirtschaft und Energie

1. die Rechte und Pflichten der Europäischen Union gegenüber diesem Drittstaat, die aus dem Völkerrecht, auch aus einem Abkommen mit einem oder mehreren Drittstaaten, dem die Union als Vertragpartei angehört und in dem Fragen der Energieversorgungssicherheit behandelt werden, erwachsen;
2. die Rechte und Pflichten der Bundesrepublik Deutschland gegenüber diesem Drittstaat, die aus einem mit diesem Drittstaat geschlossenen Abkommen erwachsen, soweit sie mit dem Unionsrecht in Einklang stehen, und
3. andere besondere Umstände des Einzelfalls und des betreffenden Drittstaats.

(4) Vor einer Entscheidung der Regulierungsbehörde über die Zertifizierung des Betriebs eines Transportnetzes bitten Regulierungsbehörde und Bundesministerium für Wirtschaft und Energie die Europäische Kommission um Stellungnahme, ob der Transportnetzbetreiber oder der Transportnetzeigentümer den Anforderungen der §§ 8 oder 9 oder der §§ 10 bis 10e genügt und eine Gefährdung der Energieversorgungssicherheit der Europäischen Union auf Grund der Zertifizierung ausgeschlossen ist.

(5) [1]Die Regulierungsbehörde hat innerhalb von zwei Monaten, nachdem die Europäische Kommission ihre Stellungnahme vorgelegt hat oder nachdem die Frist des Artikels 11 Absatz 6 der Richtlinie 2009/72/EG des Europäischen Parlaments und des Rates vom 13. Juli 2009 über gemeinsame Vorschriften für den Elektrizitätsbinnenmarkt und zur Aufhebung der Richtlinie 2009/54/EG (ABl L 211 vom 14. 8. 2008, S. 94) oder des Artikels 11 Absatz 6 der Richtlinie 2009/73/EG des Europäischen Parlaments und des Rates vom 13. Juli 2009 über gemeinsame Vorschriften für den Erdgasbinnenmarkt und zur Aufhebung der Richtlinie 2003/55/EG (ABl L 211 vom 14. 8. 2009, S. 55) abgelaufen ist, ohne dass die Europäische Kommission eine Stellungnah-

1) **Anm. d. Red.:** § 4b i. d. F. der VO v. 31. 8. 2015 (BGBl I S. 1474) mit Wirkung v. 8. 9. 2015.

me vorgelegt hat, über den Antrag auf Zertifizierung zu entscheiden. [2]Die Regulierungsbehörde hat in ihrer Entscheidung der Stellungnahme der Europäischen Kommission so weit wie möglich Rechnung zu tragen. [3]Die Bewertung des Bundesministeriums für Wirtschaft und Energie ist Bestandteil der Entscheidung der Regulierungsbehörde.

(6) Die Regulierungsbehörde hat der Europäischen Kommission unverzüglich die Entscheidung zusammen mit allen die Entscheidung betreffenden wichtigen Informationen mitzuteilen.

(7) [1]Die Regulierungsbehörde hat ihre Entscheidung zusammen mit der Stellungnahme der Europäischen Kommission im Amtsblatt der Bundesnetzagentur in nicht personenbezogener Form zu veröffentlichen. [2]Weicht die Entscheidung von der Stellungnahme der Europäischen Kommission ab, ist mit der Entscheidung die Begründung für diese Entscheidung mitzuteilen und zu veröffentlichen.

§ 4c Pflichten der Transportnetzbetreiber[1)]

[1]Die Transportnetzbetreiber haben die Regulierungsbehörde unverzüglich über alle geplanten Transaktionen und Maßnahmen sowie sonstige Umstände zu unterrichten, die eine Neubewertung der Zertifizierungsvoraussetzungen nach den §§ 4a und 4b erforderlich machen können. [2]Sie haben die Regulierungsbehörde insbesondere über Umstände zu unterrichten, in deren Folge eine oder mehrere Personen aus einem oder mehreren Drittstaaten allein oder gemeinsam die Kontrolle über den Transportnetzbetreiber erhalten. [3]Die Regulierungsbehörde hat das Bundesministerium für Wirtschaft und Energie und die Europäische Kommission unverzüglich über Umstände nach Satz 2 zu informieren. [4]Das Bundesministerium für Wirtschaft und Energie kann bei Vorliegen von Umständen nach Satz 2 seine Bewertung nach § 4b Absatz 1 widerrufen.

§ 4d Widerruf der Zertifizierung nach § 4a, nachträgliche Versehung mit Auflagen[2)]

[1]Die Regulierungsbehörde kann eine Zertifizierung nach § 4a oder § 4b widerrufen oder erweitern oder eine Zertifizierung nachträglich mit Auflagen versehen sowie Auflagen ändern oder ergänzen, soweit auf Grund geänderter tatsächlicher Umstände eine Neubewertung der Zertifizierungsvoraussetzungen erforderlich wird. [2]Die Regulierungsbehörde kann eine Zertifizierung auch nachträglich mit Auflagen versehen sowie Auflagen ändern oder ergänzen. [3]Insbesondere kann sie dem Transportnetzbetreiber Maßnahmen aufgeben, die erforderlich sind, um zu gewährleisten, dass der Transportnetzbetreiber die Anforderungen der §§ 8 bis 10e erfüllt. [4]§ 65 bleibt unberührt.

EnWG

§ 5 Anzeige der Energiebelieferung[3)]

[1]Energieversorgungsunternehmen, die Haushaltskunden mit Energie beliefern, müssen die Aufnahme und Beendigung der Tätigkeit sowie Änderungen ihrer Firma bei der Regulierungsbehörde unverzüglich anzeigen; ausgenommen ist die Belieferung von Haushaltskunden ausschließlich innerhalb einer Kundenanlage oder eines geschlossenen Verteilernetzes sowie über nicht auf Dauer angelegte Leitungen. [2]Eine Liste der angezeigten Unternehmen wird von der Regulierungsbehörde laufend auf ihrer Internetseite veröffentlicht; veröffentlicht werden die Firma und die Adresse des Sitzes der angezeigten Unternehmen. [3]Mit der Anzeige der Aufnahme der Tätigkeit ist das Vorliegen der personellen, technischen und wirtschaftlichen Leistungsfähigkeit sowie der Zuverlässigkeit der Geschäftsleitung darzulegen. [4]Die Regulierungsbehörde kann die Ausübung der Tätigkeit jederzeit ganz oder teilweise untersagen, wenn die personelle, technische oder wirtschaftliche Leistungsfähigkeit oder Zuverlässigkeit nicht gewährleistet ist. [5]Die Sätze 3 und 4 gelten nicht für Energieversorgungsunternehmen mit Sitz in einem anderen Mitgliedstaat der Europäischen Union, wenn das Energieversorgungsunternehmen von der zuständigen Behörde des Herkunftsmitgliedstaats ordnungsgemäß zugelassen worden ist.

---

1) **Anm. d. Red.:** § 4c i. d. F. der VO v. 31. 8. 2015 (BGBl I S. 1474) mit Wirkung v. 8. 9. 2015.

2) **Anm. d. Red.:** § 4d eingefügt gem. Gesetz v. 26. 7. 2011 (BGBl I S. 1554) mit Wirkung v. 4. 8. 2011.

3) **Anm. d. Red.:** § 5 i. d. F. des Gesetzes v. 26. 7. 2011 (BGBl I S. 1554) mit Wirkung v. 4. 8. 2011.

§ 5a Speicherungspflichten, Veröffentlichung von Daten[1)]

(1) [1]Energieversorgungsunternehmen, die Energie an Kunden verkaufen, haben die hierfür erforderlichen Daten über sämtliche mit Großhandelskunden und Transportnetzbetreibern sowie im Gasbereich mit Betreibern von Speicheranlagen und LNG-Anlagen im Rahmen von Energieversorgungsverträgen und Energiederivaten getätigte Transaktionen für die Dauer von fünf Jahren zu speichern und sie auf Verlangen der Regulierungsbehörde, dem Bundeskartellamt, den Landeskartellbehörden sowie der Europäischen Kommission zu übermitteln, soweit dies für deren jeweilige Aufgabenerfüllung erforderlich ist. [2]Daten im Sinne des Satzes 1 sind genaue Angaben zu den Merkmalen der Transaktionen wie Laufzeit-, Liefer- und Abrechnungsbestimmungen, Menge, Datum und Uhrzeit der Ausführung, Transaktionspreise und Angaben zur Identifizierung des betreffenden Vertragspartners sowie entsprechende Angaben zu sämtlichen offenen Positionen und nicht abgerechneten Energieversorgungsverträgen und Energiederivaten.

(2) [1]Die Regulierungsbehörde kann Informationen nach Absatz 1 in nicht personenbezogener Form veröffentlichen, wenn damit keine wirtschaftlich sensiblen Daten über einzelne Marktakteure oder einzelne Transaktionen preisgegeben werden. [2]Satz 1 gilt nicht für Informationen über Energiederivate. [3]Die Regulierungsbehörde stellt vor der Veröffentlichung das Einvernehmen mit dem Bundeskartellamt her.

(3) Soweit sich aus dem

1. Wertpapierhandelsgesetz,
2. den Artikeln 72 bis 76 der Delegierten Verordnung (EU) 2017/565 der Kommission vom 25. April 2016 zur Ergänzung der Richtlinie 2014/65/EU des Europäischen Parlaments und des Rates in Bezug auf die organisatorischen Anforderungen an Wertpapierfirmen und die Bedingungen für die Ausübung ihrer Tätigkeit sowie in Bezug auf die Definition bestimmter Begriffe für die Zwecke der genannten Richtlinie (ABl L 87 vom 31. 3. 2017, S. 1), in der jeweils geltenden Fassung, oder
3. handels- oder steuerrechtlichen Bestimmungen Pflichten zur Aufbewahrung ergeben, die mit den Pflichten nach Absatz 1 vergleichbar sind, ist das Energieversorgungsunternehmen insoweit von den Pflichten zur Aufbewahrung gemäß Absatz 1 befreit.

§ 5b Anzeige von Verdachtsfällen, Verschwiegenheitspflichten[2)]

(1) [1]Personen, die beruflich Transaktionen mit Energiegroßhandelsprodukten arrangieren, dürfen ausschließlich Personen, die auf Grund ihres Berufs einer gesetzlichen Verschwiegenheitspflicht unterliegen, und staatliche Stellen von einer Anzeige gemäß Artikel 15 Satz 1 der Verordnung (EU) Nr. 1227/2011 des Europäischen Parlaments und des Rates vom 25. Oktober 2011 über die Integrität und Transparenz des Energiegroßhandelsmarkts (ABl L 326 vom 8. 12. 2011, S. 1) oder von einer daraufhin eingeleiteten Untersuchung oder einem daraufhin eingeleiteten Ermittlungsverfahren in Kenntnis setzen. [2]Die Bundesnetzagentur kann Inhalt und Ausgestaltung der Vorkehrungsmaßnahmen und Verfahren nach Artikel 15 Satz 2 der Verordnung (EU) Nr. 1227/2011 durch Festlegung nach § 29 Absatz 1 näher bestimmen. [3]Für die zur Auskunft nach Artikel 15 Satz 1 verpflichtete Person gilt § 55 der Strafprozessordnung entsprechend.

(2) Ergreift die Bundesnetzagentur Maßnahmen wegen eines möglichen Verstoßes gegen ein Verbot nach Artikel 3 oder Artikel 5 der Verordnung (EU) Nr. 1227/2011, so dürfen die Adressaten dieser Maßnahmen ausschließlich Personen, die auf Grund ihres Berufs einer gesetzlichen Verschwiegenheitspflicht unterliegen, und staatliche Stellen von diesen Maßnahmen oder von einem daraufhin eingeleiteten Ermittlungsverfahren in Kenntnis setzen.

---

1) **Anm. d. Red.:** § 5a i. d. F. des Gesetzes v. 23. 6. 2017 (BGBl I S. 1693) mit Wirkung v. 3. 1. 2018.

2) **Anm. d. Red.:** § 5b i. d. F. des Gesetzes v. 23. 7. 2013 (BGBl I S. 2543) mit Wirkung v. 27. 7. 2013.

Teil 2: Entflechtung[1)]

Abschnitt 1: Gemeinsame Vorschriften für Verteilernetzbetreiber und Transportnetzbetreiber[2)]

§ 6 Anwendungsbereich und Ziel der Entflechtung[3)]

(1) [1]Vertikal integrierte Energieversorgungsunternehmen und rechtlich selbstständige Betreiber von Elektrizitäts- und Gasversorgungsnetzen, die im Sinne des § 3 Nummer 38 mit einem vertikal integrierten Energieversorgungsunternehmen verbunden sind, sind zur Gewährleistung von Transparenz sowie diskriminierungsfreier Ausgestaltung und Abwicklung des Netzbetriebs verpflichtet. [2]Um dieses Ziel zu erreichen, müssen sie die Unabhängigkeit der Netzbetreiber von anderen Tätigkeitsbereichen der Energieversorgung nach den §§ 6a bis 10e sicherstellen. [3]Die §§ 9 bis 10e sind nur auf solche Transportnetze anwendbar, die am 3. September 2009 im Eigentum eines vertikal integrierten Unternehmens standen.

(2) [1]Die in engem wirtschaftlichem Zusammenhang mit der rechtlichen und operationellen Entflechtung eines Verteilnetzes, eines Transportnetzes oder eines Betreibers von Speicheranlagen nach § 7 Absatz 1 und §§ 7a bis 10e übertragenen Wirtschaftsgüter gelten als Teilbetrieb im Sinne der §§ 15, 16, 18, 20 und 24 des Umwandlungssteuergesetzes. [2]Satz 1 gilt nur für diejenigen Wirtschaftsgüter, die unmittelbar auf Grund des Organisationsakts der Entflechtung übertragen werden. [3]Für die Anwendung des § 15 Absatz 1 Satz 1 des Umwandlungssteuergesetzes gilt auch das Vermögen als zu einem Teilbetrieb gehörend, das der übertragenden Körperschaft im Rahmen des Organisationsakts der Entflechtung verbleibt. [4]§ 15 Absatz 2 und § 22 des Umwandlungssteuergesetzes, § 34 Absatz 7a des Körperschaftsteuergesetzes sowie § 6 Absatz 3 Satz 2 und Absatz 5 Satz 4 bis 6 sowie § 16 Absatz 3 Satz 3 und 4 des Einkommensteuergesetzes sind auf Maßnahmen nach Satz 1 nicht anzuwenden, sofern diese Maßnahme von Transportnetzbetreibern im Sinne des § 3 Nummer 31c oder Betreibern von Speicheranlagen bis zum 3. März 2012 ergriffen worden sind. [5]Satz 4 gilt bezüglich des § 22 des Umwandlungssteuergesetzes und der in § 34 Absatz 7a des Körperschaftsteuergesetzes genannten Fälle nur für solche mit der siebenjährigen Sperrfrist behafteten Anteile, die zu Beginn der rechtlichen oder operationellen Entflechtung bereits bestanden haben und deren Veräußerung unmittelbar auf Grund des Organisationsakts der Entflechtung erforderlich ist. [6]Für den Erwerber der Anteile gilt Satz 4 nicht und dieser tritt bezüglich der im Zeitpunkt der Veräußerung der Anteile noch laufenden Sperrfrist unter Besitzzeitanrechung in die Rechtsstellung des Veräußerers ein. [7]Bei der Prüfung der Frage, ob die Voraussetzungen für die Anwendung der Sätze 1 und 2 vorliegen, leistet die Regulierungsbehörde den Finanzbehörden Amtshilfe (§ 111 der Abgabenordnung).

(3) [1]Erwerbsvorgänge im Sinne des § 1 des Grunderwerbsteuergesetzes, die sich für Verteilernetzbetreiber, Transportnetzbetreiber oder Betreiber von Speicheranlagen aus der rechtlichen oder operationellen Entflechtung nach § 7 Absatz 1 und den §§ 7a bis 10e ergeben, sind von der Grunderwerbsteuer befreit. [2]Absatz 2 Satz 4 und 7 gelten entsprechend.

(4) Die Absätze 2 und 3 gelten nicht für diejenigen Unternehmen, die eine rechtliche Entflechtung auf freiwilliger Grundlage vornehmen.

§ 6a Verwendung von Informationen[4)]

(1) Unbeschadet gesetzlicher Verpflichtungen zur Offenbarung von Informationen haben vertikal integrierte Energieversorgungsunternehmen, Transportnetzeigentümer, Netzbetreiber, Speicheranlagenbetreiber sowie Betreiber von LNG-Anlagen sicherzustellen, dass die Vertraulichkeit wirtschaftlich sensibler Informationen, von denen sie in Ausübung ihrer Geschäftstätig-

1) **Anm. d. Red.:** Überschrift i. d. F. des Gesetzes v. 26. 7. 2011 (BGBl I S. 1554) mit Wirkung v. 4. 8. 2011.

2) **Anm. d. Red.:** Abschnitt 1 eingefügt gem. Gesetz v. 26. 7. 2011 (BGBl I S. 1554) mit Wirkung v. 4. 8. 2011.

3) **Anm. d. Red.:** § 6 i. d. F. des Gesetzes v. 21. 2. 2013 (BGBl I S. 346) mit Wirkung v. 5. 3. 2013.

4) **Anm. d. Red.:** § 6a eingefügt gem. Gesetz v. 26. 7. 2011 (BGBl I S. 1554) mit Wirkung v. 4. 8. 2011.

EnWG

keit als Transportnetzeigentümer, Netzbetreiber, Speicheranlagenbetreiber sowie Betreiber von LNG-Anlagen Kenntnis erlangen, gewahrt wird.

(2) [1]Legen das vertikal integrierte Energieversorgungsunternehmen, Transportnetzeigentümer, Netzbetreiber, ein Speicheranlagenbetreiber oder ein Betreiber von LNG-Anlagen über die eigenen Tätigkeiten Informationen offen, die wirtschaftliche Vorteile bringen können, so stellen sie sicher, dass dies in nicht diskriminierender Weise erfolgt. [2]Sie stellen insbesondere sicher, dass wirtschaftlich sensible Informationen gegenüber anderen Teilen des Unternehmens vertraulich behandelt werden.

§ 6b Rechnungslegung und Buchführung[1)]

(1) [1]Vertikal integrierte Energieversorgungsunternehmen im Sinne des § 3 Nummer 38, einschließlich rechtlich selbständiger Unternehmen, die zu einer Gruppe verbundener Elektrizitäts- oder Gasunternehmen gehören und mittelbar oder unmittelbar energiespezifische Dienstleistungen erbringen, und rechtlich selbständige Netzbetreiber sowie Betreiber von Speicheranlagen haben ungeachtet ihrer Eigentumsverhältnisse und ihrer Rechtsform einen Jahresabschluss und Lagebericht nach den für Kapitalgesellschaften geltenden Vorschriften des Ersten, Dritten und Vierten Unterabschnitts des Zweiten Abschnitts des Dritten Buchs des Handelsgesetzbuchs aufzustellen, prüfen zu lassen und offenzulegen; § 264 Absatz 3 und § 264b des Handelsgesetzbuchs sind insoweit nicht anzuwenden. [2]Handelt es sich bei dem Unternehmen nach Satz 1 um eine Personenhandelsgesellschaft oder das Unternehmen eines Einzelkaufmanns, dürfen das sonstige Vermögen der Gesellschafter oder des Einzelkaufmanns (Privatvermögen) nicht in die Bilanz und die auf das Privatvermögen entfallenden Aufwendungen und Erträge nicht in die Gewinn- und Verlustrechnung aufgenommen werden.

(2) [1]Im Anhang zum Jahresabschluss sind die Geschäfte größeren Umfangs mit verbundenen oder assoziierten Unternehmen im Sinne von § 271 Absatz 2 oder § 311 des Handelsgesetzbuchs gesondert auszuweisen. [2]Hierbei sind insbesondere Leistung und Gegenleistung anzugeben.

(3) [1]Unternehmen nach Absatz 1 Satz 1 haben zur Vermeidung von Diskriminierung und Quersubventionierung in ihrer internen Rechnungslegung jeweils getrennte Konten für jede ihrer Tätigkeiten in den nachfolgend aufgeführten Bereichen so zu führen, wie dies erforderlich wäre, wenn diese Tätigkeiten von rechtlich selbstständigen Unternehmen ausgeführt würden:

1. Elektrizitätsübertragung;
2. Elektrizitätsverteilung;
3. Gasfernleitung;
4. Gasverteilung;
5. Gasspeicherung;
6. Betrieb von LNG-Anlagen.

[2]Tätigkeit im Sinne dieser Bestimmung ist auch jede wirtschaftliche Nutzung eines Eigentumsrechts an Elektrizitäts- oder Gasversorgungsnetzen, Gasspeichern oder LNG-Anlagen. [3]Für die anderen Tätigkeiten innerhalb des Elektrizitätssektors und innerhalb des Gassektors sind Konten zu führen, die innerhalb des jeweiligen Sektors zusammengefasst werden können. [4]Für Tätigkeiten außerhalb des Elektrizitäts- und Gassektors sind ebenfalls eigene Konten zu führen, die zusammengefasst werden können. [5]Soweit eine direkte Zuordnung zu den einzelnen Tätigkeiten nicht möglich ist oder mit unvertretbarem Aufwand verbunden wäre, hat die Zuordnung durch Schlüsselung zu den Konten, die sachgerecht und für Dritte nachvollziehbar sein muss, zu erfolgen. [6]Mit der Erstellung des Jahresabschlusses ist für jeden der genannten Tätigkeitsbereiche jeweils eine den in Absatz 1 Satz 1 genannten Vorschriften entsprechende Bilanz und Gewinn- und Verlustrechnung (Tätigkeitsabschluss) aufzustellen und dem Abschlussprüfer zur Prüfung vorzulegen. [7]Dabei sind in der Rechnungslegung die Regeln, einschließlich der Abschreibungsmethoden, anzugeben, nach denen die Gegenstände des Aktiv- und Passivvermögens so-

1) **Anm. d. Red.:** § 6b i. d. F. des Gesetzes v. 20. 12. 2012 (BGBl I S. 2730) mit Wirkung v. 28. 12. 2012.

wie die Aufwendungen und Erträge den gemäß Satz 1 bis 4 geführten Konten zugeordnet worden sind.

(4) [1]Die gesetzlichen Vertreter haben den Tätigkeitsabschluss unverzüglich, jedoch spätestens vor Ablauf des zwölften Monats des dem Abschlussstichtag nachfolgenden Geschäftsjahres, gemeinsam mit dem nach Absatz 1 Satz 1 in Verbindung mit § 325 des Handelsgesetzbuchs offenzulegenden Jahresabschluss beim Betreiber des Bundesanzeigers elektronisch einzureichen. [2]Er ist unverzüglich im Bundesanzeiger bekannt machen zu lassen. [3]§ 326 des Handelsgesetzbuchs ist insoweit nicht anzuwenden.

(5) [1]Die Prüfung des Jahresabschlusses gemäß Absatz 1 umfasst auch die Einhaltung der Pflichten zur Rechnungslegung nach Absatz 3. [2]Dabei ist neben dem Vorhandensein getrennter Konten auch zu prüfen, ob die Wertansätze und die Zuordnung der Konten sachgerecht und nachvollziehbar erfolgt sind und der Grundsatz der Stetigkeit beachtet worden ist. [3]Im Bestätigungsvermerk zum Jahresabschuss ist anzugeben, ob die Vorgaben nach Absatz 3 eingehalten worden sind.

(6) [1]Unbeschadet der besonderen Pflichten des Prüfers nach Absatz 5 kann die Regulierungsbehörde zusätzliche Bestimmungen gegenüber dem Unternehmen nach Absatz 1 Satz 1 durch Festlegung nach § 29 Absatz 1 treffen, die vom Prüfer im Rahmen der Jahresabschlussprüfung über die nach Absatz 1 anwendbaren Prüfungsvoraussetzungen hinaus zu berücksichtigen sind. [2]Sie kann insbesondere zusätzliche Schwerpunkte für die Prüfungen festlegen. [3]Eine solche Festlegung muss spätestens sechs Monate vor dem Bilanzstichtag des jeweiligen Kalenderjahres ergehen.

(7) [1]Der Auftraggeber der Prüfung des Jahresabschlusses hat der Regulierungsbehörde unverzüglich nach Feststellung des Jahresabschlusses eine Ausfertigung des Berichts über die Prüfung des Jahresabschlusses nach § 321 des Handelsgesetzbuchs (Prüfungsbericht) einschließlich erstatteter Teilberichte zu übersenden. [2]Der Prüfungsbericht ist fest mit dem geprüften Jahresabschluss, dem Lagebericht und den erforderlichen Tätigkeitsabschlüssen zu verbinden. [3]Der Bestätigungsvermerk oder der Vermerk über die Versagung sind im Prüfungsbericht wiederzugeben. [4]Der Lagebericht muss auf die Tätigkeiten nach Absatz 3 Satz 1 eingehen. [5]Geschäftsberichte zu den in Absatz 3 Satz 1 und 2 aufgeführten Tätigkeitsbereichen sind von den Unternehmen auf ihrer Internetseite zu veröffentlichen. [6]Tätigkeitsabschlüsse zu den Tätigkeitsbereichen, die nicht in Absatz 3 Satz 1 aufgeführt sind, hat die Regulierungsbehörde als Geschäftsgeheimnisse zu behandeln. [7]Prüfberichte von solchen Unternehmen nach Absatz 1 Satz 1, die mittelbar oder unmittelbar energiespezifische Dienstleistungen erbringen, sind der Regulierungsbehörde zu übersenden, die für das regulierte Unternehmen nach § 54 Absatz 1 zuständig ist.

EnWG

(8) [1]Unternehmen, die nur deshalb als vertikal integriertes Energieversorgungsunternehmen im Sinne des § 3 Nummer 38 einzuordnen sind, weil sie auch Betreiber eines geschlossenen Verteilernetzes sind, und ihre Abschlussprüfer sind von den Verpflichtungen nach den Absätzen 4 und 7 ausgenommen. [2]Die Befugnisse der Regulierungsbehörde insbesondere nach § 110 Absatz 4 bleiben unberührt.

§ 6c Ordnungsgeldvorschriften[1)]

(1) [1]Die Ordnungsgeldvorschriften der §§ 335 bis 335b des Handelsgesetzbuchs sind auch auf die Verletzung von Pflichten nach § 6b Absatz 1 Satz 1, Absatz 4 des vertretungsberechtigten Organs des Energieversorgungsunternehmens sowie auf das Energieversorgungsunternehmen selbst entsprechend anzuwenden, und zwar auch dann, wenn es sich bei diesem nicht um eine Kapitalgesellschaft oder eine Gesellschaft im Sinne des § 264a des Handelsgesetzbuchs handelt. [2]Offenlegung im Sinne des § 325 Absatz 1 Satz 1 des Handelsgesetzbuchs ist die Einreichung und Bekanntmachung des Jahresabschlusses einschließlich des Tätigkeitsabschlusses gemäß § 6b Absatz 1 Satz 1, Absatz 4 dieses Gesetzes. [3]§ 329 des Handelsgesetzbuchs ist entsprechend anzuwenden.

1) **Anm. d. Red.:** § 6c i. d. F. des Gesetzes v. 4. 10. 2013 (BGBl I S. 3746) mit Wirkung v. 10. 10. 2013.

(2) Die nach § 54 Absatz 1 zuständige Regulierungsbehörde übermittelt dem Betreiber des Bundesanzeigers einmal pro Kalenderjahr Name und Anschrift der ihr bekannt werdenden Energieversorgungsunternehmen.

§ 6d Betrieb eines Kombinationsnetzbetreibers[1]

Der gemeinsame Betrieb eines Transport- sowie eines Verteilernetzes durch denselben Netzbetreiber ist zulässig, soweit dieser Netzbetreiber die Bestimmungen der §§ 8 oder 9 oder §§ 10 bis 10e einhält.

Abschnitt 2: Entflechtung von Verteilernetzbetreibern und Betreibern von Speicheranlagen[2]

§ 7 Rechtliche Entflechtung von Verteilernetzbetreibern[3]

(1) Vertikal integrierte Energieversorgungsunternehmen haben sicherzustellen, dass Verteilernetzbetreiber, die mit ihnen im Sinne von § 3 Nummer 38 verbunden sind, hinsichtlich ihrer Rechtsform unabhängig von anderen Tätigkeitsbereichen der Energieversorgung sind.

(2) [1]Vertikal integrierte Energieversorgungsunternehmen, an deren Elektrizitätsverteilernetz weniger als 100 000 Kunden unmittelbar oder mittelbar angeschlossen sind, sind hinsichtlich der Betreiber von Elektrizitätsverteilernetzen, die mit ihnen im Sinne von § 3 Nummer 38 verbunden sind, von den Verpflichtungen nach Absatz 1 ausgenommen. [2]Satz 1 gilt für Gasverteilernetze entsprechend.

§ 7a Operationelle Entflechtung von Verteilernetzbetreibern[4]

(1) Unternehmen nach § 6 Absatz 1 Satz 1 haben die Unabhängigkeit ihrer im Sinne von § 3 Nummer 38 verbundenen Verteilernetzbetreiber hinsichtlich der Organisation, der Entscheidungsgewalt und der Ausübung des Netzgeschäfts nach Maßgabe der folgenden Absätze sicherzustellen.

(2) Für Personen, die für den Verteilernetzbetreiber tätig sind, gelten zur Gewährleistung eines diskriminierungsfreien Netzbetriebs folgende Vorgaben:

1. Personen, die mit Leitungsaufgaben für den Verteilernetzbetreiber betraut sind oder die Befugnis zu Letztentscheidungen besitzen, die für die Gewährleistung eines diskriminierungsfreien Netzbetriebs wesentlich sind, müssen für die Ausübung dieser Tätigkeiten einer betrieblichen Einrichtung des Verteilernetzbetreibers angehören und dürfen keine Angehörigen von betrieblichen Einrichtungen des vertikal integrierten Energieversorgungsunternehmens sein, die direkt oder indirekt für den laufenden Betrieb in den Bereichen der Gewinnung, Erzeugung oder des Vertriebs von Energie an Kunden zuständig sind.
2. Personen, die in anderen Teilen des vertikal integrierten Energieversorgungsunternehmens sonstige Tätigkeiten des Netzbetriebs ausüben, sind insoweit den fachlichen Weisungen der Leitung des Verteilernetzbetreibers zu unterstellen.

(3) Unternehmen nach § 6 Absatz 1 Satz 1 haben geeignete Maßnahmen zu treffen, um die berufliche Handlungsunabhängigkeit der Personen zu gewährleisten, die mit Leitungsaufgaben des Verteilernetzbetreibers betraut sind.

(4) [1]Vertikal integrierte Energieversorgungsunternehmen haben zu gewährleisten, dass die Verteilernetzbetreiber tatsächliche Entscheidungsbefugnisse in Bezug auf die für den Betrieb, die Wartung und den Ausbau des Netzes erforderlichen Vermögenswerte des vertikal integrier-

1) **Anm. d. Red.:** § 6d eingefügt gem. Gesetz v. 26. 7. 2011 (BGBl I S. 1554) mit Wirkung v. 4. 8. 2011.

2) **Anm. d. Red.:** Abschnitt 2 eingefügt gem. Gesetz v. 26. 7. 2011 (BGBl I S. 1554) mit Wirkung v. 4. 8. 2011.

3) **Anm. d. Red.:** § 7 i. d. F. des Gesetzes v. 26. 7. 2011 (BGBl I S. 1554) mit Wirkung v. 4. 8. 2011.

4) **Anm. d. Red.:** § 7a eingefügt gem. Gesetz v. 26. 7. 2011 (BGBl I S. 1554) mit Wirkung v. 4. 8. 2011.

ten Energieversorgungsunternehmens besitzen und diese im Rahmen der Bestimmungen dieses Gesetzes unabhängig von der Leitung und den anderen betrieblichen Einrichtungen des vertikal integrierten Energieversorgungsunternehmens ausüben können. [2]Das vertikal integrierte Energieversorgungsunternehmen hat sicherzustellen, dass der Verteilernetzbetreiber über die erforderliche Ausstattung in materieller, personeller, technischer und finanzieller Hinsicht verfügt, um tatsächliche Entscheidungsbefugnisse nach Satz 1 effektiv ausüben zu können. [3]Zur Wahrnehmung der wirtschaftlichen Befugnisse der Leitung des vertikal integrierten Energieversorgungsunternehmens und seiner Aufsichtsrechte über die Geschäftsführung des Verteilernetzbetreibers im Hinblick auf dessen Rentabilität ist die Nutzung gesellschaftsrechtlicher Instrumente der Einflussnahme und Kontrolle, unter anderem der Weisung, der Festlegung allgemeiner Verschuldungsobergrenzen und der Genehmigung jährlicher Finanzpläne oder gleichwertiger Instrumente, insoweit zulässig, als dies zur Wahrnehmung der berechtigten Interessen des vertikal integrierten Energieversorgungsunternehmens erforderlich ist. [4]Dabei ist die Einhaltung der §§ 11 bis 16a sicherzustellen. [5]Weisungen zum laufenden Netzbetrieb sind nicht erlaubt; ebenfalls unzulässig sind Weisungen im Hinblick auf einzelne Entscheidungen zu baulichen Maßnahmen an Energieanlagen, solange sich diese Entscheidungen im Rahmen eines vom vertikal integrierten Energieversorgungsunternehmen genehmigten Finanzplans oder gleichwertigen Instruments halten.

(5) [1]Vertikal integrierte Energieversorgungsunternehmen sind verpflichtet, für die mit Tätigkeiten des Netzbetriebs befassten Mitarbeiter ein Programm mit verbindlichen Maßnahmen zur diskriminierungsfreien Ausübung des Netzgeschäfts (Gleichbehandlungsprogramm) festzulegen, den Mitarbeitern dieses Unternehmens und der Regulierungsbehörde bekannt zu machen und dessen Einhaltung durch eine natürliche oder juristische Person (Gleichbehandlungsbeauftragter) zu überwachen. [2]Pflichten der Mitarbeiter und mögliche Sanktionen sind festzulegen. [3]Der Gleichbehandlungsbeauftragte legt der Regulierungsbehörde jährlich spätestens zum 31. März einen Bericht über die nach Satz 1 getroffenen Maßnahmen des vergangenen Kalenderjahres vor und veröffentlicht ihn in nicht personenbezogener Form. [4]Der Gleichbehandlungsbeauftragte des Verteilernetzbetreibers ist in seiner Aufgabenwahrnehmung vollkommen unabhängig. [5]Er hat Zugang zu allen Informationen, über die der Verteilernetzbetreiber und etwaige verbundene Unternehmen verfügen, soweit dies zu Erfüllung seiner Aufgaben erforderlich ist.

EnWG

(6) Verteilernetzbetreiber, die Teil eines vertikal integrierten Energieversorgungsunternehmens sind, haben in ihrem Kommunikationsverhalten und ihrer Markenpolitik zu gewährleisten, dass eine Verwechslung zwischen Verteilernetzbetreiber und den Vertriebsaktivitäten des vertikal integrierten Energieversorgungsunternehmens ausgeschlossen ist.

(7) [1]Vertikal integrierte Energieversorgungsunternehmen, an deren Elektrizitätsverteilernetz weniger als 100 000 Kunden unmittelbar oder mittelbar angeschlossen sind, sind hinsichtlich der Betreiber von Elektrizitätsverteilernetzen, die mit ihnen im Sinne von § 3 Nummer 38 verbunden sind, von den Verpflichtungen nach Absatz 1 bis 6 ausgenommen. [2]Satz 1 gilt entsprechend für Gasverteilernetze.

§ 7b Entflechtung von Speicheranlagenbetreibern und Transportnetzeigentümern[1)]

Auf Transportnetzeigentümer, soweit ein Unabhängiger Systembetreiber im Sinne des § 9 benannt wurde, und auf Betreiber von Speicheranlagen, die Teil eines vertikal integrierten Energieversorgungsunternehmens sind und zu denen der Zugang technisch und wirtschaftlich erforderlich ist für einen effizienten Netzzugang im Hinblick auf die Belieferung von Kunden, sind § 7 Absatz 1 und § 7a Absatz 1 bis 5 entsprechend anwendbar.

1) **Anm. d. Red.:** § 7b eingefügt gem. Gesetz v. 26. 7. 2011 (BGBl I S. 1554) mit Wirkung v. 4. 8. 2011.

Abschnitt 3: Besondere Entflechtungsvorgaben für Transportnetzbetreiber[1)]

§ 8 Eigentumsrechtliche Entflechtung[2)]

(1) Vertikal integrierte Energieversorgungsunternehmen haben sich nach Maßgabe der folgenden Absätze zu entflechten, soweit sie nicht von einer der in § 9 oder den §§ 10 bis 10e enthaltenen Möglichkeiten Gebrauch machen.

(2) [1]Der Transportnetzbetreiber hat unmittelbar oder vermittelt durch Beteiligungen Eigentümer des Transportnetzes zu sein. [2]Personen, die unmittelbar oder mittelbar die Kontrolle über ein Unternehmen ausüben, das eine der Funktionen Gewinnung, Erzeugung oder Vertrieb von Energie an Kunden wahrnimmt, sind nicht berechtigt, unmittelbar oder mittelbar Kontrolle über einen Betreiber eines Transportnetzes oder ein Transportnetz oder Rechte an einem Betreiber eines Transportnetzes oder einem Transportnetz auszuüben. [3]Personen, die unmittelbar oder mittelbar die Kontrolle über einen Transportnetzbetreiber oder ein Transportnetz ausüben, sind nicht berechtigt, unmittelbar oder mittelbar Kontrolle über ein Unternehmen, das eine der Funktionen Gewinnung, Erzeugung oder Vertrieb von Energie an Kunden wahrnimmt, oder Rechte an einem solchen Unternehmen auszuüben. [4]Personen, die unmittelbar oder mittelbar die Kontrolle über ein Unternehmen ausüben, das eine der Funktionen Gewinnung, Erzeugung oder Vertrieb von Energie an Kunden wahrnimmt, oder Rechte an einem solchen Unternehmen ausüben, sind nicht berechtigt, Mitglieder des Aufsichtsrates oder der zur gesetzlichen Vertretung berufenen Organe eines Betreibers von Transportnetzen zu bestellen. [5]Personen, die Mitglied des Aufsichtsrates oder der zur gesetzlichen Vertretung berufenen Organe eines Unternehmens sind, das eine Funktion der Gewinnung, Erzeugung oder Vertrieb von Energie an Kunden wahrnimmt, sind nicht berechtigt, Mitglied des Aufsichtsrates oder der zur gesetzlichen Vertretung berufenen Organe des Transportnetzbetreibers zu sein. [6]Rechte im Sinne von Satz 2 bis 4 sind insbesondere:

1. die Befugnis zur Ausübung von Stimmrechten, soweit dadurch wesentliche Minderheitsrechte vermittelt werden, insbesondere in den in § 179 Absatz 2 des Aktiengesetzes, § 182 Absatz 1 des Aktiengesetzes sowie § 193 Absatz 1 des Aktiengesetzes geregelten oder vergleichbaren Bereichen,
2. die Befugnis, Mitglieder des Aufsichtsrates oder der zur gesetzlichen Vertretung berufenen Organe zu bestellen,
3. das Halten einer Mehrheitsbeteiligung.

[7]Die Verpflichtung nach Satz 1 gilt als erfüllt, wenn zwei oder mehr Unternehmen, die Eigentümer von Transportnetzen sind, ein Gemeinschaftsunternehmen gründen, das in zwei oder mehr Mitgliedstaaten als Betreiber für die betreffenden Transportnetze tätig ist. [8]Ein anderes Unternehmen darf nur dann Teil des Gemeinschaftsunternehmens sein, wenn es nach den Vorschriften dieses Abschnitts entflochten und zertifiziert wurde. [9]Transportnetzbetreiber haben zu gewährleisten, dass sie über die finanziellen, materiellen, technischen und personellen Mittel verfügen, die erforderlich sind, um die Aufgaben nach Teil 3 Abschnitt 1 bis 3 wahrzunehmen.

(3) Im unmittelbaren Zusammenhang mit einem Entflechtungsvorgang nach Absatz 1 dürfen weder wirtschaftlich sensible Informationen nach § 6a, über die ein Transportnetzbetreiber verfügt, der Teil eines vertikal integrierten Unternehmens war, an Unternehmen übermittelt werden, die eine der Funktionen Gewinnung, Erzeugung oder Vertrieb von Energie an Kunden wahrnehmen, noch ein Personalübergang vom Transportnetzbetreiber zu diesen Unternehmen stattfinden.

---

1) **Anm. d. Red.:** Abschnitt 3 eingefügt gem. Gesetz v. 26. 7. 2011 (BGBl I S. 1554) mit Wirkung v. 4. 8. 2011.

2) **Anm. d. Red.:** § 8 i. d. F. des Gesetzes v. 26. 7. 2011 (BGBl I S. 1554) mit Wirkung v. 4. 8. 2011.

§ 9 Unabhängiger Systembetreiber[1)]

(1) [1]Stand ein Transportnetz am 3. September 2009 im Eigentum eines vertikal integrierten Unternehmens, kann ein Unabhängiger Systembetreiber nach Maßgabe dieser Vorschrift benannt werden. [2]Unternehmen, die einen Antrag auf Zertifizierung des Betriebs eines Unabhängigen Systembetreibers stellen, haben die Unabhängigkeit des Transportnetzbetreibers nach Maßgabe der Absätze 2 bis 6 sicherzustellen.

(2) [1]Auf Unabhängige Systembetreiber findet § 8 Absatz 2 Satz 2 bis 5 entsprechend Anwendung. [2]Er hat über die materiellen, finanziellen, technischen und personellen Mittel zu verfügen, die erforderlich sind, um die Aufgaben des Transportnetzbetreibers nach Teil 3 Abschnitt 1 bis 3 wahrzunehmen. [3]Der Unabhängige Systembetreiber ist verpflichtet, den von der Regulierungsbehörde überwachten zehnjährigen Netzentwicklungsplan nach den §§ 12a bis 12f oder § 15a umzusetzen. [4]Der Unabhängige Systembetreiber hat in der Lage zu sein, den Verpflichtungen, die sich aus der Verordnung (EG) Nr. 714/2009 oder der Verordnung (EG) Nr. 715/2009 ergeben, auch hinsichtlich der Zusammenarbeit der Übertragungs- oder Fernleitungsnetzbetreiber auf europäischer und regionaler Ebene, nachkommen zu können.

(3) [1]Der Unabhängige Systembetreiber hat den Netzzugang für Dritte diskriminierungsfrei zu gewähren und auszugestalten. [2]Er hat insbesondere Netzentgelte zu erheben, Engpasserlöse einzunehmen, das Transportnetz zu betreiben, zu warten und auszubauen, sowie im Wege einer Investitionsplanung die langfristige Fähigkeit des Transportnetzes zur Befriedigung einer angemessenen Nachfrage zu gewährleisten. [3]Der Unabhängige Systembetreiber hat im Elektrizitätsbereich neben den Aufgaben nach Satz 1 und 2 auch die Rechte und Pflichten, insbesondere Zahlungen, im Rahmen des Ausgleichsmechanismus zwischen Übertragungsnetzbetreibern nach Artikel 13 der Verordnung (EG) Nr. 714/2009 wahrzunehmen. [4]Der Unabhängige Systembetreiber trägt die Verantwortung für Planung, einschließlich der Durchführung der erforderlichen Genehmigungsverfahren, Bau und Betrieb der Infrastruktur. [5]Der Transportnetzeigentümer ist nicht nach Satz 1 bis 4 verpflichtet.

(4) [1]Der Eigentümer des Transportnetzes und das vertikal integrierte Energieversorgungsunternehmen haben im erforderlichen Umfang mit dem Unabhängigen Systembetreiber zusammenzuarbeiten und ihn bei der Wahrnehmung seiner Aufgaben, insbesondere durch Zurverfügungstellung der dafür erforderlichen Informationen, zu unterstützen. [2]Sie haben die vom Unabhängigen Systembetreiber beschlossenen und im Netzentwicklungsplan nach den §§ 12a bis 12f oder § 15a für die folgenden drei Jahre ausgewiesenen Investitionen zu finanzieren oder ihre Zustimmung zur Finanzierung durch Dritte, einschließlich des Unabhängigen Systembetreibers, zu erteilen. [3]Die Finanzierungsvereinbarungen sind von der Regulierungsbehörde zu genehmigen. [4]Der Eigentümer des Transportnetzes und das vertikal integrierte Energieversorgungsunternehmen haben die notwendigen Sicherheitsleistungen, die zur Erleichterung der Finanzierung eines notwendigen Netzausbaus erforderlich sind, zur Verfügung zu stellen, es sei denn, der Eigentümer des Transportnetzes oder das vertikal integrierte Energieversorgungsunternehmen haben der Finanzierung durch einen Dritten, einschließlich dem Unabhängigen Systembetreiber, zugestimmt. [5]Der Eigentümer des Transportnetzes hat zu gewährleisten, dass er dauerhaft in der Lage ist, seinen Verpflichtungen nach Satz 1 bis 3 nachzukommen.

EnWG

(5) Der Eigentümer des Transportnetzes und das vertikal integrierte Energieversorgungsunternehmen haben den Unabhängigen Systembetreiber von jeglicher Haftung für Sach-, Personen- und Vermögensschäden freizustellen, die durch das vom Unabhängigen Systembetreiber betriebenen Transportnetz verursacht werden, es sei denn, die Haftungsrisiken betreffen die Wahrnehmung der Aufgaben nach Absatz 3 durch den Unabhängigen Systembetreiber.

(6) Betreibt der Unabhängige Systembetreiber die Transportnetze mehrerer Eigentümer von Transportnetzen, sind die Voraussetzungen der Absätze 1 bis 5 im Verhältnis zwischen dem Unabhängigen Systembetreiber und dem jeweiligen Eigentümer von Transportnetzen oder dem jeweiligen vertikal integrierten Unternehmen jeweils zu erfüllen.

---

1) **Anm. d. Red.:** § 9 i. d. F. des Gesetzes v. 26. 7. 2011 (BGBl I S. 1554) mit Wirkung v. 4. 8. 2011.

§ 10 Unabhängiger Transportnetzbetreiber[1)]

(1) [1]Vertikal integrierte Energieversorgungsunternehmen können einen Unabhängigen Transportnetzbetreiber nach Maßgabe dieser Bestimmung sowie der §§ 10a bis 10e einrichten, wenn das Transportnetz am 3. September 2009 im Eigentum eines vertikal integrierten Energieversorgungsunternehmens stand. [2]Der Unabhängige Transportnetzbetreiber hat neben den Aufgaben nach Teil 3 Abschnitt 1 bis 3 mindestens für folgende Bereiche verantwortlich zu sein:

1. die Vertretung des Unabhängigen Transportnetzbetreibers gegenüber Dritten und der Regulierungsbehörde,
2. die Vertretung des Unabhängigen Transportnetzbetreibers innerhalb des Europäischen Verbunds der Übertragungs- oder Fernleitungsnetzbetreiber,
3. die Erhebung aller transportnetzbezogenen Entgelte, einschließlich der Netzentgelte, sowie gegebenenfalls anfallender Entgelte für Hilfsdienste, insbesondere für Gasaufbereitung und die Beschaffung oder Bereitstellung von Ausgleichs- oder Verlustenergie,
4. die Einrichtung und den Unterhalt solcher Einrichtungen, die üblicherweise für mehrere Teile des vertikal integrierten Unternehmens tätig wären, insbesondere eine eigene Rechtsabteilung und eigene Buchhaltung sowie die Betreuung der beim Unabhängigen Transportnetzbetreiber vorhandenen Informationstechnologie-Infrastruktur,
5. die Gründung von geeigneten Gemeinschaftsunternehmen, auch mit anderen Transportnetzbetreibern, mit Energiebörsen und anderen relevanten Akteuren, mit dem Ziel die Entwicklung von regionalen Strom- oder Gasmärkten zu fördern, die Versorgungssicherheit zu gewährleisten oder den Prozess der Liberalisierung der Energiemärkte zu erleichtern.

(2) [1]Vertikal integrierte Energieversorgungsunternehmen haben die Unabhängigkeit ihrer im Sinne von § 3 Nummer 38 verbundenen Unabhängigen Transportnetzbetreiber hinsichtlich der Organisation, der Entscheidungsgewalt und der Ausübung des Transportnetzgeschäfts nach Maßgabe der §§ 10a bis 10e zu gewährleisten. [2]Vertikal integrierte Energieversorgungsunternehmen haben den Unabhängigen Transportnetzbetreiber in einer der nach Artikel 1 der Richtlinie 2009/101/EG des Europäischen Parlaments und des Rates vom 16. September 2009 zur Koordinierung der Schutzbestimmungen, die in den Mitgliedstaaten Gesellschaften im Sinne des Artikels 48 Absatz 2 des Vertrags im Interesse der Gesellschafter sowie Dritter vorgeschrieben sind, um diese Bestimmungen gleichwertig zu gestalten (ABl L 258 vom 1. 10. 2009, S. 11) zulässigen Rechtsformen zu organisieren.

§ 10a Vermögenswerte, Anlagen, Personalausstattung, Unternehmensidentität des Unabhängigen Transportnetzbetreibers[2)]

(1) [1]Unabhängige Transportnetzbetreiber müssen über die finanziellen, technischen, materiellen und personellen Mittel verfügen, die zur Erfüllung der Pflichten aus diesem Gesetz und für den Transportnetzbetrieb erforderlich sind. [2]Unabhängige Transportnetzbetreiber haben, unmittelbar oder vermittelt durch Beteiligungen, Eigentümer an allen für den Transportnetzbetrieb erforderlichen Vermögenswerten, einschließlich des Transportnetzes, zu sein.

(2) [1]Personal, das für den Betrieb des Transportnetzes erforderlich ist, darf nicht in anderen Gesellschaften des vertikal integrierten Energieversorgungsunternehmens oder deren Tochtergesellschaften angestellt sein. [2]Arbeitnehmerüberlassungen des Unabhängigen Transportnetzbetreibers an das vertikal integrierte Energieversorgungsunternehmen sowie des vertikal integrierten Energieversorgungsunternehmens an den Unabhängigen Transportnetzbetreiber sind unzulässig.

(3) [1]Das vertikal integrierte Energieversorgungsunternehmen oder eines seiner Tochterunternehmen hat die Erbringung von Dienstleistungen durch eigene oder in seinem Auftrag handelnde Personen für den Unabhängigen Transportnetzbetreiber zu unterlassen. [2]Die Erbringung von

1) **Anm. d. Red.:** § 10 i. d. F. des Gesetzes v. 26. 7. 2011 (BGBl I S. 1554) mit Wirkung v. 4. 8. 2011.

2) **Anm. d. Red.:** § 10a eingefügt gem. Gesetz v. 26. 7. 2011 (BGBl I S. 1554) mit Wirkung v. 4. 8. 2011.

Dienstleistungen für das vertikal integrierte Energieversorgungsunternehmen durch den Unabhängigen Transportnetzbetreiber ist nur zulässig, soweit

1. die Dienstleistungen grundsätzlich für alle Nutzer des Transportnetzes diskriminierungsfrei zugänglich sind und der Wettbewerb in den Bereichen Erzeugung, Gewinnung und Lieferung weder eingeschränkt, verzerrt oder unterbunden wird;
2. die vertraglichen Bedingungen für die Erbringung der Dienstleistung durch den Unabhängigen Transportnetzbetreiber für das vertikal integrierte Energieversorgungsunternehmen der Regulierungsbehörde vorgelegt und von dieser geprüft wurden und
3. die Dienstleistungen weder die Abrechnung erbrachter Dienstleistungen gegenüber dem Kunden für das vertikal integrierte Unternehmen im Bereich der Funktionen Erzeugung, Gewinnung, Verteilung, Lieferung von Elektrizität oder Erdgas oder Speicherung von Erdgas noch andere Dienstleistungen umfasst, deren Wahrnehmung durch den Unabhängigen Transportnetzbetreiber geeignet ist, Wettbewerber des vertikal integrierten Unternehmens zu diskriminieren.

[3]Die Befugnisse der Regulierungsbehörde nach § 65 bleiben unberührt.

(4) Der Unabhängige Transportnetzbetreiber hat sicherzustellen, dass hinsichtlich seiner Firma, seiner Kommunikation mit Dritten sowie seiner Markenpolitik und Geschäftsräume eine Verwechslung mit dem vertikal integrierten Energieversorgungsunternehmen oder einem seiner Tochterunternehmen ausgeschlossen ist.

(5) [1]Unabhängige Transportnetzbetreiber müssen die gemeinsame Nutzung von Anwendungssystemen der Informationstechnologie mit dem vertikal integrierten Energieversorgungsunternehmen unterlassen, soweit diese Anwendungen der Informationstechnologie auf die unternehmerischen Besonderheiten des Unabhängigen Transportnetzbetreibers oder des vertikal integrierten Energieversorgungsunternehmens angepasst wurden. [2]Unabhängige Transportnetzbetreiber haben die gemeinsame Nutzung von Infrastruktur der Informationstechnologie mit anderen Teilen des vertikal integrierten Energieversorgungsunternehmens zu unterlassen, es sei denn, die Infrastruktur

EnWG

1. befindet sich außerhalb der Geschäftsräume des Unabhängigen Transportnetzbetreibers und des vertikal integrierten Unternehmens und
2. wird von Dritten zur Verfügung gestellt und betrieben.

[3]Unabhängige Transportnetzbetreiber und vertikal integrierte Energieversorgungsunternehmen haben sicherzustellen, dass sie in Bezug auf Anwendungssysteme der Informationstechnologie und Infrastruktur der Informationstechnologie, die sich in Geschäfts- oder Büroräumen des Unabhängigen Transportnetzbetreibers oder des vertikal integrierten Energieversorgungsunternehmens befindet, nicht mit denselben Beratern oder externen Auftragnehmern zusammenarbeiten.

(6) Unabhängiger Transportnetzbetreiber und andere Teile des vertikal integrierten Energieversorgungsunternehmens haben die gemeinsame Nutzung von Büro- und Geschäftsräumen, einschließlich der gemeinsamen Nutzung von Zugangskontrollsystemen, zu unterlassen.

(7) [1]Der Unabhängige Transportnetzbetreiber hat die Rechnungslegung von anderen Abschlussprüfern als denen prüfen zu lassen, die die Rechnungsprüfung beim vertikal integrierten Energieversorgungsunternehmen oder einem seiner Teile durchführen. [2]Der Abschlussprüfer des vertikal integrierten Energieversorgungsunternehmens kann Einsicht in Teile der Bücher des Unabhängigen Transportnetzbetreibers nehmen, soweit dies zur Erteilung des Konzernbestätigungsvermerks im Rahmen der Vollkonsolidierung des vertikal integrierten Energieversorgungsunternehmens erforderlich ist. [3]Der Abschlussprüfer ist verpflichtet, aus der Einsicht in die Bücher des Unabhängigen Transportnetzbetreibers gewonnene Erkenntnisse und wirtschaftlich sensible Informationen vertraulich zu behandeln und sie insbesondere nicht dem vertikal integrierten Energieversorgungsunternehmen mitzuteilen.

§ 10b Rechte und Pflichten im vertikal integrierten Unternehmen[1)]

(1) [1]Vertikal integrierte Energieversorgungsunternehmen müssen gewährleisten, dass Unabhängige Transportnetzbetreiber wirksame Entscheidungsbefugnisse in Bezug auf die für den Betrieb, die Wartung und den Ausbau des Netzes erforderlichen Vermögenswerte des vertikal integrierten Energieversorgungsunternehmens besitzen und diese im Rahmen der Bestimmungen dieses Gesetzes unabhängig von der Leitung und den anderen betrieblichen Einrichtungen des vertikal integrierten Energieversorgungsunternehmens ausüben können. [2]Unabhängige Transportnetzbetreiber müssen insbesondere die Befugnis haben, sich zusätzliche Finanzmittel auf dem Kapitalmarkt durch Aufnahme von Darlehen oder durch eine Kapitalerhöhung zu beschaffen. [3]Satz 1 und 2 gelten unbeschadet der Entscheidungen des Aufsichtsrates nach § 10d.

(2) [1]Struktur und Satzung des Unabhängigen Transportnetzbetreibers haben die Unabhängigkeit des Transportnetzbetreibers vom vertikal integrierten Unternehmen im Sinne der §§ 10 bis 10e sicherzustellen. [2]Vertikal integrierte Energieversorgungsunternehmen haben jegliche unmittelbare oder mittelbare Einflussnahme auf das laufende Geschäft des Unabhängigen Transportnetzbetreibers oder den Netzbetrieb zu unterlassen; sie unterlassen ebenfalls jede unmittelbare oder mittelbare Einflussnahme auf notwendige Tätigkeiten zur Erstellung des zehnjährigen Netzentwicklungsplans nach den §§ 12a bis 12f oder § 15a durch den Unabhängigen Transportnetzbetreiber.

(3) [1]Tochterunternehmen des vertikal integrierten Unternehmens, die die Funktionen Erzeugung, Gewinnung oder Vertrieb von Energie an Kunden wahrnehmen, dürfen weder direkt noch indirekt Anteile am Transportnetzbetreiber halten. [2]Der Transportnetzbetreiber darf weder direkt oder indirekt Anteile an Tochterunternehmen des vertikal integrierten Unternehmens, die die Funktionen Erzeugung, Gewinnung oder Vertrieb von Energie an Kunden wahrnehmen, halten noch Dividenden oder andere finanzielle Zuwendungen von diesen Tochterunternehmen erhalten.

(4) Der Unabhängige Transportnetzbetreiber hat zu gewährleisten, dass er jederzeit über die notwendigen Mittel für die Errichtung, den Betrieb und den Erhalt eines sicheren, leistungsfähigen und effizienten Transportnetzes verfügt.

(5) [1]Das vertikal integrierte Energieversorgungsunternehmen und der Unabhängige Transportnetzbetreiber haben bei zwischen ihnen bestehenden kommerziellen und finanziellen Beziehungen, einschließlich der Gewährung von Krediten an das vertikal integrierte Energieversorgungsunternehmen durch den Unabhängigen Transportnetzbetreiber, marktübliche Bedingungen einzuhalten. [2]Der Transportnetzbetreiber hat alle kommerziellen oder finanziellen Vereinbarungen mit dem vertikal integrierten Energieversorgungsunternehmen der Regulierungsbehörde in der Zertifizierung zur Genehmigung vorzulegen. [3]Die Befugnisse der Behörde zur Überprüfung der Pflichten aus Teil 3 Abschnitt 3 bleiben unberührt. [4]Der Unabhängige Transportnetzbetreiber hat diese kommerziellen und finanziellen Beziehungen mit dem vertikal integrierten Energieversorgungsunternehmen umfassend zu dokumentieren und die Dokumentation der Regulierungsbehörde auf Verlangen zur Verfügung zu stellen.

(6) Die organschaftliche Haftung der Mitglieder von Organen des vertikal integrierten Unternehmens für Vorgänge in Bereichen, auf die diese Mitglieder nach diesem Gesetz keinen Einfluss ausüben durften und tatsächlich keinen Einfluss ausgeübt haben, ist ausgeschlossen.

§ 10c Unabhängigkeit des Personals und der Unternehmensleitung des Unabhängigen Transportnetzbetreibers[2)]

(1) [1]Der Unabhängige Transportnetzbetreiber hat der Regulierungsbehörde die Namen der Personen, die vom Aufsichtsrat als oberste Unternehmensleitung des Transportnetzbetreibers ernannt oder bestätigt werden, sowie die Regelungen hinsichtlich der Funktion, für die diese

1) **Anm. d. Red.:** § 10b eingefügt gem. Gesetz v. 26. 7. 2011 (BGBl I S. 1554) mit Wirkung v. 4. 8. 2011.

2) **Anm. d. Red.:** § 10c i. d. F. des Gesetzes v. 17.7.2017 (BGBl I S. 2503) mit Wirkung v. 22.7.2017.

Personen vorgesehen sind, die Laufzeit der Verträge mit diesen Personen, die jeweiligen Vertragsbedingungen sowie eine eventuelle Beendigung der Verträge mit diesen Personen unverzüglich mitzuteilen. [2]Im Falle einer Vertragsbeendigung hat der Unabhängige Transportnetzbetreiber der Regulierungsbehörde die Gründe, aus denen die Vertragsbeendigung vorgesehen ist, vor der Entscheidung mitzuteilen. [3]Entscheidungen und Regelungen nach Satz 1 werden erst verbindlich, wenn die Regulierungsbehörde innerhalb von drei Wochen nach Zugang der Mitteilung des Unabhängigen Transportnetzbetreibers keine Einwände gegen die Entscheidung erhebt. [4]Die Regulierungsbehörde kann ihre Einwände gegen die Entscheidung nur darauf stützen, dass Zweifel bestehen an:

1. der beruflichen Unabhängigkeit einer ernannten Person der obersten Unternehmensleitung oder
2. der Berechtigung einer vorzeitigen Vertragsbeendigung.

(2) [1]Die Mehrheit der Angehörigen der Unternehmensleitung des Transportnetzbetreibers darf in den letzten drei Jahren vor einer Ernennung nicht bei einem Unternehmen des vertikal integrierten Unternehmens, das im Elektrizitätsbereich eine der Funktionen Erzeugung, Verteilung, Lieferung oder Kauf von Elektrizität und im Erdgasbereich eine der Funktionen Gewinnung, Verteilung, Lieferung, Kauf, Betrieb einer LNG-Anlage oder Speicherung von Erdgas wahrnimmt oder kommerzielle, technische oder wartungsbezogene Aufgaben im Zusammenhang mit diesen Funktionen erfüllt, oder einem Mehrheitsanteilseigner dieser Unternehmen angestellt gewesen sein oder Interessen- oder Geschäftsbeziehungen zu einem dieser Unternehmen unterhalten haben. [2]Die verbleibenden Angehörigen der Unternehmensleitung des Unabhängigen Transportnetzbetreibers dürfen in den letzten sechs Monaten vor einer Ernennung keine Aufgaben der Unternehmensleitung oder mit der Aufgabe beim Unabhängigen Transportnetzbetreiber vergleichbaren Aufgabe bei einem Unternehmen des vertikal integrierten Unternehmens, das im Elektrizitätsbereich eine der Funktionen Erzeugung, Verteilung, Lieferung oder Kauf von Elektrizität und im Erdgasbereich eine der Funktionen Gewinnung, Verteilung, Lieferung, Kauf oder Speicherung von Erdgas wahrnimmt oder kommerzielle, technische oder wartungsbezogene Aufgaben im Zusammenhang mit diesen Funktionen erfüllt, oder einem Mehrheitsanteilseigner dieser Unternehmen wahrgenommen haben. [3]Die Sätze 1 und 2 finden auf Ernennungen, die vor dem 3. März 2012 wirksam geworden sind, keine Anwendung.

EnWG

(3) [1]Der Unabhängige Transportnetzbetreiber hat sicherzustellen, dass seine Unternehmensleitung und seine Beschäftigten weder beim vertikal integrierten Energieversorgungsunternehmen oder einem seiner Teile, außer dem Unabhängigen Transportnetzbetreiber, angestellt sind noch Interessen- oder Geschäftsbeziehungen zum vertikal integrierten Energieversorgungsunternehmen oder einem dieser Teile unterhalten. [2]Satz 1 umfasst nicht die zu marktüblichen Bedingungen erfolgende Belieferung von Energie für den privaten Verbrauch.

(4) [1]Der Unabhängige Transportnetzbetreiber und das vertikal integrierte Energieversorgungsunternehmen haben zu gewährleisten, dass Personen der Unternehmensleitung und die übrigen Beschäftigten des Unabhängigen Transportnetzbetreibers nach dem 3. März 2012 keine Anteile des vertikal integrierten Energieversorgungsunternehmens oder eines seiner Unternehmensteile erwerben, es sei denn, es handelt sich um Anteile des Unabhängigen Transportnetzbetreibers. [2]Personen der Unternehmensleitung haben Anteile des vertikal integrierten Energieversorgungsunternehmens oder eines seiner Unternehmensteile, die vor dem 3. März 2012 erworben wurden, bis zum 31. März 2016 zu veräußern. [3]Der Unabhängige Transportnetzbetreiber hat zu gewährleisten, dass die Vergütung von Personen, die der Unternehmensleitung angehören, nicht vom wirtschaftlichen Erfolg, insbesondere dem Betriebsergebnis, des vertikal integrierten Energieversorgungsunternehmens oder eines seiner Tochterunternehmen, mit Ausnahme des Unabhängigen Transportnetzbetreibers, abhängig ist.

(5) Personen der Unternehmensleitung des Unabhängigen Transportnetzbetreibers dürfen nach Beendigung des Vertragsverhältnisses zum Unabhängigen Transportnetzbetreiber für vier Jahre nicht bei anderen Unternehmen des vertikal integrierten Unternehmens, die im Elektrizitätsbereich eine der Funktionen Erzeugung, Verteilung, Lieferung oder Kauf von Elektrizität und

im Erdgasbereich eine der Funktionen Gewinnung, Verteilung, Lieferung, Kauf oder Speicherung von Erdgas wahrnehmen oder kommerzielle, technische oder wartungsbezogene Aufgaben im Zusammenhang mit diesen Funktionen erfüllen, oder bei Mehrheitsanteilseignern dieser Unternehmen des vertikal integrierten Energieversorgungsunternehmens angestellt sein oder Interessens- oder Geschäftsbeziehungen zu diesen Unternehmen oder deren Mehrheitsanteilseignern unterhalten, es sei denn, das Vertragsverhältnis zum Unabhängigen Transportnetzbetreiber wurde vor dem 3. März 2012 beendet.

(6) Absatz 2 Satz 1 sowie Absatz 3 und 5 gelten für Personen, die der obersten Unternehmensleitung unmittelbar unterstellt und für Betrieb, Wartung oder Entwicklung des Netzes verantwortlich sind, entsprechend.

§ 10d Aufsichtsrat des Unabhängigen Transportnetzbetreibers[1)]

(1) Der Unabhängige Transportnetzbetreiber hat über einen Aufsichtsrat nach Abschnitt 2 des Teils 4 des Aktiengesetzes zu verfügen.

(2) [1]Entscheidungen, die Ernennungen, Bestätigungen, Beschäftigungsbedingungen für Personen der Unternehmensleitung des Unabhängigen Transportnetzbetreibers, einschließlich Vergütung und Vertragsbeendigung, betreffen, werden vom Aufsichtsrat getroffen. [2]Der Aufsichtsrat entscheidet, abweichend von § 119 des Aktiengesetzes, auch über die Genehmigung der jährlichen und langfristigen Finanzpläne des Unabhängigen Transportnetzbetreibers, über die Höhe der Verschuldung des Unabhängigen Transportnetzbetreibers sowie die Höhe der an die Anteilseigner des Unabhängigen Transportnetzbetreibers auszuzahlenden Dividenden. [3]Entscheidungen, die die laufenden Geschäfte des Transportnetzbetreibers, insbesondere den Netzbetrieb sowie die Aufstellung des zehnjährigen Netzentwicklungsplans nach den §§ 12a bis 12f oder nach § 15a betreffen, sind ausschließlich von der Unternehmensleitung des Unabhängigen Transportnetzbetreibers zu treffen.

(3) [1]§ 10c Absatz 1 bis 5 gilt für die Hälfte der Mitglieder des Aufsichtrats des Unabhängigen Transportnetzbetreibers abzüglich einem Mitglied entsprechend. [2]§ 10c Absatz 1 Satz 1 und 2 sowie Satz 4 Nummer 2 gilt für die übrigen Mitglieder des Aufsichtsrates des Unabhängigen Transportnetzbetreibers entsprechend.

§ 10e Gleichbehandlungsprogramm und Gleichbehandlungsbeauftragter des Unabhängigen Transportnetzbetreibers[2)]

(1) [1]Unabhängige Transportnetzbetreiber haben ein Programm mit verbindlichen Maßnahmen zur diskriminierungsfreien Ausübung des Betriebs des Transportnetzes festzulegen (Gleichbehandlungsprogramm), den Mitarbeitern bekannt zu machen und der Regulierungsbehörde zur Genehmigung vorzulegen. [2]Im Programm sind Pflichten der Mitarbeiter und mögliche Sanktionen festzulegen.

(2) [1]Unbeschadet der Befugnisse der Regulierungsbehörde wird die Einhaltung des Programms fortlaufend durch eine natürliche oder juristische Person (Gleichbehandlungsbeauftragter des Unabhängigen Transportnetzbetreibers) überwacht. [2]Der Gleichbehandlungsbeauftragte des Unabhängigen Transportnetzbetreibers wird vom nach § 10d gebildeten Aufsichtsrat des unabhängigen Transportnetzbetreibers ernannt. [3]§ 10c Absatz 1 bis 5 gilt für den Gleichbehandlungsbeauftragten des Unabhängigen Transportnetzbetreibers entsprechend, § 10c Absatz 2 Satz 1 und 2 gilt nicht entsprechend, wenn der Unabhängige Transportnetzbetreiber eine natürliche Person zum Gleichbehandlungsbeauftragten des Unabhängigen Transportnetzbetreibers bestellt hat. [4]Der Gleichbehandlungsbeauftragte des Unabhängigen Transportnetzbetreibers ist der Leitung des Unabhängigen Transportnetzbetreibers unmittelbar zu unterstellen und in dieser Funktion weisungsfrei. [5]Er darf wegen der Erfüllung seiner Aufgaben nicht benachteiligt werden. [6]Der Unabhängige Transportnetzbetreiber hat dem Gleichbehandlungsbeauftrag-

1) **Anm. d. Red.:** § 10d eingefügt gem. Gesetz v. 26. 7. 2011 (BGBl I S. 1554) mit Wirkung v. 4. 8. 2011.

2) **Anm. d. Red.:** § 10e eingefügt gem. Gesetz v. 26. 7. 2011 (BGBl I S. 1554) mit Wirkung v. 4. 8. 2011.

ten des Unabhängigen Transportnetzbetreibers die zur Erfüllung seiner Aufgaben notwendigen Mittel zur Verfügung zu stellen. [7]Der Gleichbehandlungsbeauftragte des Unabhängigen Transportnetzbetreibers kann vom Unabhängigen Transportnetzbetreiber Zugang zu allen für die Erfüllung seiner Aufgaben erforderlichen Daten sowie, ohne Vorankündigung, zu den Geschäftsräumen des Unabhängigen Transportnetzbetreibers verlangen; der Unabhängige Transportnetzbetreiber hat diesem Verlangen des Gleichbehandlungsbeauftragten des Unabhängigen Transportnetzbetreibers zu entsprechen.

(3) [1]Der Aufsichtsrat des Unabhängigen Transportnetzbetreibers hat die Ernennung des Gleichbehandlungsbeauftragten des Unabhängigen Transportnetzbetreibers der Regulierungsbehörde unverzüglich mitzuteilen. [2]Die Ernennung nach Absatz 2 Satz 2 wird erst nach Zustimmung der Regulierungsbehörde wirksam. [3]Die Zustimmung zur Ernennung ist von der Regulierungsbehörde, außer im Falle fehlender Unabhängigkeit oder fehlender fachlicher Eignung der vom Unabhängigen Transportnetzbetreiber zur Ernennung vorgeschlagenen Person, zu erteilen. [4]Die Auftragsbedingungen oder Beschäftigungsbedingungen des Gleichbehandlungsbeauftragten des Unabhängigen Transportnetzbetreibers, einschließlich der Dauer seiner Bestellung, sind von der Regulierungsbehörde zu genehmigen.

(4) [1]Der Gleichbehandlungsbeauftragte des Unabhängigen Transportnetzbetreibers hat der Regulierungsbehörde regelmäßig Bericht zu erstatten. [2]Er erstellt einmal jährlich einen Bericht, in dem die Maßnahmen zur Durchführung des Gleichbehandlungsprogramms dargelegt werden, und legt ihn der Regulierungsbehörde spätestens zum 30. September eines Jahres vor. [3]Er unterrichtet die Regulierungsbehörde fortlaufend über erhebliche Verstöße bei der Durchführung des Gleichbehandlungsprogramms sowie über die finanziellen und kommerziellen Beziehungen, insbesondere deren Änderungen, zwischen dem vertikal integrierten Energieversorgungsunternehmen und dem Unabhängigen Transportnetzbetreiber. [4]Er berichtet dem Aufsichtsrat des Unabhängigen Transportnetzbetreibers und gibt der obersten Unternehmensleitung Empfehlungen zum Gleichbehandlungsprogramm und seiner Durchführung.

(5) [1]Der Gleichbehandlungsbeauftragte des Unabhängigen Transportnetzbetreibers hat der Regulierungsbehörde alle Entscheidungen zum Investitionsplan oder zu Einzelinvestitionen im Transportnetz spätestens dann zu übermitteln, wenn die Unternehmensleitung des Transportnetzbetreibers diese Entscheidungen dem Aufsichtsrat zuleitet. [2]Der Gleichbehandlungsbeauftragte des Unabhängigen Transportnetzbetreibers hat die Regulierungsbehörde unverzüglich zu informieren, wenn das vertikal integrierte Unternehmen in der Gesellschafter- oder Hauptversammlung des Transportnetzbetreibers durch das Abstimmungsverhalten der von ihm ernannten Mitglieder einen Beschluss herbeigeführt oder die Annahme eines Beschlusses verhindert und auf Grund dessen Netzinvestitionen, die nach dem zehnjährigen Netzentwicklungsplan in den folgenden drei Jahren durchgeführt werden sollten, verhindert oder hinausgezögert werden.

(6) [1]Der Gleichbehandlungsbeauftragte des Unabhängigen Transportnetzbetreibers ist berechtigt, an allen Sitzungen der Unternehmensleitung, des Aufsichtsrats oder der Gesellschafter- oder Hauptversammlung teilzunehmen. [2]In den Sitzungen des Aufsichtsrats ist dem Gleichbehandlungsbeauftragten des Unabhängigen Transportnetzbetreibers ein eigenes Rederecht einzuräumen. [3]Der Gleichbehandlungsbeauftragte des Unabhängigen Transportnetzbetreibers hat an allen Sitzungen des Aufsichtsrates teilzunehmen, die folgende Fragen behandeln:

1. Netzzugangsbedingungen nach Maßgabe der Verordnung (EG) Nr. 714/2009 (ABl L 211 vom 14. 8. 2009, S. 15) und der Verordnung (EG) Nr. 715/2009 (ABl L 211 vom 14. 8. 2009, S. 36), insbesondere soweit die Beratungen Fragen zu Netzentgelten, Leistungen im Zusammenhang mit dem Zugang Dritter, der Kapazitätsvergabe und dem Engpassmanagement, Transparenz, Ausgleich von Energieverlusten und Sekundärmärkte betreffen,
2. Vorhaben für den Betrieb, die Wartung und den Ausbau des Transportnetzes, insbesondere hinsichtlich der notwendigen Investitionen für den Netzanschluss und Netzverbund, in neue Transportverbindungen, für die Kapazitätsausweitung und die Verstärkung vorhandener Kapazitäten oder

3. den Verkauf oder Erwerb von Energie, die für den Betrieb des Transportnetzes erforderlich ist.

(7) [1]Nach vorheriger Zustimmung der Regulierungsbehörde kann der Aufsichtsrat den Gleichbehandlungsbeauftragten des Unabhängigen Transportnetzbetreibers abberufen. [2]Die Abberufung hat aus Gründen mangelnder Unabhängigkeit oder mangelnder fachlicher Eignung auf Verlangen der Regulierungsbehörde zu erfolgen.

Teil 3: Regulierung des Netzbetriebs

Abschnitt 1: Aufgaben der Netzbetreiber

§ 11 Betrieb von Energieversorgungsnetzen[1)]

(1) [1]Betreiber von Energieversorgungsnetzen sind verpflichtet, ein sicheres, zuverlässiges und leistungsfähiges Energieversorgungsnetz diskriminierungsfrei zu betreiben, zu warten und bedarfsgerecht zu optimieren, zu verstärken und auszubauen, soweit es wirtschaftlich zumutbar ist. [2]Sie haben insbesondere die Aufgaben nach den §§ 12 bis 16a zu erfüllen. [3]Die Verpflichtung gilt auch im Rahmen der Wahrnehmung der wirtschaftlichen Befugnisse der Leitung des vertikal integrierten Energieversorgungsunternehmens und seiner Aufsichtsrechte nach § 7a Absatz 4 Satz 3. [4]Der Ausbau eines L-Gasversorgungsnetzes ist nicht bedarfsgerecht im Sinne von Satz 1, wenn er auf Grund von Netzanschlüssen erfolgen muss, zu deren Einräumung der Betreiber des L-Gasversorgungsnetzes nicht nach den §§ 17 und 18 verpflichtet war.

(1a) [1]Der Betrieb eines sicheren Energieversorgungsnetzes umfasst insbesondere auch einen angemessenen Schutz gegen Bedrohungen für Telekommunikations- und elektronische Datenverarbeitungssysteme, die für einen sicheren Netzbetrieb notwendig sind. [2]Die Regulierungsbehörde erstellt hierzu im Benehmen mit dem Bundesamt für Sicherheit in der Informationstechnik einen Katalog von Sicherheitsanforderungen und veröffentlicht diesen. [3]Der Katalog der Sicherheitsanforderungen enthält auch Regelungen zur regelmäßigen Überprüfung der Erfüllung der Sicherheitsanforderungen. [4]Ein angemessener Schutz des Betriebs eines Energieversorgungsnetzes liegt vor, wenn dieser Katalog der Sicherheitsanforderungen eingehalten und dies vom Betreiber dokumentiert worden ist. [5]Die Einhaltung kann von der Regulierungsbehörde überprüft werden. [6]Zu diesem Zwecke kann die Regulierungsbehörde nähere Bestimmungen zu Format, Inhalt und Gestaltung der Dokumentation nach Satz 4 treffen.

(1b) [1]Betreiber von Energieanlagen, die durch Inkrafttreten der Rechtsverordnung gemäß § 10 Absatz 1 des BSI-Gesetzes vom 14. August 2009 (BGBl I S. 2821), das zuletzt durch Artikel 8 des Gesetzes vom 17. Juli 2015 (BGBl I S. 1324) geändert worden ist, in der jeweils geltenden Fassung als Kritische Infrastruktur bestimmt wurden und an ein Energieversorgungsnetz angeschlossen sind, haben innerhalb einer von der Regulierungsbehörde festzulegenden Frist einen angemessenen Schutz gegen Bedrohungen für Telekommunikations- und elektronische Datenverarbeitungssysteme zu gewährleisten, die für einen sicheren Anlagenbetrieb notwendig sind. [2]Die Regulierungsbehörde erstellt hierzu im Benehmen mit dem Bundesamt für Sicherheit in der Informationstechnik einen Katalog von Sicherheitsanforderungen, in den auch die Bestimmung der Frist nach Satz 1 aufzunehmen ist, und veröffentlicht diesen. [3]Für Telekommunikations- und elektronische Datenverarbeitungssysteme von Anlagen nach § 7 Absatz 1 des Atomgesetzes haben Vorgaben auf Grund des Atomgesetzes Vorrang. [4]Die für die nukleare Sicherheit zuständigen Genehmigungs- und Aufsichtsbehörden des Bundes und der Länder sind bei der Erarbeitung des Katalogs von Sicherheitsanforderungen zu beteiligen. [5]Der Katalog von Sicherheitsanforderungen enthält auch Regelungen zur regelmäßigen Überprüfung der Erfüllung der Sicherheitsanforderungen. [6]Ein angemessener Schutz des Betriebs von Energieanlagen im Sinne von Satz 1 liegt vor, wenn dieser Katalog eingehalten und dies vom Betreiber dokumentiert worden ist. [7]Die Einhaltung kann von der Bundesnetzagentur überprüft werden. [8]Zu diesem Zwecke

1) **Anm. d. Red.:** § 11 i. d. F. des Gesetzes v. 17.12.2018 (BGBl I S. 2549) mit Wirkung v. 21.12.2018.

kann die Regulierungsbehörde nähere Bestimmungen zu Format, Inhalt und Gestaltung der Dokumentation nach Satz 6 treffen.

(1c) [1]Betreiber von Energieversorgungsnetzen und von solchen Energieanlagen, die durch Inkrafttreten der Rechtsverordnung gemäß § 10 Absatz 1 des BSI-Gesetzes als Kritische Infrastruktur bestimmt wurden, haben

1. Störungen der Verfügbarkeit, Integrität, Authentizität und Vertraulichkeit ihrer informationstechnischen Systeme, Komponenten oder Prozesse, die zu einem Ausfall oder einer erheblichen Beeinträchtigung der Funktionsfähigkeit des Energieversorgungsnetzes oder der betreffenden Energieanlage geführt haben,
2. erhebliche Störungen der Verfügbarkeit, Integrität, Authentizität und Vertraulichkeit ihrer informationstechnischen Systeme, Komponenten oder Prozesse, die zu einem Ausfall oder einer erheblichen Beeinträchtigung der Funktionsfähigkeit des Energieversorgungsnetzes oder der betreffenden Energieanlage führen können,

über die Kontaktstelle unverzüglich an das Bundesamt für Sicherheit in der Informationstechnik zu melden.

[2]Die Meldung muss Angaben zu der Störung, zu möglichen grenzübergreifenden Auswirkungen sowie zu den technischen Rahmenbedingungen, insbesondere der vermuteten oder tatsächlichen Ursache und der betroffenen Informationstechnik, enthalten. [3]Die Nennung des Betreibers ist nur dann erforderlich, wenn die Störung tatsächlich zu einem Ausfall oder einer Beeinträchtigung der Funktionsfähigkeit der Kritischen Infrastruktur geführt hat. [4]Das Bundesamt für Sicherheit in der Informationstechnik hat die Meldungen unverzüglich an die Bundesnetzagentur weiterzuleiten. [5]Das Bundesamt für Sicherheit in der Informationstechnik und die Bundesnetzagentur haben sicherzustellen, dass die unbefugte Offenbarung der ihnen nach Satz 1 zur Kenntnis gelangten Angaben ausgeschlossen wird. [6]Zugang zu den Akten des Bundesamtes für Sicherheit in der Informationstechnik sowie zu den Akten der Bundesnetzagentur in Angelegenheiten nach § 11 Absatz 1a bis Absatz 1c wird nicht gewährt. [7]§ 29 des Verwaltungsverfahrensgesetzes bleibt unberührt. [8]§ 8e Absatz 1 des BSI-Gesetzes ist entsprechend anzuwenden.

EnWG

(2) [1]Für einen bedarfsgerechten, wirtschaftlich zumutbaren Ausbau der Elektrizitätsversorgungsnetze nach Absatz 1 Satz 1 können Betreiber von Elektrizitätsversorgungsnetzen den Berechnungen für ihre Netzplanung die Annahme zugrunde legen, dass die prognostizierte jährliche Stromerzeugung je unmittelbar an ihr Netz angeschlossener Anlage zur Erzeugung von elektrischer Energie aus Windenergie an Land oder solarer Strahlungsenergie um bis zu 3 Prozent reduziert werden darf (Spitzenkappung). [2]Betreiber von Elektrizitätsversorgungsnetzen, die für ihre Netzplanung eine Spitzenkappung zugrunde gelegt haben, müssen dies

1. auf ihrer Internetseite veröffentlichen,
2. dem Betreiber des vorgelagerten Elektrizitätsversorgungsnetzes, dem Betreiber des Übertragungsnetzes, der Bundesnetzagentur sowie der zuständigen Landesregulierungsbehörde unverzüglich mitteilen und
3. im Rahmen der Netzplanung für einen sachkundigen Dritten nachvollziehbar dokumentieren.

[3]Die Dokumentation nach Satz 2 Nummer 3 muss der Bundesnetzagentur, der zuständigen Landesregulierungsbehörde, dem Betreiber des vorgelagerten Elektrizitätsversorgungsnetzes, dem Betreiber des Übertragungsnetzes, einem Einspeisewilligen sowie einem an das Netz angeschlossenen Anlagenbetreiber auf Verlangen unverzüglich vorgelegt werden. [4]Die §§ 13 und 14 und die §§ 11, 14 und 15 des Erneuerbare-Energien-Gesetzes bleiben unberührt. [5]Ein Betreiber des Elektrizitätsversorgungsnetzes, der nach § 15 Absatz 2 Satz 1 des Erneuerbare-Energien-Gesetzes Kosten für die Reduzierung der Einspeisung von mehr als 3 Prozent der jährlichen Stromerzeugung einer Anlage zur Erzeugung von Strom aus erneuerbaren Energien, Grubengas oder Kraft-Wärme-Kopplung bei der Ermittlung seiner Netzentgelte in Ansatz bringt, muss der Bundesnetzagentur sowie der zuständigen Landesregulierungsbehörde den Umfang der und die Ur-

sachen für die Reduzierung der Einspeisung mitteilen und im Fall einer Spitzenkappung die Dokumentation nach Satz 2 Nummer 3 vorlegen.

(3) [1]Betreiber von Übertragungsnetzen können besondere netztechnische Betriebsmittel vorhalten, um die Sicherheit und Zuverlässigkeit des Elektrizitätsversorgungssystems bei einem tatsächlichen örtlichen Ausfall eines oder mehrerer Betriebsmittel im Übertragungsnetz wieder herzustellen. [2]Mit dem Betrieb besonderer netztechnischer Betriebsmittel sind Dritte zu beauftragen. [3]Entsprechendes gilt bei der Errichtung von Anlagen zur Erzeugung elektrischer Energie und der Bereitstellung abschaltbarer Lasten. [4]Aufträge nach den Sätzen 2 und 3 werden im Wettbewerb und im Wege transparenter Verfahren vergeben. [5]Dabei sind

1. die Grundsätze der Wirtschaftlichkeit und der Verhältnismäßigkeit zu wahren und
2. alle Teilnehmer des Verfahrens gleich zu behandeln.

[6]Der Teil 4 des Gesetzes gegen Wettbewerbsbeschränkungen bleibt unberührt. [7]Die Leistung oder die Arbeit besonderer netztechnischer Betriebsmittel darf weder ganz noch teilweise auf den Strommärkten veräußert werden. [8]Die Betreiber von Übertragungsnetzen legen der Bundesnetzagentur rechtzeitig vor einer geplanten Beschaffung besonderer netztechnischer Betriebsmittel vor:

1. Analysen, aus denen sich die Erforderlichkeit besonderer netztechnischer Betriebsmittel unter Berücksichtigung bestehender Energieanlagen ergibt, sowie
2. ein Beschaffungskonzept, welches das Vergabeverfahren nach den Sätzen 2 bis 5 beschreibt.

(4) [1]In Rechtsverordnungen über die Regelung von Vertrags- und sonstigen Rechtsverhältnissen können auch Regelungen zur Haftung der Betreiber von Energieversorgungsnetzen aus Vertrag und unerlaubter Handlung für Sach- und Vermögensschäden, die ein Kunde durch Unterbrechung der Energieversorgung oder durch Unregelmäßigkeiten in der Energieversorgung erleidet, getroffen werden. [2]Dabei kann die Haftung auf vorsätzliche oder grob fahrlässige Verursachung beschränkt und der Höhe nach begrenzt werden. [3]Soweit es zur Vermeidung unzumutbarer wirtschaftlicher Risiken des Netzbetriebs im Zusammenhang mit Verpflichtungen nach § 13 Absatz 2, § 13b Absatz 5 und § 13f Absatz 1, auch in Verbindung mit § 14, und § 16 Absatz 2 und 2a, auch in Verbindung mit § 16a, erforderlich ist, kann die Haftung darüber hinaus vollständig ausgeschlossen werden.

§ 12 Aufgaben der Betreiber von Elektrizitätsversorgungsnetzen, Verordnungsermächtigung[1)]

(1) [1]Betreiber von Übertragungsnetzen haben die Energieübertragung durch das Netz unter Berücksichtigung des Austauschs mit anderen Verbundnetzen zu regeln und mit der Bereitstellung und dem Betrieb ihrer Übertragungsnetze im nationalen und internationalen Verbund zu einem sicheren und zuverlässigen Elektrizitätsversorgungssystem in ihrer Regelzone und damit zu einer sicheren Energieversorgung beizutragen. [2]Betreiber von Übertragungsnetzen können vereinbaren, die Regelverantwortung für ihre Netze auf einen Betreiber von Übertragungsnetzen zu übertragen. [3]Mit der Übertragung der Regelverantwortung erhält der verantwortliche Netzbetreiber die Befugnisse der §§ 13 bis 13b. [4]Die Übertragung der Regelverantwortung ist der Regulierungsbehörde spätestens sechs Monate vorher anzuzeigen. [5]Die Regulierungsbehörde kann zur Verringerung des Aufwandes für Regelenergie und zur Förderung von einheitlichen Bedingungen bei der Gewährung des Netzzugangs durch Festlegung nach § 29 Absatz 1 die Betreiber von Übertragungsnetzen verpflichten, eine einheitliche Regelzone zu bilden.

(2) Betreiber von Übertragungsnetzen haben Betreibern eines anderen Netzes, mit dem die eigenen Übertragungsnetze technisch verbunden sind, die notwendigen Informationen bereitzustellen, um den sicheren und effizienten Betrieb, den koordinierten Ausbau und den Verbund sicherzustellen.

---

1) **Anm. d. Red.:** § 12 i. d. F. des Gesetzes v. 26. 7. 2016 (BGBl I S. 1786) mit Wirkung v. 30. 7. 2016.

(3) [1]Betreiber von Übertragungsnetzen haben dauerhaft die Fähigkeit des Netzes sicherzustellen, die Nachfrage nach Übertragung von Elektrizität zu befriedigen und insbesondere durch entsprechende Übertragungskapazität und Zuverlässigkeit des Netzes zur Versorgungssicherheit beizutragen. [2]Dafür sollen sie im Rahmen des technisch Möglichen auch geeignete technische Anlagen etwa zur Bereitstellung von Blind- und Kurzschlussleistung nutzen, die keine Anlagen zur Erzeugung elektrischer Energie sind.

(3a) Um die technische Sicherheit und die Systemstabilität zu gewährleisten, wird das Bundesministerium für Wirtschaft und Energie ermächtigt, durch Rechtsverordnung technische Anforderungen an Anlagen zur Erzeugung elektrischer Energie, insbesondere an Anlagen nach dem Erneuerbare-Energien-Gesetz und dem Kraft-Wärme-Kopplungsgesetz, vorzugeben sowie Netzbetreiber und Anlagenbetreiber zu verpflichten, Anlagen, die bereits vor dem 1. Januar 2012 in Betrieb genommen worden sind, entsprechend nachzurüsten sowie anlagenbezogene Daten, die zur Durchführung und Kontrolle des Nachrüstungsprozesses erforderlich sind, bereitzustellen und auszuwerten und Regelungen zur Kostentragung zu treffen.

(4) [1]Die folgenden natürlichen oder juristischen Personen müssen den Betreibern von Elektrizitätsversorgungsnetzen auf deren Verlangen unverzüglich die Informationen einschließlich etwaiger Betriebs- und Geschäftsgeheimnisse bereitstellen, die notwendig sind, damit die Elektrizitätsversorgungsnetze sicher und zuverlässig betrieben, gewartet und ausgebaut werden können:

1. die Betreiber von Erzeugungsanlagen,
2. die Betreiber von Anlagen zur Speicherung von elektrischer Energie,
3. die Betreiber von Elektrizitätsverteilernetzen,
4. die Betreiber von Gasversorgungsnetzen,
5. industrielle und gewerbliche Letztverbraucher,
6. Anbieter von Lastmanagement und
7. Großhändler oder Lieferanten von Elektrizität.

[2]Zu den bereitzustellenden Informationen zählen insbesondere Stammdaten, Planungsdaten und Echtzeitdaten.

EnWG

(5) [1]Die Betreiber von Elektrizitätsversorgungsnetzen müssen

1. sicherstellen, dass die Betriebs- und Geschäftsgeheimnisse, die ihnen nach Absatz 4 Satz 1 zur Kenntnis gelangen, ausschließlich so zu den dort genannten Zwecken genutzt werden, dass deren unbefugte Offenbarung ausgeschlossen ist,
2. die nach Absatz 4 erhaltenen Informationen in anonymisierter Form an das Bundesministerium für Wirtschaft und Energie jeweils auf dessen Verlangen für die Zwecke des Monitorings nach § 51 übermitteln,
3. neben den nach Nummer 2 zu übermittelnden Informationen an das Bundesministerium für Wirtschaft und Energie jeweils auf dessen Verlangen weitere verfügbare und für die Zwecke des Monitorings nach § 51 erforderliche Informationen und Analysen übermitteln, insbesondere verfügbare Informationen und eine gemeinsam von den Betreibern von Übertragungsnetzen in einer von dem Bundesministerium für Wirtschaft und Energie zu bestimmenden Form zu erstellende Analyse zu den grenzüberschreitenden Verbindungsleitungen sowie zu Angebot und Nachfrage auf den europäischen Strommärkten und zu der Höhe und der Entwicklung der Gesamtlast in den Elektrizitätsversorgungsnetzen in den vergangenen zehn Jahren im Gebiet der Bundesrepublik Deutschland,
4. der Regulierungsbehörde jeweils auf deren Verlangen in einer von ihr zu bestimmenden Frist und Form für die Zwecke des Berichts nach § 63 Absatz 3a Informationen und Analysen zu der Mindesterzeugung insbesondere aus thermisch betriebenen Erzeugungsanlagen und aus Anlagen zur Speicherung von elektrischer Energie sowie Informationen und geeignete Analysen zur Entwicklung der Mindesterzeugung übermitteln und

5. der Regulierungsbehörde jeweils jährlich auf deren Verlangen in einer von ihr zu bestimmenden Frist und Form für die Zwecke des Monitorings nach § 51a die Unternehmen und Vereinigungen von Unternehmen nennen, die einen Stromverbrauch von mehr als 20 Gigawattstunden jährlich haben.

[2]Das Bundesministerium für Wirtschaft und Energie veröffentlicht die Informationen und Analysen nach Satz 1 Nummer 2 und 3 nach Übermittlung durch die Betreiber von Elektrizitätsversorgungsnetzen in geeigneter aggregierter Form unter Wahrung der Betriebs- und Geschäftsgeheimnisse gemeinsam mit dem Bericht zum Stand und zur Entwicklung der Versorgungssicherheit im Bereich der Versorgung mit Elektrizität nach § 63 Absatz 2 Satz 1 Nummer 2.

(6) Die Regulierungsbehörde wird ermächtigt, nach § 29 Absatz 1 Festlegungen zu treffen zur näheren Bestimmung des Kreises der nach Absatz 4 Satz 1 Verpflichteten, zum Inhalt und zur Methodik, zu den Details der Datenweitergabe und zum Datenformat der Bereitstellung an die Betreiber von Elektrizitätsversorgungsnetzen.

(7) Die Regulierungsbehörde, das Bundesministerium für Wirtschaft und Energie sowie die Betreiber von Elektrizitätsversorgungsnetzen sollen anstelle der Abfrage nach den Absätzen 4 und 5 das Marktstammdatenregister nach § 111e nutzen, sobald und soweit ihnen das Marktstammdatenregister den Zugriff auf Daten im Sinne der Absätze 4 und 5 eröffnet.

§ 12a Szenariorahmen für die Netzentwicklungsplanung[1)]

(1) [1]Die Betreiber von Übertragungsnetzen erarbeiten alle zwei Jahre einen gemeinsamen Szenariorahmen, der Grundlage für die Erarbeitung des Netzentwicklungsplans nach § 12b und des Offshore-Netzentwicklungsplans nach § 17b ist. [2]Der Szenariorahmen umfasst mindestens drei Entwicklungspfade (Szenarien), die für die mindestens nächsten zehn und höchstens 15 Jahre die Bandbreite wahrscheinlicher Entwicklungen im Rahmen der mittel- und langfristigen energiepolitischen Ziele der Bundesregierung abdecken. [3]Eines der Szenarien muss die wahrscheinliche Entwicklung für die mindestens nächsten 15 und höchstens zwanzig Jahre darstellen. [4]Für den Szenariorahmen legen die Betreiber von Übertragungsnetzen angemessene Annahmen für die jeweiligen Szenarien zu Erzeugung, Versorgung, Verbrauch von Strom sowie dessen Austausch mit anderen Ländern sowie zur Spitzenkappung nach § 11 Absatz 2 zu Grunde und berücksichtigen geplante Investitionsvorhaben der europäischen Netzinfrastruktur.

(2) [1]Die Betreiber von Übertragungsnetzen legen der Regulierungsbehörde den Entwurf des Szenariorahmens spätestens bis zum 10. Januar eines jeden geraden Kalenderjahres, beginnend mit dem Jahr 2016, vor. [2]Die Regulierungsbehörde macht den Entwurf des Szenariorahmens auf ihrer Internsetseite öffentlich bekannt und gibt der Öffentlichkeit, einschließlich tatsächlicher und potenzieller Netznutzer, den nachgelagerten Netzbetreibern, sowie den Trägern öffentlicher Belange Gelegenheit zur Äußerung.

(3) [1]Die Regulierungsbehörde genehmigt den Szenariorahmen unter Berücksichtigung der Ergebnisse der Öffentlichkeitsbeteiligung. [2]Die Regulierungsbehörde kann durch Festlegung nach § 29 Absatz 1 nähere Bestimmungen zu Inhalt und Verfahren der Erstellung des Szenariorahmens, insbesondere zum Betrachtungszeitraum nach Absatz 1 Satz 2 und 3, treffen.

§ 12b Erstellung des Netzentwicklungsplans durch die Betreiber von Übertragungsnetzen[2)]

(1) [1]Die Betreiber von Übertragungsnetzen legen der Regulierungsbehörde auf der Grundlage des Szenariorahmens einen gemeinsamen nationalen Netzentwicklungsplan zur Bestätigung vor. [2]Der gemeinsame nationale Netzentwicklungsplan muss alle wirksamen Maßnahmen zur bedarfsgerechten Optimierung, Verstärkung und zum Ausbau des Netzes enthalten, die spätestens zum Ende des Betrachtungszeitraums im Sinne des § 12a Absatz 1 Satz 2 für einen sicheren

1) **Anm. d. Red.:** § 12a i. d. F. des Gesetzes v. 26. 7. 2016 (BGBl I S. 1786) mit Wirkung v. 30. 7. 2016.

2) **Anm. d. Red.:** § 12b i. d. F. des Gesetzes v. 13. 10. 2016 (BGBl I S. 2258) mit Wirkung v. 1. 1. 2017.

und zuverlässigen Netzbetrieb erforderlich sind. [3]Die Betreiber von Übertragungsnetzen müssen im Rahmen der Erstellung des Netzentwicklungsplans die Regelungen zur Spitzenkappung nach § 11 Absatz 2 bei der Netzplanung anwenden. [4]Der Netzentwicklungsplan enthält darüber hinaus folgende Angaben:

1. alle Netzausbaumaßnahmen, die in den nächsten drei Jahren ab Feststellung des Netzentwicklungsplans durch die Regulierungsbehörde für einen sicheren und zuverlässigen Netzbetrieb erforderlich sind,
2. einen Zeitplan für alle Netzausbaumaßnahmen sowie
3. a) Netzausbaumaßnahmen als Pilotprojekte für eine verlustarme Übertragung hoher Leistungen über große Entfernungen,
   b) den Einsatz von Hochtemperaturleiterseilen als Pilotprojekt mit einer Bewertung ihrer technischen Durchführbarkeit und Wirtschaftlichkeit sowie
   c) das Ergebnis der Prüfung des Einsatzes von neuen Technologien als Pilotprojekte einschließlich einer Bewertung der technischen Durchführbarkeit und Wirtschaftlichkeit,
4. den Stand der Umsetzung des vorhergehenden Netzentwicklungsplans und im Falle von Verzögerungen, die dafür maßgeblichen Gründe der Verzögerungen,
5. Angaben zur zu verwendenden Übertragungstechnologie,
6. Darlegung der in Betracht kommenden anderweitigen Planungsmöglichkeiten von Netzausbaumaßnahmen,
7. beginnend mit der Vorlage des ersten Entwurfs des Netzentwicklungsplans im Jahr 2018 alle wirksamen Maßnahmen zur bedarfsgerechten Optimierung, Verstärkung und zum Ausbau der Offshore-Anbindungsleitungen in der ausschließlichen Wirtschaftszone und im Küstenmeer einschließlich der Netzanknüpfungspunkte an Land, die bis zum Ende des Betrachtungszeitraums nach § 12a Absatz 1 Satz 2 für einen schrittweisen, bedarfsgerechten und wirtschaftlichen Ausbau sowie einen sicheren und zuverlässigen Betrieb der Offshore-Anbindungsleitungen sowie zum Weitertransport des auf See erzeugten Stroms erforderlich sind; für die Maßnahmen nach dieser Nummer werden Angaben zum geplanten Zeitpunkt der Fertigstellung vorgesehen; hierbei müssen die Festlegungen des zuletzt bekannt gemachten Flächenentwicklungsplans nach den §§ 4 bis 8 des Windenergie-auf-See-Gesetzes zu Grunde gelegt werden.

[5]Die Betreiber von Übertragungsnetzen nutzen bei der Erarbeitung des Netzentwicklungsplans eine geeignete und für einen sachkundigen Dritten nachvollziehbare Modellierung des deutschen Übertragungsnetzes. [6]Der Netzentwicklungsplan berücksichtigt den gemeinschaftsweiten Netzentwicklungsplan nach Artikel 8 Absatz 3b der Verordnung (EG) Nr. 714/2009 und vorhandene Offshore-Netzpläne.

(2) [1]Der Netzentwicklungsplan umfasst alle Maßnahmen, die nach den Szenarien des Szenariorahmens erforderlich sind, um die Anforderungen nach Absatz 1 Satz 2 zu erfüllen. [2]Dabei ist dem Erfordernis eines sicheren und zuverlässigen Netzbetriebs in besonderer Weise Rechnung zu tragen.

(3) [1]Die Betreiber von Übertragungsnetzen veröffentlichen den Entwurf des Netzentwicklungsplans vor Vorlage bei der Regulierungsbehörde auf ihren Internetseiten und geben der Öffentlichkeit, einschließlich tatsächlicher oder potenzieller Netznutzer, den nachgelagerten Netzbetreibern sowie den Trägern öffentlicher Belange und den Energieaufsichtsbehörden der Länder Gelegenheit zur Äußerung. [2]Dafür stellen sie den Entwurf des Netzentwicklungsplans und alle weiteren erforderlichen Informationen im Internet zur Verfügung. [3]Die Betreiber von Übertragungsnetzen sollen den Entwurf des Netzentwicklungsplans spätestens bis zum 10. Dezember eines jeden geraden Kalenderjahres, beginnend mit dem Jahr 2016, veröffentlichen. [4]Die Betreiber von Elektrizitätsverteilernetzen sind verpflichtet, mit den Betreibern von Übertragungsnetzen in dem Umfang zusammenzuarbeiten, der erforderlich ist, um eine sachgerechte Erstellung des Netzentwicklungsplans zu gewährleisten; sie sind insbesondere verpflichtet, den Be-

EnWG

treibern von Übertragungsnetzen für die Erstellung des Netzentwicklungsplans notwendige Informationen auf Anforderung unverzüglich zur Verfügung zu stellen.

(4) Dem Netzentwicklungsplan ist eine zusammenfassende Erklärung beizufügen über die Art und Weise, wie die Ergebnisse der Beteiligungen nach § 12a Absatz 2 Satz 2 und § 12b Absatz 3 Satz 1 in dem Netzentwicklungsplan berücksichtigt wurden und aus welchen Gründen der Netzentwicklungsplan nach Abwägung mit den geprüften, in Betracht kommenden anderweitigen Planungsmöglichkeiten gewählt wurde.

(5) Die Betreiber von Übertragungsnetzen legen den konsultierten und überarbeiteten Entwurf des Netzentwicklungsplans der Regulierungsbehörde unverzüglich nach Fertigstellung, jedoch spätestens zehn Monate nach Genehmigung des Szenariorahmens gemäß § 12a Absatz 3 Satz 1, vor.

§ 12c Prüfung und Bestätigung des Netzentwicklungsplans durch die Regulierungsbehörde[1)]

(1) [1]Die Regulierungsbehörde prüft die Übereinstimmung des Netzentwicklungsplans mit den Anforderungen gemäß § 12b Absatz 1, 2 und 4. [2]Sie kann Änderungen des Entwurfs des Netzentwicklungsplans durch die Übertragungsnetzbetreiber verlangen. [3]Die Betreiber von Übertragungsnetzen stellen der Regulierungsbehörde auf Verlangen die für ihre Prüfungen erforderlichen Informationen zur Verfügung. [4]Bestehen Zweifel, ob der Netzentwicklungsplan mit dem gemeinschaftsweit geltenden Netzentwicklungsplan in Einklang steht, konsultiert die Regulierungsbehörde die Agentur für die Zusammenarbeit der Energieregulierungsbehörden.

(2) [1]Zur Vorbereitung eines Bedarfsplans nach § 12e erstellt die Regulierungsbehörde frühzeitig während des Verfahrens zur Erstellung des Netzentwicklungsplans nach § 12b und des Offshore-Netzentwicklungsplans nach § 17b einen Umweltbericht, der den Anforderungen des § 40 des Gesetzes über die Umweltverträglichkeitsprüfung entsprechen muss. [2]Der Umweltbericht nach Satz 1 bezieht den Umweltbericht zum Bundesfachplan Offshore nach § 17a Absatz 3 ein und kann auf zusätzliche oder andere als im Umweltbericht zum Bundesfachplan Offshore nach § 17a Absatz 3 enthaltene erhebliche Umweltauswirkungen beschränkt werden. [3]Die Betreiber von Übertragungsnetzen stellen der Regulierungsbehörde die hierzu erforderlichen Informationen zur Verfügung.

(3) [1]Nach Abschluss der Prüfung nach Absatz 1 beteiligt die Regulierungsbehörde unverzüglich die Behörden, deren Aufgabenbereich berührt wird, und die Öffentlichkeit. [2]Maßgeblich sind die Bestimmungen des Gesetzes über die Umweltverträglichkeitsprüfung, soweit sich aus den nachfolgenden Vorschriften nicht etwas anderes ergibt. [3]Gegenstand der Beteiligung ist der Entwurf des Netzentwicklungsplans und in den Fällen des § 12e zugleich der Umweltbericht. [4]Die Unterlagen für die Strategische Umweltprüfung sowie der Entwurf des Netzentwicklungsplans sind für eine Frist von sechs Wochen am Sitz der Regulierungsbehörde auszulegen und darüber hinaus auf ihrer Internetseite öffentlich bekannt zu machen. [5]Die betroffene Öffentlichkeit kann sich zum Entwurf des Netzentwicklungsplans und zum Umweltbericht bis einen Monat nach Ende der Auslegung äußern.

(4) [1]Die Regulierungsbehörde soll den Netzentwicklungsplan unter Berücksichtigung des Ergebnisses der Behörden- und Öffentlichkeitsbeteiligung mit Wirkung für die Betreiber von Übertragungsnetzen spätestens bis zum 31. Dezember eines jeden ungeraden Kalenderjahres, beginnend mit dem Jahr 2017, bestätigen. [2]Die Bestätigung ist nicht selbstständig durch Dritte anfechtbar. [3]Die Regulierungsbehörde kann bestimmen, welcher Betreiber von Übertragungsnetzen für die Durchführung einer im Netzentwicklungsplan enthaltenen Maßnahme verantwortlich ist.

(5) Die Betreiber von Übertragungsnetzen sind verpflichtet, den entsprechend Absatz 1 Satz 2 geänderten Netzentwicklungsplan der Regulierungsbehörde unverzüglich vorzulegen.

1) **Anm. d. Red.:** § 12c i. d. F. des Gesetzes v. 20.7.2017 (BGBl I S. 2808) mit Wirkung v. 29.7.2017.

(6) [1]Bei Fortschreibung des Netzentwicklungsplans kann sich die Beteiligung der Öffentlichkeit, einschließlich tatsächlicher und potenzieller Netznutzer, der nachgelagerten Netzbetreiber sowie der Träger öffentlicher Belange nach § 12a Absatz 2, § 12b Absatz 3 und § 12c Absatz 3 auf Änderungen gegenüber dem zuletzt genehmigten Szenariorahmen oder dem zuletzt bestätigten Netzentwicklungsplan beschränken. [2]Ein vollständiges Verfahren nach den §§ 12a bis 12c Absatz 1 bis 5 muss mindestens alle vier Jahre sowie in den Fällen des § 12e Absatz 1 Satz 3 durchgeführt werden.

(7) Die Regulierungsbehörde kann durch Festlegung nach § 29 Absatz 1 nähere Bestimmungen zu Inhalt und Verfahren der Erstellung des Netzentwicklungsplans sowie zur Ausgestaltung des nach Absatz 3, § 12a Absatz 2 und § 12b Absatz 3 durchzuführenden Verfahrens zur Beteiligung der Öffentlichkeit treffen.

§ 12d Umsetzungsbericht der Übertragungsnetzbetreiber[1)]

[1]Die Betreiber von Übertragungsnetzen legen der Regulierungsbehörde jeweils spätestens bis zum 30. September eines jeden geraden Kalenderjahres, beginnend mit dem Jahr 2018, einen gemeinsamen Umsetzungsbericht vor, den diese prüft. [2]Dieser Bericht muss Angaben zum Stand der Umsetzung des zuletzt bestätigten Netzentwicklungsplans und im Falle von Verzögerungen der Umsetzung die dafür maßgeblichen Gründe enthalten. [3]Die Regulierungsbehörde veröffentlicht den Umsetzungsbericht und gibt allen tatsächlichen und potenziellen Netznutzern Gelegenheit zur Äußerung.

§ 12e Bundesbedarfsplan[2)]

(1) [1]Die Regulierungsbehörde übermittelt den Netzentwicklungsplan und den Offshore-Netzentwicklungsplan mindestens alle vier Jahre der Bundesregierung als Entwurf für einen Bundesbedarfsplan. [2]Die Bundesregierung legt den Entwurf des Bundesbedarfsplans mindestens alle vier Jahre dem Bundesgesetzgeber vor. [3]Die Regulierungsbehörde hat auch bei wesentlichen Änderungen des Netzentwicklungsplans gemäß Satz 1 zu verfahren.

(2) [1]Die Regulierungsbehörde kennzeichnet in ihrem Entwurf für einen Bundesbedarfsplan die länderübergreifenden und grenzüberschreitenden Höchstspannungsleitungen sowie die Anbindungsleitungen von den Offshore-Windpark-Umspannwerken zu den Netzverknüpfungspunkten an Land. [2]Dem Entwurf ist eine Begründung beizufügen. [3]Die Vorhaben des Bundesbedarfsplans entsprechen den Zielsetzungen des § 1 dieses Gesetzes.

EnWG

(3) (weggefallen)

(4) [1]Mit Erlass des Bundesbedarfsplans durch den Bundesgesetzgeber wird für die darin enthaltenen Vorhaben die energiewirtschaftliche Notwendigkeit und der vordringliche Bedarf festgestellt. [2]Die Feststellungen sind für die Betreiber von Übertragungsnetzen sowie für die Planfeststellung und die Plangenehmigung nach den §§ 43 bis 43d und §§ 18 bis 24 des Netzausbaubeschleunigungsgesetzes Übertragungsnetz verbindlich.

(5) [1]Für die Änderung von Bundesbedarfsplänen gilt § 37 Satz 1 des Gesetzes über die Umweltverträglichkeitsprüfung. [2]Soweit danach keine Pflicht zur Durchführung einer Strategischen Umweltprüfung besteht, findet § 12c Absatz 2 keine Anwendung.

§ 12f Herausgabe von Daten[3)]

(1) Die Regulierungsbehörde stellt dem Bundesministerium für Wirtschaft und Energie sowie dem Umweltbundesamt Daten, die für digitale Netzberechnungen erforderlich sind, insbesondere Einspeise- und Lastdaten sowie Impedanzen und Kapazitäten von Leitungen und Transfor-

1) **Anm. d. Red.:** § 12d i. d. F. des Gesetzes v. 10. 12. 2015 (BGBl I S. 2194) mit Wirkung v. 1. 1. 2016.

2) **Anm. d. Red.:** § 12e i. d. F. des Gesetzes v. 20.7.2017 (BGBl I S. 2808) mit Wirkung v. 29.7.2017.

3) **Anm. d. Red.:** § 12f i. d. F. des Gesetzes v. 21. 7. 2014 (BGBl I S. 1066) mit Wirkung v. 1. 8. 2014.

matoren, einschließlich unternehmensbezogener Daten und Betriebs- und Geschäftsgeheimnisse zur Verfügung, soweit dies zur Erfüllung ihrer jeweiligen Aufgaben erforderlich ist.

(2) [1]Die Regulierungsbehörde gibt auf Antrag insbesondere netzknotenpunktscharfe Einspeise- und Lastdaten sowie Informationen zu Impedanzen und Kapazitäten von Leitungen und Transformatoren an Dritte heraus, die die Fachkunde zur Überprüfung der Netzplanung und ein berechtigtes Interesse gegenüber der Regulierungsbehörde nachweisen sowie die vertrauliche Behandlung der Informationen zusichern oder die Berechtigung zum Umgang mit Verschlusssachen mit einem Geheimhaltungsgrad nach § 12g Absatz 4 in Verbindung mit § 4 des Sicherheitsüberprüfungsgesetzes haben. [2]Die Daten sind in einem standardisierten, elektronisch verarbeitbaren Format zur Verfügung zu stellen. [3]Daten, die Betriebs- und Geschäftsgeheimnisse darstellen, dürfen von der Regulierungsbehörde nicht herausgegeben werden. [4]In diesem Fall hat die Regulierungsbehörde typisierte und anonymisierte Datensätze an den Antragsteller herauszugeben.

§ 12g Schutz europäisch kritischer Anlagen, Verordnungsermächtigung[1)]

(1) [1]Zum Schutz des Übertragungsnetzes bestimmt die Regulierungsbehörde alle zwei Jahre diejenigen Anlagen oder Teile von Anlagen des Übertragungsnetzes, deren Störung oder Zerstörung erhebliche Auswirkungen in mindestens zwei Mitgliedstaaten der Europäischen Union haben kann (europäisch kritische Anlage). [2]Die Bestimmung erfolgt durch Festlegung nach dem Verfahren des § 29. [3]Zur Vorbereitung der Festlegung haben die Betreiber von Übertragungsnetzen der Regulierungsbehörde einen Bericht vorzulegen, in dem Anlagen ihres Netzes, deren Störung oder Zerstörung erhebliche Auswirkungen in mindestens zwei Mitgliedstaaten haben kann, vorgeschlagen werden und dies begründet wird. [4]Der Bericht kann auch von allen Betreibern gemeinsam erstellt und vorgelegt werden.

(2) Betreiber von Übertragungsnetzen haben zum Schutz ihrer gemäß Absatz 1 Satz 1 bestimmten Anlagen Sicherheitspläne zu erstellen sowie Sicherheitsbeauftragte zu bestimmen und der Regulierungsbehörde nachzuweisen.

(3) Die Bundesregierung wird ermächtigt, durch Rechtsverordnung ohne Zustimmung des Bundesrates Einzelheiten zu dem Verfahren der Festlegung und zum Bericht gemäß Absatz 1 sowie zu den Sicherheitsplänen und Sicherheitsbeauftragten nach Absatz 2 zu regeln.

(4) Die für die Festlegung gemäß Absatz 1 Satz 2 erforderlichen Informationen, der Bericht der Betreiber nach Absatz 1 Satz 3 sowie die Sicherheitspläne nach Absatz 2 sind als Verschlusssache mit dem geeigneten Geheimhaltungsgrad im Sinne von § 4 des Sicherheitsüberprüfungsgesetzes einzustufen.

§ 13 Systemverantwortung der Betreiber von Übertragungsnetzen[2)]

(1) Sofern die Sicherheit oder Zuverlässigkeit des Elektrizitätsversorgungssystems in der jeweiligen Regelzone gefährdet oder gestört ist, sind die Betreiber der Übertragungsnetze berechtigt und verpflichtet, die Gefährdung oder Störung zu beseitigen durch

1. netzbezogene Maßnahmen, insbesondere durch Netzschaltungen,
2. marktbezogene Maßnahmen, insbesondere durch den Einsatz von Regelenergie, vertraglich vereinbarte abschaltbare und zuschaltbare Lasten, Information über Engpässe und das Management von Engpässen sowie
3. zusätzliche Reserven, insbesondere die Netzreserve nach § 13d und die Kapazitätsreserve nach § 13e.

(2) [1]Lässt sich eine Gefährdung oder Störung der Sicherheit oder Zuverlässigkeit des Elektrizitätsversorgungssystems durch Maßnahmen nach Absatz 1 nicht oder nicht rechtzeitig beseitigen, so sind die Betreiber der Übertragungsnetze im Rahmen der Zusammenarbeit nach § 12

1) **Anm. d. Red.:** § 12g eingefügt gem. Gesetz v. 26. 7. 2011 (BGBl I S. 1554) mit Wirkung v. 4. 8. 2011.

2) **Anm. d. Red.:** § 13 i. d. F. des Gesetzes v. 17.12.2018 (BGBl I S. 2549) mit Wirkung v. 21.12.2018.

Absatz 1 berechtigt und verpflichtet, sämtliche Stromeinspeisungen, Stromtransite und Stromabnahmen in ihren Regelzonen den Erfordernissen eines sicheren und zuverlässigen Betriebs des Übertragungsnetzes anzupassen oder diese Anpassung zu verlangen. [2]Bei einer erforderlichen Anpassung von Stromeinspeisungen und Stromabnahmen sind insbesondere die betroffenen Betreiber von Elektrizitätsverteilernetzen und Stromhändler – soweit möglich – vorab zu informieren.

(3) [1]Bei Maßnahmen nach den Absätzen 1 und 2 sind die Verpflichtungen nach § 11 Absatz 1 des Erneuerbare-Energien-Gesetzes und nach § 3 Absatz 1 und 2 des Kraft- Wärme-Kopplungsgesetzes einzuhalten und Auswirkungen auf die Sicherheit und Zuverlässigkeit des Gasversorgungssystems auf Grundlage der von den Betreibern der Gasversorgungsnetze nach § 12 Absatz 4 Satz 1 bereitzustellenden Informationen angemessen zu berücksichtigen. [2]Bei Maßnahmen nach Absatz 1 Nummer 2 ist der Einsatz vertraglicher Vereinbarungen zur Einspeisung von nach Satz 1 vorrangberechtigter Elektrizität nach Ausschöpfung der vertraglichen Vereinbarungen zur Reduzierung der Einspeisung von nicht vorrangberechtigter Elektrizität zulässig, soweit die Bestimmungen des Erneuerbare-Energien-Gesetzes oder des Kraft-Wärme-Kopplungsgesetzes ein Abweichen von den genannten Verpflichtungen auf Grund vertraglicher Vereinbarungen ausnahmsweise eröffnen. [3]Beruht die Gefährdung oder Störung auf einer Überlastung der Netzkapazität, so sind im Rahmen von Maßnahmen nach Absatz 2 die speziellen Anforderungen nach den §§ 14 und 15 des Erneuerbare-Energien-Gesetzes einzuhalten. [4]Soweit die Einhaltung der in diesem Absatz genannten Verpflichtungen die Beseitigung einer Gefährdung oder Störung verhindern würde, kann ausnahmsweise von ihnen abgewichen werden. [5]Ein solcher Ausnahmefall liegt insbesondere vor, soweit die Betreiber von Übertragungsnetzen zur Gewährleistung der Sicherheit und Zuverlässigkeit des Elektrizitätsversorgungssystems auf die Mindesteinspeisung aus bestimmten Anlagen angewiesen sind und keine technisch gleich wirksamen anderen Maßnahmen verfügbar machen können (netztechnisch erforderliches Minimum). [6]Ausnahmen nach den Sätzen 4 und 5 sind der Regulierungsbehörde unverzüglich anzuzeigen und die besonderen Gründe nachzuweisen.

(4) Eine Gefährdung der Sicherheit oder Zuverlässigkeit des Elektrizitätsversorgungssystems in der jeweiligen Regelzone liegt vor, wenn örtliche Ausfälle des Übertragungsnetzes oder kurzfristige Netzengpässe zu besorgen sind oder zu besorgen ist, dass die Haltung von Frequenz, Spannung oder Stabilität durch die Betreiber von Übertragungsnetzen nicht im erforderlichen Maße gewährleistet werden kann.

(5) [1]Im Falle einer Anpassung nach Absatz 2 Satz 1 ruhen bis zur Beseitigung der Gefährdung oder Störung alle hiervon jeweils betroffenen Leistungspflichten. [2]Satz 1 führt grundsätzlich nicht zu einer Aussetzung der Abrechnung der Bilanzkreise durch den Betreiber eines Übertragungsnetzes. [3]Soweit bei Vorliegen der Voraussetzungen nach Absatz 2 Maßnahmen getroffen werden, ist insoweit die Haftung für Vermögensschäden ausgeschlossen. [4]Im Übrigen bleibt § 11 Absatz 3 unberührt. [5]Die Sätze 3 und 4 sind für Entscheidungen des Betreibers von Übertragungsnetzen im Rahmen von § 13b Absatz 5, § 13f Absatz 1 und § 16 Absatz 2a entsprechend anzuwenden.

(6) [1]Die Beschaffung von Ab- oder Zuschaltleistung über vertraglich vereinbarte ab- oder zuschaltbare Lasten nach Absatz 1 Nummer 2 erfolgt durch die Betreiber von Übertragungsnetzen in einem diskriminierungsfreien und transparenten Ausschreibungsverfahren, bei dem die Anforderungen, die die Anbieter von Ab- oder Zuschaltleistung für die Teilnahme erfüllen müssen, soweit dies technisch möglich ist, zu vereinheitlichen sind. [2]Die Betreiber von Übertragungsnetzen haben für die Ausschreibung von Ab- oder Zuschaltleistung aus ab- oder zuschaltbaren Lasten eine gemeinsame Internetplattform einzurichten. [3]Die Einrichtung der Plattform nach Satz 2 ist der Regulierungsbehörde anzuzeigen. [4]Die Betreiber von Übertragungsnetzen sind unter Beachtung ihrer jeweiligen Systemverantwortung verpflichtet, zur Senkung des Aufwandes für Ab- und Zuschaltleistung unter Berücksichtigung der Netzbedingungen zusammenzuarbeiten.

(6a) [1]Die Betreiber von Übertragungsnetzen können mit Betreibern von KWK-Anlagen vertragliche Vereinbarungen zur Reduzierung der Wirkleistungseinspeisung aus der KWK-Anlage und gleichzeitigen Lieferung von elektrischer Energie für die Aufrechterhaltung der Wärmeversorgung nach Absatz 1 Nummer 2 und Absatz 3 Satz 2 schließen, wenn die KWK-Anlage

1. technisch unter Berücksichtigung ihrer Größe und Lage im Netz geeignet ist, zur Beseitigung von Gefährdungen oder Störungen der Sicherheit oder Zuverlässigkeit des Elektrizitätsversorgungssystems aufgrund von Netzengpässen im Höchstspannungsnetz effizient beizutragen,
2. sich im Zeitpunkt des Vertragsabschlusses in einem Netzausbaugebiet nach § 36c Absatz 1 des Erneuerbare-Energien-Gesetzes befindet,
3. vor dem 1. Januar 2017 in Betrieb genommen worden ist und
4. eine installierte elektrische Leistung von mehr als 500 Kilowatt hat.

[2]In der vertraglichen Vereinbarung nach Satz 1 ist zu regeln, dass

1. die Reduzierung der Wirkleistungseinspeisung und die Lieferung von elektrischer Energie zum Zweck der Aufrechterhaltung der Wärmeversorgung abweichend von § 3 Absatz 2 des Kraft-Wärme-Kopplungsgesetzes und den §§ 14 und 15 des Erneuerbare-Energien-Gesetzes eine Maßnahme nach Absatz 1 Nummer 2 ist, die gegenüber den übrigen Maßnahmen nach Absatz 1 Nummer 2 nachrangig durchzuführen ist,
2. für die Reduzierung der Wirkleistungseinspeisung vom Betreiber des Übertragungsnetzes eine angemessene Vergütung zu zahlen ist und die Kosten für die Lieferung der elektrischen Energie zu erstatten sind; § 13a Absatz 2 bis 4 ist entsprechend anzuwenden, und
3. die erforderlichen Kosten für die Investition für die elektrische Wärmeerzeugung vom Betreiber des Übertragungsnetzes einmalig erstattet werden.

[3]Die Betreiber der Übertragungsnetze müssen sich bei der Auswahl der KWK-Anlagen, mit denen vertragliche Vereinbarungen nach den Sätzen 1 und 2 geschlossen werden, auf die KWK-Anlagen beschränken, die kostengünstig und effizient zur Beseitigung von Netzengpässen beitragen können. [4]Die vertragliche Vereinbarung muss mindestens für fünf Jahre abgeschlossen werden und ist mindestens vier Wochen vor dem Abschluss der Bundesnetzagentur und spätestens vier Wochen nach dem Abschluss den anderen Betreibern von Übertragungsnetzen zu übermitteln. [5]Sie dürfen nur von Übertragungsnetzbetreibern aufgrund von Engpässen im Übertragungsnetz abgeschlossen werden, § 14 Absatz 1 Satz 1 findet insoweit keine Anwendung. [6]Die installierte elektrische Leistung von Wärmeerzeugern, die aufgrund einer vertraglichen Vereinbarung mit den KWK-Anlagen nach den Sätzen 1 und 2 installiert wird, darf 2 Gigawatt nicht überschreiten. [7]Sofern die installierte elektrische Leistung von Wärmeerzeugern, die aufgrund von vertraglichen Vereinbarungen mit den KWK-Anlagen nach den Sätzen 1 und 2 installiert wird, 2 Gigawatt im Netzausbaugebiet nicht erreicht, wird die Bundesregierung unmittelbar einen Vorschlag für eine Rechtsverordnung nach § 13i Absatz 1 und 2 vorlegen, damit auch andere Technologien als zuschaltbare Lasten zum Einsatz kommen können, sofern diese geeignet sind, zur Beseitigung von Gefährdungen oder Störungen der Sicherheit oder Zuverlässigkeit des Elektrizitätsversorgungssystems aufgrund von Netzengpässen im Höchstspannungsnetz effizient beizutragen.

(7) [1]Über die Gründe von durchgeführten Anpassungen und Maßnahmen sind die hiervon unmittelbar Betroffenen und die Regulierungsbehörde unverzüglich zu informieren. [2]Auf Verlangen sind die vorgetragenen Gründe zu belegen.

(8) Reichen die Maßnahmen nach Absatz 2 nach Feststellung eines Betreibers von Übertragungsnetzen nicht aus, um eine Versorgungsstörung für lebenswichtigen Bedarf im Sinne des § 1 des Energiesicherungsgesetzes abzuwenden, muss der Betreiber von Übertragungsnetzen unverzüglich die Regulierungsbehörde unterrichten.

(9) [1]Zur Vermeidung schwerwiegender Versorgungsstörungen müssen die Betreiber von Übertragungsnetzen alle zwei Jahre eine Schwachstellenanalyse erarbeiten und auf dieser Grundlage notwendige Maßnahmen treffen. [2]Das Personal in den Steuerstellen ist entsprechend zu unterweisen. [3]Über das Ergebnis der Schwachstellenanalyse und die notwendigen Maßnahmen

hat der Betreiber eines Übertragungsnetzes alle zwei Jahre jeweils zum 31. August der Regulierungsbehörde zu berichten.

(10) [1]Die Betreiber von Übertragungsnetzen erstellen jährlich gemeinsam für die nächsten fünf Jahre eine Prognose des Umfangs von Maßnahmen nach den Absätzen 1 und 2, die aufgrund von Netzengpässen notwendig sind, und übermitteln diese jedes Jahr spätestens zum 1. Juli an die Bundesnetzagentur. [2]Die zugrunde liegenden Annahmen, Parameter und Szenarien für die Prognose nach Satz 1 sind der im jeweiligen Jahr erstellten Systemanalyse und den in dem jeweiligen Jahr oder einem Vorjahr erstellten ergänzenden Analysen nach § 3 Absatz 2 der Netzreserveverordnung zu entnehmen. [3]Die Prognose nach Satz 1 enthält eine Schätzung der Kosten. [4]Die Bundesnetzagentur veröffentlicht die Prognose nach Satz 1.

§ 13a Anpassungen von Einspeisungen und ihre Vergütung[1)]

(1) [1]Für die Durchführung von Maßnahmen nach § 13 Absatz 1 Nummer 2 oder Nummer 3 sind Betreiber von Anlagen zur Erzeugung oder Speicherung von elektrischer Energie mit einer Nennleistung ab 10 Megawatt verpflichtet, auf Anforderung durch die Betreiber von Übertragungsnetzen und erforderlichenfalls in Abstimmung mit dem Betreiber desjenigen Netzes, in das die Anlage eingebunden ist, gegen eine angemessene Vergütung die Wirkleistungs- oder Blindleistungseinspeisung oder den Wirkleistungsbezug anzupassen. [2]Eine Anpassung umfasst auch die Anforderung einer Einspeisung oder eines Bezugs aus Anlagen, die

1. derzeit nicht einspeisen oder beziehen und erforderlichenfalls erst betriebsbereit gemacht werden müssen oder
2. zur Erfüllung der Anforderung einer Einspeisung oder eines Bezugs eine geplante Revision verschieben müssen.

(2) [1]Die Vergütung für eine nach Absatz 1 Satz 1 angeforderte Anpassung ist angemessen, wenn sie den Betreiber der Anlage wirtschaftlich weder besser noch schlechter stellt, als er ohne die Maßnahme stünde. [2]Eine angemessene Vergütung nach Absatz 1 Satz 1 umfasst folgende Bestandteile, wenn und soweit diese durch die jeweilige Anpassung der Wirkleistungs- oder Blindleistungseinspeisung oder des Wirkleistungsbezugs auf Anforderung des Betreibers eines Übertragungsnetzes verursacht worden sind:

1. die notwendigen Auslagen für die tatsächlichen Anpassungen der Einspeisung (Erzeugungsauslagen) oder des Bezugs,
2. den Werteverbrauch der Anlage für die tatsächlichen Anpassungen der Einspeisung oder des Bezugs (anteiligen Werteverbrauch),
3. die nachgewiesenen entgangenen Erlösmöglichkeiten, wenn und soweit diese die Summe der nach den Nummern 1 und 2 zu erstattenden Kosten übersteigen, und
4. die notwendigen Auslagen für die Herstellung der Betriebsbereitschaft nach Absatz 1 Satz 2 Nummer 1 oder die Verschiebung einer geplanten Revision nach Absatz 1 Satz 2 Nummer 2.

[3]Ersparte Aufwendungen erstattet der Anlagenbetreiber an den zuständigen Betreiber eines Übertragungsnetzes.

(3) Grundlage für die Bestimmung des anteiligen Werteverbrauchs nach Absatz 2 Satz 2 Nummer 2 sind die handelsrechtlichen Restwerte und handelsrechtlichen Restnutzungsdauern in Jahren; für die Bestimmung des anteiligen Werteverbrauchs für die Anlage oder Anlagenteile ist als Schlüssel das Verhältnis aus den anrechenbaren Betriebsstunden im Rahmen von Maßnahmen nach Absatz 1 Satz 1 und den für die Anlage bei der Investitionsentscheidung betriebswirtschaftlich geplanten Betriebsstunden zugrunde zu legen.

(4) Weitergehende Kosten, die dem Anlagenbetreiber auch ohne die Anforderung nach Absatz 1 Satz 1 entstehen, insbesondere Betriebsbereitschaftsauslagen und eine Verzinsung des gebundenen Kapitals, werden nicht erstattet.

1) **Anm. d. Red.:** § 13a i. d. F. des Gesetzes v. 26. 7. 2016 (BGBl I S. 1786) mit Wirkung v. 30.7. 2016.

(5) Die Absätze 2 bis 4 sind ab dem 1. Januar 2013 anzuwenden, wobei sie in dem Zeitraum vom 1. Januar 2013 bis zum 30. April 2015 nur anzuwenden sind, wenn und soweit die Betreiber von Erzeugungsanlagen dadurch nicht schlechter stehen, als sie durch die tatsächlich von den Betreibern von Übertragungsnetzen in diesem Zeitraum gezahlte jeweilige Vergütung stünden.

§ 13b Stilllegungen von Anlagen[1)]

(1) [1]Betreiber von Anlagen zur Erzeugung oder Speicherung elektrischer Energie mit einer Nennleistung ab 10 Megawatt sind verpflichtet, vorläufige oder endgültige Stilllegungen ihrer Anlage oder von Teilkapazitäten ihrer Anlage dem systemverantwortlichen Betreiber des Übertragungsnetzes und der Bundesnetzagentur möglichst frühzeitig, mindestens aber zwölf Monate vorher anzuzeigen; dabei ist anzugeben, ob und inwieweit die Stilllegung aus rechtlichen, technischen oder betriebswirtschaftlichen Gründen erfolgen soll. [2]Vorläufige und endgültige Stilllegungen ohne vorherige Anzeige und vor Ablauf der Frist nach Satz 1 sind verboten, wenn ein Weiterbetrieb technisch und rechtlich möglich ist. [3]Eine Stilllegung von Anlagen vor Ablauf der Frist nach den Sätzen 1 und 2 ist zulässig, wenn der Betreiber eines Übertragungsnetzes hierdurch keine Gefährdung oder Störung der Sicherheit oder Zuverlässigkeit des Elektrizitätsversorgungssystems erwartet und er dem Anlagenbetreiber dies nach Absatz 2 Satz 1 mitgeteilt hat.

(2) [1]Der systemverantwortliche Betreiber des Übertragungsnetzes prüft nach Eingang der Anzeige einer Stilllegung nach Absatz 1 Satz 1 unverzüglich, ob die Anlage systemrelevant ist, und teilt dem Betreiber der Anlage und der Bundesnetzagentur das Ergebnis seiner Prüfung unverzüglich schriftlich oder elektronisch mit. [2]Eine Anlage ist systemrelevant, wenn ihre Stilllegung mit hinreichender Wahrscheinlichkeit zu einer nicht unerheblichen Gefährdung oder Störung der Sicherheit oder Zuverlässigkeit des Elektrizitätsversorgungssystems führen würde und diese Gefährdung oder Störung nicht durch andere angemessene Maßnahmen beseitigt werden kann. [3]Die Begründung der Notwendigkeit der Ausweisung einer systemrelevanten Anlage im Fall einer geplanten vorläufigen oder endgültigen Stilllegung soll sich aus der Systemanalyse der Betreiber von Übertragungsnetzen oder dem Bericht der Bundesnetzagentur nach § 3 der Netzreserveverordnung ergeben. [4]Die Begründung kann sich auf die Liste systemrelevanter Gaskraftwerke nach § 13f Absatz 1 stützen.

(3) [1]Mit Ausnahme von Revisionen und technisch bedingten Störungen sind vorläufige Stilllegungen Maßnahmen, die bewirken, dass die Anlage nicht mehr anfahrbereit gehalten wird, aber innerhalb eines Jahres nach Anforderung durch den Betreiber eines Übertragungsnetzes nach Absatz 4 Satz 3 wieder betriebsbereit gemacht werden kann, um eine geforderte Anpassung ihrer Einspeisung nach § 13a Absatz 1 umzusetzen. [2]Endgültige Stilllegungen sind Maßnahmen, die den Betrieb der Anlage endgültig ausschließen oder bewirken, dass eine Anpassung der Einspeisung nicht mehr innerhalb eines Jahres nach einer Anforderung nach Absatz 4 erfolgen kann, da die Anlage nicht mehr innerhalb dieses Zeitraums betriebsbereit gemacht werden kann.

(4) [1]Vorläufige Stilllegungen von Anlagen, die nach Absatz 1 Satz 1 zur vorläufigen Stilllegung angezeigt wurden, sind auch nach Ablauf der in der Anzeige genannten Frist nach Absatz 1 Satz 1 verboten, solange und soweit der systemverantwortliche Betreiber des Übertragungsnetzes die Anlage nach Absatz 2 Satz 2 als systemrelevant ausweist. [2]Die Ausweisung erfolgt für eine Dauer von 24 Monaten; zeigt der Betreiber einer Anlage für den Zeitraum nach Ablauf der 24 Monate die geplante vorläufige Stilllegung nach § 13b Absatz 1 Satz 1 erneut an und wird das Fortbestehen der Systemrelevanz der Anlage durch eine Prüfung des regelzonenverantwortlichen Betreibers eines Übertragungsnetzes festgestellt, erfolgt jede erneute Ausweisung der Anlage als systemrelevant jeweils für einen Zeitraum von bis zu 24 Monaten. [3]Der Betreiber einer Anlage, deren vorläufige Stilllegung nach Satz 1 verboten ist, muss die Betriebsbereitschaft der Anlage für Anpassungen der Einspeisung nach § 13a Absatz 1 weiter vorhalten oder wieder-

1) **Anm. d. Red.:** § 13b i. d. F. des Gesetzes v. 26. 7. 2016 (BGBl I S. 1786) mit Wirkung v. 30. 7. 2016.

herstellen. [4]Der Betreiber einer vorläufig stillgelegten Anlage, die nach Absatz 2 Satz 2 systemrelevant ist, muss für die Durchführung von Maßnahmen nach § 13 Absatz 1 Nummer 2 und 3 und § 13a Absatz 1 auf Anforderung durch den Betreiber des Übertragungsnetzes und erforderlichenfalls in Abstimmung mit dem Betreiber desjenigen Netzes, in das die Anlage eingebunden ist, die Anlage betriebsbereit machen.

(5) [1]Endgültige Stilllegungen von Anlagen zur Erzeugung oder Speicherung elektrischer Energie mit einer Nennleistung ab 50 Megawatt sind auch nach Ablauf der in der Anzeige genannten Frist nach Absatz 1 Satz 1 verboten, solange und soweit

1. der systemverantwortliche Betreiber des Übertragungsnetzes die Anlage als systemrelevant ausweist,
2. die Ausweisung durch die Bundesnetzagentur genehmigt worden ist und
3. ein Weiterbetrieb technisch und rechtlich möglich ist.

[2]Der Betreiber des Übertragungsnetzes hat den Antrag auf Genehmigung der Ausweisung nach Prüfung der Anzeige einer Stilllegung unverzüglich bei der Bundesnetzagentur zu stellen und zu begründen. [3]Er hat dem Anlagenbetreiber unverzüglich eine Kopie von Antrag und Begründung zu übermitteln. [4]Die Bundesnetzagentur hat den Antrag zu genehmigen, wenn die Anlage systemrelevant nach Absatz 2 Satz 2 ist. [5]Die Genehmigung kann unter Bedingungen erteilt und mit Auflagen verbunden werden. [6]Hat die Bundesnetzagentur über den Antrag nicht innerhalb einer Frist von drei Monaten nach Vorliegen der vollständigen Unterlagen entschieden, gilt die Genehmigung als erteilt, es sei denn,

1. der Antragsteller hat einer Verlängerung der Frist zugestimmt oder
2. die Bundesnetzagentur kann wegen unrichtiger Angaben oder wegen einer nicht rechtzeitig erteilten Auskunft keine Entscheidung treffen und sie hat dies den Betroffenen vor Ablauf der Frist unter Angabe der Gründe mitgeteilt.

[7]Die Vorschriften des Verwaltungsverfahrensgesetzes über die Genehmigungsfiktion sind entsprechend anzuwenden. [8]Die Ausweisung erfolgt in dem Umfang und für den Zeitraum, der erforderlich ist, um die Gefährdung oder Störung abzuwenden. [9]Sie soll eine Dauer von 24 Monaten nicht überschreiten, es sei denn, die Systemrelevanz der Anlage wird durch eine Systemanalyse des regelzonenverantwortlichen Betreibers eines Übertragungsnetzes für einen längeren Zeitraum nachgewiesen und von der Bundesnetzagentur bestätigt. [10]Der Betreiber des Übertragungsnetzes hat dem Betreiber der Anlage die Ausweisung mit der Begründung unverzüglich nach Genehmigung durch die Bundesnetzagentur mitzuteilen. [11]Der Betreiber einer Anlage, deren endgültige Stilllegung nach Satz 1 verboten ist, muss die Anlage zumindest in einem Zustand erhalten, der eine Anforderung zur weiteren Vorhaltung oder Wiederherstellung der Betriebsbereitschaft nach Absatz 4 ermöglicht, sowie auf Anforderung des Betreibers eines Übertragungsnetzes die Betriebsbereitschaft der Anlage für Anpassungen der Einspeisung weiter vorhalten oder wiederherstellen, soweit dies nicht technisch oder rechtlich ausgeschlossen ist.

(6) Die Absätze 1 bis 5 gelten nicht für die stillzulegenden Anlagen nach § 13g.

EnWG

§ 13c Vergütung bei geplanten Stilllegungen von Anlagen[1)]

(1) [1]Fordert der Betreiber eines Übertragungsnetzes den Betreiber einer Anlage, die andernfalls auf Grund einer vorläufigen Stilllegung im erforderlichen Zeitraum nicht anfahrbereit wäre, nach § 13b Absatz 4 dazu auf, die Betriebsbereitschaft der Anlage für Anpassungen der Einspeisung weiter vorzuhalten oder wiederherzustellen, kann der Betreiber als angemessene Vergütung geltend machen:

1) **Anm. d. Red.:** § 13c i. d. F. des Gesetzes v. 26. 7. 2016 (BGBl I S. 1786) mit Wirkung v. 30. 7. 2016.

1. die für die Vorhaltung und die Herstellung der Betriebsbereitschaft notwendigen Auslagen (Betriebsbereitschaftsauslagen); im Rahmen der Betriebsbereitschaftsauslagen
   a) werden die einmaligen Kosten für die Herstellung der Betriebsbereitschaft der Anlage berücksichtigt; Kosten in diesem Sinn sind auch die Kosten erforderlicher immissionsschutzrechtlicher Prüfungen sowie die Kosten der Reparatur außergewöhnlicher Schäden, und
   b) wird ein Leistungspreis für die Bereithaltung der betreffenden Anlage gewährt; hierbei werden die Kosten berücksichtigt, die dem Betreiber zusätzlich und fortlaufend auf Grund der Vorhaltung der Anlage für die Netzreserve nach § 13d entstehen; der Leistungspreis kann als pauschalierter Betrag (Euro je Megawatt) zu Vertragsbeginn auf Grundlage von jeweils ermittelten Erfahrungswerten der Anlage festgelegt werden; die Bundesnetzagentur kann die der Anlage zurechenbaren Gemeinkosten eines Betreibers bis zu einer Höhe von 5 Prozent der übrigen Kosten dieser Nummer pauschal anerkennen; der Nachweis höherer Gemeinkosten durch den Betreiber ist möglich;
2. die Erzeugungsauslagen und
3. den anteiligen Werteverbrauch.

[2]Betriebsbereitschaftsauslagen nach Satz 1 Nummer 1 sind zu erstatten, wenn und soweit diese ab dem Zeitpunkt der Ausweisung der Systemrelevanz der Anlage durch den Betreiber eines Übertragungsnetzes anfallen und der Vorhaltung und dem Einsatz als Netzreserve im Sinne von § 13d Absatz 1 Satz 1 zu dienen bestimmt sind. [3]Grundlage für die Bestimmung des anteiligen Werteverbrauchs nach Satz 1 Nummer 3 sind die handelsrechtlichen Restwerte und handelsrechtlichen Restnutzungsdauern in Jahren; für die Bestimmung des anteiligen Werteverbrauchs für die Anlage oder Anlagenteile ist als Schlüssel das Verhältnis aus den anrechenbaren Betriebsstunden im Rahmen von Maßnahmen nach § 13a Absatz 1 Satz 2 und den für die Anlage bei der Investitionsentscheidung betriebswirtschaftlich geplanten Betriebsstunden zugrunde zu legen. [4]Im Rahmen der Erzeugungsauslagen wird ein Arbeitspreis in Form der notwendigen Auslagen für eine Einspeisung der Anlage gewährt.

(2) [1]Nimmt der Betreiber der Anlage im Sinn von § 13b Absatz 4 Satz 1 den Betreiber des Übertragungsnetzes auf Zahlung der Betriebsbereitschaftsauslagen nach Absatz 1 Satz 1 Nummer 1 in Anspruch, darf ab diesem Zeitpunkt die Anlage für die Dauer der Ausweisung der Anlage als systemrelevant durch den Betreiber eines Übertragungsnetzes ausschließlich nach Maßgabe der von den Betreibern von Übertragungsnetzen angeforderten Systemsicherheitsmaßnahmen betrieben werden. [2]Wird die Anlage nach Ablauf der Dauer der Ausweisung als systemrelevant wieder eigenständig an den Strommärkten eingesetzt, ist der Restwert der investiven Vorteile, die der Betreiber der Anlage erhalten hat, zu erstatten. [3]Maßgeblich ist der Restwert zu dem Zeitpunkt, ab dem die Anlage wieder eigenständig an den Strommärkten eingesetzt wird.

(3) [1]Der Betreiber einer Anlage, deren endgültige Stilllegung nach § 13b Absatz 5 Satz 1 verboten ist, kann als angemessene Vergütung für die Verpflichtung nach § 13b Absatz 5 Satz 11 von dem jeweiligen Betreiber eines Übertragungsnetzes geltend machen:

1. die Kosten für erforderliche Erhaltungsmaßnahmen nach § 13b Absatz 5 Satz 11 (Erhaltungsauslagen),
2. die Betriebsbereitschaftsauslagen im Sinn von Absatz 1 Satz 1 Nummer 1 und Satz 2,
3. Erzeugungsauslagen im Sinne von Absatz 1 Satz 1 Nummer 2 und Satz 4 und
4. Opportunitätskosten in Form einer angemessenen Verzinsung für bestehende Anlagen, wenn und soweit eine verlängerte Kapitalbindung in Form von Grundstücken und weiterverwertbaren technischen Anlagen oder Anlagenteilen auf Grund der Verpflichtung für die Netzreserve besteht.

[2]Erhaltungs- und Betriebsbereitschaftsauslagen nach Satz 1 Nummer 1 und 2 sind zu erstatten, wenn und soweit diese ab dem Zeitpunkt der Ausweisung der Systemrelevanz durch den Betreiber eines Übertragungsnetzes nach § 13b Absatz 5 anfallen und der Vorhaltung und dem Einsatz als Netzreserve zu dienen bestimmt sind. [3]Der Werteverbrauch der weiterverwertbaren

technischen Anlagen oder der Anlagenteile ist nur erstattungsfähig, wenn und soweit die technischen Anlagen in der Netzreserve tatsächlich eingesetzt werden; für die Bestimmung des anteiligen Werteverbrauchs ist Absatz 1 Satz 3 anzuwenden. [4]Weitergehende Kosten, insbesondere Kosten, die auch im Fall einer endgültigen Stilllegung angefallen wären, sind nicht erstattungsfähig.

(4) [1]Nimmt der Betreiber der Anlage, deren endgültige Stilllegung nach § 13b Absatz 5 Satz 1 verboten ist, den Betreiber des Übertragungsnetzes auf Zahlung der Erhaltungsauslagen oder der Betriebsbereitschaftsauslagen nach Absatz 3 Satz 1 Nummer 1 und 2 sowie Satz 2 in Anspruch, darf die Anlage bis zu ihrer endgültigen Stilllegung ausschließlich nach Maßgabe der von den Betreibern von Übertragungsnetzen angeforderten Systemsicherheitsmaßnahmen betrieben werden. [2]Wird die Anlage endgültig stillgelegt, so ist der Restwert der investiven Vorteile bei wiederverwertbaren Anlagenteilen, die der Betreiber der Anlage im Rahmen der Erhaltungsauslagen nach Absatz 3 Satz 1 Nummer 1 und der Betriebsbereitschaftsauslagen im Sinne von Absatz 1 Satz 1 Nummer 1 erhalten hat, zu erstatten. [3]Maßgeblich ist der Restwert zu dem Zeitpunkt, ab dem die Anlage nicht mehr als Netzreserve vorgehalten wird. [4]Der Umfang der Vergütung nach Absatz 3 wird in den jeweiligen Verträgen zwischen den Betreibern der Anlagen und den Betreibern der Übertragungsnetze auf Grundlage der Kostenstruktur der jeweiligen Anlage nach Abstimmung mit der Bundesnetzagentur festgelegt.

(5) Die durch die Absätze 1 bis 4 entstehenden Kosten der Betreiber von Übertragungsnetzen werden durch Festlegung der Bundesnetzagentur zu einer freiwilligen Selbstverpflichtung der Betreiber von Übertragungsnetzen nach § 11 Absatz 2 Satz 4 und § 32 Absatz 1 Nummer 4 der Anreizregulierungsverordnung in der jeweils geltenden Fassung als verfahrensregulierte Kosten nach Maßgabe der hierfür geltenden Vorgaben anerkannt.

(6) Die Absätze 1 bis 5 gelten nicht für die stillzulegenden Anlagen nach § 13g.

§ 13d Netzreserve[1)]

(1) [1]Die Betreiber von Übertragungsnetzen halten nach § 13b Absatz 4 und 5 sowie nach Maßgabe der Netzreserveverordnung Anlagen zum Zweck der Gewährleistung der Sicherheit und Zuverlässigkeit des Elektrizitätsversorgungssystems insbesondere für die Bewirtschaftung von Netzengpässen und für die Spannungshaltung und zur Sicherstellung eines möglichen Versorgungswiederaufbaus vor (Netzreserve). [2]Die Netzreserve wird gebildet aus

1. Anlagen, die derzeit nicht betriebsbereit sind und auf Grund ihrer Systemrelevanz auf Anforderung der Betreiber von Übertragungsnetzen wieder betriebsbereit gemacht werden müssen,
2. systemrelevanten Anlagen, für die die Betreiber eine vorläufige oder endgültige Stilllegung nach § 13b Absatz 1 Satz 1 angezeigt haben, und
3. geeigneten Anlagen im europäischen Ausland.

(2) [1]Betreiber von bestehenden Anlagen, die als Netzreserve zur Gewährleistung der Sicherheit und Zuverlässigkeit des Elektrizitätsversorgungssystems verpflichtet worden sind, können unter den Voraussetzungen des § 13e und den Regelungen der Rechtsverordnung nach § 13h auch an dem Verfahren der Beschaffung der Kapazitätsreserve teilnehmen. [2]Sind bestehende Anlagen der Netzreserve im Rahmen des Beschaffungsverfahrens erfolgreich, erhalten sie ihre Vergütung ausschließlich nach den Bestimmungen zur Kapazitätsreserve. [3]Sie müssen weiterhin auf Anweisung der Betreiber von Übertragungsnetzen ihre Einspeisung nach § 13a Absatz 1 sowie § 7 der Netzreserveverordnung anpassen.

(3) [1]Unbeschadet der gesetzlichen Verpflichtungen erfolgen die Bildung der Netzreserve und der Einsatz der Anlagen der Netzreserve auf Grundlage des Abschlusses von Verträgen zwischen Betreibern von Übertragungsnetzen und Anlagenbetreibern in Abstimmung mit der Bundesnetzagentur nach Maßgabe der Bestimmungen der Netzreserveverordnung. [2]Erzeugungsanla-

1) **Anm. d. Red.:** § 13d eingefügt gem. Gesetz v. 26. 7. 2016 (BGBl I S. 1786) mit Wirkung v. 30. 7. 2016.

gen im Ausland können nach den Vorgaben der Rechtsverordnung nach § 13i Absatz 3 vertraglich gebunden werden.

§ 13e Kapazitätsreserve[1)]

(1) [1]Die Betreiber von Übertragungsnetzen halten Reserveleistung vor, um im Fall einer Gefährdung oder Störung der Sicherheit oder Zuverlässigkeit des Elektrizitätsversorgungssystems Leistungsbilanzdefizite infolge des nicht vollständigen Ausgleichs von Angebot und Nachfrage an den Strommärkten im deutschen Netzregelverbund auszugleichen (Kapazitätsreserve). [2]Die Kapazitätsreserve wird ab dem Winterhalbjahr 2020/2021 außerhalb der Strommärkte gebildet. [3]Die Anlagen der Kapazitätsreserve speisen ausschließlich auf Anforderung der Betreiber von Übertragungsnetzen ein. [4]Für die Kapazitätsreserve steht die Reduktion des Wirkleistungsbezugs der Einspeisung von Wirkleistung gleich.

(2) [1]Die Bildung der Kapazitätsreserve erfolgt im Rahmen eines wettbewerblichen Ausschreibungsverfahrens oder eines diesem hinsichtlich Transparenz und Nichtdiskriminierung gleichwertigen wettbewerblichen Verfahrens (Beschaffungsverfahren). [2]Die Betreiber der Übertragungsnetze führen das Beschaffungsverfahren ab dem Jahr 2019 in regelmäßigen Abständen durch. [3]In der Kapazitätsreserve werden Anlagen mit folgender Reserveleistung gebunden:

1. für die Leistungserbringung ab dem Winterhalbjahr 2020/2021 eine Reserveleistung von 2 Gigawatt,
2. für die Leistungserbringung ab dem Winterhalbjahr 2022/2023 eine Reserveleistung in Höhe von 2 Gigawatt vorbehaltlich einer Anpassung nach Absatz 5.

[4]Anlagen können wiederholt an dem Beschaffungsverfahren teilnehmen und in der Kapazitätsreserve gebunden werden.

(3) [1]Die Betreiber der Anlagen der Kapazitätsreserve erhalten eine jährliche Vergütung, deren Höhe im Rahmen des Beschaffungsverfahrens nach Absatz 2 ermittelt wird. [2]Die Vergütung umfasst alle Kosten, soweit sie nicht aufgrund einer Verordnung nach § 13h gesondert erstattet werden, einschließlich der Kosten für

1. die Vorhaltung der Anlage, die auch die Kosten für den Stromverbrauch der Anlage selbst, für auf Grund anderer gesetzlicher Vorschriften notwendige Anfahrvorgänge sowie für die Instandhaltung der Anlage und Nachbesserungen umfassen, sowie
2. den Werteverbrauch durch den Einsatz der Anlage.

[3]Die Betreiber von Übertragungsnetzen dürfen die ihnen auf Grund der Durchführung der Rechtsverordnung nach § 13h entstehenden Kosten nach Abzug der entstehenden Erlöse über die Netzentgelte geltend machen. [4]Die Kosten nach Satz 3 gelten als dauerhaft nicht beeinflussbare Kostenanteile nach § 11 Absatz 2 Satz 1 der Anreizregulierungsverordnung. [5]Die Betreiber von Übertragungsnetzen müssen den unterschiedlichen Umfang der nach Satz 3 bei jedem Betreiber eines Übertragungsnetzes verbleibenden Kosten nach Maßgabe der von ihnen oder anderen Netzbetreibern im Bereich ihres Übertragungsnetzes an Letztverbraucher gelieferten Strommengen über eine finanzielle Verrechnung untereinander ausgleichen. [6]Betreiber von Übertragungsnetzen, die bezogen auf die an Letztverbraucher gelieferten Strommengen im Bereich ihres Netzes höhere Zahlungen zu leisten hatten, als es dem Durchschnitt aller Letztverbraucher entspricht, haben einen finanziellen Anspruch auf Belastungsausgleich, bis alle Betreiber von Übertragungsnetzen eine Belastung tragen, die dem Durchschnitt aller Betreiber von Übertragungsnetzen entspricht.

(4) [1]Die Betreiber von Anlagen, die in der Kapazitätsreserve gebunden sind,

1. dürfen die Leistung oder Arbeit dieser Anlagen weder ganz noch teilweise auf den Strommärkten veräußern (Vermarktungsverbot) und

1) **Anm. d. Red.:** § 13e i. d. F. des Gesetzes v. 17.12.2018 (BGBl I S. 2549) mit Wirkung v. 21.12.2018.

2. müssen diese Anlagen endgültig stilllegen, sobald die Anlagen nicht mehr in der Kapazitätsreserve gebunden sind (Rückkehrverbot), wobei Absatz 2 Satz 4 sowie die Regelungen zur Stilllegung von Erzeugungsanlagen nach den §§ 13b und 13c sowie zur Netzreserve nach § 13d unberührt bleiben; Betreiber von Lasten müssen diese nicht endgültig stilllegen, dürfen aber mit den Lasten endgültig nicht mehr an den Ausschreibungen auf Grund einer Verordnung nach § 13i Absatz 1 und 2 teilnehmen.

[2]Das Vermarktungsverbot und das Rückkehrverbot gelten auch für Rechtsnachfolger des Betreibers sowie im Fall einer Veräußerung der Anlage für deren Erwerber sowie für die Betreiber von Übertragungsnetzen.

(5) [1]Das Bundesministerium für Wirtschaft und Energie überprüft den Umfang der Kapazitätsreserve bis zum 31. Oktober 2018 und dann mindestens alle zwei Jahre auf Basis des Berichts zum Monitoring der Versorgungssicherheit nach § 63 Absatz 2 Satz 1 Nummer 2 und entscheidet, ob eine Anpassung des Umfangs erforderlich ist. [2]Die Entscheidung ist zu begründen und zu veröffentlichen. [3]Eine eventuell erforderliche Anpassung des Umfangs der Kapazitätsreserve erfolgt durch oder auf Grund der Rechtsverordnung nach § 13h oder durch Festlegung der Bundesnetzagentur nach § 13j Absatz 4. [4]Eine Entscheidung, durch die die gebundene Reserveleistung 5 Prozent der durchschnittlichen Jahreshöchstlast im Gebiet der Bundesrepublik Deutschland übersteigen würde, darf nur durch Rechtsverordnung nach § 13h ergehen; diese Rechtsverordnung bedarf der Zustimmung des Bundestages. [5]Der zugrunde zu legende Wert der durchschnittlichen Jahreshöchstlast errechnet sich als Durchschnittswert aus der für das Gebiet der Bundesrepublik Deutschland für das Jahr, in dem die Erhöhung erstmals stattfinden soll, sowie das Folgejahr prognostizierten Jahreshöchstlast. [6]Die Prognosen sind aus dem jährlichen Bericht der Bundesnetzagentur nach § 3 Absatz 1 der Netzreserveverordnung zu entnehmen. [7]Der Jahreshöchstlastwert umfasst auch Netzverluste.

§ 13f Systemrelevante Gaskraftwerke[1)]

(1) [1]Betreiber von Übertragungsnetzen können eine Anlage zur Erzeugung von elektrischer Energie aus Gas mit einer Nennleistung ab 50 Megawatt ganz oder teilweise als systemrelevantes Gaskraftwerk ausweisen, soweit eine Einschränkung der Gasversorgung dieser Anlage mit hinreichender Wahrscheinlichkeit zu einer nicht unerheblichen Gefährdung oder Störung der Sicherheit oder Zuverlässigkeit des Elektrizitätsversorgungssystems führt. [2]Die Ausweisung erfolgt in dem Umfang und für den Zeitraum, der erforderlich ist, um die Gefährdung oder Störung abzuwenden. [3]Sie soll eine Dauer von 24 Monaten nicht überschreiten, es sei denn, die Systemrelevanz der Anlage wird durch eine Systemanalyse des regelzonenverantwortlichen Betreibers eines Übertragungsnetzes für einen längeren Zeitraum nachgewiesen und von der Bundesnetzagentur bestätigt. [4]Die Ausweisung bedarf der Genehmigung der Bundesnetzagentur. [5]Der Betreiber des Übertragungsnetzes hat den Antrag auf Genehmigung unverzüglich nach der Ausweisung bei der Bundesnetzagentur zu stellen und zu begründen. [6]Er hat dem Anlagenbetreiber unverzüglich eine Kopie von Antrag und Begründung zu übermitteln. [7]Die Bundesnetzagentur hat den Antrag zu genehmigen, wenn die Anlage systemrelevant im Sinne der Sätze 1 und 2 ist. [8]§ 13b Absatz 5 Satz 5 bis 7 ist entsprechend anzuwenden. [9]Der Betreiber des Übertragungsnetzes hat die Ausweisung eines systemrelevanten Gaskraftwerks nach Genehmigung durch die Bundesnetzagentur unverzüglich dem Betreiber der Anlage, den betroffenen Betreibern von Gasversorgungsnetzen sowie dem Betreiber des Elektrizitätsversorgungsnetzes, an das die Anlage angeschlossen ist, mitzuteilen und zu begründen. [10]Die Betreiber von Übertragungsnetzen haben eine Liste mit den systemrelevanten Kraftwerken aufzustellen, diese Liste, falls erforderlich, zu aktualisieren und der Bundesnetzagentur unverzüglich vorzulegen.

(2) [1]Soweit die Ausweisung einer Anlage genehmigt worden ist, sind Betreiber der Erzeugungsanlagen verpflichtet, soweit technisch und rechtlich möglich sowie wirtschaftlich zumutbar, eine Absicherung der Leistung im erforderlichen Umfang durch Inanspruchnahme der vor-

1) **Anm. d. Red.:** § 13f eingefügt gem. Gesetz v. 26. 7. 2016 (BGBl I S. 1786) mit Wirkung v. 30. 7. 2016.

EnWG

handenen Möglichkeiten für einen Brennstoffwechsel vorzunehmen. [2]Fallen bei dem Betreiber der Erzeugungsanlage in diesem Zusammenhang Mehrkosten für einen Brennstoffwechsel an, sind diese durch den jeweiligen Betreiber eines Übertragungsnetzes zu erstatten. [3]Soweit ein Brennstoffwechsel nicht möglich ist, ist dies gegenüber der Bundesnetzagentur zu begründen und kurzfristig dazulegen, mit welchen anderen Optimierungs- oder Ausbaumaßnahmen der Kapazitätsbedarf befriedigt werden kann. [4]Die durch den Brennstoffwechsel oder andere Optimierungs- oder Ausbaumaßnahmen entstehenden Kosten des Betreibers von Übertragungsnetzen werden durch Festlegung der Bundesnetzagentur zu einer freiwilligen Selbstverpflichtung der Betreiber von Übertragungsnetzen nach § 11 Absatz 2 Satz 4 und § 32 Absatz 1 Nummer 4 der Anreizregulierungsverordnung in ihrer jeweils geltenden Fassung als verfahrensregulierte Kosten nach Maßgabe der hierfür geltenden Vorgaben anerkannt.

§ 13g Stilllegung von Braunkohlekraftwerken[1)]

(1) [1]Als Beitrag zur Erreichung der nationalen und europäischen Klimaschutzziele müssen die folgenden Erzeugungsanlagen bis zu dem genannten Kalendertag vorläufig stillgelegt werden (stillzulegende Anlagen), um die Kohlendioxidemissionen im Bereich der Elektrizitätsversorgung zu verringern:

1. bis zum 1. Oktober 2016: Kraftwerk Buschhaus,
2. bis zum 1. Oktober 2017:
   a) Block P des Kraftwerks Frimmersdorf und
   b) Block Q des Kraftwerks Frimmersdorf,
3. bis zum 1. Oktober 2018:
   a) Block E des Kraftwerks Niederaußem,
   b) Block F des Kraftwerks Niederaußem und
   c) Block F des Kraftwerks Jänschwalde,
4. bis zum 1. Oktober 2019:
   a) Block C des Kraftwerks Neurath und
   b) Block E des Kraftwerks Jänschwalde.

[2]Die stillzulegenden Anlagen dürfen jeweils ab dem in Satz 1 genannten Kalendertag für vier Jahre nicht endgültig stillgelegt werden. [2]Nach Ablauf der vier Jahre müssen sie endgültig stillgelegt werden.

(2) [1]Die stillzulegenden Anlagen stehen jeweils ab dem in Absatz 1 Satz 1 genannten Kalendertag bis zu ihrer endgültigen Stilllegung ausschließlich für Anforderungen der Betreiber von Übertragungsnetzen nach Maßgabe des § 1 Absatz 6 der Elektrizitätssicherungsverordnung zur Verfügung (Sicherheitsbereitschaft). [2]Dabei dürfen die Betreiber von Übertragungsnetzen die stillzulegenden Anlagen nur entsprechend den zeitlichen Vorgaben nach Absatz 3 Satz 1 anfordern.

(3) [1]Während der Sicherheitsbereitschaft müssen die Betreiber der stillzulegenden Anlagen jederzeit sicherstellen, dass die stillzulegenden Anlagen die folgenden Voraussetzungen erfüllen:

1. die stillzulegenden Anlagen müssen bei einer Vorwarnung durch den zuständigen Betreiber eines Übertragungsnetzes innerhalb von 240 Stunden betriebsbereit sein und
2. die stillzulegenden Anlagen müssen nach Herstellung ihrer Betriebsbereitschaft ab Anforderung durch den zuständigen Betreiber eines Übertragungsnetzes innerhalb von 11 Stunden auf Mindestteilleistung und innerhalb von weiteren 13 Stunden auf Nettonennleistung angefahren werden können.

1) **Anm. d. Red.:** § 13g i. d. F. des Gesetzes v. 17.12.2018 (BGBl I S. 2549) mit Wirkung v. 21.12.2018.

[2]Die Betreiber der stillzulegenden Anlagen müssen dem zuständigen Betreiber eines Übertragungsnetzes vor Beginn der Sicherheitsbereitschaft nachweisen, dass ihre stillzulegenden Anlagen die Voraussetzungen nach Satz 1 Nummer 2 erfüllen.

(4) [1]Während der Sicherheitsbereitschaft darf in den stillzulegenden Anlagen Strom nur im Fall eines Einsatzes nach Absatz 2 Satz 1 oder im Fall eines mit dem zuständigen Betreiber eines Übertragungsnetzes abgestimmten Probestarts erzeugt werden. [2]Die Betreiber von Übertragungsnetzen müssen die aus den stillzulegenden Anlagen eingespeisten Strommengen in ihren Bilanzkreisen führen, dürfen die Strommengen aber nicht auf den Strommärkten veräußern. [3]Die Betreiber von Übertragungsnetzen informieren die Marktteilnehmer unverzüglich und auf geeignete Art und Weise über die Vorwarnung und die Anforderung zur Einspeisung einer stillzulegenden Anlage.

(5) [1]Die Betreiber der stillzulegenden Anlagen erhalten für die Sicherheitsbereitschaft und die Stilllegung einer Anlage eine Vergütung nach Maßgabe des Absatzes 7 Satz 1 bis 4 in Höhe der Erlöse, die sie mit der stillzulegenden Anlage in den Strommärkten während der Sicherheitsbereitschaft erzielt hätten, abzüglich der kurzfristig variablen Erzeugungskosten. [2]Die Höhe der Vergütung für jede stillzulegende Anlage ergibt sich aus der Formel in der Anlage zu diesem Gesetz. [3]Wenn eine stillzulegende Anlage bei einer Vorwarnung durch den Betreiber eines Übertragungsnetzes nicht innerhalb von 288 Stunden ab der Vorwarnung nach Absatz 3 Satz 1 Nummer 1 betriebsbereit ist oder nicht innerhalb der Anfahrzeiten nach Absatz 3 Satz 1 Nummer 2 die angeforderte Leistung im Bereich der üblichen Schwankungen einspeist, verringert sich die Vergütung für die stillzulegende Anlage

1. auf null ab dem 13. Tag, wenn und solange die Voraussetzungen aus arbeitsschutz- oder immissionsschutzrechtlichen Gründen nicht erfüllt werden, oder
2. um jeweils 10 Prozent in einem Jahr der Sicherheitsbereitschaft, wenn die Voraussetzungen aus anderen Gründen nicht erfüllt werden.

[4]Wenn eine stillzulegende Anlage die Voraussetzungen der Sicherheitsbereitschaft vorübergehend nicht erfüllen kann, verringert sich die Vergütung ebenfalls ab dem 13. Tag solange auf null, bis die Voraussetzungen wieder erfüllt werden können. [5]Dies gilt nicht für mit dem Betreiber eines Übertragungsnetzes abgestimmte Wartungs- und Instandsetzungsarbeiten. [6]Unbeschadet der Sätze 1 bis 5 werden den Betreibern der stillzulegenden Anlagen nach Maßgabe des Absatzes 7 Satz 5 die im Fall einer Vorwarnung oder der Anforderung zur Einspeisung durch den Betreiber eines Übertragungsnetzes oder im Fall eines Probestarts entstehenden Erzeugungsauslagen erstattet.

(6) [1]Eine stillzulegende Anlage kann abweichend von Absatz 1 Satz 2 mit Ablauf des ersten Jahres der Sicherheitsbereitschaft endgültig stillgelegt werden, wenn der Betreiber das dem zuständigen Betreiber eines Übertragungsnetzes spätestens ein halbes Jahr vorher anzeigt. [2]Der Betreiber der vorzeitig endgültig stillgelegten Anlage erhält nach der vorzeitigen endgültigen Stilllegung nur noch eine einmalige Abschlussvergütung nach Maßgabe des Absatzes 7 Satz 1, 2 und 6. [3]Diese Abschlussvergütung wird pauschal festgesetzt und entspricht der Vergütung, die dem Betreiber für die stillzulegende Anlage im ersten Jahr der Sicherheitsbereitschaft erstattet wurde. [4]Unbeschadet des Satzes 1 kann eine stillzulegende Anlage auf Antrag des Betreibers und nach Genehmigung durch die Bundesnetzagentur jederzeit endgültig stillgelegt werden, wenn sie die Voraussetzungen der Sicherheitsbereitschaft dauerhaft nicht oder nur unter unverhältnismäßigem Aufwand erfüllen kann; in diesem Fall entfällt mit Wirkung ab der endgültigen Stilllegung der Vergütungsanspruch nach Absatz 5 für diese stillzulegende Anlage; die Sätze 2 und 3 finden in diesem Fall keine Anwendung.

(7) [1]Die Höhe der Vergütung nach Absatz 5 oder 6 wird durch die Bundesnetzagentur festgesetzt. [2]Der Betreiber einer stillzulegenden Anlage hat gegen den zuständigen Betreiber eines Übertragungsnetzes einen Vergütungsanspruch in der von der Bundesnetzagentur festgesetzten Höhe. [3]Die Vergütung nach Absatz 5 Satz 1 und 2 wird jährlich im Voraus gezahlt, zahlbar monatlich in zwölf gleichen Abschlägen. [4]Die endgültige Abrechnung eines Bereitschaftsjahres erfolgt – soweit erforderlich – spätestens zum 1. Januar des folgenden Kalenderjahres. [5]Die Er-

zeugungsauslagen nach Absatz 5 Satz 6 werden von den Betreibern der Übertragungsnetze nach Ablauf eines Bereitschaftsjahres spätestens zum 1. Januar des folgenden Kalenderjahres gesondert erstattet. [6]Die Vergütung nach Absatz 6 wird nach Ablauf des ersten Bereitschaftsjahres spätestens zum 1. Januar des folgenden Kalenderjahres abgerechnet. [7]Die Betreiber von Übertragungsnetzen rechnen Bilanzkreisunterspeisungen und Bilanzkreisüberspeisungen für die Fahrplanviertelstunden, in denen eine Anforderung zur Einspeisung erfolgt ist, im Rahmen der Ausgleichsenergieabrechnung nach § 8 Absatz 2 der Stromnetzzugangsverordnung ab. [8]Die Betreiber von Übertragungsnetzen dürfen die ihnen nach den Absätzen 5 und 6 entstehenden Kosten nach Abzug der entstehenden Erlöse über die Netzentgelte geltend machen. [9]Die Kosten mit Ausnahme der Erzeugungsauslagen nach Absatz 5 Satz 6 gelten als dauerhaft nicht beeinflussbare Kostenanteile nach § 11 Absatz 2 Satz 1 der Anreizregulierungsverordnung. [10]Im Übrigen ist § 13e Absatz 3 Satz 5 und 6 entsprechend anzuwenden.

(8) [1]Das Bundesministerium für Wirtschaft und Energie überprüft im Einvernehmen mit dem Bundesministerium für Umwelt, Naturschutz, Bau und Reaktorsicherheit bis zum 30. Juni 2018, in welchem Umfang Kohlendioxidemissionen durch die Stilllegung der stillzulegenden Anlagen zusätzlich eingespart werden. [2]Sofern bei der Überprüfung zum 30. Juni 2018 absehbar ist, dass durch die Stilllegung der stillzulegenden Anlagen nicht 12,5 Millionen Tonnen Kohlendioxidemissionen ab dem Jahr 2020 zusätzlich eingespart werden, legt jeder Betreiber von stillzulegenden Anlagen bis zum 31. Dezember 2018 in Abstimmung mit dem Bundesministerium für Wirtschaft und Energie einen Vorschlag vor, mit welchen geeigneten zusätzlichen Maßnahmen er beginnend ab dem Jahr 2019 jährlich zusätzliche Kohlendioxidemissionen einsparen wird. [3]Die zusätzlichen Maßnahmen aller Betreiber von stillzulegenden Anlagen müssen insgesamt dazu führen, dass dadurch zusammen mit der Stilllegung der stillzulegenden Anlagen 12,5 Millionen Tonnen Kohlendioxid im Jahr 2020 zusätzlich eingespart werden, wobei die Betreiber gemeinsam zusätzlich zu den Einsparungen durch die Stilllegung der stillzulegenden Anlagen nicht mehr als insgesamt 1,5 Millionen Tonnen Kohlendioxid einsparen müssen. [4]Sofern keine Einigung zu den zusätzlichen Maßnahmen erreicht wird, kann die Bundesregierung nach Anhörung der Betreiber durch Rechtsverordnung nach § 13i Absatz 5 weitere Maßnahmen zur Kohlendioxideinsparung in der Braunkohlewirtschaft erlassen.

§ 13h Verordnungsermächtigung zur Kapazitätsreserve[1)]

(1) Zur näheren Bestimmung der Kapazitätsreserve nach § 13e wird das Bundesministerium für Wirtschaft und Energie ermächtigt, durch Rechtsverordnung, die nicht der Zustimmung des Bundesrates bedarf, insbesondere Regelungen vorzusehen

1. zur Konkretisierung der Anlagen, aus denen Reserveleistung für die Kapazitätsreserve gebunden werden kann,
2. zu der Menge an Reserveleistung, die in der Kapazitätsreserve gebunden wird, und zu den Zeitpunkten der Leistungserbringung, abweichend von § 13e Absatz 2 Satz 3 und bis zur Grenze nach § 13e Absatz 5 Satz 4,
3. zur Anpassung des Umfangs der Kapazitätsreserve in Ergänzung zu den Anforderungen in § 13e Absatz 5,
4. zum Verhältnis der Kapazitätsreserve zu netzund marktbezogenen Maßnahmen nach § 13 sowie zu den Anlagen der Netzreserve im Sinne des § 13d Absatz 1,
5. zu der Aktivierung und dem Abruf (Einsatz) der Anlagen, insbesondere um zu gewährleisten, dass die Anlagen der Kapazitätsreserve elektrische Energie ausschließlich auf Anforderung der Betreiber von Übertragungsnetzen einspeisen und die Betreiber der Anlagen die Reserveleistung nicht an den Strommärkten veräußern,

1) **Anm. d. Red.:** § 13h i. d. F. des Gesetzes v. 17.12.2018 (BGBl I S. 2549) mit Wirkung v. 21.12.2018.

6. zu Art, Zeitpunkt, Zeitraum sowie Häufigkeit, Form und Inhalt des Beschaffungsverfahrens, insbesondere
   a) zu der jeweils zu beschaffenden Reserveleistung,
   b) zur zeitlichen Staffelung der zu beschaffenden Reserveleistung in Teilmengen,
   c) zu den Vorlaufzeiten und zu den Zeitpunkten der tatsächlichen Bereitstellung der Reserveleistung, die nach bestehenden oder neu zu errichtenden Kapazitätsreserveanlagen differenziert werden können,
   d) zur Preisbildung für die Bereitstellung und die Verfügbarkeit der Reserveleistung, einschließlich der Festlegung von Mindestund Höchstpreisen,
   e) zum Ablauf des Beschaffungsverfahrens,
   f) zur Nachbeschaffung von Reserveleistung, insbesondere wenn die insgesamt zu beschaffende Reserveleistung voraussichtlich nicht erreicht wird, ein Vertrag während der Verpflichtung zur Vorhaltung der Reserveleistung beendet wird oder die Funktionsprüfung trotz Nachbesserungsmöglichkeit nicht erfolgreich ist,
7. zu den Anforderungen für die Teilnahme an dem Beschaffungsverfahren und für die Anlagen, insbesondere
   a) Mindestanforderungen an die Eignung der Teilnehmer,
   b) Anforderungen an die Lage, Größe und die Eignung der Anlagen oder Teilkapazitäten der Anlage, um die Sicherheit und Zuverlässigkeit des Elektrizitätsversorgungssystems im Fall von Leistungsbilanzdefiziten zu gewährleisten,
   c) Anforderungen zur Netz- oder Systemintegration der Anlagen der Kapazitätsreserve,
   d) Anforderungen an das Vorliegen von Genehmigungen bei Anlagen,
   e) Anforderungen an die Anlagen zur Einhaltung des Rückkehrverbotes sowie zu Art, Form, Inhalt und Höhe von Sicherheiten, die von allen Teilnehmern des Beschaffungsverfahrens oder im Fall der Zuschlagserteilung zu leisten sind, um eine Inbetriebnahme sowie die Vorhaltung und den Einsatz der Anlage der Kapazitätsreserve sicherzustellen und zu gewährleisten, dass die Anlagen der Kapazitätsreserve bis zu ihrer endgültigen Stilllegung auch im Fall einer Veräußerung der Anlage nur außerhalb der Strommärkte eingesetzt werden, sowie Anforderungen an die entsprechenden Regelungen zur teilweisen oder vollständigen Rückgewährung dieser Sicherheiten,
   f) festzulegen, wie Teilnehmer an dem Beschaffungsverfahren die Einhaltung der Anforderungen nach den Buchstaben a bis e nachweisen müssen,
8. zu Form, Inhalt und Zeitpunkt der Zuschlagserteilung bei einem Beschaffungsverfahren und zu den Kriterien für die Zuschlagserteilung,
9. zur Berücksichtigung der durch die Kapazitätsreserve entstehenden Kosten der Betreiber von Übertragungsnetzen und zu den Anforderungen an einen Kostenausgleichsmechanismus zwischen den Betreibern der Übertragungsnetze,
10. zu der durch einen Zuschlag vergebenen Vergütung einschließlich der Vergütungsbestandteile, insbesondere zu regeln, dass die Vergütung für die Vorhaltung der Reserveleistung als Leistungspreis in Euro pro Megawatt zu zahlen ist,
11. zu den Kosten, die den Betreibern von Anlagen der Kapazitätsreserve gesondert zu erstatten sind, zur Abgrenzung zwischen erstattungsfähigen Kostenpositionen, nicht erstattungsfähigen Kostenpositionen und Vergütungsbestandteilen sowie zur Abgeltung der Kosten durch einen pauschalen Vergütungssatz,
12. zum Verfahren der Abrechnung der Kosten für die Vorhaltung und den Einsatz der Anlagen der Kapazitätsreserve durch die Betreiber der Übertragungsnetze,
13. zum Verfahren der Anpassung bestehender Verträge bei der Erteilung eines Zuschlags für Anlagen, die nach § 13a Absatz 1, § 13b oder § 13d sowie der Netzreserveverordnung als Netzreserve verpflichtet und an das Netz angeschlossen sind,

EnWG

14. zur Dauer der vertraglichen Verpflichtung bei bestehenden und neu zu errichtenden Anlagen der Kapazitätsreserve,
15. zu der Art, den Kriterien, den Bedingungen, dem Umfang und der Reihenfolge des Einsatzes der Anlagen der Kapazitätsreserve, einschließlich des Einsatzes geeigneter Anlagen der Kapazitätsreserve für die Netzreserve, durch die Betreiber der Übertragungsnetze,
16. zur Sicherstellung, dass die Anlagen der Kapazitätsreserve den Betreibern der Übertragungsnetze im Bedarfsfall für den Einsatz zur Verfügung stehen, sowie zur Vermeidung von Wettbewerbsverzerrungen auf den Strommärkten, einschließlich der Untersagung des Betriebs der Anlage,
17. zu den Anforderungen, die bei Anlagen der Kapazitätsreserve sicherstellen sollen, dass die Anlagen von den Betreibern der Übertragungsnetze im Bedarfsfall eingesetzt werden können, insbesondere für den Fall, dass eine Anlage nicht oder verspätet aktiviert worden ist oder nicht in einem ausreichenden Umfang einspeist, und zu den Anforderungen, die bei neu zu errichtenden Anlagen die Inbetriebnahme sicherstellen sollen, insbesondere für den Fall, dass eine Anlage nicht oder verspätet in Betrieb genommen worden ist,
    a) zu einem Verfahren für Probeabrufe, für einen Funktionstest der Anlagen und für Nachbesserungen in angemessener Frist, um die Betriebsbereitschaft und rechtzeitige Aktivierbarkeit der Anlagen zu gewährleisten, insbesondere
        aa) die Möglichkeit vorzusehen, einen Vertrag mit einem Betreiber einer Anlage bei Vorliegen wichtiger Gründe zu beenden,
        bb) Regelungen zur nachträglichen Beschaffung von Anlagen der Kapazitätsreserve vorzusehen und
        cc) eine Pflicht zu einer Geldzahlung oder zur Reduzierung der Vergütung vorzusehen und deren Höhe und die Voraussetzungen für die Zahlungspflicht zu regeln,
    b) zum Vorgehen bei erfolglosen Probeabrufen, Funktionstests oder Einsätzen, insbesondere
        aa) bei der unterlassenen oder verspäteten Aktivierung einer Anlage oder bei der unterlassenen Inbetriebnahme einer neu errichteten Anlage eine Pflicht zu einer Geldzahlung vorzusehen und deren Höhe und die Voraussetzungen für die Zahlungspflicht zu regeln,
        bb) Kriterien für einen Ausschluss von Bietern bei künftigen Beschaffungen der Kapazitätsreserve zu regeln und
        cc) die Möglichkeit vorzusehen, die im Rahmen des Beschaffungsverfahrens zu zahlende Vergütung nach Ablauf einer angemessenen Frist nicht mehr zu zahlen oder zu verringern und danach die Reserveleistung erneut zu vergeben, oder die Dauer oder Höhe der Vergütung nach Ablauf einer angemessenen Frist zu verringern,
18. zu der Art, der Form und dem Inhalt der Veröffentlichungen der Bekanntmachung von Beschaffungsverfahren, der abgegebenen Gebote und den Ergebnissen der Beschaffungsverfahren,
19. zu den Informationen, die zur Durchführung der Nummern 1 bis 14 zu übermitteln sind, und zum Schutz der in diesem Zusammenhang übermittelten Betriebs- und Geschäftsgeheimnisse,
20. zur Bestimmung, wie der nach § 13e Absatz 5 Satz 5 bis 7 zugrunde zu legende Wert der durchschnittlichen Jahreshöchstlast berechnet wird und worauf er sich bezieht,
21. welche Daten übermittelt werden müssen und wer als Datenverantwortlicher zur Übermittlung verpflichtet ist,
22. zur Gewährleistung von Datensicherheit und Datenschutz; dies umfasst insbesondere Regelungen zum Schutz personenbezogener Daten im Zusammenhang mit den nach Nummer 18 zu übermittelnden Daten einschließlich Aufklärungs-, Auskunfts- und Löschungspflichten,

23. zu Art und Form der Veröffentlichung und Zustellung von Entscheidungen der Bundesnetzagentur im Anwendungsbereich der Rechtsverordnung nach diesem Absatz, insbesondere eine öffentliche Bekanntmachung vorzusehen.

(2) Das Bundesministerium für Wirtschaft und Energie wird ermächtigt, durch Rechtsverordnung, die nicht der Zustimmung des Bundesrates bedarf, die Bundesnetzagentur zu ermächtigen, im Anwendungsbereich der Kapazitätsreserve zur näheren Bestimmung der Regelungen nach Absatz 1 Nummer 1 bis 20 Festlegungen nach § 29 Absatz 1 zu treffen.

§ 13i Weitere Verordnungsermächtigungen[1)]

(1) [1]Die Bundesregierung kann zur Verwirklichung einer effizienten Beschaffung und zur Verwirklichung einheitlicher Anforderungen im Sinne von § 13 Absatz 6 Satz 1 in einer Rechtsverordnung ohne Zustimmung des Bundesrates und mit Zustimmung des Bundestages Regeln für ein sich wiederholendes oder für einen bestimmten Zeitraum geltendes Ausschreibungsverfahren zur Beschaffung von Ab- und Zuschaltleistung vorsehen. [2]Die Zustimmung des Bundestages gilt mit Ablauf der sechsten Sitzungswoche nach Zuleitung des Verordnungsentwurfs der Bundesregierung an den Bundestag als erteilt. [3]In der Rechtsverordnung können insbesondere Regelungen getroffen werden

1. zu technischen Anforderungen an Ab- oder Zuschaltleistung aus ab- oder zuschaltbaren Lasten,
2. zu Anforderungen an eine Rahmenvereinbarung, die zur Teilnahme an einem Ausschreibungsverfahren berechtigt,
3. zum Verfahren der Angebotserstellung und der Zuschlagserteilung,
4. zum Abruf der Ab- oder Zuschaltleistung und
5. für einen rückwirkenden Wegfall der Vergütung für ab- oder zuschaltbare Lasten bei vorsätzlicher oder grob fahrlässiger Verletzung der Pflichten nach dieser Rechtsverordnung.

[4]Daneben können in der Rechtsverordnung den Anbietern von Ab- oder Zuschaltleistung aus ab- oder zuschaltbaren Lasten Meldepflichten bezüglich der Verfügbarkeit der Ab- oder Zuschaltleistung gegenüber den Betreibern von Übertragungsnetzen auferlegt werden. [5]Zudem können zivilrechtliche Regelungen für den Fall einer vorsätzlichen oder grob fahrlässigen Verletzung der Pflichten nach dieser Rechtsverordnung vorgesehen werden.

EnWG

(2) [1]Die Bundesregierung kann die Betreiber von Übertragungsnetzen durch Rechtsverordnung mit Zustimmung des Bundestages verpflichten, Ausschreibungen nach § 13 Absatz 6 Satz 1 für wirtschaftlich und technisch sinnvolle Angebote wiederholend oder für einen bestimmten Zeitraum durchzuführen und auf Grund der Ausschreibungen eingegangene Angebote zum Erwerb von Ab- oder Zuschaltleistung aus ab- oder zuschaltbaren Lasten bis zu einer Gesamtab- oder Zuschaltleistung von jeweils 3 000 Megawatt anzunehmen; die Rechtsverordnung bedarf nicht der Zustimmung des Bundesrates. [2]Die Zustimmung des Bundestages gilt mit Ablauf der sechsten Sitzungswoche nach Zuleitung des Verordnungsentwurfs der Bundesregierung an den Bundestag als erteilt. [3]Als wirtschaftlich sinnvoll gelten Angebote zum Erwerb der Lasten, für die eine Vergütung zu zahlen ist, die die Kosten für die Versorgungsunterbrechungen nicht übersteigt, zu denen es ohne die Nutzung der zu- oder abschaltbaren Lasten kommen könnte. [4]Als technisch sinnvoll gelten Angebote über ab- und zuschaltbare Lasten, durch die Ab- und Zuschaltungen für eine Mindestleistung von 5 Megawatt innerhalb von maximal 15 Minuten herbeigeführt werden können und die geeignet sind, zur Sicherheit und Zuverlässigkeit des Elektrizitätsversorgungssystems in der jeweiligen Regelzone beizutragen. [5]In der Rechtsverordnung können auch näher geregelt werden

1. die technischen Anforderungen an Ab- oder Zuschaltleistung aus ab- oder zuschaltbaren Lasten,

---

1) **Anm. d. Red.:** § 13i i. d. F. des Gesetzes v. 22. 12. 2016 (BGBl I S. 3106) mit Wirkung v. 1. 1. 2017.

2. die Anforderungen an die Verträge über den Erwerb von Ab- und Zuschaltleistung aus ab- und zuschaltbaren Lasten,
3. Rechte und Pflichten der Vertragsparteien,
4. die Kriterien für wirtschaftliche und technisch sinnvolle Angebote im Sinn der Sätze 3 und 4,
5. Regelungen zur näheren Ausgestaltung von Berichtspflichten der Bundesnetzagentur gegenüber dem Bundesministerium für Wirtschaft und Energie über die Anwendung der Verordnung und
6. die Ausgestaltung und Höhe der Vergütung.

[6]Zahlungen und Aufwendungen der Betreiber von Übertragungsnetzen, die im Zusammenhang mit der Ausschreibung und dem Erwerb von Ab- oder Zuschaltleistung aus ab- oder zuschaltbaren Lasten stehen, gleichen die Betreiber von Übertragungsnetzen über eine finanzielle Verrechnung monatlich untereinander aus, ein Belastungsausgleich erfolgt dabei entsprechend den §§ 26, 28 und 30 des Kraft-Wärme-Kopplungsgesetzes in der jeweils geltenden Fassung; Näheres zum Belastungsausgleich und zu seiner Abwicklung regelt die Rechtsverordnung nach Satz 1. [7]In der Rechtsverordnung nach Satz 1 können dabei auch Bestimmungen vorgesehen werden, dass die Bundesnetzagentur durch Festlegung nach § 29 Absatz 1 Entscheidungen trifft über

1. Einzelheiten der Ermittlung und Verrechnung der Zahlungen und zur Erhebung der Umlage nach Satz 6,
2. die Änderung der vorgegebenen Gesamtabschaltleistung,
3. die geographische Beschränkung von Ausschreibungen und
4. die Veröffentlichung von Daten zur Schaffung von Markttransparenz.

(3) Die Bundesregierung wird ermächtigt, durch Rechtsverordnungen, die nicht der Zustimmung des Bundesrates bedürfen,

1. Bestimmungen zu treffen
   a) zur näheren Bestimmung des Adressatenkreises nach § 13a Absatz 1 und § 13b Absatz 4 und 5,
   b) zur näheren Bestimmung der Kriterien einer systemrelevanten Anlage nach § 13b Absatz 2 Satz 2,
   c) zu den Kriterien vorläufiger und endgültiger Stilllegungen und zu dem Umgang mit geplanten Stilllegungen von Erzeugungsanlagen nach den §§ 13b und 13c,
   d) zu den Verpflichtungen der Betreiber von Anlagen zur Erzeugung oder Speicherung elektrischer Energie im Sinne von § 13a Absatz 1 und § 13b Absatz 4 und 5,
   e) zu der Vergütung bei geplanten Stilllegungen von Anlagen, abweichend von § 13c, und den Kriterien einer angemessenen Vergütung bei geplanten Stilllegungen von Erzeugungsanlagen nach § 13c sowie
   f) zum Einsatz von Anlagen in dem Vierjahreszeitraum nach § 13c Absatz 2,
2. Regelungen vorzusehen für ein transparentes Verfahren zur Bildung und zur Beschaffung einer Netzreserve aus Anlagen nach § 13d Absatz 1 zum Zwecke der Gewährleistung der Sicherheit und Zuverlässigkeit des Elektrizitätsversorgungssystems, zu den Kriterien einer angemessenen Vergütung, zu den Anforderungen an diese Anlagen sowie zu dem Einsatz der Anlagen in der Netzreserve; hierbei können für die Einbeziehung neu zu errichtender Anlagen auch regionale Kernanteile und Ausschreibungsverfahren vorgesehen werden,
3. Regelungen zu vertraglichen Vereinbarungen nach § 13 Absatz 6a vorzusehen, insbesondere Übertragungsnetzbetreiber in dem Netzausbaugebiet nach § 36c des Erneuerbare-Energien-Gesetzes zum Abschluss von vertraglichen Vereinbarungen in einem bestimmten Umfang zu verpflichten und Regelungen für die Auswahl der geeigneten KWK-Anlagen festzulegen.

(4) In Rechtsverordnungen nach Absatz 3 können der Bundesnetzagentur Kompetenzen übertragen werden im Zusammenhang mit der Festlegung des erforderlichen Bedarfs an Netzreserve sowie zum Verfahren und zu möglichen Präqualifikationsbedingungen für den in Absatz 3 Nummer 2 genannten Beschaffungsprozess.

(5) [1]Die Bundesregierung wird ermächtigt, durch Rechtsverordnung, die nicht der Zustimmung des Bundesrates bedarf, Regelungen zur weiteren Einsparung von bis zu 1,5 Millionen Tonnen Kohlendioxid zusätzlich im Jahr 2020 in der Braunkohlewirtschaft nach Maßgabe des § 13g Absatz 8 vorzusehen, wenn und soweit das zur Erreichung der angestrebten Kohlendioxideinsparung in der Braunkohlewirtschaft von 12,5 Millionen Tonnen zusätzlich im Jahr 2020 erforderlich ist. [2]Durch die Regelungen der Verordnung muss sichergestellt werden, dass die zusätzliche Einsparung von 12,5 Millionen Tonnen Kohlendioxid im Jahr 2020 so weit wie möglich erreicht wird, die Betreiber gemeinsam aber insgesamt nicht mehr als 1,5 Millionen Tonnen Kohlendioxid zusätzlich im Jahr 2020 einsparen müssen.

§ 13j Festlegungskompetenzen[1)]

(1) [1]Die Regulierungsbehörde wird ermächtigt, nach § 29 Absatz 1 Festlegungen zu treffen zur näheren Bestimmung des Adressatenkreises nach § 13a Absatz 1 Satz 1, zu erforderlichen technischen Anforderungen, die gegenüber den Betreibern betroffener Anlagen aufzustellen sind, zu Methodik und Datenformat der Anforderung durch den Betreiber von Übertragungsnetzen. [2]Zur Bestimmung der angemessenen Vergütung nach § 13a Absatz 1 und 2 kann die Regulierungsbehörde weitere Vorgaben im Wege einer Festlegung nach § 29 Absatz 1 machen, insbesondere

1. dass sich die Art und Höhe der Vergütung danach unterscheiden, ob es sich um eine Wirk- oder Blindleistungseinspeisung oder einen Wirkleistungsbezug oder um eine leistungserhöhende oder leistungsreduzierende Maßnahme handelt,
2. zu einer vereinfachten Bestimmung der notwendigen Auslagen für die tatsächlichen Anpassungen der Einspeisung (Erzeugungsauslagen) oder des Bezugs nach § 13a Absatz 2 Satz 2 Nummer 1; die Vergütung nach § 13a Absatz 2 Satz 2 Nummer 1 kann ganz oder teilweise als Pauschale für vergleichbare Kraftwerkstypen ausgestaltet werden, wobei die pauschale Vergütung die individuell zuzurechnenden Kosten im Einzelfall nicht abdecken muss; für die Typisierung sind geeignete technische Kriterien heranzuziehen; die Regulierungsbehörde kann vorsehen, dass in Einzelfällen, in denen die pauschale Vergütung eine unbillige Härte darstellen würde und ein Anlagenbetreiber individuell höhere zurechenbare Auslagen nachweist, die über die pauschale Vergütung hinausgehenden Kosten erstattet werden können,
3. zu der Ermittlung der anrechenbaren Betriebsstunden nach § 13a Absatz 3,
4. zu der Ermittlung und zu dem Nachweis der entgangenen Erlösmöglichkeiten nach § 13a Absatz 2 Satz 2 Nummer 3, wobei zwischen Erzeugungsanlagen und Anlagen zur Speicherung elektrischer Energie unterschieden werden kann,
5. zu der Bemessung der ersparten Erzeugungsaufwendungen nach § 13a Absatz 2 Satz 3 und
6. zu einer vereinfachten Bestimmung der zum Zeitpunkt der Investitionsentscheidung betriebswirtschaftlich geplanten Betriebsstunden nach § 13a Absatz 3; die betriebswirtschaftlich geplanten Betriebsstunden können als Pauschale für vergleichbare Kraftwerkstypen ausgestaltet werden; dabei sind die üblichen Betriebsstunden eines vergleichbaren Kraftwerkstyps zum Zeitpunkt der Investitionsentscheidung zugrunde zu legen.

[3]Die Regulierungsbehörde erhebt bei den Betreibern von Anlagen zur Erzeugung oder Speicherung elektrischer Energie die für die Festlegungen nach Satz 2 und für die Prüfung der angemessenen Vergütung notwendigen Daten einschließlich etwaiger Betriebs- und Geschäftsgeheimnisse. [4]Die Betreiber sind insoweit zur Auskunft verpflichtet. [5]Die Regulierungsbehörde kann

EnWG

1) **Anm. d. Red.:** § 13j i. d. F. des Gesetzes v. 17.12.2018 (BGBl I S. 2549) mit Wirkung v. 21.12.2018.

Festlegungen nach § 29 Absatz 1 zu dem Umfang, Zeitpunkt und der Form der zu erhebenden und mitzuteilenden Daten, insbesondere zu den zulässigen Datenträgern und Übertragungswegen, treffen.

(2) Die Bundesnetzagentur kann durch Festlegung nach § 29 Absatz 1 nähere Bestimmungen treffen,

1. in welchem Umfang, in welcher Form und innerhalb welcher Frist die Netzbetreiber Maßnahmen nach § 13 Absatz 1 und 2, deren Gründe und die zugrunde liegenden vertraglichen Regelungen der Bundesnetzagentur mitteilen und auf einer gemeinsamen Internetplattform veröffentlichen müssen,
2. zu den Kriterien für die nach § 13 Absatz 3 Satz 4 geltenden Ausnahmefälle,
3. zur näheren Ausgestaltung und Abgrenzung der Gründe für Stilllegungen nach § 13b Absatz 1 Satz 1 zweiter Halbsatz,
4. zur Ermittlung der anrechenbaren Betriebsstunden nach § 13c Absatz 1 Satz 3 und Absatz 3 Satz 3 zweiter Halbsatz,
5. zu den Kriterien eines systemrelevanten Gaskraftwerks nach § 13f Absatz 1,
6. zur Form der Ausweisung von systemrelevanten Gaskraftwerken nach § 13f Absatz 1 und zur nachträglichen Anpassung an neuere Erkenntnisse,
7. zur Begründung und Nachweisführung nach § 13f,
8. zur angemessenen Erstattung von Mehrkosten nach § 13f Absatz 2 Satz 2, die auch nach pauschalierten Maßgaben erfolgen kann, und
9. zur näheren Bestimmung der Verpflichteten nach § 13f Absatz 2.

(3) [1]Solange und soweit der Verordnungsgeber nach § 13i Absatz 3 keine abweichenden Regelungen getroffen hat, wird die Regulierungsbehörde ermächtigt, nach § 29 Absatz 1 Festlegungen zu den in § 13i Absatz 3 Nummer 1 genannten Punkten zu treffen. [2]Die Regulierungsbehörde wird darüber hinaus ermächtigt, nach § 29 Absatz 1 Festlegungen zu treffen

1. zu erforderlichen technischen und zeitlichen Anforderungen, die gegenüber den nach § 13a Absatz 1 und § 13b Absatz 1, 4 und 5 betroffenen Betreibern von Erzeugungsanlagen aufzustellen sind,
2. zur Methodik und zum Datenformat der Anforderung durch Betreiber von Übertragungsnetzen,
3. zur Form der Ausweisung nach § 13b Absatz 2 und Absatz 5 Satz 1 sowie zur nachträglichen Anpassung an neuere Erkenntnisse und
4. zur Begründung und Nachweisführung nach den §§ 13b und 13c.

(4) Die Bundesnetzagentur kann den Umfang der Kapazitätsreserve nach Maßgabe der Rechtsverordnung nach § 13h durch Festlegung nach § 29 Absatz 1 anpassen, wenn eine Entscheidung nach § 13e Absatz 5 dies vorsieht oder eine Entscheidung der Europäischen Kommission über die beihilferechtliche Genehmigung der Kapazitätsreserve einen geringeren Umfang vorsieht.

(5) (weggefallen)

§ 13k (weggefallen)[1]

§ 14 Aufgaben der Betreiber von Elektrizitätsverteilernetzen[2]

(1) [1]Die §§ 12, 13 bis 13c und die auf Grundlage des § 13i Absatz 3 erlassenen Rechtsverordnungen gelten für Betreiber von Elektrizitätsverteilernetzen im Rahmen ihrer Verteilungsaufgaben entsprechend, soweit sie für die Sicherheit und Zuverlässigkeit der Elektrizitätsversor-

1) **Anm. d. Red.:** § 13k weggefallen gem. Gesetz v. 17.7.2017 (BGBl I S. 2503) mit Wirkung v. 22.7.2017.

2) **Anm. d. Red.:** § 14 i. d. F. des Gesetzes v. 22. 12. 2016 (BGBl I S. 3106) mit Wirkung v. 1. 1. 2017.

gung in ihrem Netz verantwortlich sind. [2]§ 13 Absatz 9 ist mit der Maßgabe anzuwenden, dass die Betreiber von Elektrizitätsverteilernetzen nur auf Anforderung der Regulierungsbehörde die Schwachstellenanalyse zu erstellen und über das Ergebnis zu berichten haben.

(1a) [1]Betreiber von Elektrizitätsverteilernetzen haben auf Verlangen der Regulierungsbehörde innerhalb von zwei Monaten einen Bericht über den Netzzustand und die Netzausbauplanung zu erstellen und ihr diesen vorzulegen. [2]Der Bericht zur Netzausbauplanung hat auch konkrete Maßnahmen zur Optimierung, zur Verstärkung und zum Ausbau des Netzes und den geplanten Beginn und das geplante Ende der Maßnahmen zu enthalten. [3]Auf Verlangen der Regulierungsbehörde ist ihr innerhalb von zwei Monaten ein Bericht entsprechend den Sätzen 1 und 2 auch über bestimmte Teile des Elektrizitätsverteilernetzes vorzulegen. [4]Betreiber von Elektrizitätsverteilernetzen einschließlich vertikal integrierter Energieversorgungsunternehmen, an deren Elektrizitätsverteilernetz weniger als 10 000 Kunden unmittelbar oder mittelbar angeschlossen sind, sind von den Verpflichtungen der Sätze 1 bis 3 ausgenommen. [5]Die Regulierungsbehörde kann durch Festlegung nach § 29 Absatz 1 zum Inhalt des Berichts nähere Bestimmungen treffen.

(1b) [1]Betreiber von Hochspannungsnetzen mit einer Nennspannung von 110 Kilovolt haben jährlich Netzkarten mit den Engpassregionen ihres Hochspannungsnetzes und ihre Planungsgrundlagen zur Entwicklung von Ein- und Ausspeisungen in den nächsten zehn Jahren in einem Bericht auf ihrer Internetseite zu veröffentlichen und der Regulierungsbehörde zu übermitteln. [2]Der Bericht hat ebenfalls Angaben hinsichtlich aller in den nächsten fünf Jahren konkret geplanten sowie der für weitere fünf Jahre vorgesehenen Maßnahmen in der 110-Kilovolt-Ebene zur bedarfsgerechten Optimierung, Verstärkung und zum Ausbau ihres Netzes zu enthalten. [3]Maßnahmen gelten insbesondere als konkret geplant, wenn die für die Maßnahme notwendigen öffentlich-rechtlichen Planungs- oder Genehmigungsverfahren eingeleitet wurden oder vom Betreiber bereits Investitionsentscheidungen bezüglich der Ausbaumaßnahmen getroffen wurden oder der Betreiber von einer tatsächlichen Realisierung innerhalb der kommenden fünf Jahre ausgeht. [4]Die Darstellung der Maßnahmen nach Satz 2 muss so ausgestaltet sein, dass ein sachkundiger Dritter erkennen kann, welche Veränderungen der Kapazitäten für Leitungstrassen und Umspannwerke mit den geplanten Maßnahmen einhergehen, welche Alternativen der Netzbetreiber geprüft hat und welche Kosten voraussichtlich entstehen. [5]Die Regulierungsbehörde kann durch Festlegung nach § 29 Absatz 1 weitere Bestimmungen zu Inhalt, Format sowie Zeitpunkt der Veröffentlichung treffen.

(1c) Die Betreiber von Elektrizitätsverteilernetzen sind verpflichtet, Maßnahmen des Betreibers von Übertragungsnetzen oder Maßnahmen eines nach Absatz 1 Satz 1 verantwortlichen Betreibers von Elektrizitätsverteilernetzen, in dessen Netz sie unmittelbar oder mittelbar technisch eingebunden sind, nach dessen Vorgaben und den dadurch begründeten Vorgaben eines vorgelagerten Betreibers von Elektrizitätsverteilernetzen durch eigene Maßnahmen zu unterstützen, soweit diese erforderlich sind, um Gefährdungen und Störungen in den Elektrizitätsversorgungsnetzen mit geringstmöglichen Eingriffen in die Versorgung zu vermeiden; dabei gelten die §§ 12 und 13 bis 13c entsprechend.

(2) [1]Bei der Planung des Verteilernetzausbaus haben Betreiber von Elektrizitätsverteilernetzen die Möglichkeiten von Energieeffizienz- und Nachfragesteuerungsmaßnahmen und dezentralen Erzeugungsanlagen zu berücksichtigen. [2]Die Bundesregierung wird ermächtigt, durch Rechtsverordnung ohne Zustimmung des Bundesrates allgemeine Grundsätze für die Berücksichtigung der in Satz 1 genannten Belange bei Planungen festzulegen.

§ 14a Steuerbare Verbrauchseinrichtungen in Niederspannung; Verordnungsermächtigung[1)]

[1]Betreiber von Elektrizitätsverteilernetzen haben denjenigen Lieferanten und Letztverbrauchern im Bereich der Niederspannung, mit denen sie Netznutzungsverträge abgeschlossen haben, ein reduziertes Netzentgelt zu berechnen, wenn mit ihnen im Gegenzug die netzdienliche

1) **Anm. d. Red.:** § 14a i. d. F. des Gesetzes v. 29. 8. 2016 (BGBl I S. 2034) mit Wirkung v. 2. 9. 2016.

Steuerung von steuerbaren Verbrauchseinrichtungen, die über einen separaten Zählpunkt verfügen, vereinbart wird. [2]Als steuerbare Verbrauchseinrichtung im Sinne von Satz 1 gelten auch Elektromobile. [3]Die Bundesregierung wird ermächtigt, durch Rechtsverordnung mit Zustimmung des Bundesrates die Verpflichtung nach den Sätzen 1 und 2 näher zu konkretisieren, insbesondere einen Rahmen für die Reduzierung von Netzentgelten und die vertragliche Ausgestaltung vorzusehen sowie Steuerungshandlungen zu benennen, die dem Netzbetreiber vorbehalten sind, und Steuerungshandlungen zu benennen, die Dritten, insbesondere dem Lieferanten, vorbehalten sind. [4]Sie hat hierbei die weiteren Anforderungen des Messstellenbetriebsgesetzes an die Ausgestaltung der kommunikativen Einbindung der steuerbaren Verbrauchseinrichtungen zu beachten.

§ 14b Steuerung von vertraglichen Abschaltvereinbarungen, Verordnungsermächtigung[1)]

[1]Soweit und solange es der Vermeidung von Engpässen im vorgelagerten Netz dient, können Betreiber von Gasverteilernetzen an Ausspeisepunkten von Letztverbrauchern, mit denen eine vertragliche Abschaltvereinbarung zum Zweck der Netzentlastung vereinbart ist, ein reduziertes Netzentgelt berechnen. [2]Das reduzierte Netzentgelt muss die Wahrscheinlichkeit der Abschaltung angemessen widerspiegeln. [3]Die Betreiber von Gasverteilernetzen haben sicherzustellen, dass die Möglichkeit von Abschaltvereinbarungen zwischen Netzbetreiber und Letztverbraucher allen Letztverbrauchern diskriminierungsfrei angeboten wird. [4]Die grundsätzliche Pflicht der Betreiber von Gasverteilernetzen, vorrangig nicht unterbrechbare Verträge anzubieten und hierfür feste Bestellleistungen nachzufragen, bleibt hiervon unberührt. [5]Die Bundesregierung wird ermächtigt, durch Rechtsverordnung, die nicht der Zustimmung des Bundesrates bedarf, zur näheren Konkretisierung der Verpflichtung für Betreiber von Gasverteilernetzen und zur Regelung näherer Vorgaben für die vertragliche Gestaltung der Abschaltvereinbarung Bestimmungen zu treffen

1. über Kriterien, für Kapazitätsengpässe in Netzen, die eine Anpassung der Gasausspeisungen zur sicheren und zuverlässigen Gasversorgung durch Anwendung der Abschaltvereinbarung erforderlich macht,
2. über Kriterien für eine Unterversorgung der Netze, die eine Anpassung der Gasausspeisungen zur sicheren und zuverlässigen Gasversorgung durch Anwendung der Abschaltvereinbarung erforderlich macht und
3. für die Bemessung des reduzierten Netzentgelts.

§ 15 Aufgaben der Betreiber von Fernleitungsnetzen[2)]

(1) Betreiber von Fernleitungsnetzen haben den Gastransport durch ihr Netz unter Berücksichtigung der Verbindungen mit anderen Netzen zu regeln und mit der Bereitstellung und dem Betrieb ihrer Fernleitungsnetze im nationalen und internationalen Verbund zu einem sicheren und zuverlässigen Gasversorgungssystem in ihrem Netz und damit zu einer sicheren Energieversorgung beizutragen.

(2) [1]Um zu gewährleisten, dass der Transport und die Speicherung von Erdgas in einer mit dem sicheren und effizienten Betrieb des Verbundnetzes zu vereinbarenden Weise erfolgen kann, haben Betreiber von Fernleitungsnetzen, Speicher- oder LNG-Anlagen jedem anderen Betreiber eines Gasversorgungsnetzes, mit dem die eigenen Fernleitungsnetze oder Anlagen technisch verbunden sind, die notwendigen Informationen bereitzustellen. [2]Betreiber von Übertragungsnetzen sind verpflichtet, Betreibern von Fernleitungsnetzen unverzüglich die Informationen einschließlich etwaiger Betriebs- und Geschäftsgeheimnisse bereitzustellen, die notwendig sind, damit die Fernleitungsnetze sicher und zuverlässig betrieben, gewartet und ausgebaut werden können. [3]Die Betreiber von Fernleitungsnetzen haben sicherzustellen, ihnen nach Satz 2

1) **Anm. d. Red.:** § 14b eingefügt gem. Gesetz v. 20. 12. 2012 (BGBl I S. 2730) mit Wirkung v. 28. 12. 2012.

2) **Anm. d. Red.:** § 15 i. d. F. des Gesetzes v. 20. 12. 2012 (BGBl I S. 2730) mit Wirkung v. 28. 12. 2012.

zur Kenntnis gelangte Betriebs- und Geschäftsgeheimnisse ausschließlich so zu den dort genannten Zwecken zu nutzen, dass deren unbefugte Offenbarung ausgeschlossen ist.

(3) Betreiber von Fernleitungsnetzen haben dauerhaft die Fähigkeit ihrer Netze sicherzustellen, die Nachfrage nach Transportdienstleistungen für Gas zu befriedigen und insbesondere durch entsprechende Transportkapazität und Zuverlässigkeit der Netze zur Versorgungssicherheit beizutragen.

§ 15a Netzentwicklungsplan der Fernleitungsnetzbetreiber[1)]

(1) [1]Die Betreiber von Fernleitungsnetzen haben in jedem geraden Kalenderjahr einen gemeinsamen nationalen Netzentwicklungsplan zu erstellen und der Regulierungsbehörde unverzüglich vorzulegen, erstmals zum 1. April 2016. [2]Dieser muss alle wirksamen Maßnahmen zur bedarfsgerechten Optimierung, Verstärkung und zum bedarfsgerechten Ausbau des Netzes und zur Gewährleistung der Versorgungssicherheit enthalten, die in den nächsten zehn Jahren netztechnisch für einen sicheren und zuverlässigen Netzbetrieb erforderlich sind. [3]Insbesondere ist in den Netzentwicklungsplan aufzunehmen, welche Netzausbaumaßnahmen in den nächsten drei Jahren durchgeführt werden müssen, und ein Zeitplan für die Durchführung aller Netzausbaumaßnahmen. [4]Bei der Erarbeitung des Netzentwicklungsplans legen die Betreiber von Fernleitungsnetzen angemessene Annahmen über die Entwicklung der Gewinnung, der Versorgung, des Verbrauchs von Gas und seinem Austausch mit anderen Ländern zugrunde und berücksichtigen geplante Investitionsvorhaben in die regionale und gemeinschaftsweite Netzinfrastruktur sowie in Bezug auf Speicheranlagen und LNG-Wiederverdampfungsanlagen sowie die Auswirkungen denkbarer Störungen der Versorgung (Szenariorahmen). [5]Der Netzentwicklungsplan berücksichtigt den gemeinschaftsweiten Netzentwicklungsplan nach Artikel 8 Absatz 3b der Verordnung (EG) Nr. 715/2009. [6]Die Betreiber von Fernleitungsnetzen veröffentlichen den Szenariorahmen und geben der Öffentlichkeit und den nachgelagerten Netzbetreibern Gelegenheit zur Äußerung, sie legen den Entwurf des Szenariorahmens der Regulierungsbehörde vor. [7]Die Regulierungsbehörde bestätigt den Szenariorahmen unter Berücksichtigung der Ergebnisse der Öffentlichkeitsbeteiligung.

(2) [1]Betreiber von Fernleitungsnetzen haben der Öffentlichkeit und den nachgelagerten Netzbetreibern vor der Vorlage des Entwurfs des Netzentwicklungsplans bei der Regulierungsbehörde Gelegenheit zur Äußerung zu geben. [2]Hierzu stellen die Betreiber von Fernleitungsnetzen die erforderlichen Informationen auf ihrer Internetseite zur Verfügung. [3]Betreiber von Fernleitungsnetzen nutzen bei der Erarbeitung des Netzentwicklungsplans eine geeignete und allgemein nachvollziehbare Modellierung der deutschen Fernleitungsnetze. [4]Dem Netzentwicklungsplan ist eine zusammenfassende Erklärung beizufügen über die Art und Weise, wie die Ergebnisse der Öffentlichkeitsbeteiligung in dem Netzentwicklungsplan berücksichtigt wurden und aus welchen Gründen der Netzentwicklungsplan nach Abwägung mit den geprüften, in Betracht kommenden anderweitigen Planungsmöglichkeiten gewählt wurde. [5]Der aktuelle Netzentwicklungsplan muss den Stand der Umsetzung des vorhergehenden Netzentwicklungsplans enthalten. [6]Haben sich Maßnahmen verzögert, sind die Gründe der Verzögerung anzugeben.

(3) [1]Die Regulierungsbehörde hört zum Entwurf des Netzentwicklungsplans alle tatsächlichen und potenziellen Netznutzer an und veröffentlicht das Ergebnis. [2]Personen und Unternehmen, die den Status potenzieller Netznutzer beanspruchen, müssen diesen Anspruch darlegen. [3]Die Regulierungsbehörde ist befugt, von den Betreibern von Fernleitungsnetzen sämtliche Daten zu erheben, zu verarbeiten und zu nutzen, die zur Prüfung erforderlich sind, ob der Netzentwicklungsplan den Anforderungen nach Absatz 1 Satz 2 und 5 sowie nach Absatz 2 entspricht. [4]Bestehen Zweifel, ob der Netzentwicklungsplan mit dem gemeinschaftsweit geltenden Netzentwicklungsplan in Einklang steht, konsultiert die Regulierungsbehörde die Agentur für die Zusammenarbeit der Energieregulierungsbehörden. [5]Die Regulierungsbehörde kann innerhalb von drei Monaten nach Veröffentlichung des Konsultationsergebnisses von den Betreibern von Fern-

1) **Anm. d. Red.:** § 15a i. d. F. des Gesetzes v. 10. 12. 2015 (BGBl I S. 2194) mit Wirkung v. 1. 1. 2016.

EnWG

leitungsnetzen Änderungen des Netzentwicklungsplans verlangen, diese sind von den Betreibern von Fernleitungsnetzen innerhalb von drei Monaten umzusetzen. [6]Die Regulierungsbehörde kann bestimmen, welcher Betreiber von Fernleitungsnetzen für die Durchführung einer Maßnahme aus dem Netzentwicklungsplan verantwortlich ist. [7]Verlangt die Regulierungsbehörde keine Änderungen innerhalb der Frist nach Satz 3 und 4, ist der Netzentwicklungsplan für die Betreiber von Fernleitungsnetzen verbindlich.

(4) Betreiber von Gasverteilernetzen sind verpflichtet, mit den Betreibern von Fernleitungsnetzen in dem Umfang zusammenzuarbeiten, der erforderlich ist, um eine sachgerechte Erstellung der Netzentwicklungspläne zu gewährleisten; sie sind insbesondere verpflichtet, den Betreibern von Fernleitungsnetzen für die Erstellung des Netzentwicklungsplans erforderliche Informationen unverzüglich zur Verfügung zu stellen.

(5) Die Regulierungsbehörde kann durch Festlegung nach § 29 Absatz 1 zu Inhalt und Verfahren des Netzentwicklungsplans sowie zur Ausgestaltung der von den Fernleitungsnetzbetreibern durchzuführenden Konsultationsverfahren nähere Bestimmungen treffen.

(6) [1]Nach der erstmaligen Durchführung des Verfahrens nach Absatz 1 und 2 kann sich die Öffentlichkeitsbeteiligung auf Änderungen gegenüber dem zuletzt bestätigten Szenariorahmen oder dem zuletzt veröffentlichten Netzentwicklungsplan beschränken. [2]Ein vollständiges Verfahren muss mindestens alle vier Jahre durchgeführt werden.

§ 15b Umsetzungsbericht der Fernleitungsnetzbetreiber[1)]

[1]Betreiber von Fernleitungsnetzen legen der Regulierungsbehörde in jedem ungeraden Kalenderjahr, erstmals zum 1. April 2017, einen gemeinsamen Umsetzungsbericht vor, den diese prüft. [2]Dieser Bericht muss Angaben zum Stand der Umsetzung des zuletzt veröffentlichten Netzentwicklungsplans und im Falle von Verzögerungen der Umsetzung die dafür maßgeblichen Gründe enthalten. [3]Die Regulierungsbehörde veröffentlicht den Umsetzungsbericht und gibt allen tatsächlichen und potenziellen Netznutzern Gelegenheit zur Äußerung.

§ 16 Systemverantwortung der Betreiber von Fernleitungsnetzen[2)]

(1) Sofern die Sicherheit oder Zuverlässigkeit des Gasversorgungssystems in dem jeweiligen Netz gefährdet oder gestört ist, sind Betreiber von Fernleitungsnetzen berechtigt und verpflichtet, die Gefährdung oder Störung durch

1. netzbezogene Maßnahmen und
2. marktbezogene Maßnahmen, wie insbesondere den Einsatz von Ausgleichsleistungen, vertragliche Regelungen über eine Abschaltung und den Einsatz von Speichern,

zu beseitigen.

(2) [1]Lässt sich eine Gefährdung oder Störung durch Maßnahmen nach Absatz 1 nicht oder nicht rechtzeitig beseitigen, so sind Betreiber von Fernleitungsnetzen im Rahmen der Zusammenarbeit nach § 15 Abs. 1 berechtigt und verpflichtet, sämtliche Gaseinspeisungen, Gastransporte und Gasausspeisungen in ihren Netzen den Erfordernissen eines sicheren und zuverlässigen Betriebs der Netze anzupassen oder diese Anpassung zu verlangen. [2]Bei einer erforderlichen Anpassung von Gaseinspeisungen und Gasausspeisungen sind die betroffenen Betreiber von anderen Fernleitungs- und Gasverteilernetzen und Gashändler soweit möglich vorab zu informieren.

(2a) [1]Bei Maßnahmen nach den Absätzen 1 und 2 sind Auswirkungen auf die Sicherheit und Zuverlässigkeit des Elektrizitätsversorgungssystems auf Grundlage der von den Betreibern von Übertragungsnetzen nach § 15 Absatz 2 bereitzustellenden Informationen angemessen zu berücksichtigen. [2]Der Gasbezug einer Anlage, die als systemrelevantes Gaskraftwerk nach § 13f ausgewiesen ist, darf durch eine Maßnahme nach Absatz 1 nicht eingeschränkt werden, soweit

1) **Anm. d. Red.:** § 15b eingefügt gem. Gesetz v. 10. 12. 2015 (BGBl I S. 2194) mit Wirkung v. 1. 1. 2016.

2) **Anm. d. Red.:** § 16 i. d. F. des Gesetzes v. 26. 7. 2016 (BGBl I S. 1786) mit Wirkung v. 30. 7. 2016.

der Betreiber des betroffenen Übertragungsnetzes die weitere Gasversorgung der Anlage gegenüber dem Betreiber des Fernleitungsnetzes anweist. [3]Der Gasbezug einer solchen Anlage darf durch eine Maßnahme nach Absatz 2 nur nachrangig eingeschränkt werden, soweit der Betreiber des betroffenen Übertragungsnetzes die weitere Gasversorgung der Anlage gegenüber dem Betreiber des Fernleitungsnetzes anweist. [4]Eine Anweisung der nachrangigen Einschränkbarkeit systemrelevanter Gaskraftwerke nach Satz 3 ist nur zulässig, wenn der Betreiber des betroffenen Übertragungsnetzes zuvor alle verfügbaren netz- und marktbezogenen Maßnahmen nach § 13 Absatz 1 ausgeschöpft hat und eine Abwägung der Folgen weiterer Anpassungen von Stromeinspeisungen und Stromabnahmen im Rahmen von Maßnahmen nach § 13 Absatz 2 mit den Folgen weiterer Anpassungen von Gaseinspeisungen und Gasausspeisungen im Rahmen von Maßnahmen nach Absatz 2 eine entsprechende Anweisung angemessen erscheinen lassen.

(3) [1]Im Falle einer Anpassung nach Absatz 2 ruhen bis zur Beseitigung der Gefährdung oder Störung alle hiervon jeweils betroffenen Leistungspflichten. [2]Satz 1 führt nicht zu einer Aussetzung der Abrechnung der Bilanzkreise durch den Marktgebietsverantwortlichen. [3]Soweit bei Vorliegen der Voraussetzungen nach den Absätzen 2 und 2a Maßnahmen getroffen werden, ist insoweit die Haftung für Vermögensschäden ausgeschlossen. [4]Im Übrigen bleibt § 11 Absatz 3 unberührt.

(4) [1]Über die Gründe von durchgeführten Anpassungen und Maßnahmen sind die hiervon unmittelbar Betroffenen und die Regulierungsbehörde unverzüglich zu informieren. [2]Auf Verlangen sind die vorgetragenen Gründe zu belegen.

(5) [1]Zur Vermeidung schwerwiegender Versorgungsstörungen haben Betreiber von Fernleitungsnetzen jährlich eine Schwachstellenanalyse zu erarbeiten und auf dieser Grundlage notwendige Maßnahmen zu treffen. [2]Über das Ergebnis der Schwachstellenanalyse und die Maßnahmen hat der Betreiber von Fernleitungsnetzen der Regulierungsbehörde auf Anforderung zu berichten.

§ 16a Aufgaben der Betreiber von Gasverteilernetzen

[1]Die §§ 15 und 16 Abs. 1 bis 4 gelten für Betreiber von Gasverteilernetzen im Rahmen ihrer Verteilungsaufgaben entsprechend, soweit sie für die Sicherheit und Zuverlässigkeit der Gasversorgung in ihrem Netz verantwortlich sind. [2]§ 16 Abs. 5 ist mit der Maßgabe anzuwenden, dass die Betreiber von Gasverteilernetzen nur auf Anforderung der Regulierungsbehörde eine Schwachstellenanalyse zu erstellen und über das Ergebnis zu berichten haben.

EnWG

Abschnitt 2: Netzanschluss

§ 17 Netzanschluss, Verordnungsermächtigung[1)]

(1) [1]Betreiber von Energieversorgungsnetzen haben Letztverbraucher, gleich- oder nachgelagerte Elektrizitäts- und Gasversorgungsnetze sowie -leitungen, Ladepunkte für Elektromobile, Erzeugungs- und Speicheranlagen sowie Anlagen zur Speicherung elektrischer Energie zu technischen und wirtschaftlichen Bedingungen an ihr Netz anzuschließen, die angemessen, diskriminierungsfrei, transparent und nicht ungünstiger sind, als sie von den Betreibern der Energieversorgungsnetze in vergleichbaren Fällen für Leistungen innerhalb ihres Unternehmens oder gegenüber verbundenen oder assoziierten Unternehmen angewendet werden. [2]Diese Pflicht besteht nicht für Betreiber eines L-Gasversorgungsnetzes hinsichtlich eines Anschlusses an das L-Gasversorgungsnetz, es sei denn, die beantragende Partei weist nach, dass ihr der Anschluss an ein H-Gasversorgungsnetz aus wirtschaftlichen oder technischen Gründen unmöglich oder unzumutbar ist. [3]Hat die beantragende Partei diesen Nachweis erbracht, bleibt der Betreiber des L-Gasversorgungsnetzes berechtigt, den Anschluss an das L-Gasversorgungsnetz unter den Voraussetzungen von Absatz 2 zu verweigern. [4]Die Sätze 2 und 3 sind nicht anzuwenden, wenn der Anschluss bis zum 21. Dezember 2018 beantragt wurde.

1) **Anm. d. Red.:** § 17 i. d. F. des Gesetzes v. 17.12.2018 (BGBl I S. 2549) mit Wirkung v. 21.12.2018.

(2) [1]Betreiber von Energieversorgungsnetzen können einen Netzanschluss nach Absatz 1 Satz 1 verweigern, soweit sie nachweisen, dass ihnen die Gewährung des Netzanschlusses aus betriebsbedingten oder sonstigen wirtschaftlichen oder technischen Gründen unter Berücksichtigung des Zwecks des § 1 nicht möglich oder nicht zumutbar ist. [2]Die Ablehnung ist in Textform zu begründen. [3]Auf Verlangen der beantragenden Partei muss die Begründung im Falle eines Kapazitätsmangels auch aussagekräftige Informationen darüber enthalten, welche Maßnahmen und damit verbundene Kosten zum Ausbau des Netzes im Einzelnen erforderlich wären, um den Netzanschluss durchzuführen; die Begründung kann nachgefordert werden. [4]Für die Begründung nach Satz 3 kann ein Entgelt, das die Hälfte der entstandenen Kosten nicht überschreiten darf, verlangt werden, sofern auf die Entstehung von Kosten zuvor hingewiesen worden ist.

(2a) und (2b) (weggefallen)

(3) [1]Die Bundesregierung wird ermächtigt, durch Rechtsverordnung mit Zustimmung des Bundesrates

1. Vorschriften über die technischen und wirtschaftlichen Bedingungen für einen Netzanschluss nach Absatz 1 Satz 1 oder Methoden für die Bestimmung dieser Bedingungen zu erlassen und
2. zu regeln, in welchen Fällen und unter welchen Voraussetzungen die Regulierungsbehörde diese Bedingungen oder Methoden festlegen oder auf Antrag des Netzbetreibers genehmigen kann.

[2]Insbesondere können durch Rechtsverordnungen nach Satz 1 unter angemessener Berücksichtigung der Interessen der Betreiber von Energieversorgungsnetzen und der Anschlussnehmer

1. die Bestimmungen der Verträge einheitlich festgesetzt werden,
2. Regelungen über den Vertragsabschluss, den Gegenstand und die Beendigung der Verträge getroffen werden und
3. festgelegt sowie näher bestimmt werden, in welchem Umfang und zu welchen Bedingungen ein Netzanschluss nach Absatz 2 zumutbar ist; dabei kann auch das Interesse der Allgemeinheit an einer möglichst kostengünstigen Struktur der Energieversorgungsnetze berücksichtigt werden.

§ 17a Bundesfachplan Offshore des Bundesamtes für Seeschifffahrt und Hydrographie[1)2)]

(1) [1]Das Bundesamt für Seeschifffahrt und Hydrographie erstellt in jedem geraden Kalenderjahr, beginnend mit dem Jahr 2016, im Einvernehmen mit der Bundesnetzagentur und in Abstimmung mit dem Bundesamt für Naturschutz und den Küstenländern einen Offshore-Netzplan für die ausschließliche Wirtschaftszone der Bundesrepublik Deutschland (Bundesfachplan Offshore). [2]Der Bundesfachplan Offshore enthält Festlegungen zu:

1. Windenergieanlagen auf See im Sinne des § 3 Nummer 49 des Erneuerbare-Energien-Gesetzes, die in räumlichem Zusammenhang stehen und für Sammelanbindungen geeignet sind,
2. Trassen oder Trassenkorridoren für Anbindungsleitungen für Windenergieanlagen auf See,
3. den Orten, an denen die Anbindungsleitungen die Grenze zwischen der ausschließlichen Wirtschaftszone und dem Küstenmeer überschreiten,
4. Standorten von Konverterplattformen oder Umspannanlagen,
5. Trassen oder Trassenkorridoren für grenzüberschreitende Stromleitungen,

1) **Anm. d. Red.:** § 17a i. d. F. des Gesetzes v. 20.7.2017 (BGBl I S. 2808) mit Wirkung v. 29.7.2017.

2) **Anm. d. Red.:** Gem. Art. 25 Abs. 3 Gesetz v. 13.10.2016 (BGBl I S. 2258) werden die §§ 17a bis 17c mit Wirkung v. 31.12.2025 aufgehoben.

6. Trassen oder Trassenkorridoren zu oder für mögliche Verbindungen der in den Nummern 1, 2, 4 und 5 genannten Anlagen und Trassen oder Trassenkorridore untereinander,
7. standardisierten Technikvorgaben und Planungsgrundsätzen.

[3]Das Bundesamt für Seeschifffahrt und Hydrographie prüft bei der Erstellung des Bundesfachplans Offshore, ob einer Festlegung nach Satz 2 überwiegende öffentliche oder private Belange entgegenstehen. [4]Es prüft insbesondere

1. die Übereinstimmung mit den Erfordernissen der Raumordnung im Sinne von § 3 Absatz 1 Nummer 1 des Raumordnungsgesetzes vom 22. Dezember 2008 (BGBl I S. 2986), das zuletzt durch Artikel 9 des Gesetzes vom 31. Juli 2009 (BGBl I S. 2585) geändert worden ist,
2. die Abstimmung mit anderen raumbedeutsamen Planungen und Maßnahmen im Sinne von § 3 Absatz 1 Nummer 6 des Raumordnungsgesetzes und
3. etwaige ernsthaft in Betracht kommende Alternativen von Trassen, Trassenkorridoren oder Standorten.

(2) [1]Soweit nicht die Voraussetzungen für eine Ausnahme von der Verpflichtung zur Durchführung einer strategischen Umweltprüfung nach § 37 des Gesetzes über die Umweltverträglichkeitsprüfung vorliegen, führt das Bundesamt für Seeschifffahrt und Hydrographie unverzüglich nach Einleitung des Verfahrens nach Absatz 1 einen Anhörungstermin durch. [2]In dem Anhörungstermin sollen Gegenstand und Umfang der in Absatz 1 Satz 2 genannten Festlegungen erörtert werden. [3]Insbesondere soll erörtert werden, in welchem Umfang und Detaillierungsgrad Angaben in den Umweltbericht nach 40 des Gesetzes über die Umweltverträglichkeitsprüfung aufzunehmen sind. [4]Der Anhörungstermin ist zugleich die Besprechung im Sinne des § 39 Absatz 4 Satz 2 des Gesetzes über die Umweltverträglichkeitsprüfung. [5]§ 7 Absatz 2 des Netzausbaubeschleunigungsgesetzes Übertragungsnetz gilt für den Anhörungstermin entsprechend mit der Maßgabe, dass der jeweiligen Ladung geeignete Vorbereitungsunterlagen beizufügen sind und Ladung sowie Übersendung dieser Vorbereitungsunterlagen auch elektronisch erfolgen können. [6]Das Bundesamt für Seeschifffahrt und Hydrographie legt auf Grund der Ergebnisse des Anhörungstermins einen Untersuchungsrahmen für den Bundesfachplan Offshore nach pflichtgemäßem Ermessen fest.

(3) [1]Soweit nicht die Voraussetzungen für eine Ausnahme von der Verpflichtung zur Durchführung einer strategischen Umweltprüfung nach § 37 des Gesetzes über die Umweltverträglichkeitsprüfung vorliegen, erstellt das Bundesamt für Seeschifffahrt und Hydrographie frühzeitig während des Verfahrens zur Erstellung des Bundesfachplans Offshore einen Umweltbericht, der den Anforderungen des § 40 des Gesetzes über die Umweltverträglichkeitsprüfung entsprechen muss. [2]Die Betreiber von Übertragungsnetzen und von Windenergieanlagen auf See stellen dem Bundesamt für Seeschifffahrt und Hydrographie die hierzu erforderlichen Informationen zur Verfügung.

(4) [1]Das Bundesamt für Seeschifffahrt und Hydrographie beteiligt die Behörden, deren Aufgabenbereich berührt ist, und die Öffentlichkeit zu dem Entwurf des Bundesfachplans Offshore und des Umweltberichts nach den Bestimmungen des Gesetzes über die Umweltverträglichkeitsprüfung. [2]Bei Fortschreibung kann sich die Beteiligung der Öffentlichkeit sowie der Träger öffentlicher Belange auf Änderungen des Bundesfachplans Offshore gegenüber dem zuletzt öffentlich bekannt gemachten Bundesfachplan Offshore beschränken; ein vollständiges Verfahren nach Satz 1 muss mindestens alle vier Jahre durchgeführt werden. [3]Im Übrigen ist § 12c Absatz 3 entsprechend anzuwenden.

(5) [1]Der Bundesfachplan Offshore entfaltet keine Außenwirkungen und ist nicht selbständig durch Dritte anfechtbar. [2]Er ist für die Planfeststellungs- und Genehmigungsverfahren nach den Bestimmungen der Seeanlagenverordnung vom 23. Januar 1997 (BGBl I S. 57) in der jeweils geltenden Fassung verbindlich.

(6) Die Bundesnetzagentur kann nach Aufnahme einer Leitung in den Bundesnetzplan nach § 17 des Netzausbaubeschleunigungsgesetzes Übertragungsnetz den nach § 17d Absatz 1 anbindungsverpflichteten Übertragungsnetzbetreiber durch Bescheid auffordern, innerhalb einer

zu bestimmenden angemessenen Frist den erforderlichen Antrag auf Planfeststellung oder Plangenehmigung der Leitung nach den Bestimmungen der Seeanlagenverordnung zu stellen.

(7) Ab dem 31. Dezember 2017 erstellt das Bundesamt für Seeschifffahrt und Hydrographie keinen Bundesfachplan Offshore mehr.

§ 17b Offshore-Netzentwicklungsplan[1)2)]

(1) [1]Die Betreiber von Übertragungsnetzen legen der Regulierungsbehörde auf der Grundlage des Szenariorahmens nach § 12a einen gemeinsamen Offshore-Netzentwicklungsplan für die ausschließliche Wirtschaftszone der Bundesrepublik Deutschland und das Küstenmeer bis einschließlich der Netzanknüpfungspunkte an Land zusammen mit dem nationalen Netzentwicklungsplan nach § 12b zur Bestätigung vor. [2]Der gemeinsame nationale Offshore-Netzentwicklungsplan muss unter Berücksichtigung der Festlegungen des jeweils aktuellen Bundesfachplans Offshore im Sinne des § 17a mit einer zeitlichen Staffelung alle wirksamen Maßnahmen zur bedarfsgerechten Optimierung, Verstärkung und zum Ausbau der Offshore-Anbindungsleitungen enthalten, die spätestens zum Ende des Betrachtungszeitraums im Sinne des § 12a Absatz 1 Satz 2 für einen schrittweisen, bedarfsgerechten und wirtschaftlichen Ausbau sowie einen sicheren und zuverlässigen Betrieb der Offshore-Anbindungsleitungen erforderlich sind. [3]Dabei sind insbesondere die in § 4 Nummer 2 des Erneuerbare-Energien-Gesetzes sowie die in § 1 des Windenergie-auf-See-Gesetzes geregelten Ziele für einen stetigen und kosteneffizienten Ausbau der Windenergie auf See zugrunde zu legen und die Verteilung des Zubaus nach § 27 Absatz 4 des Windenergie-auf-See-Gesetzes zu berücksichtigen.

(2) [1]Der Offshore-Netzentwickungsplan enthält für alle Maßnahmen nach Absatz 1 Satz 2 Angaben zum geplanten Zeitpunkt der Fertigstellung und sieht verbindliche Termine für den Beginn der Umsetzung vor. [2]Dabei legen die Betreiber von Übertragungsnetzen die im Szenariorahmen nach § 12a von der Regulierungsbehörde genehmigten Erzeugungskapazitäten zugrunde und berücksichtigen die zu erwartenden Planungs-, Zulassungs- und Errichtungszeiten sowie die am Markt verfügbaren Errichtungskapazitäten. [3]Kriterien für die zeitliche Abfolge der Umsetzung können insbesondere der Realisierungsfortschritt der anzubindenden Windenergieanlagen auf See, die effiziente Nutzung der zu errichtenden Anbindungskapazität, die räumliche Nähe zur Küste sowie die geplante Inbetriebnahme der Netzanknüpfungspunkte sein. [4]Bei der Aufstellung des Offshore-Netzentwicklungsplans berücksichtigen die Betreiber von Übertragungsnetzen weitgehend technische Standardisierungen unter Beibehaltung des technischen Fortschritts. [5]Dem Offshore-Netzentwicklungsplan sind Angaben zum Stand der Umsetzung des vorhergehenden Offshore-Netzentwicklungsplans und im Falle von Verzögerungen die dafür maßgeblichen Gründe der Verzögerung beizufügen. [6]Der Entwurf des Offshore-Netzentwicklungsplans muss im Einklang stehen mit dem Entwurf des Netzentwicklungsplans nach § 12b und hat den gemeinschaftsweiten Netzentwicklungsplan nach Artikel 8 Absatz 3b der Verordnung (EG) Nr. 714/2009 zu berücksichtigen.

(3) Der Offshore-Netzentwicklungsplan enthält Festlegungen, in welchem Umfang die Anbindung von bestehenden Projekten im Sinn des § 26 Absatz 2 des Windenergie-auf-See-Gesetzes ausnahmsweise über einen anderen im Bundesfachplan Offshore nach § 17a festgelegten Cluster gemäß § 17d Absatz 3 erfolgen kann.

(4) § 12b Absatz 3 bis 5 ist entsprechend anzuwenden.

(5) Ab dem 1. Januar 2018 legen die Betreiber von Übertragungsnetzen keinen Offshore-Netzentwicklungsplan mehr vor.

---

1) **Anm. d. Red.:** § 17b i. d. F. des Gesetzes v. 13. 10. 2016 (BGBl I S. 2258) mit Wirkung v. 1. 1. 2017.

2) **Anm. d. Red.:** Gem. Art. 25 Abs. 3 Gesetz v. 13. 10. 2016 (BGBl I S. 2258) werden die §§ 17a bis 17c mit Wirkung v. 31. 12. 2025 aufgehoben.

§ 17c Prüfung und Bestätigung des Offshore-Netzentwicklungsplans durch die Regulierungsbehörde sowie Offshore-Umsetzungsbericht der Übertragungsnetzbetreiber[1)2)]

(1) [1]Die Regulierungsbehörde prüft in Abstimmung mit dem Bundesamt für Seeschifffahrt und Hydrographie die Übereinstimmung des Offshore- Netzentwicklungsplans mit den Anforderungen nach § 17b. [2]Im Übrigen ist § 12c entsprechend anzuwenden. [3]Die Bestätigung des Offshore-Netzentwicklungsplans erfolgt für Maßnahmen nach § 17b Absatz 1 Satz 2, deren geplanter Zeitpunkt der Fertigstellung nach dem Jahr 2025 liegt, unter dem Vorbehalt der entsprechenden Festlegung der jeweiligen Offshore-Anbindungsleitung im Flächenentwicklungsplan nach § 5 des Windenergie-auf-See-Gesetzes.

(2) Die Regulierungsbehörde kann in Abstimmung mit dem Bundesamt für Seeschifffahrt und Hydrographie eine bereits erfolgte Bestätigung des Offshore-Netzentwicklungsplans nach Bekanntmachung der Zuschläge nach § 34 des Windenergie-auf-See-Gesetzes aus dem Gebotstermin vom 1. April 2018 ändern, soweit der anbindungsverpflichtete Übertragungsnetzbetreiber die betreffende Offshore-Anbindungsleitung noch nicht beauftragt hat und die Änderung für eine geordnete und effiziente Nutzung und Auslastung der Offshore-Anbindungsleitung erforderlich ist.

(3) [1]Die Betreiber von Übertragungsnetzen legen der Regulierungsbehörde jeweils spätestens bis zum 30. September eines jeden geraden Kalenderjahres, beginnend mit dem Jahr 2018, einen gemeinsamen Offshore-Umsetzungsbericht vor, den diese in Abstimmung mit dem Bundesamt für Seeschifffahrt und Hydrographie prüft. [2]Dieser Bericht muss Angaben zum Stand der Umsetzung des zuletzt bestätigten Offshore-Netzentwicklungsplans und im Falle von Verzögerungen der Umsetzung die dafür maßgeblichen Gründe enthalten. [3]Die Regulierungsbehörde veröffentlicht den Umsetzungsbericht und gibt allen tatsächlichen und potenziellen Netznutzern Gelegenheit zur Äußerung. [4]Ab dem Jahr 2020 ist kein Offshore-Umsetzungsbericht mehr von den Übertragungsnetzbetreibern vorzulegen.

§ 17d Umsetzung der Netzentwicklungspläne und des Flächenentwicklungsplans[3)]

(1) [1]Betreiber von Übertragungsnetzen, in deren Regelzone die Netzanbindung von Windenergieanlagen auf See erfolgen soll (anbindungsverpflichteter Übertragungsnetzbetreiber), haben die Offshore-Anbindungsleitungen entsprechend den Vorgaben des Offshore-Netzentwicklungsplans und ab dem 1. Januar 2019 entsprechend den Vorgaben des Netzentwicklungsplans und des Flächenentwicklungsplans gemäß § 5 des Windenergie-auf-See-Gesetzes zu errichten und zu betreiben. [2]Sie haben mit der Umsetzung der Netzanbindungen von Windenergieanlagen auf See entsprechend den Vorgaben des Offshore-Netzentwicklungsplans und ab dem 1. Januar 2019 entsprechend den Vorgaben des Netzentwicklungsplans und des Flächenentwicklungsplans gemäß § 5 des Windenergie-auf-See-Gesetzes zu beginnen und die Errichtung der Netzanbindungen von Windenergieanlagen auf See zügig voranzutreiben. [3]Eine Offshore-Anbindungsleitung nach Satz 1 ist ab dem Zeitpunkt der Fertigstellung ein Teil des Energieversorgungsnetzes.

(2) [1]Der anbindungsverpflichtete Übertragungsnetzbetreiber beauftragt die Offshore-Anbindungsleitung so rechtzeitig, dass die Fertigstellungstermine in den im Offshore-Netzentwicklungsplan oder ab dem 1. Januar 2019 im Flächenentwicklungsplan dafür festgelegten Kalenderjahren liegen. [2]In jedem Fall beauftragt er die Offshore-Anbindungsleitung nicht, bevor die Eignung einer durch sie anzubindenden Fläche zur Nutzung von Windenergie auf See gemäß

---

1) **Anm. d. Red.:** § 17c i. d. F. des Gesetzes v. 22. 12. 2016 (BGBl I S. 3106) mit Wirkung v. 1. 1. 2017.

2) **Anm. d. Red.:** Gem. Art. 25 Abs. 3 Gesetz v. 13. 10. 2016 (BGBl I S. 2258) werden die §§ 17a bis 17c mit Wirkung v. 31. 12. 2025 aufgehoben.

3) **Anm. d. Red.:** § 17d i. d. F. des Gesetzes v. 17.7.2017 (BGBl I S. 2503) mit Wirkung v. 1.1.2019.

§ 12 des Windenergie-auf-See-Gesetzes festgestellt wurde. [3]In diesem Fall beauftragt er die Offshore-Anbindungsleitung unverzüglich nach der Eignungsfeststellung. [4]Der anbindungsverpflichtete Übertragungsnetzbetreiber hat nach Auftragsvergabe die Daten der voraussichtlichen Fertigstellungstermine der Offshore-Anbindungsleitung der Regulierungsbehörde bekannt zu machen und auf seiner Internetseite zu veröffentlichen. [5]Nach Bekanntmachung der voraussichtlichen Fertigstellungstermine nach Satz 4 hat der anbindungsverpflichtete Übertragungsnetzbetreiber mit den Betreibern der Windenergieanlage auf See, die gemäß der §§ 23 oder 34 des Windenergie-auf-See-Gesetzes einen Zuschlag erhalten haben, jeweils einen Realisierungsfahrplan abzustimmen, der die zeitliche Abfolge für die einzelnen Schritte zur Errichtung der Windenergieanlage auf See und zur Herstellung des Netzanschlusses enthält. [6]Dabei sind die Fristen zur Realisierung der Windenergieanlage auf See gemäß § 59 des Windenergie-auf-See-Gesetzes zu berücksichtigen. [7]Der anbindungsverpflichtete Übertragungsnetzbetreiber und der Betreiber der Windenergieanlage auf See haben sich regelmäßig über den Fortschritt bei der Errichtung der Windenergieanlage auf See und der Herstellung des Netzanschlusses zu unterrichten; mögliche Verzögerungen oder Abweichungen vom Realisierungsfahrplan nach Satz 5 sind unverzüglich mitzuteilen. [8]Die bekannt gemachten voraussichtlichen Fertigstellungstermine können nur mit Zustimmung der Regulierungsbehörde im Benehmen mit dem Bundesamt für Seeschifffahrt und Hydrographie geändert werden; die Regulierungsbehörde trifft die Entscheidung nach pflichtgemäßem Ermessen und unter Berücksichtigung der Interessen der Beteiligten und der volkswirtschaftlichen Kosten. [9]30 Monate vor Eintritt der voraussichtlichen Fertigstellung werden die bekannt gemachten Fertigstellungstermine jeweils verbindlich.

(3) [1]Betreiber von Windenergieanlagen auf See mit einem Zuschlag nach den §§ 23 oder 34 des Windenergie-auf-See-Gesetzes erhalten ausschließlich eine Kapazität auf der Offshore-Anbindungsleitung, die zur Anbindung des entsprechenden Clusters im Bundesfachplan Offshore nach § 17a oder der entsprechenden Fläche im Flächenentwicklungsplan nach § 5 des Windenergie-auf-See-Gesetzes vorgesehen ist. [2]Ausnahmsweise kann eine Anbindung über einen anderen im Bundesfachplan Offshore nach § 17a festgelegten Cluster erfolgen, sofern dies im Bundesfachplan Offshore und im Offshore-Netzentwicklungsplan ausdrücklich vorgesehen ist und dies für eine geordnete und effiziente Nutzung und Auslastung der Offshore-Anbindungsleitungen erforderlich ist.

(4) [1]Die Regulierungsbehörde kann im Benehmen mit dem Bundesamt für Seeschifffahrt und Hydrographie dem Betreiber einer Windenergieanlage auf See, der über zugewiesene Netzanbindungskapazität verfügt, die Netzanbindungskapazität entziehen und ihm Netzanbindungskapazität auf einer anderen Offshore-Anbindungsleitung zuweisen (Kapazitätsverlagerung), soweit dies einer geordneten und effizienten Nutzung und Auslastung von Offshore-Anbindungsleitungen dient und soweit dem die Bestimmungen des Bundesfachplans Offshore und ab dem 1. Januar 2019 des Netzentwicklungsplans und des Flächenentwicklungsplans gemäß § 5 des Windenergie-auf-See-Gesetzes nicht entgegenstehen. [2]Vor der Entscheidung sind der betroffene Betreiber einer Windenergieanlage auf See und der betroffene anbindungsverpflichtete Übertragungsnetzbetreiber zu hören.

(5) [1]Die zugewiesene Netzanbindungskapazität besteht, soweit und solange ein Planfeststellungsbeschluss oder eine Plangenehmigung für die Windenergieanlagen auf See wirksam ist. [2]Wird ein Zuschlag nach den §§ 23 oder 34 des Windenergie-auf-See-Gesetzes unwirksam, entfällt die zugewiesene Netzanbindungskapazität auf der entsprechenden Offshore-Anbindungsleitung, die zur Anbindung der Fläche vorgesehen ist. [3]Die Regulierungsbehörde teilt dem anbindungsverpflichteten Übertragungsnetzbetreiber unverzüglich die Unwirksamkeit eines Zuschlags mit und ergreift im Benehmen mit dem Bundesamt für Seeschifffahrt und Hydrographie angemessene Maßnahmen für eine geordnete und effiziente Nutzung und Auslastung der betroffenen Offshore-Anbindungsleitung. [4]Vor der Entscheidung ist der betroffene anbindungsverpflichtete Übertragungsnetzbetreiber zu hören.

(6) (weggefallen)

(7) [1]Die Regulierungsbehörde kann durch Festlegung nach § 29 Absatz 1 nähere Bestimmungen treffen

1. zu Inhalt und Verfahren der Erstellung des Offshore-Netzentwicklungsplans nach § 17b; dies schließt die Festlegung weiterer Kriterien zur Bestimmung der zeitlichen Abfolge der Umsetzung ein,
2. zur Umsetzung des Offshore-Netzentwicklungsplans und ab dem 1. Januar 2019 zur Umsetzung des Netzentwicklungsplans und des Flächenentwicklungsplans gemäß § 5 des Windenergie-auf-See-Gesetzes, zu den erforderlichen Schritten, die die Betreiber von Übertragungsnetzen zur Erfüllung ihrer Pflichten nach Absatz 1 zu unternehmen haben, und deren zeitlicher Abfolge; dies schließt Festlegungen zur Ausschreibung und Vergabe von Anbindungsleitungen, zur Vereinbarung von Realisierungsfahrplänen nach Absatz 2 Satz 5, zur Information der Betreiber der anzubindenden Windenergieanlagen auf See und zu einem Umsetzungszeitplan ein, und
3. zum Verfahren zur Kapazitätsverlagerung nach Absatz 4 und im Fall der Unwirksamkeit des Zuschlags nach Absatz 5; dies schließt Festlegungen zur Art und Ausgestaltung der Verfahren sowie zu möglichen Sicherheitsleistungen oder Garantien ein.

[2]Festlegungen nach Nummer 3 erfolgen im Einvernehmen mit dem Bundesamt für Seeschifffahrt und Hydrographie.

(8) § 65 Absatz 2a ist entsprechend anzuwenden, wenn der anbindungsverpflichtete Übertragungsnetzbetreiber eine Leitung, die nach dem Offshore-Netzentwicklungsplan oder ab dem 1. Januar 2019 entsprechend den Vorgaben des Netzentwicklungsplans und des Flächenentwicklungsplans gemäß § 5 des Windenergie-auf-See-Gesetzes gemäß Absatz 1 errichtet werden muss, nicht entsprechend diesen Vorgaben errichtet.

§ 17e Entschädigung bei Störungen oder Verzögerung der Anbindung von Offshore-Anlagen[1)]

(1) [1]Ist die Einspeisung aus einer betriebsbereiten Windenergieanlage auf See länger als zehn aufeinander folgende Tage wegen einer Störung der Netzanbindung nicht möglich, so kann der Betreiber der Offshore-Anlage von dem nach § 17d Absatz 1 anbindungsverpflichteten Übertragungsnetzbetreiber ab dem elften Tag der Störung unabhängig davon, ob der anbindungsverpflichtete Übertragungsnetzbetreiber die Störung zu vertreten hat, für entstandene Vermögensschäden eine Entschädigung in Höhe von 90 Prozent des nach § 19 des Erneuerbare-Energien-Gesetzes in Verbindung mit § 47 des Erneuerbare-Energien-Gesetzes im Fall der Direktvermarktung bestehenden Zahlungsanspruchs abzüglich 0,4 Cent pro Kilowattstunde verlangen. [2]Bei der Ermittlung der Höhe der Entschädigung nach Satz 1 ist für jeden Tag der Störung, für den der Betreiber der Windenergieanlage auf See eine Entschädigung erhält, die durchschnittliche Einspeisung einer vergleichbaren Anlage in dem entsprechenden Zeitraum der Störung zugrunde zu legen. [3]Soweit Störungen der Netzanbindung an mehr als 18 Tagen im Kalenderjahr auftreten, besteht der Anspruch abweichend von Satz 1 unmittelbar ab dem 19. Tag im Kalenderjahr, an dem die Einspeisung auf Grund der Störung der Netzanbindung nicht möglich ist. [4]Soweit der anbindungsverpflichtete Übertragungsnetzbetreiber eine Störung der Netzanbindung vorsätzlich herbeigeführt hat, kann der Betreiber der Windenergieanlage auf See von dem anbindungsverpflichteten Übertragungsnetzbetreiber abweichend von Satz 1 ab dem ersten Tag der Störung die Erfüllung des vollständigen, nach § 19 des Erneuerbare-Energien-Gesetzes in Verbindung mit § 47 des Erneuerbare-Energien-Gesetzes im Fall der Direktvermarktung bestehenden Zahlungsanspruchs abzüglich 0,4 Cent pro Kilowattstunde verlangen. [5]Darüber hinaus ist eine Inanspruchnahme des anbindungsverpflichteten Übertragungsnetzbetreibers für Vermögensschäden auf Grund einer gestörten Netzanbindung ausgeschlossen. [6]Der Anspruch nach Satz 1 entfällt, soweit der Betreiber der Windenergieanlage auf See die Störung zu vertreten hat.

1) **Anm. d. Red.:** § 17e i. d. F. des Gesetzes v. 22. 12. 2016 (BGBl I S. 3106) mit Wirkung v. 1. 1. 2017.

(2) [1]Ist die Einspeisung aus einer betriebsbereiten Windenergieanlage auf See nicht möglich, weil die Netzanbindung nicht zu dem verbindlichen Fertigstellungstermin nach § 17d Absatz 2 Satz 9 fertiggestellt ist, so kann der Betreiber der Windenergieanlage auf See ab dem Zeitpunkt der Herstellung der Betriebsbereitschaft der Windenergieanlage auf See, frühestens jedoch ab dem elften Tag nach dem verbindlichen Fertigstellungstermin, eine Entschädigung entsprechend Absatz 1 Satz 1 und 2 verlangen. [2]Soweit der anbindungsverpflichtete Übertragungsnetzbetreiber die nicht rechtzeitige Fertigstellung der Netzanbindung vorsätzlich herbeigeführt hat, kann der Betreiber der Offshore-Anlage von dem anbindungsverpflichteten Übertragungsnetzbetreiber abweichend von Satz 1 ab dem ersten Tag nach dem verbindlichen Fertigstellungstermin die Erfüllung des vollständigen, nach § 19 des Erneuerbare-Energien-Gesetzes in Verbindung mit § 47 des Erneuerbare-Energien-Gesetzes im Fall der Direktvermarktung bestehenden Zahlungsanspruchs abzüglich 0,4 Cent pro Kilowattstunde verlangen. [3]Darüber hinaus ist eine Inanspruchnahme des anbindungsverpflichteten Übertragungsnetzbetreibers für Vermögensschäden auf Grund einer nicht rechtzeitig fertiggestellten Netzanbindung ausgeschlossen. [4]Für den Anspruch auf Entschädigung nach diesem Absatz ist von einer Betriebsbereitschaft der Windenergieanlage auf See im Sinne von Satz 1 auch auszugehen, wenn das Fundament der Windenergieanlage auf See und die für die Offshore-Anlage vorgesehene Umspannanlage zur Umwandlung der durch eine Windenergieanlage auf See erzeugten Elektrizität auf eine höhere Spannungsebene errichtet sind und von der Herstellung der tatsächlichen Betriebsbereitschaft zur Schadensminderung abgesehen wurde. [5]Der Betreiber der Windenergieanlage auf See hat sämtliche Zahlungen nach Satz 1 zuzüglich Zinsen zurückzugewähren, soweit die Windenergieanlage auf See nicht innerhalb einer angemessenen, von der Regulierungsbehörde festzusetzenden Frist nach Fertigstellung der Netzanbindung die technische Betriebsbereitschaft tatsächlich hergestellt hat; die §§ 286, 288 und 289 Satz 1 des Bürgerlichen Gesetzbuchs sind entsprechend anwendbar. [6]Dem verbindlichen Fertigstellungstermin nach § 17d Absatz 2 Satz 9 steht der Fertigstellungstermin aus der unbedingten Netzanbindungszusage gleich, wenn die unbedingte Netzanbindungszusage dem Betreiber der Windenergieanlage auf See bis zum 29. August 2012 erteilt wurde oder dem Betreiber der Windenergieanlage auf See zunächst eine bedingte Netzanbindungszusage erteilt wurde und er bis zum 1. September 2012 die Kriterien für eine unbedingte Netzanbindungszusage nachgewiesen hat. [7]Erhält der Betreiber einer Windenergieanlage auf See erst ab einem Zeitpunkt nach dem verbindlichen Fertigstellungstermin einen Zuschlag nach § 23 oder § 34 des Windenergie-auf-See-Gesetzes, so ist dieser Absatz mit der Maßgabe anzuwenden, dass der Zeitpunkt, ab dem nach § 24 Absatz 1 Nummer 2 oder § 37 Absatz 1 Nummer 1 des Windenergie-auf-See-Gesetzes der Anspruch auf die Marktprämie nach § 19 des Erneuerbare-Energien-Gesetzes frühestens beginnt, dem verbindlichen Fertigstellungstermin gleichsteht.

(3) [1]Ist die Einspeisung aus einer betriebsbereiten Windenergieanlage auf See an mehr als zehn Tagen im Kalenderjahr wegen betriebsbedingten Wartungsarbeiten an der Netzanbindung nicht möglich, so kann der Betreiber der Windenergieanlage auf See ab dem elften Tag im Kalenderjahr, an dem die Netzanbindung auf Grund der betriebsbedingten Wartungsarbeiten nicht verfügbar ist, eine Entschädigung entsprechend Absatz 1 Satz 1 in Anspruch nehmen. [2]Bei der Berechnung der Tage nach Satz 1 werden die vollen Stunden, in denen die Wartungsarbeiten vorgenommen werden, zusammengerechnet.

(4) Die Entschädigungszahlungen nach den Absätzen 1 bis 3 einschließlich der Kosten für eine Zwischenfinanzierung sind bei der Ermittlung der Kosten des Netzbetriebs zur Netzentgeltbestimmung nicht zu berücksichtigen.

(5) Auf Vermögensschäden auf Grund einer nicht rechtzeitig fertiggestellten oder gestörten Netzanbindung im Sinne des Absatzes 1 oder des Absatzes 2 ist § 32 Absatz 3 und 4 nicht anzuwenden.

(6) Der Betreiber der Windenergieanlage auf See hat dem anbindungsverpflichteten Übertragungsnetzbetreiber mit dem Tag, zu dem die Entschädigungspflicht des anbindungsverpflichteten Übertragungsnetzbetreibers nach Absatz 1 oder Absatz 2 dem Grunde nach beginnt, mitzuteilen, ob er die Entschädigung nach den Absätzen 1 bis 2 begehrt oder ob die Berücksichti-

gung der im Sinne des Absatzes 1 oder des Absatzes 2 verzögerten oder gestörten Einspeisung nach § 50 Absatz 4 Satz 1 des Erneuerbare-Energien-Gesetzes erfolgen soll.

§ 17f Belastungsausgleich[1)]

(1) [1]Die Betreiber von Übertragungsnetzen sind verpflichtet, den unterschiedlichen Umfang ihrer Kosten für Entschädigungszahlungen nach § 17e, einschließlich der Kosten für eine Zwischenfinanzierung sowie für Maßnahmen aus einem der Bundesnetzagentur vorgelegten Schadensminderungskonzept nach Absatz 3 Satz 2 und 3 und abzüglich anlässlich des Schadensereignisses nach § 17e erhaltener Vertragsstrafen, Versicherungsleistungen oder sonstiger Leistungen Dritter, nach Maßgabe der von ihnen oder anderen Netzbetreibern im Bereich ihres Übertragungsnetzes an Letztverbraucher gelieferten Strommengen über eine finanzielle Verrechnung untereinander auszugleichen. [2]Gleiches gilt für die Kosten nach § 17d Absatz 1 und nach den §§ 17a und 17b sowie für die Kosten des § 12b Absatz 1 Satz 3 Nummer 7 sowie des Flächenentwicklungsplans nach § 5 des Windenergie-auf-See-Gesetzes. [3]Die Kosten nach den Sätzen 1 und 2 können als Aufschlag auf die Netzentgelte anteilig auf Letztverbraucher umgelegt werden. [4]Die §§ 26, 28 und 30 des Kraft-Wärme-Kopplungsgesetzes sind entsprechend anzuwenden, ist entsprechend anzuwenden, soweit sich aus den Absätzen 2 bis 6 oder einer Rechtsverordnung nach § 17j nichts anderes ergibt.

(2) [1]Soweit der anbindungsverpflichtete Übertragungsnetzbetreiber die Störung der Netzanbindung im Sinne von § 17e Absatz 1 oder die nicht rechtzeitige Fertigstellung der Anbindungsleitung im Sinne von § 17e Absatz 2 vorsätzlich verursacht hat, ist der anbindungsverpflichtete Übertragungsnetzbetreiber nicht berechtigt, einen Belastungsausgleich nach Absatz 1 Satz 1 zu verlangen. [2]Soweit der anbindungsverpflichtete Übertragungsnetzbetreiber die Störung der Netzanbindung im Sinne von § 17e Absatz 1 oder die nicht rechtzeitige Fertigstellung der Anbindungsleitung im Sinne von § 17e Absatz 2 fahrlässig verursacht hat, trägt dieser an den nach Absatz 1 Satz 1 auszugleichenden Kosten einen Eigenanteil, der nicht dem Belastungsausgleich nach Absatz 1 Satz 1 unterliegt und der bei der Ermittlung der Netzentgelte nicht zu berücksichtigen ist,

1. in Höhe von 20 Prozent für den Teil der nach Absatz 1 Satz 1 auszugleichenden Kosten bis zu einer Höhe von 200 Millionen Euro im Kalenderjahr,
2. darüber hinaus in Höhe von 15 Prozent für den Teil der nach Absatz 1 Satz 1 auszugleichenden Kosten, die 200 Millionen Euro übersteigen, bis zu einer Höhe von 400 Millionen Euro im Kalenderjahr,
3. darüber hinaus in Höhe von 10 Prozent für den Teil der nach Absatz 1 Satz 1 auszugleichenden Kosten, die 400 Millionen Euro übersteigen, bis zu einer Höhe von 600 Millionen Euro im Kalenderjahr,
4. darüber hinaus in Höhe von 5 Prozent für den Teil der nach Absatz 1 Satz 1 auszugleichenden Kosten, die 600 Millionen Euro übersteigen, bis zu einer Höhe von 1 000 Millionen Euro im Kalenderjahr.

[3]Bei fahrlässig, jedoch nicht grob fahrlässig verursachten Schäden ist der Eigenanteil des anbindungsverpflichteten Übertragungsnetzbetreibers nach Satz 2 auf 17,5 Millionen Euro je Schadensereignis begrenzt. [4]Soweit der Betreiber einer Windenergieanlagen auf See einen Schaden auf Grund der nicht rechtzeitigen Herstellung oder der Störung der Netzanbindung erleidet, wird vermutet, dass zumindest grobe Fahrlässigkeit des anbindungsverpflichteten Übertragungsnetzbetreibers vorliegt.

(3) [1]Der anbindungsverpflichtete Übertragungsnetzbetreiber hat alle möglichen und zumutbaren Maßnahmen zu ergreifen, um einen Schadenseintritt zu verhindern, den eingetretenen Schaden unverzüglich zu beseitigen und weitere Schäden abzuwenden oder zu mindern. [2]Der anbindungsverpflichtete Übertragungsnetzbetreiber hat bei Schadenseintritt unverzüglich der

1) **Anm. d. Red.:** § 17f i. d. F. des Gesetzes v. 17.12.2018 (BGBl I S. 2549) mit Wirkung v. 1.1.2019.

EnWG

Bundesnetzagentur ein Konzept mit den geplanten Schadensminderungsmaßnahmen nach Satz 1 vorzulegen und dieses bis zur vollständigen Beseitigung des eingetretenen Schadens regelmäßig zu aktualisieren. [3]Die Bundesnetzagentur kann bis zur vollständigen Beseitigung des eingetretenen Schadens Änderungen am Schadensminderungskonzept nach Satz 2 verlangen. [4]Der anbindungsverpflichtete Übertragungsnetzbetreiber kann einen Belastungsausgleich nach Absatz 1 Satz 1 nur verlangen, soweit er nachweist, dass er alle möglichen und zumutbaren Schadensminderungsmaßnahmen nach Satz 1 ergriffen hat. [5]Der anbindungsverpflichtete Übertragungsnetzbetreiber hat den Schadenseintritt, das der Bundesnetzagentur vorgelegte Schadensminderungskonzept nach Satz 2 und die ergriffenen Schadensminderungsmaßnahmen zu dokumentieren und darüber auf seiner Internetseite zu informieren.

(4) Die finanzielle Verrechnung nach Absatz 1 Satz 1 und 2 erfolgt anhand der zu erwartenden Kosten für das folgende Kalenderjahr und des Saldos der Einnahmen und Ausgaben des vorangegangenen Kalenderjahres.

(5) [1]Netzbetreiber sind berechtigt, die Kosten für geleistete Entschädigungszahlungen, soweit diese dem Belastungsausgleich unterliegen und nicht erstattet worden sind, und für Ausgleichszahlungen ab dem 1. Januar 2013 als Aufschlag auf die Netzentgelte gegenüber Letztverbrauchern geltend zu machen. [2]Für Strombezüge aus dem Netz für die allgemeine Versorgung an einer Abnahmestelle bis 1 000 000 Kilowattstunden im Jahr darf sich das Netzentgelt für Letztverbraucher durch die Umlage höchstens um 0,25 Cent pro Kilowattstunde, für darüber hinausgehende Strombezüge um höchstens 0,05 Cent pro Kilowattstunde erhöhen. [3]Sind Letztverbraucher Unternehmen des Produzierenden Gewerbes, deren Stromkosten im vorangegangenen Kalenderjahr 4 Prozent des Umsatzes überstiegen, darf sich das Netzentgelt durch die Umlage für über 1 000 000 Kilowattstunden hinausgehende Lieferungen höchstens um die Hälfte des Betrages nach Satz 2 erhöhen. [4]Für das Jahr 2013 wird der für die Wälzung des Belastungsausgleichs erforderliche Aufschlag auf die Netzentgelte für Letztverbraucher auf die zulässigen Höchstwerte nach den Sätzen 2 und 3 festgelegt.

(6) Für Entschädigungszahlungen nach § 17e, die wegen einer Überschreitung der zulässigen Höchstwerte nach Absatz 5 bei der Berechnung des Aufschlags auf die Netzentgelte in einem Kalenderjahr nicht in Ansatz gebracht werden können, findet keine finanzielle Verrechnung zwischen den Betreibern von Übertragungsnetzen nach Absatz 1 Satz 1 statt; der betroffene anbindungsverpflichtete Übertragungsnetzbetreiber kann diese Kosten einschließlich der Kosten für eine Zwischenfinanzierung bei dem Belastungsausgleich in den folgenden Kalenderjahren geltend machen.

(7) Die Übertragungsnetzbetreiber sind verpflichtet, die für den Belastungsausgleich erforderlichen Aufschläge auf die Netzentgelte sowie die für die Berechnung maßgeblichen Daten spätestens zum 15. Oktober eines Jahres für das Folgejahr im Internet zu veröffentlichen.

§ 17g Haftung für Sachschäden an Windenergieanlagen auf See[1)]

[1]Die Haftung des anbindungsverpflichteten Übertragungsnetzbetreibers gegenüber Betreibern von Windenergieanlagen auf See für nicht vorsätzlich verursachte Sachschäden ist je Schadensereignis insgesamt begrenzt auf 100 Millionen Euro. [2]Übersteigt die Summe der Einzelschäden bei einem Schadensereignis die Höchstgrenze nach Satz 1, so wird der Schadensersatz in dem Verhältnis gekürzt, in dem die Summe aller Schadensersatzansprüche zur Höchstgrenze steht.

§ 17h Abschluss von Versicherungen[2)]

[1]Anbindungsverpflichtete Übertragungsnetzbetreiber sollen Versicherungen zur Deckung von Vermögens- und Sachschäden, die beim Betreiber von Offshore-Anlagen auf Grund einer nicht rechtzeitig fertiggestellten oder gestörten Anbindung der Offshore-Anlage an das Übertra-

1) **Anm. d. Red.:** § 17g i. d. F. des Gesetzes v. 21. 7. 2014 (BGBl I S. 1066) mit Wirkung v. 1. 8. 2014.

2) **Anm. d. Red.:** § 17h eingefügt gem. Gesetz v. 20. 12. 2012 (BGBl I S. 2730) mit Wirkung v. 28. 12. 2012.

gungsnetz des anbindungsverpflichteten Übertragungsnetzbetreibers entstehen, abschließen. [2]Der Abschluss einer Versicherung nach Satz 1 ist der Regulierungsbehörde nachzuweisen.

§ 17i Evaluierung[1)]

[1]Das Bundesministerium für Wirtschaft und Energie überprüft im Einvernehmen mit dem Bundesministerium der Justiz und für Verbraucherschutz bis zum 31. Dezember 2015 die praktische Anwendung und die Angemessenheit der §§ 17e bis 17h. [2]Die Evaluierung umfasst insbesondere die erfolgten Entschädigungszahlungen an Betreiber von Windenergieanlagen auf See, den Eigenanteil der anbindungsverpflichteten Übertragungsnetzbetreiber an Entschädigungszahlungen, die Maßnahmen und Anreize zur Minderung eventueller Schäden und zur Kostenkontrolle, das Verfahren zum Belastungsausgleich, die Höhe des Aufschlags auf die Netzentgelte für Letztverbraucher für Strombezüge aus dem Netz der allgemeinen Versorgung und den Abschluss von Versicherungen.

§ 17j Verordnungsermächtigung[2)]

[1]Das Bundesministerium für Wirtschaft und Energie wird ermächtigt, im Einvernehmen mit dem Bundesministerium der Justiz und für Verbraucherschutz, durch Rechtsverordnung ohne Zustimmung des Bundesrates die nähere Ausgestaltung der Methode des Belastungsausgleichs nach § 17e sowie der Wälzung der dem Belastungsausgleich unterliegenden Kosten auf Letztverbraucher und ihre Durchführung sowie die Haftung des anbindungsverpflichteten Übertragungsnetzbetreibers und Vorgaben an Versicherungen nach § 17h zu regeln. [2]Durch Rechtsverordnung nach Satz 1 können insbesondere Regelungen getroffen werden

1. zur Ermittlung der Höhe der Ausgleichsbeträge; dies schließt Regelungen ein
   a) zu Kriterien für eine Prognose der zu erwartenden Kosten für das folgende Kalenderjahr,
   b) zu dem Ausgleich des Saldos aus tatsächlichen und prognostizierten Kosten,
   c) zur Verwaltung der Ausgleichsbeträge durch die Übertragungsnetzbetreiber sowie
   d) zur Übermittlung der erforderlichen Daten;
2. zur Schaffung und Verwaltung einer Liquiditätsreserve durch die Übertragungsnetzbetreiber;
3. zur Wälzung der dem Belastungsausgleich nach § 17f unterliegenden Kosten der Übertragungsnetzbetreiber auf Letztverbraucher; dies schließt Regelungen zu Höchstgrenzen der für den Belastungsausgleich erforderlichen Aufschläge auf die Netzentgelte der Letztverbraucher ein;
4. zur Verteilung der Kostenbelastung zwischen Netzbetreibern; dies schließt insbesondere Regelungen zur Zwischenfinanzierung und zur Verteilung derjenigen Kosten ein, die im laufenden Kalenderjahr auf Grund einer Überschreitung der Prognose oder einer zulässigen Höchstgrenze nicht berücksichtigt werden können;
5. zu näheren Anforderungen an Schadensminderungsmaßnahmen einschließlich Regelungen zur Zumutbarkeit dieser Maßnahmen und zur Tragung der aus ihnen resultierenden Kosten;
6. zu Veröffentlichungspflichten der anbindungsverpflichteten Übertragungsnetzbetreiber hinsichtlich eingetretener Schäden nach § 17e Absatz 1 und 2, der durchgeführten Schadensminderungsmaßnahmen und der dem Belastungsausgleich unterliegenden Entschädigungszahlungen;
7. zu Anforderungen an die Versicherungen nach § 17h hinsichtlich Mindestversicherungssumme und Umfang des notwendigen Versicherungsschutzes.

EnWG

1) **Anm. d. Red.:** § 17i i. d. F. des Gesetzes v. 21. 7. 2014 (BGBl I S. 1066) mit Wirkung v. 1. 8. 2014.

2) **Anm. d. Red.:** § 17j i. d. F. des Gesetzes v. 21. 7. 2014 (BGBl I S. 1066) mit Wirkung v. 1. 8. 2014.

§ 18 Allgemeine Anschlusspflicht[1)]

(1) [1]Abweichend von § 17 haben Betreiber von Energieversorgungsnetzen für Gemeindegebiete, in denen sie Energieversorgungsnetze der allgemeinen Versorgung von Letztverbrauchern betreiben, allgemeine Bedingungen für den Netzanschluss von Letztverbrauchern in Niederspannung oder Niederdruck und für die Anschlussnutzung durch Letztverbraucher zu veröffentlichen sowie zu diesen Bedingungen jedermann an ihr Energieversorgungsnetz anzuschließen und die Nutzung des Anschlusses zur Entnahme von Energie zu gestatten. [2]Diese Pflichten bestehen nicht, wenn

1. der Anschluss oder die Anschlussnutzung für den Betreiber des Energieversorgungsnetzes aus wirtschaftlichen Gründen nicht zumutbar ist oder
2. ab dem 21. Dezember 2018 der Anschluss an ein L-Gasversorgungsnetz beantragt wird und der Betreiber des L-Gasversorgungsnetzes nachweist, dass der beantragenden Partei auch der Anschluss an ein H-Gasversorgungsnetz technisch möglich und wirtschaftlich zumutbar ist.

[3]In der Regel sind die Kosten für die Herstellung eines Anschlusses an ein H-Gasversorgungsnetz wirtschaftlich zumutbar im Sinne von Satz 2 Nummer 2, wenn sie die Kosten für die Herstellung eines Anschlusses an ein L-Gasversorgungsnetz nicht wesentlich übersteigen. [4]Satz 2 Nummer 2 und Satz 3 sind nicht anzuwenden, wenn der technische Umstellungstermin gemäß § 19a Absatz 1 Satz 5 im Gebiet des beantragten Anschlusses bereits zu veröffentlichen ist und der Gesamtbedarf an L-Gas in dem betreffenden L-Gasversorgungsnetz durch den Anschluss nur unwesentlich erhöht wird.

(2) [1]Wer zur Deckung des Eigenbedarfs eine Anlage zur Erzeugung von Elektrizität auch in Verbindung mit einer Anlage zur Speicherung elektrischer Energie betreibt oder sich von einem Dritten an das Energieversorgungsnetz anschließen lässt, kann sich nicht auf die allgemeine Anschlusspflicht nach Absatz 1 Satz 1 berufen. [2]Er kann aber einen Netzanschluss unter den Voraussetzungen des § 17 verlangen. [3]Satz 1 gilt nicht für die Deckung des Eigenbedarfs von Letztverbrauchern aus Anlagen der Kraft-Wärme-Kopplung bis 150 Kilowatt elektrischer Leistung und aus erneuerbaren Energien.

(3) [1]Die Bundesregierung kann durch Rechtsverordnung mit Zustimmung des Bundesrates die Allgemeinen Bedingungen für den Netzanschluss und dessen Nutzung bei den an das Niederspannungs- oder Niederdrucknetz angeschlossenen Letztverbrauchern angemessen festsetzen und hierbei unter Berücksichtigung der Interessen der Betreiber von Energieversorgungsnetzen und der Anschlussnehmer

1. die Bestimmungen über die Herstellung und Vorhaltung des Netzanschlusses sowie die Voraussetzungen der Anschlussnutzung einheitlich festsetzen,
2. Regelungen über den Vertragsabschluss und die Begründung des Rechtsverhältnisses der Anschlussnutzung, den Übergang des Netzanschlussvertrages im Falle des Überganges des Eigentums an der angeschlossenen Kundenanlage, den Gegenstand und die Beendigung der Verträge oder der Rechtsverhältnisse der Anschlussnutzung treffen und
3. die Rechte und Pflichten der Beteiligten einheitlich festlegen.

[2]Das Interesse des Anschlussnehmers an kostengünstigen Lösungen ist dabei besonders zu berücksichtigen. [3]Die Sätze 1 und 2 gelten entsprechend für Bedingungen öffentlich-rechtlich gestalteter Versorgungsverhältnisse mit Ausnahme der Regelung des Verwaltungsverfahrens.

§ 19 Technische Vorschriften[2)]

(1) Betreiber von Elektrizitätsversorgungsnetzen sind verpflichtet, unter Berücksichtigung der nach § 17 festgelegten Bedingungen und der allgemeinen technischen Mindestanforderungen

1) **Anm. d. Red.:** § 18 i. d. F. des Gesetzes v. 17.12.2018 (BGBl I S. 2549) mit Wirkung v. 21.12.2018.

2) **Anm. d. Red.:** § 19 i. d. F. des Gesetzes v. 17.12.2018 (BGBl I S. 2549) mit Wirkung v. 21.12.2018.

nach Absatz 4 für den Netzanschluss von Erzeugungsanlagen, Anlagen zur Speicherung elektrischer Energie, Elektrizitätsverteilernetzen, Anlagen direkt angeschlossener Kunden, Verbindungsleitungen und Direktleitungen technische Mindestanforderungen an deren Auslegung und deren Betrieb festzulegen und im Internet zu veröffentlichen.

(2) [1]Betreiber von Gasversorgungsnetzen sind verpflichtet, unter Berücksichtigung der nach § 17 festgelegten Bedingungen für den Netzanschluss von LNG-Anlagen, dezentralen Erzeugungsanlagen und Speicheranlagen, von anderen Fernleitungs- oder Gasverteilernetzen und von Direktleitungen technische Mindestanforderungen an die Auslegung und den Betrieb festzulegen und im Internet zu veröffentlichen. [2]Betreiber von Gasversorgungsnetzen, an deren Gasversorgungsnetz mehr als 100 000 Kunden unmittelbar oder mittelbar angeschlossen sind oder deren Netz über das Gebiet eines Landes hinausreicht, haben die technischen Mindestanforderungen rechtzeitig mit den Verbänden der Netznutzer zu konsultieren.

(3) [1]Die technischen Mindestanforderungen nach den Absätzen 1 und 2 müssen die Interoperabilität der Netze sicherstellen sowie sachlich gerechtfertigt und nichtdiskriminierend sein. [2]Die Interoperabilität umfasst insbesondere die technischen Anschlussbedingungen und die Bedingungen für netzverträgliche Gasbeschaffenheiten unter Einschluss von Gas aus Biomasse oder anderen Gasarten, soweit sie technisch und ohne Beeinträchtigung der Sicherheit in das Gasversorgungsnetz eingespeist oder durch dieses Netz transportiert werden können. [3]Für die Gewährleistung der technischen Sicherheit gilt § 49 Absatz 2 bis 4.

(4) [1]Die Betreiber von Elektrizitätsversorgungsnetzen erstellen gemeinsam allgemeine technische Mindestanforderungen. [2]Der Verband der Elektrotechnik Elektronik Informationstechnik e.V. wird als beauftragte Stelle bestimmt, um die allgemeinen technischen Mindestanforderungen zu verabschieden

1. nach Artikel 7 Absatz 1 der Verordnung (EU) 2016/631 der Kommission vom 14. April 2016 zur Festlegung eines Netzkodex mit Netzanschlussbestimmungen für Stromerzeuger (ABl L 112 vom 27.4.2016, S. 1),
2. nach Artikel 6 Absatz 1 der Verordnung (EU) 2016/1388 der Kommission vom 17. August 2016 zur Festlegung eines Netzkodex für den Lastanschluss (ABl L 223 vom 18.8.2016, S. 10) und
3. nach Artikel 5 Absatz 1 der Verordnung (EU) 2016/1447 der Kommission vom 26. August 2016 zur Festlegung eines Netzkodex mit Netzanschlussbestimmungen für Hochspannungs-Gleichstrom-Übertragungssysteme und nichtsynchrone Stromerzeugungsanlagen mit Gleichstromanbindung (ABl L 241 vom 8.9.2016, S. 1).

EnWG

(5) [1]Die Mindestanforderungen nach den Absätzen 1, 2 und 4 sind der Regulierungsbehörde und dem Bundesministerium für Wirtschaft und Energie vor deren Verabschiedung mitzuteilen. [2]Das Bundesministerium für Wirtschaft und Energie unterrichtet die Europäische Kommission nach Artikel 4 und Artikel 5 der Richtlinie (EU) 2015/1535 des Europäischen Parlaments und des Rates vom 9. September 2015 über ein Informationsverfahren auf dem Gebiet der technischen Vorschriften und der Vorschriften für die Dienste der Informationsgesellschaft (ABl L 241 vom 17. 9. 2015, S. 1). [3]Die Verabschiedung der Mindestanforderungen darf nicht vor Ablauf der jeweils maßgeblichen Fristen nach Artikel 6 dieser Richtlinie erfolgen.

§ 19a Umstellung der Gasqualität; Verordnungsermächtigung[1)]

(1) [1]Stellt der Betreiber eines Gasversorgungsnetzes die in seinem Netz einzuhaltende Gasqualität auf Grund eines von einem oder mehreren Fernleitungsnetzbetreibern veranlassten und netztechnisch erforderlichen Umstellungsprozesses dauerhaft von L-Gas auf H-Gas um, hat er die notwendigen technischen Anpassungen der Netzanschlüsse, Kundenanlagen und Verbrauchsgeräte auf eigene Kosten vorzunehmen. [2]Diese Kosten werden bis einschließlich 31. Dezember 2016 auf alle Gasversorgungsnetze innerhalb des Marktgebiets umgelegt, in dem das

1) **Anm. d. Red.:** § 19a i. d. F. des Gesetzes v. 14. 12. 2016 (BGBl I S. 2874) mit Wirkung v. 1. 1. 2017.

Gasversorgungsnetz liegt. [3]Ab dem 1. Januar 2017 sind diese Kosten bundesweit auf alle Gasversorgungsnetze unabhängig vom Marktgebiet umzulegen. [4]Die näheren Modalitäten der Berechnung sind der Kooperationsvereinbarung nach § 20 Absatz 1b und § 8 Absatz 6 der Gasnetzzugangsverordnung vorbehalten. [5]Betreiber von Gasversorgungsnetzen haben den jeweiligen technischen Umstellungstermin zwei Jahre vorher auf ihrer Internetseite zu veröffentlichen und die betroffenen Anschlussnehmer entsprechend schriftlich zu informieren; hierbei ist jeweils auch auf den Kostenerstattungsanspruch nach Absatz 3 hinzuweisen.

(2) [1]Der Netzbetreiber teilt der zuständigen Regulierungsbehörde jährlich bis zum 31. August mit, welche notwendigen Kosten ihm im vorherigen Kalenderjahr durch die Umstellung entstanden sind und welche notwendigen Kosten ihm im folgenden Kalenderjahr planmäßig entstehen werden. [2]Die Regulierungsbehörde kann Entscheidungen durch Festlegung nach § 29 Absatz 1 darüber treffen, in welchem Umfang technische Anpassungen der Netzanschlüsse, Kundenanlagen und Verbrauchsgeräte notwendig im Sinne des Absatzes 1 Satz 1 sind. [3]Daneben ist die Regulierungsbehörde befugt, gegenüber einem Netzbetreiber festzustellen, dass bestimmte Kosten nicht notwendig waren. [4]Der Netzbetreiber hat den erforderlichen Nachweis über die Notwendigkeit zu führen. [5]Kosten, deren fehlende Notwendigkeit die Regulierungsbehörde festgestellt hat, dürfen nicht umgelegt werden.

(3) [1]Installiert der Eigentümer einer Kundenanlage oder eines Verbrauchsgeräts mit ordnungsgemäßem Verwendungsnachweis auf Grund des Umstellungsprozesses nach Absatz 1 ein Neugerät, welches im Rahmen der Umstellung nicht mehr angepasst werden muss, so hat der Eigentümer gegenüber dem Netzbetreiber, an dessen Netz die Kundenanlage oder das Verbrauchsgerät angeschlossen ist, einen Kostenerstattungsanspruch. [2]Dieser Erstattungsanspruch entsteht nur dann, wenn die Installation nach dem Zeitpunkt der Veröffentlichung gemäß Absatz 1 Satz 5 und vor der Anpassung des Verbrauchsgeräts auf die neue Gasqualität im jeweiligen Netzgebiet erfolgt. [3]Der Erstattungsanspruch beträgt 100 Euro für jedes Neugerät. [4]Der Eigentümer hat gegenüber dem Netzbetreiber die ordnungsgemäße Verwendung des Altgeräts und die Anschaffung des Neugeräts nachzuweisen. [5]Absatz 1 Satz 3 und Absatz 2 sind entsprechend anzuwenden. [6]Das Bundesministerium für Wirtschaft und Energie wird ermächtigt, im Einvernehmen mit dem Bundesministerium der Justiz und für Verbraucherschutz durch Rechtsverordnung das Nähere zu darüber hinausgehenden Kostenerstattungsansprüchen für technisch nicht anpassbare Kundenanlagen oder Verbrauchsgeräte zu regeln. [7]Das Bundesministerium für Wirtschaft und Energie kann die Ermächtigung nach Satz 6 durch Rechtsverordnung unter Sicherstellung der Einvernehmensregelung auf die Bundesnetzagentur übertragen. [8]Die Pflichten nach § 10 Absatz 1 in Verbindung mit Absatz 4 der Energieeinsparverordnung vom 24. Juli 2007 (BGBl I S. 1519), die zuletzt durch Artikel 3 der Verordnung vom 24. Oktober 2015 (BGBl I S. 1789) geändert worden ist, bleiben unberührt.

(4) [1]Anschlussnehmer oder -nutzer haben dem Beauftragten oder Mitarbeiter des Netzbetreibers den Zutritt zu ihrem Grundstück und zu ihren Räumen zu gestatten, soweit dies für die nach Absatz 1 durchzuführenden Handlungen erforderlich ist. [2]Die Anschlussnehmer und -nutzer sind vom Netzbetreiber vorab zu benachrichtigen. [3]Die Benachrichtigung kann durch schriftliche Mitteilung an die jeweiligen Anschlussnehmer oder -nutzer oder durch Aushang am oder im jeweiligen Haus erfolgen. [4]Sie muss mindestens drei Wochen vor dem Betretungstermin erfolgen; mindestens ein kostenfreier Ersatztermin ist anzubieten. [5]Der Beauftragte oder Mitarbeiter des Netzbetreibers muss sich entsprechend ausweisen. [6]Die Anschlussnehmer und -nutzer haben dafür Sorge zu tragen, dass die Netzanschlüsse, Kundenanlagen und Verbrauchsgeräte während der durchzuführenden Handlungen zugänglich sind. [7]Soweit und solange Netzanschlüsse, Kundenanlagen oder Verbrauchsgeräte zum Zeitpunkt der Umstellung aus Gründen, die der Anschlussnehmer oder -nutzer zu vertreten hat, nicht angepasst werden können, ist der Betreiber des Gasversorgungsnetzes berechtigt, den Netzanschluss und die Anschlussnutzung zu verweigern. [8]Hinsichtlich der Aufhebung der Unterbrechung des Anschlusses und der Anschlussnutzung ist § 24 Absatz 5 der Niederdruckanschlussverordnung entsprechend anzuwenden. [9]Das Grundrecht der Unverletzlichkeit der Wohnung (Artikel 13 des Grundgesetzes) wird durch Satz 1 eingeschränkt.

Abschnitt 3: Netzzugang

§ 20 Zugang zu den Energieversorgungsnetzen[1)]

(1) [1]Betreiber von Energieversorgungsnetzen haben jedermann nach sachlich gerechtfertigten Kriterien diskriminierungsfrei Netzzugang zu gewähren sowie die Bedingungen, einschließlich möglichst bundesweit einheitlicher Musterverträge, Konzessionsabgaben und unmittelbar nach deren Ermittlung, aber spätestens zum 15. Oktober eines Jahres für das Folgejahr Entgelte für diesen Netzzugang im Internet zu veröffentlichen. [2]Sind die Entgelte für den Netzzugang bis zum 15. Oktober eines Jahres nicht ermittelt, veröffentlichen die Betreiber von Energieversorgungsnetzen die Höhe der Entgelte, die sich voraussichtlich auf Basis der für das Folgejahr geltenden Erlösobergrenze ergeben wird. [3]Sie haben in dem Umfang zusammenzuarbeiten, der erforderlich ist, um einen effizienten Netzzugang zu gewährleisten. [4]Sie haben ferner den Netznutzern die für einen effizienten Netzzugang erforderlichen Informationen zur Verfügung zu stellen. [5]Die Netzzugangsregelung soll massengeschäftstauglich sein.

(1a) [1]Zur Ausgestaltung des Rechts auf Zugang zu Elektrizitätsversorgungsnetzen nach Absatz 1 haben Letztverbraucher von Elektrizität oder Lieferanten Verträge mit denjenigen Energieversorgungsunternehmen abzuschließen, aus deren Netzen die Entnahme und in deren Netze die Einspeisung von Elektrizität erfolgen soll (Netznutzungsvertrag). [2]Werden die Netznutzungsverträge von Lieferanten abgeschlossen, so brauchen sie sich nicht auf bestimmte Entnahmestellen zu beziehen (Lieferantenrahmenvertrag). [3]Netznutzungsvertrag oder Lieferantenrahmenvertrag vermitteln den Zugang zum gesamten Elektrizitätsversorgungsnetz. [4]Alle Betreiber von Elektrizitätsversorgungsnetzen sind verpflichtet, in dem Ausmaß zusammenzuarbeiten, das erforderlich ist, damit durch den Betreiber von Elektrizitätsversorgungsnetzen, der den Netznutzungs- oder Lieferantenrahmenvertrag abgeschlossen hat, der Zugang zum gesamten Elektrizitätsversorgungsnetz gewährleistet werden kann. [5]Der Netzzugang durch die Letztverbraucher und Lieferanten setzt voraus, dass über einen Bilanzkreis, der in ein vertraglich begründetes Bilanzkreissystem nach Maßgabe einer Rechtsverordnung über den Zugang zu Elektrizitätsversorgungsnetzen einbezogen ist, ein Ausgleich zwischen Einspeisung und Entnahme stattfindet.

(1b) [1]Zur Ausgestaltung des Zugangs zu den Gasversorgungsnetzen müssen Betreiber von Gasversorgungsnetzen Einspeise- und Ausspeisekapazitäten anbieten, die den Netzzugang ohne Festlegung eines transaktionsabhängigen Transportpfades ermöglichen und unabhängig voneinander nutzbar und handelbar sind. [2]Zur Abwicklung des Zugangs zu den Gasversorgungsnetzen ist ein Vertrag mit dem Netzbetreiber, in dessen Netz eine Einspeisung von Gas erfolgen soll, über Einspeisekapazitäten erforderlich (Einspeisevertrag). [3]Zusätzlich muss ein Vertrag mit dem Netzbetreiber, aus dessen Netz die Entnahme von Gas erfolgen soll, über Ausspeisekapazitäten abgeschlossen werden (Ausspeisevertrag). [4]Wird der Ausspeisevertrag von einem Lieferanten mit einem Betreiber eines Verteilernetzes abgeschlossen, braucht er sich nicht auf bestimmte Entnahmestellen zu beziehen. [5]Alle Betreiber von Gasversorgungsnetzen sind verpflichtet, untereinander in dem Ausmaß verbindlich zusammenzuarbeiten, das erforderlich ist, damit der Transportkunde zur Abwicklung eines Transports auch über mehrere, durch Netzkopplungspunkte miteinander verbundene Netze nur einen Einspeise- und einen Ausspeisevertrag abschließen muss, es sei denn, diese Zusammenarbeit ist technisch nicht möglich oder wirtschaftlich nicht zumutbar. [6]Sie sind zu dem in Satz 5 genannten Zweck verpflichtet, bei der Berechnung und dem Angebot von Kapazitäten, der Erbringung von Systemdienstleistungen und der Kosten- oder Entgeltwälzung eng zusammenzuarbeiten. [7]Sie haben gemeinsame Vertragsstandards für den Netzzugang zu entwickeln und unter Berücksichtigung von technischen Einschränkungen und wirtschaftlicher Zumutbarkeit alle Kooperationsmöglichkeiten mit anderen Netzbetreibern auszuschöpfen, mit dem Ziel, die Zahl der Netze oder Teilnetze sowie der Bilanzzonen möglichst gering zu halten. [8]Betreiber von über Netzkopplungspunkte verbundenen Netzen haben bei der Berechnung und Ausweisung von technischen Kapazitäten mit dem Ziel zusammenzuarbeiten, in möglichst hohem Umfang aufeinander abgestimmte Kapazitäten in den

1) **Anm. d. Red.:** § 20 i. d. F. des Gesetzes v. 17.7.2017 (BGBl I S. 2532) mit Wirkung v. 25.7.2017.

miteinander verbundenen Netzen ausweisen zu können. [9]Bei einem Wechsel des Lieferanten kann der neue Lieferant vom bisherigen Lieferanten die Übertragung der für die Versorgung des Kunden erforderlichen, vom bisherigen Lieferanten gebuchten Ein- und Ausspeisekapazitäten verlangen, wenn ihm die Versorgung des Kunden entsprechend der von ihm eingegangenen Lieferverpflichtung ansonsten nicht möglich ist und er dies gegenüber dem bisherigen Lieferanten begründet. [10]Betreiber von Fernleitungsnetzen sind verpflichtet, die Rechte an gebuchten Kapazitäten so auszugestalten, dass sie den Transportkunden berechtigen, Gas an jedem Einspeisepunkt für die Ausspeisung an jedem Ausspeisepunkt ihres Netzes oder, bei dauerhaften Engpässen, eines Teilnetzes bereitzustellen (entry-exit System). [11]Betreiber eines örtlichen Verteilernetzes haben den Netzzugang nach Maßgabe einer Rechtsverordnung nach § 24 über den Zugang zu Gasversorgungsnetzen durch Übernahme des Gases an Einspeisepunkten ihrer Netze für alle angeschlossenen Ausspeisepunkte zu gewähren.

(1c) Verträge nach den Absätzen 1a und 1b dürfen das Recht aus zum Wechsel des Messstellenbetreibers nach den Vorschriften des Messstellenbetriebsgesetzes weder behindern noch erschweren.

(1d) [1]Der Betreiber des Energieversorgungsnetzes, an das eine Kundenanlage oder eine Kundenanlage zur betrieblichen Eigenversorgung angeschlossen ist, hat den Zählpunkt zur Erfassung der durch die Kundenanlage aus dem Netz der allgemeinen Versorgung entnommenen und in das Netz der allgemeinen Versorgung eingespeisten Strommenge (Summenzähler) sowie alle Zählpunkte bereitzustellen, die für die Gewährung des Netzzugangs für Unterzähler innerhalb der Kundenanlage im Wege der Durchleitung (bilanzierungsrelevante Unterzähler) erforderlich sind. [2]Bei der Belieferung der Letztverbraucher durch Dritte findet im erforderlichen Umfang eine Verrechnung der Zählwerte über Unterzähler statt. [3]Bei nicht an ein Smart-Meter-Gateway angebundenen Unterzählern ist eine Verrechnung von Leistungswerten, die durch standardisierte Lastprofile nach § 12 Absatz 1 der Stromnetzzugangsverordnung ermittelt werden, mit am Summenzähler erhobenen 15-minütigen Leistungswerten des Summenzählers aus einer registrierenden Lastgangmessung zulässig, soweit energiewirtschaftliche oder mess- und eichrechtliche Belange nicht entgegenstehen.

(2) [1]Betreiber von Energieversorgungsnetzen können den Zugang nach Absatz 1 verweigern, soweit sie nachweisen, dass ihnen die Gewährung des Netzzugangs aus betriebsbedingten oder sonstigen Gründen unter Berücksichtigung des Zwecks des § 1 nicht möglich oder nicht zumutbar ist. [2]Die Ablehnung ist in Textform zu begründen und der Regulierungsbehörde unverzüglich mitzuteilen. [3]Auf Verlangen der beantragenden Partei muss die Begründung im Falle eines Kapazitätsmangels auch aussagekräftige Informationen darüber enthalten, welche Maßnahmen und damit verbundene Kosten zum Ausbau des Netzes erforderlich wären, um den Netzzugang zu ermöglichen; die Begründung kann nachgefordert werden. [4]Für die Begründung nach Satz 3 kann ein Entgelt, das die Hälfte der entstandenen Kosten nicht überschreiten darf, verlangt werden, sofern auf die Entstehung von Kosten zuvor hingewiesen worden ist.

§ 20a Lieferantenwechsel[1)]

(1) Bei einem Lieferantenwechsel hat der neue Lieferant dem Letztverbraucher unverzüglich in Textform zu bestätigen, ob und zu welchem Termin er eine vom Letztverbraucher gewünschte Belieferung aufnehmen kann.

(2) [1]Das Verfahren für den Wechsel des Lieferanten darf drei Wochen, gerechnet ab dem Zeitpunkt des Zugangs der Anmeldung zur Netznutzung durch den neuen Lieferanten bei dem Netzbetreiber, an dessen Netz die Entnahmestelle angeschlossen ist, nicht überschreiten. [2]Der Netzbetreiber ist verpflichtet, den Zeitpunkt des Zugangs zu dokumentieren. [3]Eine von Satz 1 abweichende längere Verfahrensdauer ist nur zulässig, soweit die Anmeldung zur Netznutzung sich auf einen weiter in der Zukunft liegenden Liefertermin bezieht.

1) **Anm. d. Red.:** § 20a eingefügt gem. Gesetz v. 26. 7. 2011 (BGBl I S. 1554) mit Wirkung v. 4. 8. 2011.

(3) Der Lieferantenwechsel darf für den Letztverbraucher mit keinen zusätzlichen Kosten verbunden sein.

(4) [1]Erfolgt der Lieferantenwechsel nicht innerhalb der in Absatz 2 vorgesehenen Frist, so kann der Letztverbraucher von dem Lieferanten oder dem Netzbetreiber, der die Verzögerung zu vertreten hat, Schadensersatz nach den §§ 249 ff. des Bürgerlichen Gesetzbuchs verlangen. [2]Der Lieferant oder der Netzbetreiber trägt die Beweislast, dass er die Verzögerung nicht zu vertreten hat.

§ 21 Bedingungen und Entgelte für den Netzzugang

(1) Die Bedingungen und Entgelte für den Netzzugang müssen angemessen, diskriminierungsfrei, transparent und dürfen nicht ungünstiger sein, als sie von den Betreibern der Energieversorgungsnetze in vergleichbaren Fällen für Leistungen innerhalb ihres Unternehmens oder gegenüber verbundenen oder assoziierten Unternehmen angewendet und tatsächlich oder kalkulatorisch in Rechnung gestellt werden.

(2) [1]Die Entgelte werden auf der Grundlage der Kosten einer Betriebsführung, die denen eines effizienten und strukturell vergleichbaren Netzbetreibers entsprechen müssen, unter Berücksichtigung von Anreizen für eine effiziente Leistungserbringung und einer angemessenen, wettbewerbsfähigen und risikoangepassten Verzinsung des eingesetzten Kapitals gebildet, soweit in einer Rechtsverordnung nach § 24 nicht eine Abweichung von der kostenorientierten Entgeltbildung bestimmt ist. [2]Soweit die Entgelte kostenorientiert gebildet werden, dürfen Kosten und Kostenbestandteile, die sich ihrem Umfang nach im Wettbewerb nicht einstellen würden, nicht berücksichtigt werden.

(3) [1]Um zu gewährleisten, dass sich die Entgelte für den Netzzugang an den Kosten einer Betriebsführung nach Absatz 2 orientieren, kann die Regulierungsbehörde in regelmäßigen zeitlichen Abständen einen Vergleich der Entgelte für den Netzzugang, der Erlöse oder der Kosten der Betreiber von Energieversorgungsnetzen durchführen (Vergleichsverfahren). [2]Soweit eine kostenorientierte Entgeltbildung erfolgt und die Entgelte genehmigt sind, findet nur ein Vergleich der Kosten statt.

EnWG

(4) [1]Die Ergebnisse des Vergleichsverfahrens sind bei der kostenorientierten Entgeltbildung nach Absatz 2 zu berücksichtigen. [2]Ergibt ein Vergleich, dass die Entgelte, Erlöse oder Kosten einzelner Betreiber von Energieversorgungsnetzen für das Netz insgesamt oder für einzelne Netz- oder Umspannebenen die durchschnittlichen Entgelte, Erlöse oder Kosten vergleichbarer Betreiber von Energieversorgungsnetzen überschreiten, wird vermutet, dass sie einer Betriebsführung nach Absatz 2 nicht entsprechen.

§ 21a Regulierungsvorgaben für Anreize für eine effiziente Leistungserbringung[1)]

(1) Soweit eine kostenorientierte Entgeltbildung im Sinne des § 21 Abs. 2 Satz 1 erfolgt, können nach Maßgabe einer Rechtsverordnung nach Absatz 6 Satz 1 Nr. 1 Netzzugangsentgelte der Betreiber von Energieversorgungsnetzen abweichend von der Entgeltbildung nach § 21 Abs. 2 bis 4 auch durch eine Methode bestimmt werden, die Anreize für eine effiziente Leistungserbringung setzt (Anreizregulierung).

(2) [1]Die Anreizregulierung beinhaltet die Vorgabe von Obergrenzen, die in der Regel für die Höhe der Netzzugangsentgelte oder die Gesamterlöse aus Netzzugangsentgelten gebildet werden, für eine Regulierungsperiode unter Berücksichtigung von Effizienzvorgaben. [2]Die Obergrenzen und Effizienzvorgaben sind auf einzelne Netzbetreiber oder auf Gruppen von Netzbetreibern sowie entweder auf das gesamte Elektrizitäts- oder Gasversorgungsnetz, auf Teile des Netzes oder auf die einzelnen Netz- und Umspannebenen bezogen. [3]Dabei sind Obergrenzen mindestens für den Beginn und das Ende der Regulierungsperiode vorzusehen. [4]Vorgaben für Gruppen von Netzbetreibern setzen voraus, dass die Netzbetreiber objektiv strukturell vergleichbar sind.

---

1) **Anm. d. Red.:** § 21a i. d. F. des Gesetzes v. 26. 7. 2016 (BGBl I S. 1786) mit Wirkung v. 30. 7. 2016.

(3) [1]Die Regulierungsperiode darf zwei Jahre nicht unterschreiten und fünf Jahre nicht überschreiten. [2]Die Vorgaben können eine zeitliche Staffelung der Entwicklung der Obergrenzen innerhalb einer Regulierungsperiode vorsehen. [3]Die Vorgaben bleiben für eine Regulierungsperiode unverändert, sofern nicht Änderungen staatlich veranlasster Mehrbelastungen auf Grund von Abgaben oder der Abnahme- und Vergütungspflichten nach dem Erneuerbare-Energien-Gesetz und dem Kraft-Wärme-Kopplungsgesetz oder anderer, nicht vom Netzbetreiber zu vertretender, Umstände eintreten. [4]Falls Obergrenzen für Netzzugangsentgelte gesetzt werden, sind bei den Vorgaben die Auswirkungen jährlich schwankender Verbrauchsmengen auf die Gesamterlöse der Netzbetreiber (Mengeneffekte) zu berücksichtigen.

(4) [1]Bei der Ermittlung von Obergrenzen sind die durch den jeweiligen Netzbetreiber beeinflussbaren Kostenanteile und die von ihm nicht beeinflussbaren Kostenanteile zu unterscheiden. [2]Der nicht beeinflussbare Kostenanteil an dem Gesamtentgelt wird nach § 21 Abs. 2 ermittelt; hierzu zählen insbesondere Kostenanteile, die auf nicht zurechenbaren strukturellen Unterschieden der Versorgungsgebiete, auf gesetzlichen Abnahme- und Vergütungspflichten, Konzessionsabgaben und Betriebssteuern beruhen. [3]Ferner gelten Mehrkosten für die Errichtung, den Betrieb oder die Änderung eines Erdkabels, das nach § 43 Satz 1 Nr. 3 und Satz 5 planfestgestellt worden ist, gegenüber einer Freileitung bei der Ermittlung von Obergrenzen nach Satz 1 als nicht beeinflussbare Kostenanteile. [4]Soweit sich Vorgaben auf Gruppen von Netzbetreibern beziehen, gelten die Netzbetreiber als strukturell vergleichbar, die unter Berücksichtigung struktureller Unterschiede einer Gruppe zugeordnet worden sind. [5]Der beeinflussbare Kostenanteil wird nach § 21 Abs. 2 bis 4 zu Beginn einer Regulierungsperiode ermittelt. [6]Effizienzvorgaben sind nur auf den beeinflussbaren Kostenanteil zu beziehen. [7]Die Vorgaben für die Entwicklung oder Festlegung der Obergrenze innerhalb einer Regulierungsperiode müssen den Ausgleich der allgemeinen Geldentwertung unter Berücksichtigung eines generellen sektoralen Produktivitätsfaktors vorsehen.

(5) [1]Die Effizienzvorgaben für eine Regulierungsperiode werden durch Bestimmung unternehmensindividueller oder gruppenspezifischer Effizienzziele auf Grundlage eines Effizienzvergleichs unter Berücksichtigung insbesondere der bestehenden Effizienz des jeweiligen Netzbetriebs, objektiver struktureller Unterschiede, der inflationsbereinigten Produktivitätsentwicklung, der Versorgungsqualität und auf diese bezogener Qualitätsvorgaben sowie gesetzlicher Regelungen bestimmt. [2]Qualitätsvorgaben werden auf der Grundlage einer Bewertung von Zuverlässigkeitskenngrößen oder Netzleistungsfähigkeitskenngrößen ermittelt, bei der auch Strukturunterschiede zu berücksichtigen sind. [3]Bei einem Verstoß gegen Qualitätsvorgaben können auch die Obergrenzen zur Bestimmung der Netzzugangsentgelte für ein Energieversorgungsunternehmen gesenkt werden. [4]Die Effizienzvorgaben müssen so gestaltet und über die Regulierungsperiode verteilt sein, dass der betroffene Netzbetreiber oder die betroffene Gruppe von Netzbetreibern die Vorgaben unter Nutzung der ihm oder ihnen möglichen und zumutbaren Maßnahmen erreichen und übertreffen kann. [5]Die Methode zur Ermittlung von Effizienzvorgaben muss so gestaltet sein, dass eine geringfügige Änderung einzelner Parameter der zugrunde gelegten Methode nicht zu einer, insbesondere im Vergleich zur Bedeutung, überproportionalen Änderung der Vorgaben führt.

(6) [1]Die Bundesregierung wird ermächtigt, durch Rechtsverordnung mit Zustimmung des Bundesrates

1. zu bestimmen, ob und ab welchem Zeitpunkt Netzzugangsentgelte im Wege einer Anreizregulierung bestimmt werden,
2. die nähere Ausgestaltung der Methode einer Anreizregulierung nach den Absätzen 1 bis 5 und ihrer Durchführung zu regeln sowie
3. zu regeln, in welchen Fällen und unter welchen Voraussetzungen die Regulierungsbehörde im Rahmen der Durchführung der Methoden Festlegungen treffen und Maßnahmen des Netzbetreibers genehmigen kann.

[2]Insbesondere können durch Rechtsverordnung nach Satz 1

1. Regelungen zur Festlegung der für eine Gruppenbildung relevanten Strukturkriterien und über deren Bedeutung für die Ausgestaltung von Effizienzvorgaben getroffen werden,
2. Anforderungen an eine Gruppenbildung einschließlich der dabei zu berücksichtigenden objektiven strukturellen Umstände gestellt werden, wobei für Betreiber von Übertragungsnetzen gesonderte Vorgaben vorzusehen sind,
3. Mindest- und Höchstgrenzen für Effizienz- und Qualitätsvorgaben vorgesehen und Regelungen für den Fall einer Unter- oder Überschreitung sowie Regelungen für die Ausgestaltung dieser Vorgaben einschließlich des Entwicklungspfades getroffen werden,
4. Regelungen getroffen werden, unter welchen Voraussetzungen die Obergrenze innerhalb einer Regulierungsperiode auf Antrag des betroffenen Netzbetreibers von der Regulierungsbehörde abweichend vom Entwicklungspfad angepasst werden kann,
5. Regelungen zum Verfahren bei der Berücksichtigung der Inflationsrate unter Einbeziehung der Besonderheiten der Einstandspreisentwicklung und des Produktivitätsfortschritts in der Netzwirtschaft getroffen werden,
6. nähere Anforderungen an die Zuverlässigkeit einer Methode zur Ermittlung von Effizienzvorgaben gestellt werden,
7. Regelungen getroffen werden, welche Kostenanteile dauerhaft oder vorübergehend als nicht beeinflussbare Kostenanteile gelten,
8. Regelungen getroffen werden, die eine Begünstigung von Investitionen vorsehen, die unter Berücksichtigung des Zwecks des § 1 zur Verbesserung der Versorgungssicherheit dienen,
9. Regelungen für die Bestimmung von Zuverlässigkeitskenngrößen für den Netzbetrieb unter Berücksichtigung der Informationen nach § 51 und deren Auswirkungen auf die Regulierungsvorgaben getroffen werden, wobei auch Senkungen der Obergrenzen zur Bestimmung der Netzzugangsentgelte vorgesehen werden können, und
10. Regelungen zur Erhebung der für die Durchführung einer Anreizregulierung erforderlichen Daten durch die Regulierungsbehörde getroffen werden.

(7) In der Rechtsverordnung nach Absatz 6 Satz 1 sind nähere Regelungen für die Berechnung der Mehrkosten von Erdkabeln nach Absatz 4 Satz 3 zu treffen.

§§ 21b bis 21i (weggefallen)[1)]

§ 22 Beschaffung der Energie zur Erbringung von Ausgleichsleistungen[2)]

(1) [1]Betreiber von Energieversorgungsnetzen haben die Energie, die sie zur Deckung von Verlusten und für den Ausgleich von Differenzen zwischen Ein- und Ausspeisung benötigen, nach transparenten, auch in Bezug auf verbundene oder assoziierte Unternehmen nichtdiskriminierenden und marktorientierten Verfahren zu beschaffen. [2]Dem Ziel einer möglichst preisgünstigen Energieversorgung ist bei der Ausgestaltung der Verfahren, zum Beispiel durch die Nutzung untertäglicher Beschaffung, besonderes Gewicht beizumessen, sofern hierdurch nicht die Verpflichtungen nach den §§ 13, 16 und 16a gefährdet werden.

(2) [1]Bei der Beschaffung von Regelenergie durch die Betreiber von Übertragungsnetzen ist ein diskriminierungsfreies und transparentes Ausschreibungsverfahren anzuwenden, bei dem die Anforderungen, die die Anbieter von Regelenergie für die Teilnahme erfüllen müssen, soweit dies technisch möglich ist, von den Betreibern von Übertragungsnetzen zu vereinheitlichen sind. [2]Die Betreiber von Übertragungsnetzen haben für die Ausschreibung von Regelenergie eine gemeinsame Internetplattform einzurichten. [3]Die Einrichtung der Plattform nach Satz 2 ist der Regulierungsbehörde anzuzeigen. [4]Die Betreiber von Übertragungsnetzen sind unter Beachtung

1) **Anm. d. Red.:** §§ 21b bis 21i weggefallen gem. Gesetz v. 29. 8. 2016 (BGBl I S. 2034) mit Wirkung v. 2. 9. 2016.

2) **Anm. d. Red.:** § 22 i. d. F. des Gesetzes v. 26. 7. 2011 (BGBl I S. 1554) mit Wirkung v. 4. 8. 2011.

ihrer jeweiligen Systemverantwortung verpflichtet, zur Senkung des Aufwandes für Regelenergie unter Berücksichtigung der Netzbedingungen zusammenzuarbeiten. [5]Die Regulierungsbehörde kann zur Verwirklichung einer effizienten Beschaffung und der in § 1 Absatz 1 genannten Zwecke durch Festlegung nach § 29 Absatz 1 abweichend von Satz 1 auch andere transparente, diskriminierungsfreie und marktorientierte Verfahren zur Beschaffung von Regelenergie vorsehen.

§ 23 Erbringung von Ausgleichsleistungen

[1]Sofern den Betreibern von Energieversorgungsnetzen der Ausgleich des Energieversorgungsnetzes obliegt, müssen die von ihnen zu diesem Zweck festgelegten Regelungen einschließlich der von den Netznutzern für Energieungleichgewichte zu zahlenden Entgelte sachlich gerechtfertigt, transparent, nichtdiskriminierend und dürfen nicht ungünstiger sein, als sie von den Betreibern der Energieversorgungsnetze in vergleichbaren Fällen für Leistungen innerhalb ihres Unternehmens oder gegenüber verbundenen oder assoziierten Unternehmen angewendet und tatsächlich oder kalkulatorisch in Rechnung gestellt werden. [2]Die Entgelte sind auf der Grundlage einer Betriebsführung nach § 21 Abs. 2 kostenorientiert festzulegen und zusammen mit den übrigen Regelungen im Internet zu veröffentlichen.

§ 23a Genehmigung der Entgelte für den Netzzugang[1)]

(1) Soweit eine kostenorientierte Entgeltbildung im Sinne des § 21 Abs. 2 Satz 1 erfolgt, bedürfen Entgelte für den Netzzugang nach § 21 einer Genehmigung, es sei denn, dass in einer Rechtsverordnung nach § 21a Abs. 6 die Bestimmung der Entgelte für den Netzzugang im Wege einer Anreizregulierung durch Festlegung oder Genehmigung angeordnet worden ist.

(2) [1]Die Genehmigung ist zu erteilen, soweit die Entgelte den Anforderungen dieses Gesetzes und den auf Grund des § 24 erlassenen Rechtsverordnungen entsprechen. [2]Die genehmigten Entgelte sind Höchstpreise und dürfen nur überschritten werden, soweit die Überschreitung ausschließlich auf Grund der Weitergabe nach Erteilung der Genehmigung erhöhter Kostenwälzungssätze einer vorgelagerten Netz- oder Umspannstufe erfolgt; eine Überschreitung ist der Regulierungsbehörde unverzüglich anzuzeigen.

(3) [1]Die Genehmigung ist mindestens sechs Monate vor dem Zeitpunkt schriftlich oder elektronisch zu beantragen, an dem die Entgelte wirksam werden sollen. [2]Dem Antrag sind die für eine Prüfung erforderlichen Unterlagen beizufügen; auf Verlangen der Regulierungsbehörde haben die Antragsteller Unterlagen auch elektronisch zu übermitteln. [3]Die Regulierungsbehörde kann ein Muster und ein einheitliches Format für die elektronische Übermittlung vorgeben. [4]Die Unterlagen müssen folgende Angaben enthalten:

1. eine Gegenüberstellung der bisherigen Entgelte sowie der beantragten Entgelte und ihrer jeweiligen Kalkulation,
2. die Angaben, die nach Maßgabe der Vorschriften über die Strukturklassen und den Bericht über die Ermittlung der Netzentgelte nach einer Rechtsverordnung über die Entgelte für den Zugang zu den Energieversorgungsnetzen nach § 24 erforderlich sind, und
3. die Begründung für die Änderung der Entgelte unter Berücksichtigung der Regelungen nach § 21 und einer Rechtsverordnung über die Entgelte für den Zugang zu den Energieversorgungsnetzen nach § 24.

[5]Die Regulierungsbehörde hat dem Antragsteller den Eingang des Antrags zu bestätigen. [6]Sie kann die Vorlage weiterer Angaben oder Unterlagen verlangen, soweit dies zur Prüfung der Voraussetzungen nach Absatz 2 erforderlich ist; Satz 5 gilt für nachgereichte Angaben und Unterlagen entsprechend. [7]Das Bundesministerium für Wirtschaft und Energie wird ermächtigt, durch Rechtsverordnung mit Zustimmung des Bundesrates das Verfahren und die Anforderungen an die nach Satz 4 vorzulegenden Unterlagen näher auszugestalten.

1) **Anm. d. Red.:** § 23a i. d. F. des Gesetzes v. 29. 3. 2017 (BGBl I S. 626) mit Wirkung v. 5. 4. 2017.

(4) [1]Die Genehmigung ist zu befristen und mit einem Vorbehalt des Widerrufs zu versehen; sie kann unter Bedingungen erteilt und mit Auflagen verbunden werden. [2]Trifft die Regulierungsbehörde innerhalb von sechs Monaten nach Vorliegen der vollständigen Unterlagen nach Absatz 3 keine Entscheidung, so gilt das beantragte Entgelt als unter dem Vorbehalt des Widerrufs für einen Zeitraum von einem Jahr genehmigt. [3]Satz 2 gilt nicht, wenn

1. das beantragende Unternehmen einer Verlängerung der Frist nach Satz 2 zugestimmt hat oder
2. die Regulierungsbehörde wegen unrichtiger Angaben oder wegen einer nicht rechtzeitig erteilten Auskunft nicht entscheiden kann und dies dem Antragsteller vor Ablauf der Frist unter Angabe der Gründe mitgeteilt hat.

(5) [1]Ist vor Ablauf der Befristung oder vor dem Wirksamwerden eines Widerrufs nach Absatz 4 Satz 1 oder 2 eine neue Genehmigung beantragt worden, so können bis zur Entscheidung über den Antrag die bis dahin genehmigten Entgelte beibehalten werden. [2]Ist eine neue Entscheidung nicht rechtzeitig beantragt, kann die Regulierungsbehörde unter Berücksichtigung der §§ 21 und 30 sowie der auf Grund des § 24 erlassenen Rechtsverordnungen ein Entgelt als Höchstpreis vorläufig festsetzen.

§ 24 Regelungen zu den Netzzugangsbedingungen, Entgelten für den Netzzugang sowie zur Erbringung und Beschaffung von Ausgleichsleistungen; Verordnungsermächtigung[1)]

[1]Die Bundesregierung wird ermächtigt, durch Rechtsverordnung mit Zustimmung des Bundesrates

1. die Bedingungen für den Netzzugang einschließlich der Beschaffung und Erbringung von Ausgleichsleistungen oder Methoden zur Bestimmung dieser Bedingungen sowie Methoden zur Bestimmung der Entgelte für den Netzzugang gemäß den §§ 20 bis 23 festzulegen, wobei die Entgelte für den Zugang zu Übertragungsnetzen teilweise oder vollständig auch bundesweit einheitlich festgelegt werden können,
2. zu regeln, in welchen Fällen und unter welchen Voraussetzungen die Regulierungsbehörde diese Bedingungen oder Methoden festlegen oder auf Antrag des Netzbetreibers genehmigen kann,
3. zu regeln, in welchen Sonderfällen der Netznutzung und unter welchen Voraussetzungen die Regulierungsbehörde im Einzelfall individuelle Entgelte für den Netzzugang genehmigen oder untersagen kann und wie Erstattungspflichten der Transportnetzbetreiber für entgangene Erlöse von Betreibern nachgelagerter Verteilernetze, die aus individuellen Netzentgelten für die Netznutzung folgen, ausgestaltet werden können und wie die daraus den Transportnetzbetreibern entstehenden Kosten als Aufschlag auf die Netzentgelte anteilig auf die Letztverbraucher umgelegt werden können, sowie
4. zu regeln, in welchen Fällen die Regulierungsbehörde von ihren Befugnissen nach § 65 Gebrauch zu machen hat.

[2]Insbesondere können durch Rechtsverordnungen nach Satz 1

1. die Betreiber von Energieversorgungsnetzen verpflichtet werden, zur Schaffung möglichst einheitlicher Bedingungen bei der Gewährung des Netzzugangs in näher zu bestimmender Weise, insbesondere unter gleichberechtigtem Einbezug der Netznutzer, zusammenzuarbeiten,
2. die Rechte und Pflichten der Beteiligten, insbesondere die Zusammenarbeit und Pflichten der Betreiber von Energieversorgungsnetzen, einschließlich des Austauschs der erforderlichen Daten und der für den Netzzugang erforderlichen Informationen, einheitlich festgelegt werden,

EnWG

1) **Anm. d. Red.:** § 24 i. d. F. des Gesetzes v. 17.7.2017 (BGBl I S. 2503) mit Wirkung v. 22.7.2017.

2a. die Rechte der Verbraucher bei der Abwicklung eines Anbieterwechsels festgelegt werden,

3. die Art sowie die Ausgestaltung des Netzzugangs und der Beschaffung und Erbringung von Ausgleichsleistungen einschließlich der hierfür erforderlichen Verträge und Rechtsverhältnisse und des Ausschreibungsverfahrens auch unter Abweichung von § 22 Absatz 2 Satz 2 festgelegt werden, die Bestimmungen der Verträge und die Ausgestaltung der Rechtsverhältnisse einheitlich festgelegt werden sowie Regelungen über das Zustandekommen, den Inhalt und die Beendigung der Verträge und Rechtsverhältnisse getroffen werden, wobei insbesondere auch Vorgaben für die Verträge und Rechtsverhältnisse zwischen Letztverbrauchern, Lieferanten und beteiligten Bilanzkreisverantwortlichen bei der Erbringung von Regelleistung gemacht werden können,

3a. im Rahmen der Ausgestaltung des Netzzugangs zu den Gasversorgungsnetzen für Anlagen zur Erzeugung von Biogas im Rahmen des Auswahlverfahrens bei drohenden Kapazitätsengpässen sowie beim Zugang zu örtlichen Verteilernetzen Vorrang gewährt werden,

3b. die Regulierungsbehörde befugt werden, die Zusammenfassung von Teilnetzen, soweit dies technisch möglich und wirtschaftlich zumutbar ist, anzuordnen,

4. Regelungen zur Ermittlung der Entgelte für den Netzzugang getroffen werden, wobei

   a) vorgesehen werden kann, dass insbesondere Kosten des Netzbetriebs, die zuordenbar durch die Integration von dezentralen Anlagen zur Erzeugung aus erneuerbaren Energiequellen verursacht werden, bundesweit umgelegt werden können,

   b) vorzusehen ist, dass die Grundlage für die Ermittlung der Entgelte für den Zugang zu den Übertragungsnetzen zwar getrennt für jeden Übertragungsnetzbetreiber kostenorientiert nach § 21a ermittelt wird, aber die Höhe der Entgelte für den Zugang zu den Übertragungsnetzen ab dem 1. Januar 2019 teilweise und ab dem 1. Januar 2023 vollständig bundesweit einheitlich festgelegt wird und Mehr- oder Mindererlöse, die den Übertragungsnetzbetreiber dadurch entstehen, durch eine finanzielle Verrechnung zwischen ihnen ausgeglichen oder bundesweit umgelegt werden sowie der bundeseinheitliche Mechanismus hierfür näher ausgestaltet wird, und

   c) die Methode zur Bestimmung der Entgelte so zu gestalten ist, dass eine Betriebsführung nach § 21 Absatz 2 gesichert ist und die für die Betriebs- und Versorgungssicherheit sowie die Funktionsfähigkeit der Netze notwendigen Investitionen in die Netze gewährleistet sind und Anreize zu netzentlastender Energieeinspeisung und netzentlastendem Energieverbrauch gesetzt werden,

4a. Regelungen zur Steigerung der Kosteneffizienz von Maßnahmen für Netz- und Systemsicherheit nach § 13 vorgesehen werden,

5. bei einer Regelung nach Satz 1 Nummer 3 vorsehen, dass ein Belastungsausgleich entsprechend den §§ 26, 28 und 30 des Kraft-Wärme-Kopplungsgesetzes vom 21. Dezember 2015 (BGBl I S. 2498), das durch Artikel 14 des Gesetzes vom 29. August 2016 (BGBl I S. 2034) geändert worden ist, erfolgen kann, wobei dieser Belastungsausgleich mit der Maßgabe erfolgen kann, dass sich das Netzentgelt für selbstverbrauchte Strombezüge, die über 1 Gigawattstunde hinausgehen, an dieser Abnahmestelle höchstens um 0,05 Cent je Kilowattstunde und für Unternehmen des produzierenden Gewerbes, deren Stromkosten für selbstverbrauchten Strom im vorangegangenen Geschäftsjahr 4 Prozent des Umsatzes im Sinne von § 277 Absatz 1 des Handelsgesetzbuchs übersteigen, für die über 1 Gigawattstunde hinausgehenden selbstverbrauchten Strombezüge um höchstens 0,025 Cent je Kilowattstunde erhöhen,

6. Regelungen darüber getroffen werden, welche netzbezogenen und sonst für ihre Kalkulation erforderlichen Daten die Betreiber von Energieversorgungsnetzen erheben und über welchen Zeitraum sie diese aufbewahren müssen,

7. Regelungen für die Durchführung eines Vergleichsverfahrens nach § 21 Abs. 3 einschließlich der Erhebung der hierfür erforderlichen Daten getroffen werden.

[3]Im Falle des Satzes 2 Nr. 1 und 2 ist das Interesse an der Ermöglichung eines effizienten und diskriminierungsfreien Netzzugangs im Rahmen eines möglichst transaktionsunabhängigen Modells unter Beachtung der jeweiligen Besonderheiten der Elektrizitäts- und Gaswirtschaft besonders zu berücksichtigen; die Zusammenarbeit soll dem Ziel des § 1 Abs. 2 dienen. [4]Regelungen nach Satz 2 Nr. 3 können auch weitere Anforderungen an die Zusammenarbeit der Betreiber von Übertragungsnetzen bei der Beschaffung von Regelenergie und zur Verringerung des Aufwandes für Regelenergie sowie in Abweichung von § 22 Absatz 2 Satz 1 Bedingungen und Methoden für andere effiziente, transparente, diskriminierungsfreie und marktorientierte Verfahren zur Beschaffung von Regelenergie vorsehen. [5]Regelungen nach Satz 2 Nr. 4 können nach Maßgabe des § 120 vorsehen, dass Entgelte nicht nur auf der Grundlage von Ausspeisungen, sondern ergänzend auch auf der Grundlage von Einspeisungen von Energie berechnet und in Rechnung gestellt werden, wobei bei Einspeisungen von Elektrizität aus dezentralen Erzeugungsanlagen auch eine Erstattung eingesparter Entgelte für den Netzzugang in den vorgelagerten Netzebenen vorgesehen werden kann.

§ 24a Schrittweise Angleichung der Übertragungsnetzentgelte[1)]

Eine Rechtsverordnung nach § 24 Satz 2 Nummer 4 Buchstabe b zur schrittweisen bundesweit einheitlichen Festlegung der Netzentgelte der Übertragungsnetzbetreiber kann insbesondere

1. vorsehen, dass für einen schrittweise steigenden Anteil der Übertragungsnetzkosten ein bundeseinheitlicher Netzentgeltanteil bestimmt wird oder ein schrittweise größer werdender prozentualer Aufschlag oder Abschlag auf die Netzentgelte der Übertragungsnetzbetreiber erfolgt, bis ein bundeseinheitliches Übertragungsnetzentgelt erreicht ist,
2. Entlastungsregelungen für die stromkostenintensive Industrie vorsehen, sofern die Voraussetzung des § 118 Absatz 24 nicht eingetreten ist.

§ 25 Ausnahmen vom Zugang zu den Gasversorgungsnetzen im Zusammenhang mit unbedingten Zahlungsverpflichtungen[2)]

EnWG

[1]Die Gewährung des Zugangs zu den Gasversorgungsnetzen ist im Sinne des § 20 Abs. 2 insbesondere dann nicht zumutbar, wenn einem Gasversorgungsunternehmen wegen seiner im Rahmen von Gaslieferverträgen eingegangenen unbedingten Zahlungsverpflichtungen ernsthafte wirtschaftliche und finanzielle Schwierigkeiten entstehen würden. [2]Auf Antrag des betroffenen Gasversorgungsunternehmens entscheidet die Regulierungsbehörde, ob die vom Antragsteller nachzuweisenden Voraussetzungen des Satzes 1 vorliegen. [3]Die Prüfung richtet sich nach Artikel 48 der Richtlinie 2009/73/EG (ABl L 211 vom 14. 8. 2009, S. 94). [4]Das Bundesministerium für Wirtschaft und Energie wird ermächtigt, durch Rechtsverordnung, die nicht der Zustimmung des Bundesrates bedarf, die bei der Prüfung nach Artikel 48 der Richtlinie 2009/73/EG anzuwendenden Verfahrensregeln festzulegen. [5]In der Rechtsverordnung nach Satz 4 kann vorgesehen werden, dass eine Entscheidung der Regulierungsbehörde, auch abweichend von den Vorschriften dieses Gesetzes, ergehen kann, soweit dies in einer Entscheidung der Kommission der Europäischen Gemeinschaften vorgesehen ist.

§ 26 Zugang zu den vorgelagerten Rohrleitungsnetzen und zu Speicheranlagen im Bereich der leitungsgebundenen Versorgung mit Erdgas

Der Zugang zu den vorgelagerten Rohrleitungsnetzen und zu Speicheranlagen erfolgt abweichend von den §§ 20 bis 24 auf vertraglicher Grundlage nach Maßgabe der §§ 27 und 28.

---

1) **Anm. d. Red.:** § 24a eingefügt gem. Gesetz v. 17.7.2017 (BGBl I S. 2503) mit Wirkung v. 22.7.2017.

2) **Anm. d. Red.:** § 25 i. d. F. der VO v. 31. 8. 2015 (BGBl I S. 1474) mit Wirkung v. 8. 9. 2015.

§ 27 Zugang zu den vorgelagerten Rohrleitungsnetzen[1)]

[1]Betreiber von vorgelagerten Rohrleitungsnetzen haben anderen Unternehmen das vorgelagerte Rohrleitungsnetz für Durchleitungen zu Bedingungen zur Verfügung zu stellen, die angemessen und nicht ungünstiger sind, als sie von ihnen in vergleichbaren Fällen für Leistungen innerhalb ihres Unternehmens oder gegenüber verbundenen oder assoziierten Unternehmen tatsächlich oder kalkulatorisch in Rechnung gestellt werden. [2]Dies gilt nicht, soweit der Betreiber nachweist, dass ihm die Durchleitung aus betriebsbedingten oder sonstigen Gründen unter Berücksichtigung des Zwecks des § 1 nicht möglich oder nicht zumutbar ist. [3]Die Ablehnung ist in Textform zu begründen. [4]Die Verweigerung des Netzzugangs nach Satz 2 ist nur zulässig, wenn einer der in Artikel 20 Abs. 2 Satz 3 Buchstabe a bis d der Richtlinie 2003/55/ EG genannten Gründe vorliegt. [5]Das Bundesministerium für Wirtschaft und Energie wird ermächtigt, durch Rechtsverordnung mit Zustimmung des Bundesrates die Bedingungen des Zugangs zu den vorgelagerten Rohrleitungsnetzen und die Methoden zur Berechnung der Entgelte für den Zugang zu den vorgelagerten Rohrleitungsnetzen unter Berücksichtigung des Zwecks des § 1 festzulegen.

§ 28 Zugang zu Speicheranlagen[2)]

(1) [1]Betreiber von Speicheranlagen haben anderen Unternehmen den Zugang zu ihren Speicheranlagen und Hilfsdiensten zu angemessenen und diskriminierungsfreien technischen und wirtschaftlichen Bedingungen zu gewähren, sofern der Zugang für einen effizienten Netzzugang im Hinblick auf die Belieferung der Kunden technisch oder wirtschaftlich erforderlich ist. [2]Der Zugang zu einer Speicheranlage gilt als technisch oder wirtschaftlich erforderlich für einen effizienten Netzzugang im Hinblick auf die Belieferung von Kunden, wenn es sich bei der Speicheranlage um einen Untergrundspeicher, mit Ausnahme von unterirdischen Röhrenspeichern, handelt. [3]Der Zugang ist im Wege des verhandelten Zugangs zu gewähren.

(2) [1]Betreiber von Speicheranlagen können den Zugang nach Absatz 1 verweigern, soweit sie nachweisen, dass ihnen der Zugang aus betriebsbedingten oder sonstigen Gründen unter Berücksichtigung des Zwecks des § 1 nicht möglich oder nicht zumutbar ist. [2]Die Ablehnung ist in Textform zu begründen.

(3) [1]Betreiber von Speicheranlagen sind verpflichtet, den Standort der Speicheranlage, Informationen über verfügbare Kapazitäten, darüber, zu welchen Speicheranlagen verhandelter Zugang zu gewähren ist, sowie ihre wesentlichen Geschäftsbedingungen für den Speicherzugang im Internet zu veröffentlichen. [2]Dies betrifft insbesondere die verfahrensmäßige Behandlung von Speicherzugangsanfragen, die Beschaffenheit des zu speichernden Gases, die nominale Arbeitsgaskapazität, die Ein- und Ausspeicherungsperiode, soweit für ein Angebot der Betreiber von Speicheranlagen erforderlich, sowie die technisch minimal erforderlichen Volumen für die Ein- und Ausspeicherung. [3]Die Betreiber von Speicheranlagen konsultieren bei der Ausarbeitung der wesentlichen Geschäftsbedingungen die Speichernutzer.

(4) Das Bundesministerium für Wirtschaft und Energie wird ermächtigt, durch Rechtsverordnung mit Zustimmung des Bundesrates die technischen und wirtschaftlichen Bedingungen sowie die inhaltliche Gestaltung der Verträge über den Zugang zu den Speicheranlagen zu regeln.

§ 28a Neue Infrastrukturen[3)]

(1) Verbindungsleitungen zwischen Deutschland und anderen Staaten oder LNG- und Speicheranlagen können von der Anwendung der §§ 8 bis 10e sowie §§ 20 bis 28 befristet ausgenommen werden, wenn

---

1) **Anm. d. Red.:** § 27 i. d. F. des Gesetzes v. 26. 7. 2016 (BGBl I S. 1786) mit Wirkung v. 30. 7. 2016.

2) **Anm. d. Red.:** § 28 i. d. F. des Gesetzes v. 26. 7. 2016 (BGBl I S. 1786) mit Wirkung v. 30. 7. 2016.

3) **Anm. d. Red.:** § 28a i. d. F. des Gesetzes v. 26. 7. 2011 (BGBl I S. 1554) mit Wirkung v. 4. 8. 2011.

1. durch die Investition der Wettbewerb bei der Gasversorgung und die Versorgungssicherheit verbessert werden,
2. es sich um größere neue Infrastrukturanlagen im Sinne des Artikel 36 Absatz 1 der Richtlinie 2009/73/EG handelt, bei denen insbesondere das mit der Investition verbundene Risiko so hoch ist, dass die Investition ohne eine Ausnahmegenehmigung nicht getätigt würde,
3. die Infrastruktur Eigentum einer natürlichen oder juristischen Person ist, die entsprechend der §§ 8 bis 10e von den Netzbetreibern getrennt ist, in deren Netzen die Infrastruktur geschaffen wird,
4. von den Nutzern dieser Infrastruktur Entgelte erhoben werden und
5. die Ausnahme sich nicht nachteilig auf den Wettbewerb oder das effektive Funktionieren des Erdgasbinnenmarktes oder das effiziente Funktionieren des regulierten Netzes auswirkt, an das die Infrastruktur angeschlossen ist.

(2) Absatz 1 gilt auch für Kapazitätsaufstockungen bei vorhandenen Infrastrukturen, die insbesondere hinsichtlich ihres Investitionsvolumens und des zusätzlichen Kapazitätsvolumens bei objektiver Betrachtung wesentlich sind, und für Änderungen dieser Infrastrukturen, die die Erschließung neuer Gasversorgungsquellen ermöglichen.

(3) [1]Auf Antrag des betroffenen Gasversorgungsunternehmens entscheidet die Regulierungsbehörde, ob die vom Antragsteller nachzuweisenden Voraussetzungen nach Absatz 1 oder 2 vorliegen. [2]Die Prüfung und das Verfahren richten sich nach Artikel 36 Absatz 6 bis 9 der Richtlinie 2009/73/EG. [3]Soweit nach Artikel 36 Absatz 4 und 5 der Richtlinie 2009/73/EG eine Beteiligung der Agentur für die Zusammenarbeit der Energieregulierungsbehörden vorgesehen ist, leitet die Regulierungsbehörde dieses Verfahren ein. [4]Die Regulierungsbehörde hat eine Entscheidung über einen Antrag nach Satz 1 nach Maßgabe einer endgültigen Entscheidung der Kommission nach Artikel 36 Absatz 9 der Richtlinie 2009/73/EG zu ändern oder aufzuheben; die §§ 48 und 49 des Verwaltungsverfahrensgesetzes bleiben unberührt.

(4) Die Entscheidungen werden von der Regulierungsbehörde auf ihrer Internetseite veröffentlicht.

Abschnitt 4: Befugnisse der Regulierungsbehörde, Sanktionen

§ 29 Verfahren zur Festlegung und Genehmigung[1)]

(1) Die Regulierungsbehörde trifft Entscheidungen in den in diesem Gesetz benannten Fällen und über die Bedingungen und Methoden für den Netzanschluss oder den Netzzugang nach den in § 17 Abs. 3, § 21a Abs. 6 und § 24 genannten Rechtsverordnungen durch Festlegung gegenüber einem Netzbetreiber, einer Gruppe von oder allen Netzbetreibern oder den sonstigen in der jeweiligen Vorschrift Verpflichteten oder durch Genehmigung gegenüber dem Antragsteller.

(2) [1]Die Regulierungsbehörde ist befugt, die nach Absatz 1 von ihr festgelegten oder genehmigten Bedingungen und Methoden nachträglich zu ändern, soweit dies erforderlich ist, um sicherzustellen, dass sie weiterhin den Voraussetzungen für eine Festlegung oder Genehmigung genügen. [2]Die §§ 48 und 49 des Verwaltungsverfahrensgesetzes bleiben unberührt.

(3) [1]Die Bundesregierung kann das Verfahren zur Festlegung oder Genehmigung nach Absatz 1 sowie das Verfahren zur Änderung der Bedingungen und Methoden nach Absatz 2 durch Rechtsverordnung mit Zustimmung des Bundesrates näher ausgestalten. [2]Dabei kann insbesondere vorgesehen werden, dass Entscheidungen der Regulierungsbehörde im Einvernehmen mit dem Bundeskartellamt ergehen.

---

1) **Anm. d. Red.:** § 29 i. d. F. des Gesetzes v. 29. 8. 2016 (BGBl I S. 2034) mit Wirkung v. 2. 9. 2016.

§ 30 Missbräuchliches Verhalten eines Netzbetreibers

(1) [1]Betreibern von Energieversorgungsnetzen ist ein Missbrauch ihrer Marktstellung verboten. [2]Ein Missbrauch liegt insbesondere vor, wenn ein Betreiber von Energieversorgungsnetzen

1. Bestimmungen der Abschnitte 2 und 3 oder der auf Grund dieser Bestimmungen erlassenen Rechtsverordnungen nicht einhält,
2. andere Unternehmen unmittelbar oder mittelbar unbillig behindert oder deren Wettbewerbsmöglichkeiten ohne sachlich gerechtfertigten Grund erheblich beeinträchtigt,
3. andere Unternehmen gegenüber gleichartigen Unternehmen ohne sachlich gerechtfertigten Grund unmittelbar oder mittelbar unterschiedlich behandelt,
4. sich selbst oder mit ihm nach § 3 Nr. 38 verbundenen Unternehmen den Zugang zu seinen intern genutzten oder am Markt angebotenen Waren und Leistungen zu günstigeren Bedingungen oder Entgelten ermöglicht, als er sie anderen Unternehmen bei der Nutzung der Waren und Leistungen oder mit diesen in Zusammenhang stehenden Waren oder gewerbliche Leistungen einräumt, sofern der Betreiber des Energieversorgungsnetzes nicht nachweist, dass die Einräumung ungünstigerer Bedingungen sachlich gerechtfertigt ist,
5. ohne sachlich gerechtfertigten Grund Entgelte oder sonstige Geschäftsbedingungen für den Netzzugang fordert, die von denjenigen abweichen, die sich bei wirksamem Wettbewerb mit hoher Wahrscheinlichkeit ergeben würden; hierbei sind insbesondere die Verhaltensweisen von Unternehmen auf vergleichbaren Märkten und die Ergebnisse von Vergleichsverfahren nach § 21 zu berücksichtigen; Entgelte, die die Obergrenzen einer dem betroffenen Unternehmen erteilten Genehmigung nach § 23a nicht überschreiten, und im Falle der Durchführung einer Anreizregulierung nach § 21a Entgelte, die für das betroffene Unternehmen für eine Regulierungsperiode vorgegebene Obergrenzen nicht überschreiten, gelten als sachlich gerechtfertigt oder
6. ungünstigere Entgelte oder sonstige Geschäftsbedingungen fordert, als er sie selbst auf vergleichbaren Märkten von gleichartigen Abnehmern fordert, es sei denn, dass der Unterschied sachlich gerechtfertigt ist.

[3]Satz 2 Nr. 5 gilt auch für die Netze, in denen nach einer Rechtsverordnung nach § 24 Satz 2 Nr. 5 vom Grundsatz der Kostenorientierung abgewichen wird. [4]Besondere Rechtsvorschriften über den Missbrauch der Marktstellung in solchen Netzen bleiben unberührt.

(2) [1]Die Regulierungsbehörde kann einen Betreiber von Energieversorgungsnetzen, der seine Stellung missbräuchlich ausnutzt, verpflichten, eine Zuwiderhandlung gegen Absatz 1 abzustellen. [2]Sie kann den Unternehmen alle Maßnahmen aufgeben, die erforderlich sind, um die Zuwiderhandlung wirksam abzustellen. [3]Sie kann insbesondere

1. Änderungen verlangen, soweit die gebildeten Entgelte oder deren Anwendung sowie die Anwendung der Bedingungen für den Anschluss an das Netz und die Gewährung des Netzzugangs von der genehmigten oder festgelegten Methode oder den hierfür bestehenden gesetzlichen Vorgaben abweichen, oder
2. in Fällen rechtswidrig verweigerten Netzanschlusses oder Netzzugangs den Netzanschluss oder Netzzugang anordnen.

§ 31 Besondere Missbrauchsverfahren der Regulierungsbehörde[1)]

(1) [1]Personen und Personenvereinigungen, deren Interessen durch das Verhalten eines Betreibers von Energieversorgungsnetzen erheblich berührt werden, können bei der Regulierungsbehörde einen Antrag auf Überprüfung dieses Verhaltens stellen. [2]Diese hat zu prüfen, inwieweit das Verhalten des Betreibers von Energieversorgungsnetzen mit den Vorgaben in den Bestimmungen der Abschnitte 2 und 3 oder der auf dieser Grundlage erlassenen Rechtsverordnun-

1) **Anm. d. Red.:** § 31 i. d. F. des Gesetzes v. 20. 12. 2012 (BGBl I S. 2730) mit Wirkung v. 28. 12. 2012.

gen sowie den nach § 29 Abs. 1 festgelegten oder genehmigten Bedingungen und Methoden übereinstimmt. [3]Soweit das Verhalten des Betreibers von Energieversorgungsnetzen nach § 23a genehmigt ist, hat die Regulierungsbehörde darüber hinaus zu prüfen, ob die Voraussetzungen für eine Aufhebung der Genehmigung vorliegen. [4]Interessen der Verbraucherzentralen und anderer Verbraucherverbände, die mit öffentlichen Mitteln gefördert werden, werden im Sinne des Satzes 1 auch dann erheblich berührt, wenn sich die Entscheidung auf eine Vielzahl von Verbrauchern auswirkt und dadurch die Interessen der Verbraucher insgesamt erheblich berührt werden.

(2) [1]Ein Antrag nach Absatz 1 bedarf neben dem Namen, der Anschrift und der Unterschrift des Antragstellers folgender Angaben:

1. Firma und Sitz des betroffenen Netzbetreibers,
2. das Verhalten des betroffenen Netzbetreibers, das überprüft werden soll,
3. die im Einzelnen anzuführenden Gründe, weshalb ernsthafte Zweifel an der Rechtmäßigkeit des Verhaltens des Netzbetreibers bestehen und
4. die im Einzelnen anzuführenden Gründe, weshalb der Antragsteller durch das Verhalten des Netzbetreibers betroffen ist.

[2]Sofern ein Antrag nicht die Voraussetzungen des Satzes 1 erfüllt, weist die Regulierungsbehörde den Antrag als unzulässig ab.

(3) [1]Die Regulierungsbehörde entscheidet innerhalb einer Frist von zwei Monaten nach Eingang des vollständigen Antrags. [2]Diese Frist kann um zwei Monate verlängert werden, wenn die Regulierungsbehörde zusätzliche Informationen anfordert. [3]Mit Zustimmung des Antragstellers ist eine weitere Verlängerung dieser Frist möglich. [4]Betrifft ein Antrag nach Satz 1 die Entgelte für den Anschluss größerer neuer Erzeugungsanlagen oder Anlagen zur Speicherung elektrischer Energie sowie Speicheranlagen, so kann die Regulierungsbehörde die Fristen nach den Sätzen 1 und 2 verlängern.

(4) [1]Soweit ein Verfahren nicht mit einer den Beteiligten zugestellten Entscheidung nach § 73 Abs. 1 abgeschlossen wird, ist seine Beendigung den Beteiligten schriftlich oder elektronisch mitzuteilen. [2]Die Regulierungsbehörde kann die Kosten einer Beweiserhebung den Beteiligten nach billigem Ermessen auferlegen.

§ 32 Unterlassungsanspruch, Schadensersatzpflicht

(1) [1]Wer gegen eine Vorschrift der Abschnitte 2 und 3, eine auf Grund der Vorschriften dieser Abschnitte erlassene Rechtsverordnung oder eine auf Grundlage dieser Vorschriften ergangene Entscheidung der Regulierungsbehörde verstößt, ist dem Betroffenen zur Beseitigung einer Beeinträchtigung und bei Wiederholungsgefahr zur Unterlassung verpflichtet. [2]Der Anspruch besteht bereits dann, wenn eine Zuwiderhandlung droht. [3]Die Vorschriften der Abschnitte 2 und 3 dienen auch dann dem Schutz anderer Marktbeteiligter, wenn sich der Verstoß nicht gezielt gegen diese richtet. [4]Ein Anspruch ist nicht deswegen ausgeschlossen, weil der andere Marktbeteiligte an dem Verstoß mitgewirkt hat.

(2) Die Ansprüche aus Absatz 1 können auch von rechtsfähigen Verbänden zur Förderung gewerblicher oder selbständiger beruflicher Interessen geltend gemacht werden, soweit ihnen eine erhebliche Zahl von Unternehmen angehört, die Waren oder Dienstleistungen gleicher oder verwandter Art auf demselben Markt vertreiben, soweit sie insbesondere nach ihrer personellen, sachlichen und finanziellen Ausstattung imstande sind, ihre satzungsmäßigen Aufgaben der Verfolgung gewerblicher oder selbständiger beruflicher Interessen tatsächlich wahrzunehmen und soweit die Zuwiderhandlung die Interessen ihrer Mitglieder berührt.

(3) [1]Wer einen Verstoß nach Absatz 1 vorsätzlich oder fahrlässig begeht, ist zum Ersatz des daraus entstehenden Schadens verpflichtet. [2]Geldschulden nach Satz 1 hat das Unternehmen ab Eintritt des Schadens zu verzinsen. [3]Die §§ 288 und 289 Satz 1 des Bürgerlichen Gesetzbuchs finden entsprechende Anwendung.

(4) [1]Wird wegen eines Verstoßes gegen eine Vorschrift der Abschnitte 2 und 3 Schadensersatz begehrt, ist das Gericht insoweit an die Feststellung des Verstoßes gebunden, wie sie in einer bestandskräftigen Entscheidung der Regulierungsbehörde getroffen wurde. [2]Das Gleiche gilt für entsprechende Feststellungen in rechtskräftigen Gerichtsentscheidungen, die infolge der Anfechtung von Entscheidungen nach Satz 1 ergangen sind.

(5) [1]Die Verjährung eines Schadensersatzanspruchs nach Absatz 3 wird gehemmt, wenn die Regulierungsbehörde wegen eines Verstoßes im Sinne des Absatzes 1 ein Verfahren einleitet. [2]§ 204 Abs. 2 des Bürgerlichen Gesetzbuchs gilt entsprechend.

§ 33 Vorteilsabschöpfung durch die Regulierungsbehörde[1)]

(1) Hat ein Unternehmen vorsätzlich oder fahrlässig gegen eine Vorschrift der Abschnitte 2 und 3, eine auf Grund der Vorschriften dieser Abschnitte erlassene Rechtsverordnung oder eine auf Grundlage dieser Vorschriften ergangene Entscheidung der Regulierungsbehörde verstoßen und dadurch einen wirtschaftlichen Vorteil erlangt, kann die Regulierungsbehörde die Abschöpfung des wirtschaftlichen Vorteils anordnen und dem Unternehmen die Zahlung des entsprechenden Geldbetrags auferlegen.

(2) [1]Absatz 1 gilt nicht, sofern der wirtschaftliche Vorteil durch Schadensersatzleistungen oder durch die Verhängung der Geldbuße oder die Anordnung der Einziehung von Taterträgen abgeschöpft ist. [2]Soweit das Unternehmen Leistungen nach Satz 1 erst nach der Vorteilsabschöpfung erbringt, ist der abgeführte Geldbetrag in Höhe der nachgewiesenen Zahlungen an das Unternehmen zurückzuerstatten.

(3) [1]Wäre die Durchführung der Vorteilsabschöpfung eine unbillige Härte, soll die Anordnung auf einen angemessenen Geldbetrag beschränkt werden oder ganz unterbleiben. [2]Sie soll auch unterbleiben, wenn der wirtschaftliche Vorteil gering ist.

(4) [1]Die Höhe des wirtschaftlichen Vorteils kann geschätzt werden. [2]Der abzuführende Geldbetrag ist zahlenmäßig zu bestimmen.

(5) Die Vorteilsabschöpfung kann nur innerhalb einer Frist von bis zu fünf Jahren seit Beendigung der Zuwiderhandlung und längstens für einen Zeitraum von fünf Jahren angeordnet werden.

(6) Die Absätze 1 bis 5 gelten entsprechend für Verstöße gegen die Artikel 3 und 5 der Verordnung (EU) Nr. 1227/2011 oder gegen eine auf Grundlage dieser Vorschriften ergangene Entscheidung der Bundesnetzagentur.

§ 34 (weggefallen)

§ 35 Monitoring und ergänzende Informationen[2)]

(1) Die Regulierungsbehörde führt zur Wahrnehmung ihrer Aufgaben nach diesem Gesetz, insbesondere zur Herstellung von Markttransparenz, ein Monitoring durch über

1. die Regeln für das Management und die Zuweisung von Verbindungskapazitäten; dies erfolgt in Abstimmung mit der Regulierungsbehörde oder den Regulierungsbehörden der Mitgliedstaaten, mit denen ein Verbund besteht;
2. die Mechanismen zur Behebung von Kapazitätsengpässen im nationalen Elektrizitäts- und Gasversorgungsnetz und bei den Verbindungsleitungen;
3. die Zeit, die von Betreibern von Übertragungs-, Fernleitungs- und Verteilernetzen für die Herstellung von Anschlüssen und Reparaturen benötigt wird;
4. die Veröffentlichung angemessener Informationen über Verbindungsleitungen, Netznutzung und Kapazitätszuweisung für interessierte Parteien durch die Betreiber von Übertra-

1) **Anm. d. Red.:** § 33 i. d. F. des Gesetzes v. 13. 4. 2017 (BGBl I S. 872) mit Wirkung v. 1. 7. 2017.

2) **Anm. d. Red.:** § 35 i. d. F. des Gesetzes v. 17.12.2018 (BGBl I S. 2549) mit Wirkung v. 21.12.2018.

gungs-, Fernleitungs- und Verteilernetzen unter Berücksichtigung der Notwendigkeit, nicht statistisch aufbereitete Einzeldaten als Geschäftsgeheimnisse zu behandeln;

5. die technische Zusammenarbeit zwischen Betreibern von Übertragungsnetzen innerhalb und außerhalb der Europäischen Gemeinschaft;
6. die Bedingungen und Tarife für den Anschluss neuer Elektrizitätserzeuger unter besonderer Berücksichtigung der Kosten und der Vorteile der verschiedenen Technologien zur Elektrizitätserzeugung aus erneuerbaren Energien, der dezentralen Erzeugung und der Kraft-Wärme-Kopplung;
7. die Bedingungen für den Zugang zu Speicheranlagen nach den §§ 26 und 28 und insbesondere über Veränderungen der Situation auf dem Speichermarkt, mit dem Ziel, dem Bundesministerium für Wirtschaft und Energie eine Überprüfung der Regelungen im Hinblick auf den Zugang zu Speicheranlagen zu ermöglichen, sowie die Netzzugangsbedingungen für Anlagen zur Erzeugung von Biogas und die Zahl der Biogas in das Erdgasnetz einspeisenden Anlagen, die eingespeiste Biogasmenge in Kilowattstunden und die nach § 20b der Gasnetzentgeltverordnung bundesweit umgelegten Kosten;
8. den Umfang, in dem die Betreiber von Übertragungs-, Fernleitungs- und Verteilernetzen ihren Aufgaben nach den §§ 11 bis 16a nachkommen;
9. die Erfüllung der Verpflichtungen nach § 42;
10. Preise für Haushaltskunden, einschließlich von Vorauszahlungssystemen, Lieferanten- und Produktwechsel, Unterbrechung der Versorgung gemäß § 19 der Stromgrundversorgungsverordnung oder der Gasgrundversorgungsverordnung, Beschwerden von Haushaltskunden, die Wirksamkeit und die Durchsetzung von Maßnahmen zum Verbraucherschutz im Bereich Elektrizität oder Gas, Wartungsdienste am Hausanschluss oder an Messeinrichtungen sowie die Dienstleistungsqualität der Netze;
11. den Bestand und die geplanten Stilllegungen von Erzeugungskapazitäten, die Möglichkeit und die vorhandenen Kapazitäten für einen Brennstoffwechsel zur Absicherung der Leistung der Erzeugungskapazitäten, die Investitionen in die Erzeugungskapazitäten mit Blick auf die Versorgungssicherheit sowie den Bestand, die bereitgestellte Leistung, die gelieferte Strommenge sowie den voraussichtlichen Zeitpunkt der Außerbetriebnahme von Speichern mit einer Nennleistung von mehr als 10 Megawatt;
12. den Grad der Transparenz, auch der Großhandelspreise, sowie den Grad und die Wirksamkeit der Marktöffnung und den Umfang des Wettbewerbs auf Großhandels- und Endkundenebene sowie an Elektrizitäts- und Erdgasbörsen, soweit diese Aufgabe nicht durch Gesetz einer anderen Stelle übertragen wurde,
13. die Entwicklung der Ausschreibungen abschaltbarer Lasten durch die Betreiber von Übertragungsnetzen nach § 13 Absatz 6 Satz 1, insbesondere soweit die Bundesregierung mit Zustimmung des Bundestages eine entsprechende Rechtsverordnung nach § 13i Absatz 1 und 2 erlassen hat.

(1a) Die Regulierungsbehörde kann für die Erstellung des Berichts nach § 63 Absatz 3a sowie zur Überwachung von Verpflichtungen nach § 13, insbesondere ob eine Abweichung nach § 13 Absatz 3 vorliegt, von den Betreibern von Erzeugungsanlagen und von Anlagen zur Speicherung elektrischer Energie ergänzende Informationen erheben, insbesondere

1. Betriebskenndaten der Anlagen sowie
2. Daten zur Bereitstellung von elektrischer Leistung auf Grund sonstiger Verdienstmöglichkeiten.

(2) Zur Durchführung des Monitoring und zur Erhebung der ergänzenden Informationen gelten die Befugnisse nach § 69 entsprechend.

Teil 4: Energielieferung an Letztverbraucher

§ 36 Grundversorgungspflicht[1)]

(1) [1]Energieversorgungsunternehmen haben für Netzgebiete, in denen sie die Grundversorgung von Haushaltskunden durchführen, Allgemeine Bedingungen und Allgemeine Preise für die Versorgung in Niederspannung oder Niederdruck öffentlich bekannt zu geben und im Internet zu veröffentlichen und zu diesen Bedingungen und Preisen jeden Haushaltskunden zu versorgen. [2]Die Pflicht zur Grundversorgung besteht nicht, wenn die Versorgung für das Energieversorgungsunternehmen aus wirtschaftlichen Gründen nicht zumutbar ist.

(2) [1]Grundversorger nach Absatz 1 ist jeweils das Energieversorgungsunternehmen, das die meisten Haushaltskunden in einem Netzgebiet der allgemeinen Versorgung beliefert. [2]Betreiber von Energieversorgungsnetzen der allgemeinen Versorgung nach § 18 Abs. 1 sind verpflichtet, alle drei Jahre jeweils zum 1. Juli, erstmals zum 1. Juli 2006, nach Maßgabe des Satzes 1 den Grundversorger für die nächsten drei Kalenderjahre festzustellen sowie dies bis zum 30. September des Jahres im Internet zu veröffentlichen und der nach Landesrecht zuständigen Behörde schriftlich mitzuteilen. [3]Die nach Landesrecht zuständige Behörde kann die zur Sicherstellung einer ordnungsgemäßen Durchführung des Verfahrens nach den Sätzen 1 und 2 erforderlichen Maßnahmen treffen. [4]Über Einwände gegen das Ergebnis der Feststellungen nach Satz 2, die bis zum 31. Oktober des jeweiligen Jahres bei der nach Landesrecht zuständigen Behörde einzulegen sind, entscheidet diese nach Maßgabe der Sätze 1 und 2. [5]Stellt der Grundversorger nach Satz 1 seine Geschäftstätigkeit ein, so gelten die Sätze 2 und 3 entsprechend.

(3) Im Falle eines Wechsels des Grundversorgers infolge einer Feststellung nach Absatz 2 gelten die von Haushaltskunden mit dem bisherigen Grundversorger auf der Grundlage des Absatzes 1 geschlossenen Energielieferverträge zu den im Zeitpunkt des Wechsels geltenden Bedingungen und Preisen fort.

(4) Die Absätze 1 bis 3 gelten nicht für geschlossene Verteilernetze.

§ 37 Ausnahmen von der Grundversorgungspflicht[2)]

(1) [1]Wer zur Deckung des Eigenbedarfs eine Anlage zur Erzeugung von Energie betreibt oder sich von einem Dritten versorgen lässt, hat keinen Anspruch auf eine Grundversorgung zu dem Allgemeinen Preis nach § 36 Absatz 1 Satz 1. [2]Er kann aber eine Grundversorgung durch eine Zusatz- und Reserveversorgung in dem Umfang und zu den Bedingungen verlangen, die für den Grundversorger wirtschaftlich zumutbar sind. [3]Satz 1 gilt nicht für Eigenanlagen, die ausschließlich der Sicherstellung des Energiebedarfs bei Aussetzen der öffentlichen Energieversorgung dienen, wenn sie außerhalb ihrer eigentlichen Bestimmung nicht mehr als 15 Stunden monatlich zur Erprobung betrieben werden.

(2) [1]Reserveversorgung ist für den Grundversorger im Sinne des Absatzes 1 Satz 2 nur zumutbar, wenn sie den laufend durch Eigenanlagen gedeckten Bedarf für den gesamten Haushalt umfasst und ein fester, von der jeweils gebrauchten Energiemenge unabhängiger angemessener Leistungspreis mindestens für die Dauer eines Jahres bezahlt wird. [2]Hierbei ist von der Möglichkeit gleichzeitiger Inbetriebnahme sämtlicher an das Leitungsnetz im Grundversorgungsgebiet nach § 36 Absatz 1 Satz 1 angeschlossener Reserveanschlüsse auszugehen und der normale, im gesamten Niederspannungs- oder Niederdruckleitungsnetz des Grundversorgungsgebietes vorhandene Ausgleich der Einzelbelastungen zugrunde zu legen.

(3) [1]Das Bundesministerium für Wirtschaft und Energie kann durch Rechtsverordnung mit Zustimmung des Bundesrates regeln, in welchem Umfang und zu welchen Bedingungen eine Grundversorgung nach Absatz 1 Satz 2 wirtschaftlich zumutbar ist. [2]Dabei sind die Interessen der Energieversorgungsunternehmen und der Haushaltskunden unter Beachtung des Zwecks des § 1 angemessen zu berücksichtigen.

---

1) **Anm. d. Red.:** § 36 i. d. F. des Gesetzes v. 26. 7. 2011 (BGBl I S. 1554) mit Wirkung v. 4. 8. 2011.

2) **Anm. d. Red.:** § 37 i. d. F. des Gesetzes v. 26. 7. 2016 (BGBl I S. 1786) mit Wirkung v. 30. 7. 2016.

§ 38 Ersatzversorgung mit Energie

(1) [1]Sofern Letztverbraucher über das Energieversorgungsnetz der allgemeinen Versorgung in Niederspannung oder Niederdruck Energie beziehen, ohne dass dieser Bezug einer Lieferung oder einem bestimmten Liefervertrag zugeordnet werden kann, gilt die Energie als von dem Unternehmen geliefert, das nach § 36 Abs. 1 berechtigt und verpflichtet ist. [2]Die Bestimmungen dieses Teils gelten für dieses Rechtsverhältnis mit der Maßgabe, dass der Grundversorger berechtigt ist, für diese Energielieferung gesonderte Allgemeine Preise zu veröffentlichen und für die Energielieferung in Rechnung zu stellen. [3]Für Haushaltskunden dürfen die Preise die nach § 36 Abs. 1 Satz 1 nicht übersteigen.

(2) [1]Das Rechtsverhältnis nach Absatz 1 endet, wenn die Energielieferung auf der Grundlage eines Energieliefervertrages des Kunden erfolgt, spätestens aber drei Monate nach Beginn der Ersatzenergieversorgung. [2]Das Energieversorgungsunternehmen kann den Energieverbrauch, der auf die nach Absatz 1 bezogenen Energiemengen entfällt, auf Grund einer rechnerischen Abgrenzung schätzen und den ermittelten anteiligen Verbrauch in Rechnung stellen.

§ 39 Allgemeine Preise und Versorgungsbedingungen[1)]

(1) [1]Das Bundesministerium für Wirtschaft und Energie kann im Einvernehmen mit dem Bundesministerium für Justiz und für Verbraucherschutz durch Rechtsverordnung mit Zustimmung des Bundesrates die Gestaltung der Allgemeinen Preise nach § 36 Abs. 1 und § 38 Abs. 1 des Grundversorgers unter Berücksichtigung des § 1 Abs. 1 regeln. [2]Es kann dabei Bestimmungen über Inhalt und Aufbau der Allgemeinen Preise treffen sowie die tariflichen Rechte und Pflichten der Elektrizitätsversorgungsunternehmen und ihrer Kunden regeln.

(2) [1]Das Bundesministerium für Wirtschaft und Energie kann im Einvernehmen mit dem Bundesministerium für Justiz und für Verbraucherschutz durch Rechtsverordnung mit Zustimmung des Bundesrates die allgemeinen Bedingungen für die Belieferung von Haushaltskunden in Niederspannung oder Niederdruck mit Energie im Rahmen der Grund- oder Ersatzversorgung angemessen gestalten und dabei die Bestimmungen der Verträge einheitlich festsetzen und Regelungen über den Vertragsabschluss, den Gegenstand und die Beendigung der Verträge treffen sowie Rechte und Pflichten der Vertragspartner festlegen. [2]Hierbei sind die beiderseitigen Interessen angemessen zu berücksichtigen. [3]Die Sätze 1 und 2 gelten entsprechend für Bedingungen öffentlich-rechtlich gestalteter Versorgungsverhältnisse mit Ausnahme der Regelung des Verwaltungsverfahrens.

EnWG

§ 40 Strom- und Gasrechnungen, Tarife[2)]

(1) [1]Rechnungen für Energielieferungen an Letztverbraucher müssen einfach und verständlich sein. [2]Die für Forderungen maßgeblichen Berechnungsfaktoren sind vollständig und in allgemein verständlicher Form auszuweisen.

(2) [1]Lieferanten sind verpflichtet, in ihren Rechnungen für Energielieferungen an Letztverbraucher

1. ihren Namen, ihre ladungsfähige Anschrift und das zuständige Registergericht sowie Angaben, die eine schnelle elektronische Kontaktaufnahme ermöglichen, einschließlich der Adresse der elektronischen Post,
2. die Vertragsdauer, die geltenden Preise, den nächstmöglichen Kündigungstermin und die Kündigungsfrist,
3. den zuständigen Messstellenbetreiber sowie und die Codenummer des Netzbetreibers,
4. den ermittelten Verbrauch im Abrechnungszeitraum und bei Haushaltskunden Anfangszählerstand und den Endzählerstand des abgerechneten Zeitraums,

1) **Anm. d. Red.:** § 39 i. d. F. der VO v. 31. 8. 2015 (BGBl I S. 1474) mit Wirkung v. 8. 9. 2015.

2) **Anm. d. Red.:** § 40 i. d. F. des Gesetzes v. 29. 8. 2016 (BGBl I S. 2034) mit Wirkung v. 2. 9. 2016.

5. den Verbrauch des vergleichbaren Vorjahreszeitraums,
6. bei Haushaltskunden unter Verwendung von Grafiken darzustellen, wie sich der eigene Jahresverbrauch zu dem Jahresverbrauch von Vergleichskundengruppen verhält,
7. die Belastungen aus der Konzessionsabgabe und aus den Netzentgelten für Letztverbraucher und gegebenenfalls darin enthaltene Entgelte für den Messstellenbetrieb und die Messung beim jeweiligen Letztverbraucher sowie
8. Informationen über die Rechte der Haushaltskunden im Hinblick auf Streitbeilegungsverfahren, die ihnen im Streitfall zur Verfügung stehen, einschließlich der für Verbraucherbeschwerden nach § 111b einzurichtenden Schlichtungsstelle und deren Anschrift sowie die Kontaktdaten des Verbraucherservice der Bundesnetzagentur für den Bereich Elektrizität und Gas

gesondert auszuweisen. [2]Wenn der Lieferant den Letztverbraucher im Vorjahreszeitraum nicht beliefert hat, ist der vormalige Lieferant verpflichtet, den Verbrauch des vergleichbaren Vorjahreszeitraums dem neuen Lieferanten mitzuteilen. [3]Soweit der Lieferant aus Gründen, die er nicht zu vertreten hat, den Verbrauch nicht ermitteln kann, ist der geschätzte Verbrauch anzugeben.

(3) [1]Lieferanten sind verpflichtet, den Energieverbrauch nach ihrer Wahl monatlich oder in anderen Zeitabschnitten, die jedoch zwölf Monate nicht wesentlich überschreiten dürfen, abzurechnen. [2]Lieferanten sind verpflichtet, Letztverbrauchern eine monatliche, vierteljährliche oder halbjährliche Abrechnung anzubieten. [3]Letztverbraucher, deren Verbrauchswerte über ein intelligentes Messsystem im Sinne des Messstellenbetriebsgesetzes ausgelesen werden, ist eine monatliche Verbrauchsinformation, die auch die Kosten widerspiegelt, kostenfrei bereitzustellen.

(4) Lieferanten müssen sicherstellen, dass der Letztverbraucher die Abrechnung nach Absatz 3 spätestens sechs Wochen nach Beendigung des abzurechnenden Zeitraums und die Abschlussrechnung spätestens sechs Wochen nach Beendigung des Lieferverhältnisses erhält.

(5) [1]Lieferanten haben, soweit technisch machbar und wirtschaftlich zumutbar, für Letztverbraucher von Elektrizität einen Tarif anzubieten, der einen Anreiz zu Energieeinsparung oder Steuerung des Energieverbrauchs setzt. [2]Tarife im Sinne von Satz 1 sind insbesondere lastvariable oder tageszeitabhängige Tarife. [3]Lieferanten haben daneben für Haushaltskunden stets mindestens einen Tarif anzubieten, für den die Datenaufzeichnung und -übermittlung auf die Mitteilung der innerhalb eines bestimmten Zeitraums verbrauchten Gesamtstrommenge begrenzt bleibt.

(6) Lieferanten haben für Letztverbraucher die für Forderungen maßgeblichen Berechnungsfaktoren in Rechnungen unter Verwendung standardisierter Begriffe und Definitionen auszuweisen.

(7) Die Bundesnetzagentur kann für Rechnungen für Energielieferungen an Letztverbraucher Entscheidungen über den Mindestinhalt nach den Absätzen 1 bis 5 sowie Näheres zum standardisierten Format nach Absatz 6 durch Festlegung nach § 29 Absatz 1 gegenüber den Lieferanten treffen.

§ 41 Energielieferverträge mit Haushaltskunden, Verordnungsermächtigung[1)]

(1) [1]Verträge über die Belieferung von Haushaltskunden mit Energie außerhalb der Grundversorgung müssen einfach und verständlich sein. [2]Die Verträge müssen insbesondere Bestimmungen enthalten über

1. die Vertragsdauer, die Preisanpassung, Kündigungstermine und Kündigungsfristen sowie das Rücktrittsrecht des Kunden,
2. zu erbringende Leistungen einschließlich angebotener Wartungsdienste,
3. die Zahlungsweise,

1) **Anm. d. Red.:** § 41 i. d. F. des Gesetzes v. 19. 2. 2016 (BGBl I S. 254) mit Wirkung v. 1. 4. 2016.

4. Haftungs- und Entschädigungsregelungen bei Nichteinhaltung vertraglich vereinbarter Leistungen,
5. den unentgeltlichen und zügigen Lieferantenwechsel,
6. die Art und Weise, wie aktuelle Informationen über die geltenden Tarife und Wartungsentgelte erhältlich sind,
7. Informationen über die Rechte der Haushaltskunden im Hinblick auf Streitbeilegungsverfahren, die ihnen im Streitfall zur Verfügung stehen, einschließlich der für Verbraucherbeschwerden nach § 111b einzurichtenden Schlichtungsstelle mit deren Anschrift und Webseite, über die Verpflichtung des Lieferanten zur Teilnahme am Schlichtungsverfahren sowie über die Kontaktdaten des Verbraucherservice der Bundesnetzagentur für den Bereich Elektrizität und Gas.

[3]Die Informationspflichten gemäß Artikel 246 §§ 1 und 2 des Einführungsgesetzes zum Bürgerlichen Gesetzbuche bleiben unberührt.

(2) [1]Dem Haushaltskunden sind vor Vertragsschluss verschiedene Zahlungsmöglichkeiten anzubieten. [2]Wird eine Vorauszahlung vereinbart, muss sich diese nach dem Verbrauch des vorhergehenden Abrechnungszeitraums oder dem durchschnittlichen Verbrauch vergleichbarer Kunden richten. [3]Macht der Kunde glaubhaft, dass sein Verbrauch erheblich geringer ist, so ist dies angemessen zu berücksichtigen. [4]Eine Vorauszahlung wird nicht vor Beginn der Lieferung fällig.

(3) [1]Lieferanten haben Letztverbraucher rechtzeitig, in jedem Fall jedoch vor Ablauf der normalen Abrechnungsperiode und auf transparente und verständliche Weise über eine beabsichtigte Änderung der Vertragsbedingungen und über ihre Rücktrittsrechte zu unterrichten. [2]Ändert der Lieferant die Vertragsbedingungen einseitig, kann der Letztverbraucher den Vertrag ohne Einhaltung einer Kündigungsfrist kündigen.

(4) Energieversorgungsunternehmen sind verpflichtet, in oder als Anlage zu ihren Rechnungen an Haushaltskunden und in an diese gerichtetem Werbematerial sowie auf ihrer Website allgemeine Informationen zu den Bestimmungen nach Absatz 1 Satz 2 anzugeben.

(5) [1]Das Bundesministerium für Wirtschaft und Energie kann im Einvernehmen mit dem Bundesministerium für Justiz und für Verbraucherschutz durch Rechtsverordnung mit Zustimmung des Bundesrates nähere Regelungen für die Belieferung von Haushaltskunden mit Energie außerhalb der Grundversorgung treffen, die Bestimmungen der Verträge einheitlich festsetzen und insbesondere Regelungen über den Vertragsabschluss, den Gegenstand und die Beendigung der Verträge treffen sowie Rechte und Pflichten der Vertragspartner festlegen. [2]Hierbei sind die beiderseitigen Interessen angemessen zu berücksichtigen. [3]Die jeweils in Anhang I der Richtlinie 2009/72/EG und der Richtlinie 2009/73/EG vorgesehenen Maßnahmen sind zu beachten.

§ 42 Stromkennzeichnung, Transparenz der Stromrechnungen, Verordnungsermächtigung[1)]

(1) Elektrizitätsversorgungsunternehmen sind verpflichtet, in oder als Anlage zu ihren Rechnungen an Letztverbraucher und in an diese gerichtetem Werbematerial sowie auf ihrer Website für den Verkauf von Elektrizität anzugeben:

1. den Anteil der einzelnen Energieträger (Kernkraft, Kohle, Erdgas und sonstige fossile Energieträger, erneuerbare Energien, finanziert aus der EEG-Umlage, Mieterstrom, finanziert aus der EEG-Umlage, sonstige erneuerbare Energien) an dem Gesamtenergieträgermix, den der Lieferant im letzten oder vorletzten Jahr verwendet hat; spätestens ab 1. November eines Jahres sind jeweils die Werte des vorangegangenen Kalenderjahres anzugeben;

1) **Anm. d. Red.:** § 42 i. d. F. des Gesetzes v. 17.7.2017 (BGBl I S. 2532) mit Wirkung v. 25.7.2017.

2. Informationen über die Umweltauswirkungen zumindest in Bezug auf Kohlendioxidemissionen (CO_2-Emissionen) und radioaktiven Abfall, die auf den in Nummer 1 genannten Gesamtenergieträgermix zur Stromerzeugung zurückzuführen sind.

(2) Die Informationen zu Energieträgermix und Umweltauswirkungen sind mit den entsprechenden Durchschnittswerten der Stromerzeugung in Deutschland zu ergänzen und verbraucherfreundlich und in angemessener Größe in grafisch visualisierter Form darzustellen.

(3) [1]Sofern ein Elektrizitätsversorgungsunternehmen im Rahmen des Verkaufs an Letztverbraucher eine Produktdifferenzierung mit unterschiedlichem Energieträgermix vornimmt, gelten für diese Produkte sowie für den verbleibenden Energieträgermix die Absätze 1 und 2 entsprechend. [2]Die Verpflichtungen nach den Absätzen 1 und 2 bleiben davon unberührt.

(4) [1]Bei Strommengen, die nicht eindeutig erzeugungsseitig einem der in Absatz 1 Nummer 1 genannten Energieträger zugeordnet werden können, ist der ENTSO-E-Energieträgermix für Deutschland unter Abzug der nach Absatz 5 Nummer 1 und 2 auszuweisenden Anteile an Strom aus erneuerbaren Energien zu Grunde zu legen. [2]Soweit mit angemessenem Aufwand möglich, ist der ENTSO-E-Mix vor seiner Anwendung so weit zu bereinigen, dass auch sonstige Doppelzählungen von Strommengen vermieden werden. [3]Zudem ist die Zusammensetzung des nach Satz 1 und 2 berechneten Energieträgermixes aufgeschlüsselt nach den in Absatz 1 Nummer 1 genannten Kategorien zu benennen.

(5) [1]Eine Verwendung von Strom aus erneuerbaren Energien zum Zweck der Stromkennzeichnung nach Absatz 1 Nummer 1 und Absatz 3 liegt nur vor, wenn das Elektrizitätsversorgungsunternehmen

1. Herkunftsnachweise für Strom aus erneuerbaren Energien verwendet, die durch die zuständige Behörde nach § 79 Absatz 4 des Erneuerbare-Energien-Gesetzes entwertet wurden,
2. Strom, der aus der EEG-Umlage finanziert wird, unter Beachtung der Vorschriften des Erneuerbare-Energien-Gesetzes ausweist oder
3. Strom aus erneuerbaren Energien als Anteil des nach Absatz 4 berechneten Energieträgermixes nach Maßgabe des Absatz 4 ausweist.

[2]Elektrizitätsversorgungsunternehmen sind berechtigt, für den Anteil von Strom aus erneuerbaren Energien, finanziert aus der EEG-Umlage, unter Beachtung der Vorschriften des Erneuerbare-Energien-Gesetzes in der Stromkennzeichnung auszuweisen, in welchem Umfang dieser Stromanteil in regionalem Zusammenhang zum Stromverbrauch erzeugt worden ist, wenn Regionalnachweise durch die zuständige Behörde nach § 79a Absatz 4 des Erneuerbare-Energien-Gesetzes entwertet wurden.

(6) Erzeuger und Vorlieferanten von Strom haben im Rahmen ihrer Lieferbeziehungen den nach Absatz 1 Verpflichteten auf Anforderung die Daten so zur Verfügung zu stellen, dass diese ihren Informationspflichten genügen können.

(7) [1]Elektrizitätsversorgungsunternehmen sind verpflichtet, einmal jährlich zur Überprüfung der Richtigkeit der Stromkennzeichnung die nach den Absätzen 1 bis 4 gegenüber den Letztverbrauchern anzugebenden Daten sowie die der Stromkennzeichnung zugrunde liegenden Strommengen der Bundesnetzagentur zu melden. [2]Die Bundesnetzagentur übermittelt die Daten, soweit sie den Anteil an erneuerbaren Energien betreffen, an das Umweltbundesamt. [3]Die Bundesnetzagentur kann Vorgaben zum Format, Umfang und Meldezeitpunkt machen. [4]Stellt sie Formularvorlagen bereit, sind die Daten in dieser Form elektronisch zu übermitteln.

(8) [1]Die Bundesregierung wird ermächtigt, durch Rechtsverordnung, die nicht der Zustimmung des Bundesrates bedarf, Vorgaben zur Darstellung der Informationen nach den Absätzen 1 bis 4, insbesondere für eine bundesweit vergleichbare Darstellung, und zur Bestimmung des Energieträgermixes für Strom, der nicht eindeutig erzeugungsseitig zugeordnet werden kann, abweichend von Absatz 4 sowie die Methoden zur Erhebung und Weitergabe von Daten zur Bereitstellung der Informationen nach den Absätzen 1 bis 4 festzulegen. [2]Solange eine Rechtsverordnung nicht erlassen wurde, ist die Bundesnetzagentur berechtigt, die Vorgaben nach Satz 1 durch Festlegung nach § 29 Absatz 1 zu bestimmen.

§ 42a Mieterstromverträge[1)]

(1) Für die Belieferung von Letztverbrauchern mit Mieterstrom im Sinn von § 21 Absatz 3 des Erneuerbare-Energien-Gesetzes sind vorbehaltlich der Absätze 2 bis 4 die Vorschriften dieses Gesetzes anzuwenden.

(2) [1]Ein Vertrag über die Belieferung von Letztverbrauchern mit Mieterstrom (Mieterstromvertrag) darf nicht Bestandteil eines Vertrags über die Miete von Wohnräumen sein. [2]Bei einem Verstoß gegen dieses Verbot ist der Mieterstromvertrag nichtig. [3]Die §§ 814 und 817 Satz 2 des Bürgerlichen Gesetzbuchs sind nicht anzuwenden. [4]Sofern der Mieter dem Vermieter Wertersatz für den gelieferten Strom zu leisten hat, beträgt der Wert höchstens 75 Prozent des in dem jeweiligen Netzgebiet geltenden Grundversorgungstarifs, auf Basis des Grund- und Arbeitspreises, und nicht mehr als der im Mieterstromvertrag vereinbarte Preis. [5]Satz 1 gilt nicht

1. für Mietverhältnisse nach § 549 Absatz 2 Nummer 1 und 2 des Bürgerlichen Gesetzbuchs in der am 1. Juni 2015 gültigen Fassung,
2. für Mietverhältnisse, auf die die Ausnahmen des § 11 Absatz 1 Nummer 2 der Heizkostenverordnung in der Fassung der Bekanntmachung vom 5. Oktober 2009 (BGBl I S. 3250) Anwendung finden.

[6]Der Mieterstromvertrag muss die umfassende Versorgung des Letztverbrauchers mit Strom auch für die Zeiten vorsehen, in denen kein Mieterstrom geliefert werden kann. [7]Bei einer Beendigung des Vertrags über die Miete von Wohnräumen endet der Mieterstromvertrag, ohne dass es einer ausdrücklichen Kündigung bedarf, mit der Rückgabe der Wohnung.

(3) [1]Bei einem Mieterstromvertrag ist eine die andere Vertragspartei länger als ein Jahr bindende Laufzeit des Vertrags unwirksam. [2]Die stillschweigende Verlängerung des Vertragsverhältnisses um mehr als ein Jahr oder eine längere Kündigungsfrist als drei Monate vor Ablauf der zunächst vorgesehenen oder stillschweigend verlängerten Vertragsdauer sind unwirksam. [3]Eine Bestimmung, durch die das Kündigungsrecht während der Dauer des Mietverhältnisses ausgeschlossen oder beschränkt wird, ist unwirksam.

(4) [1]Der für den Mieterstrom und den zusätzlichen Strombezug nach Absatz 2 Satz 6 zu zahlende Preis darf 90 Prozent des in dem jeweiligen Netzgebiet geltenden Grundversorgungstarifs, auf Basis des Grund- und Arbeitspreises, nicht übersteigen. [2]Wird der Höchstpreis nach Satz 1 überschritten, erfolgt eine Herabsetzung auf den Preis, der diesem Höchstpreis entspricht.

Teil 5: Planfeststellung, Wegenutzung

§ 43 Erfordernis der Planfeststellung[2)]

[1]Die Errichtung und der Betrieb sowie die Änderung von

1. Hochspannungsfreileitungen, ausgenommen Bahnstromfernleitungen, mit einer Nennspannung von 110 Kilovolt oder mehr,
2. Gasversorgungsleitungen mit einem Durchmesser von mehr als 300 Millimeter,
3. Hochspannungsleitungen, die zur Netzanbindung von Windenergieanlagen auf See im Sinne des § 3 Nummer 49 des Erneuerbare-Energien-Gesetzes im Küstenmeer als Seekabel und landeinwärts als Freileitung oder Erdkabel bis zu dem technisch und wirtschaftlich günstigsten Verknüpfungspunkt des nächsten Übertragungs- oder Verteilernetzes verlegt werden sollen und
4. grenzüberschreitende Gleichstrom-Hochspannungsleitungen, die nicht unter Nummer 3 fallen und die im Küstenmeer als Seekabel verlegt werden sollen, sowie deren Fortführung

1) **Anm. d. Red.:** § 42a eingefügt gem. Gesetz v. 17.7.2017 (BGBl I S. 2532) mit Wirkung v. 25.7.2017.
2) **Anm. d. Red.:** § 43 i. d. F. des Gesetzes v. 13. 10. 2016 (BGBl I S. 2258) mit Wirkung v. 1. 1. 2017.

landeinwärts als Freileitung oder Erdkabel bis zu dem technisch und wirtschaftlich günstigsten Verknüpfungspunkt des nächsten Übertragungs- oder Verteilernetzes,

5. Hochspannungsleitungen nach § 2 Absatz 5 und 6 des Bundesbedarfsplangesetzes,

bedürfen der Planfeststellung durch die nach Landesrecht zuständige Behörde. [2]Leitungen nach § 2 Absatz 1 des Netzausbaubeschleunigungsgesetzes Übertragungsnetz bleiben unberührt. [3]Auf Antrag des Trägers des Vorhabens können die für den Betrieb von Energieleitungen notwendigen Anlagen, insbesondere die Umspannanlagen und Netzverknüpfungspunkte, in das Planfeststellungsverfahren integriert und durch Planfeststellung zugelassen werden. [4]Bei der Planfeststellung sind die von dem Vorhaben berührten öffentlichen und privaten Belange im Rahmen der Abwägung zu berücksichtigen. [5]Für Hochspannungsleitungen mit einer Nennspannung von 110 Kilovolt im Küstenbereich von Nord- und Ostsee, die in einem 20 Kilometer breiten Korridor, der längs der Küstenlinie landeinwärts verläuft, verlegt werden sollen, kann ergänzend zu Satz 1 Nr. 1 auch für die Errichtung und den Betrieb sowie die Änderung eines Erdkabels ein Planfeststellungsverfahren durchgeführt werden. [6]Küstenlinie ist die in der Seegrenzkarte Nr. 2920 „Deutsche Nordseeküste und angrenzende Gewässer“, Ausgabe 1994, XII., und in der Seegrenzkarte Nr. 2921 „Deutsche Ostseeküste und angrenzende Gewässer“, Ausgabe 1994, XII., des Bundesamtes für Seeschifffahrt und Hydrographie jeweils im Maßstab 1 : 375 000 dargestellte Küstenlinie. [7]Für das Planfeststellungsverfahren gelten die §§ 72 bis 78 des Verwaltungsverfahrensgesetzes nach Maßgabe dieses Gesetzes. [8]Auf Antrag des Trägers des Vorhabens können auch die Errichtung und der Betrieb sowie die Änderung eines Erdkabels mit einer Nennspannung von 110 Kilovolt, ausgenommen Bahnstromfernleitungen, sowie eines Erdkabels mit einer Nennspannung von 110 Kilovolt oder mehr zur Anbindung von Kraftwerken und Pumpspeicherkraftwerken an das Elektrizitätsversorgungsnetz planfestgestellt werden; dies gilt auch bei Abschnittsbildung, wenn die Erdverkabelung in unmittelbarem Zusammenhang mit dem beantragten Abschnitt einer Freileitung steht. [9]Die Maßgaben gelten entsprechend, soweit das Verfahren landesrechtlich durch ein Verwaltungsverfahrensgesetz geregelt ist.

§ 43a Anhörungsverfahren[1)]

Für das Anhörungsverfahren gilt § 73 des Verwaltungsverfahrensgesetzes mit folgenden Maßgaben:

1. Der Plan ist gemäß § 73 Absatz 2 des Verwaltungsverfahrensgesetzes innerhalb von zwei Wochen nach Zugang auszulegen.
2. [1]Ein Erörterungstermin findet nicht statt, wenn
   a) Einwendungen gegen das Vorhaben nicht oder nicht rechtzeitig erhoben worden sind,
   b) die rechtzeitig erhobenen Einwendungen zurückgenommen worden sind,
   c) ausschließlich Einwendungen erhoben worden sind, die auf privatrechtlichen Titeln beruhen, oder
   d) alle Einwender auf einen Erörterungstermin verzichten.

   [2]Findet keine Erörterung statt, so hat die Anhörungsbehörde ihre Stellungnahme innerhalb von sechs Wochen nach Ablauf der Einwendungsfrist abzugeben und sie der Planfeststellungsbehörde zusammen mit den sonstigen in § 73 Absatz 9 des Verwaltungsverfahrensgesetzes aufgeführten Unterlagen zuzuleiten.
3. Soll ein ausgelegter Plan geändert werden, so kann im Regelfall von der Erörterung im Sinne des § 73 Absatz 6 des Verwaltungsverfahrensgesetzes und des § 18 Absatz 1 Satz 4 des Gesetzes über die Umweltverträglichkeitsprüfung abgesehen werden.

1) **Anm. d. Red.:** § 43a i. d. F. des Gesetzes v. 20.7.2017 (BGBl I S. 2808, ber. 2018 I S. 472) mit Wirkung v. 29.7.2017.

§ 43b Planfeststellungsbeschluss, Plangenehmigung[1)]

Für Planfeststellungsbeschluss und Plangenehmigung gelten die §§ 73 und 74 des Verwaltungsverfahrensgesetzes mit folgenden Maßgaben:

1. Bei Planfeststellungen für Vorhaben im Sinne des § 43 Satz 1 wird
   a) für ein bis zum 31. Dezember 2010 beantragtes Vorhaben für die Errichtung und den Betrieb sowie die Änderung von Hochspannungsfreileitungen oder Gasversorgungsleitungen, das der im Hinblick auf die Gewährleistung der Versorgungssicherheit dringlichen Verhinderung oder Beseitigung längerfristiger Übertragungs-, Transport- oder Verteilungsengpässe dient,
   b) für ein Vorhaben, das in der Anlage zum Energieleitungsausbaugesetz vom 21. August 2009 (BGBl I S. 2870) in der jeweils geltenden Fassung aufgeführt ist,

   die Öffentlichkeit einschließlich der Vereinigungen im Sinne von § 73 Absatz 4 Satz 5 des Verwaltungsverfahrensgesetzes ausschließlich entsprechend § 18 Absatz 2 des Gesetzes über die Umweltverträglichkeitsprüfung mit der Maßgabe einbezogen, dass die Gelegenheit zur Äußerung einschließlich Einwendungen und Stellungnahmen innerhalb eines Monats nach der Einreichung des vollständigen Plans für eine Frist von sechs Wochen zu gewähren ist.
2. Verfahren zur Planfeststellung oder Plangenehmigung bei Vorhaben, deren Auswirkungen über das Gebiet eines Landes hinausgehen, sind zwischen den zuständigen Behörden der beteiligten Länder abzustimmen.

§ 43c Rechtswirkungen der Planfeststellung und Plangenehmigung[2)]

Für die Rechtswirkungen der Planfeststellung und Plangenehmigung gilt § 75 des Verwaltungsverfahrensgesetzes mit folgenden Maßgaben:

1. Wird mit der Durchführung des Plans nicht innerhalb von zehn Jahren nach Eintritt der Unanfechtbarkeit begonnen, so tritt er außer Kraft, es sei denn, er wird vorher auf Antrag des Trägers des Vorhabens von der Planfeststellungsbehörde um höchstens fünf Jahre verlängert.
2. Vor der Entscheidung nach Nummer 1 ist eine auf den Antrag begrenzte Anhörung nach den für die Planfeststellung oder für die Plangenehmigung vorgeschriebenen Verfahren durchzuführen.
3. Für die Zustellung und Auslegung sowie die Anfechtung der Entscheidung über die Verlängerung sind die Bestimmungen über den Planfeststellungsbeschluss entsprechend anzuwenden.
4. (weggefallen)

EnWG

§ 43d Planänderung vor Fertigstellung des Vorhabens[3)]

[1]Für die Planergänzung und das ergänzende Verfahren im Sinne des § 75 Abs. 1a Satz 2 des Verwaltungsverfahrensgesetzes und für die Planänderung vor Fertigstellung des Vorhabens gilt § 76 des Verwaltungsverfahrensgesetzes mit der Maßgabe, dass im Falle des § 76 Abs. 1 des Verwaltungsverfahrensgesetzes von einer Erörterung im Sinne des § 73 Abs. 6 des Verwaltungsverfahrensgesetzes und des § 18 Absatz 1 Satz 4 des Gesetzes über die Umweltverträglichkeitsprüfung abgesehen werden kann. [2]Im Übrigen gelten für das neue Verfahren die Vorschriften dieses Gesetzes.

---

1) **Anm. d. Red.:** § 43b i. d. F. des Gesetzes v. 20.7.2017 (BGBl I S. 2808) mit Wirkung v. 29.7.2017.

2) **Anm. d. Red.:** § 43c i. d. F. des Gesetzes v. 31. 5. 2013 (BGBl I S. 1388) mit Wirkung v. 1. 6. 2015.

3) **Anm. d. Red.:** § 43d i. d. F. des Gesetzes v. 20.7.2017 (BGBl I S. 2808, ber. 2018 I S. 472) mit Wirkung v. 29.7.2017.

§ 43e Rechtsbehelfe[1)]

(1) [1]Die Anfechtungsklage gegen einen Planfeststellungsbeschluss oder eine Plangenehmigung hat keine aufschiebende Wirkung. [2]Der Antrag auf Anordnung der aufschiebenden Wirkung der Anfechtungsklage gegen einen Planfeststellungsbeschluss oder eine Plangenehmigung nach § 80 Abs. 5 Satz 1 der Verwaltungsgerichtsordnung kann nur innerhalb eines Monats nach der Zustellung des Planfeststellungsbeschlusses oder der Plangenehmigung gestellt und begründet werden. [3]Darauf ist in der Rechtsbehelfsbelehrung hinzuweisen. [4]§ 58 der Verwaltungsgerichtsordnung gilt entsprechend.

(2) [1]Treten später Tatsachen ein, die die Anordnung der aufschiebenden Wirkung rechtfertigen, so kann der durch den Planfeststellungsbeschluss oder die Plangenehmigung Beschwerte einen hierauf gestützten Antrag nach § 80 Abs. 5 Satz 1 der Verwaltungsgerichtsordnung innerhalb einer Frist von einem Monat stellen und begründen. [2]Die Frist beginnt mit dem Zeitpunkt, in dem der Beschwerte von den Tatsachen Kenntnis erlangt.

(3) [1]Der Kläger hat innerhalb einer Frist von sechs Wochen die zur Begründung seiner Klage dienenden Tatsachen und Beweismittel anzugeben. [2]§ 87b Abs. 3 der Verwaltungsgerichtsordnung gilt entsprechend.

(4) (weggefallen)

§ 43f Unwesentliche Änderungen[2)]

[1]Unwesentliche Änderungen oder Erweiterungen können anstelle des Planfeststellungsverfahrens durch ein Anzeigeverfahren zugelassen werden. [2]Eine Änderung oder Erweiterung ist nur dann unwesentlich, wenn

1. es sich nicht um eine Änderung oder Erweiterung handelt, für die nach dem Gesetz über die Umweltverträglichkeitsprüfung eine Umweltverträglichkeitsprüfung durchzuführen ist,
2. andere öffentliche Belange nicht berührt sind oder die erforderlichen behördlichen Entscheidungen vorliegen und sie dem Plan nicht entgegenstehen und
3. Rechte anderer nicht beeinträchtigt werden oder mit den vom Plan Betroffenen entsprechende Vereinbarungen getroffen werden.

[3]Der Vorhabenträger zeigt gegenüber der nach Landesrecht zuständigen Behörde die von ihm geplante Maßnahme an. [4]Der Anzeige sind in ausreichender Weise Erläuterungen beizufügen, aus denen sich ergibt, dass die geplante Änderung unwesentlich ist. [5]Insbesondere bedarf es einer Darstellung zu den zu erwartenden Umweltauswirkungen. [6]Die nach Landesrecht zuständige Behörde entscheidet innerhalb eines Monats, ob anstelle der Anzeige ein Plangenehmigungs- oder Planfeststellungsverfahren durchzuführen ist oder die Maßnahme von einem förmlichen Verfahren freigestellt ist. [7]Die Entscheidung ist dem Vorhabenträger bekannt zu machen.

§ 43g Projektmanager[3)]

[1]Die nach Landesrecht zuständige Behörde kann einen Dritten mit der Vorbereitung und Durchführung von Verfahrensschritten wie

1. der Erstellung von Verfahrensleitplänen unter Bestimmung von Verfahrensabschnitten und Zwischenterminen,
2. der Fristenkontrolle,
3. der Koordinierung von erforderlichen Sachverständigengutachten,
4. dem Entwurf eines Anhörungsberichtes,
5. der ersten Auswertung der eingereichten Stellungnahmen,

---

1) **Anm. d. Red.:** § 43e i. d. F. des Gesetzes v. 31. 5. 2013 (BGBl I S. 1388) mit Wirkung v. 1. 6. 2015.

2) **Anm. d. Red.:** § 43f eingefügt gem. Gesetz v. 28. 7. 2011 (BGBl I S. 1690) mit Wirkung v. 5. 8. 2011.

3) **Anm. d. Red.:** § 43g eingefügt gem. Gesetz v. 28. 7. 2011 (BGBl I S. 1690) mit Wirkung v. 5. 8. 2011.

6. der organisatorischen Vorbereitung eines Erörterungstermins und
7. der Leitung des Erörterungstermins

auf Vorschlag oder mit Zustimmung des Trägers des Vorhabens und auf dessen Kosten beauftragen. [2]Die Entscheidung über den Planfeststellungsantrag liegt allein bei der zuständigen Behörde.

§ 43h Ausbau des Hochspannungsnetzes[1)]

Hochspannungsleitungen auf neuen Trassen mit einer Nennspannung von 110 Kilovolt oder weniger sind als Erdkabel auszuführen, soweit die Gesamtkosten für Errichtung und Betrieb des Erdkabels die Gesamtkosten der technisch vergleichbaren Freileitung den Faktor 2,75 nicht überschreiten und naturschutzfachliche Belange nicht entgegenstehen; die für die Zulassung des Vorhabens zuständige Behörde kann auf Antrag des Vorhabenträgers die Errichtung als Freileitung zulassen, wenn öffentliche Interessen nicht entgegenstehen.

§ 43i Überwachung[2)]

(1) [1]Die für die Zulassung des Vorhabens zuständige Behörde hat durch geeignete Überwachungsmaßnahmen sicherzustellen, dass das Vorhaben im Einklang mit den umweltbezogenen Bestimmungen des Planfeststellungsbeschlusses oder der Plangenehmigung durchgeführt wird; dies gilt insbesondere für Bestimmungen zu umweltbezogenen Merkmalen des Vorhabens, dem Standort des Vorhabens, für Maßnahmen, mit denen erhebliche nachteilige Umweltauswirkungen ausgeschlossen, vermindert oder ausgeglichen werden sollen, sowie für Ersatzmaßnahmen bei Eingriffen in Natur und Landschaft. [2]Die Überwachung nach diesem Absatz kann dem Vorhabenträger aufgegeben werden. [3]Bereits bestehende Überwachungsmechanismen, Daten und Informationsquellen können für die Überwachungsmaßnahmen genutzt werden.

(2) Die für die Zulassung des Vorhabens zuständige Behörde kann die erforderlichen Maßnahmen treffen, um sicherzustellen, dass das Vorhaben im Einklang mit den umweltbezogenen Bestimmungen des Planfeststellungsbeschlusses oder der Plangenehmigung durchgeführt wird.

(3) § 28 des Gesetzes über die Umweltverträglichkeitsprüfung ist nicht anzuwenden.

§ 44 Vorarbeiten[3)]

(1) [1]Eigentümer und sonstige Nutzungsberechtigte haben zur Vorbereitung der Planung und der Baudurchführung eines Vorhabens oder von Unterhaltungsmaßnahmen notwendige Vermessungen, Boden- und Grundwasseruntersuchungen einschließlich der vorübergehenden Anbringung von Markierungszeichen sowie sonstige Vorarbeiten durch den Träger des Vorhabens oder von ihm Beauftragte zu dulden. [2]Weigert sich der Verpflichtete, Maßnahmen nach Satz 1 zu dulden, so kann die nach Landesrecht zuständige Behörde auf Antrag des Trägers des Vorhabens gegenüber dem Eigentümer und sonstigen Nutzungsberechtigten die Duldung dieser Maßnahmen anordnen.

(2) Die Absicht, solche Arbeiten auszuführen, ist dem Eigentümer oder sonstigen Nutzungsberechtigten mindestens zwei Wochen vor dem vorgesehenen Zeitpunkt unmittelbar oder durch ortsübliche Bekanntmachung in den Gemeinden, in denen die Vorarbeiten durchzuführen sind, durch den Träger des Vorhabens bekannt zu geben.

(3) [1]Entstehen durch eine Maßnahme nach Absatz 1 einem Eigentümer oder sonstigen Nutzungsberechtigten unmittelbare Vermögensnachteile, so hat der Träger des Vorhabens eine angemessene Entschädigung in Geld zu leisten. [2]Kommt eine Einigung über die Geldentschädigung nicht zustande, so setzt die nach Landesrecht zuständige Behörde auf Antrag des Trägers

1) **Anm. d. Red.:** § 43h eingefügt gem. Gesetz v. 28. 7. 2011 (BGBl I S. 1690) mit Wirkung v. 5. 8. 2011.

2) **Anm. d. Red.:** § 43i eingefügt gem. Gesetz v. 20.7.2017 (BGBl I S. 2808) mit Wirkung v. 29.7.2017.

3) **Anm. d. Red.:** § 44 i. d. F. des Gesetzes v. 9. 12. 2006 (BGBl I S. 2833) mit Wirkung v. 17. 12. 2006.

des Vorhabens oder des Berechtigten die Entschädigung fest. [3]Vor der Entscheidung sind die Beteiligten zu hören.

§ 44a Veränderungssperre, Vorkaufsrecht[1)]

(1) [1]Vom Beginn der Auslegung der Pläne im Planfeststellungsverfahren oder von dem Zeitpunkt an, zu dem den Betroffenen Gelegenheit gegeben wird, den Plan einzusehen, dürfen auf den vom Plan betroffenen Flächen bis zu ihrer Inanspruchnahme wesentlich wertsteigernde oder die geplante Baumaßnahmen erheblich erschwerende Veränderungen nicht vorgenommen werden (Veränderungssperre). [2]Veränderungen, die in rechtlich zulässiger Weise vorher begonnen worden sind, Unterhaltungsarbeiten und die Fortführung einer bisher ausgeübten Nutzung werden davon nicht berührt. [3]Unzulässige Veränderungen bleiben bei Anordnungen nach § 74 Abs. 2 Satz 2 des Verwaltungsverfahrensgesetzes und im Entschädigungsverfahren unberücksichtigt.

(2) [1]Dauert die Veränderungssperre über vier Jahre, im Falle von Hochspannungsfreileitungen über fünf Jahre, können die Eigentümer für die dadurch entstandenen Vermögensnachteile Entschädigung verlangen. [2]Sie können ferner die Vereinbarung einer beschränkt persönlichen Dienstbarkeit für die vom Plan betroffenen Flächen verlangen, wenn es ihnen mit Rücksicht auf die Veränderungssperre wirtschaftlich nicht zuzumuten ist, die Grundstücke in der bisherigen oder einer anderen zulässigen Art zu benutzen. [3]Kommt keine Vereinbarung nach Satz 2 zustande, so können die Eigentümer die entsprechende Beschränkung des Eigentums an den Flächen verlangen. [4]Im Übrigen gilt § 45.

(3) In den Fällen des Absatzes 1 Satz 1 steht dem Träger des Vorhabens an den betroffenen Flächen ein Vorkaufsrecht zu.

§ 44b Vorzeitige Besitzeinweisung[2)]

(1) [1]Ist der sofortige Beginn von Bauarbeiten geboten und weigert sich der Eigentümer oder Besitzer, den Besitz eines für den Bau, die Änderung oder Betriebsänderung von Hochspannungsfreileitungen, Erdkabeln oder Gasversorgungsleitungen im Sinne des § 43 benötigten Grundstücks durch Vereinbarung unter Vorbehalt aller Entschädigungsansprüche zu überlassen, so hat die Enteignungsbehörde den Träger des Vorhabens auf Antrag nach Feststellung des Plans oder Erteilung der Plangenehmigung in den Besitz einzuweisen. [2]Der Planfeststellungsbeschluss oder die Plangenehmigung müssen vollziehbar sein. [3]Weiterer Voraussetzungen bedarf es nicht.

(1a) [1]Der Träger des Vorhabens kann verlangen, dass nach Abschluss des Anhörungsverfahrens gemäß § 43a eine vorzeitige Besitzeinweisung durchgeführt wird. [2]In diesem Fall ist der nach dem Verfahrensstand zu erwartende Planfeststellungsbeschluss dem vorzeitigen Besitzeinweisungsverfahren zugrunde zu legen. [3]Der Besitzeinweisungsbeschluss ist mit der aufschiebenden Bedingung zu erlassen, dass sein Ergebnis durch den Planfeststellungsbeschluss bestätigt wird. [4]Anderenfalls ist das vorzeitige Besitzeinweisungsverfahren auf der Grundlage des ergangenen Planfeststellungsbeschlusses zu ergänzen.

(2) [1]Die Enteignungsbehörde hat spätestens sechs Wochen nach Eingang des Antrags auf Besitzeinweisung mit den Beteiligten mündlich zu verhandeln. [2]Hierzu sind der Antragsteller und die Betroffenen zu laden. [3]Dabei ist den Betroffenen der Antrag auf Besitzeinweisung mitzuteilen. [4]Die Ladungsfrist beträgt drei Wochen. [5]Mit der Ladung sind die Betroffenen aufzufordern, etwaige Einwendungen gegen den Antrag vor der mündlichen Verhandlung bei der Enteignungsbehörde einzureichen. [6]Die Betroffenen sind außerdem darauf hinzuweisen, dass auch bei Nichterscheinen über den Antrag auf Besitzeinweisung und andere im Verfahren zu erledigende Anträge entschieden werden kann.

---

1) **Anm. d. Red.:** § 44a i. d. F. des Gesetzes v. 9. 12. 2006 (BGBl I S. 2833) mit Wirkung v. 17. 12. 2006.

2) **Anm. d. Red.:** § 44b i. d. F. des Gesetzes v. 28. 7. 2011 (BGBl I S. 1690) mit Wirkung v. 5. 8. 2011.

(3) [1]Soweit der Zustand des Grundstücks von Bedeutung ist, hat die Enteignungsbehörde diesen bis zum Beginn der mündlichen Verhandlung in einer Niederschrift festzustellen oder durch einen Sachverständigen ermitteln zu lassen. [2]Den Beteiligten ist eine Abschrift der Niederschrift oder des Ermittlungsergebnisses zu übersenden.

(4) [1]Der Beschluss über die Besitzeinweisung ist dem Antragsteller und den Betroffenen spätestens zwei Wochen nach der mündlichen Verhandlung zuzustellen. [2]Die Besitzeinweisung wird in dem von der Enteignungsbehörde bezeichneten Zeitpunkt wirksam. [3]Dieser Zeitpunkt soll auf höchstens zwei Wochen nach Zustellung der Anordnung über die vorzeitige Besitzeinweisung an den unmittelbaren Besitzer festgesetzt werden. [4]Durch die Besitzeinweisung wird dem Besitzer der Besitz entzogen und der Träger des Vorhabens Besitzer. [5]Der Träger des Vorhabens darf auf dem Grundstück das im Antrag auf Besitzeinweisung bezeichnete Bauvorhaben durchführen und die dafür erforderlichen Maßnahmen treffen.

(5) [1]Der Träger des Vorhabens hat für die durch die vorzeitige Besitzeinweisung entstehenden Vermögensnachteile Entschädigung zu leisten, soweit die Nachteile nicht durch die Verzinsung der Geldentschädigung für die Entziehung oder Beschränkung des Eigentums oder eines anderen Rechts ausgeglichen werden. [2]Art und Höhe der Entschädigung sind von der Enteignungsbehörde in einem Beschluss festzusetzen.

(6) [1]Wird der festgestellte Plan oder die Plangenehmigung aufgehoben, so sind auch die vorzeitige Besitzeinweisung aufzuheben und der vorherige Besitzer wieder in den Besitz einzuweisen. [2]Der Träger des Vorhabens hat für alle durch die Besitzeinweisung entstandenen besonderen Nachteile Entschädigung zu leisten.

(7) [1]Ein Rechtsbehelf gegen eine vorzeitige Besitzeinweisung hat keine aufschiebende Wirkung. [2]Der Antrag auf Anordnung der aufschiebenden Wirkung nach § 80 Abs. 5 Satz 1 der Verwaltungsgerichtsordnung kann nur innerhalb eines Monats nach der Zustellung des Besitzeinweisungsbeschlusses gestellt und begründet werden.

§ 45 Enteignung[1)]

EnWG

(1) Die Entziehung oder die Beschränkung von Grundeigentum oder von Rechten am Grundeigentum im Wege der Enteignung ist zulässig, soweit sie zur Durchführung

1. eines Vorhabens nach § 43 oder § 43b Nr. 1, für das der Plan festgestellt oder genehmigt ist, oder
2. eines sonstigen Vorhabens zum Zwecke der Energieversorgung

erforderlich ist.

(2) [1]Einer weiteren Feststellung der Zulässigkeit der Enteignung bedarf es in den Fällen des Absatzes 1 Nummer 1 nicht; der festgestellte oder genehmigte Plan ist dem Enteignungsverfahren zugrunde zu legen und für die Enteignungsbehörde bindend. [2]Hat sich ein Beteiligter mit der Übertragung oder Beschränkung des Eigentums oder eines anderen Rechtes schriftlich einverstanden erklärt, kann das Entschädigungsverfahren unmittelbar durchgeführt werden. [3]Die Zulässigkeit der Enteignung in den Fällen des Absatzes 1 Nr. 2 stellt die nach Landesrecht zuständige Behörde fest.

(3) Das Enteignungsverfahren wird durch Landesrecht geregelt.

§ 45a Entschädigungsverfahren[2)]

Soweit der Vorhabenträger auf Grund eines Planfeststellungsbeschlusses oder einer Plangenehmigung verpflichtet ist, eine Entschädigung in Geld zu leisten, und über die Höhe der Entschädigung keine Einigung zwischen dem Betroffenen und dem Träger des Vorhabens zustande

---

1) **Anm. d. Red.:** § 45 i. d. F. des Gesetzes v. 31. 5. 2013 (BGBl I S. 1388) mit Wirkung v. 1. 6. 2015.

2) **Anm. d. Red.:** § 45a i. d. F. des Gesetzes v. 9. 12. 2006 (BGBl I S. 2833) mit Wirkung v. 17. 12. 2006.

kommt, entscheidet auf Antrag eines der Beteiligten die nach Landesrecht zuständige Behörde; für das Verfahren und den Rechtsweg gelten die Enteignungsgesetze der Länder entsprechend.

§ 45b Parallelführung von Planfeststellungs- und Enteignungsverfahren[1)]

[1]Der Träger des Vorhabens kann verlangen, dass nach Abschluss der Anhörung ein vorzeitiges Enteignungsverfahren durchgeführt wird. [2]Dabei ist der nach dem Verfahrensstand zu erwartende Planfeststellungsbeschluss dem Enteignungsverfahren zugrunde zu legen. [3]Der Enteignungsbeschluss ist mit der aufschiebenden Bedingung zu erlassen, dass sein Ergebnis durch den Planfeststellungsbeschluss bestätigt wird. [4]Anderenfalls ist das Enteignungsverfahren auf der Grundlage des ergangenen Planfeststellungsbeschlusses zu ergänzen.

§ 46 Wegenutzungsverträge[2)]

(1) [1]Gemeinden haben ihre öffentlichen Verkehrswege für die Verlegung und den Betrieb von Leitungen, einschließlich Fernwirkleitungen zur Netzsteuerung und Zubehör, zur unmittelbaren Versorgung von Letztverbrauchern im Gemeindegebiet diskriminierungsfrei durch Vertrag zur Verfügung zu stellen. [2]Unbeschadet ihrer Verpflichtungen nach Satz 1 können die Gemeinden den Abschluss von Verträgen ablehnen, solange das Energieversorgungsunternehmen die Zahlung von Konzessionsabgaben in Höhe der Höchstsätze nach § 48 Absatz 2 verweigert und eine Einigung über die Höhe der Konzessionsabgaben noch nicht erzielt ist.

(2) [1]Verträge von Energieversorgungsunternehmen mit Gemeinden über die Nutzung öffentlicher Verkehrswege für die Verlegung und den Betrieb von Leitungen, die zu einem Energieversorgungsnetz der allgemeinen Versorgung im Gemeindegebiet gehören, dürfen höchstens für eine Laufzeit von 20 Jahren abgeschlossen werden. [2]Werden solche Verträge nach ihrem Ablauf nicht verlängert, so ist der bisher Nutzungsberechtigte verpflichtet, seine für den Betrieb der Netze der allgemeinen Versorgung im Gemeindegebiet notwendigen Verteilungsanlagen dem neuen Energieversorgungsunternehmen gegen Zahlung einer wirtschaftlich angemessenen Vergütung zu übereignen. [3]Das neue Energieversorgungsunternehmen kann statt der Übereignung verlangen, dass ihm der Besitz hieran eingeräumt wird. [4]Für die wirtschaftlich angemessene Vergütung ist der sich nach den zu erzielenden Erlösen bemessende objektivierte Ertragswert des Energieversorgungsnetzes maßgeblich. [5]Die Möglichkeit zur Einigung auf eine anderweitig basierte Vergütung bleibt unberührt.

(3) [1]Die Gemeinden machen spätestens zwei Jahre vor Ablauf von Verträgen nach Absatz 2 das Vertragsende und einen ausdrücklichen Hinweis auf die nach § 46a von der Gemeinde in geeigneter Form zu veröffentlichenden Daten sowie den Ort der Veröffentlichung durch Veröffentlichung im Bundesanzeiger bekannt. [2]Wenn im Gemeindegebiet mehr als 100 000 Kunden unmittelbar oder mittelbar an das Versorgungsnetz angeschlossen sind, hat die Bekanntmachung zusätzlich im Amtsblatt der Europäischen Union zu erfolgen. [3]Beabsichtigen Gemeinden eine Verlängerung von Verträgen nach Absatz 2 vor Ablauf der Vertragslaufzeit, so sind die bestehenden Verträge zu beenden und die vorzeitige Beendigung sowie das Vertragsende nach Maßgabe der Sätze 1 und 2 öffentlich bekannt zu geben.

(4) [1]Die Gemeinde ist bei der Auswahl des Unternehmens den Zielen des § 1 Absatz 1 verpflichtet. [2]Unter Wahrung netzwirtschaftlicher Anforderungen, insbesondere der Versorgungssicherheit und der Kosteneffizienz, können auch Angelegenheiten der örtlichen Gemeinschaft berücksichtigt werden. [3]Bei der Gewichtung der einzelnen Auswahlkriterien ist die Gemeinde berechtigt, den Anforderungen des jeweiligen Netzgebietes Rechnung zu tragen. [4]Die Gemeinde hat jedem Unternehmen, das innerhalb einer von der Gemeinde in der Bekanntmachung nach Absatz 3 Satz 1 oder 3 gesetzten Frist von mindestens drei Kalendermonaten ein Interesse an der Nutzung der öffentlichen Verkehrswege bekundet, die Auswahlkriterien und deren Gewichtung in Textform mitzuteilen.

---

1) **Anm. d. Red.:** § 45b eingefügt gem. Gesetz v. 28. 7. 2011 (BGBl I S. 1690) mit Wirkung v. 5. 8. 2011.

2) **Anm. d. Red.:** § 46 i. d. F. des Gesetzes v. 27. 1. 2017 (BGBl I S. 130) mit Wirkung v. 3. 2. 2017.

(5) [1]Die Gemeinde hat die Unternehmen, deren Angebote nicht angenommen werden sollen, über die Gründe der vorgesehenen Ablehnung ihres Angebots und über den frühesten Zeitpunkt des beabsichtigten Vertragsschlusses in Textform zu informieren. [2]Die Gemeinde macht bei Neuabschluss oder Verlängerung von Verträgen nach Absatz 2 ihre Entscheidung unter Angabe der maßgeblichen Gründe öffentlich bekannt.

(6) Die Absätze 2 bis 5 finden für Eigenbetriebe der Gemeinden entsprechende Anwendung.

(7) Die Aufgaben und Zuständigkeiten der Kartellbehörden nach dem Gesetz gegen Wettbewerbsbeschränkungen bleiben unberührt.

§ 46a Auskunftsanspruch der Gemeinde[1)]

[1]Der bisherige Nutzungsberechtigte ist verpflichtet, der Gemeinde spätestens ein Jahr vor Bekanntmachung der Gemeinde nach § 46 Absatz 3 diejenigen Informationen über die technische und wirtschaftliche Situation des Netzes zur Verfügung zu stellen, die für eine Bewertung des Netzes im Rahmen einer Bewerbung um den Abschluss eines Vertrages nach § 46 Absatz 2 Satz 1 erforderlich sind. [2]Zu den Informationen über die wirtschaftliche Situation des Netzes gehören insbesondere

1. die im Zeitpunkt der Errichtung der Verteilungsanlagen jeweils erstmalig aktivierten Anschaffungs- und Herstellungskosten gemäß § 255 des Handelsgesetzbuchs,
2. das Jahr der Aktivierung der Verteilungsanlagen,
3. die jeweils in Anwendung gebrachten betriebsgewöhnlichen Nutzungsdauern und
4. die jeweiligen kalkulatorischen Restwerte und Nutzungsdauern laut den betreffenden Bescheiden der jeweiligen Regulierungsbehörde.

[3]Die Bundesnetzagentur kann im Einvernehmen mit dem Bundeskartellamt Entscheidungen über den Umfang und das Format der zur Verfügung zu stellenden Daten durch Festlegung gegenüber den Energieversorgungsunternehmen treffen.

§ 47 Rügeobliegenheit, Präklusion[2)]

EnWG

(1) [1]Jedes beteiligte Unternehmen kann eine Rechtsverletzung durch Nichtbeachtung der Grundsätze eines transparenten und diskriminierungsfreien Verfahrens nach § 46 Absatz 1 bis 4 nur geltend machen, soweit es diese nach Maßgabe von Absatz 2 gerügt hat. [2]Die Rüge ist in Textform gegenüber der Gemeinde zu erklären und zu begründen.

(2) [1]Rechtsverletzungen, die aufgrund einer Bekanntmachung nach § 46 Absatz 3 erkennbar sind, sind innerhalb der Frist aus § 46 Absatz 4 Satz 4 zu rügen. [2]Rechtsverletzungen, die aus der Mitteilung nach § 46 Absatz 4 Satz 4 erkennbar sind, sind innerhalb von 15 Kalendertagen ab deren Zugang zu rügen. [3]Rechtsverletzungen im Rahmen der Auswahlentscheidung, die aus der Information nach § 46 Absatz 5 Satz 1 erkennbar sind, sind innerhalb von 30 Kalendertagen ab deren Zugang zu rügen. [4]Erfolgt eine Akteneinsicht nach Absatz 3, beginnt die Frist nach Satz 3 für den Antragsteller erneut ab dem ersten Tag, an dem die Gemeinde die Akten zur Einsichtnahme bereitgestellt hat.

(3) [1]Zur Vorbereitung einer Rüge nach Absatz 2 Satz 3 hat die Gemeinde jedem beteiligten Unternehmen auf Antrag Einsicht in die Akten zu gewähren und auf dessen Kosten Ausfertigungen, Auszüge oder Abschriften zu erteilen. [2]Der Antrag auf Akteneinsicht ist in Textform innerhalb einer Woche ab Zugang der Information nach § 46 Absatz 5 Satz 1 zu stellen. [3]Die Gemeinde hat die Einsicht in die Unterlagen zu versagen, soweit dies zur Wahrung von Betriebs- oder Geschäftsgeheimnissen geboten ist.

(4) Hilft die Gemeinde der Rüge nicht ab, so hat sie das rügende Unternehmen hierüber in Textform zu informieren und ihre Entscheidung zu begründen.

1) **Anm. d. Red.:** § 46a eingefügt gem. Gesetz v. 27. 1. 2017 (BGBl I S. 130) mit Wirkung v. 3. 2. 2017.

2) **Anm. d. Red.:** § 47 eingefügt gem. Gesetz v. 27. 1. 2017 (BGBl I S. 130) mit Wirkung v. 3. 2. 2017.

(5) [1]Beteiligte Unternehmen können gerügte Rechtsverletzungen, denen die Gemeinde nicht abhilft, nur innerhalb von 15 Kalendertagen ab Zugang der Information nach Absatz 4 vor den ordentlichen Gerichten geltend machen. [2]Es gelten die Vorschriften der Zivilprozessordnung über das Verfahren auf Erlass einer einstweiligen Verfügung. [3]Ein Verfügungsgrund braucht nicht glaubhaft gemacht zu werden.

(6) Ein Vertrag nach § 46 Absatz 2 darf erst nach Ablauf der Fristen aus Absatz 2 Satz 3 und Absatz 5 Satz 1 geschlossen werden.

§ 48 Konzessionsabgaben[1)]

(1) [1]Konzessionsabgaben sind Entgelte, die Energieversorgungsunternehmen für die Einräumung des Rechts zur Benutzung öffentlicher Verkehrswege für die Verlegung und den Betrieb von Leitungen, die der unmittelbaren Versorgung von Letztverbrauchern im Gemeindegebiet mit Energie dienen, entrichten. [2]Eine Versorgung von Letztverbrauchern im Sinne dieser Vorschrift liegt auch vor, wenn ein Weiterverteiler über öffentliche Verkehrswege mit Elektrizität oder Gas beliefert wird, der diese Energien ohne Benutzung solcher Verkehrswege an Letztverbraucher weiterleitet.

(2) [1]Die Bundesregierung kann durch Rechtsverordnung mit Zustimmung des Bundesrates die Zulässigkeit und Bemessung der Konzessionsabgaben regeln. [2]Es kann dabei jeweils für Elektrizität oder Gas, für verschiedene Kundengruppen und Verwendungszwecke und gestaffelt nach der Einwohnerzahl der Gemeinden unterschiedliche Höchstsätze in Cent je gelieferter Kilowattstunde festsetzen.

(3) Konzessionsabgaben sind in der vertraglich vereinbarten Höhe von dem Energieversorgungsunternehmen zu zahlen, dem das Wegerecht nach § 46 Abs. 1 eingeräumt wurde.

(4) [1]Die Pflicht zur Zahlung der vertraglich vereinbarten Konzessionsabgaben besteht auch nach Ablauf des Wegenutzungsvertrages bis zur Übertragung der Verteilungsanlagen auf einen neuen Vertragspartner nach § 46 Absatz 2 fort. [2]Satz 1 gilt nicht, wenn die Gemeinde es unterlassen hat, ein Verfahren nach § 46 Absatz 3 bis 5 durchzuführen.

Teil 6: Sicherheit und Zuverlässigkeit der Energieversorgung

§ 49 Anforderungen an Energieanlagen, Verordnungsermächtigung[2)]

(1) [1]Energieanlagen sind so zu errichten und zu betreiben, dass die technische Sicherheit gewährleistet ist. [2]Dabei sind vorbehaltlich sonstiger Rechtsvorschriften die allgemein anerkannten Regeln der Technik zu beachten.

(2) [1]Die Einhaltung der allgemein anerkannten Regeln der Technik wird vermutet, wenn bei Anlagen zur Erzeugung, Fortleitung und Abgabe von

1. Elektrizität die technischen Regeln des Verbandes der Elektrotechnik Elektronik Informationstechnik e.V.,
2. Gas die technischen Regeln der Deutschen Vereinigung des Gas- und Wasserfaches e.V.

eingehalten worden sind. [2]Die Bundesnetzagentur kann zu Grundsätzen und Verfahren der Einführung technischer Sicherheitsregeln, insbesondere zum zeitlichen Ablauf, im Verfahren nach § 29 Absatz 1 nähere Bestimmungen treffen, soweit die technischen Sicherheitsregeln den Betrieb von Energieversorgungsnetzen betreffen. [3]Dabei hat die Bundesnetzagentur die Grundsätze des DIN Deutsches Institut für Normung e.V. zu berücksichtigen.

(3) [1]Bei Anlagen oder Bestandteilen von Anlagen, die nach den in einem anderen Mitgliedstaat der Europäischen Union oder in einem anderen Vertragsstaat des Abkommens über den Europäischen Wirtschaftsraum geltenden Regelungen oder Anforderungen rechtmäßig her-

1) **Anm. d. Red.:** § 48 i. d. F. des Gesetzes v. 27. 1. 2017 (BGBl I S. 130) mit Wirkung v. 3. 2. 2017.

2) **Anm. d. Red.:** § 49 i. d. F. des Gesetzes v. 26. 7. 2016 (BGBl I S. 1786) mit Wirkung v. 30. 7. 2016.

gestellt und in den Verkehr gebracht wurden und die gleiche Sicherheit gewährleisten, ist davon auszugehen, dass die Anforderungen nach Absatz 1 an die Beschaffenheit der Anlagen erfüllt sind. [2]In begründeten Einzelfällen ist auf Verlangen der nach Landesrecht zuständigen Behörde nachzuweisen, dass die Anforderungen nach Satz 1 erfüllt sind.

(4) [1]Das Bundesministerium für Wirtschaft und Energie wird ermächtigt, zur Gewährleistung der technischen Sicherheit, der technischen und betrieblichen Flexibilität von Energieanlagen sowie der Interoperabilität von Ladepunkten für Elektromobile durch Rechtsverordnung mit Zustimmung des Bundesrates

1. Anforderungen an die technische Sicherheit dieser Anlagen, ihre Errichtung und ihren Betrieb festzulegen;
2. das Verwaltungsverfahren zur Sicherstellung der Anforderungen nach Nummer 1 zu regeln, insbesondere zu bestimmen,
   a) dass und wo die Errichtung solcher Anlagen, ihre Inbetriebnahme, die Vornahme von Änderungen oder Erweiterungen und sonstige die Anlagen betreffenden Umstände angezeigt werden müssen,
   b) dass der Anzeige nach Buchstabe a bestimmte Nachweise beigefügt werden müssen und
   c) dass mit der Errichtung und dem Betrieb der Anlagen erst nach Ablauf bestimmter Prüffristen begonnen werden darf;
3. Prüfungen vor Errichtung und Inbetriebnahme und Überprüfungen der Anlagen vorzusehen und festzulegen, dass diese Prüfungen und Überprüfungen durch behördlich anerkannte Sachverständige zu erfolgen haben;
4. behördliche Anordnungsbefugnisse festzulegen, insbesondere die Befugnis, den Bau und den Betrieb von Energieanlagen zu untersagen, wenn das Vorhaben nicht den in der Rechtsverordnung geregelten Anforderungen entspricht;
5. zu bestimmen, welche Auskünfte die zuständige Behörde vom Betreiber der Energieanlage gemäß Absatz 6 Satz 1 verlangen kann;
6. die Einzelheiten des Verfahrens zur Anerkennung von Sachverständigen, die bei der Prüfung der Energieanlagen tätig werden, sowie der Anzeige der vorübergehenden Tätigkeit von Sachverständigen aus anderen Mitgliedstaaten der Europäischen Union oder eines Vertragsstaates des Abkommens über den Europäischen Wirtschaftsraum zu bestimmen;
7. Anforderungen sowie Meldepflichten festzulegen, die Sachverständige nach Nummer 6 und die Stellen, denen sie angehören, erfüllen müssen, insbesondere zur Gewährleistung ihrer fachlichen Qualifikation, Unabhängigkeit und Zuverlässigkeit;
8. Anforderungen an die technische und betriebliche Flexibilität neuer Anlagen zur Erzeugung von Energie zu treffen.

[2]Die Regelungen des Erneuerbare-Energien-Gesetzes und des Kraft-Wärme-Kopplungsgesetzes bleiben davon unberührt.

(4a) [1]Das Bundesministerium für Wirtschaft und Energie wird ermächtigt, durch Rechtsverordnung mit Zustimmung des Bundesrates einen Ausschuss zur Beratung in Fragen der technischen Sicherheit von Gasversorgungsnetzen und Gas-Direktleitungen einschließlich der dem Leitungsbetrieb dienenden Anlagen einzusetzen. [2]Diesem Ausschuss kann insbesondere die Aufgabe übertragen werden, vorzuschlagen, welches Anforderungsprofil Sachverständige, die die technische Sicherheit dieser Energieanlagen prüfen, erfüllen müssen, um den in einer Verordnung nach Absatz 4 festgelegten Anforderungen zu genügen. [3]Das Bundesministerium für Wirtschaft und Energie kann das Anforderungsprofil im Bundesanzeiger veröffentlichen. [4]In den Ausschuss sind sachverständige Personen zu berufen, insbesondere aus dem Kreis

1. der Sachverständigen, die bei der Prüfung der Energieanlagen tätig werden,
2. der Stellen, denen Sachverständige nach Nummer 1 angehören,

EnWG

3. der zuständigen Behörden und
4. der Betreiber von Energieanlagen.

(5) Die nach Landesrecht zuständige Behörde kann im Einzelfall die zur Sicherstellung der Anforderungen an die technische Sicherheit von Energieanlagen erforderlichen Maßnahmen treffen.

(6) [1]Die Betreiber von Energieanlagen haben auf Verlangen der nach Landesrecht zuständigen Behörde Auskünfte über technische und wirtschaftliche Verhältnisse zu geben, die zur Wahrnehmung der Aufgaben nach Absatz 5 erforderlich sind. [2]Der Auskunftspflichtige kann die Auskunft auf solche Fragen verweigern, deren Beantwortung ihn selbst oder einen der in § 383 Abs. 1 Nr. 1 bis 3 der Zivilprozessordnung bezeichneten Angehörigen der Gefahr strafrechtlicher Verfolgung oder eines Verfahrens nach dem Gesetz über Ordnungswidrigkeiten aussetzen würde.

(7) Die von der nach Landesrecht zuständigen Behörde mit der Aufsicht beauftragten Personen sind berechtigt, Betriebsgrundstücke, Geschäftsräume und Einrichtungen der Betreiber von Energieanlagen zu betreten, dort Prüfungen vorzunehmen sowie die geschäftlichen und betrieblichen Unterlagen der Betreiber von Energieanlagen einzusehen, soweit dies zur Wahrnehmung der Aufgaben nach Absatz 5 erforderlich ist.

§ 50 Vorratshaltung zur Sicherung der Energieversorgung[1)]

Das Bundesministerium für Wirtschaft und Energie wird ermächtigt, zur Sicherung der Energieversorgung durch Rechtsverordnung mit Zustimmung des Bundesrates

1. Vorschriften zu erlassen über die Verpflichtung von Energieversorgungsunternehmen sowie solcher Eigenerzeuger von Elektrizität, deren Kraftwerke eine elektrische Nennleistung von mindestens 100 Megawatt aufweisen, für ihre Anlagen zur Erzeugung von
   a) Elektrizität ständig diejenigen Mengen an Mineralöl, Kohle oder sonstigen fossilen Brennstoffen,
   b) Gas aus Flüssiggas ständig diejenigen Mengen an Flüssiggas

   als Vorrat zu halten, die erforderlich sind, um 30 Tage ihre Abgabeverpflichtungen an Elektrizität oder Gas erfüllen oder ihren eigenen Bedarf an Elektrizität decken zu können,
2. Vorschriften zu erlassen über die Freistellung von einer solchen Vorratspflicht und die zeitlich begrenzte Freigabe von Vorratsmengen, soweit dies erforderlich ist, um betriebliche Schwierigkeiten zu vermeiden oder die Brennstoffversorgung aufrechtzuerhalten,
3. den für die Berechnung der Vorratsmengen maßgeblichen Zeitraum zu verlängern, soweit dies erforderlich ist, um die Vorratspflicht an Rechtsakte der Europäischen Gemeinschaften über Mindestvorräte fossiler Brennstoffe anzupassen.

§ 51 Monitoring der Versorgungssicherheit[2)]

(1) [1]Das Bundesministerium für Wirtschaft und Energie führt fortlaufend ein Monitoring der Versorgungssicherheit nach den Absätzen 2 bis 4 durch. [2]Hierbei hat es die Befugnisse nach den §§ 12a, 12b, 14 Absatz 1a und 1b sowie nach den §§ 68, 69 und 71. [3]Die §§ 73, 75 bis 89 und 106 bis 108 sind entsprechend anzuwenden. [4]Bei der Durchführung des Monitorings nach den Absätzen 3 und 4 berücksichtigt das Bundesministerium für Wirtschaft und Energie die nach § 12 Absatz 4 und 5 übermittelten Informationen.

(2) Das Monitoring nach Absatz 1 betrifft im Bereich der Versorgung mit Erdgas insbesondere

1. das heutige und künftige Verhältnis zwischen Angebot und Nachfrage auf dem deutschen Markt und auf dem internationalen Markt,

---

1) **Anm. d. Red.:** § 50 i. d. F. der VO v. 31. 8. 2015 (BGBl I S. 1474) mit Wirkung v. 8. 9. 2015.

2) **Anm. d. Red.:** § 51 i. d. F. des Gesetzes v. 22. 12. 2016 (BGBl I S. 3106) mit Wirkung v. 1. 1. 2017.

2. bestehende sowie in der Planung und im Bau befindliche Produktionskapazitäten und Transportleitungen,
3. die erwartete Nachfrageentwicklung,
4. die Qualität und den Umfang der Netzwartung,
5. eine Analyse von Netzstörungen und von Maßnahmen der Netzbetreiber zur kurz- und längerfristigen Gewährleistung der Sicherheit und Zuverlässigkeit des Gasversorgungssystems,
6. Maßnahmen zur Bedienung von Nachfragespitzen und zur Bewältigung von Ausfällen eines oder mehrerer Versorger sowie
7. das verfügbare Angebot auch unter Berücksichtigung der Bevorratungskapazität und des Anteils von Einfuhrverträgen mit einer Lieferzeit von mehr als zehn Jahren (langfristiger Erdgasliefervertrag) sowie deren Restlaufzeit.

(3) [1]Das Monitoring nach Absatz 1 betrifft im Bereich der Versorgung mit Elektrizität insbesondere

1. das heutige und künftige Verhältnis zwischen Angebot und Nachfrage auf den europäischen Strommärkten mit Auswirkungen auf das Gebiet der Bundesrepublik Deutschland als Teil des Elektrizitätsbinnenmarktes,
2. bestehende sowie in der Planung und im Bau befindliche Erzeugungskapazitäten unter Berücksichtigung von Erzeugungskapazitäten für die Netzreserve nach § 13d sowie die Kapazitätsreserve nach § 13e,
3. bestehende Verbindungsleitungen und Anlagen zur Speicherung von elektrischer Energie sowie in der Planung oder im Bau befindliche Vorhaben einschließlich der in den Anlagen zum Energieleitungsausbaugesetz und zum Bundesbedarfsplangesetz genannten Vorhaben,
4. die erwartete Nachfrageentwicklung,
5. die Qualität und den Umfang der Netzwartung,
6. eine Analyse von Netzstörungen und von Maßnahmen der Betreiber von Elektrizitätsversorgungsnetzen zur kurz- und längerfristigen Gewährleistung der Sicherheit und Zuverlässigkeit des Elektrizitätsversorgungssystems einschließlich des Einsatzes von Erzeugungskapazität im Rahmen der Netzreserve nach § 13d sowie der Kapazitätsreserve nach § 13e und
7. Maßnahmen zur Bedienung von Nachfragespitzen und zur Bewältigung von Ausfällen eines oder mehrerer Versorger.

[2]Bei dem Monitoring sind auch grenzüberschreitende Ausgleichseffekte bei erneuerbaren Energien, Lasten und Kraftwerksausfällen sowie der heutige und künftige Beitrag von Lastmanagement und von Netzersatzanlagen zur Versorgungssicherheit sowie Anpassungsprozesse an den Strommärkten auf Basis von Preissignalen zu analysieren und zu berücksichtigen. [3]Zudem sollen mögliche Hemmnisse für die Nutzung von Lastmanagement und von Netzersatzanlagen dargestellt werden.

(4) [1]Das Monitoring nach Absatz 3 umfasst die Messung und die Bewertung der Versorgungssicherheit. [2]Das Monitoring erfolgt auf Basis von

1. Indikatoren, die zur Messung der Versorgungssicherheit an den europäischen Strommärkten mit Auswirkungen auf das Gebiet der Bundesrepublik Deutschland als Teil des Elektrizitätsbinnenmarktes geeignet sind, sowie
2. Schwellenwerten, bei deren Überschreiten oder Unterschreiten eine Prüfung und bei Bedarf eine Umsetzung angemessener Maßnahmen zur Gewährleistung der Versorgungssicherheit erfolgt.

[3]Bei der Messung der Versorgungssicherheit nach Satz 1 sollen wahrscheinlichkeitsbasierte Analysen vorgenommen werden. [4]Das Bundesministerium für Wirtschaft und Energie wirkt auf eine Abstimmung mit den an das Gebiet der Bundesrepublik Deutschland angrenzenden Mitgliedstaaten der Europäischen Union sowie mit der Schweizerischen Eidgenossenschaft, mit dem Königreich Norwegen und dem Königreich Schweden im Hinblick auf eine gemeinsame Methodik

und ein gemeinsames Verständnis zur Messung und Bewertung der Versorgungssicherheit nach Satz 1 sowie auf einen gemeinsamen Versorgungssicherheitsbericht nach § 63 Absatz 2 Satz 1 Nummer 2 hin.

(5) [1]Bei dem Monitoring nach den Absätzen 3 und 4 werden die Regulierungsbehörde sowie die Betreiber von Übertragungsnetzen regelmäßig bei allen wesentlichen Verfahrensschritten einbezogen. [2]Die Regulierungsbehörde übermittelt auf Verlangen dem Bundesministerium für Wirtschaft und Energie die bei ihr verfügbaren und zur Beobachtung und Bewertung der Versorgungssicherheit notwendigen Daten. [3]Das Bundesministerium für Wirtschaft und Energie darf diese Daten einschließlich der unternehmensbezogenen Daten an beauftragte Dritte zu Zwecken der Aus- und Bewertung übermitteln, sofern die vertrauliche Behandlung der Daten gewährleistet ist.

§ 51a Monitoring des Lastmanagements[1)]

(1) [1]Die Regulierungsbehörde kann zur Durchführung des Monitorings nach § 51 ein Monitoring des Beitrags von Lastmanagement zur Versorgungssicherheit durchführen. [2]Dazu kann die Regulierungsbehörde von Unternehmen und Vereinigungen von Unternehmen, die einen jährlichen Stromverbrauch von mehr als 50 Gigawattstunden haben, Informationen verlangen, die erforderlich sein können, um den heutigen und künftigen Beitrag von Lastmanagement im Adressatenkreis für die Versorgungssicherheit an den Strommärkten zu analysieren. [3]Auf Verlangen des Bundesministeriums für Wirtschaft und Energie muss die Regulierungsbehörde die Informationen einholen und diesem in angemessener Frist sowie in geeigneter Form zur Verfügung stellen.

(2) Die Regulierungsbehörde soll das Marktstammdatenregister nach § 111e nutzen, sobald und soweit darin Daten im Sinne des Absatzes 1 gespeichert sind.

§ 52 Meldepflichten bei Versorgungsstörungen[2)]

[1]Betreiber von Energieversorgungsnetzen haben der Bundesnetzagentur bis zum 30. April eines Jahres über alle in ihrem Netz im letzten Kalenderjahr aufgetretenen Versorgungsunterbrechungen einen Bericht vorzulegen. [2]Dieser Bericht hat mindestens folgende Angaben für jede Versorgungsunterbrechung zu enthalten:

1. den Zeitpunkt und die Dauer der Versorgungsunterbrechung,
2. das Ausmaß der Versorgungsunterbrechung und
3. die Ursache der Versorgungsunterbrechung.

[3]In dem Bericht hat der Netzbetreiber die auf Grund des Störungsgeschehens ergriffenen Maßnahmen zur Vermeidung künftiger Versorgungsstörungen darzulegen. [4]Darüber hinaus ist in dem Bericht die durchschnittliche Versorgungsunterbrechung in Minuten je angeschlossenem Letztverbraucher für das letzte Kalenderjahr anzugeben. [5]Die Bundesnetzagentur kann Vorgaben zur formellen Gestaltung des Berichts machen sowie Ergänzungen und Erläuterungen des Berichts verlangen, soweit dies zur Prüfung der Versorgungszuverlässigkeit des Netzbetreibers erforderlich ist. [6]Sofortige Meldepflichten für Störungen mit überregionalen Auswirkungen richten sich nach § 13 Absatz 8.

§ 53 Ausschreibung neuer Erzeugungskapazitäten im Elektrizitätsbereich[3)]

Sofern die Versorgungssicherheit im Sinne des § 1 durch vorhandene Erzeugungskapazitäten oder getroffene Energieeffizienz- und Nachfragesteuerungsmaßnahmen allein nicht gewährleistet ist, kann die Bundesregierung durch Rechtsverordnung mit Zustimmung des Bundesrates ein Ausschreibungsverfahren oder ein diesem hinsichtlich Transparenz und Nichtdiskriminie-

1) **Anm. d. Red.:** § 51a eingefügt gem. Gesetz v. 26. 7. 2016 (BGBl I S. 1786) mit Wirkung v. 30. 7. 2016.

2) **Anm. d. Red.:** § 52 i. d. F. des Gesetzes v. 26. 7. 2016 (BGBl I S. 1786) mit Wirkung v. 30. 7. 2016.

3) **Anm. d. Red.:** § 53 i. d. F. der VO v. 31. 8. 2015 (BGBl I S. 1474) mit Wirkung v. 8. 9. 2015.

rung gleichwertiges Verfahren auf der Grundlage von Kriterien für neue Kapazitäten oder Energieeffizienz- und Nachfragesteuerungsmaßnahmen vorsehen, die das Bundesministerium für Wirtschaft und Energie im Bundesanzeiger veröffentlicht.

§ 53a Sicherstellung der Versorgung von Haushaltskunden mit Erdgas[1)]

[1]Gasversorgungsunternehmen, die Haushaltskunden oder Betreiber von gasbetriebenen Fernwärmeanlagen beliefern, haben zu gewährleisten, dass

1. die von ihnen direkt belieferten Haushaltskunden und
2. Fernwärmeanlagen, soweit sie Wärme an Haushaltskunden liefern, an ein Erdgasverteilernetz oder ein Fernleitungsnetz angeschlossen sind und keinen Brennstoffwechsel vornehmen können,

mindestens in den in Artikel 6 Absatz 1 der Verordnung (EU) 2017/1938 des Europäischen Parlaments und des Rates vom 25. Oktober 2017 über Maßnahmen zur Gewährleistung der sicheren Gasversorgung und zur Aufhebung der Verordnung (EU) Nr. 994/2010 genannten Fällen versorgt werden. [2]Darüber hinaus haben Gasversorgungsunternehmen im Falle einer teilweisen Unterbrechung der Versorgung mit Erdgas oder im Falle außergewöhnlich hoher Gasnachfrage Haushaltskunden sowie Fernwärmeanlagen im Sinne des Satzes 1 Nummer 2 mit Erdgas zu versorgen, solange die Versorgung aus wirtschaftlichen Gründen zumutbar ist. [3]Zur Gewährleistung einer sicheren Versorgung von Haushaltskunden mit Erdgas kann insbesondere auf marktbasierte Maßnahmen zurückgegriffen werden.

§ 53b (weggefallen)[2)]

Teil 7: Behörden

Abschnitt 1: Allgemeine Vorschriften

§ 54 Allgemeine Zuständigkeit[3)]

EnWG

(1) Die Aufgaben der Regulierungsbehörde nehmen die Bundesnetzagentur für Elektrizität, Gas, Telekommunikation, Post und Eisenbahnen (Bundesnetzagentur) und nach Maßgabe des Absatzes 2 die Landesregulierungsbehörden wahr.

(2) [1]Den Landesregulierungsbehörden obliegt

1. die Genehmigung der Entgelte für den Netzzugang nach § 23a,
2. die Genehmigung oder Festlegung im Rahmen der Bestimmung der Entgelte für den Netzzugang im Wege einer Anreizregulierung nach § 21a,
3. die Genehmigung oder Untersagung individueller Entgelte für den Netzzugang, soweit diese in einer nach § 24 Satz 1 Nr. 3 erlassenen Rechtsverordnung vorgesehen sind,
4. die Überwachung der Vorschriften zur Entflechtung nach § 6 Abs. 1 in Verbindung mit den §§ 6a bis 7a,
5. die Überwachung der Vorschriften zur Systemverantwortung der Betreiber von Energieversorgungsnetzen nach den §§ 14 bis 16a,
6. die Überwachung der Vorschriften zum Netzanschluss nach den §§ 17 und 18 mit Ausnahme der Vorschriften zur Festlegung oder Genehmigung der technischen und wirtschaftlichen Bedingungen für einen Netzanschluss oder die Methoden für die Bestimmung dieser Bedingungen durch die Regulierungsbehörde, soweit derartige Vorschriften in einer nach § 17 Abs. 3 Satz 1 Nr. 2 erlassenen Rechtsverordnung vorgesehen sind,

---

1) **Anm. d. Red.:** § 53a i. d. F. des Gesetzes v. 17.12.2018 (BGBl I S. 2549) mit Wirkung v. 21.12.2018.

2) **Anm. d. Red.:** § 53b weggefallen gem. Gesetz v. 26. 7. 2016 (BGBl I S. 1786) mit Wirkung v. 30. 7. 2016.

3) **Anm. d. Red.:** § 54 i. d. F. des Gesetzes v. 17.7.2017 (BGBl I S. 2503) mit Wirkung v. 22.7.2017.

7. die Überwachung der technischen Vorschriften nach § 19,
8. die Missbrauchsaufsicht nach den §§ 30 und 31 sowie die Vorteilsabschöpfung nach § 33,
9. die Entscheidung über das Vorliegen der Voraussetzungen nach § 110 Absatz 2 und 4 und
10. die Festlegung und Feststellung der notwendigen technischen Anpassungen und Kosten im Rahmen der Umstellung der Gasqualität nach § 19a Absatz 2,

soweit Energieversorgungsunternehmen betroffen sind, an deren Elektrizitäts- oder Gasverteilernetz jeweils weniger als 100 000 Kunden unmittelbar oder mittelbar angeschlossen sind. [2]Satz 1 gilt nicht, wenn ein Elektrizitäts- oder Gasverteilernetz über das Gebiet eines Landes hinausreicht. [3]Satz 1 Nummer 6, 7 und 8 gilt nicht, soweit die Erfüllung der Aufgaben mit dem Anschluss von Biogasanlagen im Zusammenhang steht. [4]Für die Feststellung der Zahl der angeschlossenen Kunden sind die Verhältnisse am 13. Juli 2005 für das Jahr 2005 und das Jahr 2006 und danach diejenigen am 31. Dezember eines Jahres jeweils für die Dauer des folgenden Jahres maßgeblich. [5]Begonnene behördliche oder gerichtliche Verfahren werden von der Behörde beendet, die zu Beginn des behördlichen Verfahrens zuständig war.

(3) [1]Weist eine Vorschrift dieses Gesetzes eine Zuständigkeit nicht einer bestimmten Behörde zu, so nimmt die Bundesnetzagentur die in diesem Gesetz der Behörde übertragenen Aufgaben und Befugnisse wahr. [2]Ist zur Wahrung gleichwertiger wirtschaftlicher Verhältnisse im Bundesgebiet eine bundeseinheitliche Festlegung nach § 29 Absatz 1 erforderlich, so nimmt die Bundesnetzagentur die in diesem Gesetz oder auf Grund dieses Gesetzes vorgesehenen Festlegungsbefugnisse wahr. [3]Sie ist insbesondere zuständig für die bundesweit einheitliche Festlegung

1. von Preisindizes nach den Verordnungen nach § 24,
2. von Eigenkapitalzinssätzen nach den Verordnungen nach § 24,
3. von Vorgaben zur Erhebung von Vergleichsparametern zur Ermittlung der Effizienzwerte nach den Verordnungen nach § 21a Absatz 6 und
4. des generellen sektoralen Produktivitätsfaktors nach den Verordnungen nach § 21a Absatz 6.

[4]Beabsichtigt die Bundesnetzagentur bundeseinheitliche Festlegungen im Sinne des Satzes 2 zu treffen, die nicht die in Satz 3 genannten Bereiche betreffen, hat sie vor einer Festlegung den Länderausschuss bei der Bundesnetzagentur mit dem geplanten Inhalt der angestrebten Festlegung zu befassen. [5]Die Bundesnetzagentur berücksichtigt die mehrheitliche Auffassung des Länderausschusses bei der Bundesnetzagentur bei ihrer Festlegung so weit wie möglich.

§ 54a Zuständigkeiten gemäß der Verordnung (EU) Nr. 994/2010, Verordnungsermächtigung[1)]

(1) [1]Das Bundesministerium für Wirtschaft und Energie ist zuständige Behörde für die Durchführung der in der Verordnung (EU) 2017/1938 festgelegten Maßnahmen. [2]Die §§ 3, 4 und 16 des Energiesicherungsgesetzes 1975 vom 20. Dezember 1974 (BGBl I S. 3681), das zuletzt durch Artikel 164 der Verordnung vom 31. Oktober 2006 (BGBl I S. 2407) geändert worden ist, und die §§ 5, 8 und 21 des Wirtschaftssicherstellungsgesetzes in der Fassung der Bekanntmachung vom 3. Oktober 1968 (BGBl I S. 1069), das zuletzt durch Artikel 134 der Verordnung vom 31. Oktober 2006 (BGBl I S. 2407) geändert worden ist, bleiben hiervon unberührt.

(2) [1]Folgende in der Verordnung (EU) 2017/1938 bestimmte Aufgaben werden auf die Bundesnetzagentur übertragen:

1. die Durchführung der Risikobewertung gemäß Artikel 7,
2. folgende Aufgaben betreffend den Ausbau bidirektionaler Lastflüsse: die Aufgaben im Rahmen des Verfahrens gemäß Anhang III, die Überwachung der Erfüllung der Verpflichtung nach Artikel 5 Absatz 4, Aufgaben gemäß Artikel 5 Absatz 8 sowie

1) **Anm. d. Red.:** § 54a i. d. F. des Gesetzes v. 17.12.2018 (BGBl I S. 2549) mit Wirkung v. 21.12.2018.

3. die in Artikel 5 Absatz 1 und 8 Unterabsatz 1 genannten Aufgaben.

[2]Die Bundesnetzagentur nimmt diese Aufgaben unter der Aufsicht des Bundesministeriums für Wirtschaft und Energie wahr. [3]Die Zuständigkeit des Bundesministeriums für Wirtschaft und Energie gemäß Absatz 1 für Regelungen im Hinblick auf die in Artikel 5 Absatz 1 bis 3 und Artikel 6 in Verbindung mit Artikel 2 Nummer 5 der Verordnung (EU) 2017/1938 genannten Standards bleibt hiervon unberührt.

(3) [1]Die Bestimmung der wesentlichen Elemente, die im Rahmen der Risikobewertung zu berücksichtigen und zu untersuchen sind, einschließlich der Szenarien, die gemäß Artikel 7 Absatz 4 Buchstabe c der Verordnung (EU) 2017/1938 zu analysieren sind, bedarf der Zustimmung des Bundesministeriums für Wirtschaft und Energie. [2]Die Bundesnetzagentur kann durch Festlegung gemäß § 29 Einzelheiten zu Inhalt und Verfahren der Übermittlung von Informationen gemäß Artikel 7 Absatz 6, zum Verfahren gemäß Anhang III sowie zur Kostenaufteilung gemäß Artikel 5 Absatz 7 der Verordnung (EU) 2017/1938 regeln.

(4) Das Bundesministerium für Wirtschaft und Energie wird ermächtigt, durch Rechtsverordnung, die nicht der Zustimmung des Bundesrates bedarf:

1. zum Zwecke der Durchführung der Verordnung (EU) 2017/1938 weitere Aufgaben an die Bundesnetzagentur zu übertragen,
2. Verfahren und Zuständigkeiten von Bundesbehörden bezüglich der Übermittlung von Daten gemäß Artikel 14 der Verordnung (EU) 2017/1938 festzulegen sowie zu bestimmen, welchen Erdgasunternehmen die dort genannten Informationspflichten obliegen,
3. Verfahren und Inhalt der Berichtspflichten gemäß Artikel 10 Absatz 1 Buchstabe k der Verordnung (EU) 2017/1938 festzulegen sowie
4. weitere Berichts- und Meldepflichten zu regeln, die zur Bewertung der Gasversorgungssicherheitslage erforderlich sind.

§ 55 Bundesnetzagentur, Landesregulierungsbehörde und nach Landesrecht zuständige Behörde[1)]

(1) [1]Für Entscheidungen der Regulierungsbehörde nach diesem Gesetz gelten hinsichtlich des behördlichen und gerichtlichen Verfahrens die Vorschriften des Teiles 8, soweit in diesem Gesetz nichts anderes bestimmt ist. [2]Leitet die Bundesnetzagentur ein Verfahren ein, führt sie Ermittlungen durch oder schließt sie ein Verfahren ab, so benachrichtigt sie gleichzeitig die Landesregulierungsbehörden, in deren Gebiet die betroffenen Unternehmen ihren Sitz haben.

(2) Leitet die nach Landesrecht zuständige Behörde ein Verfahren nach § 4 oder § 36 Abs. 2 ein, führt sie nach diesen Bestimmungen Ermittlungen durch oder schließt sie ein Verfahren ab, so benachrichtigt sie unverzüglich die Bundesnetzagentur, sofern deren Aufgabenbereich berührt ist.

§ 56 Tätigwerden der Bundesnetzagentur beim Vollzug des europäischen Rechts[2)]

(1) [1]Die Bundesnetzagentur nimmt die Aufgaben wahr, die den Regulierungsbehörden der Mitgliedstaaten mit folgenden Rechtsakten übertragen sind:

1. Verordnung (EG) Nr. 714/2009 und den auf Grundlage des Artikels 6 oder Artikels 18 dieser Verordnung erlassenen Verordnungen der Europäischen Kommission,
2. Verordnung (EG) Nr. 715/2009 und den auf Grundlage des Artikels 6 oder Artikels 23 dieser Verordnung erlassenen Verordnungen der Europäischen Kommission,
3. Verordnung (EU) 2017/1938,

1) **Anm. d. Red.:** § 55 i. d. F. des Gesetzes v. 25. 10. 2008 (BGBl I S. 2101) mit Wirkung v. 1. 11. 2008.
2) **Anm. d. Red.:** § 56 i. d. F. des Gesetzes v. 17.12.2018 (BGBl I S. 2549) mit Wirkung v. 21.12.2018.

EnWG

4. Verordnung (EU) Nr. 1227/2011 und
5. Verordnung (EU) Nr. 347/2013.

[2]Zur Erfüllung dieser Aufgaben hat die Bundesnetzagentur die Befugnisse, die ihr auf Grund der in Satz 1 genannten Verordnungen und bei der Anwendung dieses Gesetzes zustehen. [3]Es sind die Verfahrensvorschriften dieses Gesetzes anzuwenden.

(2) [1]Die Bundesnetzagentur nimmt die Aufgaben wahr, die den Mitgliedstaaten mit der Verordnung (EU) 2015/1222 der Europäischen Kommission übertragen worden sind. [2]Absatz 1 Satz 2 und 3 ist entsprechend anzuwenden.

§ 57 Zusammenarbeit mit Regulierungsbehörden anderer Mitgliedstaaten, der Agentur für die Zusammenarbeit der Energieregulierungsbehörden und der Europäischen Kommission[1)]

(1) Die Bundesnetzagentur arbeitet zum Zwecke der Anwendung energierechtlicher Vorschriften mit den Regulierungsbehörden anderer Mitgliedstaaten, der Agentur für die Zusammenarbeit der Energieregulierungsbehörden und der Europäischen Kommission zusammen.

(2) [1]Bei der Wahrnehmung der Aufgaben nach diesem Gesetz oder den auf Grund dieses Gesetzes erlassenen Verordnungen kann die Bundesnetzagentur Sachverhalte und Entscheidungen von Regulierungsbehörden anderer Mitgliedstaaten berücksichtigen, soweit diese Auswirkungen im Geltungsbereich dieses Gesetzes haben können. [2]Die Bundesnetzagentur kann auf Antrag eines Netzbetreibers und mit Zustimmung der betroffenen Regulierungsbehörden anderer Mitgliedstaaten von der Regulierung von Anlagen oder Teilen eines grenzüberschreitenden Energieversorgungsnetzes absehen, soweit dieses Energieversorgungsnetz zu einem weit überwiegenden Teil außerhalb des Geltungsbereichs dieses Gesetzes liegt und die Anlage oder der im Geltungsbereich dieses Gesetzes liegende Teil des Energieversorgungsnetzes keine hinreichende Bedeutung für die Energieversorgung im Inland hat. [3]Satz 2 gilt nur, soweit die Anlage oder der im Geltungsbereich dieses Gesetzes liegende Teil der Regulierung durch eine Regulierungsbehörde eines anderen Mitgliedstaates unterliegt und dies zu keiner wesentlichen Schlechterstellung der Betroffenen führt. [4]Ebenso kann die Bundesnetzagentur auf Antrag eines Netzbetreibers und mit Zustimmung der betroffenen Regulierungsbehörden anderer Mitgliedstaaten die Vorschriften dieses Gesetzes auf Anlagen oder Teile eines grenzüberschreitenden Energieversorgungsnetzes, die außerhalb des Geltungsbereichs dieses Gesetzes liegen und eine weit überwiegende Bedeutung für die Energieversorgung im Inland haben, anwenden, soweit die betroffenen Regulierungsbehörden anderer Mitgliedstaaten von einer Regulierung absehen und dies zu keiner wesentlichen Schlechterstellung der Betroffenen führt.

(3) Um die Zusammenarbeit bei der Regulierungstätigkeit zu verstärken, kann die Bundesnetzagentur mit Zustimmung des Bundesministeriums für Wirtschaft und Energie allgemeine Kooperationsvereinbarungen mit Regulierungsbehörden anderer Mitgliedstaaten schließen.

(4) [1]Die Bundesnetzagentur kann im Rahmen der Zusammenarbeit nach Absatz 1 den Regulierungsbehörden anderer Mitgliedstaaten, der Agentur für die Zusammenarbeit der Energieregulierungsbehörden und der Europäischen Kommission die für die Aufgabenerfüllung dieser Behörden aus dem Recht der Europäischen Union erforderlichen Informationen übermitteln, soweit dies erforderlich ist, damit diese Behörden ihre Aufgaben aus dem Recht der Europäischen Union erfüllen können. [2]Bei der Übermittlung von Informationen nach Satz 1 kennzeichnet die Bundesnetzagentur vertrauliche Informationen.

(5) [1]Soweit die Bundesnetzagentur im Rahmen der Zusammenarbeit nach Absatz 1 Informationen von den Regulierungsbehörden anderer Mitgliedstaaten, der Agentur für die Zusammenarbeit der Energieregulierungsbehörden oder der Europäischen Kommission erhält, stellt sie eine vertrauliche Behandlung aller als vertraulich gekennzeichneten Informationen sicher. [2]Die Bundesnetzagentur ist dabei an dasselbe Maß an Vertraulichkeit gebunden wie die übermit-

1) **Anm. d. Red.:** § 57 i. d. F. der VO v. 31. 8. 2015 (BGBl I S. 1474) mit Wirkung v. 8. 9. 2015.

telnde Behörde oder die Behörde, welche die Informationen erhoben hat. [3]Die Regelungen über die Rechtshilfe in Strafsachen sowie Amts- und Rechtshilfeabkommen bleiben unberührt.

§ 57a Überprüfungsverfahren[1)]

(1) Die Bundesnetzagentur kann die Agentur für die Zusammenarbeit der Energieregulierungsbehörden um eine Stellungnahme dazu ersuchen, ob eine von einer anderen nationalen Regulierungsbehörde getroffene Entscheidung im Einklang mit der Richtlinie 2009/72/EG, der Richtlinie 2009/73/EG, der Verordnung (EG) Nr. 714/2009, der Verordnung (EG) Nr. 715/2009 oder den nach diesen Vorschriften erlassenen Leitlinien steht.

(2) Die Bundesnetzagentur kann der Europäischen Kommission jede Entscheidung einer Regulierungsbehörde eines anderen Mitgliedstaates mit Belang für den grenzüberschreitenden Handel innerhalb von zwei Monaten ab dem Tag, an dem die fragliche Entscheidung ergangen ist, zur Prüfung vorlegen, wenn sie der Auffassung ist, dass die Entscheidung der anderen Regulierungsbehörde nicht mit den gemäß der Richtlinie 2009/72/EG, der Richtlinie 2009/73/EG, der Verordnung (EG) Nr. 714/2009 oder der Verordnung (EG) Nr. 715/2009 erlassenen Leitlinien in Einklang steht.

(3) [1]Die Bundesnetzagentur ist befugt, jede eigene Entscheidung nachträglich zu ändern, soweit dies erforderlich ist, um einer Stellungnahme der Agentur für die Zusammenarbeit der Energieregulierungsbehörden nach Artikel 39 Absatz 2 der Richtlinie 2009/72/EG oder Artikel 43 Absatz 2 der Richtlinie 2009/73/EG oder Artikel 7 Absatz 4 der Verordnung (EG) Nr. 713/2009 zu genügen. [2]Die §§ 48 und 49 des Verwaltungsverfahrensgesetzes bleiben unberührt.

(4) Die Bundesnetzagentur ist befugt, jede eigene Entscheidung auf das Verlangen der Europäischen Kommission nach Artikel 39 Absatz 6 Buchstabe b der Richtlinie 2009/72/EG oder Artikel 43 Absatz 6 Buchstabe b der Richtlinie 2009/73/EG nachträglich zu ändern oder aufzuheben.

(5) Die Regelungen über die Rechtshilfe in Strafsachen sowie Amts- und Rechtshilfeabkommen bleiben unberührt.

§ 58 Zusammenarbeit mit den Kartellbehörden[2)]

(1) [1]In den Fällen des § 65 in Verbindung mit den §§ 6 bis 6b, 7 bis 7b und 9 bis 10e, des § 25 Satz 2, des § 28a Abs. 3 Satz 1, des § 56 in Verbindung mit Artikel 17 Absatz 1 Buchstabe a der Verordnung (EG) Nr. 714/2009 und von Entscheidungen, die nach einer Rechtsverordnung nach § 24 Satz 1 Nr. 2 in Verbindung mit Satz 2 Nr. 5 vorgesehen sind, entscheidet die Bundesnetzagentur im Einvernehmen mit dem Bundeskartellamt, wobei jedoch hinsichtlich der Entscheidung nach § 65 in Verbindung mit den §§ 6 bis 6a, 7 bis 7b und 9 bis 10e das Einvernehmen nur bezüglich der Bestimmung des Verpflichteten und hinsichtlich der Entscheidung nach § 28a Abs. 3 Satz 1 das Einvernehmen nur bezüglich des Vorliegens der Voraussetzungen des § 28a Abs. 1 Nr. 1 erforderlich ist. [2]Trifft die Bundesnetzagentur Entscheidungen nach den Bestimmungen des Teiles 3, gibt sie dem Bundeskartellamt und der Landesregulierungsbehörde, in deren Bundesland der Sitz des betroffenen Netzbetreibers belegen ist, rechtzeitig vor Abschluss des Verfahrens Gelegenheit zur Stellungnahme.

(2) Führt die nach dem Gesetz gegen Wettbewerbsbeschränkungen zuständige Kartellbehörde im Bereich der leitungsgebundenen Versorgung mit Elektrizität und Gas Verfahren nach den §§ 19, 20 und 29 des Gesetzes gegen Wettbewerbsbeschränkungen, Artikel 102 des Vertrages über die Arbeitsweise der Europäischen Union oder nach § 40 Abs. 2 des Gesetzes gegen Wettbewerbsbeschränkungen durch, gibt sie der Bundesnetzagentur rechtzeitig vor Abschluss des Verfahrens Gelegenheit zur Stellungnahme.

---

1) **Anm. d. Red.:** § 57a eingefügt gem. Gesetz v. 26. 7. 2011 (BGBl I S. 1554) mit Wirkung v. 4. 8. 2011.

2) **Anm. d. Red.:** § 58 i. d. F. des Gesetzes v. 20. 12. 2012 (BGBl I S. 2730) mit Wirkung v. 28. 12. 2012.

(2a) Absatz 2 gilt entsprechend, wenn die Bundesanstalt für Finanzdienstleistungsaufsicht ein Verfahren im Bereich der leitungsgebundenen Versorgung mit Elektrizität oder Gas einleitet.

(2b) Die Bundesnetzagentur arbeitet mit der Europäischen Kommission bei der Durchführung von wettbewerblichen Untersuchungen durch die Europäische Kommission im Bereich der leitungsgebundenen Versorgung mit Elektrizität und Gas zusammen.

(3) Bundesnetzagentur und Bundeskartellamt wirken auf eine einheitliche und den Zusammenhang mit dem Gesetz gegen Wettbewerbsbeschränkungen wahrende Auslegung dieses Gesetzes hin.

(4) [1]Die Regulierungsbehörden und die Kartellbehörden können unabhängig von der jeweils gewählten Verfahrensart untereinander Informationen einschließlich personenbezogener Daten und Betriebs- und Geschäftsgeheimnisse austauschen, soweit dies zur Erfüllung ihrer jeweiligen Aufgaben erforderlich ist, sowie diese in ihren Verfahren verwerten. [2]Beweisverwertungsverbote bleiben unberührt.

§ 58a Zusammenarbeit zur Durchführung der Verordnung (EU) Nr. 1227/2011[1)]

(1) Zur Durchführung der Verordnung (EU) Nr. 1227/2011 arbeitet die Bundesnetzagentur mit der Bundesanstalt für Finanzdienstleistungsaufsicht, mit dem Bundeskartellamt sowie mit den Börsenaufsichtsbehörden und den Handelsüberwachungsstellen zusammen.

(2) [1]Die Bundesnetzagentur und die dort eingerichtete Markttransparenzstelle, die Bundesanstalt für Finanzdienstleistungsaufsicht, das Bundeskartellamt, die Börsenaufsichtsbehörden und die Handelsüberwachungsstellen haben einander unabhängig von der jeweils gewählten Verfahrensart solche Informationen, Beobachtungen und Feststellungen einschließlich personenbezogener Daten sowie Betriebs- und Geschäftsgeheimnisse mitzuteilen, die für die Erfüllung ihrer jeweiligen Aufgaben erforderlich sind. [2]Sie können diese Informationen, Beobachtungen und Feststellungen in ihren Verfahren verwerten. [3]Beweisverwertungsverbote bleiben unberührt.

(3) Ein Anspruch auf Zugang zu den in Absatz 2 und in Artikel 17 der Verordnung (EU) Nr. 1227/2011 genannten amtlichen Informationen besteht über den in Artikel 17 Absatz 3 der Verordnung (EU) Nr. 1227/2011 bezeichneten Fall hinaus nicht.

(4) [1]Die Bundesnetzagentur kann zur Durchführung der Verordnung (EU) Nr. 1227/2011 durch Festlegungen nach § 29 Absatz 1 nähere Bestimmungen treffen, insbesondere zur Verpflichtung zur Veröffentlichung von Informationen nach Artikel 4 der Verordnung (EU) Nr. 1227/2011, zur Registrierung der Marktteilnehmer nach Artikel 9 Absatz 4 und 5 und zur Datenmeldung nach Artikel 8 Absatz 1 oder Absatz 5 der Verordnung (EU) Nr. 1227/2011, soweit nicht die Europäische Kommission entgegenstehende Vorschriften nach Artikel 8 Absatz 2 oder Absatz 6 der Verordnung (EU) Nr. 1227/2011 erlassen hat. [2]Festlegungen, die nähere Bestimmungen zu den Datenmeldepflichten nach Artikel 8 der Verordnung (EU) Nr. 1227/2011 treffen, erfolgen mit Zustimmung der Markttransparenzstelle.

§ 58b Beteiligung der Bundesnetzagentur und Mitteilungen in Strafsachen[2)]

(1) [1]Die Staatsanwaltschaft informiert die Bundesnetzagentur über die Einleitung eines Ermittlungsverfahrens, welches Straftaten nach § 95a oder § 95b betrifft. [2]Werden im Ermittlungsverfahren Sachverständige benötigt, können fachkundige Mitarbeiter der Bundesnetzagentur herangezogen werden. [3]Erwägt die Staatsanwaltschaft, das Verfahren einzustellen, so hat sie die Bundesnetzagentur zu hören.

(2) Das Gericht teilt der Bundesnetzagentur in einem Verfahren, welches Straftaten nach § 95a oder § 95b betrifft, den Termin zur Hauptverhandlung mit.

1) **Anm. d. Red.:** § 58a i. d. F. des Gesetzes v. 23. 7. 2013 (BGBl I S. 2543) mit Wirkung v. 27. 7. 2013.

2) **Anm. d. Red.:** § 58b eingefügt gem. Gesetz v. 5. 12. 2012 (BGBl I S. 2403) mit Wirkung v. 12. 12. 2012.

(3) Der Bundesnetzagentur ist auf Antrag Akteneinsicht zu gewähren, es sei denn, schutzwürdige Interessen des Betroffenen stehen dem entgegen oder der Untersuchungserfolg der Ermittlungen wird dadurch gefährdet.

(4) [1]In Strafverfahren, die Straftaten nach § 95a oder § 95b zum Gegenstand haben, ist der Bundesnetzagentur im Fall der Erhebung der öffentlichen Klage Folgendes zu übermitteln:

1. die Anklageschrift oder eine an ihre Stelle tretende Antragsschrift,
2. der Antrag auf Erlass eines Strafbefehls und
3. die das Verfahren abschließende Entscheidung mit Begründung; ist gegen die Entscheidung ein Rechtsmittel eingelegt worden, ist sie unter Hinweis darauf zu übermitteln.

[2]In Verfahren wegen leichtfertig begangener Straftaten wird die Bundesnetzagentur über die in den Nummern 1 und 2 bestimmten Übermittlungen nur dann informiert, wenn aus der Sicht der übermittelnden Stelle unverzüglich Entscheidungen oder andere Maßnahmen der Bundesnetzagentur geboten sind.

Abschnitt 2: Bundesbehörden

§ 59 Organisation[1)]

(1) [1]Die Entscheidungen der Bundesnetzagentur nach diesem Gesetz werden von den Beschlusskammern getroffen. [2]Satz 1 gilt nicht für

1. die Erstellung und Überprüfung von Katalogen von Sicherheitsanforderungen nach § 11 Absatz 1a und 1b,
2. die Aufgaben nach § 11 Absatz 2,
3. die Datenerhebung zur Erfüllung von Berichtspflichten einschließlich der Anforderung von Angaben nach § 12 Absatz 5 Satz 1 Nummer 4,
4. die Aufgaben nach den §§ 12a bis 12f,

4a. die Überwachung der Vorgaben nach § 13 Absatz 3 Satz 4 und 5,

5. Entscheidungen nach § 13b Absatz 5, § 13e Absatz 5, § 13f Absatz 1, § 13g Absatz 6, auf Grund einer Verordnung nach § 13h Absatz 1 Nummer 1 bis 8, 10 und 11 sowie 12 bis 23, Festlegungen auf Grund § 13h Absatz 2 zur näheren Bestimmung der Regelungen nach § 13h Absatz 1 Nummer 1 bis 8, 10 und 11 sowie 12 bis 20,
6. Entscheidungen, die auf Grund von Verordnungen nach § 13i Absatz 3 Nummer 1 Buchstabe a, b, c, f sowie Nummer 2 und Absatz 4 getroffen werden, mit Ausnahme der Kriterien einer angemessenen Vergütung,
7. Festlegungen nach § 13j Absatz 2 Nummer 3, 5 bis 7 und 9, Absatz 3 Satz 1 in Verbindung mit § 13i Absatz 3 Nummer 1 Buchstabe a, b, c und f, § 13j Absatz 3 Satz 2 hinsichtlich des § 13b sowie nach § 13j Absatz 4 und 5,
8. die Vorgaben zu den Berichten nach § 14 Absatz 1a Satz 5 und Absatz 1b Satz 2,
9. die Aufgaben nach den §§ 15a, 15b,
10. die Aufgaben nach den §§ 17a bis 17c,
11. die Durchführung des Vergleichsverfahrens nach § 21 Absatz 3,
12. Datenerhebungen zur Wahrnehmung der Aufgaben nach § 54a Absatz 2, Entscheidungen im Zusammenhang mit dem Ausbau bidirektionaler Gasflüsse nach § 54a Absatz 2 in Verbindung mit Artikel 5 Absatz 4 und 8 Unterabsatz 1 sowie Anhang III der Verordnung (EU) 2017/1938 sowie Festlegungen gemäß § 54a Absatz 3 Satz 2 mit Ausnahme von Festlegungen zur Kostenaufteilung,

1) **Anm. d. Red.:** § 59 i. d. F. des Gesetzes v. 17.12.2018 (BGBl I S. 2549) mit Wirkung v. 21.12.2018.

13. Entscheidungen im Zusammenhang mit der Überwachung der Energiegroßhandelsmärkte nach § 56 Absatz 1 Satz 1 Nummer 4 in Verbindung mit der Verordnung (EU) Nr. 1227/2011 sowie Festlegungen gemäß § 5b Absatz 1 Satz 2 und § 58a Absatz 4,
14. Entscheidungen hinsichtlich der Überprüfung bestehender Gebotszonenkonfigurationen auf der Grundlage von Artikel 32 der Verordnung (EU) 2015/1222,
15. Entscheidungen zur Durchsetzung der Verpflichtungen für Datenlieferanten nach Artikel 4 Absatz 6 der Verordnung (EU) Nr. 543/2013,
16. die Erhebung von Gebühren nach § 91,
17. Vollstreckungsmaßnahmen nach § 94,
18. die Aufgaben und Festlegungen im Zusammenhang mit der nationalen Informationsplattform nach § 111d und
19. die Aufgaben im Zusammenhang mit dem Marktstammdatenregister nach den §§ 111e und 111f.

³Die Beschlusskammern werden nach Bestimmung des Bundesministeriums für Wirtschaft und Energie gebildet.

(2) ¹Die Beschlusskammern entscheiden in der Besetzung mit einem oder einer Vorsitzenden und zwei Beisitzenden. ²Vorsitzende und Beisitzende müssen Beamte sein und die Befähigung zum Richteramt oder für eine Laufbahn des höheren Dienstes haben.

(3) Die Mitglieder der Beschlusskammern dürfen weder ein Unternehmen der Energiewirtschaft innehaben oder leiten noch dürfen sie Mitglied des Vorstandes oder Aufsichtsrates eines Unternehmens der Energiewirtschaft sein oder einer Regierung oder einer gesetzgebenden Körperschaft des Bundes oder eines Landes angehören.

§ 60 Aufgaben des Beirates[1)]

¹Der Beirat nach § 5 des Gesetzes über die Bundesnetzagentur für Elektrizität, Gas, Telekommunikation, Post und Eisenbahnen hat die Aufgabe, die Bundesnetzagentur bei der Erstellung der Berichte nach § 63 Absatz 3 zu beraten. ²Er ist gegenüber der Bundesnetzagentur berechtigt, Auskünfte und Stellungnahmen einzuholen. ³Die Bundesnetzagentur ist insoweit auskunftspflichtig.

§ 60a Aufgaben des Länderausschusses[2)]

(1) Der Länderausschuss nach § 8 des Gesetzes über die Bundesnetzagentur für Elektrizität, Gas, Telekommunikation, Post und Eisenbahnen (Länderausschuss) dient der Abstimmung zwischen der Bundesnetzagentur und den Landesregulierungsbehörden mit dem Ziel der Sicherstellung eines bundeseinheitlichen Vollzugs.

(2) ¹Vor dem Erlass von Allgemeinverfügungen, insbesondere von Festlegungen nach § 29 Abs. 1, und Verwaltungsvorschriften, Leitfäden und vergleichbaren informellen Regelungen durch die Bundesnetzagentur nach den Teilen 2 und 3 ist dem Länderausschuss Gelegenheit zur Stellungnahme zu geben. ²In dringlichen Fällen können Allgemeinverfügungen erlassen werden, ohne dass dem Länderausschuss Gelegenheit zur Stellungnahme gegeben worden ist; in solchen Fällen ist der Länderausschuss nachträglich zu unterrichten.

(3) ¹Der Länderausschuss ist berechtigt, im Zusammenhang mit dem Erlass von Allgemeinverfügungen im Sinne des Absatzes 2 Auskünfte und Stellungnahmen von der Bundesnetzagentur einzuholen. ²Die Bundesnetzagentur ist insoweit auskunftspflichtig.

(4) ¹Der Bericht der Bundesnetzagentur nach § 112a Abs. 1 zur Einführung einer Anreizregulierung ist im Benehmen mit dem Länderausschuss zu erstellen. ²Der Länderausschuss ist zu die-

1) **Anm. d. Red.:** § 60 i. d. F. des Gesetzes v. 26. 7. 2011 (BGBl I S. 1554) mit Wirkung v. 4. 8. 2011.

2) **Anm. d. Red.:** § 60a i. d. F. des Gesetzes v. 26. 7. 2011 (BGBl I S. 1554) mit Wirkung v. 4. 8. 2011.

sem Zwecke durch die Bundesnetzagentur regelmäßig über Stand und Fortgang der Arbeiten zu unterrichten. [3]Absatz 3 gilt entsprechend.

§ 61 Veröffentlichung allgemeiner Weisungen des Bundesministeriums für Wirtschaft und Energie[1)]

Soweit das Bundesministerium für Wirtschaft und Energie der Bundesnetzagentur allgemeine Weisungen für den Erlass oder die Unterlassung von Verfügungen nach diesem Gesetz erteilt, sind diese Weisungen mit Begründung im Bundesanzeiger zu veröffentlichen.

§ 62 Gutachten der Monopolkommission[2)]

(1) [1]Die Monopolkommission erstellt alle zwei Jahre ein Gutachten, in dem sie den Stand und die absehbare Entwicklung des Wettbewerbs und die Frage beurteilt, ob funktionsfähiger Wettbewerb auf den Märkten der leitungsgebundenen Versorgung mit Elektrizität und Gas in der Bundesrepublik Deutschland besteht, die Anwendung der Vorschriften dieses Gesetzes über die Regulierung und Wettbewerbsaufsicht würdigt und zu sonstigen aktuellen wettbewerbspolitischen Fragen der leitungsgebundenen Versorgung mit Elektrizität und Gas Stellung nimmt. [2]Das Gutachten soll in dem Jahr abgeschlossen sein, in dem kein Hauptgutachten nach § 44 des Gesetzes gegen Wettbewerbsbeschränkungen vorgelegt wird. [3]Die Monopolkommission kann Einsicht nehmen in die bei der Bundesnetzagentur geführten Akten einschließlich der Betriebs- und Geschäftsgeheimnisse, soweit dies zur ordnungsgemäßen Erfüllung ihrer Aufgaben erforderlich ist. [4]Für den vertraulichen Umgang mit den Akten gilt § 46 Absatz 3 des Gesetzes gegen Wettbewerbsbeschränkungen entsprechend.

(2) [1]Die Monopolkommission leitet ihre Gutachten der Bundesregierung zu. [2]Die Bundesregierung legt Gutachten nach Absatz 1 Satz 1 den gesetzgebenden Körperschaften unverzüglich vor und nimmt zu ihnen in angemessener Frist Stellung. [3]Die Gutachten werden von der Monopolkommission veröffentlicht. [4]Bei Gutachten nach Absatz 1 Satz 1 erfolgt dies zu dem Zeitpunkt, zu dem sie von der Bundesregierung der gesetzgebenden Körperschaft vorgelegt werden.

§ 63 Berichterstattung[3)]

(1) [1]Die Bundesregierung berichtet dem Bundestag jährlich über den Netzausbau, den Kraftwerksbestand sowie Energieeffizienz und die sich daraus ergebenden Herausforderungen und legt erforderliche Handlungsempfehlungen vor (Monitoringbericht). [2]Bei der Erstellung des Berichts nach Satz 1 hat das Bundesministerium für Wirtschaft und Energie die Befugnisse nach den §§ 12a, 12b, 14 Absatz 1a und 1b, den §§ 68, 69 und 71.

(2) [1]Das Bundesministerium für Wirtschaft und Energie veröffentlicht bis zum 31. Juli 2018 und dann mindestens alle zwei Jahre jeweils die folgenden Berichte:

1. einen Bericht zum Stand und zur Entwicklung der Versorgungssicherheit im Bereich der Versorgung mit Erdgas sowie
2. einen Bericht zum Stand und zur Entwicklung der Versorgungssicherheit im Bereich der Versorgung mit Elektrizität.

[2]In die Berichte nach Satz 1 sind auch die Erkenntnisse aus dem Monitoring der Versorgungssicherheit nach § 51 sowie getroffene oder geplante Maßnahmen aufzunehmen. [3]In den Berichten nach Satz 1 stellt das Bundesministerium für Wirtschaft und Energie jeweils auch dar, inwieweit Importe zur Sicherstellung der Versorgungssicherheit in Deutschland beitragen. [4]Das Bundesministerium für Wirtschaft und Energie übermittelt die Berichte nach Satz 1 jeweils unverzüglich an die Europäische Kommission.

---

1) **Anm. d. Red.:** § 61 i. d. F. der VO v. 31. 8. 2015 (BGBl I S. 1474) mit Wirkung v. 8. 9. 2015.

2) **Anm. d. Red.:** § 62 i. d. F. des Gesetzes v. 26. 7. 2011 (BGBl I S. 1554) mit Wirkung v. 4. 8. 2011.

3) **Anm. d. Red.:** § 63 i. d. F. des Gesetzes v. 17.12.2018 (BGBl I S. 2549) mit Wirkung v. 21.12.2018.

(2a) [1]Das Bundesministerium für Wirtschaft und Energie veröffentlicht jeweils bis zum 31. Juli 2017 und 31. Dezember 2018 sowie für die Dauer des Fortbestehens der Maßnahmen nach den §§ 13a bis 13d sowie 13f, 13i und 13j sowie § 16 Absatz 2a mindestens alle zwei Jahre jeweils einen Bericht über die Wirksamkeit und Notwendigkeit dieser Maßnahmen einschließlich der dafür entstehenden Kosten. [2]Ab dem Jahr 2020 umfasst der Bericht auch auf Grundlage der Überprüfungen nach § 13e Absatz 5 die Wirksamkeit und Notwendigkeit von Maßnahmen nach § 13e oder der Rechtsverordnung nach § 13h einschließlich der für die Maßnahmen entstehenden Kosten. [3]Das Bundesministerium für Wirtschaft und Energie evaluiert in dem zum 31. Dezember 2022 zu veröffentlichenden Bericht auch, ob eine Fortgeltung der Regelungen nach Satz 1 und der Netzreserveverordnung über den 31. Dezember 2023 hinaus zur Gewährleistung der Sicherheit oder Zuverlässigkeit des Elektrizitätsversorgungssystems weiterhin notwendig ist.

(3) [1]Die Bundesnetzagentur veröffentlicht jährlich einen Bericht über ihre Tätigkeit sowie im Einvernehmen mit dem Bundeskartellamt, soweit wettbewerbliche Aspekte betroffen sind, über das Ergebnis ihrer Monitoring-Tätigkeit und legt ihn der Europäischen Kommission und der Europäischen Agentur für die Zusammenarbeit der Energieregulierungsbehörden vor. [2]In den Bericht ist der vom Bundeskartellamt im Einvernehmen mit der Bundesnetzagentur, soweit Aspekte der Regulierung der Leitungsnetze betroffen sind, erstellte Bericht über das Ergebnis seiner Monitoring-Tätigkeit nach § 48 Absatz 3 in Verbindung mit § 53 Absatz 3 Satz 1 des Gesetzes gegen Wettbewerbsbeschränkungen aufzunehmen (Monitoringbericht Elektrizitäts- und Gasmarkt). [3]In den Bericht sind allgemeine Weisungen des Bundesministeriums für Wirtschaft und Energie nach § 61 aufzunehmen.

(3a) [1]Die Regulierungsbehörde veröffentlicht bis zum 31. März 2017, bis zum 30. Juni 2019 und dann mindestens alle zwei Jahre auf Grundlage der Informationen und Analysen nach und nach § 35 Absatz 1a jeweils einen Bericht über die Mindesterzeugung, über die Faktoren, die die Mindesterzeugung in den letzten zwei Jahren maßgeblich beeinflusst haben, sowie über den Umfang, in dem die Einspeisung aus erneuerbaren Energien durch diese Mindesterzeugung beeinflusst worden ist (Bericht über die Mindesterzeugung). [2]In den Bericht nach Satz 1 ist auch die zukünftige Entwicklung der Mindesterzeugung aufzunehmen.

(4) [1]Die Bundesnetzagentur kann in ihrem Amtsblatt oder auf ihrer Internetseite jegliche Information veröffentlichen, die für Haushaltskunden Bedeutung haben kann, auch wenn dies die Nennung von Unternehmensnamen beinhaltet. [2]Sonstige Rechtsvorschriften, namentlich zum Schutz personenbezogener Daten und zum Presserecht, bleiben unberührt.

(5) Das Statistische Bundesamt unterrichtet die Europäische Kommission alle drei Monate über in den vorangegangenen drei Monaten getätigte Elektrizitätseinfuhren in Form physikalisch geflossener Energiemengen aus Ländern außerhalb der Europäischen Union.

§ 64 Wissenschaftliche Beratung

(1) [1]Die Bundesnetzagentur kann zur Vorbereitung ihrer Entscheidungen oder zur Begutachtung von Fragen der Regulierung wissenschaftliche Kommissionen einsetzen. [2]Ihre Mitglieder müssen auf dem Gebiet der leitungsgebundenen Energieversorgung über besondere volkswirtschaftliche, betriebswirtschaftliche, verbraucherpolitische, technische oder rechtliche Erfahrungen und über ausgewiesene wissenschaftliche Kenntnisse verfügen.

(2) [1]Die Bundesnetzagentur darf sich bei der Erfüllung ihrer Aufgaben fortlaufend wissenschaftlicher Unterstützung bedienen. [2]Diese betrifft insbesondere

1. die regelmäßige Begutachtung der volkswirtschaftlichen, betriebswirtschaftlichen, technischen und rechtlichen Entwicklung auf dem Gebiet der leitungsgebundenen Energieversorgung,
2. die Aufbereitung und Weiterentwicklung der Grundlagen für die Gestaltung der Regulierung des Netzbetriebs, die Regeln über den Netzanschluss und -zugang sowie den Kunden- und Verbraucherschutz.

§ 64a Zusammenarbeit zwischen den Regulierungsbehörden

(1) [1]Die Bundesnetzagentur und die Landesregulierungsbehörden unterstützen sich gegenseitig bei der Wahrnehmung der ihnen nach § 54 obliegenden Aufgaben. [2]Dies gilt insbesondere für den Austausch der für die Wahrnehmung der Aufgaben nach Satz 1 notwendigen Informationen.

(2) [1]Die Landesregulierungsbehörden unterstützen die Bundesnetzagentur bei der Wahrnehmung der dieser nach den §§ 35, 60, 63 und 64 obliegenden Aufgaben; soweit hierbei Aufgaben der Landesregulierungsbehörden berührt sind, gibt die Bundesnetzagentur den Landesregulierungsbehörden auf geeignete Weise Gelegenheit zur Mitwirkung. [2]Dies kann auch über den Länderausschuss nach § 60a erfolgen.

Teil 8: Verfahren und Rechtsschutz bei überlangen Gerichtsverfahren[1)]

Abschnitt 1: Behördliches Verfahren

§ 65 Aufsichtsmaßnahmen[2)]

(1) [1]Die Regulierungsbehörde kann Unternehmen oder Vereinigungen von Unternehmen verpflichten, ein Verhalten abzustellen, das den Bestimmungen dieses Gesetzes sowie den auf Grund dieses Gesetzes ergangenen Rechtsvorschriften entgegensteht. [2]Sie kann hierzu alle erforderlichen Abhilfemaßnahmen verhaltensorientierter oder struktureller Art vorschreiben, die gegenüber der festgestellten Zuwiderhandlung verhältnismäßig und für eine wirksame Abstellung der Zuwiderhandlung erforderlich sind. [3]Abhilfemaßnahmen struktureller Art können nur in Ermangelung einer verhaltensorientierten Abhilfemaßnahme von gleicher Wirksamkeit festgelegt werden oder wenn letztere im Vergleich zu Abhilfemaßnahmen struktureller Art mit einer größeren Belastung für die beteiligten Unternehmen verbunden wäre.

(2) Kommt ein Unternehmen oder eine Vereinigung von Unternehmen seinen Verpflichtungen nach diesem Gesetz oder den auf Grund dieses Gesetzes erlassenen Rechtsverordnungen nicht nach, so kann die Regulierungsbehörde die Maßnahmen zur Einhaltung der Verpflichtungen anordnen.

EnWG

(2a) [1]Hat ein Betreiber von Transportnetzen aus anderen als zwingenden, von ihn nicht zu beeinflussenden Gründen eine Investition, die nach dem Netzentwicklungsplan nach § 12c Absatz 4 Satz 1 und 3 oder § 15a in den folgenden drei Jahren nach Eintritt der Verbindlichkeit nach § 12c Absatz 4 Satz 1 oder § 15a Absatz 3 Satz 8 durchgeführt werden musste, nicht durchgeführt, fordert die Regulierungsbehörde ihn mit Fristsetzung zur Durchführung der betreffenden Investition auf, sofern die Investition unter Zugrundelegung des jüngsten Netzentwicklungsplans noch relevant ist. [2]Die Regulierungsbehörde kann nach Ablauf der Frist nach Satz 1 ein Ausschreibungsverfahren zur Durchführung der betreffenden Investition durchführen. [3]Die Regulierungsbehörde kann durch Festlegung nach § 29 Absatz 1 zum Ausschreibungsverfahren nähere Bestimmungen treffen.

(3) Soweit ein berechtigtes Interesse besteht, kann die Regulierungsbehörde auch eine Zuwiderhandlung feststellen, nachdem diese beendet ist.

(4) § 30 Abs. 2 bleibt unberührt.

(5) Die Absätze 1 und 2 sowie die §§ 68, 69 und 71 sind entsprechend anzuwenden auf die Überwachung von Bestimmungen dieses Gesetzes und von auf Grund dieser Bestimmungen ergangenen Rechtsvorschriften durch die nach Landesrecht zuständige Behörde, soweit diese für die Überwachung der Einhaltung dieser Vorschriften zuständig ist und dieses Gesetz im Einzelfall nicht speziellere Vorschriften über Aufsichtsmaßnahmen enthält.

---

1) **Anm. d. Red.:** Überschrift i. d. F. des Gesetzes v. 24. 11. 2011 (BGBl I S. 2302) mit Wirkung v. 3. 12. 2011.

2) **Anm. d. Red.:** § 65 i. d. F. des Gesetzes v. 5. 12. 2012 (BGBl I S. 2403) mit Wirkung v. 12. 12. 2012.

(6) Die Bundesnetzagentur kann gegenüber Personen, die gegen Vorschriften der Verordnung (EU) Nr. 1227/2011 verstoßen, sämtliche Maßnahmen nach den Absätzen 1 bis 3 ergreifen, soweit sie zur Durchsetzung der Vorschriften der Verordnung (EU) Nr. 1227/2011 erforderlich sind.

§ 66 Einleitung des Verfahrens, Beteiligte[1]

(1) Die Regulierungsbehörde leitet ein Verfahren von Amts wegen oder auf Antrag ein.

(2) An dem Verfahren vor der Regulierungsbehörde sind beteiligt,

1. wer die Einleitung eines Verfahrens beantragt hat,
2. natürliche und juristische Personen, gegen die sich das Verfahren richtet,
3. Personen und Personenvereinigungen, deren Interessen durch die Entscheidung erheblich berührt werden und die die Regulierungsbehörde auf ihren Antrag zu dem Verfahren beigeladen hat, wobei Interessen der Verbraucherzentralen und anderer Verbraucherverbände, die mit öffentlichen Mitteln gefördert werden, auch dann erheblich berührt werden, wenn sich die Entscheidung auf eine Vielzahl von Verbrauchern auswirkt und dadurch die Interessen der Verbraucher insgesamt erheblich berührt werden.

(3) An Verfahren vor den nach Landesrecht zuständigen Behörden ist auch die Regulierungsbehörde beteiligt.

§ 66a Vorabentscheidung über Zuständigkeit[2]

(1) [1]Macht ein Beteiligter die örtliche oder sachliche Unzuständigkeit der Regulierungsbehörde geltend, so kann die Regulierungsbehörde über die Zuständigkeit vorab entscheiden. [2]Die Verfügung kann selbständig mit der Beschwerde angefochten werden.

(2) Hat ein Beteiligter die örtliche oder sachliche Unzuständigkeit der Regulierungsbehörde nicht geltend gemacht, so kann eine Beschwerde nicht darauf gestützt werden, dass die Regulierungsbehörde ihre Zuständigkeit zu Unrecht angenommen hat.

§ 67 Anhörung, mündliche Verhandlung

(1) Die Regulierungsbehörde hat den Beteiligten Gelegenheit zur Stellungnahme zu geben.

(2) Vertretern der von dem Verfahren berührten Wirtschaftskreise kann die Regulierungsbehörde in geeigneten Fällen Gelegenheit zur Stellungnahme geben.

(3) [1]Auf Antrag eines Beteiligten oder von Amts wegen kann die Regulierungsbehörde eine öffentliche mündliche Verhandlung durchführen. [2]Für die Verhandlung oder für einen Teil davon ist die Öffentlichkeit auszuschließen, wenn sie eine Gefährdung der öffentlichen Ordnung, insbesondere der Sicherheit des Staates, oder die Gefährdung eines wichtigen Betriebs- oder Geschäftsgeheimnisses besorgen lässt.

(4) Die §§ 45 und 46 des Verwaltungsverfahrensgesetzes sind anzuwenden.

§ 68 Ermittlungen[3]

(1) Die Regulierungsbehörde kann alle Ermittlungen führen und alle Beweise erheben, die erforderlich sind.

(2) [1]Für den Beweis durch Augenschein, Zeugen und Sachverständige sind § 372 Abs. 1, §§ 376, 377, 378, 380 bis 387, 390, 395 bis 397, 398 Abs. 1, §§ 401, 402, 404, 404a, 406 bis 409, 411 bis 414 der Zivilprozessordnung sinngemäß anzuwenden; Haft darf nicht verhängt werden. [2]Für die Entscheidung über die Beschwerde ist das Oberlandesgericht zuständig.

---

1) **Anm. d. Red.:** § 66 i. d. F. des Gesetzes v. 5. 12. 2012 (BGBl I S. 2403) mit Wirkung v. 12. 12. 2012.

2) **Anm. d. Red.:** § 66a eingefügt gem. Gesetz v. 18. 12. 2007 (BGBl I S. 2966) mit Wirkung v. 22. 12. 2007.

3) **Anm. d. Red.:** § 68 i. d. F. des Gesetzes v. 5. 12. 2012 (BGBl I S. 2403) mit Wirkung v. 12. 12. 2012.

(3) [1]Über die Zeugenaussage soll eine Niederschrift aufgenommen werden, die von dem ermittelnden Mitglied der Regulierungsbehörde und, wenn ein Urkundsbeamter zugezogen ist, auch von diesem zu unterschreiben ist. [2]Die Niederschrift soll Ort und Tag der Verhandlung sowie die Namen der Mitwirkenden und Beteiligten ersehen lassen.

(4) [1]Die Niederschrift ist dem Zeugen zur Genehmigung vorzulesen oder zur eigenen Durchsicht vorzulegen. [2]Die erteilte Genehmigung ist zu vermerken und von dem Zeugen zu unterschreiben. [3]Unterbleibt die Unterschrift, so ist der Grund hierfür anzugeben.

(5) Bei der Vernehmung von Sachverständigen sind die Bestimmungen der Absätze 3 und 4 anzuwenden.

(6) [1]Die Regulierungsbehörde kann das Amtsgericht um die Beeidigung von Zeugen ersuchen, wenn sie die Beeidigung zur Herbeiführung einer wahrheitsgemäßen Aussage für notwendig erachtet. [2]Über die Beeidigung entscheidet das Gericht.

(7) Die Bundesnetzagentur darf personenbezogene Daten, die ihr zur Durchführung der Verordnung (EU) Nr. 1227/2011 mitgeteilt werden, nur speichern, verändern und nutzen, soweit dies zur Erfüllung der in ihrer Zuständigkeit liegenden Aufgaben und für die Zwecke der Zusammenarbeit nach Artikel 7 Absatz 2 und Artikel 16 der Verordnung (EU) Nr. 1227/2011 erforderlich ist.

(8) Die Bundesnetzagentur kann zur Erfüllung ihrer Aufgaben auch Wirtschaftsprüfer oder Sachverständige als Verwaltungshelfer bei Ermittlungen oder Überprüfungen einsetzen.

§ 68a Zusammenarbeit mit der Staatsanwaltschaft[1)]

[1]Die Bundesnetzagentur hat Tatsachen, die den Verdacht einer Straftat nach § 95a oder § 95b begründen, der zuständigen Staatsanwaltschaft unverzüglich anzuzeigen. [2]Sie kann die personenbezogenen Daten der Betroffenen, gegen die sich der Verdacht richtet oder die als Zeugen in Betracht kommen, der Staatsanwaltschaft übermitteln, soweit dies für Zwecke der Strafverfolgung erforderlich ist. [3]Die Staatsanwaltschaft entscheidet über die Vornahme der erforderlichen Ermittlungsmaßnahmen, insbesondere über Durchsuchungen, nach den Vorschriften der Strafprozessordnung. [4]Die Befugnisse der Bundesnetzagentur nach § 56 Absatz 1 Satz 2 und § 69 Absatz 3 und 11 bleiben hiervon unberührt, soweit

1. sie für die Durchführung von Verwaltungsmaßnahmen oder die Zusammenarbeit nach Artikel 7 Absatz 2 und Artikel 16 der Verordnung (EU) Nr. 1227/2011 erforderlich sind und
2. eine Gefährdung des Untersuchungszwecks von Ermittlungen der Strafverfolgungsbehörden oder der für Strafsachen zuständigen Gerichte nicht zu erwarten ist.

EnWG

§ 69 Auskunftsverlangen, Betretungsrecht[2)]

(1) [1]Soweit es zur Erfüllung der in diesem Gesetz der Regulierungsbehörde übertragenen Aufgaben erforderlich ist, kann die Regulierungsbehörde bis zur Bestandskraft ihrer Entscheidung

1. von Unternehmen und Vereinigungen von Unternehmen Auskunft über ihre technischen und wirtschaftlichen Verhältnisse sowie die Herausgabe von Unterlagen verlangen; dies umfasst auch allgemeine Marktstudien, die der Regulierungsbehörde bei der Erfüllung der ihr übertragenen Aufgaben, insbesondere bei der Einschätzung oder Analyse der Wettbewerbsbedingungen oder der Marktlage, dienen und sich im Besitz des Unternehmens oder der Vereinigung von Unternehmen befinden;
2. von Unternehmen und Vereinigungen von Unternehmen Auskunft über die wirtschaftlichen Verhältnisse von mit ihnen nach Artikel 3 Abs. 2 der Verordnung (EG) Nr. 139/2004 verbundenen Unternehmen sowie die Herausgabe von Unterlagen dieser Unternehmen verlangen, soweit sie die Informationen zur Verfügung haben oder soweit sie auf Grund

1) **Anm. d. Red.:** § 68a i. d. F. des Gesetzes v. 26. 7. 2016 (BGBl I S. 1786) mit Wirkung v. 30. 7. 2016.

2) **Anm. d. Red.:** § 69 i. d. F. des Gesetzes v. 5. 12. 2012 (BGBl I S. 2403) mit Wirkung v. 12. 12. 2012.

bestehender rechtlicher Verbindungen zur Beschaffung der verlangten Informationen über die verbundenen Unternehmen in der Lage sind;

3. bei Unternehmen und Vereinigungen von Unternehmen innerhalb der üblichen Geschäftszeiten die geschäftlichen Unterlagen einsehen und prüfen.

[2]Gegenüber Wirtschafts- und Berufsvereinigungen der Energiewirtschaft gilt Satz 1 Nr. 1 und 3 entsprechend hinsichtlich ihrer Tätigkeit, Satzung und Beschlüsse sowie Anzahl und Namen der Mitglieder, für die die Beschlüsse bestimmt sind.

(2) Die Inhaber der Unternehmen oder die diese vertretenden Personen, bei juristischen Personen, Gesellschaften und nichtrechtsfähigen Vereinen die nach Gesetz oder Satzung zur Vertretung berufenen Personen, sind verpflichtet, die verlangten Unterlagen herauszugeben, die verlangten Auskünfte zu erteilen, die geschäftlichen Unterlagen zur Einsichtnahme vorzulegen und die Prüfung dieser geschäftlichen Unterlagen sowie das Betreten von Geschäftsräumen und -grundstücken während der üblichen Geschäftszeiten zu dulden.

(3) [1]Personen, die von der Regulierungsbehörde mit der Vornahme von Prüfungen beauftragt sind, dürfen Betriebsgrundstücke, Büro- und Geschäftsräume und Einrichtungen der Unternehmen und Vereinigungen von Unternehmen während der üblichen Geschäftszeiten betreten. [2]Das Betreten ist außerhalb dieser Zeit oder wenn die Geschäftsräume sich in einer Wohnung befinden ohne Einverständnis nur insoweit zulässig und zu dulden, wie dies zur Verhütung von dringenden Gefahren für die öffentliche Sicherheit und Ordnung erforderlich ist und wie bei der auskunftspflichtigen Person Anhaltspunkte für einen Verstoß gegen Artikel 3 oder 5 der Verordnung (EU) Nr. 1227/2011 vorliegen. [3]Das Grundrecht des Artikels 13 des Grundgesetzes wird insoweit eingeschränkt.

(4) [1]Durchsuchungen können nur auf Anordnung des Amtsgerichts, in dessen Bezirk die Durchsuchung erfolgen soll, vorgenommen werden. [2]Durchsuchungen sind zulässig, wenn zu vermuten ist, dass sich in den betreffenden Räumen Unterlagen befinden, die die Regulierungsbehörde nach Absatz 1 einsehen, prüfen oder herausverlangen darf. [3]Auf die Anfechtung dieser Anordnung finden die §§ 306 bis 310 und 311a der Strafprozessordnung entsprechende Anwendung. [4]Bei Gefahr im Verzuge können die in Absatz 3 bezeichneten Personen während der Geschäftszeit die erforderlichen Durchsuchungen ohne richterliche Anordnung vornehmen. [5]An Ort und Stelle ist eine Niederschrift über die Durchsuchung und ihr wesentliches Ergebnis aufzunehmen, aus der sich, falls keine richterliche Anordnung ergangen ist, auch die Tatsachen ergeben, die zur Annahme einer Gefahr im Verzuge geführt haben. [6]Das Grundrecht der Unverletzlichkeit der Wohnung (Artikel 13 Abs. 1 des Grundgesetzes) wird insoweit eingeschränkt.

(5) [1]Gegenstände oder geschäftliche Unterlagen können im erforderlichen Umfang in Verwahrung genommen werden oder, wenn sie nicht freiwillig herausgegeben werden, beschlagnahmt werden. [2]Dem von der Durchsuchung Betroffenen ist nach deren Beendigung auf Verlangen ein Verzeichnis der in Verwahrung oder Beschlag genommenen Gegenstände, falls dies nicht der Fall ist, eine Bescheinigung hierüber zu geben.

(6) [1]Zur Auskunft Verpflichtete können die Auskunft auf solche Fragen verweigern, deren Beantwortung sie selbst oder in § 383 Abs. 1 Nr. 1 bis 3 der Zivilprozessordnung bezeichnete Angehörige der Gefahr strafrechtlicher Verfolgung oder eines Verfahrens nach dem Gesetz über Ordnungswidrigkeiten aussetzen würde. [2]Die durch Auskünfte oder Maßnahmen nach Absatz 1 erlangten Kenntnisse und Unterlagen dürfen für ein Besteuerungsverfahren oder ein Bußgeldverfahren wegen einer Steuerordnungswidrigkeit oder einer Devisenzuwiderhandlung sowie für ein Verfahren wegen einer Steuerstraftat oder einer Devisenstraftat nicht verwendet werden; die §§ 93, 97, 105 Abs. 1, § 111 Abs. 5 in Verbindung mit § 105 Abs. 1 sowie § 116 Abs. 1 der Abgabenordnung sind insoweit nicht anzuwenden. [3]Satz 2 gilt nicht für Verfahren wegen einer Steuerstraftat sowie eines damit zusammenhängenden Besteuerungsverfahrens, wenn an deren Durchführung ein zwingendes öffentliches Interesse besteht, oder bei vorsätzlich falschen Angaben der Auskunftspflichtigen oder der für sie tätigen Personen.

(7) [1]Die Bundesnetzagentur fordert die Auskünfte nach Absatz 1 Nr. 1 durch Beschluss, die Landesregulierungsbehörde fordert sie durch schriftliche Einzelverfügung an. [2]Darin sind die

Rechtsgrundlage, der Gegenstand und der Zweck des Auskunftsverlangens anzugeben und eine angemessene Frist zur Erteilung der Auskunft zu bestimmen.

(8) [1]Die Bundesnetzagentur ordnet die Prüfung nach Absatz 1 Satz 1 Nr. 3 durch Beschluss mit Zustimmung des Präsidenten oder der Präsidentin, die Landesregulierungsbehörde durch schriftliche Einzelverfügung an. [2]In der Anordnung sind Zeitpunkt, Rechtsgrundlage, Gegenstand und Zweck der Prüfung anzugeben.

(9) Soweit Prüfungen einen Verstoß gegen Anordnungen oder Entscheidungen der Regulierungsbehörde ergeben haben, hat das Unternehmen der Regulierungsbehörde die Kosten für diese Prüfungen zu erstatten.

(10) [1]Lassen Umstände vermuten, dass der Wettbewerb im Anwendungsbereich dieses Gesetzes beeinträchtigt oder verfälscht ist, kann die Regulierungsbehörde die Untersuchung eines bestimmten Wirtschaftszweiges oder einer bestimmten Art von Vereinbarungen oder Verhalten durchführen. [2]Im Rahmen dieser Untersuchung kann die Regulierungsbehörde von den betreffenden Unternehmen die Auskünfte verlangen, die zur Durchsetzung dieses Gesetzes und der Verordnung (EG) Nr. 1228/2003 erforderlich sind und die dazu erforderlichen Ermittlungen durchführen. [3]Die Absätze 1 bis 9 sowie die §§ 68 und 71 sowie 72 bis 74 gelten entsprechend.

(11) [1]Die Bundesnetzagentur kann von allen natürlichen und juristischen Personen Auskünfte und die Herausgabe von Unterlagen verlangen sowie Personen laden und vernehmen, soweit Anhaltspunkte dafür vorliegen, dass dies für die Überwachung der Einhaltung der Artikel 3 und 5 der Verordnung (EU) Nr. 1227/2011 erforderlich ist. [2]Sie kann insbesondere die Angabe von Bestandsveränderungen in Energiegroßhandelsprodukten sowie Auskünfte über die Identität weiterer Personen, insbesondere der Auftraggeber und der aus Geschäften berechtigten oder verpflichteten Personen, verlangen. [3]Die Absätze 1 bis 9 sowie die §§ 68 und 71 sowie 72 bis 74 sind anzuwenden. [4]Gesetzliche Auskunfts- oder Aussageverweigerungsrechte sowie gesetzliche Verschwiegenheitspflichten bleiben unberührt.

§ 70 Beschlagnahme

EnWG

(1) [1]Die Regulierungsbehörde kann Gegenstände, die als Beweismittel für die Ermittlung von Bedeutung sein können, beschlagnahmen. [2]Die Beschlagnahme ist dem davon Betroffenen unverzüglich bekannt zu geben.

(2) Die Regulierungsbehörde hat binnen drei Tagen um die richterliche Bestätigung des Amtsgerichts, in dessen Bezirk die Beschlagnahme vorgenommen ist, nachzusuchen, wenn bei der Beschlagnahme weder der davon Betroffene noch ein erwachsener Angehöriger anwesend war oder wenn der Betroffene und im Falle seiner Abwesenheit ein erwachsener Angehöriger des Betroffenen gegen die Beschlagnahme ausdrücklich Widerspruch erhoben hat.

(3) [1]Der Betroffene kann gegen die Beschlagnahme jederzeit um die richterliche Entscheidung nachsuchen. [2]Hierüber ist er zu belehren. [3]Über den Antrag entscheidet das nach Absatz 2 zuständige Gericht.

(4) [1]Gegen die richterliche Entscheidung ist die Beschwerde zulässig. [2]Die §§ 306 bis 310 und 311a der Strafprozessordnung gelten entsprechend.

§ 71 Betriebs- oder Geschäftsgeheimnisse

[1]Zur Sicherung ihrer Rechte nach § 30 des Verwaltungsverfahrensgesetzes haben alle, die nach diesem Gesetz zur Vorlage von Informationen verpflichtet sind, unverzüglich nach der Vorlage diejenigen Teile zu kennzeichnen, die Betriebs- oder Geschäftsgeheimnisse enthalten. [2]In diesem Fall müssen sie zusätzlich eine Fassung vorlegen, die aus ihrer Sicht ohne Preisgabe von Betriebs- oder Geschäftsgeheimnissen eingesehen werden kann. [3]Erfolgt dies nicht, kann die Regulierungsbehörde von ihrer Zustimmung zur Einsicht ausgehen, es sei denn, ihr sind besondere Umstände bekannt, die eine solche Vermutung nicht rechtfertigen. [4]Hält die Regulierungsbehörde die Kennzeichnung der Unterlagen als Betriebs- oder Geschäftsgeheimnisse für unberechtigt, so muss sie vor der Entscheidung über die Gewährung von Einsichtnahme an Dritte die vorlegenden Personen hören.

§ 71a Netzentgelte vorgelagerter Netzebenen

Soweit Entgelte für die Nutzung vorgelagerter Netzebenen im Netzentgelt des Verteilernetzbetreibers enthalten sind, sind diese von den Landesregulierungsbehörden zugrunde zu legen, soweit nicht etwas anderes durch eine sofort vollziehbare oder bestandskräftige Entscheidung der Bundesnetzagentur oder ein rechtskräftiges Urteil festgestellt worden ist.

§ 72 Vorläufige Anordnungen

Die Regulierungsbehörde kann bis zur endgültigen Entscheidung vorläufige Anordnungen treffen.

§ 73 Verfahrensabschluss, Begründung der Entscheidung, Zustellung[1)]

(1) [1]Entscheidungen der Regulierungsbehörde sind zu begründen und mit einer Belehrung über das zulässige Rechtsmittel den Beteiligten nach den Vorschriften des Verwaltungszustellungsgesetzes zuzustellen. [2]§ 5 Abs. 4 des Verwaltungszustellungsgesetzes und § 178 Abs. 1 Nr. 2 der Zivilprozessordnung sind entsprechend anzuwenden auf Unternehmen und Vereinigungen von Unternehmen. Entscheidungen, die gegenüber einem Unternehmen mit Sitz im Ausland ergehen, stellt die Regulierungsbehörde der Person zu, die das Unternehmen der Regulierungsbehörde als im Inland zustellungsbevollmächtigt benannt hat. [3]Hat das Unternehmen keine zustellungsbevollmächtigte Person im Inland benannt, so stellt die Regulierungsbehörde die Entscheidungen durch Bekanntmachung im Bundesanzeiger zu.

(1a) [1]Werden Entscheidungen der Regulierungsbehörde durch Festlegung nach § 29 Absatz 1 oder durch Änderungsbeschluss nach § 29 Absatz 2 gegenüber allen oder einer Gruppe von Netzbetreibern oder von sonstigen Verpflichteten einer Vorschrift getroffen, kann die Zustellung nach Absatz 1 Satz 1 durch öffentliche Bekanntmachung ersetzt werden. [2]Die öffentliche Bekanntmachung wird dadurch bewirkt, dass der verfügende Teil der Festlegung oder des Änderungsbeschlusses, die Rechtsbehelfsbelehrung und ein Hinweis auf die Veröffentlichung der vollständigen Entscheidung auf der Internetseite der Regulierungsbehörde und im Amtsblatt der Regulierungsbehörde bekannt gemacht werden. [3]Die Festlegung oder der Änderungsbeschluss gilt mit dem Tag als zugestellt, an dem seit dem Tag der Bekanntmachung im Amtsblatt der Regulierungsbehörde zwei Wochen verstrichen sind; hierauf ist in der Bekanntmachung hinzuweisen. [4]§ 41 Absatz 4 Satz 4 des Verwaltungsverfahrensgesetzes gilt entsprechend. [5]Für Entscheidungen der Regulierungsbehörde in Auskunftsverlangen gegenüber einer Gruppe von Unternehmen gelten die Sätze 1 bis 5 entsprechend, soweit den Entscheidungen ein einheitlicher Auskunftszweck zugrunde liegt.

(2) Soweit ein Verfahren nicht mit einer Entscheidung abgeschlossen wird, die den Beteiligten nach Absatz 1 zugestellt wird, ist seine Beendigung den Beteiligten mitzuteilen.

(3) Die Regulierungsbehörde kann die Kosten einer Beweiserhebung den Beteiligten nach billigem Ermessen auferlegen.

§ 74 Veröffentlichung von Verfahrenseinleitungen und Entscheidungen

[1]Die Einleitung von Verfahren nach § 29 Abs. 1 und 2 und Entscheidungen der Regulierungsbehörde auf der Grundlage des Teiles 3 sind auf der Internetseite und im Amtsblatt der Regulierungsbehörde zu veröffentlichen. [2]Im Übrigen können Entscheidungen von der Regulierungsbehörde veröffentlicht werden.

1) **Anm. d. Red.:** § 73 i. d. F. des Gesetzes v. 29. 3. 2017 (BGBl I S. 626) mit Wirkung v. 5. 4. 2017.

Abschnitt 2: Beschwerde

§ 75 Zulässigkeit, Zuständigkeit[1)]

(1) [1]Gegen Entscheidungen der Regulierungsbehörde ist die Beschwerde zulässig. [2]Sie kann auch auf neue Tatsachen und Beweismittel gestützt werden.

(2) Die Beschwerde steht den am Verfahren vor der Regulierungsbehörde Beteiligten zu.

(3) [1]Die Beschwerde ist auch gegen die Unterlassung einer beantragten Entscheidung der Regulierungsbehörde zulässig, auf deren Erlass der Antragsteller einen Rechtsanspruch geltend macht. [2]Als Unterlassung gilt es auch, wenn die Regulierungsbehörde den Antrag auf Erlass der Entscheidung ohne zureichenden Grund in angemessener Frist nicht beschieden hat. [3]Die Unterlassung ist dann einer Ablehnung gleich zu achten.

(4) [1]Über die Beschwerde entscheidet ausschließlich das für den Sitz der Regulierungsbehörde zuständige Oberlandesgericht, in den Fällen des § 51 ausschließlich das für den Sitz der Bundesnetzagentur zuständige Oberlandesgericht, und zwar auch dann, wenn sich die Beschwerde gegen eine Verfügung des Bundesministeriums für Wirtschaft und Energie richtet. [2]§ 36 der Zivilprozessordnung gilt entsprechend.

§ 76 Aufschiebende Wirkung[2)]

(1) Die Beschwerde hat keine aufschiebende Wirkung, soweit durch die angefochtene Entscheidung nicht eine Entscheidung zur Durchsetzung der Verpflichtungen nach den §§ 7 bis 7b und 8 bis 10d getroffen wird.

(2) [1]Wird eine Entscheidung, durch die eine vorläufige Anordnung nach § 72 getroffen wurde, angefochten, so kann das Beschwerdegericht anordnen, dass die angefochtene Entscheidung ganz oder teilweise erst nach Abschluss des Beschwerdeverfahrens oder nach Leistung einer Sicherheit in Kraft tritt. [2]Die Anordnung kann jederzeit aufgehoben oder geändert werden.

(3) [1]§ 72 gilt entsprechend für das Verfahren vor dem Beschwerdegericht. [2]Dies gilt nicht für die Fälle des § 77.

EnWG

§ 77 Anordnung der sofortigen Vollziehung und der aufschiebenden Wirkung

(1) Die Regulierungsbehörde kann in den Fällen des § 76 Abs. 1 die sofortige Vollziehung der Entscheidung anordnen, wenn dies im öffentlichen Interesse oder im überwiegenden Interesse eines Beteiligten geboten ist.

(2) Die Anordnung nach Absatz 1 kann bereits vor der Einreichung der Beschwerde getroffen werden.

(3) [1]Auf Antrag kann das Beschwerdegericht die aufschiebende Wirkung ganz oder teilweise wiederherstellen, wenn

1. die Voraussetzungen für die Anordnung nach Absatz 1 nicht vorgelegen haben oder nicht mehr vorliegen oder
2. ernstliche Zweifel an der Rechtmäßigkeit der angefochtenen Verfügung bestehen oder
3. die Vollziehung für den Betroffenen eine unbillige, nicht durch überwiegende öffentliche Interessen gebotene Härte zur Folge hätte.

[2]In den Fällen, in denen die Beschwerde keine aufschiebende Wirkung hat, kann die Regulierungsbehörde die Vollziehung aussetzen. [3]Die Aussetzung soll erfolgen, wenn die Voraussetzungen des Satzes 1 Nr. 3 vorliegen. [4]Das Beschwerdegericht kann auf Antrag die aufschiebende Wirkung ganz oder teilweise anordnen, wenn die Voraussetzungen des Satzes 1 Nr. 2 oder 3 vorliegen.

---

1) **Anm. d. Red.:** § 75 i. d. F. der VO v. 31. 8. 2015 (BGBl I S. 1474) mit Wirkung v. 8. 9. 2015.

2) **Anm. d. Red.:** § 76 i. d. F. des Gesetzes v. 20. 12. 2012 (BGBl I S. 2730) mit Wirkung v. 28. 12. 2012.

(4) [1]Der Antrag nach Absatz 3 Satz 1 oder 4 ist schon vor Einreichung der Beschwerde zulässig. [2]Die Tatsachen, auf die der Antrag gestützt wird, sind vom Antragsteller glaubhaft zu machen. [3]Ist die Entscheidung der Regulierungsbehörde schon vollzogen, kann das Gericht auch die Aufhebung der Vollziehung anordnen. [4]Die Wiederherstellung und die Anordnung der aufschiebenden Wirkung können von der Leistung einer Sicherheit oder von anderen Auflagen abhängig gemacht werden. [5]Sie können auch befristet werden.

(5) Entscheidungen nach Absatz 3 Satz 1 und Beschlüsse über Anträge nach Absatz 3 Satz 4 können jederzeit geändert oder aufgehoben werden.

§ 78 Frist und Form[1)]

(1) [1]Die Beschwerde ist binnen einer Frist von einem Monat bei der Regulierungsbehörde schriftlich einzureichen. [2]Die Frist beginnt mit der Zustellung der Entscheidung der Regulierungsbehörde. [3]Es genügt, wenn die Beschwerde innerhalb der Frist bei dem Beschwerdegericht eingeht.

(2) Ergeht auf einen Antrag keine Entscheidung, so ist die Beschwerde an keine Frist gebunden.

(3) [1]Die Beschwerde ist zu begründen. [2]Die Frist für die Beschwerdebegründung beträgt einen Monat; sie beginnt mit der Einlegung der Beschwerde und kann auf Antrag von dem oder der Vorsitzenden des Beschwerdegerichts verlängert werden.

(4) Die Beschwerdebegründung muss enthalten

1. die Erklärung, inwieweit die Entscheidung angefochten und ihre Abänderung oder Aufhebung beantragt wird,
2. die Angabe der Tatsachen und Beweismittel, auf die sich die Beschwerde stützt.

(5) Die Beschwerdeschrift und die Beschwerdebegründung müssen durch einen Rechtsanwalt unterzeichnet sein; dies gilt nicht für Beschwerden der Regulierungsbehörde.

§ 79 Beteiligte am Beschwerdeverfahren

(1) An dem Verfahren vor dem Beschwerdegericht sind beteiligt

1. der Beschwerdeführer,
2. die Regulierungsbehörde,
3. Personen und Personenvereinigungen, deren Interessen durch die Entscheidung erheblich berührt werden und die die Regulierungsbehörde auf ihren Antrag zu dem Verfahren beigeladen hat.

(2) Richtet sich die Beschwerde gegen eine Entscheidung einer nach Landesrecht zuständigen Behörde, ist auch die Regulierungsbehörde an dem Verfahren beteiligt.

§ 80 Anwaltszwang[2)]

[1]Vor dem Beschwerdegericht müssen die Beteiligten sich durch einen Rechtsanwalt als Bevollmächtigten vertreten lassen. [2]Die Regulierungsbehörde kann sich durch ein Mitglied der Behörde vertreten lassen.

§ 81 Mündliche Verhandlung

(1) Das Beschwerdegericht entscheidet über die Beschwerde auf Grund mündlicher Verhandlung; mit Einverständnis der Beteiligten kann ohne mündliche Verhandlung entschieden werden.

---

1) **Anm. d. Red.:** § 78 i. d. F. des Gesetzes v. 26. 3. 2007 (BGBl I S. 358) mit Wirkung v. 1. 6. 2007.

2) **Anm. d. Red.:** § 80 i. d. F. des Gesetzes v. 26. 3. 2007 (BGBl I S. 358) mit Wirkung v. 1. 6. 2007.

(2) Sind die Beteiligten in dem Verhandlungstermin trotz rechtzeitiger Benachrichtigung nicht erschienen oder gehörig vertreten, so kann gleichwohl in der Sache verhandelt und entschieden werden.

§ 82 Untersuchungsgrundsatz

(1) Das Beschwerdegericht erforscht den Sachverhalt von Amts wegen.

(2) Der oder die Vorsitzende hat darauf hinzuwirken, dass Formfehler beseitigt, unklare Anträge erläutert, sachdienliche Anträge gestellt, ungenügende tatsächliche Angaben ergänzt, ferner alle für die Feststellung und Beurteilung des Sachverhalts wesentlichen Erklärungen abgegeben werden.

(3) [1]Das Beschwerdegericht kann den Beteiligten aufgeben, sich innerhalb einer zu bestimmenden Frist über aufklärungsbedürftige Punkte zu äußern, Beweismittel zu bezeichnen und in ihren Händen befindliche Urkunden sowie andere Beweismittel vorzulegen. [2]Bei Versäumung der Frist kann nach Lage der Sache ohne Berücksichtigung der nicht beigebrachten Unterlagen entschieden werden.

(4) [1]Wird die Anforderung nach § 69 Abs. 7 oder die Anordnung nach § 69 Abs. 8 mit der Beschwerde angefochten, hat die Regulierungsbehörde die tatsächlichen Anhaltspunkte glaubhaft zu machen. [2]§ 294 Abs. 1 der Zivilprozessordnung findet Anwendung.

§ 83 Beschwerdeentscheidung[1)]

(1) [1]Das Beschwerdegericht entscheidet durch Beschluss nach seiner freien, aus dem Gesamtergebnis des Verfahrens gewonnenen Überzeugung. [2]Der Beschluss darf nur auf Tatsachen und Beweismittel gestützt werden, zu denen die Beteiligten sich äußern konnten. [3]Das Beschwerdegericht kann hiervon abweichen, soweit Beigeladenen aus wichtigen Gründen, insbesondere zur Wahrung von Betriebs- oder Geschäftsgeheimnissen, Akteneinsicht nicht gewährt und der Akteninhalt aus diesen Gründen auch nicht vorgetragen worden ist. [4]Dies gilt nicht für solche Beigeladene, die an dem streitigen Rechtsverhältnis derart beteiligt sind, dass die Entscheidung auch ihnen gegenüber nur einheitlich ergehen kann.

EnWG

(2) [1]Hält das Beschwerdegericht die Entscheidung der Regulierungsbehörde für unzulässig oder unbegründet, so hebt es sie auf. [2]Hat sich die Entscheidung vorher durch Zurücknahme oder auf andere Weise erledigt, so spricht das Beschwerdegericht auf Antrag aus, dass die Entscheidung der Regulierungsbehörde unzulässig oder unbegründet gewesen ist, wenn der Beschwerdeführer ein berechtigtes Interesse an dieser Feststellung hat.

(3) Hat sich eine Entscheidung nach den §§ 29 bis 31 wegen nachträglicher Änderung der tatsächlichen Verhältnisse oder auf andere Weise erledigt, so spricht das Beschwerdegericht auf Antrag aus, ob, in welchem Umfang und bis zu welchem Zeitpunkt die Entscheidung begründet gewesen ist.

(4) Hält das Beschwerdegericht die Ablehnung oder Unterlassung der Entscheidung für unzulässig oder unbegründet, so spricht es die Verpflichtung der Regulierungsbehörde aus, die beantragte Entscheidung vorzunehmen.

(5) Die Entscheidung ist auch dann unzulässig oder unbegründet, wenn die Regulierungsbehörde von ihrem Ermessen fehlsamen Gebrauch gemacht hat, insbesondere wenn sie die gesetzlichen Grenzen des Ermessens überschritten oder durch die Ermessensentscheidung Sinn und Zweck dieses Gesetzes verletzt hat.

(6) Der Beschluss ist zu begründen und mit einer Rechtsmittelbelehrung den Beteiligten zuzustellen.

1) **Anm. d. Red.:** § 83 i. d. F. des Gesetzes v. 26. 7. 2011 (BGBl I S. 1554) mit Wirkung v. 4. 8. 2011.

§ 83a Abhilfe bei Verletzung des Anspruchs auf rechtliches Gehör[1)]

(1) [1]Auf die Rüge eines durch eine gerichtliche Entscheidung beschwerten Beteiligten ist das Verfahren fortzuführen, wenn

1. ein Rechtsmittel oder ein anderer Rechtsbehelf gegen die Entscheidung nicht gegeben ist und
2. das Gericht den Anspruch dieses Beteiligten auf rechtliches Gehör in entscheidungserheblicher Weise verletzt hat.

[2]Gegen eine der Entscheidung vorausgehende Entscheidung findet die Rüge nicht statt.

(2) [1]Die Rüge ist innerhalb von zwei Wochen nach Kenntnis von der Verletzung des rechtlichen Gehörs zu erheben; der Zeitpunkt der Kenntniserlangung ist glaubhaft zu machen. [2]Nach Ablauf eines Jahres seit Bekanntgabe der angegriffenen Entscheidung kann die Rüge nicht mehr erhoben werden. [3]Formlos mitgeteilte Entscheidungen gelten mit dem dritten Tage nach Aufgabe zur Post als bekannt gegeben. [4]Die Rüge ist schriftlich oder zur Niederschrift des Urkundsbeamten der Geschäftsstelle bei dem Gericht zu erheben, dessen Entscheidung angegriffen wird. [5]Die Rüge muss die angegriffene Entscheidung bezeichnen und das Vorliegen der in Absatz 1 Satz 1 Nr. 2 genannten Voraussetzungen darlegen.

(3) Den übrigen Beteiligten ist, soweit erforderlich, Gelegenheit zur Stellungnahme zu geben.

(4) [1]Ist die Rüge nicht statthaft oder nicht in der gesetzlichen Form oder Frist erhoben, so ist sie als unzulässig zu verwerfen. [2]Ist die Rüge unbegründet, weist das Gericht sie zurück. [3]Die Entscheidung ergeht durch unanfechtbaren Beschluss. [4]Der Beschluss soll kurz begründet werden.

(5) [1]Ist die Rüge begründet, so hilft ihr das Gericht ab, indem es das Verfahren fortführt, soweit dies aufgrund der Rüge geboten ist. [2]Das Verfahren wird in die Lage zurückversetzt, in der es sich vor dem Schluss der mündlichen Verhandlung befand. [3]Im schriftlichen Verfahren tritt an die Stelle des Schlusses der mündlichen Verhandlung der Zeitpunkt, bis zu dem Schriftsätze eingereicht werden können. [4]Für den Ausspruch des Gerichts ist § 343 der Zivilprozessordnung anzuwenden.

(6) § 149 Abs. 1 Satz 2 der Verwaltungsgerichtsordnung ist entsprechend anzuwenden.

§ 84 Akteneinsicht

(1) [1]Die in § 79 Abs. 1 Nr. 1 und 2 und Abs. 2 bezeichneten Beteiligten können die Akten des Gerichts einsehen und sich durch die Geschäftsstelle auf ihre Kosten Ausfertigungen, Auszüge und Abschriften erteilen lassen. [2]§ 299 Abs. 3 der Zivilprozessordnung gilt entsprechend.

(2) [1]Einsicht in Vorakten, Beiakten, Gutachten und Auskünfte sind nur mit Zustimmung der Stellen zulässig, denen die Akten gehören oder die die Äußerung eingeholt haben. [2]Die Regulierungsbehörde hat die Zustimmung zur Einsicht in ihre Unterlagen zu versagen, soweit dies aus wichtigen Gründen, insbesondere zur Wahrung von Betriebs- oder Geschäftsgeheimnissen, geboten ist. [3]Wird die Einsicht abgelehnt oder ist sie unzulässig, dürfen diese Unterlagen der Entscheidung nur insoweit zugrunde gelegt werden, als ihr Inhalt vorgetragen worden ist. [4]Das Beschwerdegericht kann die Offenlegung von Tatsachen oder Beweismitteln, deren Geheimhaltung aus wichtigen Gründen, insbesondere zur Wahrung von Betriebs- oder Geschäftsgeheimnissen, verlangt wird, nach Anhörung des von der Offenlegung Betroffenen durch Beschluss anordnen, soweit es für die Entscheidung auf diese Tatsachen oder Beweismittel ankommt, andere Möglichkeiten der Sachaufklärung nicht bestehen und nach Abwägung aller Umstände des Einzelfalles die Bedeutung der Sache das Interesse des Betroffenen an der Geheimhaltung überwiegt. [5]Der Beschluss ist zu begründen. [6]In dem Verfahren nach Satz 4 muss sich der Betroffene nicht anwaltlich vertreten lassen.

1) **Anm. d. Red.:** § 83a eingefügt gem. Gesetz v. 18. 12. 2007 (BGBl I S. 2966) mit Wirkung v. 22. 12. 2007.

(3) Den in § 79 Abs. 1 Nr. 3 bezeichneten Beteiligten kann das Beschwerdegericht nach Anhörung des Verfügungsberechtigten Akteneinsicht in gleichem Umfang gewähren.

§ 85 Geltung von Vorschriften des Gerichtsverfassungsgesetzes und der Zivilprozessordnung[1)]

Für Verfahren vor dem Beschwerdegericht gelten, soweit nicht anderes bestimmt ist, entsprechend

1. die Vorschriften der §§ 169 bis 201 des Gerichtsverfassungsgesetzes über Öffentlichkeit, Sitzungspolizei, Gerichtssprache, Beratung und Abstimmung sowie über den Rechtsschutz bei überlangen Gerichtsverfahren;
2. die Vorschriften der Zivilprozessordnung über Ausschließung und Ablehnung eines Richters, über Prozessbevollmächtigte und Beistände, über die Zustellung von Amts wegen, über Ladungen, Termine und Fristen, über die Anordnung des persönlichen Erscheinens der Parteien, über die Verbindung mehrerer Prozesse, über die Erledigung des Zeugen- und Sachverständigenbeweises sowie über die sonstigen Arten des Beweisverfahrens, über die Wiedereinsetzung in den vorigen Stand gegen die Versäumung einer Frist sowie über den elektronischen Rechtsverkehr.

Abschnitt 3: Rechtsbeschwerde

§ 86 Rechtsbeschwerdegründe

(1) Gegen die in der Hauptsache erlassenen Beschlüsse der Oberlandesgerichte findet die Rechtsbeschwerde an den Bundesgerichtshof statt, wenn das Oberlandesgericht die Rechtsbeschwerde zugelassen hat.

EnWG

(2) Die Rechtsbeschwerde ist zuzulassen, wenn

1. eine Rechtsfrage von grundsätzlicher Bedeutung zu entscheiden ist oder
2. die Fortbildung des Rechts oder die Sicherung einer einheitlichen Rechtsprechung eine Entscheidung des Bundesgerichtshofs erfordert.

(3) [1]Über die Zulassung oder Nichtzulassung der Rechtsbeschwerde ist in der Entscheidung des Oberlandesgerichts zu befinden. [2]Die Nichtzulassung ist zu begründen.

(4) Einer Zulassung zur Einlegung der Rechtsbeschwerde gegen Entscheidungen des Beschwerdegerichts bedarf es nicht, wenn einer der folgenden Mängel des Verfahrens vorliegt und gerügt wird:

1. wenn das beschließende Gericht nicht vorschriftsmäßig besetzt war,
2. wenn bei der Entscheidung ein Richter mitgewirkt hat, der von der Ausübung des Richteramtes kraft Gesetzes ausgeschlossen oder wegen Besorgnis der Befangenheit mit Erfolg abgelehnt war,
3. wenn einem Beteiligten das rechtliche Gehör versagt war,
4. wenn ein Beteiligter im Verfahren nicht nach Vorschrift des Gesetzes vertreten war, sofern er nicht der Führung des Verfahrens ausdrücklich oder stillschweigend zugestimmt hat,
5. wenn die Entscheidung auf Grund einer mündlichen Verhandlung ergangen ist, bei der die Vorschriften über die Öffentlichkeit des Verfahrens verletzt worden sind, oder
6. wenn die Entscheidung nicht mit Gründen versehen ist.

---

1) **Anm. d. Red.:** § 85 i. d. F. des Gesetzes v. 17.7.2017 (BGBl I S. 2503) mit Wirkung v. 22.7.2017.

§ 87 Nichtzulassungsbeschwerde[1)]

(1) Die Nichtzulassung der Rechtsbeschwerde kann selbständig durch Nichtzulassungsbeschwerde angefochten werden.

(2) [1]Über die Nichtzulassungsbeschwerde entscheidet der Bundesgerichtshof durch Beschluss, der zu begründen ist. [2]Der Beschluss kann ohne mündliche Verhandlung ergehen.

(3) [1]Die Nichtzulassungsbeschwerde ist binnen einer Frist von einem Monat schriftlich bei dem Oberlandesgericht einzulegen. [2]Die Frist beginnt mit der Zustellung der angefochtenen Entscheidung.

(4) [1]Für die Nichtzulassungsbeschwerde gelten die §§ 77, 78 Abs. 3, 4 Nr. 1 und Abs. 5, §§ 79, 80, 84 und 85 Nr. 2 dieses Gesetzes sowie die §§ 192 bis 201 des Gerichtsverfassungsgesetzes über die Beratung und Abstimmung sowie über den Rechtsschutz bei überlangen Gerichtsverfahren entsprechend. [2]Für den Erlass einstweiliger Anordnungen ist das Beschwerdegericht zuständig.

(5) [1]Wird die Rechtsbeschwerde nicht zugelassen, so wird die Entscheidung des Oberlandesgerichts mit der Zustellung des Beschlusses des Bundesgerichtshofs rechtskräftig. [2]Wird die Rechtsbeschwerde zugelassen, so beginnt mit der Zustellung des Beschlusses des Bundesgerichtshofs der Lauf der Beschwerdefrist.

§ 88 Beschwerdeberechtigte, Form und Frist

(1) Die Rechtsbeschwerde steht der Regulierungsbehörde sowie den am Beschwerdeverfahren Beteiligten zu.

(2) Die Rechtsbeschwerde kann nur darauf gestützt werden, dass die Entscheidung auf einer Verletzung des Rechts beruht; die §§ 546, 547 der Zivilprozessordnung gelten entsprechend.

(3) [1]Die Rechtsbeschwerde ist binnen einer Frist von einem Monat schriftlich bei dem Oberlandesgericht einzulegen. [2]Die Frist beginnt mit der Zustellung der angefochtenen Entscheidung.

(4) Der Bundesgerichtshof ist an die in der angefochtenen Entscheidung getroffenen tatsächlichen Feststellungen gebunden, außer wenn in Bezug auf diese Feststellungen zulässige und begründete Rechtsbeschwerdegründe vorgebracht sind.

(5) [1]Für die Rechtsbeschwerde gelten im Übrigen die §§ 76, 78 Abs. 3, 4 Nr. 1 und Abs. 5, §§ 79 bis 81 sowie §§ 83 bis 85 entsprechend. [2]Für den Erlass einstweiliger Anordnungen ist das Beschwerdegericht zuständig.

Abschnitt 4: Gemeinsame Bestimmungen

§ 89 Beteiligtenfähigkeit

Fähig, am Verfahren vor der Regulierungsbehörde, am Beschwerdeverfahren und am Rechtsbeschwerdeverfahren beteiligt zu sein, sind außer natürlichen und juristischen Personen auch nichtrechtsfähige Personenvereinigungen.

§ 90 Kostentragung und -festsetzung

[1]Im Beschwerdeverfahren und im Rechtsbeschwerdeverfahren kann das Gericht anordnen, dass die Kosten, die zur zweckentsprechenden Erledigung der Angelegenheit notwendig waren, von einem Beteiligten ganz oder teilweise zu erstatten sind, wenn dies der Billigkeit entspricht. [2]Hat ein Beteiligter Kosten durch ein unbegründetes Rechtsmittel oder durch grobes Verschulden veranlasst, so sind ihm die Kosten aufzuerlegen. [3]Im Übrigen gelten die Vorschriften der Zivilprozessordnung über das Kostenfestsetzungsverfahren und die Zwangsvollstreckung aus Kostenfestsetzungsbeschlüssen entsprechend.

1) **Anm. d. Red.:** § 87 i. d. F. des Gesetzes v. 24. 11. 2011 (BGBl I S. 2302) mit Wirkung v. 3. 12. 2011.

§ 90a (weggefallen)[1)]

§ 91 Gebührenpflichtige Handlungen[2)]

(1) [1]Die Regulierungsbehörde erhebt Kosten (Gebühren und Auslagen) für folgende gebührenpflichtige Leistungen:

1. Zertifizierungen nach § 4a Absatz 1;
2. Untersagungen nach § 5 Satz 4;
3. Amtshandlungen auf Grund von § 33 Absatz 1 und § 36 Absatz 2 Satz 3;
4. Amtshandlungen auf Grund der §§ 12a, 12c, 12d, 15a, 15b, 17c, 17d, 19a Absatz 2,21a, 23a, 28a Absatz 3, der §§ 29, 30 Absatz 2, § 57 Absatz 2 Satz 2 und 4 sowie der §§ 65 und 110 Absatz 2 und 4;
5. Amtshandlungen auf Grund des § 31 Absatz 2 und 3;
6. Amtshandlungen auf Grund einer Rechtsverordnung nach § 12g Absatz 3, und § 24 Satz 1 Nummer 3;
7. Amtshandlungen auf Grund des Messstellenbetriebsgesetzes, die das Verfahren zur Übertragung der Grundzuständigkeit für den Messstellenbetrieb betreffen;
8. Amtshandlungen auf Grund der Verordnung (EG) Nr. 714/2009, Verordnung (EG) Nr. 715/2009 sowie Verordnung (EU) Nr. 994/2010; Amtshandlungen auf Grund des § 56;
9. Erteilung von beglaubigten Abschriften aus den Akten der Regulierungsbehörde und die Herausgabe von Daten nach § 12f Absatz 2;
10. Registrierung der Marktteilnehmer nach Artikel 9 Absatz 1 der Verordnung (EU) Nr. 1227/2011.

[2]Daneben werden als Auslagen die Kosten für weitere Ausfertigungen, Kopien und Auszüge sowie die in entsprechender Anwendung des Justizvergütungs- und -entschädigungsgesetzes zu zahlenden Beträge erhoben. [3]Für Entscheidungen, die durch öffentliche Bekanntmachung nach § 73 Absatz 1a zugestellt werden, werden keine Gebühren erhoben. [4]Abweichend von Satz 3 kann eine Gebühr erhoben werden, wenn die Entscheidung zu einem überwiegenden Anteil an einen bestimmten Adressatenkreis gerichtet ist und die Regulierungsbehörde diesem die Entscheidung oder einen schriftlichen Hinweis auf die öffentliche Bekanntmachung förmlich zustellt.

EnWG

(2) [1]Gebühren und Auslagen werden auch erhoben, wenn ein Antrag auf Vornahme einer in Absatz 1 bezeichneten Amtshandlung abgelehnt wird. [2]Wird ein Antrag zurückgenommen oder im Falle des Absatzes 1 Satz 1 Nummer 5 beiderseitig für erledigt erklärt, bevor darüber entschieden ist, so ist die Hälfte der Gebühr zu entrichten.

(2a) Tritt nach Einleitung eines Missbrauchsverfahrens nach § 30 Absatz 2 dadurch Erledigung ein, dass die Zuwiderhandlung abgestellt wird, bevor eine Verfügung der Regulierungsbehörde ergangen ist, so ist die Hälfte der Gebühr zu entrichten.

(3) [1]Die Gebührensätze sind so zu bemessen, dass die mit den Amtshandlungen verbundenen Kosten gedeckt sind. [2]Darüber hinaus kann der wirtschaftliche Wert, den der Gegenstand der gebührenpflichtigen Handlung hat, berücksichtigt werden. [3]Ist der Betrag nach Satz 1 im Einzelfall außergewöhnlich hoch, kann die Gebühr aus Gründen der Billigkeit ermäßigt werden.

(4) Zur Abgeltung mehrfacher gleichartiger Amtshandlungen können Pauschalgebührensätze, die den geringen Umfang des Verwaltungsaufwandes berücksichtigen, vorgesehen werden.

(5) Gebühren dürfen nicht erhoben werden

1. für mündliche und schriftliche Auskünfte und Anregungen;
2. wenn sie bei richtiger Behandlung der Sache nicht entstanden wären.

---

1) **Anm. d. Red.:** § 90a weggefallen gem. Gesetz v. 17.7.2017 (BGBl I S. 2503) mit Wirkung v. 22.7.2017.

2) **Anm. d. Red.:** § 91 i. d. F. des Gesetzes v. 17.12.2018 (BGBl I S. 2549) mit Wirkung v. 21.12.2018.

(6) [1]Kostenschuldner ist

1. (weggefallen)
2. in den Fällen des Absatzes 1 Satz 1 Nummer 1 bis 4, 6 bis 8, wer durch einen Antrag die Tätigkeit der Regulierungsbehörde veranlasst hat, oder derjenige, gegen den eine Verfügung der Regulierungsbehörde ergangen ist;

2a. in den Fällen des Absatzes 1 Satz 1 Nummer 5 der Antragsteller, wenn der Antrag abgelehnt wird, oder der Netzbetreiber, gegen den eine Verfügung nach § 31 Absatz 3 ergangen ist; wird der Antrag teilweise abgelehnt, sind die Kosten verhältnismäßig zu teilen; einem Beteiligten können die Kosten ganz auferlegt werden, wenn der andere Beteiligte nur zu einem geringen Teil unterlegen ist; erklären die Beteiligten übereinstimmend die Sache für erledigt, tragen sie die Kosten zu gleichen Teilen;

3. in den Fällen des Absatzes 1 Satz 1 Nummer 9, wer die Herstellung der Abschriften oder die Herausgabe von Daten nach § 12f Absatz 2 veranlasst hat;
4. in den Fällen des Absatzes 1 Satz 4 derjenige, dem die Regulierungsbehörde die Entscheidung oder einen schriftlichen Hinweis auf die öffentliche Bekanntmachung förmlich zugestellt hat;
5. in den Fällen des Absatzes 2a der Betreiber von Energieversorgungsnetzen, gegen den ein Missbrauchsverfahren nach § 30 Absatz 2 bereits eingeleitet war.

[2]Kostenschuldner ist auch, wer die Zahlung der Kosten durch eine vor der Regulierungsbehörde abgegebene oder ihr mitgeteilte Erklärung übernommen hat oder wer für die Kostenschuld eines anderen kraft Gesetzes haftet. [3]Mehrere Kostenschuldner haften als Gesamtschuldner.

(7) [1]Eine Festsetzung von Kosten ist bis zum Ablauf des vierten Kalenderjahres nach Entstehung der Schuld zulässig (Festsetzungsverjährung). [2]Wird vor Ablauf der Frist ein Antrag auf Aufhebung oder Änderung der Festsetzung gestellt, ist die Festsetzungsfrist so lange gehemmt, bis über den Antrag unanfechtbar entschieden wurde. [3]Der Anspruch auf Zahlung von Kosten verjährt mit Ablauf des fünften Kalenderjahres nach der Festsetzung (Zahlungsverjährung). [4]Im Übrigen gilt § 20 des Verwaltungskostengesetzes in der bis zum 14. August 2013 geltenden Fassung.

(8) [1]Das Bundesministerium für Wirtschaft und Energie wird ermächtigt, im Einvernehmen mit dem Bundesministerium der Finanzen durch Rechtsverordnung mit Zustimmung des Bundesrates die Gebührensätze und die Erhebung der Gebühren vom Gebührenschuldner in Durchführung der Vorschriften der Absätze 1 bis 6 sowie die Erstattung der Auslagen für die in § 73 Abs. 1 Satz 4 und § 74 Satz 1 bezeichneten Bekanntmachungen und Veröffentlichungen zu regeln, soweit es die Bundesnetzagentur betrifft. [2]Hierbei kann geregelt werden, auf welche Weise der wirtschaftliche Wert des Gegenstandes der jeweiligen Amtshandlung zu ermitteln ist. [3]Des Weiteren können in der Verordnung auch Vorschriften über die Kostenbefreiung von juristischen Personen des öffentlichen Rechts, über die Verjährung sowie über die Kostenerhebung vorgesehen werden.

(8a) Für die Amtshandlungen der Landesregulierungsbehörden werden die Bestimmungen nach Absatz 8 durch Landesrecht getroffen.

(9) Das Bundesministerium für Wirtschaft und Energie wird ermächtigt, durch Rechtsverordnung mit Zustimmung des Bundesrates das Nähere über die Erstattung der durch das Verfahren vor der Regulierungsbehörde entstehenden Kosten nach den Grundsätzen des § 90 zu bestimmen.

(10) Für Leistungen der Regulierungsbehörde in Bundeszuständigkeit gilt im Übrigen das Verwaltungskostengesetz in der bis zum 14. August 2013 geltenden Fassung.

§ 92 (weggefallen)[1]

§ 93 Mitteilung der Bundesnetzagentur

[1]Die Bundesnetzagentur veröffentlicht einen jährlichen Überblick über ihre Verwaltungskosten und die insgesamt eingenommenen Abgaben. [2]Soweit erforderlich, werden Gebühren- und Beitragssätze in den Verordnungen nach § 91 Abs. 8 und § 92 Abs. 3 für die Zukunft angepasst.

Abschnitt 5: Sanktionen, Bußgeldverfahren

§ 94 Zwangsgeld

[1]Die Regulierungsbehörde kann ihre Anordnungen nach den für die Vollstreckung von Verwaltungsmaßnahmen geltenden Vorschriften durchsetzen. [2]Die Höhe des Zwangsgeldes beträgt mindestens 1 000 Euro und höchstens zehn Millionen Euro.

§ 95 Bußgeldvorschriften[2]

(1) Ordnungswidrig handelt, wer vorsätzlich oder fahrlässig

1. ohne Genehmigung nach § 4 Abs. 1 ein Energieversorgungsnetz betreibt,

1a. ohne eine Zertifizierung nach § 4a Absatz 1 Satz 1 ein Transportnetz betreibt,

1b. entgegen § 4c Satz 1 oder Satz 2 die Regulierungsbehörde nicht, nicht richtig, nicht vollständig oder nicht rechtzeitig unterrichtet,

1c. (weggefallen)

1d. (weggefallen)

2. entgegen § 5 Satz 1 eine Anzeige nicht, nicht richtig, nicht vollständig oder nicht rechtzeitig erstattet,

2a. entgegen § 11 Absatz 1a oder 1b den Katalog von Sicherheitsanforderungen nicht, nicht richtig, nicht vollständig oder nicht rechtzeitig einhält,

2b. entgegen § 11 Absatz 1c eine Meldung nicht, nicht richtig, nicht vollständig oder nicht rechtzeitig vornimmt,

3. einer vollziehbaren Anordnung nach
   a) § 5 Satz 4, § 12c Absatz 1 Satz 2, § 15a Absatz 3 Satz 5, § 65 Abs. 1 oder 2 oder § 69 Absatz 7 Satz 1, Absatz 8 Satz 1 oder Absatz 11 Satz 1 oder Satz 2 oder
   b) § 30 Abs. 2

   zuwiderhandelt,

3a. entgegen § 5a Absatz 1 Satz 1 dort genannten Daten nicht, nicht richtig, nicht vollständig oder nicht rechtzeitig übermittelt,

3b. entgegen § 12b Absatz 5, § 12c Absatz 5 oder § 15a Absatz 1 Satz 1 einen Entwurf oder einen Netzentwicklungsplan nicht oder nicht rechtzeitig vorlegt,

3c. entgegen § 12g Absatz 1 Satz 3 in Verbindung mit einer Rechtsverordnung nach Absatz 3 einen Bericht nicht, nicht richtig, nicht vollständig oder nicht rechtzeitig vorlegt,

3d. entgegen § 12g Absatz 2 in Verbindung mit einer Rechtsverordnung nach Absatz 3 einen Sicherheitsplan nicht, nicht richtig, nicht vollständig oder nicht rechtzeitig erstellt oder einen Sicherheitsbeauftragten nicht oder nicht rechtzeitig bestimmt,

3e. entgegen § 13b Absatz 1 Satz 1 erster Halbsatz eine Anzeige nicht, nicht richtig oder nicht rechtzeitig erstattet,

3f. entgegen § 13b Absatz 1 Satz 2 oder Absatz 5 Satz 1 eine dort genannte Anlage stilllegt,

EnWG

1) **Anm. d. Red.:** § 92 weggefallen gem. Gesetz v. 26. 7. 2011 (BGBl I S. 1554) mit Wirkung v. 4. 8. 2011.

2) **Anm. d. Red.:** § 95 i. d. F. des Gesetzes v. 17.12.2018 (BGBl I S. 2549) mit Wirkung v. 21.12.2018.

3g. entgegen § 13e Absatz 4 Satz 1 Nummer 1 Erzeugungsleistung oder Erzeugungsarbeit veräußert,

3h. entgegen § 13e Absatz 4 Satz 1 Nummer 2 oder § 13g Absatz 1 Satz 1 oder 3 eine dort genannte Anlage nicht oder nicht rechtzeitig stilllegt,

3i. entgegen § 13g Absatz 4 Satz 1 Strom erzeugt,

4. entgegen § 30 Abs. 1 Satz 1 eine Marktstellung missbraucht oder

5. einer Rechtsverordnung nach
   a) § 17 Abs. 3 Satz 1 Nr. 1, § 24 Satz 1 Nr. 1 oder § 27 Satz 5, soweit die Rechtsverordnung Verpflichtungen zur Mitteilung, Geheimhaltung, Mitwirkung oder Veröffentlichung enthält,
   b) § 17 Abs. 3 Satz 1 Nr. 2, § 21a Abs. 6 Satz 1 Nr. 3, § 24 Satz 1 Nr. 2 oder 3 oder § 29 Abs. 3,
   c) § 49 Abs. 4 oder § 50,
   d) § 111f Nummer 1 bis 3, 5 bis 7, 10 oder Nummer 14 Buchstabe b oder
   e) § 111f Nummer 8 Buchstabe a oder Buchstabe b, Nummer 9 oder Nummer 13

   oder einer vollziehbaren Anordnung auf Grund einer solchen Rechtsverordnung zuwiderhandelt, soweit die Rechtsverordnung für einen bestimmten Tatbestand auf diese Bußgeldvorschrift verweist.

(1a) Ordnungswidrig handelt, wer vorsätzlich oder leichtfertig

1. entgegen § 5b Absatz 1 Satz 1 oder Absatz 2 eine andere Person in Kenntnis setzt oder
2. entgegen § 12 Absatz 5 Satz 1 Nummer 2 oder Nummer 3 eine dort genannte Information nicht, nicht richtig, nicht vollständig oder nicht rechtzeitig übermittelt.

(1b) Ordnungswidrig handelt, wer entgegen Artikel 5 in Verbindung mit Artikel 2 Nummer 2 Buchstabe a der Verordnung (EU) Nr. 1227/2011 des Europäischen Parlaments und des Rates vom 25. Oktober 2011 über die Integrität und Transparenz des Energiegroßhandelsmarkts (ABl L 326 vom 8. 12. 2011, S. 1) eine Marktmanipulation auf einem Energiegroßhandelsmarkt vornimmt.

(1c) Ordnungswidrig handelt, wer gegen die Verordnung (EU) Nr. 1227/2011 verstößt, indem er vorsätzlich oder leichtfertig

1. als Person nach Artikel 3 Absatz 2 Buchstabe e
   a) entgegen Artikel 3 Absatz 1 Buchstabe b eine Insiderinformation an Dritte weitergibt oder
   b) entgegen Artikel 3 Absatz 1 Buchstabe c einer anderen Person empfiehlt oder sie dazu verleitet, ein Energiegroßhandelsprodukt zu erwerben oder zu veräußern,
2. entgegen Artikel 4 Absatz 1 Satz 1 eine Insiderinformation nicht, nicht richtig, nicht vollständig oder nicht unverzüglich nach Kenntniserlangung bekannt gibt,
3. entgegen Artikel 4 Absatz 2 Satz 2 eine Insiderinformation nicht, nicht richtig, nicht vollständig oder nicht rechtzeitig übermittelt,
4. entgegen Artikel 4 Absatz 3 Satz 1 die Bekanntgabe einer Insiderinformation nicht sicherstellt,
5. entgegen Artikel 4 Absatz 3 Satz 2 nicht dafür sorgt, dass eine Insiderinformation bekannt gegeben wird,
6. entgegen Artikel 5 in Verbindung mit Artikel 2 Nummer 2 Buchstabe b Satz 1 eine Marktmanipulation auf einem Energiegroßhandelsmarkt vornimmt,
7. entgegen Artikel 8 Absatz 1 Satz 1 in Verbindung mit einer Verordnung nach Artikel 8 Absatz 2 Satz 1 eine dort genannte Aufzeichnung nicht, nicht richtig, nicht vollständig oder nicht rechtzeitig übermittelt,

8. entgegen Artikel 8 Absatz 5 Satz 1 in Verbindung mit einer Verordnung nach Artikel 8 Absatz 6 Satz 1 eine dort genannte Information nicht, nicht richtig, nicht vollständig oder nicht rechtzeitig übermittelt oder
9. entgegen Artikel 15 Absatz 1 die Bundesnetzagentur als nationale Regulierungsbehörde nicht, nicht richtig, nicht vollständig oder nicht rechtzeitig informiert.

(1d) Ordnungswidrig handelt, wer gegen die Verordnung (EU) Nr. 1227/2011 verstößt, indem er vorsätzlich oder fahrlässig

1. entgegen Artikel 9 Absatz 1 Satz 1 sich nicht oder nicht rechtzeitig bei der Bundesnetzagentur registrieren lässt oder
2. entgegen Artikel 9 Absatz 1 Satz 2 sich bei mehr als einer nationalen Regulierungsbehörde registrieren lässt.

(2) [1]Die Ordnungswidrigkeit kann in den Fällen des Absatzes 1 Nummer 3f bis 3i mit einer Geldbuße bis zu fünf Millionen Euro, in den Fällen des Absatzes 1 Nummer 1a, Nr. 3 Buchstabe b, Nr. 4 und 5 Buchstabe b, der Absätze 1b und 1c Nummer 2 und 6 mit einer Geldbuße bis zu einer Million Euro, über diesen Betrag hinaus bis zur dreifachen Höhe des durch die Zuwiderhandlung erlangten Mehrerlöses, in den Fällen des Absatzes 1 Nummer 5 Buchstabe e mit einer Geldbuße bis zu dreihunderttausend Euro, in den Fällen des Absatzes 1 Nummer 5 Buchstabe d mit einer Geldbuße bis zu fünfzigtausend Euro, in den Fällen des Absatzes 1 Nr. 5 Buchstabe a sowie des Absatzes 1a Nummer 2 und des Absatzes 1c Nummer 7 und 8 mit einer Geldbuße bis zu zehntausend Euro und in den übrigen Fällen mit einer Geldbuße bis zu hunderttausend Euro geahndet werden. [2]Die Höhe des Mehrerlöses kann geschätzt werden. [3]Gegenüber einem Transportnetzbetreiber oder gegenüber einem vertikal integrierten Energieversorgungsunternehmen und jedem seiner Unternehmensteile kann über Satz 1 hinaus in Fällen des Absatzes 1 Nummer 3 Buchstabe b eine höhere Geldbuße verhängt werden; diese darf 10 Prozent des Gesamtumsatzes, den der Transportnetzbetreiber oder das vertikal integrierte Energieversorgungsunternehmen einschließlich seiner Unternehmensteile im der Behördenentscheidung vorausgegangenen Geschäftsjahr weltweit erzielt hat, nicht übersteigen. [4]Die Höhe des Gesamtumsatzes kann geschätzt werden. [5]Ein durch die Zuwiderhandlung erlangter Mehrerlös bleibt unberücksichtigt.

EnWG

(3) Die Regulierungsbehörde kann allgemeine Verwaltungsgrundsätze über die Ausübung ihres Ermessens bei der Bemessung der Geldbuße festlegen.

(4) [1]Die Verjährung der Verfolgung von Ordnungswidrigkeiten nach Absatz 1 richtet sich nach den Vorschriften des Gesetzes über Ordnungswidrigkeiten. [2]Die Verfolgung der Ordnungswidrigkeiten nach Absatz 1 Nummer 3 Buchstabe b und Nummer 4 und 5 verjährt in fünf Jahren.

(5) Verwaltungsbehörde im Sinne des § 36 Absatz 1 Nummer 1 des Gesetzes über Ordnungswidrigkeiten ist in den Fällen des Absatzes 1 Nummer 2b das Bundesamt für Sicherheit in der Informationstechnik, im Übrigen die nach § 54 zuständige Behörde.

§ 95a Strafvorschriften[1)]

(1) Mit Freiheitsstrafe bis zu fünf Jahren oder mit Geldstrafe wird bestraft, wer eine in § 95 Absatz 1b oder Absatz 1c Nummer 6 bezeichnete vorsätzliche Handlung begeht und dadurch auf den Preis eines Energiegroßhandelsprodukts einwirkt.

(2) Ebenso wird bestraft, wer gegen die Verordnung (EU) Nr. 1227/2011 des Europäischen Parlaments und des Rates vom 25. Oktober 2011 über die Integrität und Transparenz des Energiegroßhandelsmarkts (ABl L 326 vom 8. 12. 2011, S. 1) verstößt, indem er

1. entgegen Artikel 3 Absatz 1 Buchstabe a eine Insiderinformation nutzt oder
2. als Person nach Artikel 3 Absatz 2 Buchstabe a, b, c oder Buchstabe d oder Absatz 5
   a) entgegen Artikel 3 Absatz 1 Buchstabe b eine Insiderinformation an Dritte weitergibt oder

1) **Anm. d. Red.:** § 95a eingefügt gem. Gesetz v. 5. 12. 2012 (BGBl I S. 2403) mit Wirkung v. 12. 12. 2012.

b) entgegen Artikel 3 Absatz 1 Buchstabe c einer anderen Person empfiehlt oder sie dazu verleitet, ein Energiegroßhandelsprodukt zu erwerben oder zu veräußern.

(3) In den Fällen des Absatzes 2 ist der Versuch strafbar.

(4) Handelt der Täter in den Fällen des Absatzes 2 Nummer 1 leichtfertig, so ist die Strafe Freiheitsstrafe bis zu einem Jahr oder Geldstrafe.

§ 95b Strafvorschriften[1)]

Mit Freiheitsstrafe bis zu einem Jahr oder mit Geldstrafe wird bestraft, wer

1. entgegen § 12 Absatz 5 Satz 1 Nummer 1 nicht sicherstellt, dass ein Betriebs- und Geschäftsgeheimnis ausschließlich in der dort genannten Weise genutzt wird, oder
2. eine in § 95 Absatz 1b oder Absatz 1c Nummer 2 oder Nummer 6 bezeichnete vorsätzliche Handlung beharrlich wiederholt.

§ 96 Zuständigkeit für Verfahren wegen der Festsetzung einer Geldbuße gegen eine juristische Person oder Personenvereinigung

[1]Die Regulierungsbehörde ist für Verfahren wegen der Festsetzung einer Geldbuße gegen eine juristische Person oder Personenvereinigung (§ 30 des Gesetzes über Ordnungswidrigkeiten) in Fällen ausschließlich zuständig, denen

1. eine Straftat, die auch den Tatbestand des § 95 Abs. 1 Nr. 4 verwirklicht, oder
2. eine vorsätzliche oder fahrlässige Ordnungswidrigkeit nach § 130 des Gesetzes über Ordnungswidrigkeiten, bei der eine mit Strafe bedrohte Pflichtverletzung auch den Tatbestand des § 95 Abs. 1 Nr. 4 verwirklicht,

zugrunde liegt. [2]Dies gilt nicht, wenn die Behörde das § 30 des Gesetzes über Ordnungswidrigkeiten betreffende Verfahren an die Staatsanwaltschaft abgibt.

§ 97 Zuständigkeiten im gerichtlichen Bußgeldverfahren[2)]

[1]Sofern die Regulierungsbehörde als Verwaltungsbehörde des Vorverfahrens tätig war, erfolgt die Vollstreckung der Geldbuße und des Geldbetrages, dessen Einziehung nach § 29a des Gesetzes über Ordnungswidrigkeiten angeordnet wurde, durch die Regulierungsbehörde als Vollstreckungsbehörde auf Grund einer von dem Urkundsbeamten der Geschäftsstelle des Gerichts zu erteilenden, mit der Bescheinigung der Vollstreckbarkeit versehenen beglaubigten Abschrift der Urteilsformel entsprechend den Vorschriften über die Vollstreckung von Bußgeldbescheiden. [2]Die Geldbußen und die Geldbeträge, deren Einziehung nach § 29a des Gesetzes über Ordnungswidrigkeiten angeordnet wurde, fließen der Bundeskasse zu, die auch die der Staatskasse auferlegten Kosten trägt.

§ 98 Zuständigkeit des Oberlandesgerichts im gerichtlichen Verfahren

(1) [1]Im gerichtlichen Verfahren wegen einer Ordnungswidrigkeit nach § 95 entscheidet das Oberlandesgericht, in dessen Bezirk die zuständige Regulierungsbehörde ihren Sitz hat; es entscheidet auch über einen Antrag auf gerichtliche Entscheidung (§ 62 des Gesetzes über Ordnungswidrigkeiten) in den Fällen des § 52 Abs. 2 Satz 3 und des § 69 Abs. 1 Satz 2 des Gesetzes über Ordnungswidrigkeiten. [2]§ 140 Abs. 1 Nr. 1 der Strafprozessordnung in Verbindung mit § 46 Abs. 1 des Gesetzes über Ordnungswidrigkeiten findet keine Anwendung.

(2) Das Oberlandesgericht entscheidet in der Besetzung von drei Mitgliedern mit Einschluss des vorsitzenden Mitglieds.

1) **Anm. d. Red.:** § 95b i. d. F. des Gesetzes v. 26. 7. 2016 (BGBl I S. 1786) mit Wirkung v. 30. 7. 2016.

2) **Anm. d. Red.:** § 97 i. d. F. des Gesetzes v. 13. 4. 2017 (BGBl I S. 872) mit Wirkung v. 1. 7. 2017.

§ 99 Rechtsbeschwerde zum Bundesgerichtshof

[1]Über die Rechtsbeschwerde (§ 79 des Gesetzes über Ordnungswidrigkeiten) entscheidet der Bundesgerichtshof. [2]Hebt er die angefochtene Entscheidung auf, ohne in der Sache selbst zu entscheiden, so verweist er die Sache an das Oberlandesgericht, dessen Entscheidung aufgehoben wird, zurück.

§ 100 Wiederaufnahmeverfahren gegen Bußgeldbescheid

Im Wiederaufnahmeverfahren gegen den Bußgeldbescheid der Regulierungsbehörde (§ 85 Abs. 4 des Gesetzes über Ordnungswidrigkeiten) entscheidet das nach § 98 zuständige Gericht.

§ 101 Gerichtliche Entscheidungen bei der Vollstreckung

Die bei der Vollstreckung notwendig werdenden gerichtlichen Entscheidungen (§ 104 des Gesetzes über Ordnungswidrigkeiten) werden von dem nach § 98 zuständigen Gericht erlassen.

Abschnitt 6: Bürgerliche Rechtsstreitigkeiten

§ 102 Ausschließliche Zuständigkeit der Landgerichte

(1) [1]Für bürgerliche Rechtsstreitigkeiten, die sich aus diesem Gesetz ergeben, sind ohne Rücksicht auf den Wert des Streitgegenstandes die Landgerichte ausschließlich zuständig. [2]Satz 1 gilt auch, wenn die Entscheidung eines Rechtsstreits ganz oder teilweise von einer Entscheidung abhängt, die nach diesem Gesetz zu treffen ist.

(2) Die Rechtsstreitigkeiten sind Handelssachen im Sinne der §§ 93 bis 114 des Gerichtsverfassungsgesetzes.

§ 103 Zuständigkeit eines Landgerichts für mehrere Gerichtsbezirke

EnWG

(1) [1]Die Landesregierungen werden ermächtigt, durch Rechtsverordnung bürgerliche Rechtsstreitigkeiten, für die nach § 102 ausschließlich die Landgerichte zuständig sind, einem Landgericht für die Bezirke mehrerer Landgerichte zuzuweisen, wenn eine solche Zusammenfassung der Rechtspflege, insbesondere der Sicherung einer einheitlichen Rechtsprechung, dienlich ist. [2]Die Landesregierungen können die Ermächtigung auf die Landesjustizverwaltungen übertragen.

(2) Durch Staatsverträge zwischen Ländern kann die Zuständigkeit eines Landgerichts für einzelne Bezirke oder das gesamte Gebiet mehrerer Länder begründet werden.

(3) Die Parteien können sich vor den nach den Absätzen 1 und 2 bestimmten Gerichten auch anwaltlich durch Personen vertreten lassen, die bei dem Gericht zugelassen sind, vor das der Rechtsstreit ohne die Regelung nach den Absätzen 1 und 2 gehören würde.

§ 104 Benachrichtigung und Beteiligung der Regulierungsbehörde

(1) [1]Das Gericht hat die Regulierungsbehörde über alle Rechtsstreitigkeiten nach § 102 Abs. 1 zu unterrichten. [2]Das Gericht hat der Regulierungsbehörde auf Verlangen Abschriften von allen Schriftsätzen, Protokollen, Verfügungen und Entscheidungen zu übersenden.

(2) [1]Der Präsident oder die Präsidentin der Regulierungsbehörde kann, wenn er oder sie es zur Wahrung des öffentlichen Interesses als angemessen erachtet, aus den Mitgliedern der Regulierungsbehörde eine Vertretung bestellen, die befugt ist, dem Gericht schriftliche Erklärungen abzugeben, auf Tatsachen und Beweismittel hinzuweisen, den Terminen beizuwohnen, in ihnen Ausführungen zu machen und Fragen an Parteien, Zeugen und Sachverständige zu richten. [2]Schriftliche Erklärungen der vertretenden Personen sind den Parteien von dem Gericht mitzuteilen.

§ 105 Streitwertanpassung

(1) [1]Macht in einer Rechtsstreitigkeit, in der ein Anspruch nach dem § 32 geltend gemacht wird, eine Partei glaubhaft, dass die Belastung mit den Prozesskosten nach dem vollen Streitwert ihre wirtschaftliche Lage erheblich gefährden würde, so kann das Gericht auf ihren Antrag anordnen, dass die Verpflichtung dieser Partei zur Zahlung von Gerichtskosten sich nach einem ihrer Wirtschaftslage angepassten Teil des Streitwerts bemisst. [2]Das Gericht kann die Anordnung davon abhängig machen, dass die Partei glaubhaft macht, dass die von ihr zu tragenden Kosten des Rechtsstreits weder unmittelbar noch mittelbar von einem Dritten übernommen werden. [3]Die Anordnung hat zur Folge, dass die begünstigte Partei die Gebühren ihres Rechtsanwalts ebenfalls nur nach diesem Teil des Streitwerts zu entrichten hat. [4]Soweit ihr Kosten des Rechtsstreits auferlegt werden oder soweit sie diese übernimmt, hat sie die von dem Gegner entrichteten Gerichtsgebühren und die Gebühren seines Rechtsanwalts nur nach dem Teil des Streitwerts zu erstatten. [5]Soweit die außergerichtlichen Kosten dem Gegner auferlegt oder von ihm übernommen werden, kann der Rechtsanwalt der begünstigten Partei seine Gebühren von dem Gegner nach dem für diesen geltenden Streitwert beitreiben.

(2) [1]Der Antrag nach Absatz 1 kann vor der Geschäftsstelle des Gerichts zur Niederschrift erklärt werden. [2]Er ist vor der Verhandlung zur Hauptsache anzubringen. [3]Danach ist er nur zulässig, wenn der angenommene oder festgesetzte Streitwert später durch das Gericht heraufgesetzt wird. [4]Vor der Entscheidung über den Antrag ist der Gegner zu hören.

Abschnitt 7: Gemeinsame Bestimmungen für das gerichtliche Verfahren

§ 106 Zuständiger Senat beim Oberlandesgericht

(1) Die nach § 91 des Gesetzes gegen Wettbewerbsbeschränkungen bei den Oberlandesgerichten gebildeten Kartellsenate entscheiden über die nach diesem Gesetz den Oberlandesgerichten zugewiesenen Rechtssachen sowie in den Fällen des § 102 über die Berufung gegen Endurteile und die Beschwerde gegen sonstige Entscheidungen in bürgerlichen Rechtsstreitigkeiten.

(2) Die §§ 92 und 93 des Gesetzes gegen Wettbewerbsbeschränkungen gelten entsprechend.

§ 107 Zuständiger Senat beim Bundesgerichtshof

(1) Der nach § 94 des Gesetzes gegen Wettbewerbsbeschränkungen beim Bundesgerichtshof gebildete Kartellsenat entscheidet über folgende Rechtsmittel:

1. in Verwaltungssachen über die Rechtsbeschwerde gegen Entscheidungen der Oberlandesgerichte (§§ 86 und 88) und über die Nichtzulassungsbeschwerde (§ 87);
2. in Bußgeldverfahren über die Rechtsbeschwerde gegen Entscheidungen der Oberlandesgerichte (§ 99);
3. in bürgerlichen Rechtsstreitigkeiten, die sich aus diesem Gesetz ergeben,
   a) über die Revision einschließlich der Nichtzulassungsbeschwerde gegen Endurteile der Oberlandesgerichte,
   b) über die Sprungrevision gegen Endurteile der Landgerichte,
   c) über die Rechtsbeschwerde gegen Beschlüsse der Oberlandesgerichte in den Fällen des § 574 Abs. 1 der Zivilprozessordnung.

(2) § 94 Abs. 2 des Gesetzes gegen Wettbewerbsbeschränkungen gilt entsprechend.

§ 108 Ausschließliche Zuständigkeit

Die Zuständigkeit der nach diesem Gesetz zur Entscheidung berufenen Gerichte ist ausschließlich.

Teil 9: Sonstige Vorschriften

§ 109 Unternehmen der öffentlichen Hand, Geltungsbereich

(1) Dieses Gesetz findet auch Anwendung auf Unternehmen, die ganz oder teilweise im Eigentum der öffentlichen Hand stehen oder die von ihr verwaltet oder betrieben werden.

(2) Dieses Gesetz findet Anwendung auf alle Verhaltensweisen, die sich im Geltungsbereich dieses Gesetzes auswirken, auch wenn sie außerhalb des Geltungsbereichs dieses Gesetzes veranlasst werden.

§ 110 Geschlossene Verteilernetze[1)]

(1) § 14 Absatz 1b, die §§ 14a, 18, 19, 21a, 22 Absatz 1, die §§ 23a und 32 Absatz 2, die §§ 33, 35 und 52 finden auf den Betrieb eines geschlossenen Verteilernetzes keine Anwendung.

(2) [1]Die Regulierungsbehörde stuft ein Energieversorgungsnetz, mit dem Energie zum Zwecke der Ermöglichung der Versorgung von Kunden in einem geografisch begrenzten Industrie- oder Gewerbegebiet oder einem Gebiet verteilt wird, in dem Leistungen gemeinsam genutzt werden, als geschlossenes Verteilernetz ein, wenn

1. die Tätigkeiten oder Produktionsverfahren der Anschlussnutzer dieses Netzes aus konkreten technischen oder sicherheitstechnischen Gründen verknüpft sind oder
2. mit dem Netz in erster Linie Energie an den Netzeigentümer oder -betreiber oder an mit diesen verbundene Unternehmen verteilt wird; maßgeblich ist der Durchschnitt der letzten drei Kalenderjahre; gesicherte Erkenntnisse über künftige Anteile sind zu berücksichtigen.

[2]Die Einstufung erfolgt nur, wenn keine Letztverbraucher, die Energie für den Eigenverbrauch im Haushalt kaufen, über das Netz versorgt werden oder nur eine geringe Zahl von solchen Letztverbrauchern, wenn diese ein Beschäftigungsverhältnis oder eine vergleichbare Beziehung zum Eigentümer oder Betreiber des Netzes unterhalten.

EnWG

(3) [1]Die Einstufung erfolgt auf Antrag des Netzbetreibers. [2]Der Antrag muss folgende Angaben enthalten:

1. Firma und Sitz des Netzbetreibers und des Netzeigentümers,
2. Angaben nach § 27 Absatz 2 der Stromnetzentgeltverordnung oder § 27 Absatz 2 der Gasnetzentgeltverordnung,
3. Anzahl der versorgten Haushaltskunden,
4. vorgelagertes Netz einschließlich der Spannung oder des Drucks, mit der oder dem das Verteilernetz angeschlossen ist,
5. weitere Verteilernetze, die der Netzbetreiber betreibt.

[3]Das Verteilernetz gilt ab vollständiger Antragstellung bis zur Entscheidung der Regulierungsbehörde als geschlossenes Verteilernetz.

(4) [1]Jeder Netznutzer eines geschlossenen Verteilernetzes kann eine Überprüfung der Entgelte durch die Regulierungsbehörde verlangen; § 31 findet insoweit keine Anwendung. [2]Es wird vermutet, dass die Bestimmung der Netznutzungsentgelte den rechtlichen Vorgaben entspricht, wenn der Betreiber des geschlossenen Verteilernetzes kein höheres Entgelt fordert als der Betreiber des vorgelagerten Energieversorgungsnetzes für die Nutzung des an das geschlossene Verteilernetz angrenzenden Energieversorgungsnetzes der allgemeinen Versorgung auf gleicher Netz- oder Umspannebene; grenzen mehrere Energieversorgungsnetze der allgemeinen Versorgung auf gleicher Netz- oder Umspannebene an, ist das niedrigste Entgelt maßgeblich. [3]§ 31 Absatz 1, 2 und 4 sowie § 32 Absatz 1 und 3 bis 5 finden entsprechend Anwendung.

1) **Anm. d. Red.:** § 110 i. d. F. des Gesetzes v. 26. 7. 2011 (BGBl I S. 1554) mit Wirkung v. 4. 8. 2011.

§ 111 Verhältnis zum Gesetz gegen Wettbewerbsbeschränkungen[1)]

(1) [1]Die §§ 19, 20 und 29 des Gesetzes gegen Wettbewerbsbeschränkungen sind nicht anzuwenden, soweit durch dieses Gesetz oder auf Grund dieses Gesetzes erlassener Rechtsverordnungen ausdrücklich abschließende Regelungen getroffen werden. [2]Die Aufgaben und Zuständigkeiten der Kartellbehörden bleiben unberührt.

(2) Die Bestimmungen des Teiles 3 und die auf Grundlage dieser Bestimmungen erlassenen Rechtsverordnungen sind abschließende Regelungen im Sinne des Absatzes 1 Satz 1.

(3) In Verfahren der Kartellbehörden nach den §§ 19, 20 und 29 des Gesetzes gegen Wettbewerbsbeschränkungen, die Preise von Energieversorgungsunternehmen für die Belieferung von Letztverbrauchern betreffen, deren tatsächlicher oder kalkulatorischer Bestandteil Netzzugangsentgelte im Sinne des § 20 Abs. 1 sind, sind die von Betreibern von Energieversorgungsnetzen nach § 20 Abs. 1 veröffentlichten Netzzugangsentgelte als rechtmäßig zugrunde zu legen, soweit nicht ein anderes durch eine sofort vollziehbare oder bestandskräftige Entscheidung der Regulierungsbehörde oder ein rechtskräftiges Urteil festgestellt worden ist.

§ 111a Verbraucherbeschwerden[2)]

[1]Energieversorgungsunternehmen, Messstellenbetreiber und Messdienstleister (Unternehmen) sind verpflichtet, Beanstandungen von Verbrauchern im Sinne des § 13 des Bürgerlichen Gesetzesbuchs (Verbraucher) insbesondere zum Vertragsabschluss oder zur Qualität von Leistungen des Unternehmens (Verbraucherbeschwerden), die den Anschluss an das Versorgungsnetz, die Belieferung mit Energie sowie die Messung der Energie betreffen, innerhalb einer Frist von vier Wochen ab Zugang beim Unternehmen zu beantworten. [2]Wird der Verbraucherbeschwerde durch das Unternehmen nicht abgeholfen, hat das Unternehmen die Gründe in Textform darzulegen und auf das Schlichtungsverfahren nach § 111b unter Angabe der Anschrift und der Webseite der Schlichtungsstelle hinzuweisen. [3]Das Unternehmen hat zugleich anzugeben, dass es zur Teilnahme am Schlichtungsverfahren verpflichtet ist. [4]Das Unternehmen hat auf seiner Webseite auf das Schlichtungsverfahren nach § 111b, die Anschrift und die Webseite der Schlichtungsstelle sowie seine Pflicht zur Teilnahme am Schlichtungsverfahren hinzuweisen. [5]Das mit der Beanstandung befasste Unternehmen hat andere Unternehmen, die an der Belieferung des beanstandenden Verbrauchers bezüglich des Anschlusses an das Versorgungsnetz, der Belieferung mit Energie oder der Messung der Energie beteiligt sind, über den Inhalt der Beschwerde zu informieren, wenn diese Unternehmen der Verbraucherbeschwerde abhelfen können.

§ 111b Schlichtungsstelle, Verordnungsermächtigung[3)]

(1) [1]Zur Beilegung von Streitigkeiten zwischen Unternehmen und Verbrauchern über den Anschluss an das Versorgungsnetz, die Belieferung mit Energie sowie die Messung der Energie kann die anerkannte oder beauftragte Schlichtungsstelle angerufen werden. [2]Sofern ein Verbraucher eine Schlichtung bei der Schlichtungsstelle beantragt, ist das Unternehmen verpflichtet, an dem Schlichtungsverfahren teilzunehmen. [3]Der Antrag des Verbrauchers auf Einleitung des Schlichtungsverfahrens ist erst zulässig, wenn das Unternehmen im Verfahren nach § 111a der Verbraucherbeschwerde nicht abgeholfen hat. [4]Die Schlichtungsstelle kann andere Unternehmen, die an der Belieferung des den Antrag nach Satz 2 stellenden Verbrauchers bezüglich des Anschlusses an das Versorgungsnetz, der Belieferung mit Energie oder der Messung der Energie beteiligt sind, als Beteiligte im Schlichtungsverfahren hinzuziehen. [5]Das Recht der Beteiligten, die Gerichte anzurufen oder ein anderes Verfahren nach diesem Gesetz zu beantragen, bleibt unberührt.

---

1) **Anm. d. Red.:** § 111 i. d. F. des Gesetzes v. 25. 10. 2008 (BGBl I S. 2101) mit Wirkung v. 1. 11. 2008.

2) **Anm. d. Red.:** § 111a i. d. F. des Gesetzes v. 19. 2. 2016 (BGBl I S. 254) mit Wirkung v. 1. 4. 2016

3) **Anm. d. Red.:** § 111b i. d. F. des Gesetzes v. 17.7.2017 (BGBl I S. 2503) mit Wirkung v. 22.7.2017.

(2) Sofern wegen eines Anspruchs, der durch das Schlichtungsverfahren betroffen ist, ein Mahnverfahren eingeleitet wurde, soll der das Mahnverfahren betreibende Beteiligte auf Veranlassung der Schlichtungsstelle das Ruhen des Mahnverfahrens bewirken.

(3) [1]Das Bundesministerium für Wirtschaft und Energie kann im Einvernehmen mit dem Bundesministerium der Justiz und für Verbraucherschutz eine privatrechtlich organisierte Einrichtung als zentrale Schlichtungsstelle zur außergerichtlichen Beilegung von Streitigkeiten nach Absatz 1 anerkennen. [2]Die Anerkennung ist im Bundesanzeiger bekannt zu machen und der Zentralen Anlaufstelle für Verbraucherschlichtung nach § 32 Absatz 2 und 5 des Verbraucherstreitbeilegungsgesetzes vom 19. Februar 2016 (BGBl I S. 254) mitzuteilen.

(4) Eine privatrechtlich organisierte Einrichtung kann nach Absatz 3 Satz 1 als Schlichtungsstelle anerkannt werden, wenn sie die Voraussetzungen für eine Anerkennung als Verbraucherschlichtungsstelle nach dem Verbraucherstreitbeilegungsgesetz erfüllt, soweit das Energiewirtschaftsgesetz keine abweichenden Regelungen trifft.

(5) [1]Die anerkannte Schlichtungsstelle hat dem Bundesministerium für Wirtschaft und Energie und dem Bundesministerium der Justiz und für Verbraucherschutz jährlich über ihre Organisations- und Finanzstruktur zu berichten. [2]§ 34 des Verbraucherstreitbeilegungsgesetzes bleibt unberührt.

(6) [1]Die anerkannte Schlichtungsstelle kann für ein Schlichtungsverfahren von den nach Absatz 1 Satz 2 und 4 beteiligten Unternehmen ein Entgelt erheben. [2]Die Höhe des Entgelts nach Satz 1 muss im Verhältnis zum Aufwand der anerkannten Schlichtungsstelle angemessen sein und den ordnungsgemäßen Geschäftsbetrieb sicherstellen. [3]Bei offensichtlich missbräuchlichen Anträgen nach Absatz 1 Satz 2 kann auch von dem Verbraucher ein Entgelt verlangt werden, welches 30 Euro nicht überschreiten darf. [4]Einwände gegen Rechnungen berechtigen gegenüber der anerkannten Schlichtungsstelle zum Zahlungsaufschub oder zur Zahlungsverweigerung nur, soweit die ernsthafte Möglichkeit eines offensichtlichen Fehlers besteht. [5]Für Streitigkeiten über Schlichtungsentgelte ist örtlich ausschließlich das Gericht zuständig, in dessen Bezirk die anerkannte Schlichtungsstelle ihren Sitz hat.

(7) [1]Solange keine privatrechtlich organisierte Einrichtung als Schlichtungsstelle nach Absatz 4 anerkannt worden ist, hat das Bundesministerium für Wirtschaft und Energie die Aufgaben der Schlichtungsstelle durch Rechtsverordnung im Einvernehmen mit dem Bundesministerium der Justiz und für Verbraucherschutz ohne Zustimmung des Bundesrates einer Bundesoberbehörde oder Bundesanstalt (beauftragte Schlichtungsstelle) zuzuweisen und deren Verfahren sowie die Erhebung von Gebühren und Auslagen zu regeln. [2]Soweit dieses Gesetz keine abweichenden Regelungen trifft, muss die beauftragte Schlichtungsstelle die Anforderungen nach dem Verbraucherstreitbeilegungsgesetz erfüllen.

(8) [1]Die anerkannte und die beauftragte Schlichtungsstelle sind Verbraucherschlichtungsstellen nach dem Verbraucherstreitbeilegungsgesetz. [2]Das Verbraucherstreitbeilegungsgesetz ist anzuwenden, soweit das Energiewirtschaftsgesetz keine abweichenden Regelungen trifft. [3]Die Schlichtungsstellen sollen regelmäßig Schlichtungsvorschläge von allgemeinem Interesse für den Verbraucher auf ihrer Webseite veröffentlichen.

(9) Die Befugnisse der Regulierungsbehörden auf der Grundlage dieses Gesetzes sowie der Kartellbehörden auf Grundlage des Gesetzes gegen Wettbewerbsbeschränkungen bleiben unberührt.

§ 111c Zusammentreffen von Schlichtungsverfahren und Missbrauchs- oder Aufsichtsverfahren[1)]

(1) [1]Erhält die Schlichtungsstelle Kenntnis davon, dass gegen den Betreiber eines Energieversorgungsnetzes im Zusammenhang mit dem Sachverhalt, der einem Antrag auf Durchführung eines Schlichtungsverfahrens nach § 111b zugrunde liegt, ein Missbrauchsverfahren nach § 30

1) **Anm. d. Red.:** § 111c i. d. F. des Gesetzes v. 19. 2. 2016 (BGBl I S. 254) mit Wirkung v. 1. 4. 2016.

Absatz 2 oder ein besonderes Missbrauchsverfahren nach § 31 oder gegen ein Unternehmen (§ 111a Satz 1) ein Aufsichtsverfahren nach § 65 eingeleitet worden ist, ist das Schlichtungsverfahren auszusetzen. [2]Die Schlichtungsstelle teilt den Parteien mit, dass sich die Dauer des Schlichtungsverfahrens wegen besonderer Schwierigkeit der Streitigkeit verlängert.

(2) Das nach Absatz 1 ausgesetzte Schlichtungsverfahren ist mit Abschluss des Missbrauchsverfahrens oder Aufsichtsverfahrens unverzüglich fortzusetzen.

(3) [1]Die Schlichtungsstelle und die Regulierungsbehörden können nach Maßgabe des Bundesdatenschutzgesetzes untereinander Informationen einschließlich personenbezogener Daten über anhängige Schlichtungs- und Missbrauchsverfahren austauschen, soweit dies zur Erfüllung ihrer jeweiligen Aufgaben erforderlich ist. [2]Es ist sicherzustellen, dass die Vertraulichkeit wirtschaftlich sensibler Daten im Sinne des § 6a gewahrt wird.

Teil 9a: Transparenz[1)]

§ 111d Einrichtung einer nationalen Informationsplattform[2)]

(1) [1]Die Bundesnetzagentur errichtet und betreibt spätestens ab dem 1. Juli 2017 eine elektronische Plattform, um der Öffentlichkeit jederzeit die aktuellen Informationen insbesondere zu der Erzeugung von Elektrizität, der Last, der Menge der Im- und Exporte von Elektrizität, der Verfügbarkeit von Netzen und von Energieerzeugungsanlagen sowie zu Kapazitäten und der Verfügbarkeit von grenzüberschreitenden Verbindungsleitungen zur Verfügung zu stellen (nationale Informationsplattform). [2]Zu dem Zweck nach Satz 1 veröffentlicht sie auf der nationalen Informationsplattform in einer für die Gebotszone der Bundesrepublik Deutschland aggregierten Form insbesondere die Daten, die

1. von den Betreibern von Übertragungsnetzen nach Artikel 4 Absatz 1 in Verbindung mit den Artikeln 6 bis 17 der Verordnung (EU) Nr. 543/2013 der Kommission vom 14. Juni 2013 über die Übermittlung und die Veröffentlichung von Daten in Strommärkten und zur Änderung des Anhangs I der Verordnung (EG) Nr. 714/2009 des Europäischen Parlaments und des Rates (ABl L 163 vom 15. 6. 2013, S. 1; Transparenzverordnung) an den Europäischen Verbund der Übertragungsnetzbetreiber (ENTSO-Strom) übermittelt und von ENTSO-Strom veröffentlicht werden oder
2. von Primäreigentümern im Sinne von Artikel 2 Nummer 23 nach Artikel 4 Absatz 2 der Transparenzverordnung an ENTSO-Strom übermittelt und von ENTSO-Strom veröffentlicht werden.

[3]Die Bundesnetzagentur kann über die Daten nach Satz 2 hinaus zusätzliche ihr vorliegende Daten veröffentlichen, um die Transparenz im Strommarkt zu erhöhen.

(2) [1]Die Bundesnetzagentur kann die Übermittlung der Daten nach Absatz 1 Satz 2 von den Betreibern von Übertragungsnetzen sowie den Primäreigentümern im Sinne von Absatz 1 Satz 2 verlangen. [2]In diesem Fall müssen die Betreiber von Übertragungsnetzen sowie die Primäreigentümer auf Verlangen der Bundesnetzagentur dieser die Daten nach Absatz 1 Satz 2 über eine zum automatisierten Datenaustausch eingerichtete Schnittstelle innerhalb der von der Bundesnetzagentur gesetzten Frist zur Verfügung stellen. [3]Die Möglichkeit der Betreiber von Übertragungsnetzen, Informationen zu Anlagen und deren Standorten nach Artikel 10 Absatz 4 und nach Artikel 11 Absatz 4 Satz 2 der Transparenzverordnung nicht anzugeben, bleibt hiervon unberührt. [4]Die Bundesnetzagentur darf die ihr nach Satz 1 zur Kenntnis gelangten Daten, die Betriebs- und Geschäftsgeheimnisse enthalten, nur in anonymisierter Form veröffentlichen. [5]Die Bundesnetzagentur darf Daten, die geeignet sind, die Sicherheit oder Zuverlässigkeit des Elektrizitätsversorgungssystems oder die Sicherheit und Ordnung zu gefährden, oder die europäische

1) **Anm. d. Red.:** Teil 9a eingefügt gem. Gesetz v. 26. 7. 2016 (BGBl I S. 1786) mit Wirkung v. 30. 7. 2016.

2) **Anm. d. Red.:** § 111d eingefügt gem. Gesetz v. 26. 7. 2016 (BGBl I S. 1786) mit Wirkung v. 30. 7. 2016.

kritische Anlagen betreffen, nur im Einvernehmen mit den Betreibern der Übertragungsnetze veröffentlichen; Absatz 4 Satz 1 bleibt hiervon unberührt.

(3) [1]Die Bundesnetzagentur soll die in Absatz 1 Satz 2 und 3 genannten Daten in einer für die Gebotszone der Bundesrepublik Deutschland aggregierten Form und in deutscher Sprache unter Berücksichtigung der in der Transparenzverordnung festgelegten Zeitpunkte veröffentlichen, soweit dies jeweils technisch möglich ist. [2]Die Art der Veröffentlichung der Daten soll in einer für die Öffentlichkeit verständlichen Darstellung und in leicht zugänglichen Formaten erfolgen, um die Öffentlichkeit besser in die Lage zu versetzen, die Informationen des Strommarktes und die Wirkungszusammenhänge nachvollziehen zu können. [3]Die Daten müssen frei zugänglich sein und von den Nutzern gespeichert werden können.

(4) Die Bundesnetzagentur wird ermächtigt, wenn die nach den Nummern 1 und 3 zu übermittelnden Daten für den Zweck der nationalen Informationsplattform erforderlich sind und soweit diese Daten bei den Betreibern der Elektrizitätsversorgungsnetze vorliegen, Festlegungen nach § 29 Absatz 1 zu treffen insbesondere

1. zur Übermittlung von Daten und zu der Form der Übermittlung durch die Betreiber von Elektrizitätsversorgungsnetzen,
2. zu den Zeitpunkten der Übermittlung der Daten unter Berücksichtigung der in der Transparenzverordnung festgelegten Zeitpunkte sowie
3. zur Übermittlung von Daten zu Erzeugungseinheiten mit einer installierten Erzeugungskapazität zwischen 10 Megawatt und 100 Megawatt.

§ 111e Marktstammdatenregister[1)]

(1) [1]Die Bundesnetzagentur errichtet und betreibt ein elektronisches Verzeichnis mit energiewirtschaftlichen Daten (Marktstammdatenregister). [2]Das Marktstammdatenregister dient dazu,

1. die Verfügbarkeit und Qualität der energiewirtschaftlichen Daten zur Unterstützung des Zwecks und der Ziele nach § 1 für die im Energieversorgungssystem handelnden Personen sowie für die zuständigen Behörden zur Wahrnehmung ihrer gesetzlichen Aufgaben zu verbessern,
2. den Aufwand zur Erfüllung energierechtlicher Meldepflichten zu verringern und
3. die Transformation des Energieversorgungssystems gegenüber der Öffentlichkeit transparent darzustellen.

EnWG

(2) Das Marktstammdatenregister umfasst folgende Daten über die Unternehmen und Anlagen der Elektrizitäts- und Gaswirtschaft:

1. in der Elektrizitätswirtschaft insbesondere Daten über
   a) Anlagen zur Erzeugung und Speicherung von elektrischer Energie sowie deren Betreiber,
   b) Betreiber von Elektrizitätsversorgungsnetzen und
   c) Bilanzkreisverantwortliche und
2. in der Gaswirtschaft insbesondere Daten über
   a) Gasproduktionsanlagen und Speicheranlagen sowie deren Betreiber,
   b) Betreiber von Gasversorgungsnetzen,
   c) Marktgebietsverantwortliche und
   d) Bilanzkreisverantwortliche.

(3) Die Bundesnetzagentur muss bei der Errichtung und bei dem Betrieb des Marktstammdatenregisters europarechtliche und nationale Regelungen hinsichtlich der Vertraulichkeit, des Datenschutzes und der Datensicherheit beachten sowie die erforderlichen technischen und organisatorischen Maßnahmen zur Sicherstellung von Datenschutz und Datensicherheit unter Beachtung von § 9 des Bundesdatenschutzgesetzes, der Anlage zu § 9 Satz 1 des Bundesdaten-

1) **Anm. d. Red.:** § 111e eingefügt gem. Gesetz v. 26. 7. 2016 (BGBl I S. 1786) mit Wirkung v. 30. 7. 2016.

schutzgesetzes sowie unter Berücksichtigung der einschlägigen Standards und Empfehlungen des Bundesamtes für Sicherheit in der Informationstechnik ergreifen.

(4) [1]Die Bundesnetzagentur muss in einem nach der Rechtsverordnung nach § 111f Nummer 8 Buchstabe c zu bestimmenden Umfang Behörden den Zugang zum Marktstammdatenregister eröffnen, soweit diese Behörden die gespeicherten Daten zur Erfüllung ihrer jeweiligen Aufgaben benötigen. [2]Daten, die im Marktstammdatenregister erfasst sind, sollen von Organisationseinheiten in Behörden, die für die Überwachung und den Vollzug energierechtlicher Bestimmungen zuständig sind oder Daten zu energiestatistischen Zwecken benötigen, nicht erneut erhoben werden, soweit

1. die organisatorischen und technischen Voraussetzungen für den Zugriff auf das Marktstammdatenregister gewährleistet sind,
2. nicht zur Umsetzung europäischen Rechts eine eigenständige Datenerhebung erforderlich ist und
3. die jeweils benötigten Daten nach Maßgabe der Rechtsverordnung nach § 111f vollständig und richtig an das Marktstammdatenregister übermittelt worden sind.

(5) Die Bundesnetzagentur nimmt ihre Aufgaben und Befugnisse nach den Absätzen 1 bis 4 sowie nach der Rechtsverordnung nach § 111f nur im öffentlichen Interesse wahr.

(6) [1]Die Bundesnetzagentur kann vor dem Inkrafttreten einer Rechtsverordnung nach § 111f Netzbetreiber verpflichten, bei ihnen vorhandene Daten nach § 111f Nummer 6 über bereits in Betrieb genommene Anlagen und deren Betreiber zur späteren Speicherung im Markstammdatenregister zu übermitteln. [2]Die Bundesnetzagentur darf hierbei ein bestimmtes Datenformat vorgeben; zur Sicherstellung von Datenschutz und Datensicherheit kann die Bundesnetzagentur ein etabliertes und dem Schutzbedarf angemessenes Verschlüsselungsverfahren bestimmen.

§ 111f Verordnungsermächtigung zum Marktstammdatenregister[1)]

Zur näheren Ausgestaltung des Marktstammdatenregisters wird das Bundesministerium für Wirtschaft und Energie ermächtigt, durch Rechtsverordnung ohne Zustimmung des Bundesrates zu regeln:

1. zur Umsetzung des § 111e Absatz 2 die registrierungspflichtigen Personen und die zu erfassenden Energieanlagen,
2. welche weiteren Personen registriert und welche weiteren Anlagen zur Erreichung der Zwecke nach § 111e Absatz 1 erfasst werden müssen oder können; dies sind insbesondere:
   a) Personen:
      aa) Betreiber von geschlossenen Verteilernetzen,
      bb) Direktvermarktungsunternehmer nach § 5 Nummer 10 des Erneuerbare-Energien-Gesetzes,
      cc) Strom- und Gaslieferanten, die Letztverbraucher beliefern,
      dd) Messstellenbetreiber,
      ee) Marktteilnehmer nach Artikel 2 Nummer 7 der Verordnung (EU) Nr. 1227/2011 des Europäischen Parlaments und des Rates über die Integrität und Transparenz des Energiegroßhandelsmarkts,
      ff) Betreiber von organisierten Marktplätzen nach Artikel 2 Nummer 4 der Durchführungsverordnung (EU) Nr. 1348/2014 der Kommission vom 17. Dezember 2014 über die Datenmeldung gemäß Artikel 8 Absatz 2 und 6 der Verordnung (EU) Nr. 1227/2011 des Europäischen Parlaments und des Rates über die Integrität und Transparenz des Energiegroßhandelsmarkts (ABl L 363 vom 18. 12. 2014, S. 121),

1) **Anm. d. Red.:** § 111f i. d. F. des Gesetzes v. 22. 12. 2016 (BGBl I S. 3106) mit Wirkung v. 1. 1. 2017.

b) Anlagen, wobei auch ihre Betreiber zur Registrierung verpflichtet werden können:
   aa) energiewirtschaftlich relevante Energieverbrauchsanlagen,
   bb) Netzersatzanlagen,
   cc) Ladepunkte für Elektromobile,
3. die Erfassung öffentlich-rechtlicher Zulassungen für Anlagen und die Registrierung ihrer Inhaber,
4. die Registrierung von Behörden, die energiewirtschaftliche Daten zur Erfüllung ihrer jeweiligen Aufgaben benötigen,
5. die Voraussetzungen und den Umfang einer freiwilligen Registrierung von Personen, die nicht nach den Nummern 1 bis 3 hierzu verpflichtet sind,
6. welche Daten übermittelt werden müssen und wer als Datenverantwortlicher zur Übermittlung verpflichtet ist, wobei mindestens folgende Daten zu übermitteln sind, soweit diese nicht bereits der Bundesnetzagentur vorliegen; in diesen Fällen kann eine Speicherung der Daten im Marktstammdatenregister ohne Übermittlung des Datenverantwortlichen geregelt werden:
   a) der Name des Datenverantwortlichen, seine Anschrift, seine Telefonnummer und seine E-Mail-Adresse,
   b) der Standort der Anlage,
   c) die genutzten Energieträger,
   d) die installierte Leistung der Anlage,
   e) technische Eigenschaften der Anlage,
   f) Daten zum Energieversorgungsnetz, an das die Anlage angeschlossen ist,
7. das Verfahren der Datenübermittlung einschließlich
   a) Anforderungen an die Art, die Formate und den Umfang der zu übermittelnden Daten,
   b) der anzuwendenden Fristen und Übergangfristen,
   c) Regelungen zur Übernahme der Datenverantwortung in Fällen, in denen nach Nummer 6 zweiter Halbsatz die Daten ohne vorherige Übermittlung des Datenverantwortlichen im Marktstammdatenregister gespeichert werden,

7a. die Überprüfung der im Marktstammdatenregister gespeicherten Daten einschließlich der hierzu erforderlichen Mitwirkungspflichten von Personen nach Nummer 1 und 2,

8. die Nutzung des Marktstammdatenregisters einschließlich der Möglichkeit zum automatisierten Abruf von Daten durch
   1. die zur Registrierung verpflichteten Personen einschließlich ihrer Rechte, bestimmte Daten einzusehen und diese zu bestimmten Zwecken zu nutzen,
   2. freiwillig registrierte Personen,
   3. Behörden einschließlich
      aa) ihrer Befugnis, bestimmte Daten einzusehen und zum Abgleich mit eigenen Registern und Datensätzen oder sonst zur Erfüllung ihrer Aufgaben zu nutzen,
      bb) der Regelung, welche Behörden in den Anwendungsbereich des § 111e Absatz 4 fallen, sowie bei Behörden nach § 111e Absatz 4 Satz 2 die Rechte der Dateninhaber, die Übermittlung von Daten an diese Behörden zu verweigern, wenn die Voraussetzungen des § 111e Absatz 4 Satz 2 erfüllt sind; hierfür sind angemessene Übergangsfristen vorzusehen, die es den betroffenen Behörden erlauben, ihrerseits die organisatorischen und technischen Maßnahmen zur Anpassung eigener Prozesse, Register und Datenbanken zu ergreifen,
9. die Art und den Umfang der Veröffentlichung der im Marktstammdatenregister gespeicherten Daten unter Beachtung datenschutzrechtlicher Anforderungen, der Anforderungen an

EnWG

die Sicherheit und Zuverlässigkeit des Energieversorgungssystems sowie unter Wahrung von Betriebs- und Geschäftsgeheimnissen,

10. die Pflichten der Datenverantwortlichen, die im Marktstammdatenregister gespeicherten Daten bei Änderungen zu aktualisieren,
11. die Rechtsfolgen in Fällen der Nichteinhaltung von Verpflichtungen auf Grund einer Rechtsverordnung nach den Nummern 1, 2, 3, 6 und 7; dies umfasst insbesondere Regelungen, wonach die Inanspruchnahme einzelner oder sämtlicher der folgenden Förderungen und Begünstigungen die Datenübermittlung an das Marktstammdatenregister voraussetzt, wenn und soweit die betreffenden Bestimmungen dies zulassen, wobei angemessene Übergangsfristen vorzusehen sind:
    a) die finanzielle Förderung nach § 19 des Erneuerbare-Energien-Gesetzes,
    b) die Zahlung des Zuschlags nach § 7 des Kraft-Wärme-Kopplungsgesetzes,
    c) die Zahlung vermiedener Netznutzungsentgelte nach § 18 der Stromnetzentgeltverordnung,
    d) Begünstigungen
        aa) nach § 60 Absatz 3, den §§ 61, 104 Absatz 3 des Erneuerbare-Energien-Gesetzes,
        bb) nach § 26 Absatz 2 des Kraft-Wärme-Kopplungsgesetzes,
        cc) nach § 19 Absatz 2 und 3 der Stromnetzentgeltverordnung,
        dd) nach den §§ 20 und 20a der Gasnetzentgeltverordnung und nach § 35 der Gasnetzzugangsverordnung,
        ee) nach den §§ 3, 3a, 44, 46, 47, 53a und 53b des Energiesteuergesetzes sowie
        ff) nach § 9 des Stromsteuergesetzes,
12. nähere Vorgaben zu den Folgen fehlerhafter Eintragungen einschließlich Regelungen über Aufgaben und Befugnisse der Bundesnetzagentur zur Sicherung der Datenqualität,
13. nähere Vorgaben zur Gewährleistung von Datensicherheit und Datenschutz; dies umfasst insbesondere Regelungen zum Schutz personenbezogener Daten im Zusammenhang mit den nach Nummer 6 zu übermittelnden Daten einschließlich Aufklärungs-, Auskunfts- und Löschungspflichten,
14. die Ermächtigung der Bundesnetzagentur, durch Festlegung nach § 29 Absatz 1 unter Beachtung der Zwecke des § 111e Absatz 1 sowie der Anforderungen des Datenschutzes zu regeln:
    a) Definitionen der registrierungspflichtigen Personen sowie der zu übermittelnden Daten,
    b) weitere zu übermittelnde Daten, einschließlich der hierzu Verpflichteten,
    c) dass abweichend von einer Rechtsverordnung nach Nummer 3 oder einer Festlegung nach Buchstabe a bestimmte Daten nicht mehr zu übermitteln sind oder bestimmte Personen, Einrichtungen oder öffentlichrechtliche Zulassungen nicht mehr registriert werden müssen, soweit diese nicht länger zur Erreichung der Ziele nach § 111e Absatz 1 Satz 2 erforderlich sind; hiervon ausgenommen sind die nach Nummer 6 zweiter Halbsatz mindestens zu übermittelnden Daten.

Teil 10: Evaluierung, Schlussvorschriften

§ 112 Evaluierungsbericht

[1]Die Bundesregierung hat den gesetzgebenden Körperschaften bis zum 1. Juli 2007 einen Bericht über die Erfahrungen und Ergebnisse mit der Regulierung vorzulegen (Evaluierungsbericht). [2]Sofern sich aus dem Bericht die Notwendigkeit von gesetzgeberischen Maßnahmen ergibt, soll die Bundesregierung einen Vorschlag machen. [3]Der Bericht soll insbesondere

1. Vorschläge für Methoden der Netzregulierung enthalten, die Anreize zur Steigerung der Effizienz des Netzbetriebs setzen,

2. Auswirkungen der Regelungen dieses Gesetzes auf die Umweltverträglichkeit der Energieversorgung darlegen,
3. Auswirkungen der Netzregulierung sowie der Regelungen nach Teil 4 auf die Letztverbraucher untersuchen,
4. eine Prüfung beinhalten, ob für die Planung des Verteilernetzausbaus die Aufnahme einer Ermächtigung zum Erlass einer Rechtsverordnung notwendig wird um sicherzustellen, dass nachfragesteuernde und effizienzsteigernde Maßnahmen angemessen beachtet werden,
5. die Bedingungen der Beschaffung und des Einsatzes von Ausgleichsenergie darstellen sowie gegebenenfalls Vorschläge zur Verbesserung des Beschaffungsverfahrens, insbesondere der gemeinsamen regelzonenübergreifenden Ausschreibung, und zu einer möglichen Zusammenarbeit der Betreiber von Übertragungsnetzen zur weiteren Verringerung des Aufwandes für Regelenergie machen,
6. die Möglichkeit der Einführung eines einheitlichen Marktgebiets bei Gasversorgungsnetzen erörtern und Vorschläge zur Entwicklung eines netzübergreifenden Regelzonenmodells bei Elektrizitätsversorgungsnetzen prüfen sowie
7. den Wettbewerb bei Gasspeichern und die Netzzugangsbedingungen für Anlagen zur Erzeugung von Biogas prüfen.

§ 112a Bericht der Bundesnetzagentur zur Einführung einer Anreizregulierung

(1) [1]Die Bundesnetzagentur hat der Bundesregierung bis zum 1. Juli 2006 einen Bericht zur Einführung der Anreizregulierung nach § 21a vorzulegen. [2]Dieser Bericht hat ein Konzept zur Durchführung einer Anreizregulierung zu enthalten, das im Rahmen der gesetzlichen Vorgaben umsetzbar ist. [3]Zur Vorbereitung und zur Erstellung des Berichts stehen der Bundesnetzagentur die Ermittlungsbefugnisse nach diesem Gesetz zu.

(2) [1]Die Bundesnetzagentur soll den Bericht unter Beteiligung der Länder, der Wissenschaft und der betroffenen Wirtschaftskreise erstellen sowie die internationalen Erfahrungen mit Anreizregulierungssystemen berücksichtigen. [2]Sie gibt den betroffenen Wirtschaftskreisen nach der Erstellung eines Berichtsentwurfs Gelegenheit zur Stellungnahme; sie veröffentlicht die erhaltenen Stellungnahmen im Internet. [3]Unterlagen der betroffenen Wirtschaftskreise zur Entwicklung einer Methodik der Anreizregulierung sowie der Stellungnahme nach Satz 2 sind von den Regelungen nach § 69 Abs. 1 Satz 1 Nr. 1 und 3 sowie Satz 2 ausgenommen.

EnWG

(3) [1]Die Bundesnetzagentur hat der Bundesregierung zwei Jahre nach der erstmaligen Bestimmung von Netzzugangsentgelten im Wege einer Anreizregulierung nach § 21a einen Bericht über die Erfahrungen damit vorzulegen. [2]Die Bundesregierung hat den Bericht binnen dreier Monate an den Deutschen Bundestag weiterzuleiten; sie kann ihm eine Stellungnahme hinzufügen.

§ 113 Laufende Wegenutzungsverträge

Laufende Wegenutzungsverträge, einschließlich der vereinbarten Konzessionsabgaben, bleiben unbeschadet ihrer Änderung durch die §§ 36, 46 und 48 im Übrigen unberührt.

§ 114 Wirksamwerden der Entflechtungsbestimmungen

[1]Auf Rechnungslegung und interne Buchführung findet § 10 erstmals zu Beginn des jeweils ersten vollständigen Geschäftsjahres nach Inkrafttreten dieses Gesetzes Anwendung. [2]Bis dahin sind die §§ 9 und 9a des Energiewirtschaftsgesetzes vom 24. April 1998 (BGBl I S. 730), das zuletzt durch Artikel 1 des Gesetzes vom 20. Mai 2003 (BGBl I S. 686) geändert worden ist, weiter anzuwenden.

§ 115 Bestehende Verträge[1)]

(1) [1]Bestehende Verträge über den Netzanschluss an und den Netzzugang zu den Energieversorgungsnetzen mit einer Laufzeit bis zum Ablauf von sechs Monaten nach Inkrafttreten dieses Gesetzes bleiben unberührt. [2]Verträge mit einer längeren Laufzeit sind spätestens sechs Monate nach Inkrafttreten einer zu diesem Gesetz nach den §§ 17, 18 oder 24 erlassenen Rechtsverordnung an die jeweils entsprechenden Vorschriften dieses Gesetzes und die jeweilige Rechtsverordnung nach Maßgabe dieser Rechtsverordnung anzupassen, soweit eine Vertragspartei dies verlangt. [3]§ 19 Absatz 1 in Verbindung mit Absatz 2 Nummer 1 des Gesetzes gegen Wettbewerbsbeschränkungen findet nach Maßgabe des § 111 Anwendung.

(1a) Abweichend von Absatz 1 Satz 2 sind die dort genannten Verträge hinsichtlich der Entgelte, soweit diese nach § 23a zu genehmigen sind, unabhängig von einem Verlangen einer Vertragspartei anzupassen.

(2) [1]Bestehende Verträge über die Belieferung von Letztverbrauchern mit Energie im Rahmen der bis zum Inkrafttreten dieses Gesetzes bestehenden allgemeinen Versorgungspflicht mit einer Laufzeit bis zum Ablauf von sechs Monaten nach Inkrafttreten dieses Gesetzes bleiben unberührt. [2]Bis dahin gelten die Voraussetzungen des § 310 Abs. 2 des Bürgerlichen Gesetzbuchs als erfüllt, sofern die bestehenden Verträge im Zeitpunkt des Inkrafttretens dieses Gesetzes diese Voraussetzungen erfüllt haben. [3]Verträge mit einer längeren Laufzeit sind spätestens sechs Monate nach Inkrafttreten einer zu diesem Gesetz nach § 39 oder § 41 erlassenen Rechtsverordnung an die jeweils entsprechenden Vorschriften dieses Gesetzes und die jeweilige Rechtsverordnung nach Maßgabe dieser Rechtsverordnung anzupassen.

(3) [1]Bestehende Verträge über die Belieferung von Haushaltskunden mit Energie außerhalb der bis zum Inkrafttreten dieses Gesetzes bestehenden allgemeinen Versorgungspflicht mit einer Restlaufzeit von zwölf Monaten nach Inkrafttreten dieses Gesetzes bleiben unberührt. [2]Bis dahin gelten die Voraussetzungen des § 310 Abs. 2 des Bürgerlichen Gesetzbuchs als erfüllt, sofern die bestehenden Verträge im Zeitpunkt des Inkrafttretens dieses Gesetzes diese Voraussetzungen erfüllt haben. [3]Verträge mit einer längeren Laufzeit sind spätestens zwölf Monate nach Inkrafttreten einer zu diesem Gesetz nach § 39 oder § 41 erlassenen Rechtsverordnung an die entsprechenden Vorschriften dieses Gesetzes und die jeweilige Rechtsverordnung nach Maßgabe dieser Rechtsverordnung anzupassen. [4]Sonstige bestehende Lieferverträge bleiben im Übrigen unberührt.

§ 116 Bisherige Tarifkundenverträge

[1]Unbeschadet des § 115 sind die §§ 10 und 11 des Energiewirtschaftsgesetzes vom 24. April 1998 (BGBl I S. 730), das zuletzt durch Artikel 126 der Verordnung vom 25. November 2003 (BGBl I S. 2304) geändert worden ist, sowie die Verordnung über Allgemeine Bedingungen für die Elektrizitätsversorgung von Tarifkunden vom 21. Juni 1979 (BGBl I S. 684), zuletzt geändert durch Artikel 17 des Gesetzes vom 9. Dezember 2004 (BGBl I S. 3214), und die Verordnung über Allgemeine Bedingungen für die Gasversorgung von Tarifkunden vom 21. Juni 1979 (BGBl I S. 676), zuletzt geändert durch Artikel 18 des Gesetzes vom 9. Dezember 2004 (BGBl I S. 3214), auf bestehende Tarifkundenverträge, die nicht mit Haushaltskunden im Sinne dieses Gesetzes abgeschlossen worden sind, bis zur Beendigung der bestehenden Verträge weiter anzuwenden. [2]Bei Änderungen dieser Verträge und bei deren Neuabschluss gelten die Bestimmungen dieses Gesetzes sowie der auf Grund dieses Gesetzes erlassenen Rechtsverordnungen.

§ 117 Konzessionsabgaben für die Wasserversorgung

Für die Belieferung von Letztverbrauchern im Rahmen der öffentlichen Wasserversorgung gilt § 48 entsprechend.

1) **Anm. d. Red.:** § 115 i. d. F. des Gesetzes v. 26. 6. 2013 (BGBl I S. 1738) mit Wirkung v. 30. 6. 2013.

§ 117a Regelung bei Stromeinspeisung in geringem Umfang[1)]

[1]Betreiber

1. von Anlagen im Sinne des § 3 Nummer 1 des Erneuerbare-Energien-Gesetzes mit einer elektrischen Leistung von bis zu 500 Kilowatt oder
2. von Anlagen im Sinne des § 2 Nummer 14 des Kraft-Wärme-Kopplungsgesetzes mit einer elektrischen Leistung von bis zu 500 Kilowatt,

die nur deswegen als Energieversorgungsunternehmen gelten, weil sie Elektrizität nach den Vorschriften des Erneuerbare-Energien-Gesetzes oder des Kraft-Wärme-Kopplungsgesetzes in ein Netz einspeisen oder im Sinne des § 3 Nummer 16 des Erneuerbare-Energien-Gesetzes direkt vermarkten, sind hinsichtlich dieser Anlagen von den Bestimmungen des § 10 Abs. 1 ausgenommen. [2]Mehrere Anlagen zur Erzeugung von Strom aus solarer Strahlungsenergie gelten unabhängig von den Eigentumsverhältnissen und ausschließlich zum Zweck der Ermittlung der elektrischen Leistung im Sinne des Satzes 1 Nummer 1 als eine Anlage, wenn sie sich auf demselben Grundstück oder sonst in unmittelbarer räumlicher Nähe befinden und innerhalb von zwölf aufeinanderfolgenden Kalendermonaten in Betrieb genommen worden sind. [3]Satz 1 gilt nicht, wenn der Betreiber ein vertikal integriertes Unternehmen ist oder im Sinne des § 3 Nr. 38 mit einem solchen verbunden ist. [4]Bilanzierungs-, Prüfungs- und Veröffentlichungspflichten aus sonstigen Vorschriften bleiben unberührt. [5]Mehrere Anlagen im Sinne des Satzes 1 Nr. 1 und 2, die unmittelbar an einem Standort miteinander verbunden sind, gelten als eine Anlage, wobei die jeweilige elektrische Leistung zusammenzurechnen ist.

§ 117b Verwaltungsvorschriften[2)]

Die Bundesregierung erlässt mit Zustimmung des Bundesrates allgemeine Verwaltungsvorschriften über die Durchführung der Verfahren nach den §§ 43 bis 43d sowie 43f und 43g, insbesondere über

1. die Vorbereitung des Verfahrens,
2. den behördlichen Dialog mit dem Vorhabenträger und der Öffentlichkeit,
3. die Festlegung des Prüfungsrahmens,
4. den Inhalt und die Form der Planunterlagen,
5. die Einfachheit, Zweckmäßigkeit und Zügigkeit der Verfahrensabläufe und der vorzunehmenden Prüfungen,
6. die Durchführung des Anhörungsverfahrens,
7. die Einbeziehung der Umweltverträglichkeitsprüfung in das Verfahren,
8. die Beteiligung anderer Behörden und
9. die Bekanntgabe der Entscheidung.

EnWG

§ 118 Übergangsregelungen[3)]

(1) Die Bundesregierung soll unverzüglich nach Vorlage des Berichts nach § 112a Abs. 1 zur Einführung der Anreizregulierung den Entwurf einer Rechtsverordnung nach § 21a Abs. 6 vorlegen.

(2) § 6 Absatz 2 bis 4 ist mit Wirkung vom 13. Juli 2009 anzuwenden.

(3) [1]Vor dem 17. Dezember 2006 beantragte Planfeststellungsverfahren oder Plangenehmigungsverfahren werden nach den Vorschriften dieses Gesetzes in der ab dem 17. Dezember 2006 geltenden Fassung zu Ende geführt. [2]§ 43c gilt auch für Planfeststellungsbeschlüsse und

1) **Anm. d. Red.:** § 117a i. d. F. des Gesetzes v. 13. 10. 2016 (BGBl I S. 2258) mit Wirkung v. 1. 1. 2017.

2) **Anm. d. Red.:** § 117b eingefügt gem. Gesetz v. 28. 7. 2011 (BGBl I S. 1690) mit Wirkung v. 5. 8. 2011.

3) **Anm. d. Red.:** § 118 i. d. F. des Gesetzes v. 17.12.2018 (BGBl I S. 2549) mit Wirkung v. 21.12.2018.

Plangenehmigungen, die vor dem 17. Dezember 2006 erlassen worden sind, soweit der Plan noch nicht außer Kraft getreten ist.

(4) [1]Vor dem 26. August 2009 beantragte Planfeststellungsverfahren und Plangenehmigungsverfahren jeweils für Hochspannungsleitungen mit einer Nennspannung von 220 Kilovolt oder mehr werden nach den bis dahin geltenden Vorschriften zu Ende geführt. [2]Sie werden nur dann als Planfeststellungsverfahren oder Plangenehmigungsverfahren in der ab dem 26. August 2009 geltenden Fassung dieses Gesetzes fortgeführt, wenn der Träger des Vorhabens dies beantragt. [3]Vor dem 26. August 2009 beantragte Planfeststellungsverfahren und Plangenehmigungsverfahren jeweils für Hochspannungsleitungen mit einer Nennspannung von unter 220 Kilovolt werden nach den Vorschriften dieses Gesetzes in der ab 26. August 2009 geltenden Fassung zu Ende geführt.

(5) [1]Vor dem 26. August 2009 beantragte Einzelgenehmigungen für Vorhaben, die ab dem 26. August 2009 der Planfeststellung oder Plangenehmigung nach § 43 Satz 1 Nr. 3 oder Satz 3 unterliegen, werden nach den bis dahin geltenden Vorschriften zu Ende geführt. [2]Die Durchführung eines Planfeststellungsverfahrens oder Plangenehmigungsverfahrens nach § 43 Satz 1 Nr. 3 oder Satz 3 in der ab dem 26. August 2009 geltenden Fassung dieses Gesetzes erfolgt nur dann, wenn der Träger des Vorhabens dies beantragt.

(6) [1]Nach dem 31. Dezember 2008 neu errichtete Anlagen zur Speicherung elektrischer Energie, die ab 4. August 2011, innerhalb von 15 Jahren in Betrieb genommen werden, sind für einen Zeitraum von 20 Jahren ab Inbetriebnahme hinsichtlich des Bezugs der zu speichernden elektrischen Energie von den Entgelten für den Netzzugang freigestellt. [2]Pumpspeicherkraftwerke, deren elektrische Pump- oder Turbinenleistung nachweislich um mindestens 7,5 Prozent oder deren speicherbare Energiemenge nachweislich um mindestens 5 Prozent nach dem 4. August 2011 erhöht wurden, sind für einen Zeitraum von zehn Jahren ab Inbetriebnahme hinsichtlich des Bezugs der zu speichernden elektrischen Energie von den Entgelten für den Netzzugang freigestellt. [3]Die Freistellung nach Satz 1 wird nur gewährt, wenn die elektrische Energie zur Speicherung in einem elektrischen, chemischen, mechanischen oder physikalischen Stromspeicher aus einem Transport- oder Verteilernetz entnommen und die zur Ausspeisung zurückgewonnene elektrische Energie zeitlich verzögert wieder in dasselbe Netz eingespeist wird. [4]Die Freistellung nach Satz 2 setzt voraus, dass auf Grund vorliegender oder prognostizierter Verbrauchsdaten oder auf Grund technischer oder vertraglicher Gegebenheiten offensichtlich ist, dass der Höchstlastbeitrag der Anlage vorhersehbar erheblich von der zeitgleichen Jahreshöchstlast aller Entnahmen aus dieser Netz- oder Umspannebene abweicht. [5]Sie erfolgt durch Genehmigung in entsprechender Anwendung der verfahrensrechtlichen Vorgaben nach § 19 Absatz 2 Satz 3 bis 5 und 8 bis 10 der Stromnetzentgeltverordnung. [6]Als Inbetriebnahme gilt der erstmalige Bezug von elektrischer Energie für den Probebetrieb, bei bestehenden Pumpspeicherkraftwerken der erstmalige Bezug nach Abschluss der Maßnahme zur Erhöhung der elektrischen Pump- oder Turbinenleistung und der speicherbaren Energiemenge. [7]Satz 2 und 3 gelten nicht für Anlagen, in denen durch Wasserelektrolyse Wasserstoff erzeugt oder in denen Gas oder Biogas durch wasserelektrolytisch erzeugten Wasserstoff und anschließende Methanisierung hergestellt worden ist. [8]Diese Anlagen sind zudem von den Einspeiseentgelten in das Gasnetz, an das sie angeschlossen sind, befreit.

(7) [1]Ausnahmen nach § 28a, die vor dem 4. August 2011 erteilt werden, gelten bis zum Ende des genehmigten Ausnahmezeitraums auch für die §§ 8 bis 10e sowie, im Umfang der bestehenden Ausnahmegenehmigung, für die §§ 20 bis 28 als erteilt. [2]Satz 1 gilt für erteilte Ausnahmen nach Artikel 7 der Verordnung (EG) Nr. 1228/2003 entsprechend, soweit sie vor dem 4. August 2011 erteilt wurden.

(8) § 91 ist auf Kostenschulden, die vor dem 4. August 2011 entstanden sind, in der bis zum 3. August 2011 geltenden Fassung anzuwenden.

(9) [1]§ 24 Satz 1 Nummer 3 und Satz 2 Nummer 5 jeweils in der Fassung vom 30. Juli 2016 treten mit Wirkung zum 1. Januar 2012 in Kraft. [2]Bis zum 31. Dezember 2015 ist anstelle der §§ 26, 28 und 30 des Kraft-Wärme-Kopplungsgesetzes § 9 des Kraft-Wärme-Kopplungsgesetzes in der

am 31. Dezember 2015 geltenden Fassung entsprechend anzuwenden mit der Maßgabe, dass die Belastungsgrenzen in dessen Absatz 7 Satz 2 und 3 erst ab einem Jahresverbrauch von mindestens 1 000 000 Kilowattstunden und nur auf Strombezüge oberhalb von 1 000 000 Kilowattstunden anzuwenden sind. [3]§ 19 Absatz 2 Satz 6 und 7 der Stromnetzentgeltverordnung in der Fassung des Gesetzes vom 26. Juli 2011 (BGBl I S. 1554), § 19 Absatz 2 Satz 12 bis 15 in der Fassung der Verordnung vom 14. August 2013 (BGBl I S. 3250) und § 19 Absatz 2 Satz 13 bis 16 in der Fassung des Gesetzes vom 21. Dezember 2015 (BGBl I S. 2498) gelten als Regelungen im Sinne des § 24 in der Fassung der Sätze 1 und 2.

(10) Die §§ 20a, 40 Absatz 2 Satz 1 Nummer 6 und 8, § 40 Absatz 3 Satz 2 sowie § 40 Absatz 4 und 6 finden erst sechs Monate nach Inkrafttreten dieses Gesetzes Anwendung.

(11) [1]Vor dem 5. August 2011 beantragte Planfeststellungsverfahren oder Plangenehmigungsverfahren für Hochspannungsleitungen mit einer Nennspannung von 110 Kilovolt werden nach den bisher geltenden Vorschriften zu Ende geführt. [2]Sie werden nur dann als Planfeststellungsverfahren oder Plangenehmigungsverfahren in der ab 5. August 2011 geltenden Fassung dieses Gesetzes fortgeführt, wenn der Träger des Vorhabens dies beantragt.

(12) Auf Windenergieanlagen auf See, die bis zum 29. August 2012 eine unbedingte oder eine bedingte Netzanbindungszusage erhalten haben und im Falle der bedingten Netzanbindungszusage spätestens zum 1. September 2012 die Voraussetzungen für eine unbedingte Netzanbindungszusage nachgewiesen haben, ist § 17 Absatz 2a und 2b in der bis zum 28. Dezember 2012 geltenden Fassung anzuwenden.

(13) [1]§ 17d Absatz 6 Satz 3 in der bis zum 31. Dezember 2016 geltenden Fassung ist nicht auf einen Betreiber von Windenergieanlagen auf See nach Absatz 12 anzuwenden, der bis zum Ablauf des 1. Juli 2015 der Regulierungsbehörde den Nachweis über eine bestehende Finanzierung erbringt, der bis zum Ablauf des 1. Juli 2016 mit der Errichtung der Windenergieanlage auf See begonnen hat und die technische Betriebsbereitschaft der Windenergieanlagen auf See bis zum Ablauf des 1. Januar 2019 hergestellt hat. [2]Für den Nachweis der bestehenden Finanzierung gilt § 17d Absatz 6 Satz 4 in der bis zum 31. Dezember 2016 geltenden Fassung entsprechend.

(14) Vor dem 1. Januar 2018 kann die Regulierungsbehörde im Benehmen mit dem Bundesamt für Seeschifffahrt und Hydrographie abweichend von § 17d Absatz 3 Satz 2 in der bis zum 31. Dezember 2016 geltenden Fassung unter Berücksichtigung sämtlicher bestehender unbedingter Netzanbindungszusagen höchstens 7,7 Gigawatt Anschlusskapazität zuweisen.

(15) Für § 6c in der durch das Gesetz zur Änderung des Handelsgesetzbuchs vom 4. Oktober 2013 (BGBl I S. 3746) geänderten Fassung gilt Artikel 70 Absatz 3 des Einführungsgesetzes zum Handelsgesetzbuch entsprechend.

(16) [1]Das Verfahren zur Erstellung und Bestätigung des Offshore-Netzentwicklungsplans für das Zieljahr 2025 nach den §§ 17b und 17c wird nach den bis zum 31. Dezember 2015 geltenden Vorschriften fortgeführt. [2]Das Verfahren zur Erstellung und Bestätigung des Netzentwicklungsplans für das Zieljahr 2025 nach den §§ 12b und 12c wird nicht fortgeführt. [3]Das mit der Vorlage des Szenariorahmens am 10. Januar 2016 begonnene Verfahren zur Erstellung und Bestätigung des Netzentwicklungsplans sowie des Offshore-Netzentwicklungsplans nach den §§ 12b, 12c, 17b und 17c wird nach den seit dem 1. Januar 2016 geltenden Vorschriften durchgeführt.

(17) Das Verfahren zur Erstellung des Netzentwicklungsplans der Fernleitungsnetzbetreiber für das Jahr 2015 nach § 15a wird nach den bis zum 1. Januar 2016 geltenden Vorschriften durchgeführt.

(18) [1]Folgende Maßnahmen dürfen erst nach beihilferechtlicher Genehmigung durch die Europäische Kommission und nach Maßgabe und für die Dauer der Genehmigung ergriffen werden:

1. die Vergütung bei geplanten Stilllegungen von Anlagen nach den §§ 13b bis 13d in der Fassung des Strommarktgesetzes vom 30. Juli 2016 und
2. die Bindung von Anlagen nach § 13e.

[2]Das Bundesministerium für Wirtschaft und Energie macht den Tag der Bekanntgabe der beihilferechtlichen Genehmigung jeweils im Bundesanzeiger bekannt.

(19) [1]Abweichend von § 17d kann die Regulierungsbehörde im Benehmen mit dem Bundesamt für Seeschifffahrt und Hydrographie bis zum 31. Dezember 2016 Betreibern von Pilotwindenergieanlagen auf See nach § 3 Nummer 6 des Windenergie-auf-See-Gesetzes auf Antrag Anschlusskapazität bis zu höchstens 50 Megawatt auf einer bestehenden oder beauftragten Offshore-Anbindungsleitung zuweisen, soweit entsprechende Kapazitäten auf Offshore-Anbindungsleitungen zur Verfügung stehen und der jeweilige Betreiber von Pilotwindenergieanlagen auf See ein hinreichendes Konzept zur Anbindung der Pilotwindenergieanlagen auf See an ein Umspannwerk auf See für den Netzanschluss mit seinem Antrag vorlegt. [2]Mit dem Antrag nach Satz 1 müssen geeignete Unterlagen nach § 68 Satz 2 des Windenergie-auf-See-Gesetzes eingereicht werden. [3]Die Zuweisung der Kapazität erfolgt unter der Bedingung, dass

1. die Regulierungsbehörde im Benehmen mit dem Bundesamt für Seeschifffahrt und Hydrographie spätestens bis zum 30. Juni 2017 feststellt, dass es sich um eine Pilotwindenergieanlage handelt, und
2. der Betreiber der Pilotwindenergieanlage spätestens bis zum Ablauf von 18 Monaten nach der Kapazitätszuweisung eine Zulassung zur Errichtung dieser Anlagen der Regulierungsbehörde vorlegt.

[4]Die Regulierungsbehörde kann die Zuweisung mit Nebenbestimmungen nach § 36 des Verwaltungsverfahrensgesetzes versehen. [5]Die Regulierungsbehörde entscheidet über die Anträge in der Reihenfolge ihres Eingangs; später gestellte Anträge von anderen Betreibern von Pilotwindenergieanlagen auf See auf Zuweisung derselben Anbindungskapazität sind mit der Zuweisung nach Satz 1 abzulehnen. [6]Eine Zuweisung von Anschlusskapazität, die dazu führen würde, dass die in Absatz 14 genannte Anschlusskapazität überschritten würde, ist unzulässig.

(20) [1]Der Offshore-Netzentwicklungsplan für das Zieljahr 2025 enthält alle Maßnahmen, die erforderlich sind, um einen hinreichenden Wettbewerb unter den bestehenden Projekten im Rahmen der Ausschreibung nach § 26 des Windenergie-auf-See-Gesetzes zu gewährleisten. [2]Der Offshore-Netzentwicklungsplan für das Zieljahr 2025 soll für die Ostsee die zur Erreichung der in § 27 Absatz 3 und 4 des Windenergie-auf-See-Gesetzes festgelegten Menge erforderlichen Maßnahmen mit einer geplanten Fertigstellung ab dem Jahr 2021 vorsehen, jedoch eine Übertragungskapazität von 750 Megawatt insgesamt nicht überschreiten. [3]Der Offshore-Netzentwicklungsplan für das Zieljahr 2025 soll für die Nordsee die zur Erreichung der Verteilung nach § 27 Absatz 4 des Windenergie-auf-See-Gesetzes erforderlichen Maßnahmen mit einer geplanten Fertigstellung ab dem Jahr 2022 vorsehen.

(21) Für Windenergieanlagen auf See, die eine unbedingte Netzanbindungszusage nach Absatz 12 oder eine Kapazitätszuweisung nach § 17d Absatz 3 Satz 1 in der am 31. Dezember 2016 geltenden Fassung erhalten haben, sind die §§ 17d und 17e in der am 31. Dezember 2016 geltenden Fassung anzuwenden.

(22) [1]§ 13 Absatz 6a ist nach dem 31. Dezember 2023 nicht mehr anzuwenden. [2]Zuvor nach § 13 Absatz 6a geschlossene Verträge laufen bis zum Ende der vereinbarten Vertragslaufzeit weiter.

(23) § 47 ist auf Verfahren zur Vergabe von Wegenutzungsrechten zur leitungsgebundenen Energieversorgung, in denen am 3. Februar 2017 von der Gemeinde bereits Auswahlkriterien samt Gewichtung im Sinne des § 46 Absatz 4 Satz 4 bekannt gegeben wurden, mit der Maßgabe anwendbar, dass die in § 47 Absatz 2 Satz 1 bis 3 genannten Fristen mit Zugang einer Aufforderung zur Rüge beim jeweiligen Unternehmen beginnen.

(24) § 17f Absatz 5 Satz 2 darf erst nach der beihilferechtlichen Genehmigung durch die Europäische Kommission und für die Dauer der Genehmigung angewendet werden.

(25) [1]Stromerzeugungsanlagen im Sinne der Verordnung (EU) 2016/631 sind als bestehend anzusehen, sofern sie bis zum 30. Juni 2020 in Betrieb genommen wurden und für sie vor dem 27. April 2019

1. eine Baugenehmigung oder eine Genehmigung nach dem Bundes-Immissionsschutzgesetz erteilt wurde oder
2. der Anschluss an das Netz begehrt wurde und eine Baugenehmigung oder eine Genehmigung nach dem Bundes-Immissionsschutzgesetz nicht erforderlich ist.

[2]Der Betreiber der Anlage kann auf die Einstufung als Bestandsanlage verzichten. [2]Der Verzicht ist schriftlich gegenüber dem Netzbetreiber zu erklären.

§ 118a (weggefallen)[1)2)]

§ 118b (weggefallen)[3)]

§ 119 Verordnungsermächtigung für das Forschungs- und Entwicklungsprogramm „Schaufenster intelligente Energie – Digitale Agenda für die Energiewende"[4)]

(1) [1]Die Bundesregierung wird ermächtigt, durch Rechtsverordnung ohne Zustimmung des Bundesrates für Teilnehmer an dem von der Bundesregierung geförderten Forschungs- und Entwicklungsprogramm „Schaufenster intelligente Energie – Digitale Agenda für die Energiewende" Regelungen zu treffen, die von den in Absatz 2 Nummer 1 bis 3 genannten Vorschriften abweichen oder Zahlungen im Rahmen dieser Vorschriften erstatten. [2]Die Regelungen dürfen in folgenden Fällen getroffen werden:

1. im Fall von Maßnahmen zur Gewährleistung der Sicherheit oder Zuverlässigkeit des Elektrizitätsversorgungssystems nach § 13 Absatz 1 und 2, § 14 Absatz 1 Satz 1 dieses Gesetzes und § 14 des Erneuerbare-Energien-Gesetzes,
2. im Fall von Maßnahmen, die netzbezogene oder marktbezogene Maßnahmen des Netzbetreibers nach § 13 Absatz 1 und 2 und § 14 Absatz 1 Satz 1 dieses Gesetzes und § 14 des Erneuerbare-Energien-Gesetzes vermeiden, oder
3. in Bezug auf Zeiträume, in denen der Wert der Stundenkontrakte für die Preiszone Deutschland am Spotmarkt der Strombörse im Sinn des § 3 Nummer 43a des Erneuerbare-Energien-Gesetzes in der Auktion des Vortages oder des laufenden Tages null oder negativ ist.

(2) In der Rechtsverordnung können von den in den Nummern 1 bis 3 genannten Vorschriften abweichende Regelungen oder Regelungen zur Erstattung von Zahlungen im Rahmen dieser Verordnung getroffen werden

1. zur Erstattung von Netznutzungsentgelten oder einer abweichenden Ermittlung der Netznutzungsentgelte durch den Netzbetreiber bei einem Letztverbraucher, soweit es um die Anwendung von § 17 Absatz 2 sowie von § 19 Absatz 2 Satz 1 und 2 der Stromnetzentgeltverordnung geht,
2. für Anlagen zur Stromspeicherung oder zur Umwandlung elektrischer Energie in einen anderen Energieträger eine Befreiung von der Pflicht zur Zahlung oder eine Erstattung
   a) der Netzentgelte nach § 17 Absatz 1 und § 19 Absatz 2 Satz 15 und Absatz 4 der Stromnetzentgeltverordnung,

---

1) **Anm. d. Red.:** § 118a weggefallen gem. Gesetz v. 8. 7. 2016 (BGBl I S. 1594) mit Wirkung v. 15. 7. 2016.

2) **Anm. d. Red.:** Gem. Art. 1 Nr. 29 i. V. m. Art. 13 Abs. 1 Gesetz v. 26. 7. 2016 (BGBl I S. 1786) sollen in § 118a Absatz 1 Satz 1 mit Wirkung v. 30. 7. 2016 die Wörter „§ 13 Absatz 1 und 1a" durch die Wörter „§ 13 Absatz 1 und § 13a Absatz 1" ersetzt werden. Aufgrund eines redaktionellen Irrtums des Gesetzgebers ist diese Änderung nicht durchführbar, da § 118a gem. Art. 78 i. V. m. Art. 125 Gesetz v. 8. 7. 2016 (BGBl I S. 1594) mit Wirkung v. 15. 7. 2016 aufgehoben wurde. Eine Berichtigung des Gesetzgebers bleibt abzuwarten.

3) **Anm. d. Red.:** § 118b weggefallen gem. Gesetz v. 20. 12. 2012 (BGBl I S. 2730) mit Wirkung v. 28. 12. 2012.

4) **Anm. d. Red.:** § 119 eingefügt gem. Gesetz v. 22. 12. 2016 (BGBl I S. 3106) mit Wirkung v. 1. 1. 2017.

EnWG

b) eines Aufschlags auf Netzentgelte nach § 17f Absatz 5 Satz 1 und

c) der Umlage nach § 18 Absatz 1 Satz 2 der Verordnung zu abschaltbaren Lasten

vorzusehen,

3. zur Beschaffung von ab- und zuschaltbaren Lasten auch ohne Einrichtung einer gemeinsamen Internetplattform aller Verteilernetzbetreiber nach § 14 Absatz 1 Satz 1 in Verbindung mit § 13 Absatz 6.

(3) Regelungen nach Absatz 2 dürfen nur getroffen werden, wenn

1. sie zur Sammlung von Erfahrungen und Lerneffekten im Sinn der Ziele des Förderprogramms nach Absatz 4 beitragen,
2. sichergestellt wird, dass bei Anwendung dieser abweichenden Regelungen
   a) resultierende finanzielle Veränderungen auf den Ausgleich von wirtschaftlichen Nachteilen der Teilnehmer nach Absatz 1 beschränkt werden, die bei der Anwendung des Rechts ohne diese abweichende Regelung entstanden wären,
   b) beim Ausgleich von wirtschaftlichen Vor- und Nachteilen gegebenenfalls entstandene wirtschaftliche Vorteile und daraus folgende Gewinne an den Netzbetreiber zur Minderung seines Netzentgelts abgeführt werden, an dessen Netz die jeweilige Anlage angeschlossen ist, und
3. diese Regelungen auf die Teilnehmer an dem Förderprogramm beschränkt sind und spätestens am 30. Juni 2022 auslaufen.

(4) Die Ziele des Förderprogramms im Sinn des Absatzes 3 Nummer 1 sind

1. ein effizienter und sicherer Netzbetrieb bei hohen Anteilen erneuerbarer Energien,
2. die Hebung von Effizienz- und Flexibilitätspotenzialen markt- und netzseitig,
3. ein effizientes und sicheres Zusammenspiel aller Akteure im intelligenten Energienetz,
4. die effizientere Nutzung der vorhandenen Netzstruktur sowie
5. die Verringerung von Netzausbaubedarf auf der Verteilnetzebene.

(5) In der Rechtsverordnung darf die Bundesregierung die Anzeige, Überwachung und Kontrolle der Befreiungen oder Erstattungen aufgrund von abweichenden Regelungen im Rahmen des Forschungs- und Entwicklungsprogramms „Schaufenster intelligente Energie – Digitale Agenda für die Energiewende“ sowie die mit Absatz 3 Nummer 2 verbundenen Aufgaben der Bundesnetzagentur oder Netzbetreibern übertragen.

§ 120 Schrittweiser Abbau der Entgelte für dezentrale Einspeisung; Übergangsregelung[1)]

(1) Bei Einspeisungen von Elektrizität aus dezentralen Erzeugungsanlagen darf in einer Rechtsverordnung nach § 24 Satz 5 keine Erstattung eingesparter Entgelte für den Netzzugang vorgesehen werden

1. für Erzeugungsanlagen, die ab dem 1. Januar 2023 in Betrieb genommen worden sind,
2. für Anlagen mit volatiler Erzeugung, die ab dem 1. Januar 2018 in Betrieb genommen worden sind.

(2) [1]Wird eine Erzeugungsanlage nach dem für sie maßgeblichen in Absatz 1 genannten Zeitpunkt an eine Netz- oder Umspannebene angeschlossen, die ihrer bisherigen Anschlussebene nachgelagert ist, erhält sie keine Entgelte für dezentrale Einspeisung mehr. [2]Eine Erzeugungsanlage, die am 31. Dezember 2016 allein an die Höchstspannungsebene angeschlossen war, erhält ab dem 22. Juli 2017 auch dann keine Entgelte für dezentrale Einspeisung, wenn sie nach dem 31. Dezember 2016 an eine nachgelagerte Netz- oder Umspannebene angeschlossen worden ist oder wird.

1) **Anm. d. Red.:** § 120 angefügt gem. Gesetz v. 17.7.2017 (BGBl I S. 2503, ber. I S. 3343) mit Wirkung v. 22.7.2017.

(3) [1]Für Anlagen mit volatiler Erzeugung dürfen ab dem 1. Januar 2020 keine Entgelte für dezentrale Erzeugung mehr gezahlt werden. [2]Die Rechtsverordnung nach § 24 kann vorsehen, dass die Höhe der Entgelte für dezentrale Einspeisungen aus solchen Anlagen bis dahin stufenweise abgesenkt wird und dies näher ausgestalten. [3]Die Absenkung kann, ausgehend von dem sich unter Beachtung der Absätze 4 und 5 ergebenden Wert, in prozentualen Schritten oder anteilig erfolgen.

(4) Bei der Ermittlung der Entgelte für dezentrale Einspeisungen, die für den Zeitraum ab dem 1. Januar 2018 gezahlt werden, sind als Obergrenze diejenigen Netzentgelte der vorgelagerten Netz- oder Umspannebene zugrunde zu legen, die für diese Netz- oder Umspannebene am 31. Dezember 2016 anzuwenden waren. Satz 1 ist auch für Erzeugungsanlagen anzuwenden, die nach dem 31. Dezember 2016 in Betrieb genommen worden sind oder werden.

(5) [1]Bei der Ermittlung der Obergrenzen nach Absatz 4 sind ab dem 1. Januar 2018 von den Erlösobergrenzen der jeweiligen Übertragungsnetzbetreiber, so wie sie den jeweiligen Netzentgelten für das Kalenderjahr 2016 zugrunde lagen, die Kostenbestandteile nach § 17d Absatz 7 dieses Gesetzes und § 2 Absatz 5 des Energieleitungsausbaugesetzes in Abzug zu bringen, die in die Netzentgelte eingeflossen sind. [2]Für die Zwecke der Berechnungsgrundlage zur Ermittlung der Entgelte für dezentrale Einspeisungen sind die Netzentgelte für das Kalenderjahr 2016 auf dieser Grundlage neu zu berechnen. [3]Die Übertragungsnetzbetreiber sind verpflichtet, diese fiktiven Netzentgelte gemeinsam mit der Veröffentlichung ihrer Netzentgelte nach § 20 Absatz 1 Satz 1 und 2 auf ihrer Internetseite zu veröffentlichen und als Berechnungsgrundlage für die Ermittlung der Entgelte für dezentrale Einspeisung zu kennzeichnen.

(6) Für die Höhe der Obergrenze, die bei der Ermittlung der Entgelte für dezentrale Einspeisung nach Absatz 4 zugrunde zu legen ist, sind die Netzentgelte des Netzbetreibers maßgebend, an dessen Netz der Anlagenbetreiber am 31. Dezember 2016 angeschlossen war.

(7) [1]Die für den jeweiligen Verteilernetzbetreiber nach Absatz 4 geltenden Obergrenzen sind je Netz- und Umspannebene den nach Absatz 5 ermittelten Obergrenzen der Übertragungsnetzbetreiber entsprechend anzupassen und unter Berücksichtigung dieser Absenkungen ebenfalls neu zu ermitteln. [2]Nachgelagerte Verteilernetzbetreiber berücksichtigen dabei ebenfalls die Obergrenzen nach Satz 1 eines vorgelagerten Verteilernetzbetreibers. [3]Die Netzbetreiber sind verpflichtet, ihre jeweiligen nach Satz 1 ermittelten Netzentgelte je Netz- und Umspannebene gemeinsam mit ihren Netzentgelten nach § 20 Absatz 1 Satz 1 und 2 auf ihrer Internetseite zu veröffentlichen und als Berechnungsgrundlage für die Ermittlung der Entgelte für dezentrale Einspeisungen zu kennzeichnen und für die Kalkulation der vermiedenen gewälzten Kosten heranzuziehen.

(8) [1]In einer Rechtsverordnung nach § 24 Satz 5 kann die Ermittlung der Entgelte für dezentrale Einspeisung nach den Absätzen 1 bis 7 und 9 näher geregelt werden. [2]Insbesondere können in der Rechtsverordnung die Ergebnisse der fiktiven Ermittlung nach Absatz 5 für Übertragungsnetzbetreiber festgelegt werden. [3]Dabei können kaufmännisch gerundete Prozentangaben festgelegt werden.

Anlage (zu § 13g)[1)]

Berechnung der Vergütung

1. Die Entschädigung der Betreiber von stillzulegenden Anlagen nach § 13g wird nach folgender Formel festgesetzt:

$$V_{it} = \left[P_t + RD_i + RE_i + O_i + W_i - \left(RHB_i + \frac{C_i}{E_i} * EUA_t \right) \right] * E_i + (H_{it} + FSB_{it} - FHIST_i)$$

2. Ergibt sich bei der Berechnung der Summe aus $H_{it} + FSB_{it} - FHIST_i$ ein Wert kleiner null, wird der Wert der Summe mit null festgesetzt.
3. Im Sinne dieser Anlage ist oder sind:

V_{it} die Vergütung, die ein Betreiber für eine stillzulegende Anlage i in einem Jahr t der Sicherheitsbereitschaft erhält, in Euro,

P_t der rechnerisch ermittelte jahresdurchschnittliche Preis aller verfügbaren Handelstage im Zeitraum vom 1. Oktober 2014 bis zum 30. September 2015 für die beiden für das jeweilige Jahr der Sicherheitsbereitschaft t relevanten Phelix-Base-Futures am Terminmarkt der Energiebörse European Energy Exchange AG in Leipzig für die jeweilige Preiszone in Euro je Megawattstunde; der Preis für die Lieferung im ersten für das jeweilige Sicherheitsbereitschaftsjahr relevanten Kalenderjahr geht dabei zu einem Viertel und der Preis für die Lieferung im darauffolgenden Kalenderjahr zu drei Vierteln in die Berechnung ein; soweit an der Energiebörse noch kein Preis des Futures für ein relevantes Lieferjahr ermittelt wurde, wird der Preis für das letzte verfügbare relevante Lieferjahr in Ansatz gebracht,

RD_i die für eine stillzulegende Anlage i von dem Betreiber nachgewiesenen Erlöse für Anpassungen der Einspeisung nach § 13a als jährlicher Durchschnitt der Jahre 2012 bis 2014 in Euro je Megawattstunde,

RE_i die für eine stillzulegende Anlage i von dem Betreiber nachgewiesenen Regelenergieerlöse als jährlicher Durchschnitt der Jahre 2012 bis 2014 in Euro je Megawattstunde,

O_i die für eine stillzulegende Anlage i von dem Betreiber nachgewiesenen Optimierungsmehrerlöse in den Jahren 2012 bis 2014 gegenüber dem jahresdurchschnittlichen Spotmarktpreis als jährlicher Durchschnitt der Jahre 2012 bis 2014 in Euro je Megawattstunde,

W_i die für eine stillzulegende Anlage i von dem Betreiber nachgewiesenen Wärmelieferungserlöse als jährlicher Durchschnitt der Jahre 2012 bis 2014 in Euro je Megawattstunde,

RHB_i die für eine stillzulegende Anlage i von dem Betreiber nachgewiesenen kurzfristig variablen Betriebskosten für Brennstoffe, Logistik sowie sonstige Roh-, Hilfs- und Betriebsstoffe zur Erzeugung einer Megawattstunde Strom als jährlicher Durchschnitt der Jahre 2012 bis 2014 in Euro je Megawattstunde; bei konzernintern bezogenen Lieferungen und Leistungen bleiben etwaige Margen außer Betracht (Zwischenergebniseliminierung); wenn Kraftwerksbetrieb und Tagebaubetrieb bei verschiedenen Gesellschaften liegen, sind für Brennstoffe und Logistik die variablen Förder- und Logistikkosten der Tagebaugesellschaften zu berücksichtigen; im Falle eines Eigentümerwechsels in den Jahren 2012 oder 2013 kann der Betreiber auf die Daten aus dem Jahr 2014 abstellen, wobei konzerninterne Eigentümerwechsel nicht berücksichtigt werden; bei den variablen Logistikkosten kann ausnahmsweise auf die Belieferung mit Braunkohle aus dem nächstgelegenen Tagebau abgestellt werden, sofern

1) **Anm. d. Red.:** Anlage angefügt gem. Gesetz v. 26. 7. 2016 (BGBl I S. 1786) mit Wirkung v. 30. 7. 2016.

die Belieferung in dem maßgeblichen Zeitraum zu mehr als 60 Prozent aus diesem Tagebau erfolgte; bei den variablen Brennstoffkosten kann bei einer Mischbelieferung aus verschiedenen Tagebauen ein Tagebau unberücksichtigt bleiben, wenn dieser Tagebau im maßgeblichen Zeitraum zu mehr als 90 Prozent ausgekohlt war,

C_i die für eine stillzulegende Anlage i von dem Betreiber nachgewiesenen Kohlendioxidemissionen als jährlicher Durchschnitt der Jahre 2012 bis 2014 in Tonnen Kohlendioxid; im Falle eines Eigentümerwechsels in den Jahren 2012 oder 2013 kann der Betreiber auf die Daten aus dem Jahr 2014 abstellen, wobei konzerninterne Eigentümerwechsel nicht berücksichtigt werden,

E_i die für eine stillzulegende Anlage i von dem Betreiber nachgewiesene an das Netz der allgemeinen Versorgung und in Eigenversorgungsnetze abgegebene Strommenge der stillzulegenden Anlage (Netto-Stromerzeugung) als jährlicher Durchschnitt der Jahre 2012 bis 2014 in Megawattstunden; im Falle eines Eigentümerwechsels in den Jahren 2012 oder 2013 kann der Betreiber auf die Daten aus dem Jahr 2014 abstellen, wobei konzerninterne Eigentümerwechsel nicht berücksichtigt werden,

EUA_t der rechnerisch ermittelte jahresdurchschnittliche Preis aller verfügbaren Handelstage im Zeitraum vom 1. Oktober 2014 bis zum 30. September 2015 für die beiden für das jeweilige Jahr der Sicherheitsbereitschaft t relevanten Jahresfutures für Emissionsberechtigungen (EUA) am Terminmarkt der Energiebörse European Energy Exchange AG in Leipzig für die jeweilige Preiszone in Euro je Tonne Kohlendioxid; der Preis für die Lieferung im ersten für das jeweilige Sicherheitsbereitschaftsjahr relevanten Kalenderjahr geht dabei zu einem Viertel und der Preis für die Lieferung im darauffolgenden Kalenderjahr zu drei Vierteln in die Berechnung ein; soweit an der Energiebörse noch kein Preis des Jahresfutures für ein relevantes Lieferjahr ermittelt wurde, wird der Preis für das letzte verfügbare relevante Lieferjahr in Ansatz gebracht,

H_{it} die für eine stillzulegende Anlage i in einem Jahr t der Sicherheitsbereitschaft von dem Betreiber nachgewiesenen Kosten zur Herstellung der Sicherheitsbereitschaft mit Blick auf die Stilllegung in Euro; in der Sicherheitsbereitschaft werden auch nachgewiesene Kosten zur Herstellung der Sicherheitsbereitschaft berücksichtigt, die vor Beginn der Sicherheitsbereitschaft entstanden sind,

FSB_{it} die für eine stillzulegende Anlage i in einem Jahr t der Sicherheitsbereitschaft von dem Betreiber nachgewiesenen fixen Betriebskosten während der Sicherheitsbereitschaft in Euro; in der Sicherheitsbereitschaft werden auch nachgewiesene fixe Betriebskosten der Sicherheitsbereitschaft berücksichtigt, die vor Beginn der Sicherheitsbereitschaft entstanden sind,

$FHIST_i$ die für eine stillzulegende Anlage i von dem Betreiber nachgewiesenen fixen Betriebskosten ohne Tagebau und Logistik als jährlicher Durchschnitt der Jahre 2012 bis 2014 in Euro; im Falle eines Eigentümerwechsels in den Jahren 2012 oder 2013 kann der Betreiber auf die Daten aus dem Jahr 2014 abstellen, wobei konzerninterne Eigentümerwechsel nicht berücksichtigt werden,

i die jeweilige stillzulegende Anlage und

t das jeweilige Jahr der Sicherheitsbereitschaft, das sich jeweils auf den Zeitraum vom 1. Oktober bis 30. September erstreckt.

EnWG

XXXI. Gesetz über die Deutsche Bundesbank

v. 22.10.1992 (BGBl I S. 1783) mit späteren Änderungen

Das Gesetz über die Deutsche Bundesbank v. 22.10.1992 (BGBl I S. 1783) ist zuletzt geändert worden durch Art. 23 Gesetz zur Umsetzung der Richtlinie 2011/61/EU über die Verwalter alternativer Investmentfonds (AIFM-Umsetzungsgesetz – AIFM-UmsG) v. 4.7.2013 (BGBl I S. 1981).

Auszug

Erster Abschnitt: Rechtsform und Aufgabe[1)]

§ 1 (weggefallen)[2)]

§ 2 Rechtsform, Grundkapital und Sitz[3)]

[1]Die Deutsche Bundesbank ist eine bundesunmittelbare juristische Person des öffentlichen Rechts. [2]Ihr Grundkapital im Betrage von 2,5 Milliarden Euro steht dem Bund zu. [3]Die Bank hat ihren Sitz in Frankfurt am Main.

§ 3 Aufgabe[4)]

[1]Die Deutsche Bundesbank ist als Zentralbank der Bundesrepublik Deutschland integraler Bestandteil des Europäischen Systems der Zentralbanken. [2]Sie wirkt an der Erfüllung seiner Aufgaben mit dem vorrangigen Ziel mit, die Preisstabilität zu gewährleisten, hält und verwaltet die Währungsreserven der Bundesrepublik Deutschland, sorgt für die bankmäßige Abwicklung des Zahlungsverkehrs im Inland und mit dem Ausland und trägt zur Stabilität der Zahlungs- und Verrechnungssysteme bei. [3]Sie nimmt darüber hinaus die ihr nach diesem Gesetz oder anderen Rechtsvorschriften übertragenen Aufgaben war.

§ 4 Beteiligungen[5)]

Die Deutsche Bundesbank ist unbeschadet des Artikels 6 Abs. 2 der Satzung des Europäischen Systems der Zentralbanken und der Europäischen Zentralbank berechtigt, sich an der Bank für Internationalen Zahlungsausgleich und mit Zustimmung der Bundesregierung an anderen Einrichtungen zu beteiligen, die einer übernationalen Währungspolitik oder dem internationalen Zahlungs- und Kreditverkehr dienen oder sonst geeignet sind, die Erfüllung ihrer Aufgabe zu fördern.

Zweiter Abschnitt: Organisation

§§ 5 und 6 (weggefallen)[6)]

§ 7 Vorstand[7)]

(1) [1]Organ der Deutschen Bundesbank ist der Vorstand. [2]Er leitet und verwaltet die Bank. [3]Er beschließt ein Organisationsstatut, das die Zuständigkeiten innerhalb des Vorstands und die Aufgaben, die den Hauptverwaltungen übertragen werden können, festlegt. [4]Der Vorstand

1) **Anm. d. Red.:** Überschrift i. d. F. des Gesetzes v. 23.3.2002 (BGBl I S. 1159) mit Wirkung v. 30.4.2002.
2) **Anm. d. Red.:** § 1 weggefallen gem. Gesetz v. 23.3.2002 (BGBl I S. 1159) mit Wirkung v. 30.4.2002.
3) **Anm. d. Red.:** § 2 i. d. F. des Gesetzes v. 23.3.2002 (BGBl I S. 1159) mit Wirkung v. 30.4.2002.
4) **Anm. d. Red.:** § 3 i. d. F. des Gesetzes v. 23.3.2002 (BGBl I S. 1159) mit Wirkung v. 30.4.2002.
5) **Anm. d. Red.:** § 4 i. d. F. des Gesetzes v. 22.12.1997 (BGBl I S. 3274) mit Wirkung v. 1.1.1999.
6) **Anm. d. Red.:** §§ 5 und 6 weggefallen gem. Gesetz v. 23.3.2002 (BGBl I S. 1159) mit Wirkung v. 30.4.2002.
7) **Anm. d. Red.:** § 7 i. d. F. des Gesetzes v. 16.7.2007 (BGBl I S. 1382) mit Wirkung v. 20.7.2007.

kann die Wahrnehmung bestimmter Angelegenheiten einem Mitglied zur eigenverantwortlichen Erledigung übertragen.

(2) [1]Der Vorstand besteht aus dem Präsidenten und dem Vizepräsidenten und vier weiteren Mitgliedern. [2]Die Mitglieder des Vorstands müssen besondere fachliche Eignung besitzen.

(3) [1]Die Mitglieder des Vorstands werden vom Bundespräsidenten bestellt. [2]Die Bestellung des Präsidenten und des Vizepräsidenten sowie eines weiteren Mitglieds erfolgt auf Vorschlag der Bundesregierung, die der übrigen drei Mitglieder auf Vorschlag des Bundesrates im Einvernehmen mit der Bundesregierung. [3]Für die Bestellung des Vizepräsidenten kann der Bundesrat der Bundesregierung einen Vorschlag zuleiten. [4]Die Bundesregierung und der Bundesrat haben bei ihren Vorschlägen den Vorstand anzuhören. [5]Die Mitglieder werden für acht Jahre, ausnahmsweise auch für kürzere Zeit, mindestens jedoch für fünf Jahre bestellt. [6]Bestellung und Ausscheiden sind im Bundesanzeiger zu veröffentlichen.

(4) [1]Die Mitglieder des Vorstands stehen in einem öffentlich-rechtlichen Amtsverhältnis. [2]Ihre Rechtsverhältnisse gegenüber der Bank, insbesondere die Gehälter, Ruhegehälter und Hinterbliebenenbezüge, werden durch Verträge mit dem Vorstand geregelt. [3]Die Verträge bedürfen der Zustimmung der Bundesregierung.

(5) [1]Der Vorstand berät unter dem Vorsitz des Präsidenten oder des Vizepräsidenten. [2]Er fasst seine Beschlüsse mit einfacher Mehrheit der abgegebenen Stimmen. [3]Bei Stimmengleichheit gibt die Stimme des Vorsitzenden den Ausschlag. [4]Bei der Verteilung der Zuständigkeiten innerhalb des Vorstands kann nicht gegen den Präsidenten entschieden werden.

§ 8 Hauptverwaltungen[1)]

(1) Die Deutsche Bundesbank unterhält je eine Hauptverwaltung für den Bereich

1. des Landes Baden-Württemberg,
2. des Freistaates Bayern,
3. der Länder Berlin und Brandenburg,
4. der Freien Hansestadt Bremen und der Länder Niedersachsen und Sachsen-Anhalt,
5. der Freien Hansestadt Hamburg und der Länder Mecklenburg-Vorpommern und Schleswig-Holstein,
6. des Landes Hessen,
7. des Landes Nordrhein-Westfalen,
8. der Länder Rheinland-Pfalz und Saarland,
9. der Freistaaten Sachsen und Thüringen.

(2) [1]Die Hauptverwaltungen werden jeweils von einem Präsidenten geleitet, der dem Vorstand der Deutschen Bundesbank untersteht. [2]Diese tragen die Bezeichnung Präsident der Hauptverwaltung.

(3) bis (5) (weggefallen)

§ 9 Beiräte bei den Hauptverwaltungen[2)]

(1) Bei jeder Hauptverwaltung besteht ein Beirat, der regelmäßig mit dem Präsidenten der Hauptverwaltung zusammentrifft und mit ihm über die Durchführung der in seinem Bereich anfallenden Arbeiten berät.

(2) [1]Der Beirat besteht aus höchstens vierzehn Mitgliedern, die besondere Kenntnisse auf dem Gebiet des Kreditwesens haben sollen. [2]Höchstens die Hälfte der Mitglieder soll aus den verschiedenen Zweigen des Kreditgewerbes, die übrigen Mitglieder sollen aus der gewerblichen Wirtschaft, dem Handel, der Versicherungswirtschaft, der Freien Berufe, der Landwirtschaft so-

1) **Anm. d. Red.:** § 8 i. d. F. des Gesetzes v. 23.3.2002 (BGBl I S. 1159) mit Wirkung v. 30.4.2002.

2) **Anm. d. Red.:** § 9 i. d. F. des Gesetzes v. 23.3.2002 (BGBl I S. 1159) mit Wirkung v. 30.4.2002.

wie der Arbeiter- und Angestelltenschaft ausgewählt werden. [3]Der Beirat soll zweimal im Jahr zusammentreten.

(3) Die Mitglieder des Beirats werden auf Vorschlag der zuständigen Landesregierungen durch den Präsidenten der Deutschen Bundesbank auf die Dauer von drei Jahren berufen.

(4) [1]Den Vorsitz im Beirat führt der Präsident der Hauptverwaltung. [2]Bei Beratungsgegenständen, die ihrer Natur nach vertraulich sind oder die der Vorsitzende ausdrücklich als vertraulich bezeichnet hat, sind die Teilnehmer an den Sitzungen des Beirats zur Verschwiegenheit verpflichtet.

§ 10 Filialen[1)]

Die Deutsche Bundesbank darf Filialen unterhalten, die der zuständigen Hauptverwaltung unterstehen.

§ 11 Vertretung[2)]

(1) [1]Die Deutsche Bundesbank wird gerichtlich und außergerichtlich durch den Vorstand vertreten. [2]§ 31 Abs. 2 und § 41 Abs. 4 bleiben unberührt.

(2) [1]Willenserklärungen sind für die Deutsche Bundesbank verbindlich, wenn sie von zwei Mitgliedern des Vorstands oder von zwei bevollmächtigten Vertretern abgegeben werden. [2]Zur Rechtswirksamkeit einer der Bank gegenüber abzugebenden Willenserklärung genügt die Erklärung gegenüber einem Vertretungsberechtigten.

(3) Die Vertretungsbefugnis kann durch die Bescheinigung eines Urkundsbeamten der Deutschen Bundesbank nachgewiesen werden.

(4) Klagen gegen die Deutsche Bundesbank, die auf den Geschäftsbetrieb einer Hauptverwaltung oder einer Filiale Bezug haben, können auch bei dem Gericht des Sitzes der Hauptverwaltung erhoben werden.

Dritter Abschnitt: Bundesregierung und Bundesbank

§ 12 Verhältnis der Bank zur Bundesregierung[3)]

[1]Die Deutsche Bundesbank ist bei der Ausübung der Befugnisse, die ihr nach diesem Gesetz zustehen, von Weisungen der Bundesregierung unabhängig. [2]Soweit dies unter Wahrung ihrer Aufgabe als Bestandteil des Europäischen Systems der Zentralbanken möglich ist, unterstützt sie die allgemeine Wirtschaftspolitik der Bundesregierung.

§ 13 Zusammenarbeit[4)]

(1) Die Deutsche Bundesbank hat die Bundesregierung in Angelegenheiten von wesentlicher währungspolitischer Bedeutung zu beraten und ihr auf Verlangen Auskunft zu geben.

(2) Die Bundesregierung soll den Präsidenten der Deutschen Bundesbank zu ihren Beratungen über Angelegenheiten von währungspolitischer Bedeutung zuziehen.

---

1) **Anm. d. Red.:** § 10 i. d. F. des Gesetzes v. 23.3.2002 (BGBl I S. 1159) mit Wirkung v. 30.4.2002.

2) **Anm. d. Red.:** § 11 i. d. F. des Gesetzes v. 23.3.2002 (BGBl I S. 1159) mit Wirkung v. 30.4.2002.

3) **Anm. d. Red.:** § 12 i. d. F. des Gesetzes v. 22.12.1997 (BGBl I S. 3274) mit Wirkung v. 1.1.1999.

4) **Anm. d. Red.:** § 13 i. d. F. des Gesetzes v. 23.3.2002 (BGBl I S. 1159) mit Wirkung v. 30.4.2002.

Vierter Abschnitt: Währungspolitische Befugnisse

§ 14 Notenausgabe[1)]

(1) [1]Die Deutsche Bundesbank hat unbeschadet des Artikels 128 Absatz 1 des Vertrages über die Arbeitsweise der Europäischen Union das ausschließliche Recht, Banknoten im Geltungsbereich dieses Gesetzes auszugeben. [2]Auf Euro lautende Banknoten sind das einzige unbeschränkte gesetzliche Zahlungsmittel. [3]Die Deutsche Bundesbank hat die Stückelung und die Unterscheidungsmerkmale der von ihr ausgegebenen Noten öffentlich bekannt zu machen.

(2) [1]Die Deutsche Bundesbank kann unbeschadet des Artikels 128 Absatz 1 des Vertrages über die Arbeitsweise der Europäischen Union Noten zur Einziehung aufrufen. [2]Aufgerufene Noten werden nach Ablauf der beim Aufruf bestimmten Umtauschfrist ungültig.

§§ 15 und 16 (weggefallen)[2)]

§ 17 (weggefallen)[3)]

§ 18 Statistische Erhebungen[4)]

[1]Die Deutsche Bundesbank ist berechtigt, zur Erfüllung ihrer Aufgabe Statistiken auf dem Gebiet des Bank- und Geldwesens bei allen Kreditinstituten, Kapitalverwaltungsgesellschaften und extern verwalteten Investmentgesellschaften anzuordnen und durchzuführen. [2]§§ 9, 15 und 16 des Bundesstatistikgesetzes sind entsprechend anzuwenden. [3]Die Deutsche Bundesbank kann die Ergebnisse der Statistiken für allgemeine Zwecke veröffentlichen. [4]Die Veröffentlichungen dürfen keine Einzelangaben enthalten. [5]Den nach § 13 Abs. 1 Auskunftsberechtigten dürfen Einzelangaben nur mitgeteilt werden, wenn und soweit es in der Anordnung über die Statistik vorgesehen ist.

Fünfter Abschnitt: Geschäftskreis

§ 19 Geschäfte mit Kreditinstituten und anderen Marktteilnehmern[5)]

Die Deutsche Bundesbank darf mit Kreditinstituten und anderen Marktteilnehmern unbeschadet des Kapitels IV der Satzung des Europäischen Systems der Zentralbanken und der Europäischen Zentralbank (BGBl 1992 II S. 1251, 1297) folgende Geschäfte betreiben:

1. Darlehen gegen Sicherheiten gewähren sowie am offenen Markt Forderungen, börsengängige Wertpapiere und Edelmetalle endgültig (per Kasse oder Termin) oder im Rahmen von Rückkaufsvereinbarungen kaufen oder verkaufen; bei Pfändern ist die Bank mit Eintritt der Pfandreife berechtigt, das Pfand durch einen ihrer Mitarbeiter oder durch eine zu Versteigerungen befugte Person zu versteigern oder, wenn der verpfändete Gegenstand einen Börsen- oder Marktpreis hat, durch eine der vorgenannten Personen oder einen Handelsmakler zum laufenden Preis zu verkaufen und sich aus dem Erlös für Kosten, Zinsen und Kapital zu befriedigen oder sich den verpfändeten Gegenstand anzueignen, wobei die Ansprüche der Bank in Höhe des Börsen- oder Marktpreises erlöschen; diese Rechte stehen der Bank auch gegenüber anderen Gläubigern und gegenüber der Insolvenzmasse des Schuldners sowie auch im Falle einer vorhergehenden Sicherungsmaßnahme gegen den Schuldner zu; sie gelten auch, wenn die Bank die Verwertung für ein anderes Mitglied des Europäischen Systems der Zentralbanken vornimmt,

---

1) **Anm. d. Red.:** § 14 i. d. F. des Gesetzes v. 22.12.2011 (BGBl I S. 2959) mit Wirkung v. 29.12.2011.

2) **Anm. d. Red.:** §§ 15 und 16 weggefallen gem. Gesetz v. 22.12.1997 (BGBl I S. 3274) mit Wirkung v. 1.1.1999.

3) **Anm. d. Red.:** § 17 weggefallen gem. Gesetz v. 8.7.1994 (BGBl I S. 1465) mit Wirkung v. 16.7.1994.

4) **Anm. d. Red.:** § 18 i. d. F. des Gesetzes v. 4.7.2013 (BGBl I S. 1981) mit Wirkung v. 22.7.2013.

5) **Anm. d. Red.:** § 19 i. d. F. des Gesetzes v. 23.3.2002 (BGBl I S. 1159) mit Wirkung v. 30.4.2002.

2. Giroeinlagen und andere Einlagen annehmen;
3. Wertgegenstände, insbesondere Wertpapiere, in Verwahrung und Verwaltung nehmen; die Ausübung des Stimmrechts aus den von ihr verwahrten oder verwalteten Wertpapieren ist der Bank untersagt;
4. Schecks, Lastschriften, Wechsel, Anweisungen, Wertpapiere und Zinsscheine zum Einzug übernehmen und nach Deckung Zahlung leisten, soweit nicht die Bank für die Gutschrift des Gegenwertes für Schecks, Lastschriften und Anweisungen etwas anderes bestimmt;
5. andere bankmäßige Auftragsgeschäfte nach Deckung ausführen;
6. auf eine andere Währung als Euro lautende Zahlungsmittel einschließlich Wechsel und Schecks, Forderungen und Wertpapiere sowie Gold, Silber und Platin kaufen und verkaufen;
7. alle Bankgeschäfte im Verkehr mit dem Ausland vornehmen.

§ 20 Geschäfte mit öffentlichen Verwaltungen[1)]

[1]Die Deutsche Bundesbank darf mit dem Bund, den Sondervermögen des Bundes, den Ländern und anderen öffentlichen Verwaltungen die in § 19 Nr. 2 bis 7 bezeichneten Geschäfte vornehmen; dabei darf die Bank im Verlauf eines Tages Kontoüberziehungen zulassen. [2]Für diese Geschäfte darf die Bank dem Bund, den Sondervermögen des Bundes und den Ländern keine Kosten und Gebühren berechnen.

§ 21 (weggefallen)[2)]

§ 22 Geschäfte mit jedermann[3)]

Die Deutsche Bundesbank darf mit natürlichen und juristischen Personen im In- und Ausland die in § 19 Nr. 2 bis 7 bezeichneten Geschäfte betreiben.

§ 23 Bestätigung von Schecks[4)]

(1) [1]Die Deutsche Bundesbank darf Schecks, die auf sie gezogen sind, nur nach Deckung bestätigen. [2]Aus dem Bestätigungsvermerk wird sie dem Inhaber zur Einlösung verpflichtet; für die Einlösung haftet sie auch dem Aussteller und dem Indossanten.

(2) Die Einlösung des bestätigten Schecks darf auch dann nicht verweigert werden, wenn inzwischen über das Vermögen des Ausstellers das Insolvenzverfahren eröffnet worden ist.

(3) [1]Die Verpflichtung aus der Bestätigung erlischt, wenn der Scheck nicht binnen acht Tagen nach der Ausstellung zur Zahlung vorgelegt wird. [2]Für den Nachweis der Vorlegung gilt Artikel 40 des Scheckgesetzes.

(4) Der Anspruch aus der Bestätigung verjährt in zwei Jahren vom Ablauf der Vorlegungsfrist an.

(5) Auf die gerichtliche Geltendmachung von Ansprüchen aufgrund der Bestätigung sind die für Wechselsachen geltenden Zuständigkeits- und Verfahrensvorschriften entsprechend anzuwenden.

§ 24 (weggefallen)[5)]

1) **Anm. d. Red.:** § 20 i. d. F. des Gesetzes v. 23.3.2002 (BGBl I S. 1159) mit Wirkung v. 30.4.2002.

2) **Anm. d. Red.:** § 21 weggefallen gem. Gesetz v. 23.3.2002 (BGBl I S. 1159) mit Wirkung v. 30.4.2002.

3) **Anm. d. Red.:** § 22 i. d. F. des Gesetzes v. 23.3.2002 (BGBl I S. 1159) mit Wirkung v. 30.4.2002.

4) **Anm. d. Red.:** § 23 i. d. F. des Gesetzes v. 5.10.1994 (BGBl I S. 2911) mit Wirkung v. 1.1.1999.

5) **Anm. d. Red.:** § 24 weggefallen gem. Gesetz v. 23.3.2002 (BGBl I S. 1159) mit Wirkung v. 30.4.2002.

§ 25 Andere Geschäfte[1)]

Die Deutsche Bundesbank soll andere als die in den §§ 19, 20, 22 und 23 oder auf der Grundlage der Satzung des Europäischen Systems der Zentralbanken und der Europäischen Zentralbank zugelassenen Geschäfte nur zur Durchführung und Abwicklung zugelassener Geschäfte oder für den eigenen Betrieb oder für ihre Betriebsangehörigen vornehmen.

§§ 26 bis 47 (hier nicht wiedergegeben)

BBankG

1) **Anm. d. Red.:** § 25 i. d. F. des Gesetzes v. 23.3.2002 (BGBl I S. 1159) mit Wirkung v. 30.4.2002.

XXXII. Gesetz gegen Wettbewerbsbeschränkungen (GWB)

v. 26.6.2013 (BGBl I S. 1750, ber. I S. 3245) mit späteren Änderungen

Das Gesetz gegen Wettbewerbsbeschränkungen (GWB) v. 26.6.2013 (BGBl I S. 1750, ber. I S. 3245) ist zuletzt geändert worden durch Art. 10 Gesetz zur Einführung einer zivilprozessualen Musterfeststellungsklage v. 12.7.2018 (BGBl I S. 1151); die Änderung, die zu einem späteren Zeitpunkt in Kraft tritt, ist in einer Fußnote entsprechend gekennzeichnet.

Auszug

Teil 4: Vergabe von öffentlichen Aufträgen und Konzessionen[1]

Kapitel 1: Vergabeverfahren[2]

Abschnitt 1: Grundsätze, Definitionen und Anwendungsbereich[3]

§ 97 Grundsätze der Vergabe[4]

(1) [1]Öffentliche Aufträge und Konzessionen werden im Wettbewerb und im Wege transparenter Verfahren vergeben. [2]Dabei werden die Grundsätze der Wirtschaftlichkeit und der Verhältnismäßigkeit gewahrt.

(2) Die Teilnehmer an einem Vergabeverfahren sind gleich zu behandeln, es sei denn, eine Ungleichbehandlung ist aufgrund dieses Gesetzes ausdrücklich geboten oder gestattet.

(3) Bei der Vergabe werden Aspekte der Qualität und der Innovation sowie soziale und umweltbezogene Aspekte nach Maßgabe dieses Teils berücksichtigt.

(4) [1]Mittelständische Interessen sind bei der Vergabe öffentlicher Aufträge vornehmlich zu berücksichtigen. [2]Leistungen sind in der Menge aufgeteilt (Teillose) und getrennt nach Art oder Fachgebiet (Fachlose) zu vergeben. [3]Mehrere Teil- oder Fachlose dürfen zusammen vergeben werden, wenn wirtschaftliche oder technische Gründe dies erfordern. [4]Wird ein Unternehmen, das nicht öffentlicher Auftraggeber oder Sektorenauftraggeber ist, mit der Wahrnehmung oder Durchführung einer öffentlichen Aufgabe betraut, verpflichtet der öffentliche Auftraggeber oder Sektorenauftraggeber das Unternehmen, sofern es Unteraufträge vergibt, nach den Sätzen 1 bis 3 zu verfahren.

(5) Für das Senden, Empfangen, Weiterleiten und Speichern von Daten in einem Vergabeverfahren verwenden Auftraggeber und Unternehmen grundsätzlich elektronische Mittel nach Maßgabe der aufgrund des § 113 erlassenen Verordnungen.

(6) Unternehmen haben Anspruch darauf, dass die Bestimmungen über das Vergabeverfahren eingehalten werden.

§ 98 Auftraggeber[5]

Auftraggeber im Sinne dieses Teils sind öffentliche Auftraggeber im Sinne des § 99, Sektorenauftraggeber im Sinne des § 100 und Konzessionsgeber im Sinne des § 101.

§ 99 Öffentliche Auftraggeber[6]

Öffentliche Auftraggeber sind

1. Gebietskörperschaften sowie deren Sondervermögen,

---

1) **Anm. d. Red.:** Teil 4 i. d. F. des Gesetzes v. 17. 2. 2016 (BGBl I S. 203) mit Wirkung v. 18. 4. 2016.

2) **Anm. d. Red.:** Kapitel 1 i. d. F. des Gesetzes v. 17. 2. 2016 (BGBl I S. 203) mit Wirkung v. 18. 4. 2016.

3) **Anm. d. Red.:** Abschnitt 1 i. d. F. des Gesetzes v. 17. 2. 2016 (BGBl I S. 203) mit Wirkung v. 18. 4. 2016.

4) **Anm. d. Red.:** § 97 i. d. F. des Gesetzes v. 17. 2. 2016 (BGBl I S. 203) mit Wirkung v. 18. 4. 2016.

5) **Anm. d. Red.:** § 98 i. d. F. des Gesetzes v. 17. 2. 2016 (BGBl I S. 203) mit Wirkung v. 18. 4. 2016.

6) **Anm. d. Red.:** § 99 i. d. F. des Gesetzes v. 17. 2. 2016 (BGBl I S. 203) mit Wirkung v. 18. 4. 2016.

2. andere juristische Personen des öffentlichen und des privaten Rechts, die zu dem besonderen Zweck gegründet wurden, im Allgemeininteresse liegende Aufgaben nichtgewerblicher Art zu erfüllen, sofern
   a) sie überwiegend von Stellen nach Nummer 1 oder 3 einzeln oder gemeinsam durch Beteiligung oder auf sonstige Weise finanziert werden,
   b) ihre Leitung der Aufsicht durch Stellen nach Nummer 1 oder 3 unterliegt oder
   c) mehr als die Hälfte der Mitglieder eines ihrer zur Geschäftsführung oder zur Aufsicht berufenen Organe durch Stellen nach Nummer 1 oder 3 bestimmt worden sind;

   dasselbe gilt, wenn diese juristische Person einer anderen juristischen Person des öffentlichen oder privaten Rechts einzeln oder gemeinsam mit anderen die überwiegende Finanzierung gewährt, über deren Leitung die Aufsicht ausübt oder die Mehrheit der Mitglieder eines zur Geschäftsführung oder Aufsicht berufenen Organs bestimmt hat,
3. Verbände, deren Mitglieder unter Nummer 1 oder 2 fallen,
4. natürliche oder juristische Personen des privaten Rechts sowie juristische Personen des öffentlichen Rechts, soweit sie nicht unter Nummer 2 fallen, in den Fällen, in denen sie für Tiefbaumaßnahmen, für die Errichtung von Krankenhäusern, Sport-, Erholungs- oder Freizeiteinrichtungen, Schul-, Hochschul- oder Verwaltungsgebäuden oder für damit in Verbindung stehende Dienstleistungen und Wettbewerbe von Stellen, die unter die Nummern 1, 2 oder 3 fallen, Mittel erhalten, mit denen diese Vorhaben zu mehr als 50 Prozent subventioniert werden.

§ 100 Sektorenauftraggeber[1)]

(1) Sektorenauftraggeber sind

1. öffentliche Auftraggeber gemäß § 99 Nummer 1 bis 3, die eine Sektorentätigkeit gemäß § 102 ausüben,
2. natürliche oder juristische Personen des privaten Rechts, die eine Sektorentätigkeit gemäß § 102 ausüben, wenn
   a) diese Tätigkeit auf der Grundlage von besonderen oder ausschließlichen Rechten ausgeübt wird, die von einer zuständigen Behörde gewährt wurden, oder
   b) öffentliche Auftraggeber gemäß § 99 Nummer 1 bis 3 auf diese Personen einzeln oder gemeinsam einen beherrschenden Einfluss ausüben können.

(2) [1]Besondere oder ausschließliche Rechte im Sinne von Absatz 1 Nummer 2 Buchstabe a sind Rechte, die dazu führen, dass die Ausübung dieser Tätigkeit einem oder mehreren Unternehmen vorbehalten wird und dass die Möglichkeit anderer Unternehmen, diese Tätigkeit auszuüben, erheblich beeinträchtigt wird. [2]Keine besonderen oder ausschließlichen Rechte in diesem Sinne sind Rechte, die aufgrund eines Verfahrens nach den Vorschriften dieses Teils oder aufgrund eines sonstigen Verfahrens gewährt wurden, das angemessen bekannt gemacht wurde und auf objektiven Kriterien beruht.

(3) Die Ausübung eines beherrschenden Einflusses im Sinne von Absatz 1 Nummer 2 Buchstabe b wird vermutet, wenn ein öffentlicher Auftraggeber gemäß § 99 Nummer 1 bis 3

1. unmittelbar oder mittelbar die Mehrheit des gezeichneten Kapitals des Unternehmens besitzt,
2. über die Mehrheit der mit den Anteilen am Unternehmen verbundenen Stimmrechte verfügt oder
3. mehr als die Hälfte der Mitglieder des Verwaltungs-, Leitungs- oder Aufsichtsorgans des Unternehmens bestellen kann.

---

1) **Anm. d. Red.:** § 100 i. d. F. des Gesetzes v. 17. 2. 2016 (BGBl I S. 203) mit Wirkung v. 18. 4. 2016.

GWB

§ 101 Konzessionsgeber[1)]

(1) Konzessionsgeber sind

1. öffentliche Auftraggeber gemäß § 99 Nummer 1 bis 3, die eine Konzession vergeben,
2. Sektorenauftraggeber gemäß § 100 Absatz 1 Nummer 1, die eine Sektorentätigkeit gemäß § 102 Absatz 2 bis 6 ausüben und eine Konzession zum Zweck der Ausübung dieser Tätigkeit vergeben,
3. Sektorenauftraggeber gemäß § 100 Absatz 1 Nummer 2, die eine Sektorentätigkeit gemäß § 102 Absatz 2 bis 6 ausüben und eine Konzession zum Zweck der Ausübung dieser Tätigkeit vergeben.

(2) § 100 Absatz 2 und 3 gilt entsprechend.

§ 102 Sektorentätigkeiten[2)]

(1) [1]Sektorentätigkeiten im Bereich Wasser sind

1. die Bereitstellung oder das Betreiben fester Netze zur Versorgung der Allgemeinheit im Zusammenhang mit der Gewinnung, der Fortleitung und der Abgabe von Trinkwasser,
2. die Einspeisung von Trinkwasser in diese Netze.

[2]Als Sektorentätigkeiten gelten auch Tätigkeiten nach Satz 1, die im Zusammenhang mit Wasserbau-, Bewässerungs- oder Entwässerungsvorhaben stehen, sofern die zur Trinkwasserversorgung bestimmte Wassermenge mehr als 20 Prozent der Gesamtwassermenge ausmacht, die mit den entsprechenden Vorhaben oder Bewässerungs- oder Entwässerungsanlagen zur Verfügung gestellt wird oder die im Zusammenhang mit der Abwasserbeseitigung oder -behandlung steht. [3]Die Einspeisung von Trinkwasser in feste Netze zur Versorgung der Allgemeinheit durch einen Sektorenauftraggeber nach § 100 Absatz 1 Nummer 2 gilt nicht als Sektorentätigkeit, sofern die Erzeugung von Trinkwasser durch den betreffenden Auftraggeber erfolgt, weil dessen Verbrauch für die Ausübung einer Tätigkeit erforderlich ist, die keine Sektorentätigkeit nach den Absätzen 1 bis 4 ist, und die Einspeisung in das öffentliche Netz nur von dem Eigenverbrauch des betreffenden Auftraggebers abhängt und bei Zugrundelegung des Durchschnitts der letzten drei Jahre einschließlich des laufenden Jahres nicht mehr als 30 Prozent der gesamten Trinkwassererzeugung des betreffenden Auftraggebers ausmacht.

(2) Sektorentätigkeiten im Bereich Elektrizität sind

1. die Bereitstellung oder das Betreiben fester Netze zur Versorgung der Allgemeinheit im Zusammenhang mit der Erzeugung, der Fortleitung und der Abgabe von Elektrizität,
2. die Einspeisung von Elektrizität in diese Netze, es sei denn,
   a) die Elektrizität wird durch den Sektorenauftraggeber nach § 100 Absatz 1 Nummer 2 erzeugt, weil ihr Verbrauch für die Ausübung einer Tätigkeit erforderlich ist, die keine Sektorentätigkeit nach den Absätzen 1 bis 4 ist, und
   b) die Einspeisung hängt nur von dem Eigenverbrauch des Sektorenauftraggebers ab und macht bei Zugrundelegung des Durchschnitts der letzten drei Jahre einschließlich des laufenden Jahres nicht mehr als 30 Prozent der gesamten Energieerzeugung des Sektorenauftraggebers aus.

(3) Sektorentätigkeiten im Bereich von Gas und Wärme sind

1. die Bereitstellung oder das Betreiben fester Netze zur Versorgung der Allgemeinheit im Zusammenhang mit der Erzeugung, der Fortleitung und der Abgabe von Gas und Wärme,

---

1) **Anm. d. Red.:** § 101 i. d. F. des Gesetzes v. 17. 2. 2016 (BGBl I S. 203) mit Wirkung v. 18. 4. 2016.

2) **Anm. d. Red.:** § 102 i. d. F. des Gesetzes v. 17. 2. 2016 (BGBl I S. 203) mit Wirkung v. 18. 4. 2016.

2. die Einspeisung von Gas und Wärme in diese Netze, es sei denn,
   a) die Erzeugung von Gas oder Wärme durch den Sektorenauftraggeber nach § 100 Absatz 1 Nummer 2 ergibt sich zwangsläufig aus der Ausübung einer Tätigkeit, die keine Sektorentätigkeit nach den Absätzen 1 bis 4 ist, und
   b) die Einspeisung zielt nur darauf ab, diese Erzeugung wirtschaftlich zu nutzen und macht bei Zugrundelegung des Durchschnitts der letzten drei Jahre einschließlich des laufenden Jahres nicht mehr als 20 Prozent des Umsatzes des Sektorenauftraggebers aus.

(4) Sektorentätigkeiten im Bereich Verkehrsleistungen sind die Bereitstellung oder das Betreiben von Netzen zur Versorgung der Allgemeinheit mit Verkehrsleistungen per Eisenbahn, automatischen Systemen, Straßenbahn, Trolleybus, Bus oder Seilbahn; ein Netz gilt als vorhanden, wenn die Verkehrsleistung gemäß den von einer zuständigen Behörde festgelegten Bedingungen erbracht wird; dazu gehören die Festlegung der Strecken, die Transportkapazitäten und die Fahrpläne.

(5) Sektorentätigkeiten im Bereich Häfen und Flughäfen sind Tätigkeiten im Zusammenhang mit der Nutzung eines geografisch abgegrenzten Gebiets mit dem Zweck, für Luft-, See- oder Binnenschifffahrtsverkehrsunternehmen Flughäfen, See- oder Binnenhäfen oder andere Terminaleinrichtungen bereitzustellen.

(6) Sektorentätigkeiten im Bereich fossiler Brennstoffe sind Tätigkeiten zur Nutzung eines geografisch abgegrenzten Gebiets zum Zweck

1. der Förderung von Öl oder Gas oder
2. der Exploration oder Förderung von Kohle oder anderen festen Brennstoffen.

(7) [1]Für die Zwecke der Absätze 1 bis 3 umfasst der Begriff „Einspeisung" die Erzeugung und Produktion sowie den Groß- und Einzelhandel. [2]Die Erzeugung von Gas fällt unter Absatz 6.

§ 103 Öffentliche Aufträge, Rahmenvereinbarungen und Wettbewerbe[1)]

(1) Öffentliche Aufträge sind entgeltliche Verträge zwischen öffentlichen Auftraggebern oder Sektorenauftraggebern und Unternehmen über die Beschaffung von Leistungen, die die Lieferung von Waren, die Ausführung von Bauleistungen oder die Erbringung von Dienstleistungen zum Gegenstand haben.

GWB

(2) [1]Lieferaufträge sind Verträge zur Beschaffung von Waren, die insbesondere Kauf oder Ratenkauf oder Leasing, Mietverhältnisse oder Pachtverhältnisse mit oder ohne Kaufoption betreffen. [2]Die Verträge können auch Nebenleistungen umfassen.

(3) [1]Bauaufträge sind Verträge über die Ausführung oder die gleichzeitige Planung und Ausführung

1. von Bauleistungen im Zusammenhang mit einer der Tätigkeiten, die in Anhang II der Richtlinie 2014/24/EU des Europäischen Parlaments und des Rates vom 26. Februar 2014 über die öffentliche Auftragsvergabe und zur Aufhebung der Richtlinie 2004/18/EG (ABl L 94 vom 28. 3. 2014, S. 65) und Anhang I der Richtlinie 2014/25/EU des Europäischen Parlaments und des Rates vom 26. Februar 2014 über die Vergabe von Aufträgen durch Auftraggeber im Bereich der Wasser-, Energie- und Verkehrsversorgung sowie der Postdienste und zur Aufhebung der Richtlinie 2004/17/EG (ABl L 94 vom 28. 3. 2014, S. 243) genannt sind, oder
2. eines Bauwerkes für den öffentlichen Auftraggeber oder Sektorenauftraggeber, das Ergebnis von Tief- oder Hochbauarbeiten ist und eine wirtschaftliche oder technische Funktion erfüllen soll.

[2]Ein Bauauftrag liegt auch vor, wenn ein Dritter eine Bauleistung gemäß den vom öffentlichen Auftraggeber oder Sektorenauftraggeber genannten Erfordernissen erbringt, die Bauleistung

1) **Anm. d. Red.:** § 103 i. d. F. des Gesetzes v. 17. 2. 2016 (BGBl I S. 203) mit Wirkung v. 18. 4. 2016.

dem Auftraggeber unmittelbar wirtschaftlich zugutekommt und dieser einen entscheidenden Einfluss auf Art und Planung der Bauleistung hat.

(4) Als Dienstleistungsaufträge gelten die Verträge über die Erbringung von Leistungen, die nicht unter die Absätze 2 und 3 fallen.

(5) [1]Rahmenvereinbarungen sind Vereinbarungen zwischen einem oder mehreren öffentlichen Auftraggebern oder Sektorenauftraggebern und einem oder mehreren Unternehmen, die dazu dienen, die Bedingungen für die öffentlichen Aufträge, die während eines bestimmten Zeitraums vergeben werden sollen, festzulegen, insbesondere in Bezug auf den Preis. [2]Für die Vergabe von Rahmenvereinbarungen gelten, soweit nichts anderes bestimmt ist, dieselben Vorschriften wie für die Vergabe entsprechender öffentlicher Aufträge.

(6) Wettbewerbe sind Auslobungsverfahren, die dem Auftraggeber aufgrund vergleichender Beurteilung durch ein Preisgericht mit oder ohne Verteilung von Preisen zu einem Plan oder einer Planung verhelfen sollen.

§ 104 Verteidigungs- oder sicherheitsspezifische öffentliche Aufträge[1)]

(1) Verteidigungs- oder sicherheitsspezifische öffentliche Aufträge sind öffentliche Aufträge, deren Auftragsgegenstand mindestens eine der folgenden Leistungen umfasst:

1. die Lieferung von Militärausrüstung, einschließlich dazugehöriger Teile, Bauteile oder Bausätze,
2. die Lieferung von Ausrüstung, die im Rahmen eines Verschlusssachenauftrags vergeben wird, einschließlich der dazugehörigen Teile, Bauteile oder Bausätze,
3. Liefer-, Bau- und Dienstleistungen in unmittelbarem Zusammenhang mit der in den Nummern 1 und 2 genannten Ausrüstung in allen Phasen des Lebenszyklus der Ausrüstung oder
4. Bau- und Dienstleistungen speziell für militärische Zwecke oder Bau- und Dienstleistungen, die im Rahmen eines Verschlusssachenauftrags vergeben werden.

(2) Militärausrüstung ist jede Ausrüstung, die eigens zu militärischen Zwecken konzipiert oder für militärische Zwecke angepasst wird und zum Einsatz als Waffe, Munition oder Kriegsmaterial bestimmt ist.

(3) Ein Verschlusssachenauftrag im Sinne dieser Vorschrift ist ein Auftrag im speziellen Bereich der nicht-militärischen Sicherheit, der ähnliche Merkmale aufweist und ebenso schutzbedürftig ist wie ein Auftrag über die Lieferung von Militärausrüstung im Sinne des Absatzes 1 Nummer 1 oder wie Bau- und Dienstleistungen speziell für militärische Zwecke im Sinne des Absatzes 1 Nummer 4, und

1. bei dessen Erfüllung oder Erbringung Verschlusssachen nach § 4 des Gesetzes über die Voraussetzungen und das Verfahren von Sicherheitsüberprüfungen des Bundes oder nach den entsprechenden Bestimmungen der Länder verwendet werden oder
2. der Verschlusssachen im Sinne der Nummer 1 erfordert oder beinhaltet.

§ 105 Konzessionen[2)]

(1) Konzessionen sind entgeltliche Verträge, mit denen ein oder mehrere Konzessionsgeber ein oder mehrere Unternehmen

1. mit der Erbringung von Bauleistungen betrauen (Baukonzessionen); dabei besteht die Gegenleistung entweder allein in dem Recht zur Nutzung des Bauwerks oder in diesem Recht zuzüglich einer Zahlung; oder
2. mit der Erbringung und der Verwaltung von Dienstleistungen betrauen, die nicht in der Erbringung von Bauleistungen nach Nummer 1 bestehen (Dienstleistungskonzessionen); da-

---

1) **Anm. d. Red.:** § 104 i. d. F. des Gesetzes v. 17. 2. 2016 (BGBl I S. 203) mit Wirkung v. 18. 4. 2016.

2) **Anm. d. Red.:** § 105 i. d. F. des Gesetzes v. 17. 2. 2016 (BGBl I S. 203) mit Wirkung v. 18. 4. 2016.

bei besteht die Gegenleistung entweder allein in dem Recht zur Verwertung der Dienstleistungen oder in diesem Recht zuzüglich einer Zahlung.

(2) [1]In Abgrenzung zur Vergabe öffentlicher Aufträge geht bei der Vergabe einer Bau- oder Dienstleistungskonzession das Betriebsrisiko für die Nutzung des Bauwerks oder für die Verwertung der Dienstleistungen auf den Konzessionsnehmer über. [2]Dies ist der Fall, wenn

1. unter normalen Betriebsbedingungen nicht gewährleistet ist, dass die Investitionsaufwendungen oder die Kosten für den Betrieb des Bauwerks oder die Erbringung der Dienstleistungen wieder erwirtschaftet werden können, und
2. der Konzessionsnehmer den Unwägbarkeiten des Marktes tatsächlich ausgesetzt ist, so dass potenzielle geschätzte Verluste des Konzessionsnehmers nicht vernachlässigbar sind.

[3]Das Betriebsrisiko kann ein Nachfrage- oder Angebotsrisiko sein.

§ 106 Schwellenwerte[1)]

(1) [1]Dieser Teil gilt für die Vergabe von öffentlichen Aufträgen und Konzessionen sowie die Ausrichtung von Wettbewerben, deren geschätzter Auftrags- oder Vertragswert ohne Umsatzsteuer die jeweils festgelegten Schwellenwerte erreicht oder überschreitet. [2]§ 114 Absatz 2 bleibt unberührt.

(2) Der jeweilige Schwellenwert ergibt sich

1. für öffentliche Aufträge und Wettbewerbe, die von öffentlichen Auftraggebern vergeben werden, aus Artikel 4 der Richtlinie 2014/24/EU in der jeweils geltenden Fassung; der sich hieraus für zentrale Regierungsbehörden ergebende Schwellenwert ist von allen obersten Bundesbehörden sowie allen oberen Bundesbehörden und vergleichbaren Bundeseinrichtungen anzuwenden,
2. für öffentliche Aufträge und Wettbewerbe, die von Sektorenauftraggebern zum Zweck der Ausübung einer Sektorentätigkeit vergeben werden, aus Artikel 15 der Richtlinie 2014/25/EU in der jeweils geltenden Fassung,
3. für verteidigungs- oder sicherheitsspezifische öffentliche Aufträge aus Artikel 8 der Richtlinie 2009/81/EG des Europäischen Parlaments und des Rates vom 13. Juli 2009 über die Koordinierung der Verfahren zur Vergabe bestimmter Bau-, Liefer- und Dienstleistungsaufträge in den Bereichen Verteidigung und Sicherheit und zur Änderung der Richtlinien 2004/17/EG und 2004/18/EG (ABl L 216 vom 20. 8. 2009, S. 76) in der jeweils geltenden Fassung,
4. für Konzessionen aus Artikel 8 der Richtlinie 2014/23/EU des Europäischen Parlaments und des Rates vom 26. Februar 2014 über die Konzessionsvergabe (ABl L 94 vom 28. 3. 2014, S. 1) in der jeweils geltenden Fassung.

(3) Das Bundesministerium für Wirtschaft und Energie gibt die geltenden Schwellenwerte unverzüglich, nachdem sie im Amtsblatt der Europäischen Union veröffentlicht worden sind, im Bundesanzeiger bekannt.

GWB

§ 107 Allgemeine Ausnahmen[2)]

(1) Dieser Teil ist nicht anzuwenden auf die Vergabe von öffentlichen Aufträgen und Konzessionen

1. zu Schiedsgerichts- und Schlichtungsdienstleistungen,
2. für den Erwerb, die Miete oder die Pacht von Grundstücken, vorhandenen Gebäuden oder anderem unbeweglichem Vermögen sowie Rechten daran, ungeachtet ihrer Finanzierung,
3. zu Arbeitsverträgen,

1) **Anm. d. Red.:** § 106 i. d. F. des Gesetzes v. 17. 2. 2016 (BGBl I S. 203) mit Wirkung v. 18. 4. 2016.

2) **Anm. d. Red.:** § 107 i. d. F. des Gesetzes v. 17. 2. 2016 (BGBl I S. 203) mit Wirkung v. 18. 4. 2016.

4. zu Dienstleistungen des Katastrophenschutzes, des Zivilschutzes und der Gefahrenabwehr, die von gemeinnützigen Organisationen oder Vereinigungen erbracht werden und die unter die Referenznummern des Common Procurement Vocabulary 75250000-3, 75251000-0, 75251100-1, 75251110-4, 75251120-7, 75252000-7, 75222000-8, 98113100-9 und 85143000-3 mit Ausnahme des Einsatzes von Krankenwagen zur Patientenbeförderung fallen; gemeinnützige Organisationen oder Vereinigungen im Sinne dieser Nummer sind insbesondere die Hilfsorganisationen, die nach Bundes- oder Landesrecht als Zivil- und Katastrophenschutzorganisationen anerkannt sind.

(2) Dieser Teil ist ferner nicht auf öffentliche Aufträge und Konzessionen anzuwenden,

1. bei denen die Anwendung dieses Teils den Auftraggeber dazu zwingen würde, im Zusammenhang mit dem Vergabeverfahren oder der Auftragsausführung Auskünfte zu erteilen, deren Preisgabe seiner Ansicht nach wesentlichen Sicherheitsinteressen der Bundesrepublik Deutschland im Sinne des Artikels 346 Absatz 1 Buchstabe a des Vertrags über die Arbeitsweise der Europäischen Union widerspricht, oder
2. die dem Anwendungsbereich des Artikels 346 Absatz 1 Buchstabe b des Vertrags über die Arbeitsweise der Europäischen Union unterliegen.

§ 108 Ausnahmen bei öffentlich-öffentlicher Zusammenarbeit[1)]

(1) Dieser Teil ist nicht anzuwenden auf die Vergabe von öffentlichen Aufträgen, die von einem öffentlichen Auftraggeber im Sinne des § 99 Nummer 1 bis 3 an eine juristische Person des öffentlichen oder privaten Rechts vergeben werden, wenn

1. der öffentliche Auftraggeber über die juristische Person eine ähnliche Kontrolle wie über seine eigenen Dienststellen ausübt,
2. mehr als 80 Prozent der Tätigkeiten der juristischen Person der Ausführung von Aufgaben dienen, mit denen sie von dem öffentlichen Auftraggeber oder von einer anderen juristischen Person, die von diesem kontrolliert wird, betraut wurde, und
3. an der juristischen Person keine direkte private Kapitalbeteiligung besteht, mit Ausnahme nicht beherrschender Formen der privaten Kapitalbeteiligung und Formen der privaten Kapitalbeteiligung ohne Sperrminorität, die durch gesetzliche Bestimmungen vorgeschrieben sind und die keinen maßgeblichen Einfluss auf die kontrollierte juristische Person vermitteln.

(2) [1]Die Ausübung einer Kontrolle im Sinne von Absatz 1 Nummer 1 wird vermutet, wenn der öffentliche Auftraggeber einen ausschlaggebenden Einfluss auf die strategischen Ziele und die wesentlichen Entscheidungen der juristischen Person ausübt. [2]Die Kontrolle kann auch durch eine andere juristische Person ausgeübt werden, die von dem öffentlichen Auftraggeber auf gleiche Weise kontrolliert wird.

(3) [1]Absatz 1 gilt auch für die Vergabe öffentlicher Aufträge, die von einer kontrollierten juristischen Person, die zugleich öffentlicher Auftraggeber im Sinne des § 99 Nummer 1 bis 3 ist, an den kontrollierenden öffentlichen Auftraggeber oder an eine von diesem öffentlichen Auftraggeber kontrollierte andere juristische Person vergeben werden. [2]Voraussetzung ist, dass keine direkte private Kapitalbeteiligung an der juristischen Person besteht, die den öffentlichen Auftrag erhalten soll. [3]Absatz 1 Nummer 3 zweiter Halbsatz gilt entsprechend.

(4) Dieser Teil ist nicht anzuwenden auf die Vergabe von öffentlichen Aufträgen, bei denen der öffentliche Auftraggeber im Sinne des § 99 Nummer 1 bis 3 über eine juristische Person des privaten oder öffentlichen Rechts zwar keine Kontrolle im Sinne des Absatzes 1 Nummer 1 ausübt, aber

1. der öffentliche Auftraggeber gemeinsam mit anderen öffentlichen Auftraggebern über die juristische Person eine ähnliche Kontrolle ausübt wie jeder der öffentlichen Auftraggeber über seine eigenen Dienststellen,

---

1) **Anm. d. Red.:** § 108 i. d. F. des Gesetzes v. 17. 2. 2016 (BGBl I S. 203) mit Wirkung v. 18. 4. 2016.

2. mehr als 80 Prozent der Tätigkeiten der juristischen Person der Ausführung von Aufgaben dienen, mit denen sie von den öffentlichen Auftraggebern oder von einer anderen juristischen Person, die von diesen Auftraggebern kontrolliert wird, betraut wurde, und
3. an der juristischen Person keine direkte private Kapitalbeteiligung besteht; Absatz 1 Nummer 3 zweiter Halbsatz gilt entsprechend.

(5) Eine gemeinsame Kontrolle im Sinne von Absatz 4 Nummer 1 besteht, wenn

1. sich die beschlussfassenden Organe der juristischen Person aus Vertretern sämtlicher teilnehmender öffentlicher Auftraggeber zusammensetzen; ein einzelner Vertreter kann mehrere oder alle teilnehmenden öffentlichen Auftraggeber vertreten,
2. die öffentlichen Auftraggeber gemeinsam einen ausschlaggebenden Einfluss auf die strategischen Ziele und die wesentlichen Entscheidungen der juristischen Person ausüben können und
3. die juristische Person keine Interessen verfolgt, die den Interessen der öffentlichen Auftraggeber zuwiderlaufen.

(6) Dieser Teil ist ferner nicht anzuwenden auf Verträge, die zwischen zwei oder mehreren öffentlichen Auftraggebern im Sinne des § 99 Nummer 1 bis 3 geschlossen werden, wenn

1. der Vertrag eine Zusammenarbeit zwischen den beteiligten öffentlichen Auftraggebern begründet oder erfüllt, um sicherzustellen, dass die von ihnen zu erbringenden öffentlichen Dienstleistungen im Hinblick auf die Erreichung gemeinsamer Ziele ausgeführt werden,
2. die Durchführung der Zusammenarbeit nach Nummer 1 ausschließlich durch Überlegungen im Zusammenhang mit dem öffentlichen Interesse bestimmt wird und
3. die öffentlichen Auftraggeber auf dem Markt weniger als 20 Prozent der Tätigkeiten erbringen, die durch die Zusammenarbeit nach Nummer 1 erfasst sind.

(7) [1]Zur Bestimmung des prozentualen Anteils nach Absatz 1 Nummer 2, Absatz 4 Nummer 2 und Absatz 6 Nummer 3 wird der durchschnittliche Gesamtumsatz der letzten drei Jahre vor Vergabe des öffentlichen Auftrags oder ein anderer geeigneter tätigkeitsgestützter Wert herangezogen. [2]Ein geeigneter tätigkeitsgestützter Wert sind zum Beispiel die Kosten, die der juristischen Person oder dem öffentlichen Auftraggeber in dieser Zeit in Bezug auf Liefer-, Bau- und Dienstleistungen entstanden sind. [3]Liegen für die letzten drei Jahre keine Angaben über den Umsatz oder einen geeigneten alternativen tätigkeitsgestützten Wert wie zum Beispiel Kosten vor oder sind sie nicht aussagekräftig, genügt es, wenn der tätigkeitsgestützte Wert insbesondere durch Prognosen über die Geschäftsentwicklung glaubhaft gemacht wird.

GWB

(8) Die Absätze 1 bis 7 gelten entsprechend für Sektorenauftraggeber im Sinne des § 100 Absatz 1 Nummer 1 hinsichtlich der Vergabe von öffentlichen Aufträgen sowie für Konzessionsgeber im Sinne des § 101 Absatz 1 Nummer 1 und 2 hinsichtlich der Vergabe von Konzessionen.

§ 109 Ausnahmen für Vergaben auf der Grundlage internationaler Verfahrensregeln[1)]

(1) Dieser Teil ist nicht anzuwenden, wenn öffentliche Aufträge, Wettbewerbe oder Konzessionen

1. nach Vergabeverfahren zu vergeben oder durchzuführen sind, die festgelegt werden durch
   a) ein Rechtsinstrument, das völkerrechtliche Verpflichtungen begründet, wie eine im Einklang mit den EU-Verträgen geschlossene internationale Übereinkunft oder Vereinbarung zwischen der Bundesrepublik Deutschland und einem oder mehreren Staaten, die nicht Vertragsparteien des Übereinkommens über den Europäischen Wirtschaftsraum sind, oder ihren Untereinheiten über Liefer-, Bau- oder Dienstleistungen für ein von den Unterzeichnern gemeinsam zu verwirklichendes oder zu nutzendes Projekt, oder

1) **Anm. d. Red.:** § 109 i. d. F. des Gesetzes v. 17. 2. 2016 (BGBl I S. 203) mit Wirkung v. 18. 4. 2016.

b) eine internationale Organisation oder

2. gemäß den Vergaberegeln einer internationalen Organisation oder internationalen Finanzierungseinrichtung bei vollständiger Finanzierung der öffentlichen Aufträge und Wettbewerbe durch diese Organisation oder Einrichtung zu vergeben sind; für den Fall einer überwiegenden Kofinanzierung öffentlicher Aufträge und Wettbewerbe durch eine internationale Organisation oder eine internationale Finanzierungseinrichtung einigen sich die Parteien auf die anwendbaren Vergabeverfahren.

(2) Für verteidigungs- oder sicherheitsspezifische öffentliche Aufträge ist § 145 Nummer 7 und für Konzessionen in den Bereichen Verteidigung und Sicherheit ist § 150 Nummer 7 anzuwenden.

§ 110 Vergabe von öffentlichen Aufträgen und Konzessionen, die verschiedene Leistungen zum Gegenstand haben[1)]

(1) [1]Öffentliche Aufträge, die verschiedene Leistungen wie Liefer-, Bau- oder Dienstleistungen zum Gegenstand haben, werden nach den Vorschriften vergeben, denen der Hauptgegenstand des Auftrags zuzuordnen ist. [2]Dasselbe gilt für die Vergabe von Konzessionen, die sowohl Bau- als auch Dienstleistungen zum Gegenstand haben.

(2) Der Hauptgegenstand öffentlicher Aufträge und Konzessionen, die

1. teilweise aus Dienstleistungen, die den Vorschriften zur Vergabe von öffentlichen Aufträgen über soziale und andere besondere Dienstleistungen im Sinne des § 130 oder Konzessionen über soziale und andere besondere Dienstleistungen im Sinne des § 153 unterfallen, und teilweise aus anderen Dienstleistungen bestehen oder
2. teilweise aus Lieferleistungen und teilweise aus Dienstleistungen bestehen,

wird danach bestimmt, welcher geschätzte Wert der jeweiligen Liefer- oder Dienstleistungen am höchsten ist.

§ 111 Vergabe von öffentlichen Aufträgen und Konzessionen, deren Teile unterschiedlichen rechtlichen Regelungen unterliegen[2)]

(1) Sind die verschiedenen Teile eines öffentlichen Auftrags, die jeweils unterschiedlichen rechtlichen Regelungen unterliegen, objektiv trennbar, so dürfen getrennte Aufträge für jeden Teil oder darf ein Gesamtauftrag vergeben werden.

(2) Werden getrennte Aufträge vergeben, so wird jeder einzelne Auftrag nach den Vorschriften vergeben, die auf seine Merkmale anzuwenden sind.

(3) Wird ein Gesamtauftrag vergeben,

1. kann der Auftrag ohne Anwendung dieses Teils vergeben werden, wenn ein Teil des Auftrags die Voraussetzungen des § 107 Absatz 2 Nummer 1 oder 2 erfüllt und die Vergabe eines Gesamtauftrags aus objektiven Gründen gerechtfertigt ist,
2. kann der Auftrag nach den Vorschriften über die Vergabe von verteidigungs- oder sicherheitsspezifischen Aufträgen vergeben werden, wenn ein Teil des Auftrags diesen Vorschriften unterliegt und die Vergabe eines Gesamtauftrags aus objektiven Gründen gerechtfertigt ist,
3. sind die Vorschriften zur Vergabe von öffentlichen Aufträgen durch Sektorenauftraggeber anzuwenden, wenn ein Teil des Auftrags diesen Vorschriften unterliegt und der Wert dieses Teils den geltenden Schwellenwert erreicht oder überschreitet; dies gilt auch dann, wenn der andere Teil des Auftrags den Vorschriften über die Vergabe von Konzessionen unterliegt,

1) **Anm. d. Red.:** § 110 i. d. F. des Gesetzes v. 17. 2. 2016 (BGBl I S. 203) mit Wirkung v. 18. 4. 2016.

2) **Anm. d. Red.:** § 111 i. d. F. des Gesetzes v. 17. 2. 2016 (BGBl I S. 203) mit Wirkung v. 18. 4. 2016.

4. sind die Vorschriften zur Vergabe von öffentlichen Aufträgen durch öffentliche Auftraggeber anzuwenden, wenn ein Teil des Auftrags den Vorschriften zur Vergabe von Konzessionen und ein anderer Teil des Auftrags den Vorschriften zur Vergabe von öffentlichen Aufträgen durch öffentliche Auftraggeber unterliegt und wenn der Wert dieses Teils den geltenden Schwellenwert erreicht oder überschreitet,
5. sind die Vorschriften dieses Teils anzuwenden, wenn ein Teil des Auftrags den Vorschriften dieses Teils und ein anderer Teil des Auftrags sonstigen Vorschriften außerhalb dieses Teils unterliegt; dies gilt ungeachtet des Wertes des Teils, der sonstigen Vorschriften außerhalb dieses Teils unterliegen würde und ungeachtet ihrer rechtlichen Regelung.

(4) Sind die verschiedenen Teile eines öffentlichen Auftrags, die jeweils unterschiedlichen rechtlichen Regelungen unterliegen, objektiv nicht trennbar,

1. wird der Auftrag nach den Vorschriften vergeben, denen der Hauptgegenstand des Auftrags zuzuordnen ist; enthält der Auftrag Elemente einer Dienstleistungskonzession und eines Lieferauftrags, wird der Hauptgegenstand danach bestimmt, welcher geschätzte Wert der jeweiligen Dienst- oder Lieferleistungen höher ist,
2. kann der Auftrag ohne Anwendung der Vorschriften dieses Teils oder gemäß den Vorschriften über die Vergabe von verteidigungs- oder sicherheitsspezifischen öffentlichen Aufträgen vergeben werden, wenn der Auftrag Elemente enthält, auf die § 107 Absatz 2 Nummer 1 oder 2 anzuwenden ist.

(5) Die Entscheidung, einen Gesamtauftrag oder getrennte Aufträge zu vergeben, darf nicht zu dem Zweck getroffen werden, die Auftragsvergabe von den Vorschriften zur Vergabe öffentlicher Aufträge und Konzessionen auszunehmen.

(6) Auf die Vergabe von Konzessionen sind die Absätze 1, 2 und 3 Nummer 1 und 2 sowie die Absätze 4 und 5 entsprechend anzuwenden.

§ 112 Vergabe von öffentlichen Aufträgen und Konzessionen, die verschiedene Tätigkeiten umfassen[1)]

(1) Umfasst ein öffentlicher Auftrag mehrere Tätigkeiten, von denen eine Tätigkeit eine Sektorentätigkeit im Sinne des § 102 darstellt, dürfen getrennte Aufträge für die Zwecke jeder einzelnen Tätigkeit oder darf ein Gesamtauftrag vergeben werden.

GWB

(2) Werden getrennte Aufträge vergeben, so wird jeder einzelne Auftrag nach den Vorschriften vergeben, die auf seine Merkmale anzuwenden sind.

(3) [1]Wird ein Gesamtauftrag vergeben, unterliegt dieser Auftrag den Bestimmungen, die für die Tätigkeit gelten, für die der Auftrag hauptsächlich bestimmt ist. [2]Ist der Auftrag sowohl für eine Sektorentätigkeit im Sinne des § 102 als auch für eine Tätigkeit bestimmt, die Verteidigungs- oder Sicherheitsaspekte umfasst, ist § 111 Absatz 3 Nummer 1 und 2 entsprechend anzuwenden.

(4) Die Entscheidung, einen Gesamtauftrag oder getrennte Aufträge zu vergeben, darf nicht zu dem Zweck getroffen werden, die Auftragsvergabe von den Vorschriften dieses Teils auszunehmen.

(5) Ist es objektiv unmöglich, festzustellen, für welche Tätigkeit der Auftrag hauptsächlich bestimmt ist, unterliegt die Vergabe

1. den Vorschriften zur Vergabe von öffentlichen Aufträgen durch öffentliche Auftraggeber, wenn eine der Tätigkeiten, für die der Auftrag bestimmt ist, unter diese Vorschriften fällt,
2. den Vorschriften zur Vergabe von öffentlichen Aufträgen durch Sektorenauftraggeber, wenn der Auftrag sowohl für eine Sektorentätigkeit im Sinne des § 102 als auch für eine Tätigkeit bestimmt ist, die in den Anwendungsbereich der Vorschriften zur Vergabe von Konzessionen fallen würde,

1) **Anm. d. Red.:** § 112 i. d. F. des Gesetzes v. 17. 2. 2016 (BGBl I S. 203) mit Wirkung v. 18. 4. 2016.

3. den Vorschriften zur Vergabe von öffentlichen Aufträgen durch Sektorenauftraggeber, wenn der Auftrag sowohl für eine Sektorentätigkeit im Sinne des § 102 als auch für eine Tätigkeit bestimmt ist, die weder in den Anwendungsbereich der Vorschriften zur Vergabe von Konzessionen noch in den Anwendungsbereich der Vorschriften zur Vergabe öffentlicher Aufträge durch öffentliche Auftraggeber fallen würde.

(6) [1]Umfasst eine Konzession mehrere Tätigkeiten, von denen eine Tätigkeit eine Sektorentätigkeit im Sinne des § 102 darstellt, sind die Absätze 1 bis 4 entsprechend anzuwenden. [2]Ist es objektiv unmöglich, festzustellen, für welche Tätigkeit die Konzession hauptsächlich bestimmt ist, unterliegt die Vergabe

1. den Vorschriften zur Vergabe von Konzessionen durch Konzessionsgeber im Sinne des § 101 Absatz 1 Nummer 1, wenn eine der Tätigkeiten, für die die Konzession bestimmt ist, diesen Bestimmungen und die andere Tätigkeit den Bestimmungen für die Vergabe von Konzessionen durch Konzessionsgeber im Sinne des § 101 Absatz 1 Nummer 2 oder Nummer 3 unterliegt,
2. den Vorschriften zur Vergabe von öffentlichen Aufträgen durch öffentliche Auftraggeber, wenn eine der Tätigkeiten, für die die Konzession bestimmt ist, unter diese Vorschriften fällt,
3. den Vorschriften zur Vergabe von Konzessionen, wenn eine der Tätigkeiten, für die die Konzession bestimmt ist, diesen Vorschriften und die andere Tätigkeit weder den Vorschriften zur Vergabe von öffentlichen Aufträgen durch Sektorenauftraggeber noch den Vorschriften zur Vergabe öffentlicher Aufträge durch öffentliche Auftraggeber unterliegt.

§ 113 Verordnungsermächtigung[1)]

[1]Die Bundesregierung wird ermächtigt, durch Rechtsverordnungen mit Zustimmung des Bundesrates die Einzelheiten zur Vergabe von öffentlichen Aufträgen und Konzessionen sowie zur Ausrichtung von Wettbewerben zu regeln. [2]Diese Ermächtigung umfasst die Befugnis zur Regelung von Anforderungen an den Auftragsgegenstand und an das Vergabeverfahren, insbesondere zur Regelung

1. der Schätzung des Auftrags- oder Vertragswertes,
2. der Leistungsbeschreibung, der Bekanntmachung, der Verfahrensarten und des Ablaufs des Vergabeverfahrens, der Nebenangebote, der Vergabe von Unteraufträgen sowie der Vergabe öffentlicher Aufträge und Konzessionen, die soziale und andere besondere Dienstleistungen betreffen,
3. der besonderen Methoden und Instrumente in Vergabeverfahren und für Sammelbeschaffungen einschließlich der zentralen Beschaffung,
4. des Sendens, Empfangens, Weiterleitens und Speicherns von Daten einschließlich der Regelungen zum Inkrafttreten der entsprechenden Verpflichtungen,
5. der Auswahl und Prüfung der Unternehmen und Angebote sowie des Abschlusses des Vertrags,
6. der Aufhebung des Vergabeverfahrens,
7. der verteidigungs- oder sicherheitsspezifischen Anforderungen im Hinblick auf den Geheimschutz, auf die allgemeinen Regelungen zur Wahrung der Vertraulichkeit, auf die Versorgungssicherheit sowie auf die besonderen Regelungen für die Vergabe von Unteraufträgen,
8. der Voraussetzungen, nach denen Sektorenauftraggeber, Konzessionsgeber oder Auftraggeber nach dem Bundesberggesetz von der Verpflichtung zur Anwendung dieses Teils befreit werden können, sowie des dabei anzuwendenden Verfahrens einschließlich der erfor-

1) **Anm. d. Red.:** § 113 i. d. F. des Gesetzes v. 17. 2. 2016 (BGBl I S. 203) mit Wirkung v. 18. 4. 2016.

derlichen Ermittlungsbefugnisse des Bundeskartellamtes und der Einzelheiten der Kostenerhebung; Vollstreckungserleichterungen dürfen vorgesehen werden.

[3]Die Rechtsverordnungen sind dem Bundestag zuzuleiten. [4]Die Zuleitung erfolgt vor der Zuleitung an den Bundesrat. [5]Die Rechtsverordnungen können durch Beschluss des Bundestages geändert oder abgelehnt werden. [6]Der Beschluss des Bundestages wird der Bundesregierung zugeleitet. [7]Hat sich der Bundestag nach Ablauf von drei Sitzungswochen seit Eingang der Rechtsverordnungen nicht mit ihnen befasst, so werden die unveränderten Rechtsverordnungen dem Bundesrat zugeleitet.

§ 114 Monitoring und Pflicht zur Übermittlung von Vergabedaten[1)]

(1) Die obersten Bundesbehörden und die Länder erstatten in ihrem jeweiligen Zuständigkeitsbereich dem Bundesministerium für Wirtschaft und Energie über die Anwendung der Vorschriften dieses Teils und der aufgrund des § 113 erlassenen Rechtsverordnungen bis zum 15. Februar 2017 und danach alle drei Jahre jeweils bis zum 15. Februar schriftlich Bericht.

(2) [1]Auftraggeber im Sinne des § 98 übermitteln an das Bundesministerium für Wirtschaft und Energie Daten zu öffentlichen Aufträgen im Sinne des § 103 Absatz 1 und zu Konzessionen im Sinne des § 105 zur Gewinnung flächendeckender Daten im Vergabewesen. [2]Die zu übermittelnden Daten umfassen für öffentliche Aufträge im Sinne des § 103 Absatz 1 und für Konzessionen im Sinne des § 105 oberhalb der jeweils geltenden Schwellenwerte maximal Daten, die in den Bekanntmachungen über vergebene öffentliche Aufträge und Konzessionen enthalten sind. [3]Die zu übermittelnden Daten umfassen für öffentliche Aufträge durch öffentliche Auftraggeber im Sinne des § 99 unterhalb der jeweils geltenden Schwellenwerte und oberhalb einer durch die Verordnung nach Satz 4 festzulegenden Bagatellgrenze Daten zur Art und zur Menge der Leistung sowie zum Wert des erfolgreichen Angebots. [4]Die Bundesregierung wird ermächtigt, durch Rechtsverordnung mit Zustimmung des Bundesrates die Einzelheiten der Datenübermittlung einschließlich des Umfangs der zu übermittelnden Daten und des Zeitpunkts des Inkrafttretens der entsprechenden Verpflichtungen zu regeln.

Abschnitt 2: Vergabe von öffentlichen Aufträgen durch öffentliche Auftraggeber[2)]

GWB

Unterabschnitt 1: Anwendungsbereich[3)]

§ 115 Anwendungsbereich[4)]

Dieser Abschnitt ist anzuwenden auf die Vergabe von öffentlichen Aufträgen und die Ausrichtung von Wettbewerben durch öffentliche Auftraggeber.

§ 116 Besondere Ausnahmen[5)]

(1) Dieser Teil ist nicht anzuwenden auf die Vergabe von öffentlichen Aufträgen durch öffentliche Auftraggeber, wenn diese Aufträge Folgendes zum Gegenstand haben:

1. Rechtsdienstleistungen, die eine der folgenden Tätigkeiten betreffen:
   a) Vertretung eines Mandanten durch einen Rechtsanwalt in
      aa) Gerichts- oder Verwaltungsverfahren vor nationalen oder internationalen Gerichten, Behörden oder Einrichtungen,

---

1) **Anm. d. Red.:** § 114 i. d. F. des Gesetzes v. 17. 2. 2016 (BGBl I S. 203) mit Wirkung v. 18. 4. 2016.

2) **Anm. d. Red.:** Abschnitt 2 eingefügt gem. v. 17. 2. 2016 (BGBl I S. 203) mit Wirkung v. 18. 4. 2016.

3) **Anm. d. Red.:** Unterabschnitt 1 eingefügt gem. Gesetz v. 17. 2. 2016 (BGBl I S. 203) mit Wirkung v. 18. 4. 2016.

4) **Anm. d. Red.:** § 115 i. d. F. des Gesetzes v. 17. 2. 2016 (BGBl I S. 203) mit Wirkung v. 18. 4. 2016.

5) **Anm. d. Red.:** § 116 i. d. F. des Gesetzes v. 17. 2. 2016 (BGBl I S. 203) mit Wirkung v. 18. 4. 2016.

bb) nationalen oder internationalen Schiedsgerichts- oder Schlichtungsverfahren,

b) Rechtsberatung durch einen Rechtsanwalt, sofern diese zur Vorbereitung eines Verfahrens im Sinne von Buchstabe a dient oder wenn konkrete Anhaltspunkte dafür vorliegen und eine hohe Wahrscheinlichkeit besteht, dass die Angelegenheit, auf die sich die Rechtsberatung bezieht, Gegenstand eines solchen Verfahrens werden wird,

c) Beglaubigungen und Beurkundungen, sofern sie von Notaren vorzunehmen sind,

d) Tätigkeiten von gerichtlich bestellten Betreuern, Vormündern, Pflegern, Verfahrensbeiständen, Sachverständigen oder Verwaltern oder sonstige Rechtsdienstleistungen, deren Erbringer durch ein Gericht dafür bestellt oder durch Gesetz dazu bestimmt werden, um bestimmte Aufgaben unter der Aufsicht dieser Gerichte wahrzunehmen, oder

e) Tätigkeiten, die zumindest teilweise mit der Ausübung von hoheitlichen Befugnissen verbunden sind,

2. Forschungs- und Entwicklungsdienstleistungen, es sei denn, es handelt sich um Forschungs- und Entwicklungsdienstleistungen, die unter die Referenznummern des Common Procurement Vocabulary 73000000-2 bis 73120000-9, 73300000-5, 73420000-2 und 73430000-5 fallen und bei denen

   a) die Ergebnisse ausschließlich Eigentum des Auftraggebers für seinen Gebrauch bei der Ausübung seiner eigenen Tätigkeit werden und

   b) die Dienstleistung vollständig durch den Auftraggeber vergütet wird,

3. den Erwerb, die Entwicklung, die Produktion oder die Koproduktion von Sendematerial für audiovisuelle Mediendienste oder Hörfunkmediendienste, wenn diese Aufträge von Anbietern von audiovisuellen Mediendiensten oder Hörfunkmediendiensten vergeben werden, die Ausstrahlungszeit oder die Bereitstellung von Sendungen, wenn diese Aufträge an Anbieter von audiovisuellen Mediendiensten oder Hörfunkmediendiensten vergeben werden,

4. finanzielle Dienstleistungen im Zusammenhang mit der Ausgabe, dem Verkauf, dem Ankauf oder der Übertragung von Wertpapieren oder anderen Finanzinstrumenten, Dienstleistungen der Zentralbanken sowie mit der Europäischen Finanzstabilisierungsfazilität und dem Europäischen Stabilitätsmechanismus durchgeführte Transaktionen,

5. Kredite und Darlehen, auch im Zusammenhang mit der Ausgabe, dem Verkauf, dem Ankauf oder der Übertragung von Wertpapieren oder anderen Finanzinstrumenten oder

6. Dienstleistungen, die an einen öffentlichen Auftraggeber nach § 99 Nummer 1 bis 3 vergeben werden, der ein auf Gesetz oder Verordnung beruhendes ausschließliches Recht hat, die Leistungen zu erbringen.

(2) Dieser Teil ist ferner nicht auf öffentliche Aufträge und Wettbewerbe anzuwenden, die hauptsächlich den Zweck haben, dem öffentlichen Auftraggeber die Bereitstellung oder den Betrieb öffentlicher Kommunikationsnetze oder die Bereitstellung eines oder mehrerer elektronischer Kommunikationsdienste für die Öffentlichkeit zu ermöglichen.

§ 117 Besondere Ausnahmen für Vergaben, die Verteidigungs- oder Sicherheitsaspekte umfassen[1)]

Bei öffentlichen Aufträgen und Wettbewerben, die Verteidigungs- oder Sicherheitsaspekte umfassen, ohne verteidigungs- oder sicherheitsspezifische Aufträge zu sein, ist dieser Teil nicht anzuwenden,

1. soweit der Schutz wesentlicher Sicherheitsinteressen der Bundesrepublik Deutschland nicht durch weniger einschneidende Maßnahmen gewährleistet werden kann, zum Beispiel durch Anforderungen, die auf den Schutz der Vertraulichkeit der Informationen abzielen, die der öffentliche Auftraggeber im Rahmen eines Vergabeverfahrens zur Verfügung stellt,

1) **Anm. d. Red.:** § 117 i. d. F. des Gesetzes v. 17. 2. 2016 (BGBl I S. 203) mit Wirkung v. 18. 4. 2016.

2. soweit die Voraussetzungen des Artikels 346 Absatz 1 Buchstabe a des Vertrags über die Arbeitsweise der Europäischen Union erfüllt sind,
3. wenn die Vergabe und die Ausführung des Auftrags für geheim erklärt werden oder nach den Rechts- oder Verwaltungsvorschriften besondere Sicherheitsmaßnahmen erfordern; Voraussetzung hierfür ist eine Feststellung darüber, dass die betreffenden wesentlichen Interessen nicht durch weniger einschneidende Maßnahmen gewährleistet werden können, zum Beispiel durch Anforderungen, die auf den Schutz der Vertraulichkeit der Informationen abzielen,
4. wenn der öffentliche Auftraggeber verpflichtet ist, die Vergabe oder Durchführung nach anderen Vergabeverfahren vorzunehmen, die festgelegt sind durch
   a) eine im Einklang mit den EU-Verträgen geschlossene internationale Übereinkunft oder Vereinbarung zwischen der Bundesrepublik Deutschland und einem oder mehreren Staaten, die nicht Vertragsparteien des Übereinkommens über den Europäischen Wirtschaftsraum sind, oder ihren Untereinheiten über Liefer-, Bau- oder Dienstleistungen für ein von den Unterzeichnern gemeinsam zu verwirklichendes oder zu nutzendes Projekt,
   b) eine internationale Übereinkunft oder Vereinbarung im Zusammenhang mit der Stationierung von Truppen, die Unternehmen betrifft, die ihren Sitz in der Bundesrepublik Deutschland oder einem Staat haben, der nicht Vertragspartei des Übereinkommens über den Europäischen Wirtschaftsraums ist, oder
   c) eine internationale Organisation oder
5. wenn der öffentliche Auftraggeber gemäß den Vergaberegeln einer internationalen Organisation oder internationalen Finanzierungseinrichtung einen öffentlichen Auftrag vergibt oder einen Wettbewerb ausrichtet und dieser öffentliche Auftrag oder Wettbewerb vollständig durch diese Organisation oder Einrichtung finanziert wird. Im Falle einer überwiegenden Kofinanzierung durch eine internationale Organisation oder eine internationale Finanzierungseinrichtung einigen sich die Parteien auf die anwendbaren Vergabeverfahren.

§ 118 Bestimmten Auftragnehmern vorbehaltene öffentliche Aufträge[1)]

(1) Öffentliche Auftraggeber können das Recht zur Teilnahme an Vergabeverfahren Werkstätten für Menschen mit Behinderungen und Unternehmen vorbehalten, deren Hauptzweck die soziale und berufliche Integration von Menschen mit Behinderungen oder von benachteiligten Personen ist, oder bestimmen, dass öffentliche Aufträge im Rahmen von Programmen mit geschützten Beschäftigungsverhältnissen durchzuführen sind.

(2) Voraussetzung ist, dass mindestens 30 Prozent der in diesen Werkstätten oder Unternehmen Beschäftigten Menschen mit Behinderungen oder benachteiligte Personen sind.

Unterabschnitt 2: Vergabeverfahren und Auftragsausführung[2)]

§ 119 Verfahrensarten[3)]

(1) Die Vergabe von öffentlichen Aufträgen erfolgt im offenen Verfahren, im nicht offenen Verfahren, im Verhandlungsverfahren, im wettbewerblichen Dialog oder in der Innovationspartnerschaft.

(2) [1]Öffentlichen Auftraggebern stehen das offene Verfahren und das nicht offene Verfahren, das stets einen Teilnahmewettbewerb erfordert, nach ihrer Wahl zur Verfügung. [2]Die anderen Verfahrensarten stehen nur zur Verfügung, soweit dies aufgrund dieses Gesetzes gestattet ist.

---

1) **Anm. d. Red.:** § 118 i. d. F. des Gesetzes v. 17. 2. 2016 (BGBl I S. 203) mit Wirkung v. 18. 4. 2016.

2) **Anm. d. Red.:** Unterabschnitt 2 eingefügt gem. Gesetz v. 17. 2. 2016 (BGBl I S. 203) mit Wirkung v. 18. 4. 2016.

3) **Anm. d. Red.:** § 119 i. d. F. des Gesetzes v. 17. 2. 2016 (BGBl I S. 203) mit Wirkung v. 18. 4. 2016.

(3) Das offene Verfahren ist ein Verfahren, in dem der öffentliche Auftraggeber eine unbeschränkte Anzahl von Unternehmen öffentlich zur Abgabe von Angeboten auffordert.

(4) Das nicht offene Verfahren ist ein Verfahren, bei dem der öffentliche Auftraggeber nach vorheriger öffentlicher Aufforderung zur Teilnahme eine beschränkte Anzahl von Unternehmen nach objektiven, transparenten und nichtdiskriminierenden Kriterien auswählt (Teilnahmewettbewerb), die er zur Abgabe von Angeboten auffordert.

(5) Das Verhandlungsverfahren ist ein Verfahren, bei dem sich der öffentliche Auftraggeber mit oder ohne Teilnahmewettbewerb an ausgewählte Unternehmen wendet, um mit einem oder mehreren dieser Unternehmen über die Angebote zu verhandeln.

(6) [1]Der wettbewerbliche Dialog ist ein Verfahren zur Vergabe öffentlicher Aufträge mit dem Ziel der Ermittlung und Festlegung der Mittel, mit denen die Bedürfnisse des öffentlichen Auftraggebers am besten erfüllt werden können. [2]Nach einem Teilnahmewettbewerb eröffnet der öffentliche Auftraggeber mit den ausgewählten Unternehmen einen Dialog zur Erörterung aller Aspekte der Auftragsvergabe.

(7) [1]Die Innovationspartnerschaft ist ein Verfahren zur Entwicklung innovativer, noch nicht auf dem Markt verfügbarer Liefer-, Bau- oder Dienstleistungen und zum anschließenden Erwerb der daraus hervorgehenden Leistungen. [2]Nach einem Teilnahmewettbewerb verhandelt der öffentliche Auftraggeber in mehreren Phasen mit den ausgewählten Unternehmen über die Erst- und Folgeangebote.

§ 120 Besondere Methoden und Instrumente in Vergabeverfahren[1)]

(1) Ein dynamisches Beschaffungssystem ist ein zeitlich befristetes, ausschließlich elektronisches Verfahren zur Beschaffung marktüblicher Leistungen, bei denen die allgemein auf dem Markt verfügbaren Merkmale den Anforderungen des öffentlichen Auftraggebers genügen.

(2) [1]Eine elektronische Auktion ist ein sich schrittweise wiederholendes elektronisches Verfahren zur Ermittlung des wirtschaftlichsten Angebots. [2]Jeder elektronischen Auktion geht eine vollständige erste Bewertung aller Angebote voraus.

(3) [1]Ein elektronischer Katalog ist ein auf der Grundlage der Leistungsbeschreibung erstelltes Verzeichnis der zu beschaffenden Liefer-, Bau- und Dienstleistungen in einem elektronischen Format. [2]Er kann insbesondere beim Abschluss von Rahmenvereinbarungen eingesetzt werden und Abbildungen, Preisinformationen und Produktbeschreibungen umfassen.

(4) [1]Eine zentrale Beschaffungsstelle ist ein öffentlicher Auftraggeber, der für andere öffentliche Auftraggeber dauerhaft Liefer- und Dienstleistungen beschafft, öffentliche Aufträge vergibt oder Rahmenvereinbarungen abschließt (zentrale Beschaffungstätigkeit). [2]Öffentliche Auftraggeber können Liefer- und Dienstleistungen von zentralen Beschaffungsstellen erwerben oder Liefer-, Bau- und Dienstleistungsaufträge mittels zentraler Beschaffungsstellen vergeben. [3]Öffentliche Aufträge zur Ausübung zentraler Beschaffungstätigkeiten können an eine zentrale Beschaffungsstelle vergeben werden, ohne ein Vergabeverfahren nach den Vorschriften dieses Teils durchzuführen. [4]Derartige Dienstleistungsaufträge können auch Beratungs- und Unterstützungsleistungen bei der Vorbereitung oder Durchführung von Vergabeverfahren umfassen. [5]Die Teile 1 bis 3 bleiben unberührt.

§ 121 Leistungsbeschreibung[2)]

(1) [1]In der Leistungsbeschreibung ist der Auftragsgegenstand so eindeutig und erschöpfend wie möglich zu beschreiben, sodass die Beschreibung für alle Unternehmen im gleichen Sinne verständlich ist und die Angebote miteinander verglichen werden können. [2]Die Leistungsbeschreibung enthält die Funktions- oder Leistungsanforderungen oder eine Beschreibung der

1) **Anm. d. Red.:** § 120 i. d. F. des Gesetzes v. 17. 2. 2016 (BGBl I S. 203) mit Wirkung v. 18. 4. 2016.

2) **Anm. d. Red.:** § 121 i. d. F. des Gesetzes v. 17. 2. 2016 (BGBl I S. 203) mit Wirkung v. 18. 4. 2016.

zu lösenden Aufgabe, deren Kenntnis für die Erstellung des Angebots erforderlich ist, sowie die Umstände und Bedingungen der Leistungserbringung.

(2) Bei der Beschaffung von Leistungen, die zur Nutzung durch natürliche Personen vorgesehen sind, sind bei der Erstellung der Leistungsbeschreibung außer in ordnungsgemäß begründeten Fällen die Zugänglichkeitskriterien für Menschen mit Behinderungen oder die Konzeption für alle Nutzer zu berücksichtigen.

(3) Die Leistungsbeschreibung ist den Vergabeunterlagen beizufügen.

§ 122 Eignung[1)]

(1) Öffentliche Aufträge werden an fachkundige und leistungsfähige (geeignete) Unternehmen vergeben, die nicht nach den §§ 123 oder 124 ausgeschlossen worden sind.

(2) [1]Ein Unternehmen ist geeignet, wenn es die durch den öffentlichen Auftraggeber im Einzelnen zur ordnungsgemäßen Ausführung des öffentlichen Auftrags festgelegten Kriterien (Eignungskriterien) erfüllt. [2]Die Eignungskriterien dürfen ausschließlich Folgendes betreffen:

1. Befähigung und Erlaubnis zur Berufsausübung,
2. wirtschaftliche und finanzielle Leistungsfähigkeit,
3. technische und berufliche Leistungsfähigkeit.

(3) Der Nachweis der Eignung und des Nichtvorliegens von Ausschlussgründen nach den §§ 123 und 124 kann ganz oder teilweise durch die Teilnahme an Präqualifizierungssystemen erbracht werden.

(4) [1]Eignungskriterien müssen mit dem Auftragsgegenstand in Verbindung und zu diesem in einem angemessenen Verhältnis stehen. [2]Sie sind in der Auftragsbekanntmachung, der Vorinformation oder der Aufforderung zur Interessensbestätigung aufzuführen.

§ 123 Zwingende Ausschlussgründe[2)]

(1) Öffentliche Auftraggeber schließen ein Unternehmen zu jedem Zeitpunkt des Vergabeverfahrens von der Teilnahme aus, wenn sie Kenntnis davon haben, dass eine Person, deren Verhalten nach Absatz 3 dem Unternehmen zuzurechnen ist, rechtskräftig verurteilt oder gegen das Unternehmen eine Geldbuße nach § 30 des Gesetzes über Ordnungswidrigkeiten rechtskräftig festgesetzt worden ist wegen einer Straftat nach:

GWB

1. § 129 des Strafgesetzbuchs (Bildung krimineller Vereinigungen), § 129a des Strafgesetzbuchs (Bildung terroristischer Vereinigungen) oder § 129b des Strafgesetzbuchs (Kriminelle und terroristische Vereinigungen im Ausland),
2. § 89c des Strafgesetzbuchs (Terrorismusfinanzierung) oder wegen der Teilnahme an einer solchen Tat oder wegen der Bereitstellung oder Sammlung finanzieller Mittel in Kenntnis dessen, dass diese finanziellen Mittel ganz oder teilweise dazu verwendet werden oder verwendet werden sollen, eine Tat nach § 89a Absatz 2 Nummer 2 des Strafgesetzbuchs zu begehen,
3. § 261 des Strafgesetzbuchs (Geldwäsche; Verschleierung unrechtmäßig erlangter Vermögenswerte),
4. § 263 des Strafgesetzbuchs (Betrug), soweit sich die Straftat gegen den Haushalt der Europäischen Union oder gegen Haushalte richtet, die von der Europäischen Union oder in ihrem Auftrag verwaltet werden,
5. § 264 des Strafgesetzbuchs (Subventionsbetrug), soweit sich die Straftat gegen den Haushalt der Europäischen Union oder gegen Haushalte richtet, die von der Europäischen Union oder in ihrem Auftrag verwaltet werden,

1) **Anm. d. Red.:** § 122 i. d. F. des Gesetzes v. 17. 2. 2016 (BGBl I S. 203) mit Wirkung v. 18. 4. 2016.

2) **Anm. d. Red.:** § 123 i. d. F. des Gesetzes v. 18. 7. 2017 (BGBl I S. 2739) mit Wirkung v. 29. 7. 2017.

6. § 299 des Strafgesetzbuchs (Bestechlichkeit und Bestechung im geschäftlichen Verkehr), §§ 299a und 299b des Strafgesetzbuchs (Bestechlichkeit und Bestechung im Gesundheitswesen),
7. § 108e des Strafgesetzbuchs (Bestechlichkeit und Bestechung von Mandatsträgern),
8. den §§ 333 und 334 des Strafgesetzbuchs (Vorteilsgewährung und Bestechung), jeweils auch in Verbindung mit § 335a des Strafgesetzbuchs (Ausländische und internationale Bedienstete),
9. Artikel 2 § 2 des Gesetzes zur Bekämpfung internationaler Bestechung (Bestechung ausländischer Abgeordneter im Zusammenhang mit internationalem Geschäftsverkehr) oder
10. den §§ 232, 232a Absatz 1 bis 5, den §§ 232b bis 233a des Strafgesetzbuches (Menschenhandel, Zwangsprostitution, Zwangsarbeit, Ausbeutung der Arbeitskraft, Ausbeutung unter Ausnutzung einer Freiheitsberaubung).

(2) Einer Verurteilung oder der Festsetzung einer Geldbuße im Sinne des Absatzes 1 stehen eine Verurteilung oder die Festsetzung einer Geldbuße nach den vergleichbaren Vorschriften anderer Staaten gleich.

(3) Das Verhalten einer rechtskräftig verurteilten Person ist einem Unternehmen zuzurechnen, wenn diese Person als für die Leitung des Unternehmens Verantwortlicher gehandelt hat; dazu gehört auch die Überwachung der Geschäftsführung oder die sonstige Ausübung von Kontrollbefugnissen in leitender Stellung.

(4) [1]Öffentliche Auftraggeber schließen ein Unternehmen zu jedem Zeitpunkt des Vergabeverfahrens von der Teilnahme an einem Vergabeverfahren aus, wenn

1. das Unternehmen seinen Verpflichtungen zur Zahlung von Steuern, Abgaben oder Beiträgen zur Sozialversicherung nicht nachgekommen ist und dies durch eine rechtskräftige Gerichts- oder bestandskräftige Verwaltungsentscheidung festgestellt wurde oder
2. die öffentlichen Auftraggeber auf sonstige geeignete Weise die Verletzung einer Verpflichtung nach Nummer 1 nachweisen können.

[2]Satz 1 ist nicht anzuwenden, wenn das Unternehmen seinen Verpflichtungen dadurch nachgekommen ist, dass es die Zahlung vorgenommen oder sich zur Zahlung der Steuern, Abgaben und Beiträge zur Sozialversicherung einschließlich Zinsen, Säumnis- und Strafzuschlägen verpflichtet hat.

(5) [1]Von einem Ausschluss nach Absatz 1 kann abgesehen werden, wenn dies aus zwingenden Gründen des öffentlichen Interesses geboten ist. [2]Von einem Ausschluss nach Absatz 4 Satz 1 kann abgesehen werden, wenn dies aus zwingenden Gründen des öffentlichen Interesses geboten ist oder ein Ausschluss offensichtlich unverhältnismäßig wäre. [3]§ 125 bleibt unberührt.

§ 124 Fakultative Ausschlussgründe[1)]

(1) Öffentliche Auftraggeber können unter Berücksichtigung des Grundsatzes der Verhältnismäßigkeit ein Unternehmen zu jedem Zeitpunkt des Vergabeverfahrens von der Teilnahme an einem Vergabeverfahren ausschließen, wenn

1. das Unternehmen bei der Ausführung öffentlicher Aufträge nachweislich gegen geltende umwelt-, sozial- oder arbeitsrechtliche Verpflichtungen verstoßen hat,
2. das Unternehmen zahlungsunfähig ist, über das Vermögen des Unternehmens ein Insolvenzverfahren oder ein vergleichbares Verfahren beantragt oder eröffnet worden ist, die Eröffnung eines solchen Verfahrens mangels Masse abgelehnt worden ist, sich das Unternehmen im Verfahren der Liquidation befindet oder seine Tätigkeit eingestellt hat,
3. das Unternehmen im Rahmen der beruflichen Tätigkeit nachweislich eine schwere Verfehlung begangen hat, durch die die Integrität des Unternehmens infrage gestellt wird; § 123 Absatz 3 ist entsprechend anzuwenden,

---

1) **Anm. d. Red.:** § 124 i. d. F. des Gesetzes v. 18. 7. 2017 (BGBl I S. 2739) mit Wirkung v. 29. 7. 2017.

4. der öffentliche Auftraggeber über hinreichende Anhaltspunkte dafür verfügt, dass das Unternehmen mit anderen Unternehmen Vereinbarungen getroffen oder Verhaltensweisen aufeinander abgestimmt hat, die eine Verhinderung, Einschränkung oder Verfälschung des Wettbewerbs bezwecken oder bewirken,
5. ein Interessenkonflikt bei der Durchführung des Vergabeverfahrens besteht, der die Unparteilichkeit und Unabhängigkeit einer für den öffentlichen Auftraggeber tätigen Person bei der Durchführung des Vergabeverfahrens beeinträchtigen könnte und der durch andere, weniger einschneidende Maßnahmen nicht wirksam beseitigt werden kann,
6. eine Wettbewerbsverzerrung daraus resultiert, dass das Unternehmen bereits in die Vorbereitung des Vergabeverfahrens einbezogen war, und diese Wettbewerbsverzerrung nicht durch andere, weniger einschneidende Maßnahmen beseitigt werden kann,
7. das Unternehmen eine wesentliche Anforderung bei der Ausführung eines früheren öffentlichen Auftrags oder Konzessionsvertrags erheblich oder fortdauernd mangelhaft erfüllt hat und dies zu einer vorzeitigen Beendigung, zu Schadensersatz oder zu einer vergleichbaren Rechtsfolge geführt hat,
8. das Unternehmen in Bezug auf Ausschlussgründe oder Eignungskriterien eine schwerwiegende Täuschung begangen oder Auskünfte zurückgehalten hat oder nicht in der Lage ist, die erforderlichen Nachweise zu übermitteln, oder
9. das Unternehmen
   a) versucht hat, die Entscheidungsfindung des öffentlichen Auftraggebers in unzulässiger Weise zu beeinflussen,
   b) versucht hat, vertrauliche Informationen zu erhalten, durch die es unzulässige Vorteile beim Vergabeverfahren erlangen könnte, oder
   c) fahrlässig oder vorsätzlich irreführende Informationen übermittelt hat, die die Vergabeentscheidung des öffentlichen Auftraggebers erheblich beeinflussen könnten, oder versucht hat, solche Informationen zu übermitteln.

(2) § 21 des Arbeitnehmer-Entsendegesetzes, § 98c des Aufenthaltsgesetzes, § 19 des Mindestlohngesetzes und § 21 des Schwarzarbeitsbekämpfungsgesetzes bleiben unberührt.

GWB

§ 125 Selbstreinigung[1)2)]

(1) [1]Öffentliche Auftraggeber schließen ein Unternehmen, bei dem ein Ausschlussgrund nach § 123 oder § 124 vorliegt, nicht von der Teilnahme an dem Vergabeverfahren aus, wenn das Unternehmen nachgewiesen hat, dass es

1. für jeden durch eine Straftat oder ein Fehlverhalten verursachten Schaden einen Ausgleich gezahlt oder sich zur Zahlung eines Ausgleichs verpflichtet hat,
2. die Tatsachen und Umstände, die mit der Straftat oder dem Fehlverhalten und dem dadurch verursachten Schaden in Zusammenhang stehen, durch eine aktive Zusammenarbeit mit den Ermittlungsbehörden und dem öffentlichen Auftraggeber umfassend geklärt hat, und
3. konkrete technische, organisatorische und personelle Maßnahmen ergriffen hat, die geeignet sind, weitere Straftaten oder weiteres Fehlverhalten zu vermeiden.

[2]§ 123 Absatz 4 Satz 2 bleibt unberührt.

(2) [1]Öffentliche Auftraggeber bewerten die von dem Unternehmen ergriffenen Selbstreinigungsmaßnahmen und berücksichtigen dabei die Schwere und die besonderen Umstände der Straftat oder des Fehlverhaltens. [2]Erachten die öffentlichen Auftraggeber die Selbstreinigungsmaßnahmen des Unternehmens als unzureichend, so begründen sie diese Entscheidung gegenüber dem Unternehmen.

§ 126 Zulässiger Zeitraum für Ausschlüsse[3)]

Wenn ein Unternehmen, bei dem ein Ausschlussgrund vorliegt, keine oder keine ausreichenden Selbstreinigungsmaßnahmen nach § 125 ergriffen hat, darf es

1. bei Vorliegen eines Ausschlussgrundes nach § 123 höchstens fünf Jahre ab dem Tag der rechtskräftigen Verurteilung von der Teilnahme an Vergabeverfahren ausgeschlossen werden,
2. bei Vorliegen eines Ausschlussgrundes nach § 124 höchstens drei Jahre ab dem betreffenden Ereignis von der Teilnahme an Vergabeverfahren ausgeschlossen werden.

---

1) **Anm. d. Red.:** § 125 i. d. F. des Gesetzes v. 17. 2. 2016 (BGBl I S. 203) mit Wirkung v. 18. 4. 2016.

2) **Anm. d. Red.:** Gem. Art. 2 Abs. 2 Nr. 4 i.V. mit Art. 3 Abs. 2 Satz 2 Gesetz v. 18. 7. 2017 (BGBl I S. 2739) wird § 125 mit Wirkung v. dem Tag, an dem die Rechtsverordnung nach § 10 Gesetz zur Einrichtung und zum Betrieb eines Registers zum Schutz des Wettbewerbs um öffentliche Aufträge und Konzessionen (Wettbewerbsregistergesetz – WRegG) v. 18. 7. 2017 (BGBl I S. 2739) in Kraft tritt, wie folgt gefasst:

„**§ 125 Selbstreinigung**

(1) [1]Öffentliche Auftraggeber schließen ein Unternehmen, bei dem ein Ausschlussgrund nach § 123 oder § 124 vorliegt, nicht von der Teilnahme an dem Vergabeverfahren aus, wenn das Unternehmen dem öffentlichen Auftraggeber oder nach § 8 des Wettbewerbsregistergesetzes dem Bundeskartellamt nachgewiesen hat, dass es

1. für jeden durch eine Straftat oder ein Fehlverhalten verursachten Schaden einen Ausgleich gezahlt oder sich zur Zahlung eines Ausgleichs verpflichtet hat,
2. die Tatsachen und Umstände, die mit der Straftat oder dem Fehlverhalten und dem dadurch verursachten Schaden in Zusammenhang stehen, durch eine aktive Zusammenarbeit mit den Ermittlungsbehörden und dem öffentlichen Auftraggeber umfassend geklärt hat und
3. konkrete technische, organisatorische und personelle Maßnahmen ergriffen hat, die geeignet sind, weitere Straftaten oder weiteres Fehlverhalten zu vermeiden.

[2]§ 123 Absatz 4 Satz 2 bleibt unberührt.

(2) [1]Bei der Bewertung der von dem Unternehmen ergriffenen Selbstreinigungsmaßnahmen sind die Schwere und die besonderen Umstände der Straftat oder des Fehlverhaltens zu berücksichtigen. [2]Die Entscheidung, dass die Selbstreinigungsmaßnahmen des Unternehmens als unzureichend bewertet werden, ist gegenüber dem Unternehmen zu begründen."

3) **Anm. d. Red.:** § 126 i. d. F. des Gesetzes v. 17. 2. 2016 (BGBl I S. 203) mit Wirkung v. 18. 4. 2016.

§ 127 Zuschlag[1)]

(1) [1]Der Zuschlag wird auf das wirtschaftlichste Angebot erteilt. [2]Grundlage dafür ist eine Bewertung des öffentlichen Auftraggebers, ob und inwieweit das Angebot die vorgegebenen Zuschlagskriterien erfüllt. [3]Das wirtschaftlichste Angebot bestimmt sich nach dem besten Preis-Leistungs-Verhältnis. [4]Zu dessen Ermittlung können neben dem Preis oder den Kosten auch qualitative, umweltbezogene oder soziale Aspekte berücksichtigt werden.

(2) Verbindliche Vorschriften zur Preisgestaltung sind bei der Ermittlung des wirtschaftlichsten Angebots zu beachten.

(3) [1]Die Zuschlagskriterien müssen mit dem Auftragsgegenstand in Verbindung stehen. [2]Diese Verbindung ist auch dann anzunehmen, wenn sich ein Zuschlagskriterium auf Prozesse im Zusammenhang mit der Herstellung, Bereitstellung oder Entsorgung der Leistung, auf den Handel mit der Leistung oder auf ein anderes Stadium im Lebenszyklus der Leistung bezieht, auch wenn sich diese Faktoren nicht auf die materiellen Eigenschaften des Auftragsgegenstandes auswirken.

(4) [1]Die Zuschlagskriterien müssen so festgelegt und bestimmt sein, dass die Möglichkeit eines wirksamen Wettbewerbs gewährleistet wird, der Zuschlag nicht willkürlich erteilt werden kann und eine wirksame Überprüfung möglich ist, ob und inwieweit die Angebote die Zuschlagskriterien erfüllen. [2]Lassen öffentliche Auftraggeber Nebenangebote zu, legen sie die Zuschlagskriterien so fest, dass sie sowohl auf Hauptangebote als auch auf Nebenangebote anwendbar sind.

(5) Die Zuschlagskriterien und deren Gewichtung müssen in der Auftragsbekanntmachung oder den Vergabeunterlagen aufgeführt werden.

§ 128 Auftragsausführung[2)]

(1) Unternehmen haben bei der Ausführung des öffentlichen Auftrags alle für sie geltenden rechtlichen Verpflichtungen einzuhalten, insbesondere Steuern, Abgaben und Beiträge zur Sozialversicherung zu entrichten, die arbeitsschutzrechtlichen Regelungen einzuhalten und den Arbeitnehmerinnen und Arbeitnehmern wenigstens diejenigen Mindestarbeitsbedingungen einschließlich des Mindestentgelts zu gewähren, die nach dem Mindestlohngesetz, einem nach dem Tarifvertragsgesetz mit den Wirkungen des Arbeitnehmer-Entsendegesetzes für allgemein verbindlich erklärten Tarifvertrag oder einer nach § 7, § 7a oder § 11 des Arbeitnehmer-Entsendegesetzes oder einer nach § 3a des Arbeitnehmerüberlassungsgesetzes erlassenen Rechtsverordnung für die betreffende Leistung verbindlich vorgegeben werden.

GWB

(2) [1]Öffentliche Auftraggeber können darüber hinaus besondere Bedingungen für die Ausführung eines Auftrags (Ausführungsbedingungen) festlegen, sofern diese mit dem Auftragsgegenstand entsprechend § 127 Absatz 3 in Verbindung stehen. [2]Die Ausführungsbedingungen müssen sich aus der Auftragsbekanntmachung oder den Vergabeunterlagen ergeben. [3]Sie können insbesondere wirtschaftliche, innovationsbezogene, umweltbezogene, soziale oder beschäftigungspolitische Belange oder den Schutz der Vertraulichkeit von Informationen umfassen.

§ 129 Zwingend zu berücksichtigende Ausführungsbedingungen[3)]

Ausführungsbedingungen, die der öffentliche Auftraggeber dem beauftragten Unternehmen verbindlich vorzugeben hat, dürfen nur aufgrund eines Bundes- oder Landesgesetzes festgelegt werden.

---

1) **Anm. d. Red.:** § 127 i. d. F. des Gesetzes v. 17. 2. 2016 (BGBl I S. 203) mit Wirkung v. 18. 4. 2016.

2) **Anm. d. Red.:** § 128 i. d. F. des Gesetzes v. 17. 2. 2016 (BGBl I S. 203) mit Wirkung v. 18. 4. 2016.

3) **Anm. d. Red.:** § 129 i. d. F. des Gesetzes v. 17. 2. 2016 (BGBl I S. 203) mit Wirkung v. 18. 4. 2016.

§ 130 Vergabe von öffentlichen Aufträgen über soziale und andere besondere Dienstleistungen[1)]

(1) [1]Bei der Vergabe von öffentlichen Aufträgen über soziale und andere besondere Dienstleistungen im Sinne des Anhangs XIV der Richtlinie 2014/24/EU stehen öffentlichen Auftraggebern das offene Verfahren, das nicht offene Verfahren, das Verhandlungsverfahren mit Teilnahmewettbewerb, der wettbewerbliche Dialog und die Innovationspartnerschaft nach ihrer Wahl zur Verfügung. [2]Ein Verhandlungsverfahren ohne Teilnahmewettbewerb steht nur zur Verfügung, soweit dies aufgrund dieses Gesetzes gestattet ist.

(2) Abweichend von § 132 Absatz 3 ist die Änderung eines öffentlichen Auftrags über soziale und andere besondere Dienstleistungen im Sinne des Anhangs XIV der Richtlinie 2014/24/EU ohne Durchführung eines neuen Vergabeverfahrens zulässig, wenn der Wert der Änderung nicht mehr als 20 Prozent des ursprünglichen Auftragswertes beträgt.

§ 131 Vergabe von öffentlichen Aufträgen über Personenverkehrsleistungen im Eisenbahnverkehr[2)]

(1) [1]Bei der Vergabe von öffentlichen Aufträgen, deren Gegenstand Personenverkehrsleistungen im Eisenbahnverkehr sind, stehen öffentlichen Auftraggebern das offene und das nicht offene Verfahren, das Verhandlungsverfahren mit Teilnahmewettbewerb, der wettbewerbliche Dialog und die Innovationspartnerschaft nach ihrer Wahl zur Verfügung. [2]Ein Verhandlungsverfahren ohne Teilnahmewettbewerb steht nur zur Verfügung, soweit dies aufgrund dieses Gesetzes gestattet ist.

(2) [1]Anstelle des § 108 Absatz 1 ist Artikel 5 Absatz 2 der Verordnung (EG) Nr. 1370/2007 des Europäischen Parlaments und des Rates vom 23. Oktober 2007 über öffentliche Personenverkehrsdienste auf Schiene und Straße und zur Aufhebung der Verordnungen (EWG) Nr. 1191/69 und (EWG) Nr. 1107/70 des Rates (ABl L 315 vom 3. 12. 2007, S. 1) anzuwenden. [2]Artikel 5 Absatz 5 und Artikel 7 Absatz 2 der Verordnung (EG) Nr. 1370/2007 bleiben unberührt.

(3) [1]Öffentliche Auftraggeber, die öffentliche Aufträge im Sinne von Absatz 1 vergeben, sollen gemäß Artikel 4 Absatz 5 der Verordnung (EG) Nr. 1370/2007 verlangen, dass bei einem Wechsel des Betreibers der Personenverkehrsleistung der ausgewählte Betreiber die Arbeitnehmerinnen und Arbeitnehmer, die beim bisherigen Betreiber für die Erbringung dieser Verkehrsleistung beschäftigt waren, übernimmt und ihnen die Rechte gewährt, auf die sie Anspruch hätten, wenn ein Übergang gemäß § 613a des Bürgerlichen Gesetzbuchs erfolgt wäre. [2]Für den Fall, dass ein öffentlicher Auftraggeber die Übernahme von Arbeitnehmerinnen und Arbeitnehmern im Sinne von Satz 1 verlangt, beschränkt sich das Verlangen auf diejenigen Arbeitnehmerinnen und Arbeitnehmer, die für die Erbringung der übergehenden Verkehrsleistung unmittelbar erforderlich sind. [3]Der öffentliche Auftraggeber soll Regelungen vorsehen, durch die eine missbräuchliche Anpassung tarifvertraglicher Regelungen zu Lasten des neuen Betreibers zwischen der Veröffentlichung der Auftragsbekanntmachung und der Übernahme des Betriebes ausgeschlossen wird. [4]Der bisherige Betreiber ist nach Aufforderung durch den öffentlichen Auftraggeber verpflichtet, alle hierzu erforderlichen Angaben zu machen.

§ 132 Auftragsänderungen während der Vertragslaufzeit[3)]

(1) [1]Wesentliche Änderungen eines öffentlichen Auftrags während der Vertragslaufzeit erfordern ein neues Vergabeverfahren. [2]Wesentlich sind Änderungen, die dazu führen, dass sich der öffentliche Auftrag erheblich von dem ursprünglich vergebenen öffentlichen Auftrag unterscheidet. [3]Eine wesentliche Änderung liegt insbesondere vor, wenn

1) **Anm. d. Red.:** § 130 eingefügt gem. Gesetz v. 17. 2. 2016 (BGBl I S. 203) mit Wirkung v. 18. 4. 2016.

2) **Anm. d. Red.:** § 131 eingefügt gem. Gesetz v. 17. 2. 2016 (BGBl I S. 203) mit Wirkung v. 18. 4. 2016.

3) **Anm. d. Red.:** § 132 eingefügt gem. Gesetz v. 17. 2. 2016 (BGBl I S. 203) mit Wirkung v. 18. 4. 2016.

1. mit der Änderung Bedingungen eingeführt werden, die, wenn sie für das ursprüngliche Vergabeverfahren gegolten hätten,
   a) die Zulassung anderer Bewerber oder Bieter ermöglicht hätten,
   b) die Annahme eines anderen Angebots ermöglicht hätten oder
   c) das Interesse weiterer Teilnehmer am Vergabeverfahren geweckt hätten,
2. mit der Änderung das wirtschaftliche Gleichgewicht des öffentlichen Auftrags zugunsten des Auftragnehmers in einer Weise verschoben wird, die im ursprünglichen Auftrag nicht vorgesehen war,
3. mit der Änderung der Umfang des öffentlichen Auftrags erheblich ausgeweitet wird oder
4. ein neuer Auftragnehmer den Auftragnehmer in anderen als den in Absatz 2 Satz 1 Nummer 4 vorgesehenen Fällen ersetzt.

(2) [1]Unbeschadet des Absatzes 1 ist die Änderung eines öffentlichen Auftrags ohne Durchführung eines neuen Vergabeverfahrens zulässig, wenn

1. in den ursprünglichen Vergabeunterlagen klare, genaue und eindeutig formulierte Überprüfungsklauseln oder Optionen vorgesehen sind, die Angaben zu Art, Umfang und Voraussetzungen möglicher Auftragsänderungen enthalten, und sich aufgrund der Änderung der Gesamtcharakter des Auftrags nicht verändert,
2. zusätzliche Liefer-, Bau- oder Dienstleistungen erforderlich geworden sind, die nicht in den ursprünglichen Vergabeunterlagen vorgesehen waren, und ein Wechsel des Auftragnehmers
   a) aus wirtschaftlichen oder technischen Gründen nicht erfolgen kann und
   b) mit erheblichen Schwierigkeiten oder beträchtlichen Zusatzkosten für den öffentlichen Auftraggeber verbunden wäre,
3. die Änderung aufgrund von Umständen erforderlich geworden ist, die der öffentliche Auftraggeber im Rahmen seiner Sorgfaltspflicht nicht vorhersehen konnte, und sich aufgrund der Änderung der Gesamtcharakter des Auftrags nicht verändert oder
4. ein neuer Auftragnehmer den bisherigen Auftragnehmer ersetzt
   a) aufgrund einer Überprüfungsklausel im Sinne von Nummer 1,
   b) aufgrund der Tatsache, dass ein anderes Unternehmen, das die ursprünglich festgelegten Anforderungen an die Eignung erfüllt, im Zuge einer Unternehmensumstrukturierung, wie zum Beispiel durch Übernahme, Zusammenschluss, Erwerb oder Insolvenz, ganz oder teilweise an die Stelle des ursprünglichen Auftragnehmers tritt, sofern dies keine weiteren wesentlichen Änderungen im Sinne des Absatzes 1 zur Folge hat, oder
   c) aufgrund der Tatsache, dass der öffentliche Auftraggeber selbst die Verpflichtungen des Hauptauftragnehmers gegenüber seinen Unterauftragnehmern übernimmt.

[2]In den Fällen des Satzes 1 Nummer 2 und 3 darf der Preis um nicht mehr als 50 Prozent des Wertes des ursprünglichen Auftrags erhöht werden. [3]Bei mehreren aufeinander folgenden Änderungen des Auftrags gilt diese Beschränkung für den Wert jeder einzelnen Änderung, sofern die Änderungen nicht mit dem Ziel vorgenommen werden, die Vorschriften dieses Teils zu umgehen.

(3) [1]Die Änderung eines öffentlichen Auftrags ohne Durchführung eines neuen Vergabeverfahrens ist ferner zulässig, wenn sich der Gesamtcharakter des Auftrags nicht ändert und der Wert der Änderung

1. die jeweiligen Schwellenwerte nach § 106 nicht übersteigt und
2. bei Liefer- und Dienstleistungsaufträgen nicht mehr als 10 Prozent und bei Bauaufträgen nicht mehr als 15 Prozent des ursprünglichen Auftragswertes beträgt.

[2]Bei mehreren aufeinander folgenden Änderungen ist der Gesamtwert der Änderungen maßgeblich.

GWB

(4) Enthält der Vertrag eine Indexierungsklausel, wird für die Wertberechnung gemäß Absatz 2 Satz 2 und 3 sowie gemäß Absatz 3 der höhere Preis als Referenzwert herangezogen.

(5) Änderungen nach Absatz 2 Satz 1 Nummer 2 und 3 sind im Amtsblatt der Europäischen Union bekannt zu machen.

§ 133 Kündigung von öffentlichen Aufträgen in besonderen Fällen[1)]

(1) Unbeschadet des § 135 können öffentliche Auftraggeber einen öffentlichen Auftrag während der Vertragslaufzeit kündigen, wenn

1. eine wesentliche Änderung vorgenommen wurde, die nach § 132 ein neues Vergabeverfahren erfordert hätte,
2. zum Zeitpunkt der Zuschlagserteilung ein zwingender Ausschlussgrund nach § 123 Absatz 1 bis 4 vorlag oder
3. der öffentliche Auftrag aufgrund einer schweren Verletzung der Verpflichtungen aus dem Vertrag über die Arbeitsweise der Europäischen Union oder aus den Vorschriften dieses Teils, die der Europäische Gerichtshof in einem Verfahren nach Artikel 258 des Vertrags über die Arbeitsweise der Europäischen Union festgestellt hat, nicht an den Auftragnehmer hätte vergeben werden dürfen.

(2) [1]Wird ein öffentlicher Auftrag gemäß Absatz 1 gekündigt, kann der Auftragnehmer einen seinen bisherigen Leistungen entsprechenden Teil der Vergütung verlangen. [2]Im Fall des Absatzes 1 Nummer 2 steht dem Auftragnehmer ein Anspruch auf Vergütung insoweit nicht zu, als seine bisherigen Leistungen infolge der Kündigung für den öffentlichen Auftraggeber nicht von Interesse sind.

(3) Die Berechtigung, Schadensersatz zu verlangen, wird durch die Kündigung nicht ausgeschlossen.

§ 134 Informations- und Wartepflicht[2)]

(1) [1]Öffentliche Auftraggeber haben die Bieter, deren Angebote nicht berücksichtigt werden sollen, über den Namen des Unternehmens, dessen Angebot angenommen werden soll, über die Gründe der vorgesehenen Nichtberücksichtigung ihres Angebots und über den frühesten Zeitpunkt des Vertragsschlusses unverzüglich in Textform zu informieren. [2]Dies gilt auch für Bewerber, denen keine Information über die Ablehnung ihrer Bewerbung zur Verfügung gestellt wurde, bevor die Mitteilung über die Zuschlagsentscheidung an die betroffenen Bieter ergangen ist.

(2) [1]Ein Vertrag darf erst 15 Kalendertage nach Absendung der Information nach Absatz 1 geschlossen werden. [2]Wird die Information auf elektronischem Weg oder per Fax versendet, verkürzt sich die Frist auf zehn Kalendertage. [3]Die Frist beginnt am Tag nach der Absendung der Information durch den Auftraggeber; auf den Tag des Zugangs beim betroffenen Bieter und Bewerber kommt es nicht an.

(3) [1]Die Informationspflicht entfällt in Fällen, in denen das Verhandlungsverfahren ohne Teilnahmewettbewerb wegen besonderer Dringlichkeit gerechtfertigt ist. [2]Im Fall verteidigungs- oder sicherheitsspezifischer Aufträge können öffentliche Auftraggeber beschließen, bestimmte Informationen über die Zuschlagserteilung oder den Abschluss einer Rahmenvereinbarung nicht mitzuteilen, soweit die Offenlegung den Gesetzesvollzug behindert, dem öffentlichen Interesse, insbesondere Verteidigungs- oder Sicherheitsinteressen, zuwiderläuft, berechtigte geschäftliche Interessen von Unternehmen schädigt oder den lauteren Wettbewerb zwischen ihnen beeinträchtigen könnte.

---

1) **Anm. d. Red.:** § 133 eingefügt gem. Gesetz v. 17. 2. 2016 (BGBl I S. 203) mit Wirkung v. 18. 4. 2016.

2) **Anm. d. Red.:** § 134 eingefügt gem. Gesetz v. 17. 2. 2016 (BGBl I S. 203) mit Wirkung v. 18. 4. 2016.

§ 135 Unwirksamkeit[1)]

(1) Ein öffentlicher Auftrag ist von Anfang an unwirksam, wenn der öffentliche Auftraggeber

1. gegen § 134 verstoßen hat oder
2. den Auftrag ohne vorherige Veröffentlichung einer Bekanntmachung im Amtsblatt der Europäischen Union vergeben hat, ohne dass dies aufgrund Gesetzes gestattet ist,

und dieser Verstoß in einem Nachprüfungsverfahren festgestellt worden ist.

(2) [1]Die Unwirksamkeit nach Absatz 1 kann nur festgestellt werden, wenn sie im Nachprüfungsverfahren innerhalb von 30 Kalendertagen nach der Information der betroffenen Bieter und Bewerber durch den öffentlichen Auftraggeber über den Abschluss des Vertrags, jedoch nicht später als sechs Monate nach Vertragsschluss geltend gemacht worden ist. [2]Hat der Auftraggeber die Auftragsvergabe im Amtsblatt der Europäischen Union bekannt gemacht, endet die Frist zur Geltendmachung der Unwirksamkeit 30 Kalendertage nach Veröffentlichung der Bekanntmachung der Auftragsvergabe im Amtsblatt der Europäischen Union.

(3) [1]Die Unwirksamkeit nach Absatz 1 Nummer 2 tritt nicht ein, wenn

1. der öffentliche Auftraggeber der Ansicht ist, dass die Auftragsvergabe ohne vorherige Veröffentlichung einer Bekanntmachung im Amtsblatt der Europäischen Union zulässig ist,
2. der öffentliche Auftraggeber eine Bekanntmachung im Amtsblatt der Europäischen Union veröffentlicht hat, mit der er die Absicht bekundet, den Vertrag abzuschließen, und
3. der Vertrag nicht vor Ablauf einer Frist von mindestens zehn Kalendertagen, gerechnet ab dem Tag nach der Veröffentlichung dieser Bekanntmachung, abgeschlossen wurde.

[2]Die Bekanntmachung nach Satz 1 Nummer 2 muss den Namen und die Kontaktdaten des öffentlichen Auftraggebers, die Beschreibung des Vertragsgegenstands, die Begründung der Entscheidung des Auftraggebers, den Auftrag ohne vorherige Veröffentlichung einer Bekanntmachung im Amtsblatt der Europäischen Union zu vergeben, und den Namen und die Kontaktdaten des Unternehmens, das den Zuschlag erhalten soll, umfassen.

Abschnitt 3: Vergabe von öffentlichen Aufträgen in besonderen Bereichen und von Konzessionen[2)]

GWB

Unterabschnitt 1: Vergabe von öffentlichen Aufträgen durch Sektorenauftraggeber[3)]

§ 136 Anwendungsbereich[4)]

Dieser Unterabschnitt ist anzuwenden auf die Vergabe von öffentlichen Aufträgen und die Ausrichtung von Wettbewerben durch Sektorenauftraggeber zum Zweck der Ausübung einer Sektorentätigkeit.

§ 137 Besondere Ausnahmen[5)]

(1) Dieser Teil ist nicht anzuwenden auf die Vergabe von öffentlichen Aufträgen durch Sektorenauftraggeber zum Zweck der Ausübung einer Sektorentätigkeit, wenn die Aufträge Folgendes zum Gegenstand haben:

1. Rechtsdienstleistungen im Sinne des § 116 Absatz 1 Nummer 1,

---

1) **Anm. d. Red.:** § 135 eingefügt gem. Gesetz v. 17. 2. 2016 (BGBl I S. 203) mit Wirkung v. 18. 4. 2016.

2) **Anm. d. Red.:** Abschnitt 3 eingefügt gem. Gesetz v. 17. 2. 2016 (BGBl I S. 203) mit Wirkung v. 18. 4. 2016.

3) **Anm. d. Red.:** Unterabschnitt 1 eingefügt gem. Gesetz v. 17. 2. 2016 (BGBl I S. 203) mit Wirkung v. 18. 4. 2016.

4) **Anm. d. Red.:** § 136 eingefügt gem. Gesetz v. 17. 2. 2016 (BGBl I S. 203) mit Wirkung v. 18. 4. 2016.

5) **Anm. d. Red.:** § 137 eingefügt gem. Gesetz v. 17. 2. 2016 (BGBl I S. 203) mit Wirkung v. 18. 4. 2016.

2. Forschungs- und Entwicklungsdienstleistungen im Sinne des § 116 Absatz 1 Nummer 2,
3. Ausstrahlungszeit oder Bereitstellung von Sendungen, wenn diese Aufträge an Anbieter von audiovisuellen Mediendiensten oder Hörfunkmediendiensten vergeben werden,
4. finanzielle Dienstleistungen im Sinne des § 116 Absatz 1 Nummer 4,
5. Kredite und Darlehen im Sinne des § 116 Absatz 1 Nummer 5,
6. Dienstleistungen im Sinne des § 116 Absatz 1 Nummer 6, wenn diese Aufträge aufgrund eines ausschließlichen Rechts vergeben werden,
7. die Beschaffung von Wasser im Rahmen der Trinkwasserversorgung,
8. die Beschaffung von Energie oder von Brennstoffen zur Energieerzeugung im Rahmen der Energieversorgung oder
9. die Weiterveräußerung oder Vermietung an Dritte, wenn
   a) dem Sektorenauftraggeber kein besonderes oder ausschließliches Recht zum Verkauf oder zur Vermietung des Auftragsgegenstandes zusteht und
   b) andere Unternehmen die Möglichkeit haben, den Auftragsgegenstand unter den gleichen Bedingungen wie der betreffende Sektorenauftraggeber zu verkaufen oder zu vermieten.

(2) Dieser Teil ist ferner nicht anzuwenden auf die Vergabe von öffentlichen Aufträgen und die Ausrichtung von Wettbewerben, die Folgendes zum Gegenstand haben:

1. Liefer-, Bau- und Dienstleistungen sowie die Ausrichtung von Wettbewerben durch Sektorenauftraggeber nach § 100 Absatz 1 Nummer 2, soweit sie anderen Zwecken dienen als einer Sektorentätigkeit, oder
2. die Durchführung von Sektorentätigkeiten außerhalb des Gebietes der Europäischen Union, wenn der Auftrag in einer Weise vergeben wird, die nicht mit der tatsächlichen Nutzung eines Netzes oder einer Anlage innerhalb dieses Gebietes verbunden ist.

§ 138 Besondere Ausnahme für die Vergabe an verbundene Unternehmen[1)]

(1) Dieser Teil ist nicht anzuwenden auf die Vergabe von öffentlichen Aufträgen,

1. die ein Sektorenauftraggeber an ein verbundenes Unternehmen vergibt oder
2. die ein Gemeinschaftsunternehmen, das ausschließlich mehrere Sektorenauftraggeber zur Durchführung einer Sektorentätigkeit gebildet haben, an ein Unternehmen vergibt, das mit einem dieser Sektorenauftraggeber verbunden ist.

(2) Ein verbundenes Unternehmen im Sinne des Absatzes 1 ist

1. ein Unternehmen, dessen Jahresabschluss mit dem Jahresabschluss des Auftraggebers in einem Konzernabschluss eines Mutterunternehmens entsprechend § 271 Absatz 2 des Handelsgesetzbuchs nach den Vorschriften über die Vollkonsolidierung einzubeziehen ist, oder
2. ein Unternehmen, das
   a) mittelbar oder unmittelbar einem beherrschenden Einfluss nach § 100 Absatz 3 des Sektorenauftraggebers unterliegen kann,
   b) einen beherrschenden Einfluss nach § 100 Absatz 3 auf den Sektorenauftraggeber ausüben kann oder
   c) gemeinsam mit dem Auftraggeber aufgrund der Eigentumsverhältnisse, der finanziellen Beteiligung oder der für das Unternehmen geltenden Bestimmungen dem beherrschenden Einfluss nach § 100 Absatz 3 eines anderen Unternehmens unterliegt.

(3) Absatz 1 gilt für Liefer-, Bau- oder Dienstleistungsaufträge, sofern unter Berücksichtigung aller Liefer-, Bau- oder Dienstleistungen, die von dem verbundenen Unternehmen während der letzten drei Jahre in der Europäischen Union erbracht wurden, mindestens 80 Prozent des im

1) **Anm. d. Red.:** § 138 eingefügt gem. Gesetz v. 17. 2. 2016 (BGBl I S. 203) mit Wirkung v. 18. 4. 2016.

jeweiligen Leistungssektor insgesamt erzielten durchschnittlichen Umsatzes dieses Unternehmens aus der Erbringung von Liefer-, Bau- oder Dienstleistungen für den Sektorenauftraggeber oder andere mit ihm verbundene Unternehmen stammen.

(4) Werden gleiche oder gleichartige Liefer-, Bau- oder Dienstleistungen von mehr als einem mit dem Sektorenauftraggeber verbundenen und mit ihm wirtschaftlich zusammengeschlossenen Unternehmen erbracht, so werden die Prozentsätze nach Absatz 3 unter Berücksichtigung des Gesamtumsatzes errechnet, den diese verbundenen Unternehmen mit der Erbringung der jeweiligen Liefer-, Dienst- oder Bauleistung erzielen.

(5) Liegen für die letzten drei Jahre keine Umsatzzahlen vor, genügt es, wenn das Unternehmen etwa durch Prognosen über die Tätigkeitsentwicklung glaubhaft macht, dass die Erreichung des nach Absatz 3 geforderten Umsatzziels wahrscheinlich ist.

§ 139 Besondere Ausnahme für die Vergabe durch oder an ein Gemeinschaftsunternehmen[1)]

(1) Dieser Teil ist nicht anzuwenden auf die Vergabe von öffentlichen Aufträgen,

1. die ein Gemeinschaftsunternehmen, das mehrere Sektorenauftraggeber ausschließlich zur Durchführung von Sektorentätigkeiten gebildet haben, an einen dieser Auftraggeber vergibt oder
2. die ein Sektorenauftraggeber, der einem Gemeinschaftsunternehmen im Sinne der Nummer 1 angehört, an dieses Gemeinschaftsunternehmen vergibt.

(2) Voraussetzung ist, dass

1. das Gemeinschaftsunternehmen im Sinne des Absatzes 1 Nummer 1 gebildet wurde, um die betreffende Sektorentätigkeit während eines Zeitraums von mindestens drei Jahren durchzuführen, und
2. in dem Gründungsakt des Gemeinschaftsunternehmens festgelegt wird, dass die das Gemeinschaftsunternehmen bildenden Sektorenauftraggeber dem Gemeinschaftsunternehmen mindestens während desselben Zeitraums angehören werden.

§ 140 Besondere Ausnahme für unmittelbar dem Wettbewerb ausgesetzte Tätigkeiten[2)]

GWB

(1) [1]Dieser Teil ist nicht anzuwenden auf öffentliche Aufträge, die zum Zweck der Ausübung einer Sektorentätigkeit vergeben werden, wenn die Sektorentätigkeit unmittelbar dem Wettbewerb auf Märkten ausgesetzt ist, die keiner Zugangsbeschränkung unterliegen. [2]Dasselbe gilt für Wettbewerbe, die im Zusammenhang mit der Sektorentätigkeit ausgerichtet werden.

(2) [1]Für Gutachten und Stellungnahmen, die aufgrund der nach § 113 Satz 2 Nummer 8 erlassenen Rechtsverordnung vorgenommen werden, erhebt das Bundeskartellamt Kosten (Gebühren und Auslagen) zur Deckung des Verwaltungsaufwands. [2]§ 80 Absatz 1 Satz 3 und Absatz 2 Satz 1, Satz 2 Nummer 1, Satz 3 und 4, Absatz 5 Satz 1 sowie Absatz 6 Satz 1 Nummer 2, Satz 2 und 3 gilt entsprechend. [3]Hinsichtlich der Möglichkeit zur Beschwerde über die Kostenentscheidung gilt § 63 Absatz 1 und 4 entsprechend.

§ 141 Verfahrensarten[3)]

(1) Sektorenauftraggebern stehen das offene Verfahren, das nicht offene Verfahren, das Verhandlungsverfahren mit Teilnahmewettbewerb und der wettbewerbliche Dialog nach ihrer Wahl zur Verfügung.

---

1) **Anm. d. Red.:** § 139 eingefügt gem. Gesetz v. 17. 2. 2016 (BGBl I S. 203) mit Wirkung v. 18. 4. 2016.

2) **Anm. d. Red.:** § 140 eingefügt gem. Gesetz v. 17. 2. 2016 (BGBl I S. 203) mit Wirkung v. 18. 4. 2016.

3) **Anm. d. Red.:** § 141 eingefügt gem. Gesetz v. 17. 2. 2016 (BGBl I S. 203) mit Wirkung v. 18. 4. 2016.

(2) Das Verhandlungsverfahren ohne Teilnahmewettbewerb und die Innovationspartnerschaft stehen nur zur Verfügung, soweit dies aufgrund dieses Gesetzes gestattet ist.

§ 142 Sonstige anwendbare Vorschriften[1)]

Im Übrigen gelten für die Vergabe von öffentlichen Aufträgen durch Sektorenauftraggeber zum Zweck der Ausübung von Sektorentätigkeiten die §§ 118 und 119, soweit in § 141 nicht abweichend geregelt, die §§ 120 bis 129, 130 in Verbindung mit Anhang XVII der Richtlinie 2014/25/EU sowie die §§ 131 bis 135 mit der Maßgabe entsprechend, dass

1. Sektorenauftraggeber abweichend von § 122 Absatz 1 und 2 die Unternehmen anhand objektiver Kriterien auswählen, die allen interessierten Unternehmen zugänglich sind,
2. Sektorenauftraggeber nach § 100 Absatz 1 Nummer 2 ein Unternehmen nach § 123 ausschließen können, aber nicht ausschließen müssen,
3. § 132 Absatz 2 Satz 2 und 3 nicht anzuwenden ist.

§ 143 Regelung für Auftraggeber nach dem Bundesberggesetz[2)]

(1) [1]Sektorenauftraggeber, die nach dem Bundesberggesetz berechtigt sind, Erdöl, Gas, Kohle oder andere feste Brennstoffe aufzusuchen oder zu gewinnen, müssen bei der Vergabe von Liefer-, Bau- oder Dienstleistungsaufträgen oberhalb der Schwellenwerte nach § 106 Absatz 2 Nummer 2 zur Durchführung der Aufsuchung oder Gewinnung von Erdöl, Gas, Kohle oder anderen festen Brennstoffen die Grundsätze der Nichtdiskriminierung und der wettbewerbsorientierten Auftragsvergabe beachten. [2]Insbesondere müssen sie Unternehmen, die ein Interesse an einem solchen Auftrag haben können, ausreichend informieren und bei der Auftragsvergabe objektive Kriterien zugrunde legen. [3]Die Sätze 1 und 2 gelten nicht für die Vergabe von Aufträgen, deren Gegenstand die Beschaffung von Energie oder Brennstoffen zur Energieerzeugung ist.

(2) [1]Die Auftraggeber nach Absatz 1 erteilen der Europäischen Kommission über das Bundesministerium für Wirtschaft und Energie Auskunft über die Vergabe der unter diese Vorschrift fallenden Aufträge nach Maßgabe der Entscheidung 93/327/EWG der Kommission vom 13. Mai 1993 zur Festlegung der Voraussetzungen, unter denen die öffentlichen Auftraggeber, die geographisch abgegrenzte Gebiete zum Zwecke der Aufsuchung oder Förderung von Erdöl, Gas, Kohle oder anderen festen Brennstoffen nutzen, der Kommission Auskunft über die von ihnen vergebenen Aufträge zu erteilen haben (ABl L 129 vom 27. 5. 1993, S. 25). [2]Sie können über das Verfahren gemäß der Rechtsverordnung nach § 113 Satz 2 Nummer 8 unter den dort geregelten Voraussetzungen eine Befreiung von der Pflicht zur Anwendung dieser Bestimmung erreichen.

Unterabschnitt 2: Vergabe von verteidigungs- oder sicherheitsspezifischen öffentlichen Aufträgen[3)]

§ 144 Anwendungsbereich[4)]

Dieser Unterabschnitt ist anzuwenden auf die Vergabe von verteidigungs- oder sicherheitsspezifischen öffentlichen Aufträgen durch öffentliche Auftraggeber und Sektorenauftraggeber.

---

1) **Anm. d. Red.:** § 142 eingefügt gem. Gesetz v. 17. 2. 2016 (BGBl I S. 203) mit Wirkung v. 18. 4. 2016.

2) **Anm. d. Red.:** § 143 eingefügt gem. Gesetz v. 17. 2. 2016 (BGBl I S. 203) mit Wirkung v. 18. 4. 2016.

3) **Anm. d. Red.:** Unterabschnitt 2 eingefügt gem. Gesetz v. 17. 2. 2016 (BGBl I S. 203) mit Wirkung v. 18. 4. 2016.

4) **Anm. d. Red.:** § 144 eingefügt gem. Gesetz v. 17. 2. 2016 (BGBl I S. 203) mit Wirkung v. 18. 4. 2016.

§ 145 Besondere Ausnahmen für die Vergabe von verteidigungs- oder sicherheitsspezifischen öffentlichen Aufträgen[1)]

Dieser Teil ist nicht anzuwenden auf die Vergabe von verteidigungs- oder sicherheitsspezifischen öffentlichen Aufträgen, die

1. den Zwecken nachrichtendienstlicher Tätigkeiten dienen,
2. im Rahmen eines Kooperationsprogramms vergeben werden, das
   a) auf Forschung und Entwicklung beruht und
   b) mit mindestens einem anderen Mitgliedstaat der Europäischen Union für die Entwicklung eines neuen Produkts und gegebenenfalls die späteren Phasen des gesamten oder eines Teils des Lebenszyklus dieses Produkts durchgeführt wird;

   beim Abschluss eines solchen Abkommens teilt die Europäische Kommission den Anteil der Forschungs- und Entwicklungsausgaben an den Gesamtkosten des Programms, die Vereinbarung über die Kostenteilung und gegebenenfalls den geplanten Anteil der Beschaffungen je Mitgliedstaat mit,
3. in einem Staat außerhalb der Europäischen Union vergeben werden; zu diesen Aufträgen gehören auch zivile Beschaffungen im Rahmen des Einsatzes von Streitkräften oder von Polizeien des Bundes oder der Länder außerhalb des Gebiets der Europäischen Union, wenn der Einsatz es erfordert, dass im Einsatzgebiet ansässige Unternehmen beauftragt werden; zivile Beschaffungen sind Beschaffungen nichtmilitärischer Produkte und Beschaffungen von Bau- oder Dienstleistungen für logistische Zwecke,
4. die Bundesregierung, eine Landesregierung oder eine Gebietskörperschaft an eine andere Regierung oder an eine Gebietskörperschaft eines anderen Staates vergibt und die Folgendes zum Gegenstand haben:
   a) die Lieferung von Militärausrüstung im Sinne des § 104 Absatz 2 oder die Lieferung von Ausrüstung, die im Rahmen eines Verschlusssachenauftrags im Sinne des § 104 Absatz 3 vergeben wird,
   b) Bau- und Dienstleistungen, die in unmittelbarem Zusammenhang mit dieser Ausrüstung stehen,
   c) Bau- und Dienstleistungen speziell für militärische Zwecke oder
   d) Bau- und Dienstleistungen, die im Rahmen eines Verschlusssachenauftrags im Sinne des § 104 Absatz 3 vergeben werden,
5. Finanzdienstleistungen mit Ausnahme von Versicherungsdienstleistungen zum Gegenstand haben,
6. Forschungs- und Entwicklungsdienstleistungen zum Gegenstand haben, es sei denn, die Ergebnisse werden ausschließlich Eigentum des Auftraggebers für seinen Gebrauch bei der Ausübung seiner eigenen Tätigkeit und die Dienstleistung wird vollständig durch den Auftraggeber vergütet, oder
7. besonderen Verfahrensregeln unterliegen,
   a) die sich aus einem internationalen Abkommen oder einer internationalen Vereinbarung ergeben, das oder die zwischen einem oder mehreren Mitgliedstaaten der Europäischen Union und einem oder mehreren Staaten, die nicht Vertragsparteien des Übereinkommens über den Europäischen Wirtschaftsraum sind, geschlossen wurde,
   b) die sich aus einem internationalen Abkommen oder einer internationalen Vereinbarung im Zusammenhang mit der Stationierung von Truppen ergeben, das oder die Unternehmen eines Mitgliedstaates der Europäischen Union oder eines anderen Staates betrifft, oder

1) **Anm. d. Red.:** § 145 eingefügt gem. Gesetz v. 17. 2. 2016 (BGBl I S. 203) mit Wirkung v. 18. 4. 2016.

c) die für eine internationale Organisation gelten, wenn diese für ihre Zwecke Beschaffungen tätigt oder wenn ein Mitgliedstaat öffentliche Aufträge nach diesen Regeln vergeben muss.

§ 146 Verfahrensarten[1)]

[1]Bei der Vergabe von verteidigungs- oder sicherheitsspezifischen öffentlichen Aufträgen stehen öffentlichen Auftraggebern und Sektorenauftraggebern das nicht offene Verfahren und das Verhandlungsverfahren mit Teilnahmewettbewerb nach ihrer Wahl zur Verfügung. [2]Das Verhandlungsverfahren ohne Teilnahmewettbewerb und der wettbewerbliche Dialog stehen nur zur Verfügung, soweit dies aufgrund dieses Gesetzes gestattet ist.

§ 147 Sonstige anwendbare Vorschriften[2)]

[1]Im Übrigen gelten für die Vergabe von verteidigungs- oder sicherheitsspezifischen öffentlichen Aufträgen die §§ 119, 120, 121 Absatz 1 und 3 sowie die §§ 122 bis 135 mit der Maßgabe entsprechend, dass ein Unternehmen gemäß § 124 Absatz 1 auch dann von der Teilnahme an einem Vergabeverfahren ausgeschlossen werden kann, wenn das Unternehmen nicht die erforderliche Vertrauenswürdigkeit aufweist, um Risiken für die nationale Sicherheit auszuschließen. [2]Der Nachweis, dass Risiken für die nationale Sicherheit nicht auszuschließen sind, kann auch mit Hilfe geschützter Datenquellen erfolgen.

Unterabschnitt 3: Vergabe von Konzessionen[3)]

§ 148 Anwendungsbereich[4)]

Dieser Unterabschnitt ist anzuwenden auf die Vergabe von Konzessionen durch Konzessionsgeber.

§ 149 Besondere Ausnahmen[5)]

Dieser Teil ist nicht anzuwenden auf die Vergabe von:

1. Konzessionen zu Rechtsdienstleistungen im Sinne des § 116 Absatz 1 Nummer 1,
2. Konzessionen zu Forschungs- und Entwicklungsdienstleistungen im Sinne des § 116 Absatz 1 Nummer 2,
3. Konzessionen zu audiovisuellen Mediendiensten oder Hörfunkmediendiensten im Sinne des § 116 Absatz 1 Nummer 3,
4. Konzessionen zu finanziellen Dienstleistungen im Sinne des § 116 Absatz 1 Nummer 4,
5. Konzessionen zu Krediten und Darlehen im Sinne des § 116 Absatz 1 Nummer 5,
6. Dienstleistungskonzessionen, die an einen Konzessionsgeber nach § 101 Absatz 1 Nummer 1 oder Nummer 2 aufgrund eines auf Gesetz oder Verordnung beruhenden ausschließlichen Rechts vergeben werden,
7. Dienstleistungskonzessionen, die an ein Unternehmen aufgrund eines ausschließlichen Rechts vergeben werden, das diesem im Einklang mit den nationalen und unionsrechtlichen Rechtsvorschriften über den Marktzugang für Tätigkeiten nach § 102 Absatz 2 bis 6 gewährt wurde; ausgenommen hiervon sind Dienstleistungskonzessionen für Tätigkeiten, für die die Unionsvorschriften keine branchenspezifischen Transparenzverpflichtungen vor-

1) **Anm. d. Red.:** § 146 eingefügt gem. Gesetz v. 17. 2. 2016 (BGBl I S. 203) mit Wirkung v. 18. 4. 2016.

2) **Anm. d. Red.:** § 147 eingefügt gem. Gesetz v. 17. 2. 2016 (BGBl I S. 203) mit Wirkung v. 18. 4. 2016.

3) **Anm. d. Red.:** Unterabschnitt 3 eingefügt gem. Gesetz v. 17. 2. 2016 (BGBl I S. 203) mit Wirkung v. 18. 4. 2016.

4) **Anm. d. Red.:** § 148 eingefügt gem. Gesetz v. 17. 2. 2016 (BGBl I S. 203) mit Wirkung v. 18. 4. 2016.

5) **Anm. d. Red.:** § 149 eingefügt gem. Gesetz v. 17. 2. 2016 (BGBl I S. 203) mit Wirkung v. 18. 4. 2016.

sehen; Auftraggeber, die einem Unternehmen ein ausschließliches Recht im Sinne dieser Vorschrift gewähren, setzen die Europäische Kommission hierüber binnen eines Monats nach Gewährung dieses Rechts in Kenntnis,

8. Konzessionen, die hauptsächlich dazu dienen, dem Konzessionsgeber im Sinne des § 101 Absatz 1 Nummer 1 die Bereitstellung oder den Betrieb öffentlicher Kommunikationsnetze oder die Bereitstellung eines oder mehrerer elektronischer Kommunikationsdienste für die Öffentlichkeit zu ermöglichen,
9. Konzessionen im Bereich Wasser, die
   a) die Bereitstellung oder das Betreiben fester Netze zur Versorgung der Allgemeinheit im Zusammenhang mit der Gewinnung, dem Transport oder der Verteilung von Trinkwasser oder die Einspeisung von Trinkwasser in diese Netze betreffen oder
   b) mit einer Tätigkeit nach Buchstabe a im Zusammenhang stehen und einen der nachfolgend aufgeführten Gegenstände haben:
      aa) Wasserbau-, Bewässerungs- und Entwässerungsvorhaben, sofern die zur Trinkwasserversorgung bestimmte Wassermenge mehr als 20 Prozent der Gesamtwassermenge ausmacht, die mit den entsprechenden Vorhaben oder Bewässerungs- oder Entwässerungsanlagen zur Verfügung gestellt wird, oder
      bb) Abwasserbeseitigung oder -behandlung,
10. Dienstleistungskonzessionen zu Lotteriedienstleistungen, die unter die Referenznummer des Common Procurement Vocabulary 92351100-7 fallen, und die einem Unternehmen auf der Grundlage eines ausschließlichen Rechts gewährt werden,
11. Konzessionen, die Konzessionsgeber im Sinne des § 101 Absatz 1 Nummer 2 und 3 zur Durchführung ihrer Tätigkeiten in einem nicht der Europäischen Union angehörenden Staat in einer Weise vergeben, die nicht mit der physischen Nutzung eines Netzes oder geografischen Gebiets in der Europäischen Union verbunden ist, oder
12. Konzessionen, die im Bereich der Luftverkehrsdienste auf der Grundlage der Erteilung einer Betriebsgenehmigung im Sinne der Verordnung (EG) Nr. 1008/2008 des Europäischen Parlaments und des Rates vom 24. September 2008 über gemeinsame Vorschriften für die Durchführung von Luftverkehrsdiensten in der Gemeinschaft (ABl L 293 vom 31. 10. 2008, S. 3) vergeben werden, oder von Konzessionen, die die Beförderung von Personen im Sinne des § 1 des Personenbeförderungsgesetzes betreffen.

GWB

§ 150 Besondere Ausnahmen für die Vergabe von Konzessionen in den Bereichen Verteidigung und Sicherheit[1)]

Dieser Teil ist nicht anzuwenden auf die Vergabe von Konzessionen in den Bereichen Verteidigung und Sicherheit,

1. bei denen die Anwendung der Vorschriften dieses Teils den Konzessionsgeber verpflichten würde, Auskünfte zu erteilen, deren Preisgabe seines Erachtens den wesentlichen Sicherheitsinteressen der Bundesrepublik Deutschland zuwiderläuft, oder wenn die Vergabe und Durchführung der Konzession als geheim zu erklären sind oder von besonderen Sicherheitsmaßnahmen gemäß den geltenden Rechts- oder Verwaltungsvorschriften begleitet sein müssen, sofern der Konzessionsgeber festgestellt hat, dass die betreffenden wesentlichen Interessen nicht durch weniger einschneidende Maßnahmen gewahrt werden können, wie beispielsweise durch Anforderungen, die auf den Schutz der Vertraulichkeit der Informationen abzielen, die Konzessionsgeber im Rahmen eines Konzessionsvergabeverfahrens zur Verfügung stellen,
2. die im Rahmen eines Kooperationsprogramms vergeben werden, das
   a) auf Forschung und Entwicklung beruht und

1) **Anm. d. Red.:** § 150 eingefügt gem. Gesetz v. 17. 2. 2016 (BGBl I S. 203) mit Wirkung v. 18. 4. 2016.

b) mit mindestens einem anderen Mitgliedstaat der Europäischen Union für die Entwicklung eines neuen Produkts und gegebenenfalls die späteren Phasen des gesamten oder eines Teils des Lebenszyklus dieses Produkts durchgeführt wird,

3. die die Bundesregierung an eine andere Regierung für in unmittelbarem Zusammenhang mit Militärausrüstung oder sensibler Ausrüstung stehende Bau- und Dienstleistungen oder für Bau- und Dienstleistungen speziell für militärische Zwecke oder für sensible Bau- und Dienstleistungen vergibt,
4. die in einem Staat, der nicht Vertragspartei des Übereinkommens über den Europäischen Wirtschaftsraum ist, im Rahmen des Einsatzes von Truppen außerhalb des Gebiets der Europäischen Union vergeben werden, wenn der Einsatz erfordert, dass diese Konzessionen an im Einsatzgebiet ansässige Unternehmen vergeben werden,
5. die durch andere Ausnahmevorschriften dieses Teils erfasst werden,
6. die nicht bereits gemäß den Nummern 1 bis 5 ausgeschlossen sind, wenn der Schutz wesentlicher Sicherheitsinteressen der Bundesrepublik Deutschland nicht durch weniger einschneidende Maßnahmen garantiert werden kann, wie beispielsweise durch Anforderungen, die auf den Schutz der Vertraulichkeit der Informationen abzielen, die Konzessionsgeber im Rahmen eines Konzessionsvergabeverfahrens zur Verfügung stellen, oder
7. die besonderen Verfahrensregeln unterliegen,
   a) die sich aus einem internationalen Abkommen oder einer internationalen Vereinbarung ergeben, das oder die zwischen einem oder mehreren Mitgliedstaaten der Europäischen Union und einem oder mehreren Staaten, die nicht Vertragsparteien des Übereinkommens über den Europäischen Wirtschaftsraum sind, geschlossenen wurde,
   b) die sich aus einem internationalen Abkommen oder einer internationalen Vereinbarung im Zusammenhang mit der Stationierung von Truppen ergeben, das oder die Unternehmen eines Mitgliedstaates der Europäischen Union oder eines anderen Staates betrifft, oder
   c) die für eine internationale Organisation gelten, wenn diese für ihre Zwecke Beschaffungen tätigt oder wenn ein Mitgliedstaat der Europäischen Union Aufträge nach diesen Regeln vergeben muss.

§ 151 Verfahren[1)]

[1]Konzessionsgeber geben die Absicht bekannt, eine Konzession zu vergeben. [2]Auf die Veröffentlichung der Konzessionsvergabeabsicht darf nur verzichtet werden, soweit dies aufgrund dieses Gesetzes zulässig ist. [3]Im Übrigen dürfen Konzessionsgeber das Verfahren zur Vergabe von Konzessionen vorbehaltlich der aufgrund dieses Gesetzes erlassenen Verordnung zu den Einzelheiten des Vergabeverfahrens frei ausgestalten.

§ 152 Anforderungen im Konzessionsvergabeverfahren[2)]

(1) Zur Leistungsbeschreibung ist § 121 Absatz 1 und 3 entsprechend anzuwenden.

(2) Konzessionen werden an geeignete Unternehmen im Sinne des § 122 vergeben.

(3) [1]Der Zuschlag wird auf der Grundlage objektiver Kriterien erteilt, die sicherstellen, dass die Angebote unter wirksamen Wettbewerbsbedingungen bewertet werden, sodass ein wirtschaftlicher Gesamtvorteil für den Konzessionsgeber ermittelt werden kann. [2]Die Zuschlagskriterien müssen mit dem Konzessionsgegenstand in Verbindung stehen und dürfen dem Konzessionsgeber keine uneingeschränkte Wahlfreiheit einräumen. [3]Sie können qualitative, umweltbezogene oder soziale Belange umfassen. [4]Die Zuschlagskriterien müssen mit einer Beschreibung einhergehen, die eine wirksame Überprüfung der von den Bietern übermittelten Informationen ge-

1) **Anm. d. Red.:** § 151 eingefügt gem. Gesetz v. 17. 2. 2016 (BGBl I S. 203) mit Wirkung v. 18. 4. 2016.

2) **Anm. d. Red.:** § 152 eingefügt gem. Gesetz v. 17. 2. 2016 (BGBl I S. 203) mit Wirkung v. 18. 4. 2016.

statten, damit bewertet werden kann, ob und inwieweit die Angebote die Zuschlagskriterien erfüllen.

(4) Die Vorschriften zur Auftragsausführung nach § 128 und zu den zwingend zu berücksichtigenden Ausführungsbedingungen nach § 129 sind entsprechend anzuwenden.

§ 153 Vergabe von Konzessionen über soziale und andere besondere Dienstleistungen[1)]

Für das Verfahren zur Vergabe von Konzessionen, die soziale und andere besondere Dienstleistungen im Sinne des Anhangs IV der Richtlinie 2014/23/EU betreffen, sind die §§ 151, 152 anzuwenden.

§ 154 Sonstige anwendbare Vorschriften[2)]

Im Übrigen sind für die Vergabe von Konzessionen einschließlich der Konzessionen nach § 153 folgende Vorschriften entsprechend anzuwenden:

1. § 118 hinsichtlich vorbehaltener Konzessionen,
2. die §§ 123 bis 126 mit der Maßgabe, dass
   a) Konzessionsgeber nach § 101 Absatz 1 Nummer 3 ein Unternehmen unter den Voraussetzungen des § 123 ausschließen können, aber nicht ausschließen müssen,
   b) Konzessionsgeber im Fall einer Konzession in den Bereichen Verteidigung und Sicherheit ein Unternehmen von der Teilnahme an einem Vergabeverfahren ausschließen können, wenn das Unternehmen nicht die erforderliche Vertrauenswürdigkeit aufweist, um Risiken für die nationale Sicherheit auszuschließen; der Nachweis kann auch mithilfe geschützter Datenquellen erfolgen,
3. § 131 Absatz 2 und 3 und § 132 mit der Maßgabe, dass
   a) § 132 Absatz 2 Satz 2 und 3 für die Vergabe von Konzessionen, die Tätigkeiten nach § 102 Absatz 2 bis 6 betreffen, nicht anzuwenden ist und
   b) die Obergrenze des § 132 Absatz 3 Nummer 2 für Bau- und Dienstleistungskonzessionen einheitlich 10 Prozent des Wertes der ursprünglichen Konzession beträgt,
4. die §§ 133 bis 135,
5. § 138 hinsichtlich der Vergabe von Konzessionen durch Konzessionsgeber im Sinne des § 101 Absatz 1 Nummer 2 und 3 an verbundene Unternehmen,
6. § 139 hinsichtlich der Vergabe von Konzessionen durch Konzessionsgeber im Sinne des § 101 Absatz 1 Nummer 2 und 3 an ein Gemeinschaftsunternehmen oder durch Gemeinschaftsunternehmen an einen Konzessionsgeber im Sinne des § 101 Absatz 1 Nummer 2 und 3 und
7. § 140 hinsichtlich der Vergabe von Konzessionen durch Konzessionsgeber im Sinne des § 101 Absatz 1 Nummer 2 und 3 für unmittelbar dem Wettbewerb ausgesetzte Tätigkeiten.

GWB

1) **Anm. d. Red.:** § 153 eingefügt gem. Gesetz v. 17. 2. 2016 (BGBl I S. 203) mit Wirkung v. 18. 4. 2016.

2) **Anm. d. Red.:** § 154 eingefügt gem. Gesetz v. 17. 2. 2016 (BGBl I S. 203) mit Wirkung v. 18. 4. 2016.

Kapitel 2: Nachprüfungsverfahren[1)]

Abschnitt 1: Nachprüfungsbehörden[2)]

§ 155 Grundsatz[3)]

Unbeschadet der Prüfungsmöglichkeiten von Aufsichtsbehörden unterliegt die Vergabe öffentlicher Aufträge und von Konzessionen der Nachprüfung durch die Vergabekammern.

§ 156 Vergabekammern[4)]

(1) Die Nachprüfung der Vergabe öffentlicher Aufträge und der Vergabe von Konzessionen nehmen die Vergabekammern des Bundes für die dem Bund zuzurechnenden öffentlichen Aufträge und Konzessionen, die Vergabekammern der Länder für die diesen zuzurechnenden öffentlichen Aufträge und Konzessionen wahr.

(2) Rechte aus § 97 Absatz 6 sowie sonstige Ansprüche gegen Auftraggeber, die auf die Vornahme oder das Unterlassen einer Handlung in einem Vergabeverfahren gerichtet sind, können nur vor den Vergabekammern und dem Beschwerdegericht geltend gemacht werden.

(3) Die Zuständigkeit der ordentlichen Gerichte für die Geltendmachung von Schadensersatzansprüchen und die Befugnisse der Kartellbehörden zur Verfolgung von Verstößen insbesondere gegen die §§ 19 und 20 bleiben unberührt.

§ 157 Besetzung, Unabhängigkeit[5)]

(1) Die Vergabekammern üben ihre Tätigkeit im Rahmen der Gesetze unabhängig und in eigener Verantwortung aus.

(2) [1]Die Vergabekammern entscheiden in der Besetzung mit einem Vorsitzenden und zwei Beisitzern, von denen einer ein ehrenamtlicher Beisitzer ist. [2]Der Vorsitzende und der hauptamtliche Beisitzer müssen Beamte auf Lebenszeit mit der Befähigung zum höheren Verwaltungsdienst oder vergleichbar fachkundige Angestellte sein. [3]Der Vorsitzende oder der hauptamtliche Beisitzer muss die Befähigung zum Richteramt haben; in der Regel soll dies der Vorsitzende sein. [4]Die Beisitzer sollen über gründliche Kenntnisse des Vergabewesens, die ehrenamtlichen Beisitzer auch über mehrjährige praktische Erfahrungen auf dem Gebiet des Vergabewesens verfügen. [5]Bei der Überprüfung der Vergabe von verteidigungs- oder sicherheitsspezifischen Aufträgen im Sinne des § 104 können die Vergabekammern abweichend von Satz 1 auch in der Besetzung mit einem Vorsitzenden und zwei hauptamtlichen Beisitzern entscheiden.

(3) [1]Die Kammer kann das Verfahren dem Vorsitzenden oder dem hauptamtlichen Beisitzer ohne mündliche Verhandlung durch unanfechtbaren Beschluss zur alleinigen Entscheidung übertragen. [2]Diese Übertragung ist nur möglich, sofern die Sache keine wesentlichen Schwierigkeiten in tatsächlicher oder rechtlicher Hinsicht aufweist und die Entscheidung nicht von grundsätzlicher Bedeutung sein wird.

(4) [1]Die Mitglieder der Kammer werden für eine Amtszeit von fünf Jahren bestellt. [2]Sie entscheiden unabhängig und sind nur dem Gesetz unterworfen.

§ 158 Einrichtung, Organisation[6)]

(1) [1]Der Bund richtet die erforderliche Anzahl von Vergabekammern beim Bundeskartellamt ein. [2]Einrichtung und Besetzung der Vergabekammern sowie die Geschäftsverteilung bestimmt

1) **Anm. d. Red.:** Kapitel 2 eingefügt gem. Gesetz v. 17. 2. 2016 (BGBl I S. 203) mit Wirkung v. 18. 4. 2016.
2) **Anm. d. Red.:** Abschnitt 1 eingefügt gem. Gesetz v. 17. 2. 2016 (BGBl I S. 203) mit Wirkung v. 18. 4. 2016.
3) **Anm. d. Red.:** § 155 eingefügt gem. Gesetz v. 17. 2. 2016 (BGBl I S. 203) mit Wirkung v. 18. 4. 2016.
4) **Anm. d. Red.:** § 156 eingefügt gem. Gesetz v. 17. 2. 2016 (BGBl I S. 203) mit Wirkung v. 18. 4. 2016.
5) **Anm. d. Red.:** § 157 eingefügt gem. Gesetz v. 17. 2. 2016 (BGBl I S. 203) mit Wirkung v. 18. 4. 2016.
6) **Anm. d. Red.:** § 158 eingefügt gem. Gesetz v. 17. 2. 2016 (BGBl I S. 203) mit Wirkung v. 18. 4. 2016.

der Präsident des Bundeskartellamts. [3]Ehrenamtliche Beisitzer und deren Stellvertreter ernennt er auf Vorschlag der Spitzenorganisationen der öffentlich-rechtlichen Kammern. [4]Der Präsident des Bundeskartellamts erlässt nach Genehmigung durch das Bundesministerium für Wirtschaft und Energie eine Geschäftsordnung und veröffentlicht diese im Bundesanzeiger.

(2) [1]Die Einrichtung, Organisation und Besetzung der in diesem Abschnitt genannten Stellen (Nachprüfungsbehörden) der Länder bestimmen die nach Landesrecht zuständigen Stellen, mangels einer solchen Bestimmung die Landesregierung, die die Ermächtigung weiter übertragen kann. [2]Die Länder können gemeinsame Nachprüfungsbehörden einrichten.

§ 159 Abgrenzung der Zuständigkeit der Vergabekammern[1)]

(1) Die Vergabekammer des Bundes ist zuständig für die Nachprüfung der Vergabeverfahren

1. des Bundes;
2. von öffentlichen Auftraggebern im Sinne des § 99 Nummer 2, von Sektorenauftraggebern im Sinne des § 100 Absatz 1 Nummer 1 in Verbindung mit § 99 Nummer 2 und Konzessionsgebern im Sinne des § 101 Absatz 1 Nummer 1 in Verbindung mit § 99 Nummer 2, sofern der Bund die Beteiligung überwiegend verwaltet oder die sonstige Finanzierung überwiegend gewährt hat oder über die Leitung überwiegend die Aufsicht ausübt oder die Mitglieder des zur Geschäftsführung oder zur Aufsicht berufenen Organs überwiegend bestimmt hat, es sei denn, die an dem Auftraggeber Beteiligten haben sich auf die Zuständigkeit einer anderen Vergabekammer geeinigt;
3. von Sektorenauftraggebern im Sinne des § 100 Absatz 1 Nummer 2 und von Konzessionsgebern im Sinne des § 101 Absatz 1 Nummer 3, sofern der Bund auf sie einen beherrschenden Einfluss ausübt; ein beherrschender Einfluss liegt vor, wenn der Bund unmittelbar oder mittelbar die Mehrheit des gezeichneten Kapitals des Auftraggebers besitzt oder über die Mehrheit der mit den Anteilen des Auftraggebers verbundenen Stimmrechte verfügt oder mehr als die Hälfte der Mitglieder des Verwaltungs-, Leitungs- oder Aufsichtsorgans des Auftraggebers bestellen kann;
4. von Auftraggebern im Sinne des § 99 Nummer 4, sofern der Bund die Mittel überwiegend bewilligt hat;
5. die im Rahmen der Organleihe für den Bund durchgeführt werden;
6. in Fällen, in denen sowohl die Vergabekammer des Bundes als auch eine oder mehrere Vergabekammern der Länder zuständig sind.

GWB

(2) [1]Wird das Vergabeverfahren von einem Land im Rahmen der Auftragsverwaltung für den Bund durchgeführt, ist die Vergabekammer dieses Landes zuständig. [2]Ist in entsprechender Anwendung des Absatzes 1 Nummer 2 bis 5 ein Auftraggeber einem Land zuzuordnen, ist die Vergabekammer des jeweiligen Landes zuständig.

(3) [1]In allen anderen Fällen wird die Zuständigkeit der Vergabekammern nach dem Sitz des Auftraggebers bestimmt. [2]Bei länderübergreifenden Beschaffungen benennen die Auftraggeber in der Vergabebekanntmachung nur eine zuständige Vergabekammer.

Abschnitt 2: Verfahren vor der Vergabekammer[2)]

§ 160 Einleitung, Antrag[3)]

(1) Die Vergabekammer leitet ein Nachprüfungsverfahren nur auf Antrag ein.

(2) [1]Antragsbefugt ist jedes Unternehmen, das ein Interesse an dem öffentlichen Auftrag oder der Konzession hat und eine Verletzung in seinen Rechten nach § 97 Absatz 6 durch Nicht-

1) **Anm. d. Red.:** § 159 eingefügt gem. Gesetz v. 17. 2. 2016 (BGBl I S. 203) mit Wirkung v. 18. 4. 2016.

2) **Anm. d. Red.:** Abschnitt 2 eingefügt gem. Gesetz v. 17. 2. 2016 (BGBl I S. 203) mit Wirkung v. 18. 4. 2016.

3) **Anm. d. Red.:** § 160 eingefügt gem. Gesetz v. 17. 2. 2016 (BGBl I S. 203) mit Wirkung v. 18. 4. 2016.

beachtung von Vergabevorschriften geltend macht. [2]Dabei ist darzulegen, dass dem Unternehmen durch die behauptete Verletzung der Vergabevorschriften ein Schaden entstanden ist oder zu entstehen droht.

(3) [1]Der Antrag ist unzulässig, soweit

1. der Antragsteller den geltend gemachten Verstoß gegen Vergabevorschriften vor Einreichen des Nachprüfungsantrags erkannt und gegenüber dem Auftraggeber nicht innerhalb einer Frist von zehn Kalendertagen gerügt hat; der Ablauf der Frist nach § 134 Absatz 2 bleibt unberührt,
2. Verstöße gegen Vergabevorschriften, die aufgrund der Bekanntmachung erkennbar sind, nicht spätestens bis zum Ablauf der in der Bekanntmachung benannten Frist zur Bewerbung oder zur Angebotsabgabe gegenüber dem Auftraggeber gerügt werden,
3. Verstöße gegen Vergabevorschriften, die erst in den Vergabeunterlagen erkennbar sind, nicht spätestens bis zum Ablauf der Frist zur Bewerbung oder zur Angebotsabgabe gegenüber dem Auftraggeber gerügt werden,
4. mehr als 15 Kalendertage nach Eingang der Mitteilung des Auftraggebers, einer Rüge nicht abhelfen zu wollen, vergangen sind.

[2]Satz 1 gilt nicht bei einem Antrag auf Feststellung der Unwirksamkeit des Vertrags nach § 135 Absatz 1 Nummer 2. [3]§ 134 Absatz 1 Satz 2 bleibt unberührt.

§ 161 Form, Inhalt[1)]

(1) [1]Der Antrag ist schriftlich bei der Vergabekammer einzureichen und unverzüglich zu begründen. [2]Er soll ein bestimmtes Begehren enthalten. [3]Ein Antragsteller ohne Wohnsitz oder gewöhnlichen Aufenthalt, Sitz oder Geschäftsleitung im Geltungsbereich dieses Gesetzes hat einen Empfangsbevollmächtigten im Geltungsbereich dieses Gesetzes zu benennen.

(2) Die Begründung muss die Bezeichnung des Antragsgegners, eine Beschreibung der behaupteten Rechtsverletzung mit Sachverhaltsdarstellung und die Bezeichnung der verfügbaren Beweismittel enthalten sowie darlegen, dass die Rüge gegenüber dem Auftraggeber erfolgt ist; sie soll, soweit bekannt, die sonstigen Beteiligten benennen.

§ 162 Verfahrensbeteiligte, Beiladung[2)]

[1]Verfahrensbeteiligte sind der Antragsteller, der Auftraggeber und die Unternehmen, deren Interessen durch die Entscheidung schwerwiegend berührt werden und die deswegen von der Vergabekammer beigeladen worden sind. [2]Die Entscheidung über die Beiladung ist unanfechtbar.

§ 163 Untersuchungsgrundsatz[3)]

(1) [1]Die Vergabekammer erforscht den Sachverhalt von Amts wegen. [2]Sie kann sich dabei auf das beschränken, was von den Beteiligten vorgebracht wird oder ihr sonst bekannt sein muss. [3]Zu einer umfassenden Rechtmäßigkeitskontrolle ist die Vergabekammer nicht verpflichtet. [4]Sie achtet bei ihrer gesamten Tätigkeit darauf, dass der Ablauf des Vergabeverfahrens nicht unangemessen beeinträchtigt wird.

(2) [1]Die Vergabekammer prüft den Antrag darauf, ob er offensichtlich unzulässig oder unbegründet ist. [2]Dabei berücksichtigt die Vergabekammer auch einen vorsorglich hinterlegten Schriftsatz (Schutzschrift) des Auftraggebers. [3]Sofern der Antrag nicht offensichtlich unzulässig oder unbegründet ist, übermittelt die Vergabekammer dem Auftraggeber eine Kopie des Antrags und fordert bei ihm die Akten an, die das Vergabeverfahren dokumentieren (Vergabe-

---

1) **Anm. d. Red.:** § 161 eingefügt gem. Gesetz v. 17. 2. 2016 (BGBl I S. 203) mit Wirkung v. 18. 4. 2016.

2) **Anm. d. Red.:** § 162 eingefügt gem. Gesetz v. 17. 2. 2016 (BGBl I S. 203) mit Wirkung v. 18. 4. 2016.

3) **Anm. d. Red.:** § 163 eingefügt gem. Gesetz v. 17. 2. 2016 (BGBl I S. 203) mit Wirkung v. 18. 4. 2016.

akten). [4]Der Auftraggeber hat die Vergabeakten der Kammer sofort zur Verfügung zu stellen. [5]Die §§ 57 bis 59 Absatz 1 bis 5 sowie § 61 gelten entsprechend.

§ 164 Aufbewahrung vertraulicher Unterlagen[1)]

(1) Die Vergabekammer stellt die Vertraulichkeit von Verschlusssachen und anderen vertraulichen Informationen sicher, die in den von den Parteien übermittelten Unterlagen enthalten sind.

(2) Die Mitglieder der Vergabekammern sind zur Geheimhaltung verpflichtet; die Entscheidungsgründe dürfen Art und Inhalt der geheim gehaltenen Urkunden, Akten, elektronischen Dokumente und Auskünfte nicht erkennen lassen.

§ 165 Akteneinsicht[2)]

(1) Die Beteiligten können die Akten bei der Vergabekammer einsehen und sich durch die Geschäftsstelle auf ihre Kosten Ausfertigungen, Auszüge oder Abschriften erteilen lassen.

(2) Die Vergabekammer hat die Einsicht in die Unterlagen zu versagen, soweit dies aus wichtigen Gründen, insbesondere des Geheimschutzes oder zur Wahrung von Betriebs- oder Geschäftsgeheimnissen, geboten ist.

(3) [1]Jeder Beteiligte hat mit Übersendung seiner Akten oder Stellungnahmen auf die in Absatz 2 genannten Geheimnisse hinzuweisen und diese in den Unterlagen entsprechend kenntlich zu machen. [2]Erfolgt dies nicht, kann die Vergabekammer von seiner Zustimmung auf Einsicht ausgehen.

(4) Die Versagung der Akteneinsicht kann nur im Zusammenhang mit der sofortigen Beschwerde in der Hauptsache angegriffen werden.

§ 166 Mündliche Verhandlung[3)]

(1) [1]Die Vergabekammer entscheidet aufgrund einer mündlichen Verhandlung, die sich auf einen Termin beschränken soll. [2]Alle Beteiligten haben Gelegenheit zur Stellungnahme. [3]Mit Zustimmung der Beteiligten oder bei Unzulässigkeit oder bei offensichtlicher Unbegründetheit des Antrags kann nach Lage der Akten entschieden werden.

GWB

(2) Auch wenn die Beteiligten in dem Verhandlungstermin nicht erschienen oder nicht ordnungsgemäß vertreten sind, kann in der Sache verhandelt und entschieden werden.

§ 167 Beschleunigung[4)]

(1) [1]Die Vergabekammer trifft und begründet ihre Entscheidung schriftlich innerhalb einer Frist von fünf Wochen ab Eingang des Antrags. [2]Bei besonderen tatsächlichen oder rechtlichen Schwierigkeiten kann der Vorsitzende im Ausnahmefall die Frist durch Mitteilung an die Beteiligten um den erforderlichen Zeitraum verlängern. [3]Dieser Zeitraum soll nicht länger als zwei Wochen dauern. [4]Er begründet diese Verfügung schriftlich.

(2) [1]Die Beteiligten haben an der Aufklärung des Sachverhalts mitzuwirken, wie es einem auf Förderung und raschen Abschluss des Verfahrens bedachten Vorgehen entspricht. [2]Den Beteiligten können Fristen gesetzt werden, nach deren Ablauf weiterer Vortrag unbeachtet bleiben kann.

---

1) **Anm. d. Red.:** § 164 eingefügt gem. Gesetz v. 17. 2. 2016 (BGBl I S. 203) mit Wirkung v. 18. 4. 2016.

2) **Anm. d. Red.:** § 165 eingefügt gem. Gesetz v. 17. 2. 2016 (BGBl I S. 203) mit Wirkung v. 18. 4. 2016.

3) **Anm. d. Red.:** § 166 eingefügt gem. Gesetz v. 17. 2. 2016 (BGBl I S. 203) mit Wirkung v. 18. 4. 2016.

4) **Anm. d. Red.:** § 167 eingefügt gem. Gesetz v. 17. 2. 2016 (BGBl I S. 203) mit Wirkung v. 18. 4. 2016.

§ 168 Entscheidung der Vergabekammer[1)]

(1) [1]Die Vergabekammer entscheidet, ob der Antragsteller in seinen Rechten verletzt ist und trifft die geeigneten Maßnahmen, um eine Rechtsverletzung zu beseitigen und eine Schädigung der betroffenen Interessen zu verhindern. [2]Sie ist an die Anträge nicht gebunden und kann auch unabhängig davon auf die Rechtmäßigkeit des Vergabeverfahrens einwirken.

(2) [1]Ein wirksam erteilter Zuschlag kann nicht aufgehoben werden. [2]Hat sich das Nachprüfungsverfahren durch Erteilung des Zuschlags, durch Aufhebung oder durch Einstellung des Vergabeverfahrens oder in sonstiger Weise erledigt, stellt die Vergabekammer auf Antrag eines Beteiligten fest, ob eine Rechtsverletzung vorgelegen hat. [3]§ 167 Absatz 1 gilt in diesem Fall nicht.

(3) [1]Die Entscheidung der Vergabekammer ergeht durch Verwaltungsakt. [2]Die Vollstreckung richtet sich, auch gegen einen Hoheitsträger, nach den Verwaltungsvollstreckungsgesetzen des Bundes und der Länder. [3]Die §§ 61 und 86a Satz 2 gelten entsprechend.

§ 169 Aussetzung des Vergabeverfahrens[2)]

(1) Informiert die Vergabekammer den Auftraggeber in Textform über den Antrag auf Nachprüfung, darf dieser vor einer Entscheidung der Vergabekammer und dem Ablauf der Beschwerdefrist nach § 172 Absatz 1 den Zuschlag nicht erteilen.

(2) [1]Die Vergabekammer kann dem Auftraggeber auf seinen Antrag oder auf Antrag des Unternehmens, das nach § 134 vom Auftraggeber als das Unternehmen benannt ist, das den Zuschlag erhalten soll, gestatten, den Zuschlag nach Ablauf von zwei Wochen seit Bekanntgabe dieser Entscheidung zu erteilen, wenn unter Berücksichtigung aller möglicherweise geschädigten Interessen sowie des Interesses der Allgemeinheit an einem raschen Abschluss des Vergabeverfahrens die nachteiligen Folgen einer Verzögerung der Vergabe bis zum Abschluss der Nachprüfung die damit verbundenen Vorteile überwiegen. [2]Bei der Abwägung ist das Interesse der Allgemeinheit an einer wirtschaftlichen Erfüllung der Aufgaben des Auftraggebers zu berücksichtigen; bei verteidigungs- oder sicherheitsspezifischen Aufträgen im Sinne des § 104 sind zusätzlich besondere Verteidigungs- und Sicherheitsinteressen zu berücksichtigen. [3]Die Vergabekammer berücksichtigt dabei auch die allgemeinen Aussichten des Antragstellers im Vergabeverfahren, den Auftrag oder die Konzession zu erhalten. [4]Die Erfolgsaussichten des Nachprüfungsantrags müssen nicht in jedem Fall Gegenstand der Abwägung sein. [5]Das Beschwerdegericht kann auf Antrag das Verbot des Zuschlags nach Absatz 1 wiederherstellen; § 168 Absatz 2 Satz 1 bleibt unberührt. [6]Wenn die Vergabekammer den Zuschlag nicht gestattet, kann das Beschwerdegericht auf Antrag des Auftraggebers unter den Voraussetzungen der Sätze 1 bis 4 den sofortigen Zuschlag gestatten. [7]Für das Verfahren vor dem Beschwerdegericht gilt § 176 Absatz 2 Satz 1 und 2 und Absatz 3 entsprechend. [8]Eine sofortige Beschwerde nach § 171 Absatz 1 ist gegen Entscheidungen der Vergabekammer nach diesem Absatz nicht zulässig.

(3) [1]Sind Rechte des Antragstellers aus § 97 Absatz 6 im Vergabeverfahren auf andere Weise als durch den drohenden Zuschlag gefährdet, kann die Kammer auf besonderen Antrag mit weiteren vorläufigen Maßnahmen in das Vergabeverfahren eingreifen. [2]Sie legt dabei den Beurteilungsmaßstab des Absatzes 2 Satz 1 zugrunde. [3]Diese Entscheidung ist nicht selbständig anfechtbar. [4]Die Vergabekammer kann die von ihr getroffenen weiteren vorläufigen Maßnahmen nach den Verwaltungsvollstreckungsgesetzen des Bundes und der Länder durchsetzen; die Maßnahmen sind sofort vollziehbar. [5]§ 86a Satz 2 gilt entsprechend.

(4) [1]Macht der Auftraggeber das Vorliegen der Voraussetzungen nach § 117 Nummer 1 bis 3 oder § 150 Nummer 1 oder 6 geltend, entfällt das Verbot des Zuschlages nach Absatz 1 fünf Werktage nach Zustellung eines entsprechenden Schriftsatzes an den Antragsteller; die Zustellung ist durch die Vergabekammer unverzüglich nach Eingang des Schriftsatzes vorzunehmen.

1) **Anm. d. Red.:** § 168 eingefügt gem. Gesetz v. 17. 2. 2016 (BGBl I S. 203) mit Wirkung v. 18. 4. 2016.

2) **Anm. d. Red.:** § 169 eingefügt gem. Gesetz v. 17. 2. 2016 (BGBl I S. 203) mit Wirkung v. 18. 4. 2016.

[2]Auf Antrag kann das Beschwerdegericht das Verbot des Zuschlages wiederherstellen. [3]§ 176 Absatz 1 Satz 1, Absatz 2 Satz 1 sowie Absatz 3 und 4 ist entsprechend anzuwenden.

§ 170 Ausschluss von abweichendem Landesrecht[1)]

Soweit dieser Unterabschnitt Regelungen zum Verwaltungsverfahren enthält, darf hiervon durch Landesrecht nicht abgewichen werden.

Abschnitt 3: Sofortige Beschwerde[2)]

§ 171 Zulässigkeit, Zuständigkeit[3)]

(1) [1]Gegen Entscheidungen der Vergabekammer ist die sofortige Beschwerde zulässig. [2]Sie steht den am Verfahren vor der Vergabekammer Beteiligten zu.

(2) Die sofortige Beschwerde ist auch zulässig, wenn die Vergabekammer über einen Antrag auf Nachprüfung nicht innerhalb der Frist des § 167 Absatz 1 entschieden hat; in diesem Fall gilt der Antrag als abgelehnt.

(3) [1]Über die sofortige Beschwerde entscheidet ausschließlich das für den Sitz der Vergabekammer zuständige Oberlandesgericht. [2]Bei den Oberlandesgerichten wird ein Vergabesenat gebildet.

(4) [1]Rechtssachen nach den Absätzen 1 und 2 können von den Landesregierungen durch Rechtsverordnung anderen Oberlandesgerichten oder dem Obersten Landesgericht zugewiesen werden. [2]Die Landesregierungen können die Ermächtigung auf die Landesjustizverwaltungen übertragen.

§ 172 Frist, Form, Inhalt[4)]

(1) Die sofortige Beschwerde ist binnen einer Notfrist von zwei Wochen, die mit der Zustellung der Entscheidung, im Fall des § 171 Absatz 2 mit dem Ablauf der Frist beginnt, schriftlich bei dem Beschwerdegericht einzulegen.

(2) [1]Die sofortige Beschwerde ist zugleich mit ihrer Einlegung zu begründen. [2]Die Beschwerdebegründung muss enthalten:

1. die Erklärung, inwieweit die Entscheidung der Vergabekammer angefochten und eine abweichende Entscheidung beantragt wird,
2. die Angabe der Tatsachen und Beweismittel, auf die sich die Beschwerde stützt.

(3) [1]Die Beschwerdeschrift muss durch einen Rechtsanwalt unterzeichnet sein. [2]Dies gilt nicht für Beschwerden von juristischen Personen des öffentlichen Rechts.

(4) Mit der Einlegung der Beschwerde sind die anderen Beteiligten des Verfahrens vor der Vergabekammer vom Beschwerdeführer durch Übermittlung einer Ausfertigung der Beschwerdeschrift zu unterrichten.

§ 173 Wirkung[5)]

(1) [1]Die sofortige Beschwerde hat aufschiebende Wirkung gegenüber der Entscheidung der Vergabekammer. [2]Die aufschiebende Wirkung entfällt zwei Wochen nach Ablauf der Beschwerdefrist. [3]Hat die Vergabekammer den Antrag auf Nachprüfung abgelehnt, so kann das Beschwerdegericht auf Antrag des Beschwerdeführers die aufschiebende Wirkung bis zur Entscheidung über die Beschwerde verlängern.

1) **Anm. d. Red.:** § 170 eingefügt gem. Gesetz v. 17. 2. 2016 (BGBl I S. 203) mit Wirkung v. 18. 4. 2016.

2) **Anm. d. Red.:** Abschnitt 3 eingefügt gem. Gesetz v. 17. 2. 2016 (BGBl I S. 203) mit Wirkung v. 18. 4. 2016.

3) **Anm. d. Red.:** § 171 eingefügt gem. Gesetz v. 17. 2. 2016 (BGBl I S. 203) mit Wirkung v. 18. 4. 2016.

4) **Anm. d. Red.:** § 172 eingefügt gem. Gesetz v. 17. 2. 2016 (BGBl I S. 203) mit Wirkung v. 18. 4. 2016.

5) **Anm. d. Red.:** § 173 eingefügt gem. Gesetz v. 17. 2. 2016 (BGBl I S. 203) mit Wirkung v. 18. 4. 2016.

(2) [1]Das Gericht lehnt den Antrag nach Absatz 1 Satz 3 ab, wenn unter Berücksichtigung aller möglicherweise geschädigten Interessen die nachteiligen Folgen einer Verzögerung der Vergabe bis zur Entscheidung über die Beschwerde die damit verbundenen Vorteile überwiegen. [2]Bei der Abwägung ist das Interesse der Allgemeinheit an einer wirtschaftlichen Erfüllung der Aufgaben des Auftraggebers zu berücksichtigen; bei verteidigungs- oder sicherheitsspezifischen Aufträgen im Sinne des § 104 sind zusätzlich besondere Verteidigungs- und Sicherheitsinteressen zu berücksichtigen. [3]Das Gericht berücksichtigt bei seiner Entscheidung auch die Erfolgsaussichten der Beschwerde, die allgemeinen Aussichten des Antragstellers im Vergabeverfahren, den öffentlichen Auftrag oder die Konzession zu erhalten, und das Interesse der Allgemeinheit an einem raschen Abschluss des Vergabeverfahrens.

(3) Hat die Vergabekammer dem Antrag auf Nachprüfung durch Untersagung des Zuschlags stattgegeben, so unterbleibt dieser, solange nicht das Beschwerdegericht die Entscheidung der Vergabekammer nach § 176 oder § 178 aufhebt.

§ 174 Beteiligte am Beschwerdeverfahren[1)]

An dem Verfahren vor dem Beschwerdegericht beteiligt sind die an dem Verfahren vor der Vergabekammer Beteiligten.

§ 175 Verfahrensvorschriften[2)]

(1) [1]Vor dem Beschwerdegericht müssen sich die Beteiligten durch einen Rechtsanwalt als Bevollmächtigten vertreten lassen. [2]Juristische Personen des öffentlichen Rechts können sich durch Beamte oder Angestellte mit Befähigung zum Richteramt vertreten lassen.

(2) Die §§ 69, 70 Absatz 1 bis 3, § 71 Absatz 1 und 6, §§ 71a, 72, 73 mit Ausnahme der Verweisung auf § 227 Absatz 3 der Zivilprozessordnung, die §§ 78, 165 und 167 Absatz 2 Satz 1 sind entsprechend anzuwenden.

§ 176 Vorabentscheidung über den Zuschlag[3)]

(1) [1]Auf Antrag des Auftraggebers oder auf Antrag des Unternehmens, das nach § 134 vom Auftraggeber als das Unternehmen benannt ist, das den Zuschlag erhalten soll, kann das Gericht den weiteren Fortgang des Vergabeverfahrens und den Zuschlag gestatten, wenn unter Berücksichtigung aller möglicherweise geschädigten Interessen die nachteiligen Folgen einer Verzögerung der Vergabe bis zur Entscheidung über die Beschwerde die damit verbundenen Vorteile überwiegen. [2]Bei der Abwägung ist das Interesse der Allgemeinheit an einer wirtschaftlichen Erfüllung der Aufgaben des Auftraggebers zu berücksichtigen; bei verteidigungs- oder sicherheitsspezifischen Aufträgen im Sinne des § 104 sind zusätzlich besondere Verteidigungs- und Sicherheitsinteressen zu berücksichtigen. [3]Das Gericht berücksichtigt bei seiner Entscheidung auch die Erfolgsaussichten der sofortigen Beschwerde, die allgemeinen Aussichten des Antragstellers im Vergabeverfahren, den öffentlichen Auftrag oder die Konzession zu erhalten, und das Interesse der Allgemeinheit an einem raschen Abschluss des Vergabeverfahrens.

(2) [1]Der Antrag ist schriftlich zu stellen und gleichzeitig zu begründen. [2]Die zur Begründung des Antrags vorzutragenden Tatsachen sowie der Grund für die Eilbedürftigkeit sind glaubhaft zu machen. [3]Bis zur Entscheidung über den Antrag kann das Verfahren über die Beschwerde ausgesetzt werden.

(3) [1]Die Entscheidung ist unverzüglich, längstens innerhalb von fünf Wochen nach Eingang des Antrags zu treffen und zu begründen; bei besonderen tatsächlichen oder rechtlichen Schwierigkeiten kann der Vorsitzende im Ausnahmefall die Frist durch begründete Mitteilung an die Beteiligten um den erforderlichen Zeitraum verlängern. [2]Die Entscheidung kann ohne

1) **Anm. d. Red.:** § 174 eingefügt gem. Gesetz v. 17. 2. 2016 (BGBl I S. 203) mit Wirkung v. 18. 4. 2016.

2) **Anm. d. Red.:** § 175 eingefügt gem. Gesetz v. 17. 2. 2016 (BGBl I S. 203) mit Wirkung v. 18. 4. 2016.

3) **Anm. d. Red.:** § 176 eingefügt gem. Gesetz v. 17. 2. 2016 (BGBl I S. 203) mit Wirkung v. 18. 4. 2016.

mündliche Verhandlung ergehen. [3]Ihre Begründung erläutert Rechtmäßigkeit oder Rechtswidrigkeit des Vergabeverfahrens. [4]§ 175 ist anzuwenden.

(4) Gegen eine Entscheidung nach dieser Vorschrift ist ein Rechtsmittel nicht zulässig.

§ 177 Ende des Vergabeverfahrens nach Entscheidung des Beschwerdegerichts[1)]

Ist der Auftraggeber mit einem Antrag nach § 176 vor dem Beschwerdegericht unterlegen, gilt das Vergabeverfahren nach Ablauf von zehn Tagen nach Zustellung der Entscheidung als beendet, wenn der Auftraggeber nicht die Maßnahmen zur Herstellung der Rechtmäßigkeit des Verfahrens ergreift, die sich aus der Entscheidung ergeben; das Verfahren darf nicht fortgeführt werden.

§ 178 Beschwerdeentscheidung[2)]

[1]Hält das Gericht die Beschwerde für begründet, so hebt es die Entscheidung der Vergabekammer auf. [2]In diesem Fall entscheidet das Gericht in der Sache selbst oder spricht die Verpflichtung der Vergabekammer aus, unter Berücksichtigung der Rechtsauffassung des Gerichts über die Sache erneut zu entscheiden. [3]Auf Antrag stellt es fest, ob das Unternehmen, das die Nachprüfung beantragt hat, durch den Auftraggeber in seinen Rechten verletzt ist. [4]§ 168 Absatz 2 gilt entsprechend.

§ 179 Bindungswirkung und Vorlagepflicht[3)]

(1) Wird wegen eines Verstoßes gegen Vergabevorschriften Schadensersatz begehrt und hat ein Verfahren vor der Vergabekammer stattgefunden, ist das ordentliche Gericht an die bestandskräftige Entscheidung der Vergabekammer und die Entscheidung des Oberlandesgerichts sowie gegebenenfalls des nach Absatz 2 angerufenen Bundesgerichtshofs über die Beschwerde gebunden.

(2) [1]Will ein Oberlandesgericht von einer Entscheidung eines anderen Oberlandesgerichts oder des Bundesgerichtshofs abweichen, so legt es die Sache dem Bundesgerichtshof vor. [2]Der Bundesgerichtshof entscheidet anstelle des Oberlandesgerichts. [3]Der Bundesgerichtshof kann sich auf die Entscheidung der Divergenzfrage beschränken und dem Beschwerdegericht die Entscheidung in der Hauptsache übertragen, wenn dies nach dem Sach- und Streitstand des Beschwerdeverfahrens angezeigt scheint. [4]Die Vorlagepflicht gilt nicht im Verfahren nach § 173 Absatz 1 Satz 3 und nach § 176.

§ 180 Schadensersatz bei Rechtsmissbrauch[4)]

(1) Erweist sich der Antrag nach § 160 oder die sofortige Beschwerde nach § 171 als von Anfang an ungerechtfertigt, ist der Antragsteller oder der Beschwerdeführer verpflichtet, dem Gegner und den Beteiligten den Schaden zu ersetzen, der ihnen durch den Missbrauch des Antrags- oder Beschwerderechts entstanden ist.

(2) Ein Missbrauch des Antrags- oder Beschwerderechts ist es insbesondere,

1. die Aussetzung oder die weitere Aussetzung des Vergabeverfahrens durch vorsätzlich oder grob fahrlässig vorgetragene falsche Angaben zu erwirken;
2. die Überprüfung mit dem Ziel zu beantragen, das Vergabeverfahren zu behindern oder Konkurrenten zu schädigen;
3. einen Antrag in der Absicht zu stellen, ihn später gegen Geld oder andere Vorteile zurückzunehmen.

---

1) **Anm. d. Red.:** § 177 eingefügt gem. Gesetz v. 17. 2. 2016 (BGBl I S. 203) mit Wirkung v. 18. 4. 2016.

2) **Anm. d. Red.:** § 178 eingefügt gem. Gesetz v. 17. 2. 2016 (BGBl I S. 203) mit Wirkung v. 18. 4. 2016.

3) **Anm. d. Red.:** § 179 eingefügt gem. Gesetz v. 17. 2. 2016 (BGBl I S. 203) mit Wirkung v. 18. 4. 2016.

4) **Anm. d. Red.:** § 180 eingefügt gem. Gesetz v. 17. 2. 2016 (BGBl I S. 203) mit Wirkung v. 18. 4. 2016.

(3) Erweisen sich die von der Vergabekammer entsprechend einem besonderen Antrag nach § 169 Absatz 3 getroffenen vorläufigen Maßnahmen als von Anfang an ungerechtfertigt, hat der Antragsteller dem Auftraggeber den aus der Vollziehung der angeordneten Maßnahme entstandenen Schaden zu ersetzen.

§ 181 Anspruch auf Ersatz des Vertrauensschadens[1)]

[1]Hat der Auftraggeber gegen eine den Schutz von Unternehmen bezweckende Vorschrift verstoßen und hätte das Unternehmen ohne diesen Verstoß bei der Wertung der Angebote eine echte Chance gehabt, den Zuschlag zu erhalten, die aber durch den Rechtsverstoß beeinträchtigt wurde, so kann das Unternehmen Schadensersatz für die Kosten der Vorbereitung des Angebots oder der Teilnahme an einem Vergabeverfahren verlangen. [2]Weiterreichende Ansprüche auf Schadensersatz bleiben unberührt.

§ 182 Kosten des Verfahrens vor der Vergabekammer[2)]

(1) [1]Für Amtshandlungen der Vergabekammern werden Kosten (Gebühren und Auslagen) zur Deckung des Verwaltungsaufwandes erhoben. [2]Das Verwaltungskostengesetz vom 23. Juni 1970 (BGBl I S. 821) in der am 14. August 2013 geltenden Fassung ist anzuwenden.

(2) [1]Die Gebühr beträgt mindestens 2 500 Euro; dieser Betrag kann aus Gründen der Billigkeit bis auf ein Zehntel ermäßigt werden. [2]Die Gebühr soll den Betrag von 50 000 Euro nicht überschreiten; sie kann im Einzelfall, wenn der Aufwand oder die wirtschaftliche Bedeutung außergewöhnlich hoch ist, bis zu einem Betrag von 100 000 Euro erhöht werden.

(3) [1]Soweit ein Beteiligter im Verfahren unterliegt, hat er die Kosten zu tragen. [2]Mehrere Kostenschuldner haften als Gesamtschuldner. [3]Kosten, die durch Verschulden eines Beteiligten entstanden sind, können diesem auferlegt werden. [4]Hat sich der Antrag vor Entscheidung der Vergabekammer durch Rücknahme oder anderweitig erledigt, ist die Hälfte der Gebühr zu entrichten. [5]Die Entscheidung, wer die Kosten zu tragen hat, erfolgt nach billigem Ermessen. [6]Aus Gründen der Billigkeit kann von der Erhebung von Gebühren ganz oder teilweise abgesehen werden.

(4) [1]Soweit ein Beteiligter im Nachprüfungsverfahren unterliegt, hat er die zur zweckentsprechenden Rechtsverfolgung oder Rechtsverteidigung notwendigen Aufwendungen des Antragsgegners zu tragen. [2]Die Aufwendungen der Beigeladenen sind nur erstattungsfähig, soweit sie die Vergabekammer aus Billigkeit der unterlegenen Partei auferlegt. [3]Hat sich der Antrag durch Rücknahme oder anderweitig erledigt, erfolgt die Entscheidung, wer die zur zweckentsprechenden Rechtsverfolgung oder Rechtsverteidigung notwendigen Aufwendungen anderer Beteiligter zu tragen hat, nach billigem Ermessen; in Bezug auf die Erstattung der Aufwendungen der Beigeladenen gilt im Übrigen Satz 2 entsprechend. [4]§ 80 Absatz 1, 2 und 3 Satz 2 des Verwaltungsverfahrensgesetzes und die entsprechenden Vorschriften der Verwaltungsverfahrensgesetze der Länder gelten entsprechend. [5]Ein gesondertes Kostenfestsetzungsverfahren findet nicht statt.

§ 183 Korrekturmechanismus der Kommission[3)]

(1) Erhält die Bundesregierung im Laufe eines Vergabeverfahrens vor Abschluss des Vertrags eine Mitteilung der Europäischen Kommission, dass diese der Auffassung ist, es liege ein schwerer Verstoß gegen das Recht der Europäischen Union zur Vergabe öffentlicher Aufträge oder zur Vergabe von Konzessionen vor, der zu beseitigen sei, teilt das Bundesministerium für Wirtschaft und Energie dies dem Auftraggeber mit.

---

1) **Anm. d. Red.:** § 181 eingefügt gem. Gesetz v. 17. 2. 2016 (BGBl I S. 203) mit Wirkung v. 18. 4. 2016.

2) **Anm. d. Red.:** § 182 eingefügt gem. Gesetz v. 17. 2. 2016 (BGBl I S. 203) mit Wirkung v. 18. 4. 2016.

3) **Anm. d. Red.:** § 183 eingefügt gem. Gesetz v. 17. 2. 2016 (BGBl I S. 203) mit Wirkung v. 18. 4. 2016.

(2) Der Auftraggeber ist verpflichtet, innerhalb von 14 Kalendertagen nach Eingang dieser Mitteilung dem Bundesministerium für Wirtschaft und Energie eine umfassende Darstellung des Sachverhaltes zu geben und darzulegen, ob der behauptete Verstoß beseitigt wurde, oder zu begründen, warum er nicht beseitigt wurde, ob das Vergabeverfahren Gegenstand eines Nachprüfungsverfahrens ist oder aus sonstigen Gründen ausgesetzt wurde.

(3) Ist das Vergabeverfahren Gegenstand eines Nachprüfungsverfahrens oder wurde es ausgesetzt, so ist der Auftraggeber verpflichtet, das Bundesministerium für Wirtschaft und Energie unverzüglich über den Ausgang des Verfahrens zu informieren.

§ 184 Unterrichtungspflichten der Nachprüfungsinstanzen[1)]

Die Vergabekammern und die Oberlandesgerichte unterrichten das Bundesministerium für Wirtschaft und Energie bis zum 31. Januar eines jeden Jahres über die Anzahl der Nachprüfungsverfahren des Vorjahres und deren Ergebnisse.

Teil 5: Anwendungsbereich der Teile 1 bis 3[2)]

§ 185 Unternehmen der öffentlichen Hand, Geltungsbereich[3)]

(1) [1]Die Vorschriften des Ersten bis Dritten Teils dieses Gesetzes sind auch auf Unternehmen anzuwenden, die ganz oder teilweise im Eigentum der öffentlichen Hand stehen oder die von ihr verwaltet oder betrieben werden. [2]Die §§ 19, 20 und 31b Absatz 5 sind nicht anzuwenden auf öffentlich-rechtliche Gebühren oder Beiträge. [3]Die Vorschriften des Ersten bis Dritten Teils dieses Gesetzes sind nicht auf die Deutsche Bundesbank und die Kreditanstalt für Wiederaufbau anzuwenden.

(2) Die Vorschriften des Ersten bis Dritten Teils dieses Gesetzes sind auf alle Wettbewerbsbeschränkungen anzuwenden, die sich im Geltungsbereich dieses Gesetzes auswirken, auch wenn sie außerhalb des Geltungsbereichs dieses Gesetzes veranlasst werden.

(3) Die Vorschriften des Energiewirtschaftsgesetzes stehen der Anwendung der §§ 19, 20 und 29 nicht entgegen, soweit in § 111 des Energiewirtschaftsgesetzes keine andere Regelung getroffen ist.

GWB

Teil 6: Übergangs- und Schlussbestimmungen[4)]

§ 186 Übergangsbestimmungen[5)]

(1) § 29 ist nach dem 31. Dezember 2022 nicht mehr anzuwenden.

(2) Vergabeverfahren, die vor dem 18. April 2016 begonnen haben, einschließlich der sich an diese anschließenden Nachprüfungsverfahren sowie am 18. April 2016 anhängige Nachprüfungsverfahren werden nach dem Recht zu Ende geführt, das zum Zeitpunkt der Einleitung des Verfahrens galt.

(3) [1]Mit Ausnahme von § 33c Absatz 5 sind die §§ 33a bis 33f nur auf Schadensersatzansprüche anwendbar, die nach dem 26. Dezember 2016 entstanden sind. [2]§ 33h ist auf nach dem 26. Dezember 2016 entstandene Ansprüche nach § 33 Absatz 1 oder § 33a Absatz 1 sowie auf vor dem 27. Dezember 2016 entstandene Unterlassungs-, Beseitigungs- und Schadensersatzansprüche wegen eines Verstoßes gegen eine Vorschrift im Sinne des § 33 Absatz 1 oder gegen eine Verfügung der Kartellbehörde anzuwenden, die am 9. Juni 2017 noch nicht verjährt waren. [3]Der Beginn, die Hemmung, die Ablaufhemmung und der Neubeginn der Verjährung der An-

1) **Anm. d. Red.:** § 184 eingefügt gem. Gesetz v. 17. 2. 2016 (BGBl I S. 203) mit Wirkung v. 18. 4. 2016.
2) **Anm. d. Red.:** Überschrift i. d. F. des Gesetzes v. 1. 6. 2017 (BGBl I S. 1416) mit Wirkung v. 9. 6. 2017.
3) **Anm. d. Red.:** § 185 eingefügt gem. Gesetz v. 17. 2. 2016 (BGBl I S. 203) mit Wirkung v. 18. 4. 2016.
4) **Anm. d. Red.:** Teil 6 neu gefasst gem. Gesetz v. 17. 2. 2016 (BGBl I S. 203) mit Wirkung v. 18. 4. 2016.
5) **Anm. d. Red.:** § 186 i. d. F. des Gesetzes v. 1. 6. 2017 (BGBl I S. 1416) mit Wirkung v. 9. 6. 2017.

sprüche, die vor dem 27. Dezember 2016 entstanden sind, bestimmen sich jedoch für die Zeit bis zum 8. Juni 2017 nach den bisher für diese Ansprüche jeweils geltenden Verjährungsvorschriften.

(4) § 33c Absatz 5 und die §§ 33g sowie 89b bis 89e sind nur in Rechtsstreiten anzuwenden, in denen nach dem 26. Dezember 2016 Klage erhoben worden ist.

(5) [1]§ 81a findet Anwendung, wenn das Erlöschen der nach § 30 des Gesetzes über Ordnungswidrigkeiten verantwortlichen juristischen Person oder Personenvereinigung oder die Verschiebung von Vermögen nach dem 9. Juni 2017 erfolgt. [2]War die Tat zu diesem Zeitpunkt noch nicht beendet, gehen die Regelungen des § 81 Absatz 3a bis 3e vor.

(6) § 30 Absatz 2b findet nur Anwendung auf Vereinbarungen, die nach dem 9. Juni 2017 und vor dem 31. Dezember 2027 wirksam geworden sind.

XXXIII. Verordnung über die Vergabe öffentlicher Aufträge (Vergabeverordnung – VgV)*)

v. 12.4.2016 (BGBl I S. 624) mit späteren Änderungen

*) **Amtl. Anm.:** Die Verordnung dient der Umsetzung der Richtlinie 2014/24/EU des Europäischen Parlaments und des Rates vom 26. Februar 2014 über die öffentliche Auftragsvergabe und zur Aufhebung der Richtlinie 2004/18/EG (ABl L 94 vom 28.3.2014, S. 65).

Die Verordnung über die Vergabe öffentlicher Aufträge (Vergabeverordnung – VgV) ist als Art. 1 Verordnung zur Modernisierung des Vergaberechts (Vergaberechtsmodernisierungsverordnung – VergRModVO) v. 12.4.2016 (BGBl I S. 624) verkündet worden und am 18.4.2016 in Kraft getreten. Sie ist zuletzt geändert worden durch Art. 4 Gesetz zur Verlängerung befristeter Regelungen im Arbeitsförderungsrecht und zur Umsetzung der Richtlinie (EU) 2016/2102 über den barrierefreien Zugang zu den Websites und mobilen Anwendungen öffentlicher Stellen v. 10.7.2018 (BGBl I S. 1117).

Nichtamtliche Fassung

Inhaltsübersicht

Abschnitt 1: Allgemeine Bestimmungen und Kommunikation

Unterabschnitt 1: Allgemeine Bestimmungen

§ 1 Gegenstand und Anwendungsbereich

(1) Diese Verordnung trifft nähere Bestimmungen über das einzuhaltende Verfahren bei der dem Teil 4 des Gesetzes gegen Wettbewerbsbeschränkungen unterliegenden Vergabe von öffentlichen Aufträgen und bei der Ausrichtung von Wettbewerben durch den öffentlichen Auftraggeber.

(2) Diese Verordnung ist nicht anzuwenden auf

1. die Vergabe von öffentlichen Aufträgen und die Ausrichtung von Wettbewerben durch Sektorenauftraggeber zum Zweck der Ausübung einer Sektorentätigkeit,
2. die Vergabe von verteidigungs- oder sicherheitsspezifischen öffentlichen Aufträgen und
3. die Vergabe von Konzessionen durch Konzessionsgeber.

§ 2 Vergabe von Bauaufträgen

[1]Für die Vergabe von Bauaufträgen sind Abschnitt 1 und Abschnitt 2, Unterabschnitt 2 anzuwenden. [2]Im Übrigen ist Teil A Abschnitt 2 der Vergabe- und Vertragsordnung für Bauleistungen in der Fassung der Bekanntmachung vom 19. Januar 2016 (BAnz AT 19. 1. 2016 B3) anzuwenden.

§ 3 Schätzung des Auftragswerts

(1) [1]Bei der Schätzung des Auftragswerts ist vom voraussichtlichen Gesamtwert der vorgesehenen Leistung ohne Umsatzsteuer auszugehen. [2]Zudem sind etwaige Optionen oder Vertragsverlängerungen zu berücksichtigen. [3]Sieht der öffentliche Auftraggeber Prämien oder Zahlungen an den Bewerber oder Bieter vor, sind auch diese zu berücksichtigen.

(2) [1]Die Wahl der Methode zur Berechnung des geschätzten Auftragswerts darf nicht in der Absicht erfolgen, die Anwendung der Bestimmungen des Teils 4 des Gesetzes gegen Wettbewerbsbeschränkungen oder dieser Verordnung zu umgehen. [2]Eine Auftragsvergabe darf nicht so unterteilt werden, dass sie nicht in den Anwendungsbereich der Bestimmungen des Gesetzes gegen Wettbewerbsbeschränkungen oder dieser Verordnung fällt, es sei denn, es liegen objektive Gründe dafür vor, etwa wenn eine eigenständige Organisationseinheit selbstständig für ihre Auftragsvergabe oder bestimmte Kategorien der Auftragsvergabe zuständig ist.

(3) Maßgeblicher Zeitpunkt für die Schätzung des Auftragswerts ist der Tag, an dem die Auftragsbekanntmachung abgesendet wird oder das Vergabeverfahren auf sonstige Weise eingeleitet wird.

(4) Der Wert einer Rahmenvereinbarung oder eines dynamischen Beschaffungssystems wird auf der Grundlage des geschätzten Gesamtwertes aller Einzelaufträge berechnet, die während der gesamten Laufzeit einer Rahmenvereinbarung oder eines dynamischen Beschaffungssystems geplant sind.

(5) Der zu berücksichtigende Wert im Falle einer Innovationspartnerschaft entspricht dem geschätzten Gesamtwert der Forschungs- und Entwicklungstätigkeiten, die während sämtlicher Phasen der geplanten Partnerschaft stattfinden sollen, sowie der Bau-, Liefer- oder Dienstleistungen, die zu entwickeln und am Ende der geplanten Partnerschaft zu beschaffen sind.

(6) [1]Bei der Schätzung des Auftragswerts von Bauleistungen ist neben dem Auftragswert der Bauaufträge der geschätzte Gesamtwert aller Liefer- und Dienstleistungen zu berücksichtigen, die für die Ausführung der Bauleistungen erforderlich sind und vom öffentlichen Auftraggeber zur Verfügung gestellt werden. [2]Die Möglichkeit des öffentlichen Auftraggebers, Aufträge für die Planung und die Ausführung von Bauleistungen entweder getrennt oder gemeinsam zu vergeben, bleibt unberührt.

(7) [1]Kann das beabsichtigte Bauvorhaben oder die vorgesehene Erbringung einer Dienstleistung zu einem Auftrag führen, der in mehreren Losen vergeben wird, ist der geschätzte Gesamtwert aller Lose zugrunde zu legen. [2]Bei Planungsleistungen gilt dies nur für Lose über gleichartige Leistungen. [3]Erreicht oder überschreitet der geschätzte Gesamtwert den maßgeblichen Schwellenwert, gilt diese Verordnung für die Vergabe jedes Loses.

(8) Kann ein Vorhaben zum Zweck des Erwerbs gleichartiger Lieferungen zu einem Auftrag führen, der in mehreren Losen vergeben wird, ist der geschätzte Gesamtwert aller Lose zugrunde zu legen.

(9) Der öffentliche Auftraggeber kann bei der Vergabe einzelner Lose von Absatz 7 Satz 3 sowie Absatz 8 abweichen, wenn der geschätzte Nettowert des betreffenden Loses bei Liefer- und Dienstleistungen unter 80 000 Euro und bei Bauleistungen unter 1 Million Euro liegt und die Summe der Nettowerte dieser Lose 20 Prozent des Gesamtwertes aller Lose nicht übersteigt.

(10) Bei regelmäßig wiederkehrenden Aufträgen oder Daueraufträgen über Liefer- oder Dienstleistungen sowie bei Liefer- oder Dienstleistungsaufträgen, die innerhalb eines bestimmten Zeitraums verlängert werden sollen, ist der Auftragswert zu schätzen

1. auf der Grundlage des tatsächlichen Gesamtwertes entsprechender aufeinander folgender Aufträge aus dem vorangegangenen Haushaltsjahr oder Geschäftsjahr; dabei sind voraussichtliche Änderungen bei Mengen oder Kosten möglichst zu berücksichtigen, die während der zwölf Monate zu erwarten sind, die auf den ursprünglichen Auftrag folgen, oder
2. auf der Grundlage des geschätzten Gesamtwertes aufeinander folgender Aufträge, die während der auf die erste Lieferung folgenden zwölf Monate oder während des auf die erste Lieferung folgenden Haushaltsjahres oder Geschäftsjahres, wenn dieses länger als zwölf Monate ist, vergeben werden.

(11) Bei Aufträgen über Liefer- oder Dienstleistungen, für die kein Gesamtpreis angegeben wird, ist Berechnungsgrundlage für den geschätzten Auftragswert

1. bei zeitlich begrenzten Aufträgen mit einer Laufzeit von bis zu 48 Monaten der Gesamtwert für die Laufzeit dieser Aufträge, und
2. bei Aufträgen mit unbestimmter Laufzeit oder mit einer Laufzeit von mehr als 48 Monaten der 48-fache Monatswert.

(12) [1]Bei einem Planungswettbewerb nach § 69, der zu einem Dienstleistungsauftrag führen soll, ist der Wert des Dienstleistungsauftrags zu schätzen zuzüglich etwaiger Preisgelder und Zahlungen an die Teilnehmer. [2]Bei allen übrigen Planungswettbewerben entspricht der Auftragswert der Summe der Preisgelder und Zahlungen an die Teilnehmer einschließlich des Werts des Dienstleistungsauftrags, der vergeben werden könnte, soweit der öffentliche Auftraggeber diese Vergabe in der Wettbewerbsbekanntmachung des Planungswettbewerbs nicht ausschließt.

§ 4 Gelegentliche gemeinsame Auftragsvergabe; zentrale Beschaffung

(1) [1]Mehrere öffentliche Auftraggeber können vereinbaren, bestimmte öffentliche Aufträge gemeinsam zu vergeben. [2]Dies gilt auch für die Auftragsvergabe gemeinsam mit öffentlichen Auftraggebern aus anderen Mitgliedstaaten der Europäischen Union. [2]Die Möglichkeiten zur Nutzung von zentralen Beschaffungsstellen bleiben unberührt.

(2) [1]Soweit das Vergabeverfahren im Namen und im Auftrag aller öffentlichen Auftraggeber insgesamt gemeinsam durchgeführt wird, sind diese für die Einhaltung der Bestimmungen über das Vergabeverfahren gemeinsam verantwortlich. [2]Das gilt auch, wenn ein öffentlicher Auftraggeber das Verfahren in seinem Namen und im Auftrag der anderen öffentlichen Auftraggeber allein ausführt. [3]Bei nur teilweise gemeinsamer Durchführung sind die öffentlichen Auftraggeber nur für jene Teile gemeinsam verantwortlich, die gemeinsam durchgeführt wurden. [4]Wird ein Auftrag durch öffentliche Auftraggeber aus verschiedenen Mitgliedstaaten der Europäischen Union gemeinsam vergeben, legen diese die Zuständigkeiten und die anwendbaren

Bestimmungen des nationales Rechts durch Vereinbarung fest und geben das in den Vergabeunterlagen an.

(3) Die Bundesregierung kann für Dienststellen des Bundes in geeigneten Bereichen allgemeine Verwaltungsvorschriften über die Einrichtung und die Nutzung zentraler Beschaffungsstellen sowie die durch die zentralen Beschaffungsstellen bereitzustellenden Beschaffungsdienstleistungen erlassen.

§ 5 Wahrung der Vertraulichkeit

(1) [1]Sofern in dieser Verordnung oder anderen Rechtsvorschriften nichts anderes bestimmt ist, darf der öffentliche Auftraggeber keine von den Unternehmen übermittelten und von diesen als vertraulich gekennzeichneten Informationen weitergeben. [2]Dazu gehören insbesondere Betriebs- und Geschäftsgeheimnisse und die vertraulichen Aspekte der Angebote einschließlich ihrer Anlagen.

(2) [1]Bei der gesamten Kommunikation sowie beim Austausch und der Speicherung von Informationen muss der öffentliche Auftraggeber die Integrität der Daten und die Vertraulichkeit der Interessensbekundungen, Interessensbestätigungen, Teilnahmeanträge und Angebote einschließlich ihrer Anlagen gewährleisten. [2]Die Interessensbekundungen, Interessensbestätigungen, Teilnahmeanträge und Angebote einschließlich ihrer Anlagen sowie die Dokumentation über Öffnung und Wertung der Teilnahmeanträge und Angebote sind auch nach Abschluss des Vergabeverfahrens vertraulich zu behandeln.

(3) [1]Der öffentliche Auftraggeber kann Unternehmen Anforderungen vorschreiben, die auf den Schutz der Vertraulichkeit der Informationen im Rahmen des Vergabeverfahrens abzielen. [2]Hierzu gehört insbesondere die Abgabe einer Verschwiegenheitserklärung.

§ 6 Vermeidung von Interessenkonflikten

(1) Organmitglieder oder Mitarbeiter des öffentlichen Auftraggebers oder eines im Namen des öffentlichen Auftraggebers handelnden Beschaffungsdienstleisters, bei denen ein Interessenkonflikt besteht, dürfen in einem Vergabeverfahren nicht mitwirken.

(2) Ein Interessenkonflikt besteht für Personen, die an der Durchführung des Vergabeverfahrens beteiligt sind oder Einfluss auf den Ausgang eines Vergabeverfahrens nehmen können und die ein direktes oder indirektes finanzielles, wirtschaftliches oder persönliches Interesse haben, das ihre Unparteilichkeit und Unabhängigkeit im Rahmen des Vergabeverfahrens beeinträchtigen könnte.

(3) Es wird vermutet, dass ein Interessenkonflikt besteht, wenn die in Absatz 1 genannten Personen

1. Bewerber oder Bieter sind,
2. einen Bewerber oder Bieter beraten oder sonst unterstützen oder als gesetzliche Vertreter oder nur in dem Vergabeverfahren vertreten,
3. beschäftigt oder tätig sind
   a) bei einem Bewerber oder Bieter gegen Entgelt oder bei ihm als Mitglied des Vorstandes, Aufsichtsrates oder gleichartigen Organs oder
   b) für ein in das Vergabeverfahren eingeschaltetes Unternehmen, wenn dieses Unternehmen zugleich geschäftliche Beziehungen zum öffentlichen Auftraggeber und zum Bewerber oder Bieter hat.

(4) [1]Die Vermutung des Absatzes 3 gilt auch für Personen, deren Angehörige die Voraussetzungen nach Absatz 3 Nummer 1 bis 3 erfüllen. [2]Angehörige sind der Verlobte, der Ehegatte, Lebenspartner, Verwandte und Verschwägerte gerader Linie, Geschwister, Kinder der Geschwister, Ehegatten und Lebenspartner der Geschwister und Geschwister der Ehegatten und Lebenspartner, Geschwister der Eltern sowie Pflegeeltern und Pflegekinder.

§ 7 Mitwirkung an der Vorbereitung des Vergabeverfahrens

(1) Hat ein Unternehmen oder ein mit ihm in Verbindung stehendes Unternehmen den öffentlichen Auftraggeber beraten oder war auf andere Art und Weise an der Vorbereitung des Vergabeverfahrens beteiligt (vorbefasstes Unternehmen), so ergreift der öffentliche Auftraggeber angemessene Maßnahmen, um sicherzustellen, dass der Wettbewerb durch die Teilnahme dieses Unternehmens nicht verzerrt wird.

(2) Die Maßnahmen nach Absatz 1 umfassen insbesondere die Unterrichtung der anderen am Vergabeverfahren teilnehmenden Unternehmen in Bezug auf die einschlägigen Informationen, die im Zusammenhang mit der Einbeziehung des vorbefassten Unternehmens in der Vorbereitung des Vergabeverfahrens ausgetauscht wurden oder daraus resultieren, und die Festlegung angemessener Fristen für den Eingang der Angebote und Teilnahmeanträge.

(3) Vor einem Ausschluss nach § 124 Absatz 1 Nummer 6 des Gesetzes gegen Wettbewerbsbeschränkungen ist dem vorbefassten Unternehmen die Möglichkeit zu geben nachzuweisen, dass seine Beteiligung an der Vorbereitung des Vergabeverfahrens den Wettbewerb nicht verzerren kann.

§ 8 Dokumentation und Vergabevermerk

(1) [1]Der öffentliche Auftraggeber dokumentiert das Vergabeverfahren von Beginn an fortlaufend in Textform nach § 126b des Bürgerlichen Gesetzbuchs, soweit dies für die Begründung von Entscheidungen auf jeder Stufe des Vergabeverfahrens erforderlich ist. [2]Dazu gehört zum Beispiel die Dokumentation der Kommunikation mit Unternehmen und interner Beratungen, der Vorbereitung der Auftragsbekanntmachung und der Vergabeunterlagen, der Öffnung der Angebote, Teilnahmeanträge und Interessensbestätigungen, der Verhandlungen und der Dialoge mit den teilnehmenden Unternehmen sowie der Gründe für Auswahlentscheidungen und den Zuschlag.

(2) [1]Der öffentliche Auftraggeber fertigt über jedes Vergabeverfahren einen Vermerk in Textform nach § 126b des Bürgerlichen Gesetzbuchs an. [2]Dieser Vergabevermerk umfasst mindestens Folgendes:

1. den Namen und die Anschrift des öffentlichen Auftraggebers sowie Gegenstand und Wert des Auftrags, der Rahmenvereinbarung oder des dynamischen Beschaffungssystems,
2. die Namen der berücksichtigten Bewerber oder Bieter und die Gründe für ihre Auswahl,
3. die nicht berücksichtigten Angebote und Teilnahmeanträge sowie die Namen der nicht berücksichtigten Bewerber oder Bieter und die Gründe für ihre Nichtberücksichtigung,
4. die Gründe für die Ablehnung von Angeboten, die für ungewöhnlich niedrig befunden wurden,
5. den Namen des erfolgreichen Bieters und die Gründe für die Auswahl seines Angebots sowie, falls bekannt, den Anteil am Auftrag oder an der Rahmenvereinbarung, den der Zuschlagsempfänger an Dritte weiterzugeben beabsichtigt, und gegebenenfalls, soweit zu jenem Zeitpunkt bekannt, den Namen der Unterauftragnehmer des Hauptauftragnehmers,
6. bei Verhandlungsverfahren und wettbewerblichen Dialogen die in § 14 Absatz 3 genannten Umstände, die die Anwendung dieser Verfahren rechtfertigen,
7. bei Verhandlungsverfahren ohne vorherigen Teilnahmewettbewerb die in § 14 Absatz 4 genannten Umstände, die die Anwendung dieses Verfahrens rechtfertigen,
8. gegebenenfalls die Gründe, aus denen der öffentliche Auftraggeber auf die Vergabe eines Auftrags, den Abschluss einer Rahmenvereinbarung oder die Einrichtung eines dynamischen Beschaffungssystems verzichtet hat,
9. gegebenenfalls die Gründe, aus denen andere als elektronische Mittel für die Einreichung der Angebote verwendet wurden,
10. gegebenenfalls Angaben zu aufgedeckten Interessenkonflikten und getroffenen Abhilfemaßnahmen,

11. gegebenenfalls die Gründe, aufgrund derer mehrere Teil- oder Fachlose zusammen vergeben wurden, und
12. gegebenenfalls die Gründe für die Nichtangabe der Gewichtung von Zuschlagskriterien.

(3) [1]Der Vergabevermerk ist nicht erforderlich für Aufträge auf der Grundlage von Rahmenvereinbarungen, sofern diese gemäß § 21 Absatz 3 oder gemäß § 21 Absatz 4 Nummer 1 geschlossen wurden. [2]Soweit die Vergabebekanntmachung die geforderten Informationen enthält, kann sich der öffentliche Auftraggeber auf diese beziehen.

(4) [1]Die Dokumentation, der Vergabevermerk sowie die Angebote, die Teilnahmeanträge, die Interessensbekundungen, die Interessensbestätigungen und ihre Anlagen sind bis zum Ende der Laufzeit des Vertrages oder der Rahmenvereinbarung aufzubewahren, mindestens jedoch für drei Jahre ab dem Tag des Zuschlags. [2]Gleiches gilt für Kopien aller abgeschlossenen Verträge, die mindestens den folgenden Auftragswert haben:
1. 1 Million Euro im Falle von Liefer- oder Dienstleistungsaufträgen,
2. 10 Millionen Euro im Falle von Bauaufträgen.

(5) Der Vergabevermerk oder dessen Hauptelemente sowie die abgeschlossenen Verträge sind der Europäischen Kommission sowie den zuständigen Aufsichts- oder Prüfbehörden auf deren Anforderung hin zu übermitteln.

(6) § 5 bleibt unberührt.

Unterabschnitt 2: Kommunikation

§ 9 Grundsätze der Kommunikation

(1) Für das Senden, Empfangen, Weiterleiten und Speichern von Daten in einem Vergabeverfahren verwenden der öffentliche Auftraggeber und die Unternehmen grundsätzlich Geräte und Programme für die elektronische Datenübermittlung (elektronische Mittel).

(2) Die Kommunikation in einem Vergabeverfahren kann mündlich erfolgen, wenn sie nicht die Vergabeunterlagen, die Teilnahmeanträge, die Interessensbestätigungen oder die Angebote betrifft und wenn sie ausreichend und in geeigneter Weise dokumentiert wird.

(3) [1]Der öffentliche Auftraggeber kann von jedem Unternehmen die Angabe einer eindeutigen Unternehmensbezeichnung sowie einer elektronischen Adresse verlangen (Registrierung). [2]Für den Zugang zur Auftragsbekanntmachung und zu den Vergabeunterlagen darf der öffentliche Auftraggeber keine Registrierung verlangen; eine freiwillige Registrierung ist zulässig.

§ 10 Anforderungen an die verwendeten elektronischen Mittel

(1) [1]Der öffentliche Auftraggeber legt das erforderliche Sicherheitsniveau für die elektronischen Mittel fest. [2]Elektronische Mittel, die von dem öffentlichen Auftraggeber für den Empfang von Angeboten, Teilnahmeanträgen und Interessensbestätigungen sowie von Plänen und Entwürfen für Planungswettbewerbe verwendet werden, müssen gewährleisten, dass
1. die Uhrzeit und der Tag des Datenempfanges genau zu bestimmen sind,
2. kein vorfristiger Zugriff auf die empfangenen Daten möglich ist,
3. der Termin für den erstmaligen Zugriff auf die empfangenen Daten nur von den Berechtigten festgelegt oder geändert werden kann,
4. nur die Berechtigten Zugriff auf die empfangenen Daten oder auf einen Teil derselben haben,
5. nur die Berechtigten nach dem festgesetzten Zeitpunkt Dritten Zugriff auf die empfangenen Daten oder auf einen Teil derselben einräumen dürfen,
6. empfangene Daten nicht an Unberechtigte übermittelt werden und
7. Verstöße oder versuchte Verstöße gegen die Anforderungen gemäß Nummer 1 bis 6 eindeutig festgestellt werden können.

(2) [1]Die elektronischen Mittel, die von dem öffentlichen Auftraggeber für den Empfang von Angeboten, Teilnahmeanträgen und Interessensbestätigungen sowie von Plänen und Entwürfen für Planungswettbewerbe genutzt werden, müssen über eine einheitliche Datenaustauschschnittstelle verfügen. [2]Es sind die jeweils geltenden Interoperabilitäts- und Sicherheitsstandards der Informationstechnik gemäß § 3 Absatz 1 des Vertrags über die Errichtung des IT-Planungsrats und über die Grundlagen der Zusammenarbeit beim Einsatz der Informationstechnologie in den Verwaltungen von Bund und Ländern vom 1. April 2010 zu verwenden.

§ 11 Anforderungen an den Einsatz elektronischer Mittel im Vergabeverfahren[1)]

(1) [1]Elektronische Mittel und deren technische Merkmale müssen allgemein verfügbar, nichtdiskriminierend und mit allgemein verbreiteten Geräten und Programmen der Informations- und Kommunikationstechnologie kompatibel sein. [2]Sie dürfen den Zugang von Unternehmen zum Vergabeverfahren nicht einschränken. [3]Der öffentliche Auftraggeber gewährleistet die barrierefreie Ausgestaltung der elektronischen Mittel nach den §§ 4, 12a und 12b des Behindertengleichstellungsgesetzes vom 27. April 2002 (BGBl I S. 1467, 1468) in der jeweils geltenden Fassung.

(2) Der öffentliche Auftraggeber verwendet für das Senden, Empfangen, Weiterleiten und Speichern von Daten in einem Vergabeverfahren ausschließlich solche elektronischen Mittel, die die Unversehrtheit, die Vertraulichkeit und die Echtheit der Daten gewährleisten.

(3) Der öffentliche Auftraggeber muss den Unternehmen alle notwendigen Informationen zur Verfügung stellen über

1. die in einem Vergabeverfahren verwendeten elektronischen Mittel,
2. die technischen Parameter zur Einreichung von Teilnahmeanträgen, Angeboten und Interessensbestätigungen mithilfe elektronischer Mittel und
3. verwendete Verschlüsselungs- und Zeiterfassungsverfahren.

§ 12 Einsatz alternativer elektronischer Mittel bei der Kommunikation

(1) Der öffentliche Auftraggeber kann im Vergabeverfahren die Verwendung elektronischer Mittel, die nicht allgemein verfügbar sind (alternative elektronische Mittel), verlangen, wenn er

1. Unternehmen während des gesamten Vergabeverfahrens unter einer Internetadresse einen unentgeltlichen, uneingeschränkten, vollständigen und direkten Zugang zu diesen alternativen elektronischen Mitteln gewährt und
2. diese alternativen elektronischen Mittel selbst verwendet.

(2) [1]Der öffentliche Auftraggeber kann im Rahmen der Vergabe von Bauleistungen und für Wettbewerbe die Nutzung elektronischer Mittel für die Bauwerksdatenmodellierung verlangen. [2]Sofern die verlangten elektronischen Mittel für die Bauwerksdatenmodellierung nicht allgemein verfügbar sind, bietet der öffentliche Auftraggeber einen alternativen Zugang zu ihnen gemäß Absatz 1 an.

§ 13 Allgemeine Verwaltungsvorschriften

Die Bundesregierung kann mit Zustimmung des Bundesrates allgemeine Verwaltungsvorschriften über die zu verwendenden elektronischen Mittel (Basisdienste für die elektronische Auftragsvergabe) sowie über die einzuhaltenden technischen Standards erlassen.

1) **Anm. d. Red.:** § 11 i. d. F. des Gesetzes v. 10.7.2018 (BGBl I S. 1117) mit Wirkung v. 14.7.2018.

Abschnitt 2: Vergabeverfahren

Unterabschnitt 1: Verfahrensarten

§ 14 Wahl der Verfahrensart[1)]

(1) Die Vergabe von öffentlichen Aufträgen erfolgt nach § 119 des Gesetzes gegen Wettbewerbsbeschränkungen im offenen Verfahren, im nicht offenen Verfahren, im Verhandlungsverfahren, im wettbewerblichen Dialog oder in der Innovationspartnerschaft.

(2) [1]Dem öffentlichen Auftraggeber stehen das offene Verfahren und das nicht offene Verfahren, das stets einen Teilnahmewettbewerb erfordert, nach seiner Wahl zur Verfügung. [2]Die anderen Verfahrensarten stehen nur zur Verfügung, soweit dies durch gesetzliche Bestimmungen oder nach den Absätzen 3 und 4 gestattet ist.

(3) Der öffentliche Aufraggeber kann Aufträge im Verhandlungsverfahren mit Teilnahmewettbewerb oder im wettbewerblichen Dialog vergeben, wenn

1. die Bedürfnisse des öffentlichen Auftraggebers nicht ohne die Anpassung bereits verfügbarer Lösungen erfüllt werden können,
2. der Auftrag konzeptionelle oder innovative Lösungen umfasst,
3. der Auftrag aufgrund konkreter Umstände, die mit der Art, der Komplexität oder dem rechtlichen oder finanziellen Rahmen oder den damit einhergehenden Risiken zusammenhängen, nicht ohne vorherige Verhandlungen vergeben werden kann,
4. die Leistung, insbesondere ihre technischen Anforderungen, vom öffentlichen Auftraggeber nicht mit ausreichender Genauigkeit unter Verweis auf eine Norm, eine europäische technische Bewertung (ETA), eine gemeinsame technische Spezifikation oder technische Referenzen im Sinne der Anlage 1 Nummer 2 bis 5 beschrieben werden kann, oder
5. im Rahmen eines offenen oder nicht offenen Verfahrens keine ordnungsgemäßen oder nur unannehmbare Angebote eingereicht wurden; nicht ordnungsgemäß sind insbesondere Angebote, die nicht den Vergabeunterlagen entsprechen, nicht fristgerecht eingereicht wurden, nachweislich auf kollusiven Absprachen oder Korruption beruhen oder nach Einschätzung des öffentlichen Auftraggebers ungewöhnlich niedrig sind; unannehmbar sind insbesondere Angebote von Bietern, die nicht über die erforderlichen Qualifikationen verfügen und Angebote, deren Preis die vor Einleitung des Vergabeverfahrens festgelegten und dokumentierten eingeplanten Haushaltsmittel des öffentlichen Auftraggebers übersteigt; der öffentliche Auftraggeber kann in diesen Fällen von einem Teilnahmewettbewerb absehen, wenn er in das Verhandlungsverfahren alle geeigneten Unternehmen einbezieht, die form- und fristgerechte Angebote abgegeben haben.

VgV

(4) Der öffentliche Aufraggeber kann Aufträge im Verhandlungsverfahren ohne Teilnahmewettbewerb vergeben,

1. wenn in einem offenen oder einem nicht offenen Verfahren keine oder keine geeigneten Angebote oder keine geeigneten Teilnahmeanträge abgegeben worden sind, sofern die ursprünglichen Bedingungen des Auftrags nicht grundlegend geändert werden; ein Angebot gilt als ungeeignet, wenn es ohne Abänderung den in den Vergabeunterlagen genannten Bedürfnissen und Anforderungen des öffentlichen Auftraggebers offensichtlich nicht entsprechen kann; ein Teilnahmeantrag gilt als ungeeignet, wenn das Unternehmen aufgrund eines zwingenden oder fakultativen Ausschlussgrundes nach den §§ 123 und 124 des Gesetzes gegen Wettbewerbsbeschränkungen auszuschließen ist oder ausgeschlossen werden kann, oder wenn es die Eignungskriterien nicht erfüllt,
2. wenn der Auftrag nur von einem bestimmten Unternehmen erbracht oder bereitgestellt werden kann,

1) **Anm. d. Red.:** § 14 i. d. F. des Gesetzes v. 18.7.2017 (BGBl I S. 2745) mit Wirkung v. 29.7.2017.

a) weil ein einzigartiges Kunstwerk oder eine einzigartige künstlerische Leistung erschaffen oder erworben werden soll,

b) weil aus technischen Gründen kein Wettbewerb vorhanden ist oder

c) wegen des Schutzes von ausschließlichen Rechten, insbesondere von gewerblichen Schutzrechten,

3. wenn äußerst dringliche, zwingende Gründe im Zusammenhang mit Ereignissen, die der betreffende öffentliche Auftraggeber nicht voraussehen konnte, es nicht zulassen, die Mindestfristen einzuhalten, die für das offene und das nicht offene Verfahren sowie für das Verhandlungsverfahren mit Teilnahmewettbewerb vorgeschriebenen sind; die Umstände zur Begründung der äußersten Dringlichkeit dürfen dem öffentlichen Auftraggeber nicht zuzurechnen sein,

4. wenn eine Lieferleistung beschafft werden soll, die ausschließlich zu Forschungs-, Versuchs-, Untersuchungs- oder Entwicklungszwecken hergestellt wurde; hiervon nicht umfasst ist die Serienfertigung zum Nachweis der Marktfähigkeit des Produktes oder zur Deckung der Forschungs- und Entwicklungskosten,

5. wenn zusätzliche Lieferleistungen des ursprünglichen Auftragnehmers beschafft werden sollen, die entweder zur teilweisen Erneuerung oder Erweiterung bereits erbrachter Leistungen bestimmt sind, und ein Wechsel des Unternehmens dazu führen würde, dass der öffentliche Auftraggeber eine Leistung mit unterschiedlichen technischen Merkmalen kaufen müsste und dies eine technische Unvereinbarkeit oder unverhältnismäßige technische Schwierigkeiten bei Gebrauch und Wartung mit sich bringen würde; die Laufzeit dieser öffentlichen Aufträge darf in der Regel drei Jahre nicht überschreiten,

6. wenn es sich um eine auf einer Warenbörse notierte und gekaufte Lieferleistung handelt,

7. wenn Liefer- oder Dienstleistungen zu besonders günstigen Bedingungen bei Lieferanten, die ihre Geschäftstätigkeit endgültig einstellen, oder bei Insolvenzverwaltern oder Liquidatoren im Rahmen eines Insolvenz-, Vergleichs- oder Ausgleichsverfahrens oder eines in den Vorschriften eines anderen Mitgliedstaates der Europäischen Union vorgesehenen gleichartigen Verfahrens erworben werden,

8. wenn im Anschluss an einen Planungswettbewerb im Sinne des § 69 ein Dienstleistungsauftrag nach den Bedingungen dieses Wettbewerbs an den Gewinner oder an einen der Preisträger vergeben werden muss; im letzteren Fall müssen alle Preisträger des Wettbewerbs zur Teilnahme an den Verhandlungen aufgefordert werden, oder

9. wenn eine Dienstleistung beschafft werden soll, die in der Wiederholung gleichartiger Leistungen besteht, die durch denselben öffentlichen Auftraggeber an das Unternehmen vergeben werden, das den ersten Auftrag erhalten hat, sofern sie einem Grundprojekt entsprechen und dieses Projekt Gegenstand des ersten Auftrags war, das im Rahmen eines Vergabeverfahrens mit Ausnahme eines Verhandlungsverfahrens ohne Teilnahmewettbewerb vergeben wurde; die Möglichkeit der Anwendung des Verhandlungsverfahrens muss bereits in der Auftragsbekanntmachung des ersten Vorhabens angegeben werden; darüber hinaus sind im Grundprojekt bereits der Umfang möglicher Dienstleistungen sowie die Bedingungen, unter denen sie vergeben werden, anzugeben; der für die nachfolgenden Dienstleistungen in Aussicht genommene Gesamtauftragswert wird vom öffentlichen Auftraggeber bei der Berechnung des Auftragswerts berücksichtigt; das Verhandlungsverfahren ohne Teilnahmewettbewerb darf nur innerhalb von drei Jahren nach Abschluss des ersten Auftrags angewandt werden.

(5) Im Falle des Absatzes 4 Nummer 1 ist der Europäischen Kommission auf Anforderung ein Bericht vorzulegen.

(6) Die in Absatz 4 Nummer 2 Buchstabe b und c genannten Voraussetzungen für die Anwendung des Verhandlungsverfahrens ohne Teilnahmewettbewerb gelten nur dann, wenn es keine vernünftige Alternative oder Ersatzlösung gibt und der mangelnde Wettbewerb nicht das Ergebnis einer künstlichen Einschränkung der Auftragsvergabeparameter ist.

§ 15 Offenes Verfahren

(1) [1]Bei einem offenen Verfahren fordert der öffentliche Auftraggeber eine unbeschränkte Anzahl von Unternehmen öffentlich zur Abgabe von Angeboten auf. [2]Jedes interessierte Unternehmen kann ein Angebot abgeben.

(2) Die Frist für den Eingang der Angebote (Angebotsfrist) beträgt mindestens 35 Tage, gerechnet ab dem Tag nach der Absendung der Auftragsbekanntmachung.

(3) Für den Fall, dass eine hinreichend begründete Dringlichkeit die Einhaltung der Frist gemäß Absatz 2 unmöglich macht, kann der öffentliche Auftraggeber eine Frist festlegen, die 15 Tage, gerechnet ab dem Tag nach der Absendung der Auftragsbekanntmachung, nicht unterschreiten darf.

(4) Der öffentliche Auftraggeber kann die Frist gemäß Absatz 2 um fünf Tage verkürzen, wenn er die elektronische Übermittlung der Angebote akzeptiert.

(5) [1]Der öffentliche Auftraggeber darf von den Bietern nur Aufklärung über das Angebot oder deren Eignung verlangen. [2]Verhandlungen, insbesondere über Änderungen der Angebote oder Preise, sind unzulässig.

§ 16 Nicht offenes Verfahren

(1) [1]Bei einem nicht offenen Verfahren fordert der öffentliche Auftraggeber eine unbeschränkte Anzahl von Unternehmen im Rahmen eines Teilnahmewettbewerbs öffentlich zur Abgabe von Teilnahmeanträgen auf. [2]Jedes interessierte Unternehmen kann einen Teilnahmeantrag abgeben. [3]Mit dem Teilnahmeantrag übermitteln die Unternehmen die vom öffentlichen Auftraggeber geforderten Informationen für die Prüfung ihrer Eignung.

(2) Die Frist für den Eingang der Teilnahmeanträge (Teilnahmefrist) beträgt mindestens 30 Tage, gerechnet ab dem Tag nach der Absendung der Auftragsbekanntmachung.

(3) Für den Fall, dass eine hinreichend begründete Dringlichkeit die Einhaltung der Teilnahmefrist unmöglich macht, kann der öffentliche Auftraggeber eine Frist festlegen, die 15 Tage, gerechnet ab dem Tag nach der Absendung der Auftragsbekanntmachung nicht unterschreiten darf.

(4) [1]Nur diejenigen Unternehmen, die vom öffentlichen Auftraggeber nach Prüfung der übermittelten Informationen dazu aufgefordert werden, können ein Angebot einreichen. [2]Der öffentliche Auftraggeber kann die Zahl geeigneter Bewerber, die zur Angebotsabgabe aufgefordert werden, gemäß § 51 begrenzen.

(5) Die Angebotsfrist beträgt mindestens 30 Tage, gerechnet ab dem Tag nach der Absendung der Aufforderung zur Angebotsabgabe.

(6) [1]Mit Ausnahme oberster Bundesbehörden kann der öffentliche Auftraggeber die Angebotsfrist mit den Bewerbern, die zur Angebotsabgabe aufgefordert werden, im gegenseitigen Einvernehmen festlegen, sofern allen Bewerbern dieselbe Frist für die Einreichung der Angebote gewährt wird. [2]Erfolgt keine einvernehmliche Festlegung der Angebotsfrist, beträgt diese mindestens zehn Tage, gerechnet ab dem Tag nach der Absendung der Aufforderung zur Angebotsabgabe.

(7) Für den Fall, dass eine hinreichend begründete Dringlichkeit die Einhaltung der Angebotsfrist gemäß Absatz 5 unmöglich macht, kann der öffentliche Auftraggeber eine Frist festlegen, die zehn Tage, gerechnet ab dem Tag nach der Absendung der Aufforderung zur Angebotsabgabe, nicht unterschreiten darf.

(8) Der öffentliche Auftraggeber kann die Angebotsfrist gemäß Absatz 5 um fünf Tage verkürzen, wenn er die elektronische Übermittlung der Angebote akzeptiert.

(9) § 15 Absatz 5 gilt entsprechend.

§ 17 Verhandlungsverfahren

(1) [1]Bei einem Verhandlungsverfahren mit Teilnahmewettbewerb fordert der öffentliche Auftraggeber eine unbeschränkte Anzahl von Unternehmen im Rahmen eines Teilnahmewettbewerbs öffentlich zur Abgabe von Teilnahmeanträgen auf. [2]Jedes interessierte Unternehmen kann einen Teilnahmeantrag abgeben. [3]Mit dem Teilnahmeantrag übermitteln die Unternehmen die vom öffentlichen Auftraggeber geforderten Informationen für die Prüfung ihrer Eignung.

(2) Die Frist für den Eingang der Teilnahmeanträge (Teilnahmefrist) beträgt mindestens 30 Tage, gerechnet ab dem Tag nach der Absendung der Auftragsbekanntmachung.

(3) Für den Fall, dass eine hinreichend begründete Dringlichkeit die Einhaltung der Teilnahmefrist unmöglich macht, kann der öffentliche Auftraggeber eine Frist festlegen, die 15 Tage, gerechnet ab dem Tag nach der Absendung der Auftragsbekanntmachung, nicht unterschreiten darf.

(4) [1]Nur diejenigen Unternehmen, die vom öffentlichen Auftraggeber nach Prüfung der übermittelten Informationen dazu aufgefordert werden, können ein Erstangebot einreichen. [2]Der öffentliche Auftraggeber kann die Zahl geeigneter Bewerber, die zur Angebotsabgabe aufgefordert werden, gemäß § 51 begrenzen.

(5) Bei einem Verhandlungsverfahren ohne Teilnahmewettbewerb erfolgt keine öffentliche Aufforderung zur Abgabe von Teilnahmeanträgen, sondern unmittelbar eine Aufforderung zur Abgabe von Erstangeboten an die vom öffentlichen Auftraggeber ausgewählten Unternehmen.

(6) Die Frist für den Eingang der Erstangebote beträgt mindestens 30 Tage, gerechnet ab dem Tag nach der Absendung der Aufforderung zur Angebotsabgabe.

(7) [1]Mit Ausnahme oberster Bundesbehörden kann der öffentliche Auftraggeber die Angebotsfrist mit den Bewerbern, die zur Angebotsabgabe aufgefordert werden, im gegenseitigen Einvernehmen festlegen, sofern allen Bewerbern dieselbe Frist für die Einreichung der Angebote gewährt wird. [2]Erfolgt keine einvernehmliche Festlegung der Angebotsfrist, beträgt diese mindestens zehn Tage, gerechnet ab dem Tag nach der Absendung der Aufforderung zur Angebotsabgabe.

(8) Für den Fall, dass eine hinreichend begründete Dringlichkeit die Einhaltung der Angebotsfrist gemäß Absatz 6 unmöglich macht, kann der öffentliche Auftraggeber eine Frist festlegen, die zehn Tage, gerechnet ab dem Tag nach der Absendung der Aufforderung zur Angebotsabgabe, nicht unterschreiten darf.

(9) Der öffentliche Auftraggeber kann die Angebotsfrist gemäß Absatz 6 um fünf Tage verkürzen, wenn er die elektronische Übermittlung der Angebote akzeptiert.

(10) [1]Der öffentliche Auftraggeber verhandelt mit den Bietern über die von ihnen eingereichten Erstangebote und alle Folgeangebote, mit Ausnahme der endgültigen Angebote, mit dem Ziel, die Angebote inhaltlich zu verbessern. [2]Dabei darf über den gesamten Angebotsinhalt verhandelt werden mit Ausnahme der vom öffentlichen Auftraggeber in den Vergabeunterlagen festgelegten Mindestanforderungen und Zuschlagskriterien.

(11) Der öffentliche Auftraggeber kann den Auftrag auf der Grundlage der Erstangebote vergeben, ohne in Verhandlungen einzutreten, wenn er sich in der Auftragsbekanntmachung oder in der Aufforderung zur Interessensbestätigung diese Möglichkeit vorbehalten hat.

(12) [1]Sofern der öffentliche Auftraggeber in der Auftragsbekanntmachung oder in den Vergabeunterlagen darauf hingewiesen hat, kann er die Verhandlungen in verschiedenen aufeinander folgenden Phasen abwickeln, um so die Zahl der Angebote, über die verhandelt wird, anhand der vorgegebenen Zuschlagskriterien zu verringern. [2]In der Schlussphase des Verfahrens müssen noch so viele Angebote vorliegen, dass der Wettbewerb gewährleistet ist, sofern ursprünglich eine ausreichende Anzahl von Angeboten oder geeigneten Bietern vorhanden war.

(13) [1]Der öffentliche Auftraggeber stellt sicher, dass alle Bieter bei den Verhandlungen gleich behandelt werden. [2]Insbesondere enthält er sich jeder diskriminierenden Weitergabe von Informationen, durch die bestimmte Bieter gegenüber anderen begünstigt werden könnten. [3]Er un-

terrichtet alle Bieter, deren Angebote nicht gemäß Absatz 12 ausgeschieden wurden, in Textform nach § 126b des Bürgerlichen Gesetzbuches über etwaige Änderungen der Leistungsbeschreibung, insbesondere der technischen Anforderungen oder anderer Bestandteile der Vergabeunterlagen, die nicht die Festlegung der Mindestanforderungen und Zuschlagskriterien betreffen. [4]Im Anschluss an solche Änderungen gewährt der öffentliche Auftraggeber den Bietern ausreichend Zeit, um ihre Angebote zu ändern und gegebenenfalls überarbeitete Angebote einzureichen. [5]Der öffentliche Auftraggeber darf vertrauliche Informationen eines an den Verhandlungen teilnehmenden Bieters nicht ohne dessen Zustimmung an die anderen Teilnehmer weitergeben. [6]Eine solche Zustimmung darf nicht allgemein, sondern nur in Bezug auf die beabsichtigte Mitteilung bestimmter Informationen erteilt werden.

(14) [1]Beabsichtigt der öffentliche Auftraggeber, die Verhandlungen abzuschließen, so unterrichtet er die verbleibenden Bieter und legt eine einheitliche Frist für die Einreichung neuer oder überarbeiteter Angebote fest. [2]Er vergewissert sich, dass die endgültigen Angebote die Mindestanforderungen erfüllen und entscheidet über den Zuschlag auf der Grundlage der Zuschlagskriterien.

§ 18 Wettbewerblicher Dialog

(1) [1]In der Auftragsbekanntmachung oder den Vergabeunterlagen zur Durchführung eines wettbewerblichen Dialogs beschreibt der öffentliche Auftraggeber seine Bedürfnisse und Anforderungen an die zu beschaffende Leistung. [2]Gleichzeitig nennt und erläutert er die hierbei zugrunde gelegten Zuschlagskriterien und legt einen vorläufigen Zeitrahmen für den Dialog fest.

(2) [1]Der öffentliche Auftraggeber fordert eine unbeschränkte Anzahl von Unternehmen im Rahmen eines Teilnahmewettbewerbs öffentlich zur Abgabe von Teilnahmeanträgen auf. [2]Jedes interessierte Unternehmen kann einen Teilnahmeantrag abgeben. [3]Mit dem Teilnahmeantrag übermitteln die Unternehmen die vom öffentlichen Auftraggeber geforderten Informationen für die Prüfung ihrer Eignung.

(3) Die Frist für den Eingang der Teilnahmeanträge beträgt mindestens 30 Tage, gerechnet ab dem Tag nach der Absendung der Auftragsbekanntmachung.

(4) [1]Nur diejenigen Unternehmen, die vom öffentlichen Auftraggeber nach Prüfung der übermittelten Informationen dazu aufgefordert werden, können am Dialog teilnehmen. [2]Der öffentliche Auftraggeber kann die Zahl geeigneter Bewerber, die zur Teilnahme am Dialog aufgefordert werden, gemäß § 51 begrenzen.

(5) [1]Der öffentliche Auftraggeber eröffnet mit den ausgewählten Unternehmen einen Dialog, in dem er ermittelt und festlegt, wie seine Bedürfnisse und Anforderungen am besten erfüllt werden können. [2]Dabei kann er mit den ausgewählten Unternehmen alle Aspekte des Auftrags erörtern. [3]Er sorgt dafür, dass alle Unternehmen bei dem Dialog gleich behandelt werden, gibt Lösungsvorschläge oder vertrauliche Informationen eines Unternehmens nicht ohne dessen Zustimmung an die anderen Unternehmen weiter und verwendet diese nur im Rahmen des jeweiligen Vergabeverfahrens. [4]Eine solche Zustimmung darf nicht allgemein, sondern nur in Bezug auf die beabsichtigte Mitteilung bestimmter Informationen erteilt werden.

(6) [1]Der öffentliche Auftraggeber kann vorsehen, dass der Dialog in verschiedenen aufeinander folgenden Phasen geführt wird, sofern der öffentliche Auftraggeber darauf in der Auftragsbekanntmachung oder in den Vergabeunterlagen hingewiesen hat. [2]In jeder Dialogphase kann die Zahl der zu erörternden Lösungen anhand der vorgegebenen Zuschlagskriterien verringert werden. [3]Der öffentliche Auftraggeber hat die Unternehmen zu informieren, wenn deren Lösungen nicht für die folgende Dialogphase vorgesehen sind. [4]In der Schlussphase müssen noch so viele Lösungen vorliegen, dass der Wettbewerb gewährleistet ist, sofern ursprünglich eine ausreichende Anzahl von Lösungen oder geeigneten Bietern vorhanden war.

(7) [1]Der öffentliche Auftraggeber schließt den Dialog ab, wenn er die Lösungen ermittelt hat, mit denen die Bedürfnisse und Anforderungen an die zu beschaffende Leistung befriedigt werden können. [2]Die im Verfahren verbliebenen Teilnehmer sind hierüber zu informieren.

(8) [1]Nach Abschluss des Dialogs fordert der öffentliche Auftraggeber die Unternehmen auf, auf der Grundlage der eingereichten und in der Dialogphase näher ausgeführten Lösungen ihr endgültiges Angebot vorzulegen. [2]Die Angebote müssen alle Einzelheiten enthalten, die zur Ausführung des Projekts erforderlich sind. [3]Der öffentliche Auftraggeber kann Klarstellungen und Ergänzungen zu diesen Angeboten verlangen. [4]Diese Klarstellungen oder Ergänzungen dürfen nicht dazu führen, dass wesentliche Bestandteile des Angebots oder des öffentlichen Auftrags einschließlich der in der Auftragsbekanntmachung oder in den Vergabeunterlagen festgelegten Bedürfnisse und Anforderungen grundlegend geändert werden, wenn dadurch der Wettbewerb verzerrt wird oder andere am Verfahren beteiligte Unternehmen diskriminiert werden.

(9) [1]Der öffentliche Auftraggeber hat die Angebote anhand der in der Auftragsbekanntmachung oder den Vergabeunterlagen festgelegten Zuschlagskriterien zu bewerten. [2]Der öffentliche Auftraggeber kann mit dem Unternehmen, dessen Angebot als das wirtschaftlichste ermittelt wurde, mit dem Ziel Verhandlungen führen, im Angebot enthaltene finanzielle Zusagen oder andere Bedingungen zu bestätigen, die in den Auftragsbedingungen abschließend festgelegt werden. [3]Dies darf nicht dazu führen, dass wesentliche Bestandteile des Angebots oder des öffentlichen Auftrags einschließlich der in der Auftragsbekanntmachung oder den Vergabeunterlagen festgelegten Bedürfnisse und Anforderungen grundlegend geändert werden, der Wettbewerb verzerrt wird oder andere am Verfahren beteiligte Unternehmen diskriminiert werden.

(10) Der öffentliche Auftraggeber kann Prämien oder Zahlungen an die Teilnehmer am Dialog vorsehen.

§ 19 Innovationspartnerschaft

(1) [1]Der öffentliche Auftraggeber kann für die Vergabe eines öffentlichen Auftrags eine Innovationspartnerschaft mit dem Ziel der Entwicklung einer innovativen Liefer- oder Dienstleistung und deren anschließenden Erwerb eingehen. [2]Der Beschaffungsbedarf, der der Innovationspartnerschaft zugrunde liegt, darf nicht durch auf dem Markt bereits verfügbare Liefer- oder Dienstleistungen befriedigt werden können. [2]Der öffentliche Auftraggeber beschreibt in der Auftragsbekanntmachung oder den Vergabeunterlagen die Nachfrage nach der innovativen Liefer- oder Dienstleistung. [3]Dabei ist anzugeben, welche Elemente dieser Beschreibung Mindestanforderungen darstellen. [4]Es sind Eignungskriterien vorzugeben, die die Fähigkeiten der Unternehmen auf dem Gebiet der Forschung und Entwicklung sowie die Ausarbeitung und Umsetzung innovativer Lösungen betreffen. [5]Die bereitgestellten Informationen müssen so genau sein, dass die Unternehmen Art und Umfang der geforderten Lösung erkennen und entscheiden können, ob sie eine Teilnahme an dem Verfahren beantragen.

(2) [1]Der öffentliche Auftraggeber fordert eine unbeschränkte Anzahl von Unternehmen im Rahmen eines Teilnahmewettbewerbs öffentlich zur Abgabe von Teilnahmeanträgen auf. [2]Jedes interessierte Unternehmen kann einen Teilnahmeantrag abgeben. [3]Mit dem Teilnahmeantrag übermitteln die Unternehmen die vom öffentlichen Auftraggeber geforderten Informationen für die Prüfung ihrer Eignung.

(3) Die Frist für den Eingang der Teilnahmeanträge beträgt mindestens 30 Tage, gerechnet ab dem Tag nach der Absendung der Auftragsbekanntmachung.

(4) [1]Nur diejenigen Unternehmen, die vom öffentlichen Auftraggeber infolge einer Bewertung der übermittelten Informationen dazu aufgefordert werden, können ein Angebot in Form von Forschungs- und Innovationsprojekten einreichen. [2]Der öffentliche Auftraggeber kann die Zahl geeigneter Bewerber, die zur Angebotsabgabe aufgefordert werden, gemäß § 51 begrenzen.

(5) [1]Der öffentliche Auftraggeber verhandelt mit den Bietern über die von ihnen eingereichten Erstangebote und alle Folgeangebote, mit Ausnahme der endgültigen Angebote, mit dem Ziel, die Angebote inhaltlich zu verbessern. [2]Dabei darf über den gesamten Auftragsinhalt verhandelt werden mit Ausnahme der vom öffentlichen Auftraggeber in den Vergabeunterlagen festgelegten Mindestanforderungen und Zuschlagskriterien. [3]Sofern der öffentliche Auftraggeber in

der Auftragsbekanntmachung oder in den Vergabeunterlagen darauf hingewiesen hat, kann er die Verhandlungen in verschiedenen aufeinander folgenden Phasen abwickeln, um so die Zahl der Angebote, über die verhandelt wird, anhand der vorgegebenen Zuschlagskriterien zu verringern.

(6) [1]Der öffentliche Auftraggeber trägt dafür Sorge, dass alle Bieter bei den Verhandlungen gleich behandelt werden. [2]Insbesondere enthält er sich jeder diskriminierenden Weitergabe von Informationen, durch die bestimmte Bieter gegenüber anderen begünstigt werden könnten. [3]Er unterrichtet alle Bieter, deren Angebote gemäß Absatz 5 nicht ausgeschieden wurden, in Textform nach § 126b des Bürgerlichen Gesetzbuchs über etwaige Änderungen der Anforderungen und sonstigen Informationen in den Vergabeunterlagen, die nicht die Festlegung der Mindestanforderungen betreffen. [4]Im Anschluss an solche Änderungen gewährt der öffentliche Auftraggeber den Bietern ausreichend Zeit, um ihre Angebote zu ändern und gegebenenfalls überarbeitete Angebote einzureichen. [5]Der öffentliche Auftraggeber darf vertrauliche Informationen eines an den Verhandlungen teilnehmenden Bieters nicht ohne dessen Zustimmung an die anderen Teilnehmer weitergeben. [6]Eine solche Zustimmung darf nicht allgemein, sondern nur in Bezug auf die beabsichtigte Mitteilung bestimmter Informationen erteilt werden. [7]Der öffentliche Auftraggeber muss in den Vergabeunterlagen die zum Schutz des geistigen Eigentums geltenden Vorkehrungen festlegen.

(7) [1]Die Innovationspartnerschaft wird durch Zuschlag auf Angebote eines oder mehrerer Bieter eingegangen. [2]Eine Erteilung des Zuschlags allein auf der Grundlage des niedrigsten Preises oder der niedrigsten Kosten ist ausgeschlossen. [3]Der öffentliche Auftraggeber kann eine Innovationspartnerschaft mit einem Partner oder mit mehreren Partnern, die getrennte Forschungs- und Entwicklungstätigkeiten durchführen, eingehen.

(8) [1]Die Innovationspartnerschaft wird entsprechend dem Forschungs- und Innovationsprozess in zwei aufeinander folgenden Phasen strukturiert:

1. einer Forschungs- und Entwicklungsphase, die die Herstellung von Prototypen oder die Entwicklung der Dienstleistung umfasst, und
2. einer Leistungsphase, in der die aus der Partnerschaft hervorgegangene Leistung erbracht wird.

[2]Die Phasen sind durch die Festlegung von Zwischenzielen zu untergliedern, bei deren Erreichen die Zahlung der Vergütung in angemessenen Teilbeträgen vereinbart wird. [3]Der öffentliche Auftraggeber stellt sicher, dass die Struktur der Partnerschaft und insbesondere die Dauer und der Wert der einzelnen Phasen den Innovationsgrad der vorgeschlagenen Lösung und der Abfolge der Forschungs- und Innovationstätigkeiten widerspiegeln. [4]Der geschätzte Wert der Liefer- oder Dienstleistung darf in Bezug auf die für ihre Entwicklung erforderlichen Investitionen nicht unverhältnismäßig sein.

(9) Auf der Grundlage der Zwischenziele kann der öffentliche Auftraggeber am Ende jedes Entwicklungsabschnittes entscheiden, ob er die Innovationspartnerschaft beendet oder, im Fall einer Innovationspartnerschaft mit mehreren Partnern, die Zahl der Partner durch die Kündigung einzelner Verträge reduziert, sofern der öffentliche Auftraggeber in der Auftragsbekanntmachung oder in den Vergabeunterlagen darauf hingewiesen hat, dass diese Möglichkeiten bestehen und unter welchen Umständen davon Gebrauch gemacht werden kann.

(10) Nach Abschluss der Forschungs- und Entwicklungsphase ist der öffentliche Auftraggeber zum anschließenden Erwerb der innovativen Liefer- oder Dienstleistung nur dann verpflichtet, wenn das bei Eingehung der Innovationspartnerschaft festgelegte Leistungsniveau und die Kostenobergrenze eingehalten werden.

§ 20 Angemessene Fristsetzung; Pflicht zur Fristverlängerung

(1) [1]Bei der Festlegung der Fristen für den Eingang der Angebote und der Teilnahmeanträge nach den §§ 15 bis 19 ist die Komplexität der Leistung und die Zeit für die Ausarbeitung der Angebote angemessen zu berücksichtigen. [2]§ 38 Absatz 3 bleibt unberührt.

(2) Können Angebote nur nach einer Besichtigung am Ort der Leistungserbringung oder nach Einsichtnahme in die Anlagen zu den Vergabeunterlagen vor Ort beim öffentlichen Auftraggeber erstellt werden, so sind die Angebotsfristen so festzulegen, dass alle Unternehmen von allen Informationen, die für die Erstellung des Angebots erforderlich sind, unter gewöhnlichen Umständen Kenntnis nehmen können.

(3) [1]Die Angebotsfristen sind, abgesehen von den in § 41 Absatz 2 und 3 geregelten Fällen, zu verlängern,

1. wenn zusätzliche Informationen trotz rechtzeitiger Anforderung durch ein Unternehmen nicht spätestens sechs Tage vor Ablauf der Angebotsfrist zur Verfügung gestellt werden; in den Fällen der § 15 Absatz 3, § 16 Absatz 7 oder § 17 Absatz 8 beträgt dieser Zeitraum vier Tage, oder
2. wenn der öffentliche Auftraggeber wesentliche Änderungen an den Vergabeunterlagen vornimmt.

[2]Die Fristverlängerung muss in einem angemessenen Verhältnis zur Bedeutung der Information oder Änderung stehen und gewährleisten, dass alle Unternehmen Kenntnis von den Informationen oder Änderungen nehmen können. [3]Dies gilt nicht, wenn die Information oder Änderung für die Erstellung des Angebotes unerheblich ist oder die Information nicht rechtzeitig angefordert wurde.

Unterabschnitt 2: Besondere Methoden und Instrumente in Vergabeverfahren

§ 21 Rahmenvereinbarungen

(1) [1]Der Abschluss einer Rahmenvereinbarung erfolgt im Wege einer nach dieser Verordnung anwendbaren Verfahrensart. [2]Das in Aussicht genommene Auftragsvolumen ist so genau wie möglich zu ermitteln und bekannt zu geben, braucht aber nicht abschließend festgelegt zu werden. [3]Eine Rahmenvereinbarung darf nicht missbräuchlich oder in einer Art angewendet werden, die den Wettbewerb behindert, einschränkt oder verfälscht.

(2) [1]Auf einer Rahmenvereinbarung beruhende Einzelaufträge werden nach den Kriterien dieses Absatzes und der Absätze 3 bis 5 vergeben. [2]Die Einzelauftragsvergabe erfolgt ausschließlich zwischen den in der Auftragsbekanntmachung oder der Aufforderung zur Interessensbestätigung genannten öffentlichen Auftraggebern und denjenigen Unternehmen, die zum Zeitpunkt des Abschlusses des Einzelauftrags Vertragspartei der Rahmenvereinbarung sind. [3]Dabei dürfen keine wesentlichen Änderungen an den Bedingungen der Rahmenvereinbarung vorgenommen werden.

(3) [1]Wird eine Rahmenvereinbarung mit nur einem Unternehmen geschlossen, so werden die auf dieser Rahmenvereinbarung beruhenden Einzelaufträge entsprechend den Bedingungen der Rahmenvereinbarung vergeben. [2]Für die Vergabe der Einzelaufträge kann der öffentliche Auftraggeber das an der Rahmenvereinbarung beteiligte Unternehmen in Textform nach § 126b des Bürgerlichen Gesetzbuchs auffordern, sein Angebot erforderlichenfalls zu vervollständigen.

(4) Wird eine Rahmenvereinbarung mit mehr als einem Unternehmen geschlossen, werden die Einzelaufträge wie folgt vergeben:

1. gemäß den Bedingungen der Rahmenvereinbarung ohne erneutes Vergabeverfahren, wenn in der Rahmenvereinbarung alle Bedingungen für die Erbringung der Leistung sowie die objektiven Bedingungen für die Auswahl der Unternehmen festgelegt sind, die sie als Partei der Rahmenvereinbarung ausführen werden; die letztgenannten Bedingungen sind in der Auftragsbekanntmachung oder den Vergabeunterlagen für die Rahmenvereinbarung zu nennen;
2. wenn in der Rahmenvereinbarung alle Bedingungen für die Erbringung der Leistung festgelegt sind, teilweise ohne erneutes Vergabeverfahren gemäß Nummer 1 und teilweise mit erneutem Vergabeverfahren zwischen den Unternehmen, die Partei der Rahmenverein-

barung sind, gemäß Nummer 3, wenn diese Möglichkeit in der Auftragsbekanntmachung oder den Vergabeunterlagen für die Rahmenvereinbarung durch die öffentlichen Auftraggeber festgelegt ist; die Entscheidung, ob bestimmte Liefer- oder Dienstleistungen nach erneutem Vergabeverfahren oder direkt entsprechend den Bedingungen der Rahmenvereinbarung beschafft werden sollen, wird nach objektiven Kriterien getroffen, die in der Auftragsbekanntmachung oder den Vergabeunterlagen für die Rahmenvereinbarung festgelegt sind; in der Auftragsbekanntmachung oder den Vergabeunterlagen ist außerdem festzulegen, welche Bedingungen einem erneuten Vergabeverfahren unterliegen können; diese Möglichkeiten gelten auch für jedes Los einer Rahmenvereinbarung, für das alle Bedingungen für die Erbringung der Leistung in der Rahmenvereinbarung festgelegt sind, ungeachtet dessen, ob alle Bedingungen für die Erbringung einer Leistung für andere Lose festgelegt wurden; oder
3. sofern nicht alle Bedingungen zur Erbringung der Leistung in der Rahmenvereinbarung festgelegt sind, mittels eines erneuten Vergabeverfahrens zwischen den Unternehmen, die Parteien der Rahmenvereinbarung sind.

(5) Die in Absatz 4 Nummer 2 und 3 genannten Vergabeverfahren beruhen auf denselben Bedingungen wie der Abschluss der Rahmenvereinbarung und erforderlichenfalls auf genauer formulierten Bedingungen sowie gegebenenfalls auf weiteren Bedingungen, die in der Auftragsbekanntmachung oder den Vergabeunterlagen für die Rahmenvereinbarung in Übereinstimmung mit dem folgenden Verfahren genannt werden:
1. vor Vergabe jedes Einzelauftrags konsultiert der öffentliche Auftraggeber in Textform nach § 126b des Bürgerlichen Gesetzbuchs die Unternehmen, die in der Lage sind, den Auftrag auszuführen,
2. der öffentliche Auftraggeber setzt eine ausreichende Frist für die Abgabe der Angebote für jeden Einzelauftrag fest; dabei berücksichtigt er unter anderem die Komplexität des Auftragsgegenstands und die für die Übermittlung der Angebote erforderliche Zeit,
3. die Angebote sind in Textform nach § 126b des Bürgerlichen Gesetzbuchs einzureichen und dürfen bis zum Ablauf der Einreichungsfrist nicht geöffnet werden,
4. der öffentliche Auftraggeber vergibt die Einzelaufträge an den Bieter, der auf der Grundlage der in der Auftragsbekanntmachung oder den Vergabeunterlagen für die Rahmenvereinbarung genannten Zuschlagskriterien das jeweils wirtschaftlichste Angebot vorgelegt hat.

(6) Die Laufzeit einer Rahmenvereinbarung darf höchstens vier Jahre betragen, es sei denn, es liegt ein im Gegenstand der Rahmenvereinbarung begründeter Sonderfall vor.

§ 22 Grundsätze für den Betrieb dynamischer Beschaffungssysteme

(1) Der öffentliche Auftraggeber kann für die Beschaffung marktüblicher Leistungen ein dynamisches Beschaffungssystem nutzen.

(2) Bei der Auftragsvergabe über ein dynamisches Beschaffungssystem befolgt der öffentliche Auftraggeber die Vorschriften für das nicht offene Verfahren.

(3) [1]Ein dynamisches Beschaffungssystem wird ausschließlich mithilfe elektronischer Mittel eingerichtet und betrieben. [2]§§ 11 und 12 finden Anwendung.

(4) [1]Ein dynamisches Beschaffungssystem steht im gesamten Zeitraum seiner Einrichtung allen Bietern offen, die die im jeweiligen Vergabeverfahren festgelegten Eignungskriterien erfüllen. [2]Die Zahl der zum dynamischen Beschaffungssystem zugelassenen Bewerber darf nicht begrenzt werden.

(5) Der Zugang zu einem dynamischen Beschaffungssystem ist für alle Unternehmen kostenlos.

§ 23 Betrieb eines dynamischen Beschaffungssystems

(1) Der öffentliche Auftraggeber gibt in der Auftragsbekanntmachung an, dass er ein dynamisches Beschaffungssystem nutzt und für welchen Zeitraum es betrieben wird.

(2) Der öffentliche Auftraggeber informiert die Europäische Kommission wie folgt über eine Änderung der Gültigkeitsdauer:

1. Wird die Gültigkeitsdauer ohne Einstellung des dynamischen Beschaffungssystems geändert, ist das Muster gemäß Anhang II der Durchführungsverordnung (EU) 2015/1986 der Kommission vom 11. November 2015 zur Einführung von Standardformularen für die Veröffentlichung von Vergabebekanntmachungen für öffentliche Aufträge und zur Aufhebung der Durchführungsverordnung (EU) Nr. 842/2011 (ABl L 296 vom 12. 11. 2015, S. 1) in der jeweils geltenden Fassung zu verwenden.
2. Wird das dynamische Beschaffungssystem eingestellt, ist das Muster gemäß Anhang III der Durchführungsverordnung (EU) 2015/1986 zu verwenden.

(3) In den Vergabeunterlagen sind mindestens die Art und die geschätzte Menge der zu beschaffenden Leistung sowie alle erforderlichen Daten des dynamischen Beschaffungssystems anzugeben.

(4) [1]In den Vergabeunterlagen ist anzugeben, ob ein dynamisches Beschaffungssystem in Kategorien von Leistungen untergliedert wurde. [2]Gegebenenfalls sind die objektiven Merkmale jeder Kategorie anzugeben.

(5) Hat ein öffentlicher Auftraggeber ein dynamisches Beschaffungssystem in Kategorien von Leistungen untergliedert, legt er für jede Kategorie die Eignungskriterien gesondert fest.

(6) [1]§ 16 Absatz 4 und § 51 Absatz 1 finden mit der Maßgabe Anwendung, dass die zugelassenen Bewerber für jede einzelne, über ein dynamisches Beschaffungssystem stattfindende Auftragsvergabe gesondert zur Angebotsabgabe aufzufordern sind. [2]Wurde ein dynamisches Beschaffungssystem in Kategorien von Leistungen untergliedert, werden jeweils alle für die einem konkreten Auftrag entsprechende Kategorie zugelassenen Bewerber aufgefordert, ein Angebot zu unterbreiten.

§ 24 Fristen beim Betrieb dynamischer Beschaffungssysteme

(1) Abweichend von § 16 gelten bei der Nutzung eines dynamischen Beschaffungssystems die Bestimmungen der Absätze 2 bis 5.

(2) [1]Die Mindestfrist für den Eingang der Teilnahmeanträge beträgt 30 Tage, gerechnet ab dem Tag nach der Absendung der Auftragsbekanntmachung oder im Falle einer Vorinformation nach § 38 Absatz 4 nach der Absendung der Aufforderung zur Interessensbestätigung. [2]Sobald die Aufforderung zur Angebotsabgabe für die erste einzelne Auftragsvergabe im Rahmen eines dynamischen Beschaffungssystems abgesandt worden ist, gelten keine weiteren Fristen für den Eingang der Teilnahmeanträge.

(3) [1]Der öffentliche Auftraggeber bewertet den Antrag eines Unternehmens auf Teilnahme an einem dynamischen Beschaffungssystem unter Zugrundelegung der Eignungskriterien innerhalb von zehn Arbeitstagen nach dessen Eingang. [2]In begründeten Einzelfällen, insbesondere wenn Unterlagen geprüft werden müssen oder um auf sonstige Art und Weise zu überprüfen, ob die Eignungskriterien erfüllt sind, kann die Frist auf 15 Arbeitstage verlängert werden. [3]Wurde die Aufforderung zur Angebotsabgabe für die erste einzelne Auftragsvergabe im Rahmen eines dynamischen Beschaffungssystems noch nicht versandt, kann der öffentliche Auftraggeber die Frist verlängern, sofern während der verlängerten Frist keine Aufforderung zur Angebotsabgabe versandt wird. [4]Die Fristverlängerung ist in den Vergabeunterlagen anzugeben. [5]Jedes Unternehmen wird unverzüglich darüber informiert, ob es zur Teilnahme an einem dynamischen Beschaffungssystem zugelassen wurde oder nicht.

(4) [1]Die Frist für den Eingang der Angebote beträgt mindestens zehn Tage, gerechnet ab dem Tag nach der Absendung der Aufforderung zur Angebotsabgabe. [2]§ 16 Absatz 6 findet Anwendung.

(5) [1]Der öffentliche Auftraggeber kann von den zu einem dynamischen Beschaffungssystem zugelassenen Bewerbern jederzeit verlangen, innerhalb von fünf Arbeitstagen nach Übermitt-

lung der Aufforderung zur Angebotsabgabe eine erneute und aktualisierte Einheitliche Europäische Eigenerklärung nach § 48 Absatz 3 einzureichen. [2]§ 48 Absatz 3 bis 6 findet Anwendung.

§ 25 Grundsätze für die Durchführung elektronischer Auktionen

(1) [1]Der öffentliche Auftraggeber kann im Rahmen eines offenen, eines nicht offenen oder eines Verhandlungsverfahrens vor der Zuschlagserteilung eine elektronische Auktion durchführen, sofern der Inhalt der Vergabeunterlagen hinreichend präzise beschrieben und die Leistung mithilfe automatischer Bewertungsmethoden eingestuft werden kann. [2]Geistig-schöpferische Leistungen können nicht Gegenstand elektronischer Auktionen sein. [3]Der elektronischen Auktion hat eine vollständige erste Bewertung aller Angebote anhand der Zuschlagskriterien und der jeweils dafür festgelegten Gewichtung vorauszugehen. [4]Die Sätze 1 und 2 gelten entsprechend bei einem erneuten Vergabeverfahren zwischen den Parteien einer Rahmenvereinbarung nach § 21 und bei einem erneuten Vergabeverfahren während der Laufzeit eines dynamischen Beschaffungssystems nach § 22. [5]Eine elektronische Auktion kann mehrere, aufeinander folgende Phasen umfassen.

(2) [1]Im Rahmen der elektronischen Auktion werden die Angebote mittels festgelegter Methoden elektronisch bewertet und automatisch in eine Rangfolge gebracht. [2]Die sich schrittweise wiederholende, elektronische Bewertung der Angebote beruht auf

1. neuen, nach unten korrigierten Preisen, wenn der Zuschlag allein aufgrund des Preises erfolgt, oder
2. neuen, nach unten korrigierten Preisen oder neuen, auf bestimmte Angebotskomponenten abstellenden Werten, wenn das Angebot mit dem besten Preis-Leistungs-Verhältnis oder, bei Verwendung eines Kosten-Wirksamkeits-Ansatzes, mit den niedrigsten Kosten den Zuschlag erhält.

(3) [1]Die Bewertungsmethoden werden mittels einer mathematischen Formel definiert und in der Aufforderung zur Teilnahme an der elektronischen Auktion bekanntgemacht. [2]Wird der Zuschlag nicht allein aufgrund des Preises erteilt, muss aus der mathematischen Formel auch die Gewichtung aller Angebotskomponenten nach Absatz 2 Nummer 2 hervorgehen. [3]Sind Nebenangebote zugelassen, ist für diese ebenfalls eine mathematische Formel bekanntzumachen.

(4) Angebotskomponenten nach Absatz 2 Nummer 2 müssen numerisch oder prozentual beschrieben werden.

§ 26 Durchführung elektronischer Auktionen

(1) Der öffentliche Auftraggeber kündigt in der Auftragsbekanntmachung oder in der Aufforderung zur Interessensbestätigung an, dass er eine elektronische Auktion durchführt.

(2) Die Vergabeunterlagen müssen mindestens folgende Angaben enthalten:

1. alle Angebotskomponenten, deren Werte Grundlage der automatischen Neureihung der Angebote sein werden,
2. gegebenenfalls die Obergrenzen der Werte nach Nummer 1, wie sie sich aus den technischen Spezifikationen ergeben,
3. eine Auflistung aller Daten, die den Bietern während der elektronischen Auktion zur Verfügung gestellt werden, .
4. den Termin, an dem die Daten nach Nummer 3 den Bietern zur Verfügung gestellt werden,
5. alle für den Ablauf der elektronischen Auktion relevanten Daten, und
6. die Bedingungen, unter denen die Bieter während der elektronischen Auktion Gebote abgeben können, insbesondere die Mindestabstände zwischen den der automatischen Neureihung der Angebote zugrunde liegenden Preisen oder Werte.

(3) [1]Der öffentliche Auftraggeber fordert alle Bieter, die zulässige Angebote unterbreitet haben, gleichzeitig zur Teilnahme an der elektronischen Auktion auf. [2]Ab dem genannten Zeitpunkt ist die Internetverbindung gemäß den in der Aufforderung zur Teilnahme an der elektro-

nischen Auktion genannten Anweisungen zu nutzen. [3]Der Aufforderung zur Teilnahme an der elektronischen Auktion ist jeweils das Ergebnis der vollständigen Bewertung des betreffenden Angebots nach § 25 Absatz 1 Satz 3 beizufügen.

(4) Eine elektronische Auktion darf frühestens zwei Arbeitstage nach der Versendung der Aufforderung zur Teilnahme gemäß Absatz 3 beginnen.

(5) [1]Der öffentliche Auftraggeber teilt allen Bietern im Laufe einer jeden Phase der elektronischen Auktion unverzüglich zumindest den jeweiligen Rang ihres Angebotes innerhalb der Reihenfolge aller Angebote mit. [2]Er kann den Bietern weitere Daten nach Absatz 2 Nummer 3 zur Verfügung stellen. [3]Die Identität der Bieter darf in keiner Phase einer elektronischen Auktion offengelegt werden.

(6) Der Zeitpunkt des Beginns und des Abschlusses einer jeden Phase ist in der Aufforderung zur Teilnahme an einer elektronischen Auktion ebenso anzugeben wie gegebenenfalls die Zeit, die jeweils nach Eingang der letzten neuen Preise oder Werte nach § 25 Absatz 2 Nummer 1 und 2 vergangen sein muss, bevor eine Phase einer elektronischen Auktion abgeschlossen wird.

(7) Eine elektronische Auktion wird abgeschlossen, wenn

1. der vorher festgelegte und in der Aufforderung zur Teilnahme an einer elektronischen Auktion bekanntgemachte Zeitpunkt erreicht ist,
2. von den Bietern keine neuen Preise oder Werte nach § 25 Absatz 2 Nummer 1 und 2 mitgeteilt werden, die die Anforderungen an Mindestabstände nach Absatz 2 Nummer 6 erfüllen, und die vor Beginn einer elektronischen Auktion bekanntgemachte Zeit, die zwischen Eingang der letzten neuen Preise oder Werte und dem Abschluss der elektronischen Auktion vergangen sein muss, abgelaufen ist oder
3. die letzte Phase einer elektronischen Auktion abgeschlossen ist.

(8) Der Zuschlag wird nach Abschluss einer elektronischen Auktion entsprechend ihrem Ergebnis mitgeteilt.

§ 27 Elektronische Kataloge

(1) [1]Der öffentliche Auftraggeber kann festlegen, dass Angebote in Form eines elektronischen Kataloges einzureichen sind oder einen elektronischen Katalog beinhalten müssen. [2]Angeboten, die in Form eines elektronischen Kataloges eingereicht werden, können weitere Unterlagen beigefügt werden.

(2) Akzeptiert der öffentliche Auftraggeber Angebote in Form eines elektronischen Kataloges oder schreibt der öffentliche Auftraggeber vor, dass Angebote in Form eines elektronischen Kataloges einzureichen sind, so weist er in der Auftragsbekanntmachung oder in der Aufforderung zur Interessensbestätigung darauf hin.

(3) Schließt der öffentliche Auftraggeber mit einem oder mehreren Unternehmen eine Rahmenvereinbarung im Anschluss an die Einreichung der Angebote in Form eines elektronischen Kataloges, kann er vorschreiben, dass ein erneutes Vergabeverfahren für Einzelaufträge auf der Grundlage aktualisierter elektronischer Kataloge erfolgt, indem er

1. die Bieter auffordert, ihre elektronischen Kataloge an die Anforderungen des zu vergebenden Einzelauftrages anzupassen und erneut einzureichen, oder
2. die Bieter informiert, dass sie den bereits eingereichten elektronischen Katalogen zu einem bestimmten Zeitpunkt die Daten entnehmen, die erforderlich sind, um Angebote zu erstellen, die den Anforderungen des zu vergebenden Einzelauftrages entsprechen; dieses Verfahren ist in der Auftragsbekanntmachung oder den Vergabeunterlagen für den Abschluss einer Rahmenvereinbarung anzukündigen; der Bieter kann diese Methode der Datenerhebung ablehnen.

(4) Hat der öffentliche Auftraggeber gemäß Absatz 3 Nummer 2 bereits eingereichten elektronischen Katalogen selbstständig Daten zur Angebotserstellung entnommen, legt er jedem Bieter die gesammelten Daten vor der Erteilung des Zuschlags vor, sodass dieser die Möglichkeit zum Einspruch oder zur Bestätigung hat, dass das Angebot keine materiellen Fehler enthält.

Unterabschnitt 3: Vorbereitung des Vergabeverfahrens

§ 28 Markterkundung

(1) Vor der Einleitung eines Vergabeverfahrens darf der öffentliche Auftraggeber Markterkundungen zur Vorbereitung der Auftragsvergabe und zur Unterrichtung der Unternehmen über seine Auftragsvergabepläne und -anforderungen durchführen.

(2) Die Durchführung von Vergabeverfahren lediglich zur Markterkundung und zum Zwecke der Kosten- oder Preisermittlung ist unzulässig.

§ 29 Vergabeunterlagen

(1) [1]Die Vergabeunterlagen umfassen alle Angaben, die erforderlich sind, um dem Bewerber oder Bieter eine Entscheidung zur Teilnahme am Vergabeverfahren zu ermöglichen. [2]Sie bestehen in der Regel aus

1. dem Anschreiben, insbesondere der Aufforderung zur Abgabe von Teilnahmeanträgen oder Angeboten oder Begleitschreiben für die Abgabe der angeforderten Unterlagen,
2. der Beschreibung der Einzelheiten der Durchführung des Verfahrens (Bewerbungsbedingungen), einschließlich der Angabe der Eignungs- und Zuschlagskriterien, sofern nicht bereits in der Auftragsbekanntmachung genannt, und
3. den Vertragsunterlagen, die aus der Leistungsbeschreibung und den Vertragsbedingungen bestehen.

(2) [1]Der Teil B der Vergabe- und Vertragsordnung für Leistungen in der Fassung der Bekanntmachung vom 5. August 2003 (BAnz Nr. 178a) ist in der Regel in den Vertrag einzubeziehen. [2]Dies gilt nicht für die Vergabe von Aufträgen, die im Rahmen einer freiberuflichen Tätigkeit erbracht oder im Wettbewerb mit freiberuflichen Tätigen angeboten werden und deren Gegenstand eine Aufgabe ist, deren Lösung nicht vorab eindeutig und erschöpfend beschrieben werden kann.

§ 30 Aufteilung nach Losen

VgV

(1) [1]Unbeschadet des § 97 Absatz 4 des Gesetzes gegen Wettbewerbsbeschränkungen kann der öffentliche Auftraggeber festlegen, ob die Angebote nur für ein Los, für mehrere oder für alle Lose eingereicht werden dürfen. [2]Er kann, auch wenn Angebote für mehrere oder alle Lose eingereicht werden dürfen, die Zahl der Lose auf eine Höchstzahl beschränken, für die ein einzelner Bieter den Zuschlag erhalten kann.

(2) [1]Der öffentliche Auftraggeber gibt die Vorgaben nach Absatz 1 in der Auftragsbekanntmachung oder der Aufforderung zur Interessensbestätigung bekannt. [2]Er gibt die objektiven und nichtdiskriminierenden Kriterien in den Vergabeunterlagen an, die er bei der Vergabe von Losen anzuwenden beabsichtigt, wenn die Anwendung der Zuschlagskriterien dazu führen würde, dass ein einzelner Bieter den Zuschlag für eine größere Zahl von Losen als die Höchstzahl erhält.

(3) In Fällen, in denen ein einziger Bieter den Zuschlag für mehr als ein Los erhalten kann, kann der öffentliche Auftraggeber Aufträge über mehrere oder alle Lose vergeben, wenn er in der Auftragsbekanntmachung oder in der Aufforderung zur Interessensbestätigung angegeben hat, dass er sich diese Möglichkeit vorbehält und die Lose oder Losgruppen angibt, die kombiniert werden können.

§ 31 Leistungsbeschreibung

(1) Der öffentliche Auftraggeber fasst die Leistungsbeschreibung (§ 121 des Gesetzes gegen Wettbewerbsbeschränkungen) in einer Weise, dass sie allen Unternehmen den gleichen Zugang zum Vergabeverfahren gewährt und die Öffnung des nationalen Beschaffungsmarktes für den Wettbewerb nicht in ungerechtfertigter Weise behindert.

(2) [1]In der Leistungsbeschreibung sind die Merkmale des Auftragsgegenstandes zu beschreiben:

1. in Form von Leistungs- oder Funktionsanforderungen oder einer Beschreibung der zu lösenden Aufgabe, die so genau wie möglich zu fassen sind, dass sie ein klares Bild vom Auftragsgegenstand vermitteln und hinreichend vergleichbare Angebote erwarten lassen, die dem öffentlichen Auftraggeber die Erteilung des Zuschlags ermöglichen,
2. unter Bezugnahme auf die in der Anlage 1 definierten technischen Anforderungen in der Rangfolge:
   a) nationale Normen, mit denen europäische Normen umgesetzt werden,
   b) Europäische Technische Bewertungen,
   c) gemeinsame technische Spezifikationen,
   d) internationale Normen und andere technische Bezugssysteme, die von den europäischen Normungsgremien erarbeitet wurden, oder
   e) falls solche Normen und Spezifikationen fehlen, nationale Normen, nationale technische Zulassungen oder nationale technische Spezifikationen für die Planung, Berechnung und Ausführung von Bauwerken und den Einsatz von Produkten, oder
3. als Kombination von Nummer 1 und 2
   a) in Form von Leistungs- oder Funktionsanforderungen unter Bezugnahme auf die technischen Anforderungen gemäß Nummer 2 als Mittel zur Vermutung der Konformität mit diesen Leistungs- und Funktionsanforderungen oder
   b) mit Bezugnahme auf die technischen Anforderungen gemäß Nummer 2 hinsichtlich bestimmter Merkmale und mit Bezugnahme auf die Leistungs- und Funktionsanforderungen gemäß Nummer 1 hinsichtlich anderer Merkmale.

[2]Jede Bezugnahme auf eine Anforderung nach Nummer 2 Buchstabe a bis e ist mit dem Zusatz „oder gleichwertig" zu versehen.

(3) [1]Die Merkmale können auch Aspekte der Qualität und der Innovation sowie soziale und umweltbezogene Aspekte betreffen. [2]Sie können sich auch auf den Prozess oder die Methode zur Herstellung oder Erbringung der Leistung oder auf ein anderes Stadium im Lebenszyklus des Auftragsgegenstandes einschließlich der Produktions- und Lieferkette beziehen, auch wenn derartige Faktoren keine materiellen Bestandteile der Leistung sind, sofern diese Merkmale in Verbindung mit dem Auftragsgegenstand stehen und zu dessen Wert und Beschaffungszielen verhältnismäßig sind.

(4) In der Leistungsbeschreibung kann ferner festgelegt werden, ob Rechte des geistigen Eigentums übertragen oder dem öffentlichen Auftraggeber daran Nutzungsrechte eingeräumt werden müssen.

(5) Werden verpflichtende Zugänglichkeitserfordernisse im Sinne des § 121 Absatz 2 des Gesetzes gegen Wettbewerbsbeschränkungen mit einem Rechtsakt der Europäischen Union erlassen, so muss die Leistungsbeschreibung, soweit die Kriterien der Zugänglichkeit für Menschen mit Behinderungen oder der Konzeption für alle Nutzer betroffen sind, darauf Bezug nehmen.

(6) [1]In der Leistungsbeschreibung darf nicht auf eine bestimmte Produktion oder Herkunft oder ein besonderes Verfahren, das die Erzeugnisse oder Dienstleistungen eines bestimmten Unternehmens kennzeichnet, oder auf gewerbliche Schutzrechte, Typen oder einen bestimmten Ursprung verwiesen werden, wenn dadurch bestimmte Unternehmen oder bestimmte Produkte begünstigt oder ausgeschlossen werden, es sei denn, dieser Verweis ist durch den Auftragsgegenstand gerechtfertigt. [2]Solche Verweise sind ausnahmsweise zulässig, wenn der Auftragsgegenstand anderenfalls nicht hinreichend genau und allgemein verständlich beschrieben werden kann; diese Verweise sind mit dem Zusatz „oder gleichwertig" zu versehen.

§ 32 Technische Anforderungen

(1) Verweist der öffentliche Auftraggeber in der Leistungsbeschreibung auf technische Anforderungen nach § 31 Absatz 2 Nummer 2, so darf er ein Angebot nicht mit der Begründung ablehnen, dass die angebotenen Liefer- und Dienstleistungen nicht den von ihm herangezogenen technischen Anforderungen der Leistungsbeschreibung entsprechen, wenn das Unternehmen in seinem Angebot dem öffentlichen Auftraggeber mit geeigneten Mitteln nachweist, dass die vom Unternehmen vorgeschlagenen Lösungen diesen technischen Anforderungen gleichermaßen entsprechen.

(2) [1]Enthält die Leistungsbeschreibung Leistungs- oder Funktionsanforderungen, so darf der öffentliche Auftraggeber ein Angebot nicht ablehnen, wenn diese Anforderungen die von ihm geforderten Leistungs- oder Funktionsanforderungen betreffen und das Angebot Folgendem entspricht:

1. einer nationalen Norm, mit der eine europäische Norm umgesetzt wird,
2. einer Europäischen Technischen Bewertung,
3. einer gemeinsamen technischen Spezifikation,
4. einer internationalen Norm oder
5. einem technischen Bezugssystem, das von den europäischen Normungsgremien erarbeitet wurde.

[2]Das Unternehmen muss in seinem Angebot belegen, dass die jeweilige der Norm entsprechende Liefer- oder Dienstleistung den Leistungs- oder Funktionsanforderungen des öffentlichen Auftraggebers entspricht. [3]Belege können insbesondere eine technische Beschreibung des Herstellers oder ein Prüfbericht einer anerkannten Stelle sein.

§ 33 Nachweisführung durch Bescheinigungen von Konformitätsbewertungsstellen

(1) [1]Als Beleg dafür, dass eine Liefer- oder Dienstleistung bestimmten, in der Leistungsbeschreibung geforderten Merkmalen entspricht, kann der öffentliche Auftraggeber die Vorlage von Bescheinigungen, insbesondere Testberichten oder Zertifizierungen, einer Konformitätsbewertungsstelle verlangen. [2]Wird die Vorlage einer Bescheinigung einer bestimmten Konformitätsbewertungsstelle verlangt, hat der öffentliche Auftraggeber auch Bescheinigungen gleichwertiger anderer Konformitätsbewertungsstellen zu akzeptieren.

(2) [1]Der öffentliche Auftraggeber akzeptiert auch andere als die in Absatz 1 genannten geeigneten Unterlagen, insbesondere ein technisches Dossier des Herstellers, wenn das Unternehmen keinen Zugang zu den in Absatz 1 genannten Bescheinigungen oder keine Möglichkeit hatte, diese innerhalb der einschlägigen Fristen einzuholen, sofern das Unternehmen den fehlenden Zugang nicht zu vertreten hat. [2]In den Fällen des Satz 1 hat das Unternehmen durch die vorgelegten Unterlagen zu belegen, dass die von ihm zu erbringende Leistung die angegebenen Anforderungen erfüllt.

(3) Eine Konformitätsbewertungsstelle ist eine Stelle, die gemäß der Verordnung (EG) Nr. 765/2008 des Europäischen Parlaments und des Rates vom 9. Juli 2008 über die Vorschriften für die Akkreditierung und Marktüberwachung im Zusammenhang mit der Vermarktung von Produkten und zur Aufhebung der Verordnung (EWG) Nr. 339/93 des Rates (ABl L 218 vom 13. 8. 2008, S. 30) akkreditiert ist und Konformitätsbewertungstätigkeiten durchführt.

§ 34 Nachweisführung durch Gütezeichen

(1) Als Beleg dafür, dass eine Liefer- oder Dienstleistung bestimmten, in der Leistungsbeschreibung geforderten Merkmalen entspricht, kann der öffentliche Auftraggeber die Vorlage von Gütezeichen nach Maßgabe der Absätze 2 bis 5 verlangen.

(2) Das Gütezeichen muss allen folgenden Bedingungen genügen:

1. Alle Anforderungen des Gütezeichens sind für die Bestimmung der Merkmale der Leistung geeignet und stehen mit dem Auftragsgegenstand nach § 31 Absatz 3 in Verbindung.

2. Die Anforderungen des Gütezeichens beruhen auf objektiv nachprüfbaren und nichtdiskriminierenden Kriterien.
3. Das Gütezeichen wurde im Rahmen eines offenen und transparenten Verfahrens entwickelt, an dem alle interessierten Kreise teilnehmen können.
4. Alle betroffenen Unternehmen haben Zugang zum Gütezeichen.
5. Die Anforderungen wurden von einem Dritten festgelegt, auf den das Unternehmen, das das Gütezeichen erwirbt, keinen maßgeblichen Einfluss ausüben konnte.

(3) Für den Fall, dass die Leistung nicht allen Anforderungen des Gütezeichens entsprechen muss, hat der öffentliche Auftraggeber die betreffenden Anforderungen anzugeben.

(4) Der öffentliche Auftraggeber muss andere Gütezeichen akzeptieren, die gleichwertige Anforderungen an die Leistung stellen.

(5) Hatte ein Unternehmen aus Gründen, die ihm nicht zugerechnet werden können, nachweislich keine Möglichkeit, das vom öffentlichen Auftraggeber angegebene oder ein gleichwertiges Gütezeichen innerhalb einer einschlägigen Frist zu erlangen, so muss der öffentliche Auftraggeber andere geeignete Belege akzeptieren, sofern das Unternehmen nachweist, dass die von ihm zu erbringende Leistung die Anforderungen des geforderten Gütezeichens oder die vom öffentlichen Auftraggeber angegebenen spezifischen Anforderungen erfüllt.

§ 35 Nebenangebote

(1) [1]Der öffentliche Auftraggeber kann Nebenangebote in der Auftragsbekanntmachung oder in der Aufforderung zur Interessensbestätigung zulassen oder vorschreiben. [2]Fehlt eine entsprechende Angabe, sind keine Nebenangebote zugelassen. [3]Nebenangebote müssen mit dem Auftragsgegenstand in Verbindung stehen.

(2) [1]Lässt der öffentliche Auftraggeber Nebenangebote zu oder schreibt er diese vor, legt er in den Vergabeunterlagen Mindestanforderungen fest und gibt an, in welcher Art und Weise Nebenangebote einzureichen sind. [2]Die Zuschlagskriterien sind gemäß § 127 Absatz 4 des Gesetzes gegen Wettbewerbsbeschränkungen so festzulegen, dass sie sowohl auf Hauptangebote als auch auf Nebenangebote anwendbar sind. [3]Nebenangebote können auch zugelassen oder vorgeschrieben werden, wenn der Preis oder die Kosten das alleinige Zuschlagskriterium sind.

(3) [1]Der öffentliche Auftraggeber berücksichtigt nur Nebenangebote, die die Mindestanforderungen erfüllen. [2]Ein Nebenangebot darf nicht deshalb ausgeschlossen werden, weil es im Falle des Zuschlags zu einem Dienstleistungsauftrag anstelle eines Lieferauftrags oder zu einem Lieferauftrag anstelle eines Dienstleistungsauftrags führen würde.

§ 36 Unteraufträge

(1) [1]Der öffentliche Auftraggeber kann Unternehmen in der Auftragsbekanntmachung oder den Vergabeunterlagen auffordern, bei Angebotsabgabe die Teile des Auftrags, die sie im Wege der Unterauftragsvergabe an Dritte zu vergeben beabsichtigen, sowie, falls zumutbar, die vorgesehenen Unterauftragnehmer zu benennen. [2]Vor Zuschlagserteilung kann der öffentliche Auftraggeber von den Bietern, deren Angebote in die engere Wahl kommen, verlangen, die Unterauftragnehmer zu benennen und nachzuweisen, dass ihnen die erforderlichen Mittel dieser Unterauftragnehmer zur Verfügung stehen. [3]Wenn ein Bewerber oder Bieter die Vergabe eines Teils des Auftrags an einen Dritten im Wege der Unterauftragsvergabe beabsichtigt und sich zugleich im Hinblick auf seine Leistungsfähigkeit gemäß den §§ 45 und 46 auf die Kapazitäten dieses Dritten beruft, ist auch § 47 anzuwenden.

(2) Die Haftung des Hauptauftragnehmers gegenüber dem öffentlichen Auftraggeber bleibt von Absatz 1 unberührt.

(3) [1]Bei der Vergabe von Dienstleistungsaufträgen, die in einer Einrichtung des öffentlichen Auftraggebers unter dessen direkter Aufsicht zu erbringen sind, schreibt der öffentliche Auftraggeber in den Vertragsbedingungen vor, dass der Auftragnehmer spätestens bei Beginn der Auftragsausführung die Namen, die Kontaktdaten und die gesetzlichen Vertreter seiner Unterauf-

tragnehmer mitteilt und dass jede im Rahmen der Auftragsausführung eintretende Änderung auf der Ebene der Unterauftragnehmer mitzuteilen ist. [2]Der öffentliche Auftraggeber kann die Mitteilungspflichten nach Satz 1 auch als Vertragsbedingungen bei der Vergabe anderer Dienstleistungsaufträge oder bei der Vergabe von Lieferaufträgen vorsehen. [3]Des Weiteren können die Mitteilungspflichten auch auf Lieferanten, die an Dienstleistungsaufträgen beteiligt sind, sowie auf weitere Stufen in der Kette der Unterauftragnehmer ausgeweitet werden.

(4) Für Unterauftragnehmer aller Stufen gilt § 128 Absatz 1 des Gesetzes gegen Wettbewerbsbeschränkungen.

(5) [1]Der öffentliche Auftraggeber überprüft vor der Erteilung des Zuschlags, ob Gründe für den Ausschluss des Unterauftragnehmers vorliegen. [2]Bei Vorliegen zwingender Ausschlussgründe verlangt der öffentliche Auftraggeber die Ersetzung des Unterauftragnehmers. [3]Bei Vorliegen fakultativer Ausschlussgründe kann der öffentliche Auftraggeber verlangen, dass dieser ersetzt wird. [4]Der öffentliche Auftraggeber kann dem Bewerber oder Bieter dafür eine Frist setzen.

Unterabschnitt 4: Veröffentlichungen, Transparenz

§ 37 Auftragsbekanntmachung; Beschafferprofil

(1) [1]Der öffentliche Auftraggeber teilt seine Absicht, einen öffentlichen Auftrag zu vergeben oder eine Rahmenvereinbarung abzuschließen, in einer Auftragsbekanntmachung mit. [2]§ 17 Absatz 5 und § 38 Absatz 4 bleiben unberührt.

(2) Die Auftragsbekanntmachung wird nach dem Muster gemäß Anhang II der Durchführungsverordnung (EU) 2015/1986 erstellt.

(3) Der öffentliche Auftraggeber benennt in der Auftragsbekanntmachung die Vergabekammer, an die sich die Unternehmen zur Nachprüfung geltend gemachter Vergabeverstöße wenden können.

(4) [1]Der öffentliche Auftraggeber kann im Internet zusätzlich ein Beschafferprofil einrichten. [2]Es enthält die Veröffentlichung von Vorinformationen, Angaben über geplante oder laufende Vergabeverfahren, über vergebene Aufträge oder aufgehobene Vergabeverfahren sowie alle sonstigen für die Auftragsvergabe relevanten Informationen wie zum Beispiel Kontaktstelle, Anschrift, E-Mail-Adresse, Telefon- und Telefaxnummer des öffentlichen Auftraggebers.

§ 38 Vorinformation

(1) Der öffentliche Auftraggeber kann die Absicht einer geplanten Auftragsvergabe mittels Veröffentlichung einer Vorinformation nach dem Muster gemäß Anhang I der Durchführungsverordnung (EU) 2015/1986 bekanntgeben.

(2) [1]Die Vorinformation kann an das Amt für Veröffentlichungen der Europäischen Union versandt oder im Beschafferprofil veröffentlicht werden. [2]Veröffentlicht der öffentliche Auftraggeber eine Vorinformation im Beschafferprofil, übermittelt er die Mitteilung dieser Veröffentlichung dem Amt für Veröffentlichungen der Europäischen Union nach dem Muster gemäß Anhang VIII der Durchführungsverordnung (EU) 2015/1986.

(3) Hat der öffentliche Auftraggeber eine Vorinformation gemäß Absatz 1 veröffentlicht, kann die Mindestfrist für den Eingang von Angeboten im offenen Verfahren auf 15 Tage und im nicht offenen Verfahren oder Verhandlungsverfahren auf zehn Tage verkürzt werden, sofern

1. die Vorinformation alle nach Anhang I der Durchführungsverordnung (EU) 2015/1986 geforderten Informationen enthält, soweit diese zum Zeitpunkt der Veröffentlichung der Vorinformation vorlagen, und
2. die Vorinformation wenigstens 35 Tage und nicht mehr als zwölf Monate vor dem Tag der Absendung der Auftragsbekanntmachung zur Veröffentlichung an das Amt für Veröffentlichungen der Europäischen Union übermittelt wurde.

(4) [1]Mit Ausnahme oberster Bundesbehörden kann der öffentliche Auftraggeber im nicht offenen Verfahren oder im Verhandlungsverfahren auf eine Auftragsbekanntmachung nach § 37 Absatz 1 verzichten, sofern die Vorinformation

1. die Liefer- oder Dienstleistungen benennt, die Gegenstand des zu vergebenden Auftrages sein werden,
2. den Hinweis enthält, dass dieser Auftrag im nicht offenen Verfahren oder Verhandlungsverfahren ohne gesonderte Auftragsbekanntmachung vergeben wird,
3. die interessierten Unternehmen auffordert, ihr Interesse mitzuteilen (Interessensbekundung),
4. alle nach Anhang I der Durchführungsverordnung (EU) 2015/1986 geforderten Informationen enthält und
5. wenigstens 35 Tage und nicht mehr als zwölf Monate vor dem Zeitpunkt der Absendung der Aufforderung zur Interessensbestätigung veröffentlicht wird.

[2]Ungeachtet der Verpflichtung zur Veröffentlichung der Vorinformation können solche Vorinformationen zusätzlich in einem Beschafferprofil veröffentlicht werden.

(5) [1]Der öffentliche Auftraggeber fordert alle Unternehmen, die auf die Veröffentlichung einer Vorinformation nach Absatz 4 hin eine Interessensbekundung übermittelt haben, zur Bestätigung ihres Interesses an einer weiteren Teilnahme auf (Aufforderung zur Interessensbestätigung). [2]Mit der Aufforderung zur Interessensbestätigung wird der Teilnahmewettbewerb nach § 16 Absatz 1 und § 17 Absatz 1 eingeleitet. [3]Die Frist für den Eingang der Interessensbestätigung beträgt 30 Tage, gerechnet ab dem Tag nach der Absendung der Aufforderung zur Interessensbestätigung.

(6) Der von der Vorinformation abgedeckte Zeitraum beträgt höchstens zwölf Monate ab dem Datum der Übermittlung der Vorinformation an das Amt für Veröffentlichung der Europäischen Union.

§ 39 Vergabebekanntmachung; Bekanntmachung über Auftragsänderungen

(1) Der öffentliche Auftraggeber übermittelt spätestens 30 Tage nach der Vergabe eines öffentlichen Auftrags oder nach dem Abschluss einer Rahmenvereinbarung eine Vergabebekanntmachung mit den Ergebnissen des Vergabeverfahrens an das Amt für Veröffentlichungen der Europäischen Union.

(2) Die Vergabebekanntmachung wird nach dem Muster gemäß Anhang III der Durchführungsverordnung (EU) 2015/1986 erstellt.

(3) Ist das Vergabeverfahren durch eine Vorinformation in Gang gesetzt worden und hat der öffentliche Auftraggeber beschlossen, keine weitere Auftragsvergabe während des Zeitraums vorzunehmen, der von der Vorinformation abgedeckt ist, muss die Vergabebekanntmachung einen entsprechenden Hinweis enthalten.

(4) [1]Die Vergabebekanntmachung umfasst die abgeschlossenen Rahmenvereinbarungen, aber nicht die auf ihrer Grundlage vergebenen Einzelaufträge. [2]Bei Aufträgen, die im Rahmen eines dynamischen Beschaffungssystems vergeben werden, umfasst die Vergabebekanntmachung eine vierteljährliche Zusammenstellung der Einzelaufträge, die Zusammenstellung muss spätestens 30 Tage nach Quartalsende versendet werden.

(5) Auftragsänderungen gemäß § 132 Absatz 2 Nummer 2 und 3 des Gesetzes gegen Wettbewerbsbeschränkungen sind gemäß § 132 Absatz 5 des Gesetzes gegen Wettbewerbsbeschränkungen unter Verwendung des Musters gemäß Anhang XVII der Durchführungsverordnung (EU) 2015/1986 bekannt zu machen.

(6) Der öffentliche Auftraggeber ist nicht verpflichtet, einzelne Angaben zu veröffentlichen, wenn deren Veröffentlichung

1. den Gesetzesvollzug behindern,
2. dem öffentlichen Interessen zuwiderlaufen,

3. den berechtigten geschäftlichen Interessen eines Unternehmens schaden oder
4. den lauteren Wettbewerb zwischen Unternehmen beeinträchtigen

würde.

§ 40 Veröffentlichung von Bekanntmachungen

(1) [1]Auftragsbekanntmachungen, Vorinformationen, Vergabebekanntmachungen und Bekanntmachungen über Auftragsänderungen (Bekanntmachungen) sind dem Amt für Veröffentlichungen der Europäischen Union mit elektronischen Mitteln zu übermitteln. [2]Der öffentliche Auftraggeber muss den Tag der Absendung nachweisen können.

(2) [1]Bekanntmachungen werden durch das Amt für Veröffentlichungen der Europäischen Union veröffentlicht. [2]Als Nachweis der Veröffentlichung dient die Bestätigung der Veröffentlichung der übermittelten Informationen, die der öffentliche Auftraggeber vom Amt für Veröffentlichungen der Europäischen Union erhält.

(3) [1]Bekanntmachungen dürfen auf nationaler Ebene erst nach der Veröffentlichung durch das Amt für Veröffentlichungen der Europäischen Union oder 48 Stunden nach der Bestätigung über den Eingang der Bekanntmachung durch das Amt für Veröffentlichungen der Europäischen Union veröffentlicht werden. [2]Die Veröffentlichung darf nur Angaben enthalten, die in den an das Amt für Veröffentlichung der Europäischen Union übermittelten Bekanntmachungen enthalten sind oder in einem Beschafferprofil veröffentlicht wurden. [3]In der nationalen Bekanntmachung ist der Tag der Übermittlung an das Amt für Veröffentlichungen der Europäischen Union oder der Tag der Veröffentlichung im Beschafferprofil anzugeben.

(4) Der öffentliche Auftraggeber kann auch Auftragsbekanntmachungen über öffentliche Liefer- oder Dienstleistungsaufträge, die nicht der Bekanntmachungspflicht unterliegen, an das Amt für Veröffentlichungen der Europäischen Union übermitteln.

§ 41 Bereitstellung der Vergabeunterlagen

(1) Der öffentliche Auftraggeber gibt in der Auftragsbekanntmachung oder der Aufforderung zur Interessensbestätigung eine elektronische Adresse an, unter der die Vergabeunterlagen unentgeltlich, uneingeschränkt, vollständig und direkt abgerufen werden können.

(2) [1]Der öffentliche Auftraggeber kann die Vergabeunterlagen auf einem anderen geeigneten Weg übermitteln, wenn die erforderlichen elektronischen Mittel zum Abruf der Vergabeunterlagen

1. aufgrund der besonderen Art der Auftragsvergabe nicht mit allgemein verfügbaren oder verbreiteten Geräten und Programmen der Informations- und Kommunikationstechnologie kompatibel sind,
2. Dateiformate zur Beschreibung der Angebote verwenden, die nicht mit allgemein verfügbaren oder verbreiteten Programmen verarbeitet werden können oder die durch andere als kostenlose und allgemein verfügbare Lizenzen geschützt sind, oder
3. die Verwendung von Bürogeräten voraussetzen, die dem öffentlichen Auftraggeber nicht allgemein zur Verfügung stehen.

[2]Die Angebotsfrist wird in diesen Fällen um fünf Tage verlängert, sofern nicht ein Fall hinreichend begründeter Dringlichkeit gemäß § 15 Absatz 3, § 16 Absatz 7 oder § 17 Absatz 8 vorliegt.

(3) [1]Der öffentliche Auftraggeber gibt in der Auftragsbekanntmachung oder in der Aufforderung zur Interessensbestätigung an, welche Maßnahmen er zum Schutz der Vertraulichkeit von Informationen anwendet und wie auf die Vergabeunterlagen zugegriffen werden kann. [2]Die Angebotsfrist wird in diesen Fällen um fünf Tage verlängert, es sei denn, die Maßnahme zum Schutz der Vertraulichkeit besteht ausschließlich in der Abgabe einer Verschwiegenheitserklärung oder es liegt ein Fall hinreichend begründeter Dringlichkeit gemäß § 15 Absatz 3, § 16 Absatz 7 oder § 17 Absatz 8 vor.

Unterabschnitt 5: Anforderungen an Unternehmen; Eignung

§ 42 Auswahl geeigneter Unternehmen; Ausschluss von Bewerbern und Bietern

(1) Der öffentliche Auftraggeber überprüft die Eignung der Bewerber oder Bieter anhand der nach § 122 des Gesetzes gegen Wettbewerbsbeschränkungen festgelegten Eignungskriterien und das Nichtvorliegen von Ausschlussgründen nach den §§ 123 und 124 des Gesetzes gegen Wettbewerbsbeschränkungen sowie gegebenenfalls Maßnahmen des Bewerbers oder Bieters zur Selbstreinigung nach § 125 des Gesetzes gegen Wettbewerbsbeschränkungen und schließt gegebenenfalls Bewerber oder Bieter vom Vergabeverfahren aus.

(2) [1]Im nicht offenen Verfahren, im Verhandlungsverfahren mit Teilnahmewettbewerb, im wettbewerblichen Dialog und in der Innovationspartnerschaft fordert der öffentliche Auftraggeber nur solche Bewerber zur Abgabe eines Angebotes auf, die ihre Eignung nachgewiesen haben und nicht ausgeschlossen worden sind. [2]§ 51 bleibt unberührt.

(3) Bei offenen Verfahren kann der öffentliche Auftraggeber entscheiden, ob er die Angebotsprüfung vor der Eignungsprüfung durchführt.

§ 43 Rechtsform von Unternehmen und Bietergemeinschaften

(1) [1]Bewerber oder Bieter, die gemäß den Rechtsvorschriften des Staates, in dem sie niedergelassen sind, zur Erbringung der betreffenden Leistung berechtigt sind, dürfen nicht allein deshalb zurückgewiesen werden, weil sie gemäß den deutschen Rechtsvorschriften eine natürliche oder juristische Person sein müssten. [2]Juristische Personen können jedoch bei Dienstleistungsaufträgen sowie bei Lieferaufträgen, die zusätzlich Dienstleistungen umfassen, verpflichtet werden, in ihrem Antrag auf Teilnahme oder in ihrem Angebot die Namen und die berufliche Befähigung der Personen anzugeben, die für die Erbringung der Leistung als verantwortlich vorgesehen sind.

(2) [1]Bewerber- und Bietergemeinschaften sind wie Einzelbewerber und -bieter zu behandeln. [2]Der öffentliche Auftraggeber darf nicht verlangen, dass Gruppen von Unternehmen eine bestimmte Rechtsform haben müssen, um einen Antrag auf Teilnahme zu stellen oder ein Angebot abzugeben. [3]Sofern erforderlich kann der öffentliche Auftraggeber in den Vergabeunterlagen Bedingungen festlegen, wie Gruppen von Unternehmen die Eignungskriterien zu erfüllen und den Auftrag auszuführen haben; solche Bedingungen müssen durch sachliche Gründe gerechtfertigt und angemessen sein.

(3) Unbeschadet des Absatzes 2 kann der öffentliche Auftraggeber verlangen, dass eine Bietergemeinschaft nach Zuschlagserteilung eine bestimmte Rechtsform annimmt, soweit dies für die ordnungsgemäße Durchführung des Auftrags erforderlich ist.

§ 44 Befähigung und Erlaubnis zur Berufsausübung

(1) [1]Der öffentliche Auftraggeber kann verlangen, dass Bewerber oder Bieter je nach den Rechtsvorschriften des Staates, in dem sie niedergelassen sind, entweder die Eintragung in einem Berufs- oder Handelsregister dieses Staates nachweisen oder auf andere Weise die erlaubte Berufsausübung nachweisen. [2]Für die Mitgliedstaaten der Europäischen Union sind die jeweiligen Berufs- oder Handelsregister und die Bescheinigungen oder Erklärungen über die Berufsausübung in Anhang XI der Richtlinie 2014/24/EU des Europäischen Parlaments und des Rates vom 26. Februar 2014 über die öffentliche Auftragsvergabe und zur Aufhebung der Richtlinie 2004/18/EG (ABl L 94 vom 28. 3. 2014, S. 65) aufgeführt.

(2) Bei der Vergabe öffentlicher Dienstleistungsaufträge kann der öffentliche Auftraggeber dann, wenn Bewerber oder Bieter eine bestimmte Berechtigung besitzen oder Mitglied einer bestimmten Organisation sein müssen, um die betreffende Dienstleistung in ihrem Herkunftsstaat erbringen zu können, von den Bewerbern oder Bietern verlangen, ihre Berechtigung oder Mitgliedschaft nachzuweisen.

§ 45 Wirtschaftliche und finanzielle Leistungsfähigkeit

(1) [1]Der öffentliche Auftraggeber kann im Hinblick auf die wirtschaftliche und finanzielle Leistungsfähigkeit der Bewerber oder Bieter Anforderungen stellen, die sicherstellen, dass die Bewerber oder Bieter über die erforderlichen wirtschaftlichen und finanziellen Kapazitäten für die Ausführung des Auftrags verfügen. [2]Zu diesem Zweck kann er insbesondere Folgendes verlangen:

1. einen bestimmten Mindestjahresumsatz, einschließlich eines bestimmten Mindestjahresumsatzes in dem Tätigkeitsbereich des Auftrags,
2. Informationen über die Bilanzen der Bewerber oder Bieter; dabei kann das in den Bilanzen angegebene Verhältnis zwischen Vermögen und Verbindlichkeiten dann berücksichtigt werden, wenn der öffentliche Auftraggeber transparente, objektive und nichtdiskriminierende Methoden und Kriterien für die Berücksichtigung anwendet und die Methoden und Kriterien in den Vergabeunterlagen angibt, oder
3. eine Berufs- oder Betriebshaftpflichtversicherung in bestimmter geeigneter Höhe.

(2) [1]Sofern ein Mindestjahresumsatz verlangt wird, darf dieser das Zweifache des geschätzten Auftragswerts nur überschreiten, wenn aufgrund der Art des Auftragsgegenstands spezielle Risiken bestehen. [2]Der öffentliche Auftraggeber hat eine solche Anforderung in den Vergabeunterlagen oder im Vergabevermerk hinreichend zu begründen.

(3) [1]Ist ein öffentlicher Auftrag in Lose unterteilt, finden die Absätze 1 und 2 auf jedes einzelne Los Anwendung. [2]Der öffentliche Auftraggeber kann jedoch für den Fall, dass der erfolgreiche Bieter den Zuschlag für mehrere gleichzeitig auszuführende Lose erhält, einen Mindestjahresumsatz verlangen, der sich auf diese Gruppe von Losen bezieht.

(4) Als Beleg der erforderlichen wirtschaftlichen und finanziellen Leistungsfähigkeit des Bewerbers oder Bieters kann der öffentliche Auftraggeber in der Regel die Vorlage einer oder mehrerer der folgenden Unterlagen verlangen:

1. entsprechende Bankerklärungen,
2. Nachweis einer entsprechenden Berufs- oder Betriebshaftpflichtversicherung,
3. Jahresabschlüsse oder Auszüge von Jahresabschlüssen, falls deren Veröffentlichung in dem Land, in dem der Bewerber oder Bieter niedergelassen ist, gesetzlich vorgeschrieben ist,
4. eine Erklärung über den Gesamtumsatz und gegebenenfalls den Umsatz in dem Tätigkeitsbereich des Auftrags; eine solche Erklärung kann höchstens für die letzten drei Geschäftsjahre verlangt werden und nur, sofern entsprechende Angaben verfügbar sind.

(5) Kann ein Bewerber oder Bieter aus einem berechtigten Grund die geforderten Unterlagen nicht beibringen, so kann er seine wirtschaftliche und finanzielle Leistungsfähigkeit durch Vorlage anderer, vom öffentlichen Auftraggeber als geeignet angesehener Unterlagen belegen.

§ 46 Technische und berufliche Leistungsfähigkeit

(1) [1]Der öffentliche Auftraggeber kann im Hinblick auf die technische und berufliche Leistungsfähigkeit der Bewerber oder Bieter Anforderungen stellen, die sicherstellen, dass die Bewerber oder Bieter über die erforderlichen personellen und technischen Mittel sowie ausreichende Erfahrungen verfügen, um den Auftrag in angemessener Qualität ausführen zu können. [2]Bei Lieferaufträgen, für die Verlege- oder Installationsarbeiten erforderlich sind, sowie bei Dienstleistungsaufträgen darf die berufliche Leistungsfähigkeit der Unternehmen auch anhand ihrer Fachkunde, Effizienz, Erfahrung und Verlässlichkeit beurteilt werden.

(2) Der öffentliche Auftraggeber kann die berufliche Leistungsfähigkeit eines Bewerbers oder Bieters verneinen, wenn er festgestellt hat, dass dieser Interessen hat, die mit der Ausführung des öffentlichen Auftrags im Widerspruch stehen und sie nachteilig beeinflussen könnten.

(3) Als Beleg der erforderlichen technischen und beruflichen Leistungsfähigkeit des Bewerbers oder Bieters kann der öffentliche Auftraggeber je nach Art, Verwendungszweck und Menge oder

Umfang der zu erbringenden Liefer- oder Dienstleistungen ausschließlich die Vorlage von einer oder mehrerer der folgenden Unterlagen verlangen:

1. geeignete Referenzen über früher ausgeführte Liefer- und Dienstleistungsaufträge in Form einer Liste der in den letzten höchstens drei Jahren erbrachten wesentlichen Liefer- oder Dienstleistungen, mit Angabe des Werts, des Liefer- beziehungsweise Erbringungszeitpunkts sowie des öffentlichen oder privaten Empfängers; soweit erforderlich, um einen ausreichenden Wettbewerb sicherzustellen, kann der öffentliche Auftraggeber darauf hinweisen, dass er auch einschlägige Liefer- oder Dienstleistungen berücksichtigen wird, die mehr als drei Jahre zurückliegen,
2. Angabe der technischen Fachkräfte oder der technischen Stellen, die im Zusammenhang mit der Leistungserbringung eingesetzt werden sollen, unabhängig davon, ob diese dem Unternehmen angehören oder nicht, und zwar insbesondere derjenigen, die mit der Qualitätskontrolle beauftragt sind,
3. Beschreibung der technischen Ausrüstung, der Maßnahmen zur Qualitätssicherung und der Untersuchungs- und Forschungsmöglichkeiten des Unternehmens,
4. Angabe des Lieferkettenmanagement- und Lieferkettenüberwachungssystems, das dem Unternehmen zur Vertragserfüllung zur Verfügung steht,
5. bei komplexer Art der zu erbringenden Leistung oder bei solchen Leistungen, die ausnahmsweise einem besonderen Zweck dienen sollen, eine Kontrolle, die vom öffentlichen Auftraggeber oder in dessen Namen von einer zuständigen amtlichen Stelle im Niederlassungsstaat des Unternehmens durchgeführt wird; diese Kontrolle betrifft die Produktionskapazität beziehungsweise die technische Leistungsfähigkeit und erforderlichenfalls die Untersuchungs- und Forschungsmöglichkeiten des Unternehmens sowie die von diesem für die Qualitätskontrolle getroffenen Vorkehrungen,
6. Studien- und Ausbildungsnachweise sowie Bescheinigungen über die Erlaubnis zur Berufsausübung für die Inhaberin, den Inhaber oder die Führungskräfte des Unternehmens, sofern diese Nachweise nicht als Zuschlagskriterium bewertet werden,
7. Angabe der Umweltmanagementmaßnahmen, die das Unternehmen während der Auftragsausführung anwendet,
8. Erklärung, aus der die durchschnittliche jährliche Beschäftigtenzahl des Unternehmens und die Zahl seiner Führungskräfte in den letzten drei Jahren ersichtlich ist,
9. Erklärung, aus der ersichtlich ist, über welche Ausstattung, welche Geräte und welche technische Ausrüstung das Unternehmen für die Ausführung des Auftrags verfügt,
10. Angabe, welche Teile des Auftrags das Unternehmen unter Umständen als Unteraufträge zu vergeben beabsichtigt,
11. bei Lieferleistungen:
    a) Muster, Beschreibungen oder Fotografien der zu liefernden Güter, wobei die Echtheit auf Verlangen des öffentlichen Auftraggebers nachzuweisen ist, oder
    b) Bescheinigungen, die von als zuständig anerkannten Instituten oder amtlichen Stellen für Qualitätskontrolle ausgestellt wurden, mit denen bestätigt wird, dass die durch entsprechende Bezugnahmen genau bezeichneten Güter bestimmten technischen Anforderungen oder Normen entsprechen.

§ 47 Eignungsleihe

(1) [1]Ein Bewerber oder Bieter kann für einen bestimmten öffentlichen Auftrag im Hinblick auf die erforderliche wirtschaftliche und finanzielle sowie die technische und berufliche Leistungsfähigkeit die Kapazitäten anderer Unternehmen in Anspruch nehmen, wenn er nachweist, dass ihm die für den Auftrag erforderlichen Mittel tatsächlich zur Verfügung stehen werden, indem er beispielsweise eine entsprechende Verpflichtungserklärung dieser Unternehmen vorlegt. [2]Diese Möglichkeit besteht unabhängig von der Rechtsnatur der zwischen dem Bewerber oder

Bieter und den anderen Unternehmen bestehenden Verbindungen. [3]Ein Bewerber oder Bieter kann jedoch im Hinblick auf Nachweise für die erforderliche berufliche Leistungsfähigkeit wie Ausbildungs- und Befähigungsnachweise nach § 46 Absatz 3 Nummer 6 oder die einschlägige berufliche Erfahrung die Kapazitäten anderer Unternehmen nur dann in Anspruch nehmen, wenn diese die Leistung erbringen, für die diese Kapazitäten benötigt werden.

(2) [1]Der öffentliche Auftraggeber überprüft im Rahmen der Eignungsprüfung, ob die Unternehmen, deren Kapazitäten der Bewerber oder Bieter für die Erfüllung bestimmter Eignungskriterien in Anspruch nehmen will, die entsprechenden Eignungskriterien erfüllen und ob Ausschlussgründe vorliegen. [2]Legt der Bewerber oder Bieter eine Einheitliche Europäische Eigenerklärung nach § 50 vor, so muss diese auch die Angaben enthalten, die für die Überprüfung nach Satz 1 erforderlich sind. [3]Der öffentliche Auftraggeber schreibt vor, dass der Bewerber oder Bieter ein Unternehmen, das das entsprechende Eignungskriterium nicht erfüllt oder bei dem zwingende Ausschlussgründe nach § 123 des Gesetzes gegen Wettbewerbsbeschränkungen vorliegen, ersetzen muss. [4]Er kann vorschreiben, dass der Bewerber oder Bieter auch ein Unternehmen, bei dem fakultative Ausschlussgründe nach § 124 des Gesetzes gegen Wettbewerbsbeschränkungen vorliegen, ersetzen muss. [5]Der öffentliche Auftraggeber kann dem Bewerber oder Bieter dafür eine Frist setzen.

(3) Nimmt ein Bewerber oder Bieter die Kapazitäten eines anderen Unternehmens im Hinblick auf die erforderliche wirtschaftliche und finanzielle Leistungsfähigkeit in Anspruch, so kann der öffentliche Auftraggeber eine gemeinsame Haftung des Bewerbers oder Bieters und des anderen Unternehmens für die Auftragsausführung entsprechend des Umfangs der Eignungsleihe verlangen.

(4) Die Absätze 1 bis 3 gelten auch für Bewerber- oder Bietergemeinschaften.

(5) Der öffentliche Auftraggeber kann vorschreiben, dass bestimmte kritische Aufgaben bei Dienstleistungsaufträgen oder kritische Verlege- oder Installationsarbeiten im Zusammenhang mit einem Lieferauftrag direkt vom Bieter selbst oder im Fall einer Bietergemeinschaft von einem Teilnehmer der Bietergemeinschaft ausgeführt werden müssen.

§ 48 Beleg der Eignung und des Nichtvorliegens von Ausschlussgründen

(1) In der Auftragsbekanntmachung oder der Aufforderung zur Interessensbestätigung ist neben den Eignungskriterien ferner anzugeben, mit welchen Unterlagen (Eigenerklärungen, Angaben, Bescheinigungen und sonstige Nachweise) Bewerber oder Bieter ihre Eignung gemäß den §§ 43 bis 47 und das Nichtvorliegen von Ausschlussgründen zu belegen haben.

(2) [1]Der öffentliche Auftraggeber fordert grundsätzlich die Vorlage von Eigenerklärungen an. [2]Wenn der öffentliche Auftraggeber Bescheinigungen und sonstige Nachweise anfordert, verlangt er in der Regel solche, die vom Online-Dokumentenarchiv e-Certis abgedeckt sind.

(3) Als vorläufigen Beleg der Eignung und des Nichtvorliegens von Ausschlussgründen akzeptiert der öffentliche Auftraggeber die Vorlage einer Einheitlichen Europäischen Eigenerklärung nach § 50.

(4) Als ausreichenden Beleg dafür, dass die in § 123 Absatz 1 bis 3 des Gesetzes gegen Wettbewerbsbeschränkungen genannten Ausschlussgründe auf den Bewerber oder Bieter nicht zutreffen, erkennt der öffentliche Auftraggeber einen Auszug aus einem einschlägigen Register, insbesondere ein Führungszeugnis aus dem Bundeszentralregister oder, in Ermangelung eines solchen, eine gleichwertige Bescheinigung einer zuständigen Gerichts- oder Verwaltungsbehörde des Herkunftslandes oder des Niederlassungsstaates des Bewerbers oder Bieters an.

(5) Als ausreichenden Beleg dafür, dass die in § 123 Absatz 4 und in § 124 Absatz 1 Nummer 2 des Gesetzes gegen Wettbewerbsbeschränkungen genannten Ausschlussgründe auf den Bewerber oder Bieter nicht zutreffen, erkennt der öffentliche Auftraggeber eine von der zuständigen Behörde des Herkunftslandes oder des Niederlassungsstaates des Bewerbers oder Bieters ausgestellte Bescheinigung an.

(6) [1]Werden Urkunden oder Bescheinigungen nach den Absätzen 4 und 5 von dem Herkunftsland oder dem Niederlassungsstaat des Bewerbers oder Bieters nicht ausgestellt oder werden darin nicht alle Ausschlussgründe nach § 123 Absatz 1 bis 4 sowie § 124 Absatz 1 Nummer 2 des Gesetzes gegen Wettbewerbsbeschränkungen erwähnt, so können sie durch eine Versicherung an Eides statt ersetzt werden. [2]In den Staaten, in denen es keine Versicherung an Eides statt gibt, darf die Versicherung an Eides statt durch eine förmliche Erklärung ersetzt werden, die ein Vertreter des betreffenden Unternehmens vor einer zuständigen Gerichts- oder Verwaltungsbehörde, einem Notar oder einer dazu bevollmächtigten Berufs- oder Handelsorganisation des Herkunftslandes oder des Niederlassungsstaates des Bewerbers oder Bieters abgibt.

(7) Der öffentliche Auftraggeber kann Bewerber oder Bieter auffordern, die erhaltenen Unterlagen zu erläutern.

(8) [1]Sofern der Bewerber oder Bieter in einem amtlichen Verzeichnis eingetragen ist oder über eine Zertifizierung verfügt, die jeweils den Anforderungen des Artikel 64 der Richtlinie 2014/24/EU entsprechen, werden die im amtlichen Verzeichnis oder dem Zertifizierungssystem niedergelegten Unterlagen und Angaben vom öffentlichen Auftraggeber nur in begründeten Fällen in Zweifel gezogen (Eignungsvermutung). [2]Ein den Anforderungen des Artikels 64 der Richtlinie 2014/24/EU entsprechendes amtliches Verzeichnis kann auch durch Industrie- und Handelskammern eingerichtet werden. [3]Die Industrie- und Handelskammern bedienen sich bei der Führung des amtlichen Verzeichnisses einer gemeinsamen verzeichnisführenden Stelle. [4]Der öffentliche Auftraggeber kann mit Blick auf die Entrichtung von Steuern, Abgaben oder Sozialversicherungsbeiträgen die gesonderte Vorlage einer entsprechenden Bescheinigung verlangen.

§ 49 Beleg der Einhaltung von Normen der Qualitätssicherung und des Umweltmanagements

(1) [1]Verlangt der öffentliche Auftraggeber als Beleg dafür, dass Bewerber oder Bieter bestimmte Normen der Qualitätssicherung erfüllen, die Vorlage von Bescheinigungen unabhängiger Stellen, so bezieht sich der öffentliche Auftraggeber auf Qualitätssicherungssysteme, die

1. den einschlägigen europäischen Normen genügen und
2. von akkreditierten Stellen zertifiziert sind.

[2]Der öffentliche Auftraggeber erkennt auch gleichwertige Bescheinigungen von akkreditierten Stellen aus anderen Staaten an. [3]Konnte ein Bewerber oder Bieter aus Gründen, die er nicht zu vertreten hat, die betreffenden Bescheinigungen nicht innerhalb einer angemessenen Frist einholen, so muss der öffentliche Auftraggeber auch andere Unterlagen über gleichwertige Qualitätssicherungssysteme anerkennen, sofern der Bewerber oder Bieter nachweist, dass die vorgeschlagenen Qualitätssicherungsmaßnahmen den geforderten Qualitätssicherungsnormen entsprechen.

(2) [1]Verlangt der öffentliche Auftraggeber als Beleg dafür, dass Bewerber oder Bieter bestimmte Systeme oder Normen des Umweltmanagements erfüllen, die Vorlage von Bescheinigungen unabhängiger Stellen, so bezieht sich der öffentliche Auftraggeber

1. entweder auf das Gemeinschaftssystem für das Umweltmanagement und die Umweltbetriebsprüfung EMAS der Europäischen Union oder
2. auf andere nach Artikel 45 der Verordnung (EG) Nr. 1221/2009 des Europäischen Parlaments und des Rates vom 25. November 2009 über die freiwillige Teilnahme von Organisationen an einem Gemeinschaftssystem für Umweltmanagement und Umweltbetriebsprüfung und zur Aufhebung der Verordnung (EG) Nr. 761/2001, sowie der Beschlüsse der Kommission 2001/681/EG und 2006/193/EG (ABl L 342 vom 22. 12. 2009, S. 1) anerkannte Umweltmanagementsysteme oder
3. auf andere Normen für das Umweltmanagement, die auf den einschlägigen europäischen oder internationalen Normen beruhen und von akkreditierten Stellen zertifiziert sind.

[2]Der öffentliche Auftraggeber erkennt auch gleichwertige Bescheinigungen von Stellen in anderen Staaten an. [3]Hatte ein Bewerber oder Bieter aus Gründen, die ihm nicht zugerechnet werden

können, nachweislich keinen Zugang zu den betreffenden Bescheinigungen oder aus Gründen, die er nicht zu vertreten hat, keine Möglichkeit, diese innerhalb der einschlägigen Fristen zu erlangen, so muss der öffentliche Auftraggeber auch andere Unterlagen über gleichwertige Umweltmanagementmaßnahmen anerkennen, sofern der Bewerber oder Bieter nachweist, dass diese Maßnahmen mit denen, die nach dem geltenden System oder den geltenden Normen für das Umweltmanagement erforderlich sind, gleichwertig sind.

§ 50 Einheitliche Europäische Eigenerklärung

(1) [1]Die Einheitliche Europäische Eigenerklärung ist in der Form des Anhangs 2 der Durchführungsverordnung (EU) 2016/7 der Kommission vom 5. Januar 2016 zur Einführung des Standardformulars für die Einheitliche Europäische Eigenerklärung (ABl L 3 vom 6. 1. 2016, S. 16) zu übermitteln. [2]Bewerber oder Bieter können eine bereits bei einer früheren Auftragsvergabe verwendete Einheitliche Europäische Eigenerklärung wiederverwenden, sofern sie bestätigen, dass die darin enthaltenen Informationen weiterhin zutreffend sind.

(2) [1]Der öffentliche Auftraggeber kann bei Übermittlung einer Einheitlichen Europäischen Eigenerklärung Bewerber oder Bieter jederzeit während des Verfahrens auffordern, sämtliche oder einen Teil der nach den §§ 44 bis 49 geforderten Unterlagen beizubringen, wenn dies zur angemessenen Durchführung des Verfahrens erforderlich ist. [2]Vor der Zuschlagserteilung fordert der öffentliche Auftraggeber den Bieter, an den er den Auftrag vergeben will, auf, die geforderten Unterlagen beizubringen.

(3) Ungeachtet von Absatz 2 müssen Bewerber oder Bieter keine Unterlagen beibringen, sofern und soweit die zuschlagerteilende Stelle

1. die Unterlagen über eine für den öffentlichen Auftraggeber kostenfreie Datenbank innerhalb der Europäischen Union, insbesondere im Rahmen eines Präqualifikationssystems, erhalten kann oder
2. bereits im Besitz der Unterlagen ist.

VgV

§ 51 Begrenzung der Anzahl der Bewerber

(1) [1]Bei allen Verfahrensarten mit Ausnahme des offenen Verfahrens kann der öffentliche Auftraggeber die Zahl der geeigneten Bewerber, die zur Abgabe eines Angebots aufgefordert oder zum Dialog eingeladen werden, begrenzen, sofern genügend geeignete Bewerber zur Verfügung stehen. [2]Dazu gibt der öffentliche Auftraggeber in der Auftragsbekanntmachung oder der Aufforderung zur Interessensbestätigung die von ihm vorgesehenen objektiven und nichtdiskriminierenden Eignungskriterien für die Begrenzung der Zahl, die vorgesehene Mindestzahl und gegebenenfalls auch die Höchstzahl der einzuladenden Bewerber an.

(2) [1]Die vom öffentlichen Auftraggeber vorgesehene Mindestzahl der einzuladenden Bewerber darf nicht niedriger als drei sein, beim nicht offenen Verfahren nicht niedriger als fünf. [2]In jedem Fall muss die vorgesehene Mindestzahl ausreichend hoch sein, dass der Wettbewerb gewährleistet ist.

(3) [1]Sofern geeignete Bewerber in ausreichender Zahl zur Verfügung stehen, lädt der öffentliche Auftraggeber eine Anzahl von geeigneten Bewerbern ein, die nicht niedriger als die festgelegte Mindestzahl an Bewerbern ist. [2]Sofern die Zahl geeigneter Bewerber unter der Mindestzahl liegt, kann der öffentliche Auftraggeber das Vergabeverfahren fortführen, indem er den oder die Bewerber einlädt, die über die geforderte Eignung verfügen. [3]Andere Unternehmen, die sich nicht um die Teilnahme beworben haben, oder Bewerber, die nicht über die geforderte Eignung verfügen, dürfen nicht zu demselben Verfahren zugelassen werden.

Unterabschnitt 6: Einreichung, Form und Umgang mit Interessensbekundungen, Interessensbestätigungen, Teilnahmeanträgen und Angeboten

§ 52 Aufforderung zur Interessensbestätigung, zur Angebotsabgabe, zur Verhandlung oder zur Teilnahme am Dialog

(1) Ist ein Teilnahmewettbewerb durchgeführt worden, wählt der öffentliche Auftraggeber gemäß § 51 Bewerber aus, die er auffordert, in einem nicht offenen Verfahren oder einem Verhandlungsverfahren ein Angebot einzureichen, am wettbewerblichen Dialog teilzunehmen oder an Verhandlungen im Rahmen einer Innovationspartnerschaft teilzunehmen.

(2) [1]Die Aufforderung nach Absatz 1 enthält mindestens:

1. einen Hinweis auf die veröffentlichte Auftragsbekanntmachung,
2. den Tag, bis zu dem ein Angebot eingehen muss, die Anschrift der Stelle, bei der es einzureichen ist, die Art der Einreichung sowie die Sprache, in der es abzufassen ist,
3. beim wettbewerblichen Dialog den Termin und den Ort des Beginns der Dialogphase sowie die verwendete Sprache,
4. die Bezeichnung der gegebenenfalls beizufügenden Unterlagen, sofern nicht bereits in der Auftragsbekanntmachung enthalten,
5. die Zuschlagskriterien sowie deren Gewichtung oder gegebenenfalls die Kriterien in der Rangfolge ihrer Bedeutung, wenn diese Angaben nicht bereits in der Auftragsbekanntmachung oder in der Aufforderung zur Interessensbestätigung enthalten sind.

[2]Bei öffentlichen Aufträgen, die in einem wettbewerblichen Dialog oder im Rahmen einer Innovationspartnerschaft vergeben werden, sind die in Satz 1 Nummer 2 genannten Angaben nicht in der Aufforderung zur Teilnahme am Dialog oder an den Verhandlungen aufzuführen, sondern in der Aufforderung zur Angebotsabgabe.

(3) [1]Im Falle einer Vorinformation nach § 38 Absatz 4 fordert der öffentliche Auftraggeber gleichzeitig alle Unternehmen, die eine Interessensbekundung übermittelt haben, nach § 38 Absatz 5 auf, ihr Interesse zu bestätigen. [2]Diese Aufforderung umfasst zumindest folgende Angaben:

1. Umfang des Auftrags, einschließlich aller Optionen auf zusätzliche Aufträge, und, sofern möglich, eine Einschätzung der Frist für die Ausübung dieser Optionen; bei wiederkehrenden Aufträgen Art und Umfang und, sofern möglich, das voraussichtliche Datum der Veröffentlichung zukünftiger Auftragsbekanntmachungen für die Liefer- oder Dienstleistungen, die Gegenstand des Auftrags sein soll,
2. Art des Verfahrens,
3. gegebenenfalls Zeitpunkt, an dem die Lieferleistung erbracht oder die Dienstleistung beginnen oder abgeschlossen sein sollen,
4. Internetadresse, über die die Vergabeunterlagen unentgeltlich, uneingeschränkt und vollständig direkt verfügbar sind,
5. falls kein elektronischer Zugang zu den Vergabeunterlagen bereitgestellt werden kann, Anschrift und Schlusstermin für die Anforderung der Vergabeunterlagen sowie die Sprache, in der die Interessensbekundung abzufassen ist,
6. Anschrift des öffentlichen Auftraggebers, der den Zuschlag erteilt,
7. alle wirtschaftlichen und technischen Anforderungen, finanziellen Sicherheiten und Angaben, die von den Unternehmen verlangt werden,
8. Art des Auftrags, der Gegenstand des Vergabeverfahrens ist, und
9. die Zuschlagskriterien sowie deren Gewichtung oder gegebenenfalls die Kriterien in der Rangfolge ihrer Bedeutung, wenn diese Angaben nicht bereits in der Vorinformation oder den Vergabeunterlagen enthalten sind.

§ 53 Form und Übermittlung der Interessensbekundungen, Interessensbestätigungen, Teilnahmeanträge und Angebote[1)]

(1) Die Unternehmen übermitteln ihre Interessensbekundungen, Interessensbestätigungen, Teilnahmeanträge und Angebote in Textform nach § 126b des Bürgerlichen Gesetzbuchs mithilfe elektronischer Mittel gemäß § 10.

(2) [1]Der öffentliche Auftraggeber ist nicht verpflichtet, die Einreichung von Angeboten mithilfe elektronischer Mittel zu verlangen, wenn auf die zur Einreichung erforderlichen elektronischen Mittel einer der in § 41 Absatz 2 Nummer 1 bis 3 genannten Gründe zutrifft oder wenn zugleich physische oder maßstabsgetreue Modelle einzureichen sind, die nicht elektronisch übermittelt werden können. [2]In diesen Fällen erfolgt die Kommunikation auf dem Postweg oder auf einem anderen geeigneten Weg oder in Kombination von postalischem oder einem anderen geeigneten Weg und Verwendung elektronischer Mittel. [3]Der öffentliche Auftraggeber gibt im Vergabevermerk die Gründe an, warum die Angebote mithilfe anderer als elektronischer Mittel eingereicht werden können.

(3) [1]Der öffentliche Auftraggeber prüft, ob zu übermittelnde Daten erhöhte Anforderungen an die Sicherheit stellen. [2]Soweit es erforderlich ist, kann der öffentliche Auftraggeber verlangen, dass Interessensbekundungen, Interessensbestätigungen, Teilnahmeanträge und Angebote zu versehen sind mit

1. einer fortgeschrittenen elektronischen Signatur,
2. einer qualifizierten elektronischen Signatur,
3. einem fortgeschrittenen elektronischen Siegel oder
4. einem qualifizierten elektronischen Siegel.

(4) [1]Der öffentliche Auftraggeber kann festlegen, dass Angebote mithilfe anderer als elektronischer Mittel einzureichen sind, wenn sie besonders schutzwürdige Daten enthalten, die bei Verwendung allgemein verfügbarer oder alternativer elektronischer Mittel nicht angemessen geschützt werden können, oder wenn die Sicherheit der elektronischen Mittel nicht gewährleistet werden kann. [2]Der öffentliche Auftraggeber gibt im Vergabevermerk die Gründe an, warum er die Einreichung der Angebote mithilfe anderer als elektronischer Mittel für erforderlich hält.

(5) Auf dem Postweg oder direkt übermittelte Interessensbekundungen, Interessensbestätigungen, Teilnahmeanträge und Angebote sind in einem verschlossenen Umschlag einzureichen und als solche zu kennzeichnen.

VgV

(6) [1]Auf dem Postweg oder direkt übermittelte Interessensbekundungen, Interessensbestätigungen, Teilnahmeanträge und Angebote müssen unterschrieben sein. [2]Bei Abgabe mittels Telefax genügt die Unterschrift auf der Telefaxvorlage.

(7) [1]Änderungen an den Vergabeunterlagen sind unzulässig. [2]Die Interessensbestätigungen, Teilnahmeanträge und Angebote müssen vollständig sein und alle geforderten Angaben, Erklärungen und Preise enthalten. [3]Nebenangebote müssen als solche gekennzeichnet sein.

(8) Die Unternehmen haben anzugeben, ob für den Auftragsgegenstand gewerbliche Schutzrechte bestehen, beantragt sind oder erwogen werden.

(9) [1]Bewerber- oder Bietergemeinschaften haben in der Interessensbestätigung, im Teilnahmeantrag oder im Angebot jeweils die Mitglieder sowie eines ihrer Mitglieder als bevollmächtigten Vertreter für den Abschluss und die Durchführung des Vertrags zu benennen. [2]Fehlt eine dieser Angaben, so ist sie vor der Zuschlagserteilung beizubringen.

§ 54 Aufbewahrung ungeöffneter Interessensbekundungen, Interessensbestätigungen, Teilnahmeanträge und Angebote

[1]Elektronisch übermittelte Interessensbekundungen, Interessensbestätigungen, Teilnahmeanträge und Angebote sind auf geeignete Weise zu kennzeichnen und verschlüsselt zu spei-

1) **Anm. d. Red.:** § 53 i. d. F. des Gesetzes v. 18.7.2017 (BGBl I S. 2745) mit Wirkung v. 29.7.2017.

chern. [2]Auf dem Postweg und direkt übermittelte Interessensbestätigungen, Teilnahmeanträge und Angebote sind ungeöffnet zu lassen, mit Eingangsvermerk zu versehen und bis zum Zeitpunkt der Öffnung unter Verschluss zu halten. [3]Mittels Telefax übermittelte Interessensbestätigungen, Teilnahmeanträge und Angebote sind ebenfalls entsprechend zu kennzeichnen und auf geeignete Weise unter Verschluss zu halten.

§ 55 Öffnung der Interessensbestätigungen, Teilnahmeanträge und Angebote

(1) Der öffentliche Auftraggeber darf vom Inhalt der Interessensbestätigungen, Teilnahmeanträge und Angebote erst nach Ablauf der entsprechenden Fristen Kenntnis nehmen.

(2) [1]Die Öffnung der Angebote wird von mindestens zwei Vertretern des öffentlichen Auftraggebers gemeinsam an einem Termin unverzüglich nach Ablauf der Angebotsfrist durchgeführt. [2]Bieter sind nicht zugelassen.

Unterabschnitt 7: Prüfung und Wertung der Interessensbestätigungen, Teilnahmeanträge und Angebote; Zuschlag

§ 56 Prüfung der Interessensbestätigungen, Teilnahmeanträge und Angebote; Nachforderung von Unterlagen

(1) Die Interessensbestätigungen, Teilnahmeanträge und Angebote sind auf Vollständigkeit und fachliche Richtigkeit, Angebote zudem auf rechnerische Richtigkeit zu prüfen.

(2) [1]Der öffentliche Auftraggeber kann den Bewerber oder Bieter unter Einhaltung der Grundsätze der Transparenz und der Gleichbehandlung auffordern, fehlende, unvollständige oder fehlerhafte unternehmensbezogene Unterlagen, insbesondere Eigenerklärungen, Angaben, Bescheinigungen oder sonstige Nachweise, nachzureichen, zu vervollständigen oder zu korrigieren, oder fehlende oder unvollständige leistungsbezogene Unterlagen nachzureichen oder zu vervollständigen. [2]Der öffentliche Aufraggeber ist berechtigt, in der Auftragsbekanntmachung oder den Vergabeunterlagen festzulegen, dass er keine Unterlagen nachfordern wird.

(3) [1]Die Nachforderung von leistungsbezogenen Unterlagen, die die Wirtschaftlichkeitsbewertung der Angebote anhand der Zuschlagskriterien betreffen, ist ausgeschlossen. [2]Dies gilt nicht für Preisangaben, wenn es sich um unwesentliche Einzelpositionen handelt, deren Einzelpreise den Gesamtpreis nicht verändern oder die Wertungsreihenfolge und den Wettbewerb nicht beeinträchtigen.

(4) Die Unterlagen sind vom Bewerber oder Bieter nach Aufforderung durch den öffentlichen Auftraggeber innerhalb einer von diesem festzulegenden angemessenen, nach dem Kalender bestimmten Frist vorzulegen.

(5) Die Entscheidung zur und das Ergebnis der Nachforderung sind zu dokumentieren.

§ 57 Ausschluss von Interessensbekundungen, Interessensbestätigungen, Teilnahmeanträgen und Angeboten

(1) Von der Wertung ausgeschlossen werden Angebote von Unternehmen, die die Eignungskriterien nicht erfüllen, und Angebote, die nicht den Erfordernissen des § 53 genügen, insbesondere:

1. Angebote, die nicht form- oder fristgerecht eingegangen sind, es sei denn, der Bieter hat dies nicht zu vertreten,
2. Angebote, die nicht die geforderten oder nachgeforderten Unterlagen enthalten,
3. Angebote, in denen Änderungen des Bieters an seinen Eintragungen nicht zweifelsfrei sind,
4. Angebote, bei denen Änderungen oder Ergänzungen an den Vergabeunterlagen vorgenommen worden sind,

5. Angebote, die nicht die erforderlichen Preisangaben enthalten, es sei denn, es handelt sich um unwesentliche Einzelpositionen, deren Einzelpreise den Gesamtpreis nicht verändern oder die Wertungsreihenfolge und den Wettbewerb nicht beeinträchtigen, oder
6. nicht zugelassene Nebenangebote.

(2) Hat der öffentliche Auftraggeber Nebenangebote zugelassen, so berücksichtigt er nur die Nebenangebote, die die von ihm verlangten Mindestanforderungen erfüllen.

(3) Absatz 1 findet auf die Prüfung von Interessensbekundungen, Interessensbestätigungen und Teilnahmeanträgen entsprechende Anwendung.

§ 58 Zuschlag und Zuschlagskriterien

(1) Der Zuschlag wird nach Maßgabe des § 127 des Gesetzes gegen Wettbewerbsbeschränkungen auf das wirtschaftlichste Angebot erteilt.

(2) [1]Die Ermittlung des wirtschaftlichsten Angebots erfolgt auf der Grundlage des besten Preis-Leistungs-Verhältnisses. [2]Neben dem Preis oder den Kosten können auch qualitative, umweltbezogene oder soziale Zuschlagskriterien berücksichtigt werden, insbesondere:

1. die Qualität, einschließlich technischer Wert, Ästhetik, Zweckmäßigkeit, Zugänglichkeit der Leistung insbesondere für Menschen mit Behinderungen, ihrer Übereinstimmung mit Anforderungen des „Designs für Alle", soziale, umweltbezogene und innovative Eigenschaften sowie Vertriebs- und Handelsbedingungen,
2. die Organisation, Qualifikation und Erfahrung des mit der Ausführung des Auftrags betrauten Personals, wenn die Qualität des eingesetzten Personals erheblichen Einfluss auf das Niveau der Auftragsausführung haben kann, oder
3. die Verfügbarkeit von Kundendienst und technischer Hilfe sowie Lieferbedingungen wie Liefertermin, Lieferverfahren sowie Liefer- oder Ausführungsfristen.

[3]Der öffentliche Auftraggeber kann auch Festpreise oder Festkosten vorgeben, sodass das wirtschaftlichste Angebot ausschließlich nach qualitativen, umweltbezogenen oder sozialen Zuschlagskriterien nach Satz 1 bestimmt wird.

(3) [1]Der öffentliche Auftraggeber gibt in der Auftragsbekanntmachung oder den Vergabeunterlagen an, wie er die einzelnen Zuschlagskriterien gewichtet, um das wirtschaftlichste Angebot zu ermitteln. [2]Diese Gewichtung kann auch mittels einer Spanne angegeben werden, deren Bandbreite angemessen sein muss. [3]Ist die Gewichtung aus objektiven Gründen nicht möglich, so gibt der öffentliche Auftraggeber die Zuschlagskriterien in absteigender Rangfolge an.

(4) Für den Beleg, ob und wieweit die angebotene Leistung den geforderten Zuschlagskriterien entspricht, gelten die §§ 33 und 34 entsprechend.

(5) An der Entscheidung über den Zuschlag sollen in der Regel mindestens zwei Vertreter des öffentlichen Auftraggebers mitwirken.

§ 59 Berechnung von Lebenszykluskosten

(1) Der öffentliche Auftraggeber kann vorgeben, dass das Zuschlagskriterium „Kosten" auf der Grundlage der Lebenszykluskosten der Leistung berechnet wird.

(2) [1]Der öffentliche Auftraggeber gibt die Methode zur Berechnung der Lebenszykluskosten und die zur Berechnung vom Unternehmen zu übermittelnden Informationen in der Auftragsbekanntmachung oder den Vergabeunterlagen an. [2]Die Berechnungsmethode kann umfassen

1. die Anschaffungskosten,
2. die Nutzungskosten, insbesondere den Verbrauch von Energie und anderen Ressourcen,
3. die Wartungskosten,
4. Kosten am Ende der Nutzungsdauer, insbesondere die Abholungs-, Entsorgungs- oder Recyclingkosten, oder

5. Kosten, die durch die externen Effekte der Umweltbelastung entstehen, die mit der Leistung während ihres Lebenszyklus in Verbindung stehen, sofern ihr Geldwert nach Absatz 3 bestimmt und geprüft werden kann; solche Kosten können Kosten der Emission von Treibhausgasen und anderen Schadstoffen sowie sonstige Kosten für die Eindämmung des Klimawandels umfassen.

(3) Die Methode zur Berechnung der Kosten, die durch die externen Effekte der Umweltbelastung entstehen, muss folgende Bedingungen erfüllen:

1. Sie beruht auf objektiv nachprüfbaren und nichtdiskriminierenden Kriterien; ist die Methode nicht für die wiederholte oder dauerhafte Anwendung entwickelt worden, darf sie bestimmte Unternehmen weder bevorzugen noch benachteiligen,
2. sie ist für alle interessierten Beteiligten zugänglich, und
3. die zur Berechnung erforderlichen Informationen lassen sich von Unternehmen, die ihrer Sorgfaltspflicht im üblichen Maße nachkommen, einschließlich Unternehmen aus Drittstaaten, die dem Übereinkommen über das öffentliche Beschaffungswesen von 1994 (ABl C 256 vom 3. 9. 1996, S. 1), geändert durch das Protokoll zur Änderung des Übereinkommens über das öffentliche Beschaffungswesen (ABl L 68 vom 7. 3. 2014, S. 2) oder anderen, für die Europäische Union bindenden internationalen Übereinkommen beigetreten sind, mit angemessenem Aufwand bereitstellen.

(4) Sofern eine Methode zur Berechnung der Lebenszykluskosten durch einen Rechtsakt der Europäischen Union verbindlich vorgeschrieben worden ist, hat der öffentliche Auftraggeber diese Methode vorzugeben.

§ 60 Ungewöhnlich niedrige Angebote

(1) Erscheinen der Preis oder die Kosten eines Angebots im Verhältnis zu der zu erbringenden Leistung ungewöhnlich niedrig, verlangt der öffentliche Auftraggeber vom Bieter Aufklärung.

(2) [1]Der öffentliche Auftraggeber prüft die Zusammensetzung des Angebots und berücksichtigt die übermittelten Unterlagen. [2]Die Prüfung kann insbesondere betreffen:

1. die Wirtschaftlichkeit des Fertigungsverfahrens einer Lieferleistung oder der Erbringung der Dienstleistung,
2. die gewählten technischen Lösungen oder die außergewöhnlich günstigen Bedingungen, über die das Unternehmen bei der Lieferung der Waren oder bei der Erbringung der Dienstleistung verfügt,
3. die Besonderheiten der angebotenen Liefer- oder Dienstleistung,
4. die Einhaltung der Verpflichtungen nach § 128 Absatz 1 des Gesetzes gegen Wettbewerbsbeschränkungen, insbesondere der für das Unternehmen geltenden umwelt-, sozial- und arbeitsrechtlichen Vorschriften, oder
5. die etwaige Gewährung einer staatlichen Beihilfe an das Unternehmen.

(3) [1]Kann der öffentliche Auftraggeber nach der Prüfung gemäß den Absätzen 1 und 2 die geringe Höhe des angebotenen Preises oder der angebotenen Kosten nicht zufriedenstellend aufklären, darf er den Zuschlag auf dieses Angebot ablehnen. [2]Der öffentliche Auftraggeber lehnt das Angebot ab, wenn er festgestellt hat, dass der Preis oder die Kosten des Angebots ungewöhnlich niedrig sind, weil Verpflichtungen nach Absatz 2 Satz 2 Nummer 4 nicht eingehalten werden.

(4) [1]Stellt der öffentliche Auftraggeber fest, dass ein Angebot ungewöhnlich niedrig ist, weil der Bieter eine staatliche Beihilfe erhalten hat, so lehnt der öffentliche Auftraggeber das Angebot ab, wenn der Bieter nicht fristgemäß nachweisen kann, dass die staatliche Beihilfe rechtmäßig gewährt wurde. [2]Der öffentliche Auftraggeber teilt die Ablehnung der Europäischen Kommission mit.

§ 61 Ausführungsbedingungen

Für den Beleg, dass die angebotene Leistung den geforderten Ausführungsbedingungen gemäß § 128 Absatz 2 des Gesetzes gegen Wettbewerbsbeschränkungen entspricht, gelten die §§ 33 und 34 entsprechend.

§ 62 Unterrichtung der Bewerber und Bieter

(1) [1]Unbeschadet des § 134 des Gesetzes gegen Wettbewerbsbeschränkungen teilt der öffentliche Auftraggeber jedem Bewerber und jedem Bieter unverzüglich seine Entscheidungen über den Abschluss einer Rahmenvereinbarung, die Zuschlagserteilung oder die Zulassung zur Teilnahme an einem dynamischen Beschaffungssystem mit. [2]Gleiches gilt für die Entscheidung, ein Vergabeverfahren aufzuheben oder erneut einzuleiten einschließlich der Gründe dafür, sofern eine Auftragsbekanntmachung oder Vorinformation veröffentlicht wurde.

(2) Der öffentliche Auftraggeber unterrichtet auf Verlangen des Bewerbers oder Bieters unverzüglich, spätestens innerhalb von 15 Tagen nach Eingang des Antrags in Textform nach § 126b des Bürgerlichen Gesetzbuchs,

1. jeden nicht erfolgreichen Bewerber über die Gründe für die Ablehnung seines Teilnahmeantrags,
2. jeden nicht erfolgreichen Bieter über die Gründe für die Ablehnung seines Angebots,
3. jeden Bieter über die Merkmale und Vorteile des erfolgreichen Angebots sowie den Namen des erfolgreichen Bieters und
4. jeden Bieter über den Verlauf und die Fortschritte der Verhandlungen und des wettbewerblichen Dialogs mit den Bietern.

(3) § 39 Absatz 6 ist auf die in den Absätzen 1 und 2 genannten Angaben über die Zuschlagserteilung, den Abschluss von Rahmenvereinbarungen oder die Zulassung zu einem dynamischen Beschaffungssystem entsprechend anzuwenden.

§ 63 Aufhebung von Vergabeverfahren

(1) [1]Der öffentliche Auftraggeber ist berechtigt, ein Vergabeverfahren ganz oder teilweise aufzuheben, wenn

1. kein Angebot eingegangen ist, das den Bedingungen entspricht,
2. sich die Grundlage des Vergabeverfahrens wesentlich geändert hat,
3. kein wirtschaftliches Ergebnis erzielt wurde oder
4. andere schwerwiegende Gründe bestehen.

[2]Im Übrigen ist der öffentliche Auftraggeber grundsätzlich nicht verpflichtet, den Zuschlag zu erteilen.

(2) [1]Der öffentliche Auftraggeber teilt den Bewerbern oder Bietern nach Aufhebung des Vergabeverfahrens unverzüglich die Gründe für seine Entscheidung mit, auf die Vergabe eines Auftrages zu verzichten oder das Verfahren erneut einzuleiten. [2]Auf Antrag teilt er ihnen dies in Textform nach § 126b des Bürgerlichen Gesetzbuchs mit.

Abschnitt 3: Besondere Vorschriften für die Vergabe von sozialen und anderen besonderen Dienstleistungen

§ 64 Vergabe von Aufträgen für soziale und andere besondere Dienstleistungen

Öffentliche Aufträge über soziale und andere besondere Dienstleistungen im Sinne von § 130 Absatz 1 des Gesetzes gegen Wettbewerbsbeschränkungen werden nach den Bestimmungen dieser Verordnung und unter Berücksichtigung der Besonderheiten der jeweiligen Dienstleistung nach Maßgabe dieses Abschnitts vergeben.

§ 65 Ergänzende Verfahrensregeln

(1) [1]Neben dem offenen und dem nicht offenen Verfahren stehen dem öffentlichen Auftraggeber abweichend von § 14 Absatz 3 auch das Verhandlungsverfahren mit Teilnahmewettbewerb, der wettbewerbliche Dialog und die Innovationspartnerschaft nach seiner Wahl zur Verfügung. [2]Ein Verhandlungsverfahren ohne Teilnahmewettbewerb steht nur zur Verfügung, soweit dies nach § 14 Absatz 4 gestattet ist.

(2) Die Laufzeit einer Rahmenvereinbarung darf abweichend von § 21 Absatz 6 höchstens sechs Jahre betragen, es sei denn, es liegt ein im Gegenstand der Rahmenvereinbarung begründeter Sonderfall vor.

(3) [1]Der öffentliche Auftraggeber kann für den Eingang der Angebote und der Teilnahmeanträge unter Berücksichtigung der Besonderheiten der jeweiligen Dienstleistung von den §§ 15 bis 19 abweichende Fristen bestimmen. [2]§ 20 bleibt unberührt.

(4) § 48 Absatz 3 ist nicht anzuwenden.

(5) [1]Bei der Bewertung der in § 58 Absatz 2 Satz 2 Nummer 2 genannten Kriterien können insbesondere der Erfolg und die Qualität bereits erbrachter Leistungen des Bieters oder des vom Bieter eingesetzten Personals berücksichtigt werden. [2]Bei Dienstleistungen nach dem Zweiten und Dritten Buch Sozialgesetzbuch können für die Bewertung des Erfolgs und der Qualität bereits erbrachter Leistungen des Bieters insbesondere berücksichtigt werden:

1. Eingliederungsquoten,
2. Abbruchquoten,
3. erreichte Bildungsabschlüsse und
4. Beurteilungen der Vertragsausführung durch den öffentlichen Auftraggeber anhand transparenter und nichtdiskriminierender Methoden.

§ 66 Veröffentlichungen, Transparenz

(1) [1]Der öffentliche Auftraggeber teilt seine Absicht, einen öffentlichen Auftrag zur Erbringung sozialer oder anderer besonderer Dienstleistungen zu vergeben, in einer Auftragsbekanntmachung mit. [2]§ 17 Absatz 5 bleibt unberührt.

(2) Eine Auftragsbekanntmachung ist nicht erforderlich, wenn der öffentliche Auftraggeber auf kontinuierlicher Basis eine Vorinformation veröffentlicht, sofern die Vorinformation

1. sich speziell auf die Arten von Dienstleistungen bezieht, die Gegenstand der zu vergebenen Aufträge sind,
2. den Hinweis enthält, dass dieser Auftrag ohne gesonderte Auftragsbekanntmachung vergeben wird,
3. die interessierten Unternehmen auffordert, ihr Interesse mitzuteilen (Interessensbekundung).

(3) [1]Der öffentliche Auftraggeber, der einen Auftrag zur Erbringung von sozialen und anderen besonderen Dienstleistungen vergeben hat, teilt die Ergebnisse des Vergabeverfahrens mit. [2]Er kann die Vergabebekanntmachungen quartalsweise bündeln. [3]In diesem Fall versendet er die Zusammenstellung spätestens 30 Tage nach Quartalsende.

(4) [1]Für die Bekanntmachungen nach den Absätzen 1 bis 3 ist das Muster gemäß Anhang XVIII der Durchführungsverordnung (EU) 2015/1986 zu verwenden. [2]Die Veröffentlichung der Bekanntmachungen erfolgt gemäß § 40.

Abschnitt 4: Besondere Vorschriften für die Beschaffung energieverbrauchsrelevanter Leistungen und von Straßenfahrzeugen

§ 67 Beschaffung energieverbrauchsrelevanter Liefer- oder Dienstleistungen

(1) Wenn energieverbrauchsrelevante Waren, technische Geräte oder Ausrüstungen Gegenstand einer Lieferleistung oder wesentliche Voraussetzung zur Ausführung einer Dienstleistung sind (energieverbrauchsrelevante Liefer- oder Dienstleistungen), sind die Anforderungen der Absätze 2 bis 5 zu beachten*).

(2) In der Leistungsbeschreibung sollen im Hinblick auf die Energieeffizienz insbesondere folgende Anforderungen gestellt werden:

1. das höchste Leistungsniveau an Energieeffizienz und,
2. soweit vorhanden, die höchste Energieeffizienzklasse im Sinne der Energieverbrauchskennzeichnungsverordnung.

(3) In der Leistungsbeschreibung oder an anderer geeigneter Stelle in den Vergabeunterlagen sind von den Bietern folgende Informationen zu fordern:

1. konkrete Angaben zum Energieverbrauch, es sei denn, die auf dem Markt angebotenen Waren, technischen Geräte oder Ausrüstungen unterscheiden sich im zulässigen Energieverbrauch nur geringfügig, und
2. in geeigneten Fällen,
   a) eine Analyse minimierter Lebenszykluskosten oder
   b) die Ergebnisse einer Buchstabe a vergleichbaren Methode zur Überprüfung der Wirtschaftlichkeit.

(4) Der öffentliche Auftraggeber darf nach Absatz 3 übermittelte Informationen überprüfen und hierzu ergänzende Erläuterungen von den Bietern fordern.

(5) Im Rahmen der Ermittlung des wirtschaftlichsten Angebotes ist die anhand der Informationen nach Absatz 3 oder der Ergebnisse einer Überprüfung nach Absatz 4 zu ermittelnde Energieeffizienz als Zuschlagskriterium angemessen zu berücksichtigen.

VgV

§ 68 Beschaffung von Straßenfahrzeugen

(1) [1]Der öffentliche Auftraggeber muss bei der Beschaffung von Straßenfahrzeugen Energieverbrauch und Umweltauswirkungen berücksichtigen. [2]Zumindest müssen hierbei folgende Faktoren, jeweils bezogen auf die Gesamtkilometerleistung des Straßenfahrzeugs im Sinne der Tabelle 3 der Anlage 2, berücksichtigt werden**):

1. Energieverbrauch,
2. Kohlendioxid-Emissionen,
3. Emissionen von Stickoxiden,

---

*) **Amtl. Anm.:** § 67 der Vergabeverordnung dient der Umsetzung folgender Richtlinien:
– Richtlinie 2010/30/EU des Europäischen Parlaments und des Rates vom 19. Mai 2010 über die Angabe des Verbrauchs an Energie und anderen Ressourcen durch energieverbrauchsrelevante Produkte mittels einheitlicher Etiketten und Produktinformationen (ABl L 153 vom 18. 6. 2010, S. 1),
– Richtlinie 2012/27/EU des Europäischen Parlaments und des Rates vom 25. Oktober 2012 zur Energieeffizienz, zur Änderung der Richtlinien 2009/125/EG und 2010/30/EU und zur Aufhebung der Richtlinien 2004/8/EG und 2006/32/EG (ABl L 315 vom 14. 11. 2012, S. 1).

) **Amtl. Anm.: § 68 der Vergabeverordnung dient der Umsetzung der Richtlinie 2009/33/EG des Europäischen Parlaments und des Rates vom 23. April 2009 über die Förderung sauberer und energieeffizienter Straßenfahrzeuge (ABl L 120 vom 15. 5. 2009, S. 5).

4. Emissionen von Nichtmethan-Kohlenwasserstoffen und
5. partikelförmige Abgasbestandteile.

(2) Der öffentliche Auftraggeber erfüllt die Verpflichtung nach Absatz 1 zur Berücksichtigung des Energieverbrauchs und der Umweltauswirkungen, indem er

1. Vorgaben zu Energieverbrauch und Umweltauswirkungen in der Leistungsbeschreibung macht oder
2. den Energieverbrauch und die Umweltauswirkungen von Straßenfahrzeugen als Zuschlagskriterien berücksichtigt.

(3) [1]Sollen der Energieverbrauch und die Umweltauswirkungen von Straßenfahrzeugen finanziell bewertet werden, ist die in Anlage 3 definierte Methode anzuwenden. [2]Soweit die Angaben in Anlage 2 dem öffentlichen Auftraggeber einen Spielraum bei der Beurteilung des Energiegehaltes oder der Emissionskosten einräumen, nutzt der öffentliche Auftraggeber diesen Spielraum entsprechend den lokalen Bedingungen am Einsatzort des Fahrzeugs.

(4) [1]Von der Anwendung der Absätze 1 bis 3 sind Straßenfahrzeuge ausgenommen, die für den Einsatz im Rahmen des hoheitlichen Auftrags der Streitkräfte, des Katastrophenschutzes, der Feuerwehren und der Polizeien des Bundes und der Länder konstruiert und gebaut sind (Einsatzfahrzeuge). [2]Bei der Beschaffung von Einsatzfahrzeugen werden die Anforderungen nach den Absätzen 1 bis 3 berücksichtigt, soweit es der Stand der Technik zulässt und hierdurch die Einsatzfähigkeit der Einsatzfahrzeuge zur Erfüllung des in Satz 1 genannten hoheitlichen Auftrags nicht beeinträchtigt wird.

Abschnitt 5: Planungswettbewerbe

§ 69 Anwendungsbereich

(1) Wettbewerbe nach § 103 Absatz 6 des Gesetzes gegen Wettbewerbsbeschränkungen werden insbesondere auf den Gebieten der Raumplanung, des Städtebaus und des Bauwesens oder der Datenverarbeitung durchgeführt (Planungswettbewerbe).

(2) Bei der Durchführung eines Planungswettbewerbs wendet der öffentliche Auftraggeber die §§ 5, 6 und 43 und die Vorschriften dieses Abschnitts an.

§ 70 Veröffentlichung, Transparenz

(1) [1]Der öffentliche Auftraggeber teilt seine Absicht, einen Planungswettbewerb auszurichten, in einer Wettbewerbsbekanntmachung mit. [2]Die Wettbewerbsbekanntmachung wird nach dem Muster gemäß Anhang IX der Durchführungsverordnung (EU) 2015/1986 erstellt. [3]§ 40 ist entsprechend anzuwenden.

(2) Beabsichtigt der öffentliche Auftraggeber im Anschluss an einen Planungswettbewerb einen Dienstleistungsauftrag im Verhandlungsverfahren ohne Teilnahmewettbewerb zu vergeben, hat der öffentliche Auftraggeber die Eignungskriterien und die zum Nachweis der Eignung erforderlichen Unterlagen hierfür bereits in der Wettbewerbsbekanntmachung anzugeben.

(3) [1]Die Ergebnisse des Planungswettbewerbs sind bekannt zu machen und innerhalb von 30 Tagen an das Amt für Veröffentlichungen der Europäischen Union zu übermitteln. [2]Die Bekanntmachung wird nach dem Muster gemäß Anhang X der Durchführungsverordnung (EU) 2015/1986 erstellt.

(4) § 39 Absatz 6 gilt entsprechend.

§ 71 Ausrichtung

(1) Die an einem Planungswettbewerb Interessierten sind vor Wettbewerbsbeginn über die geltenden Durchführungsregeln zu informieren.

(2) Die Zulassung von Teilnehmern an einem Planungswettbewerb darf nicht beschränkt werden

1. unter Bezugnahme auf das Gebiet eines Mitgliedstaats der Europäischen Union oder einen Teil davon oder
2. auf nur natürliche oder nur juristische Personen.

(3) [1]Bei einem Planungswettbewerb mit beschränkter Teilnehmerzahl hat der öffentliche Auftraggeber eindeutige und nichtdiskriminierende Auswahlkriterien festzulegen. [2]Die Zahl der Bewerber, die zur Teilnahme aufgefordert werden, muss ausreichen, um den Wettbewerb zu gewährleisten.

§ 72 Preisgericht

(1) [1]Das Preisgericht darf nur aus Preisrichtern bestehen, die von den Teilnehmern des Planungswettbewerbs unabhängig sind. [2]Wird von den Wettbewerbsteilnehmern eine bestimmte berufliche Qualifikation verlangt, muss mindestens ein Drittel der Preisrichter über dieselbe oder eine gleichwertige Qualifikation verfügen.

(2) [1]Das Preisgericht ist in seinen Entscheidungen und Stellungnahmen unabhängig. [2]Es trifft seine Entscheidungen nur auf Grund von Kriterien, die in der Wettbewerbsbekanntmachung genannt sind. [3]Die Wettbewerbsarbeiten sind ihm anonym vorzulegen. [4]Die Anonymität ist bis zu den Stellungnahmen oder Entscheidungen des Preisgerichts zu wahren.

(3) [1]Das Preisgericht erstellt einen Bericht über die Rangfolge der von ihm ausgewählten Wettbewerbsarbeiten, indem es auf die einzelnen Projekte eingeht und seine Bemerkungen sowie noch zu klärende Fragen aufführt. [2]Dieser Bericht ist von den Preisrichtern zu unterzeichnen.

(4) [1]Die Teilnehmer können zur Klärung bestimmter Aspekte der Wettbewerbsarbeiten aufgefordert werden, Fragen zu beantworten, die das Preisgericht in seinem Protokoll festzuhalten hat. [2]Der Dialog zwischen Preisrichtern und Teilnehmern ist zu dokumentieren.

Abschnitt 6: Besondere Vorschriften für die Vergabe von Architekten- und Ingenieurleistungen

Unterabschnitt 1: Allgemeines

§ 73 Anwendungsbereich und Grundsätze

(1) Die Bestimmungen dieses Abschnitts gelten zusätzlich für die Vergabe von Architekten- und Ingenieurleistungen, deren Gegenstand eine Aufgabe ist, deren Lösung vorab nicht eindeutig und erschöpfend beschrieben werden kann.

(2) Architekten- und Ingenieurleistungen sind

1. Leistungen, die von der Honorarordnung für Architekten und Ingenieure vom 10. Juli 2013 (BGBl I S. 2276) erfasst werden und
2. sonstige Leistungen, für die die berufliche Qualifikation des Architekten oder Ingenieurs erforderlich ist oder vom öffentlichen Auftraggeber gefordert wird.

(3) Aufträge über Leistungen nach Absatz 1 sollen unabhängig von Ausführungs- und Lieferinteressen vergeben werden.

§ 74 Verfahrensart

Architekten- und Ingenieurleistungen werden in der Regel im Verhandlungsverfahren mit Teilnahmewettbewerb nach § 17 oder im wettbewerblichen Dialog nach § 18 vergeben.

§ 75 Eignung

(1) Wird als Berufsqualifikation der Beruf des Architekten, Innenarchitekten, Landschaftsarchitekten oder Stadtplaners gefordert, so ist zuzulassen, wer nach dem für die öffentliche Auf-

tragsvergabe geltenden Landesrecht berechtigt ist, die entsprechende Berufsbezeichnung zu tragen oder in der Bundesrepublik Deutschland entsprechend tätig zu werden.

(2) Wird als Berufsqualifikation der Beruf des „Beratenden Ingenieurs" oder „Ingenieurs" gefordert, so ist zuzulassen, wer nach dem für die öffentliche Auftragsvergabe geltenden Landesrecht berechtigt ist, die entsprechende Berufsbezeichnung zu tragen oder in der Bundesrepublik Deutschland entsprechend tätig zu werden.

(3) Juristische Personen sind als Auftragnehmer zuzulassen, wenn sie für die Durchführung der Aufgabe einen verantwortlichen Berufsangehörigen gemäß Absatz 1 oder 2 benennen.

(4) [1]Eignungskriterien müssen gemäß § 122 Absatz 4 des Gesetzes gegen Wettbewerbsbeschränkungen mit dem Auftragsgegenstand in Verbindung und zu diesem in einem angemessenen Verhältnis stehen. [2]Sie sind bei geeigneten Aufgabenstellungen so zu wählen, dass kleinere Büroorganisationen und Berufsanfänger sich beteiligen können.

(5) [1]Die Präsentation von Referenzprojekten ist zugelassen. [2]Verlangt der öffentliche Auftraggeber geeignete Referenzen im Sinne von § 46 Absatz 3 Nummer 1, so lässt er hierfür Referenzobjekte zu, deren Planungs- oder Beratungsanforderungen mit denen der zu vergebenden Planungs- oder Beratungsleistung vergleichbar sind. [3]Für die Vergleichbarkeit der Referenzobjekte ist es in der Regel unerheblich, ob der Bewerber bereits Objekte derselben Nutzungsart geplant oder realisiert hat.

(6) Erfüllen mehrere Bewerber an einem Teilnahmewettbewerb mit festgelegter Höchstzahl gemäß § 51 gleichermaßen die Anforderungen und ist die Bewerberzahl auch nach einer objektiven Auswahl entsprechend der zu Grunde gelegten Eignungskriterien zu hoch, kann die Auswahl unter den verbleibenden Bewerbern durch Los getroffen werden.

§ 76 Zuschlag

(1) [1]Architekten- und Ingenieurleistungen werden im Leistungswettbewerb vergeben. [2]Ist die zu erbringende Leistung nach einer gesetzlichen Gebühren- oder Honorarordnung zu vergüten, ist der Preis im dort vorgeschriebenen Rahmen zu berücksichtigen.

(2) [1]Die Ausarbeitung von Lösungsvorschlägen der gestellten Aufgabe kann der öffentliche Auftraggeber nur im Rahmen eines Planungswettbewerbs, eines Verhandlungsverfahrens oder eines wettbewerblichen Dialogs verlangen. [2]Die Erstattung der Kosten richtet sich nach § 77. [3]Unaufgefordert eingereichte Ausarbeitungen bleiben unberücksichtigt.

§ 77 Kosten und Vergütung

(1) Für die Erstellung der Bewerbungs- und Angebotsunterlagen werden Kosten nicht erstattet.

(2) Verlangt der öffentliche Auftraggeber außerhalb von Planungswettbewerben darüber hinaus die Ausarbeitung von Lösungsvorschlägen für die gestellte Planungsaufgabe in Form von Entwürfen, Plänen, Zeichnungen, Berechnungen oder anderen Unterlagen, so ist einheitlich für alle Bewerber eine angemessene Vergütung festzusetzen.

(3) Gesetzliche Gebühren- oder Honorarordnungen und der Urheberrechtsschutz bleiben unberührt.

Unterabschnitt 2: Planungswettbewerbe für Architekten- und Ingenieurleistungen

§ 78 Grundsätze und Anwendungsbereich für Planungswettbewerbe

(1) Planungswettbewerbe gewährleisten die Wahl der besten Lösung der Planungsaufgabe und sind gleichzeitig ein geeignetes Instrument zur Sicherstellung der Planungsqualität und Förderung der Baukultur.

(2) [1]Planungswettbewerbe dienen dem Ziel, alternative Vorschläge für Planungen, insbesondere auf dem Gebiet der Raumplanung, des Städtebaus und des Bauwesens, auf der Grundlage

veröffentlichter einheitlicher Richtlinien zu erhalten. [2]Sie können vor oder ohne Vergabeverfahren ausgerichtet werden. [3]In den einheitlichen Richtlinien wird auch die Mitwirkung der Architekten- und Ingenieurkammern an der Vorbereitung und bei der Durchführung von Planungswettbewerben geregelt. [3]Der öffentliche Auftraggeber prüft bei Aufgabenstellungen im Hoch-, Städte- und Brückenbau sowie der Landschafts- und Freiraumplanung, ob für diese ein Planungswettbewerb durchgeführt werden soll und dokumentiert seine Entscheidung.

(3) [1]Die Bestimmungen dieses Unterabschnitts sind zusätzlich zu Abschnitt 5 für die Ausrichtung von Planungswettbewerben anzuwenden. [2]Die auf die Durchführung von Planungswettbewerben anwendbaren Regeln nach Absatz 2 sind in der Wettbewerbsbekanntmachung mitzuteilen.

§ 79 Durchführung von Planungswettbewerben

(1) Mit der Ausrichtung eines Planungswettbewerbs sind Preise oder neben Preisen Anerkennungen auszuloben, die der Bedeutung und Schwierigkeit der Bauaufgabe sowie dem Leistungsumfang nach der jeweils geltenden Honorarordnung angemessen sind.

(2) [1]Ausgeschlossen von Planungswettbewerben sind Personen, die infolge ihrer Beteiligung an der Vorbereitung oder Durchführung des Planungswettbewerbs bevorzugt sein oder Einfluss auf die Entscheidung des Preisgerichts nehmen können. [2]Das Gleiche gilt für Personen, die sich durch Angehörige oder ihnen wirtschaftlich verbundene Personen einen entsprechenden Vorteil oder Einfluss verschaffen können.

(3) [1]Abweichend von § 72 Absatz 1 Satz 2 muss die Mehrheit der Preisrichter über dieselbe oder eine gleichwertige Qualifikation verfügen, wie sie von den Teilnehmern verlangt wird. [2]Auch muss die Mehrheit der Preisrichter unabhängig vom Ausrichter sein.

(4) [1]Das Preisgericht hat in seinen Entscheidungen die in der Wettbewerbsbekanntmachung als bindend bezeichneten Vorgaben des Ausrichters zu beachten. [2]Nicht zugelassene oder über das geforderte Maß hinausgehende Teilleistungen sind von der Wertung auszuschließen.

(5) [1]Das Preisgericht hat einen von den Preisrichtern zu unterzeichnenden Bericht über die Rangfolge und hierin eine Beurteilung der von ihm ausgewählten Wettbewerbsarbeiten zu erstellen. [2]Der Ausrichter informiert die Teilnehmer unverzüglich über das Ergebnis durch Versendung des Protokolls der Preisgerichtssitzung. [3]Der Ausrichter soll spätestens einen Monat nach der Entscheidung des Preisgerichts alle eingereichten Wettbewerbsarbeiten mit Namensangaben der Verfasser unter Auslegung des Protokolls öffentlich ausstellen. [4]Soweit ein Preisträger wegen mangelnder Teilnahmeberechtigung oder Verstoßes gegen Wettbewerbsregeln nicht berücksichtigt werden kann, rücken die übrigen Preisträger sowie sonstige Teilnehmer in der Rangfolge des Preisgerichts nach, soweit das Preisgericht ausweislich seines Protokolls nichts anderes bestimmt hat.

§ 80 Aufforderung zur Verhandlung; Nutzung der Ergebnisse des Planungswettbewerbs

(1) Soweit und sobald das Ergebnis des Planungswettbewerbs realisiert werden soll und beabsichtigt ist, einen oder mehrere der Preisträger mit den zu beschaffenden Planungsleistungen zu beauftragen, hat der öffentliche Auftraggeber in der Aufforderung zur Teilnahme an den Verhandlungen die zum Nachweis der Eignung erforderlichen Unterlagen für die gemäß § 70 Absatz 2 bereits in der Wettbewerbsbekanntmachung genannten Eignungskriterien zu verlangen.

(2) Gesetzliche Vorschriften, nach denen Teillösungen von Teilnehmern des Planungswettbewerbs, die bei der Auftragserteilung nicht berücksichtigt worden sind, nur mit deren Erlaubnis genutzt werden dürfen, bleiben unberührt.

Abschnitt 7: Übergangs- und Schlussbestimmungen

§ 81 Übergangsbestimmungen

[1]Zentrale Beschaffungsstellen im Sinne von § 120 Absatz 4 Satz 1 des Gesetzes gegen Wettbewerbsbeschränkungen können bis zum 18. April 2017, andere öffentliche Auftraggeber bis zum 18. Oktober 2018, abweichend von § 53 Absatz 1 die Übermittlung der Angebote, Teilnahmeanträge und Interessensbestätigungen auch auf dem Postweg, anderem geeigneten Weg, Fax oder durch die Kombination dieser Mittel verlangen. [2]Dasselbe gilt für die sonstige Kommunikation im Sinne des § 9 Absatz 1, soweit sie nicht die Übermittlung von Bekanntmachungen und die Bereitstellung der Vergabeunterlagen betrifft.

§ 82 Fristenberechnung

Die Berechnung der in dieser Verordnung geregelten Fristen bestimmt sich nach der Verordnung (EWG, Euratom) Nr. 1182/71 des Rates vom 3. Juni 1971 zur Festlegung der Regeln für die Fristen, Daten und Termine (ABl L 124 vom 8. 6. 1971, S. 1).

Anlage 1 (zu § 31 Absatz 2)

Technische Anforderungen, Begriffsbestimmungen

1. „Technische Spezifikation" bei Liefer- oder Dienstleistungen hat eine der folgenden Bedeutungen:

   eine Spezifikation, die in einem Schriftstück enthalten ist, das Merkmale für ein Produkt oder eine Dienstleistung vorschreibt, wie Qualitätsstufen, Umwelt- und Klimaleistungsstufen, „Design für Alle" (einschließlich des Zugangs von Menschen mit Behinderungen) und Konformitätsbewertung, Leistung, Vorgaben für Gebrauchstauglichkeit, Sicherheit oder Abmessungen des Produkts, einschließlich der Vorschriften über Verkaufsbezeichnung, Terminologie, Symbole, Prüfungen und Prüfverfahren, Verpackung, Kennzeichnung und Beschriftung, Gebrauchsanleitungen, Produktionsprozesse und -methoden in jeder Phase des Lebenszyklus der Liefer- oder Dienstleistung sowie über Konformitätsbewertungsverfahren;
2. „Norm" bezeichnet eine technische Spezifikation, die von einer anerkannten Normungsorganisation zur wiederholten oder ständigen Anwendung angenommen wurde, deren Einhaltung nicht zwingend ist und die unter eine der nachstehenden Kategorien fällt:
   a) internationale Norm: Norm, die von einer internationalen Normungsorganisation angenommen wurde und der Öffentlichkeit zugänglich ist;
   b) europäische Norm: Norm, die von einer europäischen Normungsorganisation angenommen wurde und der Öffentlichkeit zugänglich ist;
   c) nationale Norm: Norm, die von einer nationalen Normungsorganisation angenommen wurde und der Öffentlichkeit zugänglich ist;
3. „Europäische Technische Bewertung" bezeichnet eine dokumentierte Bewertung der Leistung eines Bauprodukts in Bezug auf seine wesentlichen Merkmale im Einklang mit dem betreffenden Europäischen Bewertungsdokument gemäß der Begriffsbestimmung in Artikel 2 Nummer 12 der Verordnung (EU) Nr. 305/2011 des Europäischen Parlaments und des Rates vom 9. März 2011 zur Festlegung harmonisierter Bedingungen für die Vermarktung von Bauprodukten und zur Aufhebung der Richtlinie 86/106/EWG (ABl L 88 vom 4. 4. 2011, S. 5);
4. „gemeinsame technische Spezifikationen" sind technische Spezifikationen im Bereich der Informations- und Kommunikationstechnologie, die gemäß den Artikeln 13 und 14 der Verordnung (EU) Nr. 1025/2012 des Europäischen Parlaments und des Rates vom 25. Oktober 2012 zur europäischen Normung, zur Änderung der Richtlinien 89/686/EWG und 93/15/EWG des Rates sowie der Richtlinien 94/9/EG, 94/25/EG, 95/16/EG, 97/23/EG, 98/34/EG, 2004/22/EG, 2007/23/EG, 2009/23/EG und 2009/105/EG des Europäischen Parlaments und des Rates und zur Aufhebung des Beschlusses 87/95/EWG des Rates und des Beschlusses Nr. 1673/2006/EG des Europäischen Parlaments und des Rates (ABl L 316 vom 14. 11. 2012, S. 12) festgelegt wurden;
5. „technische Bezugsgröße" bezeichnet jeden Bezugsrahmen, der keine europäische Norm ist und von den europäischen Normungsorganisationen nach den an die Bedürfnisse des Marktes angepassten Verfahren erarbeitet wurde.

Anlage 2 (zu § 68 Absatz 1 und 3)

Daten zur Berechnung der über die Lebensdauer von Straßenfahrzeugen anfallenden externen Kosten

Tabelle 1: Energiegehalt von Kraftstoffen

Kraftstoff	Energiegehalt in Megajoule (MJ)/Liter bzw. Megajoule (MJ)/Normkubikmeter (Nm^3)
Dieselkraftstoff	36 MJ/Liter
Ottokraftstoff	32 MJ/Liter
Erdgas	33 – 38 MJ/Nm^3
Flüssiggas (LPG)	24 MJ/Liter
Ethanol	21 MJ/Liter
Biodiesel	33 MJ/Liter
Emulsionskraftstoff	32 MJ/Liter
Wasserstoff	11 MJ/Nm^3

Tabelle 2: Emissionskosten im Straßenverkehr (Preise von 2007)

Kohlendioxid (CO_2)	Stickoxide (NO_x)	Nichtmethan-Kohlenwasserstoffe	Partikelförmige Abgasbestandteile
0,03 – 0,04 €/kg	0,0044 €/g	0,001 €/g	0,087 €/g

Tabelle 3: Gesamtkilometerleistung von Straßenfahrzeugen

Fahrzeugklasse (Kategorien M und N gemäß der Richtlinie 2007/46/EG)	Gesamtkilometerleistung
Personenkraftwagen (M_1)	200 000 km
Leichte Nutzfahrzeuge (N_1)	250 000 km
Schwere Nutzfahrzeuge (N_2, N_3)	1 000 000 km
Busse (M_2, M_3)	800 000 km

Anlage 3 (zu § 68 Absatz 3)

Methode zur Berechnung der über die Lebensdauer von Straßenfahrzeugen anfallenden Betriebskosten

1. Für die Zwecke von § 68 werden die über die Lebensdauer eines Straßenfahrzeugs durch dessen Betrieb verursachten Energieverbrauchs- und Emissionskosten (Betriebskosten) nach der im Folgenden beschriebenen Methode finanziell bewertet und berechnet:
   a) Die Energieverbrauchskosten, die für den Betrieb eines Straßenfahrzeugs über dessen Lebensdauer anfallen, werden wie folgt berechnet:
      aa) Der Kraftstoffverbrauch je Kilometer eines Straßenfahrzeugs gemäß Nummer 2 wird in Energieverbrauch je Kilometer (Megajoule/Kilometer, MJ/km) gerechnet. Soweit der Kraftstoffverbrauch in anderen Einheiten angegeben ist, wird er nach den Umrechnungsfaktoren in Tabelle 1 der Anlage 2 in MJ/km umgerechnet.
      bb) Je Energieeinheit muss im Rahmen der Angebotswertung ein finanzieller Wert festgesetzt werden (€/MJ). Dieser finanzielle Wert wird nach einem Vergleich der Kosten je Energieeinheit von Ottokraftstoff oder Dieselkraftstoff vor Steuern bestimmt. Der jeweils günstigere Kraftstoff bestimmt den in der Angebotswertung zu berücksichtigenden finanziellen Wert je Energieeinheit (€/MJ).
      cc) Zur Berechnung der Energieverbrauchskosten, die für den Betrieb eines Straßenfahrzeugs über dessen Lebensdauer anfallen, werden die Gesamtkilometerleistung gemäß Nummer 3 (gegebenenfalls unter Berücksichtigung der bereits erbrachten Kilometerleistung), der Energieverbrauch je Kilometer (MJ/km) gemäß Doppelbuchstabe aa und die Kosten in Euro je Energieeinheit (€/MJ) gemäß Doppelbuchstabe bb miteinander multipliziert.
   b) Zur Berechnung der Kohlendioxid-Emissionen, die für den Betrieb eines Straßenfahrzeugs über dessen Lebensdauer anfallen, werden die Gesamtkilometerleistung gemäß Nummer 3 (gegebenenfalls unter Berücksichtigung der bereits erbrachten Kilometerleistung), die Kohlendioxid-Emissionen in Kilogramm je Kilometer (kg/km) gemäß Nummer 2 und die Emissionskosten je Kilogramm (€/kg) gemäß Tabelle 2 der Anlage 2 miteinander multipliziert.
   c) Zur Berechnung der in Tabelle 2 der Anlage 2 aufgeführten Kosten für Schadstoffemissionen, die für den Betrieb eines Straßenfahrzeugs über dessen Lebensdauer anfallen, werden die Kosten für Emissionen von Stickoxiden, Nichtmethan-Kohlenwasserstoffen und partikelförmigen Abgasbestandteilen addiert. Zur Berechnung der über die Lebensdauer anfallenden Kosten für jeden einzelnen Schadstoff werden die Gesamtkilometerleistung gemäß Nummer 3 (gegebenenfalls unter Berücksichtigung der bereits erbrachten Kilometerleistung), die Emissionen in Gramm je Kilometer (g/km) gemäß Nummer 2 und die jeweiligen Kosten je Gramm (€/g) miteinander multipliziert.
   d) Auftraggeber dürfen bei der Berechnung der Emissionskosten nach den Buchstaben b und c höhere Werte zugrunde legen als diejenigen, die in Tabelle 2 der Anlage 2 angegeben sind, sofern die Werte in Tabelle 2 der Anlage 2 um nicht mehr als das Doppelte überschritten werden.
2. Die Werte für den Kraftstoffverbrauch je Kilometer sowie für Kohlendioxid-Emissionen und Schadstoffemissionen je Kilometer basieren auf den genormten gemeinschaftlichen Testverfahren der Gemeinschaftsvorschriften über die Typgenehmigung. Für Straßenfahrzeuge, für die keine genormten gemeinschaftlichen Testverfahren bestehen, werden zur Gewährleistung der Vergleichbarkeit verschiedener Angebote allgemein anerkannte Testverfahren, die Ergebnisse von Prüfungen, die für den Auftraggeber durchgeführt wurden, oder die Angaben des Herstellers herangezogen.
3. Die Gesamtkilometerleistung eines Fahrzeugs ist der Tabelle 3 der Anlage 2 zu entnehmen.

XXXIV. Gesetz über die Grundsätze des Haushaltsrechts des Bundes und der Länder (Haushaltsgrundsätzegesetz – HGrG)

v. 19. 8. 1969 (BGBl I S. 1273) mit späteren Änderungen

Das Gesetz über die Grundsätze des Haushaltsrechts des Bundes und der Länder (Haushaltsgrundsätzegesetz – HGrG) v. 19. 8. 1969 (BGBl I S. 1273) ist zuletzt geändert worden durch Art. 10 Gesetz zur Neuregelung des bundesstaatlichen Finanzausgleichssystems ab dem Jahr 2020 und zur Änderung haushaltsrechtlicher Vorschriften v. 14.8.2017 (BGBl I S. 3122).

Auszug

Teil I: Vorschriften für die Gesetzgebung des Bundes und der Länder

§ 1 Gesetzgebungsauftrag[1)]

[1]Die Vorschriften dieses Teils enthalten Grundsätze für die Gesetzgebung des Bundes und der Länder. [2]Bund und Länder sind verpflichtet, ihr Haushaltsrecht nach diesen Grundsätzen zu regeln.

§ 1a Haushaltswirtschaft[2)]

(1) [1]Die Haushaltswirtschaft kann in ihrem Rechnungswesen im Rahmen der folgenden Vorschriften kameral oder nach den Grundsätzen der staatlichen doppelten Buchführung nach § 7a (staatliche Doppik) gestaltet werden. [2]Die Aufstellung, Bewirtschaftung und Rechnungslegung des Haushalts kann gegliedert nach Titeln, Konten oder Produktstrukturen (Produkthaushalt) erfolgen.

(2) [1]Die Bestimmungen dieses Gesetzes für den Haushaltsplan, für Titel sowie für Einnahmen und Ausgaben gelten bei doppischem Rechnungswesen entsprechend. [2]Soweit im Folgenden nichts anderes geregelt ist, treten in Teil I und in § 56 an die Stelle des Haushaltsplans der Erfolgsplan und der doppische Finanzplan, an die Stelle von Titeln Konten. [3]An die Stelle von Einnahmen treten Erträge im Erfolgsplan und Einzahlungen im doppischen Finanzplan, an die Stelle von Ausgaben treten Aufwendungen im Erfolgsplan und Auszahlungen im doppischen Finanzplan. [4]Bei Produkthaushalten treten an die Stelle der Titel die Produktstruktur und an die Stelle von Einnahmen und Ausgaben die zur Produkterstellung zugewiesenen Mittel.

(3) [1]Die Aufstellung und Ausführung des Haushaltsplans als Produkthaushalt erfolgt leistungsbezogen durch die Verbindung von nach Produkten strukturierten Mittelzuweisungen mit einer Spezialität nach Leistungszwecken. [2]Art und Umfang der zu erbringenden Leistungen sind durch Gesetz oder den Haushaltsplan verbindlich festzulegen. [3]Für die Bereiche, für die ein Produkthaushalt aufgestellt wird, ist grundsätzlich eine Kosten- und Leistungsrechnung einzuführen.

Abschnitt I: Allgemeine Vorschriften zum Haushaltsplan

§ 2 Bedeutung des Haushaltsplans[3)]

[1]Der Haushaltsplan dient der Feststellung und Deckung des Finanzbedarfs beziehungsweise bei doppisch basierter Haushaltswirtschaft auch des Aufwands, der zur Erfüllung der Aufgaben des Bundes oder des Landes im Bewilligungszeitraum voraussichtlich notwendig ist. [2]Der Haushaltsplan ist die Grundlage für die Haushalts- und Wirtschaftsführung. [3]Bei seiner Aufstellung und Ausführung ist den Erfordernissen des gesamtwirtschaftlichen Gleichgewichts Rechnung zu tragen.

---

1) **Anm. d. Red.:** § 1 i. d. F. des Gesetzes v. 22. 12. 1997 (BGBl I S. 3251) mit Wirkung v. 1. 1. 1998.

2) **Anm. d. Red.:** § 1a eingefügt gem. Gesetz v. 31. 7. 2009 (BGBl I S. 2580) mit Wirkung v. 1. 1. 2010.

3) **Anm. d. Red.:** § 2 i. d. F. des Gesetzes v. 31. 7. 2009 (BGBl I S. 2580) mit Wirkung v. 1. 1. 2010.

§ 3 Wirkungen des Haushaltsplans

(1) Der Haushaltsplan ermächtigt die Verwaltung, Ausgaben zu leisten und Verpflichtungen einzugehen.

(2) Durch den Haushaltsplan werden Ansprüche oder Verbindlichkeiten weder begründet noch aufgehoben.

§ 4 Haushaltsjahr[1)]

[1]Rechnungsjahr (Haushaltsjahr) ist das Kalenderjahr. [2]Das für die Finanzen zuständige Ministerium kann für einzelne Bereiche etwas anderes bestimmen.

§ 5 Notwendigkeit der Ausgaben und Verpflichtungsermächtigungen

Bei Aufstellung und Ausführung des Haushaltsplans sind nur die Ausgaben und die Ermächtigungen zum Eingehen von Verpflichtungen zur Leistung von Ausgaben in künftigen Jahren (Verpflichtungsermächtigungen) zu berücksichtigen, die zur Erfüllung der Aufgaben des Bundes oder des Landes notwendig sind.

§ 6 Wirtschaftlichkeit und Sparsamkeit, Kosten- und Leistungsrechnung[2)]

(1) Bei Aufstellung und Ausführung des Haushaltsplans sind die Grundsätze der Wirtschaftlichkeit und Sparsamkeit zu beachten.

(2) Für alle finanzwirksamen Maßnahmen sind angemessene Wirtschaftlichkeitsuntersuchungen durchzuführen.

(3) In geeigneten Bereichen soll eine Kosten- und Leistungsrechnung eingeführt werden.

§ 6a Budgetierung[3)]

(1) [1]Die Einnahmen, Ausgaben und Verpflichtungsermächtigungen können im Rahmen eines Systems der dezentralen Verantwortung einer Organisationseinheit veranschlagt werden. [2]Dabei wird die Finanzverantwortung auf der Grundlage der Haushaltsermächtigung auf die Organisationseinheiten übertragen, die die Fach- und Sachverantwortung haben. [3]Voraussetzung sind geeignete Informations- und Steuerungsinstrumente, mit denen insbesondere sichergestellt wird, dass das jeweils verfügbare Ausgabevolumen nicht überschritten wird. [4]Art und Umfang der zu erbringenden Leistungen sind durch Gesetz oder den Haushaltsplan festzulegen.

(2) In den Fällen des Absatzes 1 sollen durch Gesetz oder Haushaltsplan für die jeweilige Organisationseinheit Regelungen zur Zweckbindung, Übertragbarkeit und Deckungsfähigkeit getroffen werden.

§ 7 Grundsatz der Gesamtdeckung[4)]

[1]Alle Einnahmen dienen als Deckungsmittel für alle Ausgaben. [2]Auf die Verwendung für bestimmte Zwecke dürfen Einnahmen beschränkt werden, soweit dies durch Gesetz vorgeschrieben oder im Haushaltsplan zugelassen ist.

§ 7a Grundsätze der staatlichen Doppik[5)]

(1) [1]Die staatliche Doppik folgt den Vorschriften des Ersten und des Zweiten Abschnitts Erster und Zweiter Unterabschnitt des Dritten Buches Handelsgesetzbuch und den Grundsätzen der

---

1) **Anm. d. Red.:** § 4 i. d. F. des Gesetzes v. 22. 12. 1997 (BGBl I S. 3251) mit Wirkung v. 1. 1. 1998.

2) **Anm. d. Red.:** § 6 i. d. F. des Gesetzes v. 22. 12. 1997 (BGBl I S. 3251) mit Wirkung v. 1. 1. 1998.

3) **Anm. d. Red.:** § 6a i. d. F. des Gesetzes v. 31. 7. 2009 (BGBl I S. 2580) mit Wirkung v. 1. 1. 2010.

4) **Anm. d. Red.:** § 7 i. d. F. des Gesetzes v. 22. 12. 1997 (BGBl I S. 3251) mit Wirkung v. 1. 1. 1998.

5) **Anm. d. Red.:** § 7a eingefügt gem. Gesetz v. 31. 7. 2009 (BGBl I S. 2580) mit Wirkung v. 1. 1. 2010.

ordnungsmäßigen Buchführung und Bilanzierung. [2]Dies umfasst insbesondere die Vorschriften zur

1. laufenden Buchführung (materielle und formelle Ordnungsmäßigkeit),
2. Inventur,
3. Bilanzierung nach den
   a) allgemeinen Grundsätzen der Bilanzierung,
   b) Gliederungsgrundsätzen für den Jahresabschluss,
   c) Grundsätzen der Aktivierung und Passivierung,
   d) Grundsätzen der Bewertung in der Eröffnungsbilanz,
   e) Grundsätzen der Bewertung in der Abschlussbilanz,
4. Abschlussgliederung.

[3]Maßgeblich sind die Bestimmungen für Kapitalgesellschaften.

(2) Konkretisierungen, insbesondere die Ausübung handelsrechtlicher Wahlrechte, und von Absatz 1 abweichende Regelungen, die aufgrund der Besonderheiten der öffentlichen Haushaltswirtschaft erforderlich sind, werden von Bund und Ländern in dem Gremium nach § 49a Absatz 1 erarbeitet.

Abschnitt II: Aufstellung des Haushaltsplans

§ 14 Zuwendungen

Ausgaben und Verpflichtungsermächtigungen für Leistungen an Stellen außerhalb der Verwaltung des Bundes oder des Landes zur Erfüllung bestimmter Zwecke (Zuwendungen) dürfen nur veranschlagt werden, wenn der Bund oder das Land an der Erfüllung durch solche Stellen ein erhebliches Interesse hat, das ohne die Zuwendungen nicht oder nicht im notwendigen Umfang befriedigt werden kann.

§ 15 Übertragbarkeit, Deckungsfähigkeit[1)]

(1) [1]Ausgaben für Investitionen und Ausgaben aus zweckgebundenen Einnahmen sind übertragbar. [2]Andere Ausgaben können im Haushaltsplan für übertragbar erklärt werden, wenn dies ihre wirtschaftliche sparsame Verwendung fördert.

(2) [1]Absatz 1 gilt bei doppisch basierten Haushalten für Auszahlungen entsprechend. [2]Bei doppisch basierten Haushalten können außerdem Rücklagen nach § 7a gebildet werden. [3]Die Bildung und Inanspruchnahme von Rücklagen, abgesehen von Sonderposten mit Rücklagenanteil, bedarf der haushaltsrechtlichen Ermächtigung.

(3) [1]Im Haushaltsplan können Ausgaben und Verpflichtungsermächtigungen jeweils für gegenseitig oder einseitig deckungsfähig erklärt werden, wenn ein verwaltungsmäßiger oder sachlicher Zusammenhang besteht oder eine wirtschaftliche und sparsame Verwendung gefördert wird. [2]Ausgaben und Verpflichtungsermächtigungen, die ohne nähere Angabe des Verwendungszwecks veranschlagt sind, dürfen nicht für deckungsfähig erklärt werden.

§ 16 Baumaßnahmen, größere Beschaffungen, größere Entwicklungsvorhaben[2)]

(1) [1]Ausgaben und Verpflichtungsermächtigungen für Baumaßnahmen dürfen erst veranschlagt werden, wenn Pläne, Kostenermittlungen und Erläuterungen vorliegen, aus denen die Art der Ausführung, die Kosten der Baumaßnahme, des Grunderwerbs und der Einrichtungen sowie die vorgesehene Finanzierung und ein Zeitplan ersichtlich sind. [2]Den Unterlagen ist eine

---

1) **Anm. d. Red.:** § 15 i. d. F. des Gesetzes v. 31. 7. 2009 (BGBl I S. 2580) mit Wirkung v. 1. 1. 2010.

2) **Anm. d. Red.:** § 16 i. d. F. des Gesetzes v. 22. 12. 1997 (BGBl I S. 3251) mit Wirkung v. 1. 1. 1998.

Schätzung der nach Fertigstellung der Maßnahme entstehenden jährlichen Haushaltsbelastungen beizufügen.

(2) [1]Ausgaben und Verpflichtungsermächtigungen für größere Beschaffungen und größere Entwicklungsvorhaben dürfen erst veranschlagt werden, wenn Planungen und Schätzungen der Kosten und Kostenbeteiligungen vorliegen. [2]Absatz 1 Satz 2 gilt entsprechend.

(3) Ausnahmen von den Absätzen 1 und 2 sind nur zulässig, wenn es im Einzelfall nicht möglich ist, die Unterlagen rechtzeitig fertig zu stellen, und aus einer späteren Veranschlagung dem Bund oder dem Land ein Nachteil erwachsen würde.

§ 17 Fehlbetrag[1)]

[1]Ein finanzieller Fehlbetrag ist spätestens in den Haushaltsplan für das zweitnächste Haushaltsjahr einzustellen. [2]Er darf durch Kredite nur gedeckt werden, soweit die Möglichkeiten einer Kreditaufnahme nicht ausgeschöpft sind.

§ 18 Betriebe, Sondervermögen[2)]

(1) [1]Betriebe des Bundes oder des Landes haben einen Wirtschaftsplan aufzustellen, wenn ein Wirtschaften nach dem Haushaltsplan des Bundes oder des Landes nicht zweckmäßig ist. [2]Der Wirtschaftsplan oder eine Übersicht über den Wirtschaftsplan ist dem Haushaltsplan als Anlage beizufügen oder in die Erläuterungen aufzunehmen. [3]Im Haushaltsplan sind nur die Zuführungen oder die Ablieferungen zu veranschlagen. [4]Planstellen sind nach Besoldungsgruppen und Amtsbezeichnungen im Haushaltsplan auszubringen.

(2) [1]Bei Sondervermögen sind nur die Zuführungen oder die Ablieferungen im Haushaltsplan zu veranschlagen. [2]Über die Einnahmen, Ausgaben und Verpflichtungsermächtigungen der Sondervermögen sind Übersichten dem Haushaltsplan als Anlagen beizufügen oder in die Erläuterungen aufzunehmen.

Abschnitt III: Ausführung des Haushaltsplans

§ 19 Bewirtschaftung der Ansätze des Haushaltsplans[3)]

(1) [1]Einnahmen sind rechtzeitig und vollständig zu erheben. [2]In der staatlichen Doppik sind Erträge und Forderungen vollständig zu erfassen. [3]Forderungen sind rechtzeitig einzuziehen.

(2) [1]Die Ermächtigungen des Haushaltsplans dürfen nur soweit und nicht eher in Anspruch genommen werden, als sie zur wirtschaftlichen und sparsamen Verwaltung erforderlich sind. [2]Die Ermächtigungen sind so zu bewirtschaften, dass sie zur Deckung aller Ausgaben ausreichen, die unter die einzelne Zweckbestimmung fallen.

(3) Für die Bewirtschaftung von Ermächtigungen des Bundes durch Landesstellen sind die Bewirtschaftungserfordernisse des Bundes zu berücksichtigen, soweit in Rechtsvorschriften des Bundes oder Vereinbarungen nicht etwas anderes bestimmt ist.

§ 20 Bruttonachweis, Einzelnachweis

(1) Alle Einnahmen und Ausgaben sind mit ihrem vollen Betrag bei dem hierfür vorgesehenen Titel zu buchen, soweit sich aus § 12 Abs. 1 Satz 2 und 3 nichts anderes ergibt.

(2) [1]Für denselben Zweck dürfen Ausgaben aus verschiedenen Titeln nur geleistet werden, soweit der Haushaltsplan dies zulässt. [2]Entsprechendes gilt für die Inanspruchnahme von Verpflichtungsermächtigungen.

1) **Anm. d. Red.:** § 17 i. d. F. des Gesetzes v. 31. 7. 2009 (BGBl I S. 2580) mit Wirkung v. 1. 1. 2010.

2) **Anm. d. Red.:** § 18 i. d. F. des Gesetzes v. 31. 7. 2009 (BGBl I S. 2580) mit Wirkung v. 1. 1. 2010.

3) **Anm. d. Red.:** § 19 i. d. F. des Gesetzes v. 31. 7. 2009 (BGBl I S. 2580) mit Wirkung v. 1. 1. 2010.

§ 21 (weggefallen)[1)]

§ 22 Verpflichtungsermächtigungen[2)]

(1) [1]Maßnahmen, die den Bund oder das Land zur Leistung von Ausgaben in künftigen Haushaltsjahren verpflichten können, sind nur zulässig, wenn der Haushaltsplan dazu ermächtigt. [2]Im Falle eines unvorhergesehenen und unabweisbaren Bedürfnisses kann das für die Finanzen zuständige Ministerium Ausnahmen zulassen.

(2) [1]Maßnahmen nach Absatz 1 bedürfen der Einwilligung des für die Finanzen zuständigen Ministeriums, soweit es nicht darauf verzichtet. [2]Durch Gesetz kann zugelassen werden, dass die Einwilligung des für die Finanzen zuständigen Ministeriums nicht erforderlich ist, soweit im Haushaltsplan die voraussichtlichen Verpflichtungen zu Lasten mehrerer Haushaltsjahre nach Jahresbeträgen angegeben werden und von diesen Angaben bei der Ausführung des Haushaltsplans nicht erheblich abgewichen wird.

(3) Das für die Finanzen zuständige Ministerium ist bei Maßnahmen nach Absatz 1 von grundsätzlicher oder erheblicher finanzieller Bedeutung über den Beginn und Verlauf von Verhandlungen zu unterrichten.

(4) [1]Verpflichtungen für laufende Geschäfte dürfen eingegangen werden, ohne dass die Voraussetzungen der Absätze 1 und 2 vorliegen. [2]Einer Verpflichtungsermächtigung bedarf es in kameralen Haushalten auch dann nicht, wenn zu Lasten übertragbarer Ausgaben Verpflichtungen eingegangen werden, die im folgenden Haushaltsjahr zu Ausgaben führen. [3]Das Nähere regelt das für die Finanzen zuständige Ministerium.

(5) Die Absätze 1 bis 4 sind auf Verträge im Sinne von Artikel 59 Abs. 2 Satz 1 des Grundgesetzes nicht anzuwenden.

§ 23 Gewährleistungen, Kreditzusagen[3)]

(1) Die Übernahme von Bürgschaften, Garantien oder sonstigen Gewährleistungen, die zu Ausgaben in künftigen Haushaltsjahren führen können, bedarf einer Ermächtigung durch Gesetz, die der Höhe nach bestimmt ist.

(2) [1]Kreditzusagen sowie die Übernahme von Bürgschaften, Garantien oder sonstigen Gewährleistungen bedürfen der Einwilligung des für die Finanzen zuständigen Ministeriums. [2]Es ist an den Verhandlungen zu beteiligen. [3]Es kann auf die Befugnisse nach den Sätzen 1 und 2 verzichten.

(3) [1]Bei Maßnahmen nach Absatz 2 haben die zuständigen Stellen auszubedingen, dass sie oder ihre Beauftragten bei den Beteiligten jederzeit prüfen können, soweit dies im Zusammenhang mit der Verpflichtung notwendig ist. [2]Von der Ausbedingung eines Prüfungsrechts kann ausnahmsweise mit Einwilligung des für die Finanzen zuständigen Ministeriums abgesehen werden.

§ 24 Andere Maßnahmen von finanzieller Bedeutung[4)]

[1]Der Erlass von Verwaltungsvorschriften, der Abschluss von Tarifverträgen und die Gewährung von über- oder außertariflichen Leistungen sowie die Festsetzung oder Änderung von Entgelten für Verwaltungsleistungen bedürfen der Einwilligung des für die Finanzen zuständigen Ministeriums, wenn diese Regelungen zu Einnahmeminderungen oder zu zusätzlichen Ausgaben im laufenden Haushaltsjahr oder in künftigen Haushaltsjahren führen können. [2]Satz 1 ist auf sonstige Maßnahmen von grundsätzlicher oder erheblicher finanzieller Bedeutung anzu-

1) **Anm. d. Red.:** § 21 weggefallen gem. Gesetz v. 31. 7. 2009 (BGBl I S. 2580) mit Wirkung v. 1. 1. 2010.

2) **Anm. d. Red.:** § 22 i. d. F. des Gesetzes v. 31. 7. 2009 (BGBl I S. 2580) mit Wirkung v. 1. 1. 2010.

3) **Anm. d. Red.:** § 23 i. d. F. des Gesetzes v. 22. 12. 1997 (BGBl I S. 3251) mit Wirkung v. 1. 1. 1998.

4) **Anm. d. Red.:** § 24 i. d. F. des Gesetzes v. 22. 12. 1997 (BGBl I S. 3251) mit Wirkung v. 1. 1. 1998.

wenden, wenn sie zu Einnahmeminderungen im laufenden Haushaltsjahr oder in künftigen Haushaltsjahren oder zu zusätzlichen Ausgaben im laufenden Haushaltsjahr führen können.

§ 25 Haushaltswirtschaftliche Sperre[1)]

Wenn die Entwicklung der Einnahmen oder Ausgaben es erfordert, kann es das für die Finanzen zuständige Ministerium von seiner Einwilligung abhängig machen, ob Verpflichtungen eingegangen oder Ausgaben geleistet werden.

§ 26 Zuwendungen, Verwaltung von Mitteln oder Vermögensgegenständen

(1) [1]Zuwendungen dürfen nur unter den Voraussetzungen des § 14 gewährt werden. [2]Dabei ist zu bestimmen, wie die zweckentsprechende Verwendung der Zuwendungen nachzuweisen ist. [3]Außerdem ist ein Prüfungsrecht der zuständigen Dienststelle oder ihrer Beauftragten festzulegen.

(2) Sollen Mittel oder Vermögensgegenstände des Bundes oder des Landes von Stellen außerhalb der Verwaltung des Bundes oder des Landes verwaltet werden, ist Absatz 1 entsprechend anzuwenden.

§ 27 Sachliche und zeitliche Bindung[2)]

(1) [1]Ermächtigungen dürfen nur zu im Haushaltsplan bezeichneten Zwecken und Leistungen, soweit und solange sie fortdauern, und nur bis zum Ende des Haushaltsjahres geleistet oder in Anspruch genommen werden. [2]Durch Gesetz kann zugelassen werden, dass nicht in Anspruch genommene Verpflichtungsermächtigungen bis zur Verkündung des Haushaltsgesetzes für das nächste Haushaltsjahr gelten.

(2) [1]Bei übertragbaren Ausgaben können in kameralen Haushalten Ausgabereste gebildet werden, die für die jeweilige Zweckbestimmung über das Haushaltsjahr hinaus bis zum Ende des auf die Bewilligung folgenden zweitnächsten Haushaltsjahres verfügbar bleiben. [2]Dies gilt für Fälle nach § 15 Absatz 2 entsprechend. [3]Bei Bauten tritt an die Stelle des Haushaltsjahres der Bewilligung das Haushaltsjahr, in dem der Bau in seinen wesentlichen Teilen in Gebrauch genommen ist. [4]Das für die Finanzen zuständige Ministerium kann im Einzelfall Ausnahmen zulassen.

(3) Das für die Finanzen zuständige Ministerium kann in besonders begründeten Einzelfällen die Übertragbarkeit von Ausgaben zulassen, soweit Ausgaben für bereits bewilligte Maßnahmen noch im nächsten Haushaltsjahr zu leisten sind.

(4) Die Bildung und die Inanspruchnahme von doppischen Rücklagen bedürfen der Einwilligung des für die Finanzen zuständigen Ministeriums.

§ 28 Personalwirtschaftliche Grundsätze

(1) Ein Amt darf nur zusammen mit der Einweisung in eine besetzbare Planstelle verliehen werden.

(2) Personalausgaben, die nicht auf Gesetz oder Tarifvertrag beruhen, dürfen nur geleistet werden, wenn dafür Ausgabemittel besonders zur Verfügung gestellt sind.

§ 29 Baumaßnahmen, größere Beschaffungen, größere Entwicklungsvorhaben[3)]

(1) [1]Baumaßnahmen dürfen nur begonnen werden, wenn ausführliche Entwurfszeichnungen und Kostenberechnungen vorliegen, es sei denn, dass es sich um kleine Maßnahmen handelt. [2]In den Zeichnungen und Berechnungen darf von den in § 16 bezeichneten Unterlagen nur inso-

1) **Anm. d. Red.:** § 25 i. d. F. des Gesetzes v. 22. 12. 1997 (BGBl I S. 3251) mit Wirkung v. 1. 1. 1998.

2) **Anm. d. Red.:** § 27 i. d. F. des Gesetzes v. 31. 7. 2009 (BGBl I S. 2580) mit Wirkung v. 1. 1. 2010.

3) **Anm. d. Red.:** § 29 i. d. F. des Gesetzes v. 22. 12. 1997 (BGBl I S. 3251) mit Wirkung v. 1. 1. 1998.

weit abgewichen werden, als die Änderung nicht erheblich ist; weitergehende Ausnahmen bedürfen der Einwilligung des für die Finanzen zuständigen Ministeriums.

(2) [1]Größeren Beschaffungen und größeren Entwicklungsvorhaben sind ausreichende Unterlagen zugrunde zu legen. [2]Absatz 1 Satz 2 gilt entsprechend.

§ 30 Öffentliche Ausschreibung[1)]

[1]Dem Abschluss von Verträgen über Lieferungen und Leistungen muss eine Öffentliche Ausschreibung oder eine Beschränkte Ausschreibung mit Teilnahmewettbewerb vorausgehen, sofern nicht die Natur des Geschäfts oder besondere Umstände eine Ausnahme rechtfertigen. [2]Teilnahmewettbewerb ist ein Verfahren, bei dem der öffentliche Auftraggeber nach vorheriger öffentlicher Aufforderung zur Teilnahme eine beschränkte Anzahl von geeigneten Unternehmen nach objektiven, transparenten und nichtdiskriminierenden Kriterien auswählt und zur Abgabe von Angeboten auffordert.

1) **Anm. d. Red.:** § 30 i. d. F. des Gesetzes v. 14.8.2017 (BGBl I S. 3122) mit Wirkung v. 18.8.2017.

XXXV. Bundeshaushaltsordnung (BHO)

v. 19. 8. 1969 (BGBl I S. 1284) mit späteren Änderungen

Die Bundeshaushaltsordnung (BHO) v. 19. 8. 1969 (BGBl I S. 1284) ist zuletzt geändert worden durch Art. 11 Gesetz zur Neuregelung des bundesstaatlichen Finanzausgleichssystems ab dem Jahr 2020 und zur Änderung haushaltsrechtlicher Vorschriften v. 14.8.2017 (BGBl I S. 3122).

Auszug

§ 7 Wirtschaftlichkeit und Sparsamkeit, Kosten- und Leistungsrechnung[1]

(1) [1]Bei Aufstellung und Ausführung des Haushaltsplans sind die Grundsätze der Wirtschaftlichkeit und Sparsamkeit zu beachten. [2]Diese Grundsätze verpflichten zur Prüfung, inwieweit staatliche Aufgaben oder öffentlichen Zwecken dienende wirtschaftliche Tätigkeiten durch Ausgliederung und Entstaatlichung oder Privatisierung erfüllt werden können.

(2) [1]Für alle finanzwirksamen Maßnahmen sind angemessene Wirtschaftlichkeitsuntersuchungen durchzuführen. [2]Dabei ist auch die mit den Maßnahmen verbundene Risikoverteilung zu berücksichtigen. [3]In geeigneten Fällen ist privaten Anbietern die Möglichkeit zu geben darzulegen, ob und inwieweit sie staatliche Aufgaben oder öffentlichen Zwecken dienende wirtschaftliche Tätigkeiten nicht ebenso gut oder besser erbringen können (Interessenbekundungsverfahren).

(3) In geeigneten Bereichen ist eine Kosten- und Leistungsrechnung einzuführen.

§ 33 Nachtragshaushaltsgesetze

[1]Auf Nachträge zum Haushaltsgesetz und zum Haushaltsplan sind die Teile I und II entsprechend anzuwenden. [2]Der Entwurf ist bis zum Ende des Haushaltsjahres einzubringen.

§ 37 Über- und außerplanmäßige Ausgaben[2]

(1) [1]Überplanmäßige und außerplanmäßige Ausgaben bedürfen der Einwilligung des Bundesministeriums der Finanzen. [2]Sie darf nur im Falle eines unvorhergesehenen und unabweisbaren Bedarfs erteilt werden. [3]Als unabweisbar ist ein Bedarf insbesondere nicht anzusehen, wenn nach Lage des Einzelfalles ein Nachtragshaushaltsgesetz rechtzeitig herbeigeführt oder die Ausgabe bis zum nächsten Haushaltsgesetz zurückgestellt werden kann. [4]Eines Nachtragshaushaltsgesetzes bedarf es nicht, wenn die Mehrausgabe im Einzelfall einen im Haushaltsgesetz festzulegenden Betrag nicht überschreitet oder wenn Rechtsverpflichtungen zu erfüllen sind. [5]§ 8 des Gesetzes zur Förderung der Stabilität und des Wachstums der Wirtschaft bleibt unberührt.

BHO

(2) Absatz 1 gilt auch für Maßnahmen, durch die für den Bund Verpflichtungen entstehen können, für die Ausgaben im Haushaltsplan nicht veranschlagt sind.

(3) Über- und außerplanmäßige Ausgaben sollen durch Einsparungen bei anderen Ausgaben in demselben Einzelplan ausgeglichen werden.

(4) Über- und außerplanmäßige Ausgaben sind dem Bundestag und dem Bundesrat vierteljährlich, in Fällen von grundsätzlicher oder erheblicher finanzieller Bedeutung unverzüglich mitzuteilen.

(5) Ausgaben, die ohne nähere Angabe des Verwendungszwecks veranschlagt sind, dürfen nicht überschritten werden.

(6) [1]Mehrausgaben bei übertragbaren Ausgaben (Vorgriffe) sind unter den Voraussetzungen des Absatzes 1 Satz 1 und 2 auf die nächstjährige Bewilligung für den gleichen Zweck anzurechnen. [2]Das Bundesministerium der Finanzen kann Ausnahmen zulassen.

---

1) **Anm. d. Red.:** § 7 i. d. F. des Gesetzes v. 1. 9. 2005 (BGBl I S. 2676) mit Wirkung v. 8. 9. 2005.

2) **Anm. d. Red.:** § 37 i. d. F. des Gesetzes v. 22. 9. 1994 (BGBl I S. 2605) mit Wirkung v. 1. 1. 1995.

§ 44 Zuwendungen, Verwaltung von Mitteln oder Vermögensgegenständen[1)]

(1) [1]Zuwendungen dürfen nur unter den Voraussetzungen des § 23 gewährt werden. [2]Dabei ist zu bestimmen, wie die zweckentsprechende Verwendung der Zuwendungen nachzuweisen ist. [3]Außerdem ist ein Prüfungsrecht der zuständigen Dienststelle oder ihrer Beauftragten festzulegen. [4]Verwaltungsvorschriften, welche die Regelung des Verwendungsnachweises und die Prüfung durch den Bundesrechnungshof (§ 91) betreffen, werden im Einvernehmen mit dem Bundesrechnungshof erlassen.

(2) Sollen Bundesmittel oder Vermögensgegenstände des Bundes von Stellen außerhalb der Bundesverwaltung verwaltet werden, ist Absatz 1 entsprechend anzuwenden.

(3) [1]Juristischen Personen des privaten Rechts kann mit ihrem Einverständnis die Befugnis verliehen werden, Verwaltungsaufgaben auf dem Gebiet der Zuwendungen im eigenen Namen und in den Handlungsformen des öffentlichen Rechts wahrzunehmen, wenn sie die Gewähr für eine sachgerechte Erfüllung der ihnen übertragenen Aufgaben bieten und die Beleihung im öffentlichen Interesse liegt. [2]Die Verleihung und die Entziehung der Befugnis obliegen dem zuständigen Bundesministerium; im Falle der Verleihung ist das Bundesministerium der Finanzen zu unterrichten. [3]Die Beliehene unterliegt der Aufsicht des zuständigen Bundesministeriums; dieses kann die Aufsicht auf nachgeordnete Behörden übertragen. [4]Im Falle der Staatshaftung wegen Ansprüchen Dritter kann der Bund gegenüber einer beliehenen juristischen Person des Privatrechts bei Vorliegen von Vorsatz oder grober Fahrlässigkeit Rückgriff nehmen.

§ 65 Beteiligung an privatrechtlichen Unternehmen[2)]

(1) Der Bund soll sich, außer in den Fällen des Absatzes 5, an der Gründung eines Unternehmens in einer Rechtsform des privaten Rechts oder an einem bestehenden Unternehmen in einer solchen Rechtsform nur beteiligen, wenn

1. ein wichtiges Interesse des Bundes vorliegt und sich der vom Bund angestrebte Zweck nicht besser und wirtschaftlicher auf andere Weise erreichen lässt,
2. die Einzahlungsverpflichtung des Bundes auf einen bestimmten Betrag begrenzt ist,
3. der Bund einen angemessenen Einfluss, insbesondere im Aufsichtsrat oder in einem entsprechenden Überwachungsorgan erhält,
4. gewährleistet ist, dass der Jahresabschluss und der Lagebericht, soweit nicht weitergehende gesetzliche Vorschriften gelten oder andere gesetzliche Vorschriften entgegenstehen, in entsprechender Anwendung der Vorschriften des Dritten Buchs des Handelsgesetzbuchs für große Kapitalgesellschaften aufgestellt und geprüft werden.

(2) [1]Das zuständige Bundesministerium hat die Einwilligung des Bundesministeriums der Finanzen einzuholen und das für das Bundesvermögen zuständige Bundesministerium zu beteiligen, bevor der Bund Anteile an einem Unternehmen erwirbt, seine Beteiligung erhöht oder sie ganz oder zum Teil veräußert. [2]Entsprechendes gilt bei einer Änderung des Nennkapitals oder des Gegenstandes des Unternehmens oder bei einer Änderung des Einflusses des Bundes. [3]Das Bundesministerium der Finanzen ist an den Verhandlungen zu beteiligen.

(3) [1]Das zuständige Bundesministerium soll darauf hinwirken, dass ein Unternehmen, an dem der Bund unmittelbar oder mittelbar mit Mehrheit beteiligt ist, nur mit seiner Zustimmung eine Beteiligung von mehr als dem vierten Teil der Anteile eines anderen Unternehmens erwirbt, eine solche Beteiligung erhöht oder sie ganz oder zum Teil veräußert. [2]Es hat vor Erteilung seiner Zustimmung die Einwilligung des Bundesministeriums der Finanzen einzuholen und das für das Bundesvermögen zuständige Bundesministerium zu beteiligen. [3]Die Grundsätze des Absatzes 1 Nr. 3 und 4 sowie des Absatzes 2 Satz 2 gelten entsprechend.

1) **Anm. d. Red.:** § 44 i. d. F. des Gesetzes v. 14.8.2017 (BGBl I S. 3122) mit Wirkung v. 18.8.2017.

2) **Anm. d. Red.:** § 65 i. d. F. des Gesetzes v. 14. 8. 2006 (BGBl I S. 1911) mit Wirkung v. 18. 8. 2006.

(4) Das Bundesministerium der Finanzen und das für das Bundesvermögen zuständige Bundesministerium können auf die Ausübung der Befugnisse nach den Absätzen 2 und 3 verzichten.

(5) [1]An einer Genossenschaft soll sich der Bund nur beteiligen, wenn die Haftpflicht der Mitglieder für die Verbindlichkeiten der Genossenschaft dieser gegenüber im Voraus auf eine bestimmte Summe beschränkt ist. [2]Die Beteiligung des Bundes an einer Genossenschaft bedarf der Einwilligung des Bundesministeriums der Finanzen.

(6) Das zuständige Bundesministerium soll darauf hinwirken, dass die auf Veranlassung des Bundes gewählten oder entsandten Mitglieder der Aufsichtsorgane der Unternehmen bei ihrer Tätigkeit auch die besonderen Interessen des Bundes berücksichtigen.

(7) [1]Haben Anteile an Unternehmen besondere Bedeutung und ist deren Veräußerung im Haushaltsplan nicht vorgesehen, so dürfen sie nur mit Einwilligung des Bundestages und des Bundesrates veräußert werden, soweit nicht aus zwingenden Gründen eine Ausnahme geboten ist. [2]Ist die Zustimmung nicht eingeholt worden, so sind der Bundestag und der Bundesrat alsbald von der Veräußerung zu unterrichten.

XXXVI. Gesetz gegen den unlauteren Wettbewerb (UWG)*)

v. 3.3.2010 (BGBl I S. 255) mit späteren Änderungen

*) **Amtl. Anm.:** Dieses Gesetz dient der Umsetzung der Richtlinie 2005/29/EG des Europäischen Parlaments und des Rates vom 11. Mai 2005 über unlautere Geschäftspraktiken von Unternehmen gegenüber Verbrauchern im Binnenmarkt und zur Änderung der Richtlinie 84/450/EWG des Rates, der Richtlinien 97/7/EG, 98/27/EG und 2002/65/EG des Europäischen Parlaments und des Rates sowie der Verordnung (EG) Nr. 2006/2004 des Europäischen Parlaments und des Rates (ABl L 149 vom 11.6.2005, S. 22; berichtigt im ABl L 253 vom 25.9.2009, S. 18) sowie der Richtlinie 2006/114/EG des Europäischen Parlaments und des Rates vom 12. Dezember 2006 über irreführende und vergleichende Werbung (kodifizierte Fassung) (ABl L 376 vom 27.12.2006, S. 21). Es dient ferner der Umsetzung von Artikel 13 der Richtlinie 2002/58/EG des Europäischen Parlaments und des Rates vom 12. Juli 2002 über die Verarbeitung personenbezogener Daten und den Schutz der Privatsphäre in der elektronischen Kommunikation (ABl L 201 vom 31.7.2002, S. 37), der zuletzt durch Artikel 2 Nummer 7 der Richtlinie 2009/136/EG (ABl L 337 vom 18.12.2009, S. 11) geändert worden ist.
Die Verpflichtungen aus der Richtlinie 98/34/EG des Europäischen Parlaments und des Rates vom 22. Juni 1998 über ein Informationsverfahren auf dem Gebiet der Normen und technischen Vorschriften und der Vorschriften für die Dienste der Informationsgesellschaft (ABl L 204 vom 21.7.1998, S. 37), die zuletzt durch die Richtlinie 2006/96/EG (ABl L 363 vom 20.12.2006, S. 81) geändert worden ist, sind beachtet worden.

Das Gesetz gegen den unlauteren Wettbewerb (UWG) v. 3.3.2010 (BGBl I S. 255) ist zuletzt geändert worden durch Art. 4 Gesetz zur Verbesserung der zivilrechtlichen Durchsetzung von verbraucherschützenden Vorschriften des Datenschutzrechts v. 17.2.2016 (BGBl I S. 233).

Auszug

Kapitel 1: Allgemeine Bestimmungen

§ 1 Zweck des Gesetzes

[1]Dieses Gesetz dient dem Schutz der Mitbewerber, der Verbraucherinnen und Verbraucher sowie der sonstigen Marktteilnehmer vor unlauteren geschäftlichen Handlungen. [2]Es schützt zugleich das Interesse der Allgemeinheit an einem unverfälschten Wettbewerb.

§ 2 Definitionen[1)]

(1) Im Sinne dieses Gesetzes bedeutet

1. „geschäftliche Handlung" jedes Verhalten einer Person zugunsten des eigenen oder eines fremden Unternehmens vor, bei oder nach einem Geschäftsabschluss, das mit der Förderung des Absatzes oder des Bezugs von Waren oder Dienstleistungen oder mit dem Abschluss oder der Durchführung eines Vertrags über Waren oder Dienstleistungen objektiv zusammenhängt; als Waren gelten auch Grundstücke, als Dienstleistungen auch Rechte und Verpflichtungen;
2. „Marktteilnehmer" neben Mitbewerbern und Verbrauchern alle Personen, die als Anbieter oder Nachfrager von Waren oder Dienstleistungen tätig sind;
3. „Mitbewerber" jeder Unternehmer, der mit einem oder mehreren Unternehmern als Anbieter oder Nachfrager von Waren oder Dienstleistungen in einem konkreten Wettbewerbsverhältnis steht;
4. „Nachricht" jede Information, die zwischen einer endlichen Zahl von Beteiligten über einen öffentlich zugänglichen elektronischen Kommunikationsdienst ausgetauscht oder weitergeleitet wird; dies schließt nicht Informationen ein, die als Teil eines Rundfunkdienstes über ein elektronisches Kommunikationsnetz an die Öffentlichkeit weitergeleitet werden, soweit die Informationen nicht mit dem identifizierbaren Teilnehmer oder Nutzer, der sie erhält, in Verbindung gebracht werden können;

1) **Anm. d. Red.:** § 2 i. d. F. des Gesetzes v. 2.12.2015 (BGBl I S. 2158) mit Wirkung v. 10.12.2015.

5. „Verhaltenskodex“ Vereinbarungen oder Vorschriften über das Verhalten von Unternehmern, zu welchem diese sich in Bezug auf Wirtschaftszweige oder einzelne geschäftliche Handlungen verpflichtet haben, ohne dass sich solche Verpflichtungen aus Gesetzes- oder Verwaltungsvorschriften ergeben;
6. „Unternehmer“ jede natürliche oder juristische Person, die geschäftliche Handlungen im Rahmen ihrer gewerblichen, handwerklichen oder beruflichen Tätigkeit vornimmt, und jede Person, die im Namen oder Auftrag einer solchen Person handelt;
7. „unternehmerische Sorgfalt“ der Standard an Fachkenntnissen und Sorgfalt, von dem billigerweise angenommen werden kann, dass ein Unternehmer ihn in seinem Tätigkeitsbereich gegenüber Verbrauchern nach Treu und Glauben unter Berücksichtigung der anständigen Marktgepflogenheiten einhält;
8. „wesentliche Beeinflussung des wirtschaftlichen Verhaltens des Verbrauchers“ die Vornahme einer geschäftlichen Handlung, um die Fähigkeit des Verbrauchers, eine informierte Entscheidung zu treffen, spürbar zu beeinträchtigen und damit den Verbraucher zu einer geschäftlichen Entscheidung zu veranlassen, die er andernfalls nicht getroffen hätte;
9. „geschäftliche Entscheidung“ jede Entscheidung eines Verbrauchers oder sonstigen Marktteilnehmers darüber, ob, wie und unter welchen Bedingungen er ein Geschäft abschließen, eine Zahlung leisten, eine Ware oder Dienstleistung behalten oder abgeben oder ein vertragliches Recht im Zusammenhang mit einer Ware oder Dienstleistung ausüben will, unabhängig davon, ob der Verbraucher oder sonstige Marktteilnehmer sich entschließt, tätig zu werden.

(2) Für den Verbraucherbegriff gilt § 13 des Bürgerlichen Gesetzbuchs entsprechend.

§ 3 Verbot unlauterer geschäftlicher Handlungen[1)]

(1) Unlautere geschäftliche Handlungen sind unzulässig.

(2) Geschäftliche Handlungen, die sich an Verbraucher richten oder diese erreichen, sind unlauter, wenn sie nicht der unternehmerischen Sorgfalt entsprechen und dazu geeignet sind, das wirtschaftliche Verhalten des Verbrauchers wesentlich zu beeinflussen.

(3) Die im Anhang dieses Gesetzes aufgeführten geschäftlichen Handlungen gegenüber Verbrauchern sind stets unzulässig.

UWG

(4) [1]Bei der Beurteilung von geschäftlichen Handlungen gegenüber Verbrauchern ist auf den durchschnittlichen Verbraucher oder, wenn sich die geschäftliche Handlung an eine bestimmte Gruppe von Verbrauchern wendet, auf ein durchschnittliches Mitglied dieser Gruppe abzustellen. [2]Geschäftliche Handlungen, die für den Unternehmer vorhersehbar das wirtschaftliche Verhalten nur einer eindeutig identifizierbaren Gruppe von Verbrauchern wesentlich beeinflussen, die auf Grund von geistigen oder körperlichen Beeinträchtigungen, Alter oder Leichtgläubigkeit im Hinblick auf diese geschäftlichen Handlungen oder die diesen zugrunde liegenden Waren oder Dienstleistungen besonders schutzbedürftig sind, sind aus der Sicht eines durchschnittlichen Mitglieds dieser Gruppe zu beurteilen.

§ 3a Rechtsbruch[2)]

Unlauter handelt, wer einer gesetzlichen Vorschrift zuwiderhandelt, die auch dazu bestimmt ist, im Interesse der Marktteilnehmer das Marktverhalten zu regeln, und der Verstoß geeignet ist, die Interessen von Verbrauchern, sonstigen Marktteilnehmern oder Mitbewerbern spürbar zu beeinträchtigen.

1) **Anm. d. Red.:** § 3 i. d. F. des Gesetzes v. 2.12.2015 (BGBl I S. 2158) mit Wirkung v. 10.12.2015.
2) **Anm. d. Red.:** § 3a eingefügt gem. Gesetz v. 2.12.2015 (BGBl I S. 2158) mit Wirkung v. 10.12.2015.

§ 4a Aggressive geschäftliche Handlungen[1)]

(1) [1]Unlauter handelt, wer eine aggressive geschäftliche Handlung vornimmt, die geeignet ist, den Verbraucher oder sonstigen Marktteilnehmer zu einer geschäftlichen Entscheidung zu veranlassen, die dieser andernfalls nicht getroffen hätte. [2]Eine geschäftliche Handlung ist aggressiv, wenn sie im konkreten Fall unter Berücksichtigung aller Umstände geeignet ist, die Entscheidungsfreiheit des Verbrauchers oder sonstigen Marktteilnehmers erheblich zu beeinträchtigen durch

1. Belästigung,
2. Nötigung einschließlich der Anwendung körperlicher Gewalt oder
3. unzulässige Beeinflussung.

[3]Eine unzulässige Beeinflussung liegt vor, wenn der Unternehmer eine Machtposition gegenüber dem Verbraucher oder sonstigen Marktteilnehmer zur Ausübung von Druck, auch ohne Anwendung oder Androhung von körperlicher Gewalt, in einer Weise ausnutzt, die die Fähigkeit des Verbrauchers oder sonstigen Marktteilnehmers zu einer informierten Entscheidung wesentlich einschränkt.

(2) [1]Bei der Feststellung, ob eine geschäftliche Handlung aggressiv im Sinne des Absatzes 1 Satz 2 ist, ist abzustellen auf

1. Zeitpunkt, Ort, Art oder Dauer der Handlung;
2. die Verwendung drohender oder beleidigender Formulierungen oder Verhaltensweisen;
3. die bewusste Ausnutzung von konkreten Unglückssituationen oder Umständen von solcher Schwere, dass sie das Urteilsvermögen des Verbrauchers oder sonstigen Marktteilnehmers beeinträchtigen, um dessen Entscheidung zu beeinflussen;
4. belastende oder unverhältnismäßige Hindernisse nichtvertraglicher Art, mit denen der Unternehmer den Verbraucher oder sonstigen Marktteilnehmer an der Ausübung seiner vertraglichen Rechte zu hindern versucht, wozu auch das Recht gehört, den Vertrag zu kündigen oder zu einer anderen Ware oder Dienstleistung oder einem anderen Unternehmer zu wechseln;
5. Drohungen mit rechtlich unzulässigen Handlungen.

[2]Zu den Umständen, die nach Nummer 3 zu berücksichtigen sind, zählen insbesondere geistige und körperliche Beeinträchtigungen, das Alter, die geschäftliche Unerfahrenheit, die Leichtgläubigkeit, die Angst und die Zwangslage von Verbrauchern.

§ 7 Unzumutbare Belästigungen[2)]

(1) [1]Eine geschäftliche Handlung, durch die ein Marktteilnehmer in unzumutbarer Weise belästigt wird, ist unzulässig. [2]Dies gilt insbesondere für Werbung, obwohl erkennbar ist, dass der angesprochene Marktteilnehmer diese Werbung nicht wünscht.

(2) Eine unzumutbare Belästigung ist stets anzunehmen

1. bei Werbung unter Verwendung eines in den Nummern 2 und 3 nicht aufgeführten, für den Fernabsatz geeigneten Mittels der kommerziellen Kommunikation, durch die ein Verbraucher hartnäckig angesprochen wird, obwohl er dies erkennbar nicht wünscht;
2. bei Werbung mit einem Telefonanruf gegenüber einem Verbraucher ohne dessen vorherige ausdrückliche Einwilligung oder gegenüber einem sonstigen Marktteilnehmer ohne dessen zumindest mutmaßliche Einwilligung,
3. bei Werbung unter Verwendung einer automatischen Anrufmaschine, eines Faxgerätes oder elektronischer Post, ohne dass eine vorherige ausdrückliche Einwilligung des Adressaten vorliegt, oder

---

1) **Anm. d. Red.:** § 4a eingefügt gem. Gesetz v. 2.12.2015 (BGBl I S. 2158) mit Wirkung v. 10.12.2015.

2) **Anm. d. Red.:** § 7 i. d. F. des Gesetzes v. 1.10.2013 (BGBl I S. 3714) mit Wirkung v. 9.10.2013.

4. bei Werbung mit einer Nachricht,
   a) bei der die Identität des Absenders, in dessen Auftrag die Nachricht übermittelt wird, verschleiert oder verheimlicht wird oder
   b) bei der gegen § 6 Absatz 1 des Telemediengesetzes verstoßen wird oder in der der Empfänger aufgefordert wird, eine Website aufzurufen, die gegen diese Vorschrift verstößt, oder
   c) bei der keine gültige Adresse vorhanden ist, an die der Empfänger eine Aufforderung zur Einstellung solcher Nachrichten richten kann, ohne dass hierfür andere als die Übermittlungskosten nach den Basistarifen entstehen.

(3) Abweichend von Absatz 2 Nummer 3 ist eine unzumutbare Belästigung bei einer Werbung unter Verwendung elektronischer Post nicht anzunehmen, wenn

1. ein Unternehmer im Zusammenhang mit dem Verkauf einer Ware oder Dienstleistung von dem Kunden dessen elektronische Postadresse erhalten hat,
2. der Unternehmer die Adresse zur Direktwerbung für eigene ähnliche Waren oder Dienstleistungen verwendet,
3. der Kunde der Verwendung nicht widersprochen hat und
4. der Kunde bei Erhebung der Adresse und bei jeder Verwendung klar und deutlich darauf hingewiesen wird, dass er der Verwendung jederzeit widersprechen kann, ohne dass hierfür andere als die Übermittlungskosten nach den Basistarifen entstehen.

Kapitel 2: Rechtsfolgen

§ 8 Beseitigung und Unterlassung[1)]

(1) [1]Wer eine nach § 3 oder § 7 unzulässige geschäftliche Handlung vornimmt, kann auf Beseitigung und bei Wiederholungsgefahr auf Unterlassung in Anspruch genommen werden. [2]Der Anspruch auf Unterlassung besteht bereits dann, wenn eine derartige Zuwiderhandlung gegen § 3 oder § 7 droht.

(2) Werden die Zuwiderhandlungen in einem Unternehmen von einem Mitarbeiter oder Beauftragten begangen, so sind der Unterlassungsanspruch und der Beseitigungsanspruch auch gegen den Inhaber des Unternehmens begründet.

UWG

(3) Die Ansprüche aus Absatz 1 stehen zu:

1. jedem Mitbewerber;
2. rechtsfähigen Verbänden zur Förderung gewerblicher oder selbständiger beruflicher Interessen, soweit ihnen eine erhebliche Zahl von Unternehmern angehört, die Waren oder Dienstleistungen gleicher oder verwandter Art auf demselben Markt vertreiben, wenn sie insbesondere nach ihrer personellen, sachlichen und finanziellen Ausstattung imstande sind, ihre satzungsmäßigen Aufgaben der Verfolgung gewerblicher oder selbständiger beruflicher Interessen tatsächlich wahrzunehmen und soweit die Zuwiderhandlung die Interessen ihrer Mitglieder berührt;
3. qualifizierten Einrichtungen, die nachweisen, dass sie in der Liste der qualifizierten Einrichtungen nach § 4 des Unterlassungsklagengesetzes oder in dem Verzeichnis der Europäischen Kommission nach Artikel 4 Absatz 3 der Richtlinie 2009/22/EG des Europäischen Parlaments und des Rates vom 23. April 2009 über Unterlassungsklagen zum Schutz der Verbraucherinteressen (ABl L 110 vom 1.5.2009, S. 30) eingetragen sind;
4. den Industrie- und Handelskammern oder den Handwerkskammern.

(4) [1]Die Geltendmachung der in Absatz 1 bezeichneten Ansprüche ist unzulässig, wenn sie unter Berücksichtigung der gesamten Umstände missbräuchlich ist, insbesondere wenn sie vor-

1) **Anm. d. Red.:** § 8 i. d. F. des Gesetzes v. 17.2.2016 (BGBl I S. 233) mit Wirkung v. 24.2.2016.

wiegend dazu dient, gegen den Zuwiderhandelnden einen Anspruch auf Ersatz von Aufwendungen oder Kosten der Rechtsverfolgung entstehen zu lassen. [2]In diesen Fällen kann der Anspruchsgegner Ersatz der für seine Rechtsverteidigung erforderlichen Aufwendungen verlangen. [3]Weiter gehende Ersatzansprüche bleiben unberührt.

(5) [1]§ 13 des Unterlassungsklagengesetzes ist entsprechend anzuwenden; in § 13 Absatz 1 und 3 Satz 2 des Unterlassungsklagengesetzes treten an die Stelle der dort aufgeführten Ansprüche nach dem Unterlassungsklagengesetz die Ansprüche nach dieser Vorschrift. [2]Im Übrigen findet das Unterlassungsklagengesetz keine Anwendung, es sei denn, es liegt ein Fall des § 4a des Unterlassungsklagengesetzes vor.

Anhang (zu § 3 Absatz 3)[1)]

Unzulässige geschäftliche Handlungen im Sinne des § 3 Absatz 3 sind

1. die unwahre Angabe eines Unternehmers, zu den Unterzeichnern eines Verhaltenskodexes zu gehören;
2. die Verwendung von Gütezeichen, Qualitätskennzeichen oder Ähnlichem ohne die erforderliche Genehmigung;
3. die unwahre Angabe, ein Verhaltenskodex sei von einer öffentlichen oder anderen Stelle gebilligt;
4. die unwahre Angabe, ein Unternehmer, eine von ihm vorgenommene geschäftliche Handlung oder eine Ware oder Dienstleistung sei von einer öffentlichen oder privaten Stelle bestätigt, gebilligt oder genehmigt worden, oder die unwahre Angabe, den Bedingungen für die Bestätigung, Billigung oder Genehmigung werde entsprochen;
5. Waren- oder Dienstleistungsangebote im Sinne des § 5a Absatz 3 zu einem bestimmten Preis, wenn der Unternehmer nicht darüber aufklärt, dass er hinreichende Gründe für die Annahme hat, er werde nicht in der Lage sein, diese oder gleichartige Waren oder Dienstleistungen für einen angemessenen Zeitraum in angemessener Menge zum genannten Preis bereitzustellen oder bereitstellen zu lassen (Lockangebote). Ist die Bevorratung kürzer als zwei Tage, obliegt es dem Unternehmer, die Angemessenheit nachzuweisen;
6. Waren- oder Dienstleistungsangebote im Sinne des § 5a Absatz 3 zu einem bestimmten Preis, wenn der Unternehmer sodann in der Absicht, stattdessen eine andere Ware oder Dienstleistung abzusetzen, eine fehlerhafte Ausführung der Ware oder Dienstleistung vorführt oder sich weigert zu zeigen, was er beworben hat, oder sich weigert, Bestellungen dafür anzunehmen oder die beworbene Leistung innerhalb einer vertretbaren Zeit zu erbringen;
7. die unwahre Angabe, bestimmte Waren oder Dienstleistungen seien allgemein oder zu bestimmten Bedingungen nur für einen sehr begrenzten Zeitraum verfügbar, um den Verbraucher zu einer sofortigen geschäftlichen Entscheidung zu veranlassen, ohne dass dieser Zeit und Gelegenheit hat, sich auf Grund von Informationen zu entscheiden;
8. Kundendienstleistungen in einer anderen Sprache als derjenigen, in der die Verhandlungen vor dem Abschluss des Geschäfts geführt worden sind, wenn die ursprünglich verwendete Sprache nicht Amtssprache des Mitgliedstaats ist, in dem der Unternehmer niedergelassen ist; dies gilt nicht, soweit Verbraucher vor dem Abschluss des Geschäfts darüber aufgeklärt werden, dass diese Leistungen in einer anderen als der ursprünglich verwendeten Sprache erbracht werden;
9. die unwahre Angabe oder das Erwecken des unzutreffenden Eindrucks, eine Ware oder Dienstleistung sei verkehrsfähig;
10. die unwahre Angabe oder das Erwecken des unzutreffenden Eindrucks, gesetzlich bestehende Rechte stellten eine Besonderheit des Angebots dar;

---

1) **Anm. d. Red.:** Anhang i. d. F. des Gesetzes v. 2.12.2015 (BGBl I S. 2158) mit Wirkung v. 10.12.2015.

11. der vom Unternehmer finanzierte Einsatz redaktioneller Inhalte zu Zwecken der Verkaufsförderung, ohne dass sich dieser Zusammenhang aus dem Inhalt oder aus der Art der optischen oder akustischen Darstellung eindeutig ergibt (als Information getarnte Werbung);
12. unwahre Angaben über Art und Ausmaß einer Gefahr für die persönliche Sicherheit des Verbrauchers oder seiner Familie für den Fall, dass er die angebotene Ware nicht erwirbt oder die angebotene Dienstleistung nicht in Anspruch nimmt;
13. Werbung für eine Ware oder Dienstleistung, die der Ware oder Dienstleistung eines bestimmten Herstellers ähnlich ist, wenn dies in der Absicht geschieht, über die betriebliche Herkunft der beworbenen Ware oder Dienstleistung zu täuschen;
14. die Einführung, der Betrieb oder die Förderung eines Systems zur Verkaufsförderung, bei dem vom Verbraucher ein finanzieller Beitrag für die Möglichkeit verlangt wird, allein oder hauptsächlich durch die Einführung weiterer Teilnehmer in das System eine Vergütung zu erlangen (Schneeball- oder Pyramidensystem);
15. die unwahre Angabe, der Unternehmer werde demnächst sein Geschäft aufgeben oder seine Geschäftsräume verlegen;
16. die Angabe, durch eine bestimmte Ware oder Dienstleistung ließen sich die Gewinnchancen bei einem Glücksspiel erhöhen;
17. die unwahre Angabe oder das Erwecken des unzutreffenden Eindrucks, der Verbraucher habe bereits einen Preis gewonnen oder werde ihn gewinnen oder werde durch eine bestimmte Handlung einen Preis gewinnen oder einen sonstigen Vorteil erlangen, wenn es einen solchen Preis oder Vorteil tatsächlich nicht gibt, oder wenn jedenfalls die Möglichkeit, einen Preis oder sonstigen Vorteil zu erlangen, von der Zahlung eines Geldbetrags oder der Übernahme von Kosten abhängig gemacht wird;
18. die unwahre Angabe, eine Ware oder Dienstleistung könne Krankheiten, Funktionsstörungen oder Missbildungen heilen;
19. eine unwahre Angabe über die Marktbedingungen oder Bezugsquellen, um den Verbraucher dazu zu bewegen, eine Ware oder Dienstleistung zu weniger günstigen Bedingungen als den allgemeinen Marktbedingungen abzunehmen oder in Anspruch zu nehmen;
20. das Angebot eines Wettbewerbs oder Preisausschreibens, wenn weder die in Aussicht gestellten Preise noch ein angemessenes Äquivalent vergeben werden;
21. das Angebot einer Ware oder Dienstleistung als „gratis", „umsonst", „kostenfrei" oder dergleichen, wenn hierfür gleichwohl Kosten zu tragen sind; dies gilt nicht für Kosten, die im Zusammenhang mit dem Eingehen auf das Waren- oder Dienstleistungsangebot oder für die Abholung oder Lieferung der Ware oder die Inanspruchnahme der Dienstleistung unvermeidbar sind;
22. die Übermittlung von Werbematerial unter Beifügung einer Zahlungsaufforderung, wenn damit der unzutreffende Eindruck vermittelt wird, die beworbene Ware oder Dienstleistung sei bereits bestellt;
23. die unwahre Angabe oder das Erwecken des unzutreffenden Eindrucks, der Unternehmer sei Verbraucher oder nicht für Zwecke seines Geschäfts, Handels, Gewerbes oder Berufs tätig;
24. die unwahre Angabe oder das Erwecken des unzutreffenden Eindrucks, es sei im Zusammenhang mit Waren oder Dienstleistungen in einem anderen Mitgliedstaat der Europäischen Union als dem des Warenverkaufs oder der Dienstleistung ein Kundendienst verfügbar;
25. das Erwecken des Eindrucks, der Verbraucher könne bestimmte Räumlichkeiten nicht ohne vorherigen Vertragsabschluss verlassen;
26. bei persönlichem Aufsuchen in der Wohnung die Nichtbeachtung einer Aufforderung des Besuchten, diese zu verlassen oder nicht zu ihr zurückzukehren, es sein denn, der Besuch ist zur rechtmäßigen Durchsetzung einer vertraglichen Verpflichtung gerechtfertigt;

27. Maßnahmen, durch die der Verbraucher von der Durchsetzung seiner vertraglichen Rechte aus einem Versicherungsverhältnis dadurch abgehalten werden soll, dass von ihm bei der Geltendmachung seines Anspruchs die Vorlage von Unterlagen verlangt wird, die zum Nachweis dieses Anspruchs nicht erforderlich sind, oder dass Schreiben zur Geltendmachung eines solchen Anspruchs systematisch nicht beantwortet werden;
28. die in eine Werbung einbezogene unmittelbare Aufforderung an Kinder, selbst die beworbene Ware zu erwerben oder die beworbene Dienstleistung in Anspruch zu nehmen oder ihre Eltern oder andere Erwachsene dazu zu veranlassen;
29. die Aufforderung zur Bezahlung nicht bestellter, aber gelieferter Waren oder erbrachter Dienstleistungen oder eine Aufforderung zur Rücksendung oder Aufbewahrung nicht bestellter Sachen und
30. die ausdrückliche Angabe, dass der Arbeitsplatz oder Lebensunterhalt des Unternehmers gefährdet sei, wenn der Verbraucher die Ware oder Dienstleistung nicht abnehme.

XXXVII. Gesetz über Maßnahmen zur Förderung des deutschen Films (Filmförderungsgesetz – FFG)

v. 23.12.2016 (BGBl I. 3413)

Das Gesetz über Maßnahmen zur Förderung des deutschen Films (Filmförderungsgesetz – FFG) v. 23.12.2016 (BGBl I S. 3413) ist am 1.1.2017 in Kraft getreten.

Auszug

Inhaltsübersicht

Kapitel 1: Rechtsform und Aufgaben der Filmförderungsanstalt

§ 1 Filmförderungsanstalt

(1) [1]Die Filmförderungsanstalt fördert als bundesweit tätige Filmförderungseinrichtung die Struktur der deutschen Filmwirtschaft und die kreativ-künstlerische Qualität des deutschen Films als Voraussetzung für seinen Erfolg im Inland und im Ausland. [2]Sie ist eine bundesunmittelbare rechtsfähige Anstalt des öffentlichen Rechts.

(2) Die Filmförderungsanstalt hat ihren Sitz in Berlin.

§ 2 Aufgaben der Filmförderungsanstalt

[1]Die Filmförderungsanstalt hat die Aufgabe,

1. Maßnahmen zur Förderung des deutschen Films und zur Verbesserung der Struktur der deutschen Filmwirtschaft einschließlich der Kinos durchzuführen;
2. die gesamtwirtschaftlichen Belange der Filmwirtschaft in Deutschland unter Berücksichtigung ökologischer Belange zu unterstützen, insbesondere durch Maßnahmen zur Marktforschung, zur Bekämpfung der Verletzung von Urheber- und Leistungsschutzrechten und zur Filmbildung junger Menschen;
3. die Digitalisierung zum Zweck des Erhalts und der Zugänglichmachung des deutschen Filmerbes zu unterstützen;
4. die internationale Orientierung des deutschen Filmschaffens und die Grundlagen für die Verbreitung und marktgerechte Auswertung des deutschen Films im Inland und seine wirtschaftliche und kulturelle Ausstrahlung im Ausland zu verbessern;
5. deutsch-ausländische Gemeinschaftsproduktionen zu unterstützen;
6. die Zusammenarbeit zwischen der Filmwirtschaft und den Fernsehveranstaltern zur Stärkung des deutschen Kinofilms zu unterstützen;
7. die Bundesregierung in zentralen Fragen der Belange des deutschen Films zu beraten, insbesondere im Hinblick auf die Unterstützung der Filmwirtschaft und auf die Harmonisierung der Maßnahmen auf dem Gebiet des Filmwesens innerhalb der Europäischen Union;
8. auf eine Abstimmung und Koordinierung der Filmförderung des Bundes und der Länder hinzuwirken und
9. darauf hinzuwirken, dass in der Filmwirtschaft eingesetztes Personal zu sozialverträglichen Bedingungen beschäftigt wird.

[2]Die Filmförderungsanstalt wirkt bei der Wahrnehmung ihrer Aufgaben auf die Belange der Geschlechtergerechtigkeit hin.

§ 3 Aufgabenerfüllung

(1) Die Filmförderungsanstalt gewährt Förderhilfen nach Maßgabe der Kapitel 4 bis 9.

(2) Die Filmförderungsanstalt kann zudem für die Erfüllung ihrer allgemeinen Aufgaben nach § 2 sowie nach Maßgabe des Kapitels 10 insbesondere auch Förderhilfen gewähren, soweit diese nicht die Gewährung von Förderhilfen nach Maßgabe der Kapitel 4 bis 9 betreffen.

(3) [1]Die Filmförderungsanstalt darf sich zur Erfüllung ihrer Aufgaben an anderen Einrichtungen beteiligen, wenn die für Kultur und Medien zuständige oberste Bundesbehörde dem zustimmt. [2]Sie beteiligt sich insbesondere an der zentralen Dienstleistungsorganisation der deutschen Filmwirtschaft für die Außenvertretung des deutschen Films sowie an dem Netzwerk für Film- und Medienkompetenz.

(4) Die Filmförderungsanstalt darf zur Erfüllung ihrer Aufgaben zwei- und mehrseitige Kooperationsvereinbarungen mit den für die Filmförderung zuständigen Stellen anderer Staaten und mit den Filmfördereinrichtungen der Länder abschließen, um deutsch-ausländische Filmprojektentwicklungen zu unterstützen.

§ 4 Dienstleistungen für andere Einrichtungen

[1]Die Filmförderungsanstalt darf gegen Erstattung der Kosten Maßnahmen der Film- und Medienförderung für Behörden und öffentlich-rechtliche Einrichtungen, für andere Filmfördereinrichtungen sowie für sonstige branchennahe Einrichtungen durchführen. [2]Dies gilt auch für Maßnahmen auf dem Gebiet des Filmwesens, die sich aus der Mitgliedschaft der Bundesrepublik Deutschland in internationalen und supranationalen Organisationen ergeben.

Kapitel 4: Förderung – Allgemeine Bestimmungen

Abschnitt 1: Zweckbindung der Fördermittel, Begriffsbestimmungen

§ 39 Zweckbindung der Fördermittel

[1]Die Fördermittel sind ausschließlich für den bestimmten Förderzweck zu verwenden. [2]Ansprüche auf Gewährung oder Auszahlung von Fördermitteln sind nur zur Zwischenfinanzierung der jeweils geförderten Maßnahme an Banken oder sonstige Kreditinstitute abtretbar oder verpfändbar.

§ 40 Begriffsbestimmungen

(1) [1]Ein Film ist programmfüllend, wenn er eine Vorführdauer von mindestens 79 Minuten, bei Kinderfilmen von mindestens 59 Minuten hat. [2]Maßgeblich ist die Vorführdauer des Films einschließlich des Vor- und Abspanns.

(2) Ein Kinderfilm ist ein Film, der eine Freigabe und Kennzeichnung nach § 14 Absatz 2 Nummer 1 oder 2 des Jugendschutzgesetzes erhalten hat und sich insbesondere durch sein Thema, seine Handlung und seine Gestaltung an Kinder richtet und für Kinder geeignet ist.

(3) Ein Erstlingsfilm ist ein Film, bei dem die Regisseurin oder der Regisseur erstmals die alleinige Regieverantwortung für einen programmfüllenden Film trägt, der nicht im Rahmen einer Ausbildung hergestellt wird.

(4) [1]Ein Kurzfilm ist ein Film mit einer Vorführdauer von höchstens 30 Minuten. [2]Maßgeblich ist die Vorführdauer des Films einschließlich des Vor- und Abspanns. [3]Werbe- und Imagefilme sowie Musikvideos sind keine Kurzfilme im Sinne dieses Gesetzes.

(5) Ein Referenzfilm ist ein Film, für dessen Erfolg Referenzpunkte nach Maßgabe dieses Gesetzes vergeben werden.

FFG

(6) Hersteller im Sinne dieses Gesetzes ist, wer die Verantwortung für die Durchführung des Filmvorhabens trägt.

(7) Eine reguläre Erstaufführung im Sinne dieses Gesetzes ist gegeben, wenn ein Film erstmalig an mindestens sieben aufeinanderfolgenden Tagen in einem kinogeeigneten technischen Format in einem Kino mit regelmäßigem Spielbetrieb im Inland gegen ein marktübliches Entgelt vorgeführt wurde.

(8) Eine barrierefreie Fassung eines Films ist eine Endfassung des Films in jeweils einer Version mit deutschen Untertiteln für Menschen mit Hörbehinderungen und mit deutscher Audiodeskription für Menschen mit Sehbehinderungen in marktgerechter und kinogeeigneter Qualität.

(9) [1]Ein Videoabrufdienst ist ein elektronischer Informations- oder Kommunikationsdienst, bei dem einzelne Filme für den Empfang zu einem vom Nutzer oder von der Nutzerin gewählten Zeitpunkt auf dessen oder deren individuellen Abruf hin bereitgestellt werden. [2]Unerheblich ist, ob ein etwaiges Entgelt für die Nutzung des einzelnen Films oder die Nutzbarkeit des gesamten Dienstes zu zahlen ist.

(10) Bezahlfernsehen gegen individuelles Entgelt ist ein linearer Dienst, bei dem Filme innerhalb eines festgelegten Programmangebots gegen ein für den einzelnen Film zu entrichtendes Entgelt angeboten werden.

(11) Bezahlfernsehen gegen pauschales Entgelt ist ein linearer Dienst, bei dem Filme innerhalb eines festgelegten Programmangebots gegen ein unabhängig von der Nutzung des einzelnen Films zu zahlendes Entgelt angeboten werden.

Abschnitt 2: Allgemeine Fördervoraussetzungen

§ 41 Filmbezogene allgemeine Fördervoraussetzungen

(1) Förderhilfen werden nach Maßgabe dieses Gesetzes für die Herstellung, den Absatz, das Abspiel und die Digitalisierung von Filmen gewährt, wenn

1. der Hersteller seinen Wohnsitz oder Sitz im Inland hat oder, sofern der Hersteller seinen Wohnsitz oder Sitz in einem anderen Mitgliedstaat der Europäischen Union oder in einem anderen Vertragsstaat des Abkommens über den Europäischen Wirtschaftsraum oder in der Schweiz hat, eine Niederlassung im Inland zum Zeitpunkt der Auszahlung hat,
2. bei programmfüllenden Filmen jedenfalls eine Endfassung des Films, abgesehen von Dialogstellen, für die nach dem Drehbuch eine andere Sprache vorgesehen ist, in deutscher Sprache gedreht oder synchronisiert hergestellt ist und bei Kurzfilmen jedenfalls eine Endfassung des Films mit einer kinotauglichen, deutschen Untertitelung versehen ist,
3. für Studioaufnahmen Studios und für die Produktionstechnik sowie die Postproduktion technische Dienstleistungsfirmen benutzt worden sind, die ihren Sitz im Inland oder in einem anderen Mitgliedstaat der Europäischen Union oder in einem anderen Vertragsstaat des Abkommens über den Europäischen Wirtschaftsraum oder in der Schweiz haben,
4. die Regisseurin oder der Regisseur Deutsche oder Deutscher im Sinne des Artikels 116 des Grundgesetzes ist oder dem deutschen Kulturbereich angehört oder die Staatsangehörigkeit eines anderen Mitgliedstaates der Europäischen Union oder eines anderen Vertragsstaates des Abkommens über den Europäischen Wirtschaftsraum oder der Schweiz besitzt,
5. der Film kulturelle, historische oder gesellschaftliche Fragen zum Thema hat,
6. der Film in deutscher Sprache im Inland oder als deutscher Beitrag im Hauptwettbewerb oder in einer Nebenreihe auf einem Festival welturaufgeführt wird und
7. mindestens zwei der folgenden Voraussetzungen erfüllt sind:
   a) das Originaldrehbuch, auf dem der Film basiert, verwendet überwiegend deutsche Drehorte oder Drehorte in einem anderen Mitgliedstaat der Europäischen Union, in einem anderen Vertragsstaat des Abkommens über den Europäischen Wirtschaftsraum oder in der Schweiz;
   b) die Handlung oder die Stoffvorlage ist aus dem Inland, aus einem anderen Mitgliedstaat der Europäischen Union, aus einem anderen Vertragsstaat des Abkommens über den Europäischen Wirtschaftsraum oder aus der Schweiz;
   c) der Film verwendet deutsche Motive oder solche aus einem anderen Mitgliedstaat der Europäischen Union, aus einem anderen Vertragsstaat des Abkommens über den Europäischen Wirtschaftsraum oder aus der Schweiz;
   d) die Handlung oder die Stoffvorlage beruht auf einer literarischen Vorlage oder entstammt traditionellen Märchen oder Sagen;
   e) die Handlung oder die Stoffvorlage befasst sich mit Lebensformen von Minderheiten, wissenschaftlichen Themen oder natürlichen Phänomenen;
   f) die Handlung oder die Stoffvorlage setzt sich mit sozialen, politischen oder religiösen Fragen des gesellschaftlichen Zusammenlebens oder der Lebenswirklichkeit von Kindern auseinander;
   g) die Handlung oder die Stoffvorlage befasst sich mit Künstlerinnen oder Künstlern oder Kunstgattungen.

(2) [1]Sind aus thematischen Gründen Außenaufnahmen in einem anderen als den in Absatz 1 Nummer 3 genannten Ländern erforderlich, so dürfen höchstens 30 Prozent der Studioaufnah-

men im Gebiet dieses Landes gedreht werden. [2]Wird der größere Teil eines Films an Originalschauplätzen in einem anderen Land gedreht, so können auch für mehr als 30 Prozent der Studioaufnahmen Studios dieses Landes benutzt werden, wenn und soweit der Vorstand dies aus Kostengründen für erforderlich hält. [3]Die Grundlage für die Bemessung des Anteils der Studioaufnahmen nach den Sätzen 1 und 2 ist die Drehzeit.

(3) [1]Die Bundesregierung wird ermächtigt, durch Rechtsverordnung zu bestimmen, dass Förderhilfen für die Filmproduktion unter der Auflage gewährt werden, dass bis zu 160 Prozent des im Rahmen dieses Gesetzes für die Filmproduktion gewährten Förderbetrags im Inland ausgegeben werden. [2]Hierbei darf die territoriale Bindung 80 Prozent des gesamten Produktionsbudgets nicht übersteigen.

(4) Ist die Regisseurin oder der Regisseur entgegen Absatz 1 Nummer 4 nicht Deutsche oder Deutscher oder kommt sie oder er nicht aus dem deutschen Kulturbereich oder aus einem anderen Mitgliedstaat der Europäischen Union oder einem anderen Vertragsstaat des Abkommens über den Europäischen Wirtschaftsraum oder der Schweiz, so können Förderhilfen gewährt werden, wenn, abgesehen von der Drehbuchautorin oder dem Drehbuchautor oder von bis zu zwei Personen in einer Hauptrolle, alle übrigen Filmschaffenden Deutsche sind oder dem deutschen Kulturbereich oder einem anderen Mitgliedstaat der Europäischen Union oder einem anderen Vertragsstaat des Abkommens über den Europäischen Wirtschaftsraum oder der Schweiz angehören.

(5) [1]Der Vorstand kann Ausnahmen von den Voraussetzungen des Absatzes 1 Nummer 1 und 6 sowie des Absatzes 2 zulassen, wenn die Gesamtwürdigung des Films dies rechtfertigt. [2]Bei programmfüllenden Filmen kann er auch Ausnahmen von der Voraussetzung des Absatzes 1 Nummer 2 zulassen.

§ 42 Internationale Koproduktionen

(1) Förderhilfen werden nach Maßgabe dieses Gesetzes auch für die Herstellung, den Absatz, das Abspiel und die Digitalisierung von Filmen gewährt, die unter der Voraussetzung des § 41 Absatz 1 Nummer 1 und 2 gemeinsam mit mindestens einem Hersteller mit Sitz oder Wohnsitz außerhalb des Geltungsbereichs dieses Gesetzes hergestellt werden oder worden sind und

1. als Gemeinschaftsproduktion im Sinne des Europäischen Übereinkommens vom 2. Oktober 1992 über die Gemeinschaftsproduktion von Kinofilmen (BGBl 1994 II S. 3566) anerkannt sind,
2. den Vorschriften über die Gemeinschaftsproduktion von Filmen eines auf den jeweiligen Film anwendbaren, von der Bundesrepublik Deutschland abgeschlossenen zwei- oder mehrseitigen zwischenstaatlichen Abkommens entsprechen oder
3. wenn ein Abkommen im Sinne der Nummer 2 nicht vorliegt oder auf die Gemeinschaftsproduktion nicht anwendbar ist, eine im Verhältnis zu der ausländischen Beteiligung erhebliche finanzielle Beteiligung des Herstellers im Sinne des § 41 Absatz 1 Nummer 1 sowie eine dieser angemessene künstlerische und technische Beteiligung von jeweils 30 Prozent von Mitwirkenden aufweisen, die Deutsche im Sinne des Artikels 116 des Grundgesetzes sind oder dem deutschen Kulturbereich angehören oder Staatsangehörige eines anderen Mitgliedstaates der Europäischen Union oder eines anderen Vertragsstaates des Abkommens über den Europäischen Wirtschaftsraum oder der Schweiz sind, und ferner bei majoritären deutschen Beteiligungen der Film in deutscher Sprache im Inland oder auf einem Festival als deutscher Beitrag uraufgeführt wird.

FFG

(2) Bei der künstlerischen und technischen Beteiligung sollen mindestens folgende Personen Deutsche im Sinne des Artikels 116 des Grundgesetzes sein oder dem deutschen Kulturbereich angehören oder Staatsangehörige eines anderen Mitgliedstaates der Europäischen Union oder eines anderen Vertragsstaates des Abkommens über den Europäischen Wirtschaftsraum oder der Schweiz sein:

1. eine Person in einer Hauptrolle und eine Person in einer Nebenrolle oder, wenn dies nicht möglich ist, zwei Personen in wichtigen Rollen,

2. eine Regieassistenz oder eine andere künstlerische oder technische Stabskraft und
3. entweder eine Drehbuchautorin oder ein Drehbuchautor oder eine Dialogbearbeiterin oder ein Dialogbearbeiter.

(3) Förderhilfen für Filme nach Absatz 1 Nummer 2 und 3 werden nur gewährt, wenn die Voraussetzung des § 41 Absatz 1 Nummer 5 vorliegt und der Film

1. den Anforderungen des § 41 Absatz 1 Nummer 7 entspricht oder
2. mindestens zwei der folgenden Voraussetzungen erfüllt:
   a) die Handlung oder die Stoffvorlage vermittelt Eindrücke von anderen Kulturen;
   b) die Handlung oder die Stoffvorlage bezieht sich auf Künstler oder Künstlerinnen oder auf eine Kunstgattung;
   c) an dem Film wirkt ein zeitgenössischer Künstler oder eine zeitgenössische Künstlerin aus anderen Bereichen als dem der Filmkunst maßgeblich mit;
   d) die Handlung oder die Stoffvorlage bezieht sich auf eine Persönlichkeit der Zeit- oder Weltgeschichte oder eine fiktionale Figur der Kulturgeschichte;
   e) die Handlung oder die Stoffvorlage bezieht sich auf ein historisches Ereignis der Weltgeschichte oder ein vergleichbares fiktionales Ereignis;
   f) die Handlung oder die Stoffvorlage befasst sich mit Fragen religiöser oder philosophischer Weltanschauung;
   g) die Handlung oder die Stoffvorlage befasst sich mit wissenschaftlichen Themen oder natürlichen Phänomenen.

§ 43 Internationale Kofinanzierungen

Förderhilfen werden nach Maßgabe dieses Gesetzes auch für die Herstellung, den Absatz und das Abspiel von Filmen gewährt, die mit mindestens einem Hersteller mit Wohnsitz oder Sitz außerhalb des Geltungsbereichs dieses Gesetzes hergestellt werden oder worden sind und zu deren Herstellung der Hersteller im Sinne des § 41 Absatz 1 Nummer 1 nur einen finanziellen Beitrag geleistet hat, wenn

1. die Voraussetzungen des § 41 Absatz 1 Nummer 1 und 2, des § 42 Absatz 1 Nummer 1 oder Nummer 2 und 3, jeweils in Verbindung mit Absatz 3, erfüllt sind,
2. ein auf den jeweiligen Film anwendbares, von der Bundesrepublik Deutschland abgeschlossenes zwei- oder mehrseitiges zwischenstaatliches Abkommen eine solche Beteiligung vorsieht und
3. der Beitrag des Herstellers im Sinne des § 41 Absatz 1 Nummer 1 dem in dem Abkommen festgelegten Mindestanteil entspricht.

§ 44 Förderfähigkeit von internationalen Koproduktionen und Kofinanzierungen

(1) Für internationale Koproduktionen im Sinne des § 42 oder internationale Kofinanzierungen im Sinne des § 43 werden Förderhilfen nur gewährt, wenn der Hersteller im Sinne des § 41 Absatz 1 Nummer 1

1. bei einer internationalen Koproduktion mit einer Beteiligung eines Herstellers aus einem außereuropäischen Land innerhalb von fünf Jahren vor Antragstellung allein oder als Koproduzent mit Mehrheitsbeteiligung einen programmfüllenden Spielfilm im Inland, in einem anderen Mitgliedstaat der Europäischen Union, in einem anderen Vertragsstaat des Abkommens über den Europäischen Wirtschaftsraum oder in der Schweiz hergestellt hat,
2. zu den gesamten Herstellungskosten des Films die nachfolgenden Anteile beiträgt:
   a) in Fällen des § 42 Absatz 1 Nummer 1 und 2 und des § 43 mindestens 20 Prozent,
   b) in Fällen des § 42 Absatz 1 Nummer 3 mindestens 30 Prozent.

(2) Der Vorstand kann in Ausnahmefällen von der Voraussetzung des Absatzes 1 Nummer 1 absehen, wenn die fachliche Eignung der antragstellenden Person als Hersteller außer Zweifel steht und wenn die Gesamtwürdigung des Films die Ausnahme rechtfertigt.

(3) [1]Abweichend von Absatz 1 Nummer 2 Buchstabe a kann die Filmförderungsanstalt in Ausnahmefällen Förderhilfen für internationale Koproduktionen im Sinne des § 42 Absatz 1 Nummer 1 oder 2 oder internationale Kofinanzierungen im Sinne des § 43 gewähren, wenn

1. der Hersteller im Sinne des § 41 Absatz 1 Nummer 1 zu den gesamten Herstellungskosten des Films mindestens 10 Prozent beiträgt und
2. ein zwei- oder mehrseitiges Abkommen zwischen der Bundesrepublik Deutschland und einem anderen Mitgliedstaat der Europäischen Union, einem anderen Vertragsstaat des Abkommens über den Europäischen Wirtschaftsraum oder der Schweiz die Möglichkeit der Förderung von internationalen Koproduktionen oder internationalen Kofinanzierungen eröffnet und sicherstellt, dass die finanziellen, künstlerischen und technischen Beiträge in einem gegenseitigen und ausgewogenen Verhältnis zueinander stehen.

[2]Artikel 10 des Europäischen Übereinkommens über die Gemeinschaftsproduktion von Kinofilmen vom 2. Oktober 1992 (BGBl 1994 II S. 3566) gilt entsprechend. [3]Eine Referenzförderung nach den §§ 73 bis 90, 91 bis 99 und 127 bis 133 ist für Filme nach Satz 1 ausgeschlossen.

(4) Die Förderhilfen dürfen in keinem Fall den finanziellen Beitrag des Herstellers im Sinne des § 41 Absatz 1 Nummer 1 überschreiten.

§ 45 Fördervoraussetzungen bei internationalen Kofinanzierungen

(1) Internationale Kofinanzierungen im Sinne des § 43 nehmen an der Förderung nach diesem Gesetz nur teil, wenn ein von der Bundesrepublik Deutschland abgeschlossenes zwei- oder mehrseitiges zwischenstaatliches Abkommen die Förderung internationaler Kofinanzierungen ausdrücklich vorsieht und soweit und solange die Gegenseitigkeit mit den Staaten, in denen die anderen Beteiligten ihren Wohnsitz oder Sitz haben, verbürgt ist.

(2) Eine Referenzförderung nach den §§ 73 bis 90, 91 bis 99 und 127 bis 133 ist ausgeschlossen, wenn es sich bei dem Referenzfilm oder bei dem neuen Film um eine internationale Kofinanzierung handelt.

(3) Soweit im Fall einer internationalen Kofinanzierung der finanzielle Beitrag des Herstellers im Sinne des § 41 Absatz 1 Nummer 1 25 Prozent der gesamten Herstellungskosten übersteigt, bleibt der übersteigende Teil bei der Bemessung der Förderung unberücksichtigt.

FFG

§ 46 Nicht förderfähige Filme

[1]Förderhilfen dürfen nicht gewährt werden, wenn der Referenzfilm, der neue Film oder das Filmvorhaben verfassungsfeindliche oder gesetzwidrige Inhalte enthalten. [2]Gleiches gilt für Referenzfilme, neue Filme oder Filmvorhaben, die unter Berücksichtigung des dramaturgischen Aufbaus, des Drehbuchs, der Gestaltung, der schauspielerischen Leistungen, der Animation, der Kameraführung oder des Schnitts nach dem Gesamteindruck von geringer Qualität sind. [3]Nicht zu fördern sind ferner Referenzfilme, neue Filme und Filmvorhaben, die einen pornographischen oder gewaltverherrlichenden Schwerpunkt haben oder offenkundig religiöse Gefühle tiefgreifend und unangemessen verletzen.

§ 47 Barrierefreie Fassung

(1) [1]Förderhilfen für die Herstellung und die Digitalisierung von Filmen dürfen nur gewährt werden, wenn bis zur Erstaufführung in einem Kino wenigstens eine Endfassung des Films als barrierefreie Fassung hergestellt wird. [2]Förderhilfen für Kinos und den Absatz von Filmen dürfen nur gewährt werden, wenn barrierefreie Fassungen in geeigneter Weise und in angemessenem Maße zugänglich gemacht werden.

(2) Der Vorstand kann Ausnahmen von den in Absatz 1 genannten Voraussetzungen zulassen, wenn die Gesamtwürdigung des Vorhabens dies rechtfertigt.

§ 48 Herstellung der Kopien

Förderhilfen dürfen nur gewährt werden, wenn die Kopien, die für die Auswertung im Inland oder in einem anderen Mitgliedstaat der Europäischen Union oder in einem anderen Vertragsstaat des Abkommens über den Europäischen Wirtschaftsraum oder in der Schweiz bestimmt sind, in einem dieser Staaten hergestellt werden, es sei denn, dass hierfür die technischen Voraussetzungen nicht gegeben sind.

§ 49 Archivierung

(1) [1]Der Hersteller oder Verleiher eines nach diesem Gesetz geförderten Films ist verpflichtet, der Bundesrepublik Deutschland eine technisch einwandfreie analoge oder unkomprimierte digitale Kopie des Films in einem archivfähigen Format unentgeltlich zu übereignen, sofern diese Verpflichtung nicht schon anderweitig begründet oder erfüllt ist. [2]Soweit der Hersteller oder Verleiher nach Maßgabe dieses Gesetzes zur Herstellung einer barrierefreien Fassung des Films verpflichtet ist, gilt Satz 1 auch für die barrierefreie Fassung. [3]Näheres regeln Bestimmungen des Bundesarchivs.

(2) [1]Die Kopien werden vom Bundesarchiv für Zwecke der Filmförderung im Sinne dieses Gesetzes verwahrt. [2]Sie können für die filmkundliche Auswertung zur Verfügung gestellt werden.

§ 50 Ausschluss von Personen von der Förderung

(1) [1]Folgende natürliche oder juristische Personen können für bis zu fünf Jahre nach Begehung des Verstoßes von der Förderung ausgeschlossen werden:

1. Personen, die bei einer Förderung nach diesem Gesetz die Grundsätze sparsamer Wirtschaftsführung verletzt haben,
2. Personen, die bei einer Förderung nach diesem Gesetz vorsätzlich oder grob fahrlässig unrichtige Angaben über wesentliche Förder- oder Auszahlungsvoraussetzungen gemacht haben, und
3. Personen, die bei der Erteilung von Auskünften nach § 164 vorsätzlich oder grob fahrlässig unrichtige Angaben über für die Höhe der Filmabgabe relevante Informationen gemacht haben.

[2]Gleiches gilt für eine juristische Person, die mit einer juristischen Person nach Satz 1 gesellschaftsrechtlich verbunden ist.

(2) Von der Förderung ausgeschlossen sind juristische Personen, die einer Rückforderungsanordnung aufgrund eines früheren Beschlusses der Europäischen Kommission zur Feststellung der Unzulässigkeit einer Beihilfe und ihrer Unvereinbarkeit mit dem Binnenmarkt nicht nachgekommen sind.

Kapitel 5: Förderung der Filmproduktion

Abschnitt 1: Projektfilmförderung

§ 59 Förderhilfen

(1) [1]Projektfilmförderung kann gewährt werden, wenn ein Filmvorhaben einen programmfüllenden Film erwarten lässt, der besonders geeignet erscheint, die Qualität und die Wirtschaftlichkeit des deutschen Films zu verbessern. [2]Es sollen Filmvorhaben aller Art gefördert werden, darunter in angemessenem Umfang auch Projekte von talentierten Nachwuchskräften, Kinderfilmprojekte, die auf Originalstoffen beruhen, und Projekte, die auch zur Ausstrahlung im Fernsehen geeignet sind.

(2) Bei Filmvorhaben, die einen nicht programmfüllenden Film mit einer Vorführzeit von mehr als 30 Minuten erwarten lassen, kann der Vorstand auf Antrag Ausnahmen von der Voraussetzung zulassen, dass der Film programmfüllend sein muss, wenn die Gesamtwürdigung des Films dies rechtfertigt.

§ 60 Art und Höhe, Mindestförderquote

(1) [1]Als Förderhilfen für die Herstellung eines Films werden bedingt rückzahlbare zinslose Darlehen bis zu 1 Million Euro gewährt. [2]Die Mindestförderhöhe beträgt grundsätzlich 200 000 Euro und bei Dokumentarfilmen 100 000 Euro. [3]Wenn die antragstellende Person eine geringere Fördersumme beantragt, können auch Darlehen in geringerer Höhe gewährt werden. [4]Auf Antrag kann die Kommission für Produktions- und Drehbuchförderung in besonders begründeten Fällen Ausnahmen von den Sätzen 1 und 2 zulassen.

(2) [1]Die Höhe der Förderhilfe soll in angemessenem Verhältnis zur Höhe der voraussichtlichen Herstellungskosten stehen und im Rahmen einer Gesamtwürdigung als gerechtfertigt erscheinen. [2]Über die Höhe der Förderhilfen ist für jeden Einzelfall zu entscheiden.

(3) [1]Der Verwaltungsrat legt durch Richtlinie fest, wie hoch die Förderhilfe im Verhältnis zur Höhe der voraussichtlichen Herstellungskosten pro Filmvorhaben mindestens sein muss (Mindestförderquote). [2]Bei der Festlegung der Mindestförderquote hat der Verwaltungsrat das Ziel einer Auswahl qualitativ besonders hochwertiger Projekte zu berücksichtigen. [3]§ 44 Absatz 4 bleibt unberührt.

(4) [1]Für dasselbe Filmvorhaben gewährte Förderhilfen für die Drehbuchfortentwicklung nach § 107 sind auf die Projektfilmförderung anzurechnen. [2]Dies gilt auch für den Fall, dass nach § 85 Absatz 1 Förderhilfen nach § 73 oder § 76 für die Vorbereitung desselben Filmvorhabens verwendet werden.

§ 61 Auswahl von Vorhaben

(1) Können nicht alle geeigneten Filmvorhaben angemessen gefördert werden, so wählt die Kommission für Produktions- und Drehbuchförderung die ihr am besten erscheinenden Vorhaben im Rahmen einer Gesamtwürdigung aus.

(2) [1]Bei der Entscheidung über die Auswahl der zu fördernden Vorhaben sollen insbesondere die Qualität des Drehbuchs, die zu erwartenden Besucherzahlen, die relative Wirtschaftlichkeit des Vorhabens sowie die Zugangsmöglichkeiten zu anderen Förderhilfen nach diesem Gesetz berücksichtigt werden. [2]Im Übrigen kann die Höhe der bei anderen nach diesem Gesetz geförderten Vorhaben geleisteten Tilgungen der antragstellenden Person berücksichtigt werden.

§ 62 Einbeziehung von Gemeinschaftsproduktionen

(1) Filmvorhaben, die als Gemeinschaftsproduktion mit Herstellern verwirklicht werden sollen, die ihren Wohnsitz oder Sitz in einem Staat haben, mit dem ein zwischenstaatliches Abkommen im Sinne des § 42 Absatz 1 Nummer 2 besteht oder die ihren Sitz in einem Staat haben, mit dessen für die Filmförderung zuständigen Stellen eine Kooperationsvereinbarung im Sinne des § 3 Absatz 4 besteht, können bei Verbürgung der Gegenseitigkeit im Rahmen der hierfür zur Verfügung stehenden Mittel gesondert eine Förderhilfe erhalten.

(2) Förderhilfen nach Absatz 1 können zusätzlich zu anderen Förderhilfen nach diesem Gesetz gewährt und auch für Maßnahmen der Projektentwicklung verwendet werden.

(3) Förderhilfen nach Absatz 1 können auch als Zuschuss gewährt werden.

§ 63 Eigenanteil des Herstellers

(1) [1]Projektfilmförderung nach § 59 wird nur gewährt, wenn der Hersteller an den im Kostenplan angegebenen und von der Filmförderungsanstalt anerkannten Kosten einen nach dem Produktionsumfang, der Kapitalausstattung und bisherigen Produktionstätigkeit des Herstellers angemessenen Eigenanteil trägt. [2]Der Eigenanteil muss mindestens 5 Prozent der von der Filmförderungsanstalt anerkannten Kosten betragen. [3]Bei internationalen Koproduktionen nach § 42 ist bei der Berechnung des Eigenanteils der Finanzierungsanteil des deutschen Herstellers zugrunde zu legen. [4]Satz 3 gilt entsprechend für Filme, die unter Mitwirkung eines öffentlich-rechtlichen Fernsehveranstalters hergestellt werden.

(2) Der Eigenanteil kann finanziert werden

1. durch Eigenmittel,
2. durch Fremdmittel, die dem Hersteller darlehensweise mit unbedingter Verpflichtung zur Rückzahlung überlassen worden sind, oder
3. durch Eigenleistungen des Herstellers.

(3) Soweit eine Richtlinie des Verwaltungsrats es bestimmt, kann der Eigenanteil zudem finanziert werden durch Gegenleistungen für Lizenzvoraberteilungen, die während der Herstellung des Films schriftlich zugesichert werden.

(4) [1]Eigenleistungen sind Leistungen, die der Hersteller als kreative Produzentin oder kreativer Produzent, als Herstellungsleitung, als Regisseurin oder Regisseur, als Person in einer Hauptrolle oder als Kamerafrau oder Kameramann zur Herstellung des Films erbringt. [2]Als Eigenleistung gelten auch Rechte des Herstellers an eigenen Werken wie Roman, Drehbuch oder Filmmusik, die er zur Herstellung des Films benutzt.

(5) Der Eigenanteil kann nicht finanziert werden

1. durch Förderhilfen nach diesem Gesetz,
2. durch Förderhilfen aufgrund anderer öffentlicher Förderprogramme sowie
3. durch sonstige Mittel, die von einer juristischen Person des öffentlichen Rechts oder einer juristischen Person des privaten Rechts, an der eine oder mehrere juristische Personen des öffentlichen Rechts direkt oder indirekt beteiligt sind, gewährt werden. [2]Dies gilt nicht, wenn diese Mittel marktübliches Entgelt für eine vom Hersteller erbrachte Leistung sind oder als Fremdmittel im Sinne des Absatzes 2 gewährt werden.

§ 64 Ausnahmen beim Eigenanteil

(1) Der Vorstand kann auf Antrag des Herstellers im Sinne des § 41 Absatz 1 Nummer 1 für dessen zwei erste programmfüllende Filme Ausnahmen von § 63 Absatz 1 Satz 1 zulassen.

(2) Der Vorstand kann auf Antrag des Herstellers im Sinne des § 41 Absatz 1 Nummer 1 Ausnahmen von § 63 Absatz 1 Satz 1 zulassen, wenn die Höhe der Herstellungskosten das Zweifache des Durchschnitts der Herstellungskosten aller im Vorjahr nach § 59 geförderten Filmvorhaben übersteigt.

§ 65 Bürgschaften

(1) Auf Antrag des Herstellers im Sinne des § 41 Absatz 1 Nummer 1 kann der Vorstand Bürgschaften zur Besicherung der vertraglich vereinbarten Rückzahlungsverpflichtung des Herstellers wegen Nichtfertigstellung des Films gegenüber einem Fernsehveranstalter übernehmen.

(2) Die Bürgschaftsübernahme setzt voraus, dass eine Beteiligungsvereinbarung zwischen dem Hersteller und dem Fernsehveranstalter nachgewiesen wird.

(3) Eine Bürgschaft darf nicht übernommen werden, wenn Anhaltspunkte dafür vorliegen, dass ein überdurchschnittlich hohes Risiko für die Inanspruchnahme der Filmförderungsanstalt aus der Bürgschaft gegeben wäre.

(4) Die Rückstellungen für die Bürgschaften sind im Wirtschaftsplan der Filmförderungsanstalt einzuplanen.

(5) Die Einzelheiten der Rückerstattungspflicht des Herstellers an die Filmförderungsanstalt regelt der Verwaltungsrat durch Richtlinie.

§ 66 Antrag

(1) [1]Projektfilmförderung wird auf Antrag gewährt. [2]Antragsberechtigt ist der Hersteller im Sinne des § 41 Absatz 1 Nummer 1.

(2) Nicht antragsberechtigt ist ein Hersteller im Sinne des Absatzes 1,

1. wenn es sich bei ihm um eine Kapitalgesellschaft oder eine Personenhandelsgesellschaft, deren einzige persönlich haftende Gesellschafterin eine Kapitalgesellschaft ist, handelt und das eingezahlte Stammkapital weniger als 25 000 Euro beträgt oder
2. solange er bei einem anderen nach diesem Gesetz geförderten Filmvorhaben nicht die Auflage nach § 67 Absatz 10 erfüllt hat.

§ 67 Bewilligung

(1) [1]Der Bescheid über die Bewilligung der Förderhilfen nach § 59 ist mit Auflagen zu verbinden, um sicherzustellen, dass die in den folgenden Absätzen genannten Voraussetzungen erfüllt werden. [2]Die antragstellende Person kann die Erfüllung dieser Voraussetzungen bis zur Auszahlung der Förderhilfe nachholen.

(2) [1]Die von einzelstaatlichen, mit öffentlichen Mitteln finanzierten Einrichtungen gewährten Förderhilfen für die Herstellung des Films dürfen insgesamt 50 Prozent der Herstellungskosten des Films nicht übersteigen. [2]Bei Gemeinschaftsproduktionen dürfen sie 60 Prozent des Finanzierungsanteils des deutschen Herstellers (Förderintensität) nicht übersteigen. [3]Auf Antrag des Herstellers kann der Vorstand bei Vereinbarkeit mit Regelungen der Europäischen Union abweichend von den Sätzen 1 und 2 bei schwierigen Filmen eine höhere Förderintensität zulassen.

(3) Der Film muss zu der Filmmiete vermietet werden, die bei Inkrafttreten dieses Gesetzes für deutsche Filme üblich ist.

(4) Die Vermietung des Films an ein Kino darf nicht abhängig gemacht werden von der Miete eines oder mehrerer ausländischer Filme oder Reprisen, die nicht aus einem Mitgliedstaat der Europäischen Union, aus einem anderen Vertragsstaat des Abkommens über den Europäischen Wirtschaftsraum oder aus der Schweiz stammen.

(5) Bei der Aufbringung der Herstellungskosten des Films muss das Risiko des erheblich mitfinanzierenden Verleihers angemessen vermindert werden.

(6) Der Hersteller muss bei der Durchführung des Filmvorhabens in angemessenem Umfang technische und kaufmännische Nachwuchskräfte beschäftigen.

(7) [1]Der Hersteller des Films muss nachweisen, dass in dem Auswertungsvertrag mit einem öffentlich-rechtlichen Fernsehveranstalter oder einem privaten Fernsehveranstalter ein Rückfall der Fernsehnutzungsrechte an ihn spätestens nach fünf Jahren vereinbart ist. [2]Im Einzelfall kann im Auswertungsvertrag für den Rückfall der Fernsehnutzungsrechte eine Frist von bis zu sieben Jahren vereinbart werden, insbesondere, wenn der Hersteller für den Film eine überdurchschnittlich hohe Finanzierungsbeteiligung des öffentlich-rechtlichen Fernsehveranstalters oder des privaten Fernsehveranstalters erhalten hat.

(8) [1]Der Hersteller muss für den Film nachweisen, dass die Fernsehnutzungsrechte für das deutschsprachige Lizenzgebiet, sofern sie einem Verleih oder Vertrieb eingeräumt wurden, spätestens nach fünf Jahren an den Hersteller zurückfallen. [2]Der Verwaltungsrat kann durch Richtlinie abweichende Bestimmungen von Satz 1 zulassen.

(9) Der Hersteller muss für den Film nachweisen, dass in dem Auswertungsvertrag mit einem Fernsehveranstalter nicht zu Ungunsten des Herstellers von den Bedingungen der Zusammenarbeit, die zwischen Herstellern und Fernsehveranstaltern vereinbart worden sind, abgewichen wird; dies gilt insbesondere für eine angemessene Aufteilung der Rechte.

(10) [1]Der Hersteller des Films muss entweder versichern, dass keine Auslandsrechteerteilung an dem Film stattfindet, oder nachweisen, dass er bei einer solchen Auslandsrechteerteilung einen Beitrag an die zentrale Dienstleistungsorganisation der deutschen Filmwirtschaft für die Außenvertretung des deutschen Films leistet. [2]Der Beitrag beträgt 1,5 Prozent der Nettoerlöse des Films, maximal jedoch 50 000 Euro pro Film.

(11) Der Hersteller des Films muss die Filmförderungsanstalt darüber informieren, ob auf das für die Produktionsdauer des Films beschäftigte Personal ein Branchentarifvertrag anwendbar ist oder auf anderem Weg die Einhaltung entsprechender sozialer Standards vereinbart wurde.

FFG

§ 68 Förderzusage, Form

(1) Der Vorstand kann auf Antrag aufgrund des Drehbuchs, der Stab- und Besetzungsliste sowie des Kosten- und Finanzierungsplans die Gewährung von Förderhilfen nach § 59 auch für solche Filmvorhaben zusagen, deren Finanzierung noch nicht gesichert ist (Förderzusage).

(2) [1]Die Förderzusage erlischt, wenn der Nachweis, dass die Finanzierung gesichert ist, nicht innerhalb von neun Monaten nach Erteilung der Förderzusage erbracht worden ist, oder die Voraussetzungen, unter denen die Förderzusage erteilt worden ist, nicht oder nicht mehr gegeben sind. [2]Der Vorstand kann auf Antrag des Herstellers im Sinne des § 41 Absatz 1 Nummer 1 die Frist zur Erbringung des Finanzierungsnachweises um jeweils sechs Monate verlängern.

(3) [1]Der Vorstand kann auf Antrag des Herstellers für ein Filmvorhaben, für das Projektfilmförderung beantragt wird, bereits zum Zeitpunkt der Entscheidung über die Projektfilmförderung eine Zusage über die Förderung des Absatzes nach § 115 bis zu 150 000 Euro geben, wenn für das Filmvorhaben zum Zeitpunkt der Antragstellung eine angemessene Beteiligung des Verleihers nachgewiesen wird. [2]Hierbei sind Kinderfilmprojekte, die auf Originalstoffen beruhen, vorrangig zu berücksichtigen.

(4) Die Förderzusage bedarf der Schriftform.

§ 69 Auszahlung

(1) [1]Die Auszahlung der Förderhilfen erfolgt in bis zu vier Raten. [2]Die Auszahlung der Schlussrate erfolgt nach Vorlage des Verwendungsnachweises und Prüfung der Schlusskosten. [3]Der Förderempfänger hat der Filmförderungsanstalt die Auslagen für die Schlusskostenprüfung zu erstatten.

(2) [1]Die Filmförderungsanstalt hat die Auszahlung der Förderhilfe zu versagen, wenn der Hersteller zum jeweiligen Auszahlungszeitpunkt nicht das Vorliegen sämtlicher Antrags- und Fördervoraussetzungen sowie die Erfüllung der Auflagen nach § 67 nachweist. [2]Die Auszahlung ist insbesondere zu versagen, wenn die ordnungsgemäße Finanzierung des Filmvorhabens nicht gewährleistet ist.

§ 70 Schlussprüfung

(1) Die Filmförderungsanstalt prüft, ob die gewährten Förderhilfen zweckentsprechend verwendet wurden, insbesondere, ob

1. der Film seinem Inhalt nach dem vorgelegten Drehbuch im Wesentlichen entspricht,
2. der Stab und die Besetzung des Films mit der vorgelegten Liste im Wesentlichen übereinstimmen,
3. der Film den Regelungen zur Nichtförderbarkeit von Filmen nach § 46 widerspricht,
4. der Film den jeweils geltenden Anforderungen der §§ 41 bis 48 entspricht.

(2) [1]Der Hersteller eines Films, der nach diesem Gesetz gefördert worden ist, ist verpflichtet, innerhalb von zwei Jahren nach Auszahlung des Darlehens oder eines Teilbetrags davon der Filmförderungsanstalt elf Kopien des Films auf digitalen Bildträgern zur Prüfung vorzulegen. [2]Die Filmförderungsanstalt kann die Frist um höchstens ein Jahr verlängern, wenn der Hersteller nachweist, dass er die Frist aus von ihm nicht zu vertretenden Gründen nicht einhalten kann. [3]Die Filmförderungsanstalt kann ganz oder teilweise auf die Vorlage der Kopien verzichten und bestimmen, dass der Film auf anderem Wege zugänglich gemacht wird.

§ 71 Tilgung des Darlehens

(1) [1]Das Darlehen ist zu tilgen, sobald und soweit die Erlöse des Herstellers aus der Verwertung des Films mehr als 5 Prozent der im Kostenplan angegebenen und von der Filmförderungsanstalt anerkannten Kosten betragen. [2]Der Vorstand kann bei einem Eigenanteil des Herstellers, der 5 Prozent übersteigt, günstigere Tilgungsbedingungen festlegen.

(2) [1]Für die Tilgung der Darlehen sind 50 Prozent der dem Hersteller nach Abzug der erlösabhängigen urheberrechtlichen Vergütungen aus der Verwertung des Films zufließenden Erlöse zu verwenden. [2]Durch Vereinbarung zwischen der Filmförderungsanstalt, der für Kultur und Medien zuständigen obersten Bundesbehörde und den Filmfördereinrichtungen der Länder kann etwas anderes geregelt werden.

(3) [1]Wurde der Film von mehreren Fördereinrichtungen gefördert, erfolgt die Tilgung entsprechend den jeweiligen Förderanteilen. [2]In diesem Fall kann die Filmförderungsanstalt die Anerkennung von Kosten an die Bedingungen der beteiligten Fördereinrichtungen anpassen.

(4) Zehn Jahre nach der Erstaufführung des Films erlischt die Verpflichtung zur Tilgung des Darlehens.

§ 72 Sonstige Rückzahlungspflicht

(1) Der Hersteller hat das Darlehen ferner zurückzuzahlen, wenn

1. der Film nicht den Anforderungen des § 70 Absatz 1 entspricht,
2. er seiner Verpflichtung nach § 70 Absatz 2 nicht nachgekommen ist,
3. er den Nachweis der zweckentsprechenden Verwendung der Förderhilfe nicht erbracht hat,
4. die Bewilligung oder Auszahlung aufgrund unrichtiger Angaben über wesentliche Voraussetzungen erfolgt ist,
5. die Auflagen nach § 67 Absatz 1 in Verbindung mit Absatz 2 bis 10 nicht erfüllt wurden oder
6. Auszahlungshindernisse nach § 69 Absatz 2 nachträglich eingetreten oder bekannt geworden sind.

(2) Wurde die nach § 67 Absatz 2 zulässige Förderintensität überschritten und der Film sowohl von der Filmförderungsanstalt als auch von anderen mit öffentlichen Mitteln finanzierten Fördereinrichtungen gefördert, erfolgt die Rückzahlung entsprechend dem Verhältnis der einzelnen Förderbeträge.

Kapitel 9: Kinoförderung

Abschnitt 1: Kinoprojektförderung

FFG

§ 134 Förderhilfen

Die Filmförderungsanstalt kann Förderhilfen gewähren

1. zur Modernisierung und Verbesserung von Kinos sowie zur Neuerrichtung, wenn sie der Strukturverbesserung dient;
2. zur Verwirklichung beispielhafter und Erprobung neuartiger Maßnahmen im Bereich der Kinos;
3. für Maßnahmen der vertraglich vereinbarten Zusammenarbeit von Kinos;
4. für außergewöhnliche oder beispielhafte Werbeoder Marketingmaßnahmen sowie für sonstige Maßnahmen, wenn sie im Rahmen einer Gesamtwürdigung geeignet erscheinen, die Wettbewerbsfähigkeit der Kinos insgesamt zu stärken und ihre flächendeckende Erhaltung zu sichern;
5. zur Beratung von Kinos;
6. zur Aufführung von Kurzfilmen als Vorfilm im Kino und von originären Kurzfilmprogrammen für Kinos;
7. für die medienpädagogische Begleitung von Kindern und Jugendlichen bei zur Aufführung für das Kino bestimmten Filmprogrammen im Kino.

§ 135 Art und Höhe

(1) [1]Die Filmförderungsanstalt kann für Maßnahmen nach § 134 Nummer 1 und 2 Förderhilfen zu mindestens 70 Prozent als unbedingt rückzahlbares zinsloses Darlehen mit einer Laufzeit von bis zu zehn Jahren und zu höchstens 30 Prozent als Zuschuss gewähren. [2]Förderhilfen für Maßnahmen zur Modernisierung und Verbesserung von Kinos nach § 134 Nummer 1, die der Herstellung von Barrierefreiheit im Sinne des § 4 des Behindertengleichstellungsgesetzes dienen, werden abweichend von Satz 1 insgesamt als Zuschuss gewährt.

(2) [1]Die Förderhilfen nach Absatz 1 können bis zu 200 000 Euro und, sofern eine Gesamtwürdigung des Vorhabens und die Höhe der voraussichtlichen Kosten dies rechtfertigen, bis zu 350 000 Euro betragen. [2]Förderhilfen nach Absatz 1 Satz 2 können über die in Satz 1 genannten Beträge hinausgehen.

(3) [1]Förderhilfen für Maßnahmen nach § 134 Nummer 3 bis 7 werden als Zuschuss gewährt. [2]Die Zuschüsse für Maßnahmen nach § 134 Nummer 3 und 4 dürfen höchstens 200 000 Euro, nach § 134 Nummer 5 und 7 höchstens 5 000 Euro und nach § 134 Nummer 6 höchstens 2 000 Euro betragen.

§ 136 Erlass von Restschulden

(1) [1]Statt einer Förderhilfe nach § 134 Nummer 1 kann die Filmförderungsanstalt einem Kino für Maßnahmen zur Modernisierung und Verbesserung sowie zur Neuerrichtung auf Antrag einmalig bis zu 50 Prozent einer zum 1. Januar 2017 bei der Filmförderungsanstalt bestehenden Restschuld aus einem laufenden Darlehen für eine frühere Förderung erlassen, wenn der Kinobetreiber

1. bis zur Antragstellung das laufende Darlehen bisher regelmäßig getilgt hat,
2. bei Antragstellung bereits 50 Prozent der laufenden Darlehensforderung bei der Filmförderungsanstalt getilgt hat,
3. mit der Zahlung seiner Abgabe nach § 151 nicht im Rückstand ist und
4. spätestens zwölf Monate nach Zustellung des Vorbescheids nach Absatz 2 die geförderte Maßnahme nach § 134 Nummer 1 durchführt.

[2]Die Höhe des Forderungserlasses nach Satz 1 darf die anerkennungsfähigen Kosten der Maßnahme nach § 134 Nummer 1 nicht übersteigen.

(2) [1]Die Filmförderungsanstalt entscheidet durch Vorbescheid über den Forderungserlass nach Absatz 1 dem Grunde nach und kann dabei festlegen, dass der Kinobetreiber bis zum Nachweis der Maßnahme nach Absatz 1 Satz 1 Nummer 4 das laufende Darlehen mit reduzierter Rate tilgt. [2]Der Vorbescheid nach Satz 1 wird unwirksam, wenn das Kino die Durchführung der Maßnahmen nach Absatz 1 Satz 1 Nummer 4 nicht spätestens zwölf Monate nach Zustellung des Vorbescheids nachweist.

§ 137 Auswahl von Projekten

[1]Können nicht alle geeigneten Vorhaben angemessen gefördert werden, so wählt die Kommission für Kinoförderung die ihr am besten erscheinenden Vorhaben aus. [2]Der Verwaltungsrat legt durch Richtlinie fest, welche Kriterien bei der Auswahl der Vorhaben zu berücksichtigen sind.

Abschnitt 2: Kinoreferenzförderung

§ 138 Förderhilfen

[1]Die Filmförderungsanstalt gewährt Förderhilfen an Kinos, die mindestens 5 000 Referenzpunkte erreichen. [2]Die Referenzpunkte für die Förderung nach Satz 1 setzen sich folgendermaßen zusammen:

1. Einen Referenzpunkt pro Besucherin oder Besucher erhalten Kinos, die mit dem Kinoprogrammpreis der für Kultur und Medien zuständigen obersten Bundesbehörde ausgezeichnet wurden oder bei denen das entgeltliche Abspiel von Filmen nach § 41 oder den §§ 42, 44 und sonstigen Filmen aus Mitgliedstaaten der Europäischen Union oder aus einem anderen Vertragsstaat des Abkommens über den Europäischen Wirtschaftsraum oder aus der Schweiz den 1,5-fachen Wert des Zuschauermarktanteils für den deutschen Film und für Filme aus Mitgliedstaaten der Europäischen Union oder aus einem anderen Vertragsstaat des Abkommens über den Europäischen Wirtschaftsraum oder aus der Schweiz erreicht hat.
2. Zwei Referenzpunkte pro Besucherin oder Besucher erhalten Kinos, in denen das entgeltliche Abspiel von Filmen nach § 41 oder den §§ 42, 44 den 1,75-fachen Wert des Zuschauermarktanteils des deutschen Films im vergangenen Kalenderjahr erreicht hat.

§ 139 Art und Höhe, Verteilung der Referenzpunkte

(1) Die Förderhilfen werden als Zuschuss gewährt.

(2) Die für die Referenzkinoförderung zur Verfügung stehenden Mittel werden nach dem Verhältnis verteilt, in dem die Referenzpunkte der einzelnen Kinos zueinander stehen.

Abschnitt 3: Verfahren

§ 140 Antrag

(1) [1]Kinoförderung nach den §§ 134 und 138 wird auf Antrag gewährt. [2]Antragsberechtigt ist, wer in der Bundesrepublik Deutschland ein Kino betreibt.

(2) [1]Im Fall des § 134 Nummer 3 sind die beteiligten Kinobetreiber gemeinsam sowie branchennahe Einrichtungen mit Sitz oder Niederlassung im Inland antragsberechtigt. [2]Antragsberechtigt für Maßnahmen nach § 134 Nummer 4 sind außerdem die zentrale Dienstleistungsorganisation der deutschen Filmwirtschaft zur Bewerbung des Films und der deutschen Kinos im Inland sowie andere branchennahe Einrichtungen mit Sitz oder Niederlassung im Inland zum Zeitpunkt der Auszahlung. [3]Antragsberechtigt für Maßnahmen nach § 134 Nummer 7 sind außerdem branchennahe Einrichtungen mit Sitz oder Niederlassung im Inland zum Zeitpunkt der Auszahlung.

(3) Nicht antragsberechtigt sind Kinobetreiber, wenn sie die gesetzliche Verpflichtung zur Zahlung einer Abgabe nach § 151 nicht erfüllt haben.

(4) [1]Der Antrag auf Kinoreferenzförderung nach § 138 ist spätestens bis zum 15. März des Kalenderjahres zu stellen, das auf das Kalenderjahr folgt, auf welches sich der Förderantrag bezieht. [2]Die Frist nach Satz 1 ist eine Ausschlussfrist.

FFG

§ 141 Zuerkennung der Kinoreferenzförderung

(1) [1]Die Förderhilfen werden in den ersten drei Monaten nach dem Schluss eines Kalenderjahres den antragstellenden Personen durch Bescheid zuerkannt, die im abgelaufenen Kalenderjahr die Voraussetzungen für die Zuerkennung nachgewiesen haben. [2]Dem Grunde nach kann die Zuerkennung schon vorher erfolgen.

(2) Steht dem Grunde nach fest, dass ein Kino eine hinreichende Referenzpunktzahl erreicht hat, kann der Vorstand nach Maßgabe der Haushaltslage der Filmförderungsanstalt bis zu 70 Prozent des Referenzwertes des Vorjahres vorab zuerkennen.

§ 142 Auszahlung

(1) Die Auszahlung der Förderhilfen im Rahmen der Kinoprojektförderung erfolgt in bis zu vier Raten an die antragstellende Person.

(2) Die Auszahlung der Förderhilfen im Rahmen der Kinoreferenzförderung erfolgt bedarfsgerecht in bis zu zwei Raten, sobald nachgewiesen ist, dass diese eine den Bestimmungen dieses Gesetzes entsprechende Verwendung finden.

(3) [1]Die Filmförderungsanstalt hat die Auszahlung der Förderhilfen nach den §§ 134 und 138 zu versagen, wenn die antragstellende Person zum jeweils maßgeblichen Auszahlungszeitpunkt nicht das Vorliegen sämtlicher Antrags- und Fördervoraussetzungen nachweist. [2]Die Auszahlung ist insbesondere zu versagen, wenn die ordnungsgemäße Finanzierung der Maßnahme nicht gesichert ist.

§ 143 Verwendung der Kinoreferenzförderung

[1]Förderhilfen nach § 138 sollen vorrangig für neue Maßnahmen im Sinne des § 134 verwendet werden. [2]Sie können auch für Werbemaßnahmen für deutsche Filme und Filme aus Mitgliedstaaten der Europäischen Union oder aus einem anderen Vertragsstaat des Abkommens über den Europäischen Wirtschaftsraum oder aus der Schweiz gewährt werden. [3]Die Förderhilfen können jeweils für Maßnahmen verwendet werden, die nach Antragstellung begonnen wurden, auch wenn die betreffende Maßnahme zum Zeitpunkt der Zuerkennung bereits abgeschlossen ist.

§ 144 Schlussprüfung, Rückzahlung

(1) Die Filmförderungsanstalt prüft, ob die gemäß den §§ 134 und 138 gewährten Förderhilfen zweckentsprechend verwendet worden sind.

(2) Die Förderhilfen sind zurückzuzahlen, wenn

1. die antragstellende Person den Nachweis der zweckentsprechenden Verwendung der Förderhilfe nicht erbracht hat,
2. die Zuerkennung oder Auszahlung der Förderhilfe aufgrund unrichtiger Angaben über wesentliche Voraussetzungen erfolgt ist oder
3. Auszahlungshindernisse nach § 142 Absatz 3 nachträglich eingetreten oder bekannt geworden sind.

Kapitel 11: Finanzierung, Verwendung der Mittel

Abschnitt 1: Finanzierung

Unterabschnitt 1: Allgemeine Vorschriften

§ 146 Filmabgabe

(1) Die Filmförderungsanstalt finanziert sich im Wesentlichen durch die Erhebung einer nach Untergruppen von Abgabeschuldnern differenziert ausgestalteten Filmabgabe.

(2) [1]Die Filmförderungsanstalt kann darüber hinaus Zuwendungen von dritter Seite entgegennehmen, sofern der Zuwendungszweck mit der Erfüllung der Aufgaben nach § 3 Absatz 2 in Einklang steht. [2]Die Zuwendungen sind den Einnahmen der Filmförderungsanstalt zuzuführen und nach Maßgabe des § 159 zu verwenden, es sei denn, dass der Zuwendungsgeber etwas anderes bestimmt.

§ 147 Verhältnis der Abgabevorschriften zueinander

Erfüllt ein Abgabeschuldner mehrere Abgabetatbestände, so bestehen die Abgabepflichten nebeneinander.

§ 148 Erhebung der Filmabgabe

[1]Die Filmabgabe wird durch Bescheid erhoben. [2]Widerspruch und Anfechtungsklage gegen den Bescheid über die Erhebung der Filmabgabe haben keine aufschiebende Wirkung.

§ 149 Fälligkeit

(1) Die Filmabgabe der Kinos, der Videoprogrammanbieter und der Anbieter von Videoabrufdiensten nach den §§ 151 bis 153 ist monatlich jeweils bis zum Zehnten des folgenden Monats an die Filmförderungsanstalt zu zahlen.

(2) Die Filmabgabe der Fernsehveranstalter und Programmvermarkter nach den §§ 154 bis 156 ist halbjährlich jeweils zum 1. Januar und zum 1. Juli eines Jahres an die Filmförderungsanstalt zu zahlen.

§ 150 Begriffsbestimmung Kinofilm

Ein Kinofilm im Sinne der §§ 152 bis 156 ist ein Film, der in Deutschland oder in seinem Ursprungsland gegen Entgelt im Kino aufgeführt wurde.

Unterabschnitt 2: Filmabgabe der Kinos und der Videowirtschaft

§ 151 Filmabgabe der Kinos

(1) Wer entgeltliche Vorführungen von Filmen mit einer Laufzeit von mehr als 58 Minuten veranstaltet, hat für jede Spielstelle vom Nettoumsatz aus dem Verkauf von Eintrittskarten eine Filmabgabe zu entrichten, wenn dieser durch den Veranstalter erzielte Umsatz je Spielstelle im Jahr 100 000 Euro übersteigt.

(2) Die Filmabgabe beträgt

1. bei einem Jahresumsatz von bis zu 200 000 Euro 1,8 Prozent,
2. bei einem Jahresumsatz von bis zu 300 000 Euro 2,4 Prozent und
3. bei einem Jahresumsatz von über 300 000 Euro 3 Prozent.

(3) [1]Für die Bestimmung der Umsatzgrenzen ist der Umsatz des Vorjahres zugrunde zu legen. [2]Ist der Umsatz nur während eines Teils des Vorjahres erzielt worden, wird der Jahresumsatz errechnet, indem der durchschnittliche monatliche Umsatz des Vorjahres mit der Zahl zwölf multipliziert wird. [3]Liegen keine Vorjahresumsätze vor, können die Umsatzgrenzen nach Satz 2 anhand der Monatsumsätze im Abgabejahr errechnet werden.

(4) [1]Für die Berechnung der Filmmieten ist die Berechnungsgrundlage um die Filmabgabe zu vermindern. [2]Hierbei können die Vertragsparteien vereinbaren, dass bei der Berechnung der Filmabgabe an Stelle der konkreten Abgabesätze der einzelnen Leinwände der durchschnittliche Abgabesatz der Betriebsstätte zugrunde gelegt wird. [3]Falls der Veranstalter Mieter oder Pächter eines Kinos ist und die Höhe seines Umsatzes Grundlage für die Berechnung der Miete oder Pacht ist, gilt Satz 1 auch für die Berechnung der Miete oder Pacht. [4]Der Veranstalter hat gegenüber seinem Vertragspartner die Höhe der Filmabgabe nachzuweisen.

FFG

§ 152 Filmabgabe der Videoprogrammanbieter

(1) [1]Wer als Inhaber der Lizenzrechte Bildträger, die mit Filmen mit einer Laufzeit von mehr als 58 Minuten bespielt sind, in der Bundesrepublik Deutschland zur Vermietung oder zum Weiterverkauf in den Verkehr bringt oder unmittelbar an Letztverbraucher verkauft (Videoprogrammanbieter), hat vom Nettoumsatz mit abgabepflichtigen Bildträgern eine Filmabgabe zu entrichten. [2]Dies gilt nur für Videoprogrammanbieter, deren Nettoumsatz mit abgabepflichtigen Bildträgern 500 000 Euro im Jahr übersteigt und bei denen ein Anteil von mindestens 2 Prozent dieses Nettoumsatzes auf Kinofilme entfällt.

(2) Die Filmabgabe beträgt

1. bei einem Jahresumsatz von bis zu 20 Millionen Euro 1,8 Prozent und
2. bei einem Jahresumsatz von über 20 Millionen Euro 2,5 Prozent.

(3) [1]Für die Bestimmung der Umsatzgrenzen ist der Umsatz des Vorjahres zugrunde zu legen. [2]Ist der Umsatz nur während eines Teils des Vorjahres erzielt worden, wird der Jahresumsatz errechnet, indem der durchschnittliche monatliche Umsatz des Vorjahres mit der Zahl zwölf

multipliziert wird. [3]Liegen keine Vorjahresumsätze vor, können die Umsatzgrenzen anhand der Monatsumsätze im Abgabejahr errechnet werden.

§ 153 Filmabgabe der Anbieter von Videoabrufdiensten

(1) Inhaber von Lizenzrechten mit Sitz oder Niederlassung im Inland, die zu gewerblichen Zwecken hergestellte Kinofilme mittels entgeltlicher oder werbefinanzierter Videoabrufdienste verwerten, haben vom in Deutschland erzielten Nettoumsatz mit der Verwertung von Kinofilmen eine Filmabgabe zu entrichten, wenn dieser 500 000 Euro im Jahr übersteigt.

(2) [1]Für Inhaber von Lizenzrechten ohne Sitz oder Niederlassung im Inland gilt Absatz 1 entsprechend für Angebote von deutschsprachigen Videoabrufdiensten in Bezug auf in Deutschland erzielte Umsätze. [2]Die Abgabepflicht nach Satz 1 besteht nicht, wenn die entsprechenden Umsätze am Ort des Unternehmenssitzes zu einem vergleichbaren finanziellen Beitrag zur Förderung von Kinofilmen durch eine Filmfördereinrichtung herangezogen werden.

(3) Die Filmabgabe beträgt

1. bei einem Jahresumsatz von bis zu 20 Millionen Euro 1,8 Prozent und
2. bei einem Jahresumsatz von über 20 Millionen Euro 2,5 Prozent.

(4) [1]Für die Bestimmung der Umsatzgrenzen ist der Umsatz des Vorjahres zugrunde zu legen. [2]Ist der Umsatz nur während eines Teils des Vorjahres erzielt worden, wird der Jahresumsatz errechnet, indem der durchschnittliche monatliche Umsatz des Vorjahres mit der Zahl zwölf multipliziert wird. [3]Liegen keine Vorjahresumsätze vor, können die Umsatzgrenzen anhand der Monatsumsätze im Abgabejahr errechnet werden.

XXXVIII. Außenwirtschaftsgesetz (AWG)

v. 6. 6. 2013 (BGBl I S. 1482) mit späteren Änderungen

Das Außenwirtschaftsgesetz (AWG) ist als Art. 1 Gesetz zur Modernisierung des Außenwirtschaftsrechts v. 6. 6. 2013 (BGBl I S. 1482) verkündet worden und überwiegend am 1. 9. 2013 in Kraft getreten. Hiervon ausgenommen traten die §§ 4, 5 und 11 am 14. 6. 2013 in Kraft. Gem. Art. 27 Abs. 4 Gesetz zur Neuregelung des gesetzlichen Messwesens v. 25. 7. 2013 (BGBl I S. 2722) traten abweichend zudem der § 3 Absatz 3, der § 9 Satz 1, die §§ 12, 19 Absatz 4 Satz 2, der § 27 Absatz 4 und der § 28 Absatz 2 am 1. 8. 2013 in Kraft. Es ist zuletzt geändert worden durch Art. 4 Gesetz zur Umsetzung der Richtlinie (EU) 2016/97 des Europäischen Parlaments und des Rates vom 20. Januar 2016 über Versicherungsvertrieb*) und zur Änderung weiterer Gesetze v. 20.7.2017 (BGBl I S. 2789).

Nichtamtliche Fassung

Inhaltsübersicht[1)]

AWG

Teil 1: Rechtsgeschäfte und Handlungen

§ 1 Grundsatz

[1]Der Güter-, Dienstleistungs-, Kapital-, Zahlungs- und sonstige Wirtschaftsverkehr mit dem Ausland sowie der Verkehr mit Auslandswerten und Gold zwischen Inländern (Außenwirtschaftsverkehr) ist grundsätzlich frei. [2]Er unterliegt den Einschränkungen, die dieses Gesetz enthält oder die durch Rechtsverordnung auf Grund dieses Gesetzes vorgeschrieben werden.

(2) Unberührt bleiben

1. Vorschriften in anderen Gesetzen und Rechtsverordnungen,
2. zwischenstaatliche Vereinbarungen, denen die gesetzgebenden Körperschaften in der Form eines Bundesgesetzes zugestimmt haben, und
3. Rechtsvorschriften der Organe zwischenstaatlicher Einrichtungen, denen die Bundesrepublik Deutschland Hoheitsrechte übertragen hat.

---

*) **Amtl. Anm.:** (ABl L 26 vom 2.2.2016, S. 19)

1) **Anm. d. Red.:** Inhaltsübersicht i. d. F. des Gesetzes v. 13.4.2017 (BGBl I S. 872) mit Wirkung v. 1.7.2017.

§ 2 Begriffsbestimmungen

(1) Für dieses Gesetz und die auf Grund dieses Gesetzes erlassenen Rechtsverordnungen gelten die Begriffsbestimmungen der Absätze 2 bis 25, soweit in diesem Gesetz oder einer solchen Rechtsverordnung nichts anderes bestimmt ist.

(2) [1]Ausführer ist jede natürliche oder juristische Person oder Personengesellschaft, die zum Zeitpunkt der Ausfuhr Vertragspartner des Empfängers in einem Drittland ist und

1. über die Lieferung von Waren aus dem Inland in ein Drittland bestimmt oder
2. im Fall von Software oder Technologie über deren Übertragung aus dem Inland in ein Drittland einschließlich ihrer Bereitstellung auf elektronischem Weg in einem Drittland bestimmt.

[2]Stehen nach dem Ausfuhrvertrag die Verfügungsrechte über die Güter einem Ausländer zu, so gilt als Ausführer die inländische Vertragspartei. [3]Wurde kein Ausfuhrvertrag geschlossen oder handelt der Vertragspartner nicht für sich selbst, so gilt als Ausführer, wer über die Ausfuhr tatsächlich bestimmt.

(3) Ausfuhr ist

1. die Lieferung von Waren aus dem Inland in ein Drittland und
2. die Übertragung von Software und Technologie aus dem Inland in ein Drittland einschließlich ihrer Bereitstellung auf elektronischem Weg für natürliche und juristische Personen in Drittländern.

(4) Ausfuhrsendung umfasst die Waren, die ein Ausführer gleichzeitig über dieselbe Ausgangszollstelle nach demselben Bestimmungsland ausführt.

(5) Ausländer sind alle Personen und Personengesellschaften, die keine Inländer sind.

(6) Auslandswerte sind

1. unbewegliche Vermögenswerte im Ausland,
2. Forderungen in Euro gegen Ausländer und
3. auf andere Währungen als Euro lautende Zahlungsmittel, Forderungen und Wertpapiere.

(7) Bestimmungsland ist das Land, in dem die Güter gebraucht oder verbraucht, bearbeitet oder verarbeitet werden sollen oder, wenn dieses Land nicht bekannt ist, das letzte bekannte Land, in das die Güter geliefert werden sollen.

(8) Drittländer sind die Gebiete außerhalb des Zollgebiets der Europäischen Union mit Ausnahme von Helgoland.

(9) Durchfuhr ist

1. die Beförderung von Waren aus dem Ausland durch das Inland, ohne dass die Waren im Inland in den zollrechtlich freien Verkehr gelangen, und
2. die Beförderung von Waren des zollrechtlich freien Verkehrs aus einem anderen Mitgliedstaat der Europäischen Union durch das Inland.

(10) [1]Einführer ist jede natürliche oder juristische Person oder Personengesellschaft, die

1. Waren aus Drittländern ins Inland liefert oder liefern lässt und über die Lieferung der Waren bestimmt oder
2. im Fall von Software oder Technologie über deren Übertragung aus Drittländern ins Inland einschließlich ihrer Bereitstellung auf elektronischem Weg im Inland bestimmt.

[2]Liegt der Einfuhr ein Vertrag mit einem Unionsfremden über den Erwerb von Gütern zum Zweck der Einfuhr zugrunde, so ist nur der inländische Vertragspartner Einführer.

(11) [1]Einfuhr ist

1. die Lieferung von Waren aus Drittländern in das Inland und
2. die Übertragung von Software oder Technologie einschließlich ihrer Bereitstellung auf elektronischem Weg für natürliche und juristische Personen im Inland.

[2]Werden Waren aus Drittländern in eine Freizone geliefert oder in ein Nichterhebungsverfahren übergeführt, so liegt eine Einfuhr erst vor, wenn die Waren

1. in der Freizone gebraucht, verbraucht, bearbeitet oder verarbeitet werden oder
2. in den zollrechtlich freien Verkehr überführt werden.

(12) [1]Einkaufsland ist das Land, in dem der Unionsfremde ansässig ist, von dem der Unionsansässige die Güter erwirbt. [2]Dieses Land gilt auch dann als Einkaufsland, wenn die Güter an einen anderen Unionsansässigen weiterveräußert werden. [3]Liegt kein Rechtsgeschäft über den Erwerb von Gütern zwischen einem Unionsansässigen und einem Unionsfremden vor, so gilt als Einkaufsland das Land, in dem die verfügungsberechtigte Person ansässig ist, die die Güter in das Zollgebiet der Europäischen Union einführt. [4]Ist die verfügungsberechtigte Person, die die Güter in das Zollgebiet der Europäischen Union einführt, im Zollgebiet der Europäischen Union ansässig, so gilt als Einkaufsland das Versendungsland.

(13) [1]Güter sind Waren, Software und Technologie. [2]Technologie umfasst auch Unterlagen zur Fertigung von Waren oder von Teilen dieser Waren.

(14) [1]Handels- und Vermittlungsgeschäft ist

1. das Vermitteln eines Vertrags über den Erwerb oder das Überlassen von Gütern,
2. der Nachweis einer Gelegenheit zum Abschluss eines solchen Vertrags oder
3. der Abschluss eines Vertrags über das Überlassen von Gütern.

[2]Kein Handels- und Vermittlungsgeschäft ist die ausschließliche Erbringung von Hilfsleistungen. [3]Als Hilfsleistungen gelten Beförderung, Finanzdienstleistungen, Versicherung oder Rückversicherung oder allgemeine Werbung oder Verkaufsförderung.

(15) Inländer sind

1. natürliche Personen mit Wohnsitz oder gewöhnlichem Aufenthalt im Inland,
2. juristische Personen und Personengesellschaften mit Sitz oder Ort der Leitung im Inland,
3. Zweigniederlassungen ausländischer juristischer Personen oder Personengesellschaften, wenn die Zweigniederlassungen ihre Leitung im Inland haben und es für sie eine gesonderte Buchführung gibt, und
4. Betriebsstätten ausländischer juristischer Personen oder Personengesellschaften im Inland, wenn die Betriebsstätten ihre Verwaltung im Inland haben.

(16) [1]Technische Unterstützung ist jede technische Hilfe in Verbindung mit der Reparatur, der Entwicklung, der Herstellung, der Montage, der Erprobung, der Wartung oder jeder anderen technischen Dienstleistung. [2]Technische Unterstützung kann in Form von Unterweisung, Ausbildung, Weitergabe von praktischen Kenntnissen oder Fähigkeiten oder in Form von Beratungsleistungen erfolgen. [3]Sie umfasst auch mündliche, fernmündliche und elektronische Formen der Unterstützung.

(17) [1]Transithandel ist jedes Geschäft, bei dem Inländer im Ausland befindliche Waren oder in das Inland gelieferte, jedoch einfuhrrechtlich noch nicht abgefertigte Waren von Ausländern erwerben und an Ausländer veräußern. [2]Dem Transithandel stehen Rechtsgeschäfte gleich, bei denen diese Waren mit dem Ziel der Veräußerung an Ausländer an andere Inländer veräußert werden.

(18) Unionsansässige sind

1. natürliche Personen mit Wohnsitz oder gewöhnlichem Aufenthalt in der Europäischen Union,
2. juristische Personen oder Personengesellschaften mit Sitz oder Ort der Leitung in der Europäischen Union,
3. Zweigniederlassungen juristischer Personen, deren Sitz oder Ort der Leitung in einem Drittland liegt, wenn die Zweigniederlassungen ihre Leitung in der Europäischen Union haben und es für sie eine gesonderte Buchführung gibt, und

4. Betriebsstätten juristischer Personen aus Drittländern, wenn die Betriebsstätten ihre Verwaltung in der Europäischen Union haben.

(19) Unionsfremde sind alle Personen und Personengesellschaften, die keine Unionsansässigen sind.

(20) [1]Verbringer ist jede natürliche oder juristische Person oder Personengesellschaft, die über die Verbringung von Gütern bestimmt und im Zeitpunkt der Verbringung

1. im Fall des Absatzes 21 Nummer 1 Vertragspartner des Empfängers im Zollgebiet der Europäischen Union ist oder
2. im Fall des Absatzes 21 Nummer 2 Vertragspartner des Empfängers im Inland ist.

[2]Stehen nach dem Verbringungsvertrag die Verfügungsrechte über die Güter einem Ausländer zu, so gilt als Verbringer die inländische Vertragspartei. [3]Wurde kein Verbringungsvertrag geschlossen oder handelt der Vertragspartner nicht für sich selbst, so ist ausschlaggebend, wer über die Verbringung tatsächlich bestimmt.

(21) Verbringung ist

1. die Lieferung von Waren oder die Übertragung von Software oder Technologie aus dem Inland in das übrige Zollgebiet der Europäischen Union einschließlich ihrer Bereitstellung auf elektronischem Weg für natürliche und juristische Personen in dem übrigen Zollgebiet der Europäischen Union und
2. die Lieferung von Waren oder die Übertragung von Software oder Technologie aus dem übrigen Zollgebiet der Europäischen Union in das Inland einschließlich ihrer Bereitstellung auf elektronischem Weg für natürliche und juristische Personen im Inland.

(22) [1]Waren sind bewegliche Sachen, die Gegenstand des Handelsverkehrs sein können, und Elektrizität. [2]Wertpapiere und Zahlungsmittel sind keine Waren.

(23) [1]Wert eines Gutes ist das dem Empfänger in Rechnung gestellte Entgelt oder, in Ermangelung eines Empfängers oder eines feststellbaren Entgelts, der statistische Wert im Sinne der Vorschriften über die Statistik des grenzüberschreitenden Warenverkehrs. [2]Stellt sich ein Rechtsgeschäft oder eine Handlung als Teil eines einheitlichen wirtschaftlichen Gesamtvorgangs dar, so ist bei der Anwendung der Wertgrenzen dieses Gesetzes oder einer Rechtsverordnung auf Grund dieses Gesetzes der Wert des Gesamtvorgangs zugrunde zu legen.

(24) [1]Wertpapiere sind

1. Wertpapiere im Sinne des § 1 Absatz 1 des Depotgesetzes,
2. Anteile an einem Wertpapiersammelbestand oder an einer Sammelschuldbuchforderung,
3. Rechte auf Lieferung oder Zuteilung von Wertpapieren im Sinne der Nummern 1 und 2.

[2]Inländische Wertpapiere sind Wertpapiere, die ein Inländer oder, vor dem 9. Mai 1945, eine Person mit Wohnsitz oder Sitz im Gebiet des Deutschen Reichs nach dem Stand vom 31. Dezember 1937 ausgestellt hat. [3]Ausländische Wertpapiere sind Wertpapiere, die ein Ausländer ausgestellt hat, soweit sie nicht inländische Wertpapiere sind.

(25) Zollgebiet der Europäischen Union ist das Zollgebiet der Europäischen Gemeinschaft nach Artikel 3 der Verordnung (EWG) Nr. 2913/92 des Rates vom 12. Oktober 1992 zur Festlegung des Zollkodex der Gemeinschaften (ABl L 302 vom 19. 10. 1992, S. 1) in der jeweils geltenden Fassung.

§ 3 Zweigniederlassungen und Betriebsstätten

(1) [1]Inländische Zweigniederlassungen und Betriebsstätten von Ausländern und ausländische Zweigniederlassungen und Betriebsstätten von Inländern gelten als rechtlich selbständig. [2]Mehrere inländische Zweigniederlassungen und Betriebsstätten desselben Ausländers gelten als eine inländische Zweigniederlassung oder Betriebsstätte.

(2) Handlungen, die von oder gegenüber Zweigniederlassungen oder Betriebsstätten im Sinne des Absatzes 1 vorgenommen werden, gelten als Rechtsgeschäfte, soweit solche Handlungen

im Verhältnis zwischen natürlichen oder juristischen Personen oder Personengesellschaften Rechtsgeschäfte wären.

(3) Durch Rechtsverordnung auf Grund dieses Gesetzes oder durch vollziehbare Anordnung gemäß § 6 kann vorgesehen werden, dass

1. mehrere ausländische Zweigniederlassungen und Betriebsstätten desselben Inländers abweichend von Absatz 1 Satz 1 als ein Ausländer gelten,
2. inländische Zweigniederlassungen und Betriebsstätten desselben Ausländers abweichend von Absatz 1 Satz 2 jeweils für sich als Inländer gelten,
3. Zweigniederlassungen und Betriebsstätten abweichend von § 2 Absatz 5 und 15 nicht als Ausländer oder Inländer gelten oder
4. Zweigniederlassungen und Betriebsstätten abweichend von § 2 Absatz 18 und 19 nicht als Unionsansässige oder Unionsfremde gelten.

§ 4 Beschränkungen und Handlungspflichten zum Schutz der öffentlichen Sicherheit und der auswärtigen Interessen

(1) Im Außenwirtschaftsverkehr können durch Rechtsverordnung Rechtsgeschäfte und Handlungen beschränkt oder Handlungspflichten angeordnet werden, um

1. die wesentlichen Sicherheitsinteressen der Bundesrepublik Deutschland zu gewährleisten,
2. eine Störung des friedlichen Zusammenlebens der Völker zu verhüten,
3. eine erhebliche Störung der auswärtigen Beziehungen der Bundesrepublik Deutschland zu verhüten,
4. die öffentliche Ordnung oder Sicherheit der Bundesrepublik Deutschland im Sinne der Artikel 36, 52 Absatz 1 und des Artikels 65 Absatz 1 des Vertrags über die Arbeitsweise der Europäischen Union zu gewährleisten oder
5. einer Gefährdung der Deckung des lebenswichtigen Bedarfs im Inland oder in Teilen des Inlands entgegenzuwirken und dadurch im Einklang mit Artikel 36 des Vertrags über die Arbeitsweise der Europäischen Union die Gesundheit und das Leben von Menschen zu schützen.

(2) Ferner können im Außenwirtschaftsverkehr durch Rechtsverordnung Rechtsgeschäfte und Handlungen beschränkt oder Handlungspflichten angeordnet werden, um

1. Beschlüsse des Rates der Europäischen Union über wirtschaftliche Sanktionsmaßnahmen im Bereich der Gemeinsamen Außen- und Sicherheitspolitik umzusetzen,
2. Verpflichtungen der Mitgliedstaaten der Europäischen Union durchzuführen, die in unmittelbar geltenden Rechtsakten der Europäischen Union zur Durchführung wirtschaftlicher Sanktionsmaßnahmen im Bereich der Gemeinsamen Außen- und Sicherheitspolitik vorgesehen sind,
3. Resolutionen des Sicherheitsrates der Vereinten Nationen umzusetzen oder
4. zwischenstaatliche Vereinbarungen umzusetzen, denen die gesetzgebenden Körperschaften in der Form eines Bundesgesetzes zugestimmt haben.

(3) Als Beschränkung nach den Absätzen 1 und 2 gilt die Anordnung von Genehmigungserfordernissen oder von Verboten.

(4) [1]Beschränkungen und Handlungspflichten sind nach Art und Umfang auf das Maß zu begrenzen, das notwendig ist, um den in der Ermächtigung angegebenen Zweck zu erreichen. [2]Sie sind so zu gestalten, dass in die Freiheit der wirtschaftlichen Betätigung so wenig wie möglich eingegriffen wird. [3]Beschränkungen und Handlungspflichten dürfen abgeschlossene Verträge nur berühren, wenn der in der Ermächtigung angegebene Zweck erheblich gefährdet wird. [4]Sie sind aufzuheben, sobald und soweit die Gründe, die ihre Anordnung rechtfertigten, nicht mehr vorliegen.

§ 5 Gegenstand von Beschränkungen

(1) Beschränkungen oder Handlungspflichten nach § 4 Absatz 1 können insbesondere angeordnet werden für Rechtsgeschäfte oder Handlungen in Bezug auf

1. Waffen, Munition und sonstige Rüstungsgüter sowie Güter für die Entwicklung, Herstellung oder den Einsatz von Waffen, Munition und Rüstungsgütern; dies gilt insbesondere dann, wenn die Beschränkung dazu dient, in internationaler Zusammenarbeit vereinbarte Ausfuhrkontrollen durchzuführen,
2. Güter, die zur Durchführung militärischer Aktionen bestimmt sind.

(2) [1]Beschränkungen oder Handlungspflichten nach § 4 Absatz 1 Nummer 4 können insbesondere angeordnet werden in Bezug auf den Erwerb inländischer Unternehmen oder von Anteilen an solchen Unternehmen durch unionsfremde Erwerber, wenn infolge des Erwerbs die öffentliche Ordnung oder Sicherheit der Bundesrepublik Deutschland gemäß § 4 Absatz 1 Nummer 4 gefährdet ist. [2]Dies setzt voraus, dass eine tatsächliche und hinreichend schwere Gefährdung vorliegt, die ein Grundinteresse der Gesellschaft berührt. [3]Unionsfremde Erwerber aus den Mitgliedstaaten der Europäischen Freihandelsassoziation stehen unionsansässigen Erwerbern gleich.

(3) [1]Beschränkungen oder Handlungspflichten nach § 4 Absatz 1 Nummer 1 können insbesondere angeordnet werden in Bezug auf den Erwerb inländischer Unternehmen oder von Anteilen an solchen Unternehmen durch Ausländer, um wesentliche Sicherheitsinteressen der Bundesrepublik Deutschland zu gewährleisten, wenn die inländischen Unternehmen

1. Kriegswaffen oder andere Rüstungsgüter herstellen oder entwickeln oder
2. Produkte mit IT-Sicherheitsfunktionen zur Verarbeitung von staatlichen Verschlusssachen oder für die IT-Sicherheitsfunktion wesentliche Komponenten solcher Produkte herstellen oder hergestellt haben und noch über die Technologie verfügen, wenn das Gesamtprodukt mit Wissen des Unternehmens vom Bundesamt für Sicherheit in der Informationstechnik zugelassen wurde.

[2]Dies gilt insbesondere dann, wenn infolge des Erwerbs die sicherheitspolitischen Interessen der Bundesrepublik Deutschland oder die militärische Sicherheitsvorsorge gefährdet sind.

(4) [1]Beschränkungen oder Handlungspflichten nach § 4 Absatz 1 Nummer 5 können auch angeordnet werden in Bezug auf Güter, die nicht in Absatz 1 genannt sind. [2]Dies setzt voraus, dass eine tatsächliche und hinreichend schwere Gefährdung vorliegt, die ein Grundinteresse der Gesellschaft berührt.

(5) Beschränkungen oder Handlungspflichten nach § 4 Absatz 1 können auch angeordnet werden in Bezug auf Rechtsgeschäfte oder Handlungen Deutscher im Ausland, die sich auf Güter im Sinne des Absatzes 1 einschließlich ihrer Entwicklung und Herstellung beziehen.

§ 6 Einzeleingriff

(1) Im Außenwirtschaftsverkehr können auch durch Verwaltungsakt Rechtsgeschäfte oder Handlungen beschränkt oder Handlungspflichten angeordnet werden, um eine im Einzelfall bestehende Gefahr für die in § 4 Absatz 1 genannten Rechtsgüter abzuwenden.

(2) Die Anordnung tritt sechs Monate nach ihrem Erlass außer Kraft, sofern die Beschränkung oder Handlungspflicht nicht durch Rechtsverordnung vorgeschrieben wird.

(3) § 4 Absatz 3 und 4 und § 5 Absatz 5 gelten entsprechend.

§ 7 Einzeleingriff im Seeverkehr außerhalb des deutschen Küstenmeeres

(1) Um eine im Einzelfall bestehende Gefahr für die in § 4 Absatz 1 genannten Rechtsgüter abzuwenden, welche seewärts der Grenze des deutschen Küstenmeeres durch die Beförderung von Gütern an Bord eines die Bundesflagge führenden Seeschiffes verursacht wird, können nach § 6 Absatz 1 insbesondere notwendige Maßnahmen zur Lenkung, Beschleunigung und Be-

schränkung der Beförderung der Güter sowie des Umschlags und der Entladung der Güter angeordnet werden.

(2) Die Maßnahmen nach Absatz 1 können gegen den Eigentümer, den Ausrüster, den Charterer, den Schiffsführer oder den sonstigen Inhaber der tatsächlichen Gewalt gerichtet werden.

(3) Der Eigentümer, Ausrüster, Charterer, Schiffsführer oder der sonstige Inhaber der tatsächlichen Gewalt ist verpflichtet, auf Verlangen unverzüglich Angaben zu machen über

1. Art und Umfang der Ladung,
2. den seit dem letzten Auslaufen zurückgelegten und den beabsichtigten Reiseweg,
3. die voraussichtliche Reisezeit sowie
4. den Bestimmungshafen.

(4) Der Eigentümer eines in der Seeschifffahrt unter ausländischer Flagge betriebenen Schiffs, das in ein deutsches Schiffsregister eingetragen ist, stellt sicher, dass zur Abwehr einer Gefahr für die in § 4 Absatz 1 genannten Rechtsgüter auf Verlangen die erforderlichen Angaben unverzüglich und im gleichen Umfang übermittelt werden, wie dies nach Absatz 3 für Schiffe unter der Bundesflagge vorgesehen ist.

(5) § 4 Absatz 3 und 4, § 5 Absatz 5 und § 6 Absatz 2 gelten entsprechend.

§ 8 Erteilung von Genehmigungen

(1) [1]Bedürfen Rechtsgeschäfte oder Handlungen nach einer Vorschrift dieses Gesetzes oder einer Rechtsverordnung auf Grund dieses Gesetzes einer Genehmigung, so ist die Genehmigung zu erteilen, wenn zu erwarten ist, dass die Vornahme des Rechtsgeschäfts oder der Handlung den Zweck der Vorschrift nicht oder nur unwesentlich gefährdet. [2]In anderen Fällen kann die Genehmigung erteilt werden, wenn das volkswirtschaftliche Interesse an der Vornahme des Rechtsgeschäfts oder der Handlung die damit verbundene Beeinträchtigung des in der Ermächtigung angegebenen Zwecks überwiegt.

(2) [1]Die Erteilung der Genehmigung kann von sachlichen und persönlichen Voraussetzungen, insbesondere der Zuverlässigkeit des Antragstellers, abhängig gemacht werden. [2]Dasselbe gilt bei der Erteilung von Bescheinigungen des Bundesamtes für Wirtschaft und Ausfuhrkontrolle (BAFA), dass eine Ausfuhr keiner Genehmigung bedarf.

(3) Ist im Hinblick auf den Zweck, dem die Vorschrift dient, die Erteilung von Genehmigungen nur in beschränktem Umfang möglich, so sind die Genehmigungen in der Weise zu erteilen, dass die gegebenen Möglichkeiten volkswirtschaftlich zweckmäßig ausgenutzt werden können.

(4) Unionsansässige, die durch eine Beschränkung nach Absatz 3 in der Ausübung ihres Gewerbes besonders betroffen werden, können bevorzugt berücksichtigt werden.

(5) Der Antragsteller hat bei der Beantragung einer Genehmigung nach Absatz 1 Satz 1 oder einer Bescheinigung nach Absatz 2 Satz 2 vollständige und richtige Angaben zu machen oder zu benutzen.

§ 9 Erteilung von Zertifikaten

[1]Durch Rechtsverordnung auf Grund dieses Gesetzes kann die Erteilung von Zertifikaten vorgesehen werden, soweit dies zur Zertifizierung nach Artikel 9 der Richtlinie 2009/43/EG des Europäischen Parlaments und des Rates vom 6. Mai 2009 zur Vereinfachung der Bedingungen für die innergemeinschaftliche Verbringung von Verteidigungsgütern (ABl L 146 vom 10. 6. 2009, S. 1) erforderlich ist. [2]§ 8 Absatz 5 gilt entsprechend.

Teil 2: Ergänzende Vorschriften

§ 10 Deutsche Bundesbank

Beschränkungen nach einer Vorschrift dieses Gesetzes oder nach einer auf Grund dieses Gesetzes erlassenen Rechtsverordnung oder vollziehbaren Anordnung gelten nicht für Rechtsgeschäfte und Handlungen, welche die Deutsche Bundesbank in ihrem Geschäftskreis vornimmt oder welche ihr gegenüber vorgenommen werden.

§ 11 Verfahrens- und Meldevorschriften

(1) Durch Rechtsverordnung können Verfahrensvorschriften erlassen werden

1. zur Durchführung dieses Gesetzes und von Rechtsverordnungen auf Grund dieses Gesetzes,
2. zur Überprüfung der Rechtmäßigkeit von Rechtsgeschäften oder Handlungen im Außenwirtschaftsverkehr und
3. zur Durchführung
   a) der Bestimmungen der Europäischen Verträge, einschließlich der zu ihnen gehörigen Protokolle,
   b) der Abkommen der Europäischen Union und
   c) der Rechtsakte der Europäischen Union auf Grund der in den Buchstaben a und b genannten Verträge und Abkommen.

(2) Durch Rechtsverordnung kann angeordnet werden, dass Rechtsgeschäfte und Handlungen im Außenwirtschaftsverkehr, insbesondere aus ihnen erwachsende Forderungen und Verbindlichkeiten sowie Vermögensanlagen und die Leistung und Entgegennahme von Zahlungen, unter Angabe des Rechtsgrundes zu melden sind, damit

1. festgestellt werden kann, ob die Voraussetzungen für die Aufhebung, Erleichterung oder Anordnung von Beschränkungen vorliegen,
2. zu jedem Zeitpunkt die Zahlungsbilanz der Bundesrepublik Deutschland erstellt werden kann,
3. die Wahrnehmung der außenwirtschaftspolitischen Interessen gewährleistet wird oder
4. Verpflichtungen aus zwischenstaatlichen Vereinbarungen oder internationalen Exportkontrollregimen erfüllt werden können.

(3) [1]Zur Gewährleistung der Zwecke des Absatzes 2 Nummer 1 bis 4 kann durch Rechtsverordnung angeordnet werden, dass der Stand und ausgewählte Positionen der Zusammensetzung des Vermögens von Inländern im Ausland und von Ausländern im Inland zu melden sind. [2]Gehört zu dem meldepflichtigen Vermögen eine unmittelbare oder mittelbare Beteiligung an einem Unternehmen, kann angeordnet werden, dass auch der Stand und ausgewählte Positionen der Zusammensetzung des Vermögens des Unternehmens zu melden sind, an dem die Beteiligung besteht.

(4) Durch Rechtsverordnung können ferner Aufzeichnungs- und Aufbewahrungspflichten zur Ermöglichung der Überprüfung nach Absatz 1 Nummer 2 oder zur Erfüllung von Meldepflichten nach den Absätzen 2 und 3 vorgeschrieben werden.

(5) Die §§ 9, 15 und 16 des Bundesstatistikgesetzes sind in den Fällen der Absätze 2 und 3 entsprechend anzuwenden.

§ 12 Erlass von Rechtsverordnungen[1)]

(1) [1]Rechtsverordnungen nach diesem Gesetz erlässt die Bundesregierung. [2]Rechtsverordnungen nach § 4 Absatz 2 erlässt abweichend von Satz 1 das Bundesministerium für Wirtschaft und Energie im Einvernehmen mit dem Auswärtigen Amt und dem Bundesministerium der Finanzen.

(2) Die Rechtsverordnungen bedürfen nicht der Zustimmung des Bundesrates.

(3) Bei Vorschriften, welche den Kapital- und Zahlungsverkehr oder den Verkehr mit Auslandswerten und Gold betreffen, ist das Benehmen mit der Deutschen Bundesbank herzustellen.

1) **Anm. der Red.:** § 12 i. d. F. der VO v. 31. 8. 2015 (BGBl I S. 1474) mit Wirkung v. 8. 9. 2015.

(4) [1]Die Rechtsverordnungen sind unverzüglich nach ihrer Verkündung dem Bundestag und dem Bundesrat mitzuteilen. [2]Der Bundesrat kann binnen vier Wochen gegenüber dem Bundestag Stellung nehmen. [3]Die Rechtsverordnungen sind unverzüglich aufzuheben, soweit es der Bundestag binnen vier Monaten nach ihrer Verkündung verlangt.

(5) Absatz 4 ist nicht anzuwenden auf Rechtsverordnungen, durch welche die Bundesregierung oder das Bundesministerium für Wirtschaft und Energie gemäß § 4 Absatz 2 Beschränkungen des Güter-, Kapital- oder Zahlungsverkehrs mit dem Ausland angeordnet oder aufgehoben hat.

§ 13 Zuständigkeiten für den Erlass von Verwaltungsakten und für die Entgegennahme von Meldungen[1)]

(1) Für den Erlass von Verwaltungsakten und die Entgegennahme von Meldungen auf Grund dieses Gesetzes und der nach diesem Gesetz erlassenen Rechtsverordnungen sowie auf Grund von Rechtsakten des Rates oder der Kommission der Europäischen Union im Bereich des Außenwirtschaftsrechts ist das Bundesamt für Wirtschaft und Ausfuhrkontrolle (BAFA) zuständig, soweit in diesem Gesetz oder auf Grund einer nach diesem Gesetz erlassenen Rechtsverordnung nichts anderes bestimmt ist.

(2) Ausschließlich zuständig sind

1. die Deutsche Bundesbank im Bereich des Kapital- und Zahlungsverkehrs sowie des Verkehrs mit Auslandswerten und Gold, soweit im Folgenden nichts anderes bestimmt ist,
2. das Bundesministerium für Wirtschaft und Energie
   a) im Fall des § 6 Absatz 1 im Einvernehmen mit dem Auswärtigen Amt und dem Bundesministerium der Finanzen; bei Maßnahmen, welche die Bereiche des Kapital- und Zahlungsverkehrs oder den Verkehr mit Auslandswerten und Gold betreffen, ist das Benehmen mit der Deutschen Bundesbank herzustellen,
   b) im Fall des § 7 im Einvernehmen mit dem Auswärtigen Amt und dem Bundesministerium für Verkehr und digitale Infrastruktur,
   c) im Fall des § 4 Absatz 1 Nummer 4 in Verbindung mit § 5 Absatz 2 und einer auf Grund dieser Vorschriften erlassenen Rechtsverordnung; eine Untersagung oder der Erlass von Anordnungen in Bezug auf einen Erwerb im Sinne des § 5 Absatz 2 bedarf der Zustimmung der Bundesregierung,
   d) im Fall des § 4 Absatz 1 Nummer 1 in Verbindung mit § 5 Absatz 3 und einer auf Grund dieser Vorschriften erlassenen Rechtsverordnung im Einvernehmen mit dem Auswärtigen Amt und dem Bundesministerium der Verteidigung und im Fall des § 4 Absatz 1 Nummer 1 in Verbindung mit § 5 Absatz 3 Nummer 2 und einer auf Grund dieser Vorschriften erlassenen Rechtsverordnung darüber hinaus im Einvernehmen mit dem Bundesministerium des Innern,
3. das Bundesministerium für Verkehr und digitale Infrastruktur für Anordnungen im Bereich des Dienstleistungsverkehrs auf dem Gebiet des Verkehrswesens nach § 4 Absatz 1 und 2 in Verbindung mit einer auf Grund dieser Vorschrift erlassenen Rechtsverordnung,
4. das Bundesministerium der Finanzen für Anordnungen im Bereich des Dienstleistungsverkehrs auf dem Gebiet des Versicherungswesens nach § 4 Absatz 1 und 2 in Verbindung mit einer auf Grund dieser Vorschrift erlassenen Rechtsverordnung,
5. die Bundesanstalt für Landwirtschaft und Ernährung für Anordnungen im Bereich des Waren- und Dienstleistungsverkehrs nach § 4 Absatz 1 und 2 in Verbindung mit einer auf Grund dieser Vorschrift erlassenen Rechtsverordnung im Rahmen der gemeinsamen Marktorganisationen der Europäischen Union für Erzeugnisse der Ernährungs- und Landwirtschaft.

1) **Anm. der Red.:** § 13 i. d. F. der VO v. 31. 8. 2015 (BGBl I S. 1474) mit Wirkung v. 8. 9. 2015.

(3) In den Fällen des Absatzes 2 Nummer 3 und 4 kann das zuständige Bundesministerium seine Zuständigkeit für die dort genannte Aufgabenwahrnehmung auf eine Bundesoberbehörde oder Bundesanstalt seines Geschäftsbereichs übertragen.

§ 14 Verwaltungsakte

(1) [1]Verwaltungsakte nach diesem Gesetz oder nach einer auf Grund dieses Gesetzes erlassenen Rechtsverordnung können mit Nebenbestimmungen versehen werden. [2]Die Verwaltungsakte sind nicht übertragbar, wenn in ihnen nicht etwas anderes bestimmt wird.

(2) Widerspruch und Anfechtungsklage haben keine aufschiebende Wirkung.

§ 15 Rechtsunwirksamkeit[1)]

(1) [1]Ein Rechtsgeschäft, das ohne die erforderliche Genehmigung vorgenommen wird, ist unwirksam. [2]Es wird vom Zeitpunkt seiner Vornahme an wirksam, wenn es nachträglich genehmigt wird oder das Genehmigungserfordernis nachträglich entfällt. [3]Durch die Rückwirkung werden Rechte Dritter, die vor der Genehmigung an dem Gegenstand des Rechtsgeschäfts begründet worden sind, nicht berührt.

(2) Besteht für ein schuldrechtliches Rechtsgeschäft über den Erwerb eines inländischen Unternehmens oder einer unmittelbaren oder mittelbaren Beteiligung an einem inländischen Unternehmen ein Prüfrecht auf Grund von § 4 Absatz 1 Nummer 4 und § 5 Absatz 2 in Verbindung mit einer auf Grund dieser Vorschriften erlassenen Rechtsverordnung und ist dieses Prüfrecht verbunden mit einer Ermächtigung des Bundesministeriums für Wirtschaft und Energie, nach Zustimmung der Bundesregierung den Erwerb innerhalb einer bestimmten Frist zu untersagen, so steht der Eintritt der Rechtswirkungen des Rechtsgeschäfts bis zum Ablauf des gesamten Prüfverfahrens unter der auflösenden Bedingung, dass das Bundesministerium für Wirtschaft und Energie den Erwerb innerhalb der Frist untersagt.

(3) [1]Ein Rechtsgeschäft, das dem Vollzug des Erwerbs eines inländischen Unternehmens oder einer unmittelbaren oder mittelbaren Beteiligung an einem inländischen Unternehmen dient, ist schwebend unwirksam, wenn auf Grund von § 4 Absatz 1 Nummer 1 und § 5 Absatz 3 in Verbindung mit einer auf Grund dieser Vorschriften erlassenen Rechtsverordnung eine Meldepflicht besteht, die verbunden ist mit einer Ermächtigung der Bundesregierung, den Erwerb innerhalb einer bestimmten Frist zu untersagen. [2]Das Rechtsgeschäft wird vom Zeitpunkt seiner Vornahme an wirksam, wenn das Bundesministerium für Wirtschaft und Energie es schriftlich freigibt oder den Erwerb nicht innerhalb der Frist nach Satz 1 untersagt. [3]Absatz 1 Satz 3 gilt entsprechend.

§ 16 Urteil und Zwangsvollstreckung

(1) [1]Ist zu einer Leistung des Schuldners eine Genehmigung erforderlich, so kann ein Urteil vor Erteilung der Genehmigung nur dann ergehen, wenn in die Urteilsformel ein Vorbehalt aufgenommen wird, dass die Leistung oder Zwangsvollstreckung erst erfolgen darf, wenn die Genehmigung erteilt ist. [2]Entsprechendes gilt für andere Vollstreckungstitel, wenn die Vollstreckung nur auf Grund einer vollstreckbaren Ausfertigung des Titels durchgeführt werden kann. [3]Arreste und einstweilige Verfügungen, die lediglich der Sicherung des zugrunde liegenden Anspruchs dienen, können ohne Vorbehalt ergehen.

(2) [1]Ist zu einer Leistung des Schuldners eine Genehmigung erforderlich, so ist eine Zwangsvollstreckung nur zulässig, wenn und soweit die Genehmigung erteilt ist. [2]Soweit Vermögenswerte nur mit Genehmigung erworben oder veräußert werden dürfen, gilt dies auch für den Erwerb und die Veräußerung im Wege der Zwangsvollstreckung.

1) **Anm. der Red.:** § 15 i. d. F. der VO v. 31. 8. 2015 (BGBl I S. 1474) mit Wirkung v. 8. 9. 2015.

Teil 3: Straf-, Bußgeld- und Überwachungsvorschriften

§ 17 Strafvorschriften

(1) Mit Freiheitsstrafe von einem Jahr bis zu zehn Jahren wird bestraft, wer einer Rechtsverordnung nach § 4 Absatz 1, die der Durchführung

1. einer vom Sicherheitsrat der Vereinten Nationen nach Kapitel VII der Charta der Vereinten Nationen oder
2. einer vom Rat der Europäischen Union im Bereich der Gemeinsamen Außen- und Sicherheitspolitik

beschlossenen wirtschaftlichen Sanktionsmaßnahme dient, oder einer vollziehbaren Anordnung auf Grund einer solchen Rechtsverordnung zuwiderhandelt, soweit die Rechtsverordnung sich auf Güter des Teils I Abschnitt A der Ausfuhrliste bezieht und für einen bestimmten Tatbestand auf diese Strafvorschrift verweist.

(2) Mit Freiheitsstrafe nicht unter einem Jahr wird bestraft, wer in den Fällen des Absatzes 1

1. für den Geheimdienst einer fremden Macht handelt oder
2. gewerbsmäßig oder als Mitglied einer Bande handelt, die sich zur fortgesetzten Begehung solcher Taten verbunden hat.

(3) Mit Freiheitsstrafe nicht unter zwei Jahren wird bestraft, wer in den Fällen des Absatzes 1 als Mitglied einer Bande, die sich zur fortgesetzten Begehung solcher Taten verbunden hat, gewerbsmäßig handelt.

(4) In minder schweren Fällen des Absatzes 1 ist die Strafe Freiheitsstrafe von drei Monaten bis zu fünf Jahren.

(5) Handelt der Täter in den Fällen des Absatzes 1 leichtfertig, so ist die Strafe Freiheitsstrafe bis zu drei Jahren oder Geldstrafe.

(6) In den Fällen des Absatzes 1 steht einem Handeln ohne Genehmigung ein Handeln auf Grund einer durch Drohung, Bestechung oder Kollusion erwirkten oder durch unrichtige oder unvollständige Angaben erschlichenen Genehmigung gleich.

(7) Die Absätze 1 bis 6 gelten, unabhängig vom Recht des Tatorts, auch für Taten, die im Ausland begangen werden, wenn der Täter Deutscher ist.

§ 18 Strafvorschriften[1)]

AWG

(1) Mit Freiheitsstrafe von drei Monaten bis zu fünf Jahren wird bestraft, wer

1. einem
   a) Ausfuhr-, Einfuhr-, Durchfuhr-, Verbringungs-, Verkaufs-, Erwerbs-, Liefer-, Bereitstellungs-, Weitergabe-, Dienstleistungs- oder Investitionsverbot oder
   b) Verfügungsverbot über eingefrorene Gelder und wirtschaftliche Ressourcen

   eines im Amtsblatt der Europäischen Gemeinschaften oder der Europäischen Union veröffentlichten unmittelbar geltenden Rechtsaktes der Europäischen Gemeinschaften oder der Europäischen Union zuwiderhandelt, der der Durchführung einer vom Rat der Europäischen Union im Bereich der Gemeinsamen Außen- und Sicherheitspolitik beschlossenen wirtschaftlichen Sanktionsmaßnahme dient oder
2. gegen eine Genehmigungspflicht für
   a) die Ausfuhr, Einfuhr, Durchfuhr, Verbringung, einen Verkauf, einen Erwerb, eine Lieferung, Bereitstellung, Weitergabe, Dienstleistung oder Investition oder
   b) die Verfügung über eingefrorene Gelder oder wirtschaftliche Ressourcen

1) **Anm. d. Red.:** § 18 i. d. F. des Gesetzes v. 20.7.2017 (BGBl I S. 2789) mit Wirkung v. 29.7.2017.

eines im Amtsblatt der Europäischen Gemeinschaften oder der Europäischen Union veröffentlichten unmittelbar geltenden Rechtsaktes der Europäischen Gemeinschaften oder der Europäischen Union verstößt, der der Durchführung einer vom Rat der Europäischen Union im Bereich der Gemeinsamen Außen- und Sicherheitspolitik beschlossenen wirtschaftlichen Sanktionsmaßnahme dient.

(2) Mit Freiheitsstrafe bis zu fünf Jahren oder mit Geldstrafe wird bestraft, wer gegen die Außenwirtschaftsverordnung verstößt, indem er

1. ohne Genehmigung nach § 8 Absatz 1, § 9 Absatz 1 oder § 78 dort genannte Güter ausführt,
2. entgegen § 9 Absatz 2 Satz 2 dort genannte Güter ausführt,
3. ohne Genehmigung nach § 11 Absatz 1 Satz 1 dort genannte Güter verbringt,
4. ohne Genehmigung nach § 46 Absatz 1, auch in Verbindung mit § 47 Absatz 1, oder ohne Genehmigung nach § 47 Absatz 2 ein Handels- und Vermittlungsgeschäft vornimmt,
5. entgegen § 47 Absatz 3 Satz 3 ein Handels- und Vermittlungsgeschäft vornimmt,
6. ohne Genehmigung nach § 49 Absatz 1, § 50 Absatz 1, § 51 Absatz 1 oder Absatz 2 oder § 52 Absatz 1 technische Unterstützung erbringt oder
7. entgegen § 49 Absatz 2 Satz 3, § 50 Absatz 2 Satz 3, § 51 Absatz 3 Satz 3 oder § 52 Absatz 2 Satz 3 technische Unterstützung erbringt.

(3) Ebenso wird bestraft, wer gegen die Verordnung (EG) Nr. 2368/2002 des Rates vom 20. Dezember 2002 zur Umsetzung des Zertifikationssystems des Kimberley-Prozesses für den internationalen Handel mit Rohdiamanten (ABl L 358 vom 31. 12. 2002, S. 28), die zuletzt durch die Verordnung (EG) Nr. 1268/2008 (ABl L 338 vom 17. 12. 2008, S. 39) geändert worden ist, verstößt, indem er

1. entgegen Artikel 3 Rohdiamanten einführt oder
2. entgegen Artikel 11 Rohdiamanten ausführt.

(4) [1]Ebenso wird bestraft, wer gegen die Verordnung (EG) Nr. 1236/2005 des Rates vom 27. Juni 2005 betreffend den Handel mit bestimmten Gütern, die zur Vollstreckung der Todesstrafe, zu Folter oder zu anderer grausamer, unmenschlicher oder erniedrigender Behandlung oder Strafe verwendet werden könnten (ABl L 200 vom 30.7.2005, S. 1; L 79 vom 16.3.2006, S. 32), die zuletzt durch die Verordnung (EU) 2016/2134 (ABl L 338 vom 13.12.2016, S. 1) geändert worden ist, verstößt, indem er

1. entgegen Artikel 3 Absatz 1 Satz 1 dort genannte Güter ausführt,
2. entgegen Artikel 3 Absatz 1 Satz 3 technische Hilfe erbringt,
3. entgegen Artikel 4 Absatz 1 Satz 1 dort genannte Güter einführt,
4. entgegen Artikel 4 Absatz 1 Satz 2 technische Hilfe annimmt,
5. entgegen Artikel 4a Absatz 1, Artikel 6a oder Artikel 7d dort genannte Güter durchführt,
6. entgegen Artikel 4b eine Vermittlungstätigkeit erbringt,
7. entgegen Artikel 4c eine Ausbildungsmaßnahme erbringt oder anbietet,
8. ohne Genehmigung nach Artikel 5 Absatz 1 Satz 1 oder Artikel 7b Absatz 1 Satz 1 dort genannte Güter ausführt,
9. ohne Genehmigung nach Artikel 7a Absatz 1 Buchstabe a oder Artikel 7e Absatz 1 Buchstabe a technische Hilfe erbringt oder
10. ohne Genehmigung nach Artikel 7a Absatz 1 Buchstabe b oder Artikel 7e Absatz 1 Buchstabe b eine Vermittlungstätigkeit erbringt.

[2]Soweit die in Satz 1 genannten Vorschriften auf die Anhänge II, III oder IIIa zur Verordnung (EG) Nr. 1236/2005 verweisen, finden diese Anhänge in der jeweils geltenden Fassung Anwendung.

(5) [1]Ebenso wird bestraft, wer gegen die Verordnung (EG) Nr. 428/2009 des Rates vom 5. Mai 2009 über eine Gemeinschaftsregelung für die Kontrolle der Ausfuhr, der Verbringung, der Ver-

mittlung und der Durchfuhr von Gütern mit doppeltem Verwendungszweck (ABl L 134 vom 29. 5. 2009, S. 1, L 224 vom 27. 8. 2009, S. 21) verstößt, indem er

1. ohne Genehmigung nach Artikel 3 Absatz 1 oder Artikel 4 Absatz 1, 2 Satz 1 oder Absatz 3 Güter mit doppeltem Verwendungszweck ausführt,
2. entgegen Artikel 4 Absatz 4 zweiter Halbsatz Güter ohne Entscheidung der zuständigen Behörde über die Genehmigungspflicht oder ohne Genehmigung der zuständigen Behörde ausführt,
3. ohne Genehmigung nach Artikel 5 Absatz 1 Satz 1 eine Vermittlungstätigkeit erbringt oder
4. entgegen Artikel 5 Absatz 1 Satz 2 zweiter Halbsatz eine Vermittlungstätigkeit ohne Entscheidung der zuständigen Behörde über die Genehmigungspflicht oder ohne Genehmigung der zuständigen Behörde erbringt.

[2]Soweit die in Satz 1 genannten Vorschriften auf Anhang I der Verordnung (EG) Nr. 428/2009 verweisen, findet dieser Anhang in der jeweils geltenden Fassung Anwendung. [3]In den Fällen des Satzes 1 Nummer 2 steht dem Ausführer eine Person gleich, die die Ausfuhr durch einen anderen begeht, wenn der Person bekannt ist, dass die Güter mit doppeltem Verwendungszweck ganz oder teilweise für eine Verwendung im Sinne des Artikels 4 Absatz 1 der Verordnung (EG) Nr. 428/2009 bestimmt sind.

(5a) [1]Mit Freiheitsstrafe bis zu einem Jahr oder mit Geldstrafe wird bestraft, wer gegen die Verordnung (EG) Nr. 1236/2005 verstößt, indem er

1. entgegen Artikel 4d dort genannte Güter ausstellt oder zum Verkauf anbietet oder
2. entgegen Artikel 4e eine Werbefläche oder Werbezeit verkauft oder erwirbt.

[2]Soweit die in Satz 1 genannten Vorschriften auf den Anhang II zur Verordnung (EG) Nr. 1236/2005 verweisen, findet dieser Anhang in der jeweils geltenden Fassung Anwendung.

(6) Der Versuch ist strafbar.

(7) Mit Freiheitsstrafe nicht unter einem Jahr wird bestraft, wer

1. in den Fällen des Absatzes 1 für den Geheimdienst einer fremden Macht handelt,
2. in den Fällen der Absätze 1 bis 4 oder des Absatzes 5 gewerbsmäßig oder als Mitglied einer Bande handelt, die sich zur fortgesetzten Begehung solcher Taten verbunden hat, oder
3. eine in Absatz 1 bezeichnete Handlung begeht, die sich auf die Entwicklung, Herstellung, Wartung oder Lagerung von Flugkörpern für chemische, biologische oder Atomwaffen bezieht.

AWG

(8) Mit Freiheitsstrafe nicht unter zwei Jahren wird bestraft, wer in den Fällen der Absätze 1 bis 4 oder des Absatzes 5 als Mitglied einer Bande, die sich zur fortgesetzten Begehung solcher Taten verbunden hat, gewerbsmäßig handelt.

(9) In den Fällen des Absatzes 1 Nummer 2, des Absatzes 2 Nummer 1, 3, 4 oder Nummer 6, des Absatzes 4 Satz 1 Nummer 5 oder des Absatzes 5 Satz 1 steht einem Handeln ohne Genehmigung ein Handeln auf Grund einer durch Drohung, Bestechung oder Kollusion erwirkten oder durch unrichtige oder unvollständige Angaben erschlichenen Genehmigung gleich.

(10) Die Absätze 1 bis 9 gelten, unabhängig vom Recht des Tatorts, auch für Taten, die im Ausland begangen werden, wenn der Täter Deutscher ist.

(11) Nach Absatz 1, jeweils auch in Verbindung mit Absatz 6, 7, 8 oder Absatz 10, wird nicht bestraft, wer

1. bis zum Ablauf des zweiten Werktages handelt, der auf die Veröffentlichung des Rechtsaktes im Amtsblatt der Europäischen Union folgt, und
2. von einem Verbot oder von einem Genehmigungserfordernis, das in dem Rechtsakt nach Nummer 1 angeordnet wird, zum Zeitpunkt der Tat keine Kenntnis hat.

§ 19 Bußgeldvorschriften[1)]

(1) Ordnungswidrig handelt, wer eine in § 18 Absatz 1 bis 4 oder Absatz 5 bezeichnete Handlung fahrlässig begeht.

(2) Ordnungswidrig handelt, wer entgegen § 8 Absatz 5, auch in Verbindung mit § 9 Satz 2, eine Angabe nicht richtig oder nicht vollständig macht oder nicht richtig oder nicht vollständig benutzt.

(3) Ordnungswidrig handelt, wer vorsätzlich oder fahrlässig

1. einer Rechtsverordnung nach
   a) § 4 Absatz 1 oder
   b) § 11 Absatz 1 bis 3 oder Absatz 4 oder

   einer vollziehbaren Anordnung auf Grund einer solchen Rechtsverordnung zuwiderhandelt, soweit die Rechtsverordnung für einen bestimmten Tatbestand auf diese Bußgeldvorschrift verweist und die Tat nicht in § 17 Absatz 1 bis 4 oder Absatz 5 oder § 18 Absatz 2 mit Strafe bedroht ist,
2. einer vollziehbaren Anordnung nach § 7 Absatz 1, 3 oder Absatz 4 oder § 23 Absatz 1 oder Absatz 4 Satz 2 zuwiderhandelt,
3. entgegen § 27 Absatz 1 Satz 1 Waren nicht, nicht richtig, nicht vollständig oder nicht rechtzeitig vorzeigt,
4. entgegen § 27 Absatz 3 eine Erklärung nicht, nicht richtig, nicht vollständig oder nicht rechtzeitig abgibt oder
5. entgegen § 27 Absatz 4 Satz 1 eine Sendung nicht, nicht richtig, nicht vollständig oder nicht rechtzeitig gestellt.

(4) [1]Ordnungswidrig handelt, wer vorsätzlich oder fahrlässig einer unmittelbar geltenden Vorschrift in Rechtsakten der Europäischen Gemeinschaften oder der Europäischen Union über die Beschränkung des Außenwirtschaftsverkehrs zuwiderhandelt, die inhaltlich einer Regelung entspricht, zu der die in

1. Absatz 3 Nummer 1 Buchstabe a oder
2. Absatz 3 Nummer 1 Buchstabe b

genannten Vorschriften ermächtigen, soweit eine Rechtsverordnung nach Satz 2 für einen bestimmten Tatbestand auf diese Bußgeldvorschrift verweist und die Tat nicht in § 18 Absatz 1, 3 bis 5, 7 oder Absatz 8 mit Strafe bedroht ist. [2]Das Bundesministerium für Wirtschaft und Energie wird ermächtigt, soweit dies zur Durchführung der Rechtsakte der Europäischen Gemeinschaften oder der Europäischen Union erforderlich ist, durch Rechtsverordnung ohne Zustimmung des Bundesrates die Tatbestände zu bezeichnen, die als Ordnungswidrigkeit nach Satz 1 geahndet werden können.

(5) Ordnungswidrig handelt, wer vorsätzlich oder fahrlässig einem im Amtsblatt der Europäischen Gemeinschaften oder der Europäischen Union veröffentlichten unmittelbar geltenden Rechtsakt der Europäischen Gemeinschaften oder der Europäischen Union, der der Durchführung einer vom Rat der Europäischen Union im Bereich der Gemeinsamen Außen- und Sicherheitspolitik beschlossenen wirtschaftlichen Sanktionsmaßnahme dient, zuwiderhandelt, indem er

1. eine Information nicht, nicht richtig, nicht vollständig oder nicht rechtzeitig übermittelt,
2. eine Vorabanmeldung nicht, nicht richtig, nicht vollständig, nicht in der vorgeschriebenen Weise oder nicht rechtzeitig abgibt,
3. eine Aufzeichnung von Transaktionen nicht oder nicht für die vorgeschriebene Dauer aufbewahrt oder nicht oder nicht rechtzeitig zur Verfügung stellt oder

---

1) **Anm. der Red.:** § 19 i. d. F. der VO v. 31. 8. 2015 (BGBl I S. 1474) mit Wirkung v. 8. 9. 2015.

4. eine zuständige Stelle oder Behörde nicht oder nicht rechtzeitig unterrichtet.

(6) Die Ordnungswidrigkeit kann in den Fällen der Absätze 1, 3 Nummer 1 Buchstabe a und des Absatzes 4 Satz 1 Nummer 1 mit einer Geldbuße bis zu fünfhunderttausend Euro, in den übrigen Fällen mit einer Geldbuße bis zu dreißigtausend Euro geahndet werden.

§ 20 Einziehung[1)]

(1) Ist eine Straftat nach § 17 oder § 18 oder eine Ordnungswidrigkeit nach § 19 begangen worden, so können folgende Gegenstände eingezogen werden:

1. Gegenstände, auf die sich die Straftat oder die Ordnungswidrigkeit bezieht, und
2. Gegenstände, die zu ihrer Begehung oder Vorbereitung gebraucht worden oder bestimmt gewesen sind.

(2) § 74a des Strafgesetzbuches und § 23 des Gesetzes über Ordnungswidrigkeiten sind anzuwenden.

(3) (weggefallen)

§ 21 Aufgaben und Befugnisse der Zollbehörden[2)]

(1) [1]Die Staatsanwaltschaft kann bei Straftaten und Ordnungswidrigkeiten nach den §§ 17 bis 19 dieses Gesetzes oder nach § 19 Absatz 1 bis 3, § 20 Absatz 1 und 2, § 20a Absatz 1 bis 3, jeweils auch in Verbindung mit § 21, oder nach § 22a Absatz 1 Nummer 4, 5 und 7 des Gesetzes über die Kontrolle von Kriegswaffen Ermittlungen nach § 161 Absatz 1 Satz 1 der Strafprozessordnung auch durch die Hauptzollämter oder die Zollfahndungsämter vornehmen lassen. [2]Die Verwaltungsbehörde im Sinne des § 22 Absatz 3 Satz 1 kann in den Fällen des Satzes 1 Ermittlungen auch durch ein anderes Hauptzollamt oder die Zollfahndungsämter vornehmen lassen.

(2) [1]Die Hauptzollämter und die Zollfahndungsämter sowie deren Beamte haben auch ohne Ersuchen der Staatsanwaltschaft oder der Verwaltungsbehörde Straftaten und Ordnungswidrigkeiten der in Absatz 1 bezeichneten Art zu erforschen und zu verfolgen, wenn diese die Ausfuhr, Einfuhr, Verbringung oder Durchfuhr von Waren betreffen. [2]Dasselbe gilt, soweit Gefahr im Verzug ist. [3]§ 163 der Strafprozessordnung und § 53 des Gesetzes über Ordnungswidrigkeiten bleiben unberührt.

(3) [1]In den Fällen der Absätze 1 und 2 haben die Beamten der Hauptzollämter und der Zollfahndungsämter die Rechte und Pflichten der Polizeibeamten nach den Bestimmungen der Strafprozessordnung und des Gesetzes über Ordnungswidrigkeiten. [2]Sie sind insoweit Ermittlungspersonen der Staatsanwaltschaft.

AWG

(4) [1]In den Fällen der Absätze 1 und 2 können die Hauptzollämter und Zollfahndungsämter sowie deren Beamte im Bußgeldverfahren Beschlagnahmen, Durchsuchungen und Untersuchungen vornehmen sowie sonstige Maßnahmen nach den für Ermittlungspersonen der Staatsanwaltschaft geltenden Vorschriften der Strafprozessordnung ergreifen. [2]Unter den Voraussetzungen des § 111p Absatz 2 Satz 2 der Strafprozessordnung können auch die Hauptzollämter die Notveräußerung anordnen.

§ 22 Straf- und Bußgeldverfahren

(1) [1]Soweit für Straftaten nach den §§ 17 und 18 das Amtsgericht sachlich zuständig ist, liegt die örtliche Zuständigkeit bei dem Amtsgericht, in dessen Bezirk das örtlich zuständige Landgericht seinen Sitz hat. [2]Die Landesregierung kann durch Rechtsverordnung die örtliche Zuständigkeit des Amtsgerichts abweichend regeln, soweit dies mit Rücksicht auf die Wirtschafts- oder Verkehrsverhältnisse, den Aufbau der Verwaltung oder andere örtliche Bedürfnisse zweck-

1) **Anm. d. Red.:** § 20 i. d. F. des Gesetzes v. 13. 4. 2017 (BGBl I S. 872) mit Wirkung v. 1. 7. 2017.
2) **Anm. d. Red.:** § 21 i. d. F. des Gesetzes v. 13. 4. 2017 (BGBl I S. 872) mit Wirkung v. 1. 7. 2017.

mäßig erscheint. [3]Die Landesregierung kann diese Ermächtigung auf die Landesjustizverwaltung übertragen.

(2) Im Strafverfahren gelten die §§ 49, 63 Absatz 2 und 3 Satz 1 sowie § 76 Absatz 1 und 4 des Gesetzes über Ordnungswidrigkeiten über die Beteiligung der Verwaltungsbehörde im Verfahren der Staatsanwaltschaft und im gerichtlichen Verfahren entsprechend.

(3) [1]Verwaltungsbehörde im Sinne dieses Gesetzes und des § 36 Absatz 1 Nummer 1 des Gesetzes über Ordnungswidrigkeiten ist das Hauptzollamt. [2]Das Bundesministerium der Finanzen kann durch Rechtsverordnung, die nicht der Zustimmung des Bundesrates bedarf, die örtliche Zuständigkeit des Hauptzollamts als Verwaltungsbehörde gemäß Satz 1 abweichend regeln, soweit dies mit Rücksicht auf die Wirtschafts- oder Verkehrsverhältnisse, den Aufbau der Verwaltung oder andere örtliche Bedürfnisse zweckmäßig erscheint.

(4) [1]Die Verfolgung als Ordnungswidrigkeit unterbleibt in den Fällen der fahrlässigen Begehung eines Verstoßes im Sinne des § 19 Absatz 2 bis 5, wenn der Verstoß im Wege der Eigenkontrolle aufgedeckt und der zuständigen Behörde angezeigt wurde sowie angemessene Maßnahmen zur Verhinderung eines Verstoßes aus gleichem Grund getroffen werden. [2]Eine Anzeige nach Satz 1 gilt als freiwillig, wenn die zuständige Behörde hinsichtlich des Verstoßes noch keine Ermittlungen aufgenommen hat. [3]Im Übrigen bleibt § 47 des Gesetzes über Ordnungswidrigkeiten unberührt.

§ 23 Allgemeine Auskunftspflicht[1)]

(1) [1]Das Hauptzollamt, die Deutsche Bundesbank, das Bundesamt für Wirtschaft und Ausfuhrkontrolle (BAFA) und die Bundesanstalt für Landwirtschaft und Ernährung können Auskünfte verlangen, die erforderlich sind, um die Einhaltung dieses Gesetzes und der auf Grund dieses Gesetzes erlassenen Rechtsverordnungen und Anordnungen sowie von Rechtsakten des Rates oder der Kommission der Europäischen Union im Bereich des Außenwirtschaftsrechts zu überwachen. [2]Zu diesem Zweck können sie verlangen, dass ihnen die geschäftlichen Unterlagen vorgelegt werden.

(2) [1]Das Hauptzollamt und die Deutsche Bundesbank können zu dem in Absatz 1 genannten Zweck auch Prüfungen bei den Auskunftspflichtigen vornehmen; das Bundesamt für Wirtschaft und Ausfuhrkontrolle (BAFA) und die Bundesanstalt für Landwirtschaft und Ernährung können zu den Prüfungen Beauftragte entsenden. [2]Zur Vornahme der Prüfungen dürfen die Bediensteten dieser Stellen und deren Beauftragte die Geschäftsräume der Auskunftspflichtigen betreten. [3]Das Grundrecht des Artikels 13 des Grundgesetzes wird insoweit eingeschränkt.

(3) [1]Die Bediensteten des Bundesamtes für Wirtschaft und Ausfuhrkontrolle (BAFA) dürfen die Geschäftsräume der Auskunftspflichtigen betreten, um die Voraussetzungen für die Erteilung von Genehmigungen nach § 8 Absatz 2 oder für die Erteilung von Zertifikaten nach § 9 zu überprüfen. [2]Das Grundrecht des Artikels 13 des Grundgesetzes wird insoweit eingeschränkt.

(4) [1]Sind die Unterlagen nach Absatz 1 unter Einsatz eines Datenverarbeitungssystems erstellt worden, so dürfen die Verwaltungsbehörde und die Deutsche Bundesbank im Rahmen einer Prüfung Einsicht in die gespeicherten Daten nehmen und das Datenverarbeitungssystem zur Prüfung dieser Unterlagen nutzen. [2]Sie können im Rahmen einer Prüfung auch verlangen, dass die Daten nach ihren Vorgaben automatisiert ausgewertet oder ihnen die gespeicherten Unterlagen auf einem maschinell verwertbaren Datenträger zur Verfügung gestellt werden. [3]Dazu ist sicherzustellen, dass die gespeicherten Daten während der Dauer der gesetzlichen Aufbewahrungsfristen verfügbar sind sowie dass sie unverzüglich lesbar gemacht und unverzüglich automatisiert ausgewertet werden können. [4]Die Auskunftspflichtigen haben die Verwaltungsbehörde und die Deutsche Bundesbank bei der Ausübung der Befugnisse nach den Sätzen 1 und 2 zu unterstützen und die Kosten zu tragen.

1) **Anm. der Red.:** § 23 i. d. F. des Gesetzes v. 3. 12. 2015 (BGBl I S. 2178) mit Wirkung v. 1. 1. 2016.

(5) Auskunftspflichtig ist, wer unmittelbar oder mittelbar am Außenwirtschaftsverkehr teilnimmt.

(6) Der Auskunftspflichtige kann die Auskunft auf solche Fragen verweigern, deren Beantwortung ihn selbst oder einen der in § 383 Absatz 1 Nummer 1 bis 3 der Zivilprozessordnung bezeichneten Angehörigen der Gefahr aussetzen würde, wegen einer Straftat oder Ordnungswidrigkeit verfolgt zu werden.

(7) Das Hauptzollamt, das den Verwaltungsakt erlassen hat, ist auch für die Entscheidung über den Widerspruch zuständig.

§ 24 Übermittlung von Informationen durch das Bundesamt für Wirtschaft und Ausfuhrkontrolle (BAFA)

(1) Das Bundesamt für Wirtschaft und Ausfuhrkontrolle (BAFA) darf die Informationen, einschließlich personenbezogener Daten, die ihm bei der Erfüllung seiner Aufgaben

1. nach diesem Gesetz,
2. nach dem Gesetz über die Kontrolle von Kriegswaffen oder
3. nach Rechtsakten der Europäischen Union im Bereich des Außenwirtschaftsrechts

bekannt geworden sind, an andere öffentliche Stellen des Bundes übermitteln, soweit dies zur Verfolgung der Zwecke des § 4 Absatz 1 und 2 oder zur Zollabfertigung erforderlich ist.

(2) Informationen über die Versagung von Genehmigungen dürfen abweichend von Absatz 1 nur übermittelt werden, soweit dies zur Verfolgung der Zwecke des § 4 Absatz 1 und 2 erforderlich ist.

(3) Die Empfänger dürfen die nach den Absätzen 1 und 2 übermittelten Informationen, einschließlich personenbezogener Daten, nur für die Zwecke verwenden, für die sie übermittelt wurden oder soweit es zur Verfolgung von Straftaten oder Ordnungswidrigkeiten nach diesem Gesetz oder einer Rechtsverordnung nach diesem Gesetz oder nach dem Gesetz über die Kontrolle von Kriegswaffen erforderlich ist.

§ 25 Automatisiertes Abrufverfahren[1)]

(1) Das Zollkriminalamt ist berechtigt, Informationen, einschließlich personenbezogener Daten, die nach § 24 Absatz 1 und 2 übermittelt werden dürfen, im Einzelfall in einem automatisierten Verfahren abzurufen, soweit dies für die Zwecke des § 24 Absatz 1 oder zur Verhütung von Straftaten oder zur Verfolgung von Straftaten oder Ordnungswidrigkeiten erforderlich ist.

(2) Das Zollkriminalamt und das Bundesamt für Wirtschaft und Ausfuhrkontrolle (BAFA) legen bei der Einrichtung des Abrufverfahrens Anlass und Zweck des Abrufverfahrens sowie die Art der zu übermittelnden Daten und die nach § 9 des Bundesdatenschutzgesetzes erforderlichen technischen und organisatorischen Maßnahmen schriftlich fest.

(3) [1]Die Einrichtung des Abrufverfahrens bedarf der Zustimmung des Bundesministeriums der Finanzen und des Bundesministeriums für Wirtschaft und Energie. [2]Über die Einrichtung des Abrufverfahrens ist der Bundesbeauftragte für den Datenschutz und die Informationsfreiheit unter Mitteilung der Festlegungen nach Absatz 2 zu unterrichten.

(4) [1]Die Verantwortung für die Zulässigkeit des einzelnen Abrufs trägt das Zollkriminalamt. [2]Abrufe im automatisierten Verfahren dürfen nur von Bediensteten vorgenommen werden, die von der Leitung des Zollkriminalamtes hierzu besonders ermächtigt sind.

(5) [1]Das Bundesamt für Wirtschaft und Ausfuhrkontrolle (BAFA) prüft die Zulässigkeit der Abrufe nur, wenn dazu Anlass besteht. [2]Es hat zu gewährleisten, dass die Übermittlung personenbezogener Daten zumindest durch geeignete Stichprobenverfahren festgestellt und überprüft werden kann.

1) **Anm. der Red.:** § 25 i. d. F. der VO v. 31. 8. 2015 (BGBl I S. 1474) mit Wirkung v. 8. 9. 2015.

§ 26 Übermittlung personenbezogener Daten aus Strafverfahren

(1) In Strafverfahren wegen Verstoßes gegen dieses Gesetz oder gegen eine Rechtsverordnung auf Grund dieses Gesetzes oder gegen das Gesetz über die Kontrolle von Kriegswaffen dürfen Gerichte und Staatsanwaltschaften obersten Bundesbehörden personenbezogene Daten zur Verfolgung der Zwecke des § 4 Absatz 1 und 2 übermitteln.

(2) Die nach Absatz 1 erlangten Daten dürfen nur zu den dort genannten Zwecken verwendet werden.

(3) Der Empfänger darf die Daten an eine nicht in Absatz 1 genannte öffentliche Stelle nur weiterübermitteln, wenn

1. das Interesse an der Verwendung der übermittelten Daten das Interesse des Betroffenen an der Geheimhaltung erheblich überwiegt und
2. der Untersuchungszweck des Strafverfahrens nicht gefährdet werden kann.

§ 27 Überwachung des Fracht-, Post- und Reiseverkehrs

(1) [1]Waren, die ausgeführt, verbracht, eingeführt oder durchgeführt werden, sind auf Verlangen vorzuzeigen. [2]Sie können einer Beschau und einer Untersuchung unterworfen werden.

(2) Beförderungsmittel, Gepäckstücke und sonstige Behältnisse können darauf geprüft werden, ob sie Waren enthalten, deren Ausfuhr, Einfuhr, Verbringung oder Durchfuhr beschränkt ist.

(3) Wer aus dem Inland ausreist oder in das Inland einreist, hat auf Verlangen zu erklären, ob er Waren mit sich führt, deren Ausfuhr, Einfuhr, Durchfuhr oder Verbringung nach diesem Gesetz oder nach einer auf Grund dieses Gesetzes erlassenen Rechtsverordnung beschränkt ist.

(4) [1]Wer Waren ausführen will, hat die Sendung den zuständigen Zollstellen zur Ausfuhrabfertigung zu gestellen. [2]Das Nähere wird durch eine Rechtsverordnung nach § 11 bestimmt. [3]Zur Erleichterung des Post-, Fracht- und Reiseverkehrs können durch Rechtsverordnung Ausnahmen zugelassen werden, soweit hierdurch der Überwachungszweck nicht gefährdet wird.

(5) [1]Die Zollbehörden überwachen die Einhaltung

1. der Vorschriften dieses Gesetzes,
2. der zu diesem Gesetz erlassenen Rechtsverordnungen und
3. der Rechtsakte der Europäischen Union im Bereich des Außenwirtschaftsverkehrs

über die Ausfuhr, Einfuhr, Verbringung und Durchfuhr. [2]Das Bundesministerium des Innern bestimmt die Behörden der Bundespolizei, die für die Überwachung der Ausfuhr von Waffen und Sprengstoff zuständig sind; Satz 1 bleibt unberührt.

§ 28 Kosten

(1) Die Zollbehörden können bei der Durchführung der Vorschriften dieses Gesetzes oder der zu diesem Gesetz erlassenen Rechtsverordnungen über die Ausfuhr, Verbringung, Einfuhr oder Durchfuhr sowie der Rechtsakte der Europäischen Union im Bereich des Außenwirtschaftsverkehrs Kosten (Gebühren und Auslagen) erheben für

1. die Abfertigung außerhalb des Amtsplatzes oder außerhalb der Öffnungszeiten,
2. die Ausstellung und Nachprüfung von Bescheinigungen oder
3. die Untersuchung von Waren.

(2) In den Fällen des Absatzes 1 gelten für die Bemessung der Kosten und für das Verfahren zu ihrer Erhebung die Vorschriften über Kosten, die auf Grund des § 178 der Abgabenordnung erhoben werden.

XXXIX. Außenwirtschaftsverordnung (AWV)

v. 2.8.2013 (BGBl I S. 2865) mit späteren Änderungen

Die Außenwirtschaftsverordnung (AWV) v. 2.8.2013 (BGBl I S. 2865) ist zuletzt geändert worden durch Art. 1 Zwölfte Verordnung zur Änderung der Außenwirtschaftsverordnung v. 19.12.2018 (BAnz AT 28.12.2018 V1).

Auszug

Kapitel 1: Allgemeine Vorschriften

§ 1 Beantragung von Genehmigungen

(1) [1]Anträge auf Erteilung einer Genehmigung können, wenn im Folgenden nichts anderes bestimmt ist, von jedem gestellt werden, der das genehmigungsbedürftige Rechtsgeschäft oder die genehmigungsbedürftige Handlung vornimmt. [2]Antragsberechtigt ist auch, wer einen Anspruch aus dem Rechtsgeschäft herleitet oder einen Anspruch auf Vornahme der Handlung geltend macht.

(2) Genehmigungen in der Form der Allgemeinverfügung (§ 35 Satz 2 des Verwaltungsverfahrensgesetzes) werden von Amts wegen erteilt.

§ 2 Zertifikate nach Artikel 9 der Richtlinie 2009/43/EG

(1) Das Bundesamt für Wirtschaft und Ausfuhrkontrolle (BAFA) erteilt einem Teilnehmer am Außenwirtschaftsverkehr auf Antrag ein Zertifikat, das ihm Zuverlässigkeit bescheinigt, insbesondere in Bezug auf seine Fähigkeit, die Ausfuhrbestimmungen für in Teil I Abschnitt A der Ausfuhrliste (Anlage AL) genannte Güter einzuhalten, die er im Rahmen einer Genehmigung aus einem anderen Mitgliedstaat der Europäischen Union bezieht.

(2) Für die Bescheinigung der Zuverlässigkeit des Antragstellers sind in der Regel erforderlich:

1. nachgewiesene Erfahrung im Bereich Verteidigung, insbesondere unter Berücksichtigung der Einhaltung von Ausfuhrbeschränkungen durch den Antragsteller, etwaiger einschlägiger Gerichtsurteile und der Beschäftigung erfahrener Führungskräfte;
2. einschlägige industrielle Tätigkeit mit Bezug auf in Teil I Abschnitt A der Ausfuhrliste genannte Güter im Inland, insbesondere Fähigkeit zur Systemoder Teilsystemintegration;
3. die Ernennung eines leitenden Mitarbeiters zum persönlich Verantwortlichen für Verbringungen und Ausfuhren, der persönlich für das interne Programm zur Einhaltung der Ausfuhrkontrollverfahren oder das Verbringungs- und Ausfuhrverwaltungssystem des Antragstellers sowie für das Ausfuhr- und Verbringungskontrollpersonal verantwortlich ist und Mitglied des geschäftsführenden Organs des Antragstellers ist;
4. eine von dem in Nummer 3 genannten leitenden Mitarbeiter unterzeichnete schriftliche Verpflichtungserklärung des Antragstellers, dass er alle notwendigen Vorkehrungen trifft, um sämtliche Bedingungen für die Endverwendung und Ausfuhr eines ihm gelieferten in Teil I Abschnitt A der Ausfuhrliste genannten Gutes einzuhalten und durchzusetzen;
5. eine von dem in Nummer 3 genannten leitenden Mitarbeiter unterzeichnete schriftliche Verpflichtungserklärung des Antragstellers, dass er gegenüber den zuständigen Behörden bei Anfragen und Untersuchungen die erforderlichen Angaben über die Endverwender oder die Endverwendung aller Güter macht, die er ausführt, verbringt oder im Rahmen einer Genehmigung eines anderen Mitgliedstaats der Europäischen Union erhält;
6. eine von dem in Nummer 3 genannten leitenden Mitarbeiter gegengezeichnete Beschreibung des internen Programms zur Einhaltung der Ausfuhrkontrollverfahren oder des Verbringungs- und Ausfuhrverwaltungssystems des Antragstellers, aus der sich eindeutig ergibt, dass der in Nummer 3 genannte leitende Mitarbeiter die Aufsicht über das Personal

der für die Ausfuhr- und Verbringungskontrolle des Antragstellers zuständigen Abteilungen führt; diese Beschreibung enthält Angaben über

a) die organisatorischen, personellen und technischen Mittel für die Verwaltung von Verbringungen und Ausfuhren,
b) die Verteilung der Zuständigkeiten beim Antragsteller,
c) die internen Prüfverfahren,
d) die Maßnahmen zur Sensibilisierung und Schulung des Personals,
e) die Maßnahmen zur Gewährleistung der physischen und technischen Sicherheit,
f) das Führen von Aufzeichnungen,
g) die Rückverfolgbarkeit von Verbringungen und Ausfuhren,
h) die Adresse, unter der die zuständigen Behörden gemäß § 23 des Außenwirtschaftsgesetzes die Aufzeichnungen über die in Teil I Abschnitt A der Ausfuhrliste genannten Güter einsehen können;

7. eine Erklärung des Antragstellers, dass er
   a) die in Teil I Abschnitt A der Ausfuhrliste genannten Güter, die er auf der Grundlage einer Allgemeinverfügung erhält, welche auf die Erteilung des Zertifikats Bezug nimmt, für seine eigene Produktion verwendet und
   b) die betreffenden Güter außer zum Zweck der Wartung oder Reparatur nicht als solche einem Dritten endgültig überlässt, zu ihm verbringt oder an ihn ausführt.

(3) Die Gültigkeitsdauer des Zertifikats darf höchstens fünf Jahre betragen.

§ 3 Formerfordernisse

(1) [1]Soweit nichts anderes bestimmt ist, bedürfen Verwaltungsakte im Außenwirtschaftsverkehr der Schriftform. [2]Das Bundesamt für Wirtschaft und Ausfuhrkontrolle (BAFA) kann durch Allgemeinverfügung, die im Bundesanzeiger bekannt zu machen ist, vorschreiben, dass der Erlass eines Verwaltungsakts auf einem besonderen Vordruck beantragt werden muss. [3]§ 3a des Verwaltungsverfahrensgesetzes ist nicht anzuwenden.

(2) Das Bundesamt für Wirtschaft und Ausfuhrkontrolle (BAFA) kann durch Allgemeinverfügung, die im Bundesanzeiger bekannt zu machen ist, festlegen, von welchem Zeitpunkt an und unter welchen Voraussetzungen Anträge auf Erlass eines Verwaltungsakts im Außenwirtschaftsverkehr elektronisch gestellt und Verwaltungsakte elektronisch erlassen werden können.

§ 4 Sammelgenehmigungen

Dem Antragsteller kann eine Genehmigung für eine unbestimmte Anzahl gleichartiger Rechtsgeschäfte oder Handlungen mit einem oder mehreren genau bestimmten Endverwendern oder Drittländern (Sammelgenehmigung) erteilt werden, wenn dies wegen der beabsichtigten Wiederholung der Rechtsgeschäfte oder Handlungen zweckmäßig erscheint.

§ 5 Rückgabe von Verwaltungsakten

(1) [1]Der Adressat eines Verwaltungsakts in Papierform muss der für den Erlass zuständigen Stelle die diesen Verwaltungsakt verkörpernde Urkunde unverzüglich zurückgeben, wenn

1. der erteilte Verwaltungsakt unwirksam wird, bevor er vollständig ausgenutzt wurde,
2. der Adressat die Absicht aufgibt, den Verwaltungsakt vollständig auszunutzen, oder
3. der Verwaltungsakt oder die ihn verkörpernde Urkunde durch einen weiteren Bescheid, insbesondere eine Zweitausfertigung, ersetzt wurde und der ursprüngliche Verwaltungsakt infolge der Ersetzung keinen eigenen Regelungsgehalt mehr aufweist.

[2]Im Übrigen bleibt § 52 des Verwaltungsverfahrensgesetzes unberührt.

(2) Durch Allgemeinverfügung, die im Bundesanzeiger bekannt zu machen ist, kann die zuständige Stelle festlegen, von welchem Zeitpunkt an und unter welchen Voraussetzungen auf die Rückgabepflicht nach Absatz 1 verzichtet werden kann.

(3) Die Rückgabepflicht auf Grund von Rechtsakten der Europäischen Union bleibt unberührt.

§ 6 Aufbewahrung von Verwaltungsakten

(1) Der Adressat eines Verwaltungsakts muss die diesen Verwaltungsakt verkörpernde Urkunde nach Ablauf der Gültigkeit des Verwaltungsaktes für die Dauer von fünf Jahren aufbewahren, es sei denn, dass die Urkunde vorher zurückgegeben werden muss.

(2) Durch Allgemeinverfügung, die im Bundesanzeiger bekannt zu machen ist, kann die zuständige Stelle

1. festlegen, von welchem Zeitpunkt an und unter welchen Voraussetzungen auf die Aufbewahrungspflicht nach Absatz 1 verzichtet werden kann, oder
2. die weiteren Voraussetzungen für die Aufbewahrung regeln.

§ 7 Boykotterklärung[1)]

[1]Die Abgabe einer Erklärung im Außenwirtschaftsverkehr, durch die sich ein Inländer an einem Boykott gegen einen anderen Staat beteiligt (Boykott-Erklärung), ist verboten. [2]Satz 1 gilt nicht für eine Erklärung, die abgegeben wird, um den Anforderungen einer wirtschaftlichen Sanktionsmaßnahme eines Staates gegen einen anderen Staat zu genügen, gegen den auch

1. der Sicherheitsrat der Vereinten Nationen nach Kapitel VII der Charta der Vereinten Nationen,
2. der Rat der Europäischen Union im Rahmen des Kapitels 2 des Vertrags über die Europäische Union oder
3. die Bundesrepublik Deutschland

wirtschaftliche Sanktionsmaßnahmen beschlossen haben.

Kapitel 6: Beschränkungen des Kapitalverkehrs

Abschnitt 1: Beschränkungen nach § 4 Absatz 2 des Außenwirtschaftsgesetzes zur Erfüllung des Abkommens über deutsche Auslandsschulden

AWV

§ 54 Bewirkung von Zahlungen und sonstigen Leistungen

(1) Einem Schuldner ist die Bewirkung von Zahlungen und sonstigen Leistungen verboten, wenn sie

1. die Erfüllung einer Schuld im Sinne des Abkommens vom 27. Februar 1953 über deutsche Auslandsschulden (BGBl 1953 II S. 331) zum Gegenstand haben, die Schuld aber nicht geregelt ist,
2. die Erfüllung einer geregelten Schuld im Sinne des Abkommens zum Gegenstand haben, sich aber nicht innerhalb der Grenzen der festgesetzten Zahlungs- und sonstigen Bedingungen halten, oder
3. die Erfüllung von Verbindlichkeiten zum Gegenstand haben, die
   a) in nichtdeutscher Währung zahlbar sind oder waren und
   b) zwar den Voraussetzungen des Artikels 4 Absatz 1 und 2 des Abkommens entsprechen, aber die Voraussetzungen des Artikels 4 Absatz 3 Buchstabe a oder b des Abkommens hinsichtlich der Person des Gläubigers nicht erfüllen, es sei denn, dass es sich um Ver-

1) **Anm. d. Red.:** § 7 i. d. F. der VO v. 19.12.2018 (BAnz AT 28.12.2018 V1) mit Wirkung v. 29.12.2018.

bindlichkeiten aus marktfähigen Wertpapieren handelt, die in einem Gläubigerland zahlbar sind.

(2) Die in Artikel 3 des Abkommens enthaltenen Begriffsbestimmungen gelten auch für Absatz 1.

Abschnitt 2: Prüfung von Unternehmenserwerben

Unterabschnitt 1: Sektorübergreifende Prüfung von Unternehmenserwerben

§ 55 Anwendungsbereich der sektorübergreifenden Prüfung[1)]

(1) [1]Das Bundesministerium für Wirtschaft und Energie kann prüfen, ob es die öffentliche Ordnung oder Sicherheit der Bundesrepublik Deutschland gefährdet, wenn ein Unionsfremder ein inländisches Unternehmen oder eine unmittelbare oder mittelbare Beteiligung im Sinne des § 56 an einem inländischen Unternehmen erwirbt. [2]Eine Gefährdung der öffentlichen Ordnung oder Sicherheit kann insbesondere vorliegen, wenn das inländische Unternehmen

1. Betreiber einer Kritischen Infrastruktur im Sinne des Gesetzes über das Bundesamt für Sicherheit in der Informationstechnik ist,
2. Software besonders entwickelt oder ändert, die branchenspezifisch zum Betrieb von Kritischen Infrastrukturen im Sinne des Gesetzes über das Bundesamt für Sicherheit in der Informationstechnik dient,
3. mit organisatorischen Maßnahmen nach § 110 des Telekommunikationsgesetzes betraut ist oder technische Einrichtungen zur Umsetzung gesetzlich vorgesehener Maßnahmen zur Überwachung der Telekommunikation herstellt oder hergestellt hat und über Kenntnisse der Technologie verfügt,
4. Cloud-Computing-Dienste erbringt und die hierfür genutzten Infrastrukturen die Schwellenwerte nach Anhang 4 Teil 3 Nummer 2 der Verordnung zur Bestimmung Kritischer Infrastrukturen nach dem Gesetz über das Bundesamt für Sicherheit in der Informationstechnik erreichen oder überschreiten,
5. eine Zulassung für Komponenten oder Dienste der Telematikinfrastruktur nach § 291b Absatz 1a oder 1e des Fünften Buches Sozialgesetzbuch besitzt oder
6. ein Unternehmen der Medienwirtschaft ist, das mittels Rundfunk, Telemedien oder Druckerzeugnissen zur öffentlichen Meinungsbildung beiträgt und sich durch besondere Aktualität und Breitenwirkung auszeichnet.

[3]Branchenspezifische Software im Sinne des Satzes 2 Nummer 2 ist

1. im Sektor Energie Software für die Kraftwerksleittechnik, für die Netzleittechnik oder für die Steuerungstechnik zum Betrieb von Anlagen oder Systemen zur Stromversorgung, Gasversorgung, Kraftstoff- oder Heizölversorgung oder Fernwärmeversorgung,
2. im Sektor Wasser Software für die Leit-, Steuerungs- oder Automatisierungstechnik von Anlagen zur Trinkwasserversorgung oder Abwasserbeseitigung,
3. im Sektor Informationstechnik und Telekommunikation Software zum Betrieb von Anlagen oder Systemen zur Sprach- und Datenübertragung oder zur Datenspeicherung und -verarbeitung,
4. im Sektor Finanz- und Versicherungswesen Software zum Betrieb von Anlagen oder Systemen der Bargeldversorgung, des kartengestützten Zahlungsverkehrs, des konventionellen Zahlungsverkehrs, zur Verrechnung und der Abwicklung von Wertpapier- und Derivatgeschäften oder zur Erbringung von Versicherungsdienstleistungen,

1) **Anm. d. Red.:** § 55 i. d. F. der VO v. 19.12.2018 (BAnz AT 28.12.2018 V1) mit Wirkung v. 29.12.2018.

5. im Sektor Gesundheit Software zum Betrieb eines Krankenhausinformationssystems, zum Betrieb von Anlagen oder Systemen zum Vertrieb von verschreibungspflichtigen Arzneimitteln sowie zum Betrieb eines Laborinformationssystems,
6. im Sektor Transport und Verkehr Software zum Betrieb von Anlagen oder Systemen zur Beförderung von Personen und Gütern im Luftverkehr, im Schienenverkehr, in der See- und Binnenschifffahrt, im Straßenverkehr, im öffentlichen Personennahverkehr oder in der Logistik und
7. im Sektor Ernährung Software zum Betrieb von Anlagen oder Systemen zur Lebensmittelversorgung.

(2) [1]Der Prüfung nach Absatz 1 unterliegen auch Erwerbe durch Unionsansässige, wenn es Anzeichen dafür gibt, dass eine missbräuchliche Gestaltung oder ein Umgehungsgeschäft zumindest auch vorgenommen wurde, um eine Prüfung nach Absatz 1 zu unterlaufen. [2]Anzeichen für eine Gestaltung im Sinne des Satzes 1 sind insbesondere, wenn der unmittelbare Erwerber mit Ausnahme des Erwerbs nach Absatz 1 keiner nennenswerten eigenständigen Wirtschaftstätigkeit nachgeht oder innerhalb der Europäischen Union keine auf Dauer angelegte eigene Präsenz in Gestalt von Geschäftsräumen, Personal oder Ausrüstungsgegenständen unterhält. [3]Zweigniederlassungen und Betriebsstätten eines unionsfremden Erwerbers gelten nicht als unionsansässig. [4]Erwerber aus den Mitgliedstaaten der Europäischen Freihandelsassoziation stehen Unionsansässigen gleich. [5]Eine Präsenz des unmittelbaren Erwerbers in einem Mitgliedstaat der Europäischen Freihandelsassoziation steht einer Präsenz innerhalb der Europäischen Union gleich.

(3) [1]Das Bundesministerium für Wirtschaft und Energie kann das Prüfrecht nach Absatz 1 nur ausüben, wenn es dem unmittelbaren Erwerber und dem von einem Erwerb nach Absatz 1 betroffenen inländischen Unternehmen die Eröffnung des Prüfverfahrens innerhalb von drei Monaten nach dem Erlangen der Kenntnis vom Abschluss des schuldrechtlichen Vertrags über den Erwerb mitteilt. [2]Die Mitteilung nach Satz 1 bedarf der Schriftform. [3]Sie ist dem unmittelbaren Erwerber und dem vom Erwerb nach Absatz 1 betroffenen inländischen Unternehmen zuzustellen. [4]Für die Wahrung der Frist nach Satz 1 ist allein die rechtzeitige Zustellung der Mitteilung an das vom Erwerb nach Absatz 1 betroffene inländische Unternehmen maßgeblich. [5]Im Fall eines Angebots im Sinne des Wertpapiererwerbs- und Übernahmegesetzes beginnt die Frist nach Satz 1 mit dem Erlangen der Kenntnis von der Veröffentlichung der Entscheidung zur Abgabe des Angebots oder mit dem Erlangen der Kenntnis von der Veröffentlichung der Kontrollerlangung. [6]Eine Eröffnung des Prüfverfahrens ist ausgeschlossen, wenn seit Abschluss des schuldrechtlichen Vertrags mehr als fünf Jahre vergangen sind.

(4) Der Abschluss eines schuldrechtlichen Vertrags über den Erwerb eines inländischen Unternehmens im Sinne des Absatzes 1 Satz 2 oder einer unmittelbaren oder mittelbaren Beteiligung im Sinne des § 56 an einem inländischen Unternehmen im Sinne des Absatzes 1 Satz 2 durch einen Unionsfremden sind dem Bundesministerium für Wirtschaft und Energie schriftlich zu melden.

§ 56 Stimmrechtsanteile[1)]

(1) Der unmittelbare oder mittelbare Stimmrechtsanteil des Erwerbers an dem inländischen Unternehmen muss nach dem Erwerb der Beteiligung

1. an einem in § 55 Absatz 1 Satz 2 bezeichneten Unternehmen 10 Prozent der Stimmrechte,
2. an einem sonstigen Unternehmen 25 Prozent der Stimmrechte

erreichen oder überschreiten.

1) **Anm. d. Red.:** § 56 i. d. F. der VO v. 19.12.2018 (BAnz AT 28.12.2018 V1) mit Wirkung v. 29.12.2018.

(2) Bei der Berechnung der Stimmrechtsanteile sind dem Erwerber die Stimmrechte Dritter an dem inländischen Unternehmen zuzurechnen,

1. an denen der Erwerber
   a) in einem Fall des Absatzes 1 Nummer 1 mindestens den dort genannten Anteil oder
   b) in einem Fall des Absatzes 1 Nummer 2 mindestens den dort genannten Anteil

   der Stimmrechte hält oder
2. mit denen der Erwerber eine Vereinbarung über die gemeinsame Ausübung von Stimmrechten abgeschlossen hat.

(3) Im Fall des Erwerbs einer mittelbaren Beteiligung beträgt der Stimmrechtsanteil des Erwerbers an dem inländischen Unternehmen

1. in einem Fall des Absatzes 1 Nummer 1 mindestens den dort genannten Anteil oder
2. in einem Fall des Absatzes 1 Nummer 2 mindestens den dort genannten Anteil,

wenn der Erwerber und der jeweilige Zwischengesellschafter unter entsprechender Anwendung der Zurechnungsgrundsätze nach Absatz 2 mindestens den nach Nummer 1 oder Nummer 2 maßgeblichen Anteil der Stimmrechte an der jeweiligen Tochtergesellschaft halten.

§ 57 Unterlagen über den Erwerb[1)]

[1]Der unmittelbare Erwerber ist verpflichtet, dem Bundesministerium für Wirtschaft und Energie im Fall einer Prüfung nach § 55 Unterlagen über den Erwerb einzureichen. [2]Die einzureichenden Unterlagen bestimmt das Bundesministerium für Wirtschaft und Energie durch Allgemeinverfügung, die im Bundesanzeiger bekannt zu machen ist. [3]Das Bundesministerium für Wirtschaft und Energie kann im Einzelfall von allen an einem Erwerb nach § 55 Absatz 1 unmittelbar oder mittelbar Beteiligten die Einreichung weiterer für die Prüfung erforderlicher Unterlagen verlangen.

§ 58 Unbedenklichkeitsbescheinigung[2)]

(1) [1]Das Bundesministerium für Wirtschaft und Energie bescheinigt dem Erwerber auf schriftlichen Antrag die Unbedenklichkeit eines Erwerbs im Sinne des § 55, wenn dem Erwerb keine Bedenken im Hinblick auf die öffentliche Ordnung oder Sicherheit der Bundesrepublik Deutschland entgegenstehen (Unbedenklichkeitsbescheinigung). [2]In dem Antrag sind der Erwerb, der Erwerber und das zu erwerbende inländische Unternehmen anzugeben sowie die Geschäftsfelder des Erwerbers und des zu erwerbenden inländischen Unternehmens in den Grundzügen darzustellen.

(2) [1]Die Unbedenklichkeitsbescheinigung gilt als erteilt, wenn das Bundesministerium für Wirtschaft und Energie nicht innerhalb von zwei Monaten nach Eingang des Antrags ein Prüfverfahren nach § 55 eröffnet. [2]Für die Durchführung des Prüfverfahrens ist § 55 Absatz 3 Satz 1 und 3 mit der Maßgabe anzuwenden, dass dessen Eröffnung nur dem Antragsteller nach Absatz 1 Satz 1 mitzuteilen und zuzustellen ist; § 55 Absatz 3 Satz 4 ist nicht anzuwenden.

§ 59 Untersagung oder Anordnungen[3)]

(1) [1]Das Bundesministerium für Wirtschaft und Energie kann einen Erwerb im Sinne des § 55 bis zum Ablauf von vier Monaten nach Eingang der vollständigen Unterlagen gemäß § 57 gegenüber dem unmittelbaren Erwerber untersagen oder Anordnungen erlassen, um die öffentliche Ordnung oder Sicherheit der Bundesrepublik Deutschland zu gewährleisten. [2]Für die Untersagung oder den Erlass von Anordnungen ist die Zustimmung der Bundesregierung erforderlich.

---

1) **Anm. d. Red.:** § 57 i. d. F. der VO v. 14.7.2017 (BAnz AT 17.7.2017 V1) mit Wirkung v. 18.7.2017.

2) **Anm. d. Red.:** § 58 i. d. F. der VO v. 13.12.2017 (BAnz AT 20.12.2017 V1) mit Wirkung v. 21.12.2017.

3) **Anm. d. Red.:** § 59 i. d. F. der VO v. 14.7.2017 (BAnz AT 17.7.2017 V1) mit Wirkung v. 18.7.2017.

(2) Führt das Bundesministerium für Wirtschaft und Energie im Rahmen des Prüfverfahrens mit den am Erwerb Beteiligten Verhandlungen über vertragliche Regelungen zur Gewährleistung der öffentlichen Ordnung oder Sicherheit der Bundesrepublik Deutschland, so ist der Ablauf der Frist nach Absatz 1 Satz 1 für die Dauer der Verhandlungen gehemmt.

(3) Zur Durchsetzung einer Untersagung kann das Bundesministerium für Wirtschaft und Energie insbesondere

1. die Ausübung der Stimmrechte an dem erworbenen Unternehmen, die einem unionsfremden Erwerber gehören oder ihm zuzurechnen sind, untersagen oder einschränken oder
2. auf Kosten des Erwerbers einen Treuhänder bestellen, der die Rückabwicklung eines vollzogenen Erwerbs herbeiführt.

Unterabschnitt 2: Sektorspezifische Prüfung von Unternehmenserwerben

§ 60 Anwendungsbereich der sektorspezifischen Prüfung[1)]

(1) [1]Das Bundesministerium für Wirtschaft und Energie kann prüfen, ob der Erwerb eines inländischen Unternehmens oder einer unmittelbaren oder mittelbaren Beteiligung im Sinne des § 60a an einem inländischen Unternehmen durch einen Ausländer wesentliche Sicherheitsinteressen der Bundesrepublik Deutschland gefährdet, wenn das Unternehmen:

1. Güter im Sinne des Teils B der Kriegswaffenliste herstellt oder entwickelt,
2. besonders konstruierte Motoren oder Getriebe zum Antrieb von Kampfpanzern oder anderen gepanzerten militärischen Kettenfahrzeugen herstellt oder entwickelt,
3. Produkte mit IT-Sicherheitsfunktionen zur Verarbeitung von staatlichen Verschlusssachen oder für die IT-Sicherheitsfunktion wesentliche Komponenten solcher Produkte herstellt oder hergestellt hat und noch über die Technologie verfügt, wenn das Gesamtprodukt mit Wissen des Unternehmens von dem Bundesamt für Sicherheit in der Informationstechnik zugelassen wurde,
4. Güter herstellt oder entwickelt, die der Listenposition 0005, 0011, 0014, 0015 oder 0017 aus Teil I Abschnitt A der Ausfuhrliste unterfallen oder
5. Güter herstellt oder entwickelt, die der Listenposition 0018 aus Teil I Abschnitt A der Ausfuhrliste unterfallen, sofern diese zur Herstellung von Gütern im Sinne von Nummer 4 bestimmt sind.

[2]Der Prüfung unterliegen auch Erwerbe durch Inländer, wenn es Anzeichen dafür gibt, dass eine missbräuchliche Gestaltung oder ein Umgehungsgeschäft zumindest auch vorgenommen wurde, um eine Prüfung nach Satz 1 zu unterlaufen. [3]Anzeichen für eine Gestaltung im Sinne des Satzes 2 sind insbesondere, wenn der unmittelbare Erwerber mit Ausnahme des Erwerbs nach Satz 1 keiner nennenswerten eigenständigen Wirtschaftstätigkeit nachgeht oder im Inland keine auf Dauer angelegte eigene Präsenz in Gestalt von Geschäftsräumen, Personal oder Ausrüstungsgegenständen unterhält.

AWV

(2) Zweigniederlassungen und Betriebsstätten eines ausländischen Erwerbers gelten nicht als inländisch.

(3) [1]Der Erwerb ist dem Bundesministerium für Wirtschaft und Energie schriftlich zu melden. [2]In der Meldung sind der Erwerb, der Erwerber und das zu erwerbende inländische Unternehmen anzugeben sowie die Geschäftsfelder des Erwerbers und des zu erwerbenden inländischen Unternehmens in den Grundzügen darzustellen. [3]Die Meldung erfolgt ausschließlich durch den unmittelbaren Erwerber, auch wenn in dessen Person die Voraussetzungen des Absatzes 1 nicht vorliegen.

1) **Anm. d. Red.:** § 60 i. d. F. der VO v. 19.12.2018 (BAnz AT 28.12.2018 V1) mit Wirkung v. 29.12.2018.

§ 60a Stimmrechtsanteile[1)]

(1) Der unmittelbare oder mittelbare Stimmrechtsanteil des Erwerbers an dem inländischen Unternehmen muss nach dem Erwerb 10 Prozent der Stimmrechte erreichen oder überschreiten.

(2) Bei der Berechnung der Stimmrechtsanteile sind dem Erwerber die Stimmrechte Dritter an dem inländischen Unternehmen zuzurechnen,

1. an denen der Erwerber mindestens 10 Prozent der Stimmrechte hält, oder
2. mit denen der Erwerber eine Vereinbarung über die gemeinsame Ausübung von Stimmrechten abgeschlossen hat.

(3) Im Fall des Erwerbs einer mittelbaren Beteiligung beträgt der Stimmrechtsanteil des Erwerbers an dem inländischen Unternehmen mindestens 10 Prozent, wenn der Erwerber und der jeweilige Zwischengesellschafter unter entsprechender Anwendung der Zurechnungsgrundsätze nach Absatz 2 mindestens 10 Prozent der Stimmrechte an der jeweiligen Tochtergesellschaft halten.

§ 61 Freigabe eines Erwerbs nach § 60[2)]

[1]Das Bundesministerium für Wirtschaft und Energie gibt den Erwerb gegenüber dem Meldepflichtigen nach § 60 Absatz 3 Satz 3 schriftlich frei, wenn dem Erwerb keine Bedenken im Hinblick auf wesentliche Sicherheitsinteressen der Bundesrepublik Deutschland entgegenstehen. [2]Die Freigabe gilt als erteilt, wenn das Bundesministerium für Wirtschaft und Energie nicht innerhalb von drei Monaten nach Eingang der Meldung nach § 60 Absatz 3 ein Prüfverfahren gemäß § 60 Absatz 1 gegenüber dem Meldepflichtigen eröffnet. [3]Im Falle der Eröffnung eines Prüfverfahrens gilt § 57 entsprechend.

§ 62 Untersagung oder Anordnungen[3)]

(1) Das Bundesministerium für Wirtschaft und Energie kann gegenüber dem Meldepflichtigen bis zum Ablauf von drei Monaten nach Eingang der vollständigen Unterlagen gemäß § 57 einen Erwerb im Sinne des § 60 Absatz 1 untersagen oder Anordnungen erlassen, um wesentliche Sicherheitsinteressen der Bundesrepublik Deutschland zu gewährleisten.

(2) Führt das Bundesministerium für Wirtschaft und Energie im Rahmen des Prüfverfahrens mit den am Erwerb Beteiligten Verhandlungen über vertragliche Regelungen zur Gewährleistung der wesentlichen Sicherheitsinteressen der Bundesrepublik Deutschland, so ist der Ablauf der Frist nach Absatz 1 Satz 1 für die Dauer der Verhandlungen gehemmt.

---

1) **Anm. d. Red.:** § 60a eingefügt gem. VO v. 19.12.2018 (BAnz AT 28.12.2018 V1) mit Wirkung v. 29.12.2018.

2) **Anm. d. Red.:** § 61 i. d. F. der VO v. 14.7.2017 (BAnz AT 17.7.2017 V1) mit Wirkung v. 18.7.2017.

3) **Anm. d. Red.:** § 62 i. d. F. der VO v. 14.7.2017 (BAnz AT 17.7.2017 V1) mit Wirkung v. 18.7.2017.

XL. Verwaltungsverfahrensgesetz (VwVfG)

v. 23.1.2003 (BGBl I S. 103) mit späteren Änderungen

Das Verwaltungsverfahrensgesetz (VwVfG) v. 23.1.2003 (BGBl I S. 103) ist zuletzt geändert worden durch Art. 7 Gesetz zur Umsetzung des Gesetzes zur Einführung des Rechts auf Eheschließung für Personen gleichen Geschlechts v. 18.12.2018 (BGBl I S. 2639).

Auszug

Teil I: Anwendungsbereich, örtliche Zuständigkeit, elektronische Kommunikation, Amtshilfe, europäische Verwaltungszusammenarbeit[1)]

Abschnitt 1: Anwendungsbereich, örtliche Zuständigkeit, elektronische Kommunikation[2)]

§ 1 Anwendungsbereich

(1) Dieses Gesetz gilt für die öffentlich-rechtliche Verwaltungstätigkeit der Behörden

1. des Bundes, der bundesunmittelbaren Körperschaften, Anstalten und Stiftungen des öffentlichen Rechts,
2. der Länder, der Gemeinden und Gemeindeverbände, der sonstigen der Aufsicht des Landes unterstehenden juristischen Personen des öffentlichen Rechts, wenn sie Bundesrecht im Auftrag des Bundes ausführen,

soweit nicht Rechtsvorschriften des Bundes inhaltsgleiche oder entgegenstehende Bestimmungen enthalten.

(2) [1]Dieses Gesetz gilt auch für die öffentlich-rechtliche Verwaltungstätigkeit der in Absatz 1 Nr. 2 bezeichneten Behörden, wenn die Länder Bundesrecht, das Gegenstände der ausschließlichen oder konkurrierenden Gesetzgebung des Bundes betrifft, als eigene Angelegenheit ausführen, soweit nicht Rechtsvorschriften des Bundes inhaltsgleiche oder entgegenstehende Bestimmungen enthalten. [2]Für die Ausführung von Bundesgesetzen, die nach Inkrafttreten dieses Gesetzes erlassen werden, gilt dies nur, soweit die Bundesgesetze mit Zustimmung des Bundesrates dieses Gesetz für anwendbar erklären.

(3) Für die Ausführung von Bundesrecht durch die Länder gilt dieses Gesetz nicht, soweit die öffentlich-rechtliche Verwaltungstätigkeit der Behörden landesrechtlich durch ein Verwaltungsverfahrensgesetz geregelt ist.

VwVfG

(4) Behörde im Sinne dieses Gesetzes ist jede Stelle, die Aufgaben der öffentlichen Verwaltung wahrnimmt.

§ 2 Ausnahmen vom Anwendungsbereich[3)]

(1) Dieses Gesetz gilt nicht für die Tätigkeit der Kirchen, der Religionsgesellschaften und Weltanschauungsgemeinschaften sowie ihrer Verbände und Einrichtungen.

(2) Dieses Gesetz gilt ferner nicht für

1. Verfahren der Bundes- oder Landesfinanzbehörden nach der Abgabenordnung,

---

1) **Anm. d. Red.:** Überschrift i. d. F. des Gesetzes v. 17. 7. 2009 (BGBl I S. 2091) mit Wirkung v. 28. 12. 2009.

2) **Anm. d. Red.:** Überschrift eingefügt gem. Gesetz v. 17. 7. 2009 (BGBl I S. 2091) mit Wirkung v. 28. 12. 2009.

3) **Anm. d. Red.:** § 2 i. d. F. des Gesetzes v. 14. 8. 2009 (BGBl I S. 2827) mit Wirkung v. 1. 9. 2009.

2. die Strafverfolgung, die Verfolgung und Ahndung von Ordnungswidrigkeiten, die Rechtshilfe für das Ausland in Straf- und Zivilsachen und, unbeschadet des § 80 Abs. 4, für Maßnahmen des Richterdienstrechts,
3. Verfahren vor dem Deutschen Patent- und Markenamt und den bei diesem errichteten Schiedsstellen,
4. Verfahren nach dem Sozialgesetzbuch,
5. das Recht des Lastenausgleichs,
6. das Recht der Wiedergutmachung.

(3) Für die Tätigkeit

1. der Gerichtsverwaltungen und der Behörden der Justizverwaltung einschließlich der ihrer Aufsicht unterliegenden Körperschaften des öffentlichen Rechts gilt dieses Gesetz nur, soweit die Tätigkeit der Nachprüfung durch die Gerichte der Verwaltungsgerichtsbarkeit oder durch die in verwaltungsrechtlichen Anwalts-, Patentanwalts- und Notarsachen zuständigen Gerichte unterliegt;
2. der Behörden bei Leistungs-, Eignungs- und ähnlichen Prüfungen von Personen gelten nur die §§ 3a bis 13, 20 bis 27, 29 bis 38, 40 bis 52, 79, 80 und 96;
3. der Vertretungen des Bundes im Ausland gilt dieses Gesetz nicht.

§ 3 Örtliche Zuständigkeit

(1) Örtlich zuständig ist

1. in Angelegenheiten, die sich auf unbewegliches Vermögen oder ein ortsgebundenes Recht oder Rechtsverhältnis beziehen, die Behörde, in deren Bezirk das Vermögen oder der Ort liegt;
2. in Angelegenheiten, die sich auf den Betrieb eines Unternehmens oder einer seiner Betriebsstätten, auf die Ausübung eines Berufs oder auf eine andere dauernde Tätigkeit beziehen, die Behörde, in deren Bezirk das Unternehmen oder die Betriebsstätte betrieben oder der Beruf oder die Tätigkeit ausgeübt wird oder werden soll;
3. in anderen Angelegenheiten, die
   a) eine natürliche Person betreffen, die Behörde, in deren Bezirk die natürliche Person ihren gewöhnlichen Aufenthalt hat oder zuletzt hatte,
   b) eine juristische Person oder eine Vereinigung betreffen, die Behörde, in deren Bezirk die juristische Person oder die Vereinigung ihren Sitz hat oder zuletzt hatte;
4. in Angelegenheiten, bei denen sich die Zuständigkeit nicht aus den Nummern 1 bis 3 ergibt, die Behörde, in deren Bezirk der Anlass für die Amtshandlung hervortritt.

(2) [1]Sind nach Absatz 1 mehrere Behörden zuständig, so entscheidet die Behörde, die zuerst mit der Sache befasst worden ist, es sei denn, die gemeinsame fachlich zuständige Aufsichtsbehörde bestimmt, dass eine andere örtlich zuständige Behörde zu entscheiden hat. [2]Sie kann in den Fällen, in denen eine gleiche Angelegenheit sich auf mehrere Betriebsstätten eines Betriebs oder Unternehmens bezieht, eine der nach Absatz 1 Nr. 2 zuständigen Behörden als gemeinsame zuständige Behörde bestimmen, wenn dies unter Wahrung der Interessen der Beteiligten zur einheitlichen Entscheidung geboten ist. [3]Diese Aufsichtsbehörde entscheidet ferner über die örtliche Zuständigkeit, wenn sich mehrere Behörden für zuständig oder für unzuständig halten oder wenn die Zuständigkeit aus anderen Gründen zweifelhaft ist. [4]Fehlt eine gemeinsame Aufsichtsbehörde, so treffen die fachlich zuständigen Aufsichtsbehörden die Entscheidung gemeinsam.

(3) Ändern sich im Lauf des Verwaltungsverfahrens die die Zuständigkeit begründenden Umstände, so kann die bisher zuständige Behörde das Verwaltungsverfahren fortführen, wenn dies unter Wahrung der Interessen der Beteiligten der einfachen und zweckmäßigen Durchführung des Verfahrens dient und die nunmehr zuständige Behörde zustimmt.

(4) [1]Bei Gefahr im Verzug ist für unaufschiebbare Maßnahmen jede Behörde örtlich zuständig, in deren Bezirk der Anlass für die Amtshandlung hervortritt. [2]Die nach Absatz 1 Nr. 1 bis 3 örtlich zuständige Behörde ist unverzüglich zu unterrichten.

§ 3a Elektronische Kommunikation[1)]

(1) Die Übermittlung elektronischer Dokumente ist zulässig, soweit der Empfänger hierfür einen Zugang eröffnet.

(2) [1]Eine durch Rechtsvorschrift angeordnete Schriftform kann, soweit nicht durch Rechtsvorschrift etwas anderes bestimmt ist, durch die elektronische Form ersetzt werden. [2]Der elektronischen Form genügt ein elektronisches Dokument, das mit einer qualifizierten elektronischen Signatur versehen ist. [3]Die Signierung mit einem Pseudonym, das die Identifizierung der Person des Signaturschlüsselinhabers nicht unmittelbar durch die Behörde ermöglicht, ist nicht zulässig. [4]Die Schriftform kann auch ersetzt werden

1. durch unmittelbare Abgabe der Erklärung in einem elektronischen Formular, das von der Behörde in einem Eingabegerät oder über öffentlich zugängliche Netze zur Verfügung gestellt wird;
2. bei Anträgen und Anzeigen durch Versendung eines elektronischen Dokuments an die Behörde mit der Versandart nach § 5 Absatz 5 des De-Mail-Gesetzes;
3. bei elektronischen Verwaltungsakten oder sonstigen elektronischen Dokumenten der Behörden durch Versendung einer De-Mail-Nachricht nach § 5 Absatz 5 des De-Mail-Gesetzes, bei der die Bestätigung des akkreditierten Diensteanbieters die erlassende Behörde als Nutzer des De-Mail-Kontos erkennen lässt;
4. durch sonstige sichere Verfahren, die durch Rechtsverordnung der Bundesregierung mit Zustimmung des Bundesrates festgelegt werden, welche den Datenübermittler (Absender der Daten) authentifizieren und die Integrität des elektronisch übermittelten Datensatzes sowie die Barrierefreiheit gewährleisten; der IT-Planungsrat gibt Empfehlungen zu geeigneten Verfahren ab.

[5]In den Fällen des Satzes 4 Nummer 1 muss bei einer Eingabe über öffentlich zugängliche Netze ein sicherer Identitätsnachweis nach § 18 des Personalausweisgesetzes oder nach § 78 Absatz 5 des Aufenthaltsgesetzes erfolgen.

(3) [1]Ist ein der Behörde übermitteltes elektronisches Dokument für sie zur Bearbeitung nicht geeignet, teilt sie dies dem Absender unter Angabe der für sie geltenden technischen Rahmenbedingungen unverzüglich mit. [2]Macht ein Empfänger geltend, er könne das von der Behörde übermittelte elektronische Dokument nicht bearbeiten, hat sie es ihm erneut in einem geeigneten elektronischen Format oder als Schriftstück zu übermitteln.

VwVfG

Abschnitt 2: Amtshilfe[2)]

§ 4 Amtshilfepflicht

(1) Jede Behörde leistet anderen Behörden auf Ersuchen ergänzende Hilfe (Amtshilfe).

(2) Amtshilfe liegt nicht vor, wenn

1. Behörden einander innerhalb eines bestehenden Weisungsverhältnisses Hilfe leisten;
2. die Hilfeleistung in Handlungen besteht, die der ersuchten Behörde als eigene Aufgabe obliegen.

---

1) **Anm. d. Red.:** § 3a i. d. F. des Gesetzes v. 18. 7. 2017 (BGBl I S. 2745) mit Wirkung v. 29. 7. 2017.

2) **Anm. d. Red.:** Überschrift eingefügt gem. Gesetz v. 17. 7. 2009 (BGBl I S. 2091) mit Wirkung v. 28. 12. 2009.

§ 5 Voraussetzungen und Grenzen der Amtshilfe

(1) Eine Behörde kann um Amtshilfe insbesondere dann ersuchen, wenn sie
1. aus rechtlichen Gründen die Amtshandlung nicht selbst vornehmen kann;
2. aus tatsächlichen Gründen, besonders weil die zur Vornahme der Amtshandlung erforderlichen Dienstkräfte oder Einrichtungen fehlen, die Amtshandlung nicht selbst vornehmen kann;
3. zur Durchführung ihrer Aufgaben auf die Kenntnis von Tatsachen angewiesen ist, die ihr unbekannt sind und die sie selbst nicht ermitteln kann;
4. zur Durchführung ihrer Aufgaben Urkunden oder sonstige Beweismittel benötigt, die sich im Besitz der ersuchten Behörde befinden;
5. die Amtshandlung nur mit wesentlich größerem Aufwand vornehmen könnte als die ersuchte Behörde.

(2) [1]Die ersuchte Behörde darf Hilfe nicht leisten, wenn
1. sie hierzu aus rechtlichen Gründen nicht in der Lage ist;
2. durch die Hilfeleistung dem Wohl des Bundes oder eines Landes erhebliche Nachteile bereitet würden.

[2]Die ersuchte Behörde ist insbesondere zur Vorlage von Urkunden oder Akten sowie zur Erteilung von Auskünften nicht verpflichtet, wenn die Vorgänge nach einem Gesetz oder ihrem Wesen nach geheim gehalten werden müssen.

(3) Die ersuchte Behörde braucht Hilfe nicht zu leisten, wenn
1. eine andere Behörde die Hilfe wesentlich einfacher oder mit wesentlich geringerem Aufwand leisten kann;
2. sie die Hilfe nur mit unverhältnismäßig großem Aufwand leisten könnte;
3. sie unter Berücksichtigung der Aufgaben der ersuchenden Behörde durch die Hilfeleistung die Erfüllung ihrer eigenen Aufgaben ernstlich gefährden würde.

(4) Die ersuchte Behörde darf die Hilfe nicht deshalb verweigern, weil sie das Ersuchen aus anderen als den in Absatz 3 genannten Gründen oder weil sie die mit der Amtshilfe zu verwirklichende Maßnahme für unzweckmäßig hält.

(5) [1]Hält die ersuchte Behörde sich zur Hilfe nicht für verpflichtet, so teilt sie der ersuchenden Behörde ihre Auffassung mit. [2]Besteht diese auf der Amtshilfe, so entscheidet über die Verpflichtung zur Amtshilfe die gemeinsame fachlich zuständige Aufsichtsbehörde oder, sofern eine solche nicht besteht, die für die ersuchte Behörde fachlich zuständige Aufsichtsbehörde.

§ 6 Auswahl der Behörde

Kommen für die Amtshilfe mehrere Behörden in Betracht, so soll nach Möglichkeit eine Behörde der untersten Verwaltungsstufe des Verwaltungszweigs ersucht werden, dem die ersuchende Behörde angehört.

§ 7 Durchführung der Amtshilfe

(1) Die Zulässigkeit der Maßnahme, die durch die Amtshilfe verwirklicht werden soll, richtet sich nach dem für die ersuchende Behörde, die Durchführung der Amtshilfe nach dem für die ersuchte Behörde geltenden Recht.

(2) [1]Die ersuchende Behörde trägt gegenüber der ersuchten Behörde die Verantwortung für die Rechtmäßigkeit der zu treffenden Maßnahme. [2]Die ersuchte Behörde ist für die Durchführung der Amtshilfe verantwortlich.

§ 8 Kosten der Amtshilfe

(1) [1]Die ersuchende Behörde hat der ersuchten Behörde für die Amtshilfe keine Verwaltungsgebühr zu entrichten. [2]Auslagen hat sie der ersuchten Behörde auf Anforderung zu erstatten,

wenn sie im Einzelfall 35 Euro übersteigen. [3]Leisten Behörden desselben Rechtsträgers einander Amtshilfe, so werden die Auslagen nicht erstattet.

(2) Nimmt die ersuchte Behörde zur Durchführung der Amtshilfe eine kostenpflichtige Amtshandlung vor, so stehen ihr die von einem Dritten hierfür geschuldeten Kosten (Verwaltungsgebühren, Benutzungsgebühren und Auslagen) zu.

Abschnitt 3: Europäische Verwaltungszusammenarbeit[1)]

§ 8a Grundsätze der Hilfeleistung[2)]

(1) Jede Behörde leistet Behörden anderer Mitgliedstaaten der Europäischen Union auf Ersuchen Hilfe, soweit dies nach Maßgabe von Rechtsakten der Europäischen Gemeinschaft geboten ist.

(2) [1]Behörden anderer Mitgliedstaaten der Europäischen Union können um Hilfe ersucht werden, soweit dies nach Maßgabe von Rechtsakten der Europäischen Gemeinschaft zugelassen ist. [2]Um Hilfe ist zu ersuchen, soweit dies nach Maßgabe von Rechtsakten der Europäischen Gemeinschaft geboten ist.

(3) Die §§ 5, 7 und 8 Absatz 2 sind entsprechend anzuwenden, soweit Rechtsakte der Europäischen Gemeinschaft nicht entgegenstehen.

§ 8b Form und Behandlung der Ersuchen[3)]

(1) [1]Ersuchen sind in deutscher Sprache an Behörden anderer Mitgliedstaaten der Europäischen Union zu richten; soweit erforderlich, ist eine Übersetzung beizufügen. [2]Die Ersuchen sind gemäß den gemeinschaftsrechtlichen Vorgaben und unter Angabe des maßgeblichen Rechtsakts zu begründen.

(2) [1]Ersuchen von Behörden anderer Mitgliedstaaten der Europäischen Union dürfen nur erledigt werden, wenn sich ihr Inhalt in deutscher Sprache aus den Akten ergibt. [2]Soweit erforderlich, soll bei Ersuchen in einer anderen Sprache von der ersuchenden Behörde eine Übersetzung verlangt werden.

(3) Ersuchen von Behörden anderer Mitgliedstaaten der Europäischen Union können abgelehnt werden, wenn sie nicht ordnungsgemäß und unter Angabe des maßgeblichen Rechtsakts begründet sind und die erforderliche Begründung nach Aufforderung nicht nachgereicht wird.

(4) [1]Einrichtungen und Hilfsmittel der Kommission zur Behandlung von Ersuchen sollen genutzt werden. [2]Informationen sollen elektronisch übermittelt werden.

VwVfG

§ 8c Kosten der Hilfeleistung[4)]

Ersuchende Behörden anderer Mitgliedstaaten der Europäischen Union haben Verwaltungsgebühren oder Auslagen nur zu erstatten, soweit dies nach Maßgabe von Rechtsakten der Europäischen Gemeinschaft verlangt werden kann.

§ 8d Mitteilungen von Amts wegen[5)]

(1) [1]Die zuständige Behörde teilt den Behörden anderer Mitgliedstaaten der Europäischen Union und der Kommission Angaben über Sachverhalte und Personen mit, soweit dies nach

---

1) **Anm. d. Red.:** Überschrift eingefügt gem. Gesetz v. 17. 7. 2009 (BGBl I S. 2091) mit Wirkung v. 28. 12. 2009.

2) **Anm. d. Red.:** § 8a eingefügt gem. Gesetz v. 17. 7. 2009 (BGBl I S. 2091) mit Wirkung v. 28. 12. 2009.

3) **Anm. d. Red.:** § 8b eingefügt gem. Gesetz v. 17. 7. 2009 (BGBl I S. 2091) mit Wirkung v. 28. 12. 2009.

4) **Anm. d. Red.:** § 8c eingefügt gem. Gesetz v. 17. 7. 2009 (BGBl I S. 2091) mit Wirkung v. 28. 12. 2009.

5) **Anm. d. Red.:** § 8d eingefügt gem. Gesetz v. 17. 7. 2009 (BGBl I S. 2091) mit Wirkung v. 28. 12. 2009.

Maßgabe von Rechtsakten der Europäischen Gemeinschaft geboten ist. [2]Dabei sollen die hierzu eingerichteten Informationsnetze genutzt werden.

(2) Übermittelt eine Behörde Angaben nach Absatz 1 an die Behörde eines anderen Mitgliedstaats der Europäischen Union, unterrichtet sie den Betroffenen über die Tatsache der Übermittlung, soweit Rechtsakte der Europäischen Gemeinschaft dies vorsehen; dabei ist auf die Art der Angaben sowie auf die Zweckbestimmung und die Rechtsgrundlage der Übermittlung hinzuweisen.

§ 8e Anwendbarkeit[1)]

[1]Die Regelungen dieses Abschnitts sind mit Inkrafttreten des jeweiligen Rechtsaktes der Europäischen Gemeinschaft, wenn dieser unmittelbare Wirkung entfaltet, im Übrigen mit Ablauf der jeweiligen Umsetzungsfrist anzuwenden. [2]Sie gelten auch im Verhältnis zu den anderen Vertragsstaaten des Abkommens über den Europäischen Wirtschaftsraum, soweit Rechtsakte der Europäischen Gemeinschaft auch auf diese Staaten anzuwenden sind.

Teil II: Allgemeine Vorschriften über das Verwaltungsverfahren

Abschnitt 1: Verfahrensgrundsätze

§ 9 Begriff des Verwaltungsverfahrens

Das Verwaltungsverfahren im Sinne dieses Gesetzes ist die nach außen wirkende Tätigkeit der Behörden, die auf die Prüfung der Voraussetzungen, die Vorbereitung und den Erlass eines Verwaltungsaktes oder auf den Abschluss eines öffentlich-rechtlichen Vertrags gerichtet ist; es schließt den Erlass des Verwaltungsaktes oder den Abschluss des öffentlich-rechtlichen Vertrags ein.

§ 10 Nichtförmlichkeit des Verwaltungsverfahrens

[1]Das Verwaltungsverfahren ist an bestimmte Formen nicht gebunden, soweit keine besonderen Rechtsvorschriften für die Form des Verfahrens bestehen. [2]Es ist einfach, zweckmäßig und zügig durchzuführen.

§ 11 Beteiligungsfähigkeit

Fähig, am Verfahren beteiligt zu sein, sind

1. natürliche und juristische Personen,
2. Vereinigungen, soweit ihnen ein Recht zustehen kann,
3. Behörden.

§ 12 Handlungsfähigkeit

(1) Fähig zur Vornahme von Verfahrenshandlungen sind

1. natürliche Personen, die nach bürgerlichem Recht geschäftsfähig sind,
2. natürliche Personen, die nach bürgerlichem Recht in der Geschäftsfähigkeit beschränkt sind, soweit sie für den Gegenstand des Verfahrens durch Vorschriften des bürgerlichen Rechts als geschäftsfähig oder durch Vorschriften des öffentlichen Rechts als handlungsfähig anerkannt sind,
3. juristische Personen und Vereinigungen (§ 11 Nr. 2) durch ihre gesetzlichen Vertreter oder durch besonders Beauftragte,
4. Behörden durch ihre Leiter, deren Vertreter oder Beauftragte.

1) **Anm. d. Red.:** § 8e eingefügt gem. Gesetz v. 17. 7. 2009 (BGBl I S. 2091) mit Wirkung v. 28. 12. 2009.

(2) Betrifft ein Einwilligungsvorbehalt nach § 1903 des Bürgerlichen Gesetzbuchs den Gegenstand des Verfahrens, so ist ein geschäftsfähiger Betreuter nur insoweit zur Vornahme von Verfahrenshandlungen fähig, als er nach den Vorschriften des bürgerlichen Rechts ohne Einwilligung des Betreuers handeln kann oder durch Vorschriften des öffentlichen Rechts als handlungsfähig anerkannt ist.

(3) Die §§ 53 und 55 der Zivilprozessordnung gelten entsprechend.

§ 13 Beteiligte

(1) Beteiligte sind

1. Antragsteller und Antragsgegner,
2. diejenigen, an die die Behörde den Verwaltungsakt richten will oder gerichtet hat,
3. diejenigen, mit denen die Behörde einen öffentlich-rechtlichen Vertrag schließen will oder geschlossen hat,
4. diejenigen, die nach Absatz 2 von der Behörde zu dem Verfahren hinzugezogen worden sind.

(2) [1]Die Behörde kann von Amts wegen oder auf Antrag diejenigen, deren rechtliche Interessen durch den Ausgang des Verfahrens berührt werden können, als Beteiligte hinzuziehen. [2]Hat der Ausgang des Verfahrens rechtsgestaltende Wirkung für einen Dritten, so ist dieser auf Antrag als Beteiligter zu dem Verfahren hinzuzuziehen; soweit er der Behörde bekannt ist, hat diese ihn von der Einleitung des Verfahrens zu benachrichtigen.

(3) Wer anzuhören ist, ohne dass die Voraussetzungen des Absatzes 1 vorliegen, wird dadurch nicht Beteiligter.

§ 14 Bevollmächtigte und Beistände[1)]

(1) [1]Ein Beteiligter kann sich durch einen Bevollmächtigten vertreten lassen. [2]Die Vollmacht ermächtigt zu allen das Verwaltungsverfahren betreffenden Verfahrenshandlungen, sofern sich aus ihrem Inhalt nicht etwas anderes ergibt. [3]Der Bevollmächtigte hat auf Verlangen seine Vollmacht schriftlich nachzuweisen. [4]Ein Widerruf der Vollmacht wird der Behörde gegenüber erst wirksam, wenn er ihr zugeht.

(2) Die Vollmacht wird weder durch den Tod des Vollmachtgebers noch durch eine Veränderung in seiner Handlungsfähigkeit oder seiner gesetzlichen Vertretung aufgehoben; der Bevollmächtigte hat jedoch, wenn er für den Rechtsnachfolger im Verwaltungsverfahren auftritt, dessen Vollmacht auf Verlangen schriftlich beizubringen.

(3) [1]Ist für das Verfahren ein Bevollmächtigter bestellt, so soll sich die Behörde an ihn wenden. [2]Sie kann sich an den Beteiligten selbst wenden, soweit er zur Mitwirkung verpflichtet ist. [3]Wendet sich die Behörde an den Beteiligten, so soll der Bevollmächtigte verständigt werden. [4]Vorschriften über die Zustellung an Bevollmächtigte bleiben unberührt.

VwVfG

(4) [1]Ein Beteiligter kann zu Verhandlungen und Besprechungen mit einem Beistand erscheinen. [2]Das von dem Beistand Vorgetragene gilt als von dem Beteiligten vorgebracht, soweit dieser nicht unverzüglich widerspricht.

(5) Bevollmächtigte und Beistände sind zurückzuweisen, wenn sie entgegen § 3 des Rechtsdienstleistungsgesetzes Rechtsdienstleistungen erbringen.

(6) [1]Bevollmächtigte und Beistände können vom Vortrag zurückgewiesen werden, wenn sie hierzu ungeeignet sind; vom mündlichen Vortrag können sie nur zurückgewiesen werden, wenn sie zum sachgemäßen Vortrag nicht fähig sind. [2]Nicht zurückgewiesen werden können Personen, die nach § 67 Abs. 2 Satz 1 und 2 Nr. 3 bis 7 der Verwaltungsgerichtsordnung zur Vertretung im verwaltungsgerichtlichen Verfahren befugt sind.

1) **Anm. d. Red.:** § 14 i. d. F. des Gesetzes v. 11. 12. 2008 (BGBl I S. 2418) mit Wirkung v. 18. 12. 2008.

(7) [1]Die Zurückweisung nach den Absätzen 5 und 6 ist auch dem Beteiligten, dessen Bevollmächtigter oder Beistand zurückgewiesen wird, mitzuteilen. [2]Verfahrenshandlungen des zurückgewiesenen Bevollmächtigten oder Beistands, die dieser nach der Zurückweisung vornimmt, sind unwirksam.

§ 15 Bestellung eines Empfangsbevollmächtigten

[1]Ein Beteiligter ohne Wohnsitz oder gewöhnlichen Aufenthalt, Sitz oder Geschäftsleitung im Inland hat der Behörde auf Verlangen innerhalb einer angemessenen Frist einen Empfangsbevollmächtigten im Inland zu benennen. [2]Unterlässt er dies, gilt ein an ihn gerichtetes Schriftstück am siebenten Tage nach der Aufgabe zur Post und ein elektronisch übermitteltes Dokument am dritten Tage nach der Absendung als zugegangen. [3]Dies gilt nicht, wenn feststeht, dass das Dokument den Empfänger nicht oder zu einem späteren Zeitpunkt erreicht hat. [4]Auf die Rechtsfolgen der Unterlassung ist der Beteiligte hinzuweisen.

§ 16 Bestellung eines Vertreters von Amts wegen[1)]

(1) Ist ein Vertreter nicht vorhanden, so hat das Betreuungsgericht, für einen minderjährigen Beteiligten das Familiengericht auf Ersuchen der Behörde einen geeigneten Vertreter zu bestellen

1. für einen Beteiligten, dessen Person unbekannt ist;
2. für einen abwesenden Beteiligten, dessen Aufenthalt unbekannt ist oder der an der Besorgung seiner Angelegenheiten verhindert ist;
3. für einen Beteiligten ohne Aufenthalt im Inland, wenn er der Aufforderung der Behörde, einen Vertreter zu bestellen, innerhalb der ihm gesetzten Frist nicht nachgekommen ist;
4. für einen Beteiligten, der infolge einer psychischen Krankheit oder körperlichen, geistigen oder seelischen Behinderung nicht in der Lage ist, in dem Verwaltungsverfahren selbst tätig zu werden;
5. bei herrenlosen Sachen, auf die sich das Verfahren bezieht, zur Wahrung der sich in Bezug auf die Sache ergebenden Rechte und Pflichten.

(2) Für die Bestellung des Vertreters ist in den Fällen des Absatzes 1 Nr. 4 das Gericht zuständig, in dessen Bezirk der Beteiligte seinen gewöhnlichen Aufenthalt hat; im Übrigen ist das Gericht zuständig, in dessen Bezirk die ersuchende Behörde ihren Sitz hat.

(3) [1]Der Vertreter hat gegen den Rechtsträger der Behörde, die um seine Bestellung ersucht hat, Anspruch auf eine angemessene Vergütung und auf die Erstattung seiner baren Auslagen. [2]Die Behörde kann von dem Vertretenen Ersatz ihrer Aufwendungen verlangen. [3]Sie bestimmt die Vergütung und stellt die Auslagen und Aufwendungen fest.

(4) Im Übrigen gelten für die Bestellung und für das Amt des Vertreters in den Fällen des Absatzes 1 Nr. 4 die Vorschriften über die Betreuung, in den übrigen Fällen die Vorschriften über die Pflegschaft entsprechend.

§ 17 Vertreter bei gleichförmigen Eingaben

(1) [1]Bei Anträgen und Eingaben, die in einem Verwaltungsverfahren von mehr als 50 Personen auf Unterschriftslisten unterzeichnet oder in Form vervielfältigter gleich lautender Texte eingereicht worden sind (gleichförmige Eingaben), gilt für das Verfahren derjenige Unterzeichner als Vertreter der übrigen Unterzeichner, der darin mit seinem Namen, seinem Beruf und seiner Anschrift als Vertreter bezeichnet ist, soweit er nicht von ihnen als Bevollmächtigter bestellt worden ist. [2]Vertreter kann nur eine natürliche Person sein.

(2) [1]Die Behörde kann gleichförmige Eingaben, die die Angaben nach Absatz 1 Satz 1 nicht deutlich sichtbar auf jeder mit einer Unterschrift versehenen Seite enthalten oder dem Erforder-

1) **Anm. d. Red.:** § 16 i. d. F. des Gesetzes v. 17. 12. 2008 (BGBl I S. 2586) mit Wirkung v. 1. 9. 2009.

nis des Absatzes 1 Satz 2 nicht entsprechen, unberücksichtigt lassen. [2]Will die Behörde so verfahren, so hat sie dies durch ortsübliche Bekanntmachung mitzuteilen. [3]Die Behörde kann ferner gleichförmige Eingaben insoweit unberücksichtigt lassen, als Unterzeichner ihren Namen oder ihre Anschrift nicht oder unleserlich angegeben haben.

(3) [1]Die Vertretungsmacht erlischt, sobald der Vertreter oder der Vertretene dies der Behörde schriftlich erklärt; der Vertreter kann eine solche Erklärung nur hinsichtlich aller Vertretenen abgeben. [2]Gibt der Vertretene eine solche Erklärung ab, so soll er der Behörde zugleich mitteilen, ob er seine Eingabe aufrechterhält und ob er einen Bevollmächtigten bestellt hat.

(4) [1]Endet die Vertretungsmacht des Vertreters, so kann die Behörde die nicht mehr Vertretenen auffordern, innerhalb einer angemessenen Frist einen gemeinsamen Vertreter zu bestellen. [2]Sind mehr als 50 Personen aufzufordern, so kann die Behörde die Aufforderung ortsüblich bekannt machen. [3]Wird der Aufforderung nicht fristgemäß entsprochen, so kann die Behörde von Amts wegen einen gemeinsamen Vertreter bestellen.

§ 18 Vertreter für Beteiligte bei gleichem Interesse

(1) [1]Sind an einem Verwaltungsverfahren mehr als 50 Personen im gleichen Interesse beteiligt, ohne vertreten zu sein, so kann die Behörde sie auffordern, innerhalb einer angemessenen Frist einen gemeinsamen Vertreter zu bestellen, wenn sonst die ordnungsmäßige Durchführung des Verwaltungsverfahrens beeinträchtigt wäre. [2]Kommen sie der Aufforderung nicht fristgemäß nach, so kann die Behörde von Amts wegen einen gemeinsamen Vertreter bestellen. [3]Vertreter kann nur eine natürliche Person sein.

(2) [1]Die Vertretungsmacht erlischt, sobald der Vertreter oder der Vertretene dies der Behörde schriftlich erklärt; der Vertreter kann eine solche Erklärung nur hinsichtlich aller Vertretenen abgeben. [2]Gibt der Vertretene eine solche Erklärung ab, so soll er der Behörde zugleich mitteilen, ob er seine Eingabe aufrechterhält und ob er einen Bevollmächtigten bestellt hat.

§ 19 Gemeinsame Vorschriften für Vertreter bei gleichförmigen Eingaben und bei gleichem Interesse

(1) [1]Der Vertreter hat die Interessen der Vertretenen sorgfältig wahrzunehmen. [2]Er kann alle das Verwaltungsverfahren betreffenden Verfahrenshandlungen vornehmen. [3]An Weisungen ist er nicht gebunden.

(2) § 14 Abs. 5 bis 7 gilt entsprechend.

(3) [1]Der von der Behörde bestellte Vertreter hat gegen deren Rechtsträger Anspruch auf angemessene Vergütung und auf Erstattung seiner baren Auslagen. [2]Die Behörde kann von den Vertretenen zu gleichen Anteilen Ersatz ihrer Aufwendungen verlangen. [3]Sie bestimmt die Vergütung und stellt die Auslagen und Aufwendungen fest.

§ 20 Ausgeschlossene Personen[1)]

(1) [1]In einem Verwaltungsverfahren darf für eine Behörde nicht tätig werden,

1. wer selbst Beteiligter ist;
2. wer Angehöriger eines Beteiligten ist;
3. wer einen Beteiligten kraft Gesetzes oder Vollmacht allgemein oder in diesem Verwaltungsverfahren vertritt;
4. wer Angehöriger einer Person ist, die einen Beteiligten in diesem Verfahren vertritt;
5. wer bei einem Beteiligten gegen Entgelt beschäftigt ist oder bei ihm als Mitglied des Vorstands, des Aufsichtsrates oder eines gleichartigen Organs tätig ist; dies gilt nicht für den, dessen Anstellungskörperschaft Beteiligte ist;

---

1) **Anm. d. Red.:** § 20 i. d. F. des Gesetzes v. 18.12.2018 (BGBl I S. 2639) mit Wirkung v. 22.12.2018.

6. wer außerhalb seiner amtlichen Eigenschaft in der Angelegenheit ein Gutachten abgegeben hat oder sonst tätig geworden ist.

[2]Dem Beteiligten steht gleich, wer durch die Tätigkeit oder durch die Entscheidung einen unmittelbaren Vorteil oder Nachteil erlangen kann. [3]Dies gilt nicht, wenn der Vor- oder Nachteil nur darauf beruht, dass jemand einer Berufs- oder Bevölkerungsgruppe angehört, deren gemeinsame Interessen durch die Angelegenheit berührt werden.

(2) Absatz 1 gilt nicht für Wahlen zu einer ehrenamtlichen Tätigkeit und für die Abberufung von ehrenamtlich Tätigen.

(3) Wer nach Absatz 1 ausgeschlossen ist, darf bei Gefahr im Verzug unaufschiebbare Maßnahmen treffen.

(4) [1]Hält sich ein Mitglied eines Ausschusses (§ 88) für ausgeschlossen oder bestehen Zweifel, ob die Voraussetzungen des Absatzes 1 gegeben sind, ist dies dem Vorsitzenden des Ausschusses mitzuteilen. [2]Der Ausschuss entscheidet über den Ausschluss. [3]Der Betroffene darf an dieser Entscheidung nicht mitwirken. [4]Das ausgeschlossene Mitglied darf bei der weiteren Beratung und Beschlussfassung nicht zugegen sein.

(5) [1]Angehörige im Sinne des Absatzes 1 Nr. 2 und 4 sind:

1. der Verlobte,
2. der Ehegatte,
2a. der Lebenspartner,
3. Verwandte und Verschwägerte gerader Linie,
4. Geschwister,
5. Kinder der Geschwister,
6. Ehegatten der Geschwister und Geschwister der Ehegatten,
6a. Lebenspartner der Geschwister und Geschwister der Lebenspartner,
7. Geschwister der Eltern,
8. Personen, die durch ein auf längere Dauer angelegtes Pflegeverhältnis mit häuslicher Gemeinschaft wie Eltern und Kind miteinander verbunden sind (Pflegeeltern und Pflegekinder).

[2]Angehörige sind die in Satz 1 aufgeführten Personen auch dann, wenn

1. in den Fällen der Nummern 2, 3 und 6 die die Beziehung begründende Ehe nicht mehr besteht;
1a. in den Fällen der Nummern 2a, 3 und 6a die die Beziehung begründende Lebenspartnerschaft nicht mehr besteht;
2. in den Fällen der Nummern 3 bis 7 die Verwandtschaft oder Schwägerschaft durch Annahme als Kind erloschen ist;
3. im Falle der Nummer 8 die häusliche Gemeinschaft nicht mehr besteht, sofern die Personen weiterhin wie Eltern und Kind miteinander verbunden sind.

§ 21 Besorgnis der Befangenheit

(1) [1]Liegt ein Grund vor, der geeignet ist, Misstrauen gegen eine unparteiische Amtsausübung zu rechtfertigen, oder wird von einem Beteiligten das Vorliegen eines solchen Grundes behauptet, so hat, wer in einem Verwaltungsverfahren für eine Behörde tätig werden soll, den Leiter der Behörde oder den von diesem Beauftragten zu unterrichten und sich auf dessen Anordnung der Mitwirkung zu enthalten. [2]Betrifft die Besorgnis der Befangenheit den Leiter der Behörde, so trifft diese Anordnung die Aufsichtsbehörde, sofern sich der Behördenleiter nicht selbst einer Mitwirkung enthält.

(2) Für Mitglieder eines Ausschusses (§ 88) gilt § 20 Abs. 4 entsprechend.

§ 22 Beginn des Verfahrens

[1]Die Behörde entscheidet nach pflichtgemäßem Ermessen, ob und wann sie ein Verwaltungsverfahren durchführt. [2]Dies gilt nicht, wenn die Behörde auf Grund von Rechtsvorschriften

1. von Amts wegen oder auf Antrag tätig werden muss;
2. nur auf Antrag tätig werden darf und ein Antrag nicht vorliegt.

§ 23 Amtssprache[1)]

(1) Die Amtssprache ist deutsch.

(2) [1]Werden bei einer Behörde in einer fremden Sprache Anträge gestellt oder Eingaben, Belege, Urkunden oder sonstige Dokumente vorgelegt, soll die Behörde unverzüglich die Vorlage einer Übersetzung verlangen. [2]In begründeten Fällen kann die Vorlage einer beglaubigten oder von einem öffentlich bestellten oder beeidigten Dolmetscher oder Übersetzer angefertigten Übersetzung verlangt werden. [3]Wird die verlangte Übersetzung nicht unverzüglich vorgelegt, so kann die Behörde auf Kosten des Beteiligten selbst eine Übersetzung beschaffen. [4]Hat die Behörde Dolmetscher oder Übersetzer herangezogen, erhalten diese in entsprechender Anwendung des Justizvergütungs- und -entschädigungsgesetzes eine Vergütung.

(3) Soll durch eine Anzeige, einen Antrag oder die Abgabe einer Willenserklärung eine Frist in Lauf gesetzt werden, innerhalb deren die Behörde in einer bestimmten Weise tätig werden muss, und gehen diese in einer fremden Sprache ein, so beginnt der Lauf der Frist erst mit dem Zeitpunkt, in dem der Behörde eine Übersetzung vorliegt.

(4) [1]Soll durch eine Anzeige, einen Antrag oder eine Willenserklärung, die in fremder Sprache eingehen, zugunsten eines Beteiligten eine Frist gegenüber der Behörde gewahrt, ein öffentlich-rechtlicher Anspruch geltend gemacht oder eine Leistung begehrt werden, so gelten die Anzeige, der Antrag oder die Willenserklärung als zum Zeitpunkt des Eingangs bei der Behörde abgegeben, wenn auf Verlangen der Behörde innerhalb einer von dieser zu setzenden angemessenen Frist eine Übersetzung vorgelegt wird. [2]Andernfalls ist der Zeitpunkt des Eingangs der Übersetzung maßgebend, soweit sich nicht aus zwischenstaatlichen Vereinbarungen etwas anderes ergibt. [3]Auf diese Rechtsfolge ist bei der Fristsetzung hinzuweisen.

§ 24 Untersuchungsgrundsatz[2)]

(1) [1]Die Behörde ermittelt den Sachverhalt von Amts wegen. [2]Sie bestimmt Art und Umfang der Ermittlungen; an das Vorbringen und an die Beweisanträge der Beteiligten ist sie nicht gebunden. [3]Setzt die Behörde automatische Einrichtungen zum Erlass von Verwaltungsakten ein, muss sie für den Einzelfall bedeutsame tatsächliche Angaben des Beteiligten berücksichtigen, die im automatischen Verfahren nicht ermittelt würden.

(2) Die Behörde hat alle für den Einzelfall bedeutsamen, auch die für die Beteiligten günstigen Umstände zu berücksichtigen.

(3) Die Behörde darf die Entgegennahme von Erklärungen oder Anträgen, die in ihren Zuständigkeitsbereich fallen, nicht deshalb verweigern, weil sie die Erklärung oder den Antrag in der Sache für unzulässig oder unbegründet hält.

§ 25 Beratung, Auskunft, frühe Öffentlichkeitsbeteiligung[3)]

(1) [1]Die Behörde soll die Abgabe von Erklärungen, die Stellung von Anträgen oder die Berichtigung von Erklärungen oder Anträgen anregen, wenn diese offensichtlich nur versehentlich oder aus Unkenntnis unterblieben oder unrichtig abgegeben oder gestellt worden sind. [2]Sie erteilt,

---

1) **Anm. d. Red.:** § 23 i. d. F. des Gesetzes v. 5. 5. 2004 (BGBl I S. 718) mit Wirkung v. 1. 7. 2004.

2) **Anm. d. Red.:** § 24 i. d. F. des Gesetzes v. 18. 7. 2016 (BGBl I S. 1679) mit Wirkung v. 1. 1. 2017.

3) **Anm. d. Red.:** § 25 i. d. F. des Gesetzes v. 31. 5. 2013 (BGBl I S. 1388) mit Wirkung v. 7. 6. 2013.

VwVfG

soweit erforderlich, Auskunft über die den Beteiligten im Verwaltungsverfahren zustehenden Rechte und die ihnen obliegenden Pflichten.

(2) [1]Die Behörde erörtert, soweit erforderlich, bereits vor Stellung eines Antrags mit dem zukünftigen Antragsteller, welche Nachweise und Unterlagen von ihm zu erbringen sind und in welcher Weise das Verfahren beschleunigt werden kann. [2]Soweit es der Verfahrensbeschleunigung dient, soll sie dem Antragsteller nach Eingang des Antrags unverzüglich Auskunft über die voraussichtliche Verfahrensdauer und die Vollständigkeit der Antragsunterlagen geben.

(3) [1]Die Behörde wirkt darauf hin, dass der Träger bei der Planung von Vorhaben, die nicht nur unwesentliche Auswirkungen auf die Belange einer größeren Zahl von Dritten haben können, die betroffene Öffentlichkeit frühzeitig über die Ziele des Vorhabens, die Mittel, es zu verwirklichen, und die voraussichtlichen Auswirkungen des Vorhabens unterrichtet (frühe Öffentlichkeitsbeteiligung). [2]Die frühe Öffentlichkeitsbeteiligung soll möglichst bereits vor Stellung eines Antrags stattfinden. [3]Der betroffenen Öffentlichkeit soll Gelegenheit zur Äußerung und zur Erörterung gegeben werden. [4]Das Ergebnis der vor Antragstellung durchgeführten frühen Öffentlichkeitsbeteiligung soll der betroffenen Öffentlichkeit und der Behörde spätestens mit der Antragstellung, im Übrigen unverzüglich mitgeteilt werden. [5]Satz 1 gilt nicht, soweit die betroffene Öffentlichkeit bereits nach anderen Rechtsvorschriften vor der Antragstellung zu beteiligen ist. [6]Beteiligungsrechte nach anderen Rechtsvorschriften bleiben unberührt.

§ 26 Beweismittel[1)]

(1) [1]Die Behörde bedient sich der Beweismittel, die sie nach pflichtgemäßem Ermessen zur Ermittlung des Sachverhalts für erforderlich hält. [2]Sie kann insbesondere

1. Auskünfte jeder Art einholen,
2. Beteiligte anhören, Zeugen und Sachverständige vernehmen oder die schriftliche oder elektronische Äußerung von Beteiligten, Sachverständigen und Zeugen einholen,
3. Urkunden und Akten beiziehen,
4. den Augenschein einnehmen.

(2) [1]Die Beteiligten sollen bei der Ermittlung des Sachverhalts mitwirken. [2]Sie sollen insbesondere ihnen bekannte Tatsachen und Beweismittel angeben. [3]Eine weitergehende Pflicht, bei der Ermittlung des Sachverhalts mitzuwirken, insbesondere eine Pflicht zum persönlichen Erscheinen oder zur Aussage, besteht nur, soweit sie durch Rechtsvorschrift besonders vorgesehen ist.

(3) [1]Für Zeugen und Sachverständige besteht eine Pflicht zur Aussage oder zur Erstattung von Gutachten, wenn sie durch Rechtsvorschrift vorgesehen ist. [2]Falls die Behörde Zeugen und Sachverständige herangezogen hat, erhalten sie auf Antrag in entsprechender Anwendung des Justizvergütungs- und -entschädigungsgesetzes eine Entschädigung oder Vergütung.

§ 27 Versicherung an Eides statt

(1) [1]Die Behörde darf bei der Ermittlung des Sachverhalts eine Versicherung an Eides statt nur verlangen und abnehmen, wenn die Abnahme der Versicherung über den betreffenden Gegenstand und in dem betreffenden Verfahren durch Gesetz oder Rechtsverordnung vorgesehen und die Behörde durch Rechtsvorschrift für zuständig erklärt worden ist. [2]Eine Versicherung an Eides statt soll nur gefordert werden, wenn andere Mittel zur Erforschung der Wahrheit nicht vorhanden sind, zu keinem Ergebnis geführt haben oder einen unverhältnismäßigen Aufwand erfordern. [3]Von eidesunfähigen Personen im Sinne des § 393 der Zivilprozessordnung darf eine eidesstattliche Versicherung nicht verlangt werden.

(2) [1]Wird die Versicherung an Eides statt von einer Behörde zur Niederschrift aufgenommen, so sind zur Aufnahme nur der Behördenleiter, sein allgemeiner Vertreter sowie Angehörige des öffentlichen Dienstes befugt, welche die Befähigung zum Richteramt haben oder die Voraussetzungen des § 110 Satz 1 des Deutschen Richtergesetzes erfüllen. [2]Andere Angehörige des öffent-

1) **Anm. d. Red.:** § 26 i. d. F. des Gesetzes v. 5. 5. 2004 (BGBl I S. 718) mit Wirkung v. 1. 7. 2004.

lichen Dienstes kann der Behördenleiter oder sein allgemeiner Vertreter hierzu allgemein oder im Einzelfall schriftlich ermächtigen.

(3) [1]Die Versicherung besteht darin, dass der Versichernde die Richtigkeit seiner Erklärung über den betreffenden Gegenstand bestätigt und erklärt: „Ich versichere an Eides statt, dass ich nach bestem Wissen die reine Wahrheit gesagt und nichts verschwiegen habe." [2]Bevollmächtigte und Beistände sind berechtigt, an der Aufnahme der Versicherung an Eides statt teilzunehmen.

(4) [1]Vor der Aufnahme der Versicherung an Eides statt ist der Versichernde über die Bedeutung der eidesstattlichen Versicherung und die strafrechtlichen Folgen einer unrichtigen oder unvollständigen eidesstattlichen Versicherung zu belehren. [2]Die Belehrung ist in der Niederschrift zu vermerken.

(5) [1]Die Niederschrift hat ferner die Namen der anwesenden Personen sowie den Ort und den Tag der Niederschrift zu enthalten. [2]Die Niederschrift ist demjenigen, der die eidesstattliche Versicherung abgibt, zur Genehmigung vorzulesen oder auf Verlangen zur Durchsicht vorzulegen. [3]Die erteilte Genehmigung ist zu vermerken und von dem Versichernden zu unterschreiben. [4]Die Niederschrift ist sodann von demjenigen, der die Versicherung an Eides statt aufgenommen hat, sowie von dem Schriftführer zu unterschreiben.

§ 27a Öffentliche Bekanntmachung im Internet[1)]

(1) [1]Ist durch Rechtsvorschrift eine öffentliche oder ortsübliche Bekanntmachung angeordnet, soll die Behörde deren Inhalt zusätzlich im Internet veröffentlichen. [2]Dies wird dadurch bewirkt, dass der Inhalt der Bekanntmachung auf einer Internetseite der Behörde oder ihres Verwaltungsträgers zugänglich gemacht wird. [3]Bezieht sich die Bekanntmachung auf zur Einsicht auszulegende Unterlagen, sollen auch diese über das Internet zugänglich gemacht werden. [4]Soweit durch Rechtsvorschrift nichts anderes geregelt ist, ist der Inhalt der zur Einsicht ausgelegten Unterlagen maßgeblich.

(2) In der öffentlichen oder ortsüblichen Bekanntmachung ist die Internetseite anzugeben.

§ 28 Anhörung Beteiligter

(1) Bevor ein Verwaltungsakt erlassen wird, der in Rechte eines Beteiligten eingreift, ist diesem Gelegenheit zu geben, sich zu den für die Entscheidung erheblichen Tatsachen zu äußern.

(2) Von der Anhörung kann abgesehen werden, wenn sie nach den Umständen des Einzelfalls nicht geboten ist, insbesondere wenn

1. eine sofortige Entscheidung wegen Gefahr im Verzug oder im öffentlichen Interesse notwendig erscheint;
2. durch die Anhörung die Einhaltung einer für die Entscheidung maßgeblichen Frist in Frage gestellt würde;
3. von den tatsächlichen Angaben eines Beteiligten, die dieser in einem Antrag oder einer Erklärung gemacht hat, nicht zu seinen Ungunsten abgewichen werden soll;
4. die Behörde eine Allgemeinverfügung oder gleichartige Verwaltungsakte in größerer Zahl oder Verwaltungsakte mit Hilfe automatischer Einrichtungen erlassen will;
5. Maßnahmen in der Verwaltungsvollstreckung getroffen werden sollen.

(3) Eine Anhörung unterbleibt, wenn ihr ein zwingendes öffentliches Interesse entgegensteht.

§ 29 Akteneinsicht durch Beteiligte

(1) [1]Die Behörde hat den Beteiligten Einsicht in die das Verfahren betreffenden Akten zu gestatten, soweit deren Kenntnis zur Geltendmachung oder Verteidigung ihrer rechtlichen Interessen erforderlich ist. [2]Satz 1 gilt bis zum Abschluss des Verwaltungsverfahrens nicht für Entwürfe

1) **Anm. d. Red.:** § 27a eingefügt gem. Gesetz v. 31. 5. 2013 (BGBl I S. 1388) mit Wirkung v. 7. 6. 2013.

zu Entscheidungen sowie die Arbeiten zu ihrer unmittelbaren Vorbereitung. [3]Soweit nach den §§ 17 und 18 eine Vertretung stattfindet, haben nur die Vertreter Anspruch auf Akteneinsicht.

(2) Die Behörde ist zur Gestattung der Akteneinsicht nicht verpflichtet, soweit durch sie die ordnungsgemäße Erfüllung der Aufgaben der Behörde beeinträchtigt, das Bekanntwerden des Inhalts der Akten dem Wohl des Bundes oder eines Landes Nachteile bereiten würde oder soweit die Vorgänge nach einem Gesetz oder ihrem Wesen nach, namentlich wegen der berechtigten Interessen der Beteiligten oder dritter Personen, geheim gehalten werden müssen.

(3) [1]Die Akteneinsicht erfolgt bei der Behörde, die die Akten führt. [2]Im Einzelfall kann die Einsicht auch bei einer anderen Behörde oder bei einer diplomatischen oder berufskonsularischen Vertretung der Bundesrepublik Deutschland im Ausland erfolgen; weitere Ausnahmen kann die Behörde, die die Akten führt, gestatten.

§ 30 Geheimhaltung

Die Beteiligten haben Anspruch darauf, dass ihre Geheimnisse, insbesondere die zum persönlichen Lebensbereich gehörenden Geheimnisse sowie die Betriebs- und Geschäftsgeheimnisse, von der Behörde nicht unbefugt offenbart werden.

Abschnitt 2: Fristen, Termine, Wiedereinsetzung

§ 31 Fristen und Termine

(1) Für die Berechnung von Fristen und für die Bestimmung von Terminen gelten die §§ 187 bis 193 des Bürgerlichen Gesetzbuchs entsprechend, soweit nicht durch die Absätze 2 bis 5 etwas anderes bestimmt ist.

(2) Der Lauf einer Frist, die von einer Behörde gesetzt wird, beginnt mit dem Tag, der auf die Bekanntgabe der Frist folgt, außer wenn dem Betroffenen etwas anderes mitgeteilt wird.

(3) [1]Fällt das Ende einer Frist auf einen Sonntag, einen gesetzlichen Feiertag oder einen Sonnabend, so endet die Frist mit dem Ablauf des nächstfolgenden Werktags. [2]Dies gilt nicht, wenn dem Betroffenen unter Hinweis auf diese Vorschrift ein bestimmter Tag als Ende der Frist mitgeteilt worden ist.

(4) Hat eine Behörde Leistungen nur für einen bestimmten Zeitraum zu erbringen, so endet dieser Zeitraum auch dann mit dem Ablauf seines letzten Tages, wenn dieser auf einen Sonntag, einen gesetzlichen Feiertag oder einen Sonnabend fällt.

(5) Der von einer Behörde gesetzte Termin ist auch dann einzuhalten, wenn er auf einen Sonntag, gesetzlichen Feiertag oder Sonnabend fällt.

(6) Ist eine Frist nach Stunden bestimmt, so werden Sonntage, gesetzliche Feiertage oder Sonnabende mitgerechnet.

(7) [1]Fristen, die von einer Behörde gesetzt sind, können verlängert werden. [2]Sind solche Fristen bereits abgelaufen, so können sie rückwirkend verlängert werden, insbesondere wenn es unbillig wäre, die durch den Fristablauf eingetretenen Rechtsfolgen bestehen zu lassen. [3]Die Behörde kann die Verlängerung der Frist nach § 36 mit einer Nebenbestimmung verbinden.

§ 32 Wiedereinsetzung in den vorigen Stand

(1) [1]War jemand ohne Verschulden verhindert, eine gesetzliche Frist einzuhalten, so ist ihm auf Antrag Wiedereinsetzung in den vorigen Stand zu gewähren. [2]Das Verschulden eines Vertreters ist dem Vertretenen zuzurechnen.

(2) [1]Der Antrag ist innerhalb von zwei Wochen nach Wegfall des Hindernisses zu stellen. [2]Die Tatsachen zur Begründung des Antrags sind bei der Antragstellung oder im Verfahren über den Antrag glaubhaft zu machen. [3]Innerhalb der Antragsfrist ist die versäumte Handlung nachzuholen. [4]Ist dies geschehen, so kann Wiedereinsetzung auch ohne Antrag gewährt werden.

(3) Nach einem Jahr seit dem Ende der versäumten Frist kann die Wiedereinsetzung nicht mehr beantragt oder die versäumte Handlung nicht mehr nachgeholt werden, außer wenn dies vor Ablauf der Jahresfrist infolge höherer Gewalt unmöglich war.

(4) Über den Antrag auf Wiedereinsetzung entscheidet die Behörde, die über die versäumte Handlung zu befinden hat.

(5) Die Wiedereinsetzung ist unzulässig, wenn sich aus einer Rechtsvorschrift ergibt, dass sie ausgeschlossen ist.

Abschnitt 3: Amtliche Beglaubigung

§ 33 Beglaubigung von Dokumenten[1)]

(1) [1]Jede Behörde ist befugt, Abschriften von Urkunden, die sie selbst ausgestellt hat, zu beglaubigen. [2]Darüber hinaus sind die von der Bundesregierung durch Rechtsverordnung bestimmten Behörden im Sinne des § 1 Abs. 1 Nr. 1 und die nach Landesrecht zuständigen Behörden befugt, Abschriften zu beglaubigen, wenn die Urschrift von einer Behörde ausgestellt ist oder die Abschrift zur Vorlage bei einer Behörde benötigt wird, sofern nicht durch Rechtsvorschrift die Erteilung beglaubigter Abschriften aus amtlichen Registern und Archiven anderen Behörden ausschließlich vorbehalten ist; die Rechtsverordnung bedarf nicht der Zustimmung des Bundesrates.

(2) Abschriften dürfen nicht beglaubigt werden, wenn Umstände zu der Annahme berechtigen, dass der ursprüngliche Inhalt des Schriftstücks, dessen Abschrift beglaubigt werden soll, geändert worden ist, insbesondere wenn dieses Schriftstück Lücken, Durchstreichungen, Einschaltungen, Änderungen, unleserliche Wörter, Zahlen oder Zeichen, Spuren der Beseitigung von Wörtern, Zahlen und Zeichen enthält oder wenn der Zusammenhang eines aus mehreren Blättern bestehenden Schriftstücks aufgehoben ist.

(3) [1]Eine Abschrift wird beglaubigt durch einen Beglaubigungsvermerk, der unter die Abschrift zu setzen ist. [2]Der Vermerk muss enthalten

1. die genaue Bezeichnung des Schriftstücks, dessen Abschrift beglaubigt wird,
2. die Feststellung, dass die beglaubigte Abschrift mit dem vorgelegten Schriftstück übereinstimmt,
3. den Hinweis, dass die beglaubigte Abschrift nur zur Vorlage bei der angegebenen Behörde erteilt wird, wenn die Urschrift nicht von einer Behörde ausgestellt worden ist,
4. den Ort und den Tag der Beglaubigung, die Unterschrift des für die Beglaubigung zuständigen Bediensteten und das Dienstsiegel.

(4) Die Absätze 1 bis 3 gelten entsprechend für die Beglaubigung von

1. Ablichtungen, Lichtdrucken und ähnlichen in technischen Verfahren hergestellten Vervielfältigungen,
2. auf fototechnischem Wege von Schriftstücken hergestellten Negativen, die bei einer Behörde aufbewahrt werden,
3. Ausdrucken elektronischer Dokumente,
4. elektronischen Dokumenten,
   a) die zur Abbildung eines Schriftstücks hergestellt wurden,
   b) die ein anderes technisches Format als das mit einer qualifizierten elektronischen Signatur verbundene Ausgangsdokument erhalten haben.

1) **Anm. d. Red.:** § 33 i. d. F. des Gesetzes v. 25. 7. 2013 (BGBl I S. 2749) mit Wirkung v. 1. 8. 2013.

(5) [1]Der Beglaubigungsvermerk muss zusätzlich zu den Angaben nach Absatz 3 Satz 2 bei der Beglaubigung

1. des Ausdrucks eines elektronischen Dokuments, das mit einer qualifizierten elektronischen Signatur verbunden ist, die Feststellungen enthalten,
   a) wen die Signaturprüfung als Inhaber der Signatur ausweist,
   b) welchen Zeitpunkt die Signaturprüfung für die Anbringung der Signatur ausweist und
   c) welche Zertifikate mit welchen Daten dieser Signatur zugrunde lagen;
2. eines elektronischen Dokuments den Namen des für die Beglaubigung zuständigen Bediensteten und die Bezeichnung der Behörde, die die Beglaubigung vornimmt, enthalten; die Unterschrift des für die Beglaubigung zuständigen Bediensteten und das Dienstsiegel nach Absatz 3 Satz 2 Nr. 4 werden durch eine dauerhaft überprüfbare qualifizierte elektronische Signatur ersetzt.

[2]Wird ein elektronisches Dokument, das ein anderes technisches Format als das mit einer qualifizierten elektronischen Signatur verbundene Ausgangsdokument erhalten hat, nach Satz 1 Nr. 2 beglaubigt, muss der Beglaubigungsvermerk zusätzlich die Feststellungen nach Satz 1 Nr. 1 für das Ausgangsdokument enthalten.

(6) Die nach Absatz 4 hergestellten Dokumente stehen, sofern sie beglaubigt sind, beglaubigten Abschriften gleich.

(7) Jede Behörde soll von Urkunden, die sie selbst ausgestellt hat, auf Verlangen ein elektronisches Dokument nach Absatz 4 Nummer 4 Buchstabe a oder eine elektronische Abschrift fertigen und beglaubigen.

§ 34 Beglaubigung von Unterschriften

(1) [1]Die von der Bundesregierung durch Rechtsverordnung bestimmten Behörden im Sinne des § 1 Abs. 1 Nr. 1 und die nach Landesrecht zuständigen Behörden sind befugt, Unterschriften zu beglaubigen, wenn das unterzeichnete Schriftstück zur Vorlage bei einer Behörde oder bei einer sonstigen Stelle, der auf Grund einer Rechtsvorschrift das unterzeichnete Schriftstück vorzulegen ist, benötigt wird. [2]Dies gilt nicht für

1. Unterschriften ohne zugehörigen Text,
2. Unterschriften, die der öffentlichen Beglaubigung (§ 129 des Bürgerlichen Gesetzbuchs) bedürfen.

(2) Eine Unterschrift soll nur beglaubigt werden, wenn sie in Gegenwart des beglaubigenden Bediensteten vollzogen oder anerkannt wird.

(3) [1]Der Beglaubigungsvermerk ist unmittelbar bei der Unterschrift, die beglaubigt werden soll, anzubringen. [2]Er muss enthalten

1. die Bestätigung, dass die Unterschrift echt ist,
2. die genaue Bezeichnung desjenigen, dessen Unterschrift beglaubigt wird, sowie die Angabe, ob sich der für die Beglaubigung zuständige Bedienstete Gewissheit über diese Person verschafft hat und ob die Unterschrift in seiner Gegenwart vollzogen oder anerkannt worden ist,
3. den Hinweis, dass die Beglaubigung nur zur Vorlage bei der angegebenen Behörde oder Stelle bestimmt ist,
4. den Ort und den Tag der Beglaubigung, die Unterschrift des für die Beglaubigung zuständigen Bediensteten und das Dienstsiegel.

(4) Die Absätze 1 bis 3 gelten für die Beglaubigung von Handzeichen entsprechend.

(5) Die Rechtsverordnungen nach Absatz 1 und 4 bedürfen nicht der Zustimmung des Bundesrates.

Teil III: Verwaltungsakt

Abschnitt 1: Zustandekommen des Verwaltungsaktes

§ 35 Begriff des Verwaltungsaktes

[1]Verwaltungsakt ist jede Verfügung, Entscheidung oder andere hoheitliche Maßnahme, die eine Behörde zur Regelung eines Einzelfalls auf dem Gebiet des öffentlichen Rechts trifft und die auf unmittelbare Rechtswirkung nach außen gerichtet ist. [2]Allgemeinverfügung ist ein Verwaltungsakt, der sich an einen nach allgemeinen Merkmalen bestimmten oder bestimmbaren Personenkreis richtet oder die öffentlich-rechtliche Eigenschaft einer Sache oder ihre Benutzung durch die Allgemeinheit betrifft.

§ 35a Vollständig automatisierter Erlass eines Verwaltungsaktes[1)]

Ein Verwaltungsakt kann vollständig durch automatische Einrichtungen erlassen werden, sofern dies durch Rechtsvorschrift zugelassen ist und weder ein Ermessen noch ein Beurteilungsspielraum besteht.

§ 36 Nebenbestimmungen zum Verwaltungsakt

(1) Ein Verwaltungsakt, auf den ein Anspruch besteht, darf mit einer Nebenbestimmung nur versehen werden, wenn sie durch Rechtsvorschrift zugelassen ist oder wenn sie sicherstellen soll, dass die gesetzlichen Voraussetzungen des Verwaltungsaktes erfüllt werden.

(2) Unbeschadet des Absatzes 1 darf ein Verwaltungsakt nach pflichtgemäßem Ermessen erlassen werden mit

1. einer Bestimmung, nach der eine Vergünstigung oder Belastung zu einem bestimmten Zeitpunkt beginnt, endet oder für einen bestimmten Zeitraum gilt (Befristung);
2. einer Bestimmung, nach der der Eintritt oder der Wegfall einer Vergünstigung oder einer Belastung von dem ungewissen Eintritt eines zukünftigen Ereignisses abhängt (Bedingung);
3. einem Vorbehalt des Widerrufs

oder verbunden werden mit

4. einer Bestimmung, durch die dem Begünstigten ein Tun, Dulden oder Unterlassen vorgeschrieben wird (Auflage);
5. einem Vorbehalt der nachträglichen Aufnahme, Änderung oder Ergänzung einer Auflage.

(3) Eine Nebenbestimmung darf dem Zweck des Verwaltungsaktes nicht zuwiderlaufen.

VwVfG

§ 37 Bestimmtheit und Form des Verwaltungsaktes; Rechtsbehelfsbelehrung[2)]

(1) Ein Verwaltungsakt muss inhaltlich hinreichend bestimmt sein.

(2) [1]Ein Verwaltungsakt kann schriftlich, elektronisch, mündlich oder in anderer Weise erlassen werden. [2]Ein mündlicher Verwaltungsakt ist schriftlich oder elektronisch zu bestätigen, wenn hieran ein berechtigtes Interesse besteht und der Betroffene dies unverzüglich verlangt. [3]Ein elektronischer Verwaltungsakt ist unter denselben Voraussetzungen schriftlich zu bestätigen; § 3a Abs. 2 findet insoweit keine Anwendung.

(3) [1]Ein schriftlicher oder elektronischer Verwaltungsakt muss die erlassende Behörde erkennen lassen und die Unterschrift oder die Namenswiedergabe des Behördenleiters, seines Vertreters oder seines Beauftragten enthalten. [2]Wird für einen Verwaltungsakt, für den durch Rechtsvorschrift die Schriftform angeordnet ist, die elektronische Form verwendet, muss auch das der Signatur zugrunde liegende qualifizierte Zertifikat oder ein zugehöriges qualifiziertes Attribut-

1) **Anm. d. Red.:** § 35a eingefügt gem. Gesetz v. 18. 7. 2016 (BGBl I S. 1679) mit Wirkung v. 1. 1. 2017.

2) **Anm. d. Red.:** § 37 i. d. F. des Gesetzes v. 25. 7. 2013 (BGBl I S. 2749) mit Wirkung v. 1. 8. 2013.

zertifikat die erlassende Behörde erkennen lassen. [3]Im Fall des § 3a Absatz 2 Satz 4 Nummer 3 muss die Bestätigung nach § 5 Absatz 5 des De-Mail-Gesetzes die erlassende Behörde als Nutzer des De-Mail-Kontos erkennen lassen.

(4) Für einen Verwaltungsakt kann für die nach § 3a Abs. 2 erforderliche Signatur durch Rechtsvorschrift die dauerhafte Überprüfbarkeit vorgeschrieben werden.

(5) [1]Bei einem schriftlichen Verwaltungsakt, der mit Hilfe automatischer Einrichtungen erlassen wird, können abweichend von Absatz 3 Unterschrift und Namenswiedergabe fehlen. [2]Zur Inhaltsangabe können Schlüsselzeichen verwendet werden, wenn derjenige, für den der Verwaltungsakt bestimmt ist oder der von ihm betroffen wird, auf Grund der dazu gegebenen Erläuterungen den Inhalt des Verwaltungsaktes eindeutig erkennen kann.

(6) [1]Einem schriftlichen oder elektronischen Verwaltungsakt, der der Anfechtung unterliegt, ist eine Erklärung beizufügen, durch die der Beteiligte über den Rechtsbehelf, der gegen den Verwaltungsakt gegeben ist, über die Behörde oder das Gericht, bei denen der Rechtsbehelf einzulegen ist, den Sitz und über die einzuhaltende Frist belehrt wird (Rechtsbehelfsbelehrung). [2]Die Rechtsbehelfsbelehrung ist auch der schriftlichen oder elektronischen Bestätigung eines Verwaltungsaktes und der Bescheinigung nach § 42a Absatz 3 beizufügen.

§ 38 Zusicherung

(1) [1]Eine von der zuständigen Behörde erteilte Zusage, einen bestimmten Verwaltungsakt später zu erlassen oder zu unterlassen (Zusicherung), bedarf zu ihrer Wirksamkeit der schriftlichen Form. [2]Ist vor dem Erlass des zugesicherten Verwaltungsaktes die Anhörung Beteiligter oder die Mitwirkung einer anderen Behörde oder eines Ausschusses auf Grund einer Rechtsvorschrift erforderlich, so darf die Zusicherung erst nach Anhörung der Beteiligten oder nach Mitwirkung dieser Behörde oder des Ausschusses gegeben werden.

(2) Auf die Unwirksamkeit der Zusicherung finden, unbeschadet des Absatzes 1 Satz 1, § 44, auf die Heilung von Mängeln bei der Anhörung Beteiligter und der Mitwirkung anderer Behörden oder Ausschüsse § 45 Abs. 1 Nr. 3 bis 5 sowie Abs. 2, auf die Rücknahme § 48, auf den Widerruf, unbeschadet des Absatzes 3, § 49 entsprechende Anwendung.

(3) Ändert sich nach Abgabe der Zusicherung die Sach- oder Rechtslage derart, dass die Behörde bei Kenntnis der nachträglich eingetretenen Änderung die Zusicherung nicht gegeben hätte oder aus rechtlichen Gründen nicht hätte geben dürfen, ist die Behörde an die Zusicherung nicht mehr gebunden.

§ 39 Begründung des Verwaltungsaktes

(1) [1]Ein schriftlicher oder elektronischer sowie ein schriftlich oder elektronisch bestätigter Verwaltungsakt ist mit einer Begründung zu versehen. [2]In der Begründung sind die wesentlichen tatsächlichen und rechtlichen Gründe mitzuteilen, die die Behörde zu ihrer Entscheidung bewogen haben. [3]Die Begründung von Ermessensentscheidungen soll auch die Gesichtspunkte erkennen lassen, von denen die Behörde bei der Ausübung ihres Ermessens ausgegangen ist.

(2) Einer Begründung bedarf es nicht,

1. soweit die Behörde einem Antrag entspricht oder einer Erklärung folgt und der Verwaltungsakt nicht in Rechte eines anderen eingreift;
2. soweit demjenigen, für den der Verwaltungsakt bestimmt ist oder der von ihm betroffen wird, die Auffassung der Behörde über die Sach- und Rechtslage bereits bekannt oder auch ohne Begründung für ihn ohne weiteres erkennbar ist;
3. wenn die Behörde gleichartige Verwaltungsakte in größerer Zahl oder Verwaltungsakte mit Hilfe automatischer Einrichtungen erlässt und die Begründung nach den Umständen des Einzelfalls nicht geboten ist;
4. wenn sich dies aus einer Rechtsvorschrift ergibt;
5. wenn eine Allgemeinverfügung öffentlich bekannt gegeben wird.

§ 40 Ermessen

Ist die Behörde ermächtigt, nach ihrem Ermessen zu handeln, hat sie ihr Ermessen entsprechend dem Zweck der Ermächtigung auszuüben und die gesetzlichen Grenzen des Ermessens einzuhalten.

§ 41 Bekanntgabe des Verwaltungsaktes[1)]

(1) [1]Ein Verwaltungsakt ist demjenigen Beteiligten bekannt zu geben, für den er bestimmt ist oder der von ihm betroffen wird. [2]Ist ein Bevollmächtigter bestellt, so kann die Bekanntgabe ihm gegenüber vorgenommen werden.

(2) [1]Ein schriftlicher Verwaltungsakt, der im Inland durch die Post übermittelt wird, gilt am dritten Tag nach der Aufgabe zur Post als bekannt gegeben. [2]Ein Verwaltungsakt, der im Inland oder in das Ausland elektronisch übermittelt wird, gilt am dritten Tag nach der Absendung als bekannt gegeben. [3]Dies gilt nicht, wenn der Verwaltungsakt nicht oder zu einem späteren Zeitpunkt zugegangen ist; im Zweifel hat die Behörde den Zugang des Verwaltungsaktes und den Zeitpunkt des Zugangs nachzuweisen.

(2a) [1]Mit Einwilligung des Beteiligten kann ein elektronischer Verwaltungsakt dadurch bekannt gegeben werden, dass er vom Beteiligten oder von seinem Bevollmächtigten über öffentlich zugängliche Netze abgerufen wird. [2]Die Behörde hat zu gewährleisten, dass der Abruf nur nach Authentifizierung der berechtigten Person möglich ist und der elektronische Verwaltungsakt von ihr gespeichert werden kann. [3]Der Verwaltungsakt gilt am Tag nach dem Abruf als bekannt gegeben. [4]Wird der Verwaltungsakt nicht innerhalb von zehn Tagen nach Absendung einer Benachrichtigung über die Bereitstellung abgerufen, wird diese beendet. [5]In diesem Fall ist die Bekanntgabe nicht bewirkt; die Möglichkeit einer erneuten Bereitstellung zum Abruf oder der Bekanntgabe auf andere Weise bleibt unberührt.

(3) [1]Ein Verwaltungsakt darf öffentlich bekannt gegeben werden, wenn dies durch Rechtsvorschrift zugelassen ist. [2]Eine Allgemeinverfügung darf auch dann öffentlich bekannt gegeben werden, wenn eine Bekanntgabe an die Beteiligten untunlich ist.

(4) [1]Die öffentliche Bekanntgabe eines schriftlichen oder elektronischen Verwaltungsaktes wird dadurch bewirkt, dass sein verfügender Teil ortsüblich bekannt gemacht wird. [2]In der ortsüblichen Bekanntmachung ist anzugeben, wo der Verwaltungsakt und seine Begründung eingesehen werden können. [3]Der Verwaltungsakt gilt zwei Wochen nach der ortsüblichen Bekanntmachung als bekannt gegeben. [4]In einer Allgemeinverfügung kann ein hiervon abweichender Tag, jedoch frühestens der auf die Bekanntmachung folgende Tag bestimmt werden.

(5) Vorschriften über die Bekanntgabe eines Verwaltungsaktes mittels Zustellung bleiben unberührt.

§ 42 Offenbare Unrichtigkeiten im Verwaltungsakt

[1]Die Behörde kann Schreibfehler, Rechenfehler und ähnliche offenbare Unrichtigkeiten in einem Verwaltungsakt jederzeit berichtigen. [2]Bei berechtigtem Interesse des Beteiligten ist zu berichtigen. [3]Die Behörde ist berechtigt, die Vorlage des Dokuments zu verlangen, das berichtigt werden soll.

§ 42a Genehmigungsfiktion[2)]

(1) [1]Eine beantragte Genehmigung gilt nach Ablauf einer für die Entscheidung festgelegten Frist als erteilt (Genehmigungsfiktion), wenn dies durch Rechtsvorschrift angeordnet und der Antrag hinreichend bestimmt ist. [2]Die Vorschriften über die Bestandskraft von Verwaltungsakten und über das Rechtsbehelfsverfahren gelten entsprechend.

---

1) **Anm. d. Red.:** § 41 i. d. F. des Gesetzes v. 18. 7. 2016 (BGBl I S. 1679) mit Wirkung v. 1. 1. 2017.

2) **Anm. d. Red.:** § 42a eingefügt gem. Gesetz v. 11. 12. 2008 (BGBl I S. 2418) mit Wirkung v. 18. 12. 2008.

(2) [1]Die Frist nach Absatz 1 Satz 1 beträgt drei Monate, soweit durch Rechtsvorschrift nichts Abweichendes bestimmt ist. [2]Die Frist beginnt mit Eingang der vollständigen Unterlagen. [3]Sie kann einmal angemessen verlängert werden, wenn dies wegen der Schwierigkeit der Angelegenheit gerechtfertigt ist. [4]Die Fristverlängerung ist zu begründen und rechtzeitig mitzuteilen.

(3) Auf Verlangen ist demjenigen, dem der Verwaltungsakt nach § 41 Abs. 1 hätte bekannt gegeben werden müssen, der Eintritt der Genehmigungsfiktion schriftlich zu bescheinigen.

Abschnitt 2: Bestandskraft des Verwaltungsaktes

§ 43 Wirksamkeit des Verwaltungsaktes

(1) [1]Ein Verwaltungsakt wird gegenüber demjenigen, für den er bestimmt ist oder der von ihm betroffen wird, in dem Zeitpunkt wirksam, in dem er ihm bekannt gegeben wird. [2]Der Verwaltungsakt wird mit dem Inhalt wirksam, mit dem er bekannt gegeben wird.

(2) Ein Verwaltungsakt bleibt wirksam, solange und soweit er nicht zurückgenommen, widerrufen, anderweitig aufgehoben oder durch Zeitablauf oder auf andere Weise erledigt ist.

(3) Ein nichtiger Verwaltungsakt ist unwirksam.

§ 44 Nichtigkeit des Verwaltungsaktes

(1) Ein Verwaltungsakt ist nichtig, soweit er an einem besonders schwerwiegenden Fehler leidet und dies bei verständiger Würdigung aller in Betracht kommenden Umstände offensichtlich ist.

(2) Ohne Rücksicht auf das Vorliegen der Voraussetzungen des Absatzes 1 ist ein Verwaltungsakt nichtig,

1. der schriftlich oder elektronisch erlassen worden ist, die erlassende Behörde aber nicht erkennen lässt;
2. der nach einer Rechtsvorschrift nur durch die Aushändigung einer Urkunde erlassen werden kann, aber dieser Form nicht genügt;
3. den eine Behörde außerhalb ihrer durch § 3 Abs. 1 Nr. 1 begründeten Zuständigkeit erlassen hat, ohne dazu ermächtigt zu sein;
4. den aus tatsächlichen Gründen niemand ausführen kann;
5. der die Begehung einer rechtswidrigen Tat verlangt, die einen Straf- oder Bußgeldtatbestand verwirklicht;
6. der gegen die guten Sitten verstößt.

(3) Ein Verwaltungsakt ist nicht schon deshalb nichtig, weil

1. Vorschriften über die örtliche Zuständigkeit nicht eingehalten worden sind, außer wenn ein Fall des Absatzes 2 Nr. 3 vorliegt;
2. eine nach § 20 Abs. 1 Satz 1 Nr. 2 bis 6 ausgeschlossene Person mitgewirkt hat;
3. ein durch Rechtsvorschrift zur Mitwirkung berufener Ausschuss den für den Erlass des Verwaltungsaktes vorgeschriebenen Beschluss nicht gefasst hat oder nicht beschlussfähig war;
4. die nach einer Rechtsvorschrift erforderliche Mitwirkung einer anderen Behörde unterblieben ist.

(4) Betrifft die Nichtigkeit nur einen Teil des Verwaltungsaktes, so ist er im Ganzen nichtig, wenn der nichtige Teil so wesentlich ist, dass die Behörde den Verwaltungsakt ohne den nichtigen Teil nicht erlassen hätte.

(5) Die Behörde kann die Nichtigkeit jederzeit von Amts wegen feststellen; auf Antrag ist sie festzustellen, wenn der Antragsteller hieran ein berechtigtes Interesse hat.

§ 45 Heilung von Verfahrens- und Formfehlern

(1) Eine Verletzung von Verfahrens- oder Formvorschriften, die nicht den Verwaltungsakt nach § 44 nichtig macht, ist unbeachtlich, wenn

1. der für den Erlass des Verwaltungsaktes erforderliche Antrag nachträglich gestellt wird;
2. die erforderliche Begründung nachträglich gegeben wird;
3. die erforderliche Anhörung eines Beteiligten nachgeholt wird;
4. der Beschluss eines Ausschusses, dessen Mitwirkung für den Erlass des Verwaltungsaktes erforderlich ist, nachträglich gefasst wird;
5. die erforderliche Mitwirkung einer anderen Behörde nachgeholt wird.

(2) Handlungen nach Absatz 1 können bis zum Abschluss der letzten Tatsacheninstanz eines verwaltungsgerichtlichen Verfahrens nachgeholt werden.

(3) [1]Fehlt einem Verwaltungsakt die erforderliche Begründung oder ist die erforderliche Anhörung eines Beteiligten vor Erlass des Verwaltungsaktes unterblieben und ist dadurch die rechtzeitige Anfechtung des Verwaltungsaktes versäumt worden, so gilt die Versäumung der Rechtsbehelfsfrist als nicht verschuldet. [2]Das für die Wiedereinsetzungsfrist nach § 32 Abs. 2 maßgebende Ereignis tritt im Zeitpunkt der Nachholung der unterlassenen Verfahrenshandlung ein.

§ 46 Folgen von Verfahrens- und Formfehlern

Die Aufhebung eines Verwaltungsaktes, der nicht nach § 44 nichtig ist, kann nicht allein deshalb beansprucht werden, weil er unter Verletzung von Vorschriften über das Verfahren, die Form oder die örtliche Zuständigkeit zustande gekommen ist, wenn offensichtlich ist, dass die Verletzung die Entscheidung in der Sache nicht beeinflusst hat.

§ 47 Umdeutung eines fehlerhaften Verwaltungsaktes

(1) Ein fehlerhafter Verwaltungsakt kann in einen anderen Verwaltungsakt umgedeutet werden, wenn er auf das gleiche Ziel gerichtet ist, von der erlassenden Behörde in der geschehenen Verfahrensweise und Form rechtmäßig hätte erlassen werden können und wenn die Voraussetzungen für dessen Erlass erfüllt sind.

(2) [1]Absatz 1 gilt nicht, wenn der Verwaltungsakt, in den der fehlerhafte Verwaltungsakt umzudeuten wäre, der erkennbaren Absicht der erlassenden Behörde widerspräche oder seine Rechtsfolgen für den Betroffenen ungünstiger wären als die des fehlerhaften Verwaltungsaktes. [2]Eine Umdeutung ist ferner unzulässig, wenn der fehlerhafte Verwaltungsakt nicht zurückgenommen werden dürfte.

(3) Eine Entscheidung, die nur als gesetzlich gebundene Entscheidung ergehen kann, kann nicht in eine Ermessensentscheidung umgedeutet werden.

(4) § 28 ist entsprechend anzuwenden.

§ 48 Rücknahme eines rechtswidrigen Verwaltungsaktes

(1) [1]Ein rechtswidriger Verwaltungsakt kann, auch nachdem er unanfechtbar geworden ist, ganz oder teilweise mit Wirkung für die Zukunft oder für die Vergangenheit zurückgenommen werden. [2]Ein Verwaltungsakt, der ein Recht oder einen rechtlich erheblichen Vorteil begründet oder bestätigt hat (begünstigender Verwaltungsakt), darf nur unter den Einschränkungen der Absätze 2 bis 4 zurückgenommen werden.

(2) [1]Ein rechtswidriger Verwaltungsakt, der eine einmalige oder laufende Geldleistung oder teilbare Sachleistung gewährt oder hierfür Voraussetzung ist, darf nicht zurückgenommen werden, soweit der Begünstigte auf den Bestand des Verwaltungsaktes vertraut hat und sein Vertrauen unter Abwägung mit dem öffentlichen Interesse an einer Rücknahme schutzwürdig ist. [2]Das Vertrauen ist in der Regel schutzwürdig, wenn der Begünstigte gewährte Leistungen verbraucht oder eine Vermögensdisposition getroffen hat, die er nicht mehr oder nur unter unzu-

VwVfG

mutbaren Nachteilen rückgängig machen kann. [3]Auf Vertrauen kann sich der Begünstigte nicht berufen, wenn er

1. den Verwaltungsakt durch arglistige Täuschung, Drohung oder Bestechung erwirkt hat;
2. den Verwaltungsakt durch Angaben erwirkt hat, die in wesentlicher Beziehung unrichtig oder unvollständig waren;
3. die Rechtswidrigkeit des Verwaltungsaktes kannte oder infolge grober Fahrlässigkeit nicht kannte.

[4]In den Fällen des Satzes 3 wird der Verwaltungsakt in der Regel mit Wirkung für die Vergangenheit zurückgenommen.

(3) [1]Wird ein rechtswidriger Verwaltungsakt, der nicht unter Absatz 2 fällt, zurückgenommen, so hat die Behörde dem Betroffenen auf Antrag den Vermögensnachteil auszugleichen, den dieser dadurch erleidet, dass er auf den Bestand des Verwaltungsaktes vertraut hat, soweit sein Vertrauen unter Abwägung mit dem öffentlichen Interesse schutzwürdig ist. [2]Absatz 2 Satz 3 ist anzuwenden. [3]Der Vermögensnachteil ist jedoch nicht über den Betrag des Interesses hinaus zu ersetzen, das der Betroffene an dem Bestand des Verwaltungsaktes hat. [4]Der auszugleichende Vermögensnachteil wird durch die Behörde festgesetzt. [5]Der Anspruch kann nur innerhalb eines Jahres geltend gemacht werden; die Frist beginnt, sobald die Behörde den Betroffenen auf sie hingewiesen hat.

(4) [1]Erhält die Behörde von Tatsachen Kenntnis, welche die Rücknahme eines rechtswidrigen Verwaltungsaktes rechtfertigen, so ist die Rücknahme nur innerhalb eines Jahres seit dem Zeitpunkt der Kenntnisnahme zulässig. [2]Dies gilt nicht im Falle des Absatzes 2 Satz 3 Nr. 1.

(5) Über die Rücknahme entscheidet nach Unanfechtbarkeit des Verwaltungsaktes die nach § 3 zuständige Behörde; dies gilt auch dann, wenn der zurückzunehmende Verwaltungsakt von einer anderen Behörde erlassen worden ist.

§ 49 Widerruf eines rechtmäßigen Verwaltungsaktes

(1) Ein rechtmäßiger nicht begünstigender Verwaltungsakt kann, auch nachdem er unanfechtbar geworden ist, ganz oder teilweise mit Wirkung für die Zukunft widerrufen werden, außer wenn ein Verwaltungsakt gleichen Inhalts erneut erlassen werden müsste oder aus anderen Gründen ein Widerruf unzulässig ist.

(2) [1]Ein rechtmäßiger begünstigender Verwaltungsakt darf, auch nachdem er unanfechtbar geworden ist, ganz oder teilweise mit Wirkung für die Zukunft nur widerrufen werden,

1. wenn der Widerruf durch Rechtsvorschrift zugelassen oder im Verwaltungsakt vorbehalten ist;
2. wenn mit dem Verwaltungsakt eine Auflage verbunden ist und der Begünstigte diese nicht oder nicht innerhalb einer ihm gesetzten Frist erfüllt hat;
3. wenn die Behörde auf Grund nachträglich eingetretener Tatsachen berechtigt wäre, den Verwaltungsakt nicht zu erlassen, und wenn ohne den Widerruf das öffentliche Interesse gefährdet würde;
4. wenn die Behörde auf Grund einer geänderten Rechtsvorschrift berechtigt wäre, den Verwaltungsakt nicht zu erlassen, soweit der Begünstigte von der Vergünstigung noch keinen Gebrauch gemacht oder auf Grund des Verwaltungsaktes noch keine Leistungen empfangen hat, und wenn ohne den Widerruf das öffentliche Interesse gefährdet würde;
5. um schwere Nachteile für das Gemeinwohl zu verhüten oder zu beseitigen.

[2]§ 48 Abs. 4 gilt entsprechend.

(3) [1]Ein rechtmäßiger Verwaltungsakt, der eine einmalige oder laufende Geldleistung oder teilbare Sachleistung zur Erfüllung eines bestimmten Zwecks gewährt oder hierfür Voraussetzungen

zung ist, kann, auch nachdem er unanfechtbar geworden ist, ganz oder teilweise auch mit Wirkung für die Vergangenheit widerrufen werden,

1. wenn die Leistung nicht, nicht alsbald nach der Erbringung oder nicht mehr für den in dem Verwaltungsakt bestimmten Zweck verwendet wird;
2. wenn mit dem Verwaltungsakt eine Auflage verbunden ist und der Begünstigte diese nicht oder nicht innerhalb einer ihm gesetzten Frist erfüllt hat.

[2]§ 48 Abs. 4 gilt entsprechend.

(4) Der widerrufene Verwaltungsakt wird mit dem Wirksamwerden des Widerrufs unwirksam, wenn die Behörde keinen anderen Zeitpunkt bestimmt.

(5) Über den Widerruf entscheidet nach Unanfechtbarkeit des Verwaltungsaktes die nach § 3 zuständige Behörde; dies gilt auch dann, wenn der zu widerrufende Verwaltungsakt von einer anderen Behörde erlassen worden ist.

(6) [1]Wird ein begünstigender Verwaltungsakt in den Fällen des Absatzes 2 Nr. 3 bis 5 widerrufen, so hat die Behörde den Betroffenen auf Antrag für den Vermögensnachteil zu entschädigen, den dieser dadurch erleidet, dass er auf den Bestand des Verwaltungsaktes vertraut hat, soweit sein Vertrauen schutzwürdig ist. [2]§ 48 Abs. 3 Satz 3 bis 5 gilt entsprechend. [3]Für Streitigkeiten über die Entschädigung ist der ordentliche Rechtsweg gegeben.

§ 49a Erstattung, Verzinsung

(1) [1]Soweit ein Verwaltungsakt mit Wirkung für die Vergangenheit zurückgenommen oder widerrufen worden oder infolge Eintritts einer auflösenden Bedingung unwirksam geworden ist, sind bereits erbrachte Leistungen zu erstatten. [2]Die zu erstattende Leistung ist durch schriftlichen Verwaltungsakt festzusetzen.

(2) [1]Für den Umfang der Erstattung mit Ausnahme der Verzinsung gelten die Vorschriften des Bürgerlichen Gesetzbuchs über die Herausgabe einer ungerechtfertigten Bereicherung entsprechend. [2]Auf den Wegfall der Bereicherung kann sich der Begünstigte nicht berufen, soweit er die Umstände kannte oder infolge grober Fahrlässigkeit nicht kannte, die zur Rücknahme, zum Widerruf oder zur Unwirksamkeit des Verwaltungsaktes geführt haben.

(3) [1]Der zu erstattende Betrag ist vom Eintritt der Unwirksamkeit des Verwaltungsaktes an mit fünf Prozentpunkten über dem Basiszinssatz jährlich zu verzinsen. [2]Von der Geltendmachung des Zinsanspruchs kann insbesondere dann abgesehen werden, wenn der Begünstigte die Umstände, die zur Rücknahme, zum Widerruf oder zur Unwirksamkeit des Verwaltungsaktes geführt haben, nicht zu vertreten hat und den zu erstattenden Betrag innerhalb der von der Behörde festgesetzten Frist leistet.

(4) [1]Wird eine Leistung nicht alsbald nach der Auszahlung für den bestimmten Zweck verwendet, so können für die Zeit bis zur zweckentsprechenden Verwendung Zinsen nach Absatz 3 Satz 1 verlangt werden. [2]Entsprechendes gilt, soweit eine Leistung in Anspruch genommen wird, obwohl andere Mittel anteilig oder vorrangig einzusetzen sind. [3]§ 49 Abs. 3 Satz 1 Nr. 1 bleibt unberührt.

§ 50 Rücknahme und Widerruf im Rechtsbehelfsverfahren

§ 48 Abs. 1 Satz 2 und Abs. 2 bis 4 sowie § 49 Abs. 2 bis 4 und 6 gelten nicht, wenn ein begünstigender Verwaltungsakt, der von einem Dritten angefochten worden ist, während des Vorverfahrens oder während des verwaltungsgerichtlichen Verfahrens aufgehoben wird, soweit dadurch dem Widerspruch oder der Klage abgeholfen wird.

§ 51 Wiederaufgreifen des Verfahrens

(1) Die Behörde hat auf Antrag des Betroffenen über die Aufhebung oder Änderung eines unanfechtbaren Verwaltungsaktes zu entscheiden, wenn

1. sich die dem Verwaltungsakt zugrunde liegende Sach- oder Rechtslage nachträglich zugunsten des Betroffenen geändert hat;

2. neue Beweismittel vorliegen, die eine dem Betroffenen günstigere Entscheidung herbeigeführt haben würden;
3. Wiederaufnahmegründe entsprechend § 580 der Zivilprozessordnung gegeben sind.

(2) Der Antrag ist nur zulässig, wenn der Betroffene ohne grobes Verschulden außerstande war, den Grund für das Wiederaufgreifen in dem früheren Verfahren, insbesondere durch Rechtsbehelf, geltend zu machen.

(3) [1]Der Antrag muss binnen drei Monaten gestellt werden. [2]Die Frist beginnt mit dem Tage, an dem der Betroffene von dem Grund für das Wiederaufgreifen Kenntnis erhalten hat.

(4) Über den Antrag entscheidet die nach § 3 zuständige Behörde; dies gilt auch dann, wenn der Verwaltungsakt, dessen Aufhebung oder Änderung begehrt wird, von einer anderen Behörde erlassen worden ist.

(5) Die Vorschriften des § 48 Abs. 1 Satz 1 und des § 49 Abs. 1 bleiben unberührt.

§ 52 Rückgabe von Urkunden und Sachen

[1]Ist ein Verwaltungsakt unanfechtbar widerrufen oder zurückgenommen oder ist seine Wirksamkeit aus einem anderen Grund nicht oder nicht mehr gegeben, so kann die Behörde die auf Grund dieses Verwaltungsaktes erteilten Urkunden oder Sachen, die zum Nachweis der Rechte aus dem Verwaltungsakt oder zu deren Ausübung bestimmt sind, zurückfordern. [2]Der Inhaber und, sofern er nicht der Besitzer ist, auch der Besitzer dieser Urkunden oder Sachen sind zu ihrer Herausgabe verpflichtet. [3]Der Inhaber oder der Besitzer kann jedoch verlangen, dass ihm die Urkunden oder Sachen wieder ausgehändigt werden, nachdem sie von der Behörde als ungültig gekennzeichnet sind; dies gilt nicht bei Sachen, bei denen eine solche Kennzeichnung nicht oder nicht mit der erforderlichen Offensichtlichkeit oder Dauerhaftigkeit möglich ist.

Abschnitt 3: Verjährungsrechtliche Wirkungen des Verwaltungsaktes

§ 53 Hemmung der Verjährung durch Verwaltungsakt

(1) [1]Ein Verwaltungsakt, der zur Feststellung oder Durchsetzung des Anspruchs eines öffentlich-rechtlichen Rechtsträgers erlassen wird, hemmt die Verjährung dieses Anspruchs. [2]Die Hemmung endet mit Eintritt der Unanfechtbarkeit des Verwaltungsaktes oder sechs Monate nach seiner anderweitigen Erledigung.

(2) [1]Ist ein Verwaltungsakt im Sinne des Absatzes 1 unanfechtbar geworden, beträgt die Verjährungsfrist 30 Jahre. [2]Soweit der Verwaltungsakt einen Anspruch auf künftig fällig werdende regelmäßig wiederkehrende Leistungen zum Inhalt hat, bleibt es bei der für diesen Anspruch geltenden Verjährungsfrist.

Teil IV: Öffentlich-rechtlicher Vertrag

§ 54 Zulässigkeit des öffentlich-rechtlichen Vertrags

[1]Ein Rechtsverhältnis auf dem Gebiet des öffentlichen Rechts kann durch Vertrag begründet, geändert oder aufgehoben werden (öffentlich-rechtlicher Vertrag), soweit Rechtsvorschriften nicht entgegenstehen. [2]Insbesondere kann die Behörde, anstatt einen Verwaltungsakt zu erlassen, einen öffentlich-rechtlichen Vertrag mit demjenigen schließen, an den sie sonst den Verwaltungsakt richten würde.

§ 55 Vergleichsvertrag

Ein öffentlich-rechtlicher Vertrag im Sinne des § 54 Satz 2, durch den eine bei verständiger Würdigung des Sachverhalts oder der Rechtslage bestehende Ungewissheit durch gegenseitiges Nachgeben beseitigt wird (Vergleich), kann geschlossen werden, wenn die Behörde den Abschluss des Vergleichs zur Beseitigung der Ungewissheit nach pflichtgemäßem Ermessen für zweckmäßig hält.

§ 56 Austauschvertrag

(1) [1]Ein öffentlich-rechtlicher Vertrag im Sinne des § 54 Satz 2, in dem sich der Vertragspartner der Behörde zu einer Gegenleistung verpflichtet, kann geschlossen werden, wenn die Gegenleistung für einen bestimmten Zweck im Vertrag vereinbart wird und der Behörde zur Erfüllung ihrer öffentlichen Aufgaben dient. [2]Die Gegenleistung muss den gesamten Umständen nach angemessen sein und im sachlichen Zusammenhang mit der vertraglichen Leistung der Behörde stehen.

(2) Besteht auf die Leistung der Behörde ein Anspruch, so kann nur eine solche Gegenleistung vereinbart werden, die bei Erlass eines Verwaltungsaktes Inhalt einer Nebenbestimmung nach § 36 sein könnte.

§ 57 Schriftform

Ein öffentlich-rechtlicher Vertrag ist schriftlich zu schließen, soweit nicht durch Rechtsvorschrift eine andere Form vorgeschrieben ist.

§ 58 Zustimmung von Dritten und Behörden

(1) Ein öffentlich-rechtlicher Vertrag, der in Rechte eines Dritten eingreift, wird erst wirksam, wenn der Dritte schriftlich zustimmt.

(2) Wird anstatt eines Verwaltungsaktes, bei dessen Erlass nach einer Rechtsvorschrift die Genehmigung, die Zustimmung oder das Einvernehmen einer anderen Behörde erforderlich ist, ein Vertrag geschlossen, so wird dieser erst wirksam, nachdem die andere Behörde in der vorgeschriebenen Form mitgewirkt hat.

§ 59 Nichtigkeit des öffentlich-rechtlichen Vertrags

(1) Ein öffentlich-rechtlicher Vertrag ist nichtig, wenn sich die Nichtigkeit aus der entsprechenden Anwendung von Vorschriften des Bürgerlichen Gesetzbuchs ergibt.

(2) Ein Vertrag im Sinne des § 54 Satz 2 ist ferner nichtig, wenn

1. ein Verwaltungsakt mit entsprechendem Inhalt nichtig wäre;
2. ein Verwaltungsakt mit entsprechendem Inhalt nicht nur wegen eines Verfahrens- oder Formfehlers im Sinne des § 46 rechtswidrig wäre und dies den Vertragschließenden bekannt war;
3. die Voraussetzungen zum Abschluss eines Vergleichsvertrags nicht vorlagen und ein Verwaltungsakt mit entsprechendem Inhalt nicht nur wegen eines Verfahrens- oder Formfehlers im Sinne des § 46 rechtswidrig wäre;
4. sich die Behörde eine nach § 56 unzulässige Gegenleistung versprechen lässt.

(3) Betrifft die Nichtigkeit nur einen Teil des Vertrags, so ist er im Ganzen nichtig, wenn nicht anzunehmen ist, dass er auch ohne den nichtigen Teil geschlossen worden wäre.

§ 60 Anpassung und Kündigung in besonderen Fällen

(1) [1]Haben die Verhältnisse, die für die Festsetzung des Vertragsinhalts maßgebend gewesen sind, sich seit Abschluss des Vertrags so wesentlich geändert, dass einer Vertragspartei das Festhalten an der ursprünglichen vertraglichen Regelung nicht zuzumuten ist, so kann diese Vertragspartei eine Anpassung des Vertragsinhalts an die geänderten Verhältnisse verlangen oder, sofern eine Anpassung nicht möglich oder einer Vertragspartei nicht zuzumuten ist, den Vertrag kündigen. [2]Die Behörde kann den Vertrag auch kündigen, um schwere Nachteile für das Gemeinwohl zu verhüten oder zu beseitigen.

(2) [1]Die Kündigung bedarf der Schriftform, soweit nicht durch Rechtsvorschrift eine andere Form vorgeschrieben ist. [2]Sie soll begründet werden.

§ 61 Unterwerfung unter die sofortige Vollstreckung

(1) [1]Jeder Vertragschließende kann sich der sofortigen Vollstreckung aus einem öffentlich-rechtlichen Vertrag im Sinne des § 54 Satz 2 unterwerfen. [2]Die Behörde muss hierbei von dem Behördenleiter, seinem allgemeinen Vertreter oder einem Angehörigen des öffentlichen Dienstes, der die Befähigung zum Richteramt hat oder die Voraussetzungen des § 110 Satz 1 des Deutschen Richtergesetzes erfüllt, vertreten werden.

(2) [1]Auf öffentlich-rechtliche Verträge im Sinne des Absatzes 1 Satz 1 ist das Verwaltungs-Vollstreckungsgesetz des Bundes entsprechend anzuwenden, wenn Vertragschließender eine Behörde im Sinne des § 1 Abs. 1 Nr. 1 ist. [2]Will eine natürliche oder juristische Person des Privatrechts oder eine nichtrechtsfähige Vereinigung die Vollstreckung wegen einer Geldforderung betreiben, so ist § 170 Abs. 1 bis 3 der Verwaltungsgerichtsordnung entsprechend anzuwenden. [3]Richtet sich die Vollstreckung wegen der Erzwingung einer Handlung, Duldung oder Unterlassung gegen eine Behörde im Sinne des § 1 Abs. 1 Nr. 2, so ist § 172 der Verwaltungsgerichtsordnung entsprechend anzuwenden.

§ 62 Ergänzende Anwendung von Vorschriften

[1]Soweit sich aus den §§ 54 bis 61 nichts Abweichendes ergibt, gelten die übrigen Vorschriften dieses Gesetzes. [2]Ergänzend gelten die Vorschriften des Bürgerlichen Gesetzbuchs entsprechend.

Teil V: Besondere Verfahrensarten

Abschnitt 1: Förmliches Verwaltungsverfahren

§ 63 Anwendung der Vorschriften über das förmliche Verwaltungsverfahren

(1) Das förmliche Verwaltungsverfahren nach diesem Gesetz findet statt, wenn es durch Rechtsvorschrift angeordnet ist.

(2) Für das förmliche Verwaltungsverfahren gelten die §§ 64 bis 71 und, soweit sich aus ihnen nichts Abweichendes ergibt, die übrigen Vorschriften dieses Gesetzes.

(3) [1]Die Mitteilung nach § 17 Abs. 2 Satz 2 und die Aufforderung nach § 17 Abs. 4 Satz 2 sind im förmlichen Verwaltungsverfahren öffentlich bekannt zu machen. [2]Die öffentliche Bekanntmachung wird dadurch bewirkt, dass die Behörde die Mitteilung oder die Aufforderung in ihrem amtlichen Veröffentlichungsblatt und außerdem in örtlichen Tageszeitungen, die in dem Bereich verbreitet sind, in dem sich die Entscheidung voraussichtlich auswirken wird, bekannt macht.

§ 64 Form des Antrags

Setzt das förmliche Verwaltungsverfahren einen Antrag voraus, so ist er schriftlich oder zur Niederschrift bei der Behörde zu stellen.

§ 65 Mitwirkung von Zeugen und Sachverständigen

(1) [1]Im förmlichen Verwaltungsverfahren sind Zeugen zur Aussage und Sachverständige zur Erstattung von Gutachten verpflichtet. [2]Die Vorschriften der Zivilprozessordnung über die Pflicht, als Zeuge auszusagen oder als Sachverständiger ein Gutachten zu erstatten, über die Ablehnung von Sachverständigen sowie über die Vernehmung von Angehörigen des öffentlichen Dienstes als Zeugen oder Sachverständige gelten entsprechend.

(2) [1]Verweigern Zeugen oder Sachverständige ohne Vorliegen eines der in den §§ 376, 383 bis 385 und 408 der Zivilprozessordnung bezeichneten Gründe die Aussage oder die Erstattung des Gutachtens, so kann die Behörde das für den Wohnsitz oder den Aufenthaltsort des Zeugen oder des Sachverständigen zuständige Verwaltungsgericht um die Vernehmung ersuchen. [2]Befindet sich der Wohnsitz oder der Aufenthaltsort des Zeugen oder des Sachverständigen nicht am Sitz eines Verwaltungsgerichts oder einer besonders errichteten Kammer, so kann auch das

zuständige Amtsgericht um die Vernehmung ersucht werden. [3]In dem Ersuchen hat die Behörde den Gegenstand der Vernehmung darzulegen sowie die Namen und Anschriften der Beteiligten anzugeben. [4]Das Gericht hat die Beteiligten von den Beweisterminen zu benachrichtigen.

(3) Hält die Behörde mit Rücksicht auf die Bedeutung der Aussage eines Zeugen oder des Gutachtens eines Sachverständigen oder zur Herbeiführung einer wahrheitsgemäßen Aussage die Beeidigung für geboten, so kann sie das nach Absatz 2 zuständige Gericht um die eidliche Vernehmung ersuchen.

(4) Das Gericht entscheidet über die Rechtmäßigkeit einer Verweigerung des Zeugnisses, des Gutachtens oder der Eidesleistung.

(5) Ein Ersuchen nach Absatz 2 oder 3 an das Gericht darf nur von dem Behördenleiter, seinem allgemeinen Vertreter oder einem Angehörigen des öffentlichen Dienstes gestellt werden, der die Befähigung zum Richteramt hat oder die Voraussetzungen des § 110 Satz 1 des Deutschen Richtergesetzes erfüllt.

§ 66 Verpflichtung zur Anhörung von Beteiligten

(1) Im förmlichen Verwaltungsverfahren ist den Beteiligten Gelegenheit zu geben, sich vor der Entscheidung zu äußern.

(2) Den Beteiligten ist Gelegenheit zu geben, der Vernehmung von Zeugen und Sachverständigen und der Einnahme des Augenscheins beizuwohnen und hierbei sachdienliche Fragen zu stellen; ein schriftlich oder elektronisch vorliegendes Gutachten soll ihnen zugänglich gemacht werden.

§ 67 Erfordernis der mündlichen Verhandlung

(1) [1]Die Behörde entscheidet nach mündlicher Verhandlung. [2]Hierzu sind die Beteiligten mit angemessener Frist schriftlich zu laden. [3]Bei der Ladung ist darauf hinzuweisen, dass bei Ausbleiben eines Beteiligten auch ohne ihn verhandelt und entschieden werden kann. [4]Sind mehr als 50 Ladungen vorzunehmen, so können sie durch öffentliche Bekanntmachung ersetzt werden. [5]Die öffentliche Bekanntmachung wird dadurch bewirkt, dass der Verhandlungstermin mindestens zwei Wochen vorher im amtlichen Veröffentlichungsblatt der Behörde und außerdem in örtlichen Tageszeitungen, die in dem Bereich verbreitet sind, in dem sich die Entscheidung voraussichtlich auswirken wird, mit dem Hinweis nach Satz 3 bekannt gemacht wird. [6]Maßgebend für die Frist nach Satz 5 ist die Bekanntgabe im amtlichen Veröffentlichungsblatt.

(2) Die Behörde kann ohne mündliche Verhandlung entscheiden, wenn

1. einem Antrag im Einvernehmen mit allen Beteiligten in vollem Umfang entsprochen wird;
2. kein Beteiligter innerhalb einer hierfür gesetzten Frist Einwendungen gegen die vorgesehene Maßnahme erhoben hat;
3. die Behörde den Beteiligten mitgeteilt hat, dass sie beabsichtige, ohne mündliche Verhandlung zu entscheiden, und kein Beteiligter innerhalb einer hierfür gesetzten Frist Einwendungen dagegen erhoben hat;
4. alle Beteiligten auf sie verzichtet haben;
5. wegen Gefahr im Verzug eine sofortige Entscheidung notwendig ist.

(3) Die Behörde soll das Verfahren so fördern, dass es möglichst in einem Verhandlungstermin erledigt werden kann.

§ 68 Verlauf der mündlichen Verhandlung

(1) [1]Die mündliche Verhandlung ist nicht öffentlich. [2]An ihr können Vertreter der Aufsichtsbehörden und Personen, die bei der Behörde zur Ausbildung beschäftigt sind, teilnehmen. [3]Anderen Personen kann der Verhandlungsleiter die Anwesenheit gestatten, wenn kein Beteiligter widerspricht.

(2) [1]Der Verhandlungsleiter hat die Sache mit den Beteiligten zu erörtern. [2]Er hat darauf hinzuwirken, dass unklare Anträge erläutert, sachdienliche Anträge gestellt, ungenügende Angaben ergänzt sowie alle für die Feststellung des Sachverhalts wesentlichen Erklärungen abgegeben werden.

(3) [1]Der Verhandlungsleiter ist für die Ordnung verantwortlich. [2]Er kann Personen, die seine Anordnungen nicht befolgen, entfernen lassen. [3]Die Verhandlung kann ohne diese Personen fortgesetzt werden.

(4) [1]Über die mündliche Verhandlung ist eine Niederschrift zu fertigen. [2]Die Niederschrift muss Angaben enthalten über

1. den Ort und den Tag der Verhandlung,
2. die Namen des Verhandlungsleiters, der erschienenen Beteiligten, Zeugen und Sachverständigen,
3. den behandelten Verfahrensgegenstand und die gestellten Anträge,
4. den wesentlichen Inhalt der Aussagen der Zeugen und Sachverständigen,
5. das Ergebnis eines Augenscheins.

[3]Die Niederschrift ist von dem Verhandlungsleiter und, soweit ein Schriftführer hinzugezogen worden ist, auch von diesem zu unterzeichnen. [4]Der Aufnahme in die Verhandlungsniederschrift steht die Aufnahme in eine Schrift gleich, die ihr als Anlage beigefügt und als solche bezeichnet ist; auf die Anlage ist in der Verhandlungsniederschrift hinzuweisen.

§ 69 Entscheidung[1)]

(1) Die Behörde entscheidet unter Würdigung des Gesamtergebnisses des Verfahrens.

(2) [1]Verwaltungsakte, die das förmliche Verfahren abschließen, sind schriftlich zu erlassen, schriftlich zu begründen und den Beteiligten zuzustellen; in den Fällen des § 39 Abs. 2 Nr. 1 und 3 bedarf es einer Begründung nicht. [2]Ein elektronischer Verwaltungsakt nach Satz 1 ist mit einer dauerhaft überprüfbaren qualifizierten elektronischen Signatur zu versehen. [3]Sind mehr als 50 Zustellungen vorzunehmen, so können sie durch öffentliche Bekanntmachung ersetzt werden. [4]Die öffentliche Bekanntmachung wird dadurch bewirkt, dass der verfügende Teil des Verwaltungsaktes und die Rechtsbehelfsbelehrung im amtlichen Veröffentlichungsblatt der Behörde und außerdem in örtlichen Tageszeitungen bekannt gemacht werden, die in dem Bereich verbreitet sind, in dem sich die Entscheidung voraussichtlich auswirken wird. [5]Der Verwaltungsakt gilt mit dem Tage als zugestellt, an dem seit dem Tage der Bekanntmachung in dem amtlichen Veröffentlichungsblatt zwei Wochen verstrichen sind; hierauf ist in der Bekanntmachung hinzuweisen. [6]Nach der öffentlichen Bekanntmachung kann der Verwaltungsakt bis zum Ablauf der Rechtsbehelfsfrist von den Beteiligten schriftlich oder elektronisch angefordert werden; hierauf ist in der Bekanntmachung gleichfalls hinzuweisen.

(3) [1]Wird das förmliche Verwaltungsverfahren auf andere Weise abgeschlossen, so sind die Beteiligten hiervon zu benachrichtigen. [2]Sind mehr als 50 Benachrichtigungen vorzunehmen, so können sie durch öffentliche Bekanntmachung ersetzt werden; Absatz 2 Satz 4 gilt entsprechend.

§ 70 Anfechtung der Entscheidung

Vor Erhebung einer verwaltungsgerichtlichen Klage, die einen im förmlichen Verwaltungsverfahren erlassenen Verwaltungsakt zum Gegenstand hat, bedarf es keiner Nachprüfung in einem Vorverfahren.

1) **Anm. d. Red.:** § 69 i. d. F. des Gesetzes v. 11. 12. 2008 (BGBl I S. 2418) mit Wirkung v. 18. 12. 2008.

§ 71 Besondere Vorschriften für das förmliche Verfahren vor Ausschüssen

(1) [1]Findet das förmliche Verwaltungsverfahren vor einem Ausschuss (§ 88) statt, so hat jedes Mitglied das Recht, sachdienliche Fragen zu stellen. [2]Wird eine Frage von einem Beteiligten beanstandet, so entscheidet der Ausschuss über ihre Zulässigkeit.

(2) [1]Bei der Beratung und Abstimmung dürfen nur Ausschussmitglieder zugegen sein, die an der mündlichen Verhandlung teilgenommen haben. [2]Ferner dürfen Personen zugegen sein, die bei der Behörde, bei der der Ausschuss gebildet ist, zur Ausbildung beschäftigt sind, soweit der Vorsitzende ihre Anwesenheit gestattet. [3]Die Abstimmungsergebnisse sind festzuhalten.

(3) [1]Jeder Beteiligte kann ein Mitglied des Ausschusses ablehnen, das in diesem Verwaltungsverfahren nicht tätig werden darf (§ 20) oder bei dem die Besorgnis der Befangenheit besteht (§ 21). [2]Eine Ablehnung vor der mündlichen Verhandlung ist schriftlich oder zur Niederschrift zu erklären. [3]Die Erklärung ist unzulässig, wenn sich der Beteiligte, ohne den ihm bekannten Ablehnungsgrund geltend zu machen, in die mündliche Verhandlung eingelassen hat. [4]Für die Entscheidung über die Ablehnung gilt § 20 Abs. 4 Satz 2 bis 4.

Abschnitt 1a: Verfahren über eine einheitliche Stelle[1)]

§ 71a Anwendbarkeit[2)]

(1) Ist durch Rechtsvorschrift angeordnet, dass ein Verwaltungsverfahren über eine einheitliche Stelle abgewickelt werden kann, so gelten die Vorschriften dieses Abschnitts und, soweit sich aus ihnen nichts Abweichendes ergibt, die übrigen Vorschriften dieses Gesetzes.

(2) Der zuständigen Behörde obliegen die Pflichten aus § 71b Abs. 3, 4 und 6, § 71c Abs. 2 und § 71e auch dann, wenn sich der Antragsteller oder Anzeigepflichtige unmittelbar an die zuständige Behörde wendet.

§ 71b Verfahren[3)]

(1) Die einheitliche Stelle nimmt Anzeigen, Anträge, Willenserklärungen und Unterlagen entgegen und leitet sie unverzüglich an die zuständigen Behörden weiter.

(2) [1]Anzeigen, Anträge, Willenserklärungen und Unterlagen gelten am dritten Tag nach Eingang bei der einheitlichen Stelle als bei der zuständigen Behörde eingegangen. [2]Fristen werden mit Eingang bei der einheitlichen Stelle gewahrt.

(3) [1]Soll durch die Anzeige, den Antrag oder die Abgabe einer Willenserklärung eine Frist in Lauf gesetzt werden, innerhalb deren die zuständige Behörde tätig werden muss, stellt die zuständige Behörde eine Empfangsbestätigung aus. [2]In der Empfangsbestätigung ist das Datum des Eingangs bei der einheitlichen Stelle mitzuteilen und auf die Frist, die Voraussetzungen für den Beginn des Fristlaufs und auf eine an den Fristablauf geknüpfte Rechtsfolge sowie auf die verfügbaren Rechtsbehelfe hinzuweisen. VwVfG

(4) [1]Ist die Anzeige oder der Antrag unvollständig, teilt die zuständige Behörde unverzüglich mit, welche Unterlagen nachzureichen sind. [2]Die Mitteilung enthält den Hinweis, dass der Lauf der Frist nach Absatz 3 erst mit Eingang der vollständigen Unterlagen beginnt. [3]Das Datum des Eingangs der nachgereichten Unterlagen bei der einheitlichen Stelle ist mitzuteilen.

(5) [1]Soweit die einheitliche Stelle zur Verfahrensabwicklung in Anspruch genommen wird, sollen Mitteilungen der zuständigen Behörde an den Antragsteller oder Anzeigepflichtigen über sie weitergegeben werden. [2]Verwaltungsakte werden auf Verlangen desjenigen, an den sich der Verwaltungsakt richtet, von der zuständigen Behörde unmittelbar bekannt gegeben.

---

1) **Anm. d. Red.:** Überschrift i. d. F. des Gesetzes v. 11. 12. 2008 (BGBl I S. 2418) mit Wirkung v. 18. 12. 2008.

2) **Anm. d. Red.:** § 71a i. d. F. des Gesetzes v. 11. 12. 2008 (BGBl I S. 2418) mit Wirkung v. 18. 12. 2008.

3) **Anm. d. Red.:** § 71b i. d. F. des Gesetzes v. 11. 12. 2008 (BGBl I S. 2418) mit Wirkung v. 18. 12. 2008.

(6) [1]Ein schriftlicher Verwaltungsakt, der durch die Post in das Ausland übermittelt wird, gilt einen Monat nach Aufgabe zur Post als bekannt gegeben. [2]§ 41 Abs. 2 Satz 3 gilt entsprechend. [3]Von dem Antragsteller oder Anzeigepflichtigen kann nicht nach § 15 verlangt werden, einen Empfangsbevollmächtigten zu bestellen.

§ 71c Informationspflichten[1)]

(1) [1]Die einheitliche Stelle erteilt auf Anfrage unverzüglich Auskunft über die maßgeblichen Vorschriften, die zuständigen Behörden, den Zugang zu den öffentlichen Registern und Datenbanken, die zustehenden Verfahrensrechte und die Einrichtungen, die den Antragsteller oder Anzeigepflichtigen bei der Aufnahme oder Ausübung seiner Tätigkeit unterstützen. [2]Sie teilt unverzüglich mit, wenn eine Anfrage zu unbestimmt ist.

(2) [1]Die zuständigen Behörden erteilen auf Anfrage unverzüglich Auskunft über die maßgeblichen Vorschriften und deren gewöhnliche Auslegung. [2]Nach § 25 erforderliche Anregungen und Auskünfte werden unverzüglich gegeben.

§ 71d Gegenseitige Unterstützung[2)]

[1]Die einheitliche Stelle und die zuständigen Behörden wirken gemeinsam auf eine ordnungsgemäße und zügige Verfahrensabwicklung hin; alle einheitlichen Stellen und zuständigen Behörden sind hierbei zu unterstützen. [2]Die zuständigen Behörden stellen der einheitlichen Stelle insbesondere die erforderlichen Informationen zum Verfahrensstand zur Verfügung.

§ 71e Elektronisches Verfahren[3)]

[1]Das Verfahren nach diesem Abschnitt wird auf Verlangen in elektronischer Form abgewickelt. [2]§ 3a Abs. 2 Satz 2 und 3 und Abs. 3 bleibt unberührt.

Abschnitt 2: Planfeststellungsverfahren

§ 72 Anwendung der Vorschriften über das Planfeststellungsverfahren

(1) Ist ein Planfeststellungsverfahren durch Rechtsvorschrift angeordnet, so gelten hierfür die §§ 73 bis 78 und, soweit sich aus ihnen nichts Abweichendes ergibt, die übrigen Vorschriften dieses Gesetzes; die §§ 51 und 71a bis 71e sind nicht anzuwenden, § 29 ist mit der Maßgabe anzuwenden, dass Akteneinsicht nach pflichtgemäßem Ermessen zu gewähren ist.

(2) [1]Die Mitteilung nach § 17 Abs. 2 Satz 2 und die Aufforderung nach § 17 Abs. 4 Satz 2 sind im Planfeststellungsverfahren öffentlich bekannt zu machen. [2]Die öffentliche Bekanntmachung wird dadurch bewirkt, dass die Behörde die Mitteilung oder die Aufforderung in ihrem amtlichen Veröffentlichungsblatt und außerdem in örtlichen Tageszeitungen, die in dem Bereich verbreitet sind, in dem sich das Vorhaben voraussichtlich auswirken wird, bekannt macht.

§ 73 Anhörungsverfahren[4)]

(1) [1]Der Träger des Vorhabens hat den Plan der Anhörungsbehörde zur Durchführung des Anhörungsverfahrens einzureichen. [2]Der Plan besteht aus den Zeichnungen und Erläuterungen, die das Vorhaben, seinen Anlass und die von dem Vorhaben betroffenen Grundstücke und Anlagen erkennen lassen.

(2) Innerhalb eines Monats nach Zugang des vollständigen Plans fordert die Anhörungsbehörde die Behörden, deren Aufgabenbereich durch das Vorhaben berührt wird, zur Stellungnahme

1) **Anm. d. Red.:** § 71c i. d. F. des Gesetzes v. 11. 12. 2008 (BGBl I S. 2418) mit Wirkung v. 18. 12. 2008.
2) **Anm. d. Red.:** § 71d i. d. F. des Gesetzes v. 11. 12. 2008 (BGBl I S. 2418) mit Wirkung v. 18. 12. 2008.
3) **Anm. d. Red.:** § 71e i. d. F. des Gesetzes v. 11. 12. 2008 (BGBl I S. 2418) mit Wirkung v. 18. 12. 2008.
4) **Anm. d. Red.:** § 73 i. d. F. des Gesetzes v. 31. 5. 2013 (BGBl I S. 1388) mit Wirkung v. 7. 6. 2013.

auf und veranlasst, dass der Plan in den Gemeinden, in denen sich das Vorhaben voraussichtlich auswirken wird, ausgelegt wird.

(3) [1]Die Gemeinden nach Absatz 2 haben den Plan innerhalb von drei Wochen nach Zugang für die Dauer eines Monats zur Einsicht auszulegen. [2]Auf eine Auslegung kann verzichtet werden, wenn der Kreis der Betroffenen und die Vereinigungen nach Absatz 4 Satz 5 bekannt sind und ihnen innerhalb angemessener Frist Gelegenheit gegeben wird, den Plan einzusehen.

(3a) [1]Die Behörden nach Absatz 2 haben ihre Stellungnahme innerhalb einer von der Anhörungsbehörde zu setzenden Frist abzugeben, die drei Monate nicht überschreiten darf. [2]Stellungnahmen, die nach Ablauf der Frist nach Satz 1 eingehen, sind zu berücksichtigen, wenn der Planfeststellungsbehörde die vorgebrachten Belange bekannt sind oder hätten bekannt sein müssen oder für die Rechtmäßigkeit der Entscheidung von Bedeutung sind; im Übrigen können sie berücksichtigt werden.

(4) [1]Jeder, dessen Belange durch das Vorhaben berührt werden, kann bis zwei Wochen nach Ablauf der Auslegungsfrist schriftlich oder zur Niederschrift bei der Anhörungsbehörde oder bei der Gemeinde Einwendungen gegen den Plan erheben. [2]Im Falle des Absatzes 3 Satz 2 bestimmt die Anhörungsbehörde die Einwendungsfrist. [3]Mit Ablauf der Einwendungsfrist sind alle Einwendungen ausgeschlossen, die nicht auf besonderen privatrechtlichen Titeln beruhen. [4]Hierauf ist in der Bekanntmachung der Auslegung oder bei der Bekanntgabe der Einwendungsfrist hinzuweisen. [5]Vereinigungen, die auf Grund einer Anerkennung nach anderen Rechtsvorschriften befugt sind, Rechtsbehelfe nach der Verwaltungsgerichtsordnung gegen die Entscheidung nach § 74 einzulegen, können innerhalb der Frist nach Satz 1 Stellungnahmen zu dem Plan abgeben. [6]Die Sätze 2 bis 4 gelten entsprechend.

(5) [1]Die Gemeinden, in denen der Plan auszulegen ist, haben die Auslegung vorher ortsüblich bekannt zu machen. [2]In der Bekanntmachung ist darauf hinzuweisen,

1. wo und in welchem Zeitraum der Plan zur Einsicht ausgelegt ist;
2. dass etwaige Einwendungen oder Stellungnahmen von Vereinigungen nach Absatz 4 Satz 5 bei den in der Bekanntmachung zu bezeichnenden Stellen innerhalb der Einwendungsfrist vorzubringen sind;
3. dass bei Ausbleiben eines Beteiligten in dem Erörterungstermin auch ohne ihn verhandelt werden kann;
4. dass
   a) die Personen, die Einwendungen erhoben haben, oder die Vereinigungen, die Stellungnahmen abgegeben haben, von dem Erörterungstermin durch öffentliche Bekanntmachung benachrichtigt werden können,
   b) die Zustellung der Entscheidung über die Einwendungen durch öffentliche Bekanntmachung ersetzt werden kann,

   wenn mehr als 50 Benachrichtigungen oder Zustellungen vorzunehmen sind.

[3]Nicht ortsansässige Betroffene, deren Person und Aufenthalt bekannt sind oder sich innerhalb angemessener Frist ermitteln lassen, sollen auf Veranlassung der Anhörungsbehörde von der Auslegung mit dem Hinweis nach Satz 2 benachrichtigt werden.

(6) [1]Nach Ablauf der Einwendungsfrist hat die Anhörungsbehörde die rechtzeitig gegen den Plan erhobenen Einwendungen, die rechtzeitig abgegebenen Stellungnahmen von Vereinigungen nach Absatz 4 Satz 5 sowie die Stellungnahmen der Behörden zu dem Plan mit dem Träger des Vorhabens, den Behörden, den Betroffenen sowie denjenigen, die Einwendungen erhoben oder Stellungnahmen abgegeben haben, zu erörtern. [2]Der Erörterungstermin ist mindestens eine Woche vorher ortsüblich bekannt zu machen. [3]Die Behörden, der Träger des Vorhabens und diejenigen, die Einwendungen erhoben oder Stellungnahmen abgegeben haben, sind von dem Erörterungstermin zu benachrichtigen. [4]Sind außer der Benachrichtigung der Behörden und des Trägers des Vorhabens mehr als 50 Benachrichtigungen vorzunehmen, so können diese Benachrichtigungen durch öffentliche Bekanntmachung ersetzt werden. [5]Die öffentliche Bekanntmachung wird dadurch bewirkt, dass abweichend von Satz 2 der Erörterungstermin im amtli-

chen Veröffentlichungsblatt der Anhörungsbehörde und außerdem in örtlichen Tageszeitungen bekannt gemacht wird, die in dem Bereich verbreitet sind, in dem sich das Vorhaben voraussichtlich auswirken wird; maßgebend für die Frist nach Satz 2 ist die Bekanntgabe im amtlichen Veröffentlichungsblatt. [6]Im Übrigen gelten für die Erörterung die Vorschriften über die mündliche Verhandlung im förmlichen Verwaltungsverfahren (§ 67 Abs. 1 Satz 3, Abs. 2 Nr. 1 und 4 und Abs. 3, § 68) entsprechend. [7]Die Anhörungsbehörde schließt die Erörterung innerhalb von drei Monaten nach Ablauf der Einwendungsfrist ab.

(7) Abweichend von den Vorschriften des Absatzes 6 Satz 2 bis 5 kann der Erörterungstermin bereits in der Bekanntmachung nach Absatz 5 Satz 2 bestimmt werden.

(8) [1]Soll ein ausgelegter Plan geändert werden und werden dadurch der Aufgabenbereich einer Behörde oder einer Vereinigung nach Absatz 4 Satz 5 oder Belange Dritter erstmals oder stärker als bisher berührt, so ist diesen die Änderung mitzuteilen und ihnen Gelegenheit zu Stellungnahmen und Einwendungen innerhalb von zwei Wochen zu geben; Absatz 4 Satz 3 bis 6 gilt entsprechend. [2]Wird sich die Änderung voraussichtlich auf das Gebiet einer anderen Gemeinde auswirken, so ist der geänderte Plan in dieser Gemeinde auszulegen; die Absätze 2 bis 6 gelten entsprechend.

(9) Die Anhörungsbehörde gibt zum Ergebnis des Anhörungsverfahrens eine Stellungnahme ab und leitet diese der Planfeststellungsbehörde innerhalb eines Monats nach Abschluss der Erörterung mit dem Plan, den Stellungnahmen der Behörden und der Vereinigungen nach Absatz 4 Satz 5 sowie den nicht erledigten Einwendungen zu.

§ 74 Planfeststellungsbeschluss, Plangenehmigung[1)]

(1) [1]Die Planfeststellungsbehörde stellt den Plan fest (Planfeststellungsbeschluss). [2]Die Vorschriften über die Entscheidung und die Anfechtung der Entscheidung im förmlichen Verwaltungsverfahren (§§ 69 und 70) sind anzuwenden.

(2) [1]Im Planfeststellungsbeschluss entscheidet die Planfeststellungsbehörde über die Einwendungen, über die bei der Erörterung vor der Anhörungsbehörde keine Einigung erzielt worden ist. [2]Sie hat dem Träger des Vorhabens Vorkehrungen oder die Errichtung und Unterhaltung von Anlagen aufzuerlegen, die zum Wohl der Allgemeinheit oder zur Vermeidung nachteiliger Wirkungen auf Rechte anderer erforderlich sind. [3]Sind solche Vorkehrungen oder Anlagen untunlich oder mit dem Vorhaben unvereinbar, so hat der Betroffene Anspruch auf angemessene Entschädigung in Geld.

(3) Soweit eine abschließende Entscheidung noch nicht möglich ist, ist diese im Planfeststellungsbeschluss vorzubehalten; dem Träger des Vorhabens ist dabei aufzugeben, noch fehlende oder von der Planfeststellungsbehörde bestimmte Unterlagen rechtzeitig vorzulegen.

(4) [1]Der Planfeststellungsbeschluss ist dem Träger des Vorhabens, denjenigen, über deren Einwendungen entschieden worden ist, und den Vereinigungen, über deren Stellungnahmen entschieden worden ist, zuzustellen. [2]Eine Ausfertigung des Beschlusses ist mit einer Rechtsbehelfsbelehrung und einer Ausfertigung des festgestellten Plans in den Gemeinden zwei Wochen zur Einsicht auszulegen; der Ort und die Zeit der Auslegung sind ortsüblich bekannt zu machen. [3]Mit dem Ende der Auslegungsfrist gilt der Beschluss gegenüber den übrigen Betroffenen als zugestellt; darauf ist in der Bekanntmachung hinzuweisen.

(5) [1]Sind außer an den Träger des Vorhabens mehr als 50 Zustellungen nach Absatz 4 vorzunehmen, so können diese Zustellungen durch öffentliche Bekanntmachung ersetzt werden. [2]Die öffentliche Bekanntmachung wird dadurch bewirkt, dass der verfügende Teil des Planfeststellungsbeschlusses, die Rechtsbehelfsbelehrung und ein Hinweis auf die Auslegung nach Absatz 4 Satz 2 im amtlichen Veröffentlichungsblatt der zuständigen Behörde und außerdem in örtlichen Tageszeitungen bekannt gemacht werden, die in dem Bereich verbreitet sind, in dem sich das Vorhaben voraussichtlich auswirken wird; auf Auflagen ist hinzuweisen. [3]Mit dem Ende

1) **Anm. d. Red.:** § 74 i. d. F. des Gesetzes v. 29. 3. 2017 (BGBl I S. 626) mit Wirkung v. 5. 4. 2017.

der Auslegungsfrist gilt der Beschluss den Betroffenen und denjenigen gegenüber, die Einwendungen erhoben haben, als zugestellt; hierauf ist in der Bekanntmachung hinzuweisen. [4]Nach der öffentlichen Bekanntmachung kann der Planfeststellungsbeschluss bis zum Ablauf der Rechtsbehelfsfrist von den Betroffenen und von denjenigen, die Einwendungen erhoben haben, schriftlich oder elektronisch angefordert werden; hierauf ist in der Bekanntmachung gleichfalls hinzuweisen.

(6) [1]An Stelle eines Planfeststellungsbeschlusses kann eine Plangenehmigung erteilt werden, wenn

1. Rechte anderer nicht oder nur unwesentlich beeinträchtigt werden oder die Betroffenen sich mit der Inanspruchnahme ihres Eigentums oder eines anderen Rechts schriftlich einverstanden erklärt haben,
2. mit den Trägern öffentlicher Belange, deren Aufgabenbereich berührt wird, das Benehmen hergestellt worden ist und
3. nicht andere Rechtsvorschriften eine Öffentlichkeitsbeteiligung vorschreiben, die den Anforderungen des § 73 Absatz 3 Satz 1 und Absatz 4 bis 7 entsprechen muss.

[2]Die Plangenehmigung hat die Rechtswirkungen der Planfeststellung; auf ihre Erteilung sind die Vorschriften über das Planfeststellungsverfahren nicht anzuwenden; davon ausgenommen sind Absatz 4 Satz 1 und Absatz 5, die entsprechend anzuwenden sind. [3]Vor Erhebung einer verwaltungsgerichtlichen Klage bedarf es keiner Nachprüfung in einem Vorverfahren. [4]§ 75 Abs. 4 gilt entsprechend.

(7) [1]Planfeststellung und Plangenehmigung entfallen in Fällen von unwesentlicher Bedeutung. [2]Diese liegen vor, wenn

1. andere öffentliche Belange nicht berührt sind oder die erforderlichen behördlichen Entscheidungen vorliegen und sie dem Plan nicht entgegenstehen,
2. Rechte anderer nicht beeinflusst werden oder mit den vom Plan Betroffenen entsprechende Vereinbarungen getroffen worden sind und
3. nicht andere Rechtsvorschriften eine Öffentlichkeitsbeteiligung vorschreiben, die den Anforderungen des § 73 Absatz 3 Satz 1 und Absatz 4 bis 7 entsprechen muss.

§ 75 Rechtswirkungen der Planfeststellung[1)]

(1) [1]Durch die Planfeststellung wird die Zulässigkeit des Vorhabens einschließlich der notwendigen Folgemaßnahmen an anderen Anlagen im Hinblick auf alle von ihm berührten öffentlichen Belange festgestellt; neben der Planfeststellung sind andere behördliche Entscheidungen, insbesondere öffentlich-rechtliche Genehmigungen, Verleihungen, Erlaubnisse, Bewilligungen, Zustimmungen und Planfeststellungen nicht erforderlich. [2]Durch die Planfeststellung werden alle öffentlich-rechtlichen Beziehungen zwischen dem Träger des Vorhabens und den durch den Plan Betroffenen rechtsgestaltend geregelt.

VwVfG

(1a) [1]Mängel bei der Abwägung der von dem Vorhaben berührten öffentlichen und privaten Belange sind nur erheblich, wenn sie offensichtlich und auf das Abwägungsergebnis von Einfluss gewesen sind. [2]Erhebliche Mängel bei der Abwägung oder eine Verletzung von Verfahrens- oder Formvorschriften führen nur dann zur Aufhebung des Planfeststellungsbeschlusses oder der Plangenehmigung, wenn sie nicht durch Planergänzung oder durch ein ergänzendes Verfahren behoben werden können; die §§ 45 und 46 bleiben unberührt.

(2) [1]Ist der Planfeststellungsbeschluss unanfechtbar geworden, so sind Ansprüche auf Unterlassung des Vorhabens, auf Beseitigung oder Änderung der Anlagen oder auf Unterlassung ihrer Benutzung ausgeschlossen. [2]Treten nicht voraussehbare Wirkungen des Vorhabens oder der dem festgestellten Plan entsprechenden Anlagen auf das Recht eines anderen erst nach Unanfechtbarkeit des Plans auf, so kann der Betroffene Vorkehrungen oder die Errichtung und Unter-

1) **Anm. d. Red.:** § 75 i. d. F. des Gesetzes v. 31. 5. 2013 (BGBl I S. 1388) mit Wirkung v. 7. 6. 2013.

haltung von Anlagen verlangen, welche die nachteiligen Wirkungen ausschließen. [3]Sie sind dem Träger des Vorhabens durch Beschluss der Planfeststellungsbehörde aufzuerlegen. [4]Sind solche Vorkehrungen oder Anlagen untunlich oder mit dem Vorhaben unvereinbar, so richtet sich der Anspruch auf angemessene Entschädigung in Geld. [5]Werden Vorkehrungen oder Anlagen im Sinne des Satzes 2 notwendig, weil nach Abschluss des Planfeststellungsverfahrens auf einem benachbarten Grundstück Veränderungen eingetreten sind, so hat die hierdurch entstehenden Kosten der Eigentümer des benachbarten Grundstücks zu tragen, es sei denn, dass die Veränderungen durch natürliche Ereignisse oder höhere Gewalt verursacht worden sind; Satz 4 ist nicht anzuwenden.

(3) [1]Anträge, mit denen Ansprüche auf Herstellung von Einrichtungen oder auf angemessene Entschädigung nach Absatz 2 Satz 2 und 4 geltend gemacht werden, sind schriftlich an die Planfeststellungsbehörde zu richten. [2]Sie sind nur innerhalb von drei Jahren nach dem Zeitpunkt zulässig, zu dem der Betroffene von den nachteiligen Wirkungen des dem unanfechtbar festgestellten Plan entsprechenden Vorhabens oder der Anlage Kenntnis erhalten hat; sie sind ausgeschlossen, wenn nach Herstellung des dem Plan entsprechenden Zustands 30 Jahre verstrichen sind.

(4) [1]Wird mit der Durchführung des Plans nicht innerhalb von fünf Jahren nach Eintritt der Unanfechtbarkeit begonnen, so tritt er außer Kraft. [2]Als Beginn der Durchführung des Plans gilt jede erstmals nach außen erkennbare Tätigkeit von mehr als nur geringfügiger Bedeutung zur plangemäßen Verwirklichung des Vorhabens; eine spätere Unterbrechung der Verwirklichung des Vorhabens berührt den Beginn der Durchführung nicht.

§ 76 Planänderungen vor Fertigstellung des Vorhabens

(1) Soll vor Fertigstellung des Vorhabens der festgestellte Plan geändert werden, bedarf es eines neuen Planfeststellungsverfahrens.

(2) Bei Planänderungen von unwesentlicher Bedeutung kann die Planfeststellungsbehörde von einem neuen Planfeststellungsverfahren absehen, wenn die Belange anderer nicht berührt werden oder wenn die Betroffenen der Änderung zugestimmt haben.

(3) Führt die Planfeststellungsbehörde in den Fällen des Absatzes 2 oder in anderen Fällen einer Planänderung von unwesentlicher Bedeutung ein Planfeststellungsverfahren durch, so bedarf es keines Anhörungsverfahrens und keiner öffentlichen Bekanntgabe des Planfeststellungsbeschlusses.

§ 77 Aufhebung des Planfeststellungsbeschlusses

[1]Wird ein Vorhaben, mit dessen Durchführung begonnen worden ist, endgültig aufgegeben, so hat die Planfeststellungsbehörde den Planfeststellungsbeschluss aufzuheben. [2]In dem Aufhebungsbeschluss sind dem Träger des Vorhabens die Wiederherstellung des früheren Zustands oder geeignete andere Maßnahmen aufzuerlegen, soweit dies zum Wohl der Allgemeinheit oder zur Vermeidung nachteiliger Wirkungen auf Rechte anderer erforderlich ist. [3]Werden solche Maßnahmen notwendig, weil nach Abschluss des Planfeststellungsverfahrens auf einem benachbarten Grundstück Veränderungen eingetreten sind, so kann der Träger des Vorhabens durch Beschluss der Planfeststellungsbehörde zu geeigneten Vorkehrungen verpflichtet werden; die hierdurch entstehenden Kosten hat jedoch der Eigentümer des benachbarten Grundstücks zu tragen, es sei denn, dass die Veränderungen durch natürliche Ereignisse oder höhere Gewalt verursacht worden sind.

§ 78 Zusammentreffen mehrerer Vorhaben

(1) Treffen mehrere selbständige Vorhaben, für deren Durchführung Planfeststellungsverfahren vorgeschrieben sind, derart zusammen, dass für diese Vorhaben oder für Teile von ihnen nur eine einheitliche Entscheidung möglich ist, und ist mindestens eines der Planfeststellungsverfahren bundesrechtlich geregelt, so findet für diese Vorhaben oder für deren Teile nur ein Planfeststellungsverfahren statt.

(2) [1]Zuständigkeiten und Verfahren richten sich nach den Rechtsvorschriften über das Planfeststellungsverfahren, das für diejenige Anlage vorgeschrieben ist, die einen größeren Kreis öffentlich-rechtlicher Beziehungen berührt. [2]Bestehen Zweifel, welche Rechtsvorschrift anzuwenden ist, so entscheidet, falls nach den in Betracht kommenden Rechtsvorschriften mehrere Bundesbehörden in den Geschäftsbereichen mehrerer oberster Bundesbehörden zuständig sind, die Bundesregierung, sonst die zuständige oberste Bundesbehörde. [3]Bestehen Zweifel, welche Rechtsvorschrift anzuwenden ist, und sind nach den in Betracht kommenden Rechtsvorschriften eine Bundesbehörde und eine Landesbehörde zuständig, so führen, falls sich die obersten Bundes- und Landesbehörden nicht einigen, die Bundesregierung und die Landesregierung das Einvernehmen darüber herbei, welche Rechtsvorschrift anzuwenden ist.

§§ 79 bis 103 (hier nicht wiedergegeben)

XLI. Gesetz zur Verbesserung des Onlinezugangs zu Verwaltungsleistungen (Onlinezugangsgesetz – OZG)

v. 14.8.2017 (BGBl I S. 3122)

Das Gesetz zur Verbesserung des Onlinezugangs zu Verwaltungsleistungen (Onlinezugangsgesetz – OZG) ist als Art. 9 Gesetz zur Neuregelung des bundesstaatlichen Finanzausgleichssystems ab dem Jahr 2020 und zur Änderung haushaltsrechtlicher Vorschriften v. 14.8.2017 (BGBl I S. 3122) verkündet worden und am 18.8.2017 in Kraft getreten.

Amtliche Fassung

§ 1 Portalverbund für digitale Verwaltungsleistungen

(1) Bund und Länder sind verpflichtet, bis spätestens zum Ablauf des fünften auf die Verkündung dieses Gesetzes folgenden Kalenderjahres ihre Verwaltungsleistungen auch elektronisch über Verwaltungsportale anzubieten.

(2) Bund und Länder sind verpflichtet, ihre Verwaltungsportale miteinander zu einem Portalverbund zu verknüpfen.

§ 2 Begriffsbestimmungen

(1) Der „Portalverbund" ist eine technische Verknüpfung der Verwaltungsportale von Bund und Ländern, über den der Zugang zu Verwaltungsleistungen auf unterschiedlichen Portalen angeboten wird.

(2) Das „Verwaltungsportal" bezeichnet ein bereits gebündeltes elektronisches Verwaltungsangebot eines Landes oder des Bundes mit entsprechenden Angeboten einzelner Behörden.

(3) „Verwaltungsleistungen" im Sinne dieses Gesetzes sind die elektronische Abwicklung von Verwaltungsverfahren und die dazu erforderliche elektronische Information des Nutzers und Kommunikation mit dem Nutzer über allgemein zugängliche Netze.

(4) „Nutzer" sind diejenigen, die Verwaltungsleistungen in Anspruch nehmen, zum Beispiel Bürgerinnen und Bürger und Unternehmen.

(5) [1]Ein „Nutzerkonto" ist eine zentrale Identifizierungskomponente, die eine staatliche Stelle anderen Behörden zur einmaligen oder dauerhaften Identifizierung der Nutzer zu Zwecken der Inanspruchnahme von Leistungen der öffentlichen Verwaltung bereitstellt. [2]Die Verwendung von Nutzerkonten ist für die Nutzer freiwillig.

(6) „IT-Komponenten" im Sinne dieses Gesetzes sind IT-Anwendungen, Basisdienste und die elektronische Realisierung von Standards, Schnittstellen und Sicherheitsvorgaben, die für die Anbindung an den Portalverbund, für den Betrieb des Portalverbundes und für die Abwicklung der Verwaltungsleistungen im Portalverbund erforderlich sind.

§ 3 Ziel des Portalverbundes; Nutzerkonten

(1) Der Portalverbund stellt sicher, dass Nutzer über alle Verwaltungsportale von Bund und Ländern einen barriere- und medienbruchfreien Zugang zu elektronischen Verwaltungsleistungen dieser Verwaltungsträger erhalten.

(2) [1]Bund und Länder stellen im Portalverbund Nutzerkonten bereit, über die sich Nutzer für die im Portalverbund verfügbaren elektronischen Verwaltungsleistungen von Bund und Ländern einheitlich identifizieren können. [2]Die besonderen Anforderungen einzelner Verwaltungsleistungen an die Identifizierung ihrer Nutzer sind zu berücksichtigen.

§ 4 Elektronische Abwicklung von Verwaltungsverfahren

(1) [1]Für die elektronische Abwicklung von Verwaltungsverfahren, die der Durchführung unmittelbar geltender Rechtsakte der Europäischen Union oder der Ausführung von Bundesgeset-

zen dienen, wird die Bundesregierung ermächtigt, im Benehmen mit dem IT-Planungsrat durch Rechtsverordnung ohne Zustimmung des Bundesrates die Verwendung bestimmter IT-Komponenten nach § 2 Absatz 6 verbindlich vorzugeben. [2]In der Rechtsverordnung kann auch die Verwendung von IT-Komponenten geregelt werden, die das jeweils zuständige Bundesministerium bereitstellt. [3]Die Länder können von den in der Rechtsverordnung getroffenen Regelungen durch Landesrecht abweichen, soweit sie für den Betrieb im Portalverbund geeignete IT-Komponenten bereitstellen.

(2) Die Länder sind verpflichtet, die technischen und organisatorischen Voraussetzungen für den Einsatz der nach Absatz 1 vorgegebenen Verfahren sicherzustellen.

§ 5 IT-Sicherheit

[1]Für die im Portalverbund und für die zur Anbindung an den Portalverbund genutzten IT-Komponenten werden die zur Gewährleistung der IT-Sicherheit erforderlichen Standards durch Rechtsverordnung des Bundesministeriums des Innern ohne Zustimmung des Bundesrates festgelegt. [2]§ 9 des Bundesdatenschutzgesetzes ist zu berücksichtigen. [3]Die Einhaltung der Standards der IT-Sicherheit ist für alle Stellen verbindlich, die entsprechende IT-Komponenten nutzen. [4]Von den in der Rechtsverordnung getroffenen Regelungen kann durch Landesrecht nicht abgewichen werden. [5]§ 4 Absatz 2 gilt entsprechend.

§ 6 Kommunikationsstandards

(1) Für die Kommunikation zwischen den im Portalverbund genutzten informationstechnischen Systemen legt das Bundesministerium des Innern im Benehmen mit dem IT-Planungsrat durch Rechtsverordnung ohne Zustimmung des Bundesrates die technischen Kommunikationsstandards fest.

(2) [1]Für die Anbindung von Verwaltungsverfahren, die der Ausführung von Bundesgesetzen dienen, an die im Portalverbund genutzten informationstechnischen Systeme legt das für das jeweilige Bundesgesetz innerhalb der Bundesregierung zuständige Bundesministerium im Einvernehmen mit dem Bundesministerium des Innern durch Rechtsverordnung ohne Zustimmung des Bundesrates die technischen Kommunikationsstandards fest. [2]Das Bundesministerium des Innern setzt sich mit dem IT-Planungsrat hierzu ins Benehmen.

(3) Für die Anbindung der der Ausführung sonstiger Verwaltungsverfahren dienenden informationstechnischen Systeme an im Portalverbund genutzte informationstechnische Systeme legt das Bundesministerium des Innern im Benehmen mit dem IT-Planungsrat durch Rechtsverordnung ohne Zustimmung des Bundesrates die technischen Kommunikationsstandards fest.

(4) [1]Die Einhaltung der nach den Absätzen 1 bis 3 vorgegebenen Standards ist für alle Stellen verbindlich, deren Verwaltungsleistungen über den Portalverbund angeboten werden. [2]Von den in den Rechtsverordnungen nach den Absätzen 1 bis 3 getroffenen Regelungen kann durch Landesrecht nicht abgewichen werden. [3]§ 4 Absatz 2 gilt entsprechend.

§ 7 Für die Nutzerkonten zuständige Stelle

(1) Bund und Länder bestimmen jeweils eine öffentliche Stelle, die den Nutzern die Einrichtung eines Nutzerkontos anbietet.

(2) Bund und Länder bestimmen jeweils öffentliche Stellen, die die Registrierung von Nutzerkonten vornehmen dürfen (Registrierungsstellen).

(3) Vorbehaltlich des § 3 Absatz 2 Satz 2 sind das Nutzerkonto, dessen Verwendung zur Identifizierung für elektronische Verwaltungsleistungen und die gegebenenfalls verbundene Registrierung von allen öffentlichen Stellen anzuerkennen, die Verwaltungsleistungen über die Verwaltungsportale im Sinne dieses Gesetzes anbieten.

§ 8 Rechtsgrundlagen der Datenverarbeitung

(1) [1]Der Nachweis der Identität des Nutzers eines Nutzerkontos kann auf unterschiedlichen Vertrauensniveaus erfolgen und muss die Verwendung des für das jeweilige Verwaltungsverfahren erforderlichen Vertrauensniveaus ermöglichen. [2]Zur Feststellung der Identität des Nutzers eines Nutzerkontos dürfen bei Registrierung und Nutzung folgende Daten verarbeitet werden:

1. bei einer natürlichen Person: Name, Vorname, Anschrift, Geburtsname, Geburtsort, Geburtsland, Geburtsdatum, akademischer Grad, bei Nutzung der elektronischen Identitätsfunktion im Sinne des § 18 des Personalausweisgesetzes oder des § 78 Absatz 5 des Aufenthaltsgesetzes die Abkürzung „D“ für Bundesrepublik Deutschland und die Dokumentenart sowie das dienste- und kartenspezifische Kennzeichen. [2]Bei späterer Nutzung des Nutzerkontos mit der eID-Funktion sind grundsätzlich das dienste- und kartenspezifische Kennzeichen und die Anschrift zu übermitteln;
2. bei einer juristischen Person oder einer Personengesellschaft: Firma, Name oder Bezeichnung, Rechtsform, Registernummer, Registerort, soweit vorhanden, Anschrift des Sitzes oder der Hauptniederlassung und Namen der Mitglieder des Vertretungsorgans oder der gesetzlichen Vertreter; ist ein Mitglied des Vertretungsorgans oder der gesetzliche Vertreter eine juristische Person, so sind deren Firma, Name oder Bezeichnung, Rechtsform, Registernummer, soweit vorhanden, und Anschrift des Sitzes oder der Hauptniederlassung zu erheben. [2]Soweit eine natürliche Person für ein Unternehmen handelt, sind die in der eID gespeicherten personenbezogenen Daten mit Ausnahme der „Anschrift“ zu verwenden.

(2) Zur Kommunikation mit dem Nutzer können zusätzlich folgende Daten erhoben und verarbeitet werden: De-Mail-Adresse oder vergleichbare Adresse eines Zustelldienstes eines anderen EU-/EWR-Staates gemäß eIDAS-Verordnung, E-Mail-Adresse, Telefon- oder Mobilfunknummer, Telefaxnummer.

(3) Mit Einwilligung des Nutzers dürfen im Nutzerkonto elektronische Dokumente zu Verwaltungsvorgängen sowie Status- und Verfahrensinformationen innerhalb des Nutzerkontos gespeichert und verarbeitet werden.

(4) [1]Die elektronische Identifizierung kann jeweils mittels einer einmaligen Abfrage der Identitätsdaten erfolgen. [2]Mit Einwilligung des Nutzers sind eine dauerhafte Speicherung der Identitätsdaten und deren Übermittlung an und Verwendung durch die für die Verwaltungsleistung zuständige Behörde zulässig. [3]Im Falle der dauerhaften Speicherung muss der Nutzer jederzeit die Möglichkeit haben, das Nutzerkonto und alle gespeicherten Daten selbständig zu löschen.

(5) Die für die Abwicklung einer Verwaltungsleistung zuständige Behörde kann im Einzelfall mit Einwilligung des Nutzers die für die Identifizierung des Nutzers erforderlichen Daten bei der für das Nutzerkonto zuständigen Stelle elektronisch abrufen.

XLII. Gesetz zur Regelung des Zugangs zu Informationen des Bundes (Informationsfreiheitsgesetz – IFG)

v. 5. 9. 2005 (BGBl I S. 2722) mit späterer Änderung

Das Gesetz zur Regelung des Zugangs zu Informationen des Bundes (Informationsfreiheitsgesetz – IFG) v. 5. 9. 2005 (BGBl I S. 2722) ist geändert worden durch Art. 2 Abs. 6 Gesetz zur Strukturreform des Gebührenrechts des Bundes v. 7. 8. 2013 (BGBl I S. 3154).

Nichtamtliche Fassung

§ 1 Grundsatz

(1) [1]Jeder hat nach Maßgabe dieses Gesetzes gegenüber den Behörden des Bundes einen Anspruch auf Zugang zu amtlichen Informationen. [2]Für sonstige Bundesorgane und -einrichtungen gilt dieses Gesetz, soweit sie öffentlich-rechtliche Verwaltungsaufgaben wahrnehmen. [3]Einer Behörde im Sinne dieser Vorschrift steht eine natürliche Person oder juristische Person des Privatrechts gleich, soweit eine Behörde sich dieser Person zur Erfüllung ihrer öffentlich-rechtlichen Aufgaben bedient.

(2) [1]Die Behörde kann Auskunft erteilen, Akteneinsicht gewähren oder Informationen in sonstiger Weise zur Verfügung stellen. [2]Begehrt der Antragsteller eine bestimmte Art des Informationszugangs, so darf dieser nur aus wichtigem Grund auf andere Art gewährt werden. [3]Als wichtiger Grund gilt insbesondere ein deutlich höherer Verwaltungsaufwand.

(3) Regelungen in anderen Rechtsvorschriften über den Zugang zu amtlichen Informationen gehen mit Ausnahme des § 29 des Verwaltungsverfahrensgesetzes und des § 25 des Zehnten Buches Sozialgesetzbuch vor.

§ 2 Begriffsbestimmungen

Im Sinne dieses Gesetzes ist

1. amtliche Information: jede amtlichen Zwecken dienende Aufzeichnung, unabhängig von der Art ihrer Speicherung. [2]Entwürfe und Notizen, die nicht Bestandteil eines Vorgangs werden sollen, gehören nicht dazu;
2. Dritter: jeder, über den personenbezogene Daten oder sonstige Informationen vorliegen.

§ 3 Schutz von besonderen öffentlichen Belangen

Der Anspruch auf Informationszugang besteht nicht,

1. wenn das Bekanntwerden der Information nachteilige Auswirkungen haben kann auf
   a) internationale Beziehungen,
   b) militärische und sonstige sicherheitsempfindliche Belange der Bundeswehr,
   c) Belange der inneren oder äußeren Sicherheit,
   d) Kontroll- oder Aufsichtsaufgaben der Finanz-, Wettbewerbs- und Regulierungsbehörden,
   e) Angelegenheiten der externen Finanzkontrolle,
   f) Maßnahmen zum Schutz vor unerlaubtem Außenwirtschaftsverkehr,
   g) die Durchführung eines laufenden Gerichtsverfahrens, den Anspruch einer Person auf ein faires Verfahren oder die Durchführung strafrechtlicher, ordnungswidrigkeitsrechtlicher oder disziplinarischer Ermittlungen,
2. wenn das Bekanntwerden der Information die öffentliche Sicherheit gefährden kann,
3. wenn und solange
   a) die notwendige Vertraulichkeit internationaler Verhandlungen oder
   b) die Beratungen von Behörden beeinträchtigt werden,

4. wenn die Information einer durch Rechtsvorschrift oder durch die Allgemeine Verwaltungsvorschrift zum materiellen und organisatorischen Schutz von Verschlusssachen geregelten Geheimhaltungs- oder Vertraulichkeitspflicht oder einem Berufs- oder besonderen Amtsgeheimnis unterliegt,
5. hinsichtlich vorübergehend beigezogener Information einer anderen öffentlichen Stelle, die nicht Bestandteil der eigenen Vorgänge werden soll,
6. wenn das Bekanntwerden der Information geeignet wäre, fiskalische Interessen des Bundes im Wirtschaftsverkehr oder wirtschaftliche Interessen der Sozialversicherungen zu beeinträchtigen,
7. bei vertraulich erhobener oder übermittelter Information, soweit das Interesse des Dritten an einer vertraulichen Behandlung im Zeitpunkt des Antrags auf Informationszugang noch fortbesteht,
8. gegenüber den Nachrichtendiensten sowie den Behörden und sonstigen öffentlichen Stellen des Bundes, soweit sie Aufgaben im Sinne des § 10 Nr. 3 des Sicherheitsüberprüfungsgesetzes wahrnehmen.

§ 4 Schutz des behördlichen Entscheidungsprozesses

(1) [1]Der Antrag auf Informationszugang soll abgelehnt werden für Entwürfe zu Entscheidungen sowie Arbeiten und Beschlüsse zu ihrer unmittelbaren Vorbereitung, soweit und solange durch die vorzeitige Bekanntgabe der Informationen der Erfolg der Entscheidung oder bevorstehender behördlicher Maßnahmen vereitelt würde. [2]Nicht der unmittelbaren Entscheidungsvorbereitung nach Satz 1 dienen regelmäßig Ergebnisse der Beweiserhebung und Gutachten oder Stellungnahmen Dritter.

(2) Der Antragsteller soll über den Abschluss des jeweiligen Verfahrens informiert werden.

§ 5 Schutz personenbezogener Daten

(1) [1]Zugang zu personenbezogenen Daten darf nur gewährt werden, soweit das Informationsinteresse des Antragstellers das schutzwürdige Interesse des Dritten am Ausschluss des Informationszugangs überwiegt oder der Dritte eingewilligt hat. [2]Besondere Arten personenbezogener Daten im Sinne des § 3 Abs. 9 des Bundesdatenschutzgesetzes dürfen nur übermittelt werden, wenn der Dritte ausdrücklich eingewilligt hat.

(2) Das Informationsinteresse des Antragstellers überwiegt nicht bei Informationen aus Unterlagen, soweit sie mit dem Dienst- oder Amtsverhältnis oder einem Mandat des Dritten in Zusammenhang stehen, und bei Informationen, die einem Berufs- oder Amtsgeheimnis unterliegen.

(3) Das Informationsinteresse des Antragstellers überwiegt das schutzwürdige Interesse des Dritten am Ausschluss des Informationszugangs in der Regel dann, wenn sich die Angabe auf Name, Titel, akademischen Grad, Berufs- und Funktionsbezeichnung, Büroanschrift und -telekommunikationsnummer beschränkt und der Dritte als Gutachter, Sachverständiger oder in vergleichbarer Weise eine Stellungnahme in einem Verfahren abgegeben hat.

(4) Name, Titel, akademischer Grad, Berufs- und Funktionsbezeichnung, Büroanschrift und -telekommunikationsnummer von Bearbeitern sind vom Informationszugang nicht ausgeschlossen, soweit sie Ausdruck und Folge der amtlichen Tätigkeit sind und kein Ausnahmetatbestand erfüllt ist.

§ 6 Schutz des geistigen Eigentums und von Betriebs- oder Geschäftsgeheimnissen

[1]Der Anspruch auf Informationszugang besteht nicht, soweit der Schutz geistigen Eigentums entgegensteht. [2]Zugang zu Betriebs- oder Geschäftsgeheimnissen darf nur gewährt werden, soweit der Betroffene eingewilligt hat.

§ 7 Antrag und Verfahren

(1) [1]Über den Antrag auf Informationszugang entscheidet die Behörde, die zur Verfügung über die begehrten Informationen berechtigt ist. [2]Im Fall des § 1 Abs. 1 Satz 3 ist der Antrag an die Behörde zu richten, die sich der natürlichen oder juristischen Person des Privatrechts zur Erfüllung ihrer öffentlich-rechtlichen Aufgaben bedient. [3]Betrifft der Antrag Daten Dritter im Sinne von § 5 Abs. 1 und 2 oder § 6, muss er begründet werden. [4]Bei gleichförmigen Anträgen von mehr als 50 Personen gelten die §§ 17 bis 19 des Verwaltungsverfahrensgesetzes entsprechend.

(2) [1]Besteht ein Anspruch auf Informationszugang zum Teil, ist dem Antrag in dem Umfang stattzugeben, in dem der Informationszugang ohne Preisgabe der geheimhaltungsbedürftigen Informationen oder ohne unverhältnismäßigen Verwaltungsaufwand möglich ist. [2]Entsprechendes gilt, wenn sich der Antragsteller in den Fällen, in denen Belange Dritter berührt sind, mit einer Unkenntlichmachung der diesbezüglichen Informationen einverstanden erklärt.

(3) [1]Auskünfte können mündlich, schriftlich oder elektronisch erteilt werden. [2]Die Behörde ist nicht verpflichtet, die inhaltliche Richtigkeit der Information zu prüfen.

(4) [1]Im Fall der Einsichtnahme in amtliche Informationen kann sich der Antragsteller Notizen machen oder Ablichtungen und Ausdrucke fertigen lassen. [2]§ 6 Satz 1 bleibt unberührt.

(5) [1]Die Information ist dem Antragsteller unter Berücksichtigung seiner Belange unverzüglich zugänglich zu machen. [2]Der Informationszugang soll innerhalb eines Monats erfolgen. [3]§ 8 bleibt unberührt.

§ 8 Verfahren bei Beteiligung Dritter

(1) Die Behörde gibt einem Dritten, dessen Belange durch den Antrag auf Informationszugang berührt sind, schriftlich Gelegenheit zur Stellungnahme innerhalb eines Monats, sofern Anhaltspunkte dafür vorliegen, dass er ein schutzwürdiges Interesse am Ausschluss des Informationszugangs haben kann.

(2) [1]Die Entscheidung nach § 7 Abs. 1 Satz 1 ergeht schriftlich und ist auch dem Dritten bekannt zu geben. [2]Der Informationszugang darf erst erfolgen, wenn die Entscheidung dem Dritten gegenüber bestandskräftig ist oder die sofortige Vollziehung angeordnet worden ist und seit der Bekanntgabe der Anordnung an den Dritten zwei Wochen verstrichen sind. [3]§ 9 Abs. 4 gilt entsprechend.

§ 9 Ablehnung des Antrags; Rechtsweg

(1) Die Bekanntgabe einer Entscheidung, mit der der Antrag ganz oder teilweise abgelehnt wird, hat innerhalb der Frist nach § 7 Abs. 5 Satz 2 zu erfolgen.

(2) Soweit die Behörde den Antrag ganz oder teilweise ablehnt, hat sie mitzuteilen, ob und wann der Informationszugang ganz oder teilweise zu einem späteren Zeitpunkt voraussichtlich möglich ist.

IFG

(3) Der Antrag kann abgelehnt werden, wenn der Antragsteller bereits über die begehrten Informationen verfügt oder sich diese in zumutbarer Weise aus allgemein zugänglichen Quellen beschaffen kann.

(4) [1]Gegen die ablehnende Entscheidung sind Widerspruch und Verpflichtungsklage zulässig. [2]Ein Widerspruchsverfahren nach den Vorschriften des 8. Abschnitts der Verwaltungsgerichtsordnung ist auch dann durchzuführen, wenn die Entscheidung von einer obersten Bundesbehörde getroffen wurde.

§ 10 Gebühren und Auslagen[1)]

(1) [1]Für individuell zurechenbare öffentliche Leistungen nach diesem Gesetz werden Gebühren und Auslagen erhoben. [2]§ 10 des Bundesgebührengesetzes findet keine Anwendung.

1) **Anm. d. Red.:** § 10 i. d. F. des Gesetzes v. 7. 8. 2013 (BGBl I S. 3154) mit Wirkung v. 15. 8. 2013.

(2) Die Gebühren sind auch unter Berücksichtigung des Verwaltungsaufwandes so zu bemessen, dass der Informationszugang nach § 1 wirksam in Anspruch genommen werden kann.

(3) [1]Das Bundesministerium des Innern wird ermächtigt, für Amtshandlungen nach diesem Gesetz die Gebührentatbestände und Gebührensätze durch Rechtsverordnung ohne Zustimmung des Bundesrates zu bestimmen. [2]§ 15 Abs. 2 des Verwaltungskostengesetzes findet keine Anwendung.

§ 11 Veröffentlichungspflichten

(1) Die Behörden sollen Verzeichnisse führen, aus denen sich die vorhandenen Informationssammlungen und -zwecke erkennen lassen.

(2) Organisations- und Aktenpläne ohne Angabe personenbezogener Daten sind nach Maßgabe dieses Gesetzes allgemein zugänglich zu machen.

(3) Die Behörden sollen die in den Absätzen 1 und 2 genannten Pläne und Verzeichnisse sowie weitere geeignete Informationen in elektronischer Form allgemein zugänglich machen.

§ 12 Bundesbeauftragter für die Informationsfreiheit

(1) Jeder kann den Bundesbeauftragten für die Informationsfreiheit anrufen, wenn er sein Recht auf Informationszugang nach diesem Gesetz als verletzt ansieht.

(2) Die Aufgabe des Bundesbeauftragten für die Informationsfreiheit wird von dem Bundesbeauftragten für den Datenschutz wahrgenommen.

(3) Die Bestimmungen des Bundesdatenschutzgesetzes über die Kontrollaufgaben des Bundesbeauftragten für den Datenschutz (§ 24 Abs. 1 und 3 bis 5), über Beanstandungen (§ 25 Abs. 1 Satz 1 Nr. 1 und 4, Satz 2 und Abs. 2 und 3) sowie über weitere Aufgaben gemäß § 26 Abs. 1 bis 3 gelten entsprechend.

§ 13 Änderung anderer Vorschriften (hier nicht wiedergegeben)

§ 14 Bericht und Evaluierung

[1]Die Bundesregierung unterrichtet den Deutschen Bundestag zwei Jahre vor Außerkrafttreten über die Anwendung dieses Gesetzes. [2]Der Deutsche Bundestag wird das Gesetz ein Jahr vor Außerkrafttreten auf wissenschaftlicher Grundlage evaluieren.

§ 15 Inkrafttreten

Dieses Gesetz tritt am 1. Januar 2006 in Kraft.

XLIII. Gesetz zur Verbesserung der gesundheitsbezogenen Verbraucherinformation (Verbraucherinformationsgesetz – VIG)

v. 17. 10. 2012 (BGBl I S. 2167, ber. S. 2725) mit späterer Änderung

Die Neufassung des Gesetzes zur Verbesserung der gesundheitsbezogenen Verbraucherinformation (Verbraucherinformationsgesetz) v. 17. 10. 2012 (BGBl I S. 2167, ber. S. 2725) ist ab 1. 9. 2012 anzuwenden. Sie wurde geändert durch Art. 2 Abs. 34 Gesetz zur Strukturreform des Gebührenrechts des Bundes v. 7. 8. 2013 (BGBl I S. 3154).

Nichtamtliche Fassung

§ 1 Anwendungsbereich

Durch dieses Gesetz erhalten Verbraucherinnen und Verbraucher freien Zugang zu den bei informationspflichtigen Stellen vorliegenden Informationen über

1. Erzeugnisse im Sinne des Lebensmittel- und Futtermittelgesetzbuches (Erzeugnisse) sowie
2. Verbraucherprodukte, die dem § 2 Nummer 26 des Produktsicherheitsgesetzes unterfallen (Verbraucherprodukte),

damit der Markt transparenter gestaltet und hierdurch der Schutz der Verbraucherinnen und Verbraucher vor gesundheitsschädlichen oder sonst unsicheren Erzeugnissen und Verbraucherprodukten sowie vor Täuschung beim Verkehr mit Erzeugnissen und Verbraucherprodukten verbessert wird.

§ 2 Anspruch auf Zugang zu Informationen

(1) [1]Jeder hat nach Maßgabe dieses Gesetzes Anspruch auf freien Zugang zu allen Daten über

1. von den nach Bundes- oder Landesrecht zuständigen Stellen festgestellte nicht zulässige Abweichungen von Anforderungen
   a) des Lebensmittel- und Futtermittelgesetzbuches und des Produktsicherheitsgesetzes,
   b) der auf Grund dieser Gesetze erlassenen Rechtsverordnungen,
   c) unmittelbar geltender Rechtsakte der Europäischen Gemeinschaft oder der Europäischen Union im Anwendungsbereich der genannten Gesetze

   sowie Maßnahmen und Entscheidungen, die im Zusammenhang mit den in den Buchstaben a bis c genannten Abweichungen getroffen worden sind,
2. von einem Erzeugnis oder einem Verbraucherprodukt ausgehende Gefahren oder Risiken für Gesundheit und Sicherheit von Verbraucherinnen und Verbrauchern,
3. die Zusammensetzung von Erzeugnissen und Verbraucherprodukten, ihre Beschaffenheit, die physikalischen, chemischen und biologischen Eigenschaften einschließlich ihres Zusammenwirkens und ihrer Einwirkung auf den Körper, auch unter Berücksichtigung der bestimmungsgemäßen Verwendung oder vorhersehbaren Fehlanwendung,
4. die Kennzeichnung, die Herkunft, die Verwendung, das Herstellen und das Behandeln von Erzeugnissen und Verbraucherprodukten,
5. zugelassene Abweichungen von den in Nummer 1 genannten Rechtsvorschriften über die in den Nummern 3 und 4 genannten Merkmale oder Tätigkeiten,
6. die Ausgangsstoffe und die bei der Gewinnung der Ausgangsstoffe angewendeten Verfahren,
7. Überwachungsmaßnahmen oder andere behördliche Tätigkeiten oder Maßnahmen zum Schutz von Verbraucherinnen und Verbrauchern, einschließlich der Auswertung dieser Tätigkeiten und Maßnahmen, sowie Statistiken über Verstöße gegen in § 39 Absatz 1 Satz 1 des Lebensmittel- und Futtermittelgesetzbuches und § 26 Absatz 1 Satz 1 des Produktsi-

cherheitsgesetzes genannte Rechtsvorschriften, soweit sich die Verstöße auf Erzeugnisse oder Verbraucherprodukte beziehen,

(Informationen), die bei einer Stelle im Sinne des Absatzes 2 unabhängig von der Art ihrer Speicherung vorhanden sind. [2]Der Anspruch nach Satz 1 besteht insoweit, als kein Ausschluss- oder Beschränkungsgrund nach § 3 vorliegt.

(2) [1]Stelle im Sinne des Absatzes 1 Satz 1 ist

1. jede Behörde im Sinne des § 1 Absatz 4 des Verwaltungsverfahrensgesetzes, die auf Grund
   a) anderer bundesrechtlicher oder
   b) landesrechtlicher

   Vorschriften öffentlich-rechtliche Aufgaben oder Tätigkeiten wahrnimmt, die der Erfüllung der in § 1 des Lebensmittel- und Futtermittelgesetzbuches genannten Zwecke oder bei Verbraucherprodukten der Gewährleistung von Sicherheit und Gesundheit nach den Vorschriften des Produktsicherheitsgesetzes sowie der auf Grund des Produktsicherheitsgesetzes erlassenen Rechtsverordnungen dienen,
2. jede natürliche oder juristische Person des Privatrechts, die auf Grund
   a) anderer bundesrechtlicher oder
   b) landesrechtlicher

   Vorschriften öffentlich-rechtliche Aufgaben oder Tätigkeiten wahrnimmt, die der Erfüllung der in § 1 des Lebensmittel- und Futtermittelgesetzbuches genannten Zwecke oder bei Verbraucherprodukten der Gewährleistung von Sicherheit und Gesundheit nach den Vorschriften des Produktsicherheitsgesetzes sowie der auf Grund des Produktsicherheitsgesetzes erlassenen Rechtsverordnungen dienen und der Aufsicht einer Behörde unterstellt ist.

[2]Satz 1 gilt im Fall einer Gemeinde oder eines Gemeindeverbandes nur, wenn der Gemeinde oder dem Gemeindeverband die Aufgaben nach diesem Gesetz durch Landesrecht übertragen worden sind.

(3) Zu den Stellen im Sinne des Absatzes 2 Satz 1 gehören nicht die obersten Bundes- und Landesbehörden, soweit sie im Rahmen der Gesetzgebung oder beim Erlass von Rechtsverordnungen tätig werden, unabhängige Organe der Finanzkontrolle sowie Gerichte, Justizvollzugsbehörden, Strafverfolgungs- und Disziplinarbehörden und diesen vorgesetzte Dienststellen.

(4) Die Vorschriften dieses Gesetzes gelten nicht, soweit in anderen Rechtsvorschriften entsprechende oder weitergehende Vorschriften vorgesehen sind.

§ 3 Ausschluss- und Beschränkungsgründe

[1]Der Anspruch nach § 2 besteht wegen

1. entgegenstehender öffentlicher Belange nicht,
   a) soweit das Bekanntwerden der Informationen
      aa) nachteilige Auswirkungen haben kann auf internationale Beziehungen oder militärische und sonstige sicherheitsempfindliche Belange der Bundeswehr oder
      bb) die Vertraulichkeit der Beratung von Behörden berührt oder eine erhebliche Gefahr für die öffentliche Sicherheit verursachen kann;
   b) während der Dauer eines Verwaltungsverfahrens, eines Gerichtsverfahrens, eines strafrechtlichen Ermittlungsverfahrens, eines Disziplinarverfahrens, eines Gnadenverfahrens oder eines ordnungswidrigkeitsrechtlichen Verfahrens hinsichtlich der Informationen, die Gegenstand des Verfahrens sind, es sei denn, es handelt sich um Informationen nach § 2 Absatz 1 Satz 1 Nummer 1 oder 2 oder das öffentliche Interesse an der Bekanntgabe überwiegt;
   c) soweit das Bekanntwerden der Information geeignet ist, fiskalische Interessen der um Auskunft ersuchten Stelle im Wirtschaftsverkehr zu beeinträchtigen, oder Dienstgeheimnisse verletzt werden könnten;

d) soweit Informationen betroffen sind, die im Rahmen einer Dienstleistung entstanden sind, die die Stelle auf Grund einer privatrechtlichen Vereinbarung außerhalb des ihr gesetzlich zugewiesenen Aufgabenbereichs des Verbraucherschutzes erbracht hat;

e) in der Regel bei Informationen nach § 2 Absatz 1 Satz 1 Nummer 1, die vor mehr als fünf Jahren seit der Antragstellung entstanden sind;

2. entgegenstehender privater Belange nicht, soweit

   a) Zugang zu personenbezogenen Daten beantragt wird,

   b) der Schutz des geistigen Eigentums, insbesondere Urheberrechte, dem Informationsanspruch entgegensteht,

   c) durch die begehrten Informationen Betriebs- oder Geschäftsgeheimnisse, insbesondere Rezepturen, Konstruktions- oder Produktionsunterlagen, Informationen über Fertigungsverfahren, Forschungs- und Entwicklungsvorhaben sowie sonstiges geheimnisgeschütztes technisches oder kaufmännisches Wissen, offenbart würden oder

   d) Zugang zu Informationen beantragt wird, die einer Stelle auf Grund einer durch Rechtsvorschrift angeordneten Pflicht zur Meldung oder Unterrichtung mitgeteilt worden sind; dies gilt auch, wenn das meldende oder unterrichtende Unternehmen irrig angenommen hat, zur Meldung oder Unterrichtung verpflichtet zu sein.

[2]Satz 1 Nummer 2 Buchstabe a bis c gilt nicht, wenn die Betroffenen dem Informationszugang zugestimmt haben oder das öffentliche Interesse an der Bekanntgabe überwiegt. [3]Im Falle des Satzes 1 Nummer 1 Buchstabe b zweiter Halbsatz dürfen Informationen nach § 2 Absatz 1 Satz 1 Nummer 1 während eines laufenden strafrechtlichen Ermittlungsverfahrens oder eines Verfahrens vor einem Strafgericht nur

1. soweit und solange hierdurch der mit dem Verfahren verfolgte Untersuchungszweck nicht gefährdet wird und

2. im Benehmen mit der zuständigen Staatsanwaltschaft oder dem zuständigen Gericht

herausgegeben werden. [4]Im Falle des Satzes 1 Nummer 2 Buchstabe a gilt § 5 Absatz 1 Satz 2 und Absatz 3 und 4 des Informationsfreiheitsgesetzes entsprechend. [5]Der Zugang zu folgenden Informationen kann nicht unter Berufung auf das Betriebs- und Geschäftsgeheimnis abgelehnt werden:

1. Informationen nach § 2 Absatz 1 Satz 1 Nummer 1 und 2,

2. Informationen nach § 2 Absatz 1 Satz 1 Nummer 3 und 4, soweit im Einzelfall hinreichende Anhaltspunkte dafür vorliegen, dass von dem jeweiligen Erzeugnis oder Verbraucherprodukt eine Gefährdung oder ein Risiko für Sicherheit und Gesundheit ausgeht und auf Grund unzureichender wissenschaftlicher Erkenntnis oder aus sonstigen Gründen die Ungewissheit nicht innerhalb der gebotenen Zeit behoben werden kann, und

3. Informationen nach § 2 Absatz 1 Satz 1 Nummer 3 bis 6, soweit sie im Rahmen der amtlichen Überwachungstätigkeit nach den in § 2 Absatz 1 Satz 1 Nummer 1 genannten Vorschriften gewonnen wurden und die Einhaltung der Grenzwerte, Höchstgehalte oder Höchstmengen betreffen, die in den in § 2 Absatz 1 Satz 1 Nummer 1 genannten Vorschriften enthalten sind.

[6]Gleiches gilt für den Namen des Händlers, der das Erzeugnis oder Verbraucherprodukt an Verbraucher abgibt, sowie für die Handelsbezeichnung, eine aussagekräftige Beschreibung und bildliche Darstellung des Erzeugnisses oder Verbraucherproduktes und in den Fällen des § 2 Absatz 1 Satz 1 Nummer 1 zusätzlich für den Namen und die Anschrift des Herstellers, Bevollmächtigten, Einführers, Händlers sowie jedes Gliedes der Liefer- und Vertriebskette; Satz 1 Nummer 2 Buchstabe a ist nicht anzuwenden.

VIG

§ 4 Antrag

(1) [1]Die Information wird auf Antrag erteilt. [2]Der Antrag muss hinreichend bestimmt sein und insbesondere erkennen lassen, auf welche Informationen er gerichtet ist. [3]Ferner soll der Antrag den Namen und die Anschrift des Antragstellers enthalten. [4]Zuständig ist

1. soweit Zugang zu Informationen bei einer Stelle des Bundes beantragt wird, diese Stelle,
2. im Übrigen die nach Landesrecht zuständige Stelle.

[5]Abweichend von Satz 4 Nummer 1 ist im Fall einer natürlichen oder juristischen Person des Privatrechts für die Bescheidung des Antrags die Aufsicht führende Behörde zuständig.

(2) [1]Informationspflichtig ist jeweils die nach Maßgabe des Absatzes 1 Satz 4 auch in Verbindung mit Satz 5 zuständige Stelle. [2]Diese ist nicht dazu verpflichtet, Informationen, die bei ihr nicht vorhanden sind oder auf Grund von Rechtsvorschriften nicht verfügbar gehalten werden müssen, zu beschaffen.

(3) Der Antrag soll abgelehnt werden,

1. soweit er sich auf Entwürfe zu Entscheidungen sowie Arbeiten und Beschlüsse zu ihrer unmittelbaren Vorbereitung bezieht, es sei denn, es handelt sich um die Ergebnisse einer Beweiserhebung, ein Gutachten oder eine Stellungnahme von Dritten,
2. bei vertraulich übermittelten oder erhobenen Informationen oder
3. wenn durch das vorzeitige Bekanntwerden der Erfolg bevorstehender behördlicher Maßnahmen gefährdet würde,
4. soweit durch die Bearbeitung des Antrags die ordnungsgemäße Erfüllung der Aufgaben der Behörde beeinträchtigt würde,
5. bei wissenschaftlichen Forschungsvorhaben einschließlich der im Rahmen eines Forschungsvorhabens erhobenen und noch nicht abschließend ausgewerteten Daten, bis diese Vorhaben wissenschaftlich publiziert werden.

(4) [1]Ein missbräuchlich gestellter Antrag ist abzulehnen. [2]Dies ist insbesondere der Fall, wenn der Antragsteller über die begehrten Informationen bereits verfügt.

(5) [1]Wenn der Antragsteller sich die begehrten Informationen in zumutbarer Weise aus allgemein zugänglichen Quellen beschaffen kann, kann der Antrag abgelehnt und der Antragsteller auf diese Quellen hingewiesen werden. [2]Die Voraussetzungen nach Satz 1 sind insbesondere dann erfüllt, wenn die Stelle den Informationszugang bereits nach § 6 Absatz 1 Satz 3 gewährt. [3]Satz 1 gilt entsprechend, soweit sich in den Fällen des § 2 Absatz 1 Satz 1 Nummer 2 bis 6 eine der in § 3 Satz 6 genannten Personen im Rahmen einer nach den Vorschriften des Verwaltungsverfahrensgesetzes oder den entsprechenden Vorschriften der Verwaltungsverfahrensgesetze der Länder durchgeführten Anhörung verpflichtet, die begehrte Information selbst zu erteilen, es sei denn, der Antragsteller hat nach § 6 Absatz 1 Satz 2 ausdrücklich um eine behördliche Auskunftserteilung gebeten oder es bestehen Anhaltspunkte dafür, dass die Information durch die Person nicht, nicht rechtzeitig oder nicht vollständig erfolgen wird.

§ 5 Entscheidung über den Antrag

(1) [1]Das Verfahren einschließlich der Beteiligung Dritter, deren rechtliche Interessen durch den Ausgang des Verfahrens berührt werden können, richtet sich nach dem Verwaltungsverfahrensgesetz oder den Verwaltungsverfahrensgesetzen der Länder. [2]Für die Anhörung gelten § 28 des Verwaltungsverfahrensgesetzes oder die entsprechenden Vorschriften der Verwaltungsverfahrensgesetze der Länder mit der Maßgabe, dass von einer Anhörung auch abgesehen werden kann

1. bei der Weitergabe von Informationen im Sinne des § 2 Absatz 1 Satz 1 Nummer 1,
2. in Fällen, in denen dem oder der Dritten die Erhebung der Information durch die Stelle bekannt ist und er oder sie in der Vergangenheit bereits Gelegenheit hatte, zur Weitergabe derselben Information Stellung zu nehmen, insbesondere wenn bei gleichartigen Anträgen

auf Informationszugang eine Anhörung zu derselben Information bereits durchgeführt worden ist.

[3]Bei gleichförmigen Anträgen von mehr als 20 Personen gelten die §§ 17 und 19 des Verwaltungsverfahrensgesetzes entsprechend.

(2) [1]Der Antrag ist in der Regel innerhalb von einem Monat zu bescheiden. [2]Im Fall einer Beteiligung Dritter verlängert sich die Frist auf zwei Monate; der Antragsteller ist hierüber zu unterrichten. [3]Die Entscheidung über den Antrag ist auch der oder dem Dritten bekannt zu geben. [4]Auf Nachfrage des Dritten legt die Stelle diesem Namen und Anschrift des Antragstellers offen.

(3) [1]Wird dem Antrag stattgegeben, sind Ort, Zeit und Art des Informationszugangs mitzuteilen. [2]Wird der Antrag vollständig oder teilweise abgelehnt, ist mitzuteilen, ob und gegebenenfalls wann die Informationen ganz oder teilweise zu einem späteren Zeitpunkt zugänglich sind.

(4) [1]Widerspruch und Anfechtungsklage haben in den in § 2 Absatz 1 Satz 1 Nummer 1 genannten Fällen keine aufschiebende Wirkung. [2]Auch wenn von der Anhörung Dritter nach Absatz 1 abgesehen wird, darf der Informationszugang erst erfolgen, wenn die Entscheidung dem oder der Dritten bekannt gegeben worden ist und diesem ein ausreichender Zeitraum zur Einlegung von Rechtsbehelfen eingeräumt worden ist. [3]Der Zeitraum nach Satz 2 soll 14 Tage nicht überschreiten.

(5) [1]Ein Vorverfahren findet abweichend von § 68 der Verwaltungsgerichtsordnung auch dann statt, wenn die Entscheidung von einer obersten Bundesbehörde erlassen worden ist. [2]Widerspruchsbehörde ist die oberste Bundesbehörde.

§ 6 Informationsgewährung

(1) [1]Die informationspflichtige Stelle kann den Informationszugang durch Auskunftserteilung, Gewährung von Akteneinsicht oder in sonstiger Weise eröffnen. [2]Wird eine bestimmte Art des Informationszugangs begehrt, so darf dieser nur aus wichtigem Grund auf andere Art gewährt werden. [3]Die informationspflichtige Stelle kann Informationen, zu denen Zugang zu gewähren ist, auch unabhängig von einem Antrag nach § 4 Absatz 1 über das Internet oder in sonstiger öffentlich zugänglicher Weise zugänglich machen; § 5 Absatz 1 gilt entsprechend. [4]Die Informationen sollen für die Verbraucherinnen und Verbraucher verständlich dargestellt werden.

(2) Soweit der informationspflichtigen Stelle keine Erkenntnisse über im Antrag nach § 4 Absatz 1 begehrte Informationen vorliegen, leitet sie den Antrag, soweit ihr dies bekannt und möglich ist, von Amts wegen an die Stelle weiter, der die Informationen vorliegen, und unterrichtet den Antragsteller über die Weiterleitung.

(3) [1]Die informationspflichtige Stelle ist nicht verpflichtet, die inhaltliche Richtigkeit der Informationen zu überprüfen, soweit es sich nicht um personenbezogene Daten handelt. [2]Der informationspflichtigen Stelle bekannte Hinweise auf Zweifel an der Richtigkeit sind mitzuteilen.

(4) [1]Stellen sich die von der informationspflichtigen Stelle zugänglich gemachten Informationen im Nachhinein als falsch oder die zugrunde liegenden Umstände als unrichtig wiedergegeben heraus, so ist dies unverzüglich richtig zu stellen, sofern der oder die Dritte dies beantragt oder dies zur Wahrung erheblicher Belange des Gemeinwohls erforderlich ist. [2]Die Richtigstellung soll in derselben Weise erfolgen, in der die Information zugänglich gemacht wurde.

§ 7 Gebühren und Auslagen[1)]

(1) [1]Für individuell zurechenbare öffentliche Leistungen der Behörden nach diesem Gesetz werden vorbehaltlich des Satzes 2 kostendeckende Gebühren und Auslagen erhoben. [2]Der Zugang zu Informationen nach § 2 Absatz 1 Satz 1 Nummer 1 ist bis zu einem Verwaltungsaufwand von 1 000 Euro gebühren- und auslagenfrei, der Zugang zu sonstigen Informationen bis zu einem Verwaltungsaufwand von 250 Euro. [3]Sofern der Antrag nicht gebühren- und auslagenfrei bearbeitet wird, ist der Antragsteller über die voraussichtliche Höhe der Gebühren und Aus-

1) **Anm. d. Red.:** § 7 i. d. F. des Gesetzes v. 7. 8. 2013 (BGBl I S. 3154) mit Wirkung v. 15. 8. 2013.

lagen vorab zu informieren. [4]Er ist auf die Möglichkeit hinzuweisen, seinen Antrag zurücknehmen oder einschränken zu können.

(2) [1]Die Bundesregierung wird ermächtigt, durch Rechtsverordnung ohne Zustimmung des Bundesrates die gebührenpflichtigen Tatbestände und die Gebührenhöhe zu bestimmen, soweit dieses Gesetz durch Stellen des Bundes ausgeführt wird. [2]§ 15 Absatz 2 des Verwaltungskostengesetzes vom 23. Juni 1970 (BGBl I S. 821) in der am 14. August 2013 geltenden Fassung findet keine Anwendung.

XLIV. Verwaltungsgerichtsordnung (VwGO)

v. 19.3.1991 (BGBl I S. 687) mit späteren Änderungen

Die Verwaltungsgerichtsordnung (VwGO) v. 19.3.1991 (BGBl I S. 687) ist zuletzt geändert worden durch Art. 7 Gesetz zur Einführung einer zivilprozessualen Musterfeststellungsklage v. 12.7.2018 (BGBl I S. 1151); Änderungen, die erst zu einem späteren Zeitpunkt in Kraft treten, sind in Fußnoten entsprechend gekennzeichnet.

Auszug

Teil I: Gerichtsverfassung

6. Abschnitt: Verwaltungsrechtsweg und Zuständigkeit

§ 40 Zuständigkeit[1)]

(1) [1]Der Verwaltungsrechtsweg ist in allen öffentlich-rechtlichen Streitigkeiten nicht verfassungsrechtlicher Art gegeben, soweit die Streitigkeiten nicht durch Bundesgesetz einem anderen Gericht ausdrücklich zugewiesen sind. [2]Öffentlich-rechtliche Streitigkeiten auf dem Gebiete des Landesrechts können einem anderen Gericht auch durch Landesgesetz zugewiesen werden.

(2) [1]Für vermögensrechtliche Ansprüche aus Aufopferung für das gemeine Wohl und aus öffentlich-rechtlicher Verwahrung sowie für Schadensersatzansprüche aus der Verletzung öffentlich-rechtlicher Pflichten, die nicht auf einem öffentlich-rechtlichen Vertrag beruhen, ist der ordentliche Rechtsweg gegeben; dies gilt nicht für Streitigkeiten über das Bestehen und die Höhe eines Ausgleichsanspruchs im Rahmen des Artikels 14 Abs. 1 Satz 2 des Grundgesetzes. [2]Die besonderen Vorschriften des Beamtenrechts sowie über den Rechtsweg bei Ausgleich von Vermögensnachteilen wegen Rücknahme rechtswidriger Verwaltungsakte bleiben unberührt.

§ 41 (weggefallen)

§ 42 Anfechtungs- und Verpflichtungsklage

(1) Durch Klage kann die Aufhebung eines Verwaltungsaktes (Anfechtungsklage) sowie die Verurteilung zum Erlass eines abgelehnten oder unterlassenen Verwaltungsaktes (Verpflichtungsklage) begehrt werden.

(2) Soweit gesetzlich nichts anderes bestimmt ist, ist die Klage nur zulässig, wenn der Kläger geltend macht, durch den Verwaltungsakt oder seine Ablehnung oder Unterlassung in seinen Rechten verletzt zu sein.

§ 43 Feststellungsklage

VwGO

(1) Durch Klage kann die Feststellung des Bestehens oder Nichtbestehens eines Rechtsverhältnisses oder der Nichtigkeit eines Verwaltungsaktes begehrt werden, wenn der Kläger ein berechtigtes Interesse an der baldigen Feststellung hat (Feststellungsklage).

(2) [1]Die Feststellung kann nicht begehrt werden, soweit der Kläger seine Rechte durch Gestaltungs- oder Leistungsklage verfolgen kann oder hätte verfolgen können. [2]Dies gilt nicht, wenn die Feststellung der Nichtigkeit eines Verwaltungsakts begehrt wird.

§ 44 Objektive Klagehäufung

Mehrere Klagebegehren können vom Kläger in einer Klage zusammen verfolgt werden, wenn sie sich gegen denselben Beklagten richten, im Zusammenhang stehen und dasselbe Gericht zuständig ist.

1) **Anm. d. Red.:** § 40 i. d. F. des Gesetzes v. 20. 12. 2001 (BGBl I S. 3987) mit Wirkung v. 1. 1. 2002.

§ 44a Rechtsbehelfe gegen behördliche Verfahrenshandlungen

[1]Rechtsbehelfe gegen behördliche Verfahrenshandlungen können nur gleichzeitig mit den gegen die Sachentscheidung zulässigen Rechtsbehelfen geltend gemacht werden. [2]Dies gilt nicht, wenn behördliche Verfahrenshandlungen vollstreckt werden können oder gegen einen Nichtbeteiligten ergehen.

§ 45 Zuständigkeit des Verwaltungsgerichts

Das Verwaltungsgericht entscheidet im ersten Rechtszug über alle Streitigkeiten, für die der Verwaltungsrechtsweg offen steht.

§ 46 Zuständigkeit des Oberverwaltungsgerichts bei Rechtsmitteln[1)]

Das Oberverwaltungsgericht entscheidet über das Rechtsmittel

1. der Berufung gegen Urteile des Verwaltungsgerichts und
2. der Beschwerde gegen andere Entscheidungen des Verwaltungsgerichts.

§ 47 Zuständigkeit des Oberverwaltungsgerichts in Normenkontrollverfahren[2)]

(1) Das Oberverwaltungsgericht entscheidet im Rahmen seiner Gerichtsbarkeit auf Antrag über die Gültigkeit

1. von Satzungen, die nach den Vorschriften des Baugesetzbuchs erlassen worden sind, sowie von Rechtsverordnungen aufgrund des § 246 Abs. 2 Baugesetzbuchs,
2. von anderen im Range unter dem Landesgesetz stehenden Rechtsvorschriften, sofern das Landesrecht dies bestimmt.

(2) [1]Den Antrag kann jede natürliche oder juristische Person, die geltend macht, durch die Rechtsvorschrift oder deren Anwendung in ihren Rechten verletzt zu sein oder in absehbarer Zeit verletzt zu werden, sowie jede Behörde innerhalb eines Jahres nach Bekanntmachung der Rechtsvorschrift stellen. [2]Er ist gegen die Körperschaft, Anstalt oder Stiftung zu richten, welche die Rechtsvorschrift erlassen hat. [3]Das Oberverwaltungsgericht kann dem Land und anderen juristischen Personen des öffentlichen Rechts, deren Zuständigkeit durch die Rechtsvorschrift berührt wird, Gelegenheit zur Äußerung binnen einer zu bestimmenden Frist geben. [4]§ 65 Abs. 1 und 4 und § 66 sind entsprechend anzuwenden.

(2a) (weggefallen)

(3) Das Oberverwaltungsgericht prüft die Vereinbarkeit der Rechtsvorschrift mit Landesrecht nicht, soweit gesetzlich vorgesehen ist, dass die Rechtsvorschrift ausschließlich durch das Verfassungsgericht eines Landes nachprüfbar ist.

(4) Ist ein Verfahren zur Überprüfung der Gültigkeit der Rechtsvorschrift bei einem Verfassungsgericht anhängig, so kann das Oberverwaltungsgericht anordnen, dass die Verhandlung bis zur Erledigung des Verfahrens vor dem Verfassungsgericht auszusetzen sei.

(5) [1]Das Oberverwaltungsgericht entscheidet durch Urteil oder, wenn es eine mündliche Verhandlung nicht für erforderlich hält, durch Beschluss. [2]Kommt das Oberverwaltungsgericht zu der Überzeugung, dass die Rechtsvorschrift ungültig ist, so erklärt es sie für unwirksam; in diesem Fall ist die Entscheidung allgemein verbindlich und die Entscheidungsformel vom Antragsgegner ebenso zu veröffentlichen wie die Rechtsvorschrift bekannt zu machen wäre. [3]Für die Wirkung der Entscheidung gilt § 183 entsprechend.

(6) Das Gericht kann auf Antrag eine einstweilige Anordnung erlassen, wenn dies zur Abwehr schwerer Nachteile oder aus anderen wichtigen Gründen dringend geboten ist.

1) **Anm. d. Red.:** § 46 i. d. F. des Gesetzes v. 11. 10. 2016 (BGBl I S. 2222) mit Wirkung v. 15. 10. 2016.

2) **Anm. d. Red.:** § 47 i. d. F. des Gesetzes v. 29. 5. 2017 (BGBl I S. 1298) mit Wirkung v. 2. 6. 2017.

§ 48 Erstinstanzliche Zuständigkeit des Oberverwaltungsgerichts[1)]

(1) [1]Das Oberverwaltungsgericht entscheidet im ersten Rechtszug über sämtliche Streitigkeiten, die betreffen

1. die Errichtung, den Betrieb, die sonstige Innehabung, die Veränderung, die Stilllegung, den sicheren Einschluss und den Abbau von Anlagen im Sinne der §§ 7 und 9a Abs. 3 des Atomgesetzes,

1a. das Bestehen und die Höhe von Ausgleichsansprüchen auf Grund der §§ 7e und 7f des Atomgesetzes,

2. die Bearbeitung, Verarbeitung und sonstige Verwendung von Kernbrennstoffen außerhalb von Anlagen der in § 7 des Atomgesetzes bezeichneten Art (§ 9 des Atomgesetzes) und die wesentliche Abweichung oder die wesentliche Veränderung im Sinne des § 9 Abs. 1 Satz 2 des Atomgesetzes sowie die Aufbewahrung von Kernbrennstoffen außerhalb der staatlichen Verwahrung (§ 6 des Atomgesetzes),

3. die Errichtung, den Betrieb und die Änderung von Kraftwerken mit Feuerungsanlagen für feste, flüssige und gasförmige Brennstoffe mit einer Feuerungswärmeleistung von mehr als dreihundert Megawatt,

4. Planfeststellungsverfahren gemäß § 43 des Energiewirtschaftsgesetzes, soweit nicht die Zuständigkeit des Bundesverwaltungsgerichts nach § 50 Absatz 1 Nummer 6 begründet ist,

4a. Planfeststellungsverfahren für die Errichtung, den Betrieb und die Änderung von Einrichtungen nach § 45 Absatz 1 des Windenergie-auf-See-Gesetzes,

5. Verfahren für die Errichtung, den Betrieb und die wesentliche Änderung von ortsfesten Anlagen zur Verbrennung oder thermischen Zersetzung von Abfällen mit einer jährlichen Durchsatzleistung (effektive Leistung) von mehr als einhunderttausend Tonnen und von ortsfesten Anlagen, in denen ganz oder teilweise Abfälle im Sinne des § 48 des Kreislaufwirtschaftsgesetzes gelagert oder abgelagert werden,

6. das Anlegen, die Erweiterung oder Änderung und den Betrieb von Verkehrsflughäfen und von Verkehrslandeplätzen mit beschränktem Bauschutzbereich,

7. Planfeststellungsverfahren für den Bau oder die Änderung der Strecken von Straßenbahnen, Magnetschwebebahnen und von öffentlichen Eisenbahnen sowie für den Bau von Rangier- und Containerbahnhöfen,

8. Planfeststellungsverfahren für den Bau oder die Änderung von Bundesfernstraßen,

9. Planfeststellungsverfahren für den Neubau oder den Ausbau von Bundeswasserstraßen und

10. Planfeststellungsverfahren für Maßnahmen des öffentlichen Küsten- oder Hochwasserschutzes.

[2]Satz 1 gilt auch für Streitigkeiten über Genehmigungen, die anstelle einer Planfeststellung erteilt werden, sowie für Streitigkeiten über sämtliche für das Vorhaben erforderlichen Genehmigungen und Erlaubnisse, auch soweit sie Nebeneinrichtungen betreffen, die mit ihm in einem räumlichen und betrieblichen Zusammenhang stehen. [3]Die Länder können durch Gesetz vorschreiben, dass über Streitigkeiten, die Besitzeinweisungen in den Fällen des Satzes 1 betreffen, das Oberverwaltungsgericht im ersten Rechtszug entscheidet.

(2) Das Oberverwaltungsgericht entscheidet im ersten Rechtszug ferner über Klagen gegen die von einer obersten Landesbehörde nach § 3 Abs. 2 Nr. 1 des Vereinsgesetzes ausgesprochenen Vereinsverbote und nach § 8 Abs. 2 Satz 1 des Vereinsgesetzes erlassenen Verfügungen.

(3) (weggefallen)

1) **Anm. d. Red.:** § 48 i. d. F. des Gesetzes v. 10.7.2018 (BGBl I S. 1122), i.V. mit Bek. v. 11.7.2018 (BGBl I S. 1124), mit Wirkung v. 4.7.2018.

§ 49 Zuständigkeit des Bundesverwaltungsgerichts bei Rechtsmitteln[1)]

Das Bundesverwaltungsgericht entscheidet über das Rechtsmittel

1. der Revision gegen Urteile des Oberwaltungsgerichts nach § 132,
2. der Revision gegen Urteile des Verwaltungsgerichts nach §§ 134 und 135,
3. der Beschwerde nach § 99 Abs. 2 und § 133 Abs. 1 dieses Gesetzes sowie nach § 17a Abs. 4 Satz 4 des Gerichtsverfassungsgesetzes.

§ 50 Erstinstanzliche Zuständigkeit des Bundesverwaltungsgerichts[2)]

(1) Das Bundesverwaltungsgericht entscheidet im ersten und letzten Rechtszug

1. über öffentlich-rechtliche Streitigkeiten nichtverfassungsrechtlicher Art zwischen dem Bund und den Ländern und zwischen verschiedenen Ländern,
2. über Klagen gegen die vom Bundesminister des Innern nach § 3 Abs. 2 Nr. 2 des Vereinsgesetzes erlassenen Verfügungen,
3. über Streitigkeiten gegen Abschiebungsanordnungen nach § 58a des Aufenthaltsgesetzes und ihre Vollziehung,
4. über Klagen, denen Vorgänge im Geschäftsbereich des Bundesnachrichtendienstes zugrunde liegen,
5. über Klagen gegen Maßnahmen und Entscheidungen nach § 44a des Abgeordnetengesetzes, nach den Verhaltensregeln für Mitglieder des Deutschen Bundestages, nach § 6b des Bundesministergesetzes und nach § 7 des Gesetzes über die Rechtsverhältnisse der Parlamentarischen Staatssekretäre in Verbindung mit § 6b des Bundesministergesetzes,
6. über sämtliche Streitigkeiten, die Planfeststellungsverfahren und Plangenehmigungsverfahren für Vorhaben betreffen, die in dem Allgemeinen Eisenbahngesetz, dem Bundesfernstraßengesetz, dem Bundeswasserstraßengesetz, dem Energieleitungsausbaugesetz, dem Bundesbedarfsplangesetz oder dem Magnetschwebebahnplanungsgesetz bezeichnet sind.

(2) (weggefallen)

(3) Hält das Bundesverwaltungsgericht nach Absatz 1 Nr. 1 eine Streitigkeit für verfassungsrechtlich, so legt es die Sache dem Bundesverfassungsgericht zur Entscheidung vor.

§ 51 Aussetzung des Verfahrens bei Klage eines Teilvereins[3)]

(1) Ist gemäß § 5 Abs. 2 des Vereinsgesetzes das Verbot des Gesamtvereins anstelle des Verbots eines Teilvereins zu vollziehen, so ist ein Verfahren über eine Klage dieses Teilvereins gegen das ihm gegenüber erlassene Verbot bis zum Erlass der Entscheidung über eine Klage gegen das Verbot des Gesamtvereins auszusetzen.

(2) Eine Entscheidung des Bundesverwaltungsgerichts bindet im Fall des Absatzes 1 die Oberverwaltungsgerichte.

(3) Das Bundesverwaltungsgericht unterrichtet die Oberverwaltungsgerichte über die Klage eines Vereins nach § 50 Abs. 1 Nr. 2.

---

1) **Anm. d. Red.:** § 49 i. d. F. des Gesetzes v. 1. 11. 1996 (BGBl I S. 1626) mit Wirkung v. 1. 1. 1997.

2) **Anm. d. Red.:** § 50 i. d. F. des Gesetzes v. 17. 7. 2015 (BGBl I S. 1322) mit Wirkung v. 25. 7. 2015.

3) **Anm. d. Red.:** § 51 i. d. F. des Gesetzes v. 18. 6. 1997 (BGBl I S. 1430) mit Wirkung v. 27. 6. 1997.

§ 52 Örtliche Zuständigkeit[1)]

Für die örtliche Zuständigkeit gilt Folgendes:

1. In Streitigkeiten, die sich auf unbewegliches Vermögen oder ein ortsgebundenes Recht oder Rechtsverhältnis beziehen, ist nur das Verwaltungsgericht örtlich zuständig, in dessen Bezirk das Vermögen oder der Ort liegt.
2. [1]Bei Anfechtungsklagen gegen den Verwaltungsakt einer Bundesbehörde, einer bundesunmittelbaren Körperschaft, Anstalt oder Stiftung des öffentlichen Rechts ist das Verwaltungsgericht örtlich zuständig, in dessen Bezirk die Bundesbehörde, die Körperschaft, Anstalt oder Stiftung ihren Sitz hat, vorbehaltlich der Nummern 1 und 4. [2]Dies gilt auch bei Verpflichtungsklagen in den Fällen des Satzes 1. [3]In Streitigkeiten nach dem Asylgesetz ist jedoch das Verwaltungsgericht örtlich zuständig, in dessen Bezirk der Ausländer nach dem Asylgesetz seinen Aufenthalt zu nehmen hat; ist eine örtliche Zuständigkeit danach nicht gegeben, bestimmt sie sich nach Nummer 3. [4]Soweit ein Land, in dem der Ausländer seinen Aufenthalt zu nehmen hat, von der Möglichkeit nach § 83 Absatz 3 des Asylgesetzes Gebrauch gemacht hat, ist das Verwaltungsgericht örtlich zuständig, das nach dem Landesrecht für Streitigkeiten nach dem Asylgesetz betreffend den Herkunftsstaat des Ausländers zuständig ist. [5]Für Klagen gegen den Bund auf Gebieten, die in die Zuständigkeit der diplomatischen und konsularischen Auslandsvertretungen der Bundesrepublik Deutschland fallen, ist das Verwaltungsgericht örtlich zuständig, in dessen Bezirk die Bundesregierung ihren Sitz hat.
3. [1]Bei allen anderen Anfechtungsklagen vorbehaltlich der Nummern 1 und 4 ist das Verwaltungsgericht örtlich zuständig, in dessen Bezirk der Verwaltungsakt erlassen wurde. [2]Ist er von einer Behörde, deren Zuständigkeit sich auf mehrere Verwaltungsgerichtsbezirke erstreckt, oder von einer gemeinsamen Behörde mehrerer oder aller Länder erlassen, so ist das Verwaltungsgericht zuständig, in dessen Bezirk der Beschwerte seinen Sitz oder Wohnsitz hat. [3]Fehlt ein solcher innerhalb des Zuständigkeitsbereichs der Behörde, so bestimmt sich die Zuständigkeit nach Nummer 5. [4]Bei Anfechtungsklagen gegen Verwaltungsakte einer von den Ländern mit der Vergabe von Studienplätzen beauftragten Behörde ist jedoch das Verwaltungsgericht örtlich zuständig, in dessen Bezirk die Behörde ihren Sitz hat. [5]Dies gilt auch bei Verpflichtungsklagen in den Fällen der Sätze 1, 2 und 4.
4. [1]Für alle Klagen aus einem gegenwärtigen oder früheren Beamten-, Richter-, Wehrpflicht-, Wehrdienst- oder Zivildienstverhältnis und für Streitigkeiten, die sich auf die Entstehung eines solchen Verhältnisses beziehen, ist das Verwaltungsgericht örtlich zuständig, in dessen Bezirk der Kläger oder Beklagte seinen dienstlichen Wohnsitz oder in Ermangelung dessen seinen Wohnsitz hat. [2]Hat der Kläger oder Beklagte keinen dienstlichen Wohnsitz oder keinen Wohnsitz innerhalb des Zuständigkeitsbereichs der Behörde, die den ursprünglichen Verwaltungsakt erlassen hat, so ist das Gericht örtlich zuständig, in dessen Bezirk diese Behörde ihren Sitz hat. [3]Die Sätze 1 und 2 gelten für Klagen nach § 79 des Gesetzes zur Regelung der Rechtsverhältnisse der unter Artikel 131 des Grundgesetzes fallenden Personen entsprechend.
5. In allen anderen Fällen ist das Verwaltungsgericht örtlich zuständig, in dessen Bezirk der Beklagte seinen Sitz, Wohnsitz oder in Ermangelung dessen seinen Aufenthalt hat oder seinen letzten Wohnsitz oder Aufenthalt hatte.

§ 53 Bestimmung des zuständigen Gerichts durch das höhere Gericht

(1) Das zuständige Gericht innerhalb der Verwaltungsgerichtsbarkeit wird durch das nächsthöhere Gericht bestimmt,

1. wenn das an sich zuständige Gericht in einem einzelnen Fall an der Ausübung der Gerichtsbarkeit rechtlich oder tatsächlich verhindert ist,

1) **Anm. d. Red.:** § 52 i. d. F. des Gesetzes v. 20. 10. 2015 (BGBl I S. 1722) mit Wirkung v. 24. 10. 2015.

2. wenn es wegen der Grenzen verschiedener Gerichtsbezirke ungewiss ist, welches Gericht für den Rechtsstreit zuständig ist,
3. wenn der Gerichtsstand sich nach § 52 richtet und verschiedene Gerichte in Betracht kommen,
4. wenn verschiedene Gerichte sich rechtskräftig für zuständig erklärt haben,
5. wenn verschiedene Gerichte, von denen eines für den Rechtsstreit zuständig ist, sich rechtskräftig für unzuständig erklärt haben.

(2) Wenn eine örtliche Zuständigkeit nach § 52 nicht gegeben ist, bestimmt das Bundesverwaltungsgericht das zuständige Gericht.

(3) [1]Jeder am Rechtsstreit Beteiligte und jedes mit dem Rechtsstreit befasste Gericht kann das im Rechtszug höhere Gericht oder das Bundesverwaltungsgericht anrufen. [2]Das angerufene Gericht kann ohne mündliche Verhandlung entscheiden.

Teil II: Verfahren

7. Abschnitt: Allgemeine Verfahrensvorschriften

§ 54 Ausschließung und Ablehnung von Gerichtspersonen

(1) Für die Ausschließung und Ablehnung der Gerichtspersonen gelten §§ 41 bis 49 der Zivilprozessordnung entsprechend.

(2) Von der Ausübung des Amtes als Richter oder ehrenamtlicher Richter ist auch ausgeschlossen, wer bei dem vorausgegangenen Verwaltungsverfahren mitgewirkt hat.

(3) Besorgnis der Befangenheit nach § 42 der Zivilprozessordnung ist stets dann begründet, wenn der Richter oder ehrenamtliche Richter der Vertretung einer Körperschaft angehört, deren Interesse durch das Verfahren berührt werden.

§ 55 Anwendung von Vorschriften des Gerichtsverfassungsgesetzes

§§ 169, 171a bis 198 des Gerichtsverfassungsgesetzes über die Öffentlichkeit, Sitzungspolizei, Gerichtssprache, Beratung und Abstimmung finden entsprechende Anwendung.

§ 55a[1)]

(1) Vorbereitende Schriftsätze und deren Anlagen, schriftlich einzureichende Anträge und Erklärungen der Beteiligten sowie schriftlich einzureichende Auskünfte, Aussagen, Gutachten, Übersetzungen und Erklärungen Dritter können nach Maßgabe der Absätze 2 bis 6 als elektronisches Dokument bei Gericht eingereicht werden.

(2) [1]Das elektronische Dokument muss für die Bearbeitung durch das Gericht geeignet sein. [2]Die Bundesregierung bestimmt durch Rechtsverordnung mit Zustimmung des Bundesrates die für die Übermittlung und Bearbeitung geeigneten technischen Rahmenbedingungen.

(3) Das elektronische Dokument muss mit einer qualifizierten elektronischen Signatur der verantwortenden Person versehen sein oder von der verantwortenden Person signiert und auf einem sicheren Übermittlungsweg eingereicht werden.

(4) Sichere Übermittlungswege sind

1. der Postfach- und Versanddienst eines De-Mail-Kontos, wenn der Absender bei Versand der Nachricht sicher im Sinne des § 4 Absatz 1 Satz 2 des De-Mail-Gesetzes angemeldet ist und er sich die sichere Anmeldung gemäß § 5 Absatz 5 des De-Mail-Gesetzes bestätigen lässt,
2. der Übermittlungsweg zwischen dem besonderen elektronischen Anwaltspostfach nach § 31a der Bundesrechtsanwaltsordnung oder einem entsprechenden, auf gesetzlicher

1) **Anm. d. Red.:** § 55a i. d. F. des Gesetzes v. 5.7.2017 (BGBl I S. 2208) mit Wirkung v. 1.1.2018 und i. d. F. v. 18.7.2017 (BGBl I S. 2745) mit Wirkung v. 29.7.2017.

Grundlage errichteten elektronischen Postfach und der elektronischen Poststelle des Gerichts,

3. der Übermittlungsweg zwischen einem nach Durchführung eines Identifizierungsverfahrens eingerichteten Postfach einer Behörde oder einer juristischen Person des öffentlichen Rechts und der elektronischen Poststelle des Gerichts; das Nähere regelt die Verordnung nach Absatz 2 Satz 2,
4. sonstige bundeseinheitliche Übermittlungswege, die durch Rechtsverordnung der Bundesregierung mit Zustimmung des Bundesrates festgelegt werden, bei denen die Authentizität und Integrität der Daten sowie die Barrierefreiheit gewährleistet sind.

(5) [1]Ein elektronisches Dokument ist eingegangen, sobald es auf der für den Empfang bestimmten Einrichtung des Gerichts gespeichert ist. [2]Dem Absender ist eine automatisierte Bestätigung über den Zeitpunkt des Eingangs zu erteilen. [3]Die Vorschriften dieses Gesetzes über die Beifügung von Abschriften für die übrigen Beteiligten finden keine Anwendung.

(6) [1]Ist ein elektronisches Dokument für das Gericht zur Bearbeitung nicht geeignet, ist dies dem Absender unter Hinweis auf die Unwirksamkeit des Eingangs und die geltenden technischen Rahmenbedingungen unverzüglich mitzuteilen. [2]Das Dokument gilt als zum Zeitpunkt der früheren Einreichung eingegangen, sofern der Absender es unverzüglich in einer für das Gericht zur Bearbeitung geeigneten Form nachreicht und glaubhaft macht, dass es mit dem zuerst eingereichten Dokument inhaltlich übereinstimmt.

(7) [1]Soweit eine handschriftliche Unterzeichnung durch den Richter oder den Urkundsbeamten der Geschäftsstelle vorgeschrieben ist, genügt dieser Form die Aufzeichnung als elektronisches Dokument, wenn die verantwortenden Personen am Ende des Dokuments ihren Namen hinzufügen und das Dokument mit einer qualifizierten elektronischen Signatur versehen. [2]Der in Satz 1 genannten Form genügt auch ein elektronisches Dokument, in welches das handschriftlich unterzeichnete Schriftstück gemäß § 55b Absatz 6 Satz 4 übertragen worden ist.

§ 55b[1)2)]

(1) [1]Die Prozessakten können elektronisch geführt werden. [2]Die Bundesregierung und die Landesregierungen bestimmen jeweils für ihren Bereich durch Rechtsverordnung den Zeitpunkt, von dem an die Prozessakten elektronisch geführt werden. [3]In der Rechtsverordnung sind die organisatorisch-technischen Rahmenbedingungen für die Bildung, Führung und Verwahrung der elektronischen Akten festzulegen. [4]Die Landesregierungen können die Ermächtigung auf die für die Verwaltungsgerichtsbarkeit zuständigen obersten Landesbehörden übertragen. [5]Die Zulassung der elektronischen Akte kann auf einzelne Gerichte oder Verfahren beschränkt werden; wird von dieser Möglichkeit Gebrauch gemacht, kann in der Rechtsverordnung bestimmt werden, dass durch Verwaltungsvorschrift, die öffentlich bekanntzumachen ist, geregelt wird, in welchen Verfahren die Prozessakten elektronisch zu führen sind. [6]Die Rechtsverordnung der Bundesregierung bedarf nicht der Zustimmung des Bundesrates.

(1a) [1]Die Prozessakten werden ab dem 1. Januar 2026 elektronisch geführt. [2]Die Bundesregierung und die Landesregierungen bestimmen jeweils für ihren Bereich durch Rechtsverordnung die organisatorischen und dem Stand der Technik entsprechenden technischen Rahmenbedingungen für die Bildung, Führung und Verwahrung der elektronischen Akten einschließlich der einzuhaltenden Anforderungen der Barrierefreiheit. [3]Die Bundesregierung und die Landesregierungen können jeweils für ihren Bereich durch Rechtsverordnung bestimmen, dass Akten, die in Papierform angelegt wurden, in Papierform weitergeführt werden. [4]Die Landesregierungen können die Ermächtigungen nach den Sätzen 2 und 3 auf die für die Verwaltungsgerichtsbarkeit

1) **Anm. d. Red.:** § 55b i. d. F. des Gesetzes v. 5.7.2017 (BGBl I S. 2208) mit Wirkung v. 1.1.2018.

2) **Anm. d. Red.:** Gemäß Art. 21 i.V. mit Art. 33 Abs. 6 Gesetz v. 5.7.2017 (BGBl I S. 2208) wird § 55b mit Wirkung v. 1.1.2026 wie folgt geändert:
1. Absatz 1 wird aufgehoben.
2. Absatz 1a wird Absatz 1 und in Satz 1 werden die Wörter „ab dem 1. Januar 2026" gestrichen.

zuständigen obersten Landesbehörden übertragen. [5]Die Rechtsverordnungen der Bundesregierung bedürfen nicht der Zustimmung des Bundesrates.

(2) [1]Werden die Akten in Papierform geführt, ist von einem elektronischen Dokument ein Ausdruck für die Akten zu fertigen. [2]Kann dies bei Anlagen zu vorbereitenden Schriftsätzen nicht oder nur mit unverhältnismäßigem Aufwand erfolgen, so kann ein Ausdruck unterbleiben. [3]Die Daten sind in diesem Fall dauerhaft zu speichern; der Speicherort ist aktenkundig zu machen.

(3) Wird das elektronische Dokument auf einem sicheren Übermittlungsweg eingereicht, so ist dies aktenkundig zu machen.

(4) Ist das elektronische Dokument mit einer qualifizierten elektronischen Signatur versehen und nicht auf einem sicheren Übermittlungsweg eingereicht, muss der Ausdruck einen Vermerk darüber enthalten,

1. welches Ergebnis die Integritätsprüfung des Dokumentes ausweist,
2. wen die Signaturprüfung als Inhaber der Signatur ausweist,
3. welchen Zeitpunkt die Signaturprüfung für die Anbringung der Signatur ausweist.

(5) Ein eingereichtes elektronisches Dokument kann im Falle von Absatz 2 nach Ablauf von sechs Monaten gelöscht werden.

(6) [1]Werden die Prozessakten elektronisch geführt, sind in Papierform vorliegende Schriftstücke und sonstige Unterlagen nach dem Stand der Technik zur Ersetzung der Urschrift in ein elektronisches Dokument zu übertragen. [2]Es ist sicherzustellen, dass das elektronische Dokument mit den vorliegenden Schriftstücken und sonstigen Unterlagen bildlich und inhaltlich übereinstimmt. [3]Das elektronische Dokument ist mit einem Übertragungsnachweis zu versehen, der das bei der Übertragung angewandte Verfahren und die bildliche und inhaltliche Übereinstimmung dokumentiert. [4]Wird ein von den verantwortenden Personen handschriftlich unterzeichnetes gerichtliches Schriftstück übertragen, ist der Übertragungsnachweis mit einer qualifizierten elektronischen Signatur des Urkundsbeamten der Geschäftsstelle zu versehen. [5]Die in Papierform vorliegenden Schriftstücke und sonstigen Unterlagen können sechs Monate nach der Übertragung vernichtet werden, sofern sie nicht rückgabepflichtig sind.

§ 55c Formulare; Verordnungsermächtigung[1)2)]

[1]Das Bundesministerium der Justiz und für Verbraucherschutz kann durch Rechtsverordnung mit Zustimmung des Bundesrates elektronische Formulare einführen. [2]Die Rechtsverordnung kann bestimmen, dass die in den Formularen enthaltenen Angaben ganz oder teilweise in strukturierter maschinenlesbarer Form zu übermitteln sind. [3]Die Formulare sind auf einer in der Rechtsverordnung zu bestimmenden Kommunikationsplattform im Internet zur Nutzung bereitzustellen. [4]Die Rechtsverordnung kann bestimmen, dass eine Identifikation des Formularverwenders abweichend von § 55a Absatz 3 auch durch Nutzung des elektronischen Identitätsnachweises nach § 18 des Personalausweisgesetzes oder § 78 Absatz 5 des Aufenthaltsgesetzes erfolgen kann.

---

1) **Anm. d. Red.:** § 55c i. d. F. der VO v. 31. 8. 2015 (BGBl I S. 1474) mit Wirkung v. 8. 9. 2015.

2) **Anm. d. Red.:** Gem. Art. 5 Nr. 4 i.V. mit Art. 26 Abs. 7 Gesetz v. 10. 10. 2013 (BGBl I S. 3786) wird mit Wirkung v. 1. 1. 2022 nach § 55c folgender § 55d eingefügt:

„**§ 55d Nutzungspflicht für Rechtsanwälte, Behörden und vertretungsberechtigte Personen**

[1]Vorbereitende Schriftsätze und deren Anlagen sowie schriftlich einzureichende Anträge und Erklärungen, die durch einen Rechtsanwalt, durch eine Behörde oder durch eine juristische Person des öffentlichen Rechts einschließlich der von ihr zur Erfüllung ihrer öffentlichen Aufgaben gebildeten Zusammenschlüsse eingereicht werden, sind als elektronisches Dokument zu übermitteln. [2]Gleiches gilt für die nach diesem Gesetz vertretungsberechtigten Personen, für die ein sicherer Übermittlungsweg nach § 55a Absatz 4 Nummer 2 zur Verfügung steht. [3]Ist eine Übermittlung aus technischen Gründen vorübergehend nicht möglich, bleibt die Übermittlung nach den allgemeinen Vorschriften zulässig. [4]Die vorübergehende Unmöglichkeit ist bei der Ersatzeinreichung oder unverzüglich danach glaubhaft zu machen; auf Anforderung ist ein elektronisches Dokument nachzureichen."

§ 56 Zustellungen[1)]

(1) Anordnungen und Entscheidungen, durch die eine Frist in Lauf gesetzt wird, sowie Terminbestimmungen und Ladungen sind zuzustellen, bei Verkündung jedoch nur, wenn es ausdrücklich vorgeschrieben ist.

(2) Zugestellt wird von Amts wegen nach den Vorschriften der Zivilprozessordnung.

(3) Wer nicht im Inland wohnt, hat auf Verlangen einen Zustellungsbevollmächtigten zu bestellen.

§ 56a Öffentliche Bekanntmachung[2)]

(1) [1]Sind gleiche Bekanntgaben an mehr als fünfzig Personen erforderlich, kann das Gericht für das weitere Verfahren die Bekanntgabe durch öffentliche Bekanntmachung anordnen. [2]In dem Beschluss muss bestimmt werden, in welchen Tageszeitungen die Bekanntmachungen veröffentlicht werden; dabei sind Tageszeitungen vorzusehen, die in dem Bereich verbreitet sind, in dem sich die Entscheidung voraussichtlich auswirken wird. [3]Der Beschluss ist den Beteiligten zuzustellen. [4]Die Beteiligten sind darauf hinzuweisen, auf welche Weise die weiteren Bekanntgaben bewirkt werden und wann das Dokument als zugestellt gilt. [5]Der Beschluss ist unanfechtbar. [6]Das Gericht kann den Beschluss jederzeit aufheben; es muss ihn aufheben, wenn die Voraussetzungen des Satzes 1 nicht vorlagen oder nicht mehr vorliegen.

(2) [1]Die öffentliche Bekanntmachung erfolgt durch Aushang an der Gerichtstafel oder durch Einstellung in ein elektronisches Informationssystem, das im Gericht öffentlich zugänglich ist und durch Veröffentlichung im Bundesanzeiger sowie in den im Beschluss nach Absatz 1 Satz 2 bestimmten Tageszeitungen. [2]Sie kann zusätzlich in einem von dem Gericht für Bekanntmachungen bestimmten Informations- und Kommunikationssystem erfolgen. [3]Bei einer Entscheidung genügt die öffentliche Bekanntmachung der Entscheidungsformel und der Rechtsbehelfsbelehrung. [4]Statt des bekannt zu machenden Dokuments kann eine Benachrichtigung öffentlich bekannt gemacht werden, in der angegeben ist, wo das Dokument eingesehen werden kann. [5]Eine Terminbestimmung oder Ladung muss im vollständigen Wortlaut öffentlich bekannt gemacht werden.

(3) [1]Das Dokument gilt als an dem Tage zugestellt, an dem seit dem Tage der Veröffentlichung im Bundesanzeiger zwei Wochen verstrichen sind; darauf ist in jeder Veröffentlichung hinzuweisen. [2]Nach der öffentlichen Bekanntmachung einer Entscheidung können die Beteiligten eine Ausfertigung schriftlich anfordern; darauf ist in der Veröffentlichung gleichfalls hinzuweisen.

§ 57 Fristen

(1) Der Lauf einer Frist beginnt, soweit nichts anderes bestimmt ist, mit der Zustellung oder, wenn diese nicht vorgeschrieben ist, mit der Eröffnung oder Verkündung.

VwGO

(2) Für die Fristen gelten die Vorschriften der §§ 222, 224 Abs. 2 und 3, §§ 225 und 226 der Zivilprozessordnung.

§ 58 Unterbliebene Rechtsmittelbelehrung[3)]

(1) Die Frist für ein Rechtsmittel oder einen anderen Rechtsbehelf beginnt nur zu laufen, wenn der Beteiligte über den Rechtsbehelf, die Verwaltungsbehörde oder das Gericht, bei denen der Rechtsbehelf anzubringen ist, den Sitz und die einzuhaltende Frist schriftlich oder elektronisch belehrt worden ist.

---

1) **Anm. d. Red.:** § 56 i. d. F. des Gesetzes v. 25. 6. 2001 (BGBl I S. 1206) mit Wirkung v. 1. 7. 2002.

2) **Anm. d. Red.:** § 56a i. d. F. des Gesetzes v. 22. 12. 2011 (BGBl I S. 3044) mit Wirkung v. 1. 4. 2012.

3) **Anm. d. Red.:** § 58 i. d. F. des Gesetzes v. 22. 3. 2005 (BGBl I S. 837) mit Wirkung v. 1. 4. 2005.

(2) [1]Ist die Belehrung unterblieben oder unrichtig erteilt, so ist die Einlegung des Rechtsbehelfs nur innerhalb eines Jahres seit Zustellung, Eröffnung oder Verkündung zulässig, außer wenn die Einlegung vor Ablauf der Jahresfrist infolge höherer Gewalt unmöglich war oder eine schriftliche oder elektronische Belehrung dahin erfolgt ist, dass ein Rechtsbehelf nicht gegeben sei. [2]§ 60 Abs. 2 gilt für den Fall höherer Gewalt entsprechend.

§ 59 (weggefallen)[1]

§ 60 Wiedereinsetzung in den vorigen Stand[2]

(1) Wenn jemand ohne Verschulden verhindert war, eine gesetzliche Frist einzuhalten, so ist ihm auf Antrag Wiedereinsetzung in den vorigen Stand zu gewähren.

(2) [1]Der Antrag ist binnen zwei Wochen nach Wegfall des Hindernisses zu stellen; bei Versäumung der Frist zur Begründung der Berufung, des Antrags auf Zulassung der Berufung, der Revision, der Nichtzulassungsbeschwerde oder der Beschwerde beträgt die Frist einen Monat. [2]Die Tatsachen zur Begründung des Antrags sind bei der Antragstellung oder im Verfahren über den Antrag glaubhaft zu machen. [3]Innerhalb der Antragsfrist ist die versäumte Rechtshandlung nachzuholen. [4]Ist dies geschehen, so kann die Wiedereinsetzung auch ohne Antrag gewährt werden.

(3) Nach einem Jahr seit dem Ende der versäumten Frist ist der Antrag unzulässig, außer wenn der Antrag vor Ablauf der Jahresfrist infolge höherer Gewalt unmöglich war.

(4) Über den Wiedereinsetzungsantrag entscheidet das Gericht, das über die versäumte Rechtshandlung zu befinden hat.

(5) Die Wiedereinsetzung ist unanfechtbar.

§ 61 Beteiligungsfähigkeit

Fähig, am Verfahren beteiligt zu sein, sind

1. natürliche und juristische Personen,
2. Vereinigungen, soweit ihnen ein Recht zustehen kann,
3. Behörden, sofern das Landesrecht dies bestimmt.

§ 62 Prozessfähigkeit[3]

(1) Fähig zur Vornahme von Verfahrenshandlungen sind

1. die nach bürgerlichem Recht Geschäftsfähigen,
2. die nach bürgerlichem Recht in der Geschäftsfähigkeit Beschränkten, soweit sie durch Vorschriften des bürgerlichen oder öffentlichen Rechts für den Gegenstand des Verfahrens als geschäftsfähig anerkannt sind.

(2) Betrifft ein Einwilligungsvorbehalt nach § 1903 des Bürgerlichen Gesetzbuchs den Gegenstand des Verfahrens, so ist ein geschäftsfähiger Betreuer nur insoweit zur Vornahme von Verfahrenshandlungen fähig, als er nach den Vorschriften des bürgerlichen Rechts ohne Einwilligung des Betreuers handeln kann oder durch Vorschriften des öffentlichen Rechts als handlungsfähig anerkannt ist.

(3) Für Vereinigungen sowie für Behörden handeln ihre gesetzlichen Vertreter und Vorstände.

(4) §§ 53 bis 58 der Zivilprozessordnung gelten entsprechend.

---

1) **Anm. d. Red.:** § 59 weggefallen gem. Gesetz v. 31. 5. 2013 (BGBl I S. 1388) mit Wirkung v. 7. 6. 2013.

2) **Anm. d. Red.:** § 60 i. d. F. des Gesetzes v. 24. 8. 2004 (BGBl I S. 2198) mit Wirkung v. 1. 9. 2004.

3) **Anm. d. Red.:** § 62 i. d. F. des Gesetzes v. 12. 12. 2007 (BGBl I S. 2840) mit Wirkung v. 1. 7. 2008.

§ 63 Verfahrensbeteiligte[1)]

Beteiligte am Verfahren sind

1. der Kläger,
2. der Beklagte,
3. der Beigeladene (§ 65),
4. der Vertreter des Bundesinteresses beim Bundesverwaltungsgericht oder der Vertreter des öffentlichen Interesses, falls er von seiner Beteiligungsbefugnis Gebrauch macht.

§ 64 Streitgenossenschaft

Die Vorschriften der §§ 59 bis 63 der Zivilprozessordnung über die Streitgenossenschaft sind entsprechend anzuwenden.

§ 65 Beiladung Dritter[2)]

(1) Das Gericht kann, solange das Verfahren noch nicht rechtskräftig abgeschlossen oder in höherer Instanz anhängig ist, von Amts wegen oder auf Antrag andere, deren rechtliche Interessen durch die Entscheidung berührt werden, beiladen.

(2) Sind an dem streitigen Rechtsverhältnis Dritte derart beteiligt, dass die Entscheidung auch ihnen gegenüber nur einheitlich ergehen kann, so sind sie beizuladen (notwendige Beiladung).

(3) [1]Kommt nach Absatz 2 die Beiladung von mehr als fünfzig Personen in Betracht, kann das Gericht durch Beschluss anordnen, dass nur solche Personen beigeladen werden, die dies innerhalb einer bestimmten Frist beantragen. [2]Der Beschluss ist unanfechtbar. [3]Er ist im Bundesanzeiger bekannt zu machen. [4]Er muss außerdem in Tageszeitungen veröffentlicht werden, die in dem Bereich verbreitet sind, in dem sich die Entscheidung voraussichtlich auswirken wird. [5]Die Bekanntmachung kann zusätzlich in einem von dem Gericht für Bekanntmachungen bestimmten Informations- und Kommunikationssystem erfolgen. [6]Die Frist muss mindestens drei Monate seit Veröffentlichung im Bundesanzeiger betragen. [7]In der Veröffentlichung in Tageszeitungen ist mitzuteilen, an welchem Tage die Frist abläuft. [8]Für die Wiedereinsetzung in den vorigen Stand bei Versäumung der Frist gilt § 60 entsprechend. [9]Das Gericht soll Personen, die von der Entscheidung erkennbar in besonderem Maße betroffen werden, auch ohne Antrag beiladen.

(4) [1]Der Beiladungsbeschluss ist allen Beteiligten zuzustellen. [2]Dabei sollen der Stand der Sache und der Grund der Beiladung angegeben werden. [3]Die Beiladung ist unanfechtbar.

§ 66 Rechte der Beigeladenen

[1]Der Beigeladene kann innerhalb der Anträge eines Beteiligten selbständig Angriffs- und Verteidigungsmittel geltend machen und alle Verfahrenshandlungen wirksam vornehmen. [2]Abweichende Sachanträge kann er nur stellen, wenn eine notwendige Beiladung vorliegt.

§ 67 Prozessvertretung[3)]

(1) Die Beteiligten können vor dem Verwaltungsgericht den Rechtsstreit selbst führen.

(2) [1]Die Beteiligten können sich durch einen Rechtsanwalt oder einen Rechtslehrer an einer staatlichen oder staatlich anerkannten Hochschule eines Mitgliedstaates der Europäischen Union, eines anderen Vertragsstaates des Abkommens über den Europäischen Wirtschaftsraum oder der Schweiz, der die Befähigung zum Richteramt besitzt, als Bevollmächtigten vertreten

1) **Anm. d. Red.:** § 63 i. d. F. des Gesetzes v. 9. 7. 2001 (BGBl I S. 1510) mit Wirkung v. 1. 1. 2002.

2) **Anm. d. Red.:** § 65 i. d. F. des Gesetzes v. 22. 12. 2011 (BGBl I S. 3044) mit Wirkung v. 1. 4. 2012.

3) **Anm. d. Red.:** § 67 i. d. F. des Gesetzes v. 22. 12. 2010 (BGBl I S. 2248) mit Wirkung v. 28. 12. 2010.

lassen. [2]Darüber hinaus sind als Bevollmächtigte vor dem Verwaltungsgericht vertretungsbefugt nur

1. Beschäftigte des Beteiligten oder eines mit ihm verbundenen Unternehmens (§ 15 des Aktiengesetzes); Behörden und juristische Personen des öffentlichen Rechts einschließlich der von ihnen zur Erfüllung ihrer öffentlichen Aufgaben gebildeten Zusammenschlüsse können sich auch durch Beschäftigte anderer Behörden oder juristischer Personen des öffentlichen Rechts einschließlich der von ihnen zur Erfüllung ihrer öffentlichen Aufgaben gebildeten Zusammenschlüsse vertreten lassen,
2. volljährige Familienangehörige (§ 15 der Abgabenordnung, § 11 des Lebenspartnerschaftsgesetzes), Personen mit Befähigung zum Richteramt und Streitgenossen, wenn die Vertretung nicht im Zusammenhang mit einer entgeltlichen Tätigkeit steht,
3. Steuerberater, Steuerbevollmächtigte, Wirtschaftsprüfer und vereidigte Buchprüfer, Personen und Vereinigungen im Sinn des § 3a des Steuerberatungsgesetzes sowie Gesellschaften im Sinn des § 3 Nr. 2 und 3 des Steuerberatungsgesetzes, die durch Personen im Sinn des § 3 Nr. 1 des Steuerberatungsgesetzes handeln, in Abgabenangelegenheiten,
4. berufsständische Vereinigungen der Landwirtschaft für ihre Mitglieder,
5. Gewerkschaften und Vereinigungen von Arbeitgebern sowie Zusammenschlüsse solcher Verbände für ihre Mitglieder oder für andere Verbände oder Zusammenschlüsse mit vergleichbarer Ausrichtung und deren Mitglieder,
6. Vereinigungen, deren satzungsgemäße Aufgaben die gemeinschaftliche Interessenvertretung, die Beratung und Vertretung der Leistungsempfänger nach dem sozialen Entschädigungsrecht oder der behinderten Menschen wesentlich umfassen und die unter Berücksichtigung von Art und Umfang ihrer Tätigkeit sowie ihres Mitgliederkreises die Gewähr für eine sachkundige Prozessvertretung bieten, für ihre Mitglieder in Angelegenheiten der Kriegsopferfürsorge und des Schwerbehindertenrechts sowie der damit im Zusammenhang stehenden Angelegenheiten,
7. juristische Personen, deren Anteile sämtlich im wirtschaftlichen Eigentum einer der in den Nummern 5 und 6 bezeichneten Organisationen stehen, wenn die juristische Person ausschließlich die Rechtsberatung und Prozessvertretung dieser Organisation und ihrer Mitglieder oder anderer Verbände oder Zusammenschlüsse mit vergleichbarer Ausrichtung und deren Mitglieder entsprechend deren Satzung durchführt, und wenn die Organisation für die Tätigkeit der Bevollmächtigten haftet.

[3]Bevollmächtigte, die keine natürlichen Personen sind, handeln durch ihre Organe und mit der Prozessvertretung beauftragten Vertreter.

(3) [1]Das Gericht weist Bevollmächtigte, die nicht nach Maßgabe des Absatzes 2 vertretungsbefugt sind, durch unanfechtbaren Beschluss zurück. [2]Prozesshandlungen eines nicht vertretungsbefugten Bevollmächtigten und Zustellungen oder Mitteilungen an diesen Bevollmächtigten sind bis zu seiner Zurückweisung wirksam. [3]Das Gericht kann den in Absatz 2 Satz 2 Nr. 1 und 2 bezeichneten Bevollmächtigten durch unanfechtbaren Beschluss die weitere Vertretung untersagen, wenn sie nicht in der Lage sind, das Sach- und Streitverhältnis sachgerecht darzustellen.

(4) [1]Vor dem Bundesverwaltungsgericht und dem Oberverwaltungsgericht müssen sich die Beteiligten, außer im Prozesskostenhilfeverfahren, durch Prozessbevollmächtigte vertreten lassen. [2]Dies gilt auch für Prozesshandlungen, durch die ein Verfahren vor dem Bundesverwaltungsgericht oder einem Oberverwaltungsgericht eingeleitet wird. [3]Als Bevollmächtigte sind nur die in Absatz 2 Satz 1 bezeichneten Personen zugelassen. [4]Behörden und juristische Personen des öffentlichen Rechts einschließlich der von ihnen zur Erfüllung ihrer öffentlichen Aufgaben gebildeten Zusammenschlüsse können sich durch eigene Beschäftigte mit Befähigung zum Richteramt oder durch Beschäftigte mit Befähigung zum Richteramt anderer Behörden oder juristischer Personen des öffentlichen Rechts einschließlich der von ihnen zur Erfüllung ihrer öffentlichen Aufgaben gebildeten Zusammenschlüsse vertreten lassen. [5]Vor dem Bundesver-

waltungsgericht sind auch die in Absatz 2 Satz 2 Nr. 5 bezeichneten Organisationen einschließlich der von ihnen gebildeten juristischen Personen gemäß Absatz 2 Satz 2 Nr. 7 als Bevollmächtigte zugelassen, jedoch nur in Angelegenheiten, die Rechtsverhältnisse im Sinne des § 52 Nr. 4 betreffen, in Personalvertretungsangelegenheiten und in Angelegenheiten, die in einem Zusammenhang mit einem gegenwärtigen oder früheren Arbeitsverhältnis von Arbeitnehmern im Sinne des § 5 des Arbeitsgerichtsgesetzes stehen, einschließlich Prüfungsangelegenheiten. [6]Die in Satz 5 genannten Bevollmächtigten müssen durch Personen mit der Befähigung zum Richteramt handeln. [7]Vor dem Oberverwaltungsgericht sind auch die in Absatz 2 Satz 2 Nr. 3 bis 7 bezeichneten Personen und Organisationen als Bevollmächtigte zugelassen. [8]Ein Beteiligter, der nach Maßgabe der Sätze 3, 5 und 7 zur Vertretung berechtigt ist, kann sich selbst vertreten.

(5) [1]Richter dürfen nicht als Bevollmächtigte vor dem Gericht auftreten, dem sie angehören. [2]Ehrenamtliche Richter dürfen, außer in den Fällen des Absatzes 2 Satz 2 Nr. 1, nicht vor einem Spruchkörper auftreten, dem sie angehören. [3]Absatz 3 Satz 1 und 2 gilt entsprechend.

(6) [1]Die Vollmacht ist schriftlich zu den Gerichtsakten einzureichen. [2]Sie kann nachgereicht werden; hierfür kann das Gericht eine Frist bestimmen. [3]Der Mangel der Vollmacht kann in jeder Lage des Verfahrens geltend gemacht werden. [4]Das Gericht hat den Mangel der Vollmacht von Amts wegen zu berücksichtigen, wenn nicht als Bevollmächtigter ein Rechtsanwalt auftritt. [5]Ist ein Bevollmächtigter bestellt, sind die Zustellungen oder Mitteilungen des Gerichts an ihn zu richten.

(7) [1]In der Verhandlung können die Beteiligten mit Beiständen erscheinen. [2]Beistand kann sein, wer in Verfahren, in denen die Beteiligten den Rechtsstreit selbst führen können, als Bevollmächtigter zur Vertretung in der Verhandlung befugt ist. [3]Das Gericht kann andere Personen als Beistand zulassen, wenn dies sachdienlich ist und hierfür nach den Umständen des Einzelfalls ein Bedürfnis besteht. [4]Absatz 3 Satz 1 und 3 und Absatz 5 gelten entsprechend. [5]Das von dem Beistand Vorgetragene gilt als von dem Beteiligten vorgebracht, soweit es nicht von diesem sofort widerrufen oder berichtigt wird.

§ 67a Vertretung in Großverfahren[1)]

(1) [1]Sind an einem Rechtsstreit mehr als zwanzig Personen im gleichen Interesse beteiligt, ohne durch einen Prozessbevollmächtigten vertreten zu sein, kann das Gericht ihnen durch Beschluss aufgeben, innerhalb einer angemessenen Frist einen gemeinsamen Bevollmächtigten zu bestellen, wenn sonst die ordnungsgemäße Durchführung des Rechtsstreits beeinträchtigt wäre. [2]Bestellen die Beteiligten einen gemeinsamen Bevollmächtigten nicht innerhalb der ihnen gesetzten Frist, kann das Gericht einen Rechtsanwalt als gemeinsamen Vertreter durch Beschluss bestellen. [3]Die Beteiligten können Verfahrenshandlungen nur durch den gemeinsamen Bevollmächtigten oder Vertreter vornehmen. [4]Beschlüsse nach den Sätzen 1 und 2 sind unanfechtbar.

(2) [1]Die Vertretungsmacht erlischt, sobald der Vertreter oder der Vertretene dies dem Gericht schriftlich oder zu Protokoll des Urkundsbeamten der Geschäftsstelle erklärt; der Vertreter kann die Erklärung nur hinsichtlich aller Vertretenen abgeben. [2]Gibt der Vertretene eine solche Erklärung ab, so erlischt die Vertretungsmacht nur, wenn zugleich die Bestellung eines anderen Bevollmächtigten angezeigt wird.

1) **Anm. d. Red.:** § 67a i. d. F. des Gesetzes v. 5.7.2017 (BGBl I S. 2208) mit Wirkung v. 1.1.2018.

8. Abschnitt: Besondere Vorschriften für Anfechtungs- und Verpflichtungsklagen

§ 68 Widerspruchsverfahren[1)]

(1) [1]Vor Erhebung der Anfechtungsklage sind Rechtmäßigkeit und Zweckmäßigkeit des Verwaltungsaktes in einem Vorverfahren nachzuprüfen. [2]Einer solchen Nachprüfung bedarf es nicht, wenn ein Gesetz dies bestimmt oder wenn

1. der Verwaltungsakt von einer obersten Bundesbehörde oder von einer obersten Landesbehörde erlassen worden ist, außer wenn ein Gesetz die Nachprüfung vorschreibt, oder
2. der Abhilfebescheid oder der Widerspruchsbescheid erstmalig eine Beschwer enthält.

(2) Für die Verpflichtungsklage gilt Absatz 1 entsprechend, wenn der Antrag auf Vornahme des Verwaltungsaktes abgelehnt worden ist.

§ 69 Widerspruch

Das Vorverfahren beginnt mit der Erhebung des Widerspruchs.

§ 70 Form und Frist des Widerspruchs[2)]

(1) [1]Der Widerspruch ist innerhalb eines Monats, nachdem der Verwaltungsakt dem Beschwerten bekannt gegeben worden ist, schriftlich, in elektronischer Form nach § 3a Absatz 2 des Verwaltungsverfahrensgesetzes oder zur Niederschrift bei der Behörde zu erheben, die den Verwaltungsakt erlassen hat. [2]Die Frist wird auch durch Einlegung bei der Behörde, die den Widerspruchsbescheid zu erlassen hat, gewahrt.

(2) §§ 58 und 60 Abs. 1 bis 4 gelten entsprechend.

§ 71 Anhörung[3)]

Ist die Aufhebung oder Änderung eines Verwaltungsakts im Widerspruchsverfahren erstmalig mit einer Beschwer verbunden, soll der Betroffene vor Erlass des Abhilfebescheids oder des Widerspruchsbescheids gehört werden.

§ 72 Abhilfeentscheidung

Hält die Behörde den Widerspruch für begründet, so hilft sie ihm ab und entscheidet über die Kosten.

§ 73 Widerspruchsbescheid[4)]

(1) [1]Hilft die Behörde dem Widerspruch nicht ab, so ergeht ein Widerspruchsbescheid. [2]Diesen erlässt

1. die nächsthöhere Behörde, soweit nicht durch Gesetz eine andere höhere Behörde bestimmt wird,
2. wenn die nächsthöhere Behörde eine oberste Bundes- oder oberste Landesbehörde ist, die Behörde, die den Verwaltungsakt erlassen hat,
3. in Selbstverwaltungsangelegenheiten die Selbstverwaltungsbehörde, soweit nicht durch Gesetz anderes bestimmt wird.

[3]Abweichend von Satz 2 Nr. 1 kann durch Gesetz bestimmt werden, dass die Behörde, die den Verwaltungsakt erlassen hat, auch für die Entscheidung über den Widerspruch zuständig ist.

---

1) **Anm. d. Red.:** § 68 i. d. F. des Gesetzes v. 1. 11. 1996 (BGBl I S. 1626) mit Wirkung v. 1. 1. 1997.

2) **Anm. d. Red.:** § 70 i. d. F. des Gesetzes v. 5.7.2017 (BGBl I S. 2208) mit Wirkung v. 1.1.2018.

3) **Anm. d. Red.:** § 71 i. d. F. des Gesetzes v. 1. 11. 1996 (BGBl I S. 1626) mit Wirkung v. 1. 1. 1997.

4) **Anm. d. Red.:** § 73 i. d. F. des Gesetzes v. 25. 6. 2001 (BGBl I S. 1206) mit Wirkung v. 1. 7. 2002.

(2) [1]Vorschriften, nach denen im Vorverfahren des Absatzes 1 Ausschüsse oder Beiräte an die Stelle einer Behörde treten, bleiben unberührt. [2]Die Ausschüsse oder Beiräte können abweichend von Absatz 1 Nr. 1 auch bei der Behörde gebildet werden, die den Verwaltungsakt erlassen hat.

(3) [1]Der Widerspruchsbescheid ist zu begründen, mit einer Rechtsmittelbelehrung zu versehen und zuzustellen. [2]Zugestellt wird von Amts wegen nach den Vorschriften des Verwaltungszustellungsgesetzes. [3]Der Widerspruchsbescheid bestimmt auch, wer die Kosten trägt.

§ 74 Klagefrist

(1) [1]Die Anfechtungsklage muss innerhalb eines Monats nach Zustellung des Widerspruchsbescheides erhoben werden. [2]Ist nach § 68 ein Widerspruchsbescheid nicht erforderlich, so muss die Klage innerhalb eines Monats nach Bekanntgabe des Verwaltungsaktes erhoben werden.

(2) Für die Verpflichtungsklage gilt Absatz 1 entsprechend, wenn der Antrag auf Vornahme des Verwaltungsaktes abgelehnt worden ist.

§ 75 Klage bei Untätigkeit der Verwaltungsbehörde

[1]Ist über einen Widerspruch oder über einen Antrag auf Vornahme eines Verwaltungsaktes ohne zureichenden Grund in angemessener Frist sachlich nicht entschieden worden, so ist die Klage abweichend von § 68 zulässig. [2]Die Klage kann nicht vor Ablauf von drei Monaten seit der Einlegung des Widerspruchs oder seit dem Antrag auf Vornahme des Verwaltungsaktes erhoben werden, außer wenn wegen besonderer Umstände des Falles eine kürzere Frist geboten ist. [3]Liegt ein zureichender Grund dafür vor, dass über den Widerspruch noch nicht entschieden oder der beantragte Verwaltungsakt noch nicht erlassen ist, so setzt das Gericht das Verfahren bis zum Ablauf einer von ihm bestimmten Frist, die verlängert werden kann, aus. [4]Wird dem Widerspruch innerhalb der vom Gericht gesetzten Frist stattgegeben oder der Verwaltungsakt innerhalb dieser Frist erlassen, so ist die Hauptsache für erledigt zu erklären.

§ 76 (weggefallen)

§ 77 Vorrang des Widerspruchsverfahrens

(1) Alle bundesrechtlichen Vorschriften in anderen Gesetzen über Einspruchs- oder Beschwerdeverfahren sind durch die Vorschriften dieses Abschnitts ersetzt.

(2) Das Gleiche gilt für landesrechtliche Vorschriften über Einspruchs- oder Beschwerdeverfahren als Voraussetzung der verwaltungsgerichtlichen Klage.

§ 78 Beklagter[1)]

(1) Die Klage ist zu richten

1. gegen den Bund, das Land oder die Körperschaft, deren Behörde den angefochtenen Verwaltungsakt erlassen oder den beantragten Verwaltungsakt unterlassen hat; zur Bezeichnung des Beklagten genügt die Angabe der Behörde,
2. sofern das Landesrecht dies bestimmt, gegen die Behörde selbst, die den angefochtenen Verwaltungsakt erlassen oder den beantragten Verwaltungsakt unterlassen hat.

(2) Wenn ein Widerspruchsbescheid erlassen ist, der erstmalig eine Beschwer enthält (§ 68 Abs. 1 Satz 2 Nr. 2), ist Behörde im Sinne des Absatzes 1 die Widerspruchsbehörde.

1) **Anm. d. Red.:** § 78 i. d. F. des Gesetzes v. 1. 11. 1996 (BGBl I S. 1626) mit Wirkung v. 1. 1. 1997.

§ 79 Gegenstand der Anfechtungsklage[1)]

(1) Gegenstand der Anfechtungsklage ist

1. der ursprüngliche Verwaltungsakt in der Gestalt, die er durch den Widerspruchsbescheid gefunden hat,
2. der Abhilfebescheid oder Widerspruchsbescheid, wenn dieser erstmalig eine Beschwer enthält.

(2) [1]Der Widerspruchsbescheid kann auch dann alleiniger Gegenstand der Anfechtungsklage sein, wenn und soweit er gegenüber dem ursprünglichen Verwaltungsakt eine zusätzliche selbständige Beschwer enthält. [2]Als eine zusätzliche Beschwer gilt auch die Verletzung einer wesentlichen Verfahrensvorschrift, sofern der Widerspruchsbescheid auf dieser Verletzung beruht. [3]§ 78 Abs. 2 gilt entsprechend.

§ 80 Aufschiebende Wirkung[2)]

(1) [1]Widerspruch und Anfechtungsklage haben aufschiebende Wirkung. [2]Das gilt auch bei rechtsgestaltenden und feststellenden Verwaltungsakten sowie bei Verwaltungsakten mit Doppelwirkung (§ 80a).

(2) [1]Die aufschiebende Wirkung entfällt nur

1. bei der Anforderung von öffentlichen Abgaben und Kosten,
2. bei unaufschiebbaren Anordnungen und Maßnahmen von Polizeivollzugsbeamten,
3. in anderen durch Bundesgesetz oder für Landesrecht durch Landesgesetz vorgeschriebenen Fällen, insbesondere für Widersprüche und Klagen Dritter gegen Verwaltungsakte, die Investitionen oder die Schaffung von Arbeitsplätzen betreffen,
4. in den Fällen, in denen die sofortige Vollziehung im öffentlichen Interesse oder im überwiegenden Interesse eines Beteiligten von der Behörde, die den Verwaltungsakt erlassen oder über den Widerspruch zu entscheiden hat, besonders angeordnet wird.

[2]Die Länder können auch bestimmen, dass Rechtsbehelfe keine aufschiebende Wirkung haben, soweit sie sich gegen Maßnahmen richten, die in der Verwaltungsvollstreckung durch die Länder nach Bundesrecht getroffen werden.

(3) [1]In den Fällen des Absatzes 2 Nr. 4 ist das besondere Interesse an der sofortigen Vollziehung des Verwaltungsaktes schriftlich zu begründen. [2]Einer besonderen Begründung bedarf es nicht, wenn die Behörde bei Gefahr im Verzug, insbesondere bei drohenden Nachteilen für Leben, Gesundheit oder Eigentum vorsorglich eine als solche bezeichnete Notstandsmaßnahme im öffentlichen Interesse trifft.

(4) [1]Die Behörde, die den Verwaltungsakt erlassen oder über den Widerspruch zu entscheiden hat, kann in den Fällen des Absatzes 2 die Vollziehung aussetzen, soweit nicht bundesgesetzlich etwas anderes bestimmt ist. [2]Bei der Anforderung von öffentlichen Abgaben und Kosten kann sie die Vollziehung auch gegen Sicherheit aussetzen. [3]Die Aussetzung soll bei öffentlichen Abgaben und Kosten erfolgen, wenn ernstliche Zweifel an der Rechtmäßigkeit des angegriffenen Verwaltungsaktes bestehen oder wenn die Vollziehung für den Abgaben- oder Kostenpflichtigen eine unbillige, nicht durch überwiegende öffentliche Interessen gebotene Härte zur Folge hätte.

(5) [1]Auf Antrag kann das Gericht der Hauptsache die aufschiebende Wirkung in den Fällen des Absatzes 2 Nr. 1 bis 3 ganz oder teilweise anordnen, im Falle des Absatzes 2 Nr. 4 ganz oder teilweise wiederherstellen. [2]Der Antrag ist schon vor Erhebung der Anfechtungsklage zulässig. [3]Ist der Verwaltungsakt im Zeitpunkt der Entscheidung schon vollzogen, so kann das Gericht die Aufhebung der Vollziehung anordnen. [4]Die Wiederherstellung der aufschiebenden Wirkung kann von der Leistung einer Sicherheit oder von anderen Auflagen abhängig gemacht werden. [5]Sie kann auch befristet werden.

---

1) **Anm. d. Red.:** § 79 i. d. F. des Gesetzes v. 1. 11. 1996 (BGBl I S. 1626) mit Wirkung v. 1. 1. 1997.

2) **Anm. d. Red.:** § 80 i. d. F. des Gesetzes v. 1. 11. 1996 (BGBl I S. 1626) mit Wirkung v. 1. 1. 1997.

(6) [1]In den Fällen des Absatzes 2 Nr. 1 ist der Antrag nach Absatz 5 nur zulässig, wenn die Behörde einen Antrag auf Aussetzung der Vollziehung ganz oder zum Teil abgelehnt hat. [2]Das gilt nicht, wenn

1. die Behörde über den Antrag ohne Mitteilung eines zureichenden Grundes in angemessener Frist sachlich nicht entschieden hat oder
2. eine Vollstreckung droht.

(7) [1]Das Gericht der Hauptsache kann Beschlüsse über Anträge nach Absatz 5 jederzeit ändern oder aufheben. [2]Jeder Beteiligte kann die Änderung oder Aufhebung wegen veränderter oder im ursprünglichen Verfahren ohne Verschulden nicht geltend gemachter Umstände beantragen.

(8) In dringenden Fällen kann der Vorsitzende entscheiden.

§ 80a Rechtsbehelfe Dritter

(1) Legt ein Dritter einen Rechtsbehelf gegen den an einen anderen gerichteten, diesen begünstigenden Verwaltungsakt ein, kann die Behörde

1. auf Antrag des Begünstigten nach § 80 Abs. 2 Nr. 4 die sofortige Vollziehung anordnen,
2. auf Antrag des Dritten nach § 80 Abs. 4 die Vollziehung aussetzen und einstweilige Maßnahmen zur Sicherung der Rechte des Dritten treffen.

(2) Legt ein Betroffener gegen einen an ihn gerichteten belastenden Verwaltungsakt, der einen Dritten begünstigt, einen Rechtsbehelf ein, kann die Behörde auf Antrag des Dritten nach § 80 Abs. 2 Nr. 4 die sofortige Vollziehung anordnen.

(3) [1]Das Gericht kann auf Antrag Maßnahmen nach den Absätzen 1 und 2 ändern oder aufheben oder solche Maßnahmen treffen. [2]§ 80 Abs. 5 bis 8 gilt entsprechend.

§ 80b Ende der aufschiebenden Wirkung[1)]

(1) [1]Die aufschiebende Wirkung des Widerspruchs und der Anfechtungsklage endet mit der Unanfechtbarkeit oder, wenn die Anfechtungsklage im ersten Rechtszug abgewiesen worden ist, drei Monate nach Ablauf der gesetzlichen Begründungsfrist des gegen die abweisende Entscheidung gegebenen Rechtsmittels. [2]Dies gilt auch, wenn die Vollziehung durch die Behörde ausgesetzt oder die aufschiebende Wirkung durch das Gericht wiederhergestellt oder angeordnet worden ist, es sei denn, die Behörde hat die Vollziehung bis zur Unanfechtbarkeit ausgesetzt.

(2) Das Oberverwaltungsgericht kann auf Antrag anordnen, dass die aufschiebende Wirkung fortdauert.

(3) § 80 Abs. 5 bis 8 und § 80a gelten entsprechend.

9. Abschnitt: Verfahren im ersten Rechtszug

§ 81 Klageerhebung[2)]

(1) [1]Die Klage ist bei dem Gericht schriftlich zu erheben. [2]Bei dem Verwaltungsgericht kann sie auch zu Protokoll des Urkundsbeamten der Geschäftsstelle erhoben werden.

(2) Der Klage und allen Schriftsätzen sollen vorbehaltlich des § 55a Absatz 5 Satz 3 Abschriften für die übrigen Beteiligten beigefügt werden.

1) **Anm. d. Red.:** § 80b eingefügt gem. Gesetz v. 1. 11. 1996 (BGBl I S. 1626) mit Wirkung v. 1. 1. 1997.

2) **Anm. d. Red.:** § 81 i. d. F. des Gesetzes v. 5.7.2017 (BGBl I S. 2208) mit Wirkung v. 1.1.2018.

§ 82 Klageschrift[1)]

(1) [1]Die Klage muss den Kläger, den Beklagten und den Gegenstand des Klagebegehrens bezeichnen. [2]Sie soll einen bestimmten Antrag enthalten. [3]Die zur Begründung dienenden Tatsachen und Beweismittel sollen angegeben, die angefochtene Verfügung und der Widerspruchsbescheid sollen in Abschrift beigefügt werden.

(2) [1]Entspricht die Klage diesen Anforderungen nicht, hat der Vorsitzende oder der nach § 21g des Gerichtsverfassungsgesetzes zuständige Berufsrichter (Berichterstatter) den Kläger zu der erforderlichen Ergänzung innerhalb einer bestimmten Frist aufzufordern. [2]Er kann dem Kläger für die Ergänzung eine Frist mit ausschließender Wirkung setzen, wenn es an einem der in Absatz 1 Satz 1 genannten Erfordernisse fehlt. [3]Für die Wiedereinsetzung in den vorigen Stand gilt § 60 entsprechend.

§ 83 Anwendung von Vorschriften des Gerichtsverfassungsgesetzes

[1]Für die sachliche und örtliche Zuständigkeit gelten die §§ 17 bis 17b des Gerichtsverfassungsgesetzes entsprechend. [2]Beschlüsse entsprechend § 17a Abs. 2 und 3 des Gerichtsverfassungsgesetzes sind unanfechtbar.

§ 84 Gerichtsbescheid[2)]

(1) [1]Das Gericht kann ohne mündliche Verhandlung durch Gerichtsbescheid entscheiden, wenn die Sache keine besonderen Schwierigkeiten tatsächlicher oder rechtlicher Art aufweist und der Sachverhalt geklärt ist. [2]Die Beteiligten sind vorher zu hören. [3]Die Vorschriften über Urteile gelten entsprechend.

(2) Die Beteiligten können innerhalb eines Monats nach Zustellung des Gerichtsbescheides,

1. Berufung einlegen, wenn sie zugelassen worden ist (§ 124a),
2. Zulassung der Berufung oder mündliche Verhandlung beantragen; wird von beiden Rechtsbehelfen Gebrauch gemacht, findet mündliche Verhandlung statt,
3. Revision einlegen, wenn sie zugelassen worden ist,
4. Nichtzulassungsbeschwerde einlegen oder mündliche Verhandlung beantragen, wenn die Revision nicht zugelassen worden ist; wird von beiden Rechtsbehelfen Gebrauch gemacht, findet mündliche Verhandlung statt,
5. mündliche Verhandlung beantragen, wenn ein Rechtsmittel nicht gegeben ist.

(3) Der Gerichtsbescheid wirkt als Urteil; wird rechtzeitig mündliche Verhandlung beantragt, gilt er als nicht ergangen.

(4) Wird mündliche Verhandlung beantragt, kann das Gericht in dem Urteil von einer weiteren Darstellung des Tatbestandes und der Entscheidungsgründe absehen, soweit es der Begründung des Gerichtsbescheides folgt und dies in seiner Entscheidung feststellt.

§ 85 Zustellung

[1]Der Vorsitzende verfügt die Zustellung der Klage an den Beklagten. [2]Zugleich mit der Zustellung ist der Beklagte aufzufordern, sich schriftlich zu äußern; § 81 Abs. 1 Satz 2 gilt entsprechend. [3]Hierfür kann eine Frist gesetzt werden.

§ 86 Amtsermittlungsgrundsatz, Aufklärungspflicht, vorbereitende Schriftsätze[3)]

(1) [1]Das Gericht erforscht den Sachverhalt von Amts wegen; die Beteiligten sind dabei heranzuziehen. [2]Es ist an das Vorbringen und an die Beweisanträge der Beteiligten nicht gebunden.

1) **Anm. d. Red.:** § 82 i. d. F. des Gesetzes 10. 10. 2013 (BGBl I S. 3786) mit Wirkung v. 1. 7. 2014.
2) **Anm. d. Red.:** § 84 i. d. F. des Gesetzes v. 20. 12. 2001 (BGBl I S. 3987) mit Wirkung v. 1. 1. 2002.
3) **Anm. d. Red.:** § 86 i. d. F. des Gesetzes 5.7.2017 (BGBl I S. 2208) mit Wirkung v. 1.1.2018.

(2) Ein in der mündlichen Verhandlung gestellter Beweisantrag kann nur durch einen Gerichtsbeschluss, der zu begründen ist, abgelehnt werden.

(3) Der Vorsitzende hat darauf hinzuwirken, dass Formfehler beseitigt, unklare Anträge erläutert, sachdienliche Anträge gestellt, ungenügende tatsächliche Angaben ergänzt, ferner alle für die Feststellung und Beurteilung des Sachverhalts wesentlichen Erklärungen abgegeben werden.

(4) [1]Die Beteiligten sollen zur Vorbereitung der mündlichen Verhandlung Schriftsätze einreichen. [2]Hierzu kann sie der Vorsitzende unter Fristsetzung auffordern. [3]Die Schriftsätze sind den Beteiligten von Amts wegen zu übermitteln.

(5) [1]Den Schriftsätzen sind die Urkunden oder elektronischen Dokumente, auf die Bezug genommen wird, in Abschrift ganz oder im Auszug beizufügen. [2]Sind die Urkunden dem Gegner bereits bekannt oder sehr umfangreich, so genügt die genaue Bezeichnung mit dem Anerbieten, Einsicht bei Gericht zu gewähren.

§ 86a (weggefallen)[1)]

§ 87 Vorbereitung der mündlichen Verhandlung[2)]

(1) [1]Der Vorsitzende oder der Berichterstatter hat schon vor der mündlichen Verhandlung alle Anordnungen zu treffen, die notwendig sind, um den Rechtsstreit möglichst in einer mündlichen Verhandlung zu erledigen. [2]Er kann insbesondere

1. die Beteiligten zur Erörterung des Sach- und Streitstandes und zur gütlichen Beilegung des Rechtsstreits laden und einen Vergleich entgegennehmen;
2. den Beteiligten die Ergänzung oder Erläuterung ihrer vorbereitenden Schriftsätze, die Vorlegung von Urkunden, die Übermittlung von elektronischen Dokumenten und die Vorlegung von anderen zur Niederlegung bei Gericht geeigneten Gegenständen aufgeben, insbesondere eine Frist zur Erklärung über bestimmte klärungsbedürftige Punkte setzen;
3. Auskünfte einholen;
4. die Vorlage von Urkunden oder die Übermittlung von elektronischen Dokumenten anordnen;
5. das persönliche Erscheinen der Beteiligten anordnen; § 95 gilt entsprechend;
6. Zeugen und Sachverständige zur mündlichen Verhandlung laden.

(2) Die Beteiligten sind von jeder Anordnung zu benachrichtigen.

(3) [1]Der Vorsitzende oder der Berichterstatter kann einzelne Beweise erheben. [2]Dies darf nur insoweit geschehen, als es zur Vereinfachung der Verhandlung vor dem Gericht sachdienlich und von Vornherein anzunehmen ist, dass das Gericht das Beweisergebnis auch ohne unmittelbaren Eindruck von dem Verlauf der Beweisaufnahme sachgemäß zu würdigen vermag.

VwGO

§ 87a Entscheidung durch den Vorsitzenden[3)]

(1) Der Vorsitzende entscheidet, wenn die Entscheidung im vorbereitenden Verfahren ergeht,

1. über die Aussetzung und das Ruhen des Verfahrens;
2. bei Zurücknahme der Klage, Verzicht auf den geltend gemachten Anspruch oder Anerkenntnis des Anspruchs, auch über einen Antrag auf Prozesskostenhilfe;
3. bei Erledigung des Rechtsstreits in der Hauptsache, auch über einen Antrag auf Prozesskostenhilfe;
4. über den Streitwert;

1) **Anm. d. Red.:** § 86a weggefallen gem. Gesetz v. 22. 3. 2005 (BGBl I S. 837) mit Wirkung v. 1. 4. 2005.

2) **Anm. d. Red.:** § 87 i. d. F. des Gesetzes v. 22. 3. 2005 (BGBl I S. 837) mit Wirkung v. 1. 4. 2005.

3) **Anm. d. Red.:** § 87a i. d. F. des Gesetzes v. 24. 8. 2004 (BGBl I S. 2198) mit Wirkung v. 1. 9. 2004.

5. über Kosten;
6. über die Beiladung.

(2) Im Einverständnis der Beteiligten kann der Vorsitzende auch sonst anstelle der Kammer oder des Senats entscheiden.

(3) Ist ein Berichterstatter bestellt, so entscheidet dieser anstelle des Vorsitzenden.

§ 87b Fristsetzung an Kläger und Beteiligte[1)]

(1) [1]Der Vorsitzende oder der Berichterstatter kann dem Kläger eine Frist setzen zur Angabe der Tatsachen, durch deren Berücksichtigung oder Nichtberücksichtigung im Verwaltungsverfahren er sich beschwert fühlt. [2]Die Fristsetzung nach Satz 1 kann mit der Fristsetzung nach § 82 Abs. 2 Satz 2 verbunden werden.

(2) Der Vorsitzende oder der Berichterstatter kann einem Beteiligten unter Fristsetzung aufgeben, zu bestimmten Vorgängen

1. Tatsachen anzugeben oder Beweismittel zu bezeichnen,
2. Urkunden oder andere bewegliche Sachen vorzulegen sowie elektronische Dokumente zu übermitteln, soweit der Beteiligte dazu verpflichtet ist.

(3) [1]Das Gericht kann Erklärungen und Beweismittel, die erst nach Ablauf einer nach den Absätzen 1 und 2 gesetzten Frist vorgebracht werden, zurückweisen und ohne weitere Ermittlungen entscheiden, wenn

1. ihre Zulassung nach der freien Überzeugung des Gerichts die Erledigung des Rechtsstreits verzögern würde und
2. der Beteiligte die Verspätung nicht genügend entschuldigt und
3. der Beteiligte über die Folgen einer Fristversäumung belehrt worden ist.

[2]Der Entschuldigungsgrund ist auf Verlangen des Gerichts glaubhaft zu machen. [3]Satz 1 gilt nicht, wenn es mit geringem Aufwand möglich ist, den Sachverhalt auch ohne Mitwirkung des Beteiligten zu ermitteln.

§ 88 Bindung an das Klagebegehren

Das Gericht darf über das Klagebegehren nicht hinausgehen, ist aber an die Fassung der Anträge nicht gebunden.

§ 89 Widerklage

(1) [1]Bei dem Gericht der Klage kann eine Widerklage erhoben werden, wenn der Gegenanspruch mit dem in der Klage geltend gemachten Anspruch oder mit den gegen ihn vorgebrachten Verteidigungsmitteln zusammenhängt. [2]Dies gilt nicht, wenn in den Fällen des § 52 Nr. 1 für die Klage wegen des Gegenanspruchs ein anderes Gericht zuständig ist.

(2) Bei Anfechtungs- und Verpflichtungsklagen ist die Widerklage ausgeschlossen.

§ 90 Rechtshängigkeit[2)]

[1]Durch Erhebung der Klage wird die Streitsache rechtshängig. [2]In Verfahren nach dem Siebzehnten Titel des Gerichtsverfassungsgesetzes wegen eines überlangen Gerichtsverfahrens wird die Streitsache erst mit Zustellung der Klage rechtshängig.

§ 91 Klageänderung

(1) Eine Änderung der Klage ist zulässig, wenn die übrigen Beteiligten einwilligen oder das Gericht die Änderung für sachdienlich hält.

---

1) **Anm. d. Red.:** § 87b i. d. F. des Gesetzes v. 22. 3. 2005 (BGBl I S. 837) mit Wirkung v. 1. 4. 2005.

2) **Anm. d. Red.:** § 90 i. d. F. des Gesetzes v. 11. 10. 2016 (BGBl I S. 2222) mit Wirkung v. 15. 10. 2016.

(2) Die Einwilligung des Beklagten in die Änderung der Klage ist anzunehmen, wenn er sich, ohne ihr zu widersprechen, in einem Schriftsatz oder in einer mündlichen Verhandlung auf die geänderte Klage eingelassen hat.

(3) Die Entscheidung, dass eine Änderung der Klage nicht vorliegt oder zuzulassen sei, ist nicht selbständig anfechtbar.

§ 92 Klagerücknahme[1)]

(1) [1]Der Kläger kann bis zur Rechtskraft des Urteils seine Klage zurücknehmen. [2]Die Zurücknahme nach Stellung der Anträge in der mündlichen Verhandlung setzt die Einwilligung des Beklagten und, wenn ein Vertreter des öffentlichen Interesses an der mündlichen Verhandlung teilgenommen hat, auch seine Einwilligung voraus. [3]Die Einwilligung gilt als erteilt, wenn der Klagerücknahme nicht innerhalb von zwei Wochen seit Zustellung des die Rücknahme enthaltenden Schriftsatzes widersprochen wird; das Gericht hat auf diese Folge hinzuweisen.

(2) [1]Die Klage gilt als zurückgenommen, wenn der Kläger das Verfahren trotz Aufforderung des Gerichts länger als zwei Monate nicht betreibt. [2]Absatz 1 Satz 2 und 3 gilt entsprechend. [3]Der Kläger ist in der Aufforderung auf die sich aus Satz 1 und § 155 Abs. 2 ergebenden Rechtsfolgen hinzuweisen. [4]Das Gericht stellt durch Beschluss fest, dass die Klage als zurückgenommen gilt.

(3) [1]Ist die Klage zurückgenommen oder gilt sie als zurückgenommen, so stellt das Gericht das Verfahren durch Beschluss ein und spricht die sich nach diesem Gesetz ergebenden Rechtsfolgen der Zurücknahme aus. [2]Der Beschluss ist unanfechtbar.

§ 93 Klageverbindung, Klagetrennung

[1]Das Gericht kann durch Beschluss mehrere bei ihm anhängige Verfahren über den gleichen Gegenstand zu gemeinsamer Verhandlung und Entscheidung verbinden und wieder trennen. [2]Es kann anordnen, dass mehrere in einem Verfahren erhobene Ansprüche in getrennten Verfahren verhandelt und entschieden werden.

§ 93a Musterverfahren[2)]

(1) [1]Ist die Rechtmäßigkeit einer behördlichen Maßnahme Gegenstand von mehr als zwanzig Verfahren, kann das Gericht eines oder mehrere geeignete Verfahren vorab durchführen (Musterverfahren) und die übrigen Verfahren aussetzen. [2]Die Beteiligten sind vorher zu hören. [3]Der Beschluss ist unanfechtbar.

(2) [1]Ist über die durchgeführten Verfahren rechtskräftig entschieden worden, kann das Gericht nach Anhörung der Beteiligten über die ausgesetzten Verfahren durch Beschluss entscheiden, wenn es einstimmig der Auffassung ist, dass die Sachen gegenüber rechtskräftig entschiedenen Musterverfahren keine wesentlichen Besonderheiten tatsächlicher oder rechtlicher Art aufweisen und der Sachverhalt geklärt ist. [2]Das Gericht kann in einem Musterverfahren erhobene Beweise einführen; es kann nach seinem Ermessen die wiederholte Vernehmung eines Zeugen oder eine neue Begutachtung durch denselben oder andere Sachverständige anordnen. [3]Beweisanträge zu Tatsachen, über die bereits im Musterverfahren Beweis erhoben wurde, kann das Gericht ablehnen, wenn ihre Zulassung nach seiner freien Überzeugung nicht zum Nachweis neuer entscheidungserheblicher Tatsachen beitragen und die Erledigung des Rechtsstreits verzögern würde. [4]Die Ablehnung kann in der Entscheidung nach Satz 1 erfolgen. [5]Den Beteiligten steht gegen den Beschluss nach Satz 1 das Rechtsmittel zu, das zulässig wäre, wenn das Gericht durch Urteil entschieden hätte. [6]Die Beteiligten sind über dieses Rechtsmittel zu belehren.

1) **Anm. d. Red.:** § 92 i. d. F. des Gesetzes v. 24. 8. 2004 (BGBl I S. 2198) mit Wirkung v. 1. 9. 2004.

2) **Anm. d. Red.:** § 93a i. d. F. des Gesetzes v. 1. 11. 1996 (BGBl I S. 1626) mit Wirkung v. 1. 1. 1997.

§ 94 Aussetzung des Verfahrens[1)]

Das Gericht kann, wenn die Entscheidung des Rechtsstreits ganz oder zum Teil von dem Bestehen oder Nichtbestehen eines Rechtsverhältnisses abhängt, das den Gegenstand eines anderen anhängigen Rechtstreits bildet oder von einer Verwaltungsbehörde festzustellen ist, anordnen, dass die Verhandlung bis zur Erledigung des anderen Rechtsstreits oder bis zur Entscheidung der Verwaltungsbehörde auszusetzen sei.

§ 95 Persönliches Erscheinen

(1) [1]Das Gericht kann das persönliche Erscheinen eines Beteiligten anordnen. [2]Für den Fall des Ausbleibens kann es Ordnungsgeld wie gegen einen im Vernehmungstermin nicht erschienenen Zeugen androhen. [3]Bei schuldhaftem Ausbleiben setzt das Gericht durch Beschluss das angedrohte Ordnungsgeld fest. [4]Androhung und Festsetzung des Ordnungsgeldes können wiederholt werden.

(2) Ist Beteiligter eine juristische Person oder eine Vereinigung, so ist das Ordnungsgeld dem nach Gesetz oder Satzung Vertretungsberechtigten anzudrohen und gegen ihn festzusetzen.

(3) Das Gericht kann einer beteiligten öffentlich-rechtlichen Körperschaft oder Behörde aufgeben, zur mündlichen Verhandlung einen Beamten oder Angestellten zu entsenden, der mit einem schriftlichen Nachweis über die Vertretungsbefugnis versehen und über die Sach- und Rechtslage ausreichend unterrichtet ist.

§ 96 Beweisaufnahme

(1) [1]Das Gericht erhebt Beweis in der mündlichen Verhandlung. [2]Es kann insbesondere Augenschein einnehmen, Zeugen, Sachverständige und Beteiligte vernehmen und Urkunden heranziehen.

(2) Das Gericht kann in geeigneten Fällen schon vor der mündlichen Verhandlung durch eines seiner Mitglieder als beauftragten Richter Beweis erheben lassen oder durch Bezeichnung der einzelnen Beweisfragen ein anderes Gericht um die Beweisaufnahme ersuchen.

§ 97 Rechte der Beteiligten bei der Beweisaufnahme

[1]Die Beteiligten werden von allen Beweisterminen benachrichtigt und können der Beweisaufnahme beiwohnen. [2]Sie können an Zeugen und Sachverständige sachdienliche Fragen richten. [3]Wird eine Frage beanstandet, so entscheidet das Gericht.

§ 98 Anwendung von Vorschriften der Zivilprozessordnung

Soweit dieses Gesetz nicht abweichende Vorschriften enthält, sind auf die Beweisaufnahme §§ 358 bis 444 und 450 bis 494 der Zivilprozessordnung entsprechend anzuwenden.

§ 99 Auskunftspflichten von Behörden[2)3)]

(1) [1]Behörden sind zur Vorlage von Urkunden oder Akten, zur Übermittlung elektronischer Dokumente und zu Auskünften verpflichtet. [2]Wenn das Bekanntwerden des Inhalts dieser Urkunden, Akten, elektronischen Dokumente oder dieser Auskünfte dem Wohl des Bundes oder eines Landes Nachteile bereiten würde oder wenn die Vorgänge nach einem Gesetz oder ihrem Wesen nach geheim gehalten werden müssen, kann die zuständige oberste Aufsichtsbehörde die Vorlage von Urkunden oder Akten, die Übermittlung der elektronischen Dokumente und die Erteilung der Auskünfte verweigern.

---

1) **Anm. d. Red.:** § 94 i. d. F. des Gesetzes v. 20. 12. 2001 (BGBl I S. 3987) mit Wirkung v. 1. 1. 2002.

2) **Anm. d. Red.:** § 99 i. d. F. des Gesetzes v. 22. 3. 2005 (BGBl I S. 837) mit Wirkung v. 1. 4. 2005.

3) **Anm. d. Red.:** § 99 Abs. 1 Satz 2 i.V. mit Abs. 2 Satz 1 ist mit Art. 19 Abs. 4 GG unvereinbar. S. dazu BVerfG, Urt. v. 27.10.1999 – 1 BvR 385/90 (BGBl 2000 I S. 54).

(2) [1]Auf Antrag eines Beteiligten stellt das Oberverwaltungsgericht ohne mündliche Verhandlung durch Beschluss fest, ob die Verweigerung der Vorlage der Urkunden oder Akten, der Übermittlung der elektronischen Dokumente oder der Erteilung von Auskünften rechtmäßig ist. [2]Verweigert eine oberste Bundesbehörde die Vorlage, Übermittlung oder Auskunft mit der Begründung, das Bekanntwerden des Inhalts der Urkunden, der Akten, der elektronischen Dokumente oder der Auskünfte würde dem Wohl des Bundes Nachteile bereiten, entscheidet das Bundesverwaltungsgericht; Gleiches gilt, wenn das Bundesverwaltungsgericht nach § 50 für die Hauptsache zuständig ist. [3]Der Antrag ist bei dem für die Hauptsache zuständigen Gericht zu stellen. [4]Dieses gibt den Antrag und die Hauptsacheakten an den nach § 189 zuständigen Spruchkörper ab. [5]Die oberste Aufsichtsbehörde hat die nach Absatz 1 Satz 2 verweigerten Urkunden oder Akten auf Aufforderung dieses Spruchkörpers vorzulegen, die elektronischen Dokumente zu übermitteln oder die verweigerten Auskünfte zu erteilen. [6]Sie ist zu diesem Verfahren beizuladen. [7]Das Verfahren unterliegt den Vorschriften des materiellen Geheimschutzes. [8]Können diese nicht eingehalten werden oder macht die zuständige Aufsichtsbehörde geltend, dass besondere Gründe der Geheimhaltung oder des Geheimschutzes der Übergabe der Urkunden oder Akten oder der Übermittlung der elektronischen Dokumente an das Gericht entgegenstehen, wird die Vorlage oder Übermittlung nach Satz 5 dadurch bewirkt, dass die Urkunden, Akten oder elektronischen Dokumente dem Gericht in von der obersten Aufsichtsbehörde bestimmten Räumlichkeiten zur Verfügung gestellt werden. [9]Für die nach Satz 5 vorgelegten Akten, elektronischen Dokumente und für die gemäß Satz 8 geltend gemachten besonderen Gründe gilt § 100 nicht. [10]Die Mitglieder des Gerichts sind zur Geheimhaltung verpflichtet; die Entscheidungsgründe dürfen Art und Inhalt der geheim gehaltenen Urkunden, Akten, elektronischen Dokumente und Auskünfte nicht erkennen lassen. [11]Für das nichtrichterliche Personal gelten die Regelungen des personellen Geheimschutzes. [12]Soweit nicht das Bundesverwaltungsgericht entschieden hat, kann der Beschluss selbständig mit der Beschwerde angefochten werden. [13]Über die Beschwerde gegen den Beschluss eines Oberverwaltungsgerichts entscheidet das Bundesverwaltungsgericht. [14]Für das Beschwerdeverfahren gelten die Sätze 4 bis 11 sinngemäß.

§ 100 Akteneinsicht[1)]

(1) [1]Die Beteiligten können die Gerichtsakten und die dem Gericht vorgelegten Akten einsehen. [2]Beteiligte können sich auf ihre Kosten durch die Geschäftsstelle Ausfertigungen, Auszüge, Ausdrucke und Abschriften erteilen lassen.

(2) [1]Werden die Prozessakten elektronisch geführt, wird Akteneinsicht durch Bereitstellung des Inhalts der Akten zum Abruf gewährt. [2]Auf besonderen Antrag wird Akteneinsicht durch Einsichtnahme in die Akten in Diensträumen gewährt. [3]Ein Aktenausdruck oder ein Datenträger mit dem Inhalt der Akten wird auf besonders zu begründenden Antrag nur übermittelt, wenn der Antragsteller hieran ein berechtigtes Interesse darlegt. [4]Stehen der Akteneinsicht in der nach Satz 1 vorgesehenen Form wichtige Gründe entgegen, kann die Akteneinsicht in der nach den Sätzen 2 und 3 vorgesehenen Form auch ohne Antrag gewährt werden. [5]Über einen Antrag nach Satz 3 entscheidet der Vorsitzende; die Entscheidung ist unanfechtbar. [6]§ 87a Absatz 3 gilt entsprechend.

VwGO

(3) [1]Werden die Prozessakten in Papierform geführt, wird Akteneinsicht durch Einsichtnahme in die Akten in Diensträumen gewährt. [2]Die Akteneinsicht kann, soweit nicht wichtige Gründe entgegenstehen, auch durch Bereitstellung des Inhalts der Akten zum Abruf gewährt werden. [3]Nach dem Ermessen des Vorsitzenden kann der nach § 67 Absatz 2 Satz 1 und 2 Nummer 3 bis 6 bevollmächtigten Person die Mitnahme der Akten in die Wohnung oder Geschäftsräume gestattet werden. [4]§ 87a Absatz 3 gilt entsprechend.

(4) In die Entwürfe zu Urteilen, Beschlüssen und Verfügungen, die Arbeiten zu ihrer Vorbereitung und die Dokumente, die Abstimmungen betreffen, wird Akteneinsicht nach den Absätzen 1 bis 3 nicht gewährt.

1) **Anm. d. Red.:** § 100 i. d. F. des Gesetzes v. 5.7.2017 (BGBl I S. 2208) mit Wirkung v. 1.1.2018.

§ 101 Mündliche Verhandlung

(1) Das Gericht entscheidet, soweit nichts anderes bestimmt ist, aufgrund mündlicher Verhandlung.

(2) Mit Einverständnis der Beteiligten kann das Gericht ohne mündliche Verhandlung entscheiden.

(3) Entscheidungen des Gerichts, die nicht Urteile sind, können ohne mündliche Verhandlung ergehen, soweit nichts anderes bestimmt ist.

§ 102[1)]

(1) [1]Sobald der Termin zur mündlichen Verhandlung bestimmt ist, sind die Beteiligten mit einer Ladungsfrist von mindestens zwei Wochen, bei dem Bundesverwaltungsgericht von mindestens vier Wochen, zu laden. [2]In dringenden Fällen kann der Vorsitzende die Frist abkürzen.

(2) Bei der Ladung ist darauf hinzuweisen, daß beim Ausbleiben eines Beteiligten auch ohne ihn verhandelt und entschieden werden kann.

(3) Die Gerichte der Verwaltungsgerichtsbarkeit können Sitzungen auch außerhalb des Gerichtssitzes abhalten, wenn dies zur sachdienlichen Erledigung notwendig ist.

(4) § 227 Abs. 3 Satz 1 der Zivilprozeßordnung ist nicht anzuwenden.

§ 102a[2)]

(1) [1]Das Gericht kann den Beteiligten, ihren Bevollmächtigten und Beiständen auf Antrag oder von Amts wegen gestatten, sich während einer mündlichen Verhandlung an einem anderen Ort aufzuhalten und dort Verfahrenshandlungen vorzunehmen. [2]Die Verhandlung wird zeitgleich in Bild und Ton an diesen Ort und in das Sitzungszimmer übertragen.

(2) [1]Das Gericht kann auf Antrag gestatten, dass sich ein Zeuge, ein Sachverständiger oder ein Beteiligter während einer Vernehmung an einem anderen Ort aufhält. [2]Die Vernehmung wird zeitgleich in Bild und Ton an diesen Ort und in das Sitzungszimmer übertragen. [3]Ist Beteiligten, Bevollmächtigten und Beiständen nach Absatz 1 Satz 1 gestattet worden, sich an einem anderen Ort aufzuhalten, so wird die Vernehmung auch an diesen Ort übertragen.

(3) [1]Die Übertragung wird nicht aufgezeichnet. [2]Entscheidungen nach Absatz 1 Satz 1 und Absatz 2 Satz 1 sind unanfechtbar.

(4) Die Absätze 1 und 3 gelten entsprechend für Erörterungstermine (§ 87 Absatz 1 Satz 2 Nummer 1).

§ 103 Verhandlungsablauf

(1) Der Vorsitzende eröffnet und leitet die mündliche Verhandlung.

(2) Nach Aufruf der Sache trägt der Vorsitzende oder der Berichterstatter den wesentlichen Inhalt der Akten vor.

(3) Hierauf erhalten die Beteiligten das Wort, um ihre Anträge zu stellen und zu begründen.

§ 104 Erörterung der Streitsache

(1) Der Vorsitzende hat die Streitsache mit den Beteiligten tatsächlich und rechtlich zu erörtern.

(2) [1]Der Vorsitzende hat jedem Mitglied des Gerichts auf Verlangen zu gestatten, Fragen zu stellen. [2]Wird eine Frage beanstandet, so entscheidet das Gericht.

(3) [1]Nach Erörterung der Streitsache erklärt der Vorsitzende die mündliche Verhandlung für geschlossen. [2]Das Gericht kann die Wiedereröffnung beschließen.

---

1) **Anm. d. Red.:** § 102 i. d. F. des Gesetzes v. 18. 6. 1997 (BGBl I S. 1430) mit Wirkung v. 27. 6. 1997.

2) **Anm. d. Red.:** § 102a eingefügt gem. Gesetz v. 25. 4. 2013 (BGBl I S. 935) mit Wirkung v. 1. 11. 2013.

§ 105 Protokoll[1]

Für das Protokoll gelten die §§ 159 bis 165 der Zivilprozessordnung entsprechend.

§ 106 Vergleich[2]

[1]Um den Rechtsstreit vollständig oder zum Teil zu erledigen, können die Beteiligten zu Protokoll des Gerichts oder des beauftragten oder ersuchten Richters einen Vergleich schließen, soweit sie über den Gegenstand des Vergleichs verfügen können. [2]Ein gerichtlicher Vergleich kann auch dadurch geschlossen werden, dass die Beteiligten einen in der Form eines Beschlusses ergangenen Vorschlag des Gerichts, des Vorsitzenden oder des Berichterstatters schriftlich gegenüber dem Gericht annehmen.

10. Abschnitt: Urteile und andere Entscheidungen

§ 107 Urteil

Über die Klage wird, soweit nichts anderes bestimmt ist, durch Urteil entschieden.

§ 108 Freie Beweiswürdigung und Urteilsgründe

(1) [1]Das Gericht entscheidet nach seiner freien, aus dem Gesamtergebnis des Verfahrens gewonnenen Überzeugung. [2]In dem Urteil sind die Gründe anzugeben, die für die richterliche Überzeugung leitend gewesen sind.

(2) Das Urteil darf nur auf Tatsachen und Beweisergebnisse gestützt werden, zu denen die Beteiligten sich äußern konnten.

§ 109 Zwischenurteil über Zulässigkeit der Klage

Über die Zulässigkeit der Klage kann durch Zwischenurteil vorab entschieden werden.

§ 110 Teilurteil

Ist nur ein Teil des Streitgegenstandes zur Entscheidung reif, so kann das Gericht ein Teilurteil erlassen.

§ 111 Grundurteil

[1]Ist bei einer Leistungsklage ein Anspruch nach Grund und Betrag streitig, so kann das Gericht durch Zwischenurteil über den Grund vorab entscheiden. [2]Das Gericht kann, wenn der Anspruch für begründet erklärt ist, anordnen, dass über den Betrag zu verhandeln ist.

§ 112 Urteil durch teilnehmende Richter

Das Urteil kann nur von den Richtern und ehrenamtlichen Richtern gefällt werden, die an der dem Urteil zugrunde liegenden Verhandlung teilgenommen haben.

§ 113 Urteilstenor

(1) [1]Soweit der Verwaltungsakt rechtswidrig und der Kläger dadurch in seinen Rechten verletzt ist, hebt das Gericht den Verwaltungsakt und den etwaigen Widerspruchsbescheid auf. [2]Ist der Verwaltungsakt schon vollzogen, so kann das Gericht auf Antrag auch aussprechen, dass und wie die Verwaltungsbehörde die Vollziehung rückgängig zu machen hat. [3]Dieser Ausspruch ist nur zulässig, wenn die Behörde dazu in der Lage und diese Frage spruchreif ist. [4]Hat sich der Verwaltungsakt vorher durch Zurücknahme oder anders erledigt, so spricht das Gericht auf An-

1) **Anm. d. Red.:** § 105 i. d. F. des Gesetzes v. 5.7.2017 (BGBl I S. 2208) mit Wirkung v. 1.1.2018.

2) **Anm. d. Red.:** § 106 i. d. F. des Gesetzes v. 5.7.2017 (BGBl I S. 2208) mit Wirkung v. 1.1.2018.

trag durch Urteil aus, dass der Verwaltungsakt rechtswidrig gewesen ist, wenn der Kläger ein berechtigtes Interesse an dieser Feststellung hat.

(2) [1]Begehrt der Kläger die Änderung eines Verwaltungsaktes, der einen Geldbetrag festsetzt oder eine darauf bezogene Feststellung trifft, kann das Gericht den Betrag in anderer Höhe festsetzen oder die Feststellung durch eine andere ersetzen. [2]Erfordert die Ermittlung des festzusetzenden oder festzustellenden Betrags einen nicht unerheblichen Aufwand, kann das Gericht die Änderung des Verwaltungsaktes durch Angabe der zu Unrecht berücksichtigten oder nicht berücksichtigten tatsächlichen oder rechtlichen Verhältnisse so bestimmen, dass die Behörde den Betrag aufgrund der Entscheidung errechnen kann. [3]Die Behörde teilt den Beteiligten das Ergebnis der Neuberechnung unverzüglich formlos mit; nach Rechtskraft der Entscheidung ist der Verwaltungsakt mit dem geänderten Inhalt neu bekannt zu geben.

(3) [1]Hält das Gericht eine weitere Sachaufklärung für erforderlich, kann es, ohne in der Sache selbst zu entscheiden, den Verwaltungsakt und den Widerspruchsbescheid aufheben, soweit nach Art oder Umfang die noch erforderlichen Ermittlungen erheblich sind und die Aufhebung auch unter Berücksichtigung der Belange der Beteiligten sachdienlich ist. [2]Auf Antrag kann das Gericht bis zum Erlass des neuen Verwaltungsaktes eine einstweilige Regelung treffen, insbesondere bestimmen, dass Sicherheiten geleistet werden oder ganz oder zum Teil bestehen bleiben und Leistungen zunächst nicht zurückgewährt werden müssen. [3]Der Beschluss kann jederzeit geändert oder aufgehoben werden. [4]Eine Entscheidung nach Satz 1 kann nur binnen sechs Monaten seit Eingang der Akten der Behörde bei Gericht ergehen.

(4) Kann neben der Aufhebung eines Verwaltungsaktes eine Leistung verlangt werden, so ist im gleichen Verfahren auch die Verurteilung zur Leistung zulässig.

(5) [1]Soweit die Ablehnung oder Unterlassung des Verwaltungsaktes rechtswidrig und der Kläger dadurch in seinen Rechten verletzt ist, spricht das Gericht die Verpflichtung der Verwaltungsbehörde aus, die beantragte Amtshandlung vorzunehmen, wenn die Sache spruchreif ist. [2]Andernfalls spricht es die Verpflichtung aus, den Kläger unter Beachtung der Rechtsauffassung des Gerichts zu bescheiden.

§ 114 Nachprüfung des Verwaltungsermessens[1)]

[1]Soweit die Verwaltungsbehörde ermächtigt ist, nach ihrem Ermessen zu handeln, prüft das Gericht auch, ob der Verwaltungsakt oder die Ablehnung oder Unterlassung des Verwaltungsaktes rechtswidrig ist, weil die gesetzlichen Grenzen des Ermessens überschritten sind oder von dem Ermessen in einer dem Zweck der Ermächtigung nicht entsprechenden Weise Gebrauch gemacht hat. [2]Die Verwaltungsbehörde kann ihre Ermessenserwägungen hinsichtlich des Verwaltungsaktes auch noch im verwaltungsgerichtlichen Verfahren ergänzen.

§ 115 Urteil nach Widerspruchsverfahren

§§ 113 und 114 gelten entsprechend, wenn nach § 79 Abs. 1 Nr. 2 und Abs. 2 der Widerspruchsbescheid Gegenstand der Anfechtungsklage ist.

§ 116 Urteilsverkündung und Zustellung[2)]

(1) [1]Das Urteil wird, wenn eine mündliche Verhandlung stattgefunden hat, in der Regel in dem Termin, in dem die mündliche Verhandlung geschlossen wird, verkündet, in besonderen Fällen in einem sofort anzuberaumenden Termin, der nicht über zwei Wochen hinaus angesetzt werden soll. [2]Das Urteil ist den Beteiligten zuzustellen.

(2) Statt der Verkündung ist die Zustellung des Urteils zulässig; dann ist das Urteil binnen zwei Wochen nach der mündlichen Verhandlung der Geschäftsstelle zu übermitteln.

1) **Anm. d. Red.:** § 114 i. d. F. des Gesetzes v. 1. 11. 1996 (BGBl I S. 1626) mit Wirkung v. 1. 1. 1997.

2) **Anm. d. Red.:** § 116 i. d. F. des Gesetzes v. 22. 3. 2005 (BGBl I S. 837) mit Wirkung v. 1. 4. 2005.

(3) Entscheidet das Gericht ohne mündliche Verhandlung, so wird die Verkündung durch Zustellung an die Beteiligten ersetzt.

§ 117 Form und Inhalt des Urteils[1)]

(1) [1]Das Urteil ergeht „Im Namen des Volkes". [2]Es ist schriftlich abzufassen und von den Richtern, die bei der Entscheidung mitgewirkt haben, zu unterzeichnen. [3]Ist ein Richter verhindert, seine Unterschrift beizufügen, so wird dies mit dem Hinderungsgrund vom Vorsitzenden oder, wenn er verhindert ist, vom dienstältesten beisitzenden Richter unter dem Urteil vermerkt. [4]Der Unterschrift der ehrenamtlichen Richter bedarf es nicht.

(2) Das Urteil enthält

1. die Bezeichnung der Beteiligten, ihrer gesetzlichen Vertreter und der Bevollmächtigten nach Namen, Beruf, Wohnort und ihrer Stellung im Verfahren,
2. die Bezeichnung des Gerichts und die Namen der Mitglieder, die bei der Entscheidung mitgewirkt haben,
3. die Urteilsformel,
4. den Tatbestand,
5. die Entscheidungsgründe,
6. die Rechtsmittelbelehrung.

(3) [1]Im Tatbestand ist der Sach- und Streitstand unter Hervorhebung der gestellten Anträge seinem wesentlichen Inhalt nach gedrängt darzustellen. [2]Wegen der Einzelheiten soll auf Schriftsätze, Protokolle und andere Unterlagen verwiesen werden, soweit sich aus ihnen der Sach- und Streitstand ausreichend ergibt.

(4) [1]Ein Urteil, das bei der Verkündung noch nicht vollständig abgefasst war, ist vor Ablauf von zwei Wochen, vom Tage der Verkündung an gerechnet, vollständig abgefasst der Geschäftsstelle zu übermitteln. [2]Kann dies ausnahmsweise nicht geschehen, so ist innerhalb dieser zwei Wochen das von den Richtern unterschriebene Urteil ohne Tatbestand, Entscheidungsgründe und Rechtsmittelbelehrung der Geschäftsstelle zu übermitteln; Tatbestand, Entscheidungsgründe und Rechtsmittelbelehrung sind alsbald nachträglich niederzulegen, von den Richtern besonders zu unterschreiben und der Geschäftsstelle zu übermitteln.

(5) Das Gericht kann von einer weiteren Darstellung der Entscheidungsgründe absehen, soweit es der Begründung des Verwaltungsaktes oder des Widerspruchsbescheides folgt und dies in seiner Entscheidung feststellt.

(6) [1]Der Urkundsbeamte der Geschäftsstelle hat auf dem Urteil den Tag der Zustellung und im Falle des § 116 Abs. 1 Satz 1 den Tag der Verkündung zu vermerken und diesen Vermerk zu unterschreiben. [2]Werden die Akten elektronisch geführt, hat der Urkundsbeamte der Geschäftsstelle den Vermerk in einem gesonderten Dokument festzuhalten. [3]Das Dokument ist mit dem Urteil untrennbar zu verbinden.

§ 118 Offenbare Unrichtigkeiten[2)]

(1) Schreibfehler, Rechenfehler und ähnliche offenbare Unrichtigkeiten im Urteil sind jederzeit vom Gericht zu berichtigen.

(2) [1]Über die Berichtigung kann ohne vorgängige mündliche Verhandlung entschieden werden. [2]Der Berichtigungsbeschluss wird auf dem Urteil und den Ausfertigungen vermerkt. [3]Ist das Urteil elektronisch abgefasst, ist auch der Beschluss elektronisch abzufassen und mit dem Urteil untrennbar zu verbinden.

---

1) **Anm. d. Red.:** § 117 i. d. F. des Gesetzes v. 22. 3. 2005 (BGBl I S. 837) mit Wirkung v. 1. 4. 2005.

2) **Anm. d. Red.:** § 118 i. d. F. des Gesetzes v. 22. 3. 2005 (BGBl I S. 837) mit Wirkung v. 1. 4. 2005.

§ 119 Berichtigung des Tatbestandes[1)]

(1) Enthält der Tatbestand des Urteils andere Unrichtigkeiten oder Unklarheiten, so kann die Berichtigung binnen zwei Wochen nach Zustellung des Urteils beantragt werden.

(2) [1]Das Gericht entscheidet ohne Beweisaufnahme durch Beschluss. [2]Der Beschluss ist unanfechtbar. [3]Bei der Entscheidung wirken nur die Richter mit, die beim Urteil mitgewirkt haben. [4]Ist ein Richter verhindert, so entscheidet bei Stimmengleichheit die Stimme des Vorsitzenden. [5]Der Berichtigungsbeschluss wird auf dem Urteil und den Ausfertigungen vermerkt. [6]Ist das Urteil elektronisch abgefasst, ist auch der Beschluss elektronisch abzufassen und mit dem Urteil untrennbar zu verbinden.

§ 120 Nachträgliche Urteilsergänzung

(1) Wenn ein nach dem Tatbestand von einem Beteiligten gestellter Antrag oder die Kostenfolge bei der Entscheidung ganz oder zum Teil übergangen ist, so ist auf Antrag das Urteil durch nachträgliche Entscheidung zu ergänzen.

(2) Die Entscheidung muss binnen zwei Wochen nach Zustellung des Urteils beantragt werden.

(3) Die mündliche Verhandlung hat nur den nicht erledigten Teil des Rechtsstreits zum Gegenstand.

§ 121 Rechtskraft

Rechtskräftige Urteile binden, soweit über den Streitgegenstand entschieden worden ist,

1. die Beteiligten und ihre Rechtsnachfolger und
2. im Falle des § 65 Abs. 3 die Personen, die einen Antrag auf Beiladung nicht oder nicht fristgemäß gestellt haben.

§ 122 Beschlüsse

(1) §§ 88, 108 Abs. 1 Satz 1, §§ 118, 119 und 120 gelten entsprechend für Beschlüsse.

(2) [1]Beschlüsse sind zu begründen, wenn sie durch Rechtsmittel angefochten werden können oder über einen Rechtsbehelf entscheiden. [2]Beschlüsse über die Aussetzung der Vollziehung (§§ 80, 80a) und über einstweilige Anordnungen (§ 123) sowie Beschlüsse nach Erledigung des Rechtsstreits in der Hauptsache (§ 161 Abs. 2) sind stets zu begründen. [3]Beschlüsse, die über ein Rechtsmittel entscheiden, bedürfen keiner weiteren Begründung, soweit das Gericht das Rechtsmittel aus den Gründen der angefochtenen Entscheidung als unbegründet zurückweist.

11. Abschnitt: Einstweilige Anordnung

§ 123

(1) [1]Auf Antrag kann das Gericht, auch schon vor Klageerhebung, eine einstweilige Anordnung in Bezug auf den Streitgegenstand treffen, wenn die Gefahr besteht, dass durch eine Veränderung des bestehenden Zustandes die Verwirklichung eines Rechts des Antragstellers vereitelt oder wesentlich erschwert werden könnte. [2]Einstweilige Anordnungen sind auch zur Regelung eines vorläufigen Zustandes in Bezug auf ein streitiges Rechtsverhältnis zulässig, wenn diese Regelung, vor allem bei dauernden Rechtsverhältnissen, um wesentliche Nachteile abzuwenden oder drohende Gewalt zu verhindern oder aus anderen Gründen nötig erscheint.

(2) [1]Für den Erlass einstweiliger Anordnungen ist das Gericht der Hauptsache zuständig. [2]Dies ist das Gericht des ersten Rechtszugs und, wenn die Hauptsache im Berufungsverfahren anhängig ist, das Berufungsgericht. [3]§ 80 Abs. 8 ist entsprechend anzuwenden.

1) **Anm. d. Red.:** § 119 i. d. F. des Gesetzes v. 22. 3. 2005 (BGBl I S. 837) mit Wirkung v. 1. 4. 2005.

(3) Für den Erlass einstweiliger Anordnungen gelten §§ 920, 921, 923, 926, 928 bis 932, 938, 939, 941 und 945 der Zivilprozessordnung entsprechend.

(4) Das Gericht entscheidet durch Beschluss.

(5) Die Vorschriften der Absätze 1 bis 3 gelten nicht für die Fälle der §§ 80 und 80a.

XLV. Verwaltungs-Vollstreckungsgesetz (VwVG)

v. 27. 4. 1953 (BGBl I S. 157) mit späteren Änderungen

Das Verwaltungs-Vollstreckungsgesetz (VwVG) v. 27. 4. 1953 (BGBl I S. 157) ist zuletzt geändert worden durch Art. 1 Gesetz zur Verbesserung der Sachaufklärung in der Verwaltungsvollstreckung v. 30. 6. 2017 (BGBl I S. 2094); die Änderung, die erst später in Kraft tritt, ist in einer Fußnote entsprechend gekennzeichnet.

Nichtamtliche Fassung

Erster Abschnitt: Vollstreckung wegen Geldforderungen

§ 1 Vollstreckbare Geldforderungen[1)]

(1) Die öffentlich-rechtlichen Geldforderungen des Bundes und der bundesunmittelbaren juristischen Personen des öffentlichen Rechts werden nach den Bestimmungen dieses Gesetzes im Verwaltungswege vollstreckt.

(2) Ausgenommen sind solche öffentlich-rechtlichen Geldforderungen, die im Wege des Parteistreites vor den Verwaltungsgerichten verfolgt werden oder für die ein anderer Rechtsweg als der Verwaltungsrechtsweg begründet ist.

(3) Die Vorschriften der Abgabenordnung, des Sozialversicherungsrechts einschließlich der Arbeitslosenversicherung und des Justizbeitreibungsgesetzes bleiben unberührt.

§ 2 Vollstreckungsschuldner

(1) Als Vollstreckungsschuldner kann in Anspruch genommen werden,

a) wer eine Leistung als Selbstschuldner schuldet;

b) wer für die Leistung, die ein anderer schuldet, persönlich haftet.

(2) Wer zur Duldung der Zwangsvollstreckung verpflichtet ist, wird dem Vollstreckungsschuldner gleichgestellt, soweit die Duldungspflicht reicht.

§ 3 Vollstreckungsanordnung

(1) Die Vollstreckung wird gegen den Vollstreckungsschuldner durch Vollstreckungsanordnung eingeleitet; eines vollstreckbaren Titels bedarf es nicht.

(2) Voraussetzungen für die Einleitung der Vollstreckung sind:

a) der Leistungsbescheid, durch den der Schuldner zur Leistung aufgefordert worden ist;

b) die Fälligkeit der Leistung;

c) der Ablauf einer Frist von einer Woche seit Bekanntgabe des Leistungsbescheides oder, wenn die Leistung erst danach fällig wird, der Ablauf einer Frist von einer Woche nach Eintritt der Fälligkeit.

(3) Vor Anordnung der Vollstreckung soll der Schuldner ferner mit einer Zahlungsfrist von einer weiteren Woche besonders gemahnt werden.

(4) Die Vollstreckungsanordnung wird von der Behörde erlassen, die den Anspruch geltend machen darf.

§ 4 Vollstreckungsbehörden

Vollstreckungsbehörden sind:

a) die von einer obersten Bundesbehörde im Einvernehmen mit dem Bundesminister des Innern bestimmten Behörden des betreffenden Verwaltungszweiges;

1) **Anm. d. Red.:** § 1 i. d. F. des Gesetzes v. 21. 11. 2016 (BGBl I S. 2591) mit Wirkung v. 1. 7. 2017.

b) die Vollstreckungsbehörden der Bundesfinanzverwaltung, wenn eine Bestimmung nach Buchstabe a nicht getroffen worden ist.

§ 5 Anzuwendende Vollstreckungsvorschriften[1)]

(1) Das Verwaltungszwangsverfahren und der Vollstreckungsschutz richten sich im Falle des § 4 nach den Vorschriften der Abgabenordnung (§§ 77, 249 bis 258, 260, 262 bis 267, 281 bis 317, 318 Abs. 1 bis 4, §§ 319 bis 327).

(2) Wird die Vollstreckung im Wege der Amtshilfe von Organen der Länder vorgenommen, so ist sie nach landesrechtlichen Bestimmungen durchzuführen.

§ 5a Ermittlung des Aufenthaltsorts des Vollstreckungsschuldners[2)]

(1) Ist der Wohnsitz oder der gewöhnliche Aufenthaltsort des Vollstreckungsschuldners nicht durch Anfrage bei der Meldebehörde zu ermitteln, so darf die Vollstreckungsbehörde folgende Angaben erheben:

1. beim Ausländerzentralregister die Angaben zur aktenführenden Ausländerbehörde und die Angaben zum Zuzug oder Fortzug des Vollstreckungsschuldners und bei der Ausländerbehörde, die nach der Auskunft aus dem Ausländerzentralregister aktenführend ist, den Aufenthaltsort des Vollstreckungsschuldners,
2. bei den Trägern der gesetzlichen Rentenversicherung die dort bekannte derzeitige Anschrift und den derzeitigen oder zukünftigen Aufenthaltsort des Vollstreckungsschuldners sowie
3. beim Kraftfahrt-Bundesamt die Halterdaten nach § 35 Absatz 4c Nummer 2 des Straßenverkehrsgesetzes.

(2) Die Vollstreckungsbehörde darf die gegenwärtigen Anschriften, den Ort der Hauptniederlassung oder den Sitz des Vollstreckungsschuldners erheben

1. durch Einsicht in das Handels-, Genossenschafts-, Partnerschafts-, Unternehmens- oder Vereinsregister oder
2. durch Einholung der Anschrift bei den nach Landesrecht für die Durchführung der Aufgaben nach § 14 Absatz 1 der Gewerbeordnung zuständigen Behörden.

(3) Nach Absatz 1 Nummer 2 und Absatz 2 erhobene Daten, die innerhalb der letzten drei Monate bei der Vollstreckungsbehörde eingegangen sind, dürfen von der Vollstreckungsbehörde auch einer weiteren Vollstreckungsbehörde übermittelt werden, wenn die Voraussetzungen für die Datenerhebung auch bei der weiteren Vollstreckungsbehörde vorliegen.

(4) [1]Ist der Vollstreckungsschuldner Unionsbürger, so darf die Vollstreckungsbehörde die Daten nach Absatz 1 Nummer 1 nur erheben, wenn ihr tatsächliche Anhaltspunkte für die Vermutung vorliegen, dass bei der betroffenen Person das Nichtbestehen oder der Verlust des Freizügigkeitsrechts festgestellt worden ist. [2]Eine Übermittlung der Daten nach Absatz 1 Nummer 1 an die Vollstreckungsbehörde ist ausgeschlossen, wenn der Vollstreckungsschuldner ein Unionsbürger ist, für den eine Feststellung des Nichtbestehens oder des Verlusts des Freizügigkeitsrechts nicht vorliegt.

VwVG

§ 5b Auskunftsrechte der Vollstreckungsbehörde[3)]

(1) Kommt der Vollstreckungsschuldner seiner Pflicht, eine Vermögensauskunft nach § 5 Absatz 1 dieses Gesetzes in Verbindung mit § 284 Absatz 1 der Abgabenordnung zu erteilen, nicht nach oder ist bei einer Vollstreckung in die in der Vermögensauskunft angeführten Vermögensgegenstände eine vollständige Befriedigung der Forderung, wegen der die Vermögensauskunft verlangt wird, voraussichtlich nicht zu erwarten, so darf die Vollstreckungsbehörde

1) **Anm. d. Red.:** § 5 i. d. F. des Gesetzes v. 14. 12. 1976 (BGBl I S. 3341) mit Wirkung v. 1. 1. 1997.

2) **Anm. d. Red.:** § 5a eingefügt gem. Gesetz v. 30. 6. 2017 (BGBl I S. 2094) mit Wirkung v. 6. 7. 2017.

3) **Anm. d. Red.:** § 5b eingefügt gem. Gesetz v. 30. 6. 2017 (BGBl I S. 2094) mit Wirkung v. 6. 7. 2017.

1. bei den Trägern der gesetzlichen Rentenversicherung den Namen und die Vornamen oder die Firma sowie die Anschriften der derzeitigen Arbeitgeber eines versicherungspflichtigen Beschäftigungsverhältnisses des Vollstreckungsschuldners erheben und
2. beim Kraftfahrt-Bundesamt die Fahrzeug- und Halterdaten nach § 35 Absatz 1 Nummer 17 des Straßenverkehrsgesetzes.

(2) Nach Absatz 1 erhobene Daten, die innerhalb der letzten drei Monate bei der Vollstreckungsbehörde eingegangen sind, dürfen von der Vollstreckungsbehörde auch einer weiteren Vollstreckungsbehörde übermittelt werden, wenn die Voraussetzungen für die Datenerhebung auch bei der weiteren Vollstreckungsbehörde vorliegen.

Zweiter Abschnitt: Erzwingung von Handlungen, Duldungen oder Unterlassungen

§ 6 Zulässigkeit des Verwaltungszwanges[1)]

(1) Der Verwaltungsakt, der auf die Herausgabe einer Sache oder auf die Vornahme einer Handlung oder auf Duldung oder Unterlassung gerichtet ist, kann mit den Zwangsmitteln nach § 9 durchgesetzt werden, wenn er unanfechtbar ist oder wenn sein sofortiger Vollzug angeordnet oder wenn dem Rechtsmittel keine aufschiebende Wirkung beigelegt ist.

(2) Der Verwaltungszwang kann ohne vorausgehenden Verwaltungsakt angewendet werden, wenn der sofortige Vollzug zur Verhinderung einer rechtswidrigen Tat, die einen Straf- oder Bußgeldtatbestand verwirklicht, oder zur Abwendung einer drohenden Gefahr notwendig ist und die Behörde hierbei innerhalb ihrer gesetzlichen Befugnisse handelt.

§ 7 Vollzugsbehörden

(1) Ein Verwaltungsakt wird von der Behörde vollzogen, die ihn erlassen hat; sie vollzieht auch Beschwerdeentscheidungen.

(2) Die Behörde der unteren Verwaltungsstufe kann für den Einzelfall oder allgemein mit dem Vollzug beauftragt werden.

§ 8 Örtliche Zuständigkeit

Muss eine Zwangsmaßnahme außerhalb des Bezirks der Vollzugsbehörde ausgeführt werden, so hat die entsprechende Bundesbehörde des Bezirks, in dem sie ausgeführt werden soll, auf Ersuchen der Vollzugsbehörde den Verwaltungszwang durchzuführen.

§ 9 Zwangsmittel

(1) Zwangsmittel sind:

a) Ersatzvornahme (§ 10),
b) Zwangsgeld (§ 11),
c) unmittelbarer Zwang (§ 12).

(2) [1]Das Zwangsmittel muss in einem angemessenen Verhältnis zu seinem Zweck stehen. [2]Dabei ist das Zwangsmittel möglichst so zu bestimmen, dass der Betroffene und die Allgemeinheit am wenigsten beeinträchtigt werden.

§ 10 Ersatzvornahme

Wird die Verpflichtung, eine Handlung vorzunehmen, deren Vornahme durch einen anderen möglich ist (vertretbare Handlung), nicht erfüllt, so kann die Vollzugsbehörde einen anderen mit der Vornahme der Handlung auf Kosten des Pflichtigen beauftragen.

---

1) **Anm. d. Red.:** § 6 i. d. F. des Gesetzes v. 2. 3. 1974 (BGBl I S. 469) mit Wirkung v. 1. 1. 1975.

§ 11 Zwangsgeld[1)]

(1) [1]Kann eine Handlung durch einen anderen nicht vorgenommen werden und hängt sie nur vom Willen des Pflichtigen ab, so kann der Pflichtige zur Vornahme der Handlung durch ein Zwangsgeld angehalten werden. [2]Bei vertretbaren Handlungen kann es verhängt werden, wenn die Ersatzvornahme untunlich ist, besonders, wenn der Pflichtige außerstande ist, die Kosten zu tragen, die aus der Ausführung durch einen anderen entstehen.

(2) Das Zwangsgeld ist auch zulässig, wenn der Pflichtige der Verpflichtung zuwiderhandelt, eine Handlung zu dulden oder zu unterlassen.

(3) Die Höhe des Zwangsgeldes beträgt bis zu 25 000 Euro.

§ 12 Unmittelbarer Zwang

Führt die Ersatzvornahme oder das Zwangsgeld nicht zum Ziel oder sind sie untunlich, so kann die Vollzugsbehörde den Pflichtigen zur Handlung, Duldung oder Unterlassung zwingen oder die Handlung selbst vornehmen.

§ 13 Androhung der Zwangsmittel

(1) [1]Die Zwangsmittel müssen, wenn sie nicht sofort angewendet werden können (§ 6 Abs. 2), schriftlich angedroht werden. [2]Hierbei ist für die Erfüllung der Verpflichtung eine Frist zu bestimmen, innerhalb der der Vollzug dem Pflichtigen billigerweise zugemutet werden kann.

(2) [1]Die Androhung kann mit dem Verwaltungsakt verbunden werden, durch den die Handlung, Duldung oder Unterlassung aufgegeben wird. [2]Sie soll mit ihm verbunden werden, wenn der sofortige Vollzug angeordnet oder den Rechtsmitteln keine aufschiebende Wirkung beigelegt ist.

(3) [1]Die Androhung muss sich auf ein bestimmtes Zwangsmittel beziehen. [2]Unzulässig ist die gleichzeitige Androhung mehrerer Zwangsmittel und die Androhung, mit der sich die Vollzugsbehörde die Wahl zwischen mehreren Zwangsmitteln vorbehält.

(4) [1]Soll die Handlung auf Kosten des Pflichtigen (Ersatzvornahme) ausgeführt werden, so ist in der Androhung der Kostenbetrag vorläufig zu veranschlagen. [2]Das Recht auf Nachforderung bleibt unberührt, wenn die Ersatzvornahme einen höheren Kostenaufwand verursacht.

(5) Der Betrag des Zwangsgeldes ist in bestimmter Höhe anzudrohen.

(6) [1]Die Zwangsmittel können auch neben einer Strafe oder Geldbuße angedroht und so oft wiederholt und hierbei jeweils erhöht oder gewechselt werden, bis die Verpflichtung erfüllt ist. [2]Eine neue Androhung ist erst dann zulässig, wenn das zunächst angedrohte Zwangsmittel erfolglos ist.

(7) [1]Die Androhung ist zuzustellen. [2]Dies gilt auch dann, wenn sie mit dem zugrunde liegenden Verwaltungsakt verbunden ist und für ihn keine Zustellung vorgeschrieben ist.

§ 14 Festsetzung der Zwangsmittel

[1]Wird die Verpflichtung innerhalb der Frist, die in der Androhung bestimmt ist, nicht erfüllt, so setzt die Vollzugsbehörde das Zwangsmittel fest. [2]Bei sofortigem Vollzug (§ 6 Abs. 2) fällt die Festsetzung weg.

§ 15 Anwendung der Zwangsmittel

(1) Das Zwangsmittel wird der Festsetzung gemäß angewendet.

(2) [1]Leistet der Pflichtige bei der Ersatzvornahme oder bei unmittelbarem Zwang Widerstand, so kann dieser mit Gewalt gebrochen werden. [2]Die Polizei hat auf Verlangen der Vollzugsbehörde Amtshilfe zu leisten.

(3) Der Vollzug ist einzustellen, sobald sein Zweck erreicht ist.

---

1) **Anm. d. Red.:** § 11 i. d. F. des Gesetzes v. 25. 11. 2014 (BGBl I S. 1770) mit Wirkung v. 29. 11. 2014.

§ 16 Ersatzzwangshaft[1)]

(1) [1]Ist das Zwangsgeld uneinbringlich, so kann das Verwaltungsgericht auf Antrag der Vollzugsbehörde nach Anhörung des Pflichtigen durch Beschluss Ersatzzwangshaft anordnen, wenn bei Androhung des Zwangsgeldes hierauf hingewiesen worden ist. [2]Das Grundrecht des Artikels 2 Abs. 2 Satz 2 des Grundgesetzes wird insoweit eingeschränkt.

(2) Die Ersatzzwangshaft beträgt mindestens einen Tag, höchstens zwei Wochen.

(3) Die Ersatzzwangshaft ist auf Antrag der Vollzugsbehörde von der Justizverwaltung nach den Bestimmungen der §§ 802g, 802h und 802j Abs. 2 der Zivilprozessordnung zu vollstrecken.

§ 17 Vollzug gegen Behörden

Gegen Behörden und juristische Personen des öffentlichen Rechts sind Zwangsmittel unzulässig, soweit nicht etwas anderes bestimmt ist.

§ 18 Rechtsmittel

(1) [1]Gegen die Androhung eines Zwangsmittels sind die Rechtsmittel gegeben, die gegen den Verwaltungsakt zulässig sind, dessen Durchsetzung erzwungen werden soll. [2]Ist die Androhung mit dem zugrunde liegenden Verwaltungsakt verbunden, so erstreckt sich das Rechtsmittel zugleich auf den Verwaltungsakt, soweit er nicht bereits Gegenstand eines Rechtsmittel- oder gerichtlichen Verfahrens ist. [3]Ist die Androhung nicht mit dem zugrunde liegenden Verwaltungsakt verbunden und ist dieser unanfechtbar geworden, so kann die Androhung nur insoweit angefochten werden, als eine Rechtsverletzung durch die Androhung selbst behauptet wird.

(2) Wird ein Zwangsmittel ohne vorausgehenden Verwaltungsakt angewendet (§ 6 Abs. 2), so sind hiergegen die Rechtsmittel zulässig, die gegen Verwaltungsakte allgemein gegeben sind.

Dritter Abschnitt: Kosten

§ 19 Kosten[2)3)]

(1) [1]Für Amtshandlungen nach diesem Gesetz werden Kosten (Gebühren und Auslagen) gemäß § 337 Abs. 1, §§ 338 bis 346 der Abgabenordnung erhoben. [2]Für die Gewährung einer Entschädigung an Auskunftspflichtige, Sachverständige und Treuhänder gelten §§ 107 und 318 Abs. 5 der Abgabenordnung.

(2) [1]Für die Mahnung nach § 3 Abs. 3 wird eine Mahngebühr erhoben. [2]Sie beträgt ein halbes Prozent des Mahnbetrages, mindestens jedoch 5 Euro und höchstens 150 Euro. [3]Die Mahngebühr wird auf volle Euro aufgerundet.

§ 19a Vollstreckungspauschale, Verordnungsermächtigung[4)]

(1) [1]Bundesunmittelbare Körperschaften und Anstalten des öffentlichen Rechts, die den Vollstreckungsbehörden der Bundesfinanzverwaltung nach § 4 Buchstabe b Vollstreckungsanordnungen übermitteln, sind verpflichtet, für jede ab dem 1. Juli 2014 übermittelte Vollstreckungsanordnung einen Pauschalbetrag für bei den Vollstreckungsschuldnern uneinbringliche Gebühren und Auslagen (Vollstreckungspauschale) zu zahlen. [2]Dies gilt nicht für Vollstreckungsanordnungen wegen Geldforderungen nach dem Bundeskindergeldgesetz.

---

1) **Anm. d. Red.:** § 16 i. d. F. des Gesetzes v. 29. 7. 2009 (BGBl I S. 2258) mit Wirkung v. 1. 1. 2013.

2) **Anm. d. Red.:** § 19 i. d. F. des Gesetzes v. 25. 11. 2014 (BGBl I S. 1770) mit Wirkung v. 29. 11. 2014.

3) **Anm. d. Red.:** Gem. Art. 3 i.V. mit Art. 7 Abs. 2 Gesetz v. 10. 3. 2017 (BGBl I S. 417) wird dem § 19 mit Wirkung v. 1. 10. 2019 folgender Absatz 3 angefügt:
„(3) Soweit die Bundespolizei nach diesem Gesetz tätig wird, werden Gebühren und Auslagen nach dem Bundesgebührengesetz erhoben."

4) **Anm. d. Red.:** § 19a eingefügt gem. Gesetz v. 25. 11. 2014 (BGBl I S. 1770) mit Wirkung v. 1. 7. 2014.

(2) Die Vollstreckungspauschale bemisst sich nach dem Gesamtbetrag der im Berechnungszeitraum auf Grund von Vollstreckungsanordnungen der juristischen Personen nach Absatz 1 festgesetzten Gebühren und Auslagen, die bei den Vollstreckungsschuldnern nicht beigetrieben werden konnten, geteilt durch die Anzahl aller in diesem Zeitraum von diesen Anordnungsbehörden übermittelten Vollstreckungsanordnungen.

(3) Das Bundesministerium der Finanzen wird ermächtigt, im Einvernehmen mit dem Bundesministerium für Arbeit und Soziales und dem Bundesministerium für Gesundheit durch Rechtsverordnung, die nicht der Zustimmung des Bundesrates bedarf, die Höhe der Vollstreckungspauschale zu bestimmen sowie den Berechnungszeitraum, die Entstehung und die Fälligkeit der Vollstreckungspauschale, den Abrechnungszeitraum, das Abrechnungsverfahren und die abrechnende Stelle zu regeln.

(4) Die Höhe der Vollstreckungspauschale ist durch das Bundesministerium der Finanzen nach Maßgabe des Absatzes 2 alle drei Jahre zu überprüfen und durch Rechtsverordnung nach Absatz 3 anzupassen, wenn die nach Maßgabe des Absatzes 2 berechnete Vollstreckungspauschale um mehr als 20 Prozent von der Vollstreckungspauschale in der geltenden Fassung abweicht.

(5) Die juristischen Personen nach Absatz 1 sind nicht berechtigt, den Vollstreckungsschuldner mit der Vollstreckungspauschale zu belasten.

Vierter Abschnitt: Übergangs- und Schlussvorschriften

§ 20 Außerkrafttreten früherer Bestimmungen

Soweit die Vollstreckung in Bundesgesetzen abweichend von diesem Gesetz geregelt ist, sind für Bundesbehörden und bundesunmittelbare juristische Personen des öffentlichen Rechts die Bestimmungen dieses Gesetzes anzuwenden; § 1 Abs. 3 bleibt unberührt.

§ 21 (weggefallen)[1]

§ 22 Inkrafttreten

Dieses Gesetz tritt am 1. Mai 1953 in Kraft.

VwVG

1) **Anm. d. Red.:** § 21 weggefallen gem. Gesetz v. 30. 6. 2017 (BGBl I S. 2094) mit Wirkung v. 6. 7. 2017.

XLVI. Verwaltungszustellungsgesetz (VwZG)

v. 12. 8. 2005 (BGBl I S. 2354) mit späteren Änderungen

Das Verwaltungszustellungsgesetz (VwZG) ist als Art. 1 Gesetz zur Novellierung des Verwaltungszustellungsrechts v. 12. 8. 2005 (BGBl I S. 2354) verkündet worden und am 1. 2. 2006 in Kraft getreten. Es ist zuletzt geändert worden durch Art. 11 Abs. 3 Gesetz zur Durchführung der Verordnung (EU) Nr. 910/2014 des Europäischen Parlaments und des Rates vom 23. Juli 2014 über elektronische Identifizierung und Vertrauensdienste für elektronische Transaktionen im Binnenmarkt und zur Aufhebung der Richtlinie 1999/93/EG (eIDAS-Durchführungsgesetz) v. 18. 7. 2017 (BGBl I S. 2745).

Nichtamtliche Fassung

§ 1 Anwendungsbereich

(1) Die Vorschriften dieses Gesetzes gelten für das Zustellungsverfahren der Bundesbehörden, der bundesunmittelbaren Körperschaften, Anstalten und Stiftungen des öffentlichen Rechts und der Landesfinanzbehörden.

(2) Zugestellt wird, soweit dies durch Rechtsvorschrift oder behördliche Anordnung bestimmt ist.

§ 2 Allgemeines[1)]

(1) Zustellung ist die Bekanntgabe eines schriftlichen oder elektronischen Dokuments in der in diesem Gesetz bestimmten Form.

(2) [1]Die Zustellung wird durch einen Erbringer von Postdienstleistungen (Post), einen nach § 17 des De-Mail-Gesetzes akkreditierten Diensteanbieter oder durch die Behörde ausgeführt. [2]Daneben gelten die in den §§ 9 und 10 geregelten Sonderarten der Zustellung.

(3) [1]Die Behörde hat die Wahl zwischen den einzelnen Zustellungsarten. [2]§ 5 Absatz 5 Satz 2 bleibt unberührt.

§ 3 Zustellung durch die Post mit Zustellungsurkunde

(1) Soll durch die Post mit Zustellungsurkunde zugestellt werden, übergibt die Behörde der Post den Zustellungsauftrag, das zuzustellende Dokument in einem verschlossenen Umschlag und einen vorbereiteten Vordruck einer Zustellungsurkunde.

(2) [1]Für die Ausführung der Zustellung gelten die §§ 177 bis 182 der Zivilprozessordnung entsprechend. [2]Im Fall des § 181 Abs. 1 der Zivilprozessordnung kann das zuzustellende Dokument bei einer von der Post dafür bestimmten Stelle am Ort der Zustellung oder am Ort des Amtsgerichts, in dessen Bezirk der Ort der Zustellung liegt, niedergelegt werden oder bei der Behörde, die den Zustellungsauftrag erteilt hat, wenn sie ihren Sitz an einem der vorbezeichneten Orte hat. [3]Für die Zustellungsurkunde, den Zustellungsauftrag, den verschlossenen Umschlag nach Absatz 1 und die schriftliche Mitteilung nach § 181 Abs. 1 Satz 3 der Zivilprozessordnung sind die Vordrucke nach der Zustellungsvordruckverordnung zu verwenden.

§ 4 Zustellung durch die Post mittels Einschreiben

(1) Ein Dokument kann durch die Post mittels Einschreiben durch Übergabe oder mittels Einschreiben mit Rückschein zugestellt werden.

(2) [1]Zum Nachweis der Zustellung genügt der Rückschein. [2]Im Übrigen gilt das Dokument am dritten Tag nach der Aufgabe zur Post als zugestellt, es sei denn, dass es nicht oder zu einem späteren Zeitpunkt zugegangen ist. [3]Im Zweifel hat die Behörde den Zugang und dessen Zeitpunkt nachzuweisen. [4]Der Tag der Aufgabe zur Post ist in den Akten zu vermerken.

---

1) **Anm. d. Red.:** § 2 i. d. F. des Gesetzes v. 28. 4. 2011 (BGBl I S. 666) mit Wirkung v. 3. 5. 2011.

§ 5 Zustellung durch die Behörde gegen Empfangsbekenntnis; elektronische Zustellung[1)]

(1) [1]Bei der Zustellung durch die Behörde händigt der zustellende Bedienstete das Dokument dem Empfänger in einem verschlossenen Umschlag aus. [2]Das Dokument kann auch offen ausgehändigt werden, wenn keine schutzwürdigen Interessen des Empfängers entgegenstehen. [3]Der Empfänger hat ein mit dem Datum der Aushändigung versehenes Empfangsbekenntnis zu unterschreiben. [4]Der Bedienstete vermerkt das Datum der Zustellung auf dem Umschlag des auszuhändigenden Dokuments oder bei offener Aushändigung auf dem Dokument selbst.

(2) [1]Die §§ 177 bis 181 der Zivilprozessordnung sind anzuwenden. [2]Zum Nachweis der Zustellung ist in den Akten zu vermerken:

1. im Fall der Ersatzzustellung in der Wohnung, in Geschäftsräumen und Einrichtungen nach § 178 der Zivilprozessordnung der Grund, der diese Art der Zustellung rechtfertigt,
2. im Fall der Zustellung bei verweigerter Annahme nach § 179 der Zivilprozessordnung, wer die Annahme verweigert hat und dass das Dokument am Ort der Zustellung zurückgelassen oder an den Absender zurückgesandt wurde sowie der Zeitpunkt und der Ort der verweigerten Annahme,
3. in den Fällen der Ersatzzustellung nach den §§ 180 und 181 der Zivilprozessordnung der Grund der Ersatzzustellung sowie wann und wo das Dokument in einen Briefkasten eingelegt oder sonst niedergelegt und in welcher Weise die Niederlegung schriftlich mitgeteilt wurde.

[3]Im Fall des § 181 Abs. 1 der Zivilprozessordnung kann das zuzustellende Dokument bei der Behörde, die den Zustellungsauftrag erteilt hat, niedergelegt werden, wenn diese Behörde ihren Sitz am Ort der Zustellung oder am Ort des Amtsgerichts hat, in dessen Bezirk der Ort der Zustellung liegt.

(3) [1]Zur Nachtzeit, an Sonntagen und allgemeinen Feiertagen darf nach den Absätzen 1 und 2 im Inland nur mit schriftlicher oder elektronischer Erlaubnis des Behördenleiters zugestellt werden. [2]Die Nachtzeit umfasst die Stunden von 21 bis 6 Uhr. [3]Die Erlaubnis ist bei der Zustellung abschriftlich mitzuteilen. [4]Eine Zustellung, bei der diese Vorschriften nicht beachtet sind, ist wirksam, wenn die Annahme nicht verweigert wird.

(4) Das Dokument kann an Behörden, Körperschaften, Anstalten und Stiftungen des öffentlichen Rechts, an Rechtsanwälte, Patentanwälte, Notare, Steuerberater, Steuerbevollmächtigte, Wirtschaftsprüfer, vereidigte Buchprüfer, Steuerberatungsgesellschaften, Wirtschaftsprüfungsgesellschaften und Buchprüfungsgesellschaften auch auf andere Weise, auch elektronisch, gegen Empfangsbekenntnis zugestellt werden.

(5) [1]Ein elektronisches Dokument kann im Übrigen unbeschadet des Absatzes 4 elektronisch zugestellt werden, soweit der Empfänger hierfür einen Zugang eröffnet. [2]Es ist elektronisch zuzustellen, wenn auf Grund einer Rechtsvorschrift ein Verfahren auf Verlangen des Empfängers in elektronischer Form abgewickelt wird. [3]Für die Übermittlung ist das Dokument mit einer qualifizierten elektronischen Signatur zu versehen und gegen unbefugte Kenntnisnahme Dritter zu schützen.

(6) [1]Bei der elektronischen Zustellung ist die Übermittlung mit dem Hinweis „Zustellung gegen Empfangsbekenntnis" einzuleiten. [2]Die Übermittlung muss die absendende Behörde, den Namen und die Anschrift des Zustellungsadressaten sowie den Namen des Bediensteten erkennen lassen, der das Dokument zur Übermittlung aufgegeben hat.

(7) [1]Zum Nachweis der Zustellung nach den Absätzen 4 und 5 genügt das mit Datum und Unterschrift versehene Empfangsbekenntnis, das an die Behörde durch die Post oder elektronisch zurückzusenden ist. [2]Ein elektronisches Dokument gilt in den Fällen des Absatzes 5 Satz 2 am dritten Tag nach der Absendung an den vom Empfänger hierfür eröffneten Zugang als zuge-

1) **Anm. d. Red.:** § 5 i. d. F. des Gesetzes v. 18. 7. 2017 (BGBl I S. 2745) mit Wirkung v. 29. 7. 2017.

stellt, wenn der Behörde nicht spätestens an diesem Tag ein Empfangsbekenntnis nach Satz 1 zugeht. [3]Satz 2 gilt nicht, wenn der Empfänger nachweist, dass das Dokument nicht oder zu einem späteren Zeitpunkt zugegangen ist. [4]Der Empfänger ist in den Fällen des Absatzes 5 Satz 2 vor der Übermittlung über die Rechtsfolgen nach den Sätzen 2 und 3 zu belehren. [5]Zum Nachweis der Zustellung ist von der absendenden Behörde in den Akten zu vermerken, zu welchem Zeitpunkt und an welchen Zugang das Dokument gesendet wurde. [6]Der Empfänger ist über den Eintritt der Zustellungsfiktion nach Satz 2 zu benachrichtigen.

§ 5a Elektronische Zustellung gegen Abholbestätigung über De-Mail-Dienste[1)]

(1) [1]Die elektronische Zustellung kann unbeschadet des § 5 Absatz 4 und 5 Satz 1 und 2 durch Übermittlung der nach § 17 des De-Mail-Gesetzes akkreditierten Diensteanbieter gegen Abholbestätigung nach § 5 Absatz 9 des De-Mail-Gesetzes an das De-Mail-Postfach des Empfängers erfolgen. [2]Für die Zustellung nach Satz 1 ist § 5 Absatz 4 und 6 mit der Maßgabe anzuwenden, dass an die Stelle des Empfangsbekenntnisses die Abholbestätigung tritt.

(2) [1]Der nach § 17 des De-Mail-Gesetzes akkreditierte Diensteanbieter hat eine Versandbestätigung nach § 5 Absatz 7 des De-Mail-Gesetzes und eine Abholbestätigung nach § 5 Absatz 9 des De-Mail-Gesetzes zu erzeugen. [2]Er hat diese Bestätigungen unverzüglich der absendenden Behörde zu übermitteln.

(3) [1]Zum Nachweis der elektronischen Zustellung genügt die Abholbestätigung nach § 5 Absatz 9 des De-Mail-Gesetzes. [2]Für diese gelten § 371 Absatz 1 Satz 2 und § 371a Absatz 3 der Zivilprozessordnung.

(4) [1]Ein elektronisches Dokument gilt in den Fällen des § 5 Absatz 5 Satz 2 am dritten Tag nach der Absendung an das De-Mail-Postfach des Empfängers als zugestellt, wenn er dieses Postfach als Zugang eröffnet hat und der Behörde nicht spätestens an diesem Tag eine elektronische Abholbestätigung nach § 5 Absatz 9 des De-Mail-Gesetzes zugeht. [2]Satz 1 gilt nicht, wenn der Empfänger nachweist, dass das Dokument nicht oder zu einem späteren Zeitpunkt zugegangen ist. [3]Der Empfänger ist in den Fällen des § 5 Absatz 5 Satz 2 vor der Übermittlung über die Rechtsfolgen nach den Sätzen 1 und 2 zu belehren. [4]Als Nachweis der Zustellung nach Satz 1 dient die Versandbestätigung nach § 5 Absatz 7 des De-Mail-Gesetzes oder ein Vermerk der absendenden Behörde in den Akten, zu welchem Zeitpunkt und an welches De-Mail-Postfach das Dokument gesendet wurde. [5]Der Empfänger ist über den Eintritt der Zustellungsfiktion nach Satz 1 elektronisch zu benachrichtigen.

§ 6 Zustellung an gesetzliche Vertreter

(1) [1]Bei Geschäftsunfähigen oder beschränkt Geschäftsfähigen ist an ihre gesetzlichen Vertreter zuzustellen. [2]Gleiches gilt bei Personen, für die ein Betreuer bestellt ist, soweit der Aufgabenkreis des Betreuers reicht.

(2) [1]Bei Behörden wird an den Behördenleiter, bei juristischen Personen, nicht rechtsfähigen Personenvereinigungen und Zweckvermögen an ihre gesetzlichen Vertreter zugestellt. [2]§ 34 Abs. 2 der Abgabenordnung bleibt unberührt.

(3) Bei mehreren gesetzlichen Vertretern oder Behördenleitern genügt die Zustellung an einen von ihnen.

(4) Der zustellende Bedienstete braucht nicht zu prüfen, ob die Anschrift den Vorschriften der Absätze 1 bis 3 entspricht.

§ 7 Zustellung an Bevollmächtigte

(1) [1]Zustellungen können an den allgemeinen oder für bestimmte Angelegenheiten bestellten Bevollmächtigten gerichtet werden. [2]Sie sind an ihn zu richten, wenn er schriftliche Vollmacht

1) **Anm. d. Red.:** § 5a i. d. F. des Gesetzes v. 10. 10. 2013 (BGBl I S. 3786) mit Wirkung v. 1. 7. 2014.

vorgelegt hat. [3]Ist ein Bevollmächtigter für mehrere Beteiligte bestellt, so genügt die Zustellung eines Dokuments an ihn für alle Beteiligten.

(2) Einem Zustellungsbevollmächtigten mehrerer Beteiligter sind so viele Ausfertigungen oder Abschriften zuzustellen, als Beteiligte vorhanden sind.

(3) Auf § 180 Abs. 2 der Abgabenordnung beruhende Regelungen und § 183 der Abgabenordnung bleiben unberührt.

§ 8 Heilung von Zustellungsmängeln

Lässt sich die formgerechte Zustellung eines Dokuments nicht nachweisen oder ist es unter Verletzung zwingender Zustellungsvorschriften zugegangen, gilt es als in dem Zeitpunkt zugestellt, in dem es dem Empfangsberechtigten tatsächlich zugegangen ist, im Fall des § 5 Abs. 5 in dem Zeitpunkt, in dem der Empfänger das Empfangsbekenntnis zurückgesendet hat.

§ 9 Zustellung im Ausland[1)]

(1) Eine Zustellung im Ausland erfolgt

1. durch Einschreiben mit Rückschein, soweit die Zustellung von Dokumenten unmittelbar durch die Post völkerrechtlich zulässig ist,
2. auf Ersuchen der Behörde durch die Behörden des fremden Staates oder durch die zuständige diplomatische oder konsularische Vertretung der Bundesrepublik Deutschland,
3. auf Ersuchen der Behörde durch das Auswärtige Amt an eine Person, die das Recht der Immunität genießt und zu einer Vertretung der Bundesrepublik Deutschland im Ausland gehört, sowie an Familienangehörige einer solchen Person, wenn diese das Recht der Immunität genießen, oder
4. durch Übermittlung elektronischer Dokumente, soweit dies völkerrechtlich zulässig ist.

(2) [1]Zum Nachweis der Zustellung nach Absatz 1 Nr. 1 genügt der Rückschein. [2]Die Zustellung nach Absatz 1 Nr. 2 und 3 wird durch das Zeugnis der ersuchten Behörde nachgewiesen. [3]Der Nachweis der Zustellung gemäß Absatz 1 Nr. 4 richtet sich nach § 5 Abs. 7 Satz 1 bis 3 und 5 sowie nach § 5a Absatz 3 und 4 Satz 1, 2 und 4.

(3) [1]Die Behörde kann bei der Zustellung nach Absatz 1 Nr. 2 und 3 anordnen, dass die Person, an die zugestellt werden soll, innerhalb einer angemessenen Frist einen Zustellungsbevollmächtigten benennt, der im Inland wohnt oder dort einen Geschäftsraum hat. [2]Wird kein Zustellungsbevollmächtigter benannt, können spätere Zustellungen bis zur nachträglichen Benennung dadurch bewirkt werden, dass das Dokument unter der Anschrift der Person, an die zugestellt werden soll, zur Post gegeben wird. [3]Das Dokument gilt am siebenten Tag nach Aufgabe zur Post als zugestellt, wenn nicht feststeht, dass es den Empfänger nicht oder zu einem späteren Zeitpunkt erreicht hat. [4]Die Behörde kann eine längere Frist bestimmen. [5]In der Anordnung nach Satz 1 ist auf diese Rechtsfolgen hinzuweisen. [6]Zum Nachweis der Zustellung ist in den Akten zu vermerken, zu welcher Zeit und unter welcher Anschrift das Dokument zur Post gegeben wurde. [7]Ist durch Rechtsvorschrift angeordnet, dass ein Verwaltungsverfahren über eine einheitliche Stelle nach den Vorschriften des Verwaltungsverfahrensgesetzes abgewickelt werden kann, finden die Sätze 1 bis 6 keine Anwendung.

§ 10 Öffentliche Zustellung[2)]

(1) [1]Die Zustellung kann durch öffentliche Bekanntmachung erfolgen, wenn

1. der Aufenthaltsort des Empfängers unbekannt ist und eine Zustellung an einen Vertreter oder Zustellungsbevollmächtigten nicht möglich ist,

---

1) **Anm. d. Red.:** § 9 i. d. F. des Gesetzes v. 28. 4. 2011 (BGBl I S. 666) mit Wirkung v. 3. 5. 2011.

2) **Anm. d. Red.:** § 10 i. d. F. des Gesetzes v. 22. 12. 2011 (BGBl I S. 3044) mit Wirkung v. 1. 4. 2012.

2. bei juristischen Personen, die zur Anmeldung einer inländischen Geschäftsanschrift zum Handelsregister verpflichtet sind, eine Zustellung weder unter der eingetragenen Anschrift noch unter einer im Handelsregister eingetragenen Anschrift einer für Zustellungen empfangsberechtigten Person oder einer ohne Ermittlungen bekannten anderen inländischen Anschrift möglich ist oder
3. sie im Fall des § 9 nicht möglich ist oder keinen Erfolg verspricht.

[2]Die Anordnung über die öffentliche Zustellung trifft ein zeichnungsberechtigter Bediensteter.

(2) [1]Die öffentliche Zustellung erfolgt durch Bekanntmachung einer Benachrichtigung an der Stelle, die von der Behörde hierfür allgemein bestimmt ist, oder durch Veröffentlichung einer Benachrichtigung im Bundesanzeiger. [2]Die Benachrichtigung muss

1. die Behörde, für die zugestellt wird,
2. den Namen und die letzte bekannte Anschrift des Zustellungsadressaten,
3. das Datum und das Aktenzeichen des Dokuments sowie
4. die Stelle, wo das Dokument eingesehen werden kann,

erkennen lassen. [3]Die Benachrichtigung muss den Hinweis enthalten, dass das Dokument öffentlich zugestellt wird und Fristen in Gang gesetzt werden können, nach deren Ablauf Rechtsverluste drohen können. [4]Bei der Zustellung einer Ladung muss die Benachrichtigung den Hinweis enthalten, dass das Dokument eine Ladung zu einem Termin enthält, dessen Versäumung Rechtsnachteile zur Folge haben kann. [5]In den Akten ist zu vermerken, wann und wie die Benachrichtigung bekannt gemacht wurde. [6]Das Dokument gilt als zugestellt, wenn seit dem Tag der Bekanntmachung der Benachrichtigung zwei Wochen vergangen sind.

XLVII. Gesetz über das Bundesverfassungsgericht (Bundesverfassungsgerichtsgesetz – BVerfGG)

v. 11. 8. 1993 (BGBl I S. 1474)[1] mit späteren Änderungen

Das Gesetz über das Bundesverfassungsgericht (Bundesverfassungsgerichtsgesetz – BVerfGG) v. 11. 8. 1993 (BGBl I S. 1474) ist zuletzt geändert worden durch Art. 2 Gesetz zur Erweiterung der Medienöffentlichkeit in Gerichtsverfahren und zur Verbesserung der Kommunikationshilfen für Menschen mit Sprach- und Hörbehinderungen (Gesetz über die Erweiterung der Medienöffentlichkeit in Gerichtsverfahren – EMöGG) v. 8.10.2017 (BGBl I S. 3546).

Auszug

§ 13 Zuständigkeit[2)3)]

Das Bundesverfassungsgericht entscheidet

1. über die Verwirkung von Grundrechten (Artikel 18 des Grundgesetzes),
2. über die Verfassungswidrigkeit von Parteien (Artikel 21 Abs. 2 des Grundgesetzes),

2a. über den Ausschluss von Parteien von staatlicher Finanzierung (Artikel 21 Absatz 3 des Grundgesetzes),

3. über Beschwerden gegen Entscheidungen des Bundestages, die die Gültigkeit einer Wahl oder den Erwerb oder Verlust der Mitgliedschaft eines Abgeordneten beim Bundestag betreffen (Artikel 41 Abs. 2 des Grundgesetzes),

3a. über Beschwerden von Vereinigungen gegen ihre Nichtanerkennung als Partei für die Wahl zum Bundestag (Artikel 93 Absatz 1 Nummer 4c des Grundgesetzes),

4. über Anklagen des Bundestages oder des Bundesrates gegen den Bundespräsidenten (Artikel 61 des Grundgesetzes),
5. über die Auslegung des Grundgesetzes aus Anlass von Streitigkeiten über den Umfang der Rechte und Pflichten eines obersten Bundesorgans oder anderer Beteiligter, die durch das Grundgesetz oder in der Geschäftsordnung eines obersten Bundesorgans mit eigenen Rechten ausgestattet sind (Artikel 93 Abs. 1 Nr. 1 des Grundgesetzes),
6. bei Meinungsverschiedenheiten oder Zweifeln über die förmliche oder sachliche Vereinbarkeit von Bundesrecht oder Landesrecht mit dem Grundgesetz oder die Vereinbarkeit von Landesrecht mit sonstigem Bundesrecht auf Antrag der Bundesregierung, einer Landesregierung oder eines Viertels der Mitglieder des Bundestages (Artikel 93 Abs. 1 Nr. 2 des Grundgesetzes),

6a. bei Meinungsverschiedenheiten, ob ein Gesetz den Voraussetzungen des Artikels 72 Abs. 2 des Grundgesetzes entspricht, auf Antrag des Bundesrates, einer Landesregierung oder der Volksvertretung eines Landes (Artikel 93 Abs. 1 Nr. 2a des Grundgesetzes),

BVerfGG

1) **Anm. d. Red.:** Im Gebiet der ehemaligen **DDR** gelten gem. Einigungsvertrag v. 31. 8. 1990 (BGBl II S. 889, 963) folgende Maßgaben:

a) § 3 Abs. 2 gilt für Personen, die bis zu ihrer Wahl zum Richter des Bundesverfassungsgerichts in dem in Artikel 3 des Vertrages genannten Gebiet tätig sind, mit der Abweichung, dass sie die Befähigung als Diplomjurist besitzen müssen.

b) § 22 Abs. 1 Satz 3 ist in dem in Artikel 3 des Vertrages genannten Gebiet in folgender Fassung anzuwenden:
„Die Länder und ihre Verfassungsorgane können sich außerdem durch ihre Beschäftigten vertreten lassen."

2) **Anm. d. Red.:** Die Überschriften der einzelnen Paragrafen sind nicht amtlich; sie wurden von der Redaktion hinzugefügt.

3) **Anm. d. Red.:** § 13 i. d. F. des Gesetzes v. 18.7.2017 (BGBl I S. 2730) mit Wirkung v. 29.7.2017.

6b. darüber, ob im Falle des Artikels 72 Abs. 4 die Erforderlichkeit für eine bundesgesetzliche Regelung nach Artikel 72 Abs. 2 nicht mehr besteht oder Bundesrecht in den Fällen des Artikels 125a Abs. 2 Satz 1 nicht mehr erlassen werden könnte, auf Antrag des Bundesrates, einer Landesregierung oder der Volksvertretung eines Landes (Artikel 93 Abs. 2 des Grundgesetzes),

7. bei Meinungsverschiedenheiten über Rechte und Pflichten des Bundes und der Länder, insbesondere bei der Ausführung von Bundesrecht durch die Länder und bei der Ausübung der Bundesaufsicht (Artikel 93 Abs. 1 Nr. 3 und Artikel 84 Abs. 4 Satz 2 des Grundgesetzes),

8. in anderen öffentlich-rechtlichen Streitigkeiten zwischen dem Bund und den Ländern, zwischen verschiedenen Ländern oder innerhalb eines Landes, soweit nicht ein anderer Rechtsweg gegeben ist (Artikel 93 Abs. 1 Nr. 4 des Grundgesetzes),

8a. über Verfassungsbeschwerden (Artikel 93 Abs. 1 Nr. 4a und 4b des Grundgesetzes),

9. über Richteranklagen gegen Bundesrichter und Landesrichter (Artikel 98 Abs. 2 und 5 des Grundgesetzes),

10. über Verfassungsstreitigkeiten innerhalb eines Landes, wenn diese Entscheidung durch Landesgesetz dem Bundesverfassungsgericht zugewiesen ist (Artikel 99 des Grundgesetzes),

11. über die Vereinbarkeit eines Bundesgesetzes oder eines Landesgesetzes mit dem Grundgesetz oder die Vereinbarkeit eines Landesgesetzes oder sonstigen Landesrechts mit einem Bundesgesetz auf Antrag eines Gerichts (Artikel 100 Abs. 1 des Grundgesetzes),

11a. über die Vereinbarkeit eines Beschlusses des Deutschen Bundestages zur Einsetzung eines Untersuchungsausschusses mit dem Grundgesetz auf Vorlage nach § 36 Abs. 2 des Untersuchungsausschussgesetzes,

12. bei Zweifeln darüber, ob eine Regel des Völkerrechts Bestandteil des Bundesrechts ist und ob sie unmittelbar Rechte und Pflichten für den Einzelnen erzeugt, auf Antrag des Gerichts (Artikel 100 Abs. 2 des Grundgesetzes),

13. wenn das Verfassungsgericht eines Landes bei der Auslegung des Grundgesetzes von einer Entscheidung des Bundesverfassungsgerichts oder des Verfassungsgerichts eines anderen Landes abweichen will, auf Antrag dieses Verfassungsgerichts (Artikel 100 Abs. 3 des Grundgesetzes),

14. bei Meinungsverschiedenheiten über das Fortgelten von Recht als Bundesrecht (Artikel 126 des Grundgesetzes),

15. in den ihm sonst durch Bundesgesetz zugewiesenen Fällen (Artikel 93 Abs. 3 des Grundgesetzes).

§ 22 Prozessvertretung[1)]

(1) [1]Die Beteiligten können sich in jeder Lage des Verfahrens durch einen Rechtsanwalt oder einen Rechtslehrer an einer staatlichen oder staatlich anerkannten Hochschule eines Mitgliedstaates der Europäischen Union, eines anderen Vertragsstaates des Abkommens über den Europäischen Wirtschaftsraum oder der Schweiz, der die Befähigung zum Richteramt besitzt, als Bevollmächtigten vertreten lassen; in der mündlichen Verhandlung vor dem Bundesverfassungsgericht müssen sie sich in dieser Weise vertreten lassen. [2]Gesetzgebende Körperschaften und Teile von ihnen, die in der Verfassung oder in der Geschäftsordnung mit eigenen Rechten ausgestattet sind, können sich auch durch ihre Mitglieder vertreten lassen. [3]Der Bund, die Länder und ihre Verfassungsorgane können sich außerdem durch ihre Beamten vertreten lassen, soweit sie die Befähigung zum Richteramt besitzen oder aufgrund der vorgeschriebenen Staatsprüfungen die Befähigung zum höheren Verwaltungsdienst erworben haben. [4]Das Bundesverfassungsgericht kann auch eine andere Person als Beistand eines Beteiligten zulassen.

1) **Anm. d. Red.:** § 22 i. d. F. des Gesetzes v. 22. 12. 2010 (BGBl I S. 2248) mit Wirkung v. 28. 12. 2010.

(2) [1]Die Vollmacht ist schriftlich zu erteilen. [2]Sie muss sich ausdrücklich auf das Verfahren beziehen.

(3) Ist ein Bevollmächtigter bestellt, so sind alle Mitteilungen des Gerichts an ihn zu richten.

§ 23 Einleitung des Verfahrens[1)]

(1) [1]Anträge, die das Verfahren einleiten, sind schriftlich beim Bundesverfassungsgericht einzureichen. [2]Sie sind zu begründen; die erforderlichen Beweismittel sind anzugeben.

(2) Der Vorsitzende oder, wenn eine Entscheidung nach § 93c in Betracht kommt, der Berichterstatter stellt den Antrag dem Antragsgegner, den übrigen Beteiligten sowie den Dritten, denen nach § 27a Gelegenheit zur Stellungnahme gegeben wird, unverzüglich mit der Aufforderung zu, sich binnen einer zu bestimmenden Frist dazu zu äußern.

(3) Der Vorsitzende oder der Berichterstatter kann jedem Beteiligten aufgeben, binnen einer zu bestimmenden Frist die erforderliche Zahl von Abschriften seiner Schriftsätze und der angegriffenen Entscheidungen für das Gericht und für die übrigen Beteiligten nachzureichen.

§ 31 Bindung der Entscheidungen[2)]

(1) Die Entscheidungen des Bundesverfassungsgerichts binden die Verfassungsorgane des Bundes und der Länder sowie alle Gerichte und Behörden.

(2) [1]In den Fällen des § 13 Nr. 6, 6a, 11, 12 und 14 hat die Entscheidung des Bundesverfassungsgerichts Gesetzeskraft. [2]Das gilt auch in den Fällen des § 13 Nr. 8a, wenn das Bundesverfassungsgericht ein Gesetz als mit dem Grundgesetz vereinbar oder unvereinbar oder für nichtig erklärt. [3]Soweit ein Gesetz als mit dem Grundgesetz oder sonstigem Bundesrecht vereinbar oder unvereinbar oder für nichtig erklärt wird, ist die Entscheidungsformel durch das Bundesministerium der Justiz und für Verbraucherschutz im Bundesgesetzblatt zu veröffentlichen. [4]Entsprechendes gilt für die Entscheidungsformel in den Fällen des § 13 Nr. 12 und 14.

§ 32 Einstweilige Anordnung

(1) Das Bundesverfassungsgericht kann im Streitfall einen Zustand durch einstweilige Anordnung vorläufig regeln, wenn dies zur Abwehr schwerer Nachteile, zur Verhinderung drohender Gewalt oder aus einem anderen wichtigen Grund zum gemeinen Wohl dringend geboten ist.

(2) [1]Die einstweilige Anordnung kann ohne mündliche Verhandlung ergehen. [2]Bei besonderer Dringlichkeit kann das Bundesverfassungsgericht davon absehen, den am Verfahren zur Hauptsache Beteiligten, zum Beitritt Berechtigten oder Äußerungsberechtigten Gelegenheit zur Stellungnahme zu geben.

(3) [1]Wird die einstweilige Anordnung durch Beschluss erlassen oder abgelehnt, so kann Widerspruch erhoben werden. [2]Das gilt nicht für den Beschwerdeführer im Verfahren der Verfassungsbeschwerde. [3]Über den Widerspruch entscheidet das Bundesverfassungsgericht nach mündlicher Verhandlung. [4]Diese muss binnen zwei Wochen nach dem Eingang der Begründung des Widerspruchs stattfinden.

(4) [1]Der Widerspruch gegen die einstweilige Anordnung hat keine aufschiebende Wirkung. [2]Das Bundesverfassungsgericht kann die Vollziehung der einstweiligen Anordnung aussetzen.

(5) [1]Das Bundesverfassungsgericht kann die Entscheidung über die einstweilige Anordnung oder über den Widerspruch ohne Begründung bekannt geben. [2]In diesem Fall ist die Begründung den Beteiligten gesondert zu übermitteln.

(6) [1]Die einstweilige Anordnung tritt nach sechs Monaten außer Kraft. [2]Sie kann mit einer Mehrheit von zwei Dritteln der Stimmen wiederholt werden.

1) **Anm. d. Red.:** § 23 i. d. F. des Gesetzes v. 16. 7. 1998 (BGBl I S. 1823) mit Wirkung v. 23. 7. 1998.

2) **Anm. d. Red.:** § 31 i. d. F. der VO v. 31. 8. 2015 (BGBl I S. 1474) mit Wirkung v. 8. 9. 2015.

(7) [1]Ist ein Senat nicht beschlussfähig, so kann die einstweilige Anordnung bei besonderer Dringlichkeit erlassen werden, wenn mindestens drei Richter anwesend sind und der Beschluss einstimmig gefasst wird. [2]Sie tritt nach einem Monat außer Kraft. [3]Wird sie durch den Senat bestätigt, so tritt sie sechs Monate nach ihrem Erlass außer Kraft.

§ 76 Zulässigkeit des Antrags[1)]

(1) Der Antrag der Bundesregierung, einer Landesregierung oder eines Viertels der Mitglieder des Bundestages gemäß Artikel 93 Abs. 1 Nr. 2 des Grundgesetzes ist nur zulässig, wenn der Antragsteller Bundes- oder Landesrecht

1. wegen seiner förmlichen oder sachlichen Unvereinbarkeit mit dem Grundgesetz oder dem sonstigen Bundesrecht für nichtig hält oder
2. für gültig hält, nachdem ein Gericht, eine Verwaltungsbehörde oder ein Organ des Bundes oder eines Landes das Recht als unvereinbar mit dem Grundgesetz oder sonstigem Bundesrecht nicht angewendet hat.

(2) Der Antrag des Bundesrates, einer Landesregierung oder der Volksvertretung eines Landes gemäß Artikel 93 Abs. 1 Nr. 2a des Grundgesetzes ist nur zulässig, wenn der Antragsteller ein Bundesgesetz wegen Nichterfüllung der Voraussetzungen des Artikels 72 Abs. 2 des Grundgesetzes für nichtig hält; der Antrag kann auch darauf gestützt werden, dass der Antragsteller das Bundesgesetz wegen Nichterfüllung der Voraussetzungen des Artikels 75 Abs. 2 des Grundgesetzes für nichtig hält.

§ 78 Nichtigkeit von Bundes- oder Landesrecht

[1]Kommt das Bundesverfassungsgericht zu der Überzeugung, dass Bundesrecht mit dem Grundgesetz oder Landesrecht mit dem Grundgesetz oder dem sonstigen Bundesrecht unvereinbar ist, so erklärt es das Gesetz für nichtig. [2]Sind weitere Bestimmungen des gleichen Gesetzes aus denselben Gründen mit dem Grundgesetz oder sonstigem Bundesrecht unvereinbar, so kann sie das Bundesverfassungsgericht gleichfalls für nichtig erklären.

§ 79 Wirkung der Entscheidung

(1) Gegen ein rechtskräftiges Strafurteil, das auf einer mit dem Grundgesetz für unvereinbar oder nach § 78 für nichtig erklärten Norm oder auf der Auslegung einer Norm beruht, die vom Bundesverfassungsgericht für unvereinbar mit dem Grundgesetz erklärt worden ist, ist die Wiederaufnahme des Verfahrens nach den Vorschriften der Strafprozessordnung zulässig.

(2) [1]Im Übrigen bleiben vorbehaltlich der Vorschrift des § 95 Abs. 2 oder einer besonderen gesetzlichen Regelung die nicht mehr anfechtbaren Entscheidungen, die auf einer gemäß § 78 für nichtig erklärten Norm beruhen, unberührt. [2]Die Vollstreckung aus einer solchen Entscheidung ist unzulässig. [3]Soweit die Zwangsvollstreckung nach den Vorschriften der Zivilprozessordnung durchzuführen ist, gilt die Vorschrift des § 767 der Zivilprozessordnung entsprechend. [4]Ansprüche aus ungerechtfertigter Bereicherung sind ausgeschlossen.

§ 90 Voraussetzungen einer Verfassungsbeschwerde

(1) Jedermann kann mit der Behauptung, durch die öffentliche Gewalt in einem seiner Grundrechte oder in einem seiner in Artikel 20 Abs. 4, Artikel 33, 38, 101, 103 und 104 des Grundgesetzes enthaltenen Rechte verletzt zu sein, die Verfassungsbeschwerde zum Bundesverfassungsgericht erheben.

(2) [1]Ist gegen die Verletzung der Rechtsweg zulässig, so kann die Verfassungsbeschwerde erst nach Erschöpfung des Rechtswegs erhoben werden. [2]Das Bundesverfassungsgericht kann jedoch über eine vor Erschöpfung des Rechtswegs eingelegte Verfassungsbeschwerde sofort entscheiden, wenn sie von allgemeiner Bedeutung ist oder wenn dem Beschwerdeführer ein

1) **Anm. d. Red.:** § 76 i. d. F. des Gesetzes v. 1. 12. 2009 (BGBl I S. 3822) mit Wirkung v. 4. 12. 2009.

schwerer und unabwendbarer Nachteil entstünde, falls er zunächst auf den Rechtsweg verwiesen würde.

(3) Das Recht, eine Verfassungsbeschwerde an das Landesverfassungsgericht nach dem Recht der Landesverfassung zu erheben, bleibt unberührt.

§ 91 Verfassungsbeschwerde einer Gemeinde

[1]Gemeinden und Gemeindeverbände können die Verfassungsbeschwerde mit der Behauptung erheben, dass ein Gesetz des Bundes oder des Landes die Vorschrift des Artikels 28 des Grundgesetzes verletzt. [2]Die Verfassungsbeschwerde zum Bundesverfassungsgericht ist ausgeschlossen, soweit eine Beschwerde wegen Verletzung des Rechtes auf Selbstverwaltung nach dem Rechte des Landes beim Landesverfassungsgericht erhoben werden kann.

§ 92 Begründung einer Verfassungsbeschwerde

In der Begründung der Beschwerde sind das Recht, das verletzt sein soll, und die Handlung oder Unterlassung des Organs oder der Behörde, durch die der Beschwerdeführer sich verletzt fühlt, zu bezeichnen.

§ 93 Einlegungsfrist

(1) [1]Die Verfassungsbeschwerde ist binnen eines Monats zu erheben und zu begründen. [2]Die Frist beginnt mit der Zustellung oder formlosen Mitteilung der in vollständiger Form abgefassten Entscheidung, wenn diese nach den maßgebenden verfahrensrechtlichen Vorschriften von Amts wegen vorzunehmen ist. [3]In anderen Fällen beginnt die Frist mit der Verkündung der Entscheidung oder, wenn diese nicht zu verkünden ist, mit ihrer sonstigen Bekanntgabe an den Beschwerdeführer; wird dabei dem Beschwerdeführer eine Abschrift der Entscheidung in vollständiger Form nicht erteilt, so wird die Frist des Satzes 1 dadurch unterbrochen, dass der Beschwerdeführer schriftlich oder zu Protokoll der Geschäftsstelle die Erteilung einer in vollständiger Form abgefassten Entscheidung beantragt. [4]Die Unterbrechung dauert fort, bis die Entscheidung in vollständiger Form dem Beschwerdeführer von dem Gericht erteilt oder von Amts wegen oder von einem an dem Verfahren Beteiligten zugestellt wird.

(2) [1]War ein Beschwerdeführer ohne Verschulden verhindert, diese Frist einzuhalten, ist ihm auf Antrag Wiedereinsetzung in den vorigen Stand zu gewähren. [2]Der Antrag ist binnen zwei Wochen nach Wegfall des Hindernisses zu stellen. [3]Die Tatsachen zur Begründung des Antrags sind bei der Antragstellung oder im Verfahren über den Antrag glaubhaft zu machen. [4]Innerhalb der Antragsfrist ist die versäumte Rechtshandlung nachzuholen; ist dies geschehen, kann die Wiedereinsetzung auch ohne Antrag gewährt werden. [5]Nach einem Jahr seit dem Ende der versäumten Frist ist der Antrag unzulässig. [6]Das Verschulden des Bevollmächtigten steht dem Verschulden eines Beschwerdeführers gleich.

(3) Richtet sich die Verfassungsbeschwerde gegen ein Gesetz oder gegen einen sonstigen Hoheitsakt, gegen den ein Rechtsweg nicht offen steht, so kann die Verfassungsbeschwerde nur binnen eines Jahres seit dem Inkrafttreten des Gesetzes oder dem Erlass des Hoheitsaktes erhoben werden.

(4) Ist ein Gesetz vor dem 1. April 1951 in Kraft getreten, so kann die Verfassungsbeschwerde bis zum 1. April 1952 erhoben werden.

§ 93a Annahmeentscheidung

(1) Die Verfassungsbeschwerde bedarf der Annahme zur Entscheidung.

(2) Sie ist zur Entscheidung anzunehmen,

a) soweit ihr grundsätzliche verfassungsrechtliche Bedeutung zukommt,

b) wenn es zur Durchsetzung, der in § 90 Abs. 1 genannten Rechte angezeigt ist; dies kann auch der Fall sein, wenn dem Beschwerdeführer durch die Versagung der Entscheidung zur Sache ein besonders schwerer Nachteil entsteht.

§ 93b Ablehnung der Annahme

[1]Die Kammer kann die Annahme der Verfassungsbeschwerde ablehnen oder die Verfassungsbeschwerde im Falle des § 93c zur Entscheidung annehmen. [2]Im Übrigen entscheidet der Senat über die Annahme.

§ 93c Senatsentscheidung

(1) [1]Liegen die Voraussetzungen des § 93a Abs. 2 Buchstabe b vor und ist die für die Beurteilung der Verfassungsbeschwerde maßgebliche verfassungsrechtliche Frage durch das Bundesverfassungsgericht bereits entschieden, kann die Kammer der Verfassungsbeschwerde stattgeben, wenn sie offensichtlich begründet ist. [2]Der Beschluss steht einer Entscheidung des Senats gleich. [3]Eine Entscheidung, die mit der Wirkung des § 31 Abs. 2 ausspricht, dass ein Gesetz mit dem Grundgesetz oder sonstigem Bundesrecht unvereinbar oder nichtig ist, bleibt dem Senat vorbehalten.

(2) Auf das Verfahren finden § 94 Abs. 2 und 3 und § 95 Abs. 1 und 2 Anwendung.

§ 93d Unanfechtbarkeit der Kammerentscheidung

(1) [1]Die Entscheidung nach § 93b und § 93c ergeht ohne mündliche Verhandlung. [2]Sie ist unanfechtbar. [3]Die Ablehnung der Annahme der Verfassungsbeschwerde bedarf keiner Begründung.

(2) [1]Solange und soweit der Senat nicht über die Annahme der Verfassungsbeschwerde entschieden hat, kann die Kammer alle das Verfahrensbeschwerdeverfahren betreffenden Entscheidungen erlassen. [2]Eine einstweilige Anordnung, mit der die Anwendung eines Gesetzes ganz oder teilweise ausgesetzt wird, kann nur der Senat treffen; § 32 Abs. 7 bleibt unberührt. [3]Der Senat entscheidet auch in den Fällen des § 32 Abs. 3.

(3) [1]Die Entscheidungen der Kammer ergehen durch einstimmigen Beschluss. [2]Die Annahme durch den Senat ist beschlossen, wenn mindestens drei Richter ihr zustimmen.

§ 94 Stellungnahme Dritter

(1) Das Bundesverfassungsgericht gibt dem Verfassungsorgan des Bundes oder des Landes, dessen Handlung oder Unterlassung in der Verfassungsbeschwerde beanstandet wird, Gelegenheit, sich binnen einer zu bestimmenden Frist zu äußern.

(2) Ging die Handlung oder Unterlassung von einem Minister oder einer Behörde des Bundes oder des Landes aus, so ist dem zuständigen Minister Gelegenheit zur Äußerung zu geben.

(3) Richtet sich die Verfassungsbeschwerde gegen eine gerichtliche Entscheidung, so gibt das Bundesverfassungsgericht auch dem durch die Entscheidung Begünstigten Gelegenheit zur Äußerung.

(4) Richtet sich die Verfassungsbeschwerde unmittelbar oder mittelbar gegen ein Gesetz, so ist § 77 entsprechend anzuwenden.

(5) [1]Die in den Absätzen 1, 2 und 4 genannten Verfassungsorgane können dem Verfahren beitreten. [2]Das Bundesverfassungsgericht kann von mündlicher Verhandlung absehen, wenn von ihr keine weitere Förderung des Verfahrens zu erwarten ist und die zur Äußerung berechtigten Verfassungsorgane, die dem Verfahren beigetreten sind, auf mündliche Verhandlung verzichten.

§ 95 Entscheidung

(1) [1]Wird der Verfassungsbeschwerde stattgegeben, so ist in der Entscheidung festzustellen, welche Vorschrift des Grundgesetzes und durch welche Handlung oder Unterlassung sie verletzt wurde. [2]Das Bundesverfassungsgericht kann zugleich aussprechen, dass auch jede Wiederholung der beanstandeten Maßnahme das Grundgesetz verletzt.

(2) Wird der Verfassungsbeschwerde gegen eine Entscheidung stattgegeben, so hebt das Bundesverfassungsgericht die Entscheidung auf, in den Fällen des § 90 Abs. 2 Satz 1 verweist es die Sache an ein zuständiges Gericht zurück.

(3) [1]Wird der Verfassungsbeschwerde gegen ein Gesetz stattgegeben, so ist das Gesetz für nichtig zu erklären. [2]Das Gleiche gilt, wenn der Verfassungsbeschwerde gemäß Absatz 2 stattgegeben wird, weil die aufgehobene Entscheidung auf einem verfassungswidrigen Gesetz beruht. [3]Die Vorschrift des § 79 gilt entsprechend.

BVerfGG

XLVIII. Gesetz über Ordnungswidrigkeiten (OWiG)

v. 19.2.1987 (BGBl I S. 602) mit späteren Änderungen

Das Gesetz über Ordnungswidrigkeiten (OWiG) v. 19.2.1987 (BGBl I S. 602) ist zuletzt geändert worden durch Art. 3 Gesetz zur Stärkung des Rechts des Angeklagten auf Anwesenheit in der Verhandlung*) v. 17.12.2018 (BGBl I S. 2571).

Auszug

Erster Teil: Allgemeine Vorschriften

Erster Abschnitt: Geltungsbereich

§ 1 Begriffsbestimmung

(1) Eine Ordnungswidrigkeit ist eine rechtswidrige und vorwerfbare Handlung, die den Tatbestand eines Gesetzes verwirklicht, das die Ahndung mit einer Geldbuße zulässt.

(2) Eine mit Geldbuße bedrohte Handlung ist eine rechtswidrige Handlung, die den Tatbestand eines Gesetzes im Sinne des Absatzes 1 verwirklicht, auch wenn sie nicht vorwerfbar begangen ist.

§ 2 Sachliche Geltung

Dieses Gesetz gilt für Ordnungswidrigkeiten nach Bundesrecht und nach Landesrecht.

§ 3 Keine Ahndung ohne Gesetz

Eine Handlung kann als Ordnungswidrigkeit nur geahndet werden, wenn die Möglichkeit der Ahndung gesetzlich bestimmt war, bevor die Handlung begangen wurde.

§ 6 Zeit der Handlung

[1]Eine Handlung ist zu der Zeit begangen, zu welcher der Täter tätig geworden ist oder im Falle des Unterlassens hätte tätig werden müssen. [2]Wann der Erfolg eintritt, ist nicht maßgebend.

Dritter Abschnitt: Geldbuße

§ 17 Höhe der Geldbuße[1)]

(1) Die Geldbuße beträgt mindestens fünf Euro und, wenn das Gesetz nichts anderes bestimmt, höchstens eintausend Euro.

(2) Droht das Gesetz für vorsätzliches und fahrlässiges Handeln Geldbuße an, ohne im Höchstmaß zu unterscheiden, so kann fahrlässiges Handeln im Höchstmaß nur mit der Hälfte des angedrohten Höchstbetrages der Geldbuße geahndet werden.

(3) [1]Grundlage für die Zumessung der Geldbuße sind die Bedeutung der Ordnungswidrigkeit und der Vorwurf, der den Täter trifft. [2]Auch die wirtschaftlichen Verhältnisse des Täters kommen in Betracht; bei geringfügigen Ordnungswidrigkeiten bleiben sie jedoch in der Regel unberücksichtigt.

(4) Die Geldbuße soll den wirtschaftlichen Vorteil, den der Täter aus der Ordnungswidrigkeit gezogen hat, übersteigen. Reicht das gesetzliche Höchstmaß hierzu nicht aus, so kann es überschritten werden.

---

*) **Amtl. Anm.:** Artikel 1 dieses Gesetzes dient der Umsetzung der Richtlinie (EU) 2016/343 des Europäischen Parlaments und des Rates vom 9. März 2016 über die Stärkung bestimmter Aspekte der Unschuldsvermutung und des Rechts auf Anwesenheit in der Verhandlung in Strafverfahren (ABl L 65 vom 11.3.2016, S. 1).

1) **Anm. d. Red.:** § 17 i. d. F. des Gesetzes v. 13. 12. 2001 (BGBl I S. 3574) mit Wirkung v. 1. 1. 2002.

§ 18 Zahlungserleichterungen

[1]Ist dem Betroffenen nach seinen wirtschaftlichen Verhältnissen nicht zuzumuten, die Geldbuße sofort zu zahlen, so wird ihm eine Zahlungsfrist bewilligt oder gestattet, die Geldbuße in bestimmten Teilbeträgen zu zahlen. [2]Dabei kann angeordnet werden, dass die Vergünstigung, die Geldbuße in bestimmten Teilbeträgen zu zahlen, entfällt, wenn der Betroffene einen Teilbetrag nicht rechtzeitig zahlt.

Sechster Abschnitt: Einziehung des Wertes von Taterträgen, Geldbuße gegen juristische Personen und Personenvereinigungen[1)]

§ 29a Einziehung des Wertes von Taterträgen[2)]

(1) Hat der Täter durch eine mit Geldbuße bedrohte Handlung oder für sie etwas erlangt und wird gegen ihn wegen der Handlung eine Geldbuße nicht festgesetzt, so kann gegen ihn die Einziehung eines Geldbetrages bis zu der Höhe angeordnet werden, die dem Wert des Erlangten entspricht.

(2) [1]Die Anordnung der Einziehung eines Geldbetrages bis zu der in Absatz 1 genannten Höhe kann sich gegen einen anderen, der nicht Täter ist, richten, wenn

1. er durch eine mit Geldbuße bedrohte Handlung etwas erlangt hat und der Täter für ihn gehandelt hat,
2. ihm das Erlangte
   a) unentgeltlich oder ohne rechtlichen Grund übertragen wurde oder
   b) übertragen wurde und er erkannt hat oder hätte erkennen müssen, dass das Erlangte aus einer mit Geldbuße bedrohten Handlung herrührt, oder
3. das Erlangte auf ihn
   a) als Erbe übergegangen ist oder
   b) als Pflichtteilsberechtigter oder Vermächtnisnehmer übertragen worden ist.

[2]Satz 1 Nummer 2 und 3 findet keine Anwendung, wenn das Erlangte zuvor einem Dritten, der nicht erkannt hat oder hätte erkennen müssen, dass das Erlangte aus einer mit Geldbuße bedrohten Handlung herrührt, entgeltlich und mit rechtlichem Grund übertragen wurde.

(3) [1]Bei der Bestimmung des Wertes des Erlangten sind die Aufwendungen des Täters oder des anderen abzuziehen. [2]Außer Betracht bleibt jedoch das, was für die Begehung der Tat oder für ihre Vorbereitung aufgewendet oder eingesetzt worden ist.

(4) [1]Umfang und Wert des Erlangten einschließlich der abzuziehenden Aufwendungen können geschätzt werden. [2]§ 18 gilt entsprechend.

(5) Wird gegen den Täter ein Bußgeldverfahren nicht eingeleitet oder wird es eingestellt, so kann die Einziehung selbständig angeordnet werden.

§ 30 Geldbuße gegen juristische Personen und Personenvereinigungen[3)]

OWiG

(1) Hat jemand

1. als vertretungsberechtigtes Organ einer juristischen Person oder als Mitglied eines solchen Organs,
2. als Vorstand eines nicht rechtsfähigen Vereins oder als Mitglied eines solchen Vorstandes,
3. als vertretungsberechtigter Gesellschafter einer rechtsfähigen Personengesellschaft,

---

1) **Anm. d. Red.:** Überschrift i. d. F. des Gesetzes v. 13. 4. 2017 (BGBl I S. 872) mit Wirkung v. 1. 7. 2017.

2) **Anm. d. Red.:** § 29a i. d. F. des Gesetzes v. 13. 4. 2017 (BGBl I S. 872) mit Wirkung v. 1. 7. 2017.

3) **Anm. d. Red.:** § 30 i. d. F. des Gesetzes v. 13. 4. 2017 (BGBl I S. 872) mit Wirkung v. 1. 7. 2017.

4. als Generalbevollmächtigter oder in leitender Stellung als Prokurist oder Handlungsbevollmächtigter einer juristischen Person oder einer in Nummer 2 oder 3 genannten Personenvereinigung oder
5. als sonstige Person, die für die Leitung des Betriebs oder Unternehmens einer juristischen Person oder einer in Nummer 2 oder 3 genannten Personenvereinigung verantwortlich handelt, wozu auch die Überwachung der Geschäftsführung oder die sonstige Ausübung von Kontrollbefugnissen in leitender Stellung gehört,

eine Straftat oder Ordnungswidrigkeit begangen, durch die Pflichten, welche die juristische Person oder die Personenvereinigung treffen, verletzt worden sind oder die juristische Person oder die Personenvereinigung bereichert worden ist oder werden sollte, so kann gegen diese eine Geldbuße festgesetzt werden.

(2) [1]Die Geldbuße beträgt

1. im Falle einer vorsätzlichen Straftat bis zu zehn Millionen Euro,
2. im Falle einer fahrlässigen Straftat bis zu fünf Millionen Euro.

[2]Im Falle einer Ordnungswidrigkeit bestimmt sich das Höchstmaß der Geldbuße nach dem für die Ordnungswidrigkeit angedrohten Höchstmaß der Geldbuße. [3]Verweist das Gesetz auf diese Vorschrift, so verzehnfacht sich das Höchstmaß der Geldbuße nach Satz 2 für die im Gesetz bezeichneten Tatbestände. [4]Satz 2 gilt auch im Falle einer Tat, die gleichzeitig Straftat und Ordnungswidrigkeit ist, wenn das für die Ordnungswidrigkeit angedrohte Höchstmaß der Geldbuße das Höchstmaß nach Satz 1 übersteigt.

(2a) [1]Im Falle einer Gesamtrechtsnachfolge oder einer partiellen Gesamtrechtsnachfolge durch Aufspaltung (§ 123 Absatz 1 des Umwandlungsgesetzes) kann die Geldbuße nach Absatz 1 und 2 gegen den oder die Rechtsnachfolger festgesetzt werden. [2]Die Geldbuße darf in diesen Fällen den Wert des übernommenen Vermögens sowie die Höhe der gegenüber dem Rechtsvorgänger angemessenen Geldbuße nicht übersteigen. [3]Im Bußgeldverfahren tritt der Rechtsnachfolger oder treten die Rechtsnachfolger in die Verfahrensstellung ein, in der sich der Rechtsvorgänger zum Zeitpunkt des Wirksamwerdens der Rechtsnachfolge befunden hat.

(3) § 17 Abs. 4 und § 18 gelten entsprechend.

(4) [1]Wird wegen der Straftat oder Ordnungswidrigkeit ein Straf- oder Bußgeldverfahren nicht eingeleitet oder wird es eingestellt oder wird von Strafe abgesehen, so kann die Geldbuße selbständig festgesetzt werden. [2]Durch Gesetz kann bestimmt werden, dass die Geldbuße auch in weiteren Fällen selbständig festgesetzt werden kann. [3]Die selbständige Festsetzung einer Geldbuße gegen die juristische Person oder Personenvereinigung ist jedoch ausgeschlossen, wenn die Straftat oder Ordnungswidrigkeit aus rechtlichen Gründen nicht verfolgt werden kann; § 33 Abs. 1 Satz 2 bleibt unberührt.

(5) Die Festsetzung einer Geldbuße gegen die juristische Person oder Personenvereinigung schließt es aus, gegen sie wegen derselben Tat die Einziehung nach den §§ 73 oder 73c des Strafgesetzbuches oder nach § 29a anzuordnen.

(6) Bei Erlass eines Bußgeldbescheids ist zur Sicherung der Geldbuße § 111e Absatz 2 der Strafprozessordnung mit der Maßgabe anzuwenden, dass an die Stelle des Urteils der Bußgeldbescheid tritt.

Siebenter Abschnitt: Verjährung

§ 31 Verfolgungsverjährung[1)]

(1) [1]Durch die Verjährung werden die Verfolgung von Ordnungswidrigkeiten und die Anordnung von Nebenfolgen ausgeschlossen. [2]§ 27 Abs. 2 Satz 1 Nr. 1 bleibt unberührt.

1) **Anm. d. Red.:** § 31 i. d. F. des Gesetzes v. 13. 12. 2001 (BGBl I S. 3574) mit Wirkung v. 1. 1. 2002.

(2) Die Verfolgung von Ordnungswidrigkeiten verjährt, wenn das Gesetz nichts anderes bestimmt,

1. in drei Jahren bei Ordnungswidrigkeiten, die mit Geldbuße im Höchstmaß von mehr als fünfzehntausend Euro bedroht sind,
2. in zwei Jahren bei Ordnungswidrigkeiten, die mit Geldbuße im Höchstmaß von mehr als zweitausendfünfhundert bis zu fünfzehntausend Euro bedroht sind,
3. in einem Jahr bei Ordnungswidrigkeiten, die mit Geldbuße im Höchstmaß von mehr als eintausend bis zu zweitausendfünfhundert Euro bedroht sind,
4. in sechs Monaten bei den übrigen Ordnungswidrigkeiten.

(3) [1]Die Verjährung beginnt, sobald die Handlung beendet ist. [2]Tritt ein zum Tatbestand gehörender Erfolg erst später ein, so beginnt die Verjährung mit diesem Zeitpunkt.

Zweiter Teil: Bußgeldverfahren

Erster Abschnitt: Zuständigkeit zur Verfolgung und Ahndung von Ordnungswidrigkeiten

§ 35 Verfolgung und Ahndung durch die Verwaltungsbehörde

(1) Für die Verfolgung von Ordnungswidrigkeiten ist die Verwaltungsbehörde zuständig, soweit nicht hierzu nach diesem Gesetz die Staatsanwaltschaft oder an ihrer Stelle für einzelne Verfolgungshandlungen der Richter berufen ist.

(2) Die Verwaltungsbehörde ist auch für die Ahndung von Ordnungswidrigkeiten zuständig, soweit nicht hierzu nach diesem Gesetz das Gericht berufen ist.

§ 36 Sachliche Zuständigkeit der Verwaltungsbehörde[1)]

(1) Sachlich zuständig ist

1. die Verwaltungsbehörde, die durch Gesetz bestimmt wird,
2. mangels einer solchen Bestimmung
   a) die fachlich zuständige oberste Landesbehörde oder
   b) das fachlich zuständige Bundesministerium, soweit das Gesetz von Bundesbehörden ausgeführt wird.

(2) [1]Die Landesregierung kann die Zuständigkeit nach Absatz 1 Nr. 2 Buchstabe a durch Rechtsverordnung auf eine andere Behörde oder sonstige Stelle übertragen. [2]Die Landesregierung kann die Ermächtigung auf die oberste Landesbehörde übertragen.

(3) Das nach Absatz 1 Nr. 2 Buchstabe b zuständige Bundesministerium kann seine Zuständigkeit durch Rechtsverordnung, die nicht der Zustimmung des Bundesrates bedarf, auf eine andere Behörde oder sonstige Stelle übertragen.

§ 37 Örtliche Zuständigkeit der Verwaltungsbehörde

(1) Örtlich zuständig ist die Verwaltungsbehörde, in deren Bezirk

1. die Ordnungswidrigkeit begangen oder entdeckt worden ist oder
2. der Betroffene zur Zeit der Einleitung des Bußgeldverfahrens seinen Wohnsitz hat.

(2) Ändert sich der Wohnsitz des Betroffenen nach Einleitung des Bußgeldverfahrens, so ist auch die Verwaltungsbehörde örtlich zuständig, in deren Bezirk der neue Wohnsitz liegt.

(3) Hat der Betroffene im räumlichen Geltungsbereich dieses Gesetzes keinen Wohnsitz, so wird die Zuständigkeit auch durch den gewöhnlichen Aufenthaltsort bestimmt.

1) **Anm. d. Red.:** § 36 i. d. F. des Gesetzes v. 26. 1. 1998 (BGBl I S. 156) mit Wirkung v. 1. 3. 1998.

(4) [1]Ist die Ordnungswidrigkeit auf einem Schiff, das berechtigt ist, die Bundesflagge zu führen, außerhalb des räumlichen Geltungsbereichs dieses Gesetzes begangen worden, so ist auch die Verwaltungsbehörde örtlich zuständig, in deren Bezirk der Heimathafen oder der Hafen im räumlichen Geltungsbereich dieses Gesetzes liegt, den das Schiff nach der Tat zuerst erreicht. [2]Satz 1 gilt entsprechend für Luftfahrzeuge, die berechtigt sind, das Staatszugehörigkeitszeichen der Bundesrepublik Deutschland zu führen.

§ 38 Zusammenhängende Ordnungswidrigkeiten

[1]Bei zusammenhängenden Ordnungswidrigkeiten, die einzeln nach § 37 zur Zuständigkeit verschiedener Verwaltungsbehörden gehören würden, ist jede dieser Verwaltungsbehörden zuständig. [2]Zwischen mehreren Ordnungswidrigkeiten besteht ein Zusammenhang, wenn jemand mehrerer Ordnungswidrigkeiten beschuldigt wird oder wenn hinsichtlich derselben Tat mehrere Personen einer Ordnungswidrigkeit beschuldigt werden.

§ 39 Mehrfache Zuständigkeit

(1) [1]Sind nach den §§ 36 bis 38 mehrere Verwaltungsbehörden zuständig, so gebührt der Vorzug der Verwaltungsbehörde, die wegen der Tat den Betroffenen zuerst vernommen hat, ihn durch die Polizei zuerst hat vernehmen lassen oder der die Akten von der Polizei nach der Vernehmung des Betroffenen zuerst übersandt worden sind. [2]Diese Verwaltungsbehörde kann in den Fällen des § 38 das Verfahren wegen der zusammenhängenden Tat wieder abtrennen.

(2) [1]In den Fällen des Absatzes 1 Satz 1 kann die Verfolgung und Ahndung jedoch einer anderen der zuständigen Verwaltungsbehörden durch eine Vereinbarung dieser Verwaltungsbehörden übertragen werden, wenn dies zur Beschleunigung oder Vereinfachung des Verfahrens oder aus anderen Gründen sachdienlich erscheint. [2]Sind mehrere Verwaltungsbehörden sachlich zuständig, so soll die Verwaltungsbehörde, der nach Absatz 1 Satz 1 der Vorzug gebührt, die anderen sachlich zuständigen Verwaltungsbehörden spätestens vor dem Abschluss der Ermittlungen hören.

(3) Kommt eine Vereinbarung nach Absatz 2 Satz 1 nicht zustande, so entscheidet auf Antrag einer der beteiligten Verwaltungsbehörden

1. die gemeinsame nächsthöhere Verwaltungsbehörde,
2. wenn eine gemeinsame höhere Verwaltungsbehörde fehlt, das nach § 68 zuständige gemeinsame Gericht und
3. wenn nach § 68 verschiedene Gerichte zuständig wären, das für diese Gerichte gemeinsame obere Gericht.

(4) In den Fällen der Absätze 2 und 3 kann die Übertragung in gleicher Weise wieder aufgehoben werden.

§ 40 Verfolgung durch die Staatsanwaltschaft[1)]

Im Strafverfahren ist die Staatsanwaltschaft für die Verfolgung der Tat auch unter dem rechtlichen Gesichtspunkt einer Ordnungswidrigkeit zuständig, soweit ein Gesetz nichts anderes bestimmt.

§ 41 Abgabe an die Staatsanwaltschaft

(1) Die Verwaltungsbehörde gibt die Sache an die Staatsanwaltschaft ab, wenn Anhaltspunkte dafür vorhanden sind, dass die Tat eine Straftat ist.

(2) Sieht die Staatsanwaltschaft davon ab, ein Strafverfahren einzuleiten, so gibt sie die Sache an die Verwaltungsbehörde zurück.

1) **Anm. d. Red.:** § 40 i. d. F. des Gesetzes v. 13. 8. 1997 (BGBl I S. 2038) mit Wirkung v. 20. 8. 1997.

Zweiter Abschnitt: Allgemeine Verfahrensvorschriften

§ 47 Verfolgung von Ordnungswidrigkeiten[1)]

(1) [1]Die Verfolgung von Ordnungswidrigkeiten liegt im pflichtgemäßen Ermessen der Verfolgungsbehörde. [2]Solange das Verfahren bei ihr anhängig ist, kann sie es einstellen.

(2) [1]Ist das Verfahren bei Gericht anhängig und hält dieses eine Ahndung nicht für geboten, so kann es das Verfahren mit Zustimmung der Staatsanwaltschaft in jeder Lage einstellen. [2]Die Zustimmung ist nicht erforderlich, wenn durch den Bußgeldbescheid eine Geldbuße bis zu einhundert Euro verhängt worden ist und die Staatsanwaltschaft erklärt hat, sie nehme an der Hauptverhandlung nicht teil. [3]Der Beschluss ist nicht anfechtbar.

(3) Die Einstellung des Verfahrens darf nicht von der Zahlung eines Geldbetrages an eine gemeinnützige Einrichtung oder sonstige Stelle abhängig gemacht oder damit in Zusammenhang gebracht werden.

Dritter Abschnitt: Vorverfahren

I. Allgemeine Vorschriften

§ 53 Aufgaben der Polizei[2)]

(1) [1]Die Behörden und Beamten des Polizeidienstes haben nach pflichtgemäßem Ermessen Ordnungswidrigkeiten zu erforschen und dabei alle unaufschiebbaren Anordnungen zu treffen, um die Verdunkelung der Sache zu verhüten. [2]Sie haben bei der Erforschung von Ordnungswidrigkeiten, soweit dieses Gesetz nichts anderes bestimmt, dieselben Rechte und Pflichten wie bei der Verfolgung von Straftaten. [3]Ihre Akten übersenden sie unverzüglich der Verwaltungsbehörde, in den Fällen des Zusammenhangs (§ 42) der Staatsanwaltschaft.

(2) Die Beamten des Polizeidienstes, die zu Ermittlungspersonen der Staatsanwaltschaft bestellt sind (§ 152 des Gerichtsverfassungsgesetzes), können nach den für sie geltenden Vorschriften der Strafprozessordnung Beschlagnahmen, Durchsuchungen, Untersuchungen und sonstige Maßnahmen anordnen.

II. Verwarnungsverfahren

§ 56 Verwarnung durch die Verwaltungsbehörde[3)]

(1) [1]Bei geringfügigen Ordnungswidrigkeiten kann die Verwaltungsbehörde den Betroffenen verwarnen und ein Verwarnungsgeld von fünf bis fünfundfünfzig Euro erheben. [2]Sie kann eine Verwarnung ohne Verwarnungsgeld erteilen.

(2) [1]Die Verwarnung nach Absatz 1 Satz 1 ist nur wirksam, wenn der Betroffene nach Belehrung über sein Weigerungsrecht mit ihr einverstanden ist und das Verwarnungsgeld entsprechend der Bestimmung der Verwaltungsbehörde entweder sofort zahlt oder innerhalb einer Frist, die eine Woche betragen soll, bei der hierfür bezeichneten Stelle oder bei der Post zur Überweisung an diese Stelle einzahlt. [2]Eine solche Frist soll bewilligt werden, wenn der Betroffene das Verwarnungsgeld nicht sofort zahlen kann oder wenn es höher ist als zehn Euro.

(3) [1]Über die Verwarnung nach Absatz 1 Satz 1, die Höhe des Verwarnungsgeldes und die Zahlung oder die etwa bestimmte Zahlungsfrist wird eine Bescheinigung erteilt. [2]Kosten (Gebühren und Auslagen) werden nicht erhoben.

1) **Anm. d. Red.:** § 47 i. d. F. des Gesetzes v. 13. 12. 2001 (BGBl I S. 3574) mit Wirkung v. 1. 1. 2002.

2) **Anm. d. Red.:** § 53 i. d. F. des Gesetzes v. 24. 8. 2004 (BGBl I S. 2198) mit Wirkung v. 8. 9. 2004.

3) **Anm. d. Red.:** § 56 i. d. F. des Gesetzes v. 28. 8. 2013 (BGBl I S. 3313) mit Wirkung v. 1. 5. 2014.

(4) Ist die Verwarnung nach Absatz 1 Satz 1 wirksam, so kann die Tat nicht mehr unter den tatsächlichen und rechtlichen Gesichtspunkten verfolgt werden, unter denen die Verwarnung erteilt worden ist.

§ 57 Verwarnung durch Beamte des Außen- und Polizeidienstes

(1) Personen, die ermächtigt sind, die Befugnis nach § 56 für die Verwaltungsbehörde im Außendienst wahrzunehmen, haben sich entsprechend auszuweisen.

(2) Die Befugnis nach § 56 steht auch den hierzu ermächtigten Beamten des Polizeidienstes zu, die eine Ordnungswidrigkeit entdecken oder im ersten Zugriff verfolgen und sich durch ihre Dienstkleidung oder in anderer Weise ausweisen.

§ 58 Ermächtigung zur Erteilung der Verwarnung[1)]

(1) [1]Die Ermächtigung nach § 57 Abs. 2 erteilt die oberste Dienstbehörde des Beamten oder die von ihr bestimmte Stelle. [2]Die oberste Dienstbehörde soll sich wegen der Frage, bei welchen Ordnungswidrigkeiten Ermächtigungen erteilt werden sollen, mit der zuständigen Behörde ins Benehmen setzen. [3]Zuständig ist bei Ordnungswidrigkeiten, für deren Verfolgung und Ahndung eine Verwaltungsbehörde des Bundes zuständig ist, das fachlich zuständige Bundesministerium, sonst die fachlich zuständige oberste Landesbehörde.

(2) Soweit bei bestimmten Ordnungswidrigkeiten im Hinblick auf ihre Häufigkeit und Gleichartigkeit eine möglichst gleichmäßige Behandlung angezeigt ist, sollen allgemeine Ermächtigungen an Verwaltungsangehörige und Beamte des Polizeidienstes zur Erteilung einer Verwarnung nähere Bestimmungen darüber enthalten, in welchen Fällen und unter welchen Voraussetzungen die Verwarnung erteilt und in welcher Höhe das Verwarnungsgeld erhoben werden soll.

Vierter Abschnitt: Bußgeldbescheid

§ 65 Allgemeines

Die Ordnungswidrigkeit wird, soweit dieses Gesetz nichts anderes bestimmt, durch Bußgeldbescheid geahndet.

§ 66 Inhalt des Bußgeldbescheides

(1) Der Bußgeldbescheid enthält

1. die Angaben zur Person des Betroffenen und etwaiger Nebenbeteiligter,
2. den Namen und die Anschrift des Verteidigers,
3. die Bezeichnung der Tat, die dem Betroffenen zur Last gelegt wird, Zeit und Ort ihrer Begehung, die gesetzlichen Merkmale der Ordnungswidrigkeit und die angewendeten Bußgeldvorschriften,
4. die Beweismittel,
5. die Geldbuße und die Nebenfolgen.

(2) Der Bußgeldbescheid enthält ferner

1. den Hinweis, dass
   a) der Bußgeldbescheid rechtskräftig und vollstreckbar wird, wenn kein Einspruch nach § 67 eingelegt wird,
   b) bei einem Einspruch auch eine für den Betroffenen nachteiligere Entscheidung getroffen werden kann,

1) **Anm. d. Red.:** § 58 i. d. F. des Gesetzes v. 26. 1. 1998 (BGBl I S. 156) mit Wirkung v. 1. 3. 1998.

2. die Aufforderung an den Betroffenen, spätestens zwei Wochen nach Rechtskraft oder einer etwa bestimmten späteren Fälligkeit (§ 18)
   a) die Geldbuße oder die bestimmten Teilbeträge an die zuständige Kasse zu zahlen oder
   b) im Falle der Zahlungsunfähigkeit der Vollstreckungsbehörde (§ 92) schriftlich oder zur Niederschrift darzutun, warum ihm die fristgemäße Zahlung nach seinen wirtschaftlichen Verhältnissen nicht zuzumuten ist, und
3. die Belehrung, dass Erzwingungshaft (§ 96) angeordnet werden kann, wenn der Betroffene seiner Pflicht nach Nummer 2 nicht genügt.

(3) Über die Angaben nach Absatz 1 Nr. 3 und 4 hinaus braucht der Bußgeldbescheid nicht begründet zu werden.

Fünfter Abschnitt: Einspruch und gerichtliches Verfahren

I. Einspruch

§ 67 Form und Frist[1)]

(1) [1]Der Betroffene kann gegen den Bußgeldbescheid innerhalb von zwei Wochen nach Zustellung schriftlich oder zur Niederschrift bei der Verwaltungsbehörde, die den Bußgeldbescheid erlassen hat, Einspruch einlegen. [2]Die §§ 297 bis 300 und 302 der Strafprozessordnung über Rechtsmittel gelten entsprechend.

(2) Der Einspruch kann auf bestimmte Beschwerdepunkte beschränkt werden.

§ 68 Zuständiges Gericht

(1) [1]Bei einem Einspruch gegen den Bußgeldbescheid entscheidet das Amtsgericht, in dessen Bezirk die Verwaltungsbehörde ihren Sitz hat. [2]Der Richter beim Amtsgericht entscheidet allein.

(2) Im Verfahren gegen Jugendliche und Heranwachsende ist der Jugendrichter zuständig.

(3) [1]Sind in dem Bezirk der Verwaltungsbehörde eines Landes mehrere Amtsgerichtsbezirke oder mehrere Teile solcher Bezirke vorhanden, so kann die Landesregierung durch Rechtsverordnung die Zuständigkeit des Amtsgerichts abweichend von Absatz 1 danach bestimmen, in welchem Bezirk

1. die Ordnungswidrigkeit oder eine der Ordnungswidrigkeiten begangen worden ist (Begehungsort) oder
2. der Betroffene seinen Wohnsitz hat (Wohnort),

soweit es mit Rücksicht auf die große Zahl von Verfahren oder die weite Entfernung zwischen Begehungs- oder Wohnort und dem Sitz des nach Absatz 1 zuständigen Amtsgerichts sachdienlich erscheint, die Verfahren auf mehrere Amtsgerichte aufzuteilen; § 37 Abs. 3 gilt entsprechend. [2]Der Bezirk, von dem die Zuständigkeit des Amtsgerichts nach Satz 1 abhängt, kann die Bezirke mehrerer Amtsgerichte umfassen. [3]Die Landesregierung kann die Ermächtigung auf die Landesjustizverwaltung übertragen.

III. Rechtsmittel

§ 79 Rechtsbeschwerde[2)]

(1) [1]Gegen das Urteil und den Beschluss nach § 72 ist Rechtsbeschwerde zulässig, wenn

1. gegen den Betroffenen eine Geldbuße von mehr als zweihundertfünfzig Euro festgesetzt worden ist,

---

1) **Anm. d. Red.:** § 67 i. d. F. des Gesetzes v. 26. 1. 1998 (BGBl I S. 156) mit Wirkung v. 1. 3. 1998.

2) **Anm. d. Red.:** § 79 i. d. F. des Gesetzes v. 5. 7. 2017 (BGBl I S. 2208) mit Wirkung v. 1. 1. 2018.

2. eine Nebenfolge angeordnet worden ist, es sei denn, dass es sich um eine Nebenfolge vermögensrechtlicher Art handelt, deren Wert im Urteil oder im Beschluss nach § 72 auf nicht mehr als zweihundertfünfzig Euro festgesetzt worden ist,
3. der Betroffene wegen einer Ordnungswidrigkeit freigesprochen oder das Verfahren eingestellt oder von der Verhängung eines Fahrverbotes abgesehen worden ist und wegen der Tat im Bußgeldbescheid oder Strafbefehl eine Geldbuße von mehr als sechshundert Euro festgesetzt, ein Fahrverbot verhängt oder eine solche Geldbuße oder ein Fahrverbot von der Staatsanwaltschaft beantragt worden war,
4. der Einspruch durch Urteil als unzulässig verworfen worden ist oder
5. durch Beschluss nach § 72 entschieden worden ist, obwohl der Beschwerdeführer diesem Verfahren rechtzeitig widersprochen hatte oder ihm in sonstiger Weise das rechtliche Gehör versagt wurde.

[2]Gegen das Urteil ist die Rechtsbeschwerde ferner zulässig, wenn sie zugelassen wird (§ 80).

(2) Hat das Urteil oder der Beschluss nach § 72 mehrere Taten zum Gegenstand und sind die Voraussetzungen des Absatzes 1 Satz 1 Nr. 1 bis 3 oder Satz 2 nur hinsichtlich einzelner Taten gegeben, so ist die Rechtsbeschwerde nur insoweit zulässig.

(3) [1]Für die Rechtsbeschwerde und das weitere Verfahren gelten, soweit dieses Gesetz nichts anderes bestimmt, die Vorschriften der Strafprozessordnung und des Gerichtsverfassungsgesetzes über die Revision entsprechend. [2]§ 342 der Strafprozessordnung gilt auch entsprechend für den Antrag auf Wiedereinsetzung in den vorigen Stand nach § 72 Abs. 2 Satz 2 Halbsatz 1.

(4) Die Frist für die Einlegung der Rechtsbeschwerde beginnt mit der Zustellung des Beschlusses nach § 72 oder des Urteils, wenn es in Abwesenheit des Beschwerdeführers verkündet und dieser dabei auch nicht nach § 73 Abs. 3 durch einen mit nachgewiesener Vollmacht versehenen Verteidiger vertreten worden ist.

(5) [1]Das Beschwerdegericht entscheidet durch Beschluss. [2]Richtet sich die Rechtsbeschwerde gegen ein Urteil, so kann das Beschwerdegericht auf Grund einer Hauptverhandlung durch Urteil entscheiden.

(6) Hebt das Beschwerdegericht die angefochtene Entscheidung auf, so kann es abweichend von § 354 der Strafprozessordnung in der Sache selbst entscheiden oder sie an das Amtsgericht, dessen Entscheidung aufgehoben wird, oder an ein anderes Amtsgericht desselben Landes zurückverweisen.

XLIX. Gesetz gegen missbräuchliche Inanspruchnahme von Subventionen (Subventionsgesetz – SubvG)

v. 29. 7. 1976 (BGBl I S. 2037)

Das Gesetz gegen missbräuchliche Inanspruchnahme von Subventionen (Subventionsgesetz – SubvG) ist als Art. 2 Erstes Gesetz zur Bekämpfung der Wirtschaftskriminalität – 1. WiKG v. 29. 7. 1976 (BGBl I S. 2037) verkündet worden und am 1. 9. 1976 in Kraft getreten.

Auszug

§ 1 Geltungsbereich

(1) Dieses Gesetz gilt, soweit Absatz 2 nichts anderes bestimmt, für Leistungen, die Subventionen im Sinne des § 264 des Strafgesetzbuches sind.

(2) Für Leistungen nach Landesrecht, die Subventionen im Sinne des § 264 des Strafgesetzbuches sind, gelten die §§ 2 bis 6 nur, soweit das Landesrecht dies bestimmt.

§ 2 Bezeichnung der subventionserheblichen Tatsachen

(1) Die für die Bewilligung einer Subvention zuständige Behörde oder andere in das Subventionsverfahren eingeschaltete Stelle oder Person (Subventionsgeber) hat vor der Bewilligung oder Gewährung einer Subvention demjenigen, der für sich oder einen anderen eine Subvention beantragt oder eine Subvention oder einen Subventionsvorteil in Anspruch nimmt (Subventionsnehmer), die Tatsachen als subventionserheblich im Sinne des § 264 des Strafgesetzbuches zu bezeichnen, die nach

1. dem Subventionszweck,
2. den Rechtsvorschriften, Verwaltungsvorschriften und Richtlinien über die Subventionsvergabe sowie
3. den sonstigen Vergabevoraussetzungen

für die Bewilligung, Gewährung, Rückforderung, Weitergewährung oder das Belassen einer Subvention oder eines Subventionsvorteils erheblich sind.

(2) Ergeben sich aus den im Subventionsverfahren gemachten Angaben oder aus sonstigen Umständen Zweifel, ob die beantragte oder in Anspruch genommene Subvention oder der in Anspruch genommene Subventionsvorteil mit dem Subventionszweck oder den Vergabevoraussetzungen nach Absatz 1 Nr. 2, 3 im Einklang steht, so hat der Subventionsgeber dem Subventionsnehmer die Tatsachen, deren Aufklärung zur Beseitigung der Zweifel notwendig erscheint, nachträglich als subventionserheblich im Sinne des § 264 des Strafgesetzbuches zu bezeichnen.

§ 3 Offenbarungspflicht bei der Inanspruchnahme von Subventionen

(1) [1]Der Subventionsnehmer ist verpflichtet, dem Subventionsgeber unverzüglich alle Tatsachen mitzuteilen, die der Bewilligung, Gewährung, Weitergewährung, Inanspruchnahme oder dem Belassen der Subvention oder des Subventionsvorteils entgegenstehen oder für die Rückforderung der Subvention oder des Subventionsvorteils erheblich sind. [2]Besonders bestehende Pflichten zur Offenbarung bleiben unberührt.

(2) Wer einen Gegenstand oder eine Geldleistung, deren Verwendung durch Gesetz oder durch den Subventionsgeber im Hinblick auf eine Subvention beschränkt ist, entgegen der Verwendungsbeschränkung verwenden will, hat dies rechtzeitig vorher dem Subventionsgeber anzuzeigen.

§ 4 Scheingeschäfte, Missbrauch von Gestaltungsmöglichkeiten

(1) [1]Scheingeschäfte und Scheinhandlungen sind für die Bewilligung, Gewährung, Rückforderung und Weitergewährung oder das Belassen einer Subvention oder eines Subventionsvorteils unerheblich. [2]Wird durch ein Scheingeschäft oder eine Scheinhandlung ein anderer Sachverhalt verdeckt, so ist der verdeckte Sachverhalt für die Bewilligung, Gewährung, Rückforderung, Weitergewährung oder das Belassen der Subvention oder des Subventionsvorteils maßgebend.

(2) [1]Die Bewilligung oder Gewährung einer Subvention oder eines Subventionsvorteils ist ausgeschlossen, wenn im Zusammenhang mit einer beantragten Subvention ein Rechtsgeschäft oder eine Handlung unter Missbrauch von Gestaltungsmöglichkeiten vorgenommen wird. [2]Ein Missbrauch liegt vor, wenn jemand eine den gegebenen Tatsachen und Verhältnissen unangemessene Gestaltungsmöglichkeit benutzt, um eine Subvention oder einen Subventionsvorteil für sich oder einen anderen in Anspruch zu nehmen oder zu nutzen, obwohl dies dem Subventionszweck widerspricht. [3]Dies ist namentlich dann anzunehmen, wenn die förmlichen Voraussetzungen einer Subvention oder eines Subventionsvorteils in einer dem Subventionszweck widersprechenden Weise künstlich geschaffen werden.

§ 5 Herausgabe von Subventionsvorteilen

(1) Wer einen Gegenstand oder eine Geldleistung, deren Verwendung durch Gesetz oder durch den Subventionsgeber im Hinblick auf eine Subvention beschränkt ist, entgegen der Verwendungsbeschränkung verwendet und dadurch einen Vorteil erlangt, hat diesen dem Subventionsgeber herauszugeben.

(2) [1]Für den Umfang der Herausgabe gelten die Vorschriften des Bürgerlichen Gesetzbuches über die Herausgabe einer ungerechtfertigten Bereicherung entsprechend. [2]Auf den Wegfall der Bereicherung kann sich der Herausgabepflichtige nicht berufen, soweit er die Verwendungsbeschränkung kannte oder infolge grober Fahrlässigkeit nicht kannte.

(3) Besonders bestehende Verpflichtungen zur Herausgabe bleiben unberührt.

§ 6 Anzeige bei Verdacht eines Subventionsbetrugs

Gerichte und Behörden von Bund, Ländern und kommunalen Trägern der öffentlichen Verwaltung haben Tatsachen, die sie dienstlich erfahren und die den Verdacht eines Subventionsbetrugs begründen, den Strafverfolgungsbehörden mitzuteilen.

Anhang: §§ 264, 299 Strafgesetzbuch (StGB) v. 13. 11. 1998 (BGBl I S. 3324)

§ 264 Subventionsbetrug[1)]

(1) Mit Freiheitsstrafe bis zu fünf Jahren oder mit Geldstrafe wird bestraft, wer

1. einer für die Bewilligung einer Subvention zuständigen Behörde oder einer anderen in das Subventionsverfahren eingeschalteten Stelle oder Person (Subventionsgeber) über subventionserhebliche Tatsachen für sich oder einen anderen unrichtige oder unvollständige Angaben macht, die für ihn oder den anderen vorteilhaft sind,
2. einen Gegenstand oder eine Geldleistung, deren Verwendung durch Rechtsvorschriften oder durch den Subventionsgeber im Hinblick auf eine Subvention beschränkt ist, entgegen der Verwendungsbeschränkung verwendet,
3. den Subventionsgeber entgegen den Rechtsvorschriften über die Subventionsvergabe über subventionserhebliche Tatsachen in Unkenntnis lässt oder
4. in einem Subventionsverfahren eine durch unrichtige oder unvollständige Angaben erlangte Bescheinigung über eine Subventionsberechtigung oder über subventionserhebliche Tatsachen gebraucht.

1) **Anm. d. Red.:** § 264 i. d. F. des Gesetzes v. 20. 11. 2015 (BGBl I S. 2025) mit Wirkung v. 26. 11. 2015.

(2) [1]In besonders schweren Fällen ist die Strafe Freiheitsstrafe von sechs Monaten bis zu zehn Jahren. [2]Ein besonders schwerer Fall liegt in der Regel vor, wenn der Täter

1. aus grobem Eigennutz oder unter Verwendung nachgemachter oder verfälschter Belege für sich oder einen anderen eine nicht gerechtfertigte Subvention großen Ausmaßes erlangt,
2. seine Befugnisse oder seine Stellung als Amtsträger oder Europäischer Amtsträger missbraucht oder
3. die Mithilfe eines Amtsträgers oder Europäischen Amtsträgers ausnutzt, der seine Befugnisse oder seine Stellung missbraucht.

(3) § 263 Abs. 5 gilt entsprechend.

(4) Wer in den Fällen des Absatzes 1 Nr. 1 bis 3 leichtfertig handelt, wird mit Freiheitsstrafe bis zu drei Jahren oder mit Geldstrafe bestraft.

(5) [1]Nach den Absätzen 1 und 4 wird nicht bestraft, wer freiwillig verhindert, dass aufgrund der Tat die Subvention gewährt wird. [2]Wird die Subvention ohne Zutun des Täters nicht gewährt, so wird er straflos, wenn er sich freiwillig und ernsthaft bemüht, das Gewähren der Subvention zu verhindern.

(6) [1]Neben einer Freiheitsstrafe von mindestens einem Jahr wegen einer Straftat nach den Absätzen 1 bis 3 kann das Gericht die Fähigkeit, öffentliche Ämter zu bekleiden, und die Fähigkeit, Rechte aus öffentlichen Wahlen zu erlangen, aberkennen (§ 45 Abs. 2). [2]Gegenstände, auf die sich die Tat bezieht, können eingezogen werden; § 74a ist anzuwenden.

(7) [1]Subvention im Sinne dieser Vorschrift ist

1. eine Leistung aus öffentlichen Mitteln nach Bundes- oder Landesrecht an Betriebe oder Unternehmen, die wenigstens zum Teil
   a) ohne marktmäßige Gegenleistung gewährt wird und
   b) der Förderung der Wirtschaft dienen soll;
2. eine Leistung aus öffentlichen Mitteln nach dem Recht der Europäischen Gemeinschaften, die wenigstens zum Teil ohne marktmäßige Gegenleistung gewährt wird.

[2]Betrieb oder Unternehmen im Sinne des Satzes 1 Nr. 1 ist auch das öffentliche Unternehmen.

(8) Subventionserheblich im Sinne des Absatzes 1 sind Tatsachen,

1. die durch Gesetz oder aufgrund eines Gesetzes von dem Subventionsgeber als subventionserheblich bezeichnet sind oder
2. von denen die Bewilligung, Gewährung, Rückforderung, Weitergewährung oder das Belassen einer Subvention oder eines Subventionsvorteils gesetzlich abhängig ist.

§ 299 Bestechlichkeit und Bestechung im geschäftlichen Verkehr[1)]

(1) Mit Freiheitsstrafe bis zu drei Jahren oder Geldstrafe wird bestraft, wer im geschäftlichen Verkehr als Angestellter oder Beauftragter eines Unternehmens

1. einen Vorteil für sich oder einen Dritten als Gegenleistung dafür fordert, sich versprechen lässt oder annimmt, dass er bei dem Bezug von Waren oder Dienstleistungen einen anderen im inländischen oder ausländischen Wettbewerb in unlauterer Weise bevorzuge, oder
2. ohne Einwilligung des Unternehmens einen Vorteil für sich oder einen Dritten als Gegenleistung dafür fordert, sich versprechen lässt oder annimmt, dass er bei dem Bezug von Waren oder Dienstleistungen eine Handlung vornehme oder unterlasse und dadurch seine Pflichten gegenüber dem Unternehmen verletze.

1) **Anm. d. Red.:** § 299 i. d. F. des Gesetzes v. 20. 11. 2015 (BGBl I S. 2025) mit Wirkung v. 26. 11. 2015.

(2) Ebenso wird bestraft, wer im geschäftlichen Verkehr einem Angestellten oder Beauftragten eines Unternehmens

1. einen Vorteil für diesen oder einen Dritten als Gegenleistung dafür anbietet, verspricht oder gewährt, dass er bei dem Bezug von Waren oder Dienstleistungen ihn oder einen anderen im inländischen oder ausländischen Wettbewerb in unlauterer Weise bevorzuge, oder
2. ohne Einwilligung des Unternehmens einen Vorteil für diesen oder einen Dritten als Gegenleistung dafür anbietet, verspricht oder gewährt, dass er bei dem Bezug von Waren oder Dienstleistungen eine Handlung vornehme oder unterlasse und dadurch seine Pflichten gegenüber dem Unternehmen verletze.

L. Gesetz zur Bekämpfung der Schwarzarbeit und illegalen Beschäftigung (Schwarzarbeitsbekämpfungsgesetz – SchwarzArbG)

v. 23. 7. 2004 (BGBl I S. 1842) mit späteren Änderungen

Das Gesetz zur Bekämpfung der Schwarzarbeit und illegalen Beschäftigung (Schwarzarbeitsbekämpfungsgesetz – SchwarzArbG) ist als Art. 1 Gesetz zur Intensivierung der Bekämpfung der Schwarzarbeit und damit zusammenhängender Steuerhinterziehung v. 23. 7. 2004 (BGBl I S. 1842) verkündet worden und am 1. 8. 2004 in Kraft getreten. Es ist zuletzt geändert worden durch Art. 2 Abs. 1 Gesetz zur Einführung eines Wettbewerbsregisters und zur Änderung des Gesetzes gegen Wettbewerbsbeschränkungen v. 18. 7. 2017 (BGBl I S. 2739); diese Änderung tritt erst an dem Tag in Kraft, an dem die Rechtsverordnung nach § 10 Gesetz zur Einrichtung und zum Betrieb eines Registers zum Schutz des Wettbewerbs um öffentliche Aufträge und Konzessionen (Wettbewerbsregistergesetz – WRegG) v. 18. 7. 2017 (BGBl I S. 2739) in Kraft tritt und ist in einer Fußnote entsprechend gekennzeichnet.

Nichtamtliche Fassung

Inhaltsübersicht[1)]

SchwarzArbG

1) **Anm. d. Red.:** Inhaltsübersicht i. d. F. des Gesetzes v. 21. 7. 2012 (BGBl I S. 1842) mit Wirkung v. 26. 7. 2012.

Abschnitt 1: Zweck

§ 1 Zweck des Gesetzes

(1) Zweck des Gesetzes ist die Intensivierung der Bekämpfung der Schwarzarbeit.

(2) Schwarzarbeit leistet, wer Dienst- oder Werkleistungen erbringt oder ausführen lässt und dabei

1. als Arbeitgeber, Unternehmer oder versicherungspflichtiger Selbstständiger seine sich auf Grund der Dienst- oder Werkleistungen ergebenden sozialversicherungsrechtlichen Melde-, Beitrags- oder Aufzeichnungspflichten nicht erfüllt,
2. als Steuerpflichtiger seine sich auf Grund der Dienst- oder Werkleistungen ergebenden steuerlichen Pflichten nicht erfüllt,
3. als Empfänger von Sozialleistungen seine sich auf Grund der Dienst- oder Werkleistungen ergebenden Mitteilungspflichten gegenüber dem Sozialleistungsträger nicht erfüllt,
4. als Erbringer von Dienst- oder Werkleistungen seiner sich daraus ergebenden Verpflichtung zur Anzeige vom Beginn des selbstständigen Betriebes eines stehenden Gewerbes (§ 14 der Gewerbeordnung) nicht nachgekommen ist oder die erforderliche Reisegewerbekarte (§ 55 der Gewerbeordnung) nicht erworben hat,
5. als Erbringer von Dienst- oder Werkleistungen ein zulassungspflichtiges Handwerk als stehendes Gewerbe selbstständig betreibt, ohne in der Handwerksrolle eingetragen zu sein (§ 1 der Handwerksordnung).

(3) [1]Absatz 2 findet keine Anwendung für nicht nachhaltig auf Gewinn gerichtete Dienst- oder Werkleistungen, die

1. von Angehörigen im Sinne des § 15 der Abgabenordnung oder Lebenspartnern,
2. aus Gefälligkeit,
3. im Wege der Nachbarschaftshilfe oder
4. im Wege der Selbsthilfe im Sinne des § 36 Abs. 2 und 4 des Zweiten Wohnungsbaugesetzes in der Fassung der Bekanntmachung vom 19. August 1994 (BGBl I S. 2137) oder als Selbsthilfe im Sinne des § 12 Abs. 1 Satz 2 des Wohnraumförderungsgesetzes vom 13. September 2001 (BGBl I S. 2376), zuletzt geändert durch Artikel 7 des Gesetzes vom 29. Dezember 2003 (BGBl I S. 3076),

erbracht werden. [2]Als nicht nachhaltig auf Gewinn gerichtet gilt insbesondere eine Tätigkeit, die gegen geringes Entgelt erbracht wird.

Abschnitt 2: Prüfungen

§ 2 Prüfungsaufgaben[1)]

(1) [1]Die Behörden der Zollverwaltung prüfen, ob

1. die sich aus den Dienst- oder Werkleistungen ergebenden Pflichten nach § 28a des Vierten Buches Sozialgesetzbuch erfüllt werden oder wurden,
2. auf Grund der Dienst- oder Werkleistungen Sozialleistungen nach dem Zweiten und Dritten Buch Sozialgesetzbuch oder Leistungen nach dem Altersteilzeitgesetz zu Unrecht bezogen werden oder wurden,
3. die Angaben des Arbeitgebers, die für die Sozialleistungen nach dem Dritten Buch Sozialgesetzbuch erheblich sind, zutreffend bescheinigt wurden,

1) **Anm. d. Red.:** § 2 i. d. F. des Gesetzes v. 21. 2. 2017 (BGBl I S. 258) mit Wirkung v. 1. 4. 2017; Abs. 2 i. d. F. des Gesetzes v. 6. 3. 2017 (BGBl I S. 399) mit Wirkung v. 10. 3. 2017.

4. Ausländer nicht
   a) entgegen § 284 Abs. 1 des Dritten Buches Sozialgesetzbuch oder § 4 Abs. 3 Satz 1 und 2 des Aufenthaltsgesetzes und nicht zu ungünstigeren Arbeitsbedingungen als vergleichbare deutsche Arbeitnehmer oder Arbeitnehmerinnen beschäftigt werden oder wurden, oder
   b) entgegen § 4 Abs. 3 Satz 1 und 2 des Aufenthaltsgesetzes mit entgeltlichen Dienst- oder Werkleistungen beauftragt werden oder wurden

   und
5. Arbeitsbedingungen nach Maßgabe des Mindestlohngesetzes, des Arbeitnehmer-Entsendegesetzes und des § 8 Absatz 5 des Arbeitnehmerüberlassungsgesetzes eingehalten werden oder wurden.

[2]Die Prüfung der Erfüllung steuerlicher Pflichten im Sinne von § 1 Abs. 2 Nr. 2 obliegt den zuständigen Landesfinanzbehörden. [3]Die Behörden der Zollverwaltung sind zur Mitwirkung an Prüfungen der Landesfinanzbehörden berechtigt. [4]Die Behörden der Zollverwaltung prüfen zur Erfüllung ihrer Mitteilungspflicht nach § 6 Abs. 1 Satz 1 in Verbindung mit Abs. 3 Nr. 4, ob Anhaltspunkte dafür bestehen, dass Steuerpflichtige den sich aus den Dienst- oder Werkleistungen ergebenden steuerlichen Pflichten nicht nachgekommen sind. [5]Grundsätze der Zusammenarbeit werden von den obersten Finanzbehörden des Bundes und der Länder im gegenseitigen Einvernehmen geregelt.

(1a) Die nach Landesrecht für die Verfolgung und Ahndung von Ordnungswidrigkeiten nach diesem Gesetz zuständigen Behörden prüfen, ob

1. der Verpflichtung zur Anzeige vom Beginn des selbstständigen Betriebes eines stehenden Gewerbes (§ 14 der Gewerbeordnung) nachgekommen oder die erforderliche Reisegewerbekarte (§ 55 der Gewerbeordnung) erworben wurde,
2. ein zulassungspflichtiges Handwerk als stehendes Gewerbe selbstständig betrieben wird und die Eintragung in die Handwerksrolle vorliegt.

(2) [1]Die Behörden der Zollverwaltung werden bei den Prüfungen nach Absatz 1 unterstützt von

1. den Finanzbehörden,
2. der Bundesagentur für Arbeit,

2a. der Bundesnetzagentur für Elektrizität, Gas, Telekommunikation, Post und Eisenbahnen,

3. den Einzugsstellen (§ 28i des Vierten Buches Sozialgesetzbuch),
4. den Trägern der Rentenversicherung,
5. den Trägern der Unfallversicherung,
6. den gemeinsamen Einrichtungen und den zugelassenen kommunalen Trägern nach dem Zweiten Buch Sozialgesetzbuch sowie der Bundesagentur für Arbeit als verantwortliche Stelle für die zentral verwalteten IT-Verfahren nach § 50 Absatz 3 des Zweiten Buches Sozialgesetzbuch,
7. den nach dem Asylbewerberleistungsgesetz zuständigen Behörden,
8. den in § 71 Abs. 1 bis 3 des Aufenthaltsgesetzes genannten Behörden,

8a. dem Bundesamt für Güterverkehr,

8b. den nach Landesrecht für die Genehmigung und Überwachung des Gelegenheitsverkehrs mit Kraftfahrzeugen nach § 46 des Personenbeförderungsgesetzes zuständigen Behörden,

9. den für den Arbeitsschutz zuständigen Landesbehörden,
10. den Polizeivollzugsbehörden des Bundes und der Länder auf Ersuchen im Einzelfall,

11. den nach Landesrecht für die Verfolgung und Ahndung von Ordnungswidrigkeiten nach diesem Gesetz zuständigen Behörden und
12. den nach § 14 der Gewerbeordnung für die Entgegennahme der Gewerbeanzeigen zuständigen Stellen.

[2]Die Aufgaben dieser Stellen nach anderen Rechtsvorschriften bleiben unberührt. [3]Die Prüfungen können mit anderen Prüfungen der in diesem Absatz genannten Stellen verbunden werden; die Vorschriften über die Unterrichtung und Zusammenarbeit bleiben hiervon unberührt. [4]Verwaltungskosten der unterstützenden Stellen werden nicht erstattet.

§ 2a Mitführungs- und Vorlagepflicht von Ausweispapieren[1)]

(1) Bei der Erbringung von Dienst- oder Werkleistungen sind die in folgenden Wirtschaftsbereichen oder Wirtschaftszweigen tätigen Personen verpflichtet, ihren Personalausweis, Pass, Passersatz oder Ausweisersatz mitzuführen und den Behörden der Zollverwaltung auf Verlangen vorzulegen:

1. im Baugewerbe,
2. im Gaststätten- und Beherbergungsgewerbe,
3. im Personenbeförderungsgewerbe,
4. im Speditions-, Transport- und damit verbundenen Logistikgewerbe,
5. im Schaustellergewerbe,
6. bei Unternehmen der Forstwirtschaft,
7. im Gebäudereinigungsgewerbe,
8. bei Unternehmen, die sich am Auf- und Abbau von Messen und Ausstellungen beteiligen,
9. in der Fleischwirtschaft,
10. im Prostitutionsgewerbe.

(2) Der Arbeitgeber hat jeden und jede seiner Arbeitnehmer und Arbeitnehmerinnen nachweislich und schriftlich auf die Pflicht nach Absatz 1 hinzuweisen, diesen Hinweis für die Dauer der Erbringung der Dienst- oder Werkleistungen aufzubewahren und auf Verlangen bei den Prüfungen nach § 2 Abs. 1 vorzulegen.

(3) Die Vorlagepflichten nach den Absätzen 1 und 2 bestehen auch gegenüber den nach Landesrecht für die Verfolgung und Ahndung von Ordnungswidrigkeiten nach diesem Gesetz zuständigen Behörden in den Fällen des § 2 Absatz 1a.

§ 3 Befugnisse bei der Prüfung von Personen[2)]

(1) Zur Durchführung der Prüfungen nach § 2 Abs. 1 sind die Behörden der Zollverwaltung und die sie gemäß § 2 Abs. 2 unterstützenden Stellen befugt, Geschäftsräume und Grundstücke des Arbeitgebers und des Auftraggebers von selbstständig tätigen Personen sowie des Entleihers im Rahmen einer Prüfung nach § 2 Absatz 1 Nummer 5 während der Arbeitszeit der dort tätigen Personen zu betreten und dabei

1. von diesen Auskünfte hinsichtlich ihrer Beschäftigungsverhältnisse oder ihrer Tätigkeiten einzuholen und
2. Einsicht in von ihnen mitgeführte Unterlagen zu nehmen, von denen anzunehmen ist, dass aus ihnen Umfang, Art oder Dauer ihrer Beschäftigungsverhältnisse oder Tätigkeiten hervorgehen oder abgeleitet werden können.

(2) Ist eine Person zur Ausführung von Dienst- oder Werkleistungen bei Dritten tätig, gilt Absatz 1 entsprechend.

---

1) **Anm. d. Red.:** § 2a i. d. F. des Gesetzes v. 21. 10. 2016 (BGBl I S. 2372) mit Wirkung v. 1. 7. 2017; Abs. 3 i. d. F. des Gesetzes v. 6. 3. 2017 (BGBl I S. 399) mit Wirkung v. 10. 3. 2017.

2) **Anm. d. Red.:** § 3 i. d. F. des Gesetzes v. 6. 3. 2017 (BGBl I S. 399) mit Wirkung v. 10. 3. 2017.

(3) [1]Die Behörden der Zollverwaltung und die sie gemäß § 2 Abs. 2 unterstützenden Stellen sind zur Durchführung der Prüfungen nach § 2 Abs. 1 ermächtigt, die Personalien der in den Geschäftsräumen oder auf dem Grundstück des Arbeitgebers, Auftraggebers oder des Dritten sowie des Entleihers im Rahmen einer Prüfung nach § 2 Absatz 1 Nummer 5 tätigen Personen zu überprüfen. [2]Sie können zu diesem Zweck die in Satz 1 genannten Personen anhalten, sie nach ihren Personalien (Vor-, Familien- und Geburtsnamen, Ort und Tag der Geburt, Beruf, Wohnort, Wohnung und Staatsangehörigkeit) befragen und verlangen, dass sie mitgeführte Ausweispapiere zur Prüfung aushändigen.

(4) Im Verteidigungsbereich darf ein Betretensrecht nur im Einvernehmen mit dem Bundesministerium der Verteidigung ausgeübt werden.

(5) [1]Die Bediensteten der Zollverwaltung dürfen Beförderungsmittel anhalten. [2]Führer von Beförderungsmitteln haben auf Verlangen zu halten und den Zollbediensteten zu ermöglichen, in das Beförderungsmittel zu gelangen und es wieder zu verlassen. [3]Die Zollverwaltung unterrichtet die Polizeivollzugsbehörden der Länder über groß angelegte Kontrollen.

(6) Die Absätze 1 bis 4 gelten entsprechend für die nach Landesrecht für die Verfolgung und Ahndung von Ordnungswidrigkeiten nach diesem Gesetz zuständigen Behörden zur Durchführung von Prüfungen nach § 2 Absatz 1a, sofern Anhaltspunkte dafür vorliegen, dass Schwarzarbeit im Sinne des § 1 Absatz 2 Nummer 4 und 5 geleistet wird.

§ 4 Befugnisse bei der Prüfung von Geschäftsunterlagen[1)]

(1) Zur Durchführung der Prüfungen nach § 2 Abs. 1 sind die Behörden der Zollverwaltung und die sie gemäß § 2 Abs. 2 unterstützenden Stellen befugt, Geschäftsräume und Grundstücke des Arbeitgebers und Auftraggebers von Dienst- oder Werkleistungen sowie des Entleihers im Rahmen einer Prüfung nach § 2 Absatz 1 Nummer 5 während der Geschäftszeit zu betreten und dort Einsicht in die Lohn- und Meldeunterlagen, Bücher und andere Geschäftsunterlagen zu nehmen, aus denen Umfang, Art oder Dauer von Beschäftigungsverhältnissen hervorgehen oder abgeleitet werden können.

(1a) Zur Durchführung der Prüfungen nach § 2 Absatz 1a sind die nach Landesrecht für die Verfolgung und Ahndung von Ordnungswidrigkeiten nach diesem Gesetz zuständigen Behörden befugt, Geschäftsräume und Grundstücke einer selbstständig tätigen Person, des Arbeitgebers und des Auftraggebers während der Arbeitszeit der dort tätigen Personen zu betreten und dort Einsicht in Unterlagen zu nehmen, von denen anzunehmen ist, dass aus ihnen Umfang, Art oder Dauer der Ausübung eines Gewerbes, eines Reisegewerbes oder eines zulassungspflichtigen Handwerks oder der Beschäftigungsverhältnisse hervorgehen oder abgeleitet werden können, sofern Anhaltspunkte dafür vorliegen, dass Schwarzarbeit im Sinne des § 1 Absatz 2 Nummer 4 und 5 geleistet wird.

(2) [1]Die Behörden der Zollverwaltung sind zur Durchführung der Prüfungen nach § 2 Abs. 1 befugt, Einsicht in die Unterlagen zu nehmen, aus denen die Vergütung der Dienst- oder Werkleistungen hervorgeht, die natürliche oder juristische Personen oder Personenvereinigungen in Auftrag gegeben haben. [2]Satz 1 gilt im Rahmen der Durchführung der Prüfung nach § 2 Absatz 1 Nummer 5 entsprechend für Unterlagen, aus denen die Vergütung des Leiharbeitsverhältnisses hervorgeht.

(3) Die Behörden der Zollverwaltung sind zur Durchführung der Prüfungen nach § 2 Abs. 1 befugt, bei dem Auftraggeber, der nicht Unternehmer im Sinne des § 2 des Umsatzsteuergesetzes 1999 ist, Einsicht in die Rechnungen, einen Zahlungsbeleg oder eine andere beweiskräftige Unterlage über ausgeführte Werklieferungen oder sonstige Leistungen im Zusammenhang mit einem Grundstück zu nehmen.

1) **Anm. d. Red.:** § 4 i. d. F. des Gesetzes v. 6. 3. 2017 (BGBl I S. 399) mit Wirkung v. 10. 3. 2017.

§ 5 Duldungs- und Mitwirkungspflichten[1)]

(1) [1]Arbeitgeber, Arbeitnehmer und Arbeitnehmerinnen, Auftraggeber und Dritte, die bei einer Prüfung nach § 2 Absatz 1 und 1a angetroffen werden, sowie Entleiher, die bei einer Prüfung nach § 2 Absatz 1 Nummer 5 angetroffen werden, haben die Prüfung zu dulden und dabei mitzuwirken, insbesondere für die Prüfung erhebliche Auskünfte zu erteilen und die in den §§ 3 und 4 genannten Unterlagen vorzulegen. [2]In den Fällen des § 3 Abs. 1 und 2 und 6 sowie des § 4 Absatz 1, 1a und 2 haben sie auch das Betreten der Grundstücke und der Geschäftsräume zu dulden. [3]Auskünfte, die die verpflichtete Person oder eine ihr nahe stehende Person (§ 383 Abs. 1 Nr. 1 bis 3 der Zivilprozessordnung) der Gefahr aussetzen, wegen einer Straftat oder Ordnungswidrigkeit verfolgt zu werden, können verweigert werden. [4]Ausländer sind ferner verpflichtet, ihren Pass, Passersatz oder Ausweisersatz und ihren Aufenthaltstitel, ihre Duldung oder ihre Aufenthaltsgestattung den Behörden der Zollverwaltung auf Verlangen vorzulegen und, sofern sich Anhaltspunkte für einen Verstoß gegen ausländerrechtliche Vorschriften ergeben, zur Weiterleitung an die zuständige Ausländerbehörde zu überlassen. [5]Werden die Dokumente einbehalten, erhält der betroffene Ausländer eine Bescheinigung, welche die einbehaltenen Dokumente und die Ausländerbehörde bezeichnet, an die die Dokumente weitergeleitet werden. [6]Der Ausländer ist verpflichtet, unverzüglich mit der Bescheinigung bei der Ausländerbehörde zu erscheinen. [7]Darauf ist in der Bescheinigung hinzuweisen. [8]Gibt die Ausländerbehörde die einbehaltenen Dokumente zurück oder werden Ersatzdokumente ausgestellt oder vorgelegt, behält die Ausländerbehörde die Bescheinigung ein.

(2) [1]In Fällen des § 4 Abs. 3 haben die Auftraggeber, die nicht Unternehmer im Sinne des § 2 des Umsatzsteuergesetzes 1999 sind, eine Prüfung nach § 2 Abs. 1 zu dulden und dabei mitzuwirken, insbesondere die für die Prüfung erheblichen Auskünfte zu erteilen und die in § 4 Abs. 3 genannten Unterlagen vorzulegen. [2]Absatz 1 Satz 3 gilt entsprechend.

(3) [1]In Datenverarbeitungsanlagen gespeicherte Daten haben der Arbeitgeber und der Auftraggeber sowie der Entleiher im Rahmen einer Prüfung nach § 2 Absatz 1 Nummer 5 auszusondern und den Behörden der Zollverwaltung auf deren Verlangen auf automatisiert verarbeitbaren Datenträgern oder in Listen zu übermitteln. [2]Der Arbeitgeber und der Auftraggeber sowie der Entleiher im Rahmen einer Prüfung nach § 2 Absatz 1 Nummer 5 dürfen automatisiert verarbeitbare Datenträger oder Datenlisten, die die erforderlichen Daten enthalten, ungesondert zur Verfügung stellen, wenn die Aussonderung mit einem unverhältnismäßigen Aufwand verbunden wäre und überwiegende schutzwürdige Interessen des Betroffenen nicht entgegenstehen. [3]In diesem Fall haben die Behörden der Zollverwaltung die Daten zu trennen und die nicht nach Satz 1 zu übermittelnden Daten zu löschen. [4]Soweit die übermittelten Daten für Zwecke der Ermittlung von Straftaten oder Ordnungswidrigkeiten, der Ermittlung von steuerlich erheblichen Sachverhalten oder der Festsetzung von Sozialversicherungsbeiträgen oder Sozialleistungen nicht benötigt werden, sind die Datenträger oder Listen nach Abschluss der Prüfungen nach § 2 Abs. 1 auf Verlangen des Arbeitgebers oder des Auftraggebers zurückzugeben oder die Daten unverzüglich zu löschen.

§ 6 Unterrichtung und Zusammenarbeit von Behörden[2)]

(1) [1]Die Behörden der Zollverwaltung und die sie gemäß § 2 Abs. 2 unterstützenden Stellen sind verpflichtet, einander die für deren Prüfungen erforderlichen Informationen einschließlich personenbezogener Daten und die Ergebnisse der Prüfungen zu übermitteln, soweit deren Kenntnis für die Erfüllung der Aufgaben der Behörden oder Stellen erforderlich ist. [2]Die Behörden der Zollverwaltung einerseits und die Strafverfolgungsbehörden und die Polizeivollzugsbehörden andererseits übermitteln einander die erforderlichen Informationen für die Verhütung und Verfolgung von Straftaten und Ordnungswidrigkeiten, die in Zusammenhang mit einem der in § 2 Abs. 1 genannten Prüfgegenstände stehen. [3]An Strafverfolgungsbehörden und Polizei-

1) **Anm. d. Red.:** § 5 i. d. F. des Gesetzes v. 6. 3. 2017 (BGBl I S. 399) mit Wirkung v. 10. 3. 2017.

2) **Anm. d. Red.:** § 6 i. d. F. des Gesetzes v. 6. 3. 2017 (BGBl I S. 399) mit Wirkung v. 10. 3. 2017.

vollzugsbehörden dürfen personenbezogene Daten nur übermittelt werden, sofern tatsächliche Anhaltspunkte dafür vorliegen, dass die Daten für die Verhütung und Verfolgung von Straftaten oder Ordnungswidrigkeiten, die in Zusammenhang mit einem der in § 2 Abs. 1 genannten Prüfgegenstände stehen, erforderlich sind.

(2) [1]Die Behörden der Zollverwaltung dürfen zur Wahrnehmung ihrer Aufgaben nach § 2 Abs. 1 sowie zur Verfolgung von Straftaten oder Ordnungswidrigkeiten die Datenbestände der Bundesagentur für Arbeit über erteilte Arbeitsgenehmigungen-EU und Zustimmungen zur Beschäftigung sowie über im Rahmen von Werkvertragskontingenten beschäftigte ausländische Arbeitnehmer und Arbeitnehmerinnen automatisiert abrufen; die Strafverfolgungsbehörden sind zum automatisierten Abruf nur berechtigt, soweit dies zur Verfolgung von Straftaten oder Ordnungswidrigkeiten erforderlich ist. [2]§ 79 Abs. 2 bis 4 des Zehnten Buches Sozialgesetzbuch gilt entsprechend.

(3) [1]Die Behörden der Zollverwaltung unterrichten die jeweils zuständigen Stellen, wenn sich bei der Durchführung ihrer Aufgaben nach diesem Gesetz Anhaltspunkte ergeben für Verstöße gegen

1. dieses Gesetz,
2. das Arbeitnehmerüberlassungsgesetz,
3. Bestimmungen des Vierten und Siebten Buches Sozialgesetzbuch zur Zahlung von Beiträgen,
4. die Steuergesetze,
5. das Aufenthaltsgesetz,
6. die Mitwirkungspflicht nach § 60 Abs. 1 Satz 1 Nr. 1 und 2 des Ersten Buches Sozialgesetzbuch oder die Meldepflicht nach § 8a des Asylbewerberleistungsgesetzes,
7. die Handwerks- oder Gewerbeordnung,

7a. das Güterkraftverkehrsgesetz,

7b. das Personenbeförderungsgesetz,

8. sonstige Strafgesetze,
9. das Arbeitnehmer-Entsendegesetz oder
10. das Mindestlohngesetz.

[2]Nach § 5 Abs. 1 Satz 4 in Verwahrung genommene Urkunden sind der Ausländerbehörde unverzüglich zu übermitteln.

(4) Bestehen Anhaltspunkte dafür, dass eine nach § 5 Abs. 1 Satz 4 in Verwahrung genommene Urkunde unecht oder verfälscht ist, ist sie an die zuständige Polizeivollzugsbehörde zu übermitteln.

§ 6a Übermittlung personenbezogener Daten an Mitgliedstaaten der Europäischen Union[1)]

(1) [1]Die Behörden der Zollverwaltung können personenbezogene Daten, die in Zusammenhang mit einem der in § 2 Absatz 1 genannten Prüfgegenstände stehen, zum Zweck der Verhütung von Straftaten an eine für die Verhütung und Verfolgung zuständige Behörde eines Mitgliedstaates der Europäischen Union übermitteln. [2]Dabei ist eine Übermittlung personenbezogener Daten ohne Ersuchen nur zulässig, wenn im Einzelfall die Gefahr der Begehung einer Straftat im Sinne des Artikels 2 Absatz 2 des Rahmenbeschlusses 2002/584/JI des Rates vom 13. Juni 2002 über den Europäischen Haftbefehl und die Übergabeverfahren zwischen den Mitgliedstaaten (ABl L 190 vom 18. 7. 2002, S. 1), der zuletzt durch den Rahmenbeschluss 2009/299/JI (ABl L 81 vom 27. 3. 2009, S. 24) geändert worden ist, besteht und konkrete Anhaltspunk-

SchwarzArbG

1) **Anm. d. Red.:** § 6a eingefügt gem. Gesetz v. 21. 7. 2012 (BGBl I S. 1566) mit Wirkung v. 26. 7. 2012.

te dafür vorliegen, dass die Übermittlung dieser personenbezogenen Daten dazu beitragen könnte, eine solche Straftat zu verhindern.

(2) Die Übermittlung personenbezogener Daten nach Absatz 1 ist nur zulässig, wenn das Ersuchen mindestens folgende Angaben enthält:

1. die Bezeichnung und die Anschrift der ersuchenden Behörde,
2. die Bezeichnung der Straftat, zu deren Verhütung die Daten benötigt werden,
3. die Beschreibung des Sachverhalts, der dem Ersuchen zugrunde liegt,
4. die Benennung des Zwecks, zu dem die Daten erbeten werden,
5. der Zusammenhang zwischen dem Zweck, zu dem die Informationen oder Erkenntnisse erbeten werden, und der Person, auf die sich diese Informationen beziehen,
6. Einzelheiten zur Identität der betroffenen Person, sofern sich das Ersuchen auf eine bekannte Person bezieht, und
7. Gründe für die Annahme, dass sachdienliche Informationen und Erkenntnisse im Inland vorliegen.

(3) Die Datenübermittlung nach Absatz 1 unterbleibt, wenn

1. hierdurch wesentliche Sicherheitsinteressen des Bundes oder der Länder beeinträchtigt würden,
2. die Übermittlung der Daten unverhältnismäßig wäre oder die Daten für die Zwecke, für die sie übermittelt werden sollen, nicht erforderlich sind,
3. die zu übermittelnden Daten bei der ersuchten Behörde nicht vorhanden sind und nur durch das Ergreifen von Zwangsmaßnahmen erlangt werden können oder
4. besondere bundesgesetzliche Verwendungsregelungen entgegenstehen; die Verpflichtung zur Wahrung gesetzlicher Geheimhaltungspflichten oder von Berufs- oder besonderen Amtsgeheimnissen, die nicht auf gesetzlichen Vorschriften beruhen, bleibt unberührt.

(4) Die Übermittlung kann unterbleiben, wenn

1. die Tat, zu deren Verhütung die Daten übermittelt werden sollen, nach deutschem Recht mit einer Freiheitsstrafe von im Höchstmaß einem Jahr oder weniger bedroht ist,
2. die übermittelten Daten als Beweismittel vor einer Justizbehörde verwendet werden sollen,
3. die zu übermittelnden Daten bei der ersuchten Behörde nicht vorhanden sind, jedoch ohne das Ergreifen von Zwangsmaßnahmen erlangt werden können, oder
4. der Erfolg laufender Ermittlungen oder Leib, Leben oder Freiheit einer Person gefährdet würde.

(5) [1]Personenbezogene Daten, die nach dem Rahmenbeschluss 2006/960/JI des Rates vom 18. Dezember 2006 über die Vereinfachung des Austauschs von Informationen und Erkenntnissen zwischen den Strafverfolgungsbehörden der Mitgliedstaaten der Europäischen Union (ABl L 386 vom 29. 12. 2006, S. 89, L 75 vom 15. 3. 2007, S. 26) an die Behörden der Zollverwaltung übermittelt worden sind, dürfen ohne Zustimmung des übermittelnden Staates nur für die Zwecke, für die sie übermittelt wurden, oder zur Abwehr einer gegenwärtigen und erheblichen Gefahr für die öffentliche Sicherheit verwendet werden. [2]Für einen anderen Zweck oder als Beweismittel in einem gerichtlichen Verfahren dürfen sie nur verwendet werden, wenn der übermittelnde Staat zugestimmt hat. [3]Von dem übermittelnden Staat für die Verwendung der Daten gestellte Bedingungen sind zu beachten.

(6) Die Behörden der Zollverwaltung erteilen dem übermittelnden Staat auf dessen Ersuchen zu Zwecken der Datenschutzkontrolle Auskunft darüber, wie die übermittelten Daten verwendet wurden.

(7) Die Absätze 1 bis 6 finden auch Anwendung auf die Übermittlung von personenbezogenen Daten an für die Verhütung und Verfolgung von Straftaten zuständige Behörden eines Schengen-assoziierten Staates im Sinne von § 91 Absatz 3 des Gesetzes über die internationale Rechtshilfe in Strafsachen.

§ 7 Auskunftsansprüche bei anonymen Werbemaßnahmen

Erfolgen Werbemaßnahmen ohne Angabe von Name und Anschrift unter einer Chiffre und bestehen in diesem Zusammenhang Anhaltspunkte für eine Schwarzarbeit nach § 1, ist derjenige, der die Chiffreanzeige veröffentlicht hat, verpflichtet, den Behörden der Zollverwaltung Namen und Anschrift des Auftraggebers der Chiffreanzeige unentgeltlich mitzuteilen.

Abschnitt 3: Bußgeld- und Strafvorschriften

§ 8 Bußgeldvorschriften[1)]

(1) Ordnungswidrig handelt, wer

1. a) (weggefallen)
   b) (weggefallen)
   c) (weggefallen)
   d) der Verpflichtung zur Anzeige vom Beginn des selbstständigen Betriebes eines stehenden Gewerbes (§ 14 der Gewerbeordnung) nicht nachgekommen ist oder die erforderliche Reisegewerbekarte (§ 55 der Gewerbeordnung) nicht erworben hat oder
   e) ein zulassungspflichtiges Handwerk als stehendes Gewerbe selbstständig betreibt, ohne in die Handwerksrolle eingetragen zu sein (§ 1 der Handwerksordnung)

   und Dienst- oder Werkleistungen in erheblichem Umfang erbringt oder
2. Dienst- oder Werkleistungen in erheblichem Umfang ausführen lässt, indem er eine oder mehrere Personen beauftragt, die diese Leistungen unter vorsätzlichem Verstoß gegen eine in Nummer 1 genannte Vorschrift erbringen.

(2) Ordnungswidrig handelt, wer vorsätzlich oder fahrlässig

1. entgegen § 2a Abs. 1 ein dort genanntes Dokument nicht mitführt oder nicht oder nicht rechtzeitig vorlegt,
2. entgegen § 2a Abs. 2 den schriftlichen Hinweis nicht oder nicht für die vorgeschriebene Dauer aufbewahrt oder nicht oder nicht rechtzeitig vorlegt,
3. entgegen
   a) § 5 Abs. 1 Satz 1 oder 2 oder
   b) § 5 Abs. 2 Satz 1

   eine Prüfung oder das Betreten eines Grundstücks oder eines Geschäftsraumes nicht duldet oder bei einer Prüfung nicht mitwirkt,
4. entgegen § 5 Abs. 1 Satz 4 ein dort genanntes Dokument nicht oder nicht rechtzeitig vorlegt oder
5. entgegen § 5 Abs. 3 Satz 1 Daten nicht, nicht richtig, nicht vollständig, nicht in der vorgeschriebenen Weise oder nicht rechtzeitig übermittelt.

(3) Die Ordnungswidrigkeit kann in den Fällen des Absatzes 1 Nr. 1 Buchstabe d und e sowie Nr. 2 in Verbindung mit Nr. 1 Buchstabe d und e mit einer Geldbuße bis zu fünfzigtausend Euro, in den Fällen des Absatzes 2 Nr. 3 Buchstabe a und Nr. 5 mit einer Geldbuße bis zu dreißigtausend Euro, in den Fällen des Absatzes 2 Nr. 1 mit einer Geldbuße bis zu fünftausend Euro und in den übrigen Fällen mit einer Geldbuße bis zu tausend Euro geahndet werden.

(4) [1]Absatz 1 findet keine Anwendung für nicht nachhaltig auf Gewinn gerichtete Dienst- oder Werkleistungen, die

SchwarzArbG

1. von Angehörigen im Sinne des § 15 der Abgabenordnung oder Lebenspartnern,
2. aus Gefälligkeit,
3. im Wege der Nachbarschaftshilfe oder

1) **Anm. d. Red.:** § 8 i. d. F. des Gesetzes v. 6. 3. 2017 (BGBl I S. 399) mit Wirkung v. 10. 3. 2017.

4. im Wege der Selbsthilfe im Sinne des § 36 Abs. 2 und 4 des Zweiten Wohnungsbaugesetzes in der Fassung der Bekanntmachung vom 19. August 1994 (BGBl I S. 2137) oder als Selbsthilfe im Sinne des § 12 Abs. 1 Satz 2 des Wohnraumförderungsgesetzes vom 13. September 2001 (BGBl I S. 2376), zuletzt geändert durch Artikel 7 des Gesetzes vom 29. Dezember 2003 (BGBl I S. 3076),

erbracht werden. [2]Als nicht nachhaltig auf Gewinn gerichtet gilt insbesondere eine Tätigkeit, die gegen geringes Entgelt erbracht wird.

(5) Das Bundesministerium der Finanzen wird ermächtigt, durch Rechtsverordnung mit Zustimmung des Bundesrates Vorschriften über Regelsätze für Geldbußen wegen einer Ordnungswidrigkeit nach Absatz 1 oder 2 zu erlassen.

§ 9 (weggefallen)[1)]

§ 10 Beschäftigung von Ausländern ohne Genehmigung oder ohne Aufenthaltstitel und zu ungünstigen Arbeitsbedingungen[2)]

(1) Wer vorsätzlich eine in § 404 Abs. 2 Nr. 3 des Dritten Buches Sozialgesetzbuch bezeichnete Handlung begeht und den Ausländer zu Arbeitsbedingungen beschäftigt, die in einem auffälligen Missverhältnis zu den Arbeitsbedingungen deutscher Arbeitnehmer und Arbeitnehmerinnen stehen, die die gleiche oder eine vergleichbare Tätigkeit ausüben, wird mit Freiheitsstrafe bis zu drei Jahren oder mit Geldstrafe bestraft.

(2) [1]In besonders schweren Fällen des Absatzes 1 ist die Strafe Freiheitsstrafe von sechs Monaten bis zu fünf Jahren. [2]Ein besonders schwerer Fall liegt in der Regel vor, wenn der Täter gewerbsmäßig oder aus grobem Eigennutz handelt.

§ 10a Beschäftigung von Ausländern ohne Aufenthaltstitel, die Opfer von Menschenhandel sind[3)]

Mit Freiheitsstrafe bis zu drei Jahren oder mit Geldstrafe wird bestraft, wer entgegen § 4 Absatz 3 Satz 2 des Aufenthaltsgesetzes einen Ausländer beschäftigt und hierbei eine Lage ausnutzt, in der sich der Ausländer durch eine gegen ihn gerichtete Tat eines Dritten nach § 232a Absatz 1 bis 5 oder § 232b des Strafgesetzbuchs befindet.

§ 11 Erwerbstätigkeit von Ausländern ohne Genehmigung oder ohne Aufenthaltstitel in größerem Umfang oder von minderjährigen Ausländern[4)]

(1) Wer

1. gleichzeitig mehr als fünf Ausländer entgegen § 284 Abs. 1 des Dritten Buches Sozialgesetzbuch beschäftigt oder entgegen § 4 Abs. 3 Satz 2 des Aufenthaltsgesetzes beschäftigt oder mit Dienst- oder Werkleistungen beauftragt,
2. eine in
   a) § 404 Abs. 2 Nr. 3 des Dritten Buches Sozialgesetzbuch,
   b) § 404 Abs. 2 Nr. 4 des Dritten Buches Sozialgesetzbuch,
   c) § 98 Abs. 2a des Aufenthaltsgesetzes oder
   d) § 98 Abs. 3 Nr. 1 des Aufenthaltsgesetzes

   bezeichnete vorsätzliche Handlung beharrlich wiederholt oder

---

1) **Anm. d. Red.:** § 9 weggefallen gem. Gesetz v. 6. 3. 2017 (BGBl I S. 399) mit Wirkung v. 10. 3. 2017.

2) **Anm. d. Red.:** § 10 i. d. F. des Gesetzes v. 14. 3. 2005 (BGBl I S. 721) mit Wirkung v. 18. 3. 2005.

3) **Anm. d. Red.:** § 10a i. d. F. des Gesetzes v. 11. 10. 2016 (BGBl I S. 2226) mit Wirkung v. 15. 10. 2016.

4) **Anm. d. Red.:** § 11 i. d. F. des Gesetzes v. 22. 11. 2011 (BGBl I S. 2258) mit Wirkung v. 26. 11. 2011.

3. entgegen § 4 Absatz 3 Satz 2 des Aufenthaltsgesetzes eine Person unter 18 Jahren beschäftigt,

wird mit Freiheitsstrafe bis zu einem Jahr oder mit Geldstrafe bestraft.

(2) Handelt der Täter in den Fällen des Absatzes 1 Nummer 1, Nummer 2 Buchstabe a oder Buchstabe c oder Nummer 3 aus grobem Eigennutz, ist die Strafe Freiheitsstrafe bis zu drei Jahren oder Geldstrafe.

Abschnitt 4: Ermittlungen

§ 12 Allgemeines zu den Ordnungswidrigkeiten[1)]

(1) Verwaltungsbehörden im Sinne des § 36 Abs. 1 Nr. 1 des Gesetzes über Ordnungswidrigkeiten sind

1. (weggefallen)
2. in den Fällen des § 8 Abs. 1 Nr. 1 Buchstabe d und e und Nr. 2 in Verbindung mit Nr. 1 Buchstabe d und e die nach Landesrecht zuständige Behörde,
3. in den Fällen des § 8 Abs. 2 die Behörden der Zollverwaltung sowie die nach Landesrecht zuständige Behörde jeweils für ihren Geschäftsbereich.

(2) Die Geldbußen fließen in die Kasse der Verwaltungsbehörde, die den Bußgeldbescheid erlassen hat.

(3) [1]Die nach Absatz 2 zuständige Kasse trägt abweichend von § 105 Abs. 2 des Gesetzes über Ordnungswidrigkeiten die notwendigen Auslagen. [2]Sie ist auch ersatzpflichtig im Sinne des § 110 Abs. 4 des Gesetzes über Ordnungswidrigkeiten.

(4) Die Behörden der Zollverwaltung unterrichten das Gewerbezentralregister über rechtskräftige Bußgeldbescheide nach § 8 Abs. 2 Nr. 3 Buchstabe a und Nr. 5, sofern die Geldbuße mehr als zweihundert Euro beträgt.

§ 13 Zusammenarbeit in Bußgeldverfahren

(1) Die Behörden der Zollverwaltung arbeiten insbesondere mit den in § 2 Abs. 2 genannten unterstützenden Stellen zusammen.

(2) [1]Ergeben sich für die in § 2 Abs. 2 Nr. 2 bis 11 genannten unterstützenden Stellen im Zusammenhang mit der Erfüllung ihrer gesetzlichen Aufgaben Anhaltspunkte für in § 8 genannte Verstöße, unterrichten sie die für die Verfolgung und Ahndung von Ordnungswidrigkeiten nach diesem Gesetz zuständigen Behörden. [2]§ 31a der Abgabenordnung bleibt unberührt.

(3) [1]Gerichte und Staatsanwaltschaften sollen den nach diesem Gesetz zuständigen Stellen Erkenntnisse übermitteln, die aus ihrer Sicht zur Verfolgung von Ordnungswidrigkeiten nach § 8 erforderlich sind, soweit nicht für das Gericht oder die Staatsanwaltschaft erkennbar ist, dass schutzwürdige Interessen des Betroffenen oder anderer Verfahrensbeteiligter an dem Ausschluss der Übermittlung überwiegen. [2]Dabei ist zu berücksichtigen, wie gesichert die zu übermittelnden Erkenntnisse sind.

§ 14 Ermittlungsbefugnisse[2)]

(1) [1]Die Behörden der Zollverwaltung haben bei der Verfolgung von Straftaten und Ordnungswidrigkeiten, die mit einem der in § 2 Abs. 1 genannten Prüfgegenstände unmittelbar zusammenhängen, die gleichen Befugnisse wie die Polizeivollzugsbehörden nach der Strafprozessordnung und dem Gesetz über Ordnungswidrigkeiten. [2]Ihre Beamten sind insoweit Ermittlungspersonen der Staatsanwaltschaft. [3]In den Dienst der Zollverwaltung übergeleitete Angestellte neh-

SchwarzArbG

1) **Anm. d. Red.:** § 12 i. d. F. des Gesetzes v. 6. 3. 2017 (BGBl I S. 399) mit Wirkung v. 10. 3. 2017.

2) **Anm. d. Red.:** § 14 i. d. F. des Gesetzes v. 24. 6. 2005 (BGBl I S. 1841) mit Wirkung v. 1. 7. 2005.

men die Befugnisse nach Satz 1 wahr und sind insoweit Ermittlungspersonen der Staatsanwaltschaft, wenn sie

1. das 21. Lebensjahr vollendet haben,
2. am 31. Dezember 2003 im Dienst der Bundesanstalt für Arbeit gestanden haben und
3. dort mindestens zwei Jahre lang zur Bekämpfung der Schwarzarbeit oder der illegalen Beschäftigung eingesetzt waren.

(2) Zur Bekämpfung von Schwarzarbeit und illegaler Beschäftigung können die Behörden der Zollverwaltung, die Polizeibehörden und die Landesfinanzbehörden in Abstimmung mit der Staatsanwaltschaft gemeinsame Ermittlungsgruppen bilden.

Abschnitt 5: Datenschutz

§ 15 Allgemeines

[1]Für die Wahrnehmung der Aufgaben nach diesem Gesetz durch die Behörden der Zollverwaltung gelten hinsichtlich der Sozialdaten die Vorschriften des Zweiten Kapitels des Zehnten Buches Sozialgesetzbuch. [2]Diese Aufgaben gelten in datenschutzrechtlicher Hinsicht auch als Aufgaben nach dem Sozialgesetzbuch. [3]Die Vorschriften des Vierten Abschnitts des Ersten Teils der Abgabenordnung zum Steuergeheimnis bleiben unberührt.

§ 16 Zentrales Informationssystem für die Finanzkontrolle Schwarzarbeit[1)2)]

(1) Die Behörden der Zollverwaltung führen ein zentrales Informationssystem für die Finanzkontrolle Schwarzarbeit, in dem die zur Aufgabenerfüllung nach diesem Gesetz erforderlichen Daten automatisiert verarbeitet werden.

(2) [1]Im zentralen Informationssystem für die Finanzkontrolle Schwarzarbeit werden folgende Daten gespeichert:

1. Familienname, frühere Namen, Vornamen, Tag und Ort der Geburt einschließlich Bezirk, Geburtsland, Geschlecht, Staatsangehörigkeiten, Wohnanschriften, Familienstand, Berufsbezeichnung, Steuernummer, Personalausweisund Reisepassnummer, Kontodaten, Sozialversicherungsnummer, bei Unternehmen Name, Sitz, Rechtsform, Registernummer und -ort, Vertretungsverhältnisse des Unternehmens, Adressdaten, Steuernummer, Betriebsnummer, Kontodaten,
2. die Bezeichnung der aktenführenden Dienststelle der Zollverwaltung und das Aktenzeichen und
3. der Zeitpunkt der Einleitung des Verfahrens, der Zeitpunkt der letzten Verfahrenshandlung und der Zeitpunkt der Erledigung des Verfahrens, jeweils durch die Behörden der Zollverwaltung, sowie der Zeitpunkt und die Art der Erledigung durch das Gericht oder die Staatsanwaltschaft.

[2]Das Bundesministerium der Finanzen kann durch Rechtsverordnung ergänzend weitere Daten bestimmen, soweit diese für die Finanzkontrolle Schwarzarbeit im Rahmen ihrer Aufgaben

1. zur Vorbereitung und Durchführung von Prüfungen nach § 2 Absatz 1, oder
2. zur Verhütung und Verfolgung von Straftaten und Ordnungswidrigkeiten, die mit einem der in § 2 Absatz 1 genannten Prüfgegenstände zusammenhängen,

erforderlich sind.

---

1) **Anm. d. Red.:** § 16 i. d. F. des Gesetzes v. 6. 3. 2017 (BGBl I S. 399) mit Wirkung v. 10. 3. 2017.

2) **Anm. d. Red.:** Aufgrund eines redaktionellen Irrtums des Gesetzgebers ist die Ausführung der Änderung in § 16 Abs. 2 gem. Art. 4 Nr. 2 i. V. mit Art. 7 Gesetz v. 21. 2. 2017 (BGBl I S. 258) mit Wirkung v. 1. 4. 2017 nicht durchführbar, da dieser gem. Gesetz v. 6. 3. 2017 (BGBl I S. 399) mit Wirkung v. 10. 3. 2017 neu gefasst wurde. Eine Berichtigung des Gesetzgebers bleibt abzuwarten.

(3) Im zentralen Informationssystem für die Finanzkontrolle Schwarzarbeit dürfen personenbezogene Daten nur zu folgenden Zwecken verarbeitet und genutzt werden:

1. zur Vorbereitung und Durchführung von Prüfungen nach § 2 Absatz 1,
2. zur Verhütung und Verfolgung von Straftaten und Ordnungswidrigkeiten, die mit einem der in § 2 Absatz 1 genannten Prüfgegenstände zusammenhängen,
3. zur Besteuerung, soweit sie im Zusammenhang mit der Erbringung von Dienst- oder Werkleistungen steht,
4. zur Erfüllung von Aufgaben, welche den Behörden der Zollverwaltung nach § 5a des Finanzverwaltungsgesetzes oder § 17a des Zollverwaltungsgesetzes zugewiesen sind, und
5. zur Fortbildung im Bereich der Finanzkontrolle Schwarzarbeit, soweit die Daten anonymisiert werden.

(4) [1]Die Generalzolldirektion erstellt für die automatisierte Verarbeitung nach Absatz 1 eine Errichtungsanordnung, die der Zustimmung des Bundesministeriums der Finanzen bedarf. [2]In der Errichtungsanordnung sind festzulegen:

1. die Bezeichnung der verantwortlichen Stelle,
2. die Rechtsgrundlage und der Zweck der Verarbeitung,
3. der Personenkreis, über den Daten gespeichert werden,
4. die Art und der Inhalt der gespeicherten personenbezogenen Daten,
5. die Arten der personenbezogenen Daten, die der Erschließung der Sammlung dienen,
6. die Anlieferung oder die Eingabe der gespeicherten Daten,
7. die Voraussetzungen, unter denen gespeicherte personenbezogene Daten an welche Empfänger und in welchen Verfahren übermittelt werden,
8. die Prüffristen und die Speicherungsdauer,
9. die Protokollierung sowie
10. die Verpflichtung zur Erstellung und zur Pflege eines Rollen- und Berechtigungskonzeptes.

[3]Die oder der Bundesbeauftragte für den Datenschutz und die Informationsfreiheit ist vor Erlass der Errichtungsanordnung anzuhören.

§ 17 Übermittlung von Daten an die Polizeivollzugsbehörden des Bundes und der Länder, an die Finanzbehörden und an die Staatsanwaltschaften[1)]

(1) [1]Die Übermittlung von Daten aus dem zentralen Informationssystem für die Finanzkontrolle Schwarzarbeit erfolgt auf Ersuchen an

1. (weggefallen)
2. die Staatsanwaltschaften für Zwecke der Strafverfolgung,
3. die Polizeivollzugsbehörden des Bundes und der Länder für die Verhütung und Verfolgung von Straftaten und Ordnungswidrigkeiten, die im Zusammenhang mit einem der in § 2 Abs. 1 genannten Prüfgegenstände stehen,
4. die Finanzbehörden der Länder zur Durchführung eines Steuerstraf- oder Steuerordnungswidrigkeitenverfahrens und für die Besteuerung, soweit sie im Zusammenhang mit der Erbringung von Dienst- oder Werkleistungen steht oder
5. die Zentralstelle für Finanztransaktionsuntersuchungen zur Erfüllung ihrer Aufgaben nach § 28 Absatz 1 Satz 2 Nummer 2 des Geldwäschegesetzes.

1) **Anm. d. Red.:** § 17 i. d. F. des Gesetzes v. 23. 6. 2017 (BGBl I S. 1822) mit Wirkung v. 26. 6. 2017.

[2]Soweit durch eine Übermittlung von Daten die Gefährdung des Untersuchungszwecks eines Ermittlungsverfahrens zu besorgen ist, kann die für dieses Verfahren zuständige Behörde der Zollverwaltung oder die zuständige Staatsanwaltschaft anordnen, dass keine Übermittlung von Daten erfolgen darf. [3]§ 478 Abs. 1 Satz 1 und 2 der Strafprozessordnung findet Anwendung, wenn die Daten Verfahren betreffen, die zu einem Strafverfahren geführt haben.

(2) [1]Die Übermittlung der Daten erfolgt im Wege eines automatisierten Abrufverfahrens oder eines automatisierten Anfrage- und Auskunftsverfahrens, im Fall einer Störung der Datenfernübertragung oder bei außergewöhnlicher Dringlichkeit telefonisch oder durch Telefax. [2]Die beteiligten Stellen haben zu gewährleisten, dass dem jeweiligen Stand der Technik entsprechende Maßnahmen zur Sicherstellung von Datenschutz und Datensicherheit getroffen werden, die insbesondere die Vertraulichkeit und Unversehrtheit der Daten gewährleisten; im Fall der Nutzung allgemein zugänglicher Netze sind dem jeweiligen Stand der Technik entsprechende Verschlüsselungsverfahren anzuwenden. [3]Es gilt § 79 Abs. 2 bis 4 des Zehnten Buches Sozialgesetzbuch.

§ 18 Auskunft an die betroffene Person

[1]Für die Auskunft an die betroffene Person gilt § 83 des Zehnten Buches Sozialgesetzbuch. [2]Die Auskunft bedarf des Einvernehmens der zuständigen Staatsanwaltschaft, wenn sie Daten aus einem Verfahren betrifft, das zu einem Strafverfahren geführt hat.

§ 19 Löschung[1)]

Die Daten im zentralen Informationssystem für die Finanzkontrolle Schwarzarbeit und die dazugehörigen Verfahrensakten in Papierform sind nach den Bestimmungen des § 489 der Strafprozessordnung, des § 49c des Gesetzes über Ordnungswidrigkeiten und des § 84 des Zehnten Buches Sozialgesetzbuch zu löschen und zu vernichten, spätestens jedoch

1. ein Jahr nach Ablauf des Kalenderjahres, in dem eine Prüfung nach § 2 ohne Einleitung eines Ermittlungsverfahrens abgeschlossen worden ist,
2. fünf Jahre nach Ablauf des Kalenderjahres, in dem ein Ermittlungsverfahren rechtskräftig abgeschlossen worden ist, oder
3. zwei Jahre nach Ablauf des Kalenderjahres, in dem ein Strafverfahren abgeschlossen worden ist, wenn
   a) die Person, über die Daten nach § 16 gespeichert wurden, von dem betreffenden Tatvorwurf rechtskräftig freigesprochen worden ist,
   b) die Eröffnung des Hauptverfahrens unanfechtbar abgelehnt worden ist oder
   c) das Verfahren nicht nur vorläufig eingestellt worden ist.

Abschnitt 6: Verwaltungsverfahren, Rechtsweg

§ 20 Entschädigung der Zeugen und Sachverständigen

Werden Zeugen und Sachverständige von den Behörden der Zollverwaltung herangezogen, so erhalten sie auf Antrag in entsprechender Anwendung des Justizvergütungs- und -entschädigungsgesetzes eine Entschädigung oder Vergütung.

1) **Anm. d. Red.:** § 19 i. d. F. des Gesetzes v. 6. 3. 2017 (BGBl I S. 399) mit Wirkung v. 10. 3. 2017.

§ 21 Ausschluss von öffentlichen Aufträgen[1)][2)]

(1) [1]Von der Teilnahme an einem Wettbewerb um einen Liefer-, Bau- oder Dienstleistungsauftrag der in den §§ 99 und 100 des Gesetzes gegen Wettbewerbsbeschränkungen genannten Auftraggeber sollen Bewerber bis zu einer Dauer von drei Jahren ausgeschlossen werden, die oder deren nach Satzung oder Gesetz Vertretungsberechtigte nach

1. § 8 Abs. 1 Nr. 2, §§ 10 bis 11,
2. § 404 Abs. 1 oder 2 Nr. 3 des Dritten Buches Sozialgesetzbuch,
3. §§ 15, 15a, 16 Abs. 1 Nr. 1, 1c, 1d, 1f oder 2 des Arbeitnehmerüberlassungsgesetzes oder
4. § 266a Abs. 1 bis 4 des Strafgesetzbuches

zu einer Freiheitsstrafe von mehr als drei Monaten oder einer Geldstrafe von mehr als neunzig Tagessätzen verurteilt oder mit einer Geldbuße von wenigstens zweitausendfünfhundert Euro belegt worden sind. [2]Das Gleiche gilt auch schon vor Durchführung eines Straf- oder Bußgeldverfahrens, wenn im Einzelfall angesichts der Beweislage kein vernünftiger Zweifel an einer schwerwiegenden Verfehlung nach Satz 1 besteht. [3]Die für die Verfolgung oder Ahndung zuständigen Behörden nach Satz 1 Nr. 1 bis 4 dürfen den öffentlichen Auftraggebern nach § 99 des Gesetzes gegen Wettbewerbsbeschränkungen und solchen Stellen, die von öffentlichen Auftraggebern zugelassene Präqualifikationsverzeichnisse oder Unternehmer- und Lieferantenverzeichnisse führen, auf Verlangen die erforderlichen Auskünfte geben. [4]Öffentliche Auftraggeber nach Satz 3 fordern im Rahmen ihrer Tätigkeit Auskünfte des Gewerbezentralregisters nach § 150a der Gewerbeordnung an oder verlangen vom Bewerber eine Erklärung, dass die Voraussetzungen für einen Ausschluss nach Satz 1 oder 2 nicht vorliegen; auch im Falle einer Erklärung des Bewerbers können öffentliche Auftraggeber Auskünfte des Gewerbezentralregisters nach § 150a der Gewerbeordnung jederzeit anfordern. [5]Für den Bewerber, der den Zuschlag erhalten soll, fordert der öffentliche Auftraggeber nach Satz 3 bei Aufträgen ab einer Höhe von 30 000 Euro vor Zuschlagserteilung eine Auskunft aus dem Gewerbezentralregister nach § 150a der Gewerbeordnung an. [6]Der Bewerber ist vor der Entscheidung über den Ausschluss zu hören.

(2) Eine Verfehlung nach Absatz 1 steht einer Verletzung von Pflichten nach § 241 Abs. 2 des Bürgerlichen Gesetzbuchs gleich.

§ 22 Verwaltungsverfahren

Soweit dieses Gesetz nichts anderes bestimmt, gelten die Vorschriften der Abgabenordnung sinngemäß für das Verwaltungsverfahren der Behörden der Zollverwaltung nach diesem Gesetz.

§ 23 Rechtsweg

In öffentlich-rechtlichen Streitigkeiten über Verwaltungshandeln der Behörden der Zollverwaltung nach diesem Gesetz ist der Finanzrechtsweg gegeben.

1) **Anm. d. Red.:** § 21 i. d. F. des Gesetzes v. 6. 3. 2017 (BGBl I S. 399) mit Wirkung v. 10. 3. 2017; Abs. 1 Nr. 3 i. d. F. des Gesetzes v. 21. 2. 2017 (BGBl I S. 258) mit Wirkung v. 1. 4. 2017.

2) **Anm. d. Red.:** Gem. Art. 2 Abs. 1 i. V. mit Art. 3 Abs. 2 Satz 2 Gesetz v. 18. 7. 2017 (BGBl I S. 2739) wird § 21 Absatz 1 mit Wirkung v. dem Tag, an dem die Rechtsverordnung nach § 10 Gesetz zur Einrichtung und zum Betrieb eines Registers zum Schutz des Wettbewerbs um öffentliche Aufträge und Konzessionen (Wettbewerbsregistergesetz – WRegG) v. 18. 7. 2017 (BGBl I S. 2739) in Kraft tritt, wie folgt geändert:
a) In Satz 4 werden jeweils die Wörter „des Gewerbezentralregisters nach § 150a der Gewerbeordnung" durch die Wörter „aus dem Wettbewerbsregister" ersetzt.
b) In Satz 5 werden die Wörter „Gewerbezentralregister nach § 150a der Gewerbeordnung" durch das Wort „Wettbewerbsregister" ersetzt.

LI. Gesetz über die Gemeinschaftsaufgabe „Verbesserung der regionalen Wirtschaftsstruktur“ (GRW-Gesetz – GRWG)

v. 6. 10. 1969 (BGBl I S. 1861) mit späteren Änderungen

Das Gesetz über die Gemeinschaftsaufgabe „Verbesserung der regionalen Wirtschaftsstruktur“ (GRW-Gesetz – GRWG) v. 6. 10. 1969 (BGBl I S. 1861) ist zuletzt geändert worden durch Art. 269 Zehnte Zuständigkeitsanpassungsverordnung v. 31. 8. 2015 (BGBl I S. 1474).

Nichtamtliche Fassung

§ 1 Gemeinschaftsaufgabe[1]

(1) Zur Verbesserung der regionalen Wirtschaftsstruktur werden folgende Maßnahmen als Gemeinschaftsaufgabe im Sinne des Artikels 91a Abs. 1 des Grundgesetzes wahrgenommen:

1. Investive Förderung der gewerblichen Wirtschaft bei Errichtung, Ausbau, Umstellung oder grundlegender Rationalisierung von Gewerbebetrieben,
2. investive Förderung der wirtschaftsnahen Infrastruktur, soweit sie unmittelbar für die Entwicklung der regionalen Wirtschaft erforderlich ist,
3. nichtinvestive und sonstige Maßnahmen zur Stärkung der Wettbewerbsfähigkeit von Unternehmen, zur regionalpolitischen Flankierung von Strukturproblemen und zur Unterstützung von regionalen Aktivitäten, soweit sie unmittelbar für die Entwicklung der regionalen Wirtschaft erforderlich sind,
4. Evaluierung der Maßnahmen und begleitende regionalpolitische Forschung.

(2) [1]Die in Absatz 1 genannten Förderungsmaßnahmen werden in Gebieten mit erheblichen wirtschaftlichen Strukturproblemen durchgeführt, insbesondere in Gebieten, in denen Regionalbeihilfen nach Artikel 87 Abs. 3 des Vertrages zur Gründung der Europäischen Gemeinschaft gewährt werden können. [2]Es können auch Gebiete gefördert werden, die vom Strukturwandel in einer Weise bedroht sind, dass negative Rückwirkungen auf das Gebiet in erheblichem Umfang absehbar sind.

(3) Einzelne Maßnahmen werden auch außerhalb der vorstehend genannten Gebiete gefördert, wenn sie in einem unmittelbaren Zusammenhang mit geförderten Projekten innerhalb benachbarter Fördergebiete stehen.

§ 2 Allgemeine Grundsätze[2]

(1) [1]Die Förderung der in § 1 Abs. 1 genannten Maßnahmen muss mit den Grundsätzen der allgemeinen Wirtschaftspolitik und mit den Zielen und Erfordernissen der Raumordnung und Landesplanung übereinstimmen. [2]Die Förderung soll sich auf räumliche und sachliche Schwerpunkte konzentrieren. [3]Sie ist mit anderen öffentlichen Entwicklungsvorhaben abzustimmen.

(2) [1]Gewerbebetriebe werden nach § 1 Abs. 1 Nr. 1 nur dann gefördert, wenn zu erwarten ist, dass sie sich im Wettbewerb behaupten können. [2]Träger der in § 1 Abs. 1 Nr. 2 aufgeführten Maßnahmen zum Ausbau der Infrastruktur sind vorzugsweise Gemeinden und Gemeindeverbände; nicht gefördert werden Maßnahmen

1. des Bundes und der Länder sowie
2. natürlicher und juristischer Personen, die auf Gewinnerzielung ausgerichtet sind.

(3) Absatz 2 Satz 2 Halbsatz 2 Nr. 1 gilt nicht für Gemeindeaufgaben, die in den Ländern Berlin und Hamburg wahrgenommen werden.

---

1) **Anm. d. Red.:** § 1 i. d. F. des Gesetzes v. 7. 9. 2007 (BGBl I S. 2246) mit Wirkung v. 14. 9. 2007.

2) **Anm. d. Red.:** § 2 i. d. F. des Gesetzes v. 7. 9. 2007 (BGBl I S. 2246) mit Wirkung v. 14. 9. 2007.

(4) Finanzhilfen werden nur bei einer angemessenen Beteiligung des Empfängers gewährt.

(4a) (weggefallen)

§ 3 Förderungsarten[1)]

Die finanzielle Förderung kann in der Gewährung von Zuschüssen, Darlehen und Bürgschaften bestehen.

§ 4 Gemeinsamer Koordinierungsrahmen für die regionale Wirtschaftsförderung[2)]

(1) Für die Erfüllung der Gemeinschaftsaufgabe wird ein gemeinsamer Koordinierungsrahmen für die regionale Wirtschaftsförderung aufgestellt.

(2) [1]Der gemeinsame Koordinierungsrahmen ist nach Maßgabe der jeweils geltenden Vorschriften für Beihilfen mit regionaler Zielsetzung der Europäischen Kommission auszugestalten. [2]Er ist regelmäßig weiterzuentwickeln.

(3) Der gemeinsame Koordinierungsrahmen umfasst insbesondere:

1. die Festlegung der Fördergebiete nach § 1 Abs. 2 nach einem sachgerechten Bewertungsverfahren,
2. die förderfähigen Maßnahmen nach § 1 Abs. 1,
3. Voraussetzungen, Art und Intensität der Förderung,
4. die sachgerechte Verteilung der Bundesmittel auf die Länder,
5. Regelungen über die Mittelbereitstellung und Rückforderungen zwischen Bund und Ländern,
6. Berichtswesen, Evaluierung und statistische Auswertungen.

§ 5 Koordinierungsausschuss[3)]

(1) [1]Für die Beschlussfassung über den gemeinsamen Koordinierungsrahmen und Anpassungen nach § 4 Abs. 2 und 3 bilden die Bundesregierung und die Landesregierungen einen Koordinierungsausschuss. [2]Ihm gehören der Bundesminister für Wirtschaft und Energie als Vorsitzender sowie der Bundesminister der Finanzen und ein Minister (Senator) jedes Landes an; jedes Mitglied kann sich vertreten lassen. [3]Die Stimmenzahl des Bundes entspricht der Zahl aller Länder. [4]Jedes Land hat eine Stimme.

(2) Der Koordinierungsausschuss beschließt mit den Stimmen des Bundes und der Mehrheit der Stimmen der Länder.

(3) Der Koordinierungsausschuss gibt sich eine Geschäftsordnung.

§ 6 Durchführung und Unterrichtung[4)]

(1) Die Durchführung der Maßnahmen des gemeinsamen Koordinierungsrahmens ist Aufgabe der Länder.

(2) Die Landesregierungen unterrichten die Bundesregierung und den Bundesrat auf Verlangen über die Durchführung der Maßnahmen des gemeinsamen Koordinierungsrahmens und den allgemeinen Stand der Gemeinschaftsaufgabe.

(3) Der Vorsitzende des Koordinierungsausschusses unterrichtet den Deutschen Bundestag über die Durchführung des gemeinsamen Koordinierungsrahmens und den allgemeinen Stand der Gemeinschaftsaufgabe.

1) **Anm. d. Red.:** § 3 i. d. F. des Gesetzes v. 7. 9. 2007 (BGBl I S. 2246) mit Wirkung v. 14. 9. 2007.

2) **Anm. d. Red.:** § 4 i. d. F. des Gesetzes v. 7. 9. 2007 (BGBl I S. 2246) mit Wirkung v. 14. 9. 2007.

3) **Anm. d. Red.:** § 5 i. d. F. der VO v. 31. 8. 2015 (BGBl I S. 1474) mit Wirkung v. 8. 9. 2015.

4) **Anm. d. Red.:** Frühere §§ 7 und 8 weggefallen, bisheriger § 9 zu neuem § 6 geworden und geändert gem. Gesetz v. 7. 9. 2007 (BGBl I S. 2246) mit Wirkung v. 14. 9. 2007.

§ 7 Finanzierung[1]

(1) Der Bund trägt vorbehaltlich der Bestimmung des Artikels 91a Abs. 3 des Grundgesetzes die Hälfte der Ausgaben in jedem Land.

(2) Die Zahlungsabwicklung wird vom Koordinierungsausschuss nach Maßgabe der haushaltsrechtlichen Vorschriften des Bundes im gemeinsamen Koordinierungsrahmen konkretisiert.

(3) Der Einsatz von Mitteln der Europäischen Strukturfonds für Maßnahmen nach § 1 Abs. 1 ist möglich.

(4) Die Länder können zusätzlich eigene Mittel nach Maßgabe des gemeinsamen Koordinierungsrahmens einsetzen.

§ 8 Rückzahlung und Verzinsung der Bundesmittel[2]

(1) Beträge, die vom Zuwendungsempfänger zur Tilgung und Verzinsung erhaltener Darlehen oder zum Ausgleich der aufgrund übernommener Bürgschaften erstatteten Ausfälle gezahlt werden, sind vom Land anteilig an den Bund abzuführen.

(2) Der Bund kann zugewiesene Bundesmittel von einem Land zurückfordern, wenn die festgelegten Bedingungen durch das Land ganz oder teilweise nicht erfüllt werden.

(3) Im Falle der Nichterfüllung der Bedingungen durch den Zuwendungsempfänger fordert das Land die Mittel in Höhe des Bundesanteils zurück und zahlt die zurückerhaltenen Beträge einschließlich Zinsen an den Bund.

(4) Die an den Bund nach den vorstehenden Absätzen abzuführenden Beträge sind vom Land in Höhe von 3,5 Prozentpunkten über dem Basiszinssatz nach § 247 des Bürgerlichen Gesetzbuchs zu verzinsen, im Falle des Absatzes 2 vom Zeitpunkt der Auszahlung der Bundesmittel an, im Falle der Absätze 1 und 3 ab dem 31. Tag nach Eingang des Betrages beim Land.

§§ 9 bis 11 (unbesetzt)

§§ 12 und 13 (weggefallen)[3]

§ 14 Inkrafttreten

1) **Anm. d. Red.:** Früherer § 10 zu neuem § 7 geworden und geändert gem. Gesetz v. 7. 9. 2007 (BGBl I S. 2246) mit Wirkung v. 14. 9. 2007.

2) **Anm. d. Red.:** Früherer § 11 zu neuem § 8 geworden und geändert gem. Gesetz v. 7. 9. 2007 (BGBl I S. 2246) mit Wirkung v. 14. 9. 2007.

3) **Anm. d. Red.:** §§ 12 und 13 weggefallen gem. Gesetz v. 25. 4. 2007 (BGBl I S. 594) mit Wirkung v. 5. 5. 2007.

LII. Bundesfernstraßengesetz (FStrG)

v. 28.6.2007 (BGBl I S. 1207) mit späteren Änderungen

Das Bundesfernstraßengesetz (FStrG) v. 28.6.2007 (BGBl I S. 1207) ist zuletzt geändert worden durch Art. 1 Gesetz zur Beschleunigung von Planungs- und Genehmigungsverfahren im Verkehrsbereich v. 29.11.2018 (BGBl I S. 2237); Änderungen, die erst zu einem späteren Zeitpunkt in Krafttreten, sind entsprechend gekennzeichnet.

Auszug

§ 7 Gemeingebrauch[1)]

(1) [1]Der Gebrauch der Bundesfernstraßen ist jedermann im Rahmen der Widmung und der verkehrsbehördlichen Vorschriften zum Verkehr gestattet (Gemeingebrauch). [2]Hierbei hat der fließende Verkehr den Vorrang vor dem ruhenden Verkehr. [3]Kein Gemeingebrauch liegt vor, wenn jemand die Straße nicht vorwiegend zum Verkehr, sondern zu anderen Zwecken benutzt. [4]Die Erhebung von Gebühren für den Gemeingebrauch bedarf einer besonderen gesetzlichen Regelung.

(2) [1]Der Gemeingebrauch kann beschränkt werden, wenn dies wegen des baulichen Zustandes zur Vermeidung außerordentlicher Schäden an der Straße oder für die Sicherheit oder Leichtigkeit des Verkehrs notwendig ist. [2]Die Beschränkungen sind durch Verkehrszeichen kenntlich zu machen.

(2a) Macht die dauernde Beschränkung des Gemeingebrauchs durch die Straßenbaubehörde die Herstellung von Ersatzstraßen oder -wegen notwendig, so ist der Träger der Straßenbaulast der Bundesfernstraße zur Erstattung der Herstellungskosten verpflichtet, es sei denn, dass er die Herstellung auf Antrag des zuständigen Trägers der Straßenbaulast selbst übernimmt.

(3) Wer eine Bundesfernstraße aus Anlass des Gemeingebrauchs über das übliche Maß hinaus verunreinigt, hat die Verunreinigung ohne Aufforderung unverzüglich zu beseitigen; andernfalls kann die Straßenbaubehörde die Verunreinigung auf seine Kosten beseitigen.

§ 7a Vergütung von Mehrkosten

[1]Wenn eine Bundesfernstraße wegen der Art des Gebrauchs durch einen anderen aufwendiger hergestellt oder ausgebaut werden muss, als es dem regelmäßigen Verkehrsbedürfnis entspricht, hat der andere dem Träger der Straßenbaulast die Mehrkosten für den Bau und die Unterhaltung zu vergüten. [2]Das gilt nicht für Haltestellenbuchten für den Linienverkehr. [3]Der Träger der Straßenbaulast kann angemessene Vorschüsse oder Sicherheiten verlangen.

§ 8 Sondernutzungen

(1) [1]Die Benutzung der Bundesfernstraßen über den Gemeingebrauch hinaus ist Sondernutzung. [2]Sie bedarf der Erlaubnis der Straßenbaubehörde, in Ortsdurchfahrten der Erlaubnis der Gemeinde. [3]Soweit die Gemeinde nicht Träger der Straßenbaulast ist, darf sie die Erlaubnis nur mit Zustimmung der Straßenbaubehörde erteilen. [4]Die Gemeinde kann durch Satzung bestimmte Sondernutzungen in den Ortsdurchfahrten von der Erlaubnis befreien und die Ausübung regeln. [5]Soweit die Gemeinde nicht Träger der Straßenbaulast ist, bedarf die Satzung der Zustimmung der obersten Landesstraßenbaubehörde. [6]Eine Erlaubnis soll nicht erteilt werden, wenn behinderte Menschen durch die Sondernutzung in der Ausübung des Gemeingebrauchs erheblich beeinträchtigt würden.

(2) [1]Die Erlaubnis darf nur auf Zeit oder Widerruf erteilt werden. [2]Sie kann mit Bedingungen und Auflagen verbunden werden. [3]Soweit die Gemeinde nicht Träger der Straßenbaulast ist, hat

1) **Anm. d. Red.:** Gemäß Art. 17 Nr. 7 i.V. mit Art. 25 Abs. 4 Nr. 2 Gesetz v. 14.8.2017 (BGBl I S. 3122) werden in § 7 Abs. 2a und 3 mit Wirkung v. 1.1.2021 jeweils nach dem Wort „Straßenbaubehörde" die Wörter „oder auf Bundesautobahnen durch die Gesellschaft privaten Rechts im Sinne des Infrastrukturgesellschaftserrichtungsgesetzes" eingefügt.

sie eine widerruflich erteilte Erlaubnis zu widerrufen, wenn die Straßenbaubehörde dies aus Gründen des Straßenbaus oder der Sicherheit oder Leichtigkeit des Verkehrs verlangt.

(2a) [1]Der Erlaubnisnehmer hat Anlagen so zu errichten und zu unterhalten, dass sie den Anforderungen der Sicherheit und Ordnung sowie den anerkannten Regeln der Technik genügen. [2]Arbeiten an der Straße bedürfen der Zustimmung der Straßenbaubehörde. [3]Der Erlaubnisnehmer hat auf Verlangen der für die Erlaubnis zuständigen Behörde die Anlagen auf seine Kosten zu ändern und alle Kosten zu ersetzen, die dem Träger der Straßenbaulast durch die Sondernutzung entstehen. [4]Hierfür kann der Träger der Straßenbaulast angemessene Vorschüsse und Sicherheiten verlangen.

(3) [1]Für Sondernutzungen können Sondernutzungsgebühren erhoben werden. [2]Sie stehen in Ortsdurchfahrten den Gemeinden, im Übrigen dem Träger der Straßenbaulast zu. [3]Die Landesregierungen werden ermächtigt, Gebührenordnungen zu erlassen. [4]Die Ermächtigung kann durch Rechtsverordnung weiter übertragen werden. [5]Die Gemeinden können die Gebühren durch Satzung regeln, soweit ihnen die Sondernutzungsgebühren zustehen. [6]Bei Bemessung der Gebühren sind Art und Ausmaß der Einwirkung auf die Straße und den Gemeingebrauch sowie das wirtschaftliche Interesse des Gebührenschuldners zu berücksichtigen.

(4) bis (5) (weggefallen)

(6) [1]Ist nach den Vorschriften des Straßenverkehrsrechts eine Erlaubnis für eine übermäßige Straßenbenutzung oder eine Ausnahmegenehmigung erforderlich, so bedarf es keiner Erlaubnis nach Absatz 1. [2]Vor ihrer Entscheidung hat die hierfür zuständige Behörde die sonst für die Sondernutzungserlaubnis zuständige Behörde zu hören. [3]Die von dieser geforderten Bedingungen, Auflagen und Sondernutzungsgebühren sind dem Antragsteller in der Erlaubnis oder Ausnahmegenehmigung aufzuerlegen.

(7) (weggefallen)

(7a) [1]Wird eine Bundesfernstraße ohne die erforderliche Erlaubnis benutzt oder kommt der Erlaubnisnehmer seinen Verpflichtungen nicht nach, so kann die für die Erteilung der Erlaubnis zuständige Behörde die erforderlichen Maßnahmen zur Beendigung der Benutzung oder zur Erfüllung der Auflagen anordnen. [2]Sind solche Anordnungen nicht oder nur unter unverhältnismäßigem Aufwand möglich oder nicht erfolgversprechend, so kann sie den rechtswidrigen Zustand auf Kosten des Pflichtigen beseitigen oder beseitigen lassen.

(8) Der Erlaubnisnehmer hat gegen den Träger der Straßenbaulast keinen Ersatzanspruch bei Widerruf oder bei Sperrung, Änderung oder Einziehung der Straße.

(9) [1]Unwiderrufliche Nutzungsrechte, die von früher her bestehen, können zur Sicherheit oder Leichtigkeit des Verkehrs durch Enteignung aufgehoben werden. [2]§ 19 gilt entsprechend.

(10) Die Einräumung von Rechten zur Benutzung des Eigentums der Bundesfernstraßen richtet sich nach bürgerlichem Recht, wenn sie den Gemeingebrauch nicht beeinträchtigt, wobei eine Beeinträchtigung von nur kurzer Dauer für Zwecke der öffentlichen Versorgung außer Betracht bleibt.

(Gemäß Art. 17 Nr. 8 Buchst. d i.V. mit Art. 25 Abs. 3 Nr. 3 Gesetz v. 14.8.2017 (BGBl I S. 3122) tritt § 8 mit Wirkung v. 1.1.2020 in folgender Fassung – kursiv – in Kraft:)

§ 8 Sondernutzungen

(1) [1]Die Benutzung der Bundesfernstraßen über den Gemeingebrauch hinaus ist Sondernutzung. [2]Sie bedarf der Erlaubnis der Straßenbaubehörde, in Ortsdurchfahrten der Erlaubnis der Gemeinde. [3]Soweit die Gemeinde nicht Träger der Straßenbaulast ist, darf sie die Erlaubnis nur mit Zustimmung der Straßenbaubehörde erteilen. [4]Die Gemeinde kann durch Satzung bestimmte Sondernutzungen in den Ortsdurchfahrten von der Erlaubnis befreien und die Ausübung regeln. [5]Soweit die Gemeinde nicht Träger der Straßenbaulast ist, bedarf die Satzung der Zustimmung der obersten Landesstraßenbaubehörde. [6]Eine Erlaubnis soll nicht erteilt werden, wenn behinderte Menschen durch die Sondernutzung in der Ausübung des Gemeingebrauchs erheblich beeinträchtigt würden.

(2) [1]Die Erlaubnis darf nur auf Zeit oder Widerruf erteilt werden. [2]Sie kann mit Bedingungen und Auflagen verbunden werden. [3]Soweit die Gemeinde nicht Träger der Straßenbaulast ist, hat sie eine widerruflich erteilte Erlaubnis zu widerrufen, wenn die Straßenbaubehörde dies aus Gründen des Straßenbaus oder der Sicherheit oder Leichtigkeit des Verkehrs verlangt.

(2a) [1]Der Erlaubnisnehmer hat Anlagen so zu errichten und zu unterhalten, dass sie den Anforderungen der Sicherheit und Ordnung sowie den anerkannten Regeln der Technik genügen. [2]Arbeiten an der Straße bedürfen der Zustimmung der Straßenbaubehörde. [3]Der Erlaubnisnehmer hat auf Verlangen der für die Erlaubnis zuständigen Behörde die Anlagen auf seine Kosten zu ändern und alle Kosten zu ersetzen, die dem Träger der Straßenbaulast durch die Sondernutzung entstehen. [4]Hierfür kann der Träger der Straßenbaulast angemessene Vorschüsse und Sicherheiten verlangen.

(3) [1]Für Sondernutzungen können Sondernutzungsgebühren erhoben werden. [2]Sie stehen in Ortsdurchfahrten den Gemeinden, im Übrigen dem Träger der Straßenbaulast zu. [3]Das Bundesministerium für Verkehr und digitale Infrastruktur wird ermächtigt, durch Rechtsverordnung ohne Zustimmung des Bundesrates für Sondernutzungen der Bundesfernstraßen eine Gebührenordnung zu erlassen, soweit dem Bund die Verwaltung einer Bundesfernstraße zusteht. [4]Im Übrigen werden die Landesregierungen ermächtigt, durch Rechtsverordnung Gebührenordnungen für die Sondernutzungen zu erlassen. [5]Die Ermächtigung des Satzes 3 kann durch Rechtsverordnung des Bundesministeriums für Verkehr und digitale Infrastruktur ohne Zustimmung des Bundesrates auf das Fernstraßen-Bundesamt übertragen werden. [6]Die Ermächtigung des Satzes 4 kann durch Rechtsverordnung der zuständigen Landesregierung auf die oberste Landesstraßenbaubehörde übertragen werden. [7]Die Gemeinden können die Gebühren durch Satzung regeln, soweit ihnen die Sondernutzungsgebühren zustehen. [8]Bei Bemessung der Gebühren sind Art und Ausmaß der Einwirkung auf die Straße und den Gemeingebrauch sowie das wirtschaftliche Interesse des Gebührenschuldners zu berücksichtigen.

(4) bis (5) (weggefallen)

(6) [1]Ist nach den Vorschriften des Straßenverkehrsrechts eine Erlaubnis für eine übermäßige Straßenbenutzung oder eine Ausnahmegenehmigung erforderlich, so bedarf es keiner Erlaubnis nach Absatz 1. [2]Vor ihrer Entscheidung hat die hierfür zuständige Behörde die sonst für die Sondernutzungserlaubnis zuständige Behörde zu hören. [3]Die von dieser geforderten Bedingungen, Auflagen und Sondernutzungsgebühren sind dem Antragsteller in der Erlaubnis oder Ausnahmegenehmigung aufzuerlegen.

(7) (weggefallen)

(7a) [1]Wird eine Bundesfernstraße ohne die erforderliche Erlaubnis benutzt oder kommt der Erlaubnisnehmer seinen Verpflichtungen nicht nach, so kann die für die Erteilung der Erlaubnis zuständige Behörde die erforderlichen Maßnahmen zur Beendigung der Benutzung oder zur Erfüllung der Auflagen anordnen. [2]Sind solche Anordnungen nicht oder nur unter unverhältnismäßigem Aufwand möglich oder nicht erfolgversprechend, so kann sie den rechtswidrigen Zustand auf Kosten des Pflichtigen beseitigen oder beseitigen lassen.

(8) Der Erlaubnisnehmer hat gegen den Träger der Straßenbaulast keinen Ersatzanspruch bei Widerruf oder bei Sperrung, Änderung oder Einziehung der Straße.

(9) [1]Unwiderrufliche Nutzungsrechte, die von früher her bestehen, können zur Sicherheit oder Leichtigkeit des Verkehrs durch Enteignung aufgehoben werden. [2]§ 19 gilt entsprechend.

FStrG

(10) Die Einräumung von Rechten zur Benutzung des Eigentums der Bundesfernstraßen richtet sich nach bürgerlichem Recht, wenn sie den Gemeingebrauch nicht beeinträchtigt, wobei eine Beeinträchtigung von nur kurzer Dauer für Zwecke der öffentlichen Versorgung außer Betracht bleibt.

(Gemäß Art. 17 Nr. 8 i. V. mit Art. 25 Abs. 4 Nr. 2 Gesetz v. 14.8.2017 (BGBl I S. 3122) tritt § 8 mit Wirkung v. 1.1.2021 in folgender Fassung – kursiv – in Kraft:)

§ 8 Sondernutzungen; Verordnungsermächtigung

(1) [1]Die Benutzung der Bundesfernstraßen über den Gemeingebrauch hinaus ist Sondernutzung. [2]Sie bedarf der Erlaubnis der Straßenbaubehörde, auf Bundesautobahnen der Erlaubnis der Gesellschaft privaten Rechts im Sinne des Infrastrukturgesellschaftserrichtungsgesetzes, in Ortsdurchfahrten der Erlaubnis der Gemeinde. [3]Soweit die Gemeinde nicht Träger der Straßenbaulast ist, darf sie die Erlaubnis nur mit Zustimmung der Straßenbaubehörde erteilen. [4]Die Gemeinde kann durch Satzung bestimmte Sondernutzungen in den Ortsdurchfahrten von der Erlaubnis befreien und die Ausübung regeln. [5]Soweit die Gemeinde nicht Träger der Straßenbaulast ist, bedarf die Satzung der Zustimmung der obersten Landesstraßenbaubehörde. [5]Eine Erlaubnis soll nicht erteilt werden, wenn behinderte Menschen durch die Sondernutzung in der Ausübung des Gemeingebrauchs erheblich beeinträchtigt würden.

(2) [1]Die Erlaubnis darf nur auf Zeit oder Widerruf erteilt werden. [2]Sie kann mit Bedingungen und Auflagen verbunden werden. [3]Soweit die Gemeinde nicht Träger der Straßenbaulast ist, hat sie eine widerruflich erteilte Erlaubnis zu widerrufen, wenn die Straßenbaubehörde dies aus Gründen des Straßenbaus oder der Sicherheit oder Leichtigkeit des Verkehrs verlangt.

(2a) [1]Der Erlaubnisnehmer hat Anlagen so zu errichten und zu unterhalten, dass sie den Anforderungen der Sicherheit und Ordnung sowie den anerkannten Regeln der Technik genügen. [2]Arbeiten an der Straße bedürfen der Zustimmung der Straßenbaubehörde oder auf Bundesautobahnen der Zustimmung der Gesellschaft privaten Rechts im Sinne des Infrastrukturgesellschaftserrichtungsgesetzes. [3]Der Erlaubnisnehmer hat auf Verlangen der für die Erlaubnis zuständigen Behörde oder auf Bundesautobahnen der Gesellschaft privaten Rechts im Sinne des Infrastrukturgesellschaftserrichtungsgesetzes die Anlagen auf seine Kosten zu ändern und alle Kosten zu ersetzen, die dem Träger der Straßenbaulast durch die Sondernutzung entstehen. [4]Hierfür kann der Träger der Straßenbaulast angemessene Vorschüsse und Sicherheiten verlangen.

(3) [1]Für Sondernutzungen können Sondernutzungsgebühren erhoben werden. [2]Sie stehen in Ortsdurchfahrten den Gemeinden, im Übrigen dem Träger der Straßenbaulast zu. [3]Das Bundesministerium für Verkehr und digitale Infrastruktur wird ermächtigt, durch Rechtsverordnung ohne Zustimmung des Bundesrates für Sondernutzungen der Bundesfernstraßen eine Gebührenordnung zu erlassen, soweit dem Bund die Verwaltung einer Bundesfernstraße zusteht. [4]Im Übrigen werden die Landesregierungen ermächtigt, durch Rechtsverordnung Gebührenordnungen für die Sondernutzungen zu erlassen. [5]Die Ermächtigung des Satzes 3 kann durch Rechtsverordnung des Bundesministeriums für Verkehr und digitale Infrastruktur ohne Zustimmung des Bundesrates auf das Fernstraßen-Bundesamt übertragen werden. [6]Die Ermächtigung des Satzes 4 kann durch Rechtsverordnung der zuständigen Landesregierung auf die oberste Landesstraßenbaubehörde übertragen werden. [7]Die Gemeinden können die Gebühren durch Satzung regeln, soweit ihnen die Sondernutzungsgebühren zustehen. [8]Bei Bemessung der Gebühren sind Art und Ausmaß der Einwirkung auf die Straße und den Gemeingebrauch sowie das wirtschaftliche Interesse des Gebührenschuldners zu berücksichtigen.

(4) bis (5) (weggefallen)

(6) [1]Ist nach den Vorschriften des Straßenverkehrsrechts eine Erlaubnis für eine übermäßige Straßenbenutzung oder eine Ausnahmegenehmigung erforderlich, so bedarf es keiner Erlaubnis nach Absatz 1. [2]Vor ihrer Entscheidung hat die hierfür zuständige Behörde die sonst für die Sondernutzungserlaubnis zuständige Behörde oder auf Bundesfernstraßen, soweit dem Bund die Verwaltung einer Bundesfernstraße zusteht, die Gesellschaft privaten Rechts im Sinne des Infrastrukturgesellschaftserrichtungsgesetzes zu hören. [3]Die von dieser geforderten Bedingungen, Auflagen und Sondernutzungsgebühren sind dem Antragsteller in der Erlaubnis oder Ausnahmegenehmigung aufzuerlegen.

(7) (weggefallen)

(7a) [1]Wird eine Bundesfernstraße ohne die erforderliche Erlaubnis benutzt oder kommt der Erlaubnisnehmer seinen Verpflichtungen nicht nach, so kann die für die Erteilung der Erlaubnis zuständige Behörde oder auf Bundesfernstraßen, soweit dem Bund die Verwaltung einer Bundesfernstraße zusteht, die Gesellschaft privaten Rechts im Sinne des Infrastrukturgesellschaftserrichtungsgesetzes die erforderlichen Maßnahmen zur Beendigung der Benutzung oder zur Erfüllung der Auflagen anordnen. [2]Sind solche Anordnungen nicht oder nur unter unverhältnismäßigem Aufwand möglich oder nicht erfolgversprechend, so kann sie den rechtswidrigen Zustand auf Kosten des Pflichtigen beseitigen oder beseitigen lassen.

(8) Der Erlaubnisnehmer hat gegen den Träger der Straßenbaulast keinen Ersatzanspruch bei Widerruf oder bei Sperrung, Änderung oder Einziehung der Straße.

(9) [1]Unwiderrufliche Nutzungsrechte, die von früher her bestehen, können zur Sicherheit oder Leichtigkeit des Verkehrs durch Enteignung aufgehoben werden. [2]§ 19 gilt entsprechend.

(10) Die Einräumung von Rechten zur Benutzung des Eigentums der Bundesfernstraßen richtet sich nach bürgerlichem Recht, wenn sie den Gemeingebrauch nicht beeinträchtigt, wobei eine Beeinträchtigung von nur kurzer Dauer für Zwecke der öffentlichen Versorgung außer Betracht bleibt.

(11) Das Carsharing-Gesetz bleibt unberührt.

§ 8a Straßenanlieger[1)]

(1) [1]Zufahrten und Zugänge zu Bundesstraßen außerhalb der zur Erschließung der anliegenden Grundstücke bestimmten Teile der Ortsdurchfahrten gelten als Sondernutzung im Sinne des § 8, wenn sie neu angelegt oder geändert werden. [2]Eine Änderung liegt auch vor, wenn eine Zufahrt oder ein Zugang gegenüber dem bisherigen Zustand einem erheblich größeren oder einem andersartigen Verkehr als bisher dienen soll. [3]Den Zufahrten oder Zugängen stehen die Anschlüsse nicht öffentlicher Wege gleich.

(2) Einer Erlaubnis nach § 8 Abs. 1 Satz 2 bedarf es nicht für die Anlage neuer oder die Änderung bestehender Zufahrten oder Zugänge

1. im Zusammenhang mit der Errichtung oder erheblichen Änderung baulicher Anlagen, wenn die oberste Landesstraßenbaubehörde nach § 9 Abs. 2 zugestimmt oder nach § 9 Abs. 8 eine Ausnahme zugelassen hat,
2. in einem Flurbereinigungsverfahren auf Grund des Wege- und Gewässerplans.

(3) Für die Unterhaltung der Zufahrten und Zugänge, die nicht auf einer Erlaubnis nach § 8 Abs. 1 beruhen, gilt § 8 Abs. 2a Satz 1 und 2 und Abs. 7a entsprechend.

(4) [1]Werden auf Dauer Zufahrten oder Zugänge durch die Änderung oder die Einziehung von Bundesstraßen unterbrochen oder wird ihre Benutzung erheblich erschwert, so hat der Träger der Straßenbaulast einen angemessenen Ersatz zu schaffen oder, soweit dies nicht zumutbar ist, eine angemessene Entschädigung in Geld zu leisten. [2]Mehrere Anliegergrundstücke können durch eine gemeinsame Zufahrt angeschlossen werden, deren Unterhaltung nach Absatz 3 den Anliegern gemeinsam obliegt. [3]Die Verpflichtung nach Satz 1 entsteht nicht, wenn die Grundstücke eine anderweitige ausreichende Verbindung zu dem öffentlichen Wegenetz besitzen oder wenn die Zufahrten oder Zugänge auf einer widerruflichen Erlaubnis beruhen.

(5) [1]Werden für längere Zeit Zufahrten oder Zugänge durch Straßenarbeiten unterbrochen oder wird ihre Benutzung erheblich erschwert, ohne dass von Behelfsmaßnahmen eine wesentliche Entlastung ausgeht, und wird dadurch die wirtschaftliche Existenz eines anliegenden Be-

1) **Anm. d. Red.:** Gemäß Art. 17 Nr. 9 i.V. mit Art. 25 Abs. 4 Nr. 2 Gesetz v. 14.8.2017 (BGBl I S. 3122) wird § 8a Abs. 2 Nr. 1 mit Wirkung v. 1.1.2021 wie folgt gefasst:

„1. im Zusammenhang mit der Errichtung oder erheblichen Änderung baulicher Anlagen, wenn die oberste Landesstraßenbaubehörde oder, soweit dem Bund die Verwaltung einer Bundesfernstraße zusteht, das Fernstraßen-Bundesamt nach § 9 Absatz 2 zugestimmt oder nach § 9 Absatz 8 eine Ausnahme zugelassen haben,".

triebs gefährdet, so kann dessen Inhaber eine Entschädigung in der Höhe des Betrages beanspruchen, der erforderlich ist, um das Fortbestehen des Betriebs bei Anspannung der eigenen Kräfte und unter Berücksichtigung der gegebenen Anpassungsmöglichkeiten zu sichern. [2]Der Anspruch richtet sich gegen den, zu dessen Gunsten die Arbeiten im Straßenbereich erfolgen. [3]Absatz 4 Satz 3 gilt entsprechend.

(6) [1]Soweit es die Sicherheit oder Leichtigkeit des Verkehrs erfordert, kann die Straßenbaubehörde nach Anhörung der Betroffenen anordnen, dass Zufahrten oder Zugänge geändert oder verlegt oder, wenn das Grundstück eine anderweitige ausreichende Verbindung zu dem öffentlichen Wegenetz besitzt, geschlossen werden. [2]Absatz 4 gilt entsprechend. [3]Die Befugnis zum Widerruf einer Erlaubnis nach § 8 Abs. 2 bleibt unberührt.

(7) Wird durch den Bau oder die Änderung einer Bundesfernstraße der Zutritt von Licht oder Luft zu einem Grundstück auf Dauer entzogen oder erheblich beeinträchtigt, so hat der Träger der Straßenbaulast für dadurch entstehende Vermögensnachteile eine angemessene Entschädigung in Geld zu gewähren.

(8) Hat der Entschädigungsberechtigte die Entstehung eines Vermögensnachteils mitverursacht, so gilt § 254 des Bürgerlichen Gesetzbuchs entsprechend.

§ 9 Bauliche Anlagen an Bundesfernstraßen[1)]

(1) [1]Längs der Bundesfernstraßen dürfen nicht errichtet werden

1. Hochbauten jeder Art in einer Entfernung bis zu 40 Meter bei Bundesautobahnen und bis zu 20 Meter bei Bundesstraßen außerhalb der zur Erschließung der anliegenden Grundstücke bestimmten Teile der Ortsdurchfahrten, jeweils gemessen vom äußeren Rand der befestigten Fahrbahn,
2. bauliche Anlagen, die außerhalb der zur Erschließung der anliegenden Grundstücke bestimmten Teile der Ortsdurchfahrten über Zufahrten oder Zugänge an Bundesstraßen unmittelbar oder mittelbar angeschlossen werden sollen.

[2]Satz 1 Nr. 1 gilt entsprechend für Aufschüttungen oder Abgrabungen größeren Umfangs. [3]Weitergehende bundes- oder landesrechtliche Vorschriften bleiben unberührt.

(2) [1]Im Übrigen bedürfen Baugenehmigungen oder nach anderen Vorschriften notwendige Genehmigungen der Zustimmung der obersten Landesstraßenbaubehörde, wenn

1. bauliche Anlagen längs der Bundesautobahnen in einer Entfernung bis zu 100 Meter und längs der Bundesstraßen außerhalb der zur Erschließung der anliegenden Grundstücke bestimmten Teile der Ortsdurchfahrten bis zu 40 Meter, gemessen vom äußeren Rand der befestigten Fahrbahn, errichtet, erheblich geändert oder anders genutzt werden sollen,
2. bauliche Anlagen auf Grundstücken, die außerhalb der zur Erschließung der anliegenden Grundstücke bestimmten Teile der Ortsdurchfahrten über Zufahrten oder Zugänge an Bundesstraßen unmittelbar oder mittelbar angeschlossen sind, erheblich geändert oder anders genutzt werden sollen.

---

1) **Anm. d. Red.:** Gemäß Art. 17 Nr. 10 i.V. mit Art. 25 Abs. 4 Nr. 2 Gesetz v. 14.8.2017 (BGBl I S. 3122) wird § 9 mit Wirkung v. 1.1.2021 wie folgt geändert:
a) In Absatz 2 Satz 1 werden in dem Satzteil vor Nummer 1 nach dem Wort „Landesstraßenbaubehörde," die Wörter „an Bundesfernstraßen, soweit dem Bund die Verwaltung einer Bundesfernstraße zusteht, der Zustimmung des Fernstraßen-Bundesamtes," eingefügt.
b) In Absatz 5 wird der Punkt am Ende durch ein Komma und die Wörter „an Bundesfernstraßen, soweit dem Bund die Verwaltung einer Bundesfernstraße zusteht, die Genehmigung des Fernstraßen-Bundesamtes." ersetzt.
c) In Absatz 8 Satz 1 werden nach dem Wort „Landesstraßenbaubehörde" die Wörter „oder das Fernstraßen-Bundesamt an den Bundesfernstraßen, soweit dem Bund die Verwaltung einer Bundesfernstraße zusteht," eingefügt.

[2]Die Zustimmungsbedürftigkeit nach Satz 1 gilt entsprechend für bauliche Anlagen, die nach Landesrecht anzeigepflichtig sind. [3]Weitergehende bundes- oder landesrechtliche Vorschriften bleiben unberührt.

(3) Die Zustimmung nach Absatz 2 darf nur versagt oder mit Bedingungen und Auflagen erteilt werden, soweit dies wegen der Sicherheit oder Leichtigkeit des Verkehrs, der Ausbauabsichten oder der Straßenbaugestaltung nötig ist.

(3a) Die Belange nach Absatz 3 sind auch bei Erteilung von Baugenehmigungen innerhalb der zur Erschließung der anliegenden Grundstücke bestimmten Teile der Ortsdurchfahrten von Bundesstraßen zu beachten.

(4) Bei geplanten Bundesfernstraßen gelten die Beschränkungen der Absätze 1 und 2 vom Beginn der Auslegung der Pläne im Planfeststellungsverfahren oder von dem Zeitpunkt an, zu dem den Betroffenen Gelegenheit gegeben wird, den Plan einzusehen.

(5) Bedürfen die baulichen Anlagen im Sinne des Absatzes 2 außerhalb der zur Erschließung der anliegenden Grundstücke bestimmten Teile der Ortsdurchfahrten keiner Baugenehmigung oder keiner Genehmigung nach anderen Vorschriften, so tritt an die Stelle der Zustimmung die Genehmigung der obersten Landesstraßenbaubehörde.

(5a) Als bauliche Anlagen im Sinne dieses Gesetzes gelten auch die im Landesbaurecht den baulichen Anlagen gleichgestellten Anlagen.

(6) [1]Anlagen der Außenwerbung stehen außerhalb der zur Erschließung der anliegenden Grundstücke bestimmten Teile der Ortsdurchfahrten den Hochbauten des Absatzes 1 und den baulichen Anlagen des Absatzes 2 gleich. [2]An Brücken über Bundesfernstraßen außerhalb dieser Teile der Ortsdurchfahrten dürfen Anlagen der Außenwerbung nicht angebracht werden. [3]Weitergehende bundes- oder landesrechtliche Vorschriften bleiben unberührt.

(7) Die Absätze 1 bis 5 gelten nicht, soweit das Bauvorhaben den Festsetzungen eines Bebauungsplans entspricht (§ 9 des Baugesetzbuchs), der mindestens die Begrenzung der Verkehrsflächen sowie an diesen gelegene überbaubare Grundstücksflächen enthält und unter Mitwirkung des Trägers der Straßenbaulast zustande gekommen ist.

(8) [1]Die oberste Landesstraßenbaubehörde kann im Einzelfall Ausnahmen von den Verboten der Absätze 1, 4 und 6 zulassen, wenn die Durchführung der Vorschriften im Einzelfall zu einer offenbar nicht beabsichtigten Härte führen würde und die Abweichung mit den öffentlichen Belangen vereinbar ist oder wenn Gründe des Wohls der Allgemeinheit die Abweichungen erfordern. [2]Ausnahmen können mit Bedingungen und Auflagen versehen werden.

(9) [1]Wird infolge der Anwendung der Absätze 1, 2, 4 und 5 die bauliche Nutzung eines Grundstücks, auf deren Zulassung bisher ein Rechtsanspruch bestand, ganz oder teilweise aufgehoben, so kann der Eigentümer insoweit eine angemessene Entschädigung in Geld verlangen, als seine Vorbereitungen zur baulichen Nutzung des Grundstücks in dem bisher zulässigen Umfang für ihn an Wert verlieren oder eine wesentliche Wertminderung des Grundstücks eintritt. [2]Zur Entschädigung ist der Träger der Straßenbaulast verpflichtet.

(10) Im Fall des Absatzes 4 entsteht der Anspruch nach Absatz 9 erst, wenn der Plan rechtskräftig festgestellt oder genehmigt oder mit der Ausführung begonnen worden ist, spätestens jedoch nach Ablauf von vier Jahren, nachdem die Beschränkungen der Absätze 1 und 2 in Kraft getreten sind.

§ 15 Nebenbetriebe an den Bundesautobahnen[1)]

(1) Betriebe an den Bundesautobahnen, die den Belangen der Verkehrsteilnehmer der Bundesautobahnen dienen (z. B. Tankstellen, bewachte Parkplätze, Werkstätten, Verlade- und Umschlagsanlagen, Raststätten) und eine unmittelbare Zufahrt zu den Bundesautobahnen haben, sind Nebenbetriebe.

1) **Anm. d. Red.:** § 15 i. d. F. der VO v. 31. 8. 2015 (BGBl I S. 1474) mit Wirkung v. 8. 9. 2015.

(2) [1]Der Bau von Nebenbetrieben kann auf Dritte übertragen werden. [2]Der Betrieb von Nebenbetrieben ist auf Dritte zu übertragen, soweit nicht öffentliche Interessen oder besondere betriebliche Gründe entgegenstehen. [3]Die Übertragung von Bau und Betrieb kann unter Auflagen und Bedingungen sowie befristet erfolgen; der Vorbehalt der nachträglichen Aufnahme, Änderung oder Ergänzung einer Auflage (§ 36 des Verwaltungsverfahrensgesetzes) ist ausgeschlossen. [4]Die Übertragung erfolgt unter Voraussetzungen, die für jeden Dritten gleichwertig sind. [5]Dies gilt besonders für Betriebszeiten, das Vorhalten von betrieblichen Einrichtungen sowie Auflagen für die Betriebsführung. [6]Hoheitliche Befugnisse gehen nicht über; die §§ 4, 17 und 18f bis 19a finden Anwendung.

(3) [1]Für das Recht, einen Nebenbetrieb an der Bundesautobahn zu betreiben, hat der Konzessionsinhaber eine umsatz- oder absatzabhängige Konzessionsabgabe an den Bund zu entrichten. [2]Das Bundesministerium für Verkehr und digitale Infrastruktur wird ermächtigt, durch Rechtsverordnung im Einvernehmen mit dem Bundesministerium der Finanzen ohne Zustimmung des Bundesrates die Höhe der Konzessionsabgabe festzusetzen und die Voraussetzungen sowie das Verfahren zur Erhebung der Konzessionsabgabe zu regeln. [3]Die Höhe der Konzessionsabgabe hat sich an dem Wert des wirtschaftlichen Vorteils auszurichten, der dem Konzessionsinhaber durch das Recht zuwächst, einen Nebenbetrieb an der Bundesautobahn zu betreiben; sie darf höchstens 1,53 Euro pro einhundert Liter abgegebenen Kraftstoffs und höchstens 3 vom Hundert von anderen Umsätzen betragen. [4]Die Konzessionsabgabe ist an das Bundesamt für Güterverkehr zu entrichten.

(4) [1]Vorschriften über Sperrzeiten gelten nicht für Nebenbetriebe. [2]Alkoholhaltige Getränke dürfen in der Zeit von 0.00 Uhr bis 7.00 Uhr weder ausgeschenkt noch verkauft werden.

LIII. Gesetz über den Bau und die Finanzierung von Bundesfernstraßen durch Private (Fernstraßenbauprivatfinanzierungsgesetz – FStrPrivFinG)

v. 6.1.2006 (BGBl I S. 50) mit späteren Änderungen

Das Gesetz über den Bau und die Finanzierung von Bundesfernstraßen durch Private (Fernstraßenbauprivatfinanzierungsgesetz – FStrPrivFinG) v. 6.1.2006 (BGBl I S. 50) ist zuletzt geändert worden durch Art. 6 Gesetz zur Beschleunigung von Planungs- und Genehmigungsverfahren im Verkehrsbereich v. 29.11.2018 (BGBl I S. 2237); Änderungen, die erst zu einem späteren in Kraft treten, sind entsprechend gekennzeichnet.

Nichtamtliche Fassung

§ 1 Bau und Finanzierung durch Private

(1) Zur Verstärkung von Investitionen in das Bundesfernstraßennetz können Private Aufgaben des Neu- und Ausbaus von Bundesfernstraßen auf der Grundlage einer Mautgebührenfinanzierung wahrnehmen.

(2) Hierzu kann der Bau, die Erhaltung, der Betrieb und die Finanzierung von Bundesfernstraßen Privaten zur Ausführung übertragen werden.

(3) Der Private hat die Rechte und Pflichten des Trägers der Straßenbaulast nach den §§ 7a, 16a Abs. 3, §§ 18f, 19 und 19a des Bundesfernstraßengesetzes.

(4) Hoheitliche Befugnisse gehen auf den Privaten nicht über, soweit dieses Gesetz nichts anderes bestimmt.

(5) Mautgebühren im Sinne dieses Gesetzes sind öffentlich-rechtliche Gebühren (Gebühren) oder privatrechtliche Entgelte (Entgelte).

§ 2 Mautgebührenerhebung durch Private

(1) [1]Die Landesregierungen werden ermächtigt, einen Privaten, der sich vertraglich zur Übernahme von Aufgaben nach § 1 Abs. 2 für ein in der Rechtsverordnung nach § 3 Abs. 1 Satz 2 festgelegtes Fernstraßenprojekt verpflichtet, durch Rechtsverordnung mit den Befugnissen, die für den Bau, den Betrieb und die Unterhaltung des nach § 3 Abs. 1 Satz 2 bestimmten Bundesfernstraßenabschnitts erforderlich sind, insbesondere mit dem Recht zur Erhebung einer Mautgebühr und dem Betreiben der Verkehrszeichen und Verkehrseinrichtungen nach Maßgabe der Absätze 3 bis 5, zu beleihen. [2]Sie können diese Ermächtigung durch Rechtsverordnung auf die oberste Landesstraßenbaubehörde übertragen. [3]Die Mautgebühr dient der Refinanzierung der dem Privaten im Zusammenhang mit der Erfüllung der nach § 1 Abs. 2 übernommenen Aufgaben entstehenden Aufwendungen zuzüglich eines projektangemessenen Unternehmergewinns. [4]Die Mautgebühr wird vom Privaten nach Maßgabe der Absätze 2 bis 4 als Gebühr auf der Grundlage einer Rechtsverordnung nach § 5 Abs. 1 Satz 1 oder als Entgelt auf der Grundlage einer Genehmigung nach § 6 Abs. 1 erhoben. [5]Das Mautgebührenaufkommen steht dem Privaten zu. [6]Der Private untersteht der Aufsicht der jeweils zuständigen obersten Landesstraßenbaubehörde. [7]Diese ist ermächtigt, ihre Aufsichtsbefugnisse auf nachgeordnete Behörden zu übertragen.

(2) [1]Sobald der voraussichtliche Zeitpunkt der Freigabe des betroffenen Bundesfernstraßenabschnittes für den öffentlichen Verkehr feststeht, hat die zuständige oberste Landesstraßenbaubehörde den Privaten aufzufordern, ihr gegenüber eine Erklärung abzugeben, ob die Mautgebühr als Gebühr oder als Entgelt zu erheben ist. [2]Der Private hat die Erklärung innerhalb eines Monats nach Zugang der Aufforderung abzugeben. [3]Wird die Erklärung nicht rechtzeitig abgegeben, wird die Mautgebühr als Gebühr erhoben.

FStrPrivG

(3) Nach dem Beginn der Mautgebührenerhebung kann der Private jeweils spätestens sechs Monate vor dem Ablauf einer Kalkulationsperiode bei der zuständigen obersten Landesstraßen-

baubehörde beantragen, dass mit Beginn der jeweils folgenden Kalkulationsperiode die Erhebung der Mautgebühr von einer Gebühr auf ein Entgelt oder von einem Entgelt auf eine Gebühr umgestellt wird.

(4) [1]Soweit die Mautgebühr als Gebühr erhoben wird, findet gegen einen von dem Privaten erlassenen Gebührenbescheid ein Widerspruchsverfahren nicht statt. [2]Die Vollstreckung der Gebührenbescheide erfolgt nach den jeweiligen landesrechtlichen Vorschriften über die Verwaltungsvollstreckung.

(5) [1]Der Private ist zur Beschaffung, Anbringung, Unterhaltung und Entfernung aller für den Betrieb der Strecke erforderlichen Verkehrszeichen und Verkehrseinrichtungen verpflichtet. [2]Er hat deren Anordnung spätestens vier Monate vor der Indienststellung der Strecke bei der zuständigen Straßenverkehrsbehörde unter Vorlage eines Verkehrszeichenplans zu beantragen. [3]Später notwendige Änderungen sind unverzüglich zu beantragen. [4]Der Private untersteht insoweit der Aufsicht der Straßenverkehrsbehörde; deren Anordnungen und Weisungen ist Folge zu leisten.

(6) Der Private ist berechtigt, die zur Durchführung der Mautgebührenerhebung erforderlichen Verkehrszeichen und Verkehrseinrichtungen nach Maßgabe des von den Straßenverkehrsbehörden genehmigten Verkehrszeichenplans zu betreiben.

(7) Der Private ist verpflichtet, die jeweils geltenden Mautgebühren für den Verkehrsteilnehmer deutlich sichtbar und gut lesbar auszuhängen.

(Gemäß Art. 20 Nr. 1 Buchst. b Doppelbuchst. bb i.V. mit Art. 25 Abs. 3 Nr. 4 Gesetz v. 14.8.2017 (BGBl I S. 3122) und gemäß Art. 6 Buchst. a i.V. mit Art. 9 Abs. 4 Gesetz v. 29.11.2018 (BGBl I S. 2237) tritt § 2 mit Wirkung v. 1.1.2020 in folgender Fassung – kursiv – in Kraft:)

§ 2 Mautgebührenerhebung durch Private; Verordnungsermächtigung

(1) [1]Die Landesregierungen werden ermächtigt, einen Privaten, der sich vertraglich zur Übernahme von Aufgaben nach § 1 Abs. 2 für ein in der Rechtsverordnung nach § 3 Abs. 1 Satz 2 festgelegtes Fernstraßenprojekt verpflichtet, durch Rechtsverordnung mit den Befugnissen, die für den Bau, den Betrieb und die Unterhaltung des nach § 3 Abs. 1 Satz 2 bestimmten Bundesfernstraßenabschnitts erforderlich sind, insbesondere mit dem Recht zur Erhebung einer Mautgebühr und dem Betreiben der Verkehrszeichen und Verkehrseinrichtungen nach Maßgabe der Absätze 3 bis 5, zu beleihen. [2]Sie können diese Ermächtigung durch Rechtsverordnung auf die oberste Landesstraßenbaubehörde übertragen. [3]Das Bundesministerium für Verkehr und digitale Infrastruktur wird ermächtigt, einen Privaten, der sich vertraglich zur Übernahme von Aufgaben nach § 1 Absatz 2 für ein in der Rechtsverordnung nach § 3 Absatz 1 Satz 2 festgelegtes Bundesfernstraßenprojekt, soweit dem Bund die Verwaltung einer Bundesfernstraße zusteht, verpflichtet, durch Rechtsverordnung ohne Zustimmung des Bundesrates mit den Befugnissen, die für den Bau, den Betrieb und die Unterhaltung des nach § 3 Absatz 1 Satz 2 bestimmten Bundesfernstraßenabschnitts erforderlich sind, insbesondere mit dem Recht zur Erhebung einer Mautgebühr oder dem Betreiben der Verkehrszeichen und Verkehrseinrichtungen nach Maßgabe der Absätze 3 bis 5, zu beleihen. [4]Es kann diese Ermächtigung durch Rechtsverordnung auf das Fernstraßen-Bundesamt übertragen. [5]Die Mautgebühr dient der Refinanzierung der dem Privaten im Zusammenhang mit der Erfüllung der nach § 1 Abs. 2 übernommenen Aufgaben entstehenden Aufwendungen zuzüglich eines projektangemessenen Unternehmergewinns. [6]Die Mautgebühr wird vom Privaten nach Maßgabe der Absätze 2 bis 4 als Gebühr auf der Grundlage einer Rechtsverordnung nach § 5 Abs. 1 Satz 1 oder als Entgelt auf der Grundlage einer Genehmigung nach § 6 Abs. 1 erhoben. [7]Das Mautgebührenaufkommen steht dem Privaten zu. [8]Der Private untersteht der Aufsicht der jeweils zuständigen obersten Landesstraßenbaubehörde. [9]Diese ist ermächtigt, ihre Aufsichtsbefugnisse auf nachgeordnete Behörden zu übertragen.

(2) [1]Sobald der voraussichtliche Zeitpunkt der Freigabe des betroffenen Bundesfernstraßenabschnittes für den öffentlichen Verkehr feststeht, hat die zuständige oberste Landesstraßenbau-

behörde den Privaten aufzufordern, ihr gegenüber eine Erklärung abzugeben, ob die Mautgebühr als Gebühr oder als Entgelt zu erheben ist. [2]Der Private hat die Erklärung innerhalb eines Monats nach Zugang der Aufforderung abzugeben. [3]Wird die Erklärung nicht rechtzeitig abgegeben, wird die Mautgebühr als Gebühr erhoben.

(3) Nach dem Beginn der Mautgebührenerhebung kann der Private jeweils spätestens sechs Monate vor dem Ablauf einer Kalkulationsperiode bei der zuständigen obersten Landesstraßenbaubehörde beantragen, dass mit Beginn der jeweils folgenden Kalkulationsperiode die Erhebung der Mautgebühr von einer Gebühr auf ein Entgelt oder von einem Entgelt auf eine Gebühr umgestellt wird.

(4) [1]Soweit die Mautgebühr als Gebühr erhoben wird, findet gegen einen von dem Privaten erlassenen Gebührenbescheid ein Widerspruchsverfahren nicht statt. [2]Die Vollstreckung der Gebührenbescheide erfolgt nach den jeweiligen landesrechtlichen Vorschriften über die Verwaltungsvollstreckung.

(5) [1]Der Private ist zur Beschaffung, Anbringung, Unterhaltung und Entfernung aller für den Betrieb der Strecke erforderlichen Verkehrszeichen und Verkehrseinrichtungen verpflichtet. [2]Er hat deren Anordnung spätestens vier Monate vor der Indienststellung der Strecke bei der zuständigen Straßenverkehrsbehörde unter Vorlage eines Verkehrszeichenplans zu beantragen. [3]Später notwendige Änderungen sind unverzüglich zu beantragen. [4]Der Private untersteht insoweit der Aufsicht der Straßenverkehrsbehörde; deren Anordnungen und Weisungen ist Folge zu leisten.

(6) Der Private ist berechtigt, die zur Durchführung der Mautgebührenerhebung erforderlichen Verkehrszeichen und Verkehrseinrichtungen nach Maßgabe des von den Straßenverkehrsbehörden genehmigten Verkehrszeichenplans zu betreiben.

(7) Der Private ist verpflichtet, die jeweils geltenden Mautgebühren für den Verkehrsteilnehmer deutlich sichtbar und gut lesbar auszuhängen.

(Gemäß Art. 20 Nr. 1 i. V. mit Art. 25 Abs. 4 Nr. 2 Gesetz v. 14.8.2017 (BGBl I S. 3122), i. d. F. des Art. 8 Nr. 2 Gesetz v. 29.11.2018 (BGBl I S. 2237), tritt § 2 mit Wirkung v. 1.1.2021 in folgender Fassung – kursiv – in Kraft:)

§ 2 Mautgebührenerhebung durch Private; Verordnungsermächtigung

(1) [1]Die Landesregierungen werden ermächtigt, einen Privaten, der sich vertraglich zur Übernahme von Aufgaben nach § 1 Abs. 2 für ein in der Rechtsverordnung nach § 3 Abs. 1 Satz 2 festgelegtes Bundesstraßenprojekt, soweit nicht dem Bund die Verwaltung der Bundesstraße zusteht, verpflichtet, durch Rechtsverordnung mit den Befugnissen, die für den Bau, den Betrieb und die Unterhaltung des nach § 3 Abs. 1 Satz 2 bestimmten Bundesstraßenabschnitts erforderlich sind, insbesondere mit dem Recht zur Erhebung einer Mautgebühr und dem Betreiben der Verkehrszeichen und Verkehrseinrichtungen nach Maßgabe der Absätze 3 bis 5, zu beleihen. [2]Sie können diese Ermächtigung durch Rechtsverordnung auf die oberste Landesstraßenbaubehörde übertragen. [3]Das Bundesministerium für Verkehr und digitale Infrastruktur wird ermächtigt, einen Privaten, der sich vertraglich zur Übernahme von Aufgaben nach § 1 Absatz 2 für ein in der Rechtsverordnung nach § 3 Absatz 1 Satz 2 festgelegtes Bundesfernstraßenprojekt, soweit dem Bund die Verwaltung einer Bundesfernstraße zusteht, verpflichtet, durch Rechtsverordnung ohne Zustimmung des Bundesrates mit den Befugnissen, die für den Bau, den Betrieb und die Unterhaltung des nach § 3 Absatz 1 Satz 2 bestimmten Bundesfernstraßenabschnitts erforderlich sind, insbesondere mit dem Recht zur Erhebung einer Mautgebühr oder dem Betreiben der Verkehrszeichen und Verkehrseinrichtungen nach Maßgabe der Absätze 3 bis 5, zu beleihen. [4]Es kann diese Ermächtigung durch Rechtsverordnung auf das Fernstraßen-Bundesamt übertragen. [5]Die Mautgebühr dient der Refinanzierung der dem Privaten im Zusammenhang mit der Erfüllung der nach § 1 Abs. 2 übernommenen Aufgaben entstehenden Aufwendungen zuzüglich eines projektangemessenen Unternehmergewinns. [6]Die Mautgebühr wird vom Privaten nach Maßgabe der Absätze 2 bis 4 als Gebühr auf der Grundlage einer Rechtsverordnung nach § 5 Abs. 1 Satz 1 oder als Entgelt auf der Grundlage einer Genehmigung nach § 6 Abs. 1 erhoben. [7]Das Mautgebührenaufkommen steht dem Privaten zu. [8]Der Private untersteht auf Bundesstraßen, soweit nicht dem Bund die Verwaltung der Bundesstraße zusteht,

FStrPrivG

der Aufsicht der jeweils zuständigen obersten Landesstraßenbaubehörde und auf Bundesfernstraßen, soweit dem Bund die Verwaltung einer Bundesfernstraße zusteht, der Aufsicht des Fernstraßen-Bundesamtes. [9]Die obersten Landesstraßenbaubehörden sind ermächtigt, ihre Aufsichtsbefugnisse auf nachgeordnete Behörden zu übertragen.

(2) [1]Sobald der voraussichtliche Zeitpunkt der Freigabe des betroffenen Abschnitts einer Bundesstraße, soweit nicht dem Bund die Verwaltung der Bundesstraße zusteht, für den öffentlichen Verkehr feststeht, hat die zuständige oberste Landesstraßenbaubehörde den Privaten aufzufordern, ihr gegenüber eine Erklärung abzugeben, ob die Mautgebühr als Gebühr oder als Entgelt zu erheben ist. [2]Sofern ein Bundesfernstraßenabschnitt, für den dem Bund die Verwaltung der Bundesfernstraße zusteht, betroffen ist, hat das Fernstraßen-Bundesamt den Privaten nach Maßgabe von Satz 1 aufzufordern. [3]Der Private hat die Erklärung innerhalb eines Monats nach Zugang der Aufforderung abzugeben. [4]Wird die Erklärung nicht rechtzeitig abgegeben, wird die Mautgebühr als Gebühr erhoben.

(3) Nach dem Beginn der Mautgebührenerhebung kann der Private jeweils spätestens sechs Monate vor dem Ablauf einer Kalkulationsperiode bei der zuständigen obersten Landesstraßenbaubehörde und für einen Bundesfernstraßenabschnitt, für den dem Bund die Verwaltung der Bundesfernstraße zusteht, beim Fernstraßen-Bundesamt beantragen, dass mit Beginn der jeweils folgenden Kalkulationsperiode die Erhebung der Mautgebühr von einer Gebühr auf ein Entgelt oder von einem Entgelt auf eine Gebühr umgestellt wird.

(4) [1]Soweit die Mautgebühr als Gebühr erhoben wird, findet gegen einen von dem Privaten erlassenen Gebührenbescheid ein Widerspruchsverfahren nicht statt. [2]Die Vollstreckung der Gebührenbescheide erfolgt für Bundesstraßen, soweit nicht dem Bund die Verwaltung der Bundesstraße zusteht, nach den jeweiligen landesrechtlichen Vorschriften über die Verwaltungsvollstreckung. [3]Für Bundesfernstraßen, für die dem Bund die Verwaltung der Bundesfernstraße zusteht, erfolgt die Vollstreckung der Gebührenbescheide nach den bundesrechtlichen Vorschriften über die Verwaltungsvollstreckung.

(5) [1]Der Private ist zur Beschaffung, Anbringung, Unterhaltung und Entfernung aller für den Betrieb der Strecke erforderlichen Verkehrszeichen und Verkehrseinrichtungen verpflichtet. [2]Er hat deren Anordnung spätestens vier Monate vor der Indienststellung der Strecke bei der zuständigen Straßenverkehrsbehörde unter Vorlage eines Verkehrszeichenplans zu beantragen. [3]Später notwendige Änderungen sind unverzüglich zu beantragen. [4]Der Private untersteht insoweit der Aufsicht der Straßenverkehrsbehörde; deren Anordnungen und Weisungen ist Folge zu leisten.

(6) Der Private ist berechtigt, die zur Durchführung der Mautgebührenerhebung erforderlichen Verkehrszeichen und Verkehrseinrichtungen nach Maßgabe des von den Straßenverkehrsbehörden genehmigten Verkehrszeichenplans zu betreiben.

(7) Der Private ist verpflichtet, die jeweils geltenden Mautgebühren für den Verkehrsteilnehmer deutlich sichtbar und gut lesbar auszuhängen.

§ 3 Mautgebühren[1)]

(1) [1]Mautgebühren nach § 2 können erhoben werden für die Benutzung von nach Maßgabe dieses Gesetzes errichteten

1. Brücken, Tunneln und Gebirgspässen im Zuge von Bundesautobahnen und Bundesstraßen mit Fahrzeugen,
2. mehrstreifigen Bundesstraßen mit getrennten Fahrbahnen für den Richtungsverkehr mit Kraftfahrzeugen.

[2]Das Bundesministerium für Verkehr und digitale Infrastruktur wird ermächtigt, durch Rechtsverordnung im Einvernehmen mit den betroffenen Landesregierungen und ohne Zustimmung des Bundesrates die Strecken festzulegen, die nach Maßgabe dieses Gesetzes und der hierzu ergangenen Rechtsverordnungen gebaut, erhalten, betrieben und finanziert werden sollen.

1) **Anm. d. Red.:** § 3 i. d. F. der VO v. 31. 8. 2015 (BGBl I S. 1474) mit Wirkung v. 8. 9. 2015.

(2) [1]Die Mautgebühren richten sich nach den Kosten für Bau, Erhaltung, Betrieb und weiteren Ausbau der jeweiligen Strecke. [2]In diesem Rahmen müssen sie zumindest unter Berücksichtigung von Wegstrecke und der Fahrzeugart in einem angemessenen Verhältnis zu dem durchschnittlichen Vorteil der Benutzung stehen. [3]Die Höhe der Mautgebühren kann auch von der Häufigkeit und dem Zeitpunkt der Benutzung abhängig gemacht werden.

(3) [1]Berücksichtigungsfähige Kosten sind die bei wirtschaftlicher Betriebsführung nach betriebswirtschaftlichen Grundsätzen ansatzfähigen Kosten. [2]Diese setzen sich zusammen aus den Grundkosten und den kalkulatorischen Kosten. [3]Grundkosten sind die Kosten für den Betrieb, die Instandhaltung und die Instandsetzung der Strecke sowie Steuern, Gebühren, Beiträge und Abgaben, mit Ausnahme der Einkommen- und Körperschaftsteuer einschließlich der darauf entfallenden Zuschläge nach den jeweils geltenden gesetzlichen Vorschriften. [4]Zu den Grundkosten gehören insbesondere die Kosten für Roh-, Hilfs- und Betriebsstoffe, Entgelte für in Anspruch genommene Fremdleistungen, Personalkosten sowie Fremdkapitalzinsen. [5]Zu den kalkulatorischen Kosten zählen Abschreibungen sowie kalkulatorische Wagnisse und Zinsen. [6]Der Berechnung von Abschreibungen sind die Anschaffungs- oder Herstellungskosten zugrunde zu legen. [7]Der Abschreibungsbetrag ist auf die betriebsgewöhnliche Nutzungsdauer der jeweiligen Anlage oder jeweiligen Teile der Anlage zu verteilen, höchstens jedoch auf den Zeitraum der Konzessionslaufzeit. [8]Die Anschaffungs- und Herstellungskosten sind vor der Berechnung der Abschreibung um eine darauf entfallende etwaige Anschubfinanzierung und um darauf entfallende etwaige sonstige öffentliche Fördermittel zu vermindern. [9]Sonderabschreibungen und steuerlich veranlasste erhöhte Absetzungen bleiben außer Betracht. [10]Kalkulatorische Zinsen sind Kosten, die für die Bereitstellung des von dem Privaten eingesetzten Eigenkapitals angesetzt werden.

(4) [1]Als angemessene kalkulatorische Verzinsung des von dem Privaten eingesetzten Eigenkapitals gilt die durchschnittliche Rendite zehnjähriger deutscher Bundesanleihen in einem Zeitraum von 20 Jahren, die der jeweiligen Kalkulationsperiode vorausgehen, zuzüglich eines dem jeweiligen unternehmerischen Risiko angemessenen Risikozuschlags. [2]Der Risikozuschlag darf nicht zu einer unverhältnismäßigen Verzinsung des eingesetzten Eigenkapitals führen. [3]Der Private kann in den jeweiligen Kalkulationsperioden unterschiedliche Zinssätze für das von ihm eingesetzte Eigenkapital in Ansatz bringen, soweit über die gesamte Konzessionslaufzeit die den Sätzen 1 und 2 entsprechende durchschnittliche Verzinsung eingehalten wird.

(5) [1]Unverhältnismäßige Kostenunter- oder Kostenüberdeckungen sind rechtzeitig und angemessen auszugleichen. [2]Der Ausgleich einer Kostenunterdeckung ist ausgeschlossen, wenn sich der Private durch Vereinbarung im Konzessionsvertrag verpflichtet, Bau, Erhaltung und Betrieb der Strecke zu einem Festpreis durchzuführen, der dann zu gleichen Teilen auf die Konzessionslaufzeit aufgeteilt wird. [3]Die Kalkulation des Festpreises ist im Konzessionsvertrag offen zu legen und im Rahmen der Berechnung der konkreten Mautgebührenhöhe unter Beachtung der Absätze 2 und 3 und der Rechtsverordnung nach § 4 sowie der Rechtsverordnung nach § 5 oder der Genehmigung nach § 6 nachzuprüfen. [4]Auch für die Kosten des Betriebs der jeweiligen Strecke und für die Kosten des Betriebs der Mautgebührenerhebungseinrichtungen können Festpreisvereinbarungen getroffen werden, die dann entsprechend zu behandeln sind.

§ 4 Mautbemessungs- und -kalkulationsverordnung[1)]

Das Bundesministerium für Verkehr und digitale Infrastruktur wird ermächtigt, im Einvernehmen mit dem Bundesministerium der Finanzen und dem Bundesministerium für Wirtschaft und Energie durch Rechtsverordnung mit Zustimmung des Bundesrates nähere Bestimmungen über die Bemessung der Mautgebühren und die Kalkulation des Mautgebührensatzes nach § 3 Abs. 2 bis 5 zu erlassen.

FStrPrivG

1) **Anm. d. Red.:** § 4 i. d. F. der VO v. 31. 8. 2015 (BGBl I S. 1474) mit Wirkung v. 8. 9. 2015.

§ 5 Mautgebührenverordnung

(1) [1]Die Landesregierungen werden ermächtigt, durch Rechtsverordnung für die in einer Rechtsverordnung nach § 3 Abs. 1 Satz 2 jeweils festgelegte Strecke die Höhe der Mautgebühr unter Beachtung des § 3 Abs. 2 bis 5 und der Rechtsverordnung nach § 4 zu bestimmen, soweit

1. der Private im Falle des § 2 Abs. 2 Satz 1 und 2 erklärt oder im Falle des § 2 Abs. 3 beantragt hat, die Mautgebühr als Gebühr zu erheben oder
2. der Fall des § 2 Abs. 2 Satz 3 eingetreten ist.

[2]Sie können diese Ermächtigung durch Rechtsverordnung auf die oberste Landesstraßenbaubehörde übertragen. [3]Der Private erwirbt mit Auftragserteilung einen Anspruch auf Erlass der Rechtsverordnung nach Satz 1. [4]Solange die ansatzfähigen Kosten noch nicht abschließend feststehen, erfolgt die Festsetzung der Mautgebühren in der Rechtsverordnung nach Satz 1 auf der Basis der nach der Angebotskalkulation des Privaten ansatzfähigen Kosten, die um die bereits nachgewiesenen Kosten aktualisiert wurden; der Nachweis erfolgt durch prüfbare Aufstellung der Kosten, die eine rasche und sichere Beurteilung ermöglichen muss.

(2) [1]Der Private kann jederzeit bei der Landesregierung beantragen, die Bestimmung der Höhe der Mautgebühr durch Rechtsverordnung nach Absatz 1 Satz 1 zu ändern. [2]Der Private hat einen Anspruch auf Erlass der Rechtsverordnung, soweit sich die der geltenden Bestimmung der Höhe der Mautgebühr zu Grunde liegenden Tatsachen wesentlich geändert haben. [3]Im Falle einer Rechtsverordnung nach Absatz 1 Satz 2 ist der Antrag an die oberste Landesstraßenbaubehörde zu richten.

(Gemäß Art. 20 Nr. 2 Buchst. b i.V. mit Art. 25 Abs. 3 Nr. 4 Gesetz v. 14.8.2017 (BGBl I S. 3122) und gemäß Art. 6 Buchst. b i.V. mit Art. 9 Abs. 4 Gesetz v. 29.11.2018 (BGBl I S. 2237) tritt § 5 mit Wirkung v. 1.1.2020 in folgender Fassung – kursiv – in Kraft:)

§ 5 Mautgebührenverordnung

(1) [1]Die Landesregierungen werden ermächtigt, durch Rechtsverordnung für die in einer Rechtsverordnung nach § 3 Abs. 1 Satz 2 jeweils festgelegte Strecke die Höhe der Mautgebühr unter Beachtung des § 3 Abs. 2 bis 5 und der Rechtsverordnung nach § 4 zu bestimmen, soweit

1. *der Private im Falle des § 2 Abs. 2 Satz 1 und 2 erklärt oder im Falle des § 2 Abs. 3 beantragt hat, die Mautgebühr als Gebühr zu erheben oder*
2. *der Fall des § 2 Abs. 2 Satz 3 eingetreten ist.*

[2]Sie können diese Ermächtigung durch Rechtsverordnung auf die oberste Landesstraßenbaubehörde übertragen. [3]Der Private erwirbt mit Auftragserteilung einen Anspruch auf Erlass der Rechtsverordnung nach Satz 1. [4]Solange die ansatzfähigen Kosten noch nicht abschließend feststehen, erfolgt die Festsetzung der Mautgebühren in der Rechtsverordnung nach Satz 1 auf der Basis der nach der Angebotskalkulation des Privaten ansatzfähigen Kosten, die um die bereits nachgewiesenen Kosten aktualisiert wurden; der Nachweis erfolgt durch prüfbare Aufstellung der Kosten, die eine rasche und sichere Beurteilung ermöglichen muss.

(2) [1]Das Bundesministerium für Verkehr und digitale Infrastruktur wird ermächtigt, durch Rechtsverordnung ohne Zustimmung des Bundesrates für die in einer Rechtsverordnung nach § 3 Absatz 1 Satz 2 jeweils festgelegte Strecke im Zuge einer Bundesfernstraße, für die dem Bund die Verwaltung der Bundesfernstraße zusteht, die Höhe der Mautgebühr unter Beachtung des § 3 Absatz 2 bis 5 und der Rechtsverordnung nach § 4 zu bestimmen, soweit

1. *der Private im Falle des § 2 Absatz 2 Satz 2 und 3 erklärt oder im Falle des § 2 Absatz 3 beantragt hat, die Mautgebühr als Gebühr zu erheben oder*
2. *der Fall des § 2 Absatz 2 Satz 4 eingetreten ist.*

[2]Es kann diese Ermächtigung durch Rechtsverordnung auf das Fernstraßen-Bundesamt übertragen. [3]Absatz 1 Satz 3 und 4 gilt entsprechend.

(3) [1]Der Private kann im Falle des Absatzes 1 jederzeit bei der Landesregierung und im Falle des Absatzes 2 jederzeit beim Bundesministerium für Verkehr und digitale Infrastruktur beantragen, die Bestimmung der Höhe der Mautgebühr durch Rechtsverordnung nach Absatz 1 Satz 1 oder Absatz 2 Satz 1 zu ändern. [2]Der Private hat einen Anspruch auf Erlass der Rechtsverordnung, soweit sich die der geltenden Bestimmung der Höhe der Mautgebühr zu Grunde liegenden Tatsachen wesentlich geändert haben. [3]Im Falle einer Rechtsverordnung nach Absatz 1 Satz 2 ist der Antrag an die oberste Landesstraßenbaubehörde zu richten.

(Gemäß Art. 20 Nr. 2 i.V. mit Art. 25 Abs. 4 Nr. 2 Gesetz v. 14.8.2017 (BGBl I S. 3122), i. d. F. des Art. 8 Nr. 2 Gesetz v. 29.11.2018 (BGBl I S. 2237) tritt § 5 mit Wirkung v. 1.1.2021 in folgender Fassung – kursiv – in Kraft:)

§ 5 Mautgebührenverordnung

(1) [1]Die Landesregierungen werden ermächtigt, durch Rechtsverordnung für die in einer Rechtsverordnung nach § 3 Abs. 1 Satz 2 jeweils festgelegte Strecke im Zuge einer Bundesstraße, soweit nicht dem Bund die Verwaltung der Bundesstraße zusteht, die Höhe der Mautgebühr unter Beachtung des § 3 Abs. 2 bis 5 und der Rechtsverordnung nach § 4 zu bestimmen, soweit

1. *der Private im Falle des § 2 Absatz 2 Satz 1 und 3 erklärt oder im Falle des § 2 Abs. 3 beantragt hat, die Mautgebühr als Gebühr zu erheben oder*
2. *der Fall des § 2 Absatz 2 Satz 4 eingetreten ist.*

[2]Sie können diese Ermächtigung durch Rechtsverordnung auf die oberste Landesstraßenbaubehörde übertragen. [3]Der Private erwirbt mit Auftragserteilung einen Anspruch auf Erlass der Rechtsverordnung nach Satz 1. [4]Solange die ansatzfähigen Kosten noch nicht abschließend feststehen, erfolgt die Festsetzung der Mautgebühren in der Rechtsverordnung nach Satz 1 auf der Basis der nach der Angebotskalkulation des Privaten ansatzfähigen Kosten, die um die bereits nachgewiesenen Kosten aktualisiert wurden; der Nachweis erfolgt durch prüfbare Aufstellung der Kosten, die eine rasche und sichere Beurteilung ermöglichen muss.

(2) [1]Das Bundesministerium für Verkehr und digitale Infrastruktur wird ermächtigt, durch Rechtsverordnung ohne Zustimmung des Bundesrates für die in einer Rechtsverordnung nach § 3 Absatz 1 Satz 2 jeweils festgelegte Strecke im Zuge einer Bundesfernstraße, für die dem Bund die Verwaltung der Bundesfernstraße zusteht, die Höhe der Mautgebühr unter Beachtung des § 3 Absatz 2 bis 5 und der Rechtsverordnung nach § 4 zu bestimmen, soweit

1. *der Private im Falle des § 2 Absatz 2 Satz 2 und 3 erklärt oder im Falle des § 2 Absatz 3 beantragt hat, die Mautgebühr als Gebühr zu erheben oder*
2. *der Fall des § 2 Absatz 2 Satz 4 eingetreten ist.*

[2]Es kann diese Ermächtigung durch Rechtsverordnung auf das Fernstraßen-Bundesamt übertragen. [3]Absatz 1 Satz 3 und 4 gilt entsprechend.

(3) [1]Der Private kann im Falle des Absatzes 1 jederzeit bei der Landesregierung und im Falle des Absatzes 2 jederzeit beim Bundesministerium für Verkehr und digitale Infrastruktur beantragen, die Bestimmung der Höhe der Mautgebühr durch Rechtsverordnung nach Absatz 1 Satz 1 oder Absatz 2 Satz 1 zu ändern. [2]Der Private hat einen Anspruch auf Erlass der Rechtsverordnung, soweit sich die der geltenden Bestimmung der Höhe der Mautgebühr zu Grunde liegenden Tatsachen wesentlich geändert haben. [3]Im Falle einer Rechtsverordnung nach Absatz 1 Satz 2 ist der Antrag an die oberste Landesstraßenbaubehörde zu richten.

§ 6 Mautgebührengenehmigung[1)2)]

(1) Erklärt der Private im Falle des § 2 Abs. 2 oder beantragt der Private im Falle des § 2 Abs. 3 die Mautgebühr als Entgelt zu erheben, so bedarf die Höhe der Mautgebühr der Genehmigung der zuständigen obersten Landesstraßenbaubehörde.

(2) [1]Die Genehmigung ist zu erteilen, wenn

1. die Strecke in einer Rechtsverordnung nach § 3 Abs. 1 Satz 2 festgelegt ist und
2. bei der Berechnung der Mautgebühr die Maßstäbe nach § 3 Abs. 2 bis 5 und der Rechtsverordnung nach § 4 eingehalten sind.

[2]§ 5 Abs. 1 Satz 4 gilt entsprechend.

(3) [1]Der Private kann jederzeit bei der obersten Landesstraßenbaubehörde beantragen, eine neue Mautgebühr zu genehmigen. [2]Der Private hat einen Anspruch auf die Genehmigung, soweit sich die der genehmigten Mautgebühr zu Grunde liegenden Tatsachen wesentlich geändert haben.

(4) Vor Erteilung der Genehmigung hat die oberste Landesstraßenbaubehörde die Zustimmung des Bundesministeriums für Verkehr und digitale Infrastruktur einzuholen.

(5) Die Genehmigung kann unbeschadet der verwaltungsverfahrensrechtlichen Vorschriften über Rücknahme und Widerruf auch widerrufen werden, wenn der Private den Widerruf beantragt.

§ 7 Befreiungen

[1]Von der Mautgebühr sind Fahrzeuge der Streitkräfte, des Zivil- und Katastrophenschutzes, der Feuerwehr und anderer Notdienste, der Polizeien des Bundes und der Länder, der Zollverwaltung und des Straßenunterhaltungs- oder Straßenbetriebsdienstes befreit. [2]Voraussetzung für die Mautgebührenbefreiung ist, dass die Fahrzeuge als für die genannten Zwecke bestimmt erkennbar sind oder als solche zweifelsfrei ausgewiesen werden können. [3]Im Falle von Fahrzeugkombinationen ist das Motorfahrzeug für die Mautgebührenbefreiung maßgebend.

§ 8 Schuldner der Mautgebühr

[1]Schuldner der Mautgebühr (Schuldner) ist, wer

1. über den Gebrauch des Fahrzeuges bestimmt,
2. das Fahrzeug führt,
3. Halter des Fahrzeuges ist.

[2]Mehrere Schuldner haften als Gesamtschuldner.

---

1) **Anm. d. Red.:** § 6 i. d. F. der VO v. 31. 8. 2015 (BGBl I S. 1474) mit Wirkung v. 8. 9. 2015.

2) **Anm. d. Red.:** Gemäß Art. 20 Nr. 3 i.V. mit Art. 25 Abs. 4 Nr. 2 Gesetz v. 14.8.2017 (BGBl I S. 3122) wird § 6 mit Wirkung v. 1.1.2021 wie folgt geändert:
a) In Absatz 1 werden nach den Wörtern „Höhe der Mautgebühr" die Wörter „für die in einer Rechtsverordnung nach § 3 Absatz 1 Satz 2 jeweils festgelegte Strecke im Zuge einer Bundesstraße, soweit nicht dem Bund die Verwaltung der Bundesstraße zusteht," und nach dem Wort „Landesstraßenbaubehörde" die Wörter „und für die in einer Rechtsverordnung nach § 3 Absatz 1 Satz 2 jeweils festgelegte Strecke im Zuge einer Bundesfernstraße, für die dem Bund die Verwaltung der Bundesfernstraße zusteht, der Genehmigung des Fernstraßen-Bundesamtes" eingefügt.
b) In Absatz 3 Satz 1 werden nach dem Wort „kann" die Wörter „für die in einer Rechtsverordnung nach § 3 Absatz 1 Satz 2 jeweils festgelegte Strecke im Zuge einer Bundesstraße, soweit nicht dem Bund die Verwaltung der Bundesstraße zusteht," und nach dem Wort „Landesstraßenbaubehörde" die Wörter „und für die in einer Rechtsverordnung nach § 3 Absatz 1 Satz 2 jeweils festgelegte Strecke im Zuge einer Bundesfernstraße, für die dem Bund die Verwaltung der Bundesfernstraße zusteht, beim Fernstraßen-Bundesamt" eingefügt.
c) In Absatz 4 werden nach dem Wort „Landesstraßenbaubehörde" die Wörter „oder das Fernstraßen-Bundesamt" eingefügt.

§ 9 Entrichtung der Mautgebühr[1)]

(1) Der Schuldner hat die Mautgebühr in der sich aus der Rechtsverordnung nach § 5 Abs. 1 Satz 1 oder der Genehmigung nach § 6 Abs. 1 jeweils ergebenden Höhe spätestens bei Beginn der mautgebührenpflichtigen Benutzung der Strecke oder im Falle einer Stundung zu dem festgesetzten Zeitpunkt an den Privaten zu entrichten.

(2) [1]Der Private hat dem Schuldner die Entrichtung der Mautgebühr durch Barzahlung zu ermöglichen. [2]Darüber hinaus darf er die Mautgebühr im Einzugs- oder automatisierten Verfahren erheben. [3]Auf Verlangen des Schuldners ist eine Quittung zu erteilen.

(3) [1]Wird die Mautgebühr im Einzugsverfahren oder im automatisierten Verfahren entrichtet, darf der Private Daten nur erheben, verarbeiten und nutzen, soweit dies erforderlich ist, um mautgebührenpflichtige Benutzungen zu ermöglichen (Berechnungsdaten), abzurechnen (Abrechnungsdaten) und zu kontrollieren (Kontrolldaten). [2]Es sind

1. Berechnungsdaten:
   a) das Kennzeichen des Fahrzeugs,
   b) die für die Mautgebührenhöhe maßgeblichen Merkmale des Fahrzeugs oder der Fahrzeugkombination,
   c) die Höhe der zu entrichtenden Mautgebühr;
2. Abrechnungsdaten:
   a) Ort und Zeit der mautgebührenpflichtigen Benutzung der Strecke,
   b) Zeitpunkt und Höhe der entrichteten oder noch zu entrichtenden Mautgebühr,
   c) sonstige Daten, die für die Abwicklung der durch Rechtsverordnung nach Absatz 6 zugelassenen Zahlungs- und Abrechnungsverfahren erforderlich sind;
3. Kontrolldaten:
   a) das Kennzeichen und das Bild des Fahrzeugs,
   b) die für die Mautgebührenhöhe maßgeblichen Merkmale des Fahrzeugs oder der Fahrzeugkombination,
   c) die Höhe der entrichteten und der zu entrichtenden Mautgebühr,
   d) Ort und Zeit der mautgebührenpflichtigen Benutzung der Strecke,
   e) der Name der Person, die die Strecke benutzt.

(4) [1]Der Schuldner hat bei der Mautgebührenerhebung nach Maßgabe des § 10 mitzuwirken. [2]Er hat die technischen Einrichtungen zur Mautgebührenerhebung ordnungsgemäß zu benutzen und die für die Mautgebührenerhebung maßgeblichen Tatsachen anzugeben.

(5) [1]Hat der Private mit einer anderen Stelle einen Vertrag über die Be- und Abrechnung der Mautgebühr geschlossen, sind die Vorschriften über Datenverarbeitung im Auftrag anzuwenden. [2]Die Absätze 2 und 3 gelten für den Auftragnehmer entsprechend.

(6) Das Bundesministerium für Verkehr und digitale Infrastruktur erlässt nach Anhörung der jeweils zuständigen obersten Landesstraßenbaubehörde durch Rechtsverordnung mit Zustimmung des Bundesrates ergänzende Bestimmungen über Art und Umfang der Erhebung, Verarbeitung und Nutzung der Daten nach Absatz 3 für die vom Privaten jeweils eingesetzten Verfahren.

§ 10 Nachweis und Kontrolle der Mautgebührenentrichtung

(1) [1]Auf Verlangen des Privaten hat der Schuldner die ordnungsgemäße Entrichtung der Mautgebühr nachzuweisen. [2]Hat der Schuldner im Voraus die Mautgebühr entrichtet und hierüber Belege erhalten, so hat er diese bei der Benutzung mitzuführen und auf Verlangen den zur Kontrolle befugten Personen zur Prüfung auszuhändigen.

FStrPrivG

1) **Anm. d. Red.:** § 9 i. d. F. der VO v. 31. 8. 2015 (BGBl I S. 1474) mit Wirkung v. 8. 9. 2015.

(2) Hat der Schuldner die Mautgebühr nicht oder nicht in voller Höhe entrichtet, darf der Private die Kontrolldaten zum Zweck der Vollstreckung der Mautgebühr, der Einziehung der Mautgebühr oder zur Erstellung des Gebührenbescheids erheben und verarbeiten.

§ 11 Datenlöschungen, Geschäftsstatistiken

(1) [1]Der Private hat

1. Berechnungsdaten, soweit sie nicht Abrechnungsdaten sind, unverzüglich nach Durchführung der Berechnung zu löschen,
2. Abrechnungsdaten zu löschen, sobald feststeht, dass die Mautgebühr nach § 9 entrichtet worden ist und Rechtsmittel nicht oder nicht fristgerecht eingelegt worden sind,
3. Kontrolldaten zu löschen, sobald feststeht, dass die Mautgebühr ordnungsgemäß entrichtet wurde,
4. Bilder und Daten, die im Rahmen der Kontrolle erhoben und gespeichert wurden, unmittelbar nach dem Kontrollvorgang zu löschen, wenn das Kraftfahrzeug nicht der Mautgebührenpflicht unterliegt.

[2]Ist die Mautgebühr als Gebühr erhoben worden und sind gegen den Gebührenbescheid fristgerecht Rechtsmittel eingelegt worden, sind die Daten spätestens einen Monat nach Beendigung des Verfahrens zu löschen. [3]Ist die Mautgebühr nicht nach § 9 entrichtet worden, hat der Private die Kontroll- und Verfahrensdaten spätestens einen Monat nach rechts- oder bestandskräftigem Abschluss des Verwaltungsverfahrens, des verwaltungsgerichtlichen Verfahrens, des Gerichtsverfahrens für die Beitreibung des Entgeltes oder des Ordnungswidrigkeiten- oder Strafverfahrens zu löschen.

(2) Ist die Erteilung einer Quittung vereinbart worden, sind die zu quittierenden Daten nach Erteilung der Quittung unverzüglich zu löschen.

(3) Die nach diesem Gesetz gespeicherten Daten darf der Private in anonymisierter Form zur Erstellung von Geschäftsstatistiken speichern, verändern und nutzen.

§ 12 Bußgeldvorschriften[1)]

(1) Ordnungswidrig handelt, wer vorsätzlich oder fahrlässig

1. entgegen § 9 Abs. 1 in Verbindung mit einer Rechtsverordnung nach § 5 Abs. 1 Satz 1 oder einer Genehmigung nach § 6 Abs. 1 die Mautgebühr nicht oder nicht rechtzeitig entrichtet,
2. entgegen § 9 Abs. 3 Satz 1, auch in Verbindung mit einer Rechtsverordnung nach Abs. 6, jeweils auch in Verbindung mit Abs. 5 Satz 2, Daten erhebt oder verarbeitet, oder
3. entgegen § 11 Abs. 1 oder 2 Daten nicht oder nicht rechtzeitig löscht.

(2) Die Ordnungswidrigkeit kann in den Fällen des Absatzes 1 Nr. 1mit einer Geldbuße bis zu tausend Euro, in den übrigen Fällen mit einer Geldbuße bis zu zweihunderttausend Euro geahndet werden.

---

1) **Anm. d. Red.:** Gemäß Art. 20 Nr. 4 i.V. mit Art. 25 Abs. 4 Nr. 2 Gesetz v. 14.8.2017 (BGBl I S. 3122) wird dem § 12 mit Wirkung v. 1.1.2021 folgender Abs. 3 angefügt:
„(3) Verwaltungsbehörden im Sinne des § 36 Absatz 1 Nummer 1 des Gesetzes über Ordnungswidrigkeiten sind für die in einer Rechtsverordnung nach § 3 Absatz 1 Satz 2 jeweils festgelegte Strecke im Zuge einer Bundesfernstraße, für die dem Bund die Verwaltung der Bundesfernstraße zusteht, das Fernstraßen-Bundesamt und für die jeweils festgelegte Strecke im Zuge einer Bundesstraße, für die dem Bund die Verwaltung der Bundesstraße nicht zusteht, die zuständige Landesstraßenbaubehörde für Ordnungswidrigkeiten nach Absatz 1."

§ 13 Übergangsregelung[1)]

(1) Vorbehaltlich des Absatzes 2 sind Rechtsverordnungen auf Grund des § 3a Abs. 2 in Verbindung mit § 3 Abs. 2 bis 5 in der jeweils bis zum 7. September 2005 geltenden Fassung weiter anzuwenden.

(2) [1]Eine auf Grund des § 3a Abs. 2 in Verbindung mit § 3 Abs. 2 bis 5 in der jeweils bis zum 7. September 2005 geltenden Fassung erlassene Rechtsverordnung ist ab dem Tag, an dem

1. eine auf Grund des § 5 Abs. 1 erlassene Rechtsverordnung über die Höhe der Gebühr in Kraft tritt oder

2. eine nach § 6 Abs. 1 erteilte Genehmigung über die Höhe des Entgelts wirksam wird,

nicht mehr anzuwenden. [2]Die zuständige oberste Landesstraßenbaubehörde hat den nach Satz 1 maßgeblichen Tag im Bundesanzeiger bekannt zu machen.

(3) Das Bundesministerium für Verkehr und digitale Infrastruktur wird ermächtigt, durch Rechtsverordnung ohne Zustimmung des Bundesrates eine auf Grund des § 3a Abs. 2 in Verbindung mit § 3 Abs. 2 bis 5 in der jeweils bis zum 7. September 2005 geltenden Fassung erlassene Rechtsverordnung, die nach Absatz 2 Satz 1 nicht mehr anzuwenden ist, aufzuheben.

§ 14 (Inkrafttreten)

FStrPrivG

1) **Anm. d. Red.:** § 13 i. d. F. der VO v. 31. 8. 2015 (BGBl I S. 1474) mit Wirkung v. 8. 9. 2015.

LIV. Straßenverkehrs-Ordnung (StVO)

v. 6. 3. 2013 (BGBl I S. 367) mit späteren Änderungen

Die Straßenverkehrs-Ordnung (StVO) v. 6. 3. 2013 (BGBl I S. 367) ist am 1. 4. 2013 in Kraft getreten. Sie ist zuletzt geändert worden durch Art. 1 Dreiundfünfzigste Verordnung zur Änderung straßenverkehrsrechtlicher Vorschriften v. 6.10.2017 (BGBl I S. 3549).

Auszug

§ 30 Umweltschutz, Sonn- und Feiertagsfahrverbot[1)]

(1) [1]Bei der Benutzung von Fahrzeugen sind unnötiger Lärm und vermeidbare Abgasbelästigungen verboten. [2]Es ist insbesondere verboten, Fahrzeugmotoren unnötig laufen zu lassen und Fahrzeugtüren übermäßig laut zu schließen. [3]Unnützes Hin- und Herfahren ist innerhalb geschlossener Ortschaften verboten, wenn Andere dadurch belästigt werden.

(2) Veranstaltungen mit Kraftfahrzeugen bedürfen der Erlaubnis, wenn sie die Nachtruhe stören können.

(3) [1]An Sonntagen und Feiertagen dürfen in der Zeit von 0.00 bis 22.00 Uhr zur geschäftsmäßigen oder entgeltlichen Beförderung von Gütern einschließlich damit verbundener Leerfahrten Lastkraftwagen mit einer zulässigen Gesamtmasse über 7,5 t sowie Anhänger hinter Lastkraftwagen nicht geführt werden. [2]Das Verbot gilt nicht für

1. kombinierten Güterverkehr Schiene-Straße vom Versender bis zum nächstgelegenen geeigneten Verladebahnhof oder vom nächstgelegenen geeigneten Entladebahnhof bis zum Empfänger, jedoch nur bis zu einer Entfernung von 200 km,

1a. kombinierten Güterverkehr Hafen-Straße zwischen Belade- oder Entladestelle und einem innerhalb eines Umkreises von höchstens 150 Kilometern gelegenen Hafen (An- oder Abfuhr),

2. die Beförderung von
   a) frischer Milch und frischen Milcherzeugnissen,
   b) frischem Fleisch und frischen Fleischerzeugnissen,
   c) frischen Fischen, lebenden Fischen und frischen Fischerzeugnissen,
   d) leicht verderblichem Obst und Gemüse,

3. die Beförderung von Material der Kategorie 1 nach Artikel 8 und Material der Kategorie 2 nach Artikel 9 Buchstabe f Ziffer i der Verordnung (EG) Nr. 1069/2009 des Europäischen Parlaments und des Rates vom 21. Oktober 2009 mit Hygienevorschriften für nicht für den menschlichen Verzehr bestimmte tierische Nebenprodukte und zur Aufhebung der Verordnung (EG) Nr. 1774/2002 (Verordnung über tierische Nebenprodukte) (ABl L 300 vom 14.11.2009, S. 1; L 348 vom 4.12.2014, S. 31),

4. den Einsatz von Bergungs-, Abschlepp- und Pannenhilfsfahrzeugen im Falle eines Unfalles oder eines sonstigen Notfalles,

5. den Transport von lebenden Bienen,

6. Leerfahrten, die im Zusammenhang mit Fahrten nach den Nummern 2 bis 5 stehen,

7. Fahrten mit Fahrzeugen, die nach dem Bundesleistungsgesetz herangezogen werden. [2]Dabei ist der Leistungsbescheid mitzuführen und auf Verlangen zuständigen Personen zur Prüfung auszuhändigen.

(4) Feiertage im Sinne des Absatzes 3 sind

Neujahr;

Karfreitag;

1) **Anm. d. Red.:** § 30 i. d. F. der VO v. 6.10.2017 (BGBl I S. 3549) mit Wirkung v. 19.10.2017.

Ostermontag;

Tag der Arbeit (1. Mai);

Christi Himmelfahrt;

Pfingstmontag;

Fronleichnam, jedoch nur in Baden-Württemberg, Bayern, Hessen, Nordrhein-Westfalen, Rheinland-Pfalz und im Saarland;

Tag der deutschen Einheit (3. Oktober);

Reformationstag (31. Oktober), jedoch mit Ausnahme im Jahr 2017 nur in Brandenburg, Mecklenburg-Vorpommern, Sachsen, Sachsen-Anhalt und Thüringen;

Allerheiligen (1. November), jedoch nur in Baden-Württemberg, Bayern, Nordrhein-Westfalen, Rheinland-Pfalz und im Saarland;

1. und 2. Weihnachtstag.

§ 33 Verkehrsbeeinträchtigungen

(1) [1]Verboten ist

1. der Betrieb von Lautsprechern,
2. das Anbieten von Waren und Leistungen aller Art auf der Straße,
3. außerhalb geschlossener Ortschaften jede Werbung und Propaganda durch Bild, Schrift, Licht oder Ton,

wenn dadurch am Verkehr Teilnehmende in einer den Verkehr gefährdenden oder erschwerenden Weise abgelenkt oder belästigt werden können. [2]Auch durch innerörtliche Werbung und Propaganda darf der Verkehr außerhalb geschlossener Ortschaften nicht in solcher Weise gestört werden.

(2) [1]Einrichtungen, die Zeichen oder Verkehrseinrichtungen (§§ 36 bis 43 in Verbindung mit den Anlagen 1 bis 4) gleichen, mit ihnen verwechselt werden können oder deren Wirkung beeinträchtigen können, dürfen dort nicht angebracht oder sonst verwendet werden, wo sie sich auf den Verkehr auswirken können. [2]Werbung und Propaganda in Verbindung mit Verkehrszeichen und Verkehrseinrichtungen sind unzulässig.

(3) Ausgenommen von den Verboten des Absatzes 1 Satz 1 Nummer 3 und des Absatzes 2 Satz 2 sind in der Hinweisbeschilderung für Nebenbetriebe an den Bundesautobahnen und für Autohöfe die Hinweise auf Dienstleistungen, die unmittelbar den Belangen der am Verkehr Teilnehmenden auf den Bundesautobahnen dienen.

§ 46 Ausnahmegenehmigung und Erlaubnis[1)2)]

(1) [1]Die Straßenverkehrsbehörden können in bestimmten Einzelfällen oder allgemein für bestimmte Antragsteller Ausnahmen genehmigen

1. von den Vorschriften über die Straßenbenutzung (§ 2);
2. vom Verbot, eine Autobahn oder eine Kraftfahrstraße zu betreten oder mit dort nicht zugelassenen Fahrzeugen zu benutzen (§ 18 Absatz 1 und 9);
3. von den Halt- und Parkverboten (§ 12 Absatz 4);
4. vom Verbot des Parkens vor oder gegenüber von Grundstücksein- und -ausfahrten (§ 12 Absatz 3 Nummer 3);

4a. von der Vorschrift, an Parkuhren nur während des Laufens der Uhr, an Parkscheinautomaten nur mit einem Parkschein zu halten (§ 13 Absatz 1);

1) **Anm. d. Red.:** § 46 i. d. F. des Gesetzes v. 30.9.2017 (BGBl I S. 3532) mit Wirkung v. 13.10.2017.

2) **Anm. d. Red.:** Gem. § 52 Abs. 1 Nr. 3 dieses Gesetzes ist § 46 Abs. 1a mit Ablauf des 31. 12. 2026 nicht mehr anzuwenden.

4b. von der Vorschrift, im Bereich eines Zonenhaltverbots (Zeichen 290.1 und 290.2) nur während der dort vorgeschriebenen Zeit zu parken (§ 13 Absatz 2);

4c. von den Vorschriften über das Abschleppen von Fahrzeugen (§ 15a);

5. von den Vorschriften über Höhe, Länge und Breite von Fahrzeug und Ladung (§ 18 Absatz 1 Satz 2, § 22 Absatz 2 bis 4);

5a. von dem Verbot der unzulässigen Mitnahme von Personen (§ 21);

5b. von den Vorschriften über das Anlegen von Sicherheitsgurten und das Tragen von Schutzhelmen (§ 21a);

6. vom Verbot, Tiere von Kraftfahrzeugen und andere Tiere als Hunde von Fahrrädern aus zu führen (§ 28 Absatz 1 Satz 3 und 4);

7. vom Sonn- und Feiertagsfahrverbot (§ 30 Absatz 3);

8. vom Verbot, Hindernisse auf die Straße zu bringen (§ 32 Absatz 1);

9. von den Verboten, Lautsprecher zu betreiben, Waren oder Leistungen auf der Straße anzubieten (§ 33 Absatz 1 Nummer 1 und 2);

10. vom Verbot der Werbung und Propaganda in Verbindung mit Verkehrszeichen (§ 33 Absatz 2 Satz 2) nur für die Flächen von Leuchtsäulen, an denen Haltestellenschilder öffentlicher Verkehrsmittel angebracht sind;

11. von den Verboten oder Beschränkungen, die durch Vorschriftzeichen (Anlage 2), Richtzeichen (Anlage 3), Verkehrseinrichtungen (Anlage 4) oder Anordnungen (§ 45 Absatz 4) erlassen sind;

12. von dem Nacht- und Sonntagsparkverbot (§ 12 Absatz 3a).

[2]Vom Verbot, Personen auf der Ladefläche oder in Laderäumen mitzunehmen (§ 21 Absatz 2), können für die Dienstbereiche der Bundeswehr, der auf Grund des Nordatlantik-Vertrages errichteten internationalen Hauptquartiere, der Bundespolizei und der Polizei deren Dienststellen, für den Katastrophenschutz die zuständigen Landesbehörden, Ausnahmen genehmigen. [3]Dasselbe gilt für die Vorschrift, dass vorgeschriebene Sicherheitsgurte angelegt sein oder Schutzhelme getragen werden müssen (§ 21a).

(1a) [1]Die Straßenverkehrsbehörden können zur Bevorrechtigung elektrisch betriebener Fahrzeuge allgemein durch Zusatzzeichen Ausnahmen von Verkehrsbeschränkungen, Verkehrsverboten oder Verkehrsumleitungen nach § 45 Absatz 1 Nummer 3, Absatz 1a und 1b Nummer 5 erste Alternative zulassen. [2]Das gleiche Recht haben sie für die Benutzung von Busspuren durch elektrisch betriebene Fahrzeuge. [3]Die Anforderungen des § 3 Absatz 1 des Elektromobilitätsgesetzes sind zu beachten.

(2) [1]Die zuständigen obersten Landesbehörden oder die nach Landesrecht bestimmten Stellen können von allen Vorschriften dieser Verordnung Ausnahmen für bestimmte Einzelfälle oder allgemein für bestimmte Antragsteller genehmigen. [2]Vom Sonn- und Feiertagsfahrverbot (§ 30 Absatz 3) können sie darüber hinaus für bestimmte Straßen oder Straßenstrecken Ausnahmen zulassen, soweit diese im Rahmen unterschiedlicher Feiertagsregelung in den Ländern (§ 30 Absatz 4) notwendig werden. [3]Erstrecken sich die Auswirkungen der Ausnahme über ein Land hinaus und ist eine einheitliche Entscheidung notwendig, ist das Bundesministerium für Verkehr und digitale Infrastruktur zuständig.

(3) [1]Ausnahmegenehmigung und Erlaubnis können unter dem Vorbehalt des Widerrufs erteilt werden und mit Nebenbestimmungen (Bedingungen, Befristungen, Auflagen) versehen werden. [2]Erforderlichenfalls kann die zuständige Behörde die Beibringung eines Sachverständigengutachtens auf Kosten des Antragstellers verlangen. [3]Die Bescheide sind mitzuführen und auf Verlangen zuständigen Personen auszuhändigen. [4]Bei Erlaubnissen nach § 29 Absatz 3 und Ausnahmegenehmigungen nach § 46 Absatz 1 Nummer 5 genügt das Mitführen fernkopierter Bescheide oder von Ausdrucken elektronisch erteilter und signierter Bescheide sowie deren digitalisierte Form auf einem Speichermedium, wenn diese derart mitgeführt wird, dass sie bei einer Kontrolle auf Verlangen zuständigen Personen lesbar gemacht werden kann.

(4) Ausnahmegenehmigungen und Erlaubnisse der zuständigen Behörde sind für den Geltungsbereich dieser Verordnung wirksam, sofern sie nicht einen anderen Geltungsbereich nennen.

LV. Gesetz über den Aufenthalt, die Erwerbstätigkeit und die Integration von Ausländern im Bundesgebiet (Aufenthaltsgesetz – AufenthG)

v. 25.2.2008 (BGBl I S. 163) mit späteren Änderungen

Das Gesetz über den Aufenthalt, die Erwerbstätigkeit und die Integration von Ausländern im Bundesgebiet (Aufenthaltsgesetz – AufenthG) v. 25.2.2008 (BGBl I S. 163) ist zuletzt geändert worden durch Art. 1 Gesetz zur Neuregelung des Familiennachzugs zu subsidiär Schutzberechtigten (Familiennachzugsneuregelungsgesetz) v. 12.7.2018 (BGBl I S. 1147).

Auszug

Kapitel 1: Allgemeine Bestimmungen

§ 1 Zweck des Gesetzes; Anwendungsbereich

(1) [1]Das Gesetz dient der Steuerung und Begrenzung des Zuzugs von Ausländern in die Bundesrepublik Deutschland. [2]Es ermöglicht und gestaltet Zuwanderung unter Berücksichtigung der Aufnahme- und Integrationsfähigkeit sowie der wirtschaftlichen und arbeitsmarktpolitischen Interessen der Bundesrepublik Deutschland. [3]Das Gesetz dient zugleich der Erfüllung der humanitären Verpflichtungen der Bundesrepublik Deutschland. [4]Es regelt hierzu die Einreise, den Aufenthalt, die Erwerbstätigkeit und die Integration von Ausländern. [5]Die Regelungen in anderen Gesetzen bleiben unberührt.

(2) Dieses Gesetz findet keine Anwendung auf Ausländer,

1. deren Rechtsstellung von dem Gesetz über die allgemeine Freizügigkeit von Unionsbürgern geregelt ist, soweit nicht durch Gesetz etwas anderes bestimmt ist,
2. die nach Maßgabe der §§ 18 bis 20 des Gerichtsverfassungsgesetzes nicht der deutschen Gerichtsbarkeit unterliegen,
3. soweit sie nach Maßgabe völkerrechtlicher Verträge für den diplomatischen und konsularischen Verkehr und für die Tätigkeit internationaler Organisationen und Einrichtungen von Einwanderungsbeschränkungen, von der Verpflichtung, ihren Aufenthalt der Ausländerbehörde anzuzeigen und dem Erfordernis eines Aufenthaltstitels befreit sind und wenn Gegenseitigkeit besteht, sofern die Befreiungen davon abhängig gemacht werden können.

§ 2 Begriffsbestimmungen[1)]

(1) Ausländer ist jeder, der nicht Deutscher im Sinne des Artikels 116 Abs. 1 des Grundgesetzes ist.

(2) Erwerbstätigkeit ist die selbständige Tätigkeit, die Beschäftigung im Sinne von § 7 des Vierten Buches Sozialgesetzbuch und die Tätigkeit als Beamter.

(3) [1]Der Lebensunterhalt eines Ausländers ist gesichert, wenn er ihn einschließlich ausreichenden Krankenversicherungsschutzes ohne Inanspruchnahme öffentlicher Mittel bestreiten kann. [2]Nicht als Inanspruchnahme öffentlicher Mittel gilt der Bezug von:

1. Kindergeld,
2. Kinderzuschlag,
3. Erziehungsgeld,
4. Elterngeld,

---

1) **Anm. d. Red.:** § 2 i. d. F. des Gesetzes v. 20. 7. 2017 (BGBl I S. 2780) mit Wirkung v. 29. 7. 2017 und i. d. F. v. 12. 5. 2017 (BGBl I S. 1106) mit Wirkung v. 1. 8. 2017.

5. Leistungen der Ausbildungsförderung nach dem Dritten Buch Sozialgesetzbuch, dem Bundesausbildungsförderungsgesetz und dem Aufstiegsfortbildungsförderungsgesetz,
6. öffentlichen Mitteln, die auf Beitragsleistungen beruhen oder die gewährt werden, um den Aufenthalt im Bundesgebiet zu ermöglichen und
7. Leistungen nach dem Unterhaltsvorschussgesetz.

[3]Ist der Ausländer in einer gesetzlichen Krankenversicherung krankenversichert, hat er ausreichenden Krankenversicherungsschutz. [4]Bei der Erteilung oder Verlängerung einer Aufenthaltserlaubnis zum Familiennachzug werden Beiträge der Familienangehörigen zum Haushaltseinkommen berücksichtigt. [5]Der Lebensunterhalt gilt für die Erteilung einer Aufenthaltserlaubnis nach § 16 als gesichert, wenn der Ausländer über monatliche Mittel in Höhe des monatlichen Bedarfs, der nach den §§ 13 und 13a Abs. 1 des Bundesausbildungsförderungsgesetzes bestimmt wird, verfügt. [6]Das Bundesministerium des Innern gibt die Mindestbeträge nach Satz 5 für jedes Kalenderjahr jeweils bis zum 31. August des Vorjahres im Bundesanzeiger bekannt.

(4) [1]Als ausreichender Wohnraum wird nicht mehr gefordert, als für die Unterbringung eines Wohnungssuchenden in einer öffentlich geförderten Sozialmietwohnung genügt. [2]Der Wohnraum ist nicht ausreichend, wenn er den auch für Deutsche geltenden Rechtsvorschriften hinsichtlich Beschaffenheit und Belegung nicht genügt. [3]Kinder bis zur Vollendung des zweiten Lebensjahres werden bei der Berechnung des für die Familienunterbringung ausreichenden Wohnraumes nicht mitgezählt.

(5) Schengen-Staaten sind die Staaten, in denen folgende Rechtsakte in vollem Umfang Anwendung finden:

1. Übereinkommen zur Durchführung des Übereinkommens von Schengen vom 14. Juni 1985 zwischen den Regierungen der Staaten der Benelux-Wirtschaftsunion, der Bundesrepublik Deutschland und der Französischen Republik betreffend den schrittweisen Abbau der Kontrollen an den gemeinsamen Grenzen (ABl L 239 vom 22. 9. 2000, S. 19),
2. die Verordnung (EG) Nr. 562/2006 des Europäischen Parlaments und des Rates vom 15. März 2006 über einen Gemeinschaftskodex für das Überschreiten der Grenzen durch Personen (ABl L 105 vom 13. 4. 2006, S. 1) und
3. die Verordnung (EG) Nr. 810/2009 des Europäischen Parlaments und des Rates vom 13. Juli 2009 über einen Visakodex der Gemeinschaft (ABl L 243 vom 15. 9. 2009, S. 1).

(6) Vorübergehender Schutz im Sinne dieses Gesetzes ist die Aufenthaltsgewährung in Anwendung der Richtlinie 2001/55/EG des Rates vom 20. Juli 2001 über Mindestnormen für die Gewährung vorübergehenden Schutzes im Falle eines Massenzustroms von Vertriebenen und Maßnahmen zur Förderung einer ausgewogenen Verteilung der Belastungen, die mit der Aufnahme dieser Personen und den Folgen dieser Aufnahme verbunden sind, auf die Mitgliedstaaten (ABl EG Nr. L 212 S. 12).

(7) Langfristig Aufenthaltsberechtigter ist ein Ausländer, dem in einem Mitgliedstaat der Europäischen Union die Rechtsstellung nach Artikel 2 Buchstabe b der Richtlinie 2003/109/EG des Rates vom 25. November 2003 betreffend die Rechtsstellung der langfristig aufenthaltsberechtigten Drittstaatsangehörigen (ABl EU 2004 Nr. L 16 S. 44), die zuletzt durch die Richtlinie 2011/51/EU (ABl L 132 vom 19. 5. 2011, S. 1) geändert worden ist, verliehen und nicht entzogen wurde.

(8) Langfristige Aufenthaltsberechtigung – EU ist der einem langfristig Aufenthaltsberechtigten durch einen anderen Mitgliedstaat der Europäischen Union ausgestellte Aufenthaltstitel nach Artikel 8 der Richtlinie 2003/109/EG.

(9) Einfache deutsche Sprachkenntnisse entsprechen dem Niveau A 1 des Gemeinsamen Europäischen Referenzrahmens für Sprachen (Empfehlungen des Ministerkomitees des Europarates an die Mitgliedstaaten Nr. R (98) 6 vom 17. März 1998 zum Gemeinsamen Europäischen Referenzrahmen für Sprachen – GER).

(10) Hinreichende deutsche Sprachkenntnisse entsprechen dem Niveau A 2 des Gemeinsamen Europäischen Referenzrahmens für Sprachen.

(11) Ausreichende deutsche Sprachkenntnisse entsprechen dem Niveau B 1 des Gemeinsamen Europäischen Referenzrahmens für Sprachen.

(12) Die deutsche Sprache beherrscht ein Ausländer, wenn seine Sprachkenntnisse dem Niveau C 1 des Gemeinsamen Europäischen Referenzrahmens für Sprachen entsprechen.

(13) International Schutzberechtigter ist ein Ausländer, der internationalen Schutz genießt im Sinne der

1. Richtlinie 2004/83/EG des Rates vom 29. April 2004 über Mindestnormen für die Anerkennung und den Status von Drittstaatsangehörigen oder Staatenlosen als Flüchtlinge oder als Personen, die anderweitig internationalen Schutz benötigen, und über den Inhalt des zu gewährenden Schutzes (ABl L 304 vom 30. 9. 2004, S. 12) oder
2. Richtlinie 2011/95/EU des Europäischen Parlaments und des Rates vom 13. Dezember 2011 über Normen für die Anerkennung von Drittstaatsangehörigen oder Staatenlosen als Personen mit Anspruch auf internationalen Schutz, für einen einheitlichen Status für Flüchtlinge oder für Personen mit Anrecht auf subsidiären Schutz und für den Inhalt des zu gewährenden Schutzes (ABl L 337 vom 20. 12. 2011, S. 9).

(14) Konkrete Anhaltspunkte im Sinne von § 62 Absatz 3 Satz 1 Nummer 5 können sein:

1. der Ausländer hat sich bereits in der Vergangenheit einem behördlichen Zugriff entzogen, indem er seinen Aufenthaltsort trotz Hinweises auf die Anzeigepflicht nicht nur vorübergehend gewechselt hat, ohne der zuständigen Behörde eine Anschrift anzugeben, unter der er erreichbar ist,
2. der Ausländer täuscht über seine Identität, insbesondere durch Unterdrückung oder Vernichtung von Identitäts- oder Reisedokumenten oder das Vorgeben einer falschen Identität,
3. der Ausländer hat gesetzliche Mitwirkungshandlungen zur Feststellung der Identität verweigert oder unterlassen und aus den Umständen des Einzelfalls kann geschlossen werden, dass er einer Abschiebung aktiv entgegenwirken will,
4. der Ausländer hat zu seiner unerlaubten Einreise erhebliche Geldbeträge an einen Dritten für dessen Handlung nach § 96 aufgewandt, die für ihn nach den Umständen derart maßgeblich sind, dass darauf geschlossen werden kann, dass er die Abschiebung verhindern wird, damit die Aufwendungen nicht vergeblich waren,
5. der Ausländer hat ausdrücklich erklärt, dass er sich der Abschiebung entziehen will,

5a. von dem Ausländer geht eine erhebliche Gefahr für Leib und Leben Dritter oder bedeutende Rechtsgüter der inneren Sicherheit aus oder

6. der Ausländer hat, um sich der bevorstehenden Abschiebung zu entziehen, sonstige konkrete Vorbereitungshandlungen von vergleichbarem Gewicht vorgenommen, die nicht durch Anwendung unmittelbaren Zwangs überwunden werden können.

(15) [1]Soweit Artikel 28 der Verordnung (EU) Nr. 604/2013 des Europäischen Parlaments und des Rates vom 26. Juni 2013 zur Festlegung der Kriterien und Verfahren zur Bestimmung des Mitgliedstaats, der für die Prüfung eines von einem Drittstaatsangehörigen oder Staatenlosen in einem Mitgliedstaat gestellten Antrags auf internationalen Schutz zuständig ist (ABl L 180 vom 29. 6. 2013, S. 31), der die Inhaftnahme zum Zwecke der Überstellung betrifft, maßgeblich ist, gelten die in Absatz 14 genannten Anhaltspunkte entsprechend als objektive Kriterien für die Annahme einer Fluchtgefahr im Sinne von Artikel 2 Buchstabe n der Verordnung (EU) Nr. 604/2013. [2]Ein entsprechender Anhaltspunkt kann auch gegeben sein, wenn der Ausländer einen Mitgliedstaat vor Abschluss eines dort laufenden Verfahrens zur Zuständigkeitsbestimmung oder zur Prüfung eines Antrags auf internationalen Schutz verlassen hat und die Umstände der Feststellung im Bundesgebiet konkret darauf hindeuten, dass er den zuständigen Mitgliedstaat in absehbarer Zeit nicht aufsuchen will. [3]Auf das Verfahren auf Anordnung von Haft zur Überstellung nach der Verordnung (EU) Nr. 604/2013 finden die Vorschriften des Gesetzes über das Verfahren in Familiensachen und in den Angelegenheiten der freiwilligen Gerichtsbar-

keit entsprechend Anwendung, soweit das Verfahren in der Verordnung (EU) Nr. 604/2013 nicht abweichend geregelt ist.

Kapitel 2: Einreise und Aufenthalt im Bundesgebiet

Abschnitt 1: Allgemeines

§ 3 Passpflicht

(1) [1]Ausländer dürfen nur in das Bundesgebiet einreisen oder sich darin aufhalten, wenn sie einen anerkannten und gültigen Pass oder Passersatz besitzen, sofern sie von der Passpflicht nicht durch Rechtsverordnung befreit sind. [2]Für den Aufenthalt im Bundesgebiet erfüllen sie die Passpflicht auch durch den Besitz eines Ausweisersatzes (§ 48 Abs. 2).

(2) Das Bundesministerium des Innern oder die von ihm bestimmte Stelle kann in begründeten Einzelfällen vor der Einreise des Ausländers für den Grenzübertritt und einen anschließenden Aufenthalt von bis zu sechs Monaten Ausnahmen von der Passpflicht zulassen.

§ 4 Erfordernis eines Aufenthaltstitels[1)]

(1) [1]Ausländer bedürfen für die Einreise und den Aufenthalt im Bundesgebiet eines Aufenthaltstitels, sofern nicht durch Recht der Europäischen Union oder durch Rechtsverordnung etwas anderes bestimmt ist oder auf Grund des Abkommens vom 12. September 1963 zur Gründung einer Assoziation zwischen der Europäischen Wirtschaftsgemeinschaft und der Türkei (BGBl 1964 II S. 509) (Assoziationsabkommen EWG/Türkei) ein Aufenthaltsrecht besteht. [2]Die Aufenthaltstitel werden erteilt als

1. Visum im Sinne des § 6 Absatz 1 Nummer 1 und Absatz 3,
2. Aufenthaltserlaubnis (§ 7),

2a. Blaue Karte EU (§ 19a),

2b. ICT-Karte (§ 19b),

2c. Mobiler-ICT-Karte (§ 19d),

3. Niederlassungserlaubnis (§ 9) oder
4. Erlaubnis zum Daueraufenthalt – EU (§ 9a).

[3]Die für die Aufenthaltserlaubnis geltenden Rechtsvorschriften werden auch auf die Blaue Karte EU, die ICT-Karte und die Mobiler-ICT-Karte angewandt, sofern durch Gesetz oder Rechtsverordnung nichts anderes bestimmt ist.

(2) [1]Ein Aufenthaltstitel berechtigt zur Ausübung einer Erwerbstätigkeit, sofern es nach diesem Gesetz bestimmt ist oder der Aufenthaltstitel die Ausübung der Erwerbstätigkeit ausdrücklich erlaubt. [2]Jeder Aufenthaltstitel muss erkennen lassen, ob die Ausübung einer Erwerbstätigkeit erlaubt ist. [3]Einem Ausländer, der keine Aufenthaltserlaubnis zum Zweck der Beschäftigung besitzt, kann die Ausübung einer Beschäftigung nur erlaubt werden, wenn die Bundesagentur für Arbeit zugestimmt hat oder durch Rechtsverordnung bestimmt ist, dass die Ausübung der Beschäftigung ohne Zustimmung der Bundesagentur für Arbeit zulässig ist. [4]Beschränkungen bei der Erteilung der Zustimmung durch die Bundesagentur für Arbeit sind in den Aufenthaltstitel zu übernehmen.

(3) [1]Ausländer dürfen eine Erwerbstätigkeit nur ausüben, wenn der Aufenthaltstitel sie dazu berechtigt. [2]Ausländer dürfen nur beschäftigt oder mit anderen entgeltlichen Dienst- oder Werkleistungen beauftragt werden, wenn sie einen solchen Aufenthaltstitel besitzen. [3]Dies gilt nicht für Saisonbeschäftigungen, wenn der Ausländer eine Arbeitserlaubnis zum Zweck der Saisonbeschäftigung besitzt, oder für andere Erwerbstätigkeiten, wenn dem Ausländer auf Grund einer zwischenstaatlichen Vereinbarung, eines Gesetzes oder einer Rechtsverordnung die Er-

1) **Anm. d. Red.:** § 4 i. d. F. des Gesetzes v. 12. 5. 2017 (BGBl I S. 1106) mit Wirkung v. 1. 8. 2017.

werbstätigkeit gestattet ist, ohne dass er hierzu durch einen Aufenthaltstitel berechtigt sein muss. [4]Wer im Bundesgebiet einen Ausländer beschäftigt oder mit nachhaltigen entgeltlichen Dienst- oder Werkleistungen beauftragt, die der Ausländer auf Gewinnerzielung gerichtet ausübt, muss prüfen, ob die Voraussetzungen nach Satz 2 oder Satz 3 vorliegen. [5]Wer im Bundesgebiet einen Ausländer beschäftigt, muss für die Dauer der Beschäftigung eine Kopie des Aufenthaltstitels, der Arbeitserlaubnis zum Zweck der Saisonbeschäftigung oder der Bescheinigung über die Aufenthaltsgestattung oder über die Aussetzung der Abschiebung des Ausländers in elektronischer Form oder in Papierform aufbewahren.

(4) (weggefallen)

(5) [1]Ein Ausländer, dem nach dem Assoziationsabkommen EWG/Türkei ein Aufenthaltsrecht zusteht, ist verpflichtet, das Bestehen des Aufenthaltsrechts durch den Besitz einer Aufenthaltserlaubnis nachzuweisen, sofern er weder eine Niederlassungserlaubnis noch eine Erlaubnis zum Daueraufenthalt – EU besitzt. [2]Die Aufenthaltserlaubnis wird auf Antrag ausgestellt.

§ 5 Allgemeine Erteilungsvoraussetzungen[1)]

(1) Die Erteilung eines Aufenthaltstitels setzt in der Regel voraus, dass

1. der Lebensunterhalt gesichert ist,

1a. die Identität und, falls er nicht zur Rückkehr in einen anderen Staat berechtigt ist, die Staatsangehörigkeit des Ausländers geklärt ist,

2. kein Ausweisungsinteresse besteht,

3. soweit kein Anspruch auf Erteilung eines Aufenthaltstitels besteht, der Aufenthalt des Ausländers nicht aus einem sonstigen Grund Interessen der Bundesrepublik Deutschland beeinträchtigt oder gefährdet und

4. die Passpflicht nach § 3 erfüllt wird.

(2) [1]Des Weiteren setzt die Erteilung einer Aufenthaltserlaubnis, einer ICT-Karte, einer Niederlassungserlaubnis oder einer Erlaubnis zum Daueraufenthalt – EU voraus, dass der Ausländer

1. mit dem erforderlichen Visum eingereist ist und

2. die für die Erteilung maßgeblichen Angaben bereits im Visumantrag gemacht hat.

[2]Hiervon kann abgesehen werden, wenn die Voraussetzungen eines Anspruchs auf Erteilung erfüllt sind oder es auf Grund besonderer Umstände des Einzelfalls nicht zumutbar ist, das Visumverfahren nachzuholen. [3]Satz 2 gilt nicht für die Erteilung einer ICT-Karte.

(3) [1]In den Fällen der Erteilung eines Aufenthaltstitels nach § 24 oder § 25 Absatz 1 bis 3 ist von der Anwendung der Absätze 1 und 2, in den Fällen des § 25 Absatz 4a und 4b von der Anwendung des Absatzes 1 Nr. 1 bis 2 und 4 sowie des Absatzes 2 abzusehen. [2]In den übrigen Fällen der Erteilung eines Aufenthaltstitels nach Kapitel 2 Abschnitt 5 kann von der Anwendung der Absätze 1 und 2 abgesehen werden. [3]Wird von der Anwendung des Absatzes 1 Nr. 2 abgesehen, kann die Ausländerbehörde darauf hinweisen, dass eine Ausweisung wegen einzeln zu bezeichnender Ausweisungsinteressen, die Gegenstand eines noch nicht abgeschlossenen Straf- oder anderen Verfahrens sind, möglich ist. [4]In den Fällen der Erteilung eines Aufenthaltstitels nach § 26 Absatz 3 ist von der Anwendung des Absatzes 2 abzusehen.

(4) Die Erteilung eines Aufenthaltstitels ist zu versagen, wenn ein Ausweisungsinteresse im Sinne von § 54 Absatz 1 Nummer 2 oder 4 besteht.

1) **Anm. d. Red.:** § 5 i. d. F. des Gesetzes v. 12.7.2018 (BGBl I S. 1147) mit Wirkung v. 1.8.2018.

§ 6 Visum[1)]

(1) Einem Ausländer können nach Maßgabe der Verordnung (EG) Nr. 810/2009 folgende Visa erteilt werden:

1. ein Visum für die Durchreise durch das Hoheitsgebiet der Schengen-Staaten oder für geplante Aufenthalte in diesem Gebiet von bis zu 90 Tagen je Zeitraum von 180 Tagen (Schengen-Visum),
2. ein Flughafentransitvisum für die Durchreise durch die internationalen Transitzonen der Flughäfen.

(2) [1]Schengen-Visa können nach Maßgabe der Verordnung (EG) Nr. 810/2009 bis zu einer Gesamtaufenthaltsdauer von 90 Tagen je Zeitraum von 180 Tagen verlängert werden. [2]Für weitere 90 Tage innerhalb des betreffenden Zeitraums von 180 Tagen kann ein Schengen-Visum aus den in Artikel 33 der Verordnung (EG) Nr. 810/2009/EG genannten Gründen, zur Wahrung politischer Interessen der Bundesrepublik Deutschland oder aus völkerrechtlichen Gründen als nationales Visum verlängert werden.

(3) [1]Für längerfristige Aufenthalte ist ein Visum für das Bundesgebiet (nationales Visum) erforderlich, das vor der Einreise erteilt wird. [2]Die Erteilung richtet sich nach den für die Aufenthaltserlaubnis, die Blaue Karte EU, die ICT-Karte, die Niederlassungserlaubnis und die Erlaubnis zum Daueraufenthalt – EU geltenden Vorschriften. [3]Die Dauer des rechtmäßigen Aufenthalts mit einem nationalen Visum wird auf die Zeiten des Besitzes einer Aufenthaltserlaubnis, Blauen Karte EU, Niederlassungserlaubnis oder Erlaubnis zum Daueraufenthalt – EU angerechnet.

(4) Ein Ausnahme-Visum im Sinne des § 14 Absatz 2 wird als Visum im Sinne des Absatzes 1 Nummer 1 oder des Absatzes 3 erteilt.

§ 7 Aufenthaltserlaubnis

(1) [1]Die Aufenthaltserlaubnis ist ein befristeter Aufenthaltstitel. [2]Sie wird zu den in den nachfolgenden Abschnitten genannten Aufenthaltszwecken erteilt. [3]In begründeten Fällen kann eine Aufenthaltserlaubnis auch für einen von diesem Gesetz nicht vorgesehenen Aufenthaltszweck erteilt werden.

(2) [1]Die Aufenthaltserlaubnis ist unter Berücksichtigung des beabsichtigten Aufenthaltszwecks zu befristen. [2]Ist eine für die Erteilung, die Verlängerung oder die Bestimmung der Geltungsdauer wesentliche Voraussetzung entfallen, so kann die Frist auch nachträglich verkürzt werden.

§ 8 Verlängerung der Aufenthaltserlaubnis[2)]

(1) Auf die Verlängerung der Aufenthaltserlaubnis finden dieselben Vorschriften Anwendung wie auf die Erteilung.

(2) Die Aufenthaltserlaubnis kann in der Regel nicht verlängert werden, wenn die zuständige Behörde dies bei einem seiner Zweckbestimmung nach nur vorübergehenden Aufenthalt bei der Erteilung oder der zuletzt erfolgten Verlängerung der Aufenthaltserlaubnis ausgeschlossen hat.

(3) [1]Vor der Verlängerung der Aufenthaltserlaubnis ist festzustellen, ob der Ausländer einer etwaigen Pflicht zur ordnungsgemäßen Teilnahme am Integrationskurs nachgekommen ist. [2]Verletzt ein Ausländer seine Verpflichtung nach § 44a Abs. 1 Satz 1 zur ordnungsgemäßen Teilnahme an einem Integrationskurs, ist dies bei der Entscheidung über die Verlängerung der Aufenthaltserlaubnis zu berücksichtigen. [3]Besteht kein Anspruch auf Erteilung der Aufenthaltserlaubnis, soll bei wiederholter und gröblicher Verletzung der Pflichten nach Satz 1 die Verlängerung der Aufenthaltserlaubnis abgelehnt werden. [4]Besteht ein Anspruch auf Verlängerung

1) **Anm. d. Red.:** § 6 i. d. F. des Gesetzes v. 12. 5. 2017 (BGBl I S. 1106) mit Wirkung v. 1. 8. 2017.

2) **Anm. d. Red.:** § 8 i. d. F. des Gesetzes v. 22. 11. 2011 (BGBl I S. 2258) mit Wirkung v. 26. 11. 2011.

der Aufenthaltserlaubnis nur nach diesem Gesetz, kann die Verlängerung abgelehnt werden, es sei denn, der Ausländer erbringt den Nachweis, dass seine Integration in das gesellschaftliche und soziale Leben anderweitig erfolgt ist. [5]Bei der Entscheidung sind die Dauer des rechtmäßigen Aufenthalts, schutzwürdige Bindung des Ausländers an das Bundesgebiet und die Folgen einer Aufenthaltsbeendigung für seine rechtmäßig im Bundesgebiet lebenden Familienangehörigen zu berücksichtigen. [6]War oder ist ein Ausländer zur Teilnahme an einem Integrationskurs nach § 44a Absatz 1 Satz 1 verpflichtet, soll die Verlängerung der Aufenthaltserlaubnis jeweils auf höchstens ein Jahr befristet werden, solange er den Integrationskurs noch nicht erfolgreich abgeschlossen oder noch nicht den Nachweis erbracht hat, dass seine Integration in das gesellschaftliche und soziale Leben anderweitig erfolgt ist.

(4) Absatz 3 ist nicht anzuwenden auf die Verlängerung einer nach § 25 Absatz 1, 2 oder Absatz 3 erteilten Aufenthaltserlaubnis.

§ 9 Niederlassungserlaubnis[1)]

(1) [1]Die Niederlassungserlaubnis ist ein unbefristeter Aufenthaltstitel. [2]Sie berechtigt zur Ausübung einer Erwerbstätigkeit und kann nur in den durch dieses Gesetz ausdrücklich zugelassenen Fällen mit einer Nebenbestimmung versehen werden. [3]§ 47 bleibt unberührt.

(2) [1]Einem Ausländer ist die Niederlassungserlaubnis zu erteilen, wenn

1. er seit fünf Jahren die Aufenthaltserlaubnis besitzt,
2. sein Lebensunterhalt gesichert ist,
3. er mindestens 60 Monate Pflichtbeiträge oder freiwillige Beiträge zur gesetzlichen Rentenversicherung geleistet hat oder Aufwendungen für einen Anspruch auf vergleichbare Leistungen einer Versicherungs- oder Versorgungseinrichtung oder eines Versicherungsunternehmens nachweist; berufliche Ausfallzeiten auf Grund von Kinderbetreuung oder häuslicher Pflege werden entsprechend angerechnet,
4. Gründe der öffentlichen Sicherheit oder Ordnung unter Berücksichtigung der Schwere oder der Art des Verstoßes gegen die öffentliche Sicherheit oder Ordnung oder der vom Ausländer ausgehenden Gefahr unter Berücksichtigung der Dauer des bisherigen Aufenthalts und dem Bestehen von Bindungen im Bundesgebiet nicht entgegenstehen,
5. ihm die Beschäftigung erlaubt ist, sofern er Arbeitnehmer ist,
6. er im Besitz der sonstigen für eine dauernde Ausübung seiner Erwerbstätigkeit erforderlichen Erlaubnisse ist,
7. er über ausreichende Kenntnisse der deutschen Sprache verfügt,
8. er über Grundkenntnisse der Rechts- und Gesellschaftsordnung und der Lebensverhältnisse im Bundesgebiet verfügt und
9. er über ausreichenden Wohnraum für sich und seine mit ihm in häuslicher Gemeinschaft lebenden Familienangehörigen verfügt.

[2]Die Voraussetzungen des Satzes 1 Nr. 7 und 8 sind nachgewiesen, wenn ein Integrationskurs erfolgreich abgeschlossen wurde. [3]Von diesen Voraussetzungen wird abgesehen, wenn der Ausländer sie wegen einer körperlichen, geistigen oder seelischen Krankheit oder Behinderung nicht erfüllen kann. [4]Im Übrigen kann zur Vermeidung einer Härte von den Voraussetzungen des Satzes 1 Nr. 7 und 8 abgesehen werden. [5]Ferner wird davon abgesehen, wenn der Ausländer sich auf einfache Art in deutscher Sprache mündlich verständigen kann und er nach § 44 Abs. 3 Nr. 2 keinen Anspruch auf Teilnahme am Integrationskurs hatte oder er nach § 44a Abs. 2 Nr. 3 nicht zur Teilnahme am Integrationskurs verpflichtet war. [6]Darüber hinaus wird von den Voraussetzungen des Satzes 1 Nr. 2 und 3 abgesehen, wenn der Ausländer diese aus den in Satz 3 genannten Gründen nicht erfüllen kann.

1) **Anm. d. Red.:** § 9 i. d. F. des Gesetzes v. 22. 11. 2011 (BGBl I S. 2258) mit Wirkung v. 26. 11. 2011.

(3) [1]Bei Ehegatten, die in ehelicher Lebensgemeinschaft leben, genügt es, wenn die Voraussetzungen nach Absatz 2 Satz 1 Nr. 3, 5 und 6 durch einen Ehegatten erfüllt werden. [2]Von der Voraussetzung nach Absatz 2 Satz 1 Nr. 3 wird abgesehen, wenn sich der Ausländer in einer Ausbildung befindet, die zu einem anerkannten schulischen oder beruflichen Bildungsabschluss oder einem Hochschulabschluss führt. [3]Satz 1 gilt in den Fällen des § 26 Abs. 4 entsprechend.

(4) Auf die für die Erteilung einer Niederlassungserlaubnis erforderlichen Zeiten des Besitzes einer Aufenthaltserlaubnis werden folgende Zeiten angerechnet:

1. die Zeit des früheren Besitzes einer Aufenthaltserlaubnis oder Niederlassungserlaubnis, wenn der Ausländer zum Zeitpunkt seiner Ausreise im Besitz einer Niederlassungserlaubnis war, abzüglich der Zeit der dazwischen liegenden Aufenthalte außerhalb des Bundesgebiets, die zum Erlöschen der Niederlassungserlaubnis führten; angerechnet werden höchstens vier Jahre,
2. höchstens sechs Monate für jeden Aufenthalt außerhalb des Bundesgebiets, der nicht zum Erlöschen der Aufenthaltserlaubnis führte,
3. die Zeit eines rechtmäßigen Aufenthalts zum Zweck des Studiums oder der Berufsausbildung im Bundesgebiet zur Hälfte.

§ 9a Erlaubnis zum Daueraufenthalt – EU[1)]

(1) [1]Die Erlaubnis zum Daueraufenthalt – EU ist ein unbefristeter Aufenthaltstitel. [2]§ 9 Abs. 1 Satz 2 und 3 gilt entsprechend. [3]Soweit dieses Gesetz nichts anderes regelt, ist die Erlaubnis zum Daueraufenthalt – EU der Niederlassungserlaubnis gleichgestellt.

(2) [1]Einem Ausländer ist eine Erlaubnis zum Daueraufenthalt – EU nach Artikel 2 Buchstabe b der Richtlinie 2003/109/EG zu erteilen, wenn

1. er sich seit fünf Jahren mit Aufenthaltstitel im Bundesgebiet aufhält,
2. sein Lebensunterhalt und derjenige seiner Angehörigen, denen er Unterhalt zu leisten hat, durch feste und regelmäßige Einkünfte gesichert ist,
3. er über ausreichende Kenntnisse der deutschen Sprache verfügt,
4. er über Grundkenntnisse der Rechts- und Gesellschaftsordnung und der Lebensverhältnisse im Bundesgebiet verfügt,
5. Gründe der öffentlichen Sicherheit oder Ordnung unter Berücksichtigung der Schwere oder der Art des Verstoßes gegen die öffentliche Sicherheit oder Ordnung oder der vom Ausländer ausgehenden Gefahr unter Berücksichtigung der Dauer des bisherigen Aufenthalts und dem Bestehen von Bindungen im Bundesgebiet nicht entgegenstehen und
6. er über ausreichenden Wohnraum für sich und seine mit ihm in familiärer Gemeinschaft lebenden Familienangehörigen verfügt.

[2]Für Satz 1 Nr. 3 und 4 gilt § 9 Abs. 2 Satz 2 bis 5 entsprechend.

(3) Absatz 2 ist nicht anzuwenden, wenn der Ausländer

1. einen Aufenthaltstitel nach Abschnitt 5 besitzt, der nicht auf Grund des § 23 Abs. 2 erteilt wurde, oder eine vergleichbare Rechtsstellung in einem anderen Mitgliedstaat der Europäischen Union innehat und weder in der Bundesrepublik Deutschland noch in einem anderen Mitgliedstaat der Europäischen Union als international Schutzberechtigter anerkannt ist; Gleiches gilt, wenn er einen solchen Titel oder eine solche Rechtsstellung beantragt hat und über den Antrag noch nicht abschließend entschieden worden ist,
2. in einem Mitgliedstaat der Europäischen Union einen Antrag auf Anerkennung als international Schutzberechtigter gestellt oder vorübergehenden Schutz im Sinne des § 24 beantragt hat und über seinen Antrag noch nicht abschließend entschieden worden ist,

1) **Anm. d. Red.:** § 9a i. d. F. des Gesetzes v. 29. 8. 2013 (BGBl I S. 3484) mit Wirkung v. 2. 12. 2013.

3. in einem anderen Mitgliedstaat der Europäischen Union eine Rechtsstellung besitzt, die der in § 1 Abs. 2 Nr. 2 beschriebenen entspricht,
4. sich mit einer Aufenthaltserlaubnis nach § 16 oder § 17 oder
5. sich zu einem sonstigen seiner Natur nach vorübergehenden Zweck im Bundesgebiet aufhält, insbesondere
   a) auf Grund einer Aufenthaltserlaubnis nach § 18, wenn die Befristung der Zustimmung der Bundesagentur für Arbeit auf einer Verordnung nach § 42 Abs. 1 bestimmten Höchstbeschäftigungsdauer beruht,
   b) wenn die Verlängerung seiner Aufenthaltserlaubnis nach § 8 Abs. 2 ausgeschlossen wurde oder
   c) wenn seine Aufenthaltserlaubnis der Herstellung oder Wahrung der familiären Lebensgemeinschaft mit einem Ausländer dient, der sich selbst nur zu einem seiner Natur nach vorübergehenden Zweck im Bundesgebiet aufhält, und bei einer Aufhebung der Lebensgemeinschaft kein eigenständiges Aufenthaltsrecht entstehen würde.

§ 9b Anrechnung von Aufenthaltszeiten[1)]

(1) [1]Auf die erforderlichen Zeiten nach § 9a Abs. 2 Satz 1 Nr. 1 werden folgende Zeiten angerechnet:

1. Zeiten eines Aufenthalts außerhalb des Bundesgebiets, in denen der Ausländer einen Aufenthaltstitel besaß und
   a) sich wegen einer Entsendung aus beruflichen Gründen im Ausland aufgehalten hat, soweit deren Dauer jeweils sechs Monate oder eine von der Ausländerbehörde nach § 51 Abs. 1 Nr. 7 bestimmte längere Frist nicht überschritten hat, oder
   b) die Zeiten sechs aufeinanderfolgende Monate und innerhalb des in § 9a Abs. 2 Satz 1 Nr. 1 genannten Zeitraums insgesamt zehn Monate nicht überschreiten,
2. Zeiten eines früheren Aufenthalts im Bundesgebiet mit Aufenthaltserlaubnis, Niederlassungserlaubnis oder Erlaubnis zum Daueraufenthalt – EU, wenn der Ausländer zum Zeitpunkt seiner Ausreise im Besitz einer Niederlassungserlaubnis oder einer Erlaubnis zum Daueraufenthalt – EU war und die Niederlassungserlaubnis oder die Erlaubnis zum Daueraufenthalt-EG allein wegen eines Aufenthalts außerhalb von Mitgliedstaaten der Europäischen Union oder wegen des Erwerbs der Rechtsstellung eines langfristig Aufenthaltsberechtigten in einem anderen Mitgliedstaat der Europäischen Union erloschen ist, bis zu höchstens vier Jahre,
3. Zeiten, in denen der Ausländer freizügigkeitsberechtigt war,
4. Zeiten eines rechtmäßigen Aufenthalts zum Zweck des Studiums oder der Berufsausbildung im Bundesgebiet zur Hälfte,
5. bei international Schutzberechtigten der Zeitraum zwischen dem Tag der Beantragung internationalen Schutzes und dem Tag der Erteilung eines aufgrund der Zuerkennung internationalen Schutzes gewährten Aufenthaltstitels.

[2]Nicht angerechnet werden Zeiten eines Aufenthalts nach § 9a Abs. 3 Nr. 5 und Zeiten des Aufenthalts, in denen der Ausländer auch die Voraussetzungen des § 9a Abs. 3 Nr. 3 erfüllte. [3]Zeiten eines Aufenthalts außerhalb des Bundesgebiets unterbrechen den Aufenthalt nach § 9a Abs. 2 Satz 1 Nr. 1 nicht, wenn der Aufenthalt außerhalb des Bundesgebiets nicht zum Erlöschen des Aufenthaltstitels geführt hat; diese Zeiten werden bei der Bestimmung der Gesamtdauer des Aufenthalts nach § 9a Abs. 2 Satz 1 Nr. 1 nicht angerechnet. [4]In allen übrigen Fällen unterbricht die Ausreise aus dem Bundesgebiet den Aufenthalt nach § 9a Abs. 2 Satz 1 Nr. 1.

1) **Anm. d. Red.:** § 9b i. d. F. des Gesetzes v. 29. 8. 2013 (BGBl I S. 3484) mit Wirkung v. 2. 12. 2013.

(2) [1]Auf die erforderlichen Zeiten nach § 9a Absatz 2 Satz 1 Nummer 1 werden die Zeiten angerechnet, in denen der Ausländer eine Blaue Karte EU besitzt, die von einem anderen Mitgliedstaat der Europäischen Union erteilt wurde, wenn sich der Ausländer

1. in diesem anderen Mitgliedstaat der Europäischen Union mit einer Blauen Karte EU mindestens 18 Monate aufgehalten hat und
2. bei Antragstellung seit mindestens zwei Jahren als Inhaber der Blauen Karte EU im Bundesgebiet aufhält.

[2]Nicht angerechnet werden Zeiten, in denen sich der Ausländer nicht in der Europäischen Union aufgehalten hat. [3]Diese Zeiten unterbrechen jedoch den Aufenthalt nach § 9a Absatz 2 Satz 1 Nummer 1 nicht, wenn sie zwölf aufeinanderfolgende Monate nicht überschreiten und innerhalb des Zeitraums nach § 9a Absatz 2 Satz 1 Nummer 1 insgesamt 18 Monate nicht überschreiten. [4]Die Sätze 1 bis 3 sind entsprechend auf Familienangehörige des Ausländers anzuwenden, denen eine Aufenthaltserlaubnis nach den §§ 30 oder 32 erteilt wurde.

§ 9c Lebensunterhalt[1)]

[1]Feste und regelmäßige Einkünfte im Sinne des § 9a Absatz 2 Satz 1 Nummer 2 liegen in der Regel vor, wenn

1. der Ausländer seine steuerlichen Verpflichtungen erfüllt hat,
2. der Ausländer oder sein mit ihm in familiärer Gemeinschaft lebender Ehegatte im In- oder Ausland Beiträge oder Aufwendungen für eine angemessene Altersversorgung geleistet hat, soweit er hieran nicht durch eine körperliche, geistige oder seelische Krankheit oder Behinderung gehindert war,
3. der Ausländer und seine mit ihm in familiärer Gemeinschaft lebenden Angehörigen gegen das Risiko der Krankheit und der Pflegebedürftigkeit durch die gesetzliche Krankenversicherung oder einen im Wesentlichen gleichwertigen, unbefristeten oder sich automatisch verlängernden Versicherungsschutz abgesichert sind und
4. der Ausländer, der seine regelmäßigen Einkünfte aus einer Erwerbstätigkeit bezieht, zu der Erwerbstätigkeit berechtigt ist und auch über die anderen dafür erforderlichen Erlaubnisse verfügt.

[2]Bei Ehegatten, die in ehelicher Lebensgemeinschaft leben, genügt es, wenn die Voraussetzung nach Satz 1 Nr. 4 durch einen Ehegatten erfüllt wird. [3]Als Beiträge oder Aufwendungen, die nach Satz 1 Nr. 2 erforderlich sind, werden keine höheren Beiträge oder Aufwendungen verlangt, als es in § 9 Abs. 2 Satz 1 Nr. 3 vorgesehen ist.

§ 12 Geltungsbereich; Nebenbestimmungen

(1) [1]Der Aufenthaltstitel wird für das Bundesgebiet erteilt. [2]Seine Gültigkeit nach den Vorschriften des Schengener Durchführungsübereinkommens für den Aufenthalt im Hoheitsgebiet der Vertragsparteien bleibt unberührt.

(2) [1]Das Visum und die Aufenthaltserlaubnis können mit Bedingungen erteilt und verlängert werden. [2]Sie können, auch nachträglich, mit Auflagen, insbesondere einer räumlichen Beschränkung, verbunden werden.

(3) Ein Ausländer hat den Teil des Bundesgebiets, in dem er sich ohne Erlaubnis der Ausländerbehörde einer räumlichen Beschränkung zuwider aufhält, unverzüglich zu verlassen.

(4) Der Aufenthalt eines Ausländers, der keines Aufenthaltstitels bedarf, kann zeitlich und räumlich beschränkt sowie von Bedingungen und Auflagen abhängig gemacht werden.

(5) [1]Die Ausländerbehörde kann dem Ausländer das Verlassen des auf der Grundlage dieses Gesetzes beschränkten Aufenthaltsbereichs erlauben. [2]Die Erlaubnis ist zu erteilen, wenn hieran ein dringendes öffentliches Interesse besteht, zwingende Gründe es erfordern oder die Ver-

1) **Anm. d. Red.:** § 9c i. d. F. des Gesetzes v. 29. 8. 2013 (BGBl I S. 3484) mit Wirkung v. 6. 9. 2013.

sagung der Erlaubnis eine unbillige Härte bedeuten würde. [3]Der Ausländer kann Termine bei Behörden und Gerichten, bei denen sein persönliches Erscheinen erforderlich ist, ohne Erlaubnis wahrnehmen.

§ 12a Wohnsitzregelung[1)2)]

(1) [1]Zur Förderung seiner nachhaltigen Integration in die Lebensverhältnisse der Bundesrepublik Deutschland ist ein Ausländer, der als Asylberechtigter, Flüchtling im Sinne von § 3 Absatz 1 des Asylgesetzes oder subsidiär Schutzberechtigter im Sinne von § 4 Absatz 1 des Asylgesetzes anerkannt worden ist oder dem nach § 22, § 23 oder § 25 Absatz 3 erstmalig eine Aufenthaltserlaubnis erteilt worden ist, verpflichtet, für den Zeitraum von drei Jahren ab Anerkennung oder Erteilung der Aufenthaltserlaubnis in dem Land seinen gewöhnlichen Aufenthalt (Wohnsitz) zu nehmen, in das er zur Durchführung seines Asylverfahrens oder im Rahmen seines Aufnahmeverfahrens zugewiesen worden ist. [2]Satz 1 findet keine Anwendung, wenn der Ausländer, sein Ehegatte, eingetragener Lebenspartner oder minderjähriges Kind eine sozialversicherungspflichtige Beschäftigung mit einem Umfang von mindestens 15 Stunden wöchentlich aufnimmt oder aufgenommen hat, durch die diese Person mindestens über ein Einkommen in Höhe des monatlichen durchschnittlichen Bedarfs nach den §§ 20 und 22 des Zweiten Buches Sozialgesetzbuch für eine Einzelperson verfügt, oder eine Berufsausbildung aufnimmt oder aufgenommen hat oder in einem Studien- oder Ausbildungsverhältnis steht.

(2) [1]Ein Ausländer, der der Verpflichtung nach Absatz 1 unterliegt und der in einer Aufnahmeeinrichtung oder anderen vorübergehenden Unterkunft wohnt, kann innerhalb von sechs Monaten nach Anerkennung oder Aufnahme längstens bis zum Ablauf der nach Absatz 1 geltenden Frist zu seiner Versorgung mit angemessenem Wohnraum verpflichtet werden, seinen Wohnsitz an einem bestimmten Ort zu nehmen, wenn dies der Förderung seiner nachhaltigen Integration in die Lebensverhältnisse der Bundesrepublik Deutschland nicht entgegensteht. [2]Soweit im Einzelfall eine Zuweisung angemessenen Wohnraums innerhalb von sechs Monaten nicht möglich war, kann eine Zuweisung nach Satz 1 innerhalb von einmalig weiteren sechs Monaten erfolgen.

(3) Zur Förderung seiner nachhaltigen Integration in die Lebensverhältnisse der Bundesrepublik Deutschland kann ein Ausländer, der der Verpflichtung nach Absatz 1 unterliegt, innerhalb von sechs Monaten nach Anerkennung oder erstmaliger Erteilung der Aufenthaltserlaubnis verpflichtet werden, längstens bis zum Ablauf der nach Absatz 1 geltenden Frist seinen Wohnsitz an einem bestimmten Ort zu nehmen, wenn dadurch

1. seine Versorgung mit angemessenem Wohnraum,
2. sein Erwerb hinreichender mündlicher Deutschkenntnisse im Sinne des Niveaus A2 des Gemeinsamen Europäischen Referenzrahmens für Sprachen und
3. unter Berücksichtigung der örtlichen Lage am Ausbildungs- und Arbeitsmarkt die Aufnahme einer Erwerbstätigkeit

erleichtert werden kann.

(4) [1]Ein Ausländer, der der Verpflichtung nach Absatz 1 unterliegt, kann zur Vermeidung von sozialer und gesellschaftlicher Ausgrenzung bis zum Ablauf der nach Absatz 1 geltenden Frist auch verpflichtet werden, seinen Wohnsitz nicht an einem bestimmten Ort zu nehmen, insbesondere wenn zu erwarten ist, dass der Ausländer Deutsch dort nicht als wesentliche Verkehrssprache nutzen wird. [2]Die Situation des dortigen Ausbildungs- und Arbeitsmarktes ist bei der Entscheidung zu berücksichtigen.

1) **Anm. d. Red.:** § 12a eingefügt gem. Gesetz v. 31. 7. 2016 (BGBl I S. 1939) mit Wirkung v. 6. 8. 2016.

2) **Anm. d. Red.:** Gem. Art. 8 Abs. 5 Gesetz v. 31. 7. 2016 (BGBl I S. 1939) wird § 12a mit Wirkung v. 6. 8. 2019 aufgehoben.

(5) [1]Eine Verpflichtung oder Zuweisung nach den Absätzen 1 bis 4 ist auf Antrag des Ausländers aufzuheben,

1. wenn der Ausländer nachweist, dass in den Fällen einer Verpflichtung oder Zuweisung nach den Absätzen 1 bis 3 an einem anderen Ort, oder im Falle einer Verpflichtung nach Absatz 4 an dem Ort, an dem er seinen Wohnsitz nicht nehmen darf,
   a) ihm oder seinem Ehegatten, eingetragenen Lebenspartner oder minderjährigen Kind eine sozialversicherungspflichtige Beschäftigung im Sinne von Absatz 1 Satz 2, ein den Lebensunterhalt sicherndes Einkommen oder ein Ausbildungs- oder Studienplatz zur Verfügung steht oder
   b) der Ehegatte, eingetragene Lebenspartner oder minderjährige ledige Kinder an einem anderen Wohnort leben,
2. zur Vermeidung einer Härte; eine Härte liegt insbesondere vor, wenn
   a) nach Einschätzung des zuständigen Jugendamtes Leistungen und Maßnahmen der Kinder- und Jugendhilfe nach dem Achten Buch Sozialgesetzbuch mit Ortsbezug beeinträchtigt würden,
   b) aus anderen dringenden persönlichen Gründen die Übernahme durch ein anderes Land zugesagt wurde oder
   c) für den Betroffenen aus sonstigen Gründen vergleichbare unzumutbare Einschränkungen entstehen.

[2]Im Fall einer Aufhebung nach Satz 1 Nummer 2 ist dem Ausländer, längstens bis zum Ablauf der nach Absatz 1 geltenden Frist, eine Verpflichtung nach Absatz 3 oder 4 aufzuerlegen, die seinem Interesse Rechnung trägt.

(6) [1]Bei einem Familiennachzug zu einem Ausländer, der einer Verpflichtung oder Zuweisung nach den Absätzen 1 bis 4 unterliegt, gilt die Verpflichtung oder Zuweisung längstens bis zum Ablauf der nach Absatz 1 für den Ausländer geltenden Frist auch für den nachziehenden Familienangehörigen, soweit die zuständige Behörde nichts anderes angeordnet hat. [2]Absatz 5 gilt für die nachziehenden Familienangehörigen entsprechend.

(7) Die Absätze 1 bis 6 gelten nicht für Ausländer, deren Anerkennung oder erstmalige Erteilung der Aufenthaltserlaubnis im Sinne des Absatzes 1 vor dem 1. Januar 2016 erfolgte.

(8) Widerspruch und Klage gegen Verpflichtungen nach den Absätzen 2 bis 4 haben keine aufschiebende Wirkung.

(9) Die Länder können im Hinblick auf Ausländer, die der Verpflichtung nach Absatz 1 unterliegen, hinsichtlich Organisation, Verfahren und angemessenen Wohnraums durch Rechtsverordnung der Landesregierung oder andere landesrechtliche Regelungen Näheres bestimmen zu

1. der Verteilung innerhalb des Landes nach Absatz 2,
2. dem Verfahren für Zuweisungen und Verpflichtungen nach den Absätzen 2 bis 4,
3. den Anforderungen an den angemessenen Wohnraum im Sinne der Absätze 2, 3 Nummer 1 und von Absatz 5 Satz 1 Nummer 1 Buchstabe a sowie der Form seines Nachweises,
4. der Art und Weise des Belegs einer sozialversicherungspflichtigen Beschäftigung nach Absatz 1 Satz 2, eines den Lebensunterhalt sichernden Einkommens sowie eines Ausbildungs- oder Studienplatzes im Sinne der Absätze 1 und 5 Satz 1 Nummer 1 Buchstabe a,
5. der Verpflichtung zur Aufnahme durch die zum Wohnort bestimmte Gemeinde und zu dem Aufnahmeverfahren.

Abschnitt 4: Aufenthalt zum Zweck der Erwerbstätigkeit

§ 18 Beschäftigung[1)]

(1) [1]Die Zulassung ausländischer Beschäftigter orientiert sich an den Erfordernissen des Wirtschaftsstandortes Deutschland unter Berücksichtigung der Verhältnisse auf dem Arbeitsmarkt und dem Erfordernis, die Arbeitslosigkeit wirksam zu bekämpfen. [2]Internationale Verträge bleiben unberührt.

(2) [1]Einem Ausländer kann ein Aufenthaltstitel zur Ausübung einer Beschäftigung erteilt werden, wenn die Bundesagentur für Arbeit nach § 39 zugestimmt hat oder durch Rechtsverordnung nach § 42 oder zwischenstaatliche Vereinbarung bestimmt ist, dass die Ausübung der Beschäftigung ohne Zustimmung der Bundesagentur für Arbeit zulässig ist. [2]Beschränkungen bei der Erteilung der Zustimmung durch die Bundesagentur für Arbeit sind in den Aufenthaltstitel zu übernehmen.

(3) Eine Aufenthaltserlaubnis zur Ausübung einer Beschäftigung nach Absatz 2, die keine qualifizierte Berufsausbildung voraussetzt, darf nur erteilt werden, wenn dies durch zwischenstaatliche Vereinbarung bestimmt ist oder wenn auf Grund einer Rechtsverordnung nach § 42 die Erteilung der Zustimmung zu einer Aufenthaltserlaubnis für diese Beschäftigung zulässig ist.

(4) [1]Ein Aufenthaltstitel zur Ausübung einer Beschäftigung nach Absatz 2, die eine qualifizierte Berufsausbildung voraussetzt, darf nur für eine Beschäftigung in einer Berufsgruppe erteilt werden, die durch Rechtsverordnung nach § 42 zugelassen worden ist. [2]Im begründeten Einzelfall kann eine Aufenthaltserlaubnis für eine Beschäftigung erteilt werden, wenn an der Beschäftigung ein öffentliches, insbesondere ein regionales, wirtschaftliches oder arbeitsmarktpolitisches Interesse besteht.

(4a) [1]Einem Ausländer, der in einem Beamtenverhältnis zu einem deutschen Dienstherrn steht, wird eine Aufenthaltserlaubnis zur Erfüllung seiner Dienstpflichten im Bundesgebiet erteilt. [2]Die Aufenthaltserlaubnis wird für die Dauer von drei Jahren erteilt, wenn das Dienstverhältnis nicht auf einen kürzeren Zeitraum befristet ist. [3]Nach drei Jahren wird eine Niederlassungserlaubnis abweichend von § 9 Absatz 2 Satz 1 Nummer 1 und 3 erteilt.

(5) Ein Aufenthaltstitel nach Absatz 2, § 19, § 19a, § 19b oder § 19d darf nur erteilt werden, wenn ein konkretes Arbeitsplatzangebot vorliegt und eine Berufsausübungserlaubnis, soweit diese vorgeschrieben ist, erteilt wurde oder ihre Erteilung zugesagt ist.

(6) Die Erteilung oder Verlängerung eines Aufenthaltstitels nach Absatz 2, den §§ 17b, 18d, 19, 19a, 19b, 19d, 20 oder 20b, der auf Grund dieses Gesetzes, einer Rechtsverordnung oder einer zwischenstaatlichen Vereinbarung nicht der Zustimmung der Bundesagentur für Arbeit bedarf, kann versagt werden, wenn ein Sachverhalt vorliegt, der bei zustimmungspflichtigen Beschäftigungen zur Versagung der Zustimmung nach § 40 Absatz 2 Nummer 3 oder Absatz 3 berechtigen würde.

§ 18a Aufenthaltserlaubnis für qualifizierte Geduldete zum Zweck der Beschäftigung[2)]

(1) Einem geduldeten Ausländer kann eine Aufenthaltserlaubnis zur Ausübung einer der beruflichen Qualifikation entsprechenden Beschäftigung erteilt werden, wenn die Bundesagentur für Arbeit nach § 39 zugestimmt hat und der Ausländer

1. im Bundesgebiet
   a) eine qualifizierte Berufsausbildung in einem staatlich anerkannten oder vergleichbar geregelten Ausbildungsberuf oder ein Hochschulstudium abgeschlossen hat oder

1) **Anm. d. Red.:** § 18 i. d. F. des Gesetzes v. 12. 5. 2017 (BGBl I S. 1106) mit Wirkung v. 1. 8. 2017.

2) **Anm. d. Red.:** § 18a i. d. F. des Gesetzes v. 31. 7. 2016 (BGBl I S. 1939) mit Wirkung v. 6. 8. 2016.

b) mit einem anerkannten oder einem deutschen Hochschulabschluss vergleichbaren ausländischen Hochschulabschluss seit zwei Jahren ununterbrochen eine dem Abschluss angemessene Beschäftigung ausgeübt hat, oder

c) als Fachkraft seit drei Jahren ununterbrochen eine Beschäftigung ausgeübt hat, die eine qualifizierte Berufsausbildung voraussetzt, und innerhalb des letzten Jahres vor Beantragung der Aufenthaltserlaubnis für seinen Lebensunterhalt und den seiner Familienangehörigen oder anderen Haushaltsangehörigen nicht auf öffentliche Mittel mit Ausnahme von Leistungen zur Deckung der notwendigen Kosten für Unterkunft und Heizung angewiesen war, und

2. über ausreichenden Wohnraum verfügt,
3. über ausreichende Kenntnisse der deutschen Sprache verfügt,
4. die Ausländerbehörde nicht vorsätzlich über aufenthaltsrechtlich relevante Umstände getäuscht hat,
5. behördliche Maßnahmen zur Aufenthaltsbeendigung nicht vorsätzlich hinausgezögert oder behindert hat,
6. keine Bezüge zu extremistischen oder terroristischen Organisationen hat und diese auch nicht unterstützt und
7. nicht wegen einer im Bundesgebiet begangenen vorsätzlichen Straftat verurteilt wurde, wobei Geldstrafen von insgesamt bis zu 50 Tagessätzen oder bis zu 90 Tagessätzen wegen Straftaten, die nach dem Aufenthaltsgesetz oder dem Asylgesetz nur von Ausländern begangen werden können, grundsätzlich außer Betracht bleiben.

(1a) Wurde die Duldung nach § 60a Absatz 2 Satz 4 erteilt, ist nach erfolgreichem Abschluss dieser Berufsausbildung für eine der erworbenen beruflichen Qualifikation entsprechenden Beschäftigung eine Aufenthaltserlaubnis für die Dauer von zwei Jahren zu erteilen, wenn die Voraussetzungen des Absatzes 1 Nummer 2 bis 7 vorliegen und die Bundesagentur für Arbeit nach § 39 zugestimmt hat.

(1b) Eine Aufenthaltserlaubnis nach Absatz 1a wird widerrufen, wenn das der Erteilung dieser Aufenthaltserlaubnis zugrunde liegende Arbeitsverhältnis aus Gründen, die in der Person des Ausländers liegen, aufgelöst wird oder der Ausländer wegen einer im Bundesgebiet begangenen vorsätzlichen Straftat verurteilt wurde, wobei Geldstrafen von insgesamt bis zu 50 Tagessätzen oder bis zu 90 Tagessätzen wegen Straftaten, die nach dem Aufenthaltsgesetz oder dem Asylgesetz nur von Ausländern begangen werden können, grundsätzlich außer Betracht bleiben.

(2) [1]Über die Zustimmung der Bundesagentur für Arbeit nach den Absätzen 1 und 1a wird ohne Vorrangprüfung nach § 39 Abs. 2 Satz 1 Nr. 1 entschieden. [2]§ 18 Abs. 2 Satz 2 und Abs. 5 gilt entsprechend. [3]Die Aufenthaltserlaubnis berechtigt nach Ausübung einer zweijährigen der beruflichen Qualifikation entsprechenden Beschäftigung zu jeder Beschäftigung.

(3) Die Aufenthaltserlaubnis kann abweichend von § 5 Abs. 2 und § 10 Abs. 3 Satz 1 erteilt werden.

§ 18b Niederlassungserlaubnis für Absolventen deutscher Hochschulen[1)]

Einem Ausländer, der sein Studium an einer staatlichen oder staatlich anerkannten Hochschule oder vergleichbaren Ausbildungseinrichtung im Bundesgebiet erfolgreich abgeschlossen hat, wird eine Niederlassungserlaubnis erteilt, wenn

1. er seit zwei Jahren einen Aufenthaltstitel nach den §§ 18, 18a, 19a oder § 21 besitzt,
2. er einen seinem Abschluss angemessenen Arbeitsplatz innehat,
3. er mindestens 24 Monate Pflichtbeiträge oder freiwillige Beiträge zur gesetzlichen Rentenversicherung geleistet hat oder Aufwendungen für einen Anspruch auf vergleichbare Leis-

1) **Anm. d. Red.:** § 18b eingefügt gem. Gesetz v. 1. 6. 2012 (BGBl I S. 1224) mit Wirkung v. 1. 8. 2012.

tungen einer Versicherungs- oder Versorgungseinrichtung oder eines Versicherungsunternehmens nachweist und

4. die Voraussetzungen des § 9 Absatz 2 Satz 1 Nummer 2 und 4 bis 9 vorliegen; § 9 Absatz 2 Satz 2 bis 6 gilt entsprechend.

§ 18c Aufenthaltserlaubnis zur Arbeitsplatzsuche für qualifizierte Fachkräfte[1)]

(1) [1]Einem Ausländer, der über einen deutschen oder anerkannten oder einem deutschen Hochschulabschluss vergleichbaren ausländischen Hochschulabschluss verfügt und dessen Lebensunterhalt gesichert ist, kann eine Aufenthaltserlaubnis zur Suche nach einem der Qualifikation angemessenen Arbeitsplatz für bis zu sechs Monate erteilt werden. [2]Die Aufenthaltserlaubnis berechtigt nicht zur Erwerbstätigkeit.

(2) [1]Eine Verlängerung der Aufenthaltserlaubnis über den in Absatz 1 genannten Höchstzeitraum hinaus ist ausgeschlossen. [2]Eine Aufenthaltserlaubnis nach Absatz 1 kann erneut nur erteilt werden, wenn sich der Ausländer nach seiner Ausreise mindestens so lange im Ausland aufgehalten hat, wie er sich zuvor auf der Grundlage einer Aufenthaltserlaubnis nach Absatz 1 im Bundesgebiet aufgehalten hat.

(3) Auf Ausländer, die sich bereits im Bundesgebiet aufhalten, findet Absatz 1 nur Anwendung, wenn diese unmittelbar vor der Erteilung der Aufenthaltserlaubnis nach Absatz 1 im Besitz eines Aufenthaltstitels zum Zweck der Erwerbstätigkeit waren.

§ 18d Teilnahme am europäischen Freiwilligendienst[2)]

(1) Einem Ausländer wird eine Aufenthaltserlaubnis zum Zweck der Teilnahme an einem europäischen Freiwilligendienst nach der Richtlinie (EU) 2016/801 erteilt, wenn die Bundesagentur für Arbeit nach § 39 zugestimmt hat oder durch Rechtsverordnung nach § 42 Absatz 1 Nummer 1 oder durch zwischenstaatliche Vereinbarung bestimmt ist, dass die Teilnahme an einem europäischen Freiwilligendienst ohne Zustimmung der Bundesagentur für Arbeit zulässig ist und der Ausländer eine Vereinbarung mit der aufnehmenden Einrichtung vorlegt, die Folgendes enthält:

1. eine Beschreibung des Freiwilligendienstes,
2. Angaben über die Dauer des Freiwilligendienstes und über die Dienstzeiten des Ausländers,
3. Angaben über die Bedingungen der Tätigkeit und der Betreuung des Ausländers,
4. Angaben über die dem Ausländer zur Verfügung stehenden Mittel für Lebensunterhalt und Unterkunft sowie Angaben über Taschengeld, das ihm für die Dauer des Aufenthalts mindestens zur Verfügung steht, und
5. Angaben über die Ausbildung, die der Ausländer gegebenenfalls erhält, damit er die Aufgaben des Freiwilligendienstes ordnungsgemäß durchführen kann.

(2) Der Aufenthaltstitel für den Ausländer wird für die vereinbarte Dauer der Teilnahme am europäischen Freiwilligendienst, höchstens jedoch für ein Jahr erteilt.

(3) Sofern der Ausländer das 18. Lebensjahr noch nicht vollendet hat, müssen die zur Personensorge berechtigten Personen dem geplanten Aufenthalt zustimmen.

(4) Einem Ausländer wird eine Aufenthaltserlaubnis zum Zweck der Teilnahme an einem europäischen Freiwilligendienst nach der Richtlinie (EU) 2016/801 nicht erteilt, wenn eine der in § 20 Absatz 6 Nummer 1 bis 3 und 6 bis 8 genannten Voraussetzungen vorliegt.

1) **Anm. d. Red.:** § 18c i. d. F. des Gesetzes v. 29. 8. 2013 (BGBl I S. 3484) mit Wirkung v. 6. 9. 2013.

2) **Anm. d. Red.:** § 18d eingefügt gem. Gesetz v. 12. 5. 2017 (BGBl I S. 1106) mit Wirkung v. 1. 8. 2017.

§ 19 Niederlassungserlaubnis für Hochqualifizierte[1)]

(1) [1]Einem hoch qualifizierten Ausländer kann in besonderen Fällen eine Niederlassungserlaubnis erteilt werden, wenn die Bundesagentur für Arbeit nach § 39 zugestimmt hat oder durch Rechtsverordnung nach § 42 oder zwischenstaatliche Vereinbarung bestimmt ist, dass die Niederlassungserlaubnis ohne Zustimmung der Bundesagentur für Arbeit nach § 39 erteilt werden kann und die Annahme gerechtfertigt ist, dass die Integration in die Lebensverhältnisse der Bundesrepublik Deutschland und die Sicherung des Lebensunterhalts ohne staatliche Hilfe gewährleistet sind. [2]Die Landesregierung kann bestimmen, dass die Erteilung der Niederlassungserlaubnis nach Satz 1 der Zustimmung der obersten Landesbehörde oder einer von ihr bestimmten Stelle bedarf.

(2) Hoch qualifiziert nach Absatz 1 sind insbesondere

1. Wissenschaftler mit besonderen fachlichen Kenntnissen oder
2. Lehrpersonen in herausgehobener Funktion oder wissenschaftliche Mitarbeiter in herausgehobener Funktion.

§ 19a Blaue Karte EU[2)]

(1) Einem Ausländer wird eine Blaue Karte EU nach der Richtlinie 2009/50/EG des Rates vom 25. Mai 2009 über die Bedingungen für die Einreise und den Aufenthalt von Drittstaatsangehörigen zur Ausübung einer hochqualifizierten Beschäftigung (ABl L 155 vom 18. 6. 2009, S. 17) zum Zweck einer seiner Qualifikation angemessenen Beschäftigung erteilt, wenn

1. er
   a) einen deutschen, einen anerkannten ausländischen oder einen einem deutschen Hochschulabschluss vergleichbaren ausländischen Hochschulabschluss besitzt oder
   b) soweit durch Rechtsverordnung nach Absatz 2 bestimmt, eine durch eine mindestens fünfjährige Berufserfahrung nachgewiesene vergleichbare Qualifikation besitzt,
2. die Bundesagentur für Arbeit nach § 39 zugestimmt hat oder durch Rechtsverordnung nach § 42 oder zwischenstaatliche Vereinbarung bestimmt ist, dass die Blaue Karte EU ohne Zustimmung der Bundesagentur für Arbeit nach § 39 erteilt werden kann, und
3. er ein Gehalt erhält, das mindestens dem Betrag entspricht, der durch Rechtsverordnung nach Absatz 2 bestimmt ist.

(2) [1]Das Bundesministerium für Arbeit und Soziales kann durch Rechtsverordnung Folgendes bestimmen:

1. die Höhe des Gehalts nach Absatz 1 Nummer 3,
2. Berufe, in denen die einem Hochschulabschluss vergleichbare Qualifikation durch mindestens fünfjährige Berufserfahrung nachgewiesen werden kann, und
3. Berufe, in denen für Angehörige bestimmter Staaten die Erteilung einer Blauen Karte EU zu versagen ist, weil im Herkunftsland ein Mangel an qualifizierten Arbeitnehmern in diesen Berufsgruppen besteht.

[2]Rechtsverordnungen nach den Nummern 1 und 2 bedürfen der Zustimmung des Bundesrates.

(3) [1]Die Blaue Karte EU wird bei erstmaliger Erteilung auf höchstens vier Jahre befristet. [2]Beträgt die Dauer des Arbeitsvertrags weniger als vier Jahre, wird die Blaue Karte EU für die Dauer des Arbeitsvertrags zuzüglich dreier Monate ausgestellt oder verlängert.

(4) Für jeden Arbeitsplatzwechsel eines Inhabers einer Blauen Karte EU ist in den ersten zwei Jahren der Beschäftigung die Erlaubnis durch die Ausländerbehörde erforderlich; die Erlaubnis wird erteilt, wenn die Voraussetzungen nach Absatz 1 vorliegen.

1) **Anm. d. Red.:** § 19 i. d. F. des Gesetzes v. 1. 6. 2012 (BGBl I S. 1224) mit Wirkung v. 1. 8. 2012.

2) **Anm. d. Red.:** § 19a i. d. F. des Gesetzes v. 29. 8. 2013 (BGBl I S. 3484) mit Wirkung v. 6. 9. 2013.

(5) Eine Blaue Karte EU wird nicht erteilt an Ausländer,

1. die die Voraussetzungen nach § 9a Absatz 3 Nummer 1 oder 2 erfüllen,
2. die einen Antrag auf Feststellung der Voraussetzungen nach § 60 Absatz 5 oder 7 Satz 1 oder nach § 60a Absatz 2 Satz 1 gestellt haben,
3. deren Einreise in einen Mitgliedstaat der Europäischen Union Verpflichtungen unterliegt, die sich aus internationalen Abkommen zur Erleichterung der Einreise und des vorübergehenden Aufenthalts bestimmter Kategorien von natürlichen Personen, die handels- und investitionsbezogene Tätigkeiten ausüben, herleiten,
4. die in einem Mitgliedstaat der Europäischen Union als Saisonarbeitnehmer zugelassen wurden,
5. die im Besitz einer Duldung nach § 60a sind,
6. die unter die Richtlinie 96/71/EG des Europäischen Parlaments und des Rates vom 16. Dezember 1996 über die Entsendung von Arbeitnehmern im Rahmen der Erbringung von Dienstleistungen (ABl L 18 vom 21. 1. 1997, S. 1) fallen, für die Dauer ihrer Entsendung nach Deutschland, oder
7. die auf Grund von Übereinkommen zwischen der Europäischen Union und ihren Mitgliedstaaten einerseits und Drittstaaten anderseits ein Recht auf freien Personenverkehr genießen, das dem der Unionsbürger gleichwertig ist.

(6) [1]Dem Inhaber einer Blauen Karte EU ist eine Niederlassungserlaubnis zu erteilen, wenn er mindestens 33 Monate eine Beschäftigung nach Absatz 1 ausgeübt hat und für diesen Zeitraum Pflichtbeiträge oder freiwillige Beiträge zur gesetzlichen Rentenversicherung geleistet hat oder Aufwendungen für einen Anspruch auf vergleichbare Leistungen einer Versicherungs- oder Versorgungseinrichtung oder eines Versicherungsunternehmens nachweist und die Voraussetzungen des § 9 Absatz 2 Satz 1 Nummer 2, 4 bis 6, 8 und 9 vorliegen und er über einfache Kenntnisse der deutschen Sprache verfügt vorliegen. [2]§ 9 Absatz 2 Satz 2 bis 6 gilt entsprechend. [3]Die Frist nach Satz 1 verkürzt sich auf 21 Monate, wenn der Ausländer über ausreichende Kenntnisse der deutschen Sprache verfügt.

§ 19b ICT-Karte für unternehmensintern transferierte Arbeitnehmer[1)]

(1) [1]Eine ICT-Karte ist ein Aufenthaltstitel nach der Richtlinie 2014/66/EU des Europäischen Parlaments und des Rates vom 15. Mai 2014 über die Bedingungen für die Einreise und den Aufenthalt von Drittstaatsangehörigen im Rahmen eines unternehmensinternen Transfers (ABl L 157 vom 27. 5. 2014, S. 1) zum Zweck eines unternehmensinternen Transfers eines Ausländers. [2]Ein unternehmensinterner Transfer ist die vorübergehende Abordnung eines Ausländers

1. in eine inländische Niederlassung des Unternehmens, dem der Ausländer angehört, wenn das Unternehmen seinen Sitz außerhalb der Europäischen Union hat, oder
2. in eine inländische Niederlassung eines anderen Unternehmens der Unternehmensgruppe, zu der auch dasjenige Unternehmen mit Sitz außerhalb der Europäischen Union gehört, dem der Ausländer angehört.

(2) [1]Einem Ausländer wird die ICT-Karte erteilt, wenn

1. er in der aufnehmenden Niederlassung als Führungskraft oder Spezialist tätig wird,
2. er dem Unternehmen oder der Unternehmensgruppe unmittelbar vor Beginn des unternehmensinternen Transfers seit mindestens sechs Monaten und für die Zeit des Transfers ununterbrochen angehört,
3. der unternehmensinterne Transfer mehr als 90 Tage dauert,

1) **Anm. d. Red.:** § 19b eingefügt gem. Gesetz v. 12. 5. 2017 (BGBl I S. 1106) mit Wirkung v. 1. 8. 2017.

²Eine Ablehnung hat in den Fällen des Satzes 1 Nummer 1 bis 4 spätestens 20 Tage nach Zugang der vollständigen Mitteilung nach Absatz 1 Satz 1 beim Bundesamt für Migration und Flüchtlinge zu erfolgen. ³Im Fall der Nummer 5 ist eine Ablehnung jederzeit während des Aufenthalts des Ausländers möglich. ⁴Die Ablehnung ist neben dem Ausländer auch der zuständigen Behörde des anderen Mitgliedstaates sowie der aufnehmenden Niederlassung in dem anderen Mitgliedstaat bekannt zu geben. ⁵Bei fristgerechter Ablehnung hat der Ausländer die Erwerbstätigkeit unverzüglich einzustellen; die bis dahin nach Absatz 1 Satz 1 bestehende Befreiung vom Erfordernis eines Aufenthaltstitels entfällt.

(5) Sofern innerhalb von 20 Tagen nach Zugang der in Absatz 1 Satz 1 genannten Mitteilung keine Ablehnung der Einreise und des Aufenthalts des Ausländers nach Absatz 4 erfolgt, ist dem Ausländer durch das Bundesamt für Migration und Flüchtlinge eine Bescheinigung über die Berechtigung zur Einreise und zum Aufenthalt zum Zweck des unternehmensinternen Transfers im Rahmen der kurzfristigen Mobilität auszustellen.

§ 19d Mobiler-ICT-Karte[1)]

(1) Eine Mobiler-ICT-Karte ist ein Aufenthaltstitel nach der Richtlinie 2014/66/EU zum Zweck eines unternehmensinternen Transfers im Sinne des § 19b Absatz 1 Satz 2, wenn der Ausländer einen für die Dauer des Antragsverfahrens gültigen nach der Richtlinie 2014/66/EU erteilten Aufenthaltstitel eines anderen Mitgliedstaates besitzt.

(2) Einem Ausländer wird die Mobiler-ICT-Karte erteilt, wenn

1. er als Führungskraft, Spezialist oder Trainee tätig wird,
2. der unternehmensinterne Transfer mehr als 90 Tage dauert,
3. er einen für die Dauer des Transfers gültigen Arbeitsvertrag und erforderlichenfalls ein Abordnungsschreiben vorweist, worin enthalten sind:
   a) Einzelheiten zu Ort, Art, Entgelt und zu sonstigen Arbeitsbedingungen für die Dauer des Transfers sowie
   b) der Nachweis, dass der Ausländer nach Beendigung des Transfers in eine außerhalb der Europäischen Union ansässige Niederlassung des gleichen Unternehmens oder der gleichen Unternehmensgruppe zurückkehren kann, und
4. die Bundesagentur für Arbeit nach § 39 zugestimmt hat oder durch Rechtsverordnung nach § 42 Absatz 1 Nummer 1 oder zwischenstaatliche Vereinbarung bestimmt ist, dass die Mobiler-ICT-Karte ohne Zustimmung der Bundesagentur für Arbeit erteilt werden kann.

(3) Wird der Antrag auf Erteilung der Mobiler-ICT-Karte mindestens 20 Tage vor Beginn des Aufenthalts im Bundesgebiet gestellt und ist der Aufenthaltstitel des anderen Mitgliedstaates weiterhin gültig, so gelten bis zur Entscheidung der Ausländerbehörde der Aufenthalt und die Beschäftigung des Ausländers für bis zu 90 Tage innerhalb eines Zeitraums von 180 Tagen als erlaubt.

(4) ¹Der Antrag wird abgelehnt, wenn er parallel zu einer Mitteilung nach § 19c Absatz 1 Satz 1 gestellt wurde. ²Abgelehnt wird ein Antrag auch, wenn er zwar während des Aufenthalts nach § 19c, aber nicht mindestens 20 Tage vor Ablauf dieses Aufenthalts vollständig gestellt wurde.

(5) Die Mobiler-ICT-Karte wird nicht erteilt, wenn sich der Ausländer im Rahmen des unternehmensinternen Transfers im Bundesgebiet länger aufhalten wird als in anderen Mitgliedstaaten.

(6) Der Antrag kann abgelehnt werden, wenn

1. die Höchstdauer des unternehmensinternen Transfers nach § 19b Absatz 4 erreicht wurde oder
2. der in § 19b Absatz 6 Nummer 3 genannte Ablehnungsgrund vorliegt.

AufenthG

1) **Anm. d. Red.:** § 19d eingefügt gem. Gesetz v. 12. 5. 2017 (BGBl I S. 1106) mit Wirkung v. 1. 8. 2017.

(7) Die inländische aufnehmende Niederlassung ist verpflichtet, der zuständigen Ausländerbehörde Änderungen in Bezug auf die in Absatz 2 genannten Voraussetzungen unverzüglich, in der Regel innerhalb einer Woche, anzuzeigen.

§ 20 Forschung[1)]

(1) [1]Einem Ausländer wird eine Aufenthaltserlaubnis nach der Richtlinie (EU) 2016/801 zum Zweck der Forschung erteilt, wenn

1. er
   a) eine wirksame Aufnahmevereinbarung oder einen entsprechenden Vertrag zur Durchführung eines Forschungsvorhabens mit einer Forschungseinrichtung abgeschlossen hat, die für die Durchführung des besonderen Zulassungsverfahrens für Forscher im Bundesgebiet anerkannt ist, oder
   b) eine wirksame Aufnahmevereinbarung oder einen entsprechenden Vertrag mit einer Forschungseinrichtung abgeschlossen hat, die Forschung betreibt, und
2. die Forschungseinrichtung sich schriftlich zur Übernahme der Kosten verpflichtet hat, die öffentlichen Stellen bis zu sechs Monate nach der Beendigung der Aufnahmevereinbarung entstehen für
   a) den Lebensunterhalt des Ausländers während eines unerlaubten Aufenthalts in einem Mitgliedstaat der Europäischen Union und
   b) eine Abschiebung des Ausländers.

[2]In den Fällen des Satzes 1 Nummer 1 Buchstabe a ist die Aufenthaltserlaubnis innerhalb von 60 Tagen nach Antragstellung zu erteilen.

(2) [1]Von dem Erfordernis des Absatzes 1 Nr. 2 soll abgesehen werden, wenn die Tätigkeit der Forschungseinrichtung überwiegend aus öffentlichen Mitteln finanziert wird. [2]Es kann davon abgesehen werden, wenn an dem Forschungsvorhaben ein besonderes öffentliches Interesse besteht. [3]Auf die nach Absatz 1 Nr. 2 abgegebenen Erklärungen sind § 66 Abs. 5, § 67 Abs. 3 sowie § 68 Abs. 2 Satz 2 und 3 und Abs. 4 entsprechend anzuwenden.

(3) Die Forschungseinrichtung kann die Erklärung nach Absatz 1 Nr. 2 auch gegenüber der für ihre Anerkennung zuständigen Stelle allgemein für sämtliche Ausländer abgeben, denen auf Grund einer mit ihr geschlossenen Aufnahmevereinbarung eine Aufenthaltserlaubnis erteilt wird.

(4) [1]Die Aufenthaltserlaubnis wird für mindestens ein Jahr erteilt. [2]Nimmt der Ausländer an einem Unions- oder multilateralen Programm mit Mobilitätsmaßnahmen teil, so wird die Aufenthaltserlaubnis für mindestens zwei Jahre erteilt. [3]Wenn das Forschungsvorhaben in einem kürzeren Zeitraum durchgeführt wird, wird die Aufenthaltserlaubnis abweichend von den Sätzen 1 und 2 auf die Dauer des Forschungsvorhabens befristet; die Frist beträgt in den Fällen des Satzes 2 mindestens ein Jahr.

(5) [1]Eine Aufenthaltserlaubnis nach Absatz 1 berechtigt zur Aufnahme der Forschungstätigkeit bei der in der Aufnahmevereinbarung bezeichneten Forschungseinrichtung und zur Ausübung von Tätigkeiten in der Lehre. [2]Änderungen des Forschungsvorhabens während des Aufenthalts führen nicht zum Wegfall dieser Berechtigung.

(6) Absatz 1 gilt nicht für Ausländer,

1. die sich in einem Mitgliedstaat der Europäischen Union aufhalten, weil sie einen Antrag auf Zuerkennung der Flüchtlingseigenschaft oder auf Gewährung subsidiären Schutzes im Sinne der Richtlinie 2004/83/EG oder auf Zuerkennung internationalen Schutzes im Sinne der Richtlinie 2011/95/EU gestellt haben, oder die in einem Mitgliedstaat internationalen Schutz im Sinne der Richtlinie 2011/95/EU genießen,

1) **Anm. d. Red.:** § 20 i. d. F. des Gesetzes v. 12. 5. 2017 (BGBl I S. 1106) mit Wirkung v. 1. 8. 2017.

2. die sich im Rahmen einer Regelung zum vorübergehenden Schutz in einem Mitgliedstaat der Europäischen Union aufhalten,
3. deren Abschiebung in einem Mitgliedstaat der Europäischen Union aus tatsächlichen oder rechtlichen Gründen ausgesetzt wurde,
4. deren Forschungstätigkeit Bestandteil eines Promotionsstudiums ist,
5. die von einer Forschungseinrichtung in einem anderen Mitgliedstaat der Europäischen Union an eine deutsche Forschungseinrichtung als Arbeitnehmer entsandt werden,
6. die eine Erlaubnis zum Daueraufenthalt – EU oder einen Aufenthaltstitel, der durch einen anderen Mitgliedstaat der Europäischen Union auf der Grundlage der Richtlinie 2003/109/EG erteilt wurde, besitzen,
7. die auf Grund von Übereinkommen zwischen der Europäischen Union und ihren Mitgliedstaaten einerseits und Drittstaaten andererseits ein Recht auf freien Personenverkehr genießen, das dem der Unionsbürger gleichwertig ist, oder
8. die eine Blaue Karte EU nach § 19a oder einen Aufenthaltstitel, der durch einen anderen Mitgliedstaat der Europäischen Union auf Grundlage der Richtlinie 2009/50/EG erteilt wurde, besitzen.

(7) [1]Nach Abschluss der Forschungstätigkeit wird die Aufenthaltserlaubnis um bis zu neun Monate zur Suche einer der Qualifikation des Forschers entsprechenden Erwerbstätigkeit verlängert, sofern der Abschluss von der aufnehmenden Einrichtung bestätigt wurde und diese Erwerbstätigkeit nach den Bestimmungen der §§ 18, 19, 19a, 20 und 21 von einem Ausländer aufgenommen werden darf. [2]Die Aufenthaltserlaubnis berechtigt während dieses Zeitraums zur Ausübung einer Erwerbstätigkeit.

(8) [1]Einem Ausländer, der in einem Mitgliedstaat der Europäischen Union internationalen Schutz im Sinne der Richtlinie 2011/95/EU genießt, kann eine Aufenthaltserlaubnis zum Zweck der Forschung erteilt werden, wenn die Voraussetzungen des Absatzes 1 erfüllt sind und er sich mindestens zwei Jahre nach Erteilung der Schutzberechtigung in diesem Mitgliedstaat aufgehalten hat. [2]Absatz 5 gilt entsprechend.

§ 20a Kurzfristige Mobilität für Forscher[1)]

(1) [1]Für einen Aufenthalt zum Zweck der Forschung, der eine Dauer von 180 Tagen innerhalb eines Zeitraums von 360 Tagen nicht überschreitet, bedarf ein Ausländer abweichend von § 4 Absatz 1 keines Aufenthaltstitels, wenn die aufnehmende Forschungseinrichtung im Bundesgebiet dem Bundesamt für Migration und Flüchtlinge mitgeteilt hat, dass der Ausländer beabsichtigt, einen Teil seiner Forschungstätigkeit im Bundesgebiet durchzuführen, und mit der Mitteilung vorlegt

1. den Nachweis, dass der Ausländer einen gültigen nach der Richtlinie (EU) 2016/801 erteilten Aufenthaltstitel eines anderen Mitgliedstaates zum Zweck der Forschung besitzt,
2. die Aufnahmevereinbarung oder den entsprechenden Vertrag, die oder der mit der aufnehmenden Forschungseinrichtung im Bundesgebiet geschlossen wurde,
3. die Kopie eines anerkannten und gültigen Passes oder Passersatzes des Ausländers und
4. den Nachweis, dass der Lebensunterhalt des Ausländers gesichert ist.

[2]Die aufnehmende Forschungseinrichtung hat die Mitteilung zu dem Zeitpunkt zu machen, zu dem der Ausländer in einem anderen Mitgliedstaat der Europäischen Union den Antrag auf Erteilung eines Aufenthaltstitels im Anwendungsbereich der Richtlinie (EU) 2016/801 stellt. [3]Ist der aufnehmenden Forschungseinrichtung zu diesem Zeitpunkt die Absicht des Ausländers, einen Teil der Forschungstätigkeit im Bundesgebiet durchzuführen, noch nicht bekannt, so hat sie die Mitteilung zu dem Zeitpunkt zu machen, zu dem ihr die Absicht bekannt wird. [4]Bei der Erteilung des Aufenthaltstitels nach Satz 1 Nummer 1 durch einen Staat, der nicht Schengen-Staat

1) **Anm. d. Red.:** § 20a eingefügt gem. Gesetz v. 12. 5. 2017 (BGBl I S. 1106) mit Wirkung v. 1. 8. 2017.

ist, und bei der Einreise über einen Staat, der nicht Schengen-Staat ist, hat der Ausländer eine Kopie der Mitteilung mitzuführen und den zuständigen Behörden auf deren Verlangen vorzulegen.

(2) [1]Erfolgt die Mitteilung zu dem in Absatz 1 Satz 2 genannten Zeitpunkt und wurden die Einreise und der Aufenthalt nicht nach § 20c Absatz 3 abgelehnt, so darf der Ausländer jederzeit innerhalb der Gültigkeitsdauer des Aufenthaltstitels in das Bundesgebiet einreisen und sich dort zum Zweck der Forschung aufhalten. [2]Erfolgt die Mitteilung zu dem in Absatz 1 Satz 3 genannten Zeitpunkt, so darf der Ausländer nach Zugang der Mitteilung innerhalb der Gültigkeitsdauer des in Absatz 1 Satz 1 Nummer 1 genannten Aufenthaltstitels des anderen Mitgliedstaates in das Bundesgebiet einreisen und sich dort zum Zweck der Forschung aufhalten.

(3) Ein Ausländer, der die Voraussetzungen nach Absatz 1 erfüllt, ist berechtigt, in der aufnehmenden Forschungseinrichtung die Forschungstätigkeit aufzunehmen und Tätigkeiten in der Lehre aufzunehmen.

(4) Der Ausländer und die aufnehmende Forschungseinrichtung sind verpflichtet, der zuständigen Ausländerbehörde Änderungen in Bezug auf die in Absatz 1 genannten Voraussetzungen anzuzeigen.

(5) [1]Werden die Einreise und der Aufenthalt nach § 20c Absatz 3 abgelehnt, so hat der Ausländer die Forschungsstätigkeit unverzüglich einzustellen. [2]Die bis dahin nach Absatz 1 Satz 1 bestehende Befreiung vom Erfordernis eines Aufenthaltstitels entfällt.

(6) Sofern keine Ablehnung der Einreise und des Aufenthalts nach § 20c Absatz 3 erfolgt, wird dem Ausländer durch das Bundesamt für Migration und Flüchtlinge eine Bescheinigung über die Berechtigung zur Einreise und zum Aufenthalt zum Zweck der Forschung im Rahmen der kurzfristigen Mobilität ausgestellt.

§ 20b Aufenthaltserlaubnis für mobile Forscher[1)]

(1) Für einen Aufenthalt zum Zweck der Forschung, der mehr als 180 Tage und höchstens ein Jahr dauert, wird einem Ausländer eine Aufenthaltserlaubnis erteilt, wenn

1. er einen für die Dauer des Verfahrens gültigen nach der Richtlinie (EU) 2016/801 erteilten Aufenthaltstitel eines anderen Mitgliedstaates besitzt,
2. die Kopie eines anerkannten und gültigen Passes oder Passersatzes vorgelegt wird und
3. die Aufnahmevereinbarung oder der entsprechende Vertrag, die oder der mit der aufnehmenden Forschungseinrichtung im Bundesgebiet geschlossen wurde, vorgelegt wird.

(2) Wird der Antrag auf Erteilung der Aufenthaltserlaubnis mindestens 30 Tage vor Beginn des Aufenthalts im Bundesgebiet gestellt und ist der Aufenthaltstitel des anderen Mitgliedstaates weiterhin gültig, so gelten, bevor über den Antrag entschieden wird, der Aufenthalt und die Erwerbstätigkeit des Ausländers für bis zu 180 Tage innerhalb eines Zeitraums von 360 Tagen als erlaubt.

(3) Für die Berechtigung zur Ausübung der Forschungstätigkeit und einer Tätigkeit in der Lehre gilt § 20 Absatz 5 entsprechend.

(4) Der Ausländer und die aufnehmende Forschungseinrichtung sind verpflichtet, der Ausländerbehörde Änderungen in Bezug auf die in Absatz 1 genannten Voraussetzungen anzuzeigen.

(5) Für die Verlängerung der Aufenthaltserlaubnis nach Abschluss der Forschungstätigkeit gilt § 20 Absatz 7.

(6) [1]Der Antrag wird abgelehnt, wenn er parallel zu einer Mitteilung nach § 20a Absatz 1 Satz 1 gestellt wurde. [2]Abgelehnt wird ein Antrag auch, wenn er zwar während eines Aufenthalts nach § 20a Absatz 1, aber nicht mindestens 30 Tage vor Ablauf dieses Aufenthalts vollständig gestellt wurde.

1) **Anm. d. Red.:** § 20b eingefügt gem. Gesetz v. 12. 5. 2017 (BGBl I S. 1106) mit Wirkung v. 1. 8. 2017.

§ 20c Ablehnungsgründe bei Forschern, Studenten, Schülern, Praktikanten, Teilnehmern an Sprachkursen und Teilnehmern am europäischen Freiwilligendienst[1)]

(1) Eine Aufenthaltserlaubnis nach den §§ 16, 16b, 17b, 18d, 20 oder 20b wird nicht erteilt, wenn die aufnehmende Einrichtung hauptsächlich zu dem Zweck gegründet wurde, die Einreise und den Aufenthalt von Ausländern zu dem in der jeweiligen Vorschrift genannten Zweck zu erleichtern.

(2) Der Antrag auf Erteilung einer Aufenthaltserlaubnis nach den §§ 16, 16b, 17b, 18d, 20 oder 20b kann abgelehnt werden, wenn

1. über das Vermögen der aufnehmenden Einrichtung ein Insolvenzverfahren eröffnet wurde, das auf Auflösung der Einrichtung und Abwicklung des Geschäftsbetriebs gerichtet ist,
2. die aufnehmende Einrichtung im Rahmen der Durchführung eines Insolvenzverfahrens aufgelöst wurde und der Geschäftsbetrieb abgewickelt wurde,
3. die Eröffnung eines Insolvenzverfahrens über das Vermögen der aufnehmenden Einrichtung mangels Masse abgelehnt wurde und der Geschäftsbetrieb eingestellt wurde,
4. die aufnehmende Einrichtung keine Geschäftstätigkeit ausübt oder
5. Beweise oder konkrete Anhaltspunkte dafür bestehen, dass der Ausländer den Aufenthalt zu anderen Zwecken nutzen wird als zu jenen, für die er die Erteilung der Aufenthaltserlaubnis beantragt.

(3) [1]Die Einreise und der Aufenthalt nach § 16a oder § 20a werden durch die Ausländerbehörde abgelehnt, wenn

1. die jeweiligen Voraussetzungen von § 16a Absatz 1 oder § 20a Absatz 1 nicht vorliegen,
2. über das Vermögen der aufnehmenden Einrichtung ein Insolvenzverfahren eröffnet wurde, das auf Auflösung der Einrichtung und Abwicklung des Geschäftsbetriebs gerichtet ist,
3. die aufnehmende Einrichtung im Rahmen der Durchführung eines Insolvenzverfahrens aufgelöst wurde und der Geschäftsbetrieb abgewickelt wurde,
4. die Eröffnung eines Insolvenzverfahrens über das Vermögen der aufnehmenden Einrichtung mangels Masse abgelehnt wurde und der Geschäftsbetrieb eingestellt wurde,
5. die aufnehmende Einrichtung keine Geschäftstätigkeit ausübt,
6. die nach § 16a Absatz 1 oder § 20a Absatz 1 vorgelegten Unterlagen in betrügerischer Weise erworben, gefälscht oder manipuliert wurden,
7. die aufnehmende Einrichtung hauptsächlich zu dem Zweck gegründet wurde oder betrieben wird, die Einreise und den Aufenthalt von Ausländern zu dem in § 16a oder § 20a genannten Zweck zu erleichtern,
8. Beweise oder konkrete Anhaltspunkte dafür bestehen, dass der Ausländer seinen Aufenthalt zu anderen Zwecken nutzt oder nutzen wird als zu jenen, die in der Mitteilung nach § 16a Absatz 1 oder § 20a Absatz 1 angegeben wurden, oder
9. ein Ausweisungsinteresse besteht; § 73 Absatz 2 und 3 ist entsprechend anzuwenden.

[2]Eine Ablehnung nach Satz 1 Nummer 1 bis 8 hat innerhalb von 30 Tagen nach Zugang der vollständigen Mitteilung nach § 16a Absatz 1 Satz 1 oder § 20a Absatz 1 Satz 1 beim Bundesamt für Migration und Flüchtlinge zu erfolgen. [3]Im Fall des Satzes 1 Nummer 9 ist eine Ablehnung jederzeit während des Aufenthalts des Ausländers möglich. [4]Die Ablehnung ist neben dem Ausländer auch der zuständigen Behörde des anderen Mitgliedstaates und der mitteilenden Einrichtung schriftlich bekannt zu geben.

1) **Anm. d. Red.:** § 20c eingefügt gem. Gesetz v. 12. 5. 2017 (BGBl I S. 1106) mit Wirkung v. 1. 8. 2017.

§ 21 Selbständige Tätigkeit[1)]

(1) [1]Einem Ausländer kann eine Aufenthaltserlaubnis zur Ausübung einer selbständigen Tätigkeit erteilt werden, wenn

1. ein wirtschaftliches Interesse oder ein regionales Bedürfnis besteht,
2. die Tätigkeit positive Auswirkungen auf die Wirtschaft erwarten lässt und
3. die Finanzierung der Umsetzung durch Eigenkapital oder durch eine Kreditzusage gesichert ist.

[2]Die Beurteilung der Voraussetzungen nach Satz 1 richtet sich insbesondere nach der Tragfähigkeit der zu Grunde liegenden Geschäftsidee, den unternehmerischen Erfahrungen des Ausländers, der Höhe des Kapitaleinsatzes, den Auswirkungen auf die Beschäftigungs- und Ausbildungssituation und dem Beitrag für Innovation und Forschung. [3]Bei der Prüfung sind die für den Ort der geplanten Tätigkeit fachkundigen Körperschaften, die zuständigen Gewerbebehörden, die öffentlich-rechtlichen Berufsvertretungen und die für die Berufszulassung zuständigen Behörden zu beteiligen.

(2) Eine Aufenthaltserlaubnis zur Ausübung einer selbständigen Tätigkeit kann auch erteilt werden, wenn völkerrechtliche Vergünstigungen auf der Grundlage der Gegenseitigkeit bestehen.

(2a) [1]Einem Ausländer, der sein Studium an einer staatlichen oder staatlich anerkannten Hochschule oder vergleichbaren Ausbildungseinrichtung im Bundesgebiet erfolgreich abgeschlossen hat oder der als Forscher oder Wissenschaftler eine Aufenthaltserlaubnis nach § 18 oder § 20 besitzt, kann eine Aufenthaltserlaubnis zur Ausübung einer selbständigen Tätigkeit abweichend von Absatz 1 erteilt werden. [2]Die beabsichtigte selbständige Tätigkeit muss einen Zusammenhang mit den in der Hochschulausbildung erworbenen Kenntnissen oder der Tätigkeit als Forscher oder Wissenschaftler erkennen lassen.

(3) Ausländern, die älter sind als 45 Jahre, soll die Aufenthaltserlaubnis nur erteilt werden, wenn sie über eine angemessene Altersversorgung verfügen.

(4) [1]Die Aufenthaltserlaubnis wird auf längstens drei Jahre befristet. [2]Nach drei Jahren kann abweichend von § 9 Abs. 2 eine Niederlassungserlaubnis erteilt werden, wenn der Ausländer die geplante Tätigkeit erfolgreich verwirklicht hat und der Lebensunterhalt des Ausländers und seiner mit ihm in familiärer Gemeinschaft lebenden Angehörigen, denen er Unterhalt zu leisten hat, durch ausreichende Einkünfte gesichert ist.

(5) [1]Einem Ausländer kann eine Aufenthaltserlaubnis zur Ausübung einer freiberuflichen Tätigkeit abweichend von Absatz 1 erteilt werden. [2]Eine erforderliche Erlaubnis zur Ausübung des freien Berufes muss erteilt worden oder ihre Erteilung zugesagt sein. [3]Absatz 1 Satz 3 ist entsprechend anzuwenden. [4]Absatz 4 ist nicht anzuwenden.

(6) Einem Ausländer, dem eine Aufenthaltserlaubnis zu einem anderen Zweck erteilt wird oder erteilt worden ist, kann unter Beibehaltung dieses Aufenthaltszwecks die Ausübung einer selbständigen Tätigkeit erlaubt werden, wenn die nach sonstigen Vorschriften erforderlichen Erlaubnisse erteilt wurden oder ihre Erteilung zugesagt ist.

Abschnitt 7: Besondere Aufenthaltsrechte

§ 38a Aufenthaltserlaubnis für in anderen Mitgliedstaaten der Europäischen Union langfristig Aufenthaltsberechtigte[2)]

(1) [1]Einem Ausländer, der in einem anderen Mitgliedstaat der Europäischen Union die Rechtsstellung eines langfristig Aufenthaltsberechtigten innehat, wird eine Aufenthaltserlaubnis er-

1) **Anm. d. Red.:** § 21 i. d. F. des Gesetzes v. 29. 8. 2013 (BGBl I S. 3484) mit Wirkung v. 6. 9. 2013.

2) **Anm. d. Red.:** § 38a i. d. F. des Gesetzes v. 27. 7. 2015 (BGBl I S. 1386) mit Wirkung v. 1. 8. 2015.

teilt, wenn er sich länger als 90 Tage im Bundesgebiet aufhalten will. [2]§ 8 Abs. 2 ist nicht anzuwenden.

(2) Absatz 1 ist nicht anzuwenden auf Ausländer, die

1. von einem Dienstleistungserbringer im Rahmen einer grenzüberschreitenden Dienstleistungserbringung entsandt werden,
2. sonst grenzüberschreitende Dienstleistungen erbringen wollen oder
3. sich zur Ausübung einer Beschäftigung als Saisonarbeitnehmer im Bundesgebiet aufhalten oder im Bundesgebiet eine Tätigkeit als Grenzarbeitnehmer aufnehmen wollen.

(3) [1]Die Aufenthaltserlaubnis berechtigt zur Ausübung einer Beschäftigung, wenn die Bundesagentur für Arbeit der Ausübung der Beschäftigung nach § 39 Absatz 2 zugestimmt hat oder durch Rechtsverordnung nach § 42 oder durch zwischenstaatliche Vereinbarung bestimmt ist, dass die Ausübung der Beschäftigung ohne Zustimmung der Bundesagentur für Arbeit zulässig ist. [2]Die Aufenthaltserlaubnis berechtigt zur Ausübung einer selbständigen Tätigkeit, wenn die in § 21 genannten Voraussetzungen erfüllt sind. [3]Wird der Aufenthaltstitel nach Absatz 1 für ein Studium oder für sonstige Ausbildungszwecke erteilt, sind die §§ 16 und 17 entsprechend anzuwenden. [4]In den Fällen des § 17 wird der Aufenthaltstitel ohne Zustimmung der Bundesagentur für Arbeit erteilt.

(4) [1]Eine nach Absatz 1 erteilte Aufenthaltserlaubnis darf nur für höchstens zwölf Monate mit einer Nebenbestimmung nach § 39 Abs. 4 versehen werden. [2]Der in Satz 1 genannte Zeitraum beginnt mit der erstmaligen Erlaubnis einer Beschäftigung bei der Erteilung der Aufenthaltserlaubnis nach Absatz 1. [3]Nach Ablauf dieses Zeitraums berechtigt die Aufenthaltserlaubnis zur Ausübung einer Erwerbstätigkeit.

Abschnitt 8: Beteiligung der Bundesagentur für Arbeit

§ 39 Zustimmung zur Ausländerbeschäftigung[1)]

(1) [1]Ein Aufenthaltstitel, der einem Ausländer die Ausübung einer Beschäftigung erlaubt, kann nur mit Zustimmung der Bundesagentur für Arbeit erteilt werden, soweit durch Rechtsverordnung nicht etwas anderes bestimmt ist. [2]Die Zustimmung kann erteilt werden, wenn dies in zwischenstaatlichen Vereinbarungen, durch ein Gesetz oder durch Rechtsverordnung bestimmt ist.

(2) [1]Die Bundesagentur für Arbeit kann der Erteilung einer Aufenthaltserlaubnis zur Ausübung einer Beschäftigung nach § 18 oder einer Blauen Karte EU nach § 19a zustimmen, wenn

1. a) sich durch die Beschäftigung von Ausländern nachteilige Auswirkungen auf den Arbeitsmarkt, insbesondere hinsichtlich der Beschäftigungsstruktur, der Regionen und der Wirtschaftszweige, nicht ergeben und
   b) für die Beschäftigung deutsche Arbeitnehmer sowie Ausländer, die diesen hinsichtlich der Arbeitsaufnahme rechtlich gleichgestellt sind oder andere Ausländer, die nach dem Recht der Europäischen Union einen Anspruch auf vorrangigen Zugang zum Arbeitsmarkt haben, nicht zur Verfügung stehen oder
2. sie durch Prüfung nach Satz 1 Nr. 1 Buchstabe a und b für einzelne Berufsgruppen oder für einzelne Wirtschaftszweige festgestellt hat, dass die Besetzung der offenen Stellen mit ausländischen Bewerbern arbeitsmarkt- und integrationspolitisch verantwortbar ist,

und der Ausländer nicht zu ungünstigeren Arbeitsbedingungen als vergleichbare deutsche Arbeitnehmer beschäftigt wird. [2]Für die Beschäftigung stehen deutsche Arbeitnehmer und diesen gleichgestellte Ausländer auch dann zur Verfügung, wenn sie nur mit Förderung der Agentur für Arbeit vermittelt werden können. [3]Der Arbeitgeber, bei dem ein Ausländer beschäftigt werden soll oder beschäftigt ist, der dafür eine Zustimmung benötigt oder erhalten hat, hat der

1) **Anm. d. Red.:** § 39 i. d. F. des Gesetzes v. 12. 5. 2017 (BGBl I S. 1106) mit Wirkung v. 1. 8. 2017.

Bundesagentur für Arbeit Auskunft über Arbeitsentgelt, Arbeitszeiten und sonstige Arbeitsbedingungen zu erteilen.

(3) Absatz 2 gilt auch, wenn bei Aufenthalten zu anderen Zwecken nach den Abschnitten 3, 5, 6 oder 7 eine Zustimmung der Bundesagentur für Arbeit zur Ausübung einer Beschäftigung erforderlich ist.

(4) Die Zustimmung kann die Dauer und die berufliche Tätigkeit festlegen sowie die Beschäftigung auf bestimmte Betriebe oder Bezirke beschränken.

(5) Die Bundesagentur für Arbeit kann der Erteilung einer Niederlassungserlaubnis nach § 19 zustimmen, wenn sich durch die Beschäftigung des Ausländers nachteilige Auswirkungen auf den Arbeitsmarkt nicht ergeben.

(6) [1]Die Absätze 2 und 4 gelten für die Erteilung einer Arbeitserlaubnis zum Zweck der Saisonbeschäftigung entsprechend. [2]Im Übrigen sind die für die Zustimmung der Bundesagentur für Arbeit geltenden Rechtsvorschriften auf die Arbeitserlaubnis anzuwenden, soweit durch Gesetz oder Rechtsverordnung nichts anderes bestimmt ist. [3]Die Bundesagentur für Arbeit kann für die Zustimmung zur Erteilung eines Aufenthaltstitels zum Zweck der Saisonbeschäftigung und für die Erteilung einer Arbeitserlaubnis zum Zweck der Saisonbeschäftigung am Bedarf orientierte Zulassungszahlen festlegen.

§ 40 Versagungsgründe[1)]

(1) Die Zustimmung nach § 39 ist zu versagen, wenn

1. das Arbeitsverhältnis auf Grund einer unerlaubten Arbeitsvermittlung oder Anwerbung zustande gekommen ist oder
2. der Ausländer als Leiharbeitnehmer (§ 1 Abs. 1 des Arbeitnehmerüberlassungsgesetzes) tätig werden will.

(2) Die Zustimmung kann versagt werden, wenn

1. der Ausländer gegen § 404 Abs. 1 oder 2 Nr. 2 bis 13 des Dritten Buches Sozialgesetzbuch, §§ 10, 10a oder § 11 des Schwarzarbeitsbekämpfungsgesetzes oder gegen die §§ 15, 15a oder § 16 Abs. 1 Nr. 2 des Arbeitnehmerüberlassungsgesetzes schuldhaft verstoßen hat,
2. wichtige Gründe in der Person des Ausländers vorliegen oder
3. die Beschäftigung bei einem Arbeitgeber erfolgen soll, der oder dessen nach Satzung oder Gesetz Vertretungsberechtigter innerhalb der letzten fünf Jahre wegen eines Verstoßes gegen § 404 Absatz 1 oder Absatz 2 Nummer 3 des Dritten Buches Sozialgesetzbuch rechtskräftig mit einer Geldbuße belegt oder wegen eines Verstoßes gegen die §§ 10, 10a oder § 11 des Schwarzarbeitsbekämpfungsgesetzes oder gegen die §§ 15, 15a oder 16 Absatz 1 Nummer 2 des Arbeitnehmerüberlassungsgesetzes rechtskräftig zu einer Geld- oder Freiheitsstrafe verurteilt worden ist; dies gilt bei einem unternehmensinternen Transfer gemäß § 19b oder § 19d entsprechend für die aufnehmende Niederlassung.

(3) Die Zustimmung zur Erteilung einer ICT-Karte nach § 19b oder einer Mobiler-ICT-Karte nach § 19d kann versagt werden, wenn

1. der Arbeitgeber oder die aufnehmende Niederlassung seinen oder ihren sozialversicherungsrechtlichen, steuerrechtlichen oder arbeitsrechtlichen Pflichten nicht nachgekommen ist,
2. über das Vermögen des Unternehmens, dem der Ausländer angehört, oder über das Vermögen der aufnehmenden Niederlassung ein Insolvenzverfahren eröffnet wurde, das auf Auflösung des Unternehmens oder der Niederlassung und Abwicklung des Geschäftsbetriebs gerichtet ist,

1) **Anm. d. Red.:** § 40 i. d. F. des Gesetzes v. 12. 5. 2017 (BGBl I S. 1106) mit Wirkung v. 1. 8. 2017.

3. das Unternehmen, dem der Ausländer angehört, oder die aufnehmende Niederlassung im Rahmen der Durchführung eines Insolvenzverfahrens aufgelöst wurde und der Geschäftsbetrieb abgewickelt wurde,
4. die Eröffnung eines Insolvenzverfahrens über das Vermögen des Unternehmens, dem der Ausländer angehört, oder über das Vermögen der aufnehmenden Niederlassung mangels Masse abgelehnt wurde und der Geschäftsbetrieb eingestellt wurde,
5. das Unternehmen, dem der Ausländer angehört, oder die aufnehmende Niederlassung keine Geschäftstätigkeit ausübt oder
6. durch die Präsenz des unternehmensintern transferierten Arbeitnehmers eine Einflussnahme auf arbeitsrechtliche oder betriebliche Auseinandersetzungen oder Verhandlungen bezweckt oder bewirkt wird.

§ 41 Widerruf der Zustimmung und Entzug der Arbeitserlaubnis[1)]

Die Zustimmung kann widerrufen und die Arbeitserlaubnis zum Zweck der Saisonbeschäftigung kann entzogen werden, wenn der Ausländer zu ungünstigeren Arbeitsbedingungen als vergleichbare deutsche Arbeitnehmer beschäftigt wird oder der Tatbestand des § 40 erfüllt ist.

§ 42 Verordnungsermächtigung und Weisungsrecht[2)]

(1) Das Bundesministerium für Arbeit und Soziales kann durch Rechtsverordnung mit Zustimmung des Bundesrates Folgendes bestimmen:

1. Beschäftigungen, für die eine Zustimmung der Bundesagentur für Arbeit (§ 17 Satz 1, § 17a Absatz 1 Satz 3, § 17b Absatz 1, § 18 Abs. 2 Satz 1, § 18d Absatz 1, § 19 Abs. 1, § 19a Absatz 1 Nummer 2, § 19b Absatz 2, § 19d Absatz 2) nicht erforderlich ist,
2. Berufsgruppen, bei denen nach Maßgabe des § 18 eine Beschäftigung ausländischer Erwerbstätiger zugelassen werden kann, und erforderlichenfalls nähere Voraussetzungen für deren Zulassung auf dem deutschen Arbeitsmarkt,
3. Ausnahmen für Angehörige bestimmter Staaten,
4. Tätigkeiten, die für die Durchführung dieses Gesetzes stets oder unter bestimmten Voraussetzungen nicht als Beschäftigung anzusehen sind.

(2) Das Bundesministerium für Arbeit und Soziales kann durch Rechtsverordnung ohne Zustimmung des Bundesrates Folgendes bestimmen:

1. die Voraussetzungen und das Verfahren zur Erteilung der Zustimmung der Bundesagentur für Arbeit; dabei kann auch ein alternatives Verfahren zur Vorrangprüfung geregelt werden,
2. Einzelheiten über die zeitliche, betriebliche, berufliche und regionale Beschränkung der Zustimmung nach § 39 Abs. 4,
3. Ausnahmen, in denen eine Zustimmung abweichend von § 39 Abs. 2 erteilt werden darf,
4. Beschäftigungen, für die eine Zustimmung der Bundesagentur für Arbeit nach § 4 Abs. 2 Satz 3 nicht erforderlich ist,
5. Fälle, in denen geduldeten Ausländern abweichend von § 4 Abs. 3 Satz 1 eine Beschäftigung erlaubt werden kann,
6. die Voraussetzungen und das Verfahren zur Erteilung einer Arbeitserlaubnis zum Zweck der Saisonbeschäftigung an Staatsangehörige der in Anhang II zu der Verordnung (EG) Nr. 539/2001 genannten Staaten.

(3) Das Bundesministerium für Arbeit und Soziales kann der Bundesagentur für Arbeit zur Durchführung der Bestimmungen dieses Gesetzes und der hierzu erlassenen Rechtsverordnun-

1) **Anm. d. Red.:** § 41 i. d. F. des Gesetzes v. 12. 5. 2017 (BGBl I S. 1106) mit Wirkung v. 1. 8. 2017.

2) **Anm. d. Red.:** § 42 i. d. F. des Gesetzes v. 12. 5. 2017 (BGBl I S. 1106) mit Wirkung v. 1. 8. 2017.

gen sowie der von der Europäischen Union erlassenen Bestimmungen über den Zugang zum Arbeitsmarkt und der zwischenstaatlichen Vereinbarungen über die Beschäftigung von Arbeitnehmern Weisungen erteilen.

Anhang: § 61 Asylgesetz (AsylG)

§ 61 Erwerbstätigkeit[1)]

(1) Für die Dauer der Pflicht, in einer Aufnahmeeinrichtung zu wohnen, darf der Ausländer keine Erwerbstätigkeit ausüben.

(2) [1]Im Übrigen kann einem Asylbewerber, der sich seit drei Monaten gestattet im Bundesgebiet aufhält, abweichend von § 4 Abs. 3 des Aufenthaltsgesetzes die Ausübung einer Beschäftigung erlaubt werden, wenn die Bundesagentur für Arbeit zugestimmt hat oder durch Rechtsverordnung bestimmt ist, dass die Ausübung der Beschäftigung ohne Zustimmung der Bundesagentur für Arbeit zulässig ist. [2]Ein geduldeter oder rechtmäßiger Voraufenthalt wird auf die Wartezeit nach Satz 1 angerechnet. [3]Die §§ 39, 40 Absatz 1 Nummer 1 und Absatz 2 und die §§ 41 und 42 des Aufenthaltsgesetzes gelten entsprechend. [4]Einem Ausländer aus einem sicheren Herkunftsstaat gemäß § 29a, der nach dem 31. August 2015 einen Asylantrag gestellt hat, darf während des Asylverfahrens die Ausübung einer Beschäftigung nicht erlaubt werden.

1) **Anm. d. Red.:** § 61 i. d. F. des Gesetzes v. 20.10.2015 (BGBl I S. 1722) mit Wirkung v. 24.10.2015.

Stichwortverzeichnis

Die Zahlen verweisen auf die Paragraphen bzw. Artikel des jeweiligen Gesetzes oder der entsprechenden Verordnung.

A

H

I

T